汶川特大地震绵阳抗震救灾志

WENCHUAN TEDA DIZHEN
MIANYANG KANGZHEN
JIUZAI ZHI

汶川特大地震绵阳抗震救灾志编纂委员会　编

方志出版社
Publishing House of Local Records

图书在版编目（CIP）数据

汶川特大地震绵阳抗震救灾志 / 汶川特大地震绵阳抗震救灾志编纂委员会编. --北京：方志出版社，2018. 12

ISBN 978-7-5144-2922-0

Ⅰ. ①汶… Ⅱ. ①汶… Ⅲ. ①抗震-救灾-概况-绵阳 Ⅳ. ①D632.5

中国版本图书馆 CIP 数据核字（2018）第 016338 号

汶川特大地震绵阳抗震救灾志

编　　者：汶川特大地震绵阳抗震救灾志编纂委员会

责任编辑：罗　滔

出 版 人：冀祥德

出 版 者：方志出版社

地址　北京市朝阳区潘家园东里 9 号（国家方志馆 4 层）

邮编　100021

网址　http://www.fzph.org

发　　行：方志出版社图书经销中心

电话（010）67110500

经　　销：各地新华书店

印　　刷：成都中嘉设计印务有限责任公司

开　　本：889×1194　1/16

印　　张：79

字　　数：2006千字

版　　次：2018年12月第1版　2018年12月第1次印刷

印　　数：0001~3000套

ISBN 978-7-5144-2922-0　定价：698.00元

绵阳市行政区划图（2008）

国家测绘地理信息局第三地理信息制图院编制

审图号：图川审（2017）105号

绵阳市行政区划图（2009）

国家测绘地理信息局第三地理信息制图院编制

审图号：图川审（2017）105号

龙门山构造带分布图

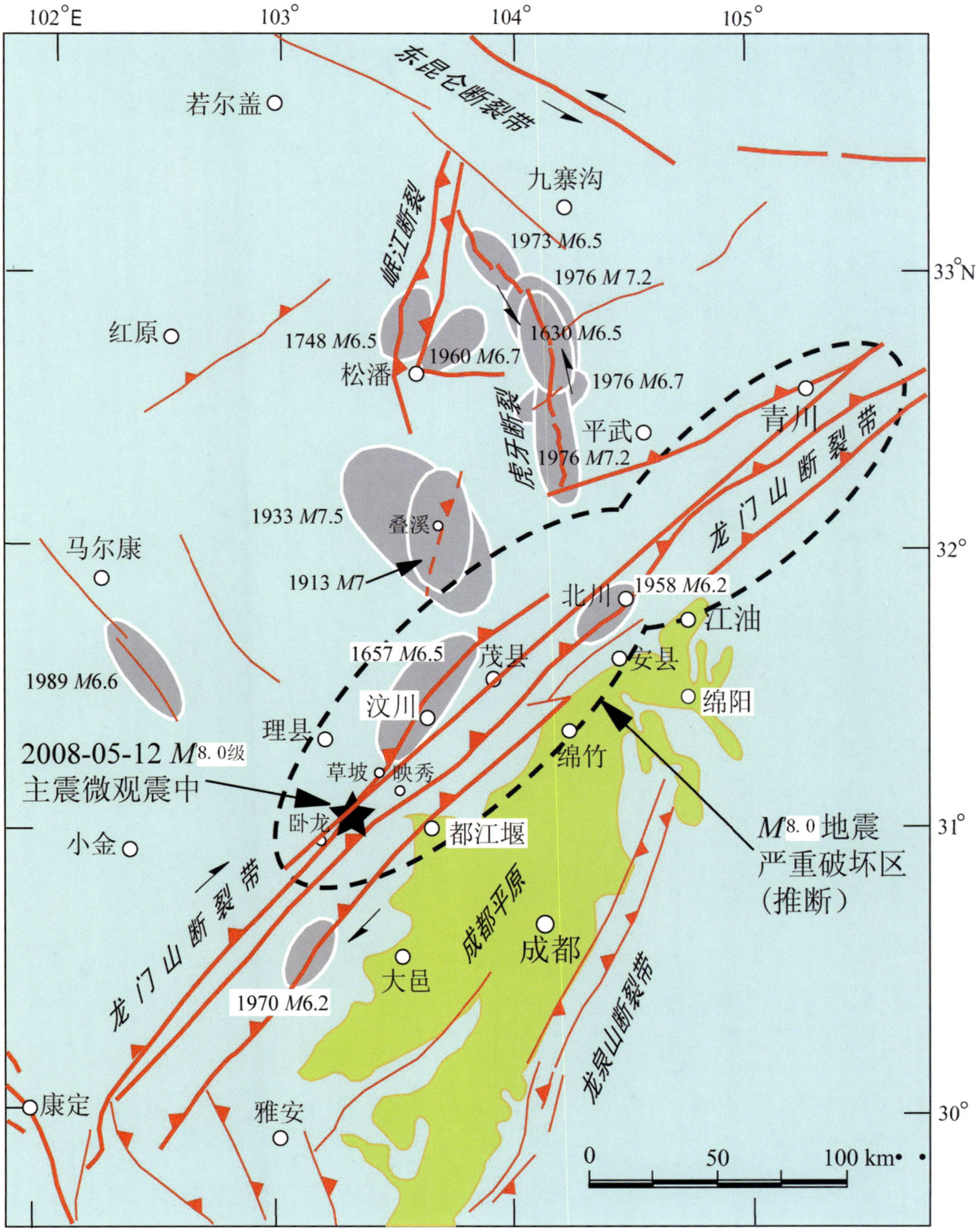
102°E
103°
104°
105°
33°N
32°
31°
30°
东昆仑断裂带
若尔盖
九寨沟
岷江断裂
1973 M6.5
1976 M 7.2
红原
1748 M6.5
1630 M6.5
1960 M6.7
松潘
1976 M6.7
虎牙断裂
平武
青川
1976 M7.2
1933 M7.5
叠溪
龙门山断裂带
马尔康
1913 M7
北川
1958 M6.2
江油
1657 M6.5
茂县
安县
1989 M6.6
绵阳
汶川
理县
绵竹
2008-05-12 M8.0级
主震微观震中
草坡
映秀
卧龙
都江堰
M8.0地震
严重破坏区
(推断)
小金
成都平原
成都
大邑
1970 M6.2
龙泉山断裂带
康定
雅安
0
50
100 km

绵阳市及邻区历史地震分布图

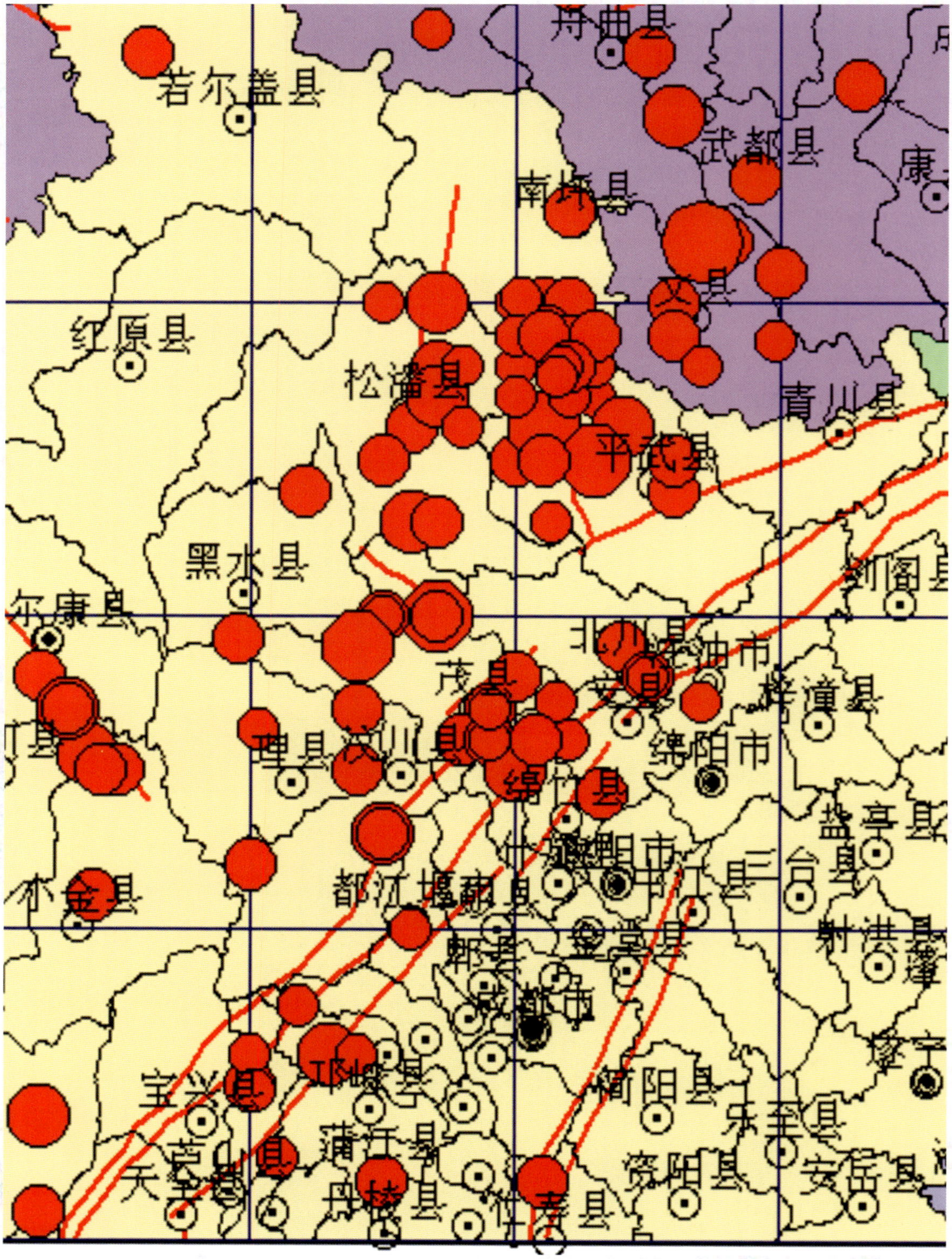

8.0–8.9(1)　7.0–7.9(4)　6.0–6.9(16)　5.0–5.9(54)　4.0–4.9(32)

汶川特大地震烈度分布图

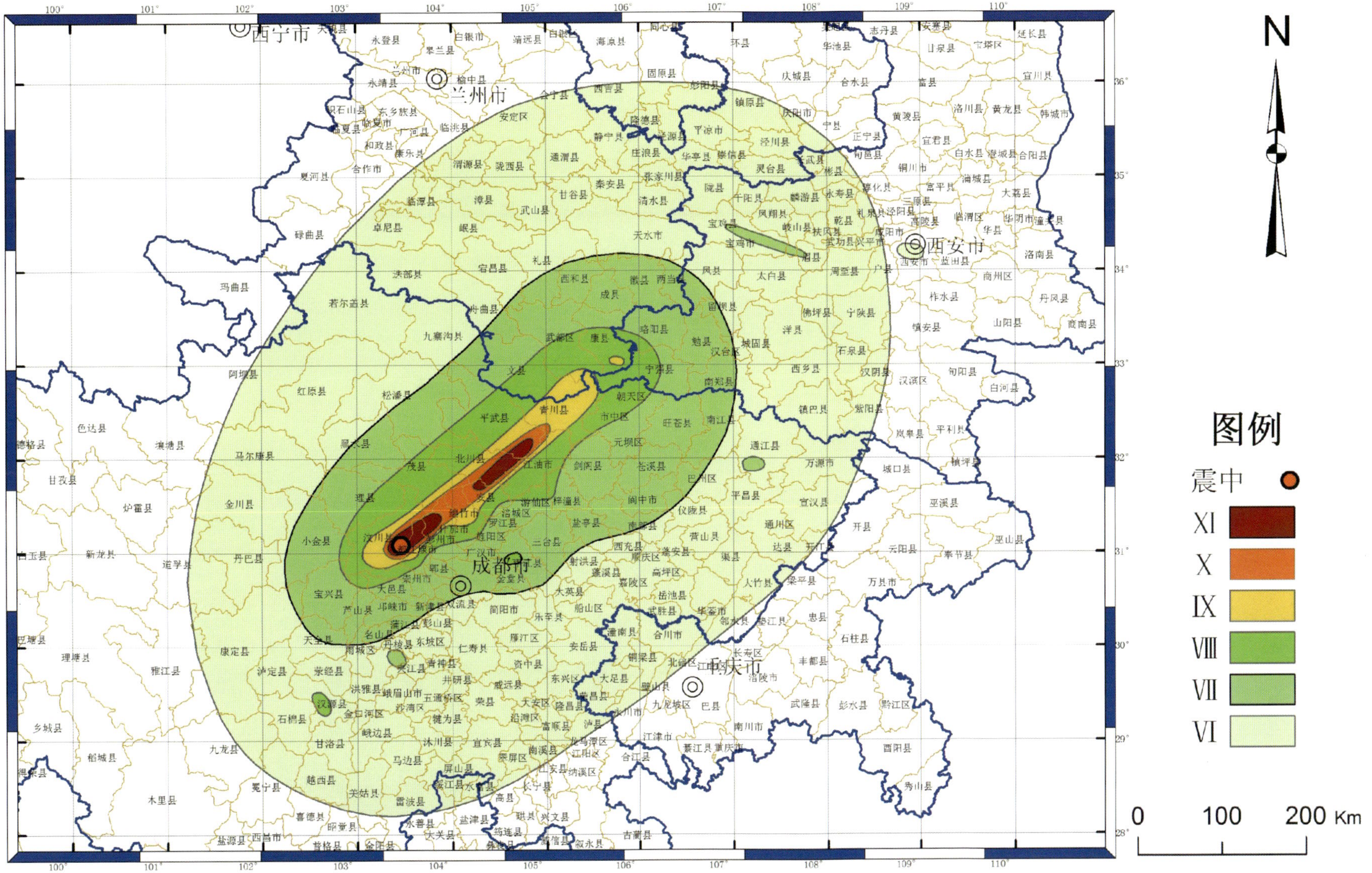

灾情

ZAIQING

被地震摧毁的北川县城（李贫 摄）

地震前的北川县城

2008年“9·24”洪涝泥石流灾害后的北川县城，泥石流掩埋最深约20米

被地震摧毁的北川县城一角（杨卫华 摄）

被乱石掩埋的北川中学茅坝校区（韩宇 摄）

平武县南坝镇受损情况

江油市雁门镇小学校舍受损情况

安县茶坪乡场镇受损情况

位于北川县城上游6公里处的唐家山堰塞湖，是汶川特大地震后形成的最大堰塞湖。图为唐家山堰塞湖泄流前的情景（李贫 摄）

唐家山堰塞湖淹没北川县旋坪乡场镇。图为2008年5月14日淹没情况

唐家山堰塞湖淹没北川县禹里乡场镇

安县肖家桥堰塞湖淹没双电村小学

省道205线北川段严重损毁（颜晓亚 摄）

通往安县高川乡的道路被滚石阻断

通往安县千佛山景区的道路荡然无存（李贫 摄）

平武县境内公路受损情况 （向远木 摄）

巴蜀江油发电厂受损车间

损毁的攀长钢四分厂

损毁的江油窦圌山景区（杨卫华 摄）

绵阳钟鼓楼大钟定格在14时28分

抢险救援

QIANGXIAN JIUYUAN

2008年5月13日，第一批国家救援队和济南军区第54集团军官兵空运到达绵阳机场，分别赶赴北川、平武两地救援（杨卫华 摄）

抗震救灾部队徒步挺进绵阳极重灾区

北川中学救援现场

2008年5月19日，北川县城，一队官兵带着搜救犬在废墟上搜索（郭铁流 摄）

2008年5月12日，北川县委礼堂，大地震袭来时紧急逃生的学生

2008年5月12日下午，武警北川县中队第一时间进行救援（赵军 摄）

2008年5月12日下午，武警北川县中队转移一名受伤学生（赵军 摄）

2008年5月12日下午，平武县平通小学，群众营救被困学生 （向远木 摄）

2008年5月17日，救援官兵在倒塌的北川县人民政府办公大楼寻找幸存者（郭铁流 摄）

2008年5月13日早晨，北川县城，“敬礼娃娃”朗峥被部队官兵从废墟中救出（杨卫华 摄）

2008年5月13日，北川中学救援现场，绵阳市第三人民医院护士顾云仙紧紧握住被困学生的手，鼓励他支撑下去

2008年5月13日，北川县曲山镇幼儿园老师刘玲获救（景长观 摄）

2008年5月15日，北川县城，部队官兵营救被废墟掩埋的幸存者

2008年5月15日，北川县曲山小学学生李月获救（杨卫华 摄）

北川县城，救援官兵合力营救被困学生（王二来 摄）

2008年5月19日，被埋164小时的李明翠获救，是北川县城获救的最后一名幸存者

2008年5月13日凌晨，武警绵阳支队官兵在北川中学营救废墟下的学生（杨卫华 摄）

2008年5月16日，安县茶坪乡，直升机转移地震伤员（李贫 摄）

2008年5月14日，北川县城，救援官兵在废墟中护送地震伤员

2008年5月16日，救援官兵转移群众（吴儒光 摄）

2008年5月19日，绵阳市中心医院救治现场（刘晓春 摄）

设在安县中学操场的第二、第四军医大学野战医院

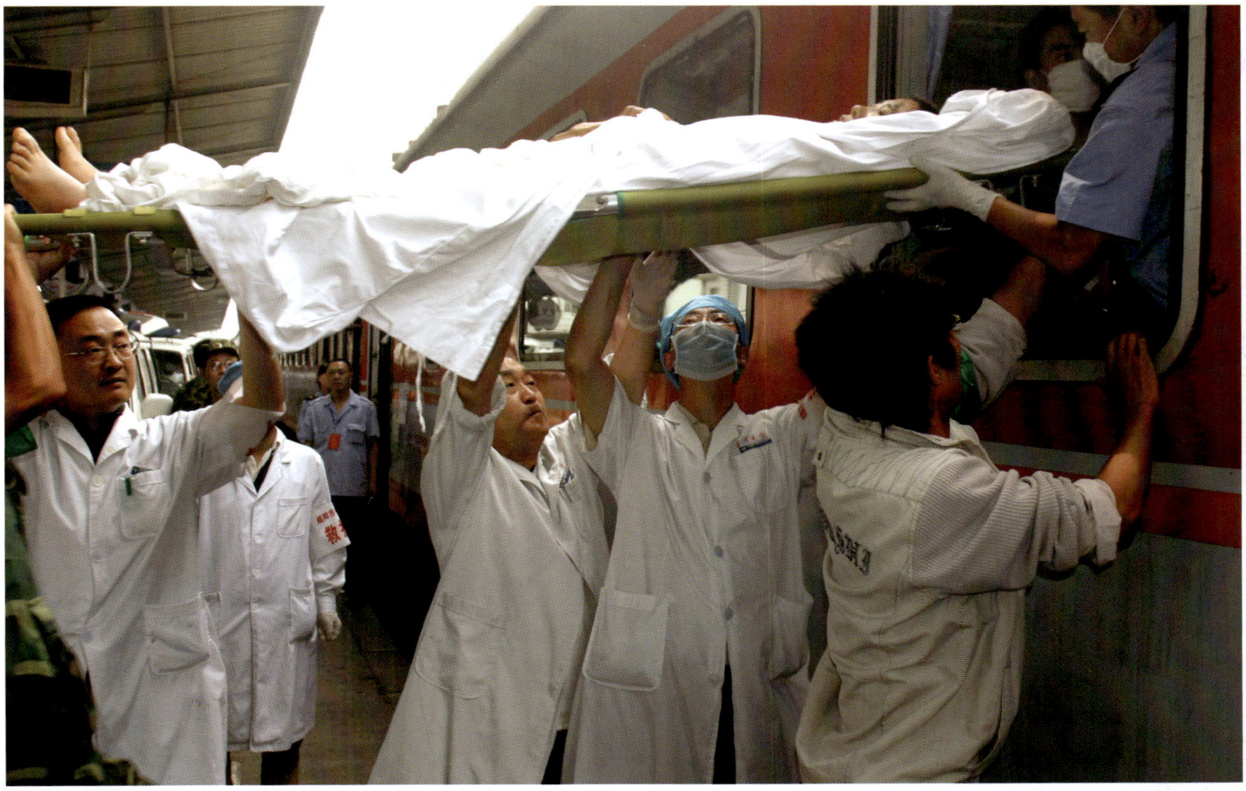

2008年5月21日，绵阳火车站、江油火车站分别开行转运伤员到外地治疗的专列。图为绵阳火车站，医护人员将伤员转送到专列上

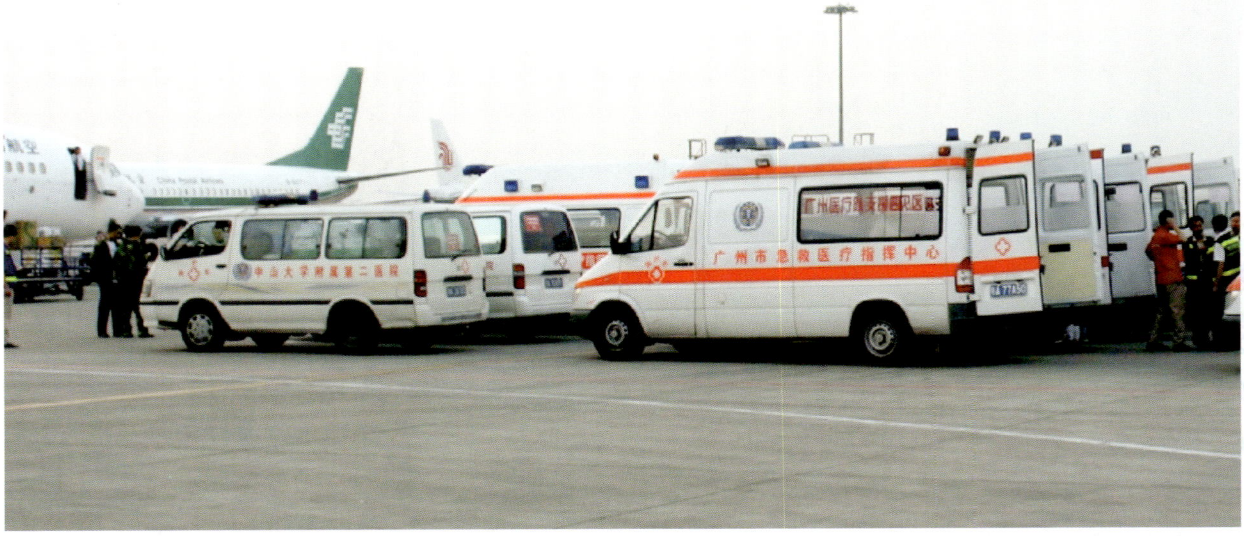

2008年5月17日，成都双流机场，绵阳市地震伤员等待转运至外地继续接受治疗（谭学书 摄）

2008年5月19日，北川县城，一名防疫人员在废墟上喷洒消毒液（郭铁流 摄）

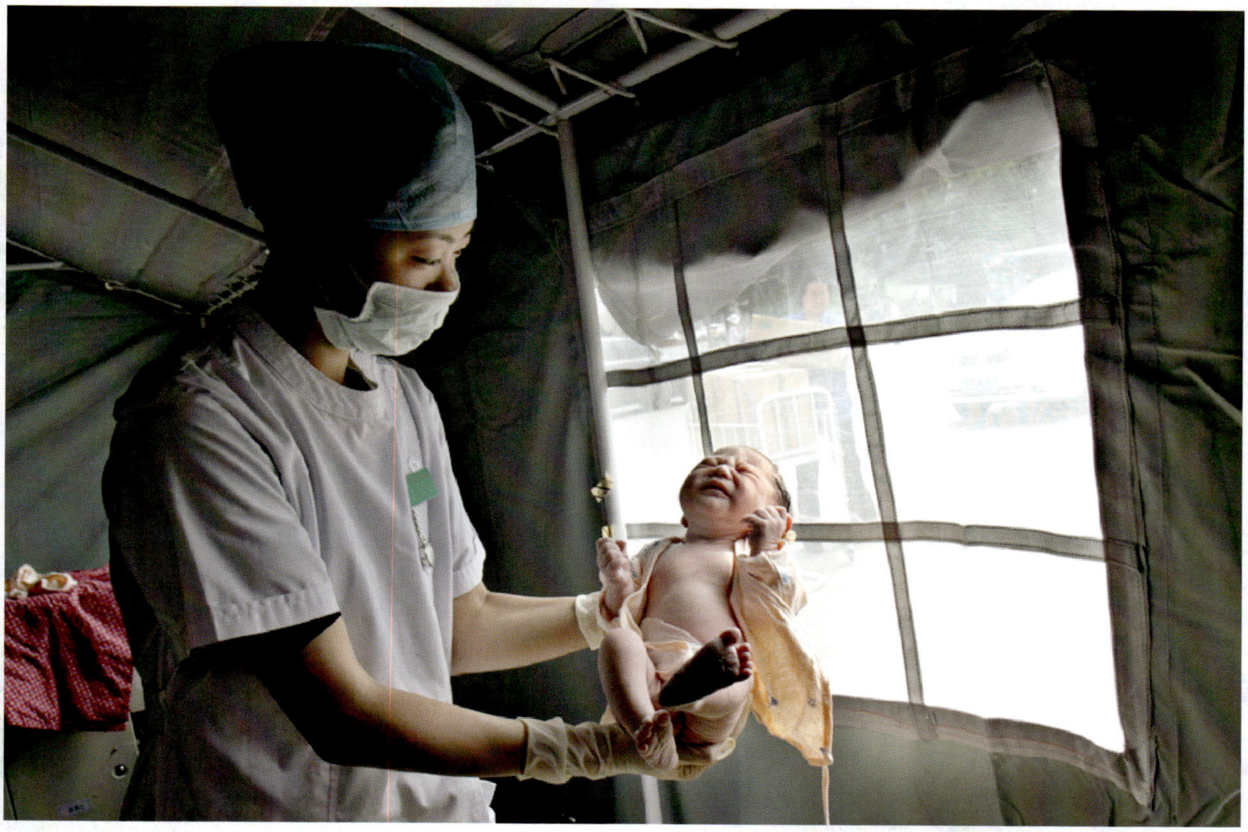

2008年5月15日，绵阳灾区帐篷产房诞生的新生命

2008年8月12日，国家电网四川省电力公司党员突击队在北川抢修受损的电力设施

2008年6月1日，二炮抗震救灾救援队抢修通往安县高川乡的道路

2008年5月15日，抢通通往北川县城的生命通道

2008年5月24日，平武县南坝镇，济南军区第54集团军某部官兵搭建抗震救灾临时便桥（向远木 摄）

2008年5月16日，某部官兵为唐家山堰塞湖排险徒步运送炸药

2008年5月26日，米-26大型直

2008年6月7日，唐家山堰塞湖大坝排险现场

家山堰塞湖抢险设备

2008年6月10日，唐家山堰塞湖导流渠顺利泄洪

赈灾

ZHENZAI

2008年5月17日，安置在九洲体育馆的受灾群众（杨卫华 摄）

2008年5月14日，九洲体育馆安置点　（李伟 摄）

2008年5月18日，绵阳市南河体育中心受灾群众临时安置点

2008年5月30日，唐家山堰塞湖避险安置点——川音绵阳艺术学院安置点全貌　（陈友良 摄）

2008年6月25日，江油市太白广场帐篷安置区

总装备部绵阳八一帐篷学校

2008年5月19日，北川中学在长虹培训中心复课。图为北川中学临时校区（杨卫华 摄）

2008年6月7日，绵阳科创园区板房安置点

2008年5月14日，中油集团支援灾区的第一批油料运抵绵阳

2008年6月12日，河南省支援绵阳灾区的板房运输车队

2008年5月29日，绵阳机场，运输机卸载救援设备

2008年5月21日，空降部队为平武灾区紧急运送救灾物资 （向远木 摄）

2008年5月14日，河北省唐山市“宋志永爱心救援小分队”抵达绵阳参加抗震救灾

2008年5月24日，九洲员工向绵阳市抗震救灾指挥部资金捐赠处捐款

2008年5月30日，航天英雄杨利伟与总装备部绵阳八一帐篷学校的孩子们共度灾后的第一个六一儿童节

2008年5月19日，国外志愿者在绵阳灾区看望慰问受灾群众

2008年6月29日，国家广电总局抗震救灾“心连心”慰问团唱响九洲体育馆

2008年8月4日，绵阳市在九洲体育馆举行奥运火炬展示活动

2008年8月14日，绵阳人民热烈欢送济南军区第54集团军抗震救灾部队撤离归建（李伟 摄）

2008年11月10日，北川人民载歌载舞欢送二炮抗震救灾部队撤离归建（李伟 摄）

灾后重建

ZAIHOU CHONGJIAN

汶川地震灾区唯一一个异地重建县城——北川县新县城（欧阳均军 摄）

北川县新县城地震纪念广场（晏茂川 摄）

重建的北川县擂鼓镇

重建的北川县陈家坝乡（魏清龙 摄）

重建的安县千佛镇（原茶坪乡场镇）

重建的平武县南坝场镇（罗云 摄）

2008年7月12日，四川烟草工业公司绵阳分厂灾后易地重建技改项目奠基

2009年8月11日，丰谷酒业万吨优质曲酒生产基地开工典礼

2009年5月13日，山东省援助的中国重汽绵阳（富临）专用车生产基地项目开工奠基仪式（蒲滔 摄）

2009年5月14日，辽宁援建项目集中开工暨华晨汽车零部件工业园项目奠基仪式

灾后重建的新农村建设项目安县花荄镇联丰村循环农业示范区

迁址重建的绵阳市高水蔬菜批发市场

灾后重建重点水利项目武引二期大坝工程（晏茂川 摄）

安县高川乡老鹰岩堰塞湖整治工程

新建的绵安北快速通道

灾后重建的辽宁大道（永安路）

灾后原址重建的绵阳火车客站（晏茂川 摄）

灾后重建的平武县南坝镇涪江大桥（向远木 摄）

重建的安县高川乡村道

2010年8月17日，中国侨联援建的北川中学竣工

2010年9月1日，香港特区政府援建的四川省绵阳中学工程竣工暨新学期开学典礼

济南军区援建的北川县擂鼓八一中学（晏茂川 摄）

泰国诗琳通公主捐建的绵阳市涪城区先锋路诗琳通公主小学

2011年9月16日，绵阳市灾后重建重点工程——绵阳市中心医院第一综合住院大楼竣工（晏茂川 摄）

香港赛马会援建的绵阳市第三人民医院医学综合楼（晏茂川 摄）

位于北川中学遗址的5·12汶川特大地震纪念馆（晏茂川 摄）

位于富乐山麓的绵阳博物馆灾后重建项目（晏茂川 摄）

灾后恢复修缮的平武县报恩寺（向远木 摄）

绵阳市文化重建重大成果——大型舞蹈诗剧《大北川》（宋雨田 摄）

汶川特大地震绵阳抗震救灾志终审验收组

组　长	刘　超	市委副书记、市政府市长
副组长	颜　超	市委常委、市政府常务副市长
成　员	董　泓	高新区管委会主任
	谭　岗	市政府秘书长
	陈松柏	市政府副秘书长
	余正道	市方志办主任
	姚永红	涪城区政府区长
	陈华斌	游仙区政府区长
	李昊天	安州区政府区长
	柳　江	江油市政府市长
	吴明禹	三台县政府县长
	贺　旺	梓潼县政府县长
	向　赟	盐亭县政府县长
	黄　骏	平武县政府县长
	瞿永安	北川羌族自治县政府县长
	赵明君	经开区管委会主任
	李　哲	科创区管委会主任
	魏　魁	仙海区管委会主任
	兰　劲	市发展改革委主任
	侍玉蓉	市财政局局长
	周福兰	市民政局局长

张斯恩	市人力资源和社会保障局局长
何承平	市卫生计生委主任
周时光	市防震减灾局局长
安　瑛	市保密局局长
王久华	市民宗局局长
何季德	市社科联主席
陈　波	市档案局局长
梁　博	绵阳军分区战备建设处处长

（摘自绵府办函〔2017〕142号）

汶川特大地震绵阳抗震救灾志编辑部

汶川特大地震绵阳抗震救灾志
牵头承编单位及联系指导人员

大 事 记	（市方志办	联系指导：曹玉琦）
概　　述	（市方志办	联系指导：余正道）
灾　　情	(市防震减灾局	联系指导：李维怡)
抢险救灾	（绵阳军分区	联系指导：余正道）
医疗防疫	（市卫计委	联系指导：曹玉琦）
赈　　灾	（市民政局	联系指导：晏茂川）
灾后重建	（市发改委	联系指导：李维怡）
英　　模	（市人社局	联系指导：许登义）
附　　录	（市方志办	联系指导：余正道）

凡例

FANLI

一、本志以马克思列宁主义、毛泽东思想、邓小平理论、“三个代表”重要思想、科学发展观、习近平新时代中国特色社会主义思想为指导，坚持辩证唯物主义和历史唯物主义的立场、观点、方法，全面、客观记述和反映汶川特大地震绵阳抗震救灾、灾后重建历程。

二、本志上限为2008年5月12日汶川特大地震发生时，下限为2011年9月30日三年灾后重建完成时。为保证记述相对完整，部分内容上下限有所突破，作适当上溯或下延。

三、本志按事以类聚、横排纵写的基本体例设置篇目和进行编纂，主要采用述、记、志、传、图、表、录等体裁，以志为主。全志由概述、大事记、灾情、抢险救灾、医疗防疫、赈灾、灾后重建、英模（先进）集体和人物、附录9个部分组成。

四、本志编纂结构按篇、章、节设置，节下设目，用黑体字或汉字一二三四标示，目以下层次，分别以（一）（二）（三）（四）、1234、（1）（2）（3）（4）标示。

五、本志涉及的组织领导机构、事件、会议、文件、职务、地名等名称，均使用全称；多次出现的，第一次出现使用全称，以后使用简称。例：汶川特大地震，简称“特大地震”或“地震”；中共绵阳市委、绵阳市人民政府，简称“市委、市政府”；北川羌族自治县，简称“北川县”。

六、本志使用的数据，均来自市本级的统计数据，个别数据参考县（市、区）的统计数据。因灾后重建三次调整规划方案，实施过程中又有微调和修改规划的情况，造成部分数据前后不一致，本志在使用时分别注明规划投资数或决算经费数，若未注明，皆为初期估算数据。因灾害损失及灾后重建绝对数较大，本志采取“亿以下数据，以万为单位；超过亿的数据，以亿为单位；保留小数点后两位，尾数四舍五入”的办法进行记述。个别数据如灾害损失、捐资情况、“特殊党费”等，本志采用全额绝对数。

七、由于汶川特大地震抗震救灾志为国家、省、市（州）、县（市、区）四级联动编修，为避免重复，本志详载中共绵阳市委、绵阳市人民政府和市级部门有关情况，对于国家和四川省的宏观决策与指挥，只记载与绵阳市有关的内容；绵阳市所属县（市、区）的情况，除极重灾县、极重灾乡镇外，原则上只记载基本情况及主要数据。

八、本志在引用国家、省、市、县有关抗震救灾政策、制度、规定等文件时，凡国家、国家部委、省委、省政府、省级部门所发文件，原则上保留文件名；市委、市政府、市抗震救灾指挥部发文或市级相关部门联合发文，原则上保留文件名和文件主要内容；市级部门单独发文，视情况保留文件名、发文单位或主要内容；县（市、区）发文只保留文件名和发文单位。

九、本志为绵阳市抗震救灾专志，抢险救灾、医疗防疫、赈灾、灾后重建诸篇的设置，仅为方便记述，事件本身和主要内容是连续而不可分割的。为避免过多交叉重复，凡前文已经记述、后文需要重复时，本志采用“详见第×篇第×章”的办法予以注明。

十、本志采用随文作注的方式对个别内容进行注释。对个别存疑的数据亦注明其存疑的缘由和统计的范围。本志选取一些典型文献，作为附文附于诸篇之后，以增强史载的真实性和阅读的生动性，弥补志书记载过于“平”“实”的不足。

十一、本志采取以事系人的方式记述相关人物，并在“英模（先进）集体和人物”篇中设专章记载英雄人物和先进个人。坚持生不立传的原则，“英模传”收录2008年5月12日至2011年9月30日期间牺牲或逝世、为抗震救灾或灾后重建做出突出贡献的人物，其他英模或先进个人，以简介或名录的方式收载。入志人物的职务一律以事件发生时的职务为准，个别人物因记述需要，适当交代职务变化情况。

十二、本志原则上使用传统计量单位，不作换算。为尊重汉语阅读习惯，计量单位均用汉字表述。

十三、本志所用资料由各县（市、区）、各园区、市级各部门及驻绵部队、科研院所、企事业单位提供，一般不注明出处。

目录

MULU

概　述 ………………………………………………………… 01

大事记 ………………………………………………………… 09

第一篇　灾情

第一章　地震基本参数与影响场 ……………………………… 62

第一节　地震参数与破裂过程 ………………………………… 62

一、地震基本参数 ……………………………………………… 62

二、地震破裂过程 ……………………………………………… 63

第二节　地震影响场 …………………………………………… 63

一、绵阳地震调查与烈度分布 ………………………………… 63

二、绵阳市灾区的划分 ………………………………………… 64

第二章　地震地质构造环境 …………………………………… 65

第一节　自然地理 ……………………………………………… 65

一、自然环境 …………………………………………………… 65

二、地形地貌 …………………………………………………… 66

第二节　历史地震活动 ………………………………………… 67

一、概况 ………………………………………………………… 67

二、地震活动的空间分布和时间分布 ………………………… 68

第三节　龙门山活动构造带 …………………………………… 69

一、构造带的空间展布与几何结构 …………………………… 69

二、绵阳市地震活动断裂分布 ………………………………… 70

第四节　汶川特大地震地表破裂带 …… 70
一、基本特点 …… 70
二、北川—映秀断裂地表破裂带 …… 71
三、前山断裂地表破裂特征 …… 71
四、同震位移分布与特征 …… 71
第五节　汶川地震的余震监测 …… 74
一、震后地震监测 …… 74
二、余震活动趋势预测 …… 75

第三章　灾情概况 …… 77

第一节　北川羌族自治县 …… 77
第二节　安县 …… 78
第三节　平武县 …… 79
第四节　江油市 …… 79
第五节　其他县（区） …… 80
一、涪城区 …… 80
二、游仙区 …… 80
三、梓潼县 …… 80
四、三台县 …… 81
五、盐亭县 …… 81
第六节　绵阳科技城工业园区、开发区 …… 81
一、绵阳高新技术产业开发区 …… 82
二、绵阳经济技术开发区 …… 82
三、绵阳科教创业园区 …… 82
四、绵阳现代农业科技示范区 …… 82
五、仙海水利风景区 …… 83

第四章　极重灾乡镇灾情 …… 84

第一节　北川县 …… 84
一、曲山镇 …… 84
二、陈家坝乡 …… 85
三、擂鼓镇 …… 85
第二节　安县 …… 86
一、高川乡 …… 86
二、茶坪乡 …… 87
三、晓坝镇 …… 87
第三节　平武县 …… 88
一、平通镇 …… 88

二、南坝镇 …… 88
三、水观乡 …… 89

第五章　次生灾害 …… 90

第一节　崩塌 …… 90
第二节　滑坡 …… 91
第三节　泥石流 …… 92
第四节　堰塞湖 …… 93
一、唐家山堰塞湖 …… 93
二、其他堰塞湖 …… 93
第五节　其他次生灾害 …… 95
一、火灾 …… 95
二、水污染隐患 …… 95
三、放射源及放射性废物安全 …… 95

第六章　房屋财产损失 …… 96

第一节　城镇房屋 …… 96
一、概况 …… 96
二、房屋损失 …… 97
三、财产损失 …… 97
第二节　农村房屋 …… 97
一、概况 …… 97
二、农房损失 …… 98
三、财产损失 …… 98

第七章　生态环境灾情 …… 102

第一节　植被 …… 102
第二节　水文 …… 103
一、河道淤塞 …… 103
二、河势改变 …… 103
三、水资源时空分布的改变 …… 103
四、河流水质改变 …… 103
五、河流水体理化性质的改变 …… 104
第三节　自然保护区 …… 104
一、四川王朗国家级自然保护区 …… 104
二、四川雪宝顶国家级自然保护区 …… 104
三、四川小河沟自然保护区 …… 105
四、北川小寨子沟、片口自然保护区 …… 105

五、四川千佛山自然保护区 …… 105
第四节 生态环境破坏 …… 105
一、自然生态系统 …… 105
二、生态功能 …… 106
三、生物多样性 …… 106

第八章 基础设施破坏损毁 …… 107

第一节 公路设施 …… 107
一、国道公路 …… 107
二、省道公路 …… 107
三、县道及乡村道公路 …… 109
四、汽车客运站 …… 111
第二节 铁路设施 …… 112
第三节 水运设施 …… 113
一、港口码头 …… 113
二、航道航标 …… 114
三、船闸船舶 …… 114
第四节 电力设施 …… 115
一、电力电源 …… 115
二、地方电力电网 …… 116
三、输变电设施 …… 116
第五节 通信设施 …… 119
一、中国电信绵阳分公司 …… 119
二、中国移动绵阳分公司 …… 120
三、中国联通绵阳分公司 …… 120
第六节 邮政设施 …… 120
一、灾情概况 …… 120
二、县（市、区）局损失情况 …… 120
第七节 市政公用设施 …… 121
第八节 石油和天然气设施 …… 122
一、勘探开发设施设备 …… 122
二、储运与销售设施设备 …… 122
三、油气场站（净化厂） …… 122
四、油气管线 …… 123
第九节 水利工程 …… 123
一、水库 …… 123
二、江河堤防水闸 …… 124
三、农田水利及农村供水工程 …… 125

四、其他水利工程 …… 126
五、水土保持 …… 127

第九章　工业灾情 …… 129

第一节　概况 …… 129
一、县（市、区）工业受损情况 …… 129
二、市级工业园区受损情况 …… 129
三、产业和项目受损情况 …… 130
四、重点企业受损情况 …… 131
第二节　工业厂房及生产设备损失 …… 132
一、工业厂房和生产环境破坏情况 …… 132
二、生产设施设备破坏情况 …… 133
第三节　主要产业受损 …… 135
一、电子信息产业 …… 135
二、冶金机械产业 …… 136
三、汽车及零配件产业 …… 137
四、材料产业 …… 137
五、生物医药产业 …… 138
六、食品产业 …… 139
七、国防工业 …… 139
第四节　县（市、区）工业损失 …… 140
一、北川县 …… 140
二、安县 …… 140
三、平武县 …… 141
四、江油市 …… 141
五、涪城区 …… 141
六、游仙区 …… 141
七、梓潼县 …… 141
八、三台县 …… 142
九、盐亭县 …… 142

第十章　农业灾情 …… 143

第一节　种植业 …… 143
一、损失情况 …… 143
二、灾害后续影响 …… 149
第二节　耕地与林地 …… 149
一、耕地损毁 …… 149
二、林地损毁 …… 150

第三节　沼气 …… 150
一、户用沼气池 …… 150
二、养殖场沼气工程 …… 152
三、生活污水净化沼气池 …… 152
第四节　农业机械 …… 153
第五节　畜牧业 …… 153
一、畜禽养殖 …… 153
二、畜产品加工及批发 …… 154
三、管理及服务机构 …… 154
第六节　渔业 …… 155
一、养殖面积受灾情况 …… 155
二、水产品损失 …… 155
三、渔业生产设施损毁 …… 155
四、渔业管理和服务体系设施受损 …… 155
五、水产龙头企业、重点渔业基地受损 …… 156

第十一章　旅游业灾情 …… 157

第一节　旅游资源 …… 157
一、旅游景区 …… 157
二、旅游饭店、旅行社 …… 159
三、其他损失 …… 159
第二节　旅游产业 …… 160
一、旅游安全 …… 160
二、旅游业生产能力 …… 160
三、消费信心及投资信心 …… 160
四、旅游市场 …… 160

第十二章　商贸和服务业灾情 …… 161

第一节　商业受损 …… 161
一、交易市场 …… 161
二、批发企业 …… 163
三、物流配送企业 …… 164
四、零售业 …… 165
第二节　外贸企业损失 …… 167
一、农产品外贸企业 …… 167
二、工业品外贸企业 …… 167
三、纺织品外贸企业 …… 167
第三节　服务业损失 …… 168

一、餐饮住宿 …… 168
二、生猪屠宰企业 …… 169
三、其他服务业 …… 169
第四节 典型灾情 …… 172
一、北川华兴商贸中心在地震中瞬间消失 …… 172
二、平武县南坝镇农贸市场完全损毁 …… 172

第十三章 金融业灾情 …… 173

第一节 银行业 …… 173
一、概况 …… 173
二、主要银行业单位 …… 173
第二节 保险业 …… 175
一、概况 …… 175
二、主要保险公司 …… 176
第三节 证券业 …… 176

第十四章 建筑业与房地产业灾情 …… 178

第一节 建筑业 …… 178
一、建筑企业 …… 178
二、勘察设计企业 …… 179
第二节 房地产业 …… 179
一、概况 …… 179
二、典型灾情 …… 180

第十五章 社会事业灾情 …… 181

第一节 教育 …… 181
一、概况 …… 181
二、县（市、区）受损情况 …… 181
三、典型灾情 …… 183
第二节 医疗卫生 …… 188
一、概况 …… 188
二、北川县卫生系统 …… 191
三、平武县卫生系统 …… 192
第三节 民政系统 …… 192
一、绵阳市民政局及直属单位 …… 192
二、县（市、区）民政系统 …… 193
三、民政设施毁损 …… 193
第四节 环保系统 …… 194

一、概况 …… 194
二、环境监测 …… 195
三、城镇环保基础设施 …… 195
四、工业污染治理设施 …… 195
第五节 其他社会事业 …… 195
一、就业和社会保障公共服务机构 …… 195
二、人口和计划生育服务机构 …… 195
三、档案馆（室） …… 196
四、体育设施 …… 197
五、宗教活动场所 …… 197

第十六章 文化广电灾情 …… 198

第一节 文化事业 …… 198
第二节 禹羌文化 …… 199
一、禹羌文化研究中心 …… 199
二、羌族非物质文化遗产 …… 199
三、羌族民间文艺社团 …… 200
第三节 文物保护单位 …… 200
第四节 广播影视及新闻出版 …… 201
一、广播电视设施设备 …… 201
二、电影发行放映设施设备 …… 202
三、余震及次生灾害对广播电视的影响 …… 203
四、新闻出版 …… 203

第十七章 党政军机关灾情 …… 204

第一节 市级机关 …… 204
一、市级党政领导机关 …… 204
二、绵阳军分区 …… 204
三、市级部门 …… 205
第二节 政法机关 …… 208
一、法院系统 …… 208
二、检察系统 …… 209
三、公安系统 …… 209
四、司法系统 …… 210

第二篇 抢险救灾

第一章 组织指挥 …… 217

第一节 中共中央、国务院领导指挥绵阳抗震救灾 …… 217
第二节 中央军委、总部领导指挥绵阳抗震救灾 …… 229
一、中央军委领导指挥绵阳抗震救灾 …… 229
二、总部领导指挥绵阳抗震救灾 …… 230
第三节 成都军区、济南军区、二炮等领导指挥绵阳抗震救灾 …… 231
一、成都军区领导指挥绵阳抗震救灾 …… 231
二、济南军区领导在绵指挥抗震救灾 …… 232
三、第二炮兵领导在绵指挥抗震救灾 …… 233
四、武警部队领导在绵指挥抗震救灾 …… 233
五、广州军区、沈阳军区、空军、海军领导在绵指挥抗震救灾 …… 234
第四节 四川省领导指挥绵阳抗震救灾 …… 235
一、省委、省政府对绵阳抗震救灾工作的领导和部署 …… 235
二、省委、省政府主要领导赴绵阳指挥抗震救灾 …… 235
三、四川省抗震救灾指挥部驻绵阳工作组 …… 237
第五节 绵阳市抗震救灾指挥部 …… 239
一、组织机构 …… 239
二、紧急部署 …… 241
三、安置受灾群众 …… 241
四、卫生防疫 …… 242
五、化解社会矛盾 …… 242
六、防治次生灾害 …… 243
第六节 绵阳市领导组织指挥抗震救灾 …… 243
第七节 驻绵军事机关抗震救灾指挥部 …… 249
一、指挥机构 …… 249
二、决策部署 …… 250
三、现场指挥 …… 251
第八节 县（市、区）抗震救灾指挥部 …… 253
一、北川县 …… 253
二、安县 …… 256
三、平武县 …… 257
四、江油市 …… 259
五、涪城区 …… 261

六、游仙区 …… 263
七、梓潼县 …… 266
八、三台县 …… 267
九、盐亭县 …… 269

第二章　救援力量 …… 271

第一节　军队救援力量 …… 271
一、成都军区 …… 271
二、济南军区 …… 273
三、第二炮兵 …… 275
四、空降部队、陆航部队 …… 276
五、总装63820部队 …… 276
第二节　民兵预备役救援力量 …… 278
一、绵阳军分区民兵预备役部队 …… 278
二、市外民兵预备役部队 …… 280
三、分编专业抗震救灾队 …… 281
第三节　武警、公安救援力量 …… 282
一、武警部队 …… 282
二、公安、特警 …… 284
第四节　消防部队救援力量 …… 285
一、兵力构成 …… 285
二、驰援灾区 …… 285
第五节　专业救援力量 …… 287
一、国际专业救援力量 …… 287
二、国内专业救援力量 …… 287
第六节　社会救援力量 …… 289
一、概况 …… 289
二、招募志愿者 …… 289
三、志愿者救援行动 …… 290

第三章　抢救生命财产 …… 293

第一节　自救互救 …… 293
一、市委、市政府组织自救互救 …… 293
二、驻绵部队、民兵预备役、公安、武警抗灾自救 …… 295
三、行业、系统组织自救互救 …… 296
四、极重灾县（市）自救互救 …… 299
第二节　重点抢救 …… 309
一、北川县 …… 309

二、安县 …… 320
三、平武县 …… 323
第三节 空中救援 …… 326
一、营救33名技术专家 …… 327
二、运送水利专家组首飞唐家山堰塞湖现场勘察 …… 327
三、为俄罗斯米-26直升机开辟空中航线 …… 327
四、冲破高原飞行极限解救12名羌族学生 …… 328
第四节 搜救转移被困群众 …… 328
一、进村入户搜救 …… 328
二、转移被困群众 …… 334
第五节 抢救保护国家财产 …… 341
一、抢救武器装备 …… 341
二、抢救金融资产 …… 342
三、抢救档案资料 …… 343
四、抢救转运粮油、种猪 …… 344
五、抢救保护文物 …… 345
六、保护珍稀林木 …… 345

第四章 灾民临时安置 …… 346

第一节 九洲体育馆安置点 …… 346
一、组织协调 …… 346
二、应急安置 …… 347
三、物资保障 …… 348
四、服务管理 …… 348
五、医疗防疫 …… 349
六、安全稳定 …… 349
第二节 南河体育中心安置点 …… 351
一、组织协调 …… 351
二、应急安置 …… 351
三、物资保障 …… 352
四、寻亲访友 …… 352
五、服务管理 …… 353
第三节 帐篷学校 …… 354
一、总装八一帐篷学校 …… 354
二、九洲帐篷学校 …… 356
第四节 县（市、区）临时安置点 …… 358
一、北川县 …… 358
二、安县 …… 359

三、平武县 …… 360
四、江油市 …… 361
五、涪城区 …… 362
六、游仙区 …… 362
七、梓潼县 …… 363
八、三台县 …… 363
九、盐亭县 …… 364

第五章　抢修基础设施 …… 366

第一节　抢修交通设施 …… 366
一、抢修公路基础设施 …… 366
二、抢修铁路设施 …… 374
三、抢修机场设施 …… 375
第二节　抢修通信设施 …… 375
一、电信应急抢险 …… 375
二、移动通信应急抢险 …… 376
三、部队参加通信设施抢修 …… 378
第三节　抢修供电供水供气设施 …… 379
一、电力应急抢险 …… 379
二、供水设施应急抢险 …… 380
三、供气设施应急抢险 …… 383
第四节　抢修广电设施 …… 384
一、恢复应急播出功能 …… 384
二、安置点广电设施建设 …… 386
三、北川县广播电视应急恢复 …… 386
第五节　特种设备排查与抢修 …… 387
一、应急救援力量 …… 387
二、安全隐患排查 …… 387
三、隐患处置及设备检测 …… 388

第六章　唐家山堰塞湖排险避险 …… 389

第一节　排险 …… 389
一、查勘险情 …… 389
二、指挥部署 …… 391
三、部队开进 …… 394
四、泄洪排险 …… 396
第二节　避险 …… 398
一、组织领导 …… 398

二、涪城区 …… 400
三、游仙区 …… 403
四、北川县 …… 405
五、江油市 …… 406
六、三台县 …… 408

第七章 防治次生灾害 …… 410

第一节 堰塞湖排险 …… 410
一、肖家桥堰塞湖 …… 410
二、文家坝堰塞湖 …… 411
三、老鹰岩堰塞湖 …… 412
第二节 震损水库应急处置 …… 413
一、应急排险 …… 413
二、重点项目 …… 414
第三节 防治塌方、滑坡、泥石流 …… 415
一、地质灾害应急排险 …… 415
二、地质灾害防治宣传 …… 416
三、全面排查地质灾害隐患 …… 416
四、地质灾害评估及防治规划 …… 416
第四节 拆除高危建筑 …… 417
一、建筑物安全隐患排查 …… 417
二、拆除 …… 418
第五节 处置危险品 …… 419
一、监测、抢修核设施 …… 419
二、处置、转运危险品 …… 419

第八章 新闻宣传 …… 421

第一节 组织领导 …… 421
第二节 中外媒体采访报道 …… 422
第三节 新闻发布会 …… 423
一、《艰苦奋斗重建家园八条规定》新闻发布会 …… 424
二、唐家山堰塞湖新闻发布会 …… 424
三、四川省汶川特大地震灾害第三十五场新闻发布会 …… 424
第四节 网络宣传 …… 425
第五节 市内宣传 …… 426
一、广播电视 …… 426
二、报纸 …… 427

第九章　维护灾区稳定 …… 429

第一节　维护治安秩序 …… 429
一、巡逻执勤 …… 429
二、便民利民服务 …… 430
三、打击涉灾经济犯罪 …… 431
第二节　稳定市场 …… 431
一、恢复市场 …… 431
二、稳定物价 …… 432
第三节　处置突发事件 …… 433
一、唐家山堰塞湖避险疏散转移 …… 433
二、抗击“9·24”洪涝泥石流灾害 …… 435
三、化解矛盾纠纷 …… 435
第四节　打击刑事犯罪 …… 436
第五节　守护重点目标 …… 437
一、重点路段交通管制 …… 437
二、守护科研设施 …… 438
三、守护集中安置点 …… 438
四、守护医院、加油站点、金融目标 …… 439
五、重要警卫 …… 439

第十章　救援保障 …… 440

第一节　运输保障 …… 440
一、公路运输 …… 440
二、铁路运输 …… 441
三、空中运输 …… 441
第二节　物资保障 …… 442
一、组织领导 …… 442
二、工作制度 …… 443
三、应急物资保障 …… 443
四、外援部队物资保障 …… 443
五、确保粮食供应 …… 443
六、恢复市场供应 …… 444
第三节　资金保障 …… 445
一、救灾资金拨付 …… 445
二、救灾资金监管 …… 445
第四节　财税政策 …… 446
一、财政政策 …… 446

二、税收政策 …… 447
第五节　金融保险 …… 448
一、特殊金融政策 …… 448
二、保险理赔 …… 450

第三篇　医疗防疫

第一章　组织领导 …… 459

第一节　决策部署与指挥 …… 459
一、党和国家领导人决策部署与组织指挥 …… 459
二、国家部委领导决策部署与组织指挥 …… 460
三、省、厅领导决策部署与组织指挥 …… 464
四、中共绵阳市委、市政府领导决策部署与组织指挥 …… 467
五、绵阳市抗震救灾医疗救治分指挥部决策部署与组织指挥 …… 468
六、绵阳市卫生局决策部署与组织指挥 …… 480
七、县（市、区）党委、政府和卫生局决策部署与组织指挥 …… 483
第二节　信息发布和新闻宣传 …… 490
一、信息报送与发布 …… 490
二、新闻媒体宣传 …… 491

第二章　医疗卫生救援力量 …… 493

第一节　省内医疗卫生救援力量 …… 493
一、各地市州医疗卫生队伍开赴灾区 …… 493
二、绵阳市县（市、区）医疗卫生队伍开赴灾区 …… 495
第二节　全国各省（区、市）医疗卫生救援力量 …… 497
一、医疗队开赴灾区 …… 497
二、卫生防疫队开赴灾区 …… 500
第三节　军队和武警医疗卫生救援力量 …… 502
一、中国人民解放军医疗卫生队伍开赴灾区 …… 502
二、武警部队医疗卫生队伍开赴灾区 …… 505
第四节　社会和志愿者救援力量 …… 505
一、红十字会医疗卫生救援力量开赴灾区 …… 505
二、民营医疗机构救援力量开赴灾区 …… 506
三、志愿者救援力量开赴灾区 …… 506

第三章　医疗救治 …… 509

第一节　伤病员救治 …… 509
一、伤病员紧急疏散与自救互救 …… 510
二、伤员院前急救 …… 513
三、伤员院内救治 …… 525
四、省内外、国外、港台医疗队支援灾区医院 …… 533
第二节　伤员跨省转运救治及康复返乡 …… 537
一、伤员跨省转运 …… 537
二、伤员康复返乡 …… 541
第三节　伤员康复治疗 …… 542
一、康复治疗的介入和推进 …… 542
二、康复治疗成效 …… 545
三、省外、港台地区援助绵阳康复治疗 …… 546
第四节　心理危机干预 …… 546
一、应急救援期的心理危机干预 …… 547
二、心理援助康复与成效 …… 552

第四章　卫生防疫 …… 555

第一节　传染病和突发公共卫生事件防控 …… 555
一、风险评估 …… 555
二、监测 …… 557
三、实验室检验 …… 559
四、预防接种 …… 560
第二节　食品和饮用水卫生监督监测 …… 561
一、食品卫生监督监测 …… 562
二、饮用水卫生监督监测 …… 564
第三节　环境卫生处理 …… 566
一、遇难者尸体的处理与消毒 …… 566
二、安置点的卫生管理 …… 567
三、病媒生物防控 …… 570
四、唐家山堰塞湖泄洪区卫生处理 …… 572
五、北川县城卫生防疫 …… 574
第四节　动物卫生防疫 …… 576
一、动物尸体无害化处理与消毒 …… 576
二、家畜人畜共患病的监测和报告 …… 578
三、家畜人畜共患病的防疫 …… 578
四、家畜人畜共患病的免疫 …… 580

第五节　健康教育和爱国卫生运动 …… 581
一、灾后卫生防疫健康教育 …… 581
二、灾区爱国卫生运动 …… 582
第六节　预防保健工作 …… 583
一、妇幼保健 …… 583
二、放射、急性化学中毒与粉尘危害的防护 …… 585

第五章　工作保障 …… 586

第一节　生活物资后勤保障 …… 586
一、机构和职责 …… 586
二、组织协调 …… 586
第二节　医用物资后勤保障 …… 588
一、机构和职责 …… 588
二、组织协调 …… 588
第三节　血液供应与安全管理 …… 591
一、采集、制备和检测 …… 591
二、调配和供应 …… 592
三、安全保障 …… 593
第四节　医用物资监督 …… 593

第四篇　赈灾

第一章　捐赠组织与管理 …… 598

第一节　管理机构 …… 598
一、绵阳市抗震救灾指挥部供给保障社会捐赠组 …… 598
二、调整供给保障社会捐赠组 …… 600
三、绵阳市抗震救灾资金物资接收保障组 …… 601
四、县（市、区）救灾资金物资接收保障组织 …… 601
第二节　政策和措施 …… 603
一、政策 …… 603
二、措施 …… 604

第二章　捐赠 …… 606

第一节　捐赠活动 …… 606
一、概况 …… 606
二、市级部门（社会团体）组织、参与捐赠活动 …… 608

三、民主党派捐赠活动 …… 613
四、县（市、区）组织捐赠活动 …… 616
第二节　捐赠资金接收与发放 …… 622
一、市本级 …… 622
二、县（市、区） …… 641
第三节　捐赠物资接收 …… 641
一、市本级接收捐赠物资 …… 642
二、市红十字会及市总工会接收捐赠物资 …… 644
三、县（市、区）接收捐赠物资 …… 644
第四节　救灾物资仓储 …… 646
一、樊华大厦1号、2号仓库 …… 646
二、永兴综合仓库 …… 647
三、经开区仓库 …… 647
四、江油中坝火车站仓库 …… 648

第三章　救灾资金物资监管 …… 649

第一节　行政监管 …… 649
一、方案措施 …… 649
二、实施 …… 651
第二节　纪检监察监管 …… 654
一、措施 …… 654
二、实施 …… 655
第三节　审计监管 …… 657
一、措施 …… 657
二、实施 …… 659
三、北川新县城建设审计 …… 663
第四节　舆论监管 …… 665
一、措施 …… 665
二、实施 …… 666
第五节　基层监管 …… 667
一、建立临时社区组织 …… 667
二、村（居）务公开 …… 667
第六节　县（市、区）资金物资监管 …… 668
一、北川县 …… 668
二、安县 …… 668
三、平武县 …… 669
四、江油市 …… 670
五、涪城区 …… 670

六、游仙区 …… 671
七、梓潼县 …… 672
八、三台县 …… 672
九、盐亭县 …… 673

第四章　特殊党费 …… 674

第一节　缴纳“特殊党费” …… 674
第二节　“特殊党费”的管理与使用 …… 676
一、管理、监督政策及措施 …… 676
二、“特殊党费”使用 …… 678
三、“特殊党费”援助项目管理 …… 679

第五章　灾区群众生活 …… 682

第一节　生活救助 …… 682
一、救灾物资、资金应急保障 …… 682
二、空中救助 …… 683
三、临时生活救助 …… 685
四、“9·24”洪涝泥石流灾害生活救助 …… 689
五、后续生活救助 …… 689
六、冬春生活救助 …… 690
第二节　灾民安置 …… 692
一、应急安置 …… 692
二、过渡安置 …… 692
第三节　“三孤”人员安置 …… 698
一、救助政策 …… 698
二、应急救助 …… 699
三、妥善安置 …… 700

第六章　灾区社会事务 …… 701

第一节　遗体处理 …… 701
一、组织领导 …… 701
二、遗体识别、火化与掩埋 …… 702
第二节　抚慰活动 …… 705
一、抚慰金发放 …… 705
二、祭奠活动 …… 705
三、抚慰救助 …… 707
第三节　伤残人员接收与康复 …… 711
一、接收安置返乡地震伤员 …… 711

二、伤残人员康复 …… 712
第四节 行政区划调整及乡镇驻地迁移 …… 712
一、北川县、安县行政区划调整 …… 712
二、设置北川县永昌镇 …… 715
三、乡镇政府驻地迁移 …… 715
第五节 优待抚恤 …… 717
一、追认烈士 …… 717
二、因公评残 …… 717
三、抚恤遇难参训民兵 …… 718
第六节 军供保障与双拥工作 …… 718
一、军供保障 …… 718
二、双拥工作 …… 720
三、欢送抗震救灾部队回撤归建 …… 723
第七节 劳动保障 …… 725
一、劳动就业 …… 725
二、社会保障 …… 727

第五篇 灾后重建

第一章 决策、机构 …… 734

第一节 中共中央、国务院决策部署 …… 734
第二节 四川省决策部署 …… 737
第三节 绵阳市决策部署 …… 738
第四节 重建工作机构 …… 746
一、中共绵阳市委、市政府灾后重建工作机构与管理 …… 746
二、县（市、区）重建工作机构 …… 761
三、对口援建省、市工作机构 …… 764

第二章 法规、政策 …… 767

第一节 国务院法规、政策 …… 767
一、法规 …… 767
二、政策 …… 767
三、主要措施 …… 768
第二节 四川省重建政策 …… 770
一、财政政策 …… 770
二、税收政策 …… 770

三、金融政策 …… 771
四、国土资源政策 …… 771
五、产业扶持政策 …… 772
六、就业援助政策 …… 772
七、社会保障政策 …… 772
八、粮食政策 …… 773
九、其他政策措施 …… 773
第三节 绵阳市重建工作部署与实施 …… 773
一、编制规划 …… 773
二、各年度目标任务 …… 775
第四节 绵阳市重建主要政策与落实 …… 776
一、城乡住房政策与落实 …… 776
二、财政政策与落实 …… 777
三、灾后重建税收政策与落实 …… 777
四、金融政策与落实 …… 778
五、土地扶持政策与落实 …… 779
六、产业扶持政策与落实 …… 780
七、就业和社会保障政策与落实 …… 781
八、工商管理政策与落实 …… 781
九、人口计生政策与落实 …… 782
十、卫生政策与落实 …… 782
十一、交通政策与落实 …… 782
十二、水利政策与落实 …… 783
十三、商务政策与落实 …… 783
第五节 县（市、区）重建政策 …… 784
一、北川县 …… 784
二、安县 …… 784
三、平武县 …… 785
四、江油市 …… 785
五、其他县（区） …… 786

第三章 重建规划 …… 787

第一节 总体规划 …… 787
一、编制背景 …… 787
二、编制单位 …… 787
三、编制过程 …… 788
四、主要内容 …… 789
第二节 北川新县城规划 …… 790

一、新县城选址 …… 790
二、新县城规划编制 …… 791
第三节 其他专项规划 …… 792
一、城乡住房建设实施规划 …… 793
二、恢复重建城镇体系实施规划 …… 793
三、恢复重建农村建设实施规划 …… 793
四、公共服务设施建设实施规划 …… 794
五、基础设施重建实施规划 …… 794
六、生产力布局和产业调整实施规划 …… 795
七、市场服务体系规划 …… 795
八、土地复垦与综合利用实施规划 …… 795
九、防灾减灾和生态修复实施规划 …… 796

第四章 援建 …… 797

第一节 国家、省援建规划 …… 797
一、国家对口援建规划 …… 797
二、四川省对口援建规划 …… 798
第二节 山东省援建北川县 …… 798
一、制定援建工作方案 …… 798
二、制订重建规划 …… 799
三、援建建设项目 …… 800
第三节 辽宁省援建安县 …… 804
一、前期援建的十件大事 …… 804
二、援建特点 …… 806
三、援建项目 …… 806
四、援建成果 …… 807
第四节 河北省援建平武县 …… 808
一、援建工作 …… 808
二、资金投入 …… 809
三、援建重灾镇 …… 810
第五节 河南省援建江油市 …… 812
一、援建工作 …… 812
二、援建资金与项目 …… 812
第六节 省内市（州）援建 …… 814
一、达州市对口援建游仙区魏城镇 …… 814
二、南充市对口援建梓潼县许州镇 …… 815
三、内江市对口援建盐亭县柏梓镇 …… 816
四、资阳市对口援建三台县新鲁镇 …… 816

第五章　住房重建 …… 818

第一节　危房鉴定 …… 818
第二节　农房重建政策 …… 819
一、农房重建基本原则 …… 820
二、农房重建目标任务 …… 820
三、准确核定重建基数 …… 820
四、科学制定重建规划 …… 820
五、重建补助对象、标准、办法和资金筹措方式 …… 820
第三节　城镇住房重建政策 …… 821
一、指导思想、基本原则和总体目标 …… 821
二、资金补助 …… 822
三、受损住房鉴定和除险加固 …… 822
四、安居住房和廉租住房建设 …… 823
五、住房原址重建 …… 824
六、镇乡居民住房重建 …… 824
七、城镇住房重建相关政策 …… 825
第四节　住房建设 …… 826
一、概况 …… 826
二、城区住房重建 …… 827
三、其他特色住房建设 …… 828

第六章　工业重建 …… 830

第一节　概况 …… 830
一、工业经济实现恢复增长 …… 830
二、科学重建与优化布局 …… 831
三、投资拉动产业结构升级 …… 831
四、开放合作全面提升 …… 832
五、成效 …… 832
第二节　科技城、县（市、区） …… 833
一、科技城 …… 833
二、县（市、区） …… 833

第七章　农业重建 …… 838

第一节　种植业 …… 838
一、重建布局 …… 838
二、农业生产设施 …… 839
三、农业服务体系及农场、农业科研业务用房 …… 839

四、农业检测检验网络信息等设备设施 …… 839
五、优质特色农产品生产基地 …… 839
第二节 畜牧业 …… 840
一、概况 …… 840
二、重建成果 …… 840
第三节 林业 …… 841
一、林业产业基地 …… 842
二、林产加工业 …… 842
三、生态旅游业 …… 842
第四节 渔业 …… 842
一、概况 …… 843
二、受援重建 …… 844
三、灾后技术服务 …… 844
第五节 农机设施 …… 844
一、概况 …… 844
二、重建成果 …… 845
第六节 水利设施 …… 845
一、唐家山堰塞湖治理工程 …… 845
二、水库、堤坝 …… 846
三、水土保持和水资源监测设施 …… 848
第七节 生态修复 …… 850
一、植被恢复 …… 850
二、水土流失治理 …… 851
三、生态保护设施 …… 851
四、特殊保护区 …… 851
五、环境整治 …… 852
第八节 土地利用 …… 853
一、重建用地保障 …… 854
二、土地整理复垦 …… 854

第八章 交通重建 …… 855

第一节 公路 …… 855
一、公路设施 …… 856
二、汽车客运站 …… 859
第二节 机场 …… 860
一、重建规划 …… 860
二、建设过程 …… 861
第三节 铁路 …… 862

第四节　县（市、区）重点工程 …… 863
一、北川县 …… 863
二、安县 …… 863
三、平武县 …… 864
四、江油市 …… 865
五、涪城区 …… 865
六、游仙区 …… 865
七、梓潼县 …… 866
八、三台县 …… 866
九、盐亭县 …… 867

第九章　科教重建 …… 868

第一节　教育 …… 868
一、中小学、幼儿园 …… 869
二、大专院校 …… 873
三、其他教育事业单位 …… 874
第二节　科技 …… 875
一、企业科技 …… 875
二、农业科技 …… 875
三、技术标准管理 …… 876
四、科技工作 …… 876

第十章　卫生计生重建 …… 878

第一节　概况 …… 878
第二节　医院 …… 879
一、综合医院 …… 879
二、中医院 …… 881
三、专科医院 …… 882
四、乡镇卫生院 …… 882
第三节　计生技术服务机构 …… 884
一、北川县人口和计划生育服务中心 …… 884
二、江油市彰明计划生育服务站 …… 884
第四节　其他医疗卫生机构 …… 885
一、疾病预防控制中心 …… 885
二、妇幼保健院 …… 885
三、卫生执法监督所 …… 885
四、绵阳市紧急救援指挥中心 …… 886
五、村卫生站 …… 886

第十一章　信息产业重建 …… 887

第一节　邮政 …… 887

一、概况 …… 887

二、重建成果 …… 887

第二节　通讯 …… 888

一、中国电信绵阳分公司 …… 888

二、中国移动绵阳分公司 …… 889

三、中国联通绵阳分公司 …… 889

第十二章　电力重建 …… 891

第一节　重建规划 …… 891

一、2008—2010年绵阳电网灾后重建项目 …… 892

二、2011—2015年绵阳电网建设项目 …… 894

第二节　电力 …… 895

一、绵阳主要电源 …… 895

二、电网分布 …… 896

三、重建成果 …… 896

第三节　北川县、平武县 …… 897

一、北川县 …… 897

二、平武县 …… 899

第十三章　市场服务体系重建 …… 902

第一节　商品零售网点 …… 903

一、农村商贸网点 …… 903

二、重点项目 …… 906

三、超市 …… 907

四、其他零售商店 …… 909

第二节　商贸批发体系 …… 911

一、农产品批发市场 …… 911

二、畜产品批发市场 …… 913

三、生产资料批发市场 …… 915

四、日用消费品批发市场 …… 917

第三节　农贸市场体系 …… 919

一、乡镇农贸市场 …… 919

二、重点项目 …… 923

二、市区农贸市场 …… 923

第四节　物流配送体系 …… 925

一、农产品物流配送中心 …… 925
二、农业生产资料物流配送中心 …… 926
三、日用消费品物流配送中心 …… 929
四、混凝土配送和第三方物流 …… 930
五、区域性综合物流中心 …… 933
第五节　商品储备库 …… 934
一、粮油储备库 …… 934
二、其他重要商品储备设施 …… 938
第六节　居民生活服务体系 …… 938
一、定点屠宰场（厂） …… 939
二、餐饮和住宿 …… 941
三、再生资源回收及其他服务业 …… 944
第七节　金融信贷服务体系 …… 946
一、概况 …… 946
二、重点项目 …… 954
三、金融服务机构与服务网点 …… 954
四、地方法人金融机构 …… 955
第八节　市场监管体系 …… 956
一、金融市场 …… 956
二、质监检测服务机构 …… 958

第十四章　文化、旅游重建 …… 961

第一节　文化 …… 961
一、概况 …… 961
二、羌族文化保护 …… 962
三、非物质文化遗产保护 …… 963
四、公共文化服务设施 …… 965
第二节　广播影视 …… 970
一、概况 …… 970
二、重点项目 …… 972
第三节　体育设施 …… 973
一、概况 …… 973
二、重点项目 …… 974
第四节　新闻出版 …… 974
一、概况 …… 974
二、重建成果 …… 975
三、农家书屋 …… 975
第五节　旅游设施 …… 976

一、重点旅游景区 …… 976
二、三国文化旅游区 …… 978
三、乡村旅游示范工程带 …… 978
四、城镇旅游 …… 979
五、重大项目 …… 980
第六节 文化产业 …… 982
一、概况 …… 982
二、北川羌族自治县艺术中心 …… 983
三、城乡典型景点重建简介 …… 983

第十五章 防灾减灾重建 …… 986

第一节 地震监测预警系统 …… 986
一、绵阳市地震监测台网中心 …… 986
二、北川县防震减灾系统 …… 987
三、安县防震减灾系统 …… 987
四、江油市川10井地震监测项目 …… 988
第二节 气象监测预报预警设施 …… 988
一、概况 …… 988
二、重建成果 …… 988
第三节 水文监测预报预警系统 …… 990
第四节 应急指挥和救援救助体系 …… 991
一、应急指挥体系 …… 991
二、专业救援救助 …… 992
三、应急物资储备库 …… 992
四、避难场所 …… 993
第五节 综合防灾减灾 …… 994
一、地质灾害评估 …… 994
二、地质灾害防治 …… 994
三、县（市、区）避灾广场 …… 995

第十六章 精神家园与社会福利重建 …… 999

第一节 传统文化保护 …… 999
一、北川羌族民俗博物馆 …… 999
二、三台县潼川豆豉专题博物馆 …… 1000
第二节 弘扬民族精神工程 …… 1000
一、北川老县城地震遗址保护工程 …… 1000
二、安县辽宁广场 …… 1001
第三节 优秀作品 …… 1002
一、大型舞蹈诗剧《大北川》 …… 1002

二、话剧小品《大年三十》 …… 1003
第四节 精神心理康复工程 …… 1003
一、概况 …… 1003
二、重点人群（伤残）心理危机适宜技术研究 …… 1004
三、灾后心理援助服务模式 …… 1005
第五节 关心灾区干部 …… 1005
一、健全灾区精神家园建设工作格局 …… 1006
二、增强专职干部工作力量 …… 1006
三、加强灾区干部交流 …… 1006
四、落实干部待遇政策 …… 1007
五、多层次、全方位“以训代休” …… 1007
六、集中开展心理抚慰和援助服务 …… 1007
七、弘扬抗震救灾精神 …… 1008
八、关心关爱挂职援建干部 …… 1008
第六节 社会福利事业 …… 1009
一、社会福利设施 …… 1009
二、社会事务设施 …… 1012
三、优抚安置设施 …… 1013
四、老龄设施 …… 1015
第七节 灾后再生育服务 …… 1016
一、组织保障 …… 1016
二、资金保障 …… 1016
三、强化服务 …… 1017
四、规范管理 …… 1017
五、社会影响 …… 1017

第六篇 英模（先进）集体和人物

第一章 英模（先进）集体 …… 1022

第一节 英雄模范集体简介 …… 1022
一、全国抗震救灾英雄集体 …… 1022
二、抗震救灾优秀基层党组织 …… 1035
三、四川省抗震救灾模范集体 …… 1036
第二节 先进集体名录 …… 1044
一、四川省抗震救灾先进基层党组织 …… 1044
二、汶川地震灾后恢复重建先进集体 …… 1044
三、四川省灾后恢复重建对口支援省（市）先进集体 …… 1045

第二章 英模（先进）人物 …… 1046

第一节 英烈传 …… 1046
第二节 英模简介 …… 1058
一、全国抗震救灾模范 …… 1058
二、抗震救灾优秀共产党员 …… 1072
三、四川省抗震救灾模范 …… 1072
第三节 先进个人名录 …… 1100
一、获四川省委表彰的“抗震救灾优秀共产党员” …… 1100
二、获四川省委表彰的“抗震救灾优秀党员领导干部” …… 1101
三、抗震救灾英雄少年、优秀少年 …… 1101
四、汶川地震灾后恢复重建先进个人 …… 1102
五、对口支援省（市）“四川省灾后恢复重建先进个人” …… 1103
六、四川省汶川地震灾后恢复重建先进个人 …… 1105

附录

绵阳市抗震救灾指挥部公告（1~23号） …… 1108
绵阳市人民政府关于对地震灾害期间部分价格实行价格干预措施的紧急通知 …… 1120
绵阳市“5·12”抗震救灾指挥部关于进一步恢复灾后市场供应工作的紧急通知 …… 1121
绵阳市抗震救灾指挥部关于唐家山堰塞湖泄洪前鸣放防空袭警报的通告 …… 1122
绵阳市抗震救灾指挥部关于恢复城区正常秩序的通告 …… 1122
国务院抗震救灾总指挥部给唐家山堰塞湖应急处置指挥部的贺电 …… 1123
绵阳市人民政府关于我市灾后重建价格政策的意见 …… 1124
绵阳市人民政府办公室关于加强灾后重建建材价格管理有关问题的通知 …… 1125
绵阳市抗震救灾指挥部督查专报 …… 1126
抗震救灾新闻报道选 …… 1132
四川地震灾区首趟运送伤员的专列离开绵阳前往重庆 …… 1132
安县矿工彭国华被埋170小时获救纪实 …… 1133
“最牛”校长叶志平 …… 1135
绵阳空城记 …… 1137
别了，九洲体育馆！——一个抗震救灾标本的真实记录 …… 1140
绵阳九洲体育馆“5·12”地震灾民避难碑铭 …… 1144
北川迁城记 …… 1145

编后

…… 1149

概述

GAISHU

一

绵阳市位于四川盆地西北部，涪江中上游地区，地理坐标为北纬30°42′~33°03′、东经103°45′~105°43′，辖区面积20249.45平方公里，山区占61.0%，丘陵占20.4%，平坝占18.6%。全境呈西北—东南向宽条状，长约282公里，宽75~125公里，东南邻南充市，南接遂宁市，西邻德阳市、阿坝藏族羌族自治州，北界甘肃省文县，东北与广元市为邻。绵阳市东北望剑门天险，西南接成都平原，自古就有“剑门锁钥”“蜀道咽喉”之称。

绵阳古称“涪”，始于汉高祖六年（公元前201）设置的涪县，属广汉郡。隋初设绵州。清雍正五年（1727）升为直隶州。民国2年（1913），裁撤绵州，设绵阳县。1950年，建绵阳专区。1968年，改为绵阳地区。1985年2月，经国务院批准，绵阳地区撤销，分别建立地级绵阳市、广元市、遂宁市。2007年，绵阳市辖涪城区、游仙区、北川羌族自治县、安县、三台县、盐亭县、梓潼县、平武县，代管江油市和四川省政府科学城办事处，直辖绵阳国家高新技术产业开发区、绵阳经济技术开发区、绵阳科教创业园区、科技城现代农业科技示范区。

绵阳自古以来就是四川盆地西北部的政治、经济、文化中心和交通枢纽，具有重要的战略地位。绵阳市是国家“一五”建设和三线建设的重点地区，是国家重要的国防军工科研生产基地。2000年，中共中央、国务院决定建设绵阳科技城。2007年，绵阳市户籍人口537.95万人，地区生产总值673.50亿元，社会消费品零售总额244.21亿元，城市居民人均可支配收入10473元，农村居民人均纯收入4039元。

绵阳市是四川省地震重点监视防御区和地震多发区之一，市境北部沿龙门山断裂、虎牙断裂地区，历史上多次发生破坏性地震。例如：1879年江油5.0级地震，1958年北川6.2级地震，1966年安县4.8级地震，1976年松潘、平武两次7.2级地震。这些地震，给当地人民群众生命财产造成较大损失。据统计，从有准确文献资料记载至2008年5月11日，绵阳市境内发生4.7级以上破坏性地震30次，其中7~7.2级地震2次，6~6.9级地震2次，最大震级为1976年松潘—平武间7.2级地震。

二

2008年5月12日14时28分，在青藏高原东缘的龙门山构造带上，发生震惊世界的汶川特大地震，震级8.0级，震源深度14公里，北川—映秀、都江堰—江油两条北东方向断层发生破裂。沿北川—映秀断层的地表破裂带长约240千米，为兼有右旋走滑分量的逆冲型地表破裂，破裂起始点位于汶川县映秀镇，沿龙门山断裂方向自南西向北东方向破裂，经绵阳市安县、北川县、平武县及广元市青川县至陕西省宁强县，整个过程持续约120秒，最大垂直位移9米，最大右旋走滑位移4.9米。沿汉旺—白鹿断裂的地表破裂带长约72千米，为纯逆冲型地表破裂，最大垂直位移3.5米。在上述两条地表破裂带东部，还有一条规模较小的北西向小鱼洞地表破裂带，长约6千米。

汶川特大地震是中华人民共和国成立以来发生在大陆内部影响范围最大、破坏性最强、波及范围最广、损失最为惨重的地震灾害，也是绵阳市有史以来遭受的最为严重的自然灾害。绵阳市是汶川地震灾区受灾最重、损失最大、人员伤亡最多的地区。地震微观震中在汶川县映秀镇，宏观震中在北川县县城曲山镇，烈度达到11度。地表破裂带横穿绵阳市北部的安县、北川县、平武县，造成巨大人员伤亡和财产损失。全市9个县（市、区）全部受灾，受灾人口达521.7万人，遇难21963人，失踪7795人，受伤17.4万人，直接经济损失达1689.09亿元。在四川省6个重灾市（州）中，绵阳市遇难、失踪人数均居首位。位于龙门山中央断裂地表的北川县、安县、平武县受灾尤其严重。北川县城几乎被夷为平地。北川县陈家坝乡，安县高川乡、茶坪乡，平武县平通镇、南坝镇，均遭受毁灭性破坏。以上5个乡镇，遇难4566人，失踪1581人，受伤25668人。

绵阳市城乡住房和交通、通信、电力等基础设施遭受严重破坏。全市农村房屋倒塌4933.92万平方米，城镇居民住宅倒塌或毁损898.54万平方米,受损住宅面积比例高达3/4。全市损毁公路5913.09公里，桥梁1505座，进入极重灾区的道路全部中断，通信及电力供应瘫痪。全市损毁电站130座、水库619座，地震造成的病险水库随时可能引发新的次生灾害。全市损毁学校859所、医疗卫生机构3322个、广播电视台站282个。

绵阳市工业企业全面瘫痪，工业生产全部中断。全市工业受灾2410户，经济损失333.95亿元，其中规模以上工业企业受灾793户，占全部规模以上企业的96%。震后停产一周以上的企业达到90%以上，停产1月以上企业达到50%，停产3月以上的企业达到20%。长虹集团公司、九洲集团公司、攀长钢集团公司、新华内燃机公司等重点企业均遭受重大损失。

地震引发严重的地质灾害和其他次生灾害，造成滑坡、崩塌、泥石流及其他地质灾害2432处，阻塞江河形成堰塞湖55处。其中北川县唐家山堰塞湖，安县肖家桥堰塞湖、老鹰岩堰塞湖，平武县文家坝堰塞湖达到高危级，威胁巨大。北川县城老城区王家岩滑坡，冲毁北川县医院、曲山幼儿园、曲山小学及农贸市场等，形成宽约210米、长约250米的滑坡堆积体。北川县城茅坝新区景家山崩塌，形成堆积体约50万立方米，掩埋北川中学（新区）、北川县水电局等单位。以上两处地质灾害，均造成巨大人员伤亡。北川县城上游6公里处的唐家山大面积滑坡，完全阻断湔江，形成库容达到3.2亿立方米的特大堰塞湖，直接威胁涪江中下游绵阳市、遂宁市200多万人的生命财产安全。

三

中共中央、国务院、中央军委对绵阳市的巨大灾情极为关注。震后第二天，即2008年5月13日下午，中共中央政治局常委、国务院总理、国务院抗震救灾总指挥部总指挥温家宝赶赴绵阳，看望慰问受灾群众，组织指挥抗震救灾。5月14日上午，温家宝赴北川县察看灾情，在北川中学救援现场，他强调："现在第一位的任务就是救人。抢救人的生命是这次抗震救灾工作的重中之重。要抓紧时间，只要有一线生还的机会，就要用百倍努力。我们要把救援人员派到每个受灾的县、乡、村去，尽最大努力从废墟中救人。"5月22日、6月5日，温家宝又先后两次赴绵阳指挥抗震救灾，并乘直升机到唐家山堰塞湖坝顶察看险情，对排险、避险工作作出重要部署和安排。

5月16日，中共中央总书记、国家主席、中央军委主席胡锦涛从北京直飞绵阳，慰问灾区干部群众，指导抗震救灾工作。胡锦涛抵达绵阳后，立即在机场主持召开会议，同先期抵达灾区的温家宝共同研究部署抗震救灾工作。随后，胡锦涛一行立即驱车赶往北川县、绵阳南河体育中心安置点、绵阳市中心医院，看望慰问受灾群众，指导抗震救灾工作。在北川县看望受灾群众时，胡锦涛说，有党和政府的关怀，有全国人民的援助，有人民解放军、武警部队的支持，我们一定能克服困难、渡过难关。在北川中学救援现场，胡锦涛强调："当务之急仍然是救人，只要有一线希望，我们都要千方百计地抢救。"在接见参加北川中学救援的部队官兵时，胡锦涛希望他们一定要发扬不怕疲劳、连续作战的作风，克服困难、争分夺秒，努力把灾害造成的损失减少到最低程度，夺取抗震救灾斗争的胜利。

5月18日至19日，中共中央政治局常委、国务院副总理、国务院抗震救灾总指挥部副总指挥李克强在绵阳市指导协调抢险救援和防疫防灾工作，强调要统筹协调救人、救治、防疫、防灾和灾民安置，有力、有序、有效地做好抗震救灾工作。6月27日至28日，中共中央政治局常委、中央书记处书记、国家副主席习近平在绵阳市游仙、平武、北川、江油等灾区考察抗震救灾、群众安置及恢复重建等工作，看望慰问受灾群众、基层党员干部、各方面救灾人员和组工干部，并就新形势下党建工作所面临的新情况新问题进行实地调研。中共中央政治局常委、全国人大常委会委员长吴邦国，中共中央政治局常委、全国政协主席贾庆林，中共中央政治局常委李长春，中共中央政治局常委、中央纪委书记贺国强等也先后赴绵阳，指挥或指导抗震救灾，慰问受灾群众。

灾情发生后，中共四川省委、四川省人民政府迅速对绵阳市抢险救灾作出重要部署。2008年5月12日晚，副省长张作哈带领四川省抗震救灾指挥部驻绵工作组连夜赶赴绵阳，迅速协调部队、武警、公安、民兵预备役、专业救援力量及医护人员驰援绵阳重灾区，争分夺秒解救被困群众，千方百计救治伤员。省委书记刘奇葆、省长蒋巨峰等多次赴绵阳灾区，查看灾情，慰问受灾群众，组织指挥抢险救灾。在唐家山堰塞湖排险的关键时期，刘奇葆、蒋巨峰坐镇绵阳指挥，成功实现零伤亡的目标。

四

灾情就是命令。强烈地震刚刚平息，中共绵阳市委、绵阳市人民政府立即启动突发事件处置应急预案，组建绵阳市"5·12"抗震救灾指挥部，紧急动员全市人民奋起抗灾自救，争分夺秒抢救生命、救治伤员。北川县、安县、平武县等极重灾县干部群众，在外援力量无法进入的情况下，用肩扛，用手刨，用木棍撬，从浅层废墟中救出一个个生命。

驻灾区部队紧急行动，全力投入抗震救灾。绵阳军分区动员和组织全区民兵预备役部队，连夜赶往北川县参加救援。总装63820部队、成都军区77123部队、武警绵阳市支队、武警绵阳市消防支队火速投入抢险救援，展开生死大营救。5月13日凌晨1时，成都军区77126部队先遣队抵达北川中学，2时30分，1460名官兵全部抵达北川县城展开救援。

根据中共中央、中央军委的决策和部署，成都军区、济南军区、第二炮兵、空军、武警部队、公安消防部队、民兵预备役部队等共出动5.5万余名官兵，以空中运输、铁路运输、摩托化开进等不同方式，星夜兼程赶赴绵阳灾区，突进重灾区侦查灾情，抢通救援生命通道，在废墟中搜救幸存者，转运伤员，转移被困群众，实施卫生防疫，排除堰塞湖险情，为绵阳市取得抗震救灾的伟大胜利做出突出贡献。二炮某工程团、14集团军救援部队昼夜施工，仅用24小时就开辟出一条进入北川县城的应急抢险简易通道。77293部队65名官兵空降平武县藏区侦查灾情。77123部队派出突击队，挺进“孤岛”高川、茶坪侦查灾情。某陆航团直升机组涉险飞入龙门山峡谷地带，营救被困核专家。77226部队1000名官兵翻山越岭，肩挑背扛，徒步行军8小时，将7吨炸药、雷管运送到唐家山堰塞湖坝顶。武警水电部队官兵徒步与机降并进，想方设法开赴唐家山堰塞湖坝顶，争分夺秒实施排险施工。

在部队驰援绵阳的同时，国家有关部委迅速抽调人员组成专家组，飞赴绵阳指导抢险救灾。国土资源部派出工作组，对北川县地质灾害防治进行现场指导。住房和城乡建设部派出指导组，指导绵阳市震后房屋安全应急检测。国家质检总局向绵阳市派出3支45人的特种设备抢修服务队。水利部组成灾区援建设计组，赴绵开展震损水库的应急处置。环境保护部先后派出5名核安全救援专家，赶赴绵阳市指导抗震救灾工作，确保核设施安全可靠。交通运输部组织多省救援力量，参加绵阳市公路桥梁抢通工作。

大灾彰显大爱。来自全国各地的2万余名志愿者，以及100余名外籍志愿者，把大爱献给绵阳灾区。绵阳市成千上万的普通市民，纷纷加入志愿者队伍。绵阳市招募抢险志愿者、医护志愿者、关爱志愿者、献血志愿者、心理咨询志愿者等各类志愿者10万余名，开展志愿服务40万人次。涪城区青义镇灯塔四社57岁的胡开华牺牲在九洲体育馆志愿服务岗位上。唐山农民兄弟宋志永带领的“宋志永唐山爱心救援小分队”，奋战在北川、安县抢险救援第一线。俄罗斯米–26机组转战绵阳机场，将抢险施工重型装备送往唐家山堰塞湖大坝。

2008年6月10日15时15分，唐家山堰塞湖洪峰顺利通过绵阳城区，不仅标志唐家山堰塞湖排险取得决定性胜利，也标志绵阳市抗震救灾取得阶段性胜利。

五

面对突如其来的特大自然灾害，全市上下迅速打响医疗救治攻坚战。通信中断，交通瘫痪，市抗震救灾指挥部派人跑步到城区各大医院传达命令。当班医护人员忠于职守，不离不弃，紧急疏散和转移住院病人，从危楼中抢出医疗器械和药品；休假医护人员跑步归队，安抚病患，救治伤员。震后5分钟，绵阳城区医院开始收治伤员；震后30分钟，城区各医疗机构病员及家属1万余人全部安全转移；震后40分钟，绵阳市中心医院在帐篷手术室实施第一台手术。市中心医院、市第三人民医院、四〇四医院、市人民医院紧急抽调医护人员，组成前线医疗救援队，赶往北川县开展医疗救护工作。各县（市、区）、各乡镇在广场、空地搭建临时救护点，因陋就简，对地震伤员进行救治。震后30小时内，全市医疗机构在临时搭建的帐篷中施行大小手术6057例。

针对绵阳市特别严重的灾情，卫生部、解放军总后勤部、四川省卫生厅不断向绵阳加派医疗救护力量。据统计，在抢险救援期间，共有169支国内外医疗防疫队伍，6900多名医疗、防疫专业人员支援绵阳。绵阳市建立外援医疗队伍联席会议机制，实现有史以来区域最广、数量最多的医疗防疫队伍有序协调、调度。

随着通往北川县、平武县等极重灾区的道路被打通，大批地震伤员被转移出来，绵阳城区成为庞大的伤员救治基地。为提高有效救治率，医疗救护人员按照“先救命后治伤、先治重伤后治轻伤”的原则，对伤员进行检伤、分类。同时，在卫生部专家的指导下，绵阳城区医院采用集中伤员、集中专家、集中医院的“三集中”医疗救治模式，确保伤员得到最专业、最有效的救治。全市累计接诊伤病员42万人次，收治住院伤病员2.3万人次，其中危重伤员2773人、截肢146例，住院伤病员死亡847人，死亡率3.91%。

灾区医疗设施在地震中受损严重，医疗资源奇缺，伤员救治压力极大。绵阳市3789个医疗卫生机构中，3322个受损，遇难（失踪）163人，受伤196人，直接经济损失31.2亿元。针对灾区的实际，国务院抗震救灾总指挥部决定，将部分伤员转运到外地治疗。5月17日至6月3日，在国家和四川省的协调下，绵阳市动用救护车300余辆、专列6列次、专机4架次，成功组织有史以来规模最大、距离最远、人员最多、涉及省市最广的伤员转运工作，向重庆、西安、昆明、杭州、广州、北京、南宁等地安全转运伤员3381人，占四川省转运伤员总数的38%。6月初，全市医疗救治工作逐步转为伤员后期康复。至7月底，全市基本恢复正常医疗秩序。

围绕“大灾之后无大疫”的目标，在医疗救治的同时，全市上下立即展开另一场生命保卫战——卫生防疫。2008年5月12日下午，市卫生局紧急组建5支灾后防疫应急队，震后半小时，市疾控中心工作人员到达市中心医院，为震后第一台帐篷手术开展手术环境消毒工作。5月13日凌晨3时、5月14日10时，8支卫生防疫队伍分别赴北川县、安县、平武县、江油市开展工作。来自全国各地的多支卫生防疫队伍支援绵阳，解放军防化部队进入绵阳极重灾区。北川县城封城后，军地防疫人员对县城进行高密度无害化处理。北川、安县、平武、江油等县（市）极重灾乡镇，反复对地震废墟进行防疫消杀。九洲体育馆、南河体育中心、川音绵阳艺术学院等大型集中安置点，从环境卫生到餐饮卫生，从饮用水监测消毒到传染病预防控制，实施全方位覆盖，不留任何死角。抗震救灾期间，绵阳市未发生一起具有威胁的疫情，创造了卫生防疫的奇迹。

心灵创伤修复是医疗救援的重要内容。2008年5月13日，市精神卫生中心（市第三人民医院）组建第一支心理危机干预队，深入灾区和受灾群众安置点开展受灾群众心理干预工作。中国科学院、中国心理学会、清华大学、西南科技大学分别派出专家团队，在九洲体育馆、安县桑枣镇救助站等应急安置点，开展各种形式的心理救助行动，培训心理援助志愿者，并在绵阳城区、北川县建立心理援助工作站。2008年12月31日，市政府成立地震灾区干部群众和学校师生心理服务协调小组，同时，成立覆盖全市9个县（市、区）的4个心理服务指导小组，负责全市心理服务工作指导和督导检查。

六

特大地震造成绵阳市521.7万人受灾，亲人罹难，房屋被毁，痛失家园。市委、市政府克服重重困难，千方百计做好赈灾工作，确保受灾群众有饭吃、有衣穿、有干净水喝、有临时住处、有病能医治。2008年5月13日，根据市抗震救灾指挥部的部署，市商务局、市民政局把从市区大型商家采购的首批价值100万余元救灾物资运进北川县，拉开赈灾的序幕。在应急救灾期间，市财政局共拨付抗震应急资金56.76亿元，用于临时安置点建设、救灾物资采购、兑付救济补助金等。同时，全市做好临时生活救助、后续生活救助、唐家山堰塞湖避险救助、“9·24”洪涝泥石流灾害生活救助、灾区民众冬春生活救助等。

按照“就地、就近、分散”的原则，对受灾群众进行应急安置和过渡安置。全市建立九洲体育馆、南河体育中心等临时安置点880个，安置257.65万人，发放衣被173.6万件、成品粮12.96万吨、食用油5667吨。因灾造成房屋倒塌、严重损毁无法居住的灾民，全部得到妥善安置。截至2008年8月，绵阳市累计接收上级下拨和社会捐赠的救灾帐篷50.23万顶，向县（市、区）和安置点分配发放44.82万顶，安置受灾群众17.28万户、60.47万人。全市建设活动板房33.598万套，接收发放用于搭建自建过渡房的彩条布、篷布509.55万平方米。

一方有难，八方支援。绵阳市的极重灾情，牵动着无数人的心，吸引众多关爱的目光，全国各族人民、港澳同胞、台湾同胞、海外华侨华人及国外政府、国际组织和国际友人纷纷慷慨捐助。截至2009年12月31日，绵阳市民政局接收捐赠资金3597.85万元，绵阳市红十字会接收捐赠资金9784万元。绵阳市抗震救灾指挥部捐赠资金专户（截至2008年7月9日）、绵阳市财政局国库抗震救灾捐赠资金账户（截至2010年1月25日）共接收捐赠资金2.79亿元。全市共产党员积极响应市委号召，交纳抗震救灾“特殊党费”1045.53万元（截至2008年7月）。此外，截至2008年12月底，绵阳市抗震救灾指挥部接受价值7.72亿元的社会捐赠物资，其中包括帐篷55万顶、毛毯近10万床、衣物160万件、食品14万件、药品8万件、机具4.8万件、日用品22万件。

绵阳市以遇难学生家长为重点，全力做好遇难人员家属抚慰工作，告慰亡灵，走出悲痛，顽强生活，重建家园。市委、市政府成立全市学校学生家长稳定工作领导小组，建立“一对一”帮扶工作机制，落实帮扶责任。全市统一为遇难学生家庭发放国家对遇难人员家庭一次性抚慰金、遇难学生补助金、遇难学生家庭一次性救助金等，为符合条件的遇难学生家长购买15年的基本养老保险。同时，全市对伤残学生及家长给予抚慰救助，发放特别救助金和残疾学生家庭护理补助金，并对受灾群众进行民政救助、就业援助、教育援助、医疗康复救助、残疾救助和计生救助等，竭尽全力帮助受灾群众开始新的生活。

七

特大地震虽然吞噬大量鲜活的生命，毁灭饱含美好记忆的家园，但夺不走绵阳人民从悲壮走向豪迈的强大精神。在抗震救灾取得决定性胜利后，全市上下迅速开启灾后重建的伟大征程。

灾后重建，规划先行。按照国务院《汶川地震灾后恢复重建条例》《四川汶川地震灾后恢复重建总体规划》的要求，绵阳市先后制订《绵阳市“5·12”地震灾后恢复重建总体实施规划》和9个专项实施规划、9个县（市、区）灾后恢复重建总体实施规划、北川县新县城选址规划及总体规划，以及161个乡镇和477个村庄灾后重建规划，立足于“在重建中发展，在重建中提升”，在规划布局、功能完善、产业调整、提高升级等方面，力求实现质的飞跃。

特大地震虽然是千年不遇的特大灾难，但同时也给绵阳浴火重生带来极好机遇。2008年9月至2011年9月，全市实施重建项目达7318个（后调整为7314个）、估算总投资约2266.3亿元（后调整为2267.34亿元），其中城乡住房建设投资728.29亿元、城镇体系建设投资303.06亿元、农村建设投资182.56亿元、公共服务设施建设投资254.56亿元、基础设施建设投资286.4亿元、生态恢复投资58.01亿元，生产力布局与产业调整投资429.29亿元，防灾减灾投资22.54亿元，精神家园建设投资1.46亿元，其他方面估算总投资0.09亿元。全市三年重建投资规模，相当于建市22年投资总和的1.5倍（1985年至2007年为1490亿元）。灾后重建为绵阳经济社会快速发展提供了坚强支撑，也为加快建设国家科技城和西部经济强市奠定了坚实的基础。

绵阳在废墟中崛起，离不开兄弟省、市的无私援助。绵阳市是汶川地震灾区对口援建省、市最多的地区，山东省援建北川县，辽宁省援建安县，河北省援建平武县，河南省援建江油市，四川省达州市、南充市、内江市、资阳市分别对口援建游仙区魏城镇、梓潼县许州镇、盐亭县柏梓镇、三台县新鲁镇。据绵阳市发改委统计，全市灾后恢复重建对口支援项目965个，总投资211.78亿元，援建产业园区4个。数万名援建人员日夜奋战在绵阳市灾后重建第一线，为绵阳的新生做出重要贡献，仅山东省就有500多名援建干部、3万多名施工人员奋战在援建北川第一线。山东省援建北川工作指挥部总指挥助理、北川新县城组组长、潍坊市建设局局长崔学选，把自己当成北川人，把对灾区人民的爱挥洒在羌乡，累倒在援建前线，2009年7月13日不幸辞世。此外，4个对口援建省还选派160余名优秀干部到灾区挂职，派出医疗卫生队伍42支2580余人次，选派优秀教师100余名、公安干警1400名，赴灾区开展对口服务。

北川新县城建设是绵阳市灾后重建的重中之重，也是汶川地震灾区灾后重建的标志性工程，其选址和规划建设成为海内外关注的焦点。2008年8月，由中国城市规划设计院主持提出初步方案，11月初，国务院常务会议审查通过选址。胡锦涛总书记为北川新县城所在地斟定地名“永昌镇”，寓意永远繁荣昌盛，永昌镇成为北川县第29个乡镇。11月16日，温家宝总理听取北川新县城规划情况汇报，提出“安全、宜居、特色、繁荣、文明、和谐”十二字建设标准，要求把其建设成为城建工程标志、抗震救灾精神标志和文化遗产标志。2009年5月12日，北川中学正式动工，成为北川新县城开工的首个项目。2011年1月23日，北川新县城由山东援建方整体移交给北川县。2011年2月1日，北川新县城开城，标志北川新县城正式投入使用。北川新县城建设是我国历史上动员范围最广、投入力量最大、规划层次最高、施工组织难度最大的一项工程，汇集全国资质最高的设计单位50多家，召开有多名院士参加的论证会100余次，超过1000人次的专家学者参与设计，首期总投资95.5亿元，市政基础设施、保障性住房、公益性服务设施等6大类218个项目同时启动，一年多的时间全面竣工。

八

汶川特大地震使绵阳遭受巨大损失，带给绵阳人民巨大伤痛。在生与死的考验中，全市广大干部群众、驻绵部队官兵、民兵预备役人员，支援绵阳的军地人员、志愿者，万众一心、众志成城，不畏艰险、百折不挠，以人为本、尊重科学，最大限度地拯救受灾群众的生命，最大限度地降低地震灾害和次生灾害造成的损失，夺取了抗震救灾的伟大胜利。面对规模空前、难度超前的灾后恢复重建工作，绵阳人民和广大援建工作者同心协力、密切配合，不畏艰辛、顽强拼搏，短短三年，灾区面貌发生脱胎换骨的巨大变化，经济社会发展和人民群众生活超过震前水平，绵阳市开启发展振兴的全新征程。

从灾难中汲取信心，从灾难中汲取力量。在这场史无前例的伟大斗争中，涌现一大批英雄集体和先进个人，他们的感人事迹，汇聚成一笔弥足珍贵的精神财富，铸就一座高高屹立的精神丰碑。危难时刻，他们挺身而出、冲锋陷阵，舍生忘死、救危扶困，连续作战、恪尽职守，心系灾区、无私奉献，彰显英雄本色，播撒人间真爱，充分展示了“万众一心、众志成城，不畏艰险、百折不挠，以人为本、尊重科学”的伟大抗震救灾精神，值得绵阳人民世代铭记。绵阳市16个英雄集体获“全国抗震救灾英雄集体”殊荣，受到中共中央、国务院、中央军委表彰，他们是：绵阳市公安局、绵阳市交通局、绵阳市卫生局、四川长虹电子集团有限公司、中共北川县委、中共平武县委、中共江油市委、安县水务局、绵阳市公安局巡特警支队、北川县人武部、武警绵阳市支队、武警绵阳市支队北川县中队、成都铁路局绵阳车务段、解放军第520医院、77123部队87分队、63831部队51分队。绵阳市13个集体被授予“四川省抗震救灾模范集体”荣誉称号，受到中共四川省委、四川省人民政府表彰。此外，绵阳市5个集体、对口支援绵阳的20个集体，被人社部、国家发改委、解放军总政治部联合表彰为“汶川地震灾后恢复重建先进集体”；对口援建绵阳的6个集体，被省委、省政府表彰为“四川省汶川地震灾后恢复重建先进集体”。

绵阳人民不会忘记那些长眠于地下的英烈：为抢救11名被困村民而英勇牺牲的二炮某部北川籍副连职排长陈大桂，援建北川期间忘我工作身患绝症不幸去世的山东省潍坊市建设局局长崔学选，组织全校师生在大地震中成功脱险被媒体称为“史上最牛校长”的安县桑枣镇初级中学校长叶志平，为抢救和疏散学生而英勇献身的人民教师李佳萍、张家春、郑发富、乔广平、张兰……

绵阳人民同样不会忘记那些活着的英雄：大灾面前临危处置，果断组织干部群众抗灾自救，长时间奋战在抗震救灾和灾后重建第一线，高票当选2008年度“感动中国十大人物”的北川县县长经大忠；失去6名亲人，和战友展开16小时生死营救，用双手刨出42条生命，把11名重伤员一步步背到安全地带的北川县人武部驾驶员郑植耀；完整记录北川地震后第一时间受灾、抢险情况，8次带领专家组、部队进出唐家山堰塞湖的北川县曲山镇大水村支部书记唐祖华；在北川中学救援一线鏖战10多天，和战友们成功营救21名被困学生的绵阳市公安消防支队代理排长肖显辉；在临时搭建的手术室，坚持几个小时手提落地灯为手术照明，被大家称为“提灯天使”的绵阳市中医院手术室护士长黄琼；数次登上唐家山堰塞湖坝顶，冒着生命危险采集和发送水文资料的绵阳水文水资源勘测局副局长、高级工程师唐训海；在高温、高腐环境下连续10天检验遇难者遗体，为建立身份识别DNA数据库采集基础数据的三台县公安局刑警大队技术室主任赖大东……

大事记

DASHIJI

2008年

5月12日14时28分，四川省阿坝州汶川县（北纬31度、东经103.4度）发生里氏8.0级特大地震，烈度11度。地震波及绵阳市城区及各县（市、区），造成重大人员伤亡和财产损失，全市9个县（市、区）、286个乡镇（街道）、521.7万人受灾，因灾死亡21963人、失踪7795人、受伤17.4万人，直接经济损失高达1689.09亿元。

△ 14时50分，中共绵阳市委、绵阳市人民政府迅速启动突发公共事件（地震）应急预案一级响应，在火炬广场成立绵阳市抗震救灾指挥部。

△ 14时55分，绵阳市抗震救灾指挥部召开第一次会议，成立综合协调组、抗灾救济组、供给保障社会捐赠组、医疗教育组、群众安置组、遇难灾民善后组、安全稳定组、新闻宣传组共8个工作小组，派出18名市级领导带队分赴城区察看受灾情况。全市各县（市、区）相继成立抗震救灾指挥部，迅速组织抢险救灾。

△ 14时55分，市委组织部向全市1.6万名党员干部和26万多名党员发出紧急救援动员令。

△ 15时5分，市抗震救灾指挥部急召移动、联通、电信、供水、供电、供气等部门负责人，要求迅速解决通信、通电、通气问题，保证供水，联通公司为指挥部架设应急电话，公布指挥部应急号码。

△ 15时32分，市抗震救灾指挥部手写宣传稿，通过警车喊话器、宣传车喇叭等发布第1号公告：请广大市民保持镇静，暂不进屋，尽量到室外空旷地带避险。

△ 15时45分，北川县借军用电话向市委、市政府报告：北川县发生大地震，造成巨大灾害，请求部队支援。平武县卫星电话转报：平武县发生特大地震，请求市里紧急支援。安县报告：安县发生强烈地震，已有人员伤亡，请求市里支援。江油市报告：江油市发生地震，请求市里支援。三台、梓潼、盐亭3个县也分别通过电话报告地震灾情。

△ 16时55分，北川县委组织部部长王理效受县委书记宋明指派，赶赴市抗震救灾指挥部报告

灾情：北川县城80%被毁，估计4000~5000人被埋。市抗震救灾指挥部当即决定：市委常委、常务副市长左代富紧急带领民兵预备役应急分队到北川县抢救伤员和被埋人员。

△ 17时，北川县城老城区幸存的2000多名学生、群众，在北川县抗震救灾临时指挥部的组织下，陆续向任家坪转移。因连接新老城区的翻水桥和小河街被山体落石阻断，新城区3000多名群众被指挥部集聚到县政府大院草坪上避险。

△ 17时25分，市抗震救灾指挥部向省委、省政府紧急报告绵阳市受灾初步情况、采取的工作措施，请求省委、省政府给予紧急支援。

△ 17时30分，受市抗震救灾指挥部指派，市人大常委会副主任赵映坤带队赶赴平武县抢险救灾。

△ 18时5分，市抗震救灾指挥部针对北川中学教学楼、县城房屋垮塌，大量学生和群众被埋的情况，请求军队紧急支援。

△ 18时35分，市抗震救灾指挥部针对全市人员伤亡数量激增，市内医院医务人员、急救药品告急的情况，请求省委、省政府紧急支援。

△ 19时10分，市委书记、市人大常委会主任、市抗震救灾指挥部指挥长带队赶赴北川县，途中因道路堵塞，返回安县永安镇，组织指挥北川抢险救灾。

△ 19时20分，市抗震救灾指挥部发布第2号公告：接省上通知，汶川县发生特大地震，绵阳及其周边大部分地区地震烈度为5、6、7度。请市民注意：第一，不到危险房屋、高楼居住；第二，远离建筑物、高压线、加油站、加气站；第三，随时提高警惕，听从干部和公安干警指挥；第四，搞好自救，注意防火、防盗等治安安全。

△ 19时30分，市委常委、常务副市长左代富等到达北川县城，并在茅坝片区成立绵阳市北川抗震救灾前线临时指挥部，负责指挥和协调北川县抗震救灾工作。

△ 19时45分，市抗震救灾指挥部发布第3号公告：第一，发生余震时，在室内的市民不要跳窗、跳楼，就近躲入室内小开间的厨房、厕所等处，或钻入坚固的床、写字台下，用双手护头蹲下；第二，在室外的市民避开高楼、广告牌、围墙及电杆等潜在危险；第三，离开室内的市民拉下电源，关闭燃气开关，避免发生新的灾害。

△ 20时，绵阳市中心医院脑外、胸外、普外、骨科、急救等11名医疗专家组成的医疗救援队到达北川县任家坪。

△ 21时52分，市抗震救灾指挥部向省委、省政府请求支援医疗救护人员和药品、帐篷、食品、棉被、汽油、柴油等救灾物资，以抢救伤员和安置群众。

△ 22时6分，市抗震救灾指挥部召开紧急会议，安排市级机关50岁以下的男性干部和长虹、九洲两家大型国有企业的职工5000人，自带干粮、衣被、工具，准备前往北川县参与救人。

△ 23时8分，市抗震救灾指挥部决定，由副市长林新负责，立即组织城区所有工程建设施工单位的挖掘机、推土机、吊车和施工队，赶赴北川县抢修道路，必须于13日5时之前打通安北路生命通道。

△ 四川省组织的17个医疗队和绵阳市的5个医疗队奔赴北川县、安县、平武县等极重灾区参与紧急救援。

△ 23时30分，由500多名员工组成的长虹公司救援队到达北川中学，抢救被埋学生。

△ 23时40分，受省委、省政府指派，副省长张作哈率领四川省抗震救灾指挥部救灾工作组赶到绵阳，紧急研究部署并指导绵阳抗震救灾工作，作出重大安排：调集省紧急救援队奔赴绵阳参

与抗震救灾；调集钢钳、钢钎、铁锤等救灾工具支援绵阳抗震救灾；增调1000~2000名部队官兵前往绵阳重灾区增援；调集直升机给北川县、平武县等重灾区空投食品、水等物资。其后，张作哈连夜赴北川县察看灾情。

5月13日1时6分，市抗震救灾指挥部召开紧急会议，要求各级干部坚守岗位，调配好抢险力量，调集100辆汽车在火炬大厦集结，组织人员进入北川县抢救伤员。

△ 1时35分，市抗震救灾指挥部向卫生部门发出指令：第一，迅速在全国范围内采购药品和医疗器械；第二，将全市范围内的救治伤员药品和医疗器械汇总；第三，积极向省上争取救治伤员药品和医疗器械。

△ 1时52分，市抗震救灾指挥部发出指令：在全市范围内组织调配发电设备、汽油、柴油，保障供应各医疗救治点和县、乡镇指挥部。

△ 2时30分，成都军区第13集团军77126部队部队长王凯、参谋长胡中强、装备部部长刘红兵率机关28人、所属77136部队1460人，全部到达北川县城展开救援，是地震后第一支进入北川县展开救援的解放军部队。

△ 2时56分，市抗震救灾指挥部再次发出指令，要求竭尽全力尽快恢复通信，尽快恢复各救助点、县和乡镇指挥部电力供应。

△ 4时12分，安北路抢通，比预定时间提前48分钟。

△ 5时5分，市抗震救灾指挥部组织市级机关干部1000名、长虹职工3000名、九洲职工1000名，在火炬大厦乘车开赴北川县抢险救人。

△ 77136部队官兵在北川县曲山幼儿园废墟下成功救出一个3岁的小男孩，获救的小男孩抬起右臂，向救他的解放军叔叔们敬了一个礼，他就是“敬礼娃娃”郎铮。

△ 8时，副省长张作哈与绵阳市委领导进入北川县城查看灾情，组织协调部队开展对北川县城被埋群众的搜救，积极向省上衔接，争取大型搜救工具，以开展大规模营救工作。

△ 9时10分，万余名从北川县城和邻近乡镇疏散出来的群众汇集任家坪，市抗震救灾指挥部当即决定：第一，在安北路沿线永安、安昌、花荄和城区九洲体育馆设立临时安置点；第二，交警马上到位维护交通秩序，调用沿途车辆迅速疏散转移群众。

△ 九洲集团向北川人民捐赠现金200万元和100万元的急需救灾物资，是省内首家对灾区实施捐助的企业。

△ 市抗震救灾指挥部在九洲体育馆设立临时救护中心，安置从北川县、安县等地转移出来的受灾群众。至6月29日最后一批1455名受灾群众全部转移，九洲体育馆临时安置点安全运行47天，最多时接收安置受灾群众超过4万人，是四川灾区最大的临时安置点，被中外媒体誉为大灾中的“诺亚方舟”。

△ 绵阳市人民政府发布《关于稳定抗震救灾期间市场物价的公告》，要求全市生产经营单位维护市场价格秩序，不得借机囤积居奇、哄抬物价，散布捏造涨价信息，进行价格欺诈、价格垄断等行为。

△ 10时30分，中国电信西安机动通信局紧急组建的15人应急保障分队抵达绵阳，迅速前往北川县抢险救灾指挥部，15时，通过海事卫星设备，北川县抢险救灾指挥部拨通与外界的第一个电话。18时，在各运营商中率先开通30路通信电路、8M视频通信，北川县恢复对外联系。中国移动、中国联通也紧急派出专业人员及应急通信车、卫星通信车，支援绵阳抗震救灾。

△ 11时37分，市抗震救灾指挥部向省抗震救灾指挥部报告：请求派部队紧急支援因山体滑坡成为“孤岛”的安县高川乡、茶坪乡。

△ 13时15分，副省长张作哈与绵阳市委领导研究安县高川乡、茶坪乡、千佛山景区救援工作和茶坪乡附近堰塞湖除险工作，请求空中支援，派部队前往营救，对堰塞湖加强监测。

△ 14时18分，北川县前线指挥部召开紧急会议：积极向上级争取救援力量，争分夺秒抢救北川中学被埋学生；立即分头做好群众临时安置、医治、安抚等工作。

△ 17时30分，空军某部空降兵第一批次352名官兵到达平武县极重灾区南坝镇。23时50分，第二批次到达南坝镇何家坝村，展开抢险救灾。

△ 四川省增派10个医疗救援分队支援绵阳。

△ 河北省唐山市委、市政府派出专家组，到达绵阳参与抗震救灾。

5月13—14日，中共中央政治局常委、国务院总理、国务院抗震救灾总指挥部总指挥温家宝急赴绵阳，先后到九洲体育馆临时救护中心、北川县曲山镇察看灾情，看望慰问救援人员和受灾群众，指挥救灾工作，鼓励大家勇敢面对自然灾害，团结一致，互相帮助，共渡难关，战胜特大地震灾害。

△ 成都军区第14集团军、济南军区第54集团军、二炮部队等32000余名官兵紧急驰援绵阳地震灾区。5月13日20时30分，第14集团军前线指挥部达到北川县；5月14日23时，二炮抗震救灾现场指挥组达到北川县。5月16日8时35分，第54集团军首个列车梯队到达绵阳灾区。

△ 重庆、天津、云南等20个消防总队、四川省4个消防支队5269名消防官兵驰援绵阳，参加抢险救援。

△ 武警四川总队直属支队、武警成都指挥学院、武警交通部队、武警水电部队、武警8630部队及遂宁、广安、内江等支队5100多名官兵投入绵阳灾区抢险救援。

5月14日1时，空军某部6000余名官兵、250人的医疗队，通过空中运输全部抵达绵阳，分赴北川县、平武县和安县抗震救灾。

△ 省工商联为绵阳市捐赠首批价值110万元的救灾物资运抵绵阳。

△ 市委、市政府召开全市抗震救灾紧急大会，要求全市所有部门、所有干部立即行动起来，调动所有力量，全力以赴做好抗震救灾工作。

△ 绵阳市召开全市抗震救灾工作会议，副省长张作哈出席会议并作重要讲话，强调统筹指挥，全力以赴，上下齐心，众志成城，有序推进救援工作，把地震灾害的损失减少到最低程度。

△ 全市6000余名青年志愿者全力参加抗震救灾。

△ 根据绵阳市抗震救灾指挥部命令，涪城区抗震救灾指挥部建立南河体育中心受灾群众临时接待站，接收安置北川县、安县、平武县受灾群众。至5月26日临时安置的群众全部疏散转移完毕，共接待、安置极重灾区群众10650人。

5月15日，中共中央政治局委员、国务院副总理、国务院抗震救灾总指挥部副总指挥回良玉到绵阳察看灾情，看望受灾群众，慰问抢险救援部队官兵、公安干警、医疗人员和基层干部，现场协调解决有关问题。

△ 上午，中国地震局局长陈建民、应急救援司司长黄建华抵达北川县，指导应急抢险工作，决定紧急调集中国国家地震灾害紧急救援队赴北川县救援。

△ 15时，根据中央军委的指示，成都军区抗震救灾联合指挥部成立，统一指挥四川灾区解放

军和武警部队的抗震救灾工作，将部队抗震救灾地区划分为5个责任区。5月23日，成都军区联指调整5个责任区，绵阳市、江油市、北川县属第四责任区，平武县属第五责任区。

△ 华晨汽车集团有限公司向绵捐赠60辆金杯品牌系列救护车、越野车、皮卡车，价值580万元，第一批20辆金杯救护车从沈阳抵达绵阳，成为第一支抵达救灾前线的企业捐赠救护车队。

△ 四川省建设厅组织房屋安全鉴定专家47人，支援绵阳抗震救灾工作，评估绵阳房屋震损情况。

△ 经过部队官兵、消防战士、医疗人员的共同努力，11岁的“芭蕾女孩”李月在北川县曲山小学废墟下被埋70多小时后经过截肢被成功解救。

△ 江苏消防总队的消防战士和武警官兵成功救出在废墟中被埋3天的北川县曲山镇幼儿园4岁儿童张孔和北川县图书馆馆长李春。

5月16日，中共中央总书记、国家主席、中央军委主席胡锦涛抵达绵阳机场，立即在机场主持召开会议，同先期抵达灾区的国务院总理温家宝共同研究部署抗震救灾工作。随后，胡锦涛驱车赶赴北川县、绵阳南河体育中心安置点、绵阳市中心医院，看望慰问受灾群众，指导抗震救灾工作。

△ 绵阳市召开全市抗震救灾统计工作会议，传达省政府灾情统计紧急会议精神，安排部署抗震救灾统计工作。副省长张作哈出席会议并讲话。

△ 中国CDC（疾病预防控制中心）和北京、辽宁、江苏、云南、山东、内蒙古等省、市、自治区医院及海军总医院的38支小分队共1998人组成的全国医疗卫生专家队抵绵，指导、支援绵阳市灾后医疗救治工作。

△ 上午，中国国家地震灾害紧急救援队抵达北川县开展救援，至5月25日完成任务撤出北川县。

△ 共青团中央给绵阳市下拨200万元特殊团费，用于抗震救灾工作。

△ 15时38分，77225部队249名官兵到达江油市枫顺乡政府所在地，2000多名被困干部群众得救。

△ 16时20分，一架机型为B-2809的专用货运飞机，满载总重量达28吨的医药设备、发电机、压缩饼干、矿泉水等救灾物资，由上海国际货运航空公司直飞抵达绵阳机场，是灾后首架空运救灾物资到绵阳的飞机。

△ 20时，成都军区陆航团派出一架军用直升机从成都起飞，抵达在地震中成为“孤岛”的安县茶坪乡，成功救出被困的10余名受重伤的群众。

△ 20时10分，在北川县景家山废墟中被埋101小时的北川县禹里乡三合村村民王福秀获救。

△ 在废墟中被困104小时的北川县农业发展银行出纳员贺晨曦被无锡消防官兵成功救出。

5月17日，日本救援队60人抵达北川县城实施救援，是进入绵阳市的第一支外国救助队。

△ 在废墟中被困125小时的北川县劳动保障局局长熊吉才被江苏消防官兵成功救出。

5月18日1时8分，江油市（北纬32.1度、东经105.01度）发生6.0级余震，造成3人死亡、78人重伤、928人轻伤，房屋倒塌580万平方米，直接经济损失91.85亿元。

△ 9时10分，经过海南消防救援队、二炮总医院医疗队、二炮某工程团、77283部队官兵的共同努力，在废墟中被困139小时的北川县人民医院医生唐雄获救。

△ 商务部部长陈德铭到绵阳了解灾情、抗震救灾工作推进、灾民生活保障情况。

△ 环境保护部部长周生贤一行到绵阳看望慰问战斗在抗震救灾一线的绵阳环保工作人员。

△ 国家质量监督检验检疫总局局长李长江带领专业队伍到绵阳指导协助抗震救灾工作。

△ 海关总署署长盛光祖到绵阳海关考察灾情，看望慰问关员及家属。

△ 省政府研究并报经教育部同意，决定成都市、德阳市、绵阳市、广元市、雅安市、阿坝州等6个重灾区中受灾严重的40个县（市、区）延期举行2008年普通高考。绵阳市延期高考的县（市、区）有江油市、三台县、安县、梓潼县、盐亭县、平武县、北川县、涪城区、游仙区。

△ 欧美同学会捐赠280万元帮助北川县建希望小学。

5月18—19日，中共中央政治局常委、国务院副总理、国务院抗震救灾总指挥部副总指挥李克强到绵阳指导协调抢险救援和防疫防灾工作，先后到平武县平通镇、江油市人民医院救治点、北川县擂鼓镇、安县晓坝镇灾民安置点看望慰问受灾群众，强调统筹协调救人、救治、防疫、防灾和灾民安置，有力、有序、有效做好抗震救灾工作。

5月19日，为表达全国各族人民对四川汶川大地震遇难同胞的深切哀悼，国务院决定，2008年5月19—21日为全国哀悼日。5月19日14时28分，绵阳市各地拉响防空警报，汽车、火车、船只鸣笛，各机关单位降半旗，全市人民默哀3分钟，以表达对四川汶川大地震遇难同胞的深切哀悼。

△ 10时20分，首趟运送绵阳灾区伤员的专列从绵阳火车站出发，206名伤员赴重庆接受治疗。至5月29日，绵阳市医疗救治指挥部通过飞机、火车和汽车向重庆、陕西、云南、浙江、广东等9个省市，安全转运灾区伤员3074名。

△ 中国人民武装警察部队司令员吴双战上将赴江油市看望慰问救灾官兵，现场指挥救灾工作。

△ 中国红十字总会灾后心理应急救援分队19名心理专家抵达绵阳，分赴各医院及灾民集中安置点，对灾民实施震后心理干预。

△ 中国国家地震灾害紧急救援队在北川县城废墟里救出被困164小时的61岁老人李明翠。

△ 安县矿工彭国华在坍塌的矿洞废墟中被困170个小时后成功获救。

△ 九洲体育馆及市内各处避难人员集中地首批帐篷学校正式开学上课。北川中学500余名高三学生在绵阳长虹培训中心正式复课。

5月20日，国务院抗震救灾前方指挥部水利组会同四川省抗震救灾指挥部水利监控组、绵阳市政府、武警水电部队，对北川县湔江唐家山堰塞湖险情作出会商结果：唐家山堰塞湖上游汇流面积大、蓄水容量大、水位上涨迅速，并且堆积体地质结构不好，溃决的可能性极大。

△ 市抗震救灾指挥部召开紧急会议，传达贯彻国务院副总理回良玉对唐家山堰塞湖抢险工作的重要指示精神，通报国务院抗震救灾前方指挥部水利组专家对唐家山堰塞湖出现险情的会商结果。

△ 10名专家和7名士兵乘直升机降落在唐家山堰塞湖坝顶，对堰塞湖进行水位测量、地质勘察等工作。

△ 1时52分，平武县（北纬32.3度、东经104.9度）发生5.0级余震，水观乡损失严重，石头坝至南坝段10公里道路中断。

5月21日，山东省对口支援绵阳建设先遣组抵达绵阳。

△ 经过第二炮兵工程技术总队官兵6天2夜的努力，被深埋的北川县农村信用社金库被打通，670万元现金被挖出。

△ 福建省红十字会捐助的20卡车360余吨救灾物资运抵绵阳，总价值1300万元。

△ 在绵阳市城区、江油市城区避难的4900名北川县受灾群众陆续返回家乡参加重建。

△ 北川抗震救灾前线指挥部决定，从5月21日零时起，对县城进行特殊管制，非救援和防疫队员不再允许进入北川县城。

△ 通往平武县南坝镇的跨涪江人工便桥架通，平武县城至南坝镇的陆路通道正式打通，救援人员和物资陆续进入南坝灾区。至5月26日，南坝涪江钢架大桥顺利合龙，贯穿绵阳灾区南北的交通大动脉正式打通。

5月22日，国务院抗震救灾总指挥部在绵阳召开会议，决定立即成立唐家山堰塞湖应急处置指挥部，由四川省人民政府、武警水电部队、空军、水利部组成，负责统筹抢险工程的组织实施。

△ 国务院抗震救灾前方指挥部水利组召开唐家山堰塞湖应急疏通工作会议，决定由空军开辟空中专用通道，负责施工设备运输。此为新中国成立以来第一次为救灾设立专用空中航线。

△ 中共四川省委书记、省人大常委会主任、省抗震救灾指挥部指挥长刘奇葆赴绵阳，在绵安路收费站、市社会福利院、九洲体育馆帐篷学校等地，看望慰问受灾群众，检查灾民安置及卫生防疫工作，指挥抗震救灾工作。

△ 安县桑枣镇飞龙村党支部书记夏平，北川县委常委、副县长瞿永安被中组部授予首批“抗震救灾优秀共产党员”称号。

△ 北京市首批援建灾区安置房在安县花荄镇开工建设。

△ 中共北川县委、县人民政府临时办事处在安县安昌镇挂牌成立。

5月22日，中共中央政治局常委、国务院总理、国务院抗震救灾总指挥部总指挥温家宝重回北川地震灾区，强调再造一个新北川，北川老县城可以作为地震遗址保留，建成地震博物馆。

5月22—23日，中共中央政治局常委、国务院总理、国务院抗震救灾总指挥部总指挥温家宝赴绵阳，慰问参与救援的解放军和武警官兵、公安干警、医护人员，检查指导灾民安置、卫生防疫及灾区学生复课等工作，看望慰问受灾群众及复课学生。在长虹培训中心看望北川中学高三学生时，温家宝用粉笔在黑板上写下“多难兴邦”4个大字。

5月23日，国家粮食局局长聂振邦到绵阳了解灾情、指导抗震救灾工作，强调要充分发挥中央储备粮调控功能，保障粮油供应，服务好灾区人民。

△ 针对唐家山堰塞湖蓄水量逐渐增加的险情，水利部、四川省和武警水电部队等快速研商工程方案与措施，正式启动唐家山堰塞湖应急疏通工程，最大可能降低下游灾害风险。

△ 河南省对口援建和帮扶江油市先遣队到达绵阳。

5月23—24日，中共中央政治局委员、中央书记处书记、中央组织部部长李源潮到绵阳，看望战斗在抗震救灾第一线的党员干部，慰问受灾群众，指导抗震救灾工作。

5月24日，经过10多天的反复搜救，在北川县城和北川中学废墟下，已无法再找到生还者，指挥部决定从搜救阶段转入全面防疫阶段，撤离搜救人员，对北川县城实行“封城”消毒。

△ 总装备部绵阳八一帐篷学校远程教育系统正式开通，是灾区第一所实现远程教育的帐篷学校。

5月25日，中共中央政治局委员、国务院副总理回良玉在成都主持召开前方指挥部紧急会议，专项研究部署唐家山堰塞湖排险问题。

△ 俄罗斯支援绵阳市抢险救灾的一架米-26重型运输直升机飞抵绵阳机场，同23日抵达绵阳机场的另一架隶属于中国哈飞飞龙专业航空公司的米-26直升机一道，参与北川县唐家山堰塞湖抢险作业，执行吊运大型机械设备的任务。

△ 唐家山堰塞湖抢险指挥部召开紧急会议，研究唐家山堰塞湖排险方案，决定对唐家山堰塞湖抢险方案作出调整，通过徒步和直升机空运两条途径进入现场施工。

△ 山东省对口援建北川县活动板房建设工程在北川县擂鼓镇胜利村破土动工。

5月26日，市委召开领导干部大会，宣布省委决定：任命曾万明为中共绵阳市委委员、常委、副书记，提名为绵阳市人民政府市长人选。同日，绵阳市抗震救灾指挥部增补曾万明为副指挥长。

△ 市抗震救灾指挥部紧急召开唐家山堰塞湖疏散群众工作广播电视动员大会，通报堰塞湖险情，紧急动员部署疏散工作。

△ 世界上最大的米-26重型运输直升机飞至北川县擂鼓镇，空运挖掘机、装载机、推土机等大型机械施工设备至唐家山堰塞湖坝顶，标志唐家山堰塞湖抢险的空中通道打通。

△ 水利部总工程师刘宁等多名专家及武警部队和有关技术人员598人，徒步挺进唐家山堰塞湖，堰塞湖应急处置工程按计划方案全面展开。

△ 中宣部向绵阳灾区捐赠的8万余册图书运抵绵阳。

5月27日，中共中央政治局委员、国务院副总理回良玉赴唐家山堰塞湖堰塞体现场察看险情，了解现场排险工作的进展情况，看望慰问抢险施工人员。随后，主持召开唐家山堰塞湖应急抢险紧急工作会议，传达落实胡锦涛总书记、温家宝总理的重要指示精神，进一步研究部署唐家山堰塞湖应急排危抢险工作。

△ 国务院抗震救灾总指挥部卫生防疫组组长、卫生部副部长高强到安县检查卫生防疫工作。

△ 中国气象局局长郑国光到绵阳指导气象系统抗震救灾工作。

△ 全市国资系统38家企业恢复生产。

△ 河南省援助安县首批过渡安置房开建。

5月28日，中共中央政治局常委、全国人大常委会委员长吴邦国到平武县平通镇察看灾情，慰问干部群众、救援人员，指导抗震救灾，并到长虹培训中心看望复课的北川中学师生。

△ 省委书记、省人大常委会主任、省抗震救灾指挥部指挥长刘奇葆在绵阳会见参与支援绵阳抢险救灾的俄罗斯米-26重型直升机机组人员。

△ 中央财政向四川省拨付唐家山等堰塞湖抢险治理资金2亿元，用于支持排除堰塞湖险情，并要求严格按照有关规定管好用好资金。

△ 省委副书记、省长、省抗震救灾指挥部副指挥长蒋巨峰在绵阳检查指导唐家山堰塞湖抢险避险工作，主持召开唐家山堰塞湖抢险指挥部会议。

△ 全市党员交纳“特殊党费”150万元。

△ 国家旅游局局长邵琪伟一行到绵阳了解旅游业受灾情况。

△ 武警水电部队150名官兵抵达北川县，增援唐家山堰塞湖抢险工作。

△ 按照唐家山堰塞湖1/3溃坝撤离疏散预案，位于下游的江油、游仙、涪城、三台等县（市、区）组织演习动员，确保宣传到位，家喻户晓，15万群众陆续撤离转移并得到妥善安置。

5月28—29日，中央军委委员、国务委员兼国防部部长梁光烈上将率军委、总部工作组，到北川县擂鼓镇、安县桑枣镇、江油市、平武县等地察看灾情，看望慰问灾区群众，现场指导部队救灾工作。

5月29日，市抗震救灾指挥部召开唐家山堰塞湖疏散群众工作会议，再次安排部署疏散撤离群众工作，宣布成立唐家山堰塞湖避险疏散工作指挥部并明确责任分工。

△ 因受唐家山堰塞湖溃坝威胁，绵阳市文物局将6000余件文物包装并安全转运到广汉三星堆博物馆，是中国文化遗产保护史上首次因防御自然灾害而进行的大规模文物转移。

△ 安县500名因灾失去学习和生活条件的小学生登上“把爱留给孩子——七彩云南爱心大行动”专列，赴云南省昆明市异地就读。该项活动由云南省妇联、云南省教育厅共同发起并组织实施。

△ 解放军总装备部向绵阳灾区捐款2464万元。

△ 解放军第二炮兵向绵阳灾区捐款500万元。

△ 山东省对口支援北川县重建工作前线指挥部在绵阳举行誓师大会。

5月30日，中共中央政治局委员、国务委员刘延东到绵阳市区及安县等地，考察灾情及教育系统抗震救灾、恢复重建工作，看望受灾学校师生及奋战在抗震救灾一线的解放军指战员、科技工作者及计划生育服务人员。

△ 绵阳市召开全市堰塞湖排险紧急工作会议，强调按照市抗震救灾指挥部的要求，进一步增强忧患意识、危机意识和责任意识，加强领导，落实责任，打赢堰塞湖排险这场硬仗，于6月10日前完成全市所有堰塞湖排险任务。

△ 市委、市政府召开新闻发布会，发布艰苦奋斗重建家园八条规定，号召全市各级党政机关、企事业单位立即行动起来，大力弘扬艰苦奋斗、勤俭节约的优良传统，节约一切财力和开支用于抗震救灾和灾后重建。

△ 唐家山堰塞湖避险疏散预案1/3溃坝方案全面启动，要求至5月31日8时前，将预案涉及的19.75万名下游群众全部疏散转移到预先设定的安全地带。

△ 国家人口计生委主任李斌一行在绵指挥抗震救灾工作，看望基层计生干部和工作人员。

5月31日，中共中央政治局常委、全国政协主席贾庆林到绵阳察看灾情，慰问干部群众，指导抗震救灾工作。

△ 全国人大常委会副委员长、民革中央主席周铁农，全国人大常委会副委员长、民建中央主席陈昌智，全国人大常委会副委员长、农工民主党中央委员会主席、中国工程院院士桑国卫，全国政协副主席、全国工商联主席黄孟复到绵阳，看望灾区群众、师生及抗震救灾工作人员，实地考察救灾款物管理、受灾群众安置、灾区卫生防疫、受灾学校复课及恢复重建等工作。

△ 北川县委常委、组织部部长王理效，北川县民政局局长王洪发，江油市公安局巡警大队民警蒋晓娟，北川县擂鼓镇派出所副科级侦查员李林国，市中医院手术室护士长黄琼被中组部授予“抗震救灾优秀共产党员”光荣称号。

△ 卫生部部长陈竺到绵阳视察灾后卫生防疫和医疗保障工作，慰问卫生防疫人员。

△ 中国人民解放军海军向绵阳灾区捐款1500万元。

△ 唐家山堰塞湖的泄流渠槽主体工程顺利挖通，泄洪渠槽提前完工。

△ 北川县墩上至禹里受损道路打通，标志北川县南线生命线通道打通，救灾物资可从成都、都江堰进入北川县。

5月31日至6月2日，根据唐家山堰塞湖避险疏散指挥部发布的命令，绵阳市举行唐家山堰塞湖全溃坝淹没线以下人员疏散转移指挥系统演习，演习涉及22个乡镇。

6月1日，唐家山堰塞湖应急抢险指挥部在绵阳召开指挥部会议，传达落实温家宝总理重要指示精神，进一步研究部署唐家山堰塞湖应急避险工作。

6月1—2日，中共中央政治局常委李长春在绵阳考察抗灾救灾、灾民安置、卫生防疫等工作，看望慰问灾区少年儿童和新闻工作者，转达胡锦涛总书记的问候，向灾区转移安置和受伤治疗学生转交中央宣传文化部门赠送的10万台收音机和一批少儿读物、学习用品。

△ 按唐家山堰塞湖1/3溃坝方案疏散的20多万名下游群众，全部转移到安全地带。

△ 18时14分，最后一批唐家山堰塞湖坝顶抢险官兵和工程技术人员搭乘直升机抵达绵阳机场。至此，坝顶的620多名抢险官兵和工程技术人员除留有少量监测人员外，全部安全撤离。

△ 中国重汽（香港）有限公司向绵阳市赠送35台环卫车。

△ 北京援建江油市首家板房学校——江油市太平镇五星村临时板房小学校举行开学典礼，是江油市灾后重建的第一所小学校。

6月2日，北川县城完成清理和消毒杀虫工作。

△ 全市抢通国、省主干线及主要受阻县、乡道路637.7公里。

6月3日，全市地震灾后重建规划实施方案编制工作会议召开，强调高度重视，精心组织，坚持以人为本，坚持尊重科学，坚持统筹兼顾，确保重建规划实施方案高起点、高水平，立足长远，体现前瞻。

△ 中国城市规划设计研究院、武汉勘测设计研究所、市规划局、北川县委、县政府共同编制完成《北川县城“5·12”特大地震灾后重建选址与规划研究》。

6月4日，全市灾后重建工作会议召开，强调以对全市人民高度负责的态度，一手抓好唐家山堰塞湖避险工作，一手抓好灾后重建，团结带领全市人民，争分夺秒，夺取抗震救灾工作的全面胜利。

△ 市委副书记、代市长、市抗震救灾指挥部副指挥长曾万明主持召开全市堰塞湖排险避险和震损水库整治工作会议。

△ 平武县文家坝堰塞湖险情基本解除，成为四川地震灾区第一个以工程措施成功疏通的堰塞湖。

△ 山东省启动北川县“就业援助行动”。

△ 安县茶坪乡受灾群众入住安县灾区首批过渡安置房——京安小区。

△ 吉林省对口援建绵阳座谈会在绵举行。

△ 资阳市向绵阳市捐赠300万元救灾资金。

△ 北川县擂鼓小学809名学生，在40名老师的带领下，从绵阳火车客站乘坐从绵阳开往济南的专列，赴山东济南免费过渡复学。

6月5日，市抗震救灾指挥部举行唐家山堰塞湖全溃坝预警预报通信保障指挥系统演练。

6月5—6日，中共中央政治局常委、国务院总理、国务院抗震救灾总指挥部总指挥温家宝赴唐家山堰塞湖大坝察看险情，看望部分转移安置群众和参加唐家山堰塞湖抢险工作的武警水电部队官兵、水利专家以及俄罗斯米-26机组人员。

6月6日，市抗震救灾指挥部召开抗震救灾资金物资监管工作会议，要求各级各部门完善物资监管制度，加大物资监管力度。

△ 13时15分，安县肖家桥堰塞湖正式挖通导流明渠，实施有控制导流泄流。至21时，应急排险警报正式解除，泄洪顺利，无人员伤亡。肖家桥堰塞湖是汶川地震形成的高危堰塞湖之一，险情仅次于唐家山堰塞湖。

△ 中国南山开发（集团）股份有限公司向绵阳南山中学捐建百套活动板房，捐建启动仪式在绵阳举行。

6月7日，市抗震救灾指挥部召开唐家山堰塞湖溃坝群众避险疏散安置工作现场会，强调确保

1/3溃坝淹没区成为无人区，同时做好全溃坝方案启动准备；做好打持久战的准备，确保群众撤得出、留得下、稳得住。

△ 7时8分，唐家山堰塞湖泄流渠开始泄流。

△ 全市63.08%的规模以上工业企业恢复生产。

△ 全市选派102名干部到北川县任职，参加北川县灾后重建。

6月8日，全市地震灾害评估和统计工作会议召开，要求各地各部门组织专门队伍，深入现场调查研究，加强沟通交流，准确统计基础数据，做好地震灾害的评估和统计工作。

△ 河南省新乡市向江油市捐建的1.5万平方米的活动板房教室全部完成。

6月9日，省委书记、省人大常委会主任、省抗震救灾指挥部指挥长刘奇葆到绵阳科创园区受灾群众集中安置点、长虹集团公司、九洲集团公司，了解安置工作进展和企业恢复生产情况。

△ 唐家山堰塞湖大坝安装地表位移监测系统，实时监测大坝安全。

△ 辽宁省委常委、副省长许卫国一行赴安县，了解灾情，慰问受灾群众，研究部署对口援建和灾后重建工作。

6月10日，唐家山堰塞湖排险泄洪取得决定性胜利，洪峰顺利通过绵阳主城区，堰塞湖水位降至721米，水深1.8米，宽145米，流量相对减少，涪江干流通口河汇口以下河段橙色警报解除，维持黄色警报。省委书记、省人大常委会主任、省抗震救灾指挥部指挥长刘奇葆赴绵阳察看唐家山堰塞湖泄流情况，并向排危除险人员表示祝贺和感谢。

△ 国务院抗震救灾总指挥部电贺唐家山堰塞湖排险成功，称赞消除了汶川地震次生灾害的一个特大威胁，确保了人民群众生命安全，避免了大的损失，创造了世界上处理大型堰塞湖的奇迹。

6月11日，国务院办公厅印发《汶川地震灾后恢复重建对口支援方案》，按照“一省帮一重灾县”的原则，确定山东省、辽宁省、河北省、河南省分别对口支援绵阳市北川县、安县、平武县、江油市。

△ 省委副书记、省长蒋巨峰在绵主持召开唐家山堰塞湖抢险指挥部会议，会议决定：从6月11日16时起，解除唐家山堰塞湖黄色警报，前期已转移疏散的群众在确保安全情况下可返回家园。

△ 市委召开专题会，听取市抗震救灾指挥部规划重建组关于北川县新县城选址情况的汇报。

△ 国家烟草专卖局局长姜成康到绵阳考察烟草系统抗震救灾工作，表示国家烟草专卖局将全力支持四川烟草工业公司绵阳分厂技改扩能，尽快将其规划建设成为现代化一流烟厂，为绵阳全面恢复生产、灾后重建出力。

6月12日，水利部部长陈雷等在绵看望参与唐家山堰塞湖抢险作业的俄罗斯米-26机组人员，赠送“中俄友谊神鹰，空中救援英雄”锦旗。

△ 绵阳城区90%商业网点恢复营业。

△ 绵阳市灾后首个永久性援建用房——安县永安镇跃进村“红十字博爱卫生站”落成并投入使用。

6月13日，深圳华威建材有限公司投资建设、选址在江油市境内的建筑垃圾综合利用合作项目签约仪式在绵举行。

6月14日，中共中央政治局常委、中央纪委书记贺国强到北川县察看灾情，看望慰问受灾群众、救援人员及基层纪检监察干部，指导抗震救灾和恢复重建工作。

△ 市政府召开农户住房重建工作会议，专题研究地震房屋倒损农户住房重建工作。

△ 市文化局举行“保护文化遗产、重建文化家园”文化活动，是汶川特大地震后绵阳市首场大型广场文化活动。

△ 成都军区司令员李世明、政委张海阳在江油市看望慰问成都军区驻滇某集团军炮兵旅排长牛玉新和大康镇旧县村村民，传达中央军委和总部首长关于向牛玉新学习的批示精神。5月24日，江油市大康镇旧县村发生余震，正在执行进村入户搜救任务的牛玉新，危急时刻临危不惧，救出残疾人先宇顺和先康，后因救战友躲闪不及被砸伤。

△ 新华社、人民日报、中央电视台、中央人民广播电台等中央媒体记者和四川日报、四川电视台记者赴江油市专题采访抗震救灾工作。

△ 北川县职业中学111名学生启程赴山东省德州市汽摩专修学院，进行为期2年的免费专业学习。

6月15日，北川县首个对口援建党员活动中心在香泉乡落成。

△ 涪城区43所学校，13552名学生返校复课。

6月16日，全市领导干部大会召开，全面总结抗震救灾、抢险避险工作，部署全市恢复重建工作。

△ 市政府与国家开发银行四川省分行在绵签订灾后重建专项贷款合作协议，后者向绵阳市提供70亿元的灾后重建专项贷款，并启动贷款“绿色通道”，为绵阳市灾后重建三星小区拆迁安置建设项目承诺中长期贷款3.65亿元。

△ 绵阳市首批44名地震孤儿启程赴山东省“日照安康家园”学习生活。“日照安康家园”由中国儿童基金会倡议发起，日照钢铁集团承办并投资建立。至2008年7月7日，共接纳绵阳市四批共143名地震孤儿，他们分别来自北川、江油、安县等重灾区。

6月17日，市政府组织召开全市堰塞湖、震损水库排险避险暨防汛工作会议，强调认真抓好堰塞湖、震损水库排险避险工作和防洪度汛工作，避免水库垮坝和江河溃堤造成重大人员伤亡。

△ 平武县32所中小学建立帐篷学校，5所中小学建成板房，全县复课学生达到14323人，复课率60%以上。

△ 全市灾区首个板房派出所——安县花荄派出所建成并交付使用。

6月18日，北川县灾后重建工作大会在安县召开，提出做好群众安置、恢复重建等工作的总体要求和主要任务，具体部署群众安置和恢复重建、对口支援等工作。

△ 绵阳市召开灾后卫生防疫工作会议，总结灾后卫生防疫工作，分析灾后卫生防疫工作面临的形势，安排部署下一步工作。

6月19日，市委召开专题会议，研究绵阳市灾后维护社会稳定工作，强调稳定压倒一切，没有稳定就没有顺利的灾后重建。

△ 北京建工集团捐赠600万元援助江油市工业技校灾后重建。

△ 绵阳市在成都军区抗震救灾第四责任区指挥部举行灾后恢复重建军地对接会议，具体落实、对接军地抗震救灾任务。

△ 河南省对口援建江油市受灾群众活动板房工程启动。

6月19—22日，中宣部组织的抗震救灾“心连心”慰问艺术团在绵举行慰问演出。

6月20日，中共山东省委书记姜异康到绵阳察看灾情，考察高考活动板房建设情况，看望慰问山东援建人员和执勤干警，听取绵阳市对援建工作的意见和建议。

△ 中共内江市委书记、市人大常委会主任唐利民一行到盐亭县柏梓镇，专题研究对口支援恢复生产、灾后重建工作，现场捐款100万元。

△ 卫生部部长陈竺考察绵阳灾后卫生防疫工作。

6月21日，市委、市政府举行爱国卫生运动主题活动启动仪式。

△ 北川县举行灾后招商引资首个亿元项目——CL新型建筑墙体材料系列项目的投资签约仪式。

△ 市政府组织召开灾后重建对口援建工作座谈会，传达省政府灾后重建对口援建工作会议精神，听取各县（市、区）、市级各部门的意见建议。

6月22日，中共达州市委书记李向志一行到游仙区魏城镇，专题研究对口援助工作。

6月23日，北京市援建江油市二郎庙镇明镜中学过渡校舍交付使用，是江油市震后第一所复课的山区农村学校。

△ 中共河南省委副书记陈全国一行到江油市调研灾后援建工作。

6月24日，中共上海市委副书记、市长韩正到绵阳，检查上海援建绵阳过渡性安置房建设进展情况。

△ 绵阳市灾后重建首个大型投资项目——年产尿素60万吨、合成氨35万吨的四川美丰化工股份有限公司绵阳工业园项目在绵阳经开区开工建设。

△ 解放军后勤工程学院举行援建江油市西屏乡爱心小学开工仪式。

△ 游仙区首个板房学校——绵阳申（上海）游（游仙）爱心学校投入使用。

△ 山东聊城援建绵阳市4所学校的高考活动板房教室全部完工并通过验收，交付使用，是绵阳市城区首批援建交付使用的高考板房教室。

6月25日，绵阳市“灾后重建、就业援助”大型招聘会在市惠民帮扶中心广场举行，是四川地震灾后举行的首场大型招聘会，200余家省内外企业携近2万个岗位入场招聘，逾万名受灾群众当场找到工作。

△ 东莞、顺德、三亚、海口等地台商协会，向绵阳灾区捐资553万元修建3所希望学校：平武县响岩中心小学、安县桑枣镇石佛小学、江油市太平镇古柏小学。

△ 中共资阳市委书记、市人大常委会主任翟占一一行前往三台县新鲁镇，专题调研对口援建工作。

△ 中共南充市委、南充市人民政府派出工作组，到梓潼县许州镇实地察看灾情，研究对口援助事宜。

6月26日，市委副书记、代市长曾万明主持召开农村受灾群众永久性住房建设工作会议，要求重建和提升有机结合，科学规划，整合政策，加快建设进度，确保2008年冬2009年春取得明显成效。

△ 国家文物局局长单霁翔一行考察北川地震遗址博物馆筹建工作。

6月27日，中央文明办、教育部、团中央、全国妇联联合表彰20名“抗震救灾英雄少年”和30名“抗震救灾优秀少年”，北川中学学生王亮、王佳明、申龙及平武县石坎小学六年级学生张春玲获“抗震救灾英雄少年”称号，绵阳市另有8名学生获“抗震救灾优秀少年”称号。

△ 中共辽宁省委书记、省人大常委会主任张文岳一行到安县察看灾情，看望慰问受灾群众和辽宁援建安县人员，听取绵阳市对援建工作的意见和建议，研究部署援建工作。

△ 中共河南省委书记、省人大常委会主任徐光春一行到绵阳察看灾情，看望慰问受灾群众和

河南援建江油人员，考察对口援建江油工作。

△ 山东省青岛市援建北川中学351套高考用板房及板房校舍正式交付使用。

6月27—28日，中共中央政治局常委、中央书记处书记、国家副主席习近平到游仙区、平武县、北川县、江油市等灾区考察抗震救灾、群众安置及恢复重建等工作，看望受灾群众、基层党员干部、各方面救灾人员和组工干部，实地调研新形势下党建工作面临的新情况新问题。

6月28日，河北省石家庄市向平武县捐赠319.44万元资金和双环柴油越野车等物资。

△ 绵阳地震灾区174名转移至武汉、重庆等地接受治疗的地震伤员返回绵阳，是震后返回人数最多的一批转移伤员。

△ 北川职业高级中学200名学生赴山东省青岛职专、青岛电子职专和青岛轻工技校3所国家级重点职业学校复课。

6月28—29日，中共中央政治局委员、国务院副总理张德江赴绵阳市长虹PDP（等离子显示板）项目工地、江油市攀长钢集团和四川矿机公司，慰问受灾企业干部职工，调研工业企业恢复生产工作。

6月29日，中华全国总工会开展的“全国工会就业帮扶爱心行动”在绵启动，江苏、浙江、福建、广东、天津5省市近800家企业提供9万多个工作岗位，是地震灾区恢复重建后规模最大的一次就业招聘。

6月30日，绵阳市举行纪念中国共产党成立87周年暨抗震救灾表彰大会，表彰在抗震救灾中做出突出贡献的先进集体和先进个人。

7月1日，成都军区司令员李世明到北川县擂鼓镇，安县安昌镇、花荄镇，考察抗震救灾、群众安置及恢复重建工作，看望慰问灾区前线的部队官兵。

7月2日，市委、市政府举行抗震救灾军地座谈会，向在绵参加抗震救灾的部队赠送锦旗。

△ 省道302线茂县至北川段、省道105线安昌至北川段等5个损毁严重的绵阳市公路设施项目，被列为四川省公路灾后重建先期启动项目，计划总投资近40亿元。

△ “西门子公司资助地震孤儿学生大学教育计划”签字仪式在绵举行，西门子公司捐赠100万元，资助绵阳市20名地震孤儿上大学。

7月3日，省委、省政府工作组赴绵传达省抗震救灾指挥部会议精神，要求把受灾群众安置房建设作为首要任务。

7月3—4日，汶川地震灾区延期高考举行，绵阳市36619名考生在“板房考场”参加高考。

7月4日，省“5·12”抗震救灾指挥部绵阳工作组组长、省人大常委会副主任韩忠信到平武县、北川县调研，实地检查农民安置住房建设进展情况，看望慰问灾区干部群众。

△ 绵阳市召开全市灾后住房建设电视电话会议，安排部署贯彻落实省抗震救灾指挥部灾后住房建设电视电话会议精神。

△ 共青团中央选派62名团干部到四川省6个重灾市（州）39个重灾县（市、区）支援工作，其中16名挂职团干部赴绵阳支援工作。

7月5日，国务院抗震救灾总指挥部卫生防疫组组长、卫生部党组书记高强一行，到江油市看望慰问医疗卫生系统干部职工，了解灾后卫生防疫及灾区医疗体系恢复情况，指导灾区医疗卫生系统灾后重建工作。

△ 国务院侨办主任李海峰带领知名侨资企业家，实地察看北川县灾情，考察绵阳灾后重建工作。

△ 北川县档案馆抢救挖掘工作结束，经过6月19日第一次抢救挖掘，6月25日第二次抢救挖掘，前后三次从废墟中抢救受损档案5万余卷。

7月7日，河南省洛阳市援建江油市九岭学校的152间板房建成交付使用，1200多名中小学生重返课堂。

7月8日，河南省对口援建派驻江油市挂职的42名干部正式到任。

7月8—10日，“抗震救灾众志成城——2008中国抗震救灾大型新闻图片展”在绵阳市少年宫展出。该项展览由中宣部、国务院新闻办等主办，新华社承办。

7月9日，广西党政慰问团到绵阳看望慰问受灾群众和来绵执行任务的广西特警；江西省慰问团看望慰问在绵执行任务的南昌特警。

△ 河南燕南实业控股有限公司与江油市政府正式签约“江油燕南豫川钢结构工厂”项目，为河南对口援建江油灾后重建的首个工业项目，项目选址江油市三合镇桂香村，总投资5000万元。

7月10日，绵阳市民主党派捐助游仙区灾后永久性农房建设捐赠仪式在柏林镇洛水村举行，民进、民建绵阳市委和丰泰、兴事发、美乐、荣府置地等单位、企业及个人捐款捐物达400余万元。

△ 联合国驻华机构11名官员考察北川县灾后恢复和联合国援建项目实施情况。

△ 河南省周口市援建的安县塔水镇“周口小区”顺利交工。

7月11日，市政府召开全市农房重建试点工作会议，强调着力把握试点工作的总体要求、基本原则和工作重点，搞好北川县擂鼓镇、平武县平通镇和南坝镇、安县晓坝镇、江油市青莲镇、游仙区魏城镇6个试点乡镇的农房重建。

△ 绵阳城区震损房屋处置工作会议召开，要求按照属地管理、分级负责、于法周严、于事简便的原则，明确责任主体，尽快加固修复。

△ 四川省汶川特大地震灾后重建规划专家组和省级相关部门组成的调研组，调研绵阳市灾后乡镇迁建撤并事宜。

△ 涪城区签订12个灾后重建投资项目，总投资超过20亿元。

△ 中组部选派10名干部到绵阳重灾区挂职。

7月12日，绵阳市灾后重建首个标志性工程和信心工程——川渝中烟·四川烟草工业有限责任公司绵阳分厂地震灾后易地重建技改项目，在绵阳高新区永兴工业园开工建设。

△ 北川县恢复重建的首个重大工业项目——中国联合水泥北川中联年产200万吨水泥生产线项目开工仪式暨中国建材集团与北川县《战略合作框架协议》签字仪式在北川县擂鼓镇举行，标志北川县灾后工业恢复发展拉开序幕。

△ 全省以工代赈地震灾后重建帮扶试点村工作在绵启动，北川县擂鼓镇盖头村被列为全省3个易地扶贫搬迁试点村之一，省以工代赈办将拨付1320万元用于3个试点村的重建，其中北川县盖头村为500万元。

△ 省邮政公司、市政府主办的“纪念‘我有爱’邮票暨‘与爱同行’感恩邮资明信片”首发仪式及邮票展览在绵举行。

△ 绵阳市旅游市场启动仪式在梓潼县七曲山大庙文昌文化广场举行，绵阳旅游市场重新开放，全市9个景区开始接待游客。

7月12—13日，中共山东省委副书记、省长姜大明一行到北川县考察灾情，指导对口援建工作。

△ 河北省委、省政府工作组赴对口援建的平武县，察看受灾情况，研究制定援建方案，看望慰问卫生防疫、板房援建工作人员。

7月13日，商务部常驻韩国、荷兰、美国纽约等20个国家和地区的使馆公使衔经济商务参赞，考察绵阳灾后恢复重建中商贸流通、外资引进等情况。

7月15日，市委五届九次全体会议通过《关于加大恢复重建力度共创美好新家园的决议》，全市灾后重建工作全面启动。

△ 国务院应急管理调研组察看绵阳灾情，调研处置突发公共事件应急管理工作。

7月16日，绵阳市灾区重建工作委员会成立，市委常委、副市长左代富任主任，市人大常委会副主任赵映坤，市政协副主席、市委统战部部长文久喜任副主任。

△ 山东省委常委、宣传部部长李群一行到北川县，看望慰问灾后重建干部职工及受灾群众，考察山东援建北川灾后文化重建工作。

△ 中国红十字总会在四川援建的首个红十字博爱新村灾后重建项目——岳家博爱新村，在绵阳市游仙区街子乡岳家村启动，拉开中国红十字会总会首批援助绵阳市地震灾区灾后重建项目的序幕。

7月17日，绵阳市举行《绵阳市基础设施恢复重建规划实施方案》暨《绵阳市灾后重建交通规划》讨论会。

△ 全国工商联调研组考察绵阳市灾后民营经济发展工作。

7月19日，国务院部委联合审查汶川地震灾区灾后重建城镇体系规划，同意北川新县城异地重建。

7月20日，全市27420个商业网点恢复生产和营业，占全市商业网点总数的91.4%。

△ 绵阳市抗震纪念章发行，是全国第一枚汶川特大地震抗震纪念章。

7月21日，绵阳市隆重欢送离绵归建的沈阳军区抗震救灾医疗队，这是首支离绵归建的抗震救灾部队。

△ 新西兰纳皮尔市市长阿诺特·芭芭拉，黑斯廷市市长劳伦斯·尤尔一行前往北川县城，察看地震受灾现场，了解受灾、灾后恢复重建及北川地震遗址博物馆筹建情况。

7月22日，民政部、国家发改委、财政部、国土资源部、国家地震局公布汶川地震灾害范围评估结果，北川县、安县、平武县等10个县（市）为极重灾区，江油市、涪城区、游仙区、三台县、梓潼县、盐亭县等41个县（市、区）为重灾区。

△ 绵阳市召开灾后重建军地协调会，成都军区抗震救灾第四责任区指挥长于际训，市委副书记、代市长曾万明等出席会议。曾万明代表市委、市政府，请求第四责任区在四个方面给予支持：一是继续帮助清理地震废墟；二是帮助农户重建住房；三是帮助抓好基础设施建设；四是帮助防治次生灾害。

7月23日，绵阳市召开建材生产供应管理工作会，专题研究农房重建中的建材组织与管理问题。

△ 绵阳经开区举行灾后重建工业项目集中签约仪式，10个签约项目总投资12.05亿元。

7月24日，12名两院院士、24名地学专家组成的院士专家考察团，实地考察、科学分析北川县受灾情况，并在“科学技术与抗震救灾”技术科学论坛院士专家座谈会上，为绵阳市灾后恢复重建提出建议。

△ 国务院督察组到北川县督察灾后农房重建进度和有关政策落实情况。

7月25日，四川省抗震救灾先进事迹报告会在绵阳市委党校礼堂举行，都江堰市虹口乡党委书记马远见、彭州市光明路派出所教导员蒋敏等5名成员作报告。

△ 与绵阳市结为友好区市的北京市西城区将募集到的1826.8万元捐款，定向捐赠绵阳灾区，其中1526.8万元用于涪城区学校、敬老院灾后恢复重建。

7月25—27日，国务院调查组到绵阳实地察看灾情，调研永久性农房建设、受灾群众生活安置、卫生防疫、基础设施、治安等情况。

7月28日，中共中央政治局委员、国务院副总理王岐山考察绵阳市地震灾情及金融网点营业、商贸市场供应等情况，看望慰问受灾群众及金融、商贸系统干部职工，实地检查金融、商贸等部门落实支持灾后恢复重建政策措施的情况。

△ 绵阳市召开灾后重建首批试点镇规划成果评审会，北川县擂鼓镇，安县晓坝镇，平武县南坝镇、平通镇，江油市青莲镇5个试点镇的灾后重建规划通过初评。

7月29日，上海市委副书记、市长韩正带领建设、规划、交通、民政、卫生等部门负责人考察北川县城地震遗址，表示上海市将全力协助北川地震博物馆规划、建设工作。

△ 中国红十字基金会援建游仙区灾后重建项目签约暨开工仪式在游仙区新桥镇举行。该基金会捐助绵阳市1.4亿元，分别在北川县、平武县、安县和游仙区援建4所中小学、2所卫生院。

7月29—8月1日，省政府教育督导团督导检查绵阳市灾区学校2008年秋季全面复学复课工作情况。

7月30日，省重建规划组专家专题调研北川新县城迁建选址工作，先后到安县安昌镇、黄土镇、永安镇和北川县擂鼓镇，详细查勘地质结构、生态环境、水文等情况。

△ 云南省委、省政府慰问团看望慰问奋战在绵阳抗震救灾第一线的成都军区驻滇某集团军官兵和医护人员。

△ 中国红十字基金会援助安县灾后重建项目签约暨博客基金援建河清小学奠基仪式在安县河清镇举行。

△ 贯穿北川县东西部的重要通道都坝至白坭段公路全线抢通，北川县关内的12个乡镇以及平武县泗耳、松潘白羊、茂县土门等乡镇的近10万名群众及大量的救援物资有了一条便捷的进出通道。

7月31日，北川县新县城选址汇报会在绵举行，市委、市政府领导会同省专家组成员及有关部门，再次对北川新县城选址进行论证。

8月1日16时32分，平武县、北川县交界处（北纬32.1度、东经104.7度）发生6.1级余震，震源深度约20公里，直接经济损失达2亿多元。次日，副省长张作哈一行到平武县实地察看余震灾情，慰问灾区干部群众及参与抢险救援的部队官兵。

△ 绵阳市党政慰问团赴北川县慰问抗震救灾部队官兵。

8月4日下午，2008年北京奥运会火炬展示传递活动在九洲体育馆举行。

△ 市委、市政府召开全市灾后重建工作大会，动员全市干部群众迅速掀起灾后重建新高潮。

8月5日，市委、市政府从市县两级机关、事业单位选派1000名干部到北川县、安县、平武县3个极重灾区和江油市、涪城区、游仙区、三台县、梓潼县、盐亭县6个重灾区基层支持农房重建工作。

△ 国务院法制办、国家地震局调研组到绵阳察看灾情，看望慰问干部群众，调研《中华人民

共和国防震减灾法（修订草案）》立法修订工作。

△ 日本庄原市代表团到绵慰问考察，转交庄原市各机构团体和市民为绵阳市灾区捐赠的近800万日元善款。

8月6日，绵阳市涉震法律宣传活动在北川县擂鼓镇受灾群众第二集中安置点启动，市中级人民法院、市人民检察院、市公安局、市司法局等近20个单位参与。

8月7日，山东省对口支援北川县灾后重建工作调度会议在安县安昌镇山东省援建北川前线指挥部召开。

△ 中央候补委员、国土资源部副部长、国家测绘局局长鹿心社一行考察北川县城地震遗址。

8月12日，全国政协委员、澳门新建业集团主席吴立胜一行到绵商谈捐建灾区孤儿学校事宜。

8月14日，市委、市政府召开全市加快推进农民永久性住房建设现场会，强调灾后农房重建是恢复重建的重中之重，也是恢复重建的根本标志。

△ 参加抗震救灾的济南军区第54集团军某旅官兵撤离归建，绵阳市1000余名各界群众欢送。

8月15日，市政府召开灾后重建协调沟通工作会议，强调灾后重建是全市的中心工作，要顾全大局，统筹协调，密切配合，齐心协力，全力以赴抓好灾后重建工作。

8月15—16日，武警四川总队总队长杨士武率工作组检查指导武警绵阳市支队工作，看望慰问抗震救灾的武警官兵。

8月16日，北川县首个易地重建项目——北川县香泉乡场镇建设正式启动。山东省确定由17个市对口援建北川县20个乡镇，其中淄博市对口援建香泉乡。

△ 内蒙古蒙牛集团决定，通过该集团“老牛基金会”投入500万元，在江油市建设一所环境优美、功能齐全的现代化福利机构——“博爱之家”，建成后能供养100名“三孤”（孤老、孤幼、孤残）人员。

8月18日，绵阳市召开首批县（市、区）市级试点乡镇规划评审会议，听取并评审北川县擂鼓镇，安县晓坝镇，平武县南坝镇、平通镇，江油市青莲镇5个市级试点乡镇灾后重建规划，就规划区域、文化内涵、产业布局等提出建议。

8月20日，四川省军区司令员夏国富等看望继续留守在安县花荄镇、北川县擂鼓镇的成都军区第14集团军工兵团、防化团以及驻扎安县永安镇的第二炮兵某工程团的抗震救灾部队官兵。

△ 国家发改委灾区学校复学复课调研组一行到绵阳调研。

△ 加拿大政府援建代表团一行考察绵阳。

8月21日，成都军区第14集团军在绵阳参加抗震救灾的主力部队陆续撤离归建。该集团军是最早成建制到达绵阳灾区，也是最后一批成建制从绵阳灾区回撤的部队，参与了绵阳抢险救人、受灾群众过渡安置和灾后恢复重建的抗震救灾全过程。

8月22日，省卫生厅、省总工会、省中医药管理局联合组织的全省卫生系统抗震救灾先进典型事迹报告团到绵阳市举行报告会。

8月25日，河南省对口援建江油市灾后恢复重建总体框架协议暨第一批援建项目签约仪式在江油市举行，首批援建项目概算资金11.33亿元。

△ 北川县第一个对地震伤残人员免费开放的康复站——北川县曲山镇永兴安置点地震伤残人员康复站正式投入使用。

8月25—27日，绵阳市召开中组部、省委组织部选派赴绵挂职干部工作会议，强调百倍珍惜灾区挂职锻炼机会，充分发挥自己的专业特长和优势，与干部群众一道齐心协力、真抓实干，倾力服务灾后重建工作。

8月27日，国务院应急管理调研组一行，调研绵阳市地震灾后应急管理工作情况。

8月28日，中国科协党组书记、书记处第一书记、常务副主席邓楠一行到绵阳察看灾情，调研科技救灾工作。

△ 省委副书记、省长蒋巨峰到江油市、涪城区、安县等地，检查指导学校复课、农房建设等工作。

△ 河北省党政代表团到平武县检查指导灾后恢复重建和对口援建工作。

8月28—30日，山东省委副书记刘伟一行到绵阳检查指导对口援建工作。

8月29日，成都—北川建材供应联动机制启动，支援绵阳极重灾区农房重建的10亿匹红砖从成都彭州市运抵安县永安场镇。

8月30日，辽宁省对口援建安县工作座谈会在安县举行。

△ 中国人民对外友好协会会长陈昊苏调研绵阳灾后重建工作。

8月31日—9月1日，工业和信息化部调研组在绵阳市部分规模以上企业调研灾后工业项目恢复重建情况。

9月1日，中共中央政治局常委、国务院总理温家宝在绵阳市城区及北川县、安县等地，考察群众安置、学校复课、农房建设等灾后恢复重建工作，参加设在四川长虹集团培训中心的北川中学临时学校秋季开学典礼。

△ 日本生产教育协会四川大地震教室复兴支援会援建的警钟街小学轻钢组装教室落成仪式暨开学典礼在警钟街小学举行。

9月2日，北川灾区农民建房贷款授信暨惠农卡发放启动仪式在北川县擂鼓镇举行，农行四川省分行向北川县贷款授信10亿元，支持灾区农房重建。

△ 资阳市调研组到三台县新鲁镇调研对口援建工作，代表资阳市委、市政府向新鲁镇捐赠第二批援建项目资金500万元，正式启动资阳市对口援建新鲁镇第二批项目。

△ 中国红十字基金会援助江油灾后重建项目签约暨华夏银行援建武都卫生院奠基仪式在江油市举行。

9月3日，市委、市政府在江油市召开全市灾后重建工作会议，传达贯彻温家宝总理在四川省领导干部大会上的讲话精神，分析绵阳市灾后重建工作形势，安排部署灾后恢复重建工作。

△ 中国国际金融有限公司通过中国红十字基金会援建安县乐兴镇博爱中学，援建奠基仪式在乐兴镇举行，标志中国红十字基金会援助的70余个博爱项目正式进入实施阶段。

9月4日，全国人大《防震减灾法》立法调研组一行到绵阳察看灾情，实地调研《中华人民共和国防震减灾法》立法工作。

△ 商务部灾后商业网点经营调研组实地调研绵阳城区和江油市部分商业网点受灾情况和恢复经营情况。

9月7—8日，全省灾后农户永久性住房建设工作会在绵阳市举行，强调按照“安全、经济、适用、省地”的指导思想，力争早日实现“家家有房住，户户有就业，人人有保障，设施有提高，经济有发展，生态有改善”的灾后恢复重建目标。

9月8日，市委副书记、代市长曾万明主持召开全市灾后重建项目工作会议，强调项目是灾后重建的根本，要加大力度抓项目，确保年底前新开工一大批灾后重建项目。

△ 香港红十字会援助绵阳市汶川特大地震灾后重建项目框架协议签字仪式在绵举行，标志香港红十字会援助绵阳市灾后重建项目正式启动。

9月10日，中国运动员教育基金捐助1200万元，定向支持北川县贯岭乡中心小学、江油师范学校附属小学、安县花荄镇初级中学、绵阳中学、德政街小学5所学校建设学生体育活动场地，同时支持4所敬老院扩展老年人活动场地。

9月11日，中国香港华光功德会"四川助学基金"成立仪式在绵举行，北川县、安县等地33名受灾困难学生得到爱心援助。

9月12日，市委副书记、代市长曾万明主持召开全市灾后重建土地报征及项目落地工作会议，研究尽快让新项目、技改项目、异地搬迁项目落地等问题。

△ 上海市慈善基金会与绵阳市8个受援单位签订援建绵阳市12个社会公益事业重点项目灾后重建协议。

△ 绵阳市召开灾后农户永久性住房建设质量培训会，对各县（市、区）、乡镇农房重建负责人进行技术培训。

9月14日，九岭博爱学校奠基仪式举行，为中国人寿捐资355万元在四川灾区建设的第一所博爱学校。

9月17日，省政府规划选址论证专家组到安县晓坝镇，北川县陈家坝乡、香泉乡，平武县响岩镇等需异地选址重建的镇乡，实地踏勘论证选址重建总体规划。

9月18日，监察部副部长、中央抗震救灾资金物资监督检查领导小组成员兼办公室主任王伟，到北川县实地检查抗震救灾资金物资监管工作。

9月19日，市政府召开全市灾后重建部分乡镇规划成果审议会议，审议绵阳市部分重灾乡镇震后集镇建设的规划方案及专家评审意见。

9月20日，市委、市政府召开全市灾后集镇重建工作会议，强调严格执行规划方案，全力加快集镇重建步伐。

△ 中国乒乓球队为北川中学捐款400万元，并捐赠一批体育用品。

△ 中国红十字会总会援助涪城区龙门镇红十字博爱学校在龙门镇九年一贯制学校举行奠基仪式。

9月22日，中国妇女发展基金会和上海易趣网络技术服务有限公司捐建的擂鼓镇易趣爱心小学揭牌仪式在北川县擂鼓小学举行。

△ 绵阳市召开抗震救灾优秀志愿者评审会，评选出100名优秀志愿者。

9月22—23日，全国人大代表调研组专题调研绵阳抗震救灾和恢复重建工作。

9月23日，水利部灾后水保设施重建检查组检查指导绵阳水保设施灾后重建工作。

9月23—24日，绵阳市普降大到暴雨，局部地方出现特大暴雨，部分地区因持续大暴雨造成山体滑坡、泥石流等地震次生灾害，造成重大人员伤亡及财产损失。北川县魏家沟由强降雨引发的山洪泥石流灾害，淤埋县城老城区大部分地区和北川中学废墟，对地震遗址造成极大破坏。同时，大量洪水及泥石流冲入任家坪板房安置区。

9月24日，副省长张作哈率省委、省政府工作组在绵阳主持召开抢险救灾工作紧急会议，传达省委书记刘奇葆、省长蒋巨峰的重要指示精神，安排部署抢险救灾工作，并到山体滑坡、泥石流灾害最严重的北川县，看望慰问受灾群众，实地察看了解灾害情况，指导抗洪抢险救灾工作。

△ 市委召开抢险救灾工作紧急会议，通报因持续大暴雨造成的洪涝、山体滑坡、泥石流等灾害情况，紧急部署抢险救灾工作。

9月26日，全国政协副主席李金华考察绵阳灾情和灾后恢复重建情况。

9月28日，河南省援建江油市首批项目开工。

10月1日，省委书记、省人大常委会主任刘奇葆到绵阳市地震灾区和工厂企业调研，了解灾后恢复重建情况，看望慰问受灾群众。

10月7日，中共中央、国务院、中央军委表彰319个“全国抗震救灾英雄集体”和522名“全国抗震救灾模范”，绵阳市公安局、长虹集团公司、北川县委、武警绵阳市支队等16个集体获“全国抗震救灾英雄集体”荣誉称号，绵阳水文水资源勘测局副局长唐训海、三台县公安局刑警大队技术室主任赖大东、北川县陈家坝乡党委书记赵海清等13人及驻绵部队、单位10人获“全国抗震救灾模范”荣誉称号。

△ 全市召开集中安置点管理暨灾后恢复重建项目启动工作会，强调着眼发展抓重建，抓好重建促发展，从立足解决受灾群众最实际需要出发，高质量、快速度地完成永久性农房建设任务，同时统筹做好灾后重建项目包装启动工作，使绵阳各项工作走在全省前列。

10月8日，四川省党政代表团在山东省济南市举行抗震救灾致谢暨灾后恢复重建项目推介会，绵阳市推介投资项目183个。

10月8—9日，加拿大皇家银行副总裁王勇一行到平武县平通镇、南坝镇、龙安镇，察看了解地震受灾情况，向10名地震孤儿捐助6万元现金和学习用品。

10月9—11日，省政府地震灾区过渡房安全过冬工作督查组到绵阳，督促检查地震灾区农村过渡房安全过冬工作。

10月10日，世界银行贷款灾后重建评估团实地考察、评估绵阳市申请的世界银行紧急贷款灾后重建项目。

△ 香港特区政府政务司官员实地考察三台县第一中学、游仙区社会福利综合服务中心、梓潼县人民医院、盐亭县中医院受灾、灾后恢复、重建规划等情况。

△ 水利部抗震救灾水利资金物资检查组到绵阳，检查指导抗震救灾水利资金物资管理和使用情况。

10月11日，香港特区政府与省政府签订援建协议，正式确定第一批援建四川灾后恢复重建项目，绵阳市4个项目（三台县第一中学、游仙区社会福利综合服务中心、梓潼县人民医院、盐亭县中医院）获得香港特区政府援建，总投资1.85亿元。

10月12日，由国际华人医学家心理学家联合会（IACMSP）、四川省精神卫生中心、《中国健康心理学杂志》主办的四川“5·12”地震后心理援助首届国际论坛在绵阳举行，国际华人医学家心理学家联合会为在绵阳市抗震救灾心理援助中做出突出贡献的心理学专家颁发“国际莫尼卡人道主义奖”，并宣布成立国际中华心理咨询师联盟绵阳大队。

10月13—17日，省政府督察组督察绵阳市灾后恢复重建政策贯彻落实情况。

10月14—15日，国家汶川特大地震遗址、遗迹保护专家组一行，考察北川县县城、任家坪、擂鼓镇等推荐的地震博物馆选址地。

10月15日，上海慈善基金会捐赠3800万元，支援江油市精神病院重建，重建工程奠基仪式举行。

△ 四川省灾后重建（河北）投资说明会在石家庄市举行，绵阳市共推出投资项目183项。

10月17日，济南军区援建北川县擂鼓中学建设项目正式开工。

△ 在“四川省灾后重建暨绵阳市灾后重建（河南）投资说明会”上，绵阳市推介项目183个，现场签约合作项目11个，投资总额10.5亿元。同日，在重庆举行的四川省灾后重建投资说明会上，绵阳市推出招商引资项目183项，签约3个项目，总投资5.5亿元。

10月19日，中共中央政治局委员、书记处书记、中宣部部长刘云山到北川县实地调研灾后恢复重建和宣传思想工作。

10月21日，省委、省政府在成都召开抗震救灾总结表彰大会，绵阳市7个模范集体和38名模范个人受到表彰。

10月21—26日，省政府督查组督查绵阳受灾群众安全过冬和灾后恢复重建项目推进情况。

10月22日，澳门红十字会援建绵阳市汶川特大地震灾后重建项目协议签字仪式在绵举行，标志澳门红十字会援建绵阳市灾后重建项目正式启动。

10月23日，绵阳市举行灾后重建重大基础设施暨九洲空管系统科研生产基地等30个重大工业项目开工典礼，全市196个重大项目开工建设，总投资306亿元。

10月25日，四川省政府在沈阳举行灾后重建（辽宁）投资说明会，绵阳市签约3个项目，总投资6.3亿元。

△ 河南省委副书记陈全国一行到江油市检查对口援建工作，向江油捐资300万元，并捐赠150万公斤面粉、1万床棉被、1万件棉衣。

△ 河南省援建江油市职教中心建设项目开工，至此，河南援建江油市中原爱心小学、中学，中原爱心医院，中原爱心小区，江彰大道，江油市福利院，江油市涪江三桥，江油市职教中心“八大民生工程”全部开工建设。

10月27—28日，民政部灾区恢复重建和困难群众安全过冬工作调研组赴绵，调研重灾区困难群众安全过冬、永久性农房建设、防灾减灾预案完善等工作。

10月28日，达州市对口援建游仙区魏城镇首批项目之一的魏城镇达州大道竣工剪彩。项目总投资750万元，全长493米，宽30米，为双向4车道。

△ 西博会“一部三省”（工业信息化部及四川、陕西、甘肃三省）汶川地震灾区中小企业投资项目洽谈会在成都举行，绵阳市签约26个项目，投资总额27亿元。

△ 西博会四川重振旅游工程重大项目招商会在成都举行，梓潼县七曲山风景区被列为重点推介对象。

△ 北川—山东灾后重建合作项目推介会在绵阳举行，山东省14个市、48家企业代表参加。

△ 中国侨联办公厅主任李杰带领援建北川中学专家组到绵阳，就北川中学新校区规划设计进行座谈。

10月29日，受地震灾害影响停工近半年的全省最大在建水利工程项目——武都水库工程全面复工。

11月1日，中国红十字会“呵护蓓蕾”爱心工程启动仪式在绵阳举行，旨在救助汶川特大地震灾区的贫困先心病儿童。

11月5日，全市对口支援省市资金物资监督检查工作联席会在绵举行，山东、河南、河北、辽宁及达州等省市和绵阳市的相关部门分别就对口支援资金物资监管的举措、方法等进行经验交流。

11月6日，国家新闻出版总署署长柳斌杰到北川老县城考察，出席在北川县擂鼓镇举行的国家新闻出版总署和中国宋庆龄基金会向四川地震灾区青少年捐赠图书活动启动仪式。

△ 市政府召开全市灾后恢复重建贷款中央财政贴息管理工作会议，要求做到准确申报，规范拨付，用好用足财政贴息政策，确保政策落到实处，为扎实推进绵阳市灾后重建工作多做贡献。

△ 成都军区派出工作组，看望慰问在绵阳灾区执行抢通擂禹路工程的二炮某工程团全体官兵。

11月7日，市委、市政府在香港举行绵阳灾后重建投资说明会，推介绵阳灾后重建招商项目。

△ 市委、市政府召开北川新县城暨北川—山东工业园区总体规划工作动员大会，全面安排部署新县城及北川—山东工业园规划工作。

△ 第二炮兵部队和武警交通部队完成北川县擂禹路抢险公路路基贯通工程，并正式移交北川县。

△ 加拿大原住民部落最高首领爱德华·约翰一行，考察绵阳受灾情况、抗震救灾以及灾后恢复重建情况。

11月10日，国务院常务会议审查通过四川省政府呈报的北川新县城选址意见。新县城选址确定在安县安昌镇和黄土镇之间东侧，位于安昌镇东南约2千米处的板凳桥一带。

△ 市委、市政府在安县永安镇举行仪式，欢送第二炮兵某工程团撤离归建。该团自5月14日进入北川，全力投入抗震救灾和恢复重建工作，是坚守北川灾区时间最长的一支部队，也是最后一支撤离绵阳的援建部队。

11月11日，四川省党政代表团在香港举行四川省灾后重建投资说明会，绵阳市成功签约项目7项，引资总额8.71亿美元。

△ 市委、市政府在北川县召开全市农民自建过渡房加固保温现场会，专题研究农民自建过渡房保暖过冬工作。

11月12—13日，省政府督查组检查绵阳市受灾群众安全过冬工作。

11月14日，市政府召开全市安全过冬物资保障工作会议，安排部署灾区受灾群众安全过冬及物资保障供应工作。

11月15日，省委书记、省人大常委会主任刘奇葆到绵阳调研灾后恢复重建和灾区群众过冬工作。

△ 11辆大卡车满载棉被、棉衣裤，从绵阳高新区运往北川县曲山镇，北川拉开全面发放受灾群众安全过冬物资的序幕。这批过冬物资主要是山东各界捐赠的棉衣棉被和全国总工会、全国残联、红十字会募集的御寒物资等。

11月15—17日，中共中央政治局常委、国务院总理温家宝到游仙区街子乡岳家村、九洲集团、北川中学、安县晓坝镇黄羊村及茶坪乡、江油市方水乡白玉村及青莲镇裕光村、江油市涪江堤防工程施工现场及攀长钢公司实地考察，详细了解灾后永久性住房建设、高寒山区群众越冬、灾后企业恢复生产等情况。

11月16日，温家宝在绵考察期间，现场听取北川新县城规划情况汇报，指出新县城要按照“安全、宜居、特色、繁荣、文明、和谐”的十二字标准进行建设，要努力使新北川县城成为“城建工程标志、抗震精神标志和文化遗产标志。”

11月16日6时59分，平武县发生5.1级余震，震区在平武县南坝镇与响岩镇之间，15500间农房轻微受损，南坝、响岩共196户、416间地震后加固的农房在余震中变成危房，无人员伤亡。

11月18日，绵阳市召开灾后重建规划暨城镇房屋重建加固工作会议，全市农村村庄灾后重建规划工作全面启动。

△ 绵阳市第一家由企业捐赠新建的村级卫生站——江油市战旗镇梨园村“好又多·沃尔玛爱

心卫生站”竣工投入使用。

11月21—23日，2008绵阳市“体彩杯”中学生田径运动会举行，是绵阳市在汶川特大地震后首次举办的大型单项体育赛事。

11月22日，由江油市规划设计院设计、山东省威海市投资5000万元援建的安昌镇城区改造工程全面启动。

11月23日，以汶川特大地震为题材的电影《惊天动地》剧组在北川县城地震遗址举行新闻发布会。

11月24日，市委副书记、代市长曾万明主持召开全市因灾失地农民返乡安置和灾后土地整理复垦工作专题会，要求年底前全面完成因灾失地农民返乡安置任务。

△ 市委、市政府在安县召开全市受灾群众安全过冬安置和应急物资储备保障工作会议，要求做好御寒棉衣、棉被、食品、药品及取暖设备等物资的储备，确保受灾群众温暖安全过冬。

△ 国家统计局局长马建堂调研绵阳灾后恢复重建及钢铁行业生产经营情况，看望慰问灾区统计部门干部职工。

11月26—27日，省水利厅在绵主持召开《武都水库灾后重建实施方案报告》审查会，专家组基本同意实施方案，为武都水库工程震损处理和大规模施工提供有力技术支撑。这是汶川特大地震后四川省首个大型水利工程灾后重建实施方案审查会。

11月27日，山东省烟台市援建北川县白坭乡首批项目开工，标志烟台市援建白坭乡灾后重建项目正式启动。

11月30日，北川县擂鼓镇最后12户受灾群众搬离帐篷住进过渡安置房，至此，全市所有受灾群众均已搬出帐篷，住进永久性房屋和过渡安置房。

12月1日，蒙牛集团“老牛基金会”捐建的江油市“根生博爱之家”福利院在江油市太平镇月爱村动工开建。

△ 四川省灾后重建（上海）投资说明会在上海举行，绵阳市签订9个重大项目协议，投资金额达28亿元。

△ 绵阳市有134个乡镇完成灾后重建规划编制，占重建总数的50%。

12月2日，市政府召开专题会议，研究部署唐家山堰塞湖后期综合整治工作。

12月3日，总投资达17.46亿元的国道108线梓潼县城至德阳界段公路改建工程、永兴至安昌段公路改建工程及省道105线北川县陈家坝大桥、平武县南坝大桥4个灾后交通恢复重建项目集体开工建设。

△ 四川地震灾区首所成建制永久性学校——新加坡华商陈永庆先生捐资1000余万元援建的江油市坚勇五一二实验学校竣工交付使用。

△ 旨在对地震灾区14岁以下贫困病残儿童实施免费医疗救助的“关爱2008——走进绵阳”公益活动启动仪式在绵阳市举行。

12月4日，台湾企业台达电子集团与绵阳市台办签署援建项目协议，捐资1000万元援建绵阳市涪城区杨家镇小学异地重建。

△ 日本小渊基金事务局局长梶谷辰哉一行到绵阳，实地考察小渊基金援助安县灾后林业重建项目实施情况，以及北川县林地、植被受损情况。

12月5日，住房和城乡建设部督导组督查和指导绵阳市地震受损城市道路、桥梁隐患处置工作。

△ 全市灾后重建建材价格监管现场会在江油市九岭镇召开，要求从计划、生产、销售、运输、监管等多个环节，加强对建材特别是红砖的价格监管，打击乱涨价行为，维护建材市场的正常秩序。

12月7日，北川县陈家坝乡党委书记赵海清因在汶川特大地震中的突出贡献当选第19届“中国十大杰出青年”。该项评选由中华全国青年联合会、中国青少年发展基金会与中央电视台、中央人民广播电台、人民日报等10家新闻单位联合主办。

12月8日，灾后四川最大新型墙体材料项目、四川第一家立项筹建以现代工艺生产加气混凝土的项目——四川翠微新型建材有限公司年产40万立方米蒸压加气混凝土砌块项目一期工程在江油市竣工投产。

12月8—14日，2008年北京奥运旅游重大项目及庆典首席策划专家、国家旅游标准技术委员会委员、北京奥运经济研究会副会长李庚教授率专家团一行到绵阳，开展旅游策划考察活动，为绵阳市灾后旅游业发展提供策略性发展方案。

12月10日，北川新县城和北川—山东工业园总体规划方案汇报会在绵阳举行，中国城市规划设计研究院院长李晓介绍规划方案及北川新县城未来发展定位：北川县域政治、经济、文化中心，川西旅游服务基地，绵阳西部产业基地和现代化的羌族文化城。

△ 省委督查组督促检查绵阳市因灾失地农民安置帮扶工作。

△ 市政府在绵举行新闻发布会，通报绵阳市灾后永久性农房建设以及建材生产经营和价格监管等情况。

12月13日，市总工会、市惠民帮扶中心组织的“中央财政专项资金职业培训”结业典礼在市惠民中心举行，绵阳市990名受灾失业人员通过培训取得相关专业初级职业技能合格证书。

12月14日，世界银行行长罗伯特·佐利克一行到北川县察看灾情，慰问灾区群众。

12月15日，澳大利亚澳新银行捐资100万元建设的绵阳市涪城区杨家中学“澳新银行”教学楼工程奠基。

12月16日，绵阳市与中航工业集团举行航空发动机试验基地灾后重建项目洽谈会，正式确定中国燃气涡轮研究院航空发动机试验基地在绵阳恢复重建。

12月18日，省政府灾后重建规划督察组督察绵阳市灾后重建规划工作。

12月19日，“神舟七号”航天员翟志刚、刘伯明、景海鹏与总装备部绵阳八一帐篷学校的900余名师生一起，参加中国扶贫基金会、中国青少年发展基金会主办，四川省扶贫基金会承办的“为了孩子的梦想——航天英雄‘冬日暖阳’灾区行”公益活动启动仪式。

12月20日，北川新县城灾后重建总体规划技术审查会在绵举行，总体规划方案获得通过。审查组组长由中国科学院院士、中国工程院院士周干峙担任。

12月21日，绵阳市获国家、四川省水利恢复重建项目资金14.5亿元。

12月22日，省总工会、团省委、省妇联联合举办的“情暖灾区，共建家园”——工青妇“暖冬联合大行动”在北川县擂鼓镇中心小学启动。

△ 德国科德宝集团公司援建江油市武都镇海金村小学签字仪式在江油市举行。

12月22—23日，在绵全国人大代表、省人大代表组成的视察组，视察绵阳市灾后恢复重建工作。

12月24日，绵阳市召开辖区灾后建设项目用地工作会议，要求全市国土资源管理部门加大项目建设用地管理，做到既积极主动提供服务，又严格规范管理土地市场，更好地为项目建设提供用地保障。

12月24—25日，财政部调研组调研绵阳市灾后恢复重建总体规划及进展、财政支持政策执行落实情况。

12月26日，绵阳市市场服务体系暨外经贸10个重大项目在涪城区龙门镇高水农产品批发市场集中开工，标志绵阳市灾后市场服务体系恢复重建进入全面快速推进阶段。

12月27日，中共中央总书记、国家主席、中央军委主席胡锦涛考察绵阳灾后恢复重建和群众生活情况，看望慰问灾区干部群众、学校师生和援建人员。

△ 卫生部部长陈竺一行到绵阳实地考察灾后卫生重建工作。

12月29日，河南双汇集团灾后重建项目——绵阳双汇食品工业园在涪城区新皂镇奠基，标志绵阳市对口援建重大产业项目步入快速推进阶段。

△ 绵阳市首家商品混凝土协会正式成立，为灾后重建在建材方面提供有力保障。

12月30日，青岛益群漆业集团与绵阳高新区签订投资协议，投资8500万元在高新区建设建材产业园，主要生产灾后重建急需的建筑乳胶漆、保温砂浆等建筑材料。

△ 全市公安机关灾后重建项目集中开工仪式在游仙区魏城镇举行。

12月31日，成都军区司令员李世民到绵阳检查军车抢运灾后重建建材工作落实情况，看望慰问执行抢运任务的部队官兵。成都军区第二责任区抽调运输车辆335台，承担江油、平武、安县、北川4个县市的建材抢运任务，12月22—30日，共出动车辆2602台次，承运各类建材12896.5吨。

△ 全市农口系统总投资36.53亿元的45个灾后重建首批项目集中开工，开工仪式在江油市武都水库工地举行。

2009年

1月1—4日，解放军二炮文工团在北川、安县等灾区进行6场慰问演出。

1月5日、7日，省委、省政府春节送温暖慰问团先后到平武县、江油市、北川县、安县等灾区，实地了解灾后恢复重建和群众生产生活情况，看望慰问灾区困难群众和河北省、河南省、山东省、辽宁省对口援建工作人员。

1月6日，由省委宣传部、省文联主办的“送欢乐、下基层、情系百姓”大型文化下乡活动在游仙区柏林镇举行。

1月6—7日，全国人大常委会副委员长、九三学社中央主席、中国科学技术协会主席韩启德到北川县，实地了解灾后恢复重建和群众生产生活情况，看望慰问灾区干部群众、援建人员。

1月8—9日，中央组织部常务副部长沈跃跃调研绵阳市“特殊党费”使用情况，看望慰问基层干部群众和困难党员。

1月9日，涪江二桥110千伏输变电新建工程开工奠基仪式在游仙区东林乡举行，属于首批汶川特大地震后加快重建的工程，总投资8500万元。

△ 达州市对口援建游仙区魏城镇魏城中学新食堂、魏城镇达州大道等首批8个项目竣工。

1月10日，绵阳市公安局监管支队政委（原北川县公安局副局长）李跃进因在汶川特大地震中的重大贡献当选全国第三届“我最喜爱的十大人民警察”，是四川省唯一入选的公安民警。

△ 资阳市委、市政府派出工作组，前往三台县新鲁镇检查援建项目进展情况，慰问困难群众和援建人员。

1月12日，青岛市援建北川县陈家坝乡异地重建项目奠基，标志北川县曲山、擂鼓、陈家坝、漩坪、禹里5个极重灾乡镇重建工作正式开始。

△ 全国新闻出版行业抗震救灾先进表彰大会在京举行，绵阳日报社荣获先进集体，是四川省市（州）新闻出版系统中唯一获表彰的先进集体。

1月14日，绵阳日报社与石家庄日报社编著、花山文艺出版社出版，全景式记录汶川特大地震场景的大型文献史料图书《汶川记忆》，荣获第二届中华优秀出版物奖“抗震救灾特别奖”。

1月15日，由中宣部、中国文联组织的“送欢乐下基层”慰问演出在北川县擂鼓镇举行。

1月20—21日，河北省工作组到平武县看望慰问河北对口援建工作人员和灾区群众，指导对口援建工作。

1月24—25日，中共中央政治局常委、国务院总理温家宝在绵看望慰问灾区干部群众，与灾区干部群众、学校师生一起喜迎新春佳节。

1月25日，省委、省政府“爱心助孤过年”督查组到北川县、安县部分“三孤”人员集中安置点，督查基本生活保障情况、慰问品发放情况。

1月27日，文化部副部长王文章带领由中央歌剧院、中国歌舞剧院、国家话剧院等院团组成的“文化部春节期间赴四川灾区慰问演出团”，在北川县吉娜羌寨举行慰问演出。

2月1日，民政部批复北川县、安县行政区划调整方案，将安县的安昌镇、永安镇，黄土镇的常乐、红岩、顺义、红旗、温泉、东鱼6个村划归北川县管辖。民政部同时批复北川县人民政府驻地由曲山镇迁至安昌镇。

2月2日，市政府召开教育灾后重建工作会，提出2009年8月底前完成灾区学校恢复重建任务，秋季开学绵阳市绝大多数灾区学生搬进永久性校舍学习。

2月5日，由中央电视台举办的“感动中国2008年度人物”评选揭晓，临危不乱带领群众抗震救灾的北川县县长经大忠入选。

2月6日，绵阳市出台灾后房地产建设新政策，内容包括灾后保障性住房建设、财政信贷支持力度、税收优惠政策、土地资源盘活以及优化房地产业投资环境等。

2月10—11日，中共中央政治局常委李长春到绵阳考察，详细了解灾区群众生活、企业恢复生产、地震遗址保护、北川新县城规划建设、灾后农房重建、旅游景区恢复、文化设施重建、学校恢复教学等情况。

△ 省人大产业园区及统计执法检查调研组赴绵，调研灾后恢复重建总体规划及进展、财政支持政策执行落实情况。

2月17日，北川举行新县城暨北川—山东工业园征地拆迁过渡安置费发放仪式，标志北川新县城建设征地拆迁安置工作正式启动。

2月18日，河南省援建江油市首个项目——永胜镇永红路海棠段正式竣工通车，总投资110余万元，为四级公路，面宽6米，全长1200米。

2月20日，全市卫生系统灾后恢复重建工作会提出，以农村卫生设施和公共卫生设施恢复重建为重点，力争2009年年底基本完成全市卫生灾后重建任务。

2月22日，市委、市政府召开全市灾后恢复重建暨农村工作会，部署2009年全市恢复重建和农村工作。

2月23日，安县21个教育灾后重建项目集中开工。

2月23—24日，省政协灾区乡镇卫生院灾后重建调研组到绵阳调研。

2月25日，中国侨联援建北川中学设计团队赴绵交流新北川中学设计规划方案。香港大学、清华大学和同济大学设计团队分别介绍规划设计方案。

2月27日，国土资源部党组成员、国家土地副总督察甘藏春到北川县调研灾后重建用地规划工作。

2月28日，国务院参事室党组书记、主任陈进玉调研绵阳市灾后重建工作。

3月3日，全市金融工作暨灾后重建项目资金对接会在绵召开，要求稳步扩大信贷规模，促进经济和金融良性互动，为灾后重建和加快发展提供可持续资金支持。

3月5—6日，新组建的四川省灾后恢复重建专家服务团首站赴绵，先后到北川老县城地震遗址、擂鼓镇猫儿石村、北川新县城新址等地考察、指导工作。

3月6日，省政府外事办组织美国、德国、韩国、泰国、法国、新加坡和巴基斯坦7个国家的驻川领事机构负责人，考察访问绵阳市灾后重建工作。

3月10日，市政府召开全市城镇住房恢复重建工作培训会，要求加快推进城镇住房恢复重建。

3月12日，由视博恩公司·慈福行动捐资250万元、村民自筹部分资金修建的北川县永安镇跃进村54套小区住房顺利完工，54户村民告别临时过渡房住进永久性新房。视博恩公司·慈福行动是一家国际人道主义援助机构。

△ 省政协“突出地域文化特色、加快地震遗址旅游发展”调研组调研绵阳市文化、旅游灾后重建发展。

3月13日，绵阳市民政标准化建设项目灾后恢复重建现场会在江油市召开。

3月14日，新加坡出资1500余万元援建的绵阳警钟街·中新友谊小学教学综合大楼奠基。

3月15—16日，中共中央政治局委员、国务委员刘延东在绵阳考察，到企业、农村、学校看望慰问干部群众，考察加快科技城建设、提高自主创新能力、加快灾后恢复重建、促进经济平稳较快发展等工作。

3月16—19日，省委、省政府汶川特大地震灾后恢复重建督导组督导检查绵阳灾后恢复重建工作。

3月19日，《国家动员机制研究》课题组在绵调研地震应急工作、应急机制建设等，为国家制定相关法律、法规提供依据和参考。

3月20日，交通部资金物资管理督查组督查绵阳市灾后公路恢复重建资金物资管理工作。

3月21日，游仙区灾后重建重大项目、总投资10亿元的堂宏国际商业中心项目奠基开工。

3月23日，河北省保定市对口援建的平武县响岩中心小学正式开工建设，是河北省援建平武县“交钥匙”工程中第一个开工的项目。

3月26日，绵阳市召开全市领导干部大会，宣布省委决定：吴靖平任中共绵阳市委委员、常委、书记。

△ 香港红十字会向安县秀水镇、高川乡、茶坪乡，江油市雁门镇、枫顺乡，平武县豆叩镇、

水观乡共7个乡镇的7235户农户捐助1.2亿元，用于灾后农房重建。

3月27日，北京医疗专家服务团分赴北川县擂鼓镇、陈家坝乡，江油市重华镇、安县黄土镇、塔水镇等地，为数千名受灾群众开展义诊治疗。

3月29日，河南省援建江油市第二批17个“交钥匙”工程开工仪式举行，标志河南省对口支援江油市恢复重建重大项目建设进入全面实施阶段。

△ 中央党校省部级领导进修班学员调研、考察绵阳灾后重建工作。

3月30日，省总工会主办，市总工会、市劳动社保局承办的“情系灾区，促进就业”活动启动仪式暨现场招聘会在绵举行，200家用工企业提供岗位信息1.5万个。

3月31日，市委副书记、代市长曾万明主持召开会议，专题研究绵阳科技馆恢复重建工作，要求2009年国庆节前以崭新面貌向社会开放。

4月2日，省委、省政府召开四川省加快灾后恢复重建工作动员大会，市委书记吴靖平在绵阳分会场安排部署绵阳市贯彻落实会议精神。

4月3日，北川县、安县行政区划调整交接工作正式启动。

4月4日，市委、市人大、市政府、市政协等领导参加北川县老县城清明公祭活动，祭奠汶川特大地震罹难同胞。

4月8日，绵阳市召开全市灾后重建暨城乡环境综合整治专题工作会，强调有力、有序、有效推进灾后重建暨城乡环境综合整治工作。

△ 中国建设银行捐资360万元援建的涪城区南街建设银行希望小学教学楼开工建设。

4月11日，国家安监总局局长骆琳一行，到北川县曲山镇任家坪受灾群众安置点、擂鼓镇中联水泥项目建设工地，检查安全生产工作，看望慰问受灾群众和基层安监干部。

4月14日，省纪委调研组到绵阳调研对口援建监督检查工作。

△ 加拿大国际贸易部部长斯托克韦尔·戴伊一行到绵阳，考察加拿大援助北川项目。

4月16日，新华社、中央人民广播电台、光明日报、法制日报等8家新闻媒体组成的采访团，到绵阳集中采访报道审计部门在扩大内需和灾后重建中发挥作用和灾后农房重建情况。

4月17日，四川省“优生优育——托起明天的太阳”关爱地震灾区母婴行动启动仪式在绵阳市永兴板房区举行。

△ 国家质检总局“质量和安全年”活动督查组到绵阳，实地察看质监系统灾后重建工作情况。

4月22日，华晨集团与安县人民政府举行华晨汽车及发动机零部件工业园项目签约仪式，标志华晨汽车及发动机零部件项目正式落户安县。

4月22—23日，中国红十字总会“地震灾区博爱行”考察组携三星（中国）投资有限公司、国家电网公司负责人，先后到盐亭县麻秧乡、五龙乡，涪城区杨家镇和江油市武都镇，考察三星和国家电网捐赠项目重建情况。

4月24日，省委副书记、省长蒋巨峰到平武县平通镇、南坝镇等地，实地调研灾后城镇住房、学校、卫生院重建情况。

△ 第四军医大学政委戴旭光带领部分医疗专家专程赴绵，回访地震中部分伤员。

4月25日，山东省临沂市援建的北川县通口场镇建设项目全面竣工并整体移交，是山东援建北川县第一个全面竣工并整体移交的乡镇场镇项目，也是四川省灾后重建第一个全面竣工并整体移交的乡镇场镇项目。

4月26日，北川县委、县政府在吉娜羌寨举办“牵手百年、重建家园”集体婚礼，来自40个残缺家庭的20对新人重组新家。

△ 涪城区举行灾后重建暨工业园区投资推介会，明天电子有限公司、韩国会民株式会社、慈溪康威音像设备公司、北京利方达、慈溪三叶电器公司5家企业达成入驻涪城区金家林军转民配套产业园的协议，现场签约总金额2.45亿元。

4月27日，全省地震重灾区城乡环境综合治理工作现场会在绵阳市召开，强调深入推进灾区城乡环境综合治理，营造清洁、整齐、优美、靓丽的城乡环境，加快建设灾后美好新家园。

△ 全国妇联发展部部长崔郁带领19个对口援建省（市）和甘肃省、陕西省妇联负责人、四川省21个市（州）和18个受援县妇联主席，到绵阳考察灾后重建和对口援建项目实施情况。

4月29日，中国农业银行农村基础设施建设贷款产品四川地区启动仪式在成都举行，农行四川省分行与北川县禹羌投资有限责任公司签署50亿元的意向性授信协议。

5月1日，全国第三届“我最喜爱的十大人民警察”先进事迹报告团成员赴北川县，祭奠在汶川特大地震中遇难的北川民警。

5月3—8日，天府早报、环球时报、新京报、齐鲁晚报、中国新闻周刊、南方周末、腾讯网等10家媒体发起的“百媒穿越地震带‘5·12’汶川地震周年特别报道”采访团，在绵阳市区、北川县、平武县、江油市、安县采访和回访，全面深入报道绵阳市科学重建、务实重建、和谐重建的成绩和经验。

5月4日，省委书记、省人大常委会主任刘奇葆到北川县社会福利中心，调研地震“三孤”人员安置和帮扶情况。

△ 九环东线绵阳境内重建工程全线开工，全长200公里，总投资7亿元。

5月5日，省委、省政府慰问团赴北川县和安县，看望慰问灾后恢复重建一线建设者、对口援建工作人员和灾区抗震救灾模范代表。

5月6—7日，全国政协副主席、民建中央第一副主席张榕明到绵阳，视察由民建系统联系、中华思源基金会捐建的绵阳市灾后重建项目进展情况。

△ 四川省灾后重建专家服务团到绵阳指导旅游文化产业灾后重建工作。

△ 市委宣传部举行“弘扬抗震救灾精神，奋力推进‘三个加快’”理论研讨会。

5月7日，国务院新闻办公室网络局和四川省委宣传部、绵阳市委宣传部、绵阳市网管办组织的“地震周年网络媒体灾区行活动”在绵启动，人民网、新华网、中国网、央视网、中国日报网、国际在线等50家网络媒体采访报道绵阳市灾后重建工作、群众生产生活情况。

△ 绵阳市举行地震灾后卫生防疫学术交流会，邀请中国首席流行病学专家曾光教授等作灾后卫生防疫、公共卫生面临的机遇与挑战、心理干预等专题报告。

△ 绵阳市上百家建材生产企业共同签署《产品质量承诺书》，承诺为绵阳灾后重建新家园提供安全合格的产品。

5月8日，南充市主要领导考察南充市对口支援梓潼县许州镇灾后重建情况，看望慰问许州镇受灾困难群众。

5月9日，绵阳市召开全市加快恢复重建工作会议，传达省政府加快恢复重建工作会议精神，重点研究如何进一步加快城镇住房和学校、医疗卫生机构重建工作。

△ 中宣部、解放军总政治部、文化部和国家广电总局联合主办的“365个祝福”——中央电

视台“心连心”艺术团大型慰问演出在北川县擂鼓镇举行。

5月10日，省委、省政府在北川县老县城举行纪念汶川特大地震1周年活动。

△ 省委书记、省人大常委会主任刘奇葆在平武县平通镇，看望慰问灾区一线干部群众，调研灾后恢复重建工作。

5月11日，中共中央总书记、国家主席、中央军委主席胡锦涛，中共中央政治局常委、国务院副总理李克强到绵阳考察灾后恢复重建情况，看望慰问抗震救灾英模、对口援建人员和灾区基层干部群众。

5月12日，中国侨联援建的北川中学在北川新县城永昌镇举行开工典礼。

△ 省邮政公司、市委宣传部、市邮政局共同主办“感恩有你·绵阳明天更美好”汶川特大地震周年纪念邮品首发仪式，中国邮政在绵阳限量首发2500套“5·12”地震周年纪念套装邮资明信片。

△ 全国首个防灾减灾宣传日，绵阳市举行系列防灾减灾宣传活动。

△ 绵阳市社会各界以各种形式纪念汶川特大地震1周年。

5月13日，中国重汽集团绵阳专用车生产基地项目开工奠基仪式在高新区防灾减灾产业园举行，标志山东省产业援建绵阳灾区翻开崭新一页。

△ 香港职业治疗学院在绵阳市地震伤员康复分中心建立地震伤员康复教学基地。

5月14日，辽宁省17个援建项目集中开工暨华晨汽车及发动机零部件工业园项目奠基仪式在安县花荄工业集中区举行。

5月15日，艾默生网络能源生产中心项目签约仪式在绵阳高新区举行，标志灾后第一个世界500强企业项目落户绵阳。商务部部长陈德铭、艾默生网络能源有限公司亚太区总裁兼艾默生网络能源有限公司总裁梁恒毅出席签约仪式。

△ 商务部部长陈德铭一行到绵阳调研商务系统灾后恢复重建工作。

△ 《绵阳日报》刊发题为《北川将铭记》的长篇通讯，报道山东援建北川新县城建设组组长崔学选一心扑在援建工作上，与病魔顽强抗争的先进事迹。

5月18日，市委发出《关于开展向崔学选同志学习活动的通知》，决定从5月下旬至8月底，在全市范围内开展向优秀援建干部崔学选学习的活动。

5月18—19日，全国人大调研组到绵阳专题调研灾后重建工作。

5月20日，河南省对口支援江油市恢复重建最大单项工程项目——江油—河南工业园开工暨首批河南企业入园仪式举行。

5月21日，美国霍尼韦尔公司捐资近400万元人民币修建的安县霍尼韦尔联合小学在安县秀水镇竣工投入使用，安县秀水、沸水、睢水3个乡镇7个村学生上学问题得以解决。

5月22日，绵阳市第五届人民代表大会第六次会议选举曾万明为绵阳市人民政府市长。

6月1日，台达电子集团出资1000万元，为四川地震灾区捐建的首座太阳能小学——绵阳市涪城区杨家镇台达阳光小学正式开工建设。

6月3日，澳大利亚澳新银行捐资100万元修建的涪城区杨家镇杨家中学教学楼竣工投入使用。

△ 绵阳市质检所北川灾后重建建材产品质检站在安昌镇正式挂牌成立。该站为全省恢复重建基层质检站中规模最大、设施设备最齐全的一个质检站。

6月4日，绵阳市召开全市城乡住房重建工作会议，要求城镇住房国家补助资金在6月30日前全部发放到楼栋、到户；城镇住房维修加固在年底前全面完成；城镇住房重建在7月底前全面开工建设，2010年5月底全面完成；农村永久性住房在年底全部完成。

△ 绵阳市召开地震灾区精神家园建设工作组会议，强调开展地震灾区精神家园建设，帮助关爱对象心理重建，抚平精神创伤和恢复心理平衡，是地震灾区精神家园建设的一项长期重要任务。

△ 内江市党政代表团赴盐亭县指导对口援建盐亭县柏梓镇工作。

6月5日，中华全国总工会副主席、书记处书记王炯一行调研绵阳市工会灾后重建情况。

△ 绵阳市红十字会召开灾后重建项目工作会。中国红十字会总会、中国红十字基金会、香港红十字会、澳门红十字会及其他兄弟省市红十字会援建的绵阳市灾后重建项目已开工110个。

△ 省国资委组织部分中央在川企业、省属重点骨干国有企业到绵阳考察，并举行国企支持绵阳灾后重建投资合作座谈会。

6月7—8日，山东省省长姜大明一行到北川县看望干部群众和援建人员，检查指导山东对口援建工作。

6月8日，山东省援建北川新县城暨产业园区第一批项目开工，项目总投资超过20亿元。

6月9日，国家审计署重庆特派办在绵召开绵阳灾后恢复重建跟踪审计进点会，要求思想认识、工作配合、整改落实"三到位"，把跟踪审计工作完成好。

△ 市委、市政府召开全市农业生产形势分析及灾后重建项目推进专题工作会议。

6月10日，国务院派驻国家电网公司监事会主席骆耀华一行检查指导绵阳电网灾后恢复重建工作。

6月12日，国土资源部、省国土资源厅相关专家检查指导绵阳地质灾害治理工作。

6月16日，国家审计署审计长刘家义一行到绵阳调研、检查灾后重建审计工作，听取灾后恢复重建审计工作汇报。

△ 省委副书记、省长蒋巨峰到绵阳调研地质灾害防治、病险水库除险加固、堰塞湖后期治理工作。

6月17日，国家烟草专卖局局长姜成康一行到绵阳调研绵阳烟厂灾后易地重建技改项目建设情况。

6月19日，全市水利灾后重建暨防汛工作会议召开，强调强化工作措施，落实工作责任，突出重点，协同作战，完成目标任务。

6月20日，山东省日照市"安康家园"灾区儿童回川绵阳欢迎仪式在绵阳火车站举行，122名绵阳籍地震孤儿、单亲家庭儿童返回绵阳。

6月25日，中共中央政治局委员、国务院副总理回良玉在绵阳考察，先后到涪城区龙门镇中脊村、安县黄土镇伍家碑水库、安县睢水镇罐滩堰塞湖，实地考察防汛保安和灾后重建工作。

6月29日，绵阳市文物局转移到广汉三星堆博物馆存放的6000余件文物被安全运回绵阳。

6月30日，国家民委在北川县擂鼓镇和新县城实地考察灾后恢复重建、羌族文化保护与传承等情况。

7月1日，市政府召开全市港澳援助项目推进工作会议，要求进一步简化程序、优化流程、提高效率，加快援助项目推进工作进度，让灾区群众早日受益。

7月3日，人民教育出版社、高等教育出版社、人民卫生出版社3家中央出版单位对口支援绵阳日报社灾后重建捐款签约仪式在北京举行，向绵阳日报社捐款1000万元，其中人民教育出版社、高等教育出版社分别捐款400万元，人民卫生出版社捐款200万元。

7月4日，全国青少年赴四川地震灾区生存体验暨爱心传递夏令营在绵举行开营仪式。

7月8日，市委、市政府召开北川新县城规划建设工作会，强调充分体现羌族特色，建好北川新县城行政服务中心、教育中心、文化中心、旅游中心、金融中心、商贸中心,加快建设美丽新北川。

7月13日，援建四川地震灾区的优秀干部、“山东省优秀共产党员”崔学选，因罹患癌症医治无效，于18时10分在山东省潍坊市人民医院去世。

△ 由中国建筑学会、中国城市规划设计研究院主办，绵阳市和北川县承办的北川新县城城镇风貌与建筑风格专家研讨会在绵举行。

7月13—14日，省政府调研组调研绵阳灾后建材市场供需情况。

7月16日，出席2009年中国成都国际灾害风险大会的30个国家和地区的数百名专家学者到北川县考察总结应对特大地震经验。

△ 辽宁省全额投资援建的“交钥匙”工程和援建安县投资最大的交通项目——辽安路重点工程项目，在安县兴仁乡五郎村开工建设。

7月18日，总投资1.45亿元的四川兴事发集团4个灾后重建项目竣工投产。

7月20日，山东省威海市援建的北川县青片乡6项工程全部竣工，通过北川质量监督站的竣工验收，被评为合格工程。

7月22日，济南军区援建的北川县擂鼓八一中学正式竣工并交付使用，是一所可容纳2000人的全寄宿制学校，占地面积108亩。该项目于2008年10月开工建设。

7月27日，绵阳市灾后重建（山东）投资说明会在山东省济南市举行，签约项目14个，投资金额14.884亿元。

△ 市委召开地震灾区精神家园建设工作座谈会，提出确保灾区干部群众心理重建和物质重建齐头并进、和谐共赢。

7月28日，河北省援建平武县“交钥匙”工程首个竣工项目、平武县首个竣工灾后重建学校项目——保定市对口援建响岩镇清水小学正式竣工交付使用。

7月29日，“不屈的脊梁——四川地震灾区画家‘5·12’周年祭作品展”绵阳站正式开展。

7月30日，绵阳市消防部队灾后恢复重建项目集中开工仪式在游仙区消防大队举行。

8月3日，攀长钢灾后重建项目环评报告通过国家环保部组织的专家评审。

8月6—8日，北川县“感恩致谢、产业承接、投资促进、加快发展”招商投资促进活动在长虹培训中心举行，21家企业签约21个项目，投资16.1亿元，成为首批签约入驻北川—山东工业园区的企业。

8月10日，绵阳市召开加快旅游业发展暨旅游灾后重建项目推进工作会议。

8月11日，《绵阳日报》推出“倾情灾区重建，共促灾区发展——对口援建典型报道”专栏，集中报道援建省、市的先进做法和典型经验。

△ 绵阳市召开“特殊党费”使用管理工作会议，强调严格使用程序，坚持公开透明，用好每一分钱，不出半点差错。

△ 《汶川特大地震绵阳抗震救灾志》编纂工作正式启动。北川、江油、涪城等9个县（市、

区）抗震救灾志编纂工作同步启动。

8月13日，崔学选先进事迹报告会在绵举行，山东省援川前方指挥部办公室副主任王汉成、潍坊市援川前方指挥部办公室主任姜新刚、北川县桂溪乡党委书记廖凯、桂溪乡村民汪美等从不同侧面介绍崔学选的先进事迹。

8月14日，绵阳市灾后重建（辽宁）投资说明会在辽宁省沈阳市举行，签约项目4个，投资总额15亿元，这些项目将全部进入安县华晨汽车零部件工业园。

△ 四川省第一个“特殊党费”援助项目——重建游仙区魏城镇关帝村村级组织活动场所开工，标志全省由“特殊党费”援建的村级组织活动场所建设全面展开。

8月16日，中共中央政治局常委、全国政协主席贾庆林在绵阳调研时强调，要广泛凝聚各方面的智慧和力量，大力弘扬伟大抗震救灾精神，加快推进灾后恢复重建，着力促进经济平稳较快发展，切实维护社会和谐稳定，努力建设幸福美好的新家园。

8月17日，由国际美慈组织无偿投入援助的社区防灾减灾项目暨本地培训师培训在绵启动，覆盖北川县贯岭乡、擂鼓镇10个社区（村），辐射范围1万人。国际美慈组织是一个国际性的救援和发展组织，成立于1979年。

8月18日，绵阳市为172名县级援建干部免费体检。

8月19日，北川县震后恢复重建竣工的第一个永久性交通项目——北川药王谷大桥正式建成通车。

8月20日，九洲集团LED城市照明产品灾后重建设备捐赠仪式在绵阳举行，九洲集团向绵阳各县（市、区）捐赠总价值1000万元的LED城市照明产品及灾后重建设备。

△ 山东省潍坊市援建北川县桂溪乡、贯岭乡16个场镇项目全面竣工。

8月21日，绵阳市在河北省石家庄市举行绵阳·平武灾后重建投资推介会。

8月22—23日，日本阳光美术馆理事长、日本中国历史文物保护协会会长对中义典一行17人，赴江油市考察李白文化灾后重建工作，向李白纪念馆赠送世界最大陶瓷版画。

8月23日，绵阳火车客站原址重建工程动工建设，总面积19228平方米，集城际车站和普速车站于一体。

8月24日，绵阳市召开全市灾后恢复重建规划项目、基金调整工作电视电话会议。

8月25日，由国务院扶贫办灾后恢复重建工作办公室主办，绵阳市委、市政府承办的全国贫困村灾后恢复重建现场会在绵召开。

△ 山东省青岛市援建北川县陈家坝乡、曲山镇的所有项目竣工暨移交启动仪式分别在两乡镇举行。

8月29日，河南省开封市对口援建的江油市重华镇“开封灵溪一桥”正式通车。

8月30日，山东省东营市对口支援北川县坝底乡灾后重建项目全面竣工交付使用。

9月1日，河北省援建的南坝中学、平通中学、龙安幼儿园竣工，正式交付平武县；河南省援建的中原职教中心和中原爱心学校竣工，正式交付江油市。

9月3日，省委“特殊党费”使用管理督查组督查绵阳市“特殊党费”援建项目进展情况和“特殊党费”使用管理情况。

△ 山东省莱芜市援建北川县开坪乡驻地项目工程竣工仪式在开坪乡小学举行。

9月3—4日，市人大常委会视察组到平武县、北川县、安县、江油市等地部分乡镇卫生院，实地察看项目施工进展、医疗设施和医务人员配置等灾后恢复重建工作。

9月7日，市政府召开全市空置活动板房回收利用管理和处置工作会，明确四种处置方式：全屋就地、就近循环利用；全屋异地重装、改装循环再利用；多余板房和构件综合利用；废料的无害化处理和再利用。

9月8—9日，省政协视察组赴北川县、安县等地计划生育服务站，视察灾区再生育服务工作开展情况。

9月9日，泰国诗琳通公主私人捐资1100万元人民币，援建绵阳市先锋路小学，援建开工仪式在该校举行，泰王国驻华大使马纳塔出席开工仪式。

9月10日，美国艾默生电气公司援建的安县清泉小学教学综合楼工程正式落成投入使用。

9月11日，国家质检总局检查组检查指导绵阳市检验检疫和质监灾后重建工作。

9月12日，全省地震灾区因灾失地农民安置帮扶工作现场会在北川县安昌镇召开。

9月14日，山东省济宁市对口支援北川县永安镇灾后场镇项目建设正式开工。

9月15—16日，全国人大常委会原副委员长、中国红十字会会长彭珮云一行，考察中国红十字会援建绵阳市灾后重建项目进展情况，出席国家电网公司携手中国红十字会援建的中国红十字总会在四川地震灾区援建的第一个民房项目——安县黄土镇柴育博爱新村落成仪式。

9月18日，招商银行行长、中国企业社会责任同盟会会长马蔚华考察绵阳市“一帮一”灾后乡村家园重建工作。

9月20日，市农村儿童德育工作试点基地在涪城区吴家镇留守儿童关爱中心挂牌成立，是全省首家灾区农村未成年人思想道德建设试点基地。

9月23日，市委、市政府精心打造的大型舞蹈诗剧《大北川》在绵州大剧院首演。该剧是绵阳市灾后文化重建重大成果之一。

△ 河南省对口援建江油市首批192个项目顺利竣工。

9月24—25日，中共中央政治局常委、国务院总理温家宝在绵阳市考察指导灾后恢复重建工作，看望慰问干部群众、学校师生。

9月25日，绵阳市举行灾后首次大型国有建设用地使用权拍卖会，4宗土地成交总价共25829.234万元，最高成交价达到235万元/亩，是地震前绵阳城市中心外最高拍卖土地价格的近两倍。

9月26日，绵阳市首个灾后旅游恢复重建竣工项目——龙门涪龙苑项目正式对外接待游客，项目总投资3000万元，是绵阳市吸引民间资金参与旅游产业灾后重建、发展乡村旅游的一个重点项目，按照AAA级标准建设。

9月27日，烟台市援建北川新县城安居房项目举行封顶仪式。

9月28日，攀长钢灾后重建项目启动仪式在江油市攀长钢公司一生产区举行。

10月10日，国际农发基金四川灾后重建农村沼气项目启动仪式在游仙区石马镇举行。

10月14日，省政协调研组一行调研绵阳教育、医疗卫生机构灾后恢复重建工作。

10月15日，中央党校省部级进修班考察组到绵阳考察调研灾后重建、产业发展工作。

10月17日，国家质检总局党组书记、局长王勇看望慰问绵阳质检系统职工，检查指导质检工作。

10月18日，绵阳中学举行香港援建项目开工仪式。

10月19日，中央财政一次性直接拨付绵阳市2700万元，用于购买医疗设备，装备基层医疗卫生服务机构。

10月20日，北川县、平武县交界（北纬32.1度、东经104.5度）发生里氏4.9级地震，属汶川特大地震余震。

10月21日，香港特区政府出资6228万元援建的梓潼县人民医院灾后重建项目正式开工建设。

10月22日，北川县曲山、擂鼓、陈家坝、禹里、漩坪5个极重灾乡镇失地农民安置工作督导会召开。

10月22—23日，省人大执法检查组检查绵阳市贯彻实施《中华人民共和国防震减灾法》情况。

10月24日，北川新县城工程建设指挥部成立，下设工程保障组、工程组、财务审计组和综合组。

10月25日，住房和城乡建设部地震灾区村镇恢复重建工作检查组一行，检查指导绵阳市灾后村镇恢复重建相关工作。

10月27—28日，住房和城乡建设部、四川省人民政府主办的北川新县城规划建设推进协调会在绵召开，研究完善北川新县城建设规划、建筑设计和节能减排等工作。来自全国城乡规划、建筑设计、园林景观、环保节能、雕塑艺术、市政交通、历史文化保护等方面的40多位专家参加会议。

10月28日，马来西亚五杰集团捐资100万元修建的“五杰侨爱学校”教学楼工程竣工典礼在绵阳高新区河边镇举行。

△ 驻川部队省十一届人大代表组成视察团，视察绵阳灾后恢复重建、经济社会发展和国防后备力量建设。

10月31日，济南市援建北川新县城安居房项目全面封顶。

11月2日，绵阳市民政局宣布，从当月起至2010年3月，绵阳市将连续5个月向地震灾区特困群众发放临时生活救助金，帮助他们顺利度过冬令春荒。救助对象主要是地震灾区因灾导致主要劳动力遇难或伤残且无生活来源的城乡困难家庭。

11月3日，北川国家地震遗址博物馆建设规划编制工作座谈会在绵举行，同济大学常务副校长李永盛及该校专家团队介绍建设规划编制工作有关情况及工作建议。

△ 香港乐施会董事局主席卢子建一行到梓潼县建兴乡建立村，检查由该会援建的贫困村灾后恢复重建试点项目。

11月4日，省委书记、省人大常委会主任刘奇葆在北川县调研因灾离家和失地群众安置工作，强调要不漏一人一户做好群众安置工作，加快建设永久性住房，扎实做好过冬各项工作，确保受灾群众安全温暖过冬。

11月5日，绵阳市首个面向全国进行网上公开招投标项目——绵阳日报社采编业务用房灾后重建项目施工招标，在市招标投标交易服务中心顺利开标，绵阳市鸣州建筑工程有限公司以1993.8万元的报价取得中标排序第一名，低于控制价356.9万元。

11月12日，财政部、总参谋部和总后勤部组成的联合检查组检查指导绵阳市民兵军事训练和军分区、人武部灾后重建工作。

△ 省委、省政府灾后恢复重建督导组检查指导绵阳市城乡住房重建工作和受灾群众安全温暖过冬工作。

11月12—13日，中央检查组检查绵阳市新增中央投资项目和新增灾后重建基金项目组织落实情况。

△ 省政协视察组视察绵阳市公共文化服务设施灾后恢复重建情况。

11月13—14日，国家灾后恢复重建规划中期评估组到绵阳市，开展灾后恢复重建规划实施情况中期评估。

11月15日，国家体育总局在绵阳市九洲体育馆召开基层体育工作座谈会，了解灾区基层体育设施恢复重建情况，进一步安排部署做好灾区体育工作。

11月16日，市政府召开全市加强农房重建贷款风险控制工作会，强调强化风险防控，营造诚信环境。截至10月31日，全市累计发放灾后农房重建贷款15.23万户，金额42.83亿元。

△ 绵阳日报社报业大楼在经开区破土动工，是全国新闻出版系统恢复重建的标志性工程。

11月17日，全市卫生系统救护车交接仪式在万向汽车城广场举行，市卫生局利用2009年中央补助基层医疗卫生机构设备购置资金采购的18辆救护车，直接交付绵阳市重灾区乡镇卫生院使用。

11月18日，国务院办公厅督查组检查指导绵阳市灾后永久性农房重建等工作。

11月23日，绵阳（江油）灾后重建投资推介会在河南省郑州市举行，签约项目15个，总金额16.22亿元。

11月23—24日，河南省委常委、副省长李克到江油市调研对口支援工作，看望慰问援建干部。

11月24日，安县高川乡泉水村7组45户因灾失地农民搬进永久性农房。

11月28日，绵阳新晨动力50万台动力总成灾后异地重建项目在绵阳高新区开工建设。

12月1日，绵阳市召开市级部门联系帮扶北川因灾失地农民安置暨群众安全越冬工作会议。

12月2日，省委副书记、省长蒋巨峰到平武县龙安、古城、响岩、平通等镇，调研灾区群众安全温暖过冬和特困户帮扶工作。

12月3日，省政府派出专项检查组，检查绵阳市灾后恢复重建项目资金拨付使用、管理及项目进展等情况。

12月5日，山东省委常委、副省长王军民到绵阳市看望慰问山东援建干部职工，检查对口援建北川工作。

12月6日，全国人大常委会副委员长、中国红十字会会长华建敏考察绵阳市灾后重建及红十字会援建项目建设情况。

12月10日，省政府对口援建政策法律问题调研组调研绵阳市与援建方签订合作协议有关情况以及为援建方出台优惠政策等工作。

12月11日，中共中央政治局常委、国务院总理温家宝到中国气象局，通过视频与北川县、安县气象局干部职工对话，了解灾区气候变化情况和气象服务工作。

12月12日，美国华盛顿州州务卿国际事务特别助理、八方支援基金会创办人、著名美籍华人慈善家庄汉杰先生一行到游仙区，代表八方支援基金会捐赠800万元，支持游仙区刘家中学灾后重建。

12月16日，教育部部长袁贵仁调研绵阳市教育灾后重建工作，看望慰问灾区一线教职工。

△ 中国联通公司捐资730余万元援建的游仙区中国联通春蕾小学（原游仙镇第二小学）开工奠基。

12月17日，民盟河南省委捐建的江油市太平镇龙门民盟烛光小学举行移交仪式。

12月18日，中国电子科技集团公司第九研究所汶川地震灾后重建项目、艾默生配套工业园项目等18个工业项目集中开工奠基仪式在绵阳高新区永兴镇举行。

△ 15时4分，在绵阳市计划生育技术指导所产房，四川省首个灾后再生育试管婴儿出生，北川县曲山镇杨柳村43岁农妇刘洪英顺利产下一名重2.85公斤的健康女婴。

12月23日，山东省副省长李兆前一行赴北川县，看望慰问山东援建干部职工，检查对口援建北川工作。

△ 中组部调研组调研绵阳市“特殊党费”使用管理、乡镇干部服务责任制等工作。

12月26日，北川羽琨茶叶精加工项目在北川—山东工业园破土动工，标志北川县全面开始茶叶产业灾后恢复重建工作。

12月28日，绵阳灾后恢复重建首个投资过亿元的重大工业项目——北川中联水泥有限公司日产4800吨水泥熟料生产线竣工点火。

12月29日，安县人民政府与驻绵77123部队举行营区恢复重建供地协议签字仪式。按照部队灾后重建规划，77123部队营区将由绵阳市区迁往安县界牌镇。

2010年

1月1日，中共中央政治局委员、中央书记处书记、中央组织部部长李源潮一行到北川县，实地考察学习实践活动开展情况和“特殊党费”使用与管理、灾区干部关爱、基层党建工作有关情况，看望慰问灾区干部群众，转达党中央对灾区人民的关怀与祝福。

1月4日，市委书记吴靖平主持召开北川新县城规划委员会2010年第1次会议，审议并原则通过《抗震纪念园设计方案》《北川新县城路灯设计方案》《北川新县城交通管理设施设计方案》等6个方案。

1月5日，由省委宣传部、省文化厅主办，省文化馆、省图书馆协办的“文化送欢乐·同心建家园”慰问演出活动在北川县安昌小学举行。

1月11日，山东省委、省政府春节慰问团到北川县看望慰问山东援建干部，检查援建项目建设情况。

1月12日，全国人大常委、环资委主任委员、原建设部部长汪光焘在北川新县城调研重建工作。

1月15日，北川—山东工业园10个项目在位于北川县新县城永昌镇的北川—山东经济开发区举行集中开工仪式。

1月23—24日，中央办公厅、国务院办公厅联合督查组到绵阳市，督查灾后恢复重建工作和受灾群众生产生活、安全温暖过冬工作。

1月25日，四川国大水泥股份公司日产4000吨水泥熟料生产线在江油市含增镇竣工投产。该项目由上海国大集团投资兴建，是江油市灾后引进的第一个大型工业项目，也是四川省2008年重大项目和灾后重建项目。

1月26日，汶川特大地震极重灾区首家小额贷款公司——北川汇商小额贷款有限公司正式成立，注册资本金5000万元，为中小企业、农业产业化项目提供小额金融服务。

1月28日，绵阳市召开69个市级部门帮扶北川因灾失地农民安置工作驻村干部代表座谈会，要求确保受灾群众春节前搬进新家。

1月31日，汶川特大地震后唯一整体异地搬迁的新县城驻地——北川县永昌镇挂牌成立。2008年12月，胡锦涛总书记在四川慰问灾区群众时，为北川新县城亲自取名为“永昌”，意为永远繁荣昌盛。

△ 绵阳市天青苑川剧团创作的川剧《他与羌山同在》，在绵州大剧院举行首场感恩回报演出。该剧细腻、真实地刻画了山东援建干部崔学选援建北川县的事迹。

2月1日，市慰问团到63820部队、武警绵阳消防支队、武警绵阳市支队和成空某雷达站，看望驻绵部队官兵，代表市委、市人大、市政府、市政协和绵阳军分区感谢他们在绵阳抗震救灾、灾后重建等方面做出的突出贡献。

△ 郑州大学第一附属医院援建江油市人民医院的远程医疗会诊平台正式开通启用。

2月8日，资阳市党政代表团一行到三台县新鲁镇考察对口援建项目实施情况，看望慰问灾区干部群众。

2月10日，总投资6000万元的九环东线松花岭隧道扩建及其接线工程正式竣工通车。

2月13日，市总工会，北川县委、县政府，北川县总工会，山东援建北川工作指挥部及山东潍坊援川前方指挥部在北川新县城县人民医院建设工地，联合举行“同饮涪江水、鲁川一家亲”慰问援建职工共迎新春佳节活动。

2月26日，财政部调研组调研绵阳市灾后恢复重建资金使用和监管情况。

3月4日，四川省政府新闻办在北京举行四川省暨成都、德阳、绵阳、广元、阿坝、雅安重灾市（州）恢复重建新闻发布会，中共绵阳市委书记、市人大常委会主任吴靖平出席新闻发布会，通报绵阳市灾后恢复重建基本情况。

△ 市政府召开全市板房处置工作会，要求加快板房处置进度，5月12日之前城乡居民和学校、医院全部告别板房，所有空置板房在年内处置完毕。

3月11日，绵阳市召开加强灾后恢复重建和扩大内需监督管理工作会议，强调把改善民生作为灾后重建和扩大内需的出发点和落脚点，圆满完成灾后重建和扩大内需目标任务。

3月17日，由中华全国总工会主办的全国工会对口劳务协作大型招聘洽谈会在绵阳市启动，北京、天津、辽宁、山东、江苏等9省（市）提供10万余个就业岗位。

△ 绵阳市与辽宁省委、省政府灾后重建工作座谈会在辽宁省沈阳市举行，双方表示，以辽宁省对口援建安县为契机，努力变对口援建为对口合作，互惠互利，实现双赢。

3月19日，中国移动—北川视讯系统全面开通正式投入使用，标志“数字北川”建设取得初步成效，北川县成为全国第一个拥有视讯会议系统的民族自治县。

3月20日，中日技术合作四川地震灾后森林植被恢复示范项目考察团到绵阳考察，北川灾后森林植被恢复被列入中日合作示范项目。

3月22日，省委副书记、省长蒋巨峰在北川新县城调研灾后重建进展情况，要求加快北川新县城建设，确保当年9月底形成基本框架、具备基本功能、展现基本形象。

△ 中国侨联主席林军一行到北川新县城考察北川中学援建进展情况。

3月24日，国家图书馆和文化部全国文化信息资源建设管理中心联合发起的“县级数字图书馆推广计划”灾区援建行动在北川新县城启动。

3月24—26日，首都女记者协会、人民日报、人民网、新华社、中央人民广播电台、光明日报、科技日报、中国青年报、中国妇女报等媒体组成的首都新闻采访团，采访报道绵阳灾后重建情况。

3月25日，市政府在绵阳中学召开全市港澳援建工作现场会，强调严格履行项目《可行性研究报告》和《合作协议》，按照项目建设标准规范施工，如期、高质量完成项目。

3月28日，我国第一个以中医药养生为主题、按照国家AAAA级景区标准打造的旅游度假区——北川药王谷旅游度假区正式开门迎客，是绵阳市旅游业灾后重建竣工的第一个也是最大的一个项目。

3月31日，华西集团北川新县城工程建设誓师大会在北川新县城建设工地举行，标志北川新县城自建项目全面开工建设。

4月1日，大型舞蹈诗剧《大北川》在北京保利剧院举行首场汇报演出。该剧首都站演出是“绵阳市灾后文化重建暨《大北川》进京汇报演出主题展览”系列活动的一个重要内容，主题展览于3月28—31日在北京西单文化广场举行。

4月4日，中央军委委员、国务委员兼国防部部长梁光烈上将到绵阳调研国防动员建设情况，参观济南军区援建的擂鼓八一中学。

4月7日，省委常委、省纪委书记欧泽高到北川新县城调研，强调继续加强灾后重建监督检查工作，完善工程建设招投标等系列规章制度，阳光重建、廉洁重建。

4月8日，由泰国诗琳通公主以个人名义全额出资捐建的绵阳市先锋路诗琳通公主小学正式落成，诗琳通公主一行专程赴绵出席学校落成典礼。整个工程建筑面积7100平方米，抗震设防烈度为8度，可容纳36个教学班、2000余名学生学习。

4月8—11日，中央扩大内需促进经济增长政策落实检查组到北川县、安县等地震极重灾区，实地检查中央扩大内需促进经济增长政策落实、治理工程建设领域突出问题、灾后恢复重建资金物资管理使用情况。

4月9日，水利部党组副书记、副部长鄂竟平到绵阳市游仙区、高新区，实地调研水利灾后重建、拉动内需及泵站更新改造建设情况。

△ 中央新闻单位组成的采访组专题采访绵阳市“特殊党费”援助项目进展情况。

4月10日，山东省党政代表团赴北川县考察，看望慰问援建工作人员和灾区干部群众，实地检查指导对口援建工作。

4月11日，中国重汽集团绵阳专用汽车有限公司举行揭牌仪式，标志山东省产业援建四川灾区迈出新的步伐。

△ 北川—山东工业园区基础设施建设初具规模，24家企业落户，总投资14.1亿元，其中山东企业21家，总投资12.5亿元。

4月13日，中共中央政治局常委、中央纪委书记贺国强到北川县考察灾后重建和中央扩大内需促进经济增长政策落实情况，看望慰问群众和援建工作人员。

4月15日，绵阳市举行全市灾后重建项目攻坚工作会议，强调以项目大推进促进灾后重建大提速，要求5月12日前重建项目全部开工建设。

4月16日，绵阳市与攀钢集团有限公司在成都举行座谈会，共同研究攀长钢公司灾后恢复重建及加快发展工作。

4月17日，中央纪委副书记、监察部部长马馼在绵阳市调研灾后重建及扩大内需政策落实监督检查工作。

4月20日，新加坡副总理、国防部长张志贤一行访问绵阳，并赴北川县实地考察。

4月26日，省委、省政府举行“抗震救灾模范灾区行”活动，绵阳市为活动第一站，26名获全国和四川省表彰的抗震救灾模范代表在北川县、安县、绵阳城区参观考察地震遗址和重建新貌。

5月4日，四川省灾后重建现场会专场演出在绵州大剧院举行，大型舞蹈诗剧《永久北川》以3000年羌民族文化为背景，以汶川特大地震为主线，把地震中的感人故事浓缩在特定时间的北川，以特有的羌风、羌魂，向世人展示一幕鲜为人知的羌文化记忆。

△ 辽宁省对口援建安县88个项目完工暨辽宁广场命名揭碑仪式举行，工程累计投入援建资金34亿元，为40亿元总援建资金的85%，实现“三年重建任务两年基本完成”的目标。

5月5日，全省灾后恢复重建工作现场会在绵阳开幕，省委书记刘奇葆、省长蒋巨峰率领650多名代表，分别沿绵安北和绵江平两路并进，实地参观考察灾后恢复重建两年来的巨大变化。

5月5—7日，四川大学华西医院与北川县、安县联合主办“心系灾区人民，重建心灵家园”地震灾区乡镇、社区卫生医务人员基本精神卫生技能培训班。

5月6日，世界银行副行长詹姆斯·亚当斯赴绵考察世界银行优惠紧急贷款支援灾后恢复重建项目建设情况、追溯报账项目建设情况。

5月7日，日本红十字会副会长大冢义治一行赴绵考察援建工作，出席游仙区魏城镇博爱卫生院竣工典礼。

△ 美国角声基金会和中国香港华恩基金会援建的绵阳首个儿童村——绵阳市角声华恩儿童村主体工程竣工。

5月8—9日，辽宁省党政代表团赴绵实地检查指导对口援建安县工作。

△ 市卫生局牵头组织的“健康快车灾区行”大型义诊活动，在北川县擂鼓镇、安县花荄镇、平武县龙安镇、江油市中坝镇4个地震灾区乡镇举行。

5月9—11日，全国晚报“聚焦绵阳、聚焦重建”大型采访活动在绵阳举行，百余家晚报160余名记者参加。

△ 北川—山东工业园首家入驻、首先动工建设的工业企业——青岛益群企业集团北川益群新型建材有限公司新型建材项目正式投产。

5月10日，新华社总编辑、党组副书记何平一行考察绵阳市灾后恢复重建、经济社会发展等情况。

5月11日，市委、市政府召开全市灾后恢复重建工作会议，贯彻全省灾后恢复重建工作现场会精神，强调坚决打好灾后重建攻坚决胜之战，努力将灾后重建成果转化为现实生产力，着力增强持续发展能力。

△ 中国红十字巴蜀力量基金牵线、香港客属各界庆典活动常设委员会捐建的游仙区魏城镇中心卫生院竣工投入使用。

5月12日，绵阳市纪念汶川特大地震2周年活动在北川县举行。

△ 山东省东营市援建的北川“民生大楼”正式封顶，标志由山东省援建、总投资50多亿元的北川新县城76个项目主体工程全部竣工。

△ 河南省对口援建江油市灾后恢复重建项目基本建成暨产业合作签字仪式在江油—河南工业园举行。

△ 河南省对口支援江油市文物抢救修复工程完工仪式在李白故居江油市青莲镇陇西院举行。

△ 中国教育发展基金会牵线、中国平安人寿保险股份有限公司捐资1690万元重建的北川县桂溪平安希望小学竣工。

5月14日，“感恩之旅——新北川网络报告会”在人民网演播厅举行，市委书记吴靖平、山东省对口援建北川前线指挥部总指挥徐振溪、北川县县长经大忠、北川中学校长刘亚春等参加报告会。

△ 国务院新闻办、省政府新闻办组织中国日报网、国际在线、中国新闻网等全国40余家网络媒体，赴四川灾区开展“重返灾区看民生”大型采访活动，采访团抵达绵阳开始采访。

△ 北川地震遗址适度开放暨擂鼓镇接待中心揭牌仪式在北川县擂鼓镇举行。自5月15日起，北川地震遗址面向社会公众适度开放。

5月15日，招商银行行长马蔚华一行到北川县，向黄江义务教育学校捐资200万元，用于学校完善运动场、食堂等基础设施。

5月20日，安县人民政府与77123部队灾后军营重建用地移交仪式在安县界牌镇举行。

5月21日，中共中央政治局常委、全国人大常委会委员长吴邦国在绵阳考察，实地了解灾区群众生产生活情况，检查指导灾后恢复重建工作，对绵阳市灾后恢复重建工作取得的成绩给予充分肯定。

△ 全市灾后重建工程质量安全工作会议召开，要求进一步加大对灾后重建工程的安全执法监管力度，有效遏制安全事故发生。

5月22日，全国政协副主席李金华到北川县调研灾后重建情况，听取新县城规划和建设、山东对口援建工作、北川县灾后重建工作等情况汇报，视察北川抗震纪念园。

5月30日，国家土地总督察办巡视员张璞带领调研组，调研绵阳市灾后重建土地管理情况。

5月31日，四川省“质量提升·建材企业牵手灾后重建”活动在北川县擂鼓中学启动，绵阳市重灾区的23家建材企业获得23家省名优建材企业一对一的帮扶，当场获赠30余万元的质量检测设备资金。

6月1日，团省委主办的“争当四好少年，共建美好家园”四川省暨绵阳市“六一”儿童节庆祝活动在游仙区小枧沟镇置信小学举行。

6月2日，市政府召开全市城乡住房重建工作会，要求集中人力、物力，抢抓时间节点，破解瓶颈难点，保证安全质量，确保城乡住房重建任务圆满完成。截至5月底，全市农房重建竣工率97.58%，城镇居民住房重建竣工率80.45%。

6月3日，台湾法鼓山援建的安县秀水第一中心小学正式落成启用。

6月4日，市政府与省电力公司在成都签署《“关于加快推进绵阳电网建设，全力支持灾后重建，促进中国科技城发展”战略合作协议》。根据协议，2010—2012年，省电力公司规划投资26.7亿元加快绵阳电网建设。

6月11日，中国侨联主席林军一行检查指导北川中学建设工作，要求吹响“冲锋号”，进行大冲刺，确保2010年9月1日前竣工投入使用。

△ 中共中央委员、十一届全国政协副主席、国务院港澳事务办公室主任廖晖到绵阳游仙区忠兴镇初级中学、绵阳中学等地考察港、澳援建学校重建情况。

6月23日，中共中央政治局常委李长春到北川县、安县，实地考察深入贯彻落实科学发展观、推进灾后恢复重建、加快经济发展方式转变、深化文化体制改革等工作，强调发掘宝贵精神财富，推动灾区跨越发展。

6月24日，香港赛马会捐资8000万元人民币援建的绵阳市第三人民医院医学综合楼开工奠基仪式举行。

6月25日，市政府和民航西南地区管理局共同主办的中国科技城——绵阳灾后重建·航空市场发展座谈会在绵举行。

6月26日，安县中联水泥有限公司日产4500吨水泥熟料生产线项目竣工点火仪式在安县桑枣镇举行。

7月5日，在汶川特大地震中遭受毁灭性打击的九皇山猿王洞景区正式对外开放，是绵阳市继建成药王谷度假区后，旅游业恢复重建的又一重大成果。

7月8—9日，国务院扶贫办副主任、灾后重建办主任王国良一行赴北川县、安县贫困村走访，实地调查了解贫困村灾后恢复重建工作进展情况。

7月9日，绵阳市召开“创先争优”和“特殊党费”援助项目推进会，强调把管好用好“特殊党费”作为地震灾区深入开展“创先争优”活动的重要体现，务求活动取得实效。

7月10日，国家审计署副审计长余效明一行赴北川新县城、新北川中学等在建工地调研，看望慰问各级审计干部。

7月11—13日，澳门特别行政区行政长官崔世安率澳门特区政府代表团，赴北川老县城祭奠地震遇难同胞，参观北川县擂鼓镇吉娜羌寨，考察北川新县城规划建设及澳门基金会援助北川羌族民俗博物馆项目建设进展情况。

7月17日，山东省对口援建北川工作指挥部召开山东援建、承建北川新县城项目现场点评会，实地检阅山东17个市援建、承建北川新县城项目进展情况。

7月19日，河北—平武工业园区建设三方协议签约仪式在绵举行，标志河北省对口援建平武县工作由“输血”进入“造血”阶段。

7月22日，绵阳市召开加强灾后恢复重建项目资金管理工作会议，要求全面、认真排查中央灾后恢复重建和扩大内需项目资金在使用、管理中存在的问题，确保资金使用效益最大化。

△ 绵阳市召开重点集镇灾后恢复重建工作会议，要求高标准抓规划落实，高效率抓建设进度，高水准抓质量安全，高水平抓管理营运，9月30日前完成重点集镇恢复重建进度的85%以上，基本完成重建任务。

7月26日，日本兵库县捐资4100万日元援建的涪城区青义博爱中心卫生院门诊与公共卫生综合大楼正式竣工投入使用。

△ 四川省医疗卫生规划建设现场会在绵阳市开幕，全省21个市（州）医疗卫生系统200多名代表实地参观安县、北川县医疗机构灾后恢复重建情况。

7月27日，中组部副部长李建华到北川老县城祭奠地震遇难同胞，参观北川县擂鼓镇吉娜羌寨，考察北川新县城规划建设及“特殊党费”援助的北川县七一职业中学建设进展情况。

7月27—28日，文化部灾后重建考察团实地考察绵阳市灾后文化项目重建情况。

7月28日，“绵阳灾后重建网”开通，设置《绵阳灾情》《重建政策》《重建规划》等13个频道49个栏目，全面、系统展示绵阳市灾后恢复重建工作动态和成效。

7月29日，部分省人大代表组成的专题调研组，调研平武县、江油市灾后产业恢复重建进展及政策落实等情况。

8月4日，省纪委副书记、省监察厅厅长徐波在绵主持召开会议，向市委、市政府反馈对绵阳市灾后重建工作的督查情况，认为绵阳灾后重建工作总体上进展顺利，质量很高，要求进一步加强对灾后重建的监督检查，提高建设质量，加快建设进度，圆满实现“三年重建任务两年基本完成”的目标。

8月5日，“四川省未成年人灾区行”暑期夏令营活动在绵阳启动，活动以“心系灾区·励志蜀道”为主题，由省委宣传部、省文明办、省教育厅、省旅游局、团省委联合主办。

8月8日，农业部部长韩长赋调研安县、北川县灾后重建情况，表示农业部将全力支持灾区灾后重建，大力实施帮扶项目，着力改善灾区生产生活条件，帮助农民群众增收致富。

△ 安徽省人大常委会原主任、省人大工作研究会会长孟富林一行到北川老县城祭奠地震遇难同胞，参观北川县曲山镇石椅羌寨、擂鼓镇吉娜羌寨，考察北川新县城规划建设情况。

8月9日，市政府组织召开《汶川地震灾区发展振兴规划》编制专题会。

8月10日，清华大学校长、中国科学院院士顾秉林一行考察北川新县城。

8月13—15日，全国生态安全与灾后生态恢复学术研讨会在绵阳举行。

8月17日，北川中学工程竣工典礼在北川新县城举行，中国侨联主席林军宣布工程正式竣工。该工程建筑面积7.2万平方米，总投资2亿元人民币，由73个国家和地区的83万名归侨侨眷、海外侨胞、港澳台同胞及爱心人士捐助，可容纳5200名学生就读。

△ 香港华恩基金会、美国角声基金会援建的绵阳市首个非盈利性儿童村——绵阳市角声华恩儿童村顺利竣工。

8月18日，人力资源和社会保障部在绵召开地震灾区劳动者二次就业工作座谈会，要求强化政府责任，积极增加就业岗位，大力开展职业培训，不断加强基层建设，深入推进灾区劳动者二次就业。

8月21日，最高人民检察院检察长曹建明赴北川县调研考察，看望慰问基层干警。

8月22日，中共中央政治局常委、国务院总理温家宝到北川县看望特大山洪泥石流灾害受灾群众、北川中学残疾学生和学生代表，并在绵阳市主持召开会议，听取四川省抢险救灾工作汇报，对下一步工作作出部署。

8月24日，全省市（州）农科院（所）“十一五”科技成就展暨汶川地震灾区农业产业振兴科技支撑对接会在绵召开，绵阳市展出32个农作物新品种。

8月27日晚7时许，北川县白什乡山岩台地发生地质崩塌，因监测预警及时，白什乡新街安置区受威胁的7户41人被安全转移，未造成人员伤亡。9月2日，北川县对新街安置区后山地质崩塌山体成功爆破，消除地质灾害隐患。

△ 新疆生产建设兵团党政代表团考察绵阳市灾后重建工作。

8月31日，江油市举行欢送河南省援建干部大会，标志河南省援建江油的总投资30亿元、共计300个援建项目全面完成。纪录片《豫江情》首播仪式同时举行。

△ 北川县西苑中学2400多名学生告别板房教室，搬进山东省威海市援建的现代化、花园式新

校舍。

9月1日，北川中学2010年秋季开学典礼在新落成的学校举行。

△ 绵阳中学举行香港特区政府援建项目竣工暨新学期开学仪式。

9月2日，新加坡出资1615万元援建的绵阳警钟街·中新友谊小学正式举行揭牌仪式。

△ 四川龙都实业有限公司捐建的高新区虹苑路小学正式落成，举行竣工交接仪式暨开学典礼。

9月9日，市委召开北川财政金融工作专题会，听取北川县财政金融工作和北川新县城规划建设管理情况汇报，强调围绕“规划项目产业投资”主线，扎实推动灾后重建。

△ “特殊党费”援建的全国最大的学校重建单体项目——北川县七一职业中学举行竣工暨新学期开学典礼。学校占地118亩，工程建筑面积34850平方米，项目总投资9923万元，可安排60个教学班、4000名学生就读。

9月10日，北川天诺光电材料有限公司PDP滤光膜进口设备签约仪式在绵举行，标志该公司平板显示器功能膜材料项目正式启动。该公司是山东天诺光电材料有限公司的控股子公司，也是最早进入北川—山东工业园的企业之一。

△ 市政府决定，从即日起至12月，对全市灾后恢复重建工程进行全面“体检”，检查内容包括建设程序、市场行为、工程质量等。

9月14日，全国党刊四川地震灾区集中采访活动启动，在绵阳采访活动媒体见面会上，市委书记、市人大常委会主任吴靖平向全国30余家党刊负责人及编辑、记者介绍绵阳市情及灾后重建情况。

9月15—17日，“全国百家党报总编绵阳灾区行”大型主题采访活动在绵举行，来自全国各地的近两百名党报总编、记者参加。这次采访活动是在“三年重建任务两年基本完成”的背景下举行的。

9月16日，全省最大的单项文化灾后重建项目——绵阳博物馆新馆开工建设。新馆选址富乐山西麓、芙蓉溪东岸，占地面积约65亩，建筑面积约2.6万平方米，计划总投资2.3亿元，通过政府采购邀请招标方式，确定西南建筑设计院“北斗卧龙”方案为中标方案。

9月17日，四川富临实业集团出资100万元在梓潼县演武乡修建的“富临小学”竣工投入使用。

9月19日，总投资超过10亿元、建成后可新增工业产值近40亿元的6个重点工业项目正式落户江油—河南工业园，并举行集中开工仪式。

△ 北川福德新能源股份有限公司、北川贝林电子有限公司等12家入驻北川—山东工业园的企业举行竣工投产典礼。12家企业总投资6.8亿元。至此，入驻北川—山东工业园的33家企业已有17家竣工投产。

9月20日，四川省隆重表彰灾后重建对口援建省市先进，济南对口援建擂鼓镇工作指挥部等27个先进集体和山东省对口援建北川前线指挥部总指挥徐振溪等215名先进个人受到表彰。

△ 四川省安徽商会向绵阳市中心医院捐赠价值500万元的医疗设备。

9月21日，绵阳市召开北川地震纪念馆陈展内容设计方案汇报会，听取北京清尚、广东集美两家设计公司陈展内容设计方案汇报，邀请北京、南京、上海等地的博物馆专家进行咨询。

△ 汶川特大地震恢复重建暨巨灾应对国际研讨会80多名代表实地考察北川县、安县灾后恢复重建情况。

9月25日，山东省对口援建北川灾后恢复重建项目交接仪式在北川新县城举行。山东省委书记、省人大常委会主任姜异康，四川省委书记、省人大常委会主任刘奇葆出席仪式并致辞。山东省3万多援建大军共完成各类援建项目369个，实现“三年援建任务两年基本完成”的目标。

9月27日，市委、市政府举行慰问对口援建人员大会，集中慰问山东、辽宁、河北、河南对口援建省和达州、南充、资阳、内江对口援建市的援建人员。

9月28日，市委、市政府主办，市委宣传部、市文联、市摄影家协会等承办的《浴火重生——“5·12”大地震绵阳灾后重建纪实》大型图片展在绵举行。

9月29日，国家电网四川省电力公司建设的北川110千伏变电站建成投入运行，是全国首座智能变电站，也是国家电网支援地震灾区重建的重要标志性工程。

9月30日，辽宁省对口援建安县工作基本完成，共完成项目88个，投入资金34亿元，其余6亿元的援建项目正在加快建设之中。四川省委副书记、省长蒋巨峰，辽宁省委副书记、省长陈政高出席总结大会并讲话。

10月1日，绵阳板房火车站全部拆除完毕，绵阳新火车客站正式投入使用。

△ 省委书记、省人大常委会主任刘奇葆到北川地震灾区看望慰问灾区群众。

10月9日，绵阳市举行绵三（绵阳—三台）、绵盐（绵阳—盐亭）、绵梓（绵阳—梓潼）快速通道通车典礼，标志绵阳市市本级交通重建项目全部竣工。绵三、绵盐、绵梓三条路全长约153公里，投资总额约13亿元。

10月11日，南充市援建梓潼县许州镇项目全部竣工，南充市、绵阳市在许州镇举行对口援建项目交接仪式。

10月12日，广西壮族自治区总工会向北川县职工活动中心捐赠设施设备资金100万元。

10月15日，河北省对口援建平武县灾后恢复重建项目整体移交仪式在平武县南坝镇江油关广场举行，河北省政府领导代表河北人民向平武县移交象征援建项目整体移交的“金钥匙”。河北省承担的108个项目全部完工，28亿元援建资金全部投资到位。

△ 全省首家农产品电子交易市场——北川维斯特商品交易所正式开业。该交易所是山东寿光蔬菜产业集团对口支援“数字北川”工程的重要组成部分。

10月17日，山东聊城职业技术学院对口帮扶北川七一职业中学签字仪式举行。

10月18日，澳门特区政府援助三台县文化体育中心灾后重建项目奠基仪式举行，项目由体育馆、图书馆、文化馆组成，总投资5750万元，由澳门特区政府全额援助。

10月25日，中国航空工业集团公司主办、中航发动机有限责任公司承办的中航工业绵阳航空发动机试验基地开工仪式在绵阳市举行，标志绵阳“航空新城”建设全面启动。

10月28日，北川档案抢救阶段性成果在雅安市通过国家档案局的检查验收，轻度受损的36961卷档案的修复整理、数字化处理完成。汶川特大地震造成北川县档案馆馆藏8万余卷档案全部被埋，后抢救出5万余卷，运至四川省档案学校，进行自新中国成立以来规模最大、难度最大的受灾档案抢救修复工作。

10月31日，来自全国各地各行业的94名党员代表实地查看北川县部分“特殊党费”援建项目，了解“特殊党费”监管及使用情况。

11月2日，河南省对口援建江油市项目移交仪式在江油市举行，标志河南省投资30亿元援建江油的302个项目全面完工。河南省委副书记、组织部部长叶冬松，四川省委常委、宣传部长黄新初等出席移交仪式。

11月3日，北川县举行欢送仪式，10万名群众满含热泪欢送山东省援建人员。

11月4日，绵阳市召开全市加强灾后恢复重建公共设施管理工作会议，要求把各项重建公共设施管理好、维护好、使用好。

11月5日，国家减灾委专家委员会副主任、国务院应急管理专家组组长、国务院参事闪淳昌带领专题调研组，调研绵阳市防灾减灾工作、地震灾后恢复重建防灾减灾专项规划项目实施进展情况。

△ 加拿大卑诗省林业部部长帕特·贝尔先生带领加拿大林业协会成员一行参观考察绵阳市特殊教育学校。

11月9日，农业部主办的四川省汶川特大地震灾区基层农业技术人员培训班在绵开班，绵阳市涪城区、游仙区、安县、盐亭县、平武县、北川县的50名农业基层技术人员参加为期8天的培训。

11月18日，被列为国家汶川特大地震灾后重建重点工程的江油火车站站房工程（江油新火车站）竣工投入使用。

11月21日，四川奥威啤酒有限公司10万吨啤酒生产项目在梓潼县经开区工业园开工建设。

11月30日，青海省党政代表团考察绵阳灾后重建情况。

△ 南非非洲人国民大会全国执委代表团赴北川县考察灾后重建情况。

12月6日，四川省灾后重建十大工业项目之一——四川绵阳好圣汽车零部件制造有限公司熔解电炉点火启动。

12月10日，安县干部群众欢送辽宁援建者，举行授予辽宁援建者“安县荣誉市民”颁证仪式，辽宁对口援建安县指挥部总指挥张征等9人被授予“安县荣誉市民”。

12月14日，四川省汶川特大地震极重灾县灾后恢复重建工作座谈会在绵召开，强调全力打好灾后重建攻坚决胜战，2011年按照规划全面完成灾后恢复重建任务。

12月18日，北川县入住新县城拆迁安置房摇号分配仪式在新县城体育场举行。

12月20日，香港特区政府援建绵阳市3所市级医院（绵阳市中心医院、绵阳市中医院、绵阳市妇幼保健院）灾后重建项目举行开工仪式。

12月21日，部分在绵全国人大代表和省人大代表到北川县、安县，集中视察灾后重建和工业园区建设情况。

12月23日，北川老县城建成区入住新县城居民安置房摇号活动在北川青少年活动中心广场举行，北川老县城8000名居民入住新县城。

12月24日，绵阳市青少年活动中心灾后重建工程开工，计划总投资3700多万元人民币，其中，中央投入灾后重建资金2000万元人民币，香港童军总会援助资金2000万港元，占地面积2.9万平方米，总建筑面积1.2万平方米。

12月26日，位于平武县南坝镇工业区的平武县锰业（集团）有限公司灾后重建项目竣工投产。

12月27日，绵阳市召开深化因灾特殊困难群体帮扶工作会议，强调建立长效机制，加大帮扶力度。

△ 驻绵77123部队举行新营区建设奠基仪式。

12月28日，北川地震纪念馆项目在曲山镇任家坪正式开工建设，项目占地14.23万平方米，概算总投资2.3亿元，标志北川县地震遗址保护区治理与开发工作取得阶段性成果。

2011年

1月3—4日，中共中央政治局委员、全国人大常委会副委员长、中华全国总工会主席王兆国到九洲科技工业园、北川老县城、吉娜羌寨、北川新县城等地看望慰问一线职工，考察灾后重建工作。

1月19日，内江市对口援建盐亭县柏梓镇灾后重建项目交接仪式在柏梓镇举行。

△ 省文明办、省民政厅、省志愿服务基金会、省慈善总会主办的“红红火火过大年——关爱灾区困难群众、残疾人、空巢老人、留守儿童”主题志愿服务活动在游仙区魏城镇举行。

2月1日，北川县新县城——永昌羌城举行开城仪式，标志北川新县城经过近两年的建设，已具备较为完善的城镇功能。

2月24日，中央外宣办副主任钱小芊到北川老县城遗址、吉娜羌寨、新县城及北川中学调研，强调弘扬伟大的抗震救灾精神，加大对外宣传，借助互联网等新兴媒体，让全世界了解四川地震灾区恢复重建的伟大巨变。

3月1日，绵阳“全国抗震救灾英雄少年”王佳明、申龙、何亚军参加全省“抗震救灾英雄少年”成长励志巡讲活动。

3月8—9日，省委专题调研组调研绵阳市地震灾区产业发展振兴工作。

3月10日，省中医药管理局对口支援北川中医院启动仪式在北川县举行，成都中医药大学附属医院、四川省第二中医医院等10家支援单位与北川县中医院签订支援协议。

3月11日，省、市林业部门在北川县举行“中日合作四川省地震灾后森林植被恢复项目”纪念植树活动。

3月14日，绵阳市召开“特殊党费”使用管理工作督导会，要求管好、用好“特殊党费”，加快推进“特殊党费”援助项目的建设进度，建成安全工程、优质工程、民心工程。

3月17日，省委常委、宣传部部长黄新初带队，专题调研北川地震纪念馆建设和布展工作，强调用最强队伍、最高水平建设好这项国家工程。

△ 市政府决定授予积极参与绵阳市抗震救灾和灾后重建的中国知名侨商、嘉祥（交通）集团主席姚志胜“绵阳市荣誉市民”称号。姚志胜捐资1500万元人民币支持北川中学重建，是北川中学重建项目最大的一笔个人捐款。

3月22日，绵阳市举行中国（绵阳）重建新貌暨红色工科之旅采风大会启动仪式，中国东方旅游联合体、上海锦友旅行社、哈尔滨中国同心旅游联盟等全国20多个省市的100余家旅行社到绵进行为期5天的采风。

3月25—26日，全国52位网络媒体负责人、省市外宣办（网宣办）负责人组成的考察团，考察绵阳市地震灾后恢复重建情况，到北川县、安县等地实地察看灾区重建成果，谋划汶川特大地震3周年主题传播活动。

4月1日，中国农工民主党中央援建的江油市八一乡前进卫生院落成。

4月5日，汶川特大地震第三个清明节，省委书记、省人大常委会主任刘奇葆到北川老县城地震遗址，与绵阳市和北川县干部群众一起，祭奠追思在特大地震中罹难的同胞。

4月7日，互联网业界高层考察团考察绵阳市灾后重建情况，搜狐网董事局主席兼首席执行官张朝阳，腾讯网董事会主席、执行董事长兼首席执行官马化腾，阿里巴巴集团主席兼首席执行官马云等参加。

4月8日，国务院副秘书长、中央联席会议办公室主任、国家信访局局长王学军到北川县考察灾后重建及信访工作，慰问基层信访干部家属。

△ 驻川全国政协委员到北川县地震灾区实地考察灾后重建情况。

4月9日，泰国公主诗琳通重访绵阳市先锋路诗琳通公主小学，并参观考察江油市太白碑林和李白故居。

4月9—10日，“2011世界超级模特大赛全球总决赛半决赛”在北川新县城举行，以“新家园·新生活·新希望”为主题，共同见证北川县三年重建成就。

4月10日，广西壮族自治区政协主席马铁山、副主席黄日波考察北川县灾后重建情况。

4月12日，第十七届全国省市区党报总编辑新闻出版工作研讨会代表考察、采访绵阳灾后重建，32家省市区党报的负责人和骨干记者参加。

△ 新闻出版总署、人民出版社向四川灾区捐赠《中国家庭应急手册》仪式在北川县擂鼓镇八一中学举行。

4月13日，全国妇联副主席、书记处书记陈秀榕一行到绵阳，看望慰问灾区妇女群众及基层妇联干部，了解灾区妇女儿童中心、村级妇女工作阵地建设等情况。

4月14日，中国联通公司捐资730余万元援建的游仙区中国联通春蕾小学顺利竣工。

4月16日，中共中央政治局委员、中央书记处书记、中宣部部长刘云山到绵阳调研宣传思想工作和灾后恢复重建工作，看望慰问灾区干部群众。

4月18日，财政部监督检查局局长吴奇修带领检查组到绵阳，检查中央灾后恢复重建基金使用情况。

4月20日，由国家旅游局、省政府主办，省旅游局和绵阳市政府承办的2011中国四川国际文化旅游节绵阳分会场开幕式暨北川巴拿恰商业街开街仪式在北川新县城举行，60个国家和地区及全国31个省（市、区）的旅游官员和代表参加绵阳分会场活动，共同见证绵阳灾后恢复重建取得的可喜成果。

△ 中国文联主办的“全国百名文艺家看四川震后重建”考察团考察绵阳灾后重建情况。

4月21日，绵阳市灾后重建重要的电力建设项目——110千伏涪江二桥变电站正式开工建设，建成投运后，将缓解城北片区供电线路和配电设备压力，最大限度满足高水、圣水、平政3个片区用电需求。

4月22日，台湾台达集团捐建的四川灾区第一所低碳、绿色、环保学校——杨家镇台达阳光小学正式落成启用。

4月23日，省政府新闻办在蓉举行“美好新家园·天府新篇章”重灾市（州）恢复重建新闻发布会，市委书记、市人大常委会主任吴靖平向海内外140多家媒体介绍绵阳市灾后恢复重建情况。

4月25日，市委、市政府、中国电视艺术家协会共同主办的“感恩奋进·发展振兴”——地震三周年·四川绵阳行大型电视采访活动在长虹技术中心启动，全国50家电视台的记者走进绵阳，共同见证灾后重建的巨变。

4月25—27日，中央外宣办网络新闻宣传局组织全国43家网络媒体“重返灾区看奇迹”采访团，到北川、江油、涪城等县（市、区）采访考察，全面了解灾后重建新面貌，捕捉绵阳人民顽强乐观的拼搏精神以及灾后重建的感人事迹。

4月26日，大型舞蹈诗剧《大北川》在绵州大剧院参加全国第二届戏剧文化奖评审演出，现场接受专家评审团的考评。

△ 绵阳市庆祝“五一”国际劳动节暨灾后重建表彰大会在八一剧场举行，市委、市政府授予对口援建省（市）援建人员张明光等100名同志和绵阳市王斌祥等532名同志“绵阳市灾后恢复重建先进个人”荣誉称号，同时授予“绵阳市劳动模范”荣誉称号。

△ 求是杂志社考察团到北川老县城地震遗址、北川新县城等地，考察灾后恢复重建工作。

4月27日，川渝中烟工业公司四川公司绵阳分厂灾后重建项目落成典礼举行，国家烟草专卖局局长、中国烟草总公司总经理姜成康宣布绵阳卷烟技改项目落成。

△ 全国人大财经委主任委员、旅游法起草组组长石秀诗一行调研绵阳旅游产业灾后重建工作。

4月30日，山东天诺光电材料股份有限公司投资控股、总投资2.1亿元建设的北川天讯新材料有限公司在北川—山东工业园竣工投产。

5月3日，中共中央政治局常委、中央纪委书记贺国强到绵阳考察，看望慰问灾区干部群众。

5月5日，四川省汶川特大地震灾区发展振兴工作现场会在绵阳市开幕，省直有关部门、全省6个重灾市（州）、51个重灾县（市、区）的140多名代表参加。

△ 成都军区第14集团军纪念汶川特大地震抗震救灾三周年回访绵阳军地座谈会在绵阳举行。

5月5—6日，省委宣传部、省文明办牵头，省教育厅、团省委共同主办的四川省“抗震救灾英雄少年”成长励志巡讲报告团在绵阳巡回演讲。

5月6日，中国红十字会代表团考察回访红十字会在绵阳地震灾区的援建项目。

5月7日，中央文明办主办的全国抗震救灾英雄少年座谈会在北川县举行。

△ 由中国宋庆龄基金会、中国科学院心理研究所、共青团四川省委、诺基亚（中国）有限责任公司联合主办的“汶川地震三周年心理援助模式学术研讨会”在北川新县城举行。

5月7—8日，中共中央政治局常委、国务院总理温家宝考察绵阳灾后恢复重建工作，看望慰问灾区干部群众。

5月8日，李白纪念馆完成重建，正式向海内外游客开放。重建的李白纪念馆总投资8200万元，共设11个主辅馆堂。

5月9日，《绵阳日报》推出“从悲壮走向豪迈”——汶川特大地震三周年特刊。

△ 参加“走进美好新家园”——全国百名抗震救灾志愿者四川地震灾区行活动的70名抗震救灾志愿者代表回到绵阳，见证灾区旧貌换新颜的巨大变化。

5月10日，23国驻华使节与国际组织代表组成的考察团考察绵阳灾后重建成果。

5月11日，世界五大洲60个国家和地区的300多名知名侨领、侨商、慈善机构人士、海外华文媒体代表，在绵参加“海外侨胞聚焦灾后重建美好新四川”活动，切身感受灾后恢复重建取得的巨大成就和北川人民生活的巨大变化，考察侨捐项目——北川中学的建设情况。

5月14日，武警部队领导带领工作组到武警绵阳市支队调研灾后重建工作。

5月17日，市委、市政府举行《大北川》总结表彰会，表彰有功单位和个人。该剧在全国第二届戏剧文化奖评选中，夺得原创剧目大奖、编剧金奖、舞蹈编导金奖等9大奖项，自2009年9月23

日首演以来，在全国感恩巡演103场。

5月18—19日，省委省政府因灾失地农民安置帮扶工作督导组赴绵，督导检查重灾区因灾失地农民安置帮扶工作。

5月19日，绵阳市图书馆灾后维修加固工程项目全面完成，恢复开馆，实行免费开放服务。

5月23日，中国作家协会青年作家赴川灾后重建采访团一行19人，赴北川老县城地震遗址、新县城等地采风。

△ 全国人大代表专题学习班150多名代表组成的视察组，视察绵阳灾后恢复重建和经济社会发展。

5月26日，中央宣传部副部长孙志军考察绵阳灾后重建和“三基地一窗口”建设工作。

5月27日，省住建厅、省文物局等专题调研北川地震纪念馆建设推进情况。

5月28日，东南欧6国驻华使节考察绵阳市灾后恢复重建成果。

5月29日，农行北川县支行办公大楼落成，中国农业银行、绵阳市政府领导为新大楼揭牌。

6月9日，中国人民银行纪委书记王洪章调研绵阳市金融系统灾后重建工作。

6月11日—19日，绵阳市赴山东省威海市、潍坊市、莱芜市、济南市开展感恩旅游推介活动，12家绵阳旅游企业向山东人民展示绵阳丰富的旅游资源。

6月14日，全国人大代表专题学习班视察组视察绵阳市灾后重建工作。

6月15日，省政府主要领导到北川县陈家坝乡、曲山镇、擂鼓镇等地，调研地质灾害防治和灾毁耕地复垦整理工作。

6月18-19日，中共中央政治局委员、国务委员刘延东考察绵阳科技城建设和绵阳灾区教育、科技、文化三年重建巨变，并出席绵阳科技城建设部际协调小组第十次会议，强调推动绵阳科技城建设不断实现新跨越。

6月22日，日本富士通工会出资捐建的江油市双河中学图书楼正式落成。

7月6日，省政府检查绵阳市部分学校、医院港澳援建项目建设和管理运营情况，强调把港澳援建项目建设好、管理好。全市港澳援建项目39个，规划总投资15.5亿元，其中学校项目13个、医院项目14个。

△ 绵阳市召开2011上半年“挂、包、帮”活动暨因灾失地农民安置帮扶工作汇报会，全市在汶川特大地震中形成的19228户、55985名因灾失地农民的耕地问题基本解决。

7月7日，国家工商总局局长周伯华率全国工商局长会议代表到北川县考察。

7月16日，“情系巴蜀——两岸文化联谊行”大型两岸文化交流活动代表团一行到北川老县城地震遗址、北川新县城等地，参观考察地震遗址和重建新貌。

7月26日，出席第七届“海峡两岸暨港澳地区大学校长联谊活动”的24所著名高校校长，参观考察绵阳灾后重建工作情况。

7月28日，绵阳高水农产品批发市场开业庆典在涪城区龙门镇举行。灾后异地重建的绵阳高水农产品批发市场，承担绵阳城区80%的农产品供应，是川西北最大的农产品物流中心。

8月15日，香港特区政府民政事务局首席助理秘书长谢咏谊、香港童军总会香港总监陈杰柱等一行，实地考察绵阳市青少年活动中心灾后重建项目。

8月19—20日，中共中央政治局常委、中央书记处书记、国家副主席习近平考察绵阳市经济社会发展、灾后恢复重建和党的建设情况。

8月23日，国家发改委副主任穆虹调研绵阳市恢复重建收尾工作，实地察看江油市住房、学校、医院等恢复重建项目推进情况和建成项目投入使用情况。

8月24日，中国地震局青年干部考察团一行实地考察北川地震留下的地质地貌状况，现场勘察堰塞湖、滑坡体、泥石流、构造断裂等地震造成的地质灾害。

8月30日，国防科工局副局长虞列贵调研绵阳航空发动机试验基地灾后重建项目建设。

8月31日，成都军区司令员李世明上将调研驻绵部队建设和绵阳灾后重建情况。

9月8日，澳门红十字会捐建的安县永河镇澳门红十字博爱卫生院、北川县永安镇镜湖澳门红十字博爱卫生院竣工。

9月15日，澳门特别行政区全国人大代表视察组视察绵阳市灾后恢复重建和经济社会发展成果。

9月16日，绵阳市中心医院第一综合住院大楼落成，是绵阳市灾后重建的重点工程，也是四川省灾后卫生重建项目中最大的单体建筑，政府投入1.29亿元，建筑面积10万平方米，病床1000张。

9月17日，由上海第一财经日报社捐建的安县黄土镇方碑村“一财村民广场”落成，占地160平方米，由休闲广场与老年健身活动中心组成。

9月18日，市委书记吴靖平主持召开北川灾后重建工作专题会议，研究部署北川县灾后重建工作，强调弘扬伟大抗震救灾精神，确保灾后重建工作完美收官。

9月20日，省政府主要领导调研北川县灾后重建和灾区发展振兴工作，强调全面完成灾后重建任务，加快推进灾区发展振兴。

9月23日，海军北海舰队“绵阳舰”回访团回访绵阳。2011年1月，绵阳市党政代表团远赴大连，对“绵阳舰”官兵进行了慰问。“绵阳舰”是我国自行设计建造的新型导弹护卫舰，2004年5月下水，2005年4月入列海军。

△ 香港青年企业家考察团考察绵阳市香港援建项目和灾后重建成就。

9月26日，绵阳市金融支持地震灾区发展振兴推进会在北川县举行，强调通过各级政府和金融系统的共同努力，促进地震灾区经济社会发展振兴。

△ 北川县“金融一条街”开街和人行北川支行营业用房落成启用仪式在北川新县城举行。

9月30日，绵阳市三年重建实施项目7314个，总投资2267.34亿元，占四川省重建总投资的26.2%，相当于绵阳1985年建市到2007年投资总和的1.5倍，灾后重建任务基本完成。

第一篇

灾情

ZAIQING

汶川特大地震是中华人民共和国成立以来破坏性最强、波及范围最广、人员伤亡最重、财产损失最大、应急救援最难的一次地震。这次地震，宏观震中在绵阳市北川县县城曲山镇，烈度达到11度。地表破裂带横穿绵阳市北部的北川、安县、平武3个县，造成巨大人员伤亡和财产损失，北川县城几乎被夷为平地。绵阳市成为汶川特大地震受灾最重、损失最大、人员伤亡最多的地区，全市9个县（市、区）全部受灾，受灾面积20249平方公里，受灾人口521.7万人，因灾死亡21963人，失踪7795人，受伤17.4万人。

全市房屋大面积倒塌、损坏，农村房屋倒塌4933.92万平方米，城镇居民住宅倒塌或损毁898.54万平方米，受损住宅面积比例高达3/4。全市基础设施和公用设施损毁严重，损毁公路5913.087公里，桥梁1505座，隧道1863.4延米，电站130座，水库619座；损毁学校859所，医疗卫生机构3322个，广播电视台站282个。全市因灾直接经济损失高达1689.09亿元。

地震还引发严重的地质灾害和其他次生灾害，绵阳北部山区一些乡镇、村社成为与世隔绝的“孤岛”，给救援工作带来极大困难。全市形成滑坡、崩塌、泥石流及其他地质灾害2432处，阻塞江河形成堰塞湖55处，其中唐家山堰塞湖为汶川地震灾区最大的堰塞湖，排险难度极大，避险疏散转移群众130余万人。

第一章　地震基本参数与影响场

第一节　地震参数与破裂过程

2008年5月12日14时28分，汶川8.0级特大地震发生在四川省境内的龙门山逆冲推覆断裂带上。该断裂带是青藏高原和华南地块的边界构造带，经历了长期的地质演化，具有十分复杂的地质结构和演化历史。龙门山断裂带自有地震历史文字记录以来，未曾发生过7级以上地震。1657年汶川6.5级地震后，300多年来一直处于大震平静状态。汶川8.0级特大地震的发生，不仅打破龙门山断裂带300多年的沉睡，同时刷新该断裂带的强震震级记录，也打破四川地区自1989年小金地震后近19年的6.5级以上地震平静和1976年松平地震后近32年的7级以上地震平静，改写了四川地区的强震震级记录。

一、地震基本参数

中国地震台网测定此次地震震中位于四川省汶川县映秀镇附近（31.0°N，103.4°E），主震震源（主震初始破裂点）位于四川省汶川县映秀镇下方14公里，破裂主要沿龙门山断裂带中央的主干断裂向北东方向扩展约240公里，前山断裂地表破裂约72公里，主震释放出巨大的能量以地震弹性波的形式传遍整个地球，造成的余震空间展布范围沿龙门山断裂长度约340公里。

二、地震破裂过程

震后，国内外地震学家利用数字地震波对破裂过程进行研究，获得汶川主震破裂过程的反演结果。结果表明，这次地震是一次以逆冲为主、兼少量右旋走滑分量地震。断层走向为229°，倾向西北。主震释放的标量地震矩M0为4.4×1021 N·m，矩震级MW为8.3。主震能量辐射源地域跨度达600公里，但主要能量释放发生在前80秒。主震的破裂过程开始于汶川县下方由地震定位得出的震源所在位置，然后向东北方向传播300公里，终止于震中东北方向的青川县，地震破裂持续时间长达120秒左右，最大滑动量发生于汶川和北川附近。

中国科学院青藏高原研究所根据双断层面震源模型的反演结果，得到汶川地震的标量地震矩M0为1.04×1021 N·m，相应的矩震级MW为7.9，沿龙门山中央主断裂带，破裂扩展的平均速度为2.7公里/秒，破裂从震源向北东方向扩展至断层东北边界持续时间为110秒，主震发生后7.2秒，龙门山前山断层从都江堰北部开始错动，错动以逆冲和右旋走滑为主，平均错动量2.234米，其中平均走滑量1.55米，倾滑量1.186米。在断层面上错动分布不均匀，呈现几个集中区，其中两个大的破裂滑动在地面上的投影分别对应映秀—汉旺一带和北川县附近，在时间上发生在地震开始后的12~34秒和40~66秒，释放的地震矩分别占到地震总能量的37%和23%。在映秀—汉旺段，龙门山主干断裂和前山断裂都发生错动，前山断层在深度9.1公里处错动最大，达到5.16米，主干断裂在深度15.5公里处达到12.49米的最大错动。龙门山前山断裂的破裂程度小于主干断裂，地震破裂沿龙门山主干断裂继续扩展至北川附近时，主干断裂深度3.6公里和10.3公里处最大错距分别达到10.43米和12米。地震断层的错距大、埋深浅、持续时间长等特点造成该地区最剧烈的地表破坏。在北川附近的破裂具有时间上的复杂性：在地震发生后约52秒，破裂滑动出现2~4秒的“停滞”，然后继续向北东方向发展；地震发生后70秒，破裂继续向北东方向发展，但地震矩释放明显减小；95秒后地震破裂扩展至青川县，虽未造成地表破裂，但在该地区15.5公里深处仍发生最大4.06米的错动；110秒后主震基本结束。四川盆地位于逆冲断层的下盘，所以遭受的地震破坏相对较小。

根据中国地震局公布的汶川特大地震震源特性分析报告，震源破裂深度南段较深达20公里，甚至更深；北段较浅达10公里；主震破裂以2.8~3.1千米/秒的平均速度向北偏东49°方向扩展，持续时间约120秒，主要能量释放时间约70秒；断层长度至少300公里；断层宽度南端30公里，北端15公里，最大错动量达9米，主震释放的标量地震矩M0为4.4×N·m。

经研究表明，汶川特大地震整个破裂过程可分为4个阶段：地震起始破裂后10秒内破裂长度约30公里的纯逆冲型，释放总地震矩的7%；10~42秒破裂长度约100公里兼有少量走滑分量的逆冲型，释放了总地震矩的61%；42~60秒破裂长度约50公里的逆冲兼走滑型，释放总地震矩的9%；60~95秒破裂长度约100公里兼有少量逆冲分量的走滑型，释放总地震矩的23%。这揭示出存在多条断裂参与异常复杂的地震破裂过程。

第二节　地震影响场

一、绵阳地震调查与烈度分布

2008年5月13日上午，汶川特大地震抗震救灾指挥部向绵阳市派遣由中国地震局地质研究所李志强任组长的地震现场工作组到达绵阳市区，绵阳市建设局抽调专人，配合灾情调查组在城区开展调查工作。5月13日下午，汶川特大地震抗震救灾指挥部先后又向绵阳市派出多个灾害考察小组，与先期到达的地震现场工作组在绵阳市城区、北川、安县、平武、江油及涪城、游仙、三台、梓潼、盐亭等地开展地震灾害宏观破坏调查、地震烈度考察工作。据不完全统计，汶川特大地震期间，先后进入绵阳市境内进行地震宏观破坏调查的小组近20个约80人，调查工作时间超过20天。

地震宏观破坏调查小组以GB/T18208.3-2000中华人民共和国国家标准《地震现场工作第三部分：调查规范》为工作执行的标准，以GB/T17742-1999中华人民共和国国家标准《中国地震烈度表》为地震烈度评定标准。根据灾区地震宏观破坏调查情况，中国地震局于2008年8月29日公布了四川汶川8.0级地震烈度分布图。绵阳市境内除盐亭县、三台县的个别乡镇外，市境内地震破坏烈度均在7~10度及以上，北川县城地震烈度高达11度。

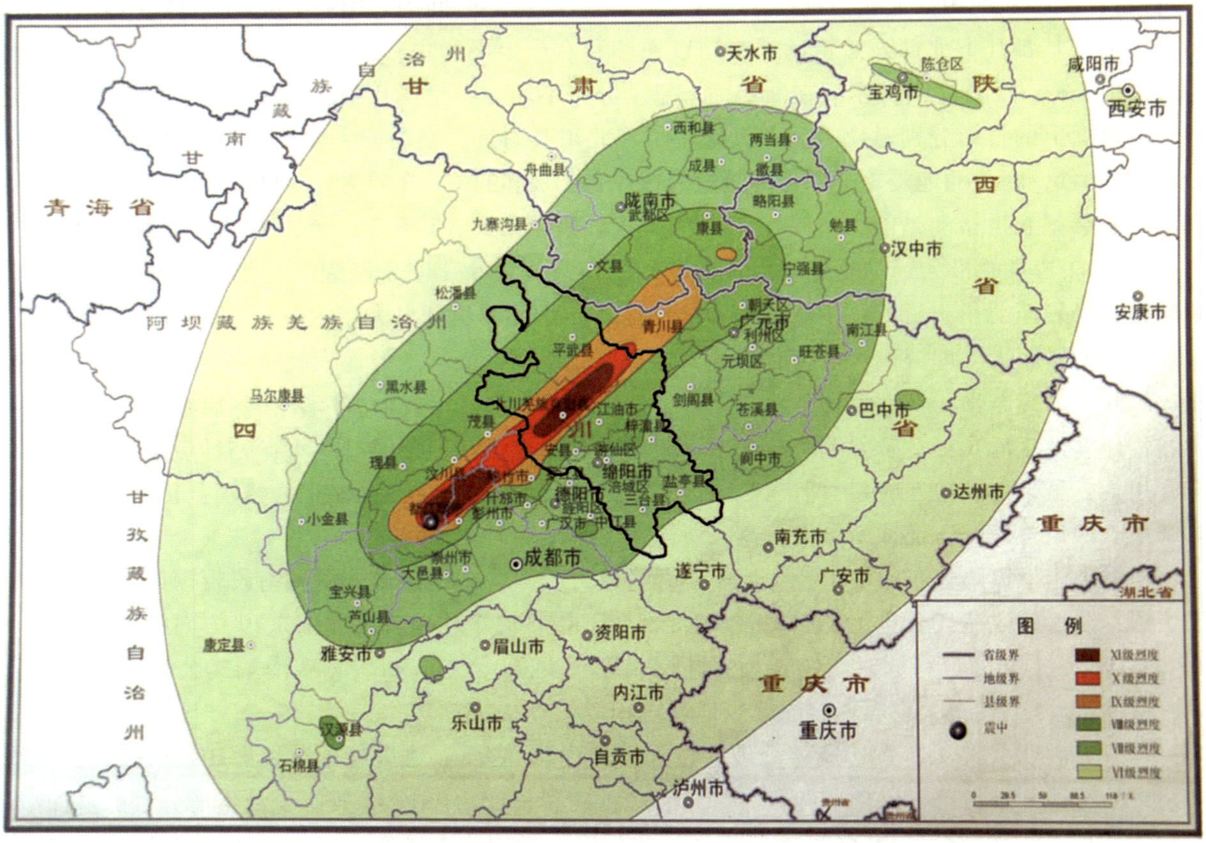

图1-1-1　汶川特大地震烈度分布

二、绵阳市灾区的划分

根据《汶川地震灾后恢复重建条例》及《国务院办公厅关于印发国家汶川地震灾后重建规划工作方案的通知》要求，民政部、国家发展改革委、财政部、国土资源部、地震局、统计局、国家汶川地震专家委员会会同四川、甘肃、陕西三省人民政府，在实地调查核定和综合分析评估汶川特大地震致灾强度、灾情严重程度和地质灾害影响等因素的基础上，对汶川地震灾害范围进行了全面客观的评估，《汶川地震灾害范围评估结果》经2008年7月12日召开的国务院抗震救灾总指挥部第二十三次会议讨论审查通过。绵阳市在汶川特大地震中，全市划分为极重灾区和重灾区。其中北川、安县、平武3县为极重灾区，江油市、涪城区、游仙区、梓潼县、三台县、盐亭县6县（市、区）为重灾区。

第二章　地震地质构造环境

第一节　自然地理

一、自然环境

绵阳市地处四川盆地西北部，涪江中、上游地区。地理坐标为北纬30°42′~33°03′、东经103°45′~105°43′。北抵甘肃文县，东北连广元市，东接南充市，东南接遂宁市，西南邻德阳市，西北靠阿坝藏族羌族自治州。全市呈西北东南向条带状，东西宽约144公里，南北长约296公里。

绵阳市地跨四川盆地大区和盆周山地大区两个不同的综合自然区。全市按地貌主要类型分：山区占61.0%，主要分布在西北部；丘陵区占20.4%，主要分布在东南部；平坝区占18.6%。市境以安县睢水镇、安昌镇与江油市武都镇、马角镇一线为界，西北部以山地为主，各种自然要素基本上呈垂直变化，并构成西北山地森林草地景观。东南部地势低缓，丘陵、平坝相间分布，且有一些低山，亚热带地带性特点突出，加上开发较早，形成东南丘陵平坝农田景观。

市境主要山脉有：岷山山脉、摩天岭山脉、龙门山脉；著名山丘有：九皇山（北川境）、千佛山（北川与安县境）、罗浮山（安县境）、观雾山、窦圌山（江油境）、富乐山（游仙区境）等。

绵阳市境地带性气候属中、北亚热带湿润季风气候类型。西北部山地以北亚热带湿润季风气候为基带的山地立体气候十分明显，随着海拔的升高，依次出现暖温带、温带、寒温带、亚寒带和寒带气候类型。

市境气候的主要特点是：冬无严寒，夏无酷暑，年气温变化小，仅19.7°C~21°C；春天气温回升快，秋天气温下降快，但均为不稳定；降水分布不均，空间分布以安县、北川两县为中心向两侧递减，时间分配以7—9月最多，冬、春两季和初夏均少；秋季常是细雨绵绵；常年云雾多，日照少。

水文水系。市境西北部山地多属于龙门山和鹿头山两个暴雨区，年均降水量多在1000毫米以上。加之气温低，陆面蒸发量小，故年平均径流深都在800毫米以上，最高可达1600毫米。同时，江河径流还可以得到占径流总量25%以上的地下水补给。故径流丰沛稳定。东南丘陵平坝地区相反，枯水期甚至会出现江河断流。绵阳市汛期出现在7—10月，最大水月出现在7—8月，最小水月出现在2—3月。

市境共有大小河流、溪沟3000多条，多属于涪江水系。全市河网密度平均每平方公里1.48公里。市境涪江流域面积1.97万平方公里，占全市面积的97.2%；市境其余地域分别属白龙江水系和西河水系。境内涪江主要支流有：虎牙河、夺补河、平通河、通口河、芙蓉溪、安昌河、凯江、梓江、弥江。

动植物资源。市境内有国家重点保护珍稀野生动物38种，其中哺乳动物24种、鸟类13种、两栖动物1种。一级保护动物有大熊猫、金丝猴、牛羚、白唇鹿、白鹤等；二级保护动物有小熊猫、水獭、麝、猕猴、短尾猴、马熊、大鲵等16种；三级保护动物有黑熊、大灵猫、小灵猫、岩羊等7种。

市境内有国家重点保护珍稀植物39种，一级有珙桐、水杉、银杉、秃杉4种，二级有连香树、岷江柏、光叶珙桐、杜仲、银杏等13种，三级有银叶桂、红豆木、平武水青冈、厚朴、大王杜鹃等22种。药用植物有21001种，种植面积大、产量多的有附子、麦冬、桔梗、枣皮、当归、大黄、木香等。特种经济植物有核桃、乌桕、油桐等约200种。

土地资源。据2007年统计，绵阳市面积20267.46平方公里（土地详查数），占全省的3.54%。全市农用地为2710.02万亩、建设用地179.65万亩、未利用地150.44万亩。农用地中，耕地610.27万亩（人均约1.16亩）、林地1706.25万亩、园地78.49万亩、牧草地70.51万亩、其他农用地244.48万亩；建设用地中，居民点及工矿用地153.18万亩、交通用地14.06万亩、水利用地12.41万亩。

二、地形地貌

市境地势西北部高、东南部低，地形起伏很大。西北部面对四川盆地的首列山脉为东北西南向的龙门山脉，海拔约1000~3000米；西面岷山山脉与北面摩天岭山脉，海拔在3000米以上。全市最高点为平武与松潘两县交界处平武县虎牙藏族乡的岷山山脉第二高峰（系松潘县境雪宝顶之东南侧峰，未定名），海拔5440米；全市最低点在三台县南端建中乡郪江河谷短沟口，海拔307.2米。市境南北约300公里距离内，最低点与最高点高差达5132.8米。

市境大地构造处于三大构造域的结合部位。以平武县南坝镇、北川县曲山镇、安县高川乡一线为界，东南部属扬子准地台，西北部属松潘—甘孜地槽褶皱系和秦岭地槽褶皱系。再以此线东南面的江油市雁门坝至安县安昌镇一线为界，此两条线之间的地域，为扬子准地台边缘拗陷。江油市雁门坝至安县安昌镇一线东南面则属扬子准地台四川台拗之川西、川北两台陷及川中台拱的一部分。又以平武县南坝镇、北川县曲山镇、安县高川乡一线北面的平武县古城镇、平武县茶坊一线为界，其东南面属松潘—甘孜地槽褶皱系巴颜喀喇冒地槽带之丹巴—茂汶地背斜，其西北面属秦岭地槽褶皱系南秦岭冒地槽褶皱带西段南缘之摩天岭地背斜。

第二节　历史地震活动

一、概况

绵阳市是四川省地震多发区之一，沿龙门山断裂、虎牙断裂附近各县市，以及周边地区，历史上都曾发生过破坏性地震。仅中华人民共和国成立后，1958年北川发生6.2级地震，1966年安县发生4.8级地震，1976年松（潘）平（武）发生2个7.2级地震等，都给当地人民群众生命财产造成较大损失。

据统计，从有准确文献资料记载至2008年5月11日，绵阳市境内发生4.7级以上破坏性地震30次，其中7~7.2级地震2次，6~6.9级地震2次，5~5.9级地震12次，4.7~4.9级地震14次。最大震级为1976年松潘—平武间7.2级地震。

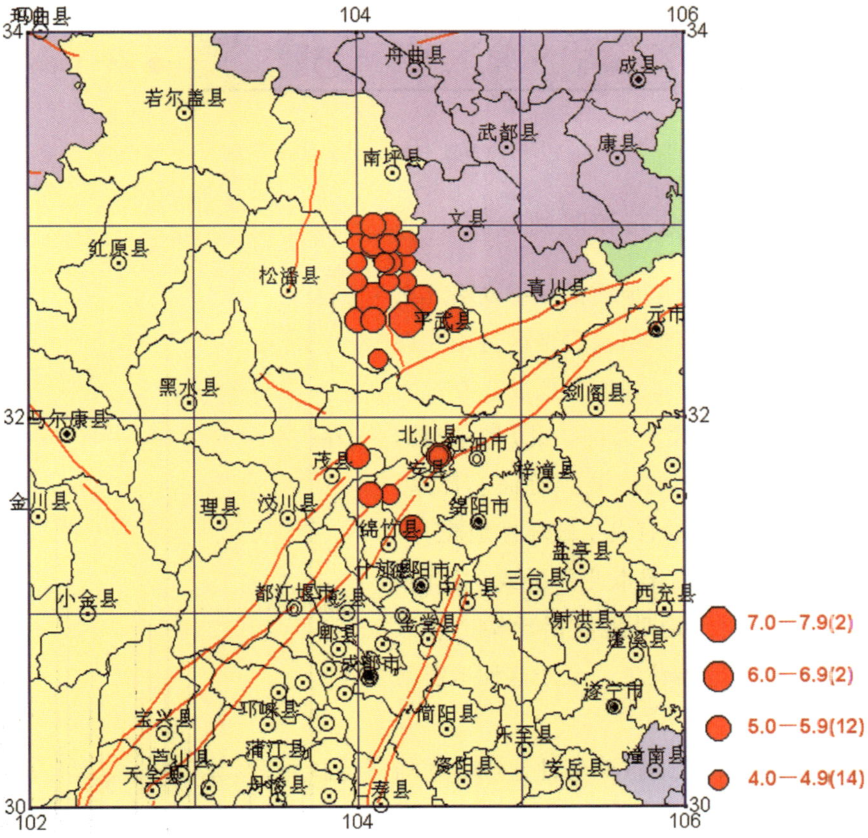

图1-2-2　绵阳市境历史地震分布图

市境周边地区较大地震活动也对绵阳市产生巨大影响。据统计，从公元元年至2008年5月11日，在北纬30~34度，东经102~106度范围内，共发生4.7级以上地震107次，其中8级地震1次，7~7.9级地震4次，6~6.9级地震16次，5~5.9级地震54次，4.7~4.9级地震32次。最大为1879年甘肃武都8.0级地震。

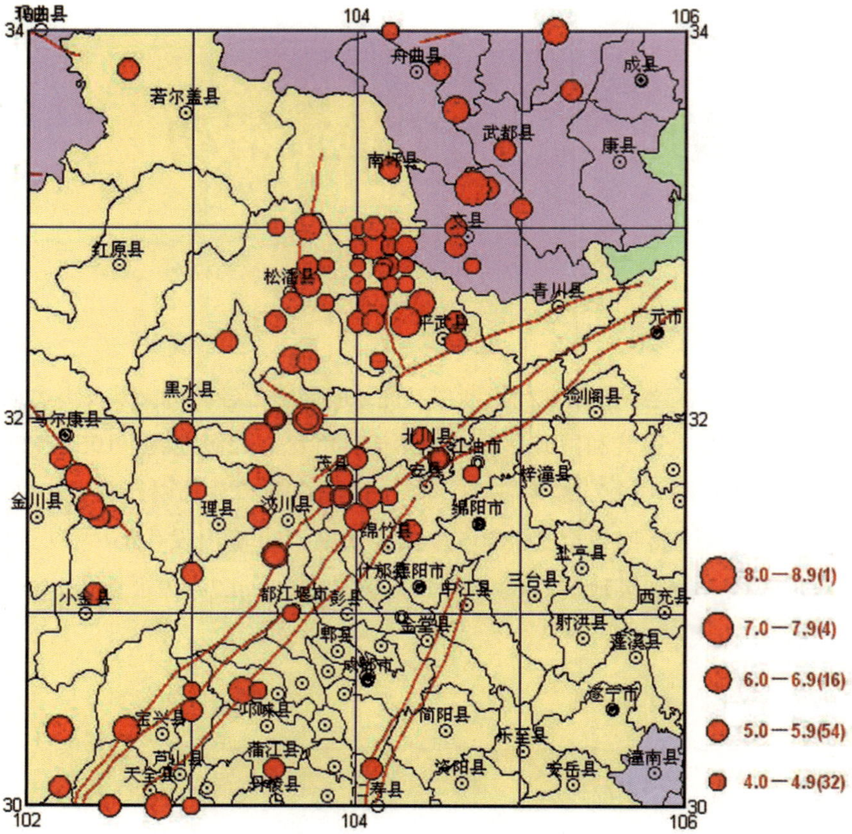

图1-2-3　绵阳市及邻区历史地震分布图

二、地震活动的空间分布和时间分布

空间分布：绵阳市以及邻区地震活动主要沿北东向的龙门山断裂和位于平武与松潘交界地区近南北向的虎牙断裂及其附近地区分布，地震主要发生在位于上述两大断裂展布地区的平武、江油、北川、安县4县（市），而位于绵阳市南部的涪城、游仙、梓潼、三台、盐亭5县（区）历史上没有发生破坏性地震。

时间分布：根据统计，绵阳市北部平武、江油、北川、安县4县（市），由于地处地震活动构造带区域，历史上一直有破坏性地震发生，至今这种地震活动格局仍然维持。

绵阳市境内以及绵阳邻近地区破坏性地震活动均存在活动时间间隔由长变短的过程。一方面地震活动本身存在平静期与活跃期交替的特征，另一方面由于中国从事地震监测历史较短、历史地震记录多有缺失。从地震记录较为完整的1900年开始，由其时序图上可见绵阳及邻近地区破坏性地震时有发生。

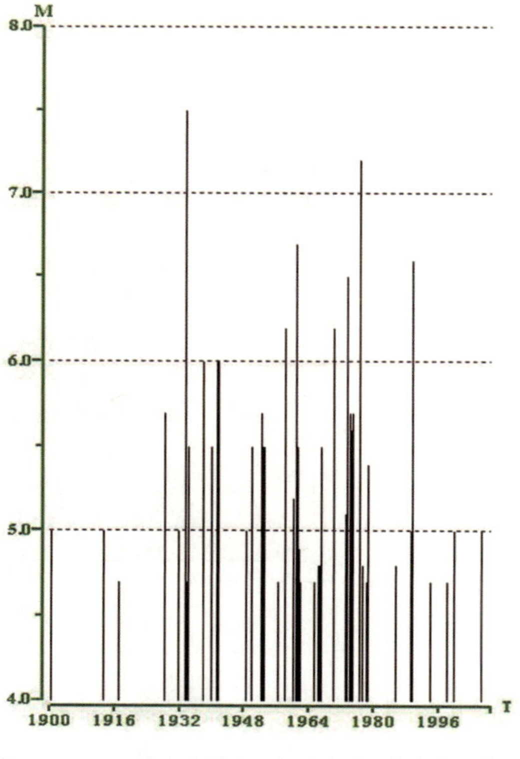

图1-2-4　1900年以来绵阳及邻近地区历史地震时序图

说明：横坐标T为时间，纵坐标M为震级

第三节　龙门山活动构造带

一、构造带的空间展布与几何结构

龙门山断裂位于青藏高原东缘与四川盆地接合部位，沿北东向展布，南起四川康定附近，北至陕西勉县附近，全长500余公里，龙门山断裂由三条近乎平行的断裂组成，靠近川西高原一侧的称龙门山后山断裂，靠近四川盆地一侧的称龙门山前山断裂，中间的一条称龙门山主干断裂，又称龙门山中央断裂。这三大断裂由于青藏高原向四川盆地的推挤，相互间呈向盆地内倾斜的叠瓦状构造。

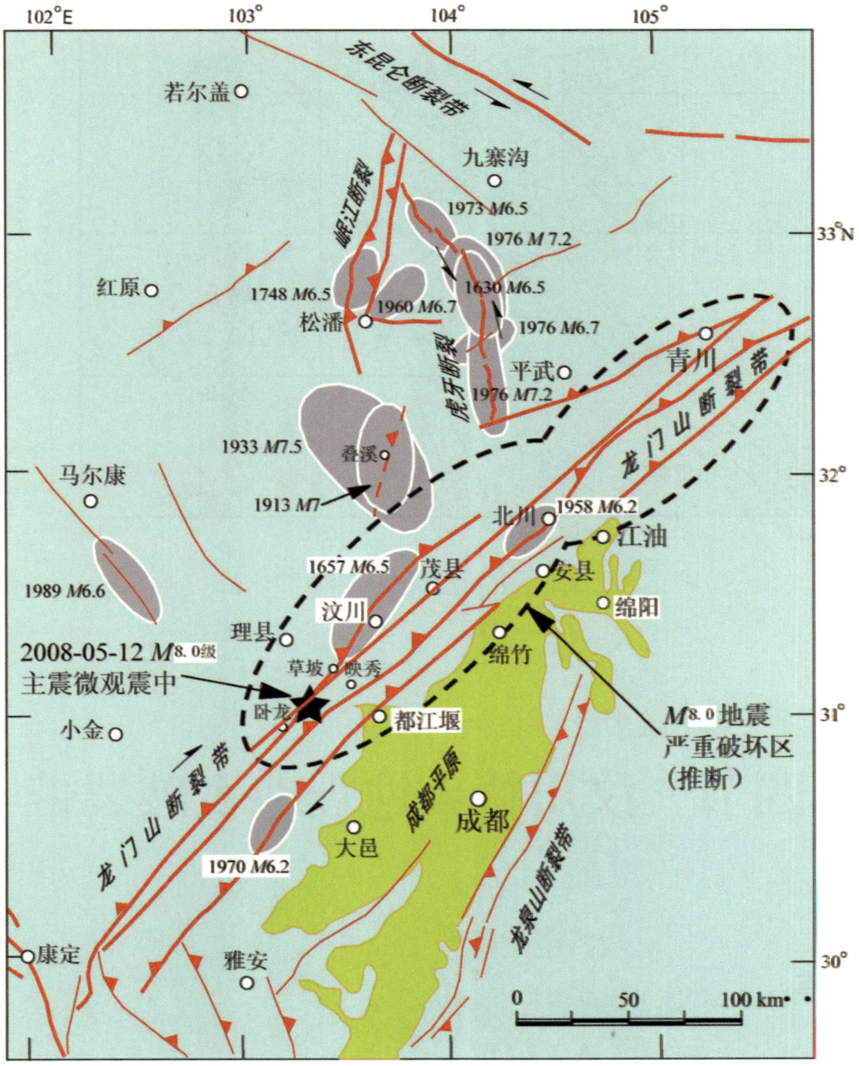

图1-2-5　龙门山构造带分布图

二、绵阳市地震活动断裂分布

龙门山断裂通过绵阳市境，由北至南分布于平武、江油、北川、安县4县（市）。该断裂为四川省现今仍较活跃的活动断裂之一。除龙门山三大断裂外，影响与控制绵阳市地震活动的另一个重要断裂是近南北向的虎牙断裂，尽管该断裂全长只有60余公里，但现今构造运动强烈，1976年松潘平武2个著名的7.2级地震就发生于此。据掌握的资料分析，绵阳市南部5县（区）没有明显的深大断裂分布。

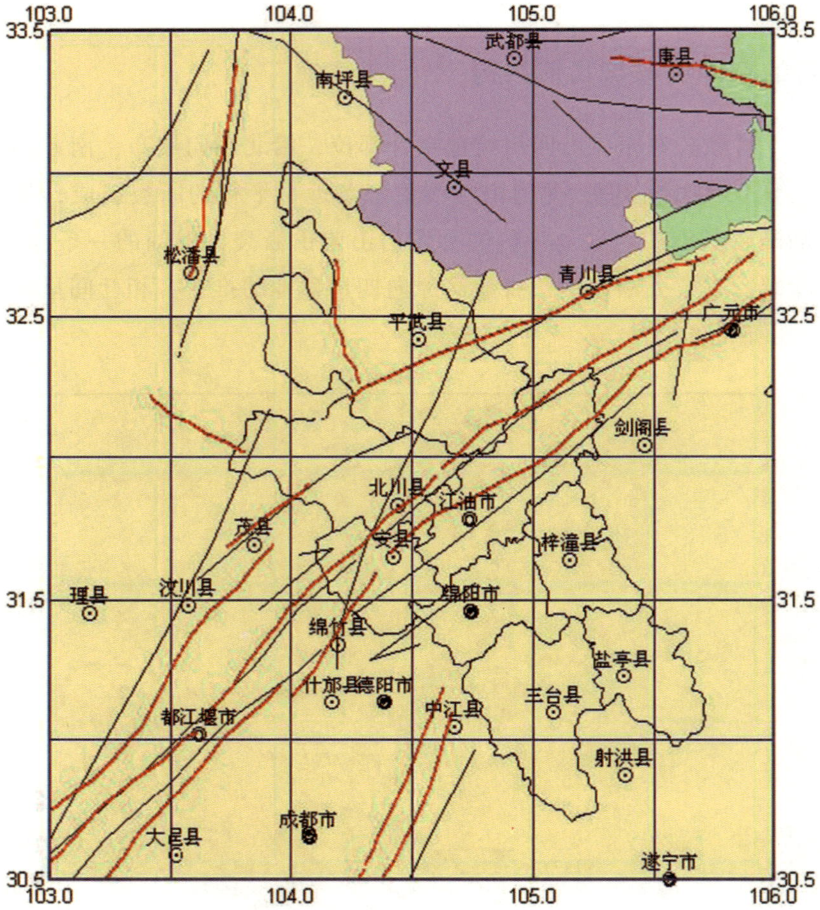

图1-2-6　绵阳断裂分布图

第四节　汶川特大地震地表破裂带

一、基本特点

汶川特大地震发生在青藏高原东缘的龙门山推覆构造带上，北川—映秀和都江堰—江油两条北东向断层发生破裂，另有一条起联结作用的小鱼洞断裂发生破裂。

破裂起始点位于汶川县映秀镇，然后沿龙门山断裂方向自南西向北东方向破裂，经绵阳市安县、北川县、平武县及广元市青川县，全长约320公里，整个过程持续时间约120秒。

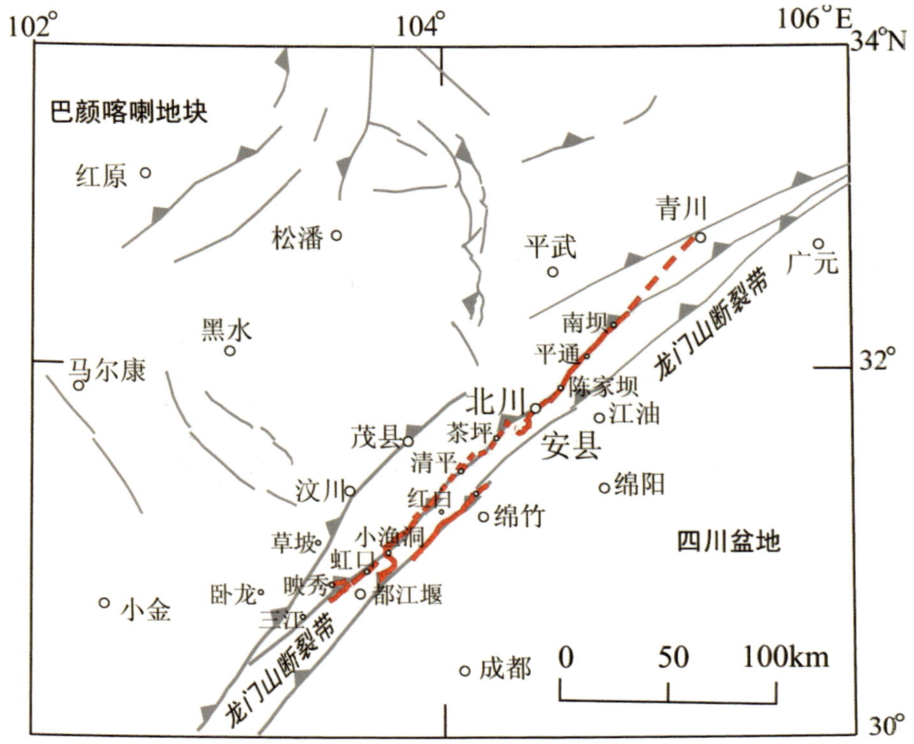

图1-2-7　汶川地震地表破裂图

说明：红色表示5·12汶川特大地震破裂，灰色表示活动断裂

二、北川—映秀断裂地表破裂带

沿北川—映秀断层的地表破裂带长约240公里，为兼有右旋走滑分量的逆冲型地表破裂，最大垂直位移9米，最大右旋走滑位移4.9米。

三、前山断裂地表破裂特征

沿汉旺—白鹿断裂的地表破裂带长约72公里，为纯逆冲型地表破裂，最大垂直位移3.5米。另外，在北川—映秀断裂与前山断裂两条地表破裂带之间，还有一条规模较小的北西向小鱼洞地表破裂带，长约7~8公里。

四、同震位移分布与特征

同震位移，指在一次地震事件中，发震断裂或发震构造在地表产生的突发位移，造成地表的永久性变形。同震位移的大小不仅与地震震级呈正相关，而且与震源深度、介质条件和覆盖层的厚度与性质等都存在十分复杂的相关性，其沿发震断裂或发震构造的空间分布通常存在较大的差异，是震源破裂过程和错动方式在地表的具体表现形式之一。

（一）同震位移的分布

北川—映秀断裂上有确凿位移数据的地表破裂展布于汶川县映秀镇南西—青川县马公乡窝前村

图 1-2-8 北川县城北东沙坝村的地震最大地表震断错（垂直 9±0.5 米）

之间，长约220~230公里，其中地表破裂由德阳市的绵竹清平乡经过绵阳市安县沿高川乡、茶坪乡，进入北川县擂鼓镇、曲山镇，平武县平通镇、南坝镇，穿越水观乡境，最后进入广元市青川县。在绵阳市境内的地表破裂长约100公里。

地表破裂带穿过绵阳市安县、北川、平武3个县共6个乡镇的政府所在地，在造成大量房屋倒塌和重大人员伤亡的同时，产生大规模的崩塌、滑坡群及大量地表垂直位移和水平位移。

根据汶川地震科学考察，这次地震产生的最大的垂直位移点在北川县曲山镇沙坝村二社，该社邹继忠家三层住宅楼房的院坝，地震造成的垂直位移高达9±0.5米，推覆断层造成的陡坎几乎是贴着楼房的大门拔地而起，以前的院坝已不复存在。这次地震造成的地表最大水平位移点，中国地震局科考认定在绵阳市平武县的平通镇桅杆村枣子树河底阶地附近，最大水平位移达4.9±0.5米。

表1-2-1　北川—映秀断裂地表破裂主要同震位移数据一览表

序号	地理坐标		参考地名	错动类型	同震地表位移量（米）		资料来源
	北纬	东经			垂直	水平	
1	31.619	104.155	高川乡大竹坪	RL,R	3.5	3.5	中国地震局地壳应力研究所，2009
2	31.619	104.155	高川乡大竹坪	RL,R	3.5	—	四川省地震局
3	31.619	104.155	高川乡大竹坪	RL,R	3.5	1.5	四川省地震局
4	31.622	104.16	高川乡泉水村	R	2.6	—	徐锡伟，2009
5	31.629	104.174	泉水村	RL,R	2.8	1.6	陈桂华等，2008
6	31.629	104.174	泉水村	R	3	—	徐锡伟等，2008
7	31.647	104.279	安县茶坪乡肖家桥	RL,R	5.2	4.3	徐锡伟，2009
8	31.725	104.382	瓦厂	RL，R	1.5	1.2	徐锡伟等，2008
9	31.745	104.408	北川刘家地村	R	1.8	—	徐锡伟等，2008
10	31.769	104.426	擂鼓镇石岩村	RL,R	5	—	徐锡伟等，2008
11	31.769	104.426	擂鼓镇石岩村	R	2.4	—	徐锡伟等，2008

续表 1-2-1

序号	地理坐标		参考地名	错动类型	同震地表位移量（米）		资料来源
	北纬	东经			垂直	水平	
12	31.769	104.426	擂鼓镇石岩村	R	2.5	—	徐锡伟，2009
13	31.771	104.427	擂鼓镇石岩村	RL,R	—	1.2	徐锡伟等，2008
14	31.779	104.422	擂鼓镇柳林村	R	2.54	2.46	徐锡伟等，2008
15	31.779	104.423	擂鼓镇柳林村	RL,R	3.7	2	徐锡伟等，2008
16	31.8	104.428	擂鼓镇坪上村	RL,R	4.5	—	周荣军等，2008
17	31.8	104.428	擂鼓镇坪上村	RL,R	1.6	1.45	周荣军等，2008
18	31.806	104.432	擂鼓镇赵家沟	RL,R	6.5	5.85	周荣军等，2008
19	31.816	104.448	擂鼓镇任家坪	R	4.3	—	徐锡伟等，2008
20	31.816	104.448	擂鼓镇凉风垭	3.1	2.4	—	徐锡伟，2009
21	31.833	104.461	曲山镇北山麓	RL,R	3.05	2.14	徐锡伟，2009
22	31.838	104.468	北川县沙坝村	RL,R	10.3	3.8	本文
23	31.862	104.504	北川邓家	R	4.1	1.4	徐锡伟，2009
24	31.874	104.534	北川邓家	RL,R	3.6	1.4	徐锡伟，2009
25	31.994	104.62	北川陈家坝	RL,R	2.0	1.6	周荣军等，2008
26	31.994	104.62	北川陈家坝	RL,R	1.7	1.35	周荣军等，2008
27	31.995	104.622	桂溪沟一带	RL,R	2.85	2.5	周荣军等，2008
28	31.997	104.624	桂溪沟凤凰村	RL,R	2.4	2.8	周荣军等，2008
29	31.997	104.624	桂溪沟凤凰村	RL,R	2.1	1.78	周荣军等，2008
30	32.016	104.646	桂溪王家山	R	2.5	2.5	徐锡伟等，2008
31	32.023	104.648	桂溪向家湾	R	2.5	2.5	徐锡伟等，2008
32	32.054	104.677	平通镇	RL,R	1.5	4.65	徐锡伟等，2008
33	32.062	104.688	平通镇	RL,R	3.7	3.7	徐锡伟等，2008
34	32.062	104.688	平通镇	RL,R	2.5	1.9	徐锡伟等，2008
35	32.066	104.693	平通镇	RL,R	2.3	1.9	中国地震局地壳应力研究所，2009
36	32.204	104.841	南坝镇一带	RL,R	2.5	1.52	徐锡伟等，2008
37	32.21	104.849	南坝镇梨子坝	RL,R	0.85	1.4	徐锡伟等，2008
38	32.21	104.849	南坝镇梨子坝	RL,R	1.5	2.5	徐锡伟，2009
39	32.21	104.849	南坝镇梨子坝	RL,R	1	—	徐锡伟，2009
40	32.235	104.876	南坝镇远门子	RL,R	1.9	2.1	徐锡伟等，2008
41	32.274	104.943	水观平溪村	RL,R	1.7	2.5	徐锡伟，2009
42	32.288	104.948	矿坪子	RL,R	2	3	李传友等，2009
43	32.235	104.955	矿坪子	RL,R	—	0.42	李传友等，2009

说明：R表示逆冲位移，RL表示右旋走滑位移。

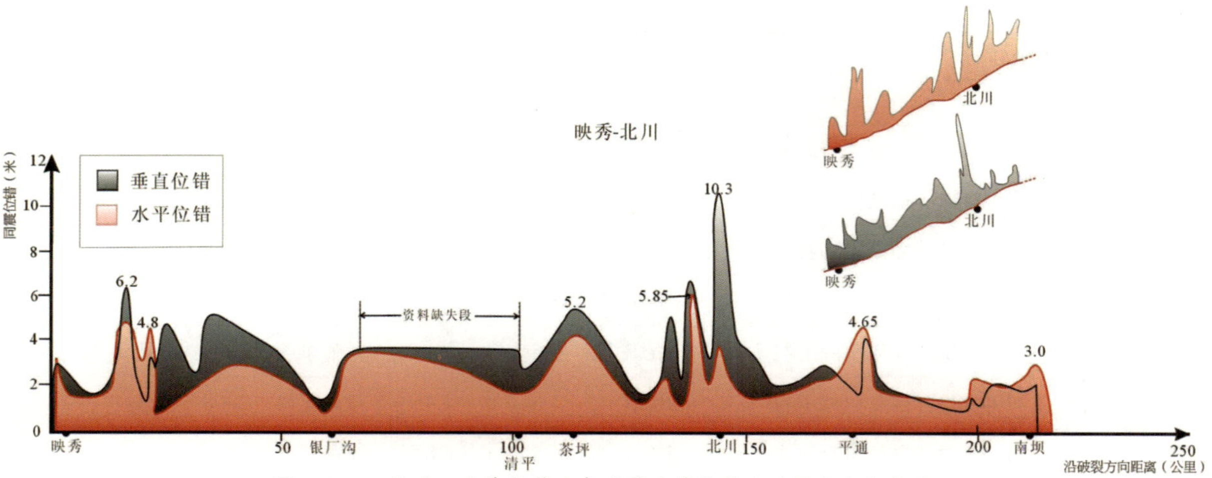

图1-2-9　北川—映秀断裂地表破裂同震位移沿破裂走向分布图

（二）同震位移的特征

北川—映秀断裂地表破裂表现为垂直逆冲和右旋水平走滑兼有的运动性质。其中，映秀—北川段的垂直位移量大于水平位移量，表明该段主要表现为以逆冲运动为主，兼具明显的右旋水平错动分量，为右旋、逆冲运动性质；北川—青川段的垂直位移量与水平位移量大致相当，水平位移量略大于垂直位移量，为逆冲、右旋运动性质。这与震源机制解结果映秀—北川段以逆冲为主、兼具右旋错动分量，北川—青川段以右旋走滑运动为主、兼具逆冲运动分量的结论一致。

同震位移量的大小随破裂走向的分布具有明显的空间不均匀性，其中，垂直位移量较大的峰值分别出现在映秀—虹口、清平—北川间，虹口深溪沟测得的最大垂直位移为6.2米，清平以东为5.2米，北川附近为10.3米左右，另在北川以东的平通和南坝附近还存在幅值相对小一些的峰值；右旋水平位移量分布亦出现相似的变化特征，仅仅是在映秀—北川段垂直位移量大于水平位移量，平通和南坝附近水平位移量略大于垂直位移量，在虹口深溪沟测量的最大右旋水平位移量为4.8米，北川擂鼓为5.85米，平通附近为4.65米，南坝附近为3.0米。这与震源破裂过程分析的映秀和清平—北川附近为汶川地震主要能量释放段，向北东破裂传播方向还存在2~3次突发能量释放具有一致性，也与GPS测量分布结果表明的映秀、北川和南坝附近存在3个峰值滑动区的结论相符。

第五节　汶川地震的余震监测

一、震后地震监测

（一）地震台网监测情况

1. 特大地震前绵阳地震台网情况

震前绵阳市9个县（市、区）全部设有防震减灾工作机构。三台、梓潼、盐亭、涪城、游仙5个县（区）为兼职机构，设在县科技局，名称为县（区）防震减灾办公室，没有地震监测设施。沿龙门山断裂带的平武、北川、江油、安县4县（市）为专职机构，名称为县（市）防震减灾局。上述4个县（市）中，平武、安县配有数字化测震设备，另外还有水氡、江油川10井水位观测以及北川断层气、3017（一种测试镭半衰期的一种气体）、CO_2等观测设备设施，并有分布于4县（市）的13个强震台。此外，江油长钢三厂和中国燃气涡轮研究院还设有两个企业地震台，配有测震仪器2台及电磁波观测等设备，观测基本正常。

特大地震发生前，按照"三网一员"要求，全市各县（市、区）均建有地震宏观观测网，主要由乡、镇干部兼职。

2. 特大地震后绵阳地震台网情况

汶川特大地震给绵阳市地震监测网络造成致命打击，北川县防震减灾局所有设施及观测房屋全部损毁，2名工作人员遇难；绵阳市防震减灾局办公房严重受损；江油市防震减灾局办公房及观测设施损坏严重；安县防震减灾局的办公房和观测房部分成为危房。震后能进行正常监测的仅有安县和平武数字化测震设备，江油川10井水位观测处于半停滞状态。绵阳全市强震台网中的平武平通、平武南坝、北川曲山、北川坝底、北川禹里、北川永安强震台全部损毁，其他台点受损严重，13个强震台点全部处于停测状态。

3. 震后一年绵阳监测情况

震后两天，江油川10井水位观测恢复。截至2009年5月，平武数字化测震、安县数字化测震、江油川10井水位观测正常。全市6个强震台：平武台，江油武都、重华、含增台，安县台、塔水台恢复正常。其他监测手段逐步恢复。

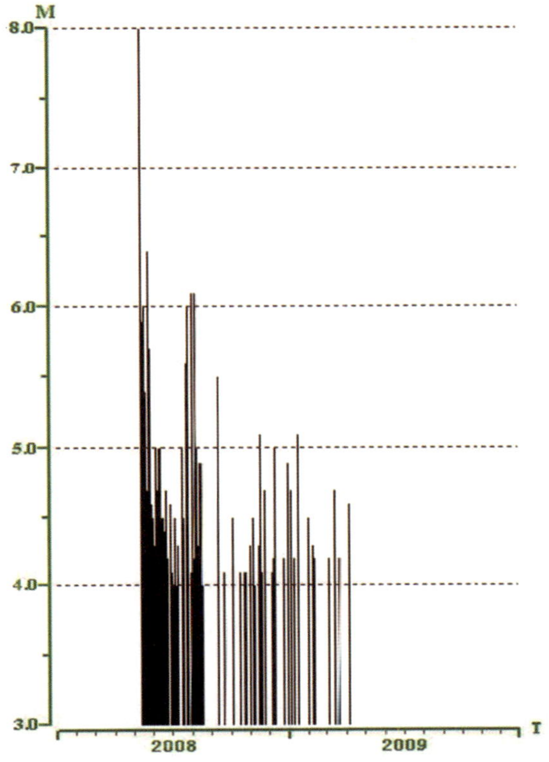

图1-2-10　汶川地震震级时间图

通过一年的观测，平武、安县地震台数字化测震共分析记录地震2万余次，江油川10井水位共观测水位、气压数据9125组。

（二）地震速报

由于地震造成所有通信全部中断，绵阳市所有地震台震后未能进行地震速报，仅有绵阳市防震减灾局与安县防震减灾局使用备用电台进行过简短的震情沟通。

二、余震活动趋势预测

（一）余震活动的总体情况

截至2009年5月11日，震区共发生大小余震5万余次，其中有较强震感的4.0级以上余震296次（4.0~4.9级地震253次，4.9~5.0级地震35次，6.0~6.4级地震8次），最大为2008年5月25日青川6.4级地震。地震总体上呈逐渐衰减趋势。

（二）地震活动的趋势估计与判定

根据《中华人民共和国防震减灾法》规定，地震预报权在省级以上人民政府，绵阳市防震减灾局配合四川省地震局派驻绵阳地震分析工作组，对地震活动趋势进行研判。

2008年5月13日，四川省地震局发布的震情趋势判定意见为此次地震为主震余震型，余震将会持续一段时间，最大余震震级为6.5级左右。

5月19日，四川省“5·12”抗震救灾指挥部发布震情趋势意见认为，5月19至20日可能发生较强余震，并通过多种媒体将上述紧急情况对社会进行了公告。除此之外，绵阳市防震减灾局没有公开发布任何地震趋势判定意见。

（三）宣传维稳工作

绵阳市防震减灾局是市抗震救灾指挥部成员单位。地震发生当日，绵阳市防震减灾局通过市抗震救灾指挥部发布公告，向广大群众说明汶川特大地震的基本情况和防震自救避险知识。抗震救灾期间，绵阳市防震减灾局主要负责人通过媒体向群众宣传解释地震常识，引导群众相信科学，不信谣，不传谣，避免引起恐慌，确保正常的社会生产和生活秩序。

附1：2008年5月12日晚，绵阳市防震减灾局通过媒体发布：

1. 地震是一种自然现象，是一种低概率、突发性、成灾时间短、社会危害大的自然灾害。

2. 地震预报是多学科渗透，研究起步晚的边缘科学。目前，仍处在经验性的探索阶段，是人类正在攻克的世界难题。

3. 地震预报由政府发布，任何个人都无权发布地震预报意见，请广大市民保持清醒的头脑，识别地震谣言，保持我市社会稳定。警惕地震谣言的传播和蔓延。

4. 掌握正确的防震自救知识。遭受破坏的房屋及危房，请暂不入住。在室内遭遇较大余震时，不要跳楼、跳窗。请就近躲入室内小开间的厨房、厕所或坚固的家具下，双手护头蹲下。在室外的市民，请避开高楼广告牌等危险建筑、构筑物。

附2：市防震减灾局局长夏建国答记者问（2008年5月17日）

地震灾情发生后，市委、市政府和全市各级各部门深入灾区一线，积极采取多种措施全力抗震救灾，组织全市人民开展灾后自救，重建家园。但是，震后少数别有用心的人在部分市民中散布一些有关地震等方面的谣言，引起了极少部分群众的恐慌。昨（17）日，市防震减灾局局长夏建国就地震等方面的问题回答了记者的提问。

记者：绵阳城区为什么还会感受到较强烈的余震？

夏建国：无论从破坏性，还是从波及范围来说，“5·12”汶川地震都是建国以来最大的，超过了唐山大地震。截至目前，地震台网中心监测汶川地区余震已超4000次。一个地震序列中最强的地震称为主震；主震前在同一震区发生的较小地震称为前震；主震后在同一震区陆续发生的较小地震称为余震。

记者：余震会持续多长时间，对绵阳城区会造成危害吗？

夏建国：此次汶川地震为主震—余震型，余震活动可能持续一段时间，但越往后，余震的震级会越来越小，到那时人们就会感觉不到地震的存在了。1976年的唐山大地震余震就曾经持续了半年时间。就绵阳而言，余震不会对城区造成大的影响，不会发生破坏性地震，市民不必惊慌。

记者：网上、手机短信盛传绵阳还有大的余震，真实情况究竟是怎样的呢？

夏建国：按照国际通行准则，地震预报是不能跨国预报的，所谓“美国相关机构得出结论”纯属造谣，这种“洋专家论”是典型的谣言。目前，地震预报仍处于摸索阶段，仍然是世界性的难题。地震过后，余震只会发生在原震区，且余震是逐步减小的过程，时间间隔会越来越长，震级会越来越小。

第三章　灾情概况

绵阳市辖2区（涪城区、游仙区）、1市（江油市）、6县（三台县、梓潼县、安县、平武县、北川县、盐亭县），在特大地震中，全市沦为重灾区。其中北川县、安县、平武县为极重灾区。地震造成全市人员重大伤亡，为绵阳历史上因自然灾害带来的死伤人数最多、死亡最惨烈的一次群死群伤灾难。全市工业、农业、交通运输、房屋建设、城市基础设施、农田水利、电力通信、文化教育等均遭到有史以来的最大破坏和损毁。

第一节　北川羌族自治县

2007年年底，北川羌族自治县有20个乡镇、278个行政村，全县总人口16.1万人。汶川特大地震中，全县所有乡镇、村全部受灾，死亡15645人，失踪4413人，受伤26916人，直接经济损失585.73亿元。

北川县城老城区80%、新城区60%以上的建筑物垮塌，王家岩发生大面积山体崩塌，老城区一半被山体掩埋。县医院、法院、民政局、地税局、幼儿园、曲山小学、书店、教体局、步行商业街等数十家单位、机关、学校、商家、街巷和民房被深埋。以县政府办公大楼为中心的新城区大多数建筑物垮塌，周边发生大面积山体滑坡和崩岩，360余家中小企业遭受严重损失。

全县房屋全面受损，倒塌或损毁房屋122.72万平方米，严重破坏25.68万平方米，损耗率100%。山体大面积滑坡，新增581个大的地质灾害点，112个村的山体出现大裂缝，近30个村被山体滑坡和泥石流掩埋，境内形成特大堰塞湖——唐家山堰塞湖和其他15处堰塞湖，漩坪乡场镇及沿河11个村的23个社、1个社区被淹，漩坪乡场镇永藏水底；禹里乡场镇和6个村、18个村民小组被淹。堰塞湖对流域下游地区造成重大安全隐患。

汶川特大地震给人口相对集中的北川教育带来毁灭性的灾难，全县86所学校校舍建筑75%倒塌（面积16万平方米），25%成为D级危房（面积5万平方米），遇难教职工216人，遇难学生1584人，149名学生因伤致残。全县教育系统直接经济损失近4.85亿元。全县学校受损严重，其中受灾最严重的是北川中学、曲山小学和机关幼儿园。北川中学有733名学生、48名教职工（其中退休教职工8人）在地震中遇难。有300余名学生受伤，100余名学生致残，45名学生成为孤儿。学校所有教学设施、设备毁损殆尽。该校新区整个校区被景家山大面积垮塌的山体完全掩埋，仅剩操场上被推移上百米开外的旗杆和一个篮球架。曲山小学学生遇难389名，致残28名；教师遇难（含退休教师）21名。机关幼儿园（原名曲山幼儿园），教职工遇难19人，受伤4人；幼儿遇难311人。园内建筑全部倒塌，教学设备全部毁损。

全县公路网络遭到毁灭性破坏，损毁省、县、乡、村公路1千多公里，损毁桥梁353座9475米、隧道3座192米、道班房4950平方米、客运站10个、码头4个。全县不少乡镇被夷为平地，另有关外曲山镇、邓家办事处、陈家坝乡及关内（“关”指曲山关，明代建。以此为界，当地人称此关以西北部羌族聚居区12个乡镇为关内，东南部8个乡镇为关外。）12个乡镇的8万余人因山体垮塌、道路堵塞被困。

全县堤防工程损毁63公里；农村水电站受损32座、容量20万千瓦；损毁水土保持设施蓄水池1812口，坡面水系471公里；水产受灾面积450亩，成鱼及种鱼死亡900吨；农机具毁损3868台，提灌站毁损56座、797千瓦。生态遭受严重破坏。

全县党政机关、社会事业设施严重受损，所有单位办公楼、住宿楼毁损，无法使用，机关干部遇难466人，占全县干部总数的22.7%。

第二节　安　县

2007年年底，安县有20个乡镇、275个行政村，全县总人口51万人。汶川特大地震中，全县所有乡镇、村全部受灾，死亡2640人，失踪655人，受伤88623人，其中重伤27000人，直接经济损失430.4亿元。

全县建筑物因地震灾害受损达80%以上，垮塌50%以上。房屋受损1950万平方米，倒塌1167万平方米；部分损毁783万平方米，其中严重危房503万平方米。全县374所医疗卫生单位损毁，275个村卫生站受损严重。

全县损毁道路826公里、桥梁254座。因地震灾害形成干河子罐滩堰塞湖、茶坪河肖家桥堰塞湖，导致公路、桥梁修复难度增大。全县80%以上桥梁成为危桥。

全县自来水、电力、燃气全部中断，互联网和有线电视网络、通信线路、设施设备损毁严重，全县通信严重受阻。

全县牲畜死亡18.39万头，农作物受损18.22万亩，水利设施损毁3990处，其中震损水库28座。

第三节　平武县

2007年年底，平武县有25个乡镇、249个行政村，全县总人口18.7万人。特大地震中，全县所有乡镇、村全部受灾，死亡3014人，失踪2647人，受伤32193人，其中重伤1258人，42673户房屋严重损毁，直接经济损失348.5亿元。

全县基础设施大范围损毁，工农业、旅游、服务业损失惨重，生态环境遭到严重破坏，滑坡、崩塌、泥石流等次生灾害频发，形成文家坝堰塞湖等13处堰塞湖，严重威胁下游人民群众的安危。南坝镇、平通镇、水观乡等乡镇受灾尤为严重，场镇几乎被夷为平地，人员伤亡惨重。

全县交通全部中断，交通基础设施损毁严重，经济损失达37.4亿元。其中公路损毁1543公里，桥梁损毁198座，隧道损毁1座，经济损失37.2亿元。

第四节　江油市

2007年年底，江油市有40个乡镇、477个行政村，全市总人口87.86万人。特大地震中，全市所有乡镇、村全部受灾，死亡394人，失踪43人，受伤19278人，其中重伤5810人，直接经济损失592亿元。

全市农村及城镇居民住房、党政机关及企事业单位办公用房、服务行业营业用房大面积倒塌、拉裂；98%以上工矿企业受损，厂房倒塌，设施设备损毁，工业存量资产损失严重；耕地灭失情况严重，农作物受灾面积23.4万亩，农、林、水、牧、农机等设施损毁，生态环境受损严重。

全市交通遭到严重破坏，道路损坏47.85公里，大中型桥梁震损9座，小型桥涵震损30余座。城市基础设施直接经济损失20亿元以上。全市所有工矿企业均被迫停工停产，44个投资千万以上的重大在建项目搁浅。教育系统死亡37人，其中学生36人、教职工1人；受伤233人。学校倒塌房屋面积3.13万平方米，危房面积20.57万平方米，毁坏教学仪器、设备15.26万台（件、套），直接经济损失9.3亿元。卫生系统医疗卫生人员受伤226人，各类医疗机构房屋受损21.32万平方米，经济损失总计6.35亿元。文化设施直接经济损失2.47亿元，间接经济损失5964万元。旅游基础设施受损严重，旅游景点、服务设施、通往景区的公路、景区游道、宾馆饭店和内部设施等均受到不同程度的损坏。旅游业共损失14.98亿元。全国重点文物保护单位窦圌山云岩寺受损严重，古建筑物坍塌，道路沉陷，主峰倾斜，山体滑坡。

市境内形成堰塞湖、崩塌、滑坡、泥石流、地面塌陷和地裂缝等次生地质灾害共247处，其中滑坡152处、崩塌（危岩）64处、潜在不稳定斜坡24处、泥石流5处、地裂缝2处。

第五节 其他县（区）

一、涪城区

涪城区区本级所属5个街道办事处、14个乡镇、54.55万人受灾，死亡60人、失踪26人、受伤2038人，直接经济损失153.13亿元。农村房屋倒塌92.69万平方米，严重受损232.53万平方米；城镇房屋倒塌（损毁）32.77万平方米，严重破坏235.62万平方米。城市供排水管道损毁174公里、燃气管道损毁14公里，市政道路损毁45.75公里，城市桥梁损毁22座。发生地质灾害滑坡4处、崩塌1处，其它地质灾害68处。损毁干线公路约13.58公里，乡村公路269.94公里。受灾耕地面积2235亩。粮食作物受灾18237.6亩、损失3008.7吨；经济作物受灾18671亩，沼气损毁12900口；林木损毁3155亩。损坏林区输电线路77公里。1座中型水库、30座小型水库受损，堤防工程损毁7.69公里，供水管道受损545公里，灌溉工程重点建筑物受损983处、渠道损毁1214公里。

二、游仙区

游仙区辖2个街道办事处、24个乡镇，1个经济开发区，1个经济试验区、45.05万人受灾，死亡72人，失踪16人，受伤482人，直接经济损失182.4亿元。房屋完全倒塌522.4万平方米，危房955万平方米。损毁道路168公里、桥梁32座。损毁水库106座、渠系85.2公里、小型提蓄水工程539处。22个乡镇卫生院、3个社区卫生服务中心、5个直属卫生医疗单位和近100个村卫生站16.2万平方米的房屋受损。农作物受损4.5万亩，牲畜死亡4.1万头（只）。城市基础设施和桥梁毁损19.8公里，市政公用设施毁损289处，园林绿化损毁面积72.5万平方米，生态环境体系遭到严重破坏。受灾严重的魏城镇，场镇4000余户居民的房屋倒塌或成为危房；柏林镇场镇建筑大部分倒塌；忠兴、石马、新桥、玉河、街子等7个乡镇房屋倒塌或成为危房的达70%以上。22个乡镇政府办公用房仅有一处可继续使用。

三、梓潼县

梓潼县32个乡镇、31.28万人受灾，死亡21人，失踪4人，受伤2489人，临时安置受灾群众16.56万人，直接经济损失107.43亿元。县城居民倒房797户，严重受损1855户。农房倒塌6874户，严重受损44924户。637公里公路路面沉陷、断板、破损，29座大中型桥梁受损，通信设施、城乡电网、城乡居民饮用水供水系统、农田水利设施、市政设施、公共活动场所、城市公共设施不同程度受损，城乡基础设施受损造成直接经济损失达6.42亿元。耕地受损1600亩，灭失320亩，直接经济损失490万元。因灾造成农村直接经济损失48687万元。医疗卫生机构房屋受损10.05万平方米，设备259台（件）受损，县中医院、县保健院和11所乡医院房屋大面积垮塌。广播电视设施受灾严重，各类光缆线路损失3361公里，广电设备受损5365台（件）。

四、三台县

三台县63个乡镇、142.7万人受灾，死亡43人，受伤887人，直接经济损失295.35亿元。民房损毁2868.79万平方米，其中农房全部倒塌803.58万平方米，严重受损1768.8万平方米；城镇居民房屋受损634.4万平方米，其中全部倒塌15.29万平方米。城市供排水、供电、供气设施受损严重，城镇垃圾处理、城镇公共交通、城市绿化、市民公园、城市照明等市政设施都不同程度受到损坏。329.48公里公路，150座桥梁，5个汽车客运站，3座电站、44座水库、1 65公里堤防、415公里供水工程管道、1401.7公里灌溉渠道、620口蓄水池等受到不同程度的损害。各级医疗卫生机构共受损620个，业务用房达25.02万平方米，损毁设备、设施1201台（套）。45所社会福利机构均遭受不同程度破坏，直接经济损失13.87亿元。全县各政权机构共损毁各类业务月房24.36万平方米，各类设施1467台（件）。

五、盐亭县

盐亭县36个乡镇、60.63万人受灾，死亡15人，受伤1936人，直接经济损失142.34亿元。受灾工矿企业99个。云溪镇、黄甸镇、金鸡镇等乡镇受灾较为严重，尤其是学校、行政事业机关的房屋以及水利设施等建筑毁损严重。全县因房屋倒塌、严重破坏造成无家可归者26.05万人。城镇居民房屋受损面积363万平方米，受影响户数2.61万户、8万人，直接经济损失116683万元。其中倒塌和严重破坏25万平方米，直接经济损失27608万元；中等损坏84万平方米，直接经济损失55468万元；一般破坏254万平方米，直接经济损失33607万元。全县农村房屋倒塌面积达479.04万平方米，严重受损824.91万平方米，轻度受损798.87万平方米，农村民房经济损失达991004万元以上。

第六节　绵阳科技城工业园区、开发区

绵阳科技城受灾面积117平方公里，覆盖绵阳高新技术产业开发区、绵阳经济技术开发区、绵阳科教创业园区、绵阳现代农业科技示范区、绵阳仙海水利风景区及11个乡镇（涪城区城郊乡、石塘镇、青义镇、新皂镇、磨家镇，游仙区游仙镇、小枧镇、石马镇，高新区永兴镇，经开区塘讯镇，农科区松垭镇）、7个街道办事处（涪城区朝阳、城北、城厢、工区、南山街道办事处，科学城办事处，游仙区富乐街道办事处）。

绵阳科技城经济损失121.3亿元。其中科技城各园区726户企业受灾损失53.13亿元，房屋损失59.5亿元，城市基础设施损失2.2亿元，24所学校受灾损失4.84亿元。科技城范围内规模以上企业共死亡5人，厂房坍塌面积6.3万余平方米、厂房受损面积26.59万平方米、设备受损3238台套，厂房、设备受损4.9亿元。三江大坝引桥等8座桥梁以及三江库区、南湖等5座水库遭到破坏，在建工程项目毁损面积达到7.82万平方米。辖区内房屋倒塌31.83万平方米，因灾造成危房313.0059万平方米。

200余家高新技术企业和800多家科技型中小企业，均有不同程度的损失。东材科技集团承担的

2007年度国家科技支撑计划新材料项目及实验室、中试车间等基础设施遭到破坏；长虹集团、九洲集团等因灾停产。中国工程物理研究院、中国空气动力研究与发展中心、中国燃气涡轮研究院、电子九所等在绵国防科研院所，由于地震对水电气及实验室、中试车间等基础设施和设备仪器造成严重破坏，研究工作中断。科技城孵化大楼、高新区火炬大厦、创业服务中心、专业孵化器以及高级人才居住区等受到严重损坏，直接经济损失3000余万元。国家、省、市三级486项科技计划项目中有360余项受灾，科研仪器设备损毁9913台（件），科研基础设施损毁5915台（套），科研实验站（场）损毁413个。

一、绵阳高新技术产业开发区

绵阳高新技术产业开发区因灾死亡（含失踪）35人，受伤160人，经济损失达54.57亿元。房屋倒塌13.409万平方米，受损351.47万平方米；600多家企业厂房严重受损，生产全部停工；城市供水、供气等基础设施受损，学校、医院等公益设施垮塌损毁严重。公共服务设施建筑受损面积达19.36万平方米，受灾金额达3260万元，基础设施、市政公用设施损失3360万元。辖区城镇居民房屋倒塌254户，受损无法入住4772户；1个社区卫生服务中心、3个社区卫生服务站受损，建筑面积达4055平方米，损失737.5万元；1所乡镇卫生院完全损毁，2个计生站房屋受损面积942平方米，设备损失近460件（台、套），直接经济损失2544.4万元。

二、绵阳经济技术开发区

绵阳经济技术开发区因灾死亡6人，受伤94人，累计经济损失31.11亿元。房屋倒塌9.33万平方米，经济损失0.935亿元；房屋受损成为危房102.62万平方米，经济损失10.30亿元。道路损毁17.06公里，桥梁受损3座。多处水利设施受损，其中水库受损3处，1.5万人饮水工程受到影响，渠系受损9.1公里，小型蓄提水工程受损17处，堤防受损2.731公里。农作物损失0.40万亩，牲畜死亡1290头。城市基础设施、建筑类在建项目、市政公用事业、园林城市、照明等受到一定程度破坏。9所学校9.487万平方米建筑受损，教学设备受损2329台（套），经济损失7318万元。83家企事业单位受到一定程度破坏，经济损失13.728亿元。

三、绵阳科教创业园区

绵阳科技城科教创业园区受伤33人，累计经济损失达23.57亿元。房屋倒塌8.07万平方米，经济损失6500万元；房屋受损62.41万平方米，经济损失8.5亿元。25家企事业单位受损，生产受阻，经济损失11.72亿元。道路损毁1.6公里，桥梁损毁1座，水利设施损毁2处，城市基础设施受到一定程度破坏。3所学校19.21万平方米建筑受损，教学设备受损206台（套），经济损失2.41亿元。

四、绵阳现代农业科技示范区

绵阳科技城现代农业科技示范区累计经济损失达13.64亿元。房屋倒塌1.02万平方米，房屋受损63.77万平方米，经济损失5.46亿元。道路损毁10.83公里，桥梁受损1座。水利设施受到一定程度的破坏，受损水库1处，4500人饮水工程受到影响，渠系受损24.1公里，小型蓄提水工程受损19处，山坪塘受损37口。农作物受灾3010亩，牲畜死亡2.5万头。城市基础设施受到一定程度破坏，其中建筑类和桥梁受损21.45公里，建筑类和在建项目受损9800平方米，经济损失1.285亿元。4所学校11.5万平方米建筑受损，教学设备受损355台套，经济损失1.3595亿元。54家企事业单位受灾，经济损失2.755亿元。

五、仙海水利风景区

仙海水利风景区有18人受伤，直接经济损失达1.65亿元。农房垮塌10户，严重损坏665户，一般受损5850户。道路损毁0.2公里，桥梁损毁6座，水利设施损毁42处，其中水库9座。区内8户企业不同程度受灾。农作物损毁416亩。中心学校校舍损毁3100平方米。

表1-3-2　　汶川特大地震绵阳市人员伤亡一览表

统计单位	受灾县	受灾乡镇街道	受伤人员情况				
			受灾人口	死亡	受伤	失踪	临时转移安置
	个	个	人	人	人	人	人
绵阳市	9	286	5216690	21963	174033	7795	3115785
市本级	—	—	—	36	—	—	—
涪城区（含开发区）	—	24	691312	84	2225	28	251995
游仙区	—	26	450464	72	482	16	382262
三台县	—	63	1427001	43	887	—	537684
盐亭县	—	36	580875	15	942	—	260535
安　县	—	20	527547	2640	88623	655	465498
梓潼县	—	32	312807	20	2489	4	165567
北川县	—	20	162047	15645	26916	4402	142500
平武县	—	25	186000	3014	32191	2647	181599
江油市	—	40	878637	394	19278	43	728145

说明：此表统计时间为2008年6月9日，数据由绵阳市抗震救灾指挥部统计，绵阳市民政局报送，其后，部分数据有变，详见正文记载。

第四章　极重灾乡镇灾情

第一节　北川县

一、曲山镇

曲山镇是北川县城所在地，面积112平方公里，占全县总面积的3.9%，其中城市面积0.7平方公里（含茅坝新区），辖23个村（115个组）、2个社区居委会（25个居民小组），8885户、25125人。

汶川特大地震中，曲山镇损失惨重，县城及农村死亡、失踪常住人口及流动人员达15650人。北川县城几乎被夷为平地，县城80%以上的建筑物垮塌，县城周边发生大面积山体滑坡、崩塌和碎屑流。整个县城被迫搬迁，异地重建。

图 1-4-11　倒塌的北川县县政府大楼（颜晓亚　摄）

地震造成曲山镇60%以上的村大面积山体滑坡，其中大水村唐家山山体垮塌，形成唐家山堰塞湖。“9·24”洪涝泥石流使所有村落再次受灾，造成1个村（黄家坝）完全无法原址重建，2个村(任家坪、油坊沟）部分不能重建。地震造成的崩塌、滑坡、泥石流等次生灾害，使曲山镇灾情进一步扩大。

地震造成曲山镇23个村村道损毁严重；“9·24”泥石流造成任家坪至邓家安置点公路被毁；多条山区道路严重损毁，路面严重沉降。住房大量损毁，农村住房损毁尤为严重，镇内70%的村房屋无法居住，13个村2个社区群众无家可归，总经济损失113亿元。

二、陈家坝乡

陈家坝乡位于北川县城东北部，距离县城曲山镇21公里，东与桂溪乡接壤，西与曲山镇相邻，南依江油市，北抵都贯乡，面积135平方公里。乡境内山峦起伏，沟壑纵横，最高海拔1883米。全乡共14个村、102个村民小组、1个社区居委会，3873户、12441人。

陈家坝乡是除北川县城之外受灾最为严重的乡镇。该乡因灾死亡928人（其中场镇死亡245人)，失踪1200人，受伤5877人，毁损房屋35万平方米，全乡14个村69个社8000余人严重受灾。地震使该乡城镇和农村地区所有房屋全部毁损，毁损率达100%。水、电、气、通信、道路交通基础设施和社会事业等遭受毁灭性破坏，城镇功能全部瘫痪。大面积山体滑坡，形成7处堰塞湖，地质灾害隐患严重，造成所有土地无法复耕，完全无法居住。全乡直接经济损失达30.69亿元。

图 1-4-12 地震后北川县陈家坝乡场镇

三、擂鼓镇

擂鼓镇距离北川县城曲山镇8公里，东临通口镇，南接安昌镇，西靠苏保沟，北连曲山镇，是北川县通往安县、绵阳、成都的南大门。面积145平方公里，场镇面积0.3平方公里，场镇常住人口1486人。全镇有30个村、145个村民小组，1个社区居委会，总人口18308人。

汶川特大地震中，擂鼓镇650人死亡，118人失踪，138人重伤，3000多人不同程度受伤；房屋倒塌达5000余户、2万余间，严重损毁的房屋占全部房屋的90%以上。地震造成镇内道路交通，水、

图 1-4-13　地震后北川县擂鼓镇场镇

电、气供给及通信全部瘫痪，供排水管道损坏10.4公里，桥梁损坏4座，生活垃圾收集处理设施损毁3座，造成直接经济损失98.45亿元。

第二节　安　县

一、高川乡

高川乡位于县城（花荄镇）西北部，距县城52公里，东南与茶坪乡、沸水镇连界，西北与绵竹市、清平乡、茂县土门乡相邻。面积173平方公里，辖7个村、56个村民小组和1个社区，1940户、6208人。高川乡地处山区地带，主峰大光包海拔3047米，是安县的最高峰，系睢水河发源地。

图 1-4-14　安县高川乡老街

特大地震给高川乡造成重大损失，全乡因灾死亡871人，受伤4318人。城乡住房98%以上倒塌，其中农房倒损1497户，严重受损109户；居民房屋倒损74户，严重受损110户。山体滑坡，道路中断，一度成为“孤岛”。全乡因灾经济损失23亿余元。

二、茶坪乡

茶坪乡位于县城（花荄镇）西北，距县城58公里，地处千佛山脚下，海拔800~3033米，面积165平方公里。东南与晓坝镇、桑枣镇连界；东北与北川县连界，西北与高川乡接壤。全乡辖10个行政村，89个村民小组，1个街道居委会，共2652户8858人（农业人口8558人）。茶坪乡地处龙门山断裂带南麓，一般坡度25~55度，最大坡度70度。农户居住地主要分布在海拔1600米以上。

图 1-4-15　损毁的安县茶坪乡

茶坪乡在地震中出现大面积山体滑坡，死亡852人，失踪217人，受伤6957人（重伤184人）。房屋损毁18.2万间，64.5万平方米，经济损失5.53亿元；交通道路损毁157公里，损失0.45亿元；损毁桥涵30处，损毁防洪堤2公里，损毁供水管道196.3公里，9032人饮水困难。地震后，茶坪乡一度成为“孤岛”。

三、晓坝镇

晓坝镇位于县城（花荄）西北，距县城34公里，面积56平方公里，海拔最高2100米。东北与桑枣镇相邻，南邻沸水镇，西北接茶坪乡，西南接高川乡，境内山、丘、坝兼有。全镇辖7个行政村、76个居民小组，共3274户、9670人（农业人口6678人）。

汶川特大地震中，晓坝镇死亡74人，重伤61人，轻伤1683人，直接经济损失9.05亿元。其中，场镇因灾死亡6人，居民房屋损毁2892户、29万平方米，直接经济损失2.79亿元。损毁城市排水管道4公里，燃气管道3公里，照明线路15.5公里，街道损毁5.1公里。

图 1-4-16　安县晓坝镇灾情

第三节　平武县

一、平通镇

平通镇位于平武县西南端，是平武县的“南大门”，南距江油40公里，北距平武县城85公里。全镇辖15个行政村、82个村民小组，1个居委会，共2833户9727人，是羌族、汉族、回族杂居地。

图1-4-17　震后的平武县平通镇街道

地震给平通镇造成重大人员伤亡和财产损失。全镇9727人全部受灾，因灾死亡351人，失踪60人，受伤4016人。所有2784户农户的房屋全部受损，其中904户2858间房屋倒塌，972户3009间房屋严重受损。供电线路损毁160杆135公里，变压器、电杆等配套设施严重受损。受山体滑坡、泥石流等次生灾害影响，全镇1.9万亩农作物60%绝收，3万亩农田、7000米农堰损毁，退耕还林地和其他林地20万亩被毁，597户灾民失去宅基地。全镇直接经济损失33亿元。

平通镇政府、中小学学校、卫生院、供电所、派出所、交警中队、信用社、税务和通讯等政府职能机构的2万余平方米房屋全部损毁，其中95%以上倒塌。场镇315户居民的营业用房、住宅约6万平方米严重损毁，其中倒塌211户、3.5万平方米。

平通镇境内省道公路8公里、县道公路22公里、通乡油路15公里、通村入社18条103公里，共计148公里严重受损；大小拱桥4座，人行索桥13座全部被毁；城镇供水、农村饮水、7000米农堰、800个山坪塘等受损。

二、南坝镇

南坝镇位居成（都）九（寨沟）环线公路与成青路交会处，距平武县城51公里，距绵阳117公里，海拔780米。南坝镇是平武县的重镇，是三国蜀汉江油关、南宋五代龙州郡的所在地，有“古龙州”“古江油关”之称。全镇辖26个行政村、180个农业合作社、1个管委会、1个居民委员会，面积326平方公里。

图1-4-18 平武县南坝涪江公路大桥被损毁

图1-4-19 震后的平武县南坝场镇（向远木 摄）

汶川特大地震使全镇交通、通讯全面中断，供电、供气、供水、广电系统全面瘫痪。沿九环线平通至南坝山体大面积滑坡和泥石流，导致平武至江油公路中断，南坝大桥坍塌，交通彻底中断，场镇沦为“孤岛”。全镇因灾死亡1564人，失踪1人，受伤4500人，遗留孤儿23人，孤老2人。房屋倒塌26600间，房屋损坏10440间，危房率达到99%，倒塌率超过85%。南坝集镇（含石坎场镇和高庄场镇）居（村）民住房损毁1596户，面积29.67万平方米。通村路损毁150公里，机耕道损毁400余公里，输电线损毁517公里，农堰损毁11公里。

地震使南坝工矿企业遭到毁灭性打击，工业集中发展区被堰塞湖淹没，锰业集团、宏建木业等14家企业受损严重，工业基础设施完全被破坏。大面积山体塌方，农田大量丧失，并形成马鞍山、文家坝等多处堰塞湖。供排水、供电、燃气、通信和道路损毁总长407公里，直接经济损失75亿元。

三、水观乡

水观乡地处平武县东南的龙门山腹心地带，旧称水观音。距平武县城75公里，距绵阳市区182公里。全乡辖6个行政村、52个农业合作社，面积92平方公里。

物大地震给水观乡造成重大损失，全乡因灾死亡106人，受伤133人。全乡房屋倒塌4600间，受损2500间，毁损面积21.3万平方米。农田损毁7200亩。交通设施损毁2232万元，其中省道105线20公里，通村路17.5公里，损毁机耕道26公里。损毁通信光缆28.5公里。电力设施损毁高压线路48公里、低压线路116公里，毁损人畜引水工程、扶贫新村工程和林地4万亩。全乡因灾经济损失5亿余元。山体滑坡，道路中断，一度成为“孤岛”。

第五章　次生灾害

第一节　崩　塌

在汶川特大地震中，绵阳市产生崩塌583处，其中大型38处、中型135处、小型410处。由于崩塌（崩落、垮塌或塌方）运动轨迹变化大，具有不确定性、速度快、突发性等特征，极容易造成危害。

发生在绵阳市境内的典型崩塌为北川县景家山崩塌。景家山崩塌位于北川县城新区茅坝，由汶川特大地震诱发形成，为大型崩塌。崩塌堆积体约50万立方米，掩埋了山体下部的北川中学（新区）、水电局等单位，造成巨大的人员伤亡。震后崩塌形成的地形高陡，坡度一般30°~45°，相对高差450~600米，对其下老县城地震遗址、“5·12”纪念碑等极易造成危害，为四川省重大地质灾害治理项目。

图1-5-20　北川县陈家坝乡山体大面积垮塌

第二节 滑 坡

汶川特大地震造成绵阳市滑坡1009处，其中巨型3处、大型36处、中型202处、小型768处。安县高川乡大光包滑坡、北川县擂鼓镇凤凰山滑坡、北川县曲山镇王家岩滑坡为典型滑坡。

安县高川乡大光包滑坡。滑坡位于安县高川乡泉水村西北侧，在安县、绵竹、茂县三县交界处，由汶川特大地震引发，是截至2008年年底中国境内最大滑坡，也是全世界已知的为数不多的体积5亿立方米以上的超大型滑坡之一。滑动距离4.5公里，滑坡堆积体宽2.2公里，面积约10平方公里，估算体积7.5亿立方米。

北川县擂鼓镇凤凰山滑坡。受汶川特大地震的影响，整个滑坡区域出现强烈变形，后缘出现两级下错，前缘整体向前推移30米左右，掩埋前缘老场口河右岸的酒厂、养殖场和农田，直接堵塞河道2/3，影响老场口河行洪。凤凰山滑坡体积1080万立方米，为特大型推移式岩质滑坡，对东辰磁材厂、灾民安置点、擂鼓镇灾后重建、滑坡平台的用地规划建设及下游水泥厂、麻柳沟安置点构成威胁。

北川县曲山镇王家岩滑坡。滑坡位于北川县老县城西侧，在汶川特大地震中从近320米高处快速滑下，冲毁北川县医院、曲山幼儿园、曲山小学及农贸市场等，滑坡堆积于斜坡下部老县城中，形成宽约210米、长约250米的滑坡堆积体。

图1-5-21 安县茶坪乡宝藏村滑坡

第三节 泥石流

汶川特大地震后，全市有泥石流216处，其中巨型15处、大型55处、中型91处、小型55处。分布于北川、安县、平武、江油4县（市），平武55处、北川76处、安县80处、江油5处。北川县魏家沟泥石流为典型泥石流。

魏家沟泥石流位于北川县城西南侧的曲山镇任家坪。2008年9月23—24日，北川县境内遭遇历史上的特大型暴雨，雨量总计达到272.8毫米。9月24日1时至4时，强降雨引发的山洪携带90万立方米碎块石及泥沙形成泥石流，沿魏家沟主沟向北川县城方向倾泻而下，并在沟口段—北川县城东南侧淤积，淤埋县城老城区大部分地区，并淹没北川中学废墟。同时，大量洪水及泥石流冲入任家坪板房安置区。滑坡、泥石流共造成任家坪村受灾432户、1572人，死亡（失踪）22人；房屋损失116户，381间被毁，帐篷56顶被毁，板房160间进水。地震后，魏家沟沟内存有总量约1350万立方米的松散堆积物，其中潜在不稳定物源1003.25万立方米，欠稳定物源161.75万立方米，参与泥石流活动的约185万立方米。魏家沟泥石流直冲北川县城，对地震遗址造成极大破坏。

图1-5-22　2008年9月24日，被淹的平武县平通镇石坝村板房村委会

图1-5-23　2008年“9·24”北川陈家坝乡被泥石流掩埋的农房

图1-5-24　2008年“9·24”洪涝泥石流时的平武县平通场镇

第四节 堰塞湖

一、唐家山堰塞湖

图1-5-25 唐家山堰塞湖（李贫 摄）

特大地震造成距北川县城湔江上游6公里处的唐家山大面积滑坡，完全阻断河道，形成一座顺湔江河床长803.4米、横宽611米、体积约为2037万立方米的堆积体，原河道变成库容达3.2亿立方米的堰塞湖。堰塞体由基岩挤压或解体形成的碎裂岩、残坡积碎石土和库区沉积的含泥粉细砂组成，具有一定的稳定性。堰塞体右侧的垭口沟槽主要由碎石土和碎裂岩构成，如果堰塞湖水位持续上涨，首先会从右侧垭口沟槽过流，逐步淘蚀并最终导致堰塞湖溃坝。一旦溃坝，对下游江油市区、绵阳城区、三台县城将构成巨大威胁。

2008年5月25日16时，青川发生6.4级余震，唐家山再次发生大滑坡，尘烟弥漫。在空军、陆航团、飞龙公司提供运输保障的情况下，水利部等部门相关专家和领导指导施工，武警水电部队具体施工，紧急疏通唐家山堰塞体右岸基本连通的低洼沟槽，形成人工泄洪通道，降低堰塞湖水位，按照预案确定的路线有组织转移下游群众。2008年6月10日，唐家山堰塞湖成功泄流，险情基本排除。2008年9月24日，北川县遭遇特大暴雨，唐家山堰塞湖大水沟进口段泥石流堵江，淤满宽约150米的整个泄洪槽进口段，水位上涨至721.19米，经洪水冲蚀后水位稳定在718.5米，形成新的险情。

二、其他堰塞湖

特大地震使地处龙门山脉褶皱断裂带的北川、安县、平武、江油等县市发生大量山体滑坡等地质灾害，山体滑坡造成河道淤堵。全市形成大、中、小堰塞湖55处，其中，大中极高危堰塞湖1处、高危堰塞湖4处、中危堰塞湖7处、低危堰塞湖43处，造成绵阳、遂宁两市215万人口大转移，经济损失90.34亿元。

图1-5-26　安县肖家桥堰塞湖淹没的民居

图1-5-27　平武县南坝镇文家坝堰塞湖

第五节 其他次生灾害

一、火灾

在汶川特大地震中，绵阳城区水、电、燃气、通信一度中断。同时，地震使绵阳市消防安全环境受到巨大破坏。受地震影响，2008年5月12—18日，全市发生火灾22起，直接经济损失27385元，受灾户数7户，受灾人数13人。绵阳消防支队共出动车辆30辆，出动警力215人，疏散被困人员520人，抢救财产价值4.5万元。

二、水污染隐患

地震灾害在绵阳市境内形成北川县唐家山堰塞湖，安县茶坪乡肖家桥堰塞湖、睢水镇罐滩堰塞湖、老鹰岩堰塞湖、罗家大坪堰塞湖，平武县南坝镇石坎堰塞湖等6个较大堰塞湖和不计其数的小堰塞湖群。堰塞湖下游流域工业企业众多，其中56家企业贮存或使用危险化学品和危险废弃物，这些成为堰塞湖溃坝泄洪时水环境安全风险隐患。

三、放射源及放射性废物安全

汶川特大地震发生后，处于极重灾区的北川、安县、平武和重灾区的江油市，所有放射源使用单位均不同程度遭到毁损，建筑主体全部受损，受损严重，多家单位放射源有被埋和失踪的危险。放射源使用单位围墙垮塌，放射源有被盗和被抢的危险，存在可能被恐怖分子利用的风险。多家放射源使用单位有人员伤亡，特别是安县交通水泥厂、江油武都水泥厂、江油龙凤水泥厂3家企业的法人代表在地震中死亡，放射源的管理和实体保卫工作存在极大风险。据统计，全市受到严重损毁的放射源单位多达26个。

第六章　房屋财产损失

第一节　城镇房屋

一、概况

绵阳城区属于地震波及区，房屋受损相对较轻，95%的房屋从外观上看瓷砖脱落，墙体有裂纹。中心城区中共涪城区委、市公安局涪城区分局临街办公楼顶楼墙体坠落，砸伤行人；恒河宾馆、花园宾馆、林业宾馆、市人大常委会、市政协办公楼、绵阳日报社、绵阳晚报社等房屋严重受损；绝大多数住宅墙体脱灰出现裂纹；临江市场临街楼房、农业银行（涪城区支行）、市计生委三汇立交桥服务站楼房及大多数小学教室房屋损毁。经震后房屋安全应急检查组及之后成立的震后房屋鉴定专项工作组对城区房屋受损情况鉴定：中等破坏的房屋706幢，18370户；严重破坏的房屋134幢，2628户；“可以使用”的房屋745幢，9553户，大多有脱灰、墙体有裂纹；“加固后使用”的房屋1427幢，30974户，多是梁、柱受损，但仍能住人；“停止使用”的房屋建筑面积200.96万平方米，人员全部撤走。

北川县城房屋几乎全部倒塌。安县全县房屋有50%垮塌，80%成为危房不能居住，桑枣镇、永安镇、晓坝镇、黄土镇、花荄镇、睢水镇房屋破坏严重。平武平通镇、南坝镇房屋倒塌受损严重，平通小学房屋全部垮塌。江油市房屋倒塌、严重受损近20万户，雁门镇、青莲镇、枫顺乡房屋倒塌受损比较严重。游仙区场镇房屋受损以魏城镇较为典型，4000余户居民房屋全部倒塌或成危房；柏林镇建筑大部分倒塌，余下全是危房；游仙区忠兴镇、石马镇、新桥镇、玉河镇、街子乡等7个乡镇房屋倒塌、危房达70%以上。梓潼县马鸣乡、马迎乡、卧龙镇、许州镇、宏仁乡、石台乡等乡镇居民房屋成片倒塌。三台县西平镇、凯河镇、上新镇等8个乡镇房屋受损严重。盐亭县委参议会馆边七层笔塔从第三层垮塌，外贸公司鸡蛋市场房屋倒塌，金鸡镇供销社楼房垮塌，黄甸镇场镇损失严重。

汶川特大地震对绵阳市城镇住房、公共建筑等造成重大损失。绵阳市城镇房屋设计的抗震设防烈度多数为6度，江油市和安县为7度；房屋建设多采用预制板结构，承重形式多为砖混结构或底框结构，部分建筑物的年代久远，大地震后，多数房屋不同程度遭受破坏。

二、房屋损失

绵阳城区房屋倒塌或损毁189.40万平方米，严重破坏1527.50万平方米，一般破坏3241.27万平方米，合计4958.17万平方米，涉及316378户，91.12万人；北川县城镇房屋倒塌或损毁150.00万平方米，严重破坏61.64万平方米，合计211.64万平方米；安县房屋倒塌或损毁213.34万平方米，严重破坏352.74万平方米，一般破坏159.55万平方米，合计725.63万平方米，涉及39975户，9万人；平武县房屋倒塌98.36万平方米，严重破坏202.12万平方米，一般破坏48.12万平方米，合计348.6万平方米，涉及18692户，6.23万人；江油市城镇房屋倒塌172.63万平方米，严重破坏857.93万平方米，一般破坏424.53万平方米，合计1455.09万平方米，涉及92473户，25.83万人；梓潼县房屋倒塌11.50万平方米，严重破坏68.05万平方米，一般破坏185.37万平方米，合计264.92万平方米，涉及18080户，4.88万人；三台县房屋倒塌33.84万平方米，严重破坏432.50万平方米，一般破坏570.73万平方米，合计1037.07万平方米，涉及69302户，24.5万人；盐亭县房屋倒塌或损毁29.47万平方米，严重破坏98.80万平方米，一般破坏299.78万平方米，合计428.05万平方米，涉及26121户，7.9万人。

全市总计城镇房屋倒塌或损毁898.54万平方米，严重破坏3601.28万平方米，一般破坏4929.35万平方米。

三、财产损失

全市城镇房屋倒塌或损毁898.54万平方米，5.73万户，直接经济损失93.64亿元；全市城镇房屋严重破坏3601.28万平方米，2298万户，直接经济损失390.68亿元；全市城镇房屋一般破坏4929.35万平方米，31.45万户，直接经济损失147.88亿元。全市城镇房屋建筑受损及经济损失共计9429.17万平方米，总金额632.20亿元。

第二节　农村房屋

一、概况

绵阳市共有143个镇、134个乡、3418个村。传统农房结构简陋，多为土墙青瓦盖顶，尚有少量捆绑式草房；北川羌族多为干打垒式黄泥砌石块碉房，倚山的“吊脚楼”；平武白马藏族多为“土墙板屋”，土墙后演变为竹编墙、木板墙、砖墙；房屋顶以杉木板，也有石板或青瓦盖顶，结构十分松散。近年修建的房屋是砖木结构，好的农房为砖混结构。平坝多是砖混结构或砖木结构。抗震设防的房屋很少。

房屋倒塌原因。汶川特大地震主要有上下颠簸、水平摇摆、左右扭转三种地震波传播方式，多为这三种方式的复合作用，尤其在北川、安县、平武三个极重灾区。平坝地区多为水平摇摆。纵波使建筑物上下颠簸，力量非常大，建筑物底层柱子和墙体突然承受很大的运动荷载，发生垮塌，待底层垮掉后，上面几层建筑的重量又使第二层压坏，发生连续倒塌，整个建筑直接“坐”下来。在北川的多处楼房，原来的第三层瞬间变为第一层。

地震还造成裂缝、鼓包、隆起等地面破坏，最大地面突起高达6米。而这些地面破坏现象又造成大面积农房破损。

农村房屋破坏的第二个重要原因是山体崩塌、滑坡。北川农村地处大断层，县城以北的大水村，由于唐家山一带大面积滑坡，90%的房屋被埋，全村80多人遇难，占在家人口的一半以上；北川县城东北的陈家坝一带，为北川县滑坡最严重的地区。陈家坝乡龙湾村鼓儿山狂崩，将山下鱼塘、农户住房推至数百米外的对岸，农民苏醒后，发现自己被搬到另一座山。陈家坝以西的通宝村以及曲桂公路对岸的小河坡至桂溪乡垭上的小河村、大竹村、太洪村，都因滑坡造成部分村组、院落消失。陈家坝全乡18个村中14个村严重滑坡，80%的房屋被埋。安县花荄镇龙兴村有1123户，3599人，其中近千户村民的住房被夷为平地或严重损毁。

农村房屋破坏的第三个原因是地震形成的堰塞湖水位上涨淹没房屋。2008年5月12日至6月1日，唐家山堰塞湖淹没或冲毁湔江两岸及禹里乡、漩坪乡的农房。安县茶坪河肖家桥堰塞湖使千佛山、茶坪河沿岸农房受损。

二、农房损失

绵阳城区（涪城区、游仙区、科技城、仙海水利风景区）农房倒塌366.37万平方米，严重破坏1163.99万平方米，一般破坏1451.84万平方米，合计2982.20万平方米；江油市农房倒塌1589.20万平方米，严重破坏1307万平方米，一般破坏910.50万平方米，合计3806.7万平方米；三台县农房倒塌135.97万平方米，严重破坏1201.04万平方米，一般破坏1717.00万平方米，合计3054.01万平方米；梓潼县农房倒塌267.10万平方米，严重破坏456.87万平方米，一般破坏569.23万平方米，合计1293.20万平方米；平武县农房倒塌269.66万平方米，严重破坏506.30万平方米，一般破坏181.44万平方米，合计957.40万平方米；安县农房倒塌1482.28万平方米，严重破坏1228.22万平方米，合计2710.50万平方米；盐亭县农房倒塌321.50万平方米，严重破坏517.15万平方米，一般破坏840.33万平方米，合计1678.98万平方米；北川县农房倒塌501.84万平方米，严重破坏55.76万平方米，合计557.60万平方米。

全市农房受损共计：倒塌4933.92万平方米，严重破坏6436.33万平方米，一般破坏5670.34万平方米，总计17040.59万平方米。

三、财产损失

据绵阳市房产管理局统计，全市农房受损17040.59万平方米，经济损失1023.03亿元。其中农村房屋倒塌4933.92万平方米，经济损失394.71亿元；农村房屋严重破坏6436.33万平方米，经济损失514.91亿元；一般破坏5670.34万平方米，经济损失113.41亿元。

图1-6-28　安县农村住房的垮塌

图1-6-29　江油市西屏乡黑石村一组倒塌的农房

表1-6-3

绵阳市受灾房屋情况统计表

序号	单位	总人口（万人）			房屋总面积（万平方米）			拆除（含垮塌）（万平方米）			房屋受损（拉裂）（万平方米）						受损房屋面积占房屋总面积比例	损失金额（亿元）
					城镇						停止使用（危房）			可加固使用（轻微损毁）				
		合计	非农业人口	农业人口	已确权房屋面积	未确权房屋面积	农村	小计	城镇	农村	小计	城镇	农村	小计	城镇	农村		
1	市级				3231.8	—	—			—			—			—		
2	涪城区				935	240	1074.00			123.66			321.52			791.42		
3	游仙区	118.95	63.34	55.61	369.96	320.11	2081.53	555.77	189.40	237.00	2691.49	1527.50	787.2	4693.11	3241.27	529.93	85.84%	454.73
4	科技城				281.63	412.36	170.78			5.45			38.68			39.82		
5	仙海区				3.16	6.32	123.90			0.26			16.59			90.67		
市区小计		118.95	63.34	55.61	4821.55	978.79	3450.21	555.77	189.40	366.37	2691.49	1527.50	1163.99	4693.11	3241.27	1451.84	85.84%	454.73
6	平武县	18.7	2.42	16.28	83.86	264.74	957.4	368.02	98.36	269.66	708.42	202.12	506.30	229.56	48.12	181.44	100.00%	97.20
7	江油市	87.86	24.53	63.33	1184	422	3894	1761.83	172.63	1589.20	2164.93	857.93	1307.00	1335.03	424.53	910.50	95.67%	365.70
8	安　县	51.02	7.68	43.34	439.36	324.45	2737.88	1695.62	213.34	1482.28	1580.96	352.74	1228.22	159.55	159.55	0	98.13%	278.23
9	盐亭县	60.64	8.76	51.88	440	260	3600	350.97	29.47	321.50	615.95	98.80	517.15	1140.11	299.78	840.33	49.00%	105.72
10	三台县	146.75	18.59	128.16	1137	479	6840	169.81	33.84	135.97	1633.54	432.50	1201.04	2287.73	570.73	1717.00	48.38%	205.06
11	梓潼县	37.99	5.75	32.24	222.86	188.23	1610	278.60	11.50	267.10	524.92	68.05	456.87	754.60	185.37	569.23	77.09%	82.82
12	北　川	16.05	2.11	13.94	211.64	—	557.6	651.84	150.00	501.84	117.40	61.64	55.76	—	—	—	100.00%	65.77
各县（市）小计		419.01	69.84	349.17	3718.72	1938.42	20196.88	5276.69	709.14	4567.55	7346.12	2073.78	5272.34	5906.58	1688.08	4218.50	71.67%	1200.50
全市合计		537.96	133.18	404.78	8540.27	2917.21	23647.09	5832.46	898.54	4933.92	10037.61	3601.28	6436.33	10599.69	4929.35	5670.34	75.40%	1655.23

表1-6-4　　绵阳市房屋建筑受损情况统计表

房屋分类	统计指标	轻微破坏	严重破坏	倒　塌	合　计
城市房屋	面积（万平方米）	4929.35	3601.28	898.54	9429.17
	其中：住宅（户数）（万户）	31.45	22.98	5.73	60.16
	百分比（%）	43.02	31.43	7.84	-
	经济损失（万元）	1478805	3906780	936420	6322005
农村房屋	面积（万平方米）	5670.34	6436.33	4933.92	17040.59
	户数（万户）	35.44	40.27	30.84	106.55
	百分比（%）	23.98	27.22	20.86	-
	经济损失（万元）	1134068	5149064	3947136	10230268

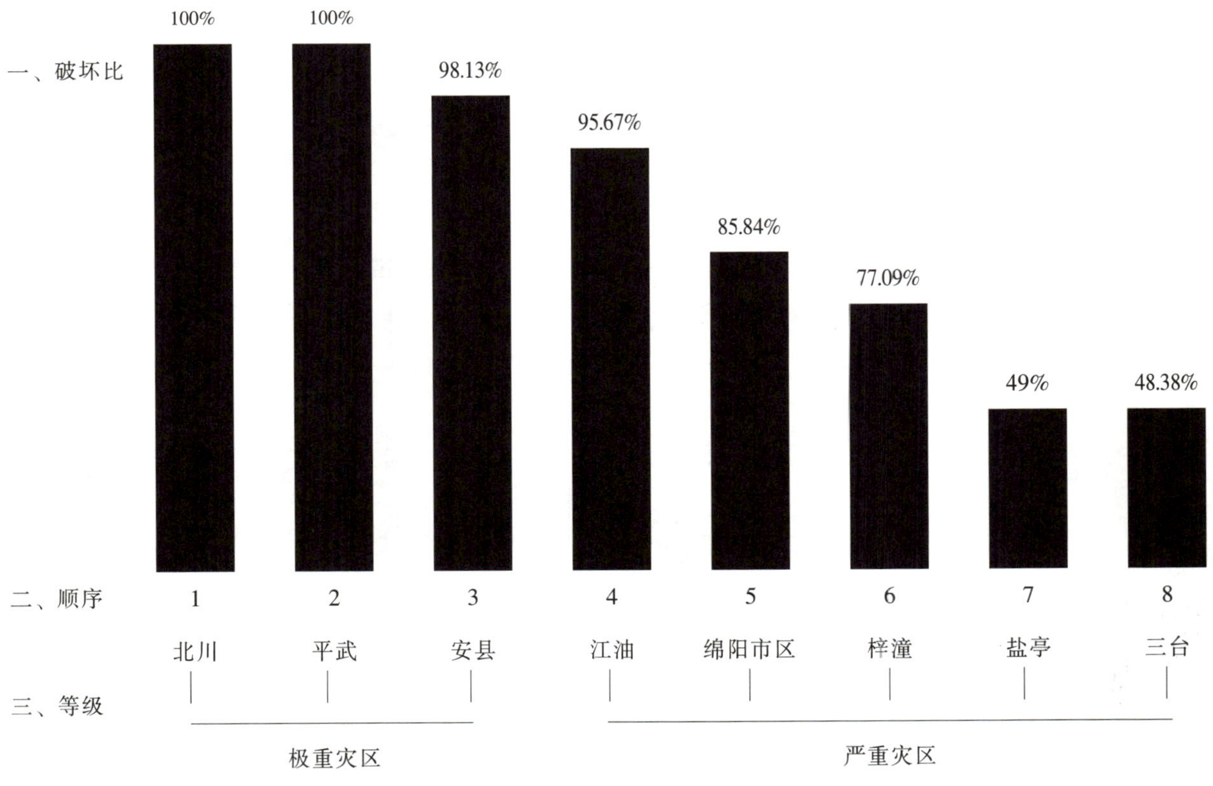

图1-6-30　绵阳市房屋破坏比密度示意图

说明：绘制依据为表 1-6-3 绵阳市受灾房屋情况（受损房屋面积占房屋总面积比例栏）

第七章　生态环境灾情

第一节　植　被

地震导致地表松动、大面积滑坡和泥石流，造成全市163.11万亩的森林资源不同程度受损。其中，损毁生态林76.83万亩、经济林37.07万亩、竹林7.73万亩（其中大熊猫食用竹5.80万亩），速丰林39.32万亩；森林资源数量减少，全市森林覆盖率下降2.95个百分点；林分郁闭度下降，单位面积蓄积量下降，森林资源质量下降。

图1-7-31　北川境内大面积植被损毁

全市种苗工程损失严重。损失大棚5.45万平方米，大棚苗木50.8万株；损失苗圃728亩，苗木820.8万株；损失良繁基地71亩；损失采穗圃206亩，穗条205万条；损失母树林821亩，种子4500公斤；损失种子园221亩；损失采种基地5580亩，种子6.12万公斤。

全市森林景观资源破坏严重。千佛山国家森林公园地形地貌发生严重变化，景观资源丧失殆尽，直接经济损失5.29亿元。西羌九黄山猿王洞自然景观资源遭到毁灭性破坏，直接经济损失4.07亿元。

第二节　水　文

一、河道淤塞

特大地震对绵阳河流生态系统最为直接的影响主要表现为地震引发的山地次生灾害，泥沙与砾石大量倾入，造成河道淤塞，河床抬高，破坏水体容量，削弱区域防洪能力。通口河流域北川茅坝至邓家河段，河段整体淤积10余米，导致北川地震遗址多次被洪水淹没；支流都坝河陈家坝河段，河段整体淤积近10米。

二、河势改变

特大地震对地质环境的改变，致使河流的河势改变，原有河流中泓流向发生巨大变化，加剧河段冲淤变化，河势变得不稳定。由于地震和次生灾害使河床两岸植被与地貌发生了巨大改变，水流的流态、流速、流向都相应发生改变。都坝河陈家坝河段，河流中泓从左岸变至右岸，对局部河床影响巨大。

三、水资源时空分布的改变

由于特大地震对地理环境的改变，导致水资源的时空分布改变，在局部地段形成堰塞湖，严重威胁下游安全。特大地震造成北川部分地区被堰塞湖水淹没，形成大面积堰塞湖泊。唐家山堰塞湖位于通口河上游距北川县城约6公里处，是整个汶川特大地震灾区体量最大、危险最大的一个堰塞湖。估算最大库容为3.2亿立方米。堰塞体顺河长约803米，横河最大宽约611米，顶部面积约30万平方米，由石头和山坡风化土组成。

四、河流水质改变

地震过后因急剧暴雨、洪水触发一系列的滑坡和崩塌，使大量泥沙直接进入沟道和各级河道，使河流泥沙在短时间内急剧增多。在整个通口河流域，每逢洪水，各干支流都挟带大量悬移质和推移质泥沙进入下游河道。

地震活动及次生地质灾害同时破坏了河床与河岸带植被，改变水环境与河流生态系统结构，并在一定程度上恶化区域水质。唐家山堰塞湖泄流时，绵阳监测断面水质浊度曾达到700以上，严重影响了水体质量；而青川、平武等地矿坑、矿井的积水外溢，造成涪江部分河段长达2个月以上的污染，严重影响沿岸的生产和生活用水。

地震造成的污染物输入严重影响水体质量，造成水体富营养化，加剧河流污染。根据绵阳水环境分析中心的化验，地震前后相对稳定，变化不大，一般为Ⅱ~Ⅲ类水域功能，但唐家山堰塞湖泄流期间造成短时间内的氨氮、锰、铅等项目超标。

五、河流水体理化性质的改变

地震影响河流水体的理化性质。由于地震前应力的变化，导致相当长一段时期内水位循环的混乱，进而造成水体化学性质的改变。同时，地震通过影响水温，进而影响许多河流生态过程的速率而影响流域生态功能。绵阳地震前后水温变化不大，唐家山堰塞湖泄流期间，水体浊度较地震前增大。

第三节　自然保护区

汶川特大地震的主震区为龙门山断裂带，跨越岷山山系和邛崃山系的多条山脉和水系。该区域是四川省大熊猫集中分布区，是大熊猫A、B种群的走廊带，也是生物多样性富集的地区。绵阳市所属12个自然保护区，全部位于此区域。

此次地震中，王朗国家级自然保护区、雪宝顶国家级自然保护区等12个自然保护区310平方公里野生动植物保护及自然保护区范围内，118平方公里的大熊猫、金丝猴等野生动物栖息地受到破坏，部分珍稀植物被埋；野生动物巡护道路、野外监测点、保护站、检查站等遭受严重损坏。但地震没有使自然保护区及周边区域之间形成大熊猫种群交流的新屏障和新隔离带。另据调查和监测，自然保护区内，未发现直接因地震导致野生动物死伤。

一、四川王朗国家级自然保护区

该保护区平武县城后勤基地、牧羊场总部、豹子沟保护站、牧羊场和豹子沟自备电站及区内护林防火道路、林区巡护道路、旅游栈道等基础设施和部分办公设备受损严重。保护区内山体出现不同程度的滑坡，受灾程度为中度。森林植被受损面积3333.3公顷，灌木林地受损面积1000公顷，为轻度受损。主要集中在竹根岔、大窝凼、二支沟等地。保护区内，两座建设于1985年总装机270千瓦的自备电站损毁严重，厂房变成危房。巡山通道因地震引起的山体滑坡、树木倾倒，造成50公里路段损毁。牧羊场通信系统严重受损，通信中断。

二、四川雪宝顶国家级自然保护区

该保护区损毁林地1200公顷，灌木林地300公顷，竹林面积500公顷；损毁活立木蓄积17.30万立方米，“四旁”（路旁、沟旁、渠旁、宅旁）树蓄积58.8立方米；危房面积为300平方米，防火林道垮塌50公里，办公设备损失15套，防火、巡护、宣传设备61套，其中汽车2辆。

三、四川小河沟自然保护区

保护区内黄羊保护站、小河沟保护站、大熊猫栖息地，以及大熊猫活动走廊带——毗邻保护区的木皮藏族乡小河村的植被遭受不同程度损毁，破坏了生物多样性环境，严重威胁、制约大熊猫等珍稀野生动物的活动和生活。

四、北川小寨子沟、片口自然保护区

保护区管理处办公楼倒塌，各种办公设施、设备全部损毁，文件资料经抢救后仍有很大一部分被埋在废墟中。办公、科研、宣教、保护站点、后勤、生活服务基地等共计14740平方米严重受损；竹林沟保护站的小型发电站彻底垮塌，给排水系统遭受严重破坏；126公里的公路、防火通道、巡护便道受损，6座桥梁垮塌；4辆汽车、12辆摩托车及86套办公、科研、宣教设备被毁。保护区4名职工遇难，6人重伤，家属6人遇难。保护区生态环境受到破坏，大熊猫栖息地在内的森林植被损毁3350公顷。

五、四川千佛山自然保护区

该保护区多处山体滑坡，造成区内资源被大面积破坏，道路、桥梁、通信、电力全面瘫痪。保护区内野生动物栖息地损毁面积达到5300公顷。保护区重点生态系统和廊道区域受损十分严重，野生动植物廊道区域损伤达11.6%，重点生态系统损伤高达18.6%。保护区基层保护站、道路、水电、通信等设施设备全毁。

第四节　生态环境破坏

一、自然生态系统

地震灾害造成绵阳市163.11万亩的森林资源不同程度受损，森林资源数量减少，森林覆盖率降低；林分郁闭度下降，单位面积蓄积量下降；原始林减少，次生林增加，森林资源质量下降；对大熊猫等珍稀野生动物的栖息地严重破坏，短期内难以恢复。山体滑坡、泥石流、堰塞湖等次生灾害，对林地、林木破坏严重，较大范围和较宽幅度上对珍稀野生动物栖息地的生态环境产生深远的影响，危及生物多样性。生态系统脆弱性更趋突出，龙门山断裂带本身就具有一定的脆弱性，加上这次特大地震形成的山体滑坡、崩塌及泥石流，造成山体裸露，形成大面积的裸岩，其生态系统的恢复与重建极其困难。水源地涵养水源能力显著降低，水土流失危害进一步加剧。森林防火形势严峻，重点火险地区北川县、平武县、安县、江油市基础设施设备严重破坏；重灾区的林业有害生物

防疫体系遭到严重破坏，加之大地震直接破坏森林生态系统，大量林木折干、断梢、受损，林内卫生条件变差，极大地降低了林分自身抵御林业生物灾害的能力，引发疱锈病、落针病、林业鼠（兔）害等森林病害、虫害概率大大增加。

二、生态功能

受特大地震的能量震动影响，诱发的滑坡、崩塌、泥石流山地灾害规模之大、数量之多、影响之严重均为世界地震灾害史所罕见。地震及次生山地灾害破坏具有危害面广、程度深、周期长的特点，对于生态系统是一种突发、巨大的外界干扰，直接影响破坏土壤系统、森林植被以及造成野生动物迁移或死亡，对生物群落之内或之间的食物链关系产生影响，森林生态系统结构和自反馈机制的破坏直接影响生态系统稳定性，威胁着区域的生物多样性。这种破坏后，生态自我修复、生态系统恢复都需要非常漫长的时间周期，加大生态细胞建设的压力，减缓创建环境优美乡镇、生态村、生态小区、绿色学校、绿色小区等工作进程，直接影响绵阳市建设西部生态强市的进程。

三、生物多样性

北川、平武作为西北部山区，尤其是王朗自然保护区，植被覆盖率高，给各种野生动物的生存提供了极为优越的环境。此次地震导致地表松动、大面积滑坡和泥石流，大熊猫、金丝猴等野生动物栖息地受到破坏，大量珍稀植物被埋，会造成震后大熊猫、金丝猴及其他珍稀野生动物个体受伤甚至死亡。植被遭到破坏，危及生物多样性。

第八章　基础设施破坏损毁

第一节　公路设施

地震前，绵阳市公路基础设施比较完善。2007年年底，全市公路通车里程11535.751公里。其中国道公路210.7公里（含高速公路），省道公路742.7公里，县道公路2448.99公里，乡道公路1977.9公里，村道6006.411公里，专用道149.05公里。全市公路密度为63.16公里/百平方公里、24.04公里/万人。

特大地震使绵阳市公路设施遭到严重破坏。市交通局2008年7月统计，地震中全市损毁公路5913.087公里，损毁桥梁1505座共42330.14延米，损毁隧道1863.4延米，损毁汽车客运站125个，损毁汽车客运招呼站123个，损毁公路管理和公路养护用房8157间共22.23万平方米，以及大量的公路建设和公路养护机械设备等，直接经济损失超过120亿元。

一、国道公路

国道108线京昆公路途经绵阳市境98.6公里，特大地震中损毁33公里，损毁桥梁8座共1424.5延米，造成经济损失7482.3万元。遭受损毁的8座桥梁分别是：梓潼县境内的文昌大桥、火烧桥、永乐桥，游仙区境内的罗汉桥、魏柳一号桥、魏柳二号桥、沉抗桥，涪城区境内的东方红大桥。

二、省道公路

途经绵阳市境的省道公路有成（都）南（江）公路（简称成南公路）、成（都）青（川）公路（简称成青公路）、九（寨沟）遂（宁）公路（简称九遂公路）和万（源）阿（坝）公路（简称万阿公路），市境内总里程742.7公里，特大地震中，4条公路绵阳市境内路段损毁里程531.7公里，损毁桥梁160座共8478.4延米，损毁隧道4座共1792延米，经济损失31.65亿元。

（一）省道101线成南公路

省道101线成南公路起点成都，终点南江，途经绵阳市境内124.2公里。特大地震中，该路绵阳市境内路段损毁公路54.3公里，损毁桥梁2座共587延米，经济损失5722.1万元。

图1-8-32　山体滑坡造成九环东线坍塌断道

主要损情：路基边坡塌方36处，共2.03万立方米；路基沉陷5处，共1.08万平方米；路基滑塌8处，共8000立方米；路面损毁7.1公里；挡土墙损毁11处，共2880立方米；护坡损毁15处，共1743立方米；涵洞损毁16道；边沟损毁1.02万米；护栏防撞墙损毁1400米；标志标牌损坏144块。损毁2座桥梁：三台县乐安桥和梓州大桥。

（二）省道105线成青公路

省道105线成青公路起点成都，终点青川，途经绵阳市境内167.8公里。特大地震中，该路绵阳市境内路段损毁公路160.2公里，损毁桥梁64座共2835.83延米，损毁隧道1座1600米，经济损失高达12.55亿元。

图1-8-33　平武县石坎加油站附近公路上下错位1.5米

主要损情：路基边坡塌方60处，共52.75万立方米；路基沉陷83处，共48.24万平方米；路基滑塌28处，共42.90万立方米；路面损毁78.5公里；挡土墙损毁47处，共7.52万立方米；护坡损毁58处，共6.09万立方米；涵洞损毁518道；边沟损毁8.84万米；护栏防撞墙损毁21.87万米；标志标牌损坏279块。

遭受损毁的64座桥梁，平武县境内20座，其中南坝沙湾桥、南坝大桥完全垮塌；安县境内23座；北川县境内21座，其中黑土湾二号桥完全垮塌。

遭受损毁的隧道为平武县境内的牛角垭隧道。

（三）省道205线九遂公路

省道205线九遂公路，起点九寨沟，终点遂宁，途经绵阳市境内274.4公里。特大地震中，该路绵阳市境内路段损毁公路225.5公里，损毁桥梁22座共1111.7延米，经济损失高达11.15亿元。

主要损情：路基边坡塌方40处，共44.22万立方米；路基沉陷67处，共34.35万平方米；路基滑塌30处，共61.30万立方米；路面损毁102.7公里；挡土墙损毁181处，共13.98万立方米；护坡损毁52处，共15.62万立方米；涵洞损毁561道；边沟损毁19.20万米；护栏防撞墙损毁8.17万米；标志标牌损坏217块。

遭受损毁的22座桥梁，平武县境内12座，江油市境内4座，涪城区境内2座，三台县境内4座。

（四）省道302线万阿公路

省道302线万阿公路，起点万源，终点阿坝藏族羌族自治州，途经绵阳市境内176.3公里。汶川特大地震中，该路绵阳市境内路段损毁公路91.7公里，损毁桥梁72座共3943.87延米，损毁隧道3座共192延米，经济损失7.38亿元。

主要损情：路基边坡塌方21处，共20.88万立方米；路基沉陷32处，共5.45万平方米；路基滑塌13处，共13.8万立方米；路面损毁40.2公里；挡土墙损毁23处，共3670立方米；护坡损毁33处，共1050立方米；涵洞损毁34道；边沟损毁4388米；护栏防撞墙损毁883米；标志标牌损坏202块。

遭受损毁的72座桥梁，其中梓潼县境内7座，江油市境内6座，北川县境内59座。

遭受损毁的3座隧道均在北川县境内，分别是龙尾隧道、小马桩隧道和石泉堡隧道。

三、县道及乡村道公路

特大地震对绵阳市的县道及乡村道公路破坏很大，共有1415条县道、乡道和村道公路遭受损毁，其中48条乡道、1016条村道公路损毁特别严重，完全阻断交通。全市县道、乡道、村道公路设施损毁所造成的经济损失达83.47亿元，其中损毁公路5348.387公里，经济损失79.71亿元；损毁桥梁1337座共3.24万延米，损毁隧道71.4延米，经济损失3.76亿元。

（一）县道公路

汶川特大地震中，绵阳市共有55条县道公路遭受破坏，损毁路段共计1234.7公里，经济损失36.77亿元（不含桥梁和隧道损毁造成的经济损失）。

各县（市、区）县道公路损毁情况：

北川县损毁县道公路151.1公里，经济损失6.09亿元。其中路基沉陷及裂缝92.2公里，滑坡塌方72处238.96万立方米，挡土墙损毁96处6.95万立方米，涵洞损毁759道。

平武县损毁县道公路232公里，经济损失10.06亿元。其中路基沉陷及裂缝168公里，滑坡塌方231处192.18万立方米，挡土墙损毁142处116.19万立方米，涵洞损毁916道。

安县损毁县道公路178.3公里，经济损失10.31亿元。其中路基沉陷及裂缝119.5公里，滑坡塌方

图1-8-34 北川县损毁的道路

81处1212.40万立方米，挡土墙损毁129处40.39万立方米，涵洞损毁372道。

江油市损毁县道公路161.6公里，经济损失6.65亿元。其中路基沉陷及裂缝48.1公里，滑坡塌方341处156.86万立方米，挡土墙损毁293处73.29万立方米，涵洞损毁674道。

涪城区损毁县道公路62.6公里，经济损失6357.2万元；游仙区损毁县道公路159.9公里，经济损失1.5亿元；三台县损毁县道公路131.5公里，经济损失8232.7万元；盐亭县损毁县道公路64.7公里，经济损失2664.1万元；梓潼县损毁县道公路93公里，经济损失4440.2万元。

（二）乡道公路

特大地震中，绵阳市共有155条乡道公路遭受破坏，损毁路段共计1088.7公里，造成经济损失22.86亿元（不含桥梁损毁造成的经济损失）。

各县市区乡道公路损情：

北川县损毁乡道公路376.8公里，经济损失10.78亿元。其中路基沉陷及裂缝225.5公里，滑坡塌方76处505.80万立方米，挡土墙损毁121处3.50万立方米，涵洞损毁2404道。

平武县损毁乡道公路77.7公里，经济损失4.09亿元。其中路基沉陷及裂缝45.7公里，滑坡塌方142处116.91万立方米，挡土墙损毁58处48.27万立方米，涵洞损毁229道。

安县损毁乡道公路110.7公里，经济损失3.96亿元。其中路基沉陷及裂缝33.5公里，滑坡塌方97处355.61万立方米，挡土墙损毁129处24.53万立方米，涵洞损毁320道。

江油市损毁乡道公路98.1公里，经济损失2.37亿元。其中路基沉陷及裂缝26公里，滑坡塌方191处143.53万立方米，挡土墙损毁139处15.44万立方米，涵洞损毁660道。

涪城区损毁乡道公路87.6公里，经济损失4559万元；游仙区损毁乡道公路149公里，经济损失3414.8万元；三台县损毁乡道公路30.5公里，损失达515万元；盐亭县损毁乡道公路42.3公里，经济损失2795.8万元；梓潼县损毁乡道公路116公里，损失达5304.8万元。

（三）村道公路

特大地震中，绵阳市共有1205条村道公路遭受破坏，损毁路段共计3024.987公里，经济损失达

20.08亿元（不含桥梁损毁造成的经济损失）。

各县（市、区）村道公路损情：

北川县损毁村道公路821.96公里，经济损失7.18亿元。其中路基沉陷及裂缝575.37公里，滑坡塌方1913处1117.87万立方米，挡土墙损毁1265处1.73万立方米，涵洞损毁4932道。

平武县损毁村道公路264.987公里，经济损失7.88亿元。其中路基沉陷及裂缝264.56公里，滑坡塌方614处374.31万立方米，挡土墙损毁253处165.07万立方米，涵洞损毁1323道。

安县损毁村道公路495公里，经济损失2.87亿元。其中路基沉陷及裂缝113.3公里，滑坡塌方994处440.19万立方米，挡土墙损毁829处41.58万立方米，涵洞损毁828道。

江油市损毁村道公路386.1公里，经济损失9211万元。其中路基沉陷及裂缝117.1公里，滑坡塌方226处44.22万立方米，挡土墙损毁234处11.51万立方米，涵洞损毁675道。

涪城区损毁村道公路147.1公里，经济损失6832万元；游仙区损毁村道公路43.5公里，经济损失573.2万元；三台县损毁村道公路62.1公里，经济损失319.3万元；盐亭县损毁村道公路404.9公里，经济损失820万元；梓潼县损毁村道公路399.34公里，经济损失3782万元。

四、汽车客运站

绵阳市共有125个汽车客运站、123个汽车客运招呼站在地震中遭受不同程度的损毁，造成经济损失1.89亿元。

（一）国家枢纽汽车客运站

特大地震中，绵阳市5个国家枢纽汽车客运站均遭受损毁，造成经济损失6820万元。其中汽车客运总站站务功能全部丧失，损失5000万元；平政汽车客运站局部损毁，损失160万元；南湖汽车客运站局部损毁，损失160万元；公路主枢纽协调服务中心局部损毁，损失800万元；富乐汽车客运站局部损毁，损失700万元。

图1-8-35　震后的北川汽车站

（二）县级汽车客运站

特大地震中，绵阳市共有14个县级汽车客运站遭受损毁，造成经济损失7117万元。北川县汽车客运站站务功能全部丧失，损失1500万元；平武县汽车客运站站务功能全部丧失，损失1000万元；安县花荄汽车客运站局部损毁，损失60万元；江油市汽车客运北站、南站、东站及79队汽车客运站局部损毁，损失3100万元；三台县旅游汽车客运站站务功能全部丧失，损失800万元；三台县汽车客运中心站局部损毁，损失100万元；梓潼县汽车客运中心站、北站、东站、西站局部损毁，损失527万元；盐亭县汽车客运站局部损毁，损失30万元。

（三）农村汽车客运站

特大地震中，绵阳市共有106个农村汽车客运站遭受损毁，造成经济损失4847.1万元。

各县（市、区）农村汽车客运站损情：

北川县损毁农村汽车客运站9个，站务功能全部丧失，造成经济损失463万元。主要有：禹里汽车客运站、漩坪汽车客运站、通口汽车客运站、小坝汽车客运站、猿王洞汽车客运站、青片汽车客运站、杨柳坪汽车客运站。

平武县损毁农村汽车客运站11个，造成经济损失183万元。其中站务功能全部丧失的有5个：豆叩汽车客运站、南坝汽车客运站、水田汽车客运站、水观汽车客运站、泗耳汽车客运站。

安县损毁农村汽车客运站15个，造成经济损失2485万元。其中站务功能全部丧失的有9个：安昌汽车客运站、秀水汽车客运站、高川汽车客运站、河清汽车客运站、兴仁汽车客运站、桑枣汽车客运站、茶坪汽车客运站、永河汽车客运站、千佛山旅游汽车客运站。千佛山旅游汽车客运站损失最大，金额高达1000万元。

江油市损毁农村汽车客运站21个，造成经济损失1014.5万元。其中站务功能全部丧失的有4个：二郎庙汽车客运站、新春汽车客运站、含增汽车客运站、永胜汽车客运站。局部损毁、损失最大的是马角汽车客运站，经济损失达到168万元。

涪城区损毁农村汽车客运站5个，造成经济损失75万元；游仙区损毁农村汽车客运站7个，造成经济损失75.2万元；三台县损毁农村汽车客运站14个，造成经济损失131.4万元；盐亭县损毁农村汽车客运站14个，造成经济损失188万元；梓潼县损毁农村汽车客运站10个，造成经济损失232万元。

（四）汽车客运招呼站

全市共有123个汽车客运招呼站在地震中受损，造成经济损失100万元。其中游仙区40个，梓潼县30个，平武县30个，安县23个。

第二节　铁路设施

宝成铁路干线在绵阳市境内121.35公里，设有斑竹园、马角坝、二郎庙、厚坝、小溪坝、双河口、老坪坝、江油、三合场、龙凤场、彰明、石马坝、绵阳火车站、皂角铺共14个站点。地震中，成都铁路局绵阳车务段管内设备设施破坏严重，地震波对宝成铁路进行横切式的破坏，线路扭曲变形，桥梁支座螺栓剪断，梁体横向位移，隧道衬砌开裂。同时，沿线大量山体滑坡，崩坍落石频发，路基严重下沉。受地震影响，宝成干线被迫中断行车。地震引发宝成线清江河金龟塘段山体滑坡，200多立方米落石砸向金龟岩铁路大桥，致使12号桥墩桥台发生裂纹，桥梁横向位移300毫米，宝成线下行线行车中断。

宝成铁路绵阳境内主要站点损失情况为：

绵阳火车站。客运站房开裂受损严重，受损面积达6000平方米，其余站房、生产生活设备设施不同程度受损。绵阳北围墙倒塌120米，南区长室2楼187平方米墙体倾斜，部分库房3500平方米、装卸楼860平方米、货运楼4600平方米开裂受损，库房内值班室240平方米均倒塌无法使用。办公楼3000平方米楼梯倒塌、墙面开裂，办公房舍损毁严重。集团公司绵阳站1832平方米商业门面中，1036平方米为危房，其余墙体裂纹。

江油站。信号楼1113平方米、站调楼380平方米开裂受损；办公楼516平方米、货运大楼1100平方米、单身宿舍1591平方米损坏严重，无法使用。站区南头围墙倒塌200米，客运站房开裂、下沉，总面积4462平方米，无法使用。车站招待所、职工食堂共计878平方米成为危房，家属区1560平方米房屋受损严重，无法使用。

马角站。信号楼460平方米损毁严重。货运室600平方米成为危房。客运设施损坏。家属区800平方米、单身宿舍260平方米严重受损，无法使用。站长室460平方米墙面开裂受损。

皂角铺站。站长室160平方米、货运室160平方米、信号楼30平方米、单身宿舍300平方米、仓库围墙、4线粮库500平方米受损。货物仓库825平方米墙体裂缝，水塔损毁。其余站房、生产生活设备设施不同程度受损。

其余站点如斑竹园站、二郎庙站、厚坝站、小溪坝站、彰明站、石马坝站等，站房及生产生活设备、设施均不同程度受损。

第三节　水运设施

震前，绵阳市有绵阳港、三台港、盐亭港、江油港4个水运港口，254处水运码头，水运航道里程645.79公里，各类船舶839艘。特大地震使全市水运设施遭受较大破坏，港口码头、航道航标、船闸船舶，以及水运管理用房和相关设备等均遭受不同程度的损毁，经济损失5216.4万元（不含船舶损失费用）。

一、港口码头

特大地震中，绵阳市共有38处水运码头遭受损毁。

北川县受损码头3处：白什漂流码头、通口码头、桂溪码头。安县受损码头4处：睢水码头、白水湖码头、卧龙洞进出口、金溪湖码头。江油市受损码头2处：杨家漩渡码头、福田渡码头。

涪城区受损码头7处：丰谷渡码头、涪江桥渡码头、三江码头、东方红大桥码头、会客厅码头、万博码头、三汇绿岛码头。游仙区受损码头4处：东宣渡码头、党家沱码头、神仙树一号客运码头、神仙树二号客运码头。

盐亭县受损码头13处：麻秧渡码头、扶山寺渡码头、漏水垭渡码头、毛公场渡码头、两河渡码头、白石垭渡码头、玉龙场渡码头、三星渡码头、月圆渡码头、亭子庵渡码头、人民桥码头、莲花石码头、慈光渡码头。梓潼县受损码头1处：普光渡码头。三台县受损码头4处：心妙渡码头、新渡口上渡口码头、新渡口下渡口码头、响滩子渡码头。

二、航道航标

特大地震中，绵阳市的水运航道遭受滑坡崩塌25处，塌方量共计138.6万立方米，堵塞航道12.355公里，损毁航标111处。

涪城区航道受损2处共4公里，航标受损40处。其中涪江航道东方红大桥至涪江三桥航段塌方1处24万立方米，堵塞航道2公里，损毁航标30处；安昌江航道南河坝至三江口航段塌方1处21.6万立方米，堵塞航道2公里，损毁航标10处。

北川县境内的湔江航道唐家山堰塞湖有10处塌方，共35万立方米，堵塞航道3.5公里，损毁航标30处。

三台县航道受损4处共1.65公里。其中：涪江航道三台涪江大桥至文峰电站大坝航段塌方1处4.5万立方米，堵塞航道0.75公里；涪江航道塘坊阁至明台电站大坝航段塌方3处5.4万立方米，堵塞航道0.9公里。

平武县航道受损8处共1.705公里，航标损毁28处。其中武都引水工程库区塌方4处23.8万立方米，堵塞航道0.945公里，损毁航标25处；水牛家库区塌方4处19.3万立方米，堵塞航道0.76公里，损毁航标3处。

安县境内的金溪湖航道塌方1处5万立方米，堵塞航道1.5公里，白水湖航标损毁3处。

游仙区境内的仙海湖航标损毁10处。

三、船闸船舶

特大地震中，绵阳市盐亭县境内的梓江船闸有3处遭受损毁。2008年6月10日，在唐家山堰塞湖泄洪过程中，为了确保安全避险，船主在紧急情况下被迫采取炸毁、割洞沉没等办法使大量船舶遭受损毁。其中，江油市香水湖内的采砂船被炸毁，福田渡、李家渡、青峡渡、高峰渡、杨家漩渡等处的61艘船舶被割洞注水后沉没；涪城区涪江河道内的20多艘船舶被割洞注水；游仙区境内41艘船舶被割洞注水；三台县境内40艘船舶被割洞注水。

第四节 电力设施

一、电力电源

绵阳市有186座水电站，总装机容量74.75万千瓦。汶川特大地震中，受损130座，装机容量61.72万千瓦，直接经济损失17.45亿元。受损的130座电站中，已建成电站121座，装机容量39.97万千瓦，直接经济损失13.71亿元。

全市损毁无法恢复的电站11处，装机25475千瓦。其中平武县南坝电站6000千瓦，北川县苦竹坝电站12000千瓦、曲山电站3750千瓦、团结电站1600千瓦、五星电站125千瓦、红星电站130千瓦、漩坪电站100千瓦、治城电站840千瓦、柳林电站180千瓦，三台县团结水库电站750千瓦。另外，严重受损的电站26处，装机10445千瓦。

热电企业中，巴蜀江油发电厂等受损严重。巴蜀江油发电厂为巴蜀电力开发公司所辖分公司。总装机126万千瓦，拥有2×33万千瓦燃煤发电机组（31号、32号机组），其代管的四川巴蜀江油燃煤发电有限公司拥有2×30万千瓦机组（33号、34号机组）。地震后，机组全部停运，2×33万千瓦机组汽轮机、烟囱、冷却塔和升压站严重受损，31号机组跳闸；2×30万千瓦机组中33号机组受损最重，汽轮机房顶垮塌，汽轮发电机组和2台小汽轮机被埋。

图1-8-36 损毁的农村电力设施

二、地方电力电网

在汶川特大地震中，绵阳市地方电力系统因灾死亡3人，重伤2人，轻伤12人。平武电力公司、永安电力公司28处（容量12.8万千瓦）电站受到不同程度的震损，两公司110千伏线路停运2条，倒杆61根，断线50公里；35千伏线路停运12条，倒杆184根，断线133.2公里；10千伏线路停运51条，倒杆1140根，断线574公里；低压线路倒杆1626根，断线797公里；生产设施受损4.13万平方米，生活设施受损5604平方米；调度通信设备受损10台；电网直接经济损失2.37亿元。

绵阳市地方电网损失110千伏输变电工程线路680公里，35千伏输变电工程线路2760公里，10千伏输电线路3800公里，低压线路7230公里，配电台区2560台。直接经济损失3.80亿元。

三、输变电设施

（一）输电线路毁损

绵阳电业局有35千伏及以上输电线路135条，其中500千伏线路2条，220千伏线路16条，110千伏线路62条，35千伏线路55条。

500千伏茂谭一、二线于2007年9月投运，是500千伏茂县变电站的重要输出通道，绵阳局负责运行维护其1~208号段的线路，其中茂谭一线109.573公里，茂谭二线109.56公里，总计铁塔227基。特大地震发生后，500千伏茂谭一、二线受到严重损坏，发生倒塔2基，塔头损毁变形1基，塔身倾斜及塔材变形10基，保坎垮塌15基，山体滑坡、裂缝27基。

此外，北川供电公司110千伏通电线、110千伏安擂II线全部损毁，35千伏龙变出线铁塔、35千伏龙通线、35千伏龙擂线路、35千伏擂城线路、35千伏苦禹线全部损毁。

图1-8-37　安县永安变电站损毁

图1-8-38　四川华能涪江公司送出线路铁塔被震毁

（二）变电站损毁

1. 500千伏茂县变电站损毁情况

500千伏茂县变电站位于阿坝藏族羌族自治州茂县凤仪镇静州村，海拔约1630米，是阿坝藏族羌族自治州首座超高压枢纽变电站，担负着岷江中上游地区丰富水电资源的汇集和外送任务，为四川电网提供重要的电源支撑，具有非常重要的作用。该变电站一期工程于2004年6月投入运行，绵阳电业局于2006年11月17日接手运行维护工作。

特大地震中，该变电站1号主变压器、2号主变压器、500千伏设备、二次设备受损严重，500千伏、220千伏、主变压器及35千伏场地均有不同程度下陷。

2. 220千伏变电站损毁情况

绵阳电业局220千伏系统7座变电站设备受损，其中220千伏安县站、大康站在地震中损毁；220千伏永兴变电站、220千伏天明变电站站受损较重；主变压器受损7台，断路器受损15台，隔离开关22组受损，避雷器11组受损。

安县变电站。该站始建于1969年，1972年6月正式投入运行，主要起着沟通川西北电网和四川220千伏主网的作用，并连接转供绵阳、德阳地区110千伏电网负荷，是四川安县境内唯一的电源支撑点，负担着安县境内重要军工业、地方工农业生产及生活用电。地震造成该站主控楼二楼半边坍塌，整体结构受损成为危房；高压室全部坍塌，办公楼部分墙体断裂成为危楼。全站除设备构支架及主变压器压器本体、附件可利用外，其余建筑物几乎全部坍塌，设备基本上损毁殆尽，损失极为惨重。

大康变电站。该站始建于1974年，1977年12月正式投入运行，主要起着沟通江油电厂和四川220千伏主网的作用，并连接转供绵阳、江油地区110千伏电网负荷。地震造成主控制室整体结构受损成为危房，设备损坏导致大安线、天大线、江大南线、江大北线直接跳闸，7回110千伏线路跳闸。

永兴变电站。该站始建于1989年，1990年8月正式投入运行，主要起着沟通江油电厂、茂县水电与绵阳电网和德阳220千伏主网的作用，并连接转供绵阳城区及安县110千伏电网负荷，是四川绵阳境内的电源支撑点，担负着绵阳市内重要工业、农业生产及居民生活用电。地震直接造成该站220千伏开关跳闸，全站失电，部分开关断裂、变压器拉裂，主控楼、高压室、仓库房、通讯楼等部分或全部受损。

天明变电站。该站始建于1997年，2003年1月正式投入运行，主要起着沟通川西北电网和四川220千伏主网的作用，并连接平武、转供江油地区110千伏电网负荷，是四川江油境内的电源支撑点，负担江油境内工农业生产、生活用电、平武水电上网及重要军工业负荷。地震直接造成全站220千伏设备及主变压器压器套管受损。设备损坏引起了220千伏木天线、木坪天线、赤天二线、江天线、天大线、袁天线直接跳闸，该站9回110千伏线路跳闸，2回10千伏线路同样全部跳闸。

3. 110千伏变电站损毁情况

绵阳电业局110千伏系统有20座变电站损坏，其中辕门坝站、晓坝站、擂鼓站损毁，花荄站、马角坝站、太白站受损较重。设备损坏情况为：主变压器受损22台，其中9台为变压器套管受损；断路器受损12台，隔离开关4组受损，避雷器3组受损。

辕门坝变电站。该站主要担负某研究所生活、生产、试验供电，并为北川擂鼓镇部分用户、安县辕门村工农业用户供电，同时也为110千伏永安变电站提供后备保安电源。地震后，全站除设备构、支架可利用外，室外设备基本上损毁殆尽，室内设备多数被垮塌的建筑物损毁，建筑物墙体多处垮塌，所有建筑物均为危房。

晓坝变电站。该站主要担负某研究所生活、生产、试验供电，并为安县晓坝镇、桑枣镇工农业、旅游业用户供电，是罗浮山开关站主供电源，也是安县茶坪河沿线小水电上网点，同时为110千伏雎水变电站提供后备保安电源。地震中，1号主变压器渗油，损坏110千伏开关1台、CT（电流互感器）3台、PT（电压互感器）3台、隔离刀闸3台、避雷器3台；损坏10千伏开关配电装置17台。站内的低压屏、保护屏、直流屏、载波通信系统、蓄电池组损坏、微机五防系统损坏。

4. 35千伏变电站损毁情况

11个变电站不同程度损毁，其中龙尾变电站、禹里变电站、通口变电站、小坝变电站、墩上变电站全毁，茶坪变电站、水田坝变电站、秀水变电站受损较重。11个站设备损坏情况为：主变压器受损5台，断路器受损11台，隔离开关受损23组，避雷器受损4组。

（三）配电设施损毁

截至2008年4月底，绵阳电业局共有城市10千伏配电线路100条，总长度576公里，其中绝缘架空线139公里，电缆线路212公里；配电变压器512台、10千伏环网柜73台、高压电缆分支箱244台、柱上开关212台。10千伏农电线路9449.58公里，低压线路4.38万公里，配变12313台/1066559千伏安。

地震造成30条10千伏配网线路损毁，其中安县6条、江油2条、北川22条，受损线路长度179.353公里；变压器受损79台、环网柜受损4台、柱上开关受损3台；电缆沟损毁、分支箱基础损毁较多，损毁金额共计441.55万元。损毁10千伏农电线路143.4公里，低压线路985.7公里，配电变压器589台，配电室垮塌831座，损毁配电箱501个、10千伏柱上开关109个，剩余电流动作总保护器2926台。直接经济损失7690万元。

（四）电力生产受阻与损坏

绵阳电业局有35千伏及以上变电站总计170座。其中，有500千伏茂县变电站95座（代管），220千伏变电站7座，110千伏31座，35千伏37座。地震使绵阳电网遭受严重破坏，220千伏16条线路中11条线路停运，110千伏62条线路中有52条线路停运，35千伏线路41条停运，10千伏配网328条停运。

汶川特大地震发生后，绵阳电网全网仅有220千伏丰谷、永兴、佳桥站部分设备，110千伏绵阳、铁牛、新皂、小枧、仙人桥、魏城、长卿、塘汛、三元、三台、盐亭石岭站部分设备以及110千伏三江、明台电厂保持运行；绵阳城区、游仙、梓潼电网仅部分设备运行对外供电。江油、安县、北川电网全部瓦解，平武、三台、盐亭等电力公司，香水、石龙嘴、雄峰、青莲、开元、明台、广宁、绵阳热电厂等发电厂均与系统解网。地震造成天明、大康、安县、百胜站共4座220千伏变电站全站失压，南塔、普明站等110千伏变电站共计22座全站失压，造成江永东、江永西线等220千伏线路共计18条停运；兴绵二线、兴南线等110千伏线路共计52条停运。

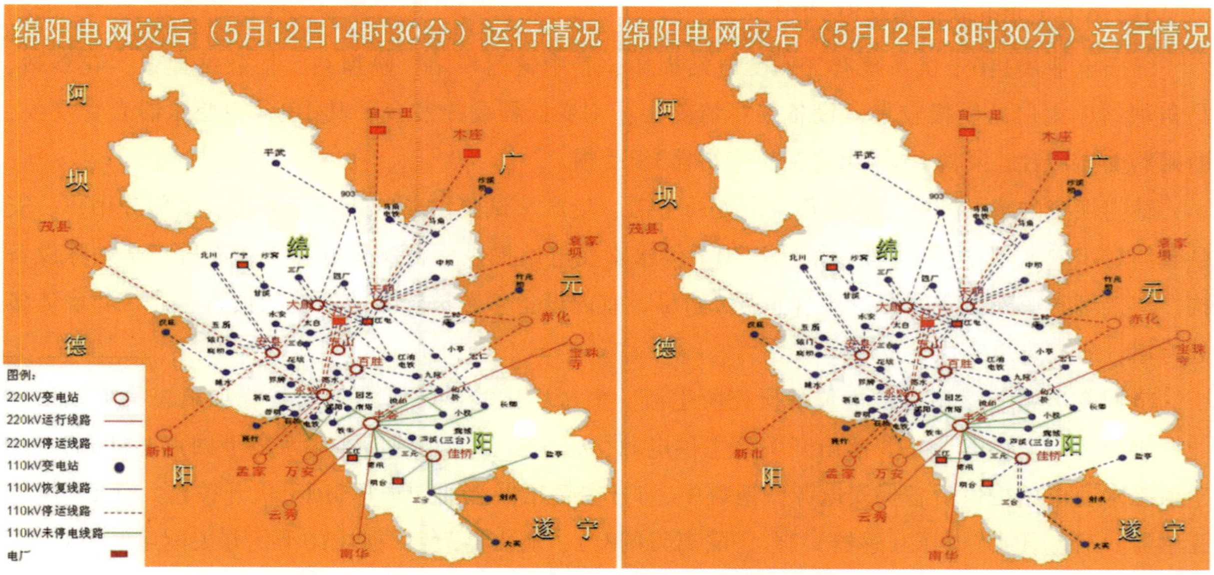

图1-8-39　绵阳电网地震当日运行情况图

地震后，绵阳电网全网负荷从61万千瓦锐减至1.5万千瓦。全网变电站累计损失负荷54.9万千瓦，造成绵阳供区大面积停电，停电客户达到80%~90%。江油、北川全部停电。18余万城网用电客户停电。

（五）次生灾害对电力设施的影响与破坏

地震次生灾害如滑坡、泥石流等对电力设施的破坏力度极大，直接导致设备毁坏、堡坎垮塌、电站失压等情况。影响较大的次生灾害有“9·24”洪涝泥石流灾害。500千伏线路有27处遭受地质问题、山体滑坡，17基基础堡坎垮塌，3基杆塔倒塌，10基杆塔受损；220千伏线路有25处遭遇地质灾害，20基基础堡坎垮塌，10基杆塔倒塌，8基杆塔受损，1处架空导线损伤，1处电杆拉线严重损伤；110千伏线路有16处遭遇地质灾害，29基基础堡坎垮塌，18基杆塔受损，13处拉线系统受损，3处架空线损伤；35千伏线路有2处地质灾害，1基基础堡坎垮塌，1基杆塔倒塌，9基杆塔有倾斜、变形、裂纹等受损情况，35处拉线系统受损，4处架空线损伤。

在“9·24”洪涝泥石流灾害中，绵阳电网输变电设备及配网线路跳闸共计108条次，其中220千瓦线路1条次，重合成功；110千伏线路5条次，重合成功；35千伏线路3条次；10千伏跳闸99条次，仅北川片区就有18条次。江油110千伏二廊庙变电站主变压器本体被淹1.2米，10千伏开关柜被淹0.8米，场地所有端子箱被淹，全站失压；江油35千伏重华、九岭和厚坝变电站线路保护动作，全站失压；北川35千伏擂鼓变电站35千伏母线PT（电压互感器）爆炸起火，全站失压。

全网10千伏线路因灾停运99条、3292公里；配电变压器因灾停运4424台；低压线路因灾停运1.54万公里。电力受灾涉及93个乡镇，1189个村，用电客户数32万户。绵阳电业局供区内江油、安县、北川受灾群众临时安置点的电力供应受到严重影响，119个安置点停电，涉及居民6.14万户。

第五节　通信设施

一、中国电信绵阳分公司

汶川特大地震致使电信绵阳分公司遇难人员达20人，其中劳动合同制员工14人、劳务派遣制人员3人，离退休人员3人；受伤12人。房屋受损面积16.48万平方米，其中完全损毁127处，需加固、大修处理171处。

北川县通信系统基本上被完全摧毁，平武、安县、江油市、绵阳等通信设施受到严重破坏，梓潼、盐亭、三台等县市也受到重大影响。北川曲山、陈家坝、擂鼓、禹里、漩坪，安县桑枣、秀水、塔水、河清；江油马角坝、永胜、枫顺；平武南坝、平通、石坎、水观等地受灾特别严重，通信机房全部垮塌，交换、传输、电源、小灵通基站全部损毁，光缆、电缆等传输线路损毁严重。

全市共有电信局（所）749个，其中442个受损，受损面积9.6万平方米。共有无线电基站4652个，损毁771个。PHS室内分布系统（PHS全称即Personal Handy-phone System，个人手持式电话系统，俗称小灵通，是指一种无线本地电话技术）、通信机房的基站控制器CSC（小区控制器）受到不同程度的损坏。光缆损毁6000皮长公里，电缆损毁2000皮长公里。交换及传输设备方面，交换损毁近13万线，传输设备损毁4000E1端口。

二、中国移动绵阳分公司

绵阳分公司在地震中经济损失高达23873万元。北川分公司6人遇难，9人重伤，13人轻伤。全公司受损局房共计19处，受损严重的有5处。其中，北川分公司办公大楼完全倒塌，3处局房成为危房；绵阳园艺枢纽楼等4处局房需加固使用，另外12处需修复使用。受损基站用房232座，受损营业厅302个。

全市295个基站倒塌、断裂、倾斜或严重受损，最多时全网630个基站退出服务。119公里二干光缆损毁，占二干总长的15.8%；931公里本地网受损，占本地网的20%。北川县、平武县通信全面阻断。因震后用户集中拨打手机，绵阳本地BSC（全称为Base Station Controller，即移动通信中2G的基站控制器）信令信道呼叫次数最高为平时的19倍，绵阳本地交换机CP（处理器）负荷增长3至4倍，峰值接近100%。

三、中国联通绵阳分公司

受特大地震影响，绵阳分公司通信设备受灾严重，北川县、安县、平武县、江油市通信全面受阻。大量基站站房倒塌，受损基站150个，其中全毁基站80个。大量传输线路倒塌、损毁，传输网受灾光缆线路长约3000公里，其中北川、安县、平武、江油线路全损。九环线二级干线全部中断。营业厅、办公区等业务用房受损面积2.22万平方米。全公司直接经济损失2.88亿元。

第六节　邮政设施

一、灾情概况

在汶川特大地震中，绵阳市邮政局及所辖的8个邮政企业（营业分局、江油市邮政局、三台县邮政局、盐亭县邮政局、安县邮政局、梓潼县邮政局、平武县邮政局、北川县邮政局）遭受巨大的人员伤亡和财产损失。全市邮政系统32人遇难，其中北川局28人；受伤20人，其中北川局11人（3人重伤）；车辆受损11辆，各类生产办公设施设备受损330台套；房屋受损18.11万平方米，其中县以上办公楼房完全损毁共计3处，面积3839平方米。农村邮政支局、所完全损毁共计27处，损毁面积1.51万平方米；严重受损及局部受损70个，受损面积3.20万平方米。全市邮政直接经济损失达1.28亿元。由于电力中断、道路阻断等，绵阳城区及各县邮政营业窗口无法正常办理业务，绵阳至北川、平武的邮路受阻。

二、县（市、区）局损失情况

北川县邮政局。28人遇难。县邮政局老局房、曲山邮政储蓄所被王家岩滑坡掩埋。县邮政局生产办公综合楼、禹里支局办公及营业用房2幢、陈家坝支局及办公营业用房整体倒塌。擂鼓支局、通口支局、坝底支局、小坝支局、漩坪邮政所办公营业用房严重损毁。因房屋垮塌、道路中断，县邮政局及所辖支局的重要凭证、资金票款、农资票品等遭受严重损失，绵阳—安县—擂鼓—任家坪—曲山往返、绵阳—桂溪—平武往返、绵阳—江油—通口往返的省内二级干线邮路，以及县内汽车邮路、县内摩托车自办邮路、各支局到乡代办所的20条委办邮路全部中断。

安县邮政局。秀水支局1314平方米房屋倒塌。安县邮政局办公大楼、河清支局、黄土支局、塔水支局房屋受损严重。高川乡、茶坪乡因道路被毁，2条邮路中断。

平武县邮政局。古城邮政支局、南坝邮政支局、响岩邮政支局、平通邮政支局、豆叩邮政支局、黑水邮政所共3940平方米房屋倒塌；水晶邮政支局、东风路邮政支局、大桥邮政支局共4071.50平方米房屋严重受损。绵阳至平武往返邮路、县内4条委办汽车邮路、2条步班邮路全部被阻断。

江油市邮政局所辖雁门、马角、彰明支局房屋全部倒塌。市局营业分局魏城邮政支局营业用房全部倒塌，设备全部损毁。三台县邮政局安居支局完全损毁。盐亭县邮政局金孔支局完全损毁。梓潼县邮政局仁和支局、黎雅支局、许州支局完全损毁。

第七节　市政公用设施

特大地震使绵阳市城镇基础设施、公共服务设施遭受惨重损失。北川县县城市政、公用基础设施全部成为废墟。全市市政公用设施中，供排水管道损毁2874.666公里，燃气管道损毁1448.27公里，市政道路损毁592.762公里，城市桥梁损毁254座，生活垃圾收集处理设施损毁797座，直接经济损失106.54亿元。

表1–8–5　　绵阳市城镇公用设施损失情况一览表

县（市、区）	城市供排水管道损毁（千米）	城市燃气管道损毁（千米）	市政道路损毁（千米）	城市桥梁损毁（座）	生活垃圾收集处理设施损毁（座）	直接经济损失（万元）
绵阳市	2783.666	1448.27	592.762	254	797	1065433
市本级（主城区）	232	162.7	2.4	56	5	87598
涪城区	174	14	45.75	22	153	20454
游仙区	76	55	21.59	7	84	23700
三台县	168.356	48.51	88.168	0	317	77255
盐亭县	68.07	18.2	58.534	26	1	26083
梓潼县	139	100	34	1	80	29992
安　县	248.52	76.73	81.55	25	5	184543
北川县	130	88	102.9	65	25	230540
平武县	118.1	290	65.96	31	88	126900
江油市	1429.62	595.13	91.91	21	39	258368

说明：涪城区、游仙区只反映镇乡数据，绵阳主城区数据反映在市本级栏中。

第八节 石油和天然气设施

一、勘探开发设施设备

特大地震中，川西北石油矿区60余座场站受损，受损房屋25万平方米，42公里管线被拉断，14公里围墙倒塌，7千立方米堡坎垮塌，309公里水电气讯线路受损，692台套设备损坏，受损设备金额达1500万元；11台钻机停钻，6项在建工程停建，净化厂和甲醇厂被迫停工。地震造成气矿直接经济损失2.7亿元（未含职工住宅损失）。一套天然气净化设施受损，直接经济损失590万元；甲醇生产装置受损设备44台（套），直接经济损失864万元。

二、储运与销售设施设备

天然气。地震造成全市天然气供气系统严重受损，许多管网因建筑物倒塌被砸断，管线接头被拉裂，同时引发大量埋地管道、阀井阀门拉裂，变形严重；因地基下沉引发大量丁字管、穿墙立管断裂，造成大量天然气泄漏；门站、调压站许多设备被损坏，用户调压柜、调压箱被损坏；门站加臭系统断裂倒塌，站场、仓库生产生活用房成为危房。

热电供气。全市热电供气系统设备、设施、热管网受到严重损坏，主厂房、办公楼、主控楼、职工住宅、俱乐部等处建筑物开裂、垮塌、错位，形成危房。地震前，热电公司的煤炭库存煤量不足5000吨，仅能维持不到一周的生产运行。震后一段时间内，由于多种原因，后续煤炭供应处于无法保证的状况。

油库。在用董家沟油库和停用的禅林寺油库不同程度受损。

加油（气）站。绵阳7个片区的74座加油站中，生产设施设备不同程度损毁的67座，其中北川、安县、平武、江油25座。北川县城茅坝加油站完全报废。

三、油气场站（净化厂）

全市油气场站（净化厂）中，50处作业区、1个净化厂、1个甲醇厂受损。地处江油市的中47井、中52井等35处井、总配气站、雷三增压集气站；地处梓潼县的基地配气站、CNG加气站（CNG全称Compressed Natural Gas，即压缩天然气）、文4井站、文6井、柘3井、黎雅1井、关6井、白龙1井；地处绵阳市区的魏城1井、魏城配气站、绵阳东门站、石龙嘴配气站、丰谷1井，共50处作业区房屋和围墙受损，井场照明灯线路等受到损坏，生产能力和产量未受影响。作业区财产损失1120万元。川西北气矿净化厂厂房受损，围墙倒塌7000米，堡坎垮塌2000米，管道变形120米，生产装置设备中支吊架损坏6只、压力容器及管道进行无损检测确认60台、机泵50台，检查、回收装置燃烧炉主火嘴损坏，电气系统部分设备损坏，生产能力和产量受到一定影响。该气矿甲醇厂办公楼及厂房约8000平方米受损，部分管道变形及支吊架损坏、转化炉保温及烟道损坏、火炬点火器系统损坏

1套、大型压缩机组损坏3套、3台成品储罐内浮顶损坏、机泵80台受损；电气系统及照明系统部分受损，生产能力和产量受到一定影响。全市油气场站（净化厂）财产损失总计2573万元。

四、油气管线

绵阳境内油气管线管道本体全线受损，管线不同程度受到腐蚀和坑蚀。中80井—雷三增压集输站管线6公里、雷三增压站至净化厂输油管线4公里、中4井至中3井管线5公里、中24井输水管5公里、中37井至中31井气举管线3公里、梓潼作业区集输管线15公里全部受损。管道本体财产损失1140万元。黎雅1井至中4井输气管线15米、中34井至总配气站输气管线5米、中24井至中34井污水管线60米均受损，管线瘫痪。另有多处管线护坡堡坎拉裂、错位、垮塌。

第九节　水利工程

一、水库

绵阳市共有825座水库，其中619座受到不同程度的损坏，占总数的75%。大中型水库全部震损；小（一）型水库震损75座，占小（一）型总数的88%；小（二）型震损535座，占小（二）型总数的73%。619座震损水库中，有溃坝危险的38座，高危险情水库177座，次高危险情水库404座。

受损较重的水库：

图1-8-40　安县安昌镇水库险情

梓潼县文昌镇三清观水库。坝高12.9米，总库容107万立方米，大坝为均质土坝，有效灌面6800亩。地震造成该水库坝顶中部纵向裂缝长25米，宽0.06米，深1.5米；外坝坡纵向裂缝2处58米；坝顶中段横向裂缝2条宽0.03米，深1.20米；护坡损毁280平方米，管理房损毁270平方米；坝脚集中渗漏2处。

安县秀水镇丰收水库。坝高15.23米，总库容为196万立方米，大坝为均质土坝，有效灌面3450亩。地震造成水库大坝坝顶纵裂200米，缝宽15至20厘米。

游仙区仙鹤湖水库。该水库属武引水源供水系统的一部分，也是武引游仙区自来水公司囤蓄水库，总库容202.7万立方米，有效库容197.7万立方米。受地震影响，水源水库（仙鹤湖水库）内坡浪板石下滑，大坝右侧出现渗漏，坝顶出现7处裂纹。

江油市永胜镇向家沟水库。最大坝高45.7米，集雨面积8.8平方千米，总库容297万立方米，大坝为黏土斜墙堆石坝，有效灌面2.1万亩。地震导致大坝多处纵、横向裂缝、缝宽2~20厘米，大坝中部迎水面塌陷约30厘米，长40米，宽3米；溢洪道左岸山体滑坡约33厘米，滑坡体堆积阻塞溢洪道，距大坝30米的库区山体多处裂缝、缝宽5~30厘米，有明显的滑坡迹象。

二、江河堤防水闸

（一）损毁情况

汶川特大地震恰逢汛期，造成全市133处堤防损毁，总长179.134公里，其中重大险情堤防工程有35处，防汛工作面临严峻形势。

闸坝受损严重的有东芙橡胶坝和洞天闸坝。东芙橡胶坝位于游仙区芙蓉溪，是绵阳城区首座依靠坝袋充水升坝蓄水的橡胶坝，单向挡水，坝袋长55米，高4.5米，2007年6月12日正式升坝蓄水。受地震破坏，2008年9月6日，该坝震后第一次升坝，坝袋突然自行塌陷，不能蓄水。此时因三江闸坝已经蓄水发电，其回水将坍塌后的坝袋完全淹没，水深达2米左右。洞天闸坝闸门液压启闭设备漏油、闸门缺乏维护保养，老化严重。

表1–8–6　绵阳市河堤损毁情况统计表

	平武县	江油市	安县	北川县	涪城区	游仙区	梓潼县	三台县	盐亭县	合计
总长（千米）	19.727	47.1	34.9	65.32	3.8	4.49	1.04	1.45	1.307	179.134
直接经济损失（万元）	9494	12460	27805	22420	2380	465	195	174	586.01	75979.01

（二）震后重要雨情

震后汛期，绵阳境内共发生5次强降雨过程，时间主要集中在7月、8月、9月。

7月20日8时至21日8时，全市普降雷阵雨，有11个雨量站达到暴雨，其中有6个站达到大暴雨，有1个站达到特大暴雨（江油中坝降雨288.4毫米）。

7月25日8时至26日8时，全市大部分地区降雷雨或阵雨，有4个雨量站达到暴雨，2个站达到大暴雨。

8月20日8时至21日8时，全市普降雷雨或阵雨，有2个雨量站达到大暴雨，有1个雨量站达到暴雨。

9月7日8时至9日8时，全市连续普降大到暴雨，部分地方降特大暴雨。有18个雨量站达到暴雨，有5个雨量站达到大暴雨。

9月22日8时至9月28日8时，全市连续普降大到暴雨，部分地方降特大暴雨，有19个雨量站达到特大暴雨，其中雨量达200毫米以上有8个站，雨量达300毫米以上有7个站，雨量达400毫米以上有2个站（江油重华404毫米，马角491.6毫米），雨量达500毫米以上有2个站（北川599.6毫米，唐家山582.7毫米）。此次特大暴雨，降雨过程持续时间、单日暴雨量、过程降雨总量均创下历史之最。

（三）洪涝次生灾害损失

震后绵阳汛期江河洪涝灾害损失严重，全市9个县（市、区）有401个（次）乡镇受灾，受灾人口294.49万人，倒塌房屋31771间，死亡人口35人，失踪人口33人，洪灾造成直接经济损失21.17亿元。

农林牧渔业损失达7.60亿元，农作物受灾10.05万公顷，成灾3.41万公顷，绝收1.08万公顷，共减产损失粮食13.43万吨，死亡牲畜1.24万头，水产损失13.40万吨。

公交运输业损失共计6.17亿元，20家企业停产，公路中断187条次（乡村公路152条次、210公里）共计340.27公里，损坏输电线路552.93公里，损坏通信线路91.47公里。

水利设施损失共计4.18亿元，损坏小型水库9处、护岸57处、堤防86处，冲毁塘坝4716座，损坏灌溉设施1195处、机电泵站234座、小型水电站2座。

三、农田水利及农村供水工程

特大地震造成绵阳市农业灌溉渠道工程损坏9416公里，其他小型水利工程都受到不同程度的破坏，直接经济损失6.06亿元；水土保持工程受损面积达到195平方公里，直接经济损失1.84亿元。

农村供水工程损毁严重。全市农村供水工程中，80%的高水塔裂缝错位，90%的分散供水井、塔、管线和泵损坏。全市乡村供水设施震损269193万处，其中集中供水691处，影响人口达353.55万人，直接经济损失15.37亿元。

图1-8-41　涪城区龙门镇龙西堰回龙寺渠段大决口

表1-8-7　　绵阳市震损供水设施统计表

所在行政区		损失情况								
市州	县区	合计		重度损坏		中度损坏		轻度损坏		直接经济损失（万元）
		处数（处）	影响人口（万人）	处数（处）	影响人口（万人）	处数（处）	影响人口（万人）	处数（处）	影响人口（万人）	
绵阳市	安　县	70917	47.33	32111	20.37	38804	11.6	—	—	18900
	江油市	47740	47.9	12	8.55	47728	39.35	0	0	19160
	三台县	117185	89.14	78377	51.05	17467	17.52	21341	20.57	35206.08
	平武县	7600	17.66	126	12.55	2240	1.53	5234	3.58	15894
	梓潼县	11326	29.53	4	2.75	11322	26.78	—	—	11604
	游仙区	80	32.26	1	0.96	61	27.89	18	3.41	12904
	盐亭县	8914	39.24	—	—	8914	39.24	—	—	15696
	涪城区	4518	18.2	4	2.8	4514	15.4	—	—	5344
	北川县	910	15.79	910	15.79	0	0	0	0	14212.98
	武　引	3	16.50	—	—	2	15.5	1	1	4750
合　计		269193	353.55	111545	114.82	131052	194.81	26594	28.56	153671.06

四、其他水利工程

特大地震造成灌溉渠系9416公里受到损坏。主要是引水工程严重损毁，渠首严重破坏变形，边坡垮塌，造成渠道堵塞或渠道整体下滑；渠系重要建筑物损坏，渠道拉裂。

全市小微型蓄引提水工程，有90处提灌站、3.36万口山平塘、450座石河埝和4216口蓄水池等水利工程损毁。主要损毁：提灌站机房、设备损坏，塘堰裂口、滑坡，蓄水池垮塌、拉裂等，不能正常达到蓄引提水能力。全市灌排工程直接经济损失36.78亿元。

表1–8–8　　绵阳市震损灌区统计表

序号	单位（工程）	所在县市区	影响灌面（万亩）	损毁情况			经济损失（万元）
				枢纽（处）	渠道、管长度（公里）	重点建筑物合计处数	直接
总计		—	—	—	9416.4	—	367794.14
一	大型灌区	—	—	—	180.78	—	37984.64
(一)	武引灌区	—	—	—	129.28	—	27955.24
1	干（分干）渠、枢纽	绵阳市	—	1	40	87	25127
2	支渠	绵阳市	—	—	89.28	1677	2828.24
(二)	鲁班灌区	—	—	—	51.5	—	10029.4
1	干（分干）渠、枢纽	三台县	—	—	25.84	248	7403.5
2	支渠	三台县	—	—	25.66	276	2625.9
二	中型灌区	—	63.49	17	636.94	2025	52644.26
三	小型灌区	合　计	216.62	0	8598.68	292	216615.33
		三台县	15.19	—	1265.5	—	15185.9
		江油市	129.55	—	3254	—	129547
		安　县	6.97	—	181	292	6967
		梓潼县	5.02	—	463.35	—	5021.5
		游仙区	2.74	—	315.83	—	2744.63
		涪城区	15.80	—	1200	—	15800.42
		盐亭县	32.17	—	559	—	32170
		平武县	5.33	—	820	—	5330
		北川县	3.85	—	540	—	3848.88
四	微型灌区	合　计	54.42	—	—	—	60549.91
		三台县	7.97	—	—	—	7973.63
		江油市	10.02	—	—	—	10016.12
		安　县	4.29	—	—	—	4286.14
		梓潼县	7.79	—	—	—	7794.85
		游仙区	6.92	—	—	—	6920.78
		涪城区	2.12	—	—	—	2121.46
		盐亭县	6.11	—	—	—	6108.09
		平武县	4.63	—	—	—	7720.11
		北川县	4.57	—	—	—	7608.73

五、水土保持

（一）震前水土流失及水土保持情况

震前绵阳市水土流失状况按水利部2002年公布的全国第二次土壤侵蚀遥感调查成果，水土流失总面积为9666平方公里。按侵蚀强度划分，轻度水土流失面积为4042平方公里，中度水土流失面积为3795平方公里，强烈水土流失面积为1398平方公里，极强烈水土流失面积为372平方公里，剧烈水土流失面积为59平方公里。

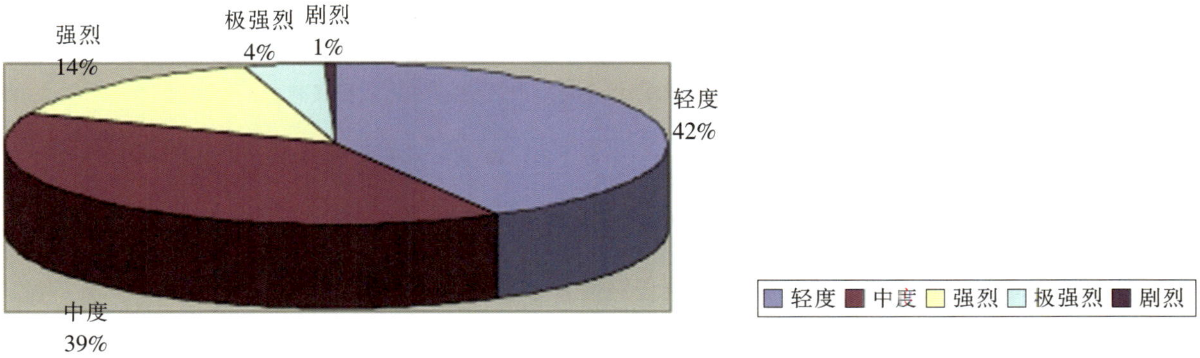

图1-8-42　震前绵阳市水土流失状况图

1987—2007年，绵阳市以小流域为单元，依托长治工程、国家农业综合开发水土保持项目、国债水保项目、省级水保项目等重点项目，初步治理水土流失面积3187平方公里；建成以坡耕地改造为主的农业生产体系，以沟、池、渠、凼、路配套为主的坡面工程防护体系，以联合业主发展经果林为主的农业产业开发体系，以封、育、植、管为主的生态防护体系。

（二）水土保持受灾情况

新增水土流失严重。地震后，全市水土流失面积达到1.12万平方公里，占面积的55%，较震前增加15%。按侵蚀强度划分，轻度水土流失面积为2621平方公里，中度水土流失面积为4320平方公里，强烈水土流失面积为2146平方公里，极强烈水土流失面积为1123平方公里，剧烈水土流失面积为944平方公里。据测算，震后全市年平均土壤侵蚀量为6115万吨，平均土壤侵蚀模数为5483吨/平方公里·年，新增水土流失区域的最高土壤侵蚀模数可达12784吨/平方公里·年。

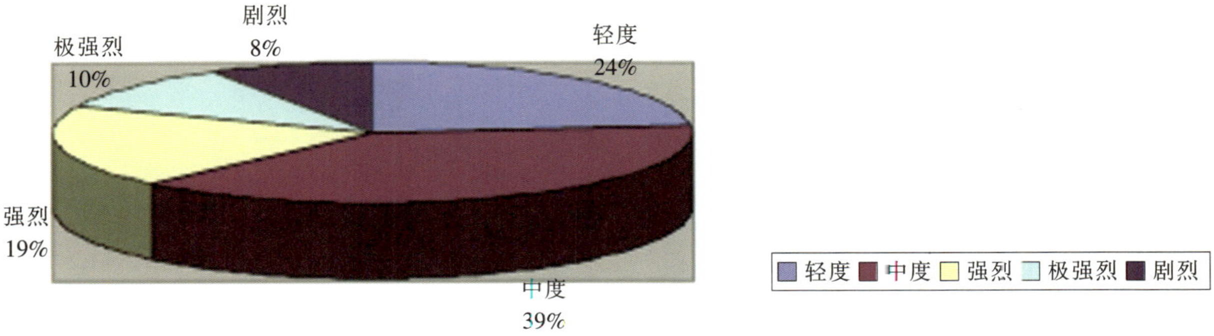

图1-8-43　震后绵阳市水土流失状况图

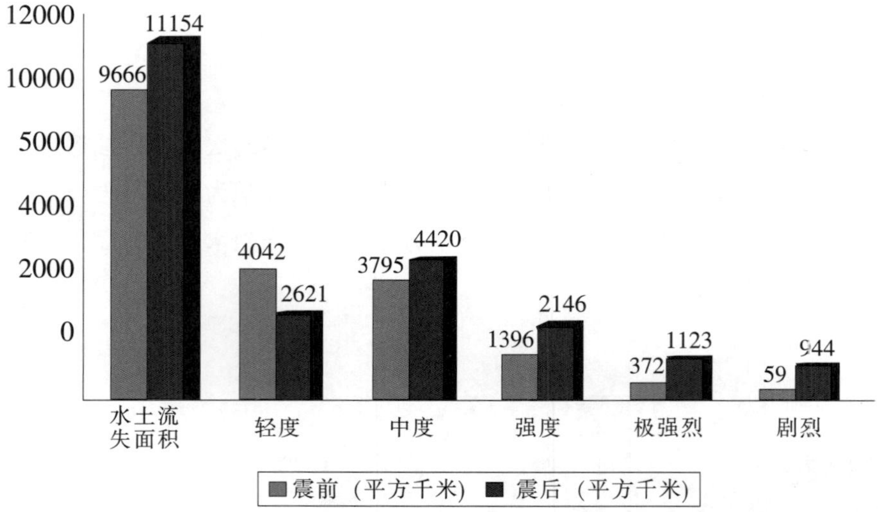

图1-8-44　震后绵阳市水土流失变化情况图

水土保持设施损毁严重。全市水土保持设施受损面积达到195平方公里，大部分水土保持设施丧失水土保持功能。全市受损坡改梯2761.21公顷，水保林1.42万公顷，经果林2140.05公顷，草349.35公顷，蓄水池3420口，水窖65口，沉沙凼2.75万个，灌排渠711.68公里，塘堰61口，谷坊6座，作业便道136.15公里，监测设施8处；直接经济损失达1.84亿元。

第九章 工业灾情

第一节 概 况

地震发生后，绵阳市工业企业全面瘫痪，工业生产全部中断。全市工业受灾户数为2410户，其中规模以上工业企业受灾793户，占全部规模以上企业（826户）的96%；全市工业企业人员伤亡2303人，其中死亡201人、失踪306人；全部经济损失333.95亿元，其中财产损失158.29亿元、停产及在建项目受损175.66亿元。震后停产1周以上的企业达到90%以上，停产1月以上企业达到50%，停产3月以上的企业达到20%。

一、县（市、区）工业受损情况

绵阳市所辖9个县（市、区）全部工业经济损失达到294.84亿元，占全市工业损失总额的88.29%。

北川县整个工业体系基本被毁，全部工业经济损失34.74亿元，其中财产损失18.54亿元，停产及在建项目损失16.2亿元；安县全部工业经济损失75.74亿元，其中财产损失19.24亿元、停产及在建项目损失56.5亿元；平武全部工业经济损失32.3亿元，其中财产损失18.12亿元、停产及在建项目损失14.2亿元；江油市全部工业经济损失133.08亿元，其中财产损失78.08亿元、停产及在建项目损失55亿元。

涪城区全部工业经济损失5.01亿元；游仙区全部工业经济损失7.26亿元；三台县全部工业经济损失3.39亿元；梓潼县全部工业经济损失2.67亿元；盐亭县全部工业经济损失0.65亿元。

二、市级工业园区受损情况

全市3个主要园区（高新技术产业开发区、经济技术开发区、科教创业园区）全部工业经济损失达到39.11亿元，其中财产损失13.64亿元、停产及在建项目损失25.47亿元。

图1-9-45　九洲集团公司1号厂B栋数字设备车间插件二线吊项及生产线被损

在此次地震中，高新区全部工业经济损失达到13.38亿元，其中财产损失4.84亿元、停产及在建项目损失8.54亿元。经开区全部工业经济损失达到13.69亿元，其中财产损失1.05亿元、停产及在建项目损失12.64亿元。科创园区全部工业经济损失达到11.51亿元，其中财产损失7.52亿元、停产及在建项目损失3.99亿元。

三、产业和项目受损情况

绵阳市6个主要工业产业（电子信息产业、冶金产业、汽车及零部件产业、建材产业、生物医药产业、食品产业）在地震中遭受重创，全部经济损失达到238.4亿元，其中财产损失120.8亿元、停产及在建项目损失117.6亿元，占全市工业全部经济损失总额的71.39%。

6个主要工业产业损失情况：电子信息产业损失88.4亿元，冶金产业损失52.1亿元，汽车及零部件产业损失22.7亿元，建材产业损失27.3亿元，生物医药产业损失12.7亿元，食品产业损失35.2亿元。此外，化工、矿产、纺织、包装等其他行业损失95.5亿元。

全市301个工业重点项目受损，其中电子信息产业33项，冶金产业33项，汽车及零件32项，建材产业86项，生物医药产业21项，食品产业43项，其他行业53项，直接经济损失57.67亿元。受损重点项目中，87个项目必须重建，直接经济损失达54.61亿元。长虹PDP（等离子显示器）项目、九洲LED（发光二极管）封装生产线、攀长钢高合金工模具钢项目、新华公司整车一期工程、翰通生物5万吨生物乙醇项目、北川规矩水泥日产2000吨熟料新型干法生产线、银河建化2万吨红钒钠生产线及15万吨铬渣治理项目等一批重大在建项目及生产线不同程度受损。

四、重点企业受损情况

全市99户亿元以上企业中，86户受损，受损面达87%，全部经济损失达到256.98亿元，其中财产经济损失达107.67亿元，停产及在建项目损失达到149.31亿元。受损重点企业中，厂房、生产设备、原材料、产成品以及在建项目均有不同程度损坏，其中长虹、九洲、攀长钢、新华4户重点国有企业生产线、在建项目受损较大。

主要重点企业受损情况：

长虹公司全部经济损失28.78亿元，其中财产经济损失10.78亿元、停产及在建项目损失9.8亿元；九洲公司全部经济损失12.36亿元，其中财产经济损失7.36亿元、停产及在建项目损失2.5亿元；攀长钢公司全部经济损失15.27亿元，其中财产经济损失5.84亿元、停产及在建项目损失9.43亿元；新华公司全部经济损失1.56亿元，其中财产经济损失1.82亿元、停产及在建项目损失0.37亿元。

此外，巴蜀江电、拉法基双马、四川矿机等一批优势企业也遭受不同程度的损失。其中巴蜀江电直接经济损失6.39亿元，拉法基双马损失5.4亿元，银河建化损失4.6亿元，四川矿机损失4.5亿元，燃气集团损失8.89亿元，浮山水泥损失5.43亿元，平武锰业损失2.3亿元，北川规矩水泥损失3.56亿元，丰谷酒业损失1.17亿元，启明星电子损失7710万元，华丰损失7095万元，东材科技损失3000万元。

图1-9-46　安县浮山水泥二厂震损情况

第二节　工业厂房及生产设备损失

一、工业厂房和生产环境破坏情况

特大地震中，全市95%以上工业企业厂房、建筑严重损坏，毁损面积达1250.44万平方米，折合金额达98.29亿元。其中厂房坍塌面积199.47万平方米，折合金额28.01亿元；厂房损坏面积1050.97万平方米，折合金额70.28亿元。

长虹公司厂房135.07万平方米受损，在建的PDP项目部分墙体开裂，累计折合金额7.26亿元。九洲公司厂房坍塌面积1.96万平方米，27.52万平方米厂房受损，LED（全称Light Emitting Diode，即发光二极管）超净化车间全部受损，累计折合金额4.2亿元。新华公司厂房受损5.36万平方米，在建6万辆整车项目地坪裂纹、钢筋混凝梁断裂，隔墙垮塌，累计折合金额2803万元。攀长钢公司厂房受灾面达到70%以上，厂房、职工住宅楼墙面大面积严重破裂、坍塌，受损面积132万平方米，生产陷入完全停滞，累计折合金额2.31亿元。此外，位于北川、平武、安县极重灾县的北川启明星电子、平武锰业、高川磷矿等一批企业的厂房基本损毁殆尽。

地震发生后，全市通信、水、电、气供应全部中断，北川、平武、安县、江油市等地道路、桥梁被毁。北川、平武的40余户工业企业，安县、江油的20余户工业企业，因山体滑坡冲毁或受震后地质灾害影响，无法原址重建，短期内难以恢复。同时，特大地震后余震较多，加之缺乏专业评估机构和人员，无法对全市地理地质条件进行科学准确的评估，直接影响到企业厂房排危、抢修及复

图1-9-47　被堰塞湖淹没的平武县金平矿冶公司厂房

产。地震还引发滑坡、崩塌等地质灾害，多处江河堤防、水电站受损严重，北川、平武等重灾区部分电站已无法恢复生产，累计造成直接经济损失约206亿元，间接经济损失约281亿元。地震形成堰塞湖50余处，重大地质灾害约20余处。北川唐家山堰塞湖、安县茶坪肖家桥堰塞湖和平武文家坝堰塞湖等，严重威胁下游河道两岸几十万人的生命财产安全，江油、涪城、游仙、三台4个县（市、区）逾千户企业避险自救，停工率达到20.1%。

二、生产设施设备破坏情况

地震毁损全市工业企业设备9.6万台（套），合计71.80亿元。长虹公司生产设备、仪表损坏2113台套，在建的PDP项目管、支架、管道变形，工艺、工程设备移位，折合金额1.86亿元。九洲公司1000万台数字机顶盒 SMT（全称 Surface Mount Technology，即表面组装技术）生产线受损严重，生产设备报废264台套、损坏347台套，折合金额0.72亿元。新华公司发动机系列设备受损263台套，折合金额0.54亿元。攀长钢公司高合金工模具钢、不锈钢亮银材、合金钢炼钢连铸、军工用钢等主要生产线及设备严重受损无法修复，炼钢、特冶、轧钢、焊管钢丝生产线现有设备均不同程度受损，共计损毁设备1962台套，折合金额2.87亿元。其他重点企业中，巴蜀江电3台机组受损停运，其中1台30万千瓦机组受损严重；拉法基双

图1-9-48　地震损毁的际华3536职业装公司缝纫楼

图1-9-49　地震后的四川烟草工业公司绵阳分厂生产大楼

马设备报废183台（套）、受损1223台（套）；银河建化设备报废2400台（套）、受损3300台（套）；四川矿机设备受损850台（套）；燃气集团设备报废765台（套），受损309台（套）。

表1-9-9　　绵阳市中小企业受灾损失情况一览表

地区		企业名称	经济损失（万元）	其中	
				财产损失（万元）	停建及在建项目受阻损失（万元）
极重灾县	北川县	规矩特性水泥公司	35620	17620	18000
		启明星电子有限责任公司	13960	7710	6250
		建诚木业有限公司	11150	9300	1850
	平武县	华能涪江水电有限责任公司	20000	7000	13000
		平武锰业（集团）有限公司	30000	23000	7000
		平武电力（集团）有限公司	72000	64000	8000
	安县	银河建化集团有限公司	52000	46000	6000
		启明星磷化有限公司	12800	7800	5000
		安县浮山水泥集团公司	34700	24300	10400
重灾市县区	江油市	攀长钢有限责任公司	152708	58408	94300
		巴蜀电力江油电厂	73900	63900	10000
		瑞安双马投资集团有限公司	58495	53495	5000
	涪城区	凯厦科光电器有限责任公司	1975	1655	320
		中海特钢股份有限公司	1086	946	140
		福潮高新建材有限公司	828	478	350
	游仙区	四川兴事发门窗有限责任公司	1368	1318	50
		四川丰泰包装股份有限公司	2615	1415	1200
		绵阳仙特米业有限公司	3536	3336	200
	梓潼县	长林肉类食品集团有限公司	780	290	490
		绵阳凯特包装材料有限公司	190	90	100
		四川华西动物药业有限公司	320	260	60
	三台县	永安电力股份有限公司	9752	4165	5587
		翰通生物能源公司	3467	3208	259
		三台固锐实业公司	520	120	400
	盐亭县	贝多生化	959	842	117
		志达丝绸	379	333	46
		宏鑫粮油	477	424	53

第三节 主要产业受损

一、电子信息产业

电子信息产业受损严重。部分企业有人员伤亡，企业房屋、设备、仪器、产品、存货等不同程度被损坏，生产线受损，生产进度受到影响，科研条件遭到破坏，军工科研生产受损，科研生产一度全面被迫停止，重大项目的科研、生产受到严重影响。全市信息产业18人死亡，8人重伤，49人轻伤，直接经济损失22.88亿元，间接损失超过42.44亿元。厂房损失超过200万平方米，占总面积的50%以上，金额7.951亿元。设备损失4013台（套），占总数的20%以上，金额超过5亿元。

（一）长虹集团

长虹集团死亡3人，重伤5人，轻伤30人，直接经济损失10.78亿元［其中产品5403台（套），价值1.55亿元；房屋130万平方米，价值4.28亿元；设备仪器2113台（套），价值1.97亿元］，间接损失16.48亿元。大部分厂房、仓库、办公大楼、生活区房屋建筑因灾出现开裂，部分附属设施垮塌，动力系统受到破坏，彩电、空调、冰箱各类生产线遭到损坏，关键精密生产设备损坏严重。科研条件遭到严重破坏，其中虹欧公司PDP（等离子显示器）项目工艺设备多数为技术含量高的专用设备，主要从国外进口，投资预算约28亿元，地震前已经进场安装的设备大量损坏、变形、线体移位、基座损坏、管路损坏、严重污染、精度严重受损，工艺设备经济损失2亿元。

（二）九洲集团

九洲集团死亡1人，重伤3人，轻伤19人，直接经济损失7.359亿元（产品1.40亿元、建筑物损毁损坏70万平方米、设备损毁损坏479台套、其他6440万元），间接损失8.72亿元。房屋损坏面积70万平方米，完全损坏的设备仪器227台套，下属公司元器件、原材料、在制品和产成品等存货损失共计1.91亿元，道路、水电管网等其他损失共计1395万元。公司科研生产工艺流程遭到较严重的破坏和影响，在研的133项军工科研项目、33项民品重点科研项目的进度受到不同程度的影响。公司在厂房设备受损的情况下，重点保证国家和国防重点型号工程项目的科研和生产，其他产品生产线基本处于停产或半停产状态，停工停产造成的间接损失达8.72亿元。

（三）华丰公司

华丰公司在汶川特大地震中直接经济损失0.7亿元（建筑物损毁损坏超过4000万元、设备损毁损坏212套约2000万元、物料损失600万元、基础设施约300万元），间接损失0.62亿元。特种连接器生产厂房1幢（3层），机加生产厂房1幢（3层）坍塌损毁。冲压生产厂房、电镀生产厂房、模具加工厂房、机加厂房（平房）、压铸生产厂房和高低频连接器装配厂房等破坏严重。公司所承担的国家重点建设项目受损严重，包括“双加工程军用电子元器件专项军民用新型连接器技术改造”等项目投入的设备在地震中损毁或损坏，完全恢复需要费用约为3000万元。4条军标线均不同程度受损，损失总额达到1400万元。

（四）其他公司

灵通公司直接经济损失275万元（生产用房2950平方米、科研用房1250平方米、设备25台），间接损失960万元。公司10项军工生产合同受影响。公司承担的“618”项目为公司“十一五”战略科研项目，关系到公司5年乃至10年的发展，原计划2008年9月完成设计定型，争取订货，但地震严重影响了军品科研工作的进度，造成无法挽回的损失。

开元磁材公司直接经济损失1712万元（设备、窑炉、产品、原材料、房屋）。北川启明星电子公司全毁，死亡14人，财产损失4870万元。湖山公司直接经济损失686万元。

全市电子信息产业规模以上其他中小企业直接经济损失3亿元。

二、冶金机械产业

汶川特大地震造成绵阳冶金机械产业33人死亡，1223人受伤，直接经济损失超过62亿元。厂房倒塌15.26万平方米，房屋受损超过61万平方米，设备报废或受损1.58万台（套），正常生产全面停止。

江油市、平武县冶金机械产业受损较为严重。江油市冶金机械产业死亡13人，伤252人，厂房垮塌6.14万平方米，受损面积41.86万平方米，4173台套设备报废，1.02万台（套）设备受损，直接经济损失54.3亿元。平武县冶金机械产业死亡18人，伤932人，厂房倒塌6万平方米，受损10.13万平方米，设备受损197台（套），直接经济损失5.75亿元，间接经济损失1.38亿元。

主要企业受损情况如下：

攀长钢集团公司。死亡10人，受伤36人，直接经济损失1.82亿元（生产用建筑物0.8亿元，机器设备0.82亿元）。职工住房严重损坏31栋1154户，厂房倒塌4栋，毁损976栋85万平方米，机器设备毁损1369台套，间接损失3.37亿元。公司生产、生活用房和机器设备严重受损，水、电、气、通信中断，生产经营全面停顿，钢减产近10万吨，钢材减产近6万吨，销售减少近10万吨。处于地震断裂带边缘的三、四生产区动力管网严重受损，山体松动、路基下沉，对后续生产构成较大威胁。

图1-9-50 四川矿山机械集团受损车间

四川矿山机械集团公司。死亡3人，重伤8人，轻伤20余人，厂房倒塌5万平方米、部分损毁35万平方米，设备损毁200余台套，职工住宅损毁484户，直接经济损失4.5亿元。公司铆焊车间彻底损毁，铸铁、铸钢及重型金加工车间严重受损，办公楼、宿舍楼、食堂、学校严重受损，生产陷于停滞。

平武锰业集团有限公司。死亡18人，受伤400人，厂房倒塌6万平方米，设备受损23台套，企业完全瘫痪，直接损失2.3亿元，间接损失0.7亿元。平武县矿业有限责任公司受伤233人，厂房受损7.8万平方米，设备受损74台套，直接经济损失1.1亿元，间接损失0.2亿元。

三、汽车及零配件产业

绵阳市汽车及零配件产业损失较重，直接经济损失达1.47亿元。房屋受损约4.79万平方米，经济损失约1.38亿元。

表1-9-10　绵阳市汽车及零配件工业企业损失情况一览表

企业名称	房产受损		设备受损		经济损失（万元）
	面积（平方米）	金额（万元）	数量（台、套）	金额（万元）	
方向机厂劳动服务公司	2300	11980.84	5	10	11990.84
德鑫机械有限公司	4250	184	12	9.5	193.5
华驰方向机有限公司	35000	1300	120	450	1750
重业齿轮有限公司	2300	50	14	270	320
三力股份有限公司	3600	248	—	—	248
华晨瑞安汽车零部件有限公司	—	—	9	182	182
高新区万方机械有限公司	300	30	1	16	46
博蓝科技有限责任公司	100	3	2	1	4
合计	47850	13795.84	163	938.5	14734.34

四、材料产业

江油市材料企业受损面达到100%，企业全部停产。该市材料企业死亡8人，受伤141人，经济损失高达22.8亿元，其中四川瑞安双马投资集团有限公司损失5.4亿元。地震造成该市材料企业直接财产损失14.78亿元，其中厂房受损7.11亿元，损坏机器设备5.4亿元，产品和材料损失1.02亿元。企业停产及在建工程项目损失1.25亿元。江油全市26个工业材料项目受损，受损金额达3.63亿元。双马、蓉铁、盛达彰明水泥等7家企业厂房、机器设备损毁超过70%，影响年生产能力8.4亿元；武都水泥、博晶水泥、涪江钢铁、屹立建材、白洋水泥、金阳水泥、盛达马角等26家企业厂房、机器设备损毁五至七成左右，影响生产能力2.12亿元；473家企业厂房、机器设备受损三至五成。企业厂房基础设施和生产环境受损面积达78%，企业几乎处于全面瘫痪状态。

北川县境内的北川建诚木业有限公司、北川规矩特性水泥有限公司、绵阳东辰磁材有限公司、北川鑫鑫页岩砖厂受损严重。建诚木业有限公司死亡17人，重伤4人，公司下属3个分厂的厂房和5

图1-9-51 安县银河集团无钙焙烧红矾钠系统受损

套人造板设备及2套浸渍纸设备均受到严重的破坏，直接损失9298万元，间接损失1850万元，基地损失2100万元，共计损失1.33亿元。规矩特性水泥有限公司大部分基础出现裂纹和松动，中控室、中心配电室等部分设备受损，办公楼、职工宿舍、原料、生料、水泥园库垮塌，直接经济损失3300万元。东辰磁材有限公司房屋坍塌2000平方米，受损5000平方米，生产设备报废受损56台套，生产经营全部瘫痪，财产损失930余万元。鑫鑫页岩砖厂老厂成为一片废墟，新建厂1#隧道窑砖、粉料库、围墙等全部倒塌，固定资产损失700万元，流动资产损失120万元。

安县境内的绵阳市银河集团华意达化工有限公司、四川科伦发豪包装有限公司受损严重。绵阳市银河集团华意达化工有限公司厂房建筑、生产线及设备不同程序受损，其中焙烧二车间、发电车间、制粉车间、焙烧一车间、水选车间、红矾纳车间、2万吨铬盐项目受损最为严重，受损面积达5.26万平方米，直接经济损失1330.4万元。四川科伦发豪包装有限公司1000平方米办公楼完全损坏，无法使用，锅炉移位，锅炉烟囱被震裂为4截，车间门窗全部被震坏，压坏生产成品与原材料，五层纸板生产线地基塌陷，传动部件断裂与零配件损坏，印刷机地基曲翘，机身移位，拉裂构造件，直接经济损失1000万余元，工厂全部停产。

受损严重的还有四川东材科技集团股份有限公司、绵阳西磁磁电有限公司。东材公司生产设备倾倒或歪斜，高精度设备出现移位，正在生产的设备和生产线突然停机，造成原材料和产成品损失；特种薄膜生产线土建工程停工，造成重大损失。公司直接经济损失3000多万元。绵阳西磁磁电有限公司房屋受损面积3500平方米，大型机器设备受损8台，2台真空烧结炉无法使用，大量在库半成品和在线产品摔坏或报废，直接经济损失600余万元。

五、生物医药产业

地震造成绵阳市主要生物医药企业生产设施受损达3305.76万元。

表1-9-11　　　　绵阳市主要生物医药企业受损统计表

企业名称	房产受损（万平方米）	坍塌（万平方米）	房屋经济损失（万元）	设备受损（台、套）	设备经济损失（万元）	经济损失小计（万元）
四川华西动物药业有限公司	0.295	—	175	10	30	205
绵阳市贝多生化有限责任公司	0.95	0.45	470	133	370	840
绵阳天达康药业有限公司	0.05	—	30	—	—	30
四川龙海洋动物药业公司	0.2	—	70	8	80	150
四川精尖动物药业有限公司	0.2	—	40	10	290	330
绵阳天雄中药饮片有限公司	0.334	—	46	24	25	71
绵阳市一康制药有限公司	0.77	—	1239.76	23	390	1629.76
永兴隆医药保健品公司	0.028	—	50	—	—	50
合计	2.827	0.45	2120.76	208	1185	3305.76

六、食品产业

全市食品产业134户规模以上企业中，126户受到不同程度损坏，受灾职工1.33万人（在职1.27万人），其中，死亡9人，受伤94人，失踪10人，直接经济损失18.40亿元。地震造成绵阳食品产业当年工业增加值减少7.5亿元，主营业务收入减少1.7亿元，利润总额减少1.5亿元。

食品产业固定资产受损总金额8.19亿元，其中生产性固定资产受损7.08亿元。房屋受损面积4.63万平方米，折合金额3.62亿元。地震前有设备13377台（套），其中生产性设备11873台(套)；地震造成设备报废5780台（套），其中生产性设备5258台（套），报废率达43.21%；没有报废的7597台（套）设备中，受损2895台（套），其中生产性设备受损2104台（套），受损率38.11%，报废和受损设备折合金额1.34亿元。

食品产业流动资产受损金额2.77亿元，其中原材料受损1.57亿元，产成品受损0.52亿元，其他受损0.68亿元。生产经营受损7.44亿元，其中停产损失6.57亿元，重大项目建设受阻折合损失近1亿多元。

损失较为严重的企业有：绵阳丰谷酒业公司、四川省自然天堂茶业有限公司、北川大禹野生食品公司、平武雪山实业公司。绵阳丰谷酒业公司损失金额最大，固定资产、房产等资产受损达2.7亿元；设备报废541台（套），受损56台（套）；流动资产受损1.01亿元；原材料受损1亿元；窖藏原度酒陶坛罐毁损，损失原度酒1000多吨，直接经济损失2亿多元。

北川大禹野生食品公司人员伤亡最严重，6人死亡，23人受伤，3人失踪。坍塌厂房3.2万平方米，4200台（套）设备中，报废4000台（套），报废率在95%以上，直接经济损失1.28亿元。

四川自然天堂茶业有限公司，经济损失达1.3亿元。该公司位于北川县城，除办公楼没有倒塌外，在北川县城的生产车间全部垮塌，30余名职工被埋（后自救爬出）。公司下属的擂鼓、漩坪、陈家坝3个分厂全部倒塌，设备全部损毁。平武雪山实业公司位于该县南坝镇，2.5万平方米厂房被夷为平地，151台（套）设备全部毁损，损失流动资金2802万元。震后，该企业不复存在。

七、国防工业

绵阳辖区内有国防科研院所3户：中国燃气涡轮研究院、中国兵器工业第五八研究所、中国电子科技集团公司第九研究所。地震造成国防科研院所的厂房、机器设备、科研设施、办公场所、产成品、公用基础设施、职工生活设施不同程度损毁，军工生产、军工投资和在建项目受阻，完工交货进度推迟。国防工业在地震中2人死亡，2人重伤，轻伤34人，机器设备损毁614台（套），受损厂房14.33万平方米，直接经济损失3.82亿元，间接损失超过30亿元。

中国燃气涡轮研究院是以航空发动机动力技术预先研究、产品研制开发和整机鉴定试验为主业的航空科研事业单位，科研试验厂房、设备、办公楼、职工住宅及水电气系统遭受很大破坏，直接经济损失约2.87亿元。中国兵器工业第五八研究所行政楼、综合楼两栋楼房基本报废，建筑面积约7000平方米；科研楼、数控部营销楼受损严重；家属区两栋住宅及礼堂等多处建筑受损。地震共造成全所近1.30万平方米建筑受损，304台套设备损毁，直接经济损失2800万元。中国电子科技集团公司第九研究所损毁科研生产用房47幢，面积8.04万平方米；损毁设备仪器、科研设施186台（套），价值5776万元。

地震造成市境内国防工业完全停工20天，半停工50天。中国燃气涡轮研究院江油试验基地设备普遍遭到损伤或破坏，气源系统、管网系统、供油系统、冷却器系统、降温系统、变频系统、空气加温系统、供配电系统、高位水池管网系统机械系统、滑油系统、变配电系统、测量/计量系统、用于各型试验测量参数和仪器仪表量值传递的计量标准装置、航空产品质量检验的检验设备等破坏严重，无法正常运行，科研生产工作全面受阻。国家重点实验室高空模拟试车台遭到损坏，试验舱开盖机构液压系统无法正常开、闭舱盖，多项重点型号试验急需在高空台上进行的研制调试和设计定型试验受阻，多项重点型号发动机关键零部件试验受阻。中国兵器工业第五八研究所的军工生产、科研投资、在建项目受阻，造成间接经济损失近2000万元，总经济损失达4980万元。中国电子科技集团公司第九研究所制作工艺陷入瘫痪，生产能力受到较大影响。军工在建“十一五”建设项目，工艺厂房遭到破坏，项目建设周期延误。

第四节　县（市、区）工业损失

一、北川县

据不完全统计，震前北川县规模以上企业30户，在职职工3886人。地震造成86人遇难，306人失踪，受伤255人，企业直接经济损失18.54亿元。房屋坍塌33.6万平方米，受损11.67万平方米，损失金额5.02亿元。报废机器设备8200台（套），受损1.4万台（套），损失金额5.27亿元。

二、安县

安县共有1.18万家企业，在特大地震中全部受灾停产，50人死亡，428人受伤，厂房坍塌面积70.15万平方米，厂房受损131万平方米，1.8万台套设备受损，企业职工宿舍及生活设施不同程度受损，造成企业直接经济损失34.245亿元。地震使一批在建重大项目停工，间接经济损失达56.5亿元。全县69户规模企业全部停产，直接经济损失19亿元，间接损失40.6亿元。银河建化、启明星磷化工、安县纸业、浮山水泥、永安金属5家重点亿元企业直接损失8.46亿元，间接损失26亿元，合计34.46亿元。

三、平武县

平武县工业企业死亡32人，受伤451人，厂房倒塌和受损面积达45.59万平方米，经济损失6.05亿元；设备被毁和受损276台（套），经济损失7.83亿元；产品和材料共损失4.24亿元；停产和在建项目受阻损失14.2亿元。全县工业企业全部经济损失达到32.3亿元，其中26户规模以上工业企业损失24.5亿元，在建工业项目经济损失4.8亿元，规模以下工业企业损失3亿元。刚刚起步的南坝工业集中区因堰塞湖而全面损毁。

四、江油市

江油市工业企业死亡21人，受伤420人，企业全部停产，受损面达100%。工业企业直接经济损失78.08亿元，其中企业厂房受损面积59.47万平方米，损失48.5亿元；机器设备损坏4.67万台（套），损失22.7亿元；产品和材料损失6.86亿元；企业停产及在建工程项目停工损失55亿元。全市工业企业经济损失总计达到133.08亿元。

五、涪城区

涪城区工业企业受灾240户，受伤15人，经济损失84.02亿元。其中厂房受损117.98万平方米，折合金额6.725亿元；4793套设备（设施）受损，折合金额6.16亿元；产品和材料损失9.31亿元；停产损失38.718亿元；在建项目受阻损失8346.3万元。全区工业企业直接经济损失22.198亿元。

六、游仙区

游仙区共有217户工业企业受灾，死亡2人，受伤102人，损失4.02亿元。其中厂房损失53.64万平方米，损失金额2.62亿元；机器设备损失4478台套，损失金额8210万元；产成品和材料损失5910万元；企业停工停产损失2.10亿元；在建项目受阻损失1.14亿元。95户规模企业中，84户企业受损，损失金额3.49亿元，其中，东材集团、雅化集团、绵阳实业、开元磁材、丰泰包装、兴发门窗等11户亿元企业损失金额2.33亿元。

七、梓潼县

梓潼县死亡1人，受伤12人，29家规模以上工业企业直接经济损失8753万元。全县178家个体工业企业中，72家受损严重，直接经济损失1942万元。18家非煤矿山企业中，三和页岩砖厂等9家企业因山体滑坡、轮窑垮塌、洪水冲击等灾害，造成直接经济损失208万元。除商贸、粮油购销、服务企业外，该县生产型工业企业在地震中造成直接经济损失1.5亿元。

八、三台县

三台县325户工业企业受灾，受伤155人，全县工业企业直接经济损失2.18亿元，工业产品和原材料损失6942万元，在建工业项目受阻造成经济损失1.21亿元。全县76户规模以上工业企业，厂房受损面积14.52万平方米，房屋坍塌3.305万平方米；设备设施受损2224台（套），报废403台（套）；员工受伤155人，企业生产经营全面停产。40户重点工业企业，厂房受损折合经济损失9705.7万元，设备受损、报废折合经济损失8733.8万元，流动资产（原材料）损失1409.2万元，产成品损失2038.69万元，在制品损失1106.6万元，重点工业项目在建工程受阻损失4261万元。

九、盐亭县

盐亭县受伤1人，99个工矿企业受灾，其中规模以上企业27户，全县工业企业直接经济损失5022万元。其中，厂房受损16.13万平方米，折合金额2590万元；设备设施受损1558台（套），折合金额2365万元；产品和原材料等损失67万元。

第十章 农业灾情

第一节 种植业

一、损失情况

绵阳市9个县（市、区）农业系统的房屋、仪器设备及生产设施受到较大程度的损毁。截至2008年5月31日16时统计，全市农业生产直接经济损失为47.04亿元。

农作物受灾损毁面积171.92万亩，直接经济损失15.19亿元。粮食作物受灾92.77万亩，其中马铃薯18.86万亩，小麦27.81万亩，玉米25.98万亩，水稻13.19万亩，其他粮食作物6.93万亩。经济作物受灾79.15万亩，其中油菜20.8万亩，茶叶12.2万亩，水果5.26万亩，中药材15.5万亩，蔬菜22.09万亩，其他经济作物3.3万亩；春蚕损失24715张，桑园受损2.79万亩，直接经济损失5005.2万元；良种繁育等其他经济损失1847.7万元。

农田损毁面积64.93万亩，直接经济损失10.70亿元。其中全部损毁21.71万亩，严重损毁17.56万亩，一般损毁25.66万亩。

农业生产设施损毁直接经济损失11.18亿元。其中沼气池损毁15.37万口，经济损失6.58亿元；大棚设施损毁25219个，经济损失1.03亿元；农田沟渠损毁2656千米，经济损失2.60亿元；围墙损毁8220米，经济损失153.2万元。农业其他设施损失9588万元。

农业服务体系业务用房、检测检验用房损毁30.94万平方米，经济损失4.16亿元；设施设备损失11927台套，经济损失2.24亿元。合计经济损失6.40亿元。其中9个县（市、区）农业局、农场、乡镇农技站、农经站、蚕桑站等房屋损毁27.43万平方米，设施设备损毁10467台套，经济损失4.69亿元。

表1-10-12

绵阳市农业地震灾情汇总表

县（市、区）	一、伤亡及失踪情况			二、财产损失情况					其中：1.县市区农业局					2.农场系统				
	受伤（人）	死亡（人）	失踪（人）	房屋损毁		设施设备		经济损失合计（万元）	房屋损毁		设施设备		经济损失小计（万元）	房屋损毁		设施设备		经济损失小计（万元）
				面积（平方米）	经济损失（万元）	数量（台套）	经济损失（万元）		面积（平方米）	经济损失（万元）	数量（台套）	经济损失（万元）		面积（平方米）	经济损失（万元）	数量（台套）	经济损失（万元）	
涪城区	—	—	—	4547	678.80	261	476.00	1154.80	1819	215.00	17	16.00	231.00	—	—	—	—	—
游仙区	—	—	—	12336	2176.00	1563	1340.00	3516.00	2180	349.00	78	76.00	425.00	—	—	—	—	—
三台县	—	—	—	27965	2506.60	1122	513.10	3019.70	7760	690.00	590	177.00	867.00	8745	980.0	185	232.0	1212.0
盐亭县	2	—	—	22420	2312.90	328	945.40	3258.30	6926	1038.90	238	234.00	1,272.90	—	—	—	—	—
安县	9	—	—	25792	3223.30	1981	1420.70	4644.00	9272	1719.30	1272	928.50	2,647.80	12000	886.0	186	153.1	1039.1
梓潼县	—	—	—	6800	1100.00	542	915.00	2015.00	4195	708.00	260	832.00	1,540.00	—	—	—	—	—
江油市	2	—	—	94542	9727.40	2390	2454.40	12181.80	12412	2482.40	816	1300.60	3,783.00	3700	740.0	40	131.1	871.1
平武县	—	—	—	48860	6988.00	1494	3996.20	10984.20	8434	1582.80	926	2081.00	3,663.80	7326	1465.2	40	103.2	1568.4
北川县	11	11	-	31040	4159.60	786	1913.80	6073.40	10690	2017.60	374	1158.80	3,176.40	2500	300.0	15	225.0	525.0
市农科所	1	—	—	10450	1045.00	64	990.00	2,035.00	—	—	—	—	—	—	—	—	—	—
市农业局	3	—	—	24635	7722.40	1396	7387.90	15,110.30	—	—	—	—	—	—	—	—	—	—
合计	28	11	—	309387	41640.00	11927	22352.50	63,992.50	63688	10803.00	4571	6803.90	17,606.90	34271	4371.2	466	844.4	5215.6

续表1-10-12

县（市、区）	3.乡镇农技、农经站					其中：乡镇农经站					4.蚕业管理及其他				
	房屋损毁		设施设备		经济损失合计（万元）	房屋损毁		设施设备		经济损失小计（万元）	房屋损毁		设施设备		经济损失小计（万元）
	面积（平方米）	经济损失（万元）	数量（台套）	经济损失（万元）		面积(平方米)	经济损失（万元）	数量（台套）	经济损失（万元）		面积(平方米)	经济损失（万元）	数量（台套）	经济损失（万元）	
涪城区	2728	463.80	244	460.00	923.80	450	76.5	32	12.50	89.00	—	—	—	—	—
游仙区	10156	1827.00	1485	1264.00	3091.00	1675	418.8	219	143.70	562.50	—	—	—	—	—
三台县	11460	836.60	347	104.10	940.70	4011	290.0	121	36.00	326.00	—	—	—	—	—
盐亭县	1800	270.00	90	102.00	372.00	—	—	40	40.00	40.00	13694	1004.0	-	609.4	1613.4
安　县	4520	618.00	523	339.10	957.10	3000	410.0	151	122.00	532.00	—	—	—	—	—
梓潼县	2605	392.00	282	83.00	475.00	—	—	—	—	—	—	—	—	—	—
江油市	15800	3160.00	580	915.00	4075.00	4489	291.0	464	236.00	527.00	62630	3345.0	954	107.7	3452.7
平武县	8100	1620.00	445	1105.00	2725.00	600	120.0	15	38.70	158.70	25000	2320.0	83	707.0	3027.0
北川县	2850	342.00	397	530.00	872.00	750	90.0	25	20.00	110.00	15000	1500.0	—	—	1500.0
市农科所	—	—	—	—	—	—	—	—	—	—	—	—	—	—	—
市农业局	—	—	—	—	—	—	—	—	—	—	—	—	—	—	—
合　计	60019	9529.40	4393	4902.20	14431.60	14975	1696.3	1067	648.90	2345.20	116324	8169.0	1037	1424.1	9593.1

续表1-10-12

绵阳市农业地震灾情汇总表

县（市、区）	三、农田损毁							四、农业基础设施损毁							
	全毁		严重损毁		一般损毁		农田损毁经济损失合计(万元)	1.沼气池		2.大棚损毁		3.沟渠损毁		4.围墙损毁	
	面积(万亩)	经济损失(万元)	面积(万亩)	经济损失(万元)	面积(万亩)	经济损失(万元)		数量(口)	经济损失(万元)	数量(个)	经济损失(万元)	数量(千米)	经济损失(万元)	数量(千米)	经济损失(万元)
涪城区	0.50	1483.0	0.20	273.2	0.68	400.5	2156.7	13665	5806.9	10000	2400.0	110	420.0	520	12.0
游仙区	0.08	237.3	0.10	136.6	1.34	789.3	1163.2	16589	3493.9	3000	300.0	180	664.0	—	—
三台县	0.58	1580.0	3.20	3800.0	6.30	4100.0	9480.0	10285	4499.9	1160	417.0	480	11000.0	1870	48.0
盐亭县	0.07	200.0	—	—	0.13	78.0	278.0	4468	771.7	100	100.0	189	1890.3	200	4.0
安县	3.22	9538.7	3.64	4977.7	2.28	1342.6	15859.0	29090	17239.0	551	411.0	1387	9899.0	4200	70.0
梓潼县	—	—	0.01	8.2	0.03	16.5	24.7	4386	1919.0	23	15.0	—	—	—	—
江油市	5.25	15666.0	3.00	6714.0	3.80	3401.0	25781.0	64612	28268.3	9360	5616.0	—	—	—	—
平武县	1.00	2966.0	6.50	8879.0	10.00	5890.0	17735.0	5087	2363.1	1000	1000.0	60	420.0	230	1.2
北川县	11.00	32626.0	0.90	1229.4	1.10	647.9	34503.3	5538	1384.5	25	20.0	250	1750.0	1200	18.0
市农科所	0.01	29.7	0.01	6.8	—	—	36.5	—	—	—	—	—	—	—	—
市农业局	—	—	—	—	—	—	—	—	—	—	—	—	—	—	—
合计	21.71	64326.7	17.56	26024.9	25.66	16665.8	107017.4	153720	65746.3	25219	10279.0	2656	26043.3	8220	153.2

续表1-10-12

县（市、区）	四、农业基础设施损毁			五、农作物受灾面积（万亩）												
	5.其他		经济损失合计（万元）	（一）农作物合计	1.粮食作物小计	其中：（1）小麦	（2）马铃薯	（3）水稻	（4）玉米	（5）其他	2.经济作物小计	其中：（1）油菜	（2）茶叶	（3）水果	（4）药材
	数量	经济损失（万元）													
涪城区	—	—	8638.90	4.36	2.17	1.00	0.45	0.42	0.30	—	2.19	1.00	—	—	—
游仙区	—	—	4457.90	9.72	5.45	1.78	0.50	2.51	0.66	—	4.27	1.82	—	—	—
三台县	—	—	15964.90	21.47	12.57	3.73	1.44	3.66	1.33	2.41	8.90	2.64	—	1.42	1.32
盐亭县	—	—	2766.00	4.59	1.67	1.11	0.37	—	0.19	—	2.92	0.74	—	0.74	0.33
安县	—	9588.0	37207.00	34.82	18.22	9.74	1.45	5.51	1.50	0.02	16.60	6.90	1.50	1.10	2.62
梓潼县	—	—	1934.00	2.60	1.30	1.30		—	—	—	1.30	1.20	—	—	—
江油市	—	—	33884.30	12.71	8.64	5.65	1.05	0.44	—	1.50	4.07	0.60	0.40	0.50	0.73
平武县	—	—	3784.30	42.70	22.70	3.00	7.20	0.50	12.00	—	20.00	3.50	6.50	1.20	2.80
北川县	—	—	3172.50	38.95	20.05	0.50	6.40	0.15	10.00	3.00	18.90	2.40	3.80	0.30	7.70
市农科所	—	—	—	—	—	—		—	—	—	—	—	—	—	—
市农业局	—	—	—	—	—	—	—	—	—	—	—	—	—	—	—
合计	—	9588.0	111809.80	171.92	92.77	27.81	18.86	13.19	25.98	6.93	79.15	20.80	12.20	5.26	15.50

续表1-10-12

绵阳市农业地震灾情汇总表

县（市、区）	五、农作物受灾面积（万亩）								六、蚕业系统受损（万亩）				农业直接经济损失总计金额（万元）
	（5）蔬菜	（6）其他	农作物经济损失合计（万元）	（二）春蚕受损		（三）桑园受损		（四）良种繁育等其他经济损失（万元）	（一）房屋受损		（二）生产设施设备经济损失（万元）	蚕业系统经济损失合计（万元）	
				数量（张）	经济损失（万元）	数量（万亩）	经济损失（万元）		面积（平方米）	经济损失（万元）			
涪城区	1.19	—	5472.00	350	24.50	0.10	100.0	—	24200	1862.00	209.70	2071.70	19,618.60
游仙区	2.45	—	4705.00	5715	88.90	—	—	—	191800	—	5754.00	5754.00	19,685.00
三台县	3.52	—	12655.90	1518	58.00	0.01	12.8	—	100924	4843.30	12.70	4856.00	46,047.30
盐亭县	1.11	—	6189.80	900	63.00	0.12	123.0	177.00	—	—	—	—	12,855.10
安县	4.48	—	38326.00	6000	420.00	0.46	1560.0	—	1320	2100.00	1800.00	3900.00	101,916.00
梓潼县	0.10	—	1280.00	2232	156.00	—	—	—	—	—	—	—	5,409.70
江油市	1.84	—	30574.50	—	—	—	—	1670.70	—	—	105.20	105.2	104,197.50
平武县	3.50	2.50	20268.70	6000	68.00	0.60	600.0	—	—	—	—	—	53,440.20
北川县	3.90	0.80	32410.00	2000	140.00	1.50	1591.0	—	53000	11905.00	215.60	12120.60	90,010.80
市农科所	—	—	—	—	—	—	—	—	—	—	—	—	2,071.50
市农业局	—	—	—	—	—	—	—	—	—	—	—	—	15,110.30
合计	22.09	3.30	151881.90	24715	1018.40	2.79	3986.8	1847.70	371244	20710.30	8097.20	28807.50	470,362.00

二、灾害后续影响

水土流失加剧，生态建设任务加重。绵阳境内的龙门山区，山高坡陡，岩体破碎，震前水土流失就十分严重，是全国水土流失最严重的强侵蚀区之一。汶川特大地震中，龙门山区大面积塌方和泥石流，耕地出现严重垮坎滑坡，进一步加重了水土流失。其后在农业恢复重建中，生态环境保护、水土流失综合治理、农田基本建设成为一项重大而长期的任务。

农业生产设施损毁严重，恢复重建投资巨大。震前绵阳市有效灌溉面积达到319万亩，高产稳定基本农田面积达到168万亩，设施农业得到快速发展。汶川特大地震造成大面积良田被崩塌淹埋，大量农田排灌渠系、护埂损毁，大棚等生产设施严重受损。灾区耕地生产能力受到较大影响，农田基础设施重建工程面宽量大、投资巨大。

农业检测检验体系遭受重创，重建任务十分艰巨。全市农业检测检验体系在地震中遭受破坏。绵阳无公害农产品检测中心、市种子质量监督检测站、市植物检疫站、市蚕种质量监督检验站、市土肥化验室、市农科所检测中心和县级检测机构的化验楼墙体开裂，多成危房，化验仪器及配套设施损毁严重。全市五大农业检测体系及基层农技服务体系在地震后无法正常运行，影响灾后农业生产的各个环节。

地震后大春生产形势严峻。2008年，全市50余万亩水稻因缺水无法正常栽插，其中有40万亩需改种旱作农产品。农业综合生产能力受重创，茶叶、水果、药材等经济作物种植短期难以恢复。大量农业基础设施损毁直接影响灾后恢复生产和可持续发展。一些严重损毁和全毁的耕地，复耕前将无法正常播种农作物。农田水利等生产设施大量损毁，水库、塘堰排空，农作物栽播和田管用水矛盾突出。

唐家山堰塞湖对农业生产造成直接影响。唐家山堰塞湖泄洪使北川、江油、涪城、游仙、三台等5个县（市、区）20余个乡镇受灾，直接经济损失1.5亿元以上。唐家山堰塞湖形成过程中，淹没北川县曲山、禹里、白坭等乡镇的耕地约4万亩，淹没农作物0.7万亩。2008年5月22日至6月12日，正值抢种抢收的关键时期，唐家山堰塞湖泄洪区域内的所有人员全部撤离，导致已经成熟的6.4万亩蔬菜无法及时收获，26.5万亩大春作物延迟种植，30万亩大春作物无法及时管理。唐家山堰塞湖泄洪，淹没农作物面积1.5万亩。

第二节　耕地与林地

一、耕地损毁

特大地震中，绵阳市损毁农田64.93万亩，其中不可恢复2.43万亩，重度损毁19.28万亩，中度损毁17.56万亩，轻度损毁25.66万亩。损毁田地埂6704.04公里，灌渠4090.68公里，排渠1047.45公里，山坪塘7871座，蓄水池1.50万座，沉沙池、储粪池1.77万座，机耕道1857公里，田间作业道1326.93公里，渠系配套工程2.17万座。全市农田损毁经济损失10.70亿元。

图1-10-52　北川县被滑坡掩埋的土地

农田损毁涉及全市9个县（市、区）、269个乡（镇）、3076个村，其中北川县、安县、平武县、江油市等4县（市）农田损毁面积51.69万亩，占全市损毁面积的79.6%。

二、林地损毁

全市林地受损面积85.23万亩，损毁面积25.93万亩。大面积山体滑坡和泥石流，形成2.83亿立方米堆积物和56处堰塞湖，对林地破坏严重，形成山体裸露和大面积的裸岩，生态系统破坏严重，水源地涵养水源能力明显降低，水土流失危害进一步加剧。

第三节　沼　气

一、户用沼气池

绵阳市农村户用沼气池建设坚持“一池三改”，即户用沼气池的建造与改圈、改厕、改厨同步设计、同步进行。震前，全市农村户用沼气池为399047口。截至2008年5月31日统计，地震共造成全市153720口沼气池损毁，造成103828户“三改”设施损毁，直接经济损失65746.35万元。其中完全毁坏107871口，直接经济损失26967.75万元；完全毁坏的“三改”设施80904户，直接经济损失24270.99万元。

经对部分损毁的沼气池现场查勘，地震造成的破坏主要有：农户房屋垮塌将沼气池整体压塌；山体滑坡将农户房屋及沼气池全部填埋；沼气池开裂、池体结构错位，漏水、漏气；房屋垮塌造成沼气灶具、调控器损毁，输气管路拉裂。据江油市大康镇的调查，该镇震前新建的801口沼气池，震后能正常产气使用的只有11口，仅占1.37%。部分重灾区乡镇沼气池全部损毁，被埋于房屋废墟下的损毁沼气池对农民生命安全构成严重威胁。

表1-10-13　　绵阳市完全毁坏沼气池及“三改”损失统计表

区县	原有沼气池（口）	完全毁坏沼气池		完全毁坏“三改”设施	
		数量（口）	直接损失金额（万元）	数量（户）	直接损失金额（万元）
合计	399047	107871	26967.75	80904	24270.998
涪城	43825	8182	2045.50	6137	1840.95
游仙	57611	11612	2903.00	8709	2612.70
三台	85508	7199	1799.75	5399	1619.78
江油	77647	45228	11307.00	33921	10176.30
安县	48484	20363	5090.75	15272	4581.68
梓潼	28277	3070	767.50	2303	690.75
盐亭	47437	2144	536.00	1608	482.40
平武	4720	4646	1161.50	3485	1045.35
北川	5538	5427	1356.75	4070	1221.08

图1-10-53　涪城区受损的户用沼气池

二、养殖场沼气工程

震前，绵阳市养殖场沼气工程1362处，总容积8.48万立方米。截至2008年6月8日统计，全市养殖场沼气工程共损毁1141处，6.19万立方米，直接经济损失4340.41万元。其中完全毁损582处，3.50万立方米，直接经济损失2875.36万元；部分受损559处，2.69万立方米，直接经济损失1465.05万元。

地震给养殖场沼气工程造成的破坏有：沼气工程发酵装置、调节池、储液池、储气柜水封池开裂，结构错位，漏水、漏气；沼气工程输液、输气管路挫断、阀门损坏；分离设备、控制设备、房屋和输电线路损坏。灾区大部分养殖场沼气工程毁损停用，不仅给相关养殖企业造成重大经济损失，也对养殖企业的生产以及排放粪便的处理带来严重影响。

表1-10-14　　绵阳市完全毁坏的养殖场沼气工程损失统计表

县别	原有沼气工程		完全毁损的沼气工程		
	（处）	总容积（立方米）	（处）	容积（立方米）	直接损失金额（万元）
合计	1362	84800	582	35006	2875.36
涪城	148	10040	100	5000	500
游仙	26	1300	4	656	39.36
三台	482	19280	—	—	—
江油	34	13600	15	3700	296
安县	593	36200	450	25200	2016
梓潼	47	2480	8	300	12
盐亭	18	1460	—	—	—
平武	14	440	5	150	12
北川	0	0	0	—	—

三、生活污水净化沼气池

震前，绵阳市城镇生活污水净化沼气池为1633处，总容积10.71万立方米。截至2008年6月8日统计，全市损毁生活污水净化沼气池1359处，容积7.47万立方米，直接经济损失5581.9万元。其中完全损毁1046处，容积4.48万立方米，直接经济损失3582.8万元。

地震对生活污水净化沼气池造成的破坏主要是：建筑物主体垮塌将沼气净化池压塌；净化池、调节池、发酵间、水压间、连通管、池底板开裂，结构错位，漏水、漏气；沼气净化池输气管路挫断，用气设备、管道阀门损坏。绵阳灾区大部分生活污水净化沼气池损毁停用，丧失污水处理功能，因损坏而堵塞的净化池成为新的污染源，使灾区城镇生活污水污染进一步加剧，给卫生防疫工作增大难度。同时，被废墟掩埋的净化沼气池对人员安全造成隐患。

表1-10-15　　绵阳市完全毁坏的生活污水净化沼气池损失统计表

县别	原有生活污水净化沼气池		完全毁损的生活污水净化沼气池		
	（处）	总容积（立方米）	（处）	容积（立方米）	直接损失金额（万元）
合计	1633	107100	1046	44785	3582.8
涪城	196	10400	30	3000	240
游仙	107	7200	5	1060	84. 8

续表1-10-15

县别	原有生活污水净化沼气池		完全毁损的生活污水净化沼气池		
	（处）	总容积（立方米）	（处）	容积（立方米）	直接损失金额（万元）
三台	347	20200	—	—	—
江油	145	16800	90	22000	1760
安县	72	3600	103	15450	1236
梓潼	269	15900	—	—	—
盐亭	256	23800	3	350	28
平武	137	5000	15	525	42
北川	104	4200	800	2400	192

第四节　农业机械

绵阳市农机系统在地震中遭受严重损失，全系统职工死亡10人，受伤893人，直接经济损失15.96亿元。

机电提灌站损毁严重。全市3020座、9.82万千瓦提水泵站不同程度受损，机电提灌站机房倒塌、裂缝，设备损毁，输水管断裂，输电线路拉断，变压器摔坏等，导致不能正常提水。农业生产和人畜用水受到严重影响。

农机具受损。全市共损毁拖拉机、耕整机、脱粒机、农产品初级加工机械、电动机、水泵等农机具约2.51万台套，导致机耕、机种、机收作业得不到保证。

机耕道及农机库棚损毁。因泥石流、山体滑坡、道路塌陷等，导致机耕道受阻或损毁共计4576公里；农机库棚受损4.23万平方米。

办公用房损毁。全市农机系统办公用房毁损4.47万平方米，直接经济损失6172万元。

第五节　畜牧业

一、畜禽养殖

全市畜禽圈舍倒塌面积794.58万平方米，受损18.94万平方米。其中种畜禽场受损面积5.48万平

图1-10-54 震塌的江油市西屏乡蒲军兔场

方米，全毁2.64万平方米；规模场受损面积9.54万平方米，倒塌5.84万平方米。全市圈舍直接经济损失达24.03亿元。

全市畜禽死亡1122.88万头（只），其中种畜禽35.6万头（只），商品畜禽死亡1087.28万头(只、羽)，生猪97.61万头、牛7.45万头、羊12.36万只、禽851.13万羽、兔154.33万只。畜禽损失16.55亿元，其中种畜禽损失1.67亿元。

全市天然草地植被破坏4.6万亩，经济损失0.13亿元。

二、畜产品加工及批发

全市畜产品加工企业房屋受损8.42万平方米，全毁1.04万平方米，设备受损167台，直接经济损失1.97亿元。

全市共损失43个畜产品批发、交易市场，其中2个国家级专业市场（江油川西北仔猪批发市场、游仙鸿通畜禽交易市场）损失特别严重。损失兽药、饲料、畜禽及产品交易网点4019个。房屋全毁1.32万平方米，受损10.80万平方米；交易棚全毁8330平方米，受损1.54万平方米；设备全毁120台套，受损39台套。经济损失4736万元。

三、管理及服务机构

市、县、乡畜牧兽医机构房屋受损面积15.28万平方米，其中全毁7.18万平方米，直接经济损失1.7亿元。全市276个乡镇畜牧兽医站，受损252个，受损面积14万平方米，其中104个站房屋倒塌，倒塌面积6.25万平方米。

市、县、乡畜牧机构设施设备损失6783台（套），直接经济损失0.62亿元。其中动物防疫、检疫设施受损6498台（套），畜牧机构办公设备设施受损285台（套）。

第六节　渔　业

绵阳市受灾水产养殖面积15.49万亩，占养殖总面积的41.6%。共损失成鱼8963吨，鱼种1113.3吨；损毁生产用房4.89万平方米，办公用房1.21万平方米，鱼池进排水沟渠25.77万米。渔业直接经济损失3.58亿元。

一、养殖面积受灾情况

全市渔业受灾养殖面积15.49万亩，其中江油市和游仙区受灾养殖面积最大。全市9个县（市、区）受灾养殖面积为：北川县255亩，安县1.2万亩，平武县280亩，江油市5.5万亩，涪城区7371亩，盐亭县1.5万亩，梓潼县1.5万亩，游仙区4.8万亩，三台县2000亩。

全市受灾鱼池面积4.99万亩，其中江油市和游仙区受灾鱼池面积最大。全市9个县（市、区）受灾鱼池面积为：北川县200亩，安县4500亩，平武县220亩，涪城区3100亩，江油市1.5万亩，盐亭县2000亩，梓潼县700亩，游仙区2.4万亩，三台县200亩。

全市受灾网箱23亩。

二、水产品损失

汶川特大地震中，全市共损失成鱼8963吨，鱼种1113.3吨。江油市损失成鱼最多，达到4900吨。安县损失鱼种最多，达到456.8吨。

全市9个县（市、区）水产损失情况为：北川县成鱼100吨，鱼种35吨；安县成鱼1068吨，鱼种456.8吨；平武县成鱼70吨，鱼种5吨；江油市成鱼4900吨，鱼种85吨；涪城区成鱼956吨，鱼种450吨；游仙区成鱼1800吨，鱼种4.5吨；盐亭县成鱼115吨，鱼种12吨；三台县成鱼100吨，鱼种50吨；梓潼县成鱼214吨，鱼种15吨。

三、渔业生产设施损毁

全市损毁渔业生产用房4.89万平方米，损毁最多的是涪城区、安县、江油市，其中涪城区1.62万平方米、安县1.5万平方米、江油市8695平方米。

全市损毁渔业办公用房（含实验室、乡镇技术推广站）1.21万平方米，江油市、涪城区、盐亭县损毁最多，其中江油市4500平方米、涪城区2700平方米、盐亭县2600平方米。

全市损毁鱼池进排水沟渠25.77万米，其中严重毁坏5.27万米。涪城区、江油市、安县损毁最长，其中涪城区2.62万米、江油市1.89万米、安县17.97万米。

四、渔业管理和服务体系设施受损

全市1个市级水产渔政站、10个县级水产渔政站、3个县级水产技术推广站、44个乡镇（片区）

水产技术推广站的办公用房和设备设施在地震中遭受破坏，受损房屋面积1.20万平方米，损坏仪器设备71套，直接经济损失711万元。北川县水产站办公用房、办公设备全部损毁，一名副站长失踪。

五、水产龙头企业、重点渔业基地受损

全市19个市、县级水产龙头企业和5个重点渔业基地全部受灾，鱼池开裂，产孵设施严重毁坏，围墙倒塌，进排水渠断裂，输电线路损坏，房屋垮塌，亲鱼、鱼苗、鱼种、成鱼死亡严重。重点渔业基地受灾鱼池开裂1257亩，产孵设施毁坏5套，围墙倒塌1.15万米，进排水渠断裂2110米，输电线路损坏2500米，房屋垮塌1.14万平方米，损失亲鱼1000余组，鱼苗1.5亿多尾，鱼种400吨，成鱼100吨，共计经济损失3815万元。

绵阳时新水产生物技术发展有限公司位于安县花荄镇雍峙村，是四川省重要的杂交鲶苗种繁育基地和绵阳市农业产业化龙头企业。地震使该公司各类生产设施严重损毁，鱼池受灾140亩，损毁进、排水沟230米，池埂裂缝1600余米，垮塌围墙2600米、大棚繁育温室6000平方米、生产生活用房1200平方米，损毁输电线路500米、锅炉房烟囱2个，损失苗种（大口鲶）200万尾，死亡成鱼164吨，直接经济损失达750万元。

绵阳华晟水产品公司地处江油市九岭辖区，是市级产业化龙头企业，四川省绵阳市水产科技园组成企业之一。在地震中损坏产孵设施2套，管理、经营用房3000多平方米，鱼池垮塌、开裂250余亩，损失亲鱼40组（草鱼20组、鳙鱼10组、白鲢10组），草鱼水花1500万尾，垮塌围墙6000余米，损坏水塔2处，生产道路1000米，输电线路2000米，鱼池进排水渠断裂受损500米，经济损失达520余万元。

受损较为严重的水产龙头企业和渔业基地还有：安县花荄雍峙渔场、江油市九源湖养殖场、涪城区震华水产公司、高新区永兴镇飞牛坝村（水产产业化示范村）、江油市绿溪特种水产养殖公司、北川县陈家坝渔场、北川森林雨大鲵养殖有限公司、游仙区石板镇跃进水库鱼苗培育基地、游仙区柏林镇战备水库鱼苗培育基地等。

第十一章 旅游业灾情

汶川特大地震灾害给绵阳旅游业造成重大损失。全市旅游行政管理部门及直属单位干部职工死亡4人，失踪14人，受伤17人；旅游企业从业人员死亡13人，失踪28人，受伤50人；游客死亡4人，失踪10人，受伤30人。全市旅游行业固定资产损失60.42亿元。

第一节 旅游资源

一、旅游景区

绵阳市46家经营性景区均不同程度受灾，损失达46.8亿元。北川猿王洞、安县千佛山、江油窦圌山、李白纪念馆、平武报恩寺等重点景区遭受重创，景区周边的基础设施和景区内的游客接待中心、通信设施、电力设施、旅游服务标识标牌、索道等严重损毁。

北川猿王洞景区所有的上山道路、索道、险山宾馆、情人桥等旅游设施、设备几乎全部损毁，猿王洞洞口外面山体垮塌，整个景区损失达7.55亿元。

安县千佛山景区老街、藏羌艺术宫、接待中心、栈道等建筑严重损毁，景区内大面积地形地貌发生变化，通往景区的道路被大量塌方掩埋，损失达5.29亿元。

江油窦圌山景区鲁班峰整体向左倾斜，东岳峰山体大量塌方，山峰顶的东岳殿、超然亭、窦真殿完全垮塌，铁索桥断裂；云岩寺古建筑群娘娘殿、真武殿、玉皇殿整体垮塌，文武殿、天王殿、大雄殿、星晨殿、卧佛殿、因果堂等都不同程度受损，飞天藏殿两侧山墙、后金墙垮塌严重，墙体倒塌面积约250平方米，瓦屋面部分滑落；多处游道损坏，上山索道A、C点机站房垮塌，整个景区共损失达5.95亿元。

图1-11-55　北川县猿王洞景区遭受严重破坏，洞口被滑坡体掩埋（颜晓亚　摄）

平武报恩寺景区“敕修大报恩寺功德碑”护墙断裂，房檐倾倒。山门内的哼哈二将塑像损坏，护墙断裂严重。山门屋脊檐角、吻兽脱落，寺内旅游服务设施被砸毁，游客接待中心房屋开裂，成为危房。损失达6306万元。

图1-11-56　受损的安县千佛山景区房屋设施

二、旅游饭店、旅行社

全市39家星级饭店的客房、供电线路、供水管道、消防设施、厨房餐饮设施等均不同程度损毁，绵阳城区金鑫大酒店和北川猿王洞险山宾馆成为危房。绵阳城区内16家星级饭店，除7家饭店通过维修接待外来救援人员外，其余旅游饭店在短时间内无法正常营业。全市星级饭店直接经济损失达12.23亿元。

全市2家有自有产权房屋的旅行社办公楼受损，41家旅行社办公设备不同程度损毁。全市旅行社固定资产损失375.74万元。

图1-11-57 地震后的北川大酒店

三、其他损失

旅游管理部门受损。全市旅游行政机关办公用房及设施设备严重损毁。北川县文化旅游局办公楼全部倒塌，江油、平武、安县、游仙等市县文化旅游局的办公楼均成危房。全部损失达2380万元。

图1-11-58 倒塌的安县文星阁

旅游城市、城镇受损。绵阳、江油、平武、北川、安县等旅游城市和城镇普遍受损严重，城镇内的旅游基础设施、旅游服务设施遭受严重毁坏。旅游城市和城镇损失为1.11亿元。

乡村旅游受损。地处龙门山脉的北川、平武县的农家乐，建筑面积受损1.56万平方米，损失达1996万元。

旅游通道损毁。全市旅游道路损毁690.8公里，旅游通道标识标牌、服务设施多处受损，损失达16.34亿元。

第二节　旅游产业

一、旅游安全

汶川特大地震发生后，绵阳市旅游道路毁损严重，虽进行抢修，但沿途山体滑坡，余震不断，加之唐家山堰塞湖排危、“9·24”洪涝泥石流灾害影响，动摇游客对绵阳旅游安全的信心。为确保游客人身财产安全，国家旅游局发布《关于停止组团前往和途经四川地震灾区旅游的紧急通知》。

二、旅游业生产能力

地震直接导致绵阳旅游活动中止，造成大部分旅游企业减产、停产，旅行社歇业，1000多名注册导游及旅行社管理人员暂时失业。地震灾害破坏了旅游产业链，景区、宾馆饭店、旅游商品经营企业、旅游组团社和旅游交通服务企业等所有围绕旅游产业开展活动的机构，都受到不同程度的影响。

三、消费信心及投资信心

地震灾害给游客造成心理障碍，严重影响市场信心，导致异地旅游因地域信息不对称而加大对绵阳的感知风险。地震使绵阳的客源市场和游客心理受到重创，打击了游客的出游心理。

地震增大旅游投资和经营者对灾区的自然环境条件的感知风险，对后期投资成本预估提高，这给绵阳旅游项目的招商引资带来巨大负面效应。

四、旅游市场

2008年度，全市实现旅游总收入40.18亿元，与地震前的2007年相比下降50.36%。全市游客总人数741.87万人次，同比下降44.57%。全市旅游总收入占地区生产总值（GDP）的比重从2007年的12%下降到5.41%。绵阳旅游总收入和接待人数由四川省第三位下降到第八位。

第十二章　商贸和服务业灾情

特大地震使绵阳市的商贸和服务业受到严重破坏，损毁企业网点23247个，其中完全损毁的3032个，占13%；损毁营业房面积315.64万平方米；直接经济损失60.92亿元。其中商业和服务业损毁网点23184个，损毁营业房面积291.68万平方米，直接经济损失54.70亿元；外贸企业受损网点63个，损毁营业房面积23.96万平方米，直接经济损失6.22亿元。

第一节　商业受损

商业包括商品交易市场、商品批发企业、物流配送企业和商品零售企业。在汶川特大地震中，绵阳商业受损的企业、网点9155个，其中完全损毁1770个；损毁营业房面积169.57万平方米；直接经济损失30.98亿元，占整个商贸和服务业损失的50.85%。

一、交易市场

全市损毁商品交易市场231个（其中完全损毁38个），损毁营业房面积38.09万平方米，造成直接经济损失10.06亿元。损毁的231个商品交易市场中，农贸市场144个，农产品批发市场16个，畜产品批发市场1个，消费品批发市场28个，生产资料批发市场24个，家装建材市场18个。

（一）*农贸市场*

北川县综合农贸市场、擂鼓镇农贸市场、禹里乡农贸市场、陈家坝乡农贸市场、漩坪乡农贸市场共5个市场遭到毁灭性破坏，完全丧失经营能力。安县秀水农贸市场、晓坝农贸市场完全损毁，花荄、睢水、桑枣等8个镇的农贸市场部分损毁。平武县农贸市场全损2个，部分损毁6个。江油市遭破坏的农贸市场共有25个，其中小溪坝、厚坝、青莲、雁门、武都、二郎庙、含增7个乡镇的农

图1-12-59 安县秀水综合市场损毁

贸市场完全损毁。

（二）农产品批发市场

北川县羌乡农产品市场遭到毁灭性破坏，完全丧失经营能力。安县秀水农产品批发市场完全损毁。平武县1个农副产品批发市场完全损毁。江油市6个农产品批发市场受损，其中马路湾水果批发市场、九禾蔬菜批发市场完全损毁。涪城区高水农产品批发市场、果品批发市场、水产品批发市场受损。游仙区六里村粮油批发市场受损。三台县潼川镇西门蔬菜水果批发市场受到轻微破坏。盐亭县2个农产品批发市场受损。

（三）消费品批发市场

北川县消费品批发市场、陈家坝消费品批发市场、桂溪乡消费品批发市场遭到毁灭性破坏，完全丧失经营能力。安县秀水批发市场、晓坝批发市场、睢水批发市场完全损毁，花荄、桑枣、塔水等5个镇的消费品批发市场部分损毁。江油市金轮市场、太平场市场完全损毁，另有6个部分损毁。涪城区花园批发市场、东辰花园批发市场、剑南食品批发市场部分损毁。游仙区堂宏小商品批发市场部分损毁。三台县三九、运成等5个消费品批发市场部分损毁。

（四）生产资料批发市场

北川县曲山镇生产资料批发市场、坝底乡生产资料批发市场遭到严重破坏，完全损毁的营业房面积7000平方米，造成直接经济损失5498万元。江油市3个生产资料批发市场损毁，其中完全损毁1个，损毁营业房面积4.61万平方米，商品损失150万元，共造成直接经济损失2046万元。绵阳市汇川钢材交易市场、绵阳兴发钢材交易市场、绵阳中天建材市场、御营建材市场、科达建材市场部分损毁。三台县潼川镇建材市场、北坝镇再生资源回收利用市场等9个生产资料批发市场部分损毁。盐亭县2个生产资料批发市场部分损毁。

（五）家装建材市场

北川县5家家装建材市场遭到严重破坏，直接经济损失1.20亿元。安县秀水建材市场完全损毁，花荄建材市场部分损毁。江油市铁成建材市场、汇油建材市场部分损毁。涪城区桃园装饰装修市场、川西北灯饰市场、三汇装饰材料市场等4个家装建材市场部分损毁。游仙区境内的绵阳市沈家坝陶瓷洁具市场、绵阳市游仙建材市场部分损毁。三台县昌德建材市场部分损毁。盐亭县2个家装建材批发市场部分损毁。

二、批发企业

全市292个商品批发企业在地震中受损，其中完全损毁7个、部分损毁285个，损毁营业房面积39.46万平方米，造成直接经济损失5.57亿元。受损的商品批发企业中，农业生产资料批发企业17个，农畜产品批发企业15个，家装材料批发企业24个，纺织服装及日用品批发企业99个，医药及医疗器材批发企业5个，其他批发企业132个。

（一）农业生产资料批发企业

全市17个农业生产资料批发企业受损。安县鑫隆植保有限公司完全损毁，损毁房屋面积1828平方米，损失金额297万元。江油市农业生产资料专业市场、金强农资有限公司损毁较为严重。江油市农业生产资料专业市场损毁营业房面积2500平方米，造成商品损失35万元，共造成直接经济损失750万元。江油市金强农资有限公司损毁营业房面积2280平方米，商品损失17万元，共造成直接经济损失610万元。涪城区大丰公司、绵阳市农资公司损毁营业房面积825平方米，直接经济损失436万元。

（二）农畜产品批发企业

全市15个农畜产品批发企业受损。北川县农畜产品企业直接经济损失约1.45亿元，其中县城曲山镇大禹野生食品有限公司全部损毁，羌禾高山生态蔬菜专业合作社、育兴兔业合作社、森山绿色蔬菜专业合作社和晒金养殖专业合作社部分损毁。安县6个农畜产品企业受损，直接经济损失1168万元，其中安县商贸服务业绵阳市大正养殖有限公司完全损毁，安县金星农业有限公司、绵阳市森

图1-12-60　地震后的北川县羌乡民品市场

泰农业开发有限公司、安县永丰奶牛厂等5家企业部分损毁。江油市2家农畜产品企业受损，直接经济损失1285万元。

（三）家装材料批发企业

全市24个家装材料批发企业受损。北川县3个家装建材企业受损，直接经济损失5500万元。安县10个家装建材企业受损，直接经济损失3910万元。江油市1家家装建材企业受损，直接经济损失790万元。涪城区10个家装建材批发企业受损，直接经济损失946万元。

（四）纺织服装及日用品批发企业

全市99个纺织服装及日用品批发企业受损。安县20个纺织服装及日用品企业受损，直接经济损失3737万元。江油市45家纺织服装及日用品企业或商业网点受损，直接经济损失2760万元。三台县佳禧印染、佳联印染、银泰丝绸等18家纺织服装及日用品企业受损，直接经济损失321.6万元。涪城区花园商城、华蜀公司、绵阳好联商贸有限责任公司等15个纺织服装及日用品批发企业受损，直接经济损失4350万元。

三、物流配送企业

全市受损的物流配送企业32个，其中完全损毁8个、部分损毁24个，损毁营业房面积8.11万平方米，直接经济损失1.82亿元。受损的物流配送企业中，日用消费品配送企业18个，农畜产品配送企业3个，农资配送企业7个，第三方物流企业4个。

（一）日用消费品配送企业

全市受损的日用消费品配送企业18个，其中完全损毁3个、部分损毁15个，损毁营业房面积3.81万平方米，直接经济损失7858万元。北川东兴日用消费品配送中心完全损毁，损毁营业用房面积3300平方米，损失配送车辆2辆，设施设备80台套，直接经济损失4000万元。平武县、江油市各有1个日用品配送企业完全损毁，直接经济损失分别为500万元、750万元。涪城区10家日用消费品配送企业部分受损，损毁营业房面积1.40万平方米，直接经济损失792万元。

（二）农畜产品配送企业

全市3个农畜产品配送企业受损，其中完全损毁1个、部分受损2个，损毁营业房面积1.06万平方米，直接经济损失1966万元。安县商贸服务业绵阳市圣康农畜商贸有限公司完全损毁，损毁房屋面积3870平方米，损毁商品金额170万元，直接经济损失545万元。江油市1家农畜产品配送企业受损，损毁营业房面积5416平方米，直接经济损失1260万元。三台县新德生猪育种农畜产品配送企业受损，直接经济损失161万元。

（三）农资配送企业

全市7个农资配送企业受损，其中完全损毁2个、部分受损5个，损毁营业房面积2.78万平方米，直接经济损失4136万元。北川县擂鼓农资配送中心全部损毁，直接经济损失1210万元。平武县1家农资配送企业全部损毁，直接经济损失1500万元。江油市、梓潼县、涪城区各有1家农资配送企业部分受损，直接经济损失分别为560万元、155万元、56万元。三台县2家配送企业部分受损，直接经济损失155万元。

（四）第三方物流企业

全市4个第三方物流企业受损，其中完全损毁2个、部分损毁2个，直接经济损失4226万元。北川县兄弟连物流公司、大川托运部完全损毁，直接经济损失4000万元。三台县兄弟快运第三方物流企业、长虹民生流通企业部分受损。

四、零售业

绵阳市受损的商品零售企业8600个，其中完全损毁1717个、部分受损6883个，损毁营业房面积83.91万平方米，直接经济损失13.53亿元。受损的商品零售企业中，百货企业3406个，超市857个，便利店774个，食杂店626个，农家店1747个，购物中心134个，专卖店10个，加油站57个，其他商品零售企业989个。

（一）百货企业

全市3406个百货企业受损，其中完全损毁773个、部分受损2633个，损毁营业房面积31.43万平方米，直接经济损失5.90亿元。北川县4家百货公司全部损毁，直接经济损失1120万元，其中北川县百货公司被山体掩埋，陈家坝乡、漩坪乡、擂鼓镇百货公司完全损毁。安县高川、茶坪、沸水、晓坝、桑枣、睢水、秀水、迎新等乡镇的186家百货零售企业完全损毁。平武县580个百货企业完全损毁，1690个部分受损，直接经济损失4.88亿元。江油市354个百货零售企业受损，其中3个完全损坏，直接经济损失4150万元。三台县武昌馆商城、品味时装城、梓州商贸中心等181家百货企业部分损毁。涪城区的绵阳成都人民商场、富安百货、梅西百货等6个企业受损，直接经济损失1160万元。

图1-12-61 受损的江油市某商场

（二）超市

全市受损超市857个，其中完全损毁107个、部分损毁750个，损毁营业房面积23.29万平方米，直接经济损失2.68亿元。北川县超市直接经济损失1.09亿元，其中东兴超市、顶呱呱超市、剑波超市、华兴超市、蓝蓝超市、吉祥超市、陈家坝鑫盛超市、陈家坝汇星超市和禹里天林超市等9家超市在地震中全部损毁，完全丧失生产经营能力。安县高川、茶坪、沸水、晓坝、桑枣、睢水、秀水、河清、迎新、塔水等乡镇的93家超市完全损毁，另有18个乡镇的115家超市部分损毁。江油市受损超市334个，其中完全损毁4个，直接经济损失3636万元。涪城区好又多、百盛、沃尔玛、互惠等52个超市受损，直接经济损失4100万元。游仙区151个小型超市受损，直接经济损失247.8万元。三台县76个超市受损，直接经济损失558万元。

（三）便利店

全市受损的便利店774个，其中完全损毁120个，部分受损654个，损毁营业房面积3.36万平方米，直接经济损失5288.70万元。平武县受损便利店500个，其中全部损毁120个，直接经济损失4900万元。游仙区受损便利店208个，直接经济损失204.9万元。三台县66家便利店受损，直接经济损失183.8万元。

（四）食杂店

全市受损的食杂店626个，其中完全损毁3个，部分受损623个，损毁营业房面积1.64万平方米，直接经济损失1887.83万元。受损的食杂店中，平武县10个，其中全部损毁3个，直接经济损失1060万元；三台县265个，直接经济损失561万元；游仙区351个，直接经济损失266.83万元。

（五）农家店

全市受损农家店1747个（包括“万村千乡市场工程”农家1257个），其中完全损毁424个，部分受损1323个，损毁营业房面积8897平方米，直接经济损失1.29亿元。北川县全部22个“万村千乡市场工程”农家店中，倒塌4个，完全损毁6个，部分损毁7个，直接经济损失1210万元。安县高川、茶坪、沸水、晓坝、桑枣、睢水等乡镇的385个农家店完全损毁，另有18个乡镇343个农家店部分损毁。平武28个农家店受损，其中全部损毁14个。江油市遭破坏的农家店441个，其中完全损毁13个。游仙区235个、梓潼县103个、三台县148个农家店受损。涪城区38个、盐亭县30个“万村千乡市场工程”农家店受损。

（六）购物中心

全市134个购物中心受损，其中完全损毁38个，部分损毁96个，损毁营业房面积7.77万平方米，直接经济损失1.14亿元。北川县城的财旺购物中心、华兴商贸中心、银泉商贸中心、福林购物中心和位于禹里乡的禹里购物中心遭到毁灭性破坏，直接经济损失6150万元。安县高川、茶坪、沸水、晓坝、桑枣、睢水等乡镇的31家购物中心完全损毁。江油市23个购物中心受损，直接经济损失2850万元。

（七）加油站

全市受损加油站57个，其中完全损毁5个，部分损毁52个，损毁营业房面积1.55万平方米，直接经济损失4918.53万元。北川县茅坝加油站、任家坪加油站和禹里加油站遭到毁灭性破坏，完全丧失经营能力，部分损毁通过维修加固恢复生产经营的有麻柳湾加油站、小坝加油站、黄江加油站、擂鼓加油站和猿王洞加油站。平武县2个加油站完全损毁，13个部分损毁，直接经济损失1515万元。

第二节　外贸企业损失

特大地震中，绵阳市126家外贸企业受损，其中完全损毁8个、严重损毁63个，部分损毁55个，损毁的经营用房23.96万平方米，直接经济损失6.22亿元。

一、农产品外贸企业

全市农产品外贸企业受损15家，其中完全损毁2家、部分损毁13家，损毁的经营用房面积6.17万平方米，直接经济损失1.97亿元。北川县城的四川省自然天堂茶叶有限公司全部损毁，直接经济损失1.27亿元。安县的绵阳市豪茂魔芋食品有限公司、绵阳市圣鼎民乐丝绸有限公司、绵阳市神龙饲料有限公司3家农产品外贸企业部分损毁，直接经济损失1780万元。平武县全部损毁农产品企业1个，部分损毁3个，直接经济损失2313万元。江油市2家农产品外贸企业受损，直接经济损失1780万元。

二、工业品外贸企业

全市40家工业品外贸企业受损，其中完全损毁5家、部分损毁35家，损毁经营用房面积13.62万平方米，直接经济损失3.27亿元。安县6家工业品外贸企业受损，直接经济损失4460万元，其中绵阳市华意达化工有限公司、绵阳市威尼达化工有限公司完全损毁，损失金额1884万元。平武县矿业集团完全损毁，损失高达约1亿元。江油市13家工业品外贸企业受损，其中完全损毁2家，直接经济损失1.19亿元。游仙区丰泰包装有限责任公司、梓潼县绿神丝绸有限责任公司部分受损，直接经济损失分别为2015万元、583万元。涪城区境内的海威西贸易有限公司、国鑫机械加工有限公司、三力公司、广鑫粮油、富临精工、永兴隆医药、丰谷制丝厂、天莱特电子、龙华薄膜、绵阳电子仪器厂等受损，直接经济损失3691万元。

三、纺织品外贸企业

全市8家纺织品外贸企业遭受损失，其中完全损毁1家、部分损毁7家，损毁经营用房面积4.18万平方米，直接经济损失9922万元。平武县鑫源茧丝绸有限责任公司完全损毁，损毁房屋和营业面积2.51万平方米，机器设备3台套，直接经济损2369万元。安县的绵阳市民盛丝绸有限公司受到部分损毁，直接经济损失1560万元。江油市2家纺织品外贸企业受损，直接经济损失2100万元。游仙区飞鹏皮业有限责任公司部分损毁，直接经济损失3800万元。三台县1家、盐亭县2家纺织品外贸企业受损。

第三节　服务业损失

绵阳市服务业在特大地震中受损失的企业共有14029个，损毁营业房面积122.11万平方米，直接经济损失23.73亿元。受损的服务行业企业中，餐饮住宿企业4202个，生猪屠宰（厂、场）271个，其他商贸服务企业9556个。

一、餐饮住宿

绵阳市4202个餐饮住宿企业不同程度受损，其中完全损毁566个、部分损毁3636个，损毁营业房面积58.93万平方米，直接经济损失10.95亿元。受损的餐饮住宿企业中，星级宾馆饭店23家，其他住宿企业594家，大中型餐饮企业（≥1000平方米）19家，其他餐饮企业3566家。

（一）星级宾馆饭店

全市损毁星级宾馆饭店23家，其中完全损毁4家、部分损毁19家，损毁营业房面积14.55万平方米，直接经济损失3.24亿元。北川县2家星级饭店完全损毁，直接经济损失1.12亿元，其中北川大酒店一、二楼完全塌陷，华兴大酒店被坍塌的山体掩埋。位于安县境内的绵州温泉酒店、启明星温泉酒店完全损毁，损失金额4986万元，罗浮山温泉酒店部分损毁，损失金额786万元。平武县3家星级宾馆饭店受损，直接经济损失8358万元。江油市诗城大酒店、七禧大酒店、万源大酒店、盘江大酒店、泰安酒店5家星级宾馆饭店受损，直接经济损失2215万元。梓潼县七曲山大酒店等3家受损，经济损失2681万元。三台县三台大酒店、梓州国际大酒店受损，直接经济损失1621万元。涪城区新世界宾馆、桃源大酒店、子云大酒店等5家受损，直接经济损失587万元。

图1-12-62　受损的江油市君悦酒店

（二）其他住宿业

全市其他住宿企业受损594家，其中完全损毁的71家、部分损毁523家，损毁营业房面积19.58万平方米，直接经济损失3.08亿元。位于北川县城的绿宝宾馆、银泉大酒店、信合宾馆、邮政宾馆、农行招待所、工行招待所、农发行招待所、新华宾馆、九龙宾馆、长龙宾馆等20家住宿业全部损毁，损毁营业用房面积1.22万平方米，直接经济损失1.26亿元。安县37家住宿企业完全损毁，直接经济损失1266万元。平武县5家住宿完全损毁，9家部分损毁，直接经济损失9841万元。江油市112家受损，完全损毁9家，直接经济损失2560万元。涪城区15家受损，直接经济损失780万元。游仙区22家受损，直接经济损失1007万元。三台县75家受损，直接经济损失710万元。盐亭县108家受损，直接经济损失105万元。

（三）大中型餐饮企业（≥1000平方米）

全市19家大中型餐饮企业部分损毁，损毁营业面积3.40万平方米，直接经济损失5832.22万元。这些餐饮企业主要分布在涪城区、江油市，其中涪城区境内四海香、四维、何记集美食府等14家，损毁营业房面积1.42万平方米，直接经济损失1271万元；江油市有森林雨火锅城、中坝科海食府、主食配送中心3家，损毁营业面积7080平方米，直接经济损失2450万元。此外，游仙区1家，即四海香餐饮娱乐有限公司芙蓉汉城店，直接经济损失601.22万元。梓潼县1家，即圣迪乐旅游服务中心，直接经济损失累计1510万元。

（四）其他餐饮企业

全市其他餐饮企业损毁3566个，其中完全损毁491个、部分损毁3075个，损毁营业房面积21.40万平方米，直接经济损失4.05亿元。北川餐饮业直接经济损失1.04亿元，位于县城的荣森饭店、羌寨大酒楼、小茅屋、寇氏鱼庄、北川森林雨火锅店、密林毛肚王火锅、羌老五土菜馆、绿宝火锅、北川南方鸭肠王、左记酒家和羌山缘饭店共11家饭店在地震中全部损毁。另有金城尔玛、云中羌寨、五龙羌寨、西窝羌寨等100家饭店在地震中部分损毁。安县完全损毁的餐饮企业84家，部分损毁384家，直接经济损失2314万元。平武县完全损毁367家，部分损毁380家，直接经济损失1.54亿元。江油市完全损毁28家，部分损毁328家，直接经济损失5450万元。涪城区部分损毁932家，直接经济损失4671万元。游仙区部分损毁115家，直接经济损失1334万元。梓潼、三台、盐亭分别部分损毁350家、285家、201家，直接经济损失分别为780万元、491.4万元、80.2万元。

二、生猪屠宰企业

绵阳市生猪屠宰厂（场）在地震中遭破坏的有271个，其中完全损毁17个、部分损毁254个，损毁营业房面积12.77亿平方米，直接经济损失1.65亿元。北川县震前有生猪屠宰厂（场）4个，地震中3个完全损毁，丧失生产经营能力。安县震前有生猪屠宰厂（场）24个，地震中完全损毁7个，部分损毁17个，直接经济损失1095万元。平武县屠宰企业完全损毁4个，部分损毁4个，直接经济损失6141万元。江油市震前有生猪屠宰厂（场）58个，地震中雁门镇生猪定点屠宰场、永胜镇龙泉屠宰场完全损毁，28个部分损毁，直接经济损失2453.6万元。涪城区3个、游仙区48个、梓潼县38个、三台县134个、盐亭县15个生猪屠宰厂（场）部分受损。

三、其他服务业

绵阳市其他服务业遭地震破坏9556个，其中完全损毁671个、部分损毁8885个，损毁营业房面积50.42万平方米，直接经济损失11.13亿元。其他服务业包括娱乐休闲，再生资源回收，肉类、成品油及重要商品储备库和其他四类。受损企业中，娱乐休闲企业56个，再生资源回收企业4个，肉类、成品油及重要商品储备库1244个，其他服务企业、服务网点8252个。

全市受损娱乐休闲企业56个，其中完全损毁38个、部分损毁18个，损毁营业房面积1.25万平方米，直接经济损失4257.40万元。北川县震前有歌城、茶楼、游戏厅等娱乐休闲场所38家，在地震中

图 1-12-63　安县某药店受损情况

全部遭到毁灭性破坏，完全丧失经营能力，直接经济损失4200万元。三台县枇杷园、蓝剑休闲广场、江林休闲庄等18家部分受损，直接经济损失57.4万元。

全市4家再生资源回收企业受损，其中完全损毁1家，损毁营业房面积9307平方米，直接经济损失1036.80万元。平武县1家再生资源回收企业完全损毁，直接经济损失900万元。三台县3家再生资源回收利用企业部分受损，直接经济损失136.8万元。

全市1244个肉类、成品油及重要商品储备库损毁，其中完全损毁331个，部分损毁913个，损毁经营用房面积9.36万平方米，直接经济损失1.85亿元。北川县曲山仓库、茅坝仓库、擂鼓仓库、永成仓库、禹里仓库、小坝仓库、坝底仓库、东兴仓库、华兴仓库等20个储备库完全损毁，直接经济损失4042万元。安县16个肉类、成品油、粮油储备库（站）完全损毁，损失为2897万元。江油市完全损毁9个、部分损毁20个，直接经济损失3510万元。游仙区33个部分受损，直接经济损失2590.28万元。

全市其他服务企业、服务网点受损8252个，其中完全损毁301个，部分损毁7951个，损毁营业房面积38.88万平方米，直接经济损失8.75亿元。北川县完全损毁丧失生产经营能力的有7家，直接经济损失2200万元。安县14家企业完全损毁，损失为4537万元。平武县完全损毁280个，部分损毁580个，直接经济损失30995万元。江油市6家受损，直接经济损失1197万元。涪城区7285个其他商贸服务企业受损，直接经济损失3.80亿元。

表1-12-16　　绵阳市商贸服务业震灾损毁情况统计表

项目类别	项目（个）			损毁面积（平方米）	经济损失（万元）
	合计	部分损毁	完全损毁		
商业	9155	7385	1770	1695712	309751.97
商品交易	231	193	38	380933	100600.2
农贸市场	144	128	16	170960	35876
农产品批发市场	16	11	5	50502	20576

续表1-12-16

项目类别	项目（个）			损毁面积（平方米）	经济损失（万元）
	合计	部分损毁	完全损毁		
畜产品批发市场	1	1	—	3300	129
消费品批发市场	28	20	8	58960	19857.4
农业生产资料批发市场	2	2	—	1200	200
生产资料（不含农资）批发市场	22	19	3	63850	9449.3
家装建材市场	18	12	6	32161	14512.5
商品批发企业	292	285	7	394583	55706.6
农业生产资料	17	16	1	13599	2838
农畜产品	15	12	3	34050	17199
家装建材	24	21	3	41903	11146
纺织服装及日用品	99	99	—	47469	11229.6
医药及医疗器材	5	5	—	2310	257
其他	132	132	—	255252	13037
物流配送企业	32	24	8	81059	18186
日用消费品配送	18	15	3	38125	7858
农畜产品配送	3	2	1	10586	1966
农资配送	7	5	2	27748	4136
第三方物流	4	2	2	4600	4226
商品零售企业	8600	6883	1717	839137	135259.17
百货	3406	2633	773	314342	58966
超市	857	750	107	232850	26819.8
便利店	774	654	120	33588	5288.7
食杂店	626	623	3	16385	1887.83
农家店（其中“万村千乡市场工程”1257个）	1747	1323	424	88977	12879.34
购物中心	134	96	38	77682	11403.97
专卖店	10	—	10	3000	2100
加油站	57	52	5	15464	4918.53
其他	989	752	237	56849	10995
外贸企业	63	55	8	239635	62248.5
农产品	15	13	2	61652	19657
工业品	40	35	5	136180	32669
纺织品	8	7	1	41803	9922.5
服务业	14029	12775	1254	1221120	237252.69
餐饮住宿企业	4202	3636	566	589294	109542.82
生猪屠宰	271	254	17	127655	16457.74
其他服务业	9556	8885	671	504171	111252.13
内贸和服务业合计	23184	20160	3024	2916832	547004.66
商贸服务业总计	23247	20215	3032	3156467	609253.16

说明：此表统计日期为2010年8月28日。

第四节 典型灾情

一、北川华兴商贸中心在地震中瞬间消失

北川县华兴商贸中心是由张发万创办的一家商贸和服务为一体的民营企业，也是北川县最大的商贸企业。其主体是华兴大酒店，由超市、餐饮部（重庆密林毛肚王火锅城）、茶楼、客房部、歌城和网通公司组成。酒店楼高八层、30多米，面积近5000平方米，位于县城黄金口岸——城中心回龙街十字路口处。该中心还有电器经营场所，设在县电影院的一、二楼，并有8间仓储，面积2000平方米。

2008年5月12日14时27分，华兴商贸中心跟往常一样，生意火红、顾客盈门。在华兴大酒店一楼的超市里，70多位顾客正在挑选各自喜爱的商品；二楼的餐饮部，吃午饭的顾客已离去，员工正在用餐；三楼茶楼，由于天气炎热，早已座无虚席，50多位客人正在休闲饮茶；四、五、六楼的客房部，没有外出的旅客还在午休；七楼歌城，4名员工正在作营业准备；八楼网通公司设备运转正常。

特大地震使华兴大酒店顷刻间陷入地下40米，华兴商贸中心瞬间消失，39名员工和160余名顾客遇难。损毁营业房面积7000平方米，直接经济损失3689万元，其中华兴大酒店房屋及设施损失2487万元，华兴超市商品、设施、现金等损失365万元，华兴电器、商品、设施及现金损失342万元，华兴餐饮部的食品及设备损失191.7万元，华兴茶楼的茶叶、设备、设施损失47.8万元，华兴宾馆设备设施损失91.5万元。

二、平武县南坝镇农贸市场完全损毁

平武县南坝镇农贸市场是由贾风平创办的一家民营性综合市场，是南坝镇唯一的市场，也是平武县第二大市场。其主体由钢架大棚、交易台、商业门面、住宿楼、办公楼和停车场组成。总面积近6000平方米，位于南坝镇中心古楼街中段。

地震发生前，南坝镇农贸市场46间门面和2000平方米的交易大棚里有近200名顾客，二楼茶楼有30多名顾客正在休闲饮茶，三楼住户没有外出的在午休。特大地震使钢架大棚严重损毁，营业门面、住宿楼、办公楼陷入地下1.6米，南坝镇农贸市场完全损毁。该市场有租房业主78人，家属210人，雇用技术工人、勤杂人员13人。地震造成经营户家属和顾客约12人遇难，损毁营业房面积2000平方米，造成直接经济损失445万元。

第十三章　金融业灾情

第一节　银行业

一、概况

特大地震给绵阳市银行业金融机构及监管部门和个人财产造成巨大损失。全市银行业金融机构及监管部门人员死亡105人，重伤24人，轻伤76人；网点受损628个；房屋受损89.58万平方米，办公设备损失3662台（套），车辆受损47辆；直接经济损失16.8亿元，间接经济损失69.45亿元（其中因灾形成不良贷款高达67.09亿元）。

绵阳市区死亡5人，房屋受损3.61万平方米，办公设备损失220台（套），车辆损失6辆；直接经济损失6002万元；北川县死亡85人，重伤3人，轻伤30人，网点受损2[illegible]个，房屋受损4.71万平方米，办公设备损失333台（套），车辆损失9辆，直接经济损失11479万元（现金损失180.36万元），间接经济损失3亿元；安县重伤1人，轻伤2人，网点受损7个，房屋受损2.27万平方米，办公设备损失33台套，车辆损失1辆，直接经济损失7258万元；平武县死亡6人，轻伤8人，网点受损25个，房屋受损5.25万平方米，办公设备损失46台（套），车辆损失1辆，直接经济损失7280万元，间接经济损失1.97亿元；江油市轻伤1人，网点受损33个，房屋受损2.77万平方米，办公设备损失114台（套），直接经济损失7234万元；梓潼县人员死亡4人，办公设备损失1台（套），房屋受损4396平方米，直接经济损失498万元；三台县人员死亡5人，房屋受损1850平方米，直接经济损失139万元；盐亭县办公设备损失22台（套），房屋受损2253平方米，直接经济损失352万元。

二、主要银行业单位

（一）中国人民银行绵阳市中心支行

绵阳市中心支行辖市级机构1个，县级机构6个，无人员死亡、失踪，3人受轻伤，办公财产损失5024万元。其中办公房屋受损面积2.06万平方米，损失4530万元；办公设备损失401台，损失金额494万元；职工个人财产损失4558.2万元，主要因住宅楼损毁造成。

（二）绵阳银监分局

绵阳银监分局3名职工去北川县出差遇难，10名职工受伤。办公用房受损面积1928平方米，多台办公设备及公务车损毁，合计损失金额1800余万元。

（三）中国工商银行绵阳市分行

中国工商银行绵阳市分行系统有5名员工受伤，7名员工的12名直系亲属失踪，7名员工的32名非直系亲属死亡（失踪）或受伤。受损房屋71幢（处），房屋受损面积7.49万平方米，机具234台套，经济损失7470万元。47个对外营业网点中，地震发生次日有45个网点不能正常营业。北川支行职工住宅3500平方米全部倒塌，安县支行房屋损坏5200平方米，平武支行房屋损坏3600平方米，江油支行房屋损坏6965平方米。中国工商银行绵阳市分行因灾新增不良信贷资产11.22亿元。

（四）中国农业银行绵阳市分行

中国农业银行绵阳市分行系统因灾死亡44人，重伤9人，轻伤36人，财产损失20061万元。营业办公用房损失10156万元。房屋倒塌6处，完全倒塌面积5563平方米，部分倒塌面积1984平方米；形成危房15处，建筑面积41071平方米。机器设备损失1176.98万元。车辆毁损11辆，损失金额230.59万元。防暴枪4支及子弹80发被掩埋。全市农行系统新增不良贷款44.4亿元。

农行北川县支行遭受人员和财产的双重重创。全行33名职工遇难，其中在职员工22人、退休（内退）职工11人。县支行办公楼、营业用房全部倒塌，所有办公设备、档案资料全部损毁，职工住宅1.20万平方米全部倒塌，直接经济损失3562万元。

（五）中国银行绵阳市分行

中国银行绵阳市分行系统2名员工受伤，全辖34个机构办公营业房产均受到不同程度损坏，特别是江油支行、安县支行办公楼受损严重。地震造成财产损失累计为2445.52万元，其中房产损失1744.76万元，设备损失700.76万元。地震导致信贷资产损失8732万元，按照信贷资产五级分类标准，2008年因灾导致的不良信贷资产累计达到3.80亿元。

图1-13-64　地震后的北川信用联社办公大楼

（六）中国建设银行绵阳市分行

中国建设银行绵阳市分行包括分行本部、绵阳城区网点及江油、三台、盐亭支行，1名员工受伤，37个网点受损，受损办公营业用房面积为18456平方米，直接经济损失1471.19万元。中国建设银行绵阳市分行因灾新增不良信贷资产1.38亿元。

（七）中国农业发展银行绵阳市分行

农发行绵阳市分行辖市分行机关和营业室各1个，县（市）支行6个：安县支行、北川县支行、江油市支行、三台县支行、盐亭县支行、梓潼县支行。全辖7个网点严重受损，死亡4人，受伤18人，其中重伤3人；受损房屋面积36837平方米，直接经济损失3765万元；办公设备及车辆损毁共计306套（台），直接经济损失212万元；因灾损失贷款1330万元。全行各项损失共计5312万元。

（八）中国邮政储蓄银行绵阳市分行

中国邮政储蓄银行绵阳市分行系统死亡6人，损坏设备71台套，毁表各类建筑屋面积1.2万平方米，直接经济损失4000万元。北川县支行机关和营业部被山体滑坡掩埋，死亡6人，22万元现金被埋。安县支行房屋严重破坏，直接经济损失240万元。江油市支行办公楼及辖内分支机构在地震中遭到不同程度破坏，直接经济损失1627.49万元。33个网点中，5个网点遭到严重破坏，28个网点遭到部分破坏。

（九）绵阳市商业银行

绵阳市商业银行1人死亡，5人受伤，57个网点受损，其中8个网点房屋严重损毁，无法使用，损毁房屋面积5.81平方米，直接经济损失5461万元，加上其他损失，直接经济损失6000万元。间接经济损失高达3.42亿元，其中因灾损失贷款1.23亿元。受地震影响，全行不良贷款余额由年初的0.75亿元上升至3.16亿元，不良贷款率由年初的1.93%上升至7.45%。

（十）四川省农村信用社联合社绵阳办事处

全市农村信用社死亡53人，受伤12人。直接经济损失11.22亿元，其中集体房屋损失8.995亿元，抵债资产损失1.94亿元；受灾网点430个，占全辖478个网点的90%。间接经济损失20.46亿元，其中农户正常贷款因灾形成不良贷款5.8亿元，农户小额信用贷款因灾形成不良贷款5.92亿元，农业经济组织因灾形成不良贷款2亿元，农村工商业因灾形成不良贷款4.96亿元。

北川联社机关大楼粉碎性坍塌，理事长、监事长等领导班子成员和机关中层干部全部遇难，640多万元现金被埋。全县21个营业网点全部损毁，死亡职工47人，信贷资产损失2.779亿元，财产损失7188万元。

第二节　保险业

一、概况

绵阳市保险业在特大地震中损失严重，死亡20人，受伤125人；受损网点17个，损坏房屋面积

3.11万平方米，损失设备124台（套），直接经济损失8723万元，间接经济损失1.5亿元。中国人寿绵阳市各网点全面受损，北川公司办公楼坍塌，江油公司、平武公司、安县公司办公楼成危房。人保财险北川财险支公司办公用房坍塌，安县财险支公司办公用房成危房，绵阳分公司办公楼局部受损。

二、主要保险公司

（一）中国人民财产保险股份有限公司绵阳市分公司

全市13个单位的职工及家属死亡12人，财产损失3266万元。营业办公用房受损面积2.30万平方米，损失金额1054万元。各乡镇代办站、服务所受损面积8650平方米，损失金额350万元。职工住房受损213户2.65万平方米，受损金额1700万元。北川县支公司3名在职员工、1名退休职工遇难，办公楼、宿舍楼全部倒塌损毁，受损面积797.79平方米，车辆损毁2辆。平武支公司办公楼主体结构受损，不能正常使用。其他各支公司办公楼、宿舍楼都有不同程度的损坏。

（二）中国人寿绵阳市分公司

全市有5名员工、4名营销员、25名员工家属死亡，103名员工、营销员受轻伤，2名员工在抗震救灾中因车祸受重伤。倒塌房屋2幢，办公楼受损面积7269.91平方米，房屋、设备等直接经济损失1186.16万元，间接经济损失超过1亿元。北川县支公司5名员工因办公楼和职工宿舍倒塌被埋遇难，4名营销员失踪，25名员工家属遇难。平武支公司、江油支公司办公楼成为危房。

（三）中国平安产险绵阳中心支公司

中国平安产险绵阳中心支公司直接经济损失51.5万元，主要是办公设施、设备受损所致。无人员伤亡。

（四）中华保险绵阳中心支公司

中华保险绵阳中心支公司员工遇难1人，重伤1人，员工直系亲属遇难5人。绵阳中支本部及各四级机构办公用房均遭受不同程度的破坏，其中，北川营销部办公用房全部垮塌，所有办公设备及固定资产全部损毁。

（五）中国太平洋财产保险绵阳中心支公司

中国太平洋财产保险绵阳中心支公司直接经济损失71.9万元。无人员伤亡。

第三节　证券业

在汶川特大地震中，绵阳市证券业从业人员死亡6人，受伤13人，其中重伤7人，受损网点8个，损坏房屋面积1.01万平方米，损失设备470台（套），直接经济损失851.3万元。

和兴证券江油金轮干道证券营业部损失严重，员工死亡6人，重伤7人，损坏房屋面积1000平方米，设备损失55台（套），直接经济损失150万元，间接经济损失60万元。

华西证券绵阳营业部在地震时发生避险踩踏事故，造成客户8人死亡，16人受伤，支付抚恤金95万元。该营业部直接经济损失473万元，其中营业用房受损3500平方米，直接损失300万元；损毁

63台电脑等设备，直接经济损失58万元。地震及堰塞湖次生灾害造成客户交易量剧减，营业部间接经济损失1500万元左右。

天风证券江油营业部轻伤3人，损坏房屋面积740平方米，设备损失100台（套），直接经济损失100万元。国信证券绵阳营业部造成直接经济损失84.3万元，其中损坏电脑15台，网络及系统1套。无人员伤亡。远东证券绵阳证券营业部轻伤1人，损坏房屋面积1000平方米，设备损失136台（套），现金损失44万元，间接经济损失300万元。

第十四章　建筑业与房地产业灾情

第一节　建筑业

一、建筑企业

特大地震给绵阳市建筑企业造成巨大的经济损失，对生产经营也产生一些不利影响。全市117家建筑业企业受损，死亡67人，失踪31人，直接经济损失5.44亿元。建筑企业自有房屋倒塌及严重破损2.45万平方米、中等破坏21.53万平方米；设备损失8.04万台、损失8892.66万元。在建项目损失16.2亿元。

县（市、区）一级共计51家建筑企业受损，死亡58人，失踪31人，经济损失2.58亿元。建筑企业自有房屋倒塌及严重破损1.73万平方米、中等破坏19.7万平方米，设备损失8.02万台、损失约8702.76万元。在建项目损失6383万元。

北川县建筑业受损情况特别严重，全县5家建筑企业在地震中共死亡54人，失踪31人，经济损失达到1.5亿元，企业自有房屋全部倒塌及严重破损面积约1.53万平方米，企业自有的机械设备全部损毁，共约8.01万台套，损失金额5893.36万元。地震造成北川县在建的25个工程项目全部损毁，在建工程面积3.68万平方米，在建工程损失950万元。

地震造成全市建筑企业自有房屋和在建筑工程的女儿墙、围墙、填充墙、外墙装饰层等部位受损严重。受损相对严重的企业及项目有：绵阳西城建工集团有限公司所属的凯南宾馆、在建工程北川沙窝子大桥项目及新居时代项目，总计损失2637万元；绵阳兴绵建设有限公司自有的金菊大厦、南河公寓及在建工程西科大7号、9号楼；中核第二十四建设公司四川公司基地职工住宅楼，经鉴定，停止使用18幢、加固后使用8幢，企业总损失1.03亿元，死亡5人；四川绵阳建设股份有限公司损失1015万元，其中办公用房损失329.8万元、生产经营用房损失658.6万元、办公设备损失27万元；四川展鹏建设有限公司承建的长虹PDP（等离子显示器）项目和新华劳教所项目受损严重，约450

万元；绵阳市文辰建筑工程有限责任公司在建项目文泉翠满庭工地一台塔吊在地震中折断，幸未造成人员伤亡；绵阳市森威建筑工程有限公司所属的水泥厂厂房及职工宿舍受损严重、烟囱倒塌，部分生产设备设施受损，累计损失1500万元。

二、勘察设计企业

全市63个勘察设计企业受灾，死亡5人，受伤7人，直接经济损失1202.5万元。北川建筑设计所受损最严重，2人死亡，房屋倒塌820平方米，设备损失9台（套），在建项目损失20万元，经济总损失260万元。江油市受损勘察企业1家，房屋中等破坏4308.12平方米，经济总损失200万元；受损设计企业1家，设备损失15.28万元，经济总损失21.5万元。绵阳城区涪城区受损勘察企业10家，房屋严重破损1000平方米，受损设计企业45家，房屋严重破损1000平方米、中等破坏4000平方米，设备损失106万元，在建项目损失150万元，总经济损失588万元。盐亭县3家勘察企业房屋严重破损300平方米，电脑损失2台，经济总损失88万元，1人受伤。

表1–14–17　绵阳市建筑业损失情况统计表

损失 企业	企业数量（个）	直接经济损失（万元）	建筑损失（平方米）			设备损失		在建项目损失（万元）
			倒塌严重破损	中等破坏	轻微破损基本完好	数量（台套）	价值（万元）	
勘察企业	11	230	1000	4308.12	—	—	—	—
设计企业	52	972.5	2120	4000	4330	18	174.08	—
监理企业	9	1038.093	370	1637	3028	31	15.873	—
施工企业	117	54394.83	24549	215808	122781.6	80369	8892.66	162038.19

第二节　房地产业

一、概况

全市房地产企业、物业管理企业、房地产中介服务企业共274家受损，伤亡人数75人，房屋严重破坏16.07万平方米、中等破坏48.82万平方米、轻微破损143.11万平方米，设备损失3150.53万元，在建项目损失1.97亿元，经济总损失4.46亿元。

全市房地产开发企业67家受损，房屋严重破损7.27万平方米、中等破坏29.82万平方米、轻微破损98.41万平方米、设备损失2899.03万元、在建项目损失1.96亿元，经济总损失4.42亿元。

全市物业管理企业37家受损，房屋严重破损2万平方米、中等破坏5万平方米、轻微破损15万平方米、设备损失140万元、在建项目损失5万元，经济总损失145万元。

全市房地产中介服务企业170家受损，房屋严重破坏6.8万平方米、中等破坏14万平方米、轻微破损29.7万平方米、设备损失111.5万元、在建项目损失101.5万元，经济总损失213万元。

二、典型灾情

北川县仅有的2家房地产企业——兴宇公司、兴隆公司，在地震中5万平方米房屋全部倒塌，设备损失1680万元，在建项目损失6000万元，直接经济损失1.21亿元，兴宇公司负责人当场遇难。北川县房地产行业伤亡人数68人。

江油市12家企业受损，死亡2人，受伤5人，经济总损失9523.61万元，其中在建项目损失9373.81万元，设备损失149.8万元。

第十五章　社会事业灾情

第一节　教　育

一、概况

特大地震造成全市师生伤亡11031人。其中教职工死亡87人、失踪8[illegible]人、重伤90人、轻伤705人；学生死亡2063人（普通中小学及幼儿园2056人，高校7人）、重伤[illegible]14人、轻伤7285人。1454名学生致残。

地震前，全市教育系统有校舍面积654.49万平方米。特大地震造成全市859所学校受灾，校舍受灾面积559万平方米，占全市校舍总面积的85.41%，其中校舍倒塌40万平方米，造成危房199万平方米，受损320万平方米；毁坏教学仪器设备72万台（套），毁坏图书[illegible]42万册。全市教育系统受灾经济损失达67.3亿元。

二、县（市、区）受损情况

（一）北川县

特大地震给北川教育带来毁灭性的灾难，全县46所学校校舍建筑75%倒塌（面积16万平方米），遇难学生1584人，149名学生因伤致残。所有运动场馆、教育教学设施设备全部被毁，损毁仪器设备9012台（套），损毁图书25.59万册。全县教育系统直接经济损失近[illegible].96亿元。

（二）安县

安县60所各级各类学校遭受重创，全县31.21万平方米校舍均受损坏，教学仪器设备及图书受损价值2254万元。直接经济损失4.4亿元。截至2008年8月1日统计，教职工死亡5人，受伤34人；学生死亡38人，受伤296人。

图1-15-65　北川县曲山镇幼儿园成为一片废墟（李贫　摄）

（三）平武县

平武县全部62所学校严重受损，倒塌和造成危房校舍面积19.18万平方米，占全县校舍总面积的100%，其中倒塌10.72万平方米，危房8.46万平方米，损失3.06亿元。损毁教学设施设备9994台(套)。截至2008年8月1日统计，教职工死亡16人，受伤405人；学生死亡361人，受伤5210人。

（四）江油市

江油市115所公办中小学、幼儿园校舍均不同程度受损，面积达62.54万平方米，占全市校舍总面积的100%。仪器设备受损12.19万台（件、套）、毁坏图书16.4万册。直接经济损失达6.74亿元。截至2008年8月1日统计，教职工死亡1人，受伤28人；学生死亡36人，受伤212人。

图1-15-66　地震后的江油市武都幼儿园（阎纬韬　摄）

（五）涪城区

涪城区108所公办中小学、幼儿园、教师进修校、中等职业学校、高校行政事业单位的校舍和房屋全部受损，受损面积209.63万平方米，占全区校舍总面积的73.9%。受损设备62159台（套）、图书13.38万册、运动场3.45万平方米，附属设施163处，总损失达到24.21亿元。截至2008年8月1日统计，教职工受伤4人；学生死亡1人，受伤54人。

（六）游仙区

游仙区全区119所学校、幼儿园垮塌、损毁，受损学校占全区学校总数的100%，受损面积68.6万平方米，占全区校舍总面积95.3%，损失达到9.09亿元。截至2008年8月1日统计，教职工死亡1人，受伤1人；学生死亡14人，受伤50人。

（七）梓潼县

梓潼县教育系统49所学校、26.71万平方米校舍房屋严重受损，其中垮塌2万平方米、危房18.36万平方米、受损6.35万平方米。大量仪器设备和图书资料严重受损。累计经济损失达3.79亿元。截至2008年8月1日统计，教职工受伤7人；学生受伤30人。

（八）三台县

三台县200所中小学、幼儿园受损，占全县学校总数的78.72%；校舍受损78.53万平方米，占全县校舍总面积的62.46%；仪器设备受损17.86万台（件、套）、图书资料受损24.62万册。直接经济损失达8.91亿元。截至2008年8月1日统计，教职工受伤2人；学生死亡4人，受伤54人。

（九）盐亭县

盐亭县全部100所学校、幼儿园受损，受损面积49.97万平方米，仪器设备受损2.64万台（件、套）、图书资料受损23.43万册。直接经济损失5.14万元。截至2008年8月1日统计，教职工受伤9人，学生受伤17人。

三、典型灾情

（一）北川中学

北川中学始建于1944年，原名“北川县立初级中学”，附设三年制初级师范班，原地处禹里乡。1950年，北川县人民政府副县长母广轼兼任该校校长。1953年，学校迁至北川县曲山镇，更名为“北川县初级中学”。1960年，始设高中班。1980年，经四川省人民政府批准，定名为“四川省北川中学”。2008年汶川特大地震前，学校占地100亩，校舍面积3.69万平方米，有初中班18个，高中班29个，在校学生2693人（其中初中学生1088人、高中学生1833人），教职工197人。

特大地震中，北川中学师生伤亡惨重，上千名师生瞬间被埋在两幢垮塌的教学楼里。虽经学校师生奋力自救以及干部群众和部队官兵的援救，仍有733名学生、40名在职教职工和8名退休教职工不幸遇难。地震造成300余名学生受伤，100余名学生致残，45名学生成为孤儿，单亲家庭学生达314人。因房屋倒塌、财产损毁，导致1500名学生家庭赤贫。

北川中学倒塌、沉陷教学楼两幢近8000平方米；部分垮塌教学楼3000平方米；能容纳2000余人住宿、建筑面积为1.3万平方米的学生公寓、3000平方米的学生食堂和近千平方米的教工食堂严重损坏；学校所有教学设施设备全部深埋于废墟之中；6幢近万平方米的教职工宿舍损坏严重；新建标准田径运动场无法再使用。北川中学新区6个班300多人，建筑面积3000余平方米。在地震中，整个校区被垮塌的山体完全掩埋。

附：北川中学地震灾情新闻报道

“妈妈”喊声穿透北川中学废墟

北川县城的位置正好在山窝窝里，所以这次地震中，北川如同被砸穿的锅底，遭受的侵害几乎是几个县城中最大的。有记者这样说：北川——四川地震的最痛。而“痛中之痛”则是北川中学，已有360名幸存学生获救，但仍有700多名学生被掩埋。为了救出被塌墙压住腿的学生，医生不得不对他们进行截肢。

昨天清晨，记者从绵阳经安县进入北川县城。这座已经被毁掉的县城仍在进行紧张的搜救工作，虽然灾后已经第四天，但仍有不少生命存活迹象，不断有人从瓦砾中被救出来。在北川中学，昨天又救出6名学生。

北川救灾指挥部就设在北川中学，大批物资和野战医院也在这里。早上9时30分，记者到达北川中学后，第一时间采访了正在医疗点救济伤者的负责医生。

绵阳市第二人民医院的副主任医师李银先是医疗队里经验最丰富的主治医生。他站在北川中学的操场上搭起来的临时医疗帐篷前，指着前面几十米处堆积数十米长的瓦砾堆说：“在你面前原本有座五层楼的校舍，现在已经成为一片废墟了。”

据劫后余生的人说，地震发生时，最下面的二层楼重叠在了一起，上面三层的学生跑出了很多，而下面二层的学生全被埋在里面了，以每层四个班级计算，大概有8个班被埋在里面。

李银先告诉记者，昨天救出的6名学生，其中4个伤势比较严重的被送往绵阳市医院，两个伤势较轻的就留在北川中学的医疗点由野战医生观察。他说，“这6个孩子的成功生还让大家喜出望外，因为地震后第四天了，被埋的人生还的可能性相当小。”

因为这个校舍的下面两层楼重叠在一起，因此，消防官兵从下面打洞钻进去探测。如果听到呼救声，就从相应的部位打洞突破进去。然后再慢慢往里挖，但是进度非常慢，因为大量的钢筋水泥石头堆在一起，而且担心挖到承重墙，引起再次塌陷。“也许还有生还者在下面，因为之前救孩子的时候，曾听到有其他孩子的呼救声。现场救援人员仍在调运物资，搜寻生还者。”

特殊“手术台”：瓦砾中用消防剪保命

在昨天的搜救过程中，最惨烈的一幕是，为救出3名被承重墙压住腿的学生，无计可施的医务人员逼不得已对这几名学生进行截肢，李银先医生谈到那一幕人间惨剧，仍心如刀绞。“下这个决定我们真是没办法了，不搏一下的话，他们连一丝生存的机会都没有。但是听到孩子们痛苦的哭声，在场的救援人员心都碎了。”

李医生说，做截肢的决定实在是无奈。当时发现这几名学生时，已经经过了几个小时的解救，但是无法成功把他们拖出来，而他们被埋在地下的时间太长了，身体开始受不了了。消防队员决定截肢时，要征求我们医生的同意。我到场一看，孩子们的腿都被承重墙或大梁压住了，根本没有办法拉出来。“我开始否决了这个意见。我觉得，不到最后一刻都要保住孩子的腿，留给他们一个完好的身体。但是时间不等人，孩子们承受不住了。这地方余震不断，随时有二次坍塌的危险。而且不锯掉他们的腿，就无法救出他们。截掉一条腿，保住一条命，是我们最后的选择。”李医生含着泪说。

也许这是世界上最简陋的“手术台”了，因为医生要钻进狭窄的小洞里才能动手术，而且要保持孩子清醒。因此，他们采用了不用麻醉药，而用止血带扎住血管，进行局部麻醉的办法。由于缺少医疗器械，他们最后动用了消防队员的消防剪、斧头，甚至连菜刀也用上了，那一幕，让做惯了外科手术的李医生都感到惊心动魄，难以接受。

北川声音：“我救了4个同学，你救的没我多”

“我救了4个同学，你救的没我多。”杨刚，北川中学高三5班学生，和同学比起了谁救的同学更多。杨刚的胳膊已经脱白。5月12日地震发生时，北川中学正在上课，短短几分钟内，1000多名师生就被掩埋于两栋坍塌教学楼的瓦砾残墙中，只有不到100名学生逃到安全地带。“没有工具，我们就用双手刨，这些口子都是建筑碎片划的。”杨刚目睹了地震的全过程。他的手指伤痕累累，指甲缝里有的伤口还没有结痂，露出鲜红的肉色。上衣和裤子上星星点点的满是褐色血渍。他向记者解释说：“我没有受伤，这些血迹是搬运受伤同学时留下的。”

“我不会走，对你是大事，对我是小事。”

北川县城，一名解放军战士雨衣的一角被躺在地上等待车辆运走的老妇人死死拽住，这个战士对着这个老妇人善言善语：“你放心，我不会走的，我是当兵的，怎么会骗你。”

看老妇人依旧执意不肯放手，这位战士说，“我不会走，对你是大事，对我是小事。”

“老师在这里，跟你们妈妈在一样。”

13日下午，北川中学，一声声的“妈妈”喊声穿透废墟，直达地面。老师听到了，赶紧上去告诉孩子们，“保持体力，不要再发出声音，老师在这里，跟你们妈妈在一样。”这位老师的女儿也被埋在这堆废墟中，但是，这位妈妈无数次地呼唤女儿，却没有得到一声回应。

北川至少600人“起死回生”

记者从绵阳市抗震救灾指挥部了解到，至14日15时，重灾区北川至少有600名被埋群众成功获救。而在此前，他们已被列入死亡或失踪名单。及时有效的救援和医治让他们保住了生命，最终“起死回生”。

6名副县长：3人遇难、3人失踪

记者从北川县了解到，在这次地震中，北川县6名副县长中，3人遇难，3人失踪。

另据公安部网站消息，地震给北川公安机关造成了严重损失。到目前为止，北川县公安局至少有20名民警牺牲，70余名民警下落不明，70余名民警家属遇难。全县农村警务室和社区警务室基本上全部垮塌，派出所、看守所也基本上全部垮塌。

至北川县城道路初通：重机械驶入　深度搜救展开

记者从北川县抗震救灾指挥部获悉，至北川县城的道路已于15日零时许初步修通，已有3辆挖掘机驶入北川县城开展救援，道路仍在继续抢修和进一步平整。

“重型机械的驶入，标志着深度搜救可以陆续展开！我们北川道路狭窄，建筑密集度高，深度搜救十分重要、十分紧迫！”北川县县长经大忠对记者说。目前在北川县城里，有近4000人的救援队正在救援。

“但是，县到乡，乡到村的道路依然没有全线贯通，救灾物资目前无法有效送入。”经大忠说，目前北川灾区还需要更多的帐篷、食品、药品和饮用水。昨天下午，20支救援队共计300余人，在当地干部群众的带领下，开始深入农村腹地，为农村地区灾民提供食品、药品等物资。受大地震影响，那里的交通、信息几乎完全隔绝，村民们严重缺乏食品、药品和医护人员。

北川县委书记宋明告诉记者，该县农村地区的交通、通信设施几乎完全毁坏，救援队全靠徒步行进，遇上山体塌方还得绕行，到达最远的乡镇，约需2天时间。

令人心如刀割的两只小脚丫

北川县级机关幼儿园的孩子至今还压在河边那座垮塌的房屋里。一只蝴蝶在孩子们的脚边飞舞。

李银先医生有一个朋友在北川县人民医院工作，医院里5幢楼房几乎都倒了，只剩下半幢残存，而他的朋友就在这半幢楼里，从窗口吊下来逃了出来。该医院150多名职工，只有20人逃了出来。

（综合新华社、中央电视台、人民网、周祚、林洪浩报道　摘自2008年5月16日《广州日报》）

（二）北川县曲山小学

震前，学校共有76间校舍，建筑面积5800平方米，教师住宅楼3370平方米；有教职员工67人，学生1024人。特大地震中，曲山小学东西校区瞬间被夷为平地，东校区主教学楼倒塌，西校区严重损毁，学校的所有建筑倒塌，遇难教师（含退休教师）21人，遇难学生达389名，28名学生致残。地震损毁仪器设备390套、师生课桌椅1324套、教学图书1.2万册，直接经济损失3719万元。

图1-15-67　地震后北川曲山小学西校区

（三）平武县南坝中学

平武县南坝中学位于南坝镇，震前有22个教学班，教职员工77人，学生1300人。特大地震中，南坝中学主要教学和生活设施全部坍塌，成为一片废墟，1名教师遇难，2名学生遇难，另有20名教师学生受伤，倒塌的校舍面积1.43万平方米，危房面积1194平方米；仪器设备损毁1194件（套），图书损毁8230本。直接损失2521.5万元。

（四）平武县南坝小学

震前南坝小学有16个教学班（其中幼儿园2个），教职员工43人，学生521人。特大地震中，南坝小学3幢教学综合楼和1座学生宿舍楼全部坍塌，教师宿舍楼摧毁严重成为危房，校舍全部倒塌面积为5231平方米，6名教师遇难，173名学生遇难，受伤356人；仪器设备损毁157件套，图书损毁5231本。直接损失838.15万元。

（五）平武县平通中学

平通中学位于平通镇，有9个教学班，教职员工38人，学生461人。特大地震中，平通中学119人遇难，其中教师6人，学生113人，受伤100多人；校舍全部倒塌，损毁面积4449平方米，危房面积1759平方米；仪器设备损毁670件（套），图书损毁9851册，直接损失1105.7万元。

（六）平武县平通小学

平通小学有13个教学班，教职员工48人，学生526人。特大地震中，平通小学学生46人遇难，受伤132人；校舍全部倒塌，损毁面积为3459平方米；仪器设备损毁143件（套），图书损毁5251册，直接损失562.85万元。

（七）安县桑枣中学

安县桑枣中学位于安县桑枣镇，创办于1974年，是安县教体局直属中学。特大地震发生前，桑枣中学有教学班36个，学生2535人，教职员工110人。该校一贯严格执行安县教体局消防演练规定和改造危房的要求。在特大地震中，全校师生快速有序撤离，创造了特大地震面前零伤亡的奇迹，并因此而闻名于国内外。校长叶志平被媒体称为史上“最牛”的校长。在地震中，学校所有校舍成为危房，2000千多名师生失去学习和生活的家园，直接经济损失2435.5万元。

（八）江油市花园路初级中学

地震前，该校有22个教学班，学生1179名，其中住校生471人，教职工86人，是“四川省青少年科技教育示范校”“四川省防震减灾科普示范校”“绵阳市示范初中”“绵阳市理科实验示范校”。特大地震中，该校教学楼、综合楼及辅助用房严重损坏，面积达4384平方米，其中D级危房3510平方米。灾难发生时，学校全体师生把平时防震减灾教育的知识技能运用到紧急避险中，教师有序组织学生疏散，学生迅速有序地进行撤离，整个过程中无人员受伤。师生撤离后不到两分钟，第二幢教学楼倒塌。该校把灾害损失降到最低。

表1-15-18　　绵阳市教育系统师生伤亡情况统计表

市、县（市、区）	师生伤亡情况（人）										
	合计	教职工					学生				
		小计	死亡	重伤	轻伤	失踪	小计	死亡	重伤	轻伤	失踪
绵阳市总计	11024	969	87	90	705	87	10055	2056	714	7285	—
各县区合计	10811	933	85	86	675	87	9878	2043	697	7138	—
北川县	3890	413	62	50	215	86	3477	1534	353	1540	—

续表1-15-18

市、县（市、区）	师生伤亡情况（人）										
	合计	教职工					学生				
		小计	死亡	重伤	轻伤	失踪	小计	死亡	重伤	轻伤	失踪
平武县	5992	421	16	22	383	—	5571	361	195	5015	—
江油市	276	29	1	5	23	—	247	36	46	165	—
三台县	60	2	—	1	1	—	58	4	4	50	—
安　县	373	39	5	6	28	—	334	38	59	237	—
盐亭县	26	9	—	1	8	—	17	—	5	12	—
梓潼县	37	7	—	1	6	—	30	—	4	26	—
涪城区	59	4	—	—	4	—	55	1	13	41	—
游仙区	66	2	1	—	1	—	64	14	17	33	—
高新区	21	5	—	—	4	1	16	5	1	10	—
农科区	9	—	—	—	—	—	9	—	—	9	—
科学城	2	2	—	—	2	—	—	—	—	—	—
市本级合计	213	36	2	4	30	—	177	13	17	147	—
市直属小计	36	11	2	2	7	—	25	6	5	14	—

说明：此表数据统计截至2008年8月1日。后经灾后详查，数据有所变化。各数据详见正文记载。

第二节　医疗卫生

一、概况

地震前，绵阳市有医疗卫生机构3789个，其中县及县以上综合医院10个，专科医院11个，中医医院11个，疾病预防控制中心10个，专科防治站2个，妇幼保健机构10个，卫生执法监督机构10个，社区卫生服务中心（站）31个，农村乡镇卫生院276个，村卫生站2696个。全市医院病床总数15089张，每一千人拥有2.85张，医疗卫生工作人员21547人，其中卫生技术人员16253人。

汶川特大地震中，全市卫生系统受灾严重，人员、房屋、设备、药品遭受巨大损失，医疗卫生服务体系和服务功能受到重创，绝大部分医疗卫生机构无法正常开展业务工作。尤其是北川县，县、乡、村三级农村卫生服务体系遭到毁灭性破坏，受灾面达100%。全市卫生系统有3322个机构因灾受损，163人遇难，196人受伤，直接经济损失达3.12亿元。

表1-15-19 绵阳市直属医疗机构受损情况统计表

单位	地震前情况			地震受损情况							
	房屋面积（平方米）	设备（台/件）	人员（人）	房屋		设备		人员		药品损失（万元）	受灾金额（万元）
				受损面积（平方米）	金额（万元）	受损（台/件）	金额（万元）	伤（人）	亡（人）		
绵阳市中心医院	83260	6102	1584	83260	8891	478	197	13	2	0	9008
绵阳市三医院	37000	1428	911	18847	6031	20	101	8	0	0.34	6132
绵阳四〇四医院	64215	8117	709	31261	10346	763	2017	4	0	0	12363
绵阳市中医院	52232	304	395	31121	2410	68	525	2	0	12	2947
合　计	236707	15951	3599	164489	27678	1329	2840	27	2	12.34	30450

表1-15-20 绵阳市县级医疗机构受损情况统计表

单位	地震前情况			地震受损情况							
	房屋面积（平方米）	设备（台/件）	人员（人）	房屋		设备		人员		药品损失（万元）	受灾金额（万元）
				受损面积（平方米）	金额（万元）	受损（台/件）	金额（万元）	伤（人）	亡（人）		
涪城区	117076	9616	2028	103201	18242	701	1596	9	0	60	19898
游仙区	28533	820	753	23560	3600	77	329	0	0	57	3986
江油市	171515	6822	2613	140847	35212	599	6814	0	0	277	42303
三台县	63172	911	873	51230	8213	271	1767	1	0	68	10048
盐亭县	44066	2797	466	30860	5137	35	206	3	0	53	5396
梓潼县	35923	900	369	35923	5229	65	438	0	0	148	5815
北川县	29760	1317	188	29760	9523	1217	4724	21	104	480	14727
安　县	50637	762	782	45509	10366	434	2093	3	0	243	12702
平武县	20456	3482	219	20456	6065	2451	1134	6	0	793	7992
合　计	561138	27427	8291	481346	101587	5850	19101	43	104	2179	122867

表1-15-21 绵阳市乡村医疗机构受损情况统计表

单位	地震前情况			地震受损情况							
	房屋面积（平方米）	设备（台/件）	人员（人）	房屋		设备		人员		药品损失（万元）	受灾金额（万元）
				受损面积（平方米）	金额（万元）	受损（台/件）	金额（万元）	伤（人）	亡（人）		
涪城区	61961	1882	534	60586	9458	355	487	4	0	50	9995
游仙区	81475	5719	926	79603	13147	1199	1470	12	0	216	14833
江油市	137010	3829	1384	128910	18161	712	1360	1	0	210	19731

续表1-15-21

单位	地震前情况			地震受损情况							
	房屋面积（平方米）	设备（台/件）	人员（人）	房屋		设备		人员		药品损失（万元）	受灾金额（万元）
				受损面积（平方米）	金额（万元）	受损（台/件）	金额（万元）	伤（人）	亡（人）		
三台县	202398	2022	1690	187009	19534	855	1338	5	0	165	21037
盐亭县	100608	1527	1159	55133	5338	131	109	0	0	89	5536
梓潼县	57052	1419	723	57052	6829	148	375	0	0	191	7395
北川县	53083	1058	538	52883	15070	715	1189	3	10	565	16824
安　县	71639	3788	1003	64615	12228	949	1272	33	2	940	14440
平武县	49847	4044	549	49847	13514	2942	1132	35	1	832	15478
合　计	815073	25288	8506	735638	113279	8006	8732	93	13	3258	125296

表1-15-22　　绵阳市妇幼保健机构受损情况统计表

单位	地震前情况			地震受损情况							
	房屋面积（平方米）	设备（台/件）	人员（人）	房屋		设备		人员		药品损失（万元）	受灾金额（万元）
				受损面积（平方米）	金额（万元）	受损（台/件）	金额（万元）	伤（人）	亡（人）		
绵阳市妇幼保健院	6500	750	77	6500	2240	40	101	0	0	0	2341
涪城区妇幼保健院	1029	128	72	1029	160	7	17	0	0	0	177
游仙区妇幼保健院	2409	130	25	2409	723	32	102	0	0	13	838
江油市妇幼保健院	3000	239	28	3000	750	22	264	0	0	0	1014
三台县妇幼保健院	3900	576	43	3200	420	43	165	0	0	0	585
盐亭县妇幼保健院	2750	102	48	2500	475	12	23	0	0	8	506
梓潼县妇幼保健院	2830	52	28	2830	708	17	100	0	0	20	828
北川县妇幼保健院	2160	53	15	2160	691	53	433	11	4	20	1144
安县妇幼保健院	2600	46	59	2600	580	26	200	0	0	3	783
平武县妇幼保健院	2600	85	30	2600	832	53	98	0	0	85	1015
合　计	29778	2161	425	28828	7579	305	1503	11	4	149	9231

表1-15-23 绵阳市疾病预防控制机构受损情况统计表

单位	地震前情况			地震受损情况							
				房屋		设备		人员		药品损失（万元）	受灾金额（万元）
	房屋面积（平方米）	设备（台/件）	人员（人）	受损面积（平方米）	金额（万元）	受损（台/件）	金额（万元）	伤（人）	亡（人）		
绵阳市疾控中心	10750	460	115	10750	409	8	6	0	0	0	415
涪城区疾控中心	2744	220	37	2744	329	56	44	0	0	0	373
游仙区疾控中心	1522	303	30	1522	457	43	56	0	0	52	565
江油市疾控中心	8236	437	67	8236	2059	17	204	0	0	50	2313
三台县疾控中心	5153	109	45	1000	102	29	36	0	0	1	139
盐亭县疾控中心	1664	63	35	1600	455	15	26	0	0	5	486
梓潼县疾控中心	2654	16	12	2654	580	16	70	0	0	30	680
北川县疾控中心	2160	207	24	2160	691	207	532	4	2	15	1238
安县疾控中心（含血防医院）	6892	68	100	3360	693	64	136	0	0	39	868
平武县疾控中心	1898	331	24	1898	607	207	217	0	0	112	936
合　计	43673	2214	489	35924	6382	662	1327	4	2	304	8013

二、北川县卫生系统

汶川特大地震致使北川县卫生系统遭受毁灭性打击，全系统157人遇难（退休31人），48人重伤，195名在职职工家属遇难。

房屋倒塌和损坏面积合计9.359万平方米，经济损失2.81亿元，其中房屋倒塌7.479万平方米、危房9894平方米；受损设备3221台（套），经济损失7600万元；药品损失1000万元；其他损失230万元。合计损失4.9亿元。

图1-15-68 倒塌的北川县人民医院（颜晓亚 摄）

北川县人民医院原有在职、退休职工251人，地震中，在岗职工遇难91人，退休职工遇难21人，共计112人。院长、总护士长和20名中层干部遇难，36名护理人员遇难，9名护士长中有7人遇难，麻醉科3名医生全部遇难，内科3名医生遇难，外科10名医生仅2人幸存，放射科仅1人幸存，7名药剂人员全部遇难，3名检验人员遇难，4名门诊医生遇难，名老中医余守忠等3名退休返聘医生遇难。医院幸存的124人（含退休人员39人）中，有28人不同程度受伤。地震导致医院产生遗孤13人，22户家庭失去独生子女，158个家庭失去父母、子女、配偶。

三、平武县卫生系统

平武县卫生系统遭受重大损失，11个县直医疗卫生单位、25个乡镇卫生院、222个村卫生站、24个个体诊所共计282个医疗卫生单位全部受灾，职工死亡1人，受伤41人，房屋、设备、药品、财产受到不同程度毁损。其中损毁房屋7.91万平方米，经济损失2.24亿元；毁损医疗卫生仪器设备5894台（套），经济损失2963万元；药品损失1827万元；其他损失1071万元。合计直接经济损失达2.83亿元。

南坝镇中心卫生院门诊大楼、职工宿舍全部坍塌，2007年修建的住院大楼被震裂，成为危房，医疗器械、药品、设备全部损毁或被掩埋。所幸全体医护人员反应迅速、逃生及时，未造成医护人员遇难，有2人重伤，10人轻伤。

第三节　民政系统

全市民政系统319个民政事业单位，在特大地震中受损299个；原有建筑面积68.39万平方米，受损57.75万平方米；原有设备价值1.63亿元，损毁设备价值1.05亿元。全系统直接经济损失7.89亿元。

一、绵阳市民政局及直属单位

绵阳市民政局机关办公楼全部损毁，建筑面积2180平方米，折合损失327万元；损毁电脑、空调等折价近20万元。总面积7860平方米的职工宿舍成为危房，损失786万元。

绵阳市老年活动中心所有活动教学场地均遭受严重毁坏，经房屋安全机构鉴定，办公大楼、教学楼和活动楼停止使用。地震灾害造成市老年活动中心房屋受损面积达1.05万平方米，老年活动中心和老年大学用房5129.78平方米，所有教学活动和办公设施严重受损。总损失651.5万元。

绵阳市南河军干所、花园军干所、朝阳军干所军休干部住房成为危房，面积达3.22万平方米，直接经济损失2624万元；办公楼、活动用房等附属设施受损1.07万平方米，损失395万元。3所军干所各项损失累计3190万元。

绵阳市军供站受损面积5631.92平方米，损失1237万元，其中受损军供接待楼1890平方米。绵阳市救助站建筑总面积4900平方米，受损1700平方米，损失170万元。

绵阳市殡仪馆车间、宿舍2670平方米成危房，占总面积的32.4%，损失267万元；损失火化炉、汽车等设备46万元。

二、县（市、区）民政系统

北川县37个民政事业单位全部受损，县民政局机关人员伤亡惨重，28名各类在册工作人员中，14人遇难，其中局领导班子成员4人、中层干部4人；受伤10人，其中重伤4人，轻伤6人；临时聘用人员遇难1人、退休干部遇难6人、乡镇民政助理遇难6人。财产损失殆尽，办公设施、档案资料、职工住房全部被垮塌的山体掩埋。直接经济损失2.04亿元。

安县19个民政事业单位全部受损，受损房屋面积1.61万平方米，全县民政系统直接经济损失1248.49万元。平武县18个民政事业单位全部受损，受损房屋面积4.02万平方米，全县民政系统直接经济损失1.27亿元；江油市36个民政事业单位全部受损，受损房屋面积12.02万平方米，占全县民政事业单位总面积的99.5%。全市民政系统直接经济损失1.50亿元。

涪城区民政系统14个单位受损，直接经济损失2860万元；游仙区42个民政事业单位中35个受损，直接经济损失2467万元；梓潼县38个民政事业单位中37个受损，直接经济损失3736万元；三台县45个民政事业单位全部受损，受损房屋面积75825平方米，占全县民政事业单位总面积的78.3%，全县民政系统直接经济损失7583万元；盐亭县69个民政事业单位中58个受损，受损面积7.68万平方米，占全县民政事业单位总面积的64.3%，全县民政系统直接经济损失1.29亿元。

三、民政设施毁损

1. 敬老、福利设施

震前，全市有163所农村敬老院，占地面积57.50万平方米，建筑面积22.69万平方米，床位8645张。地震中，全市农村敬老院垮塌29所，建筑面积5.79万平方米；严重损毁80所，建筑面积10.62万平方米；损毁主要设备3892台（套）；经济损失1.55亿元。

全市7所社会福利院在地震中损毁，其中北川县社会福利院严重损毁，绵阳市社会福利院、江油市社会福利院、三台县社会福利院、盐亭县社会福利院、平武县社会福利院、梓潼儿童福利院受损。受损建筑面积5.37万平方米，直接经济损失4409万元。

福利企业中，涪城区红光公司、腾扬机电公司受损较为严重。红光公司总面积8450平方米，其办公用房、幼儿园、厂房等损毁，损毁面积达7950平方米，损失578万元。腾扬机电公司厂房1000平方米全部成为危房，加上损毁的机械一套，直接经济损失150万元。

2. 优抚安置设施

各县（市、区）优抚安置设施均遭受不同程度的破坏。安县皮肤病医院全部损毁，损失2270万元；军干所损失114万元。平武县光荣院1360平方米老红军住宿楼全部成危房，损失136万元；康复院1380平方米病人住房全部成危房，损失207万元；社会福利院、儿童救助中心损失870万元。江油市优抚医院倒塌、损毁房屋461间，9450余平方米，医疗设施、办公设施等损毁，直接经济损失2836万元；光荣院房屋、设备设施损毁等，损失2065万元；皮肤病医院损失222万元；军干所各种损失630万元。

3. 救助设施

江油市救助站建筑总面积2770平方米，在地震中全部损毁，损失416万元。三台县救助站建筑面积1522平方米，救助综合楼等用房成为危房，损失110万元。

4. 殡葬设施

安县、江油、三台县殡仪馆损失较重。安县殡仪馆建筑面积2975平方米，其中900平方米的办公楼和火化车间损毁或成危房，损失135万元；火化炉和办公设备损毁，损失41万元。江油殡仪馆建筑面积1.16万平方米，其中1万平方米的办公用房和殡仪馆用房损毁或成危房，损失1501.5万元；火化机、冷藏和办公设备损毁179套，损失110万元。三台县殡仪馆建筑面积4600平方米，损毁2188平方米，损失218万元，设备损毁98万元。

第四节　环保系统

一、概况

在特大地震中，绵阳市环保系统死亡4人，均为北川县环保局职工；轻伤10人，分别为绵阳市环保局5人、北川县环保局1人、平武县环保局2人、江油市环保局2人。全市环保系统办公房屋损失3.44万平方米，损失办公仪器设备、执法车辆合计1103台（辆），8个水、空气自动监控站损毁严重，全市企业共有555台套污染治理设施损坏或损毁。全市生态环境损失巨大，直接经济损失达80.97亿元。

表1–15–24　绵阳市环保系统受损情况统计表

地区	房屋损失面积（平方米）	仪器设备、执法车辆	水、空气自动监测站	生态环境损失（万平方米）	企业污染治理设施损失数量（台/套）	直接经济损失（万元）
市本级	18520	172	4	—	26	8818.54
涪城区	200	64	—	—	53	936.38
游仙区	3035	78	—	75.72	58	2703.9
三台县	1140	74	—	30973	9	1311.47
盐亭县	800	80	—	0.3	20	646
安　县	900	178	—	86700	175	18084.7
梓潼县	1530	102	—	—	12	4776.195
北川县	2300	71	—	40020	19	122197.5
平武县	850	62	—	596215.6	25	220655.86
江油市	5100	222	4	19532.2	158	429596.4
合　计	34375	1103	8	773516.82	555	809726.9

二、环境监测

绵阳市环境监测站损坏环境监测仪器设备92台（套），损失金额624万元。绵阳市环境空气自动监测系统损坏严重，4个大气自动监测子站中，市人大、高新区自来水厂、三水厂子站自动监测设备受损严重，在震后不能正常运行，富乐山子站受到部分损失。江油市环境监测站4个环境空气自动监测站在地震中遭到严重破坏，造成直接经济损失260万元，其中3台自动站丧失运行能力。

三、城镇环保基础设施

全市共有5个城镇污水处理设施在地震中受损，经济损失5214万元，其中绵阳市塔子坝污水处理厂、江油市污水处理厂受损严重，粗格栅、生化池、鼓风机房、脱泥机房、接触消毒池、排水站、变压站、自控机器设备、厂内管网以及综合楼、围墙、厂内道路、供用电系统等均遭到破坏。

江油城市污水管网受到严重破坏。

全市7个城镇垃圾处理设施在地震中受损，其中北川县垃圾填埋场在地震中损毁，共计经济损失4120万元。

四、工业污染治理设施

全市共有78个工业企业污水处理设施在地震中受损，经济损失1.28亿元；55个工业企业废气、脱硫、除尘设施在地震中受损，经济损失2.82亿元；6个工业企业固废处理处置设施（危险化学品处理处置设施）在地震中受损，经济损失15万元。

第五节　其他社会事业

一、就业和社会保障公共服务机构

绵阳市劳动保障系统伤亡68人，其中死亡11人，失踪39人，伤18人。死亡人员中，在职职工1人，职工家属10人。

全市劳动保障系统10个局除盐亭县局外，业务用房和设施均损毁严重。据统计，各类业务用房灾损面积10.05万平方米，灾损金额2.16亿元。

绵阳市劳动社保局主管由各类企业办的技工学校因灾伤亡人数达27人，其中学生死亡4人，受伤22人。学校教学仪器及实训设备灾损金额达1586万元；教学楼、实训车间、图书馆、学生宿舍、学生食堂等设施受损面积达15.9万平方米，直接经济损失约2.24亿元。

二、人口和计划生育服务机构

绵阳市人口计生系统人员伤亡和财产损失十分严重。乡镇以上计生干部和技术人员遇难16人、重伤10人，计生干部及技术人员的家属遇难32人、受伤5人。其中，北川县遇难16人，重伤1人；安县重伤3人；平武县重伤1人；三台重伤3人；游仙区重伤2人。北川县人口计生局13名正式干部中8人遇难。县人口计生局和县计生服务站夫妻双方遇难的有10户，留下10个孤儿。

全市市、县、乡三级人口计生部门的办公用房、计生服务机构业务用房及设施设备均受到严重损毁。北川县办公用房、服务站业务用房全部毁损；安县、平武县、江油市、游仙区计生局办公楼和服务站房屋严重毁损，梓潼县、涪城区、盐亭县、三台县等县（区）受到不同程度的损毁，绝大多数无法使用。截至2008年5月31日24时的受灾情况统计，全市乡镇以上221个计生服务机构和3700个村计生服务室均受到不同程度损毁，直接经济损失2.89亿元。其中房屋毁损17.64万平方米(倒塌4.93万平方米、危房6.39万平方米、损坏6.32万平方米)，损失为1.90亿元；设备损毁14074件(台、套)，损失为9190万元；药品药具损失721万元。

表1–15–25　　绵阳市人口计生社会事业受灾损失情况一览表

统计单位	服务机构数目（个）	损毁情况				设备损失		药品药具	直接经济损失（万元）
		倒塌（平方米）	危房（平方米）	损坏（平方米）	损失价值（万元）	损失数量（台套）	损失价值（万元）	损失价值（万元）	
合计	221	49261	63886	63240	18998	14074	9190	721	28909
市级	3	1121	2916	5013	1466	951	272	22	1760
市计生干部培训中心	1	1121	1666	2733	870	515	25	—	895
市计生药管站	1	—	1250	—	438	426	114	17	569
市计生指导所	1	—	—	2280	158	10	133	5	296
涪城区	18	3680	1150	10564	1716	1922	1538	65	3319
游仙区	25	970	10590	3189	2003	1462	613	78	2694
三台县	48	—	15670	3110	2789	2080	1043	32	3864
盐亭县	31	—	5770	24599	1839	1964	1806	23	3668
梓潼县	23	452	1090	7115	485	254	261	7	753
安　县	18	17120	9030	2200	3149	2263	1070	205	4424
北川县	8	16380	—	—	1904	321	1398	144	3446
平武县	8	3760	4067	—	1122	402	180	10	1312
江油市	39	5778	13603	7450	2525	2455	1009	135	3669

三、档案馆（室）

全市10个国家综合档案馆直接经济损失逾1.5亿元（不含北川县档案馆损失），2名档案人员遇难，档案系统干部职工亲属死亡、失踪61人，受伤10余人。全市有13076平方米档案馆舍，其中7204平方米不同程度受损。北川县档案馆1000平方米馆库整体被掩埋。

全市国家综合档案馆馆藏档案87.42万卷，受损和处于危房中的档案25.94万卷。北川县档案馆全部档案资料8.5万卷，被倒塌的楼房废墟和崩塌的泥石掩埋，经省、市、县档案部门和军警多次奋力抢救，抢救出5万余卷。

地震给全市部分机关、乡镇、企业、学校、医院档案室带来毁灭性的打击。据不完全统计，全市有近320个机关、乡镇、企业、学校、医院档案室的8.07万卷档案在地震和暴雨中遭到不同程度损毁，有相当一部分完全被毁。

全市档案设施设备损毁也较严重，损毁档案柜架4161节，空调139台，除湿机43台，复印机23台，电脑125台，消毒柜4台，传真机3台，扫描仪3台，摄像机3台，照相机15台。市档案局（馆）损毁的设施设备共352台（套），价值344万元。

四、体育设施

全市体育系统直接经济损失1.80亿元，大型公共体育场馆破坏26.48万平方米，经济损失1.13亿元；群众体育设施破坏60套（处），体育训练场所破坏3.60万平方米，其他体育用房（体育机构）破坏1.61万平方米。

绵阳市体育局机关办公楼、九洲体育馆、南河体育中心、射击运动场、市体育学校的房屋和体育设施，均受到较大程度损毁，所辖北川、安县、平武、江油、三台受灾惨重。北川县城遭毁灭性打击，北川县教体局办公大楼全部垮塌，县域内体育场馆、设施全部被毁。涪城、游仙、梓潼、盐亭等区县体育场馆、设施不同程度损毁。

五、宗教活动场所

全市119处宗教场所房屋全部受损，其中完全损毁12处、严重受损42处、部分受损24处、轻微受损41处。直接经济损失2.29亿元。完全损毁的12处宗教场所是：北川县圆通寺、禹王庙、广莲寺、曲山镇清真寺、擂鼓镇清真寺、金霞洞、小坝天主堂，平武县龙藏寺，江油市法华寺、金光洞，游仙区魏城镇玉皇观，盐亭县金鼎寺。

图1-15-69　受损的江油罗汉寺观音殿

第十六章　文化广电灾情

第一节　文化事业

绵阳文化系统死亡、失踪26人，受伤54人，直接经济损失14.28亿元，倒塌房屋、危房及受损房屋共计74.15万平方米。北川县文化基础设施全部损毁。绵阳市文化局办公楼，绵阳市博物馆，安县、平武、江油等绝大多数县（市）文化馆、图书馆以及剧场、影剧院等大型文化设施成为危房。毁坏设备器材4.23万件（套），毁坏图书150.64万册，1515个文化市场、文化产业单位和722个新闻出版市场经营单位不同程度受损。文化遗产损失严重，11名县级非物质文化遗产传承人遇难或失踪，掩埋各级“非遗”文物947件、文字资料397.4万字、图片5949幅、音像资料1025件。

由于文化专职干部严重伤亡和文化设施大量损毁，市、县两级文化馆、图书馆及乡镇文化站服务能力明显降低，有的甚至无法开展公共文化服务，导致广大群众，尤其是重灾区群众的基本文化权益无法得到有效保障。非物质文化遗产传承人的严重伤亡，文物保护单位、文博基础设施的大量受损，使大量珍贵文物保存环境恶化，部分非物质文化遗产面临失传危险，绵阳文化遗产保护工作陷入前所未有的困境。大量文化经营单位受损，使文化消费服务能力明显降低，文化消费市场发育出现停滞，文化产业发展受到严重阻碍。

第二节　禹羌文化

一、禹羌文化研究中心

北川地处羌汉结合部，羌文化丰富多样；北川是大禹故里，中国民间文艺家协会于2007年7月6日将北川命名为“大禹文化之乡”。北川县禹羌文化研究中心为副科级事业单位，核定编制4名，主要职责是发掘、研究禹文化和羌文化，“四川省大禹研究会”“中国先秦史学会禹羌文化研究基地”“四川省社会科学院禹羌文化研究所”等机构亦设在该中心。在汶川特大地震中，禹羌文化研究中心负责人、四川省大禹文化研究所长谢兴鹏遇难，禹羌文化研究中心办公楼、设施设备全部震毁，与外地研究大禹、羌文化的机构（高校）和专家学者以及社团组织失去联络，全县禹羌文化研究近于瘫痪。

禹羌文献资料被埋。北川县自20世纪80年代以来，深入挖掘禹文化、羌文化，搜集第一手资料上万件，出版文集近30部，开办了由国家夏商周断代工程首席科学家、清华大学教授、中国先秦史学会理事长李学勤题写刊名的内部刊物《大禹文化》。在汶川特大地震中，全县近30年来出版的文集《禹生北川》《大禹及夏文化研究》《海峡两岸大禹文化研究会论文集》《禹羌文化研讨文集》《禹生石纽在北川》《北川羌族》和不定期出版的刊物《大禹文化》等共计1.3万余册被埋废墟，多年田野作业形成的50余万字的文字资料和数千件图片、影像资料被埋。

二、羌族非物质文化遗产

汶川特大地震前，北川县共有省、市、县三级非物质文化遗产保护项目30余项，其中“羌年”“口弦”和“许家湾十二花灯戏”于2007年3月1日由四川省人民政府列入省级“非遗”名录，“羌年”于2008年6月7日由国务院列入国家级“非遗”名录。在汶川特大地震中，“羌年”相关实物损毁50余件，“许家湾十二花灯戏”道具损毁80余件，“口弦”实物损毁20余件。此外，羌族山歌、沙朗、白什马马灯、青片龙灯、片口高跷狮灯、禹的传说等“非遗”项目的相关实物损毁数十件到数百件不等，多年收集、整理、保存下来的“非遗”保护项目的文字资料、音像资料全部埋入县城废墟。全县通晓羌族语言、历史文化的“非遗”传承人30余人不幸遇难。

绵阳境内另一个羌族聚居区平武县也遭受巨大损失，尤其是羌族人口较多的平通镇，就有2654户房屋倒塌，中、小学变成废墟，95%的居民无法正常生活。由于地震引发山体滑坡，羌族文化特色村牛飞村被滑落的山体整体掩埋，该村桥头上的一个村民小组36人全部被埋在山脚下的河道里，全村死亡56人。豆叩镇、大印镇、锁江羌族乡、平南羌族乡、徐塘羌族乡、水田羌族乡、旧堡羌族乡等羌族聚居乡镇，也都遭到不同程度的破坏。全县羌族文化遗产遭到重创，一些项目的传承人伤亡，造成项目无法传承，或项目中一些重要细节失传（如老端公、老羌秀能手伤亡）；因地震、泥石流、山体滑坡等，很多吊脚楼等特色建筑遭到损毁；一些羊皮鼓、面具等历史遗留的传承物遭到损毁或遗失。

三、羌族民间文艺社团

北川县禹风诗社56名社员被埋。北川县禹风诗社成立于1994年春，社员多为县城离、退休老干部，也有在职干部、职工、学生和农民。首批社员40多人，高峰期发展到108人。诗社设有社长1名，副社长多名、秘书长1名，办有内部刊物《禹风》，每年出版1至6期不等，著名诗人贺敬之、著名作家魏巍等文坛前辈曾为禹风诗社题词。诗社的例会一般都在每月12日举行，地点在北川县文化馆会议室。在汶川特大地震中，在县文化馆参加诗社例会的社员不幸遇难56名，诗社成立14年以来积累的许多羌乡诗人的资料和创作成果全部被王家岩滑坡掩埋。

北川县书法协会10名会员遇难。北川县书法协会成立于1984年，是绵阳市成立最早的县级书法协会。北川书协以“加强学习，增进交流，促进发展，共同提高”为宗旨，协会设有主席1名、副主席4名、秘书长1名。2008年4月，会员共计80余人，其中四川省书法家协会会员1人，绵阳市书法家协会会员14人。在汶川特大地震中，北川书协会员遇难10人，其中四川省书法家协会会员1人，绵阳市书法家协会会员5人；书协设在北川县文化馆活动室、少年活动中心培训室的展厅、流动展架全部被埋入废墟，历年收藏的书画作品荡然无存。

第三节　文物保护单位

全市文物系统受损严重，绵阳市博物馆、各县（市、区）文管所、各文物保护单位遭到不同程度的破坏。全市1300余件馆藏文物受损，6500余件被迫转移，1.7万余册珍贵古籍损毁。此次地震共造成全市文物系统经济损失6.61亿元，其中直接损失4.61亿元，间接经济损失2亿元。

震前，全市有国有馆藏文物4万多件，各级文保单位266处，文保点3500余处。受地震影响，全市馆藏文物严重受损，有些文物完全损毁、无法修复，损失难以估量。全市馆藏文物受损1310件，其中完全损毁805件；珍贵文物受损14件，除少数文物可以补残、粘贴进行修复外，其余文物无法修复。全市仅有的8处全国重点文物保护单位中，有5处存在不同程度的损毁，分别是：绵阳城区汉平阳府君阙、平武报恩寺、江油窦圌山云岩寺、梓潼七曲山大庙、三台郪江崖墓群。全市30处省级文物保护单位中，有26处受到不同程度损毁，分别是：绵阳城区李杜祠、绵阳城区碧水寺、游仙马鞍寺、游仙鱼泉寺、江油红军胜利纪念碑、江油青林口古建筑群、江油河西普照寺、江油文胜普照寺、江油青莲太白故居、江油王右木故居、三台尊圣寺、三台蓝池庙、三台琴泉寺、三台云台观、北川永平堡、平武豆叩寺大佛殿、平武回龙寺、安县文星塔、安县飞鸣禅院、安县开禧寺、安县姊妹桥、安县太平桥、梓潼贞孝节烈总坊、盐亭笔塔、盐亭涂氏牌坊、盐亭张氏民居。

表1-16-26　　　　　　　　　　　绵阳市文物系统直接经济损失情况一览表

地　区	文物本体损毁数量（件）	管理用房损失		防护设施损失金额（万元）
		受损面积（平方米）	损失金额（万元）	
市及市以上	3	19975	5700	300
涪城区	5	0	0	217
游仙区	70	2190	234.5	276
三台县	128	11530	1176	182
盐亭县	181	26251	2112	218
梓潼县	19	2900	358	40
安　县	28	34400	8930	152
北川县	225	23210.9	3693.5	1183.47
平武县	30	8158	7358.83	550
江油市	621	4435	665	12771
合　计	1310	133049.9	30228.28	15889.47

说明：数据由各县（市、区）文管所（博物馆）提交。

第四节　广播影视及新闻出版

汶川特大地震中，绵阳市广播电视职工18人遇难，79人受伤，直系亲属37人遇难。全市282个广播电视台（站）受损，损毁各类业务用房8.11万平方米，其中5.46万平方米倒塌或成为危房，损毁各类设施设备4.58万台（套），全市广电系统直接经济损失约4.9亿元。

一、广播电视设施设备

全市广播电台、电视台（含市、县广播电视台）业务用房毁损3.68万平方米，其中1.61万平方米倒塌或成为危房；损毁设备2630台（套），价值7140万元。

全市无线广播电视发射台（站）、转播台（站）、监测台（站）设施设备业务用房完全损毁（危房及倒塌）1840平方米，毁损（可加固使用）2400平方米，损毁设备482台（套），价值1240万元。损毁有线电视HFC网络（Hybrid-

图1-16-70　受损的江油市广电局电视枢纽中心机房

Fiber–Coaxial的缩写，即光纤与同轴电缆相结合的混合网络）长度2.57万公里，损毁设备数量1.56万台（套），设备受损估值1.1亿元。损毁有线广播电视前端设备6589台（套），损失4723万元。

全市282个乡镇广播电视站设施设备不同程度损毁，其中166个乡镇广电站完全损毁，91个乡镇广电站严重受损，损毁业务用房4万平方米，损毁设备1.09万台（套）。全市2000年以后建成的广播电视行政村“村村通”、50户以上自然村“村村通”、20户以上自然村“村村通”工程，50%以上损毁，仅2008年在建和已建的“村村通”工程，就有1146个遭受严重损毁，直接经济损失1080万元。

表1–16–27　　绵阳市广播电视无线发射台等设施受损情况一览表

单位	无线发射台等毁损情况			
	房屋（平方米）		设备	
	倒塌及危房	可维修加固利用	数量（台/件/套）	金额（万元）
合计	1840	2400	482	1240
市广播电视台	600	1500	100	600
北川县	300	—	100	100
平武县	—	180	10	50
安　县	200	—	50	100
江油市	240	—	200	300
三台县	200	400	10	30
盐亭县	—	320	2	10
梓潼县	300	—	10	50

表1–16–28　　绵阳市“村村通”工程设施设备损毁情况一览表

单位	受损自然村（个）	损失金额（万元）
江油市广播电视局	132	56.335
三台县广播电视局	128	121.03
安县广播电视局	407	256
梓潼县广播电视局	72	12.4585
盐亭县广播电视局	169	57.828
北川县广播电视局	68	340
平武县广播电视局	47	169
涪城区广播电视句	48	29.0414
游仙区广播电视局	75	38.448
合　计	1146	1080.1409
损失比例	57.50%	—

二、电影发行放映设施设备

全市电影发行机构房屋垮塌1050平方米，造成危房600平方米，直接经济损失345万元；设备损失180万元；车辆损失10.6万元；合计经济损失535.9万元。

全市97家县级影院和乡镇影院遭受重大损失，垮塌房屋1.57万平方米，危房8.69万平方米，经济损失1.76亿元；设备损失660万元，加上其他损失，合计经济损失2.19亿元。损失较大的有游仙区

8756.8万元、涪城区4378.4万元、三台县4202.3万元、江油市2061.4万元、平武县1349万元。

全市流动电影放映设备损失约439.3万元。

三、余震及次生灾害对广播电视的影响

汶川特大地震后的几个月里，由于余震不断、山体滑坡、道路塌方、雷击、洪灾、泥石流等次生灾害，全市广播电视事业又遭受新的重大损失。其中，北川、平武等极重灾县因次生灾害影响恢复重建，涪城区、三台县、安县、江油市等地因次生灾害造成多处广播影视设备设施损毁、房屋渗漏、网络线缆、器件损坏、电杆倒杆，局部地区有线网络接近瘫痪，直接经济损失约1740万元。

2008年5月18日，江油市发生6.0级余震，马角等16个乡镇主干线受损，所有乡镇电影院、房屋不同程度损坏，设施设备多数损毁，电影放映工作无法正常开展。

2008年7月20日，江油市因雷击造成37台前端设备受损，大楼电源系统损坏，并损坏1473台网络设备。同日，三台县因暴雨诱发山体滑坡、道路塌方，造成西平镇、凯河镇、上新乡、新生镇、观桥镇、安居镇、鲁班镇、建中乡等20余个乡镇有线电视网络杆线部分损毁，倒杆108根、断杆69根、电缆损毁4.8公里，损毁光接收机、供电器、放大器、广播喇叭200余台（只）。

2008年9月23日23时至24日11时，江油市北部山区强降雨，强烈的雷电暴雨、洪水及次生灾害的袭击，导致该市广播电视网络严重受损，双河镇以北19个乡镇的网络几乎瘫痪。暴雨冲毁杆路1215根、光缆1547.14公里、主干电缆86.4公里、其他电缆312.6公里，附件全毁，受损电视用户近3万余户，受损宽带用户700余户，直接经济损失1410万元。

安县广播电视前端因综合办公楼排危而损毁，广播电视制作、播出和传输一度无法正常运转。因山体滑坡及堰塞湖影响，高川乡公路沿线18公里有线广播电视主杆线被毁，通往茶坪乡25公里光纤主杆线被毁，广播电视网络全面瘫痪，信号中断，两个乡的群众无法收听收看广播电视节目。震后发生的强暴风雨天气，导致该县68公里广播电视主支杆线损坏。次生灾害造成安县广播电视直接经济损失220万元。

四、新闻出版

汶川特大地震使绵阳新闻出版机构不同程度受损，绵阳日报社办公大楼、车库等附属建筑和相关设施遭受严重损毁，损失达4800万元；损毁采、编、印设施设备881台（套），价值1630万元。绵阳晚报社3500平方米的印刷厂房、办公大楼共成为危房，损失达1550万元，3台（套）印刷设备及相关设施器材损失560万元，采编系统损失80万元，办公设施损失50万元，采访用车和采访器材瞬时60万元，直接经济损失共计2300万元。

第十七章　党政军机关灾情

第一节　市级机关

一、市级党政领导机关

绵阳市党政领导机关在汶川特大地震中受损严重。市委、市人大、市政府、市政协机关因灾直接经济损失7907.2万元，其中损毁房屋面积3.9万余平方米，损失7443.6万元；设施设备损毁811台（套），损失464.6万元。

表1–17–29　　绵阳市党政领导机关受损情况一览表

项目名称	因灾全毁				
	房屋		设备或设施		损毁总金额（万元）
	损毁面积（平方米）	金额（万元）	数量（台/套）	金额（万元）	
中共绵阳市委	18580	2972.8	713	411.6	3384.4
绵阳市人大	7819	1955	23	21	1976
绵阳市政府	7786	1245.8	40	15.0	1260.8
绵阳市政协	5079	1270	35	17	1286
合　计	39264	7443.6	811	464.6	7907.2

二、绵阳军分区

绵阳军分区机关营房受损面积2.35万平方米，其中民兵训练基地、老办公楼、水塔共计5615平方米受到严重破坏；仓库、修械所、招待所和新办公楼共计1.74万平方米受到中等破坏。

各县（市、区）人武部中，北川县人武部人员、财产损失最为严重，1名干部、3名职工、15名家属及小孩、56名民兵共75人遇难，政委钟良军、副部长兼军事科科长谭潇等4人受伤；办公大楼、民兵训练基地、武器仓库和家属楼共计4500平方米全部坍塌。

安县人武部营房受损面积为5050平方米，平武县人武部营房受损面积为7580平方米，江油市人武部营房受损面积为9770平方米，涪城区人武部营房受损面积为1750平方米，游仙区人武部营房受灾面积3086平方米，梓潼县人武部营房受损面积为5200平方米，三台县人武部营房受灾面积为2897平方米，盐亭县人武部营房受损面积为6792平方米。

三、市级部门

在特大地震中，全市共有112个市级单位和部门的房屋、设施设备受损，因灾损失总金额达7.1亿余元。其中房屋损毁面积35.40万平方米，损失金额6亿余元；设施设备受损5190台（套），损失金额1.1亿余元。

表1-17-30　　绵阳市市级部门受损情况一览表

部门名称	因灾全毁				
	房屋		设备或设施		损毁总金额（万元）
	损毁面积(平方米)	金额(万元)	数量(台/套)	金额(万元)	
绵阳市市级	354054	60058	5190	11418	71475
绵阳市委老干局	2732	646	9	5	651
绵阳市委组织部			61	7	7
绵阳市目标督查办公室			—	0	0
共青团绵阳市委			87	21	21
绵阳市委统战部	1408	352	11	5	357
民革绵阳市委			—	0	0
民盟绵阳市委			—	0	0
民建绵阳市委			—	0	0
民进绵阳市委			—	0	0
农工民主党绵阳市委			—	0	0
九三学社绵阳市委			—	0	0
绵阳市审计局	4278	1070	222	379	1449
绵阳市委农办			—	0	0
绵阳市民政局	1800	450	35	13	463
绵阳市运管处	4698	1174	—	0	1174
绵阳市航运处			—	0	0
绵阳市路政支队			—	0	0
绵阳市商务局	1555	389	—	0	389
绵阳市贸促会			4	3	3
绵阳市农业局粮食局	12464	3116	1396	7388	10504
绵阳市农业局监管事业			—	0	0
绵阳市农业局公益事业			—	0	0
绵阳市畜牧局	2941	735	266	58	793

续表1-17-30

部门名称	因灾全毁				
	房屋		设备或设施		损毁总金额（万元）
	损毁面积（平方米）	金额（万元）	数量（台/套）	金额（万元）	
绵阳市环卫处	7436	1859	5	4	1863
绵阳市绿化队			—	0	0
绵阳市卫生局	4088	1022	14	5	1027
绵阳市爱卫办			13	7	7
绵阳市健康教育所			—	0	0
绵阳市红十字协会			—	0	0
绵阳市城建档案馆	2237	559	5	3	562
绵阳市军供站	4102	1026	110	48	1073
绵阳市老龄委	5774	1443	—	0	1443
绵阳市农科区管委会办公楼	5300	874	46	90	964
绵阳市惠民帮扶中心	10166	1626.5	43	5.9	1632.4
绵阳市工商联	1078	172.4	0	0	172.4
绵阳市安办	3988	638.1	30	7.5	645.6
绵阳市人事局	7021	1123.4	353	185.0	1308.4
绵阳市移民办	1621	259.3	12	10.0	269.3
绵阳市供销社	1051	168.1	16	7.7	175.7
绵阳市农机局	2981	477.0	11	6.0	483.0
绵阳市劳动局	6303	1008.5	59	180.6	1189.1
绵阳市林业局	6050	968.0	44	36.5	1004.5
绵阳市水务局	8959	1433.5	93	440.0	1873.5
绵阳市计生委	6565	1066.4	18	143.0	1209.4
绵阳市教育局核算中心	1435	229.6	10	5.0	234.6
绵阳市科技局	7540	1206.3	159	76.1	1282.4
绵阳市信访办	1458	233.3	—	—	233.3
绵阳市民宗局	1977	316.3	8	15.0	331.3
绵阳市体育局	2800	6655.7	51	7.9	6663.5
绵阳市外贸局	4481	716.9	0	0	716.9
绵阳市沼气办	434	48.4	—	—	48.4
绵阳市质监站	1711	171.1	17	7.9	179.0
绵阳市文联	3806	380.6	61	15.0	395.6
绵阳市行政服务中心	7353	735.3	—	12.0	747.3
绵阳市中小企业办	1911	191.1	0	0	191.1
绵阳市房管局	12232	1223.2	84	85.0	1308.2
绵阳市统计局	1565	156.5	169	150.9	307.4

续表1-17-30

部门名称	因灾全毁				
	房屋		设备或设施		损毁总金额（万元）
	损毁面积(平方米)	金额(万元)	数量（台/套）	金额(万元)	
绵阳市广电局	1719	171.9	36	17.8	189.6
绵阳市交通局	6472	647.2	—	—	647.2
绵阳市商务局	3880	388.0	91	31.2	419.2
绵阳市投资促进局			24	4.9	4.9
绵阳市建设局	19475	1947.5	28	118.5	2066.0
绵阳市物价局	2152	215.2	47	30.0	245.2
绵阳市教育局	2886	288.6	72	22.0	310.6
绵阳市人防办	2042	204.2	6	2.0	206.2
绵阳市招办	2070	207.0	11	27.0	234.0
绵阳市游仙国土三分局	3580	358.0	21	3.4	361.4
绵阳市路灯管理处	1318	131.8	9	5.5	137.3
绵阳市军供站	4102	1026	110	48	1073
绵阳市礼宾局	1807	289.0	—	—	289.0
绵阳市委宣传部	5000	800.0	—	—	800.0
绵阳市监察局	1000	160.0	154	68.3	228.3
绵阳市农机监理所（农工委）	1507	241.2	—	—	241.2
绵阳市对台办	326	52.1	24	12.0	64.1
绵阳市社科联	326	52.1	—	—	52.1
绵阳市科协	1142	182.8	2	50.0	232.8
绵阳市体改办	521	83.4	—	—	83.4
绵阳市方志办	1299	207.8	16	6.5	214.3
绵阳市信息中心	2345	375.2	—	—	375.2
绵阳市城建监察支队	760	121.7	10	2.0	123.7
绵阳市规划局	447	71.6	5	5.0	76.6
绵阳市国土局	5957	953.1	50	25.3	978.4
绵阳市土地储备中心	200	32.0	8	5.7	37.7
绵阳市河堤管理处	18870	3019.2	14	2.4	3021.6
绵阳市无委办	2306	369.0	—	—	369.0
绵阳市城管办	4194	671.0	7	3.5	674.5
绵阳市食品办	697	111.4	—	—	111.4
绵阳市招商局	514	82.2	—	—	82.2
绵阳市外事办	227	36.3	—	—	36.3
绵阳市地震局	854	136.6	1	5.0	141.6

续表1-17-30

<table>
<tr><th rowspan="3">部门名称</th><th colspan="5">因灾全毁</th></tr>
<tr><th colspan="2">房屋</th><th colspan="2">设备或设施</th><th rowspan="2">损毁总金额（万元）</th></tr>
<tr><th>振毁面积（平方米）</th><th>金额（万元）</th><th>数量（台/套）</th><th>金额（万元）</th></tr>
<tr><td>绵阳市劳动监察支队（社保中心）</td><td>2552</td><td>408.4</td><td>0</td><td>0</td><td>408.4</td></tr>
<tr><td>绵阳市涪城粮食局</td><td>706</td><td>113.0</td><td>96</td><td>70.0</td><td>183.0</td></tr>
<tr><td>绵阳市游仙粮食局</td><td>724</td><td>115.9</td><td>118</td><td>188.0</td><td>303.9</td></tr>
<tr><td>绵阳市造价站</td><td>1220</td><td>195.1</td><td>2</td><td>1.0</td><td>196.1</td></tr>
<tr><td>绵阳市文化稽查队</td><td>1704</td><td>272.7</td><td>0</td><td>0</td><td>272.7</td></tr>
<tr><td>绵阳市财政局</td><td rowspan="6">21148</td><td rowspan="6">3383.6</td><td>3</td><td>100.0</td><td>3483.6</td></tr>
<tr><td>绵阳市发改委</td><td>20</td><td>200.0</td><td>200.0</td></tr>
<tr><td>绵阳市文化局</td><td>115</td><td>50.0</td><td>50.0</td></tr>
<tr><td>绵阳市公积金管理中心</td><td>7</td><td>31.8</td><td>31.8</td></tr>
<tr><td>绵阳市社保中心</td><td>15</td><td>32.7</td><td>32.7</td></tr>
<tr><td>绵阳市国资委</td><td>35</td><td>10.6</td><td>10.6</td></tr>
<tr><td>绵阳市高新区管委会办公区</td><td>12000</td><td>2680.0</td><td>163</td><td>17.8</td><td>2697.8</td></tr>
<tr><td>绵阳市高新区孵化器办公区</td><td>9000</td><td>250.0</td><td>30</td><td>16.3</td><td>266.3</td></tr>
<tr><td>绵阳市高新区劳动和社会保障局</td><td>410</td><td>30.0</td><td>0</td><td>0</td><td>30.0</td></tr>
<tr><td>绵阳市高新区出口加工区</td><td>3500</td><td>184.0</td><td>1</td><td>300.0</td><td>484.0</td></tr>
<tr><td>绵阳市科技城管委会</td><td>22000</td><td>2400.0</td><td>114</td><td>430.4</td><td>2830.4</td></tr>
<tr><td>绵阳市科创区办事处</td><td>3000</td><td>225.0</td><td>30</td><td>30.0</td><td>255.0</td></tr>
<tr><td>绵阳市经开区管委会</td><td>4200</td><td>100.0</td><td>90</td><td>8.0</td><td>108.0</td></tr>
<tr><td>绵阳市法制办</td><td>500</td><td>80.0</td><td>6</td><td>6.2</td><td>86.2</td></tr>
<tr><td>绵阳市财办</td><td>1037</td><td>165.9</td><td>—</td><td>—</td><td>165.9</td></tr>
<tr><td>绵阳市经委</td><td>421</td><td>67.4</td><td>87</td><td>20.0</td><td>87.4</td></tr>
</table>

第二节　政法机关

一、法院系统

地震造成全市法院干警30人遇难，69人受伤，家属受伤150余人。遇难的法院干警均是北川县法院干警，其中在职正式干警22人，合同制工作人员5人，退休干部3人。全市审判设施、生产生活设施毁损严重，房屋建筑毁损面积5.08万平方米，其中危房6.85万平方米，直接经济损失3.6亿元。

北川县法院房屋倒塌被埋、财产尽毁。平武县法院审判办公楼倒塌。盐亭县法院、梓潼县法院、涪城区法院、游仙区法院、高新区法院审判办公楼成为危房。安县法院、三台县法院、江油市法院审判办公大楼严重损毁。市中级人民法院办公楼2号楼成为危房。北川县法院曲山、陈家坝法庭，平武县法院南坝、豆叩法庭，安县秀水法庭等6个人民法庭办公用房倒塌。全市26个人民法庭办公房成为危房，其余法庭损毁非常严重，无法办公。全市法院38辆警车、360余台电脑及大部分办公设备损毁。2008年5月18日凌晨，江油6.0级余震，进一步加剧江油等法院的财产损失，造成江油法院及下属的5个人民法庭房屋损失3000余万元。

二、检察系统

全市检察机关31名干警及其亲属（父母、配偶、子女）遇难或因泥石流掩埋失踪，受伤30人。其中北川县检察院在职干警3人、退休干警3人、亲属20人遇难。北川县检察院原副检察长杨华全和他的妻子、儿子以及怀着身孕的儿媳，一家4人全部遇难；安县检察院二警亲属4人遇难。

绵阳市、县12个检察院在地震中遭受严重破坏，办公大楼大面积裂缝，墙体严重变形，办公设备严重损毁，办案用房、专业技术用房及派驻监管场所房屋不同程度受损。其中北川县检察院完全毁损，江油、平武、盐亭、游仙等地检察院房屋成为危房。房屋及检察技术设施设备损毁，直接经济损失约9500万元。另外，全市800户检察干警（含离退休干部）个人住房受损，面积7.88万平方米，其中全部损毁38户（北川县院），面积3800平方米。

三、公安系统

绵阳市公安民警死亡20人，重伤27人。办公用房损毁51.13万平方米，其中全毁13.18万平方米、受损37.95万平方米，损失金额5.58亿元。北川、平武、安县、江油4县公安机关的办公用房受损情况严重，其中北川县公安局办公用房全部垮塌，4县局办公用房损毁21.25万平方米，其中全毁12.61万平方米，经济损失2.73亿元。

图1-17-71　北川县曲山镇派出所废墟

全市刑警办公用房全毁2个（北川、安县）、受损5个（市刑警支队、涪城、游仙、梓潼、盐亭）；交警办公用房全毁5个（市交警支队部分房屋、北川、平武、安县、江油）、受损6个（市交警支队、安县、江油、三台、梓潼、盐亭），损失高达1.737亿元；巡警办公用房全毁1个（北川）、受损6个（市巡警支队、平武、江油、三台、梓潼、盐亭）；指挥中心用房受损8个（市局指挥中心、平武、安县、江油、涪城、游仙、三台、梓潼）；派出所办公用房全毁43个（北川14个、平武4个、安县16个、江油9个）、受损101个（平武7个、江油20个、涪城15个、游仙10个、三台24个、梓潼12个、盐亭11个、高新1个、科学城1个），损失高达1.27亿元；监管场所用房全毁4个（北川看守所和拘留所、平武看守所和拘留所）、受损16个（市看守所、市拘留所、市戒毒所、市收教所，安县看守所和拘留所、江油看守所和拘留所、三台看守所和拘留所、梓潼看守所和拘留所、盐亭看守所和拘留所），损失9740万元；消防办公用房全毁1个（北川）、受损9个（市消防支队，平武、江油、涪城、游仙、三台、梓潼、盐亭、高新消防大队）；警务室用房损毁635个（北川71个、平武76个、安县40个、江油257个、涪城48个、梓潼124个、盐亭19个）。

全市公安装备设施受损严重，损毁各类装备设施14396台（件、套），其中全毁10907台（件、套）、受损3489台（件、套），损失金额1.74亿元。其中，电脑、汽车、刑事技术设备和无线电基站损失最为严重，电脑等办公设施全毁3577台、受损1879台，车辆全毁149辆、受损112辆，摩托车全毁417辆、受损122辆，手铐、警棍等警具警械全毁1076件、受损496件，防弹背心、防弹头盔、盾牌等防护器材全毁1497件、受损478件，对讲机、基地台、车载台、信道机、路由器、视频会议系统等通讯设备全毁1690件、受损267件，物证检验鉴定、现场勘查提取、“三台合一”、二代证、互联网监控、行动技术侦控、监控系统等专用设备全毁2500件、受损140件。

北川县、安县、平武县、江油市损毁各类装备设施9843台（件、套），其中全毁8695台（件、套），占全市公安装备设施全毁总数的79.7%。绵阳市公安局和涪城、游仙、梓潼、三台、盐亭、高新、科学城等其他公安机关各类装备设施损毁4553台（件、套），其中全毁2212台（件、套），占全市公安装备设施全毁总数的20.3%。

四、司法系统

汶川特大地震给绵阳司法行政系统带来沉重打击，全市369名司法行政干警中，死亡11人，失踪6人，重伤97人。北川县司法局整体被埋，原有干警32人，14人遇难（其中局班子成员3人），6人失踪，14人受伤，干警家属死亡20余人，90%的家庭残缺不全。全市司法行政11个县（市、区）（含科学城）司法局办公楼，1个被毁，5个成危房，5个严重受损；乡镇司法所办公用房，68个倒塌，121个成危房，98个遭到不同程度的破坏。装备大部分被损坏。全市司法行政系统直接经济损失1.6余亿元。

附1：

两分钟，我在地狱里走了一遭

两个人，一辆车，依维柯救护车。

强震来临的一刹那，他们在北川县城的上十字街。

楼塌了，他们连人带车被埋在下面，并且还在不断向下沉。

……

他们没有死，虽然救护车司机佘学松的父母闻讯都已做好“收尸”的准备。

两分钟后，他们“站”在了街口六七米高的废墟上。

一波倒塌的山体形成的泥石流，把他们从地下冲了出来！

如果没有坚硬的车体，如果不是紧随而至的滑坡强大的推力，如果时空的坐标再稍稍偏移一点点……

大自然发怒时可怕得令人敬畏，而它所制造的戏剧性也远远超过了人类的任何想象。

我开着依维柯救护车，一声巨响，沉入地下十来米

强震来临的一刹那，我连人带车沉到了地下。父母从目睹者口中得到我被埋的消息后，已经做好了“收尸”的思想准备。

那天，县医院就我一个司机值班。中午，我开着依维柯救护车，拉上中医院院长魏应江，打算接一个病人。行至县城的上十字街时，突然看到许多人从超市、信用社、电器行和饭店里跑到了街上。踩下刹车，我俩很纳闷，发生了什么事？

当时车子正在过一个坎儿，根本没有感觉到地震最初的摇晃。我出门时，天还是晴的，但这时已经黑下来了，像傍晚一样。坐在副驾驶员座上的魏院长，趴在前方玻璃上，想看看咋回事。这时，只听见“轰”的一声，我不知道怎么回事，但意识到有危险，一把拽回他，扑在他头上。

这时，我感觉依维柯车顶突然遭到重击。眼前一晃，一声巨响后，车内已经一片黑暗。我清楚地知道是旁边的楼房塌了下来，把车子埋住了，因为我看见了街道边房子的垮塌。这时，奇怪的事情发生了，车子开始自动往地下沉，脑袋有一种失重的感觉。车子下沉速度很快，也许下沉了十来米吧，车子又像是在往前漂浮，车内黑黢黢的，两个耳朵嗡嗡响，像是高原反应。只听见车子里发动机的声音很大，似乎是加空油一样。嘴巴和鼻子里有白灰色的东西，呼吸很困难。

车内有了一丝光亮，天啊，我们两个又被泥石流冲了出来！

当时我很紧张、害怕，感到完了，已经绝望了。

不知道过了多长时间，很漫长很漫长，车子似乎停住了。我试着张嘴说话，很困难。问魏院长“有啥子问题”，很长时间后，他说“没得事”。后来，我估算这个过程有两分钟。

车内有了一丝光亮，我还保持着原来的姿势，车内全是白灰和砖块。车顶已经压下来，挨着我的头，挡风玻璃碎了，一大块水泥板竖在引擎盖上。当时我说“咱们想法走”。我推着魏院长的屁股，把他推了出去，可我的一条腿被变形的方向盘挤住了，站不起来。不晓得哪来的力气，我一把撕烂了裤子，拽出腿。魏院长也来拽我，我才出来了。

后来我才知道，刚才是街两侧的建筑倒了下来，把我们连人带车砸进了地下，也许是地下的土层在运动，附近的高山垮塌后，巨大的冲击力又裹卷着车子往前走，最后，我们竟然被推出了地面。

父母做好了“收尸”的准备，而我却“站”在六七米高的废墟顶上

更巧的是，我的车被垮塌的高楼埋住时，正好被父亲的一个朋友亲眼看到了，我父母随后就得到了我“遇难”的消息，并且做好了“收尸”的思想准备。

从车子里爬出来，我们才惊讶地发现，自己正站在一处六七米高的废墟顶上，我开的依维柯，车头已斜着拱了出来。“地震了！”直到这时，我们才知道原来是地震了。令我们感到更加惊讶的是，人和车都已经到了下十字街，距离原来停车的地方约有100多米远。后来我们才知道，在当时停车的那个路口，就活了我和魏院长两个。

（讲述者：余学松　性别：男　身份：北川羌族自治县人民医院救护车司机）

（摘自石家庄日报社、绵阳日报社《汶川记忆》　花山文艺出版社　2008年10月）

附2：

山崩地裂后，湔江里冒出一座山

在5·12大地震中，北川县曲山镇楼房坪村农民朱桂翠家的房屋瞬间倒塌。当她在惊恐中睁开眼睛时，才发现流经家门口的湔江里，竟冒出了一座新的山。而她家所在的四崖山和相隔1公里的唐家山，经过大规模的垮塌，几乎和这座新出现的山连成一体，形成了一座巨大的天然堤坝……

天突然黑了，我倒在地上，只能听见房屋倒塌、山体崩裂的声音

5月，对于四川的农民来说，是一年中最忙碌的时节，小春收割、大春播种都在这个时候完成。12日中午，我草草地吃了点剩饭，就拿上农具，站在院子里等待丈夫一起下田干活。

就在这时，我突然听见"轰隆隆"的声音从山顶上传来，当初我以为是雷声，可紧接着，大地开始晃动起来。

地震了！我来不及多想，立即冲向屋内。

房屋在剧烈地摇晃，砖头碎瓦不断从房顶上掉下。八十多岁的老母亲已被吓得不知所措，我拉起她就朝外面跑。可刚跑到门口，强烈的摇晃就使我们母女俩跌倒在地上。扭头一看，自家的房顶迎面向我扑过来。我将母亲的头掩在自己的胸膛下，绝望地闭上了眼睛。

突然，我感觉自己被人提了起来，接着又被放在地上。伴随着一声闷响，我睁开眼睛：原来，就在地震开始的瞬间，丈夫从茅房里跑了出来。他连腰带都没来得及系，就提着我和我的母亲往外跑。

我正想看看丈夫伤着没有，原本晴朗的天突然黑了下来，周围的一切什么也看不见了。惊慌中，我死死地抱着丈夫的腿。在恍惚中，我听见周围房屋倒塌、山体崩裂、巨石滚落以及邻居们哭嚎的声音乱成了一片。

江水瞬间消失，峡谷中的河道上，竟然冒出了一座100多米高的小山

大约过了一分钟，天又亮了。眼前的情景让我更加恐惧：山脚下的湔江里，突然出现一条口子，江水在瞬间消失；原本深陷于峡谷中的河道上，竟然冒出了一座100多米高的小山；在我居住的四崖山上，很多地方出现了裂缝，一些村民随着房屋一块儿掉进几米宽的缝里，接着裂缝一下子又合拢了；一块块房屋般大的巨石从山上飞一样落下，冲向房屋、树木、田地、生灵……

短短几分钟时间，让我经历了人间和地狱，极度恐惧的我只有死死地抱住丈夫的腿，边哭边喊："老天，求你开开眼，给我们留条活路吧！"

好在我丈夫当过兵，显得特别冷静。他一手抓住母亲，一手撑着地向我吼道："莫喊了，如果今天真要死在这里也没得办法！"丈夫的吼声镇住了我，我只能用惊恐的目光注视着周围的一切。

逃亡中，平日温顺而秀美的大山，一次又一次地向我张开可怕的大嘴

大地终于平息下来，我家所在的这块山坡没有往下滑落，也算是不幸中的大幸吧。稍微平静一点的时候，丈夫就喊了一声："走，赶快上山。"说完，他就抱着我的妈妈向山上走。我心里仍很

害怕，紧紧跟在丈夫后面，拽住他的衣角跟着走。

天！我们刚走出院子，回头一看，院子里已经多了一条1米多宽的缝隙。眼看着院子里的两把锄头掉进了缝隙。片刻之后，那条缝隙又合上了，两把锄头彻底消失。看到这一切，我再也不敢回头，拼命地往山上逃。

我家所住的四崖山，有1500多米高（当地百姓都说相对高度，该山实际海拔2100米左右），平时山上郁郁葱葱，山下湔江缓缓流过。曲山镇楼房坪村有84户人家，房屋从山脚错落而上，一直延伸到半山腰。我家的房子就在半山上，对于我们来说，平日上山是一件很容易的事情。但是，地震时通往山上的唯一一条小路，已经被滑下的山体掩埋，我们只能拉住山坡上的藤条往上爬。

大约走了10分钟，我感觉危险小了一些，便鼓足勇气，再次回头。这时我才发现，在这座山上居住的84户人家，几乎全部滑到了山下或者被泥石流掩埋。更可怕的是，平三里和四崖山隔着一条江的唐家山，已经移过来很多。从这两座山上滑下来的泥土，与那座刚冒出来的小山几乎连成了一体，将湔江中的水彻底截断了……

就在我还没回过神的工夫，恐惧再次袭来：大地又开始颤抖，我脚下的山体又开始裂缝。情急之下，我一把拽住了一棵大树。天！我刚刚抱住大树，一条一米多宽的裂缝就出现在我的脚下，我刚刚将脚从缝隙中取出，缝隙就合上了！

很幸运，我没有被裂缝吞下。但是，邻居朱元光的一个亲戚掉下了缝隙，我眼睁睁地看着他消失了……

“继续往上爬。”人群中不知谁再次发出号令。朱元光也在瞬间擦干眼泪，带着幸存的另外三个亲人，和大家一起向四崖山顶部爬去。

随着大地的震动，一块块石头从我们头上、身边、脚下带着风声飞过。我丈夫抱着我的妈妈，一边艰难地往上爬，一边对着后面的人喊“往左”、“往右”、“蹲下”……

大家商量是不是向北川县城方向逃，但定睛一看那里笼罩在一片黑暗之中

因为走惯了山路，平时我们只需半小时就可以爬上山顶，但是这次大家扶老携幼竟然用了4个小时。

直到惊魂未定地坐在山顶上，我才发现自己的左腿被山上的飞石擦伤了，整条裤腿都已被鲜血染红，鞋子也跑丢了一只，身上的衣服到处是洞。

不一会儿工夫，大约40多人从四面八方赶到了山顶。大家不论是否熟识，不论过去彼此之间有什么矛盾，一见面，就相互拥抱，继而摸出手机，开始联系自己的亲人。

由于手机没有信号，大家便开始商量，是不是向北川县城方向逃命。但是，大家定睛一看，原本美丽的北川县城，仍然笼罩在一片黑暗之中。有经验的老人说：“那里肯定也出事了。”听了这话，我再也忍不住了，嚎啕大哭起来：我读大学的儿子几天前才回到县城，正住在亲戚家中，准备参加公务员考试；我的两个姐姐也住在北川县城；我的女儿在桂溪乡邮电所上班……

但是大家又不得不面对一个现实：要想逃出大山活命，最好前往绵阳，[illegible]县城不行，就走擂鼓镇。

大山上除了森林就是滑坡，根本没有路。丈夫和几名好心的村民背着我的妈妈，其他的人就相互搀扶着前进。当天晚上11点，大家相互连拖带拽终于赶到了擂鼓镇。

这天夜里，我们在擂鼓镇的公路边坐了下来。从北川县城逃出的人，一批又一批地经过这里。从他们的口中，我们知道县城里死了很多人。因为惦记儿子和姐姐，我几次想冲进县城，都被丈夫拉了回来。

13日天刚亮，我在丈夫的强拉硬拽下，和聚集在擂鼓镇的许多老百姓一起，向绵阳方向走去。

儿子被平地震起，隔着一栋两层楼，飞到了另一栋两层楼顶上

5月14日，我终于在绵阳九洲体育馆见到了我的儿子和女儿。儿子告诉我，地震时，他被抛了出去，飞过邻居家的小二层楼，落在了另一家的两层楼楼顶。还没等他爬起来，就又被甩了出去。幸运的是，他落地之前，恰好被县武装部的一位同志接住了，结果这名同志的腿断了，他却没什么大事。儿子还说，我家在县城里的13名亲人，有6人遇难。

儿子的离奇幸存让我庆幸，可众多亲人的离去，让我更加悲伤。在九洲体育馆的几天时间里，我的脑子里成天想的是地震时那山崩地裂的景象，以及我遇难亲人的身影。

在绵阳九洲体育馆，聚集着许多来自全国各地的好心人。在他们的真心帮助下，我们一家人渐渐从地震的阴霾中走了出来：儿子当了志愿者，女儿回到单位参加抗震救灾。5月21日，为了减轻九洲体育馆的压力，我和丈夫带着我的妈妈，转到了安县灾区群众安置点。

（讲述者：朱桂翠　性别：女　身份：北川羌族自治县曲山镇楼房坪村农民）

（摘自石家庄日报社、绵阳日报社《汶川记忆》　花山文艺出版社　2008年10月）

第二篇

抢险救灾

QIANGXIANJIUZAI

绵阳市是汶川特大地震受灾最重、损失最大、人员伤亡最多的地区。中共中央、国务院、中央军委对绵阳的巨大灾情极为关注。2008年5月13日下午，中共中央政治局常委、国务院总理、国务院抗震救灾总指挥部总指挥温家宝赶赴绵阳，看望慰问受灾群众，组织指挥抗震救灾。5月16日，中共中央总书记、国家主席、中央军委主席胡锦涛从北京直飞绵阳，慰问灾区干部群众，指导抗震救灾工作。5月22日、6月5日，温家宝先后两次赴绵阳指挥抗震救灾。中共中央政治局常委、全国人大常委会委员长吴邦国，中共中央政治局常委、全国政协主席贾庆林，中共中央政治局常委李长春，中共中央政治局常委、中央书记处书记、国家副主席习近平，中共中央政治局常委、国务院副总理、国务院抗震救灾总指挥部副总指挥李克强，中共中央政治局常委、中央纪委书记贺国强等先后赴绵阳，指挥或指导抗震救灾，慰问受灾群众。

根据中共中央、中央军委的决策部署，成都军区、济南军区、第二炮兵、空军、民兵预备役部队、武警部队、公安消防部队等共出动5.5万名官兵，以空中运输、铁路运输、摩托化开进等不同方式，星夜兼程赶往绵阳灾区，迅速投入北川、安县、平武等急难险重任务区的救援工作。国土资源部、环境保护部、卫生部、交通部、水利部、建设部、质检总局、中科院等国家部委和单位迅速抽调人员组成专家组，飞赴绵阳指导抢险救灾。北京、上海、江苏、山东、河南等地2万余名志愿者，以及美国、英国、日本、加拿大、澳大利亚、墨西哥等国100余名外籍志愿者，奔赴绵阳参加抗震救灾。

中共四川省委、四川省人民政府迅速对绵阳市抢险救灾作出重要部署，省政府副省长张作哈带领四川省抗震救灾指挥部驻绵工作组连夜赶赴绵阳，迅速协调部队、武警、公安、民兵预备役、专业救援力量及医护人员驰援绵阳重灾区，争分夺秒解救被困群众，千方百计救治伤员。省委书记刘奇葆、省长蒋巨峰等多次赴绵阳灾区，查看灾情，慰问受灾群众，组织指挥抢险救灾。中共绵阳市委、绵阳市人民政府紧急动员全市人民奋起抗灾自救，争分夺秒抢救生命、救治伤员；全力做好受灾群众紧急转移及临时安置工作；全面加强灾区卫生防疫，确保“大灾之后无大疫”；科学防治次生灾害，按照“排险避险同步推进”的原则，成功处置唐家山堰塞湖等高危堰塞湖，实现零伤亡的目标。

第一章 组织指挥

第一节 中共中央、国务院领导指挥绵阳抗震救灾

中共中央总书记、国家主席、中央军委主席胡锦涛 2008年5月12日14时28分，发生汶川特大地震。15时55分，胡锦涛作出关于全力抗震救灾的重要指示，要求解放军、武警部队、民兵预备役人员迅速出动抗震救灾，全力抢救受伤人员，尽最大努力把地震灾害造成的损失减少到最低限度。20时，胡锦涛主持召开中共中央政治局常委会议，全面部署抗震救灾工作。中央决定成立国务院抗震救灾总指挥部，由总理温家宝任总指挥，李克强、回良玉任副总指挥，全面负责抗震救灾工作。22时34分，胡锦涛就抗震救灾工作向中央军委委员、解放军总参谋长陈炳德做出指示：当务之急是救人，兵力出动越多越好、越早越好、越快越好；现在的关键是速度，要抓紧救人。

5月13日，胡锦涛就抗震救灾工作指示：抗震救灾工作要点、线、面总体部署；当地党委、政府要组织力量搞好自救，积极抢救受伤群众；抢险救灾部队与地方干部要组织联合救援，深入县城和受灾乡镇，全力实施抢救；在抓好点上救援的同时，一定要考虑面上的救援工作，要根据情况迅速组织力量到需要救援的地方抢救群众。

5月14日，胡锦涛主持召开中共中央政治局常委会议，进一步研究部署抗震救灾工作。中央决定，增派人民解放军、武警部队、公安消防特警，并配备必要的器械和工具，迅即赶赴灾区一线，全力投入抢险救援；继续从各地和部队调集医护人员，组成医疗队和专家组，到灾区对受伤群众实施救治，并加强卫生防疫工作，防止灾区疫病流行；千方百计安排好灾区群众生活，继续筹措和调运灾区急需的食品、饮用水、衣被、帐篷等物资，切实解决好受灾群众的吃饭、饮水、穿衣、住宿等问题；同时，深入细致地做好灾区群众思想工作，确保灾区社会稳定；抓紧抢修道路、电力、通信等基础设施，想方设法尽快恢复通往灾区的公路交通，以保证整个抗震救灾工作顺利进行；切实防止次生灾害发生，避免造成新的损失；进一步加强对抗震救灾工作的领导，统一指挥，科学调度，加强协调，分工负责，严明纪律，确保中央抗震救灾决策部署落到实处。中央号召，全党和全

国军民要更加紧密地团结起来，一切为了灾区，全力支援灾区，以实际行动为抗震救灾贡献力量。

5月16日，胡锦涛赶赴绵阳灾区看望慰问受灾群众，指导抗震救灾工作。中午，胡锦涛抵达绵阳机场，立即在机场主持召开会议，同先期抵达灾区的中共中央政治局常委、国务院总理、国务院抗震救灾总指挥部总指挥温家宝共同研究部署抗震救灾工作。随后，胡锦涛一行立即驱车赶往北川县、绵阳南河体育中心安置点、绵阳市中心医院，看望慰问受灾群众，指导抗震救灾工作。

在北川县擂鼓镇胜利村，胡锦涛踩着瓦砾，来到倒塌损毁的房屋前仔细察看，向当地干部询问群众伤亡和安置情况。胡锦涛走进帐篷，坐在临时搭起的床铺上，拉着受灾群众的手，同他们交谈，询问他们家里受灾的情况、生活上还有什么困难。胡锦涛对乡亲们说，这场特大地震灾害损坏了你们的家园，我们和大家一样感到痛心。在严重灾难面前，我们要坚强，要有信心、有勇气。中央已经号召全党和全国军民紧急行动起来，投入抗震救灾斗争。我们一定会尽全力抢救受困群众，尽全力医治受伤群众，尽全力安排好灾区群众生活，下一步还要尽全力帮助乡亲们恢复生产、重建家园。请乡亲们放心，有党和政府的关怀，有全国人民的援助，有人民解放军、武警部队的支持，我们一定能克服困难、渡过难关。

离开胜利村，胡锦涛来到北川中学。得知还有300名师生被埋时，胡锦涛说：“当务之急仍然是救人，只要有一线希望，我们都要千方百计地抢救。”在设在学校的野战医疗所里，几名受伤群众含泪告诉总书记，自己家里遭了大灾。胡锦涛说：“我和你们一样难过。你们一定要保重好自己的身体。”3岁半的罗梦夕在这场灾难中失去了母亲，睁着大眼睛静静地躺在救护人员的怀里。总书记叮嘱医护人员一定要为孩子做全面检查，然后俯下身子亲亲她的小脸说：“以后爷爷再来看你。”

在北川中学救援现场，胡锦涛接见了正在抢险救援的部队官兵，代表党中央、国务院和中央军委，向广大官兵致以崇高的敬礼。胡锦涛说：“在这场特大地震灾害面前，你们坚决执行党中央、国务院和中央军委的指示，牢记灾情就是命令、时间就是生命，迅速赶赴灾区一线，奋不顾身地投入抗震救灾斗争，做出了重要贡献。你们以实际行动使灾区群众看到信心，感受到希望，增添了力量。你们不愧为人民子弟兵，党和政府感谢你们，全国人民一定会铭记你们的功绩！”胡锦涛说，当前抗震救灾斗争正处于关键阶段，特别是还有不少群众亟待营救。希望同志们一定要发扬不怕疲劳、连续作战的作风，克服困难、争分夺秒，努力把灾害造成的损失减少到最低程度，夺取抗震救灾斗争的胜利。

随后，胡锦涛又向北川县城赶去，嘱咐救援队伍一定要争分夺秒，尽最大努力搜救群众。这时，几位救援人员推着三轮车，载着白坭乡一名伤员急匆匆走过。胡锦涛站在路边，关切地询问他的伤情。得知白坭乡的乡亲们吃饭还没有保障，总书记立即对当地负责同志说，这个乡路还没通，电话还打不进去，要想办法派人进去，缓解乡亲们的吃饭难题，这样他们也就安心了！

在绵阳南河体育中心安置点，胡锦涛走到受灾群众中，同大家亲切握手，详细询问家里有没有人伤亡、在安置点生活怎么样。胡锦涛还同党员服务队员、志愿者交谈，感谢他们为抗震救灾做出的贡献。在绵阳市中心医院大厅，胡锦涛俯下身子，拉着伤员的手安慰他们，祝愿他们早日康复。他还勉励医护人员大力发扬救死扶伤的人道主义精神，尽一切努力救治伤员，为打赢抗震救灾这场硬仗贡献力量。

中共中央政治局常委、全国人大常委会委员长吴邦国 2008年5月12日晚，吴邦国致电四川省人大常委会，表达对四川灾区人民和全省广大干部群众的深切慰问。5月22日下午，吴邦国主持十一届全国人大常委会第四次委员长会议，听取国务院关于汶川特大地震抗震抢险及救灾工作情况的汇报。

5月28日，吴邦国赴绵阳市平武县平通镇察看灾情，指导抗震救灾。平通镇是极重灾乡镇，绝大部分房屋在地震中垮塌。镇干部立即带领群众全力从废墟中救人，最大限度地减少伤亡人数。吴邦国对他们说，你们在这场抗震救灾斗争中经受住了严峻考验，党和人民感谢你们。随后，吴邦国走到正在清理废墟和卫生防疫的部队官兵、民兵预备役人员和防疫人员中间，对大家说："你们辛苦了，一定要注意安全，保重身体。"在山坡上的临时帐篷安置点，吴邦国对乡亲们说："你们受苦了，大家的临时住房，中央高度重视，采取了各种办法组织生产、调运，全国各地都在全力支援，困难会过去的。"

傍晚，吴邦国驱车来到长虹培训中心，看望在这里复课的北川中学师生。在用板房搭建的临时计算机教室里，吴邦国和同学们一起浏览网页，边看边交谈。他说，计算机为同学们查询信息、学习知识提供了很大方便，希望利用好计算机，掌握更多的知识。吴邦国走进学生的帐篷宿舍，与同学们围坐在地铺上亲切交谈，询问伙食好不好、能不能洗上澡。同学们告诉吴爷爷，长虹的叔叔阿姨对他们照顾得很好，请吴爷爷放心。吴邦国说，你们很坚强，北川中学的同学们都是好样的。在这种特殊情况下，你们更要团结友爱、相互帮助，调整好自己的状态，尽快适应这个环境。不久的将来要建设一个更加现代化的北川中学，为同学们创造更好的学习条件。

中共中央政治局常委、国务院总理、国务院抗震救灾总指挥部总指挥温家宝 2008年5月12日16时44分，温家宝从北京南苑机场乘专机飞赴四川灾区，部署、指挥抗震救灾工作。5月13日下午，温家宝急赴绵阳市，看望慰问受灾群众，指挥抗震救灾工作，鼓励大家勇敢面对自然灾难，团结一致，互相帮助，共渡难关，战胜这场特大地震灾害。13日16时许，温家宝到设置在九洲体育馆的受灾群众临时救助中心，看望安置在这里的受灾群众，听取绵阳市地震灾情和抗震救灾情况的简要汇报。

5月14日，温家宝深入极重灾区北川县察看灾情，指挥救灾工作。他要求救援人员抓紧时间深入到每个乡村，尽最大努力从废墟中救人。同时鼓励受灾群众要坚强面对地震灾害，树立战胜灾害的决心，重新建设美好家园。他强调，现在第一位的任务就是救人，抢救人的生命是这次抗震救灾工作的重中之重，要抓紧时间，只要被困群众有一线生还的机会，就要用百倍努力施救。

14日10时许，温家宝来到北川县曲山镇，看望救援人员和受灾群众。在北川中学，数支救援队伍正在进行紧张施救工作。地震造成大楼倒塌，上千名师生被掩埋在废墟之下。从5月13日到14日上午，救援人员已从废墟中救出生还者300多人。走进北川中学，温家宝步履沉重，神情凝重，当看到救援人员正不断向废墟下喊话，提醒被掩埋的师生保持沉着、保持体力时，温家宝说："这很好，要让他们知道有人正在救援，可以树立信心。"温家宝环视四周倒塌的教室，沉重地对现场的救援人员说："现在第一位的任务就是救人。抢救人的生命是这次抗震救灾工作的重中之重。要抓紧时间，只要有一线生还的机会，就要用百倍努力。我们要把救援人员派到每个受灾的县、乡、村去，尽最大努力从废墟中救人。"温家宝同时提醒大家："抢救过程中一定要注意科学方法，要配备足够的工具。"温家宝还激励广大救援人员说："面对这场严峻的考验，我们要发扬不怕牺牲、不怕疲劳的精神。时间就是生命，抢险救人，刻不容缓，希望广大干部、战士都要肩负起这项重任。我坚信，在这场抗震救灾的重大斗争中，同志们一定能经受得起特殊考验。"

在学校操场灾民安置点，温家宝鼓励受灾群众要坚强面对地震灾害，树立战胜灾害的决心，重新建设美好家园。他说："地震可以移山、阻断河流，但动摇不了人民的意志，只要我们在天灾面前团结一心、相互帮助、共同努力，就一定能战胜这场灾害。这次地震灾害，使我们失去了亲人，但活着的人得生活下去，还要活得更好。灾害面前，最重要的就是要有战胜灾害的决心，我们每个人都有双手，要共同努力，把家安置好，把房子盖好，把孩子培养好，我们的幸福生活就是对死者最大的安慰。我相信这一代人，乃至子孙后代都会生活得越来越好。”温家宝说：“灾害无情人有情，通过这场灾害，人民更加团结，军民更加团结，干部和群众更加团结。我们的救援人员要到每个县、乡、村实施救援，党和政府还有全社会都会尽最大努力把被困在废墟中的群众救出来，把受灾群众安置好。”

温家宝还看望了在现场救援的解放军指战员、公安干警、医护人员，并和大家一一握手，鼓励大家再接再厉，把救灾工作进行到底。

通往县城的公路，因地震及余震已造成多处塌方、道路阻断。塌方处巨石挡道，温家宝来到这里，察看遭到严重破坏的北川县城。几位解放军战士抬着一个小女孩从县城方向跑过来，大家赶紧让路。温家宝见状对大家说：“一开始定的‘救人第一’的原则是对的，现在时间还来得及，大家要赶紧救人。”“当前救灾工作的重中之重是救人，只要有一线生还的机会，就要用百倍努力。”温家宝对陪同视察的国家部委、军队、省、市负责人等提出了抗震救灾工作的一系列具体要求。

5月16日上午，温家宝在绵阳灾区接受中央人民广播电台、新华社、中央电视台记者的集体采访时说，地震已过去88个小时，当前仍处在抢救人员的关键时刻，只要有一线希望，就要尽百倍努力，决不轻言放弃。中午，在绵阳南郊机场，与刚刚抵达的胡锦涛总书记共同研究部署抗震救灾工作。

5月22日，温家宝赴绵阳地震灾区，慰问受灾群众和参与救援的解放军和武警官兵、公安干警、医护人员，指挥抗震救灾工作。17时10分许，一抵达绵阳机场，温家宝就和国务院副总理回良玉、国务委员马凯以及总指挥部其他成员一起改乘直升机前往北川察看唐家山堰塞湖灾情，看望禹里乡准备转移的群众，并前往在地震中遭受严重毁坏的北川县城，了解受灾情况。在禹里乡，温家宝告诉乡亲们，现在威胁最大的就是堰塞湖，“你们放心，我们一定把这个问题处理好，今天晚上就要开会研究，主动处理，越快越好，一定会确保群众安全。”

温家宝乘坐直升机降落在北川县擂鼓镇，然后驱车重返一周前察看过的北川中学，慰问正在这里喷洒药水的指战员和卫生防疫人员，叮嘱大家做好卫生防疫工作。19时许，温家宝来到北川县城外的一块高地上，眺望这座曾经山清水秀的县城。温家宝对当地干部和负责救援的部队负责人说，现在摆在我们面前最重要的任务，就是要做好受灾群众的安置工作。其中有三项工作比较紧迫：一是解决住的问题；二是解决卫生防疫问题，要坚决做到灾后无大疫；三是防范次生灾害，特别是防范堰塞湖溃堤造成新的损失。温家宝说，我们要再造一个新北川，这座老县城可以作为地震遗址保留，变成地震博物馆。另外，北川是我国唯一的羌族自治县，要保护好羌族特有的文化遗产，即使县城迁建到新的地址，也要做好这种保护工作。

晚上，温家宝在列车上召开总指挥部会议，专题研究处理堰塞湖的问题，决定成立唐家山堰塞湖应急疏通工程前线指挥部，由四川省省长蒋巨峰任总指挥，水利部、武警水电部队、成都军区空军的负责同志参加。温家宝提出处理堰塞湖问题的三条原则：一是主动处理，避免被动处理；二是要立足早处理，防止因水量增大增加处理难度；三是同时制定工程排险方案和人员转移避险方案，确保群众安全，确保部队和抢救人员安全，绝不能再造成人员伤亡。

5月23日，温家宝先后到绵阳四〇四医院受伤灾民救治监护室、长虹培训中心北川中学临时教室、九洲体育馆帐篷学校等处，检查指导灾民安置、卫生防疫及灾区学生复课等工作，亲切看望慰问受灾群众及复课学生。温家宝激励绵阳灾区群众，要昂起坚强的头颅，挺起不屈的脊梁，坚决打赢抗震救灾这场硬仗。在长虹培训中心北川中学高三年级帐篷教室，温家宝激励同学们要昂起坚强的头颅，挺起不屈的脊梁，燃起那颗炽热的心，为了明天，充满希望地向前迈进，并用粉笔在黑板上写下“多难兴邦”四个大字。

6月5日，温家宝第三次奔赴绵阳指挥抗震救灾。16时许，温家宝在绵阳机场一下飞机，立即转乘直升机前往唐家山察看堰塞湖情况。温家宝对随行的地方和部门负责同志说，实地看了以后，发现堰塞湖的情况比想象的还要复杂。但是不管怎样，必须早一点解除这个堰塞湖的安全隐患，因为大批转移群众住在简易帐篷里，天气炎热，时间久了，困难会越来越多。18时20分许，返回绵阳机场后，温家宝看望了参加唐家山堰塞湖抢险工作的部队指战员，他强调，唐家山堰塞湖的隐患一天不消除，我们的抗震救灾任务就没有完成。他希望解放军指战员继续发扬忘我牺牲的精神、艰苦奋斗的精神，时刻准备迎接新的战斗。

6月6日8时许，温家宝到参加唐家山堰塞湖抢挖导流明渠武警水电部队营地看望官兵，向他们表示感谢和敬意。随后到四川音乐学院绵阳分院、美瑞纺织有限责任公司、鹤林山庄等3个安置点，看望避险转移群众。在唐家山堰塞湖抢险指挥部，温家宝看望连续工作多日的水利专家，强调要按照安全、科学、快速的原则，坚决采取果断措施，尽快解除唐家山堰塞湖对下游群众的威胁。

9月1日，温家宝第四次赴绵阳，考察群众安置、学校复课、农房建设等灾后恢复重建工作。8时30分，温家宝来到设在长虹集团培训中心的北川中学临时校园，参加北川中学的秋季开学典礼。9时30分，温家宝抵达在地震中惨遭灭顶之灾的北川县城。穿过一处处建筑废墟，温家宝特地来到曲山小学东校区及相隔不到10米的茅坝初中察看灾情。在遇难者集体掩埋处，温家宝与随行的马凯、刘奇葆、蒋巨峰、钟勉等一起，向遇难者献上花圈和雪白的菊花，并为特大地震中遇难同胞集体默哀一分钟。温家宝叮嘱四川省及绵阳市领导，一定要把新北川建设好。在北川县擂鼓镇茨沟村一组，温家宝看望严守富、尹莎、肖永策、王苗等农户，察看永久性住房建设进展情况，并向他们详细了解受灾情况及农房建设中建材供应、资金筹集等情况，对茨沟村“政府主导、农民主体、援建支持、部队帮助”的农房建设机制给予充分肯定。

中共中央政治局常委、全国政协主席贾庆林 2008年5月31日，贾庆林赴绵阳市实地察看灾情，慰问干部群众，指导抗震救灾工作。贾庆林指出，灾区人民在党中央、国务院的关怀下，在全国人民的支持下，在各级党委、政府的领导下，一定能够战胜困难，渡过难关，重建家园。

是日一早，贾庆林乘汽车赶赴北川。在受灾严重的北川中学，当贾庆林听到有数百名学生遇难时，非常痛心。当得知事发十分钟后，县委主要领导就赶到现场，指挥救人，贾庆林给予了称赞。在任家坪村，贾庆林说，北川县人民群众的生命和财产遭受了巨大损失，我和大家一样心情沉痛。在空前严重的自然灾害面前，北川人民在废墟中顽强地站立起来，勇敢地投入抗震救灾斗争，全力以赴开展自救互救，涌现出许多可歌可泣的感人事迹。在党和政府的坚强领导下，只要坚定信心，顽强拼搏，就一定能克服困难，渡过难关，再造一个新北川。贾庆林特别指出，羌族同胞损失严重，在老县城的利用和新县城的建设中，要注意保护好羌族特有的民族文化遗产，要认真贯彻执行党的民族政策，妥善安置少数民族受灾群众，增进各民族感情，促进各民族共同团结奋斗、共同繁荣发展。

贾庆林对绵阳市抗震救灾工作给予充分肯定。他说，在大灾面前，绵阳市委、市政府坚决贯彻中央及四川省委的决策和部署，统一指挥、组织有力、措施得当，全市各级党委、政府和广大干部群众迅速行动、全力以赴，抗震救灾工作有力有序有效进行，抗震救灾斗争取得重大阶段性成果。他强调，当前绵阳面临的一项最为紧迫的任务就是排除唐家山堰塞湖的险情，要切实做好这项工作，确保人民群众生命安全。

中共中央政治局常委李长春　2008年6月1日，李长春到绵阳看望慰问灾区少年儿童和新闻工作者，转达胡锦涛总书记的亲切问候，并向灾区转移安置和受伤治疗学生转交中央宣传文化部门赠送的10万台收音机和一批少儿读物、学习用品。他勉励小朋友们在灾害中磨砺意志，在危难中坚韧成长，加倍努力学习，不断增长本领，共同建设美好家园。他鼓励新闻工作者继续发扬不怕疲劳、连续作战的作风，不辜负党和人民的期望和重托，继续及时、准确、公开、透明地报道抗震救灾全过程和灾后重建工作。

6月1日下午，李长春一行驱车前往绵阳市第三人民医院，看望正在接受治疗的受伤儿童。随后，李长春到八一帐篷学校，看望正在上课的小学生，并看望在地震中抢救学生的教师们，向他们表示真诚感谢。他希望灾区广大教师忠诚于党的教育事业，为人师表，教书育人，以崇高的学识魅力和人格魅力鼓舞学生、教育学生，培养中国特色社会主义事业的合格建设者和可靠接班人。李长春叮嘱当地干部和学校领导，要采取各种办法，抓紧启动学校恢复重建工作，尽快为学生营造出良好的学习环境。

在绵阳市广播电视台，李长春慰问了编辑、记者和工作人员。他走进电台直播间，通过电波祝小朋友“六一”儿童节快乐，并祝灾区的所有小朋友节日快乐。在绵阳日报社，李长春查看了报社受损情况，在车库、帐篷等临时办公室，看望慰问报社编辑、记者和工作人员，与他们亲切交谈，详细询问他们的工作情况和报纸出版发行情况。李长春还在绵阳日报社临时办公点，看望慰问中央主要新闻单位和四川部分新闻媒体的工作人员，向他们转达胡锦涛总书记的问候，高度肯定新闻工作者在抗震救灾报道中的突出表现，并对下一阶段的抗震救灾报道提出要求。

6月2日，李长春到重灾区平武县南坝镇，看望慰问灾区群众，指导当地抗震救灾工作，向灾区群众转达胡锦涛总书记的亲切问候。李长春强调，抗震救灾仍处在刻不容缓的紧要关头，要以科学发展观统揽全局，坚持以人为本，继续把抗震救灾作为当前最重要最紧迫的任务。地方党委、政府要发挥基层组织作用，深入到每家每户去解决实际困难，团结带领广大灾区群众，发扬艰苦奋斗的精神，在党中央、国务院和全国人民的帮助下，共同重建美好家园。他希望灾区群众化悲痛为力量，团结起来，重建共建美好家园。他还看望慰问正在清理废墟的济南军区某部官兵，希望广大官兵发扬我军“听党指挥、服务人民、英勇善战”的优良传统和“不怕疲劳、连续作战”的优良作风，继续把抗震救灾作为当前的首要任务，竭尽全力帮助灾区群众重建家园。

下午，李长春专程赶到设在长虹培训中心的北川中学临时学校，看望在那里复课的高三学生，鼓励同学们尽快从悲痛中解脱出来，抓紧复习功课，以饱满的状态积极准备高考，力争取得优异的成绩。

中共中央政治局常委、中央书记处书记、国家副主席习近平　2008年6月27—28日，习近平深入绵阳市游仙、平武、北川、江油等灾区考察抗震救灾、群众安置及恢复重建等工作，看望慰问受灾群众、基层党员干部、各方面救灾人员和组工干部，并就新形势下党建工作所面临的新情况新问题进行实地调研。

6月27日20时20分，习近平一抵达绵阳机场，便前往游仙区委组织部临时办公室考察，看望坚守在抗震救灾一线的组工干部。习近平逐一走访每一个办公室，与组工干部们一一握手、亲切交谈。当得知游仙区委组织部在唐家山堰塞湖出现险情后，及时成立9个临时党委、43个安置点党支部、296个帐篷党小组和200余支党员义务服务队，组织3000多名党员成功疏散转移群众8万余人时，习近平对在场的组工干部们说：“在这次抗震救灾斗争中，灾区以及参加抗震救灾的广大基层党组织紧急行动起来，自觉承担抗震救灾重任，组建各类‘党员突击队’‘党员抢险队’‘党员服务队’，在危难时刻形成了一个个坚强的战斗堡垒，表现出大灾面前压不垮、大难面前不低头的光辉形象，赢得了人民群众的高度赞誉。地动山摇，方显基础之牢。实践证明，抓好基层、打好基础，是我们应对各种困难和风险的重要保证，任何时候都不能忽视、不能放松。”习近平要求结合恢复重建，把基层党组织的阵地建设、班子建设、队伍建设安排好，确保哪里有受灾群众、哪里有抗震救灾和恢复重建工作，哪里就有党的基层组织、哪里就有党的工作。他强调，各级党组织要把抗震救灾和恢复重建作为广大党员进行党性锻炼的现实课堂，组织党员学先进、找差距、添措施，在保持党员先进性上不断做出新的努力、取得新的进步。考察中，习近平还看望了在游仙区执勤的福州特警，鼓励干警们坚守岗位，多为灾区做贡献。

6月28日8时，习近平前往重灾区平武县平通镇察看灾情。经过一个半小时的山路颠簸，习近平来到平通镇临时党委驻地，详细听取平武全县及平通镇的受灾情况汇报，并关切地询问全县人员伤亡情况、设施损失情况及群众安置情况。在平通镇受灾群众安置点，习近平走进帐篷和活动板房，看望慰问受灾群众，详细询问他们吃饭、购物、就医等情况，还有什么困难。习近平走进平通镇小学教师刘青菊居住的帐篷，与她亲切握手，并关切地说：“住帐篷比较热，再辛苦几天，板房就修好了。”他还询问刘青菊：“每天10元的补助和一斤粮都领到了没有？”刘青菊笑着答道：“领到了，领到了！”习近平指出，妥善安置受灾群众是当前抗震救灾工作的重中之重，一定要抓紧、抓实、抓细。在受灾群众安置点，要尽可能搞好公共服务设施配套建设，千方百计方便群众生产生活。

得知因灾停课的孩子们已全部复课，习近平十分高兴。他来到平通镇小学板房教室，向孩子们赠送课外读物，并勉励大家说：“在这次特大地震中，你们表现出了比平常更多的坚强、勇敢和智慧。自古英雄出少年，尽管现在你们学习的环境和过去不一样了，但大家要珍惜现在来之不易的学习条件，从小好好学习，长大后用自己的勤劳和智慧为建设家乡、建设祖国做贡献。”随后，习近平还看望了在平通镇从事灾后心理辅导的成都中医药大学志愿服务队成员和支援恢复重建的济南军区某装甲师官兵。

10时30分，习近平到重灾区北川县桂溪乡永利村集中安置点，实地考察受灾群众安置、板房建设等情况。特大地震造成桂溪乡大部分农房倒塌，道路、水利、场镇等基础设施损毁严重，直接经济损失达7.78亿元。为安置受灾群众，桂溪乡以村为单位共确定12个集中规划点，其余地势条件复杂的地方以村民小组为单位建设或分散建设。其中永利村集中安置点共规划建设板房364套，计划安置5个村的受灾群众1100人，由山东省潍坊市寒亭区负责建设。考察中，习近平看望了永利村集中安置点警务室、临时党支部、医务室、供水点等处的工作人员，并仔细察看已建好的部分活动板房。他强调，灾后恢复重建是一项长期而艰巨的任务，一定要把自力更生与对口支援结合起来，把政府主导与市场机制结合起来，充分调动各方面的积极性。对口援建是一个神圣而崇高的使命，希望各支援省市要认真落实好中央关于对口支援工作的部署，进一步细化任务、落实责任、抓紧工作、确保质量，不辜负中央的重托，不辜负灾区人民的期盼。

11时40分，习近平到位于江油市的四川巴蜀江油发电厂察看灾情，指导企业恢复生产工作。特大地震给这个企业造成重大财产损失，直接经济损失达6.7亿元。考察中，习近平详细察看企业设备损坏情况，看望正抓紧抢修设备的企业职工。他说，特大地震灾害发生后，企业党委发挥核心作用，第一时间组织带领广大党员干部开展抗震救灾，搭建防震棚，恢复供电、供水、供气，及时清理设备损坏情况，为尽快恢复生产创造了有利条件。希望企业在各方面的大力支援下，抓紧时间加固厂房、抢修设备，力争尽快恢复生产，为绵阳乃至四川恢复重建做出贡献。

在绵考察期间，习近平还听取了绵阳市抗震救灾工作汇报，并同省市党政主要负责人和随行的中央有关部门负责人一起，深入研究贯彻省区市和中央部门主要负责同志会议精神，统筹抓好抗震救灾、恢复重建和经济社会发展工作。习近平指出，越是在特殊环境和关键时刻，各级党委和政府越是要认真贯彻落实科学发展观，继续坚持“两手抓”，一手坚持不懈地抓抗震救灾，做好灾区生产自救和恢复重建，一手坚定不移地抓经济社会发展，促进经济平稳较快发展和社会和谐稳定。

中共中央政治局常委、国务院副总理、国务院抗震救灾总指挥部副总指挥李克强 2008年5月18—19日，李克强在绵阳市指导协调抢险救援和防疫防灾工作，强调要统筹协调救人、救治、防疫、防灾和灾民安置，有力、有序、有效地做好抗震救灾工作。

5月18日12时29分，李克强抵达绵阳机场后，立即乘车前往平武县平通镇，察看抢险救灾和卫生防疫工作。在行进途中，李克强听取绵阳市抗震救灾工作汇报，对绵阳市抗震救灾工作给予充分肯定，认为绵阳抗震救灾工作有力、有序、有效。李克强指出，进一步做好抢险救援工作，救人是第一位的，同时要把救人救治同防疫有机结合起来，将防疫工作放在突出位置；要严防次生灾害，做好灾民安置和恢复重建等工作。

13时50分，李克强抵达受灾严重的平武县平通镇棉角村林家坝，冒着余震察看山体滑坡情况，看着伴着啸声和扬尘仍在坍塌的巨大滑坡体，他叮嘱现场抢险的解放军指战员、消防官兵和抢修公路人员注意安全，做好自我防护。针对大地震后易发的次生灾害，李克强指出，要重点防范降雨和余震引发的滑坡、崩塌、泥石流和滚石，以免造成人员伤亡和道路被毁；防范水库溃坝、堰塞湖坍塌可能引起的水灾，要加强调查监测，逐一排查，严加防范。他强调，救人工作绝不能放松，只要有一线希望，就要尽百倍努力；要继续扩大搜救范围，在巩固县乡搜救工作的基础上，继续向村庄展开，绝不放过任何一个死角和盲点。

在前往平通镇场镇的途中，李克强走进路边的一个受灾群众安置点，看望慰问受灾群众，详细询问他们的生活情况。李克强说：“天灾无情人有情，党和政府一定会帮助灾区人民渡过难关！现在，我们正在抓紧向灾区调运方便食品、瓶装水等生活物资，同时还在组织向灾区调运粮食、食用油等物资。国务院已决定，向灾区困难群众每人每天发放1斤口粮和10元补助金。”在场的受灾群众告诉李克强，大家都已领到了3天的口粮和补助金。李克强对国家有关部委、省、市负责人说：“做好灾民安置工作，首先是保障受灾群众吃、喝、住、穿，要落实中央决定，开仓赈灾，扶危济民，还要加快生产和调集大量帐篷，保障安置灾民需要。”

李克强来到平通镇场镇附近的灾民救助点，看望在此安置的受灾群众，慰问正在一线作业的防疫人员。看到医疗救治人员正为一个刚从废墟中救出的10岁小学生清洗伤口，李克强仔细询问孩子的伤势，鼓励获救孩子说：“不要害怕，有解放军叔叔在，有吃的食品，有干净的饮用水，我们一定能战胜这场灾难！”他叮咛在场的医疗人员：“一定要把这个孩子的伤医好！”李克强来到平通中学，快步登上废墟高处察看救援现场，并走进搜救区，询问人员伤亡和伤员救治情况。李克强对现场救援的部队官兵和消防队员说：“被困的孩子们正急切等待我们去营救，时间十分紧迫。同志们一定要争分夺秒工作，千方百计抢救幸存孩子们。”李克强同时强调：“防疫如同救灾，行动刻不容缓！必须全面加强灾区卫生防疫工作，确保大灾之后无大疫；要向灾区增派卫生防疫队伍，覆盖所有受灾县乡村；加强疫情监测，建立每日报告制度，分发指导手册，普及防疫知识，防止出现传染病；抓紧做好遇难者遗体登记、消毒和处理工作。”

在江油市人民医院救治点，李克强俯身握着正在接受治疗的因灾受伤人员的手，嘱咐医护人员要全力做好救治工作，救死扶伤，争分夺秒，千方百计抢救重伤员，确保受伤人员及时得到救治。李克强还察看了巴蜀江油电厂受灾情况，看望慰问长虹虹苑剧场灾民安置点的受灾群众及绵阳市抗震救灾指挥部工作人员。

5月19日，李克强驱车赶往北川县，徒步半个多小时，走进县城，穿行在废墟中间，不时停下来同救援人员交谈，详细了解搜救情况。他要求，要尽最大努力搜救被困人员，同时也要注意保护现场作业的部队官兵和其他抢险人员安全。在一片废墟前，现场救援人员向他报告，里面发现一个人还有生命迹象，他立刻对救援人员说："要争分夺秒，一刻也不要停，尽全力把人救出来。"在北川县城，李克强遇到几个受灾群众，他关切地询问他们的生活状况，并让随行工作人员拿来食品、水和口罩送给他们，叮嘱他们一定注意安全，抓紧撤离。

离开北川县城，李克强先后到北川县擂鼓镇，安县永安镇、晓坝镇的灾民安置点，看望慰问受灾群众，与他们促膝交谈，详细询问生活上有什么具体困难。他说，大灾之后，生活还要继续下去，愈艰难就要愈坚强，党和政府一定会安置好受灾群众生活，我们要共度难关。当前要认真解决好"吃、住、孤"的问题，让无房可住、无生产资料和收入来源的困难群众吃上饭、让灾区人民有临时住所，让"孤儿、孤老、孤残"有人抚养。他强调，必须抓紧帐篷的生产和供应，加快组织调运和安装一批活动板房、简易房，同时动员群众自搭简易帐篷，多种方式解决住的问题。对遗孤者要妥善安置，全部收养，一个人也不能遗漏，使他们的生活得到很好照顾。

中共中央政治局常委、中央纪委书记贺国强　2008年6月14日下午，贺国强到绵阳市北川县察看灾情，看望慰问受灾群众、救援人员及基层纪检监察干部，指导抗震救灾和恢复重建工作。

14日15时许，贺国强乘火车抵达绵阳站，即刻驱车前往60多公里外的北川县察看灾情。在擂鼓镇，贺国强实地察看灾情，详细了解灾民安置、活动板房规划建设等情况，专程到北川县民政局、审计局和纪委、监察局的帐篷办公室，看望慰问坚守在抗震救灾一线的北川县机关工作人员和纪检监察干部。在县纪委、监察局帐篷办公室，贺国强与纪检监察干部亲切握手，详细了解全县纪检监察系统受灾情况。贺国强说，在这次特大地震灾害面前，灾区纪检监察干部忍受着失去亲人、失去家园的巨大悲痛，毅然挺身而出，奋力抢救群众；同时，认真履行纪检监察职责，做好抗震救灾资金物资监管，用满腔热忱和扎实工作践行"做党的忠诚卫士，当群众的贴心人"的要求，充分展现了纪检监察干部可亲、可信、可敬的良好形象，不愧为党和人民的好干部、纪检监察干部的好榜样。在擂鼓镇救灾物资调配中心，贺国强检查抗震救灾款物接收、管理、分发及监管情况，希望纪检监察和审计干部认真履行职责，切实把监督检查工作贯穿到抗震救灾款物管理使用全过程，使救灾款物真正用于灾区和受灾群众，确保给老百姓交出一本明白账、放心账。

贺国强还亲切看望参与救援的解放军指战员、武警官兵和公安民警。贺国强说，广大公安干警、武警官兵视灾情如命令、视时间如生命，迅速投身到抗震救灾工作中，以自己的生命之躯抢救、转移受伤群众，谱写出一曲壮丽的凯歌，展现了坚强不屈的抗震救灾精神。事实证明，公安干警、武警官兵是一支作风过硬、能打硬仗的队伍，是一支党和人民放心的队伍。他希望大家发扬不怕疲劳、连续作战的精神，继续保持旺盛的战斗力，为夺取抗震救灾斗争的全面胜利做出新的贡献。

在考察中，贺国强对绵阳市抗震救灾工作给予充分肯定，同时强调，抗震救灾已进入安置受灾群众和恢复重建前期准备阶段，形势依然严峻，任务十分艰巨，要把抓好抗震救灾继续作为全市最重要最紧迫的任务，继续全力救治受伤人员，妥善安置受灾群众，搞好灾后恢复重建规划，做好对口支援的协调对接工作；要以抗震救灾精神做好当前经济发展各项工作；要加强党的建设，充分发挥各级党组织和广大党员干部的作用。贺国强要求，切实把监督检查工作贯穿到抗震救灾款物管理使用的各个环节；把公开透明贯穿于抗震救灾款物管理使用的全过程；严肃查处救灾款物管理使用中的违法违纪行为；整合监督资源，形成监督合力，加强正面宣传，在全社会形成良好舆论氛围。

中共中央政治局委员、国务院副总理、国务院抗震救灾总指挥部副总指挥回良玉 2008年5月15日，回良玉到绵阳市灾区察看灾情，看望受灾群众，慰问正在紧张抢险救援的部队官兵、公安干警、医护人员和基层干部，现场协调解决有关问题。回良玉强调，当前正是抢险救灾的关键时期，最迫切的任务就是救人。一是救援队伍要继续全力向灾区深入挺进。二是要千方百计安排好受灾群众生活，保障受灾群众的吃饭、饮水、穿衣、住处等突出问题，做好帐篷、食品、饮用水等生活用品的筹集和发放，组织好空运和空投。三是抓紧修复道路、电力、通信等基础设施，解决制约抢险救灾进度的瓶颈问题。四是要全面做好医疗救治和卫生防疫工作，做好环境消毒，防止疫病流行。五是要细致做好有关善后工作，全力做好安抚工作，确保灾区社会稳定。六是强化指挥调度，做好前后方衔接，组织精干力量，现场决策协调，努力做到忙而有序。

5月25日上午，回良玉在成都主持召开前方指挥部紧急会议，专项研究部署唐家山堰塞湖排险问题。回良玉强调，要认真落实温家宝总理召开会议确定的排险要求、目标、原则和时间表，下最大力气，争分夺秒排除唐家山堰塞湖险情。首先，要克服路不通、天气差等困难，尽全力空运武警水电部队、水利专家等抢险人员迅速到达现场，掌握现场准确情况，迅速实施排除工程；第二，尽快组织工程机械、工程爆破设施，做到科学合理有序高效；第三，最大限度地发挥直升机的使用效率，尽快把各种设备在最短时间内运到现场，迅速实施排险除险工程；第四，抓紧进行风险评估，包括制订人员转移规模、转移范围、转移途径、险情发生概率测算预案等，并尽快组织实施堰塞湖下游受威胁群众的安全转移；第五，切实加强预测、预报、预警、监测；第六，在抓紧组织空运的同时，探索公路、水路多头并进的办法，千方百计排除险情。

5月27日上午，回良玉乘直升机飞赴唐家山堰塞湖堰塞体现场察看险情，详细了解现场各项排险工作的进展情况，看望慰问抢险施工现场的武警水电部队官兵、解放军指战员、工程技术人员和新闻工作者。随后，回良玉在绵阳主持召开唐家山堰塞湖应急抢险紧急工作会议，传达落实胡锦涛总书记、温家宝总理的重要指示精神，进一步研究部署唐家山堰塞湖应急排危抢险工作。回良玉强调，唐家山堰塞湖应急排危抢险工作必须坚持抢险与避险同步推进，千方百计确保人民群众生命和财产安全。

中共中央政治局委员、中央书记处书记、中央组织部部长李源潮 2008年5月23—24日，李源潮赴绵看望战斗在抗震救灾第一线的广大党员干部，慰问受灾群众，指导抗震救灾工作。李源潮强调，党中央、国务院心系灾区群众，正在尽全力为灾区人民解决生活上的问题和困难，希望广大党员干部在抗震救灾中充分发挥先锋模范作用，带领灾区人民共渡眼前难关，重建美好家园。

23日晚，李源潮刚刚抵达绵阳，立即前往滨江广场，看望在简易帐篷避震躲险的城区受灾群众。李源潮说，当前，全国各省市正在为灾区群众赶制帐篷和板房，胡锦涛总书记亲自到浙江组织帐篷生产，希望大家放心。他说，灾区群众很了不起，觉悟很高，很坚强。困难是暂时的，党中央、国务院和全国人民一定会帮助你们渡过难关。地震中，北川县常务副县长杨泽森指挥群众撤离不幸遇难。李源潮专门来到杨泽森父母及妻子在滨江广场临时搭建的简易防震棚里，向杨泽森表示深切哀悼。他对杨泽森的妻子王丽说，杨泽森是一个好党员、好干部，对他的遇难，我们非常难过，希望你要坚强。当了解到王丽忍住失去亲人的悲痛，一直在参加抗震救灾工作时，李源潮说，你真了不起，我们都要向你学习。

24日，李源潮到江油市青莲镇裕光村慰问受灾群众和基层党员干部，与部分受灾群众和基层党员干部亲切交谈，仔细询问他们的受灾和抗震救灾情况。当听群众说到党员干部们在这次抗震救灾中表现突出时，李源潮说，共产党员是人民群众的主心骨，越是危急时刻越要发挥先锋模范带头作用。李源潮鼓励受灾群众说，党中央和全国人民正在帮助你们重建家园，你们也要坚强，自助自救，艰苦奋斗，把家园建设得更好。

在绵期间，李源潮还先后深入北川、安县等重灾区，看望慰问战斗在抗震救灾第一线的广大党员干部，慰问受灾群众，指导抗震救灾工作。

中共中央政治局委员、国务院副总理张德江 2008年6月28—29日，张德江在绵阳市慰问受灾企业干部职工，调研工业企业恢复生产工作。他强调，要按照党中央、国务院的统一部署，深入贯彻落实科学发展观，坚持自力更生、国家扶持、社会援助的方针，坚持科学评估、科学规划的前提，抓住机遇，调整产业布局，促进企业技术进步，加快推动灾区恢复工业生产。

28日上午，张德江一行刚下飞机，就赶赴长虹PDP（等离子显示板）项目工地，仔细察看各个车间、各条生产线的维修、调试工作和核心组件展示，听取长虹集团公司董事长赵勇关于企业受损、重建等情况介绍。张德江指出，地震灾情发生后，长虹集团公司作为国内知名企业，在四川省委、省政府，绵阳市委、市政府的领导下，奋力抗震救灾、恢复生产，特别是PDP新项目迅速恢复建设，给了灾区人民以信心，给了全国人民以希望，值得高度肯定和赞赏。张德江要求长虹公司立足长远，放眼全球市场，进一步加大核心技术研发力度，提升技术水平，延伸产业链条，为全川灾区企业积极恢复生产、发展壮大做出榜样。

29日上午，张德江一行赴江油市，深入攀长钢集团和四川矿机公司进行调研。在地震中，攀长钢主体厂房和辅助设施均出现开裂、下沉等现象，部分厂房大面积垮塌，设备严重损坏，直接经济损失高达16.6亿元，生产经营一度被迫全线停止。在听取攀钢集团董事长樊政炜的情况汇报后，张德江称赞攀钢集团在抗震救灾和恢复生产中发挥出了央企国家脊梁的巨大作用，要求攀长钢借灾后重建之机，适度到工业园区集中，加快技术装备升级换代，降低产品成本，增强市场竞争力。在四川矿机公司，张德江要求企业充分发挥技术优势，尽快研发、生产大型破碎机等设备，既增强企业市场竞争能力，又为灾区重建做出贡献。

在绵调研期间，张德江强调，灾区恢复工业生产要与调整生产力布局相结合，与调整产业结构相结合，与促进企业技术进步相结合，与推进产业集聚和工业园区建设相结合。同时，重点突破要与全面推进相结合，快速恢复要与长期发展相结合、与促进就业相结合。

中共中央政治局委员、国务院副总理王岐山 2008年7月28日，王岐山到绵阳市考察地震灾情及金融网点营业、商贸市场供应等情况，看望慰问受灾群众及金融、商贸系统干部职工，并就金融、商贸等部门落实支持灾后恢复重建政策措施的情况进行实地检查。王岐山强调，金融、商贸等部门要为灾区群众生产生活搞好服务，全力以赴支持灾后恢复重建。

28日10时35分，王岐山抵达绵阳机场后，径直前往农业银行绵阳市分行，视察灾情及灾后恢复营业情况，询问灾后不良资产和贷款发放情况，他要求银监会、央行等有关部门，要抓紧研究完善对受灾地区倾斜和优惠的信贷政策，努力满足灾区居民住房配套信贷资金、工农业生产等方面资金需求。王岐山专程到位于市区繁华地段的百盛超市，详细了解市场供应情况，仔细察看大米、食用油、蔬菜、肉食品等商品供应和公平交易监督、检验检疫情况，翻阅进货和销售台账。王岐山指出，商贸流通直接关系到灾区群众生活必需品供应和生产恢复，要抓紧恢复商贸流通网点，加强市场监管，确保食品安全和商品质量。

下午，王岐山到北川县考察灾情。在北川县城，王岐山希望县委、县政府团结和带领北川人民发扬艰苦奋斗、自强不息的精神，用自己勤劳的双手重建美好家园。在县委旧址前，王岐山看望慰问在此执行防疫任务的成都军区驻滇某防化团官兵，希望他们发扬人民军队不怕疲劳、连续作战的优良传统，坚守岗位，保重身体，全力以赴做好防疫工作。随后，王岐山到擂鼓镇柳林村板房小区，看望受灾群众和北川工商局擂鼓工商所、北川信用社擂鼓分社的干部职工，向他们表示亲切慰问和崇高敬意，勉励信用社干部职工要振奋精神，越是在艰苦条件下，越要周到服务，规范操作。王岐山还考察了北川擂鼓镇板房商店，参观废渣免烧砖项目，认为该项目“就地取材、变废为宝”，值得在灾区普遍推广。

在绵考察期间，王岐山听取绵阳市抗震救灾、灾后恢复重建情况汇报，对绵阳市各项工作给予充分肯定。他说，金融、商贸等部门在抗震救灾和灾后恢复重建中做了大量卓有成效的工作，经受住了考验，下一步任务仍很艰巨　要按照党中央、国务院和抗震救灾总指挥部的部署，对已经确定的支持政策措施，要细化方案，抓紧落实；对灾后恢复重建面临的困难和问题，要及时研究和完善政策措施，能办的尽快办。

中共中央政治局委员、国务委员刘延东　2008年5月30日，刘延东到绵阳市安县及市区等地，考察灾情及教育系统抗震救灾、恢复重建工作，看望受灾学校师生及奋战在抗震救灾一线的解放军指战员、科技工作者及计划生育服务人员。刘延东强调，要扎实做好灾区学校复课和恢复重建工作，切实把党和政府的关怀送到每一个受灾师生中去。

在安县考察灾情时，刘延东听取总装备部副部长朱发忠及驻绵某基地负责人王希山关于受灾及灾后重建方面的情况汇报，看望奋战在抗震救灾一线的指战员，称赞部队官兵没有被灾难吓倒，而是万众一心、众志成城，积极展开自救，并在很短时间内开展部分科研工作，充分体现了我们部队是一支打不垮、压不倒的英雄队伍。她指出，部队官兵要响应党中央的号召，攻坚克难，奋力拼搏，全面开展科研工作；要安排好官兵及家属的生活，防范次生灾害；要发挥部队优势，加强军民结合，实现强强联合，为国防现代化建设和地方经济发展做出新的贡献。

刘延东十分关心受灾学校的复课问题。在永安救助站帐篷学校，刘延东走进帐篷教室，与来自安县茶坪、高川等重灾区的师生们亲切交谈，详细了解受灾学校复课及受灾师生学习生活情况。刘延东强调，要加快灾区学校重建步伐，将学校恢复重建纳入当地灾区重建规划优先安排，把学校建成全社会最牢靠、最安全的地方；要发动全社会关心、支持、帮助灾区学校重建，全力为灾区孩子们创造一个好的读书条件，保证孩子们喝上干净的水、吃到卫生可口的食品。刘延东还到救助站科技服务点和计划生育流动服务点前，看望一线工作人员，高度评价灾区科技及计生服务工作，并勉励大家积极投身抗震救灾工作，为重建家园提供优质、便捷的服务。

在总装备部绵阳八一帐篷学校，刘延东向受灾学生赠送学习用品，并与孩子们提前共度“六一”儿童节。刘延东还专程前往长虹培训中心，看望北川中学幸存师生。刘延东强调，各级各部门要把灾区学生复课作为一件大事来抓，通过搭建帐篷、活动板房、转移安置等方式，设立临时课堂，特别是活动板房要优先考虑学校的需要，帮助灾区学生尽快恢复上课；教育部门要妥善细致地做好高考和中考工作，抓紧协调有关高校，落实好增加灾区招生计划的政策，对在抗震救灾中表现突出的优秀学生，要给予破格录取。

第二节 中央军委、总部领导指挥绵阳抗震救灾

一、中央军委领导指挥绵阳抗震救灾

地震发生后，中共中央总书记、中央军委主席胡锦涛立即作出重要指示，灾区驻军和武警部队要加强与地方联系，了解受灾情况，部队要迅速出动，协助抗震救灾；在灾区部队要认真清查自身受灾情况，同时做好自救和防护工作；要密切关注余震，防止发生次生灾害。中央军委迅速启动应急机制，全力投入抢险救援。军委、总部领导先后深入绵阳地震灾区，现场组织指挥部队抢险救灾，实施及时、直接和坚强有力的组织指挥。

2008年5月12日15时10分，根据胡锦涛指示，中央军委迅速组织指挥部队抗震救灾行动。15时40分，中央军委委员、总参谋长陈炳德签呈第一份出兵命令。同日深夜，经胡锦涛批准，总参谋部向济南军区、成都军区、空军、总后勤部下达关于参加抗震救灾的命令。其中，命令95900部队、95942部队和95848部队6000人，于5月13日8时空运到绵竹、安县、北川地区参加抗震救灾，并出动一个伞兵连，携带必要的通信设备，在汶川、理县、茂县、北川地区选择合适着陆场伞降，了解报告灾情。各部队到达灾区后，接受成都军区统一指挥。

5月13日上午，中央军委召开常务会议。会议决定，成立军队抗震救灾指挥组，在胡锦涛和中央军委集中统一领导下，按照国务院抗震救灾总指挥部的总体部署，组织指挥军队开展抗震救灾行动。指挥组组长由总参谋长陈炳德担任，副组长由副总参谋长葛振峰、总政治部副主任贾廷安、总后勤部副部长李买富、总装备部副部长李安东担任。

5月14日下午，中央军委向成都军区、济南军区和海军、空军下达《增派抗震抢险救灾部队命令》。命令明确，各抢险救灾部队到达灾区后接受成都军区统一指挥。

5月15日，中央军委在成都军区召开解放军和武警部队抗震救灾任务部署会。会议明确，在国务院抗震救灾总指挥部和中央军委的指挥下，四川灾区解放军和武警部队的抗震救灾工作由成都军区统一组织指挥，成立成都军区抗震救灾联合指挥部（以下简称成都军区联指），会议将部队抗震救灾地区划分为5个责任区，绵阳分属第四、第五责任区。5月23日，成都军区联指调整5个责任区，其中，第四责任区负责片区为绵阳市、江油市、北川县、绵竹市，由第二炮兵副司令员于际训任指挥长，14集团军军长周小周、政委刁国新、海军副参谋长张磊愚、南海舰队副司令员苏支前任副指挥长，统一指挥责任区内第13、14集团军，海军陆战某旅，二炮某工程指挥部、某工程技术总队的抗震救灾行动，指挥所设在北川县擂鼓镇；第五责任区负责片区为青川县、平武县，由成都军区副政委段录定任指挥长，第54集团军政委高建国、参谋长戎贵卿任副指挥长，统一指挥责任区内第14、54集团军的抗震救灾行动，指挥所设在青川县乔庄镇。

5月16日10时30分，胡锦涛抵达绵阳南郊机场，主持召开会议，听取部队参加抗震救灾情况汇报。同日，中央军委决定从战略储备中紧急筹措5000顶班用帐篷、10万套单兵作战口粮、20万件御寒衣被

以及2套野战方舱支援灾区，并派出240人的配属医疗队，分别在绵阳和德阳灾区开设野战医院。

5月19日，胡锦涛指示，抢险救灾部队在19日14时28分前要到达新增的40个乡镇的所有村寨，并要求全军担负任务的部队在完成现有任务的同时，要抽调力量组成小分队，深入责任区内村庄，营救被困群众，医治伤员，帮助群众解决困难。同日，组织军委、总部和成都军区联指及有关大单位5个工作组，分乘5架直升机分别到茂县、理县、汶川、北川、平武、青川县等极重灾区，检查各任务部队贯彻落实胡锦涛关于“进村入户”搜救受灾群众重要指示的情况，看望慰问灾区群众和抢险救灾部队官兵、民兵预备役人员。

5月28日，中央军委委员、总参谋长陈炳德乘直升机到北川唐家山堰塞湖大坝，听取武警水电指挥部主任李光强的情况汇报，现场研究堰塞湖排险问题。

5月28—29日，中央军委委员、国务委员兼国防部长梁光烈率军委、总部工作组，深入绵阳市北川县擂鼓镇、安县桑枣镇、江油市太平镇、大康镇及平武县平通镇、响岩镇等地察看灾情，亲切看望慰问灾区群众，现场指导部队救灾工作，要求抗震救灾部队要坚决贯彻执行党中央、中央军委决策部署，发扬人民解放军“听党指挥、服务人民、英勇善战”的优良传统和“不怕疲劳、连续作战”的优良作风，切实把抗震救灾工作抓紧抓实抓好，为人民再立新功。

6月5日，中央军委委员、总装备部部长常万全到63820部队视察灾情，指导抗震救灾和恢复重建工作，并到绵阳片区抗震救灾任务部队检查装备保障工作，看望抢险救灾一线官兵。

6月6日，中央军委委员、总政治部主任李继耐在绵阳片区看望慰问抗震抢险救灾部队官兵和受灾群众，并到江油市看望77200部队炮兵旅舍己救人的排长牛玉新。

6月21日，中央军委委员、海军司令员吴胜利前往绵阳，考察海军援建和施工现场，看望抗震救灾部队，听取抗震救灾工作情况汇报，对下一步抗震救灾工作提出具体要求。

7月18日，中央军委委员、总后勤部部长廖锡龙在江油、绵阳任务片区看望71521部队北线指挥所、77225部队、成都军区联指联勤部第5野战兵站官兵和济南军区第153野战方舱医院医护人员，察看总装备部63820部队抗震救灾和恢复建设后勤保障情况；实地考察63839部队厂区和生活区受损情况，听取第五责任区指挥所、63820部队抗震救灾工作汇报。

7月19日，廖锡龙在北川、安县等地检查调研抗震救灾任务部队的后勤保障工作；看望慰问第四责任区和77200部队抗震救灾指挥所及77223部队、77226部队官兵；看望沈阳军区总医院、成都军区昆明总医院、第二军医大学医疗防疫队。

二、总部领导指挥绵阳抗震救灾

2008年5月14日下午，副总参谋长葛振峰到北川中学察看灾情，看望抢险救灾官兵。16日中午，葛振峰陪同胡锦涛抵达北川县擂鼓镇胜利村，察看受灾情况，看望受灾群众；下午陪同胡锦涛抵达北川中学，接见抢险救灾部队官兵，看望受伤群众和医护人员。

5月19—23日，总装备部政委迟万春率总装备部工作组到63820部队检查指导抗震救灾工作，先后到520医院、教导大队和总体技术部看望官兵职工，慰问前来支援的医疗救护队和部队救助的伤病员及受灾群众，看望慰问抗震救灾指挥部、306医院医疗救护队和第四研究所、第五研究所官兵职工；慰问遇难者家属；实地察看某研究所茶坪河上游堰塞湖；出席绵阳八一帐篷学校开学仪式。

5月20日，总后勤部政委孙大发到北川县、安县及绵阳市了解抗震救灾情况，看望301医院、第二军医大学、第三军医大学、第四军医大学和第42医院、第452医院医疗队以及后勤工程学院净水站、总后营房部营房检测专家组等抢险救灾官兵。

5月20日，总后勤部参谋长李长顺在安县等灾区查看野战兵站、供水站、淋浴站和北京军区野战方舱医院开设情况，检查第二军医大学、第四军医大学医疗队救治伤病员工作。

5月22日，总参谋长助理孙建国在北川县任家坪、安县花荄镇检查指导抢险救灾部队的抗震救灾工作。

5月23日15时49分，总参作战部下达《全力以赴排除唐家山堰塞湖险情的命令》，并就空运任务、水电部队组织和开辟空中绿色通道向成都军区联合指挥部进行明确。

同日，副总参谋长葛振峰到绵阳四〇四医院看望受伤群众收治情况，到绵阳长虹培训中心、九洲帐篷学校看望北川受灾师生。

5月25日上午，副总参谋长葛振峰、总参谋长助理孙建国、成都军区司令员李世明部署唐家山堰塞湖爆破工作，并向温家宝总理书面汇报部队对堰塞湖实施爆破的准备情况。

5月28—30日，总装备部副部长朱发忠率领总装备部工作组，到63820部队现场办公。工作组先后到520医院、八一帐篷学校、总体技术部、教导大队和第一、第二、第四、第五研究所实地查看灾情，掌握灾损情况，研究确定过渡安置方案和急需科研试验能力恢复计划。

5月29日，总装备部副部长李安东在63820部队检查调研抗震救灾、科研试验恢复工作。

6月中旬，总后勤部副部长王谦带领工作组，在绵阳市区及安县等地，深入抢险救灾部队和部分医疗机构，了解抗震救灾后勤保障情况，研究探讨搞好持续保障的对策措施。

7月13日，总装备部副部长韩延林在北川等地任务部队检查调研装备保障工作，看望慰问救灾一线官兵，并到63820部队第五研究所实地考察科研厂区受损情况，慰问遇难者家属。

7月14日，总政治部主任助理许耀元在第四责任区第二炮兵指挥所、77200部队指挥所、77283部队指挥所听取抗震救灾和干部工作情况汇报，实地检查抢险救灾部队援建的北川县擂鼓镇中心小学、第二炮兵部队捐建的擂鼓镇柳林村居民安置点和武警四川省总队宜宾支队、96501部队正在抢通的擂鼓镇至禹里乡道路施工情况。

7月22日，总参谋长助理孙建国在江油、绵阳等地，检查抢险救灾部队回撤工作情况，在江油火车站欢送抢险救灾部队的第一列车梯队启运。在江油市人武部，孙建国听取成都军区联指副总指挥、第四责任区指挥长于际训关于责任区任务部队抗震救灾工作和回撤归建准备汇报。

第三节　成都军区、济南军区、二炮等领导指挥绵阳抗震救灾

一、成都军区领导指挥绵阳抗震救灾

2008年5月12日19时15分，副司令员吕登明命令77136部队1460人前往北川县城救援。5月13日8

时10分，成都军区收到中央军委《关于参加抗震救灾的命令》，命令77283部队1万人，以铁路输送和摩托化行军相结合的方式，赶赴北川县等极重灾区参加抗震救灾，到达四川灾区后，接受成都军区统一指挥。5月13日14时40分，第14集团军军长周小周、政委刁国新决定：77283部队直属队、77289部队和77208部队地震灾害救援队到达成都后，立即向北川机动，投入抗震救灾。

5月15日9时40分，司令员李世明、副司令员吕登明决定，立即从北川抽出77136部队前往茂县，北川救灾任务由77283部队担负。5月15日15时，成都军区成立抗震救灾联合指挥部，将部队抗震救灾地区划分为5个责任区，其中，第四责任区为绵阳、江油、北川、绵竹地域，第五责任区为青川、平武、平通镇地域。23时25分，司令员李世明同意71352部队、71811部队调整部署到平武、青川灾区。

5月16日零时26分，司令员李世明指示周小周，联系协调地方政府尽快查清北川、安县极重灾区堰塞湖情况。同日，副政委段录定在北川县城察看地震灾情，组织召开北川片区抢险救灾部队领导会议，对抗震救灾工作提出要求。次日，段录定在北川县组织召开军地抗震救灾协调会，研究解决交通管制、电网抢修、后勤保障等有关问题，并要求救援分队尽快向山区乡镇、边远村寨推进。

5月19日，司令员李世明带队在北川县坝底乡水田村和陈家坝乡双堰村检查部队“进村入户”情况，到77289部队抢险救灾官兵驻地和武警宁夏消防总队野外作业点检查保障情况。同日，政委张海阳带队到平武县南坝镇检查部队“进村入户”情况。

5月20日，参谋长艾虎生在北川县擂鼓镇检查“进村入户”情况，乘直升机在唐家山堰塞湖察看灾情，指示77200部队立即协助地方政府组织群众转移。同日，政治部主任吴昌德在平武县、江油市检查指导部队抢险救灾工作。

5月22日下午，成都军区联指召开专题会议，明确重点解决40个重灾乡（镇）的抢收抢种，清理5座城市废墟，组织120支防疫队“进村入户”防疫，腾出成都军区江油油料仓库供1500名灾民临时居住，抢修绵阳、北川2条道路，搭建5所临时学校，开设7个灾民热食赈灾供应站，开设12个灾民饮水站，加强空地运输等问题。

5月25日，成都军区联指命令77200部队派出1000名官兵，连夜徒步背送炸药和雷管到唐家山堰塞湖爆破排险，并协调处理武警部队官兵与77200部队官兵争抢运送炸药任务问题，决定运送任务由两支部队共同完成。

5月26日，司令员李世明、政委张海阳分别到第二责任区和第三、第四责任区任务部队检查指导抗震救灾工作。

6月1日，参谋长艾虎生主持召开灾区道路抢修工作协调会，要求重点加强北川县墩上乡至平武县泗耳藏族乡、青川县红光乡至马公乡2条道路抢修工作的组织、协调和保障。

6月2日，副政委赵开增到绵阳检查指导抗震救灾部队安全稳定工作。

6月7—11日，副司令员范晓光在唐家山堰塞湖现场组织指挥泄洪排险工作。77208部队对导流明渠实施爆破作业，并在堰塞湖大坝开设第二直升机起降场。

二、济南军区领导在绵指挥抗震救灾

2008年5月18日，司令员范长龙到平武县响岩镇检查指导71426部队和71811部队“进村入户”行动，到医疗队驻地视察工作。第二天，范长龙赴平武县南坝镇，视察71697部队抢险救灾工作，途中到71811部队设在垭头坪的救助站看望受灾群众。

5月21日，政委刘冬冬赶赴平武县古城镇71366部队指挥所，看望抢险救灾部队，察看灾情。22日晨，刘冬冬到平武县平通镇、响岩镇察看灾情；下午，到71426部队、第91医院医疗队检查工作，并前往垭头坪村察看帐篷小学、受灾群众救助站和卫生队情况，随后前往平武县南坝镇察看灾情。

5月23日，刘冬冬在绵阳市察看济南军区野战方舱医院、71897部队任务区、71320部队后指、第154医院医疗队、抢险救灾部队援建的"沙家浜小学"和军区总医院医疗队、军区疾控中心医疗队、71391部队指挥所，检查抗震救灾情况。

当天下午，范长龙在绵阳灾区检查军区野战医疗队救治伤员情况，看望野战医疗方舱、临时住院部伤病员，视察71678部队、71901部队。

5月29日上午，刘冬冬陪同中央军委委员、国务委员、国防部部长梁光烈，赴平武县平通镇察看灾情，考察71426部队在响岩镇搭建的帐篷小学，视察71811部队搭建的受灾群众救助站。

6月11日，副司令员叶爱群率前指机关赴平武县，现场指挥部队抗震救灾工作。6月26日，副政委杜恒岩先后到71811部队平武县垭头坪救助站、南坝镇和坝子乡等任务点指导救灾工作，并到北川县擂鼓镇视察71892部队援建板房搭建情况。7月27日，副司令员叶爱群在绵阳检查指导71309部队回撤车辆装载情况。8月1日，副政委杜恒岩赴北川县擂鼓镇，勘查济南军区援建擂鼓中学选址情况。8月11日，副司令员叶爱群赴安县安昌镇，出席济南军区援建北川中学签约仪式。

三、第二炮兵领导在绵指挥抗震救灾

2008年5月14日10时起，第二炮兵先后组织96501部队、96531部队和医疗救护分队、防疫防化分队、后勤保障分队奔赴灾区，开展抢险救援行动。当晚22时30分，副司令员于际训率第二炮兵抗震救灾现场指挥组，在北川县曲山镇任家坪村开设指挥所。

5月21日，副政委彭小枫抵达绵阳灾区指挥抢险救灾。当日12时50分，彭小枫赴北川县擂鼓镇猫儿石村，看望受灾群众，指导开设医疗点，代表第二炮兵部队向受灾群众赠送食品物资和药品器材。5月22日上午，彭小枫参加从废墟中抢救挖掘出的北川信用联社金车现金交接仪式，实地察看安县睢水镇老虎嘴塌方现场。

6月1日，中央军委委员、第二炮兵司令员靖志远抵达绵阳灾区，指挥抗震救灾。当日下午，靖志远视察第二炮兵驻安县抗震抢险救灾部队和第四责任区指挥所，听取第二炮兵现场指挥组和第四责任区副指挥长、第14集团军军长周小周、政委刁国新关于抢险救灾情况汇报，要求部队与第二炮兵部队并肩作战，共同完成各项救灾任务。晚上，看望慰问安县永安片区第二炮兵抗震抢险救灾部队官兵。

6月2—5日，靖志远先后视察北川县擂鼓镇至禹里乡抢修道路施工现场，赴擂鼓镇柳林村慰问受灾群众，检查安县睢水镇96401部队医疗救护和防化洗消分队营地，在睢水镇老虎嘴路段抢修现场和直升机启运现场指挥抢险救灾工作，看望96512部队官兵。

6月6日，靖志远在安县永安镇与第二炮兵抗震救灾现场指挥组和抗震抢险救灾部队团以上领导交换意见，部署后续工作任务。

四、武警部队领导在绵指挥抗震救灾

2008年5月19日，司令员吴双战、副司令员刘红军赴北川、江油等灾区乡村检查指导部队"进村入户”抢险救灾情况。5月22日，吴双战率有关人员赴平武县检查指导抗震救灾工作。22日21时30分，刘红军在参加温家宝总理主持的专题研究唐家山堰塞湖处理问题会议后，明确水电指挥部主任李光强总负责，并对水电部队完成任务需要注意的问题提出具体要求。27日上午，副司令员息中朝陪同国务院副总理回良玉看望正在唐家山堰塞湖抢险的武警水电部队官兵。

5月30日上午，政委喻林祥赴北川任家坪、唐家山堰塞湖检查指导水电部队物资生活保障基地，看望慰问一线官兵，召集水电指挥部领导就堰塞湖处理问题进行专题研究。6月2日上午，息中朝赴绵阳看望慰问完成唐家山堰塞湖排险任务的水电部队官兵。同日15时，在绵阳组织召开水电部队救灾一线团以上干部会议，部署下一步抢险工作。

6月6日，武警总部命令水电部队紧急调集200名兵力、51台设备，再次对唐家山堰塞湖进行排险施工。7日至9日，息中朝率总部指导协调组在一线组织指挥唐家山堰塞湖排险行动。8—9日，吴双战深入北川等极重灾区检查指导抢险救灾工作，看望慰问参战官兵。

五、广州军区、沈阳军区、空军、海军领导在绵指挥抗震救灾

2008年5月15日6时30分，广州军区参谋长徐粉林指示军区军训和兵种部派人随75752部队执行抗震救灾任务。5月24日，副政委田义功赴绵阳市等灾区检查指导抗震救灾工作。6月22日，联勤部政委刘长银带工作组到达北川县擂鼓镇、白坭乡等抗震救灾一线，检查指导军区医疗队和防疫队抗震救灾工作，看望慰问抗震救灾官兵。

5月15日10时15分，空军副司令员景文春、成都军区空军司令员方殿荣接收第一批里尔飞机灾区航拍照片后，立即组织判读，发现北川因唐家山发生特大面积滑坡，将湔江完全截断，造成上游水位上涨，对北川县城及下游地区造成严重威胁。11时30分，方殿荣前往成都军区联指，向葛振峰和成都军区联指领导专题汇报唐家山堰塞湖重大险情。

5月17日，沈阳军区在接到抽组10支医疗队执行抗震救灾任务的命令后，军区指挥协调组于1时25分下达机动命令，联勤部副部长周建平在飞机上召开会议，就部队到达成都机场后的工作进行研究部署。到达灾区后，军区指挥协调组配置在北川县擂鼓镇，10支医疗队按照成都军区联指命令，整编为北川、青川、绵竹3所野战医院和绵阳、德阳2个野战血站，开展救援工作。

5月19日，中央军委委员、空军司令员许其亮在平武县南坝镇视察灾情，看望95982部队等单位官兵。许其亮乘坐直升机，穿越龙门山断裂带，空中观察灾区地震情况，开辟进入绵阳、南坝等灾区空中航线，勘察直升机着陆场地。这是空军穿越岷江峡谷的第一架直升机。

6月3—6日，海军后勤部部长林永青赴四川灾区，对海军总医院参加抢险救灾工作情况进行检查，在绵阳市中心医院、灾区群众安置点以及海军任务部队驻地，看望慰问执行任务的海军医疗防疫队官兵，对抗震救灾医疗防疫工作进行现场指导。6月25—29日，海军后勤部政委徐莉莉一行4人，先后赴绵阳等地，为海军野战医疗队、野战防疫队、心理咨询组举行“海军总医院冯理达抗震救灾医疗队”授旗仪式。

第四节 四川省领导指挥绵阳抗震救灾

一、省委、省政府对绵阳抗震救灾工作的领导和部署

汶川特大地震发生后，省委、省政府迅速组建四川省抗震救灾指挥部，成立绵阳片区等6个重灾区前线指挥部，派出省指挥部驻绵阳市工作组，形成指挥有力、大力协同的抗震救灾工作格局。省委书记刘奇葆、省长蒋巨峰等领导在地震发生后立即来电询问灾情，多次赴绵抗震救灾一线指挥，作出系列重要指示。省委、省政府的坚强领导和巨大关怀，为绵阳人民战胜灾难、夺取胜利带来极大勇气和信心。

在抢险救援阶段，省委、省政府坚持把救人作为第一任务，坚持只要有一线希望就尽百倍努力，要求绵阳迅速组织当地干部群众开展自救，并迅速协调解放军、武警、公安干警、民兵预备役人员、专业救援队伍、医护人员等以最快速度驰援绵阳重灾区，争分夺秒解救被困群众，千方百计救治伤病人员，指导绵阳打赢抢救生命、卫生防疫、抢通保通、防治次生灾害等一个又一个硬仗，推动绵阳抗震救灾工作有力有序有效进行。

在安置群众阶段，省委、省政府及时确定“就地、就近、分散”安置方针和“全力以赴抓安置、围绕安置抓恢复、抓好恢复促重建”的思路，把建设过渡安置住房作为最紧迫的任务，尽快恢复群众家庭生活，帮助群众实现“安居、安定、安全、安稳、安心”。

在唐家山堰塞湖排险避险紧急时刻，刘奇葆、蒋巨峰等领导高度重视，多次作出重要批示，蒋巨峰坐镇绵阳指挥排险避险工作，为最终夺取决定性胜利、实现零伤亡目标做出重大贡献。

在抚慰遇难学生家长工作上，省抗震救灾指挥部专门成立遇难学生善后工作组，派出指导小组赴绵阳开展工作，对确保绵阳灾后社会和谐稳定做出重要贡献。

“7·20”洪灾、“9·24”洪涝泥石流灾害发生后，省委书记刘奇葆获悉绵阳部分地区因持续大暴雨造成山体滑坡、泥石流等自然灾害，并造成重大人员伤亡及财产损失，立即作出指示，要求绵阳市委、市政府迅速组织广大党员干部全力以赴抢险救灾，妥善转移、安置受灾群众，妥善处理好遇难者的善后工作，确保灾区正常生活生产秩序。省长蒋巨峰要求绵阳全力组织抢救失踪人员、安置好受灾群众，全面普查安置点受灾情况，加强安全防范，迅速安排转移处于危险地段的受灾群众，加强对地质灾害的有效监控，防止次生灾害发生。

二、省委、省政府主要领导赴绵阳指挥抗震救灾

省委书记、省人大常委会主任、省抗震救灾指挥部指挥长刘奇葆 2008年5月12日下午，地震发生后，刘奇葆即刻作出重要批示，要求灾区各级党政干部在抗灾第一线组织党员干部群众进行抗震救灾工作。5月13—14日，刘奇葆陪同国务院总理温家宝在绵阳灾区察看灾情，慰问受灾群众，指挥抗震救灾工作。5月16日，刘奇葆陪同中共中央总书记、国家主席、中央军委主席胡锦涛在绵

阳市看望慰问受灾群众，指导抗震救灾工作。

5月22日，刘奇葆赴绵阳，在绵安路收费站、绵阳市社会福利院、九洲体育馆帐篷学校等地指挥抗震救灾工作，看望慰问受灾群众，检查灾民安置及卫生防疫工作。他强调，当前抗震救灾形势依然严峻，任务十分艰巨，各级各部门要继续把抗震救灾作为当前最重要最紧迫的任务，切实抓好灾民安置、卫生防疫等工作，坚决打赢抗震救灾这场硬仗。

5月28日，刘奇葆在绵阳会见参与支援绵阳市抢险救灾的俄罗斯米-26重型运输直升机机组人员。他感谢俄罗斯政府和人民对四川灾区人民的帮助和支持。他表示，要为米-26直升机在绵执行任务创造条件，全力解决处理好唐家山堰塞湖险情。由俄罗斯支援绵阳市抢险救灾的一架米-26重型运输直升机于5月25日飞抵绵阳机场，参与北川唐家山堰塞湖抢险作业，执行吊运大型机械设备的任务。

5月31日，刘奇葆在北川县、平武县等极重灾区了解受灾群众安置情况，指导抗震救灾工作。刘奇葆强调，在特大灾害面前，各级党组织和广大党员干部经受住严峻的考验，充分发挥战斗堡垒作用和先锋模范作用。当前，抗震救灾工作进入新的阶段，各级领导干部和广大党员要继续把人民利益放在高于一切的位置，到困难最大的地方去，到群众最需要的地方去，成为群众的知心人和主心骨。

6月1日，刘奇葆陪同中央领导在绵阳八一帐篷学校看望慰问受灾学生，了解受灾群众安置情况。他强调，要看到气温不断升高给安置工作带来的新情况，及早考虑解决办法。对于受灾群众的安置，除解决好他们的吃、住和饮水问题外，还要根据即将到来的高温暑热天气状况，早准备、早安排，切实解决好群众的降温防暑问题。进一步加强卫生防疫工作，预防流行性疾病的传播与蔓延。准备好防暑降温药物，健全疫病防控机制，不要让群众因天气酷热而中暑、生病。

6月2日，刘奇葆在平武县南坝镇察看受灾群众安置情况，强调地处山区的重灾区，既要高度重视受灾群众安置点的选址工作，也要密切关注高温天气和降雨天气对滑坡、堰塞湖、病险水库安全带来的不利影响，加强对地质灾害危险点的监测和防范，确保群众人身安全。

6月9日，刘奇葆在绵阳科创园区受灾群众集中安置点、长虹集团公司、九洲集团公司，了解安置工作进展和企业恢复生产情况，指出抗震救灾已进入以安置受灾群众为主要任务的重要阶段，要把安置住房建设作为重中之重，抓进度、抓质量、抓配套、抓环境，早日让受灾群众住进新“家”，尽快恢复家庭生活；要坚持一手抓抗震救灾、一手抓经济社会发展，开展生产自救，尽快恢复生产，切实增强灾区自我发展和自主增长的能力，千方百计将灾害损失降到最低限度；大灾之年要大干、苦干、实干，要在困难和不利的条件中发现和把握机遇，趋利避害谋求发展，挽回损失多做贡献。

6月10日下午，在唐家山堰塞湖泄流的关键时刻，刘奇葆赴绵阳，指导唐家山堰塞湖抢险避险工作。17时左右，当堰塞湖泄流槽高程介于720~721米，且最大洪峰顺利通过绵阳市区时，刘奇葆指出，唐家山堰塞湖抢险避险取得决定性胜利，这是参与抢险避险工作的所有人员团结协作、共同奋斗的结果。他要求继续加大抢险力度，力争在短期内彻底解决唐家山堰塞湖的问题。

省委副书记、省长、省抗震救灾指挥部副指挥长蒋巨峰 2008年5月12日下午，地震发生后，蒋巨峰立刻作出重要批示，要求采取一切措施最大限度减少灾害损失，尽最大努力确保人民群众生命财产安全。

5月25日，蒋巨峰在绵阳主持召开唐家山堰塞湖应急处置指挥部会议，研究唐家山堰塞湖排险方案。蒋巨峰和水利部部长陈雷在绵阳看望参与唐家山堰塞湖应急疏通工程的俄罗斯飞行员。

5月28日，蒋巨峰在绵阳市检查指导唐家山堰塞湖抢险避险工作，主持召开唐家山堰塞湖应急处置指挥部会议。蒋巨峰强调，要确保空中运输通道通畅，把更多的工程设备尽快运到坝顶，加快施工进度；制定施工安全预案，确保安全；综合考虑溃堤程度和撤离半径，将预防措施分为全部转移、临时紧急转移、准备转移三类，指导群众撤离工作；组织撤离群众分类进行演习，让群众心中有数；完善监测、预警、指挥撤离系统，确保信息畅通。

6月1日，蒋巨峰在绵主持召开唐家山堰塞湖应急抢险指挥部会议，传达落实国务院总理温家宝的重要指示精神，进一步研究部署唐家山堰塞湖应急避险工作。会议要求高度警惕强降雨和余震可能带来的不利影响，从最不利的因素出发，从最安全的措施着手，往最好的结果努力，健全专家会商机制和指挥部会商机制，进一步加强对水情、雨情、汛情的监测，加强对工情、险情的分析，保证监测、预警和疏散撤离工作有效开展。

6月4日，蒋巨峰在绵阳市主持召开唐家山堰塞湖应急处置指挥部会议，强调要充分认识唐家山堰塞湖溃堤的不确定性、随机性和破坏性，以对人民群众生命安全高度负责的态度，确保所有应转移群众全部转移，不漏一人，并安排好他们的生活。

6月7日，蒋巨峰主持召开唐家山堰塞湖应急处置指挥部会议并与专家组座谈。他强调，避险工作的核心是在出现溃坝险情时努力为转移群众赢得尽可能多的时间；万一出现溃坝险情时，要采取“点对点”的方式传递警报信息，以便第一时间组织群众撤离；继续抓紧完善和实施排险避险方案，并增加力量严密监测，完善预警和命令发布机制，确保人民群众的生命安全。

6月9日，蒋巨峰在绵阳指挥唐家山堰塞湖应急处置工作，再次飞抵堰塞体，实地踏勘并进行现场研究，主持召开抢险指挥部会议，要求坚决落实“安全、科学、快速”原则，主动、及早处理险情，确保下游群众零伤亡，同时确保抢险部队和施工人员安全。6月10日，唐家山堰塞湖成功泄流，实现中共中央、国务院提出的“不伤亡一人”的目标，标志唐家山堰塞湖排危除险取得决定性胜利，创造世界上成功处置大型堰塞湖的奇迹。国务院抗震救灾总指挥部、省抗震救灾指挥部分别向唐家山堰塞湖应急处置指挥部致电祝贺。

三、四川省抗震救灾指挥部驻绵阳工作组

特大地震发生后，省委、省政府迅速组建四川省抗震救灾指挥部，指派副省长张作哈率救灾工作组连夜赶赴绵阳指导抗震救灾工作。

2008年5月12日23时40分左右，受省委、省政府的指派，副省长张作哈率领省抗震救灾指挥部救灾工作组赶到绵阳，研究部署并指导绵阳抗震救灾工作。在初步了解绵阳灾情后，张作哈与省委、省政府有关领导沟通协商，对绵阳抗震救灾工作作出重大安排：调集省紧急救援队奔赴绵阳参与抗震救灾；调集钢钳、钢钎、铁锤等救灾工具支援绵阳抗震救灾；增派1000~2000名部队官兵前往绵阳重灾区增援；调集直升机给北川、平武等重灾区空投食品、水等物资。张作哈还要求省水利厅、省国土资源厅等部门有关专家迅速奔赴北川了解灾后水利、地质情况，及时制订科学预案。

随后，张作哈连夜赶赴北川县察看灾情。5月13日晨，张作哈走到北川中学救援现场，参与抢险救灾工作，指挥协调卫生、民政等部门抓紧向受灾地区运送药品、帐篷、担架、电筒、食品等物资，协调西南交通大学爆破专家与6辆吊车赶赴北川中学。13日下午，张作哈会同部队、绵阳市领导召开紧急协调会议，研究道路、通信抢通及救援部队的生活保障等问题。

5月14日晚，张作哈出席绵阳市抗震救灾工作会议。他强调，统筹指挥，全力以赴，上下齐心，众志成城，有序推进救援工作，把地震灾害的损失减少到最低程度，努力夺取抗震救灾最后胜利。会议议定：专业救援队伍与非专业队伍密切协作，全力提高搜救工作效率；做好遇难者家属思想工作，从全市抽调150名民政和乡镇干部到北川，加快善后工作处置速度；明确绵阳市副市长林新负责组织抢修北川的入城通道，以最短的时间和最快的速度开通应急救援通道；参战部队、武警、消防以高度的协作精神，全力搜救抢险；严格交通管制，保障救援人员、物资和设备运输畅通；加强苦竹坝拦水坝险情监测，确保灾区和救援人员安全；增加卫生防疫人员，全面开展消毒防疫工作；细化后勤保障工作，确保一线救援人员和受灾群众生活用品的供给；在安县永安镇设第二物资仓库；合理安排救援物资；设在北川中学的前线指挥部前移北川县城，搜救县城被埋人员和救援乡(镇)、村受灾群众。

5月16日，张作哈出席绵阳市抗震救灾统计工作会议，传达省政府灾情统计紧急会议精神，安排部署全市抗震救灾统计工作。他要求，实事求是，科学测算，确保各项统计数据真实准确。

同日，张作哈在绵阳召集省水利厅、德阳市政府负责人和绵阳、德阳、广元三市水利局长会议，紧急部署防止灾区堰塞湖溃决工作。会议传达国家防汛抗旱总指挥部《关于立即采取强有力措施坚决防止北川县堰塞湖溃决造成重大人员伤亡的紧急通知》，绵阳、德阳、广元三市汇报灾区堰塞湖险情，省政府副秘书长王七章就灾区堰塞湖处置提出初步意见；省水利厅厅长冷刚提出防止堰塞湖溃决和病险水库排查的措施；国家水利部专家通报部分堰塞湖勘察情况。张作哈就防止堰塞湖和病险水库溃决以及饮用水安全工作作总体部署。

5月25日，省人大常委会副主任、省抗震救灾指挥部驻绵阳工作组组长韩忠信出席绵阳市抗震救灾工作紧急会议。会议强调，要继续全力以赴组织抢救人员，只要有一线希望，就决不放弃救人。要把重点转向救治伤病员，尽可能将伤员向条件较好的周边省市转移，使他们能够得到更好治疗。要组织好物资和食品调运。要加紧修复供水等基础设施，加强城乡水源监测和维护。要全面加强卫生防疫工作，确保大灾之后无大疫。要特别严防地震次生灾害。要尽快组织恢复生产，广大灾区群众要积极开展自救，各地要组织农民抢种抢收，务必抓好生产和发展问题。

5月26日，省委办公厅、省政府办公厅印发《省“5·12”抗震救灾指挥部及驻重灾区工作组成员名单》，绵阳市为第三任务区，省人大常委会副主任韩忠信任组长，省政协副主席陈杰任副组长，坐镇绵阳指挥协调抗震救灾工作。

5月26日，韩忠信出席绵阳市唐家山堰塞湖疏散群众工作动员大会并作动员讲话。他强调，唐家山堰塞湖下游人员紧急疏散工作是一项维护人民群众生命财产安全的重大决策部署，各级各部门及相关人员要在思想上高度重视紧急疏散工作，在态度上坚决支持紧急疏散工作，在行动上自觉落实紧急疏散工作，切实服从抗震救灾指挥部的统一指挥，严明纪律，有组织有秩序地进行疏散；一定要做到“宁可信其有、不可信其无，宁可信其大、不可信其小，宁可备而无患、不可患而无备”，绝不能让灾前无备、灾后流泪的悲剧重演。

省抗震救灾指挥部驻绵工作组在绵主要开展视察统计上报灾情，传达上级救灾指令，指导协调部队和多方救援力量抢险救灾、安置群众等工作。2008年6月10日，唐家山堰塞湖排险取得决定性胜利后，工作组撤离绵阳。

第五节　绵阳市抗震救灾指挥部

一、组织机构

2008年5月12日14时50分，中共绵阳市委、绵阳市人民政府启动公共突发事件（地震）应急预案一级响应，成立绵阳市抗震救灾应急指挥部，市委主要领导任指挥长，副指挥长由薛康、陈友学、左代富、张学东、杨才玉、陈兴春担任，并召开指挥部第一次会议，成立综合协调组（市抗震救灾指挥部办公室）、抗灾救济组、供给保障社会捐赠组、医疗教育组、群众安置组、遇难灾民善后组、安全稳定组、新闻宣传组共8个工作小组，明确各小组的职责，派出18名市级领导带队分赴城区察看学校、医院、桥梁、厂房等受灾情况。

5月13日，绵阳市抗震救灾指挥部设立志愿者接待组，由团市委负责，接待、安排来自全国的志愿者参加抗震救灾。

5月14日，绵阳市抗震救灾指挥部设立军地协调组、监督审计组。

5月18日，绵阳市抗震救灾指挥部工作组调整增加到14个：综合协调组、抗灾救援组、外来救援队伍接待组、供给保障社会捐赠组、空投物资组、医疗组、群众安置组、遇难灾民善后组、抗震技术指导组、水利灾害整治组、损毁建筑规划重建组、学校重建组、安全稳定（交通秩序）组、新闻宣传组。

5月22日，增补第14集团军军长周小周为绵阳市抗震救灾指挥部副指挥长。

5月26日，增补市委副书记、代市长曾万明为绵阳市抗震救灾指挥部副指挥长。

6月30日，绵阳市抗震救灾指挥部撤销。同日，全市灾后恢复重建工作会议召开，市委组建绵阳市“5·12”地震灾后恢复重建委员会。

表2-1-31　　绵阳市“5·12”抗震救灾指挥部组成人员一览表

指挥部职责	姓名	职务	备注
指挥长	谭　力	市委书记	—
副指挥长	曾万明	市委副书记、代市长	5月26日增补
副指挥长	周小周	77200部队部队长	5月22日增补
副指挥长	薛　康	市委副书记	—
副指挥长	陈友学	市委常委、市政法委书记	—
副指挥长	左代富	市委常委、副市长	—
副指挥长	张学东	绵阳军分区司令员	—
副指挥长	杨才玉	市人大常委会副主任	—
副指挥长	陈兴春	市委秘书长	—

表2-1-32 绵阳市“5·12”抗震救灾指挥部机构一览表

组　名	负责人	职　务	地　址
综合协调组	陈友学 陈兴春	市委常委、政法委书记 市委秘书长	市委火炬大厦一楼
抗震救援组	左代富 易　杰 林　新	市委常委、常务副市长 市委常委、科技城党工委副书记 副市长	北川中学
	赵映坤 邱明君	市人大常委会副主任 副市长	平武南坝镇
	任石林	市人大常委会副主任	安县政府对面
	张贵乾	市人大常委会副主任	江油市委大院
外来救援队伍接待组	杨步润 聂兆和 赵光周 李有全 赵忠明	市人大常委会主任 市人大常委会副主任 市人大常委会副主任 市人大常委会副主任 市人大常委会秘书长	市政府火炬大厦一楼
供给保障社会捐赠组	张世虎 郭和平 吴因易 蔡清顺 徐鲁川 黄重九 支尚林 沈其霖 任正发	市政协主席 市政协副主席 市政协副主席 市政协副主席 市政协副主席 市政协副主席 市政协副主席 市政协副主席 市政协秘书长	樊华大厦一楼 （火炬大厦对面）
空投物资组	王　倩	市委常委、市总工会主席	绵阳机场
医疗组	蔡振红 文久喜	市委常委、副市长 市政协副主席	火炬大厦一楼 礼宾局门口
群众安置组	王　倩 张贵乾 王　瑜	市委常委、市总工会主席 市人大常委会副主任 市人大常委会副主任	市委火炬大厦三楼 及九洲体育馆
遇难灾民善后组	董维全 黄正良	市委常委、组织部部长 副市长	北川擂鼓镇 安县板凳桥、安县永安镇
抗震技术指导组	左代富 李作虎 夏建国	市委常委、常务副市长 市政府副秘书长 市地震局局长	人民公园管理处
水利灾害整治组	张　健 安天云 向地平	科技城党工委副书记 市水务局局长 市武都引水管理局局长	市府火炬大厦一楼
损毁建筑规划重建组	王绵生	市建设局局长	人民公园管理处
学校重建工作组	李　炜 赵光周 黄正良 万连坡	市委常委、宣传部部长 市人大常委会副主任 副市长 副市长	市教育局二楼
安全稳定组（交通秩序）	胡　钢	市委常委、市公安局局长	市委火炬大厦一楼 （礼宾局会议室）
新闻宣传组	李　炜	市委常委、宣传部部长	市委火炬大厦二楼宣传部

二、紧急部署

绵阳市抗震救灾指挥部成立后，迅速作出四条决策：一是立即架设专用电话，获取准确震情信息和上级指示精神，及时收集各地灾情报告；二是对供电、供气设施拉闸，对水库、高楼、桥梁等重点设施实施监控；三是立即派出18名市级领导分赴市区学校、医院、企业等单位查看收集灾情，统一组织发布抗震救灾公告，稳定公众情绪；四是立即打开全市所有医疗机构，无条件组织抢救伤员。

震后2小时，各县（市、区）灾情陆续传到指挥部，北川、安县、平武、江油受灾极其严重。指挥部召开第二次会议，提出要不惜一切代价抢险救人，调集最精锐力量支援极重灾区，快速打通交通生命线，立足自救，火速救人。16时34分，指挥部派出市委常委率队奔赴北川，市人大常委会副主任赵映坤等率队奔赴平武，市人大常委会副主任任石林率队奔赴安县，市人大常委会副主任张贵乾率队奔赴江油，全力组织抢险救人。

16时55分，根据北川最新的灾情报告，指挥部当即调整部署：市委常委、市政府常务副市长左代富带领绵阳军分区和民兵预备役应急分队，奔赴北川抢救伤员和被埋人员。

17时30分，指挥部迅速作出七条决策：一是由8名市级领导率队火速驰援极重灾区，就地牵头组建北川、平武、安县、江油4个前线指挥部，统筹指挥当地救援工作；二是立即停建全市所有重点建设工程，由市政府副市长林新负责调集城区所有工程机械连夜赶赴极重灾区抢险，以最快速度抢通道路；三是立即封存、征用市内所有超市物资，调集饮用水、食品、药品等急救物资，火速组织运往极重灾区；四是立即实施交通管制，维护交通秩序，全力保障抗震救灾车辆顺利通行；五是立即组织机关50岁以下男性干部和长虹、九洲两家大型国有企业5000余名职工，自带干粮、救援工具驰援极重灾区；六是由市人大机关负责衔接救援部队，由市政协机关负责救灾物资保障；七是请求省上和部队火速增援绵阳，协调民航绵阳飞行学院派出直升机查看灾情，尽最大可能空投通信设备、急救药品和救援人员。

由于余震不断，通往灾区的道路时通时断，尤其是通往北川县城的道路完全中断，指挥部要求，务必在13日5时前打通通往北川县城的道路。经连夜组织大型机具连续奋战5小时，13日4时，基本抢通通往北川县城、平武县平通镇和南坝镇的便道，开辟出一条抢险救人的“生命通道”。

13日6时25分，指挥部再次召开紧急会议，专题研究开展对北川中学学生、县城被埋群众的营救工作。会议强调一定要把抢救被埋学生作为整个救人工作的重中之重，动用一切可以动用的手段和设备营救被埋的学生和群众，全力抢救伤员。

13日上午，多支解放军、武警、消防部队及云南地震救援队和医疗分队抵绵，指挥部协调所有救援队伍挺进北川救援。当日，在北川救援的兵力逾万人。13日下午，指挥部又协调部队到伤亡惨重的平武县南坝镇、平通镇、响岩镇，北川县陈家坝乡，安县茶坪乡、高川乡，江油市雁门镇等地开展救援。

在市抗震救灾指挥部的统一指挥下，全市震后24小时从废墟中解救1.36万余人，占获救人数的80%，最大限度地挽救了受灾群众的生命。

三、安置受灾群众

市抗震救灾指挥部迅速确定“就地、就近、分散”的安置原则，千方百计确保受灾群众有饭吃、有衣穿、有干净水喝、有临时住处。5月13日9时，北川县等极重灾区数万群众冒雨涌入绵阳城区，市抗震救灾指挥部果断决定：打开九洲体育馆，开放接纳受灾群众。九洲体育馆在开放当天就安置受灾群众2万多人，最多时接近4万人。5月14日，涪城区抗震救灾指挥部在南河体育中心建立临时安置点，接收安置从重灾区转移出来的群众。同日，长虹公司将北川中学1300多名师生安置到培训中心，帮助高三学生迅速复课。

为了分散安置压力，市抗震救灾指挥部要求各县（市、区）按照属地原则，就地、就近设立330余处安置点，派市级部门对口帮扶极重灾乡镇，在最短时间内解决了300多万名受灾群众的应急安置问题。

应急安置结束后，市抗震救灾指挥部决定，采取搭建帐篷、活动板房、支持群众自建房、投亲靠友和外出务工等多种方式，尽快恢复受灾群众生产生活。7月底，全市完成过渡性安置，累计向群众分配帐篷47万余顶、衣被130多万件、成品粮11.6万吨、食用油1500余吨，保障受灾群众的基本生活。

四、卫生防疫

在特大地震灾害中，绵阳市遇难人员多，加上高温、汛期很快来临，卫生防疫面临严峻考验。市抗震救灾指挥部提出“防疫也是救人”的思想，明确要求全市上下始终保持高度警惕，卫生防疫必须严防死守，不留死角。由1名市级领导专门负责防疫工作，及时组织消毒处理遇难者遗体和动物尸体，协调组织2万余名专兼职防疫人员和防化官兵进驻绵阳灾区。实行重大传染病疫情日报告和零报告制度，及时对北川县城实行封闭式深度防疫处理，对出入极重灾区车辆、人员实行严格的消毒防疫，设置600多个饮用水监测点并落实专人全天候监测；对极重灾区14.7万名易感人群进行甲肝、乙脑等免疫，尽最大努力切断传染源。至5月24日，实现所有受灾县、乡、村和临时安置点卫生防疫全覆盖，累计无害化处理遇难者遗体2万多具、动物尸体1094.8万头（只）。

同时，在全市范围内开展以整治环境卫生、防治病霉生物为主要内容的爱国卫生运动，完成消杀灭面积12.2亿平方米，检查制水、供水单位1.2万户次，监督指导食品生产经营单位21.9万户次，形成专群结合、群防群治的防疫合力，打响一场声势浩大的人民防疫战争。在抢险救灾阶段，全市未发生一起与地震相关的传染病疫情和突发公共卫生事件，为实现大灾之后无大疫打下坚实基础。省委书记刘奇葆专门作出批示，要求在全省灾区推广绵阳卫生防疫的做法。

五、化解社会矛盾

市委、市政府坚持维稳第一责任，妥善处置因灾涉稳问题和改革发展遗留问题，不折不扣地执行中央关于受灾群众、“三孤”人员生活补助和遇难人员家属抚慰政策，深入开展对遇难者家属特别是遇难学生家长的“一对一”抚慰帮扶工作，兑现遇难学生家长一次性救助金1.23亿元，为3287名无养老保障的遇难学生家长代缴15年基本养老保险金；帮助地震伤员5421人次开展康复训练，妥善安置589名地震“三孤”人员。加大对因灾引起的婚姻家庭、财产继承等法律问题的排查调解。

坚持全程开放透明救灾，在救灾款物使用上，坚持公告于众、取信于民，定期向社会公布救灾专项资金和捐赠款物接收、拨付及发放情况。组织策划抗震救灾系列宣传报道、慰问演出、重建精神家园等重大活动，大力弘扬抗震救灾精神，努力重塑干部群众精神家园。灾后全市未发生一起重大突发公共事件和不可控群体性事件。

六、防治次生灾害

特大地震在绵阳境内形成55处堰塞湖，其中唐家山堰塞湖最大库容量达3.2亿立方米，对下游130多万名群众的生命财产安全造成严重威胁。按照“排险避险同步推进”的处置原则和零伤亡目标，绵阳市迅速成立避险疏散指挥部，并按专家意见编制应对不同险情的配套避险方案，落实27名市级领导分片区负责群众疏散撤离工作，组织1/3溃坝淹没区的21万余名群众紧急疏散转移，对1/2溃坝和全溃坝情况下的疏散转移指挥系统进行多次演练，在堰塞湖周边设置观测点，建立双备份通信系统，确保及时预警、及时报警、万无一失。

在疏散避险期间，因连日干旱无雨，许多临时安置点帐篷内温度高达40多摄氏度，中暑生病的群众最多时一天达3000多人次，群众不理解情绪明显增加。市抗震救灾指挥部、市避险疏散指挥部采取多种措施，为274个安置点提供生活保障，增加餐饮摊位133个、供水点694个、商业网点177个、临时洗澡点384个、临时厕所384个、医疗点188个、电视机489台等设施，放映160余场坝坝电影，协调部队接管群众撤离区域，防止撤离群众返回。6月10日，唐家山堰塞湖排险取得决定性胜利，成功实现零伤亡目标。

7月20—21日，绵阳全境普降特大暴雨，造成全市183个乡镇、36.1万人受灾，市委、市政府迅速组织受灾群众转移至安全地带，帮助受灾群众恢复正常生活秩序。9月23日晚至28日，绵阳市遭遇百年不遇的特大暴雨，造成全市148个乡镇、130万人受灾，市委、市政府及时安排部署抢险救灾工作，在基本没有外援的情况下，有效控制和及时排除所有险情，受灾群众得到妥善安置，灾区社会安定、人心稳定。

第六节　绵阳市领导组织指挥抗震救灾

市委副书记、市长曾万明　2008年5月26日，曾万明任中共绵阳市委副书记、市政府代市长。曾万明上任后，担任绵阳市抗震救灾指挥部常务副指挥长、唐家山堰塞湖避险疏散工作常务副指挥长。面对唐家山堰塞湖的严峻形势，5月27日，曾万明连夜部署疏散避险工作，强调“形势非常严峻、时间非常紧迫、任务非常艰巨”，要求所有工作都要服务服从于这个紧迫任务。5月28日、5月29日、6月1日，曾万明先后在市抗震救灾指挥部、游仙区、涪城区组织进行预警信息报告演练和群众疏散撤离演练。围绕零死亡目标，从5月30日凌晨到6月1日晚，曾万明多次到游仙、涪城、江油、北川、三台等县（市、区），检查督导群众疏散安置工作。6月10日，唐家山堰塞湖成功泄洪，全市堰塞湖排险避险战役全线告捷。

曾万明担任全市堰塞湖排险避险（除唐家山堰塞湖外）和震损水库整治工作指挥部指挥长。绵阳市因地震形成堰塞湖55处、震损水库491座。从5月26日晚到6月4日，曾万明白天赴灾区实地勘察，晚上召集会议研究方案，部署工作，“一湖一策，一库一策”，逐一制定堰塞湖排险避险和震损水库整治方案，将排险措施、避险预案、预警预报、消毒防疫等落实到单位和人头。6月4日，险情仅次于唐家山的安县肖家桥堰塞湖顺利泄流，随后，平武文家坝堰塞湖、安县灌滩堰塞湖等成功泄流。

6月初，曾万明组织相关部门研究布置九洲体育馆受灾群众撤离工作，确定3种安置方式：群众申请活动板房临时居住；每户领取2000元补偿金、一顶帐篷或足够的彩条布修建过渡房；鼓励群众互助组合，在指定的安全地域内自建房屋。到7月1日，九洲体育馆的群众全部撤离返乡。

从7月1日开始，曾万明先后多次到北川、安县、平武等极重灾县考察抗震救灾、督导群众安置、安抚受灾群众、慰问抢险官兵。他要求水务、水文、气象、河道管理等部门，对防汛工作务必引起高度重视，切实做到防汛责任、防汛预案、重点区位、气象水文预测、抢险队伍等落实到位。他积极抓好过渡安置，协调板房分配，跑遍全市极重灾县（市）的所有乡镇和大多数村，仅北川县就往返40多次。

9月23—24日，一场特大暴雨突袭绵阳，灾区抢通的公路再次中断，搭好的板房被泥石流冲毁。曾万明迅速下令启动应急预案，火速召集水务、水文、气象、河道管理等部门负责人会商，研究制定全市抗洪抢险方案。随后几天，曾万明赴北川、安县、平武、江油、三台等县（市）的重灾乡镇，坐镇指挥抗洪抢险，并先后3次赶赴北川曲山镇，对任家坪村魏家沟、西山坡发生的泥石流灾害进行实地踏勘，并就如何避险、排险，确保山下板房小区群众的人身安全等进行调研，最终作出“就地就近安全转移”的决定。

市人大常委会主任杨步润 地震发生后，杨步润担任市抗震救灾指挥部外来救援队伍接待组组长。从5月13日起，他坚持24小时值守绵阳机场，组织领导外来救援队伍接待工作。在唐家山堰塞湖避险疏散工作中，杨步润负责涪城区青义、龙门、塘汛、丰谷4个镇群众疏散转移的指导工作，多次到一线，从疏散转移方案制定、实施到后勤保障、巡逻守护、消毒防疫、防火防盗，从妥善安置转移群众、督促落实疏散转移群众钱粮补贴到鼓励群众投亲靠友等，逐项进行检查督促，确保疏散转移工作安全有序，实现零伤亡目标。

市政协主席张世虎 地震发生后，按照市委统一部署，张世虎立即对政协抗震救灾作出部署，积极协调和组织各民主党派、工商联和全市政协系统积极参与抗震救灾，发出《致政协委员公开信》，开展“我为抗震救灾做贡献”活动，并向全国政协、省政协和友好市州政协发出求援函。地震当晚，紧急组织食品、饮料、药品500余吨、救灾机具60余车送往北川、平武等极重灾区。

根据市抗震救灾指挥部的安排，市政协负责全市应急救灾的物资保障和社会捐赠接收工作。张世虎带领主席会议成员，坚守在物资接收、分配、发放、运送一线，简捷、高效、准确地把全国各地源源不断运来的上万种价值5.4亿元的救灾物资分发到灾区和受灾群众集中安置点，有效保障10多万救灾队伍、数百万受灾群众、30多万名伤病员急需的物资。在十分紧急的情况下，全市救灾物资和社会捐赠接收工作做到规范有序、公开透明，并接受中央、省、市的多次严格审计。

唐家山堰塞湖险情发生后，张世虎带领主席会议成员主动深入疏散避险地区，同当地党政领导研究避险方案，同基层干部一起组织群众撤离疏散，做好稳定群众工作。抗震救灾期间，在他的倡导下，市政协各参加单位、各级政协组织、广大政协委员和委员企业共捐款6500余万元、捐赠物资折价1.73亿元。

市委副书记薛康 地震发生时，薛康因伤病正在住院治疗。在起居不便的情况下，他主动帮助医院维持秩序、抢救伤员。5月13日，薛康向市委提出，要求参加抗震救灾工作，随即被增补为市抗震救灾指挥部副指挥长，负责指挥部的综合协调和重大问题、政策的研究督查工作。他整合市抗震救灾指挥部各工作组职能，完善指挥部的组织指挥体系和工作机制；组织纪检监察等部门制定抗震救灾款物监督管理的若干规定和配套措施，强化对救灾款物的跟踪审计监督；对群众反映的救灾帐篷违规发放、农民焚烧麦秆严重影响空军直升机空投救灾物资等重大问题，组织专门力量认真调查核实并按规定严肃处理。他多次前往灾区慰问党员干部，调查基层党组织受损情况和发挥作用的情况，组织有关部门研究在抗震救灾中充分发挥基层组织战斗堡垒作用和党员先锋模范作用的办法措施。

市委常委、市政法委书记陈友学 市抗震救灾指挥部成立后，陈友学任副指挥长，主要负责救灾物资的分配和运输、救灾部队的协调调度及全市安全稳定工作。5月22日起，陈友学参与市抗震救灾指挥部水利组工作，作为唐家山堰塞湖抢险指挥部专家会商组牵头人，具体负责排险避险预警预报及通信保障工作，召集水文、气象、水工、地震专家，每天定期会商，向指挥部传回大量与唐家山堰塞湖除险有关的水情、汛情、坝情、雨情等重要数据。5月22日至6月7日，他3次赴唐家山，实地勘察水情，研究泄洪方案，现场组织紧急排险。6月10日凌晨，唐家山堰塞湖泄流量骤增，陈友学每隔10分钟向指挥部报告一次泄洪流量、引流渠的冲刷和拓宽情况、坝体变化等实时数据，为指挥部根据险情指挥群众避险提供依据。当天下午，洪峰平稳通过绵阳城区，唐家山堰塞湖抢险取得决定性胜利。

市委常委、市政府常务副市长左代富 特大地震发生时，因市政府原市长离任，新市长未到任，左代富主持市政府工作。市委、市政府立即启动公共突发事件（地震）应急预案一级响应，成立抗震救灾指挥部，左代富任副指挥长，负责调查核实灾情，组织、指挥、协调全市抗震救灾工作。5月12日晚，左代富克服重重困难，冒着生命危险进入震后北川县城，迅速组建北川抗震救灾前线指挥部，由他担任指挥长，组织抢险救人。在救援初期，救援工作面临设备不足、信息不畅、物资供应不足等诸多困难，左代富根据应急需要，设立搜索营救、物资交通、卫生防疫、综合协调等工作机构，并将进入北川的近2万名救援力量分配到各救援责任区，统一做好搜救、抢险、救治、转移、善后等工作。左代富在抗震救灾前线舍生忘死，白天与指挥部的工作人员组织抢险救人，晚上会商情况并部署次日救援任务，不分昼夜连续工作十余天。在左代富的组织指挥下，前线指挥部通过现场指挥和统筹协调，共组织转移城乡被困群众8万余人，抢救出受伤人员1.5万人，并对所有遇难者遗体进行妥善处置，把地震给北川造成的损失控制在最小范围内。

5月22日后，左代富奉命负责唐家山堰塞湖避险撤离、受灾群众过渡安置以及重建规划方案编制等工作。在唐家山堰塞湖避险撤离工作中，他迅速组织制订预案，科学决策部署，多次前往涪城、游仙等撤离安置点，现场协调解决群众临时安置的各种问题，通过积极发挥基层干部作用，动员各级干部尤其是乡镇、街道社区干部组织群众有序转移。在受灾群众过渡安置中，左代富坚持立足当前、着眼长远，结合灾后恢复重建实施过渡安置，安全有序地组织广大受灾群众返乡搭建过渡安置房，组织协调各种物资，确保受灾群众温暖安全过冬，确保灾区无一例冻死、饿死的情况发生；多次赴北川县禹里乡、漩坪乡，平武县南坝镇、水观乡，安县高川乡、茶坪乡等偏远极重灾乡镇调研，督促指导安置工作，使广大受灾群众在较短时间内投入灾后恢复重建中。

市委常委、市总工会主席王倩 任市抗震救灾指挥部副指挥长，主要负责受灾群众安置工作。5月13—16日，她带领群团组织和市级部门，在九洲体育馆建立全市第一个受灾群众集中安置点，同时建起全市第一个物资捐赠点，发起“红丝带志愿行动”，组织机关干部在馆内建42个临时安置区，建立临时党支部，建立寻亲登记点、寻亲墙、寻亲网、寻亲热线，建立帐篷学校，建立母婴、孤儿、孤寡老人专门安置室。此外，她还牵头在城区建立5个较大的受灾群众安置点和数百个小安置点，用四天四夜换来10多万受灾群众零伤亡、零疫情、零重大事件、儿童零走失的奇迹。王倩还牵头组建空中救援指挥部，协助陆航部队出动直升机上千架次，运送物资700余吨、人员5000多人次，对13万名被困群众实施空中救援。唐家山堰塞湖排险期间，王倩负责堰塞湖淹没区3个镇乡1.4万多名群众的疏散转移和安置工作。

市委常委、市政府副市长蔡振红 受命担任医疗救治和卫生防疫指挥部指挥长，负责医疗救治和卫生防疫工作。接到任务后，他迅速组建医疗救治和卫生防疫工作机构，建立援绵医疗队联席会议制度、防疫组织协调机制、市县乡三级联动的医疗物资供配体系，制定捐赠药品和医疗器械管理办法、采购药品和医疗器械管理办法等，特别要求抓好遇难人员遗体和动物尸体的规范处理、受灾群众集中安置点的疾病防控、饮用水源水质监测和食品卫生安全、疫情监测预警等工作。组建4个驻县工作组和4个卫生防疫巡查组，分赴极重灾县（市）开展督查工作，把指挥部的工作延伸到灾区。抗震救灾期间，全市累计接诊伤病员42万人次，收治住院伤病员2.3万人次，其中危重伤员2773人。成功转运伤员3381人，无一人死亡。先后组织卫生防疫人员11.94万人次，车辆2.49万辆，全面开展消毒、杀菌和遇难者遗体、动物尸体的无害化处理工作，实现大灾之后无大疫的目标。卫生部评价：“绵阳抗震救灾195医疗防疫指挥体系为国家灾难医学研究提供了宝贵的经验。”

蔡振红带领市红十字会全力做好救灾款物的募集工作，截至2008年11月30日，共募集各类救灾物资价值4亿多元，接收捐款9000多万元。签订灾后重建项目协议265个，项目资金4.74亿元，到位资金1.8亿元。募集棉被9万余床，棉衣2.4万件。

在唐家山堰塞湖避险疏散撤离工作中，蔡振红负责三台县老马乡、里程乡的撤离督导工作，在现场察看地形，分析情况，指导制定紧急疏散方案，组织安全疏散演练，开展拉网式排查，圆满完成市抗震救灾指挥部下达的零伤亡目标任务。

市委常委、绵阳军分区政委徐文良 任市抗震救灾指挥部副指挥长，主要负责组织指挥人民武装力量投入抗震救灾。灾情发生后，他立即组织召开紧急作战会议，启动应急预案，火速向市委汇报情况、请领任务，前往北川查看灾情。他在全市快速组织1.2万名民兵，陆续奔赴极重灾区北川、平武、安县、江油等地，展开生死大营救，先后从废墟中救出800余人，转移群众1.68万余人，运送伤员2000余人，挖、运、埋尸体1410具，装卸、转运救灾物资1300余吨，疏通、抢修道路120多公里。5月底，又组织1万多名民兵，配合地方政府做好唐家山堰塞湖下游群众疏散转移工作，认真开展治安执勤和维稳工作，心贴心为受灾群众服务。

市委常委、市公安局局长胡钢 任市抗震救灾指挥部副指挥长，主要负责组织指挥公安力量投入抗震救灾。灾情发生后，他立即启动公安系统应急预案，命令交警、巡警上街维持秩序，组织派出所民警到辖区疏散群众，做好稳定群众工作，加强对重点目标的保卫。5月12日晚，胡钢3次往返北川，指挥公安、消防抢险救援，协调部队抗震救灾。在抢险救援关键阶段，他组织全市公安干警全天候坚守城区主要道路、加油加气站、物资捐赠点、灾民安置点及通往重灾区的重要路段，维护道路交通秩序，确保绵阳至北川、平武、安县道路安全畅通，圆满完成10多位党和国家领导人莅绵警卫任务，为省外、市外救援力量和救灾部队提供开道服务200余次。他安排加强对重点部位的24小时巡逻守护，督促落实防控措施，灾区没有发生一起影响大、危害大的严重刑事案件，没有发生一起群体哄抢、侵害受灾群众和阻碍抢险救援活动的刑事、治安案件。

唐家山堰塞湖险情出现后，胡钢组织制定群众清查搜救、紧急救援、治安维护、交通管制等工作预案，指挥全市公安机关和民警连续奋战15天，疏散撤离群众26.6万人，排查搜救6700余人，圆满完成群众疏散转移和清查搜救任务，实现零伤亡目标。

市政府副市长林新 在抗震救灾前期，林新担任北川前线指挥部副指挥长，主要负责北川道路抢通、救灾交通组织、协调部队和消防官兵抢险救援、救灾物资管理工作。地震发生半小时后，他赶到市交通局，安排落实人员到各县（市、区）查看道路、桥涵受损情况。17时15分，报经市委主要领导同意后，安排水务部门对所有大坝和水库进行开闸放水，避免发生垮坝，同时要求经开区加强对三江大坝的监控，确保安全。17时50分，主动请缨打通通往北川的道路，并立即调集机械设备，于当晚23时左右带领6台挖机和驾驶员连夜向北川掘进，到13日3时30分左右，抢通至北川中学和任家坪附近的道路。6时30分，安县至北川中学的道路实现车辆双向通行，为救灾大军开进北川扫清了障碍。

5月13—15日，林新连续数日驻守北川前线指挥部，组织指挥抢险救灾工作，协调指挥绵阳消防、重庆消防和华西集团从北川中学教学楼废墟下救出多名被埋学生。同时，他组织华西集团和二炮部队冒险抢修任家坪通往北川县城的救灾通道。16日中午，大型机械设备可顺利进入北川县城，为抢救群众生命赢得时间。为保证救援车辆和人员出入北川通畅，林新迅速组织机械设备，平整出4个大型停车场，并协调公安交警加强交通管理，确保救灾生命通道的畅通。从5月16日开始，林新和二炮部队领导一起，组织力量抢修通往陈家坝、禹里等乡镇道路，为乡镇抗震救灾提供道路保障。

5月19日，林新受命到绵阳，负责唐家山堰塞湖溃坝区群众避险疏散工作。他围绕“避险疏散工作从最坏处考虑”的原则，迅速研究制定疏散安置方案，制定《绵阳市唐家山堰塞湖应急疏散预案》等一系列工作预案，绘制疏散撤离线路图，完善人员值班、信息报送等工作制度。为确保疏散工作万无一失，林新多次研究并组织疏散撤离演练和指挥系统演练，并根据演练情况对疏散方案进行完善。绵阳主城区疏散撤离群众215196人，集中安置130622人，无一例人员伤亡，圆满完成避险疏散任务。

市政府副市长刘东 特大地震发生时，刘东正在新加坡南洋理工大学参加公共管理硕士（MPM）学位班学习。在获知绵阳灾情严重后，他当即向省委组织部、绵阳市委和南洋理工大学申请回国参加抗震救灾工作。在等待组织批准期间，他积极参与学校同学会的救灾募捐工作，动员当地华裔企业家向绵阳灾区给予援助。5月22日，刘东回到绵阳，立即投入抗震救灾工作，主要负责灾后对口援建省（市）联络、临时活动板房和建材应急生产与调度、板房分配与灾民安置、地震次生灾害防治等工作。他始终坚守在抗震救灾第一线，积极做好与山东、辽宁、河南等省对口援建单位的对接和联络工作，为援建单位第一时间赶赴重灾区开展援建搞好后勤保障；带领建材主管部门和各生产单位不分昼夜组织全市活动板房的生产、供应和调度工作，为及时妥善安置灾民做出贡献。

唐家山堰塞湖排险避险期间，刘东负责江油市香水乡群众疏散、撤离和避险督导工作，他与当地群众吃住在一起，指挥当地党委、政府有序开展老百姓临时安置点和帐篷的搭建工作，在48小时内开辟群众临时安置点30余处，搭建帐篷1500余顶、临时厕所30多个，安装临时供水点10个。他坚持每天逐户检查群众疏散和撤离工作，不厌其烦地向群众宣传安全疏散知识，尽量消除群众恐慌情绪，争取群众对疏散安置工作的理解和支持，圆满完成避险疏散任务。

市政府副市长李亚莲　特大地震发生时，李亚莲正在北京挂职锻炼。她在等待获准返绵的时间里，积极奔走，四处联络，先后在中科院、欧美同学会和在京绵阳籍企业家中募集捐款720多万元，定向捐赠绵阳灾区。回到绵阳后，她先后担任市抗震救灾指挥部震后安置房建设领导小组副组长、绵阳灾后重建规划组常务副组长、军地联合抢通墩秀路地方指挥部指挥长，主要负责灾后重建规划编制、过渡安置房建设、地震次生灾害防治、墩秀路抢通等工作。为缓解群众对房屋安全的担忧，她组织城建、房管部门积极寻求全国援助，邀请500多名房屋结构专业评估人员，在较短时间内对全市9000多万平方米的房屋和学校、医院、交通枢纽等公共设施进行安全检查、分类界定，及时拆除损毁建筑49幢（处）8.76万平方米。

为抢通墩秀路，李亚莲与二炮某部领导一起，带领20多个抢险施工单位，冒着生命危险，徒步翻山越岭探勘施工地形，组织抢险排险，仅用两周时间就抢通通往高川乡的生命通道，受到国务院抗震救灾前线指挥部的高度赞扬。针对特大地震形成的许多地质灾害隐患点，她带领国土系统人员，整合市、县、乡三级力量，在4个极重灾区5个重灾区，排查地震引发次生地质灾害隐患点2432处，为重建选址和转移群众提供依据。为尽快给受灾群众提供活动板房，她积极协调援建省市，建成过渡安置房167990套，全面完成过渡安置房建设任务。在唐家山堰塞湖疏散撤离工作中，她带领城建、涪江街道办事处等人员，在不到3天的时间里，搭建帐篷4000多顶，安装临时供水点1000多处，储水罐30多处，搭建临时厕所90多处，成功转移7804户2.1万多人，实现零伤亡。

市政府副市长黄正良　负责受灾群众临时安置点建设工作，从5月12日晚到5月底，在北川擂鼓、安县永安、黄土等地先后组建6个受灾群众临时安置点，安置受灾群众近2万人。他会同民政、卫生等部门，通过利用现有社会福利机构或新建福利机构等办法，对受灾倒房或严重损房的五保对象集中安置；通过搭建帐篷、简易房、投亲靠友、租房、借助、自建临时房等措施，分散安置部分受灾群众，保证每个房屋损毁的受灾群众都有临时住处。

黄正良担任全市学校学生家长稳定工作领导小组组长，组织有关县（市、区）认真开展遇难学生家长的抚慰、救助工作，有效化解矛盾，稳定遇难学生家长的情绪。为确保灾区高考顺利进行，他向省上提出绵阳市成建制延期高考的方案，积极争取教育部、省教育厅在招生计划上给予绵阳倾斜和照顾，协调交通、公安、卫生、环保等部门搞好高考综合环境整治。他还负责遇难失踪人员统计上报工作，重点抓好北川、平武、安县、江油等极重灾县（市）地震遇难失踪人员统计上报。

市政府副市长万连坡 为商务部下派绵阳挂职锻炼干部，市抗震救灾指挥部成立后，受命担任医疗教育组组长，负责组织协调受灾师生的救援和转移安置工作。全市先后救援、转移安置师生近6000人，县（市、区）疏散学生56万余人，绵阳城区疏散学生4.5万余人。

万连坡及时向商务部汇报绵阳重大灾情，引起商务部高度重视，立即召开党组会议研究支援抗震救灾工作。5月18日，商务部部长陈德铭赴绵阳市考察灾情。同时，商务部紧急组织募集90个车皮食品、棉被、饮用水、手电筒等救灾物资发往绵阳灾区，为绵阳灾区流通企业配置帐篷439顶、流动售货车108辆、物流配送车10辆、板房商店10余套，并下拨绵阳市抗震救灾流通企业补助资金350万元，用于恢复灾区商品供应。

5月29日，万连坡赶赴北川县香泉乡，负责组织群众撤离避险工作，确保香泉乡疏散转移8000余名干部群众，圆满完成零伤亡的目标。

为尽快恢复灾区商业网点，保障灾区市场供应，万连坡多次前往重灾县（市）和乡镇调研，通过市场引导、政府帮扶、企业自救等措施，有序、有力、有效地推进工作，满足受灾群众生产生活需要。

第七节 驻绵军事机关抗震救灾指挥部

一、指挥机构

2008年5月12日14时39分，绵阳军分区召开党委常委会和紧急作战会议，立即启动《绵阳军分区处理突发事件应急预案》，紧急动员全市民兵投入抗震救灾。14时50分，绵阳军分区抗震救灾指挥部成立，司令员张学东任指挥长，政委徐文灵任指挥部政委，下设军事、政工、宣传报道、联络协调和后勤保障组，负责组织、领导和直接指挥整个救援行动。16时30分，绵阳军分区确定“以北川、平武方向为重点，全力以赴抢救生命”的救灾思路。与此同时，向省军区请求跨区调动部队和民兵紧急救援绵阳。17时34分，司令员张学东率464名民兵组成的救援突击队奔赴北川。5月13日5时10分，参谋长罗健率1468名民兵组成的应急救援队增援北川。

5月12日19时30分，绵阳军分区北川方向指挥所成立，由参谋长罗健任指挥长，负责组织北川方向救援行动。5月14日，绵阳军分区平武方向指挥所成立，由政治部主任肖云任指挥长，负责组织平武方向救援行动。

5月14日，绵阳军分区在大批救援部队到达灾区的情况下，决定将工作重心从紧急救人转向协调外援部队救援。5月17日，执行“进村入户”搜救指示，将紧急救援向广大乡村拓展。9月17日，绵阳军分区司令员张学东退休，广安军分区司令员杨令泉调任绵阳军分区司令员，接任绵阳军分区抗震救灾指挥部指挥长。

表2-1-33　　绵阳军分区抗震救灾指挥部编成表

梯队	单　位	姓　名	备注
基本指挥所	指挥长	张学东	2008 年 9 月退休
		杨令泉	2008 年 9 月接任
	政治委员	徐文良	—
	司令部	李大年	—
		赵　坤	—
		谢立成	—
	政治部	李鸿林	—
		李顺东	—
	后勤部	梁　俊	—
		罗亚丹	—
	保障人员	张波、何东、雷俏、何福禄及警纠排 4 名战士	—
北川方向指挥所	指挥长	罗　健	成 K—34010
	司令部	勾　易	成 K—34003
		朱　毅	成 K—34010
		袁启胜	成 K—34010
	政治部	张　剑	成 K—34010
		傅晓英	成 K—34003
	后勤部	刘海平	成 K—34003
	战　士	李　程	其他车辆
	司　机	谭方元	成 K—34003
		盖德明	成 K—34010
平武方向指挥所	指挥长	肖　云	成 K—34006
	司令部	何　俊	成 K—34006
		尹光美	成 K—34006
	政治部	景安宝	成 K—34006
	司　机	陈志明	成 K—34006

二、决策部署

（一）下达紧急动员令

2008年5月12日15时10分，绵阳军分区率先向涪城区人武部、游仙区人武部下达紧急动员令，明确动员任务和民兵集结时间；同时，命令各人武部按照先收拢干部、后收拢民兵，先收拢机关、后收拢分队的要求，干部职工划片负责、分头行动；三台、江油、梓潼、安县、盐亭等人武部动员民兵1500人，征用车辆60台，准备3天合计4000份/日的先遣给养，于13时凌晨向灾区开进。在通信中断、交通不畅的情况下，全市专职人武干部和民兵连长立即行动，利用出租车、摩托车、自行车和徒步等多种办法走村串户，采取口头传达、相互转告等多种方式，动员民兵立即投入抗震救灾。

16时10分，市委、市政府、绵阳军分区联合向全市发出第一道抗震救灾紧急动员令，动员全市民兵立即投入抗震救灾战斗。16时30分，绵阳军分区党委根据灾情特别重大的实际情况，确定“以北川、平武方向为重点，全力以赴抢救生命”的工作思路，决定紧急出动其他县（市、区）民兵支援北川、平武抗震救灾；如实向四川省军区报告灾情，申请将支援绵竹方向的本级民兵改为支援北川，向省军区请求调派异地民兵支援绵阳地区抗震救灾。

（二）制定紧急保障措施

5月12日14时47分，绵阳军分区后勤部下达后勤保障工作指示，要求三台县、江油市、涪城区、游仙区、梓潼县、盐亭县人武部为执行抗震救灾任务的民兵准备3日的干粮和饮用水，要求各地方党委、政府尽力做好参加抗震救灾民兵的食宿、车辆保障工作。在震后多数商铺关门、市场基本停业、物资采购困难的情况下，绵阳军分区后勤部组织人员多方联系超市和供应商。15时，紧急筹措部分救灾器材和粮油、蔬菜、饮用水和方便面，保障先期奔赴北川的464名民兵突击队员生活之需，同时向省军区请求物资支援。5月13日凌晨，省军区下拨的3吨干粮和其他救灾物资送至绵阳军分区。

（三）协调军地关系

绵阳市成立抗震救灾指挥部后，绵阳军分区司令员张学东担任副指挥长。5月13日，绵阳军分区派出2名干部参加市抗震救灾指挥部联络协调组工作。5月17日，由绵阳军分区牵头的绵阳市抗震救灾指挥部军地联络组成立，吸收第二炮兵、第14集团军联络员参加联络工作。军地联络组迅速建立联络制度，制作通信联络表和兵力部署图，确保对救援部队做到“五清楚”：清楚人数装备、清楚技术实力、清楚临时驻地、清楚保障需求、清楚困难和问题。军地联络组及时把市抗震救灾指挥部的需求传达到各人武部队，积极协调解决任务部队的宿营地、物资采购等后勤保障问题。绵阳军分区还协调成立绵阳市支前保障领导小组，制定支前紧急保障方案和保障措施，为抗震救灾部队提供有力保障。

三、现场指挥

（一）组织紧急救援

2008年5月12日16时30分，政委徐文良随市委领导一起赶赴北川县城了解灾情，为省军区紧急调动兵力投入绵阳抢险救灾提供决策依据。17时34分，司令员张学东率领涪城、游仙两区民兵464人率先赶赴北川。车辆行至北川擂鼓镇时，数块几十吨重的山石横在路中央阻断道路。张学东命令人员全部下车，带上工具跑步前进。19时30分，绵阳民兵抗震救灾突击队进入北川县城，成为第一支到达北川县城的成建制救援部队，立即投入搜救被埋压群众的战斗。张学东带领人员借助手电筒的微光，沿着70多度的陡坡，历时4个多小时，走遍北川县城，及时掌握整个北川县城受灾情况，为第二天大部队进入北川开展生死大营救提供可靠的兵力部署依据。

5月13日5时，参谋长罗健率领三台、盐亭、梓潼、江油、安县和科学城人武部组织的1468名民兵应急队员分三个梯队赶赴北川展开救援，在北川曲山小学营救出4名小学生。罗健担任北川前线指挥所指挥长，为掌握禹里乡灾情，在道路不通的情况下，带领官兵历时3天，绕道2000多公里，从平武、松潘、茂县进入北川县禹里乡，实地查看灾情，为军分区救援决策提供依据。

5月13日，数万救援部队进入灾区，张学东、徐文良配合地方党委政府，协调指挥3万多部队官兵和4800名民兵进入极重灾区各任务点。在72小时“黄金救援期”内，协调指挥民兵搜救出幸存者391人。各任务部队进入灾区任务点后，张学东、徐文良将工作重点由应急动员自救转移到保障部队救援上来，为任务部队协调解决饮用水、车辆用油、药品、生活物资、运输车辆等救援必需的物资、用品、工具等。同时，协调市抗震救灾指挥部和空中救援部队，为绵阳市3个极重灾区空投食品、水和药品等物资，让近5万名被困群众及时得到生活必需品。

绵阳军分区政治部主任肖云担任平武方向指挥所指挥长，组织平武县人武部和民兵展开自救，协调第五责任区内部分外援部队和民兵近2万人完成第一阶段抗震救灾任务。在极度危险的情况下，肖云数次带领民兵进入南坝、响岩等重灾区，执行救援、抢险、清废等任务。

（二）组织民兵“进村入户”搜救

根据重灾区部分乡村道路被毁、群众被困的危急情况，5月15日，绵阳军分区党委命令各人武部充分发挥本地民兵“人熟、地熟、情况熟”的优势，组织民兵小分队想尽一切办法，深入到每一村每一户摸清灾情，救援被困群众，将紧急救援推向广大农村。

5月17日，胡锦涛主席发出“进村入户”的命令，绵阳军分区命令各人武部进一步加大向乡村展开救援力度，要求在5月17日14时前全部到达指定乡村，同时派出民兵为“进村入户”搜救被困群众的外援部队带路。

（三）组织民兵投入唐家山堰塞湖群众避险大转移

5月26日下午，张学东、徐文良召集各人武部主官及部分任务应急民兵营负责人召开紧急会议，研究部署唐家山堰塞湖避险转移群众的实施方案，协调各任务部队参加战斗。5月30日，召集宜宾、内江、泸州、自贡、资阳、广安、攀枝花等市军分区和达州预备旅等民兵分队召开联席会议，提出为让疏散转移群众走得放心，空城之后，必须为他们守好家、看好屋。6月10日，罗健带领民兵突击队，协助任务部队成功摧毁涪江上游威胁涪江铁路大桥安全的大型漂浮物。

（四）组织民兵投入“9·24”抗洪救灾

根据北川县抗洪救灾的形势，2008年9月24日10时50分，绵阳军分区发出预先号令，命令涪城区、游仙区人武部立即动员100名民兵，准备运输车辆、救灾物资、装备、器材、给养，做好救灾准备。同时，向各县（市、区）人武部发出《关于立即做好抗洪救灾准备的紧急通知》。

9月24日，正在抢修擂禹路的二炮某工程团41名官兵和39名群众被洪灾泥石流围困。绵阳军分区连夜组织召开抗洪抢险工作会议，专题研究营救方案，参谋长罗健率领由分区和二炮20名官兵、民兵组成的联合搜救小组，冒险徒步穿越13处泥石流危险区，历时7个半小时，成功解救被困官兵和群众。

9月26日，绵阳军分区向第14集团军工兵团、涪城区、游仙区、北川县人武部发出《关于动用兵力参加北川县抗洪救灾的通知》。9月29日，绵阳军分区发出《关于动用防化团部分兵力执行防疫消毒任务的通知》，安排第14集团军防化团派出兵力，携带防疫消毒装备、器材，前往洪灾重点乡镇江油市二郎庙镇执行板房区和街道防疫消毒任务。

第八节　县（市、区）抗震救灾指挥部

一、北川县

（一）组织机构

1. 抗震救灾临时指挥部。地震发生后，北川与外界失去联系。2008年5月12日14时35分，在县委大院，县委副书记、县长经大忠与在场的其他领导商议，立即成立县抗震救灾临时指挥部，由经大忠任指挥长；县委副书记蒲方方、县政协主席杨应庆及县人大常委会党组书记、副主任李春寿任副指挥长，县委常委、纪委书记文刚，县委常委、组织部部长王理效，县委常委、宣传部部长韩贵钧等为成员，并进行简单分工：经大忠、王理效负责组织指挥新、老城区群众抢险救人工作，蒲方方负责老城区的抢险救人工作，韩贵钧和副县长、公安局局长谭佳敏负责新城区的抢险救人工作。临时指挥部其他成员协助蒲方方在老城区组织抢险救人和幸存群众转移。

2. 抗震救灾指挥部。地震发生后，县城部分党员干部带领群众转移到任家坪北川中学操场。县委书记、县人大常委会主任宋明在前往成都学习的途中返回，赶到北川中学组织抢险救灾。17时30分，宋明在北川中学成立县抗震救灾指挥部，县委书记、县人大常委会主任宋明任指挥长；县委副书记、县长经大忠，县政协主席杨应庆，县人大常委会党组书记、副主任李春寿，县委副书记蒲方方任副指挥长；县委常委、县人大、县政府、县政协、县检察院、县人武部相关领导为成员。指挥部下设人员伤亡统计、综合协调、抢险救人、人力资源调度、物资接收分发、后勤保障、群众安置、社会稳定、新闻宣传9个工作小组。

图2-1-72　北川前线指挥部

（二）主要工作

1. 组织自救互救。地震发生时，在县委礼堂参加全县青年创业表彰大会的县级机关干部、受表彰的青年和学生共300多人，在县长经大忠等的组织指挥下，200多名学生很快撤出会场。参加会议的干部、武警和消防官兵立即开展自救互救，先后从垮塌的天花板等废墟中抢救出被埋人员近80人。老城区幸存的干部、群众近3000人，用手刨、绳索吊、木棒撬、肩抬人背等方法抢险救人。到天黑时，从废墟表层救出近300人。

在北川中学，县委书记宋明将幸存师生和闻讯赶来的群众组织起来，分成3组：一组在倒塌的教学楼救人；一组迅速前往绵阳报告灾情；一组查看灾情，掌握情况。北川中学一幢五层高的教学楼垮塌，千余名师生被埋，宋明立即指挥抢救。据不完全统计，在救援队伍到达前，干部、群众和北川中学师生共从废墟中救出被埋师生近200人。

2. 组织群众避险撤离。地震发生后，县抗震救灾临时指挥部决定，在县城相对宽阔安全的县委大院、县政府广场、禹王桥头、北川大酒店、县茶厂大院设立5个幸存群众临时避难点。干部、群众立即分头通知，县城近8000名幸存群众分别就近到临时避难点避险，同时组织幸存医务人员在临时避难点开展现场救治伤员工作。16时左右，县抗震救灾临时指挥部决定，除青壮年留下救人外，县城幸存群众统一向任家坪撤离。当天下午，党员干部共组织老城区近5000余名幸存群众撤离至任家坪北川中学操场。13日晨，组织新城区幸存群众陆续撤离到任家坪，并组织幸存医务人员在任家坪开展现场救治伤员工作。

3. 报告灾情。地震导致北川对外的所有道路、通讯中断，县城曲山镇成为一座“死城”“孤城”。为及时向市委报告北川县重大灾情，县临时指挥部先后派出5批人员赶赴绵阳。17时50分，市委、市政府派左代富等领导前往北川。19时，左代富到达北川中学，19时30分到达县城，为绵阳市级领导到达北川灾区现场指挥的第一人。他立即组织指挥干部群众抢险救人，并在新城区成立绵阳市抗震救灾前线临时指挥部。13日，在任家坪成立绵阳市北川抗震救灾前线指挥部，全力组织开展抗震救灾工作。

4. 转移安置受灾群众。5月13日，各地救援部队、救援人员、志愿者陆续抵达北川。因到县城的公路阻断，北川中学操场集聚的受灾群众、学生、救援官兵、救援人员、志愿者达到数万人。9时，为确保幸存群众生命安全，保证救援工作顺利开展，在市、县抗震救灾指挥部的组织指挥下，受灾群众和学生陆续转移到绵阳九洲体育馆、绵阳南河体育中心、长虹培训中心等地进行临时安置。截至5月20日，全县转移到绵阳、安县、江油等地临时安置的受灾群众和学生达7万余人。

5. 救治和转运伤员。5月12日下午，县医院、县妇幼保健院幸存医务人员和个体执业医生，利用从废墟中抢出的部分药品和器材，在县城避难点和北川中学开展伤员救治工作。他们将窗帘布撕成条包扎伤口，用树枝、木条代替夹板。在外援医务人员到达北川前，全县现场救治伤员近3000人，其中县城救治近1000人，乡镇现场救治伤员近2000人。同日下午，县抗震救灾指挥部调集进入北川的外地车辆和任家坪至擂鼓一带的县内车辆，紧急转运伤员至绵阳、安县等地救治。至5月12日晚，全县共转运伤员近500人至绵阳、江油、安县等地进行救治。截至6月1日，北川地震伤员共1540人转移至山东、湖南、湖北、北京、上海、重庆等19个省（市）接受治疗。

6. 消除受灾群众恐慌心理。大地震发生后不久，社会上流传北川还会遭受大地震、流行大瘟疫等谣言，受灾群众十分恐慌，很多乡镇的群众准备举家外出避难。为安抚受灾群众情绪，确保灾区稳定，县抗震救灾指挥部在各重灾地区和人口集中地区张贴公告，如实告知抗震救灾情况，消除群众的恐慌心理，使广大群众安心开展生产自救，重建家园。

6月28日，县政府成立以县委常委、副县长李珣为组长的干部群众和学校师生心理服务协调小组，绵阳市卫生局指定绵阳市第三人民医院具体负责实施心理援助项目的工作。同时，各种非政府组织也以不同形式对北川受灾群众进行震后心理干预。截至2009年5月12日，提供心理咨询服务10万余人次，救助青少年1.25万人次。

7. 卫生防疫。5月12日至8月底，县指挥部组织协调解放军部队、国家机关和各省、市、自治区疾控中心、检验检疫局、卫生执法队、志愿者1000余人，参与北川的灾后卫生防疫与执法监督工作，对北川老县城及乡、村、社实行卫生防疫全覆盖，对遇难者尸体、动物尸体进行彻底的杀虫、消毒处理后包裹、捆扎，集中填埋；对外环境进行彻底的消毒、杀虫，清除蚊蝇滋生场所，及时清除处理垃圾和人畜粪便。截至8月底，累计消毒处理外环境3169万平方米，处理粪坑3219个次，清理蚊蝇滋生地58881处，水消毒处理104267立方米。在交通阻断的禹里、小坝等中心场镇，由部队空投防疫人员15人、消毒粉700公斤、消杀器具40套，进行防疫处理。北川大灾之后未发生疫情。

8. 保障受灾群众基本生活。县抗震救灾指挥部加强救灾资金、物资接收的管理、发放、监督审计工作。截至12月底，全县发放临时生活救助资金14005.04万元，受益人数152342人；发放后续生活救助资金9480.07万元，受益人数149592人；全县共计发放救灾物资853.3万件，其中粮油548.12万公斤，食品蔬菜68.72万公斤，帐篷11.27万顶（套），棉被（包括毛毯）22.02万床，衣物27.01万件，生活日用品66.64万件，大型施工机械车辆1680台（件），农具肥料6.19万公斤（件），办公用品71.18万件，其他物品33.99万件。

9. 抢修救灾通道。5月12日下午，擂鼓麻柳湾水泥厂组织机械设备，冒着余震落石的危险，清除大岩坊路段的巨石，使救灾车辆当天能顺利通行。青片河中上游的青片、白什、马槽、坝底等乡采取联合行动，7天时间抢通墩上至青片的公路。5月16日18时，二炮官兵用12小时清除任家坪以下三道拐公路上的巨石，开辟通往县城的"生命通道"。

地震发生后，全县共出动保通队伍32支，抢险人员1680余人，各型机械3300台（班）。至6月中旬，抢通安北路（安昌至曲山22公里）、永通路（永安至通口19公里）、邓通路（邓家至通口16公里）、曲桂路（曲山至桂溪38公里）、垭都路（垭上至都坝24公里）、北松路（禹里至片口55公里）、北茂路（禹里至北川茂县界段22公里）、墩青路（墩上至青片44公里），总里程240公里。

唐家山堰塞湖阻断原北茂公路县城至禹里段，短期难以恢复。为满足关内地区（指曲山关西北山区12个乡镇）救灾和重建的急需，6月2日开通禹里至漩坪的航道，用2艘快艇运送伤员、抢险救灾人员和粮食等救灾物资。从2008年7月至2009年2月，协调外地救援力量，组织当地干部群众，抢修应急公路150余公里。

10. 抢修通信、电力、广电、供水设施。5月13日11时，县抗震救灾指挥部协调中国电信绵阳分公司，将应急卫星车、交换机、发电车等设备运往北川抢险现场，保障应急通信。截至6月6日15时，北川3个镇17个乡的通信全面抢通。

5月12日晚，县抗震救灾指挥部协调绵阳电业局，组织1辆发电车赶往任家坪北川中学抢险现场，提供应急照明。13日8时，县供电公司组织小分队，为驻扎在北川中学的医疗队、抢险队、指挥部、受灾群众安置点提供电力保障。按照国务院抗震救灾总指挥部关于"救援人员到达哪里电就送到哪里"的要求，县抗震救灾指挥部协调县供电公司制定临时供电和电网恢复重建计划，5月下旬开始恢复35千伏、110千伏网络系统，恢复10千伏、35千伏线路。着建县域电网，恢复10千伏以下配变供电，7月初，北川关外地区全部恢复网上供电；7月中旬，关内地区各乡村全部恢复供电。

为及时传达党和国家抗震救灾的方针政策，县抗震救灾指挥部组织县广播电视局协同全国各地救援力量抢修广电设施。5月19日22时，在任家坪帐篷内恢复北川人民广播电台调频播音。此后，通过相邻市县有线电视信号、安装无线发射机或地面卫星接收设施等方式，解决全县收听收看广播电视的问题。截至8月3日，县内所有乡镇实现广播电视信号有效覆盖。

地震使全县供水设施大部损毁，为解决极重灾乡镇和新建受灾群众安置点的供水问题，5月16日、17日，县抗震救灾指挥部在成都军区后勤部的支持下，开展水源寻找工作。5月18日，县水务农机局安排水利干部奔赴各片区，寻找水源，踏勘管线，规划应急供水方案；当天下午，组织县内两家水电安装队分赴各个安置点进行供水管道安装。截至2008年12月底，全县共建成并投入运行应急供水工程114处，基本解决20个乡镇10.1万人吃水问题。

11. 农村抗震救灾。5月17日，县抗震救灾指挥部决定抗震救灾工作逐步从县城向农村转移。20日，市、县抗震救灾指挥部联合在北川中学操场召开全县农村抗震救灾工作动员会议，并发出《关于认真做好当前乡镇抗震救灾、生产自救工作的紧急通知》，对农业生产恢复作出全面安排部署。县抗震救灾指挥部成立农村抗震救灾组，深入20个乡镇，指导参与农村抗震救灾和生产自救工作，组织动员群众投工投劳，恢复乡村道路，开展损毁房屋清理工作，为农房重建做准备。截至5月底，全县抢收小春粮食6.2万余亩，抢种玉米、水稻、大豆等大春作物18.75万余亩，调运肥料1000吨、大豆种子20吨、蔬菜种子5吨，为恢复生产提供基本保障。

二、安县

（一）组织机构

1. 临时指挥机构。汶川特大地震发生时，安县四大班子主要领导正在成都招商。留守的县委副书记张道斌立即组织县委、县人大、县政府、县政协在家领导，成立安县抗震救灾临时指挥部，安排10名县级领导分赴各乡镇了解灾情，组织抗震救灾；并派县政府副县长詹勇为带领县政府办公室干部赶赴绵阳，向市委汇报安县受灾和抗震救灾情况。

2. 抗震救灾指挥部。5月12日15时，县委、县政府成立县抗震救灾指挥部，县委书记、县人大常委会主任王黎，县委副书记、县长赵迎春任指挥长。指挥部下设综合协调组、救灾救济及群众安置组、供给保障社会捐赠组、医疗教育组、遇难人员善后组、安全稳定组、技术指导组、新闻宣传组、军地三级联络组、灾情统计组共10个工作小组，落实具体责任，细化工作任务，确保抗灾抢险各项工作全面有序开展。每个工作组由副县级领导牵头负责，县级部门为成员单位，负责抗震救灾具体工作。

（二）主要工作

1. 抢险救人。5月12日15时，由副县级领导分片带队到各乡镇查看灾情。18时，副县级领导带回全县20个乡镇的灾情初步情况。县抗震救灾指挥部主持召开县级领导和县级部门参加的紧急会议，研究救援、临时安置受灾群众、社会稳定、急需物资等工作。组织救援小组奔赴各乡镇指导抗灾自救和灾情上报工作，协调解放军、武警、公安消防官兵营救高川、茶坪两个乡被困群众。在全县设立24个集中救治点，利用乡镇卫生院和学校的开阔地带，就近收纳救治伤病群众。尽最大努力保障各救助点紧急医疗物资供应，将药品、食品、发电机、帐篷、棉被等物资向医院和集中救治点集中，确保伤病员得到及时有效治疗。重点救援高川、茶坪两个受灾最严重的山区乡，经过军地共同努力、受灾群众互助自救，从高川、茶坪成功营救出伤员550余名，转移被困群众1.5万余人。在安昌镇设置救治点，接纳北川转移的伤病员，全县共救治安县、北川伤员1.8万人。

2. 安置受灾群众。高川、茶坪两个重灾乡和睢水、桑枣、永安、安昌、沸水、晓坝等乡镇14个山区村受灾群众，全部安排外撤，相对集中安置，其余受灾相对较轻的乡镇分散安置。全县集中安置28万余人，设192个临时救助站，其中500人以上的集中安置救助站42个。分散安置22万余人。重点保证5个集中安置点物资供应，配置发电机、饮水机等生活设施，开通广播、电视，搞好防暑降温、卫生防疫，改善安置点条件，保证受灾群众的基本生活。加快过渡住房建设，坚持就地、就近、分散安置的基本原则，整合资源，集中力量，完成28558套活动板房建设，其中21754套安置受灾群众15078户60312人，并发动群众自建简易过渡住房安置122214户。

3. 卫生防疫。5月15日，县抗震救灾指挥部成立抗震救灾疾病防控分指挥部及抗震救灾疾病防控工作领导小组。制定灾后卫生防疫实施方案，发挥11支援安预防控制队伍和4支援安卫生执法监督队伍的作用，强化工作措施，抓好遗体的消毒和处理，搞好水源取样化验和监测，加强食品和饮用水卫生监督，做好畜禽尸体无毒化处理以及垃圾、粪便消毒等环境卫生工作。加强疫情监测，实行重大传染病和突发卫生事件每日报告制度，普及卫生防病知识，在全县范围内发动群众开展环境卫生整治。全县没有发生重大疫情。

4. 抢修损毁设施。截至8月20日，抢通全县除高川、茶坪两个乡外的18个乡镇的电力供应，农业生产和农村城镇居民生活用电全部恢复，恢复常态供水。除高川、茶坪外，其余受灾乡镇和群众安置点全部恢复公众通信能力。18个乡镇恢复有线电视、广播信号。天然气主管道检查完毕，城区部分恢复供气。全县826公里损毁公路，已抢通保通695公里，其中，6月10日完成墩秀路睢水至高川段应急抢通工程任务，7月28日完成晓茶路应急抢通工程任务。

5. 排危除险。处置堰塞湖险情，制定疏散撤离预案，建立预警机制，加强险情监测，对各重点堰塞湖分别成立险情处置工作指挥部，采取导流泄洪抢险工程措施，及早降低坝高、降低坝前水位、减少蓄水量。6月初，肖家桥、睢水河灌滩、老鹰岩等堰塞湖险情排除，无人员伤亡。8700名援助安县的部队官兵和突击队员全力清墟排危，招募排危志愿者，组织挖掘机、铲车、推土机、吊车、叉车100多台，开展全县排危工作。

6. 生产自救。动员各方力量，全力开展生产自救。按照重点项目优先、轻振企业优先、支柱产业首先的复产顺序，全面开始查灾情、检设备、搞维护、再投入，分期分批恢复生产。6月10日，全县“双抢”工作全面完成。全县修复加固受损畜禽圈舍近2万平方米。8月初，部分旅游单位恢复营业。截至年底，全县382户民营、中小企业恢复生产，其中69户规模以上企业恢复生产。

三、平武县

（一）组织机构

特大地震发生后，县委、县政府立即启动《一级突发公共事件预案》，迅速成立以县委书记张学民为总指挥长，县委副书记、县长毛一兵，县人大常委会主任陈显辉，县政协主席郑晓为指挥长，县委、县人大、县政府、县政协副职领导为副指挥长的平武县抗震救灾指挥部。

5月13日，县委决定分片指挥，建立南坝前线指挥部、平通前线指挥部、水观前线指挥部。南坝前线指挥部由县委书记张学民负总责，县委副书记寇子胜和其他10余位副县级领导负责南坝、水观、平通、豆叩一线的前线指挥。平通前线指挥部由县委常委、县纪委书记苟东阳和县人大常委会副主任秦正龙负责，负责平通、豆叩、响岩等地的前线指挥。指挥部下设抢险救援、灾情调查、医疗救护和卫生防疫、交通管制、治安警戒、人员疏散和安置、社会动员、后勤保障、应急通信、综合信息、新闻报道和涉外涉台二作小组，落实具体责任，细化工作任务，确保抗灾抢险各项工作全面有序开展。

5月13日后，多支抗震救灾救援部队进驻平武抢险救灾，平武县成立抗震救灾军地联合指挥部，由县委书记张学民任指挥长，外援部队指挥官和相关部门（机关）负责人为副指挥长，负责协调抗震救灾期间军地关系，指导救援部队抗震救灾工作。军地联合指挥部与南坝前线指挥部合署办公，直接指挥南坝、平通、响岩、水观等极重灾区的抢险救灾。

（二）主要工作

1. 组织救援。5月12日15时，平武县抗震救灾指挥部紧急组成8个查灾救灾工作组，分赴城区和部分乡镇了解灾情，初步掌握县城龙安镇、水晶镇、黄羊关藏族乡等12个乡镇的灾情。火溪河流域3个藏族乡及南坝镇、响岩镇、豆叩镇、平通镇等13个乡镇，因交通、通信中断，情况不明。当晚12时，指挥部召开紧急会议，指派11名副县级领导带11个工作组和救灾抢险应急队分赴各地抢险救灾。赴省委党校学习的县委书记张学民于当晚赶回平武县，在平通镇现场指挥抢险救灾。

得知南坝、平通地区人员伤亡惨重，5月13日9时，县长毛一兵率副书记寇子胜、县委常委廖玉平等徒步赶往南坝指挥抢险救灾。11时，县指挥部派出卫生、防疫、爱卫、公安4个工作小组运送部分救灾物资赶赴南坝、平通支援。14时，指挥部组织县城各单位、部门50岁以下男性青壮年干部、党员抢险救援队，500人赶赴南坝，100人赶赴平通，开展救援工作。16时，总指挥长张学民自平通转至南坝指挥抢险救灾。当晚，在南坝镇成立平武抗震救灾军地联合指挥部，直接指挥南坝、平通、响岩、水观等4个极重灾乡镇的抢险救灾。

5月14日1时30分，县指挥部副指挥长苟光文、杨万成带领抢险队抵平通救援。同日，副指挥长敬东阳带队沿水田到徐塘、豆叩等乡镇查看灾情，获悉平通伤亡惨重，立即赶赴平通抢险救灾。成立平通前线指挥部，指挥平通镇和清漪江流域乡镇抗震救灾。同日7时，县指挥部派出古城、水晶、黄羊关、虎牙、龙安、大桥等乡镇救灾队及公安、消防、医疗组150余人分赴南坝、平通现场抢险救灾。同日上午，南坝前线指挥部得知石坎场镇被夷为平地，石坎河文家坝段形成巨大堰塞湖，急需救援，派副指挥长王继辉带领工作队和医疗队15人前往石坎救灾抢险。

在完全与外界失去联系的情况下，县抗震救灾指挥部决定以乡镇为单位组织开展抗震自救。乡镇党委、政府成立抗震救灾指挥部，组织乡镇机关干部、场镇单位职工组成工作组，开展自救工作；组织村（社区）党支部、村（社区）委会，转移安置受灾群众，开展生产自救；组织乡镇民兵搜救被困人员，抢通交通、通信、电力、供水。在外援力量尚未到达之际，灾区各乡镇、村果断处置各种危急险情，组织灾区群众自救。全县救出生还者5677人；紧急转移被困群众3.8万余人；救援转移游客1200余人；组织县内医疗小分队28支417人和外援医疗人员现场救治伤员42272人。

2. 抢通公路。县交通局迅速集中人员，统一调度，分别到平（武）江（油）路、平（武）王(王坝楚）路、平（武）松（潘）路组织抢修公路。5月12日当天，平武至松潘公路抢通。5月13日，协调平武诚信公司的装载机抢修省道105线平江路南坝至响岩段。5月15日下午，响岩至南坝场镇对岸何家坝临时公路抢通。5月26日，在救援部队的援助下，平武至绵阳通道抢通。6月，交通局组织9名工程技术人员，通过多次实地勘测，反复论证，制定实施施工方案，修筑平江段石头坝至水观乡兴隆村应急通道。7月23日，11公里（新道7公里）水观乡应急通道抢通。7月初，九环线抢通保通告一段落后，县交通局组织突击队和施工机械，抢修省道105线南坝至水观段公路，在救援部队的协助下，连续奋战30多天，先后清除文家坝堰塞湖、马鞍石堰塞湖梗阻。8月18日，抢通省道105线南坝至水观的道路。抗震抢险期间，抢通境内九环线169公里，县、乡道350公里，通村公路880公里。

3. 抢修电力设施。平武县电力公司紧急动员全体职工全力投入抗震救灾，先后从白马、大桥、水晶、古城等受灾较轻的供电所分批抽出50多名骨干援助南坝、平通、响岩等地供电所。5月13日，四川省水电投资经营集团公司支援平武大量急需的高低压供电材料，抽调三台县、兴文县、长宁县电工59名，分别赶赴南坝、平通、响岩、龙安等地，协助抢修电网和活动板房配送电工作。6月18日，恢复龙安至木皮10千伏主供线路，安装千余户活动板房的线路进户，架通平通至豆叩10千伏并网线路。除平通、响岩、南坝、水观4个乡镇因毁损严重短时间难以恢复网络供电外，全县其余乡镇恢复正常供电。

4. 临时安置。根据就地、就近、分散的原则，通过搭建帐篷、活动板房、自建临时过渡房，维修加固毁损住房和投亲靠友等多种方式，及时将18万余名受灾群众疏散转移到375个临时安置点安置。并在县城接官亭、南坝旧州、檬子树、垭头坪和平通青梅酒厂建立5个灾民救助站，救助安置受灾群众3万余人。

地震发生后，白马藏族乡党委、政府搜救、安置滞留中外游客800人，木座藏族乡党委、政府安置滞留游客360余名。县文旅局组织职工分组联系，把县城滞留游客和车辆分散安置在5家农户。5月15日，平武至青川道路抢通，平武县及时将8个旅游团队、12辆自驾车、100余名游客组成的4辆中巴车和440名游客安全送离平武。至5月19日，滞留平武的1249名中外游客全部离开平武。

四、江油市

（一）组织机构

2008年5月12日14时38分，江油市启动最高级别地震应急预案，成立江油市抗震救灾指挥部，由市委书记、市人大常委会主任易林任指挥长，市委副书记、市长宋开慧任常务副指挥长。5月20日，增补77225部队部队长卢兴波、政委郑璇为江油市抗震救灾指挥部副指挥长。

在成立抗震救灾指挥部的同时，中共江油市委、江油市人民政府发出《关于成立抗震救灾工作小组的通知》，成立救人抢险、医疗救治、应急保障、物资供应、震情监测、社会治安、宣传报道、房屋鉴定、文秘信息及灾害损失评估、接待咨询、资金物资募集11个应急抢险工作组，分别由市级领导担任组长。5月20日，市委、市政府调整抗震救灾工作组，由原来的11个增至24个。

（二）主要工作

指挥部成立后，立即下达“搜救被困人员、抢救受伤群众、转移安置群众、下派救援队伍、收集上报灾情、维持社会秩序、组织救灾物资”7道紧急指令，全力以赴开展抗震救灾工作。

1. 抢险救人。地震发生后，指挥部立即派人火速赶赴绵阳，向绵阳市委、市政府汇报灾情，请求紧急支援。同时，组织公安、武警、消防官兵、机关干部迅速赶赴建筑物倒塌现场搜救幸存者，24小时内从废墟中救出1585人，救灾期间累计从废墟中救出1704人。

全力营救被困群众。为尽快打通雁门山区通往枫顺等重灾乡镇的生命通道，调动所有的机械24小时内疏通因山体塌方堵塞的道路。组织部队官兵、各级干部和党员突击队等救援力量，冒着余震危险，将食品、饮用水、药品等救灾物资徒步运往受灾乡镇、村，用最快的速度为被困群众提供援助。震后第3天，救援小组进入全市40个乡镇；震后第7天，救援人员进入全市477个行政村。全市没有一名被困群众因救援不及时而挨饿、受冻。

2. 医疗防疫。市内各大医院在震后迅速将所有住院病人疏散到安全地带，并派出救护车在城区和乡村全力搜救伤员，同时部署调动全市所有医务人员、医疗器械和药品抢救伤员。5月12日20时，恢复4部“120”急救电话。当晚，全市各级各类医院共处置伤员2400余名。在黄金72小时内，实现医疗救援全覆盖。全市49家医疗机构累计救治伤员达58242人次，经抢救后870余人转移至市外继续治疗，全市未发生一例受伤群众因救治不及时而死亡的事件。

落实防疫力量和物资，实行分级负责、分片包干，确保每个村和安置点都有1~3人开展卫生防疫工作。组织群众对灾后生活小区、学校、医院、医疗救助站、灾民安置点、人口密集的场所进行环境消杀工作；对垃圾堆放点、厕所等蚊蝇易于滋生的场所进行重点消杀；垃圾做到日产日清，无害化处理。突出重点防疫，对唐家山堰塞湖泄洪沿线乡镇消毒防疫工作，加强饮用水、食品的卫生监管，精心组织易感人群免疫接种。累计消毒面积达2.3亿平方米，接种各类疫苗14万人（份）。全市在震后没有发生重大传染病疫情和突发公共卫生事件。

3. 维护稳定。震后迅速出动宣传车，用广播发布《告全市人民书》，安抚群众，宣传抗震救灾知识。成立由市级领导牵头的慰问工作小组，分赴全市40个乡镇和攀长钢、巴蜀江电、中国燃气涡轮研究院等国有大中型企业了解灾情，慰问受灾群众，安抚遇难者家属。

迅速启动突发事件一级应急处置预案，以巡警大队、消防大队和各派出所为主，立即开展对学校、商场等人员密集场所和其他遇险人员的救援工作；以交警大队为主，加强对街面避险群众和车

图2-1-73　2008年5月12日晚，江油市抗震救灾指挥部现场

辆的疏导宣传；以治安大队为主，加强对金融网点、大型商场、民爆物品仓库、李白纪念馆等重点目标的保卫守护；以机关、国保、刑警、经侦、禁毒等部门为主，持枪上岗，维护社会秩序。指挥部抽调工作人员，对城区各大超市、仓库、加油站进行管控，稳定市场物价，组织救灾物资。

4. 抢修基础设施。组织力量抢修供水、供电、供气、通信和广播电视等设施。通过全力抢修，5月13日凌晨实现城区低压供水。5月17日，全市城区广电网络暂时恢复。5月18日，城镇供水主管网基本恢复，广播电视、供电、供气主网恢复率达到100%，通信全面恢复。5月22日，通往各乡镇的公路全线抢通，共抢通省道55公里、县道320公里、乡道323公里，为救灾物资及时运达提供保证。

5. 严防次生灾害。及时排查因灾损毁的病险水库和山体滑坡、泥石流等各种次生灾害隐患，在唐家山堰塞湖和清江流域9个堰塞湖避险期间，对境内60余座高危水库进行除险加固。组织唐家山堰塞湖避险群众疏散转移，积极做好唐家山和清江流域堰塞湖抢险避险工作。在高温酷暑极端气候下，坚守近1个月时间，通过监测、预警、疏导、疏散安置人员，确保了沿线4.7万名群众按时有序安全撤离，实现抢险避险零伤亡目标。

6. 推进学校复课。指挥部把中小学复课作为抗震救灾工作的重中之重，按照先易后难的原则推进学校复课工作。把援建的帐篷和板房首先用于学校复课，搭建大型帐篷1577顶，板房45458平方米。对校舍进行安全鉴定，全面开展校舍维修工作。5月19日，400余名高三学生复课；6月28日，全市中小学全部复课。

7. 受灾群众安置。汶川特大地震发生之后，全市各级各部门紧急行动，开展自救，组织城乡受灾群众用彩条布、篷布及一切可以遮风避雨的材料（如农村用垫席、秸秆等材料）搭建简易防震棚，按照就近就地、相对集中的原则，设立临时紧急转移安置点159个。从5月12日至6月1日，全市紧急转移安置灾民59.1万人。在临时安置点的管理上，民政部门负责对灾民登记造册，社区工作人员、社会志愿者为灾民发放方便食品，开设粥棚；卫生部门负责安置点卫生防疫工作。从5月13日中午开始，北川、平武、青川等相邻县的大量受灾群众不断涌入江油。市指挥部研究决定，全部接纳、妥善安置，并成立工作机构具体负责接待安置工作，在五建司、李白大道、市体育馆设置数处接待站，并积极协调开发区企业腾出厂房，搭建帐篷6000多平方米，作为灾民临时栖身之所。同时，调集大量矿泉水和面包、饼干等食品和衣物，发放到每一位外来灾民手中，解决了外来灾民的温饱问题。在外来灾民安置点紧急增设流动厕所、洗澡间、洗衣房等设施，方便灾民日常生活。先后接待2.6万余名外来受灾群众，没有发生一起治安、刑事案件和卫生安全事故，帮助外来受灾群众渡过难关。

五、涪城区

（一）组织机构

2008年5月12日14时35分，涪城区紧急启动突发自然灾害应急预案。区级领导和相关方面负责人迅速向区委机关集中。14时40分，区委召开抗震救灾紧急会议，决定成立涪城区抗震救灾指挥部，由区委书记、区人大常委会主任高世洪任指挥长，区委副书记、区长谢晓东任副指挥长。建立29个应急工作小组，负责安全稳定、转移群众、物资调运、医疗救助、处置险情、汇集情况等。14时50分，所有区级领导分别带领应急小组赴各地指挥抗震救灾。16时30分，各小组将全区受灾的初步统计情况反馈回区抗震救灾指挥部。

（二）主要工作

1. 组织抢险救灾。灾后1小时内，区内各级组织就组织力量，安抚群众，详查灾情，全力抗震救灾，首先确保在校学生和住院病人的安全稳定。有序转移在校师生10余万人、住院病人1735人，及时组织救治、转运伤员，派出巡回医疗人员，在城区巡诊、发放药品。18时许，城区群众基本转移到广场、河堤等相对开阔、安全的区域。区抗震救灾指挥部在人员较集中的区域设立2个大型便民服务站和30余个便民服务点，提供食品、饮用水、篷布等基本生活物资，临时安置受灾群众22万余人。各基层组织按照安排部署迅速组织党员干部，连夜深入广场、河堤、开阔地带等群众避灾场所，大力宣传灾后应急措施和灾后注意事项，稳定群众情绪；组织开展商铺、楼栋的巡逻守护工作，维护正常社会秩序；深入院落、居民家中，疏散转移居民群众；组织开展医院救治、学校安全的协调和后勤保障等工作。紧急下拨救灾资金7466万元，向受灾群众发放救灾物资30余万件（套）。

2. 支援极重灾区。5月12日17时，区抗震救灾指挥部紧急调运3000余件救灾工具，组织300余名民兵奔赴北川，19时30分到达，立即投入救灾，先后从废墟中挖出171人，其中幸存人员12人，疏散转移伤员159人。5月14日10时，按市抗震救灾指挥部指示，区抗震救灾指挥部建立南河体育中心临时救助站，安置极重灾区受灾群众。当日16时，南河救助站开始接收受灾群众，至5月26日，共安置从北川、安县、平武等极重灾区转移出来的受灾群众10650人。5月15日，组织27人的工作队驰援江油市，协助安置北川、平武等地进入江油的灾民3000余人。5月24日，区委成立支援北川重建工作领导小组，抽调16名科级干部组成对口支援北川县陈家坝乡工作组，选派3名科级干部到北川任职，帮助开展生产自救、重建家园。

3. 救治伤员。区抗震救灾指挥部把救治伤员放在第一位，集中全区之力保障区内医院及卫生院高效运转，抓紧救治涪城辖区及北川、平武等地转运的伤员。区卫生系统及时成立预防救治、安全稳定、物资后勤、综合协调4个应急小组，各组人员迅速投入到救治伤员一线工作中。区级各医疗单位1小时内完成临时救治场地搭建，收治涪城辖区和来自地震极重灾区的伤病员，所有伤病员一律实行免费诊治。至5月13日，区直各医疗卫生单位、农村卫生院共接待急诊病例721例，救助北川等重灾区伤病员396名，出动医护人员开展巡诊936人次，出动急救车辆174台次，免费发放药品221个品种，价值19.7万元。

4. 筹措救灾物资。区抗震救灾指挥部协调动员各方力量紧急筹集调配救灾物资，区财政局紧急为乡镇、街道、部门拨付救灾资金7466万元。在5个街道办事处设立50个临时物资调配点，保障抗震救灾所需的物资和资金，并通过接受捐赠、主动采购等多种方式予以保障。震后，安排区三产局紧急采购饮用水3万余件、方便食品8万余件、大米13.65吨、面粉11.05吨、各类药品及医疗器械价值近100万元、篷布3万多平方米。截至5月27日，向区内受灾群众发放救灾物资11.36万余件（套），其中：方便食品29819件、生活用品7587件、饮用水25343件、棉被3277床、帐篷441顶、药品及医疗器械4.72万余件（套）。协调各大型商场超市储备各类生活必需品，制定并设置各类超市等物资供应点，满足唐家山堰塞湖1/3溃坝、全溃坝转移疏散群众物资需求。

5. 安置受灾群众。地震发生当晚，区抗震救灾指挥部组织大量人力，积极做好宣传引导工作，把城区和郊区农村的群众转移到相对安全的地方。开展乡镇房屋安全隐患排查359幢，50余万平方米，排危处理率达100%。协调配合援建单位（上海建交委）和施工单位（中建八局），建设居民安置点活动板房区2个、757套、15140平方米，其中：新皂场镇板房安置点占地12880平方米，建成

354套（住房288套，生活配套等66套）7080平方米；石塘镇瓦店村板房安置点占地18420平方米，建成403套（住房317套，生活配套等86套）。城区受灾群众临时安置由各街道办事处将符合条件的受灾群众登记造册，确保在接收板房后迅速将受灾群众安置到板房入住。城区受灾群众分别安置到科创园7号点A区安置点、绵吴路口安置点、高新区石桥铺5号安置点、涪江大桥14号安置点。在集中安置点成立临时社区党组织、临时社区工作站、惠民服务工作站、警务室、医疗服务站等，确保安置点管理有序，方便群众生活。

6. 组织卫生防疫。区抗震救灾指挥部积极动员各方力量，抓好震后卫生防疫。出动卫生防疫人员2920人，发放、张贴卫生防疫各类宣传资料20多万份；使用消毒药剂15吨、杀虫剂4800升，消毒面积达6815万平方米，累计灭蝇灭蚊127.7万处；派出卫生监督员140余人进行巡查，食品监督检查1119处，整治74处，饮用水监督检查16158处，整治181处。对城乡居民6余个临时居住安置点的公共卫生进行检查，加强疫病监控。震后区内未发生与地震相关的传染病流行和突发公共卫生事件。

7. 维护社会稳定。涪城公安分局迅速启动重大突发事件预案，快速制定应对措施，组建以警务实战训练基地民警为主的100余人的7个快速反应小分队，分赴城区群众聚集的人民公园、青年广场、铁牛广场等区域，以及集中处理遇难者遗体的殡仪馆等特殊场所。同时，将机关民警分成3个小组，昼夜在城区巡逻，防止哄抢店铺、入室盗窃、抢劫等案件发生。5月12日晚，涪城分局共投入警力300余人，现场抓获6名行窃违法人员。抗震救灾期间，全局出动警力1万余人次，车辆2500余台，在天津、长春、九江、南京和南昌600余名特警的支援下，疏散、转移、安置群众6万余人，转移危重伤员1.4万人，服务群众41542人；参与抢险救灾743次；守护重要物资存放处451处，守护加油站、医院、商场等重要部位1612处，要害保卫368处，重点守护444处；排查不稳定因素29起，调解纠纷、化解矛盾342起。

8. 组织唐家山堰塞湖避险疏散撤离。5月30日，唐家山堰塞湖1/3溃坝撤离方案启动，区抗震救灾指挥部实行划片分区，将责任落实到相关单位、乡镇和街道，由区级领导包片负责；同时以乡镇（街道）村（社区）小组、户为单位，实行分级管理，责任到人，将3450余名群众撤离疏散到14处集中安置点，其中，四川音乐学院绵阳分院安置点的群众达1万余人。组织军队官兵、机关干部、公安干警和民兵进行拉网式清理排查，确保撤离疏散区内无群众滞留。6月10日15时，洪水顺利通过绵阳。11日16时，全线解除黄色警报。区抗震救灾指挥部组织卫生防疫部门对洪水淹没区进行全面消毒后，组织群众有序返家。

9. 恢复正常生产生活秩序。5月24日，区抗震救灾指挥部召开会议，部署灾后重建工作，将工作重心逐步转向灾后重建和生产自救。配合援建单位建设活动板房1009套，80天内全面解决群众过渡住房问题。震后50天，完成城郊、石塘、青义、龙门4个乡镇示范点建设。震后100天，完成14个乡镇永久性农房集中安置点建设。组织部门、乡镇（街道）和社区干部广泛联系企业和业主，帮助清理受灾情况、联系物流配送、做好开业准备，积极恢复生产。震后100天，全区基本实现100%的规模企业复产、100%的在建项目复工、100%的商业网点复业、100%的中小学校复课。

六、游仙区

（一）组织机构

2008年5月12日15时，游仙区成立应急救灾指挥部，区委书记、区人大常委会主任颜超，区委副书记、区长陈朝先任指挥长。5月13日，应急救灾指挥部改为抗震救灾指挥部。指挥部下设办公室、应急处置及灾情统计组、外宣组、安全稳定组、救灾物资接收和发放组。指挥部办公室由区委办、区政府办负责牵头；应急处置及灾情统计组由区目标督查办牵头负责；外宣组由区委宣传部牵头负责；安全稳定组由区委政法委牵头负责；救灾物资接收和发放由区民政局、区卫生局分别牵头负责。指挥部办公室设在区政府办，负责日常具体工作。

（二）主要工作

1. 召开抗震救灾工作会。5月13日8时，游仙区召开抗震救灾工作会，通报全区受灾情况，并就抗震救灾工作进行部署，宣布成立游仙区抗震救灾指挥部。会议要求各乡镇成立以县级领导和乡镇党委书记为组长、区级机关部门负责人和乡镇长为副组长的现场抗震救灾领导小组。各部门要协调配合，除特殊情况外，要无条件服从区指挥部的统一调度、统一指挥。会议宣布7条工作纪律：不准擅离职守，要尽职履责；不准自由散漫，要服从指挥；不准临阵脱逃，要身先士卒；不准冒险蛮干，要尊重科学；不准谎报灾情，要实事求是；不准散布谣言，要维护稳定；不准挪用救灾款物，要及时发放。

2. 建立指挥部值班制度。5月16日，为加强抗震救灾期间的夜间值班工作，经区抗震救灾指挥部研究，决定实行区级领导、区级部门分组轮流值班制度。6月1日，区抗震救灾指挥部决定对原部门值班分组安排进行调整。区抗震救灾指挥部指挥长颜超、陈朝先为值班总负责人，常务副指挥长周时光、王刚为指挥部值班负责人。区委常委、宣传部部长、副指挥长龙虎在市指挥部值班；区委常委、区政法委书记、副指挥长陈兴刚负责唐家山堰塞湖撤离区和疏散安置点治安稳定工作值班；区人大常委会党组书记、副主任、副指挥长夏菊英负责物资接收分发组值班；副区长、副指挥长肖龙明负责巡查区塘堰、水库值班；区政协党组副书记、副主席、副指挥长董成兴在救灾物资争取组值班。其余县级领导干部（副指挥长）在唐家山堰塞湖游仙疏散安置片区（点）值班。

3. 组织抢险救援。在游仙区抗震救灾指挥部的统一指挥下，游仙区抢险救灾工作有序进行。实行领导包干负责制，每个区级领导、区级部门负责联系乡镇和街道，确保灾民有饭吃、有衣穿、有药治伤医病，确保不再有人员伤亡。立即启动应急机制，按属地管理原则，组织干部、公安干警、武警官兵、民兵预备役，参与抢险救灾。增派人员对全区人员伤亡及桥梁、塘库堰、学校、医院、农房受灾情况进行调查统计。组织公安、医疗、消防等部门全力抢救伤员。组织民政、房管、救济、应急等部门协调解决无家可归者的衣食住行，确保食品、药品、饮用水的供应，积极应对病险水库和上游水库可能出现的险情，区级领导带队深入乡镇，组织沿河群众疏散。设立“救灾资金发放专户”，开辟抗震救灾资金绿色通道，保证救灾资金随批随拨，区政府下达的救灾资金，区财政在1个工作日内拨付到专户，保障群众生活必需。

4. 支援极重灾区。为支援极重灾区北川县，游仙区在接到命令后2小时内，成立游仙区民兵应急救援分队，集结第一批民兵100人，在区人民武装部部长郑强带领下，于5月12日18时30分出发，当日21时到达北川县进行救援，游仙区民兵应急分队是首批到达北川的成建制抢险队之一。从12日19时到次日晚，游仙区3批民兵应急抢险队员冒雨连续奋战40个小时，救出受灾群众360多人。至5月19日，游仙区民兵应急抢险分队先后6批次640多名抢险队员进驻北川，在没有专业救援工具的情况下，成功救出伤员508人，转移疏导群众1550多人，清运尸体300多具，卸载救灾物资200多吨，被四川省军区表彰为“民兵应急分队先进单位”。5月15日，游仙区迅速抽派24名党员干部和7名医护人员组成救援队，分两组赶赴北川进行救援，11天行程1000余公里，在北川县片口、小坝、桃龙等9个乡镇100多个村，累计发放食品、药品等救灾物资1万余件，帮助受灾群众搭建帐篷514个，临时住所417间，转移救治重伤病员13名。

5. 安置受灾群众。抢险救灾阶段，游仙区除对灾民集中安置进行统一部署外，各重灾乡镇、街道办事处还根据具体情况，因地制宜采取鼓励灾民投亲靠友、轻灾帮重灾、互相帮助，搭建帐篷、过渡板房等办法，临时安置地震灾民30余万人。各乡镇安置点以村、社区为单位进行管理，日常生活用品由乡镇政府统一逐级发放到灾民手中，疫情防治组统一发放消毒药到村、社区，由村、社区对安置点、饮用水进行消毒，派出所干警、巡逻队24小时巡逻，各村、社组织民兵、共青团员组成志愿者夜间守护。在城区，成立街道办事处抗震救灾指挥部，建立灾民临时安置点16处，组建党员义务服务队、救灾物资转运队14支。震后，1467名外地灾民转移至游仙区，其中北川县1128人。游仙区安置134人，其余1333人为投亲靠友。游仙区还主动承担了辖区大中专、职校因灾不能返乡的千余名学生的生活安置。

6. 组织企业抗灾自救。地震导致游仙区企业全部停产，直接经济损失4.9亿元。灾情发生后，区委、区政府迅速成立企业抗震救灾领导小组，各企业按照区抗震救灾指挥部的统一部署和要求，不等不靠，迅速组织职工对受损的厂房、仓库、设备、产成品进行清理、转运、抢修，开展生产自救。丰泰包装公司在生产厂房、生产设备受损严重的情况下，抓紧抢修包装生产线，震后第三天恢复生产。仙特米业公司为保证灾区群众不缺粮，灾后第二天就恢复了大米加工生产，每天生产大米100吨。太极集团绵阳制药公司迅速组织人员对生产设备、净化系统、物料进行仔细检查清理，抢修受损设备，5月18日全面恢复生产。5月22日，93户工业企业恢复生产；5月10日，受损的84户规模企业中，65户全面恢复生产。

7. 组织农村生产自救。2008年5月24日，游仙区抗震救灾指挥部发出《关于切实帮助四川汶川特大地震重灾区群众搞好小春粮食收割和储存工作的紧急通知》，要求各乡镇在做好抗震救灾工作的同时，立即组织受灾地区干部群众，统筹安排各方面力量，抓紧抢收小麦、油菜等小春作物，大力搞好农业生产自救，千方百计减少损失。抗震救灾期间，全区共有抗震救灾党员干部助耕队、农机助耕队200余支，至5月20日，帮助农户收割油菜600余亩、小麦1500余亩，全区80%以上的油菜、70%的小麦收割完毕。截至5月23日，全区完成小麦收割14.6万亩，占总面积的91%；完成油菜收割15.1万亩，占总面积的96%；全区已栽秧5500亩左右，栽播玉米8.3万亩、栽早红苕约1800亩。部分水田改种旱地作物近1万亩。

8. 排查安全隐患。2008年5月18日，游仙区抗震救灾指挥部办公室印发《关于做好地震灾后安全工作的通知》，要求切实做好因地震灾害可能造成的次生、衍生灾害有效的防范应对工作，立即在全区矿山、交通、建设施工、房屋、水利设施、危险化学品等领域开展针对地震灾害后的安全预案、加强除患排查和监测监控，组织落实好必要的抢险队伍和准备物资，做到一旦发生事故，立即作出反应，迅速开展救援。5月17日，区抗震救灾指挥部又发出《迅速拆除灾后危害公共安全的危险建筑物的紧急通知》，要求实行辖区负责制，必须签订《拆除合同》，加强拆除技术指导和拆除方案的审定，组织专业的拆除公司进行作业。

9. 卫生防疫。区卫生局成立抗震救灾防疫工作领导小组；区疾控中心积极调动灾后消毒药物，组织消毒人员，到城区各社区居委会、各乡镇指导开展防疫工作；区卫生执法监督所派出人员到城乡各社区外宿居民聚集区、营业餐馆、学校、集贸市场、食品经营单位和生活饮用水供水单位开展食品卫生、饮用水卫生知识的宣传、卫生监督检查；区爱卫办、区健康教育所配合乡镇及街道，发动群众，整治环境卫生，开展群众健康教育宣传活动，提倡健康饮食，提高群众卫生防病意识；各乡镇卫生防保所（站）、社区卫生服务中心对辖区内饮用水和外宿群众聚集区环境消毒，严格执行24小时疫情值班制度。5月26日，为进一步加强灾后卫生防疫工作的组织领导，确保大灾之后无大疫，成立游仙区抗震救灾卫生防疫指挥部。6月22日，区抗震救灾指挥部印发《抗震救灾动物防疫方案》，在区畜牧兽医局成立抗震救灾动物重大疫病防控指挥部。

七、梓潼县

（一）组织机构

2008年5月12日下午，梓潼县抗震救灾指挥部成立，县委书记、县人大常委会主任刘文榜任指挥长，县委副书记、县长刘少敏任常务副指挥长，另有4名县级领导任副指挥长。指挥部办公地点设在县人民武装部，下设办公室、综合协调组、抢救救援组、医疗教育组、交通管制与运输保障组、安全稳定组、信息宣传组、后勤保障组、救灾救济组、技术组、房屋安全组、安置接收组、募捐工作组。各乡镇、县级各部门相应成立工作机构，领导抗震救灾工作。

（二）主要工作

1. 抢救受伤人员。震后20分钟，全县抢险救灾工作全面展开，县级领导牵头的6个片区工作组立即分赴各乡镇指导抗震救灾，从县级部门抽派的83名干部组成工作组，分赴各乡镇协助抗震救灾。组织公安、消防、武警、民兵和干部群众实施搜救，抢救被困群众397名，转移到安全地带。从县人民医院、县中医院、县红十字医院及乡镇卫生院和私人诊所调集医护力量，设置临时医疗点，建板房医院3处，帐篷病房84间，对受伤群众及时开展救治，出动救治车辆2310台次，医务人员1055人次，全县收治伤员2469人，对受灾人员进行心理干预2917人次。

2. 支援极重灾区。按照市抗震救灾指挥部要求，梓潼县派出民兵预备役人员、公安警察10批次1513人次，乡镇干部和大学生村官38人次参与极重灾区抗震抢险工作；派出4批27名医疗救护人员、7辆医疗用车和一支计生优质服务队赶赴北川、平武开展医疗救护；及时向科学城提供大米10吨，向游仙区提供大米3吨，向绵阳市武引二期工程工地提供大米60吨、面粉4吨，向其他地区提供大米5.5吨，提供抢险工具6000余件。

3. 保障受灾群众基本生活。根据受灾程度，开展群众自救、互救，分散安置与集中安置相结合，指导群众自己动手搭建临时住所，并集中搭建活动板房2636套。地震发生的次日，梓潼县紧急下拨财政资金80万元，用于解决受灾群众困难，保障受灾群众搭建临时住所所需材料的供应和生活物资供应。全县安置本县受灾群众16.3万人，安置北川、平武、安县等极重灾区转移群众784人，在石牛中学、西蜀宾馆设集中安置点。组织捐赠和购买棉被、衣物1.05万套。

4. 卫生防疫。对集中临时安置点、场镇、街道、学校、医院、宾馆等人员相对集中的场所进行消毒、杀虫，对自来水、供水站、水井进行抽样监测和消毒。加强食品卫生监督，每天巡回检查餐饮单位、集中安置点、小卖部供应的食品，发现问题立即整改。加强疫情监测和信息收集上报，确保全县在救灾期间无传染病疫情发生。截至6月30日，出动防疫人员22370人次，车辆4071台次，对全县32个乡镇、329个村进行防疫消毒，累计消毒面积1248.34万平方米，处理粪池20.2万个，检查供水单位1607个，监测餐饮单位28563户次。

5. 严防次生灾害。5月20—30日，县房管局从各建筑公司抽调60余名工程技术人员，在省、市及成都、山东援助专家指导下，组建5个工作组，对县城建筑物逐一进行检查，并作出震损等级鉴定。5月21日至6月10日，县城乡规划和建设局、县民政局从机关和各建筑企业抽调70人，组建10个工作组，分赴全县32个乡镇，进村入户，对全县农房逐一进行检查，并作出震损等级鉴定。县指挥部依据上级政策和震损实际，决定对倒塌房屋一律推倒重建，对中度和轻度受损房屋给予适当补助，进行加固，严防垮塌造成再次伤害。

县水务局、县武都引水工程管理局（以下简称武引管理局）组建4个水利工程灾情调查组，在水利部委派的长江水利委员会勘测设计院30余名专家指导下，对全县引、蓄、提水利工程设施震损情况进行调查。为防止水库溃坝灾害，聘请四川涪圣工程设计院、绵阳水利电力设计院，对全县51座高危震损水库进行加固除险设计并及时组织施工。

县国土资源局邀请绵阳市国土资源局和四川省地质工程勘察院派出专家工作组，对全县地质灾害隐患点进行普查。普查结果为县境内有滑坡隐患点129处，有崩塌隐患点[illegible]处，不稳定斜坡7处。专家工作组根据各个地质灾害隐患点的稳定现状、规模、危害性等特点，采用打抗滑桩、锚固、清理危岩、搬迁避让等措施加以防治。

6. 救灾物资资金管理。严格执行救灾物资发放“三榜公示”“五项原则”“七道程序”，县民政局对救济款实行“一折通”直发到户。建立救灾物资和资金管理使用办法和相关制度，建立专门监管机构，实行救灾物资资金“一把手”负总责，坚持公开、公正、透明原则，实行公示制、专账管理制、专户存储制，做到专款专用，在全县32个乡镇、329个村、15个社区成立监督小组，公布投诉电话，杜绝挤占、挪用、侵吞、私分现象发生。

7. 维护社会稳定。实行专群结合的治安防范模式，对要害部门、重点场所、救灾物资存放点、受灾群众安置点实行重点安全保护，完善信访投诉和举报、督查督办、24小时值班和“零报告”制度。县公安局在震后两小时内抢通“110”“119”“122”报警电话，通过“天网”工程监控县城街道治安现状。实行临时价格干预，启动价格应急预案，对食品、药品、日用品、建筑材料、燃料、农资等实行临时价格干预，严厉打击囤积居奇、哄抬物价等不法行为，确保物价稳定。

八、三台县

（一）组织机构

2008年5月12日17时、21时，县委先后两次召开抗震救灾紧急会议，启动破坏性地震处置应急预案和地震灾害气象预案，全县进入应急状态。22时，县委、县政府成立三台县抗震救灾应急指挥部，由县委书记任指挥长，县长任常务副指挥长，另有15名县级领导任副指挥长。5月23日，增补1名副指挥长，副指挥长达到16人。县抗震救灾指挥部下设办公室、医疗救护组、救灾抢险组、物资供应保障组、社会秩序安全保卫组、灾后重建组。5月17日，增设重灾区灾民接收安置组。5月21日，增设水利工作组，负责落实震损水利、水电工程设施的抢险和修复，应对涪江上游堰塞湖溃坝的威胁、影响。5月22日，成立重大动物疫病防控工作组。5月23日，医疗救护组更名为卫生防疫组。5月25日，成立抗震救灾资金物资监督组。

随着全县抗震救灾工作重点转向灾后重建，7月25日，县委、县政府建立三台县灾后重建工作委员会。12月8日，县委、县政府组建三台县“5·12”地震灾后恢复重建委员会，撤销三台县抗震救灾应急指挥部、三台县灾后重建工作委员会及其下属各工作机构。

（二）主要工作

1. 支援极重灾区抢险救灾。5月13日4时，三台县首批民兵应急抗震救灾小分队360人在绵阳军分区集结，开赴北川抗震救灾第一线，全力搜寻幸存者，救援受伤者，转运遇难者。当天挖掘被埋压群众8人，转移伤员131人、受灾群众570人，运送遗体18具。5月25—29日，三台县从唐家山堰塞湖溃坝避险抢险民兵中抽调200人组成应急小分队，赴北川县擂鼓镇执行救灾任务。至9月29日，三台先后派出4批民兵应急抢险小分队860人，搜救生还者10人，运送伤病员201人，转移灾民980人，挖掘遗体41具，转移物资1231吨，搭建帐篷100顶，清理废墟6300平方米。

2. 医疗救护和卫生防疫。县卫生部门组织调集全县医疗卫生系统（含民营医疗机构）救护车20余辆，解决救护运力问题；组建50人的医疗救援专家队伍和135名专业技术人员组成的16个医疗救治小分队听候调遣。县食品药品监督管理局代县政府采购30余万元药品用于治疗伤员。安排县医院、县中医院、中医骨科医院、妇幼保健院、县第二人民医院（芦溪中心卫生院）和建设片区镇乡卫生院调剂病床200张，随时准备迎接极重灾区伤病员的救治。5月12日，组织7支医疗小分队共49人，分别安排到县直医疗机构参加救治工作。同日23时，组织20名医护人员组成医疗小分队，派往安县开展医疗救治工作。5月13日16时前，全县医疗卫生机构接收伤员300人，其中危重伤员61人。至6月12日，全县医疗卫生机构共接收地震灾害伤员638人，收治住院伤员352人，其中北川、安县等地伤员161人，转上级医院救治105人。县人民医院、中医院、妇幼保健院和63个镇乡卫生院搭建帐篷387个，安置住院病人744人。

加强灾后卫生防疫工作，把极重灾区群众安置点、县内群众临时避灾点、学校、医院、车站、商店、市场等人群集中的公共场所作为消毒处理的重点。组织卫生部门出动机关干部、疾控中心人员、卫生执法人员5469人次、车辆641台，开展食品卫生监督2535户，检查供水单位645户，环境消毒47.92万平方米，饮用水消毒49.81万立方米，指导处理尸体消毒127具，粪坑消毒3万余个，清除蚊蝇滋生地1.7万余处。

3. 受灾群众临时安置。地震发生后，从5月12日晚开始，400余台营运车辆停放在汽车中心站、梓锦新城车站、城郊公路及其他空旷地带，接纳近万名群众夜间车上避险。车站、西门市场等地提供2万余平方米空置场地，供群众搭建避震帐篷，累计安置避震群众3000余人。县委、县政府为解决灾害造成无家可归人员居住问题，协调耀森、佳琪、贵熙房产公司提供搭建帐篷材料，住建局承担搭建帐篷，解决120户共计480人居住问题。

4. 物资供应保障。5月13日，检查城北加油站、石油公司、家家福超市、阳光盛源下南街超市等物资供应保障工作，派出警力强化加油站安全保卫和公共秩序维护。针对加气站秩序较乱的现象，安排专人到现场协调指挥。5月14日10时，物资供应保障组召开紧急会议，要求潼川、北坝两个镇保证所有店铺和餐饮业尽快恢复正常营业，严格控制物价，恢复正常供货渠道，杜绝发生哄抢。支援极重灾区方便食品1500件、纯净水300桶、彩条塑料布25件、塑料膜5件、牛奶及瓶装饮用水各1000件、饼干300件、方便面200件。

5. 安全保卫。从5月14日开始，政法各部门恢复正常工作秩序，依法履行职责，严厉打击谣言散布者。5月15—29日，安全转运在押208名犯罪嫌疑人至绵阳看守所羁押；转移诉讼档案10余万卷到安全地点，落实安全保卫措施。至5月28日，出动警力226人次、车辆198台次，守护重要物资6处和加油站、医院、超市等重点部位46处。为确保绵阳机场空中救援航线的安全，全县出动警力106人、警车32台次，开展禁烧秸秆专项行动，治安处罚2人，教育劝阻9人。

6. 临时救助及恢复重建。5月13日，下拨自然灾害生活救助费317万元，解决受灾群众口粮、衣被等临时生活困难。14—17日，全面开展灾后房屋安全情况排查，抽调专业技术人员组成11个排查组，集中排查城区公共建筑、居民小区房屋和镇乡机关办公楼、中小学校校舍安全情况。初步完成城镇、社会事业、农村基础设施、地方电网设施、规模工业企业等7大类72小项灾后重建项目的清理核实。要求乡镇采取租房、搭建临时办公场所等方式，解决机关办公问题。督促各中小学校采取并校、合班等方式，确保复课。5月25日，完成农业供水工程抢修，全县40余万亩水稻实现满栽满插。

九、盐亭县

（一）组织机构

2008年5月12日14时35分，盐亭县四大班子领导在县委笔塔倒塌现场召开抗震救灾紧急会议，成立盐亭县抗震救灾（应急）指挥部，县委书记、县人大常委会主任胡安青，县委副书记、县长丁湘任指挥长。指挥部下设综合协调、抗灾救济供给保障、医疗教育和群众安置、食品卫生和安全稳定、新闻宣传等5个组。同时，组建12个抗震救灾工作组，分别由县级领导带头，分赴全县各乡镇和县城各学校、医院、社区及其他垮塌现场，查看灾情，慰问受灾群众，着手抗震救灾工作。

（二）主要工作

1. 组织自救互救。2008年5月12日14时40分，盐亭县委、县政府向全县各级各部门发出抗震救灾紧急通知，所有在家县级领导、各乡镇部门领导奔赴一线了解情况，疏散群众，组织自救互救。在通讯中断的情况下，县委、县政府采取喊话、广播、张贴公告等形式告知群众远离楼房，将群众有序疏散到安全地带，组织食品、饮用水，确保群众户外过夜安全。县抗震救灾指挥部在县城主要路口张贴公告，告知群众盐亭县属于汶川地震波及区，不会发生破坏性余震，及时缓解群众的恐慌情绪。5月12日晚，在通信、电力、广电设施部分恢复后，县政府副县长陈卉组织县委宣传部、县广电局、科技局通过电视、广播、短信和警车沿街喊话等方式，告知群众震情发展情况和防震避震相关知识，稳定人心。组织公安、民兵对县城及附近地区的重点目标进行巡逻，处置灾情和突发事件。

2. 支援极重灾区。全县组织救援人员7批1176人（其中应急民兵1071人），奔赴北川等地震极重灾区参与紧急救援，成功救出8名3岁以下儿童、61名小学生、160余名群众；转运1321名学生到九洲体育馆。同时，各医疗机构共派出医疗队5个共31人，救治伤员1035余名。筹集钢钎、铁锤、手套、背篼等工具和价值40万元的食品药品支援极重灾区。组织两批共6名机关干部分赴北川、江油等地开展救助。

3. 组织救灾捐助。5月13日起，盐亭县民生工委牵头组织救灾捐助活动，出台《盐亭县机关干部职工捐助救援受灾群众的通知》及《募捐资金物资管理办法》，倡导全县机关干部职工自愿捐款捐物，救灾资金、捐助资金和政府安排的专项资金由民政局统一报政府审定后，用于救助城乡困难群众，特别是受灾无房困难户；向社会公布捐赠热线和捐赠账户，成立捐赠协调工作组以协调捐赠活动。利用电视、公告、手机短信等形式公布捐赠情况，接受群众监督。截至6月10日12时，县民生工委、慈善协会、红十字协会共收到捐款1034万元。

4. 恢复生产生活秩序。对县境内水、电、气、路、桥等基础设施进行检查，及时消除安全隐患。县电力部门及时组织人员抢修受损设备，保证学校、医院、党政机关和自来水公司的用电需求。组织协调各方力量，切实保证食品、饮用水等生活必需品的有序供应。编制《燃油供应应急预案》，争取燃油供应指标，在保证救灾应急用油的前提下，确保农村“双抢”（抢收、抢种）的燃油供应。县物价局组织检查组，对全县各加油站成品油价格进行监管，对县内违规涨价的一处加油站依法进行查处。截至6月中旬，全县的生产、生活、工作秩序全部恢复正常。

5. 保障受灾群众基本生活。对遇难人员家属进行慰问，给予一定救助。抓好应急物资筹备和应急人员的组织、分工。在城区及36个乡镇搭建简易帐篷1400处，解决2160余户7560名灾民临时居住问题。筹集矿泉水23526件、方便面9216件、大米50吨、面粉30吨、食用油10吨救助受灾群众。制定并印发《盐亭县救灾资金物资发放程序》，保证救灾款物公开、公平、公正、及时发放到受灾困难群众手中。截至6月12日，分2批次发放救灾资金共155万元，分10批次发放救灾物资，其中帐篷3675顶，矿泉水28478件，各类方便食品26365件，雨衣1270件，雨鞋3763双，衣物14103件，药皂473件，发电机8台。县财政紧急调拨325万元用于水利设施、学校维护加固和抢险排危；拨付救灾资金275万元，发放到受灾特困户手中。

6. 做好疾病防控工作。启动灾后疾病防控预案，加强抗震救灾医疗救治和卫生防疫工作。利用各种宣传媒介，加强灾后食品、环境卫生和疾病防治知识宣传力度，共发放各类宣传资料5.1万份。做好饮用水卫生、环境清理和消毒等工作，定时对城区居民临时居住点等人群聚集区实施药剂消毒。截至6月12日，共配制喷洒消毒药液930吨，累计消毒面积达1988万平方米。加强对灾后食品生产经营企业、餐馆和自来水公司的监督检查，确保灾后食品及饮用水安全。

7. 确保校舍安全。5月13日，对全县各级各类学校进行安全检测，清理统计受损建筑物等相关情况，要求学校必须经检查组签字同意后方可开课，高中毕业班在安全有保障、能解决食宿的前提下可以复课，各级各类学校将未放假学生的安全措施落实到位。截至5月19日，全县共派出9个工作组，分赴各学校查看灾情，对153所（处）有安全隐患的校舍、围墙等进行排查检修，拨出200万元专项资金，对部分损坏校舍进行排危。按照“凡有条件，要保障孩子们上学”的要求，采取“一校一策”的办法复课。

8. 社会稳定及安全工作。组织公安干警、武警官兵和民兵组成治安巡查应急分队，不间断巡查县城街道，在城区各交通要道、医院、学校，安排警察值班守卫。各级各部门坚持24小时户外值班，严密防范、严厉打击制造、传播谣言者，保持社会稳定。

对道路、桥梁、堤坝、涵洞、莲花湖等水库和易滑坡地段山体进行监控，防止意外事故发生。截至5月底，全县共投入抢险保通机具30余辆，清运公路垮塌土石方3万余立方米，设置安全警示标志150余处，对排查出的8座危病桥进行封闭处理，并指明车辆绕行线路。

第二章 救援力量

第一节 军队救援力量

一、成都军区

(一) 兵力构成

整个抗震救灾期间，成都军区共投入兵力40466人参加抢险救援，其中包括驻川部队，驻云南、贵州、重庆部队和民兵预备役人员，动用各种用车1496辆、大型机械8台、直升机4架，还有各型

图2-2-74 参与北川县道路抢通任务的第14集团军工兵部队官兵

飞机1102架次，组织751名医务人员组成40支应急救护医疗队，主要在都江堰、阿坝、绵阳、绵竹、彭州、什邡等极重灾区和部队驻地附近救援。主要救援力量如下

第13集团军出动兵力9899人。包括：集团军首长机关和直属队190人；77126部队首长机关和直属队839人；77128部队558人；77133部队712人；77136部队1460人；77146部队1260人；77156部队首长机关和直属队188人；77159部队113人；77171部队100人；77193部队66人；77113部队592人；77115部队239人；77123部队591人；77118部队473人；77103部队37人；77108部队348人；77105部队864人；77116部队1160人；77109部队3人。

第14集团军出动兵力17104人。包括：集团军首长机关和直属队222人；77283部队首长机关和直属队1468人；77289部队1936人，77293部队1558人，77296部队1280人，77298部队1224人，77299部队800人，77223部队2021人，77225部队2009人；77226部队2361人，77206部队59人，77208部队641人，77216部队684人，77221部队841人。

成都军区司令部机关及附属单位5716人，成都军区联勤部机关及附属单位10470人，成都军区装备部机关及直属分队2226人，四川省军区现役官兵救援力量2570人。

（二）驰援灾区

1. 驻灾区部队紧急行动

2008年5月12日19时30分，第13集团军军长许勇命令77126部队首长机关率领在该地驻训的77136部队赴北川县抗震救灾。20时3分，77126部队部队长王凯、参谋长胡中强、装备部部长刘红兵率机关28人及所属77136部队1460人从驻训地崇州市向绵阳市北川县机动。5月13日1时，先遣部队抵达北川中学。2时30分，1460名官兵全部抵达北川县城，展开救援。

2. 增援部队奔赴灾区

2008年5月13日2时10分，第14集团军前线指挥部17人、所属77289部队1541人、77208部队地震灾害救援队43人编成集团军第一人员梯队，从昆明乘专列赶赴灾区。20时49分，第一梯队到达成都。22时20分，77289和77208部队地震灾害救援队从成都火车站出发向绵阳市北川县机动。5月14日2时，副军长熊作明率77289和77208部队地震灾害救援队到达成绵高速绵阳南出口，向北川县城开进。18时，77289部队到达北川县陈家坝乡，因道路阻塞，留下1个营的兵力救灾，主力经绵阳市、安县向北川县城迂回开进。20时30分，14集团军前线指挥部到达北川县曲山镇任家坪。5月15日6时30分，77289部队主力到达任家坪，徒步进入北川县城。

5月13日4时30分，14集团军所属77296、77298部队1360人编成第二人员梯队，从昆明乘专列赶赴四川灾区。5月14日5时30分，77296部队到达安县，随即徒步进入高川乡、茶坪乡开展救援。

5月13日13时30分，14集团军所属77289部队一部、77296、77298部队部分人员共1153人编成第三人员梯队，从昆明乘专列赶赴四川灾区。5月14日8时30分，抵达成都，卸载后人员归建。

5月13日14时30分，14集团军所属77293部队1495人编成第四人员梯队，从昆明乘专列赶赴灾区。5月14日10时30分，该部到达成都。5月14日17时，该部赶赴平武县，23时45分到达平武县南坝镇。5月15日上午，该部3营344名官兵挺进平武县城。该部1营240名官兵组成先遣队，经过8小时急行军进入平武县石坎子、水观乡展开救援。

5月13日16时30分，77299部队956人编成第五人员梯队，从昆明赶赴灾区。5月14日11时，该部到达成都，并于5月14日22时到达青川救灾。

5月13日23时30分，14集团军所属77283部队机关和直属队1517人，以及77293部队、77299部

队、成都军区昆明总医院部分人员共1666人，编成第六人员梯队，从昆明乘专列赶赴灾区。5月14日20时30分，到达成都，随后各部队赶赴各抗震救灾任务区。5月15日2时40分，77283部队直属队到达北川县任家坪，随即进入北川县城开展救援。

5月13日14时6分，14集团军第一车辆装备梯队从昆明启运。至5月14日[illegible]时10分，先后启运6组车辆装备梯队，抵达灾区后卸载归建。

5月14日10时30分，77289部队第二梯队240人、77296部队第二梯队433人、77298部队第二梯队420人抵达成都火车北站。17时25分，77289部队第二梯队，经绵阳、安县，到达北川县任家坪。77296部队第二梯队向安县机动。

5月14日20时30分，14集团军军长周小周率指挥组由昆明乘飞机抵达成都，指挥部队抗震救灾。5月17日9时，政委刁国新乘飞机飞抵成都，指挥部队抗震救灾。5月18日3时，副参谋长秦翔友到达北川县任家坪14集团军抗震救灾指挥所。

5月14日23时30分，14集团军77225部队第一列车梯队从昆明站启运。5月16日2时到达绵阳站，随后开赴江油市九岭镇。5月15日，部队第二、第三、第四列车梯队陆续从昆明站启运。至5月16日18时，77225部队2000人全部到达江油市。

5月15日6时10分，77283部队机关第二物资车队与77293部队第三梯队到达成都火车东站，随即分别向北川县和平武县进发。

5月15日18时55分，14集团军77226部队第一列车梯队从昆明站启运。当晚至次日凌晨，第二、第三、第四、第五列车梯队陆续启运。5月16日22时，第一列车梯队抵达绵阳站，部队随即开往安县。至5月17日6时53分，77226部队全部抵达安县。

5月16日7时20分，14集团军77225部队2000余人从云南摩托化机动抵达江油市，组成救灾物资运输队，为该市雁门、枫顺、敬元等10个受灾严重的乡镇运送救灾物资35吨。

5月17日，14集团军77221部队720人，连同集团军机关42人编成2个列车梯队，由集团军装备部部长吴世华带领，从昆明火车东站启运。5月18日，第一列车梯队到达绵阳，编入成都军区震灾二组，担负第三、第四、第五责任区的消毒防疫和“核化生”应急值班任务。

5月19日17时24分，成都军区抗震救灾联合指挥部向14集团军下达预先号令，要求该集团军77208部队、77216部队做好赴川执行抗震救灾任务的准备。5月28日，77208部队第一列车梯队451人从昆明火车东站启运，随后第二列车梯队119人从昆明火车东站启运。5月29日，第一列车梯队到达绵阳站，卸载后向安县机动，于当日20时30分进驻安县花荄镇西岩村。

6月2日21时14分，成都军区抗震救灾联合指挥部下达《调动77216部队执行抗震救灾任务令》，命令14集团军77216部队某营赴四川省江油市九岭镇执行浮桥架设、“兰成渝”输油管线防护任务。从6月3日8时5分开始，77216部队684人、229台机械车辆、2000余件救生器材分5个列车梯队从昆明向四川灾区机动。6月4日17时11分，77216部队参与抗震救灾部队全部到达江油市九岭镇。

二、济南军区

（一）兵力构成

54集团军71811部队出动所属71366、71998、71892、71309部队，共24个建制营、95个建制连7698人，加强159医院40人、26集团军防化团350人和军区新郑工程机械修理所7人、成都军区坦克修理大队5人，动用各型车辆563台，部署在第三、第四、第五3个责任区的平武、安县、北川、江油和茂县5个县（市）38个乡（镇）314个村寨。

71811部队本级出动兵力1842人，动用各型车辆188台，配属159医院39人、救护车1台，26集团军防化团350人，各类车辆49台，主要负责第五责任区平武县南坝镇所属20个村的抗震救灾任务。

71366部队出动兵力1480人，动用各型车辆86台，其中运输车68台、通信车4台、加油车2台、救护车1台、工程车3台、牵引车2台，主要负责第五责任区平武县水田、木皮、木座、古城、白马、旧堡、虎牙等13个乡镇104个行政村的抗震救灾任务。

71998部队共出动兵力1608人，动用各型装备共计104辆，其中运输车66辆、通信车4辆、炊事拖车18辆、运油车3辆、特种车辆7台，部署在茂县、安县两个方向共18个乡镇，指挥所设在茂县凤仪镇。其中，安县方向305人，部署在安县安昌镇、永安镇、桑枣镇、黄土镇，隶属于第四责任区。

71892部队共出动兵力1598人，各型车辆99台，主要负责第五责任区平武县响岩、平通2个乡镇24个村寨的救援任务，同时负责北川县擂鼓镇板房建材运输及搭建任务。其中，响岩镇方向448人，平通镇方向845人，北川县擂鼓镇方向277人。

71309部队共出动1060人，动用各型车辆73台，主要在第五责任区平武县水观、坝子、平南3个乡的24个村和南坝镇垭头坪救助站执行任务。

此外，济南军区某陆航团5月15日奉命出动10架直升机、101名官兵，空中转场1600多公里，紧急飞赴四川执行抗震救灾任务。部队先后转战绵阳市、北川县、江油市、安县、平武县等市县，执飞禹里、高川、茶坪、泗耳等27个乡镇，飞行205架次、348小时50分，抢运技术专家211人，转移群众964人，抢救伤员149人，运送急需物资186.5吨。

（二）驰援灾区

1. 出征准备

2008年5月12日20时，71811部队紧急召开常委会，传达54集团军首长通知要求，就部队迅速做好出动准备进行安排部署，拟制下发预先号令，完善应急出动方案，指导部队做好相应准备，下发《关于做好赴四川灾区抗震救灾出征准备的指示》，对各项准备工作进行明确。20时10分，54集团军政委高建国指示，要求71811部队做好摩托化开进准备。部队紧急行动，具体明确应急出动方案，在重点做好摩托化机动的同时，修订铁路输送方案，做好多种准备。部队按照预先号令，启封车辆装备，准备物资器材，完善方案计划。21时，通知所属部（分）队及时召回探亲、休假人员，并严密组织外训分队回撤。5月13日18时前，外训、休假等在外兵力全部归建。

5月13日，部队后勤机关分队全面展开各项准备工作。启封497台车辆装备，补充各类备品工具3860余件。启封用油装备982台，其中运输车322台，指挥车52台，工程机械21台，特种车167台，炊事、发电、照明等用油装备420台，车勤干部52人，驾驶员694人，携带油料193吨，其中柴油135吨，汽油58吨。所有车辆于5月14时8时前全部加注油料，并组织检修维修，完成出发前的各项准备工作。

2. 奔赴灾区

2008年5月14日21时3分，71811部队从河南、湖北两省4地，分南北两路铁路输送1640多公里，于5月17日21时05分全部到达任务区。其中，部队本级共编成4个列车梯队，从河南省信阳站出发，首个列车梯队于16日8时35分到达绵阳站卸载，14时20分，前线指挥部和直属侦察分队、防化分队、汽车分队部分官兵共350人，由绵阳站向平武县南坝镇方向实施摩托化机动，19时20分到达响岩镇任务区。第二、第三、第四列车梯队在广元站卸载，沿江油向平武县响岩镇方向实施摩托化机动。

5月16日14时20分，71998部队第一梯队向北川县擂鼓镇实施摩托化机动，17时到达擂鼓镇，

600名官兵徒步向茂县挺进，其余人员和车辆返回安县安昌镇宿营。第二梯队于16日15时由广元站向北川县实施摩托化机动，按上级指示在擂鼓镇执行搜救伤员、掩埋尸体和转移群众任务。

5月16日11时，71309部队第一梯队520人采取摩托化方式向平武县城机动，17时进至响岩镇北8公里处受阻。第二梯队540人于5月16日16时采取摩托化方式向平武县城机动，20时30分到达江油市西南红庙村组织宿营。5月17日13时20分，71309部队接上级指挥部命令，徒步进入平武县坝子、水观、平南和北川县陈家坝4个乡执行搜救任务。任务区内道路全部被毁，余震不断，通信完全中断，加之突降暴雨，随时可能发生山体滑坡、泥石流等次生灾害。官兵们冒着生命危险，扛着铁锹、大锯、大锤等工具，踏着废墟和松软的土石，在乱石中穿行，展开与时间和生命的赛跑。5月18日2时28分，4路突击队按时到达任务点。

5月17日5时23分，71892部队第一梯队到达江油预定配置点。8时27分，根据上级命令，紧急赶赴安县千佛山执行救援任务。16时33分，接上级变更任务命令后，迅速调整任务方向，与第二梯队在江油北会合，沿成绵高速向平武方向开进。17时30分，在江油北与第二梯队会合，组织向平武县开进，途中受命改向青川县。5月19日17时23分，上级命令部队立即进驻平武县响岩镇、平通镇，部队结合连续机动救援情况，采取“就地收拢、分区集结、分批到达”的方法，抽调4个梯队中车况最好、技术最精的25台车辆组成先遣分队，沿原路返回，沿绵广高速经江油市，于5月20日5时进至响岩镇。后续机动救援队一边机动、一边收拢、一边集结，于5月20日20时33分进至响岩镇。

5月17日，71366部队在向青川县机动过程中，接到上级命令，要求迅速进驻平武县北部13个乡镇。部队党委立即进行研究部署，决定分先遣队和两个梯队，加快行军速度，根据任务点的远近，按照行军序列，四个方向13个分队，采取分区多路并进、逐点快速进驻的方法，向平武县13个乡镇快速突进，要求各分队到达任务点后，迅速组织搜集灾情，展开救援工作，完成综合部署。当晚21时40分，部队13个任务点全部进驻完毕。

三、第二炮兵

（一）兵力构成

2008年5月14日，二炮部队受领中央军委和总部命令后，抽组1.2万名技术和业务骨干迅速集结待命。救援队伍中，有工程爆破专家180多名，电气专家260多名，医疗救护专家和疾病预防专家100多名。部队分别采取空中、铁路、公路输送等方式，从北京、河南、陕西、云南等8个省（市）火速奔赴灾区。其中，96501部队、96531部队、二炮总医院（含537医疗队）、重庆军代局（含专装军代室）、96201部队、96251部队、96401部队防化分队、96301部队后勤分队、二炮工程设计研究所及防疫防护队、机关保障分队总兵力2208人，携带装备700余台赴北川县参加抗震救灾。首批部队800余人，于14日22时30分起，先后到达北川县等重灾区。5月21日，二炮加强96201部队、96251部队、96401部队防化分队等救灾兵力。

（二）驰援灾区

2008年5月14日，二炮司令员靖志远、政委彭小枫指挥二炮部队分别以空中、铁路、公路输送等方式，从北京、河南、陕西、云南等8个省（市）奔赴灾区。14日17时40分，二炮副司令员于际训，副参谋长王治民，政治部副主任张西南，后勤部副部长刘焕民，装备部副部长莫俊鹏及机关人员23人，组成二炮抗震救灾现场指挥组，飞抵成都凤凰山军用机场，火速开往北川县城。23时，指挥组到达北川县，率96501部队先头部队连夜向北川县城行进，展开搜救行动。

14日晚至15日凌晨，二炮96501部队政委马力率500多人，携带10台装载机、10台挖掘机、22台发电机、近百顶帐篷、10万余元急救药品等物资抵达北川县城。二炮96531部队部队长廖炳生、政委高海华调集机械安装、吊装、电焊气焊等技术骨干310余人，集结车辆24台，机械装备400余台，携带野战炊事车、帐篷、发电车、液压破拆工具、导链、电动葫芦、切割机、空压机等大批抢险救援工程装备器材抵达北川县城。二炮抗震救灾医护大队、96301部队后勤保障分队等按照一级战备的要求配齐物资抵达北川县城。96501、96531部队，是赴绵阳救援部队中唯一携带重型机械装备的工程部队。

5月22日，根据中央军委和成都军区抗震救灾联合指挥部统一部署，成立军队抗震救灾第四责任区，辖区主要包括绵阳市区和北川、安县、江油等县（市），二炮副司令员于际训任第四责任区指挥长，副参谋长王治民、政治部副主任张西南和海军、14集团军等领导任副指挥长，组织指挥区内成都军区、海军、空军、二炮和武警共计77支部（分）队32202名官兵执行抗震救灾任务。

四、空降部队、陆航部队

2008年5月13日凌晨，空15军空降兵95900部队受令赴四川抗震救灾任务后，紧急部署，快速准备，5时完成一切出动准备，6时50分向开封机场开进，8时完成空运准备。10时30分，该部第一梯队到达绵阳，部队未作停留，冒着余震不断的危险，挺进平武县南坝镇。23时50分，该部第二梯队到达南坝镇何家坝村，与第一梯队汇合。

2008年5月12日下午，地震发生后不久，成都军区某陆航团即派出直升机组，飞赴绵阳灾区执行特殊救援任务。5月20日，成都军区、济南军区、南京军区、广州军区陆航部队40多架直升机590多名官兵分批转场至绵阳机场，执行空中救援任务。

五、总装63820部队

2008年5月12日15时45分，63820部队某研究所派出7人医疗救援分队，从安县镶门坝到北川县擂鼓镇，沿途救治受伤群众。19时，该所第二批23名增援官兵赶往擂鼓镇，当晚从废墟中抢救、转运70余名受伤群众。

当日下午，63820部队520医院组织9名医护人员赶赴安县晓坝镇，与某研究所门诊部6名医护人员组成15人的医疗队，在废墟旁建立战地救护所，抢救部队和地方伤员，是进入绵阳极重灾区第一支军队医疗队。

5月12日晚，63820部队抽调6辆卡车、10名司机、10台康明斯运输车组成运输队，支援绵阳市抗震救灾指挥部，向北川抢运救灾物资，向外转运伤员。5月13日6时30分，车队将第一批物资送达北川抗震救灾指挥部，回程向绵阳转运一批灾民和伤员。

5月13日凌晨，63820部队抗震救灾指挥部从两个研究所抽调90名官兵，组织30名医护人员，组成7支抢险救灾分队，派往安县部分乡镇执行抢险救援任务。

图2-2-75　2008年5月13日上午，北川县，救援官兵抬着一名受伤群众从乱石堆中穿过

图2-2-76　2008年5月15日，救援官兵转移获救伤员

图2-2-77　2008年5月15日，救援官兵跑步转运伤员

第二节　民兵预备役救援力量

绵阳军分区动员组织全市民兵1.2万余人，协调指挥跨区救援的民兵预备役人员4800余人开展救援。绵阳市民兵搜救幸存者391人，运送伤员1500余人，掩埋遇难者遗体1712具，装修救灾物资1.68万吨，协助转移疏散群众23万余人。

一、绵阳军分区民兵预备役部队

（一）兵力构成

2008年5月12日、13日，绵阳军分区组织三台县、涪城区、游仙区、江油市、安县、梓潼县、盐亭县民兵1932人组成突击队，征用60台车辆，分4个梯队派往北川紧急救援。其他各县（市、区）动员组织民兵4092人开展自救。

截至6月底，绵阳军分区组织全市民兵1.2万余人投入抗震救灾。其中，组织民兵3845人，在北川县开展救援；组织民兵5600余人，分别在平武、安县、江油市开展自救；组织民兵3.64万人次，协助各地政府安置受灾群众，搭建临时幼儿园、临时小学；组织民兵1600余人，编成6个救灾物资装卸搬运队，在绵阳城区和各重灾区物资装卸点，24小时不间断执行救灾物资装卸搬运任务；组织民兵1.42万余人次，清理地震造成的废墟；组织民兵5700余人次，参加交通设施抢通保通任务。

（二）紧急支援北川县

1. 绵阳军分区组织民兵突击队奔赴北川

2008年5月12日14时39分，绵阳军分区召开紧急作战会议，决定立即在涪城区、游仙区两个人武部组织民兵应急突击队，作为先遣队开赴北川救援。17时34分，司令员张学东率领464名民兵救灾突击队向北川开进。19时30分，绵阳军分区首批救援突击队到达北川县城，成为第一支成建制进入北川县展开救援的民兵队伍。13日5时，参谋长罗健率领由三台、盐亭、梓潼、江油、安县、科学城人武部组织的1468名民兵，分三批次增援北川。14日5时15分，各县（市、区）陆续动员的2600名民兵抵达北川。

图2-2-78　平武县民兵预备役应急队转运受伤群众

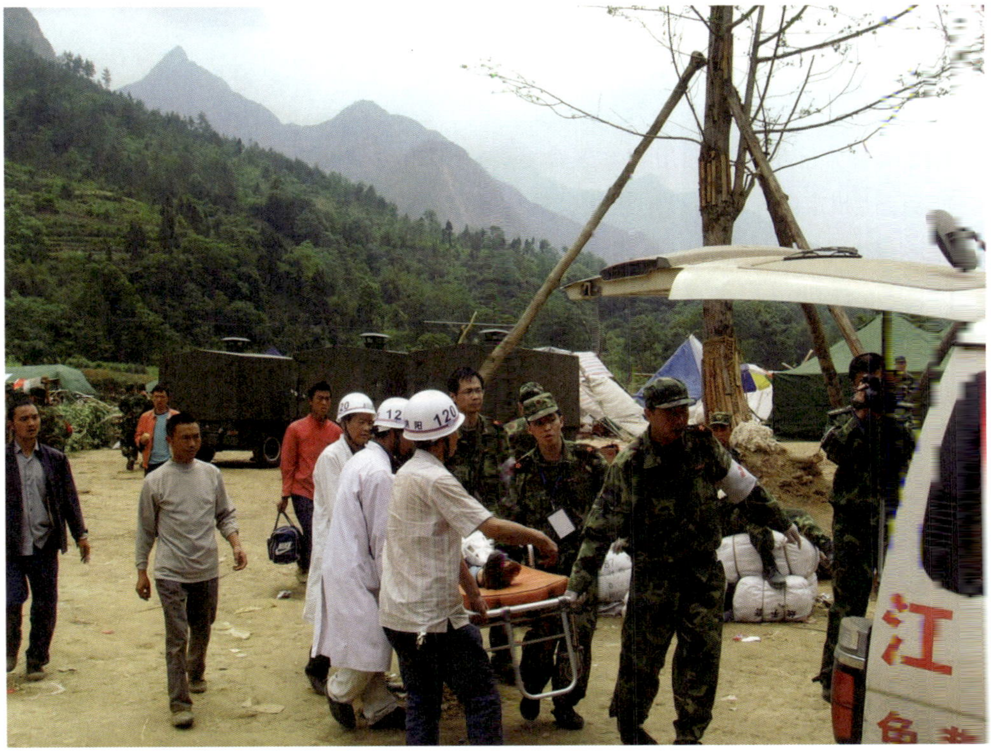

图2－2－79 2008年5月15日，江油民兵和厚坝镇卫生院医护人员在极重灾区北川县陈家坝乡接送伤员

2. 县（市、区）民兵应急分队奔赴北川

2008年5月12日14时28分大地震发生后，绵阳市各县（市、区）立即动员，组织民兵应急分队赶赴北川县，参加抢险救援。

涪城区：5月12日17时34分，涪城区首批240名应急民兵随绵阳军分区部队开赴北川中学。21时，九洲集团100名民兵应急队员奔赴北川。长虹集团500名民兵应急队员完成集结，奔赴北川。涪城区人武部连夜深入动员，协调300名后援民兵于13日凌晨到达北川。长虹集结100名曾参民兵奔赴北川。

游仙区：5月12日17时，224名民兵应急队员在游仙区人武部集结完毕。17时34分，随绵阳军分区部队向北川县开进。游仙区人武部先后向北川方向派出6批次722名民兵。

三台县：5月13日3时，三台县人武部完成第一批360名民兵的动员任务。4时，民兵应急分队开赴北川县曲山镇、擂鼓镇。至5月28日，三台县人武部共出动4批860名民兵支援北川。

江油市：5月13日，江油市组织第一批269名应急民兵，征用12台车辆，经三个多小时行进到达北川。至5月17日，江油组织3批共492名民兵赴北川县执行救援任务。

梓潼县：5月12日21时，梓潼县人武部紧急动员314名民兵完成集结，首批[illegible]0人在绵阳军分区的统一组织下，连夜开进北川县城。其后，梓潼县人武部动员民兵2679人次，分8批次开赴北川县及绵阳市区执行任务。

盐亭县：5月12日22时，盐亭县105名民兵在县人武部完成集结。13日凌晨，首批105人的应急民兵分队到达北川县城救援。

科学城：5月13日8时，科学城人武部组织103名人武干部和民兵，紧急赶赴北川县救援。

安县：5月14日5时，安县抽组100人组成民兵应急分队，增援北川县城救援任务。

二、市外民兵预备役部队

（一）兵力构成

地震发生后，根据绵阳军分区请求和四川省军区命令，资阳市、泸州市、内江市、宜宾市、广安市、自贡市民兵应急营，达州市陆军预备役炮兵旅，攀枝花市民兵医疗救护分队增援绵阳灾区。其中，资阳市民兵应急营560人，泸州市民兵应急营1060人，内江市民兵应急营747人，宜宾市民兵应急营485人，广安市民兵应急营440人，自贡市民兵应急营641人，达州市陆军预备役炮兵旅950人，攀枝花市民兵医疗救护分队70人。6月15日唐家山堰塞湖泄洪后，救灾官兵和民兵实行1/3轮换。

（二）奔赴绵阳灾区

2008年5月13—15日，市外民兵预备役部队陆续抵达绵阳灾区。根据成都军区联合指挥部和绵阳市抗震救灾指挥部的统一部署，绵阳军分区在江油市、涪城区、安县、北川县设立4个救援部队引导点，根据灾情的实际，将异地驰援的民兵预备役部队投入到受灾严重的北川、平武、安县和江油，由当地人武部具体安排救援任务。

5月12日，内江军分区抽调现役官兵及县（市、区）民兵应急分队共747人（现役军官33人、士兵12人、职工27人、民兵675人），组成内江军分区民兵预备役突击队，编成市中区、东兴区、资中、威远、隆昌5个突击连。同时抽调、征用车辆60余台，租用、征用轮式吊车5台、推土机2台、挖掘机2台、110部切割机等大型机械装备，以及各类救灾工具800余件，组成内江市首批支援灾区抗震救灾救援力量。5月14日13时50分从成渝高速公路资中服务区向绵阳市安县茶坪乡开进，当晚到达安县晓坝镇，15日突入茶坪乡救援。

5月13日，泸州军分区奉命组建泸州市应急民兵营1060人待命（其中现役军官51人、民兵860人、医务人员28人、专业救援人员45人、志愿者76人）。5月15日3时，泸县民兵应急连作为泸州市应急民兵营的先遣队，带指挥车1辆、运输车3辆、生活保障车1辆、消防车1辆，从泸县人武部出发，15时到达北川中学救援。

5月14日16时20分，资阳军分区共组织民兵应急分队560人，指挥车6辆、运输车24辆，吊车1辆，工程车2台，发电机4台，组成资阳市抗震救灾突击队，于14日22时开赴绵阳市北川县执行抗震救灾任务。

宜宾军分区抗震救灾力量分3个批次，在平武县南坝镇参加抢险救灾。第一批次：5月13日至6月24日，军分区机关和宜宾市民兵应急营485人。第二批次：6月24日至8月6日，南溪县、高县、筠连县民兵应急连414人。第三批次：8月6—18日，江安县、珙县、兴文县民兵应急连375人。

广安军分区组织民兵552人担负抗震救灾任务，首批民兵应急分队440人，自带重型机械6台、保障车辆37台以及各类救援装备，于5月14日22时开赴绵阳市平武县。15日10时到达，主要在平通镇抗震救灾。

自贡军分区紧急出动民兵应急营641人、车辆39台、大型机械8台，分4个批次赴绵阳安县永安镇、永昌镇、北川县擂鼓镇执行抗震救灾任务。

达州预备役炮兵旅首批集结200人，于5月13日零时集结完毕。13日12时，该部第二批官兵动员集结完毕。

5月14日23时，攀枝花市抗震救灾应急指挥部组建民兵医疗救护分队70人，分乘7台车，于5月15日出发，驰援平武、安县灾区，开展医疗救援。

三、分编专业抗震救灾队

2008年6月4日，绵阳军分区根据成都军区抗震救灾联合指挥部指示和第三、第五责任区的要求，对在绵民兵预备役力量分编为专业抗震救灾队，并对执行任务的区域进行划分。

进村入户搜救队670人。第一队由内江市民兵营抽调200人编成，第二队由宜宾市民兵营抽调120人编成，第三队由自贡市民兵营抽调100人编成，第四队由广安市民兵营抽调150人编成，第五队由达州市陆军预备役炮兵旅抽调100名预备役人员编成。分别对安县秀水镇、桑枣镇、永安镇，平武县响岩镇、平通镇及其附近村庄展开搜救。

废墟清理队640人。第一队由内江市民兵营抽调200人编成，第二队由宜宾市民兵营抽调120人编成，第三队由自贡民兵营抽调100人编成，第四队由广安民兵营抽调120人、达州市陆军预备役炮兵旅抽调100人组成。分别对安县的桑枣镇、永安镇，平武县平通镇的废墟进行清理。

物资装卸队950人。第一队由泸州市民兵营抽调180人编成，第二队由泸州市民兵营抽调250人组成，第三队由泸州市民兵营抽调170人编成，第四队由自贡市民兵营抽调100人、绵阳市盐亭县（120名）或梓潼县抽调150名民兵编成。负责绵阳机场、绵阳火车货站、绵阳综合仓库（新皂镇）、北川县擂鼓镇救灾物资装卸和转运任务。

抗洪抢险队3100人。负责唐家山堰塞湖排险期间疏散转移群众。第一队由资阳市民兵营抽调300人、江油市抽调500名民兵组成，协助江油市含增镇、香水镇、西屏乡、青莲镇、九岭镇、龙凤镇、彰明镇的群众安全疏散转移；第二队由泸州市民兵营抽调400人、绵阳市游仙区抽调600名民兵编成，协助游仙区富乐街道办事处、涪江街道办事处、经济实验区、小枧沟镇、农科区、石马镇、游仙镇的群众安全疏散转移；第三队由绵阳市涪城区抽调300名民兵编成，协助涪城区龙门镇、青义镇、丰谷镇、塘汛镇的群众安全疏散转移；第四队由绵阳市三台县抽调1000名民兵编成，协助三台县潼川镇、北坝镇、灵兴镇、花园镇、永明镇、芦溪镇、东塔镇、刘营镇、三德镇、百顷镇、旦程乡、老马乡、争胜乡的群众安全疏散转移。

维护社会秩序队460人。第一队由绵阳市涪城区抽调80名民兵组成，负责维护九洲体育馆安置点秩序；第二队由绵阳市涪城区抽调50名民兵编成，负责看守南河体育中心安置点救灾物资；第三队由绵阳市北川县、安县、江油市、平武县、三台县民兵各50人编成，负责维护本辖区的社会秩序；第四队由绵阳科学城抽调80名民兵编成，负责本辖区内各主要交通路口执勤。

医疗救护队153人。第一队由攀枝花市民兵医疗救护队抽调57人编成，第二队由攀枝花市民兵医疗救护队抽调76人编成，第三队由绵阳军分区后勤部和干休所医疗人员20人编成，分别负责安县桑枣镇、平武县平通镇、军分区指挥部及干休所的医疗救护。

防疫消毒队120人。第一队由北川县抽调20名民兵编成，第二队由平武县抽调40名民兵编成，第三队由安县抽调20名民兵编成，第四队由江油市抽调40名民兵编成。分别配备专业防疫分队，利用配发的装备在本地区执行消毒防疫任务。

应急机动队1750人。主要完成第四、五责任区交付的紧急任务和市委、市政府、军分区赋予的临时性任务。第一队由内江市、宜宾市、泸州市、资阳市、自贡市民兵营各抽调200名民兵，共1000人编成；第二队由达州市陆军预备役炮兵旅抽调50名预备役人员、广安民兵营抽调200名民兵编成；第三队由绵阳市涪城区、游仙区、江油市、三台县各抽调125名民兵共500人编成。

自8月18日起，市外民兵预备役部队陆续撤离绵阳。

第三节　武警、公安救援力量

一、武警部队

（一）救援力量

汶川特大地震发生后，武警部队先后调动5100多名兵力投入绵阳灾区抢险救援。其中，武警四川省总队直属支队246人，武警成都指挥学院600人，武警交通部队261人，武警水电部队588人，武警8690部队1538人，武警8630部队专业救援队45人，武警绵阳市支队500人，武警广元市支队、遂宁市支队、广安市支队、内江市支队、泸州市支队、自贡市支队、凉山州支队、阿坝州支队1300人，武警四川省总队医院医护人员35人。

（二）奔赴灾区

1. 武警绵阳市支队

2008年5月12日16时20分，武警绵阳市支队支队长刘昌建率40名官兵向平武县开进，行至林家坝时，因山体滑坡，巨石砸毁道路，无法通过，被迫返回绵阳。20时40分，绵阳支队200人在政委徐超带领下，采取乘车和徒步开进相结合的方式，克服重重困难，到达北川县城，立即开展救援工作。23时47分，副参谋长王千军率第二梯队140名官兵到达北川。

5月13日，刘昌建再次率领60名官兵，携带相关器材向平武县开进，行至林家坝滑坡路段，官兵下车徒步穿行55公里，13时10分到达平通镇，17时30分到达南坝镇。官兵们沿涪江河岸摸黑前进，徒步行军100余公里，5月14日13时30分到达平武县城。

图2-2-80　2008年5月15日，武警部队官兵跑步突进极重灾区

5月15日19时39分，参谋长刘家波率22名官兵，成功进入北川县片口乡执行救援任务。

2. 武警四川省总队直属支队

2008年5月13日2时，武警四川省总队直属支队副支队长罗宪勤率246名官兵，由甘孜州泸定县出发，采用乘车与徒步相结合的方式向北川县开进，当天18时30分到达北川县擂鼓镇，14日14时30分到达北川县城。

5月16日，武警四川省总队副总队长兼参谋长邓厚明率500名抢险突击队员，从北川县城出发翻越坡度达50度的高山3座，成功进入北川县禹里乡。5月18日，邓厚明派出3个救援突击分队，分赴漩坪、开坪、小坝、桃龙、片口等乡了解受灾情况，执行搜救任务。

3. 武警成都指挥学院

2008年5月13日凌晨，武警成都指挥学院副院长李俊国、教研部主任[illegible]汝[illegible]率领600人，从成都出发，经德阳、绵阳、安县，向北川摩托化开进，6时35分抵达北川中学，立即投入救援战斗。

4. 武警市（州）支队

2008年5月12日18时，武警广元市支队支队长廖兴国率200名官兵，采取乘车和徒步开进相结合方式向绵阳开进，13日1时50分到达北川县城。

5月12日21时，武警遂宁市支队支队长郑仕清率106名官兵，采取摩托化方式向绵阳开进，13日8时到达北川县陈家坝乡。

5月12日23时，武警广安市支队支队长李林麒率130名官兵，采取乘车与徒步开进相结合方式向绵阳开进，5月13日7时到达平武县平通镇。

5月13日1时20分，武警内江市支队支队长杨国昌率121名官兵，采取摩托化方式向绵阳开进，13日11时5分到达北川县城。

5月13日1时50分，武警泸州市支队支队长林光友率120名官兵，采取乘车和徒步相结合的方式向绵阳开进，13日17时20分到达平武县南坝镇。

5月13日2时，武警自贡市支队支队长郑学奇率120名官兵，采取摩托化方式向绵阳开进，13日11时20分到达北川县城。两天后，120名官兵经北川县擂鼓镇，翻越4座大山，徒步开进禹里乡。

5月13日3时，武警凉山州支队副支队长白启洪率340名官兵，从康定县出发，采取乘车和徒步相结合的方式向绵阳开进，14日14时抵达北川县擂鼓镇。14日，白启洪率100名官兵徒步向禹里乡开进，16日10时到达。18日，该部派出20名官兵，从禹里乡出发，徒步向小坝乡开进，当日18时到达小坝乡。

5月13日5时30分，武警阿坝州支队支队长王松清率152名官兵，向平武县平通镇迂回开进，行至北川县桂溪乡时，因道路塌陷，车队受阻，官兵徒步行军12公里，于6时45分到达平通镇。

5. 武警8690部队

2008年5月13日至16日，武警8690部队10个列车梯队，历经57小时，跨越7个省（市），行程约2800公里，全部按时、安全、顺利抵达四川成都。16日3时，所属8693部队一部538名官兵抵达北川县擂鼓镇；16日16时，所属8694部队1000名官兵抵达北川县擂鼓镇。

6. 武警水电部队

2008年5月18日，武警水电一总队抽调183名兵力，组成抢险突击队，分别从广西南宁、河北唐山、贵州遵义、贵州沿河、云南思茅、四川汉源、四川西昌出发，采用摩托化行军和铁路输送相结合的方式向成都集结。5月19日晚，抢险突击队抵达安县永安镇。

5月25日，武警水电三峡工程指挥部六支队200名官兵，分别从云南永善县、四川宜宾县出发，采用摩托化开进方式，于26日1时45分抵达北川县，执行唐家山堰塞湖排险施工任务。

5月26日，武警水电指挥部机关和六支队105名官兵，从湖北省宜昌市出发，采取铁路输送方式，于27日15时30分抵达北川县城，执行唐家山堰塞湖排险施工任务。

5月26日，武警水电二总队紧急抽调七支队官兵36人，加上总队64人，共100人，分别从江西鹰潭、江西安福摩托化机动至南昌市，换乘列车到达成都后，摩托化方式迅速开进至北川县任家坪，执行唐家山堰塞湖排险施工任务。

7. 武警8630部队专业救援队

2008年5月17日，武警8630部队紧急救援队45人（其中包括天津市地震局技术人员3人），抵达北川县城执行幸存人员搜救任务。

二、公安、特警

（一）绵阳市公安、特警

地震发生后，绵阳市公安局迅速成立抗震救灾应急指挥部，组织全市4000多名公安民警，成立抢险救援组、治安秩序维护组、交通秩序维护组、监管安全组、机场安全组、应急通信保障组、情况信息组、后勤保障组等，投入抢险救灾，加强广场、医院、商场、加油站、加气站、车站、机场等车辆、人员聚集的重点区域的巡逻守护，加强道路交通秩序的疏导。全市监所立即启动监所应急方案，组织被监管人员疏散、转移、安置、警戒、救护等，维护监管秩序，确保监所安全。迅速清理北川、安县、平武、江油监所等灾区监所的被监管人员，稳定思想情绪，组织有序转移。

截至7月20日，全市共出动公安干警和消防官兵3万余人次，组织突击抢险1100余次，抢救被困群众4000余人，帮助群众6万余人撤出危险地带。

（二）援绵公安、特警

2008年5月13日下午，第一支外援特警队伍重庆市特警救援队抵达北川县，投入救援和治安维护执勤，先后成功营救群众400余人，帮助救灾队伍卸载物资60余吨。7天后，重庆特警救援队担负绵阳机场外围安全保卫、救灾物资仓库守护和九洲体育馆安置点治安巡逻执勤、唐家山堰塞湖溃坝淹没区群众撤离疏散等任务。

5月15日起，自贡市、泸州市、广安市、南充市、乐山市、遂宁市共6个市的交警支队，抽调民警组成抗震救灾增援队，奔赴绵阳灾区。乐山交警支队承担北川县擂鼓镇至任家坪3公里路段的交通管制任务。广安交警支队负责北川县任家坪收费站到北川县城2公里路段

图2-2-81 公安特警徒步转移伤员

交通管制任务。南充交警支队先后担负安县永安镇至北川中学以及擂鼓镇道路的三道管控任务。

5月24日，吉林省长春市、江苏省南京市、江西省九江市抽派的203名特警抵达绵阳，投入抗震救灾。5月29日，广西南宁市特警队103人抵达绵阳市区，参加维护灾区治安稳定工作。5月31日，福建省厦门市特警303人抵达三台县，担负三台城区巡逻布控和唐家山堰塞湖溃堤避险疏散群众任务。6月1日，江西省南昌市特警200名警力抵达绵阳，担负绵阳城区巡逻防控、群众疏散撤离、安置点看护等任务。6月2日，辽宁省公安厅抽派的200名特警抵达安县，经与安县公安局进行工作对接，将援安特警警力分布到全县14个辖区派出所，与派出所民警混合编组，参与辖区的治安防范，防控触角延伸到每个乡镇。

抗震救灾期间，天津、重庆、辽宁、山东、广西、吉林、黑龙江、贵州、福建、江苏、江西等11个省（市、区）20支特警队2000名特警支援绵阳，全力投入抢险救援和维护灾区社会稳定工作。

第四节　消防部队救援力量

一、兵力构成

特大地震发生后，绵阳市公安消防支队10个消防大队、6个消防中队300余名官兵全部投入紧急救援。全国21个消防总队，四川省4个消防支队5269名消防官兵驰援绵阳，参加抢险救援。其中，陕西消防总队127人，重庆消防总队260人，江苏消防总队403人，辽宁消防总队254人，云南消防总队250人，湖南消防总队368人，天津消防总队202人，河北消防总队30[illegible]人，吉林消防总队200人，山西消防总队214人，内蒙古消防总队150人，贵州消防总队326人，宁夏消防总队150人，江西消防总队150人，山东消防总队310人，广西消防总队200人，黑龙江消防总队212人，广东消防总队370人，福建消防总队303人，安徽消防总队93人，北京消防总队53人，四川消防总队泸州支队、宜宾支队、南充支队、遂宁支队47人。

二、驰援灾区

2008年5月13日2时，武警绵阳消防支队支队长徐金华带领特勤中队、直属中队50余名官兵，赶赴北川中学营救被困学生，是首支进入北川灾区的专业救援队，救出师生56人。从5月15日开始，支队防火监督一线干警全体出动，以辖区的消防安全重点单位、人员密集场所、易燃易爆场所、临时安置点、救灾物资储存仓库、医院、板房和过渡安置房施工工地等为重点，全面开展消防安全知识宣传和检查指导。支队官兵在震后15天的一线救援中，出动车辆797台次，出动人员3770人次，抢救埋压人员1617人（其中179人生还），救助伤员230人，转移疏散受灾群众6300人。

5月13日，重庆消防总队派出213人增援北川，陕西消防总队派出127人增援北川，江苏消防总队派出94人增援北川，辽宁消防总队派出51人增援北川，四川消防总队泸州支队派出14人增援北川，四川消防总队南充支队派出13人增援北川，四川消防总队宜宾支队派出1[illegible]人增援北川。增援部

图2-2-82　2008年5月19日，北川县城，消防官兵搜寻废墟下的幸存者

图2-2-83　消防官兵救出北川中学被困学生
（王二来　摄）

队迅速集结，争分夺秒赶往救援一线。13日19时30分，重庆消防总队跨区域应急救援第一突击队213名官兵，在副总队长李明才、副政委徐烛的带领下，携带6只搜救犬及大量特勤装备抵达北川中学救援现场。13日晚，江苏省消防总队赴川救援队第一批80多人抵达绵阳，14日晨向北川县进发，队员们背负生命探测仪、破拆工具等救援器材，徒步70多公里泥泞山路，抵达北川县擂鼓镇。13日晚，陕西消防赴川救援队111名官兵抵达绵阳，14日上午，急赴北川县开展救援。

5月14日，云南消防总队派出150人增援平武南坝镇，湖南消防总队派出100人增援平武，天津消防总队派出202人增援安县，河北消防总队派出303人增援平武，吉林消防总队派出200人增援北川猿王洞，山西消防总队派出214人增援安县晓坝，内蒙古消防总队派出150人增援平武。

14日，多支增援部队抵达绵阳。5时，海南消防总队第一批紧急救援队员抵达北川，6时，救援队第一分队迅速集结，赶往北川县城进行救援。5时，山西消防首批地震紧急救援队214人抵达绵阳机场，按照四川省地震救援指挥部的要求，立即赶赴安县晓坝镇。10时，天津消防赴川抗震抢险救援部队抵达绵阳。两小时后，200名官兵兵分三路，分赴安县黄土镇、桑枣镇和秀水镇开展救援工作。19时，河北消防突击分队300名官兵抵达平武县南坝镇。同日，辽宁消防总队救援队赶到北川县城救援；吉林消防救援队到达绵阳，205名突击队员被派往北川县九皇山风景区营救被困游客。

5月15日，湖南消防总队派出106人增援平武县城，云南消防总队派出100人增援平武县城，辽宁消防总队派出203人增援平武，贵州消防总队派出160人增援平武，宁夏消防总队派出150人增援北川，贵州消防总队派出166人增援北川，江西消防总队派出150人增援北川，山东消防总队派出310人增援安县茶坪乡，广西消防总队派出200人增援平武，黑龙江消防总队派出212人增援北川，广东消防总队派出370人增援平武，江苏消防总队派出309人增援北川，安徽消防总队派出93人增援平武。

同日，增援的消防部队抵达情况是：11时31分，江西省消防部队第二批赴川突击队总指挥徐国龙、副总指挥饶春风带领150名成员到达绵阳市，13时接到赶往北川救灾的命令，19时抵达北川中学。山东消防总队抽调310名特勤队员组成第三批应急救援队，总队副政委张家双为总指挥，分东、西两组，分别从青岛流亭和济南遥墙机场乘坐包机直飞绵阳机场，11时到达绵阳机场，按照绵阳市抗震救灾指挥部的命令，急速赶往江油市雁门镇地震灾区救援，后主动要求改赴安县执行茶坪救援任务。上午，宁夏150名消防官兵组成的宁夏消防地震灾害应急救援队飞抵绵阳，随即向北川县陈家坝乡开进，同日到达陈家坝乡开展救援。上午，内蒙古消防总队救援人员全部到达南坝镇，即刻在南坝小学进行搜救。

5月16日，湖南消防总队派出162人增援北川，北京消防总队派出21人增援北川，四川消防总队遂宁支队派出4人增援北川。5月18日，北京消防总队派出32人增援北川，福建消防总队派出303人增援安县。

至5月18日，各地支援绵阳的消防官兵达到5269人。

第五节　专业救援力量

一、国际专业救援力量

2008年5月17日夜，日本地震救援队60名队员携带生命探测仪、二氧化碳气体探测仪、地震预警器和3条救灾警犬抵达北川县，连夜在北川中学展开紧张搜救。这是进入绵阳市的唯一一支外国专业地震救援队。

5月24日，应中国政府邀请，俄罗斯联邦紧急事务部远东中心派遣"空中巨无霸"米—26重型运输直升机及12名机组人员，赴四川绵阳地震灾区参加抢险救援。5月27日起，机组投入唐家山堰塞湖应急排险作业，累计飞行90多架次、500多分钟，吊运各种大型机械设备和油料数百吨，为唐家山堰塞湖成功排险发挥了重要作用。

二、国内专业救援力量

灾情发生后，卫生部、四川省卫生厅紧急派遣医疗队赴绵参加医疗救援。2008年5月12日深夜，四川省调集17个医疗救援分队赶赴绵阳参与救援；5月13日，又派出10支医疗救援分队支援绵阳。卫生部从北京协和医院、友谊医院、儿童医院、积水潭医院、宣武医院、天坛医院、北大人民医院、北大三院、天坛医院等紧急组派50人的核心医疗专家组，于5月14日赶到绵阳市各医疗机构参加救治。截至5月15日，军地38支医疗队支援绵阳，参加地震伤员救治。海军总医院、江苏省医疗专家队等在北川、安县、平武南坝建立3个急救医院（详见第三篇）。

5月14日，国土资源部赴绵工作组一行9人，在地质环境司司长姜建军的带领下抵达绵阳，立即赶赴北川县组织指挥抢险救援工作，重点对崩塌、滑坡等地质灾害防治工作进行指导。5月14日起，国土资源部调集成都水文队、915水文地质队、909水文地质队、川西北地质大队等技术人员，全力参与绵阳市地质灾害隐患的排查工作。

5月14日，住房和城乡建设部派出抗震救灾指导组赶赴绵阳，指导省、市住建部门对震后房屋安全进行应急检测，组织700名省、部级专家及专业技术人员，成立市政设施、公用建筑、民房3个建筑应急安全小组，对绵阳城区41座桥梁、2079幢（处）1021万平方米公用建筑、市政基础设施和5898.85万平方米的住房进行应急检查及复查，推动排危拆除与维修加固工作顺利进行。

5月14日，国家质检总局向绵阳市派出3支45人的特种设备抢修服务队。5月18日起，国家质检总局向绵阳派驻3批24支160余人的卫生防疫服务队，先后在绵阳市区、北川县、安县、平武县开展环境消毒、杀虫、病媒生物防治、遇难者遗体处理、动物尸体卫生处理、卫生防疫知识宣教等工作。

5月15日，国家安监总局组织危化品专家督查组一行4人，在绵阳市督查危化品生产经营单位抗震救灾情况，检查指导企业重大危险源、重要设施设备监控管理工作。

5月15日，中国地震局局长陈建民、应急救援司司长黄建发抵达北川，指挥在北川的各省地震专业救援队进行救援，并指示立即派遣中国国际地震救援队火速增援北川。5月16日上午，由应急救援司司长黄建发带队的中国国际地震救援队到达北川，140名队员立即展开紧急救援行动。黄建发凭着丰富的国际、国内地震应急救援工作经验，为北川前线指挥部出谋划策，指导北川老县城救援工作中的资源配置、卫生防疫和封城。5月25日，中国国际地震救援队完成救援任务，撤出北川。

5月16日，国家经济动员办公室紧急调动通信应急指挥车和保障车各1辆，随车通信专家16人，赶赴平武县南坝镇全力支援重灾区通信恢复工作。

5月18日，由水利部组织，从长江水利委员会、黄河水利委员会、珠江水利委员会、山东省水利厅、河南水利厅抽调专业人员，组成灾区援建设计组，陆续抵达绵阳，负责绵阳市震损水库的应急处置方案设计。

环境保护部先后派出5名核安全救援专家，赶赴绵阳市指导抗震救灾工作，确保核设施安全可靠。环保部还支援绵阳市一批特种救援装备，包括防水作战靴82双、C级透气防护服98件、C级透气防毒面具98套、防生化口罩300只、B级防护服（含空呼器）8件、充气泵1台、便携式水质多参数测试仪5台、枪式气体检测仪5台、手持式ADV测量仪1台、测距仪5台、手持GPS11台、发电机(SG1700）1台、有害气体应急监测箱1台、体检测仪1台、便携式重金属分析仪1台。

交通运输部先后组织云南、山东、湖北、河南、辽宁等省交通厅及交通系统相关单位参加绵阳市公路桥梁抢通工作。云南省交通厅先后派出抢修人员150人，投入机械设备20台、各种车辆16辆；山东省交通厅先后派出抢修施工人员240余人，投入机械设备50余台；湖北省交通厅派出128人的抢险救援队伍，支援安县公路设施抢修工作；河南省交通厅首批派出67名抢险施工人员、7台大型工程机械和4辆油罐车，投入江油市公路抢修工作。北京市工商业联合会交通运输业商会、四川省交通厅广巴高速公路工程建设指挥部、中铁二局集团、湖南三一集团、四川公路桥梁建设集团、重庆建工集团、华西集团等也派出抢险人员和工程机械，参加绵阳市公路设施抢修工作。

国家民航总局紧急支援绵阳机场升降平台车1辆，民航西南管理局为绵阳机场下拨救灾资金120万元，配发大型应急帐篷5顶，协调和落实专业技术人员和设备增援绵阳机场，协调各大航空公司增加通往绵阳的航班，开辟新航线。上海航空等为绵阳调集救灾货运专机。

中国电信陕西机动通信局、湖北机动通信局、上海机动通信局、四川机动通信局，中国通信服务公司上海分公司、安徽分公司、四川南充分公司派出专业救援力量，携带大量应急通信设备，日夜兼程赶赴绵阳参加通信抢险。中国移动广东、贵州、云南、河南、重庆、山东、湖南、湖北、安徽、黑龙江、辽宁、北京、山西、内蒙古等省（市、区）及省内市（州）公司先后调动应急通信车50余台次、出动专业技术及维护人员400余人次，支援绵阳灾区，帮助恢复北川等地移动通信网络。中国联通紧急抽调湖南、重庆、陕西、辽宁、黑龙江、湖北、河北、河南等公司专业人员及应急通信车、卫星通信车，奔赴绵阳抗震救灾第一线，提供技术支援。

国家档案局成立北川档案抢救专家组，5月19日、6月25日、7月4日至5日，组织3次挖掘行动，从废墟中抢救受损档案5万余卷，迅速转移到绵阳市档案馆暂存，后转运至雅安市进行集中抢救修复。

第六节　社会救援力量

一、概况

特大地震发生后，大批志愿者加入绵阳灾区抢险救灾、医疗护理、关爱服务、志愿献血、心理咨询等行动。绵阳市境内的志愿者有在绵高校学生、国有大中型企业职工、商场售货员、普通市民等；市外志愿者包括来自全国各地的志愿者和外籍志愿者，其中，来自北京、上海、江苏、广州、湖南、湖北、云南、江西、河南、贵州、青海、辽宁等地的志愿者达到2万余人，来自美国、英国、日本、加拿大、澳大利亚、墨西哥等国的外籍志愿者100余人。绵阳市抗震救灾指挥部在火炬广场设志愿者招募点和外来志愿者咨询接待点，为抢险救援招募志愿者，统一接待、分配、派遣外地来绵志愿者。

二、招募志愿者

2008年5月13日，共青团绵阳市委在火炬广场设立志愿者招募点，现场招募志愿者参与抗震救灾工作，并在九洲体育馆安置点、南河体育中心安置点等地设立志愿者服务点，负责志愿者的招募、登记、派遣工作。

同日，绵阳市红十字会组织1000余人的志愿者队伍，分为现场募捐组、物资接收组、仓库搬运组、前线支援组，开展不同形式的救援工作。依托绵阳市无线电爱好者车队，成立绵阳市红十字志愿者车队，共40辆私家车，日夜运送抗震救灾物资。截至6月10日，共出动红十字志愿者7000人次，发车1500余辆次。

5月14日，团市委组织年轻的私家车主、出租车司机等成立交通应急服务队，在车身悬挂红色丝带，开通绿色通道，保障交通运输，即“红丝带行动”。全市有近千名车主报名参加志愿服务，出动车辆达3000台次。在绵高校学生、国有大中型企业职工等也纷纷加入“红丝带行动”，使红色丝带成为绵阳市抗震救灾志愿者的明显标识。

针对大批外地志愿者进入绵阳的情况，为确保志愿者服务工作顺利开展，有效保障志愿者的人身安全和解决志愿者的实际生活困难，市抗震救灾指挥部在火炬广场设立外地志愿者接待站，为到绵参加抗震救灾的志愿者提供帮助。团市委专门设立针对志愿者的医疗后勤服务点、返程车票订购点等，积极做好志愿者的服务工作。服务点共为4000余名志愿者提供医疗检查、降温防暑药品发放等服务，为120余名志愿者义务订购返程火车票。

据统计，绵阳市由青年突击队员、青年文明号和青年志愿者组成的志愿者队伍6600余人，奔赴抢险救援一线和重要救灾部门，全力参加抢险救援。其中，3000余名青年突击队员奋战在抗震救灾第一线，600余名医疗救助人员在10个临时医疗救助点救治伤员，3000余名志愿者和社会招募者在各个救助场点、重要救灾部门从事维持秩序和发送物资等工作。

抗震救灾期间，绵阳市共招募抢险志愿者、医护志愿者、关爱志愿者、献血志愿者、心理咨询志愿者等各类志愿者10万余名，参与志愿服务40万人次，调动志愿应急服务车辆5200余台次。

三、志愿者救援行动

5月12日21时，团市委组织150名志愿者赶赴绵阳城区各大医院，协助医院转移住院病人，救助地震伤员。绵阳医学高等专科学校全校总动员，自5月12日22时到15日18时30分，全校师生766人次前往市内各医院及九洲体育馆、市指挥中心等地开展志愿服务。

5月13日，九洲体育馆安置大量从北川、安县转移出来的受灾群众，绵阳城区众多市民及体育馆周边群众自发为他们提供各种帮助。团市委在九洲体育馆设置志愿者招募点，有组织地开展志愿服务活动。涪城区青义镇灯塔四社57岁的胡开华到镇上报名参加志愿服务，当天下午，他和同村的38个志愿者一起赴九洲体育馆，为受灾群众提供志愿服务。因过度劳累，5月14日22时，胡开华晕倒在志愿服务岗位上，经抢救无效离世。

5月14日，绵阳市游仙区松垭镇宝塔寺村4社的志愿者刘俊乘公交车前往北川县城救援，到达安县永安镇后，徒步3个小时进入北川县曲山镇。刘俊听说曲山幼儿园尚有幸存孩子未能救出，立即赶往已经塌陷的幼儿园，果然听到孩子的哭救声，他马上找到江苏消防救援队，协助官兵在废墟中救出3名孩子。

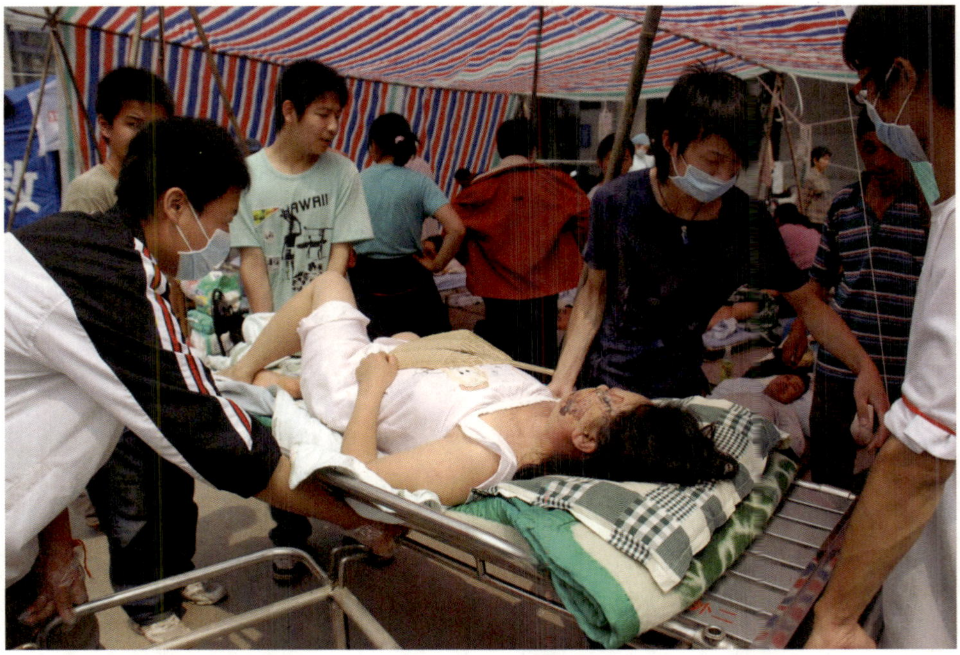

图2-2-84　2008年5月16日，青年志愿者帮助抢救伤员

图2-2-85 2008年5月15日，国外志愿者在救援现场

5月14日，“心连心”国际组织中国首席代表布赖恩·鲁滨逊医学博士组织一批医疗用品和一辆救护车，带领来自美国的志愿者一行10余人，抵达北川县开展医疗救援。这是进入北川灾区的第一个国际慈善救助公益组织。国务院总理温家宝在北川视察灾情时，与这批美国志愿者相遇，温家宝对他们说：“谢谢你们，我代表中国政府向你们表示感谢。”

5月14日，香港红十字会派出由5名专业医疗义工及1名志愿者组成的医疗队，到北川县进行紧急医疗救援。医疗队自备14箱医疗物资，包括绷带、敷料盒、伤口缝合针线等，为超过400名受灾群众提供为期5日的紧急治疗。江油市雁门镇唯一的一家医院在地震中受到严重破坏，他们在两个临时帐篷内为受伤群众实施医疗救助。

图2-2-86 香港红十字会工作人员看望灾区老人

5月14日晨，宋志永唐山爱心救援小分队队长宋志永几经辗转，从河北唐山赶到北川县，立即加入救灾部队的救援行动中，和部队官兵并肩作战，当天从楼房废墟中救出生还者8人，和4名士兵从废墟中刨出3名遇难儿童。5月15日，救援分队12名队员组织一批捐款，从山东赶到北川与宋志永会合，其中有几名队员具有矿山救援经验，他们组成的突击队穿梭于北川县城的废墟中，在救援最关键的3天时间里，他们共救出25名幸存者，挖掘遇难者遗体60多具。在北川参与救援的外地志愿者纷纷加入他们的队伍，宋志永唐山爱心救援小分队人数最多时达到69人。在结束北川的救援后，他们又转战安县晓坝镇，协助安置和救助受灾群众。

5月15日，绵阳市律师协会成立绵阳律师抗震救灾志愿团，110名律师参加，组织38辆自驾车，开往灾区提供救援服务。会长谭方文带领10名律师，往返北川、绵阳，接运转送受灾群众。万法律师事务所主任杨万华带领全所律师，利用自己的茶园接待受灾群众，无偿提供住宿和饮食。绵阳市律师协会将该茶园确定为抗震救灾义务服务点。

5月17日，香港国际专业服务机构（MSI）派出16名医护人员到达绵阳，分别在市中心医院、安县县医院、安县晓坝卫生院参与医疗救治工作。5月底至6月初，香港红十字会再次派出两支共11名专业医疗队，自备医疗仪器和用品，在江油市雁门镇设立临时医疗站，为受灾群众提供基本医疗服务，并支援当地的疾病监测。

灾情发生后，1000余名退伍老兵、探亲休假官兵进入绵阳灾区，作为志愿者参加抢险救灾。绵阳军分区为他们联系救灾任务，解决临时食宿和前往灾区的交通工具，协调解决救援物资和救援工具。

第三章 抢救生命财产

第一节 自救互救

特大地震发生后，在外援力量没有进入绵阳前，绵阳市各级党政机关、社会团体、企事业单位，驻绵部队、民兵预备役、武警、公安消防，灾区广大人民群众立即行动，以各种方式投入抗震救灾工作，争分夺秒自救互救，抢救遇险受困群众，救治地震受伤人员，竭尽全力减少伤亡。

一、市委、市政府组织自救互救

地震发生后，市委、市政府立即启动公共突发事件（地震）应急预案一级响应，成立绵阳市抗震救灾指挥部，下设综合协调组、抗灾救援组、医疗组、新闻宣传组等14个工作组，按照工作职责迅速展开救灾工作，并组织各地、各部门成建制地投入抗灾救援。指挥部成立后，立即做出四点决策：一是立刻架设专用电话，获取准确震情信息和上级指示精神，及时收集各地灾情报告；二是对供气、供电设施拉闸，对水库、高楼、桥梁等重点设施实施监控；三是立即派出8个工作组、18名市级领导，分赴市区学校、医院、企业等单位查看灾情，组织人员手写抗震救灾公告，稳定公众情绪；四是立即开放全市所有医疗机构，无条件地组织抢救伤员。市委向全市三万多名党员发出紧急救援动员令。市抗震救灾指挥部指派4名市级领导，率领民兵应急分队赶赴通信完全中断的北川县、平武县指挥抢险救援。

5月12日16时48分，市抗震救灾指挥部指派市委常委、市政府常务副市长左代富带市人大常委会副主任王瑜，市委秘书长赵琪，火速赶赴北川增援抢险救人，并出动绵阳市地震灾害紧急救援队奔赴北川；要求立即组织机关50岁以下男性干部和长虹、九洲两家大型国有企业5000余名职工，自带干粮、救援工具驰援极重灾区。市国资委组织长虹集团、九洲集团、燃气集团500名职工组成抢险队，当晚到达北川，参与现场救援，转移受灾群众。

17时，市抗震救灾指挥部向北川县派出医疗救援队。22时6分，市抗震救灾指挥部召开紧急会

图2-3-87　2008年5月25日，九洲公司员工赶赴北川抢险途中

议，安排市级机关50岁以下男性干部和长虹、九洲职工支援北川救援。23时8分，市抗震救灾指挥部决定，由市政府副市长林新负责，立即组织城区所有工程建设施工单位的挖掘机、推土机、吊车和施工队，赶赴北川抢修道路，要求必须于5月13日5时之前打通安北路。

5月13日1时6分，市抗震救灾指挥部召开紧急会议，要求各级干部坚守岗位，调配好抢险力量，调集100辆汽车在火炬大厦集结，组织人员进入北川县搜救幸存者，抢救伤员。5时5分，市抗震救灾指挥部组织市级机关干部1000人、长虹职工3000名、九洲职工1000名，在火炬大厦乘车前往北川县抢险救人。9时，为解决受灾群众的临时避难问题，市指挥部决定开放九洲体育馆，作为受灾群众临时安置点，委派市委常委、市总工会主席王倩，市人大常委会副主任张贵乾负责协调，抽调36个市级部门400多名干部分片对接服务，1000余名市级机关干部职工和上千名志愿者主动赶往安置点，采取不同方式为受灾避难群众服务。

中国工程物理研究院（以下简称中物院）抗震救灾指挥部得知北川灾情特别严重，于5月12日23时决定，集结精干队伍和大型救援装备、载重卡车，开赴北川县参加抢险救援。该院派出10余台大型挖掘机、推土机和10台大型卡车，配备精干抢险人员，连夜开赴抢险第一线。5月13日8时30分，中物院出动由民兵应急分队、共青团志愿者103人组成的北川救援队，由人民武装部部长兼政委邓太安任指挥长，赴北川抢险救灾。同时，院指挥部挑选41名人员，携带救助器材分赴平武县平通镇、南坝镇参加救援。5月13日下午，院指挥部增派救援人员赶往南坝。中物院救援队在北川、平武救出被埋群众30多人，挖出遇难者遗体40多具。

5月12日当天，长虹集团公司组织500余名员工，携带简单工具，分3批前往北川参加救援。12日深夜，长虹救援队到达北川，对北川中学师生实施紧急救援。在北川救援中，长虹救援队先后从废墟中救出20多名幸存者，转移伤员120余人，转送受灾群众1000多人。5月12日，根据公司指挥部的部署，长虹民生物流公司组建抗震救灾运输队，当晚运输长虹公司500名志愿者开赴北川。在抢险救灾期间，累计派遣车辆1000多车次，转运救灾物资1900吨，装卸各类救灾物资2500余吨，运送北川、平武、广元等重灾区受灾群众1.5万余人。5月14日，长虹公司主动请缨，派出200余名志愿者和26辆车，将转移到九洲体育馆的北川中学1180名师生接到长虹虹苑和长虹员工活动中心安置。5月15日，公司又接收安置150名北川中学学生，腾出培训中心场地，组织500多名高三学生复课。

二、驻绵部队、民兵预备役、公安、武警抗灾自救

震后一个小时，63820部队520医院组织9名医护人员赶赴安县晓坝镇，与第五研究所门诊部6名医护人员组成15人的医疗队，在废墟旁建立战地救护所，抢救部队和地方伤员。63820部队第一研究所派出7人医疗救援分队，从安县镶门坝到北川县擂鼓镇，沿途救治受灾群众。5月12日晚，63820部队抽调6辆卡车、10名司机、10台康明斯运输车组成运输队，支援绵阳市抗震救灾指挥部，向北川抢运救灾物资，向外转运伤员。5月13日6时30分，车队将第一批物资运达北川抗震救灾指挥部。5月13日，63820部队从两个研究所抽调90名官兵，组织30名医护人员，组成7支抢险救灾分队，派往安县部分乡镇执行抢险救援任务。

77123部队全程参与安县、江油等地抗震救灾，涉及15个乡镇，约100余个行政村。5月15日，该部出动110人、3辆指挥车、3辆运输车和1辆救护车，在副部队长杨东乐的带领下，赶赴安县晓坝镇和沸水镇救援，开设抗震救灾前方指挥所。该部在抗震救灾中，共挖出被埋群众26人，挖掘遗体125具，处理遗体1030具；解救被困群众15160人，诊治群众903人，转送伤病员3126人；搭建帐篷1986顶，搭建简易住房511间；车辆运送物资500吨，人力运送物资8078吨；拆除危房2059间，清理废墟3229立方米，防疫消毒667.8万平方米，为救援直升机指引目标23处。

图2-3-88 消防官兵在北川县政府办公楼废墟搜寻幸存者（韩宇 摄）

绵阳军分区命令各县（市、区）人武部组织民兵和群众开展自救互救，各重灾县(市）人武部在救援部队未到达之前，组织民兵5600余人，带领群众就地展开自救互救。在黄金72小时救援时间内，绵阳军分区组织指挥本区民兵3845人急赴北川县，搜救幸存者158人，转运伤员430余人，疏散群众2500余人，搬运尸体600余具，协调81支外援部队、3.79万余官兵投入绵阳抗震救灾。

全市公安民警迅速行动，截至5月15日12时，出动警力5500人次，车辆676辆次，参与绵阳城区受灾现场抢险210次，抢救被困受伤群众544人，挖掘搬运尸体33具。截至5月17日，全市公安机关共抢救受伤群众3520人，解救疏散被困群众3.2万余人，转移安置受灾群众2.5万余人，协助发放群众急需生活物资近6万件。

5月12日下午，武警绵阳市支队紧急出动30名官兵，营救双碑小学被围墙倒塌掩埋的5名学生。支队政委徐超率200名官兵，于5月13日上午进入北川中学救援。13日下午，副参谋长王千军带领24名战士赶往曲山幼儿园和曲山小学救援。截至13日17时28分，共救被困学生和群众154人，挖出死难者尸体54具，解救疏散群众400余人，转运危重伤病员61人。同一天，支队长刘昌建带领28名官兵奔赴平武县，在平通镇救护10名受伤群众，随后赶往南坝镇，在南坝共抢救被埋学生、群众110余人。

绵阳市公安消防支队在震后15天的一线救援中，出动车辆797台次，出动人员3770人次，转移疏散受灾群众6300人，救助伤员230人，抢救埋压人员1617人（其中179人生还)，为灾民送水700余吨。震后两小时，成功解救被困群众136人，成功处置华西证券大楼人员被困、嘉信茂购物广场火灾、爱喜嘉年华17楼火灾等11起灭火和抢险救援行动。调派增援力量，奔赴高新区双碑小学、游仙区魏城镇小学、江油太平中学教学楼垮塌现场，营救被埋压师生60余人，解救被困师生上千人。支队长徐金华率领70名救援人员，13日2时抵达北川中学，成为第一支进入北川灾区的专业救援队。经过五天五夜连续奋战，成功营救71名被困学生，搜寻、转运尸体400余具。

三、行业、系统组织自救互救

（一）卫生、药监系统

地震发生后，绵阳市卫生局立即启动医疗救援应急预案，在城区交通堵塞、通信中断的情况下，机关工作人员跑步前往城区各医院，建立联系网络，指挥紧急疏散，开通应急状态下急诊急救通道，为医疗卫生单位紧急筹集帐篷、发电机、柴油等救灾物品。15时30分，市卫生局接到市抗震救灾指挥部口头命令，要求所有医务人员停止休假，立即回医院救人；通知全市120救护人员迅速向北川方向开进。17时，由绵阳市卫生局组织，市中心医院、市人民医院、市第三人民医院和市四〇四医院组成的4支医疗队挺进北川县、安县。绵阳市中心血站紧急抽调专业人员，组成3支应急采血队，分别在市区文化广场、火车客站广场和西南财大天府学院开展应急采血工作，努力保障抢救伤员临床用血。

5月13日，绵阳市红十字会组织1000余人的志愿者队伍，分为现场募捐组、物资接收组、仓库搬运组、前线支援组，积极开展救援行动。依托绵阳市无线电爱好者车队，成立绵阳市红十字志愿者车队，共40辆私家车，日夜运送抗震救灾物资。截至6月10日，共出动红十字志愿者7000人次，发车1500余辆次。

绵阳市食品药品监督管理局向极重灾区紧急运送止血药、血浆、破伤风针、绷带等急救药品17车，协调建立2万平方米的储药仓库，争取1500万元购药资金，快速有效地建立市、县、乡三级联

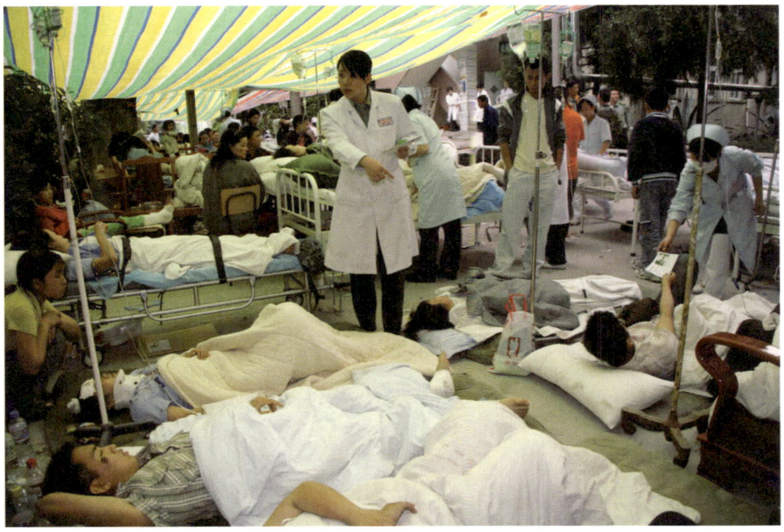

图2-3-89 2008年5月13日，520医院震后紧急搭建帐篷抢救地震伤员

动医疗物资配送体系，向极重灾区和各救助点送去药品、器械6万余件，价值2.5亿元。

（二）交通、建设系统

绵阳市交通局组织工程机具46台（套），由80名工程技术人员组成突击队，抢通公路752公里，调派客货运车辆17370辆次，运送灾民和救援人员28万人次，运送救灾物资5.3万吨。绵阳市公交公司在地震后迅速恢复营运，确保城市公交正常运转，同时紧急出动400余台次公交车，向重灾区运送救援部队、志愿者等50多万人次，转移受灾群众。

绵阳市建设局调集挖掘机、装载机11台赶赴北川，打通任家坪至北川中学的道路；组织37名干部连夜赶往北川，在废墟中救出多名幸存者。绵阳市规划局组织26名干部带3台装载机、3台挖掘机、2台吊车、1台破碎机、1台发电机紧急送往灾区。

（三）民政系统

绵阳市民政局及时调度民政系统100多人，组织救灾物资的接收和运送工作。从全市民政系统抽调51人，组成5个查灾工作组，奔赴各县（市、区）督促指导灾情核查和统计工作。从涪城区、游仙区、三台县、梓潼县、盐亭县民政局抽调14名人员，组成2个遇难者遗体处理专项工作组，赴北川、平武两县，负责遇难人员遗体处理工作。

（四）电力系统

地震发生后，绵阳市电业局立刻成立抗震救灾指挥中心，设立12个工作小组，统筹领导全局抗震救灾工作，分赴北川、安县、江油、盐亭等地，了解情况，查看灾情。在塘汛输电线路工区，迅速成立电力应急抢险指挥中心，确保电网调度指挥系统正常运转。5月12日16时，城区供电局紧急出动发电车，为绵阳市抗震救灾指挥部提供应急电源。22时，城区供电局受命组成电力抢险分队，派出发电车和发电机奔赴北川县，快速恢复北川中学供电，为现场救援提供可靠的照明保证。23时30分，绵阳城区恢复90%供电，江油城区大部分正常供电，安县县城正常供电。

5月13日，绵阳电力救援组挺进北川，和启明星集团公司救援队一起，统一协调人员和车辆，成功解救被困北川县城一天一夜的480余名员工和家属。5月14日，经抢修人员紧急抢修，绵阳城区涪城区、游仙区、高新区等基本恢复正常供电。5月18日，绵阳电业局派出支援队，经过连续4天行程近2000多公里的长途跋涉，安全营救出32名被困电力员工。5月23日，2条通往北川抗震救灾前线指挥部和周边乡镇的10千伏供电线路被打通。

（五）通信系统

5月12日15时5分，市抗震救灾指挥部急召移动、联通、电信等部门负责人，要求迅速解决通信问题，联通绵阳分公司受命为指挥部架设应急电话，公布指挥应急号码，移动通信车迅疾补修损坏的光缆。16时，联通公司为市抗震救灾指挥部架通4部有线电话。

5月13日14时30分，中国电信陕西机动局应急保障分队与绵阳电信分公司、中国通信服务公司绵阳分公司密切配合，以最快的速度安装调试应急通信设备。22时30分，为市指挥部、武警支队、中央电视台提供4部海事卫星电话，为北川抗震救援前线指挥部提供10部固定电话，北川与外界的通信中断32小时后恢复。同时，电信、联通、网通等抢险队员随同救援部队赶到平武，5月15日，通向平武县城的通信线路关键站点——桂溪基站的G网、C网通信恢复；5月16日，平武县城内微型卫星地面站开通。

中国移动四川绵阳分公司迅速启动绵阳移动网络应急通信保障预案，向北川、平武、安县、江油等重灾区派出一线抢险小分队。5月12日23时23分，绵阳城区移动电话基本恢复，200多个移动基站恢复运行，为绵阳市抗震救灾指挥部及时有效下达命令提供了重要保障。为解决北川、平武两县北部地区的通信问题，公司出动200余名工程技术人员和施工人员，从平武县步行跨越崇山峻岭，穿越无人区和原始森林，用两天时间，布放65公里光缆。

（六）燃气、供水系统

地震发生后，绵阳燃气集团紧急启动应急预案。14时40分左右，公司领导分赴各实体查看情况，开展抢险救灾工作。16时左右，在火车站广场设立抗震救灾临时指挥部。5月13日9时，集团公司召开恢复供气动员大会，组织46个工程抢险分队，对城区天然气管网、设施设备进行检查抢修。同时在《绵阳日报》向市民公告灾后用气注意事项，组织200个小组，上街发放公告3000份，提醒市民注意灾后用气安全，避免发生次生灾害。13日18点，恢复供气区域90%用户的天然气供应。

绵阳水务集团启动城市供水一级应急预案，迅速安排人员分头到各生产水厂、加压站、水源点察看灾情，组织一线员工抢修受损供水设备。5月13日2时，采取手动模式恢复城市供水。13日，安排管网巡检人员对全城供水管网进行地毯式排查，对城区供水主干管、配水管道和小区庭院管道爆管和漏水连续24小时不间断抢修，保证城区群众的基本生活用水需求。14日，针对社会上关于市水厂因水源污染即将停水的谣传，水务集团会同市建设局、市环保局、市疾控中心、市水务局联合发布公告予以澄清，并每日在公众媒体公布供水水质情况。15日起，着手预防次生灾害污染水质，邀请国内供水专家分析、研判地质次生灾害对涪江饮用水水源可能造成的安全隐患并提出预防措施。

（七）旅游系统

2008年5月13日，绵阳假日国际旅行社救援小组派出20名导游团队进入灾区为救援队带路。14日，安排正处在茂县的北京、上海两个团队，当晚返回九寨沟。旅行社员工24小时坚守岗位，守护客人。经过绵阳市旅游局和旅行社多方协调和努力，5月18日，300名游客全部乘飞机安全转出。

地震发生后，北川猿王洞景区与外界失去联系，景区工作人员和游客奋力自救，400多名游客被安全疏散，30余名伤者被救出景区。安县千佛山景区650余名游客被困，千佛山生态旅游开发有限公司多次组织救援，至5月20日救出最后一批被困者。江油窦圌山景区在震后迅速展开自救，108名游客除1人因山体滑坡遇难外，其余游客被全部安全转移，其中4名身负重伤的游客被景区工作人员轮流抬出，为抢救赢得宝贵时间。

地震发生后，绵阳市旅游局组织人员将10687名被困游客全部安全转移。

四、极重灾县（市）自救互救

（一）北川县

1. 县委、县政府组织抗灾自救

特大地震发生时，县长经大忠等领导正在县委礼堂参加全县庆祝“五四”青年节暨青年创业大赛颁奖大会。突然，大地强烈震动，玻璃破碎，天花板掉落，主席台后面的屋顶和墙体垮塌，所有人都慌乱起来。礼堂只有两个1米多宽的大门，如果一拥而上，后果不堪设想。情急之中，经大忠大声叫道：“让学生先走，党员干部留下！”参加文艺表演的200余名学生成功脱险。

14时35分，在县委大院，经大忠召集避险成功的县级干部召开紧急会议，成立抗震救灾临时指挥部，紧急安排自救工作并对指挥部成员进行分工：经大忠与县委常委、组织部部长王理效负责到新老城区查看灾情；县委副书记蒲方方，县人大常委会常务副主任李春寿、副主任杨天德、谢成旭，县政府副县长杜勇，县政协副主席张映芳、王宽心等领导留在县委大院，组织疏散群众，抢救伤员；县委常委、宣传部部长韩贵钧和副县长、公安局局长谭佳敏负责组织茅坝片区幸存干部群众抢险救人，将受灾群众撤离到安全地带；县委常委、纪委书记文刚负责老城区的搜救和组织幸存群众转移。指挥部各成员迅速组织干部群众自救互救。经大忠、王理效迅速到新老城区查看灾情。面对十分惨重的灾情，经大忠决定在老城区十字路口、新城区的北川大酒店、政府广场和夏禹大桥桥头，再设4个疏散集中点，把县城幸存人员集中起来，仅仅1个小时，8000多名幸存干部群众纷纷向各集中点聚集，医务人员立即对重伤者紧急施救。县城已是一片废墟，指挥部迅速决定，组织群众向任家坪撤离。当天下午，县城近5000名群众撤离至任家坪北川中学操场。

在抗灾自救的同时，经大忠决定，必须尽快将北川重大灾情上报市委、市政府。指挥部先后派出5批人员到绵阳报信。17时50分，王理效赶到绵阳市区，向市委领导汇报了北川县的重大灾情，为救援力量进入北川抢救生命赢得宝贵时间。在外援力量进入县城前，经大忠等县领导带领幸存党员干部和群众，用双手刨，用绳子吊，全力搜救幸存者，天黑前，他们在废墟表层救出1000多人。晚上，余震不断，风雨交加，经大忠组织党员干部安慰、鼓励被废墟掩埋无法救出的群众，收集县城仅有的食品、饮用水和遮雨用品，让滞留县城的群众避雨充饥。

地震发生时，前往省委党校学习的县委书记宋明刚刚行至擂鼓镇，他决定马上返回县城。冒险穿越多个滑坡地段，路过任家坪时，获知北川中学一幢五层教学楼垮塌，千余师生被埋在废墟之中。宋明立即下车，在北川中学指挥教师和群众抢救被埋师生，同时派人前往县城查看灾情。17时30分，在北川中学操场乒乓球桌前，北川县抗震救灾指挥部成立，紧急部署全县抗震救灾工作，宋明任指挥长，经大忠等任副指挥长。聚集在任家坪的干部职工迅速组成“抢险救灾突击队”，北川中学周围农户的钢钎、铁锹、锄头、杠子等工具被征用，突击队员一路救援北川中学师生，一路进入县城，搜救被埋人员，疏散转移被困群众。征用沿途的客车、小货车、摩托车，转运伤员到邻近的安县和绵阳治疗。5月13日凌晨，随着救援力量的到达，北川中学操场聚集受灾群众、学生、救援官兵、志愿者达数万人，县抗震救灾指挥部决定，将受灾群众和学生向绵阳方向转移。5月13日8时30分，按学生、伤病员、受灾群众的顺序，逐步转移到绵阳九洲体育馆、南河体育中心等地。

北川县人武部仅有7名干部、职工幸存，68名参加应急训练的民兵全部被埋，仅12人幸免于难。政委钟良军身负重伤。后勤科科长王龙国被垮塌的房屋压住大半个身子，他扒开身边的砖石，从废墟里爬出来，救出被困的职工郑植耀。钟良军拄着木棍，召集从废墟中爬出的3名干部，组织救人，拖着鲜血淋漓的双腿，指挥救援长达12小时，因失血过多晕倒在废墟旁。从14时30分到19点，他们用手刨、用木棍撬，一共从废墟里刨出40多名群众，其中10多人重伤，30多人轻伤。他们将伤员集中在一起，用手机一一拍照，注明姓名、地址，连夜转移到安全地带。他们组织8名民兵，分成两个小组，轮流在废墟上值班，守护被埋的武器弹药和密码机，前后长达95小时。正准备到成都参加集训的部长罗登华，徒步3小时返回北川，连夜在残垣断壁中搜救幸存者，借用手机的微弱光亮，循声一个一个寻找呼救点，在49处废墟上做好紧急救援的红色标记，为部队入城搜救标明准确救人位置。在人力、运力严重不足的情况下，罗登华指挥紧急救援组，按伤情或亲情编组，建卡编队外送群众，每隔3分钟放行50人，把4000多名群众安全疏散出北川县城。

北川县公安局集结47名幸存民警，救出300多名被埋学生、群众，转移2500多名被困群众。局党委委员、政工监督室主任何天华亲眼目睹近在咫尺的妻子被楼房掩埋和女儿就读的学校倒塌，他强忍悲痛，毅然投入抢救学生的救援工作。巡警大队长勾云章的爱人和儿子在地震中遇难，他强忍悲痛始终坚守工作岗位。

武警北川县中队中队长赵德清带领5名战士，赶赴北川县机关幼儿园等处，在没有任何救援工具的情况下，争分夺秒抢救人员，5个小时从废墟中救出23人，疏散被困群众和学生200余名。在北川县委礼堂参加庆祝“五四”青年节暨青年创业大赛颁奖大会的15名县中队官兵，多次冲进礼堂，救出被倒塌的墙壁、天花板压伤、压埋的36名群众。北川县看守所官兵从废墟里救出被埋的4名在

图2-3-90　2008年5月12日下午，北川县干部群众医疗自救

押犯，将17名在押犯朝任家坪收费站转移。到达任家坪后，4名战士看守人犯，其余战士在北川中学抢救被压埋学生，从废墟中救出19名学生。13日2时55分，北川中队将17名在押犯安全转移至绵阳市看守所。北川县中队33名官兵连续奋战20小时，先后从废墟中救出210人，挖出尸体28具，救护伤病员46人，安全疏散和转移群众3000余人，搬运救灾物资20余吨。5月14日，北川县中队20名官兵昼夜急行军，先后翻越王家山、席家山、望乡岭、禹里垭4座大山，于15日凌晨到达片口乡，利用卫星电话向前指发回灾情信息。

强震刚过，北川县公安消防大队党支部书记熊琪马上带队赶到曲山小学营救转移学生，在余震不断的情况下，官兵钻进废墟搜救学生，连续救出21名学生，转移师生300余人。5月13日，救援部队进入北川，北川大队官兵凭借对县城熟悉的优势，带领救援官兵分赴北川中学、曲山小学、曲山幼儿园和机关单位开展救援。震后五天五夜，大队官兵一直坚守在抢险救灾第一线，每天奋战16小时以上。

北川县交通局路政大队副大队长申洋在上班路上突遇地震，避险成功后，他立即把惊魂未定的人群疏散到安全地带，听到一处废墟有人呼救，他马上跑上去拼命用手刨，用肩使劲地扛预制板，刨开一个小洞，看见3位退休职工被困在里面。他叫来几个脱险的同事，一起把3位老人救出。他带领幸存的路政人员抢运伤员，一直干到19时，一下瘫倒在地，突然想起家人，拼命朝家跑。他的妻子抱着8个月大的女儿，被水泥板和砖块重重地压在下面。他不顾一切刨着砖块，大声求救，在众人的帮助下，母女俩虽然被救出，但已经遇难。天亮后，他又去寻找母亲，到处都是残垣断壁，不见母亲身影，他含泪放弃寻找母亲，把路政大队幸存同事组织起来，尽力救助幸存人员。随后，他和队友们接受县交通局交给的征调抢险机具的紧急任务。

2. 北川中学

特大地震发生后，校长刘亚春、党支部书记张定文、副校长马青平迅速组织幸存教职工展开自救互救。在外部救援力量赶到之前，学校师生、周边村民及闻讯赶来的家长，从废墟中救出老师和学生200余人。

物理老师张家春正在给初二（1）班上课，演示指南针原理，但指南针无规律地转着圈，演示不成功。当他准备查找原因时，大地一阵剧烈晃动，学生被摇得东倒西歪。张家春大喊："快，快跑出教室！"他退到讲台后，组织同学往外撤退。一些学生被突如其来的大地震吓呆了，张家春一个个往外推。教学楼疯狂地摇晃，砖石、土块倾泻而下，门框变形。张家春立即站到门下，用身体死死托住门框，为学生打开逃生之门。在最后时刻，张家春把周昱锉推出教室，教学楼轰然倒塌，张家春被废墟吞没。

女教师李佳萍正在给初二（4）班的学生上思想品德课。地震时，她本可以第一个冲出教室，但她用自己弱小的身体拼命地把学生往外推。30多个学生得救了，李佳萍却和几个学生一块被压在坍塌的水泥板下。她的头被压住，大腿被乱石卡住，鲜血直流。为给几个学生生存的信心，在狭小、黑暗的空间里，李佳萍忍住疼痛，和孩子们拉家常，讲故事，握笑话。在她的安慰和鼓励下，孩子们坚持了3天3夜。李佳萍预感到自己不行了，一面继续鼓励孩子们，一面摘下耳环、手镯，委托孩子们带给她的家人。不久，李老师悄然闭上了眼睛。

地震发生时，高三（6）班正在新教学楼上数学课。房屋剧烈震动，很多女生被吓哭，不知所措。老师金鑫说："别慌！镇定！一个男生带一个女生，迅速撤离。"在学生紧急撤离时，老师蒲树宏快速从三楼奔向四楼，在楼道转弯处组织学生疏散。在老师的组织下，59名高三学生成功脱险。

地震过去仅几分钟，高三学生成为自救互救的中坚力量，加上幸存下来未受重伤的老师，全校700多名师生奋力展开救援。废墟上不能同时容纳太多的人，师生们分成若干组，循着呼救声四处翻动瓦砾。高三（10）班学生杨进涛从废墟中爬出来后，立刻找来锄头救援一位脚被压住的高二同学。高三（6）班学生陈国超和同学们一起从废墟中救出15名被埋的高三同学，随后又救出6名初三同学。陈国超还幸运地救出同在一个学校读书的妹妹陈红梅。高一（6）班女生瞿杨第一时间冲向倒塌的教学楼，帮班上的男同学抬出受伤的女同学，帮她们清理伤口。瞿杨在初二（2）班的教室废墟旁，听到同学求救的声音，用锄头和铁铲挖开一个洞，陆续救出10多个同学。

任教3年的女教师罗莉平时见到鲜血就害怕，在大难中，她拿起纱布和被单，给重伤的学生包扎伤口止血。女生杨姗被一大块钢筋混凝土压住，她握住杨姗从缝隙中伸出来的手，陪杨姗聊天，给她打气，直到第二天杨姗获救。学生王亮在废墟间来回奔跑，呼喊废墟底下的同学。一些家长和附近的工人带着工具赶到，在废墟中挖一个小洞，王亮爬进洞穴，找到3个女同学，刨开压在徐羽身上的重物，把她从洞穴里送出。在外面大人的配合下，21时，王亮将第二个女同学史林燕救出。废墟里只剩下小悦一个人，王亮留在洞穴里陪她，不停地跟她说话，脱下自己的衣服垫在她的头下。后来，小悦也被成功救出。

3. 重灾乡镇

曲山镇。地震发生后，正在绵阳党校学习的镇党委书记王安平立即驱车返回北川，组织幸存干部、职工和村干部，赶往受灾最为严重的北川中学，召集任家坪、新街等村的村民抢救学生，安抚群众，抬伤员，维持秩序。在县委礼堂参加县庆祝“五四”青年节暨青年创业大赛颁奖大会的副镇长文德，立即联系镇干部王剑春、检察院虞旭和新街村文孝云等党员干部，迅速赶到曲山小学救援，成功营救出20多名学生。副镇长杨邦顺一边组织镇机关幸存人员转移，一边疏散被困群众和受伤人员。在镇党委、政府有序组织指挥下，共成功营救出伤员100人，紧急转移安置受灾群众19113人。

擂鼓镇。特大地震造成擂鼓镇650人死亡，118人失踪，138人重伤，3000多人不同程度受伤。地震发生后，镇党委、政府及时成立抗震救灾指挥部，全力指挥抗震救灾工作；派出专人向县委、市委报告灾情，请求支援；组织党员干部疏散转移学生和受灾群众；派人打通北川至安县的生命通道；集中食品、药品等物资，为受灾群众提供基本生活保障。奋力抢挖被埋压群众200多人，组织有限的医疗力量，对重伤人员进行紧急救治。5月13日，组织力量将110余名重伤员转移到绵阳等地治疗。地震造成全镇上万群众无处安身，镇党委、镇政府采取转移安置、集中安置等措施，向外地紧急疏散转移受灾群众1.2万余人。对不愿离开的受灾群众采取相对集中安置，统一发放从废墟中抢挖出来的食品。

陈家坝乡。特大地震使陈家坝乡城镇和农村地区所有房屋全部毁损，毁损率达100%，水、电、气、通信、道路交通等基础设施和社会事业等遭受毁灭性破坏，城镇功能全面瘫痪。次生灾害频繁发生，大面积山体滑坡，全乡形成7处堰塞湖，地质灾害隐患十分突出。全乡因灾死亡928人，失踪1200人，受伤5877人，全乡14个村69个社8000余人，完全无法原地居住。乡党委、政府立即组织幸存的乡干部成立临时指挥部，党委书记赵海清任指挥长，乡长杨开武、党委副书记周登平任副指挥长，成立5个小组，组织转移场镇中小学、幼儿园学生，将群众疏散转移到安全地方。发动群众抢救受伤人员，从乡卫生院的废墟中抢救出药品为受伤的群众治疗。寻找场镇商店废墟中的食品，发给学生和老人。13日早上，乡抗震救灾指挥部决定，由党员干部带队，按先学生、后老人顺序，组织群众向江油方向转移。在率先赶到的武警遂宁支队的帮助下，将伤员转移至江油人民医院治疗。赵海清的父母、儿子在地震中不幸遇难，妻子重伤，他没有时间赶到现场搜寻亲人，全身心投入抗震救灾，连续奋战40多个小时，带领抢险队伍从废墟中抢救出60人，把2000多名学生转移到安全地带。

漩坪乡。特大地震使漩坪乡95%的房屋垮塌，死亡61人，受伤1150多人，其中重伤55人。灾情发生后，乡党委、政府迅速成立临时指挥部，把全乡干部和社区人员召集到一起，成立4个抢险搜救小组：一组带领聚集在乡政府院内的几百人向石龙村转移；一组带领聚集在街上的群众向河坝沙场转移；一组和乡卫生院的人员在场镇上搜救被困群众，救出39名被困人员；一组和派出所的民警一起守住两个街口，防止群众进入废墟找东西造成新的伤亡，同时防止偷盗事件发生。在唐家山堰塞湖淹没漩坪场镇之前，乡党委、政府班子靠前指挥，及时将淹没区内的群众全部安全转移。

禹里乡。特大地震使禹里乡316人罹难，2510人不同程度受伤，房屋倒塌1.3万间；27个村（社区）全部断水，所有通村公路全部损毁，桥梁损毁8座，电力、通信等全部中断。唐家山堰塞湖淹没禹里乡场镇25个乡级机关单位、6个村、18个村民小组、1500亩土地、4850间房屋、150公里交通道路、6座桥梁、1座电站。乡党委、政府领导立即赶赴各村社，组织村社干部和群众立即投入抢险救灾，开展自救。组织人力协助医护人员，全力抢救受伤群众；紧急向外转移重伤员；抽派精干力量，协助派出所民警，在主要街道和交通要道疏散滞留车辆和乘客，维持公共秩序；及时向上级党委、政府汇报受灾情况。乡党委、政府及时做好粮食、药品、物资的筹集，确保受灾初期群众基本生活。

（二）安县

1. 县委、县政府组织抗灾自救

地震发生时，安县四大班子主要领导在成都招商，留守主持工作的县委副书记张道斌迅速启动重大灾情应急预案，5分钟后成立安县抗震救灾临时指挥部，设抢险救灾、医疗救助、后勤保障、综合协调、宣传报道5个工作小组。12分钟后，人员全部到位，紧急展开抗灾自救工作，11名县级领导立即奔赴各乡镇了解受灾情况，组织抢险。晚上，县委书记王黎、县长赵迎春回到县委机关，召开紧急会议，调整和完善抗震救灾指挥部，设11个工作组，由副县级以上领导干部牵头，分工负责各方面抢险救灾工作。实行县级领导、县级部门包乡镇工作责任制，将县级机关328名干部充实到村（社区）一线。紧急动员正在安县人民武装部集训的120多名民兵组成突击队，赴安昌、永安等镇的学校实施救援。

地震中，安县人民武装部相邻的天龙宾馆烟囱倒塌，砸入人武部院内，飞溅的砖块将2名民兵砸伤。军事科科长陈华立即组织人员对受伤民兵进行包扎、止血，组织6名民兵将伤员送往县医院。副部长潘进立即组织其他人员进行疏散。14时40分，陈华带领15名民兵奔赴春天幼儿园、小太阳幼儿园，安全转移121名儿童。14时51分，后勤科科长邓菲、政工科干事钟铁三带领20名民兵，前往安县职业中学转移学生1500多人。15时12分，军事科参谋付晓马带领15名民兵，到县人民医院、县中医院转移病人18人。15时16分，副部长潘进带领20名民兵，徒步5公里到达安昌镇群联村，用锄头挖、木棒撬，从倒塌的房屋中救出2位被埋压老人。16时5分，政委王清带领20多名民兵赶赴黄土镇第一中学和方碑村小学，救出被困学生192人。5月14日，为救援“孤岛”茶坪，县人民武装部组织40人的民兵突击队，携带药品、食品和救灾工具，翻山越岭、穿越峡谷，冒着余震和山体滑坡的危险，徒步近10小时，进入与外界完全失去联系的茶坪乡，为被困群众运送急需药品15件、食品20件。

地震发生不久，安县消防大队接群众报警，枣园正街有2名老人因房屋倒塌被埋。大队领导立即带领政府专职消防队赶到现场。地震造成众多建筑毁坏，街上障碍物较多，被困人员处在后街小通道30米内，大型机械无法进入现场，救援人员只能携带手动简易工具进入，通过搜寻确定被困老人的位置后，由一名救援人员与老人对话，询问他们被埋压情况，其他救援人员根据现场情况从侧面辟出一条通道，先将老人头部周围的障碍物清除，再用千斤顶将水泥板顶起，经过两个多小时的施救，成功救出2名被困老人。

大灾面前，全县机关、学校、厂矿、村组等数十万干部群众奋起自救互救，据不完全统计，在外援力量到达安县前，他们从废墟中救出300余人，家电3.57万件，粮食30多万斤，其他物资不计其数。从“孤岛”茶坪、高川两乡成功营救伤员550余名，转移被困群众1.5万余人。

2. 重灾乡镇

高川乡。全乡因灾死亡871人，失踪103人，受伤4318人。6400余人失去住所。公路和乡、村道路损毁217公里。桥梁损毁19座。车站损毁1个。

地震发生时，高川乡党委书记邓文平正在从县城返回途中，小腿被滚落的山石砸伤，他忍住疼痛，不顾余震频发，冒着生命危险坚持向高川行进。乡领导班子成员李勇等立即成立抗震救灾临时指挥部，分工协作，组织抢险自救。他们奔赴学校、矿山、农户抢救生命，动员商店将药品、粮食、食盐、塑料篷布等物资集中，由乡政府统筹安排，防止哄抢，稳定人心，保证受灾群众的医、吃、住问题。

5月12日18时，邓文平回到高川乡，立即组织召开党委会，成立抗震救灾指挥部，邓文平任指挥。指挥部下设办公室、应急抢险组、后勤保障供应组、宣传联络组、民政物资分发组、社会治安稳定组、医疗防疫组。各组组长分别由党委副书记、副乡长、党委委员担任。指挥部要求各组组长组织带领全乡党员、干部和能出力的群众，深入矿山、机关、工厂、学校、街道、农户搜救伤员，抢救财物。在救援部队没有到达前，他们从废墟中搜救出被埋群众110人。

5月12日，县委、县政府派出抗震救灾应急小分队赶往高川救援，但因山体崩塌和滑坡，交通彻底受阻。5月14日，解放军某部救援官兵抵达安县，县委常委、县纪委书记姜曦带领部队，翻越20个海拔1200米的高山，徒步强行军10个小时，行程70公里，于5月17日23时到达高川乡政府。救援部队随即展开救援工作，用带来的卫星电话联系部队用直升机空投食品、矿泉水、药品。5月18日16时，部队集中200名政治素质好、业务能力强的官兵组成突击队，分成8个救援队，进村入户开始搜救。截至5月20日16时，共救出受灾群众5000人。

茶坪乡。全乡因灾死亡852人，失踪217人，受伤6957人，宅基地完全灭失870户，房屋损毁共计18.2万间、64.5万平方米，直接经济损失5.53亿元。交通道路损毁157公里。

地震发生时，茶坪乡党委书记向云刚正在县城出差，乡党委副书记唐国春、副乡长王友强在距乡政府8公里以外的千佛村做乡村道路规划。在乡的党政干部立即组织人员抢险救灾。14时30分，从废墟里爬出来的副乡长张平，迅速组织乡干部分3路抢险救灾：一路到中、小学指挥抢救师生，一路到人口稠密的老街居民区指挥救援，另一路到乡卫生院搭建医疗救治帐篷，实施伤员救治。抢险救人组迅速展开工作。大家用手刨、用锄挖，伤员一个一个从废墟里被救出。30分钟后，医疗救治帐篷搭好，42名重伤员得到救治，500名师生转移到安全地带，3000名群众得到妥善安置。

随即，抗震救灾指挥部成立，下设办公室、抗震救灾综合协调组、应急抢险安全保卫组、生产自救组、灾后公共卫生防疫组、物资收发后勤保障组、灾情调查收集组。各组根据职责全面启动抗震救灾紧急预案和制订抗震自救方案。

5月13日13时，党委书记向云刚、副书记李华志带领10名敢死队员，从县城回到茶坪，立即指挥全乡党员干部由各组组长带队，深入学校、医院、街道、农贸市场、村组、院落，进村入户全面深入展开生命搜救工作。截至5月13日，从废墟中搜救出被埋群众105人，清理罹难者遗体852具，转移安置群众5200人，接送住院救治785人。指挥部一边组织抗震救灾，一边组织干部群众抢修供水、供电、通信设施。5月14日，全乡水、电、通信相继恢复。

5月14日，安县抗震救灾指挥部派出救援队，带领解放军救援官兵，克服重重困难驰援茶坪，于5月15日晨到达茶坪乡政府，立即投入抢险救灾工作。截至5月15日，抢救粮食150吨，化肥50吨，家电2800件，电脑115台，手机500部，棉被、衣物1500件（套），家具1800件，农用机械600件（套），药品200件，医药器械30件（台），教学仪器设备35件；抢救居民存单2800张、现金35万元，搭建帐篷1000顶，装卸救灾物资80吨。受灾群众生活环境消毒面积115万平方米，消毒面达95%，排除危房6500间。

地震发生后，茶坪“山里人超市”店主李国洪与王永华、桂春容等店主商量，把各自店里的物资贡献出来救灾。李国洪经营的超市以副食为主，在茶坪有2个分店，货值近70万元；王永华经营日杂用品，有近30万元的货；桂春容经营药店，药品和医疗器械约有七八万元。他们当即把货物集中起来，统一管理和发放。李国洪等人的义举感染了其他商家，街上全部12家商户都把自己的商品拿出来救急。李国洪等店老板还组织群众开展互救，挖掘被埋的乡亲。共有二具，他们用手刨，许多人的手指都抓出血来。桂春容对救出来的伤员进行包扎、止血，消炎。王永华数次冒着生命危险，冲进倒塌的库房中抢运彩条布，为街坊邻居搭建帐篷。李国洪、王永华、桂春容等商家义务捐出的上百万元的食品、药品和生活用品，在茶坪乡与外界彻底失去联系的艰难条件下，为茶坪乡场镇群众自救互救发挥了重要作用。

（三）平武县

1. 县委、县政府组织抗灾自救

特大地震发生后，县委、县政府迅速成立抗震救灾指挥部，下设抢险救灾、灾情调查指导、医疗救护和卫生防疫、人员疏散和安置等12个工作组，分别由县级领导带队，奔赴各乡镇了解灾情，安抚受灾群众，指导抗震救灾工作，以乡镇为单位全力抗灾自救。在得知平通、南坝、水观、响岩等地灾情特别严重后，县委、县政府立即组织全县400多名机关党员干部，组建抢险救灾突击队，赶赴极重灾区全力抢险救灾。县委、县政府在平通镇、南坝镇设立抗震救灾前线指挥部，设置多个医疗救治点，组织医疗小分队奔赴各乡镇，积极救治受伤人员。

地震发生时，县委书记张学民正赶往成都，在车载广播中得知汶川发生特大地震消息后，立即调转车头往回赶，从甘溪冒着飞石于当晚11时徒步到达被夷为平地的平通镇，立即组织指挥抢险救灾。5月13日16时，他又直奔灾情特别严重的南坝镇，协调成立平武县军地联合抗震救灾指挥部，直接指挥南坝、平通、响岩、水观等极重灾区抗震救灾工作。主持县委工作的副书记、县长毛一兵在得知平通、南坝两镇受灾严重后，于5月13日9时决定将县抗震救灾指挥部前移至南坝镇，并带领指挥部成员前往南坝镇，途经大面积滑坡地段时遭遇强余震，毛一兵被飞石击中头部，生命垂危，被紧急送往医院抢救。

5月12日16时，县人武部政委何成强组织第一支民兵应急分队20人，在县城开展巡逻，为县人民医院搭建简易防震棚，将住院病人转移到防震棚内。县人民武装部（以下简称人武部）部长潘学斌从成都紧急赶回，5月13日23时30分到达南坝镇，迅速与地方政府成立军地联合抗震救灾前线指挥部，组织协调抗灾自救工作。5月13日20时30分，副部长罗宗仕率40名民兵抢险突击队员，携带锹镐和急需药品，从县城出发支援南坝，穿越九环线石头坝村至南坝镇10余公里的滑坡飞石路段，到达南坝小学开展搜救。14日5时30分，潘学斌带领15名民兵，把一名70岁的老大娘从废墟中救出；连续奋战8小时，将被埋50多个小时的居民黄显英救出。同日，县人武部组织第二批民兵应急分队30人，从县城出发，步行近6小时，将240公斤炸药安全送到南坝镇，为文家坝堰塞湖炸堤排险赢得时间。

5月13日下午，平武县公安消防大队大队长王联全带领4名专职救援队员，从县城赶往南坝镇，行至黑水沟，道路阻断，救援人员携救援装备徒步5小时，14日早晨到达南坝。当获知南坝小学受灾严重，他们立即赶往现场，经过2小时营救，从废墟中救出1名10岁左右的男孩，并搜寻转移24具遇难者遗体。消防大队官兵连续作战13天，协助转移重伤员136余名，搜救遇难者遗体280余具，帮助受灾群众搭建帐篷35顶，送水150余吨，运送各类物资80余吨。

2. 重灾乡镇

平通镇。特大地震造成全镇15个村2833户普遍受灾，受灾总人口9727人，351人遇难，4016人受伤。倒塌农房6743间，损毁学校、场镇机关、单位、商贸企业楼房57.44万平方米；农村、场镇供电、供水设施损毁，多处山体滑坡崩塌。平通场镇被夷为平地。全镇经济损失33亿元。

地震发生后，镇党委副书记刘玉成带领全体镇干部，迅速把幸存人员撤离到安全地带，随即发动群众，找来千斤顶、钢钎等施救工具，抢救被埋压在废墟下的学生，挖掘遇难者遗体。在震后余震不断的10多个小时里，镇党委组织带领干部群众从废墟中抢救出幸存者93人，挖出遇难人员遗体60具。

平通中学在地震中遭受重创，所有房屋全部倒塌，校园荡然无存。地震刚刚过去，教导主任鄢加明、政教主任潘俊强和幸存的老师迅速汇集到操场，奋不顾身地冲上废墟，抢救被埋压的学生。他们用手掏，一个个受伤学生被刨出，没有绷带，没有止血药，他们撕下身上的衣服包扎伤口。几名乡村医生赶来抢救，对伤者进行简单的处理，没有输液架，老师安排学生用手托举输液瓶。鄢加明、朱开松、任军等老师冒死冲进即将垮塌的学生公寓，抢出床单等卧具，用以包扎伤口和受伤学生御寒。特岗教师李宏勇在楼道撤离时，为抢救跌倒的学生不幸以身殉职；年轻党员教师乔广平，

图2-3-91　2008年5月12日下午，平武县平通镇抢救被埋学生

为让学生先转移，把逃生的机会留给学生，献出自己的生命。师生自救互救一直持续到5月13日2时。据统计，地震发生时，学校疏散转移学生272人，老师从废墟中掏出幸存学生93人（其中1人于当夜死亡），掏出遇难学生遗体60具，掏出遇难老师遗体2具。

5月12日，平通小学校长王丽组织抢救被埋压学生275人。

南坝镇。全镇受灾人数20063人，遇难1564人，失踪1人，受伤4500人。因灾致孤儿23人、孤老2人。倒塌房屋2.66万间；损毁通村公路150公里、输电线路517公里、输水管道20公里、农堰11公里。地震造成大面积山体滑坡、塌方，形成高危级文家坝堰塞湖；毁损南坝工业集中区基础设施和1万平方米厂房、45台各类机械设备、1万余吨矿产品；毁损耕地79公顷、林地59公顷、农作物145.2公顷。南坝场镇、石坎场镇尽毁。经济损失75亿元。

南坝小学在地震中伤亡惨重。校长何小兵被地震冲击波摔倒在地上，教导主任肖仁碧刚喊了一声“救学生啊”，烟尘就呛住了她的喉咙。在南坝小学指导工作的县教育局副局长洪锦平一行和涌向小学的干部群众奋不顾身冲上废墟。男老师在废墟上向操场高喊：“男人们，都上来救人。”没有工具，人们拼命用手刨，用檀杆撬，喊着号子掀抬断砖烂板。有的带伤救人，有的在救援中负伤。女老师在操场中间安抚幸存的学生，在废墟中翻找药片发给受伤的师生。

地震前夕，教师杜正香正准备进教室上课，大地震颤的瞬间，她飞一般冲进教室，双手牵着学生向操场中央跑去。她一趟趟往返于教室与操场之间，把惊呆的学生送出来。当她第四次冲进教室时，教学楼轰然坍塌，把她埋在废墟中。5月14日，空降兵某部官兵找到杜老师的遗体，杜老师左右手各牵着1名学生，在她的身体下面，还有3个学生。

从地震发生到5月12日晚上，南坝镇干部群众和南坝小学老师共抢救被埋压学生420人。南坝中学党员教师龙斌第一个冲向废墟，一口气抱出浅埋在废墟表层的4个小学生，在救第5个孩子时，他和小学老师陶清仁用砖头砸破砖墙，合力抬起压住学生身躯的预制板，抱出满身灰尘的小学生。赵国富老师在废墟中抱出3个血流满面的学生，让妻子照看他们，又转身投入救援行动。涌向小学的家长和参加救援的干部群众越来越多。桐子梁村民严显林驾着装载机前来支援。

南坝镇武装部部长林昌武得知南坝小学众多师生被埋后，立即组织民兵赶到现场进行救援。没有专业救援工具，只有手刨肩扛木棍撬，很多人手磨破了，脚被扎破；没有担架，他们把倒下的门板、店铺招牌或废墟上的椅子做成简易担架，一趟又一趟地运送伤员。5月12—14日，他们从南坝小学和垮塌的南坝大桥下挖出30余名师生，转移受伤学生100余人。

震后，南坝派出所所长李绍铭召集干警碰头，进行简单分工，迅速带头组织救人。民警姚星负责搜集全镇药品、食品，组织本镇医生抢救伤员。民警杨宁负责遇难者遗体掩埋。一名副所长和交警中队一名副中队长负责组织治安巡逻。

（四）江油市

1. 市委、市政府组织抗灾自救

特大地震发生后，江油市委、市政府立即派人火速赶赴绵阳，向绵阳市委、市政府汇报灾情，请求紧急支援。同时，组织公安、武警、消防官兵、机关干部迅速赶赴建筑物倒塌现场搜救幸存者，24小时内从废墟中救出1585人，累计从废墟中救出1704人。

5月12日14时38分，驻江油市武警交通3支队和教导队组织85名官兵，赶往太平镇第二中学和胜利街小学，公安、消防抢救被废墟掩埋的师生80名。15时，江油市人武部吴伟平带领民兵赶赴太平镇第二中学，与其他救援力量一道，从垮塌的楼梯下救出20多名被埋压的学生。

为尽快打通雁门山区通往枫顺等重灾乡镇的生命通道，市抗震救灾指挥部尽一切可能调动机械，24小时疏通道路。组织各级干部和党员突击队等救援力量，冒着余震危险，将食品、饮用水、药品等救灾物资徒步送往受灾乡镇、村，用最快的速度为被困群众提供援助。震后第三天，救援小组进入全市所有的40个乡镇；震后第七天，救援人员进入全市所有的477个行政村。全市没有一名被困群众因救援不及时而挨饿、受冻。

2. 基层党组织自救互救

江油市1399个基层党组织工作在抗震救灾的最前沿，在震后通讯中断，无法及时与上级党组织取得联系的情况下，自觉承担起组织和带领党员群众抗震救灾的重任。在农村，重灾乡镇党委政府在救灾物资未到时，将食品和饮用水集中统一安排，为防止余震和次生灾害造成新的人员伤亡，挨家挨户做思想工作，迅速将受灾群众转移到安全地带。5月18日江油发生6.0级强余震，文胜乡安顺村党支部及时转移群众，全村654名群众无一伤亡。中坝镇滨江社区党支部成立由党员干部组成的昼夜巡逻队，配合派出所民警日夜在大街小巷和楼院巡逻，对重点企业单位和群众临时夜宿点则安排专人巡逻、防护。在受灾群众安置点建立的32个临时党支部，全力开展安抚和义务服务工作，确保受灾群众情绪稳定。全市各级党组织共组织1.5万多名党员干部，成立1000多支党员突击队、服务队，火速驰援受灾地区和乡镇，抢险救人，转移安置群众，抢修基础设施，开展抢种抢收和防洪防疫等各项工作。

地震发生后，雁门至枫顺的道路全线中断，共产党员任云带领抢险队连续奋战五昼夜打通了枫顺通往外界的“生命通道”。河口镇三千米社区专职委员毛新亮在地震后一直坚守工作岗位，5月18日5时因疲劳过度诱发心肌梗塞牺牲在抗灾一线。西屏乡卫生院医生李水林在地震发生时不顾生命危险抢救病人，被倒塌围墙砸伤，造成右下肢粉碎性骨折。市公安局民警蒋晓娟主动为北川、平武受灾群众婴儿哺乳，被群众真情地称为“警察妈妈”。武都长达管件厂党支部书记、董事长王长征地震后途经母亲楼下却顾不上母亲安危，连续一个多月坚守在抗震救灾第一线，并将厂里的三辆车全部提供给镇上，捐款1万元，缴纳“特殊党费”1万元。市公安局河口派出所尹铅华痛失爱妻仍然坚守岗位。江油市人民医院刘韧将失去亲人的悲痛隐藏在内心深处，连续坚守岗位10多天。

为支持抗震救灾，全市一大批党员干部主动通过多种渠道，为江油争取到大量的救灾物资和资金。截至2008年7月，全市两万多名党员自愿交纳“特殊党费”130多万元。

3. 重灾乡镇

枫顺乡。位于江油市北部山区，是江油市最偏远的乡。地震造成全乡80%以上的房屋倒塌，811户2568人受灾，2000余人无家可归。因灾死亡10人，重伤11人，轻伤28人。山体滑坡和裂缝1156处，形成11个堰塞湖。公路、电力、通信全部中断。乡政府办公楼，医院、信用社、学校和村级办公用房垮塌或成严重危房。全乡直接经济损失约1.7亿元。

在震后通信完全中断，无法与外界取得联系的情况下，乡党委、乡政府自觉承担起组织和带领党员群众抗灾自救的重任，迅速组织疏散场镇群众800余人、学生231人，撤离到相对安全的黄家田坝，搭建临时帐篷，安排灾民临时生活，稳定灾民情绪。在救灾物资未到时，将食品和饮用水集中统一安排。为防止余震和次生灾害造成新的人员伤亡，又安排抢险小分队突进各村社，挨家挨户做思想工作，将受灾群众转移到安全地带。在安置灾民的同时，派出1名乡党委副书记带领3名乡干部，翻山越岭赴中坝向市委、市政府报告灾情。5月16日，14集团军某旅259名官兵肩扛背驮救灾物资，翻越海拔1200米的大山，徒步30公里，将8吨食品和药品送进枫顺乡。5月22日，枫顺乡通往外界的道路被抢通，救灾物资得以进入。

二郎庙镇。位于江油市北部山区，是该市工矿企业较为集中的镇。地震发生后，二郎庙镇党委迅速做出反应，派出3批人员兵分3路，奔赴学校、医院、车站、炸药库、燃气站、金融单位、工矿企业和村社等重点一线部位察看灾情，抢救伤员，疏散群众。面对电力、通信、燃气、供水全部中断，道路交通受阻，食品、饮用水突然短缺，余震不断的严峻现实，镇党委临危不乱，沉着应对。为确保全镇灾期物资供应，指挥部下达全镇商户关门停业的通知，并向经营食品、饮料、粮油、燃气、燃油的单位和个人发出在非常时期由党委、政府统管的指令，确保有限的物资实行有序的管理和分配。与此同时，派专人守护炸药库、金库、卫生院、学校等重点单位，并及时将炸药、雷管、导火索等爆炸物品转移至市公安局统管，排除安全隐患。

5月12日下午，停靠在二郎庙火车站的7403次旅客列车无法开行，154名外地旅客被困车上。接到车站求援，二郎庙镇承担了为旅客提供救助的任务。当晚17时，镇长陈刚带着采购到的210袋方便面、204瓶矿泉水送到车站，分发到每个旅客手中。第二天，列车载着旅客平安驶离二郎庙镇。

地震当晚，二郎庙镇明镜中学2500余名学生滞留学校。镇领导多次到学校安抚学生，协助安排食宿和第二天转送学生车辆问题，并责成派出所干警通宵值勤，保证学生安全。青川县、江油雁门等地30多名受灾群众流入二郎庙镇，均得到妥善安置。

二郎庙镇还多次与马角供电营业所和马角自来水厂研究制定电力、供水抢险方案，并为自来水厂和供电营业所送去燃油供发电机、抢险应急车辆，为抢险职工免费提供食品和饮用水。5月14日，二郎庙镇率先恢复供电，16日恢复供水，稳定了全镇受灾群众的情绪。

为防止出现重大疫情，5月14日，二郎庙镇组织卫生院、工商所、畜牧站、城管办等单位对防震临时安置点、村社居民聚居区喷洒灭菌药，发放消毒药，并责成工商、畜牧部门对病死、压死的3500余头牲畜统一进行无害化处理。5月15日，对场镇犬只进行捕杀，清除震落的建筑物3000余吨，生活垃圾100余吨，堵死疾病传染的源头。5月16日，镇党委、政府通知全镇工商户业主开会，向他们发出放开经营、活跃商贸的指令。17日，全镇50%以上的商户开门营业，农贸市场恢复营业。

第二节　重点抢救

一、北川县

北川是汶川地震灾区极重灾县之一，死亡15645人，失踪4413人，受伤26916人，受灾人口达到16.1万人。根据中央军委的命令和成都军区联合指挥部的部署，成都军区13集团军、14集团军，第二炮兵救灾部队，驻江苏武警8690部队、武警水电部队、武警四川省总队各支队，泸州、资阳、自贡民兵抢险救灾应急分队，四川预备役高炮旅救灾部队，四川、辽宁、湖南、云南、重庆、陕西、海南、天津等省（市）消防总队地震灾害紧急救援队，军地各医疗救护、防疫队伍，从四川省和全国各地空运、火车转运或摩托化开进，火速突进北川县救灾一线，迅速展开对废墟深层被埋压者的重点抢救和搜救。

5月13日2时，绵阳消防支队特勤中队、直属中队70余名官兵赶到北川中学救援。2时30分，成都军区13集团军77126部队及所属77136部队1488名官兵全部到达北川县城。5时5分，绵阳市抗震救灾指挥部组织市级机关干部1000余名进入北川。6时许，绵阳军分区调集的3500余名民兵预备役人员全部进入北川县城。8时，副省长张作哈到达北川中学指挥抗震救灾工作。5月13日当天，火速驰援绵阳的重庆、黑龙江、宁夏、江苏、辽宁等8支消防部队，被全部派往北川县城救援。5月14日晚，二炮部队3082工程指挥部政委马力率700多名官兵、数十辆重型机械、1000多件小型机具抵达北川，连夜展开救援。5月15日6时至18时，二炮部队官兵抢通通往北川县城的救援通道。

（一）抢救被埋压学生

1. 北川中学

北川中学位于县城西南约3公里的任家坪，有学生2793名，教师197人。大地震使校园顷刻变为一片废墟，近2000名师生被埋废墟中。地震发生后，学校、学生家长、当地政府及群众从废墟浅表层救出600余名师生。

北川中学的重大灾情传出后，四川省消防总队迅速调集全省各地受灾较轻的消防支队赶赴北川实施救援，同时上报公安部消防局请求增援。公安部消防局紧急调集重庆、辽宁、海南、陕西、江苏、四川等省（市）消防总队，以及绵阳、宜宾、泸州等8支消防支队紧急赶赴北川灾区全面展开救援。13日晚，国家地震救援队、武警成都指挥学院、武警绵阳市支队、武警四川总队直属支队、武警宜宾市支队、武警广元市支队、自贡军分区、泸州军分区应急民兵营、四川省消防总队南充市支队等单位，加入北川中学救援现场，各路救援力量达到2500余人。

图2-3-92　2008年5月14日，消防官兵在北川中学抢救被埋学生

北川中学教学楼坍塌后楼层重叠，被困人员大多压在重叠的一二楼下面，救援难度极大。在现场指挥部的统一调度下，救援力量分为生存搜救队、废墟清理队、遗体搬运队、医疗救护组，互助协作，密切配合，尽全力搜救地震幸存人员。

5月13日9时10分，绵阳消防救援队通过生命探测仪在教学楼北侧坍塌的二楼中发现1名被困女生，其双腿被预制板压住，整个身体几乎被泥土、灰渣完全掩埋。9时15分，朱平、肖显辉、郭喜庭3名消防官兵从三楼地板处向下用手动破拆工具和凿子凿出一个1平方米左右的洞，爬入二楼的教室，用剪切钳逐步清除桌椅，将遇难人员的尸体搬运出去，开辟出救援通道。10时20分，郭喜庭用气动破拆刀对大梁进行破拆，揭开压在女生身上的预制板，用顶杆等工具将砖墙顶起，在女孩背部上方打出救援空间。11时5分，郭喜庭将女生的腿放在自己身上，肖显辉用双手护住女生头部，将被压埋女生安全救出。10时5分，在南充市消防官兵的紧急救援下，一名埋在一楼的高二学生从打开的70厘米的一个圆孔中被成功救出。随后，又有3名学生相继被救出。15时30分，泸州消防官兵在10米深的废墟夹缝中发现一名被埋压女孩，其右腿被水泥柱压住。战士邹三、马鹏波先后3次深入夹缝中侦察情况，协助官兵确定挖沟救人方案。救援人员徒手挖刨，历时3小时挖出一条救生通道，成功将小女孩救出。20时，现场医护人员发现一名男孩被埋在1米多深的废墟下，泸州消防官兵立即展开救援，用吊车移走表层零碎堆积物，从里层水泥板上打开洞口，并进入徒手挖掘，历时两个半小时将男孩成功救出。

5月13日19时30分，重庆消防官兵赶到北川中学救援。北川县一名王姓家长在地震中侥幸逃生后，迅速跑到北川中学，爬上废墟呼喊女儿的名字，从一块楼板下传来女儿的回应，确信女儿还活着，他就一直守在盖住女儿的楼板上。重庆消防官兵赶到后，他马上指明女儿被埋的位置，消防官兵经过现场勘探，发现他女儿被一块门板大小的水泥板压住，必须将其撬开才能营救。救援官兵使用专业设备，在现场吊车的配合下，小心翼翼地吊开楼板，迅速俯身深入夹缝，成功救出包括王先生女儿在内的4名同学。为救出更多被困师生，现场指挥员下令采取轮换作业的方式，突击队被分成10个战斗小组，每组20人，通宵开展救援。13—16日，重庆消防官兵在北川中学废墟中救出33名幸存者。

5月14日5时16分，绵阳消防救援人员在1号教学楼三楼断裂的预制板缝隙中发现被困学生龚悦，她的身体上部被水泥预制板、桌椅、钢筋和杂物覆盖，左小腿被三楼塌下的大梁压住，右脚被一块长1米、宽0.4米的混凝土砖压住，救援人员无法进入。绵阳支队特勤中队代理排长肖显辉和战友朱平、郭喜庭立即利用气动破拆刀和手动破拆工具对水泥板进行破拆，用液压剪将相互连接的钢筋切断，打开一个仅容一人通过的通道。肖显辉进入观察，发现女孩身体非常虚弱，生命垂危，而压在女孩左小腿上的是根主大梁，主大梁上面顶着未坍塌的三至五楼的建筑。现场医生诊断，腿部即使从大梁取出，也无法保住，必须手术截肢。6时14分，肖显辉在征得被困女孩同意后，决定用液压剪切钳对其进行截肢。6时30分，被困学生龚悦被消防官兵救出。

5月14日4时11分，宜宾消防救援官兵发现一名女生被困在一根断裂的立柱下，14人合力将立柱抬起，将女孩救出。9时10分，海南消防官兵搜寻发现，3名女生被坍塌的楼板挤压一处废墟里，空间狭小不能动弹。他们利用铁铤、液压剪扩器和手动破拆工具，从地面向废墟纵深挖掘隧道，深入废墟9米。每发生一次余震，救援队员都要紧急撤离，余震过后再进入洞内继续掘进。19时许，救援通道终于被打通。19时40分，第一名被困学生被解救出来。20时30分，3名被困学生全部获救。

5月15日14时30分，绵阳消防救援队员郭喜庭通过耳朵听、嘴巴喊和生命探测仪探测，发现在倒塌的教学楼三四层楼板之间，2名学生被困于一个靠桌椅撑起的狭小空间，他们上面的水泥板从中间断裂。朱平、郭喜庭、肖显辉等用手刨开直径约25厘米的洞穴，郭喜庭在建筑物随时可能发生二次垮塌的情况下，把头探入洞穴之中，用强光照明，进一步探明被困学生的位置。考虑到被困者已经压埋70多个小时且滴水未进，郭喜庭在现场医护人员的指导下，为她们递进少量矿泉水。15时，在水泥板的另一头下方也发出呼救声，还有2个小女孩被压在下面。由于水泥板中间已经出现断裂，大家决定用气动破拆刀对水泥板中部进行破拆，然后分别将一分为二的两块预制板吊起，同时还要保证在破拆过程之中预制板不会因为破拆或余震而塌陷。郭喜庭凭着熟练的破拆技术，经过30多分钟耐心细致地破拆，安全地将预制板一分为二，然后再用吊车起吊，慢慢地把压在学生身上的楼板移开。一名被困女生腿部已经出来，但由于书桌变形将头部死死地卡住，现场官兵立即对书桌实施破拆。5分钟后，被困的第一名学生被救出。20时30分，经过救援人员4小时的协同作战，困在同一空间内达78小时的4名学生被安全救出。

5月15日15时，泸州应急民兵营到达北川中学，在废墟上执行搜救任务。他们分班连夜作战，每次100名民兵搜救，两小时轮换一次。民兵们昼夜不停地将一层层楼板撬开，将一根根钢筋切断，将一堆堆砖石搬出，小心扒开掩埋在师生遗体上的课本、作业本、书包、文具，拂去灰尘泥土，整理好抬上担架。在搜救过程中，他们找到2名幸存学生，并成功将其救出。

5月15日13时40分，自贡应急民兵营641名官兵进驻北川中学展开搜救。搜救突击队采取观察、呼喊、手摸等多种方法，在任务区展开拉网式搜救行动。废墟清理突击队在国家专业救援队的指导下，从3个方向全力展开清理废墟工作，配合吊车把废墟一点点搬开、刨开、锯开。一些民兵没有作业工具，就用双手挖刨砖块、泥土，历时80余小时，救出幸存者3人，刨出、搬运、掩埋遇难学生遗体490具。

据统计，各路救援力量从北川中学废墟下救出幸存师生234人，救治和转运伤病员861人。

2. 曲山小学

特大地震中，位于县城的曲山小学两栋教学楼坍塌，残楼侧倾，400余名师生被埋压在废墟下。5月13日凌晨，77126部队参谋长颜俊安带领一营官兵首先进入北川县城新城区曲山小学展开救援。共计救出41名学生。5月14日，77283部队直属队、77208部队、武警绵阳市支队、武警自贡市支队、海南消防救援队、江苏消防救援队、海军总医院、昆明总医院先后赶到曲山小学救援。

14日20时，曲山小学垮塌教学楼的底层下，传出四年级女生刘玉晶的抽泣声。她的双腿被房梁卡住，她侧身蜷缩在狭小的空间里，上半身露在外面，动弹不得，受困已达50多个小时。77208部队参谋长商志军和云南省地震局专家察看现场后，决定等待天亮后展开救援。班长于明华和另一名战士留下照料刘玉晶，商志军带队向其他地域展开搜救。夜里，身心极度疲惫的刘玉晶昏昏欲睡，于明华不停地给她讲故事，使她打起精神。天刚亮，商志军等仔细观察分析危楼结构，经过反复探测，初步确定倒塌的3层楼板共压有八九名学生。楼房的几根主梁已出现断裂痕迹，再加上水泥板、桌椅板凳等交叉堆压，给营救工作带来很大难度。救援官兵撑起组合液压杆，顶住残缺横梁，士官于明华、李虎等随即进入沉坑内，在横七竖八的水泥板间穿来穿去，认真分析水泥板之间的支撑关系，理清营救顺序。救援队用液压钳、扩张器等救援设备，将压在刘玉晶腿上的水泥板一点点击碎、顶开，很快，刘玉晶和她身边的一个女生被救出。现场的医生立即对她们进行紧急救护。

于明华移开第一层水泥块，发现困在第二层的女生李月被卡在一个通道上，左脚被死死卡在水泥板间，下方有3名同学等待救援。由于找不到安全的支撑点，又怕危及下面的学生，加之李月的左脚已开始坏死，救援队和昆明总医院的医生反复商议后，决定对李月进行截肢。队员们不同意：“让我们再试试吧！”经过2个小时的紧张作业，大家想尽办法，仍无法拓展空间。时间一分一秒地过去，李月被埋已70多个小时，腿部的伤情不断发展，身体已极度虚弱，如不采取非常手段，不仅李月的生命有危险，也会危及下层同学的生命。医护人员进入坑内，将李月的双眼蒙上，果断对她进行截肢。官兵用最快的速度将她送上救护车，转送绵阳四〇四医院。

刚救出李月，第二层水泥板下方靠近墙角处，又传出呼救声。官兵们确定呼救学生的位置后，在离她较远的地方，用破碎机小心地凿开一个小洞。在随后的3个小时里，官兵们密切配合，一点一点地凿穿水泥板，切断钢筋，终于看见压在狭小夹层的小女孩。他们用液压顶杆一点一点地把压在小女孩上方的水泥板顶开，终于救出小女孩陈梦怡。天色暗下来，压在最下面的一层水泥板还未打开，水泥板下传出急切的呼救声。队员们打开救援灯继续作业，打开一个小洞，把牛奶、口罩送进最下层，吩咐3个小孩适量补充水分，戴上口罩，救援人员用凿岩机在离孩子们较远的地方，打开一个大缺口。5时，官兵们终于打出一个大通道，从最底层救出四年级三班的学生蒋雨琪、魏鑫钰、王静杨。

5月14日上午，海南消防救援队利用生命探测仪、蛇眼探测仪等搜救设备，仔细侦查搜索幸存学生被埋的具体方位，分成几个小组实施救援。救援队用木头顶住摇摇欲坠的楼板，进入废墟内部，听到一个女孩微弱的求救声，救援队员一边鼓励女孩，一边利用液压钳、铁锭等破拆工具，一点一点地戳，一点一点地刨，用了3个多小时，在废墟里挖出一个小洞，队员爬进洞中，用扩张器顶开预制板，成功将受困的女孩李生秀救出。此时，废墟深处又传来孩子们呼救的呼喊，救援队员继续往洞里爬，先后救出4名被困的小学生。

5月15日凌晨，77283部队直属队150名官兵在曲山小学展开搜救。警调连10名官兵经过严密搜索，精心救援，历时13个小时，救出2名学生；教导队二中队60名官兵救出6名学生；工兵营地爆连50名官兵救出7名学生；指挥连20名官兵救出2名学生。其后，警调连、工兵营、教导队、指挥连被抽调增援其他点位，留下防化连30名官兵继续搜救。19时20分，防化连搜索发现废墟下仍有幸存学生。官兵们打算掏空预制板、残存墙体之间的废墟，清理出一条狭长的通道，钻进去把孩子救出来，但很快发现小男孩邱耀的双腿被杂乱的预制板压着，没有吊车和救援绳无法施救。此时距地震发生近82小时，孩子的生命体征非常微弱。现场指挥的副参谋长黄强迅速查明情况，决定3名战士留在洞口继续鼓励孩子，20人逐层从上至下清理废墟，其余人员负责警戒、照明，并随时接替救援。清理完上层废墟后，30名官兵一起将预制板缓缓抬起，2名战士乘势钻进去，将小男孩邱耀救了出来。

3. 曲山幼儿园

曲山幼儿园教学楼在地震中整体下沉，加上山体严重滑坡，教学楼被向前平推100余米，倒塌的房子被堆积如山的泥土掩埋，19名教职工、319名幼儿遇难。

5月13日6时，77136部队政委时天聃带领坦克1营官兵，赶到曲山幼儿园救援。时天聃将人员编成3组，分头展开搜救。士官陈德永听到一个男孩的哭声，循声钻进废墟，却什么也看不到。这时，一阵余震袭来，小男孩的哭声更大了。陈德永和士官安贵荣、战士陈龙钻进一块铁棚盖子下，终于发现被2块水泥板压住的小男孩。见到救援战士，小男孩哇哇大哭。陈德永一边安慰，一边和战友们用手抠小男孩周围的瓦砾、石块，试图把他抱出来，可一使劲，孩子就喊痛。经观察，陈德永发现孩子的左手被杂物卡住，必须清空。经过10多分钟挖掘清理，陈德永再次试图抱出小男孩，却发现小男孩的脚被水泥板压住。在场的战士迅速找来木棒、钢钎，用力慢慢撬开水泥板，陈德永趁机抱起孩子，另外2名战士护住他的头，小心翼翼地将小男孩抱出废墟。战士们就地拾来一块木板当作简易担架，用一条止血三角巾把小男孩儿牢牢固定在担架上。当官兵把担架举过头顶时，获救的小男孩抬起右臂，向救他的解放军叔叔们敬了一个礼，在场的绵阳晚报记者杨卫华抓拍到这个感人瞬间，这就是后来被称为"敬礼娃娃"的郎铮。

5月13日中午，77136部队战士在幼儿园最高的一处废墟，发现一个小女孩被埋在一块水泥板下，仅露出一个脑袋。战士们轻轻地扶着她的头，用木棒撬动水泥板，用肩膀顶起水泥板，将小女孩挪出。13时许，废墟中传出一个小女孩柔弱的呼救声。部队战士用钢钎、铁镐等简单工具，在废墟中救出小女孩赵媛媛和陈思予。孩子获救时，战士们发现，3名已经遇难的女老师紧紧护着她们。

5月14日下午，江苏消防南京特勤大队一中队副中队长周军带着8名战士跟随当地老乡来到曲山幼儿园的废墟上。凭着一贯的经验，周军拿着手电照向深不见底的黑洞。黑洞里穿插着一根根突出的钢筋，突然从里面传来一个女童的声音。周军立即向里面大喊："小朋友，不要怕，叔叔来救你了，你能告诉叔叔你在哪里吗？"小女孩说自己的腿上有东西压着。队员们开始对四周仔细观察，将一些容易发生断裂的水泥横梁用液压棒固定，打通一个救援通道。这时，废墟下传来女童稚嫩的歌声，周军和战友们循着歌声挖掘，最终将5岁的任思雨救出。

（二）抢救被埋压群众

1. 绵阳军分区民兵救援队

5月12日21时，绵阳市涪城区人武部首批40名民兵救援队员到达北川县城。军事科科长刘敦亚带领26名队员，在北川县人武部废墟抢救被埋压民兵5人，群众12人。后勤科职工罗琳带领一支小分队，在北川县委机关大院救出5名幸存者。5月13日凌晨，涪城、游仙、三台、盐亭、梓潼、安县、江油、科学城民兵在北川县城，跨越70度的陡坡，连夜向外转移重伤员50多名，转移群众4名。

5月13日10时40分，盐亭县民兵应急分队受命到北川县曲山镇邓家办事处营救学生和群众。应急分队20名民兵冒雨紧急出动，于14时30分到达曲山镇邓家办事处小学。学校被泥石流全部封堵，形成孤岛，民兵队员一字排开，借助绳索将71名学生和150名群众转移出学校，并采取学生和群众间隔分组、大孩子带小孩子、年轻人带老年人的办法，有序向外转移。经19小时奋战，他们将学生和群众安全转移到指定地点。

5月14日7时20分，梓潼县民兵在北川县人民武装部废墟上，成功将北川县民兵应急分队队员刘凯救出。5月14日15时，涪城区民兵李杰与4名队员在北川县城运送伤员的途中，发现一名男子被压在楼板下面，5人立即展开营救，历时4个小时，成功救出该男子。

2. 武警成都指挥学院

5月13日晨，武警成都指挥学院副院长李俊国、教研部主任赵汝勇率第3梯队600人开进北川，采取人工喊话、敲击断墙、生命探测仪搜寻等方式，在废墟中勘察、判定幸存者位置，组织警戒、搜救、救治、输送，使用拗、撬、推、顶、拉、抬、吊等方法，手刨、肩扛，用简易工具快速作业，争分夺秒抢救生命。学员第8、10、11队分别在北川县茶叶厂、服装市场、县人装部、县委大院、幼儿园的废墟上昼夜奋战80多个小时，搜救幸存者12人。在县城老城区和新城区之间，官兵们翻断墙、爬山沟、攀陡坡、越乱石，在2500米泥泞陡滑的山路上运送伤员123人，转移群众1000余人。教研部主任赵汝勇带领学员8队，在擂鼓镇进行9个小时的突击救援，救出幸存者14人。在组织营救县中医院废墟底层幸存者王德翔、王怀光时，院长余成、副院长马平安、副政委资红喜一起研究营救方案，组织现场指挥，采取分层吊排、打洞扩展的方法，奋战12个小时，成功将2人救出。5月15日，2名学员在北川县政府大院的废墟下听到微弱的敲击声，学员8队副队长徐万明带领30多名官兵，历时17小时将北川县政法委书记张周凯和其他4人成功救出。

5月15日，教研部主任赵汝勇和学员3队政委何勇带领96名官兵，从任家坪乡出发，翻越15座大山，突入禹里乡、漩坪乡，赶在唐家山堰塞湖淹没场镇前，疏散转移被困群众3000多人，救治伤员200多人。该学院救援队还参加县城老城区、擂鼓镇、禹里乡、漩坪乡等灾情最严重的地方搜救、输送伤员、转移群众、突击抢险等任务。

3. 77136部队

5月13日凌晨，77136部队修理连官兵进入北川县城救援。官兵们在一处废墟发现一家三口被埋，父母已经遇难，小女孩宋馨懿幸存。经过紧张施救，他们仍无法将女孩救出。13日夜里，大雨不止，战士王肃满给女孩喂牛奶，战士们轮流给她讲故事。14日一早，部队官兵与辽宁消防官兵共同作战，小馨懿成功获救。官兵们抬着小馨懿送往县城外的救护车，恰遇国务院总理温家宝在北川视察灾情，温总理俯身看了看小馨懿，急忙与随行人员一起让开一条生命通道，并嘱咐要尽全力保住小馨懿的脚。5月13日，该部通信连三级士官刘伟和战友们在废墟中救出8名幸存者。

5月14日，部队长唐保东和装炮连官兵经过县交通局倒塌的废墟旁时，听到2层楼内传出一个妇女的呼救声，唐保东爬上2楼，发现一位30多岁的妇女被卡在一张沙发下。他用剪钳剪断钢筋，4名战士扳开倒塌的水泥板，将该妇女救出。14日16时，政委时天聃带领官兵在老城区搜救时，在一栋危楼发现3名被困者，战士兰卡尔甲冒着生命危险钻进楼道，把3人成功解救出来。

5月17日，该部坦克一连官兵在县盐业公司和农业银行之间的居民区，听到废墟下面传来断断续续敲击墙体的声音。官兵们分4路搜寻，最终确定幸存者敲击求救的位置。排长胡锐和战士们找来铁钳、钢钎，利用自带的铁锹，清理碎砖，搬走覆盖在上面的水泥板，撬开卡住幸存者下半身的2根水泥柱，将一名60多岁的老人从废墟中救出。5月13—18日，77136部队官兵成功搜救被困群众385人。

4. 二炮某工程团

5月14日22时30分，二炮某工程团进入北川县城救援。23时40分，官兵在县国税局倒塌的大楼旁，听到一名女子微弱的呼救声。参谋长李湘带领200余名官兵，携带轻型机械赶到现场，通过反复倾听从地下传出的敲击声，救援官兵很快确定最佳营救点位，他们抬着液压钳、液压镐、液压风钻和油锯爬上废墟顶层，从坍塌的楼顶天井位置垂直往下挖掘，到15日14时30分，终于从第六层打通第五层的楼板，将幸存者王兴华救出。通过检测，官兵们发现下面还有生命迹象，当即调整部署，继续作业，至20点40分，救出在废墟下掩埋近80小时的李道彬。

15日7时，该团官兵和538医院官兵在倒塌的县农村信用联社大楼搜救时，听到瓦砾中一名幸存者的呼救声。这名幸存者已被埋3天，身体十分虚弱，官兵们一边鼓励他坚定勇气，一边挖出一个小洞，把水和饼干递进去。救援官兵用液压钳铰断钢筋，用氧气切割机切开水泥板，用扩充机扩大救人通道。到11时28分，被埋69小时的陶圣勇被救出。

15日19时30分，根据群众的求救信号，官兵在县职业教育中心发现被困于废墟中的学生汤彬。在营救过程中，先后发生3次余震，危楼倾斜达到10度。官兵用撬杠一点点撬，钻进废墟接近他，把绳子捆在他腰上，慢慢往外拉，却发现他的双腿被卡住。官兵想方设法保住他的双腿，小心、耐心施救，将被困77小时的杨彬成功救出。

15日20时40分，几名官兵回宿营地途中，根据群众的反映，得知一个垮塌的商铺有一名幸存者。团政委孙乐带领官兵迅速赶到现场，经过勘察，官兵们发现幸存者所处位置有几块巨大的墙体，仅靠一张桌子在中间支撑，稍有不慎就会造成墙体倒塌。救援官兵采取掏洞救人的办法，成功将被埋78小时的张智荣救出。

16日9时，官兵在倒塌的北川县农行职工宿舍搜救，不断向废墟喊话，不放过一个角落。半个小时后，他们听到废墟下面传来敲击墙体的声音，立即组织营救。经过勘察，确定幸存者在四楼自家卫生间，随即确定营救方案，用专业工具开挖，将楼板割开，将卡住幸存者身体的洗衣机捣碎。14时10分，被困96小时的刘华清被成功救出。

16日10时30分，二炮工程部队的第一台大型机械进入北川县城开展救援作业。北川县国税局大楼废墟现场，某工程团政委孙乐组织官兵继续搜救。20时38分，救出一名幸存者。7分钟后，救出另一名幸存者。17日11时5分，官兵继续对废墟喊话，听到微弱的回应，迅速进行救援。26分钟后，被埋117小时的52岁幸存者季中山被成功救出。

二炮部队在北川县城废墟中先后成功救出15名幸存者。在搜救幸存者的过程中，挖掘出遇难者遗体55具；在抢通道路和疫情防控现场，挖掘出遇难者遗体61具。

5. 77289部队

5月14日7时20分，部队长邓长城带领240余人组成的突击队，进入陈家坝乡场镇展开拉网式搜救，先后救出被困48个小时的村民王继芬、被埋在农贸市场废墟的村民宋小花和她10个月大的女儿、被埋在阁楼下92岁的向金友老大爷。同一天上午，部队43名官兵前往老杨村搜救群众，共救出80岁以上高龄老人9名，帮助转移群众200余人。当天，该部从废墟中救出群众64人，搭建临时帐篷（窝棚）142顶，掩埋遗体89具，转运伤员460人，疏散群众2038人，医治伤员140余人。

6. 77283部队

5月15日晨，该部工兵连地震救援队进入北川县城搜救。7时52分，经过生命探测仪搜索定位，地震救援专家分析废墟结构，官兵们采取“从侧面打洞营救”方案，连续奋战1小时32分钟，将北川移动公司员工刘辉从掩埋6米深的废墟中救出。12时30分，该连又成功救出4名幸存者。15时12分，该连在搜寻一座倒塌的5层建筑时，突然听见轻微的呼救声，最终确认两个女子被卡在第3层。官兵们轮流突击，经过28小时紧张施救，5月16日9时40分，终于将被困近100小时的2人成功救出。在营救被困女子过程中，官兵们听到5楼有孩子的哭声，班长段永刚爬上5楼，打破窗户，从一名已经遇难的妇女怀里救出3岁的小女孩。5月16日17时35分，该连在县委家属院内救出一名被困100小时的81岁老人。5月16日18时32分，根据群众提供的线索，官兵在县委党校一幢七层宿舍楼废墟里发现幸存人员。经与江苏消防官兵协同作战，至5月17日14时58分，将被埋121小时的21岁青年男子马斗救出。5月17日21时50分，在老城区一幢倒塌的楼房里，经过14小时营救，将困在坍塌的第3层楼夹角处长达127小时的吴建平救出。在北川县城，工兵连地震救援队先后从废墟中救出13名幸存者。

5月15日，该部机关直属队官兵在县城多处废墟展开搜救。警调连22名官兵在县移动公司一栋一二层完全塌陷、三层至五层高度倾斜的楼里，经过26小时救援，将被困93小时的刘红艳救出。工兵营桥梁连20名官兵在被山体滑坡掩埋的县人民医院废墟，历时14个小时，成功救出2名群众。教导队20名官兵在县中医院旁一处茶楼废墟，历时15个小时，成功救出3名群众。防化连20名官兵在县盐业公司，历经13个小时，成功救出4名员工。炮兵指挥连20名官兵在县职业中学救出3名妇女。16日19时40分，教导队30名官兵在自来水公司家属楼，成功救出1名妇女。通信营有线连35名官兵在麒麟街农贸市场废墟搜救时，发现并救出一个小女孩。截至5月17日8时，该部机关直属队共从废墟中救出生还者99人，挖掘掩埋尸体71具。

7. 71998部队

5月17日11时30分，在擂鼓镇执行救援任务的71998部队接到镇政府求援，擂鼓中学废墟中发现2名被困学生。参谋长殷毅峰带领修理连90名官兵，携带镐、锹、钢钎、切割机、钢绳、背包绳、给养和药品，乘坐2台运输车，仅20分钟赶到现场。经仔细勘查，发现2名学生被倒塌的房梁压住大腿，无法从废墟中脱身。殷毅峰马上成立党员突击队，组织人员往里面输送纯净水、火腿肠等，补充被困学生的体力，指挥官兵用10根钢钎支撑住2块预制板，为营救留出一定空间，用手拉绳将压在学生身上的房梁拉起，一点点清理学生身体周围的碎石。14时30分，被困学生张晓豪、刘杰成功获救。

8. 辽宁消防总队

5月14日，辽宁消防总队救援队赶到北川县城救援。76岁老人左淑清被困于一栋松散的危楼里，救援队赶到现场实施救援。危楼一至三楼楼板已经坍塌，老人被困在悬空的四楼的一个房间里。指挥员王大伟发现旁边有一座比较结实的楼房，他决定在两楼之间用梯子架起一座天桥，想办法将老人救出。他挑选两名体轻、敏捷的官兵，爬上旁边的楼房向危楼架设天桥，终于将老人救出。

沈阳市消防支队特勤二中队官兵在北川县人武部搜救幸存者时，发现在三块水泥预制板和一个水泥梁柱坍塌形成的狭小空间里有被困人员。副队长刘明坤一面与被困者说话，缓解其紧张情绪，一面组织营救。营救过程中，救援队接到命令，县城附近一座拦水坝出现险情，必须紧急撤离。一个小时后，溃坝警报尚未解除，刘明坤和战友返回救援现场，成功将被困者救出。

9. 陕西消防总队

5月14日，在北川交通局稽征所废墟，咸阳消防中队指导员倪风全发现被困60多个小时的汤姓职工，被困者的两腿交叠被倒塌的楼房压住，上面叠压了6层楼板，旁边的一堵墙斜靠在上面，救援难度极大。先期到达的救援人员曾实施救援，但无法把他救出，留下一些水和食物离开了。强烈的求生欲望迫使被困者用锯条自我截肢，倪风金赶到时，他已经把一条腿锯掉一半。面对庞大的废墟，官兵立即行动，剪断钢筋，切割楼板，一点一点清理被困者周围的混凝土碎块，终于打开一个小口子，倪风金钻进去施救。经6个小时的救援，该被困者被成功救出。

在北川农业银行废墟，救援队员发现一名幸存的女性被深埋在倒塌的楼房废墟下，一条腿已经粉碎性骨折，只有部分筋肉相连。幸运的是，重物挤压阻止了血液外流，但人已经很虚弱。渭南支队副支队长曹全海、参谋长何永周围绕倒塌物进行勘察，并叫来结构专家分析救援通道的挖掘方向。确定挖掘点后，队员们用手抠挖堆积的混凝土碎块，在废墟中挖出一条1.2米长的“L”形通道，接近被困者。队员进入通道，为被困者送水，了解受困空间的具体构造，发现在被困者和通道之间，被两根柱子挡住。队员张治平使用手锯，在狭小的空间锯柱子。被困者要求自己剪断腿部连着的筋肉，张治平钻出通道，向救援队领导汇报后，携带剪刀、止血带进入通道。被困者剪断腿部连着的筋肉，张治平锯断挡住通道的柱子，伸手摸到被困者。被困者的身体被废墟的尖锐物划得遍体鳞伤，张治平钻出来，和战友们用木板包上毛巾做成垫板，爬进去垫在被困者身下，用手和胳膊垫在垫板下，让被困者借着胳膊力量慢慢地往外滑，终于将其救出。

一名刘姓男子在妻子受困的废墟旁守候三天三夜，先后有三支救援队来到现场，但都因施救难度太大而放弃。5月15日9时30分，陕西消防救援队得知情况，立即赶到现场侦察。要从倒塌的三层楼下找到幸存者，难度非常大。救援队在巨大的废墟里寻找支点，寻求空隙，到18时，仍未发现被困者。19时，一个空隙终于被打开，可以窥见幸存者一小部分身体。官兵们凭人力将楼板移开，将空隙扩大到30厘米，发现被困者的腿被卡在另一个缝隙内，无法动弹。求生本能使被困者提出截肢的要求，经过现场医疗专家权衡，最后决定截肢救人。经过12个多小时的营救，22时，被困妇女终于获救。

10. 重庆消防总队

5月17日零时20分，一组队员在老县城一栋坍塌的7层宿舍楼前，遇到一名寻找爸爸的十五六岁女孩。女孩是绵阳某中学高一学生，地震后赶回北川，看到爸爸居住的教师宿舍楼垮了，但不相信爸爸已经遇难。在女孩的引导下，官兵们爬上楼顶，一边用铁铤敲击楼板，一边大声呼喊。20分钟过后，队员谭祥明察觉异常，俯下身，将耳朵贴近断裂的楼板仔细听，终于听到废墟下若即若离的回应声。队员们立即徒手搬运被困者上方的水泥块和砖头。8时，两台吊车紧急赶到现场，上层的大块水泥板被一块块搬开。为防止伤及被困者，吊车停止作业，突击队员进入废墟，用双手刨开被困者上方的砖头、水泥块。15时52分，队员杨昌权透过刨开的一条缝隙，看到被困者伸出的右手，再次喊话确认，被困者用微弱的声音提出要喝水。队员们连忙找来一根竹棍，将矿泉水和面包拴在棍上，伸进缝隙，递给被困者。19时，被困120多小时的教师成功获救。在北川县城的搜救中，重庆消防官兵使用切割锯、液压切割钳、多功能组合工具和生命探测仪等便携式特勤装备，使6名幸存者获救。

11. 江苏消防总队

5月16日晨，有人在县交通局的废墟下发现幸存的21岁大学生刘畅，立即到江苏消防救援队求援，分队长张明晖带领11名消防战士前往救援。当队员们打出三个洞后，发现刘畅的左腿被死死卡住，怎么也拉不出来。有人建议截肢，富有经验的老兵马兵坚决反对截肢，并冒着整块水泥楼板坍塌的危险，继续向下挖。救援过程中，刘畅昏睡过去，马兵一边挖，一边不停地和他说话。经过9个小时紧张施救，刘畅被成功救出。

5月17日上午，苏州支队40名队员营救被倒塌的建筑物掩埋的21岁青年男子马斗。被困者上面几乎压着两幢楼，如果挖掘不当，不仅救不了人，还可能导致救援队员被埋。对现场结构进行分析后，消防战士加倍小心地打通每一处关节，马斗的一只脚露了出来，队员们通过他的脚给他滴注营养液。救援队在商量多种营救措施后，决定从被困者的旁边打一个洞，将被困者所处的缝隙和新打的洞贯通。经与77283部队某工兵连协同努力，14时58分，被废墟掩埋121小时的马斗被成功救出。

5月17日14点50分，在北川县城救援的所有队伍接到撤退命令。直升机侦查发现湔江上游拦水坝出现裂缝，可能引发溃坝，要求县城的救援队伍迅速撤离。此时，江苏消防队正在一处废墟上救援县社保局局长熊吉才。看着紧急撤离的人群，熊吉才的女儿熊枭大哭起来，哀求消防人员继续救援。总队长牛跃光来到废墟前了解具体情况，决定大部队帮助群众一同撤离，他带一个小分队和一台挖机留下继续营救。最终，熊吉才在被困125小时后成功获救。

12. 黑龙江消防总队

5月16日早上，黑龙江消防总队总指挥林铁刚带队在县城执行搜救任务，利用生命探测仪对倒塌的100余处建筑进行地毯式探测排查，在一处倒塌的农贸市场发现有生命迹象。农贸市场为一幢四层商住合用建筑，一、二层已经坍塌，叠压在一起，仅存的三、四层摇摇欲坠，并且紧邻滑坡的山体和一幢未竣工的三层建筑。为争取营救时间，林铁刚带头钻进坍塌的建筑废墟，指挥搜救工作。经反复勘察，确定被困者被埋压在底层北侧墙角几块断裂的水泥板下。队员们徒手清理覆盖在水泥板上的砖头，利用液压千斤顶、起重气垫将楼板慢慢支起。由于余震，救援行动几次中断。14时许，被困90多个小时的一名中年妇女被救出。

13. 江西消防总队

5月17日上午，根据救援安排，江西消防救援队全面展开北川县城搜救工作，加大对北川县城以外乡镇的搜救力度。当日，根据群众和政府工作人员提供的信息，他们在北川县农村信用联社发现生命迹象。突击队迅速分成若干小组，利用生命探测仪分别对20处可能存在幸存者的地方进行搜寻，成功定位并救出2名幸存者。同日10时，队员在两栋倒塌居民楼搜寻时听到微弱的声音，他们一边利用生命探测仪探测，一边用手敲打墙壁，找到幸存者具体的位置。总队副政委徐国龙闻讯赶到现场指挥，经过两个多小时救援，12时30分，在废墟下掩埋118小时的陈先生被成功救出。

14. 海南消防总队

5月16日上午，海南消防救援队搜救小组在县城一座倒塌的宿舍楼发现2名女性幸存者。一名幸存者告诉搜救人员，她们快要没力气了，里面的空气很糟糕，弥漫着尸体腐烂的刺鼻气味。搜救人员安抚她们的情绪，鼓励她们坚持下去，迅速报告指挥部，申请人员及装备增援。经侦查，初步判断幸存者被夹在倒塌的屋顶和地板之间形成的狭小夹缝内，施救难度非常大，但幸存者已经被埋4天，如果等待重型机械设备进入，她们很有可能坚持不到那个时候。队员们决定依靠手中轻型装备冒险挖掘，历时2小时，一条长约9米仅容一人匍匐进入的地洞接近被困者。13时许，被困90多小时的席丽获救。另一名被困者张燕被一个防盗门和一名遇难者夹在中间，只有头部露在外面。救援队员在防盗门上剪开一个洞，但遇难者遗体挡住洞口，张燕无法爬出。救援队员经过权衡，随队医生对遇难者进行截肢，清除障碍。14时40分，张燕被成功救出。

5月16日下午，从废墟中获救的北川县中医院医生谢首菊，找到被埋在北川县人民医院家属楼的丈夫唐雄。唐雄深埋在废墟下，右脚被压在一块石板下无法动弹，因没有大型机械装备，几支救援队经过试探都无法将他救出。5月17日上午，海南消防救援队、二炮总医院医疗队联合施救。海南消防副总队长林国朝将正在待命的生命探测仪及操作员调到现场，经过认真探测，确认废墟下有生命活动迹象。林国朝迅速指挥搜救小组开展营救工作。海南省地震局房屋结构专家对房屋残骸进行评估，房屋结构已被严重破坏，如遇震级较高的余震，倒塌的可能性极大。营救队员从窗户进入楼梯内部，在确定被埋人员的大致方位后，利用机动混凝土破碎机在二楼地板上凿出一个洞，穿过地板进入二楼与一楼之间的狭小缝隙中，终于找到幸存者唐雄。救援队迅速清理碎石并破拆阻碍物，唐雄的头部和上半身露出，唐雄慢慢清醒，向救援队员要水喝，并说他左腿被卡住了。通过探摸，救援队员发现一块折断的水泥板压在他腿上。救援队员慢慢爬过去，用铁锤和钢钎在狭小的空间小心打凿压在他腿上的水泥板。晚上，水泥板还没有完全凿开，洞内光线太暗，无法继续施救，救援队员只好撤出。第二天5时许，救援队员重返现场，继续施救。二炮某工程部队、77283部队官兵赶来增援，在废墟中开辟通道，大型机械得以进场作业。8时53分，遭遇余震，救援再次中断。余震刚过，指挥人员经过商议，继续施救。9时10分，被埋139小时的唐雄成功获救。

15. 武警8630部队紧急救援队

5月17日15时47分，副部队长赵粉宝带领42人的紧急救援队到达北川县，执行北川县城幸存人员的搜救任务。救援队结合现场情况，采取“轮流作业、破拆结合、分组施救”的方法，分为5组进行分片搜索。18日10时30分，救援队员在老城区“品味礼品屋”前听到敲击的回应声，初步确认有可能存在幸存者，立即开展救援工作。同时，请求国家地震灾害紧急救援队携带两条搜救犬和生命探测仪探查，进一步确定生存者的可能位置，并请房屋结构专家鉴定房屋结构。根据探测情况和专家意见，救援队迅速研究确定具体救援方案，同时从三个方向打开口子，从缺口进入废墟底部观察、搜寻，经过9个多小时的清理，仍然没能找到幸存者的准确位置。官兵们不断喊话，用搜救犬和生命探测仪搜索。遗憾的是，至18时，各种生命迹象逐渐消失，搜救队被迫放弃救援。

二、安县

安县是汶川特大地震灾区极重灾县之一，死亡2640人，失踪655人，受伤88623人，受灾人口达到51万人。参加安县救援的军队救援力量主要有77296、77123部队；民兵预备役救援力量有宜宾市、内江市、自贡市民兵预备役突击队；专业救援力量有福建、山西地震灾害紧急救援队；医疗救护力量有第二军医大学、第四军医大学医疗救护队，攀枝花市民兵医疗救护队，北京军区防疫队、二炮96401部队医疗防疫队。各路救援力量火速进入安县，受领任务后，连夜出发，翻高山、爬悬崖、趟河流、渡堰塞湖，突进一座座被地震隔绝的“孤岛”，迅速展开生命大救援。

（一）抢救生命

5月14日上午，天津消防救援队抵达绵阳，分赴安县黄土镇、桑枣镇和秀水镇开展救援工作。桑枣镇天桥街一名妇女被埋废墟中，齐增军率领突击分队展开紧急搜救。因断水断电，一些抢救设备用不上，战士们用手刨，清除瓦砾，终于找到被埋妇女，但已经遇难，在场的遇难者妹妹顿时昏厥过去。此时，一次强度稍大的余震使四周的建筑物又有一些坍塌，许多群众四处躲避，消防官兵全然不顾，对遇难者的妹妹实施急救。桑枣镇初级中学一名初一学生被困废墟中，生死不明。天津消防塘沽支队支队长陈勇率领突击分队徒手挖掘废墟，找到这名已经遇难的学生。截至14日17时，消防突击救援队共挖出5名遇难者遗体。桑枣镇某山村8名村民在地震中不同程度受伤，其中一名92岁老人腰部、腿部骨折，通往村外的路被从山上滚石埋住，无法得到及时救治。驻扎在桑枣镇的天津消防救援分队接到命令，挑选10多名身强力壮的队员，徒步攀爬1000米以上的3座高山，在村民的带领下，终于进村找到老人，用绳索将老人固定在担架上，抬着担架，搀扶另外7名伤员，采取接力的方式，将所有伤员转送出来。

5月15日14时30分，77296部队在安县睢水镇道喜村一带搜索前进时，突然听到山腰乱石堆中传来呼救声。经搜寻，发现一辆被巨石埋压的中巴车，一名30岁左右的妇女被卡在座位和尸体中两天两夜。官兵当即给伤员喂水和食物，速派人回大本营抬来发电机，用切割机在车顶上切开一个窗口。救援过程中，强余震把山上的几十块石头震落下来，官兵紧急避险后继续施救。20时50分，被困50小时的妇女得救。

5月15日，77226部队执行救援秀水镇新春村的任务。前往新春村的山路被山体滑坡、泥石流覆盖，部队组建108人的党员突击队，艰难跋涉8小时到达该村，迅速展开救援，官兵们用铁锹挖、用手刨，在废墟中共刨出37人，其中大多数是受伤的老人。官兵们做成简易担架，把伤情严重的群众抬出山，送到救治点。

5月15日中午，在沸水镇执行救援任务的77123部队救援分队，得知高川乡一名生产仅18天的产妇，因断水断粮3天，母子生命垂危。副部队长杨永乐立即选派6名官兵进山营救，在半路上发现了虚弱的母子2人，随队医生立即进行检查救治。16时48分，母子2人被官兵转移到山下医院接受治疗。

5月19日下午，77296部队接到睢水镇一名妇女求救，她丈夫彭国华被埋黑滩子矿山七天七夜，刚刚被挖出来，已经被村民抬回家，需要立即转到山外医治。该部迅速成立一支25人的突击队，冒险穿越危险山体，从睢水镇直插黑滩子矿附近的彭国华家。彭国华严重脱水，身体极度虚弱，随队军医对其进行抗休克治疗，4名战士抬担架，1名战士举输液瓶，迅速向外转移。在担架无法通行的路段，官兵们就轮流背。20日4时，彭国华终于被转移至水晶村，驻扎在该村的深圳医疗队对他进行全面检查。4时58分，彭国华被送到驻扎在安县的第二军医大学长征医院重点救治。十多天后，彭国华痊愈出院，举着“军民一家亲，救灾显神威”的锦旗到77296部队抗震救灾指挥部表达谢意。

（二）挺进“孤岛”高川、茶坪

在特大地震中，安县高川乡、茶坪乡通往外界的公路因山体崩塌徹底阻断，通信完全中断，成为“孤岛”。5月14日，成都军区空降兵某部进驻安县，17时，开始对高川、茶坪两乡被困群众空投食品、药品、矿泉水等急需物资。同日8时，13集团军77296部队沿睢水镇至高川乡公路搜索前进，经过三天两夜，在崇山峻岭中开辟出一条长约56公里的通往高川的“生命通道”。5月14日23时，进入安县救援的山西消防总队，抽调35名官兵组成突击队，从晓坝出发，徒步行进13个小时，成功进入“孤岛”茶坪乡救援。5月16日14时30分，77123部队救援分队进入高川乡，立即开展救援工作。同日，77123部队另一支救援分队100余名官兵、内江军分区民兵应急营615名官兵进入茶坪乡开展救援。同日，54集团军71811部队进入茶坪千佛山景区救援被困游客和群众。同日，山东消防总队实施对茶坪的救援。

1. 77123部队挺进高川

5月16日零时25分，77123部队接13集团军命令：迅速派救援分队进驻高川乡。该部抽调20名官兵组成救援分队，连夜向高川进发，急行军近10小时，12时17分到达高川乡。13时55分，救援分队护送100名受困群众从高川乡向甘沟村转移，因兵力不足，向部队抗震救灾指挥所请求增援，该部从留守部队抽调34人，从绵阳出发直奔安县甘沟村，于当晚21时40分与救援分队会合，将受困群众安全转移出山。

2. 77296部队挺进高川

5月15日晨，77296部队受命营救高川乡被困群众，1200多名官兵带着砍刀和少量干粮从睢水镇胜利村出发，逢山开路，遇水架桥，56公里的路程，靠地图和指北针，行走10个小时，翻越海拔1841米的天台山，途经6村1区，跨越4条河沟，开凿道路50余处、10余公里，架设简易木桥2座，连接攀岩绳30多处、1000余米，救援部队到达高川乡，即刻向外转运伤员，组织群众转移。

3. 77123部队挺进茶坪

5月15日深夜，13集团军命令77123部队立即派出先遣队，以最短的时间挺进茶坪乡，并及时报告灾情。16日零时40分，部队从安县晓坝救援分队抽调19名官兵组成茶坪救援分队，连夜向茶坪进发。在余震不断、泥石流频发、山体滑坡严重、道路完全被毁的情况下，救援分队徒步急行军10多个小时，行程40余公里，于16日14时30分到达茶坪乡，利用北斗手持机将茶坪严重灾情发回指挥所。5月17日，指挥所又从晓坝抽调26人增援茶坪救援分队。当晚，救援分队连续3次将茶坪准确灾情及堰塞湖险情上报，引起总部重视。5月18日9时55分，救援分队负责引导1架直升机在茶坪乡着陆，58名重伤员被及时转送出去。

4. 71811部队挺进茶坪

5月16日13时20分，绵阳市政府请求71811部队出动兵力，对地处茶坪乡的千佛山景区被困游客和群众进行营救。该部命令侦察营迅速出动。14时45分，侦察科长张朝义带领侦察营60名官兵，组成3个突击队，携带食品、药品和攀登工具，采取摩托化机动的方式从绵阳火车站经永兴镇向安县茶坪开进。19时30分，突击队行进至晓坝镇长青桥处，前方道路因山体滑坡无法通行。队员就地休整，17日4时10分徒步向茶坪开进。8时10分，突击队翻越5座大山，攀登6处陡坡崖壁，越过4处宽度在一米以上的地震裂缝，历经5个小时，进入茶坪境内，马上兵分三路，一路前往千佛山景区搜救游客，一路在周边乡村救护群众，一路前往茶坪乡场镇侦察灾情。至16时，侦察营历时14小时，往返山路48公里，搜救被困游客97人，搜救、转移群众76人，圆满完成搜救任务。

5. 内江民兵预备役挺进茶坪

5月15日，内江市民兵预备役抗震救灾突击队进入茶坪，开展救援工作。突击队6次翻越2800多米的横梁子山，为茶坪受灾群众运送物资4.3吨、药品42箱，及时转移46名重伤员，救治500多名轻伤员。突击队对老街附近一个养猪场100余头死猪进行掩埋，对群众临时避险场所进行消毒，在废墟乱石中为直升机清理出100平方米的降落场地，为直升机及时转运重伤员、空投急需物资提供保证。

6. 山西消防总队挺进茶坪

5月14日5时，山西消防首批214名救援队员飞抵绵阳机场，按照四川省抗震救灾指挥部的要求，立即赴安县执行救援任务，7时许到达安县晓坝镇。救援队得知茶坪乡因道路和通讯完全中断，上千群众被困，具体情况不明，立即决定向茶坪进发，到达五福村姊妹桥时被阻。他们抽调35名队员，组成救援突击队，轻装减负，携带食品、药品，一名医护人员随队，在老乡的带领下翻山越岭徒步前往茶坪。15日7时，救援突击队率先到达受灾严重的茶坪乡，连续进行6小时的搜救。指挥部又派出第二批突击队向茶坪进发。首批突击队与乡指挥部商量后，决定一方面组织群众转移，一方面向平梁埂山进发，与第二救援队会合。临行前，突击队员把干电池、药品、照明灯具、手动破拆工具等装备留给茶坪乡抗震救灾指挥部。

5月15日下午，山西消防救援队得知茶坪通往山外的某临时通道，因山体滑坡，道路堵塞，紧急疏散出来的群众和运往灾区的救援物资均被阻。救援队指挥部决定由总队后勤部副部长常玉清率队，带领10余人组成救援突击队，携带绳索、手电、腰斧等抢险工具，赶赴现场实施救援。经过2个小时的山路攀岩，突击队到达山体滑坡地段，一面安抚群众，一面观察地形，疏通道路。他们在陡峭的山崖上打凿台阶，并用绳索引导，为被困群众开通临时撤离通道，引领、搀扶小孩和老人安全通过，有序疏散群众。

5月16日，根据救援情况，指挥部决定再次成立47人的救援队，第二次进入茶坪开展救援工作，另外43人组成第二救援队，组织被困群众有序安全下山。16日18时，成功将被困山中的500余名群众转移到安全地带。至5月17日8时，救援队解救被困群众250余人，转移群众2000余人。

7. 山东消防总队挺进茶坪

5月16日3时10分，山东消防总队抽调310名特勤队员组成第三批应急救援队到达安县，得知茶坪乡灾情极为严重，总指挥张家双主动要求到茶坪乡进行救援。部队驱车行进到晓坝镇五福村时受阻。张家双迅速召集指挥部人员召开紧急会议，决定组成30人的突击队，由临沂支队政委张玉升为队长，总队司令部战训处处长陈法胜为副队长，在当地向导的带领下，携带无线对讲机、安全绳、腰斧等救援器材和药品、食品、矿泉水等物品，先行进入搜集灾情，搜寻和救助受伤被困群众。

突击队在开进途中，在一处陡峭的山坡发现一队向外转移的群众，他们马上将突击队员分成三组，一组维护现场秩序防止滑落受伤，一组了解受灾群众大批向山下转移的原因，一组解下随身携带的安全绳，利用陡坡上的大树搭建3条通道，组织群众小心通过。突击队沿途通知受灾受困群众，劝说他们向外转移。指挥部集结剩余的200多名官兵，组成10个救援小组，实施救援接力。救援行动从5月16日早上持续到17日凌晨，将2400余名受灾群众和游客转移到安全地点。5月17日早上，官兵们再次行动，先后到达20个村社，全面搜寻被困群众，帮助380多名被困群众安全转移。

三、平武县

汶川特大地震中，平武因灾遇难3014人，失踪2647人，受伤32193人，受灾人口达到18.7万人，是极重灾县之一。尤其处在地震断裂带上的南坝镇、平通镇，损失特别严重。受命执行抗震救灾任务的14集团军77293部队，从昆明到达成都后，连夜向平武突进。54集团军71176部队、71811部队跨越数省，昼夜兼程向平武开进。武警绵阳市支队、泸州市支队、南充市支队、广安市支队、遂宁市支队火速奔赴平武灾区。四川陆军预备役高射炮兵师三团、达州陆军预备役步兵旅、广安市民兵应急队伍等民兵预备役救灾队伍奉命开赴平武灾区。湖南、广东、安徽、辽宁、河北等省地震灾害紧急救援队，紧急赶赴平武灾区。济南军区、南京军区医疗救护队，攀枝花市民兵医疗救护队，携带救护器材和装备，以最快速度奔赴平武。

（一）南坝镇

南坝镇是平武县的极重灾镇，受灾人数20063人，遇难1564人，失踪1人，受伤4500人，场镇75.82%的房屋倒塌。地震造成大面积山体滑坡、塌方，形成高危级文家坝堰塞湖。该镇与外界联系的唯一通道南坝大桥垮塌。

5月13日，武警绵阳支队60名官兵开赴南坝镇，是第一支进入南坝救援的队伍。13日下午，平武县人武部组织40名民兵作为抢险突击队员，为南坝镇送去第一批急需药品。13日晚起，14集团军高炮旅750名官兵、54集团军某团800名官兵、四川省军区预备役高炮师238名官兵纷纷驰援南坝；湖南、贵州、云南、河北、内蒙古等消防部队也紧急开赴南坝开展救援工作。

南坝镇中心小学两栋教学楼全部垮塌，6名教师遇难，200多名学生被废墟掩埋。5月13日，空降兵某部官兵突进南坝，从学校废墟中救出100多名学生。5月15日14时20分，内蒙古公安消防总队抵达南坝。现场指挥部决定先集中优势兵力，重点搜救南坝镇中心小学被掩埋师生。救援人员利用30米视频生命探测仪、音频生命探测仪、无齿锯、机动链锯、超重气垫、液压扩张组合工具等，采取打桩挖洞、依托梁柱缝隙挖进、由上而下逐层清理废墟等战术战法，争分夺秒展开营救。16时23分，挖掘出第一具遇难学生尸体，随后又挖出4具学生尸体。5月17日12时，南坝镇中心小学搜救任务结束，内蒙古消防官兵清理灾害现场近1万平方米，从废墟中成功营救7名被埋学生。

5月13日11时，四川陆军预备役高射炮兵师三团238名官兵到达南坝救援。作훈股长陈凯带领18名官兵组成的救援组，在当地群众引导下赶到南坝信用社，通过喊话确认废墟下有幸存者，即刻开展救援，其间发生7次余震，废墟下沉近1米，救援难度加大。余震一停，官兵们立即清理建筑垃圾，搬开砖头，确定幸存者位置，发现遮盖的水泥板周围有3块错乱重叠的水泥板和砖头。官兵们用大绳、钢钎拉开侧边水泥板，发现一个大约30多岁的男子斜躺在水泥板下，左手可以活动，右脚被水泥板压住，其上身几乎顶住水泥板，仅有10厘米的缝隙，墙体已回斜30度，与水泥板形成“人字形”。官兵们用3根钢钎固定压住他右脚的水泥板一侧，用4根木头钉成2个“丰字”支架分别放入

水泥板下，用3根长棒将水泥板固定，同时抬起水泥板将人救出。14时22分，陶忠军被成功救出。5月14日，预任排长李大章带领一排官兵，在一栋三层楼房的废墟里，经过4个多小时艰难施救，将幸存女孩何婷婷和她的婆婆刘定珍成功救出。同日，该团预备役战士刘小兵、刘小平兄弟俩从坍塌倾斜的居民楼里，救出一名被压五楼的老人。5月16日，刘小平和战友在废墟中发现12岁的刘渺渺和她奶奶，奶奶面朝上方，被8根钢筋卡住，渺渺在奶奶身下。刘小平查看情况后，让战友慢慢升起千斤顶，支撑住预制板，他用湿衣服将老人遮住，防止氧焊烫伤老人，锯开8根钢筋，成功救出祖孙两人。该团官兵在南坝救援中，用双手、钢钎、大锤、大绳、木棒、十字镐等简易工具，救出被埋压群众18人，挖出遇难者遗体136具。

5月14日10时30分，得知南坝镇信用社旁倒塌的民房下有人呼救，武警泸州市支队支队长林光友立即率21名战士赶赴现场救援，他们趴在断裂的水泥板上，用砖头边敲击边喊话，听见下面隐约传出微弱的声音。他们用木头支撑墙体，搬挪水泥板和砖块，由于没有专业救援工具，刨挖进度比较慢，1个小时才打开一个小洞，隐约可以看到幸存者的手和衣服。通过问话，得知被埋的是一位老大娘，幸运的是她的身体没有受伤，只是手脚被挤压在狭小的空间不能动弹。经过3个小时的艰难施救，官兵将老大娘成功救出。

5月14日晚，河北消防官兵对南坝镇淀粉厂职工宿舍楼进行救援，突击小分队通过生命探测仪在两栋相向倾斜的家属楼中，发现北侧四层家属楼最底层有生命迹象，迅速组织救援，3个小时后，被埋的一名女性露出半个身子，但一块大型水泥制板压住她的双腿，队员王传家一边安慰她，一边

图2-3-93 2008年5月15日，平武县南坝小学救援现场（向远木 摄）

努力将身体探近，采用起重气垫实施支撑，并将一根绳子拴在她的腰部，随着空间慢慢扩张，成功救出这名幸存者。5月15日7时，南坝电厂厂长找到河北消防官兵，请求帮助搜救遇难者。唐山支队特勤大队大队长牛爱文立即带领官兵赶赴现场。南坝电厂六层职工住宅楼在地震中坍塌。队员们用生命探测仪仔细勘探，突然收到有生命迹象的反应。官兵们立即行动，割断下层断裂的水泥制板，用大绳穿上钢管，12名战士合力扛移，层层剥离废墟，经过近4个小时的奋战，被困68小时的罗春燕获救。5月15日12时，在南坝镇卫生院坍塌现场，又救出被困70小时的冯定香。

5月15日8时30分，77293部队1营240名官兵组成的先遣队，经过8小时急行军，第一时间进入南坝镇石坎办事处救援，当天救出7名幸存者。5月17日，从废墟中救出3名幸存者。5月20日，该部官兵成功营救被困皮桃山八天八夜的62岁村民杜玉连。

各路救援力量在南坝镇救援中，先后从废墟中救出335人。

（二）平通镇

平通镇是汶川特大地震极重灾镇，351人遇难（其中学生159人），4016人受伤。场镇被地震夷为平地，平通中学荡然无存。交通、通信、能源、饮水全部中断。损毁农村民房6743间、场镇楼舍57.72万平方米，1653户居民无家可归。地震造成多处山体滑坡、崩塌，石坝村三家园村民小组被泥石流掩埋。

5月14日，武警广安市支队官兵驰援平通。15日5时30分，广安民兵应急营组织6台大型机械和100名民兵，负责打通九环线林家坝特大山体滑坡段，确保民兵应急营和救援大部队尽快进入平通镇。15日10时，广安军分区司令员杨令泉率广安民兵应急营进入平通。与此同时，54集团军某旅2259名官兵、达州预备役炮兵旅950名官兵进入平通并立即开展救援。

5月14日，武警广安市支队支队长李林麒率领官兵在平通镇中心小学废墟搜救。14时30分，官兵在倒塌教室的一角听到有微弱的呼救声，向废墟内呼喊，有微弱的回应声。清除墙角上面的残渣后，通过缝隙向里看，发现几块水泥板撑在未倒塌的墙角上，初步判定被掩埋者在墙角与水泥板形成的空间里。不能使用工具，官兵们就用手刨。16时40分，战士李尧顺着缝隙钻到里面，清除部分废屑，发现被掩埋的老师王晓军，他的腹部被压，上身和下身都可活动，生命体征良好，但身体已很虚弱。16时55分，官兵为王老师送去矿泉水和面包。17时20分，李尧和另一名战士龚招云再次进入狭缝，将王老师身上的连体砖块一点点掏出。17时30分，官兵们吊下背包绳将其拴住，一起用力将王老师拉出，被埋50小时的王晓军终于获救。

5月14日23时，武警广安市支队接到群众报告，该镇一幢坍塌的居民房中有被掩埋者，支队长李林麒率领30名官兵火速赶往现场实施救援。26岁的李卫国被杂乱的钢筋、木屯、混凝土覆盖，左腿骨折，身体虚弱，但头脑清醒。摸清情况后，官兵们打着手电，手刨肩扛，一点点将李卫国身边的杂物刨去，找来水和食物给他补充体力。23时40分，官兵们用千斤顶顶住横梁，用身体遮挡在李卫国周围，防止他被碎石再次砸伤。23时52分，战士张小军和张路将背包绳打成一个圈，套在李卫国的肩窝下，将他拉出废墟。获救的李卫国说，他的妻子还在里面。班长王代彬钻入废墟中，用手电筒照到被掩埋在床架下的1名女性，询问得知正是李卫国的妻子张婷婷。15日零时50分，张婷婷成功获救。

5月15日15时，达州陆军预备役炮兵旅进入平通镇，迅速到损失严重的明德小学、平通中学、邮政楼、桅杆村、平通社区等16个救援点开展救援。在桅杆村2组，官兵把孤寡老人张玉兰从危房中救出；在平通中学教学楼的废墟中，官兵挖出遇难者遗体2具。在前后三天的紧急救援中，官兵们先后抢救受伤群众30人，运送伤员450人，挖掘掩埋遇难者遗体125具。

5月16日11时左右，广安军分区司令员杨令泉率广安民兵应急营在平通镇清理废墟时，挖掘机保障人员突然听到时断时续的呻吟声，他们立即改为手工作业，用吊车移开倒塌的水泥预制板，民兵用手扒开乱砖杂物，救出一名年过七旬的老人。老人手脚均粉碎性骨折，多根肋骨骨折，被困4天滴水未进，获救后几次昏迷，医务人员对其进行紧急处置，立即安排救护车转送绵阳治疗。

在平通镇的救援中，各救援力量先后从废墟中救出幸存者177人。

第三节　空中救援

汶川特大地震发生后，绵阳市北部山区许多地方交通、通信完全中断，抢险救灾工作异常困难。其间，解放军陆航部队的空中救援力量发挥了重要作用。

2008年5月20日之前，向北川、安县、平武、江油等县（市）山区空投物资、转运伤病员及被困群众等救援工作，主要由绵阳市抗震救灾指挥部收集信息、编制需求计划，报四川省军地联合指挥部审定并下达命令后，由陆航部队派遣直升机从成都附近的机场起飞执行。

为更便捷、快速、近距离地开展空中救援工作，四川省军地联合指挥部决定将空中救援力量前移，在绵阳建立空中救援基地。经过短时间紧张准备，5月18日，绵阳市成立空中救援指挥部，由市委常委、市总工会主席王倩任指挥长。指挥部下设综合协调、机场指挥、交通保障、后勤保障、物资保障、药品保障、卫生防疫、安全保卫、宣传工作共9个工作组。5月20日下午，成都军区、济南军区、南京军区、广州军区陆航部队40多架直升机、590余名官兵先后转场飞抵绵阳机场，绵阳空中救援基地正式投入紧张的救援任务。

图2-3-94　2008年5月20日，抗震救灾陆航部队41架直升机转场至绵阳机场。图为停机坪一角

绵阳空中救援基地救援的范围包括绵阳、德阳、广元、阿坝等地区；救援任务包括直升机空投灾区急需物资，紧急营救人员，输送工程技术人员、卫生防疫人员，运送抢险工程机械等。至2008年7月26日，集结绵阳机场的陆航部队全部回撤归建。在历时两个月的空中救援中，陆航部队共出动直升机1200架次，累计救援灾区群众13万多人，运送物资720余吨，运送人员5250人次。同时，陆航部队还参与了唐家山堰塞湖抢险工作，出色完成运送抢险作业官兵、专家技术人员和抢险物资等工作。

一、营救33名技术专家

5月17日8时，成都军区某陆航团接上级通报，中国工程物理研究院33名技术专家被困某山谷中，情势危急。团长赵理准带领703机组从绵阳机场起飞，紧急执行救援任务。

某山谷约18公里长，谷内天气变化快、跨山高压线多、转弯角度大，且山高谷窄，雾霾笼罩，能见度不足1.5公里，根据航图无法准确地判断地形。直升机沿谷底保持300米的高度飞行，进入山谷约5公里处，气流扰动瞬间增大，直升机左右颠簸厉害，机组被迫返航。直升机返回绵阳机场，机组人员与院方人员总结交流飞行情况。当晚，院方借调、复印了该山谷详细的地形图，在地图上对沿线高压线的分布情况进行标注，同时还组织人员下载山谷的三维立体图，为机组详细研究山谷地形提供条件。

5月18日11时，703机组接到山谷内气象通报，天气转好趋势明显，能见度接近3公里，全体人员再次投入战斗。11时20分，直升机再次起飞，按原航线直抵山谷最深处的着落点成功着陆，第一批等待救援的16名专家登上直升机。至17时50分，703机组连续飞行3个架次，将33名技术专家全部救出。

二、运送水利专家组首飞唐家山堰塞湖现场勘察

5月21日凌晨，某陆航团700机组接到上级命令，运送水利专家到唐家山堰塞坝进行水文监测和地形勘测。从绵阳机场到唐家山，空中距离60多公里，航程空域陌生，地形复杂，气象条件恶劣，高压电网密布。8时，机长杨宏阁驾驶直升机搭载15名水利专家飞抵堰塞坝上空，堰塞湖一片汪洋，坝体单薄，堰塞坝上只有一个不足3平方米大的小土堆，直升机只能实施单轮着地悬停。杨宏阁操纵直升机缓慢前移、缓缓下降，左轮触到地面。机械师穆永厚打开舱门，将专家们安全送达，完成首架直升机飞抵唐家山堰塞湖的任务。

三、为俄罗斯米-26直升机开辟空中航线

5月22日，某陆航团机长杨宏阁带领700机组受领命令，驾驶直升机紧急升空，搭载3名俄罗斯机组人员和数名中方专家飞向北川擂鼓镇。直升机着陆后，机组人员和专家们进行实地勘查，确定擂鼓镇开阔地作为停放大型机械、吊装机械地点。随后，直升机再次升空，向唐家山飞去。飞行中机组人员发现山梁上有两根高压线纵横交错，直接威胁到直升机的外挂货物飞行。杨宏阁把这个情况立即通报给地面指挥员，有关方面迅速处理了高压线。

当日，机组还送俄罗斯机组人员空中勘察老鹰岩、文家坝等多处形成的堰塞湖，确定米-26直升机的着陆点，以制定米-26直升机吊装机械的飞行方案。5月23日，俄罗斯飞行员驾驶米-26直升机沿着这条空中通道，陆续地将数十吨重的重型机械运到堰塞湖大坝。

四、冲破高原飞行极限解救12名羌族学生

5月31日11时55分，某陆航团接到成都军区抗震救灾联合指挥部命令：唐家山堰塞湖上游漩坪中心小学12名羌族学生被湖水围困，情况危急，速前往救援。当时，在机场待命的直升机，其性能理论上只适合平原和海上执行任务，机组人员没有任何高山峡谷的飞行经验。王勇飞带领直升机迅速升空，在海拔3000多米的高山峡谷中穿行，40分钟后，飞抵成为孤岛的北川县漩坪乡上空。被困在湖水中的12名学生，不停地摇动着双臂，向直升机高喊。机组人员搜索近20分钟，在一处倒塌的房屋旁发现一个可供着陆的土堆，经过10多次尝试，直升机成功着陆。机组人员快速把学生一个个抱进机舱，顺利送达安置点。

第四节　搜救转移被困群众

一、进村入户搜救

5月17日，中共中央总书记、中央军委主席胡锦涛在考察四川地震灾区时，要求救援部队尽快“进村入户”搜救被困群众。5月18日，中央军委领导在成都军区联合抗震救灾指挥部主持召开抗震救灾工作会议，研究贯彻落实胡锦涛关于“进村入户”的指示。同日，成都军区联指下发通知，要求各任务部队务必在5月19日14时28分前进入责任区的所有受灾乡村，一村一户地全力搜救受灾群众。

5月19日，成都军区司令员李世明带队在北川县坝底乡水田村和陈家坝乡双堰村检查部队“进村入户”搜救情况，看望慰问受灾群众和部队官兵；成都军区政委张海阳带队在平武县南坝镇及青川县乔庄镇、孔溪乡检查部队“进村入户”搜救情况，看望慰问救灾部队官兵和民兵预备役人员。至当日14时20分，第四、第五责任区抗震救灾部队及民兵预备役人员全部进入绵阳市重灾县（市）的重点乡镇及所属行政村、社区，全面展开搜救工作。

（一）部队进村入户搜救

1. 95900部队

5月14日，在平武县执行救援任务的空降兵95900部队，派出一支10人小分队，对平武县石坎方向进行灾情侦察，成功转移受灾群众30人。5月18日，副团长刘宝成带领某连38名官兵，历经18个小时，徒步往返60余公里，翻越6座大山，到达平溪村林家山、郑家山，成功解救被困群众60余人。参谋长邓明忠带领某营68名官兵，由南坝镇出发，沿党家沟、洪溪村、龙岩村、观凤村方向，翻越5座海拔1500米以上的大山，徒步行军20多个小时，行程80多公里，途经10多个自然村，解救出9个自然村被困群众167人。5月23日，团长刘甫涛带领7个连95人组成的党员突击队，沿新道口、金林村向兴隆村实施搜救，行程55公里，成功解救被困群众38人，并为村民运送部分物资及药品。

图2-3-95　2008年5月17日，救灾部队为江油偏远乡镇运送救灾物资

2. 77293部队

5月15日13时15分，紧急驰援绵阳的成都军区77293部队第3梯队官兵在向绵阳开进途中，接到成都军区抗震救灾联合指挥部命令：选派精干力量，火速赶赴成都凤凰山机场，赴平武县白马乡、黄羊关乡、虎牙乡、泗耳乡、木座乡、土城乡等6个失去联系的藏族乡镇执行勘察灾情任务。该部政委游光明立刻挑选人员，组成65人的侦察小分队，16时20分，65名官兵乘坐6架军用直升机飞赴平武灾区，当天下午，分别机降在平武县6个藏族乡。着陆后，官兵们克服余震不断、道路塌方、补给断线等困难，迅即展开拉网式搜救排查。经过两天两夜的艰苦跋涉，官兵共搜索30多个村寨，将“孤岛”信息传递给上级，为上级部署救灾兵力赢得宝贵时间。

5月15日，77293部队某营240名官兵组成的先遣队，经过8小时急行军，进入南坝镇石坎办事处救援。5月16日，从废墟中救出7名幸存者；5月17日，救出3名幸存者。5月19日，官兵得知62岁村民杜玉连在地震发生的5月12日上山放羊，地震造成山体大面积滑坡，山体四周全部形成断崖，通往山下的道路全部阻断，老人被困山上长达8天，生死不明。部队组成20余人的营救小分队，在村民的引领下上山营救，在600多米的断崖上攀登9个多小时，历经大小余震12次，终于在次日清晨将受困老人找到，并于当晚将老人救下山，送到临时救治点。截至5月19日，官兵们在石坎搜救生还者28人，转移救治群众千余人。

3. 77136部队

5月15日15时，正在北川县城执行救援任务的77136部队接到命令：组织小分队，探明北川青片乡灾情，执行紧急救援任务。该部决定，由坦克某营营长高国盛率12名官兵组成救援分队进入青片乡。16时50分，救援分队机降到青片乡羌王寨，他们迅速与当地党委、政府取得联系，组成由青片乡党委书记蹇斌任总指挥，高国盛任副总指挥，各乡党委书记和副书记为成员的涵盖青片乡、白什乡、马槽乡、墩上乡、坝底乡5个乡的青片河任务区抗震救灾联合指挥部，下设通信联络、道路疏通、医疗救护、抢险应急、后勤保障、宣传动员、治安巡逻、旅客疏散等8个工作小组，按照“不掉一户、不漏一人”要求，救援分队在当地干部的协助下，2天内走访5000多户2万余名受灾群众，了解掌握灾情。

针对乡村道路严重破坏、乡与乡之间通道严重堵塞的实际，救援分队及时协调挖掘机等机械，抢修疏通青片至墩上到茂县道路40余公里。针对受灾群众生活必需品紧缺、基本生活保障困难的问题，救援分队在对外联络不畅的情况下，采取通信人员携带灾情报告徒步行进的方式，及时向上级报告情况，通过成都军区联指协调直升机空投食品、饮用水和药品等生活必需品。组织受灾群众就地取材、搭建简易住所。救援分队积极请示协调某陆航团直升机，将孕妇和重病患者及时送出山外接受救治。

4. 71426部队

5月15日深夜，71426部队第一梯队到达平武县平通镇后，得知豆叩镇交通、通信中断，2万余名群众被困、生死不明，副参谋长宋卫兵率部连夜向豆叩镇进发。行进道路上，20余公里的山路悬在半山腰，7处塌方，2座桥梁断裂，伴随余震，时有山体滑坡，险情不断。在一处山体滑坡路段，数十吨重的巨石截断道路，紧邻道路的是50余米深的断崖。面对生死考验，官兵用手抠着石缝，挪着碎步通过。经过9小时的艰难行军，官兵到达豆叩镇，从废墟中搜救出受伤群众8人，转移被困群众242人。

5月19日，71426部队得知锁江羌族乡凤阳、两河、水口3个村有95名群众因山体垮塌被困，组织60名官兵编成3个搜救转移组，兵分3路，徒步强行军12小时，搜救被压埋生还者2人，将被困群众全部转移。

5. 77225部队

5月16日，77225部队到达江油灾区后，立即派出3个营800余名官兵，采取“小群多路”的方式深入受灾严重乡村，展开排查搜救行动。枫顺、敬元、六合3个山区乡在地震后道路阻断，音讯不通，江油先后3次组织人员徒步进山搜救均失败。16日11时，该部副政委张为府带一个营和一支保障分队，向江油市受灾最严重的北部山区机动。13时，枫顺乡党委书记文助长一行6人找到行进中的队伍，主动要求为部队当向导，张为府抽组259名官兵向枫顺乡突进。17时50分，官兵到达枫顺乡。与此同时，该部政委郑璇和带着另一支突击队翻山越岭，肩扛背驮食品、药品、彩条布等急需物资，先后进入六合乡、敬元乡。5月17日10时，3个山区乡搜救任务完成，300多名被困群众脱险。截至5月17日22时，部队排查搜救范围达到40个乡镇、340个行政村，占江油市477个行政村的71.2%，搜救出生还者3名。5月19日13时，部队按统一部署，进入江油市全部477个行政村，开展进村入户救援行动。各分队与任务乡、镇、村建立联合指挥关系，协助乡村救灾解困，恢复生产生活。

5月24日上午，该部汽车营排长牛玉新带领7名突击队员，在大康镇旧县村排查险情时，发现残疾人先宇顺家的帐篷搭在自家危房旁，立即上前动员搬移。这时，余震发生，砖块瓦片不停往下掉，牛玉新迅速背起双腿残疾的先宇顺往外跑，接着返回以最快的速度抱出小孩，这时，危房屋顶坍塌。牛玉新与协助救援的士兵冯志伟返回搜寻，危房一侧的围墙突然垮塌，牛玉新一把将冯志伟推开，自己躲闪不及，被一根断木击中面部，身负重伤。

6. 71309部队

5月18日至19日，71309部队北川县陈家坝乡抗震救灾突击队在政委汪应斌的带领下，在命令不详、灾情不明、险情不断情况下，连续奋战48小时，出色完成太洪村抢险救援工作。

太洪村常住人口710人，所有社（组）均分布在高山深处，群众大都居住在山腰或山顶，房屋倒塌严重，有3个社（组）因山体滑坡被掩埋。此时，余震频发，山体滑坡不断，部分通向社（组）的道路塌方，形成陡崖绝壁。153名官兵到达太洪村后，在村干部和当地群众的引导下，分三个方向同时展开行动，对所辖社（组）进行逐户拉网搜救排查。第1小组4[illegible]名官兵徒步14公里，翻越海拔2000米以上的高山2座，到达太洪村大湾组。该组共有17户人家，有15户人家被山体掩埋，剩余2户房屋全部倒塌，2个村民正在挖掘。当了解到有5人被埋可能有生还者后，官兵迅疾轮番进行挖掘。12时30分，被埋的5人全部被挖出，但均遇难，在征得村干部和家属同意后，官兵对尸体进行消毒、掩埋。第3小组56名官兵在村民的指引下，向地势非常偏僻的太洪村玉山组方向搜寻，15时50分到达玉山组，并迅速展开搜救行动，全组共有18人失踪，幸存64人，其中有2[illegible]人不同程度受伤。救护组及时展开救助，官兵将自己随身携带的干粮全部分发给灾民，并利用山上的竹子制作简易担架，用于转运伤员，18时25分，64名受灾群众全部被解救转移至太洪村安置。

5月27日，71309部队得知，坝子乡天童村因余震引发山体滑坡，居住在山上的4户人家情况不明。部队派出50人火速赶往现场组织搜救，经现场勘察了解，4户居民中2户房屋倒塌，住在房前简易帐篷内的2人受伤。当晚，官兵将受伤的2人转移至坝子乡卫生院进行治疗，并将其余3户转移至安全地带。部队连夜对周边村（组）进行拉网式排查搜救，历时5小时，排除险情15处，转移群众23户95人。

7. 77226部队

5月19日8时，77226部队接上级命令：挺进“孤岛”安县茶坪乡，逐村入户搜救被困村民。该部立即组建160人的突击队，每人背负40公斤给养物资和器材，徒步9小时进入茶坪乡。此时，茶坪乡受灾群众大多数已转移，仅剩下逃进山林的村民和不愿离开的孤寡老人，分散在十几个村中。部队领导要求，再偏僻的山村也不能落下，一个受灾群众也不能丢下。21日下午，一支20人的小分队到达最偏远的白果坪村，在倒塌的房屋边找到一名72岁的瘫痪老大爷，并在倒塌的房屋下面帮他挖出2.7万元的现金。官兵又在树林里找到一名中年男子，废墟里压着他家2万多元钱，他自己扒了几天没找到，便躲在附近守着。按照男子所指地方，官兵挖掘2小时，帮他找到全部现金。在该村3天，官兵搜救被困群众13名，分批转移群众58人。

5月22日，突击队和茶坪乡场镇的粮食所剩无几，必须组织滞留群众向山外转移。突击队决定：战士继续坚守，让老百姓撤离。突击队派出5名官兵，带领群众向山外转移，其余官兵留下来处理已经腐臭的遗体。没有防化服，他们把毛巾打湿，遮住口鼻，再罩上口罩，一个地方一个地方地清理废墟、焚烧杂物、掩埋遇难者遗体和动物腐尸，1名随队军医、2名卫生员喷洒消毒药。156名官兵在茶坪乡坚持四天四夜，完成任务后相互搀扶着安全撤离。

8. 71811部队

5月19日至22日，71811部队装备部出动兵力260人、运输车8台，携带土木工具和救生器材若干，在平武县海拔2600余米的龙王包，连续奋战4天，搜救、转移被困群众1[illegible]人，挖掘遇难者遗体1具。

5月19日，71811部队修理营260名官兵成功进入龙王包后山，将3[illegible]名被困群众和20名受伤群众逐一找到。16时50分，104名群众被送出龙王包。20时20分，所有人员安全抵达205省道旁临时安置点。5月20日，部队出动200人二上龙王包，搜寻5名失踪人员。据了解，5名群众均在龙王包附近劳动时失踪。指挥员把每10人编成1个小组，共编成20个搜索小组，将龙王包划为20份，每一小组负责1份，形成包围圈，采取“地毯式”搜索。14时25分，部队行至距龙王包顶峰300米山体滑坡处时，发现4名失踪者遗物，现场判断，4人已被深埋于山体下，无法挖掘。另一名失踪者的遗体被找到，经村干部及家属辨认，依当地风俗安葬。

9. 71366部队

5月19日，71366部队坦克一营在平武县水晶镇文凤村搜救时，得知78岁老人刘云壁因余震导致房屋倒塌可能被困。副部队长赵正涛立即带领坦克一营30人前去搜救，并命令卫生队派出救护车接应。官兵抵达刘云壁倒塌的房屋时，听到废墟中有断续呼救声，迅速清理废墟，将刘云壁老人救出。随后，又将刘云壁老人的两个家人救出，战士们将3人用担架运送下山，送到救护车上进行救治。

5月19日，71366部队装甲步兵营48名官兵在平武县木座藏族乡执行排查搜救任务时，发现一处采石场有13名民工被困，他们迅速组织救援。为防止再次塌方，官兵采用手工挖掘，将13名被困7天的民工全部救出。

5月20日深夜，71366部队一支突击分队进入南坝镇兴隆村查看灾情。在村民向导的带领下，官兵经过3个小时的搜救，将零星困于山中的15名成年人、3名儿童转移至安全地带。5月21日，部队决定加强搜救力量，组成37人的党员突击队，进一步补充搜救器材和救灾物资，再次前往兴隆村执行搜救任务。22日一大早，党员突击队从古城镇出发，中午抵达兴隆村附近，立即展开搜救行动。到第二天上午，他们在兴隆村周边成功救出75名被困群众，并历时8小时，徒步30余公里，将一名腰腿严重受伤、伤口已感染的妇女紧急送出山，并迅速转送平武县医院治疗。

5月21日，接群众报告，距水晶中学西南600米处，一村民因躲避山体滑坡掉进山沟。18时8分，71366部队坦克三连到达出事现场，发现该村民多处受伤，陷入昏迷状态，连长成国祥立即组织人员把老人救出，送往水晶镇卫生院抢救。

5月22日，71366部队坦克三连接平武县黄羊关藏族乡请求，派人上山搜救5名采药未归的藏族村民。副部队长赵正涛带领83名官兵执行搜救任务，经过两天的搜寻，于23日下午找到5名被困山上的村民，并成功营救下山。同日，该部坦克七连在阔达藏族乡旧庄村执行搜救任务时，得知村民何安福（88岁，藏族）和其老伴在下山途中，被山体滑坡的碎石埋住，战士们冒着山体滑坡的危险上山搜索，在距山脚1.5公里的山腰发现老大娘，并将压在碎石下面的老大爷挖出，经简单包扎后，将其背到山下接受进一步治疗。同日，该部坦克九连在阔达藏族乡与水晶镇交界处的筏子头村执行搜救任务时，发现一名老人（曹顺书，女，61岁）被埋在倒塌房屋下，官兵立即将老人救出，经简单包扎后，官兵轮流背12公里，将其送到救护站进行救治。该部工兵连在对旧堡羌族乡双泉村进行搜救时，发现一家祖孙三人被困于山腰上一孤立的木质结构房屋中，房屋局部倒塌，门窗被封死，经过四十分钟营救，终于将祖孙三人救出，其中老大爷头部被砸伤，伤情较重，官兵立即将其背至山下旧堡羌族乡卫生院进行救治。

5月24日，71366部队修理连在古城镇桑坪村执行排查搜救任务时，接到群众报告称，4公里外的涪江河右侧山顶上有户人家，近日因山体滑坡，上山道路被毁，一直未见他们下山。指导员李永前立即派代理排长张丙立带18人前去搜救，9时30分到达山顶，发现有一房屋局部坍塌，一中年男子右肩被屋梁砸住，无法脱身，官兵迅速将其救出。

10. 71892部队

5月21日，71892部队坦克二营前往平通镇椒子山村执行“进村入户”搜救任务，用镰刀和铁锹开路前进，翻越椒子山，12时37分，作为震后第一支救援队抵达村口，即刻采取逐村逐寨、逐户逐人排查登记方式展开搜救。一名孕妇受余震惊吓，即将早产，家中无人照看，情况危急，连长张平率10人突击队，边行动边报告，利用竹竿、棉被制作简易担架，5人一组，轮番抬运，与前来接应的卫生队官兵会合，将孕妇辗转送至江油市人民医院，于当晚顺利分娩一女婴。经过4个多小时的连续奋战，该村李家湾组21户97名受困群众被成功转移安置到安全地带。

5月24日，椒子山村受持续强降雨影响，村民多处临时安置点告急。6时，坦克二营派出120人的险情排查队，8人一组，携带土木作业工具，分赴该村10多个重点部位拉网式排查。他们采取回填土石、开挖导流渠引流和预先开挖的方法，处理山体裂缝2处，清理有滚落征兆的危石110多块，搭设加固帐篷66顶，转运物资2000余件，消除安全隐患。

（二）民兵进村入户搜救

绵阳军分区集中北川、三台、盐亭、梓潼县民兵，在北川县擂鼓镇、陈家坝乡、禹里乡等乡镇展开搜救被困群众和伤员工作。平武、安县、江油民兵进入所在县行政村社展开搜救工作。绵阳军分区协调来绵参加救援的内江、宜宾等6个军分区民兵营和四川预备役师、达州预备役旅分别进入任务所在乡镇、村社展开密集搜救。在进村入户搜救行动中，共投入兵力3970人，搜救、转移被困群众1.13万余人。

北川县人武部发挥熟悉地情的优势，先后协助6支救援部队1200名官兵完成20个乡镇的搜救任务。漩坪乡等6个乡（镇）116名灾民被困在海拔近3000米的深山里，县人武部部长罗登华带领一支10人的民兵突击队，利用攀登绳，翻山越岭，冒雨徒步穿越12小时，为群众送去急需的粮食、衣物、药品和帐篷。县人武部参谋黄安华带领5名民兵，翻越3座大山，历时16个小时，进入北川县最偏僻的都坝乡，就地找来废旧木料和彩条布，为60多名村民搭建近200平方米的简易防震棚。

5月19日8时，在北川参加救援的三台县民兵应急分队，分成4个小组，携带食品、水和急救药品，徒步进入曲山、擂鼓、陈家坝等4个乡镇进村入户搜救，并及时将灾情上报绵阳军分区北川前线指挥所。至19时，4个组共调查18个村，走访每个村在家的群众，对21户特困户进行救助，对32名受伤村民进行急救包扎。

安县人武部组成40人的民兵突击队，携带药品、粮食和救援工具，徒步近10个小时，为茶坪乡被困群众送去急需药品15件，食品20件。内江军分区民兵营从安县晓坝镇中心村向周围村庄开辟道路，进入中心村、关心村、五福村和秀水镇，为灾民搭建帐篷，帮助抢收庄稼。宜宾军分区民兵营进入安县桑枣镇香溪村、飞龙村等8个村，为村民清理房屋废墟，清理学校校舍，抢运粮食，巡回医治678人，抢救重病人16人。

平武县人武部配合部队“进村入户”，组织民兵扩大救援面，协助地方政府安置受灾群众4600余人，紧急转移群众3800余人，帮助群众拆除危房4006间，紧急避险1079户，搭建帐篷1405顶，搭建简易住所1177间，运送物资73.6吨。县人武部政工科科长杨杰带领22名民兵突击队员，每人背负20多公斤物资，与部队100余名官兵共同行动，前往石坎、水观等地搜索。两天两夜救治伤员17人，转移被困群众182人。达州陆军预备役炮兵旅官兵突进平通镇周边村社，先后出动3200余人次，进入9个村43个社，抢救受伤群众30人，运送伤员450人，转移群众800多人次。该旅还进入平南羌族乡和平通镇拱桥村、明阳村等12个村，为受灾群众运送救灾物资。攀枝花军分区两支医疗小分队分别进入平武县3个偏远村镇和安县5个村，搜救伤员，送医送药。

江油市人武部组织干部职工和民兵165人，到受灾严重的乡镇开展抢救人员、运送伤病员、疏散转移群众、发放救灾物资等工作。基层武装部积极发动民兵，在40个乡镇的477个行政村抢收小麦、油菜等农作物4600余亩，抢种水稻5300余亩。

二、转移被困群众

（一）北川县

1. 77289部队转移漩坪乡被困群众

5月14日下午，从漩坪乡走了一天一夜山路出来的一名村民向北川县抗震救灾指挥部报告：漩坪乡部分灾民房屋已被大水淹没，湖水马上就要淹到乡政府，数万名群众被困山中，急待救援。北川县抗震救灾指挥部迅速核实情况，并向14集团军求援，该集团军当即命令77283部队迅速组织救援。当晚22时14分，77283部队所属77289部队收到迅速赶赴漩坪乡解救被困群众的命令，部队长邓长城带领513名官兵，连夜向漩坪乡开进。15日6时10分，部队到达北川县城，邓长城决定，抽调200人组成突击队，由某营营长刘洋带领挺进漩坪乡，其余官兵在县城及周边村组展开搜救。

突击队强行军12个小时，沿着像线一样的山脊翻过7座大山，于15日20时12分到达漩坪乡，迅速与乡政府取得联系，组织官兵在场镇搜救，并组织4支军民混编的分队向偏远村落突进。16日4时35分，4路分队扶老携幼全部返回场镇。5时30分，组织群众向外转移。针对老人、小孩及受伤人员多，还有部分危重病人和孕妇的特殊情况，突击队采用“梯队护送，尖兵开路，老人在前，分段搀扶，重点保障”的办法，分成4个梯队，成一路纵队向北川县城方向转移，当天分4批陆续转移到北川县城。17日12时，突击队带领瓦厂村及周边灾民1000余人翻越7座大山，徒步28小时抵达北川县城。3天时间，该部分5批转移漩坪乡及周边乡镇群众1.4万多人。

图2－3－96　2008年5月18日，直升机转移被困群众

2. 吉林消防官兵转移桂溪乡被困群众

5月14日，吉林消防突击队在北川县九皇山风景区执行搜救任务时，发现位于景区内的桂溪乡永城村100多名村民被困，与外界失去联系，村里停水、停电、通信中断，房屋受损严重，不能居住，大部分村民2天多没有吃饭和喝水，存在不同程度的伤病。村内已有4人遇难。17时47分，突击队将永城村受灾情况向地方政府和九皇山风景区进行沟通汇报，并与绵阳市政府取得联系，决定采取有效措施实施营救。绵阳市政府派出4辆卡车到达风景区山下。突击队选派30名救援人员，给被困村民送去食品、饮用水、药品等，并连夜组织撤离。为避免余震造成山上滚石袭击，救援人员决定走山间小路撤离，每10名村民为一组，由1名消防队员进行护卫，举着强光手电照明，不断告知脚下路面情况。23时20分，经过近4个小时的艰难跋涉，116名被困村民被成功转移到山下。

3. 77289部队解救小寨子沟被困游客

小寨子沟自然保护区位于北川县西北部的青片乡，距离县城近100公里。地震后交通、通信全部中断。5月17日，77289部队受命赶往青片乡，解救被困于自然保护区的中国旅行社夕阳红旅行团。14时40分，80名官兵组成的救援分队从北川县城出发，沿禹里、白石方向朝青片乡开进。18日10时到达青片乡，迅速查明该旅行团成员216名，20多人受伤，无遇难人员。官兵通过卫星电话与指挥部取得联系，要求增派直升机空投药品、饮用水和干粮。11时30分，被困五天五夜的旅行团成员全部被成功转移。

4. 宁夏消防官兵解救陈家坝乡被困村民

5月16日14时12分，在北川县陈家坝乡执行搜救任务的宁夏消防救援队第三分队，发现有村民被困于一处山洞内，立即向指挥部报告。副总队长、救援队队长傅建贞当即指派副队长吉海滨带30名队员，携带工具、食品、饮用水火速前往救援。经两个小时的徒步行进，30名救援队队员与第三分队会合，迅速将被困山洞的38人成功救出，并转移至安全地带。

5月17日，宁夏消防救援队接到群众求助，九龙山有人被困。15名救援队员火速奔赴现场。九龙山由大大小小9座山峰组成，据一位村民介绍，被困村民很可能在海拔1300米的最高峰龙头山上。由于大地震使山体大面积滑坡，无路可走，救援队员背负器材，在陡峭的滑坡山体上跋涉，40分钟后，登上山顶，找到一名65岁的被困者，并将其救下山。

5月17日上午，宁夏消防15名官兵对陈家坝乡西北方向实施搜救时，接到群众求救：大竹村有村民被困，生死不明。救援队派出5人组成的突击队，在村民的带领下，前往事发现场侦察搜救。12时2分，将被困120小时的69岁老人赵富贵从废墟中抢救出来。

5月19日上午，宁夏消防救援队指挥部接到村民的反映，陈家坝乡樱桃沟村有位老人被困已经7天，请求消防官兵施救。指挥部立即派出28名队员上山救援。经过7个多小时的跋涉，先后翻越5座山头，终于到达现场。在一间局部倒塌的房子内，找到被倒塌的墙体压住的老人，老人神志清楚，能开口讲话，救援队马上清理障碍，成功解救被困七天七夜的老人。

5.泸州军分区民兵解救被困孕妇

北川县一名临产的孕妇被困在县城至漩坪乡6公里处的一个山顶上，几次营救都因余震未能成功。5月17日，泸州军分区司令员范良带领23名民兵和医务人员组成的民兵应急分队，紧急前往救援，徒步强行军3小时，终于找到被困孕妇李梅川。救援人员在陡坡上搭起一条绳索，队员顺着绳索一字排开筑起一道保护墙，让李梅川踩着队员的脚尖行进。历经6个小时，李梅川成功脱险，并于两小时后顺利产下一名男婴。

图2-3-97　2008年5月13日，北川县城外，救援官兵合力转移获救地震伤员（杨卫华　摄）

6. 北川县人武部解救被泥石流围困村民

6月14日凌晨，北川县擂鼓镇茶房村、大田村发生大面积滑坡，村民被泥石流围困。北川县人武部组织40多名干部、职工和民兵前往救援。进出村的所有道路被泥石流堵断，救援民兵用锄头和铁锹在陡坡上开出一条临时便道，将第一批90多名村民转移到安全地带。当日12时25分，救援民兵赶往另一个滑坡点，被湍急的干溪河阻断。他们找来废弃的钢丝绳、钉耙等物，将钢丝绳固定在河对岸的巨石上，8名民兵借助竹排架和钢丝绳将被困的137名村民安全转移出来。

（二）安县

1. 77296部队转移高川乡被困群众

5月15日，77296部队政委江水清率领1200余名官兵，从一条马帮曾经走过的废弃的古道向高川乡突进。部队到达高川乡后，迅速向各村社搜索，历时5个多小时，把72名重伤员和高龄老人全部集中到场镇。5月16日，在高川乡通往山外沸水镇的56公里的生命通道上，部队官兵上演一场生命接力的感人故事。由于路线长、道路险、时间紧，官兵们体力消耗极大，他们采取分段布兵、流水作业、接力抬送的方式，每几百米设一个点位，每个点位4~8人，作为一个担架"接力组"。为尽量将伤员抬平，防止造成二次伤害，下山时，前面的人拼命地把担架抬高，后面的人则尽量地把担架放低。

因山高林密、通信不便，该部采用"鸡毛信"的原始办法传递命令、指示。5月16日12时左右，江水清接到一封鸡毛信："天池1组伤者10人左右，其中有一位103岁的老人，请政委务必组织人员将其救下山。"江水清迅速组织党员突击队，挑选8名体力充沛的官兵赶往天池村，将103岁老人救出。步兵一连连长张绍发在一个废墟旁发现一位刚刚分娩一天的妇女，由于几天没吃没喝，加上产后无人护理，已经非常虚弱。官兵把婴儿用大衣裹上，并找来被子放在担架上，把产妇固定在担架上，迅速组织人员将母女抬下山。

5月19日12时，江水清带领该部装甲步兵营233名官兵，二进高川。19时，13名先遣队员翻越天台山，进入高川乡新桥村。20日12时，被困长达七天七夜的村民全部安全转移。

2. 转移茶坪乡被困群众

地震发生后，安县抗震救灾指挥部从北川、平武的受灾情况推断茶坪这一山区乡灾情应该特别严重，紧急救援十万火急。5月13日，指挥部迅速决定组织抢险队配合部队立即对茶坪实施强援。县委常委、县总工会主席朱元光临危受命，担任茶坪抢险分队带队领导。接到命令，他当即率队赶赴晓坝，准备向茶坪挺进。由于当日下大雨，通往茶坪的道路因山体垮塌完全阻断，山上流石不断，山里情况不明，突进救援行动被阻。灾情严重，不能再等。14日晨，朱元光决定带领抢险分队冒雨徒步向茶坪挺进。抢险队艰难地在流石形成的陡坡上攀登，一路上余震不断，山上飞石不时下落，随时威胁着抢险队员的安全。12时，抢险队到达长青桥，由于前方山体严重垮塌，根本没有道路可寻，突击行动再次受阻。正在突击队四处探路时，14时30分左右，首批从海拔2000多米的山道弃家舍命逃离出的茶坪群众走到这里，并带出了茶坪乡党委书记的“鸡毛信”。由于地震引发严重山体滑坡，茶坪交通、通信、电力全部中断，伤亡惨重，6000余人被困“孤岛”。面对如此严重灾情，朱元光果断下达命令：自己带领5人组成的先遣队继续向茶坪挺进，其他队员驻扎长青桥建立救助点，迅速开展群众救援安置和转运工作。15日1时，先遣队经过艰难跋涉抵达茶坪乡政府。到达后，立即展开工作，研究制订救援工作方案。

图2-3-98　部队官兵突进“孤岛”安县高川乡，带领群众向山下转移

5月14日21时20分，第一支进入重灾区茶坪乡救援的部队——四川绵阳军分区司令员刘保健和政委李荣贵带领的600名民兵预备役人员到达通往茶坪乡的必经之地晓坝镇。通过了解得知，因地震引起山体滑坡形成一个高150米、宽100米、长200米的大坝将进入茶坪的公路掩埋，河流积水从大坝至茶坪乡公路沿线形成5个大小不等的堰塞湖。要进入茶坪，就必须翻越一座海拔2842米的横梁子山。该山地势险峻，攀爬过山极度困难，以前仅有少数采药的山民走过。从茶坪乡翻越高山、穿越树丛逃出来的灾民处得知，茶坪乡有很多伤员因无药救治而死亡，几百个生命等待药物抢救，

几千名群众每人每天仅能喝上一小碗米粥。药品告急，食品告急！

茶坪乡受灾群众急需救助和转移，部队早一分钟到达，他们生还的机会便多一分希望。但若涉险通过，官兵出现伤亡，削弱救灾力量怎么办？刘保健和李荣贵立即组织召开临时党委会。直至4时，指挥部决定，抓紧时间准备，部队翻山进入茶坪乡。

15日6时，李荣贵便带着3名官兵冒着余震塌方的危险，勘察进入茶坪乡的路线，提出了兵分三路向茶坪进发的方案。8时，刘保健和李荣贵一道组织部队向茶坪乡进发，翻越海拔2842米的横梁子山。地震导致山体大面积滑坡，有的地方陡峭险峻，李荣贵带领官兵开辟道路，他用铁锹挖出云梯，官兵手脚并用往上爬；有的地方裂出一米多宽的裂痕，眼看就要坍塌；有的地方两面山体滑坡最窄处仅1米，官兵们一步挨一步地移过去；有的地方上面是近80度的山坡，下面是万丈深渊，官兵就用绳索攀爬。历经9个多小时的艰难险阻，李荣贵与400多名突击队员终于开辟了一条通往茶坪的生命线。

部队到达茶坪乡，看到灾情比预想的还要严重，场镇街道一片废墟，95%的房屋倒塌，老百姓神色慌张，到处是呻吟的伤病员。刘保健顾不得休息，连夜召开军地联席会研究救援

图2-3-99　2008年5月13日，北川县城，救援官兵接力转移获救伤员

方案，并与先期到达的县抢险救灾救援队会合商讨。茶坪乡被困的几千名受灾群众食品、物品严重短缺，部分重伤员急需药物救治。官兵立即抢救伤员，把带来的食品、药品分发给群众，但食品、药品有限，重伤病员急需转移。李荣贵当即用部队带进山来的卫星电话向上级反映茶坪乡灾情，请求直升机支援救援，要求新闻媒体及时报道茶坪乡的灾情，赢得更多的救援力量。李荣贵的请求很快获得同意，直升机紧急赶来，及时转运重伤病员，空投急需物资；中央电视台滚动播出茶坪的受灾情况，引起社会的广泛关注。

靠官兵历经艰险背运和直升机空投，远远不能满足茶坪受灾群众对食品、药品和物资的需求。李荣贵向指挥部建议，利用冲锋舟、橡皮艇通过石门槛堰塞湖开辟一条水上通道。16日中午，4艘冲锋舟、2艘橡皮艇被紧急运送到堰塞湖大坝，同时，官兵们把从晓坝乡运来300根原木扎制成8艘木筏，舟艇筏并用，通往灾区的水上通道终于被打通，沿湖群众得救，茶坪救灾物资得到有效供给。

从16日开始，3000余名群众在突击队员的护送下向外转移。在绵延几公里的撤离队伍中，有的村民抬着重伤员，有的村民背着年迈的父母，有的村民怀抱几个月大的婴儿。他们要穿越20多公里的悬崖峭壁，其中大部分是地震形成的塌方地带。在这条没有道路的生死线上，稍有不慎就可能从绝壁上摔下，或是被崖上滚落的石头击中。部队官兵充分考虑到这些情况，身先士卒为群众开路。在离横梁子山顶大约2公里有一处断崖，通往断崖500米的道路仅能容下一人靠着绝壁前行，行进速度非常缓慢。从断崖处到山顶，人越聚越多。天渐渐黑下来，悬崖上不时滚落石头，山体随时还可能垮塌。李荣贵带领官兵用刀挖手刨形成一个个脚窝，在危险的地段系上两根保护绳，一个又一个受灾群众踩着脚窝、拉着绳索，全部安全地通过危险地段。在这次大转移中，3000多人没有一个伤亡，创造了奇迹。

截至18日，刘保健和李荣贵连续组织三批突击队，来回六趟翻越2800多米的高山，为茶坪5000多名受灾群众运送物资4.3吨、药品42箱，使46名重伤员脱离危险，500多名轻伤员用上了药。共转移输送灾区群众7851人，陆续转移到晓坝、桑枣等救助点。

3. 77226部队撤离安县睢水镇道喜村被困群众

5月20日12时左右，77226部队某营受命救援睢水镇道喜村被困群众，该营选派60名官兵组成突击队，带上镰刀、铁锹等，经20小时左右抵达道喜村。该村分为9个村民小组，被困群众分布范围广，队员分批分组进行搜救。21日4时30分左右，被困的23名村民（其中10名70岁以上且无法行走的老人）陆续被找到。6时45分，官兵两三人一组开始背老人下山。18时30分，23名被困村民被安全送达灾民救治点。

（三）平武县

1. 77293部队、71309部队转移水观乡被困群众

5月15日，77293部队派出70人突击队，到50多公里外的平武县水观乡凤鸣村救援。3天中，官兵昼夜奔波，在山中先后搜寻到2000余名被困群众。19日晚，就在突击队组织群众向山外撤离时，余震造成的大塌方使下山的便道全线中断，突击队与指挥所失去联系。他们组织官兵把收拢的老人、妇女和小孩集中在一起，把仅有的一些干粮每天定量分发给他们，把突击队分成10个战斗小组，把村民中的青壮年全部吸收进来抢修道路。5月24日21时，官兵们将2000余名群众安全转移出来。

5月17日12时14分，71309部队“党员突击队”紧急受命，连续翻越海拔2800米以上高山3座，七涉堰塞湖，十蹚石坎河，历时近12小时，徒步行军70余公里，到达平武县水观乡，迅速与地方救灾指挥部取得联系，展开拉网式人员搜救，成功转移灾区滞留群众1738人。

2. 云南、湖南消防官兵转移石坎被困群众

5月18日，云南消防总队派出救援队，前往南坝镇石坎办事处救援，天黑前到达石坎办事处新建、新坪等村，至20时10分，共搜寻被困群众312人。为安全转移，队员们采取每10名群众穿插1至2名消防队员的方式，手拉手穿梭在深山之中。因转移路线三处发生坍塌，群众被暂时安顿在新建村过夜。第二天天刚亮，营救队伍出发，经过长达30小时的艰苦跋涉，312名群众被全部转移到安全地带。

5月18日，湖南消防总队派出78名突击队员和2名医护人员，携带救生绳、腰斧等救援工具和应急药品，前往石坎办事处文家坝一带搜救被困群众。23时，救援官兵把234名被困群众全部转移护送到南坝镇。第二天，总队长弥现林、参谋长罗灿率领50名官兵前往石坎，接应连续作战的救援官兵和被解救的群众。14时，又有157名群众被安全转移到南坝镇。

3. 71892部队转移响岩镇受灾群众

5月20日夜，71892部队紧急接受营救、转移响岩镇同心村受灾群众任务。21日5时25分，担负搜救任务的官兵在该村一处铅锌矿厂找到2名因地震滞留在工地的矿工和临时避难的90多名群众，其中包括受伤人员，迅速报告并请求卫生队增援，同时制成简易担架，引导他们有序转移至安全地带。

5月21日上午，担负险情侦察的官兵发现一处山体大裂缝，若连续下雨或发生余震，直接威胁附近67户240多名村民的安全。就近执行搜救任务的部队官兵立即组织群众转移，警侦连对山体裂缝进行处理。40分钟后，240多名村民全部转移至安全地带。执行搜救转移任务的通信连官兵徒步往返8公里，将分散在海拔1400多米的21户70余名灾民成功转移。经过一天奋战，该部成功将分布在5个村民小组、113户400余名受困群众转移至安全地带。

4. 71811部队、71309部队转移文家坝受困群众

5月24日，71811部队接到南坝镇政府紧急求援，受持续降雨影响，文家坝堰塞湖水位急剧上涨，湖区内4000余名群众被洪水围困已达12日之久，随时面临生命危险。71811部队当即命令在南坝执行废墟清理任务的工兵营130名官兵火速前往救援。官兵翻越崎岖山路，把600多公斤重的冲锋舟运送到湖边，100余名官兵驾驶冲锋舟沿湖挨家挨户搜索，以最快速度将被困群众营救到安全地带。在响岩至南坝一线执行任务的71309部队直属队、教导队、防空营、通信营等同时行动，采取接力的方式，及时将被救出的群众转移到救助站点。截至5月26日，部队共解救、转移受困群众3350余人。

5. 71366部队转移阔达乡98名藏族群众

汶川特大地震后，阔达藏族乡仙坪村海拔2550米的龙王庙山，出现两道长约100米、宽约65厘米的裂缝。6月中旬，由于余震和连降大雨，山体裂缝进一步增大，经平武县国土资源局鉴定，裂缝随时可能造成山体垮塌，居住在半山腰的仙坪村南木炮组98名藏族群众的生命和财产安全受到严重威胁。6月20日上午，在阔达藏族乡执行任务的71366部队坦克三营接到紧急求援，出动官兵150人侦查地情，执行救援。6月21日上午，救援官兵到达仙坪村，编成24个小组，分别到散居在山坡上近4平方公里范围的24户村民家中，进行转移动员、心理安抚、物资清理等工作。11时30分，组织村民有序转移，官兵们分为担架、搀扶、背负3个组。至18时40分，24户98名藏族群众及其生活物资全部被转移到安全地带。

（四）江油市

1. 77225部队转移枫顺、敬元、六合乡被困群众

江油市枫顺、敬元、六合3个乡在地震后道路受阻、音讯不通，江油市先后3次组织人员徒步进山搜救均失败。5月16日，77225部队259名官兵开进枫顺乡。该部另一支突击队翻山越岭，肩扛背驮食品、药品、彩条布等急需物资先后进入六合乡、敬元乡。5月17日10时，300多名群众被成功转移，脱离危险。

5月20日下午，该部35名官兵前往六合乡檬针村悬帝岩救助被困人员。救援官兵采取小队编组，大间隔快速通过危险路段的方法，携带砍刀、绳索、食品，徒步行军4个小时，翻越4座大山，从海拔1550米的檬针村悬帝岩上，成功救出被困的21名灾民和4名志愿者。

2. 部队官兵转移堰塞湖淹没区避险群众

5月24日，77283部队、77226部队出动1000余名官兵，赶赴唐家山堰塞湖下游的江油市等地11个乡镇，将2万余名群众转移至安全地带。5月25日，77225部队协助地方政府，紧急疏散转移唐家山堰塞湖泄洪区内江油市青莲镇、雁门镇所属447个村的2万余名群众。5月31日，14集团军出动2000余名官兵，在北川县、江油市的21个乡镇，协助转移唐家山堰塞湖泄洪区群众，累计疏散转移群众54717人，搭建帐篷4247顶。6月5日，14集团军77216部队出动兵力200人，分赴江油市九岭镇的6个行政村，协助地方政府将撤离区内的936名群众疏散转移至安全地带。

3. 71998部队转移太平镇牛尾寨群众

6月9日，江油市太平镇牛尾寨突遇暴雨，导致村庄一侧水渠决口，洪水迅速向村庄蔓延，冲毁20余户刚搭建的过渡房，30余名群众被洪水围困，群众被褥、粮食全部being淹。71998部队即刻指挥驻太平乡坦克八连迅速出动，执行救援任务。该连60名官兵，携带背包带、绳索、麻袋和救生器材等工具，迅速赶到牛尾寨，将人员分成两组，一组逐家逐户搜救，另一组采用人拉肩扛、交替接力的方式，组织群众转移。历时3小时，官兵转移群众30余人，转运4吨粮食、20床被褥、100余件生活用品。

第五节　抢救保护国家财产

一、抢救武器装备

北川县人武部营房在地震中变成一片废墟，民兵训练用的枪支弹药和传真密码机被深埋于废墟中。绵阳军分区闻讯后，指示北川县人武部想方设法查找密码机的下落，限时找回，送回军分区保管。北川县人武部立即安排救灾民兵加强警戒，马上展开搜寻工作。5月13日7时9分，绵阳军分区参谋长、北川前线指挥所指挥长罗健带领4名民兵到现场督导查找。在治城区救援民兵的支援下，北川县人武部幸存人员用手刨，用简易工具挖，从废墟中挖出步枪28支、手枪9支、步枪子弹2440发、手榴弹60枚和传真密码机1台，立即派专人护送至绵阳军分区武器仓库保管。

5月14日，绵阳市公安局监管支队组织4人搜寻组，到北川监所废墟搜寻武器装备，在倒塌的枪库里找到装有手枪、子弹的保险柜。17日，北川县看守所民警再次到北川监所废墟搜寻，撬开保险柜，取出五四式手枪2支、六四式手枪1支、五四式手枪子弹16发、六四式手枪子弹10发。

5月15日，江苏消防总队救援队在北川县城执行紧急救援任务时，采用专业破拆工具，破拆三道铁门，从北川县公安局武器装备库中抢救出枪支80余支、子弹4800余发。

5月19日，北京消防救援队从北川县邮政储蓄银行2米的废墟下，挖出12支防暴枪及子弹，及时办理移交手续，安全移交北川县邮政储蓄银行。

二、抢救金融资产

5月14日，武警成都指挥学院勤务教研室教员陈冰带领15名学员，奉命到中国农业银行北川支行抢救金融物资。他们在废墟中共挖出4个储物箱，内装100多万元现金和上亿元各类贷款手续、按揭票据、信用卡、有价证券等，救援部队及时派员安全护送移交给相关部门。

5月15日，武警成都指挥学院救援官兵获悉，北川县农村信用联社禹里分社倒塌的房屋中掩埋着100万元现金和房产证、房屋他项权证等重要物品。教研部主任赵汝勇带领200名官兵赶到现场，紧急挖掘搜寻，历时5个小时，被埋的100万元现金、35本房产证悉数被救援部队成功挖出，上交指挥机关。

5月16日，宁夏消防总队救援队接到北川县陈家坝乡农村信用合作社求助，请求挖掘掩埋在废墟下的50余万元现金和银行票据。救援队立即派副队长吉海滨带队前往搜寻。确定位置后，他们在距保险柜最近的墙体上破拆出一个通道，派人进去将保险柜内的物品转移出来，移交给信用合作社领导。

5月16日上午，内蒙古消防总队救援队赶赴平武县南坝镇农村信用合作社实施救援。南坝镇农村信用合作社办公楼内存放着25年间的业务原始票据、近10年来的电子档案以及上百万元现金、信贷凭证和营业凭证。地震中，办公楼整体倒塌，5名工作人员被埋。经过5天的连续作业，至5月21日8时，消防官兵挖出5名遇难者的遗体，挖掘抢救现金160余万元、空白支票26本、活期存折若干、备用钥匙1袋、封存钥匙11把、1992年定期存单1包、金银饰品167件，全部移交地方政府。

5月17日，96514部队搜救分队奉命执行北川农行金库库存现金挖掘抢救任务。北川农行临街而建，楼高6层，在地震中倒塌，设在一层的金库被埋，银行后面依山而建的5层家属楼倒塌，压在办公房废墟上。大型机械要接近金库，必须在数米高的废墟上开辟一条通道。96514部队调动大型挖掘机、装载机和龙门吊进场作业。5月18日，经过16小时掘进，通往金库的百米通道顺利打通。一辆大型扒碴机开进现场作业，在金库顶部扒开一个大洞，顺利挖出129.578万元现金。在武装特警的监护下，6名官兵和3名银行职工对挖出的现金逐一清点、捆扎。

5月17日，96531部队受令挖掘抢救北川县农村信用合作联社金库的任务。联社8层办公楼在地震中整体坍塌，一楼金库深埋在废墟下，金库中不仅有北川县农村信用合作联社的现金，还有其他银行寄存的现金，合计超过600多万元。抢挖任务引起二炮领导高度重视，政委彭小枫到现场指导。96531部队调派93名技术骨干和4台大型机械日夜施工。5月19日，江苏消防总队泰州支队增援，经反复探测，当晚23时，确定金库的具体位置。5月20日，96514部队增援。经过五天五夜的挖掘，5月21日15时30分，成功掘开金库，将8个保险柜、4个铁皮柜全部挖出，经清理点验、登记造册，共挖出现金630余万元和部分金融凭证。5月22日，二炮在北川县城外举行交接仪式，彭小枫将挖出的现金移交中国银监会主席刘明康。

5月19日，北京市消防总队救援队接到北川县邮政储蓄银行求助，帮助挖掘寻找金库存放的50万元现金。他们立即派出搜救队，携带“蛇眼可视探测仪”对银行废墟进行反复探测，探明金库在地下2米左右，完好无损，但金库被两块大型预制板压住，小型破拆工具失去了作用。在大型挖掘机械的协助下，消防官兵抢救出银行金库存放的50万元现金。

5月22日，71811部队25名官兵奉命前往平武县南坝镇国税所办公楼废墟，抢救被掩埋的税务发票、税务印鉴及防伪税控主机等重要资产。经过4小时徒手挖掘，抢挖出保险柜3个、防伪税控主机3台、防伪税控U盘1个。军地双方将保险柜撬开清点物品，从3个保险柜中挖出价值8000余万元的税务发票、11枚税务公章、500余张缴税卡。

图2-3-100　2008年5月20日，部队官兵清理废墟抢救财产

三、抢救档案资料

北川县是全国唯一的羌族自治县，县档案馆保存着自20世纪30年代以来的所有档案资料，共有8万余件，其中大量图片、史料以及民国时期的珍贵文件，被誉为是记录和反映羌族人民历史文化的“活化石”。地震中，北川县档案馆全部馆存档案资料被埋。

5月19日，96514部队挑选23名骨干，执行被埋档案抢救任务。5名工程建筑专家在废墟上反复勘察测量，绘出7张简易施工图纸，制订3套挖掘方案。4台大型挖掘机械两台一组，边挖边铲，保证施工进度和质量。施工“切口”打开后，一名战士钻进废墟，确认没有幸存者后，再动用大型机械，将倒塌的办公楼打开一个切面，一步步向前掘进。经过13天的施工挖掘，共挖出各种重要档案资料8万卷（册）、电脑37台。

7月2日，77283部队受命再次抢救北川县档案馆被埋档案资料。接受任务后，部队长曲新勇、政委高伟两次实地勘察，与档案系统专业人员一起制定挖掘抢救方案。7月4日晨，77283部队工兵营、77289部队工兵连抽调300人组成突击队，配属4台大型工程机械、8台运输车辆和破拆专业工具到达北川县城。经过两个多小时的挖掘，1号库区被打开，档案专业人员和官兵用双手刨开压在档案上的混凝土块，一份份清理珍贵档案。在档案保护专家的指导下，官兵把清理出来的档案按照年代顺序、受损程度、存放级别进行分类、封装、编号、登记、装载。经过27小时连续作业，部队官兵和地方档案系统专业人员共抢救挖掘档案资料7万余份，分装成733袋，按照军地协同押送、地方逐件登记、双方签字负责的办法，迅速把抢救出来的档案资料运往绵阳市档案局保存。

7月4日，77283部队工兵营奉命挖掘抢救北川县机要局机密文件和涉密设备。现场无法使用机械挖掘，官兵们使用大锤、铁锹和钢钎，一点一点地破拆建筑废墟。18时，挖掘工作取得重大突破，4个铁皮柜的机要文件和1张机要密码卡被清理出来。20时，4名官兵顺着挖开的缺口，打着手电筒钻进废墟寻找机要室，将2台机要密码机、1部传真机和3张机要密码卡刨出。

此外，吉林消防总队从北川县劳动社保障局倾斜的办公楼内抢救出1.5万余份档案；武警内江市支队在北川县委机关大院抢救档案资料130余份；武警成都指挥学院在北川中学、北川茶厂等地清理抢救重要档案1.2万余份；北川县检察院干警从结构严重变形、整体倾斜的办公楼内，将2100多册（卷）档案资料抢救出来，其中包括正在办理的25名在押人员刑事案件材料。

四、抢救转运粮油、种猪

5月14日中午，四川省陆军预备役高射炮兵师60名官兵赶到已经全部垮塌的平武县南坝镇粮站救援。进出粮站的道路已被堵死，粮站老式仓库全部倒塌，库存25吨袋装大米、面条、面粉和桶装食用油被掩埋在废墟下面。官兵们找来仓库建房使用的木料，在废墟上搭建一个宽约30厘米、长约50米的梯形通道，用徒手作业的办法将埋在废墟下面的粮油转移出来。15时10分，25吨粮油全部被抢运出来。

5月18日，福建消防总队福州、厦门救援队开赴安县塔水镇，执行省级粮食储备库的救援工作。粮食储备库占地2万多平方米，共有粮食仓库28个，粮食储备总量达到10万多吨，地震发生后主要负责绵阳以及周边地区抗灾一线的粮食供给。由于发生多次余震，粮库墙体出现裂缝，粮仓顶上的瓦片大面积滑落，堵塞运输通道，使整个粮库救灾工作无法展开。官兵们经过近10个小时的奋战，粮食储备库险情排除，全面恢复使用，保住5万多吨粮食免遭雨水侵袭。

5月20日下午，福建消防官兵接到安县辉达油脂有限公司求助，塔水镇一成品油仓库有崩塌危险，仓库存有大量已加工完成的菜籽油，如果出现崩塌，将对地震灾区食用油供应造成严重影响。40名救援官兵紧急出动，兵分两路，一路转移食用油，一路加固墙体，3个多小时成功转移近6万吨成品油。

5月25日至26日，成都军区抗震救灾联合指挥部联勤部在接到地方请求后，紧急调集某汽车营出车155台次运力，调集77289部队出动官兵100余人、运输车17台，调集达州陆军预备役炮兵旅出动50名官兵，将位于北川县曲山镇邓家的PIC（系英国PIC公司培育的优质种猪）祖代种猪场5000余头、价值3000万元的世界优良种猪，紧急转运到40公里以外的桂溪乡。

6月27日，暴雨袭击平武县，71426部队接到抗震救灾军地联合指挥部紧急求援电话：平武县抗震救灾捐赠处囤积1万多吨粮油，该处防雨棚漏雨严重，请求部队援助。部队紧急抽调120名官兵，组成3个突击队，冒雨迅速赶往现场，全力以赴展开抢险作业，紧急排除棚内积水，全力转运物资，迅速修缮和搭建防雨棚。经过2个多小时奋战，抢修加固500多平方米的防雨棚，棚内存放的1万多吨救灾粮油完好无损。

五、抢救保护文物

5月18日凌晨，江油市发生6.0级余震，保管在窦圌山云岩寺内的珍贵文物受到威胁。上午，江油市文物管理所干部职工赶赴窦圌云岩寺，将飞天藏殿转轮经藏72件和宋、元、清代道教木雕人物造像抢救下山，转移到安全地方保管。14集团军某部每天出动140名官兵，支援江油市窦圌山景区和国家重点文物保护单位云岩寺恢复重建工作，共疏通景区主要道路7公里，搬运坍塌巨石40余块，加固飞天藏、大雄殿宝顶、东岳殿等墙体140平方米，清理归整古砖石1600余块，对文物和木制建筑构件编号100余件。

5月22日9时9分，天津市消防总队救援队获悉，强烈地震导致安县飞鸣禅院房屋及文物受损，上千册典藏经书受到余震和雨水的严重威胁。飞鸣禅院位于罗浮山山腰，已有千年历史，是省级重点文物保护单位。指挥部当即挑选10名队员组成救援队，赶赴飞鸣禅院救援，采取“人员少而精，快进快出抢救”的措施，以最快的速度抢运出千余册散落经书。

5月26日13时，绵阳市紧急动员唐家山堰塞湖泄洪区疏散转移。绵阳博物馆文物中心库房收藏有全市文博单位2.5万余件文物，其中三级以上珍贵文物5000余件。为确保文物绝对安全，绵阳市文物局紧急启动绵阳博物馆文物中心库房文物转移紧急处置预案。26日下午，绵阳市文物局紧急组织人员昼夜加班，对需转移的4228件珍贵文物和1863件有机质文物进行包装、装箱。29日9时，212箱文物被分装在3辆集装箱汽车上，由武警战士武装押运，安全运抵广汉市三星堆博物馆文物库房。

5月27日凌晨，71366部队炮兵营75名官兵赶往平武县报恩寺救援。报恩寺是国内保存完好的明朝宫殿式佛教寺院建筑群，为全国重点文物保护单位。地震使寺院房屋垮塌，3500余件文物面临毁灭威胁。救援官兵放弃使用工具，改用双手挖刨，经3小时奋战，将寺庙内45件重点文物、200本孤本经书和3547件物品全部挖掘清理出来，及时转移到安全地方。

6月10—26日，武警广安市支队每天出动100名兵力，担负李白纪念馆的安全警戒任务，确保馆藏价值15亿元的重要文物的绝对安全。

7月14日，77293部队出动55名官兵，在地方文物专家指导下，挖掘清理平武县报恩寺被废墟掩埋的明朝时期石器2件、琉璃瓦1000余件。7月15日，该部在平武县南坝镇龙藏寺内挖掘清理出被废墟掩埋的玉观音等文物10余件。

六、保护珍稀林木

特大地震发生后，北川县20多名民兵冒险保护被称为“植物活化石”的1.5万株国家一级重点保护林木珙桐。北川县禹里乡鸣牛村支部书记兼民兵连长吴永贵和民兵排长李华全，先后20多次带领民兵义务护林队深入林区，查看林地及林木受损情况，及时抢救移栽因山体滑坡而面临死亡的珙桐50多株。他们昼夜守护林区，分两班对珙桐林区进行巡逻，防止不法分子趁机砍伐盗卖国家珍稀保护林木。

第四章　灾民临时安置

特大地震发生后，绵阳市大批群众失去家园。北川、安县、平武县等极重灾区受灾群众纷纷外撤，涌入绵阳城区。绵阳市抗震救灾指挥部紧急决定在九洲体育馆、南河体育中心和高新区实验中学设立临时安置点，并根据转移群众不断增多的情况，在三台县、梓潼县、绵阳高新区及安县设立分流安置点，接纳安置受灾群众。市抗震救灾指挥部设立群众安置组，由市委常委、市总工会主席王倩牵头，市人大常委会副主任张贵乾、王瑜负责。群众安置组分设九洲体育馆工作组、南河体育中心工作组、高新区永兴片区工作组，分别负责3个安置点的群众安置及救助服务工作。市抗震救灾指挥部抽调市级机关干部300余人组成受灾群众安置工作组，赴北川、江油等县（市）指导设置安置点，就地就近安置受灾群众。抢险救援阶段，全市紧急安置受灾群众3115785人，其中，设立集中安置点880个，安置2576493人；分散安置和投亲靠友安置539292人。全市累计向临时安置点群众分配衣被173.6万件、成品粮12.96万吨、食用油5667吨，保障安置点群众的基本生活。

第一节　九洲体育馆安置点

九洲体育馆安置点是绵阳灾区最大的受灾群众临时安置点，震后第二天即5月13日紧急开设，至6月29日最后一批受灾群众撤离，前后历时47天，最多时接收安置北川、安县受灾群众超过4万人，被中外媒体誉为大灾中的“诺亚方舟”。

一、组织协调

5月13日，绵阳市抗震救灾指挥部紧急成立九洲体育馆受灾群众安置工作组，由市委常委、总工会主席王倩牵头，市人大常委会副主任张贵乾、王瑜负责，抽调市检察院、市委组织部、市直机关工委、市委老干局、市委党研室、市委党校以及市档案局、人事局、体育局、贸促会、工会、团委、妇联等38个单位400余名干部参与安置和服务工作。九洲体育馆安置工作组下设4个小组，即安置组、物资接收组、后勤保障组、宣传组。安置组主要负责安置点的设置，协调组织安置受灾群众。接受任务后，张贵乾、王瑜两位副主任赶赴九洲安置点，妥善安排涌入九洲体育馆安置点的2万余名群众。针对受灾群众源源不断涌入、远远超过九洲体育馆安置能力的紧急情况，及时协调分流转移安置。物资接收组主要负责救灾物资的接收配发。在各安置点，接收组紧急征调大量棉被、衣物、食品和饮用水，配发到群众手中，在最短的时间里将群众安顿下来，及时稳定受灾群众情绪。督促市级有关部门加强协调配合，切实保障服务，保障供应，保证每位受灾群众住得下、吃得饱。后勤保障组主要负责保障安置点的生活环境建设、医疗救助和安保工作的顺利开展。为解决受灾群众生活必需，后勤保障组坚持昼夜加班，48小时内抢建供上万群众使用的饮用水设施、公厕及临时洗澡设施；督促民政、妇幼、教育等部门认真做好老人、孕妇、学生等特殊受灾人群的工作，在九洲体育馆内场设置母婴室，在室内篮球场专门安置北川中学受灾师生；督促卫生医疗部门在九洲体育馆设置10个医疗救助点，组织1000多人次的医疗工作者为受灾群众开展救治，及时转送1200多名重伤、病群众到市中心医院、市中医院、四〇四医院等进行治疗，并协调免费发放价值40多万元的药品；督促建设、环保、公安等部门和单位昼夜检查，及时调整帐篷区域，做好雷雨防范工作。坚持每天听取安保工作情况汇报，及时掌握信息和动向，防患未然。协调抽调300名公安民警、160名预备役民兵，在九洲体育馆分别建立东西南北四个区域主流动警务室，组织安排安置点指挥部办公室人员昼夜执勤，有力维护九洲体育馆的安置秩序，切实保证安置环境的安全稳定。指挥协调卫生部门认真做好卫生防疫工作，确保九洲体育馆安置点自始至终没有发生疫情。宣传组主要负责宣传协调事宜，协调安排宣传、文化部门在九洲体育馆设置广播站和流动宣传车，为受灾群众宣传国家法律法规、安置政策，激发群众生产自救，重建家园信心。此外，还配合有关领导和部门，先后接待新华社、人民日报、中央电视台和美联社、路透社、时代周刊等国际国内媒体近300多家950余人次的采访、慰问活动。通过扎实、细致、高效工作，九洲体育馆在6月29日顺利实现闭馆。

二、应急安置

5月13日，九洲体育馆应急安置受灾群众1.5万人，协调市级相关部门抽调干部进场开展群众安抚工作，稳定受灾群众情绪。在物资供应十分紧缺的情况下，工作组多渠道筹集饮用水和食品，保证每位受灾群众能吃得饱。为解决住得下的问题，5月13日当天，紧急从3536厂征调7000余件棉被、衣物等用品，加上从其他渠道筹集的物品，为每位受灾群众配发棉褥和被盖。

5月16日、17日，九洲体育馆接纳安置受灾群众的能力达到极限，超过1万人，馆内馆外、楼上楼下甚至体育馆河对岸及科技城大道的公路旁都住满受灾群众，而且受灾群众还在不断涌来。面对突出矛盾，工作组负责人、市人大常委会副主任张贵乾当机立断，分别与三台、梓潼、盐亭3个县协调，建立3个临时安置点，并于17日、18日向三台、梓潼转移安置上千名受灾群众。在其后的一个多月时间内，工作组有计划分批向安县黄土镇、永安镇及北川县擂鼓镇等临时安置点转移安置上万名受灾群众，逐渐减轻九洲体育馆的安置压力。6月29日，安置在九洲体育馆的最后一批受灾群众撤离转移，九洲体育馆安置点正式撤销。

图2-4-101 安置在九洲体育馆的受灾群众（李贫 摄）

三、物资保障

九洲体育馆安置点设立物资保障组，由市人大常委会副主任杨才玉牵头，联系、协调市抗震救灾指挥部对九洲体育馆安置点救灾物资调配的数量及种类，负责安置点救灾物资接收、管理、发放使用。物资保障组下设物资接受、物资发放和物资保管3个工作组，由市总工会、市残联具体负责，征用九洲体育馆射击场和九洲608仓库作为救灾物资专用仓库，对救灾物资进行专门储存和管理。

物资接收组及时提供各类捐赠物资的种类和数量信息，并派专人按需调配到2个仓库。物资发放组根据受灾群众实际需求，以书面形式制作所需物资清单，经物资总调度审批，凭审批原件到物资保管组所辖2个仓库提取物资。物资保管组从入库、保管及出库三个环节做好库存物资管理工作。物资入库首先要对照清单进行核对和验收，填写统一的《救灾物资入库单》。物资出库实行审批制，提货方必须具备物资总调度等相关领导书面签字原件方能发货。为保救灾物资的安全，实行24小时值班制度，配备4名保安加强守护。自5月15日建库至6月底安置点撤销，2个仓库共计存放各类救灾物资2100余吨，每天出入库物资200吨左右。

市总工会组织长虹公司、九洲公司500名职工组成的志愿者队伍，每天三班倒，在两个仓库装卸、搬运物资，源源不断地运往九洲体育馆，确保安置点的正常运转。

四、服务管理

受灾群众大量涌入九洲体育馆后，如厕成了一个大问题，随处大小便的情况十分严重。安置工作组立即安排市环卫处加班加点搭建大型厕所1处，流动厕所5处，在48小时内解决了上万群众的如厕问题。

针对群众从灾区出来长时间没有洗澡的情况，安置工作组联系协调江西萍乡矿业集团支援热水锅炉，市建设局在24小时内安装完成一次可容纳70多人洗澡的热水锅炉和洗澡棚，使群众每天都能分批洗上热水澡。另外，还相继建起开水锅炉、饮用水净化设备等服务设施，保证群众有干净水喝、有热水澡洗。

受灾群众得到初步安置后，为解决吃喝问题，安置工作组千方百计筹集调配食品，从最初供应面包、饼干、牛奶、方便面等到后来供应热饭、烧菜、炒菜，从最初提供瓶装矿泉水到后来不间断供应开水。安置工作组还为群众发放T恤衫、汗衫、短裤、毛巾、拖鞋、雨伞、香皂、蚊香以及妇女儿童用品等。

对老人和残疾人，各责任部门给予重点关照，专门安排志愿者一对一帮扶，为其提供专门的食品和生活用品。市残联先后提供200余个轮椅供残疾人使用。对孕妇和孩子未满周岁的母亲，统一安置到馆内临时建立的条件相对较好的母婴室，由妇联的工作人员管理。市民政局派专人到九洲体育馆设立受灾儿童、老人接收安置联络点，专门负责接收安置各地转移来的暂时无家可归、无依无靠的儿童和老人，发现疑似“三孤”人员，立即进行详细登记，建立个人档案和基础台账，并及时安置到各福利机构，派专人进行护理。

由市委宣传部、市外事办组成的宣传组，在安置点设置广播站和流动宣传车，宣传法律法规、救灾进程、安置政策等，为受灾群众寻亲找人提供平台，鼓励群众重建家园、开展生产自救。宣传组每天出一期简报，全面反映馆区安置情况，为受灾群众发放《绵阳日报》《绵阳晚报》。宣传组还为安置点群众举办文艺晚会、卡拉OK歌会、羌族锅庄晚会、广场电影等文化活动。

五、医疗防疫

为解决安置点群众就医难题，安置工作组协调落实绵阳惠民帮扶医院、安徽红十字会、上海普陀区中心医院等医疗单位在馆内设置10个医疗救助点，组织1000多人次医疗工作者对近4000人次的伤员和生病群众进行救治。市惠民帮扶医院受市卫生局委托，代行行政管理职能，直接向市中心医院、三医院、四〇四医院、市人民医院、骨科医院、五二〇医院等转送受灾伤病群众1200多人，免费发放价值40多万元的药品。各医疗点还不定期开展巡回医疗、查诊问诊等，及时发现群众伤痛，及时解决群众疾苦。

为确保集中安置点卫生防疫，市疾控中心、海军总医院及大批志愿者每天4次对馆内安置区域进行消毒和蚊虫捕杀，对进出的车辆进行消毒。市卫生执法监督所工作人员全程对群众的食物和饮用水卫生情况进行监督检查。市环卫处200余名清洁工作人员每天不定时对馆内卫生进行打扫清理。

六、安全稳定

九洲体育馆安置的受灾群众人数众多，外来人员也较多，情况较为复杂，且安置点地处绵阳郊区，占地面积大，无法进行封闭式管理，安全保卫工作任务繁重。安置工作组高度重视安置点的安全稳定工作，提请市抗震救灾指挥部从全市公安系统抽调300名公安民警，从全市人武系统抽调160名民兵预备役人员，在体育馆东西南北四个区域建立流动警务室，昼夜不间断地执行安保任务。安置点从开办到撤销，执勤民警调解各类矛盾纠纷274起，处置3人以上事件10件，挡获各类可疑人员140人，整治安全隐患360起，为受灾群众提供服务3563起，其中办理临时身份证明和户籍证明2917起。

图2-4-102　2008年5月16日，九洲体育馆“寻亲墙”（李贫　摄）

第二节　南河体育中心安置点

5月14日，南河体育中心受灾群众临时接待站建立，由涪城区抗震救灾指挥部负责，主要接收安置北川县、安县、平武县等重灾区受灾群众。5月26日，临时安置的群众全部疏散转移完毕，共接待、安置极重灾区群众10650人，有效地缓解全市受灾群众临时安置压力。5月16日，中共中央总书记、国家主席胡锦涛亲赴南河体育中心安置点看望慰问受灾群众，对安置服务工作给予充分肯定。

一、组织协调

5月14日10时，涪城区抗震救灾指挥部接到市抗震救灾指挥部命令，迅速建立南河体育中心受灾群众临时接待站，接收安置北川县、安县、平武县受灾群众。涪城区迅速整合全区抗震救灾力量，组建绵阳市抗震救灾指挥部南河体育中心指挥中心，由区委书记唐世洪、区长谢晓东任指挥长，下设综合协调组、灾民接待分流安置组、灾民寻亲访友接待组、灾民饮用管理组、场地建设管理组、物资捐赠接受供应组、医疗卫生组、安全稳定保卫组、宣传报道信息组、义工管理组、环境整治组和孤儿救助组12个工作组。

指挥中心紧急征用南河体育中心，搭建由1000个救助安置棚组成的面积近1.2万平方米的临时安置区，分成26个片区，统一编号，由32个区级部门分片牵头负责服务管理工作。指挥中心对棚区建设、服务网点设置、物资保障供应、医疗卫生防疫、安全保卫、信息宣传报道等工作进行统筹协调和精心安排，确保受灾群众到来能安置，饿有饭吃，冷有衣穿，渴有水喝，困有篷住，病能医治，脏有盥洗，闲有娱乐，心理有疏导，孩子有学上。

二、应急安置

南河体育中心临时接待站边建设边接收，5月14日下午，接收安置第一批从极重灾区转移出来的群众，至5月26日疏散转移完毕，前后共接待安置10650名受灾群众。

临时接待站启用前三天，北川、安县、平武等极重灾区群众源源不断涌入，指挥中心接待分流安置组在北大门设立3个接待处，接到受灾群众后迅速按计划分派到各责任区，由责任单位进行登记，积极协调在最短的时间内发放饮用水和食物，稳定受灾群众情绪。另外，在场内设1个临时安置点和1个临时休息棚，为短暂停留的受灾群众提供食宿。

每一名受灾群众进入临时接待站进行安置时，都要详细登记其姓名、性别、年龄、地址（包括县、乡、镇、村或街道）等信息，发放救助服务卡，并在卡上标明姓名、性别、年龄和所住区域及卡号。受灾群众凭卡在临时接待站内接受各种帮助和服务。综合协调组对所有受灾群众情况录入微机，接入互联网，并要求各住宿区每天定时报告本区人员变化情况，及时对全站受灾群众名册进行调整。翔实、完整的受灾群众名册，既成为临时接待站进行各项管理的基础数据，又为社会各界查找地震失散亲友提供了极大的方便。

图2-4-103　2008年5月13日凌晨，绵阳市南河体育中心避险群众（陈俊　摄）

三、物资保障

指挥中心将物资保障工作分为接收和供应两大块，明确捐赠款物接收与回复、衔接协调市指挥部物资组、登记与统计上报、仓储及安全、款物分配与管理等工作的负责机构和职责。为做好接收工作，工作人员坚持24小时接收，及时登记造册，确保清楚明晰、公开透明，接受纪检监察和社会监督。安排专人24小时看守物资，妥善保管，确保安全。根据受灾群众实际需求，科学有序进行物资分配和发放，优先满足老、幼、病、孕、残等特殊人群的需要。

5月14—26日，南河体育中心捐赠点共收到食品、饮用水、药品、生活用品、帐篷、棉被等捐赠物资折合人民币685.15万元，其中，食品75615件，折合人民币272.2万元；饮用水42674件，折合人民币88.05万元；生活用品51460件，折合人民币85.1万元。接收捐款342万元。以上受捐款物，为受灾群众的安置及基本生活提供了有效保障。

四、寻亲访友

在南河体育中心场馆，由涪城区民兵应急分队队员、西南科技大学志愿者和社会志愿者60余人，组成寻亲访友服务队，为寻亲群众提供咨询服务。开辟亲友查询区，按功能分设登记区、查询区、等候交流区，查询工作严格执行登记、录入、查询、接领等程序，做到规范有序，有据可查。在北大门外醒目位置设查询咨询站，方便群众查找。将查询工作与心理疏导相结合，缓解查询者心理压力，热情耐心询问并详细登记。坚持24小时值班制度，方便查询者随来随查。

实行信息互通，资源共享。亲友查询接待站将中国移动、中国联通、中国电信和网通的亲友查询热线制作成醒目的标识牌，张贴在接待站外。将安置在九洲体育馆的群众及成都、绵阳各大医院收治的伤员姓名录入电脑，方便群众查寻亲友。在站内安装4部免费电话，既方便在站内查询，又方便在站外以其他方式查询。亲友查询接待站广泛搜集并公布全市各赈灾安置点的联系号码，方便查询者查询亲友。同时帮助来自汶川、都江堰、青川的群众联系当地救灾服务点，为远在江苏等省外查询者查询亲友。5月14—25日，共接待查询4343人次，帮助找到亲友767人；通过亲友查询，从南河体育中心接走39人。

五、服务管理

5月15日晚，涪城区委在临时接待站成立中共绵阳市抗震救灾指挥部南河体育中心（涪城）流入党员临时委员会，区委常委、组织部长高峰任临时党委书记，在239名流动党员中建立26个临时党支部，选出支部书记，并从区级部门中抽调52名干部担任各支部的党建指导员和联络员。临时党委和临时党支部组建“党员服务队”“机关服务队”“义务服务队”77支、共762人，使党员流动到哪里，党组织就建在哪里，党员的作用就发挥到哪里。全区34个责任单位的378名党员干部，日夜奋战在临时接待站，为受灾群众服务。救助安置区内设立各种服务站（点）310个，包括心理咨询、免费平安电话、广播寻亲、食品饮料分发、帐篷学校、医疗卫生服务、读书阅报、电视电影、理发、手机充电、妇孕婴用品供应等。集中安置的13天时间里，值守干部接待受灾党员和群众1.2万人次，办理服务事项5700余件次，帮助找到失散亲人723人。

为确保受灾群众临时居住环境尽可能舒适，场地建设组为帐篷区铺设地砖4万余匹，放置床板2700张，帐篷内牵上电灯和晾衣绳。组织市水务集团、电管站及江西安源热能公司，安装热水锅炉和淋浴头，洗澡堂铺设1400平方米防滑胶地板。新建5个不锈钢洗碗池，安装160个洗漱水龙头。增设场馆内5个开水热水器，在游泳池旁安装开水锅炉，让群众喝上干净清洁的开水。搭建12间、1000余平方米的帐篷学校，并完善照明设施。在体育中心北门搭建1000余平方米亲友接待站和咨询台。区规划建设和环境保护局4名工作人员和4名水电工24小时轮流值班，巡查帐篷及水、电使用安全情况，发现隐患及时排除，发现故障及时修复。

区公安分局对全区警力进行统筹，确保南河体育中心的执勤警力，在场内及周边设置8个执勤点，规范执勤方式，明确执勤职责。支援绵阳灾区的天津特警、长春特警、九江特警、南京特警400余人入住南河体育中心，与涪城民警共同维护临时安置点的安全稳定。义工管理组成立志愿者登记站和志愿者指挥中心，将志愿者分成若干小组，挑选任命组长，按区域分配工作任务，保证各项志愿服务活动规范、及时、有效。

为保持清洁的环境，防止发生疫情，环境整治组从社区积极分子和社会志愿者中组织300余人，做好体育中心场内与场外、看台上与看台下等各个区域的保洁工作，保洁人员分片负责地面保洁、厕所保洁、办公区保洁和垃圾清运，三餐过后等重点时段，全力进行清扫转运。仅5月21日一天，就清扫方便食品盒近1万个，清运废弃衣物、被褥70余包，出动垃圾清运车20台次，清运垃圾总数2万余袋。

加强宣传文化工作，悬挂张贴抗震救灾宣传标语200余条，安装有线广播系统，坚持24小时播报，配备宣传车1辆，每天宣传15小时以上。广播宣传站共播出抗灾动态96条，寻亲通知6000余条。组织电影公司现场放映电影6场，给受灾群众分发赈灾收音机200台，安装无线数字电视接收装置，配置大屏幕平板电视，让受灾群众及时听到党和政府的声音。搭建“读书阅报亭”，为受灾群众提供地震急救、卫生防疫、文学艺术等书籍。协助成都军区战旗歌舞团，在南河体育中心为受灾群众举行专场慰问演出。

第三节　帐篷学校

一、总装八一帐篷学校

总装八一帐篷学校是总装备部驻绵63820部队为接收、安置北川灾区学生临时开设的帐篷学校，2008年5月21日挂牌成立，2010年7月25日搬迁至北川县永昌第一小学。先后接收北川县曲山小学、陈家坝小学、太洪小学、漩坪中学等5个学校的1300余名学生、130余名教师，被媒体誉为汶川地震灾区规模最大、条件最好、复课最早、设备最先进、管理最正规的示范性帐篷学校。

（一）组织协调

北川县中小学大量校舍和教学设施在地震中被毁，5600余名学生无法复学。5月17日，绵阳市教育局向63820部队政治部通报情况，请求部队给予支持。5月18日，部队政治部向绵阳市教育局详细了解情况后，建议建设帐篷学校，并把情况上报总装备部。5月19日，总装备部指示63820部队，为北川孩子建设总装备部·绵阳八一帐篷学校（以下简称八一帐篷学校）。

5月20日，总装备部政委迟万春对八一帐篷学校建设作出重要批示。63820部队立即行动，在教导大队召开现场会，确定选址教导大队综合训练场，并初步制定建设方案。20日晚，63820部队召开党委会，司令员王希山、政委张志忠等领导听取八一帐篷学校建设方案汇报，决定成立以副司令员李爱平为组长的建设领导小组，要求21日开始筹建，月底初具规模，6月上旬建成。当晚，部队在教导大队组建现场指挥部，抽调180余名官兵和职工，组成搭建帐篷突击队，连夜施工，24小时抢搭帐篷88顶，配备被褥、蚊帐等床上用品，购置课桌椅和其他教学用具，紧急采购2台送饭车及其他装备。

5月21日17时，63820部队出动6辆大轿车，从绵阳4个临时安置点接收北川师生394人，其中教师78人、学生316人。18时，总装备部政委迟万春专程赴绵，出席八一帐篷学校开学仪式，并为学校授牌。迟万春要求63820部队要关心学校建设、齐心协力解决师生困难，全力保障师生的住宿、饮食、卫生，以一流的教学、一流的保障把八一帐篷学校建成灾区示范学校。

八一帐篷学校挂牌成立后，现场指挥部立即召开教师会议，指导学校成立临时党支部，积极做好复课准备。部队抽调11名男战士、9名女战士担任学生辅导员，从520医院抽派医生组建医务室。5月23日下午，学校第一批6个年级的小学生正式复课。按照绵阳市教育局的安排，高新区火炬实验小学抽调20余名优秀教师，和63820部队八一小学部分教师共同承担教学任务。

（二）学校建设

5月22日起，63820部队陆续投入兵力2600多人次，为学校搭建板式教室22间共1400多平方米，学生宿舍108间，板式餐厅1300平方米，太阳能浴室200平方米，卫生间180平方米，塑胶运动场3200平方米。5月25日，学校开通远程教育系统。同时，校园广播网、电视网和局域网实现“班班通”。

6月9日，八一帐篷学校第一批学生搬入板房教室、板房宿舍，是地震灾区最早告别帐篷的学生。板房宿舍配备储物衣柜、电风扇、饮水机、桌子、脸盆架和鞋架。学校专门为伤残学生安排就餐区，在浴室、厕所安装专用座椅，方便残疾学生在校生活。

7月4日，四川省国防教育委员会批准八一帐篷学校为少年军校。9月3日，学校举行少年军校挂牌授旗仪式，四川省国防教育委员会主任、省军区政治部李立中向学校授少年军校校旗、校牌和印章。

进入11月后，63820部队对板房进行防潮保暖处理，增配600床加厚被褥，配发防寒服、防寒帽、防寒手套、防寒鞋，新建锅炉房和热水洗漱棚，添置加热保温分餐台，使师生能够温暖安全过冬。据统计，截至年底，63820部队为八一帐篷学校累计支出1046万元，社会各界100多个单位和个人向学校捐款捐物，其中中国青少年发展基金会捐资100万元，资助100个贫困生家庭，每个学生家庭资助1万元。

图2-4-104 2008年5月21日，总装备部绵阳八一帐篷学校首次升旗仪式

（三）心理重建

63820部队组织心理干预工作组，在学校开展3次心理普查，与300余名师生进行面对面心理咨询，及时观察、掌握师生的心理变化情况。开辟第二课堂，通过军事体能训练、卫生检查评比、文化体育比赛等活动，帮助师生把注意力转移到学习工作和各项活动中，降低学生心理疾病的概率。开展以“我们在一起”为主题的心理辅导课，鼓励孩子们面对灾难，重新树立生活信心。

5月26日，63820部队从北京邀请航天员心理训练专家刘芳，到八一帐篷学校为师生实施心理救助。5月30日，63820部队邀请“航天英雄”杨利伟与学校孩子们共度“六一”儿童节。部队还邀请奥运冠军李宁、刘璇和著名篮球运动员姚明等来学校，与孩子们进行互动体育游戏，帮助孩子们走出地震灾害的阴影。

11月，部队投入20余万元，协调和支持中国科学院心理研究所心理危机干预中心、中山大学心理健康教育咨询中心在学校建成心理咨询室，4名专业心理咨询师或心理咨询骨干进驻学校，构建全时段、全方位、全过程的心理咨询服务网络。利用问卷调查、心理测试、数据分析等，对学校师生的心理状况进行科学测试，并根据年龄、性别、家族特征及地震时的经历等，将心理疏导、心理维护人群分为三级，确定需要后续跟进服务的重点对象14名。心理咨询人员到各班、各宿舍开展小讲座、小授课、小交流、小总结“四小活动”，普及心理健康标准常识，引导师生自我诊断心理问题，并梳理和归纳烦恼宣泄、情绪转移、合理认知、环境调节、换位体谅等24种自我调节方法，制成卡片发到每个人手中，引导师生经常参照练习，掌握调节要领。采取集中教育、个别谈心、结对互助、重点帮扶的形式，对重点服务对象进行心理慰藉训练和心理素质训练。通过一系列措施，师生心理逐步恢复正常，学生的自信心明显增强。

二、九洲帐篷学校

九洲帐篷学校由绵阳市教育局开设于2008年5月19日，主要解决九洲体育馆安置点数千学生复学复课问题。6月下旬，九洲体育馆安置点关闭后，九洲帐篷学校由绵阳中学、绵阳外国语学校继续办学至暑期结束。九洲帐篷学校先后接纳北川县擂鼓小学、任家坪小学、禹里小学、漩坪小学、南华小学及擂鼓中学、漩坪中学、民族中学等学校2379名学生就读，为稳定灾区群众人心、抚慰受灾学生心理发挥了重要作用，受到海内外媒体的广泛关注。

（一）组织协调

2008年5月17日，汶川特大地震发生后第五天，九洲体育馆安置点聚集了几万名受灾群众，其中包括从北川县转移出来的数千名学生。其时，澳门企业通过驻成都办事机构为绵阳灾区捐赠两顶大帐篷和3000箱方便面。绵阳市教育局当即决定在九洲体育馆建立帐篷学校，通过解决学生临时复学、复课，安抚群众、稳定人心。当晚，市教育局领导赴体育馆迎接帐篷，协调搭建帐篷。负责九洲体育馆受灾群众安置工作的市人大常委会副主任张贵乾，在得知市教育局的打算后，立即与九洲体育馆协调，腾出全馆最好的两个篮球场用于搭建帐篷学校。澳门捐赠方技术人员通宵达旦安装帐篷，市环卫处派出工人清理场地，市电力局紧急派人接通电源，海尔集团捐赠8台大功率空调。

在紧急筹建帐篷学校过程中，市教育局经过商量，并征求正在灾区看望慰问受灾群众的教育部基础教育司司长姜沛民、副司长高洪的意见，将帐篷学校命名为“绵阳灾区九洲帐篷学校”，市教育局主要领导任总校长，副局长姚定任校长，绵阳中学副校长魏东、绵阳外国语学校副校长姜建桥任副校长。绵阳中学、绵阳外国语学校分别成立抗震援助分校组织机构。

5月18日下午，市教育局领导召集两校校长进行紧急部署，要求克服一切困难，确保九洲帐篷学校5月19日正式开学。两校先后投入60余万元，保障师生生活，购置教学设施、设备。绵阳中学组织70多名教职工，连夜从学校调出300张最好的椅子，购买数套电教设备和黑板，紧急运往九洲体育馆。两校通宵布置帐篷学校和教室环境。

5月19日下午，九洲帐篷学校举行开学典礼，教育部基础教育司、四川省教育厅、绵阳市政府有关领导出席。北京大学心理咨询治疗中心教授方新、北京师范大学心理学系教授申继亮率领的心理援助团参加开学典礼。中央电视台、香港凤凰卫视、中国教育报、山东电视台、四川电视台等媒体对开学典礼进行了报道。

5月21日，九洲帐篷学校又搭建了23个小帐篷，形成大帐篷为主、小帐篷为辅的班级授课布局。

（二）办学情况

九洲帐篷学校共设36个教学班，其中小学24个班、初中12个班。先后接纳北川县擂鼓小学、擂鼓中学、任家坪小学等9所学校2379名学生就读。后来，因部分学校的学生异地复课，九洲帐篷学校小学收缩为18个班，初中收缩为6个班，学生缩减至1379人。

办学期间，北川县教体局、绵阳中学、绵阳外国语学校先后选派200余名优秀教师组成教师团

图2-4-105　九洲帐篷学校

队，北川县教体局安排专人负责照管学生的安全、生活及课余活动。针对特殊的学生人群和特殊的生活背景，九洲帐篷学校制订特殊的教学计划，拟定以“心理教育、科普教育、感恩教育和文化教育”为主要内容的四大课程板块，每天5节课，上午3节，下午2节。主要课程有：心理健康、体育保健、艺术、语文、数学、科技、英语等。教学之余，还开展丰富多彩的活动，如大灾之后第一个“六一”儿童节庆祝活动、帐篷学校学生感恩汇报演出等，编印小学部学生寓言集、校园歌曲集、学生诗作集，创作九洲帐篷学校校歌，建立九洲帐篷学校网站，形成独特的校园文化。

图2-4-106　2008年5月21日，抗震救灾部队为平武县受灾学生搭建帐篷学校。图为官兵为学生上课

（向远木　摄）

九洲帐篷学校开办之时正值夏季，被抽派的老师每天顶烈日抗酷暑，来回奔波于城区与九洲体育馆之间，晚上在简易的防震棚里备课，一大早就赶去上课。为查找教学资料，老师们辗转于城区多个图书市场。为开好一堂以感恩为主题的班会，两个老师共同筹划、反复讨论。很多老师横跨几个年级，一天要上多节课，早上6点多出门，晚上10点才回家。

九洲帐篷学校受到各级领导、新闻媒体、社会各界的高度关注。国务院总理温家宝、省委书记刘奇葆、省长蒋巨峰等先后到九洲体育馆帐篷学校考察，看望慰问师生。海尔集团董事长张瑞敏、中央电视台主持人白岩松、董浩等先后到学校看望师生。教育部部长袁贵仁在考察指导九洲帐篷学校教学时评价说，在距灾民安置点这么近的地方，短时间办起规模如此之大、设施设备齐全、教育教学规范、学生快乐学习成长的灾区学校，在全世界都很少见。

第四节 县（市、区）临时安置点

一、北川县

北川县紧急转移的受灾群众，除集中安置在九洲体育馆、南河体育中心外，绵阳市、北川县抗震救灾指挥部还在北川县任家坪、擂鼓镇，安县永安镇、黄土镇、安洲驾校，绵阳高新区永兴镇设立较大规模的临时安置点，安置北川受灾群众。

任家坪安置点。在抢险救援阶段，北川县抗震救灾指挥部设在任家坪，县级机关和曲山镇部分幸存干部群众坚守任家坪，驰援北川的抢险救灾队伍在任家坪搭建1000余顶帐篷。抢险救援结束

图2-4-107　2008年5月30日，北川县擂鼓镇帐篷安置区

后，任家坪成为曲山镇受灾群众的主要安置点。5月25日，县抗震救灾指挥部移至擂鼓镇，部分县直机关单位也撤至擂鼓镇办公，曲山镇政府把因山体滑坡失去居住和生产条件的大水、安子、白果、楼房、东溪、华林、曹山等村及任家坪村一部分共1100余户3600余人集中安置在任家坪帐篷区。6月18日，由志愿者组织的任家坪小学生临时辅导班正式开课，140余名学生在简陋的帐篷里上课。8月12日，山东省青岛市援建的板房区投入使用，可安置受灾群众1[illegible]56户3267人，同时还建成板房小学1所，帐篷区临时安置结束。

擂鼓镇安置点。该安置点由绵阳市抗震救灾指挥部指定的市级部门搭建帐篷并牵头管理，北川县抗震救灾指挥部统一抽调工作人员协助管理。5月25日，县指挥部和县直机关由任家坪撤至擂鼓镇，擂鼓镇安置县直机关单位、救灾援建人员和受灾群众达到4万余人。[illegible]月底，县指挥部撤离擂鼓镇，安置在擂鼓镇的其他乡镇近2万名受灾群众，在县、乡镇政府的统一安排下，陆续撤离擂鼓并转移到指定地点。7月10日，根据市抗震救灾指挥部的安排，擂鼓镇安置点管理工作移交给北川县有关部门。8月中旬，山东省济南市援建的6060套活动板房投入使用，帐篷区群众入住板房，擂鼓镇安置点临时安置结束。

永安镇安置点。永安镇安置点由第一、第二、第三安置点组成，分别由市检察院、市科技局、市委党校管理。5月下旬，北川县曲山镇、漩坪乡等乡镇1000多名受灾群众从九洲体育馆和南河体育中心撤离，被安置在永安镇帐篷区。7月中旬，过渡板房建成，受灾群众全部入住板房。9月24日，特大暴雨引发的洪灾使多数板房进水，群众生命和财产受到极大威胁，各级党委和政府迅速组织群众转移，随后被安置在永兴板房小区。

黄土镇安置点。该安置点由市劳动和社会保障局管理，是北川县受灾群众主要安置点之一。5月18日开建，近400顶帐篷，6000平方米，主要安置北川县漩坪乡、禹里乡等乡镇转移出来的受灾群众，最多时安置2800多人。8月上旬，过渡板房区建成，1200多名受灾群众在此居住。

安洲驾校安置点。由安县安洲驾校建设和管理，5月中旬建成，有帐篷155顶，安置北川县漩坪乡转移出来的受灾群众1700余人。8月中旬，受灾群众转移到安昌镇竹林街活动板房小区安置，安洲驾校安置点被撤销。

高新区永兴镇安置点。由高新区管委会负责建设和管理，分为两个点：高新区实验中学为一个点，安置北川受灾群众756人；高新区救助站为一个点，安置北川受灾群众337人。7月中旬，受灾群众回撤，临时安置点关闭。

二、安县

安县受灾群众临时安置，采取集中安置与分散安置相结合的办法，高川、茶坪两个重灾乡，睢水、桑枣、永安、安昌、沸水、晓坝等乡镇14个山区村，受灾群众全部集中安置，其他受灾相对较轻的乡镇分散安置。全县有28万余人集中安置在192个临时救助站中，其中安置500人以上的救助站42个，集中安置受灾群众5.4万余人。全县另有22万余人自行零散安置。震后初期，生活物资紧缺，县抗震救灾指挥部重点保证5个集中安置点物资供应，并配置发电机、饮水机等生活设施，开通广播、电视，搞好集中安置点的防暑降温、卫生防疫，努力改善各安置点条件，保证受灾群众的基本生活。

晓坝镇救助站。5月14日设立，主要接收安置茶坪乡、晓坝镇集体转移出来的受灾群众，共4500余人。7月初，搭建临时过渡活动板房500余套，受灾群众从帐篷搬入板房。

睢水镇救助站。5月14日设立，主要接收安置高川乡受灾群众及睢水社区、红石村受灾群众近5000人。7月初，搭建临时过渡板房300余套。

沸水镇救助站。5月14日设立，主要接收安置高川乡及沸水社区受灾群众4000余人。6月13日，河南省援建的安置高川群众活动板房869套、安置沸水社区群众及卫生院板房419套投入使用。

永安镇救助站。5月13日设立，初期主要安置永安镇大安、永明、平桥等山区村1000余名受灾群众。5月底，北川县曲山镇、漩坪乡等乡镇1000多名受灾群众从绵阳九洲体育馆和南河体育中心回撤，被临时安置在永安镇救助站。

桑枣镇救助站。6月中旬，县指挥部按照科学规划、因地制宜的原则，在桑枣镇规划搭建2926套活动板房，设立5个集中安置点，河南省洛阳市、濮阳市、济源市3个援建单位施工建设。6月25日，板房基本建成，接收安置茶坪乡、桑枣镇等乡镇受灾群众4600余人。

三、平武县

地震发生后，县、乡镇党委、政府及时组织指挥县级部门和乡镇村干部，会同救援部队官兵，选择安全地段设立临时集中安置点375个，安置受灾群众18.6万人。发放各类帐篷5.78万顶、篷布2.32万筒、塑料薄膜438筒；发放生活救助金1.6235亿元；发放食粮8869吨、饮料14.16万件、方便食品14.8万件、食盐0.765万公斤、白糖0.8_万公斤；发放衣服57.23万件、被毯29.18万床；发放药品2.23万件、药械463台、医疗用具0.58万件、消杀灭药品89吨、消杀灭器具1.29万件；发放发电机558台、汽车89辆、卫星电视接收设备150套、橡皮艇6艘、其他救灾器械59.14万件。各级抗震救灾指挥机构组织调动基本生活物资，受灾群众生活及时解决，受灾群众有饭吃，有衣被，有水喝，有安全住处。7月，吉林、河北、云南、北京、辽宁、河南等省、市为平武援建活动板房1.47万余套，占地面积58.51万平方米，硬化室内外及道路25万余平方米，安装供水管网1.5万余米，板房供电、防雷、消防等设备设施配套配齐。其中用于灾民安置板房1.16万套，安置无房住灾民1.16万余户4.9万余人。

图2-4-108　平武县组织搭建简易防震棚，及时发放帐篷，基本解决医疗救治和受灾群众的应急居住要求

临时安置点设置接待安置、物资配发、医疗防疫、安全保卫、对外协调等办事服务机构，各司其职，协调配合。对入住退出安置点受灾群众逐一核实登记，依据入住人数搭建和分配临时帐篷或板房、配发救灾生活物资，保障供电、供水，实施昼夜巡逻值班，开展卫生防疫，安抚疏导灾民心理。

县城在报恩寺广场、接官亭广场、飞龙广场、涪江南岸河堤、金矿等5处设立临时集中安置点，安置县城各机关、学校、单位、居民住户和极重灾区逃出来的灾民及外县受灾滞留在县城的灾民，安置灾民1.94万余人。

南坝镇临时安置点设旧州、何家坝、后坪、垭头坪、檬子树、石头坝、高庄办事处、石坎办事处等8处。水观乡境内山体滑坡，石坎河马鞍石、文家坝两处高危级堰塞湖堵塞，该乡灾民大部分逃离家乡避灾，除一部分到县城临时安置点接受安置外，其余分别安置在南坝镇的垭头坪和檬子树临时安置点。南坝临时安置点安置镇内外灾民1.4万人。

四、江油市

地震发生后，江油市组织城乡受灾群众用彩条布、篷布及一切可以遮风避雨的材料，搭建简易防震棚，按照就近就地、相对集中的原则，设立临时紧急转移安置点159个。5月12日至6月1日，全市紧急转移安置受灾群众59.1万人。

从5月13日中午开始，北川、平武、青川等相邻县大量受灾群众涌入江油。江油市抗震救灾指挥部紧急决定，竭尽所能全部接纳、妥善安置，并成立工作机构具体负责，在李白大道、市体育馆等处设置多个接待站，协调开发区企业腾出厂房，搭建帐篷6000多平方米，作为临时安置场所。同时，调集大量矿泉水和面包、饼干等食品和衣物，发放到每一位外来灾民手中。江油市先后接待2.6万余名外来受灾群众。

图2-4-109　2008年5月13日，北川县、平武县大量受灾群众被转移到江油市临时安置

5月21日，江油市成立北川县湔江唐家山堰塞湖防洪抢险指挥部，为确保泄洪区群众生命财产安全，制定7个沿江乡镇疏散转移预案，建立集中安置点94个，疏散转移和临时安置泄洪区群众4.7万人。

9月23日至24日，江油市境内普降暴雨，降雨量达到179毫米以上，部分乡镇达到300毫米，全市在地震灾害后再次严重受灾。在抗洪抢险中，通过邻里互助、投亲靠友等方式，紧急转移安置受灾群众3.6万人。

五、涪城区

震后初期，涪城区受灾群众临时安置主要通过自主安置、分散安置解决，未统一建立集中安置点。5月14日，涪城区接受安置北川受灾群众的紧急任务，征用南河体育中心，建成可安置上万人的集中安置点。唐家山堰塞湖排险避险阶段，涪城区建立14个临时集中安置点，安置转移疏散区群众34439人，其中最大的安置点设在川音绵阳艺术学院，安置群众14964人。

图2-4-110　2008年6月6日，川音绵阳艺术学院安置区（李伟　摄）

恢复重建阶段，各街道办事处将符合条件的受灾群众登记造册，摸清底数，做好方案，确保安置在板房区。各安置点安置情况为：科创园7号点A区，安置城厢街道办事处、工区街道办事处及南山街道办事处受灾群众；绵吴路口安置点，安置南山街道办事处部分群众；高新区石桥铺5号点，安置朝阳街道办事处群众；樊华大桥14号点，安置城北街道办事处群众。以上4个板房安置点，安置城区受灾群众3389人。

六、游仙区

特大地震造成游仙区34971户农房倒塌或严重损坏。游仙区抗震救灾指挥部对受灾群众临时安置进行紧急部署，征集调运受灾群众急需的帐篷、彩条布、食品、饮用水、衣被等物资；制订过渡性临时安置"三优先""三鼓励"。即：优先安置倒损房户、优先解决受灾学生入学、优先保障受灾群众生活必需品；鼓励投亲靠友、鼓励外出务工、鼓励租房和自建过渡安置房，灵活稳妥地安置受灾群众。据统计，全区有2470户城镇和农村居民走出灾区投亲靠友，9656户外出务工经商，6048户城乡居民通过租房或其他方式自主安置。

唐家山堰塞湖排险避险期间，游仙区疏散转移群众10万余人，建立临时安置点41个，集中安置80046人。恢复重建阶段，游仙区在城区的欧家坝、老龙山和重灾乡镇的平坦地带建设活动板房安置点33个，搭建板房1.01万套，安置城镇受灾群众2.95万人。

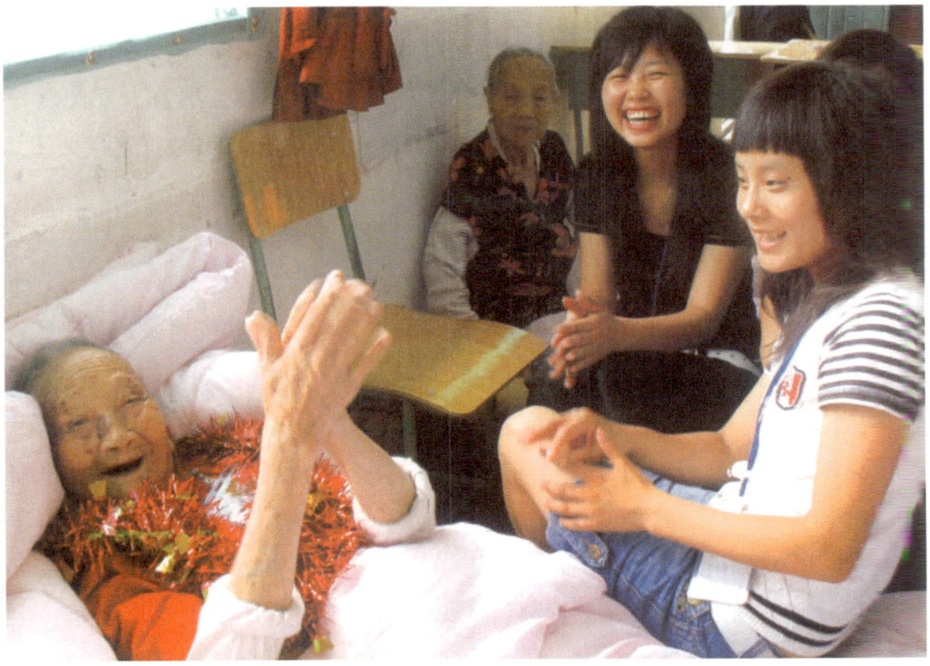

图2-4-111　2008年5月30日，被安置在东林公寓安置点的百岁老人

七、梓潼县

5月17日，梓潼县接受安置北川受灾群众的任务，县抗震救灾指挥部在石牛中学、三泉乡政府、西蜀宾馆、梓潼中学、西山肉联厂、儿童福利院等处设安置点，搭建帐篷，修建完善厕所、洗澡间等设施，组织干部职工和群众捐赠和购买1.05万余套棉被、床单和大量衣物，调运大量食品、饮用水等必需品，安置受灾群众。截至19日，西蜀宾馆安置极重灾区群众397人，石牛中学安置306人，三泉乡天星村六组安置28人，儿童福利院安置15人，全县总共接收安置北川县、平武县受灾群众786人。5月23日后，外县受灾群众陆续撤离返乡。

县抗震救灾指挥部切实抓好受灾群众的过渡性安置，及时将接受的1420顶救灾帐篷发放到医院、学校和“三无”灾民手中。建设活动板房2636套，用于医院、学校和城市无房户使用。5月23日起，县内学生陆续在帐篷学校复课。9月，学校活动板房建设完毕，学生全部进入板房上课。

八、三台县

（一）临时过渡安置

地震后，全县约有100余万人搭建临时“避震棚”。县抗震救灾应急指挥部物资供应保障组组织商贸企业、商业网点购进塑料布、彩条布、木板、钢丝床等物资，限价向灾民供应。动员群众自己动手，在集中安置点搭建临时“避震棚”。供电、供水和供气部组织紧急抢修受损毁设备设施。5月13日下午，水电气和电信恢复正常。县城潼川镇在临时划定点搭建临时“避震棚”7000余处，疏散群众5.28万人。北坝镇疏散群众在东河路、梓州干道和住所附近搭建临时住所。其他各镇乡在场镇空旷地带设2~3个临时安置点安置灾民，农村倒房户、危房户居民在各自住所附近搭建临时住所。

全县63个乡镇设置集中临时安置点580余个，集中和分散安置受灾群众30余万人。

（二）极重灾区灾民安置

2008年5月17日，县抗震救灾应急指挥部接到市指挥部要求三台安置极重灾区受灾群众的指令，安置区设在县体育中心、县体育馆和工业园区京冶轴承闲置厂房内，连夜搭建帐篷130个，组织棉被、洗漱用具近1000套，衣物3200件，及时提供开水、方便面等晚餐，架设有线广播、闭路电视、小型通信基站等，安置区定名为平安村。5月17日至6月6日，共安置北川、安县、绵竹、都江堰等地群众787人。6月6日，最后一批北川群众268人撤离三台。6月20日，县体育中心临时安置点关闭。

九、盐亭县

（一）县内灾民安置

县城灾民安置。震后，盐亭县城共形成13个较大的灾民临时集中安置点，共安置灾民约3万余人。一是县委机关大院、盐亭中学等灾民安置点。5月12日18时，社区灾民被安置到盐亭中学操场、青少年宫、文同小学操场、县委机关大院、县城十字街等地，搭建简易帐篷2800余个，安置灾民8000余人。二是南门休闲广场灾民安置点。5月12日晚，南门休闲广场安置人员1100余人，搭建临时帐篷320余个。三是盐亭县职业技术学校灾民安置点。地震突然降临时，盐亭职业技术学校的学生和老师们约4000人迅速撤离学生公寓和教师宿舍，到学校操场等空旷地带集结。学校周边的数百名百姓也来到这里避险。5月13日7时，在征求上级主管部门意见后，学校将学生送上返家客车；学生离校后，学校组织搭建帐篷安置灾民。四是五指山、昆仑山灾民安置点。根据县抗震救灾指挥部统一安排部署，在昆仑山、五指山设置灾民临时安置点，安置附近灾民4600余人。五是梓江河堤灾民安置点。5月12—14日，在梓江河堤搭建避灾帐篷129余顶，安置安民120余户；在景观大道搭建避灾帐篷60余顶，安置灾民60户 在公路两侧及其余空阔地搭建临时帐篷300余处。六是绵盐、盐南、盐蓬公路灾民安置点。汶川特大地震发生后，云溪镇先锋村把辖区内外灾民安置到四社龙家桥空闲坝内、文同中学坝内、盐南公路两侧旁、9—13社空闲坝内，搭简易帐篷1100个，安置灾民

图2-4-112　2008年5月20日，救援部队官兵为受灾群众搭建临时安置点

3300余人。5月12日晚，盐南公路两侧9—13社安置人员1000余人，搭建临时帐篷300余个。盐亭县抗震救灾指挥部还在盐蓬路、绵盐路等路段设立居民临时安置点。据统计，绵盐、盐南、盐蓬公路3个居民集中安置点安置灾民近万人。

各乡镇临时灾民安置点。汶川特大地震发生后，各乡镇按照县抗震救灾指挥部的统一安排部署，选择安全地带建立灾民临时安置点，安置众多灾民，并为灾民免费提供矿泉水、方便面等物品。

（二）县外灾民安置

2008年5月17日，盐亭县抗震救灾指挥部接到绵阳市抗震救灾指挥部通知，计划安排300名北川、平武的灾民到盐亭县，要求做好相关接待工作。5月19日18时前，一切工作准备就绪。5月20日，绵阳市抗震救灾指挥部通知，北川、平武的300名灾民另有安排，不到盐亭安置。盐亭县抗震救灾指挥部遂将县城社区房屋毁损特别严重的300余名灾民安排到此安置点，解决县内灾民的生活困难。

6月底，全县各个临时安置点陆续撤销。

第五章　抢修基础设施

第一节　抢修交通设施

一、抢修公路基础设施

公路运输在绵阳市的交通运输行业中一直处于主体地位，尤其是地处极重灾区的北川县、平武县、安县等地，公路运输占据极其重要的位置。汶川特大地震使绵阳市境内的公路基础设施遭受严重破坏，公路运输几乎陷入瘫痪状态。为尽快救援受灾群众，绵阳市动员和组织各方力量，紧急抢修公路基础设施，开辟抢救生命的“黄金通道”。

图2-5-113　地震发生后，平武县交通部门紧急出动挖掘机数十台，夜以继日地清理道路上的塌方，迅速打通救援道路

（一）组织领导

全市公路基础设施抢修工作由市委、市政府直接领导，市抗震救灾指挥部统一指挥，市交通局具体组织实施。市抗震救灾指挥部救灾救济组之下，专设交通抢险组，由市政府副市长林新仁组长。市交通局成立临时抢险应急指挥部（后改为绵阳市交通局抗震救灾领导小组），于5月12日下午组织人员分赴北川、平武、安县、江油等地，了解公路基础设施受灾损毁情况；晚上，市交通局按照市抗震救灾指挥部的安排，紧急组织调派人员、机械赶往北川县连夜抢修公路。从5月13日起，市交通局全面组织实施全市公路基础设施抢修工作，通过各种渠道征集、租赁大量机械设备和各种车辆，大规模开展抢修工作。

参加绵阳市公路基础设施抢修的单位有：绵阳市交通局及直属单位，北川、平武、安县、江油等9个县（市、区）交通局及直属单位；绵阳军分区、成都军区14集团军、第二炮兵部队、武警交通部队第一总队第一支队、济南军区54集团军某装甲师，沈阳军区某装甲师、空军某部；山东、辽宁、云南、湖北、河南等省交通厅及交通系统相关单位；四川省交通厅广巴高速公路工程建设指挥部、中铁二局集团、湖南三一集团、四川公路桥梁建设集团、重庆建工集团、华西集团、绵阳燃气集团等企业。许多外地来绵志愿者和损毁公路沿线的群众也积极参与抢修工作。

（二）抢修国、省道干线公路

途经绵阳市境的国、省道干线公路在地震中遭受不同程度的破坏。其中，国道108线京昆公路损毁33公里、省道101线成南公路损毁54.3公里、省道105线成青公路损毁162.2公里、省道205线九遂公路损毁225.5公里、省道302线万阿公路损毁91.7公里。国道108线京昆公路和省道101线成南公路在绵阳市境内的路段主要分布在梓潼县、游仙区、涪城区和三台县、盐亭县等区内，遭受地震损毁程度相对轻一些，至5月25日，路上的塌方全部清除，被损毁的各种公路设施也全部修复。省道105线成青公路、205线九遂公路和302线万阿公路在绵阳市境内的路段主要分布在北川县、平武县、安县和江油市等极重灾区，遭受损毁特别严重，有些路段的路基全部毁掉，更有的公路几乎荡然无存。国、省道干线公路的抢修工作，主要集中在省道105线成青公路、205线九遂公路和302线万阿公路的多处损毁路段，从5月12日下午开始，一直持续到11月。由于特大地震对地质结构破坏太大，许多路段的山体在雨水山洪的冲刷浸泡下多次发生滑坡塌方，抢修过程中出现反复垮塌、反复抢修的情况，抢通、保通贯穿公路基础设施抢修全过程。

1. 抢通保通省道105线成青公路

省道105线成青公路绵阳市境内路段起于安县河清镇，经安县安昌镇、北川县曲山镇、桂溪乡，平武县响岩镇、南坝镇，止于平武县水观乡以北与青川县交界处。省道105线成青公路贯穿绵阳市西北部，是成都至青川的重要战备公路。地震造成省道105线成青公路绵阳市境内绝大部分路段遭受前所未有的破坏，其中安昌镇经曲山镇至桂溪乡路段损毁特别严重，成为省道105线成青公路抢通保通工作的重点路段。另外，安昌镇至曲山镇路段是从绵阳进入北川抢险救援的必经之路，是抢险救灾至关重要的“生命通道”。北川县城附近的任家坪至曲山镇的“三倒拐”一带，路面完全扭曲断裂，路基严重沉陷，两边的山体大量崩塌，路上堆积的岩石如同小山，从绵阳前往救援的车辆和机械设备根本无法通行。

从5月12日晚起，绵阳市交通局组织调集大量人员和机械设备，组成多支抢险队伍赶往现场，与参加抢险救灾的14集团军、二炮部队等密切配合，共同进行抢修施工，人员轮班上阵，机械设备24小时作业。二炮部队的官兵绕过“三倒拐”堆积如山的乱石堆，另选线路开辟临时便道，经过24

小时连续施工，打通一条应急抢险简易通道，使抢险救援队伍能够迅速进入北川县城。随后，他们一边抢修断裂沉陷的路基路面，一边清除滑坡塌方，冒着频发的余震艰难推进。5月13日抢通5公里，14日抢通15公里，15日抢通8公里。5月16日18时，进入北川县城曲山镇的“三倒拐”生命通道全部贯通，省道105线成青公路安县安昌镇至北川县城曲山镇路段全线恢复通行，抢险救援队伍源源不断进入北川，各种大型工程机械设备及救灾物资也源源不断地运往北川。

安昌镇至曲山镇路段抢通后，由于沿线山体地震后地质结构很不稳定，加上汛期暴雨洪水的侵袭，经常出现垮塌断道的情况。为保障抢险救灾的交通运输，绵阳市交通局及时安排绵阳惠通路桥有限责任公司（以下简称绵阳惠通公司）负责该路段的保通保畅工作。该公司对抢通路段进行降坡、扩宽和路面整修，清除公路两边山体上可能垮塌的岩石，排除隐患。每遇再次垮塌损毁，公司立即进行抢修。6月1日，安县境内安昌二桥出现险情不能通行，公司立即组织抢险队伍，紧急抢修安昌江便桥和便道，代替安昌二桥，以保障公路运输畅通。6月3日2时，完成便桥和便道的抢修任务。6月6日下午，安县茶坪乡堰塞湖泄洪，安昌江河水迅猛上涨，将刚刚修好的安昌江便桥冲毁，绵阳惠通公司连夜组织抢修，6月8日8时重新架设好便桥。

北川县城曲山镇至桂溪乡是省道105线成青公路又一严重损毁路段，由于两边山体连片垮塌，形成3处较大的塌方堆积群，塌方量达250万立方米，路基被完全掩埋，陈家坝大桥垮塌。抢修任务由二炮部队和绵阳惠通公司共同承担，分别从曲山镇和桂溪乡相向推进。对3处较大塌方堆积体，分别采用挖掘方式和另选线路修建临时便道的办法抢通。5月16日，抢通工作开始。5月24日，军地两支抢险队伍在西河村附近会合，省道105线成青公路北川县城曲山镇至桂溪乡路段全线胜利抢通。

抢通后，仍由绵阳惠通公司负责保通保畅。6月初，一场暴雨导致公路两边的山体再次发生大面积垮塌。6月中旬，该路段再次被抢通。不久，又被大量的滑坡塌方和泥石流堵塞。二炮部队再次派出官兵和机械设备支援，与绵阳惠通公司职工共同抢修恢复公路通行。公司职工一直坚守工地，采取填沙砾、安放鹅卵石铁丝笼、增加涵管、清除塌方和泥石流、加宽便道、加修挡土墙等各种办法，保持公路畅通。

2. 抢通保通省道205线九遂公路

省道205线九遂公路绵阳市境内路段起自平武县与九寨沟县交界处的黄土梁，止于三台县中新镇以东与射洪县交界处，既是绵阳通往江油、平武的主要干线公路，也是九寨沟环形旅游公路的重要组成部分，具有重要的社会经济地位。该公路绵阳市境内大部分路段在地震中遭受严重破坏，特别是桂溪以北多处山体崩裂滑坡，公路垮塌沉陷，完全阻断九环线交通，平武县处于外界救援力量及救援物资无法进入的状态。抢修这条公路既是绵阳市公路基础设施抢修工作的重点，也是四川省抢险救灾工作的重点之一。

绵阳市交通局将这条公路列为首批重点抢修公路，安排绵阳市交通局公路管理处、绵阳惠通公司、绵阳公路工程总公司等单位负责抢修。沿线的江油、平武交通局也分别在本辖区同时开展抢修工作。5月12日晚，江油市交通局连夜抢修江油市境内被损毁的路段，清除塌方，排除障碍，保证从绵阳前往平武的救援队伍顺利过境江油。5月13日起，平武县交通局在县境内的多处损毁路段开展抢修，在救援部队的支援下，5月15日恢复林家坝至响岩的通行能力。5月19日，经过平武县、九寨沟县共同努力，完成平武县城至黄土梁路段的抢修任务。5月25日，平武县城至南坝镇路段全部抢通。

由响岩镇至南坝镇路段是抢修的关键，由绵阳市交通局公路管理处负责。该路段地势险恶，高山峡谷起伏不断，原有的公路损毁特别严重，尤其是沙湾至南坝路段，两边山体大量崩裂滑坡，巨石堆满公路，塌方量达到200万立方米，有大约5公里长的一段公路全部毁掉，路基路面荡然无存。南坝镇跨越涪江的新旧两座大桥都在地震中垮掉，公路断道，交通运输被江水阻隔。绵阳市交通局制定抢修方案，首先采用挖掘的方式清除沿途塌方堆抢通部分路段，再对特大损毁路段分别采取挖掘清除塌方和另修便道两种方式进行抢修；对于已经垮塌的南坝两座大桥造成的江水阻道，架设跨越涪江的临时通行便桥。

按照方案，抢修工作分为两个作业组同时施工，一组负责抢修公路，一组负责抢修桥梁。5月14日，抢修工作开始。5月15日，自贡市建设规划局8名人员组成的救援队、湖南三一集团有限公司7名人员组成的救援队连同机械设备加入抢险。5月16日，四川省水利电力工程局燕儿河工程项目部、重庆建工集团抢险救援队带着大型工程机械加入抢险。5月17日，平武县两家企业也分别组织人员、装载机、自卸汽车等机械加入抢险队伍。5月18日，响岩至沙湾的道路打通。5月19日，进入沙湾大型滑坡路段抢险作业，四川省交通厅厅长高烽、绵阳市交通局局长董晓彬赴作业现场，共同研究抢修施工方案，再三强调公路抢险队伍必须采取安全防范措施，必须在确保人员安全的前提下加快抢修工作。5月24日，抢通队伍胜利抵达南坝。

桥梁抢修组在云南省交通厅公路局架桥队、沈阳军区某坦克师3连及南坝当地民工队伍等的支持下，加紧架设南坝临时通行便桥。按照绵阳市交通局制定的架桥方案，南坝战备钢便桥的架设位置选在垮塌桥梁下游约150米处，利用涪江江心岛，分别在两侧河道上的江油岸和平武岸各架设一座贝雷钢便桥。钢便桥设计桥宽5米，江油岸桥长36米，平武岸桥长30米，两桥之间的江心岛修筑一条150米长的便道连接。5月25日17时，江心岛至平武岸的贝雷钢便桥架设成功，岛上临时便道填筑压实。至此，汶川特大地震发生后中断14天的省道205线九遂公路基本恢复汽车通行。其后，绵阳市公路管理处、绵阳公路工程总公司、云南省交通厅公路局桥梁架设队及沈阳军区某部官兵，继续突击架设江心岛至江油岸的贝雷钢便桥，6月2日完成架设任务。6月8日，随着南坝贝雷钢便桥架桥工作的全部结束，省道205线九遂公路的抢修任务基本完成。

3. 抢通保通省道302线万阿公路

省道302线万阿公路是四川省内一条重要的战备公路，途经绵阳市辖区路段起自梓潼县文兴乡东北与剑阁县交界处，止于北川县墩上乡以西与茂县交界处，自东向西贯通绵阳市梓潼县、江油市和北川县，承担着重要的交通运输任务。汶川特大地震中，该公路绵阳市境内的多处路段遭受严重损毁，其中，北川县邓家桥至通口镇路段、北川县城曲山镇至茂县界路段损毁特别严重，湔江河大桥、石蓑衣大桥垮塌，唐家山堰塞湖淹没部分路段。抢修工作主要集中在以上两段。邓家桥至通口段由绵阳市交通局公路管理处负责技术指导，绵阳惠通公司具体实施。曲山镇至茂县界路段由二炮部队和武警交通一支队负责执行抢修施工任务，绵阳市交通局及相关部门负责制定抢修施工技术方案，四川路桥集团等支援单位参与抢修施工。

5月16日，绵阳惠通公司组织公路抢险队，从江油市含增镇往邓家桥方向一路推进。5月17日，重庆建工集团派出部分抢险力量加入公路抢修。5月27日，抢险队因唐家山堰塞湖即将泄洪撤离抢修现场。其间，他们清理含增镇至通口镇3公里路段的塌方，清除邓家桥至通口镇段塌方33241立方米，爆破土石方15733立方米，填筑土石方3200立方米，抢通公路近12公里，未抢通路段仅余7公里。

6月14日，绵阳惠通公司抢险队再次进入抢修现场。经历唐家山堰塞湖泄洪后，原来的公路垮塌更加严重，有的地方还堆积着很厚的淤泥。由于地震和洪水的双重破坏，多处路段山体岩石松动，经常发生垮塌。为加快抢修进度，从7月3日起，抢险队分成4个施工组同时进行作业，同时增加机械设备和爆破人员。7月16日14时，省道302线万阿公路邓家桥至通口镇路段全线抢通。

北川县城曲山镇至茂县界路段，是绵阳灾区整个公路抢修中工程量最大、任务最艰巨、抢修时间最长的一段公路。其中，县城曲山镇至禹里乡大部分路段被唐家山堰塞湖淹没，10多个乡镇与外界隔离，抢险救灾人员和救灾物资只能绕道江油、平武、松潘、茂县700公里进入。因此，该路段抢通保通主要围绕北川县城曲山镇至禹里乡这段公路的抢修工作进行。

5月19日，绵阳市交通局向市抗震救灾指挥部提出修建临时应急道路解决北川县城曲山镇至禹里乡公路通行问题的抢修办法，并拟定3个备选抢修方案。5月20日，市抗震救灾指挥部批准采用第二方案，即改道从擂鼓经苏保、鸡窝坪林场至禹里修建临时应急道路。5月21日，承担施工任务的二炮部队和武警交通一支队分别从擂鼓和禹里相向进行抢修施工。至6月15日，二炮官兵从擂鼓方向修通12.5公里的道路。6月16日突降暴雨，修好的公路遭遇大量滑坡、塌方、沉陷，几乎全部毁坏。

6月18日，市政府副市长林新主持召开军地联席会议，专题研究省道302线万阿公路擂鼓至禹里应急道路的建设问题。会议充分考虑到这条应急道路几乎全部在大山中穿行，即使再次突击全部抢通，在长达数月的汛期雨季中也有可能出现反复垮塌反复抢修的情况，作出以下决定：一是由北川县交通局委托绵阳市川交公路规划勘察设计有限公司重新勘测设计从擂鼓或任家坪经漩坪至禹里的新线路，新的选线方案通过后，仍由二炮部队在地方有关部门的配合下进行施工；二是在新的选线方案确定前，暂不放弃擂鼓经苏保至禹里应急道路的抢修工作，由北川县人民政府安排落实专业技术人员对道路抢修沿线的山体崩塌、泥石流、堰塞湖等危险因素作出安全评估，并由二炮部队尽快疏通沿线的堰塞湖；三是成立省道302线万阿公路北川县城曲山镇至禹里改线应急道路抢修工程军地联合指挥部，实行双指挥长制，由二炮部队和北川重建工作管理委员会分别落实一名领导干部担任指挥长。抢修期间，四川路桥集团等地方工程抢险队由二炮部队统一指挥管理。

6月24日，市政府副市长林新再次主持专题会议，研究北川县城曲山镇至禹里改线应急道路建设问题。会议对绵阳市川交公路规划勘察设计有限公司提出的擂鼓至禹里应急道路选线方案进行认真讨论，作出以下决定：一是由擂鼓经苏保、凉风垭至禹里的线路方案和擂鼓经磨房沟、九道垭口、曹山沟至禹里的线路方案，工程难度大、工期长，不符合应急道路建设要求，故应急道路线路走向宜采用擂鼓经任家坪、旧官山、唐家山至禹里的方案；二是成立擂鼓至禹里应急道路建设指挥部，指挥长由北川重建工作管理委员会副主任文久喜和二炮部队一名负责人担任，抢修工作由二炮部队负责，后勤保障和工作协调由北川重建工作管理委员会负责；三是由绵阳市交通局、北川县交通局、绵阳市川交公路规划勘察设计有限公司和二炮部队派人组成联合勘察小组，立即对选定方案确定的线路进行实地勘察，6月26日拿出抢修工作具体实施方案。

经过联合勘察小组的实地踏勘，发现方案确定的线路施工难度极大，必须经过的几座大山几乎都是陡直的绝壁，根本无法在短期内完成修建任务。最终确定应急道路的线路走向为：从擂鼓经苏保、桥楼村、老林口、巴弄山、冒火山、金竹林、青龙桥到达禹里，全长约55公里。该方案需完成的主要工程有：新建公路约31公里，改建公路约24公里，新建钢筋混凝土圆管涵105道共1260米，架设青龙桥、苏保大桥、干河坝大桥共3座桥梁，同时还需处理沿线的7个堰塞湖。按照这一方案，二炮部队抢险救灾队伍继续加快从擂鼓至禹里方向的抢修作业。与此同时，武警交通一支队抢险救灾队伍也从禹里至擂鼓方向加紧抢修施工。至8月11日，擂鼓至禹里方向完成13公里的抢修任务，禹里至擂鼓方向完成15公里的抢修任务。

8月13日，四川省交通厅等单位在绵阳召开省道302线万阿公路绕行线擂鼓镇至禹里乡公路抢通保通协调会。会议调整擂鼓至禹里应急道路抢通保通指挥部组成人员：指挥长由绵阳市人民政府常务副市长兼绵阳市地震灾区重建工作委员会主任左代富担任，副指挥长有：四川省交通战备办公室主任王广义、四川省交通厅公路局副局长李书明、成都军区交通战备办公室处长高兴彬、解放军二炮部队司令部工程部部长焦明山、武警交通一支队总工程师张继锁、绵阳市政协副主席兼绵阳市地震灾区重建工作委员会副主任文久喜、绵阳市交通局局长董晓彬、北川县县长经大忠。指挥部下设综合协调组、宣传组、道路抢通保通组、钢桥架设组、技术服务组、交通管制组、工程保障组等7个工作组。

这次会议以后，二炮部队和武警交通一支队加快抢修作业。在前后长达一个多月的抢修工作中，官兵们多次经历抢修、垮塌、再抢修的艰辛。至9月23日，擂鼓至禹里应急道路两端抢修成功对接，胜利完成抢修任务。9月24日，洪灾致使抢通的道路大面积塌方。经二炮和武警官兵艰苦奋战，到11月7日，再次抢通擂禹路，至此，省道302线万阿公路绵阳市境内路段恢复全线通行。

（三）抢修县道和主要乡村道公路

汶川特大地震使绵阳市1415条县、乡、村道公路的5348公里路段遭受损毁，造成48个乡镇1016个村因公路完全阻断而无法及时救援。地震发生后，绵阳市交通局在抓紧组织实施国省道干线公路抢修工作的同时，组织力量全面抢修县道和乡村道公路：直接组织调派绵阳市交通局及直属单位工作人员赶赴极重灾区参加公路抢修工作；组织指导市辖各县（市、区）交通局积极开展抢修自救；通过四川省交通厅等上级部门请求支援。在整个抢修过程中，县道B14线墩秀公路和北川县都坝至开坪应急通道的抢修工作难度最大，遇到的问题最多，任务最艰巨，成为县道和乡村道公路抢修工作的重点和难点。

1. 抢修墩秀公路

县道B14线墩秀公路起自北川县墩上乡，经安县高川乡、睢水镇，止于安县秀水镇。地震中，这条公路遭到严重损毁，尤其是安县境内睢水附近的老虎嘴至高川路段遭受毁灭性破坏，34处大面积山

图2-5-114　2008年6月1日，安县老鹰嘴道路抢通现场

体滑坡，造成800多万立方米塌方，将公路几乎完全覆盖，掩埋近百辆汽车，堵塞河道形成多处大小不等的堰塞湖。其中灌滩堰塞湖湖面长2.7公里，坝前水深近60米，蓄水量达到500万立方米。

县道B14线墩秀公路的抢修工作从5月13日开始，主要集中在安县睢水至高川附近。5月15日，绵阳市交通局印发《关于做好抗震救灾保畅通工作的通知》，将墩秀公路与国省干线公路一并作为首批重点抢修公路。除安县交通局组织的顺达养护公司抢险队外，二炮部队抢险队、湖北省交通厅对口支援队、重庆建工集团、中铁二局、华西集团、四川路桥集团等单位抢险队也参加抢修。

5月23—24日，二炮部队与安县交通局、水务局等单位30余人组成地质勘察队，徒步50公里，对墩秀公路睢水老虎嘴至高川乡场镇共24公里路段进行实地勘察，取得抢修工作的第一手资料。5月25日，二炮部队与绵阳市、安县人民政府制定详细的抢修工作方案，成立军地联合抢险指挥部，实行双指挥长领导制度，由绵阳市政府副市长李亚莲和二炮部队副参谋长王治民担任指挥长，确定抢修工作的总体思路和具体措施。

从5月26日开始，二炮部队抢险救灾队按照抢修方案，统一组织参加抢修工作的各单位实施抢修工程。5月28日，省政府省长蒋巨峰带领省交通厅、省水务厅等领导，赴墩秀路睢水关老虎嘴抢通现场，指挥道路抢通工作，要求不惜一切代价抢通老虎嘴，局部打通睢水关至高川的交通通道，指示立即调派大型机械赶赴睢水，加快推进抢通工作。在抢修现场，部队官兵与地方抢险人员共400余人，团结一致，并肩战斗，70多台大型工程机械设备连续作业。6月8日，抢修难度最大、施工环境最危险的老虎嘴路段被打通；6月10日，县道B14线墩秀公路全线抢通。

2. 抢修都开公路

汶川特大地震发生后，绵阳市抗震救灾指挥部决定，利用原有的部分乡村道公路，在北川县境内修建一条从都坝经白坭至开平的乡道公路，作为北川抢险救灾的另一条应急通道。5月31日，绵阳市交通局制定从都坝到开平应急通道修建方案，全长53公里，其中大部分路段可以利用原有的乡村道公路进行拓展改造，其余部分需要新建，采取四个方向同步作业的办法，加快抢修进度。

6月1日，都开应急通道开始修建。参加建设的主要力量有：14集团军，山东省交通厅组织的泰安市、潍坊市、菏泽市公路局，北川县交通局，北川都坝、白坭两乡农民群众等。6月5日，绵阳市交通局请求四川省交通厅协调调派在平武县支援抢险救灾的广巴高速公路建设指挥部爆破队增援都开应急通道抢修爆破施工。同一天，山东省交通厅对口支援队伍完成都坝河战备钢便桥的架设任务，打通都坝与白坭之间的咽喉要道，使抢修公路所需的大型机械设备能够顺利进入施工现场。8月20日，都开应急通道全线修通，抢修工作历时80多天，先后投入人力1.2万多个工日，投入大型机械设备2350余台班，开挖土石方100多万立方米，爆破排除危岩20多万立方米。

（四）专业力量对口支援

在绵阳市交通抢险救援中，交通运输部先后组织调派云南省交通厅、湖北省交通厅、山东省交通厅、河南省交通厅等单位对口支援绵阳的公路基础设施抢修工作，由四川省交通厅分配落实具体任务，绵阳市交通局负责做好协调配合和后勤服务等工作。

5月13日，云南省交通厅组织派遣对口支援队伍，装车运送战备钢桥架桥材料，支援绵阳抢修地震中遭受损毁的重要桥梁。5月14日上午，由18辆载重汽车组成的战备应急车队从云南大理出发，长途奔波1600多公里，于5月16日下午安全运抵平武县南坝公路抢险现场。5月20日，云南省交通厅派出37名技术人员帮助架设南坝钢便桥，在部队官兵及当地力量的紧密配合下，昼夜不停地修筑桥基、拼接桁梁、安装桥面，于5月25日成功架设好南坝战备钢便桥，恢复汶川特大地震以来一直中断的绵阳至平武的公路交通。6月2日，他们完成与前一座钢便桥相连接的另一座战备钢便桥的架设任务。此后，云南交通厅多次增派人员和机械设备支援绵阳的公路抢修保通工作，至6月17日，共派出抢修人员150人，投入机械设备20台、各种车辆16辆，在平武县境内帮助架设完成4座共162米长的战备钢便桥，帮助抢修省道205线九遂公路，共清除塌方124140立方米，排除公路边坡地带的安全隐患103450平方米，新开挖路基土石方5312立方米，填筑路基土石方300立方米，多次反复抢通公路15公里，维修保通公路134公里，使平武县的南坝、豆叩、响岩、平通等4个乡镇恢复汽车通行。

山东省交通厅派出的对口支援队伍主要负责帮助北川县公路基础设施抢修工作。5月中旬，副厅长范正金带队，在安县花荄设立山东省支援北川抗震救灾指挥部，首批派出的50名抢险队员带着机械设备迅速进入北川开展公路抢修工作。为加快抢修进度，他们不断增加抢修人员和机械，至6月20日，抢修施工人员增至240余人，投入机械设备50余台。5月中旬至5月下旬，首先抢通北川境内的重要县道B26线墩青公路坝底乡附近15公里的路段，并一直保持这条公路的畅通。5月18日至6月20日，他们又在县道B119线北松公路上抢通开坪至小坝的11公里路段。泰安市公路局、潍坊市公路局、菏泽市公路局支援队伍与军地抢险力量合作，共同抢修都坝至开坪应急通道。他们还参加省道105线成青公路陈家坝至桂溪路段、省道205线九遂公路江油至桂溪路段以及乡道桂溪至都坝等公路的抢修保通工作，完成唐家山堰塞湖影响地区乡道906线马槽至桃龙公路抢修施工的全线勘测工作。

湖北省交通厅派出128人的抢险救援队伍，支援安县公路设施抢修工作。5月24日，队伍到达安县，当天就到县道B35线秀茶公路损毁现场进行实地查看和测量，获取抢修工程相关数据和肖家桥堰塞湖有关资料，并与安县交通局详细研究施工方案。在抢修施工中，他们每天派出20多台大型机械设备满负荷作业，争分夺秒抢修损毁公路。由于余震不断造成山体滑坡和塌方，5月31日和6月2日，湖北省交通厅对口支援队伍的汽车两次被山上滚落的岩石砸坏，但他们毫不退缩，抓紧时间施工作业。据不完全统计，至7月4日，他们在县道B35线秀茶公路损毁路段挖填、爆破土石方共计18.34万立方米，帮助抢通公路2.1公里。

河南省交通厅对口支援江油市的公路基础设施抢修工作。5月23日，首批17名抢险施工人员、7台大型工程机械和4辆油罐车投入抢修工作。为早日抢通公路，河南支援队一方面不断增加抢修人员和机械设备，一方面组织技术人员对江油境内主要的损毁公路和桥梁进行排查和检测，并根据损毁情况分别制定抢修施工方案。至6月29日，共投入人力4727个工日，投入各种车辆2194车次，清除塌方，填筑路基，修补路面，对一些弯度太大、损毁特别严重的路段采取降低坡度、修改线路等措施。6月8日，工程队提前10天打通雁门镇至六合乡的生命通道。6月25日，全面打通文胜乡至六合乡的山区公路。据不完全统计，在抢险救灾阶段，河南省交通厅对口支援队伍先后帮助江油市抢修县道124线东雁公路、乡道203线雁三公路、204线厚六公路、210线二石公路以及部分村道公路，共完成110.36公里的公路抢通任务，帮助修建简易桥涵13座，检测桥梁74座，清理土石方6.6万多立方米。

除以上对口支援力量外，还有很多志愿者专业力量参加绵阳公路基础设施抢修工作。北京市工商业联合会交通运输业商会派出公路抢修支援队，由35名技术人员组成，带着挖掘机、推土机、装载机、吊车等大型机械设备共20台，5月25日到达绵阳，5月26日投入平武县锁江乡至北川县桂溪乡的县道B18线锁桂公路损毁路段抢修工作，历时半个月，全线抢通，清除塌方10万立方米。湖南三一集团派出18人的救援队，投入大型挖掘机2台、大型吊车1辆、后勤保障车1辆，5月14—25日，参加抢修安县B35线秀茶公路。重庆建工集团派出27人，投入大型挖掘机7台、装载机3台，5月14日至

6月13日在安县参加抢修县道B14线墩秀公路。四川路桥集团7名工程技术人员、3台大型工程机械，5月29日至6月20日在安县参加抢修县道B14线墩秀公路。中铁二局集团派出8名爆破人员和技术管理人员，5月29日至7月10日参加墩秀公路的抢修工作。华西集团四川场道工程有限公司、四川省建筑机械有限公司9名人员3台大型机械设备，5月29日至6月26日参加墩秀公路的抢修工作。安徽省刘兆水、刘兆本、刘兆刚、刘兆安四兄弟组织的公路抢修队，5月20日至6月中旬在北川县帮助抢修省道105线成青公路曲山至桂溪损毁公路，其间共投入大约800个工日的人力和450个台班的机械，帮助清除塌方35万立方米。

二、抢修铁路设施

（一）宝成铁路干线抢险

地震造成宝成线成都铁路局管辖的干线灾情64处。成都铁路局采取分段开通和先单线开通线路相结合的办法，投入全部人力，集中突破重点，全力抢修宝成铁路广元至成都段上行线。铁路职工连夜修复落石损坏的线路设备，更换伤损钢轨、轨枕，爆破、清理线路上的巨石，对位移桥梁、破损桥台进行恢复、扣轨加固处理，将砸断、损坏的钢轨进行切除，配备短轨，待桥梁复位后进行钢轨焊接，及时处理近100公里线路的超限处所。还配合大型养路机械捣固、撤卸防脱护轨57处，共计6840米，恢复道床30余公里，处置病害绝缘接头 以保证利用轨道电路的信号设备正常工作。

5月13日10时31分，地震发生后18个小时，宝成铁路成都铁路局管辖的广元至成都段上行线全线开通。5月15日8时，除罗妙真至斑竹园下行线因金龟岩大桥封锁外，广元至成都段其余区间全部开通。5月16日1时，宝成铁路广元至成都下行线恢复开通，首列单机以5公里时速顺利通过。经过82个小时的抗震救灾抢险，宝成铁路广元至成都段恢复双线行车，为救援力量、救援设备及救灾物资快速进入绵阳、江油等站点创造了条件。

（二）宝成铁路涪江大桥防护加固

宝成铁路涪江大桥有新旧两座大桥，老桥建于1953年，后在其下游不远处新建一座现代化的铁路桥，老桥废弃。因为河水的日久冲刷，老桥的很多桥墩地基已裸露在外，一旦唐家山堰塞湖泄洪，裸露的桥墩很可能被冲毁，影响新桥的安全，进而危及宝成线运行。技术专家组经过现场勘查和仔细商讨，提出加固方案：对河中央没有根基的3至8号桥墩，采用钢丝网内装石头沉入水下，通过巨石重压来加固根基；对根基埋设较浅的16至18号桥墩用钢轨围栏打桩，在桥墩周围形成包围圈，填上片石。

为应对唐家山堰塞湖泄洪威胁，铁道部成立宝成铁路涪江大桥保安全畅通总指挥部，成都铁路局成立涪江大桥防护加固工作前线指挥部。5月31日夜，在探照灯照明下，近3000名抢险人员分为5路对大桥实施防护加固：一路抛钢丝笼、打钢轨桩加固路基；一路给33个桥墩绑扎汽车轮胎防撞；一路在桥墩四周安装钢架，外层防撞；一路安装保护大桥梁体的防落限位桩；一路在大桥两边200米范围内堆码编织袋，防洪水的冲刷、浸透，保护路基。经过两天的奋战，涪江铁路大桥的加固工作于6月2日20时完成。

6月5日，铁道部领导现场检查防护加工工程，要求强化四道防线：一是全面强化对大桥自身的防护加固措施，提高防洪、抗冲击能力；二是在上游100米处设拦江钢绳，阻拦漂浮物对桥梁的冲击；三是在上游500米处的公路桥上，进行排漂工作；四是在大桥上游2—10公里处设立3个火力点，对大型漂浮物实施炮击爆破并准备冲锋舟和橡皮艇，实施人工爆破。在铁路系统、抗震救灾部队和绵阳市的共同努力下，5项加固防护工程及上游多个防护措施，构成涪江铁路大桥防护加固体系。

6月10日，唐家山堰塞湖泄洪流量达到1.2万立方米/秒，洪峰到达涪江铁路大桥时接近警戒水位，经过加固的大桥安然无恙。大桥上过往的列车在洪峰到达的30分钟内限速25公里，水位一下降就取消限速，恢复正常运行。

三、抢修机场设施

地震发生后，绵阳机场水、电、气、通信全部中断，与外界完全失去联系。绵阳机场立即启动应急救援预案，全力投入抢险救灾工作，全面勘察跑道、围界、候机楼及运行保障设备设施受损情况，组织职工对候机大厅进行清扫，确保旅客能够正常出行。经检查，机场围界有部分垮塌，高架桥二楼部分断裂，候机楼建筑材料有部分脱落，办公用房有不同程度地损坏，但机场主要的运行保障设备设施没有受到影响，迅速做出“可以使用”的决定，绵阳机场迅速恢复正常运转状态，为民航航班的正常保障和空中救援奠定基础，成为向川西北重灾区运送救援人员和救援物资的空中交通主要通道。

第二节　抢修通信设施

一、电信应急抢险

（一）电信系统

地震后，中国电信绵阳分公司迅速成立抗震抢险指挥部，及时收集上报灾情及通信恢复情况，每4小时报送一次信息，并组织电信运营企业成立通信保障领导机构，全面执行《四川省通信保障应急预案》，开通抗震抢险指挥部电话，做好现场指挥，确保通信畅通。

5月12日晚，公司总经理徐斌率网络部、市场部、财务部相关人员前往北川，了解灾情并组织指挥抢险。13日11时，公司通信应急分队携带应急卫星车、交换机、发电车等设备前往北川灾区，配合市、县抗震救灾指挥部全力做好应急通信保障工作。13日14时30分，中国电信陕西机动局派出的15人应急保障分队，携带通信应急抢险设备抵达北川县抢险救灾指挥部，与先期到达的中国电信绵阳分公司技术人员、中国通信服务公司绵阳市分公司抢险救援队密切配合，以最快的速度调试好设备，于当日22时30分为指挥部提供10部固定电话，北川与外界中断联系28个小时后，中国电信通信生命线得以恢复。随后，电信部门又给救援部队及其他救援单位提供固定电话9部，为灾区群众提供10部免费报平安电话。

中国电信湖北机动通信局、上海机动通信局、四川机动通信局，中国通信服务公司上海分公司、安徽分公司、四川南充分公司也带着大量的应急通信设备，日夜兼程赶赴北川。5月14日，湖北机动通信局卫星应急通信设备送达北川，通过卫星应急车恢复北川与外界的小灵通通信。5月17日1时，北川县城恢复村村通信号覆盖，30余部终端确保北川县抗震救灾指挥调度。

北川县城封城后，北川县党政机关、救援部队、山东援建单位云集北川县擂鼓镇，中国电信北川分公司负责通信保障，抢通安县安昌镇至北川擂鼓镇的光缆通信，在擂鼓镇建立首个AG机柜及4个小灵通基站，并在救援部队的支持下，打通擂鼓镇至禹里乡的光缆通信。在安县分公司的协助下，北川分公司幸存员工在擂鼓镇建立简易电信营业厅，为受灾群众提供5部免费公用电话，走遍7000余顶帐篷，向县级各部门、救援部队、山东援建单位收集了解电话安装需求、恢复电话的数量和号码、需要开通宽带的情况。至6月30日，为党政机关、救援部队、山东援建单位安装电话120余部，配送小灵通100余部，安装宽带80余户，并建立板房营业厅。

（二）中科院系统

震后，中科院上海微系统所、计算所、微电子所、网络中心等单位共同组建应急通信救援队。5月17日3时，救援队抵达北川灾区，迅速开展“宽带无线通信应急平台”站址勘查、设备安装等工作。当天中午，第一套系统架设完毕，通过肩背式移动终端，将救援现场音频视频信息传到北川抗震救灾前线指挥部。为提高传输效率及传输质量，微系统所紧急采购卫星设备，连夜运往北川。5月19日19时，北川无线应急通信系统正式与卫星通信系统连通，成功接入互联网，北川县告别震后“信息孤岛”。至5月20日，在北川救援的部队、武警、消防、公安、医护、卫生防疫、水利部门等50多个单位及众多媒体记者都已使用该系统。5月22日，该系统正式交付北川县抗震救灾指挥部使用，能够提供视频电话会议、宽带语音通信、图文数据传输和移动视频监控等无线宽带服务。

二、移动通信应急抢险

（一）中国移动绵阳分公司

特大地震致使北川县移动通信网络破坏殆尽，基站大面积受损，整个北川成为信息孤岛。5月12日下午，绵阳分公司组织首批突击队员，全力抢修安昌镇至壬家坪的沿途光缆。5月13日凌晨，

图2-5-115　中国移动江油分公司职工铁索飞渡抢通信

四川移动派出的2台应急抢险通信车紧急赶赴任家坪，当天上午，位于北川中学的抗震救灾指挥部应急基站开通；距离指挥部最近的凉风垭基站抢通运行。5月13日16时，县城外“三道拐”临时基站建成并运行，实现北川县城移动通信网络覆盖。广东、贵州、云南、河南、重庆、山东、湖南、湖北、安徽、黑龙江、辽宁、北京、山西、内蒙古等省（市、区）及省内各市（州）公司先后调运应急通信车50余台次、出动专业技术及维护人员400余人次支援北川灾区，帮助恢复北川移动通信网络。

北川关内地区的通信，由于基站损毁、电力中断，主要依靠省公司空投IDR（卫星应急传输设备）和卫星电话暂时恢复。唐家山堰塞湖淹没北川关内通信主要传输节点漩坪、禹里等地，道路完全中断，通信抢通难度极大。绵阳分公司经反复论证，确定如下抢通方案：人员步行从平武县穿越垭坪无人区到达泗耳，再从泗耳穿越原始森林向北川县关内地区辐射。在济南军区某部300余名官兵的帮助下，中国移动出动100名工程技术和施工人员，用两天时间穿越原始森林，布放光缆55公里。6月1日20时26分，打通平武泗耳至北川片口的传输通道，为唐家山堰塞湖上游地区13个乡镇、28个基站的后续抢通工作奠定坚实基础。为确保6月6日24时恢复片口、小坝、桃龙、开坪、白坭共5个乡镇的通信，绵阳分公司成立4支抢险队伍，每人背负上百斤的传输线缆、基站设备，从平武、松潘、茂县分三路绕道进入北川关内，经过80多个小时的昼夜奋战，6月6日15时，北川3镇17乡的移动通信全面抢通。

为保障唐家山堰塞湖排险应急通信，四川移动公司及绵阳分公司数十名突击队员与抢险官兵共同奋战20多天。5月18日上午，四川移动紧急空降一个卫星基站到唐家山，提供应急通信支援；5月26日上午，再次将重达1吨的IDR卫星基站、油机等设备紧急空投到唐家山；5月27日晚，省公司连夜再次调运通信设备，并在部队的帮助下实施空投。至此，中国移动应急通信卫星基站在唐家山堰塞湖大坝达到4个，在堰塞湖排险施工第一现场建立起畅通的信息通道。5月28日，中国移动成功完成唐家山基站扩容，唐家山及相关地区的通信保障力度进一步加强。6月6日8时30分，是唐家山堰塞湖自然泄洪的最关键时期，绵阳分公司总经理陈英伟受唐家山堰塞湖前线指挥部之命，带领相关技术专家乘直升机登上唐家山堰塞湖大坝，对前期空投的IDR设备进行全面检修，以保证前方信息能快速完整准确地传递到前线指挥部。6月10日下午，唐家山堰塞湖险情解除，副总参谋长葛振峰委托成都军区专门致电绵阳分公司，感谢他们为堰塞湖抢险提供的应急通信保障。

（二）中国联通绵阳分公司

绵阳联通的通信网络在地震中遭到毁灭性破坏，全网579个基站中有435个基站退出服务。5月12日14时33分，绵阳分公司成立抗震应急指挥部，启动应急通信预案；14时48分，绵阳联通核心网恢复；14时55分，绵阳联通应急指挥部调出20余部联通手机、4部固定电话以及发电设备紧急送往绵阳市抗震救灾指挥部；15时，绵阳联通30余支抢险突击队分别向北川、平武、安县、江油等地挺进，全力投入通信抢险。中国联通紧急抽调湖南、重庆、陕西、辽宁、黑龙江、湖北、河北、河南等公司专业人员及应急通信车、卫星通信车，奔赴绵阳抗震救灾第一线，提供技术支援。

5月15日，绵阳城区、三台、盐亭、梓潼、平武桂溪等关键站点的通信网络基本得到恢复。当晚，绵阳联通抢险队伍通过微型卫星地面站，开通平武县南坝镇的通信。5月16日，平武县平通镇、响岩镇两个基站的G、C网通信成功恢复。当天，平武县城微型卫星地面站开通。5月17日，通过采用卫星传输、软放光缆等方式，北川、安县、江油的通信全部恢复。

5月17日后，绵阳联通根据震损情况开始新建基站。因北川、平武片区基站基本损毁，绵阳城区及江油、安县等片区部分基站由于站房损毁而出现通信中断，绵阳辖区内另有1000多个临时安置点急需通信保障，绵阳联通采用在原站点旁新建一体化基站、在临时安置点增建基站等方式，安装及开通80个基站。至5月27日，绵阳联通基站数量、载频数量及容量超过震前水平。

三、部队参加通信设施抢修

（一）71309部队

5月16日下午，平武县响岩镇镇政府请求71309部队协助架设响岩到清水村、大水村、大田村的3条通信线路。17日上午，参谋长宫克诺带领指挥连通信专业40人，携带手钳、程控电话机等检测工具到响岩镇镇政府，听取具体情况介绍后，根据可能在架设中遇到的困难，将人员分为3组，同时展开作业。至当日17时40分，线路全部架通。其中，响岩至清水村架设线路5公里，保障电话机5部，埋设线杆50根，辅助线杆45根；响岩至大水村架设线路5公里，埋设线杆46根，辅助线杆44根，保障电话机7部；响岩至大田村架设线路6公里，保障电话机8部，埋设线杆62根，辅助线杆24根。截至5月30日，71309部队指挥连共计派出300余人次检查维护线路，固定线杆80余次，更换通信线3200余米。

5月29日，应平武县响岩镇的请求，71309部队帮助抢修响岩至南坝的通信线路。该线路长约14公里，主要存在低垂、断开和线杆倾斜、折断等问题。8时45分，参谋长宫克诺带领指挥连通信专业40名官兵，携带手钳、程控电话机等工具，将人员分成5组，分段同时抢修。16时10分，完成抢修任务，通信线路恢复正常，共处理低垂线路18处，挖掘土石450余立方米，新栽、加固通信线杆64根，更换通信线5840米。

6月10—11日，71309部队60名官兵协助武警水电部队架设马安石堰塞湖排险专项通信基站，采取人工搬运方法，徒步行程约8公里，将重达2吨的通信器材运送至2250高地，架设通信线路2公里。

（二）71892部队

5月23日，71892部队通信连担负抢通平武县受损光缆任务，编成指挥、放线、运线3个小组，采取多组分段接力、多点同步展开的方法，昼夜连续作战，抢铺受损线路。6时17分，该连携带相关物资器材向作业现场进发，途中突遇强烈余震，前方出现大面积山体坍塌，道路中断。连队领导即刻率领指挥组勘察地形，选择迂回路线，在当地老乡引导下，冒险通过跨度110余米、宽1.5米、离河面高30余米的一座铁索桥。放线组将线头拉到对岸，指挥其余人员轻装通过，而后分两端合力拖拉，逐段进行固定。运线组采取单组放行的方法，历经1个多小时，人员、物资顺利通过危桥。19时45分，当官兵铺线至胡家院一带时，发现道路左临陡崖，右临峭壁，部分路段仅容1人通过，山谷中时有巨石滚落。指挥组前行查明路况，标识险情路段和前进方向，官兵们利用简易器材赶制100余具火把，点亮山谷，各组从先头至队尾逐人接力，传递指挥协同口令，顺利完成该段铺线任务。24日4时35分，连队抽调运线组20人，轻装前进至南坝镇，协助地方电信部门安装调试基站设备。5时17分，作业至何家坝时，为避免绕行山路耽误抢通任务，该连调整预案，放线组将光缆扛在肩上或拴在身上，徒涉30余米宽的涪江支流，运线组分批将光缆、器材抬至对岸，再组织高架线路。5月24日10时3分，南坝镇第一部有线电话试通，中断近13天的通信恢复，该部顺利完成光缆抢通任务。

5月23日19时，应四川电信公司请求，71892部队部队长杨新军带领402名官兵，出动运输车7台，连夜协助抢铺平通镇至南坝镇最后10余公里光缆线路，于24日凌晨顺利将光缆铺至南坝镇。

（三）71366部队

5月26—29日，71366部队出动官兵350人，在部队长李世林的带领下，担负平武县土城藏族乡至泗耳藏族乡58公里“无人区”光缆架设任务。官兵人均负重50公斤，翻越海拔3100多米的大山5座，穿越泗耳海梁子原始森林38公里，提前4天完成光缆架设任务，顺利打通平武至北川的通信通道，使中断18天的平武、北川、松潘三县交界处的28个乡镇、近10万群众的通信联络得到恢复。

（四）71811部队

6月9日，71811部队某连接到架设某国防研究所通信光缆的任务。该连组织50名官兵，穿越崎岖陡峭的大山，冒着余震不断、山体滑坡的危险，历时3天，完成6公里的光缆架设任务。

（五）71366部队

7月7日上午，平武县古城镇电信线路出现故障，影响村民正常通信联络，镇政府请求71366部队给予支援。接到请求后，副部队长赵正涛带领通信连官兵50人，携带通信修理工具，采取分组、分段的方法，在40公里的通信线路上，分5个组同步展开抢修，历时3小时，抢修线路40余公里，排除故障13处，修复电话50余部，恢复正常通信。

第三节　抢修供电供水供气设施

一、电力应急抢险

地震发生后，国家电网四川绵阳电业局在位于塘汛镇的输电线路工区启动应急预案，启用备用电力调度中心，确保电网调度指挥系统运转正常。震后半小时，涉险从办公大楼11楼接出通讯线，恢复“95598”客户服务热线。绵阳电业局迅速成立电力应急抢险指挥中心和13个抗震救灾工作小组，统筹指挥和协调抗震救灾工作。所属各基层供电局、专业工区成立抢险救灾中心，迅速组织力量，全力恢复各县（市、区）城区配网和医院、机场、交通站点、公用设施等重要场所供电，保障抢险救人、救灾的应急需要。

5月12日16时，绵阳城区供电局紧急出动发电车，为绵阳市抗震救灾指挥部提供应急电源。18时，绵阳城区供电局派出应急发电车，执行市抗震救灾指挥部保电任务。21时，经紧急抢修，绵阳市区电网逐步恢复供电。至23时，绵阳主城区供电恢复90%以上。为确保电网主网安全，电力调度人员坚守岗位，科学监控，调整电网运行方式。震后半小时，各路巡线人员开展输电线路巡视，对受损电网进行片区划分，确定片区主管领导、负责人和联络员，有效开展电网恢复工作。在应急供电中，绵阳电业局提供应急发电车2台，容量合计840千瓦，发电机12台，容量合计3844千瓦，主要为北川、安县、江油抗灾指挥部、临时医院和九洲体育馆等集中安置点及抢险救援现场提供应急电源。

北川供电设施在地震中受到严重破坏，2座110千伏变电站、4台主变压器，4座35千伏变电站、7台主变压器，300公里线路、508台配电变压器受损停运，调度、通信系统全部被毁。地震当天，该县幸存电力员工自发集结，投入应急抢险，与绵阳城区供电局救援队一起架线、装灯，进行设备抢修维护，为救援第一现场和抗震救灾指挥部、临时医院提供应急用电保障，并按照“救援人员到达哪里，电就送到哪里”的要求，将发电机送往各乡镇恢复供电。

图2-5-116　平武电力公司紧急抢修供电设施

在保障应急用电的同时，省、市、县三级电力公司迅速确定北川电力抢险方案：从邻近的安县、江油引入10千伏电源，解决擂鼓、曲山、通口、桂溪、陈家坝、都坝、贯岭等地的供电；以小水电孤网运行方式，解决关内地区的供电，在此基础上，恢复35千伏-110千伏网络系统，恢复10千伏-35千伏线路，新建县城电网，恢复10千伏以下配变供电，完成北川电网的重建。5月23日，由安县引入的10千伏电力送至擂鼓变电站，恢复擂鼓镇和曲山镇任家坪的供电；5月27日，桂溪乡经江油110千伏甘溪站引入电网10千伏电源供电；5月31日，陈家坝乡经桂溪乡引入10千伏电源供电；6月14日，通口镇从通口电站10千伏母线引出电源经35千伏通口变电站恢复通口镇10千伏供电；7月2日，10千伏圜都线抢修完毕，都坝乡、贯岭乡恢复10千伏供电，标志北川供电公司直供区全部恢复网上供电。

图2-5-117　江油市供电部门紧急抢修照明线路

二、供水设施应急抢险

特大地震发生后，由于断电及部分输水管道损坏，绵阳市区及各县（市）城区均出现断水情况。为及早恢复供水，各供水公司、水厂启用备用电源，组织人员迅速抢修震损管道，绵阳市区及各县（市）大部分城区均在12小时内恢复供水。

（一）绵阳市水务集团

地震发生后，绵阳市水务集团所有生产点、加压站停运，水质检测中心检测工作被迫中断。公司启动城市供水一级应急预案，16时40分，二水厂开始恢复地表水供水。22时38分，三水厂恢复正

图2-5-118　2008年6月2日，北川县陈家坝乡供水站水管安装现场

常供水。5月13日，绵阳市水务集团在九洲体育馆等受灾群众集中安置点安装应急给水设施。至6月12日，先后在城区各安置点安装给水点30处、供水管道3338米、水龙头192个、面盆30组、水表组20组、闸阀197个、沐浴喷头200多个。

5月17日，绵阳市水务集团组织12辆送水车，向北川任家坪、擂鼓镇，安县永安镇、安昌镇，江油市等重灾区运送生活用水，解决救援部队官兵、灾区群众的基本生活用水需求。至6月12日，共计运送生活用水450多车次、8900余吨。5月18日，绵阳市水务集团派出专业人员，帮助安县自来水厂恢复供水，在桑枣镇集中安置点建立应急供水设施，在秀水镇安装20个公共供水点。

为解决北川、安县救援部队官兵及受灾群众的供水问题，5月19日，绵阳市水务集团抽调施工队伍进驻北川灾区，建设临时应急供水设施。至6月12日，公司先后垫资300万元，在北川擂鼓镇，安县永安镇、安昌镇、秀水镇、桑枣镇、黄土镇等地，铺设供水管道27公里，安装临时供水设施39处、面盆180个、水龙头391个、水表组10组、闸阀150个、消火栓8台、蓄水箱5个。

5月29日，绵阳市水务集团制定并上报《关于向唐家山堰塞湖避险疏散群众集中点临时送水方案》，紧急提供10吨桶装纯净水，支援唐家山堰塞湖泄洪排险工作。公司成立4个临时送水小组，分别负责绵阳市区4个疏散群众集中点的送水及现场储水箱水质消毒等工作，安装临时供水管道5470米、水龙头和面盆450余个，储水箱等设施30余个，运送自来水150车次、2054余吨。

6月11日，唐家山堰塞湖险情解除的第二天，在涪江原水水质能够通过技术处理达到国家生活饮用水卫生标准后，经与市环保局、国家水质检测中心专家会商，并结合泄洪水量变化趋小、水质趋于稳定、绵阳城区段水质主要参数指标符合地表水环境质量标准的情况下，绵阳水务集团向市抗震救灾指挥部紧急请示启用涪江地表水源，恢复城市供水。14时19分，三水厂开始启泵取水，逐步恢复供水。

（二）新永供水公司

5月12日下午，特大地震发生30分钟后，公司启动应急供水预案，成立公司抗震救灾领导小组，组织20余人分别对供水管网、供水机泵、取供水构筑物、用户水表组等进行排险，抢修震损管网、设备、构筑物，关闭部分受损的DN400、DN300、DN200预应力水泥管线。15时40分，恢复高新区永兴片区低压供水，成为绵阳城区第一家恢复生产的供水企业。5月14日，公司一、二水厂全面恢复生产，出厂水压力达到正常值。在两天两夜的连续作战中，共抢修爆管13处，抢修破损管网400余米，修复九洲体育馆加压站1处，帮助用户处理漏水、断水点69处，修复供水水表150余只。

5月14日，市抗震救灾指挥部通知：九洲体育馆将作为地震受灾群众主要安置点，请新永供水公司支援，增设配水设施，保障受灾安置群众用水。接到通知后，公司立即成立供水保障指挥部，全面协调和保障九洲体育馆、永兴中学、绵阳水电校等受灾群众安置点的安全供水工作。经过36小时的连续奋战，完成九洲体育馆供水锅炉、消毒池、临时厕所、洗漱台、浴室的配水管道安装，后来又为九洲体育馆的3处帐篷学校、2处救护站安装供水管道。5月14—18日，公司保障了集中安置点每天8万多人次的安全用水。

5月15日21时30分，公司接到通知，济南军区野战医院临时救治点急需用水。1小时后，公司组织给水管材1800米，安装机具8台，安装人员25人奔赴施工现场，经过36小时的连续奋战，安装完成全部给水管道和临时取水设备30组，比野战医院的用水计划提前8个小时完工。5月16日22时，公司接到华晨汽车厂内野战部队救灾物资储备库急需用水的通知，立即组织人员连夜施工，17日9时，接通全部用水设施并通水。5月22日，接市抗震救灾指挥部通知，为保证永兴双土地板房安置点4300余户受灾安置群众用水，公司先后派出安装人员1000余人次，组织安装机具40余台，供水管道2000余米，投入70多万元，建成永兴板房安置点专用供水管网。

6月3日，据市抗震救灾指挥部通知，唐家山堰塞湖泄洪，将影响涪江沿线的供水生产，为保证城区基本用水，请新永供水公司向城区供水。接通知后，公司立即组织DN300球墨铸铁管1200米，安装机具10台，安装人员30人，连续奋战72小时，完成新永一水厂至普明桥的供水管道安装，与市水务集团高新区水厂供水管网联通。6月10日9时，根据市抗震救灾指挥部命令，唐家山堰塞湖开始泄洪，公司立即向绵阳市区供水，10多个小时向城区供水6400多吨。

5月12日至6月13日，公司连续奋战29天，抢修供水管网DN400的542米、DN300的3314米、DN200的16520米、DN150的1686米、DN100的1179米、DN50及以下的1000米，为九洲体育馆、永兴中学、绵阳水电校等受灾群众集中安置点和济南军区野战医院、成都军区兵站、永兴板房区安装建设救灾临时供水设施，免费供水万余吨。

（三）部队参加供水设施抢修

5月16—19日，77225部队出动官兵900余人次，配合地方有关部门，在江油市城区开挖自来水管道沟2040米，检查修复受损自来水管道400米，使城区自来水供水能力从1楼迅速提升至7楼，基本恢复城区大部分居民供水。地震使江油市重华镇自来水厂水源渗漏，造成水源枯竭，7000多人饮用水告急。77225部队与地质、水利专家联合进行勘察，在重华镇老君山峡谷里找到新的水源，百余官兵连续奋战4昼夜，在坚硬的山体上开挖出一条长4100多米的沟槽，自来水厂员工和官兵共同努力，仅用2天时间就完成自来水管道铺设。5月25日，重华镇7000多户居民重新用上自来水。

平武县高村乡地处峡谷中，输水堰渠在地震中被山体滑坡的碎石泥土堵塞，5个村居民生活用水困难。5月20—31日，71366部队炮兵营出动兵力500余人次，在海拔2200米的山上开挖引水渠，运送沙石，修建一座可蓄水200立方米的饮水池，并对水源进行灭菌消毒。

平武县旧堡羌族乡输水堰渠被山体滑坡堵塞，群众饮水、灌溉面临困难。6月18日，71366部队工兵连出动兵力60人，冒雨为旧堡羌族乡双泉村疏通水渠800余米，清除淤泥23立方米，搬运石头近15吨，保证该村152户、610名群众的饮用水和400余亩农田的灌溉。

6月20日，71366部队通信连出动官兵50余人，帮助平武县古城镇朝阳村青家山组疏通因暴雨、山体滑坡堵塞的输水管道，采取提高源头供水量、增加支线管数的办法，将2000多米的饮水管道全部疏通。

平武县平通镇桅杆村沿河而建的饮用水源被污染，村民吃水要翻越一座大山，跨过一座摇摇欲坠的吊桥，徒步近5公里到邻村取水。6月20日，71892部队获知此情况，迅速派人与成都净水公司取得联系，协商安装净水器事宜。同时组织220余名官兵徒步紧急送水，冒雨跋涉近4个小时，将4000余升应急饮用水送到该村。第二天，部队派出40名战士，协助成都净水公司为该村安装1台能保障2000人饮用水的净水器。

平武县南坝镇投资300余万元兴建、使用仅2个月的饮水工程在地震中遭到毁灭性破坏，饮用水源告急。6月20日，平武县政府紧急请求71811部队出动兵力，帮助抢通道路、恢复供水工程。6月22日，71811部队副部队长王春杰带领侦察营100人，兵分两路，携带钎、镐、橇杠、绳索等工具，自带干粮，从宿营地徒步10余公里，攀至南坝镇东侧大岩山绝壁之上全天展开作业。经过20天连续奋战，7月12日，抢通道路和恢复供水两项任务提前完成，15时，南坝镇供水工程通水典礼举行。

7月15日，平通镇军地联合抗震救灾指挥部通报，平通镇居委会自来水取水点附近地域受余震影响出现塌方，管道被埋，水道被堵，致使附近3000余人用水得不到保障。71892部队得知情况后，抽调骨干力量成立临时突击队，迅速赶赴塌方现场，现地查看灾情，研究制定排险措施，410余名官兵连续奋战3个多小时，加固护坡80余米，疏通水道110余米，顺利排除险情。

7月18日，71892部队在执行进村入户任务中，发现平通镇大坝村2个村民组饮用水源因山体滑坡被埋，群众吃水需徒步4公里从邻村背运。副部队长李学富立即与当地相关部门取得联系，经过协调，租用地方钻探设备，并得到地方专业技术人员的指导，先后出动官兵百人，采取分组分片轮换、同步实施的方式奋战近10个小时，成功钻探3处取水点，铺设水管1000余米，解决了群众吃水难问题。

三、供气设施应急抢险

震后，绵阳燃气集团公司根据灾情，分轻重、分片区逐次有序恢复供气。灾后28小时内，公司服务区内90%用户恢复天然气供应；灾后48小时，服务区内95%的用户恢复天然气供应。6月10日前，共停启场站、调压箱、阀井、立管2271次，抢险2786次，处理漏气、管道断裂抢修1040起。截至8月，累计供应天然气5400万立方米。在得知江油天然气恢复困难后，集团公司及时组织工程、抢险人员携带车辆、工具、机械前往支援，帮助江油尽快恢复天然气设施、设备、管网。热电公司震前煤炭库存量不足5000吨，仅能维持不到一周的生产运行。地震发生后，为做好绵阳的工业要素保障，公司紧急从省外调回煤炭7万吨。6月下旬，热电公司开启单机运行；7月11日至8月12日，热电公司双机试运行；8月12日，热电公司正式投入运行，截至8月，供应热蒸汽8万吨。

绵阳港华燃气有限公司按照逐步恢复供气方案，逐一排查、恢复，累计抢修77次。截至8月，供应天然气6430万立方米，其中，民用天然气570万立方米，工业用天然气4930万立方米，

图2-5-119　江油鸿飞（集团）公司职工全力抢修震损管道

CNG（压缩天然气）用天然气930万立方米。

绵阳天新燃气有限责任公司为避免引发天然气泄漏事故，震后半小时全部关闭民用和工业用户的供气。经过逐一排查，于5月12日18时基本恢复辖区民用供气。截至8月，供应天然气850万立方米，抢险315次。

第四节　抢修广电设施

特大地震造成绵阳市广播电视设施设备严重损坏，全市8座广播电视无线发射台，其中6座不同程度损毁，绵阳市及7个县（市）广播电视台全部停播，广播电视信号全面中断。地震发生后，绵阳市广电局立即启动广播电视安全播出预案，组织指挥市、县两级广电部门应急抢险队冒着余震威胁，进入播出机房和广播电视发射高塔，抢救播出设备，抢修发射设备，搭建临时播出机房，确保应急播出。

一、恢复应急播出功能

绵阳市广电系统本着“先应急、后恢复，先无线、后有线，先广播、后电视”的原则，想方设法恢复播出。地震刚过，绵阳市广播电视台组织3支技术抢险队，快速抢救、抢修广电器材设备，从室内抢出发电机、话筒、编辑设备等，在室外搭建广播电视传输平台。17时，绵阳人民广播电台开始应急播出；19时10分，绵阳电视台开始应急播出。除北川县外，其余县（市）迅速启用UPS(不间断电源）备用电源，抢救和抢修受损设施设备，建立临时调频广播，恢复广播电视播出。5月12日当天，三台县广播电视台恢复应急播出；5月13日，盐亭县广播电视台恢复应急播出。

市、县广电部门全力抢修受损的广播电视无线发射台，利用国家广电总局、省广电局紧急下拨的10184套（件）广播电视应急设备及其他物资，快速更换各无线发射台受损发射设备，配备发电机、稳压器等保障设施，相继恢复绵阳、三台、盐亭、梓潼、平武县三座高山无线发射塔功能，并在北川县任家坪和擂鼓镇、安县南塔山、平武县南坝镇、江油城区设立6个临时小功率无线发射台，播出中央1套广播电视节目。至5月19日，全市基本实现灾区无线广播电视信号覆盖。同日，中央电视台央视网与绵阳电视台并机成功，全国、全球互联网用户通过央视国际频道，可以同步收看绵阳电视台抗震救灾新闻报道。

在应急播出阶段，全市新建临时杆路3568根，恢复部分干线传输线路586公里，分配电缆网1.05万公里。截至9月，除北川县、平武县外，市网络传输公司、涪城区、游仙区、江油、三台、盐亭、安县、梓潼县干线网及到乡镇网络基本恢复运行。11月27日，绵阳至平武有线广播电视信号恢复正常播出，至此，绵阳市到各县（市、区）有线广播电视信号全面恢复。至2008年底，共恢复586个自然村村村通，恢复率占2008年已建和在建项目总数的51%。

表2-5-34　　绵阳市广播电视台恢复播出一览表

序号	单位	停播时间	恢复播出时间
1	绵阳广播电视台	5月12日14时28分	5月12日17时（电台）；5月12日19时10分（电视台）
2	江油市广播电视台	5月12日14时28分	5月18日14时（电台）；5月15日16时（电视台）
3	三台县广播电视台	5月12日14时28分	5月12日17时（电台）；5月12日19时（电视台）
4	安县广播电视台	5月12日14时28分	停播，恢复重建中（电台）；[illegible]月1[illegible]日10时（电视台）
5	盐亭县广播电视台	5月12日14时28分	5月13日3时30分（电台）；5月13日18时（电视台）
6	梓潼县广播电视台	5月12日14时28分	停播，恢复重建中（电台）；[illegible]月1[illegible]日10时（电视台）
7	平武县广播电视台	5月12日14时28分	5月18日6时25分（电台）；5月25日20时（电视台）
8	北川县广播电视台	5月12日14时28分	5月19日恢复临时有线广播；[illegible]月1日恢复播出（电视台）

表2-5-35　　绵阳市广播电视发射台恢复开播一览表

序号	单位	停播时间	恢复开播时间
1	绵阳广播电视发射台	5月12日14时28分	5月12日18时30分应急恢复
2	江油市广播电视发射台	5月12日14时28分	5月18日应急恢复（在江油城区建临时发射点应急恢复中一电视和广播）
3	三台县广播电视发射台	5月12日14时28分	5月12日20时恢复正常播出
4	安县广播电视发射台	5月12日14时28分	发射台毁损，5月19日10时应急恢复播出中一电视
5	盐亭县广播电视发射台	5月12日14时28分	5月12日16时恢复应急播出
6	梓潼县广播电视发射台	5月12日14时28分	5月18日15时40分恢复播出中一电视
7	平武县广播电视发射台	5月12日14时28分	5月14日16时30分应急恢复
8	北川县广播电视发射台	5月12日14时28分	5月19日22时恢复（北川任家坪、擂鼓镇建中一广播电视临时发射点）

二、安置点广电设施建设

在抗震救灾期间，全市广电系统坚持“受灾群众疏散转移到哪里，广播电视就通到哪里”，在具备连通有线电视条件的板房安置区安装5万余户有线电视，在不具备连通条件的208个安置点建立临时广播电视设施。

2008年5月14日，市广电局、涪城区广电局在九洲体育馆、南河体育中心安装配置有线广播系统，设立广播宣传站；安装8套无线高清数字电视接收装置和8台大屏幕平板电视。5月19日，市广电局组织抢险队，携带卫星地面接收系统等设备赶往北川县任家坪，于当天14时完成有线广播系统安装调试，21时完成临时无线调频广播安装调试，22时在帐篷内恢复北川人民广播电台调频播音。6月1日，市广电局、北川县广电局利用总局及省局援助的广电器材，在擂鼓镇安置区和曲山镇任家坪安置区安装中央电视台一套无线发射机2部，中央人民广播电台一套调频广播节目收听设备2套，安装调试地面卫星接收设施30余套，建成电视集中收看点，发放收音机1万余台。6月10日，市广电局、长虹公司联合向安县永安镇等6个安置区电视集中收看点赠送20台长虹大彩电，并完成安装调试，投入使用。

三、北川县广播电视应急恢复

北川县广播电视系统在地震中遭受重大损失，全县广电系统干部职工59人，8人遇难，15人受伤（其中重伤4人），广电职工家属遇难25人；综合大楼成为废墟，有线电视服务中心倒塌，所有制作、录制、播出设备全部损毁，广播电视传输系统损坏，无线发射台因山体滑坡而荡然无存。

地震发生后，国家广电总局、中央电视台、山东省广电局、四川省及绵阳市广电局投入极大精力，支援和帮助北川县恢复广播电视应急播出和全面播出。2008年5月19日22时，北川人民广播电台调频播音在帐篷内开播。5月20日，香泉乡通过江油市香水乡有线电视信号，村社恢复电视信号传输。同日下午，在任家坪绵阳市抗震救灾前线指挥部、北川县抗震救灾指挥部，恢复中央电视一套节目的收转。5月23日，恢复任家坪受灾群众安置点的电视信号传输。

5月30日，国家广电总局抗震救灾技术工作组赴北川灾区，指挥应急播出工作。5月31日，恢复调频广播和电视无线发射33频道应急播出信号，解决任家坪和擂鼓2个集中安置点群众收听收看广播电视的问题。6月1日，在擂鼓安置区和曲山镇任家坪安置区，安装中央电视台无线发射机2部，中央人民广播电台一套调频广播节目2套，北川县广播电视台调频自办节目恢复播音。

7月14日，通口镇、香泉乡有线电视小前端投入运行，20个行政村能收看20套电视节目，收听3套广播节目。7月22日，桂溪乡有线电视小前端开始运行，可收看8套电视节目、收听3套广播节目。7月23日，任家坪安置点转播调频广播节目增加到3套、电视节目增加到8套。7月31日，擂鼓安置点转播广播调频节目增加到3套、电视节目增加到13套。

8月1日19时55分，北川县广播电视台自办电视节目正式恢复播出。与此同时，陈家坝、贯岭、都坝、白坭、坝底、马槽、白什、桃龙等15个乡镇2万多户居住分散的农户，利用家用卫星接收设施收看到清晰的电视节目。8月6日，擂鼓35米广播电视专用发射铁塔投入使用，擂鼓、任家坪群众能收看到CCTV-3、CCTV-5、CCTV-6、CCTV-8节目。9月6日，陈家坝无线发射台建成投入使用，解决陈家坝、桂溪地区受灾群众收听收看广播电视的问题。至此，北川县所有乡镇均实现广播电视信号有效覆盖。

第五节　特种设备排查与抢修

地震发生后，绵阳质监局成立特种设备安全应急领导小组，按市、县、乡（镇）行政区划，落实特种设备使用单位和操作人员的安全责任。为杜绝次生灾害的发生，通过新闻媒体，滚动播出或刊出《绵阳质监局关于特种设备安全使用的公告》38期次，连续30天将特种设备安全信息以短信方式群发至移动用户、联通用户和小灵通用户，制定《地震灾区特种设备检验和修复工作意见》，全面开展受损特种设备排查和抢修工作。

一、应急救援力量

全市特种设备排查、抢修工作由绵阳质监局局长毕天赤任指挥长，副局长文勇任前线总指挥，特种设备安全监察科及市特种设备监督检验所领导担任队长，组成4个由26名成员参加的特种设备应急检测检验小分队；同时，绵阳质监局抽调196人次专业人员，配合国家质检总局在绵阳参加抢险救援的3支服务队45名成员，组成绵阳市抗震救灾特种设备安全监督检验技术抢险应急小分队；由国家质检总局抢险救援队、绵阳质监局、绵阳市特检所组成特种设备震后安全指挥部，并在北川、安县、平武、江油4个极重灾区设立前线指挥机构。梓潼、盐亭、三台、涪城、游仙等受灾县（区），会同地方人民政府同时成立特种设备震后安全指挥部，由市特种设备震后安全指挥部统一调配、统一指挥。

二、安全隐患排查

2008年5月13日，绵阳质监局紧急安排市特检所派出4支服务队，先后到长虹公司、绵阳美丰、江油攀长钢、绵阳双汇、川西北气矿、安县银河、梓潼长林食品、盐亭国多生化、绵阳利尔化工、西普油脂、江油双马、启明星磷化工、电子九所、江油624所、九洲线缆、安县明泉CNG站等44家企事业单位，检验电梯1190台次、锅炉113台、压力容器326台、起重机械114台、压力管道20.22公里。

根据绵阳市抗震救灾指挥部的安排，国家质检总局救援队、绵阳质监局组成8个排查小组，共同对绵阳城区震后特种设备安全进行全面检查，出动车辆75车次，人员158人次，检查特种设备使用单位597家，排查液化石油气钢瓶787只，排查电梯1539台，恢复使用788台，停用751台；排查锅炉79台，恢复使用79台；排查压力容器236台，恢复使用236台；排查起重机械92台，恢复使用92台；排查压力管道15.22公里，恢复使用15.22公里。

5月15—19日，绵阳质监局派出震后特种设备安全检查小组，分别对江油、梓潼、安县、三台、涪城、游仙等县（市、区）的特种设备安全进行排查。5月17日，市质监局召集全市电梯维保单位召开紧急会议，部署震后电梯恢复使用前修理、自检工作，重点保障医院、学校、机关公用设施部门优先恢复使用。

各县（市、区）质监部门也全力开展排查工作。5月12日下午，盐亭质监局对创新CNG（压缩天然气）加气站，石岭、林山液化气充装站，盐亭贝多公司4个特种设备重点危险源监控单位开展安全巡查，对企业管道阀门、法兰密封等容易发生安全事故的重点部位进行详细检查，落实专人巡查监控。5月13日，江油质监局对液化石油气充装站、CNG加气站、窦圌山客运索道、滑道等场所的特种设备进行检查，对受损的特种设备采取停用措施。5月14日、15日，三台质监局对县内7户重点企业的特种设备受损情况及作业人员到位情况进行检查，为企业提供解决问题的方法、途径，确保恢复生产企业的特种设备正常运行。

三、隐患处置及设备检测

5月16日，绵阳市排查液化石油气钢瓶787只，发现违法违规充装23只。对于违法违规充装的气瓶，责令充装单位立即进行整改，排除安全隐患。组织特种设备检验服务队，免费对灾区特种设备进行安全检验，确保锅炉、压力容器、压力管道、电梯、起重设备、客运索道安全运行。

在对厂矿企业的CNG站、液化气站及对燃气公司的排查中，对存在安全隐患的特种设备要求立即停用，对存在轻微隐患的设备监控运行。5月21日，绵阳诚信肉类食品有限公司的制冷设备因地震损害严重，造成制冷工质液氨大量泄漏，情况非常危急。绵阳质监局立即派出应急救援队赶赴现场，冒着刺鼻的浓氨气味，很快找到泄漏点，迅速确定带压堵漏抢险方案，切断泄氨源头，并把制冷设备中约4吨液氨安全转移，成功排除液氨外泄险情，防止了氨中毒和氨爆炸等次生灾害的发生。

至11月底，全市各类特种设备报检率达到100%，完成特种设备检测6573台次（含单项检测），其中：在用锅炉470台次，锅炉安装修理监督检验164台次，锅炉产品质量监督检验43台次，锅炉水质监测340套；压力容器3306台次，压力管道71条；化学危险品包装容器46台次，单项无损检测121台次；电梯1049台，起重机械1030台。全市特种设备检验覆盖率由地震前的78.4%提高到98%。

第六章　唐家山堰塞湖排险避险

唐家山堰塞湖位于北川县湔江上游，距北川县城约6公里。地震造成唐家山大量山体崩塌，两岸巨大的滑坡体夹杂巨石、泥土冲进湔江，阻断河道，形成巨大的堰塞湖。是汶川特大地震形成的55处堰塞湖中面积最大、威胁最大的一座。唐家山堰塞湖堰塞坝顺河向长803.4米，横河宽611米，最大高度约124米，体积约为2037万立方米。2008年6月10日1时30分，堰塞湖水位达到743.1米，库容量达到3.2亿立方米，北川县漩坪乡政府驻地漩坪场镇和禹里乡政府驻地治城被湖水淹没。由于堰塞体为结构复杂、极不稳定的散粒体，当堰塞湖水位涨至752米、库容超过3亿立方米时，湖水漫顶造成全溃坝的可能性高达93%，湔江下游及涪江上游沿岸130万人民群众的生命财产安全面临严重威胁。国务院抗震救灾总指挥部紧急部署，组织制定排险实施方案。绵阳市抗震救灾指挥部制定主动避险方案，疏散转移群众。水利部和唐家山堰塞湖险情应急处置指挥部组织各方力量投入抢险。解放军、武警部队官兵和民兵预备役人员与水利专家、工程技术人员密切配合，克服各种困难，采取科学有效措施，成功排除唐家山堰塞湖造成的隐患。

第一节　排　险

一、查勘险情

2008年5月13日，95806部队4个情报处理工作组和专家组在分析地震灾情时，发现北川境内湔江上游唐家山地区有一个特大山体滑坡将整个河道堵塞，河水上涨明显，具有严重的威胁性。15日12时，绵阳军分区向成都军区报告：北川县苦竹坝已经形成堰塞湖，唐家山形成新的堰塞湖，建议军区空投77126部队工兵分队进行情况掌握及排险。19时，经成都军区副司令员李作成批准，派

77208部队15人救援队与地方专家一道前往北川县曲山镇勘察情况。

5月15日，唐家山出现的险情迅速上报至成都军区、中央军委和国务院抗震救灾总指挥部。此后，有关部门加大对唐家山地区监测力度，于16日、17日、19日连续侦查拍照监测，发现堵塞河道水位上涨速度快，蓄水量大，已形成高危级堰塞湖，并对下游的北川、江油、绵阳等地城乡构成重大威胁。16日23时50分，为进一步摸清唐家山堰塞湖情况，77289部队1连25名官兵护送四川省水文局8名水利专家和300余公斤的器材，徒步30多公里开赴唐家山堰塞湖建立水情观测站。17日11时，将第一批水利专家护送到唐家山堰塞湖坝顶，建立3个水文观测站，迅速报告了水文情况。

5月16日，武警四川省总队副总队长兼参谋长邓厚明率500名抢险突击队员到达北川县禹里乡，在组织抢险救灾的同时，勘察监测湔江上游水情变化。18日21时，邓厚明向武警四川省总队、四川省抗震救灾指挥部报告湔江水情监测情况："大地震导致湔江北川县唐家山段形成堰塞湖，水位以每4小时0.43米速度上涨。"18日上午，绵阳市水陆两支突击队强行到达唐家山堰塞湖坝顶现场勘察，同时，空军两架直升机运送专家对唐家山堰塞湖实施低空察看。

5月20日10时50分，四川省水文局4名水文地质专家组成的堰塞湖现场勘测突击队乘坐军用直升机，强行登陆唐家山堰塞湖坝顶，成为首支抵达现场利用仪器设备对该堰塞湖进行实地测量的队伍，现场观测了堰塞湖坝体的基本情况和堰塞坝高程情况。

5月21日7时，为紧急运送水利部抢险救灾专家赴唐家山堰塞湖考察分析水情，77901部队直升机在唐家山堰塞坝泥沙堆积、乱石断木交错、实施降落十分困难的情况下，机组人员密切配合，实施直升机单轮着地，将14名专家送上大坝，为成功获取唐家山堰塞湖第一手资料铺平道路。

5月21日10时，武警水电部队第一总队4支队高级工程师梁启成带领测量员赵林景、黎家勇、陈全义，受命担负唐家山水文和堰体观测任务，被空投到堰塞湖坝体。到位后，他们立即架设测量仪，设置参照物、控制点，24小时轮班监测水位、堰塞体形状和地质变化，每隔半小时观测一次水位、记录一组数据。

5月21日、22日，直升机将部队官兵及水利专家共25人空投到唐家山堰塞湖坝顶。随后，绵阳市水务局、绵阳水文局等部门进驻现场先期开展作业，建立水文观测点。水利部工作组20余名技术人员空降唐家山堰塞湖后，实地勘察分析堰塞湖险情，获取重要数据。勘察结果表明，巨大山体崩塌和滑坡把湔江阻断，使旧河道垫起近200米高。滑坡为土石堆积体，长803.4米、宽611.8米、高82.65~124.4米，滑坡体约2037万立方米。坝体高程669.5米，最高点791.9米。滑坡体彻底把湔江隔断，形成水库库容3.15亿立方米、水深达80多米的巨大堰塞湖。堰塞湖回水长达20公里，集雨面积达3550平方公里，危险分级评定为"极高危险级"。地震发生后，唐家山堰塞湖的水位每天以3米的速度上升，每天入库水量720万立方米。余震在继续，降雨在持续，结构松散的堰塞坝极易垮塌，成为下游数百万群众头顶上的"悬湖"，随时都会倾泻而下。唐家山堰塞湖一旦发生溃决，将对北川县、江油市、涪城区、游仙区、三台县及遂宁市的安全构成严重威胁。唐家山堰塞湖若1/3溃坝，需要撤离25.86万人，淹没城镇面积460.2万平方米；若1/2溃坝，需要撤离120.6万人，淹没城镇面积5386.6万平方米；如果全溃坝，需要撤离130万人，淹没城镇面积6234.6万平方米。唐家山堰塞坝是强地震产生的次生灾害，堰塞湖区为高山峡谷地带，地质环境复杂，气象条件恶劣，滑坡、崩塌、泥石流频发，加上交通、电力、通信完全中断，抢险队伍和物资装备无法进场，进一步增加了抢险救灾的难度。唐家山堰塞湖灾情危重，排除唐家山堰塞湖险情时间紧迫，引起全国人民乃至国际社会的高度关注。

5月23日至6月10日，77289部队派出两支小分队，在唐家山堰塞湖坝顶建立水位观测站2个，坚持每两个小时向指挥所报告一次水位上涨情况，每次余震和大雨后及时查看坝体和水位情况，对唐家山堰塞湖实施24小时全程监视。水情观测站的官兵没有测量工具，他们用木竿标上刻度，做成水位测量的标杆；没有防护措施，他们找来一条尼龙绳，系在腰上当作安全带；没有帐篷，他们利用雨衣和木棍搭建简易帐篷避雨；没有被子等寝具，他们烤火取暖。他们每天休息不足3个小时，在异常艰苦的条件下，在坝顶坚守26个昼夜，不间断地上报水文情况，为上级指挥部掌握唐家山水文情况发挥重要作用。

中科院专家团队利用5月16日、19日、23日、27日4个时期主震区上空的航空遥感图像，加强对堰塞湖变化情况的监测，并呈报监测和预测结果，对水利部实施重大排险决策提供直接的信息支持。5月30日，中科院应急通讯救援队应唐家山堰塞湖抢险指挥部的要求，转战唐家山堰塞湖大坝。队员们连续奋战5个昼夜，至6月3日16时，按计划在大坝及堰塞湖沿线布设14个全天候监测点，对唐家山及沿线的关键部位进行远程宽带无线视频监控，实时将视频监控画面和水文资料通过无线链路传输到指挥中心，为水利部专家提供决策依据。中科院广州能源所及时送去现场监测系统急需的太阳能发电设备，确保24小时不间断监控。

二、指挥部署

针对唐家山堰塞湖的险情，5月15日下午，四川省政府副省长张作哈、四川省水利厅厅长冷刚在绵阳主持召开关于处置北川唐家山堰塞湖险情的紧急会议，强调必须充分认识唐家山堰塞湖面临的严峻形势，发扬不畏艰难困苦和连续作战的精神，迅速查清险情真实情况，坚决、果断地处置，排除险情。绵阳市委、市政府决定成立由张健任组长，安天云、向地平任副组长的市抗震救灾指挥部水利组。当晚，水利组召开会议研究部署堰塞湖处置问题。

为了摸清唐家山堰塞湖险情的真实情况，市水务局、绵阳水文局、市水利规划设计院、市武引局等单位相关人员和部队战士组成10批“探险小分队”“查险突击队”“排险敢死队”，分批向唐家山堰塞湖挺进。在陆路、水路均难以到达堰塞坝的情况下，通过水利组多方努力，开辟空中通道，到达堰塞坝顶，查清了堰塞坝体和相关水文等情况。

5月19日下午，四川省“5·12”抗震救灾指挥部水利监控组主要成员和水利部副部长矫勇、总工程师刘宁等紧急前往绵阳市抗震救灾指挥部，研究唐家山堰塞体处置方案。经会商认为，由于唐家山堰塞坝集雨面积大、水体大、水位上涨快、地质结构差，溃坝的可能性极大。在水利部会商的初步讨论方案中，绵阳市政府负责对江油香水镇以上通道进行管制，从5月21日起严禁无关车辆和人员进入。省水利厅负责组织有关专家科学制定预警临界值，以确保人员安全撤离。

5月22日，国务院总理温家宝飞往唐家山堰塞湖视察。当晚，温家宝在绵阳主持召开国务院抗震救灾总指挥部第十二次会议，听取国务院抗震救灾总指挥部水利组关于唐家山堰塞湖重点疏通工程方案的汇报，主持研究应急处置具体方案，提出处理堰塞湖的三条原则：一是主动处理，避免被动处理；二是要立足早处理，防止因水量增大增加处理难度；三是同时制定排险方案和人员转移避险方案，确保群众安全，确保部队和抢险人员安全，绝不能再造成人员伤亡。会议决定，成立唐家山堰塞湖险情应急处置指挥部，由四川省省长蒋巨峰任总指挥，水利部副部长矫勇、武警水电指挥部主任李光强、成都军区空军参谋长战厚顺等任副总指挥，统一指挥、调度和协调水利部、地方、军队和有关部门的力量，实施唐家山堰塞湖抢险排险，尽力避免堰塞湖溃决可能造成的次生灾害。

图2-6-120　唐家山堰塞湖排险指挥现场

5月24日，水利部会同长江设计院、成都勘测设计院、四川省水文资源勘测局、武警水电部队等单位，研究制定《唐家山堰塞湖应急疏通工程施工方案》和《唐家山堰塞湖泄流水文应急监测方案》。同日，按照确立的“坚持以人为本，把确保人民群众生命安全放在首位，同步实施工程措施除险和人员转移避险，积极主动采取工程除险措施，确保唐家山堰塞湖不能导致一人死亡”的总体目标，出台排险方案和避险方案。排险方案考虑到爆破的难度和风险，选择开挖泄洪槽，计划25日全面开工，6月5日完工；避险方案按照唐家山堰塞湖三种溃坝方式，即1/3溃坝、1/2溃坝、全溃坝来确定避难方案，组织下游群众疏散。

为加强唐家山堰塞湖沿程水文要素的监测，设立白升、片口、唐家山、富顺、治城和油房6个雨量监测站监测流域雨情；为保障上游水文监测的可靠性，又增设一处水文自动监测站，同时在通口电站下游和通口监测站下游各增设一处临时观测站，各水文监测站点自动采集后由北斗卫星自动传输到绵阳分中心，并通过水情网络送达水利部水文信息中心和长江水利委员会水文局。为实时监控堰塞湖泄流后的动态情况，设置堰塞湖远程实时视频监控系统，由唐家山堰塞湖到绵阳市区涪江桥沿线设置的14个监测点组成，其中堰塞湖坝上5个，另外9个分布在下游的北川县城、通口电站、涪江桥、香水乡、青莲镇等地，监测点采用无人值守视频摄像头采集数据，在夜间也可以进行监视。采取的数据通过卫星即时传送到北京、上海、成都、绵阳等各个抗震救灾指挥部，为制定决策提供重要支持。

5月27日，国务院副总理回良玉赶赴唐家山堰塞湖现场察看险情，并主持召开唐家山堰塞湖应急抢险紧急工作会议，要求从大局出发，尽最大努力，千方百计完成唐家山堰塞湖抢险任务。28日、29日，解放军总参谋长陈炳德、国务委员兼国防部部长梁光烈先后到唐家山堰塞湖现场察看坝体地形，研究排险问题。6月6日，温家宝指示解放军副总参谋长葛振峰担任唐家山堰塞湖抢险指挥部副总指挥，具体负责排险现场的组织指挥。葛振峰会同水利部副部长矫勇、有关专家、工程技术人员及成都军区、第二炮兵、武警部队领导坐镇唐家山，现场实施组织指挥唐家山堰塞湖的排险，直至堰塞湖险情基本解除。

5月27日下午，水利部部长陈雷主持会议，召集武警水电部队、成都军区、四川省水利厅、绵阳市委、市政府等负责同志，研究唐家山堰塞坝施工、后勤保障、预测预警、人员转移、错峰调度等有关事宜，提出明确要求。水利部总工程师刘宁随后在施工现场主持召开会议，与武警水电部队进一步研究完善具体施工方案，确定“疏通引流，顺沟开槽，深挖控高，护坡填脚”的施工方案，加快进度，抢赶工期。

6月5日下午，国务院总理温家宝走唐家山堰塞湖排险现场察看，强调不管怎样，必须早点解除堰塞湖的安全隐患，大批转移群众住在简易帐篷里，天气炎热，时间久了，困难会越来越多。温家宝强调，唐家山堰塞湖的隐患一天不消除，我们的抗震救灾任务就没有完成。现在处于唐家山堰塞湖排险的关键时刻，最重要的是要确保群众无人伤亡。

图2-6-121　解放军官兵在唐家山堰塞湖搬运炸药

6月6日，唐家山堰塞湖抢险指挥部与中科院力学所紧急商定，组织人员和设备，前往唐家山堰塞湖开展坝体变形实时无线监测。力学所连夜准备6套地表位移无线监测设备，与中科院微电子所、地质与地球物理所、成都山地所共同组成中科院唐家山堰塞湖坝体监测专家组，6月7日一早飞赴四川绵阳开展工作。6月8日，专家组乘直升机到达堰塞湖坝顶，在武警水电部队的协助下，进行现场地质勘察、监测选点、设备安装等，在坝体下游低台阶处的5个监测点安装6套地表位移无线监测设备，实现在无人值守环境下，对坝体整体运动情况、裂隙流对坝体的影响、坝体发生变形坍塌前兆的动态实时监测。6月9日，设在中科院力学所的地质灾害监测预警分析中心开始接收监测数据，实时对唐家山堰塞湖大坝泄洪的实测数据进行分析和监测预报，为排险及监测预警预报提供了有效的技术支持。

指挥部下设空运协调工作组。截至6月10日，唐家山堰塞湖抢险指挥部空运协调工作组累计协调陆航部队飞行731架次，运送人员3170人、各类物资1792吨，空运油料150.3吨，调运机械设备55台（套），调集航煤110吨。

三、部队开进

5月22日，按照国务院抗震救灾总指挥部统一部署，唐家山堰塞湖应急排险全面展开。23日，成都军区抗震救灾联合指挥部下达《全力以赴排除唐家山堰塞湖险情的命令》；同日，在绵阳市设置唐家山堰塞湖排险指挥所，指挥77200部队和武警水电部队1700余名官兵及工程技术人员向唐家山开进。水利部由20余名工程、爆破、机械等专家组成的唐家山堰塞湖排险工作组亦赶赴绵阳。成都军区空军出动直升机50余架次，运送抢险器材等各类物资47.6吨，运送抢险人员352名。

77226部队1000名官兵担负向唐家山堰塞湖运送炸药、雷管的任务，在部队长范宏斌、政委曹军带领下，官兵们冒着6.4级余震和山体滑坡、泥石流不断的危险，途经4个陡峭湿滑地段，采取“荆棘地带开路、交叉路口标识”的方法，翻山越岭，肩挑背扛，徒步行军8小时，连夜将7吨炸药、雷管运送到唐家山堰塞湖坝顶。

总参陆航部成立陆航部队抗震救灾组织协调组，协调陆航部队飞行631架次，运送各类人员3019人次、物资178.6吨，其中包括雷管6600枚，硝铵、TNT炸药7吨，无坐力炮2门，炮弹40发，汽油、柴油24.1吨。单日空中运输飞行83个架次。某陆航团被确定为唐家山堰塞湖排险空中运输主力，主要保障中科院遥测航拍和运送排险物资、机降工程技术人员及武警抢险官兵等任务。该陆航团共飞行280架次、231小时，向唐家山堰塞湖运送各类抢险物资121.1吨，机降水利专家、武警官兵等各类人员1054人，为排除唐家山堰塞湖险情赢得宝贵时间。

5月21日凌晨，该陆航团700机组接到上级命令，运送水利专家到唐家山堰塞坝进行水文监测和地形勘测。从绵阳机场到唐家山，空中距离60多公里，航程空域陌生，地形复杂，气象条件恶劣，高压电网密布。8时，机长杨宏阁驾驶直升机搭载15名水利专家飞抵堰塞坝上空，堰塞湖一片汪洋，坝体单薄，堰塞坝上只有一个不足3平方米大的小土堆，直升机只能实施单轮点地悬停。杨宏阁操纵直升机缓慢前移、缓缓下降，左轮蹭到地面。机械师穆永厚打开舱门，将专家们安全送达，完成首架直升机飞抵唐家山堰塞湖的任务。

5月22日，该陆航团执行为俄罗斯米-26直升机开辟空中航线的任务，机长杨宏阁带领700机组受领命令，驾驶直升机紧急升空，搭载3名俄罗斯机组人员和数名中方专家飞向北川擂鼓镇。直升机着陆后，机组人员和专家们进行实地勘查，确定擂鼓镇开阔地作为停放大型机械、吊装机械地点。随后，直升机再次升空，向唐家山飞去。飞行中机组人员发现山梁上有两根高压线纵横交错，直接威胁到直升机的外挂货物飞行。杨宏阁把这个情况立即通报给地面指挥员，有关方面迅速处理了高压线。当日，机组还送俄罗斯机组人员空中勘察老鹰岩、文家坝等多处形成的堰塞湖，确定米-26直升机的着陆点，以制定米-26直升机吊装机械的飞行方案。5月23日，俄罗斯飞行员驾驶米-26直升机沿着这条空中通道，陆续将数十吨重的重型机械运到堰塞湖大坝。

武警水电部队调集46名工程、爆破、地质专家和130名技术精湛的大型设备操作手参加会战。武警水电部队第一总队、第三总队驻川部队临危受命，立即投入战斗。第二总队和三峡工程指挥部

图2-6-122　2008年5月30日，参与唐家山堰塞湖抢险的武警水电部队官兵

闻令而动，以最快速度、用最短时间，分别从江西、湖北等8省（区）千里驰援，共投入兵力1142人，筹措推土机、挖掘机、装载机、运输车等大型施工设备108台（套），筹措炊事车3台、油罐9个、油料180吨、炸药10.16吨、食品43吨、帐篷148顶、棉被棉褥各1200床、迷彩服2500套、迷彩鞋2500双等保障物资。

5月22日上午，绵阳抗震救灾指挥部计划将40名武警水电部队官兵一次性投放到唐家山堰塞坝，因直升机承载不下全部人员和设备，只将21名队员和少量物资空投唐家山堰塞体，负责平整临时生活区、停机坪，搭建帐篷。23日，因气候变化异常，直升机仍难以正常飞行进入堰塞体上空。24日9时30分，为抢得排险先机，争取排险时间，济南军区某陆航团出动1架米-171直升机，采用单点悬停的方法，将武警水电指挥部副主任岳曦、副总工程师吴国如、副参谋长孙来成，武警水电部队第一总队总队长刘松林、副总工程师李虎章，武警水电部队第三总队副总队长王殿林等6名指挥人员和部分必备的生活补给物资成功投送上坝。他们立即组织先前到达的25名官兵，进一步对现场进行地形测量，实地勘测，研究细化排险方案，利用信号微弱的海事卫星电话向绵阳前方指挥部汇报情况；并用双手和简单工具，在4天时间内开辟临时停机坪3个，平整生活居住区1700平方米，搭建帐篷16顶，为后续部队和设备的进驻提供基本保障。

5月25日16时，青川发生6.4级余震，唐家山又出现大滑坡，尘烟弥漫，且气象台预报的强降雨即将来临，堰塞湖水位将以每天近2米的速度上涨。水利部、四川省、抢险部队负责人当即决定：采取空运与徒步急行军同步调运兵力，以徒步急行军为主，以最快的时间进入唐家山堰塞体；如果机械施工方案无法实施，就实施第二套方案。随即，1500名解放军和武警水电部队官兵每人背负20公斤爆破炸药，在一天内分批进入唐家山堰塞坝。首批150名官兵徒步近[illegible]个小时，于当日23时30分先期抵达坝上。

四、泄洪排险

（一）开挖泄流槽

按照国务院前方抗震救灾指挥部批准的排险设计方案，唐家山堰塞湖排险现场指挥部针对堰塞体的地形特点和泄流槽的体形要求，确定在堰塞体右侧布置泄流槽开挖轴线，将泄流槽分为进口引渠段、中间泄槽段和出口段3个部分施工，在进口段布置一个工作面，中间段上下游各布置一个工作面，出口段布置一个工作面，共计4个工作面同时施工开挖。组织45台（套）设备，采取2~3人负责一台设备运行，人停机不停24小时连续施工。武警水电部队第一总队根据排险方案任务分工，投入150人负责开挖土石7万立方米和设备吊装、堰塞湖上下游监测及工地供油；第三总队和三峡工程指挥部投入500人，负责后勤保障、爆材运送、堆砌块石及爆破等。

5月26日，天气放晴，直升机开始空运大型机械施工设备。黑鹰、米格-17共飞行120余架次，米格-26直升机共飞行57架次，将45台大型设备（其中反铲挖掘机14台、推土机26台、自卸车4台、潜孔钻机1台）、9个油罐、1200枚雷管等装备物资成功运抵唐家山堰塞湖排险施工现场。武警水电部队第一总队4支队选派经验丰富的机械操作手陈秀刚负责接收调试设备，经连续奋战17小时，先期完成9台挖掘机和11台推土机的调试运行。

在艰难环境下，排险官兵创造日均开挖2万立方米、最高日挖量3.8万立方米的纪录。5月29日9时，武警水电部队全线挖通唐家山堰塞湖导流槽。30日19时，抢险现场指挥部决定将泄流槽底板降低1米即开挖至741米高程。31日15时，抢险现场指挥部再次决定将泄流槽底板再降低1米即开挖至740米高程。22时，泄流槽底板开挖至740米高程。至5月31日22时，武警水电部队官兵经过连续七天六夜鏖战，开挖土石方13.55万立方米，形成一条长475米、底宽7~10米、深13米的导流槽，超额完成方案确定的土石方开挖10万立方米、开挖深度10米的目标要求，比原方案预定工期提前5天。抢险工程取得阶段性胜利，参加抢险的武警水电部队和工程技术人员分批撤离唐家山堰塞湖。

图2-6-123　2008年6月6日，武警水电一总队官兵执行唐家山堰塞湖排险任务

（二）清除漂浮物

唐家山堰塞湖形成以后，专家分析随时都有溃坝的危险，其上游漂浮的20多艘船只、40多个大型油罐和上千只大型油桶等大量漂浮物将对湔江、涪江沿岸的重要设施，特别是宝（鸡）成（都）铁路涪江大桥构成严重威胁。6月1日23时35分，77289部队奉命清除涪江大桥上游大型漂浮物。根据成都军区抗震救灾联合指挥部批准的《应对唐家山堰塞湖对涪江可能出现的漂浮物进行射击摧毁预案》，77289部队出动炮兵连、步兵连计55人，组成火力清障突击队，动用82无坐力炮8门、炮弹120发，40火箭筒8具、火箭弹150发，激光测距仪4具，指挥车1辆，EQ1118运输车4辆，设立4个炮击阵地，分别配置在江油市龙凤场镇飞凤村1社堤坝、涪城区青义镇堤坝、红岩电站大桥、涪江大桥，于6月5日18时前占领阵地，完成一切应急准备。截至6月11日18时，火力清障队击毁各类大型漂浮物37件(块)，确保泄洪沿线红岩、通口、香水水电站、青莲大桥和宝成铁路涪江大桥等重要设施的安全。

（三）增大泄流量

由于堰塞湖堰塞体巨大、余震威胁、气象条件恶劣，在采取了多种措施后，唐家山堰塞湖仍处于极危险状态。6月4日，堰塞湖水量已达2.12亿立方米，水头超过70米，并且已经出现渗水现象。受余震威胁、上游降水量、坝体地势构造等不确定因素影响，出现溃坝的可能性不断增加。

6月5日下午，国务院总理温家宝飞抵唐家山堰塞湖现场察看情况，要求尽早解除威胁。6月6日，根据温家宝指示和国务院抗震救灾总指挥部紧急会议部署，武警水电指挥部迅速从第一总队、第三总队调集340名官兵，投入43台设备，全部由直升机空运，再上唐家山，二战堰塞湖。下午，在泄流槽下游段左侧开始开挖施工，主要施工方法是反铲拉槽修坡，推土机全力向下游运料。官兵们连续奋战五天四夜，完成土石方7万立方米。至10日，在堰塞体左岸成功开辟一条长180米、宽20米、深15~22米的分流渠。

图2-6-124　2008年6月10日15时15分，唐家山堰塞湖泄洪洪峰顺利通过绵阳城区

为扩大过水断面、加快泄洪速度，为更大规模泄洪创造条件，6月7日15时，77208部队20余名爆破官兵对唐家山堰塞湖泄流槽成功实施第一次爆破，增大泄流量。8日8时，77208部队爆破队在解放军理工大学专家的帮助下，制定“定向爆破与分散爆破结合、水下爆破与水面爆破结合”等方案，对堰塞湖泄洪口大型漂浮物实施爆破，使大量漂浮物在爆破作用下解体，随着湍急的水流向泄洪槽涌去。至9日，工兵爆破分队对漂浮物和导流槽底部成功组织17次爆破，扩大了导流槽排水量，泄流量逐步加大。

6月10日7时42分，泄流槽流量达497立方米/秒；11时30分，泄流量达到6420立方米/秒。指挥部立即启动橙色预警，要求全溃坝区域的群众做好转移准备。同时，涪江取水口关闭，启动备用水源。成绵、绵广高速公路，以及绵江路实行交通管制。绵阳城区处于高度戒备状态。15时15分，洪峰顺利通过绵阳市区，群众无一伤亡，排险取得决定性胜利。唐家山堰塞湖抢险指挥部宣布，从6月10日15时15分起，解除涪江干流通口河汇口以下河段橙色警报，维持黄色警报；唐家山堰塞湖坝上至通口河涪江汇口河段仍维持橙色警报。当日18时30分，唐家山堰塞湖水位下降到720.25米，流量454立方米/秒，库容约1.1亿立方米，标志着唐家山堰塞湖风险基本消除。

国务院抗震救灾总指挥部向唐家山堰塞湖应急处置指挥部发来贺电，贺电说：“你们经过连续十多天的艰苦奋战，按照安全、科学、快速的要求，成功地处理了唐家山堰塞湖险情，消除了汶川地震次生灾害的一个特大威胁，确保了人民群众生命安全，避免了大的损失，创造了世界上处理大型堰塞湖的奇迹。”

6月11日下午，省长蒋巨峰在绵阳主持召开唐家山堰塞湖抢险指挥部会议。会议决定，从6月11日16时起，解除唐家山堰塞湖黄色警报，前期已转移疏散的群众在确保安全情况下可返回家园。

第二节　避　险

一、组织领导

在唐家山堰塞湖排险期间，根据主动避险的原则，按照1/3溃坝疏散撤离的预案，绵阳市共疏散撤离群众215196人，其中集中安置130622人，涉及涪城片区、游仙片区、江油片区、三台片区、北川片区和科学城片区，无一人伤亡。

2008年5月20日18时30分，绵阳市抗震救灾指挥部水利组召开唐家山堰塞湖下游群众紧急疏散动员会。5月21日，市抗震救灾指挥部发布《北川县湔江唐家山堰塞湖下游沿岸的撤离疏散方案》。同日，组织撤离唐家山至香水河段两岸距正常水位40米区域以内的全部人员、香水至河口河段距正常水位5米区域以内的全部人员和唐家山以下河道内所有人员和施工机具。对唐家山下游至香水河段全部拦河闸坝、电站闸门进行开闸放水。

5月22日，温家宝总理到绵阳市，乘飞机飞往唐家山堰塞湖视察，要求主动、及早处理，同时制定工程排险方案和人员转移避险方案，确保群众安全。

5月26日，绵阳市抗震救灾指挥部在绵阳师范学院紧急召开唐家山堰塞湖疏散群众工作广播电视动员大会，通报因汶川特大地震形成的唐家山堰塞湖险情，并就堰塞湖下游沿岸群众疏散工作进行紧急动员部署。

5月27日，国务院副总理回良玉乘直升机飞赴唐家山堰塞湖堰塞体现场指挥抢险，要求抢险和避险同步推进。江油市、涪城区、游仙区、三台县按照市指挥部的要求，分别进行疏散演练。

5月28日下午，唐家山堰塞湖抢险指挥部指挥长、四川省省长蒋巨峰在绵阳召开会议，研究进一步完善人员疏散方案，细化人员疏散责任。

5月29日，绵阳市成立唐家山堰塞湖避险疏散工作指挥部，市委主要领导任指挥长，市政府代市长曾万明任常务副指挥长，明确27名市级领导分片包干负责涪城片区、游仙片区、江油片区、三台片区、北川片区和科学城片区的疏散撤离工作。按照“疏散是基按最坏的可能准备”的原则，避险疏散指挥部办公室在充分论证的基础上，制订市、县两级应急疏散总预案，落实以乡、镇、村、组、街道、社区、居民小区为单位的到户、到人的应急疏散预案，绘制疏散撤离路线示意图向社会公布。责成公安、卫生、通信、交通、城建、供电、供水、石油、天然气等部门编制相关专业预案，形成覆盖全面的预案体系，并及时向社会公布。建立市级部门定点联系制度，54个市级部门各联系一个安置点，协助当地党委、政府做好撤离群众安置工作。抽调专人对疏散撤离工作进行督查，对发现的问题要求立即整改。建立完善的预警报警流程及值班制度，坚持24小时值班守护。签订唐家山堰塞湖疏散撤离工作目标责任书，将责任落实到各村、社、社区及居委会。

5月30日上午，唐家山堰塞湖抢险指挥部、长江水利委员会在绵阳召开会议，研究监测、预警、疏散撤离有关问题，要求进一步完善全溃坝撤退预案并进行演练。唐家山堰塞湖避险疏散工作指挥部发布1号令，全面启动1/3溃坝疏散撤离预案。

5月31日，绵阳市抗震救灾指挥部发布《唐家山堰塞湖全溃坝疏散撤离范围示意图》，安排人员在建筑物等醒目位置画出全溃坝的等高线，使群众知晓可能的淹没区域。进行全溃坝淹没线以下人员疏散转移指挥系统演习。同日，指挥部发布《唐家山堰塞湖群众疏散宣传提纲》，要求各有关县（市、区）和市级部门加大宣传力度，做到家喻户晓。同日，发布《关于加强唐家山堰塞湖避险疏散撤离群众临时安置点管理的指导意见》。

6月1日上午，市政府代市长曾万明主持唐家山堰塞湖全溃坝紧急疏散指挥系统预演。下午，市委召开会议，研究唐家山堰塞湖溃决涉及群众转移安置有关事项，请求省上帮助解决安置板房，要求制定鼓励投亲靠友政策，扎实做好全溃坝群众转移疏散组织体系演练。发布《关于做好唐家山堰塞湖溃坝淹没线和撤离线路标示设置的紧急通知》。市政府副市长林新发表电视讲话，通报唐家山堰塞湖全溃坝群众疏散演练工作。

6月2日，指挥部发布《关于唐家山堰塞湖三分之一溃坝洪水淹没区警戒人员撤离和交通管制有关事项的通知》。上午，曾万明到城区绵阳美瑞纺织有限公司安置点和绵阳四川音绵阳艺术学院安置点察看疏散转移群众的安置情况。当晚，曾万明召集涪城区、游仙区、市水务局研究1/3溃坝避险疏散群众安置工作，要求进一步完善安置点的组织管理体系，建立完善登记制度，落实好安置地点，兑现疏散群众补助政策。

6月3日16时10分，市政府副市长林新等主持召开市抗震救灾指挥部专题会议，研究加强对绵阳城区已疏散区域的群众、农村地区已撤离群众的管理，强调不能返回，其区安置点群众在6月5日前，可在请假并登记后有组织地回家拿取生活必需品，但江油香水乡以上县区已撤离群众不得进入淹没线以下区域。

6月5日上午，曾万明组织指挥疏散撤离系统预演。同日，发布《关于切实做好唐家山堰塞湖三分之一溃坝群众避险疏散工作的紧急通知》，要求从6月5日15时开始，由涪城、游仙、科学城负责，严守1/3溃坝绵阳城区淹没区警戒线，一律不准已撤离群众返回；对疏散工作进行全面检查；实行应急值班制度。

6月6日，温家宝总理专程赴绵阳考察，就进一步加快唐家山堰塞湖排险避险工作作出新的指示，要求采取积极主动的措施，做到安全、科学、快速地解决唐家山堰塞湖问题。

6月7日7时8分左右，唐家山堰塞湖湖区泄流槽过水。9时，市抗震救灾指挥部在川音绵阳艺术学院涪城区避险疏散群众安置点，召开唐家山堰塞湖溃坝群众避险疏散安置工作现场会。6月8日，市政府副市长林新就唐家山堰塞湖排险避险工作发表电视讲话，通报抢险、避险工作情况，希望群众继续支持、配合疏散撤离工作。

6月9日，市委召开专题会议，研究进一步做好唐家山堰塞湖疏散转移群众工作。6月10日8时50分，启动黄色预警；15时，省委书记刘奇葆到绵指导唐家山堰塞湖抢险避险工作。17时，唐家山堰塞湖的泄流槽底部高度介于720~721米，下泄的洪峰顺利通过绵阳市区。刘奇葆在唐家山堰塞湖抢险指挥部宣布，堰塞湖抢险疏散取得决定性胜利。

二、涪城区

（一）组织领导

5月26日下午，绵阳市唐家山堰塞湖撤离疏散群众工作广播电视动员大会召开。会后，涪城区立即传达落实，成立涪城区撤离疏散指挥部，统一指挥全区群众撤离疏散工作，由区委书记席世洪任指挥长，区政府区长谢晓东任常务副指挥长。指挥部下设办公室、物资供应组、场地规划建设组、治安保卫及交通秩序维护组、基干民兵服务组、医院病人撤离组、车辆调度组、新闻宣传组，每个工作组落实一名区级领导牵头负责，实行划片分区，将责任落实到相关单位、乡镇和街道办事处，由副县级领导包片负责。涪江沿线龙门、青义、城郊、石塘、塘汛、丰谷6个乡镇和城区城厢、城北、工区、朝阳、南山、城南6个街道办事处均实行乡镇（街道）领导包片，镇乡（街道）干部包村（社区），村（社区）干部包院落，层层落实责任，确保堰塞湖泄洪零伤亡，不允许出现一点疏漏。

区指挥部迅速研究制订《唐家山堰塞湖三分之一溃坝涪城区群众撤离疏散方案》，指挥全区各级各有关单位按照方案，全力投入唐家山堰塞湖1/3溃坝群众撤离疏散工作。其后，指挥部办公室将撤离疏散方案细化到村（居）委会、社（居民小组），具体到每条撤离路线、每个安置点，将各项责任落实到乡镇、街道办事处、村（居）委会、社（居民小组）负责人。绘制全区撤离疏散指挥程序图、撤离疏散安置点布置图、撤离疏散路线图，使全区撤离疏散方案具有较强的可操作性。充分利用广播、电视等媒介，出动宣传车辆加强宣传，重点加强对1/3溃坝淹没区群众的宣传，特别是对河道内作业人员、各类船只业主、临时避灾人员、河心洲坝群众以及沿江两岸群众的宣传动员。

（二）疏散撤离

5月27日，区指挥部在青义镇组织实施唐家山堰塞湖疏散撤离演习，60余人的疏散撤离工作小组迅速到位，根据预先公布的疏散撤离预警信号，通知到所有需要疏散撤离的群众，并根据撤离群众的实际需要，采取统一撤离和机动撤离相结合的方式，尽全力保障老、弱、病、残、孕等特殊群体的有序撤离，确保疏散撤离群众在预定的时间内有序到达既定的临时安置点。演练中，紧急疏散

图2-6-125 繁华的绵阳市中心临园口空无一人（李[illegible] 摄）

中、小学师生3000余人，西南科技大学学生2.5万余人，群众1.5万余人。整个撤离安置在30分钟内顺利完成。

5月29日，涪城区撤离疏散指挥部第一号令下达，唐家山堰塞湖1/3溃坝涪城片区撤离疏散工作预案正式启动。区人武部安排460名民兵协助各辖区做好人员撤离疏散工作，5月30日，又组织500名部队官兵、380名民兵，会同公安干警、地方干部，对龙门、青义、塘汛、丰谷4个镇撤离疏散情况进行清理排查，组织350名部队官兵、270名民兵设卡60处，防止4个镇安置点的疏散撤离人员回流返家。

5月30日2时，区公安分局按照区指挥部第一号令，迅速启动唐家山堰塞湖1/3溃坝撤离疏散工作预案，集结警力100余名，分赴龙门、青义、丰谷设立分指挥部，并建立30个工作小组，由责任民警、村社干部和民兵组成，分段负责，逐户逐人撤离疏散。做好撤离区金融单位、居民小区、物资仓库等重点部位的巡逻防控，确保群众财产安全。在龙门、青义等乡镇于上游水位和制高点设置3个冲锋舟停放点，确保安置点群众的生命财产安全。

5月30日，龙门镇按照1/3溃坝方案，疏散撤离群众5000多人。青义镇撤离群众共计2771户，9520人。塘汛镇撤离疏散8个村（社区）7345户、19125人，62家企（事）业单位5003人，共计24128人。丰谷镇按1/2溃坝方案，疏散撤离15500户、51037人。城区城厢辖区、城南辖区、城北辖区、朝阳辖区按1/3溃坝方案组织了大规模疏散撤离，仅城厢辖区就撤离22580户、76636人。撤离工作全部在5月30日完成。

（三）临时安置

在疏散撤离准备阶段，区指挥部场地规划建设组配合各乡镇、街道办事处，落实14个集中安置点，组织施工人员加紧搭建帐篷。随后，根据新的撤离疏散路线，落实城郊乡及5个街道共计25个临时安置地点。

城南街道设置3个临时安置点：南山公园、南湖公园、南郊机场。龙门建设5个安置点，搭建帐篷559顶。青义镇设6个安置点。塘汛镇在金广村页岩砖厂设置安置点，面积达7200平方米，其中厂房3000平方米，帐篷62顶。

川音绵阳艺术学院安置点是涪城区安置避险群众最多、最集中的地方，共安置14964人。在避险期间，涪城区在安置点内搭建便民服务区，动员一大批商家入场营业，其中包括餐饮企业、流动超市、帐篷银行、个体摊位，以及工商、卫生、物价、电力、通信等部门现场服务点，使群众能在安置点安心避险。

全区根据《唐家山堰塞湖三分之一溃坝撤离疏散群众物资保障预案》和《唐家山堰塞湖全溃坝撤离疏散群众物资保障预案》，在1/3溃坝撤离疏散群众的14个安置点，组织沃尔玛、成都人民商场、好又多等7家大型商贸企业和8家商户设置商品销售点16个，基本满足撤离群众购买需要。组织四维中餐、四海香、蒋记豆花和农家乐等餐饮企业27家，保证撤离群众吃上可口的饭菜。协助市环卫处建成临时厕所28座，并设立指示标识，同时进行消毒杀菌处理。在临时安置点设立医院、物资发放点、老年活动室、会议室，建临时洗澡堂，完善基本生活设施，确保疏散群众撤得出、安得下、稳得住。

涪城公安分局在各个集中安置点设置警务室，安排警力全面负责安置点治安工作，每天坚持24小时不间断巡逻。落实各种消防措施，严防火灾隐患。卫生部门出动医务人员3609人次，接待门诊病人8019人次，巡诊病人48834人次，转诊病人167人次，免费发放药品价值83605元。截至6月10日，14个安置点累计治疗病员17132人次，转院235人。出动防疫人员5040人次，消毒面积132.3万平方米。出动卫生监督人员510人次，监督食品经营单位320户次，销毁过期、变质食品226.5公斤。各临时安置点无一例传染病发生。

6月5日，市公交公司开通唐家山堰塞湖1/3溃坝绵阳城区避险疏散安置点六条临时公交专线，全部免费搭乘，运行时间是每天9时至18时，平均往返时间为90分钟一趟（个别线路60分钟一趟）。

6月10日，唐家山堰塞湖排险取得决定性胜利。6月11日17时，唐家山堰塞湖抢险指挥部宣布，

图2-6-126　绵阳西山公园成为唐家山堰塞湖排险期间避险人员的安全场所

全线解除橙色警报。涪城区及时动员组织各安置点的群众有序返家。12日12时，14个安置点3.4万余名群众全部安全返家。

三、游仙区

（一）组织领导

根据预案，若唐家山堰塞湖溃坝，游仙区涪江沿岸的东林、石马、游仙、小枧沟4个乡镇及经济试验区、农科区，游仙城区涪江、富乐街道办事处共8万余人的生命财产将受到严重威胁。

5月21日，游仙区抗震救灾指挥部召开紧急会议，成立游仙区唐家山堰塞湖沿岸疏散撤离工作领导小组，区委书记颜超、区政府区长陈朝先任组长，区政法委书记李兴国、副区长郑强、区人武部部长肖龙明任副组长，明确疏散撤离工作的主体为：游仙区经济试验区管委会，涪江、富乐街道办事处，游仙镇、石马镇、小枧沟镇。

5月26日10时，陈朝先主持召开疏散撤离方案会议，要求各有关部门要以对人民生命财产高度负责的态度，及时把物资运送到群众撤离安置点，保证物资供应；及时落实物资运输车辆；街道办事处要采取多种形式向广大社区居民宣传，做到家喻户晓，确保撤离疏散组织有序；实行24小时值班制，保持通讯畅通；组织全区机关干部职工、民兵预备役、师范学院和职业学院的学生（志愿者）等力量，协助运送救灾物资。

5月27日15时30分，区委书记、区抗震救灾指挥部指挥长颜超主持召开唐家山堰塞疏散撤离会议，传达国务院副总理回良玉重要指示和绵阳市抗震救灾指挥部关于唐家山堰塞湖疏散安置群众工作紧急会议精神，要求区级相关部门、有关乡镇、街道办事处充分认识堰塞湖紧急情况，立即进入战备状态，坚决执行市上命令，统一行动，在规定时间内，按1/3溃坝方案，将群众安置到安全地带，确保不亡一人，圆满完成疏散撤离任务。

5月29日，游仙区抗震救灾指挥部根据任务的变化，对疏散撤离工作领导小组成员进行调整，成立游仙区唐家山堰塞湖疏散撤离工作指挥部，区委书记颜超、区长陈朝先任指挥长，并制定《游仙区唐家山堰塞湖疏散撤离责任表》及全溃坝和1/3溃坝两套撤离方案。把需要疏散撤离的地区划分为7个片区，即游仙镇片区、石马镇片区、富乐街道办片区、涪江街道办片区、经济试验区片区、小枧沟镇片区、农科区片区，明确牵头领导和责任人，分片包干负责撤离工作，检查督促包干片区全溃坝疏散撤离方案落实到社区、村、组、户、人头，研究决定撤离路线和安置地点，组织所负责片区内机关、企（事）业单位的疏散撤离，确保包干片区人员零死亡、力争人员零受伤。

（二）疏散撤离

区指挥部制订了全溃坝、1/3溃坝两个疏散撤离方案。按全溃坝方案，全区共须撤离疏散130486人，撤离区域的重点部位设施：银行23个、军事单位2个、医院8个、档案馆1个、博物馆1个、文物8件。全区共设立撤离疏散群众临时安置点55个，其中安置人数较多、规模较大的安置点有14个，共分60条线路组织群众撤离疏散。按1/3溃坝方案，全区共须撤离疏散80046人，撤离区域的重点部位设施：银行23个、军事单位2个、医院8个、档案馆1个、博物馆1个、文物8件。全区共设立撤离疏散群众临时安置点47个，其中安置人数较多、规模较大的安置点有9个，共分51条线路组织群众撤离疏散。

5月27日上午，区抗震救灾指挥部在石马镇天林村组织疏散撤离演练。区抗震救灾指挥部指挥长颜超、陈朝先带领相关部门及承担疏散撤离任务的6个乡镇、街道办事处负责人全程观摩演练。5

月30日上午，区抗震救灾指挥部组织东林、石马、游仙、小枧沟等乡镇，涪江、富乐街道办事处、经济试验区、农科区，在小枧沟镇进行紧急疏散指挥系统演练。

5月30日15时，游仙区召开副科级以上领导干部战前动员会，区委书记、区抗震救灾指挥部指挥长颜超传达上级指示。16时，颜超发布唐家山堰塞湖1/3溃坝疏散撤离命令。19时，民兵、公安干警和部队官兵对疏散撤离区域未撤离人员进行清场。为确保疏散撤离工作顺利进行，对划入撤离区的涪江三桥、东方红大桥、涪江二桥、绵梓路、绵盐路等主要交通要道进行交通管制。至5月31日8时，游仙区警戒范围内人员全部撤离。

根据绵阳市抗震救灾指挥部《关于做好唐家山堰塞湖溃坝淹没线和撤离线路标示设置的紧急通知》，区抗震救灾指挥部及时组织7个小分队，从6月2日上午至6月4日上午，分别按1/3溃坝和全溃坝两种方案，对辖区内的疏散撤离区域再次测量和标示。

6月5日，唐家山堰塞湖水量已达2亿立方米以上，经游仙区抗震救灾指挥部研究，决定从当晚19时开始，安排应对唐家山堰塞湖危急形势值班人员。同时，从当日15时开始，组织力量对本辖区所有社区进行清查，将全部人员撤出1/3溃坝淹没区，对不愿撤离的人员，依法强制撤离，确保不留一人。

截至6月8日，游仙区按唐家山堰塞湖1/3溃坝预案，完成对沿岸3个镇、2个街道办事处、游仙经济试验区和农科区80046名群众的安全撤离任务，另有6519名应在全溃坝方案中撤离的群众已投亲靠友提前安全转移。

（三）临时安置

对疏散撤离群众，采取集中安置、分散安置两种方式予以安置。集中安置以村组或社区为单位进行，由经济试验区管委会、乡镇政府、街道办事处负责划定集中安置地点，企业、机关、学校以集中形式撤离的群众原则上进行集中安置。分散安置由街道、社区、镇、村干部予以协助，确保分散安置群众的生命安全。经济试验区管委会、街道办事处及乡镇人民政府在划定的集中安置地点设置帐篷及其他临时住宿设施，确保能全部安置撤离出来的群众。

5月28日，石马镇、经济试验区、游仙镇、富乐街道办、涪江街道办、小枧沟镇、农科区等7大片区的35个集中安置点基本形成，自来水、电源、电视、广播牵引到各安置点，应急厕所、淋浴设施加紧建设，数万本《防洪疏散安置群众指南》发放到疏散撤离群众手中。

5月31日，1/3溃坝淹没线内群众安全转移到各安置点，区抗震救灾指挥部制定安置点人员临时生活补助方案。享受补助政策的范围为1/3溃坝淹没线内的常住人口、有暂住证的人口和协议（合同）较长的租房户，每人每天补助标准为12元（政策规定每人每天补助标准为10元、粮食1斤，游仙区将粮食折算为2元/斤）。领取补助采取申报制，由个人向社区、乡镇或街道办申请，经审核批准后发放。1/3溃坝淹没区疏散撤离群众到全溃坝淹没区以外投亲靠友的，除享受基本补助政策以外，从投亲靠友当天开始到返回原居住地期间，再给予每人每天10元的奖励。

同日，区抗震救灾指挥部印发《唐家山堰塞湖游仙区撤离疏散群众安置点管理制度》，规定安置点选址必须在保证安全避险的前提下，按照“确保安全、因地制宜、合理规划、便于管理”的原则，实行相对集中成片安置；实行篷区自治，按照“自我教育、自我管理、自我服务”的原则，建立安置点帐篷社区管委会组织机构，实行区、乡镇（街道）、社区、帐篷小区和组五级管理体制；帐篷社区必须达到“八有”：有管理制度，有食品保障，有照明，有水，有广播电视点，有厕所，有专门卫生防疫点，有消防设施。

6月1日、2日，区抗震救灾指挥部先后两次召开会议，专题研究疏散安置点群众的生活保障问题，要求树立长期作战的思想，克服厌倦畏难情绪，做好群众疏散安置工作。截至6月3日17时，全区35个安置点全面组建完成，帐篷统一编号，人员登记造册，拨付350万元安置经费至社区，各安置点发放近100万元；拨付4380万元安置经费到乡镇、街道，发放到个人手中2400余万元。落实15个餐饮企业和区内单位向各安置点供应饭菜。购置250余台烧水器安置在富乐山、白云洞等安置点，购买40余台电视机和1000余副棋牌分发到各个安置点。成立5支电影放映队，轮流为35个安置点群众放映坝坝电影。

四、北川县

(一) 组织领导

唐家山堰塞湖水位不断上升，一旦溃坝，将对下游曲山镇、陈家坝乡、通口镇、香泉乡沿河群众的生命财产安全构成严重威胁。5月21日，县抗震救灾指挥部根据市指挥部的安排部署，按照应对唐家山堰塞湖全溃坝、1/2溃坝、1/3溃坝产生的洪水影响范围，配合水利专家反复研究、计算，分析各种风险带来的危害，制定出高、中、低3个级别的下游群众转移应急预案。

5月22日，县委、县政府成立由县委、县政府主要领导和救援部队领导为组长、县级主要部门负责人为成员的领导小组，负责曲山、陈家坝、通口、香泉等下游乡镇7000余人的安全转移。

5月28日，出动解放军、武警、消防官兵、公安干警、民兵1500余人，在曲山镇、通口镇、香泉乡开展群众避险疏散演练。6月2日，根据绵阳市抗震救灾指挥部《关于鼓励唐家山堰塞湖三分之一溃坝避险疏散群众投亲靠友的暂行办法》，县抗震救灾指挥部印发相应通知，制定出具体的政策。

6月9日，为确保唐家山堰塞湖全溃坝疏散撤离避险预警、报警及命令及时准确传达到每一位需撤离的群众，县抗震救灾指挥部印发《关于唐家山堰塞湖全溃坝疏散撤离避险值班制度的通知》。

(二) 淹没区避险

1. 漩坪乡。5月12日15时左右，地震后转移到湔江河坝的群众突然发现河水在上涨，尾水已到福尔岩。乡抗震救灾指挥部立即决定组织群众向高处转移。5月13日凌晨，河水水面靠近中学桑园，一天上涨七八米。晚上，河水涨到场镇街面。5月14日，河水继续上涨，指挥部再次组织群众转移到安全地带。

唐家山堰塞湖水位快速上涨，淹没漩坪场镇及乡村面积达4平方公里，1个村23个社、1个社区被淹没，3428人无家可归。至堰塞湖泄洪时，乡政府、学校、卫生院等单位和场镇淹没于水下30多米处。由于发现情况早、组织转移及时，在唐家山堰塞湖避险期间，全乡实现零伤亡。

2. 禹里乡。5月16日，唐家山堰塞湖水位快速上涨，接近禹里乡。场镇居民、机关学校和公路沿线13个村36个社5133名群众生命财产受到严重威胁。5月18日，乡党委、乡政府召开群众撤离动员大会，部署群众安全转移工作。5月19日，开始抢修转移道路，安排人员看护老弱伤残。5月20日，组织教师和学生转移。至22日，全乡安全转移群众1576户3929人到石纽山，并尽力安排好群众生活。

至5月30日，禹里乡共1288户（街道800户、农村488户）4464人（街道2800人、农村1664人）的房屋和793亩土地被唐家山堰塞湖湖水淹没。因提前安全转移，全乡无一人伤亡。6月10日，堰塞湖人工泄洪成功，险情排除，水位下降，被淹没的街道、农房和土地露出水面，转移群众全部返回。

（三）泄洪区避险

1. 曲山镇。5月20日，曲山镇组织党员干部及堰塞湖泄洪所涉9个村的书记、主任召开堰塞湖库区下游人员疏散转移专题会议，成立群众疏散撤离领导小组，明确工作目标和职责，制定疏散措施。要求距原河床垂直高度50~60米水位线以下的群众全部撤离。在海源、黄家坝村设立2个撤离群众安置点，指明撤离的安全路线；层层落实责任，实行镇包村，村包组，组包户，党员干部包到人；在沿线醒目位置书写紧急转移公告20余幅。从5月21日起，疏散撤离领导小组派6名干部蹲点，党政主要领导现场督查。至6月初堰塞湖泄洪前，4000多名群众全部安全撤离，无一人伤亡。

2. 陈家坝乡。陈家坝乡虽不在唐家山堰塞湖泄洪经过河段，但洪水一旦在河道狭窄的曲山镇黄家坝受阻，会倒流至陈家坝乡西河、老场、龙湾3个村，2656名群众的生命财产将受到威胁。5月24日，按照唐家山堰塞湖抢险指挥部命令，陈家坝乡制定、启动避险疏散群众应急预案，成立抢险指挥部，下设人员疏散组、治安巡逻警戒组、报警（鸣炮）组、通信与电力保障组、防疫消毒组、医疗卫生组、救灾救济组、后勤保障组、临时应急组，各组成员分工明确，责任到户到人。5月25日，全体乡干部、派出所干警等相关人员，进村入户做动员，将2656名群众转移至地势较高的双堰村临时安置点。6月10日，唐家山堰塞湖泄洪结束，险情解除。因沿河部分山体垮塌，避险群众至8月中旬陆续返家。

3. 通口镇。5月24日，按照唐家山堰塞湖抢险指挥部命令，通口镇启动避险疏散群众应急预案，成立指挥部，下设人员疏散组、治安巡逻警戒组、报警（鸣炮）组、通信与电力保障组、防疫消毒组、医疗卫生组、救灾救济组、后勤保障组、临时应急组；各组成员分工明确，责任到户到人。镇、村干部走村入户，深入群众家中做工作，一天内把2240名群众转移到7个安置点。6月10日，堰塞湖开始泄洪。值勤干部立即赶到警戒点，将不愿撤离的群众强制带到安全线以上。11时，洪峰到达；17时，洪水下降至平常水位，唐家山堰塞湖险情解除，全镇无一伤亡。

4. 香泉乡。5月30日8时，根据市、县抗震救灾指挥部的统一部署，香泉乡启动唐家山堰塞湖下游香泉乡段泄洪应急预案，成立应急指挥部，明确工作目标任务，将全溃坝疏散撤离方案落实到村、组、户、人。全乡在黄江松林包和香泉村玉皇庙设置2个安置点，共搭建帐篷197顶，安置警戒区内群众415户1360人。按照县上规定的统一标准，收购警戒区内家禽家畜，按时发放粮食、油料、衣被等生活用品，保证安置点群众基本生活。6月10日，唐家山堰塞湖泄洪结束，警报解除，撤离避险群众安全返家，无一人伤亡。

五、江油市

（一）组织领导

唐家山堰塞湖对江油市的含增、香水、西屏、青莲、九岭、龙凤、彰明等7个乡镇和攀长钢三厂群众生命财产构成严重威胁。为做好唐家山堰塞湖防洪避险工作，确保人民群众生命财产安全，5月21日，江油市成立北川县湔江唐家山堰塞湖防洪抢险指挥部，由市委副书记、市政府市长宋开慧任总指挥，副市长胥洪任副总指挥，市政府办、人武部、公安局、水务局、农办（救灾办）、国土资源局、交通局、财政局主要负责人、分管领导及青莲镇、九岭镇、含增镇、龙凤镇、西屏乡、香水乡党委书记为成员，指挥部办公室设在市水务局。

随着堰塞湖险情不断增大，为加强对防洪排险避险工作的领导，5月29日，由市委书记、市人大常委会主任易林担任总指挥，同时安排7名副县级领导具体联系有关乡镇。指挥部下设办公室、测量划线组、人员转移安置组、预警及警示信号传导组、后勤保障组、治安维稳组等5个工作组。各乡镇也相应设立指挥机构。

（二）准备预案

5月20日，江油市水务局以市抗震救灾指挥部名义编制完成《关于北川县湔江唐家山堰塞坝溃决的应急预案》。5月21日，指挥部成立，经过多次研究，制定3套应急方案，针对各有关乡镇在工作推进中遇到的问题，对方案进行优化完善，形成较为科学、完备的应急预案，成为指挥全市非常避险工作的行动准则。

根据水利部专家组提供的唐家山堰塞湖洪水库容，市水务局组织工程技术人员沿河道对有关村社实地测量踏勘、反复校核，划定1/3淹没线和全溃坝撤离高程线，并在主要位置标明。5月23日下午，江油市在西屏乡举行唐家山堰塞湖溃坝人员疏散转移演练，中央电视台等多家媒体予以关注。

为使唐家山堰塞湖险情及上级指令准确有效地传递，指挥部与电信、移动、联通等通讯部门联手，设置与绵阳市指挥部和有关乡镇对接的预警电话、专线电话和预警短信发布。在绵阳市指挥部统一部署下，成功进行预警信息演练，在10分钟之内，将上级下达的指令及时传达到有关村社。同时，落实高音防空报警喇叭、喊话器、铜锣等警示设备。

为严密监测水情，及时掌握通口水位变化情况，争取疏散撤离的主动性，市指挥部指导各乡镇在通口河沿岸设立水位观测点14个，市水务局抽派3名工程技术人员在北川前沿通口河边建立水位观测站，监测水位变化情况。

图2-6-127 成都军区驻滇某舟桥团在江油严阵以待，备战唐家山堰塞湖抢险

（三）疏散撤离

江油市疏散转移涉及7个乡镇、38个村、5个社区、146个村组、[illegible]户、51795人。从5月21日起，江油市通口河沿岸有关乡镇开始1/3溃坝淹没区群众的撤离工作。至5月23日12时，全部转移至安全地带，应撤离群众6664户、20927人，实际撤离7845户、23505人。

随着唐家山堰塞湖险情不断上升，在报请绵阳市指挥部同意后，江油市决定：通口河沿岸有关乡镇实施全溃坝撤离疏散方案。从5月31日至6月1日，设置撤离线路91条，应撤离16496户、47101人，实际撤离16854户、51795人。为确保撤离不留死角，指挥部派出7名副县级领导，配合绵阳市驻江油工作组，对各有关乡镇疏散转移安置群众的工作进行督查指导，使每个环节的工作得到落实。在唐家山堰塞湖泄洪避险工作中，全市有关乡镇无一人伤亡。

为给撤离群众提供比较充足的生活物资，指挥部物资组提前了解、掌握群众所需，积极争取和协调物资。截至6月11日，发放生活物资：大米782.75吨，面粉85.25吨，牛奶1868箱，22897公斤，食用油70桶，矿泉水33545件，花露水768件，蚊香45件，火腿肠6585件，被子10039件，衣服13580件，毛巾被2485床，手动喷雾器310台，橡胶手套800双，布口罩1100个，一次性用品6200套；发放抢险物资：帐篷4198顶，彩条布23.9万余米，电筒7010支，救生衣2000件，救生绳200根，雨衣2502件，雨靴2502双，收音机180台，发电机120台，遮阳网110件，喊话筒500个；环境消毒：面积4408607平方米，厕所97130个，消除蚊蝇滋生地35463处。

图2-6-128　江油市疏散转移唐家山堰塞湖淹没区群众

六、三台县

（一）组织领导

唐家山堰塞湖溃坝洪水及泄洪后疫情对三台县涪江沿岸13个镇乡、47个村、5万余人的生命财产构成严重威胁。5月26日，县应急指挥部在芦溪镇组织召开县防汛指挥部成员和相关镇乡领导干部应对堰塞湖防洪工作现场会，在县城组织召开县级部门及北坝镇、潼川镇防洪抗汛紧急会议，对沿江群众有序疏散撤离作出全面安排部署。

5月29日，县委、县政府成立三台县唐家山堰塞湖避险疏散指挥部，下设综合组、水情测报组、宣传组、交通运输保障组、应急抢险组、物资供应保障组、社会秩序维护组、水电通讯保障组、督查组。6月3日，增设卫生防疫组，负责避险疏散群众医疗服务、卫生防疫等工作。6月5日，县指挥部成立泄洪后动物防疫工作领导小组，负责堰塞湖泄洪后动物疫病防控、突发重大疫情应急处理的协调、落实和监督工作，冯中兵任组长。同时，涪江沿岸13个镇乡亦成立相应机构，落实各项措施。

（二）疏散转移及安置

5月30日，三台县启动1/3溃坝撤离预案，从8时开始，至次日8时完成全部撤离任务。县级主要领导、各工作组和有关镇乡迅速进入状态，组织群众有序撤离。至31日8时，涪江两岸13个乡镇涉及转移区域人员全部安全转移，共转移群众4.91万余人，设立集中安置点102个，集中安置3.67万人，分散安置1.24万人。31日下午，避险疏散指挥部召开会议，研究部署1/3溃坝预案实施后疏散转移群众的生活、医疗卫生等后续管理服务工作，作出具体安排。

6月1日上午，避险疏散指挥部组织全溃坝紧急疏散指挥系统演练，参加演练6287人。同日，为确保一旦发生险情，能迅速组织民兵预备役人员执行抗洪抢险及疏散群众任务，避险疏散指挥部组织2650名民兵预备抢险队伍，编成3个梯队，应对唐家山堰塞湖溃坝险情。

6月4日下午，指挥部召开会议，听取各乡镇疏散转移群众的安置情况汇报，进一步安排部署避险疏散群众安置工作。6月7日上午，避险疏散指挥部召开会议，传达贯彻市避险疏散指挥部安置工作现场会议精神，安排避险疏散相关工作；研究完善全溃坝预案，确保指挥系统迅速组织群众有序、有效、安全撤离。

6月10日8时30分，县指挥部会议决定：执行黄色警报，采取一切措施确保1/3溃坝群众疏散撤离不出问题。按市避险疏散指挥部通知，启动黄色警报系统。沿江13个乡镇党委、政府组织人员，按照1/3溃坝撤退方案全部撤离群众，并组织民兵、公安干警进行一次拉网式检查，确保1/3淹没区没有任何人滞留。加强对群众撤离疏散后的管理工作，各乡镇、村社必须安排专人对各警戒线进行24小时值班监控，确保任何人不得擅自进入1/3淹没区。11时，县、镇（乡）先后启动橙色预警。15时30分，解除橙色警报，维持黄色警报。17时30分，唐家山堰塞湖泄流洪峰进入三台，未造成任何险情。6月11日，险情解除，疏散撤离的群众陆续返家。

第七章 防治次生灾害

第一节 堰塞湖排险

汶川特大地震在绵阳市境内形成55处堰塞湖，主要集中在平武县、安县、北川县、江油市，严重威胁到上下游人民群众的生命财产安全。其中，大中极高危堰塞湖1处，高危堰塞湖4处，中危堰塞湖7处，低危堰塞湖43处。绵阳市水务局根据中央、省、市工作部署，以危害大小、影响范围为依据，按照突出重点、统筹兼顾原则，早规划、早论证，从实际出发，将堰塞湖应急抢险工作组直接改编为堰塞湖治理工作组，精心组织全市55处堰塞湖的科学治理工作。截至2008年8月25日，全市55处堰塞湖工程治理全部完工（唐家山堰塞湖二期工程除外），累计完成投资3.53亿元，成功解除堰塞湖对上下游群众生命财产构成的威胁。

一、肖家桥堰塞湖

肖家桥堰塞湖位于安县千佛镇茶坪河上游，安县千佛镇与晓坝镇交界处，距离绵阳市区74公里。该堰塞湖集雨面积154.81平方公里，堰塞体高57~67米，长260米，宽390米，滑坡方量约242万立方米，最大蓄水量3000万立方米。经专家鉴定，肖家桥堰塞湖是仅次于唐家山堰塞湖的第二大高危堰塞湖，直接威胁63839部队和下游晓坝、桑枣、安昌等6个乡镇12.78万人的生命财产安全。

根据国务院总理温家宝对堰塞湖险情处置“安全、科学、快速”的指示精神，国家、省、市各级水利专家迅即赶赴现场调研会诊，安县县委、县政府立足一个“早”字，排险措施与避险措施同时进行，加强监测，科学预警，确保万无一失。

5月25日，水利部抗震救灾绵阳工作组徒步2公里，冒雨进入深山查看肖家桥堰塞湖情况。工作组水利专家会同勘测地质状况的国土资源专家分析认为：“当前堰塞体具有一定的稳定性，近期不会出现险情。”同日，四川省水利电力建设工程局出动大型机械，进行不间断施工，抢修导流渠。至6月6日，四川省水利电力建设二程局先后出动大型机械160台次，开挖土方19.8万立方米，扎钢筋笼600立方米，形成上口宽120米、下口宽40米、深30米的导流明渠。

6月6日13时15分，肖家桥堰塞湖实施有控制泄水导流，下泄流量由小到大。堰口最大泄水流量达1200立方米每秒，并先后启动1/5、1/3溃坝疏散撤离预案。至当日19时[illegible]5分，水流趋于平稳；[illegible]时，解除警报。泄流历时8小时，堰塞湖前水位下降15.37米，下泄水量700万立方米，威胁基本解除。在泄流过程中，安县临时有序疏散下游群众4.8万人，无任何人员伤亡和财产损失。

图2-7-129　肖家桥堰塞湖排险

二、文家坝堰塞湖

文家坝堰塞湖位于平武县南坝镇文家坝，由于地震造成山体滑坡，将石坎河河道堵塞，形成堰塞体高25~50米、宽300米、库容达15[illegible]万立方米的堰塞湖，水面以每天1米的速度上升。5月24日下午，堰塞坝出现渗水，且渗水面积迅速扩大，情况十分危急。据气象部门预报，两天之内南坝地区有强降雨。水利专家分析，一旦决堤，南坝、响岩等镇将遭泥石流、山洪等毁灭性淹没，对下游数万群众及救灾部队的安全形成直接威胁。

5月24日15时，由绵阳市抗震救灾指挥部负责、长江水利委员会抢险队承担的文家坝堰塞湖应急排险施工迅速展开。抢险队采用在堰塞体右岸挖掘泄流渠导流、降低水位的抢险方案，连续[illegible]小时不间断作业，在堰塞体上挖出一条顶宽11米、底宽6米、深平均2.5米、长400余米的过水通道。

驻平武县南坝镇95900部队官兵参加文家坝堰塞湖应急抢险，主要担负疏通导流渠、架设加固维护桥梁、施工机械油料保障、气象水文预警、观察警戒和铺设发电线路等任务。从5月24日起，部队投入兵力300余人，通宵作业，连续作战，整修道路2公里，挖运土方20[illegible]0立方米，保障机械用油10.8吨，装填沙袋1.2万余袋，搬挪[illegible]树木100多棵，铺设输电线路2[illegible]00米，完成长600米、宽6米导流渠疏通拓宽，架设、加固、维护2座钢架桥、1座徒步桥。在95900部队的积极支持配合下，27日10时30分，导流渠泄流。

5月30日，抢险队为加快施工进度，将4台重型挖掘机、3台重型推土机、1台装载机分批运至现场，采取分层开挖、复式断面过流、挖冲结合、充分利用水头的冲击和水流的挟带能力、有效扩大过流断面等抢险施工技术；同时采纳解放军后勤工程学院郑宏录、方玉树、刘兴林3位专家的建议，将原泄流渠底宽增至10米、渠深增至4米，使堰塞湖水位进一步下降，且泄流平稳。

在军地人员共同努力下，6月4日，文家坝堰塞湖险情基本解除，成为四川地震灾区第一个以工程措施成功疏通的堰塞湖。

三、老鹰岩堰塞湖

老鹰岩堰塞湖位于安县高川乡泉水村睢水河中段黄洞子沟老鹰岩水电站厂址附近。堰塞体顺河向底边长约500米，顶宽约130米；横河向顶宽约240米，底宽35~60米，体积约为500万立方米。堰塞湖两侧山体陡峭，滑坡塌方不断。堰塞坝下游坡脚处有水渗漏流出，流量约0.15立方米/秒。6月2日，堰塞湖蓄水量达到250万立方米，湖面水位距坝顶仅8米，水位以平均每天0.8米的速度上涨，对下游国家战略设施、10多个乡镇及抗震救灾部队构成极大威胁。

5月31日，成都军区抗震救灾联合指挥部决定，由二炮工程部队负责老鹰岩堰塞湖排险施工任务。当晚，二炮副参谋长王治民在成都连夜组织有关技术专家，研究制定排险初步方案。6月1日晨，王治民带领专家一行27人，经安县睢水镇徒步前往高川乡老鹰岩堰塞湖进行现场勘察。6月3日，中央军委委员、二炮司令员靖志远，成都军区联指第4责任区指挥长、二炮副司令员于际训听取勘察情况报告，并与二炮抗震救灾现场指挥所机关、96501部队、96657部队专家，共同研究老鹰岩堰塞湖排险施工方案。

堰塞湖坝顶巨石林立，大型直升机吊运工程机械计划无法实施。6月1—3日，二炮工程部队派遣精干力量，完成高川乡至老鹰岩堰塞湖因地震被毁两座桥梁的迂回道路构筑，抢险人员及小型机具器材顺利到达坝上，选择并平整供直升机起降的场坪，为主力部队登坝作业创造条件。二炮副司令员于际训坐镇前沿指挥，组织紧急空运。6月4日，由150名官兵组成的搬运小分队、钻孔小分队、爆破小分队、清渣小分队、警戒小分队等施工作业组，一天之内向坝顶运送2821公斤炸药和20吨抢

图2-7-130　安县高川乡老鹰岩堰塞湖排险

险物资。96501部队430名官兵空中机动至老鹰岩堰塞湖，在大型机械设备无法运进的情况下，采用肩挑背扛的办法，把近80吨重的机具、器材运上100多米高的坝顶，迅速展开排险工作。

6月4日17时30分，王治民率领排险突击队采用定向爆破方式，在坝顶成功实施第一次爆破。6月5—6日，先后实施小型爆破25次、大型爆破1次，共爆破石方1000立方米。7日，采用定向爆破、人工搬运循环作业方式，继续挖掘泄洪渠。至6月10日，经过七天七夜的奋战，官兵们在坝顶开挖出一条长160米、宽20米、深5米的泄流明渠，并成功实现泄流，标志老鹰岩堰塞湖险情全面解除。

第二节　震损水库应急处置

特大地震造成绵阳市许多水库大坝内外滑坡、坝顶纵横向裂缝，坝体渗漏，放水设施和闸门损坏。据统计，全市825座水库，其中619座被震损，占水库总座数的75%。全市12座大中型水库全部震损，形成有溃坝危险的水库38座，高危水库177座，造成经济损失13.3亿元。地震发生后，水库安全引起各级水利部门的高度重视，绵阳市对215座高危和溃坝险情震损水库进行坝坡加固、裂缝处理、坝体修整、溢洪道扩宽疏通等应急整治处理。到6月30日，全市619座震损水库应急抢险施工基本完成，有效降低了震损水库可能给下游群众带来的威胁。

一、应急排险

地震发生后，为防止造成新的次生灾害，绵阳市各级水务部门把震损水库的应急排险放在重要位置，对38座有溃坝危险的水库及177座高危水库进行放水空库运行，确保安全度汛。

5月13日，绵阳市水务局召开紧急会议，安排水务系统抗震救灾工作，决定组成6个检查组，立即奔赴各县（市、区），深入了解震损水库情况，现场研究排险方案。在水利部、国家防汛抗旱总指挥部办公室（以下简称国家防总）、省水利厅组织专家进行核查的同时，绵阳市派人对重点震损水库再次进行检查，初步掌握全市有419座水库受损。

5月15日，根据全市水利受灾情况，绵阳市水务局在三江美亚电站召开全市水利系统抗震救灾紧急动员大会，要求全力做好震损水库应急抢险工作。市水务局连续发出3个相关文件，对各县（市、区）灾后水库应急处置工作进行指导和安排，同时将水利部、国家防总、省水利厅相关文件及时转发各地贯彻执行。安排专人负责信息收集、报送，要求相关人员及时准确地将震损水库初步情况汇总，上报水利部前线指挥部和省水利厅，同时每天跟踪收集上报各地当日工作进展情况和相关信息。

5月18日，由水利部组织，从长江水利委员会、黄河水利委员会、淮河水利委员会、山东省水利厅、河南水利厅抽调专业人员，组成灾区援建设计组，陆续抵达绵阳，负责绵阳市震损水库的应急处置方案设计。

5月28日，全市完成震损水库损坏等级、数量的核定和公示。全市619座水库受到不同程度的震坏，占全市水库总数的75%。其中，大中型水库全部震损；小（一）型震损72座，占小（一）型水库总数的88%；小（二）型震损535座，占小（二）型水库总数的73%。震损水库中，有溃坝危险的38座，高危险情水库174座，次高危险情水库407座。6月21日，由于余震关系，有3座次高危险情水库险情发展为高危险情水库，绵阳市震损水库情况更新为溃坝险情水库38座，高危险情水库177座，次高危险情水库404座。

根据应急抢险方案，全市对38座有溃坝危险的水库及31座高危水库按计划实施放水，平均每天降低水位30多厘米，所有溃坝险情水库均已降至死水位，做到空库度汛；高危水库结合春灌用水已降至汛期限制水位，做到安全度汛；次高危险情水库结合春灌和防汛抗旱工作逐步降低水位，确保安全度汛。

6月5日，水利部援派的设计组协同绵阳市水利勘测设计研究院、绵阳市涪圣设计咨询公司等本地设计单位，分别对绵阳市下属7个县（市、区）震损水库进行立急抢险设计，全面完成212座高危以上险情震损水库的应急抢险设计工作。6月5—6日，省水利厅水库安全工作督导组与绵阳市水务局专家组完成应急抢险设计审查并下达批复。6月17日，所有震损水库均落实排险安全度汛行政责任人、技术责任人和监测责任人，并分别在《四川日报》《绵阳日报》公示。

各地通过邀请招标等方式落实施工队伍77支，组织人员对全市215座高危和溃坝险情震损水库进行坝坡加固、裂缝处理、坝体修整、溢洪道扩宽疏通等整治处理，并对震损的设施进行修复和疏通，对大坝裂缝采取用土回填夯实并用薄膜盖缝防渗处理。至6月30日，绵阳市全面完成震损水库的应急处置，震损水库险情基本排除，取得阶段性成果，确保了水库大坝安全，确保了水库下游人民生命财产安全。在应急处置告一段落后，全市立即启动震损水库的除险加固工作。8月30日，基本完成215座高危以上震损水库除险加固设计。9月30日，基本完成404座次高危震损水库除险加固设计任务。

二、重点项目

（一）向家沟水库

江油市永胜镇向家沟水库总库容297万立方米，最大坝高45.7米，集雨面积8.8平方公里，大坝为黏土斜墙堆石坝，有效灌面2.1万亩，影响下游人口1.5万人，影响下游耕地2万亩。地震导致该水库大坝多处纵、横向裂缝，缝宽2~20厘米，大坝中部迎水面塌陷约30厘米，长40米，宽3米；溢洪道左岸山体滑坡约33厘米，滑坡体堆积阻塞溢洪道。距大坝30米的库区山体多处裂缝、缝宽5~30厘米，有明显的滑坡迹象。

向家沟水库位置重要，大坝较高且有溃坝危险，下游人口众多。江油市水务局组织人员立即对水库进行应急处置，开挖裂缝并用黏土夯填，薄膜盖缝，拆除溢洪道部分溢流坎至侧堰底板，宽3米，扩大行洪断面，降低库水位，并安排专职人员24小时观测。通过及时有效的应急措施处置，向家沟水库险情得到及时控制，有效防止了次生灾害的发生。

（二）丰收水库

安县秀水镇丰收水库坝高15.23米，总库容为196万立方米，大坝为均质土坝，有效灌面3450亩，影响下游人口4200人、耕地4100亩。地震造成水库大坝坝顶纵裂200米，缝宽15~20厘米，随时有溃坝危险。

5月15日上午，在安县执行救援任务的天津消防总队，在副总队长、副总指挥李同仁的带领下，50名官兵奔赴丰收水库大坝抢险。中午，总队政委、总指挥尹俊士率领另一组官兵赶来增援。全体官兵连续作战，手推、车载、肩扛，于20时20分将所有裂缝封堵。5月18日1时40分，发生一次余震，消防官兵迅速集结，奔向大坝，发现封堵裂缝后盖上的防水苫布已经被大风刮跑，裂缝灌进雨水，水坝再次面临决堤的危险。消防官兵用沙袋填缝，将苫布重新铺好，再用沙袋和木桩将苫布固定住。为确保万无一失，救援部队安排10人小分队驻守大坝，分成5组，两小时一轮换，24小时进行巡视，时刻监视险情。

安县水务局根据险情采取措施，降低库水位，减轻大坝承受压力，堆土封闭裂缝并用薄膜覆盖防止裂缝继续发展，并安排人手24小时巡查，制定下游群众撤离预案，为防险情加剧导致溃坝，能够及时疏散群众。通过一系列措施，使得三收水库大坝险情得到及时控制，未发生次生灾害。

第三节 防治塌方、滑坡、泥石流

一、地质灾害应急排险

特大地震引发大量的地质灾害，全市国土资源部门将地质灾害防治放在突出位置，迅速开展地质灾害应急排险工作。5月12日17时左右，绵阳市国土资源局地矿科人员赶赴北川县，察看地质灾害险情。22时左右，该局党委班子全体成员及部分中层干部，紧急赶赴北川参加救援工作，并沿途察看地质灾害情况。

5月13日3时，国土资源部地质环境司综合处处长熊自立抵达绵阳，部署地质灾害应急排险工作。8时，绵阳市国土资源局成立抗震救灾临时指挥部，下设地质灾害防治组、抢险救援组、信息联络组等，启动地质灾害应急排险工作。随后，地质灾害防治组抽调人员30余人，分别由局领导带队，分赴各县（市、区），对重要路段、人口集聚区的地质灾害隐患进行排查。每晚22时召开会议，对当日排查情况进行汇总和分析，安排次日排查工作。

5月14日11时，国土资源部地质环境司司长姜建军率国土资源部赴绵专家组抵绵，在听取简要汇报后，赴北川县指导地质灾害排查和应急处置工作，并在北川县通过地质灾害防治远程指挥系统向国土资源部汇报了北川县灾情。18时，姜建军在长虹大酒店就中科院报告反映北川县唐家山堰塞湖有关情况与水利部专家组及绵阳市水务局负责人等交换意见，建议水利部门尽早采取措施，防范溃坝，保障安全。20时，姜建军率专家组会同市国土资源局领导，就北川地质灾害调查情况进行通报和会商，并通过远程指挥系统向国土资源部上传大量地质灾害隐患视频、图片及地质资料，与北京方面就地质灾害防治工作进行会商。随后，就北川抗震救灾工作向市抗震救灾指挥部提出具体建议意见。

5月18日，省国土资源厅紧急拨付绵阳市抗震救灾地质灾害防治专项经费500万元，主要用于北川、平武、江油、安县灾后地质灾害防治。22时左右，国土资源部部长徐绍史赶到绵阳，听取市国土资源局工作汇报，对国土资源系统抗震救灾工作进行部署，强调地质灾害防治工作。

抗震救灾初期，国土资源部专家组、成都水文队、915水文地质队、909水文地质队、川西北地质大队以及绵阳市国土资源系统干部职工共1000余人，参与地质灾害应急调查、排查和临时安置点选址工作。截至5月18日12时，排查乡镇155个，排查重要路段和人口集聚区地质灾害隐患283处，采取应急处置措施、设置警示牌、设监测点132个，划定危险区域20处。

6月14日，安县永安镇平桥村发生山体坍塌和泥石流，严重威胁当地群众的生命财产安全。77226部队立即出动100名官兵和2台车辆，迅速赶到平桥村展开救援。官兵将230名群众转移至安置点，并清理坍塌土石250余立方米，抢修挡水墙160米，解除塌方威胁。

地震发生后，北川县桂溪乡、陈家坝乡至曲山镇路段地震后被塌方泥石流掩埋冲毁。96514部队担负清理塌方泥石流任务。6月24日15时30分，96514部队投入兵力50人，携工程机械6台，由安县睢水镇转场至北川县桂溪乡金宝村。25日，第二炮兵副参谋长王治民率机关人员20人、2台挖掘机，赶赴道路抢通施工现场实地勘察，并组织机关、施工部队相关人员研究道路抢通施工方案。26日，开始抢通清理。由于抢通路段山高坡陡，且山体塌方将路基全部损毁，桥梁受损无法通行。为提高施工效率，部队采取河道疏通和道路抢通同时推进，用机械挖深、拓宽河道，用竹笼加固河道路基边坡、迂回河滩修建便道的方式通过河道。为防范上游洪水和泥石流等危险，确保施工安全，在山体滑坡段分层开挖，由上至下台阶式降坡，抬高路基，减少滑坡临空面，降低滑坡隐患，并在山上裂缝处安设卡尺，随时监测山体变化。经过奋战，部队共清理土石1.2万立方米，陈家坝乡至曲山镇道路上场口1.72公里塌方路段于7月2日完成抢通。7月3日起，部队又对迂回河道进行拓宽加深，对已疏通路段进行边坡加固和降坡平整。截至7月10日，挖填土石8万立方米，全县12公里完成抢通。

二、地质灾害防治宣传

在开展地质灾害应急处置的同时，国土资源部门加强地质灾害防治宣传，增强群众识灾、避灾和应对突发事件的能力。5月14日22时，姜建军等人利用夜间休息时间，为灾区群众紧急编写《地质灾害预防要点》（详见本节后附文），提示在抗震救灾期间，要高度防范崩滑流（崩塌、滑坡、泥石流）给救援人员和被救人员可能带来的危险和危害。市国土资源局连夜组织印刷1.1万份，并于5月16日前将宣传资料全部发放到灾区群众和救援人员手中。5月21日，国土资源部编印的《地质灾害防治指南》和《地质灾害预防32问》等宣传资料共12万余份空运至绵阳，市国土资源局立即安排人员将宣传资料发放到灾区和各救援安置点。

三、全面排查地质灾害隐患

按照国土资源部、四川省国土资源厅的安排，绵阳市在对重要路段和人口集聚区地质灾害隐患应急处置工作基本结束后，于5月17日启动对地质灾害隐患的全面排查工作。

5月17日15时，省国土资源厅在全省地勘单位抽调的地质灾害专家抵绵，成都水文队、915队、909队共8名专家分赴平武、北川、安县、江油等县（市）开展排查和巡查工作。5月18日，市国土资源局召开会议，专题研究部署地震引发地质灾害排查巡查工作。

5月19日上午，姜建军再赴北川、安县重灾区察看灾情，并指导地质灾害隐患排查工作。当日下午，市国土资源局召开会议，传达全省抗震救灾工作电视电话会议精神和国土资源部部长徐绍史到绵检查工作时作出的重要指示，要求全力排查地质灾害隐患，做到进村入户，不漏一村一社，对每个隐患点进行登记造册，向受到隐患威胁的群众发放地质灾害防治“明白卡”，落实监测人员，灾情严重的地区要划定为危险区域，及时组织群众转移。

截至5月底，全市初步排查完毕地质灾害隐患2103处，受威胁群众140471人。其中，北川县488处，安县340处，平武县397处，江油市247处，涪城区71处，游仙区53处，三台县195处，梓潼县150处，盐亭县162处。

四、地质灾害评估及防治规划

按照国土资源部的安排，绵阳市于2008年6月启动地震灾区灾后重建地质灾害危险性评估，将灾后重建规划的地质安全性与国土资源保障能力综合评估作为灾后重建的一个重要课题，利用灾前地质灾害调查数据及灾后航空、航天和地面地质灾害应急排查数据，对全市各县（市、区）灾后重建进行地质灾害危险性和国土资源保障程度的综合评估。在此基础上，对灾后城镇重建的地质环境提出适宜性区划意见，划定灾后重建地质环境适宜区、基本适宜区和不适宜区，并对10多个镇提出重建的规划建议，通过风险分析，提出防治的措施和建议。该项工作于6月20日提交初步成果。

在地质灾害排查和评估的基础上，绵阳市于2008年6月启动地质灾害防治规划编制工作。在规划中，全面分析全市地质灾害防治工作的重要性、必要性和紧迫性，对比分析地震前后地质灾害实情，提出规划编制的依据、指导思想、编制原则和预期目标，明确实施地质灾害详细调查、地质灾害勘查、地质灾害危险性评估三大基础工作，实施地质灾害监测预警工程、避让搬迁工程、防治能力建设等三项工程，对重大地质灾害治理工程进行工程预算和时间安排。全市共规划实施工程治理406处，实施应急排危340处，搬迁避让的灾害点6629处，建立群测群防的灾害点479处，实施综合防治的灾害点147处，规划总投资19.403亿元。

2008年9月23—24日，绵阳市北部市县普降大暴雨，导致多处发生洪水、泥石流、山体滑坡等自然灾害，地震灾区部分集中安置板房区被淹，造成30人死亡、33人失踪，直接经济损失达3.73亿元。“9·24”洪涝泥石流灾害表明，绵阳市震后地质灾害防治任务艰巨，切不可掉以轻心。

附：《地质灾害预防要点》

地震诱发崩滑流　毁人毁物让人愁
震后救人献力量　严防崩滑切莫忘
公路沿途生命线　两侧崩滑须防范
抗震救灾人员多　临时安置防滑坡
救出人员真不易　切莫抬到崩滑地
震后常遇强降雨　加强监测莫大意
遇到险情即撤离　既救他人又护己
同心协力互警惕　夺取救灾新胜利

第四节　拆除高危建筑

一、建筑物安全隐患排查

绵阳城区是地震波及区，没有发生大面积房屋垮塌，但部分建筑物在地震中受损，梁柱主要构件断裂，墙体出现裂纹，装饰层材料脱落，存在安全隐患。尤其是居住房屋，地震后市民不敢入住，在户外搭建帐篷避险。市委、市政府把房屋安全、群众安居放在首位，要求市建设局、市房管局负责组织应急检查，并向省建设厅请求支援。

5月14日，四川省建设厅厅长杨洪波、副厅长谭新亚抵达绵阳，对城区震后房屋隐患排查提出具体要求。绵阳市建设局、市房管局、市安全办共同组成震后房屋安全应急检查组，对城区房屋的安全状况进行全面检查。因绵阳市房屋建筑专家力量不足，住建部、省建设厅组织700余名专家支援绵阳，组成10个小组，对绵阳城区所有房屋的安全状况逐户进行现场检测。

6月16日，应急检查全面结束。共检查城区8179幢3118.449万平方米房屋，检查结果为：应拆除9.35万平方米，停止使用200.95万平方米，加固后使用610.34万平方米，其余可以继续使用。根据检测结果，检测小组按照“可以使用”（绿色）、“加固后使用”（黄色）、“停止使用”（红色）、“拆除”（红色）4种类别，在房屋醒目位置予以标示。绵阳城区有18处高危建筑物（构筑物）存在重大隐患，必须尽快拆除。

二、拆除

绵阳城区跃进路灵通公司（原407厂）职工食堂遗留一根烟囱，地震后出现严重险情，多处裂缝宽在2~3厘米，随时有垮塌的危险，对附近407厂8#生活区、省安装公司家属区、省建六公司家属区及跃进北路学校学前班等造成极大威胁。5月16日，市建设局派专业人员到现场进行踏勘，经紧急研究，决定对该烟囱立即进行拆除。5月23日，灵通综合服务公司确定，由绵阳振华建筑物拆除有限公司拆除该烟囱。5月24—30日，振华公司通过搭建施工高架，结合高空作业车斗载人，以人工作业为主予以拆除。

绵阳城区其他高危建筑，原则上由业主负责拆除，但必须选择有资质的拆除公司。其中，海峰小区屋顶水箱、绵阳川剧团住宅楼顶水箱、市公路局剑南路西段59#大楼侧烟囱，5月底前拆除。另有10余座高危建筑（构筑物），7月底前拆除，拆除总面积2.96万平方米。

7月3日，解放军理工大学专家排险队一行8人，帮助驻绵63820部队拆除地震受损建筑。专家排险队经实地查看，对各单位的高层危险建筑物及山顶的危石等提出处理意见，确定对3座20~40米高的烟囱进行爆破拆除。在完成爆破标孔、钻孔工作后，经与绵阳市抗震救灾指挥部协调，领取爆破所需的炸药，于7月5日完成爆破拆除工程。

表2-7-36　绵阳市区高危建筑物（构筑物）统计表

序号	申请拆除单位	地点	拆除建筑物名称	安全等级
1	绵阳市第三人民医院	游仙区剑南路东段190号	设备楼	C级
2	四川省绵阳农业学校	西山北路59号	女生公寓2#、3#	D级
3	绵阳职业技术学院	—	教学行政楼、二食堂、机械实训车间	严重破坏
4	绵阳南山中学	—	男生公寓楼（李园旧楼）、琢玉教学楼	C级
5	绵阳市中心医院	涪城区常家巷12号	内七楼（第12幢）、肿瘤科第17幢、内科楼第16幢	C级
6	四川绵阳四〇四医院	市跃进路56号附2号	教学楼、物质材料库房、1号教学楼、病员食堂、学术会议礼堂、配电室、门诊医技综合楼、48#医疗辅助大楼	D级
7	绵阳市公安局	游仙区游仙镇吴家村	市公安局强制隔离戒毒所男戒毒区住宿楼	D级
8	四川省绵阳实验高级中学	涪城区石塘路62号	学生食堂、二层实验楼、20栋、11栋学生公寓、艺术楼、教学楼	C级
9	绵阳市公安局	涪城区城郊乡元通村一社	拘留所东侧围墙、看守所西侧监墙	D级
10	绵阳富达资产经营有限责任公司	长虹大道119号	第四幢房屋	C级
11	绵阳市财政局	—	财政大厦屋顶构筑物	严重破坏
12	涪城公安分局、城厢派出所	—	办公楼	严重破坏
13	川音绵阳艺术学院	—	水塔	严重破坏
14	海峰小区	—	屋顶水箱	严重破坏
15	南光化工厂	—	烟囱	严重破坏
16	双汇食品公司	—	烟囱	严重破坏
17	灵通公司	—	烟囱	严重破坏
18	川剧团	—	住宅楼顶水箱	严重破坏

第五节　处置危险品

一、监测、抢修核设施

汶川特大地震对在绵的中国工程物理研究院造成影响。5月12日晚，四川省环境保护局副局长谢天前往中国工程物理研究院了解受灾情况。5月13日，四川辐射站监测组对中国工程物理研究院及其周边地区开展了应急监测，监测结果表明，中国工程物理研究院及其周边绵阳市及安县部分地方环境γ空气吸收剂量率处于正常范围。5月13日晚，环保部副部长李干杰一行由都江堰赶至中国工程物理研究院，排查该研究院核设施安全状况。5月14日，监测组对中国工程物理研究院外围辐射环境进行监测，结果表明放射性物质未释放到厂外环境。

5月13日23时30分，中国工程物理研究院某所300号反应堆受强震破坏，反应堆厂房受损，墙体出现裂缝；同时反应堆水池出现裂缝，冷却剂持续泄漏。专家们分析认为，如果冷却剂得不到及时补充，将导致堆芯零件裸露，酿成核事故，产生严重后果。虽然放射性监测尚未发现异常，但必须立即对核设施进行抢修。14日晨，国家国防科技工业局接到中物院报告后，当即与总参谋部、总装备部紧急协调派遣直升机运送抢险小组和器材物资，指示四川省国防科工办全力配合抢险工作，要求中物院不惜一切代价抢险，确保核设施和人员安全，并召集国家核应急专家咨询组会议，动员在北京的核研究单位对可能的事故后果进行评估并提出应对措施，协调前后方组织指挥。

5月16日，胡锦涛指示中央军委及总参领导：速告成都军区，派直升机支援九院（即中物院），将抢修设备和人员送往九院某所，并提供必要的帮助。经成都军区部队大力支持，中物院核物理与化学研究所先后组织3批应急抢险突击队，分别于14日13时、22日13时、25日7时30分乘直升机进入科研区，在解放军和武警部队官兵的支援与配合下，抢险工作有序进行，使300号反应堆险情得到控制，确保核反应堆处于安全运行状态。

二、处置、转运危险品

5月16日，77293部队在执行平武锰业集团周转资金和员工劳保资金安置任务中，得知该公司有2个炸药仓库，存放有1735枚电雷管、2500余枚火雷管、300余吨炸药。地震发生时，正值矿工上下班交接，有3吨炸药已启封，雷管已装药，随时都可能爆炸。救援官兵在可能存放炸药的地方进行挖掘，做好标示，并紧急疏散群众。16日15时，官兵挖到存放巨资的保险柜，发现保险柜被挤压在财务室与坍塌的炸药库房墙中间，与雷管炸药搅混在一起，中间的缝隙只能容一个人爬入，稍有不慎就会将火雷管引爆。一支由38人组成的“党员敢死队”冒险展开作业，将雷管炸药全部抠出。19时，4235枚雷管和存放巨资的保险柜及8万多元现金被安全取出，险情排除。

5月17日10时，71426部队在清理平武县平通镇废墟时，发现一个已经倒塌的液化气店铺内弥漫着刺鼻的瓦斯气味。镇干部介绍，那里掩埋着20多个液化气罐，受余震影响，可能发生了泄漏。部队组成10人突击队，担负液化气罐排险清理工作。10时40分，在安全转移周围群众后，救援人员戴上防毒面具进入废墟，用手将碎石一点点抠出，3个小时后，终于打开一个仅能容一人爬着进去的入口。经过一小时的紧急处置，20多瓶液化气罐全部被安全转移。

5月17日，云南消防官兵在群众的指引下，从南坝镇倒塌的建筑中挖出大量烟花爆竹和炸药等危险品，共186件，他们采取用水浸泡、分散埋压等方法，销毁这些爆炸物。

安县桑枣镇大竹村九组采石厂在地震中发生严重垮塌，碎石将山下公路阻断，采石厂用于爆破的15枚雷管和15公斤炸药被埋，给道路清理工作造成极大威胁。5月18日，天津消防官兵赶往现场排险，将雷管和炸药全部找到，并安全带离，排除险情。

5月19日下午，绵阳市环保局奉命将平武县南坝镇涪江电解锰厂工业原料中的有毒物重铬酸连夜运出灾区，防止有毒原料泄漏。当装载有毒原料的车辆途经涪江时，陷入河中无法动弹。正在附近执行抗震救灾任务的77293部队6名官兵闻讯赶赴现场，帮助解救受困车辆。经过两个多小时的努力，终于在20日2时30分将受困车辆从河中拉出，并一路护送到安全路段。

5月22日12时50分，绵阳市安监局接到报告，位于北川县城曲山镇的绵阳启明星北川电子公司库存有磷酸7吨、硼酸40吨、乙二酸铵10吨。为防止唐家山堰塞湖溃坝淹没仓库，造成严重水环境污染事件，市安监局立即向市抗震救灾指挥部报告，请求调遣10辆运输车协助运输，并派人随车督查，协同市环保局和绵阳启明星电子有限公司，将企业库存危化物品全部安全运出北川县城曲山镇。

5月30日，在唐家山堰塞湖避险疏散的紧要关头，市安监局牵头组织市环保局、市经委、市国资委、市公安局等部门，将长虹集团表面处理厂23吨危化品和华丰无线电器材公司电镀厂的25.5吨危化品运送到安全地点存放。同日，77221部队先后出动两批200余名官兵，转运、处理擂鼓镇20吨因雨水渗漏受潮引起化学反应的漂白粉、优氯净消毒剂，转运、处理任家坪30余吨因受潮发生化学反应的漂白粉、优氯净消毒剂。

6月6日，77221部队出动2辆喷洒车、1辆防化侦察车及车组人员15人，执行北川县疾控中心剧毒危险化学品搜索、转移任务。官兵们冒着生命危险，进入严重损毁的建筑，找到并撬开封存危险化学品的防盗门，经勘察，存放剧毒品的保险柜未受损。他们迅速将650余克氰化钾、420余克三氧化二砷接力传递下楼，放入提前装有沙子的密封罐内，并移交给地方有关部门人员安全带离。

6月17日18时40分，安县永安镇灾民救助站发生火灾，存放有8个50升、9个20升液化气罐的厨房突然失火，火借风势，火焰越来越大。63831部队立即组成由100余名官兵参加的应急抢险分队，迅速调集3台消防车赶赴现场。现场一个50升的液化气罐已经燃烧，一旦爆炸，将直接威胁救助站340多名受灾群众的人身和财产安全。10余名官兵奋不顾身地冲进火场，迅速抢出17个液化气罐，其中3个50升、4个20升的液化气罐出现泄漏，官兵们抱着高温气罐，跳进消防池为罐体降温。一个多小时后，火情被完全控制，液化气罐因抢救及时没有发生爆炸，避免了重大事故。

第八章 新闻宣传

第一节 组织领导

灾情发生30分钟后，市委宣传部即启动突发事件新闻宣传应急预案，迅速组织起草新闻通稿，及时发布权威信息。集中市委宣传部全体干部，成立应急新闻中心，设外宣、内宣、联络、资料、舆情、后勤保障6个工作组，建立高效有序、各司其职、相互配合的工作机制，掌控抢险救援应急宣传工作的主动权。震后5个小时，组织修复受损严重的绵阳广播电视发射台，恢复传输信号，开通应急广播电视播出，保证电台有声、荧屏有像，确保抗震救灾信息畅通。

绵阳市抗震救灾指挥部成立后，专设新闻宣传组，由负责宣传工作的市级领导牵头，市委宣传部、市信息办、市广电局、绵阳日报、绵阳晚报、绵阳广电中心、驻绵新闻单位为成员单位。新闻宣传组的职责是：根据市委、市政府和市抗震救灾指挥部的要求，组织协调新闻媒体向公众发布灾情等有关信息，发布抗震救灾工作进展情况，做好舆论引导和宣传工作，组织媒体宣传救灾知识，提高全市人民防灾、减灾、救灾的意识和能力。

在获知北川县灾情极为严重后，市抗震救灾指挥部新闻宣传组迅速派出新闻工作先遣队，赴北川协调进入灾区采访报道的中外媒体；组织市内新闻媒体奔赴北川，从抗震救灾前线发回灾情及抢险救援报道。新闻宣传组以宣传系统为主体，整合外事部门、台事部门力量，组成宣传协调小组，分赴各重灾县指挥部，为中外媒体服务，帮助提供新闻素材，联络协调采访对象和采访重点。将受灾地区和受灾群众安置点划分成若干个宣传协调网点，构建纵向联动、横向互补的工作机制。

市抗震救灾指挥部确定新闻发言人，接受中外媒体采访，先后60余次与中央、省、市和海外媒体连线，发布灾情、救援进展、群众安置等情况；策划通过短信、电子邮件等形式向外界发送新闻素材、通稿等，最多时每日达150万字以上；协调接待中外媒体1500余家、6000余人次，共发稿53万多篇（条、幅），网页搜索达2500余万条；组织宣传车1969台次，免费发放报纸和宣传单120余万份，稳定民心，鼓舞士气，凝聚人心；组织全市宣传文化系统举办“凝聚爱心、重建家园”宣传活动，组织抗震救灾文艺作品创作和文艺小分队深入灾区慰问演出，激发干部群众抗震救灾的热情，丰富灾区群众的精神文化生活。

绵阳市在抗震救灾新闻宣传中，及时发掘、收集、整理、上报先进典型的事迹，北川县县长经大忠、北川中学校长刘亚春、北川县民政局局长王洪发、北川县公安局副局长李跃进、武警北川县中队副指导员贾大国、绵阳市中心医院手术室护士长黄琼、游仙区人武部部长郑强、江油市公安局巡警大队民警蒋晓娟被中宣部确定为全国抗震救灾先进典型。并参与中宣部、中组部和总政治部在人民大会堂组织的抗震救灾全国英模事迹报告会。其中，北川中学校长刘亚春在首场报告会上作报告。绵阳市推荐宣传的13个集体、7名个人受到中共中央、国务院、中央军委的表彰；7个集体、26名个人受到省委、省政府表彰；13名英雄少年受到中央文明办、教育部、团中央、全国妇联的联合表彰。同时，绵阳市还通过省、市新闻媒体，集中推出抗震救灾先进典型150多名，形成强大的精神力量。

第二节　中外媒体采访报道

汶川特大地震发生后，绵阳灾情迅速受到全世界的高度关注，大批国内外媒体紧急赶赴绵阳采访抗震救灾情况。2008年5月12日深夜，新华社、人民日报、中央电视台等媒体连夜突进北川县，于5月13日凌晨开始向外发出报道，为争取后续救援力量增援北川发挥了重要作用。至5月16日，根据绵阳市抗震救灾指挥部新闻宣传组记者注册情况统计，先后有国内外200家（组）653人次赴绵采访，其中国内媒体162家（组）514人次，国外媒体38家（组）139人次。

进入绵阳灾区采访报道的国内媒体有：人民日报、新华社总社、四川分社、陕西分社、辽宁分社，中央电视台综合频道焦点访谈、东方时空、军事天地、整点新闻、新闻调查、新闻30分，中央电视台经济频道经济半小时，中央电视台国际频道新闻60分，中央电视台军事农业频道军事纪实，中央电视台纪录频道今日中国，中央电视台新闻频道新闻会客厅、共同关注，中央人民广播电台，中国新闻社，中国新闻周刊，解放军报，中国日报，经济日报，光明日报，中国经济时报甘肃分站、四川分站，中国青年报，新京报，南方都市报，京华时报，新民晚报，新闻周刊，二十一世纪经济报道，上海新闻晨报，南方日报，羊城晚报，广州日报，东莞时报，东方早报，晶报，郑州晚报，杭州日报，重庆电视台栏目中心、都市频道、新闻中心，重庆晚报，重庆晨报，重庆商报，搜狐网，凤凰卫视专题部、新闻部，香港无线电视台，香港文汇报，香港明报，台湾中天电视台，台湾联合报，台湾中国时报，四川日报，四川电视台，四川人民广播电台，四川经济日报，华西都市报，天府早报，四川农民日报，四川工人日报，四川新闻网，四川在线，成都日报，成都商报，成都晚报，成都电视台，成都人民广播电台等。

进入绵阳灾区采访报道的国外媒体有：路透社，NBC（美国全国广播公司），CNN（美国有线电视新闻网），美国华语卫视，洛杉矶时报，美国基督教科学箴言报，BBC（英国广播公司），英国天空新闻，法国费加罗报，法国电视二台，德国明镜周刊，德国电视二台，卡塔尔半岛电视台，

NHK（日本广播协会），日本朝日新闻、日本东京新闻，ABC（澳大利亚广播公司），韩国朝鲜新闻，RTL（荷兰国际新闻电视台），荷兰共同日报，马来西亚晨报等。

自5月12日地震发生日起，新华社连续发出绵阳抗震救灾通稿10余篇，人民日报、解放军报、经济日报、光明日报、中国青年报、中新社等不间断发稿，至5月16日国内发稿（含网络）56.3万篇（条、幅），网页搜索条目达到41.6万条。

图2-8-131　2008年5月27日，中央电视台记者在擂鼓镇采访米-26大型直升机堰塞湖救援(李伟　摄)

绵阳市2个最大的受灾群众临时安置点九洲体育馆、南河体育中心，受到中外媒体的高度关注。九洲体育馆安置点先后接待新华社、人民日报、中央电视台、美联社、路透社等中外媒体近100家950人次采访报道，被中外媒体誉为大灾中的“诺亚方舟”；南河体育中心安置点先后接待新华社、中央电视台、中新社、美联社、美国有线电视网等中外媒体61家227人次的采访报道。

自5月12日灾情发生至6月底，先后有1500家中外媒体1万人次赴绵采访报道，发稿量达到300万篇（条、幅）。

第三节　新闻发布会

抗震救灾期间，市政府及市抗震救灾指挥部共举办30场新闻发布会，参加新闻发布会的媒体1200家4000人。其中，《艰苦奋斗重建家园八条规定》新闻发布会、唐家山堰塞湖新闻发布会等引起媒体广泛关注。

一、《艰苦奋斗重建家园八条规定》新闻发布会

2008年5月30日，市委、市政府召开《艰苦奋斗重建家园八条规定》新闻发布会，号召全市各级党政机关、企事业单位立即行动起来，大力弘扬艰苦奋斗、勤俭节约的优良传统，节约一切财力和开支用于抗震救灾和灾后重建。市委副书记薛康发布新闻。市委常委、副市长左代富出席。人民日报、新华社、中央电视台、中新社、四川日报、四川电视台、绵阳日报、绵阳电视台等国内20余家媒体参加新闻发布会。

《艰苦奋斗重建家园八条规定》包括：1.市委市政府压缩会议、差旅费预算10%；2.市级财政拨款的行政、事业单位工作经费预算一律削减10%；3.大力调整财政支出结构，集中财力帮助灾区恢复重建；4.除危房和毁损办公场地按有关规定处理外，党政机关和财政拨款事业单位一律不得新建楼堂馆所，不得借危房改造之机进行高规格装修；5.党政机关和财政拨款事业单位一律不得购置、更换非应急抢险的公务用车和高级办公用品；6.暂停办理所有出国访问、业务考察和培训活动；7.严禁公款吃喝；8.严禁挤占、截留、挪用、贪污、私分、克扣和骗取救灾款物。

二、唐家山堰塞湖新闻发布会

2008年6月3日晚，绵阳市人民政府在富乐山九洲国际酒店举行唐家山堰塞湖新闻发布会。水利部总工程师、唐家山堰塞湖抢险指挥部专家组组长刘宁，绵阳市政府副市长、唐家山堰塞湖疏散群众工作指挥部副指挥长林新向媒体通报有关情况。中央电视台对新闻发布会进行全程直播。新华社、人民日报等120家媒体参加新闻发布会。

刘宁在新闻发布会上称，唐家山堰塞湖因其堰塞体巨大、余震威胁、气象条件恶劣，在采取多种措施后，仍处于极危险状态。他向媒体详细介绍唐家山堰塞湖所面临的危险性：一是据统计在形成堰塞湖以后，因洪水和上游降水引起溃坝的概率达93%；二是唐家山堰塞湖形成的坝高124米，如果不采取措施，其所形成的水头达到60米到80米就极具危险性；三是唐家山堰塞湖上游流域面积3550平方公里，经水文专家测算，上游如有两个毫米降水，坝前水位就会上涨1米；四是唐家山堰塞湖区域还在不断遭受余震、特别6级以上余震的影响。综上，表明唐家山堰塞湖处于高度危险状态。刘宁还向媒体介绍了唐家山堰塞湖面临的不确定的危险性因素。

林新向媒体介绍绵阳市组织唐家山堰塞湖溃坝淹没区群众疏散撤离的有关情况。

三、四川省汶川特大地震灾害第三十五场新闻发布会

2008年8月11日，四川省人民政府新闻办公室在成都举行汶川特大地震灾害第三十五场新闻发布会。会议由四川省政府新闻办主任侯雄飞主持。绵阳市人民政府副市长、市灾区重建工作委员会副主任林新通报绵阳市受灾群众过渡安置情况、农村永久性住房建设情况以及灾后重建的整体情况。数十家媒体参加新闻发布会。

林新在发布会上介绍，截至7月30日，绵阳市已建成活动板房12.46万套，群众自建过渡房58.51万套，通过外出务工、投亲靠友、企业或单位集中安置等其他方式安置受灾群众13.11万户，全市84.08万户受灾群众全部安置完毕，提前10多天完成省委省政府下达的工作目标。绵阳市在完成灾后农房重建的核查核实、登记造册等基础工作后，灾后农房重建已全面铺开，截至8月11日，全市开工57650户，已经建成1190户。林新还介绍了绵阳市委审议通过《关于加大恢复重建力度，共创美好新家园的决议》，确立灾后恢复重建工作重点的有关情况。

第四节　网络宣传

在抗震救灾新闻宣传中，市抗震救灾新闻宣传组发挥网络媒体互动性强、覆盖面广、传播速度快的特点，积极开展对外宣传工作，组织全市网络媒体及时、快捷地向国内外公众报道绵阳的灾情及抗震救灾情况，使绵阳的灾情迅速引起国内外广泛关注，抗震救灾工作获得外界高度评价。

尤其是在抗震救灾初期道路中断、通信不畅、信息混乱、谣言四起的特殊情况下，市委宣传部充分发挥网络优势，迅速制定网上宣传方案，各网络媒体开辟抗震救灾专栏，及时发布市抗震救灾指挥部的工作部署、公告、公示等250余篇次，让全市群众及社会各界及时了解绵阳受灾情况、抗震救灾工作进展、市委市政府决策部署，迅速稳定民心，鼓舞士气，粉碎谣言。

为帮助受灾群众寻找亲人，组织全市各大网络新闻媒体在网站上开通“绵阳市灾民寻亲救助信息查询系统”，协调市抗震救灾指挥部、全市各主要安置点、各医院和参与救援的志愿者组织，将全市受灾或寻亲群众的姓名、性别、籍贯等信息录入系统，随时更新，全面开放，方便查询。

自2008年5月13日起，新闻宣传组主动配合救灾款物捐赠组，每天收集社会捐赠物资接收和发放情况，通过市内网站及时发布，先后发布接受捐赠及发放情况120余次，让社会各界群众广泛了解救灾物资捐赠接受和发放情况。根据地震灾害的特点，及时开设主页和栏目，先后发布60余篇科普文章、图片，用形象直观的形式普及地震知识，介绍避震防震小常识，引导人们科学认识、正确面对地震灾害。

针对不法分子利用网络平台散发干扰抗震救灾的负面信息甚至传播谣言的情况，新闻宣传组采取特殊措施，加强网络监管，自5月14日开始，实行24小时轮流值班制度，以市委宣传部各科室为单位，轮流对网站、论坛、博客、帖吧等进行监看，发现涉绵负面信息及时报告，对社会影响较大的负面信息，上报省委宣传部请求删除。抗震救灾期间，绵阳市通过直接监看发现并删除负面帖文1260余条，通过启动联网舆情信息收集处置联动工作机制，相关单位协同删除负面信息近百万条，发动网络评论员发帖、跟帖2000余条。同时，针对一些负面信息，通过网络评论员进行跟帖，引导网民正确认识事件本质，及时引导网上舆论，最大程度消除各种负面影响，为抗震救灾营造良好的舆论氛围。

7月14—17日，市委宣传部与腾讯网联合推出《用爱对话，我的重生》网络直播互动访谈专题，进行7个专场互动访谈直播，为时4小时55分钟，并同步在腾讯网、千龙网、北方网、大河网、山东新闻网等网络媒体直播。互动访谈对象包括：北川县、安县、平武县、江油市县（市）委书记，绵阳日报副总编皇甫玉蓉，江油市公安局副政委蒋晓娟，北川中学校长刘亚春。7月19日，腾讯网又向全国在线QQ网友群推荐腾讯对话绵阳专题，网友反应热烈，活动影响广泛，点击率逾千万人次。

9月22—23日，四川新闻网以“美丽四川·2008”为主题，组织人民网、新华网、央视国际、中新网、中国广播网、新浪、腾讯、搜狐等国内及省级45家主流网络媒体的167名记者，对绵阳灾后永久性农房建设情况进行采访报道。截至9月26日，参加采访的各网络媒体发稿68篇（幅），被全国各级网站转载超过200篇。

11月13—15日，绵阳市与腾讯网联合主办的“2008影响中国媒体论坛”在成都举行，全国70家电视、报刊、网络等主流媒体参加，绵阳市与多家媒体建立合作关系。11月15日，腾讯公益慈善基金会代表赴北川县重建一线，为北川群众捐赠价值50万元的过冬棉衣被。

第五节　市内宣传

一、广播电视

2008年5月12日下午，因设备在地震中受损和地震造成大面积停电，绵阳市广播电视台停播，广播电视信号中断。强震刚过，市广播电视台在室外召开紧急会议，全台职工临时编成新闻、技术、后勤3个组，奋力抗灾自救。派出12组记者奔赴绵阳各地报道灾情；调动3支技术抢险队快速抢救、抢修广电器材设备，在室外搭建广播电视传输平台、临时直播间，开通直播。17时左右，绵阳人民广播电台开始应急播出；19时左右，绵阳电视台开始应急播出。

抢险救援期间，绵阳电视台3个频道并机直播，每天滚动播出量达58个小时；绵阳人民广播电台3套频率每天24小时直播。各县（市）广播电视台全力抢救和抢修受损设施设备，建立临时调频广播，搭建“帐篷电视台”“车库广播电台”，恢复广播电视播出，启动抗震救灾宣传报道。市、

图2-8-132　绵阳电视台记者在北川中学救援现场采访

县广电部门先后恢复绵阳、三台、盐亭、梓潼、平武广播电视无线发射台功能，在北川县擂鼓镇、任家坪、安县南塔山、江油市城区、平武县南坝镇设立6个临时小功率无线发射台，播出中央台1套广播电视节目，基本实现灾区无线广播电视信号覆盖。

全市广电部门在208个安置点建立临时广播电视设施（包括临时广播站和电视集中收看点），组织架设车载流动宣传车，对安置点受灾群众进行抗震救灾宣传。在安置初期，通过临时广播引导群众自我管理，维护安置点的生活、防疫、治安秩序。受灾群众基本安顿下来后，重点播报抗震救灾最新动态、政府公告、寻找失散亲人、疾病防治温馨提示、心理疏导等节目。在堰塞湖抢险排险阶段，利用广播电视作为指挥工具，引导疏散转移区群众有序避险。安置点广播电视宣传，起到组织指挥、稳定人心、维护秩序、引导避险、心理疏导、舆论引导、凝聚力量的作用。

为加强安全播出管理，广电部门在各安置点落实专人负责日常管理和维护，确保正常使用。对新建和移址重建的无线发射台、发射点，做好防雷电技术保障，落实专人值守，做好值班记录、播出日志。对恢复和采取措施应急恢复的有线电视前端和网络，做好防插播保护，恢复预警系统正常工作。对安置点临时播出的新闻、专题等广播电视节目，坚持播出审核制度、监听监看制度、重播重审制度，做好播出记录。

二、报纸

（一）绵阳日报

地震灾害发生后，绵阳日报成立抗震救灾特别宣传新闻报道领导小组，组建临时新闻中心、临时编辑部、后勤保障组等，根据报道需要，报社对采编部门进行整合，编辑、记者重新分工，20多名记者组成5个采访小分队，迅速奔赴重灾区北川县、安县、平武县、江油市等地采访报道。

2008年5月12日15时30分，报社工作人员冲进变成危楼的办公楼六楼，抢出8台电脑及相关设备。当晚，全体采编人员赶到距报社20公里外的印刷厂编报。5月13日凌晨，震后第一张黑色报头的《绵阳日报》出刊，共4版，刊发《我省汶川县昨日发生7.8级地震》《张[illegible]哈在绵指导抗震救灾时要求努力夺取抗震救灾胜利》《省“5·12”地震救灾指挥部发出通知确保避震群众生命安全》《我市全力以赴抗震救灾》《众志成城倾力抢险——我市抗震救灾见闻》等新闻稿件和绵阳市抗震救灾指挥部第1号、2号、3号公告等。

为确保抗震救灾宣传报道，绵阳日报社3次搬迁编辑部，先后在印刷厂厂房、报社车库、“帐篷编辑部”办公。从5月14日起，绵阳日报推出“抗震救灾特别报道”。5月1[illegible]日起，绵阳日报恢复每天八版。5月17日，推出以“团结一心众志成城”为主题的抗震救灾特别报道。5月18日至6月11日，连续推出以“众志成城抗震救灾”为主题的特别报道。6月12日起，推出以“抗震救灾重建家园”为主题的特别报道。

6月1日，中共中央政治局常委李长春考察绵阳日报社帐篷编辑部，会见在绵参加抗震救灾报道的媒体记者。李长春赞扬绵阳日报采编人员在灾情发生后，不怕艰险，不怕牺牲，坚持深入第一线，哪里有艰险、哪里有困难，哪里就有新闻工作者的身影，在闷热的帐篷里坚持办好报纸，令人感动。

（二）绵阳晚报

绵阳晚报办公大楼、印刷厂房在地震中成为危房，办公设施、采编系统、采访器材、印刷设备等严重受损。灾情发生后，报社派出一批14名记者突进北川县、安县等极重灾区，在抢险救援一线帮助搜救幸存者，用笔和镜头记录生死大营救。摄影部主任杨卫华在救援现场抓拍的《敬礼娃娃》，记者任明勇在救援现场拍摄的《夹缝男孩》，在全世界引起极大反响。

尽管绵阳晚报社在大地震中自身损失惨重，但仍然坚持天天出报，及时把党和政府关于抗震救灾方面的决策、关怀准确传递到灾区，鼓舞抗震救灾士气。其中，2008年5月14日刊载的《救援 救援 千军万马进发北川》获得了中国新闻界最高奖——中国新闻奖。在参与抗震救灾和抗灾自救的同时，绵阳晚报还与国内一些知名媒体携手，先后发起十余次大型爱心援助活动，组织了近千万元的资金和物资帮助灾区群众渡过难关，同时还通过当地媒体与山东一些爱心企业合作，成功帮助部分受灾群众走上创业路。

第九章 维护灾区稳定

第一节 维护治安秩序

一、巡逻执勤

2008年5月12日晚，绵阳市公安局治安支队出动警力，前往文化广场和人民公园，对城区群众防震野外露宿场地开展治安巡逻执勤，对广场和公园范围开展24小时全方位巡逻。从5月13日起，在各灾区建立帐篷警务室，加强对群众避险集中的青年广场、五一广场、铁牛广场、火车站广场、火炬广场、老茶树广场等露天广场的安全巡逻，加强对绵阳城区各大商场的巡逻守护。

图2-9-133 辽宁特警在灾区巡逻

5月17日上午，绵阳市公安局召开社会治安防控会议。会议要求：在抗震救灾的同时，维护社会治安更是公安职责所在，公安机关必须积极作为，形成打防威势，牢牢控制住、维护好绵阳治安。要严密城区的治安防控，要把维护辖区治安作为重中之重，要突出重点，加强对首脑机关、灾民安置点、群众聚集点以及医院、大型商场等重要部位的巡逻守护。各县分局要以刑侦力量为主，组织强有力的打击力量，配齐配强现场勘查人员，接到群众报案后要迅速出警，及时查处，构成犯罪的一律从重从快法办，触犯治安管理条例的一律顶格处理。市公安局刑侦支队要组建一支抗灾期间打击犯罪的专业队伍，对重大案件及时介入。

5月18日，根据公安部、省公安厅紧急通知要求，为切实维护灾区社会治安秩序，确保全市抗震救灾工作深入开展，绵阳市公安局下发《关于切实维护抗震救灾期间社会稳定的通知》，巡警支队、刑侦支队和武警支队联合行动，采取两名巡警、两名武警、一名刑警搭配方式，分成五个组，分别以市中心医院、火车站、文化广场、五一广场、南河体育中心为中心，通过警犬上街巡逻和武装巡逻相结合方式，及时查处、威慑各类违法犯罪行为。针对治安形势，及时调整巡逻勤务方式，对五大广场、三江两岸河堤等市民避难、聚集场所和城区主要街道、党政首脑机关、金融部门、商业网点等要害目标，坚持全天候24小时强化控制。截至6月3日，全市公安机关已建立帐篷公安局2个，帐篷派出所76个，帐篷警务室113个。

涪城区人武部每晚出动50名民兵，从24时到次日5时，在火车站、汽车站、广场、社区居民点和商业区等地，配合公安加强城区夜间巡逻。为保证绵阳机场运送救灾物资的飞机安全起降，涪城区各镇（乡）发动620名民兵开展制止焚烧秸秆巡逻。绵阳军分区组织各县（市、区）人武部先后成立20余支民兵治安巡逻队，分别在受灾村庄和灾民点巡逻，不分昼夜地守卫灾民的生命和财产安全。

解放军抢险救灾部队也派出兵力参加治安巡逻。77200部队在绵阳、江油、北川等地设卡152个，维护灾区社会秩序，防止转移群众回流。

二、便民利民服务

震后，灾区群众投靠外地亲友、外出打工、银行取钱等需要身份证明，且北川、平武、安县、江油等县（市）和辖区派出所因地震造成户政业务全面瘫痪和停止。为满足广大灾民急需，5月24日，绵阳市公安局迅速启动灾区群众临时身份证、二代身份证、准迁证、迁移证、边境证、户口本和户籍证明等免费办理工作，制定并向社会公布《绵阳市公安局关于为灾区群众办理临时身份证、户口证件及单位印章的通告》，抽调力量分成两组开展工作，一组在市行政服务中心为群众集中办证，另一组在九洲体育馆、南河体育中心等安置点及北川、安县等重灾区开设的“帐篷办证所”为群众流动办证。抢险救灾期间，共办理临时身份证2856人、户籍证明4054人、边境证3人、印章准刻证14个。

5月31日，绵阳市公安局出台《绵阳市公安局灾后重建服务灾区群众20条便民利民措施》，主要内容如下：

1. 简化户籍办理手续。对受灾群众急需办理身份证、户口簿和户籍证明的，公安机关通过人口系统查实核对，或申请人可提供相关证明材料的，立即免费办理临时居民身份证、户口簿等户籍证明。开辟户籍证明办理绿色通道，放宽灾区新生儿和孤儿的户籍办理条件。为有关部门提供人口数据服务，为群众查找亲友提供便利。放宽灾区群众住宿登记条件，简化支援灾区的国家机关、企事业单位刻制公章手续，简化灾区死亡人员注销手续。

2. 简化驾驶证照办理手续，恢复灾区车管业务。灾区群众驾驶证、行驶证遗失损毁的，不需提供任何身份证明，经网上查询确认后予以补换驾驶证和行驶证。对灾区驾驶人、机动车需到外省（市）外地（市、州）工作和使用的，实行优先办理。交警支队车管所在唐家山堰塞湖险情排除后3日内恢复车管业务。江油市于6月1日，平武县、安县于6月2日，北川县于6月18日恢复驾驶证管理、机动车管理、机动车驾驶人科目考试、机动车新车注册查验、在用车辆的年度检验、网上管理业务。

3. 开辟消防行政许可办理绿色通道。凡涉及灾后重建需要办理的消防行政许可，一律优先办理。简化丢失、损坏的法律文书的补办手续，对于地震中丢失、损坏的法律文书，由消防支队补发原法律文书，并免收工本费。加强灾区临时办公场所、灾民安置点消防设施建设和技术指导。加强同规划、建设部门联系，提前介入，落实灾区临时办公场所、灾民安置点板房、帐篷建设的有关消防技术要求，落实必要消防设施。加强灾民安置点的防火检查。组织消防监督人员和安置点群众开展不间断巡查，为灾民点帐篷学校的管理人员和志愿者进行消防安全常识培训，利用灾民点的广播对灾民开展消防常识的宣传教育，提高灾民自防自救的能力。

4. 简化出（国）境办理手续。因灾害原因造成申请人身份证、户口簿遗失或损毁，需紧急申办出国（境）手续的，申请人可凭户口所在地派出所出具的身份证明和有关材料，申办出国（境）证件。北川、平武、安县、江油4个极重灾区的居民因紧急事由申请办理出国（境）证件的，可直接向省厅出入境管理部门申请，并确保5个工作日内办结相关手续。上述4县（市）的居民，因灾害原因造成护照损毁、遗失的，公安机关出入境管理部门将免费为其补发护照。

三、打击涉灾经济犯罪

在重灾区和受灾群众集中安置点设置临时派出所和警务室，严厉打击各类违法犯罪活动，加强安全检查，维护重灾区和受灾群众安置点治安秩序。针对一些地区出现少数不法分子借赈灾之机牟取暴利，进行囤积居奇、哄抬物价、挪用侵吞救灾物资、制售假冒伪劣产品等经济违法犯罪的情况，绵阳市公安局成立打击涉灾经济犯罪领导小组，会同工商、物价、民政、纪委、监察等部门对全市各大农贸市场、综合市场、加油站、日杂用品经营点、灾民安置点、群众避灾聚集区、救灾物资发放点等重点区域进行40余次拉网式巡查和集中清理，检查经营户数千户，协助行政执法部门查处囤积居奇、哄抬物价经营户110余户，罚款60余万元，查处和移送其他部门违法犯罪线索10条，有力维护了灾区正常经济秩序。

第二节　稳定市场

一、恢复市场

地震中，绵阳市各类市场受到严重损害。全市330个市场中受灾22[illegible]个，其中关闭市场86个，倒塌市场28个。大灾之后，大部分市场功能不全，很多经营户失去营业场所，灾区群众生产、生活秩序受到严重影响。为尽快恢复市场，工商部门采取了如下措施：

1. 允许以街为市。允许经营鲜肉、蔬菜、水果、熟食品、副食品等受灾经营户沿街经营，保障市场物资供应。抢险救灾期间，全市以街为市的市场达56处，经营户达4700余户，既解决了城镇居民生活的需要，也使受灾经营户增加了收入。

2. 支持店外开市。一些经营户的经营门面在地震中受到严重破坏，店内经营不安全。为使经营户尽快恢复营业，工商部门积极引导经营户因地制宜，就地取材恢复经营，有的以车为门市营业，有的在门面外撑伞营业，有的以帐篷为铺面营业，以方便满足灾区群众购物需要。据统计，全市店外开市的经营户达到2600余户。

3. 组织场外兴市。经营户在市场内失去经营场所，工商部门考虑到群众购物习惯和交通要求，在原市场外划出一条街，让经营户到街上经营。全市兴办场外市场38处，经营户3100余户，一些受灾的农户也进场销售农产品，实现生产自救，同时保障灾区生活必需品的供应。

4. 帮助维修复市。对于经维修可以使用的市场，工商部门积极动员市场开办单位维修复市。全市经维修后复市的市场达56个。

5. 实施应急办市。对于地震中全部毁损的市场，工商部门积极修建抗震救灾应急市场，解决群众生产生活的需要。无市场业主单位又急需建市场的地方，由工商部门和个体经营者协会组织修建市场。省局招标单位和业主单位共建市场。工商部门和个协补助部分资金，鼓励市场开办单位投资修建市场。地震后，全市在个协投资200万元的基础上，鼓励市场业主投资160余万元，建设抗震救灾应急市场3个，交易面积8200余平方米。

二、稳定物价

5月13日，市政府发布《关于稳定抗震救灾期间市场物价的公告》，要求全市生产经营单位，切实维护市场价格秩序，不得借机囤积居奇、哄抬物价，散布捏造涨价信息，进行价格欺诈、价格垄断等行为，违者将依据相关法律、法规予以从严、从快、从重处罚。物价部门专门成立抗震救灾期间价格检查领导小组，实行24小时巡查制，强化市场物价监管和督查。5月13日，组成5个价格监督检查小组，对市政府片区、城南片区、火车站片区、城中心片区、长虹大道北段片区等5个大片区进行拉网式检查，对方便面、矿泉水、面包等生活必需品以及抗震救灾物资的价格进行专项检查，通过提醒、告诫等方式，引导商家保证供应，稳定价格，共渡难关。

5月16日，市政府发出《关于对地震灾害期间部分商品实行临时价格干预措施的紧急通知》（以下简称《通知》），决定对以下商品实行临时价格干预措施：饮用水：瓶装、桶装矿泉水、纯净水；药品类：藿香正气液（水、液制剂）、板蓝根冲剂、抗病毒冲剂、青霉素口服类、氟哌酸；搭帐篷所需的塑料布、帆布等。《通知》要求，各地要加强对地震灾害期间市场价格监督检查，对趁机哄抬物价、乱涨价、变相涨价的违法行为进行严厉打击，确保市场物价的基本稳定。

5月26日，市物价局发布《关于抗震救灾期间对部分药品医疗器械和建筑材料实行临时价格干预措施的公告》，实施临时价格干预措施的具体品种为：预防药品和医疗器械类：抗感冒类、治腹泻类、抗生素类药品，医疗器械。建筑材料类：钢材、木材、水泥、玻璃、建筑用砖、瓦、砂石。实行临时价格干预的药品和医疗器械，各类医疗机构、生产企业、批发企业、零售商销售价格不得高于5月12日前的价格水平。实行临时价格干预的建筑材料价格，实行综合差率管理，建筑用钢材、木材（不含直接运杂费）进销综合差率最高不超过4%，水泥（不含直接运杂费）进销综合差率最高不超过5%，砖、瓦、砂石（不含直接运杂费）进销综合差率最高不超过8%。

市物价部门每天组织两个检查小组，重点对食品、饮用水、帐篷、篷布、消毒液、防疫药品等抗震救灾相关商品价格进行监督检查，对城区4大汽车客运站的车票价格进行巡查，把广告招架、伞具、蚊帐等也纳入价格监督检查范围，保证相关物资的价格平稳。

5月28日起，价格监督检查的重点由前期的食品、帐篷等商品价格转移到灾后重建的建材价格检查上，主要是针对搭建活动板房所急需的水泥、红砖和砂石以及商品混凝土价格进行集中检查。

6月3日，市物价局发出《关于对唐家山堰塞湖群众疏散点安置区熟食品实行最高限价管理的通知》。市物价局会同涪城区物价局、游仙区物价局、科学城物价局，对唐家山堰塞湖所有灾民疏散点的价格行为和明码标价执行情况进行检查。

6月11日，市物价局、工商局、公安局、质监局等部门共同商议，决定建立联合维护抗震救灾和灾后重建市场经济秩序的应急机制，成立3个联合应急工作组，实行联合执法机制，重灾县（市）物价局建立对口援建单位物价员联络机制。6月12日起，联合应急工作组重点对活动板房援建单位材料供货方的价格、质量等情况进行巡查，对存在违反抗震救灾政策的行为及时进行调查取证，纠正和打击蓄意哄抬价格、囤积居奇、价格串通、制售假冒伪劣、冒用赈灾名义进行诈骗以及不执行抗震救灾和灾后重建期间关于建材价格临时干预措施的违法行为，并提供相应的政策服务。

第三节　处置突发事件

一、唐家山堰塞湖避险疏散转移

（一）紧急部署

2008年5月26日，绵阳市抗震救灾指挥部紧急召开唐家山堰塞湖疏散群众工作广播电视动员大会，通报唐家山堰塞湖险情，并就堰塞湖下游沿岸群众疏散工作进行紧急动员部署。为做好唐家山堰塞湖溃坝淹没区群众疏散转移和交通管制工作，绵阳市建立军警结合的疏散撤离、清查搜救、紧急救援工作指挥部，市政府副市长、市公安局局长胡钢任指挥长，协调部队、预备役和全市公安机关合成作战。指挥部先后制定唐家山堰塞湖群众清查搜救、紧急救援、治安维护、交通管制4个工作预案，组织成立交通管制组、人员及贵重物资疏散撤离清查搜救组、撤离区管制组、清查搜寻组、水上巡逻搜救组、紧急救援组、贵重及危险物品清查转移组7个职能组。多次召开专题会议，就疏散撤离工作进行部署，要求全市公安机关和全体参战民警时刻保持临战状态，严阵以待，明确任务，落实责任，强化措施，全力以赴做好疏散撤离和清查搜救工作。疏散撤离应急预案启动后，市公安局党委成员分赴绵阳城区各疏散撤离区，对撤离工作进行督战指导。由相关警种组成的15个督导组，同时驻扎在撤离区，协助一线民警开展工作。

（二）任务分配

绵阳市交警支队抽调警力323人，设置固定执勤点130个，交通标牌101块，在绵阳城区6个主要入口处严防死守，确保在接到警报后1小时内，城区所有道路警力到位，各路口交通疏散指示牌摆放到位；在接到报警第2小时内，对所有进入市区的车辆实行交通管制，将城区内的车辆按片区划分的原则疏导至指定安全区域，疏散期间运载疏散人群的公共汽车优先放行，确保疏散撤离期间道路交通安全、畅通、有序。

绵阳市巡警支队全力维护应急疏散撤离期间社会治安秩序，加强对疏散撤离期间主要街道、党政首脑机关、金融部门、商业网点等要害目标的巡逻防控力度，全力维护撤离期社会治安秩序；加大对疏散线路及疏散地点的疏导、防范力度。全面收集掌握疏散撤离方向和地点，在疏散撤离群众途经的街道、路口及避难地点，落实警力和疏散提示标牌，以防止拥堵、恐慌、踩踏等事故为重点，主动引导市民撤离。抽调特警大队31名民警负责疏散撤离的应急处突工作，落实救灾抢险设备，随时紧急出动处置突发事件。

绵阳市治安支队与重庆特警总队执行应急疏散安全保卫机动任务，制定机动处置方案，将支队30名民警与重庆150名特警实行混合编组，组成10个机动紧急组，随时接受指挥部的调遣，对全市尤其是北川、平武、安县、江油4个重灾区县级以上金融金库、剧毒化学品、放射性物品、爆炸物品、枪支弹药的库存位置、存量全面掌握了解，做到底数清、情况明，指导协助转移安置。

绵阳市刑侦支队负责九洲体育馆执勤工作，配合绵阳机场做好安全保卫工作。除九洲体育馆、绵阳机场执勤警力外，其他民警按照统一安排参加疏散期间的治安秩序维护和破案打击工作。

绵阳消防支队编制《绵阳市公安消防支队唐家山堰塞湖泄洪应急撤离疏散预案》和《绵阳市公安消防支队唐家山堰塞湖泄洪抢险及排涝清污预案》，明确人员、车辆、贵重物资的疏散撤离地点，并落实通讯保障和后勤保障，成立宣传动员队、应急巡逻队、抢险突击队；派出宣传车协助做好群众撤离宣传动员工作；安排1辆冲锋舟开展水面巡逻，安排30名队员、3艘冲锋舟、2台抢险救灾消防车、1台防化洗消车、1台水罐消防车组成救援突击队，营救转移被洪水围困人员，并按照责任区划分，安排公安、专职消防队车辆21台和168名官兵，执行城市排涝、冲洗街道及重要建筑、公共场所的任务。

北川县、江油市、涪城区、游仙区、绵阳高新区、三台县也作了周密部署，确保万无一失。北川前线抗震救灾指挥部安保组紧急部署如下：交警部门集中统筹和组织警力，确保进入北川的主要道路畅通，特别是要加强擂鼓指挥部和直升机停机坪的道路交通管制，为抢险工程机械的顺利调运创造良好的交通环境。武警绵阳支队加强对直升机指挥车的警戒和重点守护，及时清理直升机停机坪内的无关人员，确保直升机起降秩序。

（三）组织实施

唐家山堰塞湖泄洪前，为保障下游北川、江油、绵阳城区、涪城、游仙、三台等县（市、区）130多万余人的生命财产安全，绵阳市抗震救灾指挥部决定分阶段启动1/3、1/2和全溃坝三套疏散撤离预案。为确保迅速、有序撤离，5月25日起，绵阳市公安局先后制定6套周密详细的保障方案，在城区投入警力330人，各县投入警力270人，确定130个固定执勤点，制作指示牌100余块，调集大批执勤装备，并多次演练，确保撤离路线安全畅通。

5月27日，绵阳城区首批疏散撤离1/3溃坝淹没区市民，市公安局派出120名交警，清理乱停乱放车辆，安放50余块引路标志，帮助运送临时生活品，有效保证了8万余人顺利疏散。

6月5日晚，第二批1/3溃坝淹没区市民撤离，市公安局出动交警362人，投入警车140辆，实行24小时无间隙执勤，在重要疏散路口、路段设立176个固定卡点，制作摆放136个疏散导向标牌，实施临时交通管制，加强区域内车辆疏导。

6月10日上午，绵阳市抗震救灾指挥部发布橙色预警警报，市公安局交警支队全警出动，对绵（阳）江（油）路、绵（阳）梓（潼）路、绵（阳）三（台）路、绵（阳）盐（亭）路4条公路实施全封闭或单向封闭交通管制措施。疏散期间，全市没有发生一起安全事故。

6月10日下午，唐家山堰塞湖洪水平安通过绵阳市区，抢险避险工作取得决定性胜利。据统计，自5月31日至6月10日，全市出动警力2.1万余人次，车辆3800余辆次，设卡196处，设立交通疏导标识标牌109个，拉网排查乡镇、村社、居民小区468个，企事业单位370个，守护重点单位、重点部位307处；疏散撤离群众26.6万人，其中绵阳城区14.96万，排查搜救6700余人。

二、抗击“9·24”洪涝泥石流灾害

9月23—24日，绵阳市境内大范围突降暴雨，北川、安县、江油、平武等地震重灾区再次遭受严重洪灾，造成多处山体滑坡、泥石流，致使部分房屋垮塌、板房进水，群众伤亡和失踪，道路交通、电力通信等设施不同程度损毁，全市123个乡镇受灾，受灾人口11.38万人，造成30人死亡、33人失踪，直接经济损失18.73亿元。

面对突如其来的洪涝灾害，全市公安民警与援绵民警紧急投入抗洪抢险工作，转移受灾群众2.07万人，解救被困群众545人，排除各类险情100处，抢运各类物资400余吨。

险情发生后，各援绵警队紧急集结，迅速部署，投入抢险救灾。山东援绵警队领导率援绵民警前往永安镇、擂鼓镇、曲山镇等受灾一线参加抗洪抢险。河北援绵警队驻南坝民警、山东援绵警队驻曲山、擂鼓、桂溪民警，在交通、通信中断，与外界失去联系的情况下，迅速组织起来，与当地派出所民警一道积极投入抗洪救灾。

9月24日凌晨，驻擂鼓镇的山东泰安援绵民警和消防官兵赴银锭村查险时，发现上游鱼耳沟泥石流堵塞形成堰塞湖，随时可能溃坝，他们一边用双手挖开缺口泄洪，一边组织该村群众转移。山东泰安分队民警赶赴擂鼓镇柳林村，手拉手趟过齐腰深的洪水，背负转移老人、妇女、儿童。临沂分队驻曲山派出所民警在任家坪疏散转移群众中，发现4名受伤群众和1名瘫痪病人，他们迅速将伤病群众转移到安全地带，并先后疏散群众2000余人，两名民警因抢救群众受伤。

连续暴雨致使许多板房区、帐篷区的生活物资被淹。河北援绵警队驻南坝、石坎民警冒雨往返板房区、帐篷区，抢救转移帐篷100余顶和大量的生活物资。山东援绵警队驻擂鼓民警冒雨帮助受灾群众抢救转移大批粮食、家具等物品。河北援绵警队驻坝子民警帮助群众抢救转移大批生活物资和财产。

河北援绵民警携带单警装备，对205省道黄连树、沙湾路段进行治安巡逻，引导1000余辆受堵车辆转移至南坝镇开阔地带；穿越泥石流路段，疏导南坝镇电站、校兵场、王家、沙湾等堤段受堵塞车辆至安全开阔地。河南援绵民警全员行动，协助江油公安机关加强城区治安防范、交通巡逻、消防检查，确保社会治安稳定、交通消防安全。

三、化解矛盾纠纷

5月17日，平武县抗震救灾指挥部指定金家湾加油站恢复油料供应。消息传出后，加油车辆立

刻聚起各种车辆3000余辆。震后首次供油，司机们加油心切，有的车主不守秩序，引发相互争执，加油站顿时陷入混乱。紧急关头 77293部队3营接到求助请求后，营长谭宏带领炮连20名官兵火速赶到加油站。经过耐心劝解，稳定司机们的激动情绪，加油站秩序得以重新恢复，避免了恶性事件发生。

6月9日下午，平武县垭头坪救助站附近群众因对分发救灾物资不满，与当地干部发生争执、斗殴。在平武县执行救援任务的71309部队领导及时与在垭头坪救助站负责工作的副政委孟召乾取得联系，迅速对群众进行隔离，加强警戒，防止发生人员伤亡，避免事态进一步扩大。20时12分，经调解使事件得到平息。

7月9日，北川县陈家坝乡中学11名遇难学生家长以学生在危房中读书、善后处理没留照片等为由，拒不接受乡政府和学校领导的慰问和帮助，联合到北川县委、县政府上访，并计划奥运会期间集体到成都、北京等地上访。在北川县执行救援任务的96201部队前指临时党委专门派人与陈家坝乡政府和学校领导、上访学生家长逐一谈心，找准矛盾症结，明确调解思路，制定方法对策，分3个工作小组，分别深入双堰、红岩和通宝安置片区，与70多名当事人和地方群众深入接触，全面了解事情经过和群众意见，重点做好带头上访的遇难学生家长思想工作，讲清学生遇难的真实原因和经过，讲清党和国家的政策法规，讲清国家和灾区面临的形势。还动员有50多年党龄的当地老共产党员帮助上访学生家长逐步消除思想偏见、化解对立情绪、调适心理矛盾，并组织官兵捐款万余元，分别送到11名遇难学生家长手中。在各方意见渐趋一致的情况下，临时党委组织召开由乡党委政府、学校及有关村领导、遇难学生家长和部队有关人员参加的交心会，消除隔阂、增进信任。

8月25—26日，涪城区石塘镇金龙金属回收有限公司102人驾驶100辆残疾人自助车，连续两次到市政府集体上访，反映公司以欺骗手段招录残疾人600名，先后裁员300多人，损害残疾人合法权益，骗取国家优惠税收政策。针对该群体上访事件特点，绵阳市公安局经宣传疏导和文明执勤，矛盾得到及时化解。

第四节　打击刑事犯罪

汶川特大地震发生后，为确保抢险救灾特殊时期的社会稳定和治安平稳，全市公安机关按照市抗震救灾指挥部的统一部署，迅速组织开展对现行违法犯罪活动，特别是对趁灾违法犯罪的专项打击。5月12—23日，侦破趁灾进行犯罪活动的现行刑事案件13件，其中抢劫1件、盗窃11件、非法拘禁1件，通过审讯深挖破获积案16件（均为盗窃案件），安全解救5名被盗（拐）婴儿，成功规劝1名在逃人员投案自首。2008年5月至2009年5月，全市公安机关破获各类刑事案件12859件，打击处理犯罪嫌疑人2153人，追回各类逃犯1044人，打掉恶势力团伙30个，打掉黑社会组织团伙1个。

5月12日15时，游仙分局汉仙桥派出所民警在巡逻过程中，现场挡获一名盗窃嫌疑人。该嫌疑人趁地震后居民家中无人之机，窜入游仙区开元社区某居民家中盗窃人民币220元，被房主发现。

5月13日，游仙分局汉仙桥派出所经周密侦查，打掉1个盗窃犯罪团伙，抓获犯罪嫌疑人3人。

经查，该团伙于5月12日晚，在游仙区阳光路某网吧进行多次盗窃，共盗走价值人民币5000余元的副食品、电脑配件等物。犯罪嫌疑人邹某被依法刑事拘留。

5月15日，少数不法分子趁机进入北川县城盗窃财物，个别不法分子甚至企图盗窃银行金库。市委常委、副市长左代富，市公安局常务副局长张梁组织救援现场的民警和救援部队，现场抓获27名盗窃犯罪嫌疑人。

5月16日晚，江油市涪江派出所民警在火车站附近一旅馆内查获6名嫌疑人，其中5名妇女每人抱有1名婴儿，形迹可疑。民警迅速将6人带回公安机关调查处理。经审查，6名犯罪嫌疑人均为西昌市人，从西昌拐骗5名刚出生的婴儿，最大的28天，最小的7天，准备乘坐火车到山东临沂贩卖，由于遇到地震转车到江油。6名犯罪嫌疑人被刑事拘留，5名被拐骗的婴儿移交西昌市公安局。

5月16日，犯罪嫌疑人税某、张某等4人以“收账”为由将受害人孙某从成都带至绵阳青年广场一简易防震棚内，采取殴打、辱骂、威胁、恐吓的方式非法限制孙某人身自由，并强行要求其写下2.8万元的欠条。涪城分局接报案后，周密侦查，成功将涉嫌非法拘禁的4名犯罪嫌疑人抓获。

5月18日，涪城公安分局接到一名到绵参加抢险救灾的志愿者报案称，其在涪华路被6名男子采用持刀威胁的方式抢走钱物。接警后，民警通过调查走访，抓获6名犯罪嫌疑人。

5月19日晚，外地到绵参加抢险救灾的一名志愿者报案，其自用的一部三星手机在某火锅店被盗。刑警大队通过连续2天的调查摸排，确定该火锅店员工刘某有重大嫌疑，并通过做刘某的父亲的思想工作，22日上午刘某到公安机关投案自首，被盗手机被追回。

5月21日，市公安局巡警支队在文化广场召开公开打击处理大会，集中打击处理26名趁灾违法犯罪嫌疑人员。5月24日，市公安局巡警支队在火车站广场举行公开打击处理大会，对34名趁灾违法犯罪嫌疑人员进行公开打击处理。

6月16日，北川县公安局在擂鼓镇召开公开处理大会，对抗震救灾期间在灾区违法犯罪的21名违法犯罪嫌疑人进行公开打击处理。6月25日，北川县公安局再次在擂鼓镇举行公开打击处理大会，对36名盗窃犯罪嫌疑人员当众宣布执行行政拘留和刑事拘留。

第五节 守护重点目标

一、重点路段交通管制

汶川特大地震造成绵阳城区电力、通信、广电信号中断，交通一度陷入瘫痪。5月12日15时，绵阳市公安局交警支队利用车载电台、手持对讲机，对全市交通民警进行统一组织、部署，迅速成立城区交通疏导组，尽最大努力恢复城区交通秩序。

为确保进入北川的救援通道顺畅，绵阳交警成立重灾区救援组，首批35人于5月13日4时到达北川灾区。从13日凌晨起，进入灾区的军队、救援队、医疗队、志愿者、救灾物资、重型机械运行增多，道路塌方不断，人车拥挤。交警部门立即对安（县）北（川）路全线实行24小时交通管制，到用道路两旁的农田开辟4个临时停车场，指挥军车、民用车辆有序停放；各种救灾车辆实行单边停放，缓解交通压力；临时设置道路各种提示标牌，让外地救援车辆对行驶路线一目了然；协调部队成立军警纠察队，专门对军警车辆进行管理，有效规范行车、停车秩序。

根据四川省交通厅、四川省公安厅关于灾区交通管制的通告和《四川省公安厅交通管理局西线道路交通管制方案》，为保障救灾车辆顺利通行，严格控制与救灾无关车辆进入灾区，5月14日起，绵阳市对三条线路进行交通管制：一是安县至北川线路，设安县永安镇、北川县擂鼓镇、擂鼓镇麻柳湾、北川交通收费站内、北川交通收费站外、北川县曲山镇任家坪6个交通管制点。二是绵阳至平武线路，设涪城区青义镇、江油市武都镇水口庙、平武县林家坝3个交通管制点。三是涪城区永兴镇至磨家镇路段，为确保抗震救灾车队及时从成绵高速进入灾区执行任务，对民用车辆实行单向交通管制；飞云大道实行单向通行，禁止民用车辆向成都方向行驶。抗震救灾转入灾民安置和恢复重建阶段后，重要管制区域和管制点实行24小时勤务制度。

二、守护科研设施

地震造成中国工程物理研究院部分防范设施毁损，部分围墙倒塌，报警、监控、门禁等技术防范设施损坏严重。突如其来的灾情，还使一些涉密介质和涉密计算机出现安全隐患。5月12日14时50分，中物院院长赵宪庚组织召开紧急会议，部署抗震救灾和安全保密，要求各单位对安全保密防范设施进行检查，组织人员对科研工作区大门、围墙倒塌地段、保密要害部位巡逻值班，严防死守。院属各单位组织党员和领导干部冒着余震危险，对文件资料和涉密载体进行临时清理，锁闭因人员紧急撤离未关闭的房门。研究院保卫保密部门及时调度驻院武警部队和安全保卫力量，迅速控制科研工作区、重点涉密的建筑群、易燃易爆和危险物品存储库等保卫保密要害场所，实行24小时执勤治安巡逻，防止境外人员和其他可疑人员进入科学城。

地震使中国燃气涡轮研究院厂区周边的围墙大面积坍塌，供电系统遭到破坏，电视监控系统、红外报警系统和门禁系统全面瘫痪。在余震的威胁下，研究院组织安全保卫人员24小时连轴转，夜以继日地利用警车、摩托车等交通工具对重点保密、保卫、消防等要害部门部位和生活区进行24小时武装巡逻。保卫保密部门采取措施，将涉密实物及时转移，存放在安全场所，并腾出部分厂房，划出安置区，设置警戒线安置职工家属和受灾群众。

三、守护集中安置点

5月13日起，北川县、安县等极重灾区群众外撤转移到绵阳九洲体育馆、绵阳水电校、高新区实验中学3个集中安置点，最多时超过4万人。为做好集中安置点的安全保卫工作，市公安局按照“落实领导、落实责任、落实区域”的原则，由常务副局长张梁带队，赴3个安置点实地踏勘、现场办公，研究制定具体的安全工作方案、措施，并紧急抽调绵阳市公安局机关、江油市公安局、三台县公安局、高新区分局、科学城分局180名民警，组成3个工作组，分别负责3个安置点的安全工作，其中第一组160名民警负责九洲体育馆安全守护和维护秩序工作。其后，市公安局又从各县（区）公安局和市局机关紧急抽调350余名民警，进驻九洲体育馆开展安全保卫工作。截至5月20日，全体执勤民警整治安全隐患132起，调解纠纷85起，主动维护集体活动秩序37起，为灾民服务236起。

5月14日，南河体育中心新建一个集中安置点。市公安局机关党委、刑侦支队和涪城公安分局密切协同，成立治安秩序组、交通秩序组、应急机动组、综合协调组、后勤保障组5个职能小组开展工作。绵阳市公安局从有关县分局和市局机关抽调180名警力投入安置点安全保卫工作，14日14时30分前，全部警力到岗到位，迅速展开各项工作。截至当日18时，南河体育中心安置点接纳安置从北川等地和从九洲体育馆安置点转来的受灾群众4000余人。为做好安全保卫工作，又将体育中心划分为东、西、南、北4个安置区，警力分组分片，责任包干，同时协助做好灾民接纳、安置、登记、医疗、物资食品分发等工作，主动开展宣传、劝阻、解释、安抚工作，保证安置点正常有序。

唐家山堰塞湖群众避险疏散工作启动后，针对安置点人员多、帐篷密集、存在大量火险隐患的情况，绵阳市公安消防支队组织力量开展隐患整改和消防宣传工作。在各大安置点配备1台消防车、7名消防战士，24小时值班备勤。抽调40名警力组成7个防火安全检查小组，到集中安置点及城区周边危险物品存放地、大型企事业单位进行防火安全检查，严禁在帐篷中使用蜡烛、炉具、私自接电源线，对发现的8起火灾隐患进行现场整改。对因流动因素较大而无法配置固定灭火器的安置点及场所，采取2名防火干部配备1辆流动消防巡查车的方式，对所辖各区域进行全天候循环流动监督检查。

四、守护医院、加油站点、金融目标

绵阳市公安局组织巡警350名、交警300名、机关民警180名，警力共830名，组成6个工作组，加强对绵阳城区集中救治伤员的市中心医院、市人民医院、市二医院、市三医院、富临医院等重要单位的守护。

绵阳市公安局加强对绵阳城区以及绵阳到安县、绵阳到北川、绵阳到平武沿线的加油站、加气站的管控，保障抢险救援车辆优先加油加气。5月16—18日，绵阳交警支队抽调20余名警力，全力维护城区加油站交通秩序，为急救车、警车、抢险车等抗震救灾车辆开辟专用通道，确保执行紧急任务的车辆优先加油。加大对加油排队等候区域的管控力度，及时清理妨碍其他车辆正常通行的机动车，确保道路畅通。

武警广元市支队副参谋长李永国率领官兵担负江油市人民银行金库[illegible]亿元现金及城市信用社等金融目标守卫任务。银行临时营业点恢复营业后，又派兵配合银行和城市信用社维护营业点秩序，保证救灾资金的安全。7月11日至8月22日，武警遂宁市支队支队长邢仕清率100名官兵，赴平武县城区担负信用联社金库和农行、工行及邮政储蓄所4个金融网点办公区的安全警戒。

五、重要警卫

抗震救灾期间，党和国家领导人胡锦涛、吴邦国、温家宝、贾庆林、习近平、李克强、李长春、贺国强、回良玉、张德江、梁光烈、俞正声、李源潮、马凯等先后到绵阳指导抗震救灾工作。省委书记刘奇葆、省长蒋巨峰等领导也多次赴绵阳灾区组织指挥抗震救灾。全市公安机关先后完成一级警卫任务14次，二级加强警卫任务2次，二级警卫任务26次，三级警卫和保卫任务78次。

第十章　救援保障

第一节　运输保障

一、公路运输

汶川特大地震发生后，市抗震救灾指挥部立即启动《绵阳市交通战备应急动员预案》，成立交通运输保障组，通过政府行为，征调富临运业、通力运业、成绵快车、千佛运业、公汽公司、长虹物流、遂宁开元运业等15个公司的车辆，执行急难险重运输任务，及时将救援人员和各类救灾物资送往北川、安县、平武、江油等灾区。其间，大量外地支援运力和志愿者车辆加入抢险救灾运输行列。同时，核查道路损毁情况，组织抢修公路，至6月28日，全市交通中断的48个乡镇抢通45个，累计抢通公路752公里，架设战备钢架桥6座共447米，打通九环线和通往北川的道路。

5月13日起，大批救援部队和救灾物资空运抵达绵阳机场，需要尽快转运至北川、平武等受灾地区。市委、市政府成立绵阳市抗震救灾空中救援指挥部，下设交通运输保障组，市交通局运管处抽调9名工作人员参与工作。针对大量的用车需求，交通运输保障组集结200余辆客货车辆、300余名驾驶员，研究制定车辆调派工作程序和后勤保障制度，做到随时要求、随时出车。安排19辆各型车辆为参与救援的4个陆航团服务，落实14辆货车固定装载、转运空投灾区的物资。

5月19日，绵阳火车站交通运输保障组成立，负责组织货运车辆，及时转运车皮物资，确保完成市抗震救灾指挥部下达的火车物资调运计划。运输保障组与物资交接组、物资发放组密切配合，根据每天发放的救援物资品种和数量，调剂安排不同运力，确保工程机具、粮食、活动板房等大宗物资及时送达灾区。

5月21日起，按照市抗震救灾指挥部的要求，开始对征调执行抗震救灾应急运输的车辆实行补助，本着节约救灾资金、保证车辆运行成本并低于市场运价的原则，对征调车辆补助认真进行核算和发放。5月28日，发放首批补助资金，稳定了交通运输队伍。

抗震救灾期间，全市累计调派客运车辆5075辆次，调派货车14183车次，输送救援人员98[illegible]46人次（解放军和武警官兵25776人次，志愿者34940人次，地方救灾抢险人员[illegible]30人次），转移受灾群众252933人次，运送救灾物资140434吨。

二、铁路运输

5月12日下午，宝成铁路因地震影响而中断。经铁路部门紧急抢修，5月13日10时31分，宝成线四川境内上行线开通。5月31日，3000抢险大军对涪江铁路大桥进行加固，确保铁路运输安全。

抢险救援阶段，绵阳火车站抢卸军列物资25列680车，救灾物资[illegible]余车，活动板房31[illegible]7车；接发党和国家领导人专运30余列，特运6列，军列37列。7月21日至10月13日，抢险救灾部队回撤归建，绵阳站、江油站始发回撤部队军运列车60列，装车数1501辆。

救灾物资运输，自装救灾物资帐篷62车18010顶、水1车4200件、衣被4车13[illegible]25件、食品12车3943箱、航空煤油460车22129吨、成品油811车39655吨、粮食5车298吨、工业机具13车26件、活动板房25车350套、电煤23524车1488847吨。卸救灾物资帐篷737车351[illegible]顶、药品224车100522件、医疗设备161车3977件、水及饮料914车3642860件、衣被730车107081[illegible]件、食品6[illegible]5车400316箱、航空煤油1000车51445吨、成品油10011车521414吨、粮食3594车21800[illegible]吨、工业机具443车26[illegible]5件、活动板房16916车244896套、电煤10566车676102吨。

5月17日，中共中央、国务院决定，及时将部分能够安全转移的伤员，运往外省市条件较好的医疗机构救治。5月18日4时，成都铁路局主持拟定《“5·19”绵阳灾区伤员转移重庆北实施方案》。5月19日11时，四川地震灾区首列转运伤员专列57005专列由绵阳开往重庆，运送246名伤员、220名护理家属。17时32分，专列安全到达重庆北站。同日，铁道部决定成立转运地震灾区伤员指挥部，总指挥由成都铁路局局长安路生担任，办公地点设在绵阳，根据工作需要，兵分两路，一路在绵阳、江油转运伤员，另一路往返于广元和德阳之间。5月19—31日，从绵阳、江油、德阳、广元、成都5个车站，向重庆、西安、昆明、遵义、贵州、汉口、长沙、郑州、杭州、石家庄、天津、太原、北京、徐州、镇江、常州、扬州、泰州、南通、洛阳、漳州和厦门开行伤员转运专列19列，紧急转运伤员5053人、陪护家属4882人、医护人员1873人。其中，绵阳[illegible]站始发转运专列7列，向重庆、西安、昆明、武汉转运伤员1596人，陪护1537人，医护人员[illegible]人。

绵阳站始发转运灾区学生异地复课专列3列，运送2043人，其中[illegible]人，学生1597人。5月29日，绵阳站始发绵阳至昆明学生专列1列，运送北川县师生550人。[illegible]、5月5日，绵阳站始发绵阳至济南学生专列各1列，运送北川师生1493人。

三、空中运输

绵阳机场在地震发生后全力组织抢修，确保迅速恢复正常运转状态，为民航航班的正常保障和空中救援奠定基础，成为向川西北重灾区运送救援人员和救灾物资的空中交通主要通道。

5月13—15日，绵阳机场集中保障救援部队运送飞行任务。来自全国各地的武警、特警、消防、航空兵等通过军、民航飞机在绵阳机场集结。3天时间，绵阳机场累计保障救灾飞机达到1[illegible]4架次，运送官兵人数达到了9452人，运送救灾物资682.7吨，为向川西北重灾区运送抢险救援人员赢得宝贵时间。仅5月15日，绵阳机场就保障救灾飞行62架次，运送救援官兵[illegible]人次，加上民航正常航班，累计保障飞机起降72架次，创单日飞机保障的最高水平。

5月17日，成都军区抗震救灾联合指挥部、四川省及绵阳市抗震救灾指挥部通知，为提高陆航部队直升机使用效率，更好更快地执行抗震救灾任务，确保飞行安全，外区支援抗震救灾的陆航部队直升机将从邛崃、彭山军用机场部署调整至绵阳机场，执行安县、北川、平武、青川等灾区的救援任务。5月20日，抗震救灾陆航部队41架直升机安全转场至绵阳机场。5月21日起，机场的工作重点转入全力保障陆航部队救援飞行。

在陆航直升机开始执行空投任务的第二天，唐家山堰塞湖出现险情，急需运送大批部队、工程技术人员和重型机械设备进入。5月23日和25日，两架米-26大型运输直升机和某陆航团5架直升机分别调至绵阳机场，执行唐家山堰塞湖应急抢险运输任务，四川省唐家山堰塞湖空中救援指挥部同时进驻绵阳机场。在抢险工作中，绵阳机场累计保障米-26直升机吊装油罐、集装箱和重型机械设备飞行187架次，运送抢险人员400余人，调运油料153吨，调运大型设备55台。绵阳机场大规模地保障直升机飞行任务，在机场通航史上是第一次。

抗震救灾期间，为满足日益增多的人员运输需求，绵阳机场积极协调航空公司采取加班、包机等方式增加航线航班，并得到中国国际航空公司、南方航空公司、山东航空公司的积极响应和大力支持。5月，除正在经营的北京、上海、广州、深圳、长春、昆明航班外，国航将北京—绵阳航班增加至每天2班，南航将广州—绵阳航班增至每天一班。5月22日、23日，山东航空公司开通济南—郑州—绵阳、青岛—济南—绵阳两条航线。东方航空公司、厦门航空公司等也采取加班包机等方式，执飞到绵阳的航线航班。从5月12日至6月30日，绵阳机场累计保障民航正常航班466架次，其中正班380架次、加班56架次、包机30架次，累计运输旅客42102人，运输货物991.6吨。

7月26日，集结绵阳机场的陆航部队全部返回归建。据统计，5月12日至7月26日，绵阳机场累计保障专机和重要飞行32架次，保障直升机专机和重要飞行50架次；保障救援飞行1563架次，其中军航、民航救援飞行176架次，陆航部队直升机飞行1200架次；保障米-26抢险飞行187架次。

第二节　物资保障

一、组织领导

市抗震救灾指挥部成立后，明确市政协牵头负责抗震救灾物资保障、社会捐赠接收分配工作，市政协主席张世虎为牵头负责人，副主席及秘书长为负责人，市政协机关各委室、市委统战部、市目督办、市工商联、市商务局、市经委、市发改委、市物价局、市国资委、市交通局、市建设局、市房管局、市民政局、市财政局、市审计局、市监察局等17个单位为成员单位，分设7个工作组。5月28日后，根据市委指示，工作职能逐步移交市民政局，张世虎仍为总负责人。为搞好工作对接，各县（市、区）政协主动承担、参与本地的救灾物资保障工作。

二、工作制度

按照“统一定点，公开透明，规范有序”的原则，设计印制相关表册，制定捐赠物资接受、分配、发放、采购、管理、监督、审计等17项制度。在绵阳城区设立5个接受捐赠点，开通捐赠热(专) 线电话，在银行开设4个专用账户，广泛接受社会捐赠。对民政、财政、红十字会、救灾办接收的社会捐助实行统一管理，建立台账，协调使用，按需申报，一支笔审批，有效防止多头申报、多头签批的现象。坚持监督、审计与物资保障和捐赠接收同步跟进，实现全程“阳光作业”。在绵阳经开区、高新区永兴镇、樊华大厦、江油市、安县设临时专用仓库，确定专人管理，合理存放。坚持每天公示大宗物资的来源、种类、数量、去向，并不定期举行新闻发布会，通报情况，接受社会监督，严肃纪律，严格监管。

三、应急物资保障

5月12日深夜，张世虎召集商务、民政等部门紧急研究对策，决定采取政府行为，接管绵阳城区各经营企业库存的粮食、食用油、汽油、柴油等大宗必需物品；迅速集中采购食品、饮用水、奶制品等4万多件28车及药具、救灾机具60余车，连夜发往北川、平武、安县等重灾地。组织水、电、气、油等公共服务部门，抢修损毁设施，及时恢复市场供应，稳定人心。

5月12日晚，绵阳城区恢复通信、供水。地震后28小时内，绵阳城区[illegible]%的用户恢复天然气供应。至5月18日，城区各市场、超市、商店、餐饮90%恢复营业。至6月5日，整个绵阳电网供电能力恢复至灾前的80%以上。中石油紧急调拨和增供10万吨成品油，中石化通过流动加油车的方式累计加油80.22吨。商务、粮食、物价、经委等单位在做好捐赠物资接收工作的同时，按需组织力量、采购、调运大批物资。5月18日，市商务局向商务部争取调运生活用品达100个车皮。按日按类编制上报需求计划，及时编制各县（市、区）和市上议定的15个安置点的物资保障计划，按计划分配物资。加强市场监管，实行临时价格干预，维护了经济秩序。

四、外援部队物资保障

5月13日后，大批外援部队赶赴绵阳抗震救灾，市抗震救灾指挥部设外来救援队伍接待组，由市人大常委会主任杨步润负责。绵阳军分区成立军地协调组，派驻市抗震救灾指挥部，吸收二炮、14集团军联络员参加军地协调工作，制作通信联络表和兵力部署图，做到“三个清楚”：清楚人数装备，清楚技术实力，清楚临时驻地，清楚保障需求，清楚困难和问题。绵阳军分区协调市军粮供应站平价向部队供应面粉、大米和食油，供应成品粮油2500余吨，蔬菜130吨，猪肉及肉食制品60余吨。协调电信、移动、联通公司为任务部队提供通信保障。协调市民政局派专人到北川、平武、安县等重灾区为部队官兵解决困难和问题。与物资保障组协调解决部队交通保障、油料运输、物资保障、医疗救护等问题，协调解决工程部队急需的320余台大型平板拖车和8[illegible]余台救灾机械，运输车辆500余台次，解决车辆用油100余吨、药品1000余箱。

五、确保粮食供应

根据灾后紧急情况，努力筹集救灾粮源。5月13日，借支市境内国家储备粮和商品粮2.15万吨用于救灾。鼓励粮食企业恢复生产，灾后第五天，全市大部分粮食企业恢复生产。组织党员突击队千里运粮救灾，行程达56.5万公里，运送粮食3694吨。在北川县桂溪乡、擂鼓镇、香泉乡、陈家坝乡等地组建临时粮油供应站点，并在废墟上修建简易粮仓3处。稳妥有序地保证灾区粮食供应，向唐家山堰塞湖避险群众安置点、灾民临时救助点、救援人员等无偿供应粮食5030吨、食用油435吨。设点储粮，保障灾民越冬。2008年冬，在极重灾区54个乡镇设置储粮点79个、供应网点89个，累计调入粮油3125.85吨。到2008年底，累计向256.897万名救助对象发放救灾成品粮11.82万吨、食用油5079吨。

六、恢复市场供应

震后，市商务局立即启动《生活必需品市场供应突发事件应急预案》，市政府颁发《关于尽快恢复市场供应工作的紧急通知》等5个促进市场供应的指导性文件。市商务局协调调运饮用水、方便食品、紧急救援工具和物资1900多车次，组织空运物资600余架次。在极重灾区设商业网点近1000个，在安置点设立帐篷商店和板房商店250个，在边远山区组织流动售货车近5000车次，在交通中断的地方组织小分队送货销售。在集中安置点，设置餐饮配送中心、洗浴、美容美发等便民服务网点，确保受灾群众生活需要。至2008年年底，市商务局争取救灾保供补助资金2091.5万元。

图2-10-134　2008年5月29日，江油市经济商务局组织汇星超市设立临时流动售货点

第三节 资金保障

一、救灾资金拨付

绵阳市救灾资金拨付按照“调度资金保急需，灾情稳定作分配”的管理原则，根据市抗震救灾指挥部的统一安排，按照省专调资金用途，严格审批程序，简化工作手续。应急救灾期间，共安排抗震救灾应急资金56.76亿元，其中上级财政下达56.18亿元，市级财政应急安排0.58亿元，主要用于基础设施应急抢险、灾区人员转移安置及伤员救治、中小学校舍加固及设备购置等应急保障。

1. 基础设施抢险资金6.72亿元，主要用于大中小型病险水库、堤防防洪工程抢险和排危加固，公路桥梁等基础设施应急抢修，堰塞湖抢险和排危加固，应急供水供电设施建设等。

2. 兑付给个人的救济补助33.48亿元，主要用于地震死亡人员家属抚慰金和灾区困难群众补助等。

3. 其他救灾资金15.98亿元，主要用于综合救灾财力补助，校舍加固和设备重置，地震灾毁耕地复垦，公共卫生及伤员救治等。

4. 市本级财政安排救灾应急专项资金0.58亿元，主要用于医疗卫生、防疫、基础设施抢修等。

二、救灾资金监管

5月14日，市纪委、市监察局紧急转发省纪委、省监察厅《关于严肃纪律加强对抗震救灾资金物资监督检查的紧急通知》，要求各县（市、区）和市级各部门加强对抗震救灾资金物资监督检查。5月22日，市纪委、市监察局会同民政局、财政局、审计局，联合下发《关于加强对抗震救灾资金物资监管的通知》，成立抗震救灾款物监督检查领导小组，抽调人员组成监督检查组，负责抗震救灾专项资金、捐款捐物及款物发放使用的监督检查工作，明确督促检查的四项重点任务：一是规范抗震救灾款物接收；二是规范对抗震救灾款物的审批和拨付使用；三是搞好抗震救灾款物收支情况的公开公示；四是查处违法违纪案件。为保障捐款资金的安全，市纪委、市监察局以抗震救灾指挥部名义发布公告，对捐款账号和捐款地点进行规范，派出2组共8人对捐款资金进行24小时监管。

6月4日，市财政局紧急下发《关于管好用好抗震救灾财政资金的紧急通知》，要求各级财政开通救灾应急“绿色通道”，严格管理使用抗震救灾资金，提高资金使用效率和效益。针对救灾初期救灾资金管理使用存在的一些问题，市政府下发《关于切实加强抗震救灾资金管理使用的紧急通知》，强调不得随意改变救灾资金用途，不得擅自改变各项救灾政策，不得虚报库款结余、挤占二级资金调度专款，不得转移库款、影响救灾资金支出。

6月16日，市财政局紧急下发《关于调整2008年财政监督检查工作计划的通知》，要求集中力量组织开展对抗震救灾资金管理使用情况的监督检查，从严查处违法违规违纪行为，确保救灾资金按照法规和政策规定用于灾区和受灾群众。市财政局抽调人员组成抗震救灾资金检查小组，对地震灾害临时生活补助金、遇难人员家属抚慰金和灾后农房重建补助等资金进行监督检查，督促各地及时按规定将以上三项资金发放到位。

6月26日，市纪委、市监察局印发《关于严格抗震救灾和灾后恢复重建款物管理使用的若干规定》，对抗震救灾和灾后恢复重建款物管理使用作出规定。7月1日，市纪委、市监察局、市财政局、市民政局、市审计局联合下发《绵阳市关于加强抗震救灾款物审计监管意见》，对抗震救灾款物收发使用原则、监管目标、监管要求和监管措施进行明确。7月23日，市财政局印发《绵阳市抗震资金监督管理办法》，对抗震救灾资金监督依据、范围，抗震救灾资金的申报、审批、发放、使用管理、信息公开、监督检查和责任追究等作出详细规定。

6月至9月，市财政局组成调查小组，对涉及全市21件救灾资金管理使用举报案件逐一进行调查、取证和核实，查实并处理举报案件5件，分别作出加快资金发放进度、督促补发和收回已发救灾资金等处置。对其余16件举报案件，经查实属举报人对政策理解有误，给予政策解释和说明。全市纪检监察机关对贪污、截留、挤占、私分、挪用、骗取抗震救灾资金物资的违纪违法行为，坚持快查、严办、重处，2008年度共立案7件，给予党纪处分6人，政纪处分1人，挽回经济损失39.63万元。

第四节　财税政策

一、财政政策

抗震救灾期间，绵阳市重点是贯彻执行财政部、国家发改委、国土资源部等出台的相关政策，主要包括：

1. 2008年7月1日，《财政部关于对汶川地震灾害严重地区减免部分政府性基金的通知》规定：对受灾严重地区内的用电企业、单位和个人，免收三峡工程建设基金、大中型水库移民后期扶持基金；对受灾严重地区内的企业和有关经营者免收属于中央收入的文化事业建设费、国家电影事业发展专项资金、水路客货运输附加费。

2. 2008年7月15日，《财政部　国家发展改革委员会关于对汶川地震受灾严重地区减免部分行政性收费等问题的通知》规定：对受灾严重地区内的有关企业，免收工程定额测定费、建设工程质量监督费、占用农业灌溉水源及设施补偿费、水利建设工程质量监督费、铁路工程质量监督费、矿产资源补偿费、探矿权采矿权使用费、石油（天然气）勘查开采登记费、采矿登记费、矿产资源勘查登记费。将四川、甘肃、陕西省的矿产资源补偿费、探矿权采矿权使用费、矿业权价款收入中央分成部分全额留给地方。

3. 2008年7月16日，《财政部　国土资源部关于地震灾区灾后重建用地免征新增建设用地有偿使用费等事宜的通知》规定：对地震灾害地区为安置受灾居民新建的各类安置住房，需要占用农用地和未利用地的，一律免收新增建设用地土地有偿使用费；需要占用国有土地的，一律免收土地出让收入。地震灾害地区的行政机关、学校等事业单位、各类企业、人民团体、社会团体等单位因地震需要重新建设的，一律免收新增建设用地土地有偿使用费；需要占用国有土地的，一律免收土地出让收入。

4. 2008年8月29日，《住房城乡建设部　财政部　国土资源部关于汶川地震灾区城镇居民住房重建的指导意见》要求要积极组织建设安居房，增加廉租住房建设，优先安排特困户，积极推进居民住房重建。城镇居民住房重建，按照平均每户2.5万元补助地方；受损需要维修加固的城镇住房，适当补助地方，并减免有关行政事业性收费和政府性基金。上级财政累计拨付绵阳市城镇住房加固维修及重建补助资金37.84亿元（上级财政预下达42.93亿元、重建结束进行清算后追减了5.09亿元）。

5.《中央财政地震灾后恢复重建基金地方包干资金使用管理办法》要求加强中央财政地震灾后恢复重建基金管理，明确受灾省责任，发挥受灾省统筹各类重建资金作用，提高资金使用效益。恢复重建基金实行总量包干和分类控制相结合的管理办法，按照公开、透明原则安排使用，加强财政监督，接受监察、审计和社会监督。

6. 2008年6月2日《财政部　城乡建设部关于印发〈地震灾区过渡安置房建设资金管理办法〉的通知》规定地震灾区过渡安置房建设资金主要用于以下四个方面：受灾群众过渡居住的活动板房；配套建筑，包括学校、医疗诊所、便民商店、公共卫生间、集中供水点、垃圾收集站；配套卫生和燃气设施；场地平整及水、电、路、消防等配套基础设施。抗震救灾期间，上级财政实际拨付绵阳市自建过渡安置房资金9.39亿元。

7. 2008年9月3日《财政部关于印发〈汶川地震灾后恢复重建资金（基金）预算管理办法〉的通知》，对汶川地震灾后恢复重建资金的管理使用、账户管理、专款核算等给予明确的规定。

二、税收政策

2008年5月19日，财政部、国家税务总局联合下发《关于认真落实抗震救灾及灾后重建税收政策问题的通知》，对抗震救灾及灾后重建有关企业所得税、个人所得税、房产税、契税、资源税、城镇土地使用税、车船税及进出口税等税种的税收优惠进行详细的解释和说明。

7月30日，财政部、海关总署、国家税务总局联合下发《关于支持汶川地震灾后恢复重建有关税收政策问题的通知》，对受灾严重地区的所有行业（国家限制发展的特定行业除外）实行增值税扩大抵扣范围政策，允许企业新购进机器设备所含的增值税进项税额予以抵扣；对损失严重的企业，免征2008年度企业所得税；对进口税、个人所得税、土地增值税等给予优惠。

（一）国税

绵阳市国税部门执行《关于支持汶川地震灾后恢复重建有关税收政策问题的通知》，主要涉及增值税、企业所得税两项。

增值税。2008年7月1日至12月31日，绵阳市落实增值税转型政策，纳税人累计抵扣固定资产进项税额5284万元。2008年5月12日起，对单位和个体经营者将自产、委托加工或购买的货物通过公益性社会团体、县级以上人民政府及其部门捐赠给受灾地区的，免征增值税，全市国税系统落实该项政策共免征增值税125万元。

企业所得税。5月12日至12月底，全市国税系统落实有关企业所得税政策，减免企业所得税18240万元。对专项用于抗震救灾和灾后恢复重建的新购特种车辆，免征车辆购置税。

（二）地税

绵阳地税局主要是执行国务院、财政部、国家税务总局及省政府、省地税局出台的相关税收政惠政策。为此，市地税局加强政策宣传，重点宣传国家、省出台的各项税收优惠政策，以及这些政策对扶持纳税人恢复正常生产、增强企业发展后劲、推动招商引资和产业转移、促进地方经济社会发展的意义和作用；加强贯彻落实灾后重建税收优惠政策调查研究和信息反馈，及时收集和反映取得的成效和存在的问题；加强监督检查，确保执行税收优惠政策不走样。

为帮助受灾纳税人掌握相关税收优惠政策，支持其生产自救、灾后重建，并方便社会各界和广大纳税人监督地税机关执行，市地税局将企业所得税、个人所得税、房产税、契税、资源税、城镇土地使用税、车船税等7个税种 以及现行税收法律、法规中适用于抗震救灾及灾后重建的其他税收政策等，编印成宣传资料4万份，分送绵阳城区各地税局和北川县地税局。5月29日开始，连续6天在《绵阳日报》《绵阳晚报》刊登《四川省绵阳市地方税务局关于抗震救灾及灾后重建税收优惠政策的公告》和《四川省绵阳市地方税务局关于遭受地震灾害地区延期申报纳税等事宜的公告》，并同步在绵阳电视台、绵阳广播电台播放。10月17日至11月4日，市地税局又通过《绵阳日报》《绵阳晚报》和绵阳市政务网，开辟灾后重建地方税收优惠政策宣传专栏，集中开展为期17天的灾后重建地方税收优惠政策宣传。

为帮助纳税人用好用足税收优惠政策，尽快恢复生产经营，重灾区地税机关在临时办税服务点设立咨询服务台等，接受纳税人咨询和辅导。市地税局领导还带领相关人员先后到长虹、九洲等重点企业，实地调查了解地震及次生灾害对企业造成的影响以及存在的问题和困难，对灾后重建适用税收优惠政策进行辅导。

从2008年5月至灾后重建结束，全市地税系统共为555户次纳税人办理缓纳税款5.18亿元；执行抗震救灾及灾后重建税收优惠政策，减免地方各税12.687亿元。其中：从2008年5—12月，全市地税系统共为213户次纳税人办理缓纳税款1.4亿元；为纳税人新办和补办税务登记证10057户，免收税务登记证工本费20万元；执行抗震救灾及灾后重建税收优惠政策，减免地方各税3.54亿元。为纳税人新办和补办税务登记证23057户，免收税务登记证工本费46.12万元。

第五节　金融保险

一、特殊金融政策

（一）市委、市政府出台的政策措施

鼓励金融机构参与支持农房重建。鼓励、支持全市在县以下未设立金融网点的各金融机构为乡镇建设廉租房、安居房、经济适用房和中小户型普通商品房提供贷款服务；支持为有条件的农户在城镇购买商品房提供贷款服务；农村信用社、农业银行、邮政储蓄银行等金融机构要集中资金、集中力量支持受灾群众建设永久性住房。

多渠道扩大金融机构资金来源。市、县有关部门和各金融机构要共同努力，挖潜扩能，多渠道筹集资金，千方百计保证贷款需要。支持在绵各金融机构积极吸收存款，加大系统内资金调剂。市

人行加大支农再贷款支持力度，积极帮助农村信用社央行票据兑付，努力满足农村信用社等金融机构对农房重建贷款的资金要求。

发挥农房重建贷款担保基金的作用。各县（市、区）要尽快建立、完善和充实农房重建信贷担保基金。各金融机构要认真履行协议，切实按照1：10的比例放大农房重建贷款规模。各县（市、区）要制定实施细则和具体操作办法，增强风险自控能力。

提高农房重建贷款发放效率。市、县有关部门要加快新建、在建和已有农房房产权证（或证明）和林权证（或证明）办理速度，为农户申请农房重建贷款提供合法有效的贷款抵押或质押凭证。贷款实行申报材料目录制度，由贷款农户按照贷款申报材料目录一次备齐材料、一次递交，涉农金融机构一次性收齐所需材料后从简审核、从快办理。

优化农村信用环境。加快建立和完善农村信用体系，依法规范农村信用环境。大力开展信用镇、信用村、信用户评选活动，营造健康规范、诚实守信的农村金融环境。引导农户自力更生、多渠道筹集建房资金，避免对金融机构的过于依赖。银监部门和乡镇政府加大贷款风险监管力度，确保农房重建贷款安全。

支持农村永久性住房建设贷款。农房贷款担保基金的担保责任金额，不超过担保基金银行存款余额的10倍；担保机构的担保费（或工作经费）由县市区政府安排解决，担保机构不得向贷款农户收取任何费用。贷款期限原则上在3年之内，最长不超过5年，借款人提出展期且担保机构同意继续担保的，经办金融机构可按规定展期一次，展期期限不得超过原贷款期限的一半。农房贷款的利率按中国人民银行公布的同档次贷款利率确定，不得向上浮动。贷款金额由经办金融机构根据贷款人的偿还能力确定，一般超过3万元，最多不超过5万元，还款方式和付息方式由借贷双方商定。

创新信贷品种，支持农房重建。对有贷款偿还能力、信用较好的农户，要针对农户建房资金需求，按照金融机构农贷或个贷管理办法及时发放农户建房贷款；对贷款偿还能力相对较弱、家庭经济困难的农户自建永久性住房，按照绵阳市政府下发的《绵阳市农村永久性住房建设贷款担保基金管理暂行办法》精神，在县（市、区）农村永久性住房建设担保贷款领导小组的领导下，完善农房重建担保贷款的对象、条件、程序及风险损失代偿要求，会同担保机构及时发放农户建房担保贷款，并积极争取地方政府或对口援建单位对家庭经济困难的农户提供农房贷款贴息；金融机构在风险可控的情况下，合理配置农贷服务网点、合理确定基层营业网点的信贷权限，整合贷款审批流程，开辟农贷服务绿色通道，加快符合条件的农房重建贷款办理进程。对农村信用社等金融机构资金不足时，人民银行要积极给予再贷款、再贴现支持。

（二）中国人民银行绵阳市分行

地震灾害发生后，绵阳市中心支行持续收集、汇总全市金融系统灾害损失情况，收集、汇总全市金融系统灾后重建项目等资料，编制《绵阳市金融网点布局和灾后重建规划》。11月18日，人行绵阳市中心支行出台《关于绵阳市灾后重建信贷指导意见》，指导金融机构做好金融网点重建

2008年5月至6月，组织金融机构对因灾信贷资产损失开展核查，初步调查统计整理上报基本符合条件的核呆贷款约15亿元。代市委、市政府起草《关于金融支持绵阳灾后重建的请示》，从货币政策、信贷政策、金融监管政策、保险证券政策、财税土地政策、对口支援政策等六个方面争取支持，促成总行出台一行三会关于金融支持灾后重建的意见。

2008年6月至8月，对全市820户受灾农户开展农房重建及资金需求抽样调查，并指导辖内涉农金融机构深入基层开展农房重建调查。参与研究制定《绵阳市农村永久性住房建设贷款担保基金管理暂行办法》，8月15日，绵阳市政府发文执行。8月20日，组织召开辖内银行业金融机构灾后城镇住房重建工作会议。9月3日，出台《关于做好支持地震灾后农村永久性住房建设工作的信贷指导意见》。11月14日，组织召开农房重建协调会。积极推动市政府成立农房重建贷款风险控制工作协调小组，配合市政府召开农房重建贷款风险控制会，落实市政府与各县（市、区）签订农房贷款风险控制责任书。

二、保险理赔

截至2008年7月20日，绵阳保险业接到报案6.5万余件，报损7.57亿元，查实5.34万件，支付赔款9968万元，赔付率达到100%。其中最大三笔赔付是：长虹PDP项目赔付3000多万元；平安产险对武引二期工程灾害损失预付赔款1000万元；人保财险赔付四川大禹野生食品有限公司死亡7000头能繁母猪一案，现场赔款692.5万元。

当余震威胁有所缓解时，绵阳市又发生“9·24”洪涝泥石流灾害。全市保险业共处理赔案66件，赔付3291万元。

（一）中国人财绵阳市分公司

地震后，报案数量巨大，情况复杂，处理难度大，涉及社会稳定，理赔工作面临巨大压力。公司根据灾害特点，明确地震理赔工作的方向。指导思想上，坚持“重合同、守信用”，对条款清楚、属于保险责任的，应赔尽赔；对条款模糊的，作有利于被保险人的处理。工作方法上，优先处理人身伤亡和涉农案件，特事特办，简化流程，主动服务、快速理赔。把工作重点放在涉及面广、社会影响大、关注度高的涉农案件上。

为尽快将赔款送到客户手中，公司认真分析承保的所有业务的保险责任，按公司分险种下发承担责任的明细清单。特别是学生平安险业务，清理各学校承保人数，指导基层公司按照“特事特办，先人后财产、优先救助生命”的原则，有重点地开展查勘、定损工作。公司服务热线24小时不断，理赔人员24小时待命。公司在城区及各支公司增设13个服务点，受理各类报案案件。汶川地震灾害，公司受理涉及地震责任案件84561件，支付地震赔款7952万元，其中学生险理赔金额555万元，理赔人数9514人。

2008年6月3日，中国人保公司在江油市彰明镇养殖场召开“5·12”地震能繁母猪保险赔款兑现会，人保财险副总裁刘政焕将692.5万元保险赔款交给大禹公司总经理张鑫燚，标志着中国保险业赔出自国家建立能繁母猪保险制度以来最大一笔保险赔款。

（二）中国人寿绵阳市分公司

根据总公司《“5·12”地震特殊时期保单服务规则》《中国人寿“5·12”地震理赔服务方案》《中国人寿“5·12”地震理赔资金管理办法》等政策规章，绵阳市分公司成立灾后理赔组织机构，切实履行保险责任，启动快速理赔机制，确保灾区保险赔付顺利进行。绵阳公司设立灾后理赔服务咨询（点）站98个，上级公司先后两次派出80人次援助绵阳片区灾后理赔工作。5月15日，绵阳公司派人前往游仙区魏城镇，为在地震中罹难的学生送出震后第一笔赔款。

中国人寿承诺，公司所有寿险产品均承担由于地震原因造成的保险责任，本次地震灾害事故中死亡的未成年人，公司给付保险金时，不受5万元限额的限制。5月31日，绵阳分公司总经理朱丽蓉、副总经理李泽志率客户服务中心人员，在游仙区魏城镇，向因地震致死的学生陈某的家长送去12.82万元保险金。这是地震灾害发生后，中国人寿绵阳市分公司兑现的首例未成年人保险金额突破5万元限额的承诺。

6月中旬和7月初，公司理赔人员绕道从绵阳到平武、茂县、松潘，历经千辛万苦，终于将200多万元的保险金及时送到北川县小坝乡、坝底乡客户手中。

截至2009年5月31日，绵阳分公司共计给付保险理赔案件4047件，理赔金额5043.22万元。其中：北川县理赔2839件，理赔金额3497.97万元；安县理赔128件，理赔金额22.92万元；平武县理赔248件，理赔金额265.26万元；江油市理赔232件，理赔金额291.57万元。

附1：

唐山义士：灾区人民的恩人

鲁　稚

2008年5月12日下午，河北省唐山市玉田县东八里铺村，刚在中央电视台《新闻会客厅》做完节目回家的宋志永，打开电视，一眼就看到了汶川大地震的消息。他从沙发上跳了起来，凭着一个唐山人对地震的理解，他立刻感觉到了事情的严重性。来不及考虑，也来不及和妻子商量，匆匆把儿子托付给自己的大姐，他就出门了。

他必须在第一时间，赶赴灾区！作为一个亲身经历过大地震的人，他知道时间的重要性。为了尽快到达灾区，他选择了最快的交通方式，买不到飞机票，就一路辗转乘火车、出租车，一边马不停蹄地赶路，一边联系他的弟兄们，以及一些志愿者、爱心人士，让他们先在家捐款捐物，随后出发……

面对惨烈的汶川大地震，宋志永只感到："必须去做！没法不去做！"

5月14日早晨5点多，宋志永率先到达了绵阳。绵绵细雨淋湿了他的衣服，让他感到了阵阵寒意，他抱着肩膀去寻找出租车，但司机告诉他前面路已不通。他又找到了一辆摩托车，担心车主害怕发生危险，不愿送他。宋志永急得直搓手说："兄弟，我是从唐山赶来救灾的，眼下咱们这里正缺人手，你就拉我去吧！"车主被感动了，说："好兄弟，上车！"就这样，他们冒着山坡上不断滚落的飞石，一口气赶到了北川。

到达北川，是清晨7点，前方路还没通，听说北川的情况也很严重，宋志永便跟随着部队的战士，攀着已经面目全非的山梁，艰难地走进了北川。

眼前的一切，让他惊呆了。县城已找不到一幢直立的楼房，路边摆满了遇难者的遗体，四处不时传来呼叫声和痛哭声。泪水不由自主地夺眶而出。此时他已顾不上危险，看见三个战士向一幢倒塌的楼房冲去，他也紧随其后，跳窗而入。里面一个五十多岁的大娘被压在墙下，他和战士们一起掀开砖石，将老人从墙下救出。因为没有担架，他们找了一个门板，将老人放在门板上向城外走去。一个、两个、三个……转眼间，他和三个战士从倾倒的楼房中救出8个人。

汗水湿透了他的全身，他丝毫没有理会，可是口干舌燥却难以忍受，看看日影已经中午了，可他连早饭还没吃，实在渴得受不了，就向身边的战士要了半瓶矿泉水。

一直坚持到傍晚，战士们开饭了，他因为没有队伍也领不到方便面，只好又一次硬着头皮向一位军官要了一碗方便面。

夜深了，他拖着疲惫的身子找了块大石头躺下，没有枕头，从废墟里拿起一块砖头枕上。头上白天被水泥楼板撞破的地方也钻心地疼起来，但想起下午救出的几个孩子，他的心里涌起了丝丝暖意。

不知什么时候，宋志永从梦中惊醒，看了看手机，才三点多。可刺骨的潮湿加上身上的汗水，冷得他打起颤来。不远处有人生起了火，他赶紧凑过去烤火。

天终于亮了，他活动活动身体，又奔向了救援现场。这次他救援的位置在北川中学。听说里面埋了六百多学生，光听这个数字 就叫人打冷战。一具具遗体从废墟中挖出来，周围是一片家长的哭喊，他的意志几乎要崩溃，心里想的就是要救人。

5月15日上午，他的12位乡亲以及一路上加入他们队伍的志愿者也赶到了。来不及和大家多说上一句话，现场救援就开始了。一个个美丽的生命在他们的努力下重见太阳；一个个逝去的灵魂，他们为之保全遗体。在坚持了96个小时之后，宋志永小分队从废墟中挽救了25条生命，挖出近百具遇难者遗体。

在那短短的几天里，作为志愿者，他们的心灵时刻被触动着，又一次从骨子里明白了生命的可贵，也对人生的价值有了新的认识和理解。

唐山志愿者用他们的双手，用他们的心，给予了四川人民无私的救援

5月18日，宋志永小分队被派到绵阳安县小坝镇，他们是来这里抢险救灾的第一批志愿者。此时小分队的人数从北川救援时的69人，一下缩减到30人。不过，又有几个北京、陕西、重庆等地的志愿者加入了他们的队伍。刚开始，大家还不愿意离开北川，以为到了安县没事做。可是，到了安县，救援的第一天，就让大家颇有感触。24小时之内，他们就引导地方群众一百多人，装卸物资18车。有些队员累得有点虚脱了，靠在墙边喘不过气来，大家就轮流上阵，十几天中，他们搭建了三百多顶帐篷，装卸救灾物资上百吨。

作为一支来自唐山的志愿者队伍，他们不仅肩负着救援的任务，更肩负着与灾区人们心灵沟通的使命。因为有着同样的经历，还因为他们的无私和真诚，灾区人民把他们当成了亲人，当成了依靠，当成了最好的朋友。

精神的力量是巨大的，当宋志永在一间坍塌的办公室里找到一面国旗，将它绑在竹竿上，13个农民兄弟手递手将国旗立在居住点的广场上时，孩子们哭了，老人们哭了，男人女人们都哭了，一种亲人般的力量，一种不可毁灭的希望，一种民族的自豪感，刹那间就温暖了人们的内心。

人是懂得感恩的。32年前，唐山大地震，唐山人民接受了全国人民的援助，现在，唐山的志愿者将感恩之情带到了四川，用他们的双手，用他们的心，给予了四川人民无私的救援。而他们的奉献，也被四川人民深深感激。

5月20日，是宋志永36岁的生日，他已把准备过生日的钱送给了灾区的孩子。但令他没有想到的是，被他救援过的金大娘得知后，一大早就托人从安县县城买来挂面，送给宋志永说：“孩子，

你们北方人过生日吃面条，这面你一定要吃，那样会长寿的，好人就应该长寿。”这一天，他吃上了热腾腾的汤面，还有香喷喷的腊肉，这可是从废墟下挖出来的仅有的美味啊。这母亲般的情意，让他感动得热泪盈眶。

灾区人民对志愿者的深情厚谊，令他终生难忘。5月31日，宋志永参加了四川省《以生命的名誉》抗震特别节目。会后，当地市民围了一百多人给他们敬酒，还有送水果、送鸡蛋、送茶的，他们身上的志愿者马甲都被人们“瓜分”了，签上他们的名字，留作纪念。夜深了，有人提议让宋志永领头唱首歌，当时他嗓子哑了，但强忍着带领大家唱起了国歌。国歌声中，整条街的人都哭了，整条街都响起了“中国加油！四川加油！”的喊声。那一个不眠之夜，用最真诚的友谊和亲情，诠释了我们这个民族生生不息的精神力量。

（摘自《英雄无名》 漓江出版社 2010年4月）

附2：

危难之际他站在唐家山上

贺小晴

堰塞湖在哪里，谁也不知道

那是有关唐家山堰塞湖的第一个消息：5月13日晚8点，从北川水文站逃生出来的员工说，北川通口河已经断流。那时候，全社会都还忙碌在抗震救人的紧急工作，水文工作者都明白，河流一旦断流，那就意味着上游很有可能形成堰塞湖，而堰塞湖一旦溃坝，后果将不堪设想。

历史上不乏这样的惨痛教训：1786年6月1日，四川康定南发生7.5级地震，大渡河断流，淹死者10余万人；1933年8月25日，四川叠溪城发生7.5级大地震，死亡6800余人，叠溪堰塞湖溃坝，2万余人丧命。

也是在5月13日晚，绵阳水文局接到国家水利部通知，通知说，从卫星影像上发现，四川地震灾区产生了很多堰塞湖。

然而，堰塞湖究竟在哪里，谁也不知道。

出发是14日凌晨4点钟，唐训海与省水利厅的专家们一起，去北川，到平武，至安县。任务很明确，找出堰塞湖的具体位置，测出关键数据，收齐资料以制定排险方案。

这期间，水文工作者们通过北川水文部遥测系统观察发现，北川通口河水文站无变化，而正常情况下，通口河的每天平均来水量，至少在600立方米以上。

不难想象，在北川县城上游，有一个巨大堰塞湖，危险日益增大，可是具体位置仍然不知。

这之前，已经派出几拨人前往寻找，却都无功而返。没有路。山体与山体之间，有的地方只有一脚之宽，稍不注意，就将葬身深崖。

这时候，一个声音在绵阳水利工作组的会上响起：我去！

那是唐训海。这个毕业于四川大学的水利高级工程师早就想好了："地震如此惨烈，我去救不了人，我只有用我的专业技术去出力。"

那是5月17日下午1点多，一支由唐训海带队的唐家山堰塞湖查看小组出发。出发前，这支小分队就有了自己的别号：夜探唐家山"敢死队"。

寻找堰塞湖：人与小羊互救

"敢死队"到达北川任家坪后，市抗震救灾指挥部为他们派了9名由队长杨朝晖带队的武警官兵同行。剩下的问题就是缺乏向导。地震之后，道路被毁，从深山逃出来的百姓，对于大山早已心存余悸，没有人敢冒死前往。等在任家坪的帐篷里，唐训海和他的同事们心急如焚。大雨倾盆，帐篷里也下着小雨。没有被褥，带的都是工作用品：卫星电话、测量设备、探路用的手电……他们在帐篷里站着，余震一来，地面水波一般翻滚，帐篷被震得左摇右晃。好不容易，18日凌晨1点，他们终于等到了理想的向导：时任大水村村党支部书记的唐祖华，当时正从大山里逃出来，听说这支水利敢死队要冒死进山，也就心一横，道："行，我豁出去了，给你们带路！"

出发是在凌晨两点。雨停了。他们打着手电前行。松软的山体变得泥泞，踩在脚下，既往下陷又往下滑。地一直在晃。耳朵里塞满了轰隆隆的垮塌声，却看不见哪里在垮，危险藏在哪里。突然的一块大石头，几十吨重，从眼前飞过，吓得人汗毛倒竖。路上，他们遇到了一只小羊，被一条绳索系在一棵树上。小羊惊恐地望着他们，它的四周都是泥石流。唐训海用一把小刀，割断了系羊的绳索，将羊留在身边。经过8个多小时的艰难跋涉，18日上午10点左右，他们到达了距唐家山堰塞湖有1000多米高差的山顶。

站在山顶，堰塞湖终于出现在眼前。可是看得见却摸不着。距离太远，只能看见湖的一角。而唐训海知道，要测出关键的数据，必须再往下走，再靠近。然而，下山更没有路，危险却显而易见。"已经走到这里了，此刻放弃，我们之前的所有努力全白费了。"唐训海要下去的态度很坚决。向导唐祖华见状，一丢袖子道，"好，那我就舍命陪君子！"于是，武警队长杨朝晖和向导唐祖华、水利高级工程师唐训海，相伴再往下行。

下山途中，他们拉着藤、揪着草、攀着树，相互照应。两小时后，他们终于到了一段简易公路上。公路的四周都被山体掩埋，只剩下一截三米见宽的平坝。站在这里，唐家山堰塞湖尽收眼底。放眼望去，天呀！半座山横亘在通口河上。

如此大的堰塞湖，如果溃坝，其灾难可能是1933年叠溪海子溃坝造成灾难的几十倍、几百倍，甚至上千倍，因为下游是130万人的生命。唐训海鼻子一酸，眼泪夺眶而出，他拿出仪器，赶快测量。

刚测量完毕，做好记录，一旁的唐祖华惊叫起来。那只被他们救出的小羊，原来一直静静地待在一旁，这时候却用嘴咬开了唐祖华的鞋带。动物的异常反应引起了大家的警觉，三人手脚并用，拼命地往山上爬，刚爬出一截，余震来了，回头看，那块刚刚驻足的三米见方的简易公路，已经不知去向。

再上唐家山：真感觉举步维艰

唐训海带领的水利"敢死队"把唐家山堰塞湖的水文数据拿回来后，才有了5月20日的第一次直升机单轮独降，探测唐家山。然而随后的几日，连续雨雾，直升机无法降落。而水利专家们认为，唐家山以上的水文情况不清楚，必须立即增加一个"水位站"。

那是5月24日中午，省水利厅的领导明确指示，等不是办法，只有把仪器背上去。

又是唐训海。他说，我去！

那是24日下午5点过，由唐训海带领的队伍再次向唐家山出发。他们一行17人，身背设备、水、食品、帐篷，每人负重超过了30斤。当晚10点，唐训海一行到达大山深处。他们安营扎寨，就地休息。凌晨两点，余震袭来，四周再次山崩地裂。不久，又下起暴雨。再出发时，路已全部消失。山体的坡度大都70度以上。他们身负重荷，走一步，滑一下。走两步，退一米。树没了，只有山体裸露出的拇指大的小树根。那些小树根就是他们的依赖。拽住小树根，手将身体拉上去，往上爬。累，极度的累。偶尔摔倒，趴在地上，实在不想再动。那一刻，唐训海真正体会到了什么叫举步维艰……

25日下午1点，唐训海一行历尽千辛万苦，终于到达了漩坪乡目的地。再乘竹筏，到达水位站位置，马上投入安装卫星遥控设备。18时，由新安装的水位站测出的第一组数据传了回去。那一刻，唐训海躺在地上，内心百感交集，他觉得所有的艰辛都没有白费。那一刻，他说，就连死的心都有了。

火线报汛员：一定要把堰塞湖搞垮

那是5月29日清晨，水利部部长陈雷慎重地对唐训海说："小唐，我们现在请你上堰塞坝进行实地观测，你要迅速拿出科学数据，及时汇报！"

"陈部长，你放心。我叫唐训海，大海我都能教训，堰塞湖不在话下。"这一用玩笑的方式立下的军令状，表现了唐训海气壮山河的气概。

临走，他还留下了另一句玩笑话：我这人其他的本事没有，啥都搞不垮，但唐家山堰塞湖一定把它搞垮。

那天中午，他回到家里。家在七楼。地震之后，妻子袁利霞一直都不敢上楼。那天妻子破例上楼，为唐训海做了一顿丰盛的饭菜。吃的过程，夫妻俩一直无话。事情太重大，怎样的语言，都不合适。

29日16点40分，仅载有唐训海一人的直升机降落在唐家山堰塞湖大坝上。随即，他与另两名先他到达的同事——绵阳水文局北川水文站站长饶西平、受派增援北川的江油水文站测工黄令一起，开始了唐家山堰塞湖"火线报汛"工作。

那是记忆中最为艰难的一段工作。走，不停地走。从坝上下到坝底，再回来，需要30分钟；每天往返7、8次。连绵的阴雨，泥土变成泥浆。脚插下去，再抽出来，每一步都十分艰难。那天他和黄令走在路上，听着震天的水涛声，踩着脚下的泥泞，心里突生感慨：倘若这时候滚下一块大石头，他们会巴不得迎上去。

测量好数据，绘制好图纸，把数据用短消息的方式发给每一位领导和专家，图纸则送给来到唐家山的专家和领导。那是6月5日下午5点，正观测了管涌的唐训海回到坝顶，便接到通知，温家宝总理到了大坝，要特别询问技术上的问题。他迈着艰难的步子见到温总理。温总理听完他的汇报，又沿着观测路径坝上坝下地亲自走一趟，看着温总理艰难地迈步，他的心里再次生出无限感慨：总理都这么大年纪了，还这样不畏艰难，亲临危险，自己的工作再做不好，真是说不过去。

6月6日一早，温总理再次来到大坝，见了他们，撇下其他的同志，快步走上前来，握住唐训海和战友的手说，谢谢你们，你们辛苦了！

6月7日早上7点30分，泄流槽开始进水。他报出数据：流量小，漂浮物多，阻碍大。根据他的报告，指挥部制定出方案：爆破浮物，消解阻力。

6月9日晚上10点，水流量大起来。他告诉坝上的所有人，大家先抓紧休息，明天早上6点，一定会有一场恶战。

10日6点，溃口撕开，瞬间拉大，由5米扩大至200米。坝上的警戒线早已拉好，可他冲进警戒线道："我必须要去，你就是用枪比着我也要去！"测量，分析，发短信。中午11点半，水流量达到最高峰，每秒达6500立方米。一些上游冲下的推土机，在水里水漂一般浮动，一冲就没了。就在这时候，一个令人惊异的场景出现了：一块上千吨大的巨石，从水底冲出，挡住了泄流槽的尾端，水被冲向左岸，不再切割右岸，溃决口不再拉大。

从那一刻起，水流量不再增大。绵阳城乃至四周更远的地区，警报由红色变成橙色再变成黄色，最终解除了警报。

那个下午，一直驻扎在唐家山堰塞湖坝顶的上将葛振峰就要撤离大坝。临走，他将唐训海叫来，把存留的全部食物交给他。那个夜晚，在唐家山堰塞湖坝顶，唐训海和战友们一起，煮了顿热气腾腾的饭菜，那是一大盆土豆丝，一大盆咸鸭蛋，一盆西红柿蛋汤。

没有饭。因为没有米可以煮饭。可是在唐训海的记忆中，那是他有生以来吃过的最香的一顿饭菜。

（摘自《英雄无名》　漓江出版社　2010年4月）

第三篇

医疗防疫

YILIAOFANGYI

汶川特大地震发生后，市委、市政府立即启动应急预案，成立绵阳市抗震救灾指挥部，下设医疗教育组，负责医疗救治工作。因灾情特别严重，5月14日，市委、市政府决定成立绵阳市抗震救灾医疗救治分指挥部，负责伤员救治、重伤员转移及药品、器械的组织、保管、运输和分配等工作。卫生部、解放军总后勤部、四川省卫生厅等先后协调和派出169支医疗防疫队伍，6900多名医疗、防疫专业人员支援绵阳。

绵阳卫生系统在地震中遭受重创，全市3789个医疗卫生机构，3322个受损，人员死亡（失踪）163人，受伤196人，直接经济损失31.2亿元。面对突如其来的特大自然灾害，全市卫生系统立即投入紧急疏散和伤员救治工作。震后5分钟，绵阳城区医院开始收治伤员；震后30分钟，城区各医疗机构病员及家属1万余人全部安全转移；震后40分钟，绵阳市中心医院在帐篷手术室实施第一台手术。市中心医院、市第三人民医院、四〇四医院、市人民医院分别抽调10名医护人员组成医疗救援队，紧急赶往北川县开展医疗救护工作。各县（市、区）卫生单位在广场、空地搭建帐篷医疗点，救治地震伤员。震后30小时内，全市医疗机构在临时搭建的帐篷中施行大小手术6057例。

在卫生部专家的指导下，绵阳城区医院采用集中伤员、集中专家、集中医院的“三集中”医疗救治模式，使伤员得到最专业、最有效的救治。全市累计接诊伤病员42万人次，收治住院伤病员2.3万人次，其中危重伤员2773人，截肢146例，住院伤病员死亡347人，死亡率3.91%。

5月17日至6月3日，在国家和四川省的协调下，绵阳市动用救护车300余辆、专列6列次、专机4架次，成功组织有史以来规模最大、跨度最长、人员最多、涉及省市最广的伤员转运工作，向重庆、西安、昆明、杭州、广州、北京、南宁等地安全转运伤员3381人，占四川省转运伤员总数的38%，使地震伤员得到更好、更有效的救治，同时也极大地缓解了绵阳灾区医疗救援的压力。

地震发生后，医疗救援和卫生防疫同步展开，在援绵军地卫生防疫队伍的大力支持下，绵阳市实现卫生防疫全覆盖，成功实现“大灾之后无大疫”的目标。同时，绵阳市第三人民医院、中科院心理研究所等单位，迅速组织心理危机干预团队，对灾区群众进行心理干预和救助，并招募和培训志愿者，开展心理危机干预培训，持续开展心理援助，为灾区群众战胜灾难、重建家园提供精神支持。

第一章 组织领导

第一节 决策部署与指挥

一、党和国家领导人决策部署与组织指挥

中共中央总书记、国家主席、中央军委主席胡锦涛 2008年5月16日上午乘飞机抵达绵阳后，立即在机场会议室组织召开会议。胡锦涛强调，要认真开展卫生防疫工作，防止灾后疾病流行。10时30分，胡锦涛抵达市抗震救灾急救医疗站涪城分站，看望、慰问在抗震救灾第一线的医务人员。下午，胡锦涛在北川中学的野战医疗所里，叮嘱医护人员照看好在地震中失去母亲的3岁女童罗梦夕。之后，胡锦涛总书记来到市中心医院看望地震伤员，勉励医护人员大力发扬救死扶伤的人道主义精神，尽一切努力救治伤员，为打赢抗震救灾这场硬仗贡献力量。

中共中央政治局常委、全国人大常委会委员长吴邦国 2008年5月23日下午，到平武县平通镇察看灾情。他走到正在清理废墟和卫生防疫的部队官兵、民兵预备役人员和防疫人员中间，对大家说，你们辛苦了，一定要注意安全，保重身体。

中共中央政治局常委、国务院总理、国务院抗震救灾总指挥部总指挥温家宝 2008年5月13日傍晚，赴绵阳城区医疗救治点、脱险群众转移安置点，看望慰问受灾群众和伤员。14日9时23分，温家宝到达北川中学抢救现场后指出，要把抢救人民群众生命作为当前工作的重中之重。温家宝在医疗救助点，认真查看受伤群众伤情，询问医护工作每项细节。

5月22日下午，温家宝在北川察看唐家山堰塞湖后，又驱车重返一周前察看过的北川中学，慰问正在工作的卫生防疫人员，叮嘱大家做好卫生防疫工作。5月23日8时，温家宝到绵阳四〇四医院看望病人，慰问医务工作者。

6月6日9时，温家宝到唐家山堰塞湖绵阳川音疏散群众安置点指导工作。温家宝询问涪城区卫生执法监督所所长刘晓宜：“供应的食品是不是熟食？对加工各环节是不是都进行监督？”当刘晓宜

回答说："供应饮食的加工环节、配送和供应过程都进行监督检查"时，温总理点头表示放心，说："你们辛苦了！"当看到由绵阳市卫生执法监督支队制作的悬挂在餐饮服务点后面的卫生监督宣传标语，温总理读到："这段时间不吃凉拌菜，四季豆要煮熟再吃，发芽土豆不能吃，喝开水不喝生水。"读完后，温总理肯定说："非常好，简单易懂，群众看了这些标语，按照这样做就可以少得病。"

11月16日，温家宝到安县晓坝镇、茶坪乡视察灾区重建和群众过冬，在茶坪乡卫生院详细了解新农合运行情况。

中共中央政治局常委李长春 2008年6月1日16时，与随行的中共中央政治局委员、书记处书记、中宣部部长刘云山到绵阳市第三人民医院，看望正在接受治疗的受伤儿童，慰问医务人员。他到北川县曲山小学学生母婧潇的病床前，弯下身关切地询问她的受伤部位、家里受灾情况。当听到母婧潇说自己被压在废墟下7个小时，一直坚持到被解救出来时，李长春称赞她很勇敢，鼓励她增强信心，好好养伤，争取早日康复，将来更好地建设家乡、报效祖国。

中共中央政治局常委、国务院副总理、国务院抗震救灾总指挥部副总指挥李克强 2008年5月18日，在平武视察抗震救灾医疗救治工作。16时23分，到江油市人民医院慰问，并要求要尽全力做好救治工作，争分夺秒，千方百计抢救重伤员，确保受伤人员得到及时有效的救治。要将防疫工作摆在突出位置，必须全面加强灾区卫生防疫工作，确保大灾之后无大疫，要向灾区增派卫生防疫队伍，覆盖所有受灾县乡村，增强疫情监测，建立每日报告制度，分发指导手册，普及防疫知识，防止出现传染病。

中共中央政治局委员、国务院副总理、国务院抗震救灾总指挥部副总指挥回良玉 2008年5月15日11时50分，到市中心医院视察伤员救治工作，慰问医务人员。回良玉在门诊大楼、外科大楼看望受伤人员，了解医院救治伤员及医疗设备、药品发放等方面的情况。在门诊大楼一楼大厅救治点，回良玉走到正在接受救治的安县秀水灾民蔡传会床前询问她的伤情。随后，又看望慰问在此参加救护的大连医科大学第二附属医院援助人员及青年志愿者。他强调要全面做好医疗救治和卫生防疫工作，做好环境消毒，防止疫病流行。

中共中央政治局委员、中央书记处书记、中央组织部部长李源潮 2008年5月24日，视察江油卫生系统抗震救灾工作。

中央军委委员、国务委员兼国防部部长梁光烈 2008年5月29日，率军委、总部工作组，先后到江油市太平镇、大康镇及平武县平通镇、响岩镇等地，慰问奋战在救灾一线的解放军指战员、民兵预备役人员及广大灾区群众，了解灾区群众安置、部队救灾援建、野战医院及后勤保障等情况。

二、国家部委领导决策部署与组织指挥

（一）部级领导决策部署与组织指挥

卫生部部长陈竺 2008年5月31日上午，与副部长尹力考察安县黄土灾民集中安置点和县中医院医疗救治点，察看和询问安置点的环境卫生、饮食卫生、消毒、杀虫、垃圾处理、厕所建设及无害化处理等各项防疫措施落实情况以及受灾群众的健康状况。陈竺指出：安县的灾后卫生工作，思路清晰，措施具体，特别是把支援安县的防疫大军整合到一起，统一指挥，统一行动，资源共享这种机制值得肯定。他强调，下一步卫生工作要重点抓好七个关键环节。一是受灾群众救助站的各项防疫工作要作为灾后防疫工作的重中之重，加强管理，措施到位；二是抓好饮水卫生，确保受灾群众喝上安全卫生水；三是搞好食品安全卫生，防止食物中毒；四是严格落实消杀措施，防止媒介昆

虫传播疾病；五是做好厕所的规范化建设，加强粪便管理，落实无害化处理措施；六是加强传染病疫情监测与报告；七是认真做好针对重点人群的甲肝、乙脑疫苗群体性接种工作，确保大灾之后无大疫。13时，陈竺抵达北川县擂鼓镇卫生队驻地，看望北川的医务人员和外援卫生队。陈竺指出，要把住重要关口，掌握第一手资料，针对灾民安置点等重要人群和区域，采取重要措施开展防疫工作，要做到防疫工作覆盖所有乡和所有村。他强调，医疗救治已近尾声，但防疫工作要做好长期战斗准备，不能减少防疫力量。随后，陈竺又深入到灾民安置点中的医疗点、防疫小分队、北川县医院、老城区、沈阳军区医院、擂鼓镇中心卫生院临时防保所办公点以及在灾民家中详细了解灾后传染病监测、卫生防病知识宣传、环境（厕所、垃圾堆放场）卫生、消毒、杀虫、灭菌等卫生防疫工作开展情况。

6月20日上午，陈竺冒雨考察京安灾民安置点卫生防病综合示范点建设情况和桑枣镇卫生院灾后重建工作。陈竺指出，目前抗震救灾工作进入关键的灾后重建时期，卫生部门要明确责任，抓紧时间做好各项工作：一是抓紧安排好对口支援工作，要求绵阳市卫生部门在以北方为主、自力更生、自强不息的基础上，主动与受援地区卫生部门联络，协商提出卫生恢复重建工作方案，使责任更加明晰，工作更加有序。并要求对口支援省份尽快按照卫生部和四川省卫生厅提出的方案做好无缝交接，保证灾区卫生防疫工作的正常开展。二是抓紧时间启动伤员的康复工作。要以对伤员高度负责的精神，抓住康复的最佳时期，主动与民政、残联等部门联系，密切配合，做好伤员康复工作。三是要以人为本，积极协调有关部门优先安排医疗卫生系统的恢复重建工作，尽快恢复灾区正常医疗卫生服务秩序。四是全面加强卫生防疫工作。要尽快恢复灾区疾病预防控制和卫生监督机构，并开展相关工作。要广泛动员群众积极参与，深入开展以治理卫生环境和灭鼠、灭蚊蝇为重点的夏季爱国卫生运动，努力确保大灾之后无大疫。

12月27日，陈竺深入绵阳市北川、安县等地，先后到北川县擂鼓镇医疗保健及公共卫生服务中心、安县人民医院重建工地及绵阳市中医院，考察灾后卫生重建工作，看望慰问援建人员，并向大家致以元旦节日问候。当天下午，在绵阳召开的四川卫生系统灾后恢复重建工作汇报会上，陈竺强调，卫生系统灾后重建要提高认识，加强领导，科学规划，统筹兼顾，优先保障公共卫生服务体系的恢复重建，又好又快推进灾后卫生重建；要抓住时机，加强协调，在确保工程质量和施工安全的前提下，加快重建进度；要减少行政审批事项，建立联席制度，以高度的责任感和使命感，尽早完成重点项目的建设，确保城乡卫生体系布局实现跨越式发展；要切实做好集中安置点群众的卫生防疫工作，完善突发公共卫生事件应急处置等预案，强化健康知识宣传，提高自我防病意识和自我保护能力，千方百计确保灾区群众健康过冬。

卫生部党组书记、副部长高强 2008年5月27日上午，对安县受灾严重的秀水镇、桑枣镇等地灾民集中安置点的卫生监督工作进行检查并给予肯定。他询问灾民们的吃穿住等生活安置情况，了解灾区药剂喷洒和消毒等工作及灾区群众饮食、饮水等是否安全卫生等，并对驻扎在那里的四川省卫生执法监督总队和河南、湖北等省市卫生防疫队成员表示慰问。他强调："当前卫生防疫工作责任重大，要扎实开展灾民集中安置点饮用水和供餐卫生监督工作，做好饮用水监测日报工作，为上级指挥部门提供及时、准确的工作信息，要发扬大无畏和吃苦耐劳的精神，积极投入到灾后卫生防疫战役中，为取得抗震救灾最后胜利而努力。"每到一处，他都叮嘱要严抓防疫防病，要严格按程序消毒处理。对灾民集中安置点，要组织专人负责分发药品，定时消毒。

6月21日和7月5日，高强先后两次到江油市考察河南省抗震救灾医疗防疫救援总队对口支援江油工作和卫生灾后重建工作。

卫生部副部长、国家中医药管理局局长王国强 2008年5月19日9时，与卫生部医政司副司长张宗久，应急办副主任梁东明，铁道部劳卫司副司长韩树荣，省卫生厅厅长沈骥一行在绵阳火车站现场指导伤员转运工作。当天，又深入北川县擂鼓镇灾区检查卫生防疫工作，北京市卫生局应急办主任高星一同前往。

5月26日14时30分，王国强到江油市检查指导抗震救灾工作。在江油中坝剧场，王国强向领取中药的灾民询问中药防治的效果，并尝试预防中药。在江油市中医院，他指出，广大医疗卫生人员在汶川特大灾害中，舍生忘死，舍小家顾大家，奋战在救治伤员的第一线，最大限度的挽救伤员的生命。作为中医医院，不仅在地震发生后充分发挥中西医结合救治病员的作用，在灾后防疫工作中也充分发挥中医中药防病的积极作用。同时，看望慰问驻扎在江油市中医院的黑龙江医疗救援小分队，代表卫生部向前来支援的各支医疗和卫生防疫救援队表示慰问。

卫生部副部长陈啸宏 2008年5月14日凌晨，考察绵阳市中心医院。陈啸宏受国务院委托，向伤员和医务人员转达亲切慰问，希望伤员早日康复，并希望奋斗在救灾第一线的医务人员保重身体。陈啸宏说，这次汶川特大地震是天灾，善后救援事宜牵动全国人民的心，同时也是政府工作的重点和焦点。作为医务人员应该努力工作，以强烈的社会责任心将二次伤亡以及因伤致残减少到最低，同时还要得到广大伤病员及家属的充分理解，在艰苦的环境中积极配合救援工作的开展。在内科区，陈啸宏撩开1顶帐篷，叮嘱伤员和家属天气转凉要注意保暖，他说："目前大家只能挤在帐篷里，委屈你们了。全国人民都很牵挂你们的安危，希望你们能好好养伤，早日康复！"

6月8日，陈啸宏到绵阳检查唐家山堰塞湖溃坝疏散群众安置点卫生工作，看望慰问安置点群众及卫生防疫医疗人员。陈啸宏深入涪城区龙门镇小桥村安置点、川音绵阳艺术学院安置点和游仙区高龄老人安置点、东风绝缘材料厂安置点等地，亲切看望慰问疏散群众和卫生医疗防疫人员，祝他们端午节快乐；详细察看和询问群众疏散安置点的环境卫生、卫生防疫及医疗保障等方面工作。15时，在绵阳市委宣传部会议室，主持召开绵阳市抗震救灾医疗卫生防疫工作专题会议，研究绵阳市医疗防疫工作。绵阳市委常委、市政府副市长、市医疗救治分指挥部指挥长蔡振红，市卫生局局长、市医疗救治分指挥部副指挥长雷百灵做工作汇报。陈啸宏充分肯定绵阳市委、市政府在医疗救治和卫生防疫工作中的坚强领导，在贯彻117号文件要求的属地化管理中，创造的一套行之有效的运行机制。他强调当前唐家山堰塞湖溃坝疏散群众安置点卫生防疫、医疗保障等工作要作为工作的重中之重，加强属地管理，落实措施，整合资源；抓好医疗保障工作，确保疏散安置点的群众有病能得到及时治疗；严格落实消杀措施，防止媒介昆虫传播疾病，确保大灾之后无大疫；靠前指挥，统一指挥，把治疗伤员放在第一位。

卫生部副部长刘谦 2008年5月24日上午，到绵阳市检查卫生防疫工作。

6月2日10时，刘谦和卫生部疾病预防控制局局长肖东楼等一行到江油市考察灾后卫生防病和计划免疫工作。国家疾病预防控制中心卫生防疫队队长韩孟杰、福建省卫生防疫队队长王灵岚等陪同。刘谦一行先后考察人民西路灾民安置点，中国疾控中心福建援助防疫队的工作和居住地，市疾病控制中心美沙酮药物替代门诊，了解疾控中心的受灾情况，听取江油市灾后卫生防疫和计划免疫开展情况。同时，对各援助卫生防疫队的领导和全体同志表示慰问。下午，先后到绵阳九洲体育馆灾民安置点、南山群众疏散安置点视察群众安置点医疗救治和卫生防疫工作。他嘱咐防疫人员要继续做好消毒杀虫、疾病监测，确保大灾之后无大疫。6月14日，刘谦到江油市检查防疫消毒情况。

中国红十字会党组书记、常务副会长江亦曼 2008年5月21日，到安县西苑中学、桑枣救助站、永安向阳村看望慰问受灾群众和红十字医院的广大医务工作者。

（二）司局级领导决策部署与组织指挥

铁道部劳卫司副司长韩树荣 2008年5月20日11时20分，在绵阳火车客站会议室召开关于转运伤员专题会议。铁道部、北京急救中心、省卫生厅、绵阳市人民政府、成都铁路局、西安铁路局、绵阳市公安局、绵阳市卫生局等部门和单位的有关领导20余人参加会议。

卫生部疾控局副局长郝阳 2008年5月24日13时，受卫生部党组书记、副部长高强的委托，到江油市调研灾后卫生防病工作。郝阳向中国疾病预防控制中心、广东省疾病预防控制中心、福建省疾病预防控制中心的抗震救灾防病队和当地疾病预防控制中心领导表示慰问，并了解灾后现场防疫工作进展，深入灾民医疗点、武都镇防保所、武都镇公坪村察看卫生防疫工作现状。他希望大家要保证安全，做好工作，为确保大灾之后无大疫做出自己的贡献。25日，郝阳视察安县灾后医疗救治和卫生防疫工作情况。

国家中医药管理局副局长房书亭 2008年5月27日下午，到江油市中医院看望慰问医务人员，考察医院地震受损情况。房书亭对中医院的职工在大灾难面前，一心想着病员，积极救治伤员，开展防病防疫，为人民群众的身体健康做出的贡献表示感谢！对医务人员超负荷工作勤劳动表示慰问。他鼓励大家，要有信心战胜灾难，战胜困难，国家中医药管理局一定会对灾区中医院的重建加大支持力度，相信会在不久的将来重建一个功能和规模更加科学合理的江油市中医院。

国家疾病预防控制中心主任王宇 2008年5月29日，到绵阳检查卫生防疫工作。

中科院院士赵铠、卫生部疾控局免疫规划处处长崔刚 2008年6月2日，到安县督导群体性预防接种工作。

国家中医药管理局副局长李大宁 2008年6月6日，到北川、安县和绵阳市中医院设立在九洲体育馆灾民临时安置点的医疗救护站了解情况，慰问医务人员。同时看望在北川、安县、绵阳城区工作的云南省中医院、上海中医药大学附属医院、海军总医院医疗队的队员。在了解中医医疗机构开展医疗救治情况后，他强调，中医医疗机构要进一步突出和发挥好中医药在预防和治疗疾病方面的特色和优势。他表示，目前受灾地区中医医疗机构设施、设备损坏严重，医疗救治工作难以正常开展，重建任务十分紧迫，一定要做好重建规划，国家中医药管理局和全国中医药系统全力支持灾区医院的重建。

卫生部卫生监督局副局长王雪凝 2008年6月6日，到安县花荄供水点、桑枣和黄土安置点检查生活饮用水和食品卫生安全。

卫生部医政司副司长张宗久 2008年6月10日，到北川县擂鼓镇受灾安置点检查、指导工作。

卫生部规划与财务司司长赵自林 2008年6月11日，与副司长刘殿奎及卫生部专家一行，到江油市人民医院、中医院、疾控中心、太平镇社区卫生服务中心查看受灾情况，指导灾后重建工作。

国家疾病预防控制中心党委书记沈洁 2008年6月11日，深入江油市疾病预防控制中心、青莲镇桃花山泄洪区群众安置点，实地查看地震灾害损失情况，了解安置点群众生活环境卫生、饮用水卫生、消杀灭等情况以及灾后卫生防病工作的开展情况。代表国家疾病预防控制中心感谢全体队员在灾区环境恶劣、困难重重的情况下，为江油市抗震救灾卫生防病工作所做出的努力。希望通过大家的辛勤努力，实现大灾之后无大疫的目标。

全国爱卫办副主任、国家疾控局副局长白呼群 2008年6月14日，对江油地震灾后爱国卫生开展情况进行督查。白呼群一行，先后实地查看太白广场和太白西路灾民临时安置点，对安置点的环境卫生、厕所管理、垃圾处理、健康教育、消杀灭等情况进行详细的查看、询问，对江油灾民点的各项管理表示肯定。

中国疾控中心流行病学首席专家、世界卫生组织传染病监测应急反应咨询委员会委员、中国疾控中心博士生导师曾光 2008年6月16日下午，与市卫生局局长、医疗救治分指挥部副指挥长雷百灵共同研讨防疫形势。17日15时，曾光及卫生部疾控局疾病免疫规划处副处长杨峰，到江油市检查指导灾后卫生防病和预防接种工作。18日，曾光在全市灾后卫生防疫工作会上为与会人员作灾后卫生防疫报告。

卫生部应急办主任陈贤义 2008年6月17日，到安县卫生局、县疾病预防控制中心、京安小区等安置点查看地震灾情，看望慰问奋战在抗震救灾一线的医疗卫生工作者和外援专家，检查指导灾后卫生防疫工作。

卫生部妇幼保健与社区卫生司副司长秦耕 2008年6月20日，到江油市妇幼保健院、中坝镇卫生院和太平镇卫生院看望慰问医务人员，考察地震灾害损失情况，指导灾后妇幼保健和社区卫生工作。当时帐篷里的温度高达40摄氏度，所有医务人员的脸上都是汗水，秦耕说："这样的条件，你们妇幼保健院的职工仍然坚持工作，还开展了剖腹产、阑尾炎等手术，非常不容易！"关于下一步工作，秦耕强调：一是做好过渡阶段的妇幼保健和社区卫生服务，早日搭建好活动板房，尽快恢复正常工作秩序；二是做好重建的选址、规划和设计，重建方案要科学合理布局，注重妇幼保健和社区卫生服务特色，着眼长远，适当超前，要纳入全市的统一规划重建工作中，要积极主动与对口支援单位衔接，争取更多支持。

卫生部妇幼保健与社区卫生司司长杨青 2008年7月1日，与卫生部妇社司社区卫生处处长王斌到北川县擂鼓镇看望、慰问北川县卫生系统干部职工，听取北川县卫生局抗震救灾工作的汇报，对北川县妇幼保健院幸存职工的坚定自若、勇往直前的精神表示赞扬。杨青代表卫生部为北川县妇幼保健院送去价值10万元的办公用品和医疗设备。在视察市妇幼保健院时指出：要尽快为北川培养妇幼保健人员，帮助北川恢复妇幼卫生网站建设。

卫生部卫生监督局副局长苏志 2008年7月2—3日，先后到安县、平武县检查督导卫生监督工作，并到平武县受灾最严重的南坝镇进行实地查看，针对检查中发现的问题，向当地卫生行政部门提出改进意见和建议。

卫生部规划财务司副巡视员刘殿奎 2008年7月26日，带领国务院调研组，到江油市青莲镇裕光村调研灾后农房重建，鸿飞公司城南自来水厂供水设施恢复情况，诗仙路西段南、北片区受灾群众安置点生活安置、卫生防疫、基础设施和社会治安，武都镇敬老院五保老人安置，江油一中学生复课，市人民医院卫生防疫、医疗卫生服务等情况。9月23日，刘殿奎和省传染病防控评估组副巡视员郭秀卿一行到北川县督查医疗秩序和卫生防疫恢复情况。

三、省、厅领导决策部署与组织指挥

（一）四川省、厅级领导决策部署与组织指挥

四川省委书记、省人大常委会主任、省抗震救灾指挥部指挥长刘奇葆 2008年5月22日14时50分，到永安路收费站检查绵阳市卫生防疫工作。得知在永安路、安北路已设立多个防疫点时，刘奇葆说："大家辛苦了，大家一定要严防死守，扎实做好卫生防疫工作，尽快充实专业防疫力量，强化灾区防疫，加强疫情监测，确保大灾之后无大疫，坚决打赢抗震救灾这场硬仗。"

四川省委副书记、省长、省抗震救灾指挥部副指挥长蒋巨峰 2008年5月21日，在安县考察卫生防疫工作。

四川省委常委、省总工会主席李登菊 2008年5月23日，先后到安县黄土镇、永安镇灾民临时安置点、安昌第二自来水厂实地查看卫生防疫工作。

7月18日，李登菊和卫生部疾控局副局长白呼群、四川省副省长陈文华、省卫生厅厅长沈骥率领参加全省抗震救灾医疗卫生工作暨先进表彰会的120余名与会人员深入京安小区指导灾民集中安置点卫生防病工作。

四川省副省长张作哈 2008年5月12日晚，连夜到绵指挥抗震救灾。13日，张作哈赶赴北川参与抗震救灾，指挥协调有关部门、部队全力进行救援，组织加紧运送药品、帐篷、担架、电筒、食品等必备物资。

四川省卫生厅厅长沈骥 2008年5月13日16时，从德阳绵竹赶往绵阳九洲体育馆地震灾民安置点看望灾民，慰问江苏省医疗救援队。20时30分，随同卫生部副部长陈啸宏前往市中心医院看望伤病员，慰问医务人员。组织指挥省卫生厅，调集各市（州）医护人员组成10个医疗队，并组织大量药品和物资支援绵阳市。同时，协调海军总医院、江苏省专家支援绵阳市。

6月12日上午，沈骥到绵阳与市抗震救灾医疗救治分指挥部指挥长蔡振红、副指挥长雷百[illegible]、山东省卫生厅领导共同商讨卫生防疫队伍调动，如何加强北川卫生工作，做好后勤、人员、设备保障以及山东省对口支援北川灾后重建工作。

7月10日，沈骥前往北川、安县考察县医院，看望山东、辽宁医疗防疫队，并提出五点要求：一是要尽最大努力为辽宁援安专家提供板房住宿；二是尽快落实乡镇协助执法办证工作；三是为辽宁卫生监督工作人员办理执法监督证；四是开展卫生防病示范点建设，点面结合，全面实施；五是7月底、9月底、12月底三个工作阶段按卫生部要求实施。11日，到平武县检查指导抗震救灾医疗卫生工作。17—18日，现场考察安县京安小区医疗卫生防疫工作。

8月25日，沈骥一行到安县调研地震灾区医疗卫生服务秩序恢复情况，慰问辽宁省医疗卫生支援队，提出加大医疗卫生保障力度等要求。26日，沈骥到北川县擂鼓镇，检查了解医疗卫生秩序恢复情况，慰问山东省医疗卫生支援队，并与县卫生局和县级医疗卫生机构负责人座谈，讨论研究医疗卫生秩序恢复中的问题及其解决措施。

9月15日，沈骥到北川县临时医疗保健中心和公共卫生服务中心，看望慰问坚守在工作岗位的山东省卫生厅援川人员和北川县医务工作者。

四川省卫生厅副厅长王正荣 2008年5月12日23时50分，率省卫生厅应急办、医政处负责人和省人民医院、川大华西医院、省肿瘤医院、成都市363医院、成都现代医院等单位，共2[illegible]辆救护车、60余名医务人员组成省医疗应急救援队伍，经安县到达北川中学。13日1时，安排随行的省人民医院、华西医院专家在安县西苑中学建立临时医疗救治站，主要收治、转运北川县伤员。随即王正荣返回北川中学现场指挥伤员救治到14日凌晨。

从2008年5月12日至9月23日，先后有省卫生执法监督总队副总队长张平西、省中医管理局局长杨殿兴，省卫生厅副厅长赵晓光，省卫生厅副巡视员赵丽惠，省纪委、监察厅派驻省卫生厅纪检组长、监察专员马健，省中医药管理局副局长罗良娟，省卫生厅机关党委书记杜[illegible]，省中医药管理局副局长冯兴奎，省卫生厅副巡视员郭秀卿等领导先后到绵阳指导卫生工作。

（二）其他省（市）、卫生厅（局）的协助与救援

江苏省 2008年5月13日19时57分，江苏省卫生厅副厅长胡晓抒率江苏医疗队，携带医疗急救物资、血液到达绵阳市安县临时医疗救护站，开展紧急救援工作。与绵阳市医疗救治分指挥部一道制定各类救治防疫方案。6月2日17时50分，江苏省卫生厅厅长郭兴华在江苏赴川卫生应急救援总指挥、省卫生厅副厅长胡晓抒，省疾控中心主任汪华的陪同下，到北川县擂鼓镇慰问坚守一线的江苏赴川卫生防疫队北川队全体队员。

内蒙古自治区 2008年5月14日19时，内蒙古自治区卫生厅副厅长白宝玉，率内蒙古呼和浩特市、包头市的14家医疗卫生机构119名医护人员，携带急救、消毒药品、医疗器械驰援绵阳。5月30日，内蒙古自治区卫生厅副厅长贺丰奇带领自治区医疗救治工作队到达唐家山堰塞湖避险安置点——绵阳市涪城区四川音乐艺术学院，开展医疗防疫工作。6月3日，内蒙古自治区常务副主席任亚平一行到绵阳慰问看望内蒙古医疗防疫队，市医疗卫生救治分指挥部副指挥长严俊陪同。

浙江省 2008年5月14日23时，浙江省卫生厅副厅长马伟杭、张平分别率医疗队到达绵阳，先后在江油市、平武县开展医疗救援工作。

山东省 2008年5月17日1时，山东省卫生厅应急办调研员李道文，率医疗队进驻平武县人民医院、中医院和南坝镇开展医疗救治工作。6月6日，山东省卫生厅厅长仇冰玉等一行到绵阳市卫生局，与市卫生局局长雷百灵沟通交流工作情况。7月29日至8月1日，山东省援助北川县前线总指挥左毅在北川县卫生局副局长刘冰的陪同下，绕行平武、松潘、茂县到达北川坝底、禹里、小坝片区，看望来川援助的山东省医疗卫生防疫队员，同时了解各乡（镇）卫生院医疗卫生防疫情况，并为各乡镇卫生院带去一批医疗设备。8月28日，山东省委副书记委刘伟、副省长郭兆信、山东省卫生厅厅长包文辉考察北川县擂鼓镇板房安置点的临时医疗保健中心和公共卫生服务中心。

辽宁省 2008年5月17日17时，辽宁省卫生厅副厅长董德刚率心理干预医疗队到达绵阳，开展心理危机干预工作。6月10—11日，辽宁省卫生厅副厅长韩明惠到安县乡镇查看灾情，听取抗震救灾情况汇报，与安县卫生局座谈对口支援相关事宜。6月25日，辽宁省卫生厅副厅长曾晓非率首批援安卫生人员137人抵达安县。此后，辽宁省全面启动对安县医疗卫生对口支援工作。6月14日，辽宁省委常委、常务副省长许卫国专程到安县研究、落实、推进辽宁省对口帮扶安县重灾区医疗卫生工作，并到县医院、中医院考察医疗卫生工作。6月27日，辽宁省委书记张文岳到安县桑枣镇云丰村灾民安置点考察灾后卫生工作。当天，曾晓非一行到晓坝镇黄羊村灾民安置点考察灾后卫生工作。6月30日至7月4日，辽宁省卫生厅厅长姜潮到安县桑枣、晓坝、永安、睢水、黄土、沸水、高川了解灾情，与安县卫生局议定建立联席会制度、信息互通机制、对安县三级卫生防疫人员培训机制、辽宁省卫生厅领导与安县卫生局主要负责人每周定期不定期交流机制，并召开首次联席会议。8月8日，曾晓非受姜潮委托，在县卫生局主持召开联席会议，重点研究县级医院援建工作。9月16日，辽宁省政府副秘书长张征参加辽宁省向安县卫生系统捐赠专用车辆仪式。

山西省 2008年5月17日20时，山西省卫生厅主要领导率医疗队到达绵阳，18日17时10分到达平武县响岩镇开展医疗救治工作。19日，山西省卫生厅主要领导率医疗防疫专业人员到达平武县城，开展灾区传染病疫情监测和防控，饮用水、食品、生活环境卫生监测和消毒，遇难者遗体卫生处置，卫生知识宣传教育，有针对生的心理干预和心理咨询等各项卫生防疫工作。25日，山西省卫生厅厅长高国顺到平武慰问山西援绵医疗卫生防疫队。

广西壮族自治区 2008年5月21日18时，广西壮族自治区卫生厅副厅长王勇、疾控中心主任董

柏青，带领防疫队到达江油，分别到厚坝镇、文胜乡、二郎庙、东安乡、河口镇、重华镇、云集乡、马角镇等乡镇进行卫生防疫工作。

黑龙江省　2008年5月22日，黑龙江省卫生厅副厅长赵忠厚与江油市小溪坝镇中心卫生院签订四川灾后首个远程会诊系统协议。

河北省　2008年5月22日，河北省红十字会常务副会长张淑琴一行到安县详细了解灾情，慰问受灾群众。6月19日，河北省卫生厅副厅长高春秋一行7人到安县，慰问河北赴川抗震救灾防疫队。20日，河北省对口援助平武县工作见面会在绵阳召开，高春秋一行11人在省卫生厅、省中医药管理局、市卫生局、平武县政府等领导陪同下，前往平通、南坝、响岩等乡镇及县卫生局、县人民医院等医疗机构调研。

河南省　2008年5月24日15时40分，河南省卫生厅副厅长黄玮一行4人到江油市灾民安置点和太平镇卫生院进行实地考察，表示全力支持、支援卫生系统的重建工作。6月14日9时20分，黄玮到江油市联系对口支援有关事宜，下午查看江油市灾民安置点和乡镇卫生院情况。17日，黄玮一行40余人，到绵阳市疾病预防控制中心、市人民医院、青莲镇中心卫生院了解卫生系统灾后医疗救治、卫生防疫及重建工作。23日，黄玮出席在江油市青莲镇中心卫生院举行的河南省卫生厅对口援建江油市医疗卫生防疫工作启动仪式。9月23日，河南省卫生厅副厅长周学山为河南省抗震救灾医疗防疫救援总队授旗，勉励队员们不负重托、不辱使命，确保圆满完成对口支援任务。

四、中共绵阳市委、市政府领导决策部署与组织指挥

中共绵阳市委、市抗震救灾指挥部领导于2008年5月12日21时50分，向省委、省政府紧急报告，请求支持医疗救护人员和药品、帐篷、食品、棉被、汽油、柴油等救灾物资。22时10分，再次向省委、省政府紧急报告，请求支援破伤风抗毒素、一次性手术包、袋血浆、抗生素四大类药品。5月13日下午，听取卫生教育组负责人的卫生防疫组工作汇报，并布置救治有关工作。

5月16日下午，市指挥部领导到医疗救治分指挥部看望全国医疗卫生专家队——辽宁省卫生厅厅长姜潮、江苏省卫生厅副厅长胡晓抒一行，听取专家建议，研究医疗救治、卫生防疫相关工作。

5月17日8时30分，市指挥部领导要求组织若干医疗小分队深入受灾村组开展救治。

5月21日18时30分，绵阳市召开市抗震救灾指挥部会议，要求扎实抓好卫生防疫、灾民安置等工作，坚决防止各类次生灾害发生。

6月17日上午，市委领导与中国疾控中心流行病学首席专家曾光教授研究灾后卫生防疫工作。下午，市委、市政府召开全市领导干部大会，会议强调：卫生防疫工作具有长期性、艰巨性、复杂性和不确定性，特别是季节交替，极易大面积爆发肠道、呼吸道等疾病，一旦控制不好有可能造成更惨重的损失，卫生防疫形势十分严峻。全体干部要坚决克服盲目乐观情绪，全力抓好防疫，确保大灾之后无大疫。各级各部门要深刻认识“大灾后无大疫”是夺取抗震救灾全面胜利的重要标志，是加快恢复重建、加快经济发展的重要前提和基础。同时提出六点要求：要严格落实属地管理原则；要加大对受灾群众集中安置点等人口密集区域的卫生防疫力度；由市委宣传部牵头、市住建办、市爱卫办协助配合，尽快组织开展声势浩大、家喻户晓的爱国卫生运动；要充分发挥援绵医疗队伍的重要作用，切实做好他们的后勤保障工作；各级党委政府必须进一步加强卫生防疫队伍建设，确保人员、资金尽快落实到位；抗震救灾卫生防疫工作组要继续保留，市卫生局牵头，相关部门密切配合，各县(市、区）卫生防疫工作实行党政“一把手”负责制，确保实现“大灾之后无大疫”目标。

6月30日，市委召开灾后重建工作会议，会议强调卫生防疫和爱国卫生运动要向县（市、区）全面覆盖，要消除防疫死角和疏漏环节。

绵阳市委副书记、市政府代市长曾万明于6月4日晚，主持专题研究医疗卫生系统灾后恢复重建工作会议。会议议定成立灾后医疗卫生系统恢复重建工作领导小组，由市委常委、市政府副市长蔡振红任组长，市政府副秘书长严俊、市卫生局局长雷百灵、市建设局局长王绵生任副组长，市规划局、国土资源局、发改委、财政局、监察局等相关部门为成员单位，领导小组具体负责全市医疗卫生系统灾后恢复重建工作。

绵阳市政协主席张世虎于5月15日23时50分，到市医疗救治分指挥部研究医疗救治物资保障有关工作。

绵阳市委常委、政法委书记陈友学于5月21日上午，组织召开城区环境卫生综合整治协调会，进一步研究布置城区环境卫生整治、卫生防病知识宣传和灭鼠、灭蝇、灭蚊及环境消杀等具体工作；再次强调统一认识，加强领导，落实责任，确保绵阳城区地震灾后无大疫发生。市抗震救灾指挥部组织医疗救治分指挥部根据陈友学指示精神，召开城区环境卫生综合整治协调会，进一步研究布置城区环境卫生整治、卫生防病知识宣传等工作。

绵阳市委常委、市政府副市长蔡振红于5月12日17时50分，组织召开市抗震救灾指挥部会议，会同副市长万连波、市政协副主席、市委统战部长文久喜、市卫生局局长雷百灵等研究部署医疗教育组抗震救灾工作；18时40分，蔡振红到市卫生局、市中心医院等察看卫生系统受灾情况；23时，蔡振红再次到市中心医院查看伤员救治情况，了解伤员数量，协调解决医院物资短缺等困难。5月13日凌晨1时，蔡振红召集市卫生局等部门召开紧急会议，研究部署抗震救灾医疗救治等相关工作；9时，蔡振红前往安县、北川查看灾情，指挥伤员抢救。5月14日9时，蔡振红到安县、北川医疗救治检查卫生救治工作。5月21日下午，蔡振红赴安县桑枣等地视察，指导和督促各居民安置点的医疗救治和卫生防疫工作。

市委常委、市总工会主席王信于6月19日，到京安小区灾民安置点现场办公。要求着力构建卫生防病长效机制，把京安小区建设成为样板工程。

绵阳市委常委、市委秘书长陈兴春于5月23日下午，到市传染病医院丰谷病区检查工作，考察该病区完成配电室沟槽基础及地坪工程，中心供氧、负压吸引机房沟槽基础工程建设，和住院楼医用电梯、病员梯的调试情况。

五、绵阳市抗震救灾医疗救治分指挥部决策部署与组织指挥

（一）组织机构

2008年5月14日14时，市抗震救灾指挥部召集医疗教育组有关领导会议，决定成立市抗震救灾医疗救治分指挥部（市医疗救治分指挥部），由市委常委、市政府副市长蔡振红任指挥长，市政协副主席、市委统战部部长文久喜任常务副指挥长，市政府副秘书长严俊、市卫生局局长雷百灵、市食品药品监督管理局局长王涛任副指挥长。办公地点迁至高新区火炬大厦一楼走廊。分指挥部整合卫生、药监、红十字会、爱卫办等有关单位力量集中办公，由于指挥力量不足，经市委同意，抽调全市有卫生学历、有卫生工作经历的副县级以上干部，游仙区委常委、宣传部部长龙尧，梓潼县委常委、副县长元承军，市政府办公室副主任任清良到分指挥部工作；由于工作人员不够，市政府办、工商局、农机局、科技局分别抽调干部到分指挥部工作。并先后成立综合协调、医疗救治、卫

生防疫、后勤保障、信息宣传、医用物资管理、援绵医疗队专家等10个小组，和江油、安县、北川、平武4个督导组，负责伤员救治、重伤员转移、卫生防疫、外援队伍统筹、卫生信息宣传以及医疗药品器械的组织、保管、运输和分配等各项组织指挥工作。

6月24日，在全市抗震救灾工作从抗震救灾应急状态转入灾后重建常态工作之后，为确保实现“大灾之后无大疫”的目标，市抗震救灾指挥部决定将“绵阳市抗震救灾医疗卫生分指挥部”更名为“绵阳市抗震救灾卫生防疫分指挥部”。

根据不同阶段的工作重点，分指挥部先后13次调整内部组织机构、职责和人员。

1. 内设机构

(1) 5月14日分指挥部成立之初内设机构：

综合协调组 承担抗震救灾医疗卫生工作的综合协调；接受市委、市政府、省卫生厅等上级单位关于灾情救援的各项指示、部署；按照分指挥部要求及救灾需要安排布置工作，协调各工作组工作。市卫生局局长雷百灵任组长。

医疗协调组 协调伤员医疗救治工作；掌握全市医疗救治机构分布情况，分配各级各类医疗队到灾区开展救治工作；协调转院、危重病人会诊等工作；协调相关工作组满足医疗机构救治所需药品、器械等物资。市卫生局副局长秦晓明任组长。

现场协调组 协调救灾现场医疗卫生救援工作；及时向综合协调组报告工作情况；及时向药械组提出医疗卫生救援药品、器械、设备等需求。市卫生局副局长汪辉任组长，市卫生局调研员马清源、副调研员郑文洪任副组长。

疾病防疫组 组织开展疾病防控和疫情处置；组织开展灾区卫生、临时安置区疾病监测、食品饮用水卫生、学校卫生监测；承担灾后疫情的预警及防控工作；组织协调疾病防控人员赶赴灾区指导疾病防控工作；指导灾区进行消毒、除“四害”为主的爱国卫生运动，开展健康教育宣传；及时收集整理各地灾后防病相关信息。市爱卫办主任黄远松任组长，市卫生局副局长王林子任副组长。

药械组 随时收集医疗救治、疾病控制以及卫生救援设备、药械和消杀灭物资需求，及时上报医疗卫生救治指挥部，积极争取落实到位；负责抗震救灾应急所需物资的采购、接收社会捐赠药品、医用设备物资；提出物资的分配、运输方案。市食品药品监督管理局局长王涛任组长，市食品药品监督管理局副局长况中俊、市卫生局计财科副科长马强任副组长。

信息宣传组 及时收集、综合灾后医疗卫生救援相关信息，统计分析，形成工作信息，按照要求报市委、市政府、省卫生厅和医疗卫生救治指挥部。办理和起草各类文稿，撰写指挥部工作简报；向新闻媒体提供新闻素材，包括工作动态；负责协调安排媒体采访；负责与新闻主管部门联系。负责分指挥部后勤服务、办公用品配备，保证工作运转有序。市卫生局机关党总支书记[illegible]兵、纪委书记林桦任组长。

专家接待组 负责各地来绵救灾医疗队的后勤保障。市卫生执法监督支队队长顾星和任组长。

(2) 6月1日医疗救治指挥部内设机构调整：

综合组 协调确保内设机构有序、高效、优质运转。市卫生局机关党总支书记张兵任组长。下设：文秘联络组：负责省、市指挥部和医疗救治指挥部文件办理；信息快报、督查通报起草；负责医疗救治指挥部与其他部门工作协调。市政府办公室秘书三处处长王军任组长。机关事务组：负责办理涉及市卫生局机关各项事务。市卫生局办公室主任周林赋任组长。信息组：负责收集、整理、报送抗震救灾卫生方面各类信息。市卫生局党办主任余若江任组长。统计组：负责及时提供各类统计数据。市卫生局人事科科长刘绍洪任组长。

医疗救治组 协调市内外医疗资源，承担伤员医疗救治、转运工作；督导医疗机构恢复正常工作；统筹调配医用设备。市卫生局副局长秦晓明任组长，市中医院副院长杜继宇、市卫生局医政科科长周锦、市卫生局基妇科科长曹建任副组长。

疾病防疫组 协调市内外防疫资源，承担灾后疾病控制、卫生监督和卫生防病工作；负责防疫类物资分配建议。四川中医药高等专科学校校长任组长，梓潼县委常委、副县长元承军，游仙区委常委、宣传部部长龙虎，市卫生执法监督支队副支队长邬佩章，市疾控中心副主任李六林，市卫生局疾控科科长颜成高任副组长。

基层卫生组 负责灾后爱国卫生工作，动员社会力量参与卫生防病工作；全力组织城区开展"除四害"工作。市爱卫办主任黄远松任组长，市爱卫办副主任向福军任副组长。

心理危机干预组 负责协调市内外所有心理专家资源，作好心理干预工作；协调服务开展心理干预工作必要的条件。市第三人民医院副院长黄宣银任组长。

药械组 全力保障医疗救治、卫生防病所需的各类药品、器械，做好各类医用物资接收、储存、调拨工作。市食品药品监督管理局局长王涛任组长，市食品药品监督管理局副局长况中俊任副组长。

新闻报道组 努力实现在各级各类媒体高频次、广覆盖宣传抗震救灾卫生防病知识和在抗震救灾中涌现出的医疗防疫系统先进模范事迹。市卫生局纪委书记林桦任组长，市卫生局应急办副主任李兵任副组长。

援绵队伍保障组 负责援绵医疗、防疫队伍和卫生部、省督导领导的后勤保障工作。市卫生执法监督支队队长韩思润任组长，市卫生局中医科科长杜天福任副组长。

灾后重建和经费保障组 承担全市卫生系统受灾情况调查、收集、汇总、灾情评估工作，制定重建规划及实施方案等；指导、督促卫生系统灾后重建工作。市卫生局局长雷百灵任组长，市卫生局副调研员刘润任常务副组长。

(3) 6月7日医疗救治指挥部内设机构调整：

增设核心专家组 由卫生部、省卫生厅、国家、省疾病预防控制中心，援绵医疗队、防疫队领队和专家组成。负责对灾后医疗防疫等工作提出指导性建议和拟定工作措施，对全市工作予以智力支持。由市卫生局局长雷百灵牵头，市疾控中心副主任张光贵、市中心医院副院长王羽协助。

增设监督工作组 主要对卫生、药监系统抗震救灾物资、资金的接收、发放和使用工作进行监督检查，对工作人员廉洁情况、工作效能进行监督。由市纪委派驻药监局纪检组组长范森山任组长，市纪委监察局纪检员唐扬、市纪委监察局党风室纪检员曹杨、市药监局办公室副主任张翠霞任副组长。

调整综合组人员由市卫生局机关总支书记张兵任组长，市卫生局纪委书记林桦任副组长。文秘组由市政府研究室李静牵头，市卫生局中医科科长杜天福协助；信息汇总组由市卫生局人事科科长刘绍洪牵头，市中心医院办公室副主任朱颖协助。

调整医疗救治与疾病防控组结构和人员由市卫生局副局长秦晓明任组长，市卫生局副局长辛林平任常务副组长，游仙区委常委、宣传部部长龙虎，梓潼县委常委、副县长元承军，市卫生局副局长汪辉任副组长。下设：防疫组、医疗组、信息组、督导组、联络组、心理危机干预组。

调整灾后重建组人员由资阳市卫生局副局长刘勇任组长，市卫生局副调研员刘润任常务副组长，盐亭县卫生局局长任思标任副组长。下设：专家组、资料数据组、灾情评估组、援建项目对接组、编撰组。

原基层卫生组调整为爱国卫生运动组，职责和责任人不变。

2. 驻县工作组

5月16日，按照医疗救治、卫生防病全覆盖的目标要求，市卫生局从局机关、城区医疗机构抽调力量，组建4个医疗救治驻县工作组，分赴北川、安县、平武、江油4个受灾县（市）。北川组组长汪辉（市卫生局副局长），副组长杨国兴（北川县卫生局局长）；安县组组长郑文洪（市卫生局副调研员），副组长李建强（安县卫生局局长）；平武组组长辛林平（市卫生局副局长），副组长张天禄（平武县卫生局局长）；江油组组长郭清源（市卫生局调研员），副组长卢先言（江油市卫生局局长）。医疗救治工作组的主要任务是：组织力量，不惜代价抢救人员；组织开展灾区卫生防疫工作；协调地方政府卫生行政部门和驻县医疗队的力量安排；加强指挥部和灾区的信息沟通；做好药品、救助物资安排；积极落实指挥部的各项指令。采取工作组包县、医疗机构包乡的方法开展工作。19日，根据市抗震救灾医疗救治分指挥部全面启动卫生防疫工作会议精神，4个医疗救治驻县工作组增加人员力量，北川县增加市中心医院、市疾控中心工作人员；安县增加市中医院、市疾控中心工作人员；平武县增加四〇四医院、市疾控中心工作人员；江油市增加市第三人民医院、市疾控中心工作人员。工作职责做出相应调整，即：协调驻县及县内医疗防疫资源，完成医疗卫生防病工作任务；指导督查灾民集中安置点卫生防病属地管理工作；加强与指挥部的信息沟通，落实信息、数据报送工作；指导和督导医用物资管理；完成指挥部的其他各项指令。

6月7日，调整平武县工作组组长，由市第三人民医院纪委书记钟伟担任。同时要求各组组长每四天返回指挥部汇报1次工作。21日，驻县工作组调整为北川县、安县工作组由市卫生局副调研员郑文洪任组长，市中心医院纪委书记鲜于剑波、市疾控中心主任助理唐卓红（系攀枝花疾病预防控制中心援助绵阳干部）、市疾控中心流行病所副所长刘昌弟、市卫生执法监督支队赵顺海任副组长。平武县、江油市工作组由市卫生局调研员郭清源任组长，市中医院副院长杜继宇、市疾控中心主任助理王卓（系达州疾病预防控制中心援助绵阳干部）、市疾病预防控制中心结核病与艾滋病预防控制所所长赵西和、市卫生执法监督支队党总支委员王林贵任副组长。同时，每周五16时分指挥部召开督导工作会，听取工作组组长工作汇报和下步建议。

3. 防疫工作巡察组

5月20日，市医疗救治分指挥部分别向北川、安县、平武3个极重灾县和江油市派出卫生防疫工作巡察组。北川组由市工商局18人组成，市工商局副局长杨纯忠任组长。安县组由市发改委10人组成，市发改委机关党委书记杨先荣任组长。平武组由市农机局10人组成，市农机局副局长周仁文任组长。江油组由市林业局10人组成，市林业局副局长张金传任组长。巡查组负责掌握抗震救灾卫生防疫工作情况，提出加强卫生防疫工作具体措施；推动驻县医疗救治工作组切实抓好抗震救灾卫生防疫工作；向抗震救灾市县前线指挥部反馈巡察所掌握的卫生防疫工作情况，协调前线指挥部统筹做好卫生防疫工作；每天向市分指挥部报告巡察情况，包括工作进展、相关数据、存在问题、工作建议等，对重大情况随时反馈。

4. 联席会议制度

地震发生后，中央军委、卫生部、卫生厅先后派出多支队伍支援绵阳。5月13日晚，江苏省医疗队、海军医疗队等抵达绵阳，市抗震救灾分指挥部立即成立专家指导组，依靠援绵专家力量开展工作。随着大批医疗救援队伍的到达，小范围的沟通已不能满足需要。由辽宁省卫生厅厅长姜潮、江苏省卫生厅副厅长胡晓抒牵头，建立援绵医疗队联席会议制度，于15日晚召开首次领队会议，坚持每晚通报情况、统筹资源、交流经验、统一步骤。16日21时，“5·12”赈灾救治医疗队召开第二次联席会议。江苏、辽宁、第四军医大、中国人民解放军第三〇六医院、四川大学华西医院、四川省人民医院、泸州市、川北医学院等医疗队领队及市区各救治医院负责人参会，市卫生局局长雷百灵主持会议。会议决定：从5月17日起，抽派市直医院8名中层干部，分别充实北川、安县、平武、江油4个县（市）卫生工作组；调配6辆救护车专门负责江油—北川、江油—北川陈家坝—平武平通—平武南坝两条线路沿线乡镇伤病员巡回救治及转运任务；要求克服困难，紧跟救援部队，不断推进和延伸救治，扩大覆盖面。18日，召开“5·12”赈灾救治医疗队第三次联席会，推广江苏省人民医院驻平武县平通镇医疗防疫队工作经验。即：当现场需救治的伤员减少后，江苏省人民医院医疗救援队队长孔祥清在重灾区平武县平通镇组织医疗队员走村入户展开“拉网式”巡回筛查。队员们逐户告诫乡亲们注意饮食卫生，向乡亲们传授开挖茅厕、保护饮用水源、环境消毒、粪便处理知识。这种医疗专家开展卫生防疫工作被总结为“平通经验”。

6月4日10时39分，市卫生局局长雷百灵与江苏省卫生厅医政处处长张炳新商议，决定借鉴医疗救治阶段各地专家联席会议制度的方式，再次搭建专家组防疫工作交流平台，由国家疾病预防控制中心专家牵头，定期组织各防疫领队参加的联席会议，分析防疫形势，制定工作方案，培训技术骨干，指导措施落实。6日20时，市分指挥部邀请援绵医疗防疫队伍部分领队及专家，召开联席会议，来自全国各地的援绵医疗防疫专家近40人参加会议并提出意见和建议。11日，援绵医疗防疫队伍专家组第二次联席会议召开。

联席会议机制实现国内外157支医疗、防疫队伍，6900多人的有序协调。

5. 防疫巡回督查组

5月19日下午，市医疗救治分指挥部派游仙区委常委、宣传部部长龙虎担任防疫巡回督查组组长，赴各受灾县巡回督查卫生防疫工作落实情况。主要督导内容是：4个驻县医疗救治工作组双重领导机制、信息报告工作机制，与各援绵医疗队的联络、协作机制、保障机制的建立以及人员到位情况。

6. 市抗震救灾卫生防疫分指挥部

6月24日，“绵阳市抗震救灾医疗救治分指挥部”更名为“绵阳市抗震救灾卫生防疫分指挥部”，由市委常委、市政府副市长蔡振红任指挥长，市政府副秘书长严俊、市卫生局局长雷百灵、市食品药品监督管理局局长王涛任副指挥长。办公地点从市政府火炬大厦迁至绵阳市疾病预防控制中心。

7月23日，根据四川省“5·12”抗震救灾指挥部医疗保障组《关于调整精简四川省“5·12”抗震救灾指挥部医疗保障组和人员及相关职责的通知》，结合绵阳市实际，调整市抗震救灾卫生防疫分指挥部运行方案。由市委常委、市政府副市长蔡振红任指挥长，市政府副秘书长严俊、市卫生局局长雷百灵、市食品药品监督管理局局长王涛任副指挥长，分指挥部日常工作由市卫生局副局长秦晓明负责，市卫生局副局长吴建林协助。下设综合组、疾控防疫组、爱国卫生运动组、医疗组、药械组、监督工作组、资料整理组、专家指导组。

9月16日，根据工作需要，再次调整市抗震救灾卫生防疫分指挥部运行方案。蔡振红任指挥长，严俊、雷百灵、王涛任副指挥长，分指挥部下设办公室、疾控防疫组、医疗组、药械管理组、爱国卫生组，办公室设在市卫生局。在分指挥部的统一领导下，由市卫生局、市药监局、市爱卫办分别承担具体工作，实行一岗双责、周报、月会制度。办公室负责分指挥部日常工作组织协调、周报收集、汇总和月会承办，由市卫生局副局长秦晓明负责；疾控防疫组负责疾病防控技术方案制定、组织培训、工作措施落实和效果评估等方面工作，由市卫生局副局长吴建林负责；医疗组负责伤病员医疗、康复工作组织协调等方面工作，由市卫生局副局长汪辉负责；药械管理组负责各类医用物资管理、调拨、处置工作，由市药监局副局长况中俊负责；爱国卫生运动组负责灾后爱国卫生工作组织，由市爱卫办主任黄远松负责。

（二）组织指挥

2008年5月14日16时40分，市抗震救灾医疗救治分指挥部（分指挥部）召开第一次工作会议传达市委主要领导同志的重要讲话精神，要求卫生、药监、红十字会、爱卫办等部门必须相互配合，通力协作，坚决贯彻市委、市政府处理抗震救灾的各项措施，努力提高执行力，对医药资源要准备充分、合理分配、有效使用，灾后防疫工作必须按要求立即进行，坚决防止灾后出现新的疫情。

当晚22时，分指挥部组织召开涪城、游仙区卫生局及城区承担抗震救治任务的二级以上医疗机构负责人紧急会议，传达贯彻市委市政府抗震救灾干部大会精神，提出九项要求：一是全市各级各类医疗机构必须以抗震救灾为中心工作，将市委市政府抗震救灾干部大会精神立即传达至每一位医护人员。全市卫生系统医护人员，要进一步增强全局观念、大局意识，发扬艰苦奋斗、连续作战、无私奉献的精神，暂停休假和出差，全身心投入灾区伤员救治工作，全力以赴认真做好抗震救灾医疗救护工作。二是进一步完善紧急救治工作机制和管理制度，建立健全紧急救治各项技术规范和质量控制措施，严把抗震救治医疗质量关，认真做好医疗安全、血液安全及院感管理工作。三是认真做好国家、省内外到绵支援医疗队开展救援的配合工作，建立工作协调配合制度，确保支援医疗队伍正常开展工作。四是按照省、市统一安排做好伤病员向市外及基层（社区卫生服务机构、民营医疗机构、卫生院、医务所等）医疗机构分流转诊工作。并针对基层医疗单位转诊工作，建立技术指导及协调制度，及时了解掌握转诊后伤员救治情况，确保转诊伤员救治安全及医疗质量。五是涪城、游仙及高新区卫生行政主管部门，全力做好灾民集结地医疗救治及辖区社区巡诊、义诊工作。开展上门服务，与防疫组人员一道共同力量，确保居民正常医疗需求，缓解医疗救治单位工作压力。同时，积极做好避灾群众及灾民集结地疾病控制和环境消毒工作。六是严格抗震救治工作信息报送、报告制度。各医疗救治单位必须严格服从灾情报告的有关规定，全面做好救治工作的信息收集、整理和分析，及时、准确、完整上报医疗救治信息。凡属重大救治事宜必须立即报告，一般信息2小时一报，由市“120”指挥中心负责收集整理后再报医疗组。建立每天21时由医疗救治单位负责人参加的工作情况通报和援助单位专家队领导及有关人员参加的协调会议制度，及时处理和协调救治工作相关问题。七是建立各级各类医疗卫生单位联动机制，主动做好医疗信息共享互用等配合协调工作，切实做到早发现、早处置、早报告。八是认真做好灾区伤员运送工作，确保救护车辆的安全运行。九是安县、江油、平武等卫生局按此次会议纪要要求，加强医疗质量管理，注重与援医疗队的协调，北川县的卫生工作暂由市卫生局现场组协调管理。

5月15日8时45分，分指挥部组织召开到绵援助专家组会议，决定当晚召开第一次“5·12”赈灾救治医疗队联席会议，绵阳市医疗救治分指挥部联席会议制由此建立。18时15分，分指挥部召集城区医疗单位研究城区医院医疗救治存在问题及下一步措施。21时40分，研究分指挥部内设机构运行情况，根据实际调整运行方案。当天，市抗震救灾指挥部召开抗震防疫紧急会议。组织应急队到北川、安县、平武开展消毒指导；对绵阳城区25所学校进行卫生监督和指导，对城区420家餐饮店进行食品卫生监督；建立由卫生监督员、防疫人员、志愿者组成的10个防疫组，分赴北川、安县、平武和九洲体育馆、南河体育中心灾民安置点开展疾病防控工作。当天再次向市政府报告防疫工作面临的困难和建议：防疫消毒人员严重缺乏，防疫人员的个人防护设备严重缺乏，消毒杀虫药物紧张、运输困难，个别灾区和灾民聚集地已出现腹泻病人，疫情形势极为严峻，防疫工作还需加强。请求国家疾控部门援助，尽快解决防疫人员防护问题，尽快疏通各地道路，保障防疫药品供给；各地尽快派工作组到灾区寻找安全水源，解决灾民饮用水和生活用水；有组织的为灾民提供安全卫生的食物；设置可疑传染病隔离治疗点，发现传染病及时隔离治疗。

5月17日，分指挥部号召全市人民积极行动起来，大力开展灾区环境消毒和病媒生物控制工作。要求加强灾后疫情监测报告处置，进一步加强抗震救灾医疗救治信息报送。

5月18日20时，市委常委、市政府副市长、市医疗卫生救治分指挥部指挥长蔡振红在联通公司6楼会议室主持召开医疗卫生救治分指挥部工作会议，传达中央政治局常委、国务院副总理、国务院抗震救灾总指挥部副总指挥李克强在绵阳指导协调抢险救援和卫生防疫工作的讲话精神及绵阳市委、市抗震救灾指挥部领导对防疫工作的具体要求。决定医疗救治分指挥部在继续做好伤员救治工作的同时，工作重心向防疫工作转移，建立横向到边、纵向到底的医疗卫生防病体系，严防死守，确保实现大灾之后无大疫目标。当天，分指挥部从加强组织领导、实行首问责任制、搭建工作平台、及时调整工作重心、强化救灾药品、医用物资规范化管理5个方面入手，力促卫生救治防病工作高效有序运行。同时，根据防疫工作需要，将医疗卫生人员及时整合、组建救治防病小分队，加强防疫力量，采取进村入户的方式，依靠当地政府，以防病工作为主，带动基层医务人员完成伤病员巡查治疗及群众防病知识普及任务。分指挥部疾病防疫组派出7名技术人员，分别到绵阳城区和江油的7个收费站设点，指导收费站工作人员对过往车辆进行消毒处理；派出5个小分队共20余人对城区环境卫生、卫生防病知识宣传、灭鼠、灭蝇、灭蚊情况进行督查。并再次向市抗震救灾指挥部报告“北川、平武很多乡镇道路不通，防疫人员难以到达受灾地；没水没电，防疫工作不能正常开展”的困难，请求市指挥部协调解决。

5月19日上午，市卫生局局长、市医疗救治分指挥部副指挥长雷百灵在市委农工委会议室组织召开会议，传达中央政治局常委、国务院副总理、国务院抗震救灾总指挥部副总指挥李克强指示，抗震救灾工作重心开始战略性转移，全面启动卫生防疫工作，要求“走村进户、盖边沉底、不留死角、确保大灾之后无大疫”。会上提出全面启动防疫工作的主要困难是：道路、水、电不通，消杀灭药品不足，专业防疫队伍缺口大，传染病医院建设滞后。会议决定由中医专科学校校长全面负责防疫工作，启动传染病医院丰谷区。同时在市中心医院、第三人民医院、四〇四医院、中医院各抽调1名副院长加强4个驻县医疗救治工作组的力量，依靠当地政府开展防疫工作。蔡振红到会讲话，4个驻县医疗救治工作组组长，市中心医院、第三人民医院、四〇四医院、中医院领导，医疗救治指挥部防疫组负责人参会。至此，灾后防疫工作步入规范化运作。16时30分，蔡振红、陈兴春、雷百灵、涪城区区长谢晓东、副区长蒋丽英等前往传染病医院丰谷病区现场办公，要求医院克服资金不足、建设滞后、水电不通、人员缺乏等困难，紧急启动丰谷病区。经多方协调，决定由市财政划拨50万元，要求承建工程队确保在5月19日前完成住院大楼洁具安装和楼内清洁，供电部门在5月20日前解决丰谷病区临时供电问题。涪城区及时解决通道和污水排放沟的瓦渠占地问题，四〇四医院负责协调医务人员，市卫生局负责紧急启动丰谷病区设备调拨。23时，蔡振红召集工作碰头会，传达市委主要领导指示，提出下步工作要求。防疫工作技术方案均由专家制定，不再报批，直接实施；严防死守工作以交通部门为主，卫生部门要密切配合；灾区管制问题以公安部门为主，卫生部门要及时、主动提出需求；防疫工作要结合爱国卫生运动，必须落实到村、到点；指挥部工作前移，加强与前线指挥部的沟通协调，落实到位；动物尸体处理由市畜牧局负责，要纳入整个防疫工作的全局部署；指挥部内设各组每天上班上交1份书面汇报材料；数据报送要及时、准确、具有连续性；每天向市委主要领导作书面工作报告。

5月20日，分指挥部调整完善《医疗救治分指挥部内部运行方案》，进一步明确内设机构、工作职责、工作要求和联系方式，对分赴3个极重灾县和江油市的4个防疫巡察组提出工作要求。20时，分指挥部召集各工作小组会议，布置近期医疗救治和卫生防疫工作。蔡振红指示：转运伤者必须做好各部门协调配合工作，确保安全；市爱卫办全面负责城区环境消毒工作；医用物资要根据工作重心转移，有针对性地提出计划；要利用报纸、电台、电视台做好市民的宣传工作，与爱卫办配合组织专家谈疫情、谈危害、教育百姓讲卫生；防疫工作已整体铺开，遇到困难要一事一建议，个别解决；加强信息报送、工作总结工作，做好文件的收、发、存，编写工作大事记；派出的4个巡察组实行工作零报告制，专人专线负责。此后，每晚8点定时召开医疗救治分指挥部工作例会，各组汇报当天工作情况、问题困难，安排布置第二天工作。

5月22日1时，雷百灵向四川省卫生厅厅长沈骥报告近期医疗救治和防疫工作，争取到价值50余万元的消毒机动车1辆，借用到8部海事卫星电话，发往极重灾区北川、平武等县，缓解通讯问题。17时，市抗震救灾指挥部召开全市灾后卫生防疫工作会议，听取北川、安县、平武、江油四县（市）灾后卫生防疫工作汇报，部署下阶段全市卫生防疫工作。当天，蔡振红、雷百灵先后前往安县等交通管制消毒站，检查督导防疫工作，到四〇四医院和九洲体育馆灾民安置点看望支援工作者，慰问受伤群众，考察医疗救治和卫生防疫工作。

5月24日凌晨，接省指挥部命令，分指挥部立即组织药品，协调场地，联系药品运输事宜，将58件药品全部发往青川前线的济南军区猛虎师，以缓解青川救灾前线中暑药、抗病毒药、止泻药、感冒药和消毒药等药品告急状况。上午，分指挥部组织召开统计信息工作会，要求统计数据必须准确及时。20时，蔡振红召集国家、省疾病预防控制中心专家组召开疫情分析会。专家组提出九点建议：第一，消毒工作要针对重点地区和重点场所，着眼长远、科学实施，避免消毒过度造成对环境的影响；第二，在传染病网络直报系统恢复前，被震灾毁损的传染病网络直报单位和灾民集中安置点实行传染病信息手机报告，各有关单位要落实专人负责，加强疾病症状监测分析；第三，尽早、尽快恢复疾控系统，重建被震灾毁坏的疾控机构、卫生监督机构和乡镇卫生院、村卫生站，将灾后防疫工作责任分解到县、乡、村和灾民安置点，努力提高卫生防疫工作的覆盖面，着力提高卫生防疫工作质量；第四，尽快恢复计划免疫工作体系，控制疫苗针对性传染病疫情发生；第五，环保部门要加强对大江大河的水质监测，扩大检测面，对自来水厂要实行每日检测；第六，要尽快运送帐篷，安置返乡灾民；第七，要解决交通工具，提高防疫机动能力；第八，加强灾民安置点的卫生管理，如在地势较高处选点，注意通风，注意排水，解决洗浴问题，添置晾衣架，建立集体食堂定点供应开水热饭；第九，环卫部门要加快垃圾和粪便的清运。

5月25日10时，市医疗救治分指挥部召开会议，传达全市抗震救灾工作会议精神，并按照市委市政府统一部署，将医疗救治、卫生防疫等各项工作细化落实。要求全市各车辆消毒站点实行24小时值班制度，确保进出灾区车辆全部接受强制消毒。

5月26日8时，市抗震救灾指挥部召集会议，专题研究唐家山堰塞湖疏散群众工作，要求医疗救治分指挥部要全力保障疏散群众的健康安全，做好医疗救治和卫生防疫工作，尤其是做好食品和饮用水卫生监督工作，实现“不死一个人”的目标。27日，唐家山堰塞湖泄洪后绵阳城区卫生防疫工作会议召开，要求填报《灾民集中安置点卫生防疫工作情况调查表》；决定组建7支应急医疗救治队伍和6支应急防疫工作队，配备车辆、药品、设备待命；安排药业集团、金星药业两个药械存放仓库做好准备，随时备取各类药械，满足群众疏散安置工作需要。当天，第二批疫情报告手机送抵绵阳，并发到灾民集中安置点。

5月28日上午，市医疗救治分指挥部组织召开灾后卫生防疫工作会议。下午，召集各医疗救治驻县（市）工作组和巡察组召开工作会议，听取各组近期工作汇报，安排部署下一步卫生防疫工作。

5月29日16时30分，市医疗救治分指挥部召开会议，传达绵阳市“5·12”抗震救灾指挥部紧急会议精神，根据市委、市政府统一部署，明确唐家山堰塞湖泄洪有关工作任务及工作要求。由市卫生局副局长秦晓明牵头负责，整合医疗救治组、防疫组、药械组，承担57个安置点的医疗、防疫保障任务；由市卫生局机关党总支书记张兵牵头负责，整合信息组、综合组，承担市直医疗卫生单位及卫生局机关转移工作；由市爱卫办主任黄远松牵头负责，市卫生局纪委书记林桦、市爱卫办副主任向福军、市卫生局副调研员刘润协助，市爱卫办参加，承担丰谷云盘山安置点工作；要求通讯畅通，方案细化，工作落实，确保市指挥部疏散群众工作目标实现。是日，北川医疗救治驻县点因帐篷库房漏水，存放的漂白粉发生化学反应后燃烧，有2名武警官兵和2名医务人员因氯中毒受伤，送至沈阳军区总医院救治，剩余10吨漂白粉转移至安全地点储藏保管。雷百灵立即向省卫生厅副厅长赵万华报告。同时，要求各医疗卫生防疫机构严格遵照《转发〈省抗震救灾指挥部医疗保障组关于加强消杀药品储存安全管理的紧急通知〉的通知》，严防相关安全责任事故的发生。同时向省抗震救灾指挥部报送《关于我市抗震救灾药品、消毒剂管理工作存在问题的整改情况的报告》。同天，分指挥部向全市卫生系统通报防疫工作存在的问题：（1）接收消毒药剂未严格执行索证制度，可能因药品质量问题影响防疫效果。（2）消毒剂堆放混乱，包装有较多损坏。（3）部分“赈灾药品”看不到“生产企业卫生许可证”和“消毒产品卫生许可证批件”标识。（4）安县灾民安置点水质快速检测日报表显示该处饮用水消毒合格率低，须加强饮水煮沸和加氯消毒措施。（5）个别县集中安置点周边有农民出售自制卤肉，有灾民自己加工凉拌菜，并存在开水供应不足，帐篷人口较多，缺少棉被等问题。（6）安县有的灾民安置点医疗垃圾仍未集中收集。（7）需及时解决医疗点专用板房，改善医疗点环境卫生，以保证救治质量。（8）平武县石坎乡锰矿厂垮塌后，锰等有害物质对周边环境和河流构成严重威胁，建议环保部门开展环境评估和保护处理，对周边河流进行监测；饮用水监测增加重金属测量指标。（9）需要尽快组织大量粘蝇纸，苍蝇拍等，使用物理方法灭蝇，及时清运垃圾，加强卫生宣传，减少灾民集中安置点、泄洪群众疏散安置点的环境污染。（10）及时解决江油市含增镇攀长钢三分厂生活用水困难。针对上述问题，各地开始整改工作。

5月30日8时，绵阳市全面启动避险疏散预案1/3溃坝方案，为保障近20万被转移群众的食品、生活饮用水、环境等方面的卫生安全，市卫生执法监督支队对涪城区、游仙区共54个群众安置点的食品卫生、饮用水卫生、垃圾堆放点、简易厕所的设置等进行卫生监督巡查；到绵阳市水务（集团）有限公司和绵阳市武引游仙自来水公司了解供水企业相关应急措施，并对其泄洪期间制水、供水工作提出相关的卫生要求，以确保城区生活饮用水卫生安全万无一失。当天下午，蔡振红召开会议，研究疏散安置点的医疗救治和卫生防疫有关问题。21时，分指挥部召开专题会议，部署唐家山堰塞湖全溃坝紧急疏散指挥系统演练涉及医疗急救及卫生防疫方面的相关工作。

6月1日上午，蔡振红到三台县老马乡、里程乡视察群众疏散安置点卫生防疫工作。下午，分指挥部组织召开会议，再次研究疏散安置点的医疗救治和卫生防疫有关问题。

6月2日上午，蔡振红、雷百灵到丰谷传染病医院考察建设进度。20时，市卫生局召集涪城、游仙区卫生局，市直医疗单位，科学城医院、五二〇医院、市疾控中心、城区部分民营医院负责人，召开抗震救灾、卫生防疫工作专题会议，部署堰塞湖溃坝疏散群众安置点医疗防疫工作。截至当天，全市按三分之一溃坝预案，共设置医疗救治点43个，其中涪城区12个、游仙区31个；安排医护人员400余人，卫生防疫人员200余人，卫生监督人员100余人，安排救护车辆25辆；安排市、区两级疾控中心组建6支应急防疫队，配备车辆、药品和人员，在各疏散安置点开展卫生防疫工作。并向市政府提出居民生活保障问题、医用设施设备问题、医疗卫生防疫人员不足问题、医疗机构垫资问题、医务工作者生活保障问题，共5项亟待解决问题。

6月3日10时，市医疗救治分指挥部召开会议，研究布置紧急启动传染病医院的有关事项。14时30分，张兵召开市直医疗单位负责人、局机关负责人会议，传达市“5·12”抗震救灾指挥部组织召开的关于逐步恢复正常工作、生活秩序的会议精神，布置卫生系统相关工作。当天，分指挥部向市指挥部书面报告绵阳城区群众疏散安置点卫生防疫工作相关情况。

6月4日14时30分，按照市委、市政府针对堰塞湖泄洪预案提出的“确保疏散群众零死亡，人决不能死在帐篷里、安置点和疏散点”要求，分指挥部要求由医疗救治组和疾病防疫组立即提供安置点和疏散点基本情况，泄洪区域内机构受损情况（震损除外），防疫药病覆盖进程情况和援绵队伍情况表（数量分布和联系方式）。

6月5日上午，蔡振红召集有关部门召开紧急启动绵阳市传染病医院协调会议。下午，蔡振红召集有关部门召开会议，专题研究处理消毒药品有关问题：一是对所有大宗消毒药品进行检测；二是对已发往各地的消毒产品，通知各县（市、区）、园区、科学城抗震救灾指挥部认真清理，并严格按照川卫函〔2008〕271号文件处理。凡属捐赠的无证产品或经检测为不合格的产品，由药械组通知捐赠方召回。对不合法、不合格消毒产品要坚决拒收；三是对可疑产品由药械组提出处理意见，通知市卫生执法监督支队现场核实后，送市疾控中心检测。

6月6日20时，受蔡振红委托，雷百灵主持召开联席会议，约请各援绵医疗防疫队伍部分领队及专家，传达《省抗震救灾指挥部关于科学规范抗震救灾卫生防疫措施的通知》精神，通报最新的医疗卫生防疫工作情况。会议提出：针对省外援绵的医疗和防疫队伍大多分散分布的状况，提出集中调配，统一管理的思路；针对深入县、乡、村的各援绵医疗队伍条件艰苦、工作繁重等状况，决定定期轮换，重心转移，由市医疗救治分指挥部落实市内酒店（招待所），为各援绵队伍提供指挥和休整场所。同时建议增加卫生防疫人员，和更换以诊治常见病、多发病为主的医疗专家队伍；进一步建立军地协作、纵向协作、横向协作等各方面队伍的协作机制。来自全国各地的援绵医疗防疫专家近40人参加会议并提出意见和建议。

6月8日20时，雷百灵主持召开联席会议，传达卫生部副部长陈啸宏当天到绵阳召开的卫生防疫工作会议精神，通报最新医疗卫生防疫工作情况。会议决定：外援医疗队在地震灾民安置点和泄洪群众疏散点开展巡诊工作，医疗救治分指挥部药械组每日派出专门人员到各点巡查，收集情况，根据需求解决药品供应；由医疗救治分指挥部医疗组负责协调四〇四医院解决第四军医大学医疗队在科创园区开展巡诊所需救护车；卫生院活动板房建设纳入统一规划和符合卫生学规范标准，由医疗救治分指挥部灾后重建组提出设置标准。

6月9日下午，市医疗救治分指挥部主要领导到金星药业有限公司医用物资存放仓库检查药品管理和安全工作，要求各存放点工作人员妥善保管、提高警惕，确保库存药品的安全有效。

6月10日上午，市医疗救治分指挥部主要领导到三台县里程乡、老马乡检查疏散群众安置点卫生防疫工作。下午，召集卫生局、财政局等部门研究泄洪过后卫生防疫工作，要求紧急启动泄洪后卫生防疫工作预案。当天，雷百灵与卫生部、省指挥部医疗保障组联合督查组进行座谈，交流近期督查情况，就安置点卫生服务站临时板房搭建规划等重要问题达成一致，对下一步督查工作作出部署。

6月12日下午，市医疗救治分指挥部主要领导召集有关部门在绵阳城区涪江铁路桥现场办公，部署泄洪后卫生安全有关工作。当天，雷百灵与河南省卫生厅领导协商，山东防疫队伍调离后，安县防疫工作补防问题。

6月13日上午，市医疗救治分指挥部主要领导召集市有关部门研究卫生防疫工作，布置涪江、安昌江环境整治措施。雷百灵协调卫生防疫队伍，前往北川开展泄洪后卫生防疫工作。当天，市政协副主席蔡清顺到安县调研卫生系统灾后恢复重建工作。

6月15日，市医疗救治分指挥部主要领导召集卫生、财政、民政等部门和分指挥各组有关负责人，研究援绵医疗防疫队后勤保障、返绵伤员医疗康复、地震伤员免费治疗等工作。会议决定：一是在绵阳城区的外来援绵医疗防疫队和在各县（市、区）的外来援绵医疗防疫队在绵阳城区停留、过渡期间，食宿由医疗救治分指挥部安排，由市各卫生单位承办，每半月由市财政结算支付一次；救护车维修定点在华晨汽车公司，每半月财政结算一次；救护车加油由市医疗救治分指挥部在市抗震救灾指挥部水电油气组集中领取，根据需要分发，由市抗震救灾医疗救治分指挥部负责统一安排，市财政负责每半月一次结算支付相关经费。绵阳城区的援绵医疗防疫队因工作需要派往各受灾县（市、区）、乡镇、村社的途中，所需生活保障物资由市抗震救灾医疗救治分指挥部负责协调解决，防疫物资等由所在县（市、区）负责解决。各县（市、区）的外来援绵医疗防疫队的防疫物资、生活保障等后勤保障工作，原则上由所在县（市、区）政府负责。市卫生局按照有关规定用于卫生防疫等方面的直接开支，由市财政局根据卫生防疫的实际开支情况据实结算支付。二是返绵伤员的继续医疗、康复和安置工作由各县（市、区）政府负责。三是各级财政、卫生部门要严格执行《省财政厅省卫生厅关于5·12地震伤员紧急医疗救治阶段医疗救治费用财政结算工作的通知》，完善相关工作，把此项政策执行好落实好。

6月18日，市医疗救治分指挥部组织召开全市灾后卫生防疫工作会议，蔡振红要求，各地要提高对做好灾后卫生防疫工作的思想认识，切实加强组织领导，明确任务，确保卫生防疫工作职责层层落到实处。灾后卫生防疫工作实行属地管理原则，精心组织，大张旗鼓地开展爱国卫生运动，努力提高广大人民群众的卫生防疫意识；要充实力量，发挥防疫专业队伍的主力军作用；要搞好服务，切实做好医疗防疫队的后勤保障工作，保证援绵医疗防疫队工作的顺利开展。当天，分指挥部监督工作组在江油，听取江油市食品药品监督管理局“关于救灾药品医疗器械的接收、分发、储藏等工作情况汇报”；检查江油食品药品监督管理局和攀长钢总医院的救灾药械管理使用情况。

6月24日开始，市医疗救治分指挥部工作重心全面转向卫生防疫和灾后重建工作，“绵阳市抗震救灾医疗救治分指挥部”更名为“绵阳市抗震救灾卫生防疫分指挥部”。按照卫生部提出的：“到2008年6月底，各医疗卫生防疫队，要按照中央确定的对口支援方案，完成‘交接换防’任务。到7

月底，灾区县、乡（镇）和受灾群众安置点普遍建立医疗卫生服务体系。到9月底，全面完成灾区县、乡（镇）的临时医疗卫生机构建设。到年底，灾区医疗卫生服务体系全面恢复，能够全面开展正常医疗卫生服务工作，确保不发生重大传染病疫情。”的要求，6月下旬，市医疗防疫分指挥部组织召开对口援建省医疗防疫队联席会议，加强与对口援建省的工作联系、信息沟通，进一步做好援建队伍的后勤服务工作。发出“关于贯彻落实《四川省地震灾区临时医疗卫生机构建设指导意见》”。同时组织开展对安县高川乡灾后疫情防控工作评估，印发《绵阳市抗震救灾卫生防疫工作督导方案》的通知。

7月4日9时30分，市医疗防疫分指挥部召开“5·12”地震灾后卫生防疫工作联席会议，总结分析前阶段卫生防疫工作，研究部署下阶段工作。山东省、河北省、辽宁省、河南省对口援建医疗卫生防疫队负责人和卫生防疫、卫生监督领队，以及北川县、安县、平武县、江油市卫生局，市疾控中心，市卫生执法监督支队负责人参会。

7月8日，为统筹内外医疗卫生资源，进一步发挥专家对灾后医疗卫生防疫工作在技术指导，市医疗防疫分指挥部建立“绵阳市抗震救灾医疗卫生防疫工作专家库”，专家分别由山东省、河北省、辽宁省、河南省援绵医疗卫生队和市直医疗卫生单位专家组成，分为疾控组、卫生监督组、医疗组。专家库作为全市灾后医疗卫生防疫工作技术咨询机构，其主要职责是：应指挥部安排或有关单位、县（市、区）请求，对灾后医疗卫生防疫工作进行技术指导、工作评估和技术方案审定。

7月底，市医疗防疫分指挥部根据四川省抗震救灾指挥部医疗保障组形成的《关于原北川县城的卫生学评估意见》，以及绵阳市政府代市长曾万明和副市长蔡振红的批示，组织专家，制定地震灾后卫生学评估实施方案。8月4日，印发《绵阳市地震灾后卫生防疫工作工作方案》《绵阳市地震灾后卫生防疫工作督导实施方案》的通知。为了解部分重灾区域的公共卫生现状，存在的风险因素，科学规范开展下一阶段的卫生防疫工作，卫生防疫分指挥部决定，在北川禹里乡、平武南坝镇、安县茶坪乡、高川乡、江油枫顺乡、雁门镇等重灾区域开展卫生学评估，并于8月7日印发《绵阳市部分重灾区域卫生学评估工作方案》。

8月14日，市医疗防疫分指挥部转发四川省卫生厅《关于地震灾区食品和饮用水卫生监督情况的通报》，要求各地对存在的问题进行整改。为进一步做好原北川县城灾后一段时间内的卫生防疫工作，确保大灾之后无大疫发生。根据四川省抗震救灾指挥部医疗保障组《关于落实原北川县城的卫生学评估意见的通知》精神和市委、市政府有关领导的工作指示，市抗震救灾卫生防疫指挥部组织卫生、环保、建设、畜牧和水务等有关人员，制定《原北川县城封锁后之重点阶段卫生防疫工作方案》，于8月16日印发《北川县抗震救灾指挥部、市抗震救灾卫生防疫分指挥部各成员单位的通知》。

8月20日，为进一步做好绵阳市3个极重灾县和江油市生活饮用水卫生监督、监测和指导工作，完成4个重灾区的生活饮用水监测任务，根据四川省卫生厅《关于调整地震灾区饮用水卫生监督监测工作方案的通知》，分指挥部组织制定、印发《绵阳市地震重灾区饮用水卫生监督监测方案》。

8月25日，为妥善处置抗震救灾剩余药品、医疗器械，防止囤积和浪费，根据四川省抗震救灾指挥部医疗保障组及相关部门的意见并结合绵阳市实际，分指挥部制定《绵阳市抗震救灾剩余药品医疗器械处置意见》。

9月初，为确保全市抗震救灾消杀工作用药的安全高效，并妥善解决剩余消杀药品，根据四川省抗震救灾指挥部医疗保障组《关于印发〈四川省抗震救灾指挥部医疗保障组关于灾区剩余消杀药品处置意见〉的通知》和《关于做好剩余抗震救灾医用物质调剂工作有关事项的通知》等文件要求，市医疗防疫分指挥部要求将库存消杀药品免费发放给医疗卫生单位、宾馆、水处理厂、印染行业、造纸业、灾区群众家庭等使用。要求各单位要高度重视消杀药品处置工作，在充分估计需求量，确保预留3个月的贮存量和洪涝汛期消杀药品需求贮备的基础上提出需求计划，由市医疗防疫分指挥部防疫组、药械组根据各单位上报的需求量进行分发。分发后的剩余消杀药品由四川省卫生厅在省内进行统一调剂。

9月17日，市医疗防疫分指挥部将《四川省“5·12”抗震救灾指挥部医疗保障组关于开展“5·12”汶川大地震四川灾区传染病防控效果评估的紧急通知》转发各县（市、区）抗震救灾指挥部，市环保局、市水务局、市建设局、市疾病预防控制中心以及市卫生执法监督支队，要求9月20日前完成自查报告。到22日，分指挥部分别组织专家对北川、安县、平武、江油市进行评估和检查。

9月24日，特大暴雨袭击北川、安县、平武、江油等地，为切实做好“9·24”特大暴雨灾后医疗救治和卫生防疫工作，市医疗防疫分指挥部发出《关于做好“9·24”特大暴雨灾害医疗救治与卫生防疫工作的紧急通知》，要求：加强组织领导，突出工作重点迅速做好医疗救治工作；加强疾病监测和疫情报告；抓好水源保护和饮水消毒；继续大力开展爱国卫生运动，搞好环境卫生综合整治；做好消杀灭工作；做好灾区食品卫生监督管理工作；做好群众的卫生防病宣传教育。

11月10日，为确保地震灾区群众安全过冬，根据国家领导关于确保群众安全过冬的“四保”（保住房、保口粮、保衣被、保卫生防疫）工作指示，市医疗防疫分指挥部印发《关于进一步做好今冬明春卫生防疫工作的通知》，要求各县（市、区）卫生局、园区社发局，市直医疗卫生单位、局注册非公有制医院要加强组织领导，做好今冬明春呼吸道传染病防治，学校、群众集中安置点卫生防疫，农村群体性聚餐卫生监管，灾区饮用水卫生监测监督、一氧化碳中毒防范、灾区群众健康教育、心理卫生服务以及应急准备等工作。尤其是北川县擂鼓镇、曲山镇、漩坪乡、陈家坝乡，平武县南坝镇、水观乡，安县茶坪乡、高川乡、睢水镇，江油市六合乡、枫顺乡、敬元乡、雁门镇14个高寒乡镇，要做好医疗和消杀药械、卫生防护用品、应急接种疫苗等应急物质的储备。

11月13日，市医疗防疫分指挥部发出《关于开展地震灾区适龄人群流感疫苗群体接种工作的通知》，到11月底，对4个对口支援县（市）的3~15岁儿童、60岁以上老人及灾区工作的医护人员共约46万人中开展流感疫苗群体接种。

六、绵阳市卫生局决策部署与组织指挥

（一）第一阶段（绵阳市医疗救治分指挥部成立之前）

5月12日，地震发生后，市卫生局局长雷百灵要求卫生局所有干部到各家医院去完成3个任务，一是疏散住院病人；二是开通急诊急救通道；三是有老百姓集聚的地方一定要有医务人员巡诊。由于道路阻塞、通信中断，卫生局机关工作人员跑步前往各大医院。绵阳市医疗救援应急预案由此启动。接市委广播车广播通知后，雷百灵前往火炬大厦绵阳市“5·12”抗震救灾指挥部接受指令。随后在火炬大厦广场召集市直属医疗卫生机构负责人紧急会议，部署紧急医疗救治工作，要求医院组织救援队伍。为解决医院急需的后勤物资，带领市卫生局计财科科长马强、科员贾刚到绵阳3536厂搬运帐篷。17时，市卫生局在局机关危楼旁空地上成立临时指挥部，组织召开灾后第一次紧急会议，雷百灵要求：立即收集各医院收治地震伤员情况及自身人员伤亡情况，在市中心医院、市第三人民医院、四〇四医院、市人民医院各抽调10名医护人员组成医疗救援队奔赴北川县，开展医疗救

护工作。市卫生局副局长秦晓明带队进入北川实施紧急医疗救治；市卫生局副局长辛怀平牵头组织市疾病控制中心召开紧急会议，成立灾后防病领导小组，下设消毒组、信息宣传组、后勤物资组、食品及学校卫生组以及5支灾后防病应急队，要求于13日5时出发，前往灾区指导卫生防疫工作。同时，要求每天早上8时，在市卫生局大门口召开各组碰头会。17时50分，接市政府通知，北川、平武受灾严重，除已派出的北川医疗队外，市卫生局再次组建1支医疗队奔赴平武。当晚市卫生局领导3次前往市中心医院指挥医疗救治工作，同时为安县组建“战地医院”协调药品、塑料薄膜、帐篷、车辆等救治、转运伤员。

5月13日7时，市卫生局临时指挥部召集市卫生局全体职工和市疾控中心、市卫生执法监督支队、市红十字中心血站主要负责人会议，通报灾情，并作抗震救灾医疗救护工作再动员。会议要求各地、各单位高度重视抗震救灾工作，把救灾工作作为当前全市卫生工作的第一要务和头等大事，主要领导要亲自挂帅，靠前指挥，全力以赴投入到抗震救灾工作中去。同时派局办公室主任周林赋、科员周磊到火炬大厦市抗震救灾指挥部职守市政府值班室卫生救护咨询电话；派马强、医政科副科长周万明负责协调援绵医用物资；派曹建、人事科科长刘绍洪、医政科科长司锟、科员罗兴业前往各医疗机构进行巡查，了解伤员救治情况和存在的问题和困难，并及时报告指挥部。9时，雷百灵陪同蔡振红赶往安县、北川，指挥一线伤员救治、现场转运工作。协调30辆小型医疗车用于伤员转运，建立伤员“三级转运模式”。当天上午，市卫生局组织市疾病预防控制中心、市卫生执法监督支队相关人员赶赴绵阳市殡仪馆，对其环境、运输工具和尸体的消毒工作进行现场监督和指导。14时45分，市卫生局以信息报送方式向市抗震救灾指挥部报告：由于连日来连续全力救治伤员，食物供给不足，已有大量医务人员晕倒，希望给予支持。15时，组织50余名监督人员动员涪城区各餐饮单位及时开门营业，并发动近百家餐饮企业向受灾群众提供馒头、馍馍，5家企业将馒头运往受灾群众集中安置点。截至20时，城区共有500余家餐饮单位克服缺水、电、气和原材料缺乏等困难开门营业。当天，市卫生局还组织市卫生执法监督支队对餐饮食品、学校、殡仪馆进行重点卫生指导服务，严防大灾后公共卫生事件的发生。

14日凌晨，雷百灵与到绵援助的江苏省卫生厅副厅长胡小抒研究紧急状态下卫生防疫工作方案，连夜组织制定简明防疫操作手册，招募志愿者进行紧急培训后，由市疾病预防控制中心和卫生监督专业人员带队赴重灾区一线开展工作。

（二）第二阶段（绵阳市医疗救治分指挥部成立后）

5月14日14时，市抗震救灾指挥部召集医疗教育组有关领导会议，决定成立市“5·12”抗震救灾医疗救治分指挥部（市医疗救治分指挥部），市卫生局整体移师分指挥部，按照分指挥部的统一部署，分别承担医疗救治、卫生防疫、后勤保障、信息宣传、综合协调等各方面的工作。

（三）第三阶段（恢复常态后）

6月中旬，市委、市政府要求各部门逐渐恢复常态。市卫生局在完成局机关日常工作任务的同时，还要承担市卫生防疫分指挥部的各项工作。为此，市卫生局班子成员职责分工作了调整：

市卫生局局长，医疗救治分指挥部副指挥长雷百灵：主持市卫生局全面工作；在医疗救治分指挥部蔡振红指挥长的领导下，负责分指挥部日常工作；牵头负责卫生系统灾后重建工作。市卫生局副局长，医疗救治分指挥部医疗救治与疾病防控组组长秦晓明：负责市卫生局常务工作，分管医政科、中医科；牵头负责指导、协调北川县、安县抗震救灾卫生工作；牵头负责医疗救治与疾病防控组日常工作。市卫生局副局长，医疗救治分指挥部医疗救治与疾病防控组副组长辛怀平：负责市卫生局疾病控制、应急、健康教育、卫生监督等方面的工作，分管疾控科（应急办）；牵头负责指导、协调江油市、平武县抗震救灾卫生工作；协助负责医疗救治与疾病防控组常务工作。市卫生局副局长，医疗救治分指挥部驻北川县工作组组长汪辉：负责市卫生局计划财务、妇幼、社区、农村卫生等方面的工作，分管计财科、基妇科；协调、整合驻县及县内医疗资源，督促县指挥部、县卫生局实现属地管理，完成医疗卫生防病工作任务。市卫生局纪委书记，医疗救治分指挥部综合组副组长林桦：负责市卫生局纪检、监察、行风建设、内部审计等方面的工作；负责抗震救灾卫生工作的宣传报道，特别是宣传援绵医疗防疫队伍的先进模范事迹。市卫生局机关党总支书记，医疗救治分指挥部综合组组长张兵：履行市卫生局机关党总支书记职务，分管局办公室，党委办，负责局党委日常工作；负责协调保障分指挥部内设机构有序、高效、优质运转。卫生局各科室工作人员，在承担卫生局常态工作的同时，承担抗震救灾卫生防疫分指挥部的工作。

“9·24”洪涝泥石流灾害发生后，市卫生局成立抗洪救灾领导小组，启动卫生系统应急预案，召回出差人员和休假人员，市内二级以上医疗机构全面做好收治伤员的准备。25日上午，市卫生防疫指挥部办公室发出《关于做好“9·24”特大暴雨灾害医疗救治与卫生防疫的紧急通知》，制定下发“9·24”灾害后卫生防疫的技术方案。9时10分，接北川卫生局情况报告后，秦晓明协调力量全面开展救治，由汪辉带领市中心医院、第三人民医院两支医疗队赶赴北川进行救援，并成功转运17名伤员，救治伤员所产生的医疗费用暂行挂账处理。紧急购置的矿泉水、包装食品70余件和所需求的无菌清创包200个、无菌手套1000副、口罩360个、纱布绷带600个、医用帽子200个、应急灯、氧气袋等急救药品与器材于洪灾当天17时前送达北川。市疾控中心领导及专家前往北川、安县和江油指导防疫工作的开展。全市先后派出20支医疗队、46支防疫队共计300余人分赴北川、安县、江油、平武开展工作。组织8支医疗救治应急分队、6支卫生防疫分队和6支卫生监督分队待命出征。

10月25日，全市召开北川、安县、江油三县（市）灾后健康教育项目启动会，制作灾后健康教育墙报1万份、宣传单3万份。“首届中国洗手日—四川现场活动”在北川擂鼓镇顺利启动。

10月29日上午，根据省卫生厅《关于做好地震灾区卫生单位安全过冬工作的通知》精神和市党委、政府确保群众安全过冬“四保”（保住房、保口粮、保衣被、保卫生防疫）的工作指示，市卫生局召开局党委会，启动地震灾区受灾群众安全过冬医疗卫生防疫工作。

11月17日，绵阳市卫生局与市食品药品监督管理局联合下发《关于做好18个重点乡镇卫生院越冬药械物资储备的紧急通知》。

11月30日，雷百灵深入平武山区调研安全过冬医疗卫生防疫工作。副局长吴建林牵头，召开全市今冬明春卫生防疫工作会议和援建队伍联席会议，布置卫生防疫工作，了解援建队伍情况，通报省、市安全过冬要求，先后下发《关于进一步做好今冬明春卫生防疫工作的通知》《关于加强今冬明春呼吸道传染病防治工作的通知》《关于开展地震灾区适龄人群流感疫苗群体接种工作的通知》《绵阳市地震灾区饮用水监测监督方案》。市卫生局、市教育局和市食品药品监督局联合印发《关于开展学校食品卫生安全专项整治行动的通知》。

10月30日至11月6日和11月9—15日，市卫生局机关党总支书记张兵牵头，分别对北川、安县、平武、江油的18个重点乡镇的卫生院、集中安置点医疗点、板房学校的医疗卫生防疫工作进行督查。

12月22—27日，秦晓明组织完成灾后恢复重建项目设计方案评审专家组的筹建工作。接受省卫生厅、省发改委、香港政府对市中心医院、骨科医院、梓潼、涪城、三台等6个医疗机构第二批捐赠项目考察。

七、县（市、区）党委、政府和卫生局决策部署与组织指挥

（一）北川羌族自治县

地震发生后，北川县在北川中学操场上，迅速成立县委抗震救灾指挥部，下设综合协调组、抢险救人组、人力资源调度组和物资接收分发组等，在救援队伍进入之前，展开自救。指挥部组织幸存的机关事业工作人员、教师、基层民兵，青壮年组成“抢险救灾突击队”，征用周围农户的钢钎、铁锹、锄头、杠子，深入到县城各个角落搜救被埋人员，疏散安置群众。县卫生局局长杨国兴、副局长赵华脱险后，组织幸存医务人员，成立由2名妇产科医生、1名护士、防疫和监督部门人员组成的20人现场医疗抢救队，就近在草地上救治伤员。

5月14日，北川县卫生局成立卫生防疫工作组，县疾病预防控制中心工作人员建立两个卫生防疫工作小组，一组负责为各援助防疫小组领路，说明当地情况；另一组负责对三家坪临时抗震救灾指挥中心、各援助单位驻地、受灾群众临时帐篷居住区、武警部队临时驻地进行卫生、安全情况调查统计、上报。

5月15日，县卫生局抗震救灾指挥部成立，由市卫生局副局长、驻北川县工作组组长王辉任组长，杨国兴、赵华、王宇任副组长。下设信息联络组、医疗药品发放组、协调组、后勤组。

5月19日，随着全国各地防疫救援队伍到达，县卫生局成立卫生防疫指挥部，下设：协调小组，负责协调各外援队伍事宜；联络小组，负责北川卫生防疫临时指挥中心的各种信息汇总、整理及上传下达；信息小组，负责收集各指挥中心、安置区、部队驻地、各消杀灭工作队信息。

5月25日，北川县卫生防疫工作指挥部转移到擂鼓镇，卫生防疫专业队伍已深入到全县100多个已通车乡镇村社，进行卫生防疫工作；对道路不通地区，积极协调部队携带消杀灭药品进入灾区开展卫生防疫工作。

5月31日，县医疗救治驻县工作组、县卫生队对能通公路的乡镇，派驻卫生防疫人员深入村社开展卫生防疫工作；对公路阻断的乡镇，由部队送入消杀药品、器械和宣传资料，依靠当地卫生防疫人员和村社医务人员开展卫生防疫工作；组织村社干部开展卫生防疫知识培训，依托基层干部和村民建立农村灾后卫生防疫工作长效机制。

6月15日，县卫生局调整北川县“120”急救分中心人员工作职责：分中心所有工作人员实行24小时待命，负责北川县受灾群众院前急救、转运伤病员，协调组织处理公共卫生事件。做好交接班记录，保证设备完好，通信畅通，随时备好救护车和急诊箱，注意行车及自身安全。23日，北川县所有救援单位驻地、指挥中心移至擂鼓镇，紧急救援结束。县卫生局再一次调整卫生防疫工作组，对全县消杀灭进行详细部署，制定实施方案；由县疾控中心协同各援助机构落实执行。

7月22日，县人民政府驻地移至安昌镇，各机构工作秩序逐步恢复常态，县卫生局根据实际情况，重新制定北川县突发公共卫生事件及自然灾害应急预案。

8—9月，县卫生局局长杨国兴带队先后前往禹里、坝底、小坝、陈家坝等地看望当地的医务工作者、对口支援的医务人员，并检查指导抗洪救灾期间的医疗防疫工作。

（二）安县

地震当日14时31分，县卫生局党委书记、局长李建强在卫生局办公楼前召开紧急会议，宣布迅速启动《突发公共事件应急处置预案》，对抗震救灾工作进行紧急部署，要求各医疗卫生单位负责人坚守岗位组织救灾工作，成立卫生系统抗震救灾领导小组，下设指挥协调组、医疗救治组、公共

卫生防疫组、后勤保障组和通讯联络组。14时38分，县卫生局工作人员兵分五路到全县各片区现场指挥抗震救灾。16时30分，县卫生局组织在县医院设立临时医疗救助点，在各受灾严重乡镇紧急设立临时医疗救治点，抢救轻伤员，转运重伤员。

18时20分，县委书记、县人大常委会主任王黎，县委副书记、县长赵迎春赶回安县，先后到秀水、桑枣镇了解受灾情况，慰问灾民，调配医疗急需物资。21时，王黎在县政府楼前主持召开安县“5·12”抗震救灾指挥部紧急会议，成立安县“5·12”抗震救灾指挥部，下设医疗救治组等10个工作组。县卫生局紧急成立卫生系统抗震救灾分指挥部，下设指挥协调组、医疗救治组、公共卫生防疫组、后勤保障组和通联组。22时30分，王黎和赵迎春到县医院花荄分院了解受灾情况，要求医务工作者发挥不怕苦、不怕累，连续奋战的精神，全力做好医疗救治工作。23时20分，赵迎春前往县人民医院安昌分院了解、协调、解决伤员救治和医院急需解决的问题。

5月13日1时35分，县政府领导听取伤员救治情况汇报，要求全力救治安县本地和北川转运伤员，全县所有医疗卫生专业技术人员、医疗急救设备、急救药品及救护车辆，由领导小组办公室统一调配。

5月13日7时，县卫生局派出医疗突击队到晓坝镇五福村、沸水镇胜利村的临时医疗救治站开展支援工作。10时15分，王黎到绵阳市指挥部请求向安县极重灾乡镇高川乡、茶坪乡紧急空投药品、食品解决受困群众最基本生存和医疗救治问题。

5月16日，为确保大灾之后无大疫，县委、县政府和卫生局将工作重点转移至疫情防控方面。18日，县抗震救灾指挥部成立安县抗震救灾疾病防控分指挥部，由王黎、赵迎春任指挥长，下设办公室，各乡镇按通知要求成立抗震救灾疾病防控分指挥部。20时，县抗震救灾疾病防控分指挥部召开第一次疾病防控联席会议，11支外援防疫队伍和县直属医疗卫生机构参加会议。会议通报分片负责区域的防控工作情况，并对全县灾后疾病防控工作提出具体措施和要求，一致同意定期召开联席会议。

5月26日，安县医疗救治驻县工作组召开县直卫生院院长会议，要求做好重建核实和准备工作，确保医疗质量，搞好卫生防疫，做好灾后计划免疫和日常免疫准备工作。27日，工作组组织对灾后安县卫生防疫工作进行阶段性评价，完成对12个灾民集中安置点的评估，其余30个安置点在确认名称和地址后开展评估。

6月1日，县政府召开卫生防疫工作联席会，要求从七个方面贯彻落实好卫生部部长陈竺考察安县卫生防疫工作时的指示：一是把卫生防疫工作作为灾后重建工作的重中之重抓紧抓好；二是确保饮用水安全卫生；三是抓好食品卫生，防止食物中毒；四是严格落实消杀措施，防止虫媒传播疾病；五是抓好厕所规范化建设；六是加强传染病疫情监测报告；七是做好重点群体的预防接种工作。

6月17日，县抗震救灾指挥部制定下发《关于加强花荄镇京安小区卫生防病综合示范安置点建设工作的紧急通知》，在花荄镇京安小区建设卫生防病综合示范安置点，建立卫生防病综合示范安置点建设技术指导组协助开展工作。

7月11日，县抗震救灾疾病防控分指挥部下发《关于进一步做好安置点卫生防病规范化建设的通知》。对黄土、桑枣、晓坝、沸水、河清镇的灾区集中安置点的卫生防病工作提出“两个组织、两个工作站、五项工作、六个上墙、七个到位”的工作要求，并于7月15日前全部完成规范化建设任务。

“9·24”洪涝泥石流灾害，县委、县政府和卫生局领导先后到受灾严重的乡镇卫生院，查看洪涝灾情，组织抢救，慰问受灾群众和医护人员。

（三）平武县

汶川特大地震致使平武县道路交通、通信、供电、供水、供气全部中断，成为名副其实的震中“孤岛”。县委、县政府快速反应，分管卫生的副县长王继辉，卫生局局长张天禄等领导立即组织有关人员驾车到县人民医院、中医院、妇幼保健院及疾病预防控制中心等县直医疗卫生单位指挥转移病人，察看灾情，开展抗灾自救。

县卫生局相继成立以卫生局局长张天禄为组长，卫生局副局长张兰、局党委书记肖开为副组长，局党委成员、县直医疗卫生单位负责人和机关中层以上干部为成员的平武县抗震救灾卫生应急工作领导小组，下设卫生应急专家组、医疗救治组、疫情防控组、执法监督组、后勤保障组、信息收集报送组，县爱卫办成立爱国卫生组。启动《平武县突发公共卫生事件应急预案》《平武县紧急医疗救治预案》。工作人员手写下发《关于建立抗震救灾医疗急救点的紧急通知》。

5月12日晚，由于道路、通信全部中断，无法同各乡镇特别是重灾乡镇取得联系，县抗震救灾指挥部派出11个工作组，分别由县级领导干部带队，奔赴各乡镇了解灾情、安抚受灾群众、指导抗震救灾、抢险救人工作。县卫生局指示各乡镇卫生院院长务必在最短时间内赶回所在单位，开展当地的医疗救治与卫生防疫工作。在得知平通、南坝、水观、响岩等地灾情特别严重后，县委组织全县多名机关党员干部，组成抢险救灾突击队赶赴重灾区，全力支援抢险救灾工作。

13日凌晨，县卫生局先后派出多支医疗队支援南坝医疗救治工作。同时，局长张天禄率领45名卫生工作人员组成9个救援小分队，徒步奔赴南坝、平通、响岩等重灾区开展医疗救治和卫生防疫工作。医疗卫生救援队员们不顾旅途疲劳，到达目的地后，立即投入到医疗救援和卫生应急工作之中。

5月14日，县卫生局派遣县直属医疗卫生机构卫生专业人员16人，组成3支小分队支援平武南坝、平通救援工作。

随着外援队伍陆续抵达，县抗震救灾指挥部，整合外援卫生防疫力量，组织协调外援卫生防疫队伍，严格乡镇、村社和安置点防疫责任制，点面结合、党群结合，落实责任、分片包干，形成了“横向到边、纵向到底”全面覆盖的卫生防疫体系，组织卫生防疫人员进村到社、入户入室、不留死角、彻底防疫，确保全县大灾之后无大疫。成立救灾物资保障组，严格实行救灾物资款物接收和发放备案公示制，建立救灾款物接收、发放台账，认真做好接收、管理、发放和安置工作，确保救灾物资和资金来得清、去得明。

（四）江油市

汶川特大地震发生后，江油市委、市政府迅速成立抗震救灾指挥部，下设医疗救治组，负责受伤人员医疗救护，组织药品、卫生防疫、抢救伤员，防止和控制疫情发生。

16时10分，按照江油市抗震救灾指挥部要求，为统一指挥卫生系统抗震救灾防病和灾后恢复重建工作，江油市卫生局成立医疗救治卫生防疫指挥部。局长卢先君担任指挥长，下设指挥调度组、医疗救护组、卫生防疫组等。同时，与市电信局联系，陆续抢通4部“120”急救电话。当晚，市委书记、市人大常委会主任易林，政协主席范来山，政协副主席白占勇，市委常委、宣传部部长方敏，先后到江油市人民医院、江油市中医院、九〇三医院了解询问医院的药品和医疗器械的储备情况，当场协调解决各医疗机构存在的困难和问题。12日当天，市卫生局组织3支巡回医疗队分赴各乡镇指导并参与灾区伤员的救治。

5月13日1时，市抗震救灾指挥部召开第一次工作会。会议提出：要进一步做好伤员救治工作和疫病防控工作，在人口聚集场所进行消毒防疫，确保大灾之后无大疫；特别是调运筹集一批帐篷、棉被、纤维板、雨具、发电设备到市区各大医院，为伤员救治提供有利条件。为加强灾后应急管理工作，指挥部先后下发《关于加强环境卫生整治的通知》《关于做好近期救治防疫工作的通知》《在江油城区深入开展环境卫生整治进一步加强卫生防病工作》等通知。

5月15日，江油市成立由江油市卫生局、药品食品监督管理局联合组成的抗震救灾联合指挥部，白占勇担任指挥长，卢先君、任俊（药品食品监督管理局局长）担任副指挥长。

5月21—23日，市委书记易林，市政府市长宋开慧对全市灾后卫生防疫工作进行督查，要求卫生局必须保证灾后防疫药物的供应，加强防疫工作的技术指导，组织卫生防疫人员服务上门，入户进村，加强卫生部防疫知识宣传，确保灾后无大疫。

5月26日，江油医疗救治驻市工作组调整卫生防疫力量，分别从支援江油市的福建防疫队、广东防疫队、国家疾控中心等外援队中抽调人员指导部分乡、镇和唐家山堰塞湖泄洪沿线乡镇卫生防疫工作。

5月29日，市卫生局、食品药品监督管理局下发《关于进一步加强抗震救灾期间药品医疗器械生产经营和使用的通知》，要求对捐赠、配发等救灾药械进行清点造册，纳入单位资产管理并落实专人妥善保管，不得进行销售。

5月30日，为防止地震灾后传染病爆发与流行，江油市卫生局安排部署灾后预防接种工作，确保大灾后无大疫。

5月31日，市卫生局成立应对唐家山堰塞湖溃堤医疗救治工作领导小组，同时印发《江油市应对唐家山堰塞湖全面溃堤医疗救治工作方案》和《关于切实做好灾民安置点和群众疏散点防病工作的紧急通知》。

6月11日，江油市召开堰塞湖泄洪区疾病防控工作现场会，市抗震救治指挥部副指挥长、市政府市长宋开慧通报泄洪区疾控防病工作进展情况，安排布置近期疾病防控工作，确保泄洪期和泄洪后无大疫发生。

6月25日，江油市召开爱国卫生、卫生防疫暨食品安全工作会。会议要求：卫生部门要重点抓好饮水卫生监测、重点人群甲肝、乙脑等疫苗的查漏补种和食品卫生监督工作，预防重点传染病的发生流行，确保不出现重大食物中毒事件；食品协调委员会各成员单位要全力抓好重点区域食品安全监管工作，在11月全面完成创建省级食品安全示范县任务；要充实卫生防疫队伍，充分发挥防疫专业队伍的主力军作用；环卫部门要做好垃圾的定点收集、集中清运、处理。建设部门和各级政府要搞好场镇、灾民安置点厕所的建设、管理；市爱卫办要重点检查、督导、开展声势浩大的灾后爱国卫生活动，解决好重点环境消毒、杀虫技术指导问题。要坚持“三过硬”，即坚持过硬的手段，过硬的制度，过硬的纪律；“严把三关”，即严把消杀关、严把宣传关、严把监督关。

（五）涪城区

汶川特大地震发生后，涪城区委、区政府成立涪城区抗震救灾指挥部，下设医疗卫生等12个小组。由政府分管领导任组长，相关单位副主任任副组长。

区卫生局根据市、区抗震救灾指挥部的统一部署，地震当晚成立涪城区卫生局抗震救灾指挥部，局党委书记、局长邓先义任指挥长，副局长曾贤文、副局长崔丽蓉、区爱卫办主任张伟家任副指挥长，局机关中层干部为成员，指挥部下设医疗防疫组、物资保障组和综合协调组3个工作组，分别由3个副指挥长牵头负责。

5月14日，涪城区成立抗震救灾医疗救治分指挥部，由涪城区人民政府副区长蒋国英任指挥长，邓先义任副指挥长，负责全区医疗卫生防疫工作，南河体育馆灾民救助中心、唐家山堰塞湖、板房安置点的灾民医疗救助、食品安全监督检查工作，疫情监测、防治工作。14日9时，区卫生局组建绵阳市抗震救灾医疗急救站涪城分站，邓先义负责现场整体指挥和调度工作。

5月19日，区卫生局对抗震救灾指挥部进行调整，在涪城区卫生局抗震救灾指挥部基础上，组建涪城区卫生系统抗震救灾指挥部，由副局长崔丽蓉牵头负责，区属各医疗卫生单位主要负责人纳入指挥部成员。职责是在涪城区委、区政府指挥中心和绵阳市卫生局指挥下，负责涪城区全区卫生系统抗震救灾工作，参与涪城区救灾医疗救援、卫生防疫和医疗卫生保障等工作。其下设综合协调组负责综合协调、联络、文秘和信息收集上报工作；医疗救治组负责灾民医疗救治组织和协调工作；卫生防疫组负责食品安全监督检查、疾病预防控制和疫情监测工作；物资和后勤保障组负责医疗救灾物资（药品、器材）接收管理和后勤保障工作；安全稳定组负责全系统安全稳定和秩序维护工作；信息宣传组负责抗震救灾医疗卫生防疫工作信息收集和宣传报道工作。

5月20—31日，全区多次召开全区卫生防疫工作专题会议，总结灾民安置点和全区卫生防疫工作，对灾后卫生防疫工作进行安排部署；安排医疗卫生专业技术人员派驻村（居）加强卫生防疫工作，实现全区卫生防疫力量全覆盖；制定卫生系统应对唐家山堰塞湖溃堤撤离方案，进行指挥、演练。

（六）游仙区

5月12日地震发生时，游仙区卫生系统正在魏城中心卫生院举行“5·12国际护士节”纪念活动。10分钟后，区卫生局党委书记、局长王宗华马上召集在场的局班子领导、机关干部，分成三组奔走各乡镇、城区各医疗单位，指导医疗机构不惜一切代价抢救、转诊伤员，统计卫生系统受灾和人员伤亡情况。12日20时10分，王宗华在向区委、区政府汇报医疗卫生救治工作后，立即召开班子紧急会议，确定卫生救灾措施，成立抗震救灾治病领导小组，启动应急医疗救治预案，全面开展救灾治疗工作。

5月14日下午，区人民政府副区长杨守贵组织区卫生局、魏城镇党委、政府等相关单位负责人到魏城镇堂宏汽车客运站现场办公，解决魏城中心卫生院开展临时医疗救治无办公场所及所需物资等具体问题，用最短的时间恢复魏城中心卫生院的医疗业务。

区抗震救灾指挥部先后制定印发《绵阳市游仙区灾后卫生防疫工作方案》《切断灾区污染源确保人民生命健康的实施意见》《关于切实做好灾后卫生防疫工作的紧急通知》等灾后防疫工作方案和紧急通知，组织区疾控中心、区卫生执法监督所全面开展对辖区内生活饮用水监测、消毒，对群众室外聚集点、学校、农贸市场、垃圾堆放点外环境消毒等工作。要求各乡镇、单位和部门要把卫生防疫作为抗震救灾工作的重中之重，加强领导，抓好落实，深入开展群众性爱国卫生运动，整体推进灾后卫生防疫工作，努力提高群众卫生意识和自我防病能力。

5月30日，唐家山堰塞湖出现高危险情，游仙区大部分城区及部分镇乡居民分3批撤离主城。富乐山、朝阳厂、东方绝缘材料厂、白云洞等高地迅速安置近10万疏散转移群众。区卫生局启动唐家山堰塞湖撤离疏散群众医疗卫生应急预案，并根据临时安置点的布局情况，设置医疗卫生防疫点38个（其中高龄老人医疗卫生服务点1个），明确责任领导和责任单位，配置医生、护士、防疫、监督等专业人员，通过坐诊与巡诊相结合、治疗与预防相结合等举措，有序开展医疗卫生防疫工作，力争实现零死亡、无疫情的工作目标。6月2日，区抗震救灾指挥部印发《堰塞湖泄洪后淹没区卫生清理和卫生防病预案》《关于进一步加强抗震救灾食品安全工作的紧急通知》。6月5日，下发《关于印发〈游仙区地震灾后预防接种实施方案〉的紧急通知》，就唐家山堰塞湖泄洪后淹没区可能发生的传染病的发生与流行，水体和环境污染等作工作安排。

6月12日，唐家山堰塞湖泄洪顺利通过游仙境内涪江河段。游仙区抗震救灾指挥部发出《关于加强堰塞湖泄洪后卫生防病工作的通知》，要求经济试验区管委会，游仙镇、石马镇、小枧沟镇人民政府，涪江、富乐街道办以及区级有关部门明确责任，密切配合，增强主动性，全面打好卫生防病攻坚战。

（七）梓潼县

汶川特大地震发生后，县卫生局党委书记、局长龚绍琴召集党委成员召开紧急会议，安排组织抗灾自救工作，将卫生局机关，卫生执法监督支队，疾控中心等单位干部职工组织起来统一调配。由局党委成员分别领队赶赴县人民医院、县中医院、妇幼保健院、红十字医院指导转移病人、搭建临时帐篷等工作。

震后2小时内，县委、县政府按照《突发公共事件总体应急预案》和《地震应急预案》，成立县抗震救灾指挥部，下设9个工作组。其中，医疗救护和卫生防疫组由县政府副县长杨邦琼负责指挥，由县卫生局、畜牧局、食药监局、疾控中心、县医院、中医院等部门组成，负责落实医疗场地、制定医疗应急预案、药品供应、伤员急救、疫情防治等工作。

县卫生局相继成立抗震救灾应急工作领导小组，由县卫生局局长龚绍琴任组长。领导小组办公室设在县卫生局临时办公地点，建立综合协调组、医疗救护组、公共卫生及后勤保障组、灾情统计及信息上报组、医疗救助专家组5个工作组，负责完成县抗震救灾指挥部下达的各项抗震救灾任务，组织协调医疗救助、卫生防疫和突发公共卫生等事宜。

在指挥部的统一部署下，由县级领导牵头的7个片区工作组立即深入全县各乡镇指导抗震救灾，组织抢救伤员，疏散群众，迅速启动医疗卫生应急预案，调集县人民医院、县中医院、乡镇卫生院以及私人诊所等基护力量，分别在人民广场、文昌闸坝、梓潼一中等安全地带搭建临时医疗帐篷，各乡镇各村社也迅速搭建临时医疗点，组织医护人员，全力救治受伤群众。同时，安排人员与电信、供电部门抢修并接通“120”急救电话，并上报各种信息。县委、县政府领导分别深入到帐篷医院及临时医疗救助站了解受伤群众治疗情况和看望医务人员，安排部署灾后防疫等工作。震后3小时，县卫生局安排县疾控中心对棚户区进行消毒、杀菌工作。

5月15日，县卫生局成立抗震救灾资金物资管理领导小组，主要负责监督财务管理组、医用物资管理组、卫生防疫物资及后勤管理组的资金使用和救灾物质的分配，实现救灾物质资金使用科学化、规范化。

5月15—18日，县卫生局先后组织印发灾后食品卫生、饮水卫生及防病知识；将援建物资登记造册依次发放各医疗卫生单位；熬制防病中药汤剂免费提供给受灾群众。

5月19日，县卫生局组织医疗机构的病员安全转移至帐篷病房，并严格执行院感和消杀制度。

（八）三台县

汶川特大地震发生后，三台县委、县人民政府立即启动《三台县突发公共事件应急预案》，由县委常委、宣传部部长胡传光指挥部署卫生系统医疗救援工作。三台县卫生局启动《三台县救灾防病和医疗救援预案》，下发《关于在地质灾害期间切实加强医疗卫生工作的紧急通知》，成立以局党委书记、局长龙保林为组长的抗灾救援应急领导小组，统一组织、协调医疗救治、灾后防病、卫生应急、后勤保障等工作。14时38分，县委常委、宣传部部长胡传光同县卫生局班子成员在县人民医院设立医疗救援临时指挥部，将局机关干部分成3组奔赴县直医疗机构了解医务人员伤亡、病员转移救治和财产损失等情况，同时要求各医疗卫生单位必须严格实行24小时值班制度。单位领导必须坚守工作岗位，所有医务人员一律停止休假，必须服从医院和县卫生局的统一安排和调配。23时，按照绵阳市卫生局的指示，县卫生局组织20人的医疗小分队奔赴安县开展救援工作。

5月13日，县卫生局成立抗震救灾应急指挥部，下设公共卫生组、医疗救治组、物资保障与受灾清核组、文秘通联组、督查组，下发《关于在地质灾害期间切实加强医疗卫生工作的紧急通知》。抽调外科、内科、护理等135名专业人员组成16个医疗救治小分队，随时服从县卫生局统一调配。征调7支医疗救治小分队共计49人分别到县直医疗卫生单位参加救援工作。组织县人民医院、中医院、中医骨科医院等医疗机构空出病床200张，准备收治重灾区伤病员。

5月14日，县卫生局安排部署对食物中毒和重点传染病防控工作，组织县级公共卫生机构和各医疗卫生单位做好防疫人员、物资、药械的准备工作，印制食品卫生、饮用水卫生、灾后传染病防控等宣传资料，制作灾后卫生防病知识宣传片在三台县广播电视台循环播出。由县疾病预防控制中心、县卫生执法监督所人员组成6个检查组深入镇乡，检查指导卫生防病和医疗救治工作，对城区和镇乡食品经营单位和生活饮用水供水单位进行卫生监督检查。当天，县卫生局再次组织20人的医疗小分队奔赴安县开展救援工作，同时抽调防疫人员14人组成三台县卫生防疫应急队奔赴北川担负消杀任务。

5月18—19日，县卫生局和县抗震救灾指挥部先后成立卫生系统灾后防病工作领导小组和灾后卫生防疫督查工作机构，印发《关于切实做好灾后卫生防疫工作的紧急通知》，制定《三台县灾后防病近期工作方案》《三台县灾后食品、饮用水卫生监督方案》《三台县灾后疾病防控健康教育工作方案》等系列方案。

5月26日，针对唐家山堰塞湖溃坝可能的紧急情况，县卫生局召集局机关、卫生执法监督所、农村合作医疗服务管理中心全体职工及退休人员参加紧急会议，传达县委、县政府关于唐家山堰塞湖溃坝应急紧急会议精神，提出按照“宁可信其有信其大，不可信其无信其小；宁愿在灾前听骂声，不愿在灾后听哭声”的原则，做好唐家山堰塞湖溃坝疏散转移预案。

5月30日，三台县卫生局成立唐家山堰塞湖溃坝泄洪区卫生防疫工作组，对全县沿线镇乡的卫生防疫工作进行指导。同时印发《关于做好唐家山堰塞湖溃坝避险工作的紧急通知》，制定《卫生局机关、卫生执法监督所、合作医疗服务中心应对唐家山堰塞湖溃坝转移预案》和《涪江上游堰塞湖全溃坝洪水应急抢险预案》，开展唐家山堰塞湖全溃坝紧急疏散演练。泄洪期间，县卫生局先后多次组织部署医疗保障、卫生防疫和疏散群众心里抚慰工作。

6月13日，根据三台县抗震救灾应急指挥部统一部署，县卫生局下发《关于震后恢复正常医疗工作的通知》。全县卫生系统工作重点转移到恢复正常医疗秩序和灾后重建上来。

（九）盐亭县

5月12日14时36分，盐亭县卫生局机关全体干部职工在局长任思云的指挥下，分别赶赴各中小学以及县城各幼儿园、县人民医院等灾害现场协调指挥，调度“120”救护车开展现场搜寻和医疗救护工作。

5月12日14时40分，盐亭县抗震救灾应急指挥部成立，启动全县抢险救灾紧急预案，指挥部下设医疗教育等12个抗震救灾工作组。15时21分，县委常委、宣传部部长卢海兵及副县长何光明到县人民医院住院部现场指挥住院病员的安置和地震伤员的医疗救治工作。15时50分，卫生局领导班子成员在县人民医院召开露天紧急会议，部署医疗救援工作。16时32分，县委书记胡安虎到县人民医院现场察看地震伤员的医疗救治情况。随后，再次召集县抗震救灾指挥部成员和卫生、水务等部门会议，进一步研究医疗救治、疏散安置群众方案。17时56分，县卫生局领导班子兵分三路，分别深入黑坪、石牛、柏梓、安家等乡镇卫生院及县人民医院、县中医院、县肿瘤医院、县妇幼保健院等重点抢救现场指导医疗救治、饮水消毒、转移病员等工作。12日晚，县抗震救灾指挥部再次召开紧急会议，对全县医疗救治、传染病防治、食品药品及生活饮用水卫生安全等工作进行全面部署；县长丁湘赶赴县人民医院慰问地震伤员和医护人员；任思标带队在县人民医院住院部前搭建的临时帐篷里看望地震伤员和住院病员，逐一对地震伤员和住院病员进行排查，对有急诊手术指征的伤病员实施重点监护。

5月13日，县卫生局下发《关于成立盐亭县抗震救灾医疗卫生救治指挥部的通知》，成立盐亭县抗震救灾医疗卫生指挥部，由任思标担任总指挥，下设：医疗救护组，卫生防疫组，信息组，后勤保障组。15日9时，全县灾后环境卫生消杀灭工作正式启动，要求卫生防疫部门每天进行两次环境消毒。截至16日，县卫生局先后派出4批医疗救治队伍和救护车前往北川、安县、平武参加医疗急救工作。

5月17日，在盐亭县城文化广场举行健康教育宣传和心理干预活动，利用电台、电视台广泛宣传卫生知识。18日上午，县卫生局协同卫生执法监督所制定《来盐灾民医疗卫生保障方案》，明确灾民点的医疗保障工作由县妇幼保健院负责，卫生防疫工作由疾控中心负责。20日上午，县卫生局组织召开加强医疗救治、卫生防疫和药械管理工作会议，下发《关于进一步做好医疗救治卫生防疫药械管理工作的通知》。23日9时20分，县卫生局召开救灾物资、资金和震伤人员医疗救治费用管理会议，成立抗震救灾物资、资金管理监督领导小组。24日，抗震救灾医疗卫生指挥部督查灾后医疗救治、救灾物资、资金使用管理和恢复正常医疗服务秩序情况。

6月1日，卫生局给金孔镇小学受灾儿童，送去书包、纸、笔和防暑降温药。17日，县卫生局组织牵头成立卫生系统地震灾后重建规划工作组，承担全县卫生系统地震受灾情况调查、资料收集、汇总、灾害评估等工作，制定灾后重建规划和实施方案，指导、督促各地开展卫生系统灾后恢复重建工作。27日，成立盐亭县地震伤员康复工作领导小组、康复专家组，负责对全县地震伤员康复工作的治疗与指导。

第二节　信息发布和新闻宣传

一、信息报送与发布

汶川特大地震发生后，市卫生局要求各收治地震伤员的医院每天8时30分、12时30分、16时30分，分别向卫生局信息组报送伤员收治情况。3天后改为每天11时30分和18时报送伤员收治情况。一周后改为每天1次报送。

市医疗救治分指挥部成立后，信息的报送和发布由市分指挥部信息宣传组统一负责。在抗震救灾紧急医疗救援的第一周，每天两次统计报送市抗震救灾指挥部和省卫生厅。各县卫生局分别按要求报市卫生局。北川县卫生局5月15日至12月31日每日向上级部门报送每日工作动态。

5月18日，市医疗卫生救治指挥部发出《进一步规范灾后疫情监测报告处置和医疗救治信息报送的通知》。市抗震救灾医疗救治分指挥部下发《关于加强抗震救灾医疗卫生组织领导和信息报送工作的通知》。通知要求各地卫生部门要切实加强报送信息，要高度重视，加强沟通。每日向指挥长报告：汶川特大地震灾害救治防病进展、绵阳市抗震救灾派出医疗卫生救援人员覆盖一览表、卫生防疫工作开展情况日报表、饮用水、食品卫生、传染病监测日报、每日转运伤员情况报告、抗震救灾卫生应急快报等信息。各地派往灾区的医疗、防疫队伍要指定专人负责信息联络和报送工作，确保联系畅通。21日，市卫生局发出《关于建立“5·12”地震灾害在院救治伤员信息查询平台的通知》。24日9时40分，市抗震救灾医疗救治分指挥部领导组织有关人员研究信息数据统计工作，分析存在的问题，并再次致信各医疗单位负责人、驻县工作组组长及县卫生局局长，要求数据统计不得拖延，不得虚报，要规范、准确、及时地报送相关数据，各单位负责人要亲自抓信息报送工作，驻县工作组长和卫生局局长务必起到督办作用。

6月3日，为全面、准确把握全市抗震救灾工作最新动态，及时掌握、解决热点难点问题，市抗震救灾指挥部拟编发《要情快报》，下发《关于及时报送抗震救灾重要信息的紧急通知》，要求各部门再继续做好媒体工作进展情况专报等相关信息报送工作的同时，务必重视《要情快报》信息报送工作。

截至6月底，全市累计收集整理全市抗震救灾医疗信息8000余份，向市抗震救灾医疗救治分指挥部信息组报送信息300余份。市抗震救灾医疗救治分指挥部编制、下发《抗震救灾应急卫生快报》44期。

二、新闻媒体宣传

（一）协调媒体，提供新闻线索

各地各卫生机构利用电视、广播、报刊、网络等公共媒体平台，主动为新闻媒体的采访报道提供采访线索；整理上报卫生系统抗震救灾大事记；将医疗、防疫、心理干预等技术方案和工作要求整理为新闻稿件，在卫生局政务网站挂网并通过邮件发送给媒体记者；主动提供医疗保障工作动态等。

5月13日17时30分，《健康报》总编邢远翔电话采访市卫生局局长雷巨天，以“绵阳重震灾区：每5分钟就来一辆救护车”为题，对绵阳市医疗紧急救治工作进行报道（刊登于5月14日《健康报》）。14日凌晨10分，中央电视台及四川省电视台在市中心医院采访卫生部副部长陈啸宏。陈啸宏说：“地震无情人有情，在百姓生命安危遭受天灾威胁时，医务人员应该挺身而出，全力救治伤员，全力挽救生命，并减少因伤致残，将损失降到最低限度。”当天，四川电视台、四川日报相继播出和刊登江油雁门镇中心卫生院灾损和伤员救治情况。17日，中央人民广播电台、中国国际广播电台、中央电视台对九洲体育馆灾民安置点卫生监督工作进行采访。18日，中央电视台七套节目对江油市让水医院灾后救治工作进行一线采访。下午，绵阳市委常委、市政府副市长蔡志山接受绵阳电视台、《绵阳日报》《绵阳晚报》等新闻媒体专访，回答疫情防控、地震余震影响、部分伤员转院治疗等人民群众关心的问题。19日，中央电视台一套《焦点访谈》栏目组一行3人到安县采访报道卫生防疫工作。摄制组一行和县疾控中心防疫小分队深入到晓坝镇两河村、五福村和晓坝镇灾民集中安置点，对该县灾后的饮用水监测、公共卫生环境消毒杀菌、灾民居住环境、卫生防疫宣传等进行采访。28日，《新民周刊》记者杨江采访市卫生局局长雷百灵，在《新民周刊》以及新浪网发表通讯，题为"女卫生局长的12昼夜"。

6月14日上午，"中央、省宣传抗震救灾专题采访活动"在绵阳开展，新华网、省政府网站、《中国卫生画报》、中央电视台一套《健康之路》等新闻媒体就绵阳"大灾之后无大疫""专群结合，科学防控"等为题，介绍绵阳灾后卫生防疫工作。

截至10月底，协助中央电视台制作播出多期医疗救治、卫生防疫节目（CCTV-1《焦点访谈》《健康之路》，CCTV-2《第一时间》、CCTV-7等栏目）。香港凤凰卫视、四川卫视、山东卫视、湖南卫视、福建东南卫视、浙江卫视等电视台，新华社、健康报、中国食品报、四川日报、绵阳日报、绵阳晚报等报刊，中国国际广播电台、四川人民广播电台、绵阳人民广播电台等电台均对绵阳医疗救援、卫生防疫和健康宣传进行报道。

（二）影像、文字资料收集制作

汶川特大地震发生后，全市卫生系统收集和记录党和国家领导人，部、省、厅、市级领导在灾区一线组织指挥的重大事件，医疗救治和卫生防疫人员在营救现场的影像资料1万余张。2008年期间，市卫生局组织制作宣传展板5期，设计和制作反映全市卫生系统抗震救灾工作的纪念画册《"5·12"纪念》，整理制作市抗震救灾医疗救治分指挥部《文件汇编》一、二两册，制作反映全市卫生系统救援工作和兄弟省市支援工作的DVD光碟500余张。

各县（市、区）卫生系统和市直属卫生单位积极开展影像收集制作工作：市中心医院制作抗震救灾纪实画册《生命辉煌》，收集编制《学术论文集》《地震灾害医院医疗救治管理分析》；市三医院编辑出版抗震救灾感言集《情系汶川》和媒体公开评价集《沉重的记忆》，协助拍摄首部纪念汶川特大地震抢险救灾的电影《前方、后方》；市疾病预防控制中心收集编制《地震灾后卫生防疫学术交流会论文集》；市卫生执法监督支队编制《抗震救灾·卫生监督》上、下两册，市红十字中心血站制作纪实画册《大爱》等。

第二章　医疗卫生救援力量

第一节　省内医疗卫生救援力量

一、各地市州医疗卫生队伍开赴灾区

（一）医疗队开赴灾区

2008年5月13日凌晨30分，四川省卫生厅副厅长王正荣、四川省人民医院急救中心副主任曾俊，率华西医科大学、四川省人民医院、省肿瘤医院等，共19支医疗队91名医护人员组成的四川省医疗救援队抵达安县安昌镇，准备取道前往汶川特大地震震中汶川。在了解到北川和安县受灾严重、医疗资源极其匮乏后，救援队召开现场紧急会议，决定将医疗人员分成两部分：一部分在安县西苑中学建立四川省抗震救灾救治站；另一部分赴北川救援。1时30分，医疗队到达北川县县城—曲山镇北川中学开展救治工作。

5月14日2时30分，川北医学院附属医院刘世平率领20名医护人员，携2辆救护车和急救药品到达安县。5时30分，医疗队兵分两路，一组留在安县就地抢救伤病员，另一组前往睢水镇参加救治伤病员。6月1日，医院派遣第二批医疗队一行10人到达平武南坝镇支援救治工作。6月5日，医院派出第三批医疗队支援平武南坝镇。

5月13日7时，自贡市第三、四、五人民医院、川矿医院、市疾控中心31名医护、防疫人员组成的急救医疗队，携急救医疗药品、器械和10台车辆（6台救护车、2台疾控车、2台物资车）到达安县，展开医疗救助。5月19日，防疫人员负责北川任家坪受灾群众安置点的卫生防疫工作，这支队伍也是唐家山堰塞湖泄洪前最后一支留守在北川中学的防疫队伍。

5月13日10时40分，泸州市卫生局医政科副科长罗云率由泸州市人民医院、市中医院、泸州医学院附属医院8名医疗队员组成的医疗队，携急救药品和医疗器械分到达北川，支援北川中学的医疗救治工作。5月16—17日，泸州市卫生局派遣14人的医疗队抵达绵阳富临医院，成立“泸州市医

疗救援独立病区”。

5月14日，遂宁市中医院丁向东率领3名骨科和麻醉科医护人员到达绵阳市中医院协助救援工作。

5月15日16时，四川大学华西第二医院妇产科、儿科医师、麻醉师、护士、司机共22人组成的医疗小分队，由院长毛萌带队，乘救护车和越野车各1辆，携带价值5万余元的救灾药品和物资到达北川中学。医疗队分成2个组，一组会同其他医院的医务人员负责北川县中学的急救。另一组徒步进入北川县城——曲山镇展开医疗救援。

5月15日，内江市卫生局派出医疗救援队12人，到达安县永安镇参与救援工作。

5月15日，简阳市人民医院刁组强率简阳市人民医院、中医院、妇幼保健院的20名医护人员到达安县西苑中学临时医疗救助点开展医疗救助。

5月16日，攀枝花市卫生局组织医疗队共69人，分别到达平武县平通镇和安县桑枣镇开展医疗救援工作。

（二）卫生防疫队开赴灾区

5月14日19时45分，四川省疾控中心派出8人应急队到达安县，分赴安昌镇的3个集中医疗救治点和灾民集中安置点协助抗震救灾及防病工作。5月17日下午，四川省疾控中心4支防疫小分队39人，携带设备、耗材和试剂共60余种类到达安县，开展防疫工作。6月5日上午，四川省疾控中心欧阳兵，率28名疾控人员到达绵阳，分成14个小组定点负责位于游仙、涪城的14个乡镇泄洪疏散群众安置点的防疫工作。

5月13日10时，泸州市疾控中心副主任魏德清，率两支由8名泸州市疾控中心人员组成的防疫队，携消杀药品到达北川实施环境消杀工作。17日7时，泸州市疾控中心副主任王勇，率市疾控中心14名防疫队员，携带消杀器材和药品赴北川县，在陈家坝乡开展卫生防病，健康知识宣传。

5月17日凌晨，资阳市卫生局组织35名卫生监督人员抵达安县安昌镇支援防疫工作。是日上午，资阳市计划生育指导站组成卫生防疫队到达平武县响岩镇开展防疫工作。

5月17日，宜宾市卫生局组建的卫生监督救灾防疫队共28人到达平武县支援防疫工作。19日，宜宾市卫生局组建的第二批卫生监督救灾防疫队共13人到达平武县。21日，宜宾市疾控中心副主任华林，带领由29名疾控和卫生监督人员、7辆卫生防疫车组成的医疗卫生救援队增援平武县。6月3日18时，宜宾市卫生执法监督支队党委书记赵师云，率市卫生执法支队、疾控中心、江安和筠连等区县卫生机构19名工作人员到达平武县南坝镇增援。

5月18日上午，凉山州18名疾控人员和8名卫生执法监督人员携带消杀器材和药品到达安县，被安排至宝林镇、清泉镇，负责灾后卫生防疫和卫生防病健康教育宣传工作。

5月19日，达州市卫生执法监督大队副队长乔盛政，率达县、宣汉县、大竹县、渠县卫生执法监督支队23名卫生监督员到达北川县，开展食品卫生、饮用水卫生、卫生防病知识宣传等工作。6月4日，达州市通川区卫生局副局长李传忠率领5名卫生监督人员到达绵阳，全力配合涪城区卫生执法监督所开展卫生监督保障工作。

5月28日，成都市青羊区卫生局副局长陈云，带领11名疾控人员组成的卫生防疫队，携带机动喷雾器、氧化氯到达平武县南坝镇，采取1人负责1个村的方式，进村入户开展卫生防疫工作。

5月30日10时30分，万源市卫生执法监督支队所长符滨，率4名卫生监督人员到达北川县，开展卫生监督工作。

6月10日，四川省卫生厅、省卫生执法总队组织广安、泸洲、冕宁、会理的18名卫生监督员到达江油市。根据唐家山堰塞湖卫生监督工作方案和全市乡镇卫生监督工作需求，奔赴各乡镇，开展食品监督、生活饮用水卫生监测工作。

二、绵阳市县（市、区）医疗卫生队伍开赴灾区

（一）医疗队开赴灾区

2008年5月12日17时，绵阳市中心医院以医务处主任崔易坤、急诊科主任吕汶奇率领由骨科、普外、脑外、胸外、急诊科医师组成的两个应急救援小分队，携带急救医疗物品，分乘两辆急救车出发赶往北川县进行救援。21时左右，救援队到达北川县任家坪收费站，在向逃难群众询问北川灾情后，医疗队商量后决定，一支救援队立即护送沿途搜救的8名重伤员返回医院救治，另一支救援队徒步进入北川县城支援救治工作。

5月12日17时05分，市卫生局指派市第三人民医院、四〇四医院等市级直属医疗机构组成抗震救灾应急医疗队，在安县路口集合，由市卫生局副局长秦晓明带队，赶赴北川县组织医疗救援工作。

5月12日17时30分，绵阳市第三人民医院急诊科主任李银先，率12名以外科医生为主的医护人员，携带急救物品赶赴北川县抢救伤员。21时12分，医疗队抵达北川中学展开救援行动。14日，医院派出第二批由4名骨科人员组成的医疗援助队到达北川。15日19时30分，医院派出第三批医疗援助队8人，携带急救医疗物品、生活保障物资到北川，开展现场救治。17日上午9时，医院大内科主任刘红专，率9名医护人员到南河体育馆灾民集中点开展医疗服务。28日，医院向富乐山和白云寨两个唐家山堰塞湖避险群众安置点派驻两支医疗队各11人，开展医疗服务。6月8日，医院向平武县南坝镇派出6名医护人员组成的驻点医疗队，为当地灾区群众开展门诊治疗、会诊、入户巡诊等医疗服务工作。6月16日和25日、7月5日和15日，医院又分别向平武县南坝镇派出4批20人医疗队员，开展极重灾区医疗救援工作。

5月12日19时，绵阳四〇四医院麻醉科医师王忠率8名医护人员组成的抗震救灾医疗队，携急救医疗物品，乘急救车前往北川县救治伤员。13日20时30，医院派出普外科、麻醉科、呼吸科等医护人员组成的抗震救灾医疗队，携带急救医疗物品到达北川县城，展开现场救治。16日10时30分，医院副院长王继相率8名医护人员组成抗震救灾医疗队赴平武县南坝镇，开展医疗服务工作。19日11时，医院向平武增派第二批医护人员7人。21日11时30分，医院支援平武县的第三批医疗队7人抵达平武县南坝镇。

5月12日21时，绵阳市人民医院派出医疗队6支，医务人员34人次，到达北川县城开展医疗救援和伤员转运工作。

5月12日，江油市厚坝中心卫生院院长王昌金，带领医疗急救小分队前往北川县陈家坝震区救治、转运伤员。13日，江油市卫生局派出2支医疗救援队赴北川县桂溪乡[illegible]溪办事处支援医疗救护工作。

5月13日零时15分，三台县人民医院、骨科医院、中医院派出22名医护人员，组建三台县抗震救灾医疗队，由县人民医院张恒茂带队，分乘3辆急救车，携急救医疗物品抵达安县开展医疗救护工作。

5月13日1时，盐亭县卫生局派出盐亭县人民医院、中医院12名医护人员，由县人民医院副院长冯大彦带队，分乘2辆救护车，携带急救药品器械前往北川县、安县参加医疗急救。14日5时，县卫生局派富驿中心卫生院6名医护人员，携急救药品、医疗器械，前往平武县南坝镇支援医疗救治。

15日6时，县卫生局派遣盐亭县玉龙中心卫生院6名医护人员，乘2辆救护车，携急救药品、医疗器械前往北川县县城支援。16日，县卫生局派县人民医院10名医护人员，支援北川县。

5月13日，绵阳市第二人民医院急诊科主任邓诗武，率6名医护人员，携带急救医疗物品乘2辆急救车到达安县，开展伤员救治、转运工作。14—19日，医院急诊科主任邓诗武，率11名医护人员，分为两个组，携带急救医疗物品分乘2辆急救车到北川县擂鼓镇和安县，执行救治任务。

5月14日9时，梓潼县人民医院院长助理唐恭正，率领7名医疗人员，携急救药品、医疗器械到达平武县响岩镇，因山体滑坡，队员将医疗器械和药品扛在肩上徒步3小时抵达平武县南坝镇开展支援工作。

5月14日，绵阳市游仙区卫生局组建由6名专业技术人员组成的抗震救灾医疗小分队，携带医疗药品、器械、食品、衣物、帐篷等到达北川县开展医疗救援工作。

5月14日，绵阳骨科医院派出医务人员24人，救护车8台次赴北川县救治和转运伤员。

5月19日，绵阳市富临医院派出医疗队在安县黄土灾民安置点建立医疗所。

（二）卫生防疫队开赴灾区

5月12日17时，绵阳市卫生局疾病预防控制科科长颜成高与市疾病控制中心副主任张光贵组织防疫队伍，分别对设立在市中心医院、市第三人民医院、四〇四医院等地的临时医疗点进行巡视，对临时医疗点的病人分区、院感控制、消毒处理等工作给予技术指导。

5月13日3时，市疾病预防控制中心召开紧急会议，组建5支应急队，由疾控中心副主任李六林、市卫生局副局长辛林平带队分别赶赴北川县和安县，指导开展尸体消毒和食品饮用水消毒工作，发放健康知识宣传资料。13日12时，市疾控中心派应急队员到九洲体育馆指导消毒及防疫工作。14日2时10分，市疾控中心副主任张光贵带领专业技术人员4人，前往江油了解灾情，指导救灾部队的防疫、消毒工作。15日8时35分，市疾控中心派李钰等10人前往九洲体育馆，分成3个小组（流病组、消毒组、治疗组），对腹泻、发热病人开展医疗救治、现场采样、疫情监测和环境消毒等工作。10时，市疾控中心派出5人组成的应急分队，抵达平武县南坝镇展开灾后防病指导和饮用水采样监测工作。17日15时，市疾控中心向平武县平通镇派出6人组成的应急分队。17时，市疾控中心派出7名技术人员，分别到绵阳城区磨家、金家岭、龙门等绵阳周边收费站，指导当地工作人员对过往车辆开展消毒。6月3日，市疾控中心派出5名疾控人员前往平武县和江油市两地，培训当地疾控人员开展“四害”密度的监测，指导消杀灭工作。

5月15日6时，盐亭县疾控中心副主任岳灏，率15名疾控和监督人员赴绵阳和北川县、平武县等地开展卫生防疫援助。26日和29日，盐亭县卫生局先后各派出5名卫生防疫人员前往平武县南坝镇开展卫生防疫工作。31日，盐亭县卫生执法监督大队副队长兼云溪，率20名卫生防疫和监督人员，到达绵阳唐家山堰塞湖绵山路安置点，协助负责安置点居民的食品卫生、生活饮用水、环境消毒、传染病防治等工作。

5月15日12时，梓潼县疾控中心党支部副书记胡勇、副主任应宇辉，率7名疾控人员，携带200余公斤消杀灭药物到达北川县任家坪，展开卫生防疫工作。

5月15日12时30分，三台县疾控中心副主任张彪，率11名应急队员，与县内各卫生单位组成20人的“三台县抗震救灾赴北川卫生防疫队”，到达北川县参加由市疾控中心组成的市救灾防病工作组。

5月15日，绵阳市卫生执法监督支队派出10名监督员、抽调各级疾控中心工作人员和志愿者100余人组成10个小分队，分别赶赴北川县曲山镇和陈家坝乡、平武县南坝镇、安县、九洲体育馆和南河体育中心地震灾民临时安置点，执行应急防疫消毒工作。17日，市监督支队与三台县疾控中心及志愿者一行11人赴安县开展卫生防疫工作。24日，市监督支队派出5名监督员赶赴北川县、平武县开展消毒防疫工作。

5月20日，由绵阳市工商局、市发改委、市林业局、市农机局各抽调人员组成4支防疫工作巡查组，分别由市工商局副局长杨纯忠、市发改委机关党委书记杨先荣、市林业局副局长张金传、市农机局副局长周仕文任组长，对口巡查北川县、安县、平武县3个极重灾县和江油市的医疗卫生防疫工作情况。

6月3日，绵阳四〇四医院感染科主治医生寇国先带队，由四〇四医院、浙江省卫生防疫队、平武县疾控中心一行9人组成的医疗防疫队，携带药品、喷雾器、消杀药品进入平武县水观乡，协助当地卫生部门开展灾后的医疗和卫生防疫工作。

第二节　全国各省（区、市）医疗卫生救援力量

一、医疗队开赴灾区

2008年5月13日19时57分，江苏省卫生厅派遣由省人民医院、中大医院、南医二附院、鼓楼医院、南京市第一医院和苏北人民医院101名医护人员组成的5支医疗队，携带医疗急救物资到达绵阳，分别到绵阳市第三人民医院、四〇四医院、总装驻绵阳520医院和江油市开展救援工作。14日13时，江苏省人民医院医疗队队长孔祥清带领医疗小分队7人，携带帐篷、急救药品、饮用水和食品，奔赴平武县平通镇救援。6月3日，江苏省第二批医疗队一行42人，分别抵达平武县、北川县和市第三人民医院，协助救治工作。

5月13日，北京市卫生局副局长、抗震救灾前线指挥部总指挥于鲁明，率领积水潭医院、北京友谊医院、宣武医院、天坛医院、人民医院等选派的以外科专业为主的54名医护人员，携医疗物资先后到达安县和绵阳城区医院开展救援。5月26日，由北京大学附属医院、儿童医院、人民医院等6家医院的医疗专业人员组成的北京第二批医疗队共39人到达绵阳，分赴绵阳城区各医院开展医疗救援和卫生防疫工作。6月10日，北京市第三批医疗队一行20人抵达绵阳支援救灾工作。

5月14日23时，浙江省卫生厅副厅长马伟杭率领由浙江省直属、杭州、宁波、台州等地市级医院和疾控中心的94名卫生人员组成的抗震救灾医疗队到达江油市，分5个工作小组分别到当地的医院参与救治工作。16日15时，浙江省卫生厅副厅长张平，率115名医护人员，携救援物资到达江油市支援救治工作。

5月14日，山东省卫生厅应急办调研员李道文，率山东省国家级灾害应急队和山东省立医院、山东大学附属齐鲁医院、山东省千佛山医院等6家医院41名卫生专业人员，经都江堰到达平武县龙安镇。16日，山东省卫生厅派遣30名专业医护人员到达平武县，与先期抵达的救援队会合，开展救治工作。27日，山东省济南市卫生局局长贾堂宏，率11名防疫和医疗队员，携带药品、器械到达绵

阳，赴北川县擂鼓镇，承担医疗服务任务。

5月14日，辽宁省人民医院、中国医科大学附属第一、第二医院、盛京医院以及沈阳、大连的13家三级甲等医院173人组成的辽宁医疗队，由辽宁省卫生厅厅长姜潮率领，携带医疗物资到达绵阳，分4组进驻绵阳市中心医院、中医院、人民医院和九洲体育场灾民临时安置点，展开生命救援。17日17时，辽宁省卫生厅副厅长董德刚，率来自辽宁省人民医院、辽宁省疾病控制中心、中国医科大学附属第一、第四医院等6个单位的31名心理医生组成的灾后心理干预医疗队到达绵阳，协助绵阳市第三人民医院在灾区开展心理危机干预工作。19日，由辽宁省直医院与11个市主要医院的重症监护和肾内科55名专家到达绵阳，于当晚分别进驻绵阳市中心医院、市中医院、市人民医院和总装驻绵阳五二〇医院开展医疗救治工作。25日16时，由来自辽宁省肿瘤医院，中医药大学附属医院等5家医院的36名医疗队员组成的医疗救援队到达绵阳，分别进驻绵阳中医院、市人民政府、九洲体育馆，协助开展治疗、预防及心理疏导工作。6月11日，辽宁省派出30人组成的医疗救援队，到达绵阳市人民医院和中医院执行救治任务。

5月15日13时30分，上海第一人民医院医疗队一行14人，在四川省中医药管理局指派下，到市中医院参与救治工作。5月17日，上海市中山医院、儿科医院、新华医院、第九人民医院42名医护人员组成医疗队，携带急救药品、医疗器械等物资到达绵阳，分别前往市中医院、四〇四医院和安县安昌镇参与救治工作。5月28日11时，上海市闵行区中心医院与长宁区中心医院一行12人赴安县晓坝镇，担负当地医疗任务。同日，上海普陀区中心医院院长赵德强率该院9名医护人员赶赴绵阳市中医院，协助开展医疗救治工作。6月10日，上海市卫生局派出23人医疗队，到达绵阳，分别前往九洲体育馆灾民临时安置点、四〇四医院和安县晓坝镇，协助救援工作。

图3-2-135　上海医疗救治队在安县救治受灾群众

5月14日，内蒙古卫生厅副厅长白宝玉，率内蒙古呼和浩特市、包头市的14家医疗卫生机构19名医护人员，携9吨急救、消毒药品、医疗器械到达北川县曲山镇，建立起医疗救治点。16日9时左右，由28名司机驾驶的15辆急救车救护车队到达北川县与医疗队会合。

5月15日，云南省派遣赴四川抗震救灾医疗队共计103人，携医疗器械、药品和急救用品和急救车辆到达安县，分成3个小组分别在安县新县城花荄镇安县人民医院东区、安县老县城安昌镇县人民医院西区和安县中医院为当地伤病员提供医疗救助。5月28日，云南省第二批赴绵医疗队共计103人，抵达安县。

5月15日，西安医学院附属医院副院长焦东平，率该院普外科、骨科、脑外科、急诊科、三大麻醉科等22名医疗队员，携带医疗救援物资到达绵阳，进驻绵阳四〇四医院协助医疗救治工作。

5月15日17时，河北省唐山市丰南区委常委、副区长张会春，率领71人的医疗救护队，携救援物资抵达绵阳，进驻市第二人民医院协助伤员救治。

5月16日17时，广东省卫生厅医政处副处长伍新民、广州市卫生局副局长曾其毅，率广东17家医院156名医护人员和30辆救护车，到达安县和平武县，参与转运伤员和治疗工作。6月4日，广东省卫生厅组织48人的医疗队，携21辆救护车抵达绵阳，与前期驻扎安县的医疗队进行工作交接。

5月17日20时，山西省卫生厅主要领导，率山西省人民医院、山西医科大学第一、第二医院、太原市中心医院等医院的222名医护人员，携医疗救灾物资到达绵阳，绕道奔赴平武县响岩镇开展医疗救治工作。5月19日，来自山西省疾病预防控制中心、省精神卫生中心等单位的15名专业人员，携带消毒器械和消毒药品、杀虫剂等卫生防疫应急物资到达平武县城，开展急性传染病疫情监测和防控、生活环境卫生监测和消毒、遇难者遗体卫生处置、卫生知识宣传教育等卫生防疫工作。6月1日，山西省卫生厅再次派出47人医疗队，抵达平武县响岩镇。

5月17日，卫生部派遣40名心理咨询、心理治疗专家和志愿者到达绵阳，进驻市第三人民医院和各灾民临时安置点，开展现场心理干预和培训工作。30日，卫生部第二批心理危机干预医疗队到达绵阳。

5月17日，陕西洛南县人民医院派出8人医疗队抵达安县，协助救援工作。

5月17日，农工党湖北省委组织12人的医疗救援队抵达绵阳，进驻市第二人民医院开展救治工作。

5月18日，黑龙江省卫生厅派出肾内、ICU等专业的18名医护人员抵达绵阳，进驻江油市中医院参与伤员救治。6月6日，黑龙江省第二批医疗救援队共18人，抵达江油市中医院。

5月18日，河北唐山市组织9人的心理专家咨询组，抵达江油市中医院开展心理安抚工作。28日，第二批唐山市心理专家咨询组一行20人，抵达江油市中医院。

5月19日晚，广东中山大学附属第三医院12名心理学专家教授组成的心理干预小组到达绵阳，开展心理干预工作。

5月20日，吉林省医疗队一行16人，抵达北川县，协助救治工作。

5月20日，青海省医疗队一行20人，抵达安县桑枣镇，开展医疗救治工作。

5月21日，河北省保定市医疗队到达江油市，对口支援江油市中坝镇卫生院主救治工作。

5月22日，贵州省医疗救援队一行3人，抵达安县晓坝镇参与救治工作。

5月23日，辽宁残疾人联合派遣10名医护人员组成的医疗救援队，抵达安县秀水镇，开展救援工作。

5月24日，广东省劳教局心理辅导队一行21人抵达安县，分两组分别赶赴大安镇和黄土镇，开展心理疏导工作。

5月28日，南京心理干预中心心理医疗队28人，分别到达北川县、安县和绵阳城区灾民安置点，对受灾群众进行心理辅导。5月30日，南京心理干预中心第二批心理医疗队19人，分别抵达北川县和绵阳城区灾民临时安置点。

5月28日，河北省保定市医疗队到达江油市，在江油市卫生局抗震救灾指挥部的统一安排下，对口支援江油市中坝镇卫生院的救治工作。

5月31日，河南省心理援助团一行13人，抵达市第三人民医院，开展心理干预工作。

6月28日，由北京理工大学心理研究所派出的3名心理专家抵达绵阳，参与北川幸存医务人员的心理辅导工作。

二、卫生防疫队开赴灾区

2008年5月14日，广州市疾控中心副主任杨智聪、张玉润率41名广州疾控中心工作人员，乘9辆防疫车，携带消杀药品和器械先后到达江油市太平镇、平武县南坝镇灾民临时安置点，协助防疫工作。31日13时，深圳市疾控中心王鸣、张世英分别率8名疾控人员到达江油市和平武县开展防疫任务。

5月15日，中国疾控中心副主任刘剑君，率8名卫生防疫和监督人员到达北川中学救灾点开展防疫工作。16日清晨，中国疾控中心农村改水技术指导中心常务副主任陶勇率领10人工作组到达北川中学，开展防疫工作。5月20日，中国疾控中心性病艾滋病研究所党总支书记韩孟杰，带领10名防疫专家抵达江油市，支援卫生防疫工作。

5月16日3时，江苏省疾病预防控制中心副主任周明浩，率该中心10名流行病学、环境卫生等专业人员组成卫生防疫应急救援队，携消杀药品到达绵阳，赴北川县开展卫生防疫工作。17日，江苏省疾病预防控制中心党委书记陈连生，带领江苏省、徐州市疾控中心30名防疫人员，携消杀药品到达北川县和平武县。21日，来自江苏省各级疾控和卫生监督部门的63名工作人员组成卫生防疫应急救援队，携消杀药品、医疗器械等救灾物资到达北川县，开展防疫工作。

5月16日11时，河南省卫生厅派遣省疾控中心副主任许汴利，率该中心11人，携带消杀药械到达北川县，负责北川县城东半区新县城的消毒防疫工作。5月18日21时40分，河南省卫生厅派遣郑州市疾病控制中心、第八、第九人民医院等机构的30名医疗、防疫人员，乘30辆急救车，携带生活物资、防疫消杀药品、喷雾器等到达北川县，开展工作。5月26日和6月2日，河南省9名防疫队员先后两次被空投到北川县禹里乡，负责禹里乡20多个村子的卫生防疫工作。

5月16日21时30分，重庆市卫生局疾控处处长胡渝，率重庆各级卫生局和疾控中心59名工作人员组成防疫队到达绵阳，奔赴北川县陈家坝乡和安县塔水镇开展消杀工作。

5月17日，由海南医学院附属医院、海南省疾控中心等部门31名外科、防疫专业人员组成的海南省医疗卫生救援队，携快速检测箱、半自动喷洒器、疫苗及消毒药品抵达绵阳，进驻安县晓坝镇开展卫生防疫工作。29日，海南省第二批医疗卫生救援队一行8人，抵达安县晓坝镇开展工作。

5月17日，河北省疾病预防控制中心主任朱会宾，率河北省疾控中心、唐山市疾控中心26名疾控人员，携带卫生防疫物资到达安县，开展环境和饮用水消毒、传染病监测等工作。20日5时，由河北省邯郸市、石家庄市、廊坊市疾控中心52名工作人组成的河北省赴川第二批卫生防疫队，配备消杀药品、器械和卫生防护用品及两辆卫生防疫车到达安县。21日11时，由河北省衡水市、邢台市、沧州市疾控中心50名疾控人员，携带防疫物资到达安县开展工作。

图3-2-136 2008年6月24日，福建莆田卫生防疫队队员走村串户为群众发放消毒药片

5月18日15时，来自浙江省及杭州、宁波、嘉兴市疾控中心的62名专业人员，携带消杀药品和健康宣传资料到达平武县，执行防疫任务。19日10时15分，浙江省卫生厅副厅长张平和马伟杭带队，赴平武县南坝镇开展救灾防病工作。

5月19日，天津市卫生局派出6名院感专业技术人员抵达绵阳，分别到市中心医院、第三人民医院、中医院协助院感工作。

5月20日18时，福建省疾控中心党委书记许龙善，带领该中心流行病学、消杀灭等专业的8人应急小分队，携带消杀药品和器械等物资到达绵阳，奔赴江油市开展灾后卫生防疫工作。21日晚，福建出入境检验检疫局10名专业技术人员，携带喷雾器、消杀药品及防护设备到达北川县开展卫生防疫工作。

5月20日19时，山东省烟台市卫生局副局长李树文，率烟台市疾控中心11名卫生防疫人员，携医疗设备、防疫专用药品到达绵阳，赶赴北川县陈家坝开展卫生防疫工作。21日20时30分，山东省疾控中心书记单宝德率40名防疫人员，携医疗设备、防疫专用药品抵达安县，参加花荄镇和界牌镇卫生防疫工作。5月22日16时，山东省济南市卫生执法监督所所长刘言先，率15名卫生监督员分乘4辆卫生监督车到达平武县南坝镇，承担健康教育宣传，生活饮用水及水源地的卫生安全及监督等工作。6月11日、13日，山东省德州市疾控中心高志坚，率领10名疾控人员赶赴平武县负责该县21个村的卫生防疫工作。

5月21日18时，广西壮族自治区卫生厅副厅长王勇、疾控中心主任董柏青，带领39名疾控人员，携带消毒药品、杀虫剂，喷雾器等，分乘6辆救灾防疫车到达江油市，承担重华镇、文胜乡、二郎庙、东安乡等乡镇的卫生防疫任务。22日15时，广西河池市10名疾控人员，携带防疫物资到达江油市二郎庙开展卫生防疫工作。23日15时，广西柳州市13名疾控人员携带防疫物资到达江油市永胜镇，配合当地开展卫生防疫工作。

5月21日，山西省卫生厅副巡视员徐先定，率来自山西省各级疾控中心和卫生监督单位的113名专业人员，携消毒器械、消杀药品、检测设备等物资到达绵阳，赴平武县响岩镇开展消杀、传染病监测等工作。

5月22日，湖北省卫生厅派遣由88名卫生监督人员和20辆卫生监督车（快速检测车1辆）组成的卫生监督工作队到达安县，协助当地卫生监督部门开展工作。

5月28日，浙江省人民医院党委书记柴可群，率来自浙江省各级卫生机构的56名医疗、防疫、心理干预人员组成的医疗卫生救援队，携急救药品、消杀药品、医疗器械等救灾物资到达平武县，分赴平武县人民医院、阔达藏族乡、水晶镇等地医疗救治点承担防疫任务。

5月30日，内蒙古自治区卫生厅副厅长贺丰奇，率由医疗、疾控、卫生监督人员组成的47人援川防疫队，抵达北川唐家山堰塞湖泄洪撤离疏散安置点——川音绵阳艺术学院安置点负责防疫工作。

第三节　军队和武警医疗卫生救援力量

一、中国人民解放军医疗卫生队伍开赴灾区

（一）医疗队开赴灾区

2008年5月12日15时5分，解放军驻绵63820部队520医院副院长余帆带领8名医护人员，携带急救药品、医疗器械前往安县晓坝镇，执行抢险救援任务。

5月13日12时，解放军第452医院医务处主任冯怀志带领25名医护人员，携急救药品、医疗器械到达北川中学救灾现场，与同时到达的成都军区42医院医疗队整编为成都军区抗震救灾北川野战医院，开展伤员抢救工作。

5月13日22时，海军总医院院长钱阳明带领47人医疗队，携急救药品、医疗器械和消毒制剂到达绵阳，先后进驻绵阳中心医院、北川县城开展救援工作。

5月13日，解放军95982部队卫生队医疗官兵一行16人，与部队抢险官兵一道抵达平武县，执行医疗救治任务。

5月14日上午，成都军区77289部队22名医疗官兵，分两组分别抵达北川县陈家坝乡和擂鼓镇，实施救援任务。

5月14日17时，解放军第161医院一行36人，携带急救药品、医疗器械到达北川县，分为4组，分别在县城和周边各个乡镇开展医疗救治。

5月14日23时30分，成都军区昆明总医院政委史云政率30人的医疗队，携带医疗物资到达北川中学救灾现场，组织搭建“帐篷医院”收治伤员。

5月14日晚，解放军455医院副院长沈旭东率20名医护人员，携急救医疗器材和药品到达平武县南坝镇开展医疗救治。

5月15日凌晨，解放军第四军医大学188名医护人员组成赴川抗震救灾野战医疗队，配备药品、医疗设备和车辆抵达绵阳，先后赶赴安县、北川县、江油市、平武县执行援救任务。13日，四军大抽调航医系心理教研室26名心理卫生专家组建心理卫生医疗队赶赴北川县，对受灾群众、伤病员、救援官兵和医护人员开展个体和群体心理卫生治疗。

5月15日3时20分，解放军第二军医大学医疗队共96人到达绵阳机场，短暂停留后，医疗队分组先后赶赴安县中学临时医疗救治点、江油市第一人民医院和江油市九〇三医院开展救治伤员工作。17时，先期支援的成都72名医护官兵奔赴安县参与救援。

5月15日14时，解放军第537医院院长高宗科率领35名医护人员和后勤保障人员，携带装备车辆、拖挂车，先后到达北川县和安县高川乡开展救治工作。

5月15日，解放军第538医院抗震救灾医疗队14名医疗官兵抵达绵阳，先后辗转于北川县和安县多个重灾乡镇，开展伤员搜救和环境消毒工作。

5月15日22时30分，解放军第二炮兵总医院副院长李志韧带领122名医护人员，携带17大类260多种医疗器械、药品和80余件军医背囊等急救器械、设备到达北川中学，在北川县城及其周边执行救治伤员及卫生防疫任务。17日，医院后续增援的13台野战急救车、手术车等大型救援保障医疗装备到达北川县，与先期到达的医疗队会合组成野战医院。

5月15日，解放军第47医院医疗救援队一行30人抵达平武县，实施救援工作。

5月15日，成都军区驻滇77225部队医疗队一行63人到达江油市，分为3个小分队先后深入到江油市的雁门、六合、枫顺等10余个重灾乡镇，开展救治和防疫工作。

5月15日，解放军77293部队卫生队，一行22人，抵达平武县，执行救援任务

5月15日，四川某预备役高炮师派出2名医护人员到达绵阳，先后前往平武县南坝镇、安县、江油和北川等地，开展随军救护工作。

5月15日，解放军77283部队医院选派50名医疗官兵组成医疗救援队，抵达北川县圭丰村开展抢险救援工作。

图3-2-37 二炮部队在安县高川乡组建的帐篷医院

5月16日上午，解放军总装备部第306医院院长邹德威率22名医疗队员，携急救药品和手术急救器材到达北川中学展开医疗救治。邹德威被北川抗震救灾指挥部指定为北川地区现场救护总联络员，总体协调现场所有医疗队的救护指挥工作。

5月16日，解放军71426部队91中心医院组织8名医疗官兵与救援部队一道，抵达平武县，分别赶赴平武县大印镇、平通镇、平南羌族、豆叩镇施行救援任务。

5月17日11时30分，解放军第159中心医院政委王秉贵、副院长张斌率15名医护人员，携带数百件医疗器械箱（包）以及急救药品乘5辆军用运输车到达平武县，第二天徒步前往南坝镇开展医疗救治和卫生防疫工作。

5月17日，解放军71811部队医院医疗队一行6人，先后到达平武县南坝镇和水观乡，开展伤员救治工作。

5月18日7时15分，济南军区第153医院院长常晓国、政委杨庆忠带领济南军区150名医护及后勤保障人员，携带中国第二代野战医疗方舱从郑州出发到达绵阳高新区永兴镇，组建济南军区野战医院开展医疗救助工作。

5月18日20时34分，沈阳军区联勤部副部长周建平率沈阳军区125名医疗队员，携医疗器械和药品到达北川县，在北川县擂鼓镇搭建野战医院，承担当地灾民的救治工作和在北川县执行抢险任务的部队官兵卫勤保障工作。

5月19日，四川省军区医院派出3名医疗官兵组成的医疗队，抵达安县晓坝镇执行救援任务。

（二）卫生防疫队开赴灾区

5月14日晚，第二炮兵96251部队装备部副部长曾蛟率该部100名官兵，携带医疗药品、救灾物资和20余台专业车辆到达北川县，连夜赴陈家坝乡执行防疫任务。

5月14日19时，成都军区驻滇77208部队部队长谢志荣率该部防疫官兵和防化洗消车、便携式单兵洗消器到达北川县。防化团采取分区划片、拉网作业方式对北川展开消毒作业。

5月16日中午，攀枝花军分区司令员陈忠文率攀枝花军分区部分官兵和市公交公司驾驶维修人员及该市中心医院、市中西医结合医院医护人员，组成80人的攀枝花民兵医疗救护队，携急救医疗器材和药品到达绵阳，分两组分别赶赴安县和平武县开展救治工作。

5月16日，北京军区疾病预防控制中心防护科李森林，率该中心12名疾控专家，携带消杀灭器械、药品到达安县，承担全县水源监测、防疫消毒的任务。

5月17日16时30分，解放军总装备部防疫大队队长夏本立率领4名研究生组成的防疫分队，携带消杀灭器械、药品等防疫物资，到达平武县南坝镇开展卫生防疫和心理疏导工作。

5月17日，绵阳军分区防化队派遣9名防疫官兵前往平武县，执行救援防疫任务。

5月21日，解放军第302医院12名医护人员，携带卫生防疫消毒车、防疫药品到达北川县，执行卫生防疫和救治任务。27日，医院院长周先志率领7名防疫专家、教授组成卫生防疫队到达北川县，开展防疫工作。

5月23日，济南军区防化团团长闫明立率该部380名官兵，携喷洒车、淋浴车等到达平武县南坝镇，实施防疫任务。

6月3日，成都军区联勤第38分布野战医院派出50人的医疗防疫队，分组抵达江油市太平乡、安县花荄镇和北川县执行防疫任务。

图3-2-138 武警部队在平武灾区建立的战地医院

二、武警部队医疗卫生队伍开赴灾区

5月13日6时，武警四川总队医院急诊科主任朱飒飒率领15名医疗救护人员，携急救药品、医疗器械，乘2辆急救车抵达平武县平通镇，得知南坝镇受灾严重后，遂携急救药品、器械徒步9小时到达平县武南坝镇开展医疗救治工作。

5月17日，武警北京总医院医疗队一行11人抵达绵阳，赶往平武县南坝镇实施救援任务。

5月19日，广东省武警边防部队总医院19人医疗队，辗转抵达安县界牌镇和桑枣镇，执行救援任务。

5月28日，武警海南总队医院副院长王继琛，率13名医疗和防疫人员，携药品和消毒喷雾器到达安县，担负安县塔水、乐兴2个乡镇的卫生防疫工作。

第四节　社会和志愿者救援力量

一、红十字会医疗卫生救援力量开赴灾区

2008年5月13日，来自中国红十字会总会、香港特别行政区红十字会以及红十字会与红新月会国际联合会的6名医护人员，组成香港联合工作救灾组抵达北川县展开医疗救援。15日，香港红十字会第二批医疗队3名队员到达北川县。

5月14日，中国红十字会直属医院上海华山医院医务处处长汪志明教授，率该医院11名医护人员，携带急救药品和物资到达安县，分两组分别赶往茶坪乡和安县西苑中学救援现场协助救援。22

日深夜，第二批中国红十字会华山医院紧急救援队11人，携带物资和急救药品，在华山医院医务处副处长卢清的带领下抵达绵阳。

5月16日，安徽省红十字铜陵医院副院长白鹏程率该院9名医护人员，携带价值急救药品、手术器械到达绵阳，在九洲体育馆建立医疗点，开展医疗救治工作。

5月17日，成都市红十字会派出54人的医疗救援队，分两批分别抵达安县桑枣镇和平武县参与救治工作。

5月19日，由深圳红十字会、深圳晚报社共同发起，由深圳红十字会、博爱医院集团等机构组成40余人深圳红十字医疗救援队，携带急救物资到达北川县桂溪乡抗震救灾指挥所展开救援行动。

5月20日，中国红十字会总会派出北京师范大学杨凤池教授，率领包括邓亚萍、杨扬、高敏、谢军、莫慧兰、孙海涛等奥运冠军在内的中国红十字会心理救援队抵达绵阳，走进安置帐篷为受灾群众和学生进行心理辅导。

5月31日，河南洛阳红十字会派出6名医护人员组成的医疗队，抵达安县安州驾校安置点协助救援工作。

二、民营医疗机构救援力量开赴灾区

5月13下午，重庆协和医院院长徐国峰带领28名医护人员组成医疗应急救援队，携带紧急救援物资，到达北川中学展开医疗救援。

5月14日16时30分，成都阳光妇科医院院长杨晓玉，率10名医护人员分乘2辆急救车，到达安县参与医疗救治。

5月14日，攀钢总医院组织17人医疗队，到达江油攀长钢总医院开展医疗救援。

5月15日11时，北京玛丽妇婴医院院长孙柏秋率10名医护人员，携带上百种医疗器械和药品，到达安县安昌镇参与急救工作。

5月18日7时，深圳慈善会阳光救助基金、深圳阳光医院、春天医院、百合医院14名医护人员，携带医疗药品、器械到达绵阳，随后前往平武县南坝镇开展救援工作。

5月18日，山东济南时珍堂医院派出2名骨科专业医护人员，到达绵阳市第二人民医院协助救治工作。

5月18日，甘雨露慈善基金会医疗队一行16人，分别抵达北川县和安县开展伤员救治和转运工作。

5月23日，佛山和平创伤外科医院派出7名医护人员，抵达北川县陈家坝乡，开展救援工作。26日，医院第二批医疗救援队一行11人，抵达北川县陈家坝乡。

5月23日，武汉友好医院组织13名医护人员组成医疗救援队，抵达安县秀水镇。

三、志愿者救援力量开赴灾区

5月12日21时，共青团绵阳市委组织的首批志愿者150人奔赴各大医院开展医疗救援。地震当天，市人民医院职工家属、离退休医护人员自愿参与医院救护工作。

5月13日5时，绵阳本地60名志愿者带上药品、医疗物资到北川中学救护伤员。9时，600名绵阳本地志愿者到达九洲体育馆帮助救治伤病员。当天，绵阳红十字会发出志愿者招募公告，在原有红十字志愿者队伍的基础上，成立红十字志愿者抗震救灾工作小组，先后组织2000余人的红十字志愿者队伍，分为现场募捐组、物资接收组、仓库搬运组、前线支援组。组织红十字志愿者队伍3支，深入乡镇、社区参与各类帮扶活动，并依托全市无线电爱好者车队成立红十字志愿者车队，组织40余辆私家车用于抗震救灾工作。来自绵阳医科学校、西南科技大学、绵阳二贸学校、绵阳外国语学校等地的学生志愿者，主动到江油市中医院帮助病人烧开水、送饭、维持医疗就诊秩序。

5月14日，绵阳志愿者协会发起“红丝带行动”，开通绿色通道，保障交通运输。随后，绵阳各高校学生、大中型企业职工纷纷加入“红丝带”行动。来自成都电信、保险公司、绵阳医科学校等地的100余人社会团体志愿者陆续到达市骨科医院，协助救援。当天，一行10人在“心连心国际组织”的美国志愿者到达北川县，随后有来自美国、英国、日本等国的100多名外籍志愿者参加到伤员的救治工作之中。

5月15日晚，少林寺药局延琳法师，率少林药局僧人一行11人，携带以治疗出血、跌打损伤为主的药物抵达北川县，在当地进行医疗救治活动。当天，来自台湾法鼓山社会福利慈善基金会的8名医护人员，到安县秀水卫生院参与救治工作。截至6月16日，法鼓山基金会先后派出4批次，共64名医护人员，携药品和医疗器械到达安县参与医疗救助。

5月16日10时，南京市两名志愿者受南京市政府和南京市人民的委托，开着三辆货车三夜兼程，将24吨抗震救灾物资送到江油市人民医院。当天，绵阳本地大学生及青年志愿者到市南河体育中心开展消毒杀虫及健康教育工作。

5月17日9时，由中国红十字会总会发起，由北京武警总院医护人员和北京车友俱乐部12辆越野车联合组织的紧急救援队，携带医疗药品与救灾物资到达绵阳，于当天下午接收指令前往支援平武县南坝镇。17时，香港志愿者杨德威与广州、深圳等地的医疗志愿者一行10人组成香港“心灵海”慈善医疗队，到达安县永安镇协助救援。当天，香港国际专业服务机构（MSI）总裁许锦煌，率16名来自美国、英国、新加坡及中国香港地区、台湾地区、云南的MSI医护人员到达绵阳，分别在绵阳市中心医院、安县县医院、安县晓坝卫生院参与医疗救治工作。上海梅林志愿者一行15人到达绵阳市南河体育中心开展消毒杀虫工作。

5月18日，成都环球医生公司孙国平率医疗人员28人抵达北川县，参与伤员救治和转运工作。当天，由四川大学华西公共卫生学院王国庆带队，10名预防医学和卫生检验专业学生组成的“四川大学华西公共卫生学院疾病预防控制志愿队——绵阳小分队”到达绵阳，配合绵阳高新区疾病预防控制中心对受灾群众进行疾病预防控制工作。河南长通物流赴川救援队一行23人乘4辆车，携带生活物资抵达绵阳，奉命支援江油市三合镇卫生院。

5月19日，香港无国界心理协会派出3名心理治疗专家抵达绵阳，协助市第三人民医院开展心理援助工作。

5月20日23时，北京市卫生局团委书记谷水，率由北京奥运会志愿者组成的北京青年医疗卫生志愿者抗震救灾服务队26人，携带医疗物资到达绵阳，在九洲体育馆参与服务。当天，北京汉华商贸有限公司组织15人的赴川医疗队，抵达安县秀水镇开展救援工作。黄廷忠率领[illegible]名队员组成学者型国际医疗队，到达安县沸水镇开展救援工作。

5月21日1时，海南省青年志愿者协会秘书处林文伟、省人民医院何远学，带领25名志愿者组成的海南省青年医疗卫生志愿者抗震救灾服务队携带药品到达绵阳，先后赶赴绵阳南郊机场、安县晓坝镇和桑枣镇开展伤员救治和防疫工作。

5月22日，湖南隆回联谊爱心协会罗海峰率22名志愿者，到达安县沸水镇协助医疗救治工作。

5月24日19时，英国曼彻斯特萨尔福德皇家医院院长、国际著名急救医学专家、联合国防震减灾委员会成员、急诊专家托尼·雷蒙德（Tong Redmond）率6名医疗专家Amjid Mehamed（外科）、Lucy Rey wotds（公共卫生）、Wa seensaeed（整形与修复外科）、Asad syed（骨科）、Heather Mcce-and（急救护理）、Toby Branfeet（外伤及骨科）组成的英国医疗专家队，到达绵阳市中心医院协助救治工作。

5月27日，南方都市报联合广东省红十字会、共青团广州市委、奥一网迅速组织20名志愿者组成“红十字·南都爱心救助队”，抵达绵阳九洲体育馆灾民临时安置点，开展心理抚慰工作。

5月31日，河南国龙实业有限公司招募的40名医护志愿者到达绵阳，支援安县桑枣镇云丰村救助点的医疗救治和宣传防病工作。

第三章　医疗救治

汶川特大地震发生后，绵阳市2万余名医务工作者与来自全国各地和海内外的各路医疗救援队伍、志愿者，同心协力、并肩作战。整个抗震救灾期间，绵阳全市累计救治伤病员42万人次，其中危重伤员2700余人，收治住院2.3万人次。收治住院中，出院1.9万人次，死亡847人，向重庆、北京、广州等10余个城市转运伤员3381人。成立市级康复分中心和县、乡级康复医疗站（点），为2500余名需后续治疗伤员提供康复医疗。组建数支心理危机干预队，深入灾区和受灾群众安置点，为伤员、受灾群众、儿童、医护人员提供心理援助。

第一节　伤病员救治

地震发生后，全市卫生系统立即投入紧急疏散和伤员救治工作。震后30分钟，绵阳城区各医疗机构病员及家属1万余人全部有序地转移到安全地带，无1例踩踏、挤压、伤亡事故发生。为全力救治伤员，卫生部、省卫生厅以及地方、军队上百支医疗队，克服重重困难，连续作战。组织实施“三级转运”“四次检伤后送”“三个集中”的医疗救治，为伤员救治赢得时间。面对短期内大量伤员涌入医院，市卫生局要求各级医疗机构，组织全部人力、物力、财力，最大限度救治地震伤员。为保证医疗安全，迅速制定工作流程，医疗质量控制等若干文件，按照先救命后治伤、先治重伤后治轻伤的原则对伤员进行检伤分类。为充分发挥市内各家医院优势，提高伤员抢救质量，在卫生部专家的指导下，采用集中伤员、集中专家、集中医院的“三个集中”医疗救治模式，使伤员迅速得到专业、有效的救治。

一、伤病员紧急疏散与自救互救

（一）市级医疗机构

地震发生后，城区各医疗机构领导班子一方面组织疏散在院病员和家属，一方面向上级部门报告灾情，请求支援。市中心医院医务人员多次冒着强烈余震冲进医院大楼背出行动不便的病人。老党员、门诊部主任邱万岐年近60岁，一直协助转运患者，直到力竭休克倒地；外科大楼11、12楼手术室有7台手术在进行，妇产科医生李燕华正在为病人实施子宫肌瘤切除手术，她一边加快动作，一边对护士说："如果我死了，请照顾我的儿子。"说完继续手术，所有7台手术的医护人员，不约而同，选择坚守岗位，直到手术结束，将病人安全转移至楼下。市第三人民医院急诊科观察室里的20余名病员及家属乱成一团，护士长唐明莉冲到观察室门口："有我挺在这里，你们别怕，不要惊慌，能走的病员跟家属快撤离到急诊门口大坝去，大家不要挤，相互照应。"同时，组织人员推来轮椅、平车，把4名行动不便的病员顺利转移；位于外科大楼六楼的脊柱外科，住着40多名行动不便的病员，医护人员一边安抚病人情绪，一边组织撤离，上肢骨折的由家属搀扶，下肢骨折的由护士用轮椅推送，脊柱骨折的由主管医生用平车运送。四〇四医院手术室3号手术间里，吴文涛、王忠等5名医护人员正为1位从广元转来的危重病人实施手术，突然手术床与无影灯开始剧烈地摇晃起来，在场的所有医护人员都不约而同地扶住手术床和躺在床上处于全麻醉状态的病人，电路损坏，他们就找来备用电筒，继续为患者实施手术，吴文涛还安慰大家"房子倒下来有我大个子顶得起"；综合大楼4楼的重症监护室（ICU）所有医护人员面对摇晃的病房，首先想到的就是连接着重症监护仪器的病人，身材瘦小的ICU医生程森中，背起1名体重近75公斤的胃癌患者冲出大楼，由于该患者

图3-3-139　地震后1小时，绵阳市第三人民医院1020名住院病人全部安全转移至空旷地带，无一人受伤（贾霞　摄）

在转移过程中胃出血，鲜血将程森中的衣背染得鲜红；12楼肾病科血透室水处理管爆裂，污水横溢，砖块、水泥块等不时往下掉，正在插管的病人和其家属乱作一团，尖叫声不断，护士王春燕立即大声安抚病员和家属，并组织人员为病人回血、拔管、血透机移位，安排病人分批转移，保护血透设备，当她冒着生命危险将1名因心脏手术导致急性肾衰竭的病人连跑带爬地背下急诊大楼时，病人家属感动得跪下，王春燕却留下一句“这是我们应该做的”，就再次飞奔上楼抢救设备。3岁的王某某是市中医院的住院患儿，她的父母在地震发生时，各自逃到楼下，实习医生赶紧一把抱起患儿跑向楼下，亲手将患儿交给她的父母；市中医院副院长蒲一宏检查病房疏散情况时，发现有患者需用担架转移，在电话打不通，呼叫听不见的时刻，快速将1张写有“我是蒲一宏，在十三楼，请组织人员和担架上楼来转运病人”的小纸条叠成飞机抛出窗外告诉楼下人员。市妇幼保健院医务人员把在院产妇、待产妇、新生儿全部疏散到火车站广场，组织专人清点病人，做好登记。

震后10分钟，市中心医院党委书记、院长王东率领院班子成员迅速集结在医院门诊二楼前广场，通过直接喊话、对讲机或救护车上的扩音设备进行呼叫和传达各项指令，恢复各个系统的运行；市三医院主持工作副院长黄宣银与班子成员一道立即组成临时应急指挥部，迅速投入伤病员紧急救援工作；四〇四医院领导小组将带有语音播报功能的“120”急救车作为临时指挥台，调配急救设备，启动自备应急发电机，恢复广场照明及住院大楼部分用电，恢复中心供氧、负压系统、部分电梯等重要设施运转，解救电梯内的滞留人员。不到半小时，绵阳市城区医院安全疏散病员及家属1万余人，没有发生1例踩踏、挤压事故。

（二）县（市、区）级医疗机构

北川县 地震导致北川县卫生系统损失惨重，县人民医院被滑坡的山体掩埋，当天上班的工作人员仅3人生还，县中医院原有职工36人，死亡28人。14时38分，震后10分钟，北川县卫生局局长杨国兴、副局长赵华组织幸存医务人员，成立由2名妇产科医生、1名护士、防疫和监督部门人员组成的20人现场医疗抢救队，就近在草地上救治伤员。抢救队从尚未坍塌的妇幼保健院门诊部夹抢运出药品，用木板代替石膏板，塑胶管代替导尿管，被单、红领巾、衣服代替绷带，给伤员包扎、固定、输液、止血。余震不断，草地周围房屋随时在垮塌，为保证伤员安全和便于集中救治，抢险队组织将所有伤员和药物转移至县政府、职业中学、县卫生局前的空地和北川中学操场4个医疗救治点。受灾严重的曲山镇、擂鼓镇、漩坪乡、禹里乡、陈家坝乡等卫生院幸存的医务工作者，主动出击搜救伤员，组织当地群众开展自救，等待支援。截至12日21时，县政府广场聚集大量伤员，300余名重伤员中，大多因无条件救治而死亡。13日，随着外援队伍的陆续到达，北川当地医疗急救队转为配合外援队伍，开展救治和转运伤员工作。截至16日，由北川幸存医务人员组成的医疗急救队累计抢救伤员8900余人，其中重伤员4100余人。

安县 地震发生后，安县卫生系统立即投入到病员疏散和伤员救治工作中。由于震感强烈，县人民医院住院患者都慌忙逃离，护士王春菊、杨红却冲向84岁的危重病人罗新全，“不要惊慌，不要害怕，还有我们在”不停地安慰老人；新生儿监护室里，医护人员第一反应是守住暖箱中的小生命，并迅速把10多名新生儿转移到安全地带；ICU病房所有医护人员全部坚守各自岗位，集体守护6名危重病人。地震后30分钟，全县安全转移住院病人500余人。在县政府和卫生局的统一指挥下，卫生机构分别在安县西苑中学，县城东区和西区，安县公园设立7个医疗救治点，收治伤病员。地震发生后不久，北川地震伤员就被汽车、拖拉机、摩托车、三轮车、平板车、临时绑扎的担架等运载工具源源不断地转运至安县，安县各医疗机构紧急成立医疗救治组、危重病人手术组、医药物资供应组等，划定轻伤清创区、危重病人手术区，按照一视同仁、先重后轻的原则，对伤员进行会诊、转诊。县人民医院门前空地一直延伸到公路都摆满伤员，没有手术床，就用3张检查床充当临时“手术台”，药品紧缺，轻伤员只能进行无麻醉手术；人员紧缺，西苑中学600余名师生成为临时救护员。13日3时，30余辆救护车轮流将北川伤员送至西苑中学。当天中午大雨，西苑中学救治点的工作在大雨中开展，120余张课桌，拼成的20张手术台；篮球架作为支撑，彩条布搭建成帐篷病房。由于茶坪、高川等重灾区道路受阻，一直无法深入救援，为确保受伤群众得到及时救治，安县卫生局安排县内和外援医疗队伍在晓坝镇、睢水镇设立2个医疗急救前哨站。截至15日，安县累计收治伤病员5700人，开展手术130台次，转运伤病员4200人。

平武县　5月12日，灾情发生后，平武县卫生局立即成立平武县抗震救灾卫生应急工作领导小组，赶赴县直属医疗机构，指挥疏散住院患者139人。县人民医院、中医院、妇幼保健院等医疗机构紧急抢运医疗器械、药品、病床等物资；用竹竿、塑料布等搭建临时帐篷病房；调集车辆充当临时手术室、助产室等。分别在飞龙广场、报恩寺广场、接官亭广场、西门片区和龙安中学设立5个医疗救治点。各乡镇（中心）卫生院根据当地实际情况在适合地点设立医疗急救点。南坝、平通、响岩、水观等乡镇卫生院房屋垮塌严重，南坝中心卫生院门诊大楼全部坍塌，住院大楼撕裂成为危房，住宿楼倒塌，医疗器械、药品、设备全部毁损、掩埋，幸存医护人员从废墟中爬出，顶着尘烟、冒着余震，救治伤员。没有药械，就用腰带、撕成条的白大褂为伤员包扎、止血、固定。14时48分，平武县人民医院收治第一名地震伤员，在没有抢救室的情况下，10多名医护人员手举塑料薄膜形成“移动手术室”，为伤员进行清创、缝合、包扎。个体医生郝兴军，顾不上抢救女儿，拿出诊所全部医疗物资，抢救伤员，得知女儿在地震中遇难，郝兴军后悔莫及，他说：“这或许是我一生的错，但当时就那样做了。”截至12日19时，平武县城关地区伤病员均得到及时救治和妥善安置。13日凌晨，南坝镇急需医疗增援，县卫生局先后派出多支医疗队支援南坝救治工作。县中医院在平武县城设立3个临时医疗救治点救治伤病员外，还在各棚户区巡诊、访视，免费发放煎熬的抗病毒、解暑、防治呼吸道、消化道感染性疾病的中药汤剂。县妇幼保健院在坚持为当地群众和妇女儿童提供基本医疗服务的同时，派出多批医护人员，徒步赶赴南坝、平通、水观等地开展医疗救治工作。

江油市　地震发生后，江油市武都镇中心卫生院派出救护车，在窦圌山风景区、五通村幼儿园、武都水泥厂等地搜救受伤群众；枫顺乡卫生院医护人员，在乡政府桥头空地上紧急救治11名危重伤员；河西医院医护人员，协助公安消防战士，成功抢救出江油太平二中12名重伤学生；西屏乡卫生院派出4支医疗小分队分别赶往周边学校、村庄，成功抢救出20名掩埋学生；雁门中心卫生院接镇政府的指示，将伤员转移至河边安全地带，搭建临时救治点。中央电视台、四川电视台等称之为“河滩上的战地医院”。江油市卫生局统一部署，在全市设立24个临时医疗点，安排江油市民营医疗机构医师协会组织城区个体医务人员开展义诊；市人民医院、市中医院组织利用凉棚和用彩布条搭建临时病区。地震当天，江油市内各医疗机构安全疏散住院和门诊患者及家属3000余人，累计救治伤员2400余人。13日，江油市停水、停电、停气，人员、药品、设备告急，极重灾区北川、平武600余名伤员陆续转运至江油市，均得到妥善救治。是日，江油市城区卫生机构地震后伤病员爆满，处于超负荷状态。

涪城区、游仙区、梓潼县、三台县、盐亭县　各级医疗机构均在地震发生后迅速、紧急疏散在院病人，开展营救。市骨科医院医务人员在生死关头选择与病员共存亡，他们有的坚持完成手术，有的立即投入到转运病人之中，背的背、抬的抬，将病人从住院大楼紧急转移到安全地方；医疗部门先后出动数辆救护车、应急车，到周边街道、邻近的乡镇搜寻受伤群众。同时，各地各部门先后建立现场救治站（点），收治伤病员。5月14日中午，涪城区卫生局组织涪城区妇幼保健院和市康复医院等部门医护人员60人，在南河体育中心北川灾民临时安置点内建立绵阳市抗震救灾医疗救治站涪城分站。游仙区卫生局在区妇幼保健院前和各乡镇（中心）卫生院及社区卫生服务中心设立25个医疗救治点。游仙区第二人民医院火速出发，救援魏城小学受伤学生。梓潼县卫生局分别在县人民广场、文昌闸坝、梓潼一中和各乡镇（中心）卫生院设立临时医疗点。三台县卫生局分别在县人民医院和受灾群众安置点设立临时医疗救治服务点，提供医疗保健、疾病监测和卫生消毒等服务。三台县人民医院快速转移在院病人200余人，19岁护士张兰背着近乎她两倍体重的男性病员蹒跚行动。盐亭县卫生局分别在县人民医院和各乡镇（中心）卫生院、县城主要街道等地设立医疗救治站42个。盐亭县人民医院职工一边安抚300余名疏散病员，一边冒着余震的危险，搬运设备、药品和病床，在医院空地建起临时治疗室。

二、伤员院前急救

（一）“120”先期调度

汶川特大地震发生后，绵阳市紧急救援指挥中心“120”医疗报警呼入及呼出电话在瞬间完全中断，经抢修，2分钟后通讯恢复正常。工作人员不顾余震威胁，一直坚守在5楼电话旁，确保市“120”医疗急救电话的畅通和安全。15时，市“120”指挥中心召开紧急会议，成立绵阳市紧急救援指挥中心抗震救灾领导小组，启动《绵阳市紧急救援指挥中心指挥调度应急预案》，为避免余震威胁，决定将“120”电话及相关设施从五楼转移至一楼大厅，全体工作人员24小时坚守工作岗位，确保“120”专线保持畅通。截至地震当天17时，市紧急救援指挥中心在地震后两个半小时内共处置医疗求助电话1263个，资料咨询服务3000个，指挥救治和转运地震伤病员2684人。

与此同时，除北川县“120”急救专线彻底损毁以外，梓潼、三台、盐亭等地“120”急救专线紧急运转，调度各自辖区内急救车辆奔赴受灾现场，搜救伤员；安县、江油等极重灾县“120”急救专线也陆续抢修开通。12日当晚，“120”江油指挥分中心开通4部电话，安排6名工作人员24小时轮流值班指挥调度全市医疗救急，确保“生命线”畅通。

13日凌晨3时，市“120”通过市抗震救灾指挥部紧急调集30多辆平板车将北川伤员运送至安县西苑中学进行医疗救治。成立指挥中心地震灾害医疗救治信息统计组，负责绵阳全市抗震救灾医疗信息的收集、整理和上报工作，同时，各县（市、区）级“120”相继成立信息组，负责各辖区内抗震救灾医疗信息的统计工作。17日，市“120”负责协调、派遣救护车辆转运地震伤员工作。23日，“120”安县指挥分中心恢复正常工作制度。

30日，市卫生局下发《关于进一步加强抗灾院前紧急医疗救治工作的通知》，要求各级医疗机构必须服从市紧急救援指挥中心调度，完成院前救治任务。

抗震救灾阶段，全市拨打医疗求助电话1.4万余起，医疗咨询服务2万余起，1.1万余名地震灾民通过拨打“120”得到及时救治。

（二）现场救治

1. 省内医疗队现场救治

5月12日14时45分，游仙区第二人民医院10余名医护人员赶到受灾严重的魏城小学，与公安干警、校职工一起，用双手搬开砖头和水泥块，搜救被埋学生。1名被救出学生头部被砸伤，眼球爆裂，1只手失去四指，小腿严重开放性骨折，全身满是泥灰，学生被迅速转移到医院临时治疗点，清洗伤口里的泥灰，因伤情严重急需转院，但医院5辆救护车都已经派出去搜救伤员，情况紧急！“谁还有车？”“我有！”人群中1名男子高声回应并马上开着自己的面包车来到救治点，护士长举着液体瓶，将学生转移到绵阳城区医院。

5月12日15时，市中心医院得知魏城小学教学楼坍塌，有学生受伤，立即派出急救人员和车辆，紧急救治刚刚从废墟下救援出来的重伤学生。17时，市中心医院组建2支医疗救援队，奔赴北川。18时30分，救援队途经安县，看见许多民房坍塌、桥梁毁损、道路多处断裂。通往北川擂鼓镇的公路受损严重，很多汽车被落下巨石砸中，途中遇到2辆满载伤员的客车，伤员经救援队实施紧急救治后，由1辆路过的部队工程车协助转移至后方医院，救援队则继续向北川挺进。19时20分，救援队到达擂鼓镇，从逃难的灾民口中得知通往北川县城的道路受阻，附近幸存的灾民们聚集在北川中学操场等待救助后，救援队决定：抽派人员护送沿途的危重伤员先行返回，向上级汇报北川伤亡情况，其余人员继续前往北川中学救治伤员。20时30分，救援队来到北川中学操场，地上坐满受伤学生，不远处是垮塌教学楼废墟，队员们立即扎进伤员中开展救治，大部分伤员的伤情为多发性骨折，有的已截瘫、肢体坏死，队员们立即给予消毒、包扎、固定等抢救工作。22时，几名北川中学学生找到救援队员：“医生，这是我们撬开校医务室取到的药，希望能用这些药救治更多的伤员！”23时30分，救援队自带的药械已经所剩无几，只能找来手绢、布条、绳子代替绷带，在废墟中刨出门板做固定支架，从尚未倒塌房屋抢运茶壶、食盐和纯净水，兑成食盐水清洗伤口。13日1时30分，气温骤降，救援队仍在尸体间搜寻幸存者，没有光线，只能用手逐一摸索检查，扪颈动脉，用听诊器探测心跳。2时30分，解放军、武警部队和省卫生厅医疗队相继到达，救援队转为协助部队，开展救援。13日7时30分，救援队撤回市中心医院，在北川的12个小时里，救援队累计救治伤员100余人，分诊转运危重伤员10余人。

图3-3-140　齐心协力抢救伤员

5月12日17时30分，按照市卫生局指示，市第三人民医院抢险医疗队携带急救药箱、药品、器械等前往安县集结。由于通信中断、现场混乱等原因，医疗队在安县未能与市卫生局和其他医疗队取得联系，在得知北川受灾严重的情况后，医疗队向北川进发。21时30分，医疗队抵达北川中学。学校操场一侧，摆放着武警、消防队员从废墟里挖出的遗体，另一侧聚集大量伤员，当看到身着白衣的医疗队来到时，他们都失声呼唤着："医生帮帮我，医生救救我……"顾不上震惊和悲痛，医疗队员立即投入到伤员分诊和救治工作中。救援人员不足，就组织幸存者协助担抬，转运车辆不足就跑到公路上，拦截运送救灾物资的载重大货车。当晚，队员们在黑夜中借着手机、电筒的微弱灯光，不知疲惫地穿梭于人群和呼救声中。13日上午，伤员被陆续转移，医疗队主动出击，在坍塌的房屋和废墟中搜救伤员。8时，医疗队发现1名高二学生李家庆（音），大半个身子被倒塌的房屋压住，只有左手、左肩和头部在外面，必须等待大型吊车来营救，队员们只能找来一块木板遮挡在他的上方为他避雨，护士顾云仙紧紧抓住他的手，给他输氧、输液、喂水，试着与他说话，鼓励他不要放弃。看到顾云仙抑制不住的泪水，男孩反而安慰说："姐姐，我相信你们有办法把我救出去。我要坚持下去，我喜欢北方，我将来还要考北方的大学……姐姐我想站起来，哪怕1秒钟。我还想看看蓝色的天空……姐姐，不要哭，我一定会坚强地活下去。"队员们在残存的三层教学楼下面发现1名幸存学生，他的一只脚被压垮的墙壁死死压住，要救出孩子只有一个选择：锯掉孩子被压住的脚，但医疗队已没有所需的手术刀、止血工具，甚至是弹力绷带，站在一旁的消防员递来1把老虎钳，经过与孩子父母及孩子本人协商，队员李银先用普通的纱布绷带扎在手术部位的上方，用1把老虎钳为孩子做完截肢手术。队员们在全身淋湿的状态下坚持救治伤员，队员马勇由于劳累过度，一度出现休克。下午，同样是在残存的三层教学楼下面，1名与上午情况非常相似的幸存学生被发现，但此时医疗队员的心情复杂又沉重，已没有麻药、老虎钳，只剩下1瓶代血浆。队员们从附近没有完全倒塌的房子里找到1把菜刀、1把剪刀，李银先再次俯身爬进洞口，一边安慰孩子一边进行着他一生中从未做过的手术。1名面部和身体全被坍塌的水泥板和砖块压在废墟下的幸存女学生被消防战士发现，只有一只肿胀、瘀血的手露在外面，医疗队护士冲上去，拿着点滴将维持生命的液体注入女孩体内。15日，随着从废墟中解救出来的幸存伤员逐渐减少，全国各地前来增援的医疗救援队陆续增多，医疗队员们开始组织轮番休息，尽管每次只能休息两三个小时，却是队员们到达北川后第一次安稳的睡眠。13日22时，在得知北川县城1处废墟埋有幸存者后，医疗队立即组织人员，准备急救药械，提着1盏灯，和几名安徽志愿者前往救助，直到第二天凌晨3时，医疗队和志愿者才徒步用担架将幸存妇女转移至北川中学救治点。截至16日撤回医院，医疗队累计救治伤员50余人。

5月12日21时，四〇四医院组织抗震救灾医疗队，到达北川县曲山镇后，队员分3组，分别赶赴北川小学、北川中学及附近居民点紧急救治伤员。面对凄惨的景象，队员们忍住泪水，打着手电筒投入到清创、包扎、筛查幸存者的工作中：他们打着电筒找来树枝代替夹板，把衣服撕成布条代替绷带，组织货车转运伤员。1名14岁女孩，被预制板压着一条腿无法动弹，女孩需要现场截肢，经医疗队研究决定，在保证生命的前提下采取营养补给和心理抚慰治疗。13个小时后，借助于大型机械设备，女孩获救，腿也被保住。13日10时，医疗队和市卫生局领导，徒步进入北川县城了解灾情，并沿途救治伤员。截至13日撤回，医疗队员冒着余震，顶住寒冷，忍着饥渴，累计救治伤员200余人。

5月12日，涪城区卫生局抗震救灾指挥部医疗救治组，派出由市人民医院、第二人民医院、骨科医院组成的医疗救援队分别到北川擂鼓，安县桑枣，平武南坝、平通和豆叩等七个乡镇医疗救援工作。截至5月15日，涪城区卫生系统累计派出医务人员100人次，出动车辆28台次，救治和转运伤员253人。

5月13日零时15分，三台县医疗小分队抵达安县花荄镇，在无水、电等情况下，投入救援工作。医疗队连续工作22小时，行程400余公里，处置、转运伤员263人。

5月13日零时30分，四川省卫生厅组织华西医院、省人民医院、省肿瘤医院等19支省级医疗队赶往汶川救援，途径安县安昌镇，一位公安厅干部含着眼泪告诉医疗队："你们快进去吧，北川中学倒塌了，有800名学生被困在里面等着你们去救。"了解到北川、安县医疗情况恶劣，救援队将一起到达的医疗队分为两部分，一部分在安县西苑中学联合建立四川省抗震救灾救治站，另一部分由安县人民医院院长带路，赴北川救援。1时30分，赴北川医疗队到达曲山镇北川中学，此时已有大量的伤员和遗体摆放在空地上，受灾群众的哭喊声不绝于耳，队员们加入到武警官兵、民兵预备役部队、学生、志愿者的队伍中，在废墟中进行搜救，就地抢救挖掘出的伤员，伤员太多，没有挂输液瓶的设施，队员黄晓林立即与学校老师联系，组织学生每两人一组负责一名伤员，轮流举着输液瓶。现场风大，沙尘严重，又有小雨，无法开展现场手术，轻伤员只能做止血和包扎、固定处理，重伤员则经过简单处理后，优先安排车辆转移到的安县救治站治疗，从北川到安县，再从安县到北川，数不清到底往返多少次。北川学生段志秀掩埋近10小时，已奄奄一息，没有工具，医疗队员只能用双手将压在段志秀身上的石块一点一点地搬开。救援人员经过10多个小时的努力将她挖出来时，她的左大腿被严重压伤，肌肉组织严重坏死，在经过医疗队员的紧急抢救后，段志秀被转移至绵阳城区医院驻扎在安县西苑中学的四川省抗震救灾救治站。临时搭建的防震棚简易手术室又低又矮，没有手术台，就用几张相对完好的课桌搭起一个手术台，医务人员深一脚浅一脚地踩着泥泞为伤员清创、缝合、手术，一个接着一个，"医疗救助完全在超负荷进行，我们不敢停，只能不停地救，能抢回一个算一个！"13日天刚亮，赴北川医疗队就接到上级任务，立即撤回安县，承担病人的分诊和救治工作。当晚22时，因停水停电，无法实施稍大的手术，省卫生厅医疗队返回绵阳城区，支援绵阳城区医疗机构。

5月13日10时40分，泸州市医疗队抵达北川中学参与救援工作：1名男孩被救援官兵救出时，已经测不到血压，呼吸微弱，医疗队员诊断为挤压伤严重，可能有气胸，随即对他进行气管插管，胸外心脏按压；1名北川学生，本已安全脱险，然而，在救助自己同学时，遭遇余震被埋在废墟下，医疗队员忍痛为这位同学实施双腿截肢术。截至当天20时，泸州市医疗队在北川中学累计救治伤员36人，转运伤员28人。

5月14日2时30分，川北医学院附属医院派出医疗救援队，到达安县西苑中学医疗救助站实施救治工作。7时左右，医疗队分为两支小分队，一支小分队协助省人民医院、解放军第363医院等省级医疗队在安县建立省抗震救灾救治站，收治伤员；另一支小分队突击进入安县睢水镇，并救治沿途伤员。15日8时，医疗队组建突击组，在江油、北川陈家坝一带搜救伤员，当天转运重伤员12人。16日，队员周仲辉、刘世平受到总书记胡锦涛的接见。17日，医疗队奔赴平武南坝镇，协助当地医护人员成立医疗救助站。6月6日，川北医学院附属医院派出的第六批抗震救灾医疗队从平武县南坝镇赶回绵阳市区，在行至平武至江油大康一段公路时突遇大雨，道路湿滑崎岖，能见度极差，为避让迎面驶来车辆，救护车翻入公路旁深沟，11人不同程度受伤，司机雷勇因公殉职。

5月14日12时，梓潼县医疗队到达平武县南坝镇，南坝中学操场上搭建的临时帐篷里躺满伤员，大部分伤员还没有得到及时处理，医疗队员立即深入病区帐篷，或蹲或跪在泥地上，为伤员检查、包扎。1小时后，医疗队抽派人员，在平武县副县长王继辉的带领下，背着急救药品，徒步赶往受灾严重的石坎办事处。医疗队途经一片麦地，那里聚集着周边上千名灾民。灾民们自己用毛巾、布条和报纸等包扎的伤口已发出刺鼻恶臭，队员们立即着手为伤员进行清创、缝合、骨折复位和固定。当晚，由于天黑道路受阻，队员们戴着头盔，蹲在一起，熬到天亮。在当地村医的陪同下又继续前进。一位古稀之年的老人，在废墟中掩埋三天三夜后被营救出，队员们诊断为重度脱水，精神极差，立即实施抢救，并由3名医生轮流守护，3小时后，老人各项生命体征恢复平稳。

5月14日下午，盐亭县医疗队奉命从安县花荄转往平武县南坝镇，配合当地部队开展伤员搜救工作。40岁男子杨文焕，右腿根部以下被压在坍塌的两个楼板之间，医疗队诊断后，认为现场截肢可能会造成出血过多而死亡，便采取补给营养和心理安慰治疗，4小时后，男子获救并保住双腿。76岁老人李桂莹，在经历失去亲人、家园被毁双重打击，产生心理障碍，不愿走出危房，队员们冒着余震的危险走进危房对老人进行心理开导，老人终于自愿走出危房，她说："我不认识你们，但我认得你们这身白大褂，你们是我的救命恩人啊！"15日4时，盐亭县卫生局派出10名医护人员和2辆救护车组成的第二批抗震救灾医疗队，赶赴北川县。16日，盐亭县卫生局组建第三批抗震救灾医疗队奔赴平武县南坝镇参与救援工作。截至18日，盐亭县医疗队累计救治伤员1000余人次。

5月14日当天，江油市厚坝镇中心卫生院派出医疗急救小分队，进入北川县陈家坝救治、转运伤员，24小时内累计转运伤员及其家属40余人。游仙区卫生局派遣赴北川抗震救灾医疗小分队，并随车携带医疗药品、器械、方便食品、衣物、帐篷等物资。

2. 省外医疗队现场救治

5月13日晚，江苏省抗震救灾医疗队抵达绵阳，立即分组进驻绵阳城区各医院展开救治工作。14日上午，医疗队决定，要冲到第一线设立医疗点，并提出"道路打通到哪里，医疗点就推进到哪里"的口号，临时党委书记胡晓抒和党支部书记李少冬，前往极重灾区平武方向察看灾情，探寻抢救"关口前移"的可能性。当天，当通往平武县平通镇的道路被打通后，江苏省人民医院立即组成8人小分队，携带帐篷、急救药品、饮用水和食品奔赴平通镇，在距离平通中学30米左右的一块平地上建立急救点，在无水、无电、无通讯的条件下，就地救治刚刚从废墟中救出来的重伤学生，再迅速转往后方医院，以赢得危重伤员抢救时间。15日2时，10名食物中毒患者被送至急救点，队员们从废墟中刨出门框和石块，做成输液架和座位进行治疗；夜间气温低，队员们便生起篝火，给病人取暖。16日晚，医疗队收治1名急性胰腺炎患者，抢救后紧急组织转运。17日19时，当地地质勘探人员提醒队员："晚上有暴雨，你们旁边是泥石流沟，太危险了，尽快撤离吧。"队员们商量后决定坚守岗位。当晚电闪雷鸣，暴雨倾盆，发生3次余震。21日13时50分，11名解放军战士徒步60里山路，用担架把一位80岁羌族老人送到急救点，队员们趴在地上为老人施行手术。26日14时，队员刘强晖被军用直升机空投到北川小坝乡，协助、指导小坝乡中心卫生院建立帐篷医院，对当地医生进行心肺复苏和心脑血管急诊处理等培训。现场需要救治的伤员减少后，小分队又分成两个小组，一组继续留守在急救点救治伤员，另一组奔赴周边点展开"拉网式"巡回筛查，搜索遗漏的伤病员，逐户告诫村民注意饮食卫生，向村民传授环境消毒、粪便处理知识。江苏省人民医院急救点在抗灾一线总结出医疗与防疫相结合的"平通经验"，在绵阳市"5·12"赈灾救治医疗队第三次联席会上得到推广。支援灾区期间，江苏省医疗队在绵阳城区、北川、平武等极重灾区累计救治伤员1.2万人次，转运危重伤员1600余人，开展健康教育和心理治疗1.7万人次，防疫消毒790平方公里。

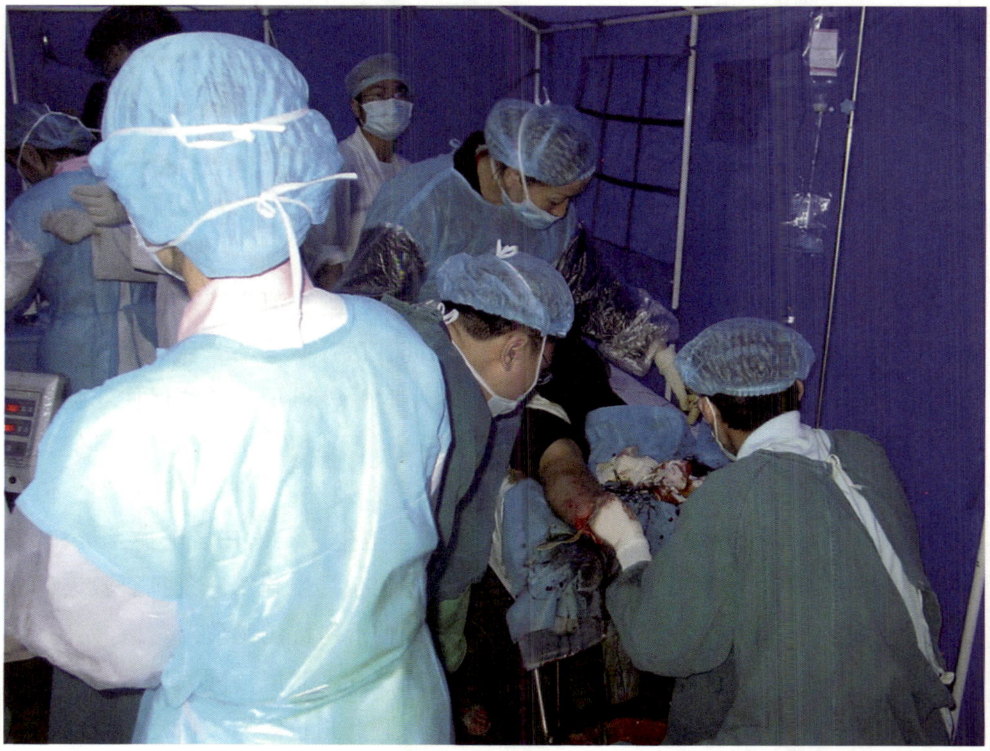

图3-3-141　在“帐篷手术室”为伤员进行截肢手术

5月14日23时，浙江省第一批抗震救灾医疗队部分队员经乘飞机先期到达江油市，分成5个小组到当地医院开展救治工作。16日15时，医疗队部分队员乘救护车，并载着救援物资抵达江油市，与前期到达队员会合，根据上级命令，医疗队和救援车队前往平武救援。在道路不畅通、时有乱石飞落的情况下，医疗队行进14个小时，于17日7时到达平武县城，随即展开救治伤员工作，当天救治伤员315名，其中重伤员38人，并对1000名灾民开展心理干预。19日，浙江省卫生厅副厅长张平、马伟杭带领突击队共22人向平武南坝挺进，每人身背几十公斤物资，在乱石中穿行，因桥梁损坏，便乘小摆渡船到达南坝。当天，医疗队又组织30名防疫队员和11名心理干预队员到达南坝，开展医疗救治和卫生防疫工作。28日，浙江省第二批抗震救灾医疗卫生救援队到达平武县，与先期到达的医疗队进行工作交接后，分成数个医疗组奔赴平武县人民医院、阔达乡、水晶镇、大桥镇、古城镇等医疗救治点开展救治工作。截至6月底，浙江省医疗卫生应急救援队共救治伤病员7000多人次，实施手术200多台次。

5月14日，海南省医疗队到达绵阳，在绵阳机场、安县花荄和晓坝镇等地设置医疗救助点，为灾民、部队官兵和救援人员诊治疾病5000余人次，免费发放药品价值5万余元，处理和包扎大小伤口600余人。同时，医疗队还先后深入到安县花荄镇的10个村共20多个生产队（组）开展巡诊工作，服务群众2000多人，为灾区民众提供心理卫生服务700多人次，发放宣传资料500余册。

5月15日5时，上海第二军医大学附属长征医院医疗队抵达江油市，医疗队在江油市人民医院外露天场地上紧急搭建野战医疗帐篷开展救治工作，截至17日，3天累计收治伤员994人，手术118台次，其中颈椎、开颅等大手术30多台次。北川重伤员周维亚肱骨、胫骨、腓骨和掌骨骨折，并伴有脑外伤和多发伤，被送至帐篷医疗点时已昏迷不醒，在临时搭建的手术室里，医疗队专家对其顺利实施2处骨折内固定、1处骨折外固定、脑部清创术。伤员周光荣，经医疗队紧急实施心肺复苏、脾脏摘除以及骨折外固定术后获救。伤员何成贵地震后被埋在坍塌的屋下，年逾七旬的父母一块砖一块瓦地连挖五天五夜，终于把儿子救出，两位老人抬着儿子徒步3公里山路，一追到1辆军车将伤员转运到医疗队驻地。此时，何成贵口鼻不断往外涌血，腹部高高隆起，呼吸急促，神志恍惚，全身状况极度衰竭。医疗队决定立即进行手术，麻醉科、急救科、普外科、胸心外科、口腔科等科室的医疗队员全力配合为病人紧急实施手术。45分钟后，手术顺利完成，伤员生命体征平稳，神志清醒。年迈的老母亲泪流满面，握着医生的手说："是解放军救了我儿子的命，我给你们跪下了。"1名年仅5岁的男孩，地震当天被压在倒塌的废墟中，虽然被其父亲救出，但由于道路不通，伤势一直得不到有效救治，在听说长征医院医疗队在附近后，心急如焚的父亲抱着孩子徒步10多个小时的山路，来到医疗队的驻地，"救救我的孩子！"孩子的父亲拉着医生的手一个劲地喊。医疗队员忘记已经连续实施10余台手术的疲劳，立即对孩子进行检查，并展开清创和骨折内固定术。北川伤员李锐，因右手拇指、食指受伤，在当地卫生院进行简单包扎后，转送到长征医院驻地，由于没有血供，当时李锐的手指苍白，面临坏死的危险。骨科陈爱民教授主刀，麻醉科、整形外科、心内科全面配合，在江油市人民医院食堂临时开辟的一间手术室里，借助微弱的灯光进行手术：骨头连接和固定，接通2根静脉、1根动脉和肌腱，缝合安护，余震不断，手术台上器械几次自行滑落，6小时后，手术成功完成。在长征医院野战病房里，还先后诞生6个小生命，而他们有1个共同的名字叫"长征"。6月10日，唐家山堰塞湖泄洪下游的重灾区江油市发布橙色警报，启动全溃坝应急方案，7个乡镇紧急撤离。6时，长征医院卫生医疗分队接到江油市抗震救灾指挥部和第四责任区前线指挥部发布的唐家山堰塞湖泄洪情况通报，要求医疗队做好应急疏散撤离准备。但是，已经接诊的3名重伤员急需手术。医疗队员达成共识："只要病人在，我们就在，如果不幸发生，我们将永远陪伴着他们。"医疗队全体队员毅然选择留下。截至7月3日撤离江油，长征医院医疗队累计救治伤病员2000多人次，其中，开展手术300台，其中大手术近80台。

5月15日21时，内蒙古第一批医疗队到达北川曲山镇，建立医疗救治点，展开医疗救援工作。16日上午，针对灾区现场情况，医疗救援队决定：一部分队员留守在救治点集中救治伤员，另一部分队员深入周边乡镇村组开展救援工作。14时，医疗队成功救出1名被废墟掩埋56小时的护士，并迅速行程5公里，将伤员送至医疗救治点。23日零时30分，男孩吴啸川被送到救治点，诊断为"急性咽喉炎"，医疗队员借助电筒照明，为孩子建起静脉留置针穿刺通道。截至27日，内蒙古第一批医疗救援队，辗转于北川县城、擂鼓镇、陈家坝乡和桂溪乡等重灾区，在擂鼓镇和陈家坝乡设立2个医疗救援点，实行24小时轮换制，为特警部队战士和灾区群众提供医疗保障等。累计救治伤病员1613人，其中危重伤员32人。30日，内蒙古第二批医疗救援队抵达绵阳市涪城区四川音乐艺术学院唐家山堰塞湖群众安置点，制定实施"划片包干责任制"和"24小时值班制度"，为安置点每一位群众确定健康保障责任人，详细记录其健康情况，定时跟踪询查，保证安置点没有发生重大疾病发生。截至6月26日，第二批医疗救援队到达，累计救治伤病员3712人次，巡诊3252人次，转运患病群众193人次。

5月15日当天，成都军区驻滇77225部队医疗队抵达江油市，分为3个小分队，先后深入到江油市的雁门、六合、枫顺、敬元、马角、重华、文胜等10余个重灾乡镇，徒步查看灾情，走村入户开展医疗救治巡查和卫生防疫工作。截至5月27日18时，累计派出医务人员500余人次，救护车33台次，诊治伤病员1978人次，咨询2000人次，消杀240万平方米，发放防病手册、宣传资料3200余份。

5月15日当天，云南省抗震救灾医疗队到达安县，开展救援工作。16日上午，医疗队分成3个小分队，分别前往安县县城、安昌镇医院、中医院，与当地医院医生一道为伤病员提供医疗救助；同时，医疗队员先后到安县3个乡镇、46个行政村进行医疗巡诊，了解灾情、疾病流行情况，协助该县县乡村三级医疗卫生服务网并参加防疫及消杀工作。支援安县期间，医疗队共诊治病人2000余人次，转运伤员数十人，帮助11个村卫生室建立正常医疗秩序和重建工作。

5月16日，北京医疗抗震救灾医疗队到达北川县擂鼓镇，建立医疗站提供急救服务，并提出“只要路通到哪里，我们的流动医疗分站就建到哪里”的口号。24日，医疗队直奔还没有实现医疗覆盖的北川县擂鼓镇银定村巡查，途中遇到一位怀孕六个月的孕妇，孕妇两天前被利器割伤足底，伤口化脓、渗出严重，医疗队在半山腰的简易棚里，为这位孕妇实施清创手术。

5月17日20时7分，山西省第一批医疗队到达绵阳后，立即向平武进发，并于18日17时10分到达平武。医疗队员，转战于平武县的响岩、南坝、豆叩、大印、大桥、锁江等乡镇的数十个村庄，为群众巡诊治病，开展防疫工作。同时，在平武响岩，豆叩等地搭建帐篷开展治疗和手术。截至6月20日，山西省医疗队共救治伤病员7539人次，其中伤员1205人次，救治重伤员80人次，开展手术15例，转运伤员55批共161人次，为群众进行健康检查21293人次。

5月17日当天，山东省医疗队奉命从都江堰转移，到平武县城后，立即进驻平武县人民医院和中医院，在院前空地搭建帐篷医院，救治伤病员。当天医疗队组成10人的医疗突击队向平武南坝挺进执行救援任务。医疗队深入到木皮、木坐、白马等重灾乡镇救治伤病员。在支援平武期间，医疗队共救治伤病员6000余人，其中重伤员200名，开展手术20多台次，转运伤病员16830人。

5月19日17时，河北省保定市医疗队到达江油市，在江油市卫生局抗震救灾指挥部安排下，对口支援江油市中坝镇卫生院（中坝社区卫生服务中心）的救治工作。医疗队兵分两路，分别协助中坝卫生院救治伤员和组成社区医疗服务队，深入到每个帐篷、逐一查看并登记，对灾后常见的疾病进行诊断治疗和防病知识宣传。滨江社区一位76岁老大爷，在地震中脑后受伤，行动不便，医疗队员3次上门为其换药。22日21时，医疗队深入江油市枫顺乡，紧急治疗病患3人。截至5月30日，医疗队累计救治伤病员852人次。

5月22日，哈尔滨医科大学第二临床医学院援助安县小溪坝中心卫生院的远程医疗会诊视频系统正式建成。该院肾内科教授焦军东会同脑外、骨外、内分泌科专家，对59岁病员李年华进行远程会诊，并为其制定治疗方案。哈尔滨医科大学第二临床医学院领导主动要求与江油市小溪坝中心卫生院合作，建立远程医疗信息服务，开展远程医疗会诊和远程医疗教学，长期保持该卫生院的技术支持。

3. 军队医疗队现场救治

5月12日14时35分，解放军第520医院得知附近的双碑小学有学生遇险后，出动2辆救护车及医护人员，搜救出受伤学生20人，其中危重伤员2人，死亡2人。15时50分，520医院抗震救灾医疗救援队赶到安县小坝镇，在废墟旁建立起战地救治点抢救伤员，医疗队在临时支起的床板上、拼起的桌面上、地面上为伤员开展手术。当晚，医疗队员忘记饥饿、顾不得寒冷，穿着被汗水和雨水浸湿的工作服，借助手电和蜡烛的微光，不停地在救援现场、临时驻地巡察、诊疗。截至13日19时，医疗队累计救治、转移伤员251人。

5月13日12时，解放军第452医院（成都空军医院）到达北川中学救灾现场，与同期到达的成都军区42医院医疗队汇合，成立成都军区抗震救灾北川野战医院，开展救援工作。在野战医院帐篷里，6张担架上全是伤员，药械都摆在临时找来的旧课桌上，地上放着氧气瓶。14日10时，北川中学初三女生高斯齐被救出，诊断为全身多处骨折，右脚被砸压毁损，呼吸微弱。医疗队立即实施抢救，输液、注射破伤风、清创，1小时后，高斯齐生命体征趋于稳定。16日13时39分，北川县人民医院药剂师张艳被埋92小时后，被成功救出，诊断为腿部有严重的挤压伤、伴有昏迷。医疗队开启全军远程会诊系统，骨科专家卢世璧院士通过视频指示：“切开右小腿减压，去除坏死组织，不要截肢！”30分钟后，张艳获救。1名女学生被困在8米深的废墟中，医疗队员通过实施现场截肢手术，挽救女生的生命。小女孩罗梦夕从遇难母亲的怀里被救出，一直哭闹不止地要妈妈，护士王建玲像妈妈一样呵护、照顾她。医疗队传送短信给成都交通广播电台：“我们在北川县救治了一名叫罗梦夕的女孩，孩子身体状况良好，现在北川中学42医院医疗队，请罗梦夕的亲人尽快与我们联系。”17日，胡锦涛总书记慰问北川地震灾区时，俯下身子亲吻罗梦夕，亲切地说“以后爷爷再来看你”，并嘱咐部队照看好小梦夕。总书记走后1个多小时，罗梦夕的父亲罗文从收音机中听到消息后赶来，找到小梦夕。截至8月13日撤离，医疗队在北川中学、北川县城等地区累计抢救受灾群众125人，救治伤病员3150余人次，并为当地培训医护人员60余人。

5月13日22时，海军总医院医疗队奉命进驻绵阳市中心医院开展救治工作。15日凌晨，医疗队携带药械和帐篷奔赴北川县现场救治伤员。医疗队搭建帐篷，在北川废墟上建立成建制、各专科人员和药品器材配置齐全的野战医疗救护所，分设手术室、救护组、医疗保障组和卫生防疫组。医疗队派出4个医疗救护小分队，随救援部队深入废墟中抢救伤员，形成医疗救护小分队——野战医疗救护所二级医疗救护体系。当天，11岁女孩李月，掩埋72小时后被救援人员发现，经医疗队员实施现场截肢后，于当天转送至四〇四医院，医院紧急为其实施抗休克治疗，同时建立导尿通道，留置导尿等治疗，并实施残肢修补术（20日，李月被转移至西安唐都医院进一步治疗，并实施第二次手术。9月8日，李月参加“2008年北京残疾人奥运会”开幕式演出，表演舞蹈《永不停跳的舞步》）。17日上午，医疗队撤出北川县城，转入绵阳市中心医院展开救治。27日，医疗队奉命再次重返北川，在北川县桂溪乡开展医疗救治和卫生防疫工作。支援灾区期间，医疗队累计救治伤病员7535人次（其中危重伤病员31人次），开展手术119台次（其中大型手术15台次）；承担533名伤员转运的医疗保障任务；巡诊14个村庄，6000余名村民，向受灾群众发放药品价值12余万元和防病防疫资料1800余册。

5月14日19时，解放军第161医院医疗队进入北川县城开展救治工作。17日，医疗队分为4个组深入北川县各个乡镇开展医疗救治。截至7月21日，医疗队先后徒步深入到北川县禹里、开坪、白什、马槽等乡镇开展工作，累计抢救被废墟掩埋的幸存者9人，救治伤病员1540人次，开展卫生宣教2.5万余人次。

5月14日23时，成都军区昆明总医院医疗队到达北川中学操场开展救援工作。在了解现场情况后，医疗队迅速留下10余名医护人员在北川中学校门口成立医疗急救点，其余队员徒步进入北川县城开展救治工作。当晚，医疗队员成功救出幸存伤员7人，实施现场截肢手术2台。15日18时30分，一名10岁男孩被送至急救点，当时男孩只有心跳，没有呼吸，医疗队员紧急为其实施抢救：“准备辅助呼吸！”“注射肾上腺素三分之一！”1小时后，男孩获救。截至5月9日，医疗队从废墟中救出幸存者112人，接诊患者1万余人；进行急救手术320台次，成功抢救危重伤员1820人；逐村入户立体救护，进入灾区11个乡，120多个村，转运伤员260人，救治伤员6500余人，为官兵查体治疗2000余人次。

5月14日晚，解放军第455医院医疗队到达平武南坝开展医疗救治。28日，医疗队与平武县签订长期帮带协议。医疗队在平武县设立10个医疗点，与100户贫困受灾群众结对帮扶。

5月15日凌晨2时，第四军医大学医疗队抵达绵阳后，兵分3路分别赶往北川县陈家坝乡、绵阳四〇四医院、市第三人民医院参与救援。在平武南坝，医疗队员背着10岁小女孩，徒步10里山路，到救治点为其包扎、实施外固定；为年逾六旬老人实施环甲膜穿刺术、气管切开插管术、环囊辅助呼吸。截至5月30日，医疗队累计救治伤病员1835人次，其中危重伤员185人，开展手术501台次，分5批次后送伤员1048人，被灾区群众誉为生命的“救护兵”。

5月15日晚，第二炮兵总医院医疗队到达北川县后，立即随工程部队深入到北川县城救治伤员。在随后几天时间里，医疗队每天派出10支医疗小分队深入到北川县城内，开展现场救治。北川县税务局干部季钟山在废墟中掩埋120小时，被救出时心跳缓慢伴有休克，医疗队给予面罩吸氧、快速建立静脉通道、胸穿和腹穿，15分钟后，季钟山的生命体征逐渐恢复。北川县人民医院医生唐雄，在废墟中被埋139小时，经医疗队救治后，成功脱险，并安全送往后方医院，唐雄醒来后激动地说：“还是共产党好，关键的时候还是靠解放军，康复后，我一定要入党！”医疗队抽出医疗队员深入到北川县周边的曲山镇、擂鼓镇等乡村巡诊，在人口密集的麻柳村、任家坪村、猫儿石村、建新村、工农村等地震重灾区率先建起5个医疗点，诊治受伤群众。22日，医疗队奉命转移至安县永安镇后，主动承担永安镇、安昌镇35个村、4个居委会、11万人防病治病工作。二炮抗震救灾指挥组在北川县擂鼓镇、安县高川乡和北川县陈家坝乡分别援建2所卫生院和1个检验检疫站，捐赠医疗检验设备，开展培训，承诺免费为卫生院医务人员提供进修学习，并适时派专家到卫生院进行帮带，从而建立起长期帮带关系，给灾区留下“带不走”的医疗队。支援灾区期间，医疗队进村入户先后巡诊北川县、安县、绵竹市等19个乡镇的129个村，门诊接诊受灾群众11628人次，巡诊18888人次，医治19068人次，开设医疗点5个。

5月16日上午，解放军总装备部第306医院抗震救灾医疗队到达北川县。医疗队采取“前方一线搜救现场救治，中间建立驻地医疗救治点稳定伤情，后方依托总装基地大医院及时治疗”的三级救灾急救模式，在驻地建立医疗救治点，配备手术及治疗的设备和药品，对伤员分类进行救治：伤势较轻的进行简单包扎，伤情较重的实施现场手术，身体虚弱的及时进行恢复性治疗，缓解后方医疗救治的压力。医疗队组织4个现场救治小组，每组5名医护人员，每天早上5点出发，徒步5公里进入北川县城，联合20多支搜救队进行地毯式排查。截至19日，总装306医院抗震救灾医疗队累计巡诊和治疗伤病员和官兵3000余人，转运伤员120余人，后方医院为其中78名伤病员开展手术。

5月17日凌晨，济南军区某装甲师红三团医疗队到达平武县响岩镇以东5公里处支援救援工作。当天，医疗队员就冒着滑坡、塌方的危险，徒步进入5个山区乡镇开展医疗救治工作，并在平武县响岩镇建立临时医疗救治点。18日下午，医疗队肩扛急救药品包，手提B超机、呼吸机等医疗器械，分两路徒步到达南坝镇，建起手术帐篷开展医疗救治和卫生防疫工作。截至7月25日撤离，医疗队深入受灾严重的乡村，为灾区群众巡诊治病、送医送药、开展心理辅导，累计救治伤病员600余人，接诊灾区群众12300多人次，为灾区消毒面积达30万平方米。

5月18日7时15分，济南军区组织162名医疗官兵、30台车辆装备组成医疗队，携带野战医疗方舱一套，进驻绵阳市永兴镇。医疗队向市抗震救灾指挥部介绍所带来的中国第二代野战医疗方舱功能及医院的接收能力，并向领导请战，要求尽可能多的收治伤员，同时，协调绵阳机场，承担重灾区空运至绵阳的伤病员的收治工作。15时，方舱展开。23日19时15分，医疗队接市抗震救灾指挥部医疗组指令，派出救护小组赴平武县接6名危重伤员，救护小组历时21个小时，将6名伤员安全转运回营区。24日21时20分，医疗队接收安县秀水镇77岁老人刘时珍，老人的亲人都在地震中失散，她左胫腓骨骨折、盆骨严重受伤，由于缺乏照料，已经10多天都没有吃一顿热饭，再加上当地卫生系统彻底破坏，没有得到及时医治，大小便无人帮助，腰部以下出现溃烂，浑身散发着异味……护理人员用热水为老人擦洗全身，清洗包扎伤口，给她换干净的衣服，喂她吃鸡蛋面，在野战医院医护人员精心治疗和关怀下，老人病情很快恢复。28日，12岁北川男孩李顺强，手指断离6小时后被送入野战医院，手外科医生王瑞金、幸超峰主动请缨实施手术，3小时后，男孩手指再植成功。31日，卫生部部长陈竺到野战医院视察，对医院救治工作给予肯定，他说：'在地方卫生系统受到重创的情况下，你们济南军区野战医院发挥了重要支撑作用。" 6月5日，医院派出救护车赶赴平武县水观乡平溪村，接回33岁孕妇周小雪。孕妇预产期已超过6天，胎儿巨大、胎位不正，存在窒息死亡的危险，野战医院实施剖宫产手术，在方舱接生第一名男婴，医务人员都喜欢叫他"小舱主"，为表达对济南军区野战医院的感激之情，男婴的父母给他取名——魏振军。北川县13岁男孩詹俊俨地震时从四楼慌乱跳下，致腰椎脊柱骨折，急需同时开展椎管减压、植骨和内固定3个手术治疗，医疗队花费3万元，采购脊柱手术所需的专科器械，经过7小时手术，詹俊俨获救。截至5月19日，野战医院累计巡诊51091例，门诊4160人次，心理疏导1841人，收治住院伤病员230人次，其中危重伤病员44人，出院129人，转移83人，开展手术198台，为部队官兵体检260人次。

5月19日1时，沈阳军区总医院两支医疗队和463医院一支医疗队，在北川县擂鼓镇共同组建野战医院。医院集医疗、卫生防病、防疫、心理干预于一体，承担北川县医院、擂鼓镇卫生院的职能，并为在北川地区抗震救灾部队官兵实施卫勤保障。医院设有十余个处（科）室，拥有心电监护仪、B超机、心电图机等医疗仪器，野战医院还分别在绵阳市司法局、建委设立门诊部，24小时服务；设立"120"救治组，配备1台救护车保障，支援灾区期间，"120"累计出诊67次。20日清晨，82岁老人陈秀珍被倒塌房屋砸伤头部和左腿，被直升机送来时已昏迷不醒，头皮大面积感染化脓，经过医护人员精心治疗和悉心照顾，老人病情好转。26日23时，北川县擂鼓镇5岁男孩宋鑫因高

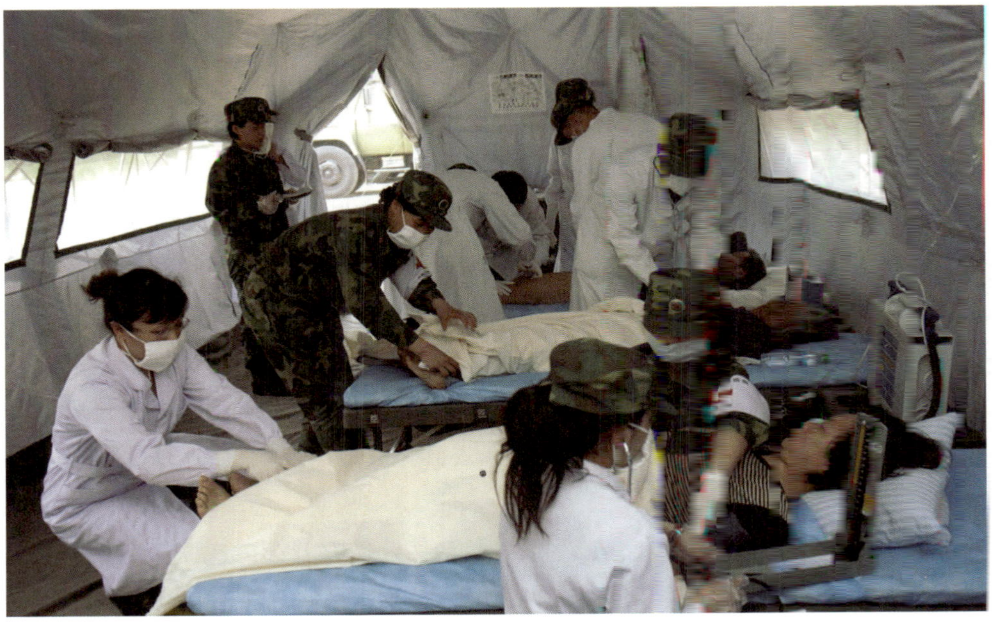

图3-3-142 沈阳军区野战医院是解放军在北川县建立的第一所大型综合性野战医院

烧持续不退被紧急送至野战医院，陈继鑫的母亲陈素蓉哭着说："现在我只有靠解放军来帮我娃看病。"经过物理降温和静脉输入抗生素等治疗，2小时后男孩体温恢复正常。28日，医院派出4支医疗小分队，深入北川最偏远的都坝乡、贯岭乡展开巡诊。9岁羌族学生张淑娟，在地震中失去父亲，自己患上肺炎，呼吸困难，在野战医院医护人员精心治疗下，很快好转。记者采访时，她说："感谢解放军给我们捐款，给我们搭帐篷，还给我看病。"51岁村民王诚家在余震中腿部受伤，野战医院巡诊人员及时将他接到医院进行检查和治疗。王诚家热泪盈眶的对记者说："感谢他们，真的诚心感谢他们。他们对我们确实是非常好，真是人民子弟兵。"6月13日12时20分，1辆载有自贡市应急民兵分队30余人的大客车，不慎翻到北川县水泥厂对面5米深的排水沟内，多人受伤，野战医院紧急派出救护车赶赴现场抢救。1小时后，19名重伤员全部脱离生命危险。沈阳军区北川野战医院组建期间，每天累计诊治群众500~700人次，并对灾区医务人员进行技术培训，被当地受灾群众称为"北川县人民自己的医院"。

4. 武警医疗队现场救治

5月13日凌晨，武警四川总队医院派出两支医疗队分别赶赴北川和平武两地救援。前往北川的医疗队到达擂鼓镇后，由于山体滑坡，道路阻断，医疗队员徒步前往北川中学，并于5时40分到达北川任家坪。截至16日，医疗队在北川累计抢救伤员250名，转送危重伤员400余名。前往平武的医疗队在到达平通镇后，得知南坝镇受灾严重，随即决定赶赴南坝。由于山体滑坡车辆无法前行，医疗队员携急救药品、器械徒步9小时于5月13日17时左右到达平武南坝镇开展医疗救治。在南坝开展救援的半个月内，医疗队累计救治伤员1569人次，实施大小手术240余台次，抢救、转移危重伤员140多人。

（三）伤员现场转运

5月12日下午，绵阳至北川县任家坪交通恢复。19时20分，绵阳市城区各个医疗机构救援队陆续达到北川中学现场，救护车、客车等陆续开始转运北川地震伤员至市医疗机构。由于北川县医疗机构在地震中几乎全部损毁，安县距离北川县29公里，是北川县到绵阳市区的必经之路，根据绵阳市医疗卫生分指挥部指示，安县作为北川伤员转运临时中转站。伤员中伤情危及生命、须立即手术的及时转送绵阳城区医疗机构，其他伤员在安县做初级处理，再转移至绵阳市城区医疗机构。

5月13日3时，绵阳市抗震救灾分指挥部加大伤员转运力度，紧急调集30多辆平板车抢运伤员，救护车、皮卡车、大卡车、客车来回穿梭于安县和绵阳城区各医疗机构，抢运伤员。上午，北川中学现场重伤员300余人，担架仅几十副，天下大雨，伤员运送非常困难和缓慢，抢救队员从废墟中寻找门板、窗栏等制成担架，协助转运工作，16时，北川中学操场最后一名伤员被救援部队接走。18时，四川省卫生厅、绵阳市委、市政府在安县安昌镇设立医疗救治点，作为北川伤员转运中转站。医护人员和救援人员将伤员从北川县城废墟抬到任家坪救护现场，根据先救命后治伤、先治重伤后治轻伤的原则，对伤员实施第一次检伤，不作停留，用救护车或小型车辆将伤员转移至设在安县中学操场的战地医院，需要立即就地手术的安排手术，其余伤员进一步检伤，根据伤情将需转至医院名称写在转运车窗上或者伤员胳膊上，再通过救护车或大型平板车转运至市内，由交警开路带往各家医院。实现北川任家坪救护现场—安县"战地医院"—绵阳城区各医院的伤员"三级转运"模式。

5月16日21时，绵阳市"5·12"赈灾救治医疗队召开第二次联席会议。会议决定：从17日起，抽派市直医院8名中层干部，分别充实北川、安县、平武、江油4个县（市）卫生工作组；调配6辆救护车专门负责江油—北川、江油—北川陈家坝—平武平通—平武南坝2条线路沿线乡镇伤病员巡回救治及转运任务；要求克服困难，紧跟救援部队，不断推进和延伸救治，扩大覆盖面。

5月18日16时5分，东方通用航空公司出动1架直升机，转运北川县禹里乡17名危重伤员至成都市区医院救治，这是地震后禹里乡转运出的第一批伤员。当天，平武县水观乡8名危重儿童和2名临近预产期的孕妇由空降物资的直升机，转运至上级医院救治。

5月19日，平武县水观乡1名孕妇、8名儿童及几名老年病人被直升机转运至彭州市医院救治。

抗震救灾期间绵阳市地震重灾区现场累计转运地震伤员2.4万人次，其中北川和安县2.3万人次、平武780余人次。

三、伤员院内救治

（一）绵阳本地医院院内救治

地震发生后，绵阳城区各医疗机构启动应急预案，设立临时指挥部，下设医疗工作组、护理工作组、后勤保障工作组、志愿者协调工作组，全体医务人员迅速到位，搭建帐篷、接收病人、后勤保障，医护人员冲进大楼，寻找急救包、氧气袋、生理盐水、甘露醇、输液瓶、担架等医疗器材器械。

12日14时33分，市中心医院收治第一位绵阳城区伤员，市第三人民医院急诊科接诊剑南路小学伤员。

图3-3-143　2008年5月12日14时48分，绵阳市中心医院将1300余名住院病人安全撤离到门诊广场（杨卫华　摄）

12日14时35分，市中医院惠民帮扶医院在医院前面的空地设立临时医疗救护站，免费救治伤员。

12日14时40分，1辆私人小货车转送4名地震伤员至市第三人民医院急诊科。第二人民医院在魏城镇建立临时救治点，为10余名伤员进行伤口冲洗包扎和输液，随着伤员不断涌入，医院决定立即向市第三人民医院转移伤员和原有的重病员。

12日14时48分，市中心医院药剂科开启“抢救药品发放点”，半小时内，又开出2个药品配发点。

12日14时50分，绵阳城区一位地震创伤失血性休克伤员被送至四〇四医院抢救。医务人员凭着职业天性，没有犹豫，投入到救治工作中。

12日15时3分，1辆载满伤员的汽车抵达市中心医院，随后，救护车、私家车、军车、大货车、摩托三轮车等载满伤员陆续驶来。鉴于伤员数量急剧增多，市中心医院迅速建立伤员救治流程，在安全地带设立数个手术清创场地，打破原来以各个专业为基础的病房建制，所有病区、专业、科室的医护人员实行统一管理、调配，集中专科医生，以治疗小组为单位，开展救治伤病员工作，集中骨科、脑外、普外医师对送来的伤员进行清洁、清创、包扎和固定处理。

12日15时8分，一位被安排下午急诊手术的宫外孕患者因体内大出血，晕倒在市中心医院门前广场，如果不立即手术，病人短时间内就会有生命危险，但是在开放性环境开展手术又是严重违反医院院感管理的。医院领导立即指示："先救命！"于是，医护人员手拿几块消毒铺巾围成一圈，形成最简单的露天"手术室"完成手术，随后又完成两台截肢手术。

12日15时30分，市第三人民医院急诊科告急，门诊、外科、内科医护人员和机关后勤职工紧急赶往急诊科支援，平车不够用，就取来门板；安置伤员的观察床短缺，就抬来诊断床；轻伤员没有地方休息，又搬来玻化排椅。急诊大厅外，摆放一排排轮椅、推车，分流伤病员；急诊大厅内，止血、包扎、缝合伤口；急诊手术室里，做手术、打石膏、固定夹板；抢救室里，胸外心脏按压，气管插管、心电监护、吸氧、打吊针。

12日16时，市人民医院决定在空旷地带搭建可容纳200多张病床的抗震棚作临时病房，从11楼手术室将麻醉机、呼吸机、监护仪等医疗设备安全转移至抗震棚内，设立临时手术室和重症监护室。市普思电子厂、长虹集团200余名受伤工人，被送抵解放军第520医院救治。市妇幼保健院在火车客站广场搭建2顶帐篷，建立临时医疗救治点。市第三人民医院收治1名急诊产妇，产妇宫口全开，胎膜已破，胎儿的头已在宫口处，医院妇产科医生周玲组织搬来一组屏风，借用位于外科大楼一层的眼科的诊断床，临时搭建1个简陋的室外产房。四十分钟后，1个七斤多的男孩顺利诞生，取名为"震生"。

12日16时20分，市肿瘤医院累计收治地震伤员117名，其中危重18人，需手术56人，死亡6人。

12日16时30分，市第三人民医院领导班子对门诊急诊楼、外科大楼、内科大楼、心理卫生楼前后的空地、草坪、球场重新规划，分为急诊急救区、急诊辅检区、临时手术区、外科区、内科区、心理卫生区6个区域，每个区域放置病床、设置临时治疗台。组织搭建地震简易安置棚50余处，建

图3－3－144　2008年5月19日，伤员被源源不断地送到绵阳市中心医院（刘晓春　摄）

立急诊应急手术室5间。同时，启动医院应急发电系统，保证手术电源的供应。

12日16时47分，由于地震导致房屋受损，且余震不断，又有伤病员需要安置，市中心医院组织在门诊楼前的广场紧急搭建4间帐篷手术间和1间清创缝合急诊处理间，并组织人员到住院楼低楼层病区抢运出床单、棉被、钢丝床等物资。

12日17时10分，涪城区妇幼保健院一位待产孕妇，因孕高症早产，先兆发作，出现不规律的宫缩，胎心异常，经吸氧等对症处理仍未缓解，需立即手术，经简短讨论后，医院决定在手术室立即开展剖宫产手术。医护人员借用4个应急灯照明成功完成剖腹产，母子平安。

12日17时22分，四〇四医院的应急发电机油箱的柴油不足，医院后勤保障科科长李正田立即组织人员到城区加油站购回柴油，保证医疗用电。

12日18时30分，市第三人民医院1名住院产妇由于惊吓过度，胎膜早破，必须立即剖腹手术。此时麻醉科副主任吴德华说："走，上楼！要死也是我们先死！病人不能有问题。"说完，带领麻醉师和手术护士上楼，经过40分钟手术，产妇母子平安。

12日下午，为保障伤员治疗，市中心医院在门诊一楼大厅用床垫铺设临时床位100余张，用于普通伤员的留观治疗和新到伤员的临时抢救。

12日19时，市骨科医院在前后院内快速搭起3顶帐篷，并铺设电路、安装电灯，搭建临时简易厕所等，安置伤员。同时，与隔壁的绵阳市第二中学协调，打通围墙建立临时通道，并请求区政府支援，在学校操场上冒雨赶搭帐篷。

12日19时30分，四〇四医院按科室、楼层建制将住院病人安排在一起便于统计及管理；地震伤患的救治分轻重缓急，实行卡片识别，归类登记，人员分区管理，分组进行手术和伤口处置。在医院广场分区设立临时病房，充实骨科和脑外科，做好接受大量伤者的准备。

截至12日20时，游仙区所有医疗卫生单位共转移在院病员750余人，无一伤亡，接报因地震直接受伤人数1178人，转院21人。

12日21时30分，7名获救的北川儿童被送达市第三人民医院急诊科。一名4岁的小男孩紧紧地抓住护士的衣襟，泪流满面地说："阿姨，你抱紧我，我怕，我是从土堆里爬出来的，我的爸爸妈妈没挖出来，我的腿一动就疼。"医护人员立即为小男孩骨折的左小腿打上石膏固定，并给予安抚。

12日22时，市富临医院向高新区管委会紧急求援，并得到管委会的全力支助，在空旷地带搭建简易抗震棚，作为地震伤员第二救治现场。

12日23时，医护人员冒雨坚持抢救，各医疗机构库存药械告急，医疗救治工作难度增大。市中心医院在广场搭建120余顶帐篷组成"紧急综合救治区"。区内划分"外科创伤综合救治区""外科普通综合区"和"内科普通综合区"，并按照预检、污染、手术、隔离、监护等区域标号，对帐篷逐一编号。市中心医院广场左边一排5顶帐篷是手术室，几十位外科手术医生、护士忙得来不及抬头，他们中有的人地震发生后水米未进。神经外科主任刘平和骨科主任王军一直守在医院广场救护车入口处对震灾伤员初步分诊，并随时顶上做手术。内科、门诊部、医技科等全力配合外科救治伤员。门诊前，作为急诊伤员入口处，医院安排具有丰富创伤急救技能的主治医师以上人员负责。检伤后，分别用蓝、黄、红、黑4种颜色，对轻、中、重伤员和死亡人员作出标示（分类标识用塑料材料制成腕带），扣系在伤病员或死亡人员的手腕或脚踝部位，以便后续救治、辨认。用不干胶输液瓶签制作医患双方信息标识卡，注明姓名、性别、年龄、诊断结果、来源地、主管医师及联系方式等，贴于伤员手腕或足背处。紧急成立的担架队在12日当晚抬运伤员300余人，没有手套，每个人手上都磨出水泡。

12日当天，市第三人民医院累计收治地震伤员218人，处理需清创缝合伤员181人次，市中心医院累计收治地震伤员440人次。市骨科医院收治地震伤员166人，针对病员伤情，市骨科医院医务科、护理部组织医护人员对伤员按轻、中、重进行一级筛选，划分出一般伤员和危重伤员，有序指挥和分流伤员。对生命体征不稳定的危重伤员以红色标记，首先抢救；一般重伤员以黄色标记，作进一步处理；对生命体征平稳的轻伤病人进行快速简单消毒包扎后劝其回原地休养，等待下一步处理。对危重伤员在临时帐篷内进行紧急手术，对医院条件受限不能处理的伤员及时转诊到上级医院。

13日1时，市抗震救灾指挥部指定城区部分医院为医疗救援第二梯队单位，主要负责收治安县、北川转来的重伤员。收到指令后，解放军第520医院连夜召开紧急会议，布置接收大批伤员的准备工作：对医院医护人员进行重组，除去必要的指挥人员外，其余所有医护人员不论专业，全部分配到各救治组，调整原有病区建制；市中医院立即组织在空旷地带搭建临时帐篷病房，建立3个临时手术室、ICU、B超室，实行24小时工作制，所有医务人员一律停止休假，人员、车辆、药械、物资均服从医院抗震救灾医疗救治需要，实行统一安排调配，做好接收重灾区伤员的准备。同时，指定惠民帮扶分院成立医疗组进驻九洲体育馆地震灾民安置点，并派出本部医护人员给予支持，在安置点设立两个医疗点。

13日8时30分，市中医院接收大批量伤员，医院立即开辟绿色通道，加快接诊、处治速度，直接分诊患者进入3个外科病区处治。整合、调配住院床位，打破原有二级分科设置，划分3个外科病区；内科病区及空床，分别搭配给外科病区，用于协助收治一般外科伤员。

图3-3-145　2008年5月12日15时52分，绵阳市中医院转移病人到院前空旷地带（陈俊　摄）

13日10时，大量重伤员转入城区医院，有的伤员急需截肢、减压，急诊手术量骤然增加，为能及时挽救伤员生命，四〇四医院除在医院的临时手术间和两个帐篷手术室进行手术外，将部分大型手术搬回综合大楼4楼开展。由于医院热力管道系统遭到破坏，消毒手术包告急，为保证需求，手术室的护士们把棉垫、纱布、手套包成小包放进小型临时消毒锅里即消即用，其他的手术包就装车带至成都消毒。针对骨科伤员多的情况，市中医院应用传统中医药学与现代医学相结合的方式，一方面掌握手术指征，对手术指征明确的伤员，及时安排手术；另一方面，开展小夹板、石膏或铅丝固定与手术结合及外敷中药等治疗骨伤患者，及时减张缝合、手术，并口服活血化瘀药进行早期干预。

13日14时，市中心医院成立抗震救灾医疗部，由事业发展部、医务处、护理部、质控办公室、院感办公室等部门人员组成，制定《5·12地震灾害伤员救治应急流程》《伤员集散地抗震救灾应急流程》《5·12地震灾害伤病员应急医疗规范》《灾区非外伤人员救治流程》《医院气性坏疽报告流程》《气性坏疽院内感染控制工作制度》《气性坏疽院内控制感染流程》等文件，加强管理。针对无亲朋陪护且病情危重，需要病人或家属签署的紧急医疗处置，医院紧急授权病区主任和医务处负责人拥有特殊情况下的医疗处置审批权限。市中心医院外科医生在帐篷里累计收治伤员300余人，开展手术360余例。

13日20时左右，根据市紧急救援中心通知，市骨科医院准备收治1批北川伤员。当3辆军车载着45名伤员驶来时，大家立即冒雨投入搬运和抢救病员的行动中。医院结合中医专科特色，对闭合性骨折均以手法复位，外加小夹板、石膏或铅丝托固定，以及口服活血化瘀行气止痛治疗、中药外敷等综合治疗，并免费为伤员及医务人员发放藿香正气液、板蓝根等祛暑清热解毒中成药，预防中暑及病毒性疫情传播。

截至13日20时30分，震后30小时，绵阳城区各医疗机构累计收治伤员7144人，其中重伤员940人、实施手术1731人、院内死亡243人。北川、安县等地伤员就近就地在安县救治2934人，转送至绵阳城区医疗机构救治1837人。九洲体育馆收留的1.7万人中，有伤员5000余人，需要救治。由于超负荷连续抢救伤病员，没有食物供给，陆续出现医务人员晕倒现象。

13日22时30分，大雨严重影响救治工作，为保证医疗安全，市第三人民医院ICU撤回住院部九楼。

13日当天，市中心医院收治伤员552人次，累计收治992人次。为确保伤员救治，医院继12日开放门诊一楼大厅后，再开放二楼大厅，用于伤员留观和抢救治疗。同时，对全院所有外伤伤员集体注射破伤风抗毒素，并寻找适当药物做早期抗菌治疗。

截至13日，随着大量的北川、安县、平武伤员的到来，需要救治的伤员不计其数。城区医疗机构，包括私人诊所全部挤满伤员。医疗帐篷从数百顶到数千顶，满城都是救护车、白大褂、红十字、黄丝带（医疗志愿者标志），医生、护士都在跑步，随处都能听到“担架！”“抬病人！”“准备手术！”

14日7时，市第三人民医院临时手术室无法满足医疗需求，经请示院领导后，手术室撤回医院一楼。

14日上午，烈日当空，帐篷内闷热潮湿，四〇四医院指挥部决定恢复综合大楼使用。随后，数百名志愿者协助医务人员将大批的伤员和物资搬回十几层的大楼。骨科医生贾志明因超负荷的劳累诱发急性阑尾炎，晕倒在电视采访镜头前。

截至14日17时30分，震后50个小时，绵阳城区主要医院及县（市、区）累计收治伤员29170人，其中重伤员人数8395人，实施手术6095次。院内累计死亡722人。

15日8时30分，市中医院制定《关于“5·12”地震灾害医疗救治期间医疗质量控制的若干规定》，要求组织查房、会诊讨论、讲课等，保证医疗质量；并防止院感的发生。震后撤离病人重返

图3-3-146 绵阳市中心医院广场的帐篷医院（刘晓春 摄）

回住院大楼各病区，要求从非常态调整为常态工作状态，并与前期安排保持序贯连接。

截至15日17时，震后74小时，绵阳城区主要医院及县（市、区）累计收治病人33197人；住院18519人，其中重伤员人数10117人，院内累计死亡847人。

当天，为确保伤病员得到有效的救治，市中心医院决定恢复外科大楼的使用，陆续安排伤病员病房。

16日，16岁的北川中学学生段志秀被压4天后获救，四〇四医院为她实施左下肢截肢术、气管插管呼吸机辅助呼吸、深静脉置管和血液透析等一系列治疗，成功将段志秀的病情控制。段志秀苏醒后非常感激医护人员，由于人工气道不能讲话，便在纸上写下“谢谢”二字。

当天，市中心医院因收治大量骨科和脊柱伤伤员，紧急向市抗震救灾医疗救治分指挥部申请内固定材料，指挥部立即组织调拨，保证医院需求。市第三人民医院抽调人员恢复普通门诊，当天共接诊200余人次。

17日，按市抗震救灾指挥部要求，各个医疗机构在充分保证伤员安全的前提下，开始陆续转移在院伤员至重庆、西安、广西、遂宁、南充、成都等地继续治疗。

19日22时，电视广播播报将有大的余震发生，提醒全市人民提高警惕。各医疗机构迅速组织在院伤病员转移至空旷安全地带，转移工作持续至20日凌晨。

截至6月12日，震后1个月，市中心医院进行五次上千人次的室内和室外的大转移，累计救治地震伤员1912人次，其中危重病人919人次，开展手术989台次，其中大中型手术645台次，死亡42人。放射科累计完成照片2295人次，其中地震伤员1309人次；CT扫描635人次，其中地震伤员503人次。检验科累计完成血、大小便常规及其他生化检查11699人次。病理科累计完成病理报告945份。物诊科累计完成急诊床旁超声波检查543人次。门（急）诊部完成急诊2123人次，出诊45次，普诊376人次，专科专家门诊1478人次。市第三人民医院累计接治来自游仙、北川、安县、平武等地地震伤员

2143人次，收治入院1178人次，开展手术864台次，死亡7人。四〇四医院累计收治地震伤员1[illegible]69人次，开展手术624台次，死亡10人，转运伤员317人次。市中医院累计救治地震伤员929人，危重病人121人，收治住院416人，开展手术221台次。涪城区各医疗机构累计收治伤员15097人次，其中转运及收治北川、安县、平武等极重灾区伤病员1551人，门诊诊治本地受伤群众1504[illegible]3人次，抢救危重伤员128人次，住院病人全部康复出院。

截至7月12日，震后两个月，全市城区医疗卫生机构数次组织伤病员完成病房与户外的往返转移。累计救治伤员2.4万人次，其中危重伤员1136人次，收治住院5386人次，其中住院4[illegible]7人，出院3036人次，转院1808人次，死亡135人；县级医疗机构累计救治伤员39万人次，其中危重伤员1637人次，收治住院1.8万人次，转院1573人次，死亡712人。

（二）“三个集中”抢救

随着救援的深入，绵阳城区医疗机构陆续开始接收重灾县（市、区）转移伤员，为发挥市内各家医院优势，最大限度利用有限医疗资源，在卫生部专家的指导下，城区医疗机构采用集中伤员、集中专家、集中医院的“三个集中”医疗救治模式。市中心医院作为距离北川县最近的大型综合性三甲医院及绵阳市急救中心，脑外科和骨科实力较强，就集中增派相关专业外援专家，集中收治脑外伤和骨伤伤员；四〇四医院和第四军医大学唐都医院救援队密切配合，集中收治肾挫伤、需要透析治疗的伤员；躯干骨折伤员就送往市第三人民医院和市骨科医院等医疗机构。地震伤员在安县中学操场“伤员中转站”，根据受伤的严重程度和类型，依照“三个集中”原则决定送往绵阳城区的哪家医院，实施第二次检伤后送。在到达市级医院后，根据受伤部位决定送往医院的各个病区，实施第三次检伤后送。同时，市卫生局转发《四川省卫生厅关于切实做好重症震伤伤员救治工作的紧急通知》，要求各个医疗机构进一步整合医疗资源，组织优秀力量救治重症伤员，最大限度降低死亡率和致残率，按照“三个集中”原则加强危重伤员的救治工作。“三个集中”医疗救治模式，使伤员得到最专业、最有效的救治，极大提高伤员救治质量，最大限度地降低死亡率和致残率。

截至6月5日，市中心医院收治重伤员965例，其中危重伤员355例。在危重伤员中，重型颅外伤110例，挤压伤综合征154例，四肢骨折40例，骨盆骨折122例，重症胸部外伤43例，复合伤51例。110例重型颅脑外伤中，多发性颅脑损伤严重，开放性颅脑外伤多，伤口感染严重，多合并有其他脏器损伤，其中，手术治疗26例，住院5~16天出院41例，转外地治疗55例，医院死亡3例。154例挤压综合征伤员均有骨折、全身皮肤软组织擦挫伤和肾功能明显异常，其中发生胫腓骨骨折33人，下肢股骨干骨折48人，上肢肱骨干骨折36人，盆骨骨折34人，内踝骨骨折27人，胫骨骨折21人，桡尺骨骨折19人，锁骨骨折11人；治疗好转率达83.1%。51例复合伤伴肾损伤伤员中，有4例实施肾修补，1例行肾切除术，46例进行保守治疗，无1例死亡。四〇四医院累计收治住院伤员67人，其中重伤29例，主要为挤压综合征。29例重伤员中主要为多发骨折和Ⅲ度开发伤二筋膜室综合征。医院采取专职小组治疗模式进行治疗，骨折伤主要由骨科工作小组专职负责，挤压综合征主要由ICU治疗小组，即手术组医师、肾脏内科医师集中进行治疗。除5例危重伤员死亡外，24[illegible]重伤员病情均得到有效控制。市第三人民医院收治挤压综合征伤员，严重颅脑外伤49，急性肾功衰11人，多器官衰竭2人，脊柱骨折合并脊髓损伤32人。市骨科医院收治住院伤员1073人次，其中，骨折占91%，其他及复合伤占9%。

典型病例——地震伤气性坏疽。伤者陈瑞霞，女，7岁8个月，2008年5月12日地震后被埋于平武县小学废墟下2小时左右获救，在当地经包扎处理，因“地震伤致右小腿疼痛、肿胀2天”，于5月14日16时被送入绵阳市中心医院。患儿入院查体显示：T（体温）38.7℃，P（脉搏）126次/分，R(呼吸）36次/分，BP（血压）96/58mmHg（1mmHg=0.133Kpa），面色苍白，精神差，轻度烦躁，脉搏细速，呼吸稍促，皮肤湿冷；头、颈、胸腹部、脊柱、盆骨等均未发现明显伤情；右小腿中段肿胀、畸形，皮肤裂口（右胫前内侧）约7cm×3cm深部软组织裸露，肉芽灰暗，创面污染严重，有较多灰白色脓性分泌物，创周皮肤软组织失去生机，局部触痛明显，右小腿畸形处有异常活动，可扪及骨擦感，右足背动脉搏动减弱，足趾不能主动活动，伤处远段感觉迟钝。入院诊断：地震伤：1.右胫骨上段开放性骨折（Ⅲ度），右小腿毁损伤；2.创伤性休克。医院立即给予快速扩容、纠正酸中毒、吸氧、青霉素抗感染等治疗，右小腿局部换药后石膏托外固定。患儿休克得到纠正。15日，患儿肢痛加剧，查体显示：T（体温）39.3℃，右小腿肿胀加剧，皮肤灰白、失去生机，有较多灰白浆液性脓液从创口溢出，右足背动脉，胫后动脉搏动消失，皮肤冰凉，感觉运动完全消失，确认右小腿中段以下严重毁损、感染、坏死，符合截肢特征。同时按压局部组织时有捻发感并有较多气泡从创口逸出并有恶臭，X线提示：右胫腓骨中段粉碎性骨折，右小腿软组织内有明显积气；伤口脓液涂片回报：查到G+芽孢杆菌。诊断小孩患有右小腿气性坏疽。医院立即给予急查血常规：Hb(血红蛋白）53g/L，WBC（白细胞计数）4.7×109/L；肝肾功及其它内环境指标基本正常；CK（血肌酸激酶）680u/L。当即电话报告医院感染管理部门，将患儿送入隔离手术间，实施右下肢膝上截肢术。手术中再次取脓液送涂片、培养，创面大量双氧水反复冲洗，残断创面开放，并给予青霉素320万单位、甲硝唑0.25g，静脉滴注，各1次/12h。术后患儿生命体征平稳，送回病区临时设立的隔离室，医院派专人护理，手术间封闭并用过氧乙酸消毒72h，所用布单敷料专人销毁、器械专人消毒。5月16日，患儿精神差，体温持续在38.5℃以上，残肢创面脓性分泌物增多，肌肉组织呈现“水煮过”样，创周、右颈部、右胸部皮下具捻发感。医院随即调整治疗方式，改用替考拉宁10mg/kg体重，静脉滴注，1次/日，同时使用人体免疫球蛋白5.0g，静脉滴注，1次/日，并多次少量输入红细胞悬液、血浆。5月18日，患儿伤情逐渐好转。细菌培养结果显示：普通变形杆菌（非厌氧培养）。5月29日术后两周，患儿全身状况良好，体温恢复正常，残肢肿胀及捻发感均消失，创面分泌物明显减少，肉芽渐转新鲜，连续4次创面分泌物涂片均无细菌生长，肝肾功能及血电解质等化验检查基本正常，血肌酸激酶降至28u/L，病情得到有效控制。

典型病例二——地震后被埋139小时伤员的救治。伤者唐雄，男，33岁，2008年5月12日地震后被埋于废墟下，5月18日，唐雄在被困139小时后被救出，当即经第二炮兵总医院医疗队紧急处理，随后被送至绵阳市中心医院救治。伤员入院查体：T（体温）39.00℃，R（呼吸）24次/分，P（脉搏）150次/分，BP（血压）105/60mmhg，神智合作，定向力尚正常，皮肤温度低，较干燥，弹性降低，头面部未查见伤口，左胸壁可见较大面积擦挫伤，呼吸平稳，双肺呼吸音清晰，未闻及干湿罗音，心律齐，未闻及病理性杂音，腹平软，无移动性浊音，四肢感觉、活动正常，右大腿外侧、左大腿内侧有皮肤擦挫伤，压痛，双下肢活动正常，足背动脉搏动正常，左足部纱布包扎，右足踝部皮肤有发黑。神经系统未见异常。血常规显示：WBC13.2×109/L，HB140g/L，Plt128×109/L，凝血功能正常，肝功：ALT43u/L，AST93u/L，白蛋白22.6g/L，总蛋白36g/L，肌酐57ummol/L，K+9.83mmol/L，Na+104mmol/L，CL-83.9mmol/L，Ca++1.51mmol/L，Mg++0.49mmol/L，胸片未见心肺异常及肋骨骨折，双下肢X片未见异常，头部CT右额叶可见挫裂伤。入院诊断为：地震掩埋伤，低渗性脱水，严重营养不良，全身多处软组织挫伤，右足趾擦挫伤。医院立即给予唐雄防疫处理，剪开衣服全身多处擦洗，并保暖。由于伤者有中度脱水，周围静脉塌陷，在严格消毒局部皮肤后，迅速建立锁骨下静脉通道，与外周静脉一道，输入乳酸钠林格氏液及人血白蛋白，速度较快以纠正脱水，补充血容量。入院3小时后，伤者肾功正常，血糖5.1mmol/L。伤者入院24小时后，心率降至80次/分，总尿量2100ml。21日，伤者体温降至正常；22日，医院为其实施局麻下左足创面清创术；27日，因唐家山堰塞湖泄洪危险，伤者转移至北京老年医院继续治疗。10月28日，伤者从北京回到北川进行门诊换药治疗。

典型病例三——地震伤致挤压综合征并成功保肢。伤者男，18岁，于5月14日因“地震致全身多处外伤2天”转入绵阳市中心医院。入院查体显示：生命体征正常，神清。查体无明显异常，左上肢前臂肿胀、压痛、张力极高，右侧臀部可见直径约20cm大小包块，质软；左侧面部和头顶部皮肤挫伤，肿胀，压痛明显。后头部CT、左肱骨及盆骨X线检查未见异常。血常规显示：白细胞9.01×10^9/L，血红蛋白95g/L，血小板65×10^9/L，尿常规隐血+++，蛋白+++。肾功：尿素氮28.51mmol/L，肌酐463.6μmol/L，尿酸483.0μmol/L，血钾6.93mmol/L。入院诊断：左前臂挤压伤并急性肾功能衰竭，高钾血症。入院后，立即实施急诊臀部血肿清除术，左前臂筋膜切开减压术，并行床旁血透治疗（无肝素化），静脉滴注头孢唑啉。15日，伤者手术切口大量渗血、渗液，意识障碍，烦躁不安，呼吸浅促，体温高热，血压78/35mmHg。复查血常规显示：白细胞28.97×10^9/L，血红蛋白26g/L，血小板52×10^9/L，凝血功能显示：PT19.0s，FIB1.41g/L，APTT5.05s，FDP和D-二聚体均为阳性。肾功：BUN17.7mmol/L，肌酐337.0μmol/L，血钾4.58mmol/L，肝功：ALT15U/L，AST146U/L，ALB21.48g/L，血气分析：乳酸7.6mmol/L，pH7.42，$PCO_2$64mmHg，$PO_2$64mmHg，BE6.7mmol/L，$SaO_2$65%。临床诊断考虑败血症、弥散性血管内凝血。医院立即给予伤口彻底清创后加压包扎，并行分泌物做培养，同时血培养，伤者转至ICU病房，静脉滴注哌拉西林/他唑巴坦和替硝唑，并输注新鲜冰冻血浆2800mL，红细胞悬液8u，全血1800mL，琥珀酰明胶2500mL。当天，伤者生命体征渐平稳，意识状态恢复。17日复查显示，白细胞16.3×10^9/L，血红蛋白52g/L，血小板40×10^9/L，PT14.8s，FIB2.97g/L，ALB29.43g/L，尿素氮18.61mmol/L，肌酐204.0μmol/L，血钾4.6[illegible]mmol/L，手术切口处渗血明显减少。但伤者右下肢肿胀，皮温低，足背动脉搏动不能满意扪及，医院予以解除[illegible]处加压包扎绷带，抬高患肢，约2小时后，足皮温转暖，足背动脉搏动可扪及，生命体征平稳。后又反复静脉输注大量血浆，全血及白蛋白，血透继续进行，加强伤口换药。20日，伤口分泌物培养显示木糖氧化产碱杆菌xy10亚种，对哌拉西林/他唑巴坦、亚胺培兰、头孢他啶敏感，血培养结果显示鲍曼不动杆菌，为泛耐药菌，抗生素继续使用哌拉西林/他唑巴坦。28日复查显示，白细胞8.3×10^9/L，血红蛋白73g/L，血小板156×10^9/L，ALB24.66g/L，ALT16U/L，AST22U/L，尿素氮12.84mmol/L，肌酐98.8μmol/L，血钾4.03mmol/L，尿常规正常，伤者左侧手臂及右下肢皮温正常，伤口渗出少，无肌肉坏死现象，当天伤者停止血透，转出ICU病房。

四、省内外、国外、港台医疗队支援灾区医院

（一）省内医疗队支援灾区医院

2008年5月13日晚，四川省人民医院医疗队受命赶到解放军520医院，承担该院二病区200多名重伤员的救治工作，14日当天开展手术19台。

5月14日早上，泸州市第一批医疗小分队一行39人从北川撤回绵阳城区，在市皇后医院设立医疗救治点，独立负责25名地震伤员的医疗救治工作。16日21时30分，泸州市第二批抗震救灾医疗队

抵达市富临医院，并与第一批医疗队员进行工作交接。17日10时，医疗队在市富临医院一楼成立“泸州市医疗救援独立病区”，全面接收新收治的地震伤员，待伤员病情稳定后再转往二楼富临医院救治点。

5月14日，接上级指示，四川大学华西医院医疗队从安县撤出，驻扎绵阳四〇四医院，承担复杂危重病人的处置和手术。截至16日的3天时间里，队员们一直在该院服务。

5月14日，受四川省抗震救灾指挥部和省中医药管理局指派，遂宁市中医院抽调由3名医护人员组成医疗队，进驻市中医院协助救治伤员。截至22日17时，医疗队累计救治伤病员400余人，开展手术100余台。

（二）省外医疗队支援灾区医院

省外医疗队到达绵阳市各个医疗机构后，主要采取成建制和非成建制两种方式参与伤员救治和转运工作。成建制外援医疗队，即：独立承担一个病区的工作，医院医护人员（包括原病区主任和护士长）则密切配合和学习，共同保证伤员得到及时救治。不成建制外援医疗队将队员按专业分配到医院各个病区，融入当地医院病区管理中，其中高职称专家承担医疗指导任务。当地医疗机构与省外医疗队配合协作，让医疗队最大限度发挥作用。

2008年5月13日22时，海军总医院抗震救灾医疗队一行50人携带药械进驻市中心医院，成为第一支支援绵阳本地医院的省外医疗队。14日12时30分，医疗队奉命开赴北川参与救治工作。17日上午，根据市抗震救灾指挥部的指示，医疗队撤离北川县城，再次进驻市中心医院展开救治工作。医疗队改变第一次非成建制的工作方式，转而独立承担外三病区工作；在中心医院协助下，依托妇产科病房，设立创伤外科综合病房，将妇产科手术室及产房改造为外科手术室，建立分工明确、职责清晰、相互配合的病区管理模式。6月3日，医疗队在游仙区设立5个医疗救护点，为数万名堰塞湖疏散撤离群众提供医疗服务。截至6日16时，医疗队累计诊治地震伤病员7534人次，抢救危重伤员31人次，开展手术119台次，承担583名伤员转运医疗保障任务，发放价值12余万元的药品和1800余册防病防疫资料。

5月13日晚，江苏省医疗队抵达绵阳，105名队员被连夜安排到绵阳城区和江油5家医院开展救治工作。江苏省人民医院医疗救援队到达市第三人民医院后，独立承担1个病区和1个重症监护室的工作。14日上午，在已经逝去的父母用身体护翼下，3岁北川女孩宋馨懿被埋40小时后获救。14时，宋馨懿被送至市第三人民医院重症监护病房时，由于在废墟下时间过长，出现严重的肺部感染、神志不清、呼吸困难。江苏省人民医院医疗队组成专家组，对小馨懿进行吸痰、气管切开手术、上呼吸机等治疗。当天16时，由于小馨懿大腿远侧1/3部位发黑坏死，必须立即截肢才能保住小馨懿的生命，医疗队立即设计手术方案，为其实施右大腿截肢手术。术后，小馨懿出现坏死组织感染、发烧等症状，医疗队向市政府申请10支“罗氏芬”进行抗感染治疗，派3名队员轮流照料。在这期间，江苏省人民医院多次召集相关科室，研究小馨懿的治疗和康复方案，并把医院的建议及时传递给前方医疗队。医疗队副队长顾民在16日凌晨发往南京的邮件中写道：“父母给予馨懿生命并不惜用生命护卫，从共和国总理到我们的战士和医务人员都在用全部的爱来完成这次生命的接力。每一个参加抢救小馨懿生命的人都是噙着泪在工作，每一个动作都是如此轻柔，生怕再给这脆弱的生命增添伤害，生怕再增加这个不幸孤儿的哪怕一点点痛苦。”1名女伤员全身脏器严重损伤，南京市第一医院骨科专家王黎明，跪在地上为其开展4个小时的手术。苏北人民医院的救护车队队长朱正涛安排其他司机轮换休息，自己却连续工作30个小时。江油903医院一位伤员一直处于昏迷状态，南京医科大学附属第二院医疗队员便24小时轮流守在他身边。北川中学男生晏鹏无法走出被截肢的阴影，心理状况极不稳定，医疗队员为他理发，陪他聊天，使晏鹏开始主动配合治疗。

5月14日7时，北京市卫生局抽派以骨科、神经外科、普通外科、脑外科专业为主的9家医院、53名医护人员组成医疗队，到达安县。在了解到安县断水、断电，大多医疗器械无法运转，无法进行大型手术，伤员在临时救治点被稍作处理后都转往绵阳城区后，医疗队主动向市抗震救灾医疗救治指挥部要求到城区医院协助救治伤员。10时30分，医疗队撤回市区，分成5个小分队驻扎到城区各医院开展工作。14日13时，一位75岁的老人，颅内血肿，发生脑疝危及生命，天坛医院小分队抬着老人冲进市中心医院12楼的手术室，这是大地震发生后，在市中心医院手术室内完成的第一台手术。

感动亿万国人的伟大母亲黄珍丽，为了拯救刚出生不久的女儿母牵琪，她至死都半跪着地、低头含胸、双臂环抱、用生命守护最后获救的女儿。在妈妈的怀抱里，母牵琪只是被飞起的石块瓦砾震伤了头部。然而，从北川辗转至绵阳，人们再也没听到母牵琪的哭声，经诊断，孩子患有严重脑积水和脑血肿。天坛医院分队队长吕刚说："孩子劫后余生，绝不会让孩子死在我们手里。"1根引流针扎入孩子头皮下。30分钟后，母牵琪的脑部浮肿渐消，哭出地震后的第一声。一位17岁北川学生受到严重挤压伤，血色素仅有2g，北京大学医学院附属第三医院（北医三院）医疗小分队连续几昼夜抢救，最终使其脱离生命危险。一位16岁男孩，大面积挤压伤、复合伤，合并创伤性休克，躺在帐篷里24小时，意识模糊、无尿，经北京大学人民医院医疗小分队数小时抢救，男孩转危为安。一位绵阳市郊区基层干部，组织群众撤离时左腿被重物砸伤，北京积水潭医院医疗小分队为其实施3小时手术，成功地保住他的左腿。在强余震中，天坛医院队员完成开颅手术，友谊医院队员抢救一名肝破裂伤员，北医三院队员抢救一名脊柱损伤的伤员。当市中心医院发现第一例坏疽病例以后，北京医疗队立即成立专家组，协助隔离、治疗、消毒。21日，北川县法院唯一幸存者敬代军，受伤严重，随时有生命危险，需要特殊的外固定器械，北医三院医疗队立即与院本部联系，在医院、器械厂家、机场、航空公司通力配合下，将这种手术外固定架空运至绵阳，并于当天开展手术。术后，用着外固定架的敬代晖被大家送以"外星人"的雅号。24日下午，在市中心医院手术室，北医三院与英国医疗队合作，进行1例髋臼骨折的切开复位手术，患者的病情复杂、骨折复位困难，经密切配合，手术顺利完成。英国队员在观摩北医三院实施1台胸腰椎手术后，对中方医生的技术赞叹不已。

5月14日下午，四川大学华西医院医疗队奉命从北川撤回绵阳城区，支援绵阳四〇四医院伤员救治工作。医疗队进驻四〇四医院后，负责一层楼共90张病床的伤员救治和护理工作。进驻后两天内，转运伤员200多人，实施手术16台。截至6月30日，医疗队在四〇四医院共诊治伤病员850人，收治住院病人410人，开展手术300多台次。

5月14日当天，大连医疗队一行19人和中国医科大学医疗队一行19人，分别进驻绵阳市中心医院参与救治工作。救治过程中，两个医疗队均成立独立病区，收治伤病员，大连医疗队还承担伤员转运工作。截至26日，大连医疗队累计分管床位189张，收治伤病员320人，开展手术27例，麻醉13台次，转运伤员126人；中国医科大学医疗队诊治伤病员1000余人次，开展手术30台次。

5月15日2时30分，辽宁省抗震救灾医疗队一行118人，在辽宁省卫生厅厅长姜潮的带领下抵达绵阳。整顿完毕后，医疗队分成4组分别进驻市中心医院、中医院、人民医院和九洲体育馆地震灾民安置点开展救援工作。6时，中国医科大学附属第一医院全面接管市中医院急诊科。8时，在市人民医院手术室，盛京医院小分队配合医护人员抢运麻醉机、监护仪，建成2个临时手术室。11时，

17岁伤员陆遥被推入手术室，开放静脉，吸入全麻，下肢皮肤切开减压。13时，一位脾脏破裂伤员被推入手术室。15时40分，震后被埋72小时的60岁北川女伤员获救，被送至市中医院时，全身多发骨折，血气胸，面部挤压伤，中国医科大学附属第一医院教授李杰紧急开展手术。姜潮在市人民医院慰问与视察时，发现4名患儿病情严重、生命危在旦夕，立即抽调医疗队相关专家进行会诊，制定治疗方案。16日，中国医科大学附属第二医院和沈阳市卫生局队小分队成建制地接管市人民医院妇产科和儿科的工作。截至25日，辽宁省卫生系统累计派出8支医疗队，460人次奔赴灾区展开救援，累计救治伤员4000余人，会诊伤员5000余人，开展手术107台次。支援灾区期间，辽宁省医疗队共接诊伤病员5800人次，完成会诊、查房6400多人次，开展各类手术107台次，清创处置伤员620人次。

5月15日凌晨，第四军医大学抗震救灾医疗队一行230人抵达绵阳后，兵分7路分别赶往四〇四医院、第三人民医院、安县中学、安县晓坝镇、北川县陈家坝乡等地开展救治工作。在四〇四医院，医疗队紧急增援ICU病房，分管危重伤员16人。截至5时，累计救治伤员104人。16岁北川学生段志秀被实施截肢手术后，出现呼吸困难，口唇发绀，并伴有急性肾衰竭等症状，医疗队给予气管插管、抗感染、残肢修补术等治疗，3天后，段志秀生命体征平稳。3岁敬礼娃娃郎铮左上臂肱骨上三分之一骨折，有桡神经损伤，且情绪不稳、哭闹不停，为安抚小郎铮情绪，让他配合治疗，医疗队员一边积极准备术前工作，一边陪护在他的身边，买玩具、送巧克力、讲故事，在病情稳定后郎铮被转移至省外救治。

5月15日13时30分，上海市第一人民医院医疗队一行14人到达市中医院，开展救治工作。18日，医疗队进驻已经容纳3万余名北川地震灾民的九洲体育馆地震灾民安置点，开展救治工作。一名老伯出现昏迷，医疗队员一路飞奔到病人面前，输液、输氧，并用轮椅车连推带抱，将其送到医疗点，经过半小时抢救，老人苏醒，各项生命体征趋于平稳。一位老太太，被4名志愿者抬来时，神志不清、心律失常、肺部水肿情况危急，医疗队立即就地抢救，并于10分钟后，随车护送至市中医院，与医院接诊医生交接病人后，又返回医疗点继续工作。截至28日，医疗队累计诊治伤病员1813人次，开展手术22台。

5月15—17日，温州市曙光手足外科研究所所长、中国上肢外科杂志温州编辑部主任、中国保健杂志社编委委员陈善亮主任来到绵阳骨科医院，立即投入紧急救治，救治伤员30余人，开展手术5台。

5月17日15时30分，秦都口腔医院医疗队员到达江油市长钢总医院参与救治工作。伤员大转运期间，医疗队多次向市抗震救灾指挥部请战，担负伤员转运任务。截至30日，医疗队累计救治伤病员1835人次，其中危重伤员185人，开展手术501台次，协助转运伤员1048人，被誉为生命的“救护兵”。

5月18日，南京第一院医疗救援队抵达江油九〇三医院参加地震伤员救治。26日，南京市第一医院与江油市人民医院定点指导医院签约仪式如期举行，同时与江油市人民医院胡永光院长签订定点指导的协议。南京第一医院医疗队和长征医院医疗队配合江油市人民医院开展胸腰椎骨折脊柱后路固定手术，成功地为地震伤员实施颈前路颈部椎体爆炸性骨折和断指再植等手术187台。

5月27日，上海市普陀区中心医院一行9人，进驻市中医院开展医疗救治工作。29日，医疗队员协助转运伤员80余人。6月3日，医疗队主动前往安县、九洲体育馆地震灾民安置点巡视，深入每一顶帐篷问诊、体检、配药。9日，一位北川老太太在被围困3周后获救，由军用直升机转移至九洲体育馆，医疗队紧急给予补液，并将其送至附近医院接收进一步治疗。截至22日，上海市普陀区中心医院医疗队在九洲体育馆地震灾民安置点累计诊治灾民2000余人次，并前往安县、北川等地检查防疫、指导医疗工作。

（三）港台地区医疗机构支援灾区医院

5月15日，台湾法鼓山社会福利慈善基金会、荣士医总联合救灾队到达安县秀水中心卫生院参与伤员救治工作。截至21日，累计救治地震伤员268人次。30日，台湾法鼓山社会福利慈善基金会19名医护人员，携带医疗药品及器械到达安县秀水救助点参与医疗救援工作。截至6月5日，累计实施义诊3151人次。

5月17日，香港国际专业服务机构（MSI）派出16名医护人员到达绵阳，分别在市中心医院、安县县医院、安县晓坝卫生院参与医疗救治工作。截至21日，累计救治地震伤员263人次。

（四）国外医疗队支援灾区医院

5月24日18时，英国曼彻斯特萨尔福德皇家医院院长、国际著名急救医学专家、联合国防震减灾委员会成员托尼·雷蒙德（Tong Redmond），率6名医疗专家组成的英国医疗专家队到达绵阳中心医院，协助救援工作。截至26日，英国医疗队累计诊治伤病员160余人，开展手术[illegible]台，并举办题为“地震灾害急救与灾后疫情防治”的专题学术讲座。

5月26日，中日友好医院外国专家作为北京医疗队成员，抵达绵阳市中心医院，协助救治工作。截至6月9日，医疗队员作为院感专家，参与制定医院气性坏疽疑似病人转院预案和隔离措施，并在城区范围内巡诊。

第二节　伤员跨省转运救治及康复返乡

一、伤员跨省转运

（一）组织协调

2008年5月15—16日，为缓解汶川特大地震所致大批伤员的救治压力，及时有效救治伤员，绵阳市抗震救灾指挥部多次召开协调会，要求各部门密切配合，做好伤员转运工作。

5月17日，根据党中央、国务院指示，市医疗救治分指挥部制定伤员“三转运”和“三不转运”原则。“三转运”原则：已经经过手术治疗，目前病情平稳，转院过程中不会出现病情变化危及生命的伤员；后续治疗需要；专科特殊治疗需要，符合以上三种情况之一且本人同意者可以转运。“三不转运”原则：转运过程中可能会出现病情变化危及生命的伤员；具有传染性疾病的伤员；家属拒绝转运的伤员，属于以上三种情况之一者不能转运。当天下午，市卫生局副局长秦晓明向卫生部副部长、国家中医药管理局局长王国强汇报绵阳市医疗资源严重不足，大量伤员急需转运至外地接受救治，而汽车（救护车）转运在转运时间和数量方面受到限制。建议在汽车转运的基础上，增加专机和专列两种转运方式，充分发挥其快速、安全，运载量大的特点，提高伤员转运效率。

当晚，市抗震救灾医疗救治分指挥部组织召开伤员转运工作协调会，召集医疗、交通、公安、铁路、后勤保障等部门领导和接收地卫生厅、北京急救中心带队领导商议转运工作地组织、准备、合作和协调等工作，审定转运方案的组织、准备工作，随队护送转运队伍。会议决定，每批伤员转运前，要组织召开协调会，审核转出伤员信息：姓名、性别、年龄、初步诊断、伤病情简介、转出医疗机构名称。制定出详细的伤员转运方案：转运的时间、地点、目的地、转运人数和病员来源、转运程序和具体要求、各有关单位人员及联系方式等；同时与铁路、车站等部门召开工作协调会，确定列车进站时间、站台、方位以及救护车队进站时间、路线等。对每一位转出伤员均按照四川省卫生厅制定的统一伤员交接病例格式建立病例，在伤员交接时有转出医院和接受医疗队共同签字，共同在人员清单和《5·12地震伤员转运交接记录表》上签字确认后，双方留存，并建立完整的转出伤员档案资料。同时输出病人的医疗机构要为每位病人配备胸牌或腕带，标示伤员的姓名、性别、年龄、初步诊断等基本信息。安排骨科、创伤、颅脑外伤、内科等专业的医护人员随行，配备相应急救药品、急救器材。各项准备预案报送民航、铁路部门，确保途中突发意外以便及时应对。

公路转运流程：预先确定车队行车路线，计算每批接送时间。救护车队提前1小时接应，伤员依次上车，在交警配合下，形成有序的工作流程，保证伤员安全到达转运地点。为防止转运伤员病情恶化，转运途中配备医疗队伍和必备药品及器械。按照“一对一”输送原则（即：一名伤员由一辆救护车转运，配备一名陪伴、一名志愿者、一副担架，同一个单位或地区的病人尽量同一批转运）转运伤员。

铁路转运流程：火车站提前实行管制，救护车队有序停靠，由于站台面积有限，救护车队分批次进入站台。铁路部门打破常规，改造转运专列的座位和部分车窗，配备防护带，药品冷藏设备，硬板床和折叠椅供伤员输液用，准备伤员柔单，为重伤员提供流质食品。列车进站前，开启车窗；列车进站后，救护车进入站台，医务人员将抬送伤员的担架通过车窗直接送入车厢，由车厢内经过专门培训的列车员和志愿者，将其固定在特为担架伤员准备的硬板床上。第一组救护车撤离，第二组救护车紧接驶进站台，形成流水作业，赢得伤员转运时间。

航空转运流程：分指挥部要提前把通过航空转运的伤员名单、陪伴及随行医护人员的身份证件等相关材料报送航空部门，以保证人员顺利登机。机场提前实行管制，设置救护车专道，救护车提前2小时在机场广场有序停靠。家属和医护人员通过专道安检（伤员不过安检）后，由医护人员将伤员送至已经过改装的飞机客舱。

5月18日，卫生部办公厅下发《卫生部办公厅关于做好四川地震灾区部分伤员转出和接收工作的紧急通知》，对重庆、贵州、云南、陕西等省份接收四川伤员的工作做出部署。

5月19日，铁道部派遣劳动和卫生司副司长韩树荣到绵阳，督查铁路转运工作。

5月20日11时，市抗震救灾医疗救治分指挥部提请铁道部劳卫司副司长韩树荣在绵阳火车客站会议室召开铁路转运伤员专题会议。铁道部、北京急救中心、四川省卫生厅、绵阳市人民政府、成都铁路局、西安铁路局、绵阳市公安局、绵阳市卫生局等部门和单位有关领导20余人参加会议。当天，市抗震救灾医疗救治分指挥部召开工作会，市委常委、市政府副市长、医疗卫生救治分指挥部指挥长蔡振红指出：转运伤员必须做好各部门协调配合工作，确保安全。

截至5月21日，全市累计转运伤员2114人，超额完成绵阳市抗震救灾指挥部下达的“首期转运伤员2000人”的目标。转运期间，除绵阳当地医务人员外，海军总医院医疗队、第四军医大学医疗队多次主动请战，要求担负伤员转运任务。

截至6月3日，在国家和省的协调下，通过公安、交通、铁路、民航等部门的协作，全市动用救护车300余辆、专列6列次、专机4架次，累计转运伤员3381人，占全省转运伤员总数的38%。其中转至重庆市1670人，昆明市242人，南宁市144人，武汉市544人，北京市41人，太原市98人，江苏省1人，杭州市49人，西安市167人，广州市36人，省内389人。其中经铁路转运1640人，经公路转运1560人，经飞机转运180人。整个转运过程高效、快捷、安全，无1例安全不良事件发生，无1例投诉。卫生部部长陈竺评价这次转运工作为：非战状态下人类历史上最大规模的伤员转运。

（二）公路转运

5月17日，经公路向重庆市中山医院、骨科医院、和平医院、西郊医院、急救中心、合川区人民医院、铜梁县人民医院、潼南县人民医院转运地震伤员297人，其中来自市中心医院244人、骨科医院53人。

5月18日，出动100台车，200名驾驶员，经公路向重庆市江津人民医院、重庆第七人民医院、巴南区第二人民医院、南川区中医医院、荣昌县人民医院、璧山县人民医院等转运地震伤员875人，其中来自市中心医院93人、第三人民医院33人、四〇四医院210人、中医院45人、人民医院37人、第二人民医院36人、520医院46人、协和医院50人、江油324人。

5月19日，经公路向泸州医学院附属医院转运江油市内地震伤员54人。经公路向川北医学院附属医院转运安县地震伤员50人。

5月20日，经公路向成都转运市中心医院地震伤员7人。

5月27日，经公路向四川大学华西医学院附属医院（华西医院）转运市中心医院地震伤员4人。

5月28日，经公路向华西医院转运地震伤员5人，其中市中心医院4人，第三人民医院1人。经公路向省人民医院转运第三人民医院地震伤员4人。

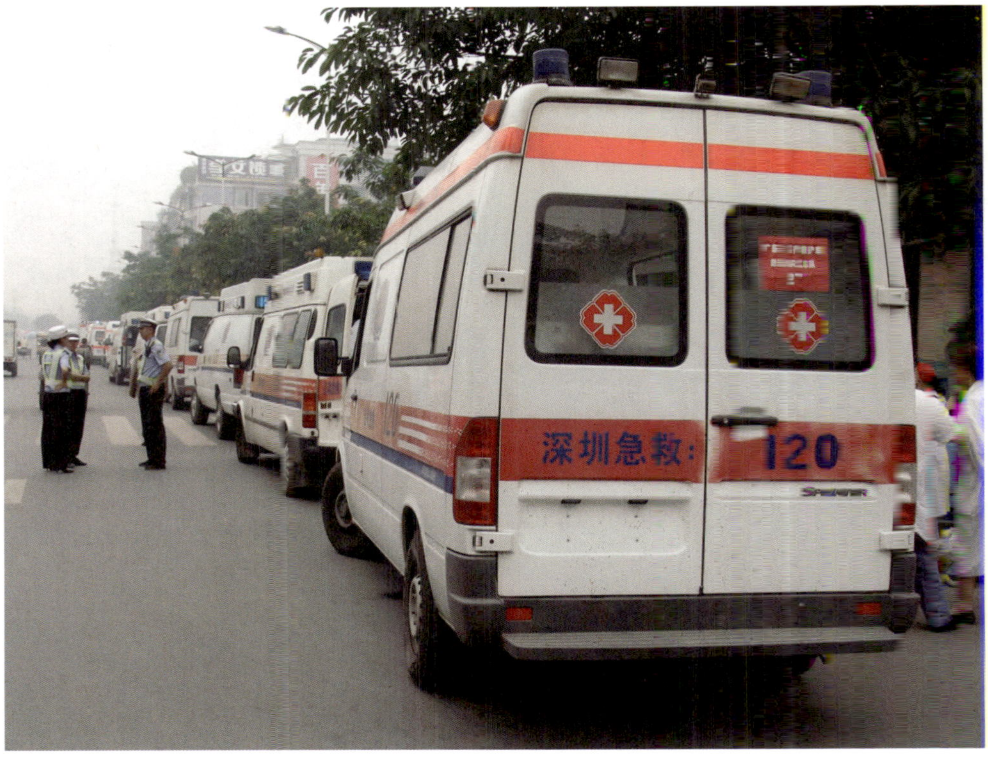

图3-3-147　2008年5月24日，江油市人民医院318名伤员被转往省外接受进一步治疗

5月29日，经公路向华西医院转运来自济南军区野战医院地震伤员1人。经公路向省人民医院转运市内地震伤员7人，其中市第三人民医院3人、中医院4人。经公路向遂宁市转运市内地震伤员59人，其中市中心医院44人、四〇四医院9人、第二人民医院2人、三台县4人。

5月30日，经公路向省人民医院转运市第三人民医院地震伤员5人。经公路向遂宁市转运市内地震伤员72人，其中市中医院8人、人民医院4人、骨科医院18人、富临医院24人、天诚医院3人、安县15人。

5月31日，经公路向省人民医院转运地震伤员3人，其中四〇四医院1人、人民医院1人、520医院1人。

6月1日，经公路向南充市中心医院、川北医学院附属医院转运江油地震伤员64人。

6月2日，经公路向川北医学院附属医院转运安县地震伤员10人。

6月3日，经公路向川北医学院附属医院等转运绵阳市内和江油地震伤员42人，其中市骨科医院4人、富临医院6人、520医院11人、江油21人。经公路向华西医院转运市第三人民医院地震伤员1人。

（三）铁路转运

5月19日，经铁路转运城区地震伤员至重庆208人。卫生部副部长、国家中医药管理局局长王国强到绵阳组织指挥伤员转运工作，并到火车站为转往外地的地震伤员送行。随着转运震灾伤员的“救”字头列车从绵阳发车，通过铁路大量转运地震伤员工作全面启动。

5月20日，经铁路向重庆西南医院、重庆市急救中心等转运地震伤员291人，其中市中心医院94人、四〇四医院39人、人民医院39人、第二人民医院50人、520医院69人。经铁路向西安西京医院、西安市急救中心、唐都医院、第四军医大学附属医院等转运地震伤员167人，其中市第三人民医院47人、中医院30人、骨科医院41人、富临医院45人、安县4人。每节车厢运载20名伤员，总计配备30名医务人员。

5月21日，经铁路向昆明医学院附属第二医院、昆明空军医院等转运江油市内地震伤员242人。为方便江油地区伤员转运工作，铁路部门将专列起始站由绵阳市变更至江油市。

图3-3-148　2008年5月21日，江油火车站，243名伤员被转运到云南省昆明市继续接受治疗

5月23日，经铁路向武汉转运地震伤员265人，其中市中心医院113人、第三人民医院44人、富临医院73人、520医院29人、第八人民医院1人、科学城医院5人。

5月24日，经铁路向武汉医院、武汉市中心医院等转运地震伤员279人，其中市中心医院14人、第三人民医院62人、四〇四医院41人、中医院37人、人民医院41人，第二人民医院32人、江油52人。

5月27日，经铁路向北京转运绵阳市中心医院地震伤员41人。经铁路向太原转运地震伤员98人，其中绵阳市第三人民医院10人、四〇四医院7人、中医院11人、第二人民医院3人、富临医院12人、520医院7人、协和医院4人、江油17人、安县8人、济南军区野战医院14人。

5月29日，经铁路向杭州转运地震伤员49人，其中市中心医院8人、济南军区野战医院41人。

（四）航空转运

5月22日，经专机向南宁广西医科大学第一附属医院、广西壮族自治区急救中心、广西壮族自治区人民医院和广西医大附属医院等转运地震伤员144人，其中市中心医院36人、第三人民医院72人、骨科医院28人、第八人民医院8人。

5月31日，经专机向广州转运地震伤员36，其中市中心医院2人、人民医院4人、江油市11人和济南军区野战医院19人。市第三人民医院地震伤员宋馨懿乘客机转运至江苏省人民医院接受进一步治疗。

二、伤员康复返乡

（一）组织、程序

2008年6月5日，市抗震救灾指挥部转发《关于做好地震伤员出院有关工作的通知》，要求各级医疗机构严格按照《四川汶川地震伤员出院指导原则》掌握出院标准，与民政部门协调沟通，及时向民政部门提供地震伤员相关信息，安排伤员出院后生活保障。对需要转入康复机构的伤员提前3日通知所在地残疾人联合会，残疾人联合会负责落实康复机构。

6月9日，市抗震救灾指挥部下发《关于做好地震伤员治疗、康复、出院有关工作的通知》，要求市及县（市、区）卫生局、民政局、财政局等部门要加强合作、沟通，主动承担各自责任，确保需要康复的伤员尽早实施康复干预。

6月11日，外出就医地震伤员陆续返乡，市民政局下属救助管理站全面负责接送任务。在得到返乡伤病员的信息后，救助管理站组织人员和车辆到指定地点接收、安置返乡伤员，重伤员则由市卫生部门安排接送。为确保重伤员接转工作准确到位，市卫生局与县民政局协调，制定接收方案：接转工作全部由装备齐全、训练有素的救护车执行，按照1名伤病员1辆救护车、2名担架工的数量配备，每个架次配备2~3名资深医生检伤分类，优先运送危重病人；医护人员主动指运担架，保证搬运的专业水平。同时，卫生部门在市救助管理站内设立医疗点，负责对返乡地震伤员的伤情做出鉴定，安排后续治疗问题。市交通部门支援车辆，负责运送地震伤员到各县（市、区）；市残联负责对因地震致残的伤员进行义肢的免费安装；福利院负责地震中的“三孤”人员安置。

6月15日，市政府副秘书长、抗震救灾医疗救治分指挥部副指挥长严俊召集民政、卫生、财政、劳动保障、交通、残联等部门专题研究外省市返绵伤员相关问题。

6月19日，绵阳市抗震救灾指挥部下发《关于成立地震伤员返乡接收安置工作小组的通知》，由绵阳市政府牵头，市卫生局、民政局、交通局、财政局等相互协作，做好地震伤员返乡的接收和安置工作，要求市及县（市、区）要成立相应机构，负责地震伤员返乡的接收和安置工作。

（二）伤员接收、安置

截至8月底，全市动用车辆320余台次，其中请求省民政厅协调安排成都至绵阳大巴车60余台次；请求省卫生厅、市卫生局支援救护车30余台次；请求市交通部门支援到各县（市、区）车辆30余台次；救助管理站出动车辆200余台次；组织志愿者1000余人次。累计接转地震返乡伤员2200余人，陪护2100余人。

截至11月17日，绵阳全市累计接转伤愈返乡人员和陪护人员1.1万余人次。其中北川接收返乡伤员3580人，返乡伤员中需要继续接受康复治疗的1460人；平武县收治返乡康复病员235人；安县接收返乡伤员870人，其中需要继续康复治疗316人（收治住院109人，门诊治疗207人）；江油接收返乡伤员433人；梓潼县接收返乡伤员1人；盐亭县接收康复返乡地震伤员21人，需继续接受康复治疗的8人；三台县接收返乡伤员25人；游仙区接收返乡伤员48人，其中收治住院12人、门诊治疗36人。

第三节　伤员康复治疗

一、康复治疗的介入和推进

（一）组织协调

2008年6月15日，市委常委、市政府副市长、医疗卫生救治分指挥部指挥长蔡振红召集卫生、财政、民政等部门和分指挥部各组有关负责人，研究援绵医疗防疫队后勤保障、返绵伤员医疗康复、地震伤员免费治疗等工作。16日，市卫生局转发《四川省卫生厅“四川省残疾联合会关于转发〈地震伤员康复指导规范〉的通知”》。26日，市卫生局转发四川省卫生厅《关于进一步加强地震伤员康复工作的紧急通知》，成立绵阳市地震伤员康复工作协调组和专家组。29日，市卫生局转发《四川省卫生厅关于建立四川省地震伤员医疗康复网络的通知》《四川省地震伤员医疗康复网络建设方案》《各级医疗康复机构收治地震伤员标准》。通知要求：各地市、州级要设立地震伤员康复机构，配备人员、设备。根据《各级医疗康复机构收治地震伤员标准》，对地震伤员按照属地、及早、自愿、分级原则实行集中、分级收治。其中，市地震伤员康复分中心、县（市、区）级医疗康复机构负责地震伤员住院康复治疗，乡、镇(社区）医疗康复机构负责出院地震伤员门诊康复治疗，方便地震伤员就近康复和训练等。明确提出：要充分利用现有条件及设备，发挥祖国传统康复医学优势，如针灸、理疗、推拿按摩、药物熏蒸等康复技术和手段，实施早期康复干预，减少残疾发生，减轻伤残程度；通过康复训练补偿和恢复伤员的生理机能，改善其参与社会活动的功能，为其回归社会奠定基础。

7月4日，市卫生局下发《关于进一步加强地震伤员医疗康复工作的紧急通知》，要求各级康复机构进一步加强领导、监督、各部门间合作，完善医疗康复体系，做好信息报送工作等。8日，市人民政府办公室下发《关于印发地震伤员康复工作实施方案的通知》，制定《绵阳市地震伤员康复工作实施方案》，通知要求进一步加强县（市、区）级康复机构、社区和农村康复机构建设，完善医疗康复网络，提高康复技术能力，明确参与地震康复工作的各个部门职责。绵阳市残疾人联合会（残联）负责各级康复机构、医疗机构、残疾康复站的规划与建设，组织各级康复机构和康复站培训练和就业技能培训；对残疾伤员的残疾等级进行评定，建立残疾伤员康复档案；为残疾伤员免费安装假肢、矫形器及其他辅助器具，为残疾伤员提供康复治疗业余培训；组织康复机构参照卫生部、中国残联《地震伤员康复指导规范》开展康复工作，减轻残疾程度。绵阳市民政部门负责地震伤员出院后的安置工作，对“三孤”人员（孤老、孤幼、孤残）和“四无”（无生活来源、无劳动能力、无法定赡养人、无法定抚养人）人员的残疾伤员提供基本生活保障和医疗救助；加强假肢、矫形器行业管理；各级民政部门将返回伤员尽量安置在便于对伤员进行康复指导的地方，并向同级卫生部门提供伤员安置信息。绵阳市卫生部门负责督促指导医疗机构严格按照《四川汶川地震伤员出院指导原则》掌握地震伤员出院标准，在出院前3日通知其入院前所在县级民政部门；加强外地返回伤员筛查工作，组织专家对外省市返回伤员进行分诊、筛查；加强与外来康复医疗专家的协作与配合，组织医务人员进行康复专业知识与技能的培训，为残疾人康复提供技术支持；负责落实参加新型农村合作医疗的农村残疾伤员费用报销工作。绵阳市财政部门负责安排残疾伤员康复所需财政补助经费并及时拟定补助办法。绵阳市劳动保障部门负责对参加城镇职工、城镇居民基本医疗保险和工伤保险的残疾伤员的基本医疗保险费用按相应规定进行报销，并承担残疾伤员康复后的就业援助工作。绵阳市教育部门负责与卫生、残联等部门共同商定各级各类康复医学人才培养规划，多形式多渠道办学，加大培养数量，加快培养速度。绵阳市公安部门负责对需要医疗康复的残疾伤员进行身份确认。同时，要求各县级政府负责协调落实康复工作所需工作经费；县（市、区）、乡镇级康复机构设施、设备不足的，可请求对口支援省份予以资金支持和物资支援；各级民政、残联部门要主动联系红十字会、侨联等社团组织和民间组织，争取社会捐赠支持；将伤员康复医疗服务所需经费，根据不同情况纳入城镇职工基本医疗或居民基本医疗保险或新型农村合作医疗等保障范围，不足部分财政专项补助；在上级部门对地震伤员康复工作补助政策未明确前，所产生的费用实行挂账处理；对直接用于帮助残疾人就业的其他支出可按照《四川省按比例安置残疾人就业办法》规定安排解决。

根据中央、省、市有关政策，2008年7月期间，市各县（市、区）相继成立当地地震伤员康复工作领导小组、协调组、专家组，确定县、乡、村三级地震伤员定点康复机构，配备康复器材、人员，集中收治康复伤员。派专人在绵阳市民政救助站对返乡地震伤员病情进行筛查、评估，需要接受康复治疗的伤员分别就送回乡镇（中心）卫生院接受治疗，需要住院康复的伤员直送回县级康复机构接受治疗。

10月13日，市财政局、卫生局、民政局、残疾人联合会联合发文《关于汶川地震出院伤员后续医疗有关问题的通知》，规定地震康复伤员后续医疗免费期限为2008年12月31日止，免费期满后的各种医疗费用，按正常渠道和办法执行。

（二）绵阳市地震伤员康复分中心

2008年6月26日，根据市卫生局转发《四川省卫生厅〈关于进一步加强地震伤员康复工作的紧急通知〉》文件精神，在市中医院设立绵阳市康复分中心，负责接收需要再次入院康复治疗的伤员。同日，分中心成立康复工作领导小组和专家小组，整合人员和设备。分中心康复医疗综合团队，由市中医院康复医学科及相关科室的康复医师、针灸理疗医师和专科医师组成，其中博士1人、硕士研究生10人，具有中高级职称19人。

6月28日，分中心制定《绵阳市地震伤员康复分中心伤员康复流程》《病员手册》，建立康复伤员入院“绿色通道”，进一步规范康复伤员收治流程及医疗诊治行为。分中心多次召开工作会议，传达、布置、协调有关康复工作事宜。

7月3日，在市民政局下属的游仙救助站，分中心设立康复医疗服务站，派专人长驻服务站担任地震伤员康复医疗工作协调员，负责对外接收咨询、对内协调工作。协调员按照《各级医疗康复机构收治地震伤员标准》，对需要康复治疗的返乡伤员进行筛查、分诊工作。同时，发放《“5·12”地震伤员康复知情告知书》，告知伤员应到哪一级别的康复机构进行康复治疗，获得伤员签字认可后，与其户籍所在辖区民政、卫生部门共同确认和执行后续医疗问题。8日，省民政厅肢残中心工作人员对分中心所有截肢患者进行排查，并将有关情况进行整理汇总。累计测试康复伤员48人次，安装辅具27人。10日，按照省卫生厅及市卫生局的要求，分中心成立康复病区，将地震康复伤员集中收治和管理。加强核心医疗制度的落实，及时完成会诊，制定康复方案。16日，分中心自购红外线治疗仪等康复器材。21日，市委常委、市政府副市长、医疗卫生救治分指挥部指挥长蔡振红到分中心视察康复工作，提出“要加强康复医疗能力建设，改善康复服务设施，增强对地震伤员的康复能力”。23日，分中心5名专家前往平武县平通镇，对当地康复医疗机构进行业务调查和指导，并进行义诊活动。30日，分中心向市卫生局提出请求上级医疗机构派遣康复医护人员支援工作的请示报告。

8月4日，奥运火炬传递在绵阳展开，在市有关部门的组织、安排下，分中心安排工作人员陪护10名地震康复伤员代表，在九洲体育馆参加奥运火炬绵阳展示传递活动。11日，就地震伤员后续治疗跨年度医疗费用问题，分中心向市卫生局提出处理的意见请示。14日，分中心领导、专家到市残联康复中心进行实地考察。此后，分中心多次派遣康复技术人员到市残联康复中心参与康复建设指导工作。18日，鉴于收治住院的地震康复伤员数量多、病情复杂，而相应检查设备缺乏等情况，分中心向市卫生局提出院外检查先行记账，待康复伤员费用结算后再统一核算的请示。20日，国家卫生部、省卫生厅地震伤员康复工作督导小组和市卫生局有关领导到分中心督查康复工作，在听取分中心工作汇报并亲临康复病区考察康复工作后，督导小组充分肯定分中心的工作成绩，并希望分中心再接再厉、排除万难，尽最大能力继续做好康复工作。22日，中国康复医学会向分中心捐赠康复设备。26日，分中心制定《绵阳市康复分中心关于假肢安装的告知书》，告知伤员有关安装假肢事宜。

10月8日，分中心制定《地震伤员出院回访表》，以信函的形式回访已经出院的康复伤员。由于通讯障碍、地址不详、伤员未返回原籍及安置点等原因，仅有部分康复伤员回复回访表。13—15日，中国康复医疗队专家、主任医师王勇军与分中心专家先后到平武、安县指导地震伤员康复医疗工作。28日，经市卫生局协调，市第三人民医院主任医师黄国平博士带队，对分中心地震康复伤员的心理状况进行摸底调查。是日，山东省卫生厅驻北川援建指挥部负责人、山东省中医药管理局副局长赵吉来和市卫生局副局长秦晓明到分中心考察康复工作，并慰问正在分中心支援的山东省康复医疗队员。

分中心制订每周进行两次心理康复治疗，心理医生要对地震康复伤员进行心理评估，并以“三合一”的心理服务模式为患者进行治疗。11月7日下午，伤员刘某在地震中双下肢因感染而坏死，在住院之后，她几乎天天晚上都要做噩梦，时常梦见一些早已经离世的亲人，这让她很害怕。心理医生与她耐心交谈，为其进行心理分析，专门填写心理辅导与治疗记录单，一边通过聊天、拉家常的方式，帮助刘某建立起热爱生命、恢复治疗的信心。治疗后的刘某说：“和医生聊了一会儿，我感觉我生活的信心增加了不少。”11月，在分中心办公室的协助下，由市第三人民医院组成的“地震伤员心理服务队”在11月的每周一、五下午，对康复分中心的地震伤员进行集体心理评估近百人次、心理康复治疗19人次。

截至2008年12月底，分中心累计出刊“康复工作通报”4期；上报各类康复信息400余份；派出医护人员外出参加康复培训7批次、14人次；接收非地震灾区康复人员进修学习1人次；帮助地震康复伤员向市残联申请轮椅3辆；康复工作满意度抽样调查2次，总体满意率达到99.7%以上。累计派出康复技术人员7批次、14人次参加国家、省级相关康复技术培训。同时，邀请外省康复专家，在绵阳市康复分中心作康复医学专题讲座及技术培训。

二、康复治疗成效

绵阳市康复分中心发挥中医药在促进伤员的骨折愈合及功能恢复方面的优势，使用手法推拿按摩、针灸疗法、火罐疗法、中药关节熏洗疗法、微波疗法、低周波疗法、中频电疗法、运动疗法、CPM关节训练疗法、TDP疗法、足浴疗法、关节粘连松解法等传统康复技术与现代康复技术相结合的方式。康复治疗次数从分中心成立之初的50人次/天，发展到最高约300人次/天。截至2008年10月8日，分中心累计针灸451人次、推拿按摩58人次、辨证施治中药内服253人次、中药外用52人次、中药熏洗67人次。邀请绵阳市地震伤员康复工作专家组成员会诊19人次，协助手术5人次；邀请四川省康复工作专家组成员会诊13人次；邀请四川大学华西医学院附属医院专家进行远程会诊4人次等。累计收治住院康复伤员268人，其中已出院150人，因其它严重伴发病死亡5人。收治入院的康复伤员按伤残情况分类：累计收治截肢伤员17人；收治损伤脊髓伤员12人，其中截瘫伤员10人；收治脑外伤伤员7人；收治骨折伤员174人，其中，盆骨骨折致尿道断裂出院5人，骨折合并周围神经损伤伤员90人；收治骨筋膜综合征术后16人；收治挤压综合征合并周围神经损伤21人；收治单纯周围神经损伤16人；收治其他伤员5人。按所属县区分类：累计收治北川县籍地震康复伤员182人，占总数的67.5%；平武县籍地震康复伤员34人，占总数的12.6%；安县籍康复伤员22人，占总数的8.2%；绵阳市区籍康复伤员20人，占总数的7.8%；其他县区籍康复伤员占3.9%，如盐亭县籍康复伤员3人，三台县籍康复伤员2人，江油市籍康复伤员2人，德阳市中江县籍康复伤员1人，江苏省籍在绵受伤康复伤员1人。

截至当年12月底，在绵阳市级康复机构接受治疗的伤员中累计有截瘫13人、截肢151人。截肢伤员中，单前臂截肢23人，单上臂截肢10人，双上截肢1人，单膝上截肢39人，单膝下截肢70人，双膝上截肢3人，双膝下截肢5人。164名截瘫或截肢伤员中有130人接受绵阳市康复假肢装配站、英中耐成都假肢矫形器有限公司、李嘉诚基金会、香港慈善机构等假肢装配机构的援助，安装假肢。北川县累计收治门诊康复伤员1200余人次（因汶川特大地震致北川县医疗机构损毁严重，需住院康复的地震伤员大部分转绵阳市康复分中心进行康复治疗）。平武县累计转运省外转回伤员225人，其中收治住院康复51人，门诊康复852人次，家庭随访730余人次，实施二次手术5台。据不完全统计，平武县仍有243人需继续进行康复治疗。安县返乡康复伤员316人，其中收治住院109人，门诊207人。江油市累计收治住院地震康复伤员64人，门诊康复150余人。三台县累计收治地震康复伤员352人。游仙区累计收治地震康复伤员48人，其中收治住院12人，门诊康复36人。

三、省外、港台地区援助绵阳康复治疗

（一）省外康复专家支援绵阳康复治疗

2008年8月7日至9月7日，湖北省第一批康复医疗队一行13人支援绵阳市康复分中心。其间，医疗队治疗康复伤员4000余人次，管理68个康复床位。骨折伤员65人；截肢伤员3人，其中上臂截肢1人，膝盖以下截肢2人。

8月7日至9月7日，湖南省康复医疗队一行10人支援绵阳市康复分中心。其间，医疗队治疗康复伤员800余人次，管理25个康复床位。骨折伤员20人，其中上肢骨折5人，躯干骨折3人，盆骨骨折2人，下肢骨折10人；截肢伤员1人，为膝盖以下截肢；脑外伤伤员4人，其中神经缺陷2人，肢体瘫痪2人。

9月10日至10月11日，湖北省第二批康复医疗队8人支援绵阳市康复分中心。其间，医疗队治疗康复伤员2925人次，管理87个康复床位。骨折伤员117人，其中上肢骨折29人，躯干骨折18人，盆骨骨折3人，下肢骨折67人；截肢伤员7人；脊髓损伤伤员13人；脑外伤伤员1人。

10月13日至11月14日，山东省康复医疗队一行8人支援绵阳市康复分中心。其间，医疗队治疗康复伤员2990人次，管理84个康复床位。骨折伤员108人，其中上肢骨折17人，躯干骨折16人，盆骨骨折7人，下肢骨折68人；截肢伤员6人，其中膝盖以上截肢3人，膝盖以下截肢3人；脊髓损伤伤员14人；脑外伤伤员2人。完成会诊80例，开展讲座1次，培训医护人员40人。

截至12月底，绵阳市地震伤员康复分中心先后接受卫生部派往分中心康复医疗队共3批次39人，支援分中心工作，累计治疗康复伤员3300余人次。

（二）港台康复专家支援绵阳康复治疗

11月6—7日，香港玛嘉烈医院一级作业治疗师兼董事方少丽、香港冯尧敬医院一级作业治疗师张晓怡、香港维健医疗用品有限公司烧伤辅具制作员郑丽琴，到绵阳市康复分中心进行技术交流，指导和培训康复工作，训练肢具制作方法。

第四节　心理危机干预

地震发生当日，绵阳市第三人民医院（四川省精神卫生中心）迅速组建心理危机干预工作组，动员绵阳市教育系统和社会心理卫生服务工作者参加心理救援，招募志愿者70名，对其进行心理危机干预知识的短时培训。同时，向社会公布心理危机干预热线电话，派出专业人士到市人民广播电台作灾后心理问题的科普知识宣传，在灾区反复滚动播出，协助政府稳定受灾群众的情绪。

为应对复杂的救援局面，解决需大于供的实际困难，市第三人民医院心理危机干预工作组整合

绵阳本地和外援专家队伍，采用专业人员带领志愿者共同工作的模式，先后派出40余支次心理危机干预小分队进入九洲体育馆、南河体育馆、绵阳长虹培训中心、英才孤儿学校、市中心医院、四〇四医院，针对伤员、灾民和医护人员情况进行现场摸底和干预。向北川县擂鼓镇、安县黄土镇、永安镇、平武南坝镇等灾民安置点发放灾后心理危机干预资料10万余份。并对安置点群众进行团体或个别心理辅导。针对不同受灾人群开辟团体心理讲座和辅导。同时，专业精神科医生走入伤员病房，参与查房、心理干预，再反馈给主管医生，达到生理、心理同步进行的综合医学急救模式，对市中心医院、市第三人民医院、市骨科医院等医疗机构2000余名住院伤员进行个别辅导。

随着抗震救灾形势和工作任务的变化，心理服务关注的重点也调整变化。从早期关注有遇难亲人的家属、儿童青少年和消防官兵、医务工作者等救援人员以及灾区群众，调整到各级政府、各有关单位，同时加强对行政管理干部、公务员、地震伤残康复人员以及灾区学生、教师、老人等重点人群的关注。

一、应急救援期的心理危机干预

（一）组织和人员

2008年5月12日下午，市第三人民医院紧急启动心理危机干预预案，组建心理危机干预工作组。13日15时，心理危机干预工作组向卫生部疾病控制局、国家疾病预防控制中心精神卫生中心和省卫生厅领导汇报灾情，并提出派遣专家组指导工作和培训队伍的请求。

5月17日，卫生部心理干预医疗队抵达绵阳市第三人民医院开展、指导工作。中南大学、上海市精神卫生中心、武汉大学、杭州市第二人民医院等7批70余名心理咨询和心理治疗专家也陆续抵达绵阳开展现场心理干预和培训工作。各省（区、市）、各系统组织的成建制医疗队中也配备了心理卫生服务专业人员配合开展工作。28日，中国疾控精神卫生中心、卫生部心理危机干预专家组组长马弘教授和绵阳市卫生局副局长秦旺明到市第三人民医院进行现场调研，决定成立卫生部心理危机干预、四川心理危机干预医疗队，抽调绵阳市第三人民医院精神卫生社会防治科、康复科、临床

图3-3-149　志愿者在安县灾区对学生进行心理辅导

心理科13人，由副院长黄宣银任队长，黄国平任副队长，下设技术组、信息联络组、后勤保障组和宣传教育组4个职能小组。其中，技术组负责掌握所有从事心理危机干预工作的人力资源，对每日需进行危机干预的人群进行工作人员的具体调配，组织落实危机干预的培训工作；信息联络组负责建立进入绵阳市的心理干预专家、志愿者及服务对象信息库，具体掌握灾民安置基本情况，为技术组有效开展工作提供信息保障；后勤组负责为医疗队各项工作的开展提供物资保障，提供干预工作中所需的宣传资料和到绵专家的接待与安排；宣传教育组负责以简报的形式通报心理危机工作开展的相关信息。

5月30日，市抗震救灾医疗救治分指挥部下发《关于灾后心理危机干预工作归口管理的紧急通知》，心理干预工作归口绵阳市第三人民医院管理，指挥部新增心理危机干预工作组，负责协调市内外所有心理专家资源。6月12日，下发《绵阳市“5·12”灾后第二阶段心理危机干预工作方案》，由各县（市、区）政府成立心理服务协调小组和指导小组，实行分乡镇包干指导。市心理服务协调小组成员单位成立领导小组，明确具体工作人员，市、县、乡三级心理服务网络逐步建立，心理服务工作实现以村为单位的全覆盖。全市卫生系统确定265名心理服务网络成员为全市各级心理服务专业骨干，市卫生局成立多学科、专业化的心理卫生专家组，负责开展技术培训、督导和效果评估。同时，各相关成员单位也在职责范围内，组建多支心理服务抚慰组和慰问组、宣传组等心理服务工作小组分赴各受灾县（市、区）开展心理服务工作。

6月1日，市抗震救灾医疗救治分指挥部成立心理危机干预工作组，黄宣银任组长，成员为市第三人民医院心理危机医疗组。

7月，卫生部启动北川县定向心理援助项目，在卫生部、省卫生厅疾控处的指导和市卫生局的直接部署下，市第三人民医院成立项目工作协调组和工作专家组。

2008年年底，涪城区成立“涪城区心理卫生服务工作小组”，下设办公室（市人民医院），负责日常事务。成立“涪城区心理卫生服务技术小组”，聘请绵阳市精神卫生中心（市第三人民医院）2名专家为技术顾问，市人民医院及各乡镇卫生院、各社区卫生服务中心等25名专业人员为技术小组成员。市人民医院设置“地震灾后心理卫生服务门诊”，各乡镇卫生院设置“地震灾后心理卫生服务站”，各村卫生站（室）设置“地震灾后心理卫生服务室”。游仙区设立1个心理卫生服务门诊部、27个心理卫生服务站、209个心理卫生服务室。

（二）知识宣传

地震发生后，市第三人民医院立即向社会公布心理危机干预热线电话，派出专业人士在市人民广播电台作灾后心理问题的科普知识宣传，在灾区反复滚动播出。联合外援医疗队伍的技术资源，先后通过中央电视台、绵阳电视台等多家媒体以及新华网和《健康报》等众多媒体广泛开展灾后心理反应与心理干预的科普宣传。

市心理危机干预医疗队和志愿者一道接受系统培训100余学时，培训学员千余人次。并通过中央电视台、绵阳电视台等多家媒体以及新华网、《健康报》以及医院网站等众多媒体广泛开展灾后心理危机干预的科普知识宣传。

（三）专业培训

2008年5月13—15日，市第三人民医院黄国平、姚静、刘军、杨昆在市第三人民医院精神康复科活动室，为该院精神科全体医护人员和江油、三台精神病院工作者以及招募的心理志愿者200人，进行心理危机干预的技巧、紧急事件后的晤谈流程（CISD）、创伤后应激障碍和急性心理危机干预培训。18日上午，卫生部专家组成员何铭教授、黄明先教授分别为心理危机干预小分队及志愿者进行“心理急救”和“心理应急”专题培训。19日上午，何鸣教授在市第三人民医院精神科住院楼一楼，为包括辽宁心理救援队在内的心理危机干预小分队和志愿者进行“眼动脱敏治疗”培训。23日晚，全国红十字心理救援队副队长、北京同仁医院心理专家赵梅及其助手为市第三人民医院专业人员、绵阳市心理学会部分会员和来自全国各地的心理志愿者开展“哀伤辅导”专题讲座。26日18时，香港无国界组织、香港城市大学教授岳晓东博士，解放军总医院应大教授为心理危机干预小分队及志愿者开展心理危机干预知识培训。28日，马弘教授在市第三人民医院进行突发事件应激晤谈（CISD）相关培训。29—30日，上海精神卫生中心的卫生部心理危机干预组专家吕文红与湘雅医学院教授李卫晖，在市第三人民医院为心理干预组成员和心理志愿者共90人开展“儿童及青少年灾后心理反应与心理急救原则”及“灾难心理”培训。31日，北京理工大学心理专家李宁英等对不同专业背景的心理志愿者82人进行心理危机干预培训。

6月2日，卫生部心理危机干预组专家何铭教授，在市第三人民医院为干预组及志愿者[illegible]0人进行“眼动脱敏信息再加工”培训。4日，市第三人民医院副主任医师向虎、刘军前往三台县第三小学开展心理危机干预培训。9日，何铭教授在市第三人民医院为危机干预组及志愿者[illegible]0人开展“认知治疗”培训。18—19日，美籍华人郑彦平教授在市第三人民医院危机干预组及志愿者100人开展“PTSD神经生物学基础及心理药物治疗进展”培训。24—28日，美籍华人国际华人医学家心理学家联合会邓明昱教授、袁弘教授、陈心吉博士、徐君哲教授等到绵阳市第三人民医院为该院医护人员及社会心理工作者进行专业培训。

7月10—13日，市第三人民医院赴成都协办“中澳心理危机干预医疗队队员与志愿者骨干培训班”，市第三人民医院副院长黄宣银在培训会上做绵阳心理危机干预工作的主题报告，共有来自全国各地主要是四川当地的200多名医务工作者和60多名在灾区工作的志愿者参加此次培训。23日晚，北京理工大学心理专家贾晓明为绵阳第三人民医院的精神科医生、心理医生进行游戏治疗培训。21—28日，美国专家在市第三人民医院进行3期“本体感觉创伤治疗”的首期培训，来自省内外精神卫生机构及社会心理咨询师60余人参加。29日，市第三人民医院心理危机干预组吕文红、向虎和美国本体感觉心理治疗专家在江油精神病院，为该院医务人员开展“本体感觉治疗”培训。截至7月31日，援绵心理危机干预医疗队和志愿者队伍分别在绵阳第三人民医院、绵阳师范学院等地接受卫生部心理危机干预医疗队、香港无国界社工、北京禾睦家医院及美国等地心理危机干预专家志愿团的后续培训和督导40余次，参加培训约2000余人次，培训内容包括灾后紧急心理干预、灾后精神疾病的识别与治疗等。

8月28日，涪城区卫生局举办涪城区心理卫生服务技术小组人员心理服务技术培训，明确重点人群心理康复工作目标和任务。重点做好所辖区域内的“三孤”、有在极重灾区遇难亲人的家属、医务人员、在校师生、基层公务人员、儿童青少年、老人等高危个体的心理疏导、转介及记录随访等工作。

截至2008年年底，游仙区组织心理医务人员培训79人次。

（四）现场工作

1. 病房工作

2008年5月14日，市第三人民医院心理危机干预组奔赴市内医院，主动向伤员及家属、医护人员提供心理援助服务，发放心理自助资料，公布灾后心理危机干预热线电话。15日，市第三人民医院心理医生赵红、金敏和志愿者来到医院骨科重症病房，对失去父母亲人、右下肢高位截肢，处于灾后急性心理应急反应期的宋馨懿，进行心理辅导。16日上午，市第三人民医院心理危机干预小分队，带领经过紧急培训的精神科医生分兵两路，分别在市中心医院、第三人民医院外科病房，向病员及家属和志愿者发放科普资料；向护士讲解急性创伤后应激障碍及自我保护；解答医生提出的问题，介绍应激常识；对所有伤员进行筛查，发现问题给予疏导。

5月18日，市第三人民医院心理危机干预组与四川省康复医学会专家组，采用床旁初查、紧急干预的方式在绵阳城区几家医院开展心理救援。20—22日，卫生部心理专家组组长马弘和市第三人民医院心理危机干预小分队，采用病房分包制的形式，对住院伤员及家属、医务人员进行个别心理辅导。20日起，辽宁省卫生厅派心理专家在绵阳市中心医院，分组对地震住院伤员进行心理干预和发放心理援助资料。28日，广州中山大学附属三医院医疗队14名医务人员对江油市人民医院、长钢总厂医院165名地震伤员开展心理安抚。

2. 安置点工作

5月16日2时，经市抗震救灾医疗救治分指挥部副指挥长文久喜指派，市第三人民医院心理危机干预医疗队进入各灾民临时安置点开展心理抚慰工作。因临时安置点人多场面较乱，为保证安全有序，经市委协调、体育局同意，17时，医疗队与心理学会会员一行约20人被批准进入九洲体育馆，为安置点灾民尤其是孩童开展心理安抚。18日，卫生部、辽宁卫生厅派心理危机干预小分队、四川省康复医学会专家组分别到南河体育馆、九洲体育馆为灾民做心理辅导。19日下午，卫生部心理危机干预医疗队和市第三人民医院心理危机干预医疗队在九洲体育馆外搭建帐篷，由何鸣、赵红等专家和志愿者开始为安置点群众提供心理服务。是日，受卫生部委托，广东省卫生厅组建12名心理专家组成的广东省心理医疗救助队奔赴江油市，深入江油灾区的太平西山、三合江东等10个安置点走访，他们采用“共情、解释、支持、鼓励、放松训练”等技术手段对存在心理问题的灾民群众进行心理辅导，针对个别心理障碍或特殊的灾民，还提供救灾信息、协助寻亲等实际的帮助方式。21日，卫生部心理危机干预医疗队在九洲体育馆搭建心理干预工作站，由包括招募的心理志愿者在内的工作人员，负责轮流值守，给受灾儿童发放图书，带领他们画画、做游戏、听志愿者讲故事，让志愿者介入儿童的心理辅导，中央电视台东方时空栏目以题为《希望的天空》进行报道。当天，省精神卫生中心心理危机干预小分队、香港无国界组织带领志愿者到英才学校灾民安置点和绵阳3536厂，为受灾群众进行心理咨询8000人次。25日，为有效整合来自全国各地的心理志愿者，在卫生部专家马弘和何鸣的建议下，将搭建在九洲体育馆的工作站更名为“希望九洲”，由卫生部、市第三人民医院、全国社工协会儿助会、湖北司法厅、南京现代快报共同组织，并开通由志愿者们自行搭建的网络平台“希望九洲志愿者联盟”，向全国招募志愿者。25—26日，马弘、李卫晖和市第三人民医院心理工作者，分别前往安昌镇北川县政府临时所在地、安县三小和永安灾民安置点对受灾公务员及安置点群众进行心理辅导。

6月2日，医疗卫生救治分指挥部心理危机干预工作组、卫生部专家组、沈阳军区救灾医疗队心理应激救助专家，分别到北川沸泉茶厂、北川县擂鼓镇，为安置点群众进行集体心理干预，缓解受灾群众的情绪。6—9日，医疗卫生救治分指挥部心理危机干预工作组、卫生部专家组，分别到富临集团、北川信用社、安洲驾校、新华劳教所进行团体心理干预，并对50名劳教人员做个别心理治疗。8日上午，市抗震救灾医疗救治分指挥部心理危机干预组在安县黄土灾民安置点，对灾民进行心理援助。市第三人民医院心理专家黄国平与安置点灾民交流各自在地震事件中的情感、行为、认知和躯体体验，在互动过程中，让灾民认识到，他们的这些反应是遇到不寻常事件后的正常反应；有这样的感觉是正常的，每个有类似经历的人都可能会有这样的反应，并向灾民介绍相应的急救应对资源和应对策略，鼓励灾民与自身的社会网络建立联系，构建互助组，共同分担。卫生部专家组就怎样做好儿童的心理保护与灾民交流。心理专家还走进帐篷，与灾民进行个别访谈，引导灾民宣泄内心的恐慌与悲伤，鼓励他们面对现实。10日，卫生部心理危机干预专家、医疗卫生救治分指挥部心理危机干预工作组以及志愿者一行16人，再次前往安县黄土灾民安置点为受灾群众进行心理辅导。16—21日，医疗卫生救治分指挥部心理危机干预工作组带领志愿者先后在九洲体育馆、江油武都镇、安县永安镇、北川擂鼓镇为灾民开展团体和个人心理危机干预。

7月2—3日，医疗卫生救治分指挥部心理危机干预工作组与卫生部专家组何蕾教授，分别到北川县擂鼓镇灾民安置点、中国空气动力研究与发展中心一所对安置点群众和部队官兵进行团体心理危机干预。7月2—28日，市第三人民医院先后派出心理医生40余人次深入北川县擂鼓镇灾民安置点对灾民进行心理疏导及干预。7月8—10日，医疗救治分指挥部心理危机干预工作组分别对北川县擂鼓镇灾民安置点灾民、江油武都安置点、安县永安镇第三灾民安置点和梓潼县，进行26次团体心理危机干预。

11月2—15日，市第三人民医院派出心理医生到安县永安镇灾民安置点、永兴镇北川灾民安置点、安县安昌各安置小区灾民安置点进行心理干预评估及个案回访。

3. 学校工作

5月13—15日，四川省精神卫生中心心理危机干预小分队、绵阳市心理学会会员及志愿者分别前往绵阳市外国语学校、英才学校、西南财经大学绵阳天府学院为学生进行心理辅导，对从北川希望小学撤出的90余名师生采用绘画、游戏、小组晤谈等方法进行心理危机干预。18日，卫生部、辽宁卫生厅派心理危机干预组小分队到长虹培训中心为北川中学学生做心理辅导。19日，黄国平博士给失去姐姐的受伤女学生小田做现场心理咨询，并在中央电视台播出。20日下午，中国红十字会总会派出包括邓亚萍、杨扬、高敏、谢军、莫慧兰、孙海涛等奥运冠军在内的中国红十字会心理救援队到达绵阳，在高新区实验中学和北川县灾民帐篷学校，邓亚萍等奥运冠军通过他们的影响力和感染力去安慰那些受地震灾害影响的学生，帮他们树立积极向上的心态。21—23日，省精神卫生中心心理危机干预小分队、香港无国界组织、中国红十字会心理救援队带领志愿者分别到英才学校、高新区实验中学、长虹培训中心，采取角色扮演、情景再现、放飞希望、写信等方式，帮助1300多名学生化解灾害带来的负面情绪，并对情绪反应强烈的学生进行个别的有针对性的心理辅导。22日中午，中国红十字会心理救援队，在安县花荄镇为参加抗震抢险的陕西、甘肃、广东的武警消防队员进行团体心理辅导，引出并消除他们目睹惨状后的情绪和感觉。对反应强烈的20多人进行个别心理治疗。一名来自宁夏武警消防支队的战士，家乡就在北川，他的母亲在这次地震中遇难，针对这名战士的心理创伤，进行专门的心理治疗。25—27日，卫生部和市第三人民医院心理专家分别赶赴安县黄土盐井村帐篷学校、梓潼县第三小学进行心理辅导。28日，江油市人民医院、江油市中医院心理医护人员分别进入江油市城区5所小学和幼儿园，为儿童开展心理安抚工作。

6月1日，卫生部专家和市医疗卫生救治分指挥部心理危机干预工作组，分赴北川县擂鼓镇初中、永兴中学帐篷学校，以心理游戏的方式和受灾儿童共度“六一”儿童节，并对即将到山东济南读书的10余名学生进行现场心理疏导。3—4日，卫生部和市第三人民医院心理专家一行12人赴安县秀水镇第三小学，对400余名学生进行团体心理辅导。通过量表测定拉网筛选出需要重点帮助的学生，有针对性地进行个别心理辅导。10—23日，卫生部专家、市医疗卫生救治分指挥部心理危机干预工作组及志愿者，分别到梓潼文昌中学、安县秀水三小、北川县擂鼓初中、长虹培训中心北川中学，对师生进行团体心理干预。

7月7日下午，河南省抗震救灾医疗防疫队的医务人员到四川江油新安镇，为228名初三学生进行考前心理辅导。27—28日，市医疗救治分指挥部心理危机干预工作组10人到梓潼县，给北川县医院幸存医务人员进行团体、个别全程跟踪心理干预。

8月1日，黄国平博士到长虹医院为北川中学的学生进行个别心理干预。

4. 公职人员心理干预工作

2008年6月1日，卫生部心理危机干预专家何鸣教授为市第三人民医院前期前往北川县等重灾区进行医疗救助的一线医务工作者进行心理辅导。何鸣教授说："工作在抗震救灾一线的医务工作者同样会在灾难中直面伤痛、分离和死亡，同样会面对亲人的亡故和家园的丧失，因为社会责任感，这些创伤有可能暂时被埋藏，但终究会影响一个人内心世界，引起心理的、生理的变化，所以他（她）们同样需要积极的心理帮助。"

7月7—15日，省精神卫生中心、心理专家黄国平博士、赵红主任在梓潼为北川县幸存医务人员进行团体心理干预。

9月1—7日，省精神卫生中心、心理专家黄国平博士、刘军主任到仙海风景区为北川县公安局干警作专题心理辅导。18日，省精神卫生中心心理专家向虎、赵红等与美国本体感觉创伤治疗培训人员以及翻译到北川县检察院为幸存者进行心理辅导。19日，美国"中国地震缓解计划"工作人员和市第三人民医院心理医生一行13人对北川医务人员进行心理辅导。21日，美国本体治疗专家组成员及市第三人民医院心理专家到擂鼓柳林村，为村委会工作人员作团体和个别心理治疗。

10月3日，40岁的北川县农工办主任、县救灾办主任董玉飞在绵阳市安县安昌镇临时办公地点自缢身亡。董玉飞遗书里写下"工作、生活压力实在太大"。据北川县宣传部出具的《关于原县委农办主任董玉飞事件的情况说明》，儿子遇难对董玉飞的打击巨大，据平时与他经常在一起的同事讲，"地震之后，他经常谈及儿子，总觉得对不起儿子，不愿承认儿子遇难这个事实，常常泪流满面，失声痛哭""地震后长时间处于痛失爱子、痛失亲人的阴影，不能自拔"。11月5日，市第三人民医院心理专家到安昌镇为北川县委、县府干部做现场心理咨询。

11月、12月，市抗震救灾医疗救治分指挥部先后派出数名心理专家为绵阳市科协干部、北川县财政局幸存员工、全市党校教师、全市科级干部、市统计局、市国税局干部作专题心理辅导讲座。

二、心理援助康复与成效

（一）心理障碍状况

地震后1个月，抗震救灾医疗救治分指挥部心理危机干预工作组对北川中学900余名学生进行调查，其中抑郁障碍占57%，焦虑障碍占45%；地震后2个月对北川县县直医疗单位幸存医务人员调查创伤后应激障碍占34%，抑郁障碍占70%；地震后3个月，对北川县擂鼓和曲山镇灾民1600人心理调查，创伤后应激障碍占14.7%，抑郁症占10.2%；北川县300多名教师中，创伤后应激障碍占24%，有抑郁症倾向者占25.5%；灾区有遇难家属的公安民警，创伤后应激障碍占30%，抑郁障碍占74%；地震后8个月，对1492名灾区群众心理调查结果显示：具有创伤后应激障碍33人，抑郁症31人，焦虑抑郁状态28人，睡眠障碍19人，酒精依赖4人，焦虑症4人，躯体化障碍3人，精神分裂症2人，癫痫所致精神障碍1人，累计有83.78%的被调查者存在心理障碍。

2008年1—9月，市第三人民医院心理卫生科各病区共收治各类精神障碍住院患者□188名，同比增长16.89%。其中地震相关的“创伤后应激障碍”入院者呈大幅度增长，抑郁障碍和焦虑障碍也有一定幅度增长。

（二）心理援助成效

地震发生后，市民政、教育、卫生、团委、妇联和工会等部门积极配合和相互协作，在各职责范围内开展一系列心理服务工作：

市教育部门制定下发《灾区学生心理援助工作实施方案》和《关于加强震后学生心理干预工作的通知》。与中国科学院心理研究所、中国心理学会等合作建立“绵阳市工作站”，对师生开展心理抚慰工作。各学校开设灾后心理辅导课。全市先后举办多次“心理抚慰”“心理课程”师资培训活动，并专门针对县、乡教师开展“送培到县”培训活动，共对1270余名教师开展相关知识、技能培训。此外，还参与省教科所组织的“四川省灾区中小学心理辅导与心理健康教育活动课教案”编写，以及承担“四川省心理健康教育活动课教材”高中部分的编写任务。

市妇联制定《关于认真做好灾区妇女儿童灾后心理干预和抚慰关爱的实施意见》《关于做好关心爱护灾区基层女干部的实施方案》，积极开展转移受灾儿童到异地就学、集中心理疏导与抚慰等多种形式的心理服务活动。争取联合国儿童基金会震后儿童保护项目，建立二个儿童友好家园、29个儿童爱心岛书屋，共先后开展妇女儿童心理疏导与抚慰活动300余次，争取抚慰资金500余万元，覆盖受灾妇女儿童达4万多人次。

市文化部门组织开展“抗震救灾、重建家园，让我们风雨同行”系列文化活动，积极动员各级文化单位组织文化工作者深入灾区，举办文艺演出、电影放映和流动图书服务等活动形式，帮助受灾群众重拾信心，开展生产生活自救活动。共举办475场次文艺演出，播放公益电影42□56场、观众达630万人次，赠送价值400余万元的图书和光碟等文化资料，建立145家“爱心书屋”“农村书社”等。

市总工会以“七大帮扶”为抓手，紧密结合工作职责，开展心理帮扶、生活帮扶、就业帮扶、助学帮扶、医疗帮扶、法律帮扶和文化帮扶活动。共帮扶受灾干部群众5□□人次、提供职业介绍2.66万人、发放助学资金365万元、建立28个工会文化活动室。

团市委针对灾后青少年精神家园重建工作的需要，深入地开展青少年心理疏导工作。在全市新建40个统一标识和工作制度的“12355心灵驿站”，并两次对辅导员和心理志愿者进行为期10天的专业知识培训。同时，在全市开展以“明天会更好——绵阳市青少年精神家园重建”为主题的系列活动，为在校师生提供咨询服务9000余人次。

市委组织部、宣传部和市红十字会、爱卫办等相关部门按照心理服务有关工作要求，将心理服务纳入灾后救援、灾后重建的重要内容，采取心理辅导培训和讲座、丰富灾区基层精神文化生活、严格作息制度和休假制度、安排年度体检、改善灾区干部群众住房、生活和工作条件等方式，广泛开展心理服务活动。在全市创造心理服务齐抓共管、社会积极参与的局面。

市民政部门在应急救援和灾后救助过程中注重把心理服务工作融入其中。指导、协助做好集中安置点和社区受灾群众抚慰工作；利用“321”联系群众工作平台积极做好对口联系乡、村、社区受灾群众的抚慰工作。指导社区干部、安置点工作人员开展心理服务工作，引导配合社会工作专业人员在地震灾区开展心理服务工作。

11月19日，市卫生局下发《关于进一步加强灾后心理卫生服务工作的通知》，组建心理服务三级网络开展巡回心理服务。共在全市设立心理咨询门诊80个，心理卫生巡诊10494人次；治疗灾后应激相关病人1500人次，发放宣传资料13万份，进行团体辅导和讲座100多次、受众5万余人；培训心理工作者1000余人次。在市第三人民医院设立心理咨询热线的基础上，将全市公共卫生公益电话“0816-12320”作为全市心理卫生服务咨询热线，对干部群众和学校师生的心理卫生问题进行疏导、指导。

12月31日，绵阳市政府下发《关于进一步加强地震灾区干部群众和学校师生心理服务工作的通知》，成立以市委常委、市政府副市长蔡振红任组长，副市长黄正良任副组长，市委组织部、宣传部、市卫生局、教育局、文化局、妇联等12个部门相关领导为成员的地震灾区干部群众和学校师生心理服务协调小组，并下设办公室负责组织领导和协调全市心理服务工作，为绵阳市全面心理服务工作提供组织保障。同时，成立覆盖全市9个县（市、区）的4个心理服务指导小组，负责全市心理服务工作指导和督导检查。

至2008年年底，根据省内多家精神卫生机构参与的地震灾区人群心理问题现状调查评估资料显示：与精神创伤无直接联系的各类精神障碍发生率与国内常规资料比较无明显差异，而与灾害直接相关的精神疾病时点患病率均明显高于1993年国内流行学调查的结果。本次受灾人群精神疾病的疾病谱由高到低为：创伤后应激障碍（PTSD）、抑郁障碍、焦虑障碍、睡眠障碍、酒精滥用及酒精依赖以及躯体化障碍。与常态状况下的调查资料比较，此次灾后PTSD的时点患病率明显增高，但是，明显低于国内其他灾难事件后的创伤后应激障碍时点患病率及美国“9·11”后的同类资料。地震后，全市地震灾区部分医疗机构统计的创伤后应激障碍住院率有明显的增加之外，没有发生大规模精神疾病流行的事件，灾区的自杀率与常态情况下比较没有明显变化。初步达到预防灾后心理卫生问题和减少灾后精神疾病发生的工作目标。

从2008年年底开始，中央财政连续三年安排专项资金，启动“中央补助汶川地震灾后心理援助项目”，卫生部也专门制定《地震灾区心理援助项目技术实施方案》，以推进灾区心理卫生服务工作。该项目覆盖绵阳市全境，于2009年3月启动，2011年3月底基本结束。

2009年4月，绵阳市在市第三人民医院挂牌成立“绵阳市地震伤员心理卫生服务中心”，大力推广科普宣传，针对汶川特大地震和“9·24”洪涝泥石流灾害中的死难者家属、现场救护人员、干部、灾后重建人员和学生等重点人群，以上大课、巡诊、散发宣传资料及心理卫生知识宣传片(DVD）等形式展开心理卫生健康教育宣传。截至同年6月，各受灾县（市、区）基本建立起县(市)、乡（社区)、村三级心理卫生服务网络，基本实现全方位网络覆盖。各县、区级人民医院设立有灾后心理服务门诊或增设心理卫生服务门诊部，各乡镇卫生院及板房集中安置区设立有心理卫生服务室，各卫生站设立有心理卫生服务点，开设有专职心理咨询师或精神科医师值守的热线电话。制定相应的规章制度：《接听电话岗位职责》《接听电话登记制度》《心理卫生服务信息报送制度》《巡回心理卫生服务制度》等，定期督查和信息报告制度。如北川县震后专门成立心理卫生服务中心，初步建立起以学校、医院为核心，家庭为依托，社区为背景，政府为后盾，辐射所有人员的心理卫生服务网络。设置有60个心理卫生服务点，开设有电话心理咨询热线和网络心理咨询，建立一支以教师为核心的心理健康教育队伍，一支以医务人员为骨干的心理卫生服务队伍，一支以社区干部为核心的心理咨询队伍。制定《心理卫生服务人力资源开发与培训实施方案》，建立心理救援和康复专家库，面向灾区人群开展心理卫生服务工作。

第四章　卫生防疫

第一节　传染病和突发公共卫生事件防控

一、风险评估

汶川特大地震波及全市所有县（市、区），其中极重灾区3个（北川、安县、平武），造成大量基础交通设施（公路和铁路）受损，北川县、平武县公共卫生体系损毁殆尽，大量受灾群众被集中安置，绵阳九洲体育馆高峰时期曾安置灾区群众达5万人，全市灾后传染病与突发公共卫生事件防控面临严峻考验。

2008年6月中旬，市委常委、市政府副市长蔡振红在全市卫生防疫工作会上指出："灾区发生细菌性痢疾和其它感染性腹泻病流行的风险很高，同时霍乱、甲肝、伤寒及副伤寒、流行性腮腺炎、风疹、水痘、麻疹发病人数上升甚至发生局部暴发的风险较高；居民安置点的灾民与救灾人员急性呼吸道感染疾病发生和流行的风险较高。"

7月初，市卫生局组织专家和人员，对北川县及7个受灾最严重的乡镇进行卫生学评估。根据评估结果，总结全市灾后传染病与突发公共卫生事件防控主要存在以下风险：一是环境卫生隐患多，存在发生疾病的风险。群众安置点居住条件简陋、环境卫生较差。垃圾点、厕所的环境治理尚未形成统一管理模式，无专业环卫队伍负责环境治理工作。对普通旱厕进行无害化处理难度较大；安置点帐篷、板房卫生设施和管理不到位。存在灾民自由选址、随意搭建现象。部分板房通风不畅，配套厕所选址和设计不合理，卫生差或蹲位不足，公用厨房卫生无专人负责，苍蝇滋生，生活和粪便垃圾未无害化处理；建筑废墟、废弃物尚未彻底清理，蚊蝇滋生，密度较高，环境污染严重。特别是堰塞湖水退后，残留污泥和本地及漂浮来的各种垃圾形成立体污染，清理难度大。二是安全饮用水与卫生设施的中断和破坏。地震灾害造成饮用水供应系统以及卫生设施的大范围破坏，从而导致灾民的饮用水卫生和食品卫生短期内得不到保障，部分灾区居民有饮生水习惯，再加上灾后部分天体和水源变化，消化道疾病发病风险增加。三是食品卫生安全风险较高。部分重灾区乡镇群众缺乏食品卫生知识，面对特殊环境，不能积极应对。大部分餐饮单位无三防措施，很多是露天加工，存在食品卫生安全隐患。四是学校卫生防控形势严峻。8月20日以后，重灾乡镇的学校相继复课，但学校硬件设施还未恢复，软件管理也不到位，存在教室通风较差、寝室拥挤、食堂面积与就餐人数不符、学校厕所设置不合理（主要表现在蹲位不足）、饮用水消毒效果不好等问题，又因入冬以后进入呼吸道疾病高发季节，因此，学校卫生防疫工作形势严峻。五是传染病发病风险增加。由于地震使灾区供水和卫生设施遭到严重破坏，灾区群众使用未经消毒和消毒剂量不够的山泉水；灾区环境卫生差，粪便、垃圾难以及时妥当处理，苍蝇大量滋生；农村普遍存在红白喜事聚餐的风俗习惯，购进海产品容易造成霍乱发生；农村厕所（旱厕）粪便未经无害化处理便灌溉田地，由于强降雨较多，容易造成水质污染等因素，导致菌痢、感染性腹泻等肠道传染病暴发风险较高。学校、板房或帐篷区等人群聚集场所，居住条件拥挤、通风较差，加之灾后人员流动等因素造成疫苗接种没有完全覆盖相应人群，使冬春季呼吸传染病发病风险升高。虫媒传染病季节性很强，灾后开展持续的消杀工作，虫媒传染病发病风险较低。六是存在发生动物疫病的风险。地震灾害使生态环境、生物链、地质地貌土壤结构都发生改变，为微生物的滋生提供客观的条件。加之地震对人群生存条件和家畜禽的生存环境的破坏，水源、土壤、环境卫生都不同程度受到影响，使在正常情况下不易发生的传染病，在特殊情况下存在发生、暴发和流行的风险。如蚊虫叮咬传播猪乙型脑炎，呼吸道传播猪链球菌，流浪犬增加狂犬病发生风险等。

市抗震救灾医疗救治分指挥部根据风险评测，采取措施予以防控：一是紧紧抓好灾民人群聚集点的疾病控制工作。继续做好人群聚集点的疾病预防控制工作，防止疫情出现反弹；对已迁出的营区进行全面清理，避免成为长期存在的污染隐患；加大对人群聚集点的卫生管理和监督监测力度，把疾病预防控制工作引向深入。二是适时转换工作重心，有的放矢地开展工作，提高工作成效。随着板房建设的完成和入住，工作重心从保障人群聚集点向分散居住的村民转移，加大对农村重建的卫生技术指导工作力度。做好传染病疫情监测工作，及时发现、及时控制；做好重建技术指导工作，建设好相关卫生设施；做好人群聚集区的粪便、垃圾无害化处理工作；指导村庄规划好村民生活垃圾掩埋和处理场所，保证居住环境和水源卫生安全；大力开展爱国卫生运动，进行卫生知识宣传，指导村民做好饮水和食品卫生工作，保证身体健康。三是建立健全疫情报告网络，及时分析，及时发现。增加投入，保证疫情网络直报工作的正常、稳定进行；固定专人，专门负责网络直报的管理工作，全面提高报告质量；根据当地疫情发展动态和趋势，逐步开展周、月分析，加强对报告信息的使用，发挥预报预测预警作用；加强对聚集性病例的跟踪分析工作，及时控制，避免疫情蔓延。四是加强计划免疫工作。完善冷链设备建设工作；摸清底数，开展建卡、建证工作；做好群体免疫计划工作，对当前发病形势严峻的免疫针对性传染病，应优先安排免疫接种；紧紧围绕着疾病控制任务，兼顾好基础免疫和应急免疫工作。五是做好实验室能力建设工作。补充一定数量的实验室专业人员，注意人员专业和技能水平的合理搭配，避免低水平实验室专业人员“扎堆”现象出现。适当引进高水平实验室人员，带动、提升实验室整体工作水平。加强实验室管理，完善有关的规章制度、操作流程等，做到标准化、规范化。规划好仪器设备配置，形成梯次，避免重复，提高使用率，使配置的仪器设备更好地发挥作用。六是广泛开展技术培训工作。采取多形式、多渠道、多层次“请进来、走出去”的方法，大力开展技术培训，抓好上岗培训，抓好在职培训，抓好规范培训，做好科研培训。

9月17日，绵阳市抗震救灾卫生防疫分指挥部发出《关于转发〈四川省“5·12”抗震救灾指挥部医疗保障组关于开展“5·12”汶川大地震四川灾区传染病防控效果评估的紧急通知〉的通知》。通知要求绵阳各县（市、区）要认真组织，做好自查和评估工作，于9月20日前完成自查报告并将电子版上报市抗震救灾卫生防疫分指挥部。北川、安县、平武、江油市要同时做好迎接省评估组的评估、检查准备。根据通知要求，绵阳市抗震救灾卫生防疫分指挥部迅速安排部署全市灾后的传染病防控效果评估工作：组织成立评估专家组，完成对涪城区、游仙区、梓潼县、三台县、盐亭县的传染病防控效果评估工作；协助省评估组做好对北川、安县、平武、江油市4个县（市）的传染病防控效果评估，并于9月26日上报。

二、监测

（一）法定传染病监测与报告

震后全市388个疫情网络直报单位，87个单位（安县6个、北川23个、平武30个、江油28个）遭受破坏，不能进行网络直报。

市疾病预防控制中心（疾控中心）要求各相关部门严格按照《传染病防治法》和《四川省卫生厅关于加强震灾地区疫情信息报告措施的紧急通知》的有关规定，加强24小时疫情值班，严格实行疫情日报告和零报告制度，按规定及时上报、审核传染病，对霍乱等重大传染病建立预警监测系统，开展重点传染病及突发公共卫生事件日、周、月和阶段分析。

2008年5月18日，绵阳市抗震救灾指挥部发出《关于印发绵阳市卫生防疫后期工作方案的通知》，对灾后传染病监测、疫情报告及暴发疫情处理进行安排部署。

5月19日，市疾控中心制定《绵阳市地震灾后防疫工作方案》，建立灾后疫情监测报告联系人网络，以受灾县（市、区）为单位，开展鼠疫、霍乱、SARS、人禽流感、脊髓灰质炎、病毒性肝炎（甲肝、戊肝）、伤寒、痢疾、流行性出血热、疟疾、乙型脑炎、炭疽等重点传染病，以及流脑、急性出血性结膜炎、皮肤感染症、感染性腹泻、流行性感冒、手足口病、不明原因群体性疾病、食物中毒（细菌性食物中毒、化学性食物中毒）和卫生行政部门要求报告的其他疾病的监测工作，实行24小时疫情值班及疫情日报告和零报告制度，根据受灾情况和灾区疫情的需要随时按时间段进行分析，并及时逐级上报。报告时限：获得群体性不明原因疾病暴发、其他重大疫情、与灾害有关的中毒事件等信息的责任报告单位和责任报告人，应当在2小时内以电话或传真等方式向属地卫生行政部门指定的专业机构报告，具备网络直报条件的同时进行网络直报，不具备网络直报条件的责任报告单位和责任报告人，应采用最快的通讯方式将相关报告卡报送属地卫生行政部门指定的专业机构，指定的专业机构应对报告信息进行审核，确定真实性，2小时内进行网络直报，同时以电话或传真等方式报告同级卫生行政部门。

截至7月，全市未发生突发公共卫生事件，无甲类传染病病例报告。报告发病总数居前五位的病种为肺结核、乙肝、其他感染性腹泻病、流行性腮腺炎、痢疾，与历年报告发病总数居前五位的病种比较，无重大变化。1—7月累计报告法定传染病11101例，为2004年（2004—2007年1—7月累计平均报告发病16869例）以来历年同期累计平均报告发病最低水平（65.81%），1—7月每月平均报病1586例，较前四年月平均报病（2410例）降低34.19%。1—7月各月报告发病总数曲线在前四年各月报告发病总数曲线低位波动，未出现异常波峰。动态监测数据分析未发现传染病暴发疫情趋势。

截至12月，绵阳全市无甲类传染病报告，乙、丙类传染病共报告11519例，报告发病率212.53/10万，较前3年同期平均水平（304.18/10万）下降29.23%，传染病疫情报告率达到100%。北川、安县、平武3个极重灾县共报告1919例乙、丙类传染病，发病率为234.31/10万。其中，乙类传染病13种共1122例，发病率为137.00/10万，居前5位的依次为肺结核、乙肝、痢疾、梅毒、淋病；丙类传染病7种797例，发病率为97.31/10万，居前3位的疾病依次为其它感染性腹泻、流行性腮腺炎、手足口病。

（二）症状监测与应急手机报告

全市疫情网络直报系统在地震中遭受严重破坏，传染病与突发公共卫生事件监测系统瘫痪。从5月16日起，全市为严防重点传染病的发生和流行，启动夏秋季肠道传染病防治工作，开展以霍乱为主的肠道传染病防治技术培训，规范肠道、发热门诊的登记和报告工作，落实各项防控措施。全市疾病预防控制机构在受灾地区、群众安置点、临时医疗点开展传染病和疾病症状应急监测，并向各受损直报单位配发直报手机，向各医疗防疫工作组配发小灵通。抢险救灾初期，全市根据手机短信报告，每日手工统计后编制工作日志，实现症状监测与报告上报。

5月19日，卫生部发出《关于开展地震灾区疫情监测信息应急手机报告工作的通知》，制定《地震灾区疫情监测信息应急报告工作方案》，要求灾区在网络直报系统恢复前，利用手机直接报告灾区传染病和突发公共卫生事件。

5月23日，四川省卫生厅发出《关于加强震灾地区疫情信息报告措施的紧急通知》，通知明确规定应急手机的实施原则和报告要求。即：震灾地区无法进行传染病疫情信息网络直报的医疗卫生机构；震灾地区临时安置点；医疗救治点（含野战医院）。报告要求：各级卫生行政部门负责组织手机的发放，管理及疫情报告的相关事宜；各级疾控中心负责手机疫情信息报告的培训，国家专家和省级疾控中心进行技术指导；报告单位应指定原从事疫情网络直报的人员或专人为报告责任人，负责收集和报告辖区内症状监测和传染病疫情信息；统计起始时间为前一天16时—当日16时，于当日18时前手机报送。甲类或甲类管理的传染病、暴发疫情和突发公共卫生事件应当及时报告；无法实现手机短信报告时，责任报告人须将每日症状监测、传染病疫情和突发公共卫生事件信息应及时通过电话逐级上报疾控中心。26日，第一批疫情报告手机配发至平武、安县、北川、江油等网络不通的地区，并完成相关人员的培训工作。

截至5月30日，绵阳市累计配发应急手机143台，开通99台，开通率69.2%，其中绵阳市及市区22台，开通3台；北川23台，开通7台；安县32台，开通29台；平武30台，开通24台；江油36台全部开通。应急手机报告遇到的困难有：灾后国家临时配置“直报手机”报告的仅仅是一个子系统的简单信息，其余子系统无法正常运行，不能报告相关信息；北川县桃龙乡卫生院、漩坪乡卫生院、青片乡卫生院、马槽乡卫生院因交通中断，于6月27日前都未能配送直报手机；有配置直报手机的单位，也因欠费停机，无法继续报告疫情。

（三）直报网络恢复

6月18日，全市开通手机短信网络直报系统，将疫情报告信息并入国家疾病监测报告管理系统中。症状监测结果显示：震后受灾群众中腹泻、发热、感冒不适等症状有较大幅度增加，但未出现肠道传染病、呼吸道传染病及虫媒传播疾病的暴发与流行，也未发生食物中毒及其他突发公共卫生事件。

截至7月31日，全市传染病网络单位388个，其中，专用网络直报计算机修复完好的302个，计算机仍无法使用的69个，网络或供电有问题的单位17个。全市已经开展传染病网络直报单位272个。

其中通过计算机网络报告205个，通过其他计算机代报29个，手机报告38个。

北川、平武、安县3个极重灾县和江油市共有网络直报单位144个，专用网络直报计算机正常使用的有80个，计算机故障的47个，网络或供电问题还未解决的17个。3个极重灾县江油市开展传染病网络直报的单位有121个，其中通过计算机网络报告66个，通过其他计算机代报18个，手机报告37个。

涪城区、游仙区、梓潼县、三台县、盐亭县等次重灾县和高新区、科学城共有网络直报单位244个，其中专用网络直报计算机正常使用的有222个，计算机故障的22个；进行过传染病网络直报的单位有151个，其中，通过计算机网络报告139个，通过其他计算机代报11个，手机报告1个。

截至2008年12月，全市网络直报恢复率78.51%。

（四）相关传染病的处置

2008年6月20日和8月1日，涪城区塘汛镇洪恩村和石塘镇范家村先后发生狂犬病疫情，发病2人，死亡2人。疫情发生后，涪城区委、区人民政府紧急召开会议，采取措施，组织力量开展防控工作。共划定疫点18个，疫点内捕杀犬只5237只（含流浪犬188只），其它非疫点乡镇（街道）捕杀恶犬、野犬866只，全部进行无害化处理。

截至2008年年底，全市地震灾区未发生传染病暴发疫情，动态监测数据分析未发现传染病暴发疫情趋势。

三、实验室检验

（一）应急实验室

汶川特大地震导致市疾控中心微生物和理化检验所近2000平方米的实验室遭到部分损毁。北川实验室全部被泥土掩埋；平武和安县实验楼损毁严重，基本不能进行检测；江油理化检验室所有设施、检测仪器全部陷入瘫痪状态。

地震发生后1小时，市疾控中心工作人员立即开始实验室的清理、仪器的维修、调试及校正、试剂的配制、玻璃器皿和试剂的采购等工作。13日，市疾控中心派出10余名工作人员奔赴北川、平武，协助两地疾控中心抢搬仪器、器皿和试剂，建立实验室应急检测。

5月底，市疾控中心协助安县疾控中心搭建约20平方米的帐篷卫生应急检测实验室，开展生活饮用水、食物中毒、霍乱、细菌性痢疾、伤寒与副伤寒、麻疹、水痘、流行腮腺炎、风疹、甲肝、戊肝、乙脑及三大常规检测工作。

6月13日，中国疾病预防控制中心发出《四川省地震灾区重点传染病风险初步评估报告》，报告建议需尽快在四川灾区建立、启动重灾县和省疾病预防控制中心两级传染病应急实验室检测网络，在各重灾县开展肺结核、霍乱、伤寒、痢疾、钩端螺旋体病、麻疹、流感、乙脑、甲肝、戊肝、疟疾11个病种的实验室诊断。当天，由四川省和绵阳市两级疾病预防控制中心牵头，在北川县擂鼓镇红星卫生院活动板房内建成北川县卫生应急检测实验室。省疾病预防控制中心援助恒温培养箱、手提式高压灭菌锅、微波炉等10余种监测仪器，开展水质细菌分析、肠道传染病检测、虫媒传染病检测等检测项目，并派驻2名实验室人员，协助恢复北川县疾控中心的检验能力。

（二）实验室能力恢复

5月15日，绵阳市级疾病预防控制中心实验室饮用水、食品、消毒剂等的检测能力恢复到地震前的80%左右。

截至8月底，北川县、安县、平武县3个极重灾县的疾控机构基本具备相应的设施、设备、试剂和相关专业技术人员，开展微生物检验和理化检测以及食品、生活饮用水质量快速检测。其中，北川县已恢复到震前检测项目的15.63%；安县达到灾前检测项目的34%（17/50）（但仍不能开展病原微生物检测）；平武县疾控中心在河北实验室专家的指导下，完成第一批价值124万元实验室设备的安装调试工作，增加卫生检测项目达到55项，基本满足突发公共卫生事件应急处置的工作需要。11月20日，江油市疾控中心恢复部分检测能力。

截至2008年12月，全市实验室检测项目恢复率达77.94%，绵阳各级疾控中心在2011年灾后重建完成后，疾控部门实验室检测能力预计得到进一步的恢复和提升。

四、预防接种

（一）群体性预防接种

汶川特大地震后，为防止地震灾区传染病的发生和流行，确保大灾之后无大疫，卫生部组织专家经过论证，制定《地震灾区预防接种指南》。四川省卫生厅根据《指南》制定《四川省“5·12”地震灾区预防接种实施方案》，确定对北川县、安县、平武、江油市开展甲肝、乙脑、流脑、流感疫苗的群体性预防接种工作。同时全市储备白喉破伤风疫苗（成人型）、钩体疫苗、炭疽减毒活疫苗、甲肝减毒活疫苗、伤寒Vi多糖疫苗、出血热疫苗、口服霍乱疫苗、狂犬病疫苗和狂犬病免疫球蛋白等疫苗，以备出现相关疾病后开展应急接种。

2008年5月29日，根据四川省“5·12”抗震救灾指挥部《关于灾后预防接种的紧急通知》和四川省卫生厅、四川省教育厅《关于做好“5·12”地震灾后预防接种的紧急通知》。以及四川省卫生厅关于印发《〈四川省“5·12”地震灾区预防接种实施方案〉的通知》精神，绵阳市抗震救灾指挥部制订并下发《绵阳市“5·12”地震灾区预防接种实施方案》。方案要求自6月1日起，对北川县、安县、平武县3个极重灾县和江油市的灾民安置点、小学、托幼机构开展群体性预防接种和应急接种。

6月1日，北川县、安县、平武县3个极重灾县和江油市开始对适龄儿童开展甲肝灭活疫苗、乙脑减毒活疫苗的群体性预防接种工作。四川省下发甲肝疫苗15.8万人份，乙脑减毒活疫苗5.75万人份，冷藏包257个。根据分配方案，将两种疫苗约80%数量用于4个极重灾区群体性预防接种，其余20%用于其他各县（市、区）应急储备，冷藏包等全部分配给4个极重灾区。全市共设临时固定接种点152个（其中乡镇接种点95个、灾民安置点接种点55个、学校接种点2个），巡回接种组215个。做到各接种点设置合理、接种现场有序、接种操作规范，保证安全接种。同时，绵阳成立地震灾后群体性预防接种督导组，分别对4个极重灾县（市）的接种工作进行督导指导。

11月17—23日，全市组织在北川县、安县、平武和江油对2008年内无流感患病史及其流感疫苗接种史的托幼机构和在校中小学生（年龄范围在3~15岁）、60岁以上老人、所有医疗卫生人员开展流感疫苗群体接种工作。

2009年2月23日至3月6日，全市对2~15周岁的儿童开展A+C流脑疫苗接种工作。

截至2009年3月6日，三次群体性预防接种共设固定接种点367个，临时接种点513个，巡回接种组215个，接种甲肝、乙脑、流脑和流感疫苗782913次，接种率分别为97.46%、98.81%、98.11%和97.83%。

表3-4-37　　汶川地震绵阳极重灾区甲肝疫苗、乙脑疫苗群体性预防接种情况表

	甲肝疫苗			乙脑疫苗		
	应种	实种	%	应种	实种	%
北川县	11400	11332	99.40	4140	4126	99.66
安　县	33660	31937	94.88	15800	15425	97.63
平武县	14240	13481	94.67	6300	6196	98.35
江油市	44200	44120	99.82	21100	21032	99.68
合　计	103500	100870	97.46	47340	46775	98.81

表3-4-38　　汶川地震绵阳极重灾区A+C流脑疫苗和流感疫苗群体性预防接种情况表

县　市	A+C 流脑疫苗			流感疫苗		
	应种	实种	%	应种	实种	%
北川县	90	85	94.44	90	87	96.67
安　县	90	90	100	90	86	95.56
平武县	90	86	95.56	89	87	97.75
江油市	90	87	96.67	90	88	97.78
合　计	360	348	96.67	359	348	96.94

（二）免疫规划

地震造成全市免疫规划冷链系统普通冰箱报废215台、破损129台。北川县、安县、平武3个极重灾县和江油市县、乡两级共损毁疫苗专用低温冰箱18台、普通冰箱102台，需维修的冰箱6[illegible]台；损毁冷藏箱、冷藏包共239个；损毁麻疹等21种疫苗共103940支；损毁计算机共13台；有17个乡镇儿童接种档案资料遭到不同程度损坏。3个极重灾县和江油市共有149个预防接种门诊遭到不同程度损毁，常规免疫工作大部分陷于停顿状态。

2008年6月17日，北川县内14个乡镇的冷链开始运转。

截至8月10日，全市采取维修、租借冰箱等多种形式，基本实现冷链正常运转。损毁的冷链设备80%以上得到补充和修复。灾区儿童得到及时的预防接种服务，甲肝、乙脑疫苗群体性应急接种覆盖率达到95%以上，接种单位已开始实施扩大国家免疫规划疫苗接种。

第二节　食品和饮用水卫生监督监测

汶川特大地震后，食品和饮用水成为灾区十分短缺的生活必需品，解决好灾区人民群众食品和饮用水卫生安全是灾后防疫的首要任务，全市卫生执法监督工作紧紧围绕人民群众关心的饮用水卫生、食品安全等重点问题，加强监督、严格执法、热情服务、科学指导，实现灾后无食物中毒、无介水传染病疫情发生。

一、食品卫生监督监测

汶川特大地震后，绵阳各级卫生执法监督部门立即行动，制定卫生执法监督方案，组建卫生监督应急工作队。对辖区内食品生产加工、餐饮经营等单位进行现场监督检查。

2008年5月13日9时，市卫生执法监督支队制定《绵阳市灾后食品卫生监督工作方案》，将绵阳城区社会餐馆、食品零售业食品卫生监督工作划分为4个责任片区，组织人员对绵阳城区各片区、街道进行监督检查。共检查尚在经营餐饮业和食品批发零售业单位76家，流动食品摊点1家，未发现劣质、过期、变质的食品及原料。同日下发《关于切实做好“5·12”大地震灾后食品卫生安全工作有关事项的通知》，要求各食品生产经营单位要认真做好灾后食品卫生安全工作。同时，安县、平武、江油、涪城、游仙等地卫生监督部门相继组织精干力量，全天候对灾民安置点的食品卫生进行全程监督，实行分点负责，任务分片区，责任到人头。检查中，要求各食品生产经营单位在开业前必须组织自查，严禁出售过期、变质、被污染和“三无”食品，严禁使用过期、变质和被污染的食品原料，对已造成污染或可能已被污染的食品及原料必须销毁，不得用作食用。对生产经营场所进行清查，对环境、设备、餐饮用具进行彻底清洗、消毒后方可开业。对损坏的证照尽快补办。

5月14日，市监督支队监督人员分别到九洲体育馆、南河体育馆、火车站广场等灾民安置点巡查、宣传灾后防病知识，监督环境消毒情况。针对安置点传染病防控及食品卫生工作提出改进意见：一是在政府成立的灾民安置机构或安置场所管理机构，设置相应的卫生管理（监督）人员，检查了解相关情况，协助落实相关工作；二是灾民集中安置场所设置垃圾箱，落实专人及时收集清运；三是在各个灾民安置点设置足够的食品分发点，配备相应的基本卫生设施，无论是政府组织的还是单位或市民自发提供的食品均在发放点集中发放；四是在灾民安置点设置足够的临时洗手处，配备肥皂。如条件许可，配设临时厕所；五是落实灾民安置点的环境消毒，要配备足够的消毒药品、喷洒设备和专业操作人员。从是日起，针对江油城区部分农家乐空旷场所用于安置灾民，江油市卫生执法监督所将灾后农家乐卫生监督检查列为专项工作，对全市休闲庄、农家乐的食品卫生进行监督检查指导，并发放相应的消毒药品。

5月15日，市监督支队派出10名监督员分组赶赴北川、安县、平武3个极重灾县和江油市乡镇开展食品监督检查和消毒工作，6名监督员进驻九洲体育馆救助点，开展卫生监督和传染病防控工作。是日，南充、眉山、资阳3市和三台、盐亭2县的卫生执法监督机构派出卫生监督人员13人，与市卫生执法监督支队的监督员一道奔赴各灾民安置点、医疗机构和食品生产经营场所开展食品卫生安全的指导服务和监督检查。16日，市监督支队派往平武的监督小组从响岩乡出发，徒步10余公里到达南坝镇宣传卫生知识。截至17日，全市累计出动食品监督人员789人次，监督食品生产企业823户。

5月22日，市卫生执法监督支队继续实行划片包干、责任到人的方式，检查绵阳城区食品生产经营单位196家。对停水的绵阳火车站、花园市场片区进行现场卫生指导，要求各餐馆采取餐具煮沸消毒等方式保证餐饮供应安全。对绵阳先锋路片区一家餐馆冰柜中的20公斤变质猪排进行没收销毁，并对店铺警告处理。当天下午，卫生部和省卫生厅给绵阳发放“食品安全快速检测箱”49台，市监督支队组织人员连夜对这批仪器进行使用前的调试和人员培训，成立现场食品快速检测小组，确定专人负责，开展食品细菌快检、电导率、食品中心温度、农药残留、毒鼠强快速定性、食用油脂酸价、过氧化值速测、氰化物检测、消毒液有效氯速测的检测共9个食品快速检测项目。并于25日前，将其中47台分发到各县（市、区）的卫生监督机构。各县（市、区）卫生执法所运用新到设备对各辖区内的学校、水厂、政府灾民安置区、乡镇村组、农家乐、排洪涉险区等地方的食品进行现场抽检，为现场食品监督检查工作提供数据依据。

5月24日，市监督支队工作人员在一家餐馆检查食品卫生时，发现冰箱里有150公斤变质的肉类食品，监督人员立即对其进行封存，并拉往垃圾场进行销毁。在另一家餐馆内，发现食品经营者在餐具洗消池内清洗海产品，监督员立即提出整改意见，并对店主做出行政处罚。

25日，市监督支队将绵阳城区划分为两个食品卫生监督片区，对重点地区、重要食品生产经营环节采取重点巡回监督检查，对一般地区采取抽查。主要对象：一是在宝成铁路通车后，加强对火车站及周边地区食品生产经营单位的检查；二是继续保持对集中接待的宾馆酒店的卫生监督检查和指导服务；三是对中小餐馆、食品零售业采取抽查与寻常相结合，重点检查食品原料、调料的卫生质量和餐饮具消毒情况，共检查食品生产经营单位136家，处罚1家，没收销毁无生产日期的面包40个。是日，涪城区卫生执法监督所针对南河体育中心灾民临时安置点食品卫生情况，出动卫生执法监督员168人次、车辆72台次，监督指导灾民盒饭定点加工单位112户次，清理车房内超过保持期、变质、异味、包装破损、高危食品（皮蛋）等不符合卫生要求的食品约400公斤，巡查帐篷、清理灾民自带变质的熟腊肉、鸡蛋及囤积的牛奶、馒头、面包等存在安全隐患的食品350公斤。制作“食品卫生安全知识提示”宣传资料，在广播里反复播放。

5月26日，市监督支队食品快速检测小分队继续对为绵阳城区圣水寺、罗汉寺食堂、豪宴水月斋、金祥寺、海棠花园内灾民供餐的单位和桃园酒店、九寨鉷大酒店等接待点的食品、饮用水、餐饮具进行现场检测。当天，市抗震救灾指挥部给市监督支队配备“ATP荧光检测仪”6台。涪城区卫生执法监督所为贯彻落实区卫生局下发的《关于迅速实现卫生防疫力量实行有效全覆盖的紧急通知》精神，将全体卫生监督员派驻到15个乡镇、6个街道办事处，采取分片包干、责任到人等方式，开展卫生防疫工作。

5月29日，市监督支队组织人员到九洲体育馆灾民安置点采集捐赠牛奶样品，检查质量情况。30日，唐家山堰塞湖群众撤离疏散方案启动，游仙区卫生局整合区卫生执法监督所7名卫生监督员和援助该区的54名外地卫生监督员，分成5个小组对40处灾民临时安置点实行分片负责和巡回监督相结合的方式，落实责任到人，开展食品和生活饮用水卫生检查。涪城区卫生执法监督所主动派出卫生监督员14人，分别到龙门、青义、丰谷、塘汛4个乡镇共12个泄洪区疏散群众安置点，开展食品、生活饮用水卫生安全及传染病防治卫生监督工作。31日，市卫生执法监督支队对九洲体育馆固定的3家供餐单位进行监督指导。

6月1日，市抗震救灾指挥部发出《关于进一步加强抗震救灾食品安全工作的紧急通知》，要求保障近10万堰塞湖泄洪撤离群众的用餐安全，市监督支队重新调配监督力量，增加食品卫生监督人员，做到供餐单位卫生监督、指导、服务全覆盖。5日，针对疏散群众安置点集中供餐存在的食品摊贩（点）较多且不规范等卫生安全隐患，市监督支队分别召开安置点集中供餐单位驻点监督员和供餐单位负责人的紧急会议。专门抽调人员对各安置点的食品摊贩（点）进行严格监督检查，规范其经营行为，确保食品卫生安全。10日，唐家山堰塞湖泄洪结束，安置点未发生一例食物中毒事件。至此，全市食品卫生监督管理工作步入常态监督。

二、饮用水卫生监督监测

（一）水源保护

地震造成全市9285处水源遭到不同程度破坏和污染（其中市县、乡镇集中式供水521处，自备水源、自然水源8764处），北川、安县、平武3个极重灾县和江油市沿龙门山脉断裂带12个城镇20余个集中式供水单位基本遭到毁灭性破坏。地震发生后，各级政府首先着手恢复饮用水供应，修复遭地震破坏的供水厂、输水管网、地下水井，开辟新的水源等，并挂牌明示禁止人为破坏，拉网保护或开挖沟渠防止动物牲畜粪便、垃圾污水等生物性污染。截至2008年10月底，全市有7892处水源得到恢复，恢复率达85%。

（二）应急供水

震后初期，建筑物与环境普遍遭受破坏，厕所倒塌，粪便垃圾污物大量堆积，下水道堵塞，尸体腐烂等都能污染水源。地震应急救援阶段初期，为解决居民饮水问题，北川、安县、平武等灾区和灾民临时安置点先后使用分发瓶（桶）装纯净水，水车、消防车运送合格自来水，铺设临时供水管道就地抽取河水、堰塘水后过滤等方法，解决地震应急阶段200多万灾区群众的饮用水问题。

卫生执法监督支队派出救灾小组深入灾区，配合相关部门对当地水源进行调查清理，探明能够暂时饮用的山泉水、地下水、未被破坏的手压机井和平时主要用于农田灌溉的水井或水池、水塘等。寻找到新的水源后加强卫生监督，要求当地村社严加保护，消毒后供灾区群众在应急阶段临时饮用。5月27日，派驻北川的卫生监督员和卫生部专家对擂鼓镇猫儿石村、五星、苏堡沟、擂鼓煤矿等山涧20平方公里范围内进行探查，3天时间内查明山泉水9处，提出临时饮用水方案，解决当地老百姓饮用水问题。据不完全统计，北川、安县、平武3个极重灾县和江油市在地震应急阶段共寻找山泉水源985处。

（三）饮用水监督与监测

2008年5月13日，市监督支队下发《关于加强突发地震灾害生活饮用水卫生应急处置的通知》，要求全市各监督机构及各集中式、二次供水单位认真做好灾后生活饮用水卫生安全工作，制发《灾后生活饮用水卫生监督工作方案》。当天，市监督支队对绵阳城区水务集团三水厂、西南科技大学自备水厂等8家集中式供水和二次供水单位的水源保护、源水处理、饮用水消毒记录及安全防护设施及存在的卫生安全隐患等情况进行检查，下达监督意见书，要求加强灾后饮用水卫生管理工作，适当加大消毒药投入量。涪城、游仙区卫生执法监督所对各区乡镇供水水厂，农村自备井水日常运行、水源水保护、消毒、水质监测情况进行监督检查，掌握居民每日饮水动态卫生指标，并对监测中发现的问题采取措施，保证饮水安全。

5月15日，市疾控中心对市自来水公司、西南科技大学自备水厂等6个单位水样进行抽样监测。16日，市监督支队对高新区自来水厂、永兴自来水厂等6家供水单位进行现场游离余氯测定。制定后期监测频率：灾区乡镇以上集中式供水恢复供水初期，出厂水、管网水每日监测一次，连续3天监测结果均符合生活饮用水卫生标准时，出厂水可调整为每5天监测一次，管网末梢水调整为每3天监测一次。截至当天，全市累计消毒饮用水12.17万立方米，检查供水单位258家。5月15日起，江油市疾控中心专业技术人员指导灾民采用终末消毒法对饮用水进行消毒处理，同时对该市境内大部分水厂（城区4个、大型企业3个、乡镇22个）的出厂水和末梢水进行快速检测。

5月17日，全市各级疾病预防控制中心对水源水、出厂水、末梢水、河（湖、井）水、分散式供水进行水质监测。市监督支队下发《关于加强突发地震灾害生活饮用水卫生应急处置的通知》。涪城区疾控中心监测发现南河体育馆饮用水系自备水，未并入城市管网水，未作消毒处理。18日，市监督支队对南河体育馆灾民救助点生活饮用水进行现场监测，结果显示余氯含量为零，存在严重的生活饮用水安全隐患，监督人员当场提出监督意见，并将情况上报市卫生局。19日，市疾控中心监测报告显示，南河体育中心自备水总大肠菌、亚硝酸盐不合格，昊池供水公司水质浊度不合格。21日，市疾控中心对城区5个集中式供水单位和西南科技大学水厂进行出厂水和末梢水抽样检测，并送省疾控中心作放射物质检测。22日，市监督支队再次对南河体育馆水源进行督察，发现该中心已经关闭自备供水管道，所有供水点均能测得余氯，水质合格。23日，市监督支队快速检测小分队对九洲体育馆、南河体育馆两个灾民救助点的食品、饮水和洗手消毒池水进行现场检测。现场检测结果显示，除美的净水机提供的饮用水温度为73.4℃外，其它饮水机的电导率、pH值指标均合格。

5月23日起，各县（市、区）卫生监督和疾控部门陆续收到市卫生执法车配的水质快速监测仪器后，立即组织各检查小组，对各辖区内集中式供水单位和居民集中居住地和分散式供水的浑浊度、臭和味、余氯、色度、pH值、大肠杆菌进行快速监测，对不符合要求的提出监督意见并当场落实整改措施。5月23—28日，市疾控中心连续对绵阳城区、北川、安县、平武、江油水源水进行抽样检测，其中绵阳城区水质全部合格，北川、安县、平武、江油水质均受到不同程度污染。28日，市监督支队制定下发《关于加强各制水供水单位自身卫生管理和逐日报送水质卫生情况的通知》，进一步加大全市灾后生活饮用水的监管力度。3个监督组继续对全市城区市政供水、自备供水和二次供水单位进行卫生监督全覆盖，共监督监测制、供水单位23家，感官性状和现场余氯检测均合格。同时派驻各重灾区监督小组对生活饮用水安全加大监测力度。在卫生部饮用水专家和卫生监督员的共同努力下，北川县卫生监督大队、疾控中心建立起饮用水快速监测站开始开展一般项目的监测。

5月30日，绵阳市全面启动唐家山堰塞湖避险疏散预案三分之一溃坝方案，为保障近20万被转移群众的食品、生活饮用水、环境等方面的卫生安全，市监督支队对涪城区、游仙区共34个群众安置点饮用水卫生进行卫生监督巡查；到绵阳市水务（集团）有限公司和绵阳市武引游仙自来水公司了解供水企业相关应急措施，提出相关的卫生要求。截至6月16日唐家山堰塞湖泄洪后4天，市疾控中心和监督支队连续对绵阳城区、北川、安县、平武、江油水质进行检测，其中绵阳城区水质全部合格，北川、安县、平武、江油水质合格率均有所上升。至此，全市水质监测频率改为5日一次。截至6月30日监测结果表明：重灾区各类水型合格率分别为水源水20.09%、出厂水91.82%、末梢水53.03%、河（湖、井）水14.86%、分散式供水34.15%。主要不合格指标是氨氮超标、总大肠菌群、细菌总数超标和余氯含量不达标，对此各地防疫监督部门分别采取应对措施予以整改。

截至9月底，全市100%集中式供水水源符合水源水标准，水源地得到保护，受到破坏的管网设施95%以上得到修复，制管水人员健康体检合格率达100%，85%以上的乡镇小型集中式供水达到卫生厅规定指标检测。各级卫生监督机构监督检查供水单位、供水点单位167个、390家，累计检测集中式供水出厂水969份，合格率为86.79%，快速检测安置点饮用水余氯5236份，合格率93.37%。市疾控中心累计检测北川、安县、平武、江油、涪城、游仙、三台、绵阳城区自来水公司及多个临时安置点、多个农村集中式供水站的水源水、出厂水、末梢水样本1137件，测定项目达1.5万余项次。

截至2008年年底，全市采取现场快检与实验室监测相结合的方式，对安置点水样余氯，对极重灾乡镇集中式供水进行浑浊度、色度、臭味、总大肠菌群、消毒剂含量等指标进行监测，累计检查制(供）水单位1.2万户次，监测饮用水样1.3万个，集中式供水、快检安置点水样余氯总合格率分别为82.83%和90.21%。集中式供水合格率从灾后的56.68%逐步恢复并稳定在87.79%~93.22%之间，快检安置点水样余氯合格率稳定在88.87%~93.86%之间，饮用水合格率趋于平稳。同期介水传染病发病下降且无水源性疾病暴发疫情和突发公共卫生事件发生。

第三节　环境卫生处理

一、遇难者尸体的处理与消毒

（一）殡仪馆火化处理

汶川特大地震导致北川县遇难者众多，2008年5月13日起，距北川中学倒塌的主教学楼25米处的体操器械活动区成为遇难者尸体临时停放区。疾控人员对遇难者遗体和临时遗体存放点喷洒高浓度有效氯1万毫克/升至2万毫克/升的含氯消毒剂或除臭剂。对暂时不能移动的遗体，每天消毒2次以上，直至遗体经家属现场辨认或经公安部门对无名尸体进行DNA提取，照相、编号、遗物清理等程序后装入裹尸袋，由指挥部组织车辆运至附近各殡仪馆火化。疾病预防控制中心和卫生执法监督部门派遣相关人员驻扎殡仪馆，对环境、运输工具和尸体的消毒工作进行现场监督和指导。转运遗体的车辆表面和空间用5000毫克/升有效氯含氯消毒剂溶液喷洒至表面湿润，作用60分钟后，用清水冲洗。运尸车和搬运工具要停放在消毒站　由消毒人员用含有效氯1万毫克/升至2万毫克/升消毒试剂消毒。

截至5月15日，异地转运至殡仪馆火化尸体2128具（包括地震期间正常死亡人数），全市所有殡仪馆均处于高负荷运转状态。

（二）就地掩埋处理

由于死亡人数众多，火化处理完全无法满足遗体处理需求，经市抗震救灾指挥部同意，2008年5月15日起，遇难者尸体处理主要由火化转为就地深埋。遇难者遗体较集中地区采取集中深坑（2米以上）掩埋，掩埋地远离水源100米以上，坑底铺洒0.5~1厘米厚的石灰或喷洒高浓度消毒药剂，覆盖一层泥土，随后放入一层尸体，尸体表面铺洒3~5厘米厚的漂白粉（或其它含氯消毒粉或生石灰），再覆盖泥土。震后，由于北川部分地段交通中断，北川老县城内的罹难者尸体一直无法外运处理，5月15日北川曲山镇三倒拐交通恢复后，包括任家坪以及北川中学在内的所有遇难者遗体转运至老县城内一建筑工地按照以上方式集体深坑掩埋安葬。

16日，为防止尸体污染环境，造成疾病流行，四川省卫生厅下发《关于加强地震灾后尸体处置的紧急通知》，要求迅速处置灾后尸体，有条件的地区进行火化，没有条件的要尽快就地深埋。21日，市抗震救灾医疗救治分指挥部转发四川省卫生厅等厅（局）《关于加强地震灾后遇难人员遗体和畜禽、野生动物尸体处置的紧急通知》。

山区中分散住户家中的遇难者尸体无法实现集中掩埋，则是在专业防疫队现场指导下挖深坑，铺洒生石灰掩埋处理。深埋于废墟中未能挖出的遗体，疾控中心消杀队及解放军、武警部队防疫队每日对废墟进行2次以上消毒，并禁止人员进入。而深埋于山体下的遗体，则无法做进一步处理。

截至5月底，全市累计出动疾控防疫人员3400人次，按要求处理遇难者遗体3[illegible]4具。

二、安置点的卫生管理

地震发生后，全市统一设立灾民安置点集中安置避难和无家可归的受灾群众。据统计，全市共有受灾群众安置点164个，安置灾区群众20.3万人。因人员大量聚集，医疗、防疫工作刻不容缓。

截至2008年8月20日，全市安置点设置临时医疗点86个，派出医疗卫生人员205人，设置示范厕所480个、简易厕所496个、垃圾收集点1972个、集中供餐厨房42个，供应6778人次的用餐。各安置点按照“六有四强化”（有防疫队、有医疗队、有食品安全保障措施、有厕所、有垃圾堆放处、有饮水供应点，强化群众参与、强化环境卫生、强化健康教育和卫生宣传、强化卫生评比公告）的卫生防疫工作要求，加强安置点防疫人员的培训和指导，明确安置房通风换气和空间距离要求，落实医疗、卫生防疫和环境保洁工作人员，规范消杀灭卫生监督记录，强化食品、生活饮用水卫生监督监测措施的落实，切实保护灾区群众身体健康。

（一）医疗卫生服务

地震后，随着临时安置点的陆续建立，各级医疗卫生机构也相应组建医疗卫生服务队进驻安置点，搭建临时医疗救治帐篷，分设诊断室、药房、外科处置室、观察室、心理咨询室，组建巡诊队伍分人分片包干负责，实行责任倒查。

绵阳九洲体育馆位于绵阳—北川—成都交界处，占地13.67公顷，抗震救灾期间是绵阳城区最大的灾民临时集中安置点。馆内人数最多时达5万余人，流动灾民每天在5000–6000人。灾民的病情复杂，初期突出的表现主要是地震造成的肢体和内脏直接损伤，其后主要是原有疾病，如糖尿病、冠心病、肺心病、消化性溃疡、癌症等病情加重和新发的内、妇、儿、外科疾病，皮肤病及精神心理疾患，以及部分伤口的感染等。5月13日，市中医院惠民帮扶分院进驻九洲体育馆，设立医疗救护站，随即开展医疗救护工作。市疾病预防控制中心派遣由10人组成的卫生防疫工作组进驻九洲体育馆开展环境消毒。14日下午，市中医院抽调本部内科、外科、妇产科、儿科、针灸科、药剂科、心理疏导等多科医护人员组成医疗组进驻九洲体育馆，支援先期成立的医疗救护站，并分别在馆内和馆外设立两个医疗点。15日凌晨，辽宁省抗震救灾医疗小分队进驻安置点。是日，上海市第一人民医院医疗队进驻安置点，市第三人民医院心理危机干预小组进驻安置点，市卫生执法监督支队进驻安置点。截至6月底安置点撤除，累计有22支医疗、防疫、卫生监督和心理援助队伍进驻九洲体育馆参与医疗救治和环境消毒工作。市抗震救灾医疗救治分指挥部和九洲体育馆灾民安置点指挥部指派市中医院整合管理，将救援队分为医疗组、疾病防控组和卫生监督组，统一上报每日诊疗、疫情人次。医疗组实行24小时工作制，馆内医疗点主要负责外伤较重伤员和学生、婴幼儿的医疗救治、预防保健工作，馆外医疗点主要开展内科、儿科、妇科和一般外科的诊治工作，以及针灸治疗和心理疏导。医疗组对馆外灾民进行主动巡回检查，发现病情即时处理，对疑难重症伤员及时转移到具有条件的医院治疗。

为避免呼吸道和肠道传染病的发生，全市各级中医机构运用中医“治未病”理论，结合灾后疫病流行特点，组织发放板蓝根、藿香正气液等预防性中成药。市中医院紧急组织中医专家调配具有防治肠道、呼吸道、中暑等疾病的中药方剂，坚持每日2次煎熬中药配送到安置点。

截至6月底，受灾群众全部撤出九洲体育馆，该安置点共诊治各类伤病员40240人次，其中进行清创缝合等外科处置10797人次，内、儿科诊治29443人次，转诊病员1012人次，配送预防感冒、预防中暑、预防腹泻的预防性中药“大锅汤”42820人份。未发生1例非正常死亡，无1例坏疽感染，未发生1例传染性疾病，无聚集性病例、无暴发疫情及群体性食物中毒等突发公共卫生事件的发生。“九洲模式”为安置点卫生防病摸索经验，得到温家宝总理及省、市领导的充分肯定和高度赞扬。

抗震救灾期间，全市各安置点均设有医疗防疫点，基本满足安置群众和附近群众的医疗卫生服务需求。

（二）垃圾处理

安置点生活垃圾，容易滋生苍蝇蚊虫等病媒生物污染环境，引发各类肠道传染病。为预防传染病发生，市卫生执法监督支队制定垃圾处理方案：一是选择安置点的同时计划好垃圾临时和集中存放点的位置、数量、布局，安排专人管理。临时存放点尽量方便群众投放，集中存放点距离生活区30米以上。二是临时投放点用垃圾袋或垃圾桶密封存放，集中存放点用物体或垃圾池进行遮拦。三是定时消毒处理。临时存放点在应急阶段每隔一小时用消毒药喷洒1次，以后每半天喷洒1次；集中存放点每天用消毒液或漂白粉消毒处理2次以上。四是定期搬运或焚烧。临时存放点至少半天清理一次，集中存放点根据垃圾产生的情况每天清运，无法运走的就地填埋或焚烧。

市疾控中心根据各安置点的环境特点设置集中的垃圾处置点，又在各帐篷口设统一加盖的垃圾桶，定时清理。无积水垃圾喷洒1万毫克/升有效氯的含氯消毒剂溶液，作用60分钟以上；有积水的垃圾堆放处及废墟进行杀虫处理，选用2.5%溴氰菊酯可湿性粉剂等拟除虫菊酯类或敌敌畏等有机磷类杀虫剂，稀释后按50毫升/平方米至10050毫升/平方米进行喷雾，再统一运至垃圾填埋场进行处理。

全市按照以上方式在应急期间共处理生活垃圾约1.1万余吨。

（三）粪便处理

南河体育馆、九洲体育馆、四川音乐学院绵阳音乐学院等安置点使用现成厕所和移动式卫生厕所；没有厕所的安置点则新建临时厕所，临时厕所选址要远离临时水源，地势稍高，设在主导风向下方，距离群众生活区最近不少于10米，最远不宜超过80米，以避免臭气影响群众生活，挖掘临时储粪池，设置男女间和相应的蹲位，用彩条布或木板进行遮拦分开，厕所旁边安装临时自来水龙头便于清洗，化粪池容积根据使用人数制定，保证粪便在化粪池内能够储存30天以上。深坑式厕所池深在1.5米以下，贮粪池底、池壁进行防渗漏处理；就地取材制作的木板式蹲便器，儿童使用的便器口加盖。厕所有顶、有墙、有门，粪池密闭有盖，防止雨水流入。

同时，建立必要的厕所保洁和清扫机制，落实维护管理责任人。厕所四壁和地面用含有效氯1000毫克/升至2000毫克/升的含氯消毒剂溶液喷洒消毒，作用2小时。选用2.5%溴氰菊酯可湿性粉剂等拟除虫菊酯类杀虫剂，根据使用说明稀释后进行喷雾，喷雾药液量为50毫升/平方米至100毫升/平方米，以杀灭蚊蝇。粪便按粪便量的10:1加漂白粉，或加其他含氯消毒剂干粉或溶液（使有效氯作用浓度为2万毫克/升），充分搅匀，作用12小时至24小时（50%的有效氯，每万平方米用20公斤；每吨粪水40公斤）。撤除安置点后对厕所储粪池进行填埋恢复植被。

（四）环境消毒

环境消毒是安置点灾后防病的重要环节。地震发生后，市疾控中心迅速组织人员，到达各个安置点对生活区周围环境、饮用水源、食品存放地等场所开展环境消毒。截至安置点撤销，防疫人员每天组织志愿者使用手动喷雾器喷洒500毫克/升含氯消毒液，对灾民安置点环境进行预防性消毒，以降低相关传染病发病风险。卫生监督人员负责消毒药品的使用、配制和效果监督工作。

九洲体育馆安置点作为绵阳最大的地震灾民临时安置点，安置帐篷遍布体育馆内、外，整个安置面积达15万平方米。5月13日，市疾控中心派遣由10人组成的卫生防疫工作组进驻安置点开展防疫工作。15日，市卫生监督支队派遣监督人员进驻安置点，市疾控中心增派防疫人员。救援初期，大批受灾群众不断涌入，志愿者不足，喷雾器紧缺，防疫人员使用手动喷雾器在安置点开展地毯式的喷洒消毒。随着外援防疫队伍陆续到达支援，安置点抗震救灾指挥部组织成立防疫工作组，工作组将安置点分为7个片区，组织50余名志愿者每天在馆内外、帐篷区进行4~5次防疫消毒。17日，中央人民广播电台、中国国际广播电台、中央电视台采访并播出九洲体育馆灾民安置点开展卫生监督工作的方法和经验。为从源头上消除疫情的威胁，19日，市抗震救灾医疗救治分指挥部制定九洲安置点防疫措施：加大卫生防疫知识普及宣传力度，每天出动1台流动宣传车，通过指挥部宣传广播站、流动宣传车播放各类健康知识近6小时；加大卫生防疫力量，在原有90名环卫工人负责保洁的基础上，增加35名卫生防疫专业人员、70名环卫志愿者；加强卫生防疫制度建设，针对安置点人员进出流动性较大的情况，做好安置点受灾群众摸底建档工作，印发灾民救助证，所有人员全部凭证进出入，实行封闭式管理；加大卫生防疫硬件投入，紧急调拨消毒用机动喷雾器10台，增设洗手池3处，搭建澡房，并组织群众有序轮流洗澡；加大卫生防疫检查和疾病监控，切实加强疫病监控，突出对腹泻、发烧等重点人群的监控，要求各责任区重点做好跟踪监测，对可疑人员采取必要的流行病学监测；继续做好消毒工作，每天对安置点及其周边地区循环消毒3~5次。23日，安置点各医疗卫生防疫服务站设置基本完成并投入运转，消毒防病工作责任落实到人。截至6月底，九洲体育馆地震灾民安置点共喷洒兑制消毒液近300吨，杀虫剂150余吨；共出动消杀人员1500余人、天次；消杀车辆100余台次；消杀器具3000余台套。除有一定数量的普通感冒、中暑、消化不良

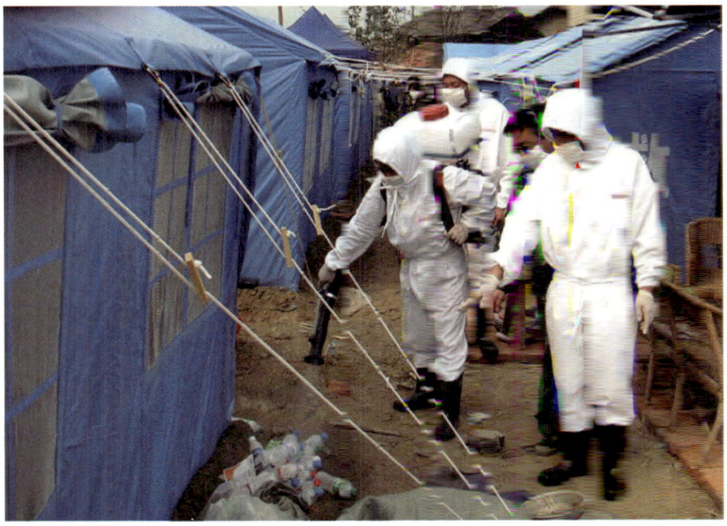

图3-4-150　山西长治防疫队卫生防疫人员对平武县集中安置区进行防疫消毒

图3-4-151　2008年5月25日，广西河池救灾防病工作队在江油市二郎庙镇受灾群众安置点消毒

性腹泻病例发生外无传染病暴发和中毒事件发生。

表3-4-39　　九洲体育馆灾民临时安置点消毒、杀虫方法一览表

场　所	方　法	有效氯含量	频　次
安置点入口	消毒：棕垫浸透含氯消毒剂	2000毫克/升	每日24小时保持棕垫湿润
室（篷）外环境	消毒：氯制剂喷洒 杀虫：氯氰菊酯喷洒	500~1000毫克/升 1:100~200	上、下午各1次间隔4~6小时，太阳暴晒时消毒取消 消毒、杀虫间隔0.5~1小时
室（篷）内环境	消毒：氯制剂喷洒 杀虫：氟氯氰菊酯喷洒	300~500mg/L 1:50~100	上、下午各1次，间隔4~6小时，消毒、杀虫间隔0.5~1小时
室（篷）内空气	自然通风	—	—
厕所	消毒：厕所四壁1.5米以下普遍喷洒氯制剂 杀虫：普遍喷洒氯氰菊酯杀虫剂	1000~2000毫克/升 1:50	上、下午各1次间隔4~6小时，消毒、杀虫间隔0.5~1小时
粪便堆	消毒：粪堆表面洒一层氯制剂干粉，再喷洒兑好的消毒剂至粪堆浸透 杀虫：氯氰菊酯喷洒至浸透	干粉：25%~65%， 水剂：2000毫克/升 1:30~50	上、下午各1次，间隔4~6小时，消毒、杀虫间隔0.5~1小时
垃圾箱（桶）、污水	消毒：喷洒氯制剂并做翻操 杀虫：氯氰菊酯喷洒	1000~2000毫克/升 1:50~100	上、下午各1次，间隔4~6小时，消毒、杀虫间隔0.5~1小时
下水道	消毒：含氯制剂配制后直接倒入	1000~2000毫克/升	每日2次，间隔4~6小时

三、病媒生物防控

（一）防控措施

在地震发生初期，大量的尸体腐烂、垃圾遍地，连续不断的降雨为蚊、蝇、鼠等病媒生物的滋生提供条件。此时，由于政府的应急工作响应时间较短，全市主要采用投放蚊香、驱蚊香（药）水和简装的气雾杀虫剂，以减少病媒生物对人体的侵害。

随着大型消毒设备、消杀试剂和防疫人员相继到位，市疾控中心、市爱国卫生办公室在全市范围内组织开展病媒防控工作：使用氯菊酯、溴氰菊酯、高效氯氰菊酯等低毒杀虫剂，和具有农药登记证的慢性抗凝血灭鼠剂，对存在传染源或可能有传染源的地点及车辆进行彻底的消杀灭工作，尤其是针对人群聚集相对集中的灾民安置点，防疫人员对安置帐篷的内顶、外侧及帐篷周围蚊虫滋生地进行彻底喷洒。

5月底，根据四川省卫生厅《地震灾区病媒生物监测方案（试行）》要求，为及时掌握地震灾区病媒生物种类、密度动态，为病媒生物性疾病风险评估提供依据，以便科学合理、及时有效地控制病媒生物，切断相关疾病的传播途径，保护灾区人民及抗震抢险人员的身体健康。全市从2008年5月末分别对各灾民临时安置点以及唐家山堰塞湖大坝施工区开始相关病媒生物的应急监测，根据相关监测数据采取相应措施，确保相关病媒生物密度在可控范围内。

过渡性安置期，针对板房安置点建设和使用的特殊性，防疫部门分别在板房选址后和交付使用前，对搭建区域内及周边环境进行两次彻底杀虫，以保障灾民入住后的身体健康。

截至2008年年底，全市应急状态下的消杀工作顺利过渡到常规状态。

（二）病媒生物监测

2008年6月5日至10月31日，市疾控中心开始选择有代表性的居民安置点和人群聚居处进行每周一次的病媒生物监测。

2008年6—10月安县、平武等地蚊密度统计表（目测法）

表3-4-40 单位：只/人工小时

县（市）\时间	6月	7月	8月	9月
北川	2.17	4.17	2.06	2.10
安县	4.36	21.76	8.75	1.75
平武	3.36	2.5	1.[illegible]5	1.29
江油	2.67	3.85	2.83	2.34

2008年6—10月安县、平武等地蝇密统计表（目测法）

表3-4-41 单位：只/平方米时

县（市）\时间	6月	7月	8月	9月	10月
北川	0.34	0.46	0.34	0.20	0.14
安县	0.39	0.34	0.10	0.11	0.1[illegible]
平武	0.74	0.65	0.602	0.88	0.62
江油	0.11	0.18	0.36	0.23	0.16

2008年6—10月安县、平武等地鼠密度统计表（鼠迹法）

表3-4-42 单位：痕迹/百块

县（市）\时间	6月	7月	8月	9月	10月
北川	0	0	0	0	0
安县	0.62	0.11	0	0	0
平武	4.34	3.08	2.33	1.83	0.57
江油	0	0	0.46	0.77	0.55

表3-4-43 2008年6—10月绵阳全市平均病媒密度水平比较表

时间\项目	蚊（只/人工小时）	蝇（只/平方米时）	鼠（痕迹/百块）
6月	3.14	0.39	1.24
7月	8.07	0.40	1.79
8月	4.12	0.35	2.10
9月	4.47	0.35	1.65
10月	2.98	0.26	1.31
均数	4.56	0.35	0.74

监测结果显示：2008年6—10月，监测县市蚊、蝇、鼠三种病媒生物密度与2007年同期相比没有显著变化。

截至2008年年底，全市病媒生物防控恢复到设点常规监测。在2009年的绵阳城区国家卫生城市复查中，病媒生物密度都在国家标准内。

四、唐家山堰塞湖泄洪区卫生处理

由于唐家山堰塞湖集雨面积大、水体大、水位上涨快、地质结构差，溃坝的风险与日俱增，时刻威胁着下游130余万人口的生命财产安全，湖水迟迟悬而不下，绵阳市民出现“白天上班，晚上上山”“万人空巷”的景象，失去正常的生活秩序和社会秩序。

（一）堰塞湖泄洪前卫生风险评估

1. 影响救援

北川县县城是极重灾区，位于唐家山堰塞湖的下游，是灾后救援的重点区域。5月15日、17日，救援队伍2次接到唐家山堰塞湖可能溃堤紧急撤离的通知，上万救援人员急速撤离，这不但让人饱受心理恐惧和折磨，还严重影响早期的救援工作。

2. 洪涝灾害

从5月12日唐家山堰塞湖形成至6月11日解除警报，北川县12个乡镇经受一场数十年一遇的洪涝灾害。5月15日，北川县漩坪乡被水淹没。5月22日，禹里乡民房开始进水。截至6月10日13时30分，唐家山堰塞湖水量达泄洪前的最高峰，2.6亿立方米，坝前水位743.10米，漩坪乡、禹里乡及白坭乡的大部分地区被淹没。6月7日7时，泄流槽开始过水，6月10日爆破泄洪，唐家山堰塞湖下游的北川县、江油市9个乡镇的部分地农田、农房及部分企业被淹，造成的立体污染，给清理、防疫、消毒工作带来巨大压力。

3. 疾病影响

唐家山堰塞湖泄洪前组织对下游群众进行疏散安置，政府按1/3溃坝组织疏散197477人，因范围局限、人口密度大、气温高，新增安置点供水、供餐、厕所、垃圾处理等设施相对地震灾民安置点要滞后且简陋，安置点卫生安全隐患较多。从疾病症状监测结果显示，从唐家山堰塞湖泄洪人员疏散到解除警报期间出现疾病症状或不适日均为13025人，泄洪后降为7017人，下降46.13%。

（二）堰塞湖泄洪前后的卫生防疫

震后唐家山堰塞湖水位不断上涨，5月21日，市政府及有关方面制定下发《北川县湔江唐家山堰塞湖下游沿岸的撤离疏散方案》。堰塞湖下游沿岸共有江油市、涪城区、游仙区、三台县部分沿岸人员撤离疏散。为切实做好疏散群众安置点的卫生防病工作，市卫生执法监督支队连夜草拟《新建灾民安置点卫生监督服务指南》，对保障新建灾民临时安置点的卫生安全提出具体要求。26日，市抗震救灾医疗救治分指挥部向全市人民发布公告，号召撤离区的群众在撤离前清运所有垃圾，并在当地疾控中心指导下对所有旱厕粪便和未清运垃圾进行撤离消毒。在安置点设置卫生防疫救治站，负责医疗救治和外环境消毒，并对发热、腹泻病人进行登记报告。采用群众自制或集中供应方便食品，设置临时食品销售点。有条件的安置点使用市政供水系统，其他安置点采用集中送水和瓶装水、统一供应开水的方式解决生活用水及饮用水。采用垃圾袋集中存放生活垃圾，在安置点临时搭建旱厕，由专人负责收集、清运垃圾和粪便。每天对各安置点环境卫生进行督查，对蚊蝇密度进行监测。加大预防中暑和腹泻等疾病知识的宣传力度，组织发放宣传资料2万余份。为安置点配置喷雾器、消杀药品，落实专人进行清扫保洁和环境消杀。组织市绿化队对城区重度受灾区和安置点进行药物喷洒，每日消杀面积超过10万平方米。26日当天，市医疗救治分指挥部下发《关于组建应急医疗及防疫队伍的紧急通知》，要求：全市立即组建应急医疗、防疫队各6支，市富临医院合并本院住院病人，空出住院部一楼、六楼，提供给市中心医院、市妇幼保健院撤离后安置病人。

唐家山堰塞湖大坝施工抢险人员众多，活动区域有限，时已初夏，日照增长，气候炎热，生活垃圾和施工中清理出的动物和遇难者遗体及残肢无法得到有效处理，致使大坝上蚊、蝇密度急剧升高，坝上工作人员被蚊虫叮咬十分严重，蚊虫繁殖量陡增，总体密度不断升高，严重影响施工抢险进度，并有肠道传染病和虫媒相关疾病暴发流行的可能。5月27日开始，市疾控中心防疫人员先后八次被直升机运送至唐家山大坝施工区域，对大坝工作、生活区域开展病媒生物应急监测，采取掩埋垃圾、清除滋生地、机械喷洒杀虫剂、蚊香驱蚊、驱蚊药水等多重方法，在短时间内迅速降低蚊蝇等病媒生密度，而达到保护目的。

5月30日，全市《1/2溃坝撤离疏散应急预案》启动，全市撤离疏散群众21万人。市医疗救治分指挥部下发《关于印发〈北川唐家山堰塞湖泄洪后卫生防病工作方案〉的通知》，并在相关媒体刊登、播报。根据临时安置点的布局情况，全市累计设置医疗卫生工作站142个（游仙区30个、涪城区12个、江油市41个、三台县59个）。为实现对所有疏散群众的医疗卫生防疫全覆盖，相关责任单位采取坐诊与巡诊相结合，治疗与预防相结合等举措，有序开展医疗卫生防疫工作，力争实现零死亡、无疫情的工作目标。市卫生执法监督支队下发《唐家山堰塞湖泄洪期间绵阳城区生活饮用水卫生监督工作预案》，针对堰塞湖溃坝可能导致绵阳城区饮用水水源不同程度的污染情况，制定相应措施，对泄洪期间制水、供水工作提出相关的卫生要求，并对涪城区、游仙区安置点的食品卫生、饮用水卫生、垃圾堆放点、厕所的设置进行监督巡查。市疾控中心将应急实验室人员分派到各疏散安置点，加大疾病监控工作，配置余氯和霍乱快检试剂，每日对安置点和淹没区域内饮用水进行余氯检测，并对腹泻病人作霍乱初筛检测。全市安置点统一免费提供防暑、防病大锅中药。

6月7日7时，唐家山堰塞湖泄流槽开始过水。15时，市中心医院3名主任医师组成的医疗小分队搭乘成都军区陆航团米—17直升机，到堰塞湖施工坝顶为抢险官兵巡诊。8日，市监督支队进一步加强抗震救灾及唐家山堰塞湖泄洪期间卫生监督工作的力度，再次将卫生监督人员进行调整分组，下发《关于调整抗震救灾及唐家山堰塞湖泄洪期间卫生监督工作安排的通知》。9日，市医疗分指挥部发出《关于印发〈唐家山堰塞湖泄洪后卫生防病工作实施方案〉的通知》，明确泄洪后卫生防病工作目标，泄流期间生活饮用水卫生防疫工作要求、水源水污染处理原则、食品卫生监督要求、环境消毒与杀虫工作要求以及尸体即放置环境的卫生处置。9日、11日15时，市疾控中心分别在城区涪江段涪江三桥、东方红大桥、汉龙大桥、涪江铁路桥、三江半岛侧等10个点，采集水样对泄洪前后绵阳市地表水源水进行监测。监测结果显示：泄洪前绵阳集中式生活饮用水地表水源符合《地表水环境质量标准GB3838-2002》Ⅱ类水质要求；泄洪后地表水源水中铁、锰分别超标2.9倍和26.5倍，总氮、总磷和粪大肠菌群分别超标1.8倍、0.2倍和0.63倍，氯化物、硫酸盐等项目均低于标准限值。

6月10日，唐家山堰塞湖爆破泄洪。12日，随着唐家山堰塞湖黄色警报的解除，绵阳市临时疏散群众已陆续离开安置点返回自己家中。市疾控中心对安置点外环境、临时医疗点外、生活垃圾集中收集点和所有厕所进行全面的终末消毒杀虫和蚊蝇滋生地处理，力争在群众撤离后不遗留任何卫生防疫死角。截至12日，全市133个泄洪区域撤离安置点内设卫生站153个，共派出卫生服务站医疗卫生防疫人员1366人/天，出动巡诊医疗队132支/天，累计诊治群众81950人次，其中收治住院302人次。1862名卫生监督员奔走于133个安置点宣传、指导、监督食品卫生，未发生一例食物中毒事件或其他传染病疫情。累计发放防暑及疾病预防药58.24万人次，发放中药“大锅药”饮用59.3万人次，环境消毒4707万平方米，井水监测及消毒2980口，处理粪坑及厕所40981个，消除蚊蝇滋生地13823处，检查集中供水单位180个，饮用水消毒4708处共计32.686万立方米。派出健康教育宣传人员516人次，累计发放健康教育宣传资料25.8万份。

五、北川县城卫生防疫

汶川特大地震造成北川县城70%的建筑物垮塌，人员伤亡惨重，卫生防疫形势极为严峻。截至5月17日，卫生防疫车陆续开进北川县城，包括江苏省、河南省、重庆市、广东省、绵阳市、自贡市、泸州市、三台县、梓潼县等疾控中心与防化团在内的多支防疫队伍，约600名卫生防疫人员，在县城内夜以继日地一边抢救伤员，一边配合民政、武警和解放军官兵开展尸体的消毒工作。防疫人员背着30斤的药水、30斤的器械跟在救援部队后面，救援人员每发现一具罹难者遗体，他们就要跟上消毒，并发放震后防疫知识传单。废墟下大规模救援工作一直持续至5月19日基本结束。

5月21日零时，北川县城全面“封城”，除救援和防疫队员外，其他人员不得再进入县城。在北川县城外，警方设置两道封锁线。距县城约3公里处，设第一道封锁线，警方只对有通行证的车辆放行；距县城2.5公里处，设立第二道封锁线。由自贡市疾病控制中心负责设卡点的车辆、人员消毒工作。

5月22日，国务院总理温家宝考察北川县城，正遇北川中学的定点消毒防疫时间，距离总理不足20米的教学楼废墟上面，两辆红色军用生化消防车，用高压管向废墟上空喷射杀毒药水。温家宝总理拒绝随行人员递来的口罩，以此向外界表明，北川以及整个四川地震灾区是安全的，灾后没有

图3－4－152 防化部队官兵冒着酷暑对废墟进行全面消毒处理

瘟疫流行。当天，县城内所有搜救人员全部撤离，成都军区驻滇某防化团和成空防化队联合组成的防化部队开展大规模、深度消毒工作，标志北川县城抗震救灾工作由搜救阶段全面进入到防疫阶段。防化团制定《防化兵部（分）队对地震灾区实施消毒防疫行动方案》，确定"卡点、制线、控面"的大洗消，为北川防疫战的基本战术。"卡点"：卡住进出北川的门户和尸源点，进行点对点的严格消杀；"制线"：控制住两段关键的交通线（凉风垭—任家坪，任家坪—老县城）；"控面"：保证遇难人数集中的北川中学、县城老城区和新城区3个面的覆盖。在随后的防疫工作中，防化团冒着35摄氏度以上的高温，身着厚重的防化服，按照早期制定的方案，2人1小组，其中1人背着喷雾器，以米为单位逐步推进，均匀喷洒"三合二"（石粉兑石灰粉，3:2）消毒药水，另1人观察周围环境，随时做好协助操作手紧急撤离的准备，2人半小时轮换1次。为把消毒药水的作用发挥到极至，士兵们背着30公斤重的药水箱，爬到3米、5米、7米，甚至数十米高的废墟上喷洒，药水沿着瓦砾空隙流淌，30公斤药水喷洒4分钟就告罄，士兵们又要爬下废墟，到400米以外的消毒车上灌装药水，再返回，每天人均作业10小时以上。

5月31日，针对《人民日报》情况汇编（第1005期）反映的5月26日下午"北川县城虽无人烟但可以听到鸡鸣狗叫""一些家禽和猫狗未被列入防疫目标"情况，北川县人民政府紧急部署，严防动物重大疫病和人畜共患疫病发生，加快进度认真做好死亡动物无害化处理和消毒工作，并坚决扑杀流浪犬，妥善处置流散动物。

6月2日，唐家山堰塞湖泄洪进入倒计时，成都军区防化部队和卫生防疫部门出动人员450人次，车辆80台次，携带消杀器械200台次，进入县城开展废墟消毒工作。5日，自贡市防疫队一行16人撤离，成为泄洪前最后一支离开北川中学的防疫队伍。

6月11日，唐家山堰塞湖泄洪基本结束，根据国家地震灾区卫生防病工作快速评估技术要点，市抗震救灾指挥部组织国家、省、市、县有关专业人员，对北川县地震灾区卫生防病工作进行快速评估。绵阳、自贡、三台、遂宁等地疾控中心工作人员继续驻扎在北川指导、开展消杀工作。16日，北川县成立灾后重建突发公共卫生事件应急处置队，由国家疾控中心、国家质检总局、山东省疾控中心、四川省疾控中心、绵阳市疾控中心、北川疾控中心共24人组成，全面负责北川县境内公共卫生事件的现场调查处置工作，和相关样品采集、提交事件的初始报告、过程报告、结案报告和评估报告，并对下一步工作提出意见和建议。6月下旬，山东省防疫、监督人员陆续到达北川，接管北川县卫生防疫工作。因天气炎热，进出人员太杂，给县城防疫工作带来一定困难，为保护广大群众人身安全，确保灾后防疫工作顺利进行，北川老县城再次实行封闭管制。此次封城后，进入县城的防疫、公安执勤和工程抢险等车辆和工作人员，必须按规定时间、规定路线持证通行，并自觉接受公安民警检查和卫生部门的消毒处理，凡无证进入的车辆和人员一律依法从重处理。

7月，四川省抗震救灾指挥部医疗保障组组织专家对北川县城进行卫生学评估，并形成《关于原北川县城的卫生学评估意见》。市抗震救灾卫生防疫分指挥部发出《关于落实北川县城卫生学评估意见的通知》，要求相关部门根据评估意见，尽快组织专家，制定地震灾后卫生学评估实施方案。为了解北川堰塞湖水质状况和评估北川县城防疫措施效果，市疾控中心派遣工作人员在县城开展相关监测工作。

8月，市抗震救灾卫生防疫分指挥部、市畜牧兽医局、市环境监测站等相关部门均根据《关于原北川县城的卫生学评估意见》，针对北川县城目前可能存在的风险因素，制定相应工作实施方案，并严格遵照执行。

由于震后的北川县城不具备原址重建的条件，根据国家统一规划，北川县城异地重建，老县城将作为地震遗址保留。

第四节　动物卫生防疫

汶川特大地震灾害给绵阳市畜牧业造成直接经济损失超过56.55亿元。全市因灾死亡畜禽1122.88万头（只），其中种畜禽35.6万头（只），商品畜禽1087.28万头（只）。商品畜禽中生猪976129头、牛74483头、羊123622只、禽8511301羽、兔1543256只。死亡畜禽体内带有大量微生物，随着气候转暖，不及时进行无害化处理，任其腐烂发臭，病菌扩散，不仅污染环境，而且可能引起口蹄疫、高致病性禽流感、高致病性猪蓝耳病、猪链球菌病、炭疽等多种动物疫病的发生和人畜共患疫病流行。为有效防止重大动物疫病发生和人畜共患疫病流行，全市畜牧兽医系统组织大量的人力物力，开展死亡畜禽无害化处理、畜禽圈舍及周围环境消毒、动物重大疫病和人畜共患病的监测和免疫工作。

一、动物尸体无害化处理与消毒

2008年5月14日，市畜牧兽医局下发《关于做好震灾后动物防疫及生产自救工作的紧急通知》，要求：各地畜牧部门切实做好死亡动物的无害化处理，将灾后死亡的各种动物及时搜集、清理，避免尸体腐败，造成环境及水源污染，及时采取掩埋、焚烧等无害化处理措施，广泛宣传、严格执法，严禁食用、销售死亡畜禽；组织精干人员加强对灾区的农村圈舍、活畜及动物产品交易市场的监督检查，认真做好清理和消毒工作；严格观察当地动物疫情动态，一旦发现疫情，本着早、快、严、小的原则，尽快控制扑灭动物疫情；检疫人员在当前时期必须进一步做好检疫工作，做到上市的畜产品头头必检，确保上市畜产品的安全。派出6个应急工作组，在灾后迅速深入3个极重灾区县和其他县（区、市）抗震减灾，重点对死亡动物的无害化处理工作现场进行督促指导，防止次生疫情灾害发生。各县（市、区）畜牧兽医部门紧急动员全系统干部职工，深入养殖大户（场）对死亡动物进行无害化处理工作。

18日，市抗震救灾指挥部成立“死亡动物无害化处理工作领导小组”，协调市财政局、环保局、畜牧兽医局、卫生局、工商局、商务局、交通局、水务局和公安局等部门，统一部署灾后死亡动物尸体无害化处理和环境消毒工作。开始在全市范围内清理、收集所有死亡动物尸体，就地掩埋。掩埋坑大小以掩埋坑内尸体距地面1.5~2米深为度，坑的底部和掩埋前均匀撒布石灰，掩埋现场彻底清理消毒；畜禽圈舍和环境彻底消毒；严禁收购、转运、加工、销售和食用死亡动物。各级政府加强灾后死亡动物尸体无害化处理工作的组织领导，实行辖区政府负责制，紧急行动，组织力量，加强宣传，落实责任，及时对死亡动物尸体进行无害化处理，彻底消毒，防止人畜重大疫情发生。19日晚，市畜牧兽医局召开紧急会议，再次全面安排部署全市灾后动物尸体无害化处理和环境消毒工作，同时组成6个应急督导组，到全市各县（市、区）开展督导工作。

21日，绵阳市抗震救灾指挥部下发《关于印发〈抗震救灾动物防疫工作方案〉的通知》，各县（市、区）按照通知要求及时无害化处理死亡畜禽，对饲养场和畜禽舍消毒，加强免疫接种，防止畜禽采食霉变饲料中毒。当天，市畜牧兽医局成立“5·12”抗震救灾动物重大疫病防控指挥部。22日，市畜牧兽医局召开紧急会议安排部署灾后动物尸体无害化处理和环境消毒工作。26日，北川县畜牧兽医局组织16名幸存干部职工，前往通口、香泉、白坭、小坝、擂鼓和陈家坝6个乡镇，开展死亡动物无害化处理工作。工作人员背着消毒器具和药物徒步进发，经过3天的翻山越岭，到达小坝乡，组织开展死亡动物无害化处理工作。农业部和解放军总后勤部派出的26人应急处置分队到绵阳进行支援，与市畜牧兽医局应急督导队一道，先后深入江油、安县开展动物尸体无害化处理工作。

27日，市畜牧兽医局召开全市畜牧系统抗震救灾紧急工作会议。要求全市畜牧兽医系统干部职工：继续振奋精神，坚定信心，以对党和人民高度负责的精神，认真抓好抗震救灾工作；抓实抓好灾后死亡动物无害化处理和环境消毒工作，防止人畜共患病和重大动物疫情发生；切实抓好存栏畜禽免疫工作，增强抵抗力；加强检疫工作，不能让病死畜禽流入市场；抓住各省支援机遇，认真研究全市特别是3个极重灾区和重灾区江油市的产业规划调整，力争使畜牧产业上台阶；高度重视争取外援工作，积极主动争取社会援助；高度重视统计工作和新闻宣传工作，善于总结、发现好的经验和先进典型，推动当前抗震救灾工作深入开展。

28日，市畜牧兽医局向市抗震救灾医疗救治分指挥部上报《关于切断灾区污染源无害化处理死亡动物情况的报告》，共出动死亡动物无害化应急处置队伍584支，出动应急处置人员29090人次，车辆632车次，消毒畜禽圈舍及环境8596.1万平方米，无害化处理死亡动物尸体5774146只，其中处理大牲畜尸体615668头，小家禽兔5158478只。

6月1日，北川县畜牧兽医局协调20余名官兵，动员当地兽医站工作人员和民兵预备役人员15人，组成应急分队，共同对陈家坝、曲山镇邓家办事处因灾死亡动物实施进行无害化处理。截至6月3日当天，全市搜集、清理和无害化处理死亡动物尸体工作接近尾声，安县、平武、江油、涪城区、游仙区、梓潼、三台、盐亭、高新区、农科区、仙海区完成因灾死亡动物无害化处理工作，北川有14个乡镇处理完毕。绵阳日报发表《加强处置和预防，确保大震无大疫》文章，报道：“截至目前，全市没有动物疫情出现和人畜共患病发生，得到农业部、省局检查组的充分肯定。”

唐家山堰塞湖泄流后沿江的北川、江油、涪城、游仙、三台和农科5个县区的19个乡镇畜牧兽医部门，在当地政府的组织领导下，对漂浮在涪江河面上的动物尸体进行打捞和无害化处理，对水淹过的畜禽圈舍、环境，进行清理和消毒。截至6月13日，工作全面结束，共出动应急处置人员200余人次，打捞、处理动物尸体186头（只）。14日，全市完成因地震灾害死亡动物的无害化处理工作。

9月25日，绵阳市畜牧兽医局紧急部署“9·24”洪涝泥石流灾害后的动物防疫工作。“9·24”洪涝泥石流灾害给绵阳畜牧业和畜牧部门再次造成严重经济损失，全市共计因洪灾死亡畜禽217967头（只），其中生猪11501头、牛654头、羊16357只、家禽184199只、兔5256只，畜禽圈舍垮塌366675平方米、受损317055平方米。截至10月9日，全市“9·24”洪涝泥石流灾害后动物防疫应急工作全面结束，期间无畜产品安全事件和动物重大疫情发生，也未因死亡畜禽尸体和排泄物造成环境污染。

二、家畜人畜共患病的监测和报告

5月19日，市畜牧兽医局部署灾后动物人畜共患病监测工作，要求各级畜牧部门进一步强化疫情监测。各地要密切关注灾后疫情态势，发现问题，及时报告、及时处置。21日，市抗震救灾指挥部对灾后人畜共患病监测和报告工作提出具体要求：任何单位或者个人发现异常死亡的动物，都应当及时向当地抗震救灾指挥部或畜牧部门报告；各级动物疫控机构要进一步加强动物疫情监测工作，及时发现和排查疫情隐患，做到早发现，早处置，防止疫病扩散蔓延；加强值守，坚持24小时值班和主要领导带班制度；强化应急工作，同时根据应急预案和防治技术规范，规范处置突发疫情。随后，市畜牧局、市动物防疫监督站严格按照具体要求执行监测任务。

6月23—25日，四川省畜牧兽医局组织对江油和安县的4个乡镇131户散养户、8个规模养殖场、2个定点屠宰场和1个活禽交易市场共计1471头猪、1257头牛、68头羊、1214496只鸡、51208只鸭的免疫情况进行现场检查考核，实验室检测血清、泄殖腔拭子和脾脏淋巴组织样品723份。检测结果显示：各项动物防疫指标全部达标，口蹄疫、禽流感、高致病性猪蓝耳病、猪瘟和鸡新城疫等重大疫病病原学检测全部阴性。

8月25日至9月10日，游仙区和盐亭县作为全省灾后人畜共患病和重大动物疫病定点监测县，对辖区内的所有动物进行狂犬病、链球菌病、乙型脑炎、禽流感、口蹄疫、猪瘟、高致病性猪蓝耳病和鸡新城疫等的流行病学调查和病原学监测，共临床监测牛109770头，羊214204只，猪689105头，家禽10901749羽，随机采集动物血清样品220份、组织样品300份送送四川省动物防疫监督总站疫病监测诊断中心监测，没有发现发病动物和病原学阳性动物，各种动物疫病免疫抗体全部合格。

9月，市畜牧兽医局组织各县（市、区）开展动物疫病和免疫抗体监测工作。全市共监测动物血清样品9513份，高致病性禽流感、口蹄疫、猪瘟、高致病性猪蓝耳病、鸡新城疫5种动物疫病免疫抗体合格率均达到农业部规定的70%以上；组织样品1790份，高致病性禽流感、口蹄疫、疯牛病、猪瘟、高致病性猪蓝耳病、鸡新城疫、牛结核和布氏杆菌病8种动物重点疫病病原学监测，结果全部为阴性。

抗震救灾期间，市动物防疫监督站在全市设立的监测点监测结果显示，全市未发现1例重大动物疫情。

三、家畜人畜共患病的防疫

（一）畜产品质量安全管理、动物和动物产品产地检疫、屠宰检疫和流通运输环节监管

5月14日，市畜牧兽医局下发通知，要求各县（市、区）畜牧兽医部门，认真做好上市畜产品的检疫工作。各级检疫人员在当前时期必须进一步做好检疫工作，做到上市的畜产品头头必检，确保上市畜产品安全。19日，市畜牧兽医局下发通知要求各县（市、区）进一步强化检疫监督。各地要切实做好产地检疫和屠宰检疫，防止病死动物及其产品流入市场，特别是流入灾区，做到发生一起，依法严惩一起，保证灾后动物及动物产品的正常流通秩序和畜产品安全。严格执行“四不一处理”（不准宰杀、不准销售、不准运输、不准食用及无害化处理）规定，对病死动物及其动物产品，一律按照国家规定就地或到指定地点严格实施无害化处理。21日，市抗震救灾指挥部下发《抗震救灾动物防疫工作方案》（以下简称《方案》），各级畜牧部门严格执行《方案》规定，加强检疫监督，严防病死、死因不明和腐败动物尸体转运进入流通销售环节，切实履行职责，进一步加强产

地检疫和屠宰检疫，严格规范检疫出证行为。加大对饲养、屠宰、加工、运输、储藏等生产和经营环节的监督管理力度，依法严肃处理抗拒检疫和运输、加工、经营未经检疫的畜禽及其产品等行为，严厉打击贩卖病死动物及其产品的行为。

6月19日，市畜牧兽医局切实加强对绵阳境内养殖场、屠宰加工企业等的监督。是日，组织兽医卫生监督所执法人员到部分试点乡镇兽医站了解溯源体系建设情况和机打检疫设备的使用情况及存在的问题；对部分企业动物防疫设施设备、防疫制度建设等提出改进意见。对绵阳鑫辰食品有限责任公司、绵阳东方食品有限责任公司等屠宰加工企业进行动物卫生监督，检查企业收购、屠宰情况和驻厂动物检疫员到岗到位情况，查看相关记录。要求企业必须按照“四不一处理”规定对病死动物进行处理，确保出厂动物产品安全。对未经涉奥备案的企业不得出具到6个涉奥城市的动物产品检疫合格证明。

7月30日至8月6日，四川省畜牧食品局、兽药监察所、饲料工作总站派出检查组，检查奥运期间绵阳动物卫生及畜产品安全工作。检查组先后到绵阳双汇、游仙魏城、新桥镇等地的食品、养殖公司，通过座谈、检查驻厂检疫室、企业生产线、实验室、储藏仓库、药房、兽药饲料使用记录、免疫记录、各种制度、台账档案资料及畜牧部门监管和责任人落实情况等，对涉奥企业畜产品安全生产、畜牧部门监管和以人畜共患病防控为重点的夏防工作进行检查。检查组认为涉奥企业与主管部门责任到人，监督管理到位，整体状况良好，其产品质量安全并可溯源，要求在奥运期间，生产源头动物卫生工作要及早安排、及时实施、严格督查，确保无人畜共患病和动物重大疫病发生，确保畜产品质量安全，达不到涉奥要求的动物产品拒绝出具“合格证”。

（二）实验室生物安全管理、兽药非法添加物检测

8月25日，涪城区组织开展兽用精神药品专项整治工作。对照农业部批准的沈阳兽药厂、宜郑中牧药业有限公司、兰州正丰制药有限责任公司、河南中正神鹏动物药业有限公司、苏州市苏杭动物药业有限公司5家兽用精神药物定点企业及产品目录，对辖区内所有的兽药经营企业和规模养殖场，逐户开展检查工作，做到一户不漏、不留空白，全区共检查兽药经营企业64户、畜禽规模养殖场506户，查出一户规模奶牛养殖场存有2001年生产的安钠咖注射液（10ml×5）1盒，工作组对该盒安钠咖注射液进行当场没收销毁，并对当事人进行批评教育和警告。同日，梓潼县畜牧局组织执法人员48人次，出动车辆8次，检查许州、石牛、黎雅、文昌等12个重点乡镇的兽药经营企业和饲料门市共83家，规模养殖场12个。对4户的违禁药品予以收缴，没收药效过期和批准文号过期的针剂、片剂、散剂等药品共计22个品种，约20公斤，全部予以销毁。

9月18日，由市畜牧兽医局、质监局联合召集奶产品加工企业、奶农及各奶业大县畜牧部门负责人290余人，召开奶产品质量管理紧急工作会。省畜牧食品局会同市畜牧兽医局对全市奶产品（鲜奶）和奶牛饲料生产企业进行抽样检查，共抽12个奶样和7个饲料样，经检测，未检出三聚氰胺。19—21日全市共动1230人次，检查210个奶牛养殖场（户）、3个收奶点的仓库、药房、办公室等场所，未发现有三聚氰胺等违禁物品，也未发现有在原料奶中掺杂使假行为。22日，针对全国范围内出现的奶粉质量安全事故，市畜牧兽医局下发《关于进一步做好原料奶生产质量安全监管的紧急通知》，对奶产品质量管理工作作出全面安排部署。全市畜牧兽医部门积极行动，组织执法人员对原料奶生产企业、奶牛养殖户进行拉网式清查。

10月8日，市畜牧兽医局安排部署灾后兽医实验室生物安全管理工作。要求各级各类兽医实验室要加强动物病原微生物菌（毒）种使用管理，防止病原微生物菌（毒）种外流。各级兽医部门要

继续开展生物安全检查，按照《病原微生物实验室生物安全管理条例》和《兽药管理条例》规定，对查出的安全隐患，要限期整改，对发现的违法行为，要依法严肃处理。同时，各级兽医部门要认真做好应急值守，严防实验室安全事故的发生，切实维护公共卫生安全。

（三）无主犬、无主畜处理

针对《人民日报》情况汇编（第1005期）反映的5月26日下午"北川县城已无人烟，但可以听到鸡鸣狗叫""一些家禽和猫狗未被列入防疫目标"情况，经绵阳市畜牧兽医局调查，此情况确实存在。5月27日，紧急召开各县（市、区）畜牧兽医局局长会议，再次要求各地认真做好动物防疫工作，严防动物重大疫病和人畜共患疫病发生，加快进度认真做好死亡动物无害化处理和消毒工作，并要求各地在指挥部的统一组织下，坚决扑杀流浪犬，妥善处置流散动物。31日，市畜牧局紧急部署和组织扑杀流浪犬，妥善处置流散动物等工作。

6月3日，为消除隐患，防止瘟疫和人畜共患病的发生，市抗震救灾指挥部部署灾区犬只管理工作，要求各级政府和公安部门要加强灾区犬只的管理，对流浪犬猫要全部捕杀并进行无害化处理。

（四）灭鼠

5月19日，绵阳市"5·12"抗震救灾指挥部部署环境清理和灭鼠工作，要求各地各有关部门要动员和组织广大人民群众，深入开展爱国卫生运动。同时要组织专家、技术人员深入基层，实地指导对临时垃圾点、厕所等地的鼠类消毒杀灭工作。各县（市、区）部门都要全力以赴做好控鼠防病工作，成立灾后灭鼠应急小组，印发《关于加强灾后鼠传疾病防控工作的紧急通知》《灭鼠技术方案》等，组织灭鼠专业组奔赴各乡镇培训指导鼠害防控。28日，市抗震救灾指挥部转发四川省抗震救灾指挥部《堰塞湖泄洪淹没区卫生清理实施方案》，对灭鼠范围、毒饵及投放量、投放毒饵布点要求和毒饵消耗检查与鼠尸处理都作出具体要求。为防止震后疫情发生，中央、省财政紧急下拨250万元专项资金，用于全市灭鼠行动。按照农业部、省农业厅统一安排部署，全市开展大规模灭鼠行动，共投放6吨鼠药，安装5000个鼠夹。

截至10月底，江油市、游仙区等地灭鼠工作成效显著，辖区内统一灭鼠工作达到全覆盖。

四、家畜人畜共患病的免疫

地震发生后，绵阳市迅速开展灾后人畜共患病的紧急免疫工作。5月27日，市畜牧兽医局紧急召开全市畜牧局长会议，部署灾区人畜共患病紧急免疫。6月3日，市抗震救灾指挥部安排部署灾区人畜共患病紧急免疫。组织开展灾后动物紧急免疫工作，完全彻底地对犬只进行狂犬病免疫，对生猪进行猪乙型脑炎及猪Ⅱ型链球菌病免疫。12日，市畜牧兽医局安排部署以死亡动物无害化处理、环境消毒和人畜共患疾紧急免疫为重点的夏季动物防疫工作，从6月6日至7月15日集中40天时间全面完成以死亡动物无害化处理、环境消毒和人畜共患病紧急免疫为重点的夏季动物防疫工作。

7月11日，夏防及灾后人畜共患病紧急免疫工作全面结束。截至是日，全市共计紧急免疫狂犬病146670只份，免疫密度100%；猪乙型脑炎免疫128.23万头份；猪Ⅱ型链球菌病免疫117.89万头份。

8月29日，全市春防工作通过省局春防工作检查组的检查验收，各项指标全部达标，通过现场抽查和走访养殖户、查阅防疫档案和实验室检查等方式，对江油和安县的4个乡镇131户散养户、8

个规模养殖场、2个定点屠宰场和1个活禽交易市场共计1471头猪、1257头牛、68头羊、1314495只鸡、51208只鸭的免疫情况进行现场检查考核，并实验室检测血清、泄殖腔拭子和脾脏淋巴组织样品723份。结果显示：各项动物防疫指标全部达标，其中口蹄疫、禽流感、高致病性猪蓝耳病、猪瘟和鸡新城疫免疫密度均达到100%，猪乙型脑炎的免疫数占应免数的100%；免疫抗体合格率分别为O型口蹄疫75.56%，亚洲Ⅰ型口蹄疫70.21%，禽流感（H5亚型）78.89%，猪瘟35.47%，鸡新城疫70.25%。

第五节　健康教育和爱国卫生运动

一、灾后卫生防疫健康教育

2008年5月13日上午，市健康教育所（健教所）紧急安排部署灾后全市健康教育工作，连夜加急印刷30万份地震灾后健康教育宣传资料免费向群众发放，宣传灾后疾病防治知识。14日，市健教所请求国家及其他省、市健康教育机构支援，印刷卫生防病宣传资料600万分支援绵阳，同时召集健康教育志愿者，开展业务培训后，组成健康教育志愿小分队深入群众安置点、中小学校等机构进行健康行为干预和健康知识宣传。

5月15日起，市健教所在九洲体育馆、南河体育馆等灾民临时安置点设立灾后健康教育宣传点，反复宣传普及救护常识，传染病预防、饮食卫生、饮水卫生知识和消毒、杀虫方法。21日，市健教所整体移师市抗震救灾医疗救治分指挥部开展工作。22日，市健教所带领志愿者进入极重灾区平武县，送去一批救灾药品和3万余份灾后健康教育资料。

6月，中国健康教育中心与重庆和绵阳健教所工作人员深入极重灾区，开展灾民心理需求调查和心理干预项目工作，面对面为灾民进行健康咨询，向灾民讲解灾后疾病防治知识，发放健康教育宣传资料，增强群众的自我保护能力，预防和减少疾病的发生。

7月，市健教所完成全市统一部署的媒体宣传工作，确定与中国移动绵阳分公司启动灾后卫生防疫短信宣传项目，与市广电网络公司合作刊载卫生防疫短信宣传项目，并加强市直卫生单位的卫生宣传工作。8月，市健教所进一步加强媒体对灾后防病知识的宣传：在绵阳日报、绵阳晚报开办卫生防疫健康教育专题，在绵阳电视台进行卫生防疫知识宣传，在电台增设健康教育专家访谈及讲座节目，在城市信息网开辟灾后卫生防疫专栏。9月，市健康教育所协助中央电视台《健康之路》栏目组在北川县城摄制灾后卫生防疫专题节目。

10月26日，“四川地震灾后健康教育项目启动培训会”在绵阳召开，计划在北川、安县、江油3个项目县，50个项目村开展形式多样的传播活动，以帮助项目村的目标人群改变不良卫生习惯，降低高危人群，逐步建立健康行为。项目启动后，各项目县（市）高度重视，协调卫生、妇联、团委、教育、财政等相关部门，抽调专业健康教育工作人员围绕“健康素养”核心，采取多种形式开展健康教育工作。以讲座的形式对目标人群开展健康素养核心信息传播，共出动医务人员101人次，培训目标人群5600人次；在50个项目村的安置点张贴宣传画1万张，制作宣传板报100块，张贴墙体宣传标语150幅。

汶川特大地震发生后，全市各级健康教育机构累计编印、发放灾后心理健康教育、肠道传染病、虫媒传染病等健康教育宣传资料600余万份、震后防病漫画手册10万本、卫生防病宣传标语3万张、健康教育处方100万份；张贴疾病防治知识宣传画8000余张；组织分发各级各类音像资料、健康教育书籍、宣传画50余万册（套），在全市灾区进行重点宣传和发放，做到卫生工作到哪里、防病知识就宣传到哪里。

二、灾区爱国卫生运动

2008年5月13日，市爱卫办立即组织统计受损情况，并开始筹措消杀药品。14日，根据市抗震救灾医疗救治分指挥部统一部署，市爱卫办分工负责灾后基层卫生工作，协调、收发除四害药品、器械，印制、发放卫生防病宣传资料，制定各类工作方案、预案等。当天印发《关于加强地震灾后爱国卫生防病工作的紧急通知》，要求全市各级爱卫组织立即开展震后环境卫生整治，尽快组织开展病媒生物防制工作，加强饮食卫生和饮水卫生的卫生监督监测和消毒工作，加大基本卫生知识相关传染病防治知识的宣传力度，坚决贯彻救灾防病应急预案。15日，市爱卫办制定并下发《地震灾后肠道传染病诊断诊治预案》，组织100名环境卫生专家和志愿者，分10个组分别赴北川、平武等极重灾区开展消杀工作，协调到的100台消杀机具于15日晚分发到城区各街道办事处，组织人员开展鼠、蚊、蝇、蟑螂滋生场所整治，进行大规模消杀活动，消杀面积达15万平方米。16日，为做好灾后卫生防病工作，提高灾区群众的自我防病意识和能力，动员全社会积极参与灾后防病工作，确保大灾之后无大疫，市爱卫办下发《关于印发〈地震灾区消毒杀虫措施〉和〈灾后卫生防病宣传标语口号〉的通知》。当晚组织市绿化队对城区主干道、公共场所、河堤进行消杀，消杀面积10万平方米。震后4天时间里，市爱卫办2次组织召开城区创建办主任会议，对灾后城区卫生防病工作进行全面部署；组织编写抗震救灾卫生防病宣传标语口号，印制卫生防病墙报、宣传折页、宣传单共计30余万份。

5月17日上午，市爱卫办对城区环境卫生进行督查，组织市绿化队对蝇密度较高的御营坝、安昌河堤、高新区等城区大环境进行消杀，消杀面积9万平方米，向极重灾县北川、安县、平武和重灾县江油市分发卫生防病知识宣传单15万份。18日，市爱卫办派出5支小分队共20余人对城区环境卫生、卫生防病知识宣传、四害消杀情况进行督查，对发现的问题，责成有关部门（单位）进行处理。21日，针对城区居民在室外临时居住地乱扔垃圾、随地大小便等情况，市爱卫办组织人员分别对涪城区、游仙区、高新区进行督查，及时协调相关职能部门整治环境卫生和加大卫生防病工作的宣传力度。

5月28日至6月13日唐家山堰塞湖泄洪期间，为规范、指导唐家山堰塞湖泄流疏散群众临时安置点的环境消毒和泄流期间病媒生物控制工作，市爱卫办制定并下发《北川县唐家山堰塞湖泄流后环境消毒、杀虫预案》，派出督查组对江油市灾后爱国卫生工作、灾民临时安置点厕所设置、环境卫生、卫生防病知识宣传、四害消杀等工作进行督查。

6月21日，市爱卫办协助举办“深入开展爱国卫生运动，全力抓好卫生防疫工作”主题活动，组织开展“抗震救灾、环境整治、卫生防疫、人人参与、人人有责、人人受益”万人签名活动。在九洲体育馆、南河体育中心等灾民聚居点张贴卫生防病知识宣传墙报2000余份，发放卫生防病宣传折页、宣传单万余份，送各县（市、区）宣传资料10万余份；在南河体育中心、红苑安置点设立2个卫生防病知识宣传点，组织4个工作组对城区环境卫生、四害消杀工作进行督查，对发现的问题及时下发整改通知。

7月1日，为全面落实全市领导干部大会精神，确保实现“大灾之后无大疫”的目标，按照市委办公室、市人民政府办公室《关于印发〈深入开展爱国卫生运动全力抓好卫生防疫工作实施方案〉的通知》精神，成立爱国卫生工作领导小组，下设综合协调组、宣传报道组、专项整治组、检查督促组。动员组织全市人民开展为期3个月的爱国卫生活动，活动分为宣传发动（6月2[illegible]日至7月[illegible]日）、调查摸底（6月27日至7月5日）、集中整治（7月6—20日）、巩固提高（7月21日至9月底）三个阶段，要求：全市加大开展爱国卫生运动宣传力度；深入开展环境卫生综合治理；动员群众开展自主管理；加强水源保护和水质、食品监管力度；落实专人管理受灾群众集中安置点卫生，科学开展环境消杀工作。7月3日，为进一步加强受灾群众安置点和农村环境卫生综合治理，市委、市政府印发《关于进一步加强灾后农村爱国卫生工作的通知》。7月10—28日期间，市爱卫办组织人员先后深入北川县陈家坝乡、桂溪乡、曲山镇、擂鼓镇，江油市大康镇、武都镇、重华镇、三合镇，平武县南坝镇、响岩镇、平通镇，盐亭县玉龙镇、黄甸镇等地重点督查受灾群众安置点管理、城乡环境卫生整治、环境消杀、卫生防病宣传、城区市容与农贸市场管理等工作，协调当地政府解决工作中存在的困难。

8月1日，为进一步加强受灾群众安置点的管理，市爱卫办发出《关于开展卫生先进安置点检查评比活动的通知》，组织全市开展卫生先进安置点检查评比活动，安县京安小区、安县清新家园、江油市京江小区、北川县擂鼓安置点被评为绵阳市首批“卫生先进安置点”。8月中旬，全市组织对北川县、平武县、江油市等地对受灾群众安置点“五有四强化”工作进行督查。同时，市目标督查办、市爱卫办、市文明办组成3个督查组，对科学城和各县市区灾后爱国卫生工作进行督查。

9月24日，为做好“9·24”洪涝泥石流灾害后的各项爱国卫生工作，市爱卫办发出《关于开展洪灾后爱国卫生工作的紧急通知》，组织人员前往洪灾重灾县（市、区）指导环境卫生整治、环境消杀、卫生防病知识宣传等灾后爱国卫生工作。

10月，市爱卫办前往北川县、安县、江油市督查和指导受灾群众安置点管理及农村爱国卫生工作，协助北川县政府和爱卫办举办“首届中国洗手日——四川灾区”活动。

第六节　预防保健工作

一、妇幼保健

汶川特大地震发生后，城区10家医疗保健机构，均受到不同程度损坏，无法正常使用；27[illegible]家乡镇卫生院中153家为危房无法开展工作；全市妇幼保健工作人员633人，重伤[illegible]人、死亡6人（其中北川4人，安县、平武各1人）。市妇幼保健院组织职工迅速转移病员，在火车客站广场搭建临时[illegible]

疗点安顿在院产妇；江油市妇幼保健院53名职工坚守岗位，免费发放药（物）和母婴用品；涪城区妇幼保健院利用搭建的简易棚，收治孕产妇 游仙区妇幼保健院通过搭建临时医疗点，开展诊疗活动，并于地震后第二天组建医疗救治队、社区医疗巡回队和后勤保障队，24小时坚守岗位。至2008年5月22日，绵阳城区10家医疗保健机构和9个县市区的妇幼卫生工作统计，全市累计出生799人，孕产妇死亡数为0，5岁以下儿童死亡27人、失踪2人，儿童患病16457人次。

截至6月27日，市妇幼保健院在临时医疗点累计诊治妇产科病人2818人次；收治妇产科住院病人87人，完成剖宫产手术39例、顺产37例，计划生育手术276人次；预防接种580人次（其中免费为灾区儿童预防接种380人次）。医院专家先后7次深入各县（市、区）妇幼保健院查看灾情、指导开展业务工作，送去救灾物资，抽派工作人员456人次，派出救护车124台次。为唐家山堰塞湖泄洪13个安置点和九洲体育馆北川灾民安置点妇女儿童进行医疗保健服务，孕妇产检1400余人次、儿童健康体检800人次、健康咨询2500余人次。

6月底，全市坚持“政府领导、计生牵头、部门配合、社会参与、全程管理、规范服务”的原则，市政府及各县（市、区）相继成立再生育服务工作协调工作小组。针对灾后再生育工作，对灾区人口形势作重点评估和分析，先后召开全市灾后再生育服务规范管理工作会议和全市再生育服务暨灾后重建工作会议。由市卫生局牵头组建“绵阳市再生育全程服务行动项目技术服务专家指导组”，制定《绵阳市在地震中有成员伤亡家庭再生育全程服务行动项目技术服务实施方案》《关于做好地震灾后再生育全程服务工作的通知》《绵阳市抗震救灾计划生育技术服务应急方案》和《计划生育家庭再生育全程服务行动免费服务手册》。坚持重点服务和一般服务相结合，技术服务和特殊关爱服务相结合，将再生育服务的16个项目、67个科目，按照部门职责进行任务分解，层层落实再生育服务管理责任制和“一对一”关爱联系责任制，确定定点服务机构，规范技术服务流程。并针对再生育服务规范运行流程对灾区基层计生和妇幼人员进行培训。灾后两个月内，全市完成42个技术服务临时站（点）建设，三个月内，80个中心站恢复开展正常服务，为开展宣传教育、再生育服务和生殖健康服务创造必要条件。依托对口援建省市组织北川、安县、平武3个极重县的县乡镇技术人员70余人到成都进行再生育技术服务骨干培训班。组织县科技业务干部和县服务站长参加省人口计生委举办的再生育技术规范服务与管理培训班。深入县（市、区）及乡镇开展为期10天的病残儿医学鉴定工作，对267名有困难的家庭实施免费鉴定。

7月11日，市妇幼保健院成立灾后卫生防疫宣传领导小组，分3个阶段进行灾后卫生防疫宣传工作，并充分利用孕妇学校和育儿学校平台，进行灾后妇幼保健宣教工作。活动期间，共出专题简报13期，挂网29篇，上报信息29条，编写抗震救灾防病知识及灾后孕产妇、儿童心理干预等宣传资料10余期，发放宣传资料5000余份，办宣传栏6期，挂标语5幅，撰写《建立帐篷产房合理流程的体会》《帐篷产房的医院感染管理》《“5·12”大地震孕产妇救治中医院感染控制》《帐篷手术室89例剖宫产临床分析》等文章分别发表于《四川妇幼卫生》《中华医院感染》《医学发展》《现代妇产科进展》等杂志。

截至12月底，全市孕产妇死亡率控制在历年最低水平，5岁以下儿童死亡率增高主要是因为北川、平武等地在地震中伤亡严重，高危产妇住院分娩率和孕产妇系统管理率未达标，儿童系统管理率完成目标任务，新生儿疾病筛查工作开展顺利。

截至2009年4月30日，全市共发放1.7万份再生育宣传资料，为再生育对象建立技术服务个户档案，做到1户1档。对300余人服务对象实施免费健康检查、生育力评估和优生指导，对2800余人实施心理抚慰、生育关怀、生活帮助、生产扶持、孕期保健、产前诊断等指导和服务。确定市中心医院、市妇幼保健院、市计生指导所及县级医院等20多家再生育定点医院，实行全程免费服务。360余名符合条件的再生育对象成功怀孕，30多名对象顺利分娩。

二、放射、急性化学中毒与粉尘危害的防护

针对地震可能造成灾区使用有放射物质和化学有毒物质的企事业单位发生泄漏的情况，以及在地震发生后的应急阶段，地震灾区开展放射诊疗工作的需求和实际情况，市抗震救灾医疗救治分指挥部组织各级卫生执法监督部门加强医疗放射房屋及设备的检查，做好地震灾区医疗卫生机构放射卫生防护工作，对辖区内使用有毒有害物质的企业开展调查，宣传预防急性化学中毒与粉尘危害的防护知识，做好个人防护，对发现不符合规定要求的，责令其整改。

5月29日7时，北川医疗救治驻县点因帐篷库房漏水，存放的500袋二氯异氰尿酸钠和漂白粉遇雨水发生化学反应后燃烧，有2名武警官兵和2名医务人员因氯中毒受伤，送至沈阳军区总医院救治，剩余10吨漂白粉转移至安全地点储藏保管。市医疗救治分指挥部立即向省卫生厅报告情况，并报送《关于我市抗震救灾药品、消毒剂管理工作存在问题的整改情况的报告》，要求各医疗卫生防疫机构严格遵照《市抗震救灾医疗救治分指挥部转发〈省抗震救灾指挥部医疗保障组关于加强消杀药品储存安全管理的紧急通知〉的通知》内容，严防相关安全责任事故的发生。

6月8—15日，唐家山堰塞湖泄洪期间，四川省疾病预防控制中心委派专家赴绵阳市撰写《地震灾区抗震救灾放射卫生工作建议书》，建议书中就放射源、射线装置、放射工作场所等的使用、管理和救灾中应当注意的问题提出建议和意见。

10月8日，绵阳市抗震救灾指挥部发出《关于明确敌敌畏处置意见的紧急请示》。

11—12月，市疾病预防控制中心组织对震后恢复重建的企业（医疗机构）进行放射卫生和职业卫生的检测和评价：全市450名放射工作人员外照射个人剂量监测均未超标；57个放射工作场所监测均未超标；完成15个放射性建设项目职业危害预评价和4个放射性建设项目职业危害控制效果评价；完成四川烟草工业有限责任公司绵阳分厂、利尔化学股份有限公司、四川新希望农业股份有限公司绵阳希望饲料分公司、四川九洲电器集团有限责任公司、长虹技佳精工有限公司等14家职业危害场所监测。

截至2008年年底，全市未发生工业放射源损毁和有毒有害液气体泄漏事件。

第五章　工作保障

第一节　生活物资后勤保障

一、机构和职责

汶川特大地震发生后，绵阳市委、市政府迅速组建绵阳市“5·12”抗震救灾指挥部，其下设医疗教育组负责灾区伤员救治、重伤员转移，医疗药品器械的组织、保管、运输和分配等工作。

2008年5月14日，绵阳市抗震救灾医疗救治分指挥部成立后勤保障组，由市卫生执法监督支队主要负责，下设：现场接待组，食宿保障组，交通保障组，物质保障组，油料保障、车辆维修组。现场接待组主要负责抵达绵阳的各救援队在绵阳城区的道路引导，具体路线一般为高速公路出站口、火车站或机场—抗震救灾指挥部—食宿宾馆、驻扎地或受灾县市的城市出口，同时负责为返回绵阳城区修整的各医疗救援队进行道路引导。食宿保障组主要负责安排抵达绵阳的所有医疗救援队人员的食宿。交通保障组主要负责重症伤病员的转运工作（包括唐家山堰塞湖泄洪前期，组织协调全市3000余名伤病员往外省转移任务），以及为市区周边的医疗救援队运送必需的生活物资。物质保障组主要负责城区周边县市的医疗救援队所急需的生活物质（如帐篷、被褥、衣物、食品等）和药品的统一调配和采购，并交由交通保障组运送至救援队驻扎地。油料保障、车辆维修组主要负责在抗震救灾期间，用于灾区伤病员转运、救援人员运输等任务的车辆的用油和维修任务。

二、组织协调

5月13日15时，绵阳地震灾区食物短缺，食品卫生安全形势严峻，市抗震救灾指挥部急令市卫生执法监督支队：想尽一切办法解决人们的吃饭问题，稳定民心。市卫生监督支队立即决定：动员绵阳城区餐饮单位及时开门营业，确保广大群众定时就餐；动员城区有条件的大中专院校、各大中型企业、各馒头面包生产厂家在保证本单位职工生活急需的情况下，大量生产面包、馒头供应市场需求，其中5家企业将馒头运往受灾群众集中地；组织落实食品包装袋17万只。14日早晨，17万个食品包装袋和30万个馒头被送往绵阳城区各灾民临时安置点及医院临时救治点。同时，市卫生执法监督支队继续到城区各馒头加工企业、餐饮、食品经营单位，监督、协调其恢复正常营业。共动员2000余家餐饮、食品经营单位恢复正常营业，100余家食品企业恢复馒头加工生产，并有计划地将馒头运往受灾群众集中地。截至15日，绵阳城区有555家中小型餐馆恢复营业，80%的大中型餐馆、酒店也积极通知员工、采购食品及原料开门营业。

5月16日，外来救援力量不断增多，市抗震救灾指挥部发出《关于做好外来救援队伍接待工作的通知》，要求各地抗震救灾指挥部要本着热情、周到、节约、便于开展救援工作的原则，加强组织领导、明确责任分工，认真做好外援的接待工作。18日，市抗震救灾指挥部发出《关于开展向上汇报灾情积极争取支持的紧急通知》，要求各市级部门立即行动，向中央和省上对口部门汇报绵阳灾情，争取政策、项目、资金支持和物资援助，以缓解绵阳抗震救灾工作的巨大压力。

在震后几天经常停水、停电、停气的情况下，为保障住院病人用餐，市第三人民医院、市中心医院、市中医院等医疗机构，采取紧急措施搭建起简易灶，自行购置蔬菜、大米、食用油等生活物资，烧开水、熬稀饭、蒸馒头，实行24小时值班制，使在院病人吃饭问题得到基本保障。在采购食物及食品原辅材料时坚持定点采购，并签订供货协议；贮存食品方面，贮存易存放不易变质保质期长的食品。食品进入食堂前，医院按有关规定索取或查阅按规定检疫、检验合格证，是否真实、准确、可靠；若发现被污染或有腐败变质现象，不予接收。伙食团保持整洁、卫生，且食品均不靠近地面。食品安全管理员由食堂管理员、班组长和质检员组成，建立健全食品采购索证和台账制度。建立检验制度，对其生产加工的食品按照产品标准和卫生、质量管理规定检验，做好留样。做好食品初加工、贮藏和供应等食品加工过程的管理，严格按照操作规程和卫生要求进行操作；注重环境卫生管理，保持加工经营场所内外环境清洁；按规定做好食品留样工作。建立震灾食品追溯制度，确保食品安全。20日，市卫生执法监督支队完成援助绵阳市的320名外地医护人员在长虹酒店就餐的食品卫生保障工作。25日，北川县直医疗卫生单位从任家坪搬迁至擂鼓帐篷区，用市卫生局、市监督支队捐送的救灾物资办起职工食堂，县直医疗卫生单位职工和省内外部分救援医疗卫生队伍250余人的吃饭问题得到解决。

6月初，为更好的保障各医疗救援队车辆的用油，市交通局不再统一供油，医疗救治分指挥部主动向市指挥部申请燃油2批共8吨（包括0号柴油、90号和93号汽油）。这些燃油由物资保障小组统一制作票据登记发放。10日，绵阳市抗震救灾指挥部发出《关于加强救援队伍后勤保障工作的通知》，各级党委政府按照属地管理的原则全面掌握辖区内救援队伍的数量、种类、任务、驻地等情况，按执行任务区域做好救援队伍后勤保障工作。落实专人负责，加强和救援队伍的联系，及时掌握各救援队伍工作、生活情况，千方百计解决他们的实际困难，进一步增强他们做好救援工作的积极性和创造性。同时，市抗震救灾指挥部加强督促指导，确保后勤保障工作落实到位。11日，绵阳市卫生局办公室转发《四川省卫生厅〈关于进一步加强医疗卫生队伍后勤保障工作的通知〉的通知》，要求各地、各部门明确后勤保障范围；严格落实责任制；制订后勤保障措施。其中主要的保障措施有：保证和改善住宿条件；改善生活条件；改善饮食供给；提供工作必需物资。

据统计，全市抗震救灾医疗救治分指挥部后勤保障组累计接待各地医疗救援队、卫生防疫队、卫生执法队、专家组、卫生厅及卫生部领导、定点援建队伍达500余批次，人员3500余人次，安排食宿7200余人次。协调安排运送、转运病人及救援人员达4300余人。安排各地卫生医疗救援、卫生防疫、人员运送的救护车、防疫月车、越野车加油近20吨（包括前期在市交通局加油），维修救援用车12台次。协调调拨、采购、运送生活物资及药品8批次，协调安排空投生活物资、药品3批次。

第二节　医用物资后勤保障

一、机构和职责

2008年5月14日，市抗震救灾医疗救治分指挥部药械组成立，负责收集医疗救治、疾病控制以及卫生救援设备、药械和消杀灭物资需求，及时上报医疗卫生救治分指挥部，积极争取落实到位；负责抗震救灾应急所需物资的采购，接受社会捐赠药品、医用设备物资；提出物资的分配、运输方案。

6月1日，随着市医疗救治分指挥部内设机构调整，药械组负责全力保障医疗救治、卫生防病所需的各类药品、器械，做好各类医用物资接收、存储、调拨工作。

根据抗震救灾进程，分指挥部先后11次修订内部责任分工，并由原医疗救治分指挥部更名为卫生防疫分指挥部，由药械组实施医用物资的全部管理工作，市卫生局和市食品药品监督管理局派员共同参与，保障分指挥部对医用物资管理有序运行。

二、组织协调

（一）采购

5月12日，地震发生后的应急阶段，药品和医疗器械需求量急剧增加，国家部委、省卫生厅和各级红会等部门调配和捐赠的药品无法及时送达，为缓解需求压力，市食品药品监督管理局代市政府救灾指挥部采购急救所需的药品和医疗器械。截至14日，采购金额达1500余万元。15日后，全国各地运送到绵阳的救灾药械大量进入绵阳灾区，基本解决灾区对药械的需求，个别急需品种无法满足需求，仍由政府采购解决。

5月24日，为规范药品和医疗器械政府采购行为，明确采购工作程序和产品质量要求，绵阳市卫生局发出《关于印发〈绵阳市抗震救灾药品和医疗器械采购管理办法〉的紧急通知》。通知规定：抗震救灾药品、医疗器械需求计划先由各县（市、区）指挥部和市级医疗救治机构提出申请，经市抗震救灾指挥部医疗卫生救治分指挥部的医疗组、防疫组作专业审核后，送药械组提出具体采购计划和代政府采购的单位资质证明材料，报市抗震救灾指挥部医疗卫生救治分指挥部领导签字同意并报供给保障组长审定同意后，再由采购单位实施采购。采购时必须保证质量，在规定时限内将所需药械组织到位，超过时限的不得再行采购。采购单位对所购药械必须严格按GSP进行管理，并与自行经营药械严格分开，实行专项管理。收发货参照执行《绵阳市抗震救灾捐赠药品和医疗器械管理办法》的相关规定。同时，抗震救灾药械采购由药械组落实台账管理制度，并接受市抗震救灾指挥部和纪委监察局的监督。

政府采购救灾药械遵循的原则：抗震救灾药品、医疗器械相同品种有捐赠的，使用捐赠药械；捐赠药械中有可替代的，用替代品种。用药单位凭审批后的批件到指定企业领取。采购单位按指挥部审批的品种和数量发放，缺货的可以调节同类品种，不允许增加数量和品种。抗震救灾期间，绵阳医疗卫生救护物资经政府采购共计1564万元。

（二）接收和管理

2008年5月14日，市医疗卫生救治分指挥部下设药械负责抗震救灾应急所需物资的采购，接受社会捐赠药品、医用设备物资；提出物资的分配、运输方案。按照工作程序，捐赠药械运达绵阳后，首先由药械组对捐赠药品、器械的相关资质进行审查并作出接收意见。对同意接收的，开具药械交接清单，捐赠方将药械送到指定存放地点并与药械库房进行实物交接；药械库房接收货后，按实收情况开票并在交接清单上签字；捐赠单位凭收货单位签收的凭据，到药械组开具盖有绵阳市政府救灾办公室鲜章的药械收货单。上级调拨的，送货单位凭调拨单或送货单到药械组办理相关手续。药械组制定下发《绵阳市抗震救灾捐赠药品和医疗器械管理办法》，对捐赠医用物资的接收、贮存、分配和货物交接等工作环节进行详细规定；建立市、县（市、区）、乡（镇）逐级配送保障制度和专库、专储、专人、专账的封闭式管理制度，做到收货清楚、贮存安全、去向明确、有效使用。

震后初期，绵阳本地没有专门的药械仓库卸存，购买、接收调配的物资大都直接送至北川、安县等重灾区，数量亦未有记录。后经市抗震救灾指挥部指定，药械组下设科伦药业和金星药业2个捐赠药械存放库，市卫生局和食药监局对2个库存点派出工作人员，共同对捐赠药械进行监督和现场管理。同时为加强接收药械的管理，食药监局分别在火车站、飞机场派驻专人验收药械，使其审批手续齐全，发放制度规范。

5月15日，全市累计接收四川省调拨抗生素（典型品种：注射用头孢去三钠、注射用头孢他啶钠）70万支、补给类（典型品种：VC注射液、口服补液盐Ⅰ）140万支、解热镇痛类（典型品种：丙泊酚、曲马朵注射液）20件、破伤风疫苗及球蛋白2万瓶、人血白蛋白24箱，试剂手套、绷带、夹板等45万（双、只、根、卷）、输液器、纱布等1245件、心电监护仪27台。发放后，除纱布、口罩、棉签、手套、注输器具有一定存量外，其余医疗器械库存少许。

5月16日，绵阳市抗震救灾指挥部转发省"5·12"抗震救灾指挥部《关于做好境内（境）外救援物资通关通检工作的通知》，要求各有关部门认真落实，确保救援物资快速通关、送达灾区。

5月20日，市抗震救灾指挥部下发《关于进一步做好医疗救治卫生防疫药械管理的通知》，明确由卫生和药监部门共同成立救灾医用物资接收发放办公室，对医疗救治和卫生防疫物资的接收、贮存、分发、运输、使用等进行管理，并登记造册，防止管理不当造成医疗物质丢失浪费或质量下降，使其发挥最大效应。在市"5·12"抗震救灾指挥部的领导下，市上又专门成立由市委常委、副市长蔡振红任指挥长的卫生防疫分指挥部，在《绵阳市抗震救灾卫生防疫分指挥部运行方案》中进一步明确由药械组全力保障医疗救治、卫生防病所需的各类药品、器械，并根据工作需要，及时调整工作程序，确保各类医用物资接收、储存和调拨工作的顺利进行。

5月28日，绵阳市抗震救灾指挥部发出《关于进一步规范抗震救灾医用物资储备和分发的紧急通知》，通知要求各个相关部门加强领导、落实责任，做好医用物资的储备、分发和需求上报工作。28日当天，药械组共接收药械19批次，价值1700万元。调拨药械20批次，价值[illegible]30万元。6月7日当天，全市共收到药械2批次，价值约33.2万元；共调拨药械6批次，价值约[illegible]万元。

截至7月17日，市卫生防疫分指挥部共收到上级调拨和各界捐赠的消杀药品28594件。

（三）调配和发放

2008年5月15日，市药械组共发放46批次、价值431.66万元的药品器械到市直卫生单位和受灾县。

5月22日，绵阳市抗震救灾指挥部转发四川省抗震救灾指挥部《关于加强救灾物资发放管理的紧急通知》，要求各有关部门要高度重视救灾物资的接收、运输、发放；不得积压救灾物资；做好救灾物资的发放工作；做好救灾物资接收、分配的统计和监督；做好国际救灾援助物资的登记和发放。

根据药械组统一部署要求，救灾医用物资的发放主要遵循“按需发放、杜绝浪费”的原则。药品由药械组面向各受灾县区抗震救灾指挥中心、绵阳市直属各救治医疗单位和外省医疗援助队等发放。具体流程为：先对领用单位和领用人的资格进行审核，根据救治范围和救治对象对领用的药品品种和数量逐一审查，并结合库存药品的品种和数量调剂后发放。做到既保证药品供应又杜绝药品浪费和滥用而造成的药源性灾害。对于医疗救治单位救灾必须而捐赠库又没有的药械品种则采取政府购买的方式予以配齐。医用设备、器械发放由医用物资管理组根据医疗救治需求，提出调拨意见报分指挥部领导审批同意后，由药械组审核发放。医用物资组并入药械组后，由药械组根据各地需求，结合对医用设备、器械的使用条件和使用能力，拟出分配调拨方案经领导研究同意后，再由药械组审核发放。消杀灭类药械的发放需由疾控组、爱卫办根据灾区的实际情况与疾控工作要求，签署分配意见后报药械组审核发放。

5月23日，绵阳市抗震救灾指挥部转发四川省抗震救灾指挥部《关于切实做好救灾粮食、药品等救灾物资发放到村到户工作的紧急通知》，要求各地要加强领导，层层落实责任；加强受灾情况统计和跟踪落实；加强督促检查。是日，绵阳市卫生局办公室发出《关于加强抗震救灾医用物资发放接收管理工作的通知》，要求各县（市、区）卫生局、各受援医疗单位建立救灾医用物资领取、使用的登记台账，以备日后检查。内容包括接收日期、品名、规格、型号、数量或重量、使用日期、使用部门、领取人等，所记录数据应详细准确，以备日后查验。同天，卫生部协调支援绵阳35吨敌敌畏，先入市农资公司仓库保存，按需分发，尽量减少对环境的污染。

6月16日，调拨药械2批次，共1767件，货值约60万元。18日，向北川抗震救灾指挥部、绵阳市公安局、济南军区野战医院调拨药械3批次，355件，货值金额约5万元。19日，调拨药械3批次，共22478件，估计价值7141万元。24日，市抗震救灾医疗救治分指挥部更名为绵阳市抗震救灾卫生防疫分指挥部，药械组实施医用物资的全部管理工作，卫生局和药监局派出人员共同参与，确保分指挥部对医用物资管理高效、有序地运行。随着国家调拨、各界捐赠物资源源不断运达绵阳，为保证药品、器械等物资的接收、登记、储藏、管理、发放工作有序进行，绵阳建立市、县、乡三级联动、逐级配送的医疗物质供配体系。

截至7月17日，市卫生防疫分指挥部共向北川、安县、平武、江油等重灾区及绵阳市99个救助点和115个医疗机构分发消杀药品23155件。

截至12月31日，市抗震救灾卫生防疫分指挥部共接收捐赠车辆11辆，11车辆均按照《抗震救灾捐赠车辆调配原则》分配给北川卫生局、市民政局救助站、市卫生局、三台县卫生局和市中医院等单位。全市发放药品、器械803万件（包、盒、瓶），共计价值35942万元人民币。

（四）运输和配送

医用救灾物资主要用汽车运往灾区，遇到严重损毁和阻断的路段，就改用肩拉背扛的方式运达，个别乡镇道路完全不通就使用飞机空投物资。

2008年5月19日起，市抗震救灾指挥部使用飞机每天不间断向北川禹里等乡镇实施空投药械等救灾物资。截至6月8日，共计空投药械1695件。

20日，绵阳市抗震救灾指挥部发出《关于进一步做好医疗救治卫生防疫药械管理的通知》，建立起市、县（市、区）、乡（镇）逐级配送保障制度。市上负责市级医疗机构救助点和市上组织空投药械的配送；县（市、区）负责所辖范围医疗救助机构药械的配送，尽量协调送到物资配送目的地。按照省抗震救灾指挥部《关于加强救灾医疗物资管理的紧急通知》规定，在县（市、区）、乡（镇）两级分别成立由卫生和药监（县药监部门要派人下去）部门共同组成的救灾医用物资接收发放办公室，加强对医疗救治、卫生防疫药械接收、贮存、分发、运输、使用的管理，登记造册，防止因管理不当造成医疗物资丢失浪费或质量下降。各地基层医疗物资接收单位做好救灾医疗物资的清点工作，数量、品种和去向等要登记造册，并纳入单位资产管理，妥善保管，确保物资真正用于抗震救灾和医疗防病工作。各单位按要求统一管好用好医疗救治、卫生防疫药械，使其发挥最大效应。同时，各地强化责任，严明纪律，加强医用物资接收、贮存、使用等各环节的监管，纪检部门也加大纪检监察力度，防止救灾医疗物资流失，各级相关部门做好救灾医疗物资的监督检查，确保质量安全。

（五）剩余医用物资的处置

绵阳在遭受汶川特大地震后，又遇唐家山堰塞湖和“9·24”洪涝泥石流灾害，全国各地支援绵阳的物资源源不断，部分抗震救灾药品医疗器械过剩现象比较突出。为妥善解决剩余抗震救灾药品和医疗器械，防止囤积和浪费，绵阳市卫生局、绵阳市食品药品监督管理局在转发《省抗震救灾指挥部医疗保障组剩余抗震救灾药品医疗器械处置意见》的基础上，市抗震救灾卫生防疫分指挥部又下发《关于处置库存剩余消杀药品的通知》，明确由药械组、疾控组、爱卫组、医疗组负责对剩余药品医疗器械和消杀灭药品进行妥善处置。认真组织物资清查，药械组对分指挥部库房和市属各医疗救治单位剩余的药品和医疗器械进行清查，掌握全市剩余物资的总体情况。收集处置建议，市抗震救灾卫生防疫分指挥部专门召开会议，听取市财政局、市纪委、市级医疗机构、县（市、区）卫生局等有关单位关于剩余抗震救灾医用物资处置的工作建议。继续做好剩余物质处置工作，征求各单位意见后对剩余物资进行再分配；对不能再分配的可用物质，采取申请调剂等方式处置；对不能调剂且又不能保证质量等其他情况的按照有关规定予以销毁处置。

第三节　血液供应与安全管理

一、采集、制备和检测

2008年5月12日地震发生后，市红十字中心血站立即组织人员将库存血液和血液标本转运到安全地方储存。

5月13日8时，市红十字中心血站紧急组成的3支应急采血队，分别在绵阳火车客运广场、文化广场及五一广场设立临时应急采血点，开展应急采血工作。宣传信息科临时招募由血站家属组成的无偿献血志愿者，经过简单培训后与绵阳市无偿献血志愿者服务队绵阳义工联合会分队志愿者一道，前往3个应急采血点参加志愿服务工作。截至19时，累计采集血液317人，采集血量7.41万毫升。检验科从8时到19时共检测标本264人份。

5月14日，因地震后绵阳市民及全国各地踊跃捐献血救灾，致使血库库存超过最高警戒线，市红十字中心血站在全国率先采取紧急应对措施，暂停血液采集，在城区文化广场、火车客站广场、火炬大厦及站内设4个应急献血登记点，对前来捐献血液的人员进行无偿献血宣传和献血预约登记。截至6月9日，共有1.12万余人参加应急献血预约登记。

5月19日，市红十字中心血站建立由体采科副科长王丽娟及3名共产党员、3名共青团员组成的“巾帼女子采血队”，连续7天外出采血202人，49950毫升。

5月21日和24日，临床急需RH阴性血液，由于地震期间人员外出和通讯等问题，血源招募十分困难，体采科工作人员克服重重困难，终于采集到RH阴性血液800毫升。其中一位献血者杜建树当时正在德阳，当得知灾区需要RH阴性血液，单位领导亲自开车把杜建树送到绵阳献血400毫升。

5月25日和27日，采集单采血小板3个治疗量。其中绵阳职业技术学院学生王建容和成分科工作人员冒着2次余震的危险，坚持献完1个治疗量的血小板。

截至6月12日地震后1个月，市红十字中心血站采集全血1150人，采血量305150毫升，采集单采血小板8人，8个治疗量。

截至12月31日，市红十字中心血站累计采集全血16586人、采血量4805550毫升，采集单采血小板63人，63个治疗量；分离、制备血液，悬浮红细胞24412U、新鲜冰冻血浆1627640毫升、冰冻血浆705470毫升、洗涤红细胞198.75U、浓缩血小板6690U、冷沉淀凝血因子88U；检测血样标本18226份，复检再检550份。

二、调配和供应

地震发生后，市红十字中心血站及时组织恢复电力供应。14时57分，经检查一楼血库血站局域网运行情况正常，血库管理模块可以正常使用。15时26分，血库工作人员开始出库血液，发往市肿瘤医院。

5月13日4时30分，第一批支援灾区血液入库，成都血液中心支援悬浮红细胞483U。22时46分，第二批支援灾区血液入库，江苏省血液中心支援悬浮红细胞1000.5U。随着大量血液支援到绵阳血站，血库储血设备严重不足，中心血站将579U的血液分别存储在市中心医院、人民医院、中医院、四〇四医院4家符合储存条件的医院输血科。在外调血入库时，因各血站使用的管理软件不同，工作人员临时制作电子表格，扫描血袋条形码进行血液出、入库。

截至14日9时，血站血库工作人员一直坚守工作岗位，为各医疗单位提供全血1.87万毫升、悬浮红细胞7.82万毫升、冰冻血浆和新鲜冰冻血浆共12530毫升、浓缩血小板12U。

5月17日16时，平武县人民医院血液告急，急需50单位血液。30分钟后，市抗震救灾指挥中心紧急支援1辆越野车，市血站2名工作人员驱车绕道青川赶赴平武，并于18日零时20分，将血液安全送达平武县人民医院。

5月26日，唐家山堰塞湖泄洪疏散，血库由一楼向二楼转移，转移储血冰箱16台、冰柜7台、红细胞1050U、血浆212900毫升。同时，还决定在高坡地段的绵阳实验高中建立应急血液贮存库房。

截至5月29日，北京市红十字血液中心支援悬浮红细胞50U；太原市红十字血液中心支援悬浮红细胞160U；辽宁省血液中心支援新鲜冰冻血浆4.56万毫升；眉山市中心血站支援冰冻血浆1800毫升、新鲜冰冻血浆30250毫升、悬浮红细胞218U；宜宾市中心血站支援新鲜冰冻血浆17.25万毫升；从成都血液中心调入2个治疗量的单采血小板；泸州市中心血站支援冰冻血浆3.38万毫升。

截至6月12日地震后1个月，市红十字中心血站入库全血14.96万毫升、悬浮红细胞3000U、洗涤红细胞16U、血浆25.94万毫升、浓缩血小板296U、机采血小板8个治疗量、冷沉淀凝血因子2U。出库全血13.22万毫升、悬浮红细胞3015.5U、洗涤红细胞12U、血浆293550毫升、浓缩血小板284U、机采血小板7个治疗量、冷沉淀凝血因子6U。因大量伤员转运到外地，为防止血液过期报废，经卫生行政主管部门同意向成都血液中心调出全血2万毫升、悬浮红细胞89U，向成都军区总医院调出悬浮红细胞50U。

6月12日至10月31日，市红十字中心血站入库全血14.48万毫升、悬浮红细胞22603U、洗涤红细胞169.5U、血浆2022150毫升、浓缩血小板3469U、机采血小板16个治疗量、冷沉淀凝血因子83U。出库全血16.62万毫升、悬浮红细胞22808U、洗涤红细胞173.5U、血浆2132190毫升、浓缩血小板3481U、机采血小板88个治疗量、冷沉淀凝血因子17U。其中向成都血液中心调出悬浮红细胞79U，向广元市中心血站调出新鲜冰冻血浆3140毫升，成都军区总医院调出新鲜冰冻血浆5.5万毫升、悬浮红细胞100U，向华西附一院调出新鲜冰冻血浆7000毫升。

三、安全保障

汶川特大地震发生后，市红十字中心血站电力、通讯全部中断，与外界失去联系。站领导班子立即召开会议，对全站工作进行安排、部署，要求各科室清点人员，尽快恢复血站供电及血液供应。血站后勤科组织人员检查、抢修自备发电机，14时39分恢复血站供电，搭建临时地震棚2个，并在血站车队办公室设立临时抗震救灾指挥部，负责血站和工作人员的后勤保障工作。随后站长和业务副站长前往市卫生局汇报血站受灾和应急血液保障供应情况，同时启动血站自然灾害应急预案。市红十字中心血站立即针对不同阶段、不同情况迅速启动应急采供血预案、建立抗震救灾期间应急血液库存警戒线，采取应急献血预约登记和省内兄弟血站调配等一系列应急举措，确保绵阳城区各医疗单位灾后临床用血和用血安全。应急救援阶段，市抗震救灾医疗救治分指挥部医疗执法监督组把血液安全监督纳入重要监督项目，坚持在医疗安全监督的同时加强中心血站血液质量、医院临床用血各个环节进行严格的监督检查，地震应急阶段大量伤病员医疗救护用血安全得到有效保障。

第四节　医用物资监督

2008年5月23日，市抗震救灾指挥部转发四川省抗震救灾指挥部《关于加强抗震救灾资金物资监督管理的通知》，要求各县（市、区）指挥部和承担救灾款物接收、调拨、发放、监管职责的市级有关部门，要进一步健全和完善相关制度，并报市抗震救灾指挥部；在具体操作中，既要特事特办、急事急办，又要加强监管、规范操作，做到合理安排、科学调度，确保抗震救灾和灾后重建工作有力有序有效开展；各地各有关部门要对救灾款物的管理实行全程跟踪，加强协调配合，形成监管合力，确保救灾款物全部用于灾区和受灾群众，并及时向社会和受灾群众公开、公示救灾款物的接收、管理、发放情况；纪检监察、财政、审计等部门要认真履行监督职责，对贪污私分、挤占挪用救灾款物等行为和因失职渎职、疏于管理而造成严重后果的，要从重从快严肃查处。是日，为进一步加强对抗震救灾资金物资的监督管理，认真贯彻落实中央纪委等五部委《关于加强抗震救灾资金物资监管的通知》和省纪委、省监察厅《关于严肃纪律加强对抗震救灾资金物资监督的紧急通知》精神，绵阳市抗震救灾指挥部发出《关于调整充实抗震救灾资金物资监督组组成人员的通知》，调整充实抗震救灾资金物资监督组，由市纪委副书记、市监察局局长赵志强任组长，市委副秘书长宋德政任副组长，市监察局、民政局、审计局、财政局、公安局等相关部门领导为成员，监督组具体负责全市抗震救灾资金物资使用管理情况的监督检查。

27日，市卫生执法监督支队监督人员在市抗震救灾指挥部药配中心查获1批无批准文号的消毒药品73吨，并将处理建议上报市抗震救灾指挥部。31日，市卫生执法监督支队指派监督人员对市抗震救灾指挥部药品配送中心储存的捐赠消毒产品进行现场监督检查，发现30种（批次）消毒产品无批准文号（仅漂白粉就124.75吨）。根据《中华人民共和国传染病防治法》《消毒管理办法》，结合当时的抗震救灾特殊情况，经请示省监督总队，对不合格的消毒产品提出处理建议。30日，绵阳市抗震救灾指挥部发出《关于进一步加强抗震救灾款物监督工作的通知》，通知要求各地要将抗震救灾款物监管工作提上重要议事日程；进一步完善和落实救灾款物的接收、接收与入库的交接和发放三个环节的规章制度；大力促进公开公示工作；引入灾民群众和社会各界参与监督；开展明察暗访；抓典型警示，举一反三。

6月2日，绵阳市抗震救灾医疗救治分指挥部转发四川省抗震救灾指挥部《关于加强抗震救灾资金物资监督管理的通知》，要求各地、各单位要层层分解责任，细化工作措施，建立监管制度，切实堵塞监管漏洞。分指挥部承担救灾款物接收、调拨、发放、监管职责的各组，要进一步健全和完善相关制度，并报分指挥部；在具体操作中，既要特事特办、急事急办，又要加强监管、规范操作，做到合理安排、科学调度，确保抗震救灾和灾后重建工作有力有序有效开展；要对救灾款物的管理实行全程跟踪，加强协调配合，形成监管合力，确保救灾款物全部用于灾区和受灾群众，并及时向社会和受灾群众公开、公示救灾款物的接收、管理、发放情况；纪检监察、审计等部门要认真履行监督职责，对贪污私分、挤占挪用救灾款物等行为和因失职渎职、疏于管理而造成严重后果的，要从重从快严肃查处。4日，为进一步加强对抗震救灾资金物资接收、管理、使用及分发工作的监督，增强透明度、公信力，确保救灾款物公开、公平、及时用于灾区和受灾群众，绵阳市抗震救灾指挥部转发四川省抗震救灾指挥部《组织社会监督员开展抗震救灾资金物资监督工作实施方案》的通知，40名由省抗震救灾指挥部面向全社会召集的抗震救灾工作社会监督员，正式开展抗震救灾社会监督工作。要求各地、各有关部门要重视此项工作，加强组织组织协调和信息反馈，积极支持，配合社会监督员，为他们有序开展监督提供必要的条件。

7月4日，受省卫生厅抗震救灾指挥部委派，成都市食品药品监督管理局和成都市食品药品检验所到绵阳市抗震救灾医疗卫生救治分指挥部药械组，对2008年6月19日中华慈善总会代韩国捐赠的1批抗震救灾捐赠药品进行现场检查，该批药品共计四个品种，539件零41盒，药品内外包装、标签、说明书均无中文，没有进口药品注册证号，没有任何中文标识。其中格列苯脲片4件零10盒，有效期至2008年6月1日，已过期；氢氧化铝悬浮液160件，注射用头孢曲松钠9件零31盒，阿罗波丝悬混液366件，有效期均在6个月内，按照国家规定，不再放行。

附：

危难之际人民的生命高于一切（节选）

贺小晴

那是2008年5月12日下午14点20分左右，绵阳市中心医院妇产科正在进行一台子宫肌瘤全切手术。无影灯下，病人的腹腔已经打开，子宫尚未切除。一阵剧烈的摇晃，灯在晃，人站不住，屋内的氧气瓶、空调等大型物件纷纷倒下，大楼像树叶一般摆动……地震！在场的医护人员反应过来，赶紧将病人的创面遮盖保护起来。怎么办？手术是肯定不能停下来，主刀医生李艳华含泪对麻醉医生袁玲道："如果我们谁活下来，一定要照顾好对方的子女！"

摇晃终于停止。她们用眼睛对视了一下，继续开始手术。直到手术结束，在场的医护人员这才一起动手，将病人转移到楼下广场。

与此同时，绵阳市中心医院外科大楼11、12楼的手术室里，有7台手术正在进行。他们不约而同，选择用同样的方式坚守岗位，直到手术结束，将病人安全转运到楼下。

位于外科大楼11楼的外科监护室里，有7名患者正戴着呼吸机接受治疗，他们是清一色的危重病人，有的生命垂危，有的刚做过大手术正在观察。地震时，仪器倒地，墙体裂缝，通信中断，电梯停运……经验较为丰富的护士黄雪梅立即步行下楼请示院领导，留下的医护人员则握着病人的手说："放心，我们不会离开你的，你是安全的，请相信我们！"

好不容易，护士黄雪梅气喘吁吁回来，带回了院部指示：门诊伤员太多，为了防止意外发生，监护室病员暂不转运！

时间一分一秒地过去。外科大楼差不多转移空了。与楼下熙熙攘攘、紧张有序的场景相比，11楼——外科监护室仿佛是一片孤岛，孤单而寂静。此刻，大家都想到了死亡。有一位小护士轻声说："我还没写遗书……"

大家紧紧地拥抱在一起，传递着温暖和信心，彼此安慰。直到接到院部指示，这才抬着病人，转移到楼下。

内科监护室里也同样住着7名危重病人。转移这类病人十分困难，抬担架、举液体、推呼吸机、抱监护仪……需要5至6个专业人员密切配合。转移病人时，因病正在这里治疗的科室护士阳秀英拔掉针头，加入搬运病人的行列。那是转运5床病人至3楼时，强烈的余震使得担架剧烈摇晃，内科监护室主任贾超和其他几名抬担架的医护人员差点摔倒，躺在担架上的病员张伯伯说话了："你们放下我，别管我，我反正是癌症晚期了，救了我起不到多大作用。"主任贾超却道："张伯伯，我们绝不会丢下你不管，你就别再说了！"

外四的脑外科病房，住着许多行动不便的病人。强震袭来，护士长何芳命令所有护士姐妹守在病人床旁；外科，护士长王海燕从楼上往返背病人累得站不住时，外科支部书记、外科护士长张洪英接过病人，背在自己身上继续往楼下冲！

内七病房在地震中发生垮塌，正在做无痛胃镜的麻醉科医生魏福生将病人拖至横梁下较为安全的地方，然后扑上去用血肉之躯保护病人；护士王娟迎着逃生的人群冲进剧烈晃动的房间，将所有氧气瓶全部放倒后才协助病人疏散。

内二病房有肾病病人正在血透，值班护士蒲琼芳和梁艳梅死守病人，寸步不离，主任张林、护士谭幼华、漆小玲从病房火速赶到，协助回血下机，尽快撤离病房。

那天是周一，门诊病人最多。地震发生后，正在上专科的医院领导亲自往外一个一个背病人；门诊部主任邱万歧年近60，地震时坚守阵地，一直帮忙转运病人，直到力竭休克倒地；急诊科主任刘纪宁、副主任吕汝奇一边往外背病人，一边组织医务人员抢运病人。

地震袭来的第一时间，绵阳市中心医院全体医护人员出生入死，抢运近1300名住院病人安全撤离，有效疏散3000余名门诊病人和陪伴，没有发生任何踩踏、挤压、伤亡事故。这在医院转运病人的历史上，不能不说是一个奇迹！

（选自《英雄无名》 漓江出版社 2010年4月）

汶川特大地震

绵阳抗震救灾志

WENCHUAN TEDA DIZHEN
MIANYANG KANGZHEN
JIUZAI ZHI

汶川特大地震绵阳抗震救灾志编纂委员会 编

方志出版社
Publishing House of Local Records

第四篇

赈灾

ZHENZAI

汶川特大地震发生后，市委、市政府在中共中央、国务院及省委、省政府的领导和部署下，千方百计确保受灾群众有饭吃、有衣穿、有干净水喝、有临时住处、有病能医治。在应急救灾期间，市财政共拨付抗震救灾应急资金56.76亿元，用于基础设施抢修、受灾群众救济补助、市本级应急专项支出等。

按照“就地、就近、分散”的原则，做好应急安置和过渡安置，建立九洲体育馆、南河体育中心等灾民集中安置点880个，安置257.65万人；发放衣被173.6万件、成品粮12.96万吨、食用油5667吨。截至2008年8月，市本级累计接收上级下拨和社会捐赠救灾帐篷50.23万顶，向受灾地区和灾民安置点分配发放44.82万顶，安置受灾群众17.28万户、60.47万人。全市共建活动板房33.59万套。

绵阳市抗震救灾指挥部捐赠资金专户（截至2008年7月9日）、绵阳市财政局国库抗震救灾捐赠资金账户（截至2010年1月25日），共接收捐赠资金2.79亿元；绵阳市民政局接收捐赠资金3597.85万元，绵阳市红十字会接收捐赠资金9784万元（截至2009年12月31日）。全市党员累计交纳“特殊党费”1045.53万元（截至2008年7月）。绵阳市抗震救灾指挥部资金物资接收保障组共接受社会捐赠物资价值累计达7.72亿元，累计接收帐篷55万顶、毛毯近10万床、衣物160万件、食品14万件、药品8万件、机具4.8万件、日用品22万件（截至2008年12月底）。

做好遇难人员家属抚慰工作，及时发放抚慰金。对伤残学生及家长给予了抚慰救助，发放特别救助金和残疾学生家庭护理补助金。对灾民进行心理救助、民政救助、就业援助、教育援助、医疗康复救助等。

第一章　捐赠组织与管理

第一节　管理机构

一、绵阳市抗震救灾指挥部供给保障社会捐赠组

2008年5月12日下午，绵阳市抗震救灾指挥部成立，下设供给保障社会捐赠组。5月14日，中共绵阳市委办公室、绵阳市人民政府办公室发出《关于印发〈绵阳市“5·12”抗震救灾指挥部分工职

责〉的通知》，明确市抗震救灾指挥部供给保障社会捐赠组由市政协牵头负责，市政协主席张世虎为牵头负责人，副主席郑和平、吴因易、蔡清顺、徐鲁川、文久喜、黄重九、艾尚林、沈其霖为负责人，市政协机关各委室、市委统战部、市工商联、市商务局、市经委、市发改委、市物价局、市国资委、市交通局、市建设局、市房管局、市民政局、市财政局、市审计局、市监察局、驻绵金融机构等为成员单位。供给保障社会捐赠组下设物资供应分配、水电气油、运输保障、建筑物鉴定整治、社会捐赠5个小组，主要负责救灾急需的抢险物资、防护用品、生活必需品和水电油气等物资的生产、储备和调度，保证供应；维护市场秩序，保持物价稳定，负责为转移灾民和运送救灾物资提供运输保障；负责组织接受捐赠物资，接待全国各地、社会各界救援人士的来信、来访，办理回复慰问函电等事宜。

5月15日，市抗震救灾指挥部供给保障社会捐赠组的职责进一步细化，总负责人仍为市政协主席张世虎，负责人包括除吴因易外其他7名副主席、市政协秘书长任正发、市委副秘书长宋德政，成员单位增加市目标督查办公室。下设小组由5个增至7个。

（一）综合协调小组

市政协秘书长任正发任组长，市政协各委室为责任部门，主要负责组织接受、接待全国各地、社会各界人士来访；办理回复慰问函、电等事宜，综合救灾款物捐赠、供应、分配情况和发布每天信息；协调有关物资接收、供应、分配、运输等工作；下达指挥部和领导安排的工作并检查督促落实情况。

（二）物资捐赠（捐款）接受小组

市政协副主席艾尚林为责任领导，市委副秘书长胡精任组长，市目标督查办公室、市委统战部、市工商联、市民生工委办公室、市民政局、市财政局、市监察局、市红十字会为责任部门。主要负责国内外各类救灾捐赠款物归集，只进不出，资金由指挥部统一掌握使用，市目标督查办公室、市民生工委办公室、市财政局、市民政局监管；登记款物清单，报分配小组，协助、协调救灾物资转送等。

该小组在绵阳城区设立3个接受捐赠点，开通捐赠热（专）线电话，在银行开设4个专用账户，广泛接受社会捐赠；在网络媒体上公布捐赠方式、捐赠程序，建立捐赠物资台账，设定救灾物资专用保管仓库，确定专人管理、存放；在指挥部公示栏每天公示大宗救灾物资的来源、种类、数量和去向，并不定期举办新闻发布会，向社会通报救灾物资、资金募捐情况。此外，对市民政局、市红十字会、市救灾办接受的社会捐助实行统一管理、一支笔审批、协调使用，确保专款专用。

（三）救灾物资采购小组

市政协副主席蔡清顺为责任领导，市商务局局长李志禄任组长，市商务局、市经委、市发改委、市物价局、市国资委、市工商局、市粮食局、市审计局、驻绵金融机构等为责任部门，主要负责救灾物资采购；组织抢险救灾物资、防护用品、生活必需品货源；了解灾区物资需求并报分配小组；建立采购资金及救灾物资台账；维护市场秩序，保持物价稳定，搞好市场供应；协调有关部门搞好救灾物资生产供应、储备工作。

（四）救灾物资分配调剂小组

市政协主席张世虎，副主席郑和平、蔡清顺、徐鲁川、黄重九，市委副秘书长宋德政为责任领导，政协有关委室为责任部门，主要掌握救灾物资需求情况，提出救灾物资分配建议，建立救灾物资分配台账。

（五）运输保障小组

市交通局副局长周鑫任组长，市交通局为责任部门，主要负责组织、调度运输车辆，及时将分配物资送达指定目的地。小组对通往灾区道路进行检查抢修，对受损道路开展调查，编制道路恢复方案。在永安东升收费站、绵江九环线九岭收费站、水庙收费站和绵广高速4个通往灾区公路收费站设置7个防疫消毒站，预防疾病和疫情。

（六）水电气油小组

市政协副主席黄重九为责任领导，市经委主任刘联山任组长，市国资委、市物价局、市自来水公司、绵阳电业局、绵阳石油公司、绵阳天然气公司为责任部门，主要负责水电气油供应。

（七）建筑物鉴定整治小组

市政协副主席郑和平为责任领导，市建设局局长王绵生任组长，市建设局、市房管局、市发改委、市监察局为责任部门，主要负责建筑物鉴定整治工作。组织到绵专家成立安全应急评估鉴定小组，对城区公共建筑、商品房、已购自有住房、经济适用房屋开展应急评估和震情调查，并进行初步鉴定。

二、调整供给保障社会捐赠组

5月23日，供给保障社会捐赠组工作分工进行调整。市政协主席张世虎负责全面工作；副主席郑和平负责日常工作和救灾物资分配、协调、采购等；副主席蔡清顺、艾尚林负责救灾物资分配、调运，负责火车货站东货站、西货站，樊华大厦1号和2号仓库、永兴综合仓库、经开区仓库、园艺仓库物资的收发、保管、后勤服务、志愿者协调等；副主席徐鲁川、黄重九负责救灾物资分配、登记、安排值班等；秘书长任正发负责总协调及综合协调小组的全面工作。

5月29日，根据省委关于抗震救灾进入常态化管理的要求，经市抗震救灾指挥部同意，市政协副主席郑和平主持召开供给保障社会捐赠组会议，再次对内部分工进行调整：物资分配任务交由计划组（救灾物资需求计划组）承担，计划组改为计划物资分配组，由市民政局负责；原物资分配组（救灾物资分配调剂小组）的任务于5月29日14时全部移交给计划组；市建设局、市粮食局、市交通局等均接受计划组的安排；汽车、机具、帐篷、粮食、化肥等紧缺物资，仍由市政协领导和市政府领导一支笔审批。

从5月29日开始，市政协各委室、市委统战部、市工商联、市商务局、市经委、市发改委、市物价局、市国资委、市交通局、市建设局、市房管局、市财政局等责任单位陆续撤出工作人员，供给保障社会捐赠组下设的综合协调、物资采购、运输保障、水电气油、建筑物鉴定整治小组也搬回原单位办公，继续履行各自职责。市民政局从全市民政系统抽调10多名干部职工充实工作力量，及时建立快速有效的工作运行机制，保证各项工作的正常开展。

6月9日，市抗震救灾指挥部下发《关于调整供给保障社会捐赠组职责分工的通知》，确定由市政协主席张世虎牵头负责，市民政局局长杨学辉为负责人，副局长赵健为具体负责人，市政协只留少数人员配合市民政局做好有关资料的统计、清理、汇总、移交工作。除建筑物鉴定整治职能外，供给保障社会捐赠组其他职能不变，实行分组负责制，建立7个小组开展工作，即：综合协调小组、捐赠资金接收小组、捐赠物资接收小组、物资计划分配小组、物资供应采购小组、物资运输保障小组、水电气油小组。

6月10日起，市民政局全面负责救灾物资接收分配、仓储管理和火车货站物资装卸管理等工作。

三、绵阳市抗震救灾资金物资接收保障组

7月4日，市人民政府办公室下发《关于进一步加强抗震救灾款物接收使用管理工作的通知》，将市抗震救灾指挥部供给保障社会捐赠组更名为市抗震救灾资金物资接收保障组，由市政府副市长黄正良牵头负责，市民政局负责日常工作，相关部门按职能分工承担相应工作，实行分组负责制，建立7个小组：综合协调小组、捐赠资金接收小组、救灾捐赠物资接收小组、物资计划分配小组、物资供应采购小组、物资运输保障小组、水电气油小组。

四、县（市、区）救灾资金物资接收保障组织

（一）北川县

5月13日，绵阳市抗震救灾北川前线指挥部成立资金物资管理组，市政府副秘书长周鸣为组长，市商务局副局长焦枢清、市发改委副主任赵克雄、市经委副主任殷剑川、三台县北坝工业园区党工委书记宋朝友、北川县人大常委会副主任谢成旭为副组长。

5月18日，北川县抗震救灾指挥部成立资金物资救济管理领导小组，县政府副县长王久华任组长、县人大常委会副主任蔡祥瑞、市商务局副局长焦枢清、市经委副主任殷剑川任副组长，北川县府办、县民政局、县财政局、县审计局、县监察局等单位领导为成员，负责捐赠资金、物资的接收、分发工作。下设办公室、资金接收组、物资接收组、物资管理发放组、受灾群众临时安置及补助组等4个内设机构。

5月26日，北川前线指挥部资金物资管理组归并到北川县抗震救灾指挥部资金物资救济管理领导小组。6月23日起，由于关内12个乡镇交通中断，所有救灾物资须经绵阳—江油—平武—松潘—茂县绕道方能进入，县资金物资救济管理领导小组迁至绵阳樊华集团办公。随着抗震救灾工作进入重建及群众安置、农村永久性建房阶段，北川县成立重建工作党工委和管委会，下设新农村建设、群众安置和农村永久性建房办公室，领导小组隶属于该办公室。

（二）安县

5月18日，县委、县政府成立救助工作领导小组，县委书记王黎、县长赵迎春任组长，副组长由县委常委、常务副县长梁建，副县长刘胜军担任，成员由县委办、县府办、县财政局、县民政局、县粮食局、县审计局、县监察局等单位领导组成。领导小组办公室设在县民政局。

6月10日，县抗震救灾指挥部印发《关于调整供给保障社会捐赠领导小组的通知》，将救助工作领导小组更名为供给保障社会捐赠领导小组，组长改由县委常委、常务副县长梁建担任，其他成员不变，负责救灾捐赠款物接收、分配和救灾物资供给保障工作。领导小组下设：综合协调组、捐赠资金接收组、捐赠物资接收分发组、物资计划分配审批组、物资供应采购组、物资运输保障组、水电气油供给组等7个工作组。

（三）平武县

5月12日地震发生当天，县委、县政府成立救灾物资征集发放领导小组，向县城各商店、粮食销售部门采购和征用部分物资，供统一调配，统一发放到灾民手中。同时，县委、县政府成立平武县抗震救灾指挥部和南坝、平通两个前线指挥部，指挥部后勤保障组下设救灾物资保障组。

5月15日，成立救灾物资接收和发放临时小组，县政府副县长何晓涛任组长，县民政局、县总工会、县残联、县药检局主要领导任副组长，工作人员以县民政局干部职工为主，主要任务是接

收、发放空投物资。5月20日，成立抗震救灾物资接收、发放领导小组，副县长何晓涛任组长，县人大常委会副主任赵文举等为副组长，设立4个救灾物资接收、发放站。

5月30日，县抗震救灾指挥部成立抗震救灾物资管理组。县政协主席郑晓任组长，县纪委书记敬东阳、县委组织部部长党海燕、县人大常委会副主任赵文举等任副组长。设立救灾物资接收发放组（下设绵阳、响岩、南坝、龙安4个救灾物资接收管理小组）、救灾物资计划分配调剂组、救灾粮油保障组、救灾款物管理督查组、综合协调组。

（四）江油市

5月12日，江油市抗震救灾指挥部发出《关于成立抗震救灾工作小组的通知》，其中设有物资供应组和资金物资募集组。市委副书记周涛、市政府副市长韩晓清为物资供应组牵头领导，牵头单位为市经济商务局和市财政局，责任人为市经济商务局和市财政局局长；成员单位有市政局、交通局、农业局、粮食局、工商局、物价局、监察局、食品药品监督局、供销社、石油单位等。资金物资募集组，市政协主席范来山、市政府副市长胥洪为牵头人，牵头单位为市民政局、市红十字会，成员单位有财政、监察、工会、工商联等单位。

5月20日，江油市委办、市府办发出《关于调整抗震救灾工作组组成人员和工作职责的通知》，第二组为救灾资金和物资募集组，市政协主席范来山任牵头领导，责任单位有市政协办、市民政局、市投资促进局，协助单位是市委市政府目标督查办、市委统战部、市卫生局、市外事侨务办、市红十字会，主要负责多渠道募集救灾资金和物资。第二十二组是绵阳救灾物资代管组，市政协副主席张瑞光为牵头领导，责任单位有市政协办公室，协助单位是市民政局、市财政局、市交通局、市公安局，主要职责是妥善管理上级下拨的物资。

（五）涪城区

5月12日，涪城区抗震救灾指挥部成立，下设供应保障和社会捐赠组，组长为区政协主席秦廷汉，成员单位有区民政局、教育局、财政局、财办（三产局）等，负责受灾群众救助工作以及相应的资金物资保障，救济款物和捐赠款物的分配发放和管理，保障市场供应，搞好生活必需品供应保障群众基本生活等。区委、区政府还成立涪城区抗震救灾资金物资监督检查领导小组，专门负责救灾物资和资金的监管。

（六）游仙区

5月12日，游仙区抗震救灾指挥部成立，下设救灾物资接收和发放组，由区民政局、卫生局牵头，从民政局、救灾办、财政局、监察局、审计局、食品药品监督管理局抽调人员组成，负责抗震救灾指挥部的后勤经费保障和救灾款物的接收、转运、分发工作；负责对所形成资料的收集、整理归档工作。救灾物资接收和发放组下设3个小组：药品接收发放小组、物资（含食品）接收发放小组、食品药品质量监管小组。

（七）梓潼县

5月12日，梓潼县抗震救灾指挥部成立，下设后勤保障组和救灾救济组。后勤保障组由财政局、民政局、发改商务局、物价局、工商行政管理局、供销社等部门组成，县政府副县长何长鹰、县检察院检察长勾支洋负责，负责筹集、调拨应急物资和资金等工作，按照“特事特办、急事急办”的原则，确保抗震救灾应急所需资金物资及时调拨，确保市场供应。救灾救济组由财政局、民政局、救灾办等部门组成，县委常委、县政府副县长元承军，县委常委、总工会主席马理慧，县政协副主席陈友兴为主要成员，负责受灾群众的安置、救灾救济物资发放、接受外来物资和资金等紧急援助工作。

（八）三台县

5月12日晚，三台县抗震救灾应急指挥部成立，下设物资供应保障组，由县民政局、审计局、经济商务局等部门组成，县政协主席苏才华任组长，负责全县救灾物资的接收、发放、登记和管理工作。5月16日后，由县委办牵头，民政局、经济商务局各抽调7名干部，与县机要局、纪委、法院、检察院、审计局抽调的人员，共同组成物资接收组，专门负责救灾物资的接收和发放工作。

（九）盐亭县

5月16日，县委办公室、县政府办公室下发《关于印发〈盐亭县抗震救灾指挥部分工职责〉的通知》，下设抗震救灾供给保障组等6个工作组。5月25日，县委办、县府办下发《关于成立盐亭县抗震救灾相关工作领导小组的通知》，设立抗震救灾向上争取工作领导小组等9个工作小组，该领导小组组长由县政协主席李周全担任，副组长由县委常委、县纪委书记彭凯和县委常委、县政府常务副县长薛凯担任，主要职责是组织相关部门向省、市及对口部门汇报盐亭县受灾情况，尽可能争取上级相关项目、物资和资金支持。

第二节　政策和措施

一、政策

2008年5月17日，市抗震救灾指挥部发出《关于印发募捐资金管理办法的通知》和《关于规范全市抗震救灾资金捐赠管理的公告》。

《募捐资金管理办法》要求，募集资金必须通过绵阳市抗震救灾指挥部公布的捐赠资金账户进行归集、存储，专账核算，实行钱、账分管，确保账目清楚，资金安全；严格管理收款程序，做到手续健全、监管到位，凡现金清点、存储，必须由市纪委（监察局）派人共同办理；每日钱款受理完毕后，由市纪委（监察局）派员复核并经资金小组带队领导签字确认。为确保资金安全，在没有得到市抗震救灾指挥部批准前，所有捐赠资金账户只进不出，不得向外划拨任何款项。募集资金有关信息由市抗震救灾指挥部信息组统一管理，任何人不得随意对外发布。

《关于规范全市抗震救灾资金捐赠管理的公告》指出：绵阳市城区面向社会的救灾资金募集点，由市抗震救灾指挥部统一设置在火炬大厦广场和广场对面的樊华大厦，任何单位和个人不得在公共场所面向社会另设点接受捐赠。市抗震救灾指挥部统一设置账户，其他市级部门和单位及个人不得另行设置。市级各部门和单位在内部募集的资金，一律造册，统一缴存到市抗震救灾指挥部统一账户。各县（市、区）要加强对救灾资金募集的规范管理，强化监督，确保救灾资金募集有序进行。

5月22日，市抗震救灾指挥部供给保障社会捐赠组制定《捐赠物资接受制度》，要求：所有捐赠物资由市抗震救灾指挥部捐赠物资接受组统一接受；建立捐赠物资接受台账；建立捐赠物资仓储台账；实行捐赠物资接受情况按日统计和上报；实行捐赠物资接受情况公示，供给保障组每日18时前向社会公布。同时，还制定《捐赠物资分配制度》《救灾物资发放办法》《物资采购程序》《加强库存物资管理的通知》《救灾物资发放流程》等规章制度，确保救灾物资的接受、分配做到安全、有序、公平、公正、公开。

6月4日，市财政局紧急下发《关于管好用好抗震救灾财政资金的紧急通知》，要求各级财政开通救灾应急“绿色通道”，严格管理使用抗震救灾资金，提高资金使用效率和效益。

6月10日，中共绵阳市委办公室、绵阳市人民政府办公室下发《关于加强救灾捐赠款物管理使用工作的通知》（以下简称《通知》），明确救灾捐赠款物使用的基本原则：自愿捐赠，尊重意愿；统一规划，突出重点；合理安排，有效使用；公开透明，加强监督。对于救灾捐赠款物的接受管理，《通知》要求，市、县两级民政系统负责以政府的名义接受救灾捐赠款物，各有关部门可接受本系统的捐赠款物；各级红十字会、慈善协会等具有救灾宗旨的公募基金会可以救灾名义向社会开展募捐活动，接受救灾捐赠；没有救灾宗旨的公募基金会以救灾名义开展募捐活动应经当地民政部门批准；其他社会组织接受的捐赠款物要及时移交民政部门或者红十字会、慈善协会等具有救灾宗旨的公募基金会；组织开展义演、义赛、义卖等各类救灾募捐活动，要报有关部门批准，募集的捐赠款物要及时移交民政部门或红十字会、慈善协会等具有救灾宗旨的公募基金会。《通知》还对救灾捐赠款物的使用及救灾物资接受、运输、发放、管理、监督等作出详细规定。

7月4日，市人民政府发出《关于进一步加强抗震救灾款物接收使用管理工作的通知》，调整组织机构职能职责，明确救灾捐赠款物接收分配程序，并提出以下要求：市民政局全面负责救灾捐赠资金物资的接收、登记、管理和发放工作，对接收和发放的资金物资进行严格的登记，建立台账，做到账目清晰、管理规范；市财政局加强对救灾捐赠资金的管理，规范资金的接收、审批和拨付程序，对资金的管理进行全过程的财务跟踪监管；市审计局做到事前介入、事中监督、事后审计，实行全过程的审计监管；市监察局加强对资金物资监管工作的组织协调，严格执行纪律，坚决纠正和查处挪用、侵吞、虚报冒领救灾捐赠资金物资的行为。

二、措施

（一）资金物资接收

捐赠资金接收：将现金捐赠箱运到银行，由银行清点现金；存入指定账户（通过银行转账捐赠的直接汇入指定账户）；接收银行出具捐赠明细；进行登记，建立台账；将捐赠情况上报总负责人和计划分配组；市政府分管领导审阅；向社会公布资金捐赠接收情况。

捐赠物资接收：受理各地捐赠物资的约函登记；组织人员接收物资；填制物资接收表；交接双方签字；给捐赠单位回执；将接收物资的清单报计划分配组（入库或分发）；具体责任人审核；报市政府分管领导审阅；向社会公布物资捐赠接收情况。

《捐赠物资接受制度》明确规定，所有捐赠物资由市抗震救灾指挥部捐赠物资接受组统一接受；建立捐赠物资接受台账，确定专人负责，实行捐赠物资随接受、随清点、随登记、随出具接受凭据；建立捐赠物资仓储台账，实行分类管理，做到妥善和有序保管；实行捐赠物资接受情况按日统计和上报；对捐赠物资接受情况进行公示。

（二）资金物资发放

捐赠资金分配，由市财政局和市民政局协商提出分配意见，由有关领导审批。捐赠资金分配审批程序为：需求单位申报；保障组提出意见；市财政局审核；市政府分管财政领导审签；市政府主要领导审定。

捐赠物资分配程序为：受理各县（市、区）需求报告；根据需求报告编制分配方案；将分配方案报综合协调小组和总负责人审核；报市政府分管领导审批；根据领导审批的分配方案开具发货单；分发物资，做好物资分发登记；库存签发出库通知单；交接双方查验物资并签字；接收单位运走物资；接收单位出具回执单；向社会公布物资分配情况。对于贵重、大宗物资分配，报市委、市政府主要领导审定。

全市本着保障重点、兼顾一般的原则，对灾情严重的北川县、安县、平武县、江油市和绵阳市设立的安置点，编制计划时给予重点保障。对于汽车、机具、帐篷、粮食、化肥等紧缺物资，坚持由政府主要领导一支笔审批，严格发放程序。部分救灾急需又无存货的物资，经市政府主要领导同意后进行采购供给。对于食品、饮料等不易保存的物资，尽量做到随到即发、不停留、少储存。

市抗震救灾资金物资接收保障组只对各县（市、区）抗震救灾指挥部和市级灾民安置点发放救灾物资，对个别特殊需要的困难群众也给予适量发放，市级机关单位和其他个人不在发放范围之列。市接收保障组针对各县（市、区）抗震救灾指挥部的物资需求，对接收的物资进行调配和分发。对定向捐赠的款物，按照捐赠人的意愿进行分发，其他部分物资由市接收保障组进行分发，资金全部上缴国库，由市委、市政府进行统筹安排，重点向极重灾区倾斜。

（三）仓储管理

各相关部门严格按照《绵阳市抗震救灾物资综合仓库管理制度》和绵阳市抗震救灾指挥部《加强库存物资管理的通知》执行，做好救灾物资的仓储管理和安全保卫工作。《绵阳市抗震救灾物资综合仓库管理制度》《救灾物资仓库负责人职责》《救灾物资仓库审验组职责》《救灾物资仓库安全保卫组职责》《救灾物资仓库保管员职责》等全部上墙公告。

物资入库必须搞好验收，核对数量和品种；认真填写入库单；物资品种整车和数量整件有差错的，要另行登记。物资保管要做到“二清”“二齐”“一定位”（数量清、品种清，摆放整齐、库容整齐，按大类定位存放）；不霉、不腐、不变质；确保物资安全，严禁吸烟，注意防火，加强守护，严防盗抢。物资出库严格审批，凭市抗震救灾资金物资组《绵阳市救灾物资分配（发放）通知单》原件，才能提货；严格手续，物资发放由专人负责和登记，提货单原件要妥善保存；按时上报每日库存物资的品种、数量和急需出库物资的品种、数量。

第二章　捐　赠

第一节　捐赠活动

一、概况

5月14日，绵阳市抗震救灾指挥部向全国发出《关于为四川省绵阳市“5·12”特大地震灾害受灾群众募捐的倡议书》，并公布接受募捐电话、开户单位、账号及开户银行。市级各部门、群团组织及企事业单位，在抗震救灾的同时，通过各种渠道介绍绵阳灾情，争取支持，争取资金，组织募捐。市抗震救灾指挥部供给保障社会捐赠组以多种渠道向全国、省、市多家新闻媒体报送地震灾情、救灾抢险图片100余幅、新闻稿件75篇。同时，供给保障社会捐赠组及各成员单位通过网络、短信、信函、传真、电话等多种形式向外介绍绵阳地震灾情，呼吁关注绵阳。市工商联向全国各省、市工商联发出《绵阳市工商联关于为四川省绵阳市“5·12”特大地震灾害受灾群众献爱心的求助信》近70封。中国农工党绵阳市委通过网络发出地震灾情、抢险救灾新闻稿件480件、图片280张。市政协副主席沈其霖在中央社会主义学院学习期间，在中国网《中国访谈·世界对话》直播节目、中央社会主义学院、中国农工党中央机关，以访谈、报告等形式介绍绵阳地震灾情和绵阳人民英勇抗震救灾情况。5月16日，全国10省（区）27城市政协横向联系会第20次会议在湖北省鄂州市举行，绵阳市政协利用这一机会，及时向联系会主席城市鄂州市政协发出绵阳发生特大地震、损失惨重的信息。

全国各族人民、港澳同胞、台湾同胞、海外华侨华人以及国外政府、国际组织和国际友人慷慨捐助，为抗震救灾捐赠、提供大量资金和物资。5月15日11时，首批通过铁路运输的救灾物资到达绵阳，3车皮棉被和衣物，36辆油罐车（每罐60吨）。5月16日16时20分，首批空运救灾物资到达绵阳，上海国际货运航空分公司直达绵阳机场的专用货机，装载医疗设备、发电机、压缩饼干、矿泉水、羽绒服、弹力胶鞋等救灾物资，总重量达28吨。

图4-2-153 2008年5月19日，著名影星李连杰为江油捐赠救灾物资

安徽省芜湖市慈善总会紧急捐赠2000万元和一批价值1000余万元的帐篷、面粉等物资。广西李宁基金会为6所敬老院、5所中小学定向捐助资金1000万元。重庆市政府向绵阳捐赠电池、蜡烛，价值21.7万元。重庆宏源贸易公司向绵阳捐赠药品，价值32万元。重庆武警总队向绵阳捐赠发电机130台，价值23.8万元。四川省建设厅向绵阳捐赠切割机、铁锹，价值10万元。四川达州市政府向绵阳捐赠矿泉水、方便面、饼干等食品饮料9卡车，价值50万元。四川南充市政府向绵阳捐赠雨衣、牛奶、饮料等10吨，价值20万元。四川棉麻公司向绵阳捐赠棉絮2万床，价值60万元。双汇集团向绵阳捐赠火腿肠40吨，价值100万元。成都地建置业向绵阳捐赠矿泉水、方便面、饼干等，价值21万元。四川新希望集团向绵阳捐赠火腿肠2550件、牛奶7吨，价值10万元。绵阳电业局捐赠汽油200吨、电3000千瓦时、雨伞5800把，价值30万元。

5月21日，北京市怀柔区邓海龙、宋玉军等18个家庭，为绵阳地震灾区捐赠大米、食用油、方便面等食品，价值35.1万元。他们在慰问信中说："四川发生地震以后，全国人民一直都在关注你们。看着电视直播的场面，我们终日以泪洗面，心如刀绞。你们经历的灾难，让我们感到无比的难过与痛心。这场空前的灾难使你们失去了亲人，失去了家园。但是我们相信灾难不会让你们失去重建家园的勇气与信心……"

5月13—29日，向绵阳市捐赠救灾物资上千万元的单位有：广东珠海丽珠集团捐赠抗生素药品，价值1062万元；福建省红十字会捐赠食品、药品，价值1192万元；江苏扬子江药业集团捐赠药品，价值1003万元；南京市红十字会捐赠食品、药品，价值1500万元；重庆市民政局牵头筹集救灾机具、药品、医疗器械、棉被、帐篷等物资，价值1134万元。

省内大型国企为绵阳灾区捐款捐物的单位有：泸州老窖集团向安县援助2680万元，用于花荄小学灾后重建。四川长虹集团捐赠救灾物资和现金800万元，并将外界向长虹捐赠的700万救灾资金用于北川中学重建；四川天泰集团累计捐物捐款50万元，捐赠教学设备价值100万元，还积极争取外援，促成200万元捐款用于北川县希望小学重建；德阳东方汽轮机有限公司向北川县灾区捐款100万元。

截至6月12日，绵阳共接收来自全国各地的捐赠物资7000余车次、5万余吨，价值近5.4亿元。主要包括粮食、纺织品、衣物、帐篷、救人机具等救灾物资。

绵阳市抗震救灾指挥部捐赠资金专户（截至2008年7月9日）、绵阳市财政局国库抗震救灾捐赠资金账户（截至2010年1月25日），共接收捐赠资金2.79亿元。

二、市级部门（社会团体）组织、参与捐赠活动

（一）绵阳市政协

2008年5月12日下午，市政协向全国政协、省政协和兄弟市州政协发出求援函。次日，号召全市各级政协组织和政协委员积极开展各种形式的“我为抗震救灾做贡献”活动。市政协机关干部职工捐款9.32万元，部分市政协委员到机关捐款4.93万元。各县（市、区）政协机关职工捐款9.19万元，组织本级政协委员捐款928.38万元，捐物价值694.54万元。市政协争取市外兄弟城市政协捐款7万元、捐物价值30万元；协调全国政协捐款100万元，捐物价值50万元。据不完全统计，市政协参加单位、委员和委员企业捐款6500多万元，捐物价值1.73亿元。

四川省政协委员、绵阳市政协常委、四川兴力达集团公司董事长张钧，在集团公司经济损失达5.6亿元，员工遇难7人、重伤3人的情况下，向灾区捐款捐物607万元。市政协委员、四川好医生制药有限公司总经理耿福昌，在自身企业损失达2700万元的情况下，连夜组织生产消炎、止泻、抗病毒等灾区急需药品，向安县、北川、都江堰市等极重灾区捐赠急需的430余万元的药品和物资。陕西省咸阳市政协常委、民建咸阳市委副主委、咸阳市民营企业家协会副会长郑勇，在从平武县返回绵阳途中突遇地震，交通中断，徒步到绵阳，向绵阳市政协表示捐赠意向，并于5月14日赶回陕西咸阳，组织价值15万元的药品和20万元的食品，在5月17日1时运抵绵阳。

（二）绵阳市红十字会

2008年5月13日10时，市红十字会在高新区火炬广场设立抗震救灾临时办公点，设综合协调小组、物资接收组、救灾募捐组，迅速开展社会募捐。同日21时，第一批由内蒙古蒙牛集团捐赠的价值16万余元的牛奶、方便食品等运抵绵阳。随着绵阳城区的通讯基本恢复，成都新希望集团、四川科伦集团及荷兰、加拿大、挪威、北京市、山东省、福建省、江苏省、广西壮族自治区、扬州市等红十字会组织的救灾物资陆续运抵绵阳。至5月16日12时，市红十字会共接收捐赠物资价值约3400万元，其中中国红十字会总会，福建、重庆、扬州、成都、内江、资阳红十字会捐赠物资价值达600万元；唐山市、佛山市、蒙牛集团、三鹿集团、伊利集团、海尔集团、扬子江集团、雀巢集团、西安银桥集团捐赠物资价值2600万元；接收捐款200万元。

5月17日，市红十字会接到湖南山河智能机械股份有限公司捐赠的6台挖掘机、4台滑移装载机、1台破碎锤、衣服2000余件，总价值390余万元。该公司还派出专业驾驶员赴江油救灾前线救助受灾群众。

江西省赣州市一位好心人在收看温家宝总理接见北川县羌族小女孩刘小桦的抗震救灾特别节目后，通过四川省红十字会定向给刘小桦捐赠1万元的善款。6月22日，市红十字会常务副会长陈红将善款送到刘小桦手中。

9月2日，武都中心卫生院隆重举行中国红十字基金会援助江油市灾后重建项目签约暨华夏银行援建武都中心卫生院奠基仪式。中国红十字基金会援助绵阳市灾后重建资金总计1118万元，用于帮助武都镇、大康镇在地震中损毁的中小学校、卫生院、村卫生站恢复重建。

10月31日上午，大连市红十字会、民革大连市委员会、新商报共同向安县红十字会捐赠2033床、价值25万元的棉被棉褥。

据统计，绵阳市红十字会争取、募集过冬棉被10.9万床，棉衣2.41万件。其中，红新月会国际联合会援助绵阳市6万床棉被，香港红十字会援助2.49万床棉被，澳门红十字会援助安县塔水镇白庵村1414床棉被，中国红十字会总会援助绵阳市6000床棉被、2.4万件棉衣。

（三）绵阳市民政局、绵阳市慈善协会

地震发生后，市民政局、市慈善协会迅即成立接收捐赠组，在市民政局大楼门前设点接收社会捐赠款物，并通过电视、报纸等媒体公布接收捐赠账号、地点、电话。市民政局主动与省抗震救灾指挥部、省内外民政部门、兄弟城市取得联系，介绍地震灾情，取得支持和援助，山东、湖南、山西、福建、安徽、湖北、上海等省、市民政厅（局）先后援助绵阳灾区大批救灾物资。

5月16日，市民政局收到3笔从邮局汇来的捐款共600元，接收市佛教协会3万元、圣水念佛堂众三宝弟子3.047万元捐款。至5月17日，市民政局共接收协调运送1270顶帐篷、32760床棉被、1.02万套棉衣、14车食品饮用水、3400件乌江榨菜、5900个馒头、30台大型发电机、100台小型发电机，其他34车物资（含帐篷、棉被、食品）等。

5月19日，市慈善协会收到来自绵阳市实验小学3年级8班的沈佳妮平时集存的面值1分、2分和5分的零花钱，共计22.94元。同日，收到北京郭林家常菜四川籍员工杨洪娟等6人邮寄的1000元爱心善款；收到广东省乐昌坪石镇居士寄来的2200元捐款。

5月20日，上海市民政局组建的“社工灾区援助团”专家组来绵，上海慈善基金会常务副秘书长郭开荣决定将救灾资金投向绵阳，并通过四川省慈善总会牵线搭桥，为绵阳灾区5所敬老（福利）院和8所中小学共捐赠援建资金1.1亿元。

在国务院确定山东、河南、辽宁、河北等省对口支援绵阳后，市民政局落实专人积极与上述省民政厅联系，请求援助急需的帐篷、活动板房、彩条布、照明设备、棉被、米面油、药品等物资，并坚持每日上报对口支援救灾物资情况。

抗震救灾期间，市慈善协会先后收到美国角声基金会援建儿童村1000万元，加拿大援建敬老院、残疾人学校2200万元，李宁基金会捐款1000万元，泰康人寿捐款100万元，省慈善总会2250万元，攀枝花市民政局100万元，自贡市、达州市慈善协会各50万元，宝鸡市慈善协会10万元，海军绵阳舰官兵捐款1.57万元。

绵阳市社团工委、绵阳市民政局联合下发《关于在抗震救灾、灾后重建中充分发挥社会团体作用的通知》，全市各社会团体积极响应，全力投入慈善赈灾活动。市民政局机关及直属单位捐款9.7万元，城区个体协会捐款捐物折款达3000余万元；市浙江商会捐款100万元，物资12万元；市律师协会捐款5.7万元，捐赠价值2.3万余元的生活用品；市电力行业协会捐赠8万元资金给安县供电公司；市农资行业协会捐款0.95万元，捐赠600余件衣被，640件防疫药品，300具喷雾器，向北川县运送100吨化肥（碳铵）；四川亨帝建筑装饰有限公司向涪城区捐助20万元；绵阳市汇达装饰工程有限公司捐助200床棉被、向安县晓坝重灾区捐助大米、面粉等物资；维修行业协会组织维修厂家向救灾车辆提供免费服务500余起，捐款1万余元，捐物价值5000余元。5月13日，市政协委员、市慈善协会理事、长兴集团有限公司董事长苗伟组织60多名工程技术人员和民工，出动3台运输车，拉着搭建救灾帐篷所需物资，到安县永安镇搭建200多顶临时帐篷，使1000多名受灾群众得到及时安置；14—17日，组织公司职工伙食团为九洲体育馆受灾群众送去300多份饭菜和饮用水，鸡蛋1万多个；将转移到绵阳安置的曲山小学120多名师生接到长兴集团总部安置。此外，长兴集团还捐赠价值20万元的解暑抗瘟药品，向安县捐款30万元。

（四）绵阳市总工会

地震发生后，市总工会及时向上级汇报绵阳受灾情况，向全国各兄弟城市工会发出求助信，介绍灾情，寻求兄弟城市工会的援助。至2008年5月底，绵阳市直机关80个单位的7000余名职工向灾区群众捐款280万元。市国资委在企业开展“关爱灾区，奉献爱心”活动，所属企业累计捐款589万元，捐物折款2957万元。

5月13日至8月24日，盐亭县各级工会组织捐赠抗灾资金60余万元，救灾衣物、棉被2.3万件（套），大米、面粉等食用品约127.3吨。5月14—18日，涪城区总工会共募捐资金5.59万元。截至6月25日，江油市收到工会职工捐赠衣物2.4万件，食品、生活用品等价值3万元的捐赠物资。安县各机关、企事业单位的工会会员共捐资金70多万元、衣物1万多件、棉被1500余床。梓潼县总工会共组织全县工会组织和干部职工捐款180万元，捐物折价22万元。

（五）共青团绵阳市委

灾情发生后，团市委积极主动向团中央、团省委、中国青少年宫协会汇报绵阳受灾情况，争取上级团组织的支持。同时，与兄弟市（州）团委对接，介绍灾区的困难和需求，争取社会各界援助，为灾区争取资金、物资支持。

5月16日，团中央划拨抗震救灾款、特殊团费200万元到绵阳，并捐赠价值113.7万元的救灾物资；团省委、省青联捐赠价值35.2万元救灾物资。5月17日，乐山团市委为绵阳捐赠棉被、食品、矿泉水、蔬菜、水果等共计42万元的救灾物资。5月18日，河北省唐山市农民企业家皇甫志友向团市委捐赠价值10万元的帐篷和100万元的板式活动教室。5月20日，北京团市委捐赠价值40万元的药物、食品。5月22日，山西省吕梁团市委向绵阳“希望工程”捐款12.6万元。5月24日、28日，团省委向绵阳捐赠的价值1.2万元的书籍、价值130余万元的救灾物资分批运抵绵阳。

据不完全统计，截至2011年4月，团市委共接收社会各界捐赠共计1亿余元。

（六）绵阳市妇女联合会

灾情发生后，市妇联积极联系、协调全国各地妇联向绵阳灾区捐赠救灾资金和物资。截至2008年9月28日，市妇联共接收全国妇联、四川省妇联及社会各界捐款94.94万元，活动板房、妇女卫生用品、药品等救灾物资折合人民币1000多万元。

主要捐赠情况：5月13日，全国妇联捐赠现金70万元。5月13—15日，省妇联捐赠现金10万元，棉被、食品等救灾物资价值24万元。5月16—17日，省妇联捐赠5车救灾物资。5月18日，全国妇联捐赠价值3万元的救灾物资。5月21日，重庆市妇联捐赠价值30余万元的救灾物资，落实500名安县受灾儿童赴云南读书。5月23日，福建晋江市妇联捐赠价值336万元的救灾物资。5月24日，全国妇联、国务院妇女儿童工作委员会办公室捐赠1.1万元慰问品及慰问金；月朗公司捐赠价值100万元的卫生巾；绵阳各界妇女捐赠价值2万元的母婴用品。5月25日，全国妇联捐赠活动板房2000平方米，慰问帐篷学校学生、母婴物品价值2万元。5月26日，全国妇联捐赠净水机2台，价值60万元。5月27日，省妇联、省民政厅捐赠矿泉水10车，价值10万元；自贡市妇联捐赠价值2.84万元的物资。5月29日，泸县捐赠物资价值6万元。5月31日，宝贝吧捐赠画写板等价值3000元的儿童用品。6月3日，遂宁市妇联捐赠优质大米等物资，价值2.8万元；攀枝花市妇联捐款4.99万元；浙江省湖州市捐款7.24万元。6月6日，攀枝花市捐赠物资，价值26.48万元。6月18日，联合国儿童基金会捐赠服装

3000套。6月21日，自贡市沿滩区财政国库集中支付中心捐款2.15万元。

主要资助、援建情况：2008年6月至2011年5月，联合国儿童基金会和国务院妇女儿童工作委员会办公室联合在北川、安县、平武、江油4个县（市）建立12个“儿童友好家园”，项目总资金600万元。2008年6月，市妇联争取到中国儿童发展基金会援建资金1000万元，在安县汉昌小学、江油八一小学、平武百草小学、江油工业技校、盐亭玉龙小学、游仙二小援建6所“春蕾学校”。2008年11月，联合国儿童基金会资助绵阳市105名地震伤残儿童“一对一”援助资金42万元，资助每个伤残儿童4000元。2008年9月至2011年7月，中国空军“蓝天春蕾基金”捐赠48万元，资助平武、北川200名初中生完成3年学业，每年每个学生800元。2008年12月，河北“燕赵之爱奖学金”捐赠39.4万余元，资助平武、北川、安县、江油1004名困难儿童。2008年7月至2009年6月，中国妇女发展基金会资助“母亲安居工程”122万元。2009年2月，中国儿童发展基金会援建绵阳26个“爱心岛”和8家“安康图书馆”，总资金近340万元。

（七）绵阳市文学艺术界联合会

2008年5月16日，市文联印发《关于组织动员全市文艺工作者积极投身抗震救灾工作的紧急通知》，要求各县（市、区）文联（文协）、市直各文艺家协会及广大文艺工作者积极投入抗震救灾工作。同时，市文联积极组织捐赠活动，截至6月11日，共收到文联单位职工、市内文艺家以及文艺事业单位捐款10.02万元。市文联征集整理300多幅摄影、书画作品，6月16日在四川省美术馆正式开始展览义卖，后赴山东省淄博、济南两地展览义卖，三地义卖共筹集善款53万元，全部定向用于灾区文化、教育设施重建。

至2008年12月22日，市文联联系首都师范大学，为北川中学争取到200万元的援建资金；联络中国书协定向捐赠绵阳市遇难书协会员家属15万元；引介日本名幸电子（广州）南沙有限公司出资100万余元援建三台乐加小学；联络著名作家捐献图书30万册、电脑100台，为绵阳31所中小学建立金叶育才图书室。

（八）中共绵阳市委统战部

市委统战部通过中华海外联谊会、四川省光彩事业促进会，先后引进资金1800万元，用于绵阳六中、游仙区魏城卫生院、北川敬老院等重建项目。通过省委统战部协调资金125万元，用于绵阳市受灾地区统战部改善办公条件。联系山东省临沂市光彩事业促进会，捐助38万元用于地震灾区助学、助贫、助残。

（九）绵阳市贸易促进会

2008年5月14日，市贸促会将绵阳市的灾情向总会和省贸促会做了详细汇报，并向全国贸促会及各外商机构发出求助信，开展募捐活动。5月24日，中国贸促会组织价值20余万元的救灾物资送抵绵阳。山东省贸促会捐助10万元、珠海贸促会捐助2万元。加拿大医疗救助队捐赠游仙区特殊教育学校8.5万元。澳门贸促会捐赠400万元修建游仙区石板镇希望小学。

7月29日，英中贸易协会总裁傅仲森先生一行到绵阳市考察赈灾，促成韦莱保险经济有限公司在此后1年内为绵阳市主要企业免费提供风险管理和保险经纪咨询服务，以及罗宾逊设计事务所、基准方中建筑师事务所与长兴集团就灾后学校、医院等建筑设施重建方面开展合作。

10月27日，由绵阳市贸促会、绵阳市投资促进局牵头承办的“四川·绵阳灾后恢复重建项目推介洽谈会暨签约仪式”在绵阳举行，集中签约45个项目，签约金额115.44亿元。市贸促会还为江油市引进投资300万元，建设年产4000万匹砖的阳平砖厂；为北川县引进嘉城酒店项目，投资200万元。

市贸促会还成功引进“IBM企业全球志愿服务绵阳灾后智力援建项目”。IBM总部派出专家组，实地为绵阳市政府部门、企业和院校就灾后重建发展战略规划、提升竞争能力、提升灾区学校师资水平等领域开展具有国际水准的咨询建议和培训等服务，受益部门、院校和企业达500人次。项目还促成北川中学入选IBM的网络英语伴读软件捐助计划。

（十）绵阳市工商联

灾情发生后，市工商联向全国各省市工商联发出求助信，请求各地二商联和广大民营企业伸出援助之手，帮助绵阳灾区人民渡过难关。据不完全统计，全国各地共有26个工商联组织和行业商会，定向向绵阳灾区捐款捐物2100多万元；省内外民营企业通过工商联，向绵阳市捐款捐物共计7050.24万元。市工商联会员企业捐款捐物3700多万元，提供救灾车辆3000余台次，组织志愿者7000多人次，搭建帐篷1200余顶。

（十一）绵阳市人民政府台湾事务办公室

2008年5月16日，市台办协调并接收康师傅集团捐赠绵阳灾区77.85万桶方便面，价值200万元。5月17日，台湾财团法人地藏悲愿基金会委托其3位在绵义工向绵阳灾区捐赠价值8.3万元的食品、牛奶、矿泉水和药品，按照捐赠方的意愿，分别捐赠给游仙区、梓潼县和安县。同日，市台资企业汉来克思生态农业有限公司总经理、台商吴莅兴先生向安县秀水、塔水两镇捐赠价值1万元的食品和药品。5月18日，重庆市台资企业顶新集团向灾区捐赠价值近50万元的矿泉水，并分别送往安县和江油市灾区。5月21日，市台办积极向省台办争取，省台办紧急调拨70顶帐篷，并将该批救灾物资送往安县灾区。5月21日，台湾法鼓山慈善事业基金会为安县捐赠抗震救灾物资价值202万元，并为安县秀水镇捐赠现金10万美元，用于秀水镇自来水系统重建工程。

5月23日，市台办接受成都市红十字会转赠绵阳市抗震救灾物资40吨，其中有：成都锦江区佳恩培训学校捐赠的棉被，价值1.58万元；成都双喜贸易有限公司捐赠的牙刷，价值3.40万元；湖南大旺食品有限公司捐赠的食品，价值28.29万元。绵阳台资企业一点味公司免费为赴北川救援的江苏某消防部队送500份盒饭，并坚持每天为市中心医院送去300余份盒饭。5月28日，成都台商协会捐赠包括食品和生活用品等价值16.64万元的救灾物资，送往平武县灾区。

（十二）绵阳质量技术监督局

灾情发生后，绵阳质监局积极向国家质量监督检验检疫总局、省质监局汇报灾情，争取支持和援助。从2008年5月13日起，绵阳质监系统组织和动员全系统广大党员、干部职工向灾区人民捐款捐物，上交“特殊党费”，支援灾区人民抗震救灾。截至2008年11月，国家质检总局向绵阳质监局捐款捐物累计109.6万元，省质监局向绵阳质监局捐款捐物累计142.2万元，省内市（州）质监局累计捐款16万元。

5月16日，国家质监总局向江油市捐赠帐篷、棉大衣、棉被、手套、食品、药品等价值20万元的救灾物资。20日，国家质检总局募集到价值78万元的330顶帐篷运抵绵阳。22日，国家质检总局向绵阳市抗震救灾指挥部捐赠帐篷40顶，价值11万元。24日，河南省质监局向绵阳灾区捐赠20万元的救灾物资，支援江油市质监局执法车辆和检定仪器等设备。同日，省质监局向江油质监局捐赠价值20万元的救灾物资。26日，重庆市质监系统向绵阳质监局捐赠价值15万元的大米等救灾物资。27日，新疆喀什市质监局向绵阳质监局捐款10万元。6月11日，省质监局为平武质监局捐赠郑州产多用途乘用车1辆，价值18.6万元。8月26日，省质监局代码中心捐助绵阳抗震救灾款27万元，并将一批价值17万元的代码电子设备送抵绵阳。10月16日，山东省质监局向绵阳质监局、北川质监局捐赠

2台工作用车、3台计算机、2台笔记本电脑和15万元的周转资金，以及电子区域监管系统，价值100万元；江苏省质监局为绵阳质监系统争取到250万元的援助资金。

（十三）绵阳市商务局

地震发生后，市商务系统向灾区捐款捐物价值共计149.36万元。同时，积极向商务部、四川省商务厅汇报灾情，请求支援；向友邻市商务主管部门通报灾情，请求援助。

2008年5月14日，四川省商务厅向绵阳捐赠食品价值10万元。5月17日，捐赠食品价值100万元。5月18日，商务部捐赠食品3730吨，棉被等救灾物资，价值1500万元。同日，省商务厅捐赠北川县抗震救灾指挥部日产三菱越野车1辆，价值54万元；捐给北川县发改商务局现金10万元。5月20日，省商务厅捐赠绵阳体育中心灾民集中安置点伊利牛奶2500件，价值10万元。5月21日，省商务厅捐赠北川县桂溪救灾部队蔬菜，价值7.8万元；捐赠绵阳商务系统电视机100台，价值15万元。5月22日，省商务厅捐赠绵阳永兴中学牛奶价值7万元。5月29日，商务部捐赠帐篷300顶，价值42万元。

重庆市商委及省内宜宾、眉山、广安、泸州等市商务局也积极援助绵阳。5月15日，眉山市商务局向绵阳市红十字协会捐赠价值3.2万元救灾食品；广安市商务局向江油市捐赠价值3万元救灾食品。5月16日，重庆市商委2名干部带领10名厨师、8名驾驶员，自带炊事用品，将捐赠的大米12吨、面粉7吨、食用油2吨、榨菜2万多包运抵江油，现场加工米饭、馒头等食品供应灾民。同日，宜宾市商务局组织机关及所属职工捐赠价值7万元食品及救灾急需物资，交绵阳市红十字协会。5月21日，泸州市商务局向北川县香泉乡捐赠搭建临时帐篷用的塑料彩条布等物资，价值5.8万元。

（十四）绵阳市农业局

特大地震发生后，市农业局迅速做好灾区卫生防疫应急工作。四川省农业厅受农业部委托，于2008年5月18日紧急抢运手动喷雾器1000台、敌敌畏10吨、背负式喷雾器1300台、背负式喷粉喷雾器522台到绵阳，由市农业局负责转交市抗震救灾指挥部捐赠处。

（十五）绵阳市宗教界组织

抗震救灾期间，绵阳宗教组织积极开展捐赠活动，并协调海内外友好宗教组织为绵阳捐款捐物，捐款总额达到1亿元。绵阳市基督教爱国会组织30万元的救灾物资及时送往南河体育中心救助站。绵阳市佛教协会及时把四川省佛协、成都文殊院、陕西法门寺院捐献的200多万元救灾物资送往全市51处寺院。台湾慈济慈善基金会捐资8000万元，重建游仙区游仙中学和朝阳中学；台湾佛光山捐资1300万元，修建江油市彰明中学，向江油市赠送37辆救护车，价值500万元；台湾法鼓山捐资4500万元，修建安县秀水中心小学校、秀水卫生院、自来水供应塔等项目。

绵阳市多家寺院积极参与灾民临时救助。从5月13日下午开始，绵阳城区的6座寺院每天为灾民熬粥、蒸馒头，分别送往四〇四医院、骨科医院、协和医院以及5处灾民集中安置点。安县秀水镇卧佛寺先后接待灾民1000多人，高新区金祥寺接待灾民600多人，经开区王皇观接待灾民200多人。圣水寺安置唐家山堰塞湖避险转移民众2000多人，免费供应粥饭达15天。

三、民主党派捐赠活动

（一）民革绵阳市委

抗震救灾期间，民革绵阳市委在全市民革党员中开展“我向组织交纳一笔特殊党费、我为灾民献上一颗红色爱心”的募捐活动，捐赠和联系捐赠合计900万元，引资100万元建设项目7个，为灾区送越冬棉被150床。

民革绵阳市委联系山东德州汽摩学院向北川职中学生提供免费培训和就业安排，耗资约250万元。民革四川省委派员到北川县看望灾民，捐赠赈灾物品折合5万元。四川中山学校免费招收和培训3名江油女青年英语教师，折合1万元。黑龙江省哈尔滨市民革党员企业家捐赠20套组合音响，折合6万元。民革湘潭市委向涪城区磨家镇学校捐赠学生座椅，折合3万元。民革中央向江油市、三台县捐建学校，投资100万元。民革中央向绵阳市房屋受损的民革党员捐助慰问金2万元。民革河南省委向江油市太白中学捐献电气设备，折算价值100万元。

（二）民盟绵阳市委

2008年5月14日，民盟绵阳市委发出《关于组织广大盟员积极投入抗震救灾的通知》，全市盟组织和盟员共缴纳“特殊盟费”14万元。民盟绵阳市委联系省内外单位、企业、爱心人士捐赠价值750万元的救灾物资；组织盟员、家属、子女、学生等组成400人的志愿者服务队参加抗震救灾工作；组织盟内心理学专家深入灾区开展心理干预6000人次；组织数十辆汽车为北川、平武极重灾区无偿运送救灾物资。

2009年5月，协调民盟河南省委将70万余元“特殊盟费”定点投向江油市太平镇，新建龙门民盟“烛光小学”。

（三）民建绵阳市委

地震发生后，民建绵阳市委发动全市民建组织和会员捐款捐物，价值730万元；通过各种渠道为地震灾区联系协调捐款捐物，价值4936万元。抗震救灾取得阶段性重大成果后，民建绵阳市委积极参与灾后重建，2008年8月20日，民建中央思源工程扶贫基金会捐助400万元，分别援建江油市青莲镇太白思源小学、涪城区吴家镇思源留守儿童关爱中心、游仙区东林乡思源卫生院。

民建绵阳市委为涪城区卫生系统协调国家卫生灾后重建资金，为涪城区石塘镇协调灾毁耕地复垦资金，为游仙区财政局等协调上级灾后重建资金，为游仙区忠兴镇、三台县忠孝镇协调争取乡村道路建设资金等，共计2.1亿元。

2009年4月25日，民建中央中华思源工程扶贫基金会为绵阳中学、绵阳外国语学校等6所学校捐赠240套当年高考北京名师辅导VCD等，价值9.6万元。5月21日，资阳市民建会员向北川县任家坪小学捐赠现金2.4万元，捐赠学习用品价值6000元。

（四）民进绵阳市委

2008年7月9日，民进绵阳市委联系由出版商务周报及非国有书业工委会等单位联合主办的公益组织“千秋助读计划行动团队”到绵阳并捐赠5个图书馆，首批价值20万元的书籍分别运送绵阳5所小学。8月28日，联系西安凯华技术学院100万元资助绵阳灾区学生就读就业，首批30名来自北川、安县、游仙、涪城、梓潼、三台的受灾家庭学生和家长与西安凯华技术学院签订助学协议。9月11日，香港华光功德会“四川助学基金”成立仪式在绵阳举行，从2008年9月起，3年时间内援助北川、安县、江油、游仙等灾区33名受灾困难学生每月300~400元学习生活费。2009年2月12日，民进中央115万元捐助绵阳灾区5所学校多媒体教室。

民进绵阳市委先后引进爱心人士，向北川县擂鼓镇龙头村、永安镇向阳村、平武县平南羌族乡华光村、三台县塔山镇捐赠彩电、电脑等，价值80万余元；帮助贫困户和地震死亡村民家属18户，购化肥等计价值2万余元；送文化、送法律、体育表演、慰问演出等到农村灾区12次，写春联1700余幅，送字画500余件。民进绵阳市委主办的绵阳电子教育学校，免费举办灾区困难群众和农民工技能培训12期，近万余人受训并安置就业，安置就业率达100%，2008—2009年为灾区学生减免学杂费和资助贫困学生共计82万元。民进绵阳师范学院总支，民进绵阳市四中、五中、实验中学等民进基层组织，先后与安县界牌、涪城区龙门、磨家、关帝等乡镇中学建立对口支教关系或结对智力帮扶，派出优秀教师30余人次，进行技能培训或上示范课，并捐赠现金、书画作品和学习用具。

（五）农工党绵阳市委

抗震救灾期间，农工党全国各级组织和党员个人经过农工党绵阳市委办理捐赠到绵阳的救灾物资500万元。经农工党绵阳市委联系、协调，来自农工党全国各级组织的捐赠有：农工党黑龙江省委副主委、圣泰制药有限公司董事长高翔为绵阳市捐赠价值300万元的药品；农工党湖北省委、湖北拓朋医药有限公司捐赠价值1.1万元的消毒液；湖北省襄樊市农工医院院长张文仲等10名医疗专家，自带6万元药品器械，驱车千里来到绵阳市肿瘤医院参加医疗救护工作；农工党黑龙江省委、黑龙江茂祥益生医药公司捐赠价值10.24万元的药品；农工党海南省委、海南康芝药业股份有限公司捐赠价值39.18万元的药品；农工党山西省忻州市委赵伟虎秘书长一行，一天一夜驱车1500公里，将价值5.1万元的107顶帐篷和灾区急需的药品送到绵阳；江西省永修一中农工党总支主委、校长李军洪组织学校师生，为北川中学募捐7.67万元。

2008年9月3日，亚洲医师协会、农工党绵阳市委、农工党省直属中药所总支联合向绵阳市中医院捐赠血糖仪、血压仪等医疗设备40台。2009年4月，农工党四川省委、农工党绵阳市委联合向绵阳市中医院、梓潼县仙峰卫生院、江油市八一乡卫生院捐赠价值81.12万元的药品。6月15日，农工党中央、中国初级卫生保健基金会向江油市八一乡卫生院和18个村卫生室捐赠重建资金295万元。

（六）九三学社绵阳市委

震灾发生后，九三学社中央向绵阳灾区捐赠价值30余万元的急救药品和价值3万余元的《地震灾害卫生防疫必备手册》；九三学社北京市朝阳区委委托九三学社绵阳市委向北川中学学生捐款1万元；九三学社郴州市委向绵阳九三社员捐款1万元。

2008年8月，九三学社福建省委在极重灾区招收数十位学生免费提供2年的职业技术培训。12月，在九三学社中央协调、帮助下，农业部正式批复同意建设北川县“白山羊品种繁育基地”和平武县“枣儿红黄牛品种繁育基地”2个项目，分别给予200万元和150万元资金支持。

2009年5月，九三学社北京市朝阳区委、九三学社无锡市委领导专程来绵，与九三学社绵阳市委联合开展“情系香泉”慰问北川县香泉小学活动，为该校捐款、捐物合计8万余元。九三学社四川省委主委、预防地质灾害专家黄润秋帮助绵阳市争取到四川省地质灾害治理专项资金1000万元。同年，九三学社山东省委为北川县擂鼓镇捐赠40万元用于科技文化站建设；九三学社河南省委为江油市双河中学捐赠20万元，用于学校校碑建设及教学设施的改善。

截至2009年年底，全国各地九三组织和通过各级九三组织协调，向绵阳灾区捐款、捐物累计1000多万元，争取到灾后恢复重建专项资金1400多万元。

（七）致公党绵阳总支

2008年5月13日，致公党绵阳总支党员个人捐款2.6万元，并捐献大量衣物。其后又开展特别捐助活动，共收到特别捐助款1.57万元；总支委员康宁所在的四川侨兴实业有限公司组织员工向灾区捐款1万元，捐赠价值4000余元的衣物。争取爱德基金会50万元善款用于购买救灾用品。5月17日，党员陈琴通过其兄长争取到成都欧度服饰有限公司5万元的捐赠物资。5月30日，致公党绵阳总支争取到上海新驼峰行动小组捐赠价值约100万元的衣服、帐篷等物资。5月，党员李亚琳争取到浙江企业家和中国银行捐赠40万元的各类物资。6月，副主委郑学全为游仙争取价值35万元的化肥和蔬菜种子。致公党四川省委、致公党成都市委为北川八一帐篷学校捐赠价值约4.1万元的书籍、乐器和体育器材。8月，致公党绵阳总支协调上海映绿等民间机构投资30万元在游仙区举办“向日葵儿童夏令营”，帮助1000多名儿童摆脱地震造成的心理阴影；争取到香港乐善堂主席刘文文捐赠100万元港币，用于支持游仙区教育灾后重建和资助平武县南坝镇因地震造成的单亲家庭。

2008年8月至2009年8月，致公党绵阳总支为涪城区河边小学、游仙区瓦子小学和观太小学、三台县忠孝乡小学、梓潼县玛瑙小学争取到海外华人和致公党北京市委、致公党广东省委、致公党深圳市委捐助重建资金435万元。2008年9月，联系合作伙伴爱德基金会捐资35万元，实施游仙区云凤乡泉水村、忠兴镇明月村灾后重建集中安置点的排污设施项目。2008年11月，联系广东潘伟康等为三台、盐亭10多所学校捐赠价值约30万元的爵士鼓、乒乓球台等文体用品。

2009年1月，致公党中央向平武县南坝镇受灾群众发放价值5万元的大米和食用油。2月，致公党中央赞助100万元支持三台县郪江卫生院重建。3月，绵阳致公党党员康宁为三台县、盐亭县、安县贫困农户捐赠价值31.9万元的优质香稻种子。总支争取到爱德基金会e万行动——地震单亲儿童资助项目，61名地震单亲学生获得基金会捐赠的每人每学年2000元的资助金。4月，联系爱德基金会捐资200万元在游仙区和盐亭县实施“爱心彩瓦”“爱心粮食”项目。5月，协调落实致公党四川省委捐助梓潼县双板小学灾后重建项目资金30万元。6月25日，协助致公党山东省委向北川县学校捐赠价值20万元的图书。7月，协助麦田计划向盐亭县8所学校捐赠图书10万余册。

四、县（市、区）组织捐赠活动

（一）北川县

截至2009年5月12日，全县接收来自中央、国家机关、部队，省、直辖市、自治区，民主党派、人民团体，社会组织，港、澳、台及海外侨胞，个人和国际社会各类捐款共2.02亿元，捐赠物资价值约7.44亿元。

其中，国内各阶层人士捐款665.36万元（定向捐款642.77万元，非定向捐款22.59万元）。接收捐赠的物资中，衣物共6132件、帐篷2255顶、活动板房22间、棉被610床、大米和面粉5吨、菜油7.7吨、食品3吨、矿泉水433件、电脑114台、钢琴2台、图书1000册、文具1500件，其他物资5100余件，折合人民币约650万元。

因北川县从救灾到赈灾由市上统一指挥、安排，故县内仅有部分活动，部分捐赠活动如下：

5月13日，四川省供销社农资集团捐赠钢钎1车、铁锹1车、铁镐1车。5月17日，四川省安监局定向北川安监局捐赠猎豹越野车1辆，电脑3台，佳能复印机1台，照相机1台，打印机1台，摄像机1台及帐篷、棉被、雨靴、衣物等物品。5月19日，中央党校定向县委党校捐款10万元，香港慈善会定向通口镇人畜饮水工程捐款79.1万元。5月20日，山东省日照市捐赠价值296万元的棉被、毛毯、毛巾被、口罩、手套、切割机、消炎药品等救灾物资。5月24日，科技部定向县科技局捐款5.65万元。5月23日至11月8日，烟台市委、市政府捐赠水果2万公斤、棉被24701床、棉衣6478件、毛毯5550床。5月25日，俄罗斯捐赠野战炊事车2辆。5月26日，四川省委农村工作领导小组办公室捐款40.235万元，山西寿阳县民政局捐款100万元。5月31日，西昌市红十字会捐款100万元，天津市河西区同望小学定向北川学校抗震救灾捐款30万元。5月31日至12月29日，河南实验小学定向曲山小学捐款35万元。6月11日，中央办公厅人事局定向北川中学捐款6万元。6月12日，安徽怀远县红十字会定向陈家坝乡政府捐款100万元。6月14日，财团法人台北市教会捐款20万元。6月19日，江苏省昆山市玉峰小学定向曲山小学捐款25万元。6月24日，济南市平阴一中定向北川中学重建捐款11.06万元。6月30日，青岛市台东六路小学定向陈家坝小学捐款15.39万元。7月18日，美国杜邦集团上海公司定向县教育体育局捐款165.93万元。8月，全国妇联捐赠价值90万元的3台制水机。8月20日，国家广电总局定向县广电局捐款200万元。10月26日，香港汇富中国教育基金定向永安小学重建捐款263.79万元。11月，山东省妇联捐赠1万件爱心毛衣、1000床棉被、1000件羽绒服。

（二）安县

截至2009年12月31日，县慈善总会接收捐款2041.87万元，接收物资价值4.43亿元。2008年抗震救灾期间，部分捐赠资金情况如下：

5月20日，台湾法鼓山基金会慰问秀水镇汉昌小学遇难教师家属、睢水卧佛寺、飞鸣禅院捐款6000元，台北法鼓山慈善会定向为秀水镇修建自来水塔和采购饮用水捐款10万美元。

5月22日，香港现成电脑纸有限公司非定向捐赠港币44.61万元。

5月23日，民政部捐赠帐篷20323顶、粘布74块、移动厕所11个；辽宁省委、省政府非定向捐款1000万元；四川省交通厅非定向捐款10万元；省委党校定向向县财政局救灾专户捐款5万元；省农业厅植物保护站定向县农业局捐款2万元；浙江省金华市财政国库支付局非定向捐款50万元。

5月27日，晋江市民政局定向桑枣镇初级中学捐款44.29万元。

5月28日，四川省新闻出版社定向安县文化旅游局捐款5万元，四川省科技厅机关定向安县科技局捐款30万元，河南省许昌县财政局河街财政所定向秀水镇人民政府捐款27.48万元。

5月29日，建平县民政局定向县民政局捐款30万元，建平县民政局定向沸水镇敬老院捐款70万元。

5月30日，辽宁省公安厅定向县公安局民警慰问金捐款100万元、工作经费捐款100万元；四川省建设厅定向安县建设局捐款30万元。

6月2日，贵阳市云岩县民政局定向安县中学捐款50万元。

9月7日，中国银监会定向宝林镇调元小学捐款22.5万元。

图4-2-154 辽宁省公安厅向安县公安局捐赠资金

部分捐赠物资情况如下：

联合国儿童基金会捐赠乘用车1辆，联合国粮食计划署捐赠方便面1.2万件。

香港明一集团捐赠学生用品1车、军用帐篷2顶。香港特别行政区大地慈善基金会捐赠床单3000套。

中宣部捐赠图书2万册。团中央捐赠物资价值100万元。农业部捐赠汽车1辆、计算机2台、三轮摩托20台。

四川省台办捐赠帐篷70顶，四川省公安厅捐赠帐篷60顶。四川省商务厅捐赠奶粉1963件。四川省民政厅捐赠帐篷3100顶、饼干750件、矿泉水1065件、火腿肠500件、运动服258袋、菜油800件。绵阳市民政局捐赠帐篷89顶、轮椅80辆、冰柜20台、多层板4420张，团市委捐赠食盐20件、书包1件、婴儿用品1件、生活用品2件、奶粉1件，市投资促进局捐赠衣服56箱，市抗震指挥部调拨挖掘机和装载机共4台、发电机3台。

辽宁锦州凌海市民政局捐赠小腌菜1348件。辽宁晚报社捐赠学生用品30件。辽宁省公安厅捐赠帐篷30顶、菜油20箱、棉被600床、棉大衣500件、大米5000公斤、复印机1台、松下传真机10台、摄像机2台、数码照相机2台、信息通信设备1套、翱龙吉普车20辆、神舟液晶一体电脑50台、警用摩托车10辆、钢结构活动板房4000平方米。

河南省永城市捐赠面条50吨、面粉139吨。

宁夏回族自治区交通厅捐赠自卸车1辆。

广州市花都区捐赠帐篷600顶。深圳市福田区捐赠帐篷15顶。

（三）平武县

截至2009年5月12日，全县共接收各类捐赠资金1.02亿元及价值2.77亿元的救灾物资。

5月14日17时，平武县龙安物资站接收全县第一批外地捐赠的救灾物资，为成都市小五牛公司送来的一小型货车牛奶、方便食品、药品、日用品等救灾物资。5月16日，收到贵州省六盘水市捐赠的饼干。6月，中央军委委员、国防部部长梁光烈个人捐款3万元，用于南坝小学救灾安置；河南省商丘市民办学校捐款3.61万元，用于平通中学抗震救灾；台湾陈桂红女士捐款7万元，用于南坝小学抗震救灾。

图4-2-155　平武县干部群众踊跃捐款

2009年5月，宋庆龄基金会捐款800万元，用于叶塘、荣华、新乾、水田小学灾后恢复重建。云南慈善总会捐款800万元、贵州慈善总会捐款400万元，用于平武县敬老院灾后恢复重建。

2009年，平武县成立慈善总会办公室。2009年9月27日，县慈善总会办公室在各乡镇和县城共设立22个慈善爱心捐赠箱。县慈善协会在农行、信用联社设置资金捐赠专用账户，接受社会捐赠。

（四）江油市

汶川特大地震发生后，江油市党政机关、企事业单位、社会团体、知名人士、外出乡友和干部群众，纷纷慷慨捐款捐物。江油南方建设工程有限公司捐赠2万元。江油市工商联主席、汇星实业集团有限公司董事长任明辉捐助8万元的救灾物资，组织210名职工参与抗震救灾志愿者服务队。截至5月16日18时，江油民营企业捐款捐物折合人民币66.56万元，个体私营协会组织个体工商户和企业募集救灾资金11940元。截至2009年12月31日，江油市共接受捐赠资金9738.06万元，各类捐赠物资折价约3亿元。

接收外来捐助情况：

5月14日4时，重庆市渝北区援助团抵达江油，向江油捐款15万元，捐赠价值25万元的药品、食品、帐篷、棉被等救灾物资。同日上午，内江市委、市政府送来矿泉水800件、饼干等食品1800件，雪米饼2714件。四川省民政厅、遂宁市、四川华西集团、红原航空、中国一航、西航集团、陕西飞机公司、江油立生药业、川香园等单位也纷纷为江油送来急需的救灾物资。

5月15日，浙江红狮集团向江油捐赠救灾资金200万元，拉法基集团捐赠200万元，中国蓝玻集团捐赠50万元，宁波围海集团捐赠30万元，上海国大集团捐赠帐篷1000顶，上海杨浦区五角镇捐赠10万元，杭州博贸科技公司捐赠5万元。

5月17日，沱牌药业向江油市灾区捐赠抗震救灾急需药品：葡萄糖注射液、氯化钠注射液、葡萄糖氯化钠注射液共3个规格1200余件，总价值近50万元。

截至5月18日17时，江油接受上海宝山、沱牌集团、湖北孝感、浙江红狮、深圳南玻、浙江围海等28家企业救灾捐款767万元；10名企业家个人捐款185万元；河南山河智能机械有限公司捐赠

图4-2-156 江油市民自发为北川县、平武县受灾群众捐赠衣物及生活用品

挖掘机7台，价值470万元；浙江临亚、上海国大、蒙牛集团、福建宏信等24家企业捐赠帐篷3000顶，棉被4000多床，各类赈灾食品、药品1万件（套），机电等其他物品1万件（套），总价值1210.5万元。

（五）涪城区

2008年5月14日，涪城区委办、区政府办联合下发《关于开展向受灾群众“送温暖、献爱心”社会捐助活动的通知》。5月14日，区民政局将捐赠物资接收中心转移到南河体育中心北大门，24小时值班。区委机关当天捐款6.8万元。区财政局多次组织职工围绕“送温暖、献爱心”主题开展捐助活动，为重灾区捐款3批次共1.68万元，缴纳“特殊党费”1.04万元。区民政系统干部职工捐款3.5万元、交纳“特殊党费”1.35万元。区法院党组成员、纪检组组长王伟发动外地友人为灾民筹集资金10万元及价值130余万元的药品。

5月14日，绵阳籍美国华人袁津玮联络身边的川籍华人募集2500美金购买牛奶、糖果等食品，捐给灾区群众。

5月17日，从马达加斯加返回绵阳找到亲人的平武县南坝镇建全村杜品旭的侄女杜小燕，到涪城区民政局捐款26万元。

至5月20日17时，区抗震救灾捐助中心共收到区级单位、乡镇、街道和社会各界人士捐款220万元，各类物品价值500万元。

至2009年12月31日，涪城区共接收捐款资金9049.86万元，接收食品等物资折合685.15万元，以及大量未折价物资。

图4-2-157　涪城区组织捐赠活动

（六）游仙区

2008年5月15日清晨，游仙区召开义捐支援灾区动员会议，随后全面开展捐赠援助和赈灾救助工作。

5月15日，游仙区各级干部、职工、公安干警、武警官兵和企业职工共捐赠7.74万元。绵阳市科兴种业有限公司捐款5000元；区台侨联志愿者募捐923.3元；经济试验区募捐1750元；学生王洪捐款1000元；白蝉二村魏玉兰老人捐款2000元；富乐中学不留名的女学生将两年存的零花钱硬币260元投进义捐箱；不愿留名的83岁太婆向义捐箱投进100元支援灾区；还有其他个人捐赠2220元。

截至2009年年底，游仙区慈善总会共接收国内抗震救灾捐赠款1769.96万元，接收捐赠物资14.89万宗，折合5400余万元。其中部分捐赠如下：

山西利虎玻璃集团有限公司定向捐赠教育资金100万元，用于太平小学重建。新疆阿勒泰清河县慈善会定向白蝉小学资金2万元，用于白蝉小学重建。吉林省通化市东昌区教育局定向捐赠教育资金35.29万元。

四川金太阳畜牧饲料集团有限公司10万元、金太阳畜牧饲料集团有限公司（职工）12.52万元定向资金，分别用于建华乡石垭村重建5万元、企业受灾员工救助款9.5万元、柏林镇重建8.02万元。

绵阳家福来电器有限公司10万元定向捐赠资金，用于企业受灾员工救助款5万元、柏林镇重建5万元。四川兴发房地产开发有限公司36.84万元定向柏林镇，用于柏林镇洛水村重建。

2008年6月3日，德国明爱慈善协会为柏林镇捐赠价值300万元的1200顶帐篷。国际狮子会先后多次为魏城小学捐赠价值共30余万元的救灾物资。2009年4月9日至2010年9月1日，日本红十字会先后捐资2574万元，支援游仙区学校和卫生院重建。日本国庄原市政府捐助富乐实验小学灾后重建资金18万元。2009年12月1日，八方支援基金创办人庄汉杰到游仙，捐款800万元支持刘家镇中学恢复重建。

（七）梓潼县

震后，梓潼县抗震救灾指挥部设有募捐工作组，负责接收社会各界捐赠。县民政局成立赈灾募捐工作小组，由局长任组长，组织开展县内外募捐活动。2008年5月16日，梓潼县在县城内设置6个捐赠点，同时在受灾最严重的马迎、许州、豢龙、黎雅、金龙场等乡镇设置临时捐赠点。在梓潼县党政网公开募捐接收账号、收款单位和开户银行及热线电话，通过网络、电话等通信手段向全社会开展募捐。截至2009年年底，在抗震救灾募捐活动中，共接收捐款1083.39万元、捐赠物资折价3839.82万元。

梓潼县双峰乡柑树村五社55岁农民、共产党员雷成玉将自己种的5000多公斤蔬菜于5月22日上午分别捐赠石牛中学、西蜀宾馆两个外地灾民集中安置点。梓潼县蜀昌建筑有限公司工会为地震灾民捐款20万元，为北川、平武、安县等地灾民在梓潼临时安置点捐赠3万元的大米、食用油；为梓潼县兴文中学捐款20万元；投资15万元为受灾职工和社会灾民搭建帐篷3000平方米，出资4万元资助9名因灾家庭困难大学生入学。梓潼县发动小学生建立流动“爱心箱”，仅5月16日至18日3天，向社会募捐现金13473.7元。

（八）三台县

2008年5月14日，县委、县政府下发《关于开展向“5·12”地震灾害受灾群众募捐活动的通知》，并成立三台县抗震救灾指挥部捐赠处，开设接收捐赠资金专户，捐赠处设在县民政局，在三台县政务网公开募捐接收账号、收款单位和开户银行及热线电话，通过网络、电话等通信手段向全社会开展募捐。至5月16日17时40分，县抗震救灾指挥部捐赠处接收各界捐款270.59万元。至6月18日，三台县红十字会接收县内捐赠资金共计76.68万元。

市民捐助热情空前，四川古杉油脂化学有限公司、古杉集团董事长俞建秋携全体员工，一次性捐助100万元。5月15日晚，4位不留姓名的捐款者，代表北坝镇樟树村3组村民，到县民政局救灾值班室捐款6000元。绵阳佳联印染公司得知北川灾民们要来三台安置，公司领导除动员大家捐款外，还带领全公司员工赶制被单和床单共1300套，价值10万余元，于5月18日送到救灾捐赠处。同日，重庆市潼南县桂林镇向三台县捐赠一卡车矿泉水、食品、蔬菜等价值5万余元的救灾物资。

截至2009年5月20日，三台县抗震救灾指挥部捐赠处接收捐赠资金1474万元，接收捐赠物资47.6566万件，价值近9500万元。

（九）盐亭县

地震发生后，县抗震救灾指挥部于2008年5月12日连夜印发《关于动员和组织全县机关干部职工捐助救援受灾群众的通知》。5月14日，县民政局、县慈善总会组织慈善募捐活动，24小时接受群众捐赠。县外侨办、红十字会及时开设抗震救灾捐赠账户，在互联网、县电视台公布捐赠账号和捐赠信息，向国内外求救。

县文化旅游系统捐款和交纳“特殊党费”4.3万元，县广电局捐款1.17万元，县卫生系统捐款11万元。截至6月7日，县民政局、县慈善总会设县城内的5个捐赠点募集资金14.82万元。截至6月30日，县教育基金会收到教体系统干部职工捐款49.3万元。5月13日至8月24日，县中小企业局机关及全县各企业捐赠救灾衣物、棉被2.3万件（套），大米、面粉等食用品约127.3吨。8月25日至12月10日，县中小企业局及县总工会组织全县74家中小企业捐赠救灾资金208.72万元。截至12月，县民宗局组织各类捐款、捐物、零星救济16.53万元。截至2009年12月31日，全县政协委员和机关干部捐款、捐物折合人民币54.05万元。

湖南省长沙市岳麓区委、区政府向盐亭捐款300万元，援建盐亭中学教学楼和社会福利院。长沙新宇集团董事长姜志强捐资100万元，新建定光小学教学楼。江苏飞达集团董事长朱国平捐资100万元，为高灯小学新建综合楼。盐亭县友好合作县——浙江省缙云县捐款30万元。江西景德镇市昌江区委、区人民政府向盐亭捐款30.3万元。上海达时模具公司财务总监周优美代表公司向文同中学现场捐赠现金5万元和价值30万元的仪器设备。广东电子技术学校向盐亭县富驿中学捐赠20万元。

此外，挪威红十字会向盐亭县捐赠帐篷619顶，瑞典服务援助协会捐赠毛毯9572床，西班牙捐赠童毯、玩具、保温杯、衣服共202箱。

截至2009年12月31日，盐亭县接收捐赠资金9231.47万元，接收物资价值近8000万元。

第二节　捐赠资金接收与发放

一、市本级

（一）市抗震救灾指挥部捐赠资金专户（2008年5月12日至7月9日）和市财政局国库抗震救灾捐赠资金账户（2008年5月12日至2010年1月25日），共接收抗震救灾捐赠资金2.79亿元，全部安排使用。

（二）市民政局于2008年7月9日至2009年12月31日，共接收抗震救灾捐赠资金3597.85万元，全部安排使用。

（三）截至2009年12月31日，市红十字会接受社会各界捐赠资金9784.00万元，安排使用9663.29万元，待安排120.71万元；签订灾后重建项目协议651个，项目资金8.17亿元。

1. 定向捐赠资金接收

截至2009年12月31日，市红十字会接受社会各界有明确受赠人及指定用途定向捐赠资金4434.66万元，按照捐赠方的捐赠要求，将定向捐赠资金拨付至受赠方并用于指定用途。

2. 非定向捐赠资金接收及其使用情况

截至2009年12月31日，市红十字会接受社会各界非定向捐赠资金5228.63万元，其中：

（1）非定向捐赠资金5000万元，经绵阳市政府第72次常务会议同意，全部调整为灾后重建资金，用于绵阳灾后重建项目（具体为：盐亭县嫘祖学校，金孔镇卫生院，八角镇卫生院；游仙区玉河镇卫生院，刘家镇卫生院，石马镇初级中学；涪城区新皂镇小学，金峰镇卫生院；梓潼县石牛小学，自强小学；三台县花园镇卫生院，黎曙镇卫生院，永明中学；高新区兴业路小学；仙海区红十字中心学校；灾区群众地震康复项目）。

（2）按照市委、市政府要求，将223.8万元非定向捐赠资金，用于平武县、游仙区遇难学生家庭补助。

（3）使用非定向捐赠资金4.83万元，用于绵阳市“9·24”洪涝泥石流灾害购棉被、方便食品运往灾区。

（四）截至2008年7月23日12时，绵阳市总工会收到全国各级工会组织的抗震救灾资金1114.36万元。其中全国总工会、四川省总工会拨入专项经费711.5万元，全国各省市地方工会组织和职工捐赠402.86万元。

表4-2-44　　绵阳市抗震救灾指挥部接收大额捐赠资金一览表

时　间	捐赠单位或个人	金额（万元）	备　注
2008.5.13	四川九洲电器集团有限责任公司	200	—
2008.5.14	河南许昌胖东来商贸集团	100	—
2008.5.14	四川天晨投资控股集团有限公司	50	—
2008.5.15	地方财政库款——镇江市财政局	150	—
2008.5.15	柳州市人民政府	100	—
2008.5.15	泸州市人民政府	50	—
2008.5.15	广安市人民政府	50	—
2008.5.15	长春市人民政府	100	—
2008.5.15	四川辰兴房地产发展有限公司	50	—
2008.5.15	凉山州财政局预算内存款户	200	—
2008.5.16	北京市西城区红十字会	60	—
2008.5.16	桂林市财政局	130	—
2008.5.16	长春市市直行政事业单位会计集中支付中心	100	—
2008.5.16	连云港市财政局	100	—
2008.5.16	四川久远投资控股集团有限公司	100	—
2008.5.16	甘孜州人民政府	50	—
2008.5.16	北京市人民政府	100	—
2008.5.16	徐汇区民政局	300	—
2008.5.16	泰州市财政局财政库款户	100	—
2008.5.16	绵阳港华燃气有限公司	50	—
2008.5.16	宜宾市财政国库支付中心	50	—
2008.5.16	四川省烟草公司绵阳公司	100	—

续表4-2-44

时　间	捐赠单位或个人	金额（万元）	备　注
2008.5.17	北海市财政局	100	—
2008.5.17	华润雪花啤酒（绵阳）有限责任公司	50	—
2008.5.17	中国建银投资证券公司	50	—
2008.5.17	国信证券有限责任公司绵阳富乐路营业部	50	—
2008.5.17	攀枝花市民政局	100	—
2008.5.17	武胜县财政国库支付中心	100	—
2008.5.18	东营市慈善总会	300	—
2008.5.18	仁寿县国库集中支付中心	50	—
2008.5.18	华蓥市慈善总会	150	—
2008.5.19	长春市市直行政事业单位会计集中支付中心	500	—
2008.5.19	新疆好家乡超市有限公司	50	—
2008.5.19	中国建银投资证券有限责任公司	50	—
2008.5.19	四川古杉油脂化学有限公司	50	—
2008.5.19	自贡市慈善协会	50	—
2008.5.20	深圳市英龙建安（集团）有限公司	102.3	—
2008.5.20	中国黄金集团公司	100	—
2008.5.20	上海市嘉定区民政局募捐专户	500	—
2008.5.20	东方电气集团东方汽轮机有限公司	100	—
2008.5.20	达州市慈善协会	50	—
2008.5.20	中信（绵阳）房地产有限公司	50	—
2008.5.21	中国工商银行股份有限公司四川分公司	100	—
2008.5.21	温州市龙湾区慈善总会	100	—
2008.5.21	拉法基瑞安（四川）投资有限公司	500	—
2008.5.21	北京市宣武区财政局	200	—
2008.5.21	南阳市财政局	1000	—
2008.5.21	刘志刚	51.2	—
2008.5.21	苏州兴力达公司	300	—
2008.5.22	内江市财政局	100	—
2008.5.22	长春市慈善总会	500	—
2008.5.22	四川省慈善总会	2550	—
2008.5.22	桂林市民政局	1500	—
2008.5.22	岳阳市慈善总会	200	—
2008.5.23	广安市广安区财政国库支付中心	100	—
2008.5.23	四川富临实业集团有限公司	100	—
2008.5.23	海口市慈善总会	500	—
2008.5.23	徐汇区民政局	1000	—

续表4-2-44

时 间	捐赠单位或个人	金额（万元）	备 注
2008.5.23	凉山州财政专项资金特设专户	700	—
2008.5.23	北海市慈善总会	100	—
2008.5.24	四川省南充市红十字会	100	—
2008.5.24	泸州市财政国库科	230	—
2008.5.24	四川九洲电器集团有限责任公司	62.8	—
2008.5.26	芜湖市人民政府	100	—
2008.5.26	教育基金会	85.1	定向捐赠教育
2008.5.26	浙江商会	73	—
2008.5.27	佛山市顺德区台商投资企业协会	103	—
2008.5.27	中国宋庆龄基金会	50	—
2008.5.28	广安市慈善会	350	—
2008.5.28	石棉县人民“5·12”赈灾捐款	55.9	—
2008.5.29	四川省慈善总会	150	—
2008.5.29	四川国豪种业有限公司	69.3	—
2008.5.30	连云港市红十字会	100	—
2008.6.2	陕西安康市民政局	100	—
2008.6.3	池州市会计核算中心	100	—
2008.6.3	中国人民解放军第二炮兵后勤部	500	—
2008.6.3	乐山市慈善总会	400	—
2008.6.3	资阳市慈善会	300	—
2008.6.4	中国人民解放军海军机关财务结算中心	1500	—
2008.6.4	甘孜藏族自治州慈善总会	100	—
2008.6.5	首都师范大学科德学院	100	定向捐赠教育
2008.6.6	凉山州财政专项资金特设专户	300	—
2008.6.6	凉山州财政专项资金特设专户	100	—
2008.6.6	中国石化集团公司工会	100	—
2008.7.31	北京市接受救灾捐赠事务管理中心	100	定向捐赠绵阳师范学院图书馆
2008.7.31	四川省政府国有资产管理委员会	600	—
2008.10.17	广西李宁基金会	1000	—
2008.10.31	六盘水市慈善总会	300	—
2008.10.31	广安市慈善总会	50	定向捐助安州小学
2008.10.31	绵阳市农行	100	—
2008.10.31	四川省慈善总会	190	—
2008.11.28	泰康人寿公司	100	定向捐助三台县新生敬老院
2008.12.31	成都市武侯区慈善协会	100	—
2009.4.10	李宁（中国）体育用品有限公司	130	中国扶贫基金会转定向游仙仙海学校

表4-2-45　　绵阳市红十字会接收社会捐赠资金使用情况公示表

项　目	接收捐赠资金数		已安排使用资金数		待安排使用资金数			
	金额（元）	捐赠意愿及说明	金额（元）	使用方向及说明	安排去向	安排资金	资金待安排数（元）	备注
合　计	97840077.91	—	96632936.40	—	—	—	1207141.51	—
非定向捐赠小计	53493490.41	—	52286348.90	—	—	—	1207141.51	—
非定向捐赠	29000000.00	—	29000000.00	调整为灾后重建项目资金，用于盐亭县嫘祖学校教学综合楼；游仙区玉河镇卫生院，游仙区刘家镇卫生院；涪城区新皂镇小学，涪城区金峰镇卫生院；梓潼县石牛小学教学楼；三台县花园镇卫生院，三台县黎曙镇卫生院；高新区兴业路小学；仙海区红十字中心学校的灾后重建	—	—	—	—
非定向捐赠	21000000.00	—	21000000.00	调整为灾后重建项目资金，月于盐亭县金孔镇卫生院，盐亭县八角镇卫生院；游仙区石马镇初级中学；梓潼县自强小学；三台县永明中学，三台县黎曙镇卫生院的灾后重建，灾区群众地震康复项目	—	—	—	—
非定向捐赠	72000.00	—	72000.00	游仙区红十字会	—	—	—	—
非定向捐赠	2166000.00	—	2166000.00	平武县红十字会	—	—	—	—
非定向捐赠	48348.90	—	48348.90	绵阳市“9·24”洪涝泥石流灾害购棉被、方便食品	—	—	—	—
捐赠及灾后重建资金利息	1207141.51	—	—	—	—	—	1207141.51	—
定向捐赠小计	44346587.50	—	44346587.50	—	—	—	—	—
广东省云浮市云城区昌宏花岗岩石材厂——彭佐	10000.00	专款用于江油市含增镇灾后重建	10000.00	江油市红十字会	—	—	—	—
广东省云浮市云城区昌宏花岗岩石材厂——吴海明 黄世林	20000.00	专款用于江油市含增镇灾后重建	20000.00	江油市红十字会	—	—	—	—

续表4-2-45

项　目	接收捐赠资金数		已安排使用资金数		待安排使用资金数			
	金额（元）	捐赠意愿及说明	金额（元）	使用方向及说明	安排去向	安排资金	资金待安排数（元）	备注
韩云山	303.00	江油灾区	303.00	江油市红十字会	—	—	—	—
自贡市红十字会	2000.00	江油武都镇西坪村4组伍小兵	2000.00	江油市红十字会	—	—	—	—
广东省红十字会（省红会转拨）	20000.00	江油市农机局	20000.00	江油市红十字会	—	—	—	—
新希望集团有限公司	50000.00	江油市西屏乡	50000.00	江油市红十字会	—	—	—	—
四川科伦实业集团有限公司（总会转拨）	30000.00	江油市医院	30000.00	江油市红十字会	—	—	—	—
四川科伦实业集团有限公司（总会转拨）	30000.00	长钢总医院	30000.00	江油市红十字会	—	—	—	—
四川科伦实业集团有限公司（总会转拨）	30000.00	江油903医院	30000.00	江油市红十字会	—	—	—	—
四川科伦实业集团有限公司（总会转拨）	20000.00	江油中坝镇银河社区卫生服务站	20000.00	江油市红十字会	—	—	—	—
陆川红	5000.00	5名云集小学学生	5000.00	江油市红十字会	—	—	—	—
天津红十字会（省红会转拨）	250000.00	江油市政协	250000.00	江油市红十字会	—	—	—	—
河南省红十字会（省红会转拨）	200000.00	江油市贫困灾民	200000.00	江油市红十字会	—	—	—	—
自贡市红十字会	1002500.00	北川县中学100.15万元，北川县工商联0.1万元	1002500.00	北川县红十字会	—	—	—	—
淦晖	76688.20	北川县中学	76688.20	北川县红十字会	—	—	—	—
北京市博瑞特智能仪器有限公司	18780.00	北川县中学	18780.00	北川县红十字会	—	—	—	—
达州市红十字会	9500.00	北川县	9500.00	北川县红十字会	—	—	—	—
武警山南地区消防支队	65000.00	北川县中学	65000.00	北川县红十字会	—	—	—	—
中国标准化研究所	116000.00	北川县质监局	116000.00	北川县红十字会	—	—	—	—
四川省卫生厅	18607.00	北川县卫生局	18607.00	北川县红十字会	—	—	—	—
云南省玉溪市红十字会	66611.48	北川中学	66611.48	北川县红十字会	—	—	—	—
云南省玉溪市红十字会	155593.10	北川县人民医院	155593.10	北川县红十字会	—	—	—	—
克拉玛依红十字会	56968.62	北川中学	56968.62	北川县红十字会	—	—	—	—
罗家钰夫妇	500.00	北川县擂鼓中学重建	500.00	北川县红十字会	—	—	—	—

续表4–2–45

项　目	接收捐赠资金数		已安排使用资金数		待安排使用资金数			
	金额（元）	捐赠意愿及说明	金额（元）	使用方向及说明	安排去向	安排资金	资金待安排数（元）	备注
四川省委巡视办	10000.00	北川县北川中学	10000.00	北川县红十字会	—	—	—	—
陕西北元化工有限公司	106767.00	北川县北川中学	106767.00	北川县红十字会	—	—	—	—
中国红十字基金会	1000000.00	北川县	1000000.00	北川县红十字会	—	—	—	—
浙江义乌农村合作银行	500000.00	北川县农村信用联社	500000.00	北川县红十字会	—	—	—	—
遂宁市红十字会	15000.00	北川灾区小朋友	15000.00	北川县红十字会	—	—	—	—
江西省上饶市红十字会	119380.00	北川中学	119380.00	北川县红十字会	—	—	—	—
江西省上饶市红十字会	56340.30	北川一中	56340.30	北川县红十字会	—	—	—	—
江西省上饶市红十字会	53276.00	北川中学	53276.00	北川县红十字会	—	—	—	—
王林霜	50000.00	北川学校重建	50000.00	北川县红十字会	—	—	—	—
张　帆	5000.00	北川中学	5000.00	北川县红十字会	—	—	—	—
仪陇县红十字会	35808.00	北川县人民医院	35808.00	北川县红十字会	—	—	—	—
刘翠兰	1000.00	北川县禹里乡胡春兰	1000.00	北川县红十字会	—	—	—	—
宁波市红十字会	48800.00	北川中学	48800.00	北川县红十字会	—	—		—
威远建业集团（内江市红会转拨）	20000.00	北川县	20000.00	北川县红十字会	—	—	—	—
谢盛刚（内江市红会转拨）	20000.00	北川县	20000.00	北川县红十字会	—	—	—	—
四川女子劳教所学员	8586.00	北川地震孤儿	8586.00	北川县红十字会	—	—	—	—
四川女子劳教所干警	15000.00	北川地震伤残妇女儿童	15000.00	北川县红十字会	—	—	—	—
深圳市红十字会	54584.00	北川羌族阿尔塞村重建款	54584.00	北川县红十字会	—	—	—	—
深圳市红十字会	292306.00	北川学校重建	292306.00	北川县红十字会	—	—	—	—
深圳市红十字会	53260.00	北川县	53260.00	北川县红十字会	—	—	—	—
四川省地矿局川西北地质队	43085.00	北川县	43085.00	北川县红十字会	—	—	—	—
四川科伦实业集团有限公司（总会转拨）	20000.00	北川县医院	20000.00	北川县红十字会	—	—	—	—
国寿慈善基金会（红基会转拨）	10000000.00	北川受灾群众	10000000.00	北川县红十字会	—	—	—	—
雅安市红十字会	11700.00	北川县	11700.00	北川县红十字会	—	—	—	—
雅安市红十字会	2000.00	北川中学	2000.00	北川县红十字会	—	—	—	—
雅安市红十字会	500.00	北川自然天堂茶叶有限公司	500.00	北川县红十字会	—	—	—	—

续表4-2-45

项　目	接收捐赠资金数		已安排使用资金数		待安排使用资金数			
	金额（元）	捐赠意愿及说明	金额（元）	使用方向及说明	安排去向	安排资金	资金待安排数（元）	备注
雅安市红十字会	10000.00	中华保险绵阳中支公司北川营销部	10000.00	北川县红十字会	—	—	—	—
四川蓝色空间艺术（省红会转拨）	168986.00	北川县受灾的孤寡老人	168986.00	北川县红十字会	—	—	—	—
平陆县道路运输管理所（省红会转拨）	5050.00	北川县道路运输管理所	5050.00	北川县红十字会	—	—	—	—
深圳市红十字会	14600.00	北川县专项救灾	14600.00	北川县红十字会	—	—	—	—
深圳市红十字会	28511.00	北川中学重建	28511.00	北川县红十字会	—	—	—	—
王小花	600.00	北川学生2名	600.00	北川县红十字会	—	—	—	—
无锡市红十字会	54820.50	北川中学灾后重建	54820.50	北川县红十字会	—	—	—	—
无锡市红十字会	2560.00	北川刘汉希望小学灾后重建	2560.00	北川县红十字会	—	—	—	—
上海市红十字会人道救助基金（省红会转拨）	22500.00	北川中学	22500.00	北川县红十字会	—	—	—	—
广东省红十字会（省红会转拨）	50000.00	北川县农业局	50000.00	北川县红十字会	—	—	—	—
西科大城市学院现场募捐	3308.20	北川学生6名	3308.20	北川县红十字会	—	—	—	—
成都市红十字会	219110.00	北川、北川中学、北川敬老院重建	219110.00	北川县红十字会	—	—	—	—
山东华日电池有限公司	100000.00	北川50名学生	100000.00	北川县红十字会	—	—	—	—
内江市红十字会	1000.00	北川红会杨乃光	1000.00	北川县红十字会	—	—	—	—
自贡市红十字会	1000.00	北川红会杨乃光	1000.00	北川县红十字会	—	—	—	—
湖南省红十字会（省红会转拨）	14007.80	北川中学	14007.80	北川县红十字会	—	—	—	—
中国工商银行工会工作委员会（省红会转拨）	33000.00	北川县受灾群众	33000.00	北川县红十字会	—	—	—	—
韩卫东	2000.00	北川中学	2000.00	北川县红十字会	—	—	—	—
邓茗心	1000.00	北川地区学校学生文具及学生用品	1000.00	北川县红十字会	—	—	—	—
李老胖	2000.00	北川高中	2000.00	北川县红十字会	—	—	—	—
陈细苟、王仕芳夫妇	2500.00	北川县教育事业	2500.00	北川县红十字会	—	—	—	—

续表4-2-45

项 目	接收捐赠资金数		已安排使用资金数		待安排使用资金数			
	金额（元）	捐赠意愿及说明	金额（元）	使用方向及说明	安排去向	安排资金	资金待安排数（元）	备注
河南省红十字会（省红会转拨）	130000.00	北川县贫困灾民	130000.00	北川县红十字会	—	—	—	—
四川科伦实业集团有限公司（总会转拨）	200000.00	北川县药监局	200000.00	北川县药监局	—	—	—	—
江西赣州红十字会	10000.00	北川受灾儿童刘小桦	10000.00	北川受灾儿童刘小桦	—	—	—	—
香港红十字会	421776.00	采购电风扇捐赠北川	421776.00	北川板房灾民	—	—	—	—
四川省红十字会转拨	30000.00	平武县南坝镇灾民	30000.00	平武县红十字会	—	—	—	—
四川省卫生厅（四川省红十字会转拨）	15000.00	平武县卫生局	15000.00	平武县红十字会	—	—	—	—
河北省红十字会	10000000.00	平武县	10000000.00	平武县红十字会	—	—	—	—
中国红十字基金会	1000000.00	平武县	1000000.00	平武县红十字会	—	—	—	—
石家庄市红十字会	29102.00	平武县小学灾后重建	29102.00	平武县红十字会	—	—	—	—
中国平安财产保险股份有限公司四川分公司	33105.00	平武县北山小学	33105.00	平武县红十字会	—	—	—	—
四川科伦实业集团有限公司（总会转拨）	20000.00	平武县医院	20000.00	平武县红十字会	—	—	—	—
四川科伦实业集团有限公司（总会转拨）	20000.00	平武中医院	20000.00	平武县红十字会	—	—	—	—
雅安市红十字会	2786.50	平武县	2786.50	平武县红十字会	—	—	—	—
姜丽华	10000.00	平武县10个贫困学生	10000.00	平武县红十字会	—	—	—	—
四川省卫生厅	15000.00	安县卫生局	15000.00	安县红十字会	—	—	—	—
绵阳市华力达房地产开发有限公司	50000.00	安县人大	50000.00	安县红十字会	—	—	—	—
四川九洲电器集团有限责任公司	200000.00	安县惠民帮扶中心和行政中心	200000.00	安县红十字会	—	—	—	—
山西琼海华南煤炭有限公司	100000.00	安县秀水镇新民村小学和村民	100000.00	安县红十字会	—	—	—	—
广东省红十字会（省红会转拨）	20000.00	安县农机局	20000.00	安县红十字会	—	—	—	—
北京市红十字会（省红会转拨）	10000.00	安县桑枣中学学校重建	10000.00	安县红十字会	—	—	—	—
四川科伦实业集团有限公司（总会转拨）	50000.00	安县人民医院3万、安县中医院2万	50000.00	安县红十字会	—	—	—	—

续表4-2-45

项　目	接收捐赠资金数		已安排使用资金数		待安排使用资金数			
	金额（元）	捐赠意愿及说明	金额（元）	使用方向及说明	安排去向	安排资金	资金待安排数（元）	备注
成都校园通组委会	2858.00	安县高川乡英才学校学生	2858.00	安县红十字会	—	—	—	—
成都市红十字会	12000.00	安县	12000.00	安县红十字会	—	—	—	—
福记联合（上海）餐饮有限公司	151000.00	安县河清板房学校、高川联合学校	151000.00	安县红十字会	—	—	—	—
广西红十字会	60000.00	捐助60名学生	60000.00	安县红十字会	—	—	—	—
广东商学院华商学院院团委	4311.40	绵阳安县黄土镇方碑村小学	4311.40	安县红十字会	—	—	—	—
著名歌手孙悦	50000.00	安县河清小学贫困学生	50000.00	安县红十字会	—	—	—	—
四川科伦实业集团有限公司（总会转拨）	100000.00	安县药监局	100000.00	安县药监局	—	—	—	—
海峡导报社	3000000.00	梓潼县文昌镇中学	3000000.00	梓潼县红十字会	—	—	—	—
四川科伦实业集团有限公司（总会转拨）	30000.00	梓潼县人民医院	30000.00	梓潼县红十字会	—	—	—	—
广东顺达电脑有限公司	75000.00	梓潼县教育系统设备购买	75000.00	梓潼县红十字会	—	—	—	—
重庆市红会（省红会转拨）	20000.00	梓潼县委党校	20000.00	梓潼县红十字会	—	—	—	—
内蒙古自治区红十字会	14005.00	游仙区石马镇	14005.00	游仙区红十字会	—	—	—	—
内蒙古自治区红十字会	300000.00	游仙区修建学校	300000.00	游仙区红十字会	—	—	—	—
四川科伦实业集团有限公司（总会转拨）	15000.00	游仙区第二人民医院	15000.00	游仙区红十字会	—	—	—	—
雷佑机械（深圳）有限公司	50000.00	三台县秋林中学设备购买	50000.00	三台县红十字会	—	—	—	—
四川科伦实业集团有限公司（总会转拨）	30000.00	三台县医院	30000.00	三台县红十字会	—	—	—	—
四川科伦实业集团有限公司（总会转拨）	30000.00	市人民医院	30000.00	涪城区红十字会	—	—	—	—
四川科伦实业集团有限公司（总会转拨）	30000.00	肿瘤医院	30000.00	涪城区红十字会	—	—	—	—
四川科伦实业集团有限公司（总会转拨）	20000.00	骨科医院	20000.00	涪城区红十字会	—	—	—	—
四川科伦实业集团有限公司（总会转拨）	30000.00	涪城妇幼保健院	30000.00	涪城区红十字会	—	—	—	—

续表4-2-45

项 目	接收捐赠资金数		已安排使用资金数		待安排使用资金数			
	金额（元）	捐赠意愿及说明	金额（元）	使用方向及说明	安排去向	安排资金	资金待安排数（元）	备注
美国辉瑞投资有限公司	1000000.00	绵阳涪城区红十字医院	1000000.00	涪城区红十字会	—	—	—	—
美国辉瑞投资有限公司	400000.00	绵阳涪城区敬老院	400000.00	涪城区红十字会	—	—	—	—
美国辉瑞投资有限公司	400000.00	绵阳涪城区教育系统	400000.00	涪城区红十字会	—	—	—	—
美国辉瑞投资有限公司	1200000.00	绵阳涪城区卫生系统	1200000.00	涪城区红十字会	—	—	—	—
内江市红十字会	200000.00	盐亭县柏梓镇中学及小学	200000.00	盐亭县红十字会	—	—	—	—
安徽省红十字会	774923.90	盐亭县大兴回族乡	774923.90	盐亭县红十字会	—	—	—	—
兴文县红十字会	5395.00	盐亭县卫生执法所	5395.00	盐亭县红十字会	—	—	—	—
巴西台湾侨社	531200.00	自行采购上下铺铁床600架、桌椅2000套、讲台40个捐赠北川中学	531200.00	北川中学	—	—	—	—
西安市红十字会	68546.00	绵阳市广电中心	68546.00	绵阳市广电中心	—	—	—	—
桂林日报社	100000.00	绵阳日报社	100000.00	绵阳日报社	—	—	—	—
连云港市红十字会	50000.00	绵阳日报社	50000.00	绵阳日报社	—	—	—	—
江西赣州红十字会	10000.00	绵阳日报社	10000.00	绵阳日报社	—	—	—	—
广东清远红十字会	10000.00	绵阳日报社	10000.00	绵阳日报社	—	—	—	—
宜宾市红十字会（宜宾叙府旅游公司）	86085.50	绵阳市二中	86085.50	绵阳市二中	—	—	—	—
北京市红十字会（省红会转拨）	300000.00	绵阳市公共交通有限责任公司	300000.00	绵阳市公共交通有限责任公司	—	—	—	—
武汉市公安局法制处	6270.00	绵阳市公安局法制处	6270.00	绵阳市公安局法制处	—	—	—	—
中山市红十字会	1000000.00	绵阳市就业服务中心	1000000.00	绵阳市就业服务中心	—	—	—	—
重庆市红十字会（重庆市科协）	300000.00	绵阳市科协20万、江油科协5万、三台科协5万	300000.00	绵阳市科协20万、江油科协5万、三台科协5万	—	—	—	—
汉廷星空（上海）酒店管理有限公司	312726.00	绵阳市三医院“心理健康”项目	312726.00	绵阳市三医院“心理健康”项目	—	—	—	—
成都银行股份有限公司	600000.00	绵阳市商业银行	600000.00	绵阳市商业银行	—	—	—	—
遂宁市商业银行	100000.00	绵阳市商业银行	100000.00	绵阳市商业银行	—	—	—	—

续表4–2–45

项目	接收捐赠资金数		已安排使用资金数		待安排使用资金数			
	金额（元）	捐赠意愿及说明	金额（元）	使用方向及说明	安排去向	安排资金	资金待安排数（元）	备注
乐山市商业银行	100000.00	绵阳市商业银行	100000.00	绵阳市商业银行	—	—	—	—
宜宾市红十字会	50000.00	绵阳市宣传系统灾后重建	50000.00	绵阳市委宣传部	—	—	—	—
内江市红十字会	40000.00	绵阳市宣传系统灾后重建	40000.00	绵阳市委宣传部	—	—	—	—
四川科伦实业集团有限公司（总会转拨）	250000.00	绵阳市中心医院	250000.00	绵阳市中心医院	—	—	—	—
绵阳市森腾医药公司	350000.00	绵阳市中心医院	350000.00	绵阳市中心医院	—	—	—	—
四川省倍立医药有限公司	300000.00	绵阳市中心医院	300000.00	绵阳市中心医院	—	—	—	—
四川省第二中医医院	40000.00	绵阳市中医院	40000.00	绵阳市中医院	—	—	—	—
奥维斯有限公司	10000.00	绵阳市中医院	10000.00	绵阳市中医院	—	—	—	—
北京晚报编辑部（绵阳晚报转拨）	100000.00	绵阳晚报社	100000.00	绵阳晚报社	—	—	—	—
南京翡翠金轮置业有限公司	100000.00	市侨联慰问灾区归侨侨联和困难的北川中学师生	100000.00	绵阳市外事服务中心	—	—	—	—
四川科伦实业集团有限公司（总会转拨）	30000.00	绵阳市妇幼保健院	30000.00	绵阳市妇幼保健院	—	—	—	—
宜宾市红十字会	10000.00	四川华丰企业集团公司	10000.00	四川华丰企业集团公司	—	—	—	—
苏州高新区慈善总会	500000.00	绵阳高新区抗震救灾	500000.00	绵阳高新技术产业开发区管委会	—	—	—	—
四川九洲电器集团有限责任公司	86500.00	九洲板房学校	86500.00	九洲板房学校	—	—	—	—
沈傲君	50000.00	购置棉被捐赠北川曲山镇	50000.00	购置棉被捐赠北川曲山镇	—	—	—	—
太平人寿保险有限公司四川分公司	51000.00	太平人寿保险指定的绵阳灾民	51000.00	太平人寿保险指定的绵阳灾民	—	—	—	—
宁波电视台	100000.00	绵阳市广电中心	100000.00	绵阳市广电中心	—	—	—	—
沈阳电视台	150000.00	绵阳市广电中心	150000.00	绵阳市广电中心	—	—	—	—
海南省红十字会	750000.00	北川桂溪小学、甘溪小学微机室	750000.00	北川桂溪小学、甘溪小学微机室	—	—	—	于2009年12月18日确定使用方案
奥运火炬手基金（总会转拨）	1900000.00	北川陈家坝初级中学	1900000.00	北川陈家坝初级中学	—	—	—	待总会确定使用方案

说明：此表统计截止时间为2009年12月31日。

表4-2-46 绵阳市总工会接收各地工会捐赠统计表

接收资金			合　计	
上级工会拨入	金额（元）	全国兄弟工会捐赠	金额（元）	—
省总工会	5200000	铜陵市总工会	60000.00	—
省职工保险互助会	100000	东风百货公司	10555.00	—
省总募资办	1815000	大同市总工会	230000.00	—
—	—	柳州市总工会	1468590.00	—
—	—	新余市总工会	100000.00	—
—	—	洛阳市总工会	50000.00	—
—	—	宜宾市总工会	600000.00	—
—	—	新余市困难职工帮扶中心	77154.30	—
—	—	达州市总工会	20000.00	—
—	—	合肥市困难职工帮扶中心	100000.00	—
—	—	甘孜州困难职工帮扶中心	30000.00	—
—	—	眉山市总工会	20000.00	—
—	—	上海市徐汇区总工会	300000.00	—
—	—	资阳市总工会	10000.00	—
—	—	乐山市总工会	5000.00	—
—	—	南充市总工会	50000.00	—
—	—	泸州市总工会	50000.00	—
—	—	太原市总工会	200000.00	—
—	—	淮北市职工解困委	300000.00	—
—	—	吉安市总工会	100000.00	—
—	—	玉溪市总工会	102300.00	—
—	—	乌鲁木齐总工会	100000.00	—
合　计	7115000	合　计	4028599.30	11143599.30

说明：此表统计截止时间为2008年7月23日12时。

绵阳市民政局公告

“5·12”汶川地震发生后，全国各地、社会组织及个人踊跃捐款，极大地支持了灾区群众和抗震救灾工作。根据《四川省民政厅　四川省发展改革委　四川省监察厅　四川省财政厅　四川省审计厅关于进一步做好汶川地震救灾捐赠资金使用情况反馈工作的通知》要求，现将市民政局接收抗震救灾捐赠资金使用情况公告如下：

从2008年7月9日到2009年12月31日绵阳市抗震救灾资金物资接收保障组，共接收抗震救灾捐赠资金35978562.32元，已经安排使用35978562.32元。

2010年1月15日

表4–2–47

公示单位：绵阳市民政局

账户名称：绵阳市抗震救灾指挥部捐赠处

项　目	接收捐赠资金数		已安排使用资金数		待安排数
	金额（元）	捐赠意愿及说明	金额（元）	使用方向及说明	
北京市民政局	1000000.00	绵阳师范院电子阅览室重建	1000000.00	绵阳师范学院	—
西门子（中国）有限公司	260000.00	绵阳市教育局	260000.00	绵阳市教育局	—
国家职业技能鉴定所	100000.00	江油工业校	100000.00	江油工业校	—
李宁（中国）体育用品有限公司	1300000.00	绵阳市游仙区仙海中心学校	1300000.00	绵阳市游仙区仙海中心学校	—
绵阳市驻广州办事处	58938.40	绵阳市教育基金会	58938.40	绵阳市教育基金会	—
泸州市慈善总会	30000.00	北川	30000.00	北川	—
泸州市慈善总会	10000.00	绵阳市妇联	10000.00	绵阳市妇联	—
北京市西城区人民政府	5846254.54	涪城区花园实验小学	5846254.54	涪城区花园实验小学	—
百色市民政局	480000.00	绵阳市畜牧兽医局	480000.00	绵阳市畜牧兽医局	—
自贡市慈善总会	200000.00	绵阳市委宣传部	200000.00	绵阳市委宣传部	—
宁波市慈善总会	5000.00	北川中学	5000.00	北川中学	—
轶名	200.00	四川灾区重建购买文具用品	200.00	四川灾区重建购买文具用品	—
邓立涓	350.00	教育	350.00	绵阳市游仙区魏城小学	—
教育局会计核算中心接收教育专款	180.00	教育	180.00	绵阳市游仙区魏城小学	—
中国建筑材料工业建设西安工程公司	50000.00	江油工业学校	50000.00	江油工业学校	—
中国建筑材料工业建设天津工程公司	50000.00	江油工业学校	50000.00	江油工业学校	—

续表4-2-47

项 目	接收捐赠资金数		已安排使用资金数		待安排数
	金额（元）	捐赠意愿及说明	金额（元）	使用方向及说明	
刘伯群、李亚菊、林先知	8366.40	北川教育	8366.40	北川教育	—
湖南望城县丁字中学	4000.00	北川	4000.00	北川	—
广州市慈善会	400000.00	平武县教育局	400000.00	平武县教育局	—
杨小莉捐赠希望小学	200.00	希望小学	200.00	绵阳市游仙区魏城小学	—
富临出租汽车公司捐赠北川	950.00	北川	950.00	北川	—
教育基金会捐赠教育	8498.00	教育	8498.00	绵阳市游仙区魏城小学	—
教育基金会捐赠教育	200.00	教育	200.00	绵阳市游仙区魏城小学	—
宁波市慈善总会	5000.00	四川赈灾款北川中学重建	5000.00	四川赈灾款北川中学重建	—
教育基金会接收捐赠教育	8871.00	教育	8871.00	绵阳市游仙区魏城小学	—
李重培捐赠教育	100.00	教育	100.00	绵阳市游仙区魏城小学	—
北京文广视博广告有限公司	50000.00	请绵阳市国资委统筹使用	50000.00	绵阳市国资委	—
于佳	21230.00	北川片口乡恢复重建	21230.00	北川片口乡恢复重建	—
社会捐助	1604.30	绵阳市教育基金会	1604.30	绵阳市教育基金会	—
北京中建航空服务有限公司	118750.00	北川县片口乡	118750.00	北川县片口乡	—
刘兆东	11000.00	北川县片口乡	11000.00	北川县片口乡	—
个人	200.00	绵阳中房公司	200.00	绵阳中房公司	—
张家口中房公司	10000.00	绵阳中房公司	10000.00	绵阳中房公司	—
衡阳中房公司	10000.00	绵阳中房公司	10000.00	绵阳中房公司	—
宁波中房公司	60000.00	绵阳中房公司	60000.00	绵阳中房公司	—
武汉胜元集团	20000.00	绵阳中房公司	20000.00	绵阳中房公司	—
十堰中房公司	10000.00	绵阳中房公司	10000.00	绵阳中房公司	—
建设职工研究会	50000.00	绵阳中房公司	50000.00	绵阳中房公司	—
荆门中房公司	10000.00	绵阳中房公司	10000.00	绵阳中房公司	—

续表4-2-47

项目	接收捐赠资金数		已安排使用资金数		待安排数
	金额（元）	捐赠意愿及说明	金额（元）	使用方向及说明	
山东省烟台房地产公司	20000.00	绵阳中房公司	20000.00	绵阳中房公司	—
淄博市城市建设开发公司	20000.00	绵阳中房公司	20000.00	绵阳中房公司	—
成都房地产开发总公司	100000.00	绵阳中房公司	100000.00	绵阳中房公司	—
昆明房地产开发公司	50000.00	绵阳中房公司	50000.00	绵阳中房公司	—
宁波市拓展公司	100000.00	绵阳中房公司	100000.00	绵阳中房公司	—
邢台市房地产公司	30000.00	绵阳中房公司	30000.00	绵阳中房公司	—
中国科学院工会	438180.00	平武学校建设费	438180.00	平武学校建设费	—
巨石集团有限公司	1000000.00	绵阳长鑫新材料发展有限公司	1000000.00	绵阳长鑫新材料发展有限公司	—
黄孝纯、朱小云	400.00	北川	400.00	北川	—
柳州市工商联	1043044.00	绵阳市工商联	1043044.00	绵阳市工商联	—
绵阳市希望工程办公室接收捐款	56516.00	绵阳市希望工程办公室	56516.00	绵阳市希望工程办公室	—
阿坝州慈善总会	21200.00	北川教育系统	21200.00	北川教育系统	—
阿坝州慈善总会	200.00	北川中学	200.00	北川中学	—
黎远胜	5000.00	捐赠爱心希望学校教育专款	5000.00	绵阳市游仙区魏城小学	—
会计核算中心	27300.00	捐赠九洲帐篷学校教育专款	27300.00	九洲帐篷学校教育专款	—
李国军	100.00	用于交通恢复	100.00	用于交通恢复	—
李之惠（邮政）	500.00	原四机部七九六七厂受灾职工	500.00	原四机部七九六七厂受灾职工	—
廖崇涵	100.00	北川	100.00	北川	—
刘芳	200.00	北川	200.00	北川	—
WUSHAOHUA	2755.68	学校建设	2755.68	绵阳市游仙区魏城小学	—
绵阳市教育局会计核算中心教育专款	200.00	教育	200.00	绵阳市游仙区魏城小学	—
田琳仟	5000.00	爱心希望小学	5000.00	绵阳市游仙区魏城小学	—
绵阳市教育局会计核算中心教育专款	15933.01	教育	15933.01	绵阳市游仙区魏城小学	—

续表4-2-47

项　目	接收捐赠资金数		已安排使用资金数		待安排数
	金额（元）	捐赠意愿及说明	金额（元）	使用方向及说明	
山东枣庄王伟	18322.00	江油工业学校	18322.00	江油工业学校	—
广电器材公司	600.00	北川	600.00	北川	—
福建省军区后勤部财务处	50000.00	捐赠北川小学	50000.00	捐赠北川小学	—
广东深圳王力、坚卫	200.00	捐赠江油工业学校	200.00	捐赠江油工业学校	—
大连雅林丝织有限公司	2245.00	定向捐赠教育		绵阳广播电视大学 500000元； 绵阳职业技术学院 1000000元； 绵阳市机械电气工业学校 670000元； 江油工业学校 400000元； 四川中医药高等专科学校 1500000元； 盐亭县云溪镇初级中学 800000元	—
袁成昆、刘金泉、刘诗由	3000.00				—
刘洪莉	1000.00				—
兴力达公司	3000000.00				—
朱贵荣	1000.00				—
绵阳财经校	10420.00				—
笪均	500.00				—
汪可之	500.00				—
遂宁教育局	200000.00				—
绵阳外国语学校	93200.00				—
西科大城市学院	60110.80				—
广安市教育基金会	200000.00				—
个人	1300.00				—
罗捷代、贾云璋	100.00				—
邓天才	500.00				—
绵阳教育核算中心	93200.00				—
绵阳教育核算中心	500.00				—
绵阳茜南汽贸	100000.00				—
遂宁教育局	100000.00				—

续表4-2-47

项目	接收捐赠资金数		已安排使用资金数		待安排数
	金额（元）	捐赠意愿及说明	金额（元）	使用方向及说明	
张凯	300.00	—	—		—
兰平	1000.00				—
绵阳教育局会计核算中心教育专款	3943.19				—
首都师范大学科德学院捐赠教育专款	1000000.00				—
梁文瑞龙	100.00				—
合　计	18078562.32	—	18078562.32		—
账户名称：绵阳市慈善协会定向捐赠					
广西李宁基金会	800000.00	游仙区柏林镇敬老院	800000.00	游仙区柏林镇敬老院	
广西李宁基金会	1000000.00	梓潼县马鸣乡敬老院	1000000.00	梓潼县马鸣乡敬老院	—
广西李宁基金会	1000000.00	三台县西平镇敬老院	1000000.00	三台县西平镇敬老院	—
广西李宁基金会	800000.00	涪城区石洞乡敬老院	800000.00	涪城区石洞乡敬老院	—
广西李宁基金会	600000.00	北川县片口乡敬老院	600000.00	北川县片口乡敬老院	—
广西李宁基金会	800000.00	盐亭县黄甸乡敬老院	800000.00	盐亭县黄甸乡敬老院	—
泰康人寿	1000000.00	三台县新生镇敬老院	1000000.00	三台县新生镇敬老院	—
广西李宁基金会	1000000.00	绵阳中学	1000000.00	绵阳中学	—
广西李宁基金会	1000000.00	北川县贯岭乡小学	1000000.00	北川县贯岭乡小学	—
广西李宁基金会	1000000.00	涪城区石洞乡小学	1000000.00	涪城区石洞乡小学	—
广西李宁基金会	1000000.00	江油市双河初级中学	1000000.00	江油市双河初级中学	—
广西李宁基金会	1000000.00	安县花荄镇初级中学	1000000.00	安县花荄镇初级中学	—
成都瑞德利科技有限公司	300000.00	绵阳市电化教育馆	300000.00	绵阳市电化教育馆	—
广安市民政局	500000.00	安县安州小学	500000.00	安县安州小学	—
合　计	11800000.00	—	11800000.00		—

续表4-2-47

项目	接收捐赠资金数		已安排使用资金数		待安排数
	金额（元）	捐赠意愿及说明	金额（元）	使用方向及说明	
账户名称：绵阳市慈善协会非定向捐赠					
贵州六盘水市慈善总会	3000000.00	市政府安排：绵阳市中心福利院建设5500000元；游仙皮肤病医院重建200000元；贫困助学400000元			—
省慈善会转泸州江阳区慈善会	1100000.00				—
绵阳市农业银行	1000000.00				—
成都市武侯区慈善协会	1000000.00				—
合　计	6100000.00	6100000.00			—

二、县（市、区）

截至2009年5月12日，北川县接收定向捐赠资金共1.64亿元，其中县财政专户接收1.34亿元，安排使用4049.8万元；红十字会专户接收1718.54万元，安排使用1718.54万元。全县接收非定向捐赠资金共3803.39万元，其中县财政专户接收3554.69万元，安排使用3123.06万元；红十字会专户接收241.59万元，安排使用218.59万元。

截至2009年12月31日，安县慈善总会共接收抗震救灾捐赠资金2041.87万元，已安排使用1943.81万元，待安排98.06万元。

截至2009年12月31日，平武县财政局共接收抗震救灾捐赠资金2.09亿元，安排使用2.09亿元。

截至2009年12月31日，江油市共接收捐赠资金9738.06万元。捐赠资金全部上缴捐赠资金专户，用于全市抗震救灾和恢复重建工作。

截至2009年12月31日，涪城区共接收抗震救灾捐赠资金9049.86万余元，其中定向捐赠资金8377.76万元，非定向捐赠资金522.1万元，红十字会150万元。定向捐赠资金已按照捐赠者意愿转给指定接收单位，非定向捐赠资金全部上缴财政专户。

截至2009年12月31日，游仙区慈善总会共接收抗震救灾捐赠款1769.96万元。捐赠资金全部上缴专户，用于全区抗震救灾和恢复重建工作。

截至2009年12月31日，梓潼县共接收捐赠资金1083.39万元，其中定向捐赠670.7万元，非定向捐赠412.69万元，捐赠资金全部上缴抗震救灾捐赠资金专户，用于全县抗震救灾和恢复重建工作。

截至2009年5月20日，三台县抗震救灾捐赠指挥部捐赠处共接收捐赠资金1474万元，其中定向捐赠资金173万元，非定向捐赠1301万元。

截至2009年12月31日，盐亭县共接收捐赠资金9231.47万元。盐亭县红十字会、慈善总会、教育基金会、民生工委、县妇联、安家小学等12个单位截至2009年10月9日，收到境内外单位、企业、个人汶川地震救灾捐赠资金3518.01万元，中央直接拨入73.50万元（中国儿童少年基金会拨入），省级直接拨入50万元，市级拨入1610.95万元，本级直接募集1263.56万元，省内其他市县直接调入110万元，外省直接转入410万元，内江市协议捐赠对口援建资金1320万元等。

2010年1月，根据四川省民政厅、发展改革委、监察厅、财政厅、审计厅《关于进一步做好汶川地震抗震救灾捐赠资金使用情况反馈工作的通知》要求，市财政局、民政局、红十字会和各县（市、区）分别对2009年12月31日前抗震救灾捐赠资金使用情况在网上进行公示，接受社会的监督。

第三节　捐赠物资接收

截至2008年12月底，绵阳市抗震救灾指挥部资金物资接收保障组共接受社会捐赠物资价值累计达77159.21万元。累计接收发放救灾帐篷55万顶，毛毯近10万床，衣物160万件，食品14万件，药品8万余件，机具类4.8万件，日用品22万件。

一、市本级接收捐赠物资

5月13日至6月9日，绵阳市抗震救灾指挥部供给保障社会捐赠组共接受全国各地捐赠和国家调拨的救灾食品、药品、饮料、日常生活及卫生用品、劳动护品、机电设备、防疫等物资，通过公路、航空运抵绵阳灾区共6500余车次，通过铁路运抵绵阳灾区共695个车皮，共折款56035.42万元。

1. 国家各部委部分捐赠

商务部：矿泉水60车皮，方便面22车皮，棉被8车皮，由省经委、成都铁路局安排专列于5月18日运抵绵阳；

质检局：帐篷260套，价值70万元，于20日运抵绵阳；

民政部：帐篷4车、2000顶，价值85万元，于5月31日运抵绵阳。

2. 省内部分捐赠

省抗震救灾指挥部：矿泉水20车皮，价值600万元；

省民政厅：捐赠帐篷3427套，价值2000万元；衣物棉被等8车，价值50万元，帐篷、棉被等价值500万元；

省经委：小挖掘机17台等，价值680万元；

四川省慈善总会150万元；

四川省畜牧局：火腿肠20吨，价值52.4414万元；国虹通讯数码集团公司：大批手机、食品、衣物，价值150万元；

双流机场：帐篷209套，价值56.26万元；四川家具行业商会：食品、日用品9车，价值85万元；

广安市委、市政府：饮用水31823箱，牛奶1092箱，饮料200箱，盐蛋34416个，饼干1882箱，面包等食品275公斤，价值50万元；广安市慈善会捐赠350万元；

乐山市慈善总会捐赠物资价值400万元；

四川光友薯业有限公司：T恤衫8000件，方便粉丝2600件，太阳帽1.2万顶，纸碗2万个，餐叉2万个，防疫手册2万份，价值58.28万元。

3. 各兄弟省市部分捐赠：

重庆大爱基金会：食品、水、奶粉、方便面、棉被，价值50万元；重庆慈善总会、重庆晚报、南方集团、爱心车队：日用品、蔬菜、食品、帐篷等5车，价值152.029万元。重庆红十字会：食品、药品一批，价值100.1996万元；

黑龙江飞鹤乳业：奶粉一批，价值50.3万元；

北京华通科佳医疗设备公司：移动式数字平板摄影系统1台，价值300万元；北京光华管理学院和兴力达集团联合：帐篷、雨伞等一车，价值114.3万元；

西安银桥集团：奶粉750件，价值90万元；

贵州省安顺市工商联：食品、饮用水、棉被、药品等共6车，价值80万元；

江苏省海门市红十字会：滴眼药、衣服、被子、毛毯等，价值207.53万元；江苏芜湖慈善总会：棉被4070床、帐篷100顶、衬衫3200件、T恤衫2918件、运动服1000套、羊毛衫400件、女装350件、雨靴7504双、童装18308件、钙饼干1618箱，价值135万元；连云港市红十字会捐赠100万元；

图4-2-158 辽宁省向安县捐赠援建资金和物资

宁夏回族自治区：毛毯、帐篷，价值95.96万元；

奇瑞汽车股份有限公司：帐篷2车，价值260万元；

河北邯郸民政局：食品、用品、药品等，价值200万元；

上海市民政局：药皂4集装箱，价值200万元；

郑州天星教育图书策划公司：学生用书一批，价值138.84万元；

山东烟台市委、市政府：大米、苹果等15车，价值77.5万元；博兴县：简易钢板房、整体厨房等19车，价值310万元；

福建晋江市：面包、大米等8车，价值144.9万元；

西藏拉萨市人民政府：矿泉水2车，6000箱，价值85万元；

临汾市红十字会捐赠价值500万元的骨科固定钢板；

大连爱丽思集团捐赠价值230万元消毒喷雾器、爱丽思发热贴；

广东省汕头市今平区民政局：内衣裤88995件（套），价值297.83万元；

猫人国际（香港）股份有限公司：衣服229箱，价值200.01万元；

浙江义乌日用品企业（共9家）：垃圾桶1500只，卫生巾400箱，婴儿尿裤400箱，塑料杯4600箱，清洁用品96箱，价值136万元；浙江泰普森休闲用品有限公司捐赠帐篷3000顶（附30套配件），价值180万元。

二、市红十字会及市总工会接收捐赠物资

截至2009年12月31日，绵阳市红十字会接受社会各界捐赠物资折合价值48441.61万元。

2008年，市红十字会共接收各地捐赠救灾物资共计1560余批次，价值45952.12万元（另有较大部分物品捐赠方未注明价值）；共接收境外物资54批次，其中香港红十字会、澳门红十字会捐赠21批次，主要包括帐篷、药品、方便食品等物资。接收来自联合国世界粮食计划署以及加拿大、芬兰、荷兰、德国、挪威、瑞典、巴基斯坦等国红十字会捐赠的抗震救灾物资33批次，主要包括13575顶帐篷、18062条毛毯、62吨又2229箱食用油、460吨大米、23018件方便面。

2009年，市红十字会共接收各地捐赠救灾物资共计107余批次，物品折价2489.49万元（另有部分物品捐赠方未注明价值）。其中包括：红十字国际联合会捐赠北川、平武、安县1.6万个食品包；香港红十字会捐赠北川4800台电风扇；澳门红十字会捐赠北川、平武、安县5273件女装长裤；日本红十字会捐赠北川1000台洗衣机等，全部分配至各县（市、区）红十字会。

截至2008年7月23日12时，绵阳市总工会收到全国各级工会组织捐赠的救灾物资总价值达1000余万元。

三、县（市、区）接收捐赠物资

北川县。截至2009年12月31日，全县共接受捐赠物资十大类，价值74400.7132万元，其中：粮油类4835.89吨，蔬菜食品类686669.5件，衣着类246321.62件，床上用品类210234.6件，生活用品类646512.426件，帐篷类112669.5件，办公用品类1937套，机械车辆类1681辆，农具肥料类61865件，其他类325621件。

安县。截至2009年12月31日，全县接受各地募集、捐赠物资价值4.43亿元。其中，接收救灾帐篷12999顶，大米619.675吨，蚊帐20万顶，棉被20459床，家庭包2500件，电热毯601床，取暖炉314个，轮椅395张，家用电器245件，绒衣裤、棉鞋260套以及大量的食品、饮用水、药品、书籍等。

图4-2-159　2010年3月29日，香港红十字会在平武灾区举行物资发放活动

平武县。截至2009年12月31日，全县累计接收物资价值近3亿元。其中食品类：猪肉63.5吨，方便食品（包括方便面、饼干、罐头）144075件，饮料、饮用水115997.5件，食盐7615公斤，白糖8097.5公斤，奶制品73996件，蔬菜160.55吨，其他食品12429件。累计接收衣被类：棉被、毛毯等301727床，衣服573555件。累计接收篷布类：大帐篷48270顶，小帐篷7766顶，损坏和不配套帐篷846顶。累计接收彩条布、圆筒布、篷布23244件。累计接收发电机563台，床1782张，野外生活用品3448套，太阳能热水器60套，家用电器4997个，彩电50台，汽车78辆，摩托车69部，办公用品2871套，其他物品276520件，机动三轮9辆，净水设备5套，卫星电视接收设备150套，复合肥300吨。

江油市。至2009年12月底，江油市先后收到捐赠日用品、服装、食品18车皮，大米817吨，面粉2399袋，奶制品、饮料8517件，矿泉水58322件及2车，食用油3127件，大豆油855件，方便面4车皮及162件，食品7310件，方便食品19731件，冷冻猪肉44636公斤，面粉120吨，火腿肠6815箱，牛奶6734件，奶制品622件，奶粉514件，食品、饮料3397件，服装1万件，棉衣1.1万件，棉被10471床、600件、1982包，毛毯2057床，蚊帐16万顶，帐篷105304顶，篷布307件，彩条布1630件，花露水1280件，救护车2辆，病床100架，皮卡车36辆，摩托228辆，轮椅500辆，以及全国各地党政机关、企事业单位、社会团体及各界人士共捐赠价值约3亿元的救灾物资。

图4-2-160　河北秦皇岛法云寺为江油市雁门镇捐赠救灾物资

涪城区。截至2009年12月31日，全区接收食品等物资折合685.15万元，以及大量未折价物资。其中包括帐篷11600顶、4车；展销帐篷130顶；彩条布、帆布2850平方米、1533件；机械、机电、车辆等设备100辆、632台、31箱；粮食、食品134667件、179322公斤、1719袋、7665桶、2车皮；饮用水117814件、1集装箱；衣被14620件、22718床、986箱、7袋、1车皮、1054双；商品及器械60件、1袋、1箱、101部、8副、100瓶；流动厕所7个；其他生活用品4524件、9991包、1944只、355箱、19904条、10000个、425把、550对、7000顶；通讯设备110部等。

游仙区。截至2009年12月31日，全区接收社会各界捐赠物资14.89万宗，价值5400余万元。其中部分物资：药品价值772.86万元，设备、耗材价值291.74万元，车辆价值33.33万元。

梓潼县。截至2009年12月31日，全县接收捐赠物资折价3839.82万元，其中部分物资：帐篷14208顶、棉被33279床、衣物66491件（其中旧衣物21633件）、食品336吨、饮用水565吨。

三台县。截至2009年5月20日，三台县抗震救灾指挥部捐赠处接收捐赠物资47.6566万件，价值近9500万元。主要有：衣物类包括各类新、旧衣、裤、鞋等，共计接收（含邮寄包裹）31661件（条、包、双）；矿泉水2826件；药品类32件（箱）；食品类包括饼干类、方便面、面包、糕点等

923件（箱、盒）；饮料类包括豆奶、各类饮料等464件(箱)；洗涤卫生用品类包括洗衣粉、洗洁精、蚊香等61件（箱、袋）；床单被套1300套；蔬菜类共4130公斤；调味品包括菜油、酱油、醋、米、挂面等2824.5公斤；篷伞10顶；鸡蛋900公斤；防潮床垫145床；蚊帐40床；棉被104床；塑料编织袋1000根；电脑终端机、显示器（定向）各15台；冰柜50个；老年轮椅车200辆。

盐亭县。截至2009年12月31日，全县共接收社会捐赠物资价值估算累计近8000万元，其中上级调拨估算累计近7000万元，社会捐赠近650万元，红十字会350万元。未折合物资为：帐篷类18331顶，粮食11849.904吨，食用油305吨，床上用品类11146件，猪肉30吨，衣服10181件，药品100件，以及数量众多的其他物品。

第四节　救灾物资仓储

灾情发生后，全市建有樊华大厦1号、2号仓库，永兴综合仓库，经开区仓库，江油中坝火车站仓库，主要存放临时救灾物资以及来不及分发的物资，由绵阳市政协负责，市级相关单位协助管理。2008年6月中旬，经开区仓库、江油中坝火车站仓库、樊华大厦1号、2号仓库相继撤销，保留永兴综合仓库。

一、樊华大厦1号、2号仓库

2008年5月16日，绵阳市抗震救灾指挥部在樊华大厦建立救灾物资仓库，以樊华大厦后面的礼堂为1号仓库，在樊华大厦正面的广场用钢管和彩条防雨布搭建约1000平方米的敞篷式临时2号仓库，大厦周围的空地、草坪成为露天堆放场所。市政协联谊委主任金仁银、经济委副主任陈开平分别任樊华大厦1号、2号仓库负责人，市目标督查办公室抽调2人为管理人员。5月16日开始，1号、2号仓库正式接受捐赠物资入库。

5月18日，制定“捐赠物资入库登记表”和“捐赠物资出库登记表”，坚持物资入库、出库登记制度。值班人员将每一批入库物资、领导审查发放的物资分别登记造册，领导审签的入库、发放审批件一同妥为保管。同时，仓库管理人员充实到10人。

5月底前，是接收捐赠物资的高峰期，每天昼夜都有大批物资进出仓库装卸，每个仓库各4人轮流24小时值班收发物资，2名负责人轮流值守处理问题、管理志愿者、巡视安全等。5月23日，从市委统战部在九洲体育馆的值班人员中抽调5名干部充实仓库管理，仓库实行“三班倒”的轮流值班制度，随时接收和发放救灾物资。

对有较高价值的捐赠物资，如省外某单位捐赠的2台2吨重的500千瓦发电机组、某公司捐赠的100辆摩托车及先后两批捐赠手机等，报供给保障社会捐赠组总负责人批示，直接交由其他单位存放。对于一般的救灾物资，只要批量入库，就直接报告，尽快审批给灾区县（市）、灾民集中安置点或有关医院等急需物资的地方和单位，确保抗震救灾的急需。

樊华大厦1号、2号仓库是捐赠救灾物资接收的临时转运地，大量的矿泉水和方便食品基本上都没有超过库存2天以上，200多吨大蒜堆放在草坪，3天时间全部发完。

各地捐赠物资车辆到达市抗震救灾指挥部供给保障社会捐赠组后，就地卸货交接。仓库管理人员认真清点物资品种和数量，并填写“捐赠物资入库登记表”。对品种、数量与实际卸车货物不一致，或捐赠单位只要求卸部分货物的，仓库管理人员坚持如实填写“入库登记表”。

所有入库物资都坚持市抗震救灾指挥部供给保障社会捐赠组负责人签批发放。各县（市、区）、市级有关部门及有关单位所需救灾物资经单位申请，由供给保障社会捐赠组负责人审定签批后，持审批单到1号、2号仓库提取物资。仓库管理人员坚持按单发放，并填写“捐赠物资出库登记表”，经领取人签字后方可发放。樊华大厦1号、2号仓库在近1个月的时间里，累计接受救灾物资3万多吨，发放救灾物资2万多吨。

二、永兴综合仓库

2008年5月18日9时，由绵阳市政协牵头，市审计局为主体，负责筹建全市救灾物资综合仓库。市政协办公室副主任肖永富，市审计局副局长唐巨龙、总审计师张勇具体负责仓库的筹建和领导。市审计局抽调40余名干部职工，成立物资登记组、分类存放组、搬运指挥组、后勤保障组、综合协调组，负责救灾仓库日常管理工作。经多方比较并报市抗震救灾指挥部供给保障社会捐赠组审定，选定飞云大道永兴2号路市公汽车公司的一个空置仓库，面积约2.8万平方米，建设全市救灾物资综合仓库，命名为“永兴综合仓库”。

永兴综合仓库有库房8间，每间约300平方米，按食品、药品、帐篷、衣被等分类划分，共可存放各类救灾捐赠物资5万余吨。5月18日19时30分，第一批救灾物资即内蒙古自治区捐赠的60吨(1.2万桶）菜油入库。

市审计局抽调人员参与管理，负责登记、发放出入库物资；建立《仓库安全保卫制度》《仓库日常管理制度》《出入库物资登记制度》《救灾物资收发公告》等5项规章制度。落实安保措施，门卫、库房24小时值班，在库房外设置警察流动哨，随时监控和处置异常情况。

在救灾物资管理中，市审计局发挥专业特长，运用SQL2000建立物资出入库平台管理数据库。出入库物资均要填写入（出）库清单，由工作人员登记台账，录入平台管理系统，严格按照台账清点发放救灾捐赠物资。各种物资的品名、种类、库存数量一目了然，查询快捷，并每日将库存数量和种类上报市抗震救灾指挥部供给保障社会捐赠组。供给保障社会捐赠组根据各受灾县（区）的实际需要和库存情况，快速、准确、合理地调拨救灾物资。

永兴综合仓库每日出入库救灾物资数量多、品种多，最高峰时，进出车辆200余车，收发物资1800余吨。每日安排专人负责调度车辆、调配人员、出入库物资清点验收。5月18日至6月25日，永兴综合仓库累计入库救灾物资1039车，约15585吨；出库救灾物资992车，约14380吨。

7月9日，永兴综合仓库移交市民政局主管。市民政局派专人负责管理，有管理、保管人员3人，主要职责是按接收保障组的接收、分配单进行救灾物资的接收、管理和分发，并负责仓库的安全保卫。

三、经开区仓库

2008年5月15日，绵阳市在经开区同立汽车城建立经开区仓库，主要存储转运经航空运抵绵阳机场的抗震救灾物资。经开区仓库领导小组由经开区管委会主任罗蒙任组长，区党工委助理调研员杨建华任副组长，市政协经济委主任唐时光协助。领导小组下设转运组、仓储组、保卫组、统计组，抽派专职人员30余人、兼职人员120余人，制定相应的物资管理制度和岗位职责，人员分为3个班，全天24小时轮换值班。

经开区仓库建立《物资进出统计制度》《仓库安全保卫制度》《存储堆码编号制度》，做到物资进出账目清楚、仓库安全没有隐患、存储物资无一散失。在救灾物资收发工作中，仓库严格按市抗震救灾指挥部供给保障社会捐赠组的要求，落实专人，负责转运储存物资品种、数量的详细登记；物资出库时均以供给保障社会捐赠组负责人亲笔签发的发货单组织发货；坚持每天14时前，管理人员做好物资收发存汇总表，上报供给保障社会捐赠组。

经开区仓库从5月15日至6月2日止，共收到绵阳机场转运的40种不同规格型号的救灾物资6批，其中帐篷375包、睡袋406套、毛毯14729床、棉被205床、自热米饭500箱等。

四、江油中坝火车站仓库

2008年5月17日，由江油市政协牵头组建江油中坝火车站仓库，代绵阳市抗震救灾指挥部供给保障社会捐赠组接受由铁路运输支援绵阳灾区的救灾物资。江油市政协副主席张瑞光任江油市代绵阳救灾物资接受组组长。

5月18日6时，接受组选定距江油火车站约2公里的国家粮食储备库一幢基本完好的开敞式库房和一幢震损需要维修加固的库房，作为救灾物资转储仓库；并从江油市政协机关、市民政局、市财政局、市交通局、市林业局抽调20余人组成入库组、出库组、运输组、综合组、后勤组。江油市交通局负责调集转运车辆，江油火车站装卸队负责车皮的卸载。

5月18日20时，第一批14个车皮救灾物资到达江油火车站。5月20日，借用中国工程物理研究院七所（原903所）江油铁路专用线作为救灾物资铁路运输专用线，并利用专用线附近的篮球场及空地搭建仓库。5月21日，江油市委组织部从全市机关抽调17名干部，充实江油市代绵阳救灾物资接受组。江油市委书记易林特批，从江油市财政拨10万元救灾应急资金给江油市代绵阳救灾物资接受组，开始有偿使用民工，有偿调用货运车辆。5月23日，江油市代绵阳救灾物资接受组重新调配人力，形成40人的三级工作机制。

6月1日，江油中坝火车站仓库接受最后一个车皮救灾物资；6月5日，发出最后一个车皮救灾物资。6月13日，绵阳市撤销江油市代绵阳救灾物资接受组。截至6月13日，接受组累计卸载全国各地运给绵阳市的142个车皮救灾物资，向绵阳市各县（市、区）发出141个车皮的物资，余下未提货的1车皮旧衣服于8月销毁。

第三章 救灾资金物资监管

第一节 行政监管

一、方案措施

2008年5月17日，市抗震救灾指挥部印发《关于印发募捐资金管理办法的通知》和《关于规范全市抗震救灾资金捐赠管理的公告》。

《募捐资金管理办法》要求：募集资金通过绵阳市抗震救灾指挥部公布的捐赠资金账户进行归集，存储，专账核算，实行钱、账分管，确保账目清楚，资金安全；严格管理收款程序，做到手续健全，监管到位。凡现金清点、存储由纪委（监察局）派人共同办理。每日钱款受理完毕后，由纪委（监察局）派员复核并经资金小组带队领导签字确认；在没有得到市抗震救灾指挥部批准前，所有捐赠资金账户只进不出，不向外划拨任何款项。

《关于规范全市抗震救灾资金管理的公告》要求：救灾资金募集点由市抗震救灾指挥部统一设置，任何单位和个人不得另设点接受捐赠；市抗震救灾指挥部统一设置账户，其他单位及个人不得另行设置。市级各部门和单位在内部募集的资金，一律造册，统一缴存到市抗震救灾指挥部统一账户。

5月22日，中共绵阳市纪委、监察局、民政局、财政局、审计局发出《关于加强对抗震救灾资金物资监管的通知》。绵阳市成立由市纪委副书记、监察局局长赵志强为组长，市监察局、市民政局、市财政局、市审计局等部门组成的抗震救灾款物监督检查领导小组。

5月22日，市抗震救灾指挥部供给保障社会捐赠接受组制定《捐赠物资接受制度》，要求：所有捐赠物资由市抗震救灾指挥部捐赠物资接受组统一接受；建立捐赠物资接受台账；建立捐赠物资仓储台账；实行捐赠物资接受情况按日统计和上报；实行捐赠物资接受情况公示，供给保障组每日18时前向社会公布。还制定《捐赠物资分配制度》《救灾物资发放办法》《物资采购程序》《加强库存物资管理的通知》《救灾物资发放流程》等规章制度。

6月4日，市财政局紧急下发《关于管好用好抗震救灾财政资金的紧急通知》，要求各级财政开通救灾应急“绿色通道”，严格管理使用抗震救灾资金，提高资金使用效率和效益。

6月10日，中共绵阳市委办公室、绵阳市人民政府办公室下发《关于加强救灾捐赠款物管理使用工作的通知》，明确救灾捐赠款物使用的基本原则，要求规范捐赠款物的安排使用程序，严格使用范围和方向，公开透明，加强监督。

6月16日，市财政局紧急下发《绵阳市财政局关于调整2008年财政监督检查工作计划的通知》，要求各级财政监督检查机构调整监督检查计划，集中力量组织开展对抗震救灾资金管理使用情况的监督检查，从严查处违法违规违纪行为。

6月26日，市财政局紧急转发省财政厅《关于切实解决当前抗震救灾资金管理中有关问题的紧急通知》，要求各级财政部门认真查找救灾资金管理中存在的问题，坚决查处救灾资金管理使用中出现的违纪违规问题。

7月1日，市财政局与市纪委、监察局、民政局、审计局联合下发《绵阳市关于加强抗震救灾款物审计监管意见》。对抗震救灾款物收发使用原则、监管目标、监管要求和监管措施进行明确。

7月4日，市政府办公室下发《关于进一步加强抗震救灾款物接收使用管理工作的通知》，进一步明确救灾捐赠资金物资接收分配程序，并对相关部门和各县（市、区）提出工作要求。

7月17日，市抗震救灾资金物资监督检查领导小组发出《关于认真做好当前抗震救灾监管工作的紧急通知》，要求市境各受灾县、乡、村成立抗震救灾款物监督检查机构，在受灾县、乡及集中安置点设立信访举报投诉点，并安排专人到位开展工作。各级监管机构和信访投诉点制定相应的工作制度和管理制度，有序地组织开展监管工作。

安置住房建设作为监督检查的首要任务，贯穿于项目审批、材料采购、工程建设等各个环节，确保质量和工期。根据安置住房建设的总体规划和实施进度，制定监督检查工作方案，实施全过程监督，加强对农村安置住房建设政策和补助资金落实情况的监督检查。综合运用专门监督、社会监督、群众监督和舆论监督等多种方式，使受灾群众安置住房建设在阳光下进行。严格安置住房建设资金物资监管，严防资金物资浪费，严禁截留、挪用、私分、抵扣和贪污等腐败行为，加强效能问责工作。各级抗震救灾资金物资监督检查领导小组成员单位建立联席会议制度，定期召开会议，通报工作情况，做到信息互通、情况互享。

7月23日，市财政局印发《绵阳市抗震资金监督管理办法》，对抗震救灾资金监督依据、范围，抗震救灾资金的申报、审批、发放、使用管理、信息公开、监督检查和责任追究等方面作出详细规定。

7月24日，绵阳市建立抗震救灾资金物资监督管理联席会议制度。其主要职能是：研究拟定市抗震救灾资金物资监督管理的重要措施和实施办法；成员单位及时沟通情况，汇报工作，信息互通；分析研究抗震救灾专项资金和物资管理使用中存在的问题，查漏补缺，提出对策建议；研究决定抗震救灾资金物资监督检查事宜；在联席会议的框架下，建立快速处理问题的机制。成员单位有市级纪检、监察、审计、财政、民政、发改、粮食、教育、卫生等部门。市纪委为牵头单位，市委常委、市纪委书记楚明，市纪委副书记、市监察局局长赵志强为召集人，各成员单位有关负责人为联席会议成员。联席会议办公室设在市纪委（监察局），具体负责联席会议日常工作。根据责任分工，市纪委（监察局）负责对抗震救灾资金物资管理使用情况的监督检查，及时查处违规违纪行为；市审计局负责对救灾资金及物资管理、发放跟踪审计监督，对违反规定的问题及时纠正并进行通报；市财政局负责对抗震救灾专项资金的接收、拨付、管理及对各县（市、区）、园区、部门的抗震救灾资金使用的监督；市民政局负责对救灾物资、资助资金的接收、管理、救济审核发放，监管慈善会捐资；市发改委负责对灾后重建工程项目的编制、审批和实施进行管理监督；市粮食局负责救灾粮油的筹集、加工、管理、调配及监管；市教育局负责对学校和教育设施建设的资金物资进行监管；市卫生局负责对医院和卫生系统的资金物资进行监管。

7月，市财政局代市抗震救灾指挥部起草《捐赠募捐资金管理办法》和《抗震救灾捐赠资金使用管理办法》，规定捐赠资金的使用必须接受财政、审计、监察部门的监督、检查。

8月4日，根据中纪委、监察部《抗震救灾款物管理使用违法违纪行为处分规定》、中纪委等五部委《关于加强对抗震救灾资金物资监管的通知》等文件，绵阳市抗震救灾资金物资监督检查领导小组制定《绵阳市抗震救灾及灾后重建资金物资管理使用监督办法》，对监督原则、监督的重要环节及内容、款物募集、接收登记、分配调拨、物资储运、款物发放、物资变卖、政府采购、工程建设招投标、过渡房分配、农房重建、信息公开公示、责任追究等作出详细规定。审计部门印发实施《绵阳市抗震救灾资金和物资审计监督管理办法》，提前介入，积极搞好跟踪审计监督。

抗震救灾期间，绵阳市先后制定《捐赠资金接受管理制度》《捐赠物资分配制度》《捐赠物资接受制度》《救灾物资发放办法》《抗震救灾资金物资管理使用监督办法》等一系列管理制度和管理办法，下发各县（市、区）和市级有关部门，并配套建立市、县（市、区）、乡（镇）三级抗震救灾资金和物资的接收发放、调拨使用、监督管理的审批制度和操作流程。

二、实施

自2008年6月起，市财政局根据调整后的财政资金监督检查工作计划，抽调专人组成抗震救灾资金检查小组，对汶川特大地震灾害临时生活补助金、地震灾害遇难人员家属抚慰金和灾后农房重建补助等资金进行监督检查。

2008年6—9月，市财政局组成调查小组，深入农户、社区、乡镇，对涉及全市21件救灾资金管理使用举报案件逐一进行调查、取证和核实。查实并处理举报案件5件，分别作出加快资金发放进度、督促补发和收回已发救灾资金等处置意见。对16件举报案件，经查实属举报人对政策理解有误，给予政策解释和说明。

针对救灾初期救灾资金管理使用存在的一些问题，市政府发出《关于切实加强抗震救灾资金管理使用的紧急通知》，要求各管理使用救灾资金的部门和单位，吃透政策，纠偏堵漏，进一步建立和完善相应的管理制度，用制度管事，以制度管人。不得随意改变救灾资金用途，把救灾专项资金用于一般性支出；不得擅自改变各项救灾政策，使救灾政策得不到贯彻落实；不得虚报库款结余，套取上级资金调度专款；不得转移库款，影响救灾资金支出。

从8月18日至8月底，在全市范围内开展一次抗震救灾资金物资专项清理检查。清查内容：各级财政部门自地震以来接受捐赠资金和上级拨付资金到账的时间和金额；按要求应拨付（发放）的时间和金额；实际拨付（发放）的时间和金额；未及时拨付（发放）资金的原因。各级民政部门自地震以来接收物资的时间、种类和数量；物资的存储、保管和分发情况；有无积压库存物资，其种类、数量和原因。各级粮食部门自地震以来接收、组织、调入粮油的时间、来源地、品质标准和数量；粮油运输、存储、保管和加工情况；粮油发放时间和数量；粮油发放是否及时足额，有无变质，原因是什么。接收单位和基层群众对救灾资金物资的发放方式、进度、数量、质量是否满意，经验和教训是什么。清查工作采取自查和抽查相结合的方式进行。以各单位和各部门自行清理检查为主，各级抗震救灾资金物资监督检查领导小组组织专门力量对重点单位和重点部门进行重点抽查。

2008年11月21日，中共绵阳市委办公室、绵阳市人民政府办公室《转发省抗震救灾资金物资监督检查领导小组〈关于进一步加强灾后恢复重建项目招标投标监督工作的紧急通知〉的通知》，结合绵阳市实际提出如下意见：

进一步规范基本建设程序。全市所有灾后重建工程建设项目，都严格执行国务院《汶川地震灾后恢复重建条例》规定的基本建设程序。科技城管委会、各县（市、区）和市级有关部门根据职责分工，落实工作责任制，切实做好灾后重建项目的审批、报建、招投标及其备案、质量监督、安全生产、竣工验收等工作。严禁违反基本建设程序，擅自突破（经批准的）投资概算、规模标准和等级，违规启动工程项目建设。

进一步严格执行招标投标制度。各级党委、政府和各部门按照党风廉政建设责任制的要求，认真按照《关于严肃招标投标工作纪律和规则的意见》规定，对管辖范围内招投标工作纪律和规则的执行情况负总责。严格按《招标投标法》等法律法规以及《四川省人民政府关于灾后重建国家投资工程建设项目招标投标工作的通知》《四川省人民政府办公厅关于灾后重建国家投资工程建设项目招标投标工作的补充通知》以及市委、市政府有关文件，认真执行信息发布、招标方式核准、法定时限、专家抽取、评委组成、评标场所、结果公示等规定，严禁违规发包工程。

切实加强对灾后重建工程招标投标的监督。市级有关部门按照职责分工，加大对灾后重建工程招标投标的日常监督和违纪违法案件查处力度。各县（市、区）特别是北川、安县、平武、江油等县（市），主动接受省派驻检查工作组的监督，凡研究重大项目发包、大额资金拨付等事项，邀请检查组参加，虚心听取意见，诚恳接受检查。加强对灾后重建工程建设项目开标、评标活动的监督，除国家和省管项目有明确要求以及有省评标专家库终端的县（市）外，全市所有规模以上灾后重建工程项目招标投标（包括经市人民政府批准后的比选），一律进入市建设工程交易中心封闭进行，所需评标专家在《四川省评标专家库》随机抽取。

认真落实工程项目建设永久公告制度。在工程项目竣工验收合格后，各县（市、区）、园区和有关行政主管部门监督项目业主和施工单位，根据招标结果和中标人投标承诺，在项目显著位置永久性标识项目施工单位的项目经理（包括建造师）、监理单位（包括总监）、设计单位名称。

2008年12月26日，市委常委、市纪委书记楚明召集市灾后重建国家投资工程建设项目分片包干监督组组长会议，听取各组开展监督工作情况。会议要求，各监督组下一步必须切实抓好4个方面的工作。

一是加大监督力度。凡是在绵阳范围内的国家投资重建项目都是实施监督的对象。各监督组应该做到情况要清楚，对全市国家投资的灾后重建项目的具体数量、投资额度、投资方式以及招投标等情况的收集和掌握认真过细，确保数据准确、动态清楚。监督要经常，各监督组确保人员和工作两到位，通过实施经常性监督，主动查找问题，及时上报情况。指导要有针对性，各监督组在实施监督的同时，还要指导监督对象规范招投标程序，注意针对他们工作中的薄弱环节加大指导工作力度，避免程序上出现错误或走“弯路”。介入提前，各监督组树立超前意识，对项目招投标监督要做到事前介入、事中参与、事后保障。

二是深入开展监督。各监督组转变观念，改进监督方式，坚持把大的建设项目作为监督重点，通过规范监督大的建设项目带动其他建设项目的规范。监督工作，不能只停留在检查招投标程序上，还要注意避免恶意低价中标后又无力完成而造成“半截工程”和“烂尾工程”。对于发现的问题，要做到快速反应，重拳出击，坚决查处招投标过程中的围标、串标、明招暗定以及中标后转包等违纪违规行为。

三是整合监督力量。各监督组注意整合各方监督力量，建立起全方位监督网络，特别是与省派驻各县（市、区）监督检查组和对口援建省市派驻监督机构的工作结合起来，主动加强联系，及时沟通情况。注意发挥好社会特邀监察员和政风行风评议员的监督作用。

四是切实履职尽责。各监督组以对党委、政府负责，对人民负责的精神组织实施好各项监督工作，重点把握好招投标程序和工程质量安全两个关键环节，特别注意对隐蔽工程和超概算工程的监督，坚决避免出现“豆腐渣”工程。各监督组成员严于律己，恪尽职守，履职尽责，人员不得随意调换。

2008年5月16日，市质监局会同市工商局、市民政局、市红十字会成立绵阳市救灾食品及物资安全保障协调小组，加强救灾食品的监管。对全市17个捐赠点的300余个批次的捐赠食品进行质量检验，未发现假冒伪劣食品和不合格食品。

按照省“5·12”抗震救灾指挥部文件精神，2008年5月16日至6月10日，全市组织食品监管、执法、检验人员共300余人次，派出食品质量快速检测车20余车次，在城区各救灾物资发放点、大型超市、集贸市场，对乳制品、饮料、米、面、食用油、方便食品进行检查，为受灾企业和群众提供220批次的检测服务。全市出动食品安全快速检测车开展巡查和检测，分别到北川、安县、平武、江油等重灾区救灾物资发放点和部分食品企业、大型超市、学校等地开展巡查和免费检测，出动食品安全快速检测巡查车14次，检验人员30余人次，免费检测60余批次。

5月22日，国家质检总局派重庆市质监局、山东省质监局、河南省焦作市质监局的45名领导和专家组成检测服务队伍，支援绵阳灾区。

5月23日，省质监局从内江市、自贡市、凉山州调派3辆食品快速检测车和16名检测人员，再加绵阳质监局自有1台食品快速检测车，共4辆食品快速检测车，到安县、江油、涪城、三台等地，对灾民安置点、救灾食品捐赠点、食品生产企业（作坊）进行检测。检测的重点是捐赠点、发放点、安置点的救灾食品及饮用水等。截至6月25日，先后共出动290车次，检测482批次，1518个样品，提供大量的技术咨询、指导服务。

市纤维监督检验所对6个救灾物资捐赠点所捐赠的絮用棉被等共8大类、30余个种类的絮用纤维制品捐赠物资实行免费检验，共抽检棉被41890床，踏花被5620床，凉被9320床，棉大衣8000余件，毛毯180657床；并派出技术人员对九洲体育馆群众安置处的8000余床救灾絮用纤维制品进行现场检查；检测香港红十字会捐赠的棉被2.5万床、澳门红字会捐赠的棉被1400余床、河南省捐赠的棉被4800床，山东省捐赠的棉衣1万件、辽宁省捐赠的棉被13万床和棉衣13万套、梓潼民政局采购的棉被5000床、北川红十字会捐赠的棉被6000床。并与市民政局、市红十字会、市采购办联合，对全国各地捐赠及各县（市、区）灾区自行集团采购的御寒棉衣被进行了质量检查。

从地震后至2008年12月，全市质监系统出动监管、执法人员4505人次、车辆1228车次，查处违法案件37起，销毁过期变质食品1200余公斤，受理并妥善处理“12365”投诉367件。

第二节　纪检监察监管

一、措施

汶川特大地震发生后，市纪委、监察局立即成立抗震救灾指挥部，在指挥部下设监督检查领导小组。四川省纪委、监察厅下发《关于严肃纪律加强对抗震救灾资金物资监督检查的紧急通知》后，市纪委、监察局于2008年5月14日立即转发到各县（市、区）和市级各部门。5月22日，成立由市纪委副书记、监察局局长赵志强为组长的抗震救灾款物监督检查领导小组，抽调机关各室和其他部门共38人成立监督检查组，专门负责抗震救灾专项资金和捐款捐物工作及款物发放使用的监督检查工作。在对抗震救灾款物监管的过程中，市纪委、监察局重点对抗震救灾款物的接收、管理、发放、公示等关键环节加强监督。明确督促检查的4项主要工作任务：规范抗震救灾款物接收；规范对抗震救灾款物的审批和拨付使用；搞好抗震救灾款物收支情况的公开公示；查处违法违纪案件。同时，各部门按照“谁主管、谁负责”的原则，既履行好各自的职责，又密切合作，及时沟通联系，相互支持配合，形成监管合力。随着灾后重建和扩大内需工作的推进，及时成立绵阳市扩大内需促进经济增长加快灾后恢复重建政策落实监督检查领导小组及其办公室，明确人员分工，进一步扩大监督检查内容。成立10个分片包干监督检查工作组，4个项目资金专项检查组，组织市人大代表、市政协委员成立25个督查组，聘请826名特邀监察员和社会监督员参与检查。各县（市、区）、乡镇（街道）、村（居）也成立相应的机构。

市纪委、监察局派出督查组分别到市物价局、市商务局、市粮食局、市工商局等有关部门，督促相关职能部门认真履行职责，稳定市场，保障供给；以抗震救灾指挥部名义下发公告，对捐款账号和捐款地点进行规范，并派出2组共8人对捐款资金进行24小时监管；深入灾区一线，派出8人对安县、江油救灾物资仓库的接收发放进行全面监督检查。

市委常委会、市政府常务会议、市纪委常委会多次将监督检查工作作为重要议题进行研究部署；市委、市政府、市纪委（监察局）主要领导经常深入一线，开展监督检查；有关部门充分发挥职能作用，加强本部门本系统的监管，促进抗震救灾工作有力有序有效进行。

2008年5月22日，市纪委、监察局会同民政局、财政局、审计局及时下发《关于加强对抗震救灾资金物资监管的通知》，对加强监督检查的基本原则、主要任务、组织机构、工作纪律等作了具体的规定，并明确4项工作安排：抓重点，主要是搞好救灾资金、物资的接收、分配、使用情况的监督检查；抓规范，建立健全民政、财政、审计等各方面的监督制度；促公开，要求各级各部门要将救灾资金物资接收、分配、使用情况原则上每半月以适当方式面向社会和受灾群众公开、公示，以取信于民，取信于社会；严查处，要求各级纪检监察机关公布举报电话、及时受理群众举报投诉，加强对抗震救灾资金物资管理使用情况的监督检查，对有令不行、有禁不止，贪污、截留、挤占、挪用、私分、骗取救灾资金物资等违纪违法行为，要迅速查办，从重处理，严肃追究有关人员责任，涉嫌犯罪的，及时移送司法机关追究刑事责任。对面向社会的资金捐赠活动进行规范，要求各级各单位加强监管，未经批准不得随意面向社会设置捐赠点。

2008年6月26日，市纪委、监察局印发《关于严格抗震救灾和灾后恢复重建款物管理使用的若干规定》，对抗震救灾和灾后恢复重建款物管理使用作出规定。2008年7月24日，绵阳市抗震救灾资金物资监督检查领导小组印发《绵阳市抗震救灾资金物资监督管理联席会议制度》。随着工作的推进，相继出台《绵阳市扩大内需促进经济增长政策落实检查办法》《绵阳市灾后重建国家投资工程建设项目招投标监督管理暂行办法》和《绵阳市国家投资灾后重建项目管理暂行办法》，对有关事项作出具体规定。

二、实施

2008年7月26日，中纪委监察部纠风室纪检专员刘牛率中央检查组到绵，检查绵阳市救灾款物监管使用情况。同日上午在九洲富乐山国际大酒店召开抗震救灾资金物资监督检查工作汇报会，市委副书记、市政府代市长曾万明向检查组一行汇报绵阳市抗震救灾资金物资监管工作。刘牛对绵阳抗震救灾资金物资监督工作给予高度肯定。刘牛表示，要从救灾资金物资的监管转入灾后重建的监管。他指出，现阶段监督检查的重点，是保证救灾补助的钱粮及时足额发放到位，把国家对永久性住房建房补贴资金按时足额发放到位。对灾后重建项目的监管做好准备，管好灾后重建资金；不断完善相关规章制度；充分发挥纪律监察纠风部门的职能作用，调整监察纠风工作的重心，积极服务于灾后重建的中心工作。

2008年8月13日9时左右，绵阳市安县桑枣镇红牌村村民在领取救济补助粮时，因怀疑大米质量有问题而拒领（经质检部门检验，大米质量符合国家规定的标准）。14时左右，群众集体到桑枣镇政府上访，导致成青路桑枣镇政府路段被堵。当日16时50分，省纪委信访室来电，要求绵阳市纪委对该事件及时处理并回复。随后市纪委将情况立即通告安县纪委监察局，并转达省纪委的要求。

8月15日下午，市纪委、监察局组织召开会议，深刻分析和反思工作中的问题，并针对问题，重点采取以下措施：一是以分管案件的副书记钟正军牵头，由分管案件的常委带队成立专案组立即赴安县进行专项调查。二是市抗震救灾资金物资监督检查领导小组组织召开市级财政、粮食、民政等部门主要领导会议，传达省纪委领导的重要指示，要求按照职责分工，认真履行职责。三是市抗震救灾资金物资监督检查领导小组向全市发出通知，要求市级相关部门和各县（市、区）、园区，立即组织力量，对库存的钱粮物进行清理、自查，并对库存粮食、物资进行检验，避免粮食物资发生变质。市抗震救灾资金物资监督检查领导小组组织力量对各单位自查情况进行抽查，确保粮食物资不发生变质问题。四是进一步完善制度。针对此次事件暴露出的问题，将对前期形成的制度进行清理，查漏补缺，进一步建立和完善制度。同时，结合加强机关效能建设，在全市纪检监察系统开展自查活动，切实转变纪检监察干部的作风，加强纪检监察干部队伍建设。

2008年10月25日，绵阳市抗震救灾资金物资监督检查领导小组办公室要求各县（市、区）纪委做好抗震救灾捐赠越冬衣被等御寒物资管理使用监督检查工作，把工作重心转到做好救灾越冬衣被等御寒物资管理使用的监督检查工作上来，把救灾越冬衣被等御寒物资监管作为监督检查工作的一项重要内容，抓紧抓好。

市纪委督促灾区各相关部门认真汲取抗震救灾初期救灾物资管理使用中的经验教训，做好充分准备。切实摸清辖区受灾群众对越冬衣被等御寒物资需求的实际情况，提前做好分配预案，优先满足最困难、最需要群众的急需。完善好仓储和发放准备，防止救灾越冬衣被等御寒物资受潮受损、霉烂变质，做到妥善保管、及时发放。统一统计口径，统一计量单位，建立收发台账，做好公开公示。加强行政效能监察，对接收到的救灾越冬衣被等御寒物资，及时发放到户到人，严禁滞留滞拨。救灾越冬衣被等御寒物资的发放适当向地震中失去亲人较多、自救能力较差、困难较大的人员倾斜。公务员和财政供养人员一律不得领取救灾越冬衣被等御寒物资。受灾的村组、社区干部须在受灾群众领取完毕之后方可领取，严禁随意分配、优亲厚友。

市纪委、监察局始终把大额资金发放、大宗物资采购、扩大内需作为监督检查的重点，采取派员同步监督、动态监督、审计监督、效能监督、社会监督和实行抗震救灾资金物资管理使用廉洁承诺制等办法，对抗震救灾资金及政策资金、重点工程项目、在政府采购目录范围内的大宗物资采购和政府应急采购，实行重点监管。同时，紧紧围绕资金物资管理使用，着眼于重点领域、关键部位和薄弱环节，着重对关系群众切身利益、资金物资集中、社会关注程度高、容易发生问题的领域加强监督检查，并要求做到“六个严”（严格制度、严格程序、严格管理、严格监督、严密组织、严厉打击）。

在项目招投标监管工作中，全市做到“三个坚持”：一是坚持从政策层面规范招投标行为。先后制发《关于进一步加强灾后重建国家投资工程建设项目监督工作的通知》《关于进一步规范国家投资工程建设项目招标投标工作的通知》等10余个规范性文件，对严格国家投资工程建设项目的招投标程序、强化投标活动过程监管、严肃招标投标交易纪律等提出明确的要求，特别是针对容易出现问题的招标文件编制和发售、现场踏勘、项目经理管理等关键环节作出详细具体的规定，在政策层面上规范国家投资工程建设项目招投标行为，进一步强化监管力度。二是坚持落实分片包干责任制。由市纪委、监察局、发改委、审计局、财政局、建设局等部门领导牵头建立项目建设分片包干责任组，采取分片包干负责的方式，部门领导经常深入到各自划分的责任区域，采取查阅资料、召开座谈会、现场检查、与省派驻工作组交换意见等方式，重点对责任区域内国家投资工程建设项目执行基本建设程序和招投标制度、健全落实“四项责任制”（项目法人责任制、工程质量行政领导责任制、参建单位工程质量领导责任制、工程质量终身负责制）和“三项制度”（工程监理制度、合同管理制度、竣工验收制度）等情况进行指导和督查。各督查组每月定期召开联席会议，通报督查情况，分析突出问题，研究解决办法。各县（市、区）也纷纷建立起分片包干责任制，形成一级抓一级、层层抓落实的工作机制。三是坚持完善与对口援建单位的共同监督机制。积极督促受援县(市、区）和对口支援省市监督机构建立完善援助（建）项目招投标监督工作联席会议、案件协调处理和联合督查等制度，实现对援助（建）项目监管工作有效对接。

全市建立《抗震救灾资金物资募集、管理、使用公开信息制度》，向社会及时公开公示抗震救灾资金物资接收、调拨、分配、发放、使用全过程，并及时反馈发放使用情况。建立方便快捷的信息反馈机制，对救灾款物造册登记，建立统一台账，及时在新闻媒体公布捐赠款物数量、捐赠者名单。救灾款物的发放除紧急情况外，张榜公示、公开发放等程序，做到账目清楚、手续完备、群众知情。对大宗救灾物资的发放，在指挥部公布栏上进行公示，在绵阳政务网上向社会公开。各县(市、区)、乡镇（街道)、村（居）通过本级政府门户网站、政（村、社）务公开栏、在集中安置点张榜公布等方式，全面公示抗震救灾政策和抗震救灾资金物资接收、发放、领取情况。通过政风行风热线、召开新闻发布会、组织媒体集中采访等形式，及时通报救灾资金物资监管情况。

各级抗震救灾资金物资监督检查领导小组建立抗震救灾资金物资监督检查联席会议制度，联席会议各成员单位按照“谁主管、谁负责”的原则，既各司其职，各负其责，又密切合作，共同研究工作、查处问题、提出对策。支持和配合中央和四川省派驻灾区开展抗震救灾资金物资及扩大内需监督检查工作组的工作，为他们提供必要的工作条件，对他们在监督检查中提出的问题及时进行整改和查处。

2008年11月18日，省抗震救灾资金物资监督检查领导小组办公室组织部分抗震救灾社会监督员到绵对全市灾后重建项目招投标工作进行监督检查。每组3—5人，成员由省监察厅部分特邀监察员和建设工程招投标方面的专家组成，省纪委省监察厅每组派联络员1人。抽查3个灾后重建工程建设项目，另抽查2至3个重灾县（市、区），每个重灾县（市、区）抽查3—5个项目。主要对灾后重建项目招投标的有关程序的合法合规性进行检查，具体包括以下内容：招标、比选项目是否符合招标、比选条件；是否按照规定核准招标事项；比选是否按照规定履行报批手续；不招标不比选项目的确定是否符合有关规定；是否按照核准文件要求进行招标；代理机构是否通过比选确定（自行招标除外）；是否在指定媒介发布招标、比选公告；招标、比选文件有无指定品牌或其他排斥潜在投标人的规定；评标委员会是否依法组建；开标、评标活动是否符合法定时间和法定程序；中标人、中选人是否依法确定；招标、比选人是否依法确定；招标、比选结果是否超过投资概算；是否按中标金额订立合同；工程招标、比选中的其他问题。

全市邀请人大代表、政协委员、民主党派参与监督，主动接受新闻媒体和社会各界的监督，从而整合监管力量，形成监管合力，增强监管实效。

市抗震救灾资金物资监督检查领导小组及市扩大内需促进经济发展加快灾后恢复重建政策落实监督检查领导小组统筹、协调全市监督检查力量，建立由纪检监察机关牵头，相关部门共同参与、协调一致、配合密切、查办有力的工作运行机制，确保监督检查工作及时、有效推进。畅通举报渠道，及时受理。在电视、报纸、网络等新闻媒体上发布公告，向社会公布中纪委投诉举报电话“12388”和绵阳市投诉举报电话2539462，24小时专人值守，在全市各县（市、区）、乡镇（街道）、村（居）共建立1512个信访举报投诉点，并印发宣传画1万册，分发到各地。

截至2009年12月20日，全市共查处涉及扩大内需促进经济增长加快灾后恢复重建政策落实及抗震救灾资金物资管理使用方面问题的违纪违法党员干部（含聘用事业人员）112人。其中给予党纪处分65人、政纪处分9人，移送司法机关8人，党纪政纪立案74件。

第三节　审计监管

一、措施

汶川特大地震发生后，市审计局全力开展救灾款物和灾后重建审计监督。2008年5月15日，审计署印发《2008年汶川地震救灾资金和物资审计工作方案的通知》，安排部署对汶川地震救灾资金和物资进行审计。5月19日，市审计局向绵阳市抗震救灾指挥部报送《关于专项审计救灾资金和物资的报告》，得到领导批示后，成立绵阳市抗震救灾捐赠资金和物资审计领导小组，具体负责救灾款物审计方案的制定、人员和审计的组织实施、审计结果的审核报告。

2008年5月21日，市审计局印发《绵阳市抗震救灾资金和物资审计监督管理办法》。《监督管理办法》指出：由市审计局组织专门审计组，对全市收取、接收捐赠资金和物资的部门、单位、社会团体进行审计，必要时延伸到相关个人。审计工作坚持“依法审计、执法必严、实事求是、讲求效率”的原则，坚持专项审计和审计调查相结合的方式，以财政、社会捐赠资金和物资的筹集、分配、拨付、使用及效果为重点，进行全过程跟踪审计。重点查处滞拨、滞留，随意分配、优亲厚友，损失浪费、弄虚作假，截留克扣、挤占挪用、贪污、私分等问题。

5月22日，市审计局与市纪委、市监察局、市民政局、市财政局联合发出《关于加强对抗震救灾资金和物资监管的通知》，审计机关关口前移、提前介入，进行全过程跟踪审计。市审计局每周逐级向上级审计机关报告救灾款物审计情况；救灾工作全面结束后，以适当的方式向社会公告社会救灾款物管理使用的审计结果。

5月30日，市人民政府办公室转发《审计署关于审计四川省2008年汶川地震救灾资金和物资的通知》，进一步统一全市审计机关的监督行为。

市审计局认真贯彻落实温家宝总理“灾后重建资金量大、资金使用好、确保工程质量、跟踪审计很重要”的指示精神，按照“提前介入、关口前移、全程跟踪、有效防范”的工作思路，“紧盯资金流向、紧跟项目进度”，边审计、边整改、边规范、边提高，全面开展灾后恢复重建审计。

按照市委“重建项目要确保经得起国家审计、社会监督，确保工程建好、干部不倒”的要求，2009年2月12日，市人民政府印发《绵阳市灾后恢复重建审计工作方案》，市本级及各县（市、区）审计局均成立灾后恢复重建跟踪审计领导小组。

面对灾后恢复重建审计任务异常繁重和审计力量严重不足的矛盾，采取“国家审计为主体、聘用人员为补充、内部审计为配合、中介机构为参与”的崭新模式开展恢复重建跟踪审计，全力推行“每投必审”制度。提请市政府先后出台《绵阳市国家投资灾后恢复重建项目管理暂行办法》《绵阳市人民政府办公室关于使用政府性资金灾后恢复重建项目概（预）算评审和决算审计有关问题的通知》和《绵阳市社会中介机构参与灾后恢复重建项目工程造价审计管理暂行办法》，市审计局制发《绵阳市中介机构参与灾后重建项目审计操作规程》等15个配套管理制度，建立中介机构参与工程造价审计的准入制、淘汰制和质量控制制。通过聘请中介机构参与全市灾后恢复重建工程造价审计，规范投资审计市场，确保审计质量，防范审计风险。

全市审计机关坚持“一切工作围绕重建审计来开展、一切资源围绕重建审计来配置、一切人员围绕重建审计来调度”，采取审计与审计调查相结合、重点审计与专项抽查相结合、阶段跟踪与日常跟踪相结合，“同级审”为主，结合“上审下”的方式全面开展灾后恢复重建跟踪审计。面对恢复重建审计资金量大、项目多、参与面宽的复杂情况，市审计机关在全面审计的基础上，严把资金分配使用审计关、项目建设管理审计关、工程造价结算审计关、项目投资效益审计关等“四道关口”，围绕资金和项目两大重点，坚持项目建设、资金流向到哪里，审计就跟进到哪里。在资金审计上实行以点带面，坚持将灾后恢复重建资金“收、管、用”作为审计重点，按单位、分板块，全程监管资金筹集、管理、分配、使用各个环节，确保资金按规拨付和使用。

2010年10月18日，市人民政府办公室发出《关于做好灾后恢复重建项目竣工结算审计工作的通知》。《通知》要求：做好结算审计资料报送和收集工作；严格工程计量、价款支付审批和工程进度款拨付；工程结算资料不完整的项目，采取分批提供资料形式实施决（结）算审计；严格按审计报告和决定要求整改相关问题，办理工程决（结）算；强化监督，严格责任追究。

2011年11月9日，绵阳市人民政府办公室印发《关于进一步加强审计发现问题整改工作的通知》。《通知》要求，各地各部门要切实增强做好审计发现问题整改工作的自觉性和主动性，建立和完善审计发现问题整改报告机制、联动机制、责任追究制度、跟踪检查机制、公告机制，加大审计执法力度，提高审计执法水平。

二、实施

2008年5月14日，四川省审计厅党组书记、厅长高仁全到绵察看灾情，看望慰问市审计局干部职工，并要求市审计局发挥好审计职责，加强对抗震救灾款物的审计监督。

5月15日，审计署办公厅印发《2008年汶川地震救灾资金和物资审计工作方案的通知》，安排部署对汶川地震救灾资金和物资进行审计。5月19日，市审计局向市抗震救灾指挥部报送《关于专项审计救灾资金和物资的报告》，根据市领导批示，市审计局成立绵阳市抗震救灾捐赠资金和物资审计领导小组，局长刘清华任组长，副局长唐巨龙为副组长，其他局领导为成员，办公室设在金融社保审计科，具体负责救灾款物审计方案的制定、人员和审计的组织实施、审计结果的审核报告。

5月20日，市审计局下发《关于抗震救灾捐赠资金和物资审计近期安排的通知》，对抗震救灾和物资审计监督工作进行安排。5月25日，向各县（市、区）审计局下发《关于“5·12”抗震救灾资金和物资跟踪审计（审计调查）事宜的通知》，向各县（市、区）、园区发送《关于对市级各部门收交“5·12”抗震救灾资金和物资情况跟踪审计（审计调查）的函》，共向114个市级部门、9个县（市、区）审计局印发《报送捐赠资金和物资统计表的通知》，跟踪捐赠款物接收、上缴、下拨、结存情况。按照审计署“统一指挥、统一方案、统一实施、统一报告”的要求，四川省审计厅抽调53人、市审计局抽调7人组成5个审计组对市本级和北川、安县、平武、江油4个重灾县（市）救灾款物进行审计；市审计局抽调50人组成5个审计组对涪城区、游仙区、梓潼县、三台县、盐亭县5个非重灾县（区）救灾款物进行审计，协助审计署10人小组就群众对抗震救灾物资资金使用发放的举报进行调查。同时，市审计局开通举报电话，接受群众对救灾款物发放和政策执行情况的举报。

震后初期，大量的救灾款物从全国各地涌向灾区，同时国家也出台相关的惠民政策。由于救灾和捐赠资金物资来源广、数量多、品种杂，有中央下拨的、有省市调拨的，有国外政府援助的、有国内爱心人士捐赠的，加之正处于抗震救灾的应急阶段，救灾捐赠资金物资接收、分配手续不全，账实不清，计量单位杂乱，亟需加强监管，防止出现大的问题。全市审计机关坚持救灾款物流向哪里，审计就跟踪到哪里，监督到哪里，不仅检查到市、县、部门，还跟踪检查到乡、村、人。实行事前、事中审计。市审计局共抽调12名审计干部，直接到建设、交通、卫生、民政、教育等重点部门蹲点，从资金物资“收”的环节就提前介入，全程跟踪，及时发现存在的问题，帮助相关部门规范整改。建立审计组日报、周报、半月报、月报制度。各审计组每天审计情况及时报告救灾款物审计领导小组，确保动态实时的审计监督。

在审计中发现，一些单位接收的捐赠物资没有建立台账、物资来源没有原始记录留存，发放时只有领取单位公函，却无领取人签字；一些捐赠资金没有按捐赠者意愿，及时拨付到特定捐赠对象等。审计机关从指导他们建立台账开始，逐步帮助被审计部门规范，完善手续。

市审计局还对救助政策落实情况进行专项调查，调查各县财政、民政等部门，走访27个乡镇，实地与乡镇干部、村社干部、村民进行座谈。在审计过程中发现某村共有1884人，向上申报救助人数539人，实际享受救助28人（“三无”14人、低保14人），其余511人的款物，平均分发给该村剩余的1856人。还存在“三无”对象认定标准不统一，各地执行不一致；还有个别地方救助资金发放不及时，政策宣传不够，造成群众误解。市审计局7月14日向市政府作专报，提出“加强政策研究、加大宣传力度、对受损农房进行全面鉴定”等审计建议。

5月24日，中央委员、审计署审计长刘家义到绵检查指导，查看灾情。对绵阳市审计机关及时介入到救灾款物监督管理的做法予以充分肯定，要求全市审计机关全面开展抗震救灾款物审计。

6月12日19时15分，审计署在门户网站上发布第一号“汶川地震抗震救灾资金物资审计情况公告”，其中公告了工商银行绵阳涪城支行用抗震救灾费用购买56双耐克运动鞋，并开具假发票问题。

6月19日，审计署党组成员、副审计长令狐安到绵，深入到北川老县城、江油市实地查看灾情，听取绵阳市及北川县、江油市审计局关于救灾款物跟踪审计汇报，要求绵阳市审计局继续组织好抗震救灾款物审计。

5月29日至9月28日，全市审计机关共审计市县抗震救灾指挥部、财政、民政、粮食、卫生、组织部等部门和单位318个，调查乡镇93个、村组99个、1286户灾民，发现各种违纪违规及管理不规范等问题117个，向各级被审计单位制发审计建议书46份，提出审计建议129条，其中涉及救灾款物接收、分配、使用管理不规范的问题62条，贯彻执行国家各项救灾政策中存在的问题23条，救灾款物使用效益和损失浪费问题29条，其他需要反映的问题建议15条；市县领导在审计建议函上作出批示37人次，审计收缴财政297.52万元，促进归垫资金及调整会计账目715.32万元，审减部分医院多申报地震伤员救治费用680.31万元，清退30.68万元，纳入财政专户管理21758.55万元，促进资金拨付到位4399.12万元。各审计组收到当地举报电话及短信819个，其中政策咨询电话及短信755个，有具体指向的64个。各审计组及时对64个举报事项进行认真调查核实。还及时查办审计署和审计厅转来的群众举报来信、来电31件。有关部门给予有关责任人警告、诫勉谈话等处分及处理5人，写出检讨4份。促进市、县政府及有关部门建立健全救灾资金和物资规章制度22件。

地震后，中共中央、国务院举全国之力支援灾区恢复重建，按照“三年重建任务两年基本完成”的要求，绵阳市在三年内实施7318个灾后恢复重建项目，估算总投资2266.26亿元。市审计局按照《汶川地震灾后恢复重建条例》《汶川地震灾后恢复重建审计工作安排意见》《绵阳市国家投资灾后重建项目管理暂行办法》《绵阳市社会中介机构参与灾后恢复重建项目工程造价审计管理暂行办法》等文件要求，全面开展灾后恢复重建审计。

“9·24”洪涝泥石流灾害发生后，全市审计机关对泥石流救灾款物进行跟踪审计。

12月19日，市审计局成立绵阳市扩大内需和灾后恢复重建审计工作领导小组，实行一把手负责制，由局长刘清华任组长。负责全市扩大内需和灾后恢复重建审计工作，统一组织审计力量，统一确定审计原则、组织形式、工作方案，研究处理审计工作中的重大事项，审定上报和对外公告审计文书及其他事项。各县（市、区）审计局也相应成立领导小组，市（县）政府建立由市（县）领导牵头的灾后恢复重建审计协调小组，负责审计署、省审计厅、援建省审计机关、市（县）各部门的沟通协调；建立纪检、监察等部门联动机制和项目资金监管通报机制，各项目建设单位确定分管领导和联络员。

2009年2月4日，四川省审计厅赴绵扩大内需和灾后重建项目资金审计组在绵召开审计见面会，正式开始实施审计。审计厅副厅长杨书军就审计的范围、对象、内容、重点、组织方式作具体说明。市县审计机关抽调22名人员配合审计厅在绵审计工作。

2月12日，市人民政府印发《绵阳市灾后恢复重建审计方案》。《方案》规定：对各级政府投入、社会各界捐赠募集，以及对口支援方委托绵阳市审计的，用于绵阳市灾后恢复重建的资金和重点建设项目，进行全过程跟踪审计。按照审计署《意见》和省政府《通知》规定的审计覆盖面完成审计工作。审计的内容：灾后恢复重建规划落实情况；灾后恢复重建资金和物资筹集、分配、管理使用情况；恢复重建工程质量的保障体系和措施落实情况；灾后恢复重建政策实施情况；其他审计或审计调查情况，包括对群众举报的调查核实。重点关注灾后恢复重建资金和大宗物资的管理使用，以及关系民生的重点恢复重建项目。具体包括城乡住房以及水利、道路、桥梁、通信、电力等基础设施和学校、医院、社会福利院、商业、服务业等公共服务设施，以及农业生产基础设施和党政机关办公设施等恢复重建项目。

审计署驻重庆特派办对中央在绵投资项目、中央在绵单位的项目、跨区域重大建设项目，以及由省政府管理、拨付并由绵阳使用的资金进行跟踪审计；山东、河南、河北、辽宁分别对北川县、江油市、平武县、安县4个重灾县（市）对口援建灾后重建资金进行审计；审计厅负责审计署年度计划安排项目、省委省政府指定的专项审计项目，对涪城区、游仙区、梓潼县、三台县、盐亭县5个重灾县（区）扩大内需和恢复重建项目资金进行审计；市审计局负责组织对北川县、安县、平武县、江油市4个重灾县（市）地方配套恢复重建项目资金进行审计，对市本级城镇住房维修加固资金进行审计。

3月4日，市审计局向北川县、安县、平武县、江油市政府下发审计通知书，成立4个审计组对4县（市）的扩大内需和灾后恢复重建资金、项目进行审计。

4月18日，市审计局将扩大内需和灾后恢复重建跟踪审计发现的问题专报市委、市政府。市委书记吴靖平批示：“望对存在问题及整改措施以两办形成专文责成有关县市区认真整改，请督查办加大督查力度”。5月14日，市委办、市政府办下发《关于切实整改灾后恢复重建和扩大内需项目资金管理中存在问题的通知》，市审计局会同市目标督查办对江油、三台跟踪检查，督促整改落实。

6月9日，审计署重庆特派办在绵召开扩大内需和灾后重建资金项目审计进点会。审计署重庆特派办特派员张炳功介绍审计的背景、范围、内容及重点、组织方式。

7月1日，市审计局在安县召开扩大内需和恢复重建审计情况通报会。

市审计局以项目建设程序为主线，抓住招投标、项目设计变更、隐蔽工程等关键环节，做到大宗设计变更审计参与、隐蔽工程审计参与、大宗采购审计参与，提高财政资金使用效益。在对绵阳某专科学校应急加固维修工程审计中，项目送审金额651.2万元，审计审定金额502.4万元。市审计局坚持常规审计与简易审计结合，做到重建投资审计“抓大不放小”。2009年9月，市审计局对投资常规和简易审计项目进行分析比对：到9月底，全市完成投资常规审计项目96个，送审金额4.03亿元，审减金额6468万元，审减率为16.02%。而完成的简易程序项目就有589个，送审金额5.57亿元，审减金额9044.45万元，简易项目审减额大于常规项目。

市审计局在灾后恢复重建跟踪审计中，坚持事前介入、事中控制，有效规避重大问题的发生。各县（市、区）审计局均建立“重建项目”模块和跟踪审计项目台账，归集发改委、财政、主管部门、建设单位信息，建立恢复重建审计“法规库”“项目库”等九大库，在江油召开灾后重建项目平台管理现场会。对全市监管范围内的重建项目进行动态管理，随时掌握各县（市、区）恢复重建项目规划、审批情况，资金筹集、拨付、使用情况，项目开工、进展情况。市审计局加强对重点领域、重点资金、重点部门的审计监督，紧紧围绕恢复重建的政策落实、规划落实、资金使用、工程质量和竣工决算等重点内容，深入研究带普遍性、倾向性、苗头性的问题，注重从体制、机制和管理层面提出审计意见和建议。市审计局向9个县（市、区）发出的审计建议书涉及问题及建议60余条。对跟踪审计发现的“恢复重建征地难”等问题和“尊重实际，科学规划”等建议，市委、市政府责成相关县（市、区）认真整改。市委办、市政府办联合下发《关于切实整改灾后恢复重建和扩大内需项目资金管理中存在问题的通知》，督促整改落实。市目标督查办、市审计局联合对江油市、三台县整改情况进行跟踪检查。由市纪委书记带队，对跟踪审计中发现问题的整改落实进行检查，市政协组织政协委员对灾后恢复重建审计情况进行视察。

2009年7月28日，四川省审计厅发布《汶川地震灾后恢复重建阶段性跟踪审计结果公告（第3号)》，公告“绵阳市游仙区城房重建4964户中尚有830户未完工。绵阳市涪城区农房重建因房屋未验收，重建资金1965.79万元尚未发放到农户”的问题。

8月25日，在市五届人大常委会第三十二次会议上，市审计局局长刘清华受市人民政府委托，向市五届人大常委会第三十二次会议报告2008年度市级财政预算执行和其他财政收支的审计情况。报告指出：全市派出审计批次76次，派出审计组62个，200余人参加，已审项目34个，在审项目40多个，促进扩大内需和灾后恢复重建资金的规范管理。

9月14日，审计署发布《汶川地震灾后恢复重建跟踪审计结果（第1号)》，其中公告安县新县城堤防工程多计地震受灾损失，造成项目规划与实际情况不符，导致多安排中央财政资金1554万元；按照审计机关要求，安县政府将新县城堤防工程中重复安排的中央资金1544万元及时收回财政。

10月29—30日，市政协副主席陈友学、沈其霖率部分政协委员、特邀人士共15人对全市抗震救灾和灾后重建审计工作进行视察，并以《中共绵阳市政协党组关于报送〈市政协委员对全市灾后重建审计工作视察情况的报告〉的报告》，专报绵阳市委。

11月10日，市目标督查办将灾后重建审计工作纳入市委市政府目标考核，由市审计局组织对各县（市、区)、各园区、市级各部门进行考核。

在跟踪审计中，市审计局成立重大项目审计工作督查小组，对恢复重建审计工作实行动态管理制，每月对重点项目、重点工作进度在审计内网上公布。各县（市、区）和市局各科室按月上报恢复重建跟踪审计情况，由市局督查小组对各县（市、区）审计局和审计组项目进展情况进行督查督办。全市制定出台《绵阳市政府投（融）资灾后恢复重建项目跟踪审计操作规程》《绵阳市审计组长岗位目标责任办法（试行)》《绵阳市投资审计“十不准”》。推广和应用AO与OA系统，利用OA平台加强项目管理，开发调试“绵阳市灾后恢复重建项目跟踪管理系统”，并在全市审计机关投入使用。建立“恢复重建审计项目台账”和“法规库”“项目库”，及时总结利用计算机对恢复重建审计的经验和典型实例。

12月21日，市委书记吴靖平在市委五届十二次全会上再次强调：要强化工程质量和资金监管，始终把确保工程质量和安全放在灾后重建的第一位，实行旁站监理、跟踪审计，做到每“投”必审、阳光重建、廉洁重建、安全重建。把好工程质量关、建筑风貌关和钱物使用关，确保重建项目经得起实践和历史的检验，确保工程建好、干部不倒。

2010年3月24日，四川省审计厅厅长高仁全一行到绵检查灾后恢复重建审计工作，实地查看“特殊党费”援建的游仙区剑南路小学、涪城区跃进北路小学和三台县潼川一小项目建设情况，并召开灾后重建跟踪审计座谈会。7月10日，审计署党组成员、副审计长余效明深入北川视察新县城建设情况及跟踪审计情况。她指出，审计及时跟进，为确保重建质量、确保资金安全、提高资金使用效率发挥了积极作用，希望审计部门依法审计、严格审计。

9月29日，市审计局召开九洲集团灾后重建项目竣工决算审计集中进点会。审计机关抽调75名审计人员，组成15个审计组，对九洲集团灾后重建23个项目进行竣工决算审计，工程概算总投资6.59亿元。

10月8日，四川省审计厅社保处到绵对涪城、游仙、梓潼、三台、盐亭5个重灾县城镇住房恢复重建进行审计调查。重点是城房重建工程实施完成情况、财政补助资金使用管理情况。由省审计厅社保处统一组织，分成3个组，于10月12日分赴各重灾县开展审计，10月底结束。

2011年4月，市县两级审计机关对除江油和游仙以外的7个县（区）、5个经济园区“特殊党费”筹集、拨付、管理、使用、结算以及项目计划、立项审批、实施等情况进行专项审计调查。审计调查核实“特殊党费”资金拨付17.76亿元，支出15.92亿元，结余1.84亿元，没有发现大的问题。

4月20日至5月6日，市审计局结合政府性债务审计，对北川县灾后恢复重建资金筹集、管理使用、缺口等情况进行专项审计调查。

5月29—30日，市审计局对9个县（市、区）前阶段灾后重建审计发现问题整改情况开展“回头看”，对其中88个问题向市委、市政府专题报告。市委书记吴靖平批示，市政府发出交办通知，各县（市、区）、相关部门于7月15日前限时整改，并报结果。

7月6日，省政府主要领导赴绵阳检查港澳援助项目情况。市审计局局长董泓作审计监督专题汇报。截至2011年6月30日，全市审计机关共派出47个审计组、196人次，对四川省审计厅授权绵阳市6批次47个港澳援助项目进行跟踪审计。其中4个项目进入结算审计程序，共出具年度公证审计报告8个，审计资金7.89亿元。

2011年9月，市审计局聘请6名全国造价师，打造一支覆盖所有灾后重建项目工程类型的专业复核团队。

11月30日，审计署外资司一处处长王世成等一行3人到绵，检查绵阳市灾后重建外资援建项目审计情况。实地抽查澳门基金会援建北川羌俗博物馆、亚行贷款涪城区乡村公路项目建设、管理及跟踪审计情况。

2009年1月至2011年年底，全市审计机关共派出1453个审计组，对2892个灾后重建项目进行跟踪审计，涉及资金总额790.9亿元，跟踪审计节约资金和挽回损失3.56亿元；完成灾后重建竣工结(决）算项目审计2471个，涉及金额30亿元，累计审减金额16.5亿元。至2011年12月底，全市完成应重点审计监督的灾后重建资金32%的审计任务。其中市本级完成灾后重建资金80%的审计任务。

三、北川新县城建设审计

2009年6月16日，审计署审计长刘家义到绵阳考察灾后重建跟踪审计，明确指出以“免疫系统”理论为指导，以“一保一促”为目标，加强对北川新县城建设等重点项目的跟踪审计。同年10月，市审计局抽调直属审计分局副局长唐辉任北川新县城建设指挥部财务审计监督组组长，及时介入对北川新县城建设资金的监管。

2010年4月9日，市审计局正式成立北川县新县城项目建设跟踪审计监督领导小组，在北川新县城建设指挥部建立北川县新县城项目建设跟踪审计监督工作领导小组办公室；4月13日，抽调市审计局、北川县审计16名审计干部、中介机构人员47人，组成11个审计组，4月16日召开北川县新县城项目建设跟踪审计进点会，对北川新县城105个政府投资项目开始进行全程跟踪审计。

4月15日，市审计局印发《北川县新县城项目建设跟踪审计工作方案》，明确审计工作目标、组织与分工；审计工作重点为工程建设的立项、招投标、质量监管、资金拨付4个关键程序；工程成本控制重点为重大设计变更和现场签证、重要隐蔽工程验收、大宗设备材料采购等，事项发生时审计组必到场核实情况；审计组每周主动到场对建设项目施工现场管理、施工、监理人员到位情况进行抽查；每月定期报送审计成果，发现问题及时提出整改建议意见；举办北川县新县城项目建设跟踪审计人员培训会。

市审计局与北川新县城建设指挥部建立沟通协调机制。绵阳市审计局北川新县城建设跟踪审计领导小组、各审计组组长、北川新县城建设指挥部、中介机构先后于2010年4月29日、7月6日、9月7日、11月24日召开4次协调会议，总结阶段性跟踪审计情况、取得的成果、存在的问题和困难，收集建议和意见，安排部署下一阶段跟踪审计事宜。

至2011年3月，审计组435次到场检查建设项目开工条件、工程招投标、合同签订、资金筹集管理使用、建设现场管理等情况，接通知到场382次参与隐蔽工程验收、设计变更、材料询价等工作。向相关参建单位提出整改意见57条，促进建立健全有关签证权限责任、材料价格认定等规章制度5件。在跟踪审计中共发现管理不规范等问题472个，及时向相关单位和部门发出审计建议函，督促进行整改。加快项目建设进度28项，改进工程质量管理444项。

在对“垃圾填埋场工程重建”项目进行审计中，审计人员发现，由于原地勘报告与实际地质情况不符，造成超挖土方22余万立方米，施工过程中边施工边修改设计，原设计填埋有效容积约60.97万立方米，根据实际情况扩容至85万立方米，原设计概算投资5298.39万元，后来预算控制价已增至7791.014万元。市审计局于2010年5月26日出具跟踪审计报告。

在对“民俗博物馆工程重建”项目审计中，审计人员发现，该项目是以北川县文化中心项目整体进行费率招标，并以北川县文化中心项目建账，未按援建资金管理要求独立招投标、独立建账。市审计局2010年5月26日出具跟踪审计报告，要求按照澳门援建资金建设项目管理规定，尽快补充完善相关手续；按援建资金管理要求补充招标资料，独立建账，将北川羌族民俗博物馆工程项目相关手续与资料分出，建立独立的工程项目相关手续、资料和账务。

在“职业高级中学工程重建”项目中，地质条件较为复杂，设计深度不够，设计单位对现场变更地勘报告的内容不能够及时出具施工方案，造成施工单位为赶工程进度，未按原设计图纸进行施工，造成材料、人工的浪费。市审计局2010年5月31日出具跟踪审计报告，要求建设单位建立健全设计变更及现场签证的签认及审批程序。

审计人员既严格对项目资金使用等情况进行审计，同时也关注项目质量问题。在对“民族中学等学校重建”项目进行跟踪审计中，审计人员在现场检查时发现，民族中学2号宿舍楼有2处砼基础轴线偏差过大，审计人员当即与业主组织甲方现场代表、监理单位、施工单位等相关单位召开专项会议，形成整改方案及补救措施；小坝小学B标段基础砼部分基础箍筋外漏等质量缺陷，审计组召开质量整改会议并形成整改方案。

审计人员还发现个别项目管理不到位，“北川新县城建设东纵八路”项目设计变更滞后、存在重复施工现象，市审计局2010年6月1日出具跟踪审计报告，要求加强设计变更管理，先变更后实施，先审批后实施的程序。

此外，“北川新县城建设白杨坪片区安置房工程”项目存在施工单位、监理单位调整缺少相关手续的问题。“北川新县城建设红旗片区安置房工程”存在设计变更、签证滞后于工程进度等问题，市审计局分别出具跟踪审计报告。

对以上问题，市审计局除要求被审计单位及时整改外，还向市人民政府提交《关于灾后恢复重建和扩大内需等项目跟踪审计的专题报告》，通报跟踪审计发现的主要问题，督促相关部门和单位进行整改。

随着新县城建设项目陆续竣工，市审计局一方面加强对在建项目的跟踪审计，一方面组织力量对已竣工项目进行结（决）算审计。先后向北川新县城建设指挥部和相关单位发出《关于确认委托山东建设工程项目工程结算审计有关事项的函》《关于督促委托山东承建工程项目施工单位报送工程结算审计资料的函》，明确工程结算审计工作安排、工程结算审计资料报送时间、各施工单位应提交的工程结算资料、工程结算资料报送要求等方面工作。

2010年11月24日，市审计局专题召开北川新县城建设项目结算（跟踪）审计分析会。市审计局分管领导及各审计组组长、北川新县城建设指挥部和11个中介机构共30余人参加会议，分析北川新县城建设项目审计存在的主要问题，对下一步工作作安排部署。北川县新县城建设指挥部指挥长王绵生表示：指挥部将全力配合各审计组，做好新县城建设项目结算（跟踪）审计工作，控制工程造价，努力为国家节约建设资金，使北川新县城建设成为灾后重建的典范和旗帜。

2011年6月23日，全市召开北川新县城建设山东承建项目工程竣工结算审计协调会强调：坚持实事求是、依法审计，共同协调，解决分歧，推进工程竣工结算审计顺利进行。会议通报山东承建项目工程竣工结算审计进度和存在的主要问题，并就解决双方在材料价格、工程量清单、工程项目签证、施工合同等方面的分歧达成初步共识。

7月29日，市审计局、北川新县城建设指挥部、山东对口援建办、山东承建企业代表四方就承建项目工程结算审计召开第8次协调会。审计组在深入调查、充分论证的基础上，以数据为依托，以事实为准绳，通报各承建企业反映问题认定情况，对材料价格和误工费、赶工费等情况进行最后确认，并对承建企业提出的相关问题进行解答。

第四节　舆论监管

一、措施

绵阳市建立《抗震救灾资金物资募集、管理、使用公开信息制度》，向社会及时公示抗震救灾资金物资接收、调拨、分配、发放、使用全过程，并及时反馈发放使用情况，主动接受社会各界的监督，通过政风行风热线、召开新闻发布会、组织媒体集中采访等形式，及时通报救灾资金物资监管情况。2008年6月4日，绵阳市“5·12”抗震救灾指挥部转发省抗震救灾指挥部《组织社会监督员开展抗震救灾物资资金监督工作实施方案》的通知，面向社会召集40名社会监督员以加强对抗震救灾资金物资接收、管理、使用及发放工作的监督，增加透明度、公信力，确保救灾款物公开、公平及时用于灾区和受灾群众。社会监督员的职责是：监督救灾款物接受、管理、使用、分发情况及时向有关部门反映存在的问题，提出加强和改进工作的意见和建议；了解掌握基层救灾款物接受、管理、使用、分发中的好的做法、好典型，及时向有关部门提出推广的意见和建议；收集群众对救灾款物使用、分配过程中反映的问题。各部门给社会监督员工作予以支持和配合。社会监督员以义务者的身份开展工作，不领任何补贴。社会监督员履职期暂定3个月，并由市抗震救灾指挥部发给由监察局代章的证书。

全市充分发挥社会监督员、特邀监察员、政风行风监督员的积极作用，同时邀请人大代表、政协委员、民主党派参与监督，主动接受新闻媒体和社会各界的监督，从而整合监管力量，形成监管合力，增强监管实效。

全市建立方便快捷的信息反馈机制，对救灾款物造册登记，建立统一台账，及时在新闻媒体公布捐赠款物数量、捐赠者名单。救灾款物的发放除紧急情况外，坚持调查摸底、张榜公示、公开发放等程序，做到账目清楚、手续完备、群众知情。对大宗救灾物资的发放，坚持在指挥部公布栏上进行公示，在绵阳政务网上向社会公开。各县（市、区）、乡镇（街道）、村（居）通过本级政府门户网站、政（村、社）务公开栏、在集中安置点张榜公布等方式，全面公示抗震救灾政策和抗震救灾资金物资接收、发放、领取情况。

二、实施

绵阳市在电视、报纸、网络等新闻媒体上发布公告，向社会公布中纪委投诉举报电话和绵阳市投诉举报电话，24小时专人值守，在全市各县（市、区）、乡镇（街道）、村（居）共建立1512个信访举报投诉点，并印发宣传画1万册，分发到各地，让群众对举报电话家喻户晓。

坚持政策宣传、经验交流与典型案件曝光相结合，及时掌握和分析网上舆情，对负面反映、虚假传言及时引导澄清，消除疑虑误解。

绵阳市灾后重建项目共7318个（后调整为7314个），估算总投资2266.3亿元（后调整为2267.34亿元），投资规模是建市以来投资总额的1.5倍。绵阳市以“阳光重建、廉洁重建”为目标，着力构建科学的监督检查体系，使政府监督、部门监督、民众监督落实到每个项目的每个环节。

以灾后恢复重建监督检查领导小组为常设机构，监督检查工作联席会议制度高速运转。全市建立市、县市区（园区）、乡镇（街道）、村（居）四级监督检查工作组。除职能部门外，人大代表、政协委员、民主党派、特邀监察员等社会力量也参与其中。

针对灾后恢复重建和扩大内需工作特点，全市研究制定灾后恢复重建资金、物资管理监督，扩大内需促进经济增长政策落实等相应规范性文件48个，将监督检查重点放在北川新县城等民生项目、对口援建项目、港澳援建项目、社会捐赠项目以及“特殊党费”项目等重点领域和关键环节。

全市启用灾后恢复重建项目资金管理系统，建立项目立项、审批、实施情况动态跟踪监督机制，做到每笔资金来源明确、去向清楚。全市出台《过错责任追究办法》《行政效能问责》等规定，严明法纪“红线”，督促责任落实。

2009年11月，绵阳市将国家投资工程建设项目的规划编制、项目立项和招标事项核准、征地拆迁管理、实施招投标、施工管理、设计变更管理、质量监督管理以及竣（交）工验收等9个环节的重要信息，通过电子网络等载体实行全面公开，广泛接受社会监督。

第五节　基层监管

一、建立临时社区组织

汶川特大地震后，大量受灾群众转移到安置点，为了确保社会稳定和救灾物资的有序发放，2008年6月，市抗震救灾指挥部印发《绵阳市“5·12”地震受灾群众集中安置点建立临时社区组织实施意见》，市灾区重建工作委员会出台《关于加强“5·12”地震受灾群众集中安置点组织管理的实施意见》和《关于进一步加强受灾群众集中安置点管理有关规定的通知》。临时社区的规模，根据“因地制宜，区域相对独立，管辖人口适度，便于管理服务”的基本原则，人口一般在1000户左右，特殊情况500户左右的集中安置点建立临时社区居委会，人口在500户以下50户以上的建立村（居）民小组，就近归并在当地自然村或居委会，由其代管。在临时社区建立社区党组织、社区成员代表会议、临时社区居民委员会等临时社区组织。临时社区组织建立后，实行自我管理、自我教育、自我服务、自我监督。社区组织和临时社区成员代表会议还对救灾物资和资金的发放实施监管。

二、村（居）务公开

汶川特大地震后，为了向抗震救灾重建家园提供组织保障，市民政局下发《切实加强村（居）委会建设和村（居）务公开民主管理的通知》。绵阳市各县（市、区）结合抗震救灾和灾后重建的实际，加大救灾款物和财务的公开力度。全市3411个村、422个社区普遍坚持村（居）务公开民主管理制度，把救灾物资和财务管理作为村（居）务公开的核心和重点。抗震救灾资金和物资发放坚持公开、公正、透明的原则，做到“七公开”：公开接受救灾资金物资的总额；公开救灾资金物资的救助和发放条件；公开灾后恢复重建方案和规划，国家优惠和支持政策；公开享受各种补助标准、补助对象名单和领取情况；公开定向捐赠款物情况和定向捐赠对象名单；公开定期民主评议村干部情况和救灾资金物资发放审计情况；涉及灾区群众切身利益，需要公开的其他事项。同时还定期或不定期地组织开展清产和审计工作，对集体资金的使用和管理进行跟踪监测并及时向群众公布具体情况。实行村务公开接受群众监督，更好地发挥基层监督的作用。

第六节　县（市、区）资金物资监管

一、北川县

2008年5月20日，北川县抗震救灾指挥部印发《北川县抗震救灾资金接收发放管理实施细则》《北川县抗震救灾资金审计办法》。县审计局据此对各乡镇救灾资金发放进行跟踪审计。

县纪委、监察局紧紧围绕大额资金拨付、大宗物资采购和重点项目建设等重点内容，综合运用多项监管措施，切实加强对抗震救灾物资和灾后重建项目的监督检查。截至2009年5月底，县纪委、监察局牵头在全县组织灾后重建资金和项目建设专项检查6次、暗访2次，配合中央、省、市检查组专项检查10余次，通过检查项目建设和资金管理使用情况，及时发现问题，督促整改，发出监察建议书3份，限期整改通知书15份，并实行“回头看”的方法以巩固监督检查成果。

县纪委、监察局对全县108个灾后重建重大项目和88个山东援建项目实施情况向社会进行公示。开设“北川县国家投资工程建设项目公开”专栏，对全县国家投资工程特别是扩大内需和灾后重建的建设项目从编制规划至竣工验收涉及的主要工作环节在专栏上公开，并适时更新。

截至2009年5月底，县监督检查领导小组牵头对灾后重建资金账务管理、招投标业务和工程管理进行5次培训。并根据全县灾后重建总体安排和进展，明确监督重点，建立灾后重建重大资金、重大项目跟踪监督档案。

县纪委、监察局督促相关部门加强对招标代理机构和投标企业的管理，规范其行为，实行严格的准入、清出制度。县纪委与县检察院联合成立扩大内需和灾后重建重大项目监督检查领导小组，制定《北川县扩大内需和灾后重建重大项目监督检查实施办法》，积极预防灾后重建过程中的职务犯罪。

县纪委、监察局把反映抗震救灾资金物资问题作为信访接待工作重点，在乡镇、村（社区）、灾民安置点设立信访举报投诉点26个，公开举报电话，全天候接受群众咨询和举报。截至2009年5月，全县共接到群众反映抗震救灾和灾后重建方面问题的信访举报共248件，都进行认真调查核实和处理。

北川县在全县22个乡镇、278个村、27个社区成立相应的监管机构，由纪检干部、人大代表、政协委员、党员代表、村民代表等社会各界人士组成，配合四川省委省政府派驻北川县开展灾后重建监督检查工作组的工作。并加强与山东省抗震救灾监督机构联系和沟通，及时进行信息交流。

二、安县

2008年5月18日，安县陆续制定《安县抗震救灾资金和物资管理办法》《关于加强对抗震救灾资金物资监管的通知》等规定30个。

5月24日，安县“5·12”抗震救灾指挥部印发《关于充实调整抗震救灾物资监督组组成人员的通知》。6月3日，安县“5·12”抗震救灾指挥部印发《关于成立安县抗震救灾综合督查组的通知》。

安县抗震救灾综合督查组成立后，及时在全县20个乡镇、275个村、27个社区成立相应的监管机构，由纪检干部、人大代表、政协委员、党员代表、村民代表等社会各界人士组成救灾资金物资监管检查成员，围绕救灾资金物资接收、管理、拨付、公示、入户分发等情况深入展开监督。同时，积极支持配合四川省委、省政府派驻安县开展灾后重建监督检查工作组的工作。并加强与辽宁省抗震救灾监督机构联系和沟通，及时进行信息交流。

5月20日，安县审计局制定《安县抗震救灾资金物资接收、发放管理实施细则》，经县抗震救灾指挥部印发下发各乡镇。对全县20个乡镇、5个救助站的救灾资金、物资进行严格审计，做到账款账物相符，管理有序。

县纪委、监察局紧紧围绕大额资金拨付、大宗物资采购和重点项目建设等重点内容，综合运用多项监管措施，切实加强对抗震救灾物资和灾后重建项目的监督检查。截至2009年5月底，县纪委、监察局牵头在全县组织灾后重建资金和项目建设专项检查6次、暗访2次，配合中央、省、市检查组专项检查10余次，发出监察建议书3份，限期整改通知书15份。

县纪委、监察局坚持把公开透明原则贯穿灾后重建项目监督检查始终，对全县108个灾后重建重大项目和88个辽宁援建项目实施情况向社会进行公示。县纪委、监察局与县信息办在安县政务网开设“安县国家投资工程建设项目九公开”专栏。截至2009年5月12日，社会监督员已累计检查开工项目108个，督促施工单位整改工程管理中的问题23个，向县纪委、监察局及时反映和转递群众的检举、控告和申诉11件。

县纪委与县检察院联合成立扩大内需和灾后重建重大项目监督检查领导小组，制定《安县扩大内需和灾后重建重大项目监督检查实施办法》，积极预防灾后重建过程中的职务犯罪。

截至2009年5月12日，安县依法取消3家违规企业的中标资格；查处开标现场提供假证的企业5家。在乡镇、村（社区）、灾民安置点层层设立信访举报投诉点27个，并公开举报电话。截至2009年5月12日，全县共接到群众反映抗震救灾和灾后重建方面问题的信访举报548件。

截至2009年5月12日，全县共对11名村干部在灾后重建工作中的违纪违规行为作出纪律处分，其中，对4起典型案件在全县范围内进行通报。

三、平武县

2008年5月，平武县纪委、监察局发出《关于进一步加强全县救灾资金、物资、项目建设监督管理工作的紧急通知》。

平武县审计局发出《平武县关于加强抗震救灾款物审计监管办法》。通过对抗震救灾款物监督管理，促使有关部门建立健全救灾款物的管理制度，遵守抗震救灾款物接收、拨付、使用等流转程序，保证抗震救灾款物拨付、分配公开、公平、公正，杜绝虚报冒领、骗取、虚列支出、人为随意分配、优亲厚友、滞留、截留、转移、侵占、挪用、贪污、私分、倒卖、克扣救灾款物等问题的发生。

平武县民政局加强对救灾物资的监督管理，规范救灾物资的接收发放，建立救灾物资接收发放管理制度，接收发放确保专人负责，确保粮食、药品等群众急需物资进村、入户、到人。物资管理做到来去有账、及时分配、全程跟踪，确保全部用于受灾群众。建立救灾物资披露制度，及时向社会和受灾群众公开、公示救灾物资的接收、管理、发放对象情况，做到账务清晰、公开透明、群众知情。

各乡镇、村级组织建立健全救灾物资接收、储运、发放等全过程的管理制度。各乡镇、县级各部门建立救灾物资接收发放领取台账，村、社、居委会建立物资发放领取花名册，做到及时发放救灾物资，妥善保管库存物资。社区、村（组）的救灾物资发放方案经过民主决策程序；物资发放的政策、标准、条件、方案、结果及时公开；公示内容与实际相符；定向捐赠物资不得自行改变使用方向。

县纪委、监察部门发文，明确救灾物资使用原则，即“统一、定点、公开、透明、规范、有序”；成立专门的救灾物资监督检查组织机构，把对救灾物资的监督落实到实处；制定严格的救灾物资的接收、登记、分配、调拨、储运、发放，专账管理，公示上报等整套管理制度；聘请社会监督员对乡镇、村（社区）物资接收发放使用管理进行全程监督；纪委、监察、审计部门对救灾资金物资的发放使用跟踪监管。各级纪检监察机关加强对抗震资金物资管理使用情况的监督检查，公布举报电话，及时受理、严格查处投诉举报。

四、江油市

江油市民政局于5月14日制定《“5·12”特大地震赈灾捐赠物资接收入库制度》《救灾物资仓库安全保卫制度》，江油市抗震救灾指挥部制定《救灾物资出货制度》。在救灾款物的接收、储备和发放中，纪检、监察、审计部门人员深入现场，对救灾款物接收、管理和发放，进行全程监管。聘请特约监督员通过明察暗访进行监督。审计局打破常规，改过去“事后审计”为提前介入、事中审计、全程跟踪、帮助规范，强化审计监督。各乡镇、社区设立投诉点、投诉电话。民政局组成几个工作组不定期地分赴乡镇，进村入户，通过款物发放名册到灾民家中进行抽查核对等方式进行监管。含增镇群众因救灾物资发放问题，发生上路堵车事件，在江油市政府组织下，由民政、监察、审计等职能局组成4个工作组，深入村社和农户家中，与村、社干部群众代表一道，对当事人灾前经济收入，灾后经济状况、房屋受损情况，每人每天是否领到10元钱现金和1斤成品粮的救助、其他救灾物资领取情况，进行核对。经核查，不符合政策规定的个别农户，由村、社公示，予以取缔。对农房重建资金的监管亦是如此。

针对在发放救灾款物的过程中出现的乡镇对政策把握不准，按比例、搞平均，部分群众弄虚作假、虚报冒领或重复多头领取，恶意诈骗救灾款物等问题，采取措施，及时予以纠正。江油市民政局于2008年6月15日与江油市纪委、监察局联合下发紧急通知，要求各乡镇党委政府进行清理自查，对发现的问题要及时纠正。对及时纠正的，可不予以追究责任，对在6月25日前不如实上报和及时纠正问题的，追究单位主要负责人、分管领导和具体工作人员的责任。开展抗震救灾款物发放专项检查。由市纪委、监察局牵头组织民政、审计、财政和市上派驻各乡镇工作组成员共42名熟悉业务和政策的工作人员分成7个检查组，分赴全市40个乡镇进行专项检查，抽查到户、到人。对上千名不符合享受临时生活救助的人员被责令或主动退还已领的钱粮。截至6月25日，江油市申请临时生活救助钱粮人员登记72万余人，发放66万余人，在自查自纠阶段，上千名群众退回已领取的救助钱粮，近万名已申请登记的人员主动放弃领取临时生活救助钱粮。

五、涪城区

涪城区严格按照中央、省、市有关规定进一步健全抗震救灾物资和资金管理使用办法和相关制度。成立区纪委、监察局、民政局、目督办、救灾办、财政局、审计局、公安分局、卫生局、教文体局、食品药品监督管理局等单位组成的涪城区抗震救灾资金物资监督组，负责全区抗震救灾资金物资使用管理情况的监督检查；整合发改、建设、民政、财政、审计等相关单位，成立涪城区“特殊党费”使用管理监督工作领导小组，并建立领导小组成员单位多级责任落实追究机制。坚持公开、公正、透明原则，全面公示、专账管理、专户存储、专款专用；坚决杜绝挤占、挪用、侵吞、私分各类救灾物资和资金的现象发生。

2008年5月14日，区委办、区政府办在《关于开展向受灾群众“送温暖、献爱心”社会捐助活动的通知》中规定：所有捐款由区经常性社会捐助接收中心统一接收，并向社会公布捐助款接收、分配、使用情况，接受审计部门的审计。

5月15日，区纪委、监察局、民政局联合发出《关于严肃纪律加强抗震救灾款物使用管理的规定》，要求所有抗震救灾资金和物资的使用和管理，都要严格按照区民政局、财政局《关于加强和规范民政救灾款物使用管理的通知》和民政部《救灾捐赠管理办法》的要求进行使用和管理，并加强抗震救灾款物的监督检查，坚决查处违纪案件。区纪委、监察局、民政局制定救灾捐赠款物现场接收流程、发放管理等5项规范性制度，强化内控制度。全区设立捐赠款物接收组、分配组、统计组、监督组等机构，相互制约，互相监督。区民政局出台《涪城区“5·12”地震受灾困难群众临时生活救助实施细则》《涪城区“5·12”地震灾后农房重建政府补助资金管理实施细则》等制度性文件5个，对救灾款物的使用和管理进行指导。区民政局、财政局、审计局、监察局根据各自职责，单独或组成联合检查组，分期分阶段对全区救灾款物进行专项监督检查50余次。各乡镇、街道办事处指导村（居）委会按要求对受灾群众享受灾后救助政策情况进行事前公示，对群众举报不符合救助政策的对象进行及时调查，一经核实，取消享受救助资格。全区由于制度健全，有专门监督管理机构，各部门协调配合，工作措施得力，全区救灾款物使用和管理中没有发生违法犯罪现象。

六、游仙区

地震发生后，游仙区抗震救灾指挥部印发《关于印发〈游仙区抗震救灾物资分配使用管理暂行办法〉的通知》，区委办、区府办印发《关于进一步加强对抗震救灾资金物资监管的通知》，要求区纪委、监察局、民政局、财政局、审计局在对抗震救灾款物监管的过程中，要注意把握重点，突出抗震救灾款物的接收、管理、发放、公示等关键环节，并要求通过扎实有效的工作，保证救灾款物用于受灾群众，给群众交一本明白账、放心账。

区纪委、监察局、审计局、民政局、财政局等部门也先后出台救灾款物监督管理的文件，进一步制定规范性制度，认真做好救灾资金和物资的监管工作。面向社会公开游仙区慈善协会账号和开户银行。对每一位捐赠人、接收单位出具财政统一收据和慈善协会制式收单，建立严格的收支两条线制度。区抗震救灾指挥部落实专人登记每天运抵游仙的救灾物资。各项统计数据由经办人员签字并经主要领导审核后，报区抗震救灾指挥部备案。救灾物资分配发放，由区民政局拟出初步分配发放方案，报区抗震救灾指挥部审批后发放。经济试验区、各乡镇、街道办编制受灾困难群众救灾款物发放名册，建立发放台账一式两份，经单位负责人、经办人员审批签字，领取救灾物资的受灾困难群众要在发放名册上签字。结合村（居）务公开，及时公示发放情况。建立救灾款物的接收、拨付、发放、管理、交接和信息披露制度，切实规范救灾物资的管理和使用，设置“游仙区‘5·12’地震灾害救灾款物接收发放公示栏”、游仙区“5·12”地震灾害救灾款物接收发放举报箱和游仙区“5·12”地震灾害救灾款物接收发放举报电话。区纪委、监察局、审计局、财政局、民政局、目督办等相关部门成立5个督查组，深入乡镇和社区对全区救灾款物的管理进行跟踪检查和指导。

七、梓潼县

2008年5月，成立以县委常委、县纪委书记任组长的抗震救灾资金物资管理使用督查小组。向全县32个乡镇派驻工作组；各乡镇相应成立督查小组，分别派专人到村、社区监督。县纪委先后印发文件，对抗震救灾款物使用监管、监督检查、违纪处理等作出明确规定。

在救灾物资和资金发放过程中，坚持公开、公正、公平的原则，针对各乡镇受灾情况和灾民安置点的情况，根据受灾程度和受灾群众的需求，由物资保障组提出发放方案，分管县级领导签字，并经基层组织公示后，及时发放到灾民手中。救灾款物发放，按照“个人申请、村社评议、乡镇审定、县上审核备案”的程序，确定救助对象。各项救助对象登记造册，建档立卡。救助对象必须凭“救助卡”领取救灾物资；救灾资金发放采取“一折通”。对确定的救助对象和救助款物实行张榜公示，接受群众监督。

县纪委、监察局开展对涉及抗震救灾资金、物资信访的排查专项行动，落实包案领导、牵头部门、责任人员办理时限，县纪检、监察、检察院、财政、审计、信访、县长热线在媒体公布24小时举报电话。

在抗震救灾指挥部救灾救济组的统筹安排下，县内统一设点接收社会捐赠，在绵阳、江油等地派出专人联络省、市外物资接收工作。对上级调拨、社会捐赠救灾物资的接收、采购、发放、使用，建立台账。

县审计局成立救灾款物审计小组，制定实施方案，并派出审计组对有关部门和32个乡镇进行跟踪审计。派出项目组参与应急物资采购。对医院、学校、卫生所、中心敬老院等公益事业单位的大型项目进行逐一审计。

从2008年5月15日起每天将接收捐赠情况在媒体公布，从5月28日起在党政网上公布社会捐赠和上级调拨救灾物资的接收和发放情况，并在县电视台上进行公示。在抗震救灾期间，全县各界群众就救灾款物分配使用在网上发帖130余次，相关部门做了回复。有16批次市以上媒体记者来县采访资金物资监管使用情况，有20件新闻稿件介绍梓潼救灾款物监督使用情况。

八、三台县

2008年5月16日由县委办牵头，县纪委、财政局、民政局、经济商务局、机要局、法院、检察院、审计局抽调人员组成物资接收组，专门从事救灾物资的接收和发放工作。物资组负责接收、公示、保管本地的救灾捐赠款物，草拟相关文件。由相关人员轮流24小时在岗值班，严格规范管理救灾物资，捐赠救灾物资的领取、运输、保管、登记、分发始终实行专人负责，钱账分离、账物分离的原则，并严格按县抗震救灾指挥部发放的调拨单和发货单位开出的出库单编制入库表和出库表。

三台县人民政府先后印发《三台县抗震救灾物资管理制度》《三台县抗震救灾物资发放流程》《三台县抗震救灾物资分配制度》等系列关于加强抗震救灾物资管理的文件。

三台县抗震救灾资金、救灾物资管理按照定点存储、专项管理、无偿使用的原则，任何单位和个人不得挪作他用。各单位对救灾物资实行封闭式管理，专库存贮，专人负责，并登记造册，规范管理，做到来路清楚，去向明白，有效使用。建立健全救灾物资管理制度，救灾物资入库、保管、出库等有完备的凭证手续。并由县纪委、县审计局牵头对救灾款物的使用情况进行监督检查，多次召开专题会议，研究救灾款物的管理和使用。

2009年2月20日，县委、县政府成立三台县灾后恢复重建和扩大内需资金项目物资监督检查领导小组。各乡镇也相继成立领导小组，基层村、社区、灾民集中安置点建立资金物资监管小组，全县形成县、镇、村三级救灾款物的监管机构。9月29日，县委、县政府成立由县委常委、县纪委书记担任组长的县监督检查领导小组，县法院、县检察院相关负责人和县纪委案件分管领导任副组长的三台县灾后工程建设案件查处工作领导小组。

县纪委、监察局、审计局和相关职能部门先后制定《关于规范和加强救灾捐赠资金管理的规定》《关于政府财政抗震救灾专项资金管理意见》《关于加强抗震救灾物资监督管理的通知》等文件。

截至2010年年底，全县共查处涉灾案件36件，给予党纪处分60人，政纪处分2人，党纪政纪双重处分3人，司法处理12人。

九、盐亭县

2008年5月14日，县纪委下发《中共盐亭县纪委盐亭县监察局关于严肃纪律保证抗震救灾工作顺利进行的紧急通知》。5月15日，县纪委下发《中共盐亭县纪委盐亭县监察局关于开展对抗震救灾资金物资监督检查的紧急通知》，对抗震救灾资金物资的管理、接收、拨付及公开、公示情况的监督检查提出要求，严肃纪律。5月22日，盐亭县成立由县纪委副书记、监察局局长任组长，县监察局、民政局、财政局、审计局等部门组成的县抗震救灾款物监督检查领导小组；县纪委、监察局、民政局、财政局、审计局联合发出《关于加强对抗震救灾资金物资监管的紧急通知》，开通投诉举报电话，受理群众涉灾信访举报。

5月24日，县纪委、监察局、民政局、财政局、审计局组成联合检查组开展“救灾帐篷专项检查行动”，对县城及部分乡镇救灾帐篷安置使用情况进行突击检查。

8月28日，县纪委常委会（监察局局长办公会）决定对王某盗取贪污仓库救灾物资的违纪问题进行党纪、政纪立案，于9月10日给予其开除党籍和行政开除处分（已获刑事处分）。这是盐亭县在抗震救灾中查处的第一起违纪违法行为。

2008年7月，县纪委、监察局下发《中共盐亭县纪委盐亭县监察局关于对全县住房建设工作开展效能监察的紧急通知》，围绕安置住房建设重点工作开展专项效能监察，同时把灾后重建资金物资分配发放使用等纳入效能监察范畴。10月底，农房重建监督工作全面展开，加强对重建工作进度、建房质量、农房重建资金落实情况进行跟踪监督，强化对重建补助资金的监管，严厉打击贪污、挪用等违纪违法行为，确保重建政策落实到位。

2009年2月初，县纪委下发《中共盐亭县纪委盐亭县监察局关于及时办理“扩大内需和灾后重建信访举报专办函”的通知》，对涉灾信访举报专人受理，责任到人，限时办理。同时加强对违纪违法行为的查处力度。

2008年，全县共受理抗震救灾信访举报285件。2009年度受理涉灾信访举报258件。共计19人受到党纪政纪追究，其中6人受到组织处理，13人受到司法追究。

第四章　特殊党费

第一节　缴纳“特殊党费”

2008年5月18日，中共中央组织部下发《关于做好部分党员缴纳“特殊党费”用于支援抗震救灾工作的通知》。市委迅速把通知精神传达到全市各级党组织和广大党员，市委组织部负责“特殊党费”的交纳收取工作。在自身遭受地震损失的情况下，全市广大党员积极响应市委的号召，踊跃交纳“特殊党费”。截至2008年7月，全市15.74万名党员累计交纳“特殊党费”1045.53万元；全市党员人均交纳“特殊党费”66.43元，其中交纳1000元以上“特殊党费”的党员1894人。

离退休干部职工主动交纳“特殊党费”。身患癌症的原江油市地方志办公室主任康昭宣，在老伴的搀扶下，把平时节俭的2000元作为“特殊党费”交给党组织。三台县群众工作局退休干部何思九从深圳寄回一个月的退休金1242.04元作为“特殊党费”。市中小企业局退休干部童代玉体弱多病，将平时省吃俭用积攒下来的1000元作为“特殊党费”交给党组织。正在医院治病的市政协原副主席叶开荃向灾区捐款5000元，又拿出5000元作为“特殊党费”交给党组织。

农村基层党员、流动党员、救灾志愿者以及学生党员奉献爱心。流动党员、三台县中太镇清凉村村民、北京金锋建筑实业有限公司总经理朱玉金主动从北京打回电话，交纳5000元“特殊党费”。江油市驻北京建筑管理处的19名流动党员得知家乡受灾后，踊跃交纳“特殊党费”1.7万元。抗震救灾志愿者、三台县中太镇长乐办事处凤池村村民邹李火线入党，向党组织交纳1000元“特殊党费”。西南科技大学法学院研究生陈澄在母亲身患癌症、家庭急需用钱的情况下，通过汇款交纳“特殊党费”1000元。涪城区东辰高中学生党员马辞森将多年积攒的1000元作为“特殊党费”交给党组织。游仙区石马镇涪江村党支部书记兼村主任李明，连夜冒雨赶到区委组织部值班室交纳2400元“特殊党费”，成为该区第一个交纳“特殊党费”的农村党员。

老党员关键时刻率先垂范。1942年参加革命、有60多年党龄、84岁高龄的九洲公司赵广田，向党组织交纳1万元“特殊党费”，面对新闻媒体的采访，他说：“要是身体允许，我真想去灾区一线，救助群众……”安县中学教师蒋秀华交纳“特殊党费”90111元，成为全市交纳“特殊党费”最多的个人。梓潼县白云镇回水村二、三社社长贾天德，父亲在地震中遇难，家里房屋完全倒塌，财产损失10多万元，他把身上仅有的10元钱作为“特殊党费”交给组织。抽调到北川县抗震救灾一线的盐亭县永泰乡乡长杨广旭，委托妻子代交3000元“特殊党费”。

图4-4-161　江油市机关党员干部交纳“特殊党费”

企业党员积极响应组织号召。长虹公司2000余名党员交纳“特殊党费”32万余元，其中104名党员自愿交纳1000元以上的“特殊党费”。攀长钢公司在地震中受损严重，公司党员在抗灾自救的同时，2天时间交纳“特殊党费”25万元。江油市武都镇长达管件制品有限公司董事长王长征，第一个到武都镇党委临时办公点，交纳“特殊党费”1万元。一名新经济组织负责人一次交纳“特殊党费”5万元，问及姓名，他说：“我是一名共产党员。”

图4-4-162　涪城区城郊乡党员交纳“特殊党费”

灾区党员踊跃交纳“特殊党费”。北川县、安县、平武县3个极重灾区的许多党员在地震中遭受失去亲人、房屋倒塌、财产损失等巨大灾难，他们仍然交纳“特殊党费”。不少遇难党员的家属忍受家破人亡的巨大悲痛，含泪替逝去的亲人交纳最后一次党费。江油市武都镇五通村幼儿园副园长王光香，在地震中为抢救孩子不幸遇难，被党组织追认为共产党员，她丈夫李福春拿出20元钱，作为她的“特殊党费”郑重交给党组织。北川县人民法院院长、党组书记何延宗的妻子童琳，在安县安昌镇受灾群众安置点，代遇难的丈夫向党组织交纳2000元“特殊党费”。北川县人民法院审判员赵义会在地震中遇难，她的女儿母茜含泪把母亲给自己的2000元生活费，作为母亲的“特殊党费”交给党组织。安县茶坪乡千佛村村民王德清，丈夫张传锡在地震中不幸遇难，儿媳妇受重伤，房屋变成废墟，她主动找到救助站临时党委，为丈夫交上50元“特殊党费”。绵阳市计量测试所77岁的退休职工钟文孝不是党员，但他和妻子专程到单位党支部，要求与党员一样献爱心，捐献400元作为“特殊党费”。

第二节 “特殊党费”的管理与使用

中央下拨绵阳市抗震救灾“特殊党费”援助项目资金共239181.5万元。其中，援助学校恢复重建项目资金45783万元，援助农房重建资金147213.1万元，援助城镇因灾住房损毁困难群众项目资金6447.6万元，援助村级组织活动场所恢复重建项目资金35632.6万元，援助远程教育站点建设资金4093.2万元，慰问抗震救灾烈士家属12万元。

截至2011年11月25日，市财政实际拨付“特殊党费”援助资金228672.75万元；结余资金10508.75万元，产生利息527.05万元，共计11035.8万元。结余资金及利息于2011年11月22日全部退回省财政厅“特殊党费”专户。

一、管理、监督政策及措施

（一）绵阳市抗震救灾“特殊党费”使用管理监督办法

2009年3月31日，中共绵阳市委办公室、绵阳市人民政府办公室印发《绵阳市抗震救灾“特殊党费”使用管理监督办法》，对资金的使用方向、资金的划拨程序、项目实施管理、监督检查措施及组织领导都提出严格的要求。

为加强对“特殊党费”使用的领导协调和监督管理工作，市委、市政府决定成立市抗震救灾“特殊党费”使用管理监督工作领导小组，领导小组办公室设在市民政局。由市委组织部牵头，成员单位有市纪委、监察局、发改委、民政局、财政局、教育局、建设局、国土资源局、审计局等。领导小组下设项目实施管理工作小组和项目监督检查工作小组。市民政局局长张学民任项目实施管理工作小组组长，市委组织部副部长、党建办主任代顺兴任项目监督检查工作小组组长，分别负责项目方案的编制、审核、组织实施工作和项目实施过程中的监督检查工作。

领导小组工作职责：负责对“特殊党费”使用管理的组织领导、沟通协调和督查督办工作；审定全市“特殊党费”重建项目方案及资金分配方案；派出监督检查组对“特殊党费”使用管理情况进行监督检查；听取监督检查组和有关部门关于“特殊党费”使用情况、项目进展情况的汇报，研究分析存在的问题，及时提出加强和改进工作的措施办法；接受上级对“特殊党费”使用情况的专项检查。

领导小组成员单位工作职责：市财政局主要负责“特殊党费”的划拨管理工作；市发改委主要负责“特殊党费”援建项目的立项、审批和监督工作；市民政局牵头负责“特殊党费”的具体使用管理等工作；市委组织部负责“特殊党费”使用管理的监督工作；市教育局参与制定“特殊党费”援建中小学校项目实施方案等；市建设局负责组织对“特殊党费”援建学校建筑、村级公共服务场所及其附属设施的勘察设计技术质量管理、工程监理及工程质量监督检测、施工安全监督、施工图审批、开工审批和招投标活动的执法监督等；市国土资源局严格执行土地政策和管理规定，对“特殊党费”援建项目及时办理土地使用相关手续；市纪委（市监察局）对“特殊党费”使用管理单位执行国家有关法律法规和政策规定的情况进行监督，并开展专项检查等；市审计局负责“特殊党费”资金分配、拨付、使用及效果的全程审计和监督等。

（二）绵阳市抗震救灾“特殊党费”使用管理规定

2009年9月7日，市纪委、组织部、发改委、民政局、财政局、教育局、建设局、审计局、国土资源局联合发出《关于抗震救灾“特殊党费”使用管理有关问题的通知》，对资金使用方向及分配方案、资金划拨和结算方式、工作要求作了明确规定。

1. 资金使用方向及分配方案

绵阳市的“特殊党费”主要用于以下四个方面：

（1）帮助每个极重灾县重建中学、小学各1所，帮助重灾县（市、区）重建1所中学或小学。全市共有12所中小学纳入“特殊党费”重建项目，要求在2009年年底基本完成。

（2）帮助县（市、区）援建房屋倒损农户住房等民生项目。资金补助对象为地震灾区的农村房屋倒损重建户，以重建户中的农村低保户为重点。根据2008年11月20日各县（市、区）主要领导签字确认上报，2008年省财政厅结算的绵阳市因灾农村房屋倒损重建户共计449513户，其中农村低保户17656户。补助标准及资金概算：农村低保户1万元/户；其他农村房屋倒损户3000元/户。各地严格按照2008年底财政结算倒损农房重建户公示、认定和登记造册工作，于2009年9月底前将“特殊党费”援建资金足额发放到受灾群众手中。

（3）帮助极重灾县和重灾县（市、区）重建和修复因灾受损的村级组织活动场所、农村党员干部现代远程教育接收站点等设施。重建的村级组织活动场所按120平方米规模予以补助。其中：高原、山区补助标准为1500元/平方米，丘陵地区补助标准为1200元/平方米，平坝地区补助标准为1000元/平方米。村级组织活动场所维修加固补助标准为：中等破坏的按5万元/所补助，轻微破坏的按2万元/所补助。现代远程教育站点建设补助标准为1.2万元，其中设备购置费1万元、站点建设费0.2万元。全市需重建、维修加固村级组织活动场所3224个，建设农村党员干部现代远程教育接收站点3411个。2009年底，村级组织活动场所和现代远程教育站点重建项目基本完工并投入使用。

（4）为在抗震救灾中因公牺牲人员家属发放慰问金。按照中组部和民政部《关于抗震救灾“特殊党费”使用有关问题的电话答复稿》规定，在抗震救灾中因公牺牲人员的范围确定为，2008年5月12日汶川特大地震发生时至2008年10月14日国务院抗震救灾指挥部第26次会议明确抗震救灾进入恢复重建阶段前，组织抗震救灾工作，参与抢险和保护国家、集体财产和人民群众生命财产安全等工作时牺牲的人员。“特殊党费”慰问金应当发给上述参加抗震救灾时牺牲的并被省部级单位批准为烈士或被省部级以上单位追授“优秀共产党员”称号的人员家属。

2. 资金划拨和结算方式

由省财政厅按照资金分配方案将“特殊党费”分别下拨到相关市（州）及扩权试点县（市）财政专户，再由市（州）及时、足额将“特殊党费”分别划拨到县级财政专户和项目资金使用单位。抗震救灾“特殊党费”资金各个单项项目结束后，与上级财政结算，坚持“超出不补、结余退回”的原则，结余资金上缴给省财政“救灾捐赠资金专户”。

3. 工作要求

（1）切实加强组织领导。建立领导协调机构，市委、市政府成立市抗震救灾“特殊党费”使用管理监督工作领导小组，各县（市、区）成立相应的领导机构和工作机构，负责“特殊党费”援建工作的组织领导和监督管理；明确责任制度，“特殊党费”援助项目的实施主体为县级党委、政府，县（市、区）委书记、县（市、区）长为第一责任人；实行共同研究审批制度，市、县两级实行组织部和发改等部门共同负责、共同审定、共同监督制度。

（2）抓好援助项目的实施。极重灾县和重灾县（市、区）按照国家发改委、教育部、民政部等11部委局署《关于印发汶川地震灾后恢复重建公共服务设施建设专项规划的通知》要求，抓好项目的规划和设计。中小学学校建设，结合当地经济社会发展水平，满足基本使用功能，不建豪华学校。根据恢复重建项目学校规划在校生规模，以及国家规定的学校建设的基本要求。

（3）强化资金管理和监督。项目资金使用单位建立健全项目资金管理办法，及时组织项目实施和资金发放，确保专款专用；定期向同级民政部门报送资金使用情况和项目进展情况；县、市两级民政部门按季逐级汇总上报“特殊党费”资金使用情况和项目进展情况。灾区各级党委组织部和发改、民政、财政、教育、建设等部门加强对资金和项目的跟踪与管理，自觉接受纪检监察机关、审计部门对资金分配、拨付、使用和效果的全过程跟踪审计。市委组织部会同市发改委、民政局、财政局、教育局、建设局等部门，对各地“特殊党费”使用管理情况进行专项检查，并适时向党内和社会进行通报。各地根据实际情况，利用村务公开栏、政务公开栏、政府公报、政府网站、报刊、广播、电视等，定期向党内和社会公布“特殊党费”的数量、分配、拨付及使用情况，主动接受社会各界的监督。

二、“特殊党费”使用

“特殊党费”凝结着党中央和全国共产党员给予灾区的特殊关爱。党中央对“特殊党费”使用管理工作高度重视，胡锦涛、温家宝、习近平等中央领导人先后作出重要指示，要求认真做好“特殊党费”的使用管理和监督工作。中央政治局委员、中央书记处书记、中组部部长李源潮先后3次到绵阳视察指导，要求把“特殊党费”援助项目建成安全工程、优质工程、廉政工程；中组部常务副部长沈跃跃、副部长李建华也对“特殊党费”使用管理工作提出明确要求。省委书记刘奇葆、省长蒋巨峰、省委组织部部长柯尊平多次到绵阳调研指导“特殊党费”使用管理工作。市委高度重视“特殊党费”的使用管理，多次召开常委会，专题研究“特殊党费”使用管理工作。

2009年8月11日，全市召开“特殊党费”使用管理工作会议，传达全省“特殊党费”使用管理工作会议精神，安排部署全市“特殊党费”使用管理工作。8月14日，全省第一个“特殊党费”援助项目——游仙区魏城镇关帝村村级组织活动场所重建开工。9月至10月，市“特殊党费”使用管理监督工作领导小组先后两次召开全市“特殊党费”使用管理工作座谈会，专题研究“特殊党费”援助项目推进情况。12月3日，省委组织部、省发改委、民政厅、财政厅、建设厅联合发出《关于抗震救灾“特殊党费”援助城镇因灾住房损毁困难群众项目的通知》，共援助绵阳市城镇因灾住房损毁困难群众9566户、资金5739.6万元。2010年4月30日、7月9日，领导小组相继召开全市“特殊党费”援助项目推进会议，对项目建设进度进行通报并提出要求。8月9日，省委组织部、省发改委、民政厅、财政厅、建设厅同意增拨三台县、江油市、盐亭县抗震救灾“特殊党费”援助城镇因灾住房损毁困难群众项目经费。其中增拨三台县37.8万元，增拨江油市64.2万元，增拨盐亭县606万元。

中央下拨绵阳市抗震救灾“特殊党费”援助项目资金共239181.5万元。具体使用情况如下：

学校重建项目。“特殊党费”计划援助全市12所中小学重建，补助资金45783万元。实际拨付44619.31万元；本金结余1163.69万元、利息94.41万元，共计1258.10万元。截至2011年7月1日，12

所中小学全部竣工投入使用。

农房补助项目。“特殊党费”援助全市农房重建44.95万户，补助资金14.72亿元发放完毕。

村级组织活动场所建设项目。“特殊党费”计划援助全市村级组织活动场所建设项目共3224个，补助资金35632.6万元。其间，取消重建13个，江油市合村并组减少117个，全市实际援建3094个，实际拨付34561.4932万元，所有项目全部完成。本金结余1071.11万元，利息57万元，共计1128.11万元。

农村党员现代远程教育接收站点建设项目。“特殊党费”援助全市远教站点项目共3411个，补助资金4093.2万元。因2008年前财政资金已建2596个，又因洪水、泥石流损毁678个，全市实际援助远教站点1493个，实际使用1847.45万元，所有项目全部完成。本金结余2245.75万元，利息16.46万元，共计2262.21万元。

城镇因灾住房损毁困难群众重建项目。“特殊党费”援助全市城镇因灾住房损毁困难群众10746户，补助资金6447.6万元已应发尽发。

抗震救灾因公牺牲人员家属慰问项目。“特殊党费”援助在抗震救灾中因公牺牲人员家属4人，划拨慰问金12万元，全部发放。

省政府核定的第二批54041户重建农户，根据省上相关文件要求，仍然按低保户1万元、一般农户3000元的标准给予补助，资金来源在农户重建资金中安排。各县（市、区）分户统计，2010年9月底前发放到位。

三、“特殊党费”援助项目管理

“特殊党费”援助项目是特殊项目，市委、市政府坚持“特殊要求、特殊管理”，让特殊资金发挥应有作用，以最好的质量、最快的速度，建设最好的工程，让党中央放心，让全国党员放心，让灾区群众满意。市委成立“特殊党费”使用管理监督工作领导小组、项目实施管理工作小组和项目监督检查工作小组，各县（市、区）也成立相应的领导机构和工作机构，建立联席会议制度。项目实施以来，市县两级先后召开专题会议345次，现场办公510次，组织专项检查156次，及时研究解决项目推进中的具体问题1500多个。

市委把“特殊党费”援助项目作为“一把手”工程，建立“书记抓、抓书记”的工作机制，与县（市、区）委书记签订项目建设责任书，建立书记直管、县长主抓的工作责任制，明确县（市、区）委书记、县（市、区）长的第一责任和组织部部长的直接责任。把“特殊党费”使用管理工作纳入年度目标考核，实行“一票否决”和严格的责任追究制度。各地采取领导挂帅、部门包片、干部蹲点的办法，细化工作措施，明确责任主体，层层落实责任，所有项目都做到明确业主、责任人、监管人员、完工时限和联系领导。

在具体实施中，市委坚持做到“六严”：

（一）严肃政治纪律。市委明确要求，“特殊党费”援助项目必须建成优质工程、安全工程、廉政工程、民心工程。“特殊党费”援助的每一个项目，必须“阳光操作”，全程公开，严格按照有关法律和规定办理，各级党员干部不得插手工程建设、不得干预资金划拨，任何单位和个人不得挤占、挪用“特殊党费”。任何一个项目、任何一笔资金出了问题，首先追究党政主要领导和组织部长的责任。把“特殊党费”使用管理作为党风廉政建设和反腐败工作的重要内容，一并安排部署，检查落实，考核奖惩，违纪必纠、违规必究。

（二）严格执行政策。严格执行中央、省委确定的资金用途和援助范围、对象、金额，以2008年12月31日为限“锁定”受援对象，保证“应援尽援”，有效杜绝超范围、超标准援助。严格审查项目规划，坚持从实际出发确定建设标准，从严控制投资，严禁随意扩大规模、更改设计和改变建设方式，坚决杜绝铺张浪费。严格审定援助对象，坚持“定户定量”，按照因灾受损、必须重建、确有困难的条件，层层审核把关，并经社会公示、群众认可后，按农村一般户3000元、低保户1万元，城镇低保户6000元的补助标准发放。严格实行台账管理，建立中小学校、村级组织活动场所以及远程教育站点等施工进度台账、安全管理台账和监理日志台账，详细记录工程建设全过程。

（三）严格项目管理。坚持民生优先、群众满意原则，科学、务实地推进项目建设。在项目审批上“特事特办”，开设“特殊党费”援助项目立项报批手续办理“绿色通道”，优先安排、办理，早立项，早建设，早使用，早见效。在工程管理上“一视同仁”，可行性研究报告、环评、财评、地勘、立项、招标、报建等审批程序，严格要求，做到“一个环节不减、一个步骤不少、一项手续不缺”。对中标单位实行上网公示，严格审查，对不符合要求的坚决取缔。在项目建设上“专人跟踪”，除聘请专业监理单位监督外，还采取专项督查、不定期抽查和“点对点”督办的方式，加快项目建设，对“特殊党费”援助项目实行全过程全方位监督。

（四）严格资金管理。对每笔资金的使用，严格按照由组织、民政、财政、发改部门共同协商、集体研究、共同审签的程序进行。实行市县两级财政账户直接对接、县级财政与项目单位直接对接，专户管理、封闭运行，确保资金安全。坚持财政专管，按照核定援助项目，将全部“特殊党费”下拨到各县（市、区）财政专户管理，坚持“超出不补、结余退回”的原则，结余资金和利息全部上缴财政“救灾捐款资金”专户，专账核算。坚持专款专用，严格按照“特殊党费”使用流程操作，及时组织项目实施和资金发放，纪检、监察、审计部门对资金的分配、拨付、使用和效果进行全过程监管和审计。工程资金拨付严格按照施工进度，实行多级会审会签制度，层层把关，确保“特殊党费”使用“零差错”。对“特殊党费”与其他资金合建项目，要求单独立账、单独核算。坚持全程公示。每一笔资金的拨付、分配、使用都利用政务公开栏、政府网站、报刊、广播、电视等媒介，向党内和社会公布公开，主动接受社会各界监督。一些地方还制作“特殊党费”明白卡，发放到群众手中，让党员群众明白“特殊党费”的来源、用途、援助对象和标准。

（五）严格质量监管。实行项目法人责任制、招投标制、合同管理制和工程监理制，严格工程质量，确保施工安全。抽调专业技术人员驻扎每个施工现场，对项目设计、审批、建设、管理、监督、验收、资金拨付等进行全过程监督，做到每个建设项目制度规范、程序严格、档案完善。县（市、区）、乡（镇）、村三级都明确专人负责工程质量监管，设置永久性工程质量监督牌，实行建筑工程质量终身责任制。健全“特殊党费”使用管理联席会议制度，拓展监督渠道，强化质量安全监管机制。面向社会设立监督举报电话和举报信箱，聘请党代表、人大代表、政协委员45人组成社会监督员队伍，一些村还选聘1~2名党员群众作为工程质量义务监督员。对监督员发现的隐患问题，及时下达整改通知，限期限时进行整改。

（六）严格问责。市委派出3个“特殊党费”专项督查组，不间断深入项目工地明察暗访，巡回督查，提出具体整改措施，评估项目完工时限，并拍照备案。对发现的问题以督办通知的形式通报给县（市、区）委书记。对建设难度大、问题多的项目，督促相关单位派常委、政府领导分片包干，专人值守，加强督办。对工作不力的单位和个人，取消县（市、区）委书记、组织部部长年终评先选优资格。各地各部门多次召开“特殊党费”专项督办会、推进会、诫勉谈话会，加大责任追究，确保取得实效。

2011年4月7日至22日，国家审计署重庆特派办对江油市、游仙区“特殊党费”援助项目进行抽查审计，四川省审计厅委托绵阳市审计局对其他7个县（区）、4个园区进行专项审计。审计组认为：绵阳市各级领导高度重视，工作责任落实，项目主体明确，执行政策严格，资金管理规范，未发现违规违纪问题。

图4-4-163　“特殊党费”援建的平武县木座藏族乡民族村委会

第五章 灾区群众生活

第一节 生活救助

汶川特大地震发生后，灾区各级党委、政府和民政、财政、商务、卫生等部门按照市抗震救灾指挥部的统一部署，实施应急救助，确保受灾群众有饭吃、有衣穿、有干净水喝、有临时住处、有病能医治。

一、救灾物资、资金应急保障

2008年5月12日16时，市商务局成立抗震救灾领导小组，下设物资协调组、前线救援组、集中供应组、协调事务组、灾后处理组，启动一级应急响应，紧急制定物资保障方案，按照各组职责分工，从落实供应商家、组织供应商品、联系运输车辆等方面，做好抗震救灾物资的组织供应等工作。18时，市商务局、市民政局派人到市区大型商场好又多、沃尔玛、成都人民商场和百盛等组织货源，协调驻绵部队军车，于13日4时30分，将10车、6709件、1000多个品种、价值100余万元的救灾物资运进北川县，及时发放到受灾群众和救援人员手中。

从5月13日开始，市商务局使用应急资金1274.63万元，采购救灾物资，装卸大卡车506车次，保障灾区供给。其中：5月13日至6月6日，为北川县采购各类物资641.48万元；5月14—27日，为安县采购各类物资52.78万元；5月15日至6月8日，为平武县采购各类物资50.88万元；5月13—22日，为江油市采购各类物资202.09万元；5月25日，为梓潼县采购电风扇100台，0.74万元；5月15—27日，为沈阳军区总医院医疗队、济南军区野战医院、第14集团军驻安县睢水部队、第54集团军某师等部队采购各类物资19.35万元；5月14日至6月8日，为北川县、安县灾民集中安置点及市抗震救灾指挥部物资组、分配组、火车站接收组、医疗后勤保障组、防疫组、信息组、协调组、市中心医院、人民医院、中心血站、天诚医院等采购各类物资307.31万元。

5月14—20日，省民政厅从省内外筹集帐篷、食品和饮用水等救灾物资50余车运往绵阳。市民

图4-5-164　2008年5月27日，重庆餐饮服务队为绵阳市受灾群众提供生活救助

政局根据各地受灾情况，及时组织力量，紧急投入救灾物资的接收和运送工作。14日上午，21车救灾物资运到北川县前线指挥部；是日深夜，22车救灾物资送到北川县任家坪。15日，10余车救灾物资运达北川县、安县。

5月16—28日，市商务局接收省抗震救灾指挥部调拨救灾物资带皮白条冻猪肉334287公斤、火腿肠24802.52公斤、罐头55814.4公斤，及时发放各县（市、区）及九洲体育馆安置点、南河体育中心安置点等。

2008年5月19日，经市抗震救灾指挥部审批同意，市民政局将民政部给绵阳市的2008年抗震救灾应急资金5200万元和自然灾害应急资金100万元，下拨各县（市、区）。其中：北川县830万元，安县1125万元，平武县1225万元，涪城区305万元，游仙区155万元，三台县150万元，盐亭县105万元，梓潼县105万元，科技城100万元，市本级1200万元。市本级分配的抗震救灾应急资金，主要用于北川等地灾民的转移安置。

应急救灾期间，市财政局共拨付抗震救灾应急资金56.76亿元。其中，基础设施抢险资金6.72亿元，兑付给个人的救济补助33.48亿元，其他救灾资金15.98亿元，市本级财政安排救灾应急专项资金0.58亿元。

二、空中救助

强烈地震造成交通、通信中断，北川县、安县、平武县、江油市的许多乡镇成为“孤岛”，食品、药品等物资无法送达，徒步进山的救援部队也缺乏后续保障。

5月14日下午，为帮助重灾乡镇抗灾自救，经市委、市政府请示，省委、省政府决定从民航飞行学院新津分院调派一架直升机，将5个工作组和部分急需的食品和药品分批送往安县茶坪乡、高川乡、千佛山，北川县陈家坝乡，平武县南坝镇等孤立无援的重灾乡镇和景区。

市抗震救灾指挥部在绵阳机场组建空投物资组，由市委常委、市总工会主席王倩牵头负责，救援13万名与外界隔绝的受灾群众。市政府办公室6名工作人员，收集被困群众情况，协调成都军区出动运输机空投救援物资上百吨。5月19日，成立空中救援指挥部（以下简称指挥部），王倩任指挥长。5月20日，第一批40多架直升机、590多名官兵进驻绵阳机场。

指挥部从市内调运帐篷、发电机、消毒水、口罩、纯净水、食品和盐等近200吨物资，作为直升机救援物资储备。同时，接收省抗震救灾指挥部供给物资和民航机运送物资上千吨。市纪委抽调专人负责监督救灾物资的接收、储存、发放过程。广西武警、陆航团某部、空军绵阳站、机场货运公司、九洲公司及涪城区、游仙区和泸州市合江县、宜宾市翠屏区预备役分队先后派员支持直升机装卸工作。市公安局安排49名警力，加强机场安全和直升机夜间守护工作。空中救援指挥部为陆航部队官兵解决驻地、帐篷、伙食、转运车辆、充电车及厕所等具体问题，确保官兵在装机、飞行中有良好的状态。

5月21日，指挥部组织空投物资40架次，向北川县、平武县等地的26个乡镇运送救灾物资45吨，转运人员107名。

5月22日，指挥部组织空投省调拨的救灾食品、药品、棉被、帐篷等救灾物资25架次，其中平武方向14架次、北川9架次、江油2架次。

5月23日，指挥部组织空运物资61架次，其中北川44架次、平武14架次、江油3架次。

5月24日，指挥部组织空投省调拨的救灾食品、药品、棉被、帐篷等救灾物资33架次，其中北川31架次、安县1架次、江油1架次。

5月25日，指挥部运送空投省调拨的救灾食品、药品、棉被、帐篷、救灾用具等35架次，其中北川33架次、安县2架次。

5月26日，指挥部运送空投省调拨的救灾物资37架次，其中北川34架次、安县1架次、平武2架次。

5月27日，指挥部运送省调拨救灾物资70架次，全部投向北川灾区及唐家山堰塞湖抢险工地。

5月29日，指挥部组织运送空投救灾食品、药品、衣物、帐篷、彩条布、救灾用具等30架次，其中北川27架次（唐家山堰塞湖19架次）、安县3架次。

5月30日，指挥部组织运送空投救灾食品、水、药品、彩条布、救灾用具、柴油等43架次，其中北川31架次。

5月31日，指挥部组织运送空投食品、消毒药品、汽油等救灾物资7架次，全部投向唐家山堰塞湖抢险工地。

6月1日，指挥部组织运送空投食品、大米、面条及菜油等生活用品、常用药、消毒药品等救灾物资7架次，投向北川县禹里、小坝、片口等7个乡镇。

6月2日，指挥部组织运送空投救灾食品、食盐、大米、面条及菜油、帐篷、常用药、消毒药品、狂犬疫苗等11架次，投向北川县开坪、白什、片口、桃龙、小坝等5个乡镇及唐家山堰塞湖抢险工地和德阳市绵竹灾区。

6月5日，指挥部组织空运大米、面条、菜油、调料、帐篷、常用药、消毒药、移动通信设备等共17架次到北川县开坪、片口、小坝、桃龙、漩坪、禹里等乡镇及唐家山堰塞湖抢险工地。

6月6日，指挥部组织空运大米、食用油、调料、常用药、消毒药剂、汽油、柴油、发电机、零配件、收音机等物资21架次，空投到北川县片口、漩坪、禹里等乡镇及唐家山堰塞湖抢险工地和广元市青川灾区。

6月7日，指挥部组织空运大米、面条、菜油、调料、帐篷、常用药、消毒药、移动通讯油机等物资28架次，空投到北川县片口、小坝、桃龙、禹里等乡镇及唐家山堰塞湖抢险工地。

6月8日，指挥部组织空运大米、食用油、常用药、消毒药及食盐等物资21架次，空投到北川县片口、小坝、桃龙、禹里等乡镇及唐家山堰塞湖抢险工地。

6月9日，指挥部组织空运大米、食用油、食盐、桶装水、常用药、消毒药、棉被、净水器、彩条布和橡胶板卷等物资22架次，空投到北川县片口、小坝、桃龙、禹里等乡镇及唐家山堰塞湖抢险工地和安县秀水、高川等乡镇。

6月10日，指挥部组织空运大米、食用油、食盐、桶装水、奶粉、常用药、消毒药、建筑施工设备等物资31架次，空投到北川县片口、小坝、桃龙、禹里等乡镇及唐家山堰塞湖抢险工地和安县较场坝老鹰岩等地。其中北川29架次，安县2架次。

截至7月18日，陆航团共出动直升机432架次，飞行1018架次，向27个乡镇运送救灾物资13个大类、206个品种、724吨；运送人员5250人，其中转移伤员及灾民1200余人。同时，指挥部协调成都军区出动运输机，累计空投各类救灾物资上千吨。

三、临时生活救助

（一）救助政策

2008年5月20日，民政部、财政部、国家粮食局发出《关于对汶川地震灾区困难群众实施临时生活救助有关问题的通知》，明确救助对象为因灾无房可住、无生产资料和无收入来源的困难群众，补助标准为每人每天10元补助金和1斤成品粮，补助期限3个月。因灾造成的“三孤”（孤儿、孤老、孤残）人员补助标准为每人每月600元，受灾的原“三孤”人员补足到每人每月600元，补助期限3个月。发放补助所需资金，由中央财政专项安排；救济粮由中央从中央储备原粮中无偿划拨给省级人民政府，省级人民政府统一负责原粮的出库、调运和将原粮加工成成品粮，免费提供给救助对象。补助金由民政部门直接发放给救助对象，实行按月发放。救济粮的出库、调运、加工和发放由粮食部门会同民政部门办理。

5月21日，省民政厅、财政厅、粮食局下发《转发民政部财政部国家粮食局〈关于对汶川地震灾区困难群众实施临时生活救助有关问题的通知〉的紧急通知》。同日，市民政局、市财政局、市粮食局转发，要求各县（市、区）严格按照文件精神，把受灾群众生活救助作为当前最重要、最紧迫的任务，高度重视、加强领导、统筹组织安排，克服各种困难，全力保障好受灾群众3个月的基本生活；加强对受助人员的统计，及时准确上报相关数据；加强因灾生活困难群众补助金、救济粮的发放管理，做到专账核算、专款专用，严禁挤占挪用和虚报冒领。

5月27日，省民政厅、财政厅、粮食局发出《关于落实汶川特大地震受灾困难群众救助和遇难人员家属抚慰金发放有关问题的补充通知》。次日，市民政局、财政局、粮食局转发并提出要求。《补充通知》明确了属地管理原则，并对户籍地、居住地和安置地一致；户籍地和居住地不一致，灾害发生地为居住地；户籍地、居住地与安置地不一致，需要进行转移安置且一个月内不能实现转移安置；受灾地区统一组织转移；受灾困难群众自动投亲靠友等不同情况的救助政策落实作了详细规定。

6月3日，市民政局、财政局、粮食局、监察局发出《关于对灾区困难群众实施临时生活救助和对唐家山堰塞湖三分之一溃坝淹没区疏散撤离群众实施临时生活补助及鼓励受灾农村居民自建过渡安置房有关问题的通知》，再次明确有关政策和规定。

关于灾区困难群众临时生活救助：享受政府临时救助政策并集中安置的受灾困难群众，愿意统一供应伙食的，其救助粮可不发给个人，交由安置组织单位统一安排伙食，具体办法由各县（市、区）和集中安置点研究决定。救助钱粮发放办法：由乡镇（街道）人民政府（办事处）确定救助对象，以村、组为单位登记造册，建立基础台账，并以村、组为单位进行张榜公示，报各县（市、区）民政局审核后，由乡镇（街道）人民政府（办事处）负责发放给救助对象。救助对象凭“灾民救助卡”领取救助钱粮，并签字盖章。

关于唐家山堰塞湖1/3溃坝淹没区疏散撤离群众临时生活补助：补助标准为每人每天1斤粮、10元补助金。已享受因灾困难群众临时生活救助的，不再重复享受此项补助。补助期限从疏散撤离命令下达之日到溃坝险情解除为止。1/3溃坝淹没区除国家公职人员外的疏散撤离群众到全溃坝淹没区以外投亲靠友的，除继续享受每人每天1斤粮、10元补助金的补助政策外，从投亲靠友当天开始到返回原居住地期间（超过险情排除之日的时间不计算在内），再发给每人每天10元钱的补助。以上临时生活补助所需资金先由县（市、区）人民政府在中央、省、市已调拨的救灾资金及本级财力中统筹安排，待相关政策明确后，再按规定渠道解决。

关于受灾农村居民自建过渡安置房补助政策：根据省抗震救灾指挥部决定，对自建过渡安置房的受灾农村居民，由县（市、区）人民政府给予每户2000元现金补助，发放办法参照对灾区困难群众实施临时生活救助的发放办法执行，补助资金由县（市、区）人民政府在中央、省、市已调拨的救灾资金、捐助款及本级财力中统筹解决。对确有困难的县（市、区），省政府将根据中央相关补助政策和省、市相关支出预算的调整情况给予补助。

9月5日，市人民政府办公室发出《关于进一步做好“5·12”地震困难群众临时生活救助金发放工作的紧急通知》，要求：各地在准确核实享受对象的基础上，及时足额将补助资金发放到困难群众手中；严格按照临时生活救助对象、标准、期限及有关规定，认真把握好“三无”“三孤”等标准，本着切实解决困难群众基本生活的原则，处理好发放中的具体问题，将矛盾化解在基层；各地各有关部门对临时生活补助的发放工作实行一把手负责制，加强领导，统筹组织安排，密切协调配合，确保临时生活救助政策落实和发放工作顺利进行；各级监察、审计和督查机构认真履行监督、督查职责，确保符合条件的困难对象得到救助。

（二）组织实施

为把救灾钱粮及时发放到灾民手中，市民政局紧急制定《灾区困难群众临时生活救助实施方案》，印制60万份“救助卡”和“发放登记表”。所有救灾钱粮的发放都必须以乡镇为单位进行登记造册，建立基础台账。对每一位需要政府救助的群众发放“救助卡”，受灾群众凭“救助卡”领取钱粮。

2008年5月24日，市民政局派出3个工作组，分别到安县、江油市、涪城区、游仙区、三台县、盐亭县、高新区，着重就救灾补助金和救济粮发放工作进行检查督导。各地都以村为单位，对救灾钱粮发放的对象和标准进行张榜公布，广泛接受群众监督。

江油市采取政府主导、部门协作、镇乡实施、先易后难、广泛宣传、强化督导等措施，快速、高效组织救助钱粮发放工作。5月25日，该市民政局印发2.5万份公告，在城乡公共场所广泛张贴，并通过媒体广泛宣传，使临时救助政策家喻户晓。5月27日，在重灾乡镇含增镇进行发放试点，举行临时救助钱粮发放启动仪式，受灾困难群众凭“一折通”在当地信用社领到首月临时生活救助金300元。6月1日前，全市12万户、36万人领到首月临时救助金和救助粮。

北川县救助钱粮发放工作难度最大。5月26日，北川县基本完成临时生活救助对象的调查摸底，县民政局登记造册并建立台账；各乡镇严格按照“户报、村（社区）评议、乡（镇）审定”和“两榜（村、乡）公示”的程序操作，确定临时生活救助对象，如实填写发放登记表和兑现情况汇总表；以户为单位建立受灾群众救助卡，由村（社区）统一填写，每发放一次填写一次，户主签名。6月13日，市民政局、市财政局召集北川县民政局、财政局领导和人员，就北川县如何落实好遇难人员家属抚慰、受灾困难群众临时生活补助、自建过渡房补助等有关政策性资金的发放管理工作，进行研究和商讨，帮助拟定规范、详细、易于操作的办法。因湔江大桥垮塌及公路大面积塌方，导致一些乡镇数据报不上来，受灾群众无法获得及时救助。在市委常委、副市长、北川重建党工委书记左代富的安排下，由武警护卫，工作人员绕道安县、绵阳城区、江油市、平武县、松潘县、茂县，行程800余公里，将2000多万元救济资金送到每一位受灾群众手里。6月19日，北川县贯岭乡通往外界的唯一道路被救援部队抢通，119万元救灾资金得以发放到灾民手中，其中救济金106.02万元，是全县最后一批送达救灾资金的乡镇之一。

全市在实施过程中，陆续出现一些问题，主要是：部分干部对发放工作存在畏难情绪；部分干部特别是一些乡镇干部、民政干部对救助政策不完全了解，对救助对象、范围、标准、程序不太熟悉；部分灾区群众对救助政策如救助对象、范围、标准、程序不太清楚；个别乡镇政府履行职能不够，把救灾钱粮发放工作全部交给村级组织；个别村级组织以“村规民约”形式，限制一些受灾困难群众享受救助政策；有的地方以群众受灾程度难以界定为由，不严格按政策规定办事，定比例，分指标，随意扩大救助范围；部分群众有相互攀比的心理，认为国家下发的钱粮不拿白不拿，不吃白不吃；一些地方的民政部门对该项工作的督导不够。

针对上述问题，市民政局要求：各地必须严格按照相关文件规定的对象、范围和标准进行发放；加大救助政策的宣传力度，充分利用广播、电视、报纸、公告、板报等多种形式，把中央和省、市对受灾群众的救助政策、措施、标准及相关要求及时向群众宣传，向社会公布，做到家喻户晓，人人皆知；进一步核准灾情，准确掌握发放对象，民政部门对乡镇、街道和基层组织分户造册统计上报的受灾情况进行认真核查，准确确定救助对象，并由乡镇（街道）、村（社区）公示，填写“灾民救助情况登记册”，并向灾民发放“救助卡”，作为领取救灾款物的凭据；及时发放救灾钱粮，完善发放手续，根据受灾群众的困难程度和受灾程度，按照公开、公正、公道和不搞平均分配的原则，及时确定抗震救灾资金和物资的分配和发放；加强对救灾钱粮发放的督促和指导，及时查处群众举报和反映在救灾款物发放中的问题，有问题坚决制止，及时纠正。

6月15日，市民政局与市纪委、市监察局联合下发紧急通知，要求各乡镇党委政府进行清理自查，对发现的问题要及时纠正。对及时纠正的，可不予以追究责任；对在6月25日前不如实上报和及时纠正问题的，追究单位主要负责人、分管领导和具体工作人员的责任。其后，由市纪委、市监察局牵头，组织民政、审计、财政和市上派驻乡镇工作组成员共42人，分成7个检查组，对40个乡镇进行专项抽检，落实到户到人。经过检查，上千名不符合救助条件的人员主动或被责令退还已领的救助钱粮。

截至2008年6月27日，全市发放救济资金6.24亿元，覆盖9个县（市、区）、286个乡镇（街道）、3721个行政村（社区），救助人口245.48万人。2008年6—8月，全市上级下拨临时生活救助资金23.76亿元，救助困难群众287.81万人，其中“三孤”人员2.36万人；全市实际发放临时生活救助金23.71亿元，结余500余万元。

此外，全市对唐家山堰塞湖1/3溃坝淹没区的疏散撤离群众，以每人每天1斤粮、10元补助金给予补助。补助期限从疏散撤离命令下达之日到溃坝险情解除为止。全市实际享受该项补助8万余人，发放补助金500万元、成品粮308吨。

表4-5-48

绵阳市汶川特大地震临时生活救助情况统计表

县（市、区）	上级下拨资金数（万元）	救助人数（人）		发放救助资金数（万元）		结余资金（万元）	发放粮食数量（吨）
		小　计	其中“三孤”人员	小　计	其中“三孤”人员		
合　计	237645.6171	2878102	23606	237130.7668	3152.418	514.8503	115598.129
涪城区	15031.4669	475026	3374	14611.7181	154.7581	419.7488	7232.813
游仙区	20200.82	218712	1366	20199.642	204.81	1.178	9765
三台县	17231.6	186959	7549	17596.6	1090.566	–365	8252.86
盐亭县	24062.9375	258976	4176	24062.9375	621.3375	0	11811.349
安　县	45636	492403	2215	45422.5825	325.278	213.4175	22548.648
梓潼县	13752.56	148994	1087	13752.565	161.485	–0.005	6696.165
北川县	14005.04	152342	825	14005.04	146.15	0	6855.39
平武县	16602	176247	638	16253.55	94.73	348.45	9322
江油市	67363	721248	2173	67363	326.04	0	31476.84
高新区	2885.3365	31370	15	2886.7165	2.0565	–1.38	1442.38
科创区	59.5242	656	14	59.5242	1.7442	0	29.574
经开区	378.96	5196	69	481.05	9.3627	–102.09	—
农科区	277.84	8312	40	277.309	2.4	0.531	93.29
仙海区	158.532	1661	65	158.532	11.7	0	71.82

说明：此表统计时间为2008年6—8月。

四、“9·24”洪涝泥石流灾害生活救助

2008年“9·24”洪涝泥石流灾害发生后，市有关部门积极筹集调运食品、饮用水、药品等物资，组织“送温暖献爱心”活动，接受全国捐赠和省上调拨物资，其中棉被48551床、棉衣裤8545件、衣物近3.9万件、毛毯4235床。中央和四川省分别下达生活补助费665万元、300万元。

9月24日至10月13日，市商务局采购价值585.26万元的抗洪救灾物资，做好灾民生活供应工作。按15元/人·天标准，采购供应价值145.04万元的方便食品及矿泉水。采购供应棉被26560床，金额224.79万元。采购供应价值215.43万元的彩条布、折叠床、圆筒布等救灾物资。

市民政局积极做好核灾和群众安置救助工作，派出5个工作组，赴灾区核查、统计、上报灾情，紧急转移安置受灾群众6.2万余人，同时紧急调拨帐篷7300余顶，采购棉被8000床、编织袋7000根、食品和饮用水270余吨，采购其他救灾物资19.7万元，连夜送往灾区，保障受灾群众的基本生活。

五、后续生活救助

根据国务院抗震救灾总指挥部第23次会议决定和《民政部、财政部关于对汶川地震灾区困难群众实施后续生活救助有关问题的通知》精神，省人民政府《关于对汶川地震灾区困难群众实施后续生活救助有关问题的通知》，省民政厅《关于切实做好汶川地震灾区困难群众后续生活救助工作的通知》精神，2008年9月28日，市人民政府发出《关于切实做好灾区困难群众后续生活救助工作的通知》（以下简称《通知》）。《通知》主要政策：

（一）后续生活救助对象，为汶川特大地震受灾群众中生活困难人员，包括“三孤”人员、生活困难的遇难（含失踪）及重伤残者家庭人员、异地安置的受灾人员（含集中安置人员、符合条件的寄宿制学生）、因灾住房倒塌或严重损坏且生活困难的受灾群众。

（二）后续生活补助时间，2008年9—11月，共计3个月。

（三）后续生活补助方式，为现金补助，不再发放口粮。

（四）实行分类救助，救助标准为：因灾造成的“三孤”人员每人每月补助400元，受灾的原“三孤”人员每人每月补足到400元；生活困难的遇难（含失踪）及重伤残者家庭人员每人每月补助300元；异地安置的受灾人员（含集中安置人员、符合条件的寄宿制学生）、因灾住房倒塌或严重损坏且生活困难的受灾群众每人每月补助200元。

（五）后续生活补助政策到期后，对生活困难仍需救助的受灾群众，区别不同情况纳入城乡最低生活保障、农村“五保”供养和冬春受灾群众生活困难救助范围，保障其基本生活。对符合城乡最低生活保障、农村“五保”供养条件的受灾群众，在10月底前锁定对象、登记造册、张榜公示，在后续生活救助结束后及时纳入城乡最低生活保障和农村“五保”供养。

为确保后续生活救助落实到位，2008年10月17日，市民政局、市财政局发出《关于切实加强后续生活救助工作的通知》，要求落实责任，加大宣传，严格程序，准确核定对象，保证资金及时兑现；各地民政、财政部门密切配合，做好后续生活救助资金发放政策的执行工作，同时加强资金监管，确保资金专款专用。

为准确确定新增低保人员，2008年11月28日，市民政局发出《关于对全市城乡低保工作开展情况进行检查的通知》，于12月1—5日，组织5个检查组分片区进行检查，查看各地收集掌握的城乡低保数据和台账，测算人数比例和资金情况；了解各地城乡低保面上的总体情况，并根据分乡镇数

据，每组选择两个典型的乡镇，了解其基本情况及低保对象申请、审核、审批、公示情况，随机抽出城乡各5户共10户拟新增低保对象，到这些家庭了解受灾情况、基本情况、家庭收入情况、是否符合城乡低保条件等。根据抽查对象的合格率、申请审批程序、城乡低保对象占城乡人口的比例等情况，对所在县（市、区）提出建议。家庭人均收入低于当地城乡居民最低生活保障标准的都可申请享受当地城乡居民最低生活保障。

12月13日，市民政局发出《关于进一步加快后续生活救助发放工作的紧急通知》，要求加强组织领导，严格政策，严格程序，确保符合条件的困难对象得到救助；加快发放进度，保证按时足额发放。

据统计，2008年9月至11月，全市后续生活救助122.78万人，发放救助资金7.55亿元。截至2008年年底，各县（市、区）民政部门共审批增加城乡低保对象11.3万余人，其中农村增加9.95万余人、城市增加1.35万余人。全市城乡低保对象总数达到32.75万余人，其中农村20万余人，城市12.75万余人。

六、冬春生活救助

2008年9月12日，市民政局下发《关于切实做好灾区困难群众冬令生活救助和物资需求摸底调查工作的通知》，要求做好过冬物资的筹集和应急物资储备计划，多方面筹集过冬物资。市民政局调度整合内部力量，从过冬调查、台账建立、需求统计、物资筹集、检查督促等方面进行落实，采取调拨、捐赠、支援、采购等方式，共筹集棉被105万床、棉衣80万件、电热毯4万床、粮3000吨、油2000吨、取暖器1.7万个。

从2008年9月开始，全市多方组织筹措、购买、储备防寒过冬物资，建立以受灾群众自主储备为基础，县、乡储备为主体，市级储备为补充的三级应急物资保障机制，完善物资的筹集、储备、调拨和紧急配送体系。市县两级民政、商务部门建立267个物资储备点，储备应急棉被10.6万床、棉大衣6.2万床、冬衣裤5万套、粮食2381吨、食用油229吨、发电机142台、燃油151吨、蜡烛74万只、电筒7000只、电池4.5万只及673万元的各类应急药品。

图4-5-165　江油市乡镇受灾群众领到过冬棉被

10月7日，市委、市政府召开受灾群众安置管理工作会议，要求各县（市、区）制定受灾群众安全过冬工作方案和应急预案，建立受灾群众安全越冬和物资需求情况统计台账，将“三孤”和地震受伤未愈人员作为重点安置对象。

10月28日，市委召开专题会，听取市重建委及各县（市、区）关于受灾群众安全越冬工作的汇报，并就进一步做好受灾群众安全越冬工作进行研究部署，指出全市确保受灾群众安全越冬的难点主要集中在北川县、平武县、安县、江油市等高寒山区和极重灾地区，必须分层次加快研究解决。会议提出工作目标：确保全市所有受灾群众安全越冬、90%以上受灾群众在永久性住房中越冬，绝不能冻死、饿死一人，杜绝有受灾群众在帐篷中越冬的现象。

截至10月27日，全市永久性农房开工34.12万户，占2008年重建农房总数的77.26%，其中建成3.81万户，占应建户数的8.63%，具备安全过冬入住条件。同时，全市推进受损农房维修加固和农户自建过渡房保暖工作，分别解决77.5万户、235.3万人，3.3万户、10.2万人的安全居住问题；通过板房调剂安置受灾群众4.9万户。做好御寒衣被和取暖设备的筹集分发工作，按照受灾群众每人一床棉被、一套棉衣裤的需求，组织御寒衣被；组织相关部门、社区力量向灾区捐赠棉衣、棉被、烤火盆；对高寒山区受灾群众按照一户一火炉、人均一床电热毯的标准配置；板房区受灾群众每人发放一个热水袋、建设具有通风功能的集中取暖室等方式满足老人、伤员的取暖需求。

2009年元旦春节期间，市委、市政府增加投入，扩大“送温暖”慰问活动的范围和数量。慰问对象共计36万余人，其中：19个高寒山区、地震灾害极重乡镇和受灾群众安置点受灾群众1万人；城乡低保困难群众32.7万余人，困难企业职工2万余人。每户400元慰问金和200元慰问品。2009年慰问对象比上年同期增加21倍，对城乡低保对象实现全覆盖。

为让城乡低保对象和“三孤”人员过上一个喜庆、祥和的春节，中央下拨专项资金，一次性补助城市低保对象每人150元，农村低保对象每人100元，优抚对象每人180元。市委、市政府对全市城乡低保对象和“三孤”人员每人发放100元的慰问金，并在腊月二十九、大年三十和正月初一、初二，由市、县两级党委、政府以及民政、团委、总工会和残联组织各级干部、党团员、志愿者、社会人士，对“三孤”人员实施一对一结对帮扶，开展联系活动，共同欢度春节。

图4-5-166　2008年8月27日，绵阳市举行“资助受灾困难大学生”金秋助学活动

第二节　灾民安置

地震发生后，几百万受灾群众流离失所，安置灾民成为当务之急。市委、市政府牢记安民之责，迅速确定“就地、就近、分散”的安置原则，成立灾民安置工作领导小组，负责灾民的紧急安置。随着抢险救灾工作的结束，采取多种方式进行过渡安置，帮助灾民逐步恢复生活生产。整个安置工作在2008年7月底全面结束。

一、应急安置（详见第二篇第四章）

二、过渡安置

全市因灾造成房屋倒塌、严重损毁无法居住的118.2万余户、301万余人急需安置，过渡安置被摆上重要议事日程。市委办公室、市政府办公室印发《灾民安置工作实施方案》，确定市级部门对口负责帮扶重灾乡镇灾民安置工作，一包到底。各县（市、区）成立过渡安置领导小组，在援助省、市的对口支援下，采取帐篷安置、建设板房区集中安置、鼓励自建房自行安置、投亲靠友、外出务工分散安置等方式进行过渡安置。其中，设立集中安置点136个，集中安置25万余人。2008年8月11日，在省政府召开的新闻发布会上，绵阳市对外宣布：截至7月30日，全市84.08万受灾群众全部完成过渡房安置，比省政府确定的完成日期（8月12日）提前13天。

（一）帐篷安置

2008年5月12日16时左右，按照市抗震救灾指挥部紧急指令，市民政局副局长李登竹带领工作人员赶赴武警绵阳市支队，协调2辆军车、10名官兵到绵阳市社会福利院分发首批274顶救灾帐篷。震后2小时，市民政局组织人员先后租车赶赴成都，到省救灾仓库组织运回救灾帐篷1200余顶，并按市抗震救灾指挥部的要求，将帐篷分发到绵阳城区和极重灾县的灾民安置点和医院。

全国各地及国际社会捐赠的救灾帐篷源源不断地运抵绵阳。截至2008年6月6日，全市接收捐赠帐篷17.2万顶，分配16.7万顶，其中重灾区分别为北川县28421顶、安县23948顶、平武县7606顶、江油市28355顶。

为解决受灾群众的住房安置问题，中共中央总书记、国家主席、中央军委主席胡锦涛亲临浙江湖州考察帐篷生产企业，鼓励职工加快生产，支援灾区。国务院紧急部署，一个月内向地震灾区提供90万顶帐篷。民政部计划调拨绵阳49.1万顶帐篷，全市实际接收帐篷32万余顶。5月26日，市抗震救灾指挥部供给保障社会捐赠组制定救灾帐篷分配方案，经市委审定后执行。5月27日至6月30日，每天分配帐篷：北川县、平武县2000~3000顶（市交通局派车运送）；安县、江油市3000~5000顶；其他区县1000~2000顶。

7月3日，市抗震救灾指挥部下发《关于切实做好救灾帐篷分配的紧急通知》，要求各县（市、区）抗震救灾指挥部严格按市抗震救灾指挥部分配意见，全部接收并进行调配和登记备

图4－5－167 帐篷安置点

案；采取有效措施，加大对帐篷的管理和使用力度；做好接收和组织分配。市抗震救灾指挥部根据各县（市、区）受灾情况和已分配42.39万顶救灾帐篷的情况，计划再分配3.6万顶帐篷，其中北川县已分配4.06万顶，计划分配0.3万顶；安县已分配9.75万顶，计划分配0.3万顶；平武县已分配3.82万顶，计划分配0.4万顶；江油市已分配10.27万顶，计划分配1万顶；梓潼县已分配2.92万顶，计划分配0.4万顶；游仙区已分配2.25万顶，计划分配0.3万顶；三台县已分配2.84万顶，计划分配0.6万顶；盐亭县已分配3.69万顶，计划分配0.3万顶；涪城区已分配2.53万顶；其他已分配0.26万顶。

图4－5－168 2008年7月8日，灾区小学在简易帐篷教室中复课

截至7月28日，绵阳市本级累计接收上级下拨和社会捐赠救灾帐篷50万余顶，其中社会捐赠18万余顶（含21个国家、地区和国际组织捐赠的救灾帐篷1.4万余顶）。全市共向各受灾地区和灾民安置点分配发放救灾帐篷44.82万顶，安置受灾群众17万余户、60万余人。

除分配到县（市、区）和集中安置点的帐篷外，市本级库存可用帐篷4.61万顶，不配套帐篷8000顶。7月28日，市民政局请求省民政厅调剂绵阳库存部分帐篷到其他更需要的灾区。9月至10月，向攀枝花市调出1.69万顶、凉山州调出1.5万顶。

（二）板房安置

1. 板房建设

2008年5月24日下午，住房和城乡建设部城建及城乡规划司司长唐凯在成都主持召开全国对口支援四川灾区建设过渡活动板房对接会议，进一步明确任务，落实对口支援省市。市建设局按照省、市抗震救灾指挥部统一部署，及时协调北京、上海、山东、河南、云南、吉林、青岛等省市过渡安置房建设工作指挥机构进入绵阳灾区。5月26日，全市10个安置点开始施工，其中安县5处、江油1处、绵阳城区4处。

5月28日，国家先期安排绵阳建设过渡安置房共28万套。按照首期完成15万套、二期完成13万套的工作计划和8月10日前全部完成建设任务的工作要求，市建设系统、各县（市、区）与援建省市快速对接，建立山东对口支援北川、上海对口支援绵阳城区、北京对口支援江油、河南对口支援安县、云南和吉林对口支援平武的工作格局，遵循“属地管理，援建与自建相结合，集中安置与分散安置相结合”的原则和“搞好调研、合理安排、科学援建、和谐救灾”的思路，积极组织规划、建设、国土、房管等部门抓规划选址、平整场地、施工建设等工作。科技城管委会、各县（市、区）建立县级领导负责，县级有关部门和乡镇具体实施的工作机制。各援建省市政府、各厅局领导、规划、设计、建筑安装等方面人员迅速进驻开展工作。全市首期过渡安置点计划共82处，占地11000亩，搭建安置房15万套，集中安置15万户受灾群众，市委、市政府要求7月底前全面完成。

6月5日，安县花荄镇京安小区竣工，共建337套蓝顶白墙的板房，每间20平方米，10间一排，5排一个组团，每10户公用1个厨房、1个淋浴间。小区设有厨房、商店、淋浴间、卫生所、学校、小卖部、警务室和露天电影放映场。

图4-5-169　江油市西山板房城

6月18日，北京市援建江油市安置房建设，完成3000余亩场地平整，交付四所学校、两所医院以及山区乡镇的多块过渡安置区，提前7天完成建设部下达的一期2万套活动板房安装任务。北京住总集团从6月28日接到安排到二期1200套板房援建任务的落实，总共只耗时29个小时。

6月29日，河南省援建安县中学的76间高考活动板房完工，至此，全市23个考点的活动板房全部通过验收，并交付使用。

5月23日至8月10日，市建设系统共接站5288.5个火车皮活动板房散件，协调运输1506台次。全市共建活动板房33.59万套，其中，上海、北京、山东、辽宁、河北、吉林、云南、河南等省（市）援建近16万套。过渡安置房建设与公用基础设施建设同步规划、同步建设，搭建的安置点均达到“五防三通一平”（防震、防雨、防风、防寒、防火，通电、通水、通路，场地平整）的要求。

2. 板房使用与管理

市民政局配合市建设局、市规划局做好板房验收工作，重点负责全市活动板房的分配和安置。6月初，市民政局抽调6人组成2个调查组，分赴北川县、安县、平武县和江油市四个重灾区对活动板房的有关情况进行专题调研，起草《绵阳市“5·12”地震过渡期安置活动板房分配入住指导意见》，明确活动板房的分配原则、入住对象和入住申请审批程序。各县（市、区）民政部门进行入户调查，准确核定入住对象，建立活动板房入住对象花名册；全程跟踪掌握活动板房的建设进度，及时协调城建、水务、卫生、公安消防、电力、广电、通信等部门，完善水、电、广播电视、通信等基础设施，确保活动板房的安装和配套设施的建设同步完成；根据入住需求，提前制定分配入住方案，确保活动板房一旦交付使用，及时安排受灾居民入住。7月4—6日，按照市政府的要求，市民政局再次组织两个工作组，赴安县、江油市、涪城区、游仙区和各开发园区的活动板房安置点，就活动板房的分配安置等问题进行专题调研。

受灾居民入住活动板房后，按照《绵阳市“5·12”地震受灾群众集中安置点建立临时社区组织的实施意见》，及时建立临时社区党组织、临时社区成员代表大会和临时社区居委会，实行自我教育、管理、服务、监督的社区管理体制。同时，在各活动板房安置点设立警务室、医疗室、商品超市，为受灾居民日常生活提供便捷的服务；调整公共汽车线路，设立公共汽车招呼站，为受灾居民出行提供方便；完善文化娱乐设施，接通有线电视、设立活动室和读书室。

截至7月6日12时，全市共接收验收合格的居民住房用活动板房14287套，安置受灾居民10446户、36626人。全市学校使用活动板房28204套，卫生系统使用活动板房2593套。

市重建委受灾群众集中安置点管理协调办公室负责全市受灾群众集中安置点的管理协调工作。据9月12日市重建委安置办《受灾群众集中安置点入住情况专报》统计，全市安置受灾群众活动板房共12万余套（含配套设施用房近2万套）；其中计划入住用房10万余套，后改调为其他用房8275套，实有居民住房9.6万余套，实际入住活动板房近8.3万套。

全市规模较大的过渡安置点有：

永兴板房区。设5个社区，共安置受灾群众4420户、13360人。其中，2008年年底前，北川县县城曲山镇受灾群众1741户、5179人入住该板房区。

图4-5-170　2008年9月20日，永兴板房区（李伟　摄）

任家坪板房区。占地126亩，建筑面积3.45万平方米，标准总间数1780间。安置受灾群众1166户、3267人。“9·24”洪涝泥石流灾害后，又在该板房区安置无住房群众146户、504人。至2008年年底，共安置受灾群众1271户、3769人。

擂鼓板房区。占地近800亩（包括基础设施），建筑面积12.12万平方米，活动板房6060套，安置19个村、1个社区的受灾群众3934户、11352人。

陈家坝板房区。建成活动板房1802套，除学校教室等公共设施外，可供分配的板房为930套，全乡受灾群众1002户、3461人入住过渡活动板房。

安昌援建板房区。共有板房1130间，安置漩坪乡转移出来的受灾群众1963人。另外，安置富临集团运输队的20户职工和曲山镇黄家坝村转移出来的130户受灾群众。

京安小区。共有337套蓝顶白墙的板房，茶坪乡1000余名受灾群众迁入板房居住。

云溪镇滨江路活动板房区。共有板房279套，入住盐亭县云溪镇的10个社区及邻近的红光、石岭村的受灾群众214户、592人。

3. 板房回收利用与处置

2009年9月7日，市政府召开空置活动板房回收利用管理和处置工作专题会议，制定下发《关于“5·12”地震灾区空置活动板房回收利用管理和处置工作的意见》，成立由市政府常务副市长为组长的绵阳市空置活动板房回收利用管理和处置工作领导小组。办公室设在市民政局，负责领导小组日常工作，主任由张学民兼任。市民政局按照活动板房回收利用工作领导小组的要求，做好统筹、协调和督促检查工作，建好台账，做到去向明确、账物相符。活动板房处置采取全屋就地、就近循环利用，全屋异地重装、改装循环再利用，多余板房和构件综合利用，废料的无害化处理等方式进行。

2009年9月18日，市民政局下发《关于进一步完善空置活动板房回收利用管理和处置工作台账的通知》，要求各地对活动板房的建设、使用、空置、拆除和利用等情况进行全面排查，建立空置活动板房回收利用管理和处置工作的基础台账，制定空置活动板房的分点分类处置方案。根据通知要求，各县（市、区）民政部门协调建设、教育、卫生等部门，在9月30日前完成对活动板房基本情况的调查摸底工作，初步建立各县（市、区）活动板房基础台账，基本理清各地活动板房的使用、空置、拆除的现状，实行周报制度，加强对活动板房的管理和拆除去向的跟踪，确保活动板房的规范化管理和科学合理的利用。

2009年10月12—16日，市民政局派出9个工作组，对全市贯彻落实市政府板房处置工作意见的执行情况进行综合检查。截至2009年10月23日，全市还在使用的活动板房11.6万余套，其中居民住房8万余套、学校用房2.6万余套、医疗机构用房4237套、其他用房6172套。空置活动板房8981套。已拆除和回收利用2.3万余套。拆除后的活动板房主要用于援建省市工作人员临时办公和住房、当地受灾企业恢复重建和地方公益事业用房。

全市活动板房于2010年5月基本拆除完毕。

（三）简易过渡房安置

过渡安置期间，对能够回到原居住地的受灾群众，各县（市、区）和联系受灾乡镇的市级部门积极鼓励、动员、组织他们自建过渡房，进行分散安置。以村、组为单位，广泛开展互帮互助活动，加强选址和平整土地，及时组织救援部队、机关干部帮助受灾群众利用彩条布、篷布、竹木等原材料，搭建符合“六防”（防雨、防风、防寒、防潮、防冻、防水）标准的过渡安置房。

截至2008年6月6日，全市接收并发放彩条布、篷布509.55万平方米，其中北川县71.7万平方米、江油市30.67万平方米、平武县99.48万平方米、安县103.36万平方米、涪城区46.97万平方米、游仙

图4-5-171　受灾村民自力更生搭建临时住房

区55.09万平方米、三台县45.17万平方米、梓潼县28.43万平方米、盐亭县18.84万平方米、市区其他安置点9.84万平方米。

北川县贯岭、都坝、白坭、小坝、开坪、片口、坝底、墩上、马槽、百什、青片乡和桃龙藏族乡12个乡，由于公路损毁和受唐家山堰塞湖的影响，无法进行过渡板房建设。受灾群众利用当地的竹木资源、彩条布和政府发放的自建过渡房补助2000元/户，在损毁房屋的院落前后搭建临时帐篷，修缮损毁轻微的房屋进行过渡安置。全县20个乡镇自建过渡房安置受灾群众9.5万余人。

安县塔水镇三泉村是受灾最为严重的村之一。2008年5月21日，三泉村党支部和村委会组织全村9个组400多户、1300多名群众，发扬自力更生、艰苦奋斗精神，以院落为单位，统一规划，就地取材，以竹子、木材、稻草、麦草、泥土等为原材料，集中搭建安全、经济、方便、适用的简易防震棚，就地安置受灾群众。防震棚统一规划为高2.2米、长4米、宽3.9米，大的院落集中规划搭建25户，最小院落5户集中搭建。在集中的地方统一搭设存放粮食等生活必需物资的大帐篷，设置公共饮用水取水井、厕所、垃圾桶等公共设施及消防设施，并将青壮年编组进行轮班巡夜守护。

各县（市、区）按照市委办、市政府办《关于“5·12”地震灾后农房重建工作的实施意见》的规定，向自建过渡安置房的农户发放每户2000元的补助资金。全市自建过渡安置房48.5万余户，发放补助资金9.7亿余元。

表4-5-49　　绵阳市自建过渡安置房一览表

县（市、区）	自建户数（户）	补助资金（万元）
北川县	47700	9540
安县	104894	20978.8
平武县	19570	3914
江油市	101843	20368.6
梓潼县	44371	8874.2
游仙区	42038	8407.6
涪城区	13623	2724.6
三台县	78019	15603.8
盐亭县	33233	6646.6

第三节　“三孤”人员安置

汶川特大地震前，全市有“三孤”人员21751人。地震中因灾死亡16人。震后，全市新增“三孤”人员603人，自然增长804人，共23142人（农村21661人、城市1481人）。其中孤老18694人，孤残3334人，孤儿1114人。

一、救助政策

2008年6月4日晚，市委副书记曾万明主持会议，专题研究灾后敬老院恢复重建和“三孤”人员安置工作。全市成立灾后敬老院恢复重建和“三孤”人员安置工作领导小组，由市政府副市长黄正良任组长，市政府副秘书长张明桂、市民政局局长杨学辉、市建设局局长王绵生任副组长，有关部门负责人为成员，具体负责此项工作。

6月11日，市抗震救灾指挥部发出《关于认真做好“三孤”人员清理确认和安置工作的紧急通知》，对全市“三孤”人员的清理确认和安置工作安排如下：

1. 准确清理登记“三孤”人员。清理登记工作按属地管理原则，认真准确、逐人逐项填写“三孤”人员登记表，并于2008年6月15日前完成。民政、公安、教育、残联等部门紧密配合，认真做好“三孤”人员的身份确认。

2. 做好“三孤”人员的救助安置工作。灾后新增的“三孤”人员，予以妥善安置，特别关爱。对孤儿，身份确认后，采取鼓励领养（亲属监护）、家庭收养（办理收养）、家庭寄养、家庭代养、学校寄宿、集中救助等方式安置。对孤老、孤残人员，在过渡期内，4个极重灾区安置采取自行安置和对口帮扶相结合的办法进行安置，其中，安县、江油市实行自行安置；北川县、平武县实行对口安置，由涪城区、游仙区、梓潼县、三台县、盐亭县负责，安置任务由市民政局分配。

3.“三孤”人员救助安置管理经费发放办法。“三孤”人员每人每月600元生活补助（发3个月），由县（市、区）民政部门按核实后的“三孤”人员花名册以现金或银行储蓄卡方式发放，对有行为能力的，补贴兑现给“三孤”人员本人；对无行为能力的，发给“三孤”人员监护人；集中供养的，发给供养单位。各级财政部门按照规定安排补助资金，帮助“三孤”人员参加新型农村合作医疗、城镇居民基本医疗保险制度，并实施医疗救助。

4.“三孤”人员领取抚慰金办法。为遇难者亲属发放5000元抚慰金，发放办法按照省民政厅、财政厅《关于做好“5·12”地震遇难人员家属抚慰金发放工作的紧急通知》（以下简称《通知》）要求执行。领取人为“三孤”人员且无民事行为能力的（含18岁以下），统一造具名册办理银行储蓄卡，由县（市、区）民政局统一代为保管。

《通知》还要求：“三孤”人员的生活补助费，核实一个兑现一个，并张榜公示。加强审计、监督，确保“三孤”人员安置工作顺利进行。严禁在补助费、抚慰金发放中徇私舞弊、弄虚作假、虚报冒领。

二、应急救助

灾害发生后，许多老人、儿童与亲人失去联系，急切想与亲人团聚。为此，市民政局设立两部公开热线电话，派专人24小时值守，接受亲人查询，将每一条寻亲信息进行详细登记，并通过电视、网络、报刊等新闻媒体向社会公布，帮助查找亲人。两部电话共接听寻亲电话3100多个，帮助700余名老人、儿童找到亲人。

5月14日，市民政局派员到九洲体育馆临时安置点，设立受灾儿童、老人接收安置联络点，专门负责协调处理各地转移来的暂时无家可归、无依无靠的儿童和老人的接收安置。14—20日，陆续从北川县、安县转移到九洲体育馆暂时与父母失去联系的灾区儿童共81人，工作人员负责将其中35名北川县擂鼓镇小学学生安置到社会福利企业——绵阳市东方纸箱厂；17日8时左右，又组织两辆面包车，将其余46名学生、儿童安全送到梓潼儿童福利院妥善安置。截至5月25日12时，共集中安置1687名儿童、364名老人，其中1310名儿童被父母认领。

市民政局根据市政府安排，在全市现有敬老院、福利院和周边市县（遂宁、南充等地）协调准备160余张床位。一旦发现有疑似的“三孤”人员，立即进行详细登记造册，建立个人档案和基础台账，并及时安置到各福利机构，派专人进行护理。各级政府及相关部门在最短的时间内将所有“三孤”人员转移到安全地点进行妥善安置，及时提供食物、饮用水和居住条件，保证他们有水喝、有饭吃、有地方住。对分散安置的“三孤”人员，实行一对一帮扶，派专人负责联系，并签订责任书，及时帮助解决他们的困难和问题。

为确保受灾“三孤”人员安全过冬，全市以县为单位，对“三孤”人员安全过冬情况进行全面排查，按“一乡一册、一户一卡”的方式建立详细台账。受灾“三孤”人员每人发放不少于两床棉被，一人一套棉衣裤，一户一个火炉，一人一个热水袋。市委、市政府多次组织安全过冬督查组，对全市受灾“三孤”人员安全过冬工作进行全面检查、督导，做到重点乡镇必查，其余乡镇抽查，进行入户调查，全面掌握受灾“三孤”人员安全过冬各项保障措施落实情况，及时采取有效措施，确保受灾“三孤”人员得到妥善安置。

2008年9—11月，根据省政府《关于对汶川地震灾区困难群众实施后续生活救助有关问题的通知》、市政府《关于切实做好灾区困难群众后续生活救助工作的通知》，绵阳市对受灾的原“三孤”人员，每人每月补足到400元，共发放补助金1750万元；对因灾造成的新“三孤”人员，每人每月补助400元，共发放补助金72.7万元。

在后续生活救助结束后，及时将新“三孤”人员按政策规定分别纳入城市“三无”对象和农村“五保”对象保障范围，及时发放国家补助金。

三、妥善安置

地震后，全市共有孤儿1114人（包括地震新增孤儿321人），各地采取多渠道、多种方式，对孤儿进行妥善安置。安置办法包括：

1. 亲人代养。按照国家政策规定，对有亲属愿意代养的孤儿，由当地乡镇、村与其亲属签订代养协议，实行代养安置。全市共有1030名孤儿由其亲属代养。

2. 集中安置。对查找不到亲人或没有亲人愿意代养的84名孤残儿童，在梓潼儿童福利院统一集中安置。

3. 单位助养。对身体健康、亲人不愿送与社会收养的孤儿，动员有爱心的企事业单位与其签订协议，实行慈善助养安置。2008年12月，中国人寿保险公司在绵阳市启动“国寿汶川地震孤儿爱心助养”活动，给予全市308名地震孤儿每人每月600元的生活资助，直至年满18周岁。广东肇庆市红十字协会为北川县229名地震孤儿资助50万元。

4. 社会收养。全国各地甚至许多国际友人打来电话，要求对地震孤儿进行收养。为此，市民政局设立一部公开电话，专门就地震孤儿收养的有关政策接受社会咨询。全市共办理2例地震孤儿收养手续，北川县民政局办理1例，安县民政局办理1例。两名地震孤儿被深圳市两对夫妇收养。

5. 转移安置。在全国妇联、中国儿童少年基金会大力支持、帮助协调下，市妇联、民政局、教育局从2008年6月17日起至7月2日止，先后分4批将132名孤儿（其中地震孤儿65名）转移到山东省日照钢铁集团“安康家园”集中安置就读。北川县、平武县、梓潼县、安县、江油市政府在征求孤儿及其亲属意见的基础上，分别与中国儿童少年基金会签订《关于开展把爱心奉献给孩子们——安康家园“爱心大行动”协议书》，由日照钢铁集团负责资助这批孤儿学习、生活，直到就业。由于不太适应环境，先后有10名孤儿返回绵阳。2009年6月20日，122名绵阳籍孤儿返川，市委、市政府在绵阳火车站举行交接仪式，为每名孤儿发放600元慰问金。7月31日，122名儿童集体转移安置到山东日照钢铁集团出资在四川双流县新建的“安康家园”，直到他们大学毕业。

对孤老、孤残人员，全市采取集中安置和分散安置相结合的办法予以妥善安置，社会福利机构、农村敬老院集中安置孤老、孤残人员8033人，179人返回原址进行安置，其余孤老、孤残人员分散安置在各乡镇和板房安置点，或投亲靠友自行安置。

第六章　灾区社会事务

第一节　遗体处理

一、组织领导

特大地震造成大量人员遇难，遗体处理成为当务之急。市民政局抗震救灾指挥部设立因灾死亡人员善后处理组，具体负责组织协调，研究制定遗体处理方案，组织全市5个殡仪馆（市殡仪馆和安县、江油市、三台县、盐亭县殡仪馆）迅速进入应急状态，实行全天候、满负荷运转。各县（市、区）民政局指派1名副局长专门负责此项工作。

2008年5月12日晚，市民政局从盐亭县、三台县殡仪馆调运装尸袋5000条，从市殡仪馆调运装尸袋5000条，通过省民政厅先后从北京、重庆等地调运装尸袋1.5万余条，并陆续送往北川县、安县、平武县等重灾区。5月13日上午，高新区富临医院12具遇难者遗体因家属不同意火化，无法得到及时处理，市民政局工作人员赶到医院协调，说服家属同意将遗体送往市殡仪馆火化。当天下午，市民政局工作人员赶赴北川县，连夜将北川中学57具遇难者遗体运回市殡仪馆。

5月14日，市抗震救灾指挥部发出《关于加强灾后死亡人员尸体处理工作的紧急通知》（以下简称《通知》），决定成立死亡人员善后处理应急工作组。《通知》要求：对尸体实行因地制宜处理，在抓紧消毒火化处理的同时，对不能火化的，对尸体做好消毒处理，选好固定地点，实行就地一次性深埋；尽快查明应急处理尸体的身份，妥善保存好个体资料；尸体处理以属地管理为主，各县、乡依法及时进行有效处理，并将处理情况报指挥部备案；采取有效措施加强尸体和掩埋地点的消毒，防止重大疫情的传播。

同日，工作组召开紧急协调会，专题研究妥善处理重灾区死亡人员遗体问题。按照国家一级救灾预案的规定、民政部和市委领导关于灾区死亡人员遗体处理的有关指示，市民政局向北川县、安县、平武县、江油市民政局发出《关于灾区死亡人员遗体临机处理的意见》：对本次地震灾害死亡人员遗体均按照属地管理的原则，不分火葬区与土葬改革区，凡是死亡时间较长，不宜运输的遗体，均由公安部门拍照、取样、登记确认后，彻底消毒深埋；全市各级殡仪馆（所）充分协调动用所有力量，全力进行死亡人员遗体的火化工作，确保所有火化炉24小时满负荷正常运转；做好死亡人员遗体登记和上报工作；由于生产运输保障困难，如果装尸袋不能及时到位，可用布袋等代替，确保死亡人员遗体能及时得到妥善处理。当天下午，市民政局从涪城区、游仙区、三台县、梓潼县、盐亭县民政局抽调14名人员，组成两个遇难者遗体处理专项工作组，分赴北川县、平武县，具体负责遇难人员遗体处理工作。

5月15日，《民政部、公安部、卫生部关于“5·12”地震遇难人员遗体处理意见》对遗体处理方式、遗体辨认程序提出明确要求：根据遇难者有效身份证件或经亲属辨认，能够确认死者身份的，由民政部门安排火化；不具备火化条件的，土葬处理。既无有效身份证件也无亲属辨认，无法确定遇难者身份的，公安、卫生部门根据灾区实际情况，对遗体进行编号、记录、拍照、提取可供DNA检验的检材，并由公安部门统一保管和检验，建立地震遇难人员身份识别DNA数据库，遗体即时火化或土葬。经确认遇难者是外国人的，遗体由中国殡葬协会进行防腐处理，遇难者身份确认、通知、遗体运输等问题则按有关规定处理。

同日，省民政厅下发《关于处理“5·12”遇难人员遗体的有关要求》，强调对遗体的处理要完善手续，不留后遗症。

5月16日上午，根据北川县前线指挥部的要求，北川中学附近已发臭的近百具遗体需立即处理，但已安排好的两辆运尸车被挡在永安一带。市民政局经过紧急协调，运尸车开进任家坪，装车后，分别与任家坪、擂鼓镇联系，均无法实施就地深埋，市民政局将遗体运到市殡仪馆火化。

为保障救灾前线转运的遗体得到及时处理，市民政局协调相关部门及时恢复解决殡葬单位供水供电及油料保障，商请公安部门对灾前冷冻储存遗体及时进行处理。全市共依法处理灾前冷冻储存遗体（包括无名尸体、司法纠纷尸体）90余具。市民政局还积极协调遂宁、南充等临近市殡仪馆支援绵阳地震遇难者遗体火化工作。

二、遗体识别、火化与掩埋

（一）遗体身份识别

在遗体善后处理中，工作人员组织亲属辨识遇难者身份，对遇难学生遗体的识别，除家长识别外，还辅有班主任老师识别。对暂时找不到亲属识别或无法识别的遗体，由公安机关对遗体进行编号、记录、拍照，提取可供DNA检验的检材，建立地震遇难人员身份识别DNA数据库。

绵阳市公安局从全市公安机关抽调法医、照相、侦查等36人（其中市刑侦支队16人、涪城区公安分局5人、游仙区公安分局8人、盐亭县公安局4人、三台县公安局3人），迅速成立地震遇难人员身份识别工作组，于2008年5月12日22时，奔赴北川县、安县、平武县、江油市等地进行遇难人员遗体检验。

5月15日，广安市、内江市、泸州市公安局和四川省司法厅、湖南省公安厅组成的60人援助队（其中广安市公安局9人，内江市公安局10人，泸州市公安局11人，四川省司法厅20人，湖南省公安厅10人），携带遗体检验工作紧缺的物资设备及器材，紧急奔赴绵阳灾区，支援遗体识别工作。

在持续约20天的工作中，工作组冒着余震的危险，共检验遇难人员遗体1637具，其中北川县906具，安县113具，江油市437具，市殡仪馆181具；提取、检验遇难人员DNA检材1438人份，拍摄遗体1637具、照片4212张。

图4-6-172　2008年5月17日，北川县城，两名身穿防护服的法医正在为地震遇难者拍照留档（郭铁流　摄）

截至2009年10月28日，市公安局接待遇难人员亲属5000余人次，提取检验遇难人员亲属DNA检材291个家庭560人份，认定遇难者身份200人。绵阳市司法系统组织法医多批次鉴定遇难者遗体1600余具。

（二）火化

截至2008年6月11日，全市共火化遇难者遗体2128具。北川县遇难者遗体分别运往绵阳城区、江油市、三台县、安县、盐亭县等殡仪馆（所）火化。平武县遇难者遗体运往江油市殡仪馆火化。各殡仪馆超负荷运转，每天火化都在16小时以上。

1. 绵阳市殡仪馆

绵阳市殡仪馆成立应急工作领导小组，设遗体接运组、遗体整容组、遇难者家属接待组、火化组、骨灰编号寄存组、后勤保障组6个小组。组织人员冒着余震危险，对馆内设备、设施进行安全检查，抢修3台专用接尸车和2台被震损的火化炉，并对危及治丧群众安全的围墙、焚化塔等进行处置。

5月12日15时40分至5月13日8时，市殡仪馆运回遇难者遗体49具，全体工作人员奋战10多个小时，对遗体进行建卡、编号、整容、冷冻，接待安抚遇难者亲属。5月13—17日，陆续从北川县运回遇难者遗体537具，全部由市殡仪馆职工抬尸及转运，其中转运到其他殡仪馆305具。做好遗体消毒、接运转运、验号登记、保存火化等工作，对上下车及进出遗体、尸检编号登记、火化登记，骨灰保存、骨灰发放等各个环节，严格按照规范的程序进行，确保每一具遗体与骨灰的准确无误。

对于遇难的羌族同胞，按照其丧葬习俗，遗体火化均在天黑以后进行，为遇难者穿上羌族服装，指定火化车间专人专炉负责羌族遇难者的遗体处理。5月12—26日，市殡仪馆共接待、安抚治丧群众2万余人，其中接待少数民族群众近3000人，整容、火化羌族遇难者遗体242具。

5月12—26日，市殡仪馆共火化遗体1017具，其中地震遇难者遗体704具；出动接运车辆376车次；减免704具地震遇难者遗体的处理费用共计82万元。对未确认身份的674名遇难者，火化后将其骨灰保存于馆内，设有专门的骨灰保存堂，并有明确的标号、照片和取样。至2009年12月31日，遇难者亲人认领骨灰61盒，仍有613盒待认领。

2. 市内其他殡仪馆

江油市殡仪馆平均每天火化百具以上，最多的一天达123具。职工加班加点连续工作四天四夜，4台火化炉24小时不停火，共火化遗体427具。6月11—25日，唐家山堰塞湖泄洪后，市境内含增镇至九岭镇沿河两岸先后发现21具无名尸体，大多腐烂。馆长带领6名职工深入实地查看，设立隔离带，每小时消毒1次，并配合公安部门和死者家属辨认遗体，对无名尸体提取DNA检材、照相、编号、清理遗物，除8具就地深埋外，其余13具运回殡仪馆火化。

安县殡仪馆80%的房屋成为危房，设备设施损坏，水、电、通信完全中断。殡仪馆以最快的速度、最短的时间恢复馆内供电。通信中断，无法与外界联系，殡仪馆向全县不同方向分派殡葬车，到医院、学校和厂矿等地接运遇难者遗体。震后一天一夜，殡仪馆运回遗体200多具，在公安、卫生、防疫等部门的配合下，对每具遗体清理遗物，寻找特征，确认身份，进行登记、编号、消毒、照相、取样；对个别被砸烂、血迹斑斑的遗体，进行洗尸、裹尸、化妆、整容、穿衣等护理。震后第三天，抢修好被震垮的火化炉，可以保证两台火化炉基本运转。

三台县殡仪馆在灾害发生后，组织人员维修火化炉、车辆，确保工作正常运转，同时派出5名职工接运北川县遇难者遗体120具。5月14—18日，3套火化炉24小时连续运转，火化尸体177具(含正常死亡)。三台县殡仪馆派往北川一线的3名职工，强忍尸体腐烂而散发出的味道，仅在5月15—17日，共装袋、抬运尸体400余具。

盐亭县殡仪馆在地震后立即成立突击抢险组，对电路进行临时性抢修，一天之内恢复供电，保证两台火化炉正常工作。3天后，被毁坏的火化炉完全修复。5月13日，接市民政局通知，盐亭县殡仪馆派人赶赴市殡仪馆接运北川县72具遇难者遗体回馆火化。

（三）掩埋

为避免遗体腐烂发臭引发重大疫情，5月12日，市民政局就遗体就地深埋问题通过省民政厅请示民政部。5月13日上午，民政部明确答复，应作就地深埋处理。市民政局及时向市抗震救灾指挥部汇报，市抗震救灾指挥部指示，按民政部的答复意见办。在通讯中断的情况下，5月13日，市民政局派人赶赴北川县等重灾区传达关于地震遇难者遗体就地深埋的处理意见。

抢险救援初期，根据中央、省、市有关地震灾害死亡人员遗体处理的有关规定，全市极重灾区组织救援部队、公安干警、民兵等大规模集中掩埋遇难者遗体。北川县共有5处集中掩埋点，掩埋遗体3438具。其中县城2处，一处为茅坝中学校门口，集中掩埋2860具；一处为县茶厂遗址，集中掩埋220具。另3处分别是：擂鼓镇干河坝，集中掩埋78具；禹里乡，集中掩埋200具；陈家坝乡上场口，集中掩埋80具。对集中掩埋的遗体，公安部门编号、取样1123具，照相1123具，作DNA鉴定476具，家属留样本476具。在大规模集中掩埋处理后，由县民政局牵头，县卫生局、公安局参加，对零星发现的110具遇难者遗体，按照远离水源、严格消毒、就地深埋的原则进行处理，并建立遇难者遗体掩埋台账。

平武县因交通受阻，遇难者遗体无法被运出火化，除平通镇170余具遗体被转运到江油市殡仪馆火化外，对其余遇难者遗体，或集中掩埋，或分散掩埋。平通镇、南坝镇对部分遗体进行了集中掩埋，平通镇集中掩埋45具，南坝镇集中掩埋208具。全县其余遇难者遗体，均进行分散掩埋，其中，南坝镇分散掩埋355具，响岩镇分散掩埋63具，水观乡分散掩埋106具。南坝小学47岁的代课教师杜正香在地震中遇难，她的遗体被救援官兵挖出时，人们惊讶地看到，当她遇难时，面部朝下，双臂呈半张开状，一只手拉着一个孩子，胸下护着3个孩子，旁边还有几个孩子拽住她的衣角。她那“老鸡护小鸡”的姿势，震撼了在场的每一个人。一名被救学生家长哭泣道：“地震发生时，杜老师抱着两个娃儿已经冲出了教室，可是为了娃儿，她又冲回去了。”当地200多名乡亲向县抗震救灾前线指挥部求情并得到允许，按照当地风俗厚葬杜正香老师（详见本篇附文《废墟上，数百乡亲为她举行“豪华”葬礼》）。

第二节　抚慰活动

一、抚慰金发放

5月18日，省民政厅发出《关于做好受灾群众生活救助和遇难人员善后处理工作的紧急通知》，明确抚慰金标准为每人5000元。市民政局报经市抗震救灾指挥部同意转发，同时明确此前通知废止。同日，省民政厅、财政厅发出《关于做好“5·12”地震遇难人员家属抚慰金发放工作的紧急通知》，要求对地震遇难人员家属发放抚慰金，其发放标准按已经确认属于地震遇难人员的人数计算，每遇难一人5000元。各县（市、区）民政部门根据通知，迅速开展发放工作，保证及时发放到位。

根据省政府、省民政厅关于做好汶川地震遇难、失踪人员清理核实工作的通知，各县（市、区）组织力量，认真开展清理核实工作，并进行公示。全市遇难人数21963人。截至2009年年底，核实公布遇难人数16931人，仍有5032人需继续清理核实。全市向地震遇难人员家属发放抚慰金。

二、祭奠活动

（一）全国哀悼日

为表达全国各族人民对汶川特大地震遇难同胞的深切哀悼，2008年5月18日，国务院发布公告，决定5月19日至21日为全国哀悼日。在此期间，庄严神圣的共和国国旗，第一次连续3天为平民百姓低垂，彰显生命的宝贵和尊严，既是对死难者的纪念，也是对生者的慰藉。

5月19日14时28分，绵阳各地拉响防空警报，汽车、火车、船只鸣笛，各机关单位降半旗志哀；人们停下手中的工作，原地肃立，神情凝重，眼里噙满泪水，低头默哀；所有车辆都停靠街边、路旁；公共娱乐场所一片肃穆。

在市区火炬广场，部分市领导及市抗震救灾指挥部各成员单位负责人、工作人员、救援人员、青年志愿者共千余人，臂缠黑纱，胸戴白花，集体为汶川特大地震遇难同胞沉痛默哀3分钟。来自北京、重庆的文艺界明星孙楠、谢娜、杨若兮等也加入到火炬广场哀悼的队伍中。

在九洲体育馆、南河体育中心等灾民安置点，受灾群众为遇难的亲人们默哀，不少人忍不住抽泣起来。一名20岁出头的姑娘，手上绑着纱布吊带，嘴里轻声喃喃自语：“妈妈、爸爸，我想你

图4-6-173　2008年5月19日，北川，救援官兵哀悼遇难者

（郭铁流　摄）

们，为什么我们一家人不能在一起呢？”“只愿天堂之门大开，让所有苦难的灵魂不会孤独、不再漂泊！”两名小伙子举起手中的字幅，脸上表情凝重、肃穆。北川中学幸存师生在绵阳城区临时居住地为遇难同胞默哀。在北川县老县城救援现场，救援部队官兵、医务人员和乡亲们站在废墟上向遇难者默哀。

各县（市、区）在同一时间也分别举行了哀悼活动。

（二）北川老县城开禁祭奠

2008年5月21日，北川县老县城封城。8月18日，汶川特大地震一百天。为方便北川群众祭奠遇难的亲人，8月17—19日，北川老县城开禁3天，3万余人进入老县城祭奠。全市抽调警力、党政干部逾500人，在任家坪卡点、凉风垭卡点增加执勤警力，并安排16辆公交车免费接送民众从凉风垭到北川中学。

2009年春节前夕，各界人士自发前往北川老县城的多个遗址，祭奠遇难同胞，寄托哀思。为方便当地群众祭奠遇难亲属，2009年1月23—25日，老县城定时开放，当地居民可持本人身份证进入。春节前后，每天都有上万人前往老县城祭奠亲友和同胞。

2009年4月1—4日，北川老县城解除封禁，向群众开放。开禁期间，前往老县城祭奠的民众接近10万人次，超过原县城居民人数总和。县政府安排15辆大巴车，免费接送入城祭奠的本地群众。为保障震后首个清明节的祭祀活动有序、安全进行，县消防、卫生、民政等部门全部出动，抽调警力130余人，通过在城外增加执勤警力、实行交通管制等方式，确保无交通事故和人员挤伤事故。4月1日，连绵细雨中，身背香蜡、纸钱，手捧鲜花的人们三五成群地向北川中学和县城废墟走去……“好多次在夜里梦到我的乖孙女，今天可算是能来看一下了。”一大早，谭云兰老人就和女儿、女婿一起从绵阳城区搭车赶到北川县老县城，“看望”地震中遇难的老伴和小外孙女。老人的女婿蹲下身来，用几块砖搭起一个小小的空间，点燃3支香。老人的女儿给父亲烧完纸钱，从包里掏出一块手帕，里面包着在地震中遇难的4岁女儿的照片。她用手帕托着照片，轻轻地放在地上，接着给女儿上香。羌族大妈伍群贤一家前来拜祭母亲、弟弟以及只有6岁的侄女。“娘，我今天来看你了。孩子们已经找到工作了，你安息吧。”走进县城，找到亲人遇难的大致地点，伍群贤找来一扇木板，点起香烛，燃起纸钱；香纸燃尽，一家人跪下磕头。随后，在北川遇难者集体安葬墓园，他们又为邻居和朋友烧了纸。在北川中学教学楼废墟前的铁丝网上，挂着醒目的横幅“5·12地震遇难师生祭拜遗址”。遗址前方的香台上，堆满了香烛纸钱和一束束鲜花。15岁的陆春桥单膝跪地，双手捧着一炷清香，闭眼祈祷。在她的身旁，4个同学将一张信纸点燃。她们长跪在地，把额头紧紧贴在这片熟悉的土地上……足足一分钟后，她们才站起来，拍拍身上的尘土，擦拭眼角的泪痕。

（三）汶川地震周年祭奠

汶川特大地震一周年来临之际，成都军区某陆航团，带着对灾区遇难同胞的无限哀思，带着所有生者对逝者的缅怀，将512公斤鲜花撒向灾区上空。

2009年5月10日11时，四川省在北川老县城地震纪念碑前举行纪念活动，向在地震中不幸遇难的同胞和在抗震救灾中英勇献身的烈士表示深切的悼念，向对全省抗震救灾和灾后重建给予无私援助和鼎力支持、做出重要贡献的各级党政军民及各界朋友致以诚挚的谢意。省委书记、省人大常委会主任刘奇葆在纪念活动上发表讲话。成都军区司令员李世明，省政协主席陶武先以及绵阳市委书记吴靖平，市委副书记、代市长曾万明等300余人出席纪念活动。省委副书记、省长蒋巨峰主持纪念活动。纪念活动简朴、隆重。参加纪念活动的人们面向纪念碑默然肃立，深切悼念汶川特大地震遇难同胞，并敬献鲜花。

为方便群众进入老县城开展祭奠活动，5月10日14时至5月13日15时，老县城管制区域对社会公开开放。开禁期间，县政府安排20多辆车免费送受灾群众去县城祭奠亲人，但绝大部分车辆无人乘坐，10多万民众步行去北川祭亲，从安昌镇到老县城长达20公里的道路被堵得水泄不通。5月12日，前往北川中学及老县城参加祭奠活动的人数达到高峰，超过27万人。全市从梓潼县、盐亭县、安县抽调警力，组织公安民警、交警、武警1100余人到现场维持秩序；北川县组织机关干部、民兵500余人协助维持秩序，保障交通，防止发生事故。

安县在文化广场举行汶川特大地震周年纪念祭奠仪式，县委、县人大、县政府、县政协领导及县级各部门干部职工和部分学生参加祭奠活动。平武县委、人大、政府、政协主要领导和河北省援建平武前线指挥部领导，在南坝镇和平通镇祭奠在地震中遇难的同胞，当地干部群众共2000余人参加祭奠活动。

2009年5月12日，市委、市政府发布《“5·12”周年，致社会各界的感谢信》，感谢汶川特大地震以来社会各界的大力支持。同日，由省邮政公司、市委宣传部和市邮政局共同主办的“感恩有你·绵阳明天更美好”“5·12”地震周年纪念邮品首发仪式在市文化广场举行。经省邮政公司批准，市邮政部门以感恩为主题，重点围绕抗震救灾和灾后重建，限量制发一套三本《“5·12”地震周年纪念系列邮资明信片》、《感恩有你·绵阳的明天会更美好》、“5·12”周年纪念邮册、“5·12”特大地震周年纪念特刊及光碟。

三、抚慰救助

（一）遇难、伤残学生家长抚慰

1. 对口帮助

汶川特大地震导致全市2059名学生遇难（不含在绵阳的高校）、210名学生致残。抢险救援期间，部分遇难、致残学生家长情绪失控，相互串联，联名上书，到市委、市政府集体上访，质疑

"学校建筑质量、政府施救、学校管理"等问题，要求追究有关人员的责任，对遇难、致残学生家庭进行赔偿。

2008年6月4日，市委、市政府专门成立绵阳市学校学生家长稳定工作领导小组，全面负责遇难、伤残学生家长的抚慰工作，市委常委任组长，市政府副市长黄正良任副组长。6月中旬，黄正良全权负责领导小组工作，同时设立领导小组办公室，负责处理日常事务。由市政府副秘书长张明桂任办公室主任。遇难、伤残学生较多的北川县、安县、平武县、江油市、游仙区也成立相应的领导机构和工作机构。

6月6日，市抗震救灾指挥部下发《关于做好对口帮助北川县遇难学生家长抚慰帮扶工作的通知》，建立遇难伤残学生家庭"一对一"帮扶工作机制，安排落实市级111个党政机关、企事业单位与北川县613名遇难学生家庭的帮扶责任。相关部门、企事业单位成立抚慰帮扶工作领导小组，落实具体帮扶人员，采取"一对一"或"多对一"分户包干的办法，加强与遇难、伤残学生家庭的"面对面"联系，疏导安抚遇难、伤残学生家长的情绪，对这些家庭给予特别关爱和帮助，做好善后工作。其余遇难、伤残学生家长抚慰帮扶工作，由各县（市、区）落实。

6月25日，全市"一对一"帮扶对象全部落实。各帮扶责任人从了解情况入手，建立与遇难、伤残学生家长的联系，专门制定遇难、致残学生家庭基本情况统计表；深入遇难、伤残学生家中听取家长的哭诉，有针对性地进行心理抚慰和疏导，帮助遇难、伤残学生家长抚平心理创伤；筹款筹物，帮助遇难、伤残学生家庭解决实际困难。市教育局派出工作组到九洲体育馆，与上千遇难、伤残学生家长进行交流，了解诉求，宣讲政策，舒缓情绪。安县退休职工庄发明，自己的孙子在地震中不幸遇难，还主动捐款1000元，帮助其他遇难、伤残学生家庭解决实际困难。市级各帮扶单位和责任人有的送现金；有的送衣物、被褥等日常生活用品；有的出资帮助购买生产资料；有的帮助协调解决重建中遇到的问题；有的帮助联系工作；有的把家长接到家中一起生活。

图4-6-174　2008年6月26日，中华全国总工会在绵阳举行慰问演出（李伟　摄）

针对校舍质量问题，领导小组办公室编印2万余册《地震是毁房罪魁，高烈度是摧毁建筑物的主要原因》小册子，分发到每位遇难、伤残学生家长和工作人员手中。根据遇难、伤残学生家长的诉求，坚持正面教育引导，耐心细致地做好政策宣传解释、法制宣传教育工作，引导家长理性认识地震造成的灾难，不信谣、不传谣，不参与闹事等非法聚集活动。通过《工作简报》《要情报告》，及时、准确向市委、市政府报告工作动态及建议，先后印发《工作简报》19期、《要情报告》84期。

2. 遇难学生家长抚慰救助

地震发生后，党中央、国务院和省委、省政府出台一系列针对遇难学生家庭的抚慰救助政策，绵阳市及时按照上级的安排部署，抓好各项抚慰救助政策措施的落实。这些政策包括：

统一为遇难学生家庭发放国家对汶川特大地震遇难人员家庭一次性5000元抚慰金，全市计1029.5万元；

统一为遇难学生家庭发放省教育基金会对汶川特大地震遇难学生3000元补助金，全市计617.7万元；

统一发放省青少年发展基金会、省教育基金会、省儿童少年基金会为每名遇难学生家庭一次性6万元救助金，全市计12354万元；

统一由省青少年发展基金会、省教育基金会、省儿童少年基金会出资为绵阳市符合条件的遇难学生家长3308人购买15年的基本养老保险，全市计12690.2万元；

统一将地震造成独生子女死亡的，不受父母年龄限制，全部纳入计划生育特别扶助范围，给予父母每人每月各100元的扶助金，直至父母再生育为止。

3. 伤残学生及家长抚慰救助

根据党中央、国务院和省委、省政府有关政策，绵阳市实施的对伤残学生及家长的抚慰救助政策措施包括：

发放特别扶助金。被鉴定为一、二级残疾的学生，从2008年6月起至终身，每人每月分别给予800元、600元的特别扶助金；被鉴定为三、四级残疾的学生，从2008年6月起至年满25周岁止，每人每月分别给予400元、300元的特别扶助金（年满25周岁后确定不能就业的，按有关程序逐年提出申请，由省青少年发展基金会审核同意后继续发放特别扶助金）。

发放残疾学生家庭护理补助金。在原特别扶助金不变的基础上，对残疾学生家庭给予护理补助。即：从2009年12月起，对一、二级残疾学生家庭分别给予每月400元、300元的残疾学生护理补助，直至残疾学生终身；对三、四级残疾学生家庭分别给予每月200元、100元的残疾学生护理补助，直至残疾学生年满25周岁止。

帮助残疾学生家长解决养老保障问题。被鉴定为一至四级的残疾学生家长，如不是财政供养人员，按2007年省平工资的60%为基数，以20%的费率计算，由当地政府出资一次性为残疾学生家长缴纳15年基本养老保险费。

除以上政策措施外，还实施了其他配套救助：

心理救助。（详见第三篇第三章）。

民政救助。民政部门对符合条件的因灾致残学生家庭分别纳入城乡低保，视家庭困难情况可在当地城乡低保标准基础上上浮20%实行分类救助；对符合当地医疗救助条件的残疾学生，可在当地医疗救助标准的基础上提高20%实行救助；2009年、2010年符合低保的因灾致残学生参加城镇居民基本医疗保险和新型农村合作医疗所需个人缴纳部分，由城乡医疗救助资金帮助解决。

就业援助。劳动保障部门将因灾致残学生家长作为特殊困难群体纳入就业援助范围，优先推荐就业，同时享受相关就业扶持政策。全市先后有178名家长的再就业得到妥善安排。

教育援助。教育部门和学校对在校（含幼儿园）就读的因灾致残学生，实行“三免一补”（免课本费、免杂费、免文具费，对小学寄宿制学生和初中困难学生生活给予补助）政策；对有基本就学能力的因灾致残适龄儿童就读义务教育的，各地教育部门按照就近入学的原则，安排好就读学校；对符合招生条件就读幼儿园、高中阶段和高等学校的因灾致残学生，与其他学生一视同仁，学校不得拒绝。

医疗康复救助。卫生部门和医疗机构在2009年年底前对地震中因灾致残、鉴定为一至四级残疾的学生的医疗康复后续医疗费用继续实行免费政策（详见第三篇）。

残疾救助。民政部门和残联为因灾肢残学生免费安装、更换假肢，免费配发轮椅车及所需康复辅助器具。因灾肢残学生随年龄增长需要更换假肢，经医疗卫生部门鉴定确认，由各级民政部门和残联负责纳入残疾人康复计划实施。假肢安装、更换，为伤残学生配发轮椅车及所需辅助器具所需经费由慈善总会、红十字会等在社会捐赠资金中统筹解决，不足部分由各级财政解决。全市有176名残疾学生到假肢装配企业进行假肢安装、更换和配发所需康复辅助器具。

计生救助。因地震有以下情形之一的，可以申请再生育一个子女：现有一个子女且伤残不能成为正常劳动力的，或者符合规定生育两个子女且都不能成为正常劳动力的；夫妻一方为三级以上伤残，家庭现有一个子女的；夫妻一方为丧偶再婚，双方现有子女合计不超过两个的。符合再生育条件的，可以不实行4年的生育间隔时间。

（二）遇难人员家属抚慰

灾情发生后，各县（市、区）、各园区、市级各部门以及基层单位领导带着慰问金、慰问品，登门看望慰问遇难者亲属，做好安抚工作，让遇难者家属真正感受到“天灾无情人有情”。北川县县委、县政府领导先后多次到九洲体育馆、永兴镇、永安镇等北川灾民临时救助点，安抚慰问受灾群众。各乡镇干部职工及时赶到全县大部分村组、社区看望慰问受灾群众6.2万余人次。安县各级领导到县医院、县中医院和全县大部分村组、社区，看望慰问受伤群众51450人次。平武县四大班子和各局、乡镇领导看望遇难者亲属，登门做抚慰工作。江油市中坝职中2名学生在上学途中不幸被倒塌的围墙砸倒致死，学校领导赶往现场，妥善处理善后事宜，并向2个家庭分别送去慰问金2000元和慰问品。梓潼县21位同胞遇难，所在乡镇、社区、单位领导和民政干部分别到家中抚慰家属，帮助亲人处理遗体，并对家属开展心理抚慰，对于缺少劳动力的遇难者家庭，由村社组织志愿者帮助他们翻盖房子、抢种抢收。游仙区各级领导深入到魏城镇等重灾乡镇，抚恤慰问20多户遇难者家属，向他们送去党和政府的温暖。三台县及时发放主要劳动力遇难或致残家庭生活困难补助金每月450元，连发5个月。

5月15日，省慈善总会办公室主任郭正二代表省民政厅及省慈善总会，慰问北川县民政局遇难人员家属，送去慰问金10万元。7月8日，民政部直属机关党委副书记、人事司司长孙建春代表民政部领导，向北川县民政局地震遇难职工、家属共23人发放慰问金各1万元。

7月7日，市委召开全市信访、维稳工作会议，专题部署遇难失踪职工亲属抚慰工作，成立遇难失踪职工亲属抚慰工作领导小组，办公室设在市直机关工委，负责日常工作。通过调查摸底，市级对口县（市、区）各部门共计遇难失踪职工1201人，市级79个部门参与遇难失踪职工亲属抚慰工作，抚慰对象10人以上的单位成立工作领导小组，抚慰对象10人以下的单位指定专门领导和工作人员负责此项工作。各单位迅速与地震遇难失踪职工的家属取得联系，采取多种方式开展抚慰工作；积极争取上级部门的支持，为遇难失踪职工亲属解决住房、配偶及子女的就业、就学等问题。全市共计抚慰遇难失踪职工家属2135人。

第三节 伤残人员接收与康复

一、接收安置返乡地震伤员

地震发生后，绵阳市大批地震伤员被转运到外地接受治疗，基本痊愈后陆续返回绵阳。市委、市政府指定市民政局负责组织接收、安置地震伤员返乡工作。市民政局成立以副局长张廷永、社会事务科科长、各县（市、区）民政局领导组成的地震伤员接收安置领导小组；确定以市救助管理站为集中接收点，由市救助管理站负责接送全市地震伤员，各县（市、区）负责接收安置所辖地地震伤员的工作机制。各县（市、区）也成立相应的接收、安置机构。

6月12日，省民政厅、财政厅下发《关于做好赴省外就医地震伤病员伤愈返程工作的通知》，强调接收、安置地震伤病员的重要性和要求，规定省外就医地震伤病员及陪护人员返乡途中的食宿补助。6月15日，市民政局、财政局联合发出明电通知，要求认真落实地震伤员赴省外就医返回交通食宿补助政策。对于省外就医返乡伤员，按1名伤员1名陪护人员给予补助，其中：对于自行返乡的人员，一天之内到达目的地的，一次性发给每人伙食费50元，在返乡途中住宿的，发给每人每天食宿费150元包干使用；对于指挥部或民政部门接送人员，每人每天发给伙食费50元，中转住宿（含在救助站中转住宿的），由民政部门按每人每天100元以内安排住宿，凭发票实报实销；在省外就医的截肢、截瘫和精神病人，按1名伤员和1~2名陪护人员给予交通和食宿补助；在省外就医死亡人员的陪护人员，根据实际情况按1~2名陪护人员给予交通和食宿补助。

全市地震伤员返乡接待量大，运输、食宿等方面远远超出市救助管理站的接待能力。市救助管理站克服重重困难，合理分工，不计工作时间，不计接待成本，全力做好接收安置工作。该站制定接收、安置地震伤病员工作流程及工作制度，指定专人负责伤员资料查询接收、车辆协调、途中运输、食宿保障；加强同护送地民政、卫生部门联系，提前了解并掌握返乡伤员、陪护人员的人数、伤情、地址以及车次、到站地点等详细资料，随时了解、掌握伤员变化和途中运行情况，及时通报给伤员户籍所在地民政部门做好接收、安置准备。

为接待地震伤员返乡，该站在院内搭建20余顶救灾帐篷，租借20余张餐桌、200余张座椅，安置20余台电风扇，预备10副单架、10张轮椅，增加临时床位30余张，更新被褥和生活用品200余套，休息场所配备开水、矿泉水、防暑药品，减少受助人员待站时间。在超出自身接待能力时，该站与邻近饭店达成协议，按每人每餐30元的标准为伤员、陪护人员供应热菜、热饭。该站还向返乡的地震伤员、陪护人员发放慰问信5000余份，宣传安置政策，尽力为他们解决困难和问题。

市政府副市长黄正良、副秘书长张明桂代表市政府对地震伤员进行慰问，稳定地震伤员的情绪，协调财政部门及时保障应急经费。各县（市、区）民政局和各园区社会发展局指派一名领导专门负责。北川县、安县、平武县、江油市、涪城区、游仙区、三台县、高新区等精心组织地震伤员接收、安置工作。北川县、安县、平武县、江油市的返乡伤员安置难度大，很多伤员无住房，无生活来源，情绪波动大。负责接待、安置的工作人员耐心给伤员讲解政策，想方设法帮助他们解决实际困难，所有返乡伤员均得到妥善安置。

二、伤残人员康复（详见第三篇第三章）

第四节　行政区划调整及乡镇驻地迁移

汶川特大地震，北川县县城被夷为平地，漩坪场镇永沉唐家山堰塞湖底，部分乡镇政府驻地地质变形，地貌毁坏严重而无法原地重建，必须迁址异地重建。北川县县城异地重建，北川县、安县行政区划作出调整。北川县曲山镇、香泉乡、陈家坝乡、漩坪乡，安县晓坝镇驻地迁移。

一、北川县、安县行政区划调整

（一）调整方案

2008年5月17日上午，市抗震救灾指挥部召开会议，首次提出争取大量的规划设计专家参与绵阳灾后重建的规划设计工作，另选新址建设北川县城。根据国务院安排，中国城市规划设计研究院院长李晓江带领住房和城乡建设部抗震救灾规划组多次来绵实地考察，专项论证，听取各方意见，并通过多个选址方案的比选，最终形成北川县新县城选址永昌镇及总体规划的初步方案。

6月11日下午，市委召开会议，专题研究北川县新县城重建规划选址问题。会议议定：围绕将安县境内板凳桥作为北川新县城选址的思路，进一步做好规划论证工作；重建北川各方关注、各级支持，根据区划调整，成建制地将调整区域内的人口划归北川县管理，使其享受少数民族自治县的优惠政策；安县县委、县政府从群众的根本利益和全市发展大局出发，无条件支持北川新县城选址，切实做好群众的说服引导工作；做好民族文化传承工作，深入挖掘北川县城新址的羌族文化内涵；做好与山东方面的协调工作，确保对口援建北川工作不受新县城选址的影响；举全市之力重建北川。

经有关专家反复勘查、研究论证，在拟定的多个选址方案中，从防范地质灾害、用地条件、行政区划调整的可行性、是否有利于实施管理、有利于民族文化传承、有利于新北川未来发展等方面着眼，综合考虑，择优筛选，确定新县城选址在安县安昌镇东南方向约两公里处，与安县黄土镇接壤，面积约12平方公里。由于拟选址位于安县境内，越北川县县界15公里，必须对北川县、安县现行行政区划进行调整。

7月10日，市委决定，由北川县代管原安县所辖的安昌镇、永安镇和黄土镇所辖的常乐、红岩、顺义、红旗、温泉、东鱼6个村。7月16日，市政府第46次常务会议审议，并征得市委、市人大常委会、市政协同意，拟对北川县、安县行政区划作如下调整：将安县安昌镇、永安镇和黄土镇的常乐、红岩、顺义、红旗、温泉、东鱼6个村划归北川县管辖，其中，永安镇镇名、所辖范围、镇人民政府驻地均不变；黄土镇6个村并入安昌镇，安昌镇镇名、镇人民政府驻地不变，调整后的安昌镇辖行政村26个、社区居委会3个。以上镇和村划归北川县管辖后，其财政体制、人员编制、管理体制依照北川县的相关管理体制作适当调整。安县黄土镇划出6个村后，辖原有18个村，其镇名、镇人民政府驻地、财政体制、人员编制、管理体制均不变。

北川县、安县行政区划调整，涉及人口7.89万人，面积215平方公里。将安县的安昌镇、永安镇和黄土镇的6个村划归北川县管辖后，北川县面积3084平方公里，总人口23.94万人，其中非农业人口4.11万人，辖5个镇、17个乡（其中1个民族乡）、319个行政村、25个社区居委会。行政区划调整后，安县面积1189平方公里，总人口43.13万人，其中非农业人口5.57万人，辖15个镇、3个乡、234个行政村、23个社区居委会。

安昌镇、永安镇和黄土镇的6个村地处浅丘平坝区，建设用地相对充足，同时也是联系北川县的重要交通枢纽。将其划入北川县管辖，为北川县提供尽可能多的发展空间和条件，获得适当的浅丘平坝等适宜城镇建设和非农产业发展用地，可将其作为安置灾民、移民的重要地区，并大力发展非农产业，推动北川县从单一山区经济向山区平原综合经济发展转型，提高全县社会经济发展水平，缩小发展差距。通过区划调整，北川县在空间上大致分为南部城镇人口与非农产业集聚区，中部山区羌族文化旅游区和北部山区生态涵养区。拟划入的安昌、永安两镇和黄土镇的6个村共有羌族人口745人，通过与北川羌族聚居乡镇居民的融合，进一步扩大民族文化的辐射面，更好地传承和发展羌族文化，并加强与周边汉族和其他少数民族的交流。行政区划调整后，北川县的羌族人口达到9.18万人，符合国务院关于少数民族自治县的条件要求。

12月16日，绵阳市人民政府向省政府正式上报《关于将安县安昌、永安两镇和黄土镇6个村划归北川县管辖的请示》。

2009年2月1日，民政部作出《关于四川省调整北川羌族自治县行政区划的批复》，同意将安县安昌镇、永安镇和黄土镇的常乐、红岩、顺义、红旗、温泉、东鱼等6个村划归北川县管辖。民政部同时批复北川县人民政府驻地由曲山镇迁至安昌镇。

（二）交接工作

2009年4月3日，北川县、安县行政区划调整交接工作正式启动。为确保顺利交接，绵阳市专门成立协调领导小组，北川县和安县也分别成立交接领导小组，坚持顾全大局、有利发展、协商一致、确保稳定的原则，特别注意群众的合理利益诉求，关心基层干部，注重工作方式，坚持现状整体移交，做到和谐交接、稳定交接。至5月底，交接工作基本完成。

1. 机构编制移交。安昌、永安两镇党政机关、事业单位及工作人员成建制整体移交。黄土镇移交派出协助北川工作的4名行政人员及编制。安昌幼儿园只移交安昌镇教学点编制和人员，黄土镇小学只移交常乐、红旗、顺义3所村小编制和人员。党政机关和事业单位的离退休人员、离岗待退人员原则上随机构整体移交；在职、在岗和内退的企业军转干部，随工作单位的划转进行移交；下岗、失业和已退休的企业军转干部随社保关系的变更进行移交。安昌镇、永安镇及黄土镇6个村的特岗教师和在村任职的大学生整体移交。

2. 学校、医院移交。安县将位于安昌、永安两镇的中、小学校整体移交给北川县，安县在机构编制冻结前已经对学校资产进行处置的，由安县负责处理好债权债务及有关人员的安置。2009年2

月前安县从其他教育单位安置到安昌、永安两镇学校的55名退休教师，由北川县做好接收工作。2010年6月底前，位于安昌镇的安县人民医院、中医院、妇幼保健院整体迁至花荄镇，由安县负责管理。搬迁前，原来所承担的社会责任和执行的政策不变。

3. 社保关系移交。调整范围内的安县企业在职人员社保关系，随企业一并移交北川县，企业已经退休人员实行属地管理。安昌、永安两镇183名原城镇集体企业超龄人员由安县暂时按原办法负责管理。原为事业单位后改制为企业的退休人员，随社保关系的变更进行移交。安县原养路段退休职工仍由安县负责管理。由市上统筹的社保资金由市劳动社保局根据具体情况平衡安排，两县不再移交。由县上统筹的社保资金，应按照资金随人走的原则进行移交。

4. 财政问题处理。安县、北川两县财政体制调整应坚持统筹考虑、保障既得利益、财权与事权相统一、属地征管的原则，按区划调整后的现状，核定财政收支基数。按照“谁举债谁偿还”的原则，对行政区划调整范围内的政府性债权和债务进行清核，由市财政局牵头，尽快研究移交的具体方案。

5. 国有资产划转。对国有企业实行属地管理划转的原则，全部划转，不留“飞地”。按照“资产随机构走，债权债务随资产走”的原则，对属于安昌、永安两镇的党政机关和事业单位国有资产全部移交北川县。对属于安县的党政机关和事业单位国有资产，如机构移交北川县的，资产和债权债务全部划转；如机构未移交北川县的，资产和债权债务原则上由安县处置。对属于安昌、永安两镇的企业国有资产全部移交北川县。对属于安县县级企业国有资产，单位移交给北川县的，资产全部划转，债权债务也相应划转。此项工作由市国资委牵头，认真调查核实国有资产情况，形成可供操作的交接方案。

6. 其他方面的移交。有关统计数据的移交，由市统计局负责在5月10日前完成。垂直管理机构的移交工作，市、县两级相关部门要主动衔接，尽快形成方案，由市对口部门负责交接。对安昌、永安两镇已纳入国家、省、市灾后重建和扩大内需规划的项目，要继续在原地实施，不得随意调整。

（三）边界勘定

北川县、安县边界勘定工作由市民政局牵头负责。市民政局局长张学民任边界勘定组组长，成员由市民政局、市国土资源局、市水务局、市林业局、市公安局和川西北地质大队负责人组成。边界勘定组下设办公室，由市级相关部门各抽调一名专业技术人员组成。北川县、安县成立相应的领导和办事机构，具体组织实施边界勘定工作。

2009年4月21日，市行政区划调整协调领导小组办公室印发《绵阳市北川县和安县县级行政区域界线勘定工作实施细则》，各项准备工作抓紧进行。4月下旬至5月底，对北川县、安县进行实地踏勘和测绘。涉及黄土镇6个村部分县界进行实地踏勘标定。此次勘界，北川县、安县两县共勘定县级界线54公里，埋设界桩5个（由市勘界办负责实际测绘界桩坐标），整个工作进展顺利。6月，两县完成外业测绘后，进行内业整理，绘制边界线地形图及矢量数据，编写边界说明和勘界协议书，由两县人民政府逐级联合上报省人民政府审批。市勘界办负责完善上报勘界审批资料和立卷归档。

2009年8月11日，根据市委、市政府主要领导的要求，按照调整后的行政区划，市民政局组织编印出版全市首部《绵阳市领导干部用图》（内部用图）1200册。

（四）人大工作

2009年4月13日，市人大常委会在北川县召开座谈会，就市县两级人大常委会做好北川县和安县行政区划调整交接中的人大工作进行研究。4月24日，市人大常委会办公室印发《座谈纪要》，要求北川县、安县人大常委会遵照执行。划入北川县管辖的安昌镇、永安镇和黄土镇的6个村，划入之前共选举产生安县人大代表33名，其中13名代表仍在安县工作，其余20名代表因行政区划调整到北川县工作。根据《中华人民共和国全国人民代表大会和地方各级人民代表大会代表法》的规定，在安县工作的代表资格仍然有效；随行政区划调整到北川县的安县选举的20名代表，其安县人大代表资格终止，由安县人大常委会予以公告。

北川县、安县行政区划调整后，按照选举法的规定需要重新确定北川县、安县人大代表总的名额。2009年7月22日，四川省第十一届人民代表大会常务委员会第十次会议决定：北川县人民代表大会代表总名额为175名。另经四川省人大常委会主任会议研究，安县人大代表总名额的确定，待该县2012年3月换届选举时由省人大常委会决定。

二、设置北川县永昌镇

北川县《北川新县城及北川—山东工业园总体规划方案》中，确定将原黄土镇的常乐、红岩、顺义、红旗、温泉、东鱼6个村所辖区域作为北川新县城及北川—山东工业园区所在地。

2008年7月21日，北川县设立黄土临时办事处，代管常乐、红岩、顺义、红旗、温泉、东鱼6个村。2009年3月18日，市人民政府第60次常务会议审议，拟同意将常乐、红岩、顺义、红旗、温泉、东鱼6个村的行政区域从安昌镇划出，设置北川县永昌镇，作为北川县人民政府驻地，永昌镇政府驻红旗村。

北川县县委、县人民政府研究，拟将永昌镇场镇建于红旗村。红旗村处于常乐、红岩、顺义、红旗、温泉、东鱼6个村的中心位置，位于永昌镇农村商品流和人流的主线上，能够成为永昌镇经济发展、商品交易、人口聚集的中心。红旗村可利用土地300余亩，可容量达到2000~3000人，完全能够满足永昌场镇建设的需要。红旗村数百年来未发生过地质灾害和山洪，地质结构稳定、没有安全隐患。

2009年3月21日，绵阳市人民政府向省政府上报《关于设置北川县永昌镇的请示》。8月31日，绵阳市人民政府向省政府上报《关于设置北川县永昌镇补充材料的报告》。11月9日，四川省人民政府下发《关于同意北川县设立永昌镇的批复》，同意将北川县安昌镇的常乐、红岩、顺义、红旗、温泉、东鱼6个村所属行政区域析出，设立永昌镇，永昌镇人民政府驻红旗村。

2010年1月31日，北川县新县城所在地永昌镇举行成立大会，镇党委、镇政府正式挂牌。这是北川历史上极具里程碑意义的重大事件，标志汶川特大地震后全国第一个整体异地搬迁的新县城驻地——永昌镇正式成立。

图4-6-175　北川羌族自治县县委副书记、县长经大忠为永昌镇人民政府授牌

三、乡镇政府驻地迁移

（一）北川县曲山镇

曲山镇位于县境东南部，面积112平方公里。地震前曲山镇为北川县人民政府所在地，曲山镇政府驻地在禹龙新街。全镇辖23个村和2个社区居委会，人口1.7万

余人，羌族、藏族、回族、土家族等少数民族1300余人。曲山镇在汶川特大地震中遭受毁灭性破坏。经省市县国土、建设等部门现场勘查鉴定，无法在原址重建，且原址属地震博物馆建设规划范围，须对曲山场镇和镇政府驻地跨村界异地迁建。

曲山场镇和镇政府驻地拟迁新址位于曲山镇任家坪村。新址距新县城不足27公里，交通方便；占地1平方公里，场镇人口5000人；地势相对平坦开阔，地质灾害较少，属全镇中心地段，通讯、供电、供水设施完备。经有关部门考察论证，任家坪适宜场镇和镇政府机关办公场地建设。

2009年4月1日，绵阳市人民政府第61次常务会议审议通过曲山镇政府驻地迁移；4月8日，市政府向省政府上报《关于北川县曲山镇人民政府机关办公驻地迁移的请示》。5月20日，四川省人民政府下发《关于同意北川县曲山镇人民政府驻地迁移的批复》，同意北川县曲山镇人民政府驻地由禹龙新街迁移至任家坪村。

（二）北川县香泉乡、陈家坝乡、漩坪乡

汶川特大地震对北川县香泉乡、陈家坝乡、漩坪乡场镇造成极其严重的破坏。香泉乡政府驻地原址在江油市香水乡战斗村，与香水乡土地交织在一起，加之地震造成严重毁坏，乡政府驻地及场镇均需异地迁建。陈家坝乡政府驻地原址在龙湾村，该乡是除县城之外受灾最严重的乡镇，几个村、组在地震中消失，场镇及农村所有房屋损毁，基础设施和社会事业遭受毁灭性破坏，场镇功能全部瘫痪，且地质灾害隐患十分突出，需异地搬迁。漩坪乡政府驻地原址在大水村，该乡因唐家山堰塞湖被一分为三，道路阻塞，场镇在泄流后仍处于水下30多米。

经有关专家考察论证、评估并征求群众意见，由绵阳市建设部门承办，绵阳市人民政府向省人民政府呈报《关于北川县香泉乡等3个乡镇原地异址重建选址的请示》。2008年11月25日，四川省人民政府下发《关于同意北川县香泉乡等3个乡原地异址重建选址的批复》。经省政府第20次常务会议审定，同意北川县香泉乡在该乡黄江村，陈家坝乡在该乡双堰村1、2社，漩坪乡在该乡永吉村原地异址重建选址。

（三）安县晓坝镇

晓坝镇位于安县西南部，距绵阳市区57公里。全镇面积56平方公里，辖7个行政村和1个社区居委会，户籍人口9670人，常住人口1.24万人，其中非农业人口2753人。

汶川特大地震给晓坝镇造成空前灾难，经有关专家论证和实地勘查，镇政府原驻地处于地震断裂带上，无法在原址进行重建。为避开地震断裂带，加快晓坝未来发展，保证灾区人民生产生活安全，促进资源有效整合，加快晓坝镇城镇化进程，晓坝镇政府驻地需易地迁建。晓坝镇政府驻地拟从晓坝镇关心村（地跨关心村1、10、11组）跨村迁移至中心村和关心村交界处（地跨中心村2、3、5、6、7、8组和关心村1、2、3、4、11组）。政府驻地新址计划占地0.6平方公里，人口规模6100人，旅游通道晓沸路、晓茶路穿境而过，交通方便，紧靠茶坪河，地势平坦开阔，周边温泉资源富集，环境优美，建设条件优越。

2008年9月4日，市人民政府第49次常务会议审议通过晓坝镇政府驻地迁移；9月12日，市政府向省政府上报《关于安县晓坝镇政府机关办公驻地迁移的请示》。12月19日，四川省人民政府下发《关于同意安县晓坝镇人民政府驻地迁移的批复》，同意安县晓坝镇人民政府办公驻地从关心村迁移至中心村。

第五节 优待抚恤

一、追认烈士

2008年6月，绵阳市抢险救援结束后，立即启动追认烈士的工作。市民政局负责业务受理和业务指导，把关初审，并向市人民政府呈送追认烈士情况报告，按规定程序报批。

在汶川特大地震中，仅北川县县级机关、事业单位（不包括教育、卫生系统）遇难就达466人，占全县干部总数的22.7%。截至2009年12月底，全县共有75名遇难者家属提出追认革命烈士的书面申请，情况十分复杂。北川县召开追认烈士工作会议，成立追认烈士领导小组，制定追认烈士工作实施方案，明确成员单位职责和追认烈士范围、程序以及材料申报，严格工作纪律，做到公开、公平、公正。

2008年12月29日，绵阳市民政局分别向市政府报送关于追认安县教师郑发富、刘晓艳、张红梅为革命烈士的情况报告，建议市政府上报省政府审批。市政府拟同意追认张红梅、刘晓艳、郑发富为革命烈士，报请省政府审批。2009年5月5日，四川省人民政府作出批复，在汶川特大地震中，安县教师郑发富“为保护学生安全，阻止学生靠近高危围墙光荣牺牲”，刘晓艳“为组织学生安全疏散光荣牺牲”，张红梅“为安全转移班级遇险儿童光荣牺牲”。根据《革命烈士褒扬条例》第三条第（五）项规定，省政府同意追认郑发富、刘晓艳、张红梅为革命烈士。

2009年11月13日，四川省人民政府下发《关于同意追认左宜同志为革命烈士的批复》。左宜生前为北川县公安局拘留所民警，汶川特大地震中为保护他人生命光荣牺牲。

截至2009年12月底，经四川省人民政府批复，绵阳市仅上述4人被追认为革命烈士。

二、因公评残

汶川特大地震造成全市17.4万人受伤。经过治疗，大部分伤员得以康复，但仍有一些伤员终身致残。2008年10月，绵阳市（主要是北川县）启动地震伤残评定工作。根据相关规定，凡在汶川特大地震中受伤致残的机关公务员、人民警察、参战和参训的民兵均可进行申报。

2009年11月16日，四川省民政厅批复，同意石卫贵、余新春、邓伟评定伤残等级。12月14日，四川省民政厅批复，同意刘银全评定伤残等级。2010年1月12日，四川省民政厅批复，同意蒋立彬、杨清、周亚君、王舞春、黄剑、龚安虎、李平、马云涛、邓勇、王建平、高明、吴兴剑、赵华评定伤残等级。3月24日，四川省民政厅批复，同意李彩华评定伤残等级。

经省民政厅审批，全市因公致残共18人，其中国家机关工作人员9人，人民警察4人，民兵、民工5人。伤残等级：三级1人、四级3人、六级2人、七级7人、九级5人，分别按国家规定的标准享受定期抚恤待遇。

三、抚恤遇难参训民兵

汶川特大地震致北川县曲山、擂鼓、陈家坝、禹里等乡镇在县人武部集中参训的58名民兵遇难，15人不同程度伤残。北川县成立遇难民兵善后处理工作领导小组，由县委常委、县人武部部长罗登华任组长，明确县人武部是处理该事件的第一责任部门。

北川县人武部、北川县民政局等部门按现行政策规定，对58名遇难民兵家属进行抚恤，颁发因公牺牲证明书。具体抚恤标准为：一次性抚恤，按现役军人正排级职务干部每月915元工资标准×40个月进行补贴；将115名符合条件的遇难民兵遗属比照因公牺牲军人家属标准实行定期抚恤；对伤残参训民兵，发给每人生活困难补助5100元，统一组织伤残鉴定，积极开展伤残评定工作。

部分遇难民兵家属对上述处理不服，认为抚恤金低于遇难学生抚慰金，先后集体5次到县人武部上访，并到市政府、绵阳军分区上访，还派5名遇难民兵家属代表到市民政局递交上诉材料，要求对遇难民兵追认烈士和一次性给予48万元抚恤金等。北川县委、县政府、人武部和民政局主要领导多次对遇难民兵家属提出的问题，按照有关规定给予耐心解释和答复。市民政局两次向省民政厅写出专题报告，积极配合北川县做好遇难民兵家属的安抚工作。

北川县遇难民兵善后处理工作领导小组组织遇难民兵家属学习《军人抚恤优待条例》；县委、县政府主要领导对遇难民兵家属的重点人员做深入细致的思想工作，开展“一对一”结对帮扶；及时兑现落实一次性抚恤金。县人武部专门安排5.6万元资金，对遇难民兵家属进行慰问。有关部门解决伤残参训民兵后续医疗费用1万余元。

北川县还充分利用民政工作平台，对遇难民兵家属进行全方位帮扶。对家庭人均收入低于最低生活保障标准的遇难民兵家属53户168人、伤残民兵家属8户29人纳入最低生活保障。符合《农村五保供养工作条例》规定条件的，申报享受农村五保供养待遇。对因公牺牲家属参加新农村合作医疗组织的，免缴个人交费部分；对城镇因公牺牲家属参加城镇医保的，其个人缴费部分由政府支付。对生活特别困难的因公牺牲家属进行临时救助。

第六节　军供保障与双拥工作

一、军供保障

汶川特大地震给绵阳人民生命财产造成巨大损失。根据党中央、中央军委的命令，人民解放军、武警、公安消防、民兵预备役部队5.5万余名官兵紧急驰援绵阳灾区，同时还有大批救援部队经绵阳集散，数量大、批次多、间隔时间短。绵阳市担负艰巨的军供保障及服务工作。

（一）绵阳市抗震救灾指挥部

震后2小时，市抗震救灾指挥部决定，由市人大常委会负责迎接、协调赴绵救灾部队，为广大官兵提供运输、后勤、联系等服务。市人大常委会主任杨步润立即赶往南郊机场坐镇指挥，争取尽快把官兵转送抢险救援第一线。在有关部门的协调下，绵阳城区和周边数百辆客货车辆集结南郊机场，省内兄弟市、州支援的车辆也加入待命队伍。短短4天时间，上万名官兵被转送到绵阳、德阳、广元等重灾区抢险前线，为抗震救灾赢得宝贵时间。

大批部队进入绵阳灾区后，市抗震救灾指挥部调整部署，市人大常委会成立以常委会机关为主，绵阳军分区、市纪委、市民政局、团市委等18个单位为成员的外来救援队伍接待组，下设办公室、军队综合协调组、志愿者及救援团体综合协调组、后勤保障协调组、各县（市）工作组织协调组，全面负责外来救援队伍的接待服务工作。

5月17日，市抗震救灾指挥部成立支前保障领导小组，下设道路交通、油料运输、物资供养、医疗救护、水电通信、民政优抚等工作组。领导小组3次召开紧急支前保障会议，制订支前紧急保障方案和优先保障抗震救灾任务部队的各项措施。全市9个县（市、区）也成立支前保障机构，明确各项支前保障任务。

外来救援队伍接待组在20天时间内，接待解放军救援部队32支、2.56万余人；解放军医疗救援部队19支、2600余人；武警消防救援部队36支、9900余人；民兵预备役救援部队31支、1.7万余人；公安特警救援队2支、439人；外来参加抗震救灾、灾后重建和采访慰问的中央、各省（市）工作组、先遣组36批次420余人次。

西南科技大学、绵阳师范学院、绵阳市职业技术学院等大中专学校腾出供部队住宿的房间，提供搭建帐篷的场地。市粮食局要求各军粮供应站一律向部队平价供应最好的面粉、大米和食油。市电信局及时在任务部队驻地安装程控电话；移动、联通公司及时恢复通信。市民政局紧急赶制北川县、安县、平武县、江油市行政区划图，送往抗震救灾部队，并派出专人到北川县、安县、平武县等重灾区了解官兵生活情况，现场为部队官兵解决困难和问题。

（二）驻绵部队

绵阳军分区。5月13日，绵阳军分区派员参与军地协调工作。同日，请求省军区调动8个军分区的4800名民兵跨区紧急驰援绵阳。14日，军分区在1小时内紧急协调两支近万人救援部队的卸载、开进、进点工作。军分区迅速在平武县人民武装部成立抗震救灾基本指挥所，在南坝镇成立前进指挥所，协调组织指挥22支救援部队、武警、消防官兵、民兵和预备役部队。5月17日，正式成立由军分区牵头，市应急办公室、市民政局等部门参与的军地协调组，与市抗震救灾指挥部相关部门密切协作，全力做好救援部队和地方党委、政府之间联络协调工作，保障抗震救灾过程中各项任务的圆满完成。军分区及时协调落实外来救援队伍领受救灾任务、前往抢险救灾岗位、抢险救灾期间救援队伍调动以及食品给养、油料补充、救灾工具配备等必要的后勤保障。在抗震救灾急需重型机械时，根据第四责任区的指示要求，军分区及时为实施远程机动的工程部队协调解决20余台大型平板拖车和80余台救灾机械。抗震救灾中，军分区积极主动与交通保障、油料运输、物资保障、医疗救护等工作组协调联系，为任务部队协调解决饮用水1000余吨，车辆用油1000余吨，药品1万余箱，食品、粮食、蔬菜等生活物资5万余吨、运输车辆2000余台次；协调市抗震救灾指挥部与空中救援部队为3个极重灾县空投400余吨食品、饮用水、药品等物资，近5万名被困群众得到及时救援和安全转移。

武警绵阳市消防支队。根据省“5·12”抗震救灾指挥部的请求，公安部从5月13日开始，先后从全国调集21个消防总队的5400余名官兵到北川县、平武县参加抢险任务。市消防支队及时建立支队保障组，安排专人负责，明确任务分工，积极主动与市抗震救灾指挥部相关机构协调，动员发动企业联动，落实增援消防部队的吃住、运输等问题。支队合理调整安排增援消防部队的抢险任务，保障5400余名消防官兵每天吃上一顿热菜、热饭，确保部队撤离时的交通运输。

（三）绵阳市军供站

5月13日，绵阳市军供保障工作启动。市民政局副局长李登竹统筹协调军供保障工作。5月14日，绵阳市军供站接到成都军区联勤部指示，要求全力以赴保障抗震救灾部队的饮食饮水供应。军供站房屋设施因灾遭受严重毁坏，无法使用。站领导及时向市委、市政府如实反映设施损坏情况及物资采购难、临时工招募难、供应量超保障能力等具体困难，请求上级给予支持。同时，军供站兵分3组，全力做好各项准备工作：第一组负责与成都铁路局军代处、过往部队及市抗震救灾指挥部的联系、协调，接收供应通报，确保军供联系24小时畅通无阻；第二组负责组织物资、采购燃料；第三组负责组织饮食加工、制作、供应。

在自身接待供应能力不足的情况下，军供站采取整合社会资源、在外加工、送餐保障的方式做好接待供应工作，并与长虹物业管理配餐公司签订送餐供应协议，派专人到现场，从买菜、制作等各个环节进行全程监督。全站人员按照预案分工合作，从人员、物资、车辆、食谱、供应方式等方面组织好协调工作，装盒、打包、保温、运输、供应等各环节有条不紊。准确掌握好制膳时间和就餐时间，满负荷运转，尽最大限度满足部队供应之需。军供站准时高效完成抗震救灾部队92个专列40738人次的饮食、饮水保障任务，未发生一例食物中毒和错供、漏供、晚供等责任事故。成都军区联勤部为绵阳市军供站赠送"心系灾区、精心保障，情注官兵、热情服务"的锦旗。

二、双拥工作

（一）拥军支前

绵阳军分区政治部、市委宣传部、市广播电视局密切协作，运用多种形式，对参加抗震救灾部队官兵的英雄壮举、军政军民团结战斗的感人事迹，进行高规格、全方位、多层次、快时效的宣传报道，使人民军队的光辉形象牢牢印在绵阳人民的心坎上。绵阳市广电中心、绵阳日报、绵阳晚报等新闻媒体多次派出记者，奔赴抗震救灾一线采访，刊登播发反映部队抗震救灾和人民群众拥军支前的新闻报道近2000篇。

绵阳市配合中央电视台"心连心"艺术团的数个小分队、100余名国家级专业演员，赴灾区一线为部队官兵和灾区群众演出。协调安排全国知名的辽宁锦州老兵义务放映队，深入北川县、安县、平武县、江油市等重灾区乡镇、村寨为部队官兵和群众义务巡回放映电影10余场次。组织抗震救灾英模报告会，受教育人数达千余人次。组织发动北川县、安县、平武县、江油市等重灾区的人民群众深入开展"子弟兵为我抗震灾，我为子弟兵送真情"活动。7月12日，江油市墨妙轩艺术广告公司总经理王源清自费租车到成都、广汉、绵阳等地，请来10多位国家一、二级书画艺术师，为在江油执行救援任务的某炮兵旅、某舟桥团举行"灾区艺术家感恩活动"书画慰问笔会。据统计，全市由基层政府、部门、行业组成的拥军服务机构200多个，由家庭、下岗工人、出租车司机、个体户自发组成的拥军服务小组500多个，参加人数达20余万人，为抗震救灾部队提供服务项目近千个。

各重灾县（市）、乡镇帮助救援部队安排向导、搬运物资、落实驻地，给部队送肉、油、米等食品。某部从桂溪方向进入北川县城执行抢险任务，但桂溪大桥被震坏，车辆无法通行。桂溪乡政府立即发动群众帮助部队搬运东西，涉水过河，并派向导引导部队按时到达任务地点。在平武县林家坝，受灾村民祁云明看到一名武警少尉军官连续两天指挥和参加救援，只吃了一些干粮，嘴唇发紫干裂，他冒着生命危险在已经垮塌的家中找到一把米熬成稀饭，又从废墟中的破坛子里找出3块泡菜，端到这位军官面前。年轻军官怎么也不忍心吃，老祁和其他几兄妹一起站在军官面前："你不喝这碗稀饭，我们就挡在你面前不要你工作。"年轻军官只好喝下这碗稀饭。

江油市马记酒店（民营企业）总经理马远学，在震后两个多月里，带领家人和酒店员工起早贪黑，每天为奋战在江油市抗震救灾物资转运站和守护李白纪念馆的预备役和武警官兵送饭菜200多份，兑现他"只要官兵们一天不下火线，我就要坚持送饭菜一天"的诺言。2008年7月4日，四川某炮兵师宣布马远学火线加入预备役，破格任命他为该师第三团司令部管理股副营职管理员，并授予预备役上尉军衔。77123部队赠送马记酒店一面锦旗——"饭菜飘香送将士，抗震救灾报党恩"。7月29日，军地联谊会及"军人之家"授牌仪式在马记酒店举行。

受中共绵阳市委、绵阳市人民政府委托，东北大学教授赵琛为绵阳专门设计全国首枚抗震救灾纪念章。纪念章直径5.12厘米，厚5.12毫米，选用锡合金材质。纪念章正面是北川县城震后全景图案，上有"我们永远记住"字样，环形文字下为"5·12"。背面是2000多米高空拍摄的唐家山堰塞湖全景，上面是"人民永远感谢您"。绵阳共制作10万余枚纪念章，首批5万枚由市委、市政府赠送给在绵抗震救灾的解放军官兵、武警战士、公安干警、医务人员。

"八一"建军节前夕，市委、市政府召开军地座谈会，组织多个慰问团，慰问驻绵部队和在绵参加抗震救灾的成都军区、济南军区、第二炮兵及武警部队、四川省军区民兵预备役部队官兵，为部队赠送锦旗、慰问信、节日慰问品和抗震救灾纪念章，并向广大官兵致以节日的问候。绵阳军分区、市委办公室、市政府办公室、市政府采购办公室、市财政局、市商务局、市交通局等10余个部门协同，紧急采购价值近200万元的米、面、油等慰问物资，并按照市委、市政府"八一"建军节慰问团时间安排表，提前将慰问物资送到部队驻地。军地协调组为驻绵部队和援绵部队安排3场较大规模的市委、市政府慰问文艺演出，配合省慰问团组织2场大型慰问活动，观看节目的官兵达5000余人。组织安排6场大型军地主要领导座谈会。市委、市政府向参加绵阳抗震救灾的解放军、武警、消防、民兵预备役等86支救援部队赠送锦旗198面。

"八一"建军节期间，各县（市、区）划拨专项慰问经费，党委、人大、政府、政协主要领导带领慰问团，对驰援部队官兵和驻境部队进行走访慰问，赠送慰问金、慰问品。江油市还从成都、绵阳等地邀请文艺团体在江油一中体育场举办庆"八一"大型文艺晚会。

（二）拥政爱民

抗震救灾期间，100多支部队、5万余名官兵先后驰援绵阳，在执行救援任务的同时，广大官兵为灾区群众提供各种帮助和服务。据不完全统计，救援部队为绵阳灾区及灾区群众捐款1亿多元(含二炮、海军、总装部队向绵阳灾区捐款4400余万元)，捐赠衣物30万件、粮食1000多万斤、帐篷2万多顶，为受灾群众提供医疗救助10万余人次，转移疏散群众100万余人，清理废墟15400余立方米，防疫消杀近1000万平方米，修建公路500余公里，排除危险公路800余公里，疏通乡村道路80余公里，抢通供水供电供气通信管线1000余公里，装卸救灾物资2万余吨，为受灾群众修建简易住所1万余间，搭建帐篷10万余顶，援建帐篷板房学校近50所，搭建板房示范新村20余处，援建卫生院20所，抢收小麦、油菜、早稻等作物7500余亩，抢种水稻、玉米4700余亩。

2008年5月18日晚，成都军区驻滇某高炮旅汽车二连奉命赶到江油市大康镇后，连夜分成3个突击队分别到旧县、红光、松花岭3个村开展救援工作。松花岭村是一个高山村，居住着1000多名群众，其中200多名群众困在一个面积狭小的山坳里，险象环生。解救被困群众要紧！由二连指导员黄庆峰带领的突击队，发扬不怕疲劳、连续作战的优良作风，连夜向松花岭村挺进。经过一夜翻山越岭，找到被困六天六夜的群众。在撤出山外的路上，战士们有的背着小孩，有的搀扶着老人，有的在前面探路，有的负责观察山体滑坡或岩石掉落情况。15时，当200多名群众安全到达转移地后，指导员黄庆峰顾不上休息一会，再次发出命令：“战友们！我们不能让乡亲们露宿在外！”战士们跟着他开始整地搭建帐篷。夜幕降临，下起小雨，200多名被解救的群众住进战士们为他们搭建的帐篷。看着战士们个个精疲力竭的样子，乡亲们心痛极了，纷纷拿出解放军战士救援时带来的矿泉水给战士们喝。60多岁的贺群芳老大妈摸出几天都舍不得吃的10个熟鸡蛋，硬要塞给黄指导员，虽然黄指导员推辞着，再三解释部队有铁的纪律，但贺群芳大妈那种真诚，让所有在场的人都为之动容。

排长牛玉新带领7名党员组成的突击队赶到旧县村搜救，先后3次舍身救战友，9次冒险排险情。5月24日11时许，当他来到2组村民先宇顺家时，突发余震，牛排长奋不顾身先后救出2名群众后，一堵危墙突然倒塌，正在集中精力搜救的战士冯志伟来不及反应，牛排长猛然上前，一把推开冯志伟，自己才赶紧避让。此时，砸中的一根断棍弹起，刺穿他的左下颌，顿时血流如注，倒在残垣中。闻讯赶来的村民和战士把昏迷不醒的牛玉新抬上一辆三轮摩托车，直奔大康镇卫生院。先宇顺拄着拐棍，蹒跚着紧跟其后，含泪四处向乡亲们讲述：要不是这名解放军冒死相救，我和侄儿子都没命了！牛玉新被紧急转送至设在江油长钢医院的第四军医大学医疗队，被确诊为下颌骨粉碎性骨折，下巴外部被撕裂，外部裂伤长达7厘米。第二天，村民们将按有138个红手印的请功书送到大康镇党委、政府，镇党委当即召开党委会，一致同意为牛玉新请功，并以党委、政府的名义联合上报至江油、绵阳两级抗震救灾指挥部。总政治部主任李继耐在看望牛玉新时说：“你救的虽然是两名老百姓，感动的却是成千上万的群众，真是军民鱼水之情深。”中共中央总书记、中央军委主席胡锦涛作出批示，要求向牛玉新学习。党中央、国务院、中央军委授予牛玉新“全国抗震救灾模范”光荣称号，并记一等功。部队撤离归建后，牛玉新和驻滇官兵仍然惦记着绵阳灾区的群众。2009年5月8日，牛玉新带着新婚的妻子重回旧县村，村里一片欢歌笑语，经历抗震救灾和灾后重建的父老乡亲穿戴一新，用鲜艳的山花和清香扑鼻的松枝装扮会场，为这位“回家探亲”的兵儿子补办俭朴而隆重的特殊婚礼。

2008年5月下旬，唐家山堰塞湖的险情时刻威胁灾区100余万群众的生命财产安全，位于北川县曲山镇邓家沟的西南地区最大PIC种猪场的数千头种猪急需转移。应地方政府和市畜牧局请求，济南军区第54集团军、成都军区联勤38分部和达州陆军预备役炮兵旅，紧急出动官兵350余人次、车辆130余台次，连续奋战4天，将5100余头种猪全部转移到安全地带，避免了环境、水质污染等次生灾害的发生。应绵阳市请求，驻滇某集团军出动工兵为打通北川县都坝乡至白坭乡道路实施工程爆破作业，协调该军防化部队协助地方卫生部门清除、转移氢化物900余克；解放军理工大学专家抢险队上坝指导爆破作业，组织开展堰塞湖工程排险。在堰塞湖排险、避险期间，绵阳市抗震救灾指挥部和成都军区联指第四责任区指挥部，互通信息，密切协作，及时准确地为军地双方传递数百条信息，为救灾部队兵力装备使用提供准确需求和科学依据。

2008年8月底，北川县曲山镇云力村400余名村民，用从废墟中找来的纸板、笔墨，写下“感谢子弟兵”“谢谢解放军叔叔”等标语，自发来到永久性农房建设工地慰问二炮第一抗震救灾突击队官兵。在“感恩的心，感谢有你”的歌声中，村民们向二炮官兵赠送写有“感谢亲人子弟兵”的锦旗。随着掌声四起，锣鼓唢呐齐鸣，村民们唱起羌歌，跳起羌舞，为官兵献上最美的吉祥物羌红。二炮第一抗震救灾突击队官兵自备食品、工具、材料，加班加点帮助村民平整宅基地，修建村道。经部队官兵连续战斗，云力村通往外地的道路被打通，村民的永久性住房也建好了。

2008年年底，在绵阳辖区执行建材抢运任务的成都军区灾后重建抢运建材任务第二责任区，由军区联勤部川藏兵站部汽车第17团、20团一部、18团运油营1个连、康定大站和军区装备部汽车修理所组成，主要为北川县、安县、平武县、江油市4个重灾区抢运建材，重点突击北川县陈家坝、曲山、擂鼓，安县高川、茶坪（千佛），平武县南坝、响岩、石坎、水观、平通，江油市雁门、枫顺、六合、石元、敬元等偏远重灾乡镇。至2009年1月21日，累计出动官兵26955人次，车辆9915台次，抢运各类物资40552吨，其中红砖1458.6万块，运输总量达到13453532吨公里。军车抢运建材，有效平抑了灾区建材价格，支持了灾后农房重建。

三、欢送抗震救灾部队回撤归建

2008年6月22日，某陆航团出色完成空中救援任务，撤离绵阳返回部队，市委派出慰问团，在绵阳机场为该团官兵送行。

7月，抗震救灾工作进入安置受灾群众和恢复重建阶段，抗震救灾部队担负的抢险任务基本完成。中央军委主席胡锦涛签发《组织抗震救灾部队分期分批回撤》命令，明确在安排足够兵力确保圆满完成抗震救灾任务的前提下，按照“统筹安排、保障需要、区分缓急、分期分批”的要求，有计划组织部队分期分批回撤。根据中央军委命令，第一批部队于7月21日起组织回撤，其余部队待完成任务后陆续回撤归建。

7月20日，市政府召开紧急会议，安排部署欢送撤离部队工作，市委副书记、代市长曾万明要求市民政局迅速制定欢送方案，明确从各县撤离的部队，由在该县指挥抗震救灾的市领导就地组织欢送；从绵阳城区、江油市乘车出发的撤离部队，分别安排市领导前往欢送。

绵阳市抗震救灾指挥部军地协调组周密计划，精心安排，为部队提供各种方便，确保部队按时顺利回撤归建。协调组主动与公安交通部门联系，安排警力维持欢送现场秩序，协调开道警车，引领回撤部队到达指定地点；联系报社等媒体记者到现场采访报道；组织摄影家协会的摄影工作者前去采风；组织、聘请文艺界的歌唱表演家、艺术家，老年艺术团、秧歌队、腰鼓队、军乐队、铁路文工团等进行现场表演；在绵阳火车客站、火车北站以及高速路口等地，制作悬挂横幅标语50余条；制作手牌100多个，使用鲜花200余束。绵阳火车客站、火车北站共欢送部队50余批次，回撤归建部队2.5万余人。周边群众自发前往欢送慰问部队，还自费送锦旗，送水果食品等，场面感人。很多战士泪流满面，火车开动时全体肃立向欢送群众敬军礼。

7月21日上午，绵阳市在火车北站举行隆重欢送仪式，热烈欢送首批离绵归建的沈阳军区抗震救灾医疗队官兵。成都军区抗震救灾联合指挥部副总指挥、第四责任区指挥长、二炮副司令员于际训中将，成都军区联勤部政委郭正新少将，沈阳军区联勤部副部长周建平少将，四川省政协副主席陈杰，市委、市政府、绵阳军分区领导及各界群众近万人参加欢送仪式。四川省和绵阳市向医疗队赠送锦旗、慰问信和抗震救灾纪念章。

7月22日，空降兵某部从绵阳火车站撤离归建。成都军区联勤部副政委周道生，成都军区装备部副部长彭满山，成都军区抗震救灾第四责任区副指挥长周小周，空降兵某部军长王维山，市委副书记、代市长曾万明等到车站送行。

8月14日，济南军区第54集团军某旅官兵撤离归建。成都军区联指副指挥长、成都军区副司令员李作成少将，成都军区联勤部政委郭正新少将，第五责任区指挥长、成都军区副参谋长刘永新少将，济南军区副参谋长赵立德少将、政治部副主任张宝明少将，第54集团军军长宋普选少将，政治部主任刘从良少将，四川省人大常委会副主任韩忠信，省政协副主席陈杰，绵阳市委、市政府、市人大、市政协领导及绵阳市上千余名各界群众到车站欢送。

图4-6-176　2008年8月31日，绵阳火车站，群众载歌载舞欢送抗震救灾部队

8月21日起，成都军区第14集团军在绵抗震救灾主力部队陆续回撤归建。8月25日，市委主要领导会见该集团军军长周小周少将、政委刁国新少将，并与他们亲切话别，军地双方互赠锦旗。同日，市委、市政府在绵阳火车站举行隆重欢送仪式，欢送来绵参加抗震救灾的该集团军某联勤分部官兵归建，市委、市政府向部队赠送锦旗和抗震救灾纪念章。

7月23日至8月18日，江油市作为集散地，共欢送援江及途经该市的回撤部队38批次，近7000人。江油市委、市政府先后在火车站、中坝剧场、太白碑林等地举行欢送仪式，向部队官兵致欢送词，赠送锦旗、慰问信和抗震救灾纪念章。参加欢送的腰鼓队、舞蹈队等文艺队伍人员达4000余人，自发参加的民间文艺团体、市民达10万人次以上。文风街上阳台书画艺术店经理杨建明，历时40余天，精心制印26方、两幅内容为“彪炳史册”“大爱无疆”的书法作品，在欢送撤离部队集会现场赠给二炮部队，二炮部队抗震救灾指挥部回赠书有“文风街处处新风誉满诗乡、上阳台日日向阳前程辉煌”联文的锦旗。江油市戏剧曲艺杂技电视艺术家协会的28支文艺队伍2000多名文艺工作者，自发地为部队官兵进行多场文艺表演活动。

11月10日，绵阳灾区最后一支抗震救灾部队——二炮某工程团回撤归建。在安县永安镇，数万群众身着羌族的节日盛装，依依不舍地为该团官兵送行。78岁的刘中汉老人，拉着部队领导的手，动情地讲述该团官兵在灾区战斗的180多个日日夜夜：“二炮的兵呀，个个都是好样的，老鹰岩堰塞湖排险，打通生命通道……哪一块都是硬骨头，他们都啃下来了，那吃苦耐劳的劲儿，我从苦水中长大的人都比不了。”在送别现场，一位怀抱男孩的母亲举着一块牌子，上书：“长大后，我也要当二炮兵！”

在欢送抗震救灾部队回撤归建期间，绵阳灾区涌现众多感人场景。平武县12岁的藏族小姑娘嘎里波和她的20名同学，到济南军区某装甲团营地，与她们心目中最亲爱的叔叔话别。她说：“我们想给每位叔叔送一张亲手画的画，可是我们画了三天三夜还是来不及了。”说着说着，眼泪就流下来了，“我们只带来了两百多张画，叔叔们千万要收下！”团政委裴晓昌搂住嘎里波，擦去她脸上的泪水说："你们的画我们要摆进团史馆，永久珍藏。"北川姑娘郭珍凤赶到成都火车站，举着一块半米见方的海报，在登车回撤的官兵中寻找一名特殊的兵哥哥，一找就是7天。海报上是一幅并不清晰的照片，一位满身泥水的战士从废墟中背起一个幼小女孩，旁边有几个大字："兵哥哥，您在哪里哦?"郭珍凤当时正在救援现场，她来不及问战士的名字，只是用手机拍下了那个瞬间。那段时间，只要有回撤的官兵在车站集结，郭珍凤就举着海报在人群中寻找，她要亲口对那名兵哥哥说声谢谢。

第七节　劳动保障

一、劳动就业

汶川特大地震，使全市18万城镇从业人员失去劳动报酬或经营收入，64.4万农村劳动者失去农业收入，新产生零就业家庭1.5万户。解决受灾群众就业问题，关系民生，关系社会稳定。绵阳市认真落实灾后就业特殊政策，全力帮助灾区群众、就业困难人员、返乡农民工、高校毕业生、被征地农民等5类重点群体稳定就业。各级党委、政府高度重视就业工作，建立主要领导亲自抓，分管领导具体抓，劳动保障部门主动抓，发改、经委、工会、人事、教育等相关职能部门配合抓的就业工作制度，坚持把促进就业放在全局工作进行安排部署、检查考核。各级人大、政协把促进就业作为重点内容进行督查调研。

根据《中华人民共和国就业促进法》和相关文件，结合绵阳实际，市政府先后出台《关于促进农民工稳定就业切实解决失业返乡农民工有关问题的通知》《关于进一步做好就业工作的通知》《关于进一步做好减轻企业负担稳定就业局势有关工作的通知》《关于促进五类重点群体就业工作方案的通知》等文件；市政府办公室印发《关于支持灾后恢复重建就业和社会保险政策的实施意见》；市劳动和社会保障局、市财政局联合发出《关于大力开发公益性岗位促进地震受灾失业人员就业的通知》。这些规范性文件，形成新一轮促进就业的政策体系。

江油市、涪城区及其他县（区）也制定文件、印发《就业援助工作实施方案》，明确援助对象、援助目标、援助任务、工作措施，召开灾后就业援助工作和就业联席会议，进行动员部署，提出工作要求，落实工作责任。各级、各部门特别是宣传部门通过报纸、电视、广播、网络、板报等形式广泛宣传就业援助和灾区特殊政策，切实把每项政策宣传到每户企业、每个家庭、每位群众，在全社会营造重视就业、支持就业、参与就业的良好氛围。

各级劳动保障部门及时深入受灾群众安置点，向受灾群众发放"就业援助证"，让他们及早享受到就业优惠政策，促进稳定就业。全市共发放"就业援助证"15.51万册，帮助15.29万人实现就业。北川县工作人员绕道江油、平武、九寨沟、茂县，冒着生命危险将"就业援助证"送到曲山关以内受灾群众手中。

各县（市、区）积极向上级汇报介绍灾情，寻求资金支持，为落实灾后就业援助政策提供资金保障。省劳动和社会保障厅向江油市拨付就业再就业专项转移支付资金1193万元。全市用就业专项资金为享受就业再就业优惠扶持政策人员发放岗位补贴、社保补贴、职业培训补贴和职业介绍补贴共计1.8亿元。累计有1.7万人享受减免行政事业性收费政策，1.7万人享受税收减免政策，4.1万人享受社会保险补贴政策，1.8万人享受公益性岗位补贴政策。用失业保险基金支付岗位补贴3967.5万元，涉及247户企业。

大力开发公益性岗位，结合抗震救灾和灾后重建、产业发展、社会稳定，先后开发物资运送、卫生消毒、险情观察、板房建设、伤员看护、治安管理等30余种、2.8万个公益性岗位，帮助2.4万余名就业困难对象实现再就业，动态消除零就业家庭。

北川县、安县、平武县、江油市主动加强与山东、辽宁、河北、河南等对口支援省、市的协调配合，全力组织实施对口就业救助，积极抓好受灾群众就业工作。对口就业援助省、市共为绵阳市提供岗位信息4.5万余个，帮助4495人实现异地转移就业，帮助4万余名灾区群众就地就近就业。

各级劳动保障、工会等部门采取多种措施，积极开展针对受灾群众的职业技能培训，帮助受灾群众提高就业能力，尽快找到新的就业岗位。2008年，全市举办E–SYB（创办你的企业）培训班16期，培训学员320人，有181人成功创办企业，新创造就业岗位676个；举办E–IYB（改善你的企业）培训班18期，培训学员360人，有192名学员成功创业，带动就业622人。江油市积极支持、帮助有关培训机构开展培训，2008年6月15日，灾后首期“春雨工程”农民工技能培训班在武都成人教育学校开学；7月28日，就业训练中心创业培训班开班，同时花蕾职业培训校、红旗电脑学校、青莲成教校、中坝职中、成人中专校相继开班，先后再就业培训1856人，农村劳动力培训2600人，创业培训266人，“春雨工程”培训1230人，品牌培训692人。安县将培训阵地前移，在受灾群众临时安置点开设流动帐篷培训班，让受灾群众及时掌握新的就业技能。平武县针对农房重建中技术人才缺乏的情况，组织300多名受灾群众学习泥工、木工技能，并全部找到就业岗位。全市灾后共培训受灾群众20247人。

受金融危机影响，2008年，全市有21.5万余名外出农民工返乡。县（市、区）劳动保障部门抓住灾后重建和扩大内需、加大公共基础设施建设的有利时机，积极帮助16万多名农民工就地就近就业。梓潼县发挥村社干部的作用，为返乡农民工推荐工作岗位达3226个。安县劳动保障局主动牵线搭桥，帮助从澳门返乡的600余名农民工承揽重建工程，实现就地就业。全市积极落实小额担保贷款及贴息等鼓励创业的扶持政策，引导返乡农民工走创业就业的路子，2008年针对农民工返乡创业发放小额担保贷款3000余万元，帮助1000多名农民工实现创业。全市充分利用就业专项资金和省上补助的农民工培训补助资金，组织7万余名农民工实施免费技能大培训和创业培训，为返乡农民工再就业创造条件。积极组织开展“春风行动”“民营企业招聘周”等系列专项活动，为求职人员提供更多的务工信息。2008年，共举办各类招聘会近200场，累计提供就业岗位6万多个，帮扶农村劳动者实现就业1.8万余人，达成意向性用工协议1.5万余人，签订就业意向1万余人，签订职业技能培训意向5000余人。

2008年7月6日，江油市外派劳动服务中心与公安部门，查处绵阳鸿翔建筑劳务公司以中铁四局名义在该市招聘300余名江油民工到安哥拉务工的非法活动。采取实地考察、培训机构申请、公开测评办法，将江油市内工业技校等7所培训机构纳入市外派培训基地，并向省级有关部门申请省直挂培训基地。截至2008年8月底，江油市培训外派人员478人，向安哥拉、新加坡、蒙古等国输出外派劳务人员374人。

市委组织部、市劳动保障局、市人事局、市教育局等部门纷纷出台政策，帮助高校毕业生就业。2008年，市委组织部门通过选拔选调生、选聘大学生村官，解决1433名高校毕业生就业；市人事局通过招募志愿者、招录机关公务员、招聘事业单位工作人员，解决2000名高校毕业生就业；市教育局通过面向社会招聘农村特岗教师，解决4000名高校毕业生就业。

二、社会保障

市、县劳动保障部门主动深入因灾受损企业，坚持特事特办，简化审批手续，帮助企业落实缓缴社会保险费、核销养老保险欠费、办理职工提前退养等社保特殊政策。对个人基本情况清楚、因灾伤亡事实准确的受灾人员，开辟工伤认定绿色通道，及时进行认定并给予待遇支付。根据需要，把劳动能力鉴定由3个月鉴定1次改为1个月鉴定1次，并对特殊情况随时组织鉴定。

截至2008年年底，全市共有185户企业享受缓缴养老保险费政策，缓缴养老保险费1亿元；362户企业享受缓缴医疗保险费政策，缓缴医疗保险费4734.5万元；111户企业享受缓缴工伤保险费政策，缓缴工伤保险费393.2万元；102户企业享受缓缴生育保险费政策，缓缴生育保险费69.2万元。全市完成工伤认定1980人，组织工伤职工伤残等次鉴定和非因工、因病丧失劳动能力职工劳动能力鉴定7次共1253人，基金支付1476人工伤保险待遇1.1亿元。北川县完成3304名遇难学生家长参加养老保险工作。江油市积极与组织部门联系，督促乡镇及时申报和缴纳养老保险费，2008年8月底完成村（社区）干部参保工作。江油市积极配合做好伤员后续治疗，出台伤员救治医疗保险特殊政策，扩大药品及诊疗项目报销范围，对受伤参保人员在非定点（协议）医疗机构救治所发生的医疗费用，视同定点（协议）医疗机构按规定予以支付，解决参保人员的就医问题。

绵阳市坚持实行养老、工伤和生育保险“一票多费”征收，落实参保政策，维护企业职工社保权益；加大社会保险稽核力度，防止企业瞒报漏缴；加强与安全生产、建设等部门的联系，促进农民工参加养老、医疗、工伤保险。截至2010年年底，全市养老保险参保70.5万人，失业保险参保21.22万人，城镇基本医疗保险参保113万人，工伤保险参保30.1万人，生育保险参保21.4万人，社保基金征收总额50多亿元。

市政府先后出台《绵阳市养老保险市级统筹办法》《绵阳市失业保险市级统筹办法》《绵阳市工伤保险市级统筹办法》《绵阳市生育保险市级统筹办法》，建立绵阳市城镇职工基本医疗保险、城镇居民基本医疗保险调剂金制度，五项保险市级统筹制度基本建立。绵阳市将13542名原城镇集体企业超龄职工和返城老知青、11113名城镇超龄居民、18286名被清退的乡镇机关和事业单位临聘人员、49245名失地农民纳入养老保险参保范围，将292名国有关闭破产企业退休人员纳入基本医疗保险范围，将3571名“老工伤”人员纳入工伤保险进行统筹管理。

汶川特大地震后，全市启动实施城镇居民基本医疗保险试点，将60多万城镇居民和在绵大学生纳入参保范围。市政府出台《绵阳市城镇居民基本医保险暂行办法》，市政府办公室印发《绵阳市城镇居民基本医保险暂行办法实施细则》；各县（市、区）建立领导小组，落实办事机构，试点工作走在全省前列。2008年8月19日，江油市举办首批城镇居民现场医保待遇支付仪式。截至8月31日，江油市完成城镇居民基本医疗保险参保35162人，征收医疗保险基金264万元。

2009年，绵阳市在江油市实施新型农村社会保险试点；2010年，在安县试点。试点县（市）共有46.8万农村群众纳入参保范围，35万余人参保缴费，17.8万余名到龄人员领取养老金。

附1：

废墟上，数百乡亲为她举行“豪华”葬礼

地震后的第三天，平武县南坝小学老师杜正香的遗体在废墟中被挖了出来。大家惊奇地发现：她的两只手各拉着一个孩子，胸下护着3个孩子，旁边还有几个孩子拽着她的衣角。这个“老鸡护小鸡”的姿势，震撼了在场的每一个人。虽然当时是非常时期，当地的数百名群众仍然自发地组织起来，为杜正香举行了一个“豪华”的葬礼。

“老鸡护小鸡”的姿势，震撼了废墟上的每一个人

杜正香是我妻子杜正淑的姐姐，今年47岁。1991年2月，她被南坝镇小学聘为代课教师，后来又被推选为所在生产队的队长。

在5月12日的地震中，平武县南坝镇顷刻之间被夷为平地，南坝小学的数百名师生被掩埋在废墟中。我的妻姐杜正香在该校教幼儿园小班，也在这几百人之中。由于南坝中学没有人员伤亡，在安顿好学生后，我和同样在南坝中学教书的妻子立即赶往小学，与姐夫严正明一起寻找妻姐的下落。

当时，有很多学生家长以及南坝镇的幸存者在废墟中寻找自己的亲人。每当一具遗体被抬出来，就会传出一阵撕心裂肺的哭声。我们始终见不到妻姐的身影，心情特别紧张。

5月14日下午1点25分，来自驻豫某空降师的救援官兵用机械设备吊起一块1吨多重的横梁时，废墟里出现了一名中年妇女的遗体。妻子杜正淑和姐夫严正明一眼就认出，那正是妻姐杜正香。顷刻间，我们的泪水就流了出来。

随着搜救工作的进行，现场的官兵和群众都被眼前的一幕惊呆了：妻姐遇难时面部朝下，双臂呈半张开状态。她两只手各牵着一个孩子，怀里护着3个孩子，还有几个孩子跟在她身后，拽着她的衣角。看到这一幕，妻子和姐夫几乎昏厥过去。

妻姐遇难时这种“老鸡护小鸡”的姿势，让在场的人都哭了。其中，被妻姐救出来的一名学生的家长，向来自某空降部队的救援官兵求情说：“杜老师是为了救孩子，第二次冲进教室才被砸的，你们一定要让她‘完好无损’地出来。”

听了这名家长的话，一名中校军官立即让正在作业的官兵停止工作，他哽咽着下达命令：“从现在开始，停止使用一切挖掘工具，大家要用手掏，我们一定要保证这位老师不再受伤害！”

尽管此时已能清楚地看见妻姐的遗体，但是其周围还有很多较大的预制板块和砖头，大家默默地用手刨着。不一会儿，很多人的十指就刨得鲜血淋漓，血水混着灰尘往下流淌，但谁也不肯停下来。

15日早上9点，压在妻姐和周围学生身上的重物终于清理完毕，大家小心翼翼地将她和20多名学生的遗体搬运出来。

乡亲们纷纷请求，要为姐姐单独举行葬礼

妻姐的遗体被放在南坝小学的操场上，很快，遗体前就堆满了香蜡和水果。操场里，来看她的群众达到200多人。

就在乡亲们吊唁妻姐时，镇政府的一名同志来到了现场，要求立即将妻姐的遗体运送出去火化，或者与其他遇难者的遗体一道进行消毒深埋。我们一家人明白，遗体火化或者深埋是四川省抗震救灾指挥部的硬规定，这样做是为了避免瘟疫的出现。我们十分理解政府的决定，默默地开始整

理妻姐的遗容。

我们正想和妻姐最后道别时，人群中的一名男子叫了起来："不行，我们要将杜老师单独掩埋，为她修座坟墓！"

这个声音一传出，立即得到了在场群众的集体响应。乡亲们手挽着手，将妻姐的遗体围住，不论我们一家人怎么劝说，乡亲们也不愿意让工作人员将妻姐的遗体拉走。

与此同时，一些村民自发组织起来，到设在南坝中学操场内的抗震救灾指挥部求情。

"同志，当天地震发生时，杜老师抱着两个娃儿已经冲出了教室，可是为了娃儿，她又冲回去的呀！"

"杜老师只是一个代课教师，直到现在每个月工资才450元，而且寒暑假没有工资，可她从来没有缺席过一节课，还资助了几名大学生呀……"

"请领导们放心，我们失去的亲人，我们一定按照政府的要求进行处理。"……

听了乡亲们的话，指挥部工作人员的眼泪也忍不住往下掉。沉默了片刻后，指挥部工作人员找来救灾现场的卫生防疫人员咨询，在得知如果消毒处理好，按照当地风俗掩埋一个人不会出现疫情的答复后，指挥部答应了乡亲们的请求。但是指挥部也提出了要求：不能完全按照当地风俗停尸7天再入土，当天必须掩埋完毕。

尽管条件"苛刻"，但是总算得到允许，乡亲们决定，要尽一切可能将妻姐按照当地的风俗进行厚葬。大家立即七手八脚地将妻姐的遗体抬到一个空旷地带，并找来床单将她轻轻地摊开，卫生防疫人员紧接着开始准备消毒器械、药品……

在这些乡亲中，很多人的家属也在这次地震中遇难了。看见他们忙碌的身影，我的眼泪再次流了出来。

大山见证，地震灾区最"豪华"的葬礼

按照当地的风俗，土葬必须用棺材。然而，在当地，只有年过花甲的老人才可能提前准备棺材，而且给自己准备好的棺材，绝对不能交与他人使用。如果将棺材交与其他人使用，就意味着自己的后代将永远倒霉——为此，在这个小镇里，还从来没有出现过让棺材的先例。况且，在这个时候，即便是有，估计也在废墟里。

就在大家为棺材焦急的时候，一位年过六旬的大爷来到妻姐的遗体前。他对几名年轻力壮的小伙子说："赶快去将我的棺材抬过来，赶快将我的棺材抬过来。"当这几名男子来到老人的家时，才发现他家出现了严重的地陷。老人放在一楼的棺材，已经随着地基沉到了地下。几名男子不顾一切地冲入废墟，硬将棺材抬了出来。之后，大家又不顾一切地向一家倒塌的店铺跑去，经过半小时努力，从废墟中扒出了4米当地下葬必须用的红布。

此时，更多的乡亲们已聚集在妻姐的灵柩前，有的拿着香蜡，有的拿着一些吃的，还有人拿着崭新的毯子。这些东西，在平日是很好筹集到的，但是在这个时候，绝大多数东西都是乡亲们冒着生命危险从废墟中刨出来的！

乡亲们将拿来的东西不停地往灵柩里塞，灵柩旁的姐夫严正明一边不停地哭泣，一边不停地给乡亲们道谢。此时，6名年轻力壮的小伙子，已冒着随时发生泥石流的危险，在学校后面的山坡上挖了一个大坑。

下午四点半，在做好一切准备后，出殡仪式正式开始了。8名男子抬着灵柩，缓缓地向山上进发。后面，排起了长长的队伍，有她的学生，有学生的家长，还有在南坝小学参与救援的部队官兵……

就在出殡队伍走了一半路程的时候，又遇见了一个难题——按照当地风俗，在出殡的过程中，如果灵柩落地，那就是对死者的最大不敬。可地震后上山的道路变得崎岖而狭窄，就是一个人也难以行走。

为了不让灵柩落地，几名男子干脆扔掉杠子，用手捧着灵柩缓缓前进，沉沉的棺材将他们的手磨出血泡，他们也不愿意放下……

经过半小时的跋涉，灵柩被送到了目的地。大家小心翼翼地将灵柩放入土坑，然后用手捧着黄土，慢慢地撒入坑中。黄土将灵柩掩埋了一半的时候，一名学生家长急匆匆地从山下跑来，将从南坝小学废墟里掏出来的幼儿园小班的10多本《识字》书和几张孩子们画的画，一张一张地放入土坑内。

在那一刻，整个山河再次凝固，众多的人再次跪了下来。片刻后，不知谁提了一句："我们也给杜老师送上祝福吧。"

于是大家纷纷拿出自己的手机，编辑着短信，发向天堂的那一边："杜老师，你多保重。"

"杜老师，地震虽然夺走了你和学生们的生命，但是你在我们心中永远活着。"

（摘自石家庄日报社、绵阳日报社《汶川记忆》　花山文艺出版社　2008年10月）

附2：

撤离深山时，我背着几十万现金

从北川漩坪乡撤离被唐家山堰塞湖吞没的家园时，乡亲们也许没有想到，信贷员赵东和同事们背的那三个笨重的蛇皮袋，竟然装着整捆整捆的钱。那是北川农村信用社漩坪分社的所有现金，共60多万元。

脚边裂开了一道40厘米宽的缝

5月12日是我奶奶84岁生日，也是我休班的日子。母亲一大早就打电话催我回家，但由于工作十分忙碌，我只能留在单位加班。我准备晚上再回北川县擂鼓镇的家里，为奶奶祝寿。我的这个决定，后来备受母亲的指责。

12日上午我下了乡，到漩坪乡灯宝村为入股信用社的农民分红，中午回到单位浑身是土。我们那地方，晴天灰大，雨天泥多。换了衣服后，我准备到信用社旁边的商店买双袜子。刚出门，就觉得脚下晃起来，还有巨大的"轰隆隆"的声响。仅仅几秒钟，就开始天旋地转，我被颠得跳了起来。这时，我看到了一辈子也不会忘记的情形：大约离我1米远的地方，水泥路面突然裂开了很宽的一道缝，足有四五十厘米。那道裂缝沿着街道"哗哗"的向前延伸，一眼望不到头。我一阵绝望："完了，跑不出去了。"

这时，门柜（营业厅）里的同事疯了一样跑出来，拽上我的胳膊就往街口方向跑去。在我们跑的过程中，我亲眼看着街边农经站和计生站的楼房像是被爆破一样，垮塌成了平房的样子。街道上，老人、小孩、机关单位的人都在跑，还不断有头上流着血的人跑出来，尖叫着加入逃命的人群。街上灰蒙蒙的，很近都难看清人脸。数百人在街上哭喊着，两侧的建筑、电线杆全部倒下了。是在演电影？是逃命？直到现在，那场景还像做噩梦一样。

仅仅几分钟，我就跑到了街口的开阔地。大家都很恐慌。我拿出手机，发现已经没有了信号。

那时特别担心家人，可是干着急。大家身上都是灰，看着家园突然没了，都不敢相信。一个刚出生两天的小婴孩也被抱着跑出来，脸上厚厚一层灰，不哭不闹也不动，母亲和奶奶急得哇哇大哭。

余震还在继续。仅仅10分钟后，我们想到了门柜里的20多万现金，我和同事冒死返回。好在我们信用社两层一底的楼只是倾斜了，没有塌。我们拿出钱，关上卷闸门迅速撤离。

河水漫过了漩坪乡的街区

12日下午3点多，当地政府开始往山上疏散群众。我和3位门柜的同事抱着钱，也一块上山了。那个地方叫石龙村。为了维持生存，乡政府又组织我们一批年轻人，回到乡里的街道上筢布匹和吃的。我们弄出了一批彩条布，下午就在半山腰的农田里搭起了帐篷。我们搭了不知道多少帐篷，一个挨着一个，里面共住了1000多人。

晚上下起了大雨，雨水很快就渗进了帐篷，到处都湿乎乎的。当时，人们最怕的已经不是地震，包括我，大家都在担心亲人。很多人的亲属在外地，因为没有通讯，谁也联系不上谁。大雨下着，石龙村上哭成一片，惨啊！当晚，帐篷里就死掉了一个10岁的小孩。对面的一座山有个张坪村，我们抱着钱，担心家人的时候，看到张坪村附近有许多手电光在移动，估计是周边村庄的村民在外逃。

5月13日上午，我们漩坪分社的主任徐泽礼回来了。他头天下乡时遇上了地震，因断路未能返回。我和他就想着，要把信用社金库里的40万元钱也取出来。可乡政府的人感觉太危险，坚决不让我们去。我也是人，也怕死，但当时就是一心想把钱拿出来。

我俩刚走进信用社的办公楼，房子就一阵摇晃，吓得我们赶忙跑了出来，心都快跳出来了。隔了一会儿，余震过去了，我们再次进去，终于把钱拿出来了。当天下午，我们又抢出来一些粮食和药品。

不好的消息不断传来。12日，我在山上就看到漩坪乡城边的河水涨起来了。人们传言说，上游的武安电站大坝快溃坝了；还有人说，下游的两座山合拢了，水被堵住成了堰塞湖。13日，有人通过卡车上的电台，听到了北川县城房屋全部垮塌的消息。我听到第二个消息的时候，眼泪一下子流了出来。我的哥哥嫂嫂就在北川县城啊！父母家和我家所在的擂鼓镇，离北川县城也很近，会不会有事？

背着60多斤钞票翻过4座山

在“石龙村”山上的两天，我们吃方便面喝矿泉水。周边的乡亲们都开始往外逃命，我们也商量着想背钱出去。可是，进出漩坪乡的路已经没了，要么是被山体塌方堵住了，要么被仍在上涨的水淹没了。要想出去，得从深山老林里找出一条路。但我们必须走，因为我们住的地方已经被震出了裂缝，水涨上来，山体肯定还会垮塌。

15日早上5点半，我们离开时，河水已经没过了信用社的楼顶。后来我们才知道，漩坪乡成了唐家山堰塞湖的一部分。再见，漩坪，熟悉的一草一木都已经没有了。走的时候，我胸口发堵，想哭却哭不出来。当时就想，走吧，至少人还在。

出山的路上，逃难的乡亲很多。为了保护公款，我和4个同事、漩坪派出所所长罗勇、一名到北川中学寻找儿子的乡干部一直走在一起。罗勇荷枪实弹保护，我们的现金被分装在3个蛇皮袋里，另外还有一袋重要票据。我自己背着两袋子钞票，足有60多斤。

山上已经有乡亲们踩出的模模糊糊的小路，路上不断碰到逃命的人群。他们中有本乡本土的，也有平武县和阿坝州茂县的。人们都是衣衫破烂，身上全是黄泥。有儿女扶着老人的，也有10来岁的小孩，跟在大人身后。还有在外面打工返回寻找亲人的，大家碰见就互相询问一下消息。

要到达相对安全的地方，必须翻过4座山。在翻第二座山的时候，坡面很陡，大概有六七十度的样子，下面就是五六十米深的悬崖，悬崖下是又宽又深的河水，掉下去肯定会没命。当时我的腿抖得厉害。事后，我再经过那里时，腿还发软。

当爬到最后一座也就是擂鼓镇山梁的时候，手机突然有了信号。当时，100多人都站在山梁上哭着和亲人通电话。和大人相反，小孩子们在山上跳着、闹着，天真烂漫的样子。

我拨通了爱人的电话，问了句"家里人怎么样?"那边就哭起来，一直不说话。接着，手机里传来父亲的声音："到绵阳再说。"我问："女儿呢?"话筒里传来女儿的声音："爸爸，你在哪里?你快回来，好想你哟。"我听完眼泪哗地流出来了，一句话也说不出来，就挂断了电话。

母亲说一辈子不会原谅我

步行了11个小时后，我们终于到了擂鼓镇。在那里，我们坐上了开往绵阳的运送受灾群众的卡车，当晚到达了绵阳九洲体育馆。然后，在当地交警的护送下，我们用警车将现金和票据安全地送到了绵阳市信用联社。

5月16日，我来到北川县城，发现哥哥所在的农业银行大楼已经垮塌，哥哥和嫂嫂双双遇难。17日，我回到擂鼓镇的家中，雇来吊车，从废墟里挖出了岳母的遗体。她老人家是为了给我带孩子，才从阿坝老家来到我家的。

因为伤心过度，见到母亲时，她对我说的第一句话是："我一辈子不会原谅你。"当时，我真是心如刀绞。其实，母亲的埋怨是有道理的：如果我听了她的话，在12日正常休班回家，奶奶的寿宴就会安排在中午，哥哥和嫂嫂肯定会从县城赶回父母家中，岳母也会去祝寿。因为父母家的房子没倒，大家都不会有事。

如果我不加班，3个亲人都不会出事，家还是一个完整的家，可现在已经残缺了，这种痛苦和内疚将伴随我一生。虽然母亲一时不能原谅我，但我理解她，但愿她老人家能早日从丧子的悲痛中解脱出来。

（摘自石家庄日报社、绵阳日报社《汶川记忆》 花山文艺出版社 2008年10月）

第五篇

灾后重建

ZAIHOUCHONGJIAN

绵阳市按照国务院《汶川地震灾后恢复重建条例》《四川汶川地震灾后恢复重建总体规划》的要求，先后制订《绵阳市“5·12”地震灾后恢复重建总体实施规划》和9个专项实施规划、9个县（市、区）灾后恢复重建总体实施规划、北川县新县城选址规划及总体规划，以及161个乡镇和477个村庄灾后重建规划。

凤凰涅槃，浴火重生。全市灾后重建立足于“在重建中发展，在重建中提升”，力求在规划布局、功能完善、产业调整、提高升级等方面实现质的飞跃。围绕“保增长、保民生、保稳定”的工作主线，科学重建、务实重建、艰苦重建、廉洁重建、和谐重建，全力推进灾后恢复重建工作。2008年9月至2011年9月，全市实施重建项目7318个（后调为7314个）、估算总投资约2266.3亿元（后调为2267.34亿元），其中城乡住房建设投资728.29亿元、城镇体系建设投资303.06亿元、农村建设投资182.56亿元、公共服务设施建设投资254.56亿元、基础设施建设投资286.4亿元、生态恢复投资58.01亿元，生产力布局与产业调整投资429.29亿元，防灾减灾投资22.54亿元，精神家园建设投资1.46亿元，其他方面估算总投资0.09亿元。全市三年重建投资规模，相当于绵阳建市（1985年）至2007年投资总和的1.5倍。

一方有难、八方支援。绵阳市是汶川地震灾区对口援建省、市最多的地区，山东省援建北川县，辽宁省援建安县，河北省援建平武县，河南省援建江油市，四川省达州市、南充市、资阳市、内江市分别对口援建游仙区魏城镇、梓潼县许州镇、三台县新鲁镇、盐亭县柏梓镇。据绵阳市发改委统计，全市灾后恢复重建对口支援项目965个，总投资211.78亿元，援建产业园区4个。数百名援建干部、数万名援建人员日夜奋战在绵阳市灾后重建第一线，对绵阳市顺利完成灾后重建、实现跨越式发展发挥了重要作用。

第一章　决策、机构

第一节　中共中央、国务院决策部署

汶川特大地震发生后，中共中央总书记、国家主席、中央军委主席胡锦涛多次主持召开中共中央政治局会议，专题研究部署抗震救灾和灾后重建工作。中央政治局指出汶川特大地震是中华人民共和国成立以来破坏性最强、波及范围最广、救灾难度最大的一次地震；明确要求各级各部门坚持以人为本，在做好被困群众搜救工作的同时，要把安置受灾群众、恢复生产、灾后重建摆在突出位置，扎扎实实做好抗震救灾各项工作；抓紧制定灾后重建规划和具体实施方案，建立对口支援机制，举全国之力，加快恢复重建。中央政治局认为：灾后恢复重建是一项十分艰巨的任务，为加快灾后恢复重建，必须充分发挥社会主义制度的政治优势，举全国之力支援受灾地区的灾后重建工作。按照“一省帮一重灾县”的原则，合理配置力量，建立对口支援机制，组织有关省市对口支援灾区，加快灾后重建。

2008年5月12日23时40分，中共中央政治局常委、国务院总理、国务院抗震救灾总指挥部总指挥温家宝在四川地震重灾区都江堰的临时帐篷内召开国务院抗震救灾指挥部会议，紧急部署抗震救灾工作。2008年5月19日下午，温家宝在北川老县城为地震遇难者默哀后紧握着北川县长经大忠的手表示：“再建一个更好、更大的北川县城”，而这座老县城，将作为永久的遗址“警示后人”。

6月4日，国务院第11次常务会议通过《汶川地震灾后重建条例》（以下简称《条例》）。《条例》规定由国务院发展改革部门会同国务院有关部门与地震灾区的省级人民政府共同组织编制地震灾后恢复重建总体规划和城镇体系规划、农村建设规划、城乡住房建设规划等专项规划。6月11日，国务院办公厅印发《汶川地震灾后恢复重建对口支援方案》（以下简称《方案》），规定按照“一省帮一重灾县”的原则，依据支援方经济能力和受援方灾情程度，合理配置力量，建立对口支援机制。《方案》列出汶川特大地震中四川省18个重灾县（市）相应的对口援建省市，其中将北川县列在第一位，确定由山东省对口援建。其余平武县、安县、江油市分别由河北、辽宁、河南三省对口援建。《方案》还详细规定对口援建的内容、方式和任务，要求坚持“硬件”与“软件”相结合，“输血”与“造血”相结合，当前和长远相结合，调动人力、物力、财力、智力等多种力量，优先解决灾区群众基本生活条件。《方案》明确要求各支援省市每年对口支援实物及资金量按不低于其省市上年地方财政收入的1%考虑，并对对口援建工作提出严格要求。

6月26日下午，温家宝主持召开国务院抗震救灾总指挥部第22次会议，研究制定灾后恢复重建工作的指导意见。会议提出灾后重建工作主要任务：把修复重建城乡居民损毁住房摆在突出位置。交通、通信、能源、水利、市政等基础设施的恢复重建，把恢复功能放在首位，并根据地质条件和城乡分布合理调整布局，与当地城乡规划和经济发展规划相衔接，增强保障能力。整合资源，优化布局，重视优先安排与群众生活密切相关的学校、医院等公共服务设施的恢复重建，推进标准化建设，提高抗震设防标准，确保工程的建筑质量，注重民族文化遗产的抢救和保护。以市场为导向，根据环境承载能力、产业政策和就业需要，合理安排受灾企业的原地重建、异地迁建或关停并转，发展特色优势产业。加快恢复农业、林业、畜牧业生产，发展服务业。按照稳定市场、保障供应、满足需求、便民安全、促进就业的要求，优先恢复重建对保障灾区群众基本生活和恢复生产具有重要作用的市场服务设施，恢复市场服务体系功能。坚持尊重自然、尊重规律、尊重科学，建立完善防灾减灾体系，加强生态保护和环境治理，促进人口、资源、环境协调发展。

6月29日，国务院颁发《国务院关于支持汶川地震灾后恢复重建政策措施的意见》（以下简称《意见》），《意见》制定出“全面支持，突出重点”“统筹协调，形成合力”“因地制宜，分类指导”“立足自救，各方帮扶”“加大力度，简便易行”的五项基本原则；确定“中央财政建立地震灾后恢复重建基金”来统筹和引导各类资金支持受灾地区恢复重建的重要政策，要求四川省财政比照中央财政做法，相应建立地震灾后恢复重建基金，进而统筹使用好受灾地区财政投入、对口支援、国内银行贷款以及国际组织贷款等资金，引导各类捐赠资金合理配置、规范使用，提高资金使用效益。《意见》还就财政支出政策、税收政策、政府性基金和行政事业性收费政策、金融政策、产业扶持政策、土地和矿产资源政策、就业援助和社会保险政策、粮食政策共八个方面作出细致规定，为汶川地震受灾地区的灾后恢复重建提供强大的政策支撑。

7月3日，国务院颁发《关于做好汶川地震灾后恢复重建工作的指导意见》（以下简称《指导意见》）。《指导意见》对《关于支持汶川地震灾后恢复重建政策措施的意见》进一步细化，目的在于有力、有序、有效地做好灾后恢复重建各项工作。

8月27日，温家宝主持召开国务院常务会议，审议并原则通过《汶川地震灾后恢复重建总体规划》。会议根据国务院抗震救灾总指挥部第24次会议要求，国家发改委将《汶川地震灾后恢复重建总体规划》公开征求国内外社会各界意见，并在充分吸收各方面意见和建议的基础上，对总体规划做出修改完善。会议强调，汶川地震灾后恢复重建任务异常繁重，工作十分艰巨，必须切实加强党和政府的领导，紧紧依靠灾区广大干部群众，切实搞好地区之间对口支援与合作，精心规划，精心组织，精心实施，使灾区人民在恢复重建中赢得新的发展机遇，与全国人民共同全面建设小康社会。

10月17日，国务院召开常务会议，会议决定加大工作力度，做好完善灾后恢复重建规划体系工作；做好重建资金筹措，加快灾区城乡居民住房建设等工作。根据灾后恢复重建目标、各专项规划资金需求汇总平衡，并参照国际经验数据综合评估，总体规划提出1万亿元的灾后恢复重建资金需求总规模。中央财政按照恢复重建资金总需求30%左右的比例建立中央地震灾后恢复重建基金，2008年投入700亿元，三年内全部到位。国家还将通过地方政府投入、对口支援、社会募集、国内银行贷款、资本市场融资、国外优惠紧急贷款、城乡居民自有和自筹资金、企业自有和自筹资金、创新融资等，多渠道筹措恢复重建资金。

2009年2月1日，民政部做出《关于北川县行政区划调整的批复》，确定将安县的安昌镇、永安镇、黄土镇的常乐、红岩、顺义、温泉、红旗、东鱼6个村划归北川县管辖，北川县人民政府驻地由曲山镇迁至安昌镇。

3月5日，温家宝在十一届全国人大第二次会议的工作报告中明确提出，加快推进地震灾区恢复重建。抓紧全面实施灾后恢复重建总体规划，中央财政再安排1300亿元灾后重建资金，加快灾区城乡居民住房恢复重建，实行维修加固与新建相结合，基本完成因灾倒塌和严重损毁农房重建任务，保证受灾群众在年底前住进新房。加快地震灾区学校恢复建设，确保2009年年底95%以上的学生能在永久性校舍中学习。继续推进交通、通信、能源、水利等基础设施恢复重建。搞好地质灾害防治、生态修复、环境整治和灾毁耕地复耕。结合实施重点产业调整振兴规划，加快灾区产业重建与发展。继续搞好对口支援和专项援助，管好用好灾后重建资金和物资。提出灾后重建要加大力度，加快进度，力争在两年内基本完成原定三年的目标任务，让灾区人民早日过上更幸福美好的生活。

在绵阳市汶川特大地震灾后恢复重建工作中，中共中央总书记、国家主席、中央军委主席胡锦涛，中共中央政治局常委、国务院总理温家宝，中共中央政治局常委、全国人大常委会委员长吴邦国，中共中央政治局常委、全国政协主席贾庆林，中共中央政治局常委、中央书记处书记、国家副主席习近平，中共中央政治局常委李长春，中共中央政治局常委、中纪委书记贺国强等党和国家领导人先多次到绵阳市灾区视察，对规划设计、建设施工、质量保证、安全保障、资金管理等事项工作予以细致指导，极大鼓舞绵阳市广大干部群众建设热情，有力推动全市恢复重建工作进程。

第二节 四川省决策部署

汶川特大地震后，中共四川省委、省人民政府在紧急部署抢险救灾、抢救人民群众生命财产的同时，组建由省委书记、省人大常委会主任刘奇葆兼任四川省“5·12”地震灾后恢复重建委员会主任。省直各有关部门也组建相应的重建工作机构，在领导力量、工作安排上充分体现加快灾后重建工作的需要，在全省形成条块结合、上下联动、对口衔接、统筹协调的工作机制。

2008年6月17日，省委、省政府根据党中央、国务院“一省帮一重灾县”的原则和四川省内各县受灾情况的实际，提出“一市援建重灾县一个乡（镇）”的要求，绵阳市的游仙区魏城镇、三台县新鲁镇、梓潼县许州镇、盐亭县柏梓镇分别由达州、资阳、南充、内江四市援建。

2008年7月10日，省政府颁发《关于支持汶川地震灾后恢复重建政策措施的意见》，分别就财政、税收、金融、国土资源、产业扶持、工商管理、就业援助、社会保障、粮食等项政策做出重大调整，以支持全省受灾地区灾后恢复重建工作。

2008年9月28日,省人民政府根据城镇住房重建的特殊性，印发经省政府常务会议通过并报住房和城乡建设部、财政部、国土资源部审定同意后的《四川省汶川地震灾后城镇住房重建工作方案》(以下简称《方案》)，正式提出“通过3年努力，使城镇受灾群众住上符合国家规划设计标准、安全可靠、经济适用、功能齐全、设施配套、环境优化的永久性住房，实现家家有房住的目标”。

10月7日，省政府召开四川省灾后城镇住房恢复重建工作会议，安排部署灾后城镇住房恢复重建工作。省委副书记、省长、省“5·12”抗震救灾指挥部副指挥长蒋巨峰在会上指出“家家有房住”是灾后重建的首要任务。

2009年3月6日，由省委组织部、省人事厅、省科技厅、省科技顾问团抽派分别来自省社科院及省内5所重点高校的230名专家教授，组成“灾后恢复重建专家服务团”到北川考察。对北川新县城的建设及其经济社会发展建言献策，为加快新县城科学重建、科技发展提供智力支持。

3月27日，刘奇葆主持召开四川省“5·12”地震灾后恢复重建委员会全体会议，专题研究灾后恢复重建“三年目标任务两年基本完成”、工业恢复重建、因灾失地农民异地安置等工作，要求到2010年9月，基本完成城乡居民住房和学校、医院等公共服务设施的重建任务，灾区生活条件和经济社会发展水平达到或超过灾前水平。

2009年4月2日，四川省召开全省加快灾后恢复重建工作动员大会，对全省加快灾后恢复重建工作进行再动员、再部署。刘奇葆在会上指出，加快灾后恢复重建、两年基本完成三年灾后恢复重建任务是党中央审时度势做出的重大决策，无论是对服务全国大局、还是对四川省加快发展，都具有全局性、战略性的地位和作用。刘奇葆强调，加快灾后恢复重建，要科学调整、明确任务。从国务院灾后重建总体规划和专项规划下发的两年内，全省要累计完成纳入国家规划的灾后恢复重建估算投资85%以上，累计完工项目达到85%以上，基本实现家家有房住、户户有就业、人人有保障、设施有提高、经济有发展、生态有恢复的战略目标。刘奇葆要求，各地各部门要按照时间安排和目标要求，合理安排工作进度，坚持以实事求是为前提，以民生优先为基点，以群众满意为标准，突出民生项目重建、城镇重建、基础设施重建三大重点，有力、有序、有效推进灾后恢复重建。

10月23日，省人民政府召开全省地震重灾区城镇住房重建推进及农村特困户帮扶工作会，副省长黄彦蓉通报全省城乡住房重建进展，要求开展百日攻坚活动，加快重建进度，确保如期完成任务。蒋巨峰在会上要求：城镇受损住房维修加固于2009年年底全部完成；永久性住房除汶川县城、北川新县城、青川县城和绵竹汉旺镇等地外，其他灾区原则上于2009年11月底前全部开工，2010年5月底前基本完成城镇居民住房重建任务。

2010年5月5日，省委、省政府召开全省灾后恢复重建工作现场会。会议的主要任务是：集中考察全省灾后恢复重建取得的阶段性成果，总结交流灾后恢复重建工作经验，确保按时保质保量完成灾后恢复重建任务；研究部署灾区下一步重点工作，把灾后恢复重建工作的重心有序转向加快发展、持续发展、不断增强发展后劲上来；大力弘扬伟大抗震救灾精神，推广灾区重建的成功经验，推动全省经济社会发展。会议之初，刘奇葆、蒋巨峰首先率领来自全省各地及有关部门和企业的650多名与会代表到北川参观考察。与会领导和代表着重对北川新县城、吉娜羌寨、擂鼓镇八一中学进行实地考察，听取北川县委、县政府、山东援建方和中规院对北川新县城规划建设情况的汇报。刘奇葆、蒋巨峰充分肯定北川新县城的建设成果，认定北川新县城是“灾后重建标志性工程”。

继后，省委、省政府领导多次到绵阳指导灾后重建工作，促使全市灾后恢复重建工作得以顺利开展。

第三节　绵阳市决策部署

在抢险救灾取得重大阶段性胜利并成功排除唐家山堰塞湖险情后，按照中共中央、国务院和中共四川省委、省政府的安排部署，绵阳市全面开展灾后重建工作。

2008年5月17日，市抗震救灾指挥部召开会议，传达贯彻胡锦涛、温家宝、回良玉等中央领导到绵阳指挥全市抗震救灾工作的一系列指示精神，提出：把学校重建工作摆上重要议事日程，成立灾后学校重建工作领导小组，迅速摸清学校损毁情况和需要重建情况，积极向教育部及其他部委、社会各界争取资金支持，加快研究应急学校、孤儿院等建设方案。5月21日，市抗震救灾指挥部召开全市抗震救灾及重建家园工作会议，把灾后重建工作提上议事日程。参加会议的市委、市人大、市政府、市政协领导就积极组织力量开展抢险救灾的同时如何开展灾后重建工作发表了各自的意见和设想。5月27日，市委、市政府正式召开有市级各部门和各县（市、区）领导参加的全市灾后重建工作会议，安排部署全市灾后恢复重建工作。提出灾区恢复重建具体要抓好八个方面工作：立即梳理出灾后重建的项目，列出计划，积极争取各方面的支持；抓好灾区重建的规划工作，通过各种渠道在全国邀请一大批有经验的规划专家到绵阳帮助搞好县城、镇乡、村社重建的规划工作；将帐篷等生活物资及时发放到灾民手中，努力做好灾区人民的生活安排；认真做好废墟处理工作，尽快制定出台解决废墟处理方案；狠抓防疫工作薄弱环节，防止出现防疫漏洞，确保大灾之后无大疫；采取有力措施，快速恢复绵阳城区的正常生活秩序，并把危房处理作为一项特别重要的工作抓紧抓好；要组织好物资发放工作，以最快的速度把物资送到灾民手中；要尽快启动基础设施重建工作，把需要重建的学校、医院及水、电、气、路、通信等基础设施项目迅速上报，争取支持。

5月30日，市委、市政府印发《关于艰苦奋斗重建家园的八条规定》，要求全市各级党政机关、企事业单位节省一切开支用于抗震救灾和灾后重建：市委市政府压缩会议、差旅费预算10%，用于建立灾后恢复重建基金；所有市级财政拨款的行政、事业单位工作经费预算一律削减10%,充实灾后恢复重建基金；大力调整财政支出结构，清理已批复和待批复的各类专项资金，暂缓实施一批非重点建设项目，进一步整合各类资金，集中财力帮助灾区恢复重建；除灾害造成的危房和毁损的办公场地按有关规定处理外，各级党政机关和财政拨款的事业单位一律不得新建楼堂馆所，不得借危房改造之机进行高规格装修；各级党政机关和财政拨款的事业单位一律不得购置、更换非应急抢险的公务用车，不得购买高级办公用品；暂停办理所有出国访问、业务考察和培训活动，已经办理相关审批手续但尚未成行的团组要重新报批、从严控制；严禁公款吃喝，各级党政机关和财政拨款的事业单位一律不得用公款相互送礼和宴请，不得接受下级送礼和宴请；建立严格规范的救灾款物管理制度和信息公开制度，所有救灾款物一律不得用于非救灾事项，严禁挤占、截留、挪用、贪污、私分、克扣和骗取救灾款物，发现一起，查处一起，决不姑息。

2008年6月3日，绵阳市人民政府发布《关于印发绵阳市地震灾后重建规划实施工作方案的通知》（以下简称《通知》），指出：绵阳市灾后重建规划实施工作方案编制要全面贯彻落实科学发展观，坚持以人为本，优先恢复重建受灾群众基本生活和公共服务设施；坚持尊重科学、尊重自然，充分考虑资源环境承载能力；坚持统筹兼顾，与推进工业化、城镇化和新农村建设相结合，与主体功能区建设和产业结构优化升级相结合，与保护弘扬中华民族和灾区的人文精神相结合。《通知》要求对灾害范围和灾害损失进行评估，并对环境承载能力进行评价，在此基础上再进行规划编制。

灾后恢复重建规划总体实施方案包括灾后恢复重建总体规划实施方案、城镇体系规划实施方案、农村建设规划实施方案、城乡住房建设规划实施方案、基础设施建设规划实施方案、公共服务设施建设规划实施方案、生产力布局和产业调整规划实施方案、市场服务体系规划实施方案、防灾减灾和生态环境修复规划实施方案、灾后重建用地规划实施方案。《通知》对这些规划，分别确定市级分管领导人，编制牵头单位和参与部门，并明确时间。同时要求各相关部门对灾后重建的财政政策、经费政策、金融政策、土地政策、产业政策、对口支援政策、社会募集以及其他政策进行专题研究。

6月4日，市委召开全市灾后重建工作会议，从十六个方面具体部署全市灾后重建工作：突出抓好受灾情况评估；做好灾后重建规划；加快社会主义新农村建设；尽快恢复受灾群众生产生活；做好受灾群众过渡安置；加强抗震救灾物资管理；搞好基础设施恢复重建；做好民政救济；做好教育、卫生工作；抓紧水利设施修复；加强文化建设；加强文物保护；抓紧危房改造处理；努力对上争取；强化灾后政策研究；努力维护社会稳定。

6月8日，市委召开五届市委第74次常委（扩大）会议，研究制订灾后重建工作方针、思路和具体举措。提出“八个全力以赴”：抓好唐家山堰塞湖避险工作，确保无一人伤亡；抓好受灾群众的安置工作；实事求是、科学、客观、准确地做好灾后评估，全力以赴争取国家支持；化解各种矛盾，特别要突出做好死难者家属的工作，动员全社会力量，落实一对一帮扶，使每一个死难者家属都得到关心和爱护；安排好群众基本生活，高度重视城区老百姓的生活，把城区老百姓的基本生活保障放在重要位置，加快进行危房鉴定和过渡安置，各机关要带头恢复正常工作和生活秩序；恢复工农业生产；抓好北川县的重建工作；确保社会稳定，一方面依法从重从快打击各种违法犯罪及敌对势力，一方面努力化解疏导各类社会矛盾。

7月3日，市委召开农房重建专题会议，就扎实做好全市灾后农房重建工作进行具体部署。强调灾后重建的首要任务是要集中精力抓好灾后农房重建工作，确保实现“7月底之前，灾区所有受灾群众恢复家庭生活；年底前，北川县除县城外基本完成灾后农房重建任务，其他县（市、区）完成灾后农房重建任务的60%以上；2009年年底，全面完成灾后农房重建任务”目标。要求准确掌握全市农村房屋因震灾倒塌或严重损坏的数量，抓紧组织规划力量，加快制定灾后农房重建规划；农村居住分散的农户实行就地、分散安置，由农民依照建设、规划部门设计的房屋样式自愿选择建设，城镇的安置住房建设实行统一规划、建设，使其成为新农村建设的新亮点；率先启动平武县平通镇、南坝镇及北川县擂鼓镇、安县晓坝镇等重灾镇的农房重建试点工作，为推动全市农房重建工作摸索路子，积累经验；对恢复重建永久性住房的农户，可享受国家相关资金补助政策，资金缺口由农民通过贷款等方式自筹解决，重灾区重建委员会及各县（市、区）、市级各相关部门要协调对口援建单位帮助重灾镇完善基础设施，抓紧研究金融支持农房重建的鼓励政策，进一步完善、细化农房重建的其他配套政策，确保农房重建工作各项目标顺利实现。

7月8日，市委召开北川县灾后重建工作会议，听取北川县重建委及县委、县政府的灾后重建工作汇报，研究部署北川县恢复重建工作。强调北川县灾后恢复重建，必须体现科学发展观的要求，必须体现“以人为本”的思想，当前压倒一切的工作是把受灾群众安置好，坚持“先重灾后轻灾、先生活后生产、先群众后机关、先紧迫后长远”的原则，把灾后恢复重建与新农村建设结合起来、把羌族文化传承与提高人民生活质量结合起来，从实际出发，反对任何教条主义、形式主义，杜绝一切形象工程，坚决克服灾后重建工作中的花架子，切实做到求实重建、科学重建、快速重建、发展重建、安全重建。

7月15日，市委召开中国共产党绵阳市第5届委员会第9次全体会议，审议通过《中共绵阳市委、绵阳市人民政府关于加大恢复重建力度，共创美好新家园的决议》（以下简称《决议》）。《决议》要求灾后恢复重建要坚持科学规划、因地制宜、统筹安排、精心组织、扎实推进：突出抓好农民安置，加快建设农村永久性住房；加紧处置城市居民危房，切实抓好城区住房恢复重建；全面修复毁损基础设施和公用设施，增强灾区恢复重建保障能力；培育特色优势产业，推进产业恢复重建；切实维护社会稳定，营造灾后恢复重建的和谐环境。《决议》指出，统筹推进灾后恢复重建与经济社会发展，把恢复重建作为灾区发展的强大引擎，作为全市加快发展的重要契机，把扩大就业作为灾后重建的重要任务；把恢复重建与工业化、城镇化、新农村建设结合起来，突出工业主导；把恢复重建与充分开放合作结合起来，以对口支援为起点形成长期合作机制，建立合作园区，营造良好投资环境，增强投资者信心。着力体制机制创新，强化政策的支持和保障，构建政府主导、市场运作、社会参与、多元投入的恢复重建机制。严格控制救灾物资、主要建筑材料价格，必要时可采取临时价格干预措施。重建精神家园，深入开展“感恩教育”，引导灾区人民树立灾后重建主体意识，做到自强自立自救、坚定坚强坚韧。

8月7日，市委召开北川县重建工作专题会议，再次研究部署北川县重建工作。要求北川县重建工作要重点抓紧抓好四个方面工作：解决好各安置点的稳定和安全问题，确保生产生活秩序正常；抓紧组织好各类建材的生产供应，确保永久性农房建设走在全省前列；抽调精兵强将，做好陈家坝、禹里、漩坪等几个重灾乡镇的重建工作；高度重视安全维稳工作，抓好宣传。强调北川县恢复重建，必须紧紧围绕温家宝总理“再造一个新北川”的要求，按照“科学、安全、求实、快速、发展”的重建原则，扎实做好各项工作，以优异的成绩回报山东省及各方的支持关爱，给党中央、国务院和省委、省政府交一份满意的答卷。

8月11日，市委召开农房建设专题会议，听取各县（市、区）汇报，分析存在的问题，就下一阶段工作作出全面安排部署。要求各县（市、区）要进一步加快推进永久性住房建设。严格执行规划，凡是农房集中建设点，都要做到统一协调、统一规划、统一风格。非易地重建的农房要在原址按设计要求建设。责任到人，要把农房建设工作作为考核干部的重要指标。及时争取、科学调度政策性资金，积极协调援建单位落实好援建资金，支持重灾区加快农房建设。各县（市、区）要详细准确掌握农房建设的实际数据，为科学决策提供依据。进一步明确农房建设的目标任务，凡纳入年度目标考核范围之内的，春节前都要完成永久性住房建设。组织好建材调运，从南充、遂宁等地组织调运一批砖材，率先满足北川县、安县、平武县等重灾区农房建设需求。完善帮扶政策，严格实行贴息审批，凡提交贴息申请的农户要符合申请资格，并在村社进行公示。全力维护社会稳定，将矛盾化解在萌芽状态，将问题解决在基层。

9月3日，市委、市政府在江油召开全市灾后重建工作会议。要求必须全面贯彻“又好又快”的农房建设指导思想，坚持“好”字当头。“好”体现在五个方面：科学选址；注重房屋质量与安全；建筑风格一致；分散与集中结合实际；路、水、沼气等基本配套必须完善。必须突破重点，确保受灾群众安全越冬。对北川禹里、漩坪，安县茶坪、高川，平武石坎、水观，江油雁门等受灾严重的山区乡镇，多管齐下，采取一切有效措施，重点突破。对需加固使用的房屋尽快实施维修、加固；建立建材特供机制，市上相关部门负责统一组织建材及运送，方便建房农户在当地购买。必须千方百计发挥好群众建房的主体作用。引导广大受灾群众克服依赖思想，发扬自力更生、艰苦奋斗精神，倡导用自己勤劳的双手重建美好家园。注重点面结合，狠抓一批示范点建设，创造出更多能充分发挥群众主体作用的好模式，推动全市农房建设。同时认真研究，着力提升农房建设点环境水平和文化品位。

10月6日，市委召开全市领导干部大会，进一步部署全市灾后重建和加快发展工作。强调全市上下要按照“一手抓抗震救灾，一手抓经济社会发展”的方针，准确把握全市灾后重建面临的新形势，在继续抓好抗震救灾各项工作的基础上，更加突出发展主题，增强发展意识，抓住发展重点，创新发展举措，以一流的发展业绩推动绵阳走在全省灾后重建的前列：以项目建设为载体，大力推进工业经济发展；着力提升重建水平，大力推进社会主义新农村建设；加快城市危房处理，完善城市各项基础设施建设，加快城市新区建设步伐，重塑绵阳城市形象；大力推进现代服务业恢复与发展；突出功能恢复提升，大力推进基础设施建设；以扩大就业为重点，努力改善民生；努力确保群众安全，大力推进防灾减灾和生态重建。号召全市广大干部群众要进一步振奋精神、坚定信心，加强督察、强化监管，努力夺取抗震救灾和经济社会发展的全面胜利。

12月8日，市委印发《关于进一步关心爱护灾区基层干部的意见》（以下简称《意见》），就切实关心爱护灾区基层干部工作作出具体部署。《意见》要求，全市各级各部门要切实从讲政治的高度，把关心爱护灾区基层干部作为加强党的干部队伍建设，推进灾区经济社会发展的重要内容，格外关心和爱护灾区基层干部。关心干部心理健康，抓好灾区基层干部精神重建：建立灾区基层干部心理辅导机制；全面实施灾区基层干部专项培训工作；丰富灾区基层干部精神文化生活。关心干部的家庭生活，建立灾区基层干部人文关怀机制，密切关注灾区基层干部身体健康；切实解决灾区基层干部生活困难；切实解决灾区干部住房问题；切实改善灾区干部工作生活待遇。关心干部的工作状况，切实调动灾区干部工作积极性，加大灾区干部的选拔使用力度；加大灾区干部交流工作力度；充分发挥挂职干部的作用。

震后市委派出2个工作小组，分别负责北川县、安县、平武、江油4个受灾严重县（市）领导班子的考察工作；另外派出4个工作组分赴各条战线和其余重灾县区、乡镇开展干部考察工作。在此基础上，参考平时表现，选定一大批优秀年轻干部，通过从灾区提拔一批、市上下派一批、轻灾区交流一批、中央和省支援一批的方式，在灾后20天内补充任用副科级以上领导干部344名；破格提拔使用干部81人；从抗震救灾一线选拔28名干部进入县（市、区）领导班子。此外，从市级部门下派36名业务骨干进入18个重灾乡镇领导班子。从赴灾区工作人员和抗震救灾一线表现突出的党员中选派536人充实村党组织班子，选聘885名大学生到村任职，从市县机关事业单位抽派1000名干部到重灾乡镇、村参与农房重建。

2008年汶川特大地震发生后至是年底，市委、市政府就灾后重建先后召开17次会议。同时，市委、市人大、市政府、市政协各主要领导数十次深入各县（市、区）指导工作。市委领导强调灾后重建要着眼当前，立足长远，科学谋划，制订好重建的战略思路，让灾区人民早日过上幸福安康的生活。并要求各级干部，全力以赴抓好重建工作，把永久性农房建设作为头号工程抓紧抓好，注重质量，落实好各项补助政策，深入细致做好群众工作，把党委和政府的温暖送到千家万户，使绵阳的灾后重建工作走在全省前列。代市长曾万明在各县（市、区）指导重建时强调“四个优先”，即“民生优先、基础设施优先、公共服务优先和产业优先”，对农房重建的要求，注重科学选址、统一规划，体现民族文化特色，注重建设质量，着眼于新农村建设与旅游产业发展相结合。

2009年2月19日，市委、市政府印发《关于进一步加快灾后恢复重建工作的意见》，明确提出进一步加快灾后恢复重建的指导思想和目标任务。指导思想：坚持以人为本、尊重自然、统筹兼顾、科学重建、加快重建的方针，全面落实灾后恢复重建的各项政策，抓住当前有利时机，正确处理加快进度与确保质量、立足当前与着眼长远、争取外援与自力更生以及恢复与提高、建设与发展、安居与乐业、环境与自然、分散与集中的关系，坚持党委领导、政府主导、群众主体、市场运作，着力推进城乡居民住房、公共服务设施、重大基础设施和重大产业项目恢复重建，早日实现家家有房住、人人有保障、设施有提高、经济有发展，生态有改善的目标。总体目标：按照“三年重建任务两年基本完成”的总体要求，努力实现“灾区群众居住条件优于灾前、公共服务好于灾前、基础设施强于灾前、生产能力大于灾前”四大目标，到2010年6月完成全市灾后恢复重建任务的90%以上，年底全面完成。主要任务：加快推进城乡住房重建；加快推进公共设施重建；加快推进基础设施重建；加快推进重大产业重建；加快推进城镇恢复重建；加快推进对口援建；加快推进生态恢复重建；加快推进精神家园重建。

2月22日，市委、市政府召开全市灾后恢复重建暨农村工作会议。会议强调：加快恢复重建农村基础设施；加快恢复重建农田水利设施；加快恢复重建交通道路基础设施；加快集镇恢复重建步伐；加快土地复垦和生态修复工作；加快恢复和提升农村公共服务水平。优先安排公共服务设施的恢复重建，确保8月31日前全面完成学校重建任务，年底前基本完成医疗卫生机构重建任务。加快改善农村生活条件。以小集中为主加快永久性农房重建，全面完成城镇住房恢复重建任务，扎实推进城乡环境综合整治。加快恢复提升生产水平。提升现代农业发展水平，提升县域工业经济实力，加快恢复发展第三产业，特别是培育新的旅游市场和产业。

2009年3月，市委主要领导人调整后，市委班子继续把灾后重建作为全市中心工作和头等大事，结合学习实践科学发展观活动，在全市广泛开展民意调查和解放思想大讨论，对全市灾后重建工作进行继承创新，提出科学重建、和谐重建、务实重建、艰苦重建的灾后重建总体思路，要求尊重客观规律、科学规律和经济规律，以规划为先导，以民生为重点，一切从实际出发，量力而行、尽力而为、讲求实效，确保重建工作经得起历史检验。

4月2日，绵阳市召开加快灾后恢复重建工作动员大会。强调坚持科学重建，确保重建工作有力有序有效推进。始终坚持“规划—项目—投资”这条主线不动摇，以规划项目为纲，以科学规划引领项目，用项目带动投资，用投资推动发展。在规划问题上，不仅要做城镇规划、农房规划、建筑规划，而且要抓紧产业规划。对已经作出规划的项目，一定要按规划办事，与规划设计方面做好衔接，加强对规划实施的指导。坚持正排工序、倒排工期的科学方法，加快重建工作进度。注重科学统筹、多措并举，落实好优先民生项目重建、加紧抓城镇重建、突出抓配套设施重建三个重点，在省委提出的“家家有住房、户户有就业、人人有保障、设施有提高、经济有发展、生态有改善”六个方面下功夫。要求坚持务实重建，确保重建工作经得起历史、实践和群众的检验；真抓实干、求真务实，坚决杜绝形象工程；突出产业重建，攻坚破难，扎实推进；细化责任，落实责任，把项目落实到人头，实行横向到边、纵向到底、“点对点”的服务和监督；攻坚破难、扎实推进，不等不靠、主动有为，做好“向上争、银行贷、市场引、社会筹”几篇文章，多方位、多举措、多渠道筹资找钱，发挥好财政投入的引导和乘数效应；坚持和谐重建，营造良好的重建环境；坚持以人为本、民生优先、准确把握群众所思所想、所盼所怨，着力改善灾区生产生活条件，把人民群众的满意度作为重建工作的价值取向。

4月21日，市委、市政府印发《关于进一步加强全市灾后重建项目工作的意见》（以下简称《意见》）。《意见》提出，进一步加强全市灾后重建项目工作的指导思想是：以科学发展观为指导，坚持科学重建、务实重建、和谐重建，以人为本、民生为重、民生为先的原则，强化“项目是纲、纲举目张”的理念，把经得起群众和历史的检验作为衡量标尺，紧紧抓住时间机遇、项目机遇、政策机遇和援建机遇，以规划为引领，以项目为核心，以投资为方向，用科学规划引领项目，用项目带动投资，用投资推动发展，努力在全市形成“大抓项目、抓大项目”的良好局面。目标任务是：按照“加快建设灾后美好新家园、加快建设西部经济发展高地、加快建设绵阳科技城”的总体部署，全面落实省委、省政府对绵阳“灾后重建保持领先、经济发展走在前列”的要求，突出“民生项目、城镇、配套设施重建”三个重点，统筹谋划、分步实施、全力推进全市项目工作，确保实现“三年重建任务两年基本完成”的总体目标，力争到2010年10月，累计完成纳入国家灾后恢复重建规划及四川省三年年度投资计划的估算投资和项目90%以上，基本实现“家家有房住、户户有就业、人人有保障、设施有提高、经济有发展、生态有改善”的目标，灾区基本生产生活条件和经济社会发展水平总体达到或超过灾前水平，经济社会发展走在全省前列。

4月28日，市委印发《关于加强地震灾区精神家园建设的意见》，要求：抓好村级活动场所建设，增强灾区基层党组织服务功能；抓好灾区干部队伍建设，调动干部投身灾后重建积极性；抓好灾区精神文明和文化建设，积极营造健康向上的社会环境；抓好灾后产业恢复重建，保证灾区干部群众收入稳定增长；抓好灾区干群家庭重建，创造幸福和谐的家庭生活氛围。

9月29日，市委召开五届第114次常委会传达温家宝、贾庆林在四川灾区考察时的讲话精神和全省因灾失地农民安置帮扶现场会精神，专题研究北川因灾失地农民安置工作。要求在解决因灾失地农民安置工作中，各地要详细排查、科学选址，组成联合工作组实地踏勘，逐户、逐人和逐地、逐点进行深入排查，做到“宅基地、耕地、林地”三落实。同时注意学习借鉴其他地区的好经验好做法，把专家意见与群众经验结合起来，科学选择安置点。科学规划、合理布局，组织专业队伍搞好村庄布局和村落规划，加强水、电、交通等基础设施配套建设。责任到人，有力有序有效地推进农房重建和土地复垦，按规定时间完成农房重建任务。会议强调，把因灾失地农民安置工作作为首要任务、第一指标和民心工程，放在心上，抓在手上。县、乡、村要落实责任主体、工作主体和建设主体，实行限时完成制和责任追究制，加强督查和问责，把因灾失地农民安置工作做细做实。

2009年全年，市委、市政府主要领导人更换后，在坚持原市委、市政府所制定的各项决议基础上，更注重务实与落实，强有力地推进灾后重建的各项指标和任务的完成。全年先后9次召开市委全委会、常委会、全市工作会，研究部署重建工作。

2010年1月15日，市委召开市重建委第94次全体会议，提出2010年是全市灾后重建的关键之年、攻坚之年、决胜之年。灾后重建工作要实现确保三年目标任务两年基本完成，确保灾区总体上实现“家家有房住、户户有就业、人人有保障、设施有提高、经济有发展、生态有改善”，确保实现全市城乡居民基本生活条件达到或超过灾前水平、经济社会发展达到或超过灾前水平“三个确保”的目标。会议要求，在确保基本完成重建任务基础上，适时转移工作重点，将灾后重建工作的重心，转移到发展产业、扩大就业、扶贫帮困上来，增强绵阳可持续发展后劲，让全市群众过上更加幸福美好的生活。按照省上规定的时间要求，如期完成民生类项目重建任务，同时要管好用好这些重建设施，发挥最大效益。大力恢复灾区基础设施功能，加快交通枢纽项目建设，加快推进重点项目建设，加快县城和重点集镇建设，改善发展环境。加快推进产业发展振兴，在产业发展上实现提升，推动全市经济实现跨越式发展。抓好防灾减灾和生态修复，切实维护群众生命财产安全。进一步深化对口援建，探索建立以感情为基础、利益为纽带、园区为载体、项目为支撑、制度为保障的对口合作长效机制。将受灾群众就业问题提上重要议事日程，实施灾区农村富余劳动力技能培训行动，大力开展劳务合作，强化就业援助，帮助灾区群众就业。高度重视重建户建好房后重返贫困的问题，积极帮助农房重建户解决好当前生活和长远生计。加大力度实施扶贫开发，妥善安置“三无”“三孤”人员，制定实施扶贫开发促进工作方案，抓好灾区连片扶贫开发。

2月9日，市委、市政府出台《关于2010年全市灾后恢复重建工作的意见》，要求坚持以人为本，加速灾区民生项目重建；加强基础保障，恢复灾区基础设施功能；着力产业发展，推动灾区经济恢复振兴；注重环境保护，抓好防灾减灾和生态修复；深化对口支援，完善对口支援长期合作机制；强化保障措施，加快推进灾后恢复重建，基本完成灾后恢复重建任务，9月30日前累计完成灾后重建项目和投资的85%，力争年底完成投资90%以上、完工项目达到98%。

4月27日，市委召开五届第130次常委会议。会议决定，市委、市政府组建4个项目资金检查组，对灾后重建和扩大内需项目资金开展全面检查。强调以灾后重建扩大内需项目资金检查组开展检查工作为抓手，使项目资金检查工作日常化、固定化。坚持科学重建、阳光重建、廉洁重建，以“规划项目产业投资”为主线，重点检查全市灾后重建和扩大内需项目资金情况，做到每个项目必查、每笔资金流向必追。按照中央、省、市有关重建资金使用管理的有关规定，对所有项目进行梳理排查，加强对结余资金的监管，有效防止资金风险。

5月11日，市委、市政府召开全市灾后恢复重建工作会议。强调抓好工程进度、质量、安全、造价四个关键环节，保质保量按时基本完成重建任务；加强重建资源统筹，以规划引领资源整合，以政策支持资源整合，以统筹型捆绑式投入带动资源整合，深入做好“整合文章”；完善重建项目功能，全面提升基础设施水平、公共服务水平，全面改善和提升城乡生活环境，深入做好“提升文章”；努力放大重建成果，整合利用物化资源，大力提升产业发展水平，加快推进新型城镇化进程，努力建设社会主义新农村，深入做好“转化文章”；加大项目建设力度，既立足当前千方百计加快项目建设，又着眼长远提早做好项目储备工作，抓住关键全力以赴破解资金难题，保持投资持续快速增长；抓好土地整理、复垦、就业帮扶、扶贫和维护灾区稳定等工作。

7月22日，市委、市政府再次召开全市灾后恢复重建工作现场会暨加强资金管理工作会议，制定《市级有关部门落实全市灾后恢复重建工作现场会重大部署责任分工方案》。开展住房重建“百日攻坚战”、全市房屋和市政工程暨灾后重建工程质量安全拉网式大检查等专项活动，加快美好新家园建设步伐。7月28日，“绵阳灾后重建网”正式投入运行，组织协调首都新闻采访团、全国百家党刊、百家晚报来绵采访报道，全面展示绵阳市灾后重建成果。9月26日，市委、市政府召开市重建委第95次全体会议，研究部署地质灾害防治、灾区长远发展等工作，组织有关部门编制完成《地震灾区发展振兴规划》和《关于加快绵阳地震灾区产业发展的实施意见》。11月4日，召开全市加强灾后恢复重建公共设施管理和北川新县城建设与管理工作会议，下发《关于切实加强灾后重建公共设施使用管理的通知》；认真抓好灾区群众扶贫帮困和促进就业创业工作，出台《关于贯彻落实〈促进汶川地震重灾区群众就业的意见〉的通知》，开展全市因灾特殊困难群体帮扶工作检查。12月27日，召开全市深化因灾特殊困难群众帮扶工作会议。

2010年，绵阳市灾后恢复重建规划进行了中期调整，确定恢复重建项目7318个，总投资2266.3亿元。截至年底，全市灾后重建项目开工7313个，占99.93%；完工6796个，占92.87%；完成投资2090.86亿元，投资完成率92.26%。其中农村居民住房规划加固67.59万户、重建50.66万户全面完成，累计完成投资549.81亿元，投资完成率108.05%；城镇居民住房规划加固34.9771万户全面完成，重建6.3045万户，开工6.3045万户，完工6.216万户，分别占规划的100%和98.60%，累计完成投资212.64亿元，投资完成率96.91%；公共服务设施项目，开工3868个，完工3633个，分别占规划的99.92%、93.85%，完成投资202.20亿元，投资完成率79.43%；基础设施项目，开工143个、完工98个，分别占规划的97.95%和67.12%，累计完成投资262.36亿元，投资完成率91.60%；防灾减灾项目开工44个，完工24个，分别占规划的100%和54.55%，累计完成投资15.33亿元，投资完成率68.01%；生产力布局和产业调整项目已开工1459个，完工1418个，分别占规划的100%和97.19%，累计完成投资371.38亿元，投资完成率94.91%；市场服务体系项目开工1492个，完工1467个，分别占规划的100%和98.32%，累计完成投资33.45亿元，投资完成率88.05%；农村建设项目开工42个，完工18个，分别占规划的100%和42.86%，累计完成投资155.35亿元，投资完成率85.10%；城镇体系项目已开工207个，完工105个，分别占规划的100%和50.72%，累计完成投资249.01亿元、投资完成率82.17%；生态修复项目开工19个，完工8个，分别占规划的100%和42.11%，累计完成投资20.19亿元，投资完成率77.42%；土地整理复垦项目开工9个，完工5个，分别占规划的100%和55.56%，累计完成投资18.60亿元，投资完成率58.25%；精神家园项目开工10个，完工5个，分别占规划的100%和50%，累计完成投资0.54亿元，投资完成率36.99%。

2011年4月1日，市重建委召开第96次全体会议，传达贯彻省重建委第10次全体会议精神，研究部署全面完成灾后重建任务和推进灾区发展振兴工作。

4月15日，市委办、市政府办印发《关于2011年全市灾后恢复重建工作的安排意见》，就2011年全市灾后恢复重建工作作出部署：

全面完成灾后恢复重建目标任务。加快重建项目扫尾工作，恢复重建任务必须在9月底全面完成；加强灾后重建资金管理，加强对重建项目资金的监督管理，进一步做好“特殊党费”资金审计、重大建设项目跟踪审计和建设项目竣工结算审计；加强工程质量监管，加强部门联合执行。

大力加强灾区防灾减灾能力建设。深入开展地质灾害防治，大力提高防灾减灾能力，抓紧实施生态环境修复。

全力加快灾区发展振兴步伐。推进灾区产业发展振兴，推进灾区就业促进工作，深化扶贫帮困工作。

积极推进对口合作。加强与山东、辽宁、河北、河南等4个援建省的对口合作，促进优势互补、发展共赢。

展示灾后恢复重建良好形象。加强重建公共设施管理，落实市委《“5·12”特大地震三周年“科学重建、跨越发展主题宣传思想文化活动方案”》，深入开展感恩教育。

进一步强化灾后重建工作保障。深化组织领导，强化政策支撑，强化监督检查，切实维护灾区和谐稳定。

从2008年汶川特大地震发生后的9月正式开展灾后恢复重建工作至2011年9月底，历时3年，基本实现省、市提出的“三年重建两年基本完成”的目标任务。截至2011年底统计：全市7314个（规划7318个）重建项目，2267.3亿元（规划为2266.3亿元）重建投资全面完成，实现“家家有房住、户户有就业、人人有保障、设施有提高、经济有发展、生态有改善”。新建和维修加固农村住房118.3万户、城镇住房45.2万户、学校751所、医疗卫生计生机构547个、敬老院和福利院210所、村级组织活动场所3094个，重建公路7610公里，北川新县城建成投入使用。

第四节　重建工作机构

2008年6月3日晚，市委、市政府召开绵阳市地震灾后重建规划实施编制工作会议，会议印发绵阳市人民政府《绵阳市地震灾后重建规划实施工作方案》（以下简称《方案》）。

根据《方案》确定的原则，绵阳市灾后重建分别建立市、县、援建单位和社会各界工作机构。

一、中共绵阳市委、市政府灾后重建工作机构与管理

（一）机构

2008年6月13日，根据绵阳市人民政府《绵阳市地震灾后重建规划实施工作方案》提出“区分

缓急、突出重点”的原则，为加强对极重灾县北川灾后重建工作的指导，市委决定成立“北川县重建工作党工委、管委会”，由市委常委、市政府副市长左代富任党工委书记、管委会主任，市政协副主席、市委统战部部长文久喜，市委秘书长陈兴春，北川县县委书记、人大常委会主任宋明，安县县委书记、人大常委会主任王黎，北川县县委副书记、县政府县长经大忠分别担任党工委副书记和管委会副主任，其余市、县有关部门领导任委员。

7月15日，为加强北川、安县、平武、江油4个极重灾县灾后恢复重建衔接、协调和服务，市委、市政府决定成立“绵阳市灾区重建工作委员会”，由市委常委、市政府副市长左代富任主任，市委、市人大、市政府、市政协和绵阳军分区相关领导任副主任，委员会下设对口援助和资金筹措、集镇和农房建设、规划建设和技术指导、军地协调和综合办公室。

12月1日，市委、市政府决定，调整绵阳市灾后重建工作机构，组建绵阳市“5·12”地震灾后恢复重建委员会，由市政府主要领导任主任，相关市委常委任副主任，市人大、市政府、市政协相关领导任委员。委员会下设办公室、3个督导组以及规划实施组（对口援建办公室）、城镇与城乡住房重建和金融支持与卫生防疫组、工业重建组、救济救助和物资保障组、维护稳定组5个工作组。

2009年4月2日，市委、市政府决定调整绵阳市“5·12”地震灾后恢复重建委员会领导成员，由市委书记吴靖平，市委副书记、市政府代市长曾万明任主任。

2009年5月28日，调整绵阳市灾后重建委员会领导和相关工作机构职责，由市委书记吴靖平、市长曾万明任主任，市委常委、相关分管副市长任委员。委员会下设办公室、9个工作组和3个督导组，再次明确委员会组成机构的主要职责：

1. 市重建委办公室负责灾后重建委员会日常工作和各工作组综合协调；负责灾后重建重大问题调研和政策制定；负责灾后重建综合信息收集、整理、汇总和上报工作。

2. 规划实施和项目推进组由市发改委牵头。负责灾后恢复重建总体规划和专项规划的编制和组织实施；负责组织灾后恢复重建项目的编制、上报审批和督促落实工作；负责对口援建单位的日常联系、协调和服务工作；负责项目推进和援建工作有关信息和数据的收集、整理、统计、上报工作。

3. 城镇与城乡住房重建工作组由分管副市长任组长，市住建局、市规划局牵头。负责组织制定城镇和城乡住房重建政策、措施和实施办法，并做好政策宣传；负责制定城镇和城乡住房重建工作综合推进方案，并组织实施；负责农民永久性住房和城镇居民住房重建有关数据、信息及工作进展情况的收集、整理、汇总、上报工作；负责城镇和城乡住房重建督促检查、技术指导、质量和安全监管工作；负责灾后农房重建风貌塑造和城乡环境综合治理工作。灾后重建用地保障、地质灾害治理、土地复垦以及灭失土地返乡农民安置帮扶工作由市国土资源局负责。

4. 社会事业重建组由市教体局、市卫生局、市文化和新闻出版局、市广电局牵头。负责制定全市社会事业灾后恢复重建政策、措施和实施办法并组织实施；负责组织社会事业灾后恢复重建和新项目建设；负责组织制定灾区卫生防疫方案、措施和实施办法，并组织实施；负责加强对地震灾区重点区域和重点人群的食品卫生监督；负责帮助受灾集中安置点完善医疗卫生、文化娱乐设施等工作；负责社会事业重建和卫生防疫有关数据、信息及工作进展情况的收集、整理和汇总上报工作。

5. 工业重建组由市经信委牵头。负责制定全市工业灾后恢复重建政策、措施和实施办法并组织实施；负责组织工业企业灾后恢复重建、企业技改和新项目建设；负责灾后恢复重建所需建筑材料生产供应的组织协调工作；负责工业重建有关数据、信息及工作进展情况的收集、整理和汇总上报工作。

6. 农业重建组由市委农办、市农业局、市林业局、市水务局、市人口计生委、市农机局、市畜牧局牵头。负责制定全市农业、林业、水务、农机、畜牧等灾后恢复重建政策、措施和实施办法并组织实施；负责组织农业、林业、水务、农机、畜牧等基础设施和有关项目灾后恢复重建；负责有关农业、林业、水务、农机、畜牧等重建数据、信息及工作进展情况的收集、整理和汇总上报工作。

7. 商贸旅游业重建和金融支持组由市商务局、市旅游局、市人民银行牵头。负责制定全市商贸和旅游业灾后恢复重建政策、措施和实施办法并组织实施；负责组织商贸企业、旅游企业、景区灾后恢复重建和新项目建设；负责制定和督促落实金融支持灾后重建有关政策，积极向上争取信贷支持。

8. 社会福利和物资保障组由市民政局牵头。负责制定社会福利事业灾后恢复重建政策、措施和实施办法并组织实施；负责组织社会福利事业灾后重建和新项目建设；负责督促各地落实灾区困难群众和“三孤”人员的救济救助政策；负责指导受灾群众集中安置点完善管理制度、推进社区化服务和群众自治工作，帮助集中安置点完善生活等配套设施；负责灾后恢复重建物资捐赠组织、储备管理、发放监管工作。市商务局负责灾后恢复重建应急物资的组织、采购工作。市人力资源和劳动保障局负责灾后恢复重建就业指导和社会保障工作。市公安局（消防支队）负责受灾群众集中安置点消防工作，市安办负责安全工作。

9. 精神家园建设协调小组由市委组织部牵头。负责研究、制定精神家园建设政策、措施和实施办法并组织实施；负责抓好受灾群众集中安置点和村级组织活动场所、干部队伍、精神文化建设；负责研究和解决基层干部困难和问题。

10. 维护稳定组由市公安局、市信访局牵头。负责制定灾后恢复重建社会维稳方案、措施和实施办法；负责灾后恢复重建信访维稳工作；负责加强对灾后恢复重建不稳定因素的预警预报、定期排查和矛盾纠纷化解工作。

11. 设立3个督导组。分别负责绵阳城区、涪城、游仙、江油及各园区灾后重建工作督导；负责北川、安县、平武灾后重建工作督导；负责三台、盐亭、梓潼灾后重建工作督导。负责对灾后重建政策执行、重大工作推进和领导批示落实情况进行不定期督导。

11月19日，绵阳市“5·12”地震灾后恢复重建委员会决定，增补市委副书记张锦明为市重建委常务副主任。

（二）主要活动

2008年6月4日，市委副书记、代市长曾万明主持会议，专门研究医疗卫生系统灾后恢复重建工作。提出在继续做好伤员救治、疫情防控工作的同时，抓紧做好灾后恢复重建工作，积极争取卫生部、省卫生厅及社会各界的大力支持，集中力量、精心组织、周密部署，确保医疗卫生系统恢复重建工作全面完成。是日晚，召开恢复重建敬老院和“三孤”人员安置工作会议，对其工作周密部署，并提出时间要求。同时，市重建委在全力抓好灾民安置的基础上，重点加强对农房重建、试点集镇重建，确保灾区群众温暖过冬等工作的指导与协调。2008年6月9日，市委办公室、市政府办公室颁发《关于抗震救灾和灾后重建工作职责分工的通知》，指出：抗震救灾从前期抢险救人转向灾后恢复重建，决定整合力量，突出工作重点，逐步实现政府部门职能归位，灾后重建各项工作由政府及职能部门按职能职责推进，重大事项报市委常委会决定，并将唐家山堰塞湖避险工作、受灾群众安置工作、争取资金和援建工作、化解矛盾工作、安排好群众生活工作、产业恢复工作、北川新县城重建工作、维护稳定工作分解到各牵头负责人。6月19日，代市长曾万明与中国人民解放军第14集团军有关领导召开绵阳市灾后重建军地对接会议，会议决定第14集团军坚持统一领导，分片负责，抓紧建设公益设施，加强北川老县城地震遗址保护，加快北川地震博物馆建设和永久性学校援建工作以及抢修道路桥梁，开展废墟清理，帮助群众恢复生产等工作。6月26日，召开全市农村受灾群众永久性住房建设工作会议。7月至9月，在深入调研的基础上，重建委组织相关部门研究制订绵阳市灾后重建的总体规划、9个单项规划、24个子规划、161个乡镇规划和477个村庄规划，推进永久性农房重建。8月14日，全市加快推进农房建设现场会在游仙区、江油市召开。9月12日，召开全市农房建设质量培训会，下发《农房重建建材特供工作的意见》《关于切实加强灾后重建建材价格管理的紧急通知》《关于农村永久性住房建设贷款担保基金管理暂行办法的通知》，扎实推进集镇恢复重建。9月20日，召开全市灾后集镇建设工作会议，加快6个市级试点镇重建步伐，启动8个极重灾集镇恢复重建工作；努力做好受灾群众安全过冬工作。12月31日，召开全市城镇居民集中安置点安全过冬工作会议，对36个乡镇36个村180户困难农户安全过冬情况开展专项调研检查，组织力量妥善做好受灾群众过冬住房保障、御寒物资筹集、冬春口粮储备和医疗救助工作。认真做好支援部队和援建省市的协调服务工作，多次召开军地协调工作会、对口援建省市驻绵机构负责人会议，努力提高援建实效。

2009年，重点推进灾后恢复重建，全力以赴抓开工、抓进度。2月至3月，相继召开全市水利工程项目建设、卫生系统和农村灾后恢复重建工作会，专题召开金融工作暨灾后重建项目资金对接会、重大项目推进会、“民生工程”滞后项目研究会。3月，组织召开全市城镇住房重建工作培训会议。5月9日，召开全市加快恢复重建工作会议。市重建委成立3个督导组对全市灾后重建政策执行、重大工作推进和领导批示落实情况进行不定期督导；加大对城乡住房重建保障与指导力度，专门成立“绵阳市城镇与城乡住房重建工作推进办公室”，及时核发城乡住房重建补助资金，进一步完善建材特供机制。2009年9月1日，市长曾万明召开农口和民政系统灾后重建会议，研究经费、土地使用价格、土地审批程序、工程评估等问题。9月，从69个市级部门抽调干部对口帮扶北川因灾失地农民建设永久性住房。加快推进援建项目建设，研究制定《绵阳市灾后恢复重建对口援建项目审批暂行办法》，在项目审批、建设条件等方面开辟绿色通道；加强资金和质量监管，成立市灾后重建资金使用联合审查领导小组和灾后恢复重建跟踪审计协调小组，制定《绵阳市灾后恢复重建审计工作方案》《绵阳市灾后恢复重建项目使用政府性资金审批管理暂行办法》，规范资金申报、审批和使用程序。9月22日，市人民政府决定成立市青少年活动中心灾后重建工作领导小组，加快推进该中心重建进度。9月23—24日，市政府分管副市长召集有关部门和市中心医院负责人，专题研究市中心医院灾后重建规划调整有关事宜。该项目总投资为4.4亿元，纳入香港特区政府援建项目。

2009年12月3日上午，市政府召开城镇住房灾后重建紧急工作会。要求参会有关部门务必要立足于加快推进城镇住房重建工作，打破常规，勇于担责，特事特办，进一步简化办事程序，提供更加积极有力的协调服务工作，确保按时完成省委、省政府下达的城镇住房重建目标任务。重建项目前期行政许可手续应按照“边建设边完善”的要求，由市有关部门放宽前置条件，在规定时限内及时办理；重建项目中涉及市级国有资产处置的，由属地重建办牵头、资产使用单位、选定的开发企业与市财政局、富达公司以及资产管理单位签订重建协议，确保国有资产保值增值。对确因重建需要后退城市道路红线、绿化控制线、河道蓝线而造成的国有土地面积缩减的，相关部门应及时予以认可核销，不得妨碍重建项目的推进（如市沼气办、市环卫处、市花园干休所等重建项目）；对于无法引进开发企业参与重建的独栋房屋，按原址、原套型实施，原则同意通过增加楼层（不超过七层）来弥补重建户资金不足。由属地政府负责协调相邻关系，由市规划局限时办理规划许可。另外，对10个重建项目有关具体问题的处理也作出部署，并要求市目督办加大对城镇住房灾后重建工作限时办结制度和重建推进进度的督查。

2009年12月7日上午，市委副书记、市长曾万明在市政府常务会议厅召集会议，专题研究灾后重建中期评估项目调整和项目资金落实有关工作。要求尽快落实调整计划，抓紧梳理调整项目，抓紧细化落实方案，对尚未开工建设抓紧做好前期工作；加快项目建设进度，加快项目开工，加快建设进度，做好项目储备；加强资金分配监管，资金整合要科学，资金分配要加快，资金管理要跟上。

2009年12月15日，市委副书记、市长、市重建委主任曾万明主持召开教育、卫生、民政系统灾后重建项目推进工作专题会议。曾万明指出，绵阳市教育、卫生和民政系统灾后恢复重建工作扎实、推进有力，走在全省的前列。要求：进一步增强责任感和紧迫感，力争项目早建成，人民群众早受益；进一步加快进度，未开工的项目年底前全部开工建设，开工项目要加快建设进度，确保建设质量，确保廉洁重建；要进一步加强保障措施，每个重建项目都要落实责任领导和主管部门，确保每个项目的推进责任到位、工作到位、实施到位；审计、监察等部门要加强对重建资金的监管，提前介入、及时跟进、全程参与，做到每投必审、每投必检、科学管理、合理使用，确保资金使用法制化、制度化和规范化，确保所有重建项目资料都经得起历史检验；抓好督促检查，对未开工项目督促其尽快开工建设。

2010年1月11日上午，市委副书记、市长曾万明在市政府常务会议厅召集会议，专题研究文化体育系统重建项目推进有关问题。指出文化、体育系统重建项目与群众生活密切相关，在确保安全和质量的前提下，加快建设进度，让群众尽早得实惠。全市文化系统重建工作力争2010年10月底前基本完成，确保2010年12月底前全部完成；对市图书馆进行维修加固；全市文化、体育系统灾后重建项目要量入为出，实事求是，严格按照中期评估调整结果实施，切忌贪大求全，盲目扩大规模，提高标准。

2010年2月4日，根据市委书记吴靖平现场办公会议研究决定，市政府以《研究加快推进绵阳市市级医院灾后重建项目工作的会议纪要》批准成立绵阳市市级医院灾后重建工程建设指挥部。针对个别地方，重建公共设施发生人为破坏现象，绵阳市重建委办公室于2010年2月21日发出《关于切实加强灾后重建公共设施使用管理的通知》。要求：加强宣传教育，树立爱护灾后重建公共设施的思想认识，不断提高广大群众的文明素质和遵纪守法意识；明确管理责任，各县（市、区）政府、园区管委会要对所有投入使用的重建公共设施项目逐一落实管理部门和单位，加强组织协调和督促检查，确保管理维护措施落实到位；建立长效机制，建立健全重建公共设施管理维护的规章制度，确保管理有章可循。

2010年3月22日下午，市政府召开加快推进绵阳市市级医院灾后重建项目工作会议。会议听取3个市级医院灾后重建和港资援建项目推进情况汇报，要求参会部门、有关单位一定要高度重视，主动作为，加大力度，加快进度，对存在的问题进行认真研究，确保项目有力有序有效推进。

2010年6月底，绵阳市灾后重建委通报全市金融机构灾后重建进度情况：全市金融机构（含人行以及银、证、保）中期调整列入灾后维修加固和重建项目554个，开工率为86%。全市金融机构维修加固开工率100%，完工率97.8%。人民银行所有重建项目均已开工，开工率为100%；银行业金融机构、证券机构、保险机构重建项目开工率为44.5%，已累计投入资金1.42亿元，环比增加2%。通报要求所有在建项目，在保证质量的前提下，加快重建进度，按计划完成任务。

2010年8月23日上午，市委副书记、市长曾万明在市政府召开会议，专题研究北川县灾后重建资金有关问题。北川灾后重建面临资金短缺、融资困难、进度缓慢等挑战。北川县要按照规划、项目、资金"三位一体"要求，通过科学整合重建项目，加大资金统筹力度，积极开展对上争取，引导社会投入、盘活现有资产等方式，着力破解项目资金短缺难题，尽快实现"瘦体强身"，确保"一定要把北川建设好"和"再造一个新北川"目标的顺利实现。

2010年11月4日，市政府召开"加强灾后重建公共设施管理工作会"，市长曾万明在会上作重要讲话，在肯定前期重建工作取得的成绩基础上，具体分析存在的问题，提出整改措施和工作要求：以更高的要求统一思想，从树立绵阳形象、感恩奋进、加快发展的高度，从经得起历史和实践检验的高度，充分认识加强重建公共设施的重要性，主动管好、用好各类重建公共设施；以更强的力度整改问题，重点排查学校、医院、敬老院和北川新县城、安县晓坝镇、平武县平通镇、南坝镇等城镇和居民点，不留死角；严格工作责任，明确分管领导和经办人员责任并严格问责；及时整改，排查出来的问题要立即整改；强化监督检查，对管理不善、失职渎职等行为进行公开通报和处罚，情节严重的依法依纪追究责任。

2011年3月24日，市政府召集市级各相关部门，专题研究绵阳中心城区城镇住房灾后重建工作推进过程中涉及的行政审批手续办理、规费减免、国有资产还建等相关问题。议定：认真梳理、逐项解决重建项目的具体问题，督促开发企业完善相关行政手续。切实落实市委市政府有关城镇住房灾后重建的各项要求，快速推进重建工作。纪检监察部门进行全程监督，让重建项目经得起检验。绵阳中心城区城镇住房重建项目实施主体按照"边实施边完善手续"的方式，办理用地文件。要求各市级部门认真落实重建项目规费减免政策。

2011年9月至11月，市委书记吴靖平先后14次到北川调研，深入新县城和曲山、擂鼓、陈家坝、漩坪、禹里、安昌、永安等极重灾乡镇，进村入户，与群众同吃同住共商民生发展之计。11月21日上午，在北川新县城主持召开北川灾后重建发展振兴座谈会，专题研究支持北川灾后重建后续工作有关问题。认为北川县在各级党委政府坚强领导和社会各界关心支持下，抗震救灾和灾后重建取得伟大胜利，城乡面貌发生脱胎换骨的巨大变化，群众生产生活条件得到根本性改善，发展产业、扩大就业、扶贫帮困"三项重点工作"有力有序有效推进，总体实现"家家有房住、户户有就业、人人有保障、设施有提高、经济有发展、生态有改善"的重建目标。同时指出特大地震带来的一些遗留问题还需进一步解决，加快发展振兴面临的难题依然不少：灾后重建漏项资金缺口大，成为制约发展振兴的最大瓶颈；北川新县城产业繁荣有待振兴；"农民变市民"、"4050"人员就业困难；部分集中安置点群众"耕居分离"问题突出；特殊困难群体生活保障需进一步加强；老县城物权还存在争议；干部作风需进一步转变。强调北川灾后重建，举世瞩目。抓好北川灾后重建，事关党的执政形象，四川灾区的形象，绵阳和北川的社会形象。要进一步牢固树立"北川无小事"意识，牢记"两个务必"，非常之时以非常之为，非常之事尽非常之责，全力抓好北川灾后重建后续工作。

2011年11月4日，市委组织召开全市灾后重建收尾工作会议。会议指出，截至2011年9月30日，全市纳入灾后重建规划的7314个项目全部开工，完工7212个，完工率98.61%；完成投资2257.54亿元，占估算总投资2267.34亿元的99.57%。在肯定取得成绩的基础上指出存在的主要问题：在建项目推进不平衡，部分项目难以如期完工；重建资金存在较大缺口，资金管理使用不够严格规范；完工项目后续工作滞后，竣工验收和审计决算不够及时。会议要求，各县（市、区）、园区和市级相关部门要进一步落实责任、细化措施、分类处置、全力做好灾后重建收尾阶段各项工作。

（三）重要措施

1. 科学规划。灾后恢复重建工作一开始就成立市委副书记、代市长曾万明任组长的灾后重建规划实施方案编制领导小组，先后编制绵阳市和9个县（市、区）灾后重建总体规划、161个乡镇和477个村庄规划，以及基础设施、公共服务设施、生产力布局和产业调整、城镇体系、农村建设等9个专项规划，旅游、农业、交通、农业等24个方面的实施子规划。坚持把北川新县城建设作为灾后重建的龙头和标志性工程，邀请中规院担纲，组织全国50余家具有甲级资质的规划设计单位参与方案设计，组织包括吴良镛、周干峙等6位两院院士，张锦秋、崔恺等6位全国建筑设计大师在内的专家咨询、论证，召开规划设计评审会议100余次，参与指导北川新县城规划建设超过1000人次。2008年6月11日，国家发改委灾后重建规划研究组组长、国家发改委投资司副司长纪国刚带领财政部等专项调研小组人员到绵考察北川县城、北川中学和擂鼓镇灾情以及九洲体育馆灾民安置情况，肯定绵阳市灾后重建规划实施方案编制基本思路和有效措施，对绵阳市发改委提出的对建材价格和运输费用进行价格干预政策给予肯定。2008年6月28日，绵阳市重建规划办公室邀请国内资深专家对《绵阳市灾后重建总体实施规划》进行评审，省重建规划组办公室副主任、省发改委副主任王光四和国内12位专家对绵阳灾后重建规划编制工作给予肯定，对《灾后重建总体实施规划》进一步完善和细化提出修改意见，为下一步工作打下基础。2008年6月29日，绵阳市政府常务副市长左代富主持召开《北川重建规划方案》专家咨询讨论会，为进一步修订《北川重建规划方案》打下基础。2008年7月30—31日，省汶川地震灾后重建规划专家组一行就北川新县城选址来绵调研。2008年8月20日，国家发改委副主任穆虹一行来绵调研总体规划。2009年7月16日，绵阳市政府召开灾后恢复重建基金预算执行情况会议，会议要求各县（市、区、园区）、市级有关部门尽快对灾后重建总体实施规划和专项规划项目进行优化调整。2010年8月9日，绵阳市汶川地震灾区发展振兴规划编制工作会召开，绵阳市启动《汶川地震灾区发展振兴规划》编制工作。要求灾后重建工作坚持用科学规划引领项目、用项目带动投资、用投资推动发展。各级领导干部大抓项目、抓大项目，争当“项目书记”“项目县长”“项目局长”，每个项目都明确业主、责任人、督查督办人和时间进度表，狠抓项目落实。

2. 突出民生重建。把社会发展急需、人民群众热盼的好事办好、实事办实，坚持城乡住房重建与新农村建设有机结合，设计26套图纸供农民自主选择，加强农房重建建材和资金保障。2008年6月，112个市级部门500名干部奔赴北川、安县、平武极重灾县开展为期半年的农房重建工作，及时破解资金困难、建材紧缺、规划技术等难题，在“因地制宜、宜散则散、宜聚则聚、适度集中、建筑风格保持相对统一”的原则下，协调有关方面，逐家逐户上门帮助，使永久性农房建设在灾后迅速启动。2009年9月，市级机关69个部门对口帮扶北川县曲山镇、擂鼓镇、禹里乡、陈家坝乡、漩坪的76个村，派出157名干部驻村开展工作，历时15个月。帮助6920户2.24万名群众安全返乡，6248户群众建成永久性住房，5316户入住，解决恢复产业、提供就业岗位、子女上学、病人就医等问题和困难3000余个，建成公益设施87个，得到灾区群众的高度认可。

截至2011年9月底，全市50.66万户永久性农房重建任务全面完成；6.3万户城镇住房重建全部完工。抗震设防标准和工程建设规范，学校、医院等公共设施建成最牢固、最安全、最放心的建筑。

751所重建学校全部开工，完工747个，完工率99.47%；381个医疗卫生重建项目全部开工，完工377个，完工率98.95%。道路交通有1182个重建项目全部开工，完工1143个、完工率96.7%；754个水利重建项目全部开工，完工762个、完工率99.74%。城镇重建顺利推进，全市10个重建城镇已建成基本框架、形成基本功能、展现基本形象。举国关注、群众期待的北川新县城通过公开摇号的方式分配安置房，8539户受灾群众喜迁新居；安县晓坝镇，平武县南坝镇、平通镇，江油市青莲镇，北川县安昌镇等一批极重灾乡镇成为辐射带动一方经济的特色城镇。

3. 和谐重建。坚持把“雪中送炭”的民生项目作为重中之重，把社会发展急需、人民群众热盼的好事办好、实事办实。市委、市政府要求有关部门狠抓工作薄弱环节，坚持灾情最重的乡村必去、最偏远的乡村必去、条件最艰苦的地方必去、问题矛盾最多的地方必去、群众最需要的地方必去的“五个必去”；带着感情、带着责任、带着科学的方式方法，问政于民、问需于民、问计于民。运用逆向思维，采取倒逼机制，从薄弱环节入手，组织广大党员干部深入重灾区、板房社区、偏远山区，多办顺民意、解民忧、增民利、惠民生的实事，解决群众利益诉求。做好困难群众帮扶，严格按照“就地、就近、分散”安置原则，举全市之力抓好因灾失地农民安置。成立由市人大、市政协领导任组长的北川曲山、擂鼓、陈家坝、禹里、漩坪5个极重灾乡镇失地农民安置工作督导组，组织69个市级部门、上千名干部蹲点帮扶北川84个重灾村，同步做好住房选址、规划、配套设施建设和科学避险工作，开展土地整理、复垦和就业帮扶，解决安居和乐业问题。全市19228户因灾失地农民全面实现有房住、有地种、有就业。逐一落实2.2万名“三孤”人员救济措施，2.4万户、5.2万名农村低收入贫困人口实现脱贫。抓好特定群体帮扶，广泛开展心理抚慰活动，做好遇难学生家长、伤残学生及其家长工作。建立地震致残学生假肢装配专用资金，做好假肢装配、更换、维修和康复训练等工作。为符合条件的再生育夫妇提供孕前检查、优生指导等服务，有939名再生育对象怀孕，586个家庭实现再生育一个孩子的愿望。建立遇难干部家属、家属遇难干部、丧失家园干部“一对一”帮扶机制，对灾区干部政治上关心、工作上支持、心理上疏导、生活上照顾。切实维护社会稳定，落实发展、民生、稳定“一岗三责”，推行领导干部定期接访、下访，将矛盾处早、处小、处了。以开展“领导挂点、部门包村、干部帮户”活动为契机，构建党员干部与群众新型联结机制，市、县部门联系村社，党员干部联系群众，做到重大节日、婚丧嫁娶、红白喜事“三必到”，推动联系群众工作具体化、常态化、亲情化。全面构建党政统一领导、人民调解、司法调解、行政调解协调联动的“大调解”工作体系，调解矛盾，调顺民心，调稳执政根基。

4. 务实重建。坚持实事求是，一切从实际出发，量力而行、尽力而为，规划适度超前、建设分步实施、功能管用实用，严把规划执行关、质量安全关、工程造价关“三关”，确保重建经得起实践、群众和历史检验。城乡住房重建，坚持安居为先，加强农房重建建材和资金保障，组织1500余名专业技术人员深入镇村科学选址、科学规划，设计出26种图纸供农民自主选择。坚持“三打破、三提高”，把新农村建设和城乡环境综合治理有机结合起来，对村落和新建农房进行风貌打造，做到“山里山外一个样、山区平坝一个样、城镇农村一个样”。抓好公共设施重建，严格执行抗震设防标准，将学校、医院、敬老院、福利院等公共设施建设成为最牢固、最安全、最放心的建筑。在抓好“硬件”提升的同时，切实加强“软件”建设，着力选好配强领导班子，建好教师、医护和服务人员队伍，发挥一流设施的最大效益。抓好基础设施重建，完成国省干线绵阳段和重要经济干线路基工程981.8公里、路面工程601公里，农村公路路基工程5660.12公里、路面工程5580公里；完成386座震损水库险加固、20处堰塞湖处置工程。

5. 艰苦重建。发挥灾区群众主体作用，把建设物质家园和建设精神家园结合起来。强化自力更生，充分发挥群众在重建中的主体作用，不等不靠，互帮互助，苦干实干，自强、自立、自救、坚定、坚强、坚韧。市县干部“5+2”“白+黑”，带领群众用自己双手和辛勤劳动重建美好家园。坚持艰苦创业，树立过“紧日子”的思想，对重建工程精打细算，合理安排资金投向和投资规模，做到既经济又美观，既实用又富有特色。在道路和城镇绿化上尽量采用本地树种，多种树少种草，降低建设和管护成本。

6. 加强监管。把质量安全放在首位，对建设施工单位设定三个硬条件：竞标单位必须具备一级以上资质；严禁工程分包转包，一旦发现，立即取缔建设资格；必须在施工现场设立指挥部，由公司总经理以上高层领导担任指挥长，坐镇指挥工程建设。所有重点工程都争创“三杯一优”，即“天府杯”“泰山杯”“绵州杯”和优质工程。加强项目全程监督，市委先后出台《绵阳市灾后重建国家投资工程建设项目招投标监督管理暂行办法》《绵阳市抗震救灾特殊党费使用管理监督办法》等48个规范性文件，强化对工程安全状况的跟踪检查，落实安全施工责任制。建立完善质量回访保修制度，对国家投资工程建设项目的计划、立项和招标方式核准、征地拆迁管理、招投标过程、施工管理、设计变更、质量监督、竣（交）工验收、建设市场管理等九个方面实现全面监督。充分发挥各级审计部门的职能作用，对关键环节、重点领域、重点项目全程介入、全程监管、跟踪审计。向9个县（市、区）派出专项检查组，组织540余人次驻县、定点、定项目开展检查。派出657个审计组对重建项目进行专项审计，做到“哪里有资金、哪里就有监管，项目推进到哪里、审计就跟踪到哪里”。确保工程建好、干部不倒、群众说好。同时，定期通报项目审批、项目规划、工程进度、资金管理、质量监理等情况，做到公告社会、取信于民。

7. 产业发展。市委、市政府出台《关于加快绵阳地震灾区产业发展的实施意见》，大力提升传统产业、做强优势产业、培育新兴产业，推动灾区经济社会全面发展振兴。坚持工业主导“三化联动”，突出“一核四带”“一城三区”产业布局，加快发展电子信息、汽车及零部件和冶金机械、材料及新能源、环保化工、食品及生物医药“2+4”优势产业，大力实施“规划项目产业投资突破年”和“充分开放合作年”，深入实施优势企业、产业、园区“三倍增计划”。截至2011年9月，121个农业重建项目全部开工，完工118个、完工率97.52%；882个工业重建项目全部完工；42个旅游重建项目全部开工，完工37个、完工率88.1%。长虹富士康智能手机、旭虹玻璃基板、长虹PDP、九洲二次雷达系统科研生产基地、华晨汽车南方基地、中国重汽重卡基地、川汽新能源汽车、好圣汽车零部件、攀长钢改造提升、川渝中烟绵阳烟厂30万箱技改扩能工程和丰谷酒业万吨曲酒生产基地等一批重大工业项目顺利推进，并部分投产。这些重大产业项目的建设，为绵阳新一轮跨越发展提供有力支撑。

8. 推进援建。市、县逐级成立对口支援办公室，主动做好对口援建工作的协调、服务和后勤保障。重点解决项目推进的施工环境、资金调度、供水供电等问题，主动加强与对口援建省市和港澳援建方协作配合，确定援建项目840个、总投资183.47亿元。在援建干部中开展每年一次体检、一次疗养、一次慰问“三个一”活动，组织专门服务队为援建人员提供洗衣、卫生、防疫等服务。大力宣传援建人员先进事迹，定期表彰优秀援建人员，及时向所在单位通报援建人员工作情况。山东、河北、辽宁、河南分别成立由党政主要领导担纲挂帅的援川工作领导小组，设立后方援川办和前线指挥部，构建“援、地”协同，“前、后”联动的工作格局。各援建省市始终以项目推进援建工作，所有援建项目按照先论证后决策、先规划后实施、先批复后开工、先验收再移交的模式，科学组织、科学管理、科学运作。山东省为加快北川新县城建设，3万多名设计、施工、监理人员，230台塔吊、1000多辆工程机械24小时轮班作业，确保援建项目保质保量快速推进。河北省指派经济实力强的石家庄、唐山、保定、邯郸4市分别对口援建平武县4个极重灾乡镇。截至2011年9月底，8个援建省、市对口援建绵阳市965个项目已完工964个。

坚持对口援建向对口合作转变，促进优势互补、共赢发展。推动对口援建由物质支持向智力支持延伸、由“输血”向“造血”延伸、由单方受益向互惠互利延伸。全市受援灾区多次到对口援建省开展投资促进暨感恩致谢活动，先后与潍坊、威海、唐山、洛阳缔结为友好城市，并建立起长期合作关系；促成以北川为基础的川鲁全面战略合作关系和长期合作机制。

9. 产业转移。将援建省的市场和产业优势与绵阳市的资源优势和特色产业优势相结合，按市场化运作方式，鼓励各援建省企业参与灾后重建，实现由援建到合作、重建到发展的转变。在援建省的支持下，北川、安县、江油分别建立山东工业园、辽宁工业园、河南工业园，平武利用“飞地”方式在绵阳高新区建立了河北工业园。2011年9月底，4个对口援建工业园签约入园企业82户，协议引资106.04亿元，开工60户，建成投资22户，完成投资40.04亿元。山东中国重汽绵阳专用车改装项目基地已建成投产；山东寿光蔬菜集团等5家国内知名农业产业化龙头企业进入北川现代农业科技示范园，带动灾区现代农业发展；辽宁华晨汽车及零部件工业园等一批大项目加快建设。

10. 提高行政效能。2008年8月1日，绵阳市发改委成建制进驻市政务服务中心，承担项目审批和招投标核准、备案、监督以及比选的现场监督等职能。

11. 加强协调。2009年4月8日，绵阳市灾后恢复重建项目工作会议召开，会议就加强灾后恢复重建项目统筹服务和创新着手，研究对策、提出合理化建议。2009年8月28日，省政府主要领导带领省发改委、省港澳办来绵考察港澳援助项目开工情况。2011年1月14日，澳门特区政府援川办主任吕红来绵，检查澳门援助项目。2011年2月18日，绵阳市政府召开澳门特区援助项目进度督促会议。2011年2月26日，香港特区政府主任叶菲到绵督促港澳援助项目。2010年5月11日，四川省灾后重建现场会在绵阳召开，全省各市州和省直机关的领导莅临绵阳，现场参观山东、河北、辽宁、河南4省援建项目。

2010年6月8—9日，绵阳市对口支援工作会议召开，研讨《绵阳市进一步深化对口支援措施建议》，讨论和交流学习援建工程后期工作重点，并对广东、上海援建工程和项目进行现场考察和学习。2010年9月14日，四川省汶川地震灾后重建规划项目再评估专家组到绵，对在特大泥石流灾后恢复重建规划项目选址进行现场踏勘实施再评估。次日，绵阳市正式公告“三年重建任务两年基本完成”的阶段性目标顺利实现。

（四）资金管理

2008年5月30日，市委、市政府出台艰苦奋斗重建家园“八条规定”，集中一切财力抗震救灾和灾后重建。“八条规定”包括：市委市政府压缩会议、差旅费预算10%，用于建立灾后恢复重建基金；所有市级财政拨款的行政、事业单位工作经费预算一律削减10%，充实灾后恢复重建基金；建立严格规范的救灾款物管理制度和信息公开制度，所有救灾款物一律不得用于非救灾事项，严禁挤占、截留、挪用、贪污、私分、克扣和骗取救灾款物，发现一起，查处一起，决不姑息等。

2009年3月18日，市委副书记、代市长曾万明主持召开市政府第60次常务会议，审议并原则通过《绵阳市灾后恢复重建项目政府性资金审批管理程序》。要求严格执行资金审批管理程序，实行限时办结和严格跟踪督查制，确保恢复重建项目政府性资金及时、规范拨付，确保重建项目扎实有效推进。规定全市灾后恢复重建项目政府性资金分配的原则：统筹安排、突出重点；分类控制、包干使用；公平公正、政务公开；跟踪管理、有效监督。要求统筹协调财政投入、对口援建、社会捐赠等资金，确保资金合理使用并和项目有效对接，形成合力。优先保障群众基本生活和公共服务设施的恢复重建，统筹安排好城镇与乡村、基础设施、产业恢复与防灾减灾恢复重建。

为加强灾后重建资金管理，市政府专门成立由市长任组长，分管副市长任副组长，市发改委、市财政局、市监察局、市审计局等部门主要负责人为成员的市灾后重建资金使用联合审查领导小组，负责对全市灾后重建政府性资金使用进行审查；市政府实行“例会制”，由市长定期主持各县（市、区）和相关部门召开例会，督促项目加快推进，并针对项目推进中存在的问题研究解决办法。

为规范和优化资金审批决策程序，市政府先后制定《绵阳市灾后恢复重建项目使用政府性资金审批管理暂行办法》《绵阳市灾后重建和扩大内需资金管理办法》等一系列资金使用和监督管理办法，确定重建资金管理工作指导思想和基本原则，制定科学精简与安全有效相结合的灾后重建资金拨付规程，规范绵阳市灾后重建资金申报、审批和使用程序，明确根据项目进度拨付资金的拨付办法，为全市灾后重建资金使用管理的规范有序奠定基础。

建立精简安全的资金拨付机制。为既保证灾后重建项目的顺利实施，又确保中央灾后重建资金的安全有效，市政府要求市县两级财政部门进一步建立完善资金拨付程序，一方面严格执行各项资金管理制度和政策，另一方面开通“绿色通道”，特事特办，急事急办，缩短资金拨付审核时间，确保中央重建资金更快、更安全地用于灾后重建项目。督促项目实施单位按照下达的中央包干控制数，认真测算项目资金来源，制定项目实施计划，按计划有步骤地加快项目实施进度，并定期向财政部门报送项目实施及资金使用情况表，实时反映项目资金筹集总额、各项资金实际到位额、项目实施进度、完成的工作量等，以便财政部门根据项目实施情况和资金使用情况及时拨付资金。督促项目实施单位进一步建立健全内部财务制度，完善资金内控体系和财务核算办法，对灾后重建资金实行“专人管理、专账核算、专款专用”，确保灾后重建资金使用合法合规。

确保灾后重建资金的使用安全。绵阳市灾后重建任务繁重，恢复重建项目多、重建基金量大，重建资金结构矛盾也十分突出，资金监督管理工作尤为重要。市委、市政府始终坚持把灾后重建资金安全问题作为财政工作第一要务，突出监管重点、加强监督检查；完善监管机制。为加强灾后重建资金监管，及时成立由市纪委（监察局）牵头的绵阳市灾后重建监管领导小组，把事后监督检查转变为事前、事中、事后实时监管、现场监管。监管领导小组对重建资金分配、管理、使用进行监督，对地震灾后重建资金拨付的及时性和到位情况进行督促，对地震灾后重建实施规划和投资计划的项目实施和管理情况、招投标和政府采购制度的执行情况进行及时监督。为把资金监督工作抓早、抓细、抓深，及时发现问题，及时解决问题，2010年5月，市政府又从市纪委、市财政局、市发改委、市审计局等部门抽调业务能力强的人员，专职脱岗，组成4个由副县级以上领导作组长的全市灾后重建及扩大内需资金专项检查组，从2010年5月10日开始，至灾后重建结束，对全市灾后重建及扩大内需资金进行不间断的专项检查，及时纠正资金使用管理过程中出现的违规、违纪行为，确保中央灾后重建资金使用的安全性，严防灾后重建过程中违纪违规现象的发生。

进一步加强实时监督。为强化灾后重建资金监管，监管审计部门将原来的事后监督检查改为事前、事中、事后实时监管和现场监管，重点对重建资金分配、管理、使用进行监督；对恢复重建资金拨付的及时性和到位情况进行督促检查，对项目实施和管理情况，招投标和政府采购制度的执行情况进行及时监督，努力做到问题早发现、错误早纠正。安全检查过程中，实行边检查取证，边交换相关意见，边督促整改，并针对重点检查中发现的问题，举一反三，深入剖析产生问题的原因，及时研究制定解决措施，完善相关规章制度和管理办法。及时纠正资金使用管理过程中出现的违规、违纪行为，确保中央灾后重建资金使用的安全，严防灾后重建过程中违纪违规现象的发生。2009年1月8—9日，受中共中央政治局委员、中央书记处书记、中组部部长李源潮的委托，中央组织部常务副部长沈跃跃到绵调研特殊党费使用情况。沈跃跃强调，要发挥好"特殊党费"在灾后恢复重建中的"特殊作用"。2009年3月11日，省委第二巡视组到绵督查全市资金物资监管和项目招投标监督工作。市委常委、市纪委书记、市扩大内需促进经济增长加快灾后恢复重建政策落实监督检查领导小组组长楚明汇报全市资金物资监管和项目招投标监督工作。巡视组认为监管措施到位，监管制度健全，监管成效显著，真正做到各级领导认可，广大群众满意，确保中央、省上有关政策精神落到实处，为全市抗震救灾、灾后恢复重建和扩大内需工作打下坚实基础。

2008年11月12日，全市召开省派驻绵阳重灾乡镇检查工作组座谈会。会议强调，进一步加大对抗震救灾和灾后重建物资、资金发放和使用情况的监管力度，规范操作程序，强化责任追究，确保廉洁救灾、廉洁重建，确保灾后恢复重建取得最大效益和最好效果。要求省派驻绵阳重灾乡镇检查各工作组成员认识到位，工作作风深入，工作富有成效。继续认真贯彻落实省委、省纪委的工作要求，进一步加大对重灾乡镇救灾及灾后重建资金物资的监管力度，增强工作的主动性和预见性，及时发现工作中带有普遍性、倾向性的问题，提出整改措施，跟踪整改措施落实情况。强化对重建项目的监管，严格实施项目招投标制度，采取多种措施防止重建资金使用出现漏洞。

2009年4月14日，省纪委调研组对全市对口援建监督检查工作进行调研。市委常委、市纪委书记楚明介绍有关情况。调研组认为绵阳市在灾后资金物资监管、对口援建项目监督检查工作中，做到领导重视、措施到位、制度健全、成效显著，为全市灾后重建工作顺利进行和经济社会快速健康发展营造良好的环境。调研组指出，绵阳受灾情况非常重，灾后重建任务异常繁重，加之社会对灾区的关注度非常高，监督检查工作压力非常大。要整合各种有效力量，强化与援建方的信息沟通协作，强化社会监督，进一步做好监督检查工作。要求不断总结经验，进一步完善监督检查制度，确保全市灾后重建工作顺利进行。

2009年11月13日，绵阳市召开新增中央投资项目和新增灾后重建基金项目落实情况汇报会。市委副书记、市长曾万明汇报绵阳市相关工作情况。中纪委驻国家发改委纪检组长苏波为组长的中央检查组在听取汇报后认为，绵阳在组织落实新增中央投资项目和新增灾后重建基金项目过程中，态度坚决、立场鲜明、措施有力、效果明显。

至2011年6月30日，上级财政已拨付绵阳市中央重建补助资金518.98亿元，资金到位率100%。绵阳市实现中央灾后重建资金支出498.68亿元，支出进度为96.26%。

（五）物资管理

为进一步加强全市灾后重建工作的领导，绵阳市灾区重建委下设建材协调工作组，由市经委牵头协调全市灾后重建的砖、瓦、水泥、钢材等建材保障供应工作。2008年7月，绵阳市成立以市委常委、副市长蔡振红任组长的"绵阳市农房重建建材特供机制领导小组"，建材特供办公室设在市经委，各县（市、区）也分别成立相应的组织机构，并明确市、县两级经济主管部门为具体执行机构。各县（市、区）也分别成立农房重建建材特供机构，并延伸到乡镇、村，形成纵向到底的特供网络。2008年12月11日，市重建委增设建材价格监督工作组，工作组设在市物价局，下设两个建材价格联合检查组，分别负责4个极重灾县市和5个重灾县（区、园区）的建材价格巡回检查工作。

1. 主要保障措施

建立完善特供运行机制。2008年7月16日，贯彻省人民政府《关于进一步做好灾后恢复重建建材物资供应工作的紧急通知》精神，市人民政府下发《关于绵阳市灾后重建价格政策的意见》，明确要求严格执行国家、省、市临时价格干预措施，确保灾后重建建材价格不突破规定差率和最高限价。

2008年8月8日，市政府办公室转发市灾区重建工作委员会《关于农房重建建材特供工作意见的通知》，明确规定各县（市、区）政府、园区管委会是农房重建建材特供工作的实施主体和责任主体，同时，要求市级各部门明确工作职责，使建材特供机制在绵阳市顺利实施得到有效保障。

在进入灾后重建的关键时期，永久性农房所需建材供需矛盾十分突出，2008年8月19日，市人民政府下发《关于加强灾后重建建材价格管理有关问题的通知》；12月3日下发《关于切实加强灾后重建建材价格管理的紧急通知》，对市内生产的砖、瓦、沙石、水泥等建材实施最高限价管理，稳定全市灾后重建建材价格。

2008年12月7日，绵阳市人民政府发布《关于进一步加强建材价格管理切实维护建材市场秩序的通告》，要求进一步加强统筹协调，严格执行建材特供机制；加强市场监管，严格实行限价销售、限价管理，强化工作职责，加大执法力度，加强社会监督。

政府统一定价。对于钢材、水泥、玻璃、陶瓷、木材等需外地支援的物资，严格按省要求，实行进销差率管理，透明进销价情况，对于砖瓦、沙石等地方性建材，由市物价部门统一核定价格。绵阳市建材规定的最高限价为：红砖0.34元/匹（平武、北川0.36元/匹），小青瓦0.40元/匹，沙石50元/立方米，32.5旋窑复合水泥480元/吨，32.5立窑复合水泥440元/吨，并对建材运费（含下车费）规定为30公里以内每吨公里不超过1.00元，30公里及以上每吨公里不超过0.90元。对外地进入的墙砖，到场价不得高于0.50元/匹。对安县茶坪、高川，北川禹里、漩坪，江油雁门山区，平武水观、石坎等极重灾山区乡镇，实行政府补贴运费的办法，确保价格稳定。

建立健全价格监督体系。市政府明确由市物价局牵头，会同市经委、市工商局、市技术监督局、市建设局、市公安局组成联合价格执法队，负责对全市范围内的建材价格情况进行监督检查，并要求各县（市、区）、乡镇两级政府要成立相应的组织机构，负责对本辖区内建材价格情况进行监督检查。在此基础上，实施“三员制”，即：建材价格政策宣传员、价格行情走势监测员、落实最高限价监督员。为方便群众监督，“12358”价格投诉举报电话实行24小时值守。同时，鼓励新闻媒体明察暗访，对价格违法行为进行公开曝光，对于履职不力的工作人员，及时给予重处。

实行政府统购，合理分配资源。为确保各建材生产企业严格执行政府限价，同时减少排队现象，政府贯彻落实“四统三定”制：“统价、统购、统调、统运”和“定供应范围、定供应时间、定供应对象”。向全市723户建材生产企业（其中砖石566个、水泥石23个，其余主要是砂石场）派驻监督员。重建农户向所在村提出购买有关建材申请，农户按限定价格将购货款缴到镇政府，再由镇政府开具调拨单，农户凭调拨单到建材生产企业提货（重点是砖瓦、砂石、水泥），由政府统一安排车辆和运输价格运到农户家中，最后由政府与企业统一结算。同时，坚持非极重灾区支持极重灾区原则，各县（市、区）生产的建材，在优先保障极重灾县农房重建需要的前提下，再安排本地需求。

加快推进新项目建设，实现供需平衡。农房重建建材主要缺口在墙砖。为此，全市新建164个页岩砖项目，新增页岩砖产能约45亿块/年；新建免烧砖项目102个，产能达到22亿块标砖/年；加上原有355个砖厂，绵阳市墙砖的总产能达到约100亿块/年。

保障灾后重建建材质量安全。明确以质监部门为主体的全市质量监督管理体系。绵阳质监局会同各县（市、区）质监部门将水泥、钢筋混凝土用热轧钢筋、冷轧带肋钢筋、预应力混凝土用钢材，建筑防水卷材、建筑门窗、建筑用管材管件等七类建材产品纳入重点产品质量专项整治。同时，绵阳市组织质监等部门深入企业了解质量管理情况，建立企业质量档案，及时发现和整改出现的问题，确保产品质量；对重点区域、重点农房建设点、重点企业、建筑工地使用的建材产品质量加大监督抽查频次，严厉打击假冒伪劣建材产品，充分利用质监部门“12365”投诉举报热线电话的作用，全面遏制在灾后重建时期的建材产品质量违法行为的发生。

2. 推进活动

2008年7月22日，市委领导深入北川县擂鼓镇调研群众安置、农房建设及建材供应情况，强调全力保障建材生产供应，加快灾后农房建设进度。

2008年7月25日，市委常委、常务副市长、市重建委主任左代富召集北川、安县、平武、江油、梓潼及市级相关部门负责人，对农民永久性住房建设用砖、砂石生产供应、水泥和钢材的货源采购等问题进行专题研究。

2008年7月29日，市委常委、常务副市长、市重建委主任左代富主持召开农民永久性住房建设建材生产供应协调会议。

2008年8月6日，省委常委、省国资委党委书记王少雄在绵阳市领导的陪同下调研绵阳建材生产情况。王少雄指出，绵阳市贯彻落实省委部署态度坚决，措施有力，为全省提供可借鉴的经验。当前要抓住有利时机，全面恢复生产，努力提高质量，千方百计保证农房建设的建材供应。

2008年8月27日，市人大常委会副主任、市重建委副主任张贵乾主持召开绵阳市机砖生产供应有关问题的专题协调会议。

2008年12月8日，市委常委、常务副市长、市重建委主任左代富主持召开会议，就进一步加强建材价格监管工作进行专题研究。

（六）监督检查

2008年11月16日，国务院总理温家宝来到他所联系的深入学习实践科学发展观活动试点县——江油市审计局视察时说：“灾后恢复重建项目建设、质量、审计是三个重要环节。灾后恢复重建资金量大、任务重，审计工作很重要，你们要把所学的审计知识运用好、发挥好，你们审计好，就可以节约大量资金，把有限的资金使用到人民最需要的地方，这就是落实科学发展观的根本要求”。

2008年6月14日下午，中共中央政治局常委、中央纪委书记贺国强在北川指导抗震救灾和恢复重建工作时，要求纪检监察部门认真履行职责，监督检查抗震救灾资金和物资管理与使用情况。2010年4月13日，贺国强再次到绵阳考察时强调，要认真贯彻落实中央精神，总结经验，加大力度，深入开展监督检查工作，为灾后恢复重建和扩大内需政策落实提供有力保证。在北川新县城建设工地，他指出，北川新县城建设举国关心、世界瞩目，一定要科学规划、精心施工，加强监督检查，切实保质量、保进度、保安全、保廉洁，确保建成优质工程、廉洁工程、民心工程。

2010年8月24日，省委常委、省纪委书记欧泽高赴平武了解查看山洪泥石流灾害情况，检查督导扩大内需和灾后恢复重建监管工作。

在灾后恢复重建中期，随着各类灾后恢复重建项目的陆续全面铺开实施，灾后重建项目在建设中也不断暴露出一些违规问题。为此，绵阳市政府专门下发《关于开展灾后恢复重建和扩大内需项目自查整改工作的通知》，并整合各级各部门监督检查力量，成立市委、市政府灾后重建和扩大内需项目资金检查组，按照通知要求，开展定期督查和不定期抽查，共排查工程建设项目6522个，发现并落实整改问题689个，有力保障绵阳市灾后恢复重建项目的规范有序实施。

在灾后恢复重建后期，部分灾后恢复重建解困子项目未开工，部分在建项目建设进度滞后，可能影响绵阳市灾后恢复重建全面完成。为此，绵阳市委、市政府多次召开专题会议，逐个项目逐个问题地研究解决办法，并对相关项目责任单位，采取“发点球”的方式，定人头、定时间，确保问题项目、困难项目尽早开工建设并完工。

按照中纪委统一部署和省纪委安排，绵阳市建立由市纪委书记和市政府常务副市长任组长的全市扩大内需促进经济增长加快灾后恢复重建政策落实监督检查领导小组。与此同时，成立10个分片包干监督检查工作组，4个项目资金专项检查组，组织市人大代表、市政协委员组成25个督查组，聘请500多名特邀监察员、社会监督员参与检查，将责任落实到组，细化到人，具体到项目。按照“谁主管、谁负责”“谁使用（受益）、谁负责”以及属地管理等原则，各县（市、区、园区）、乡镇（街道）、村（居）相继抽调313人组建67个监督检查工作组，设立1512个信访举报投诉点，实行24小时值守，确保每项物资、每笔资金、每个项目全监督。建立与对口支援省（市）以及港澳援建方联席会议、案件协调处理和联合督查等制度，实现援建援助项目监督检查有机对接、整体联动。全市监督检查既注重发挥纪检监察组织协调、发改系统项目稽查、财政系统资金监管、审计系统同步审计等综合效能，又强化面上协调、一线监管、全程跟踪、有机对接，构建市、县、乡村四级横向到边、纵向到底的监督体系，形成了上下配合、内外结合的监督责任机制。

绵阳市紧紧围绕重点领域、关键部位、薄弱环节建章立制，做到监督检查有章可循、问责规范有序。为确保救灾款物来源清楚、去向明确，先后制定《抗震救灾资金物资管理使用监督办法》等17项制度，坚持救灾款物接收、发放每日清单公示制，有效防止挤占、挪用、截留、随意安排等违纪违规问题发生；为确保捐赠资金物资使用透明、合规，出台《港澳援助项目资金监督检查办法》等制度，确保援助援建项目资金专户结存、专账核算、专人管理；为确保扩内需促增长、灾后重建项目建设“提速不越轨”，出台《国家投资灾后重建项目管理暂行办法》等40余项制度，使项目立项审批规范化、预算评审管理流程化、招投标推行电子化、质量安全监督合力化、资金拨付管理严格化，切实从源头上预防工程建设领域突出问题的发生。为确保制度逗硬执行，加大制度教育宣传和培训的力度，建立健全过错追究、效能问责、目标责任机制，探索监督检查“月检季会”制度，定期分析掌握情况，及时通报警示。

强化介入监管，紧盯项目审批、规划调整、土地出让、资金管理、招标投标、设备采购、工程质量等权力廉政风险点，开展扩大内需、灾后重建项目资金定期巡查和一线检查，做到“哪里有资金项目、哪里就有监督管理，资金项目推进到哪里、跟踪检查到哪里，问题发现在哪里、刹风整纪就到哪里”。强化同步监管，紧盯灾后重建关键环节、重点领域和重大项目，全市组织3200多人次驻县、定点、定项目开展检查，发现问题2292个，采取点对点方式督促整改。强化跟踪监管，严把工程进度、质量、安全、造价关键环节，排查工程建设项目6522个，发现并落实整改问题689个。强化旁站监理、跟踪审计，对2653个重建和扩大内需项目进行跟踪审计，审减工程造价9.92亿元。

强化联动监管，采取定点联系、专人负责、定期检查和专项督查等措施，加大对北川新县城等民生项目、对口援建项目、港澳援建项目、社会捐赠项目以及特殊党费项目的监督检查，建成一批放心项目，交上一本明白账。

推行以岗位为点、程序为线、制度为面的廉政风险防控体系建设试点。率先在全省推行国家投资工程建设项目“九公开”制度，即国家投资工程建设项目的计划、立项和招标方式核准、征地拆迁管理、招投标过程、施工管理、设计变更、质量监督、竣（交）工验收、建设市场管理等九个关键环节的主要内容向社会全面公开，接受群众监督。率先在全省建成电子政务大厅，健全电子监察系统，对行政审批实时监控，确保灾后重建和扩大内需项目审批特事特办、合法合规。加大招投标工作体制创新，建设标准化、规范化的招投标交易服务中心，实现招投标活动全程监控管理。在全省率先研发电子评标系统，成功开出全省电子评标第一标，并与四川省政务服务中心、广东省深圳市工程建设交易服务中心成功实现异地远程评标，降低企业投标成本。

成立以市纪委牵头，法检两院、公安、审计等部门组成的灾后重建案件查办组，加强跨地区、跨部门、跨行业案件查处协作配合，构建上下互动、左右联动、协同推进的案件突破机制。建立完善《案件线索管理、排查制度》《案件调查突发事件应急预案（试行）》等13个规章制度，健全案件主办人责任制、办案过错责任、安全责任追究机制，确保办案流程更加规范，安全防范更加到位，文明办案更加落实。截至2011年年底，全市共查处涉灾违纪违法党员干部187人，党纪政纪立案138件，给予党纪处分125人、政纪处分14人，移送司法机关13人。侦破招投标特大窝案串案“3·3”专案，涉嫌违纪党员6人，依法刑事拘留、逮捕9人，追缴违纪违法款160多万。通过招投标“3·3”专案查案治本，探索招投标科技防腐新途径，在全省率先推行招投标电子化建设，收到良好效果。严格执行重大案件发生地区、部门或单位专题民主生活会制度，教育党员干部举一反三、吸取教训、警钟长鸣，做到查处一案、治理一线、教育一片、规范一方。

2012年5月3日，中共中央政治局常委、中央纪委书记贺国强到绵考察，看望慰问灾区干部群众，对绵阳市抗震救灾资金物资监督检查工作予以充分肯定。

2012年5月14日，由中联部、人民日报组织来自7个国家一行13人的亚洲主流媒体考察团到绵对抗震救灾、灾后重建及监督检查情况进行实地采访，对绵阳市廉洁重建、阳光重建成效给予高度赞赏。

（其他灾后重建监管机制详见第四篇第三章）

二、县（市、区）重建工作机构

1. 北川县

北川县是此次特大地震受灾最重，伤亡人数最多，工农业及基础设施破坏最为严重的极重灾区。县城及部分乡镇所有建筑完全破坏而成为废墟，需迁址异地新建，人口迁徙量较大，灾后重建任务十分繁重。加之该县又为全国唯一羌族自治县，倍受举国上下乃至国际社会关注。根据市人民政府《关于印发〈绵阳市地震灾后重建规划实施工作方案〉的通知》中提出的“区分缓急、突出重点”的原则，北川县的灾后恢复重建工作机构直接由绵阳市委、市政府牵头，并会同北川县相关领导干部成立“北川县重建工作党工委”“北川县管委会”，两个机构一套人马，县不再另设重建工作机构（详见本节第一目“中共绵阳市委、市政府灾后重建工作机构”相关内容）。

2. 安县

2008年12月22日，安县县委、县政府成立灾后重建工作委员会，县委书记王黎、县长赵迎春任主任。委员会下设办公室和规划实施组（对口受援办公室）、城镇与农村住房重建和金融支持组、工业重建组、救济救助物资保障和卫生防疫组、维护稳定组等5个工作组和3个督导组。

2009年6月4日，县委、县政府决定调整灾后重建委员会领导和相关工作机构职责，安县“5·12”地震灾后恢复重建委员会由王黎、赵迎春任主任。委员会下设县重建委办公室和规划实施与项目推进组、城镇与城乡住房重建工作组、社会事业重建组、工业重建组、农业重建组、商贸旅游业重建和金融支持组、社会福利和物资保障组、精神家园建设协调组、维护稳定组等9个工作组，另有对口受援办公室和3个督导组。2011年2月25日，因工作变动，对灾后重建委员会及其相关工作机构人员进行调整。

3. 平武县

2008年5月31日，中共平武县委办、县府办发出《关于成立汶川特大地震灾后重建对口支援协调组的通知》，县委书记张学民任组长。协调组下设规划、项目对接、综合3个组。

7月13日，平武县成立地震灾后农房重建工作领导小组，县委副书记、县长毛一兵任组长。领导小组下设办公室，负责日常工作。办公室下设建材协调、政策研究、综合3个组。

8月5日，中共平武县委决定合并平武县地震灾后农房重建领导小组与灾后重建领导小组为灾后重建领导小组；调整平武县灾后重建领导小组组成人员，县委书记任组长。领导小组下设办公室、农房重建指挥部、项目工作组、对口支援办公室、重点工程建设推进办公室。

2009年2月，县委办、县府办发出《关于成立灾后城市新区建设指挥部的通知》，县委书记任指挥长。指挥部下设办公室、资金调度监管组、征地拆迁安置组、规划建设组、政策宣传组。同期，平武县委、县政府成立平武县汶川特大地震灾后恢复重建委员会统一领导指挥灾后恢复重建工作，领导人员同前。

4. 江油市

2009年2月12日，中共江油市委、市人民政府决定撤销江油市抗震救灾指挥部，成立江油市“5·12”地震灾后恢复重建委员会，市委书记、市人大常委会主任易林，市委副书记、市长宋开慧任主任（10月9日任）。下设办公室、规划及项目工作组（对口援建办公室）、城镇居民住房重建及维修加固组、农房重建及维修加固组（市农房重建办公室）、卫生重建及医疗防疫组、工业重建组、农业重建组、救济救助和物资保障组、交通重建组、水利重建组、教育重建组、文化旅游重建组、政策咨询宣传组、精神家园建设协调组、维护稳定组、督导组。督导组下再设6个督查小组。

2009年11月3日，江油市委、市政府下文明确灾后恢复重建委员会办公室、内设机构及其职责。新增综合协调组、文秘信息组、项目推进组、工程技术组、目标督查组、宣传报道组、资金管理组。

5. 涪城区

2008年5月19日，涪城区成立地震灾后恢复重建工作领导小组，区委书记席世洪、区长谢晓东任组长。涪城区地震灾后恢复重建工作领导小组先后下设各类领导小组：灾后重建资金监督审计领导小组、过渡板房安置点领导小组、抗震救灾资金物资监督检查领导小组、城镇居民住房重建工作领导小组、扩大内需和灾后重建工程建设监督工作领导小组、城区村级综合服务设施灾后重建工作领导小组、灾后恢复重建和扩大内需审计工作协调小组、抗震救灾特殊党费使用管理监督工作领导小组、灾后工程建设案件查处工作领导小组。

6. 游仙区

2008年7月2日，游仙区成立灾后重建工作领导小组、建设农村受灾户永久性住房领导小组、推动社会事业灾后重建和发展领导小组、建筑物资保障供应协调工作领导小组、城镇震损房屋处置工作领导小组及城区和集镇灾后重建工作领导小组、灾后恢复重建规划编制协调小组、灾后重建国家投资工程建设项目招投标管理监督领导小组、达州市支援游仙灾后重建工作领导小组、红十字会援助灾后重建项目协调领导小组等9个领导机构。2008年12月16日撤销上述9个机构，成立绵阳市游仙区“5·12”地震灾后恢复重建委员会，区委书记颜超、区长陈朝先任组长。

区重建委下设办公室（规划实施和对口援建工作组）、城镇住房重建工作组、农房重建工作组、救济救助和社会事业重建工作组、投资保障和金融支持组、维护稳定组、工业重建组等7个工作组。

7. 梓潼县

2008年6月21日，梓潼县成立灾后恢复重建规划小组，负责主持灾后重建的规划工作。县委副书记、县长刘少敏任组长。灾后恢复重建规划小组下设办公室，由县发展改革和经济商务局（简称发改商务局）局长任主任。

2008年8月10日，组建梓潼县灾后恢复重建领导小组，由县委书记刘文榜、县长刘少敏任组长。

2009年1月，调整灾后恢复重建领导小组和机构设置，设梓潼县“5·12”地震灾后重建委员会，刘文榜任主任。委员会下设办公室、规划实施组、城镇与城乡住房和金融支持与社会事业重建组、工业重建组、救济救助和物资保障组、维护稳定组等5个组和1个督导组。督导组下设8个督导小组，分片进行灾后恢复重建督导工作。

8. 三台县

2008年7月25日，三台县成立灾后重建工作委员会。县委常委、常务副县长兰劲任主任。县重建委内设6个办公室：综合办公室、农房和集镇建设办公室、资金筹措监审办公室、规划建设和技术指导办公室、争取外援办公室、对口援建办公室。

2008年12月8日，根据市委、市政府《关于调整绵阳市灾后重建工作机构的通知》精神，县委、县政府对灾后重建委员会领导和机构设置进行调整，县委书记崔斌，县委副书记、代县长赵飚任主任，内设11个工作机构及5个督导组：恢复重建委员办公室、规划项目实施组、城镇住房重建组、农房重建组、工业重建组、救济救助和物资保障组、维护稳定组、资金筹集金融支持组、宣传和卫生防疫组、项目实施和物资资金监督组、争取外援组、督导组。

在调整县重建委的同时，撤销原“三台县‘5·12’抗震救灾应急指挥部”“三台县灾后重建工作委员会”及其所属各工作组、办公室。

2009年5月15日，根据工作需要，县重建委增设建材价格监督组、涉灾信访政策咨询组。

9. 盐亭县

2008年12月12日，盐亭县成立“5·12”地震灾后恢复重建委员会，县委书记胡安虎和县委副书记、县长丁湘任主任。委员会下设办公室和规划实施组（对口援建办公室）、城乡住房重建组和金融支持与卫生防疫组、工业重建组、救济救助和物资保障组、维护稳定组等5个工作组、10个督导组。

2009年3月16日，盐亭县成立项目推进工作领导小组，县委副书记、县长丁湘任组长。领导小组下设办公室和9个工作组：项目推进资金保障组，城市基础设施项目组，能源和产业项目组，社会事业项目组，农林水利项目组，交通项目组，政权建设项目组，人口和计生、科技、民宗、档案项目建设组，项目推进督查组。

项目推进督导组下设7个督导小组，分别由县人大常委会、县政协领导任督导组组长，负责督导全县项目工作。

三、对口援建省、市工作机构

（一）山东省援建北川工作指挥部

2008年6月27日，山东省委、省政府成立对口支援北川灾后恢复重建工作领导小组。领导小组由省委副书记、省长姜大明任组长，副书记刘伟、副省长郭兆信、省长助理陈光任副组长。领导小组下设办公室和北川工作指挥部。办公室设在山东省发展改革委。北川工作指挥部设在灾区一线，下设办公室、新县城建设组、园区建设组、乡（镇）村建设组。

山东省从省直各部门和有关市抽调54名45岁以下的优秀后备干部，安排到前后方援建机构工作。山东各市参照省里做法，成立领导机构和工作机构，精心选配干部。全省共选派援建干部500多名。

（二）河北省对口支援平武恢复重建前线指挥部

河北省按国家对口援建政策，迅速成立河北省对口支援平武县领导小组。不久又成立河北省对口支援平武县灾后恢复重建办公室，办公室主任沈小平（河北省发改委主任），专职副主任张平军（省发改委副巡视员）。2008年11月，成立前线指挥部，指挥长刘平军。同时援建人员正式进驻平武。主要职责：对援建项目的质量和安全负总责；与平武县联合开展质量安全监督检查，消除质量安全隐患；监督各援建单位执行国家规定，对工程预算、招投标、施工、监理、竣工验收等全程严格监管；负责援建工程进度和整体效果；研究联合验收制度，明确验收程序、标准、内容、交接方式等。

2009年2月19日，河北省政府省长办公会决定，由省建设厅派驻平武工作组。工作组负责协调、指导4个援建市做好乡镇重建总体规划和建设设计，组织重建项目竣工验收。同年6月8日，河北省住房和城乡建设厅驻平武援建工作小组下设综合协调组、质量安全组、造价协调组、规划协调组和招标办。

河北省安排石家庄市、唐山市、保定市、邯郸市分别对口支援平武龙安镇、南坝镇、响岩镇和平通镇，援建市对应成立石家庄市援建灾区前线工作组、唐山市援建南坝镇前线指挥部、保定市援建前线指挥部和邯郸市援建前方指挥部，分别负责指挥对口援建工作。同时，设立河北省交通运输厅援建平武公路项目办公室、河北省审计厅驻平武县灾后恢复重建资金审计办公室、河北省水利厅驻四川平武援建技术工作组等机构，负责与平武县协商沟通，执行对口援建任务。

（三）辽宁省对口支援安县恢复重建领导小组

2008年6月21日，辽宁省委、省政府成立辽宁省对口支援安县恢复重建领导小组，下设办公室及前线指挥部。领导小组由省委副书记、省长陈政高任组长。

领导小组主要工作职责是：统一组织全省对口支援工作，制订对口支援工作方案，统筹安排全省援建任务，督促落实各项援建工作，协调处理重大问题。

2008年6月21日，成立辽宁省对口支援安县恢复重建领导小组办公室，设在辽宁省发展和改革委员会。办公室下设规划综合组、生活救助组、城乡建设组、交通建设组、医疗卫生组、教育文化组、农业水利组、资金管理组、生产恢复组、劳务输出组。2008年8月8日，设立辽宁省对口支援安县恢复重建领导小组前线指挥部（以下简称辽宁驻安县对口支援指挥部）由辽宁省政府副秘书长张征任总指挥。主要职责：前线指挥部受领导小组委托，对口安县受援办，统一受理安县受援办提出的各项援建任务；负责协调辽宁省直各部门前线工作组的援建工作，研究解决援建工作的困难和问题；推动落实领导小组确定的事项；协助考核前线各小组和干部思想工作情况；及时了解掌握四川省、绵阳市、安县出台的涉及灾后重建规划、政策、工作部署及对援建省工作的要求；了解各援建省的经验、作法；完成领导小组交办的其他相关工作。前线指挥部通过调研、论证、协商，定期提出援建工作建议，报领导小组办公室；经领导小组办公室组织有关部门论证、研究，报领导小组审定后，下达各工作组实施执行。

（四）河南省对口援建江油市恢复重建领导小组

2008年7月2日，河南省委、省人民政府成立由省委副书记陈全国为组长，组织部长叶冬松，副省长张大卫、宋璇涛为副组长的河南省对口支援江油市恢复重建工作领导小组，统一领导全省对口支援江油市恢复重建的各项工作。领导小组下设由宋璇涛任指挥长的对口支援江油市恢复重建指挥部和由省政府副秘书长张国晖任指挥长的前线指挥部，具体负责援建实施工作。省领导小组和省对口支援江油市恢复重建指挥部同设一个办公室（以下简称河南援江办），办公室设在省发改委。省领导小组下设14个工作组，由各工作组组长单位牵头，分别负责组织保障、宣传、综合规划、公安、教育、救灾、房屋、交通、水利、卫生、企业发展、广电、通信、电力等方面的援建工作和督促协调服务工作。

河南省抽调40名乡（镇）党委书记、乡（镇）长到江油40个乡镇挂职任党委副书记，负责各类乡镇援建项目。各省辖市、省直相关厅局抽调干部组建相应的机构，组织开展各自承担的援建工作。

（五）省内四市对口支援机构

1. 达州市对口援建工作领导小组

根据四川省人民政府《灾后恢复重省内对口支援实施意见的通知》安排，达州市对口援建游仙区魏城镇。2008年6月17日，达州市成立对口援建工作领导小组，市委书记李向志、市长何健任组长。下设房屋、医疗、教育、农业、基础设施恢复重建等5个工作组，在魏城镇设立对口援建办公室，由达州市政府副秘书长张远见任办公室主任，负责组织、指挥、协调对口援建工作，达州市有关部门抽调15名干部常驻魏城镇，具体负责组织实施对口援建工作。6月30日，达州市政府与绵阳市游仙区及魏城镇共同制定《关于对口支援绵阳市游仙区魏城镇“5·12”地震灾后恢复重建的实施意见》，正式拉开援建序幕。

2. 南充市援建梓潼县许州镇领导小组

根据四川省人民政府《灾后恢复重建省内对口支援实施意见的通知》安排，南充市对口援建梓潼县许州镇。2008年6月17日，南充市成立援建梓潼县许州镇领导小组。6月25日，南充市主要领导率领南充教育、卫生、建设、财政等部门组成工作团，视察许州灾情，确定灾后恢复重建的一揽子项目，并拨付第一批援建资金300万元到许州镇。8月12日，南充市对口援建梓潼县许州镇灾后恢复重建项目开工仪式在许州镇举行。

3. 内江市对口支援工作领导小组

根据四川省人民政府《灾后恢复重建省内对口支援实施意见的通知》安排，内江市对口援建盐亭县柏梓镇，成立对口支援工作领导小组，并在盐亭设立联系处。2008年6月20日，内江市委书记唐利民带领内江市委、市政府领导及市级相关部门和各区、县负责人到盐亭县柏梓镇视察灾情、慰问灾民，现场捐赠救灾款100万元。2008年6月23日，中共内江市委召开常委会，专题研究对口支援盐亭县柏梓镇灾后重建工作，审定《内江市对口支援盐亭县柏梓镇灾后重建工作的实施方案》，对灾区重建工作作出安排部署；成立内江市对口支援工作领导小组，由内江市委常委、副市长任晓春任组长，领导小组办公室设在内江市发改委；落实对口支援盐亭县柏梓镇灾后重建专项经费；组建内江市对口支援灾后重建援建专家组并进驻受援地开展工作；在盐亭县设立内江市对口支援盐亭县柏梓镇灾后重建工作联络处，具体负责对口支援灾后重建的联络、协调等工作。

4. 资阳市对口支援领导小组

根据四川省人民政府《灾后恢复重建省内对口支援实施意见的通知》安排，资阳市对口支援三台县新鲁镇。2008年6月18日，资阳市委、市政府成立对口支援领导小组。领导小组办公室设在资阳市发改委，市政协副主席刘廷安任办公室主任，由资阳市规划建设、卫生、教育、农办等市级部门牵头成立综合协调组、支援住房安置工作组、支医工作组、支教工作组、支援恢复生产指导组等专业援建工作组，常驻新鲁镇，集中办公，开展援建工作。同年6月19日，中共三台县委、县人民政府成立对口支援工作协调领导小组，县委副书记、县长崔斌任组长。对口支援工作协调领导小组负责有关接待、情况介绍、灾后重建规划的制定和实施、组织协调支援方案的落实等工作。

第二章 法规、政策

汶川特大地震发生后，国家、省、市、县各级政府分别先后制定出台一批灾后恢复重建的法规和政策，各受灾市、县根据各自不同受灾情况和经济能力也制定了不同的实施政策。

第一节 国务院法规、政策

一、法规

2008年6月8日，国务院颁发《汶川地震灾后恢复重建条例》（以下简称《条例》）。《条例》根据《中华人民共和国突发事件应对法》和《中华人民共和国防震减灾法》制定，共9章80条。内容包括：总则、过渡性安置、调查评估、恢复重建规划、恢复重建的实施、资金筹集与政策扶持、监督管理、法律责任、附则。《条例》规定由国务院发展改革部门会同国务院有关部门与地震灾区的省级人民政府共同组织编制地震灾后恢复重建总体规划和城镇体系规划、农村建设规划、城乡住房建设规划等专项规划。

二、政策

2008年6月29日，国务院颁发《国务院关于支持汶川地震灾后恢复重建政策措施的意见》（以下简称《意见》）。《意见》确定“坚持以人为本，充分发挥社会主义制度集中力量办大事的政治优势，举全国之力支持地震灾后恢复重建，统筹规划、精心组织，明确政策、加强保障，突出重点、分类指导，努力争取灾后恢复重建的最大效益和最好效果，让灾区人民满意，让全国人民满意”的灾后重建指导思想；制定出“全面支持，突出重点”“统筹协调，形成合力”“因地制宜，分类指导”“立足自救，各方帮扶”“加大力度，简便易行”五项基本原则；确定“中央财政建立地震灾后恢复重建基金”统筹和引导各类资金支持受灾地区恢复重建，要求四川省财政比照中央财政做法，相应建立地震灾后恢复重建基金，统筹使用受灾地区财政投入、对口支援、国内银行贷款以及国际组织贷款等资金，引导各类捐赠资金合理配置、规范使用，提高资金使用效益。《意见》还就财政支出政策、税收政策、政府性基金和行政事业性收费政策、金融政策、产业扶持政策、土地和矿产资源政策、就业援助和社会保险政策、粮食政策共8个方面作出详细规定。

2008年7月3日，国务院颁发《关于做好汶川地震灾后恢复重建工作的指导意见》（以下简称《指导意见》）。《指导意见》对《关于支持汶川地震灾后恢复重建政策措施的意见》进一步细化，目的在于有力、有序、有效地做好灾后恢复重建各项工作。

10月17日，国务院召开常务会议，会议决定加大工作力度，做好完善灾后恢复重建规划体系工作，就实施阶段的细节作出进一步规定。根据灾后恢复重建目标、各专项规划资金需求汇总平衡，总体规划提出1万亿元的灾后恢复重建资金需求总规模。同时，国家通过地方政府投入、对口支援、社会募集、国内银行贷款、资本市场融资、国外优惠紧急贷款、城乡居民自有和自筹资金、企业自有和自筹资金、创新融资等，多渠道筹措恢复重建资金。

此外，国务院还颁发《关于印发〈汶川地震灾后恢复重建对口支援方案〉的通知》、中国人民银行出台《关于地震灾后重建金融支持和服务措施的意见》、国土资源部制发《关于实施保障灾后恢复重建特殊支持政策的通知》、民政部等五部委制定的《关于做好汶川地震房屋倒损农户住房重建工作的指导意见》、国家发改委制定《关于保障灾后重建物资供应加强价格监督的通知》等有关灾后恢复重建的各类政策性文件。

三、主要措施

中央财政建立地震灾后恢复重建基金。所需资金以中央一般预算收入安排为主，中央国有资本经营预算收入、车购税专项收入、中央彩票公益金、中央分成的新增建设用地有偿使用费用于灾后重建的资金也列入基金。2008年中央财政安排灾后恢复重建基金700亿元，2009年、2010年继续做出相应安排。同时调整经常性预算安排的有关专项资金使用结构，向受灾地区倾斜。在加大中央财政投入的同时，统筹使用好受灾地区财政投入、对口支援、国内银行贷款以及国际组织贷款等资金，引导各类捐赠资金合理配置、规范使用，提高资金使用效益。四川省财政比照中央财政做法，相应建立地震灾后恢复重建基金。

财政支出政策。中央财政地震灾后恢复重建基金支出，按照“统筹安排、突出重点、分类指导、包干使用”的原则，采取对居民个人补助、项目投资补助、企业资本金注入、贷款贴息等方式，对城乡居民倒塌毁损住房、公共服务设施、基础设施恢复重建以及工农业恢复生产和重建等给予支持。

倒塌毁损民房恢复重建。对房屋倒塌或严重损坏、无房可住的农户住房建设，中央财政原则上按平均每户1万元的标准给予补助；对其他损房的农户给予适当补助。对房屋倒塌或严重损坏的城镇居民和其他城镇无房可住居民（包括中央在受灾地区的机关、企事业单位职工）住房建设，中央财政采取对项目投资补助、居民个人补助等方式给予支持。受灾地区根据实际情况，可组织建设安居房出售或出租给符合条件的家庭；由政府投资建设适量廉租住房按照低租金出租给符合条件的家庭；对居民购买各类住房（包括安居房）或其他方式自行解决住房的，每户按一定标准给予补助。

对城镇居民住房经鉴定需除险加固的，给予适当补助。

公共服务设施恢复重建。对教育、卫生、基层政权等公共服务设施，恢复重建资金原则上由中央和受灾地区财政按比例负担，其中中央垂直管理部门（含直属事业单位）由中央财政负担。对口支援和社会捐赠资金优先用于教育、卫生等公共服务设施建设。

农业、林业恢复生产和重建。中央财政对种子、种苗、种畜等农业生产资料、土地整理以及受损农田水利设施、规模化种养殖棚舍池、良种繁育设施、农林推广和服务基础设施、森林防火设施、受损林木和农林业病疫情控制等，采取项目投资补助、贷款贴息等方式给予适当支持。中央财政增加扶贫贷款贴息资金。

基础设施恢复重建。中央财政重点对破坏严重需整体重建或搬迁的非经营性城镇市政设施给予项目投资补助；对经营性或有收费（收入）来源的城镇市政设施恢复重建给予贷款贴息。中央财政对交通基础设施恢复重建采取项目投资补助、贷款贴息等方式给予支持。其中公路包括受损国道、省道及桥梁、涵洞、县乡公路，所需资金以车购税专项收入调剂安排为主，中央一般预算收入适当安排为辅。

中央财政对受损水库结合病险水库除险加固工程给予投资补助；对受灾严重地区的其他水利设施给予适当支持。

其他恢复重建。中央财政对震后地质灾害治理、环保监测设施等给予项目投资补助。

产业扶持政策。大力支持符合国家产业政策、当地资源环境条件、灾后恢复重建规划的特色优势产业发展。重点恢复重建农牧业、农副产品加工业、大型发电设备基地、高新技术、环保建材等产业以及化肥、农药、饲料等农业生产资料生产。把旅游业作为先导产业，加快重点旅游景区、景点的恢复重建。

保障工伤保险待遇支付。为解决四川受灾地区工伤保险基金收不抵支问题，对参加工伤保险的职工伤亡的，在核实伤亡人数、伤残等级及具体待遇标准的基础上，按规定支付相关待遇，所需资金在地方尽快实行市级或省级统筹、动用历年结余、加大基金调剂力度解决的基础上，仍有不足的，可动用部分全国社会保障基金。对未参加工伤保险伤亡职工的待遇支付，由职工所在企业（单位）负责解决，企业（单位）无力支付或不存在，并符合救助条件的，可通过相关的社会捐助、社会救助制度予以帮助。

保障养老保险待遇支付。对因灾困难企业距法定退休年龄不足5年的职工，按《国有企业富余职工安置规定》有关规定办理内部退养，达到退休年龄后，享受相应的养老保险待遇；对受灾较重、暂停生产的企业，允许缓缴社会保险费；对因灾关闭破产企业欠缴的养老保险费，应按国家有关规定使用破产财产清偿，不足部分应按规定报批后予以核销。

保障受灾困难人员基本生活。对受灾地区符合《失业保险条例》规定的失业人员，按时足额发放失业保险金；符合享受城市居民最低生活保障条件的人员，按规定纳入城市低保范围，享受城市低保待遇；符合享受临时生活救助条件的人员，按规定实施临时生活救助。

粮食政策。适时充实受灾地区中央和地方粮食储备，增加受灾地区市场供应。对已安排出库的抗震救灾中央储备粮，新粮上市后要及时补库。做好市场应急调控预案，运用中央和地方粮食储备吞吐。确保当地市场稳定。中央财政对抛售的中央储备粮统负盈亏。

第二节 四川省重建政策

2008年7月10日，省政府颁发《关于支持汶川地震灾后恢复重建政策措施的实施意见》，提出四川地区支持灾区恢复重建政策措施。

一、财政政策

灾后恢复重建资金。省和受灾市（州）、县（市、区）三级整合一般预算、政府性基金、国有资本经营预算、彩票公益金、预算外资金、其他财政性资金（含捐赠资金），建立地震灾后恢复重建基金，与国家灾后恢复重建基金统筹安排，用于灾区恢复重建。恢复重建期间，省直各部门在分配中央和省级预算安排专项资金时，重点向受灾严重且财政困难的县（市、区）倾斜。

给予重灾区过渡期财力补助。三年恢复重建期间，对受灾严重且财政减收较大的市（州）本级和县（市、区），给予过渡期财力补助，支持灾区保障政权机构正常运转和履行基本公共服务职能。

统筹预算内投资安排。整合省直各部门基本建设投资，协调并调整省、市（州）、县（市、区）三级基本建设投资和结构，按照灾后恢复重建规划支持重大项目建设，优先启动应急项目，先期安排与灾区群众生活、生产密切相关的公共服务设施和基础设施建设。

整合省级现有贴息资金。整合省级现有的各项贴息资金，对恢复重建的重点领域、重点行业的企业（公司）贷款、企业（公司）债券给予贴息或部分贴息。

减免灾区部分行政事业性收费。从2008年7月1日至2011年6月30日止，免收部分行政事业性收费。一次性免收证照工本费。对因地震灾害遗失损坏需要补办的居民户口簿、暂住证、机动车登记证、机动车驾驶证、拖拉机驾驶证、婚姻登记证书、房屋所有权登记证书、土地登记证、老年优待证、土地承包经营权证、城镇职工医疗保险证（卡）、城镇职工养老保险证（卡）、卫生许可证、税务登记证、工业产品生产许可证、各类职业（执业）资格证书、道路运输从业资格证、工商（含个体工商户）营业执照等，其工本费一次性免收，同时免收房屋产籍管理费等办证查询费。为鼓励工商企业投资经营、恢复生产，对地震灾区新建注册的工商企业（含个体工商户）免收工商营业执照、税务登记证、卫生许可证、工业产品生产许可证工本费。对汶川、北川、青川、绵竹、什邡、都江堰、平武、安县、江油、彭州、茂县、理县、黑水、松潘、小金、汉源、崇州、剑阁共18个县（市）免收因地震破坏需要灾后重建的城市基础设施配套费、建设工程质量监督费、工程定额测定费、防空地下室易地建设费、征地管理费、城市房屋拆迁管理费、水土保持设施补偿费、河道砂石管理费、房屋安全鉴定费、特种设备检验检测费。

二、税收政策

省政府授权灾区县（市、区）政府批准，因灾造成重大损失的个人可在三年内减征5~9成个人所得税。对受灾居民购买安居房，按法定税率减半征收契税；对购买其他住房的（除安居房外），契税减征80%。纳税人开采或生产应税产品（天然气除外）过程中，因地震灾害遭受重大损失的，2008年5月1日到2011年4月30日，免征应缴资源税。支持企业吸纳就业。受灾严重地区的企业在新增加的就业岗位中，招用当地因灾失去工作的城镇职工，经县级劳动保障部门认定，按实际招用人数予以定额依次扣减营业税、城市维护建设税、教育费附加和企业所得税。定额标准为每人每年4800元。调整重灾县营业税起征点。三年恢复重建期间，重灾县（市）按期缴纳营业税的起征点调整为月营业额5000元。减免因灾损毁房屋有关税收。经法定机构鉴定，对因地震灾害损毁不堪居住、使用的房屋和危房，在停止使用后，在2008年年底前免征损毁房产、土地的房产税、城市房地产税和城镇土地使用税。允许延期申报纳税。纳税人、扣缴义务人因灾不能按期办理纳税申报或者报送代扣代缴、代收代缴税款报告表的，可以延期办理；其应缴税款，可以延期缴纳，最长不超过3个月。延期期间，纳税人的应纳税款一律不加收滞纳金、不罚款。

三、金融政策

开启绿色授信通道。从信贷总量、信贷资金和授信审查等方面优先支持灾区恢复重建，扩大二级（市、州）分行和省分行直属分行的信贷审批权限，简化贷款流程，改善服务质量。增加重灾区再贷款、再贴现限额。人行成都分行新增重灾区部分再贷款限额，并授权有关市（州）对新增限额根据当地实际情况实行切块到县（市）管理。增加再贴现限额，新增部分重灾区再贴现窗口，授权其按有关规定办理再贴现。新增成都、绵阳、德阳、雅安中小金融机构再贷款限额，支持重灾区城市商业银行加大对中小企业的信贷支持力度。针对不同的受灾对象，制订恢复生产经营、重建家园、安居工程和基础设施项目贷款等专项授信产品，并实行灵活的贷款方式。灵活调整灾区机构准入政策，在网点重建和增设、迁址、高管任职资格等方面，建立行政许可绿色通道，提高行政许可效率。支持股份制商业银行、城市商业银行、邮政储蓄银行到灾区设立分支机构。整合工业、中小企业以及旅游发展资金，加大财政支持力度，对为灾区中小企业和旅行社恢复重建提供担保的担保机构给予适当的风险补助。支持社会资本参与成都、德阳、绵阳等城市商业银行增资扩股；督促北川富民村镇银行股东增加资本金，发展适合灾区特点的村镇银行、农村资金互助社、贷款公司和小额贷款公司等新型农村金融机构。

四、国土资源政策

对纳入灾后恢复重建土地利用规划的城镇、农村居民点用地，基础设施和公共服务设施用地，产业项目用地新增的建设用地，在土地利用年度计划指标中优先安排。指标不足的，由省根据各地实际预支安排。异地重建的，灾毁建设用地按有关规划进行整理。纳入灾后恢复重建规划的受灾县（市、区）原有的耕地占补平衡指标可以继续使用，没有占补平衡指标的县（市）城镇批次用地可以正式批复的土地开发复垦整理项目审核意见或立项文件为依据挂账，在三年内完成土地开发复垦整理项目，利用新增耕地核销挂账。独立选址项目按法定标准低限纳入项目预算缴纳耕地开垦费。纳入灾后恢复重建规划的受灾县（市、区）重建新增建设用地农用地转用、土地征收审批事项直接上报省政府。灾区恢复重建项目及增强防灾抗灾能力的新建基础设施和重点工程项目，需省进行用土预审的，由省国土资源厅预审；属国家预审委托省审理的，由省国土资源厅审理并报国土资源部。符合条件的单独选址控制性工程，可申请先行用地，由省国土资源厅审批。恢复重建项目建设用地审批一律纳入“绿色通道”快速审批。灾区农村居民原宅基地已灭失或存在安全隐患确需另选址建设的，应在本集体经济组织内重新分配宅基地。确有必要在其他集体经济组织土地上重建的，可以采取调整、互换方式解决。也可相对集中宅基地建设农民新村予以安置。城镇居民原住房垮塌或严重受损，经法定机构认定不能继续使用应拆除的，在拆除和重建前，市（州）、县（市）国土资源管理部门及建设（房管）部门应现场完成对原居民土地使用权属的调查和确认，并记录存档备查。在灾后恢复重建中，原地重建和涉及土地调整、置换或改变规划条件的，应依法保护原土地使用权人的合法权益。

五、产业扶持政策

大力支持符合国家产业政策、当地资源环境条件、灾后恢复重建规划的特色优势产业发展。重点恢复重建农牧业、电子信息、装备制造、能源电力、油气化工、钒钛钢铁、饮料食品、现代中药、航空航天、汽车制造、生物工程、环保建材、商贸物流、旅游等优势产业，以及化肥、农药、饲料等农业生产资料生产。对特色优势产业企业给予技改、流动资金贷款支持。支持发展循环经济，加强节能减排，坚决淘汰高耗能、高污染企业和不符合国家产业政策的落后产能，关闭重要水源保护区内的污染严重企业。支持重灾县（市）恢复重建工业区，不适宜发展工业的灾区可建立“飞地产业”集中发展区。根据条件经按程序批准可增设或扩大部分省级开发区，重建项目原则上向园区、集中发展区聚集，逐步形成资源节约利用、土地节约使用、环境综合治理、功能有效发挥的产业集聚发展区。

六、就业援助政策

将地震灾区的城镇失业人员和失去生产资料的农村劳动者纳入就业援助范围，优先保证灾区零就业家庭至少有1人实现就业。积极开发公益性岗位。就业困难人员参与的抗震救灾相关工作，在一段时期内纳入公益性岗位认定范围。结合灾后恢复重建，继续开发一批公益性岗位，组织就业困难人员上岗就业。从事公益性岗位的就业困难人员，按规定享受岗位补贴和社会保险补贴。灾区企业吸收就业困难人员，可按规定享受税费减免等政策，给予相应的岗位补贴和社保补贴；各地企业吸纳灾区劳动者的，按规定享受优惠政策；从事灵活就业的就业困难人员，享受社会补贴。

七、社会保障政策

实施失业救助。受灾企业可在1—3年内降低失业保险费率；参加失业保险的单位因灾停产、歇业并积极组织恢复生产经营的，给予职工培训补助，并对其暂时失去工作岗位的职工，预先进行失业登记，发放失业保险金；自谋职业、自主创业并带动其他失业人员就业的给予创业补助。扩大养老保险支付范围。参加城镇企业职工基本养老保险的职工和个体参保人员，因灾非因工致残完全丧失劳动能力并符合规定的，可办理领取基本养老金手续；因灾非因工死亡的，丧葬费和一次性抚恤金纳入基本养老保险统筹基金支付范围。缓缴、核销社会保险费。因灾停产、歇业期间，单位及职工经批准可缓缴社会保险费。缓缴期间不征收滞纳金、不计利息，参保人员享受相应的社会保险待遇。因灾关闭破产企业欠缴的基本养老保险费，按国家有关规定适用破产清偿，不足部分按规定予以核销。保障受灾困难人员基本生活。凡符合城乡低保条件的人员纳入保障范围，做到应保尽保、分类施保。建立临时生活救助制度，对无住房、无生活来源、无生产条件的受灾困难人员实施定期定量的临时救助。继续实施对“三孤”人员的救助政策，提高农村五保对象和城市“三无”人员的供养标准。

八、粮食政策

适时充实灾区省、市（州）、县（市、区）粮食储备，增加市场供应。对已安排出库的抗震救灾地方各级储备粮，新粮上市后要及时补库。做好市场应急调控预案，运用各级粮食储备吞吐，确保当地粮食市场稳定。支持灾区受损粮库维修重建。灾区确需恢复重建粮食仓房，纳入灾后恢复重建规划统筹考虑。粮食直补、农资综合直补等资金适当向灾区倾斜，促进粮食增产和农民增收。

九、其他政策措施

鼓励社会资金参与恢复重建。鼓励外地企业在灾区投资办厂，兴建各类服务设施。参与灾区恢复重建对口支援企业、社会团体和个人按规定全面享受优惠政策和扶持措施。

第三节　绵阳市重建工作部署与实施

一、编制规划

2008年6月1日，绵阳市成立由市委副书记、代市长曾万明任组长的灾后重建规划实施方案编制领导小组（详见本篇第三章），并由市政府印发《绵阳市地震灾后重建规划实施工作方案》。同时，绵阳市“5·12”抗震救灾指挥部印发《关于做好〈绵阳市地震灾后重建规划实施方案〉编制有关工作的通知》。2008年6月5日，绵阳市灾后重建规划实施方案编制领导小组办公室召开启动会。

绵阳市编制完成《总体实施规划》和10个专项实施规划（含北川县恢复重建规划）。《总体实施规划》共收集整理恢复重建项目11383个（含打捆项目），概算总投资达3051.9亿元，拟申请国家、省补助资金2018.4亿元。后经国家、省审定，绵阳纳入国家《汶川地震灾后恢复重建总体规划》和10个专项规划的项目共6999个（含城乡住房建设），估算总投资2608.4亿元，其中城乡住房重建、加固和维修估算总投资1050.6亿元，城镇体系、农村建设、基础设施、公共服务设施、生产力布局与产业调整、市场服务体系、防灾减灾、生态恢复和土地利用等估算投资1557.8亿元。

按照《四川省汶川地震灾后恢复重建年度计划（修订本）》，省上切块下达绵阳的地方灾后恢复重建项目共8278个（不含城乡住房恢复重建），估算总投资1422.2亿元；此外，经核实绵阳市城乡住房恢复重建估算总投资为528.8亿元。

2009年上半年，绵阳市对省上下达的灾后重建项目进行核实、细化和完善，形成《绵阳市“5·12”地震灾后恢复重建年度计划（修订本）》。共计7983个项目纳入该年度计划，估算总投资2021.8亿元。其中城乡住房建设投资528.8亿元，项目投资1493.1亿元。

2009年第三季度开始，绵阳市对纳入国家规划的灾后重建项目进行了中期评估调整。绵阳市根据灾后恢复重建实际情况，结合国家有关政策要求，认真地布置、全面地分析和研究绵阳市灾后恢复重建总体实施规划和项目的实施情况，开始着手灾后恢复重建总体实施规划中期评估的各项准备工作。

2009年10月，根据省发改委反馈绵阳市灾后重建中期调整项目情况，绵阳对漏报的工会系统，科学城部分项目，北川地震遗址博物馆漏报项目，绵盐、绵三、绵梓路等漏报项目进行再次申报，并对江油、平武、三台等3县金融服务业项目的调整再次申报。

2009年10月，绵阳市迎接中国国际工程咨询公司汶川地震灾后恢复重建规划中期评估调研组及省有关领导对绵阳灾后恢复重建中期实施情况的评估调研。调研组一行对北川县、平武县和安县的灾后恢复重建项目建设进行现场调研。

根据《四川省汶川地震灾后恢复重建规划项目实施计划（中期调整本）》统计，经灾后恢复重建规划中期评估项目调整后，绵阳市3年灾后恢复重建共计实施项目7318个，估算总投资约2266.3亿元。其中2008—2009年计划完成投资1343.62亿元，完成规划总投资的59.29%；2010年计划完成投资696.01亿元，累计完成投资2039.63亿元，完成规划总投资的90%；2010年以后计划完成投资226.67亿元，全面完成灾后恢复重建任务。

（一）分行业调整

1. 城乡住房建设。调整前项目有18个，估算总投资867.83亿元，调整后项目有18个，估算总投资728.29亿元。其中城镇住房调整前9个项目，估算总投资454亿元，调整后9个项目，估算总投资219.4亿元；农村住房调整前9个项目，估算总投资413.8亿元，调整后9个项目，估算总投资508.9亿元。

2. 城镇体系建设。调整前的城镇体系建设包括市政建设、历史文化名城名镇名村、风景名胜区等灾后重建项目共计215个，估算总投资209.75亿元；后调整为207个，估算总投资303.06亿元。

3. 农村建设。调整前的农村建设包括农业生产设施和农村基础设施灾后重建项目共计42个，估算总投资241.31亿元；后调整为42个，估算总投资182.56亿元。

4. 公共服务设施。调整前的公共服务设施建设包括教育、医疗卫生、计划生育、文化、文物保护、新闻出版、广电、体育、社会福利、就业和社会保障、基层政权等灾后重建项目共计4862个，估算总投资252.26亿元；后调整为3871个，估算总投资254.56亿元。

5. 基础设施建设。调整前的基础设施建设包括公路、铁路、民航、通信、邮政、能源、水利工程等灾后重建项目共计145个，估算总投资262.33亿元；后调整为146个，估算总投资286.40亿元。

6. 生产力布局与产业调整。调整前的生产力布局与产业调整包括农业生产、工业、旅游业、文化产业、市场服务体系灾后重建项目共计2932个，估算总投资370.42亿元；后调整为2951个，估算总投资429.29亿元。

7. 防灾减灾。调整前的防灾减灾包括灾害风险治理、监测预警、应急指挥和救援救助、综合减灾等灾后重建项目共计42个，估算总投资26.71亿元；后调整为44个，估算总投资22.54亿元。

8. 生态恢复。调整前的生态恢复包括林业、环保、水土保持、草地等灾后重建和土地利用项目共计29个，估算总投资58.75亿元；后调整为28个，估算总投资58.01亿元。

9. 精神家园。调整前的精神家园灾后重建项目共计11个，估算总投资0.68亿元；后调整为10个，估算总投资1.46亿元。

10. 其他方面。省上未下达投资目标任务，绵阳市增补项目1个，估算总投资0.09亿元。

（二）分实施主体调整

1. 市本级项目。调整前共计45个，估算总投资160.15亿元；后调整为58个，估算总投资167.62亿元。

2. 北川县项目。调整前共计547个，估算总投资184.58亿元；后调整为413个，估算总投资227.44亿元。

3. 安县项目。调整前共计730个，估算总投资283.30亿元；后调整为754个，估算总投资323.09亿元。

4. 平武县项目。调整前共计536个，估算总投资162.36亿元；后调整为524个，估算总投资125.41亿元。

5. 江油市项目。调整前共计1362个，估算总投资447.62亿元；后调整为1353个，估算总投资407.88亿元。

6. 涪城区项目。调整前共计1153个，估算总投资377.62亿元；后调整为708个，估算总投资385.37亿元。

7. 游仙区项目。调整前共计932个，估算总投资168.09亿元；后调整为806个，估算总投资154.89亿元。

8. 梓潼县项目。调整前共计715个，估算总投资100.47亿元；后调整为644个，估算总投资114.52亿元。

9. 三台县项目。调整前共计1499个，估算总投资267.18亿元；后调整为1381个，估算总投资226.49亿元。

10. 盐亭县项目。调整前共计777个，估算总投资138.67亿元；后调整为677个，估算总投资133.54亿元。

2010年9月，绵阳市对纳入国家规划的灾后重建项目进行再评估调整，后经《四川省汶川地震灾后恢复重建规划再评估项目调整表》文件确认，灾后恢复重建规划项目再评估调整后，省上切块下达绵阳市的地方灾后恢复重建项目共7314个，估算总投资2267.34亿元。

二、各年度目标任务

绵阳市2009年灾后恢复重建目标是：年度前基本完成农户永久性住房建设；加快城镇住房重建和维修加固；全面启动乡镇恢复重建，2009年内基本恢复试点集镇主要功能，全面恢复农村集镇居民生产生活秩序；加快公共服务设施恢复重建，年底前基本完成纳入国家规划的学校、医疗卫生和社会福利公益设施的灾后恢复重建；加快重大基础设施恢复重建，全面开工建设纳入国家和省灾后重建年度投资计划的基础设施项目，年底前基本完成省道101线三台段、省道205线北川桂溪至江油段、永安公路等9个国、省干线和通村公路的恢复重建；加快产业和生态恢复重建，确保有条件的受损企业生产能力基本恢复到灾前水平，恢复提升农业生产能力，灾毁耕地复垦年底前完成60%以上；加快建设北川新县城，确保5月底前开工建设；加快建设精神家园，实施心理康复工程和文化抚慰工程，积极抢救修复灾区文物和文化典籍。

绵阳市2010年灾后恢复重建目标是：完成城乡住房重建，确保2010年春节前后基本完成农村永久性住房重建；5月底基本完成城镇住房重建；提升公共服务能力，确保2010年春季开学时学生进入永久性校舍学习，全面完成灾区县级医院和疾病预防控制、妇幼保健、计划生育服务机构以及乡镇卫生院、计生中心服务部等项目重建，力争公共服务能力总体优于灾前水平；提高基础设施水平，6月底前基本完成53处堰塞湖治理和619座震损水库整治，完成重点堤防除险加固主体工程。力争9月底前完成安北路、永通路等93个公路项目，完成98个客运站点恢复重建项目，基本完成水利重建任务，基本完成6个重点集镇主体重建任务；推进生态环境修复，力争9月底前完成林区基础设施重建任务85%以上，基本完成受损林地植被恢复任务，力争完成50处重大地质灾害点治理；深化对口援建工作，构建对口援建长效机制；在2010年5月12日前，灾后重建规划项目要力争全部开工；2010年9月底前，灾后重建规划项目完工率和规划投资完成率要分另达到85%以上，确保"三年目标任务两年基本完成"；2010年12月前，灾后恢复重建规划项目完工率要达到92%以上、规划投资完成率要达到90%以上。

绵阳市2011年灾后恢复重建目标是：做好重建项目收尾工作，管好用好建成项目，加快绵阳发展振兴；确保2011年5月12日前，灾后恢复重建规划项目必须实现全部开工，开工率达到100%；2011年9月底前，灾后恢复重建规划项目完工率要达到97.5%以上、规划投资完成率要达到95.5%以上，全面完成灾后恢复重建任务；2011年12月前，灾后恢复重建规划项目完工率要达到98.5%以上、规划投资完成率要达到98%以上。

第四节　绵阳市重建主要政策与落实

绵阳市灾后重建恢复重建项目量大、点多、面广，缺乏统一的协调机制，为此绵阳市政府及时成立了项目推行领导小组，由市长曾万明任组长，分管副市长任副组长，各部门一把手任成员，按照"注重决策质量、优化决策程序、提高决策效率"的措施和"正排工序、倒排工期"的工作要求，按照不同项目、不同行业、不同部门分别制定实用、实际的政策措施，并推进其落实完成。

一、城乡住房政策与落实

（一）永久性住房重建。按照"公布等级标准、灾民申请、群众评议、村组公示、乡镇审核、县级民政部门审批"的程序办理，补助资金全部纳入"一折通"发放，确保补助对象按标准领取补助资金。截至2011年5月，全市灾后住房重建政策性文件减免费用达32602.67万元，其中国家灾后重建减免17614.42万元，市灾后重建政府文件减免7138.87万元，灾后新墙材基金减免7819.38万元。

（二）城镇住房重建。按照绵阳市人民政府《关于地震灾后城镇住房重建工作的实施意见》规定，认真执行"免收各项行政事业性收费和政府性基金"。

（三）农房维修加固补助。按照"统一补助标准、切块包干、严格程序、乡镇负责"的原则，统一拨付到乡镇，由乡镇统筹安排。依照《四川省农村房屋地震破坏程度判别技术导则》，农房损坏程度划分为"轻微损坏""中等破坏""严重破坏"3个档次，补助发放程序等同于重建永久性住房补助资金发放程序。

（四）农房重建专项贷款。重建家园专项贷款坚持“谁承贷，谁申请，谁使用，谁偿还”。根据所评定的信用等级确定授信额度，“一级”信用户每户信用贷款余额最高不超过3万元，“二级”信用户每户信用贷款余额最高不超过2万元，“三级”信用户每户信用贷款余额最高不超过1万元，其超过部分按抵（质）押贷款办理。

二、财政政策与落实

（一）完善规章制度，规范资金使用。及时将国家、省有关政策传达到各级各部门、督促严格执行灾后重建资金管理政策；结合实际及时草拟《绵阳市灾后恢复重建项目使用政府性资金审批管理暂行办法》《绵阳市灾后重建和扩大内需资金管理办法》等一系列资金使用和监督管理办法，确定重建资金管理工作指导思想和基本原则，制定科学精简与安全有效相结合的灾后重建资金拨付规程，规范全市灾后重建资金申报、审批和使用程序，明确根据项目进度拨付资金的拨付办法，为全市灾后重建资金使用管理的规范有序奠定坚实基础。

（二）筹集资金，保障灾后重建资金需要。充分发挥财政职能作用，综合运用资本金注入、投资补助、贷款贴息和担保等方式，多渠道、多途径努力筹集重建资金，加大调整支出结构，突出重点、保障民生、做好资金平衡，为完成灾后恢复重建任务提供资金保障。

（三）落实灾后恢复重建政策，促进灾区发展振兴。各级财政部门全面落实地震灾区税收优惠、灾后重建进口物资免税、减免政府性基金和行政事业性收费等各项重建政策，加快恢复重建项目建设，促进灾区产业恢复发展。

（四）加大资金监管力度，管好用好重建资金。各级财政切实承担起重建资金监管的职责，为保证重建资金使用安全有效做出努力：加强重建资金监督管理，完善监管制度，创新监管模式，整合监督力量，深入开展现场监管、专项检查和重点督查工作，对项目资金实施全方位、全过程的实时在线监管，确保灾后重建资金安全高效使用；加强竣工项目财务决算审批工作，严格按照规定加快安排和使用项目结余资金；加强重建项目资产管理，督促指导有关单位按照要求建卡、建账，办理重建项目产权登记手续，确保重建项目资产的安全完整，并加强对项目资产移交划转的监督管理。

三、灾后重建税收政策与落实

市国税局及时转发《国务院关于汶川地震灾后恢复重建政策措施的意见》和财政部国家税务总局、海关总署《关于支持汶川地震灾后恢复重建有关税收政策问题的通知》两个文件，并对纳税人来电咨询给予详细解答。按照政策规定对重灾区损失严重的企业，落实免征企业所得税的减免税优惠政策。截至2010年12月31日，全市因地震受灾累计减免企业所得税91602万元，其中2008年减免18240万元；2009年减免25505万元；2010年减免47857万元。增值税转型避免对固定资产的重复征税，减轻企业税收负担，有利于制造业调整产品结构，加快发展。自2008年7月1日至12月31日期间落实增值税转型政策，纳税人累计抵扣固定资产进项税额5284万元，政策的落实切实减轻纳税人的税收负担。

《国家税务总局关于增值税一般纳税人抗震救灾期间增值税抵扣凭证认证稽核有关问题的通知》出台后，绵阳市落实国家政策，为受灾企业办理增值税专用发票逾期认证396份，金额1724.16万元，涉及税额256万元。

贯彻落实总局、省局关于地震灾区补发税务登记证和新建注册的企业和个体工商户免收税务登记证工本费的规定，对纳税人在地震中损毁、丢失而补发的税务登记证，和2008年7月1日后新建注册的企业和个体工商户办理税务登记证件，免收税务登记证工本费。截至2011年6月30日，全市已免费办理税务登记证件34147户，免收工本费23.99万元。

绵阳市落实抗震救灾车辆免征减征政策。截至2010年12月31日，共办理符合灾后免征减征条件车辆5.69万辆，免税金额1.26亿元。

从2008年5月至灾后重建结束，市地税局共为555户次纳税人办理缓缴税款5.18亿元；执行抗震救灾及灾后重建税收优惠政策，减免地方各税12.687亿元。其中从2008年5月至2008年12月，全市地税系统共为213户次纳税人办理纳税款1.4亿元，为纳税人新办和补办税务登记证10057户，免收税务登记证工本费20万元；执行抗震救灾及灾后重建税收优惠政策，减免地方各税3.54亿元。为纳税人新办和补办税务登记证23057户，免收工本费46.12万元。灾后重建税收优惠政策的落实，支持了绵阳市受灾地区的基础设施、房屋建筑物的恢复重建；减轻企业资金负担，促进企业尽快恢复生产。绵阳市经济从2009年开始，绵阳市地税收入每年分别以41.7%、44.8%的速度高速增长。同时，在收入总量上也取得了质的突破：2010年收入总量超过50亿元，是2007年收入的2倍；2011年1—6月底组织入库各项收入39.45亿元，超过2009年全年收入4.45亿元。

四、金融政策与落实

中国人民银行、中国银行业监督管理委员会《关于全力做好地震灾区金融服务工作的紧急通知（第1号）》，中国人民银行、银监会、证监会、保监会《关于汶川地震灾区重建金融支持和服务措施的意见》，中国人民银行、中国银行业监督管理委员会《关于做好汶川地震灾区农村居民住房重建信贷服务工作的指导意见》，四川省人民政府办公厅《关于金融支持地震灾区农村居民住房重建的意见》，人行成都分行《关于积极运用支农再贷款支持农村信用社增强灾后重建信贷能力的意见》等政策出台后，绵阳市印发《绵阳市人民政府办公室关于进一步做好金融支持农房重建工作的通知》《绵阳市人民政府关于印发〈绵阳市农村永久性住房建设贷款担保基金管理暂行办法〉的通知》。人行绵阳中支出台《关于绵阳灾后恢复重建的信贷指导意见》《关于金融支持灾区重建的指导意见》《金融支持产业优化升级促进经济加快发展的指导意见》《关于积极运用支农再贷款支持农村信用社增强灾后重建能力的意见》《关于做好支持地震灾后农村永久性住房建设工作的信贷指导意见》《关于金融支持灾区城镇居民住房重建的实施意见》等信贷政策。主要政策落实情况：

支持城乡住房重建。截至2011年6月末，全市农信社、农行、城商行、邮储银行等4家涉农金融机构累计投放农房重建贷款58亿元，累计贷款农户21.2万户，其中累计发放困难农户农房重建贷款3.7亿元，困难农户贷款户数1.7万户。全市农房重建贷款余额33亿元，余额农户13.4万户；到位一般农户农房重建担保基金40138万元，在保贷款20.93亿元；到位贫困农户农房重建担保基金70560万元，在保贷款3.67亿元。辖内金融机构累计向城镇居民发放住房贷款410688万元，发放户数达24970户，其用途：发放自建贷款38万元；发放购房贷款390758万元；发放廉租房住房开发贷款19892万元。

加强信贷投放。截至2011年6月末，全市金融机构各项存款余额1870.3亿元，比年初增加64.55亿元。全市金融机构各项贷款余额960.8亿元，比年初增加82.44亿元，新增存贷比127.71%；加上国开行贷款、上级行直贷、核销、剥离、减免贷款、委托贷款以及再贴现等，上半年实际新增贷款

92.05亿元，完成年初市政府下达的新增150亿元贷款目标任务的62%，完成省政府最新下达的新增170亿元贷款目标任务的55%；贷款总量，增量继续高居全省第二位，贷款余额比全省第三的德阳多293亿元，贷款增量比全省第三的乐山多21.18亿元。银行业金融机构累计签发银行承兑汇票78.64亿元，新增贸易融资19.85亿元，新增表内外融资共计219.5亿元，为全市灾后发展振兴提供强有力的金融支持。三年灾后重建，人行绵阳中支积极运用货币政策工具壮大法人机构支持灾生重建资金实力，累计向农村信用社发放支农再贷款71.34亿元，为绵阳市商业银行办理再贴现近1560笔，累计金额16.5亿元，支持市商业银行在银行间市场发行次级债1.1亿元，帮助辖内农村信用社实现14.32亿元专项票据的如期兑付。

改善金融服务。贴近灾区实际，推动各种便民利民金融服务，深化"农村金融服务与创新试点"，启动土地承包权流转质押、林权质押、"基地+农户"、联名担保、农民工返乡创业等融资业务。截至2011年6月末，金融机构发放涉农贷款余额290.25亿元，其中发放林权抵押贷款9885万元，县域金融机构增量存贷比达90%。加大信用主体培育，建立农户信用档案586738户、评选信用乡（镇）20个、信用村60个、信用农户31.21万户、金融机构认定诚信中介14个、诚信企业86个、诚信社区8个。积极落实灾区金融优惠政策，全市符合"四不政策"贷款合计86.84亿元，已核销因灾损失贷款5.4亿元，减轻债务人负担。加强对借地震之机恶意逃废金融债务行为的打击，全市金融涉诉案件执结率达80%，无新增逃废银行债务行为。

推动小额贷款保险试点。2009年2月全市小额人身保险推广大会召开后，按照市政府的安排，中国人寿绵阳分公司在除安县以外（安县的试点工作由泰康人寿承担）的所有县（市、区）相继开展试点，全市159个试点乡镇，占全市乡镇总数的68%，为29万农村居民提供88亿元的风险保障。通过开展农村小额人身保险试点，为灾区的重建和农民的外出务工提供一定额度的保险保障，有效缓解农村居民应对意外风险的担心，为遭受意外不幸家庭撑起风险屏障。

五、土地扶持政策与落实

贯彻落实国土资源部《关于实行保障灾后恢复重建特殊支持政策的通知》、省国土资源厅《关于贯彻国家和省灾后恢复重建国土资源支持政策的实施意见》精神，市国土局结合绵阳市实际出台《绵阳市国土资源局关于保障灾后重建用地加快促进全市经济恢复增长的意见（试行)》，为尽快恢复灾后重建工作，对边建边报批等先行用地等特殊政策情况进行扶持。

（一）科学编制防灾减灾规划。根据地质灾害隐患应急排查评估成果，科学划定地质灾害危险区和易发区，为受灾群众安置、灾后重建选址和规划编制提供决策依据。严格执行地质灾害危险性评估制度，未经评估的选址不得纳入各类规划，有关项目不得批准用地和使用土地。截至2011年6月，共为1800余个项目开展地质灾害危险性评估。

（二）科学编制灾后重建土地利用规划。通过规划，优先安排过渡安置住房、能源交通水利等基础设施、公共服务设施、农民生产与生活必需的建设用地。对集中工矿用地，适度撤并自然村落，引导农民住宅相对集中建设。村庄和农村居民点重建用地的选择，做到不占或少占耕地。

（三）保障灾后重建用地指标。省政府下达绵阳市保障灾后恢复重建新增建设用地规划指标14639公顷（市辖区4328公顷)。其中城镇新增6802公顷，农居新增2990公顷，工矿新增1063公顷，基础设施新增3784公顷。截至2011年6月，全市地震灾区总计已使用灾后恢复重建规划指标11642.5公顷（市辖区4137.6公顷)。

（四）建立土地审批快速通道。对灾后重建项目用地预审实行“绿色通道”，提前介入，主动服务，提高效率。灾后重建中，绵阳市共办理各类项目用地预审1237个，涉及用地面积5770.4公顷。

（五）实行新增建设用地有偿使用费减免政策。省国土资源厅共减免市本级新增建设用地有偿使用费6797万元。

（六）对耕地占补平衡实行挂账处理。对没有占补平衡的城镇批次用地以正式批复的土地开发复垦整理项目审核意见或立项文件为依据进行挂账，三年内完成土地开发整理项目，利用新增耕地核销挂账。全市共立项土地整理项目84个，整理规模38.17万亩，设计新增耕地规模6.92万亩。

（七）调整灾毁耕地复垦项目实施方式。在对灾毁耕地进行评估的基础上，根据受损较轻、较重、严重三类情况，采取农户自行组织复垦、工程复垦等方式进行。对自行复垦的，验收合格后，按受损程度给予3000~5000元／亩的补助。对工程复垦项目，严格按四川省“金土地工程”管理办法执行。绵阳市灾毁耕地84万亩，截至2011年6月，共复垦耕地83.8万亩，占总面积的99%，完成投资18.5亿元。

六、产业扶持政策与落实

（一）农业产业化项目。严格执行《国家汶川地震灾后恢复重建总体规划》和省农业厅印发的《关于下达灾后农业恢复重建任务的通知》，先后实施农田修复、农技和良繁体系、大棚、沼气及部分生产基地建设等灾后重建农业产业专项规划项目。

（二）工业项目。凡进入国务院总规和根据总规所下达的五部委、三省一部、省政府、省经委的专项，均享受灾后重建项目中国家有关规定的土地、资金（基金）、生产要素等有关方面的优惠政策；对于进入灾后重建规划的、2011年5月以前新上的符合国家产业政策的工业项目，继续执行国家“边建边报”的土地用地政策，加快工业用地和土地证办理进程；继续执行“优惠电价”政策，扩大“直供电”试点范围；对于恢复重建急需的水泥生产企业，延长“小水泥”生产许可证时间，暂不执行差别电价。

（三）旅游产业。千佛山景区于2009年12月24日核销银行贷款2.24亿人民币。猿王洞景区贷款共计9350万元，其中农行的7300万元的贷款，省、市农行已经同意核销；绵阳商业银行贷款600万元与信用社贷款1450万元因无相应政策，未核销。

（四）产业基金贷款贴息资金。中期规划调整后，市本级3年的产业恢复重建基金包干数为4.75亿元，其中企业灾后恢复重建贷款贴息资金安排39775万元，企业贷款担保基金5000万元。2008年安排贷款贴息资金3546.86万元（贴息率1.5%），市本级企业92户，其中市本级工业企业80户，贴息资金3220.29万元。2009年安排贷款贴息资金20634.41万元（贴息率2%），市本级企业103户，其中市本级工业企业94户，贴息资金16768.35万元。安排企业贷款担保基金5亿元注入市天力担保公司担保资本金。2008—2009年两年共计安排市本级贷款贴息补助资金24181.27万元，担保基金5000万元，直补2700万元，共计31881.27万元（其中市本级工业企业贴息19988.64万元）。

（五）产业园区发展专项资金。中央财政切实下达绵阳市共计6.9亿元，其中高新区3亿元、经开区0.5亿元、江油市1亿元、北川县1亿元、安县1亿元、平武县0.4亿元，要求在2010年年底前实施完成，专项用于园区基础设施和公共服务平台建设。此项资金于2010年2月通过市财政局拨付到相关县（市）和园区。

七、就业和社会保障政策与落实

（一）就业和社会保障政策。绵阳市先后出台《关于支持灾后恢复重建就业和社会保险政策的实施意见》《关于进一步做好就业工作的通知》《关于促进农民工稳定就业切实解决失业返乡农民工有关问题的通知》《关于进一步加强普通高等学校毕业生就业工作的意见》《绵阳市促进五类重点群体就业工作方案》《关于做好困难家庭高校毕业生就业援助工作的意见》等文件，以帮助企业尽快恢复生产、促进城乡就业。

（二）落实就业社保政策。将15.84万因灾失业的城乡劳动者纳入就业援助对象，免费发放“四川省地震灾区就业援助优惠证”14.78万个。结合抗震救灾和灾后重建，全市共开发卫生防疫、废墟清理、险情观察、农房建设价格监管和质量监管、劳动保障协理、特殊政策宣传等30多种2.8万个公益性岗位，安置受灾失业人员2.78万人。全市用就业专项资金为享受就业再就业优惠扶持政策人员发放岗位补贴、社保补贴、职业培训补贴和职业介绍补贴共计1.8亿元。全市83.24万名受灾劳动者全部实现初次或二次就业；动态消除零就业家庭；城镇登记失业率控制在3.77%。

全市共有185户参保企业享受五项社会保险费减、缓28055.59万元，切实帮助参保企业渡过难关，为企业灾后重建，恢复生产打下坚实基础。累计有16965人享受减免行政事业性收费政策、16802人享受税收减免政策、41143人享受社会保险补贴政策、18246人享受公益性岗位补贴政策。用失业保险基金支付岗位补贴3967.51万元，涉及企业247户、职工92362人。完成工伤认定1980人，组织工伤职工伤残等次鉴定和非因工、因病丧失劳动能力职工能力鉴定7次共1253人，基金支付1476人工伤保险待遇11326.74万元。完成3304名北川遇难学生家长参加养老保险工作，促进灾后社会稳定。

八、工商管理政策与落实

（一）下放名称核准权，放宽名称限制，简化名称核准程序。从2009年开始，绵阳市将核市名权限下放各区（县）登记机关，将远程核省名权限下放5个扩权强县及平武县。绵阳市注册资本（金）为50万元以上的企业，可申请冠“四川”或“四川省”行政区划。支持规模较大的企业和企业集团向国家工商总局申请无行政区划的企业名称。允许企业名称中的行业与经营范围暂不一致（1年内），在企业没有提交前置审批手续时，经营范围先核定一般经营项目，待前置审批手续具备后，再变更为与名称行业一致的许可经营项目。申请省市县行政区划连用企业名称，由最低级别行政区的工商行政管理局核准。

（二）减少审批环节，提高办事效率。自然人投资设立公司，新办的工业项目，法律法规规定需要设置前置（涉及安全许可的除外）而暂未取得批准文件的，可先核发经营范围为“筹办”的企业法人营业执照。设立公司的（不含一人有限公司），允许注册资本分期缴付，注册资本500万元（含）以下的公司可零首付，3个月内注册资本到位20%，工商部门核发有限有效期3个月的营业执照，两年内注册资本缴足。

（三）支持外资企业落户绵阳市。企业按权限分属省局登记，由省局个案授权市工商局登记的，若企业按权限划分属国家局登记的，由省局帮助其向国家局申请个案授权。允许外商投资企业的外方股东将该企业向外方股东的借款转为投资。外方股东债权转股权需提交外汇管理部门出具的外债的证明和审批机关的批准文件。

九、人口计生政策与落实

市人口计生委编制《绵阳市“5·12”特大地震灾后计划生育服务设施建设实施规划》，恢复重建按照应急过渡阶段、恢复重建阶段、发展提高阶段分段实施。在应急过渡阶段，坚持“牌子不倒、队伍不散、工作不断”，在恢复重建阶段，坚持“着眼长远，统筹规划；分类指导，标准建设；突出重点，分步实施；争取支持、自力更生；明确责任、分级落实”的原则组织实施。

根据“整合资源、优化布局、推进标准化建设”要求，计划生育项目估算总投资由43219万元调整为28683.8万元，计划生育恢复重建项目由237个（其中县级站12个、中心乡镇站100个、普通乡镇站125个）调整为161个（其中县级站11个、中心乡镇站96个、普通乡镇站54个）。

截至2011年6月30日，全市已落实计划生育服务体系灾后重建资金27711.8万元，其中国家灾后重建资金22003.8万元（市本级2087.32万元、三台县3000万元、江油市3000万元、涪城区1586.48万元、游仙区1523万元、安县1874万元、北川县2490万元、盐亭县2680万元、梓潼县1500万元、平武县1965万元、园区298万元）；援建资金3649.5万元（其中辽宁援建安县2276万元、山东援建北川县808.5万元、河北援建平武县565万元）；国债资金270万元（安县90万元、三台县100万元、梓潼县80万元）；自筹资金1788.5万元（市本级25万元、北川县43.5万元、梓潼县1720万元）。全市计划生育服务体系161个灾后重建项目全部开工建设（其中完工149个、在建12个、已投入使用95个），累计完成投资25600.12万元。

十、卫生政策与落实

按照《四川省人民政府关于灾后重建国家投资工程建设项目招标投标工作的通知》文件要求，市卫生局对重建项目进行严格监督管理，确保落到实处，对于所有重建项目均严格执行招投标法律法规和规章制度，遵循公开、公平、公正和诚实信用的原则，加强管理、规范程序、简化手续、提高效率、明确责任、强化监管。

严格按照《四川省国家投资工程建设项目招投标条例》的要求，对凡是符合规定的范围并达到省政府规定的规模标准的（投资额在200万元以上），均进行招标。各重建项目的招标文件（资格预审文件）编制按《〈标准施工招标资格预审文件〉和〈标准施工招标文件〉试行规定》严格执行。对于不能满足招标的法定时间和程序要求的，即投资额小于200万元的项目，按《四川省政府投资工程建设项目比选办法》的规定和标准文件进行比选。北川县精神病医院、麻风村康复医院、青片乡卫生院、垃圾处理站等项目按此文件操作。

十一、交通政策与落实

根据交通灾后恢复重建规划及《四川省财政厅、交通厅关于下达汶川地震灾后公路恢复重建中央基金补助投资计划的通知》精神，国家对绵阳市交通恢复重建的补助资金共57.7403亿元。其中国省干线与重要经济干线公路恢复重建，国家补助资金38.799亿元，已执行到位35.207亿元，占国家补助资金的91%；农村公路灾后恢复重建国家补助资金18.5548亿元，其中农村公路恢复重建补助资金13.7264亿元，已到位11.9272亿元，占农村公路补助资金的87%；农村公路断头路使用亚行贷款资金4.8284亿元，按政策，亚行贷款只安排重灾县的农村断头公路项目，绵阳市涪城、游仙、三台、梓潼、盐亭等县（区）89个项目840.2公里纳入农村断头公路项目，工程项目尚在实施过程中；

客运站恢复重建国家补助资金3865万元，资金全部到位。

截至2011年6月，全市1182个交通灾后恢复重建项目全部开工，开工率达100%，已完工项目1128个，完工率达95.4%，累计完成投资148.49亿元。

绵遂高速公路，总投资36.55亿元、建设规模77.94公里，累计完成投资28.2亿元，完成路基工程的98.3%，完成桥梁工程的95.3%，完成涵洞工程的100%，完成隧道工程的99.1%。

灾后国省干线与重要经济干线恢复重建19个项目全面开工，已完工17个，完成路基工程1160.1公里、完成路面工程1133.5公里，累计完成投资6.533亿元。

农村公路灾后重建项目1067个，总投资50.15亿元，建设规模6504公里，开工项目1067个、完成项目1016个，完成路基工程6298.02公里、完成路面工程6093.62公里，累计完成投资53.77亿元。

客运站点项目98个全部完工，累计完成投资11885.1万元。

十二、水利政策与落实

根据《关于加快推进水利灾后恢复重建工作的通知》和《关于水利灾后恢复重建任务分解及有关工作的通知》要求，绵阳市将灾后重建任务进行分解和细化，完善相应的灾后恢复重建领导机构和工作机构。按照省政府要求，与有资质的设计单位签订灾后重建项目设计合同，配合相关单位搞好项目设计，确保灾后重建项目的及时上报和审批，保证灾后重建项目的顺利进行。

根据《关于印发绵阳市灾后恢复重建项目对照表的通知》精神，纳入市本级水利灾后重建项目8个［水产技术服务体系恢复重建、绵阳水电校实训基地重建、水利基础设施恢复重建项目（堤防工程）、绵阳城区水务管理信息系统建设、武都引水二期武都水库灾后重建工程、武都一期灌区灾后重建工程、武都引水一期沉抗水库恢复重建、唐家山堰塞湖灾后后期处置工程］，规划146744万元（水产技术服务体系恢复重建177万元，绵阳水电校实训基地重建5500万元，水利基础设施恢复重建项目1529万元，绵阳城区水务管理信息系统建设490万元，武都引水二期武都水库灾后重建工程36000万元，武都一期灌区灾后重建工程84025万元，武都引水一期沉抗水库恢复重建3000万元，唐家山堰塞湖灾后后期处置工程16023万元）。截至2011年6月30日，8个项目全部完成，完成规划投资140976万元，占规划投资的96%。

十三、商务政策与落实

2009年年底，因地震受损的全市3万余个商贸服务网点全面恢复运营，恢复率达100%。恢复重建后营业面积达340余万平方米，比受损前增加近50万平方米，尤其北川、安县、平武、江油等极重灾县、乡（镇），经县（市）商务部门、“万村千乡市场工程”等商贸流通企业不懈努力，最终使商贸流通网点全面恢复。2010年，北川、安县、平武、江油新增连锁农家店300余个，基本完成乡（镇）、村全覆盖，农家店遍布灾区的乡、村及新安置点，成为农村市场服务体系率先恢复重建并发挥重大作用的典范；2009年实现社会消费品零售总额358.12亿元，2010年实现社会消费品零售总额426亿元，2011年实现社会消费品零售总额500.5亿元，超过震前水平。

第五节 县（市、区）重建政策

一、北川县

2008年6月11日，国务院办公厅印发《汶川地震灾后恢复重建对口支援方案》（以下简称《方案》），对于极重灾区规定“一省帮一重灾县”的原则，确定由山东省对口援建北川县。《方案》明确要求各支援省市每年对口支援实物工作量按不低于本省市上年地方财政收入的1%考虑。

同年6月29日，国务院颁发《国务院关于支持汶川地震灾后恢复重建政策措施的意见》（以下简称《意见》)。《意见》要求四川省财政比照中央财政做法，相应建立地震灾后恢复重建资金，进而统筹使用好受灾地区财政投入、对口支援、国内银行贷款以及国际组织贷款等资金，引导各类捐赠资金合理配置、规范使用，提高资金使用效益。2008年6月13日，绵阳市成立市委常委、常务副市长左代富任书记、主任的中共北川县重建工作委员会，北川县重建工作管理委员会。自此，北川县的灾后恢复重建工作拉开序幕，整个重建工作均在中央、省、市的直接指导下开展。

二、安县

根据2008年6月11日国务院办公厅《汶川地震灾后恢复重建对口支援方案》的决定，由辽宁省对口援建安县。

2008年8月，安县抗震救灾应急救援和受灾群众过渡安置工作告一段落后，县委、县政府相继出台《关于“5·12”地震灾后农房重建工作实施意见》《灾后农房重建工作指导意见汇编》《关于“5·12”因灾失地群众返乡安置帮扶工作的实施意见》《关于妥善解决“7·17”洪涝泥石流灾害毁损农房再重建的意见》等文件指导农房重建，实行农房重建进度日报制和专项督查制度；制发《集镇居民住房灾后重建工作指导意见汇编》，针对重建工作中反映的特殊问题，灾后住房建设工作领导小组集镇重建办公室下发《关于城镇住房灾后重建工作有关问题答复意见的通知》和《关于城镇住房灾后重建工作有关问题的通知》等政策性文件指导灾后城镇住房重建。

2008年8月8日，启动《灾后恢复重建总体规划》《灾后基础设施建设规划》《灾后生产力布局和产业调整规划》等10个恢复重建规划，对全县的重建进行统一部署。

按照中共中央政治局常委、国务院总理温家宝2008年11月16日视察晓坝镇黄羊村、茶坪乡时指示“加快灾后重建工作，是当前扩大内需、促进经济发展的重要措施，也是地震灾区的首要任务”的精神，以及四川省“三年重建任务两年基本完成”的要求，县委、县政府确立“一年重点安民，两年全面恢复，三年建设新安县”的灾后恢复重建总体目标。重点为农房、城镇、基础设施、产业、社会事业、生态环境重建；推进以工业、农业、旅游业为主的产业升级，推进发展投资环境升级，推进发展竞争力升级。

此外，还落实税收政策、建设资金保障及其管理政策、人力资源保障政策和领导体制上落实责任到人的严格考核制度，确保全县灾后恢复重建工作顺利完成。

三、平武县

根据2008年6月11日国务院办公厅《汶川地震灾后恢复重建对口救援方案》的决定，由河北省对口援建极重灾区平武县。

2008年7月13日，平武县委、县政府出台《关于灾后农村建设永久性住房的实施意见》，对平武县恢复重建农房选址、农房规划、农房设计、农房建设、选材用料、建房用地、建房用林、建房资金、保障措施及工作安排进行布置。

2008年12月底，平武县政府相继出台《平武县灾后城市新区建设征地拆迁安置补偿实施办法》《平武县龙安镇东皋村集体土地统征方案》《平武县南坝工业集中发展区建设征收集体所有土地实施方案》《平武县南坝场镇规划区征收集体所有土地实施方案》《平武县南坝镇灾后重建市政基础设施建设拆迁补偿办法》《平武县平通场镇规划区征收集体所有土地实施方案》《平武县平通镇灾后重建市政基础设施建设拆迁补偿办法》《关于地震灾毁耕地整理复垦项目实施有关问题的补充通知》8个规范性文件。

2009年4月18日，平武县人民政府发布《关于地震灾后城镇住房重建的实施意见》（以下简称《意见》）。《意见》明确通过两年时间努力，使城镇受震灾居民住上符合国家居住区规划设计标准、安全可靠、经济适用、功能齐全、设施配套、环保优化的永久性住房，实现家家有房住的目标。积极落实灾后城镇住房重建补助政策，补助标准为户均2.5万元。

2010年，平武县委、县政府相继制定《关于加快农业产业发展规划的实施意见》《关于切实做好抗震救灾特殊党费援助城镇因灾损毁住房困难群众项目工作的通知》《平武县旅游项目灾后重建实施方案》和《平武县乡镇畜牧兽医站灾后重建方案》《关于平武县城镇体系和重点村基础设施建设项目的通知》《平武县农业（种植业）灾后重建实施方案通知》《关于进一步明确灾后恢复重建项目“五个一”工作机制的通知》等文件，对相关工作作出安排和部署。

四、江油市

江油市属于重灾区，但由于灾情较重，在灾后恢复重建中享受极重灾区政策。根据国务院办公厅《汶川地震灾后恢复重建对口支援方案》的决定，由河南省对口援建江油市。

2008年7月14日，江油市人民政府发布《关于灾后农房重建期间部分建筑材料实行临时价格干预措施的通知》，加强灾后农房重建期间建材价格监管、保持价格基本稳定、对部分建筑材料实行临时价格干预。市境内生产的灾后农房重建建材由各乡镇人民政府负责统筹，实行“四统三定”，即统一采购、统一销售、统一价格、统一组织运输，定生产量、定供应范围、定供应时间等措施，有效平抑市场建材价格。

为了加快推进灾后恢复重建项目建设，江油市人民政府于2009年1月12日发出《加强推进灾后重建项目建设的通知》，要求各镇乡人民政府、工业园区管委会、市级各部门抓紧核实规划项目，立即编制项目实施年底计划，重新录入规划项目库，加快开展项目前期工作，加快项目实施。

为进一步规范扩大内需及灾后重建项目招标投标活动，确保资金使用安全，维护社会公共利益和招投标当事人的合法权益，2009年8月17日，中共江油市委办公室、江油市人民政府办公室发出

《关于进一步加强扩大内需和灾后重建项目招投标及后期管理工作的通知》，就加强扩大内需、灾后重建项目招投标及后期管理工作提出进一步明确各责任主体的职责、规范招投标行为、严格工程项目一般建设程序、严肃招标投标工作纪律等要求。

2010年3月29日，中共江油市委办公室、江油市人民政府办公室发出《关于对2010年灾后恢复重建和投资项目实行“四定”责任制管理的通知》，要求实行定项目业主、定责任人、定投资任务、定督查领导的“四定”责任制管理。

2010年4月22日，江油市“5·12”地震灾后恢复重建委员会办公室发出《关于进一步加强灾后恢复重建项目和资金管理的通知》，就进一步做好江油市灾后恢复重建项目和资金管理有关事项提出要求。要求严格执行项目规划，进一步加快项目建设进度，切实加强灾后恢复重建项目和资金的监管，严把工程质量关，并进一步明确主体责任。

五、其他县（区）

在党中央、国务院和省、市的政策、法规的工作部署安排下，各县（区）根据各地的受灾情况和经济状况、物价指数等实际情况，先后出台农房重建资金补助政策，房屋损坏维修加固资金补助政策，公共服务设施恢复重建资金政策，工商、旅游等企业恢复重建资金政策，农业、林业恢复重建资金政策，基础设施恢复重建资金政策，金融政策，建筑材料限价规定、国外紧急优惠贷款项目管理政策、对口支援政策、税费减免政策，工商行政管理扶持政策，移民安置政策，就业援助及社会保险扶持政策等，对各行各业以及各地灾民给予极大的政策优惠和扶持。

第三章 重建规划

第一节 总体规划

一、编制背景

《绵阳市“5·12”地震灾后恢复重建总体实施规划》（以下简称《总体实施规划》）是依据《汶川地震灾后恢复重建条例》《四川省人民政府关于印发〈四川汶川特大地震灾后重建规划工作实施方案〉的通知》《四川汶川特大地震灾后重建总体规划纲要》《绵阳市人民政府关于印发〈绵阳市地震灾后重建规划工作方案〉的通知》《汶川地震灾害范围评估》《汶川地震重灾区资源环境承载能力评价》《灾害损失评估》《绵阳市国民经济和社会发展第十一个五年规划纲要》和国家相关法律法规，并结合绵阳实际进行编制。

规划实施期为3年（2008年至2010年），规划范围为绵阳全境。

二、编制单位

灾后恢复重建实施规划编制工作，按照市委、市政府的安排，由市发改委牵头，市建设局、市规划局、市经委、市委农办、市目标督查办、市旅游局、市卫生局、市人口计生委、市教育局、市民政局、市广电局、市文物管理局、市文化局、市农业局、市林业局、市交通局、市劳动保障局、市国资委、市信息产业局、市商务局、市体育局、市财政局、市环卫处、市委政研室、市水务局、市统计局、市移民办、市人民银行、市银监局、市公安局、市检察院、市法院、市环保局、市气象局、市电业局、市中小企业局37个市级部门和市水务集团、市富达公司、科技城管委会、9个县（市、区）配合，共100余人参与编制工作。

三、编制过程

按照2008年5月30日省政府灾后重建规划工作会议和6月1日省灾后重建规划组办公室工作会议要求，市委、市政府和市抗震救灾指挥部于6月3日印发《绵阳市地震灾后重建规划实施工作方案》，并分别于6月3日、4日召开紧急会议进行安排部署。成立由代市长曾万明为组长，市政府副市长林新、市发改委主任陈兴国、市建设局局长王绵生以及北川、安县、平武、江油市人民政府主要负责人任副组长，市级有关部门和非极重灾区县区政府主要负责人为成员的灾后重建实施规划编制领导小组，领导小组办公室设在市发改委，市重建规划编制领导小组办公室下设综合、信息、起草、筹资、政策、资料数据6个工作小组。由市发改委牵头，市级各部门和各县（市、区）配合，专门抽调人员，明确分工和责任，于6月4日开始，集中实施规划编制。

市灾后重建实施规划编制分为规划和政策研究两部分，政策研究由市委政策研究室牵头。规划编制分为10个组并分别落实牵头部门。《灾后重建总体规划实施方案》编制组，由市发改委牵头；《城镇体系规划实施方案》编制组、《农村建设规划实施方案》编制组由市建设局牵头；《城乡住房建设规划实施方案》编制组，由建设局和市房管局共同牵头；《基础设施建设规划实施方案》编制组，由市发改委牵头；《公共服务设施建设规划实施方案》编制组，由市发改委牵头；《生产力布局和产业调整规划实施方案》编制组，由市发改委牵头；《市场服务体系规划实施方案》编制组，由市商务局牵头；《生态环境恢复与防灾减灾规划实施方案》编制组，由市防灾减灾局与市林业局共同牵头；《灾后重建国土规划实施方案》编制组，由市国土资源局牵头。

6月5日，市政府副市长林新组织召开市灾后重建规划实施方案编制领导小组办公室会议，明确重建规划方案编制的基本思路、指导思想和原则、规划范围和规划实施期、基本框架、规划和项目的编制要求、抽调人员的主要职责、工作安排要求。规划组办公室制定和印发《编制灾后恢复1+10规划实施工作方案》《灾后重建规划实施方案编制工作制度》。实行每日16时例会制，参加人员主要有规划组办公室主任、副主任，办公室各工作小组组长，总体规划和专项规划的编制牵头单位、责任单位等，通报每日工作进度，提出问题及建议；实行每周四下午15时前，将上周五至本周四的规划实施方案编制工作进度、存在问题及建议等书面报告市目督办和办公室信息组；实行审签制度，各组形成上报材料和资料，必须由各组组长审核后，报办公室主任、副主任审签同意后上报。

抽调人员的工作职责为：负责收集、提供、核实本地区、本系统的受灾基础数据；联系本地区、本部门的项目申报工作；做好规划实施方案编制组与本地区、本部门各种信息沟通与联络，参与规划实施方案的编写工作。牵头责任单位工作职责为：负责组织安排各责任单位和参与单位抽调人员工作，负责相应规划实施方案的编写组织工作，按时参加每日例会，报告编制工作进度，提出问题和建议。

各规划编写小组在广泛收集灾损情况的基础上，按照国家和省对灾后恢复重建的指导思想、原则和措施的要求，拟定编制提纲，合理安排人员和时间，认真组织编写。在编制中，做到不漏项、不重项，应编尽编；每天在例会上报告编制进度、存在的困难和问题，经讨论可以解决的及时解决，重大问题及时请示市委、市政府，会后及时形成《绵阳灾后重建规划工作动态》报相关领导、目标督查办和市级相关部门。

经过近一个月的紧张工作，2008年6月底形成《绵阳市“5·12”地震灾后恢复重建总体实施规划》和9个专项实施规划初稿。为使《总体实施规划》科学合理和具有可操作性，初稿形成后，广泛征求意见，并与多方对接。首先与省上对接。总规、专规和子规规划组的工作人员多次到省上相关厅局汇报，与省编制组交换意见，争取绵阳的规划内容能更多地纳入全省灾后重建规划。其次总规与专规、子规对接。总规的基础资料和数据来自于专规。专规的编制又建立在子规的基础上。规划组与科技城管委会、县（市、区）、园区和市级部门沟通灾后恢复重建规划内容，各规划小组之间也多次对接讨论。并且多次到科管委、北川和各县（市、区）座谈讨论规划情况和北川新县城、地震博物馆建设选址等。再次规划编制与专家、当地干部、灾民对接。规划编制的技术资料来自中规院、中科院成都分院等专业机构的研究成果，同时省发改委、建设厅、地震局、国土厅等多个部门的专家亲临绵阳实地踏勘，指导规划编制工作。6月28日，市政府组织对《总体实施规划》的专家组咨询会，由副市长林新主持，省发改委副主任、省灾后重建规划组办公室副主任王光四带队12名省内外知名专家、科技城管委会、各县（市、区）和市级主要部门负责人参加咨询会。在乡镇迁建、农房建设、过渡安置等多个方面，专项规划组还广泛征求当地干部和灾民的意见。7月29日，经各方面对接后，市政府又将《总体实施规划》印发科管委、9个县（市、区）、仙海区和市级各部门，并送市政府各位领导广泛征求书面意见。根据各级各部门提出的修改意见和建议，规划组又进行全面修改完善。8月6日，代市长曾万明主持召开市政府第48次常务会议，对《总体实施规划（送审稿)》进行讨论审议，规划组根据会上所提意见进行修改。此后，《总体实施规划》又征求市社科联专家、市人大、市政协领导意见，并根据意见建议又进行修改完善。8月23日在市委召开中心学习会上，规划组又将《总体实施规划》印发给大会进行讨论，市委书记要求各县（市、区）和市级部门再次进行修改完善。2008年9月，《绵阳市“5·12”地震灾后恢复重建总体实施规划》上报省发改委审批并纳入全省规划组织实施。

四、主要内容

《总体实施规划》共分5章、34节，3幅图、30个表格和14个专栏，约7万字。

第一章灾情概述与重建基础。对全市灾害范围、受灾情况、地质及次生灾害、资源环境承载能力等进行评估，分析地震对绵阳经济发展和社会文化的影响。第二章灾后恢复重建的指导思想、基本原则和总体目标。第三章灾后恢复重建与主要内容。灾后恢复重建人口与主体功能区、城镇体系空间布局；城乡住房、农村建设、公共服务设施、基础设施、产业、市场服务体系、生态环境修复与防灾减灾设施和精神家园恢复重建的基本思路、重建目标、重建主要内容和重建重点项目；恢复重建土地利用规划；安排极重灾区北川县的灾后恢复重建工作。第四章规划实施。贯彻落实优惠政策、筹集恢复重建资金、加强对口援建工作、健全人力资源保障措施和强化体制机制保障五个要求。

《总体实施规划》共收集恢复重建项目11383个（含打捆项目），概算总投资达3051.94亿元，拟申请国家、省资金2018.38亿元。其中市政设施建设项目387个，投资591.13亿元，拟申请国家、省资金97.7亿元；公共服务设施建设项目2112个，投资270.59亿元，拟申请国家、省资金270.59元；基础设施建设项目7700个，投资910.59亿元，拟申请国家、省资金907.71亿元；生产力布局与产业调整建设项目596个，投资1071.81亿元，拟申请国家、省资金584.25亿元；市场服务体系重建项目198个，投资56.65亿元，拟申请国家、省资金6.92亿元；生态环境修复与防灾减灾项目381个，投资107.17亿元，拟申请国家、省资金107.17亿元；土地复垦与综合利用项目9个，投资44亿元，拟申请国家、省资金44亿元。另外，据不完全统计，城镇居民住房恢复重建估算投资867.5亿元，农村居民住房恢复重建估算投资1366.43亿元。全市地震灾后恢复重建估算总投资共计5285.87亿元。（注：此规划其后经两次调整，恢复重建项目和投资额均有较大变化，详见本篇其后各章）。

第二节　北川新县城规划

北川县城曲山镇因地处地层断裂带，在汶川特大地震中已全部沦为废墟，不宜再在原址重建。

一、新县城选址

2008年5月24日，中国城市规划设计研究院（以下简称中规院）成立北川老县城遗址保护工作组，开展遗址保护研究与概念性规划工作。工作组对地震及其引发的地质灾害对北川老县城的破坏状况进行详细考察，并考察北川县境内外多处可能的选址，听取县委、县人大、县政府、县政协主要领导对县城选址的规划意见。

5月28日，编写完成《北川县城“5·12”特大地震灾后重建选址与规划研究》初稿。6月2日，绵阳市委、市政府领导听取工作组关于选址规划工作成果汇报并提出修改意见，中规院和武汉地勘院专家全力对北川新县城的选址论证进行深化完善。6月3日，由中国城市规划设计研究院、武汉勘

图5－3－177　新建的北川巴拿恰

测设计研究所、绵阳市规划局、北川县委、县政府共同编制完成《北川县城“5·12”特大地震灾后重建选址与规划研究》。研究报告从地质安全、用地条件、交通条件、自然景观等方面否定北川县城原址重建。

2008年6月19日，住房和城乡建设部抗震救灾规划工作组正式提出调整北川和安县行政区划。7月5日，北川县向绵阳市政府呈递《北川新县城选址重建的请示》。成都军区某测绘大队于始测绘安昌镇东南约2公里处新县城选址。测绘面积约30平方公里。7月19日，国务院部委联合审查汶川地震灾区灾后重建城镇体系规划，同意北川新县城异地重建。8月，四川省政府正式向国务院呈报北川新县城选址意见。11月10日，国务院常务会议正式审查通过北川新县城选址。

北川县新县城选址确定在安县安昌和黄土两镇之间东侧，位于安昌镇东南约2公里处的板凳桥，距最近的活动断层4公里以上，距老县城约23公里。地理坐标为北纬31°35′00″~31°38′02″，东经104°26′15″~104°29′10″，总体规划面积约14平方公里，用地范围涉及安昌镇开茂村、东升村，黄土镇的红岩村、常乐村、温泉村、顺义村、红旗村及东鱼村。选址内除丘陵山地和河流水系等自然生态区域外，其他平坝区域主要是农业生态用地、农村居民点和少量小规模的工业。

二、新县城规划编制

2008年11月26日，中规院编制完成《北川新县城总体规划方案》，并广泛征求意见。12月10日，北川重建工委在富乐山九洲国际大酒店召开北川新县城暨山东工业园总体规划方案汇报会，就《北川新县城总体规划方案》再次征求省、市各界意见。12月20日，北川新县城总体规划经住房和城乡建设部、四川省建设厅专家组的联合技术审查通过。2009年3月30日，四川省人民政府批复同意北川县新县城灾后重建总体规划。

2009年7月30日，中规院办发出《关于设立中国城市规划设计研究院北川新县城规划工作前线指挥部的通知》，任命教授级高级城市规划师、院长李晓江为北川新县城规划工作前线部指挥长，教授级高级城市规划师、副院长邵益生，总规划师杨保军为副指挥长，副总规划师朱子瑜为执行副指挥长，规划师孙彤、殷会良为指挥长助理。指挥部下设规划组、住房组、景观组、市政组、道路组5个专项工作组。截至2011年5月19日，中规院共有268人参与北川新县城规划现场工作，赴北川累计12167人次。中规院专家组除完成新县城总体规划和各专项规划设计外，同时协助组织包括抗震纪念园、行政中心、文化中心、艺术中心、羌族特色商业步行街、永昌河绿化带、安昌河绿化带、禹王桥等所有灾后重建项目的设计方案征集与评审工作，邀请国内多位院士、建筑大师和知名设计机构参与方案设计和评审工作。进入项目实施阶段后，中规院的设计把关工作进一步延伸，对每个项目进行跟踪服务，负责建筑施工放线前的用地红线审查和建筑红线审查，施工过程中定期巡查，对发现与规划设计要求不符的问题提出整改意见，并与北川新县城建设指挥部共同协调设计单位和施工单位解决问题。对施工过程中遇到的技术问题负责协同设计单位和施工单位提出解决方案，协助北川新县城建设指挥部决策最终施工方案，项目竣工后，全面参与项目的验收工作，出具验收意见，并协助监督管理工作。

除中规院外，参与设计单位还有中国建筑设计研究院、北林地景园林规划设计院、中国风景园林规划设计研究中心、中国建筑标准设计研究院、北京清华城市规划设计研究院、清华大学建筑设计研究院、香港华艺设计顾问（深圳）有限公司、深圳市建筑设计研究总院、中国航空建筑设计

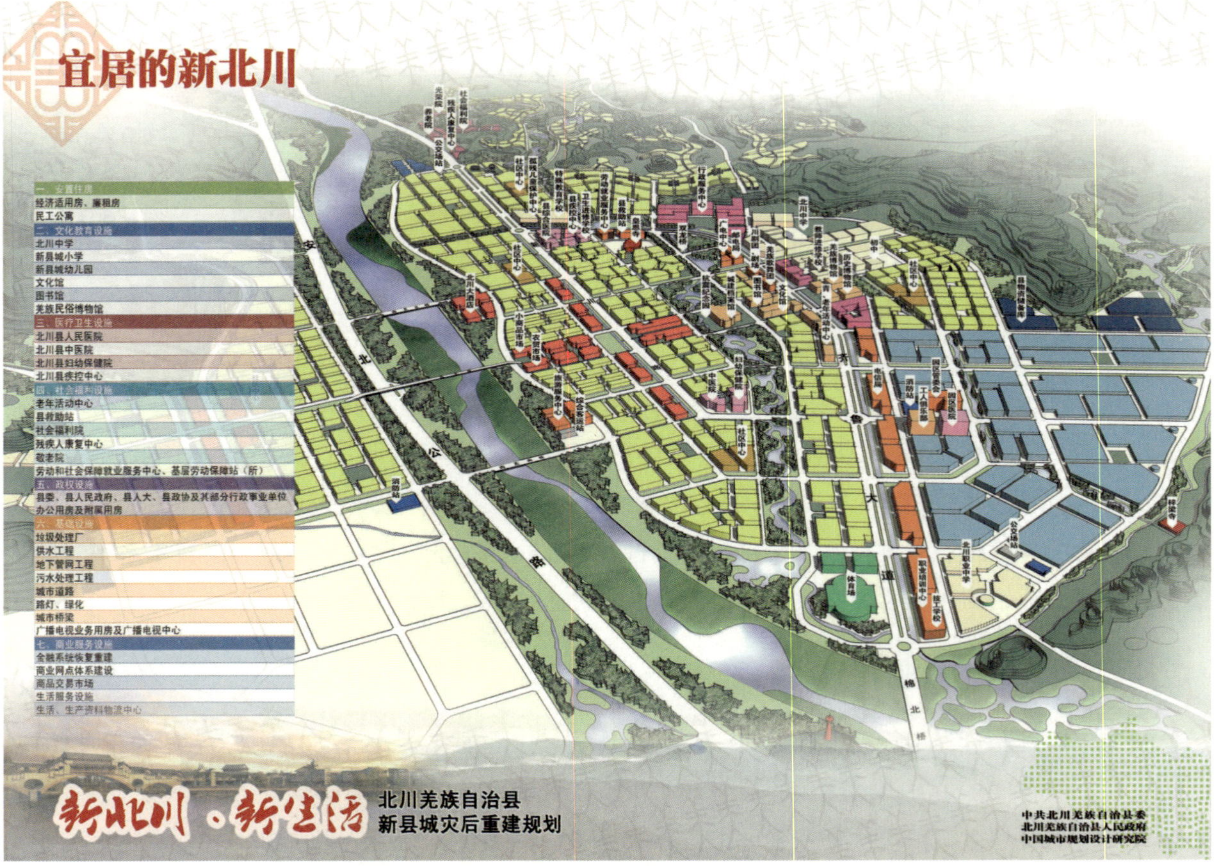

图5-3-178　北川新县城规划图

院、天津华汇建筑设计有限公司、中科院建筑设计研究院有限公司等50余家设计单位参与新县城的总体规划、详细规划、专项规划、市政设计以及建筑方案设计。

新县城建设项目共197个，估算总投资为68.05亿元。其中保障性住房建设项目4个，估算总投资23.62亿元；公益性服务设施项目35个，估算总投资16.06亿元；市政基础设施建设项目100个，估算总投资21.17亿元；景观及绿化工程项目16个，估算总投资2.06亿元；行政及事业单位项目19个，估算总投资2.53亿元；市场服务体系建设项目23个，估算总投资2.61亿元。整个项目通过援建、捐建、自建进行建设。（以上规划，在实际建设中又作了较大调整，详见本篇第四章）

第三节　其他专项规划

按照国家和省的要求，绵阳市除制定《绵阳市“5·12”地震后恢复重建总体实施规划》和由中规院牵头制定的《北川新县城总体规划方案》外，从2008年5月17日起全面启动受灾地区的规划编制工作，先后编制出《城乡住房建设实施规划》《城镇体系恢复重建实施规划》《农村建设实施规划》《公共服务设施建设实施规划》《基础设施重建实施规划》《生产力布局和产业调整实施规划》《市场服务体系规划》《土地复垦与综合利用实施规划》《防灾减灾和生态修复实施规划》等9个专项规划。2008年8月6日，代市长曾万明主持召开市政府第48次常务会议，对总规划及各项专项规划进行讨论审议后经省发改委审批实施。

以上规划在其后具体实施中有较大调整和修改，其形成经过和要点如下：

一、城乡住房建设实施规划

《绵阳市“5·12”特大地震灾后恢复重建城乡住房建设实施规划（2008—2010年）》（以下简称《规划》）于2008年11月28日，由市房管局代拟完成初稿，送市建设局征求书面意见；同时征求市财政、财金办、地税、国土、发改、规划、民政、投控公司、重建办意见，并送市法制办审查。此《规划》报市政府提请常务会议审议，并在12月3日前返回，形成正式文档。

据专家对全市损坏住房的初步检测，毁损住房中，约20%左右的家庭住房具有加固修复价值，据此估算，约40万个家庭需要通过重建获得住房，10多万个家庭住房需经加固修复后使用。城镇通过三年、农村通过一年半的恢复重建和五年的发展提高，恢复或超过灾前居住状态，并达到重建住房质量安全可靠、重建住区设施配套水平有较大提高、人居环境超过全省平均水平，实现灾后重建住区人居环境的全面优化提高，进一步彰显绵阳宜居城市特点和中国科技城的风貌、民族地域特征和风情。

《规划》还对住房处置标准、建设质量标准、住区设施配套标准等方面提出要求，对资金筹措、安置政策等作出明确规定；对农村居民住房重建提出恢复重建规模、标准、设防烈度、重建分类（统建、自建、援建）的经费补助标准的详细政策规定。

二、恢复重建城镇体系实施规划

《绵阳市灾后恢复重建城镇体系实施规划》（以下简称《规划》）编制单位为中国城市规划设计研究院，合作单位为武汉市勘测设计研究院。规划编制工作由该项目第二责任单位绵阳市城乡规划局主导，市发改委、市地震局、市民政局、各级重灾区县（市）人民政府及规划部门参与调研，重灾区域内规划部门参与重点调研。

2008年5月17日，市规划局在四川省建设厅指导下，全面启动受灾地区的规划编制工作，7月15日编制完成。7月9日，首批启动5个重点示范镇乡规划：平武县南坝镇、平通镇，江油市青莲镇，北川县擂鼓镇和安县晓坝镇规划。

《规划》根据绵阳地震灾情，以工程地质条件为前提，资源环境承载力为依据，重点解决受灾人口迁移与安置、城镇布局、建设用地、市政公用设施重建为其要点。4个极重灾区共需迁建安置的受灾人口总数为10.6万至11.6万人；恢复重建的161个乡镇分别按原地原址、原地异址和异地迁建三种类型规划；按“一核”、“三轴”、“双带”、圈层发展的空间布局优化城镇体系；城镇住房重建规模为重建1.38亿平方米，修复2500万平方米，维修3149.5平方米；水、电、气、通信、污水、垃圾处理等市政公用设施的修复与重建，估算总投资432.84亿元。

三、恢复重建农村建设实施规划

绵阳市城市规划局负责编制《恢复重建农村建设实施规划》，于2008年7月15日完成。

空间结构规划：在《绵阳市城镇体系规划（2006—2020）》基础上，对城镇人口和用地做出适当的调整。2010年绵阳市总人口535万人，城镇化水平为46.3%左右，城镇总人口约为235万人。

建制镇驻地以下村庄职能规划为：重点中心村225个、中心村548个与基层村2537个。

农村居民点的布局及规模，确定原址重建、村内集中、异地迁建的村庄分类分布。按照防灾、减灾、搬迁、新农村选址、农村道路改造（村社道路硬化）、农村供水（包括集中供水、散居找水工程）、供电、电力、电信、通信、农村垃圾、污水处理等（包括净化、亮化、环境治理）要求进行规划。

四、公共服务设施建设实施规划

《公共服务设施建设实施规划》由市发改委牵头，市教育局、市民政局、市文化局、市卫生局、市广电局、市劳动和保障局、市人口计生委等部门和各县（市、区）政府参与。

规划要点：坚持“以人为本，优先恢复重建公共服务设施”的指导思想，到2010年，全面完成公共服务设施建设；2015年，全面完善公共服务体系”的总体目标。对北川和平武、安县和江油，绵阳城区等重建重点区域和教育、卫生、文化、体育、社会福利、政权等公共基础设施的实施步骤，从组织、制度、资金、政策和技术五个方面提出该规划得以实施的保障措施，并明确从市政府到各县（市、区）政府，以及市级相关部门的责任分工。

五、基础设施重建实施规划

《基础设施重建实施规划》由市发改委牵头，市交通运输局、市水务局、市经信委、市国资委、成都铁路局绵阳车务段、绵阳电业局、各县（市、区）政府共同参与完成。

地震造成全市基础设施遭受严重破坏。截至6月12日统计，全市综合交通、电力、水利、通信等基础设施受灾项目达5943个，直接经济损失达396.79亿元，其中综合交通受灾项目达1938个，直接经济损失达143.06亿元；电力受灾项目达310个，直接经济损失达44.7亿元；水利受灾项目达1961个，直接经济损失达189.5亿元（包括堰塞湖和河道淤堵90.34亿元，农机系统15.96亿元，不含地电及水产）；信息和通信受灾项目达1734个，直接经济损失达19.47亿元。

规划全市综合交通、电力、通信、水利等基础设施恢复重建初步概算总投资（不含城际铁路）910.95亿元，申请中央投资908.07亿元，自筹2.88亿元。

综合交通。恢复重建概算总投资583.21亿元，全部申请中央投资。其中公路（含水运、客运和码头等）总投资535.75亿元。机场总投资2.65亿元，铁路总投资8亿元。

电力。恢复重建（含发电企业和华能涪江公司）概算总投资110.34亿元（申请中央投资107.46亿元，自筹2.88亿元）。其中国电中央总投资71.59亿元，地方电力中央总投资4.14亿元，电力电源总投资33.29亿元（申请中央投资30.79亿元，自筹2.5亿元）。煤矿企业总投资0.84亿元（申请补助资金0.46亿元，自筹0.38亿元），其他0.48亿元，亦为申请中央投资。

水利（含农机系统基础设施，堰塞湖和河道淤堵处置，不含地电及水产）。恢复重建概算总投资186.31亿元，全部为中央投资。其中水利基础设施总投资122.08亿元，堰塞湖及河道淤堵处置总投资30.55亿元，农机系统基础设施总投资33.68亿元。

信息和通信。恢复重建概算总投资30.64亿元，全部申请中央投资。其中信息系统总投资3.51亿元，公共通信27.13亿元（其中移动9.48亿元，电信13.36亿元，联通2.85亿元，网通1.09亿元，铁通0.35亿元），无线电管理850万元。

六、生产力布局和产业调整实施规划

《生产力布局和产业调整实施规划》由市发改委负责编制。该规划根据主体功能区而布局。产业发展总体布局为"一心、一群、三圈、四带、五区、多点"。

"一心"：以中国（绵阳）科技城为中心，发展壮大电子信息产业集群、培育汽车及汽车零部件制造产业集群、生物医药及食品产业集群和以军转民为核心的高新技术产业。

"一群"：依托成绵高速、成什绵高速、成青路、绵中路、108国道等5条公路和宝成铁路、成绵乐城际铁路，主动融入成渝经济区和成德绵产业群。

"三圈"：即科技城核心层、紧密层、辐射层。

"四带"：绵江产业带，绵安北产业带，绵三产业带，安北平生态旅游带。

"五区"：依托三台、梓潼、盐亭、江油和安县、北川丘陵地区等，按照产业基础条件、统筹区域发展的要求突出产业优势，发展五区：国家级中小企业工业园区，军转民和军工企业产业转移园区，安县新型建材与化工产业区，江油冶金建材机构能源食品产业区，纺织和农产品加工产业区。

"多点"：进一步拓展涪城工业集中区、游仙经济试验区、江油、三台芦溪、盐亭、梓潼等工业园区，点状开发，以形成对各县（市、区）区域经济乃至全市经济新的支撑。

七、市场服务体系规划

绵阳市商务局编制《绵阳市"5·12"地震灾后市场服务体系恢复重建实施规划》。

重建的总体目标。通过恢复重建，使绵阳市市场服务体系功能达到或超过灾前水平，网点布局合理，结构优化，特色鲜明，流通基础设施体系基本完善，市场服务体系在稳定市场、保障供应、满足需求、便民安全、促进就业等方面的地位和作用进一步提高。

规划布局。立足绵阳建设百万人口大城市和四川的商务、商贸中心、二级物流节点城市商业功能的总体定位，恢复重建灾区群众基本生活和工农业生产发展所必需的市场服务网点、合理布局、科学配置。做到突出区位优势流通基础设施的布局；突出先导性农村新型市场服务体系的布局；突出人文优势特点市场服务网点的布局。

主要任务。恢复重建商品零售网络；恢复重建生活服务网络；恢复重建生产服务体系；恢复重建物流配送体系；恢复重建安全放心屠宰体系；恢复重建粮食流通及市场管理体系。

规划项目和投资。绵阳市场服务体系恢复重建项目为1442个，计划总投资29.97亿元。其中商务计划项目1425个（农家店1257个、重点项目168个）计划总投资25.08亿元。

八、土地复垦与综合利用实施规划

由绵阳市国土资源局编制。

全市灾后重建用地规模新增建设用地1.46万公顷，其中城镇新增建设用地规模为6802公顷。

目标：利用土地复垦、整理、开发等措施对地震损毁、灭失的耕地进行恢复和补充，恢复耕地27551.7公顷，补充灭失耕地12283.15公顷。

建设用地控制目标为47458.9公顷，其中城乡建设用地面积为24749公顷；独立选址及基础设施面积为22710公顷；临时安置用地规模为3739公顷。

重点：对迁并居民点和废弃工矿用地10581.06公顷进行整理复垦，重点加强对北川、安县、平武极重灾区的土地整理复垦工作；对全市受灾耕地39.83万公顷进行整理复垦；对临时安置用地1730.5公顷进行复垦，采取开发整理1730.5公顷土地。恢复重建期用地规模约为33764公顷，其中城市建设用地4475公顷、乡镇建设用地6055.2公顷、农村居民点用地7928.27公顷、交通用地5400.67公顷、电力用地983.38公顷、水利用地805.7公顷、能源用地204.5公顷、文化景观用地6738.9公顷、其他用地1172.2公顷。另外，安排交通、电力、通信、供水等抢险救灾设施应急所需用地为370公顷，过渡性安置用地3739公顷。

截至2011年9月30日，实际使用4133.45公顷。

九、防灾减灾和生态修复实施规划

由市防震减灾局牵头，市林业局、市环保局、市民政局、市水务局等部门参与编制。

规划要点：加强对地质灾害的治理，加强城乡建设防灾减灾能力，加强灾害监测预测能力建设，加强生态环境修复。

恢复重建目标：全面恢复重建全市各级地震、地质、山地、水利、气象、环保等灾害的监测、预警、预报、抢险指挥和紧急救援系统，充实专业队伍，加强专业培训，使灾害的预警预报和应急处置能力在恢复重建到灾前水平的基础上有所提高；实施一批灾害防治、生态修复和污染治理项目，使被破坏的自然生态环境逐步好转；加强防灾减灾宣传，使防灾减灾意识深入到各个基层组织、每个市民，为全市人民的生命财产安全、经济社会快速健康发展、构建和谐绵阳提供可靠保障。

第四章 援 建

第一节 国家、省援建规划

一、国家对口援建规划

2008年6月11日，国务院办公厅印发《汶川地震灾后恢复重建对口支援方案》（以下简称《方案》），《方案》包括灾后恢复重建对口支援的基本原则，对口支援安排方案，对口支援的内容、方式和任务、工作要求四个方面。确定东部和中部地区共19个省市，即广东、江苏、上海、山东、浙江、北京、辽宁、河南、河北、山西、福建、湖南、湖北、安徽、天津、黑龙江、重庆、江西、吉林为支援方。四川省北川县、汶川县、青川县、绵竹市、什邡市、都江堰市、平武县、安县、江油市、彭州市、茂县、理县、黑水县、松潘县、小金县、汉源县、崇州市、剑阁县共18个县（市），以及甘肃省、陕西省受灾严重地区作为受援方。

按照“一省帮一重灾县”的原则，依据支援方经济能力和受援方灾情程度，兼顾安置受灾群众阶段形成的对口支援格局，绵阳市境内对口支援安排为：山东省—北川县；河北省—平武县；辽宁省—安县；河南省—江油市。未纳入对口支援的受灾县（市、区）由所在省人民政府组织本省范围内的对口支援。社会各界及境外提出对口支援的，由受灾省人民政府统筹安排。

各支援省市对口援建资金每年不低于本省市上年地方财政收入的1%考虑。对口支援期限按3年安排。在国家的支持下，集各方之力，基本实现灾后恢复重建规划的目标。基层政权建设资金由中央和地方财政安排为主，各级党政机关办公设施不列入对口支援范围。

坚持“硬件”与“软件”相结合，“输血”与“造血”相结合，当前和长远相结合，调动人力、物力、财力、智力等多种力量，优先解决灾区群众基本生活条件。对口支援的内容和方式采取提供规划编制、建筑设计、专家咨询、工程建设和监理等服务；建设和修复城乡居民住房；建设和修复学校、医院、广播电视、文化体育、社会福利等公共服务设施；建设和修复城乡道路、供

(排) 水、供气、污水和垃圾处理等基础设施；建设和修复农业、农村等基础设施；提供机械设备、器材工具、建筑材料等支持；选派师资和医务人员，人才培训、异地入学入托、劳务输入输出、农业科技等服务；按市场化动作方式，鼓励企业投资建厂、兴建商贸流通等市场服务设施，参与经营性基础设施建设等进行。

二、四川省对口援建规划

2008年6月19日，四川省人民政府办公厅下发《关于印发汶川特大地震灾后恢复重建省内对口支援实施意见的通知》，确定按照国务院《汶川地震灾后恢复重建对口支援方案》的要求和无灾区帮有灾区、轻灾区帮重灾区、一个市（州）帮一个重灾乡（镇）的原则，建立对口支援机制，组织市（州）对口支援重灾乡（镇），加快灾后恢复重建进程，积极为灾区提供人力、物力、财力、智力等多种形式的支援，重点帮助重灾乡（镇）解决住房、医疗、教育等问题。

全省21个市（州）中除6个重灾市（州）和巴中市、甘孜州外，其余13个市（州）分别对口支援13个重灾县（区）的1个重灾乡（镇）。成都市在本市范围内开展对口支援工作。对口支援绵阳市各县（区）安排为：达州市支援游仙区魏城镇，南充市支援梓潼县许州镇，内江市支援盐亭县柏梓镇，资阳市支援三台县新鲁镇。

四川省政府对支援的工作要求是：健全机制、密切协作；明确责任、精心组织；迅速行动、务求实效。

第二节　山东省援建北川县

一、制定援建工作方案

特大地震发生后，山东省委书记姜异康2008年6月到北川考察时鲜明提出："对口支援北川，就要把北川当成山东的一个县来看待，作为山东的一个非常重要的县来看待，一个非常特殊的县来看待，北川的事情就是山东的事情，要举全省之力来支持。"在此基础上，山东计划投入100亿元以上，举全省之力援建北川，完成党中央、国务院交给山东的对口援建任务，向四川人民、绵阳人民、北川人民交一份满意的答卷。

为顺利推进对口援建工作，2008年7月27日，山东省委、省政府制定出台《山东省对口支援北川灾后恢复重建工作方案》，提出：从2008年8月起山东省将用三年的时间，总投入100亿元以上，再造一个新北川。

2008年7月28日下午，为深入贯彻党中央、国务院关于汶川地震灾后恢复重建工作的一系列政策措施和指示精神，山东省在济南召开对口支援北川灾后恢复重建工作会议。会议由山东省委副书记刘伟主持，省委副书记、省长姜大明出席会议并作讲话。姜大明指出山东省对口支援北川灾后恢复重建工作总的要求是：按照党中央、国务院对口支持的决策部署，以科学发展观为指导，从山东省和北川实际出发，紧紧围绕再造一个新北川这一根本目标，坚持以人为本、民生优先，科学规划、统筹协调，区分缓急、突出重点，政府主导、社会参与，全力支援、讲求实效，规范方式、加快进程的原则，处理好受援方和支援方，恢复重建和长远发展，稳妥推进和主动工作，全省统筹和发挥各市积极性等四个关系，确保援建工作有力有序有效进行。姜大明要求，对口支援北川灾后恢复重建，要做好五项重点工作：抓好农村援建。把建设和修复农户永久性住房作为2008年援建工作的重中之重，因地制宜，从实际出发，确保春节前解决大多数农民永久性住房问题。按照社会主义新农村建设的要求，切实抓好农村卫生室、村委会和党员活动室、饮用水、沼气、村村通广播电视等基础设施建设，切实改善农民生产生活环境。抓好乡镇援建。按照统一的规划和标准，科学确定任务，合理安排进度。抓好新县城援建。精心策划，精心组织，精心实施，努力把新县城建成规模适中、羌族文化特色明显、节能环保、环境优美的生态型现代化城市。抓好工业园区援建。努力把北川工业园区建设成为北川新的经济增长点。抓好教育、医疗卫生、人才培训等其他对口支援工作。

山东省决定，组建援建北川工作指挥部。指挥部负责与四川省、绵阳市、北川县的联系与协调工作；领导山东省在北川的对口支援工作；组织实施援建项目，协调现场援建工作中的各类问题。同时，又将援建任务（项目）分别下达给山东全省17个市：滨州市、东营市、德州市、菏泽市、济南市、济宁市、莱芜市、临沂市、聊城市、青岛市、日照市、泰安市、威海市、潍坊市、烟台市、枣庄市、淄博市。2008年6月28日后，按照山东省委、省政府要求，各市陆续成立对口援川前线指挥部，负责北川新县城建设及其乡镇的灾后恢复重建工作。

二、制订重建规划

2008年6月8日，山东省发展改革委、经贸委、建设厅、水利厅、地震局、林业局、环保局、旅游局、南水北调局、人行济南分行等部门30余人，到达北川灾区，帮助北川启动灾后重建规划编制工作。经现场踏勘、资料收集分析、编写，6月25日完成《北川县灾后重建总体规划建议稿》（以下简称《规划》）。随后组织专家对总体规划进行咨询讨论，形成初稿，并在县四大班子和县直部门征求意见，由县委常委（扩大）会议审定上报。

《规划》主要目标：国民经济到2010年GDP年均增速50%以上，GDP总量超过50亿元，财政总收入超过5亿元，人均GDP和人均财力明显超过灾前水平和全市平均水平。整合地震遗址、禹羌文化、自然生态等旅游资源，形成以旅游业为龙头的高度发达的第三产业；依托山东对口援建等力量，主动承接产业转移，办好北川山东产业园的同时，发展传统特色工业，形成年产值上百亿元的工业规模；按照新农村建设的要求，积极改善和保护生态环境，因地制宜发展特色种养殖业。

人民生活。经过3年努力，基本完成城乡居民住房恢复重建任务；公共服务能力明显高于灾前水平，建立健全就业服务和社会保障体系，形成多渠道的就业方式和覆盖城乡、体系完善的社会保障体系；增强基础设施对经济和人民生产生活条件的支撑保障能力，在发展生产的基础上，不断提高城乡居民收入水平。到2010年，城镇居民人均可支配收入和农民人均纯收入明显超过灾前水平。

新县城建设。根据经济社会发展需要，城市功能区近期按5平方公里，容纳5万人规划建设；市政基础设施按10平方公里、容纳10万人规划设计。产业园近期按3平方公里规划建设，基础设施按5平方公里规划设计。力争通过3年努力，把新县城建设成为羌民族特色鲜明、生态园林风格突出、二三产业分类集聚的现代化的灾后重建标志性城市，成为绵阳市西部山区现代旅游服务业基地和工业基地。

总体布局。人口布局：根据行政区划调整，北川人口分布主要集中在新县城、黄土、安昌等适宜区和较适宜区乡镇；一部分居民分布在安全宜居的中心乡镇、一般乡镇和农民新村；适宜差区原则上按照点状布局方式减少常住人口。城镇布局：总体控制山区乡镇的发展规模，逐步缩减偏远地区的乡镇规模，促进人口、产业向山前地区的城镇集聚；做大做强新县城，成为全县社会经济文化和政治中心。

产业布局。规划为综合产业发展区，特色产业发展区，山地农业区等三类不同发展区域。

此外，还根据北川县灾后实际情况，在北川县灾后恢复重建总体规划之外，还设计农业重建规划、工业重建规划、交通重建规划、电网重建规划、水利重建规划、教育事业重建规划、医疗卫生重建规划、旅游业重建规划等8个专项规划。

三、援建建设项目

山东援建新县城建设项目共197个，初期估算总投资68.05亿元。其中保障性住房建设项目4个，估算总投资23.62亿元；公益性服务设施项目35个，估算总投资16.06亿元；市政基础设施建设项目100个，估算总投资21.17亿元；景观及绿化工程项目16个，估算总投资2.06亿元；行政及事业单位项目19个，估算总投资2.53亿元；市场服务体系建设项目23个，估算总投资2.61亿元。但在援建中，由于项目打捆合并调整等原因，实际总投资有较大变化。

表5-4-50　　山东省援建北川新县城项目一览表

序号	项目名称	投资（万元）	备注
1	尔玛B区安居房	10617.95	交钥匙
2	尔玛G区安居房	12261.49	交钥匙
3	尔玛C、H区安居房	9059.72	交钥匙
4	尔玛A区安居房	13825.96	交钥匙
5	北川新县城尔玛小区A、B、C、F、G、H区街坊安居房市政配套工程（含龙尾街北侧绿化）	8760.84	交钥匙
6	尔玛K区安居房	10515.26	交钥匙
7	尔玛小区D、K、E区室外市政配套工程	6812.43	交钥匙
8	尔玛小区D区安居房	9719.84	交钥匙
9	尔玛小区E1—E14安居房	8554.99	交钥匙
10	尔玛小区E15—E24安居房	7279.42	交钥匙
11	永昌小学	4784.43	交钥匙
12	永昌幼儿（北）园	1972.42	交钥匙
13	永昌幼儿（南）园	1570.64	交钥匙
14	永昌中学	4599.73	交钥匙
15	青少年活动中心（含妇女儿童活动中心）（前期费用纳入咨询服务项目）	3164.95	交钥匙
16	县人民医院（含北沙街东段工程、追加投资）	15222.36	交钥匙
17	爱卫办（含北川县红十字会、新农合办、进修校、石桩巷工程）	1601.44	交钥匙
18	县中医院	2985.79	交钥匙
19	县疾控中心（含会州路北段和宇智巷工程）	2113.44	交钥匙
20	妇幼保健院	1769.55	交钥匙

续表5-4-50

序号	项目名称	投资（万元）	备注
	中医院、疾控中心、妇幼保健院项目补充计划	658.99	交钥匙
21	北川体育中心	10351.2	交钥匙
22	抗震救灾纪念园	7933.94	交钥匙
23	影剧院	2854.09	交钥匙
24	川剧团（艺术团和羌族文化艺术学校）（含思达巷、禹穴巷工程）	3306.6	交钥匙
25	图书馆	1409.8	交钥匙
26	文化馆	1637.6	交钥匙
	影剧院、川剧团项目补充计划	1116.3	交钥匙
	文化馆、图书馆项目补充计划	559	交钥匙
27	广播电视中心（含古吉巷工程）	4550.64	交钥匙
28	县老年活动中心	1114.9	交钥匙
29	民生（惠民）大楼	4892.77	交钥匙
30	敬老院、福利院、儿童保护中心	3145.98	交钥匙
31	自来水厂	3770.75	交钥匙
32	县级计生指导站	1214.55	交钥匙
33	就业和社会保障服务中心	2037.29	交钥匙
34	旅游服务中心	16548.12	交钥匙
35	山东产业园区服务中心（综合服务大楼及职工公寓）	5899.58	交钥匙
36	羌族特色商业街西段	15340.11	交钥匙
37	羌族特色商业街东段	10428.46	交钥匙
38	禹王广场（地下车库）（含新川河禹王广场段工程）	3012.39	交钥匙
39	厂房建设和土地平整补助资金	26000	交钥匙
40	永昌大道（龙尾街—蒋家河路）	13434.5	交钥匙
41	永昌大道北段（彩虹桥—龙尾街）（含永昌大道北段城外配套工程）	10584.36	交钥匙
42	新川路（龙尾街—西羌南街）	3165.57	交钥匙
43	西羌南街（永昌大道—滨河路）	1734.38	交钥匙
44	茂州街（云盘中路—滨河路）	2196.11	交钥匙
45	石泉北街（云盘中路—滨河路）	2241.02	交钥匙
46	石泉南街（云盘中路—滨河路）	2404.31	交钥匙
47	龙安街（永昌大道—滨河路）	1429.48	交钥匙
48	云盘北路（羊角路—永昌大道段）	1393.83	交钥匙
49	云盘中路（羊角路—龙藏街）	2597.9	交钥匙
50	云盘南路	1631	交钥匙
51	龙藏街	2883.4	交钥匙
52	凤竹街	1801.9	交钥匙

续表5-4-50

序号	项目名称	投资（万元）	备注
53	望崇街	1820.6	交钥匙
54	梓潼街西段	555.1	交钥匙
55	永平街	753.8	交钥匙
56	金刚巷	136.3	交钥匙
57	三心巷	140.1	交钥匙
58	蒋家河路	3603.2	交钥匙
59	湔江路南段	1288.2	交钥匙
60	白草路、巨达路南段	1938.3	交钥匙
61	永平街东南段	268	交钥匙
62	梓潼街东南段	473.2	交钥匙
63	西羌北街（永昌大道—滨河路）	1756.63	交钥匙
64	羊角路（马鞍路—云盘中路）	534.08	交钥匙
65	尔玛路（西羌北街—蒋家河路）	5093.32	交钥匙
66	青片路（马鞍路—龙安中路）	2383.69	交钥匙
67	滨江路（永昌大道北段—永昌大道南端）	5551.07	交钥匙
	云盘北路、云盘中路项目补充计划	898.17	交钥匙
	城市家具	2500	交钥匙
	绿化提升、路灯改型等	2500	交钥匙
	设计变更	2000	交钥匙
68	永昌大桥（原绵北桥）（含永昌大桥两岸护坡加固工程）	9849.94	交钥匙
69	禹王桥（原风雨廊桥）(含桥头广场及桥下河道治理工程)	9761.12	交钥匙
70	西羌南桥	6273.74	交钥匙
71	西羌北桥（追加投资）	7701.26	交钥匙
72	顺义河河道市政工程（含顺义河延展及附属工程）	6517.88	交钥匙
73	永昌河市政及园林绿化工程	7763.27	交钥匙
74	新川河	2390.71	交钥匙
75	云盘河河道市政工程	1779.89	交钥匙
76	蒋家河河道市政工程（含蒋家河东南安昌河堤路蒋家河桥涵工程）	1397.66	交钥匙
77	安北路南段铺装（含安北路雨水管道工程）	1000.61	交钥匙
78	安北路北段铺装	237.49	交钥匙
79	安昌河南段整治及绿化（含安昌河南段景观绿化工程、安昌河南段河道整治西羌桥桥底护岸工程、安昌河南段马道花池及堤顶绿化工程、禹王桥东侧广场工程、安昌河南段综合治理工程、西羌北桥河床硬化工程）	23813.69	交钥匙
80	安昌河北段整治及绿化（含安昌河新县城城区段景观铺装工程）	12342.14	交钥匙
81	安昌河下游综合配套工程	3243.08	交钥匙
82	征地拆迁补助	20000	交钥匙
合计	920911.7（说明：此表内数据尚未审计）		

图5-4-179 2009年9月14日，山东省济宁市援建北川县永安镇灾后场镇开工

山东省除重点援建北川新县城建设外，还全面援建北川各乡镇灾后恢复重建。按一个市对口一个乡镇的原则，对其乡镇的交通、文化广场、学校和基础设施等重点项目给予援建。

山东省各援建市对口支援北川县各乡镇情况：济南市援建擂鼓镇，青岛市援建曲山镇、陈家坝乡，潍坊市援建桂溪乡，临沂市援建通口镇，淄博市援建香泉乡，菏泽市援建贯岭乡、都坝乡，烟台市援建漩坪乡、白坭乡，莱芜市援建开坪乡，枣庄市援建小坝乡，日照市援建桃龙乡，聊州市援建片口乡，滨州市援建禹里乡，泰安市援建墩上乡，东营市援建坝底乡，济宁市援建马槽乡、永安镇，德州市援建白什乡，威海市援建青片乡、安昌镇。

山东省在北川县3年灾后恢复重建工作，经山东省审计厅审计后，确认共投资95.59亿元，涉及全县288个项目建设。其中山东省负责实施的“交钥匙”项目252个，总投资72.03亿元，山东省负责出资、北川县负责建设的“交支票”工程共计5大类，涉及农村援建、农村设施、交通等36个项目，

图5-4-180 重建的北川县禹里乡场镇

图5-4-181 “特殊党费”援建的北川七一职业高级中学

总投资23.56亿元。截至2011年9月底，252个“交钥匙”项目全部完工，完成投资73.22亿元，占规划总投资的101.17%。

山东省对口援建北川县灾后恢复重建资金计划到位95.59亿元，截至2011年9月底，实际已到位资金96.78亿元。其中“交钥匙”项目到位73.22亿元，支出69.64亿元，有3.58亿元尚未支付，主要是工程质量保证金及需要与北川县结算的款项，“交支票”项目到位23.56亿元，已全部拨付北川县。

第三节 辽宁省援建安县

一、前期援建的十件大事

2008年5月22日，辽宁省委书记张文岳、省长陈政高作出批示，并召开省委、省政府专题会议，决定由3位省级领导带队到安县察看灾情，走访慰问。

6月13日，省委书记张文岳主持召开常委会议，研究部署做好支援灾区抗震救灾和恢复重建工作。

2008年7月24日，辽宁省对口支援安县领导小组再次组成调研组，到安县进行考察，重点研究中小学复课、农民永久性住房建设、医疗卫生防疫等项工作存在的问题和困难，就下一阶段对口支援的工作重点和援建项目进行沟通衔接。经过考察和认真研究，辽宁省委、省政府决定，在国家灾后恢复重建规划出台之前，重点解决灾区生活面临的实际困难和需求，在前期已经捐赠6540多万元款物的基础上，再为安县灾区办好急需的十件实事。

一是继续搞好对受灾群众的生活救助和临时安置，为受灾群众提供必要的生活条件。辽宁省委、省政府决定，一定要千方百计保证灾区人民有饭吃、有衣穿，有干净水喝，有安全住所。迅速组织向安县灾区捐赠一批受灾群众急需的物资，调拨医疗救护用车23台、棉被5万床、大米500多吨等，折合人民币7865万元。

二是根据灾区急需，竭力为学校复课、医院正常运营创造条件。紧急为灾区提供6500套桌椅、1.7万套运动服；组织力量加速学校过渡板房建设，确保学生按时复课。第一批5000套过渡板房建设任务已完成，初步满足安县62所中小学校的需要。第二批4660套过渡板房中，包括6所学校616套活动板房，能够保证学校复课用房需要。

三是全力支援当地搞好伤员救治和防疫工作，确保伤员得到及时救治和不发生疫情。

四是积极组织文化娱乐活动，丰富灾区群众的精神生活。组织电影放映月活动，向灾区赠送6台放映车和6套电影设备，派出由35人组成的6个放映小组，分赴各乡镇进行巡回放映。按照教育部的统一部署，“辽宁—安县中小学生夏令营”活动于7月21—27日在沈阳、大连两地举行，安县的70名中小学生和9名教师参加夏令营。

五是协助配合当地切实搞好病险水库的隐患排查。辽宁省派出由23名专家组成的4个工作组完成28座水库，4条主要河流堤防及主要损毁堤段，4个中型灌区渠首枢纽及干、支渠，45个集中供水处的现场勘察，启动病险水库的鉴定和除险加固设计工作，并为水库排险提供设备。协助县水务局完成桑枣镇香溪村应急集中供水工程的勘察、设计、施工等工作，于7月10日完工并正式供水，解决2300多人的吃水难题。

六是协助配合当地做好交通恢复工作，确保公路畅通。先后派出两批20多人组成的公路交通专家专业队伍，携带先进仪器设备，帮助当地排查险桥险段，支持公路抢通保通。对受损的26座桥梁和1座隧道进行检测评价，制定加固技术方案和工程排险方案，并指导采取相应的工程措施消除隐

图5-4-182　辽宁省对口支援安县捐赠仪式

患，避免次生灾害发生。

七是尽快帮助灾区企业恢复生产，增强自救和造血能力。根据当地企业情况和要求，派出专家组按“一厂一策”提供帮助，最大限度开展生产自救，指导具备条件的企业尽快恢复生产。

八是协助搞好重建规划和损毁房屋的评估鉴定工作，为灾后恢复重建提供科学依据。组织22名规划测绘人员于7月2日到达安县，启动首批8个乡镇的总体规划和控制性详细规划。在辽宁省抽调和组织14名工程技术人员，为危房鉴定提供技术支持，完成安县中学11栋建筑、8.4万平方米校舍的检测鉴定工作。考虑到当地受灾情况比较重，清理废墟工作量大的实际情况，捐赠10台挖掘机、18台装载机、2台推土机。

九是及时提供就业信息，协助当地政府就地搞好劳务输出工作。积极为安县提供5000~10000个工作岗位，确保实现500人在辽宁就业，并切实抓好安县500名在校职高学生到辽宁就业工作。在已经接收106名转移就读学生的基础上，继续做好294名到辽学习的中等职业学校学生生活安置、困难救助和后勤保障工作，帮助完成学业。

十是协助当地加强社会治安管理，维护社会稳定。组织派出400多名公安特警，协助灾区维护社会治安。为基层派出所提供20辆警车、20辆摩托车，为公安机关正常运转提供必要的帮助和支持。

二、援建特点

辽宁援建安县，三年援建任务两年全面完成。“钥匙工程”“支票工程”是辽宁有别于其他省市援蜀的特点，其目的是将节省出来的钱用于安县的建设。截至2011年9月，辽宁援建102个项目，总投入40余亿元全部到位。辽宁援建始终坚持突出以人为本，民生工程项目资金占90%。其中投入6.4亿元用于城乡住房建设，9.93万户农户喜迁新居，4173户宅基地灭失农户得到妥善安置，2044套廉租房竣工并投入使用，人居环境得到改善。投资8亿元实施10个教育项目、14个卫生项目和3个文化项目全面完成。辽宁援建始终坚持夯实安县发展基础，注重功能提升。投入8.2亿元实施15个场镇、农村和农业基础设施项目，提升基础设施水平。投资4.1亿元的辽安路，纵贯6个乡镇，覆盖25万人口，彻底打破制约安县腹地经济发展瓶颈。县城“九曲花荄”的打造，宜居功能和品位得到有效提升，为绵安同城化发展奠定了基础。投入2.35亿元的晓坝新场镇异址重建全面完成，成为安县乡镇建设的新亮点。辽宁援建坚持“输血与造血并重、重建与发展并举”。安排3.2亿元资金用于辽宁工业园基础设施建设，华晨汽车及零部件项目顺利入驻。辽安现代农业科技示范园区和生物礁地质公园建设成效显著。对口合作不断深化。

三、援建项目

辽宁援建项目开始为88个，后增加为102个。共完成投资40.2亿余元。其中主要项目如下：农村住房重建，共4个项目，完成投资53542万元。城镇住房重建2个项目，完成投资7790万元。教育项目12个项目，完成投资35331万元。卫生项目14个项目，完成投资29357万元。文化项目3个项目，完成投资11060万元。晓坝镇异地重建项目13个，完成投资21274万元。社会福利项目10个项目，完成投资7151万元。城镇基础设施项目15项，完成投资22682万元。农村和农业基础设施项目10个，完成投资101578万元。产业重建项目7个，完成投资44014万元。其他类项目12项，完成投资28179万元。

四、援建成果

民生援建项目全面完成。辽宁援建始终坚持突出以人为本、惠泽灾区人民的工作思路。援建项目中，民生工程项目占84%，资金占90%。其中投入6.4亿元用于城乡住房建设，9.93万户农户喜迁新居，4176户宅基地灭失农户得到妥善安置，2044套廉租住房拔地而起，城乡面貌焕然一新，人居环境得到显著改善；投入近8亿元实施10个教育项目、14个卫生项目、10个社会福利项目和3个文化项目，使安县社会事业硬件设施建设实现数十年跨越。

基础设施援建项目全面完成。辽宁援建始终坚持夯实安县发展基础，注重功能提升。投入8.2亿元实施15个城镇、农村和农业基础设施项目，极大地提升安县基础设施水平。总投资4.1亿元的辽安路一级公路，全长30公里，纵贯6个乡镇，彻底打破制约安县腹地经济发展瓶颈，这一“民心民生工程”了却了老百姓多年的夙愿，成为百姓的发展路、致富路、幸福路，让安县形成半小时经济圈。秀茶路、敦秀路的建设将确保茶坪乡、高川乡生命通道畅通；县城建设如火如荼，“九曲花菱”的打造使安县县城宜居功能和品位得到有效提升，为绵安同城化发展奠定基础。投入2.35亿元的晓坝场镇（原地异址重建）基本完成，成为安县乡镇中的一个品牌和新的亮点。

产业扶持成效显著。辽宁省对口援建安县，始终坚持“输血与造血并重、重建与发展并举”。安排援建资金3.2亿元用于辽安工业园基础设施建设。华晨汽车及零部件项目顺利入驻辽安工业园，规划8平方公里的辽安工业园抓紧建设；投入6000万元帮助安县发展旅游产业，投入2000万元建设辽安现代农业科技示范园区，从工业、产业、旅游等多方面，为安县的长远发展夯实基础。

对口合作不断深化。辽宁省对口援建安县，始终坚持统筹兼顾，从各个方面给予安县全方位支持，不断健全以“感情为基础、利益为纽带、园区为载体、项目为支撑、制度为保障”的对口合作长效机制，不断提高合作发展的层次和水平，在产业发展、经贸合作、科技创新、人力资源等方面都给予安县无私援助，切实增强安县软实力和可持续发展能力。安排100名乡镇和部门干部到辽宁挂职锻炼和考察学习，帮助培训教师4800余人，派出500多名专家到安县支医，给予安县灾后重建

图5-4-183　异地重建的安县晓坝镇

图5-4-184　恢复重建的安县县城花荄镇

巨大的智力支持。共向安县提供4000多个有效岗位信息，帮助1500人实现就业，带动1.2万余人就地就近就业。

第四节　河北省援建平武县

一、援建工作

根据国务院的对口支援安排，河北省委、省政府召开专题会议，提出对平武县援建“动真情，使实劲，见成效”，组织指挥河北人民全方位帮助平武县开展灾后重建。河北省成立对口援建平武县领导小组，20多个省直部门负责对口援建工作。

2008年6月6日，河北省副省长宋恩华率队赶赴平武，与平武方面沟通衔接，建立援建联系机制。河北省发改委、建设厅、交通厅、国土资源厅、教育厅、卫生厅等厅局领导及援建专家陆续进驻平武。同年8月12日，省委书记张云川、代省长胡春华亲临平武考察灾后重建工作，并与平武签订援建框架协议。河北确立从灾区实际出发，千方百计解决群众最需要、最紧迫的民生问题；实施以项目建设为主线，当前与长远相结合、“输血”与“造血”相结合、“硬件”与“软件”相结

图5-4-185 平武县表彰优秀援建工作者

合、政府主导与市场机制相结合的总体援建方略。

河北省在平武派驻由省直厅委局业务骨干组成的对口支援前线指挥部，驻灾区开展援建工作。同时，在石家庄成立援建后方办公室，负责前方与后方、省直各部门与省内各市的沟通协调工作。前线指挥部按照领导小组的部署，在受援方配合下，迅速制定项目援建规划，启动农房重建、卫生防疫、教育、交通、企业恢复重建等8个方面的援建项目。

河北省调集省内最强力量，先后帮助平武编制《平武县灾后重建总体规划》《平武县灾后生产力布局与产业调整规划》等专项规划；开展南坝、平通、水观、响岩等6个重灾乡镇11个点的测绘工作，完成平通、豆叩、坝子、高村、古城、水晶6个乡镇的场镇规划设计；完成县人民医院、南坝中学、平通卫生院等项目的重建工程建筑设计以及县有线电视网络建设规划设计。

二、资金投入

河北省在财政并不宽裕的情况下，多方筹资，为平武建立了2个“亿元基金”：农房重建信用贷款风险担保基金，共撬动金融机构资金10亿元，为每户重建户提供约5万元的信用额度。中小企业发展基金，以基金为依托，加快工业企业的恢复重建，为55家中小企业提供贷款1.56亿元。

河北省对口援建平武县项目原计划共110个，总投资23亿元。2009年12月，调整为108个，其中交钥匙工程59个，交支票工程29个，补助及资金类20个。估算总投资24.99亿元。分别由石家庄市对口援建龙安镇、唐山市援建南坝镇、保定市援建响岩镇、邯郸市援建平通镇。

2010年10月15日，河北省对口支援平武县地震灾后恢复重建项目交接仪式在河北援建的平武县文化体育中心举行。河北省对口支援办公室主任沈小平为河北省援建平武县工程竣工移交代表，平武县人民政府县长周涛接收援建工程。

自2008年6月11日，贯彻国务院办公厅《汶川地震灾后恢复重建对口支援方案》重大决策，至援建项目全部竣工移交使用，历时2年3个月零4天。共援建平武县地震灾后重建项目108个，完成援建任务总量28亿元，其中项目建设投入资金24.5亿元，项目维护和运行资金0.18亿元，河北—平武工业园建设资金（两项基金）2亿元，河北平武工业园基础设施建设和产业发展1.32亿元。

三、援建重灾镇

（一）石家庄市援建龙安镇

石家庄市援建平武县城龙安镇项目共计19个，总投资6.414亿元，其中援建资金6.404亿元，其他资金100万元。援建项目中："交钥匙工程"15个，总投资6.0338亿元，河北援建资金6.0238亿元，其他资金100万元；"交支票"工程4个，总投资3802万元。

石家庄市一直坚持"保质量、保工期、保安全、保廉洁、带队伍"的"四保一带"原则，将19个援建项目按照进度节点和时限要求，建立责任制，实施目标考核，确保项目建设进程更好更快地推进。截至2009年年底，援建项目老县城区5条道路重新铺设项目中的飞龙路东段和飞龙路中段两条道路完成铺设，县人民医院、县妇幼保健院、县中医院主体完工，其他各个项目全部开工建设，其中龙安幼儿园项目已于2009年8月竣工并交付使用。到2010年9月，石家庄市援建项目全面完成。

图5-4-186　平武县城新貌

（二）唐山市援建南坝镇

唐山市援建平武县南坝镇项目共计22个，总投资4.03亿元，其中河北援建资金4.02亿元、其他资金100万元。援建项目中："交钥匙工程"16个，总投资2.70亿元，河北援建资金2.70亿元；"交支票"工程6个，总投资1.33亿元，河北援建资金1.32亿元，其他资金100万元。

唐山市针对援建时间紧、任务重的情况，把"交钥匙"和"交支票"项目按照已开工和未开工划分进度节点，把目标责任分解落实到每个援建人员，明确完成各个节点任务的时限。至2009年11月，唐山市对口援建南坝镇的"交支票"工程中"南坝中学"项目、"南坝卫生院"项目完工并交付使用；同年10月"交钥匙"工程中："南坝小学"项目完工并交付使用，11月"石坎片区道路"项目建设竣工并交付使用。到2010年5月底，唐山市援建项目全面完成。

（三）保定市援建响岩镇

保定市援建平武县响岩镇项目共计11个，全部为"交钥匙工程"，总投资1.312亿元，其中河北援建资金1.31亿元，其他资金20万元。

保定市合理安排各类项目施工，统筹施工人员，将所有援建项目错开时间段建设，对工程量大、施工难度大、工期较长的项目和需要先期投入施工或起主导作用的工程，集中力量优先建设，充分采用交叉施工、流水作业等方式，科学统筹施工设备和建材，施工方坚持雨天做室内项目、晴天抢室外工程，充分利用降雨间歇时间，紧急调配施工机械，扩大作业面，使施工进度得到有效保证。2009年10月“响岩中心小学”项目、“清水小学”项目已竣工并投入使用。截至2009年年底，场镇基础设施、卫生院、文化站重建等项目已完成工程量的30%~90%。2010年5月底，保定市援建项目全面完成。

图5-4-187 平武县响岩镇新场镇

（四）邯郸市援建平通镇

邯郸市援建平武县平通镇项目共计15个，总投资约2.08亿元，其中援建资金2.05亿元，其他资金255万元。援建项目中：“交钥匙工程”11个，总投资1.73亿元，援建资金1.71亿元，其他资金200万元；“交支票”工程4个，总投资3525万元，援建资金3500万元，其他资金25万元。

邯郸市援建前方指挥部组织邯郸建工集团等建设单位，克服施工困难，创新施工方法，监理公司加强服务与责任意识，确保各项安全技术措施有效落实，使开工建设项目在质量、安全等方面均达到预期目标。2009年5月，平武首个灾后重建项目“平通卫生院”项目竣工并交付使用，9月“平通中心小学”项目竣工并交付使用，11月“平通牛飞村桥”项目竣工并交付使用，截至2009年年底，援建项目全部开工建设。到2010年5月底，邯郸市援建项目全面完成。

第五节　河南省援建江油市

一、援建工作

2008年6月28日，中共河南省委书记、省人大常委会主任徐光春，省委副书记、代省长郭庚茂到江油查看灾情、看望灾民并考察对口援建事宜。自此，河南省支援江油市灾后恢复重建工作展开。

在成立河南省对口援建领导小组和对口支援江油市恢复重建前线指挥部等援建机构后，河南省人民政府与江油市人民政府协商签订《关于河南省对口支援江油市灾后恢复重建工作总体框架协议》。2008年10月21日，河南省印发《对口援建江油市灾后重建项目管理办法》，就重建项目、项目前期工作（审批、招投标、设计、概算调整、征地拆迁）、项目管理、项目资金管理、项目监督检查等作出详细规定。

二、援建资金与项目

按照国务院发布的《汶川地震灾后恢复重建条例》和《汶川地震灾后恢复重建对口支援方案》的要求，依据2007—2009年三年财政收入情况，河南省估算投入援建资金30.02亿元。

援建项目由江油市各乡镇、各部门在与河南省对口支援市和省直部门充分衔接的基础上，按照国家规定范围和实际需要，分阶段提出对口援建项目建议名单，经河南前线指挥部与江油市政府共

图5-4-188　河南省对口支援江油市恢复重建工作座谈会

同确认、河南援江办综合平衡后，报河南省领导小组审定。确定建设的援建项目由河南援江办下发援建项目通知，江油市有关方面据此组织实施，并纳入河南省1%援建资金范围。河南省对口支援江油市3批共300个项目，总投资近29.6亿元，约占援建总盘子的99%，移交援建资金1.3亿元。其中第一批项目192个、11.3亿元，第二批项目103个、16.3亿元，第三批项目5个、2亿元。项目分为6类：一是城乡居民住房重建项目6个，包括5275套活动板房，2000余套城市居民安置房（廉租房）13万平方米，帮助10万户农民完成农房重建（每户补助3000元）；二是城乡道路、市政工程等基础设施建设项目7个，包括中原大道（江彰大道3.4公里）、中原·江油连心桥（涪江三桥）、豫江大堤综合整治等市政工程和24条城乡道路172公里；三是新建和维修加固学校、医院、敬老院等公共服务设施项目87个，包括新建或维修加固31所城乡学校，新建或维修加固39个城乡医疗卫生院，重建2个广播电视项目，重建及维修加固2个文物保护项目，建设备灾仓库、老年大学、救助战、福利院等13个城市乡镇社会福利项目；四是农业农村基础设施建设，包括重建、新建农村提灌站63个，建成27个农村安全饮水项目，建成80个农村及场镇基础设施；五是建成江油·河南工业园2.5平方公里基础设施；六是设备援助、警务援助、技术援助、企业合作、灾后规划编制等其他援建项目5个。对口援建项目全部符合国家和四川省灾后重建规划要求。

援建项目采用“交支票”“交钥匙”“共建共管”相结合的方式实施，投资1000万元以上的22个重大项目实行“交钥匙”工程，86个项目实行“交支票”工程，192个项目实行“共建共管”。2010年5月提前4个月实现“三年任务两年基本完成”。在援建资金管理上，实行一个账户，严把开工、竣工验收等资金拨付环节，每个工程都分作5个节点，每一次资金拨付都要盖齐工程质量、进度要求合格等5个章，做到及时拨付又把好资金关口。

援建代表性项目有：中原爱心中学、中原爱心小学、江油市中医院、江油市福利院、江彰大道、涪江三桥、中原爱心小区、江油市职教中心。

河南省各市对口援建江油市各乡镇：郑州市支援三合镇、青莲镇、九岭镇、彰明镇；开封市支援重华镇、铜星乡；洛阳市支援中坝镇、太平镇、方水乡、八一乡；平顶山市支援武都镇、大康

图5-4-189　2009年3月29日，河南省对口援建江油市第二批项目交钥匙工程开工仪式

图5-4-190　2009年5月20日，江油河南工业园奠基

镇；安阳市支援含增镇、香水乡；鹤壁市支援河口镇、东安乡；新乡市支援马角镇、敬元乡；焦作市支援枫顺乡、六合乡；濮阳市支援龙凤镇、东兴乡；许昌市支援新春乡、新兴乡；漯河市支援永胜镇、双河镇；三门峡市支援新安镇、战旗镇；南阳市支援雁门镇、石元乡；商丘市支援贯山乡、义新乡；信阳市支援厚坝镇、小溪坝镇；周口市支援大堰乡、西屏乡；驻马店市支援二郎庙镇、文胜乡；济源市支援云集乡、重兴乡。

第六节　省内市（州）援建

一、达州市对口援建游仙区魏城镇

2008年6月17日，达州市成立由市委书记李向志、市长何健任组长的对口援建工作领导小组，下设房屋、医疗、教育、农业、基础设施恢复重建等5个工作组，在魏城镇设立对口援建办公室，负责组织、指挥、协调对口援建工作。达州市民政、财政、规划和建设等单位抽调15名干部常驻魏城镇，具体负责组织实施对口援建项目。

援建领导小组与游仙区制定《对口支援联席会议制度》，并安排专人负责督查督办，切实将各项要求和措施落实到位。在援建工作中，严格项目比选流程，狠抓安全管理，严管工程质量，规范材料采购，注重文明施工。

达州市重点援建项目有：制订魏城镇重建总体规划及详细规划；新建达州大道；恢复建设关帝村安置点基础设施建设；帮助恢复农业生产和学校正常开学；建设魏城中学食堂；新建魏城镇敬老院宿舍及办公楼；标准化卫生站；场镇路灯建设；重建提灌站等13个对口援建项目。

图5-4-191　达州市援建的绵阳市游仙区魏城镇中心小学

从2008年6月至2010年年底，累计投入援建资金2959万元，组织实施的援建项目全部竣工并投入使用。

二、南充市对口援建梓潼县许州镇

2008年6月25日，南充市主要领导率领由市教育、卫生、建设、财政等部门组成的工作团，前往许州镇现场察看灾情，确定灾后恢复重建的一揽子项目，同时将第一批300万元援建资金拨付至许州镇。7月27日，梓潼县灾后恢复重建工作领导小组办公室带领有关部门人员到南充市研讨援建项目设计方案。8月12日，南充市对口援建梓潼县许州镇灾后恢复重建项目举行开工仪式。

2009年5月8日，南充市主要领导在绵阳市委、梓潼县委、县府领导陪同下，查看南充市对口支援许州镇恢复重建项目，并在七曲山会议室召开援建工作座谈会。会上双方一致认为“南充市对口支援梓潼县的援建工作，项目选得准，实施进度快，工程质量高，项目管得好，社会影响大，经验值得推广”。确定增加援建资金320万元，新建许州镇文化中心等7个项目。

图5-4-192　南充市援建的梓潼县许州镇卫生院

2010年10月11日，南充市援建许州镇项目交接仪式在许州镇人民广场举行。10个援建项目全部交付使用，南充市对口援建许州镇灾后恢复重建圆满完成。援建资金总额2320万元。

援建主要项目有：许州小学教学综合楼与教师公寓、许州中学学生食堂、居民安置小区、许州镇中心卫生院、百顷畜禽交易市场、许青路改建工程等。

三、内江市对口援建盐亭县柏梓镇

2008年6月下旬，内江市和盐亭县分别建立对口支援领导小组和协调工作组。内江市在盐亭县设立联络处，具体负责对口支援灾后恢复重建工作。

内江市援建单位同盐亭县受援单位抓住对口支援立项、建设工程招投标、资金审批拨付、捐赠物资分配等重点环节，设置监督关口，建立监督检查规则和运行机制。在财政开设专户，指定专人核算和管理援建资金，专款专用，不截留挪用。

2008年6月至8月，内江市派出对口支援专家组会同盐亭县发改、卫生、建设等部门，深入柏梓镇学校、医院、场镇和居民住房，开展调查摸底工作，为制订灾后重建方案提供决策依据。

内江市对口援建盐亭县柏梓镇两批22个项目和4个捐赠项目，捐赠项目资金106.9万元，协调争取省以工代赈项目资金110万元（用于柏梓镇恢复重建），援建工程项目实际到位资金1200万元。第一批援建工程项目16个，安排工程项目总投资600万元。第二批援建项目6个（后期新增工程项目5个），安排工程项目总投资600万元。

2010年8月下旬，内江市再次安排援建资金120万元，用于援建工程扫尾及配套设施建设。全部援建和其他资金总额达1536.9万元。

图5-4-193　2011年1月19日，内江市援建盐亭县柏梓镇项目交接仪式现场

四、资阳市对口援建三台县新鲁镇

2008年6月底，资阳市对口援建办规划首批应急性援建项目18个，主要包括房屋安全鉴定、危险房屋拆除、场镇总规修编、场镇非农居民过渡安置、医疗药品捐赠、支援医护人员、21个村卫生

室建设、捐赠教育物资、龙桥小学教学楼建设、畜牧业发展、捐赠农资农具等项目，概算资金602.3万元。9月初，规划第二批民生性援建项目9个，主要包括资阳大道、农民工维权中心、场镇公厕、垃圾中转站、鲁南街路灯、教育“手拉手”结对帮扶、社会堰村新农村示范点建设等项目，概算资金661.5万元。10月，规划新增项目10个，主要包括镇道公路、群众广场、何家祠村新居民点、龙桥小学饮水工程、派出所改建等项目，概算资金97.5万元。

资阳市先后派出援建人员338人次。常驻新鲁镇援建人员保持在20人左右。至2009年8月止，先后完成第二批援建项目和新增援建项目，两批完成援建项目37个，投入援建资金1236.3万元。

重点援建项目有：资阳大道、长安希望小学、社会堰村新农村示范点等工程。

图5-4-194　资阳市援建的三台县新鲁镇初级中学

第五章　住房重建

第一节　危房鉴定

汶川特大地震造成全市城镇和农村住房受到大面积破坏、倒塌、毁损。

根据省政府关于《四川省地震灾后城镇住房重建工作方案》和《汶川地震灾区城镇受损房屋建筑安全鉴定及修复加固拆除实施意见》，结合建设部《城镇危险房屋管理规定》及市人民政府《绵阳市地震灾后城镇住房安全鉴定和震损评估实施办法》，在震后房屋安全应急检查的基础上，市城区和乡镇城市住房危房鉴定和震损评估分别由市房管局及各区房管部门组织实施，各县（市）城镇住房危房鉴定和震损评估由各县市房管部门组织实施。

市房管局安排布置震后安全鉴定和震损评估工作，制定出台《绵阳震后城镇房屋安全鉴定实施办法》。

2008年5月14日，市房管局、市建设局、市安全办共同组成震后房屋安全应急检查组，对城区震后房屋安全进行应急检查，根据房屋受损情况划分为“可以使用”（绿色）、“加固后使用”（黄色）、“停止使用”（红色）、“拆除”（红色）四个震损等级。6月16日，应急检查全面结束。共对城区8179幢3118.449万平方米房屋进行应急检查。其中住宅2228.949万平方米，公共建筑889.5万平方米。经检查需拆除的房屋9.35万平方米（其中住宅3.55万平方米）；停止使用的房屋200.96万平方米（其中住宅100.74万平方米）；加固后使用的房屋610.34万平方米（其中住宅327.43万平方米）。

继后，市和各县（市、区）均成立震后房屋鉴定专项工作组，从7月4日至12月底，全市[含各县（市、区）]震后房屋安全鉴定和震损评估工作共计完成房屋安全鉴定11.33万幢，52.1万户，8776.95万平方米，其中经鉴定为严重破坏的12.6万户，1238.11万平方米，占房屋安全鉴定总户数的24.2%；中等破坏的13.12万户，1120.83万平方米，占房屋安全鉴定总户数的25.2%；轻微损坏的8.9万户，1163.05万平方米，占房屋安全鉴定总户数的17%；剩余为基本完好。

其中城区共计完成房室安全鉴定并出具鉴定报告1.51万幢，建筑面积1160.07万平方米，户数8.11万户，其中经鉴定严重破坏的房屋466幢，2987户，建筑面积25.27万平方米，占鉴定户数的

3.7%。中等破坏的房屋2337幢，20929户，建筑面积220.94万平方米，占鉴定户数的25.9%；轻微破坏的房屋5418幢，39191户，建筑面积517.71万平方米，占鉴定户数的48.15%；基本完好的房屋6847幢，18027户，建筑面积396.26万平方米，占鉴定户数的22.2%。

农村农房受损情况据2008年8月初步统计汇总，全市有118.19万户、14182万平方米农房不同程度受损，162万人无家可归，直接经济损失364.8亿元。

第二节　农房重建政策

2008年7月9日，中共绵阳市委办公室、绵阳市人民政府办公室颁发《关于印发〈农房重建试点工作方案〉的通知》。该方案首先确定试点乡（镇）、村范围有：平武县南坝镇、平通镇，北川县擂鼓镇，安县晓坝镇，江油市青莲镇，游仙区魏城镇。此外，各县（市、区）再确定一个试点乡（镇）、各乡（镇）又确定一个试点村，逐级推开。以试点的经验带动全区农房重建工作。要求试点乡（镇）、村于2009年年底全面完成农房重建任务。试点工作步骤为：制定建设方案、核实重建对象、开展宣传动员、完善建筑设计、开工建设时间、建好样板房等。并对工作职责和工作措施提出具体要求。各县根据此文件精神，迅速开展各地的农房试点重建工作。

2008年7月28日，中共绵阳市委办公室、绵阳市人民政府办公室发布《关于"5·12"地震后农房重建工作实施意见》（以下简称《实施意见》）。此《实施意见》是根据四川省人民政府《四川省"5·12"汶川地震灾后重建工作方案的通知》，并结合绵阳市的实际情况制定。《实施意见》主要确定以下几项政策：

图5-5-195　重建的安县茶坪乡得胜村民房

一、农房重建基本原则

统一规划，科学选址。坚持灾后重建与新农村建设相结合，坚持集中建设与分散建设相结合。受灾农户散居建房以自愿为主，自行确定建房结构及样式。农房建设选址要求科学，不得在行洪区、蓄洪区、低洼地带、地质灾害多发地、风灾入口处等易灾地带建房。

政府组织，自建为主。灾后农房重建要坚持属地管理，分级负责，在当地政府、园区管委会的领导下有序进行；调动受灾农户的主动性和积极性，充分发挥其自主建房的主体作用。建房资金除政府补助外，不足部分通过社会支持、银行信贷和建房户自筹等方式解决。

保证质量，经济实用。灾后重建农房，既注重房屋质量，又考虑经济实用；既注重改善居住条件，又考虑经济承受能力；既符合国家地方建筑技术和抗震设防标准，又尽可能降低建设成本，做到“安全、经济、适用”。

因地制宜，突出特色。农房重建依据统计台账，结合倒损情况，因地因户制宜。除因灾无法在原址重建的外，原则上在原址重建。异地重建的原宅基地应复耕，宅基地可新旧折抵、一户一宅，保护农村生态环境，传承民族文化。山区农房重建适度分散，平坝适度集中。市农房重建办公室为县（市、区）、园区推荐设计方案，原则上在同一区域（一村或一乡镇）形成同一种民居风格。

二、农房重建目标任务

总体目标任务：第一阶段到2008年7月底之前，全市所有受灾农户通过不同的过渡安置方式，过上正常的家庭生活；第二阶段用一年半的时间全面完成地震灾后农房重建任务，确保受灾农户在2009年年底前全部住进新房。

具体目标任务：2009年春节前，全市除北川县城外基本完成灾后农房重建任务；2009年年底，全面完成灾后农房重建任务。

三、准确核定重建基数

要求各县（市、区）政府在2008年7月20日前，对受灾房屋进行全面检查核实，登记造册，逐户建档立卡。

四、科学制定重建规划

市建设局、市规划局制订灾后农房重建指导性规划，设计一批符合农村灾后重建住房图集供各县（市、区）选择。

五、重建补助对象、标准、办法和资金筹措方式

补助对象：对汶川特大地震灾害造成房屋倒塌和严重损毁无房可住、无法居住的农户重建住房给予补助。对因灾造成的“三孤”（孤老、孤儿、孤残）和无房的散居五保对象，不单独重建住房，集中安置在福利院、敬老院居住。

补助标准：按省统一要求，对恢复重建永久性住房的农户，全市平均补助标准为每户2万元；在恢复重建永久性住房补助标准的基础上，自建过渡安置房的农户，每房给予2000元建设过渡期安置房的资金补助；根据受灾农户的经济状况和家庭人数实行分类、分档补助，对不同人口家庭适当予以区别，对建卡贫困户和农村低保户给予适当照顾。具体补助标准分为两类三档。

表5-5-51　　恢复重建永久性农房补助标准表

农户类别	1~3 人家庭（元）	4~5 人家庭（元）	6 人及以上家庭（元）
一般农户	16000	19000	22000
低保房和困难农户	20000	23000	23000

对农户家庭人数的认定，一律以2008年5月11日户口为准；对农村低保户和困难户的认定，一律发2008年5月11日民政建卡为准。

补助办法：发放补助金要按照建房进度，分步实施。第一步，由受助对象与镇乡人民政府、园区管委会签订重建协议后即发放基本补助金总额的40%；第二步，重建住房下基础后即再发基本补助金的另外60%。其余补助政策由县级政府、园区管委会在农户重建住房过程中，择时兑现。发放补助金采取“一折通”办法执行，对无法用“一折通”发放的也可用现金发放。

图5-5-196　重建的平武县平通镇牛飞村

第三节　城镇住房重建政策

根据《四川省人民政府关于印发〈汶川地震灾后城镇住房重建工作方案〉的通知》精神和绵阳实际情况，2008年12月3日，绵阳市人民政府颁布《关于地震灾后城镇住房重建工作的实施意见》（以下简称《意见》）。《意见》主要制定如下政策：

一、指导思想、基本原则和总体目标

指导思想：深入贯彻落实科学发展观，坚持以人为本、尊重自然、统筹兼顾、自力更生、科学重建，坚持健全城镇住房保障制度与促进住房市场发展相结合，坚持修复加固与住房重建相结合。注重省地节能环保，注重防灾减灾和建设质量，注重保护传统民居特色。

基本原则：以人为本，民生优先；因地制宜，分级负责；科学规划，分步实施；统一政策，分类指导；政府组织，社会参与；立足自力更生，积极争取各方支持。

总体目标：通过两年半时间努力，使城镇受震灾居民住上符合国家居住区规划设计标准、安全可靠、经济适用、功能齐全、设施配套、环境优化的永久性住房，实现家家有房住的目标。

二、资金补助

补助对象：城镇自有产权住房因地震毁损垮塌，经有资质的房屋安全鉴定机构认定不可修复需拆除而导致无房可住的城镇受灾家庭（含中央、省属机关和外地驻受灾地的机关、企事业单位职工家庭）。

补助方式：资金补助以现金发放方式实施。

补助标准：资金补助标准为户均2.5万元，符合补助条件的每户家庭只能享受一次。根据受灾家庭收入状况和家庭人数，对最低收入家庭、低收入家庭、一般收入家庭按户均2.5万元予以资金补助，重点照顾最低收入家庭，对高收入家庭适当予以资金补助。其中最低收入家庭是指基本没有收入来源的低保困难家庭，具体指全额领取城镇低保补助的低保困难家庭；低收入家庭是指除最低收入家庭外的城镇低保家庭和家庭收入水平符合廉租住房保障条件的城镇低收入家庭；高收入家庭是指家庭人均收入超过当地城镇人均可支配收入3倍及3倍以上的家庭；一般收入家庭是指家庭收入在低收入家庭和高收入家庭之间的其他家庭。

表5-5-52　城镇住房重建补助标准表

类别 人口	最低收入家庭（万元／户）	低收入家庭（万元／户）	一般收入家庭（万元／户）	高收入家庭（万元／户）
1~2 人户	2.7~2.9	2.4~2.6	2.1~2.3	0.5~1
3 人户	3~3.2	2.7~2.9	2.4~2.6	
4 人户	3.3~3.5	3~3.2	2.7~2.9	

对因灾造成的“三孤”（孤老、孤儿、孤残）人员无房居住者，不单独重建住房和资金补助，通过纳入福利院、敬老院统筹解决，政府按人均3.5万元的标准补助福利院、敬老院。

对城镇低保家庭中的“三无”家庭，即无劳动能力、无生活来源、无法定赡养人（扶养人和抚养人）的家庭，不给予资金补助，由地方政府提供40平方米左右住房供其终身免费居住。

受灾家庭户籍以2008年5月11日户口为准。家庭收入根据灾后实际情况核定。

建房税费减免补助：在灾后住房重建和交易过程中减免相关税费，降低建房及交易成本，实现对购（建）住房受灾居民的建房税费减免补助。主要包括免征城镇土地使用税和销售合同印花税，减半征收契税，免收各项行政事业性收费、市政配套建设费和新增建设用地土地有偿使用费等。

房价政策性优惠补助：在灾后城镇住房重建中通过行政划拨土地，根据建造成本核定住房价格，降低房价，实现对购买安居住房或经济适用住房的受灾居民的房价政策性优惠补助。

三、受损住房鉴定和除险加固

尽快组织实施受损住房的安全鉴定、修复加固及拆除清理工作；房屋安全鉴定和房屋破坏等级认定结果由街道办事处（镇乡）在社区范围内公示；对因灾受损需除险加固的住房，给予适当补助。财政根据各地住房总体受损情况拨付专项资金，由各地包干使用。受损住房按受损程度分为轻微损坏、中等破坏、严重破坏3种类型，其具体补助标准：受损程度轻微损坏、中等破坏、严重破坏（可修复）分别补助：0.1~0.3万元/户，0.4~0.5万元/户，0.6~0.8万元/户；轻微损坏中不需加固修复即可使用的住房，可不予补助。

加固修复补助资金的使用，既可按“以户计算、按楼幢统一申请、集中使用”的方式进行，也可按“以户核发、集中使用”的方式发放，不足部分由房屋所有权人自筹解决。

城镇受损住房加固补助资金，由市财政根据上级补助标准核定到各县（市、区），包干使用。具体补助办法和标准由各县（市、区）人民政府制定并组织实施，其中绵阳城区受损住房加固具体补助办法和标准由市房管局组织涪城区、游仙区和高新区共同研究制定。

对经有资质的房屋安全鉴定机构鉴定为各等级需除险加固的住房，由政府指导、督促业主委员会或房屋所有权人委托原设计单位或有相应资质的设计单位根据鉴定结果制定加固、改造方案，委托原建设开发单位或有资质的施工单位组织加固、改造，并达到安全标准要求。

低收入家庭和低保家庭原租住的政府直接管理的公产房、廉租住房、解困房等，其维修、加固、重建费用由政府承担，原租赁关系不变，维修、加固、重建期间免收租金；单位、企业自管住房由产权单位负责维修、加固、重建。

租住原破产改制企业住房的职工，因地震灾害造成住房倒塌或被有资质的房屋安全鉴定机构鉴定为需拆除或维修加固的，其维修、加固、重建费用由产权单位承担；无产权单位的，由接收或托管单位负责。未参加房改的职工，符合廉租住房租住和申购经济适用住房条件的，可申请租住安居住房、廉租住房或申购安居住房、经济适用住房。

四、安居住房和廉租住房建设

加大安居住房建设力度。有计划地组织建设一批安居住房，向因住房损毁导致无房可住的城镇

图5-5-197 河南省援建的江油市中原爱心小区二期

受灾家庭，以及因租住住房毁损导致无房可住的当地城镇户籍家庭出售、出租，安置受灾群众。安居房每套建筑面积控制在60平方米左右，每户限购买或租赁一套。安居房建设用地实行行政划拨方式供应。政府委托房地产企业开发建设的安居房，项目利润率不高于3%，销售价格由政府价格主管部门会同房地产、财政部门确定，并向社会公布。安居房产权和上市交易管理，按照经济适用住房的有关规定执行。

组织建设廉租住房。推行在普通商品住房建设项目中配建一批每套建筑面积在40平方米左右、不超过50平方米的廉租住房，优先供应住房毁损的最低收入家庭租住。

最低收入家庭和低收入家庭申领资金补助后可购买、租住安居住房，也可租住政府提供的廉租住房；一般收入家庭和高收入家庭申领资金补助后可购买或租住安居住房，也可通过市场购（租）其他住房。

廉租住房、安居住房、经济适用住房建设重点以绵阳城区和县城所在地为主，适当向建制镇延伸。

采取措施，多渠道提供房源。优先落实廉租住房、安居住房、经济适用住房和中低价位、中小套型的普通商品住房建设用地供应；鼓励房地产开发企业建设中小户型普通商品住房；积极发展二手住房市场和住房租赁市场；鼓励私人住房出租，满足受灾城镇居民多层次住房需求。

五、住房原址重建

原址重建是指毁损住房所有权人（或其法定继承人，下同）在损毁住房占用土地上重建住房。原址重建必须符合地质安全、生态环境和重建规划等要求。原址重建须由损毁住房所有权人依据重建规划和灾后抗震设防标准实施。

城市（县城及以上，下同）损毁住房所有权人可以委托房地产开发企业为其原址重建住房；损毁住房为单位出售的房改房或经济适用房、集资建房的，可由原售（建）房单位组织原址重建。损毁住房为单位自管公房的，可由单位原址重建后按安居住房有关政策出售或出租给原居住职工家庭；单位不组织重建的，可由政府为原居住职工家庭提供安居房或廉租住房。住房损毁的职工家庭享受资金补助标准，不得将系统内对口援建的资金和其他资金用于住房重建和发放资金补助，重建住房建筑面积不得突破原毁损住房建筑面积标准。原职工住房需要改善的，经批准可适当增加重建住房建筑面积，但不得超过安居住房面积控制标准。

六、镇乡居民住房重建

县城以下镇乡居民（指县以下建制镇及乡政府所在地非农村户口居民，下同）因灾住房毁损，无房可住的，享受城市受灾居民住房资金补助政策。

鼓励镇乡居民自力更生，重建家园。满足原址重建条件的，鼓励镇乡居民原址自建住房，县(市、区）政府和园区管委会要给予税费减免等政策扶持；不能原址重建的，可由政府行政划拨土地，由镇乡居民按原住房标准异地重建，并享受与城市受灾居民一致的各项优惠政策，原毁损住房用地由政府收回，并根据新旧用地市场价值结算补差。镇乡居民自建住房应满足灾后抗震设防要求，保证住房质量安全。

需要政府统筹组织建设安居住房和廉租住房的，按城市安居住房和廉租住房组织建设办法办理，由所在县（市、区）政府和园区管委会组织实施。

七、城镇住房重建相关政策

(一) 税费减免

税收优惠。由政府为受灾居民组织建设的安居房、廉租住房、原址重建住房及镇乡居民自建住房免征城镇土地使用税，转让时免征土地增值税，所签订的建筑安装、销售、租赁合同，免征印花税。对在地震中损毁的应缴而未缴契税的居民住房，不再征收契税；对受灾居民购买安居住房，按法定税率减半征收契税；对购买其他住房的，契税减征80%。经法定机构鉴定，对因灾损毁不能居住、使用的房屋和危房，停止使用后，在2008年底前免征损毁房产、土地的房产税、城市房地产税和城镇土地使用税。

减免行政事业性收费和政府性基金。对灾后住房重建和住房加固，免收各项行政事业性收费和政府性基金。免收的全国性行政事业性收费包括防空地下室易地建设费、城市房屋拆迁管理费、工程定额测定费、白蚁防治费、建设工程质量监督费等项目；免收的全国性政府性基金包括城市基础设施配套费、散装水泥专项资金、新型墙体材料专项基金、城市教育附加费、地方教育附加、城镇公用事业附加等项目；免收的省级行政事业性收费包括房屋所有权登记证书和土地使用权登记证书一次性工本费、房屋产籍查询费、房屋安全鉴定费等项目。

(二) 信贷扶持

优先发放住房建设贷款。商业银行对政府组织的住房恢复重建项目优先给予贷款支持；商业银行对灾区的安居房、廉租房、经济适用房等灾后重建住房和普通商品房建设项目，在贷款条件方面给予优惠。

提供居民住房信贷优惠。受灾地区居民购置自住房的贷款利率下限调为贷款基准利率的0.6倍，最低首付款比例下调为10%，具体利率水平和首付款比例由商业银行自主确定。

提供住房公积金优惠贷款支持。灾毁住房城镇居民加固维修住房、原址重建住房或购买住房且已建立住房公积金制度的城镇居民，本人现无住房公积金贷款的，可申请提前支取本人账户内的住房公积金或申请优惠利息住房公积金贷款。个人住房公积金贷款利率各档次均优惠1个百分点。

(三) 土地政策

对廉租住房和政府组织建设的安居住房建设用地以划拨方式供应；在原址重建住房的，可按原方式使用土地，免除相关费用。

根据灾后重建规划确定的城镇廉租住房、安居住房建设项目，涉及农用地转用和土地征收的，可以边建设边报批，按用地审批权限办理用地手续。

城镇居民住房毁损的，原房屋所有权人继续享有相应的法定土地使用权权益。因规划调整或避让灾害等原因不能原址重建住房的，由政府依法收回国有土地使用权，并依法给予土地使用权人经济补偿。土地使用权人申购安居住房的，经济补偿中应扣除安居住房行政划拨土地与市场出让土地价格之间的差额；不申购安居住房的，依法全额补偿。具体办法由各县（市）人民政府制定（其中北川县城异地重建土地补偿办法待新县城选址确定后另行制定），报市人民政府审定后实施；涪城、游仙及市属各园区的具体办法由市人民政府制定，分区实施。

《意见》还对补助资金申领程序、城镇重建住房和加固维修住房质量安全监管，以及重建工作进度安排、重建组织保障等工作作了详尽安排部署。要求全市除北川新县城建设外，于2010年12月基本完成震后城镇住房重建任务。

第四节　住房建设

一、概况

城乡住房重建按照"因地制宜、分类指导、宜散则散、宜聚则聚"的原则，加强规划选址，注重典型示范，总结推广委托代建、互助自建、帮扶援建、包工建房、联户共建、分期建房等建房模式，建立农房建设贷款担保资金和建材特供机制，加强建材价格监管，及时按要求下拨城乡住房恢复重建财政补助资金。2008年年底，全市农村永久性住房开工建设41.43万户，完工27.32万户，基本完成77.45万户农房维修加固任务。城镇住房安全鉴定工作全面完成，重建房屋和维修加固7.1万户。

2009年城乡住房重建快速推进。全市50.3万户永久性农房重建全部开工建设，完工48.9万户。75.38万户农户维修加固任务全部完成。1.92万户因灾失地农民全部落实安置方式和宅基地，全部开工建房。全市兑现农房重建和维修加固补助资金107.58亿元，发放农房重建贷款49.83亿元。6.30万户城镇住房重建开工6.04万户，完工4.5万户。38.93万户维修加固城镇住房全部开工，完工38.89万户。全市兑现城镇住房重建维修加固补助资金27.1亿元，发放城镇住房重建贷款21.03亿元。北川擂鼓、平武南坝和平通、安县晓坝、江油青莲、游仙魏城等重点集镇重建有序推进。北川新县城建设开工建设，实现投资20.38亿元。

图5-5-198　2009年5月，绵阳城区居民灾后住房维修加固

2010年，全市118.3万户农房重建和维修加固在春节前后基本完成，45.2万户城镇住房重建和维修加固基本完成。北川新县城和10个重点集镇顺利建成入住。

截至2011年9月，全市灾区城乡面貌整体性提升。成功解决城乡163.5万户、362.9万人住房问题。唐家山堰塞湖应急治理工程全面完成，北川地震纪念馆主体工程完工。北川新县城建成入住，成为“城建工作的标志、抗震精神的标志、文化遗产的标志”。16个重点重建集镇形成主体功能，建成一批布局科学、功能配套的现代化新城镇。城乡住房项目全部完工，完成投资763.55亿元，投资完成率104.84%。市、县各级政府坚持城乡住房重建与新农村建设有机结合，设计出26套图纸供农民自主选择，加强农房重建建材和资金保障。2011年9月统计，全市50.66万户永久性农房重建任务全面完成，6.3万户城镇住房重建全部完工。举国关注、群众期待的北川新县城7393户受灾群众通过公开摇号的方式分配了安置房，喜迁新居。安县晓坝镇，平武南坝镇、平通镇，江油青莲镇，北川安昌镇等一批极重灾乡镇成为辐射带动一方经济的特色城镇。

二、城区住房重建

绵阳市住房重建受绵阳市房产管理局委托，分别由涪城区、游仙区政府组织实施。

(一) 涪城区

城市重建住房原则上按居住小区或居住组团的规模进行组织（每小区1万人至2万人，每组团2000~5000人），并按相应的人口规模，根据《城市居住区规划规范》的要求进行配套。住区内人口超过居住小区规模的，可根据城市规划的相关情况，增设更高层次的公共服务设施。

涪城区重建（倒塌或严重破坏）城镇居民住房2.85万户，2.85万间（套），26.84万平方米；加固(中等破坏）城镇居民住房9889户，9889间（套），87.18万平方米；维修（轻微受损）城镇居民住房39562户，39562间（套），348.72万平方米。城市居民住房重建投资额，平均每平方米1800元；城市住房加固投资额，平均每平方米800元；城市住房维修投资额，平均每平方米300元。

涪城区农村共重建（倒塌）农村住房5980户，5980间（套），92.69万平方米；加固维修（严重受损或一般受损）农村住房1.55万户，1.55万间（套），232.53万平方米。农村居民住房重建投资额，平均每平方米800元；农村居民住房加固投资额，平均每平方米400元；农村居民住房维修投资额，平均每平方米200元。

涪城区规划城乡居民住房项目37个，计划总投资236.84亿元。其中农村居民住房项目6个，计划投资65.35亿元；城镇居民住房项目31个，计划投资171.49亿元。城乡住房规划投资中，财政性资金投入91亿元。

(二) 游仙区

市区为新建城区，在地震中受灾不大，而农村和乡镇居民住房受损破坏较为严重。区委、区政府对农村永久性农房建设提出总体目标是：2008年12月底前，完成农房重建任务的75%，解决农民越冬问题，魏城镇成为灾后农房重建示范镇；2009年春节前，全部完成重建任务，保证受灾群众住进新房。

全区农房重建工作截至2010年年底，重建永久性农房4.77万户，发放重建补助资金14.91亿元。

绵阳市农科区2009年年底，农村647户永久性农房重建和6314户维修加固、城镇5户住房重建和48户维修加固全部完工，新增295户重建户全部开工，累计发放住户重建和维修加固补助资金2445.46万元。

绵阳市仙海区倒塌和毁损农房需重建1321户，2009年年底全面完成重建任务。

全区城镇居民住房重建工作截至2010年12月24日，需加固的29252户全部完成，需重建的4964户住房基本完成；支付加固补助资金22951户10157.6万元，发放重建补助资金3435户8971.4万元，共1.91亿元。全区灾后恢复城乡居民住房重建资金累计投资20.98亿元。

三、其他特色住房建设

（一）北川擂鼓镇猫儿石村吉娜羌寨

汶川特大地震中，猫儿石村160户村民中有28人遇难，4人致残；村民房屋全部倒塌，全村所有住房需要重建。

绵阳市委、市政府决定在该村建造吉娜羌寨。“吉娜”的羌语意思是“美丽的女神”。整个羌寨占地200亩，建筑面积1.6万平方米，由省城乡规划设计院设计，政府投资5000万元，于2008年6月开工，12月完工，是北川“开工最早、建设最快、入住最早”的农房重建示范点，安置了猫儿石村一、二组71户296名受灾群众。为确保羌寨安全，投资277万元，消除羌寨后面山上的地质灾害隐患。

吉娜羌寨规划建设坚持与环境协调，“依山就势、分散分局、功能互补、就地取材”，糅和羌文化景观：碉楼、山王塔、篝火广场、泰山石；屋顶装饰羊图腾雕饰、白石头等充分展现羌族民居建筑特征。山寨注重传承文化、调整结构，有50%的农户参与文化旅游服务，有70%的妇女参与羌绣制作，实现居家灵活就业，推动产业结构调整。

（二）安县晓坝镇中心村

晓坝镇中心村位于安县著名旅游景区罗浮山后山，全村有8个村民小组731户1618人，辖区面积3.2平方公里，全村森林覆盖面积65%以上。

特大地震给中心村造成了很大的损失，全村共倒塌房屋419户，震损22户，道路损毁2公里，农灌沟损毁2.3公里，农作物受损面积240亩，山坪塘7口不同程度损坏。

辽宁省城乡建设规划设计院制定异址重建方案。2008年7月13日，成立了以县委书记王黎、县长赵迎春为组长的中心村农房异址重建领导小组。2008年7月16日，正式启动中心村0.6平方公里异址重建工作。住房总面积15.95万平方米，由听雨巷、翠烟巷、竹子巷、濯溪巷、碧峰巷6个小区组成，安置灾民1224户。建筑风格以徽派“中国院子”为主。2010年4月底，基本完成。2010年5月9日，辽宁省委主要领导、四川省委书记刘奇葆为晓坝镇落成揭碑。6月，中共中央政治局常委李长春来到晓坝镇新场镇，对群众进行亲切慰问。各级领导对中心村农房异址重建都给予充分肯定和高度评价。

（三）安县花荄镇前进村13组

特大地震后，前进村灾区重建户454户，维修加固户583户，集中建设30户以上的3处，以前进13组集中重建点为典型代表。

花荄镇前进村13组农房共有46户分散于安北公路两侧。为结合新农村建设，县规划和建设局对这46户农户的住房进行集中规划，选取前进村13组公路一侧、距公路50米的一片宽敞地带，按新农村田园风格进行集中建设生活小区。在建设过程中，采取统规自建方式，设计图由县规划和建设局无偿提供，配套基础设施由县、镇两级政府负责承建。建成后的46户小区农房，成为全县新农村建设的示范点。小区各种配套设施齐备，家家户户修建有沼气、卫生厕所，通水、通电。

前进13组集中重建小区建成后，中央电视台、四川省电视台等多家媒体进行宣传报道，中央领导人视察后也给予充分肯定和高度评价。随后，辽宁省委领导也先后到该村考察，称赞小区规划合理，建设质量好。同时，四川省委书记刘奇葆、绵阳市委书记吴靖平等各级领导也多次带领其他县（市、区）领导到该小区参观、考察工作，并给予高度评价和充分肯定。

（四）游仙区街子乡岳家村

在特大地震中，游仙区街子乡岳家村大面积发生地裂、地沉、喷沙等地质灾害，造成全村397户农户房屋受损，其中180余户农房倒塌或严重受损。

震后，经地质专家勘测，认定岳家村原址不宜建房，必须异地选址重建。区建设局邀请有关地质专家实地考察，按照交通便利、水源丰富、便于生产生活、能规避自然灾害的原则，于2008年6月5日确定选址地点，在岳家村入口至小湾子经粉坪梁到黄家坪一带规划能容纳150户的集中建房点。2008年10月，该集中点138户农房重建全部完成，4个相距200米左右的集中建房点，建筑风格为白墙、黛瓦、翘檐，具有川西北民居风格的四合院建筑群。并实现水、电、气、道路、有线电视“五通”。

2008年11月15日，国务院总理温家宝亲临岳家村农房集中点考察，对岳家村灾后重建工作给予充分肯定。

截至2011年年底统计，全市城乡住房项目全部完工，完成投资763.55亿元，投资完成率104.75%。绵阳市城乡住房恢复重建工作取得如下成果：一是农村居民永久性住房重建50.66万户和农房维修加固67.59万户全部完工。已发放农房重建政府补助资金143.38亿元，其中农村居民永久性住房重建政府补助资金102.68亿元，发放农村居民住房维修加固政府补助资金16.62亿元，发放农村居民过度安置补助资金9.39亿元，农村“三无”人员建房2.46亿元，敬老院1亿元，政府担保资金11.23亿元。金融机构累计为21.1万户农房重建户发放贷款58亿元。上级下拨“特殊党费”23.91亿中用于农房重建14.34亿元。二是城镇居民住房重建6.3万户和城镇居民维修加固38.93万户全面完成，发放城镇居民住房重建和维修加固政府补助资金28.34亿元，金融机构累计为2.49万户城镇住房累计发放贷款41.1亿元。全市基本上实现“家家有房住”的目标。

第六章　工业重建

汶川特大地震使全市工业经济遭受重创，2410户工矿企业受灾，规模以上工业企业受灾户数793户，占全市规模以上企业的96%；厂房毁损1250.4万平方米，设备毁损9.6万台（套），工业直接经济损失334亿元。在中共中央、国务院的亲切关怀下，在省、市党政的支持下，全市工业战线加快推进科学重建和产业振兴，历经3年灾后重建，绵阳工业无论从总量上还是质量上都远超震前水平。

第一节　概　况

一、工业经济实现恢复增长

围绕“保增长、保民生、保稳定”工作主线和“三个加快”总体要求，强化工业为大、工业为重、工业为先，突出“全党抓经济，重点抓工业，关键抓项目”，明确“一核四带”产业布局和市县经济一体化的工作思路，将灾后绵阳工业发展定位于“具有较强产业集聚力、自主创新力、品牌影响力和市场竞争力的西部工业强市”，切实抓好产业、项目、园区、企业、企业家队伍和环境建设六大重点，进一步理清绵阳新型工业化道路的路径、思路、重点和方法。成立以市委、市政府主要领导挂帅的工业领导小组，建立“一个产业、一名责任领导、一套班子、一系列政策、一抓到底”的产业推进机制，成立“1+5”产业推进办，全力围绕“1+5”传统优势产业，在工业发展上杀出一条血路。市委、市政府先后制定《举全市之力加快推进工业强市的决定》（以下简称《决定》）、《促进全市工业经济平稳较快发展的实施意见》，以及落实《决定》的15个单项配套办法及14个部门贯彻意见。2009年、2010年初连续两次拿出2500余万元专项资金表彰为工业发展做出突出贡献的企业和单位，以强大的政策、组织和支撑保障支持全市工业灾后重建。

2009年，全市规模以上工业总产值、增加值双双跃上新台阶，分别历史性突破了1000亿元、300亿元大关，提前实现“十一五”规划目标；增加值增速达到26.5%，高于全省平均水平5.3个百分点，全市工业对地区生产总值的贡献率达到52.2%，在全市地区生产总值的比重达到40.9%，较2008年提高7.9个百分点；793个受灾企业已复产786户，复产率达到99%，产能已突破震前水平。2010年，全市实现规模以上工业总产值1343.41亿元，比2009年增长34.2%。工业增加值实现367亿元，比2009年增长27.6%，增速在全省21个市州中居第十四位，在六个一类工业城市中排第二位。2011年全市规模以上工业总产值实现1776.3亿元，增长32.1%，规模以上工业增加值实现502.1亿元，增长23.7%。全市规模以上工业综合经济效益指数达到256.7，同比提高39个点，规模以上工业实现主营业务收入1697.6亿元，增长33.7%，实现利税167.4亿元，增长38.7%，实现利润96.3亿元，增长43.8%。

二、科学重建与优化布局

在贯彻落实《汶川地震灾后工业恢复重建规划》中，绵阳市按照“一核四带”产业布局的要求，先后编制《绵阳市灾后工业生产力布局和产业调整规划实施工作方案》《绵阳市工业经济发展总体规划》《“1+5”产业及要素保障规划》，强调工业集中、集聚、集约发展，尤其注重按照交通经济、物流经济和通道经济对工业化、城市化和新农村建设的承载作用，通过发挥各地工业优势和资源禀赋进一步延伸产业链、服务链和基础设施链，初步形成以科技城为核心的绵（阳）江（油）平（武）、绵（阳）安（县）北（川）、绵（阳）三（台）盐（亭）、绵（阳）梓（潼）四大产业带为特征的产业空间布局，市县经济一体化发展步伐明显加快。

2010年，以电子信息、食品及生物医药、冶金机械、汽车及零部件、材料新能源、化工环保为主的“2+4”产业完成工业总产值1229.01亿元，增长34.7%，占全市工业总产值的91.5%。产业集中度同比提高1个百分点。全市工业园区实现工业产值950亿元以上，工业增加值235亿元以上，占全市工业总量的70.7%，较2009年增加2个百分点，园区作为工业发展的主要载体地位进一步确立。

图5-6-199　2009年3月20日，攀长钢公司生产出灾后第一支钛锭、钛板

图5-6-200　灾后恢复生产的长虹精密高清数字电视贴片生产线

三、投资拉动产业结构升级

以“规划项目投资突破年”为着力点，积极申报并组织实施灾后重建工业项目，中期调整后被列入国家五部委、一部三省和四川省灾后重建规划项目882项，规划总投资352亿元，涉及电子信息、材

料、冶金等13个行业。截至2010年12月31日，已开工建设项目878个，开工率99.5%，其中竣工846项，竣工率95.9%，累计完成投资337.75亿元，占规划总投资的95.9%。长虹PDP、九洲LED、攀长钢灾后新区、华晨整车、世界500强艾默生网络能源、新三城建设（科学新城、空气动力新城、航空新城）、川渝中烟绵阳分厂灾后异地重建、丰谷酒业优质曲酒、双汇食品工业园等一批重大标志性项目取得实质性进展。2010年，全市累计完成技改投资180.4亿元，增长23.4%，超额完成省、市目标任务。

四、开放合作全面提升

变对口援建为对口合作，与援建省达成优势互补、互利互惠、合作双赢、共同发展共识，赢得山东、辽宁、河北、河南4个援建省在绵阳灾区建起4个产业园区，全面加强与对口援建省在优势产业上的对接与互补，迅速提升灾区“造血”功能，成为绵阳新一轮对外开放合作的重要平台。截至2010年12月，安县·辽宁工业园、北川·山东工业园、江油·河南工业园、平武·河北（飞地）工业园四个对口援建工业园已建成面积12.13平方公里，入园工业企业已达289户，其中规模以上工业企业115户，项目总投资近70亿元，4个对口援建产业合作园区项目建成后将形成500亿元以上的产值规模，成为四县（市）经济发展的重要支撑。

五、成效

总量壮大。2010年，全市工业实现增加值398.4亿元，增长23.9%。其中990户规模以上工业企业实现工业总产值1343.4亿元，较2007年增长93.35%，实现增加值367元，较2007年增长78.8%。工业对GDP的贡献率达到64%，工业税收占财政收入比重达53%。

结构优化。“2+4”产业集聚势头强劲，工业经济效益大幅提升。2010年，规模以上工业实现工业利税总额141.8亿元，较2007年增长2.47倍，综合经济效益指数达188，较2007年提高42.7个点。

目标实现。截至2010年年底，882个工业重建项目已完工95.9%，完成投资337.75亿元，占总投资的95.9%，“三年重建两年基本完成”的目标顺利实现。

图5-6-201　2009年3月11日，四川矿山机器公司灾后重建项目开工

园区建设。对口援建产业园加快建设，园区总面积大幅扩张，全市产业园区规划面积达到291.9平方公里，较2007年的143.37平方公里增加1倍多，承载能力显著提升。

第二节 科技城、县（市、区）

一、科技城

重建项目共198个，总投资117亿元，到2010年12月31日已完成项目187个。主要项目：

（一）长虹新型等离子显示屏项目

2007年4月28日，长虹新型等离子显示屏项目在绵阳经开区长虹工业园开工建设。特大地震给建设中的该项目造成巨大损失，长虹一边投身赈灾救助，一边积极恢复生产和建设，从厂房奠基到主体建筑封顶，从设备入场到调试完成，从冷、热试车到批量试生产，再到正式量产，拉开“中国造”新型平板显示屏发展的帷幕。通过一期技改扩能和二期后续项目建设，2011年，具备年产能600万片（以42英寸计）以上的新型等离子显示屏及模组制造能力。

（二）绵阳新晨动力机械有限公司50万台汽车发动机扩能项目

该项目包含基础与配套设施、铸造车间、金工车间、装试车间、研发中心、物流中心、综合大楼，实施现有产能搬迁及对铸造、金加工扩能，形成50万台汽车发动机生产能力，项目总投资5亿元。

2009年6月4日，国家工业与信息化部副部长苗圩到华晨汽车南方基地调研。工信部总工程师、运行局局长朱宏任，规划司司长莫玮，原材料司司长陈燕海，电子司司长肖华，绵阳市市长曾万明参加调研，华瑞汽车总经理、华晨汽车南方基地副总指挥王运先陪同调研。苗圩对华瑞汽车工作给予积极评价，并“希望项目早日建成投产”。

二、县（市、区）

（一）北川县

重建工业项目共42个，总投资17.3亿元，到2010年12月31日已完成项目40个。主要项目：

1. 北川中联200万吨水泥项目

2008年7月17日，由中国建材集团投资6亿元，中国联合水泥北川中联年产200万吨水泥项目，在北川县擂鼓镇正式开工，这是北川县自中华人民共和国成立以来引进的最大工业项目，标志着北川灾后工业企业恢复生产正式启动。2009年12月28日，竣工投产。

2. 北川·山东工业园

规划面积2.68平方公里，拟重点发展电子信息、环保新材料、文化旅游产品加工等产业。首期启动1.4平方公里的基础设施建设项目，由山东省援建，总投资7亿元。已签订入园协议的企业32户（山东企业21户），总投资17亿元，主要是电子、材料、机械和食品加工等行业。各入园企业抓紧进行工商注册、项目备案、厂房设计等工作，其中19户企业已经开工建设。为切实做好入园企业服务工作，北川县成立产业促进工作领导小组，实行入园企业行政许可事项“全程代理、跟踪服务”和县级部门联动机制，园区和县招商局工作人员1人对口联系1户入园企业，跟踪服务到底。

（二）安县

重建工业项目共115个，总投资49.9亿元，到2010年12月31日已完成项目111个。主要项目：

1. 铬渣资源化处理项目

亚洲最大的铬盐生产企业——安县银河集团有限公司在地震中直接经济损失达4.6亿元。公司在开展生产自救的同时，抓住灾后重建有利时机，采取“六大举措”推进铬渣资源化处理项目以及与其配套的15万吨硫酸等项目，于2008年8月底投入生产，2500t/d水泥熟料生产线项目于2008年8月开工建设，并于2009年8月建成投产。

2. 辽宁—安县工业园

辽宁省投资8000余万元，建设辽安产业合作园的道路；投资15亿元，建设华晨汽车零部件工业园项目。辽安工业园主要道路修建已完，基础设施建设顺利推进，华晨汽车零部件工业园项目标准厂房已动工建造。预计将引进30多户汽车零部件生产企业入驻园区，初步形成绵安北汽车及零部件产业带。

图5-6-202 辽宁援建辽安工业园厂房及道路等基础设施建设

（三）平武县

重建工业项目共26个，总投资11.4亿元，到2010年12月31日已完成项目25个。主要项目：

1. 平武锰业集团异地重建项目

在特大地震中，平武锰业集团企业总部被埋于山下，四个分厂被夷为平地，从而致使这个年产值过亿的企业瞬间毁灭。平武锰业集团是该县饱受特大地震及几次余震灾害重创的矿产品加工骨干企业。通过与凉山州会理铅锌矿公司投资合作，公司很快焕发生机，取得“规模更大、技术更精、环保更优”的重建成果。该集团灾后异地重建项目总投资约3亿元，第一期工程投资1.3亿元，在平武南坝工业集中发展区建10万吨焙烧锰粉生产线，5万吨富锰渣生产线，6000吨电解锰生产线，可提供1500余个就业岗位，年产值达2.5亿元至3亿元，年创税2000多万元，同时带动交通运输、矿区采掘等行业兴旺发展并提供相关就业岗位3000余个。

图5-6-203 平武锰业集团电解金属锰厂异地重建

2. 宏建木业重建项目

宏建木业成立于2007年8月，是平武县人民政府招商引资的独资企业之一，也是平武县信用联社独立承担融资支持的县内企业之一，主营生产高密度纤维板。该企业落户在南坝工业园区，饱受特大地震及次生灾害的毁灭性打击，直接经济损失高达2000余万元，使正在建设但尚未投产的宏建木业一度陷入绝境。2008年12月，通过多方调查论证，平武信用联社及时向宏建木业投放900万元信贷资金，使宏建木业迅速投入到灾后恢复重建工作中，成为全县灾后恢复重建最早最快的企业之一。

3. 河北—平武工业园

该园规划在绵阳高新区新扩区域内的磨家镇观音堂村、冯家湾村与河边镇的海峰村区域。计划建设3个功能区：一个核心企业区，规划占地面积约2200亩，主要为有实力的大型企业提供项目用地，特别是河北的知名企业；一个中小企业区，规划占地面积约1200亩，引进一批协作配套企业，以及具有创新能力和发展潜力的中小企业；一个生产性服务区，规划占地面积约1100亩，主要为整个工业园提供金融、信息、物流等生产性配套服务。

（四）江油市

重建工业项目共139个，总投资75.3亿元，到2010年12月31日已完成项目131个。主要项目：

1. 攀钢集团四川长钢特殊钢有限责任公司（以下简称攀长钢）灾后重建项目

该项目占地约5200亩，总投资66.8亿元，拟在两年左右时间里形成年产特种钢70万吨、钢材79万吨、钛材1万吨的能力。重建项目将改变攀长钢原来的布局结构，把分散在江油深山中的4个厂区集中在一处，提高生产水平。项目完成后，攀长钢将实现跨越发展，成为具备国际先进水平的特钢生产基地和国内最大的钛材生产基地，年销售收入计划达到134亿元，相当于原有规模的3倍。2009年9月28日正式开工，标志着攀长钢灾后重建项目正式启动。这是汶川特大地震恢复重建中仅次于东汽的第二大工业重建项目。

图5-6-204　2011年10月，建设中的攀长钢电渣炉车间

2. 四川矿山机器（集团）有限责任公司（以下简称川矿集团）重装基础暨筒体生产线项目

川矿集团是全国装备制造业大型骨干企业之一。灾后川矿集团确立百亿企业奋斗目标，制定《建设中国西部建材、能源重装研发制造基础项目实施纲要》。川矿集团重装基础暨筒体生产线项目2009年3月开工建设。在江油市工业园东区占地1800亩，重点开展日产5000吨水泥建材设备、冶金矿山设备、风力发电设备、石油钻采设备等装备的研发制造。按照分期、分步、分阶段实施的办法，一期工程占地720亩，固定资产投资12亿元，预计产值60亿元、新增税收3亿元、新增就业1500人，2年建成，3年达产。

3. 河南—江油工业园

该园区总规划面积6.7平方公里，项目总投资5亿元，其中河南省援建3亿元。项目主要有：建设核心区9条道路（总长14.88公里，含排污排水、供水、燃气、绿化、路灯、通信等配套设施）、1座污水泵站、1座总建筑面积6000余平方米的创业中心和部分工业标准厂房。江油工业园区筹措2亿元用于拆迁安置。园区内有5户河南企业入驻，其中河南义马煤业集团与江油夜视丽合作，投资6000万元建设年产50万平方米反光标识板生产线；新乡天丰集团投资6000万元生产节能板材项目；洛阳轴承集团投资4000万元租用园区标准厂房，建设轴承生产线项目。

图5-6-205　河南—江油工业园

（五）涪城区

重建工业项目（中期调整后）共103个，总投资10.85亿元。其中原址恢复重建87个，总投资9.47亿元；新址重建项目16个，投资1.38亿元。截至2011年9月30日，全区工业灾后重建工作全面完成。

（六）游仙区

重建工业项目（中期调整后）共123个，项目总投资21.35亿元。截至2010年12月31日，累计上报完成投资21.69亿元，完成灾后重建任务的101.57%；123个项目中，累计开工120个，占项目总数的97.56%；竣工111个，竣工数占灾后重建项目总数123个的90.24%；在建项目9个，占项目总数的7.32%；未开工项目3个，占项目总数的2.44%。

（七）梓潼县

重建工业项目共47个，总投资11.4亿元，到2011年9月全部完工。

（八）三台县

重建工业项目共101个，总投资13.42亿元，到2010年12月31日已完成项目101个。

（九）盐亭县

重建工业项目共41个，总投资12.3亿元，到2010年12月31日已完成项目40个。

第七章　农业重建

绵阳市农业系统灾后恢复重建规划项目663个，其中农业121个、畜牧业515个、农机27个；规划总投资64.39亿元，其中农业23.57亿元、畜牧31.01亿元、农机9.81亿元。

绵阳市农业灾后重建以农民增收为核心，发展现代农业，扎实推进社会主义新农村建设，实现全市农村经济平稳较快发展。2011年，农村居民人均纯收入为7183元，同比增长20.9%；农林牧渔实现总产值328.9亿元，同比增长3.9%。全市农村保持稳定发展的良好态势。

第一节　种植业

一、重建布局

绵阳北部山区是汶川特大地震的重灾区，恢复重建的基本方针是发展生态农业，恢复重建重点是修复损毁耕地建设基本口粮田、沼气池重建和农业服务体系恢复重建、大力发展茶叶、马铃薯、蔬菜、地道中药材等山区特色农产品生产基地。

南部丘坝区是全市粮油主产区。在特大地震中主要受损的是房屋及设施设备。建设重点为农业生产设施恢复重建、沼气池恢复重建、农产品质量安全监测、植物检疫体系、农作物种子质量检测检验、蚕种质量监督检验、土壤肥料检测等五大农业检测检验体系整合与重建；调整种植业结构，优化农业产业布局，以发展优质农产品基地为重点，提升灾后农业发展与速度，形成更加科学合理的农业生产力布局。

二、农业生产设施

农田恢复重建。通过对农田排灌渠系、农田表土、地埂、蓄水池、储粪池等配套设施修复，耕地地力修复，恢复重建农田62.48万亩。

沼气池恢复重建。恢复重建农村户用沼气池105747口，其中修复沼气池45849口，重建59898口。

大棚等生产设施恢复重建。建蔬菜种植大棚8250亩，马铃薯脱毒中心1个，良种繁育场1个，田间试验站6个，科研试验田150亩，购置生产机具12500台（套）。

三、农业服务体系及农场、农业科研业务用房

总建筑面积16.6万平方米，其中业务用房13.32万平方米，化验室3.28万平方米。按市、县、乡（镇）三级划分：市级重建2.06万平方米，其中业务用房1.14万平方米、化验室0.92万平方米；县级重建5.86万平方米，其中业务用房3.50万平方米、化验室2.36万平方米；乡镇农技、农经站业务(综合）用房8.68万平方米。

四、农业检测检验网络信息等设备设施

购置检测检验设施设备29141台（套），其中市级1137台（套）、县级（包括农场）11300台（套），乡镇农技、农经、信息16704台（套）。

五、优质特色农产品生产基地

建设优质水稻、双低油菜、马铃薯、优质玉米、优质蔬菜、优质水果、优质茶叶、地道中药材、优质蚕桑基地共723.875万亩，建设良种繁育基地40万亩。

图5-7-206
灾后新建的北川维斯特蔬菜产业园

图5-7-207　平武县天麻科技示范基地竣工投产

第二节 畜牧业

汶川特大地震造成全市畜牧业系统职工及家属死亡51人，伤残10人。市、县、乡畜牧兽医机构房屋受损15.28万平方米，其中市本级办公楼遭损毁并发生火灾，职工宿舍56套成为C级中度损坏，全市畜禽死亡1122余万头（只），畜禽圈舍倒毁794.58万平方米，全市畜牧业因灾直接损失70亿元。

一、概况

灾后恢复重建项目272个，其中市本级2个、北川县35个、安县43个、平武县12个、江油市4个、三台县98个、盐亭县23个、梓潼县37个、涪城区15个、游仙区3个。

按照绵阳市灾后恢复重建规划，全市规划总投资29.63亿元（其中中央资金6.19亿元、其他23.44亿元），实际到位约21.2亿元（其中中央资金5.13亿元、其它16.07亿元）。

全市畜牧业按照“项目为载体，快速恢复生产能力，着力规范生产行为，大力提升发展水平”的工作格局，开展灾后恢复重建工作。

二、重建成果

（一）市本级

绵阳市畜牧兽医服务体系投资2000万元；畜产品质量安全溯源体系（“RFID”建设项目）投资218.5万元，全部完成。

（二）县（市、区）

1. 北川县

地震造成畜牧业损失7.94亿元。恢复重建后，全面恢复，截至2012年统计：畜牧产业共争取到灾后重建及扩大内需项目资金共6084万元，其中灾后重建资金5827万元，用于畜禽良繁体系，畜牧生产力恢复建设，生态修复建设；扩大内需资金257万元，207万元用于北川白山羊保种场建设项目，50万元用于生猪标准化规模场建设项目；畜牧产业企业全面恢复生产，产值较震前有所增长。畜牧兽医技术服务体系重建项目，中央累计投资2629万元，完成基础设施建设1.15万平方米，设备采购621万元。县乡畜牧兽医技术服务能力全面恢复，服务水平较前有很大提高。

2. 安县

地震造成畜牧业直接损失12.61亿元。震后重建项目45个。2009年，中央投资1300万元建设18个乡镇畜牧兽医站；300万元建安县动物疾病预防控制中心；4000万元资金用于安县农村畜禽圈舍灾后恢复重建；2384万元灾后新建七大种畜禽场（生猪纯种场4个、种羊场1个、种兔场1个、祖代种鸭场1个）；安县畜牧兽医局办公楼维修加固建设项目32.4万元，总资金8016.4万元全部到位。

3. 平武县

地震造成畜牧业损失近10亿元。震后重建项目共12个，中央和地方投资32757万元；河北援建

657万元用于基地、饲养场建设；其余畜牧兽医基础设施建设项目，亦由中央和地方投资建设。

4. 江油市

地震造成畜牧业损失14.22亿元。灾后恢复重建项目共4个，总投资10.05亿元，中央灾后重建基金投资2.24亿元，其余由业主和地方各级投入。截至2010年年底，灾后恢复重建已完成投资6.66亿元。2010年整个畜牧业已恢复或超过震前生产水平。

5. 涪城区

地震造成畜牧业损失1.769亿元。灾后恢复重建项目13个，总投资2780万元。13个项目包括：1个动物诊疗中心和12个乡镇畜牧兽医站建设。建设项目资金由中央投资和地方财政投资组成。此外，新增2个引进项目：沪川牧场生猪扩繁场，投资1600万元，中央灾后重建基金投资1000万元，业主自筹资金600万元；四川科富朗德鹅有限公司，投资238.76万元，中央灾后重建基金投资150万元，企业自筹资金88.76万元。

6. 游仙区

地震造成畜牧业损失3.16亿元。灾后恢复重建项目25个。一是服务体系建设项目投资1172万元(其中灾后重建资金820万元、拉动内需资金352万元)，规划建筑面积11510平方米。二是畜禽圈舍恢复重建项目，面积14.34万平方米，投资5734万元（其中中央财政补助资金500万元、其余由业主自筹）。

7. 梓潼县

地震造成畜牧业损失2.55亿元。灾后恢复重建项目3个，总投资2.91亿元，2011年9月底，全面完成项目。

8. 三台县

地震造成畜牧业损失1.7亿元。灾后恢复重建项目98个，涉及39个镇乡，总投资1.7亿元，其中中央重建基金4237万元。所有项目于2010年年底前全部完成。2010年全县畜牧业已恢复或超过震前生产水平。

9. 盐亭县

地震造成畜牧业损失1.72亿元。灾后恢复重建项目共计23个，估算总投资1.08亿元（其中中央投资2066万元、业主自筹8707.5万元）。2008—2009年计划完成投资7500万元，完成灾后重建总投资的70%；2010年计划完成投资3273.5万元，完成灾后重建总投资的30%。

第三节　林　业

汶川特大地震造成市境内森林植被破坏严重，尤其林、木生产加工企业破坏损失严重。在灾后恢复重建中，国家安排给绵阳市林业灾后恢复重建规划及中期调整后林业项目共7类57项，估算投资25.189亿元，占全省113亿元的22.3%。国家重建基金安排给绵阳市12.81亿元，占全省43.55亿元（含环境治理）的29.4%。

一、林业产业基地

启动安县20万亩短周期原料林基地建设，列入安县灾后恢复重建项目，2010年已经完成2.5万亩；建设以巨桉为主的原料林示范基地2万亩，主要分布在安县、涪城、梓潼、游仙；启动低效林改造，营造特色经济林果12万亩，主要在三台、盐亭、梓潼、江油、北川建设优质核桃和特色木本药材；开展国家农业综合开发项目特色种苗基地建设和药材基地建设，项目有2项，投入资金800余万元。2010年年底全市完成林业总产值62.9亿元，超过震前2007年底42.07亿元占的49.5%。

二、林产加工业

2010年全市完成产值加工业产值27亿元，重点龙头企业产业恢复项目推进完成7.5亿元，其中建丰木业在梓潼已建成10万平方米中纤维板生产能力，投入灾后重建资金2亿元（贷款、自筹）用于强化地板、甲醛生产线和原料林基地建设；在盐亭新建10万平方米中高密度纤维板生产线，投资2.5亿元。建诚木业投入灾后重建资金3000万元，恢复生产线2条；建翔木业投入灾后重建资金0.7亿元，完成中纤板生产线技改，征地120亩，新建厂房3万平方米，生产指接板、实木地板、刨花板；众诚木业投入2000万元，完成锅炉技术改造及生产线改建；平武宏建木业总投入1.1亿元，修建厂房2万平方米、购置生产线及设备，并全面投产，形成8万立方米生产能力。涉及游仙、三台、江油、盐亭林产业加工业全面恢复提升，产值均超过震前水平。

三、生态旅游业

全市2010年接待游客能力达到1000余万人次，旅游收入达到12.4亿元。重点生态旅游景区基础设施和能力建设逐步推进，共完成投资3.5亿元，其中王朗保护区、雪宝顶保护区、小河沟保护区、猿王洞、仙海水利风景区、三台凤凰山森林公园等开发重建推进迅速，基本形成旅游接待能力；市内各乡村生态旅游基础设施建设投入5200余万元，主要用于房屋及配套设施改造。

第四节　渔　业

绵阳市境内江河纵横，有以涪江干流为主的大小河流58条，流域面积1.97万平方公里；塘库堰星罗棋布，有各类水利工程1.7万多处，可养殖水面约38万亩；全市宜渔总水面近60万亩，宜渔稻田约50万亩，还有大量河滩地和低产田土可用于发展水产养殖。

汶川特大地震给全市渔业带来前所未有的灾难，全市养殖受灾面积15.49万亩，占养殖总面积的41.6%。共损失成鱼8963吨，鱼种1113.3吨，损毁生产用房4.89万平方米、办公用房1.21万平方米，鱼池进排水沟渠25.77万米，渔业直接经济损失达3.58亿元。

全市渔业列入灾后恢复重建项目7大类44项，总投入资金2.96亿元。重建项目包括：恢复良种基地建设5个，新建良种基地建设4个，病防体系建设6个，技术推广体系建设5个。质量检测体系建设2个，鱼池、水系等基础设施修复与改造10个，特色渔业建设与发展12个。

一、概况

全市水产系统采取多形式、多渠道筹措资金，全力实施渔业灾后恢复重建项目。除对受损较轻的鱼池、进水渠道、电力、道路、生产用房、办公用房等渔业基础设施的修复外，还积极组织一批具有一定规模，对渔业生产起着重要作用的苗种繁育基地、健康养殖示范基地、重点龙头企业等灾后恢复重建。截至2008年年底，共投入灾后恢复重建资金1498万元，其中安县960万元，江油500万元，平武县38万元。全市恢复生产的养殖面积7.44万亩，修复池塘1.14万亩，恢复生产用房8620平方米，恢复渔业基础设施2557处，组织补放鱼苗8010万尾，鱼种1464吨，使用国家灾后死亡水产品无害化处理资金200万元，无害化处理死鱼7392吨，消毒水体9433万立方米，消毒渔场2918万平方米。

2009年，全市动工建设项目18个，完成恢复重建投资5375万元，达到当年目标任务的60%以上。修复生产用房1.46万平方米，占应恢复面积29.8%；新建办公用房1650平方米，占应恢复面积的48.38%；维修生产进、排水渠8.77万米，占应恢复长度的34.1%。全市受灾养殖水面已有9.06万亩恢复生产，占受灾总面积的58.5%，其中池塘水面80%以上已恢复生产。

至2010年，全市实际完成恢复重建项目45个，完成总投资3.05亿元。其中中央恢复重建基金项目13个，完成总投资14350.41万元，使用中央基金投资4723.28万元。

各县（市、区）灾后恢复重建如下：

安县。按照“三年重建任务，两年基本完成”的总体要求，规划重建项目7个，总投入1.2亿元，已纳入国家重建的项目有4个（安县水产技术推广和水生动物疫病防治站重建、安县大口鲶良种场重建、水产养殖基础设施恢复重建和农业产业化水产业恢复重建）、计划补助资金3244万元(其中基础设施恢复重建1244万元，产业恢复重建2000万元）。完成规划论证的重建水产养殖企业5个，新组建成立绵阳时新水产生物技术发展有限公司、安县鑫源渔业公司、安县界牌镇西明村西明名特优新水产良种场等渔业专业合作社。

江油市。围绕良种繁育与推广体系、资源开发利用体系、病害防治与测报体系三大体系建设，2009年全市财政投入水产业恢复重建资金1200万元，开工19个水产项目的恢复重建。开工建设市级水产业龙头企业2个（绵阳市华晟水产品有限公司、江油市绿溪特种水产养殖场）；全面完成鱼种场站10个、大鲵养殖基地、大唐农业综合水产公司、永胜河口渔场、流水养鱼基地的恢复重建；建设水产技术服务体系，建设水产良种繁育推广体系。

涪城区。截至2009年7月，规划项目总数13个，规划项目总投资4200万元，全区恢复受灾面积5800平方米，占受灾面积的96%，恢复生产用房4000平方米，占受灾面积80%，恢复办公用房350平方米，恢复渔业基础设施1300处，恢复进、排水渠道2.8万米。

盐亭县。加固修复鱼塘堤埂138公里；维修疏通断裂、塌陷的进排水沟渠8.6公里；加固并维修受损的生产及管理用房2000平方米；维修、更换受损办公设备、实验仪器28套；引进亲鱼1200组、补放鱼种30万公斤；维修架设受损各种管道、电网、通信线路820公里；加固补漏中小型水库面积达4300亩；恢复使用稻田养鱼面积6900亩；修复、新置江河生态养殖防逃网39张。疏通被垮塌物堵塞的野生鱼类的天然产卵场、孵化场、索饵场、回游通道28公里；恢复全县水产技术推广站办公用房1700平方米。重建“以规模化、产业化”为基本发展方向，大力发展特种水产养殖业。主要企业有：盐亭县毛公乡天路科技有限公司毛公生态农场、盐亭县麻秧乡望江村李佰强渔业养殖场。

二、受援重建

2008年，全市接收兄弟省、市援助水产原良种亲本和苗种共6批。

2008年12月25日，接受江苏邯江四大家鱼原种场援赠的草鱼原种后备亲本500公斤，110组。

2009年5月2日，接受江西九江澎泽鲫原种场援赠的澎泽鲫乌仔53万尾。

2009年6月3日，接受上海松江良种场的浦江一号乌仔鱼苗80万尾。

2009年6月10日，接受国家“斑点叉尾鮰联合育种项目”乌仔20个品系，共20万尾。

2009年6月18日，接受太原水产良种场浦江一号乌仔鱼苗21万尾。

2009年7月3日，接受重庆市援赠南方大口鲶原、良种大规苗种1000公斤。

三、灾后技术服务

加强对水产苗种繁基地的春、夏繁育生产技术指导和服务，组织协调全市苗种需求和大面积渔业生产物资供应；采取多种形式推广水产健康养殖新技术，努力提高受灾群众的技术水平。截至2009年6月，全市共举办技术培训班89期，参训人员达7818余人次，印发技术资料1.2万余份。

2009年3月3日、20日，江油市渔业协会在青莲镇片区、中坝镇片区分别举办无公害水产品“池塘养殖”“水库养殖”专题培训班，受训人员258人。

2009年3月25—26日，盐亭县渔业协会、盐亭县渔业合作社在盐亭县水务局联合举办“水产品健康养殖技术培训班”，参加人员128人。

2009年4月5日，涪城区渔业协会在金峰镇举办“水产品健康养殖新技术”培训班，受训人员120人。

2008年10月至2009年5月，安县水产站指导并参与全县7个渔业协会举办“无公害水产品养殖技术”培训班7期，受训人员320人。

2009年12月，安县、盐亭县、涪城区3县（区）共组织开展以“健康养殖技术”“水产品质量安全管理”“水环境安全”等为主要内容的技术培训班6期，受训人员500余人。

第五节　农机设施

特大地震造成全市农机系统职工死亡10人，受伤893人，毁损提灌站3020座、各种农业机械2.51万台、机耕道4576公里、机具库棚4.23万平方米、办公房4.47万平方米，直接经济损失15.96亿元。

一、概况

全市农机系统纳入国家灾后恢复重建规划项目45个，总投资13.11亿元，中期调整后，全市农机系统灾后恢复重建项目为27个，规划总投资98048万元。实际到位资金55812.57万元（其中中央重建基金41597.8万元，对口援建资金14034.77万元，捐赠资金180万元）。

二、重建成果

2008年、2009年，全市农机总动力增长分别达9.46%和14.5%，主要粮食作物耕种收综合机械化水平年均增长4个百分点。到2010年12月15日，完成恢复重建提灌站3020座、机耕道4223公里、机库棚4.35万平方米，购置各种农业机械2.51万台、办公设施设备1262台（套），累计完成恢复重建投资93714万元，实现了灾后恢复重建目标。

第六节　水利设施

汶川特大地震给全市水库、堤防、闸坝、渠道、水电站、水土保持、乡村供水等水利水电工程和办公管理设施造成严重破坏。全市水利系统直接经济损失104.97亿元；地震造成水利系统死亡27人、失踪7人、受伤42人；地震形成55处堰塞湖，经济损失90.34亿元。在灾后重建过程中，按照优先解决与人民群众切身利益问题的原则，加快建设一批对灾区恢复重建起支撑作用的水利基础设施，首先重点完成震损水库、堰塞湖、农村饮水安全和震损堤防四类工程的灾后重建工作。截至2010年年底，水利设施灾后重建基本实现“三年重建任务两年基本完成”的目标。绵阳市水利灾后重建项目共完成764个，完成总投资76.69亿元。其中农村供水工程9个（打捆），15.23亿元；震损水库工程619个，15.44亿元；堤防除险加固工程10个（打捆），20.57亿元；堰塞湖处置工程53个，6.98亿元；灌区工程44个，15.66亿元；水土保持8个（打捆），1.72亿元；水资源监测设施7个，0.26亿元；山洪预警预报设施10个，0.55亿元；微型水利设施4个，0.28亿元。

特大地震中防洪减灾设施受损严重。包括水库、堤防工程等设施都受到不同程度损毁，还形成堰塞湖55个，其中极高危堰塞湖1处，高危堰塞湖4处，中危堰塞湖7处，低危堰塞湖43处。在水利部、省水利厅的指导及全国各地的援建下，推动防洪减灾设施恢复重建的有序展开。截至2011年9月，全市基本完成防洪减灾设施的灾后恢复重建工作。

一、唐家山堰塞湖治理工程

唐家山堰塞湖位于湔江上游，北川县老县城曲川镇以上约6公里处。2008年6月11日，通过应急排险工程，堰塞湖实现成功泄流，水位降至712.60米，危机得以解除。之后，唐家山堰塞湖又经历数次洪水袭击。影响最为严重的一次是2008年9月24日遭遇暴雨、泥石流袭击，再次将泄流明渠堵塞至718米高程。

为排除新的险情，确保安全度汛，按照国务院总理温家宝提出的“安全、科学、快速”处置堰塞湖的原则，绵阳市委、市政府及时成立唐家山堰塞湖后期处置工作指挥部，具体工作由绵阳市水务局承办。

在水利部、省水利厅的大力支持下，对中国水电工程顾问集团成都勘测设计研究院（以下简称成勘院）编制的《唐家山堰塞体及上下游两岸边坡安全性评价报告》（以下简称《报告》），以水利部

图5-7-208　唐家山堰塞湖码头

总工程师刘宁为组长的专家组对《报告》进行审查，经成勘院的补充修改，四川省发改委于2009年1月下旬批复《报告》。《报告》确定的唐家山堰塞体后期整治方案原则是“在保证防洪安全的前提下尽量维持堰塞体原貌，并为堰塞体后期利用创造条件”。工程总投资约1.69亿元，分2期实施。整治一期工程项目为泄流槽“9·24”淤塞体的清淤工作、堰塞体左右岸山体变形观测和禹里羌族乡治城村防洪堤护岸工程。整治二期工程项目为泄流槽整治，模袋混凝土浇筑和堰塞体左岸泄流洞施工。

2009年3月10日，一期工程泄流明渠开工。经过近两个月建设，原泄流明渠扩挖成宽130~140米、长约650米的“人工河道”，成功泄流，水库水位由718.6米降到712.2米，相应库容约8000万立方米，形成的泄流明渠设计标准为20年一遇，实际可以泄流200年一遇洪水。泄洪能力已经恢复到2008年安全度汛的水平。

2010年4月12日，二期左岸泄洪洞开工，工程对消除堰塞湖上下游防洪安全隐患具有重要作用。在遭遇特大暴雨或余震等不利影响时，如出现再次堵江情况，该工程可保上下游群众免遭洪水危害，对于维护当地社会稳定，增强受灾群众恢复重建信心意义重大。

截至2011年12月底，已完成灾后重建资金共计1.6亿元。一期明渠治理工程已经完成，泄流明渠已经完成投入使用验收。左岸泄洪洞洞身段、出水段已全面完成，上游闸室段衬砌和金属闸门机电设备的安装已全面完成。泄洪洞具备在可控条件下正常通水条件。

唐家山堰塞湖后期治理工程本着以人为本的原则，尊重科学，尊重自然，体现人与自然和谐相处，有利于堰塞湖所在河道上下游人民的生命财产和重要基础设施、城市乡镇防洪安全，有利于保护唐家山堰塞体自身安全稳定，有利于下游北川老县城遗址保护，有利于当地社会经济发展。

二、水库、堤坝

绵阳市有619座水库受到不同程度的损坏，占全市水库总数825座的75%。大中型水库全部震损。小（一）型震损75座，占小（一）型水库总数的88%；小（二）型震损535座，占全市小（二）型水库总数的73%。地震还造成绵阳市各类灌排工程均受到不同程度的损坏。灌溉渠系有9416公里

图5-7-209　安县伍家碑水库

受到损坏。小微型蓄引提水工程，有90处提灌站、3.36万口山平塘、450座石河埝和4216口蓄水池等水利工程毁损。直接经济损失36.78亿元，其中大型灌区直接经济损失3.8亿元，中型灌区直接经济损失5.26亿元，小型灌区直接经济损失21.66亿元，其他小微型水利设施直接经济损失6.06亿元。

2010年6月底，绵阳市所有小型震损水库主体工程全部完工，累计完成投资7.5亿元。截至2010年12月，绵阳市灌区工程灾后重建项目开工完成35个。微型水利工程灾后重建项目4个，完成投资750万元。

图5-7-210　涪江震损河堤绵阳城区东方红大桥段除险加固

附：鲁班水库灾后恢复重建情况

鲁班水库于1980年年底建成，位于绵阳市三台县鲁班镇，是都江堰人民渠七期干渠末端的一座大（二）型囤蓄水库，校核洪水位461.2米，总库容2.94亿立方米，正常蓄水位460米，相应库容2.78亿立方米，死水位439米，死库容0.68亿立方米，有效库容2.1亿立方米。主要控灌三台县、遂宁市的大英县和射洪县。

汶川特大地震中，鲁班水库枢纽工程严重受损，水库防洪、泄洪能力受到极大影响。主坝斜墙、面板变形、错位，大坝面板在420米高程处产生一处水平贯穿性折断，伸缩缝止水材料损坏，混凝土表面脱块。坝体出现渗漏，随着时间推移，渗漏量逐步加大。主坝坝顶纵向裂缝由1~2厘米加宽至3~7厘米。四座土石重坝迎水坡面沉陷、变形。泄洪渠边坡部分坍塌、滑坡等问题。

震后，四川省水利设计院提出整治方案。2008年7月，应急除险工程开工，主要是主坝防渗面板渗漏原因检测和修补，主坝坝顶路面及栏杆更换和维修，副坝坝面防渗面板修复，水库供水设施维修和更换。工程批准总投资1300万元，于2009年3月完工。整治后，大坝路面平整，栏杆及路灯美观大方。迎水面用六角形混凝土预制块砌面，坝顶用混凝土铺面，栏杆全用水泥砂浆加固抹面，坝后坡面则用一个个城门洞形混凝土构件相连，重新种草，加固马道和坝基。整治后的副坝内外结构浑然一体，美观实用。鲁班水库的灌溉供水功能恢复正常。

2009年4月，四川省发改委批准鲁班水库灾后重建初步设计，批准总投资5588万元。

2009年，先后两次聘请专业工程公司对水库进行渗漏点排查，研究出整治方案。

鲁班水库灾后重建项目一标的主要工程内容是大坝防渗面板的修复，分为水上修复和水下修复两部分。2009年11月7日，一标段水下施工部分开工建设。2009年12月23日，二、三、四标段开工建设。

截至2010年12月30日，累计完成投资4400万元，占评审后投资的98%，占批复投资的79%。鲁班水库灾后重建工程最大特点是采用水下面板修复技术进行施工。整个修补过程不改变水库运行条件，不影响灌区用水和下游环境，节约水资源，缩短工期，降低工程造价，工程效益和社会效益都十分明显，同时体现现代水下施工的技术特点。

截至2010年3月，鲁班水库灌溉面积已经扩展到40.66万亩，灌区全面受益。

三、水土保持和水资源监测设施

绵阳市水土保持工程在特大地震中遭受巨大损失。震后全市水土流失面积达1.12万平方公里，占面积的55%，较震前增加15%。震后全市年平均土壤侵蚀量为6115万吨。全市水土保持设施受损面积达195平方公里，大部分水土保持设施丧失水土保持功能。直接经济损失达1.84亿元。特大地震使地处龙门山脉褶皱断裂带的北川、安县、平武、江油等县（市）乡镇发生了大量山体滑坡等地质灾害。山体滑坡造成河道淤堵，对下游人民生命财产安全构成极大威胁。

震后，绵阳市及时开展灾后水土保持设施和水土流失调查和评估，编制水土保持灾后重建规划，完成灾后重建规划中期调整工作。

绵阳水土保持灾后重建规划最终调整为恢复重建水土保持设施面积55.11平方公里，规划总投资1.72亿元。截至2010年12月底，共完成修复受损坡改梯1159公顷，补植水保林820.64公顷、经果林2282.09公顷、种草26.19公顷，修复、新建蓄水池1941口、沉沙函4239个、排灌渠431.35公里、塘堰59口，作业道路135.59公里，修复、新建沼气池226口，节柴灶40口；完成投资16333.99万元，其中中央投资13407.29万元、其他资金2926.7万元。

截至2011年底，绵阳市水资源监测设施灾后恢复重建规划项目共完成7个，规划总投资2460万元，占规划数的100%，规划监测点198个。山洪预警预报设施共完成9个，投资0.54亿元。

（一）北川水土保持灾后重建项目

特大地震使北川水土保持设施受到严重破坏，大部分水土保持设施丧失水土保持功能，据不完全调查和统计，全县水土保持受损面积138.49平方公里，直接经济损失1.17亿元。根据水利部遥感调查和水土流失专项调查成果，震后全县水土流失面积达1430.03平方公里，占辖区面积的50%，较震前增加24%。地震对生态环境造成严重破坏，由于山体表面崩塌、滑坡广泛发育，造成地表物质松动、移位和异质化，地形地貌更趋破碎和不稳定，大量的滑坡与泥石流导致耕地面积减少、质量下降，野生植物的生长空间缩小、野生动物因为生态廊道被阻隔、食物链断节而使生存环境变恶劣，个别濒危物种受到严重影响。北川实行多年的退耕还林、生态保护、环境治理等成果化为乌有，生态功能退化。

灾后开展水土保持灾后重建，采用石坎或土坎梯田、坡面水系治理等水土保持工程措施，恢复灾区基本人居生态环境，提高土地承载能力。采取迁建乡镇居民点，建设必需的水土保持设施。政府为迁移群众提供基本生活生产条件，让灾区群众迁得出，稳得住的目标实现。

2009年1月，绵阳市水务局颁发《汶川地震绵阳市北川县水土保持灾后重建实施方案》。北川县水土保持灾后重建规划经费经中期调整后为1600万元，分为擂鼓镇、桂溪乡、香泉乡流溪村、香泉乡光明村、香泉乡太平村、擂鼓镇河道村、曲山镇石椅村、曲山镇景家村、曲山镇杨柳坪村水土保持灾后重建9个子项目。

2009年10月，擂鼓镇水土保持工程开工。到2010年12月，北川县9个项目村的水土保持灾后重建工程已全面完工。共恢复重建水土保持设施面积606公顷，其中坡改梯36公顷、经果林300公顷、水保林270公顷；蓄水池180口、沉砂凼30个、排灌渠18公里、作业便道9公里、塘堰2座。完成投资1750万元，其中财政投资1600万元、群众投劳150万元。

（二）安县山洪预警群测群防项目

2010年5月，安县山洪防治及防汛预警系统建成，投入资金627万元，建成自动雨量站9处、水

图5-7-211 农村发展水土保持项目

位站4处、人工雨量站2处、视频设备1处。进入主汛期后，安县能通过该系统不断将天气预报、工作部署、会商成果等消息传递到各部门及基层第一线。

第七节　生态修复

特大地震灾害和相继发生的特大山洪、泥石流次生灾害，使受灾地区原有土地和植被破坏，山体岩石、石砾裸露，水土流失加剧，生物多样性和生态系统功能严重受损，区域生态环境遭受重大影响。特大地震后，全市开展灾后生态修复重建工作。按照科学重建、务实重建的要求，生态恶化趋势得到初步遏制。累计修复震损林地植被140.759万亩，修复大熊猫栖息地39万亩，恢复重建水土保持设施32.86平方公里，坡面水系工程及河道治理工程13处。通过生物措施和工程措施相结合，灾区受损植被基本得以恢复，地震造成新增水土流失得到基本控制。林区道路、通信、供水供电、站（所）中心业务用房、巡护监测等林业基础设施恢复重建得到加强，林业发展能力提升。生态修复与保护和开发利用资源、发展林业产业并重，林业产值和农民从林业上获得收入超过震前水平，促进生态增效、林农就业增收和社会主义新农村建设。林业投入大幅度增加，灾后重建中央和援建无偿投入资金16.1亿元，为恢复重建和发展提升提供有力保障。

环境污染得到基本控制。灾区的废墟清理、饮用水水源地保护、城镇垃圾处理、危险废物处理、农村面源污染防治、新建村镇人居环境建设等污染防治工程进展顺利，灾区环境污染基本得到控制，环境质量得到初步改善。

防灾减灾工作成效显著。治理113处重大地质灾害，完成4908户农户地质灾害避让搬迁，排危除险小型地质灾害212处，全面解除8万余人生命财产面临的重大地质灾害隐患威胁；通过救灾储备库、避难场所、综合减灾科普教育基地、山洪灾害防治及防汛预警、地质灾害隐患点群测群防监测预警网络建设，防灾减灾体系框架初步建成。

一、植被恢复

绵阳市灾后生态恢复重建始终坚持以人为本，优先恢复林业和林区生产生活设施；坚持生态优先，把林草植被恢复与基地建设、城镇绿化、新村绿化相结合；坚持转变林业发展方式，把生态修复与保护和林业产业发展及产业升级相结合，加快林业生态恢复重建步伐。林业灾后生态修复重建149个子项目全部形式，已完工35个。恢复受损植被140.759万亩。

表5-7-53　　绵阳市各县（市、区）林地灾毁治理一览表

县（市、区）	灾毁面积（平方公里）	规划总投资（万元）	累计完成投资（万元）	已治理面积（平方公里）
北川县	54.630	15520.0	15520.0	54.630
安　县	15.345	30440	29104.00	15.345
平武县	30.00	5748	3000.00	30.00
江油市	14.952	17130.0	12383.0	14.952

续表5-7-53

县（市、区）	灾毁面积（平方公里）	规划总投资（万元）	累计完成投资（万元）	已治理面积（平方公里）
涪城区	2.299	1081.9	919.0	2.299
游仙区	2.649	4140	3867.00	2.6490
梓潼县	9.3	7817	6985.00	9.3000
三台县	4.039	3173.0	3173.0	4.039
盐亭县	7.545	3814.0	3637.5	7.545
合　计	140.759	88863.9	78588.5	140.759

植被恢复工程包括：人工造林、飞播造林、人工点撒播、封山育林、自然保护区及野生动物栖息地保护、护林设备等。总投资经费为88131.3万元。其中中央灾后恢复重建基金（以下简称中央基金）17281.7万元、援建资金（香港、澳门、对口、社会援建）11557.0万元、自筹资金38405.5万元、其他资金20887.1万元。

二、水土流失治理

绵阳市水土保持灾后重建中期调整规划总资金是1.72亿元，灾后恢复治理水土流失面积55.11平方公里，在北川、安县、平武、江油、游仙、梓潼、三台、盐亭8个县（市、区）实施（其中涪城区在中期调整时已取消项目。）截至2010年年底，全市已落实投资16783.03万元，占中期调整规划总资金的97.5%，其中落实中央资金13407.29万元、群众投劳折资及其他资金3375.74万元；累计完成灾后重建资金16333.99万元、占中期调整规划总资金的94.9%，其中完成中央资金13407.29万元、群众投劳折资及其他资金2926.7万元，群众投劳177.99万工日；完成灾后恢复治理面积41.26平方公里，完成修复震损蓄水池、塘堰1998座、排灌渠427.62公里、道路106.81公里、沼气池226口、节柴灶40口。

三、生态保护设施

截至2010年12月底，震后绵阳市恢复重建林区道路678.9公里，已建和在建通信线路130.9公里，供水管线137.9公里、供电线路198.7公里，恢复重建办公、生产、生活用房8.23万平方米。

四、特殊保护区

（一）大熊猫栖息地恢复和保护

按照省委、省政府关于切实加强汶川地震灾后四川省大熊猫及其栖息地恢复和保护工作的指示，根据省林业厅安排，绵阳市通过封山育林、植被改造和人工造林等大熊猫栖息地原地恢复重建和异地新建补充的工程措施，已恢复大熊猫栖息地39万亩。其中平武县10.5万亩、北川县24万亩、安县4.5万亩；震区大熊猫及其栖息地保护管理机构全面恢复并改善保护管理条件，初步建成布局科学、设计合理和管理高效的大熊猫保护管理体系；大熊猫自然保护区的巡护管理、生态监测、科学研究、环境教育、野外保护等能力较震前大为提高。

（二）地质公园

按照省厅下达的任务，安县地质公园范围内共有2个矿山环境恢复治理项目：梓潼宫石灰岩矿区虎头岩星火矿山地质环境治理项目，规划投资350万元；梓潼宫石灰岩矿区石厂沟皇帽山矿山地质环境治理项目，规划投资396万元，2011年4月进场施工，年内主体工程完工。

（三）安县睢水海绵礁省级自然保护区生态修复

该项目总投资1500万元，中期调整后该项目总投资587万元，中央基金587万元；截至2010年12月30日已完成工程量30%，完成投资122万元。2011年秋，完成投资465万元，工程经验收合格，竣工投入使用。

五、环境整治

特大地震后，全市环保系统以环境整治为重点，抓水源地防治，加大污染物（源）处置设施恢复力度，加强环境监测能力建设，强化核与辐射安全监测监管，全市主要流域出境断面水质100%达到功能区水质标准，城市集中式生活饮用水源地水质达标率100%，城市空气环境质量优良率达96.44%。

（一）饮用水水源地恢复

1. 北川县

项目总投资1500万元，中央基金1500万元，2010年6月开工建设，2010年11月竣工。

2. 安县

项目总投资1900万元，中央基金907万元，其他资金993万元。2010年6月开工建设，2011年完工。

3. 平武县

项目总投资1400万元，中央基金1400万元，2010年4月开工建设，当年完工。

4. 江油市

项目总投资1000万元，中央基金1000万元，2010年4月开工建设，2011年完工。

5. 涪城区

项目总投资160万元，中央基金160万元，2009年4月开工建设，2010年完工。

6. 游仙区

项目总投资180万元，中央基金180万元，2010年1月开工建设，2011年完工。

7. 梓潼县

项目总投资100万元，中央基金100万元。2010年完工。

8. 三台县

项目总投资120万元，中央基金120万元。2010年完工。

9. 盐亭县

项目总投资110万元，中央基金110万元，2010年4月开工建设，2011年完工。

10. 北川县新县城

北川新县城水源地位于永昌镇西北方向，安昌河西岸，距离新县城约1公里，由山东省泰安市援建，服务人口2.7万人，投资1500万元。水源补给来自地下水的径流（主要为安昌河水的入渗补给），2010年，开采4口管井，单井涌水量在200立方米/小时左右。新县城水源地保护区划分方案参考《四川省饮用水水源地保护管理条例》，一级保护区占地12.7亩；二级保护区占地82.96亩。

（二）污染物（源）处置设施

特大地震中全市75套工业污水处理设施、77套工业废气处理设施及6套工业固体废物处理设施损失惨重。在灾后重建中，绵阳市工业污水处理设施、工业废气处理设施及工业固体废物处理设施等污染物（源）处置设施修复较快，受损的工业污染防治工程设施、设备在2008年底前均完成修复，保持正常运行。

（三）环境监测能力

特大地震中市环境监测站部分监测设备遭到不同程度破坏，特别是4个空气自动监测子站受损严重。为及时开展环境应急监测工作，市环境监测站组织人员对受损监测设备进行抢修，同时，环保部、省环保厅和省环境监测中心以及省、内外环境监测系统给予大力支持，配发应急监测急需设备，开展监测设备技术培训，确保应急监测工作的顺利开展。

绵阳市4个空气自动监测子站在地震后，经省环保厅和河北先河公司技术人员对空气自动监测子站设备损坏程度进行现场检查和评估，确定仪器设备损坏达70%以上。环保部将绵阳市空气自动监测子站恢复建设纳入《汶川地震灾后恢复重建总体规划》中。2010年3月，对绵阳市三水厂空气自动监测系统进行紧急修复，并于4月通过验收正式投入正常监测工作。2010年6月，3套空气自动监测系统进入设备安装调试期，7月，通过技术专家组的验收，设备运行各项技术指标符合国家标准要求，数据传输正常，子站站房基础建设符合设计要求。2010年12月，市环境监测站按照环保部和省环保厅文件要求和项目实施方案，使用中央财政下达的地震灾区监测站监测能力建设项目建设专项资金481万元，采购监测设备27台（套），环境监测车1辆，全市环境监测设备得到较好的恢复，监测能力明显提高。市环境监测站全面恢复开展对辖区水、气、声环境质量和污染源监督性监测能力。

地震中绵阳市环境监测站办公楼、实验楼遭受严重破坏。2009年2月，根据四川省发展和改革委员会《关于下达汶川地震灾后恢复重建年度计划的通知》《四川省发展和改革委员会关于规范灾后重建项目管理权限的通知》精神，市环保局委托信息产业电子第十一设计研究院有限公司上海分院编制《绵阳市环保局环境监管能力灾后恢复建设项目可行性研究报告》，经市发改委组织专家评审，获得《关于绵阳市环境监管能力灾后恢复重建项目可行性研究报告（代立项）的批复》。江油监测站业务用房在2009年加固完毕，三台、安县、盐亭、北川监测站业务站房重新建成。

（四）核与辐射安全监测监管体系建设

特大地震造成市内放射源设施遭受不同程度损毁。市环保局收贮重点受灾县北川、安县、江油、平武23家企业的70枚放射源，免费暂存到省放射性废物库；为防止唐家山堰塞湖泄洪对放射源的安全威胁，市环保局共收储和处置12家放射源使用单位的99枚放射源，未发生核与辐射安全事故。

第八节　土地利用

特大地震后，为积极支持做好灾后救助和恢复重建工作，切实保障地震灾区过渡安置房和灾后重建项目用地需求，绵阳市一方面争取国家资金投入，积极组织实施灾毁耕地复垦，另一方面严格执行灾后重建国土资源特殊支持政策，科学编制并实施灾后重建土地利用规划，及时有效保障灾后重建项目用地，确保全市7000多个重建规划项目全部按期开工建设。

一、重建用地保障

根据灾后重建实际用地需求，绵阳市组织编制灾后重建土地利用总体规划和实施规划，争取省政府下达灾后重建用地指标，新增建设用地规划指标21.96万亩，其中新增城镇建设用地10.2万亩、农居用地4.49万亩、工矿用地1.59万亩、基础设施用地5.68万亩。根据规划，组织各级国土资源部门和规划部门通力协作，共报征土地近20万亩，为北川新县城、平武南坝、平通镇等城镇重建、农房重建和航空城、山东重汽、29基地、川渝中烟等重大产业项目以及二环路绕城公路等重大基础设施项目用地奠定基础。在土地供应方面，针对全市灾后急需开工建设的项目，从办文、办事、办证程序方面启动用地审批“绿色通道”，按照边建设、边报批的程序办理先行用地手续近3万亩，全力保障灾后恢复重建用地。

二、土地整理复垦

特大地震损毁全市土地面积84万亩，其中灾毁耕地72万亩、其他土地12万亩。震后，绵阳市按照省委、省政府“以土地复垦整理资金为龙头，集中其他部门资金达到综合整治”的要求，结合灾后重建、农业产业化以及社会主义新农村建设，高起点规划，以灾毁耕地复垦整理资金为龙头，集中农业、水利等援建资金，以“农业增效、农民增收、农村变貌”为目标，以“农业现代化、观光公园化、环境城市化、农民工人化”为路径，全面推进全市土地整理复垦工作。经过两年努力，全市84万亩受毁损耕地质量得到修复和提高，不仅让部分农民耕地有所增加，还彻底解决因灾造成的1.83万户、5.37万人的失地农民生产资料配置。

表5-7-54　　绵阳市各县（市、区）灾毁耕地复垦一览表

县（市、区）	总计	灾毁耕地整理复垦（亩）	废弃农村居民点复垦（亩）	废弃城镇工矿用地复垦（亩）	临时用地复垦（亩）
北川县	140731.35	130855.94	4250.41	3030	2595
安　县	233788.65	181095.06	47094.59	2025	3570
平武县	175260	159720	1545	3330	10665
江油市	240405	221385	14025	0	4995
涪城区	21240	2895	3615	12510	2220
游仙区	11115	7125	2235	0	1755
梓潼县	3165	1605	1410	0	150
三台县	3690	3420	270	0	0
盐亭县	10725	7650	3075	0	0
全　市	840120	715755	77520	20895	25950

说明：安县转北川灾毁耕地8761.35亩，其中耕地7945.94亩、废弃宅基地815.41亩。

第八章 交通重建

第一节 公 路

绵阳交通基础设施在汶川特大地震中遭受的损毁极为严重，灾后恢复重建任务艰巨。公路和汽车客运站等设施的恢复建设，不仅工程项目多，而且建设施工难度大，成为绵阳市交通基础设施灾后重建的主要工作。交通运输部、省人民政府、省交通厅等各级政府和部门从政策、资金等方面对绵阳市的交通基础设施恢复重建工作给予大力支持，山东、辽宁、云南、河南等省、市交通部门先后派出多支援建队伍参加绵阳市交通基础设施恢复重建工程项目建设，对绵阳市的交通基础设施灾后重建工作给予援助。

图5-8-212 灾后恢复重建的九环线江油段

绵阳市的交通基础设施灾后重建工作从2008年下半年开始，至2010年年底，绵阳市交通基础设施灾后重建任务已基本完成，仅剩很少的几项工程在加紧建设。

绵阳市被纳入四川省交通基础设施灾后重建规划的公路设施和汽车客运站恢复重建工程项目共有1185个，规划期总投资金额142.42亿元。2009年中期评估时，增补3个新项目，去掉6个原有的项目，项目增加为1182个。其中高速公路建设项目1个，即绵阳至遂宁高速公路，其在绵阳市境内路段全长77.94公里由绵阳市负责修建，规划期投资金额为27.34亿元。国省干线及重建经济干线公路恢复重建工程项目22个，建设里程共计1028.5公里，规划期总投资金额为57.74亿元。农村公路恢复重建工程项目1067个，建设里程共计6504公里，规划期总投资金额50.2亿元。汽车客运站恢复重建工程项目98个，规划期总投资金额为7.1445亿元。截至2011年底，1182个重建项目全部开工，完工1180个。完成投资灾后交通重建投资163.65亿元，占总投资的114.8%。恢复重建工作由绵阳市人民政府领导，绵阳市交通局负责组织管理，绵阳市重点公路建设指挥部办公室、绵阳市各县（市、区）交通局等单位分别组织实施。

一、公路设施

灾后，被纳入四川省交通基础设施灾后重建规划并由四川省人民政府办公厅下达给绵阳市高速公路、国省道干线和重要经济干线公路、农村公路灾后重建工程项目总共有1087个，按照绵阳市人民政府的安排部署，分别由绵阳市重点公路建设指挥部办公室、绵阳市投资控股（集团）有限公司、绵阳市各县（市、区）交通局等单位负责组织实施。

（一）高速公路

绵遂高速公路绵阳境内路段工程。路线起自绵阳市游仙区东林乡张家坪，与成绵广高速公路相接，止于与遂宁市射洪县交界处，全长77.94公里。全线采用全封闭全立交设计，沥青混凝土路面，路基宽度24.5米，双向4车道，设计行车时速每小时80公里，规划投资金额27.34亿元。

工程建设工作从2006年开始启动，经历2008年的汶川特大地震以后，四川省人民政府办公厅将此项工程作为交通基础设施灾后重建任务下达给绵阳市人民政府。项目由绵阳市交通局负责，业主单位为绵阳市重点公路建设指挥部办公室，BOT建设模式的投资方为四川汉龙（集团）有限公司，建设单位为四川汉龙高速公路开发有限公司。绵遂高速公路建设工作协调办公室负责在维护工程建设施工环境、督促工程建设进度、监督检查工程质量、指导工程施工技术等方面的协调管理和指导服务工作。

2009年2月，工程正式开工。2010年6月10日，施工难度最大的老龙山隧道打通；2010年12月，全线路基贯通；2011年4月，路面工程开始全线施工；2011年12月10日，工程项目完成，实现全线通车。

（二）国道公路

四川省人民政府办公厅下达给绵阳市人民政府的国道公路灾后重建任务共有国道108线京昆公路梓潼至剑阁界路段灾后重建工程和国道108线京昆公路梓潼至德阳界路段灾后重建工程两个工程项目，两个工程项目总里程98.9公里，规划总投资金额1.8亿元。

1. 国道108线京昆公路梓潼至剑阁界路段

国道108线京昆公路梓潼至剑阁界路段原为四级技术标准公路，沥青混凝土表面处理路面。汶川特大地震中，该路段遭受较大损毁，共有18.6公里长的路面出现不同程度的沉陷、断裂、破损等，严重影响车辆交通安全。为恢复这段公路的正常通行，绵阳市交通局将这段公路的恢复重建工作列入《“5·12”大地震绵阳市灾后重建交通规划》，经绵阳市人民政府、四川省交通厅、四川省人民政府等部门层层审核批准后，由四川省人民政府办公厅作为交通基础设施灾后重建任务之一下达给绵阳市人民政府。

国道108线京昆公路梓潼至剑阁界路段灾后重建工程路线起自梓潼县城，向北经水观音、七曲大庙山、酒店垭、演武，止于演武以北与广元市剑阁县交界处，全长24.6公里。全线路段设计为沥青混凝土路面，其中梓潼县城至水观音4.2公里，按二级公路技术标准设计，路基宽度16米；水观音至剑阁界20.4公里，按三级公路技术标准设计，路基宽度7.5米。项目规划投资金额1亿元，预计工期10个月。

按照绵阳市人民政府办公室的安排，该项目的责任主体是梓潼县人民政府，绵阳市交通局负责督查指导等工作。梓潼县人民政府组织成立梓潼县重点公路建设指挥部，全面负责该项工程的具体组织实施工作。2008年12月8日，绵阳市发展和改革委员会批准同意立项。经过公开招标，分8个标段分别由核工业西南建设集团有限公司、重庆远海建工（集团）有限公司等8家单位中标承担项目的建设施工，北京华路捷公路工程技术咨询有限公司监理，德阳市科辉公路研究设计有限责任公司和四川省蜀桥公路勘察设计有限公司勘察设计。

2009年4月，各标段同时开工建设。2010年4月，工程项目建设全面完工。2010年7月，经梓潼县交通局检查验收合格。

2. 国道108线京昆公路梓潼至德阳界路段

该公路是绵阳市境内最早建成的公路之一，曾经是西南地区“三线建设”的交通要道。特大地震中这段公路多处地方遭受损毁。绵阳市人民政府和四川省人民政府都把该公路的灾后工作纳入交通基础设施灾后重建规划并由四川省人民政府办公厅作为交通基础设施灾后重建任务之一下达给绵阳市人民政府。

按照绵阳市人民政府办公室的安排，该项目由绵阳市重点公路建设指挥部办公室作为业主单位负责组织实施，绵阳市交通局负责督查指导管理。梓潼至德阳界路段灾后重建工程项目主要实施磨家至德阳界路段的改建工程，梓潼县城至磨家路段作为公路养护大中修工程施工。

梓潼至德阳界路段灾后重建工程路线起自梓潼县城，止于与德阳市罗江县交界处，全长74.3公里，其中梓潼县城至磨家路段68.39公里，磨家至德阳界路段5.91公里。

2008年11月12日，磨家至德阳段改建工程由绵阳市发展和改革委员会批准立项并进行公开招标。该项工程路线全长5.91公里，按照一级公路技术标准设计，规划投资金额7400万元。由重庆恒瑞建筑工程有限公司建设施工，绵阳市川交建设工程监理咨询有限公司监理，绵阳市川交公路规划勘察设计有限公司勘测设计。2009年1月，正式开工建设，2009年12月完成施工任务。2010年12月10日，经绵阳市交通建设工程质量监督站检测验收，工程总体质量合格。

（三）省道公路

省道公路灾后重建是绵阳市交通基础设施灾后重建中技术要求最高、投资规模最大、施工建设时间最长的工作，其中的绝大部分工程地处北川县、安县、平武县、江油市等极重灾区，原有的公路、桥梁损毁特别严重，地质结构也遭到很大破坏，恢复重建施工难度很大。

四川省人民政府办公厅下达给绵阳市人民政府的省道公路灾后重建任务共有省道101线成南公路绵阳市境内路段灾后重建工程、省道101线成南公路三台县城盐亭县城过境路段灾后重建工程、省道105线成青公路安昌至德阳界路段灾后重建工程、省道302线万阿公路梓潼至江油路段灾后重建工程、省道302线万阿公路江油至北川路段灾后重建工程、省道105线成青公路安昌至北川路段灾后重建工程、省道205线九遂公路黄土梁至平武南坝路段（含白草大桥）灾后重建工程、省道105线成青公路北川至青川界路段（含牛角垭隧道及南坝大桥）灾后重建工程、省道302线万阿公路江油界至北川路段灾后重建工程、省道205线九遂公路黄土梁隧道及引道灾后重建工程、省道205线九遂公路黄土梁隧道及引道灾后重建工程、省道302线万阿公路北川曲山至茂县界路段灾后重建工程，共计12个工程项目。12个工程项目总里程577.5公里，规划总投资金额41.03亿元。

按照绵阳市人民政府办公室的安排，绵阳市的12个省道公路灾后重建工程项目统一由绵阳市交通局负责监督管理和技术指导，工程建设的责任主体分别是绵阳市重点公路建设指挥部办公室、北川县人民政府、安县人民政府、江油市人民政府、梓潼县人民政府、三台县人民政府、盐亭县人民政府。其中绵阳市重点公路建设指挥部办公室具体负责省道105线成青公路北川至青川界路段(含牛角垭隧道及南坝大桥）恢复重建工程、省道205线九遂公路黄土梁至平武南坝路段（含白草大桥）恢复重建工程、省道205线九遂公路北川桂溪至江油路段恢复重建工程、省道302线万阿公路江油界至北川路段恢复重建工程、省道302线万阿公路北川曲山至茂县界路段恢复重建工程、省道205线九遂公路黄土梁隧道及引道恢复重建工程，共计6个工程项目的组织实施。

2008年下半年，绵阳市省道公路灾后重建工作正式启动，截至2011年12月底，已经完工的工程项目有以下10个：省道105线成青公路北川至青川界（含牛角垭隧道及南坝大桥）路段灾后重建工程、省道205线九遂公路北川桂溪至江油路段灾后重建工程、省道302线万阿公路江油界至北川路段灾后重建工程、省道105线成青公路安昌至北川路段灾后重建工程、省道105线成青公路安昌至德阳界路段灾后重建工程、省道302线万阿公路江油至北川界路段灾后重建工程、省道302线万阿公路梓潼至江油路段灾后重建工程、省道101线成南公路绵阳市境内路段灾后重建工程、省道101线成南公路三台县城盐亭县城过境路段灾后重建工程、省道205线九遂公路黄土梁至平武南坝路段（含白草大桥）灾后重建工程。

（四）县道、乡道和村道公路

县道、乡道和村道公路又被统称为农村公路，是绵阳市在汶川特大地震中遭受损毁数量最多的公路。这些公路遍布广大农村地区，直接关系到农村群众的生产生活。

四川省人民政府办公厅下达给绵阳市人民政府的农村公路灾后重建任务共有1067个工程项目，总里程6504公里，规划总投资金额为50.2亿元。按照绵阳市人民政府办公室的安排，农村公路灾后重建工作全部由县（市、区）人民政府负责，并按公路建设里程数量整体“打捆”分别下达绵阳市各县（市、区）。其中北川县1572公里，规划总投资金额9.4亿元；平武县521.8公里，规划总投资金额1.2亿元；安县730.9公里，规划总投资金额4亿元；江油市696公里，规划总投资金额22亿元；梓潼县408.8公里，规划总投资金额2.3亿元；盐亭县1142公里，规划总投资金额6.7亿元；三台县825.5公里，规划总投资金额2.3亿元；涪城区239公里，规划总投资金额1.1亿元；游仙区368公里，规划总投资金额1.1亿元。

此外，还有5条农村公路被定性为重要经济干线公路。平武至松潘界公路灾后重建工程项目，路线全长47.4公里，规划投资金额0.4亿元，由平武县人民政府负责；北川桂溪垭上至墩上公路灾后

图 5-8-213 新建的乡村道路

重建工程项目，路线全长145.2公里，规划投资金额8.04亿元，由北川县人民政府负责；绵阳永兴至安昌公路灾后重建工程项目，路线全长26.9公里，规划投资金额6.6亿元，由绵阳市投资控股（集团）有限公司负责；安县秀水至高川公路灾后重建工程项目，路线全长36.2公里，规划投资金额2亿元，由安县人民政府负责；平武至平通公路灾后重建工程项目，路线全长96.4公里，规划投资金额2.7亿元，由平武县人民政府负责。

从2008年下半年开始，绵阳市农村公路灾后重建工程在各县（市、区）陆续开工建设，截至2010年12月，工程已全部完工。

二、汽车客运站

绵阳市汽车客运站灾后重建工程项目共有98个，计划总投资金额7.15亿元。其中县级汽车客运站9个，计划投资金额4.32亿元；乡镇汽车客运站89个，计划投资金额2.83亿元。县级汽车客运站灾后重建工程项目分别由业主单位负责组织实施。乡镇汽车客运站灾后重建工程项目全部由所在县市区人民政府分别负责组织实施。全市汽车客运站灾后重建工作从2008年下半年开始，至2010年12月，汽车客运站灾后重建工程项目全部完工。

（一）三台县旅游汽车客运站

三台县旅游汽车客运站位于三台县新城区金牛大道，原为县级公路旅客运输二级汽车站，占地面积50亩，建筑面积4065平方米。该汽车客运站于2008年4月建成后刚投入使用即遭遇地震，部分建筑结构和设施遭到破坏，地震后较长时间，客运站停止客运服务，造成当地多条汽车客运线路中断，群众生产生活受到很大影响。灾后重建工作中，四川省人民政府和绵阳市人民政府把该站作为汽车客站灾后重建工作的重点。按照绵阳市人民政府办公室的安排，三台县旅游汽车客运站灾后重建工程项目由业主单位绵阳市通力汽车运输有限公司三台分公司组织实施。

2008年8月，该重建工程由四川绵阳创意建筑设计研究有限公司按二级汽车客运站技术标准进行勘测设计，主要工程有土建修复和结构加固等，计划投资金额240万元，其中国家财政补助200万元，业主单位自筹40万元。10月6日，正式开工。2008年12月30日，三台县发展和改革局批准三台县旅游汽车客运站灾后重建工程立项。2009年1月10日，工程建设全部完工。2009年4月20—23日，中国建筑科学研究院对工程进行交工验收质量检测，检测结果为合格。

（二）平政汽车客运站

平政汽车客运站原为国家一级汽车客运站，规模较大，设备完备。地震中，车站主站楼及相关设施遭受较大损坏，无法正常使用，严重影响绵阳市的公路旅客交通运输。震后经绵阳市人民政府组织专家对车站进行鉴定，鉴定结果为加固后使用。根据损毁情况和交通运输需要，平政汽车客运站灾后重建工程项目仍按国家一级汽车客运站技术标准进行维修加固设计，计划投资金额200万元。

该重建工程项目由绵阳市涪城区人民政府负责、业主单位绵阳市通力汽车运输有限公司组织实施，绵阳市交通局、绵阳市涪城区交通局负责监督指导。

2009年8月1日，平政汽车客运站灾后重建工程由绵阳市发展和改革委员会批准立项。计划维修加固主站楼6227.81平方米。2010年4月20日，平政汽车客运站灾后重建工程正式开工建设。2011年8月30日，工程全部完工。

第二节　机　场

绵阳机场在汶川特大地震灾害中受损严重，机场航站楼、航管楼、机务、场务办公用房、消防救援站、货运室等都受到了不同程度的损坏，包括装修、地面、墙体及门窗等均被损坏；助航灯光、安全监控及水电供应设施设备受损严重；飞行区道面、围界、围场路、土方及排水设施局部受损；设备设施受损金额约为6059万元。

一、重建规划

2008年6月，绵阳机场抢险救援工作结束，立即组建绵阳机场灾后重建办公室，进行重建检测和部分应急项目的恢复重建。委托四川省建筑科学研究院、中交桥梁技术有限公司等专业咨询机构开展震后检测评估，形成《绵阳机场震后结构损伤鉴定报告》《绵阳机场高架桥检测报告》《绵阳机场网架检测报告》。2008年9月25日，委托中国民航机场建设集团公司西南分公司编制灾后重建规划，在实地勘察、充分调研、科学论证的基础上形成《绵阳机场地震灾后重建建设规划》和《绵阳机场地震灾后重建工程项目可研（代立项）报告》，并报四川省发展和改革委员会、民航西南地区管理局审批。

2009年2月，四川省发改委、民航西南管理局批准确定绵阳机场重建项目共10个大项，25个小项。批准重建工程概算投资5899万元。

二、建设过程

针对机场受损严重和建设遗留问题突出的状况，民航局党委提出“加快机场发展，搞好灾后重建”的工作方针，明确“解决机场建设遗留问题、完善未完工工程和提升机场整体保障能力”的重建思路。按照“科学重建、和谐重建、廉政重建”的要求，本着“恢复、完善、提高”的原则开展各项工作。

（一）资金落实

绵阳机场灾后重建项目由四川省发展和改革委员会、中国民航西南地区管理局批准立项，批复估算总投资5899.19万元，资金来源为国家灾后重建资金及自筹。2009年7月，中国民用航空局下拨灾后重建资金5760万元，一次性全部到账。重建资金实行专户和管理，专款专用，全部用于概算批复的各个项目。为严格控制机场重建资金，2009年9月将先开工的部分工程预算控制价上报绵阳市财政评审中心进行进一步审核，其中送审金额6317万元，审定金额为5215万元，审减1102万元，较大地节约了重建资金。截至2011年3月31日，绵阳机场重建共计完成各类投资5899万元。

（二）项目设计、监理与招标管理

2009年4月，分别委托中国民航机场建设集团公司西南分公司、中国建筑西南设计院等4家原设计单位负责机场灾后重建的项目设计工作，同时确定四川兴恒信项目管理公司、北京中企建发监理咨询有限公司、四川泰兴建设管理有限公司负责机场灾后重建监理工作。

绵阳机场重建建设工程严格按照民航建设工程要求进行，严格招标管理。2009年5月25日，通过公开比选程序确定国信招标集团有限公司为绵阳机场灾后重建项目招标代理机构。2009年9月至2010年4月20日，绵阳机场灾后重建共进行3批次的公开招标，2批次的公开比选，最终选取15家施工单位承担机场15个标段的重建项目。

（三）项目建设与施工管理

2009年9月，绵阳机场重建工作正式启动实施。施工中严格执行经审批的民航不停航施工方案。民航专业工程质量监督总站西南地区监督站对工程质量进行监督和管理。全面实施项目责任制、工程质量责任制、工程质量终身制，确保重建工程质量和工期。

2009年9月26日，先期完成招标的高架桥加固维修工程正式开工建设，2010年2月20日，完工并通过验收；2010年3月11日，航站区附属工程正式开工建设，2010年9月28日完工并通过验收；2010年4月15日，飞行区围界、边坡工程等开工建设；2010年4月25日，航站楼网架屋面、土建装修、空调维修、消防维修、供电维修、航站楼弱电维修等7个标段及飞行区的灾后重建维修工程正式开工建设。2010年12月28日，候机楼土建装修、空调、供电、弱电、消防、给排水等维修改造工程完工并通过验收；2010年12月29日，道面、助航灯光维修工程等工程完工并通过验收；2011年3月，OA信息系统、电梯采购、飞行区消防和飞行区边坡工程等民般专业工程完工并通过验收。至2011年3月31日，绵阳机场重建共计完成各类投资5899万元，重建工程量完成100%。2011年8月，由民航西南地区管理局验收合格。

第三节 铁 路

特大地震对绵阳火车站、江油火车站以及沿线部分设施破坏较大（受灾情况详见本志《灾情》篇第七章第二节）。

绵阳火车站和江油火车站震后成为危楼，为了旅客安全，全部撤除重建。新建绵阳火车站灾后重建规模为1.5万平方米，总投资2.42亿元，建设工期为12个月；江油火车站灾后重建规模为7990平方米，总投资1.29亿元，建设工期为12个月。两工程于2009年10月1日开工，于2010年10月1日竣工交付使用。

图5-8-214 重建后的江油火车客站

绵阳客站新站房为汶川特大地震灾后重建项目，在绵阳站原址重建，由铁路部门和地方共同投资建设，总投资2.42亿元，其中铁路部门占70%、地方占30%。新站房由中国中铁二院设计，中铁建工集团承建。站房总体建筑面积1.5万平方米，长189米、宽66米、高25米。整个站房采用汉代宫廷建筑“大屋顶”和传统的川西民居的风格。新站房使用先进的电子引导系统、自动广播系统、视频监控系统、PDP旅客服务系统、节能中央空调、照明系统、消防控制系统等客运服务设施设备，是铁道部重点打造的中间站示范样本站。

第四节 县（市、区）重点工程

汶川特大地震造成全市275公里的城镇道路和254座桥梁受损，直接经济损失42.29亿元。市内各县（市、区）在中央、省、市的支援下，开展大规模的交通灾后恢复重建工程。

一、北川县

全县援建项目47个，总投资26.914亿元；承建项目9个，总投资1.3795亿元；自建项目35个，总投资5.5591亿元；上述91个项目，总投资33.8528亿元，于2010年年底全部完成。

1. 山东大道

山东大道（安昌至任家坪段），全长共26公里，起于安昌镇彩虹桥头，经永安镇、擂鼓镇，止于曲山镇任家坪。工程全部按一级公路标准设计建造，路面宽20~23米，大桥7座，中小桥6座，路面结构为沥青混凝土，为山东省对口援建北川的标志性工程之一。

2009年7月正式破土动工，2010年4月完工，规划投资7.8988亿元。建成后的生态景观大道形成“绿不断线、景不断链、三季有花、四季常绿”的自然景观效果；同时对道路两侧零散地块进行绿化或硬化，形成连续与和谐、明朗的建筑景观形象。

2. 北川新县城永昌大道（原名齐鲁大道）

永昌大道是北川新县城内唯一一条贯穿全城的交通要道，起于永昌大桥，止于彩虹桥，呈弧形走向，全长6.1公里，中间设绿化隔离带，两侧绿化带外有慢车道与人行道，总宽38~40米，快车道为双向4车道，沥青混凝土路面，规划投资为2.52亿元。

该工程由山东省济南市援建北川新县城“一号工程”，于2009年5月22日开工建设，工程于2010年4月底全部完工并交付使用，发挥交通主干道功能。

永昌大道体现羌族特色与现代风格的完美结合，绿化覆盖率达30%，成为北川新县城的一道靓丽风景线。

二、安县

安县交通灾后重建项目共44个，总投资22.28亿元，其中辽宁援建资金8.84亿元。重建（恢复）省、县、乡道864.3公里，村道555公里；重建（加固）桥梁1座；重建（加固）客运站14个。

1. 辽安路

辽宁省全资援建安县单体

图5－8－215 安县辽安路

投资最大的交钥匙工程，属新建一级公路，全长30公里，总投资4.1亿元。于2009年7月16日开工，2010年5月9日竣工通车。

2. 绵安快速通道（辽安路二期）

全长3.09公里，总投资1.69亿元，属辽宁交钥匙工程，于2011年2月18日正式开工，同年12月底竣工通车。

3. 桑河路

全长18.525公里，总投资1.2亿元，于2010年6月开工建设，2012年5月竣工通车。

三、平武县

平武县重建道路35公里，总投资4亿元，2008—2009年投资0.6亿元，2010年投资1.35亿元，2011年1—9月投资2.05亿元。

1. 县城飞龙路东段风貌改造

汶川特大地震致使平武县城飞龙路东段建筑物面貌破损。灾后，启动“平武县城飞龙路东段风貌改造项目”，建筑面积27149平方米，总投资454.28万元。2010年9月开工，同年12月竣工。

2. 县城九龙路改造

汶川特大地震使平武县城九龙路道路破损。灾后启动“平武县九龙路改造项目”，总投资791.93万元。2010年8月开工，同年10月竣工。

图5-8-216 改造一新的平武县九环公路

3. 桥梁改造

灾后恢复重建桥梁4座，总投资0.99亿元，由河北省石家庄市援建。其中新建县城东桥，总长155米，宽18米，2009年9月26日开工，2010年9月26日竣工，投资4145万元；新建县城南桥，总长160米，宽18米，投资4194万元。是为县城景城标志建筑。

四、江油市

2008年至2011年2月，纳入国家灾后重建规划江油市公路恢复重建共136个项目，已开工129个，占95%；完工122个，占88.7%；概算总投资14.27亿元，完成63743万元，占35%；在建项目7个，概算投资43515万元。

1. 省道302线

全长17.11公里，地震造成多处边坡垮塌、起拱、变形、裂缝，沿线多处安全设施毁损，桥涵损坏，存在较大安全隐患。2008年11月24日立项重建，计划总投资1758.54万元（后审定为1582.69万元），由省补助1600万元，江油市财政投资158.54万元。2010年3月2日，工程交工验收。

2. 江彰大道

灾后恢复重建项目中，江彰大道改造工程是河南省对口援建江油市“十件实事、八大项目”之一。计划总投资7605万元，其中河南援建资金5228万元。

2008年8月动工改造，2010年5月江彰大道完工交付使用。

五、涪城区

灾后全区共恢复改造道路225公里。截至2010年12月30日，公路重建项目开工36个，完成27个，完成投资1.2亿元。2011年6月全部完成。2010年年底，同时完成龙门、丰谷两座涪江渡口码头的恢复重建。

1. 罗（江）吴（家）路

震后路基路面破坏，交通不畅，严重影响沿线经济发展。2009年7月改建工程批准立项。该路全长7.13公里，工程立项总投资653.89万元。2009年10月完工。

2. 塘（汛）杨（家）路

震后路基路面破坏，交通不畅，严重影响沿线经济发展。2009年3月改建工程批准立项。该路全长4.41公里，工程立项总投资491.52万元。2009年8月完工。

六、游仙区

游仙区灾后重建项目83个，其中公路重建项目三批次67个393.45公里，占全区县乡道总里程的75%，改建289.96公里，维修养护103.44公里；整治危桥9座398.73延米；修复加固客运站8个。计划总投资约3亿元，实际总投资2.93亿元（其中上级交通部门补助资金1.88亿元、区重建基金1.05亿元）。灾后重建项目完成后，可实现全区所有乡镇通水泥路，实现半小时交通运输圈。

1. 中央车购税项目

共计8个。资金来源于中央车购税，共91.6公里，2010年1月完工。

2. 中央基金项目

共计50个，195.6公里，其中改建道路96.69公里。2010年5月完工。

3. 亚行贷款项目

全区农村公路灾后恢复重建亚行贷款项目共9个，建设总里程为106.3公里，分两批招标实施。第一批项目5个，共55.2公里；第二批项目4个，共51.1公里，2011年12月完工。

4. 危桥整治项目

全区危桥9座398.73延米，上级补助资金340万元。改建2座危桥，维修加固7座。2010年8月完工。

5. 客运站加固重建项目

经省发改委2009年度安排计划，游仙区加固重建客运站8个项目，其中县级客运站1个、农村客运站7个。8个项目重建基金地方包干资金总额为290万元。其中县级站200万元、农村客运站为90万元。全区8个客运站灾后恢复重建项目已于2009年12月全面竣工，投入正常经营。

6. 道路养护保通项目

维修养护县乡道路29.74公里于2009年10月全部完工，维修改建村道69.17公里于2010年11月全部完工。

七、梓潼县

汶川特大地震造成县内公路沉陷、断裂、破损637公里，其中国道18.6公里、省道10.2公里、县道93公里、乡道116.2公里、村道399公里。桥梁79座，直接经济损失2.4亿元。

灾后重建规划改建国省干线水泥路面104.4公里，改建县道三级水泥路面180.66公里，改建乡道四级水泥路面267.9公里，改建村道1246公里四级水泥路面；新建桥梁65座，维修加固47座；改建水运码头4个，新建房屋6141平方米，购置设备16台。计划投资26.81亿元，其中中央预算内投资7.96亿元，中央专项建设基金5.58亿元，部门自筹配套投资7.96亿元，地方投资1.33亿元，地方配套3.97亿元，对口援建资金180万元。

1. 国道108线改建

从县城北至剑阁县界公路全长24.6公里，计划总投资1.17亿元，国家补助9600万元。项目工程2009年8月开工，2010年3月完工。

2. 省道302线改建

全长20公里，计划投资1414万元，国家补助1200万元，2009年3月开工，2009年12月完工。

3. 崇文大桥改造

大桥长361米，面宽20米，预算总投资2306万元，国家补助1455万元，2010年4月开工，2011年底竣工。

八、三台县

三台县城市道路灾后恢复重建项目17个，总投资5.52亿元，其中中央重建基金2.49亿元，贷款1.63亿元，中央专项资金2361万元，业主自筹1.16亿元。街道为沥青混凝土路面结构，人行道铺路青石板，安装配套道路设施。2008年12月至2010年12月，17个城市道路重建相继开工建设，至2011年9月30日，除世行贷款及凯江廊桥项目外，其余项目已全部竣工。城市桥梁恢复重建项目1个，总投资1.19亿元，其中中央重建基金6400万元，业主自筹5452万元，2011年9月底工程在建，完成投资2200万元。

1. 滨江1、2号道路

总投资1.17亿元，其中中央重建基金1.1亿元，其余由业主自筹。项目需建设2.02公里，宽20米的沥青混凝土路面，配套雨污水管道、照明、绿化；整治老城壕河道957米及配套绿化景观；建设雨水泵站1座及配套设施设备，征地拆迁2万平方米。项目分段实施工程。2011年1月，经现场验收合格。

图5-8-217 新建的绵遂高速三台段

2. 三台县城市桥梁重建项目（凯江廊桥）

2009年7月立项，总投资1.19亿元。资金来源为中央重建基金6400万元，其余由地方自筹。2011年2月开工，至2011年9月，完成投资2200万元，工程在建。

九、盐亭县

2008年12月至2011年9月，盐亭县交通基础设施灾后恢复重建共完成省、县乡道水泥路改造419公里，道路养护修复771公里，加固维修客运站12个，总投资10.58亿元。

盐亭县3年灾后公路恢复重建项目1190公里，共153个项目。截至2011年9月，已全部完成灾后重建任务。完成县道灾后重建公路2条83公里，其中大仁路全长66公里，灾后重建50公里，完成投资3450万元；盐蓬路重建33公里，完成投资4100万元。完成境内农村公路灾后养护修复120条，791公里，总投资4.35亿元。完成客运站点灾后恢复建设项目12个，完成投资666万元。完成省道101线灾后大中修48公里，完成投资5160万元。完成亚行贷款第一批6个项目共61公里，总投资4841.31万元。

1. 大仁路

恢复重建50公里，路基宽7.5米，路面宽6米，水泥混凝土路面。使用中央车购税资金3000万元。该工程2008年12月开工，2010年6月完工。

2. 盐蓬路

恢复重建33公里，路宽23米，双向六车道，沥青混凝土路面，使用中央车购税资金1380万元。该项目除恢复该路沿线附属设施外，主要实施县城进出口嫘祖大桥头至污水处理厂段1.8公里的路面提升改造。工程2010年7月开工，2011年5月完工。

3. 亚行贷款农村公路建设

从2010年至2011年，前后两次贷款，共计34782万元，共建26条268公里。其中县道路基宽7.5米、路面宽6米；乡道路基宽5.5米、路面宽4.5米。工程2010年6月开工，2011年9月完工。

第九章　科教重建

汶川特大地震造成全市学校和科研院所受到极大破坏和损毁，师生伤亡惨重，科研院所的设备、仪器毁损严重。科教重建得到国家、省、市高度重视，各级政府给予了大力支持。经中期调整后，由教育部和省教育厅审定，全市需要实施灾后恢复重建的学校（单位）751所，规划总投资达115.03亿元。其中北川中学重建项目，举世瞩目；北川七一职业中学为全省最大“特殊党费”援建项目。在灾后重建中，绵阳市国家重点科技计划取得新进展，共有国家、省创新基金立项53项，立项资金近3820万元。

第一节　教　育

绵阳市的教育灾后恢复重建受到国家、省和国际社会的高度关注，各级政府和社会团体给予大力支援和无私援助。据初期统计，震后，全市有857所学校和教育单位（其中学校807所）需要进行灾后恢复重建。其中需维修加固校舍266万平方米，新建校舍427万平方米，仪器设备等购置量1496万台（套），重建资金共计136.7亿元（含省属高校23.59亿元）。

根据国务院和省政府关于灾后重建的有关要求，市内8所高校都分别制定各院校灾后重实施规划和实施意见。全市8所高校规划新征土地353.84万平方米，新建校舍94万平方米，总投资19.57亿元；维修加固校舍97.78万平方米，总投资5.19亿元；购置仪器设备7.24万台（件、套），总投资1.8亿元；采购图书资料195万册，总投资6165万元。

后经教育部和省教育厅审定，全市教育灾后重建学校（单位）844所，规划投资总额110.98亿元。2009年初调整为实施规划项目库的学校（单位）802所，规划总投资121.97亿元。2009年8月底中期规划调整后，全市需实施恢复重建的学校（单位）751所（其中义务教育647所、普通高中23所、中等职业25所、高等教育3所、特殊教育4所、幼儿园31所、事业单位18个），规划总投资为115.03亿元。

一、中小学、幼儿园

（一）重建制度与措施

震后，在党中央、国务院的关怀下，在省、市党委和政府的领导和社会各界的支持下，绵阳市把学校灾后恢复重建作为最重大的政治任务和最宝贵的发展机遇，切实加强对教育灾后恢复重建工作的领导。2008年11月，成立由市教育部门“一把手”任组长的“教育灾后恢复重建及项目推进工作领导小组”，先后下发《绵阳市教育局关于教育灾后恢复重建及项目推进工作领导小组成员责任分工的通知》《绵阳市教育局关于成立教育灾后重建项目推进工作领导小组的通知》《绵阳市教育局关于局领导班子成员联系市属学校灾后恢复重建工作责任分工的通知》《绵阳市教育局关于建立局领导包县、科长包校工作制度确保今年7月1日前特殊党费援建学校全面竣工的通知》《绵阳市教育局关于督查全市教育灾后恢复重建及项目推进有关事项的通知》《绵阳市教育局绵阳市财政局关于市属学校（单位）使用灾后恢复重建专项资金督查情况的通报》《绵阳市教育局关于印发〈教育灾后重建工程建设项目招标工作监督管理办法〉的通知》《绵阳市教育局关于进一步加强重建学校校舍设备使用、管理和维护工作的通知》《绵阳市教育体育局关于抓紧做好灾后恢复重建收尾工作的通知》等多个文件，明确领导的责任分工，落实局领导包县，科长包校的常态督促检查机制，制定详细的工作路线图，对恢复重建项目，按照工作流程，顺排工序、倒排工期，细化目标任务。分别与各县(市、区）教育主管部门签订目标责任书，落实“一把手”负总责的目标责任制和责任追究制度。按照市委提出的“四个加快”要求，将全市751个教育灾后恢复重建项目，按县市区、分项目进展情况、资金落实情况、责任单位、责任人等4个大项19个小项，一一列出，安排专人按形成的实物工作量考核和督查进度。每周按时统计上报项目推进情况，不定期开会部署、总结、抽检、督促、指导，多措并举，确保了“三年重建任务两年基本完成”的目标任务如期完成。

（二）重建概况

2009年教育系统灾后恢复重建751个规划项目中，含14个港澳援建项目、12个“特殊党费”项目、101个省（市）对口援建项目、375个社会援建项目。截至年底，因北川教师进修校和北川教体局项目列入政权建设板块，全市开工749个，开工率为99.73%；竣工652个，竣工率为86.82%。全市教育系统灾后恢复重建规划总投资115.03亿元，累计完成投资64.61亿元，占规划总投资的56.17%。

为不影响学生的学习生活，2008年震后全市建有板房学校59所，分别为：北川19所、平武9所、涪城区8所、高新区1所、游仙区6所、盐亭县2所、安县2所、梓潼县3所、三台3所、直属2所、绵阳城区4所。为完成省政府下达的所有学校2010年3月1日前告别板房的刚性任务，市、县两级政府和各级教育行政部门做大量工作，确保告别板房阶段性工作年底顺利完成。

截至2009年年底，全市共签订社会援建项目协议386个，协议资金16.02亿元，到位社会援建资金9.985亿元，完成社会援建项目投资7.89亿元。

2010年，全市教育系统重建751个规划项目，规划总投资115.03亿元。规划面积为641.97万平方米，其中维修加固222.54万平方米，新建419.43万平方米。截至年底，751个项目全部开工，731个项目竣工，占规划总数的97.3%；累计完成投资86亿元，占规划总投资的74.8%。

2010年，全市对口援建项目101个，完成投资14.31亿元。其中省内对口援建项目5个，省外对口援建项目96个。“交钥匙”工程37个，“交支票”（现金）工程63个，其他类别项目1个。截至2010年年底，101个项目全部竣工。

2010年，全市港澳援建教育项目18个，其中政府援建项目14个，援建投资规模7.15亿元；非政府组织援建项目4个，援建投资规模2897万元。截至年底，18个项目全部开工，11个项目完工。

教育系统“特殊党费”援建项目12个，援建资金4.58亿元。截至2010年年底，11个项目竣工，仅1个未竣工。北川七一职业中学，为全省最大“特殊党费”援建项目，投资9923万元。

2010年落实各类资金83.60亿元。其中中央财政资金37.81亿元，地方财政资金2.48亿元，对口援建资金13.85亿元，港、澳援建资金6.75亿元，“特殊党费”资金4.58亿元，红十字会援建资金2.90亿元，慈善协会援建资金0.86亿元，中央国债资金0.21亿元，自筹及其他资金14.16亿元。

（三）重建典型

1. 北川中学

四川省北川中学创建于1944年，汶川特大地震使北川中学遭受毁灭性打击，直接经济损失3709.65万元。学校灾后重建项目位于北川县新址永昌镇，占地15万平方米，建筑面积7.2万平方米，投资2亿元，由中国侨联组织全球华人华侨募集善款捐建。援建工程于2009年5月12日正式开工，2009年12月28日主体工程全部竣工，2010年8月17日举行竣工典礼和交钥匙仪式。

图5-9-218　重建的北川中学（晏茂川　摄）

2. 北川擂鼓八一中学

学校始建于1969年，原占地1.58万平方米，校舍7194平方米。汶川特大地震使学校教学设施设备全部损毁，学校的所有建筑不同程度受损，损失约1128.6万元。

学校重建占地面积7.2公顷，各类用房3.2万平方米，按9度抗震等级进行构造处理，由济南军区援建1亿元。工程于2008年10月27日动工，2009年7月22日竣工使用。为北川县灾后恢复重建最早竣工并投入使用的学校。

图5－9－219　重建的安县文星阁小学

3. 北川桂溪初级中学

桂溪中学是一所农村寄宿制初级中学，始建于1990年。学校原占地面积1.8公顷，校舍面积6290平方米。

学校重建工程占地3.88万平方米，建筑面积1.78万平方米，新建运动场9772平方米，由山东省潍坊市援建，投资5716万元。2008年11月动工，2010年3月24日竣工。

4. 安县桑枣初级中学

学校创建于1974年，原占地面积1.83万平方米，建筑面积1.81万平方米。

特大地震中，学校的所有校舍均成为危房，直接经济损失2435.5万元。桑枣中学重建由辽宁省援建，属“交钥匙”工程。新建桑枣中学占地4.13万平方米，总投资5379万元。学校重建工程2009年5月4日动工，2009年12月22日竣工。

5. 江油市中原爱心学校

学校由河南省援建，投资4000万元。学校于2009年1月14日开工建设，2009年8月28日完工交付使用。学校占地4.96万平方米，建筑面积1.6万平方米，是一所能供1680名学生学习和960名学生住宿的九年一贯制义务教育学校。

6. 平武县龙安初级中学校

学校始建于1998年，学校原占地2.49万平方米，共有校舍面积1.21万平方米。地震造成教学楼、实验楼严重受损，学生住宿楼、学生食堂成了危房，仪器、设备等固定资产总损失1898.15万元。学校灾后重建项目由中组部“特殊党费”全额援建，总投资4995.97万元。2009年11月2日开工建设，2010年8月27日竣工使用。学校占地3.34万平方米，建成教学综合楼8453平方米，实验楼3049平方米，学生住宿楼7589.6平方米，学生食堂1858平方米，建筑总面积达2.1万平方米。新建成的龙安初中更名为“平武县七一龙安中学”。

7. 北川县永昌幼儿园

永昌幼儿园前身为曲山镇幼儿园，是北川新县城唯一一所公办县教体局直属幼儿园。地震造成幼儿园建筑全部倒塌，直接经济损失234.9万元。按照《北川县汶川地震灾后恢复重建总体规划》，永昌幼儿园由山东省枣庄市援建，分为北园和南园，建筑面积7920平方米，总投资3047.37万元。该园2009年8月16日开工建设，2010年5月12日竣工。

8. 北川县七一职业中学

学校的前身系北川县职业中学，是由政府兴办，县教体局直属，集学历教育、成人教育、技能培训为一体的中等职业学校。地震造成校舍全部损毁，直接经济损失748.95万元。根据北川新县城总体规划，新校选址于永昌镇73号地块，占地面积7.74万平方米。北川七一职业中学由中组部“特殊党费”投资9923万元援建。2010年1月16日开工建设，2010年8月30日竣工，属“三杯一优”工程。

9. 绵阳南山中学

学校创办于1908年，是绵阳市教育体育局直属学校，四川省首批国家级示范高中。地震造成学校8.14万平方米建筑受到不同程度的损坏，直接经济损失9344.92万元。学校共有灾后重建项目4个，其中恢复性维修项目1个，灾后重建项目3个，规划总投资1.02亿元，由澳门特区政府援建。后因工程项目调整，实际援建资金为5476万元。

图5-9-220 重建的南山中学

10. 绵阳中学

学校始建于1957年，是绵阳市教育体育局直属学校、四川省首批国家级示范性高中。汶川特大地震使绵阳中学校园多处遭到破坏，直接经济损失达8499.3万元。学校恢复重建项目由香港特别行政区政府投资1.2亿元援建。2009年10月18日开工，2010年8月底竣工，通过川港双方严格验收投入使用。

11. 特殊教育学校

全市特殊教育学校都受到不同程度的损坏，各特殊教育学校利用灾后重建之机，统筹规划、分步进行改扩建和迁建。游仙区特殊教育学校灾后重建工程由加拿大卑诗省林业厅援建，占地面积1.72万平方米，建筑面积5872平方米，投资2780万元，2010年年底开工，2011年投入使用。江油市特殊教育学校灾后重建工程由法国米其林（中国）公司援建，学校占地3335平方米，建筑面积1760平方米，2009年8月竣工并投入使用。三台县特殊教育学校迁建工程、盐亭县特殊教育学校新建工

图5-9-221 重建的平武县南坝中学

程纳入国家中西部地区特殊教育学校建设2010—2011年中央预算内投资计划，分别获得610万元、380万元的项目资金支持，工程于2010年12月动工修建。涪城区特殊教育学校的迁建工程、安县及梓潼县特殊教育学校的新建工程纳入国家中西部地区特殊教育学校建设2010—2011年规划，于2011年年初开工建设，当年底竣工。建成后，全市人口达到30万人以上的县城都有一所特殊教育学校。

12. 绵阳市先锋路诗琳通公主小学

该小学创建于1965年，占地5728平方米，建筑面积3395平方米。地震中，教学综合楼损毁严重，震后经专家鉴定为“综合抗震能力不能满足要求”，必须拆除重建。该校为涪城区灾后重建重点项目。2009年6月，经泰王国诗琳通公主同意，决定由公主个人全额出资捐建绵阳市先锋路小学。学校建成后更名为“绵阳市先锋路诗琳通公主小学”。

教学综合楼970万元，附属及配套工程143.9万元，合计投资1113.9万元。2009年9月9日开工，2010年3月1日正式交付使用。涪城区人民政府另投入170万元购买配套教学设备。建成后的学校，建筑面积为7156平方米，各种功能室配备完善，设备设施一流。

二、大专院校

（一）概况

全市有高等院校12所，其中普通本科院校3所（西南科技大学、中国民航飞行学院绵阳分院、绵阳师范学院），普通本科独立院校3所（西南财经大学天府学院、西南科技大学城市学院、四川音乐学院绵阳艺术学院），成人本科院校1所（中国工程物理研究院职工工学院），普通专科院校3所（绵阳职业技术学院、四川中医药高等专科学校、四川幼儿师范高等专科学校），成人专科院校2所（涪江机器厂职工大学、绵阳广播电视大学）。

在12所高等院校中，有8所地方高校（西科大、西科大城市学院、绵阳师院、绵阳职业技术学院、四川中医药高等专科学校、四川幼儿师范高等专科学校、涪江机器厂职工大学、绵阳广播电视大学）在灾后重建中，新征灾后重建土地33.13公顷，投资8449万元；新建校舍24.66万平方米，投资4.27亿元；维修加固校舍93.14万平方米，投资1.49亿元；购置仪器设备1.16万（件、套），投资1.25亿元；采购图书资料90.04万册，投资2719万元；修建基础投资8671万元；维修灾损仪器设备投资127.5万元。

（二）主要院校灾后重建

1. 西南科技大学

按照国家“科学重建、务实重建、阳光重建、和谐重建”的总体要求，西南科技大学严格按照相关招投标制度和政府集中采购制度执行，认真实施《西南科技大学灾后重建规划》，稳步推进灾后重建工作。完成学校灾后重建总体规划设计、环评、可行性研究和项目立项、核准，54.13万平方米震损房屋的维修加固，10.81万平方米新建房屋的立项、设计，27个维修工程的招标和综合实验楼、重点实验室和阶梯教室3个新建工程招标，拟建用地范围危旧房的拆除以及经济适用房的场地工程开工等。西南科技大学灾后重建资金总额为5.95亿元，其中国家灾后恢复重建资金5.84亿元，国防科工局国防军工科研教学灾后重建项目资金1063万元。

2. 绵阳职业技术学院

利用国家灾后重建项目资金，新建面积2万平方米、投资3069万元的2栋实训楼和面积5500平方米，投资1090万元的“多功能学生食堂”。另有8000平方米的图书馆、1.4万平方米的学生公寓、5000平方米的行政办公楼、3000平方米的后勤服务综合楼等项目于2010年底完成各项前期工作。

3. 四川中医药高等专科学校

专科学校原占地面积10万平方米，校舍建筑面积12万平方米。特大地震使学校受损较严重，造成各类直接经济损失共计约1亿元。

2010年3月1日，由绵阳市正式立项恢复重建。学校规划占地539.38亩，建筑面积18.29万平方米(其中地上16.82万平方米，地下1.48万平方米)，计划总投资6.53亿元。由上海工程勘察设计有限公司按7级抗震设防设计。学校有2个校区，规划投资3亿元，用于老校区维修加固和新校区异址新建。2010年4月，新校区确定在教育园区内城郊乡西园村白土村异址新建，土地预批359.59万平方米。新校区异址重建工程分一、二两期进行，一期为教学实验区、学生宿舍区、行政办公区、动物实验区、一食堂和礼堂、运动场等；二期计划建设学生宿舍、二食堂和活动中心等。一期工程于2011年4月开工，至2011年9月30日，已完成场平施工、临时设施建设，并开始基础施工。新校区一期建成后，学校总建筑面积可达14.32万平方米，可容纳学生6000人。

三、其他教育事业单位

绵阳市青少年活动中心成立于1986年，由市政府投资兴办，隶属于团市委。是绵阳市唯一一所面向全社会开放的市级青少年校外教育和开展校外活动的公益性文化教育事业单位。中心地处绵阳游仙区富乐山风景区，占地面积近3万平方米。地震使中心受损严重，灾损面积5700平方米，直接经济损失6700万元。

绵阳市青少年活动中心灾后重建于2009年正式立项，市政府成立市青少年活动中心灾后重建工作领导小组，由副市长林新任组长，市规划、建设、国土、房管、财政、投控公司等部门（单位）为成员，统筹协调中心灾后重建工作。绵阳市青少年活动中心在富乐山风景区活动中心原址重建。项目划分为青少年素质拓展训练、特长培训及青少年国际文化交流中心三大功能区。规划面积

图5-9-222 重建的江油市中坝职业中学

30015平方米，建筑面积1.2万平方米，建筑抗震设防烈度为8级，计划投资3700余万元，香港童军总会援建资金2000万港元、中央灾后重建资金2000万元人民币。工程于2010年12月24日开工，2012年4月底竣工。2013年年初，重建后的绵阳市青少年活动中心正式投入使用。

第二节 科 技

绵阳市境内科技灾后重建纳入各科研院所、企业生产和高校工作一并开展。现仅就市属企业和农业等灾后科技重建概况记载如下：

一、企业科技

企业灾后恢复重建项目被列入国家汶川地震灾后总体规划项目有755项，计划投资333.95亿元。其中纳入国家发改委、工信部等五部委《汶川地震灾后生产力布局和产业调整专项规划》155项，计划总投资172.02亿元。2008年内完成投资32.10亿元；其中竣工16项，完成投资6.37亿元。纳入工信部、四川省、甘肃省、陕西省规划《汶川地震灾后工业恢复重建规划》259项，计划总投资68.58亿元，2008年内完成投资20.33亿元；其中竣工111项，完成投资5.53亿元。纳入四川省规划340项，计划总投资93.39亿元。2008年内完成投资32.32亿元，其中竣工191项，完成投资11.63亿元。

二、农业科技

2008年，全市共争取到各类农业灾后重建项目56个，其中国家级项目34个，省级项目22个；中央资金10.19亿元，省级投资0.13亿元。三台、江油、游仙、盐亭、梓潼、安县、涪城等7个县（市、区）获得中央财政产粮（油）大县奖励资金8391万元，较2007年增加2898万元。

在新农村建设上，开展灾后新农村建设科技示范工程。2008年，安县花荄镇柏杨村被列为部省共建灾后新农村科技示范（试点）村。2009年，安县兴仁乡长沟村又被列为省级第二批灾后新农村科技示范（试点）村，同时启动绵阳市9个重灾县的9个市级试点村工作。通过科技试点示范，将为灾后新农村建设提供样板示范，进一步促进灾后新农村建设，促进农民增民致富。

三、技术标准管理

2009年，为切实做好灾后重建重点产品专项整治，市技术监督局组织标准化管理人员和标准技术人员，先后对40余家受地震破坏严重的企业了解情况，对19类重点产品企业标准备案情况进行调查摸底。分期分批按计划对油漆、人造板、洗涤用品、汽车配件等六类行业的13家生产企业的26项企业产品技术标准进行上门复审服务。经复审，废止1项企业产品标准，有效地解决企业产品标准的时效性问题。在19类重点产品当中，全市涉及有13类、199家生产企业，其中有6类、13家生产企业的26产品执行的是企业标准，通过复审确认；186家企业执行国家标准的有234项、行业标准38项、地方标准1项，均为有效标准。

2009年，全市大力推广“一村一品、一村一业”农业产业化模式，提高农业标准化示范基地建设质量。完成《GB/T23400-2009地理标志产品涪城麦冬》、《GB/T23399-2009江油附子》两项国家标准的研制工作。国家质检总局通过对“北川苔子茶”地理标志产品保护申请的审查，批准自2009年11月19日起对“北川苔子茶”实施地理标志产品保护，保护范围为北川县曲山镇、擂鼓镇、通口镇、漩坪乡、陈家坝乡、桂溪乡、都坝乡、贯岭乡、禹里乡、白坭乡、香泉乡等11个乡镇所辖行政区域。4月14日，由四川省标准化研究院与四川自然天堂茶业有限公司在绵阳市正式签署“佛泉茶叶制品质量安全信息追溯系统”使用协议。四川自然天堂茶业有限公司成为四川省首批茶叶行业采用质量安全信息追溯制的单位，该公司茶叶生产恢复到震前水平，有效提升佛泉茶叶的品牌效应。

四、科技工作

2010年，市科技局做好组建“绵阳科技城（国家）军民两用技术交易中心”的前期协调及报批工作，科技部批复同意由绵阳市组建。围绕2010年度各类项目申报指南要求，指导全市境内各大专院校、科研院所、有关企业积极申报项目。组织申报国省科技项目190项，立项148项，落实科技资金9610万元。其中申报国家级各类科技计划项目120项，立项97项，落实无偿资金8280万元；申报省级科技计划项目70项，立项51项，落实无偿资金1330万元。

国家重点科技计划取得新进展。国家、省创新基金立项53项，立项资金近3820万元。“碳化法制备红矾钠新工艺关键技术及产业化装备开发”获得国家“863”计划立项，支持资金2600万元。市科技局组织申报一批星火计划项目，其中北川县兴羌生态农业科技开发有限公司的“马铃薯脱毒良繁体系及其基地建设”等6个项目获得立项。

2010年，市科技局组织指导涪城区、盐亭县、江油市、平武县、梓潼县等申报国家、省富民强县专项行动计划项目，获国家、省资金支持231万元。全市9个县（市、区）全部列入国家、省科技富民强县试点县支持范围。组织各县（市、区）积极申报四川省新农村建设示范片农业科技园区，

图5-9-223 中国燃气涡轮研究院（晏茂川 摄）

其中以安县绿叶蔬菜专业合作社、江油市九岭镇人民政府、三台县崭山米枣专业合作社为主要建设单位申报的科技园区分别被省科技厅批准为“绵阳安县省级农业科技园区”“绵阳江油省级农业科技园区”“绵阳三台县省级农业科技园区”。组织申报的安县、三台县、江油市、北川县等灾后新农村试点村建设项目，统筹城乡科技发展薯类及家兔现代产业链项目、安县花荄镇柏杨村、兴仁乡长沟村等项目继续获得立项支持，支持资金620万元。

2010年度市级科技计划项目45项，安排资金770万元。经过广泛征集项目、归口部门严格受理推荐、专家在线评审、业务科室现场考察、评审委员集体评议、征集市级相关部门意见和公示征求异议等程序，确定出立项项目45项、资助资金770万元。为推动灾区企业灾后尽快恢复自主创新能力，切实提高灾区科技项目申报和管理水平，市科技局在北川县召开“灾区科技项目申报与管理工作会议”，分别就国家、省项目申报与管理、高新技术企业认定与管理等问题作专题培训。

第十章　卫生计生重建

汶川特大地震导致全市卫生和计生系统损失惨重。医疗卫生系统全市有3322个机构因灾受损，直接经济损失31.24亿元；计生系统221个乡镇以上服务机构和1504个村服务室受到损毁，直接经济损失2.89亿元。卫生计生系统根据国家、省、市灾后重建的统一部署，按照规模适度、满足功能、适度超前的思想，把功能恢复作为主要任务，把极重灾县，尤其是农村的县乡医疗卫生计生服务体系和公共卫生服务体系的恢复重建作为重中之重。按照《公共服务设施建设实施规划》，分解目标任务，层层落实责任，不断加强对项目的组织实施和质量监管。

第一节　概　况

2009年，全市卫生系统实施重建项目381个，占全省项目总数的27.9%；计划投资37.13亿元，占全省项目总投资的29.3%。截至2009年12月31日，全市落实资金35.80亿元，开工项目353个，完工297个，超额完成省政府2009年度下达的民生工程目标任务9个，超额完成省政府年度目标绩效考核任务19个，超额完成绵阳市目标督查办年度考核任务6个。

2009年，全市计生系统内的161个（其中县级服务机构11个、中心乡镇站96个、普通乡镇站54个），恢复重建项目全部立项，已开工建设90个，完成投资8793万元；市人口计生服务中心项目挂网招标。同时，市政府文件规定村级计生服务用房40~50平方米，并纳入村级和社区综合服务设施统一建设。为此，全市将新建村级计生、卫生服务站（室）3670个，修复加固54个。

截至2011年9月30日，纳入全市卫生系统灾后恢复重建规划的381个项目全部开工建设，开工率100%；其中已完工项目376个，完工率98.69%；竣工并投入使用的335个，投入使用率87.93%；其余41个项目正在抓紧进行装饰装修；完成投资33.03亿元，占总投资的90.88%。计生系统161个灾后重建项目全部开工，完工并投入使用160个，完成投资2.62亿元，由民政部门负责建设的村居计生服务室建成并投入使用。

第二节 医 院

一、综合医院

（一）绵阳市中心医院

特大地震致使医院业务用房基本遭受破坏。灾后市中心医院在原址恢复重建。根据绵阳市卫生系统“5·12”地震灾后恢复重建规划项目实施计划，康复肿瘤楼和住院综合楼被纳入灾后重建项目，项目由绵阳市正式立项。

康复肿瘤楼。规划建筑面积为1.02万平方米，计划投资4000万元，2010年12月开工，2011年9月30日，主体工程封顶并验收合格，进入装修和安装阶段。

住院综合楼。系市中心医院在实施的改扩建三期工程，改扩建总面积9.53万平方米，计划投资4亿元。项目于2010年12月开工，2011年9月13日，工程竣工并验收合格。9月30日，除手术室外，大楼移交工作全面完成，急救中心投入试运行。

康复肿瘤楼项目由香港特区政府援建；住院综合楼项目资金来源为灾后重建资金和自筹资金，其中灾后重建资金1.29亿元。

（二）北川县人民医院

特大地震中北川县人民医院被王家岩垮塌的山体掩埋，医院全部损毁。震后异地新建，选址在北川新县城36号地段，规划门诊楼、住院楼、办公楼、绿化等总占地39.8亩，建筑面积2.4万平方

图5-10-224 重建的北川县人民医院

米，总投资1.3亿元。由中国建筑设计院设计，由山东省潍坊市援建。

2009年11月2日项目开工，2010年9月23日新建医院通过竣工验收。9月26日，北川县人民医院全体医护人员搬入新医院。

医院病房床位200张，配套设施齐全，可解决全县患者的就医问题。医院基础设施齐全，医疗设备先进，硬件设施已达到“二级甲等”医院标准，科室设置齐全，结构合理，能承担全县及周边毗邻地区的医疗、急救、教学、科研、预防等工作任务。

（三）平武县人民医院

原址重建，总建筑面积2.06万平方米，包括主楼1.84万平方米，配楼2104.5平方米，室外工程、管网工程、污水处理部，层流洁静手术室及医疗设备等。河北省援建投资10287万元。

图5－10－225　重建的平武县人民医院

（四）绵阳市人民医院

汶川特大地震致医院所有业务用房均遭到不同程度的损坏，受损面积达3.58万平方米。经鉴定门诊综合大楼、内科大楼、制剂楼可采取相应的加固措施修复后使用，而供应楼受损严重，危险性等级为D级，应拆除重建，拆除面积为6200平方米。地震灾害还损毁医用设备仪器148台（套）件，需要重新配备后恢复使用。

重建规模为原址重建住院综合大楼6396平方米；维修加固门诊综合楼、内科住院楼，共计面积9000平方米；购置医用设备仪器112台（套）。项目由澳门特区援建，总投资4020万元（其中新建2400万元，维修加固720万元，设备维修新增900万元）。

项目于2010年2月22日开工，2011年8月18日竣工验收，2011年12月25日投入使用。

（五）绵阳四〇四医院

该院灾后重建项目为绵阳市职业病防治综合楼工程，由澳门特区政府援助。项目计划总投资4441万元，资金来源为澳门第三批援建资金，建设内容包括新建筑面积1.17万平方米大楼及购置医疗设备。项目于2010年11月破土动工，2011年12月29日竣工验收，2010年3月搬迁投入使用。

图5-10-226　绵阳市四〇四医院（晏茂川　摄）

2013年12月3日，经绵阳市审计局审计确认项目总投资4312.32万元，其中建设投资3735.87万元、待摊投资205.29万元、设备投资144.9万元、其他投资（配套设施）226.26万元、审计结余资金128.68万元。

二、中医院

（一）绵阳市中医院

市中医院重建纳入全市卫生系统灾后重建规划项目。原址新建门诊急诊综合楼由香港特区政府援建。重建面积1.91万平方米，维修、加固住院楼和眼科楼2.35万平方米，购置医疗设备616台件，

图5-10-227　绵阳市中医医院（晏茂川　摄）

规划总投资8700万元。

2010年12月开工，2013年6月竣工并投入使用。

（二）江油市中医院

江油市中医院重建被纳入灾后恢复重建项目，异址重建。由中央和河南省援建。建设规划为总建筑面积3.67万平方米，总投资1.21亿元，是河南省首批援建江油“八大民生工程”之一，属于“交支票”工程。

2009年3月2日开工，2011年4月15日竣工。5月10日，医院正式投入使用。实际占地55.6亩，实际总建筑面积达到2.74万平方米。

图5-10-228 重建的江油市中医院

（三）北川县中医院

地震中北川县中医院4560平方米的建筑面积被全部损毁，直接经济损失2764万元，震后异地重建，选址在北川新县城，占地0.76公顷，建筑面积5700平方米，规划床位60张，总投资3500万元，由山东菏泽援建。

2009年11月27日动工，2010年3月29日主体工程封顶，2010年8月31日竣工，2010年10月11日投入使用。

三、专科医院

特大地震后，绵阳市第三人民医院重建被纳入灾后恢复重建规划，原址重建。建设规模为新建医学综合楼2.2万平方米，购置医疗设备48台，总投资8000万元。新建医学综合楼由香港赛马会提供援建资金。2010年7月开工，截至2011年9月30日主体竣工，2012年8月全面竣工并投入使用。

四、乡镇卫生院

（一）北川县禹里中心卫生院

在地震中，禹里中心卫生院4365平方米业务用房严重损毁，直接经济损失1677万元。根据禹里乡城镇总体规划，异地重建，占地4500平方米，建筑面积4300平方米（包括传染病区、供应室），总投资950万元，为山东滨州交付支票工程。

由于选址被板房学校占用，待学校迁移后，于2010年7月28日开工，2012年5月15日竣工验收并投入使用。

（二）北川县安昌镇卫生院

由于灾后区划调整，安昌镇卫生院被纳入灾后重建规划项目，异地重建，选址在安昌镇东风路北段（原安县人民医院内），新建3749平方米，总投资650万元，由澳门红会捐建及中央灾后重建基金建设。于2011年4月1日开工，2012年12月6日竣工验收。

（三）平武县南坝镇中心卫生院

平武县南坝镇中心卫生院震前占地面积5000平方米，业务用房面积3400平方米。地震造成卫生院房屋和设备全部损毁。

卫生院与南坝镇重建一同为原址异地重建，由河北省对口援建指挥部组织对项目投资，总建筑面积3666.9平方米，总投资金额932万元，属“交支票”工程。

2008年9月23日开工，2010年5月5日竣工并投入使用。

（四）三台县北坝镇中心卫生院

灾后，该卫生院医技楼建设项目被纳入灾后重建规划项目。建设规模为：总建筑面积1520平方米，总投资355万元，其中中央灾后恢复重建资金320万元、自筹资金35万元。

2009年9月21日开工，2010年4月底工程竣工并投入使用。

图5-10-229　重建的平武县平通镇卫生院

图5-10-230　重建的安县晓坝镇卫生院

图5-10-231　重建的平武县响岩镇卫生院

第三节 计生技术服务机构

一、北川县人口和计划生育服务中心

地震中，北川县人口和计划生育服务中心的房屋、设备尽毁，2名技术骨干遇难，县人口计生局机关13名干部中8人遇难。

震后，计生服务站灾后重建被列为山东省莱芜市对口援建的“交钥匙”工程，选址在北川新县城永昌镇，同县人口计生局合并修建，主体四层，框架结构，建筑面积2089.4平方米，投资1214.55万元，其中工程投资1014.55万元、设施设备投资200万元。

工程于2009年10月22日开工，2010年1月4日主体封顶，2010年8月13日通过竣工验收。

此外，全县有7个乡镇中心站，3个乡镇普通站使用灾后重建资金2490万元，完成乡镇计生站的恢复重建。

二、江油市彰明计划生育服务站

特大地震使服务站站房受损严重，房屋部分倒塌，造成直接经济损失达68万元。灾后重建服务站及购置设备等，规划总投资168万元，其中重建站房120万元、设备购置48万元。

2009年7月经江油市正式立项，与彰明镇政府综合楼合建。2010年6月项目竣工。

图5-10-232 江油市计生服务站

第四节 其他医疗卫生机构

一、疾病预防控制中心

(一) 北川县疾病控制中心

地震中北川县疾控中心办公大楼2160平方米的业务用房垮塌，震后异地重建，选址在北川新县城，占地0.45公顷，建筑面积3813平方米，投资1669万元。项目由山东菏泽援建。2009年11月27日动工，2010年8月31日竣工，2010年10月11日投入使用。

(二) 安县疾病预防控制中心

特大地震致使安县疾病预防控制中心门诊业务综合楼和住院楼成为危房，无法正常使用，配套用房全部倒塌，直接经济损失1610万元。灾后，为确保“大灾之后无大疫”，2008年6月8日，中心板房医院开工修建，同年7月12日正式投入使用。

该灾后重建项目，属辽宁援建“交钥匙”工程，位于花荄镇花兴路，占地6亩，新建总建筑面积4282.71平方米。其中业务综合楼5层，面积2786.97平方米；实验楼4层，面积1495.74平方米。总投资2064万元。2009年8月11日，开工建设，2010年10月15日竣工。

二、妇幼保健院

(一) 北川县妇幼保健院

地震中，北川县保健院垮塌，震后异地重建，选址在北川新县城，占地0.46公顷，建筑面积3435平方米，投资2160万元，由山东菏泽援建。于2009年11月27日动工，2010年9月27日竣工，2010年10月8日投入使用。

(二) 安县妇幼保健院

该灾后重建工程由辽宁省援建，被辽宁省人民政府定为“交钥匙”工程。医院位于花荄镇，占地13亩，总建筑面积6782.77平方米，总投资3000万元。2009年7月20日破土动工，2010年7月26日竣工。

(三) 平武县妇幼保健院

特大地震致使平武县妇幼保健院业务用房成为危房，设施设备严重损坏。灾后被纳入《汶川地震后恢复重建公共服务设施专项规划》。规划新建业务用房占地面积4.3亩，建筑面积3491平方米，属河北省对口援建“交钥匙”工程，总投资1878万元。2009年5月11日工程开工，2010年1月11日验收合格投入使用。

三、卫生执法监督所

(一) 绵阳市卫生执法监督支队

地震使业务大楼部分损毁。灾后，绵阳市卫生执法监督支队重建被列为绵阳灾后恢复重建项目。建设规模为总建筑面积4400平方米，购置设备139台件，总投资1181万元。2010年12月10日，最终选址在科创区新庙村，建筑占地面积935.98平方米。

项目2011年5月工程开工，2011年9月底主体工程完工，进入后期装修和设备采购程序。总投资1181万元，全部为中央财政灾后重建专项补助基金（土建投资1100万元、设备投资81万元）。

（二）北川县卫生执法监督大队

地震使卫生执法监督大队办公大楼全部倒塌，灾后被列为灾后恢复重建项目，由山东莱芜市与县爱卫办、县卫生进修学校共建，投入1100万元，建筑面积4000平方米，2009年5月开工，2010年10月竣工投入使用。

四、绵阳市紧急救援指挥中心

灾后，绵阳市紧急救援指挥中心重建被列为灾后重建项目，主要建设内容为加固、维修业务用房800平方米，投入资金50万元；卫生应急指挥系统建设160万元。

2009年3月，中心办公楼修复立项。同年7月27日，工程开工。10月中旬，项目竣工并通过验收。卫生应急指挥系统项目于2012年2月通过政府采购进行安装、调试，同年6月全面投入使用。

五、村卫生站

（一）安县桑枣镇飞龙村卫生站

安县桑枣镇飞龙村卫生站，震前服务辐射周边几个村，人口达5000多人，是国家药品两网建设示范县中的示范村卫生站。特大地震造成村卫生站彻底垮塌。

2008年6月4日，河南省国龙医护队决定为飞龙村修建一所永久性卫生站。新规划的卫生站位于成青路桑枣段飞龙村一组地界，共4间房，建筑面积125.22平方米。内设诊断室、治疗室、处置室、中医药传统治疗室、药房、村民健康教育室。2008年6月14日飞龙村卫生站动工，同年7月19日交付使用。新建的卫生站建筑面积125平方米，总投资20万元，其中医护队队长李建国个人出资15万元，队员捐资5万元。

飞龙村卫生站是全省和全市第一家灾后重建投入使用的永久性村卫生站，投入使用后，该辖区的医疗卫生工作很快恢复。

（二）北川县村卫生站

北川县白什乡5个村卫生站，由四川省扶贫基金会捐建，每个卫生站新建60平方米，共投资50万元。永安镇14个村卫生室由澳门红十字会捐建，每个卫生站新建60平方米，共投资112万元。中国红十字总会在永安镇捐建1个卫生站，投资10万元。永昌镇19个村卫生站，由日本红十字会捐建，每个卫生站新建60平方米，共投资142万元。其他村卫生站由“特殊党费”和中央重建基金同村活动室共建，均通过公开指标确定承建单位，于2010年6月开工建设，2010年9月全部竣工投入使用。

第十一章 信息产业重建

第一节 邮 政

一、概况

绵阳市邮政局辖直属分局（涪城、高新、游仙）、江油、三台、盐亭、安县、梓潼、平武、北川县8个邮政企业，并代省邮政公司管辖科学城邮政局。2008年年末，全市邮政系统从业人员共有1894名；建有邮政营业网点432处，其中电子化支局113处；开办邮政储蓄的网点259个、城市邮政社区服务45处。汶川特大地震造成全市邮政职工32人死亡，20人受伤；生产、办公用房不同程度损毁，经济损失达1.2亿元以上。

二、重建成果

震后，绵阳邮政迅速设立帐篷邮局和临时邮局，保证对外营业开办平安家书免费寄递业务；及时开通绵阳—青川—平武邮路，以及小坝、坝底、禹里邮路；在绵阳和北川县的广播电台和电视台中以通告的形式告知重灾区储蓄用户绿卡和存折丢失办理手续；及时将党报、党刊送到受灾群众、救援官兵、抗震救灾指挥部，积极组织赈灾包裹的投递。本着“先急后缓，先重后轻，先易后难”的原则进行灾后重建工作。截至2008年9月底，共完成全市285处受损房屋的应急排险和加固维修工作，全市营业窗口在短时间内恢复对外营业。

截至2011年2月底，绵阳市邮政系统灾后重建总投资6917万元，累计完成投资6234万元，占总投资的90.13%。全市112个灾后重建项目，竣工106个，竣工率为94.64%。其中73个维修加固项目全部竣工；12个购买项目，完成9个，落实购买3个；27个恢复重建项目，竣工24个，开工在建3个。

第二节 通 讯

一、中国电信绵阳分公司

汶川特大地震造成绵阳分公司员工死亡20名，受伤12名，直接经济损失达6亿元。固定资产报废报损12628万元，其中房屋建筑物443.11万元，本地网1.21亿元。全市749个局所受损442个；无线基站4652个，损毁771个；个人手持式电话（小灵通）PHS室内分布系统、通信机房的基站控制器（CSC）也受到不同程度的损坏。光缆损毁6000皮长公里，电缆损毁2000皮长公里。交换及传输设备交换损毁近13万线，输设备损毁4000E1端口。

2008年年底，全市固定电话、宽带共715个局点，受损局点268个，除安县茶坪、平武水观外，通信全部恢复。4554个小灵通基站，受损700个，恢复4365个，不具备恢复条件有189个，主要集中在重灾区北川县、安县、平武。“村村通”88个基站，受损30个，全部恢复。完成新建新购房屋24处，新增房屋建筑面积5006平方米；完成震后维修房屋179处，维修房屋面积3.39万平方米。

2009年，完成投资预算14395万元，基本完成交换、传输、电源等专业的重建任务，光缆、小灵通根据政府道路拆迁的改造进度同步实施，预计10年全部完成。北川、安县、平武3个极重灾县共建设环网9个，每县均增加市到县出口1个。

3个极重灾县64个受灾乡镇共有窄带用户6万余线，灾后恢复窄带容量7万余线，恢复用户4.6万余户，恢复比例76%；震前宽带用户0.65万户，震后恢复宽带容量1.8万余线，恢复宽带用户1.5万余户，恢复比例230.7%。

北川县通过骨干10G环网、本地2.5G环网的建设，网络得到全面恢复，宽带用户数超震前水平。14个乡镇（含松潘白羊、平武泗耳）较为困难，因道路不畅等问题，仍有200余公里光缆属于临时布放，构成较大的通信保障隐患。在省公司大力支持下，北川建成墩上至茂县光缆（该光缆路由较安全），随着后续设备方案的完成，通信保障得到较大提升。

完成北川新县城54管程公里管道的建设，建成3个3G基站，形成新县城移动网络全能力。建设有线ONU（光端机）9处，满足新县城各指挥部的通信需求。至年底，完成新县城16个光交接箱及光缆网络的施工设计。

2010年，中国电信绵阳分公司在受灾地区的网络重建基本采用光缆接入方式，保证用户高带宽接入，为下一步各行业和信息化推进提供网络保障。灾区乡镇宽带通达率达99.4%，较灾前提升5%；无线网络的覆盖能力提升20%，县城等主要业务区实现全覆盖，3G无线高速接入技术也达到广泛应用，有效提升灾区接入网络的品质和安全性。

在对重点城镇通信的建设过程中，采用先进通信技术，“高标准、高起点”重建北川等重点城镇通信网络，在优化承载网综合能力，提升网络安全性的同时，县城（镇）采用全光接入方式重建，重建后的网络具备国内领先水平。至是年年底，北川数据、传输网重建基本完成，接入光缆、管道的建设完成按照共建共享方式与道路建设同步实施，整体进度超过50%。

新建基站500多个，新增扇区2000多个，不但在灾区提供移动通信保障，还率先在擂鼓、永安、禹里、南坝、平通、秀水等30多个灾区乡镇提供3G服务。在土建方面完成房屋加固项目232处，新建房屋50处。

截至2011年9月，中国电信绵阳分公司三年重建总项目980个、投资15亿元。重点项目包括：3G网络建设，城市光纤物理网、传输承载网、交换网、北川县综合楼等。无援建项目，均为自建项目。第一个重建传输承载网于2008年6月开始，最后一个项目北川县综合楼于2012年5月竣工。

二、中国移动绵阳分公司

地震前，绵阳移动通信基站785个，传输光缆5386皮长公里，通信杆路7.2万根，营业网点505个。地震发生后，截至5月底，通信基站受损295个，光缆受损1438.5皮长公里，通信杆路受损1.6万根，营业网点受损319个。

在集团公司和省公司的安排部署下，绵阳分公司启动灾后重建工程，工程以“三年任务两年基本完成”为目标，科学规划、强化执行，全面加快进度。2008—2010年，共计实施灾后重建项目51个，投资近8亿元，累计新增交换容量180万户，新入网基站近600个，载频8374个，完成光缆建设5000余皮长公里，新增局房面积1.27万平方米，绵阳市区到各县基本形成传输多路由组网能力，网络规模达震前两倍以上。在企业自我恢复重建同时，绵阳移动通过为灾区恢复重建提供技术和服务支持，助力地方经济发展。针对援建队伍推出感恩卡、鲁川援建卡等产品，为灾后群众、援建队伍赠送万元意外保险，受赠人员达33.1万人次；在重灾区北川累计投入4.3亿元，为北川新县城打造安全性更强、覆盖面更广，承载量更大的移动通信网络，并将信息化建设与新县成重建同步进行，为北川政府建设视讯会议系统，使北川成为四川省首个有条件自主召开会议电视的县，也是全国唯一一个拥有视讯会议系统的民族自治县。

截至2011年，分公司上网用户数达320万户，较2008年增长49.3%；运营收入达16.9亿元，较2008年增长65.9%；基站总数达2534个，是震前的3.2倍；载频总数达3.5万块，是震前的4.9倍；传输光缆达1.34万皮长公里，是震前的2.5倍。2012年5月，绵阳移动北川枢纽大楼在北川新县城建成，标志着绵阳移动的汶川大地震灾后重建工作全面完成。

三、中国联通绵阳分公司

特大地震造成绵阳联通受灾严重，尤其在北川县、安县、平武、江油等重灾区，基站、本地网及九环线二级干线几乎全部中断，直接经济损失近2亿元。绵阳辖区内另有1000多个灾民安置点急需得到通信保障。分公司采用在原站点旁新建一体化基站，在灾民安置点增建基站等方式，用微波、PDH（准同步数字系列）等方式安装及开通共计约80个基站。截至2008年5月27日18时，绵阳分公司基站数量恢复到震前规模，载频数量及容量已超震前水平。

1. GSM（网络制式）及WCDMA（宽带码分址）工程

2008年8月，WCDMA一期工程启动，该项目工程新建WCDMA基站168个，于2008年12月完成。截至2008年10月，灾后重建工程及2008年GSM一期工程完成，新建及重建GSM基站200个，共计完成投资5456.9万元。同月，绵阳联通启动了2008年GSM二期工程，该项目工程新建GSM基站60个，于2009年1月完成全部工程。两期工程完成投资7459万元。

2009年，启动4期工程，分别是2009年GSM工程、GSM返乡工程、WCDMA二期工程及WCDMA三期工程。其中2009年8月开工，11月完成，共计新建GSM基站178个，扩容载频96个，完成投资4782万元。WCDMA二期工程及WCDMA三期工程完成新建WCDMA基站297个，完成投资3037万元。

2010年，启动GSM新建工程及WCDMA四期工程等，完成新建GSM基站40个、WCDMA基站80个，完成投资2035万元。

经过3年恢复重建，绵阳联通完成总投资约1.8亿元，基站站点数达1059个，通信能力及站点数量为震前的1.5倍。在极重灾区北川县，通信能力及基站数量为震前的2倍。

2. 其他工程

2008年5月16日，紧急启动传输网灾后重建工作。灾后重建工程传输单项工程新增各项传输设备309套，新建传输管道3公里，新建管道光缆39.4公里，新建光缆1093公里，新建直埋光缆337公里、附挂光缆227公里、软放光缆836.2公里等。传输单项工程于2009年6月30日完工，完成工程投资4309万元。

2009年7月25日，启动四川GSM网配套本地传输网工程，11月30日完成，新增传输设备120端、光缆570公里等，完成投资1386万元。

2010年，启动灾后传输管道建设工程，建成通信管道560管程公里，折合970管孔公里，完成投资4900万元，其中灾后场镇配套道路建设需新建360管孔公里、灾后城建道路规划重建新建410管孔公里、灾后城市道路重建拓宽改造新建200管孔公里。

2011年，完成2011年WCDMA新建工程及2011年GSM新建工程的传输配套工程，新建本地传输光缆500公里，完成传输网建设投资1900万元。

截至2011年年底，绵阳联通建成一、二级干线光缆约1200公里，本地网传输光缆约8500公里，光缆总长度及通信能力均较震前翻一番。

此外，公司在北川县兴建联通大楼。大楼于2010年4月开工，2011年5月正式投入使用。大楼总体投资1130万元，建筑面积达3008.66平方米，为多层建筑，主体5层，地下1层，设计抗震能力为抗7度烈度。

第十二章　电力重建

国家电网四川省电力公司绵阳电业局建设管理的绵阳电网是四川电网的重要组成部分，担负着绵阳市所辖1市2区6县及广元市部分区（县）的供电任务。截至2007年年底，绵阳电网内共有变电站68座，其中220千伏变电站7座，110千伏变电站29座，35千伏变电站31座，变电总容量4869.35兆伏安，35~500千伏送电线路120条，线路总长度2538.806公里。2007年，绵阳电网最高综合供电负荷约876兆千瓦，供电量为52.72亿千瓦时，全局售电量为50.02亿千瓦时。

汶川特大地震发生后，绵阳电业局各区（县）电力设施均遭受严重破坏，局本部及各基层单位的办公楼、变电站建筑物均受到不同程度的毁损。绵阳电网220千伏系统7座变电站中有6座停运，16条线路中有12条线路停运；110千伏系统31座变电站中有22座停运，62条线路中有52条线路停运；35千伏变电站37座、线路55条停运，10千伏城市配网434条停运，农网10千伏线路9449公里、低压线路4.38万公里停运；配电变压器13224台停运，直供区有2017个村、77万户停电，部分输变电设备损毁严重，影响到绵阳电网安全运行。

第一节　重建规划

绵阳电业局按照党中央、国务院和省委、省政府关于灾后恢复生产和灾后重建工作的总体部署和要求，贯彻落实科学发展观，坚持以人为本的重建方针，将灾后恢复重建与推进工业化、城镇化和新农村建设结合起来，与统筹城乡发展结合起来，走可持续发展前路。

在灾后恢复重建中，首先制订《绵阳电网灾后重建规划》方案。规划方案坚持统一规划，分步实施；突出重点、远近结合；立足当前，着眼长远；电网恢复与电网优化发展相结合；电力与其他公用设施恢复建设协调一致的原则进行。同时，将北川电网恢复重建与新县城重建规划相结合。

灾后重建规划项目总投资约67.84亿元。其中110千伏及以上项目共计60个，总投资约47.85亿元。

一、2008—2010年绵阳电网灾后重建项目

规划项目总投资约34.61亿元。其中110千伏及以上项目共计33个，总投资约24.63亿元。主要有以下工程项目：

（一）500千伏项目

1.500千伏茂谭双回线灾后重建技改工程。总投资约2600万元。建设时间：2009年。

2.绵阳500千伏输变电工程。总投资约4.83亿元，其中变电站本体3.27亿元、500千伏线路1.5亿元、谭家湾变电站间隔扩建工程670万元。建设时间：2010年。

（二）220千伏项目

1. 安县220千伏变电站恢复重建工程。总投资约4800万元。建设时间：2008年。

2. 220千伏永兴站灾后改造工程。总投资约1600万元。建设时间：2008年。

3. 吴家220千伏输变电工程。总投资约1.6亿元，其中变电站本体1.13亿元、220千伏线路4040万元、永兴变电站间隔扩建工程650万元。建设时间：2008年。

4. 河西220千伏输变电工程。总投资约1.34亿元，其中变电站本体1.02亿元、220千伏线路3240万元。建设时间：2009年。

5. 桑枣220千伏输变电工程。总投资约1.51亿元，其中变电站本体1.03亿元、220千伏线路4830万元。建设时间：2010年。

6. 绵阳东220千伏输变电工程。总投资约2.36亿元，其中变电站本体1.37亿元、220千伏线路9940万元。建设时间：2010年。

7. 擂鼓220千伏输变电工程。总投资约2.54亿元，其中变电站本体1.21亿元、220千伏线路1.25亿元，安县、河西变电站间隔扩建工程820万元。建设时间：2010年。

8. 绵阳500千伏变电站220千伏配套工程。总投资约1.16亿元，其中220千伏线路1.07亿元、百胜、天明变电站间隔扩建工程910万元。建设时间：2010年。

（三）110千伏项目

1. 北川县

北川擂鼓110千伏输变电工程。总投资约4790万元，其中变电站本体3000万元、110千伏线路1600万元、35千伏线路840万元。建设时间：2008年。

北川禹里110千伏输变电工程。总投资6400万元，其中变电站本体4300万元、110千伏线路2100万元。建设时间：2008年。

2. 安县

安县辕门坝110千伏输变电工程。总投资约3750万元，其中变电站本体2000万元、110千伏线路750万元。建设时间：2008年。

安县黄土110千伏输变电工程。总投资约5900万元，其中变电站本体3750万元、110千伏线路2150万元。建设时间：2008年。

安县桑枣220千伏变电站110千伏站配套工程。总投资约1790万元。建设时间：2010年。

110千伏安花荄界牌变电站。总投资490万元。建设时间：2010年。

3. 江油市

江油沙窝110千伏变电站电源线路工程。总投资约490万元。建设时间：2008年。

江油马角坝110千伏变电站灾后改造工程。总投资约3280万元。建设时间：2009年。

江油太白110千伏变电站灾后改造工程。总投资3920万元。建设时间：2009年。

江油厚坝110千伏输变电工程。总投资约4730万元，其中变电站本体2440万元、110千伏线路2080万元、天明变电站间隔扩建工程210万元。建设时间：2009年。

江油河西220千伏变电站110千伏站配套送出。总投资约8420万元，其中110千伏线路8030万元、太白变电站间隔扩建工程390万元。建设时间：2009年。

江油龙凤110千伏变电站电源线路工程。总投资约870万元。建设时间：2009年。

江油二郎庙110千伏变电站灾后改造工程。总投资约2440万元。建设时间：2010年。

江油开发区110千伏输变电工程。总投资约4310万元，其中变电站本体3500万元、110千伏线路810万元。建设时间：2010年。

江油三合110千伏变电站扩建工程。总投资约1070万元。建设时间：2010年。

4. 涪城区

涪城涪江二桥110千伏输电变电工程。总投资约7010万元，其中变电站本体3000万元、110千伏线路4010万元。建设时间：2008年。

吴家220千伏变电站110千伏配套送出工程。总投资约3570万元。建设时间：2008年。

涪城双碑110千伏输变电工程。总投资约6430万元，其中变电站本体4280万元、110千伏线路2150万元。建设时间：2009年。

绵阳110千伏变电站扩建工程。总投资约4740万元，其中变电站本体4000万元、110千伏线路740万元。建设时间：2009年。

涪城塘汛110千伏变电站扩建工程。投资约960万元。建设时间：2010年。

涪城雷达站110千伏输变电工程。总投资约3680万元，其中变电站本体2600万元、110千伏线路800万元。吴家变电站间隔扩建工程280万元。建设时间：2010年。

5. 游仙区

绵阳东220千伏电站110千伏站配套送出工程。总投资约1220万元。建设时间：2010年。

6. 盐亭县

石岭110千伏变电站扩建工程。总投资约4660万元，其中变电站本体2100万元、110千伏线路2360万元、佳桥变电站间隔扩建工程200万元。建设时间：2009年。

（四）35千伏项目

1. 35千伏损毁重建项目。北川桂溪、小坝35千伏输变电重建工程

总投资约2470万元。建设时间：2008年。

北川通口35千伏输变电重建工程。总投资约1360万元。建设时间：2009年。

北川禹里35千伏输变电重建工程。总投资约2240万元。建设时间：2009年。

安县茶坪35千伏输变电重建工程。总投资约2200万元。建设时间：2010年。

2. 35千伏规划项目，总投资约8270万元。

（五）10千伏项目

总投资约86580万元。

（六）其他项目

1. 北川调度通信及自动化系统重建工程。总投资2500万元。建设时间：2008—2009年。

2. 220千伏天明站至110千伏马角坝站光纤通信工程。总投资221万元。建设时间：2008年。

3. 梓潼供电局程控交换机改造工程。总投资107万元。建设时间：2008年。

4. 江油供电局程控交换机改造工程。总投资107万元。建设时间：2008年。

5. 江油市调度自动化系统升级工程。总投资155万元。建设时间：2008年。

6. 绵阳电业局调度数据专网工程（一期）。总投资219万元。建设时间：2008年。

7. 绵阳电业局计算机网络升级工程。总投资768万元。建设时间：2008年。

8. 绵阳电业局电能量集抄工程。总投资255万元。建设时间：2008年。

9. 绵阳电业局各级应急指挥中心通信、自动化及计算机网络建设工程。总投资600万元。建设时间：2008年。

其他规划项目，总投资约4932万元。

二、2011—2015年绵阳电网建设项目

规划项目总投资约33.24亿元。其中110千伏及以上项目共计27个，总投资约23.2亿元。其中2011年重建主要有以下工程项目：

（一）500千伏项目

平武南坝500千伏输变电工程。总投资约6.55亿元，其中变电站本体3.8亿元、500千伏线路2.75亿元。建设时间：2011年。

（二）220千伏项目

1. 南坝500千伏变电站220千伏配套工程。总投资约1600万元，其中220千伏线路1600万元。建设时间：2011年。

2. 水晶220千伏输变电工程。总投资约3.55亿元，其中变电站本体1.1亿元、220千伏线路2.45亿元。建设时间：2011年。

（三）110千伏项目

1. 北川县

北川擂鼓220千伏变电站110千伏配套工程。总投资约1240万元。建设时间：2011年。

2. 安县

安县秀水110千伏输变电工程。总投资约6000万元，其中变电站本体4000万元、110千伏线路2000万元。建设时间：2011年。

安县界牌110千伏变电站扩建工程。总投资约1500万元。建设时间：2011年。

3. 江油市

江油东110千伏输变电工程。总投资约3780万元，其中变电站本体3500万元、110千伏线路280万元。建设时间：2011年。

宝成铁路江油牵引站增容110千伏供电工程。总投资约1620万元。建设时间：2011年。

宝成铁路马角坝牵引站增容110千伏供电工程。总投资约1.01亿元。建设时间：2011年。

4. 涪城区

绵阳高新区永兴西110千伏输变电工程。总投资约6200万元，其中变电站本体4000万元、110千伏线路2200万元。建设时间：2011年。

三元（原南郊）110千伏变电站扩建工程。总投资约910万元。建设时间：2011年。

宝成铁路绵阳牵引站增容110千伏供电工程。总投资约2820万元。建设时间：2011年。

5. 游仙区

游仙110千伏变电站扩建工程。总投资约1220万元。建设时间：2011年。

小枧110千伏变电站扩建工程。总投资约850万元。建设时间：2011年。

绵阳松垭110千伏输变电工程。

第二节 电 力

一、绵阳主要电源

绵阳电网是川西北电网的重要火电电源点，境内江油电厂总装机1260兆千瓦，是绵阳电网的主力火电电源，其中江油燃煤发电公司装机2×300兆千瓦，通过1回500千伏线路送入德阳500千伏变电站，江油电厂装机2×330兆千瓦，通过7回220千伏线路送出，不仅是绵阳电网的主要电源支撑点，也是川西北电网的一个重要的电力枢纽点。

绵阳市的水电资源主要集中在涪江的干支流，分布在平武县和北川境内，火溪河梯级电站、涪江平武段上游梯级电站、涪江平武段下游梯组电站、土城河梯级电站在南坝500千伏变电站汇集后送出，这两个县大量的水电电源点尚处于规划和建设阶段。截至2011年，火溪河梯级电站（除梯级电站中的阴坪水电站外）已建成投运，通过2回220千伏线路送入天明变电站。

表5-12-55 2011年绵阳市电源装机容量及发电量情况表

分区名称	电厂名称	能源类型	上网电压（千伏）	装机规模		
				机组台数（台）	单机容量（兆千瓦）	总装机容量（兆千瓦）
涪城区	绵阳热电厂	火电	35	2	12	24
	三江电站	水电	110	3	15	45
游仙区	开元电站	水电	35	3	5	15
城区合计	—	—	—	—	—	84
江油市	江油新厂	火电	220	2	330	660
	江油燃煤	火电	500	2	300	600
	广宁电站	水电	110	2	12	24
	青莲电站	水电	35	2	8.8	17.6
	石龙嘴电站	水电	35	2	8.8	17.6
	香水电站	水电	35	2	10	20
	雄峰电站	水电	35	4	5	8.5
三台县	明台电站	水电	110	3	15	45

续表5-12-55

分区名称	电厂名称	能源类型	上网电压（千伏）	装机规模		
				机组台数（台）	单机容量（兆千瓦）	总装机容量（兆千瓦）
梓潼县	—	—	—	—	—	0
盐亭县	—	—	—	—	—	0
平武县	火溪河梯级电站	水电	220	6	—	300
北川县	武安电站	水电	110	2	12	24
	关磨电站	水电	110	4	3	12
	通口电站	水电	110	3	15	45
全市合计	—	—	—	—	—	1856

二、电网分布

绵阳市的涪城区、游仙区、江油市、梓潼县为国家电网直供区域，安县电网为大小电网交叉供电，并与绵阳电业局联营，三台县、盐亭县为国家电网趸售区域，平武县、北川县以地方电网自供为主，与国网并网运行，互补调节。

绵阳电网地处川西北电网中间地带，起着重要的联络作用，向北有4回220千伏线路与广元电网相连，向南有6回220千伏线路通德阳电网与四川主网相连。绵阳电网最高电压等级为500千伏，即江油燃煤电厂2×300兆千瓦机组通过1回500千伏线路送入德阳500千伏变电站，绵阳电网无500千伏变电站。

绵阳电网在西线已经形成以江油发电厂为中心，以大康、安县、百胜、永兴、天明5个220千伏主网架（火电通道），在东线已经形成宝珠寺电厂—220千伏丰谷变电站（到220千伏佳桥变电站）—500千伏龙王变电站双回220千伏线路（水电通道），在北线火溪河梯级电站通过220千伏天明变电站接入绵阳电网。

截至2008年4月底，绵阳电网内共有变电站68座，其中220千伏变电站7座、110千伏变电站31座、35千伏变电站30座，变电总容量4869兆伏安。另外控股公司有110千伏变电站2座，变电容量51兆伏安；35千伏变电站12座，变电容量57.25兆伏安。

三、重建成果

特大地震造成绵阳电网220千伏系统中有变电站6座、线路12条停运；110千伏系统有变电站22座，线路52条停运；35千伏系统有变电站37座、线路55条停运，10千伏城市配网434条线路停运，农网10千伏线路9449公里、低压线路4.38万公里停运；配电变压器13224台停运，直供区有2017个村、77万户停电。其中北川电网变电设备基本上均遭到不同程度的破坏，输电线路损失率约70%，主要10千伏配电线路损坏率约70%，各区乡配变台区及配电网络损失率约90%，设备、器具损失率90%以上，办公、生产及生活用房损失率达到100%，电力调度自动化系统及通信系统全毁。

经震后抢修，受损的绵阳电网大部分输变电设施已恢复运行，部分损毁比较严重的输变电站（设施）全部重建：110千伏镲门坝变电站（异地重建）、110千伏马角坝变电站、110千伏晓坝变电站、110千伏太白变电站、220千伏安县变电站、110千伏擂鼓变电站等。

根据绵阳电网灾后重建规划，2009—2010年绵阳各电压等级主要输变电项目总投资47.69亿元，汇总如下：

500千伏电网：新增变电容量2×750兆千瓦，新建500千伏线路350.5公里，投资估算19亿元。

220千伏电网：新增降压变电容量2100兆千瓦，新建220千伏线路475.5公里，投资估算20.01亿元。

110千伏电网：新增变电容量1938兆千瓦，新建110千伏线路511.8公里，投资估算8.68亿元。

表5-12-56　　2008—2012年绵阳电网灾后重建投资估算表

分类		2008（亿元）	2009（亿元）	2010（亿元）	2011（亿元）	2012（亿元）	合计（亿元）
500千伏	变电	—	3.50	3.50	—	—	7.00
	线路	—	10.20	1.80	—	—	12.00
	合计	—	13.70	5.30	—	—	19.00
220千伏	变电	3.88	3.73	0.95	1.64	—	10.20
	线路	2.58	2.11	2.91	2.21	—	9.81
	合计	6.46	5.84	3.86	3.85	—	20.01
110千伏	变电	0.10	2.07	1.59	1	0.79	5.55
	线路	0.21	0.80	1.21	0.51	0.40	3.12
	合计	0.31	2.87	2.8	1.51	119	8.68
110千伏及以上合计		6.77	22.41	11.96	5.36	1.19	47.69

第三节　北川县、平武县

一、北川县

北川电力恢复重建与北川新县城重建一并规划并组织实施。

（一）输变电工程

1. 110千伏擂鼓变电站工程

位于擂鼓镇，由达州电业局对口援建，投资3000万元。建设内容包括恢复变电容量2×40兆伏安，110千伏进出线4回，35千伏进出线5回，10千伏进出线14回。2008年7月开工，2009年4月竣工。

2. 35千伏通口、桂溪输变电站工程

位于通口、桂溪场镇，由泸州电业局援建，投资2400万元。建设内容包括新增主变压器2台，容量2×8兆伏安，新建35千伏线路52.3公里。2008年8月开工，2009年6月竣工。

3. 35千伏禹里、35千伏小坝输变电站工程

位于禹里、小坝场镇，由四川省电力公司投资建设，投资1750万元。35千伏禹里输变电工程为新建，35千伏小坝输变电站为原址重建。建设内容包括新增变电容量12.6兆伏安，新建35千伏输电线路17.8公里，新建10千伏出线11回。2009年4月开工，2010年3月竣工。

图5-12-233　重建的北川县110千伏智能变电站

4. 35千伏白什输变电站工程

位于白什场镇，由河南省电力公司对口援建，投资1100万元。建设内容包括新建35千伏输电线路16.7公里，新增变电容量2.5兆伏安，10千伏出线5回。2009年2月开工，2009年5月竣工。

5. 110千伏北川输变电站工程

位于永昌镇龙藏街15号，四川省电力公司投资500万元建设。建设内容包括新建110千伏北川输变电站工程（为国家电网首座智能变电站），新建110千伏双回输电线路32.7公里，新装变压器2台，变电容量2×50兆伏安，110千伏进线2回，10千伏出线18回。2010年7月开工，9月竣工。

（二）供用电网络

震后，北川电业在短时间内，抢修恢复10千伏线路19条，恢复10千伏配变188台，新增配变86台，抢修恢复低压线路450余公里，确保县内各行各业用电。

1. 援建网络

由河南省电力公司援建北川地方电网，投资5000万元。抢修恢复10千伏线路130公里，新建10千伏线路23公里；抢修恢复低压配电线路61.66公里；改造和新建配电台区60台。2008年8月开工，2009年11月竣工。

2. 乡镇电网

根据农网工程“五制”管理和相关管理办法，由四川省电力公司绵阳电业局北川供电公司等为建设单位，北川县夏禹水电建筑安装有限公司、绵阳启明星嘉晨实业有限公司、绵阳启明星集团有限公司等为施工单位，绵阳奥瑞特电力设计咨询有限公司为设计单位，四川省电力工程建设监理有限公司为监理单位，先后分西部农网完善工程、农网改造升级工程、灾后重建工程、灾后加固提高工程等共15个批次、351个单元工程项目进行建设，对北川县所辖安昌、永安、擂鼓、曲山、陈家坝、桂溪、贯岭、都坝、通口、香泉、白坭、漩坪、禹里、坝底、开坪、小坝16个乡镇共183个行政村农村配电网络进行建设，计划投资1.5亿元。2011年9月底，新建（改造）10千伏线路453公里、配电变压器台区415台共40285千伏安、低压线路1122公里，户表改迁21568户，完成投资11378万元。

3. 新县城电网

根据省公司对北川新县城智能电网建设的要求，10千伏及以下配电网络均采用电缆化供电，由四川电力设计咨询有限公司负责设计。向新县城供电的线路共计8回，线路全长40.855公里，安装环网柜50台，高压分支箱100台，形成4个手拉手环网，每台设备安装智能化二次设备和光纤通信网络，保障新县城供电可靠性，投资3.17亿元。其中110千伏新县城变电站工程是国网公司建成的首座智能变电站，投资5000万元，2010年7月14日开工，9月29日竣工。10千伏及以下配电网络投资2.5亿元。2009年5月开工，2010年12月竣工。

（三）水电站建设

震后，绵阳启明星水电开发有限责任公司所辖武安电站、关磨电站、碧溪口电站、羊圈坪电站、宏森电站从2008年7月逐步修复受损设备、设施，恢复生产。组织公司技术人员、专家、施工队伍到公司所辖电站勘察灾情，委托绵阳市水利规划设计研究院对所辖电站逐一制订重建恢复方案。由公司成立工作组，组织、检查、督促抢险施工进度。

1. 武安电站

大坝位于墩上乡金山村，机房位于坝底乡通坪村。震后，公司邀请水利工程专家和国内权威勘测单位到现场勘察，对大坝裂缝进行钻孔成像勘测，开展大坝安全评估。安排专人定期对大坝位移、渗水情况进行观测，落实专人督促、检查观测工作。建设内容包括武安库区堡坎、大坝护坡修复，电缆井外侧山体帷幕灌浆，封闭裂缝，主厂房后山防护网，主厂房顶、电缆廊道室、中控室房顶铺设止水沥青，修复损坏设备等。工程投资162万元。2008年6月开工，12月竣工。

2. 羊圈坪电站

位于青片乡安绵村。震后，公司组织地质专家到现场进行勘察，提出科学处理意见，优化施工方案。建设内容包括调压井危岩清理和加固，住宿、办公楼修补，受损屋面防水，损坏设备修复和应急处理等。工程投资99万元。2008年6月开工，9月竣工。

3. 关磨电站

位于青片乡茶湾村。建设内容包括支洞口塌方、隧洞砂石清理，受损机电设备、压力管道、前池观测房、便道修复，受损住宿、厂房修补和屋面防水。工程投资151万元。2008年6月开工，11月竣工。

4. 碧溪口电站、宏森电站

位于青片乡茶湾村。建设内容包括修复碧溪口、宏森电站的机电设备、厂房、生活住宿楼、前池守水房。碧溪口电站渠道，塌方渠道段加盖混凝土盖板阻。工程投资59万元。2008年6月开工，8月竣工。

二、平武县

（一）电网

电网恢复重建项目包括110千伏安输变电工程（恢复变电容量1万千伏安、线路50公里）、35千伏安输变电工程（恢复变电容量3.39万千伏安、线路175.88公里）、10千伏安及以下输变电工程（恢复变电容量0.9万千伏安、线路4085公里），总投资2.551亿元，2011年9月全面竣工。

1. 龙安35千伏变电站

特大地震致使平武县龙安35千伏变电站严重受损，灾后该工程被纳入重建规划，平武电力（集团）有限公司决定对龙安变电站实施灾后重建改造并升级为110千伏变电站。

该项目重建改造由四川清河水利水电工程设施院有限责任公司勘测、设计。建设规模为：主变容量1×50000千伏，经平武县发展改革和经济商务局批准建设。计划总投资1410.57万元。其中灾后重建中央基金680万元、企业自筹资金730.57万元。

工程经公开招标比选，由绵阳市启明星集团有限公司承建。2009年5月1日动工，10月31日带电试运行。

龙安35千伏变电站重建改造为110千伏变电站后，成为县域地方电力系统的重要枢纽变电站，对保障全县安全、优质供电起着重要的作用。

2. 水晶（任家坝）35千伏变电站

汶川特大地震致使平武县水晶（任家坝）110千伏变电站严重受损，灾后该工程被纳入重建规划，平武电力（集团）有限公司决定对水晶（任家坝）变电站实施灾后重建改造并升级为110千伏变电站。

水晶（任家坝）110千伏变电站的重要改造并升级，为涪江上游一级支流黄羊河流域的星光电站、黄羊三级电站、龙池电站、草源电站、任家坝电站、黄羊一级电站等小水电的发电量集中后，调配输送到虎牙、大桥、龙安、南坝、响岩等地区和工矿企业，并担负将地方电能与国家电网联网的重要功能，是县地方电力网络的重要枢纽站之一。经专家论证和现场初步勘察，站址选择在水晶镇任家坝村。

水晶（任家坝）110千伏伏变电站实行分期建设。一期工程经绵阳市水务局批准，修建为35千伏开关站及部分土建工程。特大地震后，第二期工程由绵阳市水利规划设计研究院勘测设计，将35千伏升级为110千伏，建设规模为：主变容量2×25000千伏安。经绵发改委批准，利用原有的任家坝35千伏开关站扩建为110千伏变电站，总投资1500万元，其中灾后重建基金580万元、企业自筹920万元。

公开招标比选后，由四川永一建设工程项目管理有限公司承建。2009年8月动工，2010年1月竣工。

水晶（任家坝）110千伏变电站建成，形成水晶—龙安—南坝—响岩110千伏的骨干电力网络，改善和提高地方电网结构和供电质量。

（二）南坝电站

汶川特大地震灾害致使南坝水电站遭受毁灭性的破坏，职工遇难3人，房屋损毁4700平方米。电站整体直接经济损失4800万元。

灾后，平武电力（集团）有限公司拟定南坝水电站重建方案，报经平武县发展改革和经济商务局批准动工建设，到2009年3月恢复工程已完成80%。后因南坝新场镇建设总体规划大幅调整，3月30日，平武县委常委会讨论决定停止原南坝电站的恢复重建工作。

2009年3月，平武电力（集团）有限公司重新拟定南坝电站重建规划方案报经平武县委。4月25日，经县委同意，在满足国家《汶川地震灾后恢复重建总体规划》的条件下，实施南坝电站扩建工程。建设内容为：拟在南坝场镇下段原厂址（场镇下场口桐子梁）扩建南坝水电站，扩建电站装机容量为2.4万千瓦，年利用小时4731小时，年平均发电量11356万千瓦，年收入4000万元，工程计划总投资2.9亿元。6月，该电站完成地质勘测、可行性研究报告、设计等前期准备工作。12月，绵阳市水务局、市发展改革委员会批复《关于印发〈平武南坝水电站灾后恢复重建工程可行性研究报告〉审查意见的通知》，批准实施电站建设。截至12月底，完成电站水轮发电机组生产厂家和电站建设招标代理机构的调研和考察工作。

2010年1月，经招标，南坝电站由中国水利水电第五工程局有限公司正式动工承建，葛洲坝集团项目管理有限公司监理。至2011年9月，电站重建在施工中。

（三）电源

电源恢复重建项目包括四川华能涪江水电有限责任公司所属的水牛家水电站、自一里电站、木座电站和平武县属南坝、庙垭子、宫慈、龙背岩、大印、平南、豆叩、徐塘、叶塘、大桥、水晶罗家坝、水晶、高村、老河沟、锁江江东、汇口、星光、黄羊、黄羊一级、黄羊三级、白草沟电站恢复项目。总投资2.98亿元。至2011年9月，恢复重建竣工，投入运行。

第十三章　市场服务体系重建

绵阳市市场服务体系包括：市商务局管理的商贸服务业，市发改委管理的区域性综合物流业和粮食储备库，市金融办管理的金融服务体系（银行、证券、保险、信用社）和金融市场的监管机构（人行、银监局），市质监局管理的质监检测服务机构，市政务服务局管理的中介服务机构等。在汶川特大地震中，绵阳市的市场服务体系受到严重破坏，遭受不同程度损毁的项目有28572个，受损的房屋建筑面积达402.27万平方米，造成直接经济损失58.18亿元。市场服务体系灾后列入规划恢复重建项目1633个，规划房屋建筑面积159.44万平方米，规划恢复重建投资总额62.65亿元。截至2011年9月30日，实际投资62.66亿元。

市商务局管理的商贸服务业损毁项目23184个，损毁房屋建筑面积291.68万平方米，造成直接经济损失54.70亿元。在灾后列入《汶川地震灾后恢复重建市场服务体系专项规划》项目1425个，规划房屋建筑面积155.67万平方米，规划投资额25.07亿元。截至2011年9月30日，规划恢复重建的1425个项目全部完工，完工率100%；实际完成投资额26.43亿元，投资完成率达到105.42%。

市发改委管理的粮油库房在汶川特大地震中受损毁的项目4721个，损失仓罐容102.89万吨，损毁房屋建筑面积13.18万平方米，造成直接经济损失27.32亿元。列入恢复重建规划项目46个，房屋规划建筑面积14.02万平方米，规划投资金额6.14亿元，实际投资6.14亿元。同时，区域性综合物流中心列入灾后恢复重建的项目有10个，规划投资金额3.19亿元。实际投资23.19亿元。

市金融办管理的金融服务体系和金融市场监管机构，遭到破坏损毁的有653个项目，损毁房屋建筑面积93.70万平方米，造成直接经济损失17.68亿元。灾后恢复重建规划项目141个，房屋建筑面积12.40万平方米，规划投资金额5.8287亿元，截至2011年9月30日，实际完成投资额4.6427亿元。投资完成率为79.65%。

市质监局管理的质监检测服务机构在汶川特大地震中，遭受破坏损毁的项目有14个，损毁房屋建筑面积3.71万平方米，造成直接经济损失0.35亿元。灾后列入重建规划项目11个，房屋建筑面积3.77万平方米，规划投资金融额2.42亿元。截至2011年9月30日，实际完成投资2.26亿元，投资完成率为93.38%。

第一节 商品零售网点

汶川特大地震中，商品零售企业网点遭到破坏的有8600个，损毁营业房面积约84万平方米，造成直接经济损失13.53亿元。在灾后恢复重建中，列入规划恢复重建的重点项目1296个，规划投资2.27亿元，实际完成投资额2.41亿元。其中农村商贸网点1275个项目，规划投资1.01亿元，实际投资额9842万元；超市9个项目，规划投资5096万元；其他零售商店12个项目，规划投资7466万元，实际投资额7566万元。

一、农村商贸网点

农村商贸网点在震灾前就存在营业用房陈旧、设备简陋、数量少的问题，特别是在北部的北川、安县、平武、江油的山区农村更为突出。汶川特大地震中，农村商贸网点遭到严重破坏，损毁特别严重，损毁农家店1747家，损毁营业房面积88977平方米，造成直接经济损失1.29亿元，给农民购买所需日用生活品造成严重影响。在灾后恢复重建中，各级商务主管部门按照民生优先、便民利民、服务“三农”、着眼长远的基本原则，特别重视农村商贸网点的恢复重建。截至2011年9月30日，规划恢复重建的1275个项目全部竣工，完成房屋建筑面积72614平方米，验收合格，并投入营运。其中投资1257万元，重点恢复重建的1257个“万村千乡市场工程”农家店，提前在2009年6月就全部完成恢复重建任务，为恢复广大农村灾后正常生活及农房重建所需物资供应发挥重要的物资保障作用。投资8585万元全部重建的18个集购、销、服务于一体的乡镇商贸综合服务中心，是农村商贸网点的骨干，不仅起到了优化布局的作用，同时也为绵阳市城乡结合的现代商贸流通体系的建立奠定框架基础。农村商贸网点规划投资1.01亿元，实际投资9842万元，比规划节省275万元，节约2.72个百分点。

表5-13-57

绵阳市农村商贸网点灾后恢复重建规划项目实施一览表

项目名称	建设内容	投资总额（万元）		建设类型	占地面积（亩）	建筑面积（平方米）	年月		项目主体
		规划	实际				开工	竣工	
擂鼓镇农村商贸服务中心	一站式购物、服务、消费、综合经营体	460	460	异地重建	5.25	2000	2009.12	2010.03	北川县发改局
平武平通镇商贸服务中心	经营家电、食品、日用品、电信、农机、药、文化用品	460	460	异地重建	4.5	80	2010.06	2010.12	四川九峰商贸有限责任公司
平武南坝镇商贸综合服务中心	经营家电、食品、日用品、电信、农机、药、文化用品	460	460	异地重建	4.5	200	2010.06	2010.12	四川九峰商贸有限责任公司
安县华蜀连锁清泉镇商贸综合服务中心	新建商场及基础设施、购置货柜货架	460	460	异地重建	7.05	3200	2010.01	2010.07	绵阳华蜀物资公司
华蜀连锁塔水镇商贸综合服务中心	新建经营用房及附属设施设备	400	400	异地重建	6	1500	2010.01	2010.06	绵阳华蜀物资公司
江油三合镇商贸综合服务中心	征地及新建营业用房 2000 平方米	1000	1100	异地重建	2.5	2000	2010.03	2010.10	江油市城建集团
武都镇商贸综合服务中心	新建营业用房 2000 平方米购置设备 10 台	500	510	异地重建	3	2000	2010.02	2010. 09	江油市汇星实业（集团）有限公司
厚坝镇商贸综合服务中心	新建营业用房 1000 平方米，购置设备 10 台	500	510	原地重建	5	1000	2010.03	2010.11	江油市汇星实业（集团）有限公司
涪城盛阳青义镇商贸综合服务中心	农村乡镇一站式购物、服务消费综合体营业设施	460	170	原地重建	5	300	2010.04	2010.10	绵阳市欧伦投资有限公司
吴家农村商贸综合服务中心	一站式购物、服务消费综合营业设施	460	185	原地重建	4	300	2010.04	2010.10	绵阳市欧伦投资有限公司
游仙华蜀连销魏城镇商贸综合服务中心	一站式购物、服务消费综合营业设施	460	460	异地重建	1.8	600	2010.05	2010.10	市华蜀物资有限公司
华蜀连销玉河镇商贸综合服务中心	一站式购物、服务消费综合营业设施	470	470	异地重建	1.6	800	2010.06	2010.12	市华蜀物资有限公司
梓潼佰利宝石农村商贸综合服务中心	征地 3 亩，修建营业用房 1400m^2	480	480	异地重建	3	1400	2010.03	2010.12	惠发农业发展有限公司
鸿峰长卿农村商贸综合服务中心	征地 5 亩，修建营业用房 3000m^2	460	610	异地重建	5	3000	2009.08	2010.12	鸿峰公司
盐亭银丰富驿镇商贸综合服务中心	营业用房建设及设备购置	460	460	异地重建	2.25	1200	2009.01	2010.01	银丰市场开发有限责任公司

续表5-13-57

项目名称	建设内容	投资总额（万元）		建设类型	占地面积（亩）	建筑面积（平方米）	年月		项目主体
		规划	实际				开工	竣工	
联发超市玉龙镇商贸综合服务中心	重建营业用房及相关设施	460	460	异地重建	4.32	1254	2009.06	2010.01	盐亭县玉龙汽车运输有限责任公司
三台芦溪镇农村商贸服务中心	重建营业用房及仓库	460	460	异地重建	1	500	2009.10	2010.08	三台天天量贩有限责任公司
观桥镇农村商贸服务中心	重建营业用房及相关设施	450	470	异地重建	1	1000	2009.10	2010.12	三台县倍海农贸有限责任公司
“万村千乡市场工程”农家店1257项目	重建营业用房及相关设施	1257	1257	维修加固	210	50280	2008.06	2009.06	—
合计1275个项目	—	10117	9842	—	276.7	72614	—	—	—

表5-13-58　　绵阳市“万村千乡市场工程”农家店分布情况表

	项目个数	投资额（万元）
全　市	1257	1257
北川县	27	27
平武县	28	28
安　县	95	95
江油市	231	231
涪城区	139	139
游仙区	235	235
梓潼县	152	152
盐亭县	116	116
三台县	234	234

二、重点项目

（一）梓潼县鸿峰长卿农村商贸综合服务中心

梓潼县鸿峰商贸有限公司是国家商务部批准的梓潼县“万村千乡市场工程”承办企业。为加快恢复重建灾区市场服务体系，保障市场供应，切实有效解决乡镇农民方便消费，根据省、市、县实施“惠民行动”与灾后恢复重建的有关文件精神，决定新建梓潼县鸿锋长卿农村商贸综合服务中心。

中心建在梓潼县经济技术园区（绵梓路49公里处），占地面积5亩。资金来源为国内贷款300万元，自筹资金310万元；投资总额610万元。2009年8月开工，2010年12月竣工。

该项目是省、市、县灾区重建2009年度重点项目之一。新建综合服务市场1500平方米，仓储及其它附属设施500平方米，为县城各大超市、餐饮、零售网点和全县乡镇、村级农家店提供配送、批发服务。可提供30~50个就业岗位，每年可上缴税费20万元左右。

（二）三合镇商贸综合服务中心

地震后，江油市各大超市、购物中心受到严重损害。汇星集团下属购物中心、平等街超市、武都商场、长钢商场、通惠商场、配送中心等六大直营卖场3万余平方米的房屋和设施均遭受不同程度的毁损，损失金额共计3068万元。

商务部、四川省商务厅为保障灾区农村商品供应而确定在39个灾区县（市）乡（镇）建设集日常生活商品经营、非处方药品经营、农副土特产收购经营、农资农具、五金、文化用品经营、信息服务等综合性经营、服务为一体的，有一定规模的农村商贸综合服务中心。经江油市委、市政府同意，将三合镇商贸综合服务中心纳入规划。

三合镇是江油市人口较多，消费水平较高的大镇，经济相对发达、人口较多、商业设施相对不足。该商贸中心包括生产型商贸综合服务中心和生活型商贸综合服务中心，项目总投资1000余万元（含引进的电信、农业银行等），形成3000余平方米的经营面积。

项目按照“用地集约、空间集中、服务集成”的原则进行统一规划、统一建设。于2009年3月开工，2010年10月竣工。

项目集日常生活用品经营、生鲜食品、果蔬、农副产品、非处方药品、文化用品、五金、农具、电信、农行储蓄、信息咨询服务、餐饮娱乐等综合性经营、服务于一体。既解决乡镇买难、卖难的问题，又为改善乡镇购物环境，保障乡镇流通商品质量，提升乡镇消费水平，为农民朋友免费提供信息服务，引导农产品生产、流通起到典型的示范作用。

三、超市

（一）概况

汶川特大地震中，绵阳市的超市不同程度损毁的有857家，损毁营业房面积23.29万平方米，造成直接经济损失2.68亿元。被列入灾后恢复重建重点项目的有9个，其中北川、安县、平武3个极重灾区县占8个。规划投资5096万元，实际投资额6665万元。2010年12月31日，9个恢复重建项目，全部竣工投入营业。

表5-13-59

绵阳市超市灾后恢复重建规划项目实施一览表

项目名称	建设内容	投资总额（万元）		建设类型	占地面积（亩）	建筑面积（平方米）	年月		项目主体
		规划	实际				开工	竣工	
北川大型超市	占地10亩，新建商业用房4500平方米	1200	1200	异地重建	10	4500	2009.12	2010.08	北川县发改委
北川日用品超市	占地7.5亩，新建商业用房3000平方米	780	780	异地重建	7.5	3000	2009.08	2010.08	北川县发改委
北川综合超市	占地7.5亩，新建商业用房3000平方米	780	780	异地重建	7.5	3000	2009.07	2010.05	北川县发改委
平武鑫隆超市	征地10亩，新建营业楼、停车场、餐厅、休闲娱乐中心	1200	1200	异地重建	10	3100	2010.02	2010.12	平武县宇隆商贸服务中心
平武东风超市	恢复店堂、门面	1	1	维修加固	0.1	60	2008.09	2008.12	平武东风超市
平武花园超市	恢复加固店堂、门面	2	2	维修加固	0.4	600	2009.06	2009.12	平武花园超市
平武东门超市	维修加固店堂、门面	2	2	维修加固	0.4	500	2008.08	2008.12	平武东门超市
安县秀水贵翔超市	新建商场1200平方米	440	440	异地重建	6.6	1200	2010.02	2010.09	秀水贵翔超市
绵阳成都人民商场	维修加固营业用房及设施	691	2260	维修加固	—	1200	2008.06	2009.04	成都人民商场（集团）绵阳有限公司
合　计	9个项目	5096	6665	—	42.5	17160	—	—	—

（二）重点项目

1. 北川大型超市

北川县城所有超市在大地震中遭到严重破坏，造成直接经济损失1.09亿元。其中东兴超市、顶呱呱超市、剑波超市、华兴超市、蓝蓝超市、吉祥超市、陈家坝鑫盛超市、陈家坝汇星超市和禹里天林超市等9家超市在地震中全部损毁，完全丧失生产经营能力，损毁营业用房面积8300平方米，超市仓储及附属设施损坏等共造成直接经济损失6620万元；小坝贵春超市、小坝红梅超市、坝底惠姝超市和坝底金三角超市等18家超市在地震中部分损毁，损毁营业用房面积2500平方米，直接经济损失4300万元。

北川大型超市将项目选址在北川新县城，由山东省济宁市援建。规划占地面积10亩，建筑面积4500平方米，估算投资1200万元人民币。因考虑北川县城建成后，羌族特色步行街将是新北川县城人流量最大的人员聚集地，经过多方论证，最终决定将大型超市建设在羌族特色步行街。2009年12月6日项目开工建设，仅两个多月时间，2010年2月20日工程全面竣工。

新建成的北川大型超市以消费者为中心，注重消费者购买规律研究，对卖场科学合理布局。既使顾客容易选择，又充分考虑店员工作效率；既有舒适的购物环境，又扩大商品的售量。超市的通道划分为主通道与副通道，主通道是引导顾客行动的主线，副通道是顾客在超市内移动的支线。超市内主副通道是根据超市内商品的配置与陈列而设计的。

2. 平武县鑫隆超市

特大地震致使平武县鑫隆超市营业用房、办公楼等设施设备严重损毁，货物、仪器设备不同程度损坏，直接经济损失1100万元。

2008年，国家发改委、商务部、中国人民银行把该项目列入《汶川地震灾后恢复重建市场服务专项规划的通知》，批准该项目进行灾后恢复重建。

2009年11月，在平武县龙安镇东皋村恢复重建。建设规模为占地6.3亩，建筑面积3100平方米。内设超市、商务宾馆、餐厅、休闲娱乐场所、仓库房、厕所、停车场、冷库、办公楼、住宿楼等，资金来源为企业自筹，总投资1200万元。2010年2月开工，12月完工。

四、其他零售商店

（一）概况

其他零售商店是指除农村商贸网点和超市以外的其他零售业态。在汶川特大地震中不同程度损毁的其他零售商店有5996个，损毁的营业房面积51.73万平方米，造成的直接经济损失95560万元。灾后恢复重建列入规划的项目有12个，规划投资7466万元。到2010年12月31日，12个项目全部竣工投入运营，实际投资额7566万元。

表5-13-60

绵阳市其他零售业灾后恢复重建规划项目实施一览表

项目名称	建设内容	投资总额（万元）		建设类型	占地面积（亩）	建筑面积（平方米）	年月		项目主体
		规划	实际				开工	竣工	
平武南坝银河家电商场	维修加固店堂、门面	2	2	维修加固	0.2	600	2009.06	2009.12	平武南坝银河家电商场
先锋合作商店	维修加固店堂、门面	1	1	维修加固	0.1	190	2008.08	2008.12	先锋合作商店
平通合作商店	维修加固店堂、门面	2	2	维修加固	0.1	200	2008.09	2008.11	平通合作商店
古城合作商店	维修加固店堂、门面	2	2	维修加固	0.1	180	2008.09	2008.12	古城合作商店
响岩合作商店	维修加固店堂、门面	2	2	维修加固	0.1	120	2010.06	2010.12	响岩合作商店
锁江合作商店	维修加固店堂、门面	2	2	维修加固	0.1	200	2009.06	2009.12	锁江合作商店
水晶合作商店	维修加固店堂、门面	2	2	维修加固	0.1	180	2008.08	2008.12	水晶合作商店
徐塘商店	维修加固店堂、门面	1	1	维修加固	0.1	180	2008.09	2008.11	徐塘商店
枕头坪村小卖部	维修加固店堂、门面	1	1	维修加固	0.1	150	2008.09	2008.12	枕头坪村小卖部
汇口小卖部	维修加固店堂、门面	1	1	维修加固	0.1	130	2008.08	2008.11	汇口小卖部
江油九峰购物中心	新建营业用房 5000m^2，购设备 5 台	5450	5550	异地重建	8	5000	2009.11	2010.05	四川九峰商贸有限责任公司
江油纪念碑购物中心	新建营业用房 12000m^2，购设备 20 台	2000	2000	维修加固	18.5	12000	2008.05	2009.08	汇星实业有限公司
其他零售业合计 12 个项目	—	7466	7566		27.6	19130	—	—	—

（二）重点项目

地震造成四川省汇星实业（集团）有限公司旗下江油纪念碑购物中心、汇星超市总店、汇星配送中心、汇星武都超市、汇星三合超市等营业场所2万余平方米遭受不同程度的毁损。江油纪念碑购物中心恢复重建项目是该集团将纪念碑购物中心与汇星超市总店打捆上报的一个灾后恢复重建项目。

该购物中心项目位于江油市纪念碑城市中心核心商业圈，占地面积3000余平方米，商场营业面积1.4万余平方米，超市总店位于纪念碑核心商圈东南侧，占地面积3000余平方米，营业面积6000余平方米，属于江油市规模最大，市场份额最高的商场。项目总投资2000余万元，其中企业自筹1800余万元，中央财政补贴130万元。

2008年5月，纪念碑购物中心1~3楼和超市总店实施恢复重建维修加固，2008年8月基本完成，恢复纪念碑购物中心1~3楼和超市总店的正常经营；2008年9月起，对纪念碑购物中心4~6楼实施恢复重建加固，至2009年9月底基本全面完成纪念碑购物中心恢复重建任务。

第二节　商贸批发体系

批发市场在汶川特大地震中遭到不同程度损毁的有379个，损毁营业房面积60.46万平方米，造成直接经济损失12.04亿元。在灾后恢复重建中，列入规划恢复重建的批发市场项目21个。规划投资6.65亿元，截至2011年9月30日，规划21个项目均已竣工投入营运，实际投资额6.51亿元。

在恢复重建的21个批发市场项目中，恢复重建农产品批发市场7个项目，规划投资2.36亿元，实际投资2.25亿元；恢复重建畜产品批发市场3个项目，规划投资2100万元，实际投资2100万元；恢复重建生产资料批发市场6个项目，规划投资2.74亿元，实际投资2.49亿元；恢复重建日用消费品批发市场5个项目，规划投资1.34亿元，实际投资1.56亿元。

一、农产品批发市场

（一）概况

在特大地震中遭到不同程度损毁的有16个，损毁营业房面积5.05万平方米，造成直接经济损失2.06亿元。在灾后恢复重建过程中，列入规划项目的农产品批发市场有7个，规划投资2.36亿元。截至2010年12月31日，平武县农产品批发市场、江油九禾蔬菜专业批发市场、江油蔬菜水果批发市场、盐亭城北农副产品交易市场4个原地重建项目和江油五洲农副产品批发市场、涪城高水农副产品批发市场、三台集润农产品批发市场3个异地重建项目均全部竣工投入营运。实际投资2.25亿元，比规划少1100万元。

表5-13-61

绵阳市农产品批发市场灾后恢复重建规划项目实施一览表

项目名称	建设内容	投资总额（万元）		建设类型	占地面积（亩）	建筑面积（平方米）	年月		项目主体
		规划	实际				开工	竣工	
平武县农副产品批发市场	恢复重建物资仓库、交易场所、停车场、消防、市场管理	600	600	原地重建	15	2000	2009.09	2010.12	东皋农副产品批发市场管理有限公司
江油九禾蔬菜专业批发市场	新建交易房4000平方米，购设备20台，装修改造升级	386	386	原地重建	7	4000	2008.11	2009.04	江油市九禾蔬菜专业批发市场
江油蔬菜水果批发市场	新建交易房13600平方米，修复和购设备25台，	1750	1750	异地重建	22	13600	2009.09	2010.05	四川江油宏安集团房地产开发有限公司
江油五洲农副产品批发市场	新征土地20亩，新建房10000平方米，购置设备10台	3200	3200	异地重建	20	12000	2010.01	2010.12	绵阳五洲农业开发有限公司
高水农副产品批发市场	征地250亩，建设市场营业用房15万平方米	12500	12500	异地重建	250	150000	2008.12	2010.12	绵阳市高水农副产品批发有限公司
盐亭城北农副产品交易市场	建设经营用房1700平方米，购买有关设施设备	1400	1400	原地重建	5.55	1700	2009.04	2010.12	四川城东投资有限责任公司
三台集润农产品批发市场	室内交易市场、附属综合楼停车场	3800	5200	异地重建	30	42000	2008.06	2010.02	三台县集润农贸市场开发有限公司
合计：7个项目	—	23636	22536	—	349.55	225300	—	—	—

(二) 重点项目

1. 高水农产品批发市场

市场位于绵阳市涪城区长虹大道北段，始建于1993年，有经营场地1.76万平方米。

根据市委、市人民政府关于“城内企业、批发市场，用五年时间逐步退出主城区，进入规划的专业园区”的文件精神和国家灾后恢复重建规划及绵阳市商务局《绵阳科技城商业网点规划》(2011—2020年)的要求，经市委、市政府批准，绵阳市高水农副产品有限公司决定将高水蔬菜批发市场北迁至涪城区龙门镇进行重建。

高水农产品批发市场项目经批准立项、可行性研究论证、规划设计、征地拆迁、环境评估、节能减排评估、地质勘测、施工图会审、项目招标等工作，全面开工建设，在2011年建成并投入使用。

项目占地面积230亩，新建批发交易设施9.38万平方米，其中批发交易大棚2.92万平方米、1450个摊位、商业网点2.9万平方米、1440个营业门面、520间配套用房、道路2.36万平方米、停车场1.14万平方米、公共卫生间820平方米、地埋式垃圾处理站380平方米。项目建设集检验检测、信息发布、安全监控、冷藏加工、物流配送、金融服务于一体。

高水农产品批发市场项目建成后，预计可实现农产品年交易量200万吨，交易额25~35亿元，利税3000万元；辐射带动蔬菜基地300万亩，农户60余万户，助农年均增收1200~1500元，转移农村剩余劳动力6000至8000余人，直接为农民工创收2000万元，安置下岗和社会其他人员200余人。

2. 三台集润农产品批发市场

根据三台县灾后重建规划和农贸市场规划，三台县集润农贸市场开发有限责任公司在梓锦新城片区新建现代化农产品批发市场，切实解决农副产品“卖难”问题，促进农副产品市场开拓，衔接产需、满足消费、拉动产业发展，提升城市综合形象，促进县域经济发展。

项目计划投资总额4000万元（自筹3000万元、贷款1000万元），占地20亩，主要建筑面积3.2万平方米。项目于2008年7月开工，2010年7月主体工程完工建成，该项目实际完成投资4220万。项目经有关部门验收合格后，中央重建资金120万元已及时拨付到位。该项目是绵阳市地震灾后恢复重建市场体系项目中规模最大、进度最快的工程，也是三台县建设规模最大、功能定位最齐、配套设施最好的综合批发市场。

项目主体工程为5层全框架建筑，附属综合楼为7层建筑，建筑总面积为3.2万平方米，设有农产品交易区、副食品交易区、汽车交易区、餐饮、娱乐、住宿区、仓储、车库区等。主体工程二楼按《四川省灾区农贸市场建设标准》规划与修建的农产品批发零售交易区为连体式室内农贸市场，交易商品的布置分区明确，化类归市，场内经营设施、配套工程设施符合要求，并安装有消防喷淋，安全监控系统。

项目建成营业后，可增加从业人员500人，新增带动就业人员600人，新增市场带动农户1200户，新增年交易量60万公斤，新增年交易额6000万元。门面、铺面、摊位、停车场全面实行租赁制，预计年总收入700万元、同时还会为国家增加税收。远期可实现就业1500人，实现交易额过亿元，并相应带动梓锦新城片区的经济发展。

二、畜产品批发市场

(一) 概况

绵阳市畜产品批发市场，在汶川特大地震中受到破坏的有2个，损毁营业房面积3300平方米，造成直接经济损失129万元。在灾后恢复重建中，列入恢复重建项目3个，其中原地重建项目2个，异地重建项目1个，规划投资2100万元，实际投资2100万元，截至2010年12月31日，3个项目都已竣工投入营运。

表5-13-62

绵阳市畜产品批发市场灾后恢复重建规划项目实施一览表

项目名称	建设内容	投资总额（万元）		建设类型	占地面积（亩）	建筑面积（平方米）	年月		项目主体
		规划	实际				开工	竣工	
江油市川西北仔猪批发市场	场坝及道路、房屋、猪舍及配套设备	1500	1500	原地重建	16.29	3543	2008.10	2010.05	三旺仔猪科技有限责任公司
游仙鸿通畜产品市场	修建市场用房300平方米，新增部分设施和设备	400	400	原地重建	9	3000	2009.04	2010.06	游仙区鸿通农贸市场
盐亭畜产品交易市场	征地3亩，建筑市场用房1500平方米	200	200	异地重建	3	1500	2009.12	2010.05	盐亭县云溪镇人民政府
合计：3个项目	—	2100	2100	—	28.29	8043	—	—	—

（二）重点项目

1. 江油川西北仔猪批发市场

特大地震后，利用国家灾后对生猪养殖资金的投入，将江油市川西北仔猪批发市场纳入《江油市市场服务体系灾后恢复重建专项规划》。川西北仔猪批发市场位于江油市三合镇，项目总用地面积16.29亩，总建筑面积3542.53平方米，场坝及道路面积5794.84平方米，绿化面积1528.72平方米，项目总投资1570万元。公司自筹1370万元，占总投资的87%；市场服务体系恢复重建资金补助资金220万元，占总投资的14%。项目开工时间2008年10月28日，竣工时间2010年5月31日。

川西北仔猪交易批发市场，为养殖场（户）提供交易平台，扩大生猪交易量，年交易仔猪120万头，肥猪30万头，按3元/头收取市场管理费，创收入450万元，创利润300万元左。由绵阳市畜牧局牵头，吸收9个县（市、区）养殖专业大户成立仔猪销售联盟，通过规范化、标准化管理运作，减少疫病的发生，增强仔猪外销的信誉度，社会效益显著。

2. 游仙鸿通畜产品市场

市场始建于1995年，位于绵阳魏城镇，市场占地20余亩，历来是绵阳游仙区、三台、梓潼等县区鲜活畜、禽产品和农副产品批发零售交易的集散地，市场年交易额达1.1亿元，2007年被农业部批准为第十三批农业部定点市场。

在特大地震中，市场设施遭到严重破坏，垮塌交易区2处，其他交易设施不同程度受损，砸死家禽1600余只，仔猪300余头，直接经济损失达400多万元，致使该市场无法从事正常交易活动。

2008年年底，由业主计划自筹资金400万元，2009年6月开工重建，2010年5月竣工。市场新建4个交易区，搭建彩钢棚2800平方米，地面进行硬化，新建污水处理池1个，对市场邻河一方进行条石码砌加固365米，总计投资403万元。市场建成后，容量大幅提高，经营面积达到5000平方米，长途贩运商户由30户增加到60户，年交易额从1.1亿元增至2.5亿元，新增管理人员10人。游仙鸿通市场的恢复重建，对当地的经济发展起到促进作用。

三、生产资料批发市场

（一）概况

绵阳市生产资料批发市场，在汶川特大地震中遭到严重破坏，损毁营业房面积6.39万平方米，造成直接经济损失9449万元。在灾后恢复重建中，列入规划恢复重建的项目有6个（包括建材市场2个）。规划投资2.74亿元，截至2011年9月30日，6个项目均已竣工，投入营运。实际投资额2.49亿元，比规划少2480万元。

表5-13-63　　绵阳市生产资料批发市场灾后恢复重建规划项目实施一览表

项目名称	建设内容	投资总额（万元）		建设类型	占地面积（亩）	建筑面积（平方米）	年月		项目主体
		规划	实际				开工	竣工	
江油生产资料批发市场	新建交易用房15000平方米，修复购置设备10台	3000	3020	异地重建	24	15000	2009.09	2011.08	市燃料实业有限公司
绵阳钢材现货交易市场	征地150亩，建设5.3万平方米,可供400~600家企业进驻的大型钢材市场	15000	15000	异地重建	200	76000	2008.11	2010.05	绵阳闽兴投资有限公司
绵阳市汇川钢材石材交易市场	建筑商铺、办公楼、货场、购置设施、设备	4000	4000	异地重建	360	240000	2008.08	2010.12	绵阳汇川实业集团
农用车销售市场	房屋及停车场建设	2000	2000	异地重建	60	40000	2008.09	2010.12	绵阳市更岗商贸有限公司
盐亭川东荣马建材物资批发市场	市场房屋、设施、设备建设	400	400	异地重建	5.25	3200	2009.09	2010.12	盐亭县川东北市场开发服务有限公司
盐亭昆仑建材市场	新征土地96.5亩，建设标准化市场、物流中心停车场	3000	3000	原址重建	96.5	40000	2009.03	2010.12	盐亭县昆仑建材市场有限责任公司
合计：6个项目	—	27400	24920	—	745.75	414200	—	—	—

（二）重点项目

特大地震使全市城镇住房和工业遭受惨重损失，灾后重建导致钢材需求量剧增。在绵阳市区建设一个大型现代物流中心，尤其是钢材物流中心，就显得十分必要，既可以服务当地经济发展，也可以减轻建设成本。

绵阳闽兴投资有限公司投资建设的绵阳闽兴钢材现货交易市场地处绵阳市高新区永兴镇。项目计划总投资3亿元，资金全部由企业自筹。总占地面积为200亩，总营业面积7.6万平方米，建成600套商务办公楼、6000平方米办公楼作为闽兴投资有限公司、闽兴市场经营管理有限公司和隆兴担保有限公司的办公用房。建成室内仓库3个，面积1.5万平方米；露天堆场4.5万平方米；硬化道路面积2万平方米；安装15吨行车5部、16吨吊车3辆、150吨地磅1台、40吨自卸货车30辆。

项目总面积10万平方米。一期用地面积5.2万平方米，总建筑面积2.51万平方米，新建绿化面积7286平方米，建筑密度19.6%、容积率46.9%、绿地率13.8%，地上机动车停车位200个，地上自行车停车位60个。

第一期工程2008后11月8日开工，2009年3月8日竣工。市场一期工程完成建设任务后已经进驻190余家企业商户，签约进驻率达85%以上，其中注册资金1000万元以上的企业商户超50家。主要经营范围包括建筑用螺纹钢、线材、管材、板材、型材、特种钢等各类钢材，市场运营状态平稳有序，商户经营现况良好。

市场购买了15吨行车5部、16吨吊车3部、150吨地磅1台，同时拥有30辆40吨自卸货车组成的物流车队。市场硬化道路面积为2万平方米，停车位200多个，商户人员出行及货品进出十分便捷高效。2010年1—9月，市场的交易额突破20亿元。

四、日用消费品批发市场

（一）概况

在特大地震中，日用消费品批发市场破坏严重，房屋面积5860平方米，造成直接经济损失1.99亿元。在灾后恢复重建中，列入规划的日用消费品批发市场项目6个，其中维修加固2个、原地重建1个、异地重建3个。规划投资14250万元。截至2010年12月31日，6个项目全部竣工运营，实际投资总额16485万元，比规划多投资2235万元。

表5-13-64 绵阳市日用消费品批发市场灾后恢复重建规划项目实施一览表

项目名称	建设内容	投资总额（万元）		建设类型	占地面积（亩）	建筑面积（平方米）	年月		项目主体
		规划	实际				开工	竣工	
北川羌族乡民品综合批发市场	占地50亩，新建市场房屋22120平方米	4000	4000	异地重建	50	22120	2009.12	2010.09	北川县发改局
江油日用消费品批发市场	新征地50亩，新建市场房屋18000平方米，购置设备4台	3150	3150	异地重建	50	30000	2008.12	2010.12	四川九峰商贸有限责任公司
花园批发市场	维修加固3.2万平方米交易市场营业用房及设施，购置设备	900	930	维修加固	51	32000	2008.06	2008.09	绵阳市三汇实业有限责任公司
东辰花园批发市场	维修加固营业用房及设施，购置设备	500	500	维修加固	30	20000	2008.06	2008.08	四川东辰企业集团股份有限公司
游仙堂宏国际商业中心消费品交易市场	市场房屋、设施建设及设备购置	5000	6675	原址重建	10	12000	2009.03	2010.12	四川堂宏实业集团有限公司
梓潼县小商品批发市场	新建市场房屋、设施、设备的标准化市场，批零兼营	700	700	异地重建	5	2573	2010.02	2010.12	鸿锋公司
合计：6个项目	—	14250	16485	—	196	118693	—	—	—

（二）重点项目

1. 北川羌乡民品综合批发市场

在特大地震中，北川县羌乡民品市场遭到地震毁灭性的破坏，完全丧失经营能力，全部损毁的营业房面积2.61万平方米，损毁设施设备2000台（套），直接经济损失1.10亿元。

北川县农民所种的粮食、蔬菜、水果及农副产品因受交通、季节、气候以及农产品销售信息渠道的影响，销路不畅、销价偏低，严重挫伤农民生产积极性，影响灾后生产恢复及农民生产自救。

北川县佰益福利综合服务有限公司提出在北川新县城建立羌乡民品综合市场。对提高本区域工业品的产销率及农副产品的商品率具有重要意义，同时市场肩负着保护和传承羌族文化特色的历史重任。

羌乡民品市场由山东省济宁市援建，占地面积50亩，总建筑面积2.21万平方米，总投资4076.91万元。

工程于2009年12月20号开工建设，2010年3月3日市场工程主体顺利封顶。

建成后的羌乡民品市场是新北川重要的羌族特色民族产品交易中心。以地域民族风情为主题，以民族民俗手工艺展示为特色，集购物、餐饮、娱乐、休憩等功能为一体，对放大北川新县名城效应，彰显羌文化优势和独特吸引力，具有明显的意义和作用。

2. 堂宏国际商业中心消费品交易市场

堂宏国际商业中心消费品交易市场，位于绵阳市游仙区一环路东段，2004年由四川堂宏实业集团有限公司投资3000万元兴建。

特大地震后，市场全面瘫痪，商品直接损失300余万元，间接损失2000余万元。市场内所有建筑物经市有关部门鉴定为危房，须拆除重建，直接经济损失达1800万元。

交易市场原址重建，由四川堂宏实业集团有限公司自筹。2009年3月22日开工重建，2011年5月竣工。

重建市场面积6万平方米，其中住宅面积3.5万平方米、商业面积2.5万平方米。有20多家国内知名商家入驻商场，年增利税1200万元。

第三节　农贸市场体系

农贸市场在汶川特大地震中受灾最为严重，损毁市场144个，占全市231个市场的62.34%。损毁营业房面积1.71万平方米，直接经济损失3.59亿元。在灾后恢复重建中，列入恢复重建规划的农贸市场项目有50个，规划投资总额1.73亿元，截至2011年9月30日，50个市场项目全部竣工投入运营，实际投资1.88亿元。其中乡镇农贸市场规划项目41个，规划投资1.47亿元，实际投资1.61亿元。城区农贸市场规划项目9个，规划投资2600万元，实际投资2735万元。

一、乡镇农贸市场

乡镇农贸市场是指绵阳市所辖北川、安县、平武、江油、梓潼、盐亭、三台7县（市）的农贸市场。列入灾后恢复重建规划的乡镇农贸市场共41个，其中北川13个、安县3个、平武2个、江油市7个、梓潼县9个、盐亭县2个、三台县6个。

表5-13-65

绵阳市6县1市乡镇农贸市场灾后恢复重建规划项目实施一览表

项目名称	建设内容	投资总额（万元）		建设类型	占地面积（亩）	建筑面积（平方米）	年月		项目主体
		规划	实际				开工	竣工	
北川山东援建乡镇农贸市场10个项目	交易大棚及营业用房	1395	1395	异地重建	15	7250	2009.10	2010.12	北川县政府
北川县综合农贸市场	交易大棚、营业用房及基础设施	800	800	异地重建	16.5	9000	2009.08	2010.10	北川县发改局
北川县禹里乡农贸市场	交易棚、摊位及营业用房	500	210	原址重建	5	2500	2009.12	2011.08	北川县发改局
北川擂鼓综合市场	一站式购物、服务消费综合体	800	800	原址重建	5	2000	2009.10	2000.08	北川县发改局
平武南坝农贸市场	恢复重建商业门面 88 间，道路及附属设施	400	410	原址重建	15	4900	2009.12	2010.11	南坝鑫盛农贸市场有限公司
平武平通镇农贸市场	重建 9000 平方米场地，交易大棚及营业用房	400	400	原址重建	9	2100	2009.12	2010.11	荣江市场管理有限公司
安县花荄农贸市场	交易棚、活禽交易屠宰区、污水处理、门面、货台、基础设施	460	460	原址重建	8.7	3730	2009.03	2010.10	花荄镇政府
安县晓坝镇农贸市场	楼房 2200 平方米，、围墙 220 米，排水沟 320 米、挡碴墙里墙 70 米	700	700	异地重建	10	2200	2009.12	2010.04	安县晓坝镇政府
秀水镇农贸市场	新建交易大棚、摊位、营业门面、消防、卫生、电力等设施	700	700	原址重建	9	5800	2008.09	2010.07	秀水镇政府
江油青莲镇农贸市场	新建交易用房、购置设备 3 台	400	410	原址重建	5	300	2008.08	2009.05	青莲镇农贸市场
中坝镇农贸市场	建交易用房 5500 平方米，购置设施设备 6 台	500	500	原址重建	9	5500	2009.08	2010.01	中坝镇农贸市场
雁门镇农贸市场	建交易用房 2000 平方米，购置设备 2 台	200	220	原址重建	3.5	2000	2009.04	2009.09	雁门乡农贸市场
厚坝镇农贸市场	建交易用房 2000 平方米，购置设备 4 台	300	515	原址重建	5	3000	2008.11	2009.03	厚坝镇农贸市场
龙凤镇农贸市场	建交易棚和营业用房 2500 平方米，购设备 5 台	300	355	原址重建	4	2500	2009.03	2009.09	龙凤镇农贸市场
小溪坝农贸市场	交易用房 3000 平方米.购置设备 3 台	300	360	原址重建	5	3000	2008.11	2009.01	小溪坝农贸市场

续表5-13-65

项目名称	建设内容	投资总额（万元）		建设类型	占地面积（亩）	建筑面积（平方米）	年月		项目主体
		规划	实际				开工	竣工	
永胜镇农贸市场	交易用房3000平方米，购置设备3台	300	300	原址重建	5	3000	2009.01	2009.05	永胜镇农贸市场
梓潼县昌华东门农副产品交易市场	按标准市场建设市场房屋及附属设施	1105	2235	原址重建	14	8166	2008.08	2009.12	润民公司
仙锋乡农贸市场	按标准化农贸市场改造，可批发	65	65	维修加固	4	2442	2009.02	2009.06	双柏村三社
城南农贸市场	征地5亩，按标准建设市场房屋及设施	150	150	维修加固	5	4960	2009.10	2010.12	兴盛物业公司
玛瑙镇农贸市场	按农贸市场标准改造	120	120	维修加固	4	790	2010.07	2010.12	玛瑙镇政府
观义镇农贸市场	按农贸市场标准改造	60	60	维修加固	4	3198	2010.03	2010.07	观义镇政府
白云镇农贸市场	按农贸市场标准改造	80	85	维修加固	4	1178	2009.12	2010.03	白云镇政府
黎雅镇农贸市场	按农贸市场标准改造	100	100	维修加固	4	1600	2009.09	2010.04	黎雅镇政府
卧龙镇农贸市场	建市场4652平方米，摊位300个	100	110	原址重建	8	6220	2010.03	2010.10	卧龙镇政府
仁和镇农贸市场	新建4000平方米，农产品交易市场	200	200	原址重建	0.3	3268	2010.09	2010.12	仁和镇政府
盐亭乡镇农贸市场	建筑市场房屋及市场相关设施设备	2200	2200	原址重建	27	16140	2008.09	2010.12	盐亭县望江楼市场及相关乡镇
盐亭县富驿镇农贸市场	建筑市场房屋及相关设施	300	300	民地重建	4.2	2500	2008.12	2009.12	盐亭县银丰市场开发有限责任公司
三台刘营镇农贸市场	营业用房、交易大棚	200	320	民地重建	6	2000	2009.02	2010.12	三台县刘营镇农贸市场
三台武昌馆农贸市场	恢复建设5000平方米交易市场	500	500	维修加固	15	3500	2009.03	2009.10	三台县君鑫综合市场有限公司
观桥镇农贸市场	营业用房、交易大棚	300	360	民地重建	10	3800	2009.02	2009.10	三台县倍海农贸有限责任市场

续表5-13-65

项目名称	建设内容	投资总额（万元）		建设类型	占地面积（亩）	建筑面积（平方米）	年月		项目主体
		规划	实际				开工	竣工	
石安镇农贸市场	营业用房、交易大棚	500	100	原址重建	8	4500	2008.09	2009.12	三台县石安镇洪源泉农贸市场
塔山镇农贸市场	营业用房、交易大棚	250	575	原址重建	10	1000	2009.05	2010.06	塔山荷花综合市场
山鑫农贸市场	营业用房、交易大棚	500	590	原址重建	40	4000	2009.05	2010.06	山鑫综合市场有限责任公司
合计：42 个项目	—	15185	16605	—	307	130742	—	—	—

二、重点项目

（一）安县晓坝农贸市场

晓坝镇是川西北有名的枣皮之乡。特大地震造成集贸市场无法使用。国家决定晓坝镇场镇的灾后恢复重建为原地迁址重建，镇场人口整体外移。

新建的晓坝镇集贸市场位于晓坝新场镇，总投资规模为300万元，于2010年4月30日完工。

市场占地面积2200平方米，房屋建筑面积2200平方米，围墙220米，排水沟320米，临时挡渣墙70米。集贸市场品种齐全，方便群众购买生产生活用品。

（二）梓潼县昌华东门农副产品交易市场

东门市场是梓潼县城中心人口最集中的一个交易市场。特大地震后，市场多处房屋严重受损，经营户和农户无法正常在市场内交易，只好沿街摆摊，给市政管理造成较大困难。

市场原址重建，占地面积8166.3平方米，总投资2235万元，其中润民公司自筹资金1260万元、贷款资金840万元。

2008年8月开工，2009年12月竣工。建筑面积9830平方米，市场营业面积4326平方米，含113间门面房、172个菜棚摊位、120个菜农小摊位。

市场交易量一年可达4500万公斤，交易额达3500万元，上缴税收170万元，安排市场从业人员480人，劳动就业人数680人，带动货源农民1.2万户，改变沿街摆摊设点现象，净化城市生活环境。

三、市区农贸市场

（一）概况

市区农贸市场是指绵阳市涪城和游仙两个城区的农贸市场。城区农贸市场列入灾后恢复重建规划的项目共9个，其中涪城区3个、游仙区6个。两区农贸市场灾后恢复重建详情见城区农贸市场灾后恢复重建规划项目实施一览表。

表5-13-66

绵阳市城区农贸市场灾后恢复重建规划项目实施一览表

项目名称	建设内容	投资总额（万元）		建设类型	占地面积（亩）	建筑面积（平方米）	年月		项目主体
		规划	实际				开工	竣工	
涪城磨家镇农贸市场	交易大棚、经营用房及相关配套设施	200	350	异地重建	10	3000	2008.12	2009.12	绵阳恒圣投资有限公司
杨家镇农贸市场	新建营业用房、钢结构大棚及配套基础设施	400	370	异地重建	5.3	2400	2009.06	2009.12	绵阳市长盛实业有限公司
关帝镇农贸市场	营业用房及1200个摊位	200	200	异地重建	12	8000	—	—	四川正农畜禽养殖
游仙忠兴天大农贸市场	重建交易区3000平方米，新增部分设施	600	582	原址重建	6	3000	2009.12	2009.12	绵阳天大饲料有限公司
刘家农贸市场	重建交易区及新增部分设施	350	383	原址重建	10	3000	2009.04	2010.02	游仙区鑫辉机械厂
新桥民旺农贸市场	新建交易区1000平方米	200	200	原址重建	3	1000	2009.03	2009.12	游仙区民旺农贸市场
魏城镇春华农贸市场	重建交易区3000平方米	400	400	原址重建	5	3000	2010.09	2010.12	游仙春华综合市场
街子乡农贸市场	重建交易区2000平方米	120	120	异地重建	8	2000	2009.06	2010.12	街子农贸市场
东宣农贸综合市场	交易用房及相关设施	130	130	异地重建	7	2000	2009.07	2010.12	东宣农贸市场
合计：9个项目	—	2600	2735	—	66.3	27400	—	—	—

（二）重点项目

1. 杨家镇农贸市场

杨家镇农贸市场在特大地震中大部损毁，灾后杨家镇的农副产品交易以街为市，严重阻塞交通。

绵阳长盛实业有限公司计划投资400万元，在原址上重建一个功能完善的农贸市场。工程于2009年5月30日动工，2009年10月30日竣工，2009年12月10日正式投入使用。

新建杨家镇农贸市场，实际完成投资340余万元，占地4000余平方米。市场内经营面积2700余平方米，有各类摊位200余个，可吸纳经营户300余户。解决就业人员300人，带动相关从业人员近1000人；可带动种、养殖产业经营户500余户，年农产品交易量将达100万公斤以上，可新增税收30万元以上。市场内设有蔬菜区、百货区、鲜肉区、熟食区、干杂区、水果区、水产区、粮油区、畜禽区、车辆停放区、农户自产自销区等，并建有卫生间、污水处理池等。

2. 游仙区天大综合市场

绵阳市游仙区天大综合市场，位于绵阳市游仙区忠兴镇。市场灾后重建占地面积3185平方米，总投资582万元，全部由市场自筹。主要重建项目：新建钢化顶棚一处约2500平方米；新建房屋、仓储设施六栋、建筑面积3754平方米；改造经营摊位95个；改造市场排污、水电、消防、通风、标志等设施设备；市场地坪硬化等。2009年2月开工建设，2009年10月竣工。

游仙天大综合市场年交易额达3亿多元，比重建前年增加1.5亿元；市场经营年收入可达72万元，其中：出租摊位年收入60万元，市场零销售户年收入12万元。

游仙区天大综合市场灾后重建后，成为当地及周边街子、新桥、云凤、凤凰、太平等乡镇规模最大的规范化、标准化农贸市场，主要批发、零售粮油、鲜肉、水果、蔬菜、家禽、禽蛋、干杂、调味品、小百货等系列产品，既能满足人民群众的需要，丰富人民群众生活，又能推动市场的繁荣。

第四节　物流配送体系

绵阳市物流业在汶川特大地震中受到不同程度毁损的企业有32个。损毁房屋建筑面积8.11万平方米，加上损毁的设施、设备等共造成直接经济损失1.82亿元。列入灾后恢复重建国家规划的项目有28个，其中农产品物流配送中心1个项目，计划投资1500万元，实际投资不变；日用消费品配送中心12个项目，计划投资2.87亿元，实际投资2.75亿元；混凝土和第三方物流4个项目，计划投资5.41亿元，实际投资6.54亿元；区域性综合物流中心10个项目，计划投资23.19亿元，实际投资不变。规划总投资31.63亿元，实际总投资32.36亿元。

一、农产品物流配送中心

绵阳市农产品物流配送中心灾后恢复重建规划项目只有安县秀水农副产品配送中心1个项目。

安县秀水农副产品配送中心，严格按照灾后恢复重建项目实施方案组织论证、选址、施工。项目选址于秀水镇西苑干道，项目总投资1500万元，占地面积9.7亩。项目于2009年1月开工建设，

2010年2月竣工，配送中心设施齐备，内置20吨冰柜1组、食品展示柜30节和常规设施，以及冷链物流管理系统1套，编制配送车辆4台。

该配送中心按照30年不落后的方案建设。在建设过程中，充分考虑市场利用率和实用性，可辐射秀水镇周边江油的九岭、方水，绵阳的永兴，北川县城及其擂鼓、安昌、永安，安县河清、永河、塔水、雎水、沸水等12个乡镇，极大地满足城乡居民生产生活需要，有效促进商品流通，繁荣城乡经济。

二、农业生产资料物流配送中心

绵阳市农业生产资料物流配送中心，在特大地震中有10个企业遭到破坏，损毁营业房面积3.73万平方米，直接经济损失6620万元。在灾后恢复重建中，列入规划的农业生产资料物流配送中心有6个项目，均属异地重建，规划投资5600万元。各项目灾后建设详情，见农业生产资料配送中心灾后恢复重建规划项目实施情况一览表。

表5-13-67

绵阳市农业生产资料物流配送灾后恢复重建规划项目实施一览表

项目名称	建设内容	投资总额（万元）		建设类型	占地面积（亩）	建筑面积（平方米）	年月		项目主体
		规划	实际				开工	竣工	
游仙农资配送中心	农资仓储、配送及门面设施	500	500	异地重建	18	4000	2009.02	2009.12	绵阳市合鑫贸公司
盐亭农资配送中心	农资仓储、配送及门面设施	600	600	异地重建	22	8000	2009.07	2010.04	盐亭县穗丰农资有限责任公司
安县农资配送中心	农资仓储、配送及门面设施	2000	2000	异地重建	10	3000	2009.03	2010.09	安县惠安农资有限公司
江油农资配送中心	农资仓储、配送及门面设施	1300	1300	异地重建	20	6000	2009.08	2010.12	江油市供销社集团公司
三台农资配送中心	农资仓储、配送及门面设施	600	600	异地重建	14	3600	2009.05	2010.01	三台县绿洲农资有限责任公司
梓潼农资配送中心	农资仓储、配送及门面设施	600	600	异地重建	10	2400	2008.08	2009.12	梓潼惠农农资中心
合计：6个	—	5600	5600	—	94	27000	—	—	—

表5-13-68　　绵阳市日用消费品物流配送灾后恢复重建规划项目实施一览表

项目名称	建设内容	投资总额（万元）		建设类型	占地面积（亩）	建筑面积（平方米）	年月		项目主体
		规划	实际				开工	竣工	
北川县日用品配送中心	占地 26 亩，房层 15000 平方米	1100	1100	异地重建	26	15000	2009.10	2010.02	北川县发改委
平武万村千乡日用品配送中心	重建综合楼、仓库、交易大棚及配套设施	550	600	原址重建	10	3600	2008.11	2009.11	华西商贸城
安县日用品配送中心	基础设施、仓库	1300	1300	异地重建	8.3	4950	2008.11	2009.09	—
江油汇星日用品配送中心	新建房屋 10000 平方米，修复、购置设备 20 台	4500	4502	异地重建	26	10000	2010.09	2011.08	四川汇星实业有限公司
江油市消费品物流中心	新征土地 50 亩，新建交易房 3000 平方米，购置设备 18 台	8535	8235	异地重建	50	30000	2008.10	2009.10	四川九峰商贸公司
绵阳市消费品配送中心	新建日用品储备库	4572	4500	异地重建	70	46700	2010.03	2010.12	绵阳龙汇仓储有限公司
市日用品配送中心	仓库及配套设施	1000	1000	异地重建	50	33000	2009.05	2010.11	汇星实业有限公司
川西北医药物流中心	仓储及配套设备	4000	3000	异地重建	64	42666	2010.04	2010.12	四川绵阳科伦医药贸易有限公司
梓潼县日用品配送中心	营业用房、库房及配套设施	980	875	异地重建	5	1200	2010.03	2010.12	鸿峰公司
盐亭日用品配送中心	营业用房、库存房及配套设施	900	900	原址重建	9.4	3200	2008.05	2009.01	联华超市有限责任公司
三台日用品配送中心	营业用房、仓库	800	965	异地重建	41.6	8750	2009.05	2010.08	三台天天量贩有限责任公司
科伦医药配送中心	营业用房、仓库	500	510	异地重建	20	21000	2009.10	2010.11	三台县科伦医药贸易有限责任公司
合计：12 个项目	—	28737	27487	—	380.3	220066	—	—	—

三、日用消费品物流配送中心

（一）概况

绵阳市日用消费品物流配送中心，在特大地震中有18个企业遭到破坏，损毁营业房面积3.81万平方米，直接经济损失7858万元。在灾后恢复重建中，列入规划的日用消费品物流配送中心有12个项目，其中原址重建2个项目、异地重建10个项目，规划投资2.75亿元。各项目灾后重建详情，见日用消费品配送中心灾后恢复重建规划项目实施情况一览表。

（二）重点项目

1. 江油市消费品物流中心

特大地震使江油市商贸流通设施损毁严重，批发配送经营活动受到影响或暂停营业。

2008年6月13日，江油将消费品物流中心纳入市场服务体系灾后恢复重建专项规划。项目本着“建设大市场，搞活大流通”和“统一规划，分步实施”的原则，要求四川九峰贸易有限公司抓紧规划，加快重建工作，及早恢复经营。

中心选址在李白大道西侧，占地100亩，总建筑面积6万平方米，新建大棚仓库6排约6000平方米，外围仓储门面63间约8000平方米，其他公共服务辅助设施面积约1000平方米，主要建筑面积1.5万平方米。

投资规模及资金来源：总投资8535万元、自筹资金5135万元、中央支持500万元、银行贷款2900万元。项目总共分两期建设，一期占地50亩、二期占地50亩。大面积建成后可吸纳大小商家近千户，实现年交易额10亿元，利税近千万元，并可创造5000个就业岗位。

项目建成集小商品、食品粮油、蔬菜、水果、水产品、花木等批发交易、仓储、配送于一体的现代消费品交易物流中心，园区分为小商品交易区、食品粮油交易区、蔬菜交易区、水果交易区、水产品交易区、花木交易区、物流仓储区等7个功能区。

江油市消费品物流中心于2008年10月开工建设一期工程，2009年5月底完工并投入使用。

江油消费品物流中心，有效拓展物流仓储区规模，引入小商品、食品粮油批发零售业，形成批零仓储一体化，降低商家经营成本，提升商品流通效率，促进商业环境和社会资源的有效利用。

2. 绵阳市消费品配送中心

绵阳龙汇仓储有限公司被绵阳市商务局、涪城区三产局纳入灾后市场服务体系恢复重建承办企业，牵头绵阳消费品配送中心项目。

配送中心位于绵阳涪城区石塘商贸物流城。项目总用地面积10万平方米（约150亩），总建筑面积8万平方米。（项目一期用地面积89亩，建筑面积4.5万平方米，投资6000万元、二期规划60余亩）。其中仓储集贸易市场用房6万平方米，农产品低温保鲜库用房1万平方米，商业检验、物流结算、信息中心用房1000平方米，综合办公用房3000平方米，专用停车场6000平方米。同时配置叉车、装载车30余辆，冷冻、冷藏、干燥设施设备50套，电子商务平台和防盗监控系统1套，运输、配送车辆500辆，以及消防设施、供电供水设施。项目总投资1.5亿元，其中征地费用3000万元；基建费用8000万元；设施设备及辅助配套工程费用4000万元。自筹资金6000万元，占总投资的40%；银行贷款5000万元，占总投资的33.33%；其他渠道筹集资金4000万元，占总投资的26.67%。建设工期为2年5个月，2010年5月至2012年12月。

配送中心内总体布局分为四个部分：绿化区、办公区、停车区、仓储分配区。南边为停车场、质检验货区、多功能立体仓储区、分冻配送区；中间为通道绿化区，绿化区中有常绿树木、大型落叶乔木、草坪；北边为精加工区、中转车专区、大门、综合办公区。每个分区之间均有绿地、树木、景观小品，并种植各种珍贵树木。

配送中心项目的实施，有利于推动绵阳城乡一体化的发展，有利于改善绵阳市的物流配送行业发展滞后的局面，加快绵阳市现代物流建设。

四、混凝土配送和第三方物流

（一）概况

绵阳市混凝土配送和第三方物流在汶川特大地震中遭到破坏损毁的企业有11个，损毁房面积3.23万平方米，造成直接经济损失8362万元。混凝土配送和第三方物流列入灾后恢复重建规划的项目有4个，均为异地重建，规划投资5.41亿元，实际投资额6.54亿元。

表5-13-69 绵阳市混凝土配送和第三方物流灾后恢复重建规划项目实施一览表

项目名称	建设内容	投资总额（万元）		建设类型	占地面积（亩）	建筑面积（平方米）	年月		项目主体
		规划	实际				开工	竣工	
盐亭金和混凝土配送中心	征地、建房、料场、购买配套设施设备	2700	2700	异地重建	76	7000	2009.03	2009.11	绵阳金和商品混凝土有限公司
绵阳龙门工业物流园区	园区道路、水电等基础设施建设	31408	29658	异地重建	3450	—	2008.12	2010.12	绵阳富城新皂投资有限公司
绵阳龙门农产品物流园区	园区道路、水电等基础设施建设	10000	13000	异地重建	6000	—	2008.12	2010.12	绵阳富城新皂投资有限公司
绵阳市生产资料物流园区	园区道路、水电等基础设施建设	10000	20000	异地重建	2550	—	2008.12	2010.12	绵阳富城新皂投资有限公司
合计：4个项目	—	54108	65358	—	12076	7000	—	—	—

（二）重点项目

1. 金和混凝土配送中心

绵阳金和商品混凝土有限公司成立于2009年3月27日，位于绵阳市盐亭县下月圆工业区。

公司属盐亭县人民政府扶持的重点企业，生产销售商品混凝土，属于国家鼓励发展的行业。公司申报“金和混凝土配送中心”项目建设，于2009年3月开工建设。项目的主要建设内容：新征土地76亩，新建厂房、料场2.7万平方米，购买安装60型、120型搅拌站各1台，购买混凝土拖泵1台，购买混凝土运输罐车7台，购买砂石运输车辆16台，总投资2991万元，于2009年11月建成竣工。

项目选址在盐亭县麻秧乡下月圆村工业园区，其地势开阔平坦，周边民宅少，易于施工建设，且交通运输便利。

集中生产、大量物料的投放和搅拌都在封闭体系中完成，粉尘的散发极为有限，生产所产生的有限噪音对厂区居民不会构成影响。

该项目所生产的产品均为国家推广的新型绿色环保建筑材料，且已将项目在实施过程中可能产生的工业“三废”的处理纳入规划设计方案。

公司2010年生产商品混凝土15万立方米，产值5139万元，利税598万元。

2. 绵阳龙门农产品物流园区

龙门镇受灾较重，工业及商贸企业均受到不同程度损坏，直接经济损失上亿元。龙门镇结合灾后重建规划，制定建设龙门农副产品物流园区方案，得到市、区的肯定和支持。

物流产业园选址于龙门镇，规划占地面积6000亩，该区域交通运输条件优越，距绵阳南郊机场15公里，绵广高速、绵江快速通道穿境而过，距绵阳火车站13公里，可充分保证大宗货物的集装箱及时运转，合理进行市域、省域及西南区域的农副产品的物流配送，并集商品、商家、商机为一体的农副产品物流园区，从事农副产品的加工，仓储、配送、展示、交易，并提供商住、银行、综合信息服务，引导涉农物流企业及工商业的社会资源重组。该园区为绵阳及川西北最大的农产品物流园区。

园区已建项目。园区主干道、地下管网、电力供应、污水处理设施等，基础设施概算投资2.5亿元，园区基础设施基本完善，园区有干道8条，路长7.9公里，完成投资1.8亿元。其中东西干道、南北干道，双向四车道，路宽24米，路长2.2公里；其他干道道路6条，双向四车道，路宽20米，路长5.7公里。地下管网包含给排水、电、气、通信网络，按照城市标准建设，随园区主干道铺设。园区新建35千伏变电站1座，专门用于园区生产用电。长滩河河堤一期整治工程1000米，集防洪、河堤景观于一体，大力提升长滩河的水景风貌，为园区内的配套商业项目打造优美的自然景观。

2011年计划建设项目：新建13#、14#路，路长1400米，路宽24米，计划投资870万元；完善5号路续接及雨污水排放建设，计划投资187万元；完善长滩河的河堤建设，并对河堤进行亮化和美化工作；继续完善园区内雨污水管网工程、路灯工程及绿化工程。

园区已签约项目15个。其中三产商贸类项目2个，工业项目13个。计划总投资11.2亿元；总占地面积为2000亩。其中农业项目涉及种子及农业科技推广；工业项目涉及机电、汽配和农副产品深加工等。占地234亩，计划投资2.2亿元。

农副产品批发市场。占地面积250亩，计划投资2.5亿元。主要从事蔬菜收购、加工、贮藏和批发业务。主体工程已经完工并投入运营。

工业项目。钲强实业厨具生产项目占地面积35亩，投资2000万元。主要从事不锈钢厨具生产及销售业务。一期已建成投产，2011年，计划进行二期项目建设。

整个园区按照“整体规划、合理布局、分期开发、集约发展”的要求，采取“一区三基地”的发展模式，尽快建成布局合理、特色突出、优势明显、基础设施完备的现代化园区。

五、区域性综合物流中心

（一）概况

特大地震使绵阳市物流业遭受重创。在3年恢复重建中始终坚持以市场为导向、企业为主体、以服务经济和社会发展为主线，充分发挥重点物流节点城镇和公路、铁路、航空、邮电、通信等物流全系的作用，凭借着绵阳的区位优势、产业优势、交通优势和口岸优势统筹规划，建设现代物流服务体系，提升物流产业发展水平。

表5–13–70　　绵阳市灾后重建及新建物流园区一览表

序号	项目名称	建设地址	建设年限	项目投资（万元）	建设内容
1	绵阳市粮食物流中心	涪城区新皂镇	2010—2012	7200（实际完成）	新建仓15万吨，油罐2万吨；日产面粉300吨、大米600吨、油罐100吨的配套设施
2	长虹信息化现代物流	经开区	2009—2011	4709（实际完成）	重点建设仓储、配载、配送设施。逐步投入资金，开发同时具备包括仓储、配载、配送、商务办公、物流采购交易、教育培训、综合服务等功能的大型物流园区
3	剑南食品商贸城	涪城区石塘镇	2009—2012	4000（实际完成）	618亩的食品交易市场、物流配送、信息网络建设及配套设施建设
4	鑫龙再生资源市场	游仙区	2009—2012	7000（规划）	100亩的旧货交易市场、废旧物资拆解、加工厂房及综合服务设施建设
5	绵阳市农资批发市场	涪城区龙门镇	2010—2012	19000（实际完成）	150亩农资综合批发市场、仓储物流配送、信息网络及配套设施建设
6	石塘工业和商贸物流园	涪城区石塘镇	2010—2012	18000（实际完成）	园区基础设施
7	天泰农副产品物流园	三台县新德镇	2010—2012	2380（实际完成）	项目总建筑面积10万平方米，主要建设内容为农副产品产品物流加工区、农副产品交易信息中心、仓储及服务区等
8	三台县粮油储备加工物流	三台县新德镇	2010—2011	9000（规划）	建标准储备粮食仓库25000吨；建中转贸易平房仓20000吨，建仓储配套的供配电、消防、仓储管理、检验、化验、信息中心等设施；建设油脂、稻谷、小麦加工车站各一座，配套办公、检验等用房

说明：原规划为10个项目，但新皂综合物流园区一直未进场建设，江油工业园物流配送中心立项未成，故仅此8个项目。

（二）重点项目

特大地震造成全市粮食系统伤亡人员266人，受损仓（罐）100多万吨，加工能力丧失70%，粮油流通基础设施直接经济损失22.8亿元。灾后，绵阳市本级粮食流通基础设施恢复重建规划列入国家发改委《市场服务体系专项规划》的项目达25个。其中维修国储库1处，维修省储库1处，重建国库1处，重建省库2处，维修收购网点3处，重建应急供应网点8处，重建军供站1处，维修质检站3处，重建应急加工厂1处，重建物流中心1处，资金需求共5.44亿元。

2008年，市政府决定建设绵阳粮食物流中心。2010年5月，市财经领导小组第6次会议确定项目推进相关政策。项目暂时分为两期建设：一期工程计划总投资1.50亿元，业主单位为绵阳市高新粮油购销公司（属国有独资粮食购销企业），项目选址在涪城区新皂镇，规划占地180亩，资金来源为企业自筹资金1.07亿元，拟向银行贷款资金3000万元，中央灾后重建资金1300万元；建设粮食储备库区（仓容10万吨）、粮食交易区（年交易50万吨）、检验检测中心、军粮供应及配套商务服务区。二期工程拟选址于皂角铺火车货站铁路以南，计划300亩，建设铁路专线实现散粮接收发放（500吨/小时）、食用油储备库（3万吨）、粮食加工区（20万吨/年）及配送服务等，与一期工程建设项目配套。

项目建成后具有粮油流通集散、仓储、配送、交易、加工、检验检测、军粮供应、物流信息、商贸服务等功能，是绵阳市人民政府粮食宏观调控、保证粮食安全的强力载体。

第五节　商品储备库

绵阳市的商品储备库，分为粮油储备库和其他重要商品储备设施两大类。在特大地震中绵阳市的商品储备库遭到严重破坏。其中粮油储备库损毁4721个。仓储能力损失102.89万吨，加工能力丧失70%；损毁房屋建筑面积13.18万平方米，造成直接经济损失27.32亿元；其他重要商品储备设施损毁1244个，损毁库房面积9.36万平方米，造成直接经济损失1.85亿元。

在灾后恢复重建中，列入恢复重建规划的商品储备库项目共49个，其中粮油储备库46个，其它重要商品储备设施项目3个。规划投资总额65521万元，其中粮油储备库规划总投资61441万元、其他重要商品储备设施规划投资4080万元。

一、粮油储备库

（一）概况

汶川特大地震造成绵阳粮食系统伤亡人员266人，粮油仓库损毁4721个，受损仓（罐）100多万吨，毁损房屋建筑面积13.18万平方米，加工能力丧失70%，粮油流通基础设施直接经济损失27.32亿元。灾后，绵阳市本级粮食流通基础设施恢复重建规划列入国家发改委《市场服务体系专项规划》的项目153个、资金需求14.30亿元。根据绵阳粮食行业的具体情况，中期将项目调整为46个，规划总投资6.14亿元。重建详情见粮油储备库灾后恢复重建规划项目实施一览表。

表5-13-71　　绵阳市粮油储备库灾后恢复重建规划项目实施一览表

序号	项目名称	建设地址	建设年限	项目规划投资（万元）	建设内容	建筑面积（平方米）
合计	共46个项目	—	—	61441	—	140157
1	绵阳粮食物流中心	新皂镇	2010—2012	15000	建设仓容10万吨、年交易50万吨的市场区、军粮供应、粮油检测中心及相关配套设施	—
2	高水农产品批发市场	龙门镇	2010—2011	12560	农副产品批发、加工、交易、检测、冷藏设施设备购建	—
3	涪城粮油购销公司粮油库（罐）重建项目	吴家镇	2010—2011	600	原址重建面积2700平方米、容量为1万吨的现代化新仓及配套设施	2700
4	绵阳市游仙粮油购销公司新桥油厂库、罐灾后重建项目	新桥镇	2010—2011	300	新建库房4000吨、面积3500平方米、新建油罐800吨，并购建相应加工设备设施。	3500
5	三台粮食物流储备库	绵遂高速三台路口	2010—2012	8914	恢复重建粮仓2.5万吨，3000吨储油罐、收购网点、加工厂及配套设施	—
6	江油城东粮站维修收购仓库	三合镇	2009—2010	128	维修15个仓间4500平方米，1.02万吨仓容，地坪2238平方米等	4500
7	江油城区粮站维修仓库	中坝镇	2010—2010	68	维修5200平方米，容是0.5万吨仓容	5200
8	江油国家粮库维修收购库	三合镇	2009—2010	235	维修15816平方米，容是5.5万吨仓容	15816
9	江油青莲粮站维修收购网点	青莲镇	2009—2010	380	维修6047平方米，1.05万吨仓容，地坪、围墙4500平方米，罩棚1500平方米等	7547
10	江油双河口粮站维修收购网点	双河镇	2009—2010	203	维修8220平方米，1.7万吨仓容，地坪、围墙1550平方米，堡坎488立方米	8220
11	江油小溪坝粮站维修加工	小溪坝镇	2009—2010	475	维修10614平方米，容量1.83万吨仓容，加工房860平方米，设备一套	10614
12	江油小溪坝粮站维修收购网点					860
13	江油彰明粮站维修加工	彰明镇	2009—2010	263	维修4500平方米，容量1.35万吨仓容，加工房600立方米，设备一套	4500
14	江油彰明粮站维修收购网点					—
15	粮食批发市场维修仓库	三合镇	2010—2010	200	维修10000平方米，容量0.9万吨仓容	1000
16	江油国家粮库维修加工	三合镇	2010—2010	150	维修1500平方米，加工房600立方米，设备1套	1500
17	江油双河口粮站重建储备仓库	双河镇	2010—2010	400	重建储备仓库0.4万吨	—
18	江油彰明粮站重建储备仓库	彰明镇	2010—2010	900	重建储备仓库1.5万吨	—
19	江油城东粮站建应急供应	三合镇	2010—2010	700	重建应争供应仓容设施0.7万吨及网点	—
20	江油小溪坝粮站重建储备仓库	小溪坝镇	2010—2011	1200	重建储备仓库1.2万吨	—

续表5-13-71

序号	项目名称	建设地址	建设年限	项目规划投资（万元）	建设内容	建筑面积（平方米）
21	江油现代粮油产业园区	三合镇	2010—2011	2200	重建2万吨储备仓库及加工生产线、设施设备、粮油军供站、质检中心，太平粮库的搬迁	—
22	安县粮食局直属粮库收购网点维修加固	安县塔水镇	2010—2010	256	网点收购建设及附属设施设备	—
23	安县秀水粮油收储站维修加固	安县秀水镇	2010—2011	3809	异地重建秀水粮油收储站	—
24	花荄粮油收储站网点收购加固维修工程	安县花荄镇	2010—2011	106	网点收购加固维修及附属设施设备	—
25	桑枣粮油收储站军供仓库加固维修工程	安县桑枣镇	2010—2011	84	军粮仓库加固维修及附属设施设备	—
26	梓潼县梓潼许州粮油收储站加固维修工程	许州镇	2009—2009	67	维修省储备库仓及加工厂房、机器设备、电路等	—
27	梓潼县观义粮油收储站加固维修工程	石牛镇	2009—2009	66	维修所辖10个粮管所粮食仓房22400吨，更换机制瓦屋面5500平方米，维修地坪6000平方米，改造维修仓房的门窗、防水防潮层、电线线路及附属设施。	32900
28	梓潼县黎雅粮油收储站加固维修工程	黎雅镇	2009—2009	65	维修所辖6个粮管所粮食仓房19000吨，更换机制瓦屋面3000平方米，维修仓房顶棚4500平方米，维修地坪4000平方米，改造维修仓房的门、窗、防水防潮层、电线线路及附属设施	26500
29	梓潼县城关粮油收储站加固维修工程	城关镇	2009—2009	65	维修4个粮管所仓房网点，改建仓房0.2万吨，油罐0.1万吨	—
30	梓潼县城关粮油收储站加固维修工程	城关镇	2010—2010	25	维修6个粮管所仓房网点，改建仓房0.4万吨。	—
31	梓潼县许州粮油收储站加固维修工程	许州镇、双板乡	2010—2010	43	维修所辖7所粮食仓房12800吨，更换机制瓦屋面9500平方米，维修仓房顶棚4500平方米，维修地坪5500平方米，改造维修仓房的门、窗、防水防潮层、电线线路及附属设施	14000
32	梓潼观义粮油收储站加固维修工程	石牛镇	2010—2011	10	维修加工厂房及机器设备	—
33	梓潼城关粮油收储站原址重建	城关镇	2010—2011	280	征地60亩，维修标准化仓房1.2万吨、油罐0.2万吨，修建办公业务用房800平方米及附属设施	800
34	梓潼观义粮油收储站原址重建	石牛镇	2010—2011	302	征地25亩，建设标准粮食仓房1.8万吨及附属设施	—
35	梓潼黎雅粮油收储站原址重建	黎雅镇	2010—2011	17	建设标准化粮食仓房0.4万吨，修建地坪6000平方米，修建道路800米及附属设施	—
36	盐亭县粮食产业园	盐亭县工业园区	2009—2011	3000	打捆集中重建3万吨现代化、标准化粮仓及其配套设施，建面粉、菜油加工生产基地	—

续表5-13-71

序号	项目名称	建设地址	建设年限	项目规划投资（万元）	建设内容	建筑面积（平方米）
37	盐亭县富驿省粮食储备库网点维修	富驿	2010—2010	20	富驿省粮食储备库网点维修	—
38	平武县粮食储备库重建项目	平通、南坝、龙安	2009—2009	2270	4400吨仓库、综合楼、加工房	—
39	平武县军粮供应网点重建项目	响岩、龙安	2009—2009	500	仓库、综合楼	—
40	平武县粮油质检站重建项目	龙安	—	300	质检大楼	—
41	平武县古城供应网点重建项目	古城	2008—2008	120	维修加固	—
42	平武县大桥供应点重建项目	大桥	2008—2008	10	维修加固	—
43	平武县水晶供应点重建项目	水晶	2008—2008	10	维修加固	—
44	平武县大印供应点重建项目	大印	2008—2008	10	维修加固	—
45	北川县粮油储备中心	新县城	2010—2011	4795	仓容2.5万吨、油罐、土建及附属设施、各类粮油质检设备设施、仓库及监测、衡量、设备、重建收购点、应急加工点、应急供应点。	—
46	北川禹里粮油应急供应站	禹里湔江七组	2010—2011	335	维修加固	—

（二）重点项目

1. 江油现代粮油产业园区

江油现代粮油产业园区，计划投资预算7600万元。修建重建2万吨储备仓库、加工生产线、粮油军供站、质检中心及配套设施设备。其中征地60亩，预计征地拆迁费用3600万元，重建粮食储备仓库3万吨，投资额1840万元；粮食烘干等设施及现代粮油加工生产线，投资额600万元；办公(军供站、质检中心)、电力、消防、道路等配套设施和基础设施，投资额1600万元。

2. 三台粮食物流储备库

三台县粮油储备加工物流中心，根据县城市总体规划，选定在绵遂高速公路三台出口处的“三台商贸流通规划区域”内，投资8913.66万元，修建粮食储备库、油罐、收购网点、应急加工供应点、质量检验检测中心及配套设施。

3. 北川县粮油储备中心

北川县粮油储备中心，估算投资4800万元修建粮食储备库、油罐、收购网点、应急加工供应点、质量检验检测中心及配套设施。项目含市级、县级储备库和永昌粮站、军粮供应站、北川县粮油质检站，占地约32.5亩、仓容2.5万吨，位于北川新县城非交通管制区，城乡结合部。中心以储备为主，集中转、军粮供应、信息、粮油质检等功能要素于一体的综合型粮库。

二、其他重要商品储备设施

（一）概况

其他重要商品储备设施在灾后恢复重建中列入规划有2个项目。

表5-13-72　　其他重要商品储备设施灾后恢复重建规划项目实施一览表

项目名称	建设内容	投资总额（万元）		建设类型	占地面积（亩）	建筑面积（㎡）	年月		项目主体
		规划	实际				开工	竣工	
江油市科迪生储备库（猪肉）	重建房屋10000平方米，新建1000吨冻库	2300	2300	原地重建	16	10000	2009.04	2010.03	江油市科迪生食品有限公司
梓潼酒类储备库	库房、办公用房及辅助设施设备	850	850	维修加固	5	8671	2010.06	2010.12	嘉毅志创有限公司
合计：2个项目	—	3150	3150	—	21	18671	—	—	—

（二）重点项目

科迪生储备库

江油市作为养猪大县和农业大县，生鲜产品保鲜，储存十分重要，特大地震使科迪生储备库受到严重损害，严重影响灾后百姓正常生产生活。

2008年6月，江油市市场服务体系灾后恢复重建将科迪生储备库项目纳入专项规划。科迪生储备库位于江油市战旗镇，距离江油市区20公里，占地面积12.93亩。储备库距离江油市火车站约20公里，靠近成绵广高速公路，交通便利。项目工程总投资为2300万元。其中，企业自筹资金1500万元，占投资比例65%；申请国家补贴210万元，占投资9%；申请银行长期贷款590万元，占投资总额的25%。整个项目建设期为12个月，2009年4月1日开工，2010年3月31日竣工。

项目建成后，全年加工、分选、包装、储藏、保鲜、销售各类肉类、农产品2000吨，项目设有1000吨低温库、1000吨气调库，储备有：肉类、禽类、果蔬类、粮油、日用品等必需物资，以保证人民日常所需不受自然灾害及战争的影响。

第六节　居民生活服务体系

绵阳市居民生活服务业，包括定点屠宰场（厂）、餐饮和住宿、再生资源回收网络及其他网点，在特大地震中遭到严重破坏。在灾后恢复重建中，列入国家规划的生活服务项目共39个，其中定点屠宰场（厂）8个、餐饮和住宿26个，再生资源回收及其他网点5个。规划投资56804万元。截至2011年9月30日，39个项目全部竣工，投入营运。实际投资额为5.88亿元。

一、定点屠宰场（厂）

（一）概况

在汶川特大地震中遭到不同程度损毁的生猪屠宰厂（场）有271个，损毁房屋建筑面积12.77万平方米，造成直接经济损失1.65亿元。在灾后恢复重建中列入规划恢复重建的生猪屠宰厂（场）有8个项目。其中维修加固3个项目、原地重建2个项目、异地重建3个项目，规划投资额6257万元。截至2011年9月30日，8个项目全部竣工，实际投资额6317万元，占地面积92.1亩，房屋建筑面积3.96万平方米。

表5-13-73

绵阳市定点屠宰场灾后恢复重建规划项目实施一览表

项目名称	建设内容	投资总额（万元）		建设类型	占地面积（亩）	建筑面积（平方米）	年月		项目主体
		规划	实际				开工	竣工	
平武县东皋湾屠宰厂	新建日宰杀生猪300头生产线及附属设施	1030	1090	异地重建	15	4920	2008.08	2009.11	东皋湾屠宰厂
安县花荄生猪屠宰场	按标准化屠宰场改造	260	260	维修加固	7	3900	2009.03	2009.09	安县花荄生猪屠宰场
江油市华丰肉类屠宰加工厂	新建肉类屠宰加工厂及附属设施	1450	1450	原地重建	8	5000	2009.02	2009.08	江油市华丰肉类联合加工有限公司
绵阳天成肉食品屠宰厂	建筑基础设施和生产车间、鲜肉销售点	1500	1500	异地重建	14	9482	2008.05	2009.03	绵阳天成肉食品有限公司
梓潼片区生猪定点屠宰场	对文昌、仁和、观义等21个屠宰场按定点新标准改造	367	367	维修加固	14	5000	2008.06	2009.12	21个定点屠宰场
黎雅、许州片区生猪屠宰场	对黎雅、许州等14个屠宰场按定点新标准化改造	200	200	维修加固	8	2150	2008.06	2009.12	14个定点屠宰场
盐亭全成生态生猪屠宰厂	新建生猪屠宰线	600	600	异地重建	14.5	6300	2008.08	2008.12	全成生态食品公司
盐亭坤昇公司生猪屠宰场	新建生猪屠宰线	850	850	异地重建	13.6	2800	2009.07	2010.05	坤昇食品公司
合计：8个项目	—	6257	6317	—	94.1	39552	—	—	—

（二）重点项目

1. 平武县东皋湾屠宰厂

特大地震致使平武县东皋屠宰厂厂房严重损毁，大量生猪不能宰杀，直接经济损失320万元。

震后，国家发改委、商务部、中国人民银行把该项目列入汶川地震灾后恢复重建市场服务专项规划，实施灾后恢复重建。

2008年7月，该屠宰厂在平武县龙安镇东皋村范家沟组开工重建。厂房占地9000平方米，建筑面积4920平方米。内设待宰间、急宰间、观察间、屠宰车间、分割间、沼气池、污水处理设施、停车场、冷库、办公楼、住宿楼等，建设标准为三星级，资金来源为企业自筹，总投资1030万元，2009年12月完工。

2010年4月9日，通过县发展改革等有关部门验收，业主按照项目规划设计要求，完成投资1090万元。屠宰厂每单班宰杀生猪200头，全年宰杀6万头；营业收入240万元，利润120万元。

2. 华丰肉类屠宰加工厂

江油市华丰肉类屠宰加工厂在地震中受灾严重，灾后江油市场生猪肉类供不应求。

江油市将华丰肉类屠宰加工厂纳入灾后恢复重建规划。加工厂位于江油市三岔河畔，气候适宜，交通运输十分便利。项目修建猪肉精加工生产线和冷鲜库房日收购1000头的生猪饲养候宰车间占地4800平方米；自动化生猪屠宰分割、精加工和包装车间占地3500平方米；机房、除酸、急冻、冷藏保鲜库房占地5000平方米；沼气净化池占地1000平方米；职工宿舍占地2600平方米；检疫、检验、财务、供销、行政为一体的办公楼占地500平方米；车辆出入通道和绿化带7000平方米，容积各1万立方米生产加工用水水池一处占地500平方米。

项目自筹资金1450万元。江油市华丰肉类屠宰加工厂项目属四川青峰投资集团下属项目，于2008年10月开工，2009年1月竣工使用。

江油市华丰肉类屠宰加工项目建成后，为绵阳城区、江油市的鲜肉供应提供强有力的保障，年创利税400余万元，解决近300个农村剩余劳动力。

3. 绵阳市天成肉食品屠宰厂

绵阳市天成肉食品屠宰厂建于2006年5月，年宰生猪1.5万吨。属绵阳市天成肉食品有限公司管辖企业。

特大地震使屠宰厂严重损失，房屋倒塌，设备损毁。公司新建屠宰厂被梓潼县列为灾后重建项目。公司筹资1500万元，建成猪舍2000平方米，生产车间1500平方米，1000吨冷冻库和相应的设施、设备。项目竣工投产后，年产值可达3亿元左右，年利税约2000万元，可新增就业岗位200余个。

该公司的生猪定点屠宰厂项目在梓潼县经济园区幸福村一社建设，占地9428.70平方米。2008年3月开工，2009年3月竣工投产。

二、餐饮和住宿

（一）概况

绵阳餐饮和住宿企业在汶川特大地震中，遭到破坏和不同程度损毁的有4202个，造成直接经济损失10.95亿元。在灾后恢复重建中列入规划的餐饮和住宿项目26个，其中维修加固16个项目，原地重建2个项目，异地重建项目8个，规划投资额4.68亿元。截至2011年9月30日，26个项目全部竣工投入营运，实际投资额4.84亿元。

表5-13-74 绵阳市餐饮和住宿业灾后恢复重建规划项目实施一览表

项目名称	建设内容	投资总额（万元）		建设类型	占地面积（亩）	建筑面积（平方米）	项目主体
		规划	实际				
北川火锅城	新建房屋 3000 平方米	600	600	异地重建	7.5	3000	北川县发改局
北川大酒店	占地 22 亩，新建房屋 20016 平方米	8000	8000	异地重建	22	20016	北川县发改局
北川商务大酒店	占地 20 亩，新建房屋面积 2000 平方米	6600	6600	异地重建	20	20000	北川县发改局
北川宾馆	占地 18 亩，新建宾馆楼房 15000 平方米	1000	1000	异地重建	18	15000	北川县发改局
北川饭店	占地 9 亩，新建饭店用房屋 5000 平方米	1180	1180	异地重建	9	5000	北川县发改局
平武宽坝休闲度假酒店	景区执行所、餐厅、休闲苑、长廊等恢复重建	3950	3950	原址重建	30	3100	平武县龙门山林场
千佛山旅游风景区度假休闲中心	休闲中心、商贸项目	11000	9710	维修加固	—	—	—
绵州温泉酒店	基础设施、早餐厅改造与维修等	2000	2000	维修加固	5	1130	安县绵州温泉酒店
江油森林雨火锅城	维修房屋 2500 平方米，购置设备 20 台	710	710	维修加固	4	2500	森林雨火锅城
中坝科海食府	维修房屋 1500 平方米	50	50	维修加固	3	1500	中坝科海食府
诗城大酒店	维修房屋 15000 平方米，购置设施 30 台，装修改造	2400	2020	维修加固	25	15000	四川江油五星投资（集团）有限公司
江油七禧酒店	维修加固房屋 7000 平方米，购置设备及装修	420	530	维修加固	12	7000	江油七禧酒店管理有限公司
江油市万源大酒店	维修房屋 8500 平方米，购置设施 18 台	850	850	维修加固	13	8500	江油市万源大酒店
盘江宾馆	维修房屋 4000 平方米，购置设备 3 台，装修升级	12	120	维修加固	6	4000	江油市长钢接待中心
江油市泰安宾馆	维修房屋 3000 平方米，购置设备 1 台，装修升级	65	65	维修加固	5	3000	江油市泰安宾馆
江油市川乡园主食配送中心	新征土地 30 亩，新建房屋 20000 平方米，购置设备 50 台	2500	2510	异地重建	30	20000	江油市川乡园
涪城何记集美食府	营业用房维修及设备购置	350	500	维修加固	7.5	5000	何记集美餐饮有限公司
绵阳四维餐饮店	营业用房维修及设施维修加固	150	180	维修加固	7.5	5000	四维餐饮娱乐有限公司

续表5-13-74

项目名称	建设内容	投资总额（万元）		建设类型	占地面积（亩）	建筑面积（平方米）	项目主体
		规划	实际				
绵阳四海香餐饮店	营业用房及设施维修	150	400	维修加固	10.5	7000	四海香餐饮有限责任公司
绵阳森林雨火锅店	营业用房及设施加固	200	450	维修加固	9	6000	四川森林雨餐饮有限责任公司
金海酒楼	营业用房及设施恢复	500	1900	维修加固	24	16000	金海有限责任公司
四维主食加工配送中心	食品初加工生产线、工厂区、住宿区、仓库	1500	1200	异地重建	50	33333	绵阳市四维餐饮娱乐有限责任公司
游仙四海香芙蓉汉城店	恢复操作间 280 平方米，大厅 750 平方米	650	650	维修加固	2.5	1000	市四海香餐饮有限责任公司
七曲山大酒店	按四星级酒店建设	300	300	维修加固	—	23600	七曲山大酒店有限公司
梓州主食加工配送中心	新建加工车间及厂房	363	530	异地重建	9	4200	鸿峰公司
梓州国际酒店	餐厅、客房维修加固	1200	2420	维修加固	10	5354.6	四川梓州贸业集团酒店分公司
合计：26 个项目	—	46808	48425	—	339.5	235233.6	—

（二）重点项目

1. 北川大酒店

地震前北川大酒店是北川县唯一获得省、市旅游局颁发的“涉外宾馆定点接待处”的大酒店，至成立以来累计接待外国嘉宾2000多人次，国内外宾客24万多人次。酒店多次接待中央领导、驻地方部队领导及国际友人。北川大酒店在特大地震中被夷为平地。

山东省对口支援北川县灾后重建指挥部（以下简称指挥部）于2008年7月进驻北川后，把该项目作为灾后重建重点商贸援建项目，选址在北川新县城。

山东淄博市援建的北川大酒店，是新县城地标性建筑，为北川新县城建设中单体投资最大的重点工程。2009年12月1日开工，2010年2月6日，主体工程建设完工并举行隆重的封顶仪式。

北川大酒店作为山东援建北川新县城建设的精品工程之一，总占地面积1.47公顷，总建筑面积2万平方米，工程既体现浓郁的羌文化特色，又具有现代化建筑的风貌，同时采用多项新型节能技术也成为新北川宾馆的一大亮点。

酒店有151间装饰典雅舒适的客房，均配有浴室、冷暖空调、数字电视、因特网、直拨国际国内电话、迷你酒吧等，配有先进的智能化管理系统。宾馆的餐厅由齐鲁文化风格的2个多功能厅和17个宴会包间组成，大禹文化风格的7个多功能会议室，以及欧式风格的西餐厅。设备先进，各种娱乐设施功能齐全。

2. 平武县宽坝休闲度假酒店

汶川特大地震使平武县宽坝休闲度假酒店严重损毁，经济损失2800万元。2008年，国家发改委、商务部、中国人民银行把该项目列入汶川地震灾后恢复重建市场服务专项规划。

酒店规划用地面积1.9万平方米，计划投资3950万元。2009年1月开工，2010年12月完工，实际投资3950万元。平武县宽坝休闲度假酒店建成后，实现年营业收入2600万元，税利总额810万元，项目回收期5—10年。

三、再生资源回收及其他服务业

（一）概况

汶川特大地震中，绵阳市再生资源回收及其他服务业受到破坏的商业网点有8256个，损毁的房屋建筑面积39.81万平方米，造成直接经济损失8.85亿元。在灾后恢复重建中列入规划的再生资源回收及其他服务业项目有5个。规划投资额3739万元。截至2010年12月31日，5个项目全部竣工投入营运，实际投资额4037万元。

表5-13-75

绵阳市再生资源回收及其他服务业灾后恢复重建规划项目实施一览表

项目名称	建设内容	投资总额（万元）		建设类型	占地面积（亩）	建筑面积（平方米）	年月		项目主体
		规划	实际				开工	竣工	
江油四友废旧回收专业市场	维修房屋 10200 平方米，购置设备 5 台	270	270	维修加固	17	10200	2009.01	2009.09	江油市四友废旧回收专业市场
报废汽车回收拆解升级改造项目	新征地 15 亩，建筑房屋 26000 平方米	1300	1600	异地重建	15	26000	2009.12	2010.12	卓龙金属回收公司
平武商贸流通企业贷款担保基金	—	1500	1500	原址重建	—	—	—	—	平武县发展改革和商务局
平武商贸流通企业产业基金	—	619	619	原址重建	—	—	—	—	平武县发展改革和商务局
绵阳科技城网点恢复重建规划编制前期经费	编制恢复重建商业网点规划	50	48	原址重建	—	—	2010.05	2010.12	—
合计：5 个项目	—	3739	4037	—	32	36200	—	—	—

（二）重点项目

绵阳市报废汽车回收拆解升级改造项目。项目由绵阳卓龙金属回收有限公司承办，为绵阳市最大的报废汽车回收拆解及零配件深加工基地。该项目位于经开区灾后重建企业生产基地内文武西路，2010年10月1日开工建设，2011年6月30日正式运行投产。报废汽车回收拆解升级改造项目体现绵阳市循环经济建设，资源节约、环境保护等方面迈出新步伐。

绵阳卓龙金属回收有限公司系原绵阳市金属回收总公司改制成立。特大地震造成公司围墙坍塌，场内地陷，办公用房震成危房。卓龙金属回收有限公司是绵阳市第一个报废汽车回收拆解及零配件深加工基地。项目建成运营，可实现年拆解报废汽车8000辆，加工可利用零配件5万件（套），产值达5000万元，利税500万元，解决约200人就业。

第七节　金融信贷服务体系

一、概况

金融服务体系是指由银行、信用社、证券、保险等金融机构组成的系统。在灾后恢复重建中，列入恢复重建规划项目136个，规划投资5.20亿元。截至2011年9月30日，已竣工（含主体工程已完工）项目96个，完工率为71%，按进度完工的在建项目40个，已累计投入资金4.01亿元，占规划投资的77.17%。

表5-13-76

绵阳市金融市场灾后恢复重建规划项目实施一览表

单位	项目名称	经济损失（万元）	立项部门（国家、省、市）	规划投入资金（万元）	资金来源（万元）				开工日期	工程进展	重建工程质量（检测、验收）	工程社会效果
					财政	捐赠	自筹	合计				
农发行	北川支行营业办公用房	287	国家	560	—	—	560	560	2010.04	竣工	合格	良好
农行	梓潼综合大楼	162	农总行	450	—	—	—	450	2009.08	竣工	合格	良好
	三台金石营业所	0.9	农行四川省分行	254	—	—	—	254	2009.08	竣工	合格	良好
	盐亭富驿营业所	94.7	农行四川省分行	245	—	—	—	245	2009.09	竣工	合格	良好
	安县塔水营业所	67	农行四川省分行	266	—	—	—	266	2009.12	竣工	合格	良好
	安县桑枣营业所	39	农行四川省分行	258	—	—	—	258	2009.12	竣工	合格	良好
	安县花荄支行	66.6	农行四川省分行	238	—	—	—	238	2010.05	竣工	合格	良好
	江油五路口支行	103.7	农行四川省分行	255	—	—	—	255	2009.11	竣工	合格	良好
	江油建南分理处	0.9	农行四川省分行	383	—	—	—	383	2010.04	竣工	合格	良好
	三台支行办公大楼	32.7	农总行	694	—	—	—	694	2010.12	竣工	合格	良好
	涪城支行办公大楼	179.1	农总行	1550	—	—	—	1550	2011.01	竣工	合格	良好
	北川支行办公大楼	202	农总行	2449	—	—	—	1928	2010.08	竣工	合格	良好
	安县秀水营业所	19	农行四川省分行	305	—	—	—	305	2010.12	竣工	合格	良好
	北川擂鼓营业所	0	农行四川省分行	435	—	—	—	435	2011.01	竣工	合格	良好
	西科大支行	57	农行四川省分行	598	—	—	—	598	2010.07	竣工	合格	良好
	三台观桥营业所	9.3	农行四川省分行	346	—	—	—	251	2011.03	竣工	合格	良好
	盐亭玉龙营业所	33	农行四川省分行	205	—	—	—	205	2010.07	竣工	合格	良好
	江油武都支行	126.3	农行四川省分行	222	—	—	—	222	2009.07	竣工	合格	良好
	三台芦溪营业所	41.7	农行四川省分行	310	—	—	—	310	2009.08	竣工	合格	良好
	平武飞龙路分理处	原为租赁	农行四川省分行	384	—	—	—	384	2009.08	竣工	合格	良好
	涪城经开区分理处购买、装修项目	原为租赁	农行四川省分行	455	—	—	—	455	2009.09	竣工	合格	良好
中行	中行北川支行营业办公大楼（委托代建）	—	中行四川省分行	1371.6	—	—	1371	1371.6	2010.05	竣工	合格	良好

续表5-13-76

单位	项目名称	经济损失（万元）	立项部门（国家、省、市）	规划投入资金（万元）	资金来源（万元）				开工日期	工程进展	重建工程质量（检测、验收）	工程社会效果
					财政	捐赠	自筹	合计				
邮储银行	北川县支行办公楼	3472	省分行下达计划	500	—	—	500	500	2008.12	竣工	合格	良好
	梓潼黎雅支行办公楼		省公司、省发改委	50	—	—	50	50	2008.12	竣工	合格	良好
城商行	梓潼支行办公大楼	109	市发改委	900	—	—	900	900	2010.07	竣工	合格	良好
信用社	杨家分社重建项目	78	区发改局	150	90	—	60	150	2010.05	竣工	合格	良好
	磨家分社重建项目	40	区发改局	200	100	—	48	148	2010.01	竣工	合格	良好
	梓绵分社重建项目	120	国家	150	30	—	120	150	2009.07	竣工	合格	良好
	建华分社重建项目	120	国家	150	22	—	128	150	2009.07	竣工	合格	良好
	石马分社重建项目	550	国家	500	70	—	430	500	2009.01	竣工	合格	良好
	云凤分社重建项目	130	国家	160	25	—	135	160	2009.07	竣工	合格	良好
	凤凰分社重建项目	110	国家	150	22	—	128	150	2009.07	竣工	合格	良好
	徐家分社重建项目	180	国家	200	28	—	172	200	2009.07	竣工	合格	良好
	玉河分社重建项目	200	国家	200	21	—	179	200	2009.07	竣工	合格	良好
	松桠分社重建项目	150	国家	450	—	—	450	450	2010.08	竣工	合格	良好
	花荄信用社重建项目	506	县发改局	270	140	—	130	270	2010.08	竣工	合格	良好
	花荄大南街分社重建项目	354	县发改局	180	—	—	180	180	2010.05	竣工	合格	良好
	花荄益昌路分社重建项目	470	县发改局	200	—	30	170	200	2010.09	竣工	合格	良好
	乐兴信用社重建项目	268	县发改局	200	—	—	200	200	2010.04	竣工	合格	良好
	宝林信用社重建项目	260	县发改局	240	—	—	240	240	2010.07	竣工	合格	良好
	迎新信用社重建项目	310	县发改局	330	165	—	165	330	2010.03	竣工	合格	良好
	联社机关营业办公楼	2200	县发改局	2450	1900	—	550	2450	2010.04	竣工	合格	良好
	黄土永福寺分社重建项目	522	县发改局	200	—	160	40	200	2010.12	竣工	合格	良好
	晓坝信用社重建项目	449	县发改局	310	135	—	175	310	2010.04	竣工	合格	良好
	秀水西园干道营业办公室	1046	县发改局	320	—	320	—	320	2010.09	竣工	合格	良好
	联社机关及营业部	2003	县发改局	4125	900	728	2497	4125	2010.12	竣工	合格	良好
	陈家坝分社重建项目	82	县发改局	336	160	—	176	336	2010.12	竣工	合格	良好

续表5-13-76

单位	项目名称	经济损失（万元）	立项部门（国家、省、市）	规划投入资金（万元）	资金来源（万元）				开工日期	工程进展	重建工程质量（检测、验收）	工程社会效果
					财政	捐赠	自筹	合计				
信用社	香泉分社重建项目	78	县发改局	290	190	—	100	290	2010.12	竣工	合格	良好
	禹里分社重建项目	98	县发改局	368	170	—	198	368	2010.12	竣工	合格	良好
	坝底分社重建项目	99	县发改局	368	170	—	198	368	2010.11	竣工	合格	良好
	白什分社重建项目	47	县发改局	237	140	—	97	237	2010.12	竣工	合格	良好
	白坭分社重建项目	34	县发改局	356	140	—	216	356	2010.11	竣工	合格	良好
	邓家分社重建项目	30	县发改局	266	110	—	156	266	2010.12	竣工	合格	良好
	贺家街分社重建项目	85	县发改局	284	—	—	284	284	2010.12	竣工	合格	良好
	西屏分社重建项目	147.6	江油市发改局	261	—	—	261	261	2010.03	在建	—	良好
	敬元分社重建项目	188	江油市发改局	332	—	—	332	332	2010.03	在建	—	良好
	六合分社重建项目	170	江油市发改局	300	—	—	300	300	2010.03	在建	—	良好
	方水分社重建项目	190	江油市发改局	336	—	—	336	336	2010.03	在建	—	良好
	石元分社重建项目	140	江油市发改局	247	—	—	247	247	2010.12	在建	—	良好
	枫顺分社重建项目	155	江油市发改局	274	—	—	274	274	2010.12	在建	—	良好
	二郎庙社重建项目	252	江油市发改局	445	—	—	445	445	2010.05	在建	—	良好
	永胜分社重建项目	340	江油市发改局	600	—	—	600	600	2010.02	竣工	合格	良好
	新春分社重建项目	136.8	江油市发改局	242	—	—	242	242	2010.01	在建	—	良好
	新兴分社重建项目	175	江油市发改局	309	—	—	309	309	2009.12	在建	—	良好
	彰明分社重建项目	260	江油市发改局	459	—	—	459	459	2010.04	在建	—	良好
	东兴分社重建项目	162	江油市发改局	286	—	—	286	286	2010.01	在建	—	良好
	青莲分社重建项目	216	江油市发改局	382	—	—	382	382	2010.05	在建	—	良好
	大康分社重建项目	290	江油市发改局	513	—	—	513	513	2010.03	竣工	合格	良好
	河口分社重建项目	90	江油市发改局	159	—	—	159	159	2010.02	竣工	合格	良好
	贯山分社重建项目	200	江油市发改局	353	—	—	353	353	2010.01	在建	—	良好

续表5-13-76

单位	项目名称	经济损失（万元）	立项部门（国家、省、市）	规划投入资金（万元）	资金来源（万元）				开工日期	工程进展	重建工程质量（检测、验收）	工程社会效果
					财政	捐赠	自筹	合计				
信用社	马角分社重建项目	90	江油市发改局	159	—	—	159	159	2010.04	在建	—	良好
	九岭分社重建项目	260	江油市发改局	459	—	—	459	459	2010.04	在建	—	良好
	大堰分社重建项目	210	江油市发改局	372	—	—	372	372	2010.04	在建	—	良好
	新安分社重建项目	260	江油市发改局	459	—	—	459	459	2010.04	在建	—	良好
	战旗分社重建项目	220	江油市发改局	389	—	—	389	389	2010.04	在建	—	良好
	文兴分社灾后重建项目	197	梓潼县发展改革和经济商务局	138	64	—	74	138	2010.08	竣工	合格	良好
	演武分社灾后重建项目	157	梓潼县发展改革和经济商务局	139	63	—	76	139	2010.09	竣工	合格	良好
	三泉分社灾后重建项目	95	梓潼县发展改革和经济商务局	124	55	—	69	124	2010.10	在建	—	良好
	建新分社灾后重建项目	144	梓潼县发展改革和经济商务局	138	63	—	75	138	2010.09	在建	—	良好
	东环路分社灾后重建项目	237	梓潼县发展改革和经济商务局	230	—	—	230	230	2010.10	竣工	合格	良好
	石牛分社灾后重建项目	209	梓潼县发展改革和经济商务局	148	—	—	148	148	2010.12	主体工程阶段	—	良好
	石台分社灾后重建项目	103	梓潼县发展改革和经济商务局	140	—	—	140	140	2010.12	主体工程阶段	—	良好
	豢龙分社灾后重建项目	124	梓潼县发展改革和经济商务局	124	55	—	69	124	2010.11	主体工程阶段	—	良好
	观义分社灾后重建项目	262	梓潼县发展改革和经济商务局	149	—	—	149	149	2010.12	基础施工阶段	—	良好
	二洞分社灾后重建项目	67	梓潼县发展改革和经济商务局	124	—	—	124	124	2010.05	在建	—	良好
	交泰分社灾后重建项目	63	梓潼县发展改革和经济商务局	124	—	—	124	124	2010.10	基础施工阶段	—	良好

续表5-13-76

单位	项目名称	经济损失（万元）	立项部门（国家、省、市）	规划投入资金（万元）	资金来源（万元）				开工日期	工程进展	重建工程质量（检测、验收）	工程社会效果
					财政	捐赠	自筹	合计				
信用社	马迎分社灾后重建项目	75	梓潼县发展改革和经济商务局	124	—	—	124	124	2010.12	基础施工阶段	—	良好
	石安分社灾后重建项目	53	三台县发改局	310	100	—	210	310	2010.10	主体框架已完	—	良好
	金鼓分社灾后重建项目	117	三台县发改局	300	—	—	300	300	2010.10	主体框架已完	—	良好
	白雀分社灾后重建项目	57	三台县发改局	215	—	—	215	215	2010.10	主体框架已完	—	良好
	乐加分社灾后重建项目	84	三台县发改局	256	70	—	186	256	2010.09	主体框架已完	—	良好
	三柏分社灾后重建项目	59	三台县发改局	220	—	—	220	220	2010.09	主体框架已完	—	良好
	玉林分社灾后重建项目	81	三台县发改局	245	—	—	245	245	2010.09	主体框架已完	—	良好
	建中分社灾后重建项目	80	三台县发改局	315	—	—	315	315	2010.09	主体框架已完	—	良好
	万安分社灾后重建项目	111	三台县发改局	245	70	—	175	245	2010.09	主体框架已完	—	良好
	下新分社灾后重建项目	98	三台县发改局	252	—	—	252	252	2010.09	基础变更	—	良好
	百顷分社灾后重建项目	52	三台县发改局	298	—	—	298	298	2010.09	主体框架已完	—	良好
	建林分社灾后重建项目	96	三台县发改局	335	—	—	335	335	2010.09	主体框架已完	—	良好
	凯河分社灾后重建项目	65	三台县发改局	230	—	—	230	230	2010.09	主体框架已完	—	良好
	建平分社灾后重建项目	103	三台县发改局	335	90	—	245	335	2010.09	主体框架已完	—	良好
	灵兴分社灾后重建项目	34	三台县发改局	240	60	—	180	240	2010.09	主体框架已完	—	良好

续表5-13-76

单位	项目名称	经济损失（万元）	立项部门（国家、省、市）	规划投入资金（万元）	资金来源（万元）				开工日期	工程进展	重建工程质量（检测、验收）	工程社会效果
					财政	捐赠	自筹	合计				
信用社	里程分社灾后重建项目	32	三台县发改局	220	—	—	220	220	2010.09	主体框架已完	—	良好
	争胜分社灾后重建项目	73	三台县发改局	220	—	—	220	220	2010.09	主体框架已完	—	良好
	长乐分社灾后重建项目	87	三台县发改局	235	—	—	235	235	2010.09	主体框架已完	—	良好
	永明分社灾后重建项目	56	三台县发改局	305	—	—	305	305	2010.09	主体框架已完	—	良好
	光辉分社灾后重建项目	119	三台县发改局	248	—	—	248	248	2010.09	主体框架已完	—	良好
	花园分社灾后重建项目	56	三台县发改局	415	110	—	305	415	2010.09	主体框架已完	—	良好
	龙树分社灾后重建项目	211	三台县发改局	315	—	—	315	315	2010.08	在建	—	良好
	高堰分社灾后重建项目	125	三台县发改局	228	—	—	228	228	2010.09	在建	—	良好
	新鲁分社灾后重建项目	100	三台县发改局	310	—	—	310	310	2010.10	在建	—	良好
	幸福分社灾后重建项目	83	三台县发改局	175	—	—	175	175	2010.09	在建	—	良好
	云同分社灾后重建项目	57	三台县发改局	125	—	—	125	125	2010.10	在建	—	良好
	安居分社灾后重建项目	368	三台县发改局	256	—	—	256	256	2010.11	资产转换	—	良好
	水田分社重建项目	5	绵阳市发改委	130	75	—	43	118	2010.01	在建	—	良好
	坝子分社重建项目	33	绵阳市发改委	176	180	—	0	180	2009.03	竣工	合格	良好
	高村分社重建项目	8	绵阳市发改委	176	174	—	0	174	2009.03	竣工	合格	良好
	豆叩分社重建项目	40	绵阳市发改委	198	152	—	88	240	2010.04	在建	—	良好
	大印分社重建项目	26	绵阳市发改委	176	152	—	0	152	2010.01	在建	—	良好
	锁江分社重建项目	27	绵阳市发改委	176	182	—	0	182	2010.01	在建	—	良好
	大桥分社重建项目	16	绵阳市发改委	176	142	—	82	224	2010.01	在建	—	良好
	土城分社重建项目	3	绵阳市发改委	176	198	—	0	198	2010.01	在建	—	良好

续表5-13-76

单位	项目名称	经济损失（万元）	立项部门（国家、省、市）	规划投入资金（万元）	资金来源（万元）				开工日期	工程进展	重建工程质量（检测、验收）	工程社会效果
					财政	捐赠	自筹	合计				
信用社	平通分社重建项目	65	绵阳市发改委	182	175	—	101	276	2010.04	在建	—	良好
	龙安分社重建项目	530	绵阳市发改委	500	189	—	111	300	2010.07	在建	—	良好
	南坝分社重建项目	120	绵阳市发改委	500	214	—	124	338	2010.04	在建	—	良好
	响岩分社重建项目	26	绵阳市发改委	500	189	—	111	300	2010.07	在建	—	良好
	阔达分社重建项目	4	绵阳市发改委	400	178	—	—	178	2010.01	竣工	合格	良好
	宗海分社重建项目	20	县发改局	100	100	—	—	100	2010.01	开工	—	良好
	永泰分社重建项目	37	县发改局	93	—	—	93	93	2010.09	基础开工	—	良好
	双碑分社重建项目	45	县发改局	114	100	—	14	14	2010.12	开工	—	良好
	榉溪分社重建项目	20	县发改局	93	—	—	93	93	2010.09	施工中	—	良好
	黄溪分社重建项目	7	县发改局	90	—	—	89	89	2010.09	竣工	合格	良好
	冼泽分社重建项目	3	县发改局	104	—	—	104	104	2009.08	竣工	合格	良好
人保财险	人保财险安县支公司	680	省公司、省发改委	500	—	—	500	500	2010.03	竣工	合格	良好
	人保财险北川支公司	800	省公司、省发改委	484	—	—	484	484	2010.04	竣工	合格	良好
人寿保险	北川县支公司营业用房	25.6	国寿人险川复〔2010〕36号	1400	—	—	1400	1400	2010.04	竣工	合格	良好
	江油市支公司营业用房	0	国寿人险川复〔2010〕2号	2300	—	—	2300	300	2011.06	在建	—	良好
	共136个项目	26606	—	51953	7928	728	31437	40093	—	—	—	—

说明：此表统计时间为2008年5月12日至2011年9月30日。

二、重点项目

（一）中国农业银行北川县支行办公大楼

中国农业银行北川支行原办公大楼及营业用房占地面积共4.19亩，建筑面积2793平方米，在特大地震中全部毁损倒塌，经济损失202万元。

新建中国农业银行北川支行选址位于北川新县城永昌镇，地理位置极佳，金融机构集中，毗邻主干道齐鲁大道，周边设施配套齐全，是新县城中心位置。

中国农业银行北川支行办公大楼由农总行立项，规划投入资金2449万元，其中自筹资金1928万元，截至2010年年底，工程主体项目已基本完工。

新北川支行办公楼为现浇框架五层，其中一楼按现行规范要求新建功能齐全支行营业部，对外营业用房建筑面积1000平方米；二楼设立职工食堂建筑面积300平方米，员工活动中心建筑面积400平方米，地震纪念陈列室建筑面积300平方米；三楼作为行长室、支行机关办公室、会议室、支行微机室；四、五楼作为支行档案室、市分行集中管理档案室。

（二）中国银行江油支行营业办公楼

中国银行江油支行原营业大楼于1993年8月落成，建筑面积约3268平方米。特大地震造成江油支行办公大楼严重受损。

经中行同意，江油支行办公楼新购办公用房位于江油市新华干道南段，两面临街。江油支行营业办公大楼系购买地震前已完工建筑，总投入1052万元。中国银行江油支行新营业办公大楼共三层，总建筑面积2506.13平方米，一楼面积975.67平方米，与原办公大楼比较，布局更合理，且室外有汽车泊位20余个，停车方便，能满足建立集对公业务、储蓄业务、消贷业务、理财中心、自助银行、VIP贵宾室、保管箱租赁于一体的全功能型营业大厅的需要。

（三）中国人寿北川县支公司营业用房

特大地震使中国人寿绵阳市分公司遭受了巨大损失，北川县支公司办公楼459.68平方米瞬间被夷为平地。

根据《关于绵阳北川县支公司“5·12”地震后重建营业用房立项的批复》，北川县支公司在北川新县城永昌大道投资1400万元，修建3400平方米的营业用房。

重建的北川县支公司办公楼与农行、中国银行、人民银行等金融机构在北川重建的办公楼汇聚在一起，成为“金融一条街”，为北川新县城一道靓丽的风景。

三、金融服务机构与服务网点

（一）中国银行北川支行营业办公大楼

中国银行股份有限公司北川支行成立于2008年11月4日，为地震后新设立机构。

北川支行购置新址位于北川新县城永昌镇，建筑面积约1996平方米。该地段为北川金融一条街。

北川支行购置的营业办公用房占地面积6亩，分别为A、B两栋，其中中国人寿保险股份有限公司北川支公司占地2.5亩（A栋），中国银行北川支行占地3.5亩（B栋）。截至2011年9月底，北川支行营业办公大楼已完工使用。

（二）兴业银行

兴业银行是国内十强银行和全球500强企业，也是中国最具持续持股投资价值的上市公司。特大地震后，兴业银行以支援灾区灾后重建为己任，于2008年5月29日，取得银监会对绵阳支行设立批准。2008年8月20日，兴业银行绵阳支行正式营业，成为银监会为地震灾区开设“市场准入绿色通道”后，首家引进绵阳支持灾后重建的股份制商业银行，也是首家承诺全力支持绵阳灾后重建银行。2008年成立时兴业银行就承诺当年向绵阳发放授信总额为10亿元的专项贷款，定向支持绵阳的灾后重建工作。

四、地方法人金融机构

绵阳市农村信用社在汶川特大地震灾害中房屋损失严重。全辖478个网点90%震为危房，损坏房屋面积59.91万平方米，直接经济损失11.21亿元，间接经济损失20.46亿元。

（一）恢复重建概况

在网点灾后重建中，地方政府在农村信用社的网点选址、土地征用、税费减免和重建规划上给予大力支持。北川、平武等5家联社列入国家重建规划，涉及投资8340万元（中央财政6840万元、地方财政1500万元），另有北川、平武、安县、江油4家联社分别受到山东、河北、辽宁、河南4家省联社的无私援建。全社会各界和兄弟单位也纷纷向绵阳农村信用社伸出援助之手，至2010年年末，绵阳市农村信用社共收到省内、省外金融系统和社会各界捐款、捐物资金达5205.8万元。

省信用联社绵阳办事处建立重建进度督导机制，有序推进自身灾后重建工作。至2010年末，全市农信社已加固维修网点258个，面积29.42万平方米，投入资金7468.8万元。实施房屋规划重建项目115个，面积9.14万平方米，规划投资3.57亿元，已完工项目20个，面积1.67万平方米，投入资金4039万元，完工率17.4%；已开工在建项目92个，面积7.54万平方米，投入资金8863万元,开工率97.4%。其中工程项目投资在1000万元以上的重建单位有北川、安县2家联社，投资总额6575万元；未开工项目3个，未开工率2.6%；已累计投入资金1.29亿元。

（二）重点项目

1. 北川县农村信用合作联社营业办公楼

北川县农村信用合作联社营业办公楼于2010年12月重建。地震时，原联杜机关办公大楼粉碎性坍塌，直接经济损失金额2003万元。震后，北川联社迁至安昌镇租房营业办公。

灾后重建时，北川联社迁建于新县城永昌镇50号地第3块A、B栋，面积3200平方米。该地段道路平整，水、电畅通，办公楼建筑面积4658.77平方米。

2. 安县农村信用合作联社营业办公楼

安县农村信用合作联社营业办公楼，于2010年4月重建。地震时，原联社机关营业办公综合楼受损面积8197.82平方米，直接经济损失2200万元。

安县联社营业办公大楼经安县发展改革和经济商务局立项批准重建。重建项目列入《汶川地震灾后恢复重建市场服务体系专项规划》金融服务网络建设项目之一，项目投资规模2450万元，建设规模4700平方米，其中国家投放中央灾后重建基金1900万元。

2010年2月8日经县人民政府同意，安县政府采购办于2010年4月19日按照单一来源采购方式对“安县农村信用合作联社机关营业办公楼”实施政府单一来源采购，经评审专家评审，同意安县农村信用合作联社以总价款1400万元，采购绵阳川银房地产开发公司开发的“银都宝座”12号楼作为安县农村信用合作联社机关营业办公楼。

第八节　市场监管体系

市场监管体系是指人民银行绵阳市中心支行和绵阳银监分局组成的金融市场和市质量监督局所属的质监检测服务机构。在汶川特大地震中，绵阳金融市场和质监检测服务机构都遭到严重破坏，损毁房屋建筑面积4.93万平方米，造成直接经济损失0.58亿元。在灾后恢复重建过程中，列入规划的项目16个（其中金融市场5个、质监检测服务机构11个），规划投资金额3.05亿元（其中金融市场6334万元、质监检测服务机构24151万元）。截至2011年9月30日，16个规划项目全部开工。实际完成投资金额为2.9亿元，其中金融市场0.63亿元，质监检测服务机构2.26亿元。

一、金融市场

（一）概况

绵阳市金融市场在汶川特大地震中，受到严重损毁的有北川、江油、梓潼、盐亭4县（市）人民银行营业办公用房和绵阳银监分局办公楼，造成直接经济损失2306.77万元。这5个项目分别由中国人民银行成都分行和国家发改委批准列为灾后重建项目，规划投资6334.2万元。截至2011年9月30日，5个项目已全部竣工投入使用，实际投资额6334.2万元。

表5-13-77

绵阳市金融市场灾后恢复重建规划项目实施一览表

单位	项目名称	经济损失（万元）	立项部门（国家、省、市）	规划投入资金（万元）	资金来源（万元）					开工日期	工程进展	重建工程质量（检测、验收）	工程社会效果
					财政	捐赠	自筹	上级拨款	合计				
人行绵阳市中心支行	江油营业办公用房	1050	成都分行	1140	20	—	—	1120	1140	2010.03	竣工	合格	良好
	梓潼营业办公用房	117	成都分行	575.2	—	—	—	575.2	575.2	2009.01	竣工	合格	良好
	盐亭营业办公用房	100.1	成都分行	931	—	—	—	931	931	2010.05	竣工	合格	良好
	北川营业办公用房	1016	成都分行	1442	—	—	—	1442	1442	2010.04	竣工	合格	良好
绵阳银监分局	绵阳银监分局办公楼	23.67	国家发改委	2246	2246	—	—	—	2246	—	竣工	合格	良好
合计	5	2306.77	—	6334.2	2266	—	—	4068.2	6334.2	—	—	—	—

说明：此表统计时间为2008年5月12日至2011年9月30日。

（二）重点项目

1. 中国人民银行江油市支行灾后重建项目

在特大地震中，江油支行办公楼及职工宿舍严重受损，房屋主梁断裂、墙面主体暴突，部分墙体垮塌，办公设施遭受严重破坏。2008年5月15日经江油市抗震救灾指挥部房屋鉴定小组现场鉴定和评估，支行办公楼及所附的职工宿舍为严重危房。

支行灾后重建项目在江油市诗仙路中段城市规划拓展区内（太平镇新华村四组）征用土地总面积为7.47亩，其中实际用地4.90亩，建设资金来自中国人民银行总、分行灾后重建资金，项目出资比例为100%，建设规模为建筑总面积2133平方米，计划总投资为1140万元（含政府拨付土地征用资金20万元）。其中征用土地款项320万元，工程投资820万元。

新建支行有办公区、停车区、绿化区，总建筑面积为2133平方米，建设高度22.5米，有机动车停车位18个。工程于2010年3月1日正式开工，当年10月中旬全部完成。2011年1月26日新建办公楼正式对外办公。

2. 中国人民银行梓潼县支行灾后重建项目

特大地震使中国人民银行梓潼县支行营业办公用房遭到严重破坏，造成直接经济损失102万元；附属用房及办公设施间接经济损失40余万元。

经绵市发改委批准立项，支行原址重建营业办公用房1544平方米，投资570万元。工程于2009年10月12日正式动工，2010年8月26日顺利通过竣工验收，2010年11月底前正式投入使用。

二、质监检测服务机构

（一）概况

汶川特大地震中，四川省绵阳市质量技术监督系统，有14个质监检测检验服务机构遭受到不同程度的破坏，北川、安县、平武、江油等县（市）质监局受灾特别严重。全市系统房屋受损面积3.71万平方米，造成损失金倾3508万元，占全市系统国有资产的43.52%；2007年申报的“国家（绵阳）电子电器产品质量监督检验中心”项目，也因地震灾难被迫停止。

2008年7月，全市质监系统开始灾后恢复重建，一直按照“抓质量、促经济、保民利民、服务经济、着眼长远”的基本原则，高度重视市场监管体系恢复重建。截至2011年9月30日，规划恢复重建的11个项目全部竣工，并验收合格。规划投资2.42亿元，实际投资2.26亿元。

表5-13-78 绵阳质监检测服务机构灾后恢复重建规划项目实施一览表

项目名称	建设内容	投资总额（万元）		建设类型	占地面积（亩）	建筑面积（平方米）	年月		项目主体
		规划	实际				开工	竣工	
北川质监局行政办楼	征地建房及设备购置	232	232	异地重建	2.1	855	2009.5	2010.6	北川质监局
平武质监局检测综合楼	征地建房及设备购置	270	270	异地重建	3	1035	2009.6	2010.7	平武质监局
江油质监局建材、食品检测业务用房	征地建房及设备购置	222	222	异地重建	4.5	900	2009.7	2010.2	江油质监局
盐亭质监局综合检测楼	综合检测楼房	333	310	异地重建	6.9	1440	2009.6	2010.6	盐亭质监局
绵阳质监局办公检测综合楼、质检楼等	建房及设备购置	199	199	原址加固	—	9785	2009.4	2009.9	绵阳质监局
绵阳质监局直属分局办公楼	建房及设备购置	22	22	原址加固	—	1100	2009.4	2009.9	涪城、游仙质监局
安县质监局办公楼	建房及设备购置	63	63	原址加固	—	1450	2009.5	2009.10	安县质监局
三台质监局办公检测综合楼	建房及设备购置	85	85	原址加固	—	2471	2009.5	2009.10	三台质监局
梓潼质监局办公检测综合楼	建房及设备购置	26	26	原址加固	—	532	2009.5	2009.10	梓潼质监局
绵阳市质检所北川灾后重建建材产品检测站	用房及设备	199	199	原址新建	—	150	2009.5	2009.6	绵阳市质检所
绵阳市电子电器产品质检中心	征地建房及设备购置	22500	2100	新建	20	18000	2010.9	2012.9	绵阳质监局
合计：11 个项目	—	24151	22628	—	36.5	37718	—	—	—

（二）重点项目

1. 绵阳市质检所北川灾后重建建材产品质检站

2009年5月，根据省质监局灾后重建的整体规划，绵阳质监局报经省局和市委、市政府同意，决定在北川县安昌镇建立“绵阳市质检所北川灾后重建建材产品质检站”，隶属于绵阳市产品质量监督检验所，实行统一管理。该站主要承担北川、安县等县灾后重建建筑用砖、钢筋、混凝土、预应力混凝土空心板等建材产品的检测。检测人员由绵阳市产品质量监督检验所统一调配。

该项目地址在北川县安昌镇安州大道。2009年5月22日开工，2009年6月3日竣工。仅用12天时间全面完成。

该项目是2009年度省、市、县灾后重建重点项目之一。总投资233.5万元，其中工程项目投入199.1万元［含设备投入87.5万元，设备67台（套）］，现金投入34.4万元。绵阳市质检所北川灾后重建建材产品质检站已开展建筑用砖、钢筋、混凝土、预应力混凝土空心板等4项检测，通过省质监局资质认定考核，按照已具备相应标准检测的能力开展灾后重建建材产品质量检测检验。每天可开展160批次的高标准检验，提高灾后重建中建材产品质量检测效能，提高“科学、公正、廉洁、高效”的检测水平，为灾后重建打下坚实的“质量提升”基础。

2. 绵阳市平武质监局检测综合楼

地震造成平武质监局检测检验行政服务综合楼严重破坏。2008年10月，国家局、省局将把该项目列入灾后重建重点项目。2009年3月24日经平武县发展改革和经济商务局批复同意立项。该灾后恢复重建项目由中央财政安排重建资金270万元（其中设备购置11.50万元）。属异地重建，地址位于平武县龙安镇东皋村新区。

绵阳市平武质监局检测综合楼建筑面积为1035平方米，实际建筑面积1033.86平方米。2009年6月7日开工，2010年7月6日竣工。

平武质监局灾后重建后，大力开展“质量兴县”活动，“平武无公害清水蜜桃”等3个省级农业标准化示范项目均全部以高分通过国家标准委员会和省质监局验收；2010年又新申报“平武核桃”，1个国家级农业标准化示范区通过项目批准；平武无公害核桃被列为国家地理标志产品培育对象。

第十四章　文化、旅游重建

为推进文化、体育、广播电视及旅游设施灾后重建，市文化局、广电局、体育局和旅游局分别成立灾后重建工作领导小组。在项目开工前，提前对拟建项目开展可行性研究、勘测设计及环境影响评估，完善立项审批资料；对已批准项目尽快完善技术设计，抓紧落实资金；对新开工建设项目抓紧做好征地、拆迁等前期工作。严格方案审查，规范项目建设，严把技术方案审查、招标文件的备案关，将灾后重建项目建设中的相关问题进一步规范，及时有效地指导全市文化、体育、广播电视和旅游设施灾后重建项目工作。

截至2011年9月30日，全市文化体育设施重建项目已全部开工，已完工1045个，全市51个旅游景区和44个宾馆饭店得以恢复重建。

第一节　文　化

一、概况

2008年，绵阳市有专业艺术表演团体4个，有演出场所4个，有市级文化馆1个，县（市、区）级文化馆9个，有乡（镇）文化站233个。有市级公共图书馆1个，有县（市、区）级公共图书馆7个。有市级文物保护管理机构1个（市文物局、绵阳博物馆），有县（市、区）级文物保护管理机构9个，有县（市、区）级博物馆4个。有全国重点文物保护单位8处，省级文物保护单位30处，市级文物保护单位19处，县级文物保护单位228处，文物保护点3537处。省级历史文化名城3处，省级历史文化名镇2处，馆藏文物44787件。有省级非物质文化遗产保护项目12项，市级非物质文化遗产保护项目63项，县级非物质文化遗产保护项目154项。

特大地震中，绵阳全市文化系统死亡、失踪26人，受伤54人，直接经济损失达到14.28亿元。倒塌房屋、危房、受损房屋共计74.15万平方米，绝大多数县（市）文化馆、图书馆以及剧场、影剧院等大型文化设施成为危房。设备器材毁坏4.23万件（套），图书毁坏150.64万册，1515个文化市场、文化产业单位和772个新闻出版单位受损。县级非遗传承人遇难、失踪11人；掩埋各级文物947件、文字资料397.4万字、图片5949幅、音像资料1025件；云岩寺、报恩寺、七曲山大庙、郪江崖墓群等180余处国家、省、市县级文物保护单位不同程度受损（全国重点文物保护单位5处损毁，省级文物保护单位28处损毁）；馆藏文物资料1300余件受损，6500余件珍贵文物被迫转移，1.7万余册珍贵古籍损毁。

二、羌族文化保护

绵阳市在灾后重建规划中，明确提出“抢救和保护羌族文化，恢复重建少数民族城镇要尊重地方传统，突出民族文化特色”。

2008年5月25日，北川羌族民俗博物馆和禹羌文化研究中心干部职工一行5人返回北川县城，冒险抢救禹羌文化文献资料，从危楼中抢救出有关大禹和羌族的字画100余幅，有关文献书籍和资料500余本。

2008年6月14日上午，“保护文化遗产，重建文化家园”纪念第三个“文化遗产日”主题纪念活动在绵阳市区文化广场隆重举行。来自全市县市区的演员向观众展示丰富多彩的非物质文化遗产。以68岁的北川羌族口弦传承人何秀芬为代表的14名北川非物质文化遗产传承人为大家表演口弦、北川羌族酒歌、羌族莎朗等羌族非物质文化遗产。同时，还举行“保护文化遗产，重建文化家园”万人签名仪式。

2008年11月14日，由文化部牵头组织“羌族文化生态保护实验区”授牌仪式在北京人民大会堂举行。绵阳市政府分管副市长和市文化局领导受邀参加仪式。羌族文化生态保护实验区是继闽南、徽州和热贡之后的第四个国家级文化生态实验区，实验区的范围包括羌族主要聚居区四川省茂县、汶川、理县、北川县，以及毗邻的松潘县、平武县、黑水县，陕西县宁强县、略阳县等部分相关地区。

为保护和传承羌族文化，进一步推动绵阳市“羌绣”产业发展及灾后重建工作，市委、市政府把“羌绣”产业纳入“工业强市”的重要内容，与“1+5”产业推进一道，同步发展。2009年1月19日，成立绵阳市“羌绣”产业推进办公室，建立“羌绣”产业推进联席会议制度，为“羌绣”产业发展带来新的发展机遇。

2009年9月6日，全国人大常委会委员、全国人大民族委员会主任委员马启智一行到绵阳，就《中华人民共和国非物质文化遗产保护法》立法进行深入调研。市人大常委会和市政府领导陪同调研。调研组深入北川县等地实地察看全市羌文化遗产在地震中损毁及其保护情况，并召开座谈会听取绵阳市在“非遗”保护方面的意见和建议。马启智对绵阳市“非遗”抢救保护所取得的成果表示肯定。并希望绵阳市各级做好保护工作，使保护工作提升到一个新的高度。

2009年10月，在阿联酋召开的联合国教科文组织保护非物质文化遗产政府间委员会第四次会议上，羌年被正式批准列入《急需保护的非物质文化遗产名录》（以下简称《名录》）。这是联合国教科文组织遴选出的首批进入该《名录》的遗产名单。羌年也称羌历年，羌语称“日美吉”。根据地方的不同，又有“过小年”“丰收节”“还愿节”等多种叫法，以庆祝丰收和感恩还愿为主要内容，具有浓郁的地方色彩。每年农历十月初一举行，持续3—5天。

2010年6月1日至6月30日，北川县“羌绣”以《恋·羌绣》为主题参加上海世博会中国元素展示区展示。展览期间，生机盎然的“羌山依旧”和清丽脱俗的“羌族风情”挂毯等大型羌绣作品让中外游客驻足观赏，叹为观止。

根据羌族文化生态保护实验区建设工作有关要求，为加强保护在汶川特大地震中遭受劫难的羌族文化，绵阳市与四川省哲学社会科学重点研究基地——民间文化研究中心合作，制定《绵阳市羌族文化生态保护实验区规划实施方案》。保护区立足抢救、重建、保护、发展羌族文化，明确保护区的定位，突出羌族文化的特色，坚持保护区的可持续发展。2010年11月，方案通过市级审查，得到有关领导和专家的认可。

北川县灾后重建中，将“羌族文化抢救工程”列入重建规划，并拟建立国家级羌族文化生态保护实验区，修复严重受损的羌族文物，抢救文物、文化典籍和非物质文化遗产，建立民间文化数据库，编写羌族文化普及读本。

特大地震中，最具羌族特色的永平堡、伏羌堡等古建筑物严重垮塌。2010年立项修复，2010年4月开工，2011年9月底完成省级文物保护单位永平堡明代军事城堡修复工程。修复城堡遗址原貌及周边环境整治，总投资800万元。

此外，在北川新县城建设中，将大量羌族文化元素纳入新城建设中，不管是街名、地名、建筑物装饰和羌碉等，均充分表现羌族文化特色。北川新县城建成后，已成为羌文化展示和旅游胜地，集中反映羌族文化的特色与魅力。

三、非物质文化遗产保护

2008年年初，绵阳市北川羌年等4项“非遗”项目被列入第二批全国非物质文化遗产名录。

2008年，绵阳市获得国家级、省级非物质文化遗产名录如下：

国家级（第二批），羌年、青林口高抬戏、文昌洞经音乐、潼川豆豉酿制技艺。

省级（第一批），羌年、青林口高抬戏、文昌洞经音乐、潼川豆豉酿制技艺、重华烟火架制作工艺、雾山石刻、文昌出巡、口弦、白马跳曹盖、蚕丝祖神传说、盐亭桃子龙、许家湾十二花灯戏。

2009年，“非遗”普查工作在全市全面展开，形成普查文字记录500余万字，照片2500余张，录音资料1000余小时，摄像资料800余小时，卷宗档案300余盒，形成普查成果3279项。2009年列入省级“非遗”名录18项，申报国家级“非遗”名录8项，“羌年”被列入首批世界急需保护“非遗”名录。公布市级非物质文化遗产项目代表性传承人112名，列入第四批省级非物质文化遗产项目代表性传承人18名。非物质文化遗产保护工作逐渐纳入各级政府管理，各级非物质文化遗产保护机构正逐步建立完善。

6月1日，由文化部、四川省人民政府、联合国教科文组织主办的第二届中国成都国际非物质文化遗产节在成都开幕，绵阳市组团参加展演活动，并获得太阳神鸟奖。绵阳展馆以文字、图片、实物和多媒体等手段，展示国家级、省级和市级非物质文化遗产项目近1200个。作为汶川特大地震重灾区，绵阳展馆还重点开展震后非物质文化遗产抢救保护、恢复重建成果和羌文化生态保护实验区的展示。此次展会上，绵阳代表团还在非物质文化遗产国家公园（成都）中心舞台举行主题日演出，展示绵阳独特的禹羌历史文化和羌族民俗文化的魅力；平武虎牙斗牦牛还分别参加在金沙遗址和郫县举行的巡演活动。

7月，四川省第二批省级非物质文化遗产项目的申报和评审工作揭晓，绵阳市“大禹的传说”“涪江号子”“马鸣阳戏”“睢水春社踩桥会”等17个项目列入第二批四川省非物质文化遗产项目，“盐亭水龙”列入第一批省级非物质文化遗产名录扩展项目。

8月，绵阳市组织召开非遗保护专家委员会，就列入省级非遗项目的历史、文化和科学价值及所具有的独特性、典型性、代表性等方面进行科学论证，经评审研究决定推荐大禹的传说（北川）、口弦（北川）、白马跳曹盖（平武）、马鸣阳戏（梓潼）、羌族水磨漆艺（北川）、重华烟火架制作工艺（江油）、文昌出巡（梓潼）、睢水春社踩桥会（安县）8个项目申报第三批国家级非物质文化遗产名录项目。

10月，经绵阳市申报、省专家评审委员会评审、社会公示和复核，绵阳市民间文学、民间音乐、民间舞蹈、传统戏剧、传统美术、传统手工技艺、民俗等八大类的18名传承人列入第四批省级非物质文化遗产项目代表性传承人。

12月22日，文化部非遗司副司长马盛德、国家“非遗”保护工作专家委员会委员刘托、周嘉华、文化部非遗司管理处王其旗、中国非遗保护中心唐建军和省文化厅领导一行对绵阳市进行非物质文化遗产的普查验收和保护督查。三台县代表四川省接受国家文化部的普查验收和保护督查。督查组重点对国家级非遗名录项目和国家级非遗项目代表性传承人的保护措施，国家、省、市、县四级名录体系建设，羌文化生态保护区建设等通过项目实地考察、资料察看、情况汇报等方式对绵阳市非遗保护工作进行全面督查，并给予充分肯定。

2010年3月28日，由中共绵阳市委、绵阳市人民政府、人民日报新闻战线杂志社、中共北京市西城区委、北京市西城区人民政府联合主办的绵阳市灾后文化重建暨大型舞剧《大北川》赴京汇报演出主题展览在北京西单文化广场正式开展，对绵阳市灾后文化重建和非物质文化遗产保护成果进行重点展示。

4月25日，绵阳市非物质文化遗产16个项目参加“九洲杯”第二十届全国图书交易博览会绵阳分会场展示展销，受到国家新闻出版总署、省市领导的充分肯定和社会各界的好评。

5月，绵阳市北川县“禹的传说”“口弦音乐”、平武县“跳曹盖”被公示为第三批国家级非物质文化遗产名录。

8月，绵阳市组织第三批四川省非物质文化遗产名录项目申报，经绵阳市非物质文化遗产保护工程专家委员会评审，推荐羌族传统刺绣技艺、文昌祭祀、梓江龙、羌族转山会等22项市级非物质文化遗产申报第三批四川省非物质文化遗产名录项目。

9月25日，在四川省第六届少数民族艺术节文化艺术博览会上，北川县羌绣、平武县剪纸等非物质文化遗产产品得到文化部和省领导的高度赞誉，《四川日报》等新闻媒体进行专题报道，其中白马藏族服饰系列获金奖，北川县羌绣“凤舞九天”、平武剪纸“仕女”、葫芦雕绘“多难兴邦”分别获银奖，玉龙化石“龙凤香薰”等5件作品获得铜奖。

10月15日至18日，绵阳市北川羌绣参加文化部、山东省人民政府主办的首届中国非物质文化遗产博览会，获组委会颁发的传承人纪念奖，并受到深圳、山东等地的热情邀请，参加当地的非物质文化遗产展示及表演活动。

2011年，为推进羌族文化生态保护实验区建设，开展国家级和省级传承人的申报工作，推荐申报国家级传承人8名，推荐申报省级传承人16名。列入国家级非遗项目名录3项（“羌年”列入联合国教科文组织急需保护非物质文化遗产名录），列入省级非遗代表性项目名录9项，公布市级非遗项目传承人33名。

3月23—24日，来自绵阳市、成都市、德阳市、广元市等地20余万人参加安县睢水春社踩桥民俗活动。睢水镇的太平桥建于清嘉庆年间（1796—1820），距今已有两百多年历史，受2008年汶川特大地震的影响，睢水春社踩桥民俗活动一度被迫中断，2011年，睢水春社踩桥民俗活动重新恢复。

5月29日至6月11日，绵阳市组团参加第三届中国成都国际非物质文化遗产节。近600平方米的绵阳非物质文化遗产馆的陈列布展特色鲜明，绵阳主题日活动演出《精彩纷呈绵州情》将群众性与非遗传承项目结合。本届非遗节上，绵阳代表团展览和主题日演出获“太阳神鸟”银奖；《北川羌族》大型巡游，亮点突出、传统与时尚相得益彰，被评为“太阳神鸟”金奖。

6月21日，四川省人民政府公布第三批四川省非物质文化遗产名录和第一、二批省级非物质文化遗产扩展项目名录，绵阳9个非物质文化遗产扩展项目名录，绵阳列入省级非物质文化遗产项目达到39个。其中北川羌族马灯、梓潼片粉制作技艺、梓潼酥饼制作技艺、羌族婚俗、郪江城隍庙会等5个项目入选第三批四川省非物质文化遗产名录，北川羌笛演奏技艺、盐亭梓江龙、涪城区的炳林毛笔制作技艺和北川、平武的羌绣传统刺绣工艺等4个项目入选第一、二批省级非物质文化遗产扩展项目名录。

2011年，绵阳市有全国重点文物保护单位8处，省级文物保护单位30处，市级文物保护单位46处，县级文物保护单位418处，文物保护点47635处，省级历史文化名城3处，省级历史文化名镇2处，馆藏文物52505件（藏品实际数量）。列入国家级非物质文化遗产代表性项目7项（“羌年”列入联合国教科文组织急需保护非物质文化遗产名录），省级非物质文化遗产代表性项目39项，市级非物质文化遗产代表性项目145项，县级非物质文化遗产代表性项目400余项。

四、公共文化服务设施

（一）图书馆

2008年5月，市图书馆联络沪、渝两市少儿图书馆发起网上爱心传递活动，内容体现在“五个一”：结交一位地震灾区手拉手小伙伴；写一封友情书信；捐出一月零花钱；送上一份爱心礼物（书包、书籍、文具等学习用品）；赠送一件新衣服等。

5月24日，由团市委、市文化局发起倡议，省新华发行集团绵阳管理中心、省教材公司绵阳分公司捐建的少儿图书室在九洲体育馆落成，先期价值万元的图书和书架全部安装到位。该少儿图书室将为暂住在九洲体育馆的灾区青少年提供免费阅读服务，丰富其精神文化生活。

图5-14-234　辽宁省援建的安县文化活动中心

5月31日下午，四川省图书馆馆长李忠昊、副馆长王嘉林带领文化信息资源共享

图5-14-235　平武县平通镇综合文化站

工程省中心的技术人员专程到安县了解图书馆受灾情况。在安县文旅局临时帐篷办公点前，文化信息资源共享工程省中心建立绵阳市第一个灾区服务站点，并向安县图书馆赠送一套共享工程服务设备和地震知识、卫生防疫、优秀电影电视故事片等信息资源，同时开展现场技术培训。

6月2日，文化部全国文化信息资源共享工程国家中心主任张彦博、共享工程规划发展处长刘刚一行专程到绵阳、安县、北川擂鼓镇、江油等地实地评估共享工程灾情，并向受地震灾害最严重的北川县紧急援助一套共享工程流动服务设备，在擂鼓镇建立北川县灾后第一个共享工程流动服务站。

汶川特大地震使全市公共图书馆图书损失惨重。为加快全市各级图书馆恢复重建工作，市图书馆向全国近500家出版社和大型图书馆发出请求支援的函件。截至2008年6月19日，市图书馆已收到云南科技出版社、贵州民族出版社、新华出版社、贵州人民出版社、国防出版社等多家出版社捐赠的价值近20万元的图书。

2009年2月10—11日，中共中央政治局常委李长春对绵阳灾区共享工程基层服务点进行视察，中共四川省委书记刘奇葆、省长蒋巨峰，绵阳市委、市政府领导陪同视察。李长春先后来到北川县

图5-14-236　平武县文化体育活动中心

任家坪村卓卓羌寨、市图书馆以及铁牛街社区共享工程基层服务点，考察灾区农家书屋和共享工程基层服务点建设情况，看望慰问基层文化工作者。

10月17日，由中国图书馆学会和四川省图书馆学会联系，台湾大学图书馆学系向四川灾区图书馆赠书仪式在北川新县城永昌镇板房图书室举行。台湾大学图书馆学系、台湾大学图书馆、四川省文化厅、中国图书馆学会、四川省图书馆领导及北川县党政领导出席仪式，绵阳市图书馆、北川县图书馆等受赠单位代表200余人参加赠书仪式。

2010年3月24日，“县级数字图书馆推广计划”灾区援建行动启动仪式在北川县举行。文化部副部长杨志今、国家图书馆馆长周和平、文化部社文司巡视员刘小琴、国家图书馆副馆长魏大成、全国文化信息资源建设管理中心主任张彦博等一行10余人出席启动仪式，并对绵阳灾后文化重建工作进行考察。

3月27日，绵阳市图书馆与西南科技大学生命科学与工程学院共同携手建立的社会实践基地在绵阳市图书馆揭牌，双方相关领导出席揭牌仪式。

5月10日，在全国中小型公共图书馆联合会2010年年会上，英国E-merald出版社以丰富专业文献，支持公共文化的意愿，向中国20家公共图书馆赠送Emerald图情报刊数据库。绵阳市图书馆被列为这次赠送的公共图书馆之一。

附：北川县图书馆恢复重建

北川县图书馆创建于1979年，1991年搬迁到老北川县城危家巷，总面积为850平方米。地震导致图书馆全部损毁，造成直接经济损失600万元。

异地重建选址在新县城永昌大道78号，是新县城标志性文化活动场所之一。由山东德州市建筑有限公司承建，山东德州市建筑有限公司援川指挥部负责监理，于2009年12月动工，2010年10月29日竣工移交后投入使用，2011年5月11日，北川图书馆期刊阅览室、少儿阅览室、电子阅览室、多功能报告厅对外开放。荷兰克劳斯王子基金会捐建的特藏文献室，主要展示北川羌文化、红色文化、大禹文化和地震遗址文化。

图书馆建筑面积3393平方米，总投资1800万元，有阅览室11间、图书16万册。新建后的图书馆服务功能齐备，开展少年阅览室、期刊借阅区、图书文献借阅；为读者提供情报资料检索，资料网络系统管理；文献数字化处理；图书学研究；图书期刊资料编辑出版；知识培训与社会教育活动等服务；开展基层服务，指导28个乡镇共享工程服务点、311个农家书屋的建设；定期举办各种讲座及电影放映；有政府信息公开、图书查询、借阅等电子平台。

（二）国家档案馆

汶川特大地震造成全市10个国家档案馆1个坍塌、9个鉴定为D级危房。2009年3月21日，四川省发展和改革委将全市10个国家档案馆列入灾后重建年度计划，规划建筑总面积5.34万平方米，是原档案馆建筑总面积的4倍，概算总投资1.73亿元。其中绵阳市国家档案馆1.08万平方米，三台县国家档案馆5800平方米，其余8个县（市、区）国家档案馆各为4600平方米。2009年8月1日，三台县国家档案馆灾后异地重建开工建设。截至2011年底，全市10个国家档案馆全部实现了灾后异地开工建设，其中三台县国家档案馆全面完工并投入使用。

（三）其他群众文化建设

2009年，市文联牵头组织创作地震题材报告文学《“5·12”绵阳纪事》出版发行；美术创作有14件作品入选地震题材全国展及第十一届全国美展。电影电视艺术家协会选送的抗震救灾题材电视作品中有21件获省政府奖，电视散文《乡情》获得第六届巴蜀文艺奖；舞蹈家协会创作的大型诗画歌舞节目《风从羌山来》，赴全国政协礼堂汇报演出，并赴威海、香港、德国柏林演出。

2009年，绵阳市文化艺术界根据北川地震灾情，集体创作大型舞蹈诗剧《大北川》。诗剧《大北川》选取汶川特大地震中北川县在地震中真实感人的故事作为创作原型，以羌文化为载体，用舞蹈诗剧的形式，讲述汶川特大地震时北川县城深埋在废墟下的一对羌族青年恋人依娜和古玛，在绝望中患难相依终于获救的奇迹。全剧浪漫、悲壮、震撼、艺术地阐述人类大爱不悔和爱情不渝的永恒主题。6月9日，市委、市政府成立《大北川》剧目协调领导小组，加强对该剧创作排演工作的领导。6月18日上午，大型舞蹈诗剧《大北川》精品工程启动仪式在四川樊华集团会议厅举行，标志着该剧正式进入排练阶段。7月15日，四川省文化厅巡视员胡继先一行专程到绵阳考察大型舞蹈诗剧《大北川》排练进展情况。

9月23日晚，大型舞蹈诗剧《大北川》在绵州大剧院成功首演。市委、市政协、市纪委、北川县委领导及群众代表600余人应邀观看演出。全剧22个舞段，通过跨越三千年羌文化发展演变的广阔时空，艺术地再现云朵上民族历经迁徙、饱受磨难而顽强前行的历程，以及不屈、感恩、大爱和重建美好家园的决心。

10月，天青苑剧团成功打造以山东省援建者典型人物崔学选为题材的现代川剧《他与羌山同在》在绵阳首演出成功，并赴山东感恩演出。

11月11日，由文化部、四川省人民政府主办的“外国友人看汶川地震灾后重建”主题摄影及全球巡展活动第二组抵达四川绵阳。澳大利亚摄影中心副主任、摄影大师保罗·麦克唐纳、英国著名摄影家盖·伍德兰等外国友人到绵阳市进行为期10天的实地采风。主题摄影系列活动包括实地拍摄、作品征集、全球巡展、编辑出版。其中专题摄影展《摄影家眼中的今日四川》将在10多个国家以及纽约联合国总部、巴黎联合国教科文组织总部、布鲁塞尔欧盟总部等地举行，并在中国驻国外所有使（领）馆网上进行展示。300~400幅最具有代表性的优秀摄影作品奖被编辑制作成中英文的《四川奇迹人类文化多样性保护独特实践》摄影作品集，随展览一并在全球进行宣传推广。

2009年，按照全市心理服务工作计划，全市文化系统组织文艺小分队深入全市灾区开展慰问演出，以文艺的独有形式抚慰受灾群众心灵。全市为受灾群众和部队官兵、援建单位放映慰问电影2000余场；组织文艺工作者到北川永兴板房区、江油文胜乡板房区等48处受灾群众安置点慰问演出62场次；联络协调文化部、全国文联、省文化厅等外地文艺团体赴北川擂鼓镇、平武平通镇、安县黄土镇等重灾区开展慰问演出15场；举办流动图书展销20场；举办农科知识巡回讲座13场。

2010年1月27日至28日（农历大年初二、初三），文化部副部长王文章带领东方歌舞团著名歌唱家李谷一等40余名演职人员，由四川省文化厅、绵阳市政府等领导陪同，先后赴北川吉娜羌寨、擂鼓镇灾民集中安置点（板房区）和安县文化广场开展春节慰问演出，受到灾区群众的的热烈欢迎。副部长王文章还考察北川吉娜羌寨、北川擂鼓镇板房区、安县界牌镇文化活动中心等文化共享工程基层服务点工作，看望慰问节日期间坚守岗位的基层文化干部。

2010年4月1日至3日，由中共绵阳市委、绵阳市人民政府与《人民日报》新闻战线杂志社联合主办的大型舞蹈诗剧《大北川》全国感恩巡演首都站演出在北京保利剧院成功举行。全国政协副主席张梅颖，全国政协原副主席李蒙，第二炮兵部队副司令员于际训，中共中央政策研究室原副主任郑科扬，最高人民法院原副院长刘家琛，全国政协副秘书长杨崇汇，国家国资委副主任黄丹华等领导，及首都文艺界专家、学者，在京绵阳籍老乡和社会各界人士共4000余人观看演出。

2010年4月24—27日，全国戏剧文化奖评审团专家到绵阳，对参加第二届全国戏剧文化金奖的大型舞蹈诗剧《大北川》进行专场评审。《大北川》一举夺得“原创剧目大奖”“最佳出品人奖”“导演金奖”“舞蹈编导金奖”“表演金奖”“舞台美术金奖”“艺术管理营销奖”“最佳组织奖”等9大奖项。这是《大北川》自2009年上演以来，首次荣获国家级大奖。

5月4日，“永久北川—四川省灾后恢复重建现场会专场文艺演出”在绵阳市绵州大剧院举行。中共四川省委书记、省人大常委会主任刘奇葆，中共绵阳市委书记、市人大常委会主任吴靖平，市委副书记、市长曾万明等省市领导和来自全省21个市（州）、181个县（市、区）党政主要负责人，以及应邀出席四川灾后恢复重建工作现场会的国务院汶川地震灾后恢复重建工作协调小组成员单位领导、济南军区领导、18个对口援建省、市代表共650余人一同观看演出。

2010年9月16日，绵阳博物馆灾后重建工程奠基仪式在富乐山风景区隆重举行。绵阳博物馆新馆选址富乐山西麓、芙蓉溪东岸，占地面积约4.3公顷，建筑面积约2.6万平方米，由中央财政全额拨付投资2.3亿元。新馆整合绵阳历史博物馆、绵阳非物质文化遗产博物馆和绵阳市农家书屋管理服务中心，为一座功能齐全、配套完善的现代化综合博物馆。绵阳博物馆建筑概念性设计方案通过政府采购邀请招标方式，在召集市内专家学者会商咨询、公开征求市民意见基础上，经市委市政府慎重研究，最终确定中国建筑西南设计研究院提交的“北斗卧龙”方案为中标方案。

2011年，全市为336个基层文化阵地采购配送价值2366万元的群众文化活动设施设备。推进实施市、县、乡、村四级公共文化阵地的免费开放工作，市县两级文化馆、图书馆、博物馆全面实现对社会公众免费开放；乡镇综合文化站、村级文化活动室按照“先建先行，逐步完善”的思路，有计划、有步骤地实施免费开放工作。开展送文化下乡和广场文化活动，“中华经典诵读”“绵州讲坛”“全民读书活动”“周末音乐会”等品牌活动。

附：文化设施重建项目简介

1. 北川县文化馆

北川县文化馆始建于1951年，原址在曲山镇城池街，建筑面积7500平方米（包括住宿）。地震中，文化馆全部损毁，直接经济损失1200万元。

震后，异地重建选址在北川新县城永昌镇，项目由山东省援建。于2009年12月开工，2010年12月建成并投入使用。

文化馆建筑面积约3000平方米，投资2000万元，馆内配置有多功能剧场、多功能展示厅、体育健身室、综合游艺室、电脑网络室、视听信息室、图书阅览室、非遗保护室、培训活动室、舞蹈排练室、音乐室等。

2. 安县文化设施

安县文化馆建于1951年3月，原址在安县安昌镇县人民公园内，2004年文化馆搬迁至花荄镇文化广场，馆舍面积1600多平方米，地震中，文化设施设备受到严重破坏，造成经济损失28201万元。

震后，新建安县文化和职工活动中心，由辽宁省援建，是交钥匙工程重点项目。项目位于安县原文化广场。项目于2009年7月动工，2010年7月建成。投资1160万元（含设备购置经费），包括演艺活动厅、综合排练厅、舞蹈排练厅、戏曲排练厅、展厅、少儿活动排练厅、培训室、文艺创作室、办公室、会议室、录音棚、资料室、服装保管室、道具保管室、灯光音响保管室。总建筑面积为4000平方米。室外配电工程、室外给排水工程、道路、广场、围墙及安防设施等配套工程齐备。

安县图书馆。辽宁省投资1280万元（含设备购置经费），建筑面积4500平方米，包括各类资料库12个、资料查阅室5个、资料修复室3个、陈列室2个、各类阅览室3个、图书外借室1个、文化信息资源支中心（多媒体多功能室、电子阅览室、机房、报告厅）行政办公区、咨询服务区、读者休息区、公共服务区等。

安县文化馆（电影院和剧团）。辽宁省援建投资3103万元（电影院2333万元、剧团680万元，含设备购置经费），建筑面积6505平方米，有绿化带等附属设施；电影大厅1个，席位800个；电影小厅1个，席位200个，按电影院建设标准进行规划修建并配备相关设备；数字电影工作站1个，建设面积为500平方米，并配备相关设备；剧场、困难帮扶中心、职工培训中心、法律援助中心、多功能活动室、会议室等。

安县文化广场。辽宁省援建投资830万元（含设备购置经费），包括广场地面硬化美化工程、雕塑、历史文化长廊、文化楼亭、绿化、其他景观和服务设施。

文化健身馆。辽宁省援建投资1500万元（含设备购置经费），包括文化馆、图书馆、博物馆、工人文化宫设备购置400万元；博物馆布展和建筑体二次装修550万元；文化健身广场铺装绿化、亮化工程及其他工程等550万元。

3. 三台县文化体育中心

项目为澳门特区政府等援建并全额援助，由体育馆、图书馆、文化馆组成，总占地面积33.8亩，总建筑面积1.75万平方米，其中文化馆4000平方米、图书馆4500平方米、体育馆9000平方米；总投资5750万元，其中体育馆3600万元、图书馆1190万元、文化馆960万元。2010年10月18日开工，截至2011年9月30日，主体工程基本完成，进入室内装修装饰阶段。

第二节　广播影视

一、概况

特大地震中，全市广电系统惨遭重创，广播电视制播、传输、发射设备等基础设施大量被毁，播出一度中断。市境受损广播电视台（站）282个，建筑损毁面积3.68万平方米，损毁电视HFC网络长度2.57万公里，台站和线路设备损毁35.80万台，全市广电系统因灾造成直接经济损失4.9亿元。

灾后市广电局以“建设全数字、全交互、全业务的信息服务平台，确保政令畅通，构建公共文化服务体系，维护人民群众基本文化权益”为目标，编制绵阳广播电视灾后重建规划，全市9个县(市、区）及市广播电视台所报8类重建项目，全部列入国务院批准的《汶川地震灾后重建总体规划》，确认绵阳广播电视重建资金89964万元。

2008年5月28日晚，在市文化局协助下，北川灾区首场公益电影在擂鼓镇灾民安置点上映，有上千群众观看电影。

2008年6月29日，国家广电局副局长赵实一行赴绵阳考察灾区电影工作，并在游仙区新建的活动板房安置区举行数字电影设备捐赠仪式，将75套数字电影放映设备正式移交绵阳灾区。

截至2008年8月1日，全市已修复9个有线广播电视播出前端、5个广播电视无线发射台，新建8个无线发射台点、1个临时无线发射点，全市10个广播电视台全部恢复正常播出。随着对口援建实施，北川县广播电视灾后重建规划及所需6800万元资金，得到山东省广电局、省发改委认可立项；辽宁省投资1100万元援建安县广电局业务用房；河北省首批投资2060万元援建平武广电及5个重灾乡镇广电设施；河南省先期投资500万元，完成江油市广电播出设备更新和灾民安置点广电基础设施建设等首批项目。

针对地震对安全播出保障体系造成的严重破坏，全市广电系统投入600余万元，抢修地震损坏的预警系统和播出设备，购置防插播卫星接收机和屏蔽卫星接收天线，先后5次与相关部门联合开展防插播演练，并深入各个灾民安置点查找薄弱环节，排除安全播出隐患，圆满完成奥运会安全播出任务。

2008年，全年被中央台采用广播节目26条，被中央电视台采用电视节目337条（其中抗震救灾新闻255条），省台采用稿件800余条（抗震救灾新闻600余条）。截至11月底，全市累计投入3018.8万元，完成2466个20户以上自然村“村村通”广播电视，完成上级下达目标任务210%；项目完成地区，2.5万户农户普通收听看到4套以上广播节目，20套以上电视节目。全市广电部门自筹资金1663.7万元，恢复因灾损毁的2649个村村通设施，恢复广播电视用户10.35万户。全市广播综合覆盖率95.11%，电视综合覆盖率96.16%。

2009年，全市播出机构全年自制广播节目时间1.2万小时，自制电视节目时间0.9万小时。广播电视有效覆盖500余万人口，广播覆盖515.12万人口，广播覆盖率95.27%，电视覆盖523.19万人口，电视覆盖率96.76%，广播电视综合覆盖率已略高于震前水平。

2009年，市广播电视台累计播发电视稿件8800条，播发广播稿件7700条，绵阳新闻被央视各新闻栏目采用48条，川台各档新闻栏目播出277条。放映农村公益电影、灾区安置点公益电影和影企联姻电影5.98万场，其中放映农村公益电影4.15万余场，灾区集中安置点公益电影1.75万场，影企联姻电影850场，观众达983万余人。

2009年，累计投入资金5613万元（其中，自筹资金4683万元），完成3942个自然村“村村通”工程建设，完成市政府下达3696个目标任务的106.7%，新增有线电视用户7.24万户。完成江油市广播电视发射台、盐亭县高山庙广播电视发射台、北川县擂鼓镇、陈家坝乡和永昌镇广播电视发射台中1调频广播及中1、中7电视节目等11套中央农村广播电视节目发射第二期工程建设，无线广播电视覆盖水平得到有效提升。完成江油、安县、平武、北川等县（市）直播卫星工程，安装地面卫星接收设施9840套，3.6万名灾区群众直接受益，较好地解决山区农村群众收听看广播电视项目难题。

二、重点项目

1. 北川广播电视台

地震前，北川县广播电视局位于曲山镇禹龙北街，占地面积400余平方米，建筑面积2500平方米。地震使北川广播电视局综合大楼、有线电视服务中心完全倒塌。

北川县广播电视台重建工程是北川新县城重点援建项目，被国家11部委列入《汶川地震灾后恢复重建公共服务设施建设专项规划》，绵阳市组织专家对项目可行性研究报告进行评审并正式立项。2009年9月15日，确定异地重建广播电视台广电中心大楼，选址位于北川县永昌镇永昌大道69号。由山东省济南市援建，2009年12月开工，2010年5月竣工。

北川广播电视台重建业务用房3500平方米，项目总投资4437万元，北川广电中心大楼抗震裂度设防为7度，共5层，结构形式为框架，设计使用年限为50年。各类广播电视设施齐全，拥有先进的录播设备和数字前端。广播电视节目接收、拍摄、制作、编辑、播出一体化，屋顶建设卫星接收设施安装平台、应急微波发射设施安装平台。数字前端传输电视节目60套，可满足全县城乡收听收看高质量广播电视节目的需求。

2. 安县广播电视台

2008年8月4日，辽宁省将“广播电视台业务用房重建及设备购置”项目列入安县第一批受援项目和国家11部委的《汶川地震灾后恢复重建公共报务设施建设专项规划》，是辽宁对口援建安县先期启动的十个重点项目之一，属于交支票工程。该项目异地重建，选址在安县花荄镇行政小区白鹤路南侧，辽宁省投资2180万元，中央资金420万元，共计2600万元。其中业务用房1600万元、设备1000万元。

图5-14-237　辽宁省援建安县广播电视台项目——播控机房

大楼全框架，全现浇结构，7.5地震烈度设防。项目共计征地9.744亩，建筑规模为三楼一底共4层，设计总建筑面积4000平方米，是安县广播电影电视业务的中心和枢纽。实际建筑面积3807平方米，设有电视新闻演播室、专题演播室、节目编辑制作室、电台播音室、前端机房、播出机房等设施。其中演播室和制作室可以同时编辑制作电视新闻、电视专题、广播新闻等节目。前端机房内安装有线数字前端、有线模拟前端、无线数字前端、宽带网前端等设备，最多可传送324套有线数字电视节目，传送48套无线数字电视节目。楼顶安装有卫星电视接收系统，可接收中星6B、鑫诺3号、亚洲3S、中星9号上的广播电视节目。2008年9月23日动工，2009年2月10日主体工程完成。2009年9月底，附属工程及配套的道路和绿化等工程全面完工。2009年10月7日，安县广播电视台正式入驻。

第三节　体育设施

一、概况

汶川特大地震，全市的体育场地、体育器材、体育设施遭受重创。市本级和各县（市、区）建筑损失32.6万平方米，设备器械、器材损失4.5万台（套），直接经济损失1.8亿元。根据受灾情况，绵阳市编制灾后重建规划，制定总体目标和实施步骤，近期目标是2008—2010年计划投资6.45亿元，完成体育系统56.84万平方米的场馆维修、改造和新建工作。远期目标是2011—2015年计划投资6.9亿元，完成全市所有乡镇200米跑道田径场及部分县市区场馆池共305万平方米的修建及其设备的安装配置。全省体育系统安排灾后重建资金20.94亿元，绵阳市为5.38亿元。2008年，省体育局安排绵阳市体育系统灾后重建资金1.08亿元。

以北京奥运会的举办为契机，全市机关、企事业单位、学校、农村乡（镇）村、社区街道居委会，纷纷举行形式多样的运动会和体育比赛。地震极重灾区北川县，也在帐篷区、板房区组织收听收看北京奥运会的盛况。北川县、安县、平武、江油等重灾区，还举行14次中国象棋比赛，6次跳绳和搬运重物比赛，5次板房区跳绳锅庄比赛，援建省市与灾民趣味体育比赛。

2008年6月26日，在九洲体育馆举办绵阳市体育界赈灾健身展示及捐赠活动。11月29日、12月6日在北川县、安县、平武、江油举办体育进灾区活动。通过这一系列群众体育活动，充分展现体育活动在心理危机干预中的独特作用。

九洲体育馆是绵阳的一座可举办各项比赛的室内体育馆。在汶川特大地震中，该馆主体及机电设备遭受不同程度损坏，直接经济损失达1600万元。2008年5月13日开始先后接纳、安置来自北川县、安县、平武等重灾区的受灾群众，高峰期时每天达3.5万多人，加上大量的工作人员、安保人员及寻亲、慰问、捐赠人员相继进驻进入，每天人流量达8万至10万人次，最高日人流量达50万人次。九洲体育馆成为全市乃至此次地震灾区最大的受灾群众安置点。

汶川特大地震、灾民安置及救灾物资存放对绵阳市南河体育中心造成较大程度的损坏，严重影响场馆正常开放和安全运行。南河体育中心、九洲体育馆灾后恢复重建项目经国家发改委等11个部委批复列为国家公共服务设施灾后恢复重建专项规划。

二、重点项目

1. 北川体育设施

北川体育中心位于新县城南端，由山东省青岛市援建，占地5.6万平方米，投资1.2亿元。建设内容包括体育馆、体育场、全民健身活动中心3个单位建筑，建筑总面积2.02万平方米。其中体育场建筑面积7650.62平方米，包括400米标准跑道，可举行各类、各项田径夜间比赛，容纳观众8000人。体育馆为室内综合性体育场，建筑面积6735.8平方米，游泳池1个，可兼表演场地，可容纳观众3000人。全民健身中心建筑面积5800平方米，包括摔跤练习场、台球室、乒乓球场、武术室、舞蹈室、文化室、健身室、室外篮球场及游泳池等。2010年1月开工，8月竣工。

2. 安县室内全民健身中心

震后，安县人民政府决定将体育馆、室内全民健身中心和安县业余体校合并，修建安县室内全民健身中心，后经中期调整进入国家规划。项目于2009年6月立项，立项资金3000万元，建筑面积4605平方米，占地6亩。由辽宁方圆项目管理公司为项目管理单位，2009年10月12日动工，2010年7月12日工程竣工。

该建筑为中空环廊式椭圆体建筑，建筑高度15米。中心比赛场地为篮球馆，篮球场地780平方米，安装高级体育运动木地板、电动液压移动式篮板、2个40平方米LED全彩显示屏、540个座位。乒乓球室占地400平方米，安装高级体育专业运动木地板，13张高级乒乓台、2台乒乓球发球机，物品存放柜，空调和音响设备。6个室内健身房，每个150平方米，配置有健身器材，活动地板、空调和音响设备。24个多功能用房。

安县室内全民健身中心的设施设备和器材完备，使用功能多。可进行室内器械健身、瑜伽、健美操、乒乓球、羽毛球、武术、跆拳道、棋牌等项目的健身活动，进行乒乓球、羽毛球、跆拳道、武术、柔道、棋牌等项目的业余训练，举办篮球、羽毛球、乒乓球、棋牌等项目的比赛活动，还可举办演唱会、职工体育活动等，同时满足业余体校日常办公。

第四节　新闻出版

一、概况

绵阳日报社、绵阳晚报社、绵阳广播电视报社3家新闻出版单位，在汶川特大地震中，均受灾严重。绵阳日报社地震前，在涪城区建设街8号老行署大楼办公，建筑面积约3000平方米。地震中，报社办公楼及附属建筑、相关设施遭受严重毁损，被迫拆除，损失达4800万元；同时毁损采、编、印设施设备881台（套）价值1630万元，编辑部只能在车库、帐篷中办公。绵阳晚报社3500平方米的印刷厂房、办公大楼成为危房，损失达1550万元，3台(套）印刷设备及相关设施器材损失560万元，采编系统损失80万元，办公设施损失50万元，采访用车及采访器材损失60万元，直接经济损失共计2300万元。广电报的广告发行经营用房彻底受损，无正式办公场地。3家出版单位坚持灾后新闻报道。报社坚持天天出报，及时把党和政府关于抗震救灾方面的决策、关怀准确传递到灾区，鼓舞抗震救灾士气。

二、重建成果

（一）新建报业大厦

按照市委“积极对外、对上争取”的指示精神，报社最大限度地对外对上争取灾后重建政策支持。绵阳日报社办公大楼的灾后重建项目先后列入《国家汶川地震灾后恢复重建总体规划》、国家发改委、新闻出版总署等11个部委专项规划、新闻出版总署对口支援重点项目。

2008年8月，绵阳日报社灾后重建采编业务用房和印刷厂被列入灾后重建专项规划。同年11月，绵阳日报印刷厂由人民教育、高等教育、人民卫生3家中央出版社捐建1000万元重建。新建报业大厦（含日报、晚报）由灾后国家重建资金支付3000万元。规划用地12亩，总建筑面积1.2万余平方米；印刷厂占地14亩，建筑面积约2000平方米。印刷厂的建设结束了日报创刊23年以来无自办印刷厂的历史。报业大厦和日报印刷厂两项总投资4000万元。

2009年1月，绵阳市政府在城南经开区群文路划拨重建用地，兴建报业大厦。2010年1月6日大厦开工，总面积为5075平方米。截至2011年9月30日，报业大厦、绵阳日报社印刷厂进入收尾阶段。2011年10月，新报业大厦和绵阳日报社印刷厂均投入使用，同时绵阳日报社和晚报社迁入此楼办公。绵阳日报社办公面积为3045平方米，绵阳晚报社为2030平方米。

（二）广播电视报社

汶川特大地震造成报社广告发行经营用房彻底受损，连续数月几无经济来源，但报社仍坚持正常出版工作，后迁至广电大楼合署办公。

三、农家书屋

2008年10月下旬，宋庆龄基金事业部主任在省新闻出版局领导陪同下到绵阳考察灾情，并表示将援建绵阳市极重灾区2~4个农家书屋，以丰富灾民文化生活，为夺取抗震救灾胜利出一份力。

2008年12月11日，四川省出版集团、省人民出版社向绵阳灾区人民捐赠图书启动仪式在成都举行。仪式上，四川出版集团、四川人民出版社向绵阳灾区人民捐赠600余种、7000多册、价值20余万元的图书。

2009年11月4—5日，为期2天的全市“农家书屋”建设管理工作及“农家书屋”管理员培训会议在绵阳召开。各县（市、区）新闻出版局分管领导、“农家书屋”管理员90余人参加会议。会议传达并学习全省“农家书屋”建设管理工作会议精神，各县（市、区）对“农家书屋”建设管理工作情况进行交流发言，现场观摩涪城区金峰镇的新丰村、莲花池村、八庙子村等4个“农家书屋”，听取当地“农家书屋”管理员关于“农家书屋”建设以及管理、助农增收等情况介绍。截至2010年11月，全市建成“农家书屋”1272个。

2011年1月6日，绵阳市“农家书屋”工程管理服务中心挂牌仪式在市图书馆举行。“农家书屋”工程管理服务中心是绵阳积极探索农家书屋工程建设长效管理、服务机制的创造性举措。中心负责全市“农家书屋”的经营管理服务，分配行政下拨、社会捐赠图书资源，调配全市“农家书屋”图书及电子出版物，培训全市“农家书屋”管理员，拟定全市“农家书屋”工程建设计划，探索全市“农家书屋”运行、发展长效机制等职责。

2011年11月19日，由省新闻出版局组织，绵阳市新闻出版局承办的全省农家书屋管理员川西北片区培训会议在绵阳市召开。来自绵阳、德阳、广元的农家书屋管理员150人参加本次会议。本次培训会议为期三天，就《全国农家书屋工程信息管理系统》的使用管理进行系统的培训辅导。

2012年，全市全面完成3347个行政村农家书屋建设任务，实现农村行政村100%覆盖。财政投资总投入6694万元。其中中央财政4016.4万元，省财政1338.8万元，市财政投资120万元，县（市、区）财政投入1218.8万元。

第五节　旅游设施

汶川特大地震给绵阳的旅游业造成重大损失。绵阳市旅游行业固定资产损失达60.42亿元，占全省损失的13%，列全省第三位。全市40余处旅游景区损失46.8亿元，占全省旅游景区损失的17.34%，列全省第二位。

震后，旅游产业被定位为灾后重建先导产业，对促进灾民就业，提升灾区信心，全面恢复灾区社会经济起到重要作用。绵阳灾后形成的巨大知名度和地震遗址、地震纪念馆、重建新貌等新兴旅游资源改变了绵阳旅游资源的结构体系，对绵阳周边的旅游资源格局产生重大影响。围绕“建设全国一流、具有世界影响的休闲旅游目的地的总体目标”，深入挖掘绵阳科技工业、历史文化、民族风情、自然生态传统资源优势，构建“一心一带四区”的空间格局中，开发文化体验、商务休闲、生态观光、科技示范、乡村度假等旅游产品和项目，绵阳市的旅游业成为市内拉动经济发展的优势。

一、重点旅游景区

（一）北川羌城旅游区

依托北川大禹文化、羌族文化、大爱文化、自然山水，创建集祭奠缅怀、感恩大爱、禹羌风情、自然生态于一体的国家AAAAA级旅游景区——北川羌城旅游区。这也是绵阳市境内唯一一个AAAAA级景区。旅游区重点打造北川新县城景观轴（含巴拿恰商业步行街、禹王桥、抗震纪念园）、北川老

图5-14-238　北川巴拿恰商业街（晏茂川　摄）

县城地震遗址、“5·12”汶川特大地震纪念馆、北川羌族民俗博物馆及吉娜羌寨等高品质旅游景点。其中北川新县城不仅集羌族建筑技艺、风格之大成，更汇聚党和国家、全国人民、海外侨胞及社会各界的无疆大爱，成为经典禹羌风情为特色的休闲度假旅游目的地；巴拿恰商业街集商业、餐饮、休闲娱乐、旅游接待为一体，成为西南地区最大的特色文化旅游商业步行街；北川老县城作为整体保护的地震遗址，涵盖所有现代建筑结构类型的受损状况样本，是特大地震及其次生灾害对现代城市毁灭性破坏的完整实体标本，也是迄今为止世界上体量最大、地质破坏形态最丰富、地震堰塞湖规模最大、建筑物破坏数量最多、破坏元素最为集中的地震遗址群，成为集观光、纪念、缅怀、科考为一体的地震遗址。地震遗址根据保护方案，申报国家文化遗产，并逐步申报世界文化遗产，纳入法规保护、国际保护框架。“5·12”汶川特大地震纪念馆不仅是全国爱国主义教育基地，还是全国最大、最全面纪念“5·12”地震事件的纪念馆，成为集体验、凭吊、科普于一体的纪念馆；北川羌族民俗博物馆成为全国唯一全面展示羌族历史文化的民俗博物馆；吉娜羌寨也成为羌族文化体验观光地、羌族传统文化村寨。

（二）北川九皇山景区

依托优美的自然生态资源、厚重的禹羌文化和九环东线便捷的区位交通条件，重建九皇山景区。启动“云中羌寨”重建工程，深度开发民族文化生态旅游，打造成为体验西羌风情、休闲度假、从事商务会议、科考及保健养生的综合性景区。

图5-14-239 恢复重建的北川县九皇山景区

（三）北川药王谷景区

依托北川桂溪乡林峰村境内7000余亩连片森林、众多珍贵稀有的中药材、几百年历史的天然中药材原始森林，60余种中药材观赏花卉，辛夷花海、喀斯特溶洞、石林、药王大佛等资源，新建药王谷景区。将中医药传统养生文化食疗、气疗、诊疗、浴疗、枕疗、动疗、心疗等融入旅游，建设全国唯一以“中医药养生”为主题的旅游景区，打造中国独具特色的定制旅游产品目的地。

（四）平武王朗—白马生态旅游区

依托王朗、白马和雪宝顶独特的文化旅游资源、自然旅游和生态旅游资源，开展探险旅游、志愿者旅游、教育旅游、度假旅游，建设白马民俗文化观光区、高原峡谷户外活动区、白马文化深度体验区、王朗自然生态旅游区，融入四川省中华大熊猫生态旅游区，创建国家AAAA级旅游景区。

（五）北川小寨子沟—禹里—唐家山堰塞湖旅游区

依托北川传统原生态羌文化村寨和自然人文生态资源，大力开发大禹文化资源，充分利用唐家山堰塞湖的知名度和景观价值，建设小寨子沟—禹里—唐家山堰塞湖旅游区，打造四川羌文化保护核心区和国家级风景名胜区。

二、三国文化旅游区

（一）蜀汉三国文化和越王楼休闲度假旅游区

依托富乐山、芙蓉溪和越王楼的秀美景观，以富乐山国际大酒店、芙蓉汉城、绵阳科技馆、中华科学家公园、绵阳博物馆、汉阙等旅游要素和历史文化旅游资源为支撑，在富乐山新建三国文化休闲旅游城，将博物馆旅游区与富乐山风景名胜区联合起来，使之成为蜀汉三国文化休闲度假旅游区。

（二）拓展古蜀道文化内涵

开展古蜀道、翠云廊、水观音（五丁开山景区）、关帝庙、梓潼阳戏、青岭狮灯、大兴花灯、文昌楹联年画剪纸等文化的研究、整理工作，与德阳、广元等地携手，启动剑门古蜀道申报世界线路文化遗产工作，提升三国文化旅游品位。在凤凰湖商旅度假中心建设剑门蜀道博物馆，凸现蜀道要冲梓潼地位，展示文化魅力。

（三）南坝镇三国文化旅游区

依托灾后重建修复蜀汉江油关，打造三国文化旅游区。

三、乡村旅游示范工程带

（一）绵江景观大道李白文化乡村旅游带

包括涪城区戈家庙、小桥村、古井村，江油市青莲镇、月圆村、太华村、玉光村，方水乡白玉村，九岭镇综合村，含增镇金光村，重华镇广利村、安顺村，武都镇五通村、青林口村。整体风格以唐风格为主，主要发展特色餐饮和农事体验。

（二）游仙—梓潼三国文化乡村旅游带

包括游仙区沉抗镇燕子村，小枧沟镇紫阳村，游仙镇吴家村、申家村，梓潼县文昌镇、长卿镇周边农家乐。整体风格以汉代风格为主，主要发展特色餐饮和农事体验。

（三）北川—安县乡村旅游带

包括北川新县城周边及擂鼓、曲山镇杨柳坪村，安昌镇东升村，安县桑枣镇松林村、红牌村，茶坪乡川心村。主要发展羌文化特色、温泉休闲、特色餐饮和农事体验。

（四）平武白马藏族乡村旅游带

包括白马藏族乡亚者造祖村、厄哩村、稿史脑村、木座乡民族村。整体按白马藏族风格修建，开拓特色餐饮和民俗体验。

（五）三台蜀汉文化乡村旅游带

包括郪江镇花棚村、玉江村、银桥村，安居镇云台村及县城周边农家乐，整体以三国蜀汉风格为主，发展特色餐饮、农事体验、民风民俗体验、宗教信仰等乡村旅游项目。

(六) 盐亭嫘祖文化乡村旅游带

包括盐亭县城周边乡村，金鸡镇嫘祖村，发展特色餐饮、祭拜、农耕织造体验项目。

四、城镇旅游

绵阳市城镇旅游分三级旅游中心地：

(一) 一级旅游中心城区

绵阳主城区，主要包括涪城区、游仙区、科学城、绵阳高新技术产业开发区、仙海旅游度假区等主要城区。一级旅游中心地是绵阳旅游经济的核心，是绵阳市各个城镇中旅游活动最为频繁、旅游业与居民生活及社会经济发展关系最为密切的地方，承担着整个绵阳旅游的增长带动、交通枢纽、信息与服务中心、产业规划管理、扩散辐射的作用与中心功能。

(二) 二级旅游城镇

二级旅游目的地城镇主要包括北川县城永昌镇、禹里镇，江油市中坝镇、武都镇、青莲镇，平武县龙安镇、南坝镇，安县桑枣镇、晓坝镇，梓潼文昌镇，三台县潼川镇、郪江镇和盐亭县云溪镇。承担产业轴向延伸、资源横向交流的作用，同时作为上下级旅游中心地的中间部分，起着承上启下的沟通作用。

图5-14-240 重建的绵阳南塔（晏茂川 摄）

(三) 三级旅游城镇

三级旅游城镇主要指支撑型旅游城镇，包括：北川擂鼓镇、安昌镇、曲山镇、禹里镇、青片镇、桂溪镇，安县花荄镇、秀水镇、界牌镇、茶坪镇，平武水晶镇、响岩镇、豆叩镇、平通镇、白马藏族乡（王坝楚），梓潼县长卿镇，盐亭柏梓镇，江油重华镇、含增镇、大康镇和三台郪江古镇、西平古镇等。三级旅游中心地发挥的交通、接待、吸引等功能均低于以上两级，更多地表现出与周

图5-14-241 重建的安县文星阁

边地区接壤并进行衔接扩散作用，作为旅游中心地最基础的一级。

五、重大项目

（一）罗浮山温泉旅游度假区

以温泉沐浴文化、羌文化和佛教文化为主，加快罗浮山羌王城、白水湖、千佛山的开发建设，形成寓温泉旅游小镇、温泉沐浴休闲、国家地质公园科考、国家森林公园观光、佛教信仰、民族风情体验、湖光山色欣赏于一体的国家级旅游度假区。

图5-14-242　灾后恢复的安县罗浮山温泉度假区

（二）李白故里传统地域文化景观

以乾元山金光洞和翠屏山哪吒庙为代表的道教文化与李白文化联系起来，以青林口为代表的阴平古道文化与李白文化融会起来，形成李白文化的地域文化景观。加快李白文化旅游资源大、小匡山以及佛爷洞、白鹤峡、戴天山、观雾山、天佛山、老君山、养马峡、翠屏山等景观的开发建设。

（三）青莲古镇和李白故居

加快李白故居陇西院、太白祠、太白碑林的园林建设，完善游道系统；恢复重建青莲古镇、李白乡村酒店，结合社会主义新农村建设和磨针溪等李白文化遗存，将青莲镇建设成为李白故里核心景区和李白文化乡村休闲度假旅游带。

图5-14-243　灾后恢复修缮的李白故居

（四）七曲山AAAAA级旅游景区

高标准建设七曲山祈福、增智、朝圣中心、郎当驿娱乐中心，使之成为文昌文化体验胜地；在七曲山森林公园建立汽车营地、森林度假旅馆，开展养生度假旅游；在七曲山景区的南大门处建设文昌文化博物馆兼游客中心，提升景区的管理品质。

图5-14-244 灾后修复的七曲山大庙

（五）仙海国家级滨水度假旅游区

利用距离城区较近和快速通道等优势，发展高端会议旅游，设高档水上度假、水边别墅度假等设施，配置直升机停机坪，五星酒店，按国家级度假旅游区标准建设，使其成绵阳科技休闲度假旅游的标志性精品品牌。

（六）旅游集散中心区

在绵阳机场至火车站之间建设快速铁路、公路通道，实现机场、铁路、公路的零转乘对接，建成全市游客服务中心和信息中心，以及自驾车租赁中心，在南湖公园建机场旅游城，成为游客快速进出绵阳的购物中心、会议中心和商住中心。

（七）“两弹一星”红色旅游国防科技教育基地

图5-14-245 中国两弹城红色旅游国防科技教育基地

完善绵阳科技馆展品陈列，连接科学家公园，调整、丰富该区域项目，形成既有展示教育价值，更有旅游娱乐价值的“两弹一星”红色旅游国防科技教育基地。

表5-14-79　　绵阳市灾后恢复重建旅游项目统计表

县市区	重建项目总数	规划总投资（万元）	开工项目个数	开工率（%）	已完成投资（万元）	完成投资率（%）	完工项目个数	完工率（%）	在建
市本级	2	2500	2	100	200	8	2	100	—
北川县	6	32058	6	100	53536	167	4	66.67	2
安　县	4	7000	4	100	7084	101.2	4	100	—
平武县	16	8450	16	100	9000	106.51	16	100	—
江油市	3	17000	3	100	16293	95.84	1	66.67	2
涪城区	1	100	1	100	100	100	1	100	—
游仙区	3	5500	3	100	6750	122.73	3	100	—
三台县	3	5710	3	100	5710	100	3	100	—
盐亭县	1	2200	1	100	1284	58.36	0	0	1
梓潼县	3	4000	3	100	3930	98.25	2	66.67	1
合　计	42	84518	42	100	103887	122.92	36	85.71	6

说明：此表统计截止时间为2011年4月30日。

第六节　文化产业

一、概况

绵阳市列入灾后重建的文化产业项目主要为文化艺术培训机构和文化市场建设项目。经中期调整和再评估调整，根据2010年9月27日绵阳市人民政府办公室下发《关于印发绵阳市灾后恢复重建项目对照表的通知》，列入规划文化产业项目385个，估算投资2235万元。

艺术培训机构。恢复重建市级及江油、安县、北川文化艺术培训机构（中心、基地）12个（北川的艺术培训中心项目与川剧团等项目整合实施，市级8个艺术培训机构项目整合实施）。

文化市场建设。恢复重建游仙、江油、三台、安县、梓潼、北川、平武网吧、音像、娱乐场所等文化市场经营项目374个，其中游仙78个文化市场经营项目打捆为1个项目列入规划、安县67个文化市场经营项目打捆为1个项目列入规划、北川40个文化经营项目打捆为1个项目列入规划。2008年7月起，全市文化市场恢复重建正式拉开，主要通过经营业主自筹资金，生产自救的方式开展。截至2010年12月31日，除北川因县城整体搬迁暂无法全面展开外，其余县（市、区）文化市场重建工作全部完成，并全面恢复正常经营。

二、北川羌族自治县艺术中心

北川县艺术中心由川剧团、羌族歌舞艺术团、羌族文化旅游艺术培训学校、剧场4个项目整合建设，由山东省临沂市对口援建。项目占地面积1.38公顷，总建筑面积1.06万平方米，总投资5977.48万元，2009年11月26日正式动工修建，2010年8月竣工交付使用。艺术中心已成为特色文化精品剧目演出的重要场所和北川旅游产业的人才培训中心、羌族歌舞的演艺中心和川剧艺术传承中心。

三、城乡典型景点重建简介

（一）钟楼地震遗迹保护加固工程

特大地震造成绵阳城区警钟街钟楼受到破坏，时钟停留在（2008年5月12日）下午2点28分处，对地震的发生时间具有化石般的永恒纪念意义，地震鞭梢效应十分明显。省地震遗址遗迹保护领导小组将钟楼作为绵阳市地震遗址遗迹项目进行保护。

钟鼓楼，原名环秀楼，始建于明代。民国时改今名。钟楼为警钟街的标志性建筑。按照市政府指示，先启动钟楼的结构加固，清除安全隐患，再实施地震遗迹保护。

钟楼为三层框架结构，建筑位于原主体第11层屋面层。由4根立柱支撑，地震造成钟楼框架墙体四面开裂，有的局部垮塌，窗户被挤压变形，处于毁而未倒状态，2010年10月26日动工，对其进行加固维修，并保持原状，时针仍停留在地震发生时那一刻，以警示后人永远不忘汶川特大地震这场毁灭性的巨大灾难。同年12月底竣工，工程造价33.58万元。

（二）跃进路科技工业旅游示范基地

“一五”计划期间，苏联援建中国的156项重点建设项目中，有8项定在绵阳地区建设，其中军工国防企业有长虹机器厂（305信箱）、涪江机器厂（204信箱）、华丰无线电器材厂（203信箱）、涪江有线电厂（407信箱）。

1957年3月，国家副主席朱德视察绵阳，对城区总体规划作出指示：将四个大型军工企业选址在平政桥夏家槽，从南至北一线建设第一个电子工业新区（即工区）。1958年，县城建委市政工程处动工修建跃进路。这也是绵阳州城在清嘉庆五年（1800）重建 [因康熙三十一年（1692）水毁而重建] 后的第一次成规模的扩建。

1966年至1978年，绵阳被列为国家“三线”建设重点地区。跃进路又新增电子工业部十一设计研究院（原属第四机械部）、电子工业部四〇四医院。此后，整个街区有四厂两院。路东侧为生产区，西侧为生活区，均为4~5层红砖机瓦内走廊砖混结构房屋。临街砖墙上留存有红砖凸出墙体组成“革命委员会好”“大海航行靠舵手”等“文化大革命”时期的标语。跃进路成为反映国家建设在绵阳的缩影——“三线建设”在绵阳布局、军工与电子工业奠基、“文化大革命”时期面貌与军转民、改革开放、科技城建设的发展历史，是一条历史文化街区。

在特大地震中，跃进路上的生活区和厂区均受到较大破坏，许多住宅楼成为危房。灾后重建中，不少危楼需拆除。其重建方案由政府统一规划，保留部分有代表性历史建筑物，新建楼盘外观要注重凸显20世纪50年代风貌和其后时期特色，以展示绵阳科技工业所经历过的非凡历程。

（三）李白纪念馆

特大地震造成江油市李白纪念馆4.2万平方米园内的仿古园林建筑损毁90%，馆藏4000余件文物被迫转移走，其中有71件国家级文物。震后，纪念馆的恢复重建被纳入河南援建江油的第二批交钥匙工程项目。

该工程于2009年5月12日动工，占地2.2万平方米，总建筑面积8571平方米，投资总量4000万元。李白纪念馆主体建筑恢复重建工程于2010年5月12日竣工。重建李白纪念馆的同时，为传承李杜友谊，增进川豫人民的手足之情，故增建杜甫堂。

李白纪念馆周边增加古树名木，依托建筑营造李白文化意境核心景观，创建“诗意园林”。理顺园内水系，完善水景，打造自然通透古朴的驳岸水景，增加精致小景，提升水景景观品质感。整理园内铺装及石景，以天然石材为主，营造唐风古韵。

恢复重建工程于2011年4月底前全面完成，5月8日恢复开放。重建后的李白纪念馆，保留唐代园林建筑风貌，形成纪念展示区、文物保护陈列区、李白研究交流区、李白文化普及区、旅游咨询服务区；以香云轩、花雨轩、碑廊、余风馆4个厅作为辅助陈列空间，力求主要陈列空间恢宏高雅或精细巧致。

（四）窦圌山岩体加固工程

特大地震中，江油窦圌山大量建筑垮塌、道路中断、山体断裂，山体被拉出无数裂缝，特别是三座奇峰出现崩塌前兆。山顶的云岩寺是全国重点文物保护单位、蜀中著名景点，有70%的古建筑严重损坏，30%的古建筑整体垮塌。窦圌山三座奇峰原高60~70米，天然坡度多在70度以上，是典型的砾岩丹霞地貌，但地震使得原来稳定的岩体发生移位、倾倒和滑塌；未破坏的危岩体在暴雨等因素下也存在崩落的可能，对顶部殿宇的修缮及游人的安全造成极大威胁。

2010年4月，申请补助和自筹资金2000万元的窦圌山岩体抢修加固工程开始实施，2011年初竣工。

窦圌山呈南北走向，长2.8公里，宽1.68公里，海拔高度1140米，相对高度540米。在山体危岩抢险加固工程中，施工人员植入总长36公里的钢筋，为该山完成一次外科“接骨大手术”，使地震后坍塌变形的窦圌山“重生”。在加固工程中，施工人员总共在山体上打2834个锚孔，用最短3米，最长24米的钢筋锚杆穿过松动和不稳定的岩土，达到连接作用，类似人体接骨手术。每根锚杆深入岩体，然后再向锚孔灌入水泥，将锚身与山体紧密黏合。深入山体的水泥浆填充入窦圌山内部，穿插在岩体上的锚杆锚索则保证岩体、岩石不崩落。

整个岩体抢修加固项目中工程量最大的一项是裂隙注浆。裂缝灌注水泥浆凝固后，又对裂缝表面进行“卵石拼接处理”，尽量让修补处形同山壁。

（五）三台县郪江古镇

郪江镇是省级历史文化名镇，已有两千多年的历史，曾为春秋战国时郪王国首都。场镇布局为典型的川西北古镇格局，保留较为完整。1992年被列入四川省历史文化名城（镇）。古镇境内历史名胜古迹众多，有古街巷、地祖庙、王爷庙、九龙桥、锦江桥、天台书院、千佛寺摩崖造像和郪王城、千子堡等，其中郪江古汉墓群（东汉墓群，国家级重点文物保护单位）、古寺庙、古街、郪王国遗址等最具代表性。汉代至两晋时期的崖墓群有51处，1638座，其中以金钟山、泉水坝、紫荆湾、柏林坡墓群最为集中，最富特色。

特大地震对郪江的文物造成极大的损毁，特别是郪江古镇、王爷庙、地祖庙、金钟山汉墓、紫荆湾汉墓、柏林坡汉墓等垮塌严重。郪江镇建筑大多是明清时期修建，房屋大面积倾斜，无法居住。

郪江崖墓群、古街、古庙被绵阳市纳入灾后重建项目，共争取重建资金4600万元。

（六）江油市青莲镇

江油市青莲镇是唐代伟大诗人“诗仙”李白的故居所在地。1995年，省政府将青莲镇命名为省级历史文化名镇。

李白故居景区坐落于青莲镇天宝山麓，占地面积500余亩，景区由陇西院、太白祠、粉竹楼、名贤祠、太白碑林、月圆墓、洗墨池、磨针溪等景点构成，是当代著名的李白文化旅游胜地。

陇西院是李白出生居住过的地方，初建于唐，清乾隆五十三年（1788）再次在原址重建。

月圆墓是李白胞妹坟墓。1961年，月圆墓被四川省人民政府列为重点文物保护单位。

太白碑林筹建于20世纪90年代初期，2001年正式开放。园内主要以各种形式的石碑为载体，展示李白诗歌和中国书法的魅力。

太白楼为景区内最高点，为全国四大太白楼之一。

特大地震导致李白景区受损，陇西院、序伦堂、粉竹楼及山门照壁受损严重，木质古建筑屋面部分损坏，部分梁柱错位、开裂、墙体裂缝。太白碑林的标志性建筑太白楼的一、二楼隔墙全部碎裂、内部钢筋外露并扭曲变形，有1/3的钢筋断裂。漫坡渡遗址震后消失殆尽；太白祠内古树(1777年种植）濒临死亡。名贤祠、李白衣冠墓等景观也遭到一定程度的损毁。桥梁、游步道、供电线路等基础设施亦遭损坏，损失总计1.17亿元。

恢复重建工程由河南省援建，一期工程从2008年6月开始，2010年5月21日竣工，工程造价4725万元。二期工程主要是陈列室布展。太白碑林新建第二大主题园——清风明月园，以青石板铺路，两侧建有6组庄重大气的黑砂岩方柱碑并镌刻有李白诗歌，另建有7组“满月碑”和1组“古郎行”铜雕。主雕为邀月碑，塑有汉白玉李白雕塑举杯邀月。

李白故居所在地青莲镇总面积24公顷，核心保护范围4.9公顷。2009年12月由同济城市规划设计研究院承制的青莲古镇修建详细规划方案通过专家组评审。

古镇修缮从2010年3月开工，按原样式、原材料、原工艺进行。将名贤路、水巷子及文星巷等传统街巷以及县级文物保护单位名贤祠、李白衣冠冢及古树、古井、古牌坊等列入重要保护对象。古镇有居民220余户，按照统一规划设计的明清民居风貌进行修建。工程于2011年年底全面完成。

第十五章　防灾减灾重建

汶川特大地震对绵阳市防震减灾系统造成重大破坏，其能力受到毁灭性重创。震后，在国家、省地震局和绵阳市有关部门帮助下，绵阳市防震减灾系统灾后恢复重建工作得以顺利推进，2011年9月前基本完成重建任务。

第一节　地震监测预警系统

汶川特大地震造成北川县防震减灾局及其设施全部损毁，安县、平武、江油和绵阳市局房屋和设施也受到严重破坏。大震之后，各级政府和社会各界均对震情和发展趋势有强烈的认知需求，更促进防震减灾工作的进一步提高和发展。

一、绵阳市地震监测台网中心

绵阳市地震监测台网中心恢复重建工程有：中心业务用房土建工程、数字化测震、前兆及共享观测网络、流动地震观测台、绵阳市地震灾害评估及灾情快速上报系统、绵阳市防震减灾科普教育基地和培训中心、地震科学考察及地震灾害现场评估系统等组成。工程预算总投资1264万元，其中四川省地震局下达专项基建经费382万元，四川省发改委下达灾后重建项目经费882万元。截至2011年9月30日，绵阳市地震监测台网中心项目已经完全开工，开工率100%；完成投资534万元，完成投资率42%。

此项目为区域地震观测的基础项目，着重在绵阳市地震多发的北川、安县、平武、江油和人口稠密、经济发达的绵阳城区东南侧的梓潼、游仙建立数字地震观测网络，以便全面覆盖龙门山地震带。该网为中国地震观测台网及四川地震观测台网的组成部分，用于获取适用于绵阳地区及相关区域地震参数。该网采用世界最先进的数字地震及前兆观测技术，技术成熟可靠。此外，流动地震观测台、绵阳市地震灾害评估及灾情快速上报系统、绵阳市防震减灾科普教育基地培训中心、地震科学考察及地震灾害评估系统均为成熟技术。

中心的恢复重建，对提高绵阳市应对相关突发性事件处理能力、地震灾害快速评估能力、震后地震监测能力、政府应急决策能力、全民防震减灾能力的提高将起到不可替代的作用。

二、北川县防震减灾系统

北川防震减灾系统灾后重建项目预算总投资910万元，其中中央灾后重建基金投资793万元，四川省地震局灾后重建投资95万元、山东省地震局捐助投资设备22万元。截至2011年9月30日，北川防震减灾系统恢复重建项目已经完全开工，完工率100%，完成投资率100%。

北川防震减灾系统恢复重建项目分为五个子项目：北川地震监测中心及水化综合观测站工程项目总投资460万元，其中四川地震局灾后重建资金95万元、北川县中央灾后重建基金343万元、山东省地震局22万元，该项目2011年8月全面完成，其中地震监测中心土建工程1050平方米，投资263万元，仪器设备采购安装投资197万元。另有，北川曲山地震监测台站工程子项目地震监测设备投入运行，达到实时监测全县1.5级以上地震能力，完成投资35万元。地震前兆监测系统建设工程子项目包括土建、洗井修井工程和设备采购安装工程，完成投资88万元。防震减灾科普教育和安全工程子项目完成投资71万元；防震减灾综合技术系统建设工程子项目完成投资256万元。

经过3年的重建，北川防震减灾局基本完成“一中心九台站”的重建任务，为提升北川防震减灾能力奠定坚实基础。

三、安县防震减灾系统

安县防震减灾系统灾后重建预算总投资762万元。其中四川省地震局灾后重建投资95万元、辽宁省援建资金667万元。截至2011年9月30日，安县防震减灾系统灾后重建项目已经完全开工，完工率100%，完成投资率100%。

安县防震减灾系统灾后重建项目分为2个子项目：一是灾后重建防震减灾观测业务用房建设，建设地点位于花荄镇文胜路侧道，建设观测业务用房1050平方米，购置网络信息节点及应急指挥设备，项目投资概算375万元，其中中央灾后重建基金为280万元、四川省地震局重建资金95万元。2010年3月16日“灾后重建防震减灾观测业务用房项目”完成招标工作，3月23日该项目开工建设，12月29日竣工验收；二是灾后重建地震台站及配套仪器设备建设，项目投资概算387万元，全部为辽宁援建资金，建设地点位于花荄镇联丰村三组，建设一套前兆监测技术系统，包括一个前兆台网处理中心，新建安县地震台形变山洞，新增测项3项，即重力观测、洞体倾斜观测摆（垂直摆）、钻孔应变观测（体积式），建设1个数字化测震台网、1个数字测震台网中心，建设一个强震动台站，土建规模为建50米引洞及4个仪器洞室和75平方米观测仪器房，2010年4月27日“灾后重建地震台站及配套仪器设备建设项目”完成招标工作，5月10日开工建设，12月31日竣工验收。

四、江油市川10井地震监测项目

该项目是四川省地震局投资，江油市防震减灾负责建设的一个地震监测设施灾后重建项目。截至2011年9月30日，江油市川10井地震监测项目已经完全开工，完工率100%；完成投资95万元，完成投资率100%。该项目四川省地震局计划总投资95万元，地点位于太平镇茶店村九组，规划面积1702平方米，主要是利用该地下水观测井（井深4000余米）建设配套业务用房及其附属设施，对其设备进行数字化改造，满足国家对地震监测的需要。2009年12月15日，该项目招投标成功，2010年9月底至2010年10月底，施工方进场。2011年6月，川10井地震监测项目灾后重建全部完成并交付使用。

第二节　气象监测预报预警设施

一、概况

震后全市系统内落实灾后恢复重建基础设施项目13个，其中中央灾后重建资金投资项目12个，含应急项目4个，灾后基础设施重建项目8个，投资金3018万元；地方财政投资1个，投资268万元。

落实业务设施建设项目1个（含6个子系统建设），投资410万元。全部为中央灾后重建资金。

二、重建成果

（一）基础设施

1. 灾后应急恢复项目

灾后应急恢复项目含子项目4个，即“绵阳市气象局堡坎恢复建设”“江油市气象局围墙拆除及重建工程”“北川擂鼓临时气象观测站建设”“绵阳市气象局挖掘北川县气象档案工程”，项目于2008年6月动工，同年12月全部完工，总投资108万元。

2. 8个灾后基础设施重建项目

（1）北川县气象局

“北川县气象局整体重建”项目用地规划得到全权负责北川新县城整体规划的中国城市规划设计研究院的大力支持，选址在北川新县城，占地27亩。该项目采取委托代建的方式进行。项目于2010年5月正式动工，其新建测场于2010年12月31日投入使用，2011年9月项目全部完工，总投资1000万元。

（2）江油市气象局

该项目主要建设内容包括：征地新建气象观测场，新建测场值班用房200平方米，新建综合业务楼1000平方米。项目于2009年8月动工，新建测场于2010年12月投入对比观测。业务楼建设等其他重建工作于2011年1月完工，总投资609万元。

图5-15-246 灾后建设的自动气象站

(3) 灾后维修项目

全市计划投资1301万元，包括平武县、安县气象局等办公设施的维修。

表5-15-80 绵阳市气象系统灾后维修项目一览表

项目名称	计划投资（万元）	开工时间	竣工时间
平武县气象局业务办公用房灾后重建及水电围墙堡坎维修	383	2010 年 1 月	2011 年 11 月
梓潼县气象局业务辅助用房重建维修及水电围墙堡坎维修	145	2009 年 6 月	2010 年 5 月
安县气象局业务办公用房灾后维修及水电围墙堡坎维修	101	2009 年 5 月	2009 年 8 月
三台县气象局灾后围墙大门道路堡坎维修	30	2009 年 5 月	2009 年 8 月
盐亭县气象局业务办公用房灾后重建及水电围墙维修	341	2009 年 12 月	2010 年 12 月
绵阳市气象局业务办公用房灾后维修及围墙供电灾后维修	301	2010 年 9 月	2011 年 4 月
合计	1301	—	—

(二) 气象监测预报预警设施

绵阳市业务设施灾后重建含：综合观测系统、公共服务系统、应急系统、视频会商系统、信息网络系统、预报预测系统等6个子系统建设，总投资410万元，全部为中央灾后重建资金。

表5-15-81　　绵阳市气象设施灾后重建项目一览表

项目名称	计划投资（万元）	开工时间	竣工时间
综合观测系统	115.92	2009年7月	2010年6月
公共服务系统	69.02		
应急系统	40.20		
视频会商系统	104.26		
信息网络系统	76.41		
预测预报系统	4.19		
合计	410		

（三）县级财政投资项目

全市地方投资项目1个，即安县气象监测预警灾后重建项目，投资268万元。项目于2009年11月动工，2010年10月项目完工并交付使用。

第三节　水文监测预报预警系统

绵阳水文设施灾后重建工程共包括18个水文站、6个水位站和局机关的基础设施设备建设，各级总投资6686.15万元。截至2011年9月30日，全市25个水文设施灾后重建项目全部完工，完工率100%，完成投资率100%。绵阳水文设施灾后重建工程共计新征土地19.5亩，新建站房2711平方米，维修站房150平方米，修建各种观测道路970米，敷设通信线路1.13万米。配备各种雨量监测设备20台（套）、水位设备13台（套）、流量设备165台（套）、测绘设备66台（套）、报汛设备55台（套）、水质设备15台（套）、委托雨量站设备90台（套）、墒情监测设备27台（套）、地下水等监测设备15台（套），同时还配备水文巡测设备4台（套）和动态水质监测设备1台（套）。

表5-15-82　　绵阳市监测预警设施灾后重建项目一览表

项目类别	项目总数	总投资（万元）	开工项目总数	开工率（%）	完工项目总数	完工率（%）	完成投资（万元）	完成投资率（%）
专业地震台站	4	3031	4	100	3	75	2301	76
气象监测预报预警设施	5	90	5	100	5	100	90	100
水文监测预报预警设施	25	6686.15	1	100	1	100	6686.15	100

第四节 应急指挥和救援救助体系

绵阳市在规划防灾减灾项目时，按照“平灾结合”“平战结合”的原则，采取统筹建设资金，整合建设资源的办法，依托已经建成的学校、公园、广场、体育馆等公共设施建设避难场所；依托公安、消防、交通、卫生等专业机构建设应急救援专业队伍，做到日常使用不闲置，灾时应急能使用，尽可能发挥防灾减灾项目的综合效益。为规范化搞好灾后恢复重建，严格执行国家和省颁布的救灾仓库、应急指挥体系、避难场所、志愿者队伍建设的建设规范和标准，各级民政部门确保项目工程程序合法、质量优良。

截至2011年9月30日，全市32个防灾减灾项目全部完工，完工率100%；完成投资2.88亿元，完成投资率94.6%。

表5–15–83　　绵阳市应急指挥和救援救助体系项目一览表

项目类别	项目总数	总投资（万元）	开工项目总数	开工率（%）	完工项目总数	完工率（%）	完成投资（万元）	完成投资率（%）
应急指挥体系	10	6630	10	100	10	100	5705	89
专业救援求助力量	1	1656.46	1	100	1	100	1500	90.55
志愿者队伍	1	150	1	100	1	100	150	100
应急物资储备库	10	5550	10	100	10	100	5450	98
避难场所	10	16480	10	100	10	100	16015	97

一、应急指挥体系

全市规划综合减灾救灾应急指挥体系10个，规划投资6630万元。截至2011年9月30日，10个综合减灾救灾应急指挥体系项目全部完工，完工率100%；完成投资5705万元，完成投资率89%。其中绵阳市综合减灾救灾应急指挥体系1个，地址在涪城区城郊乡大包梁村三组，占地15.15亩，由国家灾后重建资金投资1200万元建设，完成投资800万元；涪城区综合减灾救灾应急指挥体系1个，投资289万元，项目已完工，完成投资289万元；游仙区综合减灾救灾应急指挥体系1个，规划投资299万元，项目已完工，完成投资299万元；江油市综合减灾救灾应急指挥体系1个，规划投资319万元，项目已完工，完成投资319万元；三台县综合减灾救灾应急指挥体系1个，规划投资365万元，项目已完工，完成投资347万元；盐亭县综合减灾救灾应急指挥体系1个，规划投资311万元，项目已完工，完成投资300万元；梓潼县综合减灾救灾应急指挥体系1个，规划投资303万元，项目已完工，完成投资300万元；安县综合减灾救灾应急指挥体系1个，规划投资279万元，项目已完工，完成投资279万元；平武县综合减灾救灾应急指挥体系1个，规划投资2761万元，项目已完工，完成投资2761万元；北川县综合减灾救灾应急指挥体系1个，规划投资279万元，项目已完工，完成投资236万元。

二、专业救援救助

（一）绵阳市综合应急救援专业队伍

2010年7月14日，绵阳市发展和改革委员会发出《关于绵阳市综合应急救援专业队伍建设项目可行性研究报告（代项目建议书）的批复》，同意绵阳市综合应急救援专业队伍建设项目立项，项目规划投资1500万元，估算总投资1656.46万元。资金来源：灾后恢复重建基金1500万元，不足部分多渠道筹集解决。绵阳市综合应急救援专业队伍建设由市人民政府应急办公室牵头，市消防支队、市公安局、市武警支队、绵阳军分区、市民政局为实施单位，在绵阳市涪城区范围内，依托消防、武警、民兵预备役（含医疗防疫、工程抢险）和市公安局特巡警、交警等力量组建一支320人的绵阳市综合应急救援专业队伍，其中消防抢险救援机动队130人、武警部队应急救援队60人、民兵应急救援队60人、巡特警应急救援队40人、交警应急救援队10人、民政查灾救灾队20人；配置应急救援设备设施；依托公安建设应急救援联动平台，依托军分区建设应急救援指挥通信系统。2010年8月，市民政局负责的民政查灾救灾队组建工作开始启动。截至2011年9月30日，绵阳市综合应急救援专业队伍建设已完工，完成投资1500万元。

（二）志愿者队伍

全市规划志愿者队伍1个，规划投资150万元。截至2011年9月30日，由团市委负责组建的志愿者队伍已完成，完成投资150万元，完成投资率100%。

三、应急物资储备库

（一）概况

全市规划重建救灾物资储备仓库10个，规划投资5550万元。截至2011年9月30日，全市10个救灾物资储备仓库项目全部完工，完工率100%；完成投资5450万元，完成投资率98%。其中绵阳市救灾物资储备仓库1个，规划投资1500万元，完工决算，完成投资1450万元；涪城区救灾物资储备仓库1个，规划投资450万元，完工决算，完成投资450万元；游仙区救灾物资储备仓库1个，规划投资450万元，完工决算，完成投资450万元；江油市救灾物资储备仓库1个，规划投资450万元，完工决算，完成投资450万元；三台县救灾物资储备仓库1个，规划投资450万元，完工决算，完成投资430万元；盐亭县救灾物资储备仓库1个，规划投资450万元，完工决算，完成投资450万元；梓潼县救灾物资储备仓库1个，规划投资450万元，完工决算，完成投资440万元；安县救灾物资储备仓库1个，规划投资450万元，完工决算，完成投资450万元；平武县救灾物资储备仓库1个，规划投资450万元，完工决算，完成投资450万元；北川县救灾物资储备仓库1个，规划投资450万元，完工决算，完成投资430万元。

（二）重点项目

1. 绵阳市救灾物资储备仓库

该项目由国家投资建设的防灾减灾项目之一，规划投资1500万元，市民政局为该项目的业主单位。项目选址在涪城区新皂镇皂角铺村十一组，占地面积30.38亩，建筑面积4754.12平方米。

2009年3月，救灾物资储备仓库基建办委托中国工程物理研究院建筑设计院进行可行性研究的编制；根据救灾仓库建设标准，合理优化布局，满足救灾仓库的基本功能，报市发改委聘请专家对可行性研究报告进行评审；按照专家提出的意见，对可行性研究报告进行修改，形成可行性研究报告评估本。基建办依据编制的可靠性研究报告，以市民政局项目办的名义向市发改委提出立项申请，经发改委审查立项。绵阳市国土资源局批准绵阳市救灾物资储备仓库建设项目用地申请。根据市发改委对该项目的立项和招投标方式的核准方案，结合省上相关规定，采取由中介机构提出申请，选定3家以上的中介单位进行比选，最终确定该项目的设计、监理、地勘单位。招标代理机构通过挂网招标，随机抽选出3家单位进行比选确定。

该项目建设除前期审批方面外，分3个阶段实施：第一阶段为场地平整工程；第二阶段为堡坎、围墙工程；第三阶段为仓库主体及室外工程。按照总平面图的布局，拟建仓库面积3798.26平方米，办公附属用房955.86平方米，室外设施及绿化等。2010年10月开工，截至2011年9月30日，主体完工。

2. 江油市救灾物资储备仓库

该项目经江油市发改局批准立项，规划投资450万元。该项目占地17.32亩，总建筑面积5039.21平方米（其中仓库4291.93平方米、附属管理及设备用房747.28平方米）。该项目正式列入河南省对口援建“交钥匙”工程，河南省投资1000万元对口援建。工程于2009年4月开工建设，2010年8月全面竣工投入使用。

以上两仓库内备有地下蓄水池，7500瓦发电机组1台，消防用高压水泵等应急设施设备；在库房内，10吨行吊等机械设备齐全。整个仓库划分为帐篷库、衣被库、器械库、救灾工具库和备用库，主要储存帐篷、棉被、睡袋、应急包、折叠床、移动厕所、救生衣、棉衣裤、彩条布、发电设备、钢钎、铁锹、便携式水壶等应急救灾专用物资。

四、避难场所

（一）概况

全市规划避难场所10个，规划投资16480万元。截至2011年9月30日，全市10个避难场所项目全部完工，完工率100%；完成投资16015万元，完成投资率97%。其中绵阳市避难场所1个，规划投资1730万元（由市民政局组织实施），项目在建，完成投资1500万元；涪城区避难场所1个，规划投资3000万元（由涪城区文体局组织实施），完工决算，完成投资3000万元；游仙区避难场所1个，规划投资1200万元，完工决算，完成投资1200万元；江油市避难场所1个，规划投资1800万元，完工决算，完成投资1800万元；三台县避难场所1个，规划投资1100万元，完工决算，完成投资1045万元；盐亭县避难场所1个，规划投资600万元，完工决算，完成投资550万元；梓潼县避难场所1个，规划投资500万元，完工决算，完成投资490万元；安县避难场所1个，规划投资550万元，完工决算，完成投资550万元；平武县避难场所1个，规划投资5500万元，完工决算，完成投资5500万元；北川县避难场所1个，规划投资500万元，完工决算，完成投资480万元。

（二）绵阳市区避难场所

该场所规划投资1730万元，市民政局作为业主单位。根据因地（灾）制宜、科学布局、统筹规划、平灾结合、就近就便、安全适用、政府主导、整体推进的原则，主要依托学校、公园、社区阵地、体育场馆、社会福利设施等公共设施进行建设，着力完善管理人员办公室、避灾区、临时医务室、物资储备仓库、食堂、浴室、活动室和备用电源、水源等设施设备。结合绵阳城区现有公共设施区域布局的实际，共规划布局20处避难场所。按照各场所现有设施状况，分四类进行完善：一是仅需增挂标志标识和完善广播系统的6处（南山中学等6所市属学校）；二是需增挂标志标识和添置部分设备等8处（四川中医药高等专科学校等2所高校、南河等2个体育中心、铁牛等4个广场）；三是既需挂标志标识和添置部分设备，又需建设建筑设施的4处（富乐山等4个公园）；四是依托市军供站（皂角铺）和市救灾物资储备仓库新建2处。2010年8月，绵阳市避难场所建设正式启动。截至2011年9月30日，项目已完工，完成投资1500万元，完成投资率87%。

第五节　综合防灾减灾

特大地震造成市境内多处山体破碎，地质环境进一步恶化，滑坡、崩塌、泥石流等地质灾害频发，严重威胁灾区群众生命财产安全和全市灾后恢复重建的顺利进行。根据省国土资源厅《关于进一步做好抗震减灾加强地质灾害防治工作的紧急通知》，全市开展地质灾害隐患排查、监测，对安置点进行评估，编制地质灾害防治专项规划，对地质灾害隐患进行工程勘查、治理，对受地质灾害隐患威胁的群众实施避险搬迁，完善群测群防网络体系等工作。

一、地质灾害评估

地质灾害评估对全市地质灾害防治工作具有重要作用，是工程治理、受地质灾害隐患威胁群众的避险搬迁、群测群防建设、工程实施前的监测预警等具体防治项目的实施依据、基础。

2008年5月13日起，由四川省国土资源厅直接委派四川省地勘局成都水文队、915水文工程地质队、909水文工程地质队、省冶金地勘局602水文工程地质队，调集专业技术人员50余人奔赴北川、安县、平武、江油4县（市），开展地质灾害隐患排查，指导救援人员的受灾群众避险等工作。随后又派出省地调院、省建筑勘察设计院等专业单位对三台县、梓潼县、盐亭县、游仙区、涪城区开展排查。2008年全市共排查出地质灾害隐患2103处，其中北川县488处、江油市247处、平武县397处、安县340处、三台县195处、盐亭县162处、梓潼县150处、涪城区71处、游仙区53处。开展936个安置点的评估工作，其中北川县114个、平武86个、江油298个、安县108个、三台180个、梓潼6个、盐亭8个、涪城14个、游仙122个。较之地震前912处增加2倍多。2008年应急排查后，因降雨等原因又新增地质灾害隐患1111处，经工程治理、避险搬迁等防治措施消除部分隐患，至2011年全市仍有地质隐患2488处。

二、地质灾害防治

按照《四川省“5·12”特大地震灾后恢复重建地质灾害防治专项规划》，采取工程治理、对受威胁群众的避险搬迁、群测群防网络建设等防治措施，全市将269处重大地质灾害隐患及1037处（新增的644处）较小的隐患及时实施工程治理，在2009年至2011年度多次因暴雨引发的地质灾害：安县高川乡泥石流、北川陈家坝泥石流、北川老县城西山坡魏家沟泥石流，均被治理工程阻隔，有效保护了群众生命财产安全。

（一）北川老县城周边地质灾害治理

对北川老县城周边西山坡滑坡、王家岩滑坡、东侧山体危岩、桥头滑坡等灾害的治理，保护了北川老县城地震遗址，同时也对周边安置点群众生产、生活起到保护作用。

（二）北川县陈家坝场镇地质灾害治理

对陈家坝场镇周围的青林沟泥石流、大沟里泥石流、北川县樱桃沟潜在泥石流沟、鼓儿山滑坡、文家坪泥石流等地质灾害进行治理，主要在场镇、安置点周围修建拦沙坝、排导槽、导流堤、抗滑桩、停淤场等，提高陈家坝场镇抗灾能力、安置能力。

（三）受地质灾害威胁群众的避险搬迁

全市对5983户受威胁的群众实施避险搬迁。其中北川1138户、江油952户、平武424户、安县2836户、三台157户、梓潼383户、盐亭56户、游仙13户、涪城24户。通过动态调整，逐渐将新增的受243处威胁的629户群众再次实施搬迁。

（四）群测群防体系

群测群防网络是地质灾害防治一项重要工作。加强基层群测群防网络的恢复和完善，及时补充监测人员，建立群测群防网络点479个，落实监测人员3884人，通过宣传、培训、发放“明白卡”、组织群众开展拉网式排查等，提高群众、监测人员和基层干部的防灾知识、意识，明白危险区、安全区位置、撤离路线，震后数十起突发地质灾害都因建有群测群防机制而成功避险。2009年7月17日3时爆发的安县插秧沟巨型泥石流，顷刻16户房屋被掩埋。由于监测人员及时反映插秧沟的雨情、水情，并果断组织400名群众撤离，避免了重大人员伤亡。

组织干部群众及地质专业技术人员，通过以最基层的“社”为单位对地质灾害隐患点展开“拉网式”排查，最大限度地查找隐患，及早制定应对措施，全面掌控险情、灾情。

三、县（市、区）避灾广场

（一）北川县

1. 北川县禹里乡文化广场

该项目占地7500平方米，总投资约600万元。主要以大禹纪念馆为中心，在广场设立大禹塑像；周围建设红色革命纪念馆等羌族特色建筑，并实施硬化、绿化、亮化等配套工程，充分体现大禹文化、羌族特色文化、红色文化和大爱文化，是集休闲、娱乐、健身、避灾于一体的重要场所，为山东滨州市援建的标志性建筑，2009年底完工。

2. 北川抗震救灾纪念园

新北川县城抗震救灾纪念园，位于新县城景观轴线上，主要包括静思园、英雄园、幸福园三部分，总占地面积5.6公顷，总投资4292万元。该园由山东省青岛市援建，2009年年底完工。

3. 北川体育中心和青少年活动中心

由山东省青岛市援建的北川新县城体育中心和青少年活动中心位于北川新县城南端，总建筑面积2万平方米，总投资1.3亿元。既是北川县城居民活动的重要场所，也是良好的避难场所。

（二）安县晓坝镇广场

由辽宁省援建，该广场避开地质断裂带，选址在中心村4组。2009年4月动工，新建广场（避难场所及公共绿地）3000平方米一处，于2009年5月竣工。广场36根文化图腾柱采用不同的图案和文字，记录抗震救灾时刻重大事件。陈列馆分“昔日晓坝、安静祥和”“惊世之灾、家园之殇”“安民为先、救援安置”“坝上人家、新美生活”“辽宁援建、安县巨变”5个部分，形成以广场为中心“三基地一窗口”参观现场。

（三）平武县

1. 县文化体育活动中心避灾场所

中心占地面积1.45万平方米，建筑面积9799.12平方米，主体3层，局部4层，建筑高度18.2米，最高处25.5米，河北石家庄援建，总投资6080万元，中心位置为篮球场。环绕体育馆设2368座硬质固定看台，四周分别设有赛事管理室、媒体室、会议室、更衣室及休息室。二、三层设有多功能厅、健身中心、乒乓球及棋牌室。其中多功能厅设置座位303个，用于会议、电影放映等。体育活动中心外绿化用地（草坪）1.3万平方米，安置健身器材，四条宽12米的黑色道路，行道树分别由金桂、银杏、垂柳等名贵树木组成。

2. 南坝镇新建连心广场

南坝镇新建连心广场，占地面积7634平方米，投资1282万元。广场周边建有文化站、蜀汉江油关城楼、汉阙、龙州牌坊，与唐山大道、龙州中路（步行街）融为一体，既是古江油关观赏游览景点，也是避灾场所。该广场于2009年5月开工建设，2010年9月竣工，由河北唐山市援建。

3. 平通镇新建避灾广场

平通镇新建避灾广场，占地3500平方米，设有文化站和古羌楼，陈列古羌历史文化图展和民俗风情，特大地震受灾情景，让人们了解羌族文化和特大地震概况。同时还建设滨江广场，占地7000平方米。配置绿化园林带和观江、观光平台，与李家园地震遗址隔江相望，既是避灾广场，也是人们的休闲、游玩场所。该广场2009年3月开工，2010年2月竣工，由河北邯郸市援建。

（四）江油市

1. 江油西山公园避灾场所

江油市西山公园位于太平镇五星村，建立于1987年，其前身系城市绿化苗圃，占地978亩（其中老园区132亩、扩建新增846亩）。

西山公园道路及附属设施恢复重建工程是江油市重大民生工程，2010年2月由江油市发展和改革局批复立项，2010年10月27日开工，预计2011年5月竣工。工程资金来源为第二期中央灾后重建资金，投资总额4500万元，涉及市政、建筑、道路、管涵、绿化、给排水、供电等项目。

2. 太白广场

位于江油市城区红军纪念碑街西段与新华路交叉处，占地40余亩，资金850万元，铺设广场人行道地砖1.4万平方米，草坪绿化1.2万平方米，修建喷泉池，安装彩色音乐喷泉，1988年建成。

灾后恢复重建列入规划项目。太白广场绿化及道路修复工程项目总面积为1.77万平方米，广场面积为8363平方米，道路面积841平方米。工程造价916.94万元。修复道路、广场，栽植乔木、灌木、绿地被及水生植物；维修音乐喷泉、打造水景；修复受损工程、修建自动滴灌系统。2010年11月开工，同年12月基建竣工。完成投资634万元。

（五）涪城区

特大地震发生后，城区十大广场、八大公园、草坪、绿地成为市民避灾场所，大量涌入搭建帐篷等设施临时避灾。建成区广场和公共绿地作为城市灾民避险的主要场所发挥重要作用。同时，其景观也遭受了不同程度的损坏。

1. 铁牛广场、滨江广场避灾场所

铁牛广场占地1.19万平方米（其中绿地9330平方米），相邻的滨江广场占地5.64万平方米（其中绿地1.69万平方米）。

避灾时，绿地践踏、损毁达90%。地震后进行恢复，2009年完成铁牛广场517平方米绿地的改造、回填种植土320平方米、栽植大小乔木30株、灌木4800株、吉祥草20平方米，建植马蹄筋草坪190平方米，改善绿地环境面貌。市发改委同意将泗王庙周边绿化改造提升，回填土方280方，栽植大小乔木50余株、灌木约2.18万株，完成总投资38万元。

2010年8月，向市民政局申报铁牛广场、滨江广场应急避险设施新建及改造项目。拟进行供水管道改造、增设无线对讲系统、泗王庙监控系统等。

2. 青年广场避灾场所

青年广场占地4.1万平方米，避灾过程中，绿地践踏、损毁达90%以上，地震后进行恢复。2009年完成青年广场绿地的改造：新植香樟、银杏、菩提等大规格乔木130余株，增加观花观叶乔木305株，以及灌木、地被等22.36万株。

2010年8月，向市民政局申报青年广场应急避险设施新建及改造项目，拟进行供水管道改造，增设无线对讲系统。

（六）游仙区

1. 富乐山公园绿化草坪避灾场所

富乐山环境优美，古迹众多，被誉为“绵州第一山”。经过20余年建设，已建成开放面积1715.4亩。

特大地震造成景区损失严重，自2008年5月12日起，公园陆续安装照明灯具180盏，生活用插座120副，安装临时线路3000米，确保灾民供水、供电需用。公园投入资金50万元恢复受损绿化工程。富乐山公园灾后恢复重建后，由于地处游仙新城及涪江东岸开元场、韩家脊、龟山、大银山一带，是人们游览、休闲、避灾的理想之地。

2. 越王楼前沿公共绿地避灾场所

越王楼前沿公共绿地，位于游仙新城地带，地势平坦开阔，绿化面积1.1万平方米，栽有雪松、灌木及大面积草坪，始建于2001年，为市民休闲、健身、避灾的好场所。

2008年5月12日大地震发生，灾民涌入搭设帐篷，绿化草坪损失达95%以上。灾后恢复重建，市绿化队投入资金15万元植树、恢复草坪绿化。

（七）梓潼县

县人民广场位于梓潼县县城中心，占地面积近5万平方米。特大地震造成人民广场绿化树木、草坪严重受损。

县人民广场灾后重建项目于2010年6月1日施工，2010年7月9日完工，是群众休闲娱乐场所，也是避灾场所。种植银杏、香樟、紫薇等绿化风景树木213株，红叶石楠、南天竹、红继木等造型灌木1149.5平方米，改造混播草坪1306平方米。由中央灾后重建资金投入13.17万元。

（八）三台县

梓州公园避灾场所工程经2006年10月7日县委常委第18次会议研究决定实施，将其建成为以杜甫文化为主题，集旅游、健身为一体的免费、开放式、多功能城市公园。

梓州公园改造工程共分两期建设，计划总投资3800万元。一期工程投资2600万元，其中工程建设投资2100万元，拆迁安置补偿费500万元；二期工程投资1200万元，其中古建筑维修估算投资450万元。杜甫文化展示立项投资169万元。特大地震发生后及唐家山堰塞湖泄洪时，该公园多次作为三台群众避灾场所。工程于2007年4月动工，2008年12月完工。

（九）盐亭县

滨江避险绿地广场经县发展改革与经济商务局批准立项，位于嫘祖桥头红光新区，占地面积1.9万余平方米，绿化面积1.76万平方米，总投资924.69万元。资金来源为城镇基础设施灾后第一批重建基金。工程项目：绿化，运动场区域、走廊区域、嫘祖桥头区域、人行主出口区域，中心区域路面，休闲亭及亭内座椅，种植池，木结构花架、门架，花石景墙，人行道和停车场路沿石，回填土约8万立方米。工程于2009年6月1日开工，2011年2月竣工并投入使用。

第十六章 精神家园与社会福利重建

精神家园重建具有特殊意义：保护文化遗产，强化传统文化传承；建设纪念设施，铭记全国人民心手相连、共克时艰的伟大历程；打造优秀文艺精品，发扬光大抗震救灾精神，感恩全党、全军、全国各族人民对灾区人民的无私援助，鼓舞全市人民重建美好家园的信心和斗志。

第一节 传统文化保护

在传统文化保护中，通过恢复重建民俗博物馆、专题博物馆、非物质文化遗产传习所等项目的实施，充分展示绵阳优秀传统文化，并为其在发展中活态保护传承奠定坚实基础（详见前文化重建内容）。绵阳市在传统文化保护上共有重建项目10个，其代表性项目介绍如下：

一、北川羌族民俗博物馆

北川羌族民俗博物馆总投资8850万元，建筑面积8002平方米，由澳门基金会出资援建。项目于2010年1月10日开工，同年9月底主体工程完工，其后开展布展设计。该项目位于北川新县城核心区内的文化核心区，周边有文化馆、图书馆等文化设施，形成新县城规模最大的文化博览设施中心。北川羌族民俗博物馆为中型博物馆，由展示展演区、接待服务区、库房储存区、研究管理区和其他辅助设施区五大功能区组成。内设羌族民俗展厅、羌族历史文化展厅、临时展厅、多媒体报告厅、贵宾休息厅、旅游纪念品销售厅、文物库房、办公室等。北川羌族民俗博物馆的建成，有利于抢修和保护文物，促进羌族文化的传承和弘扬，增进羌族人民重建美好家园的信念，成为羌族文化遗产展示的重要窗口和区域性的羌族文化研究中心与羌族民俗史证史料的核心汇集地。

二、三台县潼川豆豉专题博物馆

三台潼川豆豉是国家级非物质文化遗产。三台县潼川豆豉专题博物馆建设项目于2010年1月6日由县发改局批准立项，项目规划投资600万元，总建筑面积5056.13平方米，其中静态馆共两层1584.8平方米；技术检测楼共两层602.1平方米，为框架结构；动态一馆共一层1782.95平方米，为钢结构；动态二馆共一层403.83平方米，为框架结构；动态三馆共一层682.45平方米，为砖混结构。项目于2010年6月4日公开招标，中标价426.24万元。项目于2010年9月6日开工，2011年4月中旬项目主体工程完工，进入装饰装修阶段。

第二节　弘扬民族精神工程

一、北川老县城地震遗址保护工程

2008年5月22日19时许，中共中央政治局常委、国务院总理、国务院抗震救灾总指挥部总指挥温家宝在北川县城外的一块高地上，对当地干部说："我们要再造一个新北川。这座老县城可以作为地震遗址保留，变成地震博物馆。北川是我国唯一的羌族自治县，要保护好羌族特有的文化遗产，即使县城迁到新的地址，也要做好这种保护工作。"之后，北川县迅速确立地震遗址重点保护范围，周围设置铁丝网，组织专人进行管理，同时部署公安、武警等部门在重要关口设卡，控制进入北川地震遗址的人员、车辆。至2009年12月，除唐家山堰塞湖泄洪和"9·24"洪灾泥石流破坏外，北川中学和县城基本保持震后原貌。

2009年6月，经中共绵阳市委常委会第100次会议审议通过，决定成立绵阳市唐家山堰塞湖治理暨北川老县城保护工作领导小组和指挥部。6月18日，中共绵阳市委办公室、绵阳市人民政府办公室发出《关于成立唐家山堰塞湖治理暨北川老县城保护工作领导小组及指挥部的通知》。

根据中共绵阳市委办公室、绵阳市人民政府办公室《关于成立唐家山堰塞湖治理暨北川老县城保护工作领导小组及指挥部的通知》《关于绵阳市唐家山堰塞湖治理暨北川老县城保护工作指挥部领导班子组成人员的通知》和绵阳市机构编制委员会《关于成立绵阳市唐家山堰塞湖治理暨北川老县城保护工作指挥部的通知》精神，市委常委、县委书记陈兴春任组长的唐家山堰塞湖治理暨北川老县城保护工作领导小组下设办公室和指挥部。指挥部分别任命了指挥长和副指挥长，并从北川、梓潼、三台等县（市、区）抽调工作人员，在曲山镇任家坪设立办公地点开展工作。

（一）地震纪念馆

北川地震纪念馆位于曲山镇任家坪，纪念园区与北川中学遗址融为一体。纪念馆整个区域占地约14.23公顷，纪念馆建筑面积14280平方米，其中主馆（两层）建筑面积1.12万平方米、副馆（一层）建筑面积3070平方米。纪念馆建筑造型以大地景观的手法，通过地面的切割、抬起，形成主要的建筑体量，并通过下沉广场和步道向外延伸。整个建筑形象谦逊低俯，与平缓的草坡融为一体，局部翘起露出地面，象征新生和希望。纪念馆体量尽量后移，留出足够的缓冲空间，以营造纪念馆入口的氛围。同时，结合场地高程在纪念馆的东南角形成较为开敞的纪念广场，满足日常参观人流集散、休息以及纪念日集会、凭吊等功能，并在广场轴线位置设置生命之门纪念碑，低调沉稳。投资2.3亿元。

自2010年2月起，同济大学集聚全校规划、建筑等方面专家全面参与地震纪念馆建筑设计工作，从36套设计方案中遴选出14套，再深化到"裂缝""花祭重生""大地网络""守望故土""轨迹"5套概念设计方案，经2次公开征集意见，绵阳市规划委员会2次审查，省文化厅、地震局、文物管理局3次组织专家评审，省委、省政府3次专题会议审查设计方案。最终选择以"裂缝"为设计理念方案，其寓意为"将灾难时刻闪电般定格在大地上，留给后人永恒的记忆"。

2009年10月，北川县政府批复《北川地震博物馆建设征地拆迁安置方案》。征地拆迁范围涉及任家坪村1、2、3、4组219户729人，需征地529亩，拆迁房屋5.6万平方米。2009年11月6日，发布拆迁公告。2009年12月底，完成建设范围征用土地及地面附着实物量的调查摸底。2010年6月30日，完成全部拆迁工作，共征地529亩，发放征地费2975.23万元；拆迁房屋5.6万平方米，发放拆迁费2193.58万元。2010年12月28日开工建设，2011年9月底完成工程量70%。至2011年9月底，完成《北川地震纪念馆陈列布展内容大纲》修改稿，征集地震文物资料近13万件。2013年5月9日，建成正式开馆。

（二）北川地震遗址

按照上海同济大学编制的《北川地震遗址保护规划》，绵阳市唐家山堰塞湖治理暨北川老县城保护工作指挥部（以下简称老县城指挥部）坚持"原真性、可逆性、分级分类、最小干预"的保护原则，抢抓时间加快推进地质灾害治理、山体清危、防护网安装、导流堤建设、拦沙坝、防洪堤等保护工程建设，完成工程总量的80%，实现投资1.42亿元。

完成北川老县城地震遗址纪念道路建设、环境整治、废墟清理等工程，完成投资3000万元。实施老县城地震遗址保护区周边绿化植物修剪、防护网安装等工程，营造出干净、整洁、肃穆、安宁的遗址环境，修复并安装2500米防护网、3500米安全围栏，投资45万元布设视频监控系统，修建擂鼓接待中心；按照全国爱国主义教育基地的标准，增添标识标牌，配备讲解员，提升接待水平，实现汶川特大地震两周年适度开放目标。截至2010年年底，北川地震遗址区共接待60余次省部级以上领导前来考察，有序组织15万社会公众参观祭奠并接受抗震救灾精神教育，展示北川老县城从特大灾难中走出来的新形象。

二、安县辽宁广场

为了感恩辽宁，把辽宁援建的大爱传颂下去，让安县人民世代铭记援建恩情，把知恩感恩融铸成一种情感、一种境界、一种责任，根据县人大代表和群众的呼声，由安县人大决议将安县文化和职工活动中心的附属广场命名为"辽宁广场"，并设立"辽宁广场"纪念碑。

辽宁广场的灾后恢复重建工程与文化馆、图书馆、体育馆、博物馆等9个文化单位的重建项目打捆立项，于2009年9月20日动工，2010年4月26日竣工。总投入资金1.19亿元，其中辽宁援建资金8915万元。占地84.35亩，建筑面积69772.4平方米。

广场艺术景观由四川大学艺术学院教授、硕士生导师巫成金设计，包括辽宁广场纪念碑、李调元塑像、沙汀塑像、抗震浮雕墙四部分。

（一）辽宁广场纪念碑

高5.5米，宽3.1米，采用不锈钢、经典黑石材、青铜铸造而成。上面是两颗心，代表辽宁安县心心相连一家亲。正面是县委书记王黎题写的“辽宁广场”四个大字，还有辽宁援建安县的感人画面，背面是感恩辽宁援建记。

（二）李调元塑像

李调元，清代蜀中著名文人。塑像由青石材料制作而成，高8米，宽5米，厚3米。塑像基座及右侧竖碑上均为浮雕。正面是他赞美安县的诗句《安县道中》、编纂大型丛书《涵海》的场景、李调元简介，左侧是他的藏书楼和书冢，右侧上面是李调元一家父子“一门四进士、兄弟三翰林”的画面，右侧下面是李调元游罗浮山时的感言，后面是李调元与川剧、川菜的画面。

（三）沙汀塑像

沙汀，当代乡土文学家。塑像高5米，宽7.2米，厚2.2米，采用芝麻白花岗石、铸铜制作而成。整个雕塑远形似几本书，正面是沙汀铜像及其简介，书中有他的代表作《淘金记》《困兽记》《还乡记》《在其香居茶馆里》的故事场景；背面是沙汀的铭言和对沙老的评价。

（四）抗震浮雕墙

高3.7米，长13.5米，厚1米，采用红雅石制作而成，前面的深浮雕由五个板块构成：灾难降临、国家力量、孤岛救援、堰塞湖排险、重建家园的巨幅画面，让后人永远铭记那悲壮而感人的历史。

第三节　优秀作品

一、大型舞蹈诗剧《大北川》

2008年6月，中共绵阳市委、绵阳市人民政府启动大型舞蹈诗剧《大北川》文艺精品工程，确立“党政主导，企业主体，市场运作，以奖代补”的运行模式。成立绵阳市禹羌文化发展有限公司，多方筹集资金上千万元，为剧目搭建起良好的发展平台。在走访大批群众和羌族文化传人，阅读研究大量羌文化典籍，听取众多羌族文化专家的宝贵意见和建议基础上，《大北川》剧目经过一年多时间的创作，先后召开11次研讨会，数易其稿，于2009年9月23日正式搬上舞台。截至2010年年底，《大北川》已先后在绵阳、成都、西安、北京、青岛、汉中、泸州、内江等地演出83场，并成功完成全省灾后重建现场会、全国百家晚报聚焦绵阳大型采访活动、全国百家党报记者、文化部司局级考察团、全国党员代表考察团专场演出等若干大型活动，观众人数累计超过6万人。演出以来，该剧在社会各界引起强烈反响，全国政协副主席张梅颖在观看《大北川》后动情地说：“没有党中央、没有国务院、没有全国人民的支持，北川不会这么好，大家一定要懂得感恩，这个主题非常好，我非常欣赏这个主题。”中国舞蹈家协会主席白淑湘说：“你们带来一个非常震撼我们心灵的作品，你们这样一个作品，让我们受教育。”该剧2009年10月夺得“四川文华奖——最佳剧目奖”；2010年9月夺得四川省第六届少数民族艺术节最佳剧目奖。该剧成为绵阳的一张文化名片，成为绵阳建市以来最具有影响力的舞台艺术精品，也成为宣传绵阳、宣传灾区、展示绵阳灾后重建成果，展现灾区人民坚强不屈的乐观精神和感恩全国人民深厚感情的有效载体。该剧全球感恩巡演工作在筹划中，申报国家舞台艺术精品工程相关工作亦启动。

二、话剧小品《大年三十》

震后全市先后创作小品、川剧、童话诗剧、音乐、舞蹈等各类文艺作品数百件，其中话剧小品《大年三十》最具代表性。小品讲述了一个发生在地震灾后的小故事：两位陌生的老人在大年三十的晚上不期而遇，文静内秀的老太太，因为地震灾难失去相濡以沫的老伴，情绪陷入了低谷，乐观开朗的老大爷尽自己最大的努力去开导对方，一句句肺腑之言因为真诚显示出力量，最终，老太太打开心结，象征着希望和未来的礼花在大年三十的夜晚竞相绽放。

2010年5月12日，由中国文化部主办的第十五届“群星奖”戏剧决赛在广州举行，经过一周的激烈角逐，绵阳市选送的话剧小品《大年三十》夺得本次决赛大奖“群星奖”。演出结束时，参赛的评委们纷纷为《大年三十》亮出了高分。一位普通的广州观众感慨地说：“没想到，一个以地震为背景的小品，会用如此温馨诗意的表现方法。整个作品看下来，没有泪水，没有悲伤，感受到的是一种乐观的人生态度，始终被一份诗意的人性关怀所温暖。我相信，四川的明天一定会更加美好，这是《大年三十》传递给我的一个坚定信念。”此次《大年三十》夺魁，是绵阳时隔九年后再次获得“群星奖”，也使绵阳市成为四川省唯一两次荣获“群星奖”的城市。

第四节　精神心理康复工程

一、概况

汶川特大地震发生后，绵阳市第三人民医院（四川省精神卫生中心）立即着手灾后早期急性心理危机干预和恢复重建期心理援助工作。针对精神心理康复工程，医院先后以主要单位身份完成国家“863”项目——地震灾区心理卫生问题流行病学调查、世界卫生组织项目——灾后儿童社会支持与心理卫生服务、联合国人口基金会项目——汶川地震灾区基层医务人员服务能力提升、英国国际发展部项目——灾后社区心理卫生服务模式、国家科技支撑计划项目——灾后社区心理卫生科普教育、卫生部项目——基层干部心理援助模式。同时，还特别牵头承担中央转移支付项目《四川省地震灾区心理援助实施方案》，大大地提升全市心理卫生服务水平。

表5-16-84　　绵阳市精神心理康复工程项目汇总一览表

课题来源	课题名称	投入人力（人次）	投入资金（万元）	完成情况
世界卫生组织	安县灾后儿童社会心理支持队伍建设项目	120	50	已完成
科技部	“5·12”地震灾区重点人群（伤残）心理干预适宜技术研究	1700	10	已完成
卫生部	卫生部／联合国人口基金会集体心理干预项目	80	1.5	已完成
科技部	“5·12”地震灾区心理危机救援模式及灾区民众心理健康动态流行病学研究	450	18.5	已完成
四川大学华西医院	强生项目	100	5	已完成
卫生部、英国发展部	中英 DFID 心理援助项目	480	11.6	已完成
北京和睦爱童基金会、丰裕人生基金会	中国地震缓解计划暨本体感觉疗法培训班	50	0	已完成
卫生部	北川灾后心理重建项目	400	8	已完成
联合国	中国／联合国人口基金灾后卫生应急项目即灾后社区社会心理支持	64	6.6	已完成
四川省卫生厅	心理卫生知识培训	900	40	已完成
中国心理卫生协会危机干预专委会	灾后心理危机干预暨乡镇卫生院精神卫生基础技能培训班	200	12	已完成
联合国计划开发署	中国灾后早期康复和灾难风险管理项目	30	13.8	已完成
英国牛津大学	中国女性抑郁症研究	210	6	—
卫生部	汶川地震灾后心理援助项目	600	544.24	—
科技部	应用于心理疾患防治的社区心理健康宣教干预示范项目	1200	28	—
合计	—	6614	755.24	—

二、重点人群（伤残）心理危机适宜技术研究

地震发生后，为消除灾后致残民众（成年人群）的心理障碍，建立受灾致残民众的心理健康水平及影响因素数据，创新适宜的创伤后应激障碍干预技术，市第三人民医院灾后重建课题“5·12地震灾区重点人群（伤残）心理危机适宜技术研究”，申请到国家科技部“863”项目资金补助。整个项目计划于2008年9月至2010年9月内完成。

2009年3—4月，项目进入启动阶段，先后完成前瞻性研究及现场的选点，确定现场工作点为：江油、北川、平武、安县。4—9月医院先后完成课题研究样本的收集及实施心理干预。共走访467人，其中死亡13人、外出30人。填量表342份，有效量表307份。进行专科医师诊断86人，其中确诊抑郁症26例、PTSD14例。对确诊的患者进行心理治疗及药物治疗。因部分人员搬迁及外出，有40余人中途脱落。

该课题的顺利完成，使医院专业人员了解到地震伤残人员的心理状态和心理需求，并根据具体情况，给予心理支持治疗及药物治疗，稳定其情绪。通过健康教育，向伤残人员传递关爱和援助，

增强他们的安全感，重塑他们对生活的信心。通过对社区（乡镇）网络医生的培训，提高他们对常见精神疾病和心理问题的识别、初步治疗或转诊风险者的水平和能力。

三、灾后心理援助服务模式

绵阳市第三人民医院开展卫生部DEID（英国国际发展部）的“建立灾后心理援助服务模式”项目，争取到英国国家发展部、卫生部项目资金。整个课题计划于2009年7月启动，2010年5月完成。

2009年7—9月，完成第一阶段任务：工作评估，社区文化站的建立，心理卫生、精神病学知识培训与社区管理知识培训，高危人群个人档案建立，综合义诊，编写、发放宣传材料，咨询热线等工作。2009年9—11月，完成第二阶段任务：现场心理健康教育及讲座，高危人群现场心理咨询，患者治疗，咨询热线等工作。2009年11月至2010年5月，完成第三阶段任务：咨询热线，效果评估等内容。

该课题项目的顺利完成，第三人民医院在现场工作点建立具有阅览、文体等功能的文化站，为心理健康知识宣传提供多元化途径。通过开展面向灾区群众和工作人员的心理健康讲座，提升灾区群众心理健康意识和心理保健技巧，进一步巩固和提高灾后心理卫生重建工作效果。同时，根据调查、评估结果，对项目区的一般人群、高危人群、患者，进行不同层面的干预。针对精神疾病患者，检出患者，进行双向转诊治疗。提高创伤后的应急障碍、抑郁障碍、焦虑障碍、物质滥用和躯体化障碍等精神障碍的治疗率，降低灾民群体自杀未遂及自杀率，提高社区心理卫生服务能力，形成灾后心理卫生服务较成熟的组织方案及技术路线。

第五节　关爱灾区干部

特大地震后，绵阳地震灾区干部承受着家人、亲属、财产等重大损失的情况的同时，还要带领广大受灾群众抗震救灾和灾后重建，任务繁重，压力巨大，尤其是灾区干部的心理健康问题日益突出。

表5-16-85　绵阳市地震灾区干部心理状况统计表

项目 单位	干部数量	家属遇难干部	家属因灾致残干部	因灾致残干部	生活困难干部	心理障碍程度			接受心理服务		
						一般	重	较重	从未	1—2次	多次
县级机关	9798	422	156	221	2681	2298	345	52	2153	5813	1001
乡镇	7441	102	10	8	2638	2425	76	57	1701	4680	605
合计	17239	524	166	231	5319	4723	421	109	3854	10493	1606

从统计分析看，全市北川、安县、平武、江油4个重灾县31%以上的干部具有心理障碍，北川干部心理障碍问题尤为严重。2008年10月3日，北川县委农办主任董玉飞在暂住地自杀身亡，成为北川灾后首例轻生的干部。此后，北川县委宣传部副部长冯翔、北川县农业局农能办干部魏宏、绵阳市政府办秘书四处处长何宗华相继因不能忍受丧子之痛、患病、抑郁症等原因自杀身亡，平武

县移民办主任罗世斌等因劳累过度导致过劳死，在给家庭造成巨大痛苦的同时，也在社会上造成较大的负面影响。地震灾区干部的关心关爱问题引起中央、省、市各级领导的高度重视，国家副主席习近平、中组部部长李源潮、中共四川省委书记刘奇葆等，先后对冯翔自杀等事件做出重要指示，要求切实加强对灾区干部的关心关爱，防止类似事件再次发生。中共四川省委组织部发出《关于进一步做好地震灾区干部关爱工作的通知》，要求各地要认真落实习近平、李源潮等中央领导的指示精神，进一步重视灾区干部关心关爱工作，把干部关心关爱各项措施落在实处，保持灾区干部的和谐稳定。

为认真贯彻落实中央、省委关于做好地震灾区精神家园建设的有关指示精神，有效释放灾区干部的工作、生活、心理压力，引导灾区干部尽快走出地震阴影，逐步恢复身心健康，重塑积极乐观向上的精神风貌。中共绵阳市委、市政府坚持以人为本，切实落实中央、省委关于做好"关爱灾区干部群众"的指示精神，帮助灾区干部理顺情绪、释放压力、增强信心。

一、健全灾区精神家园建设工作格局

中共绵阳市委书记吴靖平指出加强灾后干部的关心关爱工作，要坚持"政治上关心、工作上支持、心理上抚慰、生活上关爱"四个原则。2009年4月26日，按照市委、市政府《关于成立绵阳市地震灾区精神家园建设协调小组》精神，市委整合资源，成立绵阳市地震灾区精神家园建设协调小组，办公室设在市委组织部，统筹加强全市精神家园建设工作。4月30日，协调小组下发《关于加强地震灾区精神家园建设的意见》，进一步明确相关具体措施。随后，各地震极重灾区县相应成立以党政主要领导为组长，组织、宣传、卫生、民政、教育、文化、财政、公安、信访、残联、团委、工会、妇联等部门为成员的组织机构，并建立健全心理服务工作协调机制。全市上下形成市县两级组织部门为主导、部门配合、社会参与、齐抓共管的灾区干部群众关心关爱工作格局。

二、增强专职干部工作力量

2009年6月，根据市委组织部《关于抽调干部赴灾区开展干部关心关爱工作的通知》，从市级部门抽调68名副科级以上干部，按照"市级部门对口县级部门、县级部门对口乡镇"的原则，赴极重灾区开展为期两年的"一对一"定点干部群众关爱工作，与灾区干部群众同吃、同住、同劳动。68名下派挂职干部在到达重灾区后，利用在灾区工作和生活的机会，加强与干部职工的接触，围绕他们的工作、生活、心理、婚姻、需求、困难等方面情况开展调查，重点掌握关爱对象情况，前期专家组所建立的档案；在调查摸底的基础上，开展大量的谈心谈话活动，定期、不定期地与干部职工谈心，在工作上成为好同事，在生活中成为好朋友，及时准确地掌握大家的心理状况，在平时的工作生活中有意识进行积极的引导，帮助他们排忧解难，切实把问题消灭在萌芽状态。

三、加强灾区干部交流

贯彻落实省委《关于抗震救灾和灾后重建中切实加强灾区各级领导班子建设的意见》精神，在全面清理领导班子成员职数的基础上，坚持因地制宜、一地一策原则，及时足额配齐配强灾区各级领导班子，并按照有关政策要求，为极重灾区的重灾乡镇增配了1—2名领导干部。把灾后恢复重建一线作为检验干部、考察干部、锻炼干部的主战场，加强灾区干部的考察考核，大胆提拔使用人品

正、干实事、真爬坡、敢破难的干部。注重以工作环境改善来保护干部的身心健康，在充分尊重本人意愿基础上，以极重灾区干部为重点，在县内交流、县（市、区）之间交流和县与市级部门之间交流，遵循一般不安排在亲属遇难地工作的原则，交流干部436名。

四、落实干部待遇政策

妥善解决干部的经济利益问题，及时足额兑现津补贴，在政策允许的情况下解决好干部住房、家属就业、子女入学等问题；落实强制休假和以会（训）代休制度，对因工作任务繁重或特殊情况无法正常休假的干部，作出强制性安排，保证他们及时休整，对单位主要负责人研究专门措施，通过强制调训、交叉调训等方式使灾区干部过度疲劳的状况得到有效缓解；梳理干部政策，严格执行遇难学生家长抚慰帮扶制度规定，切实提高灾区干部职级待遇。严格按照中央、省委的有关规定，研究制定一系列提高基层干部待遇的政策，按照乡镇数的一定比例核定乡镇党委书记副县级待遇的名额，并向极重灾区乡镇倾斜。对连续担任乡镇党委书记8年以上或连续担任乡镇长、乡镇党委书记10年以上，经民主推荐、组织考察，特别优秀的可享受副县级待遇，并继续在乡镇党委书记岗位上工作。男满55周岁、女满50周岁，在乡镇累计工作满20年以上，担任副科级领导职务满10年以上或享受副科级待遇满15年以上的可享受正科级待遇；在乡镇工作累计满20年以上，任科员满15年以上的可享受副科级待遇。

五、多层次、全方位“以训代休”

采取“走出去”和“请进来”相结合的方式，市委、市政府及时启动重灾区科级领导干部灾后重建专题培训。分两期组织北川、平武的乡镇党委书记和乡镇长，安县、江油重灾乡镇党委书记、乡镇长和全市部分受到市以上表彰的科级领导干部共计约220人赴井冈山接受短期培训，通过“以训代休”方式调整心理，进一步理清工作思路，凝聚信心力量，以更加积极更加健康的心态投入建设美好家园。各县（市、区）和市级有关部门组织本县（市、区）、本系统干部职工通过“以训代休”调整身心，北川县专门安排120万元专项资金，分6批160名干部到北京、珠海等地培训考察，坚持从实际出发，自主开展各种形式的干部培训疗养活动，调整干部思想情绪和精神状态；市卫生局牵头组织极重灾区21名基层干部到深圳市大澳湾以训代休；平武县2009年6月组织35名干部开展拓展培训。2010年6月，市委组织部先后分2期，组织全市80名乡镇干部，到上海交通大学参加培训，并参观上海世博会。与此同时，组织安排相关人员参加中央、省委组织的有关心理援助及培训。

六、集中开展心理抚慰和援助服务

市委选派10名具有基层工作经验、善于做思想工作的市级机关县级领导干部和10名心理咨询专家，与省上选派的10名心理专家共30名成员联合组建成省市心理援助与咨询专家组，分10个工作组深入北川、安县、平武3个极重灾区开展为期一个多月的集中心理援助与咨询服务。各位专家深入机关、乡镇、学校、板房社区和干部群众家中，广泛宣传各级党委、政府和组织部门对灾区干部群众真心帮助、真情关怀的政策措施，围绕灾区干部群众的生活、心理、婚姻、需求、困难等方面情况开展调查。经过排查，重点掌握家属遇难的干部、遇难干部的亲属、因灾致残的干部、生活特别困难的干部、情绪低落的干部等重点关爱抚慰对象139名（北川72名、平武36人、安县31人）。专家组在灾区先后召开座谈会35次，走访干部群众3320人次，向关注对象发送短信720条次，电话或见面访谈关注对象650余人次。在详细调查了解灾区干部群众心理健康等问题的基础上，专家组设计出内容翔实、操作性强的《绵阳地震灾区精神家园建设访谈登记表》，具体内容包括“专家访谈”“情绪状况”“健康状况”“困难和需求”“评估”“建议”等。一人一表，一人一档，定期更新，跟踪服务。

专家组充分发挥自身专业知识优势，根据重点关爱对象存在的心理状况和对生命及生活危害的紧急程度，围绕“情绪、情感状态、生活状态、工作状态、功能水平、压力评估、支撑系统、家庭情况以及当前的困难”等方面，对关注对象逐个进行科学评估。经过评估，对“三个等级”的关爱对象分级动态管理，进行有效的心理援助和干预。针对分级情况，专家组成员积极为灾区党委、政府建言献策，共提出55条工作意见建议，被灾区党委、政府采纳运用。

专家组根据关爱对象中危急人员的情况，制定出心理救援以及心理服务、医学心理干预方案，采取“一对一”的心理援助与咨询的方式，进行面对面抚慰和干预。在端午节、“六一”儿童节前夕，专家们主动为遇难干部家属送去粽子、皮蛋，为失去亲人的儿童送去慰问金和新衣服，主动到医院慰问关爱对象住院的家属或住院的干部，有的还将关爱对象接到绵阳，一起聚餐、喝茶、聊天。同时，专家组还通过采取召开座谈会、心理健康知识讲座的形式，对关爱对象进行集中心理抚慰。专家组在灾区机关、乡镇举办《幸福人生》《在工作中获得幸福》《地震产生的心理健康危害》等专题心理健康辅导和心理健康知识讲座45场，发放《心理自助实用手册》《灾后心理重建问与答》等心理卫生知识宣传单3万余份，赠送《“5·12”震后再生育全程服务行动指南》《彩虹重现》等7种心理卫生书籍3460本，接受心理健康知识普及人数达3600人次。对全市再生育对象2960名全部建立纸质和电子档案，实行一户一档。

七、弘扬抗震救灾精神

2009年“七一”期间，全市宣传表彰960多名表现突出的基层干部群众，表彰规模为历年之最，起到鼓舞人心、激发干劲的作用。开展向山东援建干部崔学选的学习活动。市委下发学习通知，市级新闻媒体集中报道，用身边的人和事，教育引导基层干部继续发扬无私奉献、吃苦耐劳、连续作战的精神。2010年4月，市委组织部又专门召开灾区基层干部座谈会，了解基层干部在灾后重建工作中的意见，并鼓励他们扎根基层，服务基层，为绵阳的灾后重建工作继续奋发作为。

八、关心关爱挂职援建干部

2009年7月13日，山东省援川办新县城建设组组长、山东省援建北川工作指挥部总指挥助理崔学选因病逝世。2009年7月15日，崔学选遗体告别仪式在山东潍坊举行，党和国家主要领导人送来花圈，山东省、四川省、绵阳市主要领导分别送来花圈或参加告别仪式。绵阳市将挂职援建干部当作绵阳本地干部队伍关心对待。建立援建干部档案，跟踪识别、跟踪考察，并分两期组织120多名挂职援建干部开展“红色之旅”，调整身心；2009年“七一”前对70余名优秀挂职援建干部进行表彰；分批分次组织灾区干部和援建干部进行体检，对身患疾病的干部及时安排治疗。

第六节 社会福利事业

2009年1月14日，市政府第57次常务会议通过《绵阳市社会福利、村（社区）级综合服务和救助管理服务设施灾后标准化建设规划方案》，明确将全市95%以上的民政服务设施灾后恢复重建项目列入标准化建设项目。要求社会福利、村级（社区）综合服务和救助管理服务设施等几类项目，从外观、标志、规模、功能、管理等方面实施标准化建设。市民政局和市政府分别在梓潼县和江油市召开标准化建设项目推进工作现场会，强力推进标准化建设项目的重建工作。

截至2011年9月30日，全市列入灾后恢复重建规划的3959个民政服务设施项目全部完工，完工率100%；完成投资33.74亿元，完成投资率98.44%。13个直属项目全部完工，完工率100%；完成投资1.76亿元，完成投资率98.12%。详见下表。

截至2011年9月30日，全市210所福利院、敬老院重建工程全部完工，完工率100%；完成投资9.52亿元，完成投资率99.72%；投入使用210所，入住7354人；为四川省6个重灾市州综合排名第一。由政府新（扩）建福利院、敬老院共有床位2.22万张，可用床位2.07万张，为全市2万多名“三孤”“三无”人员稳定、幸福地生活奠定坚实基础。

表5-16-86　　绵阳市社会福利、救助、优抚安置服务设施一览表

项目类别	项目总数（个）	总投资（万元）	开工项目总数（个）	开工率（%）	完工项目总数（个）	完工率（%）	完成投资（万元）	完成投资率（%）
福利院、敬老院	210	9.55	210	100	210	100	9.52	99.69
救助管理站	8	0.68	8	100	8	100	0.68	100
殡仪馆	8	1.10	8	100	8	100	1.05	95.45
婚姻登记处	9	0.13	9	100	9	100	0.13	100
军干所	9	0.67	9	100	9	100	0.65	97
军供站	1	0.23	1	100	1	100	0.10	52
光荣院、优抚医院	2	0.31	2	100	2	100	0.30	96.77
烈士纪念设施	4	0.21	4	100	4	100	0.20	95.24
老龄设施	133	1.14	133	100	133	100	1.16	101
社会综合服务设施	260	1.74	260	100	260	100	1.72	98.85
合计	644	15.76	644	100	644	100	15.51	98.44

一、社会福利设施

（一）绵阳市中心社会福利院

特大地震以前，绵阳城区有常住人口70万人，其中60岁以上老年人口近20万人。而绵阳城区仅涪城有一所社会福利院，床位不足200张，远远不能满足人口老龄化速度加快和市区养老事业的需

求。为应对老龄化加快带来的挑战，切实改善全市城区养老条件，为城区老人提供更好的养老服务条件，急需在市区新建一所综合性的社会福利院。

中心福利院选址在绵阳市涪城区磨家镇观音堂村一社，2008年7月22日，绵阳市发改委批准立项，市国土资源局于2010年5月批准绵阳市中心社会福利院先行用地。

2010年8月6日，绵阳市中心社会福利院工程建设，主体工程于2010年年底封顶，完成投资3200万元；附属工程于2011年8月底全部竣工，并投入使用。

市中心社会福利院征地32.25亩，建筑面积1.57万平方米，床位618张，该项目是上海市慈善基金会捐建的13个项目之一，总投资3800万元，其中上海市慈善基金会捐建3000万元，国家灾后重建基金800万元（地方配套资金550万元用于征用土地及安置补偿）。其功能定位为：孤寡老人和社会老人收养、代养；老年心理咨询、教学、培训、卫生保健、文化娱乐；家庭寄养和社区老年康复指导；孤残儿童、社会弃婴的收养、救助、康复、训练；全市社会福利机构工作人员业务技能的培训教育和交流。

（二）安县福利中心

安县灾前全县总人口51万人，全县有老年人7.5万人，其中城镇老年人1.2万人，未修建社会福利院。特大地震后根据全县老年人的需求需建设一所社会福利中心。

中心选址于安县花荄镇马鞍山，由辽宁省援建，上海慈善基金会捐建，属于“交支票”工程。2008年12月奠基开工，2010年1月28日竣工，2010年4月投入使用，工程质量被评为“天府杯金奖”。

中心占地面积38亩，建筑面积1.05万平方米，估算总投资3390万元，其中基础设施投资2110万元，其他附属设施880万元，内部设施400万元；设置床位数400张（社会福利院200张、光荣院150张、救助站50张）；工作人员25名，入住城镇“三无”及重点优抚对象216人，是全市目前规模较大、设施最先进、风格最独特、设计最人性化，集医疗、疗养、康复、养老等多功能服务为一体的社会福利机构。

中心先后接待中共中央政治局常委李长春，辽宁省委、省政府和四川省委、省政府主要领导及绵阳市领导和全国党报党刊记者团的检查指导，还接待联合国专家组以及国际友人的参观访问。

图5-16-247　辽宁省援建的安县社会福利中心

（三）游仙区魏城镇敬老院

游仙区魏城镇敬老院始建于1958年6月，占地2.4亩，总建筑面积1700平方米。特大地震导致敬老院的房屋严重损毁，经鉴定后需拆除重建，直接经济损失72万元。

新建敬老院选址在游仙区魏城镇先锋村六组，由达州市全额对口援建，按省一级敬老院标准设计，总投资440万元，2010年9月完工。2009年12月30日，魏城镇敬老院举行入住仪式，70多名老人正式搬进新居。

敬老院占地7亩，拥有居室25间（床位100张）、生活保障室3间、文体活动室2间、卫生医务室1间、多功能电子娱乐室1间和办公用房4间；老人入住所需的床具、衣柜、桌椅和电视机配置完善；有可供100位老人同时用餐的冰箱、消毒柜、炊具等生活保障用品。

（四）江油市彰明中心敬老院

彰明中心敬老院位于江油市城区东南7.5公里处的彰明镇政府西侧，始建于1999年。特大地震造成2000平方米房屋严重损毁，近60名老人居无定所，工作人员无处办公。

新建敬老院于2008年7月由河南省委、省政府确定的第一批“交支票”援助工程之一。2009年1月开工建设，11月竣工；2010年1月正式入住。

敬老院建设规模4014平方米，规划投资785万元，其中河南省援建资金700万元，框架结构，设计抗八级以上地震；敬老院设置床位260张，其中老人床位200张（残疾人床位24张、特护床位32张）；建有多功能活动室、医务室、娱乐室、康复医疗室、图书室、会议室、老人健身房、食堂和3个疏散安全通道、1部医用电梯；绿化面积1600平方米，达到省一级敬老院标准。

图5－16－248　河南省援建的江油市社会福利院（彰明中心敬老院）

（五）北川县永昌敬老院

北川县永昌敬老院位于新城永昌大道，由山东省临沂市援建，2009年12月开工，2010年9月竣工移交。县民政局完善设施设备后于2011年1月投入使用。敬老院占地面积8000余平方米，床位100张，总投资2400余万元。2011年10月，被四川省民政厅评为四川省一级敬老院。

敬老院采用园林式与羌族文化合璧建筑风格，环境优雅，花木密布、林荫覆盖。院内服务设施主要包括有：值班室、医务室、餐厅、洗浴室、洗衣场、门球场、学习室、图书阅览室、综合活动室、健身活动广场；院内设施按一级敬老院标准设计，每个房间入驻两人，室内设有洗漱卫生间、应急呼救器等，能充分满足老人日常生活需要。

（六）北川县擂鼓红枫敬老院

红枫敬老院位于北川县擂鼓镇，原名擂鼓中心敬老院。汶川地震后，由加拿大卑诗省政府捐建。敬老院占地30亩，建筑面积5612平方米，设计床位200张，总投资2100万元。于2011年3月28日开工，2012年1月14日竣工并交付使用。

敬老院采用园林式建筑，既有加拿大的建筑风貌，又融进羌文化元素，廊道通车、美观大方、花木密布、环境舒适。院内分服务区、生活区、休闲区、娱乐区、生活配套及办公区五大区域。服务区设有值班室、卫生室、餐厅及操作间，并配有电暖气、电扇、电视及应急呼叫器等；休闲娱乐区建有棋牌室、康复室、夕阳红谈心室、室外健身器材及门球场；生活配套区主要有锅炉室、浴室、配电室等；办公区设办公室、财务室和会议室等配套设施，能充分满足老人日常生活需要。

图5-16-249　重建的盐亭县社会福利院

二、社会事务设施

（一）绵阳市救助管理站

救助站始建于2000年7月，位于游仙区游仙镇303号，占地10.48亩，总建筑面积3174平方米。特大地震中，大楼（1124平方米）严重受损。

2009年4月18日，市发改委批准重建绵阳市流浪未成年人救助保护中心（又称救助管理站）。

2010年9月27日，《绵阳市人民政府办公室关于印发绵阳市灾后恢复重建项目对照表的通知》确定市救助管理站规划投资1088万元。2010年8月动工，2011年8月完工并投入使用。

管理站总建筑面积4500平方米，床位150张，按国家流浪未成年人救助保护中心二类标准重建。救助站集流浪未成年人救助保护、救治、管理、教育、康复、文化学习、心理辅导、心理矫正、劳动技能培训等功能为一体，为流浪未成年人的成长及教育提供重要保障。

（二）江油市救助管理站

江油市救助管理站（含儿童救助保护中心）始建于2003年8月，特大地震给江油市救助管理站造成毁灭性破坏。

新建管理站选址于三合镇双江路西段与庆兴路交会的十字路口南边东侧。2008年10月15日，江油市发改局批准救助管理站灾后恢复重建项目立项。

2008年10月25日开工，2009年11月竣工，2010年1月14日救助管理站正式投入使用。

综合救助大楼、儿童救助保护中心楼及生活配套用房，占地面积达6259平方米，建筑面积3960平方米（新建业务大楼、办公区域及附属设施2718平方米，新建儿童救助保护中心651平方米，活动场所2000平方米），总投资797万元，河南省出资770万元（含追加征地搬迁费70万元）对口援建。大楼严格按男、女、儿童分区管理，具体设置：接待大厅、残疾人用房、男性救助区、女性救助区、儿童救助区、儿童功能区、行政办公以及来站人员临时用房等，可使用床位100张，同时配备完善的救助设施设备。

江油市救助管理站工作内容涵盖生活救助、返乡资助、医疗救治、健康教育、法制教育、行为矫治、心理辅导、技能培训、“三无”人员临时安置等。

（三）梓潼县殡仪馆

梓潼县殡仪馆重建项目于2009年10月13日经梓潼县发改商务局批准立项，建设地点在梓潼县文昌镇民胜村三社。2010年4月18日，项目开工建设。建筑面积2793平方米，计划投资1300万元（安排重建专项资金1300万元）。2010年12月31日，主体工程完工，2011年4月投入使用。

（四）平武县殡仪馆

平武县殡仪馆于2009年10月经平武县发改局批准立项。殡仪馆规划建于龙安镇大坪村龙凤山，建设规模2710平方米。规划投资1123万元（资金来源为中央灾后重建基金），其中一期主体工程建设规模2200平方米，规划投资680万元（土建及前期费用480万元、设备设施200万元）；二期附属工程（烈士陵园大门、凉亭、1公里水泥路、绿化、围墙、引水工程）规划投资443万元。殡仪馆修建地址后调整到平武县北山农科所。2010年12月31日，工程完工并交付使用。

三、优抚安置设施

（一）绵阳市花园军干所

军干所始建于1985年，位于绵阳市临园路西段，占地3000平方米，修建有综合服务楼及老干部活动场所等1750平方米，军休干部休养房70套，共计4429平方米。特大地震军干所房屋受损较为严重，经3次房屋安全技术鉴定，结论为拆除重建。

2010年1月6日，报经市政府批准，市财政局同意军干所与开发商进行房屋置换。1月15日，与开发商正式签订《国有资产（房屋）置换协议》。依据评估结果，公共房屋置换以原面积为依据，除公用住房按1:1.1比例置换外，其余房屋（办公及附属用房、库房、门面）均按评估后的等面积置换。经投资付息，公共项目总投资890余万元。2011年6月投入使用。项目建设资金由开发商全额承担。

（二）绵阳市军供站

市军供站原占地面积4062平方米，建筑面积5631平方米、设施300套，位于绵阳市迎宾路。地震使就餐大厅震毁，办公大楼鉴定为危房，停止使用。

震后，市军供站被列入公共设施项目重建整体规划，规划投资1000万元。项目规划中期调整时，绵阳市发改委报省发委批准，确认绵阳军供站项目，规划投资1528万元。2010年9月27日，《绵阳市人民政府办公室关于印发绵阳市灾后恢复重建项目对照表的通知》确定市军供站规划投资2326万元（含市军供站皂角铺分站1044万元）。

军供站原址重建。2010年3月4日，军供服务大楼动工，2011年4月全部完工并投入使用。

重建的军供站占地2亩，建筑面积4858平方米，按国家二级军供站标准建设，集厨房、餐厅、办公和住宿接待为一体，日接待能力达1000人次左右，完全适应现代条件下的军供保障工作。

(三）三台县优抚医院

三台县优抚医院（三台县精神病院）成立于1959年，占地面积9亩，业务用房建筑面积6100平方米，床位160张。特大地震造成住院病房和26台（套）医疗设备严重受损，直接经济损失1400多万元。

2008年12月2日，经三台县发改局批准立项，同意县优抚医院原址重建精神科住院大楼，重建总建筑面积为1.3万平方米，其中重建精神科住院大楼1万平方米，附属设施3000平方米，购置仪器设备471台（套)。

新建的优抚医院（三台县精神院）规划占地面积40亩，其中新征建设用地31亩，总投资3015万元（其中省慈善总会转沙特阿拉伯王国政府定向捐赠资金1500万元、灾后重建基金优抚医院1315万元、省慈善总会其他捐赠资金200万元)，床位400张。2010年8月完成项目所有前期工作并开工建设，2012年7月主体工程完工。

该项目建成后与医院其他建设项目建成的业务用房统一规划、配套使用，显著改善医院的就诊环境、提升服务能力和医院综合实力，达到国家二级精神卫生专科医疗机构的建设标准。

(四）绵阳市南山烈士陵园

绵阳市南山烈士陵园始建于1955年，占地面积275.5亩。烈士纪念馆内镌刻着8876名烈士英名，展示44位烈士事迹及11位烈士遗物。烈士公墓内安埋、存放着67名烈士遗骨。特大地震灾害使南山烈士陵园遭受空前破坏：南塔倒塌；烈士纪念馆多处地面裂口沉陷，框架柱、梁断裂，个别墙体严重开裂，馆内展板损毁严重；园内植被、绿化受到破坏。烈士纪念建筑及附属设施经市震后房屋应急检查组鉴定为“加固使用”。

2009年4月25日，经绵阳市发改委批准绵阳市南山烈士陵园纪念馆灾后恢复重建立项。工程于2009年7月开工建设，于2009年12月底竣工投入使用。烈士纪念馆布展工程、烈士纪念馆周边改造提升工程于2010年2月动工，2010年4月基本完工，重新装饰及布展后的烈士纪念馆于清明节前夕免费对外开放。

烈士纪念建筑及附属设施改造、加固，烈士纪念馆经过重新布展，园林景观经过改造，设施全部得到恢复。投入资金776万元（其中国家重建基金323万元、地方配套资金453万元)，内部环境得到较大改善。

南山烈士陵园从单纯的“烈士陵园”成为具有生态、休闲、游览、观赏以及教育作用的综合性城市公园，成为城南区广大市民游客日常休闲娱乐的重要场所。

(五）安县烈士陵园

安县烈士陵园位于原老县城（安昌镇）人民公园内，占地200平方米，于1985年上半年经县人民政府批准改建，园内葬有20世纪50年代初期在安县剿匪牺牲的6名烈士。特大地震使安县烈士陵园设施遭受空前破坏，烈士墓四周裂缝，墓顶和悼念场地塌陷严重，纪念碑大理石脱落，碑座开裂，所有建筑均被震后房屋应急检查组确定为“危险建筑，停止使用”。

2009年6月10日，经安县发展改革和经济商务局批准立项。2009年9月1日，安县民政局向安县人民政府土地统征储备办公室申请使用在安县兴仁乡长沟村土地17.45亩，划拨土地总价为130万元。于2010年3月28日开工建设，2011年元旦向群众开放。

烈士陵园占地19.63亩，建筑面积768.4平方米，绿化带、纪念碑等附属设施，购置设备88台(套)，规划投资776万元，资金来源为中央灾后重建资金。

安县烈士陵园已成为青少年爱国教育和文化学习教育基地。

（六）北川县禹里烈士陵园

禹里烈士陵园坐落在禹里镇魁星山下，始建于1955年6月28日。1989年8月31日被列为北川县重点文物保护单位，2002年被绵阳市人民政府定为爱国主义教育基地。

由于特大地震破坏和唐家山堰塞湖水淹没，禹里烈士陵园园内建筑受到严重损毁，烈士墓碑大部分倒塌。陵园于2011年8月开工重建，2012年9月竣工。烈士陵园占地3.57亩，建筑面积320平方米，总投资402万元，资金来源为中央灾后重建资金。

四、老龄设施

（一）江油市老年大学

江油市老年大学始建于2005年10月，建筑面积1000平方米。大地震导致老年大学教学楼受损，造成直接经济损失80万元。

2008年12月20日，江油市发展和改革局批准江油市老年大学（老年活动中心）立项。2009年4月1日，江油市民政局与河南省建设厅对口援建指挥部签订《河南省对口支援江油市恢复重建实施协议》，河南省援助资金1200万元重建江油市老年大学。该项目为“交钥匙”工程，由河南国安建设集团承建，由河南省建筑设计院监理。5月28日，工程开工。2010年5月10日，项目完工；8月2日，项目通过竣工验收。8月4日，由河南省建设厅正式将老年大学“交钥匙”项目移交江油市民政局。

重建后的老年大学建筑面积4200平方米，环境优美、交通便捷，造型新颖、设施齐全、功能完备，可同时满足500人教学和100人娱乐活动，每期满足2000余人次老年朋友前来该校学习，也可为全市的老年朋友提供中小型文艺演出场所，在全省范围内达到一流水准。

（二）北川县老年活动中心

北川县老年活动中心（老年大学）位于新县城37号地块，由山东省枣庄市援建，占地面积7.35亩，建筑面积3442.12平方米，项目总投资1120万元（含设施设备）。该项目于2009年12月15日开工奠基，2010年8月25日完成竣工验收，9月16日交付使用。北川县老年活动中心（老年大学）是集养、教、学、为、乐于一体的综合性老年服务设施，为老年修养、保健、养生、休闲提供良好条件，可满足老年人的精神文化生活需要。

图5-16-250　蒙牛集团捐建的江油根生博爱之家

第七节　灾后再生育服务

震后有成员伤亡家庭全程服务工作是一项特殊的民生工程。地震后，根据国家和省的部署，绵阳市迅速启动震后有成员伤亡家庭的再生育全程服务工作。截至2011年12月底，全市符合政策且有再生育意愿的家庭共2492户。市计生部门先后为再生育夫妇提供心理疏导、健康检查、生育力评估、终止避孕措施、相关疾病诊治、优生指导、孕期保健、安全分娩等各项技术服务9.3万人次；全市有1445名再生育对象怀孕，1176个家庭实现再生育一孩子的愿望，其中辅助生育成功怀孕41例，出生婴儿37个。

一、组织保障

灾后，绵阳市委、市政府把再生育全程服务工作纳入灾后安置群众和恢复重建工作的重要组成部分，要求各级切实抓紧抓好再生育服务工作，把党和政府的温暖及时送到每个受灾的计划生育家庭。要求纳入目标管理和重点工作督办内容，建立“政府主导、计生牵头、部门配合、专家支撑”的再生育全程服务管理运行机制。市人口计生、卫生、财政、劳动和社保等部门联合制发《绵阳市在地震中有成员伤亡家庭再生育全程服务行动项目技术服务实施方案》，市人口计生委印发《关于做好地震灾后再生育全程服务工作的通知》，市、县（市、区）委组织部门将此项工作列为灾区重建精神家园的工作内容。2008年7月初，全市再生育服务工作全面启动。

市、县（市、区）成立再生育服务工作协调小组和技术服务专家指导组，市人口计生委负总责，科技科和市计生指导所负责协调技术服务、指导基层开展全程服务工作。

市人口计生委及时编印政策规定、科普知识、服务承诺等内容的《再生育关怀服务指南》万余册，发至基层和再生育家庭，进村入户开展政策宣传、心理疏导和慰问等，通过值守“政风行风热线”宣传和解答群众的有关问题。对拟再生育家庭，采取个人申报、入户调查、电话联系、协助调查和市上组织督查等措施，建立“一户一档”的纸质和电子档案，及时为符合政策的再生育家庭送生育服务证上门。

二、资金保障

灾后再生育免费技术服务，共争取中央、省财政震后再生育专项资金5019.17万元，其中再生育免费技术服务专项资金4002.77万元、再生育工作经费1016.40万元。再生育免费技术服务专项经费，主要用于孕前、孕期、分娩等期间的免费技术服务和治疗与生育相关疾病的支出；再生育工作经费，主要作为基层开展工作所需医用设备、车辆和再生育对象其他疾病治疗和困难家庭生活补助费及宣传工作经费。

与此同时，在开展政策宣传、主动申报、调查核实、公示审批等工作的基础上，落实国务院对地震中子女伤残死亡计生家庭特别扶助政策，对独生子女三级以上伤残的计生家庭父母每月各发放80元的特别扶助金，对独生子女死亡计生家庭父母每月各发放100元的特别扶助金。截至2011年底，享受特别扶助政策共1.31万人次，发放资金1579.26万元。

三、强化服务

各地均建立责任到人的“一对一”技术服务责任制，对再生育困难家庭，实行“五个一”帮扶责任机制，即一站式服务、一卡通运行、一对一联系、一月一随访、一家一档案。着力实现“五个确保”，即确保每一户家庭都能得到帮助，确保每一位对象都能享有个性化服务，确保每一次服务都按流程，确保每一例分娩都安全无事故，确保每一次服务都记录归档。

自2008年地震后，绵阳市先后协调北京、天津、香港等地专家和省内华西第二医院、四川省生殖卫生学院附属医院以及成都市计划生育指导所等定点服务机构专家，抽调市本级技术人员400余人次，深入北川、安县、平武、江油等地的极重灾乡镇和板房区，集中开展咨询和技术服务工作，为再生育对象免费发放叶酸。对高龄孕妇、拟实施复通手术对象、不孕不育等对象，通过转诊介绍、陪送等方式送到市或省定点服务机构，进行相关检查诊断和治疗。

至2011年12月底，专家及技术人员咨询指导服务49501人次，施行终止长效避孕措施1282例(其中输精管复通术18例、输卵管复通术17例)、辅助生殖技术76人次，开展不孕不育相关疾病诊治6255人次，孕前健康检查13539人次，孕期保健7785人次，产前筛查及诊断397人次。

2009年12月18日15时04分，全省首例震后再生育试管婴儿在绵阳市计划生育指导所顺利降生(刘某某、王某某夫妇)。2010年8月28日，北川县曲山镇茅坝社区二组的33岁羌族妇女刘某在绵阳市中医院产房顺利产下双胞胎女婴，这是四川省首对灾后再生育双胞胎试管婴儿。

四、规范管理

市人口计生委制订再生育全程服务《实施方案》，将再生育服务的16个项目、67个科目，按照相关部门的职责进行任务分解，确定定点服务机构。利用高新区永兴计生中心服务站，依托市计生指导所的技术力量，建立市计生技术应急服务中心，重点解决北川、安县等地再生育对象的住站诊治等问题。依托各县（市、区）临时恢复的服务站点和五个流动服务站，全面开展再生育服务工作。市、县（市、区）人口计生部门与医疗卫生保健机构建立协作机制，与定点服务机构签订服务协议，成立专家指导组。市、县定点服务机构开辟“绿色通道”，建立转诊制度。全市统一制作计划生育家庭再生育全程服务行动《免费服务手册》和再生育全程服务专用《介绍信》《门诊记录》《工作记录》，其内容涵盖宣传、服务、管理和管理者、服务者、服务对象的权利、义务和责任。并实行再生育对象个案服务信息动态管理定期报告和通报制度，要求各地针对个案情况制定个性化服务方案，市、县人口计生部门对个案服务信息要掌握到人，服务情况追踪到人，确保个性化服务措施全面落实。

自2008年8月，全市先后举办6期再生育技术服务培训班，培训人员达到850余人次。采取“请进来、走下去、送出去”的办法，邀请华西二院、四川生殖卫生学院附属医院、成都市计生指导所等川内再生育服务定点机构，以及北京、天津等地的知名专家来绵讲学、指导200余人次。

五、社会影响

绵阳市灾后再生育全程服务工作得到社会各界和媒体的高度关注。2009年9月8—9日，全国政协常委、民盟中央副主席、省政协副主席吴正德率省政协人口资源环境委员会部分委员一行26人赴绵阳，视察了解对震后有子女伤亡家庭的再生育服务情况。2009—2011年连续三年，香港、澳门新闻媒体采访团到北川进行采访报道。中央、省、市媒体更是竞相报道。2009年4月15日，四川电视台公共频道《人口广角》栏目播出反映绵阳市基层计生技术服务工作的专题片《王芳的QQ日记》；

2009年5月16日，CCTV-1《人口》栏目播出反映再生育工作的专题片《震后得子记》；2010年3月17日，四川电视台公共频道《人口广角》栏目播出反映绵阳市再生育服务工作的专题片《情暖一家人》；2010年3月24日，四川电视台公共频道《人口广角》栏目《试管里的芙蓉》；2010年3月31日，CCTV-10《半边天》栏目播出反映绵阳市再生育服务工作的专题片——《北川的新生命》；2010年5月18日，绵阳电视台《新闻聚集》栏目播出反映再生育服务工作的专题片《新生命　新希望》。特别是北川县曲山镇杨柳坪村43岁的刘某某女士，于2009年12月18日在绵阳市计划生育指导所顺利产一下名健康的女孩，被中央电视台新闻频道、四川电视台、绵阳电视台同时报道，取得很好的社会反响。

表5-16-87　　绵阳市灾后恢复重建规划实施进度一览表

项目类别			规划情况		截至2011年7月底的完成情况				
			项目总数（个）	总投资（万元）	开工数（个）	开工率（%）	完工数（个）	完工率（%）	完成投资（万元）
全市总计			7314	22673445	7314	100	6948	95.00	21556688
城乡住房	合计		18	7289037	18	100	17	94.44	7651547
城乡住房	农村住房		9	5093800	9	100	9	100.00	549816
城乡住房	城镇住房		9	2195237	9	100	8	88.89	2152631
城镇体系	合计		207	3030558	207	100	132	63.77	2590778
城镇体系	市政设施		196	2819358	196	100	128	65.31	2513683
城镇体系	风景名胜区		7	144600	7	100	3	42.86	31950
城镇体系	历史文化名城名镇名村		4	66600	4	100	1	25.00	45145
农村建设	合计		42	1825603	42	100	27	64.29	1697057
农村建设	农业生产生活设施	小计	33	1653483	33	100	18	54.55	1526612
农村建设	农业生产生活设施	农业生产设施	15	527665	15	100	8	53.33	512960
农村建设	农业生产生活设施	农村基础设施	9	916166	9	100	5	55.56	820848
农村建设	农业生产生活设施	农业产业	9	209651	9	100	5	55.56	192804
农村建设	以工代赈及贫困村小计		9	172120	9	100	9	100.00	170445
公共服务设施建设	合计		3871	2546575	3871	100	3703	95.66	2090586
公共服务设施建设	教育		754	1158997	754	100	736	97.61	884794
公共服务设施建设	医疗卫生	小计	547	400102	547	100	523	95.61	331210
公共服务设施建设	医疗卫生	医疗卫生	384	371318	384	100	370	96.35	305192
公共服务设施建设	医疗卫生	计划生育	163	28784	163	100	153	93.87	26108
公共服务设施建设	文化体育	小计	1045	224678	1045	100	991	94.83	195891
公共服务设施建设	文化体育	文化	282	64434	282	100	249	88.30	54585
公共服务设施建设	文化体育	体育	28	47842	28	100	22	78.57	39211
公共服务设施建设	文化体育	广播电视	52	70326	52	100	45	86.54	67240
公共服务设施建设	文化体育	电影	107	29763	107	100	103	96.26	23620
公共服务设施建设	文化体育	新闻出版	576	12313	576	100	572	99.31	11236
公共服务设施建设	文化遗产（文物）		155	115890	155	100	120	77.42	49164
公共服务设施建设	就业和社会保障社会管理	小计	1287	250246	1287	100	1272	98.83	243244
公共服务设施建设	就业和社会保障社会管理	就业和社会保障	695	37419	695	100	687	98.85	32440
公共服务设施建设	就业和社会保障社会管理	技工学校	11	33542	11	100	11	100.00	33542
公共服务设施建设	就业和社会保障社会管理	就业和社会保险	581	171610	581	100	574	98.80	177263
公共服务设施建设	就业和社会保障社会管理	小计	83	396662	84	101	61	73.49	386281
公共服务设施建设	就业和社会保障社会管理	基层政权	72	386837	73	101	53	73.61	377287
公共服务设施建设	就业和社会保障社会管理	监管机构用房	11	9825	11	100	8	72.73	8995

续表5-16-87

项目类别			规划情况		截至2011年7月底的完成情况				
			项目总数（个）	总投资（万元）	开工数（个）	开工率（%）	完工数（个）	完工率（%）	完成投资（万元）
基础设施	合计		147	2868654	147	100	120	81.63	2777745
	交通		41	1892078	41	100	34	82.93	2035348
	能源	小计	87	156731	87	100	75	86.21	115086
		电网	6	50373	6	100	6	85.71	40155
		电源	66	64318	66	100	59	89.39	40220
		煤炭	5	10500	5	100	3	60.00	7603
		油气	10	31540	10	100	7	70	27108
	水利		19	819845	19	100	11	57.89	627310
生产力布局和产业调整	合计		1458	3905230	1458	100	1431	98.15	3793010
	工业		887	3674564	887	100	873	98.42	3585839
	旅游		31	104002	31	100	24	77.42	124704
	文化		531	28925	531	100	528	99.44	2377
	金融服务业		9	97739	9	100	6	66.67	80090
市场服务体系	合计		1488	376462	1488	100	1467	98.59	352470
	商贸服务设施		1430	296920	1430	100	1421	99.37	295209
	粮食流通设施		58	79542	58	100	46	79.31	57261
防灾减灾	合计		44	235713	44	100	34	77.27	174802
	灾害风险治理		10	204179	10	100	6	60.00	146793
	应急指挥和救援救助		23	14057	23	100	20	86.96	13538
	综合减灾		11	17480	11	100	8	72.73	14471
生态修复和环境整治	合计		19	260762	19	100	9	47.37	199123
	生态修复		10	251892	10	100	4	40.00	192935
	环境整治		9	8870	9	100	5	55.56	6188
土地利用（整理复垦）			9	319300	9	100	5	55.56	222178
精神家园			10	14588	10	100	3	30.00	6504
其他方面			1	945	1	100	0	0	890

说明：此表由市发改委提供。

表5-16-88 **绵阳市灾后恢复重建项目推进情况统计表**

县（市、区）	灾后恢复重建项目推进情况							
	灾后恢复重建项目总数（个）	规划总投资（亿元）	累计完成投资（亿元）	投资完成率（%）	已开工项目（个）	开工率（%）	已竣工项目（个）	竣工率（%）
市本级	58	167.62	164.94	98.40	58	100	53	91
北川县	407	226.41	208.57	92.12	407	100	383	94
安　县	754	324.33	309.67	95.48	754	100	731	96
平武县	524	125.63	118.44	94.27	524	100	498	95
江油市	1355	408.40	381.96	93.52	1355	100	1291	95
涪城区	708	385.37	361.63	93.84	708	100	675	95
游仙区	806	154.96	145.23	93.72	806	100	746	92
三台县	1381	226.49	222.73	98.34	1381	100	1298	93
盐亭县	677	133.56	132.89	99.50	677	100	663	97
梓潼县	644	114.57	109.63	95.69	644	100	610	94
全市合计	7314	2267.34	2155.67	95.07	7314	100	6948	95

说明：此表由市发改委提供，数据截止时间为2011年7月31日。

截至2011年7月底，全市纳入重建规划的7314个项目全部开工，完工项目6948个，项目完工率95%，规划投资2267.34亿元，完成投资2155.67亿元，投资完成率95.07%。新建和维修加固农村住房118.3万户、城镇住房45.2万户、学校751所、医疗卫生计生机构547个、敬老院和福利院210所、村级组织活动场所3094个，重建公路7610公里。治理灾毁耕地84万亩，恢复森林植被140.7万亩，安置因灾失地农民19228户。实施重大地质灾害治理项目275个。灾区特别是极重灾区北川、安县、平武、江油城乡面貌焕然一新，北川老县城遗址保护、地震纪念馆建设和唐家山堰塞湖后期治理有序推进，举世瞩目的北川新县城建成入住。绵阳市灾后恢复重建所取得的丰硕成果，再次印证“共产党好、社会主义好、解放军好、灾后重建好、对口援建好”这一历史结论。“新房子、新家园、新产业、新生活、新希望”开启绵阳跨越发展新篇章。

第六篇

英模(先进)集体和人物

YINGMO (XIANJIN) JITIHERENWU

汶川特大地震发生后，在中共中央、国务院和省委、省政府的坚强领导下，绵阳市迅速组织开展救援速度最快、动员范围最广、投入力量最多的抗震救灾斗争，组织实施了规模空前、难度空前的灾后恢复重建工作。在抗震救灾和恢复重建中，全市各级党政机关、企事业单位、驻绵部队、民兵预备役部队和广大人民群众，以及支援绵阳的军地人员、志愿者，同心协力，共克时艰，携手战斗，团结拼搏，最大限度地拯救受灾群众的生命，最大限度地降低地震灾害造成的损失，采取有效措施确保大灾之后无大疫，共同谱写了社会主义大协作的激昂乐章，夺取了抗震救灾和灾后恢复重建的伟大胜利，使得灾区发生了脱胎换骨的巨大变化，经济社会发展和人民群众生活超过震前水平。绵阳市自此迈向全面建设西部经济文化生态强市的新阶段。

在绵阳抗震救灾和恢复重建中，涌现出一大批先进典型。本篇收录200余个英模（先进）集体和1200余名英模人物或先进个人。这些先进典型是绵阳抗震救灾和灾后重建的突出代表。在危急时刻，他们不惧艰险，冲锋陷阵，舍生忘死，团结一心，救危扶困，恪尽职守，彰显出英雄本色，弘扬人间正气，谱写了一曲曲中华民族众志成城、迎难而上的壮丽凯歌。在这些英雄集体和先进个人身上，充分体现了党和国家的关爱、社会主义大家庭的温暖、社会的正义、集体的力量以及中国公民的崇高品德和品质，是伟大抗震救灾精神的集中展现，也是值得绵阳人民世代铭记的宝贵精神财富。

第一章　英模（先进）集体

第一节　英雄模范集体简介

一、全国抗震救灾英雄集体

2008年10月7日，中共中央、国务院、中央军委表彰319个“全国抗震救灾英雄集体”，绵阳市有16个单位获得该项荣誉。

绵阳市公安局　汶川特大地震发生后，全市公安干警、消防和武警官兵紧急动员，全员上岗，交警和巡警上街维持秩序，派出所民警在加强对重点目标保卫的同时，迅速组织辖区群众转移到安全地带。5月13日，绵阳公安干警、消防官兵赶赴抢险救援一线，在没有专业救援工具的情况下，用双手掏、抓、刨，争分夺秒抢救被埋压群众。据统计，全市4000多名公安民警累计解救幸存者、伤员5000余人，转移被困群众20余万人。

抢险救援阶段，前往北川、平武等极重灾区的人流、物流急增。为确保绵阳至北川、平武等地抗震救灾“生命线”的畅通，市公安局下达必须全力打通交通命脉的死命令，迅速在全市范围内大规模调动警力1027名，突出重点，发布通告，实施交通管制，科学进行车辆疏导，排除“堵点”，打通“瓶颈”，全力确保救援人员挺进灾区、救灾物资运入灾区、受灾人员转移出灾区。

地震使无数人家园被毁，10多万名市民到室外空旷地带避灾露宿，4万多名极重灾区受灾群众被转移到绵阳。为强化社会面控制，全市出动公安民警1260余人，采取带警犬上街巡逻和武装巡逻相结合的方式，对救灾物资存放地、灾民安置点、加油站、医院等1263处重要部位进行重点守护。通过建立“帐篷派出所”“帐篷警务室”等方式，恢复正常工作状态和行政管理职能。据统计，各地公安机关共设立帐篷派出所76个、帐篷警务室131个，按照“篷编号、人登记、车定位、区自治、强消防、多广播”的要求，强化集中安置点治安工作，确保哪里有灾民集中安置点，哪里就有警务室。

唐家山堰塞湖险情出现后，5月28日，绵阳市公安局转发《绵阳市北川县唐家山堰塞湖应急疏散预案》，制定《市公安局关于城区应急疏散工作方案》，建立军警结合的应急指挥部，制定唐家山堰塞湖群众清查搜救、紧急救援、治安维护、交通管制工作预案4个，组织成立7个职能组，建立党委成员和部门包片负责督导工作机制，和援绵特警共同疏散撤离群众26.6万人，排查搜救6700余人，实现了唐家山堰塞湖排险避险零伤亡。

从5月12日至6月19日，绵阳市公安局共出动公安民警1260余人，查办各类刑事案件151起（结案61件），抓获犯罪嫌疑人122人，完成党和国家领导人到绵阳视察的警卫任务近30次。6月19日，绵阳市公安局下发《关于切实维护灾后重建治安秩序确保全市社会稳定的通知》，组织全市公安机关严厉打击以赈灾为名进行盗窃、抢劫、诈骗等各种违法犯罪活动，确保灾区社会稳定。

2008年7月，绵阳市公安局被公安部授予“全国公安系统抗震救灾先进集体”称号；10月，被中共中央、国务院、中央军委授予“全国抗震救灾英雄集体”称号。

绵阳市交通局　绵阳市交通基础设施在特大地震中损毁严重，共损毁路面6563公里、桥梁1503座、客运站点92个、水运码头44个；48个乡镇、1111个村公路完全中断，直接经济损失超过120亿元。绵阳交通系统遇难3人，失踪46人，受伤31人。

地震发生时，局长董晓彬正在北川县晓坝乡农村公路建设现场。震后的晓坝乡，道路、通信中断，董晓彬一边向乡政府了解灾情，一边派人打探周边交通受损情况。在与董晓彬联系不上的情况下，副局长周鑫立即召集局领导和部分分局、直属单位负责人，成立临时抢险应急指挥部，启动公共突发事件应急预案，安排各领导带队分赴北川、梓潼、三台、盐亭、安县及各公路收费站了解受灾情况；机关人员开始24小时轮流值班，收集上报交通受灾情况。

5月13日上午，绵阳市交通局抽调125人，赶往绵阳市抗震救灾指挥部交通运输保障组，他们24小时坚守在火炬大厦、南郊机场以及火车站、汽车站，科学安排合理调度，保证抗震救灾的各项运输车辆的调配工作。抗震救灾期间，市交通局累计调派车辆17370辆次，输运救援人员15万人次，转移运送灾民30余万人次，运送救灾物资20余吨。

5月14日下午，局长董晓彬赶回绵阳。翌日，在汽车上主持召开紧急会议，强调只有做好抢通保通工作，才能让救援人员和物资在第一时间进入灾区。绵阳市交通局随即成立抗震救灾保畅工作领导小组，下设工程抢险抢修组、运输保障组、组织协调组等，并在北川县设立抢险前线指挥部。各组成立后迅速行动，征调所有大型挖掘机、装载机全部投入抢通工作。与此同时，积极争取山东、云南、湖北、河南4省援建队伍对北川、安县、平武、江油的支援，并做好后勤保障等工作，确保4支援建抢险队伍800余人、各种车辆101辆、各类施工机械设备187台（套）以及10座战备钢桥顺利抵达灾区。

抗震救灾期间，绵阳市交通局广大干部职工不怕困难、连续作战，采取“多头推进、中间开花、两边夹击”的道路施工办法，取得明显的抢通效果。累计抢通国省干线公路及主要县乡公路1215公里，农村公路2897公里，保证了因震毁断道的48条县到乡公路、1092条乡到村公路、1111条乡到乡公路的畅通。唐家山堰塞湖险情出现后，5月31日，按照绵阳市抗震救灾指挥部统一部署，市交通局研究制定了从北川擂鼓镇到唐家山堰塞湖坝顶的应急通道方案，确保抢险队伍迅速到达坝顶进行排险。在灾区防疫形势严峻、急切需要社会力量参与时，市交通局在通往灾区的主要公路上设置8个防疫消毒站，组织300余名志愿者，24小时连续不断地对过往车辆消毒，出色完成任务。

2008年10月7日，绵阳市交通局被中共中央、国务院、中央军委授予“全国抗震救灾英雄集体”称号。

绵阳市卫生局 汶川特大地震发生后几分钟，绵阳市卫生局迅速启动突发公共卫生事件应急预案，局领导带领机关干部分组跑步前往各大医院，组建临时联系网络，组织城区医疗卫生机构应急疏散和医疗抢救工作。震后2小时，绵阳市卫生局派出医疗队赶往极重灾区北川；震后3小时，增派4支医疗队奔赴北川。5月13日凌晨到14日上午，先后派出8支疾控队伍分别奔赴受灾地区，为伤员救援和灾区卫生防疫工作提供组织保障。

绵阳市抗震救灾医疗救治分指挥部成立后，市卫生局牵头协调药监、爱卫会等多个部门分工合作、协同作战，累计接收中转医疗药械2万余件、消毒药品1000余吨，出台各种医疗防疫技术方案20余个。

由于极重灾区北川医疗机构瘫痪，众多重伤员等待抢救，绵阳市卫生局立即配置最强的医疗力量就近设立帐篷医院，采取“现场医疗处置转运—帐篷医院抢救转运—城区后方医院救治”的“三级转运”方式。在国家和四川省卫生部门的协调下，在公安、交通、铁路等部门的协作下，向广州、北京等14个城市安全转运伤员3381人。

5月13日，绵阳市卫生局组建心理危机干预队，15日后又协调卫生部、辽宁省等心理危机干预医疗队，治疗创伤后应激精神障碍患者。紧急救援告一段落后，针对前期转出伤员陆续回绵阳后续治疗的需求，绵阳市卫生局及时建立绵阳市伤员康复中心，开展康复专职人员技能培训，并协调湖北康复专家到绵阳灾区开展援助。

为确保大灾之后无大疫，绵阳市卫生局快速推进卫生防疫覆盖面，以可能出现的最坏结果，制定各种技术方案，扎实落实各项措施。唐家山堰塞湖泄洪疏散群众安置点医疗防疫资源属地化管理方式、安县京安小区灾民安置点“卫生防病示范点”的经验，得到卫生部的高度评价。

抗震救灾期间，绵阳市卫生局组织卫生系统1.8万多名医务人员，整合了157支外援队伍、6900多名外援专家，参加医疗救治和卫生防疫工作，绵阳灾区未发生传染病暴发流行和与地震相关突发公共卫生事件。绵阳市卫生局打造的“政府牵头、卫生主导、多部门参与”的应急指挥模式，“三级转运、三次分检后送”（在北川中学，根据先救命后治伤的原则决定先送谁，实施第一次检伤后送；在安县中学操场的战地医院，根据受伤的严重程度决定送往市内哪家医院，实施第二次检伤后送；在市级医院内，根据受伤部位决定送往医院的哪个病区，实施第三次检伤后送）的医疗救援模式，“及时介入、社会参与、群防群控”的卫生防疫模式，“六有四强化”（有防疫队、有医疗队、有食品安全保障措施、有厕所、有垃圾堆放处、有饮水供应点，强化群众参与、强化环境卫生、强化健康教育和卫生宣传、强化卫生评比公告）的群众安置模式，“通俗化、大众化、整体化”的健康宣传教育模式在四川省乃至全国推广，被誉为“绵阳模式”。

2008年9月，绵阳市卫生局被卫生部、国家食品药品监管局、国家中医药局、总后卫生部授予“抗震救灾医药卫生先进集体”称号；10月7日，被中共中央、国务院、中央军委授予“全国抗震救灾英雄集体”荣誉称号。

四川长虹电子集团有限公司 汶川特大地震发生后，四川长虹电子集团有限公司（以下简称长虹集团）立即组建了抗震救灾指挥部，开展企业自救和社会救助。

长虹集团抗震救灾指挥部成立后，迅速组建志愿者招募处，发动员工积极加入志愿者队伍。5月12日19时左右，长虹集团向绵阳市抗震救灾指挥部请战，派出由500余名员工组成的救援队，连夜赶往北川中学，24时到达，从废墟中救出20多名幸存者，20名驾驶员运送出受灾群众1000多人，转移伤员约120人。

5月14日下午，长虹集团主动向市政府提出安置幸存的北川中学师生。为保证北川中学师生正常生活，各部门百余人24小时守护，按照每人每天25元的标准提供饮食。长虹集团还筹措了100多个行军帐篷，于5月19日开始将北川中学师生转移到培训中心，并组织员工与北川中学各班级开展“一对一”心理帮扶。5月19日，北川中学500多名高三学生复课，赵勇将从废墟中寻回的“北川中学”校牌送还北川中学师生。长虹还设立“长虹北川中学奖学金”，资助考上大学的北川中学学生完成大学学业。

5月14日，长虹集团成立抗震救灾接受捐赠小组，接受外部捐赠物资并转赠给重灾区群众，并发动旗下的美菱电器、华意压缩、零八一集团、广东长虹、国虹通讯等子公司和分公司向灾区捐款和捐赠衣物、食品、药品等各类救灾物资。为重灾区现场搜救队伍紧急提供了1400多只高亮度电筒等搜救工具；向在广元市青川县的抗震救灾部队支援200台电视机；向都江堰市抗震救灾指挥部捐赠4万支七号电池和2000支五号电池；将12顶帐篷转捐给市抗震救灾指挥部搭建帐篷学校；为俄罗斯直升机救援分队紧急调配2名俄语翻译，确保了唐家山堰塞湖顺利排险。

5月16日16时，长虹集团灾后复工仪式在绵阳长虹家电城601厂房彩电生产线上举行。至5月30日，长虹集团绵阳生产基地已恢复到震前状态。

抗震救灾期间，长虹集团累计组织志愿者1.6万人次，组织食堂员工，不分昼夜为全市各灾民安置点免费提供新鲜馒头、盒饭12万余份。长虹集团抗震救灾运输队累计派遣车辆1000多车次，转运赈灾物资1900吨，装卸各类赈灾物资2500余吨，运送北川、平武等重灾区灾民1.5万余人；组织捐赠物资和现金超过800万元人民币，将外界向公司捐赠的700万元全部转赠用于北川中学重建。公司广大共产党员交纳“特殊党费”30多万元，职工募集善款200多万元。

2008年6月30日，四川长虹电子集团公司党委被中共四川省委授予“四川省抗震救灾先进基层党组织”荣誉；2008年7月，四川长虹电子集团有限公司被全国总工会授予“全国五一劳动奖状”；10月，被中共中央、国务院、中央军委授予“全国抗震救灾英雄集体”称号。

中共江油市委员会 汶川特大地震发生后，中共江油市委员会（以下简称江油市委）立即启动应急预案，迅速成立抗震救灾指挥部，按照市委书记易林“救人，争分夺秒救人，尽最大努力救人”的要求，组织力量迅速展开搜救工作。震后10小时，就从废墟中救出1263名被埋群众。抢险救援期间，全市累计救出1704人。全市各医疗机构累计出动救护车5640车次，救治伤员36171人。全市600余名各级领导干部、938支党员服务队、1.2万名共产党员始终奋战在抗震救灾第一线。

江油市委把安置受灾群众作为首要任务，迅速组织力量在城区各安置点搭建帐篷，震后4个小时就在诗城西路搭建3000余平方米的帐篷，同时接收、安置从北川县、平武县转移出来的受灾群众2.6万名，确保受灾群众有饭吃，有衣穿，有干净水喝，有地方看病，有临时住处。

为尽快打通各重灾乡（镇）的"生命通道"，江油市委组织协调部队官兵、各级干部和共产党员突击队力量，调集机械24小时疏通道路。震后第3天，救援小组进入全市所有乡（镇）；震后第7天，救援人员进入全市所有行政村；5月22日，通往各乡（镇）的公路全线抢通。为帮助群众尽快从地震灾难的阴影中走出来，江油市委先后成立了37个慰问组，开展心理安抚和思想疏导工作。

为严防次生灾害发生，市委领导冒着余震，经过5个多小时跋涉，实地查看枫顺乡上游青江形成的堰塞湖，科学制定青江堰塞湖除险工作措施。在唐家山堰塞湖排险避险疏散转移群众工作中，市委一班人顶着酷暑高温，实地察勘群众疏散转移线路，制定避险预案，以最快的速度完成近5万人的转移安置，实现唐家山堰塞湖泄洪区群众避险零伤亡。

在恢复重建中，江油市委始终坚持民生优先，全市1300多个基层党组织和3万多名共产党员和干部迅速组成1000多支共产党员干部突击队，投入到灾后重建工作中，千方百计为学校复课创造条件。5月底，江油市6000余名高三学生复课；6月底，中小学全部复课；9月1日，全市所有学校按时开学。江油市委积极配合援建省（市）开展工作，北京市、河南省在7月底前在江油搭建板房4.9万余套，解决了受灾群众临时居住问题。在农房重建中，江油市委总结出"政府主导、农民主体、援建省帮助、部队支持"四位一体的工作思路，坚持规划先行、因地制宜、宜散则散、宜聚则聚，把农房重建与新农村建设结合起来，切实开展价格临时干预，稳定建材价格。截至2008年10月14日，江油市农房重建开工达87.3%，永久性农房重建走在了重灾区的前列。

2008年10月，中共江油市委员会被中共中央、国务院、中央军委授予"全国抗震救灾英雄集体"称号。

中共北川羌族自治县委员会 汶川特大地震使北川遭受重创，全县遇难和失踪20058人，受伤26916人，20个乡（镇）、278个行政村全面受灾，93%的房屋倒塌或严重损毁，14.2万人无家可归，直接经济损失高达585.7亿元；全县范围内山体大面积滑坡，新增580余处大的地质灾害点，形成大小堰塞湖16处，自然生态遭受严重破坏。

地震发生时，中共北川县委员会（以下简称北川县委）书记宋明正在去成都学习的途中，地震的余波未平，他就立即调转车头返回北川。由于道路受阻，宋明只能赶至北川中学，就地指挥教师和当地群众抢救被埋师生，并安排人员查看县城灾情。县委副书记、县长经大忠正在县委礼堂参加全县青年创业表彰大会，地震发生时他高喊"让学生先走，党员干部留下"，在掩护学生安全撤离后，他立即奔赴县城各处查看灾情，组织幸存群众转移。县委副书记蒲方方忍着头部伤痛喊"共产党员站出来，干部站出来，身强力壮的站出来"，他刚从礼堂跑出来，便立刻组织群众自救互救和有组织的撤离。

5月12日17时30分，北川县委在北川中学乒乓球桌前紧急成立抗震救灾指挥部，明确职责和任务，一道道指令、一个个决策迅速发出。为避开地质滑坡和上游堰塞湖等悬顶之危，并及时获得外部援助，指挥部在地震当天成功转移老城区5000余名群众至任家坪北川中学操场。5月13日凌晨，再次转移出约3000名新城区幸存群众。

全县广大党员干部和群众在震后奋力自救互救，四处搜寻幸存者，在没有任何救援工具的情况下，用手刨、用棒撬。经大忠带头冲进一幢还没有完全倒塌的楼房，身后的干部紧跟其后，两人合力救出一名中年妇女；县委常委、组织部部长王理效爬上摇摇欲坠的3楼，救出一名小孩和一名妇女；县委常委、宣传部部长韩贵钧，副县长、公安局局长谭佳敏一直战斗在新城区抢险救人第一线；副县长杜勇拖着严重受伤的大腿，在佛泉茶业公司附近的废墟中救人。5月12日晚，余震不断，党员干部一边安慰废墟中的群众，一边收集食品、水以及能遮风避雨的东西，尽可能让数千名受灾群众避雨充饥。

由于通信中断、道路被毁，北川县城成为一座“死城”“孤城”。县委先后派出5批人员到绵阳报信。震后，王理效冒着余震，步行十几里山路拦了一辆车赶赴中共绵阳市委报告北川重大灾情。中共绵阳市委、绵阳市政府接到灾情报告后，派出领导和救援人员火速赶到北川，成立绵阳市抗震救灾前线指挥部，全力组织开展抗震救灾工作。5月13日8时30分，数千名群众陆续被转移到绵阳九洲体育馆、绵阳南河体育中心、绵阳中心医院、绵阳中医院等地临时安置和紧急救治。

从5月13日开始，抗震救灾指挥部在县内外搭建364个临时安置点。在山东对口援建下，用1个月时间在擂鼓、曲山、通口、香泉、陈家坝、桂溪6个乡（镇）建成活动过渡安置板房4329套，妥善安置数万群众，为群众发放帐篷2万多顶、彩条布3000多件、大米2020吨、菜油140余吨、饮用水350余吨、棉被2万余床、衣物3000多箱；为23726名受灾的“三无”人员（因灾无房可住、无生产资料、无收入来源的人员）按每人每天10元钱、0.5公斤粮食的标准发放生活补助。

北川县委及时派遣6个工作组深入乡镇查看灾情，全面统计干部、职工、群众的伤亡情况，了解受灾群众的需求和困难。工作组不分昼夜，深入到各个乡（镇）组织受灾群众进行生产自救，配合部队给高山、半高山上的被困群众运送食物和药品。积极协调二炮、成都军区、武警部队等救援部队和山东省交通厅援建队伍，用两个月时间全力抢通擂鼓至禹里、墩上至禹里、都坝至白坭、马槽至桃龙等交通“生命线”；在6个乡（镇）恢复建立10余处临时供水点，恢复擂鼓、墩上、禹里等乡（镇）输变电线路，20个乡镇用水、用电、通信等问题基本得到保障。

抗震救灾期间，北川灾区共搜救出群众15063人，救治受伤群众2万多名，掩埋和火化遇难者遗体1万余具，安置受灾群众14.2万人。

2008年10月，中共北川县委被中共中央、国务院、中央军委授予“全国抗震救灾英雄集体”称号。

安县水务局 面对突如其来的巨大灾难，安县水务局立即启动应急预案，迅速成立安县水务抗震救灾指挥部，下设10个工作组，所有人员迅速奔赴各地核查水利灾情并进行应急处置，对水库、堤防、渠道、农村饮水工程、水土保持工程、渔业生产、地方电力、管理设施等损毁情况进行拉网式排查和核实，在18小时内全面摸清了全县工程震损情况并迅速上报；在24小时内完成了工程除险、避险方案制定。

为及时准确掌握堰塞湖基本情况，安县水务局陆续组织勘测队30余支，步行往返100余次，前往茶坪河、睢水河流域等高山峡谷地带现场实地勘察，迅速摸清了27处堰塞湖的库容、集雨面积、坝体结构、水位上涨速度等数据，其中茶坪河肖家桥、睢水河罐滩、老鹰岩3处属高危堰塞湖，直接影响下游17.3万人以及县境内科研院所、骨干企业的安全。6月6日13时15分，经过13个昼夜的连续施工，肖家桥堰塞湖实施泄流，临时疏散下游群众4.8万人，无一人伤亡。6月10日和6月25日，睢水河流域的罐滩和老鹰岩2处高危堰塞湖也分别成功泄流排险。

强震造成县内安昌河、茶坪河、干河子3条主要河流堤防严重受损，而多数群众安置点建立在河谷地带，因此，防汛度汛形势极为严峻。为确保震灾后无涝灾，安县水务局投入410万元资金，及时抢修安昌镇东升村、永安镇跃进村、河清镇保华村等险工险段，确保了安置点在几次大雨中特别是在9月24日洪灾中安然无恙。

地震发生后，安县饮水工程严重损毁，管网破损，设备损坏，水塔倒塌、裂缝、错位，水源变迁，水质污染，全县近47万人的饮水受到影响。安县水务局积极争取上级救灾资金支持及大连水务应急抢险队的援助，迅速修复集中供水站18处，设置应急供水点89处，安装净水设备70套，铺设临时管道80公里，建立公共取水点40处，用较短的时间解决了受灾群众临时生活用水问题。

安县水务局对县内28座水库落实专人24小时监测，及时汇报险情；采取工程措施，及时控制险情；动员灌区提前栽插，及时放水减负；周密制定疏散预案，及时宣传到位，有效地防止次生灾害发生，确保工程安全度汛和库区及下游群众的生命财产安全。

2008年7月，安县水务局被水利部授予"全国水利抗震救灾先进集体"称号；10月，被中共中央、国务院、中央军委授予"全国抗震救灾英雄集体"称号。

中共平武县委员会　汶川特大地震中，平武县交通、通信、电力等全部中断，平武与外界完全失去联系，各乡（镇）之间联系全部中断。5月12日14时30分，大地仍在震颤，平武县委立即启动一级应急预案，成立县抗震救灾指挥部，派出11个工作组由县级领导带队，奔赴各乡（镇）并以乡（镇）为单位组织力量管制物资，展开抗震自救，抢救群众生命，安置受灾群众，稳定群众情绪。由于平通、南坝、水观一线灾情最为严重，平武县委决定将指挥部前移，并成立南坝、平通前线指挥部，发动400名县级机关和乡镇干部和共产党员，组成抢险救灾突击队，赶赴南坝、平通镇，与先前派出的工作组一道抢险救人。

绵阳市委和绵阳市政府工作组、救援部队到达后，立即在南坝成立了绵阳市平武抗震救灾军地联合指挥部，直接指挥南坝、平通、响岩、水观等乡（镇）的抗震救灾，形成以县指挥部统筹指挥、以受灾严重的乡镇为主阵地的运行机制，昼夜不停抢险救人。先后从废墟中抢救幸存者5677人，救治伤病员43056人，转移被困群众3.8万余人。

由于道路损毁严重，救援物资运不进来，救援人员和机械无法进入，影响平武县救援进度。尤其是灾情严重的南坝镇，进入场镇的唯一通道，竟是每次只能运载20人的渡船。平武县委立即派出县级领导专项负责，指挥协调有关部门在2日内抢通应急电源和首部指挥电话；同时统筹协调军地力量和外援队伍，打通907所至南坝镇何家坝临时通道，夜以继日清除塌方，抢通九环线，架通南坝连心桥和钢架桥，保证了救灾物资、医疗药品、救援机械运入灾区。

山体滑坡、堰塞湖等次生灾害直接威胁水观乡和南坝镇、石坎办事处的13个村，9000余名受灾群众的生命财产安全受到威胁，不得不撤离家园，县城和南坝、响岩、平通场镇也有近3万人需要紧急安置。平武县委及时将工作重心转移到妥善安置受灾群众上来，在平通、响岩、南坝、县城等地设立13个大型集中安置点，安排县级领导牵头负责，分点包干，县、镇、村干部党员组成工作组，驻点协调、指导、管理。同时，配套建立临时党委和管委会，选配负责人，划分责任区，组建突击抢险、卫生防疫、治安巡逻、文化宣传、消防安全队伍，组织带领安置点的群众抗灾自救，使受灾群众生活有序、人心稳定。

堰塞湖是震后平武县面临的一个重大隐患。在水观乡马鞍石至南坝镇文家坝15公里的河道上，山体崩塌形成大小7个堰塞湖，严重威胁河道沿岸及下游群众的生命财产安全。平武县委立即派出县级领导和技术人员实地察看并驻守监测、收集数据，协调指挥设计、施工单位制定排险方案和避险预案，果断实施机械切割、人工切割、爆破切割、水切割等方法，及早降低泄洪高程，及时疏散转移河道沿岸及下游群众。5月27日和6月23日，文家坝、马鞍石2座高危堰塞湖分别顺利泄洪。

在灾后恢复重建中，平武县委确定“以规划为龙头、项目为抓手、民生优先、产业为重”的工作思路，组织力量编制《灾后恢复重建总体规划》及9个专项规划，建立恢复重建项目库，为灾后恢复重建奠定了基础。优先启动永久性农房建设和住房维修加固，实行县级领导联系乡（镇）、部门包村责任制，积极协调解决建房资金、技术、材料、宅基地等问题，开展轻灾帮重灾活动，保证受灾群众安全、温暖过冬。采取政府提供设计方案、住户选择施工单位、按面积承担费用、待相关政策出台后再兑现补助的办法，组织干群启动城镇受损住房维修加固工作。组织协调各方力量抓好基础设施恢复重建；九环线、通乡道路和人畜饮水设施基本恢复，城乡居民生产生活供电全面恢复，通信设施也恢复至灾前水平。

2008年10月，中共平武县委被中共中央、国务院、中央军委授予“全国抗震救灾英雄集体”称号。

四川省绵阳市公安局巡特警支队　汶川特大地震发生时，正在机关大楼办公的巡特警支队副支队长邓正春立即组织机关人员冲出大楼，并迅速启动处置突发公共事件应急预案。面对楼房倒塌、人员遇险被困、供水和供气管道多处爆裂等险情，邓正春即刻作出“全警动员全力救人”战前动员，立即率领支队机关和特警大队民警投入抗震救灾工作中。6个巡逻大队按照支队部署，迅速对街区大街小巷进行“地毯式”搜索，及时疏散人群，搜救被困人员，排查各类险情。

5月12日14时30分，游仙区魏城小学教学楼过道和部分教室垮塌、千余名师生被困、部分师生被埋。接到消息，巡特警支队火速抽调精干警力驱车赶到现场，由于没有大型机械和专业救援工具，民警们只好用断木头掏瓦砾，用手搬墙砖，用肩扛水泥块，尽管嗓子喊哑了，双手流血了，衣服被汗水渗透了，都全然不顾，只想争分夺秒搜寻被埋师生。经过12小时的营救，被困师生被成功转移，2名重伤学生被救，15名遇难学生的遗体被挖出。地震当日，巡特警支队民警先后将4万多名市民疏导到安全地带，将医院、证券中心、超市及学校的2329名伤病员转移到7个室外医疗救护点，及时排除各种险情352次，抢救受伤群众813人，挖掘和抬送遇难群众遗体33具。

5月13日凌晨，巡特警支队紧急抽调特警组成首支成建制的公安特警救援队，冒着频频发生的余震，紧急奔赴北川参加抢险救援。在距北川县城3公里处，崩塌的巨石将唯一前行的通道完全堵塞，救援特警每人背负近40公斤的给养和救灾物资，冒着倾盆大雨和不断坠落的巨石，在泥泞的乱石堆中徒步强行军一个多小时，艰难挺进北川县城。特警队员奋不顾身投入抢险工作，及时从县城转移群众8000多人，救出幸存者208名，搜寻并搬运遇难者遗体79具。

5月12—15日，绵阳城区10多万市民涌至河堤、广场等空旷地带露宿避灾，各大医院伤员急增，北川、安县、平武等极重灾区4万多名受灾群众亦纷纷转移到绵阳市区，社会治安形势异常严峻，巡逻防控压力持续加大。巡特警支队迅速确立以“打击趁灾盗抢、预防邪教宣传、防范群体哄抢、保障抢险救援”为重点的工作思路，组织警力对城区主要街道、党政机关、民航机场、金融部门、大型商场、市民避灾聚集区、灾民临时安置点、救援物资仓库等145个重点部位实行24小时巡逻防控。在九洲体育馆、南河体育中心等集中安置点，巡特警支队民警在认真做好场内安全巡逻、调解矛盾纠纷、防范打击盗抢违法犯罪行为的同时，主动协助做好受灾群众的接纳安置、物资发放、搭建救助帐篷、抬运受伤灾民等工作，保证救灾安置工作正常有序进行。

5月13日至7月底，巡特警支队组织特警赴北川县开展打击趁灾盗窃专项整治行动，支队民警在危楼和废墟旁昼夜监守，风餐露宿，先后查处趁灾违法犯罪案件56件，抓获违法犯罪嫌疑人71人，为灾区群众挽回经济损失42万余元。在唐家山堰塞湖排险期间，巡特警支队先后出动警力1600人次，连续15天奋战在转移安置、防火防疫防盗的第一线，疏散撤离群众4.6万人，排查搜救1200余人，排除各类事故隐患39次，确保了城区21平方公里撤离地带和4万人安置点的安全。

2008年10月，四川省绵阳市公安局巡特警支队被中共中央、国务院、中央军委授予“全国抗震救灾英雄集体”称号。

四川省北川县人民武装部 汶川特大地震发生后，四川省北川县人民武装部部长罗登华、政委钟良军组织11名官兵参加抗震救灾。地震中，武装部办公楼、民兵训练基地、武器仓库和家属楼全部坍塌，包括正在集训的民兵在内，共有38人遇难、37人失踪、63人受伤。

地震发生时，县人民武装部正组织120名民兵集训，由军事科参谋黄安华负责。剧烈的震动刚过，黄安华迅速组织民兵展开营救，陆续救出30多个民兵和干部职工。政委钟良军左腿膝盖粉碎性骨折，头部血流不止，他趴在废墟上指挥抢救伤员，直至被抬上担架。从废墟中艰难爬出的副部长谭潇带领幸存的干部、职工和民兵，一边借着微弱的手电光实施搜救，一边同暂时无法救出的被困者交流，鼓舞他们等待救援。后勤科长王龙国身负重伤，仍坚持抢救被困人员，直到自己晕倒被送进医院。职工郑植耀，全家6位亲人遇难，自己从废墟中获救后，来不及擦干血迹和包扎伤口，在废墟中来回不停地转移伤员，背出受伤群众11人，直到自己被送进医院。部长罗登华正在去成都参加学习的路上，大地震后迅速返回北川，连夜带领民兵应急分队在残垣断壁中搜救幸存者。5月12日当夜，仅县人民武装部幸存的干部职工和民兵就从废墟中救出42条生命，转移运送伤员380多人。

县人民武装部幸存干部、职工在抢救生命的同时，还确保重要装备和物资的安全，他们在废墟旁警戒、蹲守，直到全部枪支弹药和密码传真机被挖出并转移到安全地方。救援部队进入县城后，他们发挥熟悉地形的优势，主动当向导，带领部队寻找银行、学校等重要目标。县人民武装部干部、职工多数是本地人，几乎家家受灾、人人有难，他们除了身上的衣服一无所有，但他们没有一个人离开，一直坚守在抗震救灾第一线。5月12日至6月12日，县人民武装部动员组织本县民兵转移受灾群众5600余人，运送生活物资20余万件；组织民兵为救援部队当向导，协助救援部队1200余人完成进村入户搜救任务；建起北川第一个受灾群众临时安置村，为当地受灾儿童搭建起“兴川希望小学”，解决120名儿童临时上学的问题。

2008年10月，四川省北川县人民武装部被中共中央、国务院、中央军委授予“全国抗震救灾英雄集体”称号。

武警四川省总队绵阳市支队 武警四川省总队绵阳市支队主要担负看押、看守、守卫、警卫和城市武装巡逻等勤务。汶川特大地震发生后，支队长刘昌建、政委徐超组织1313名官兵参加抗震救灾。

大地震让绵阳市境内的北川、平武等县遭受重创。支队官兵在支队长刘昌建、政委徐超的带领下，立即启动应急预案，迅速组织部队奔赴重灾区。5月12日15时，徐超率领100名官兵向北川进发，当行至距县城20公里处时突发强烈余震，公路旁山体发生大面积塌方，飞石倾泻而下，道路瞬间损毁殆尽。面对险象环生、危机四伏的恶劣环境，官兵们采取小群快进的办法，利用塌方间隙，以班为单位快速穿越而过，4次躲过塌方和滑坡，冒死赶到北川县城，立即投入救援战斗。

支队长刘昌建率领60名官兵开赴平武县途中，被泥石流阻断前进的道路，官兵们心急如焚。刘昌建毅然决定，不惜一切代价，徒步全速挺进。此时大雨瓢泼，余震不断，坠石翻滚，生死考验面前，共产党员干部冲锋在前，带领官兵经过10多个小时迂回前行，终于战胜重重困难抵达平武县城，迅即展开抢险救援行动。

5月13日，进入北川的200名官兵，不顾余震频发、滚石不断、楼房不时垮塌的危险，立即赶赴北川中学营救师生。没有专业救援工具，官兵们就用手刨绳拉肩扛，搬开残垣断壁清除砖块楼板。

有的手被磨破、脚被砸伤，简单包扎后又接着干，有的双膝跪肿、肩膀磨破全然不顾，用鲜血和汗水创造了一个个生命奇迹。经过30多个小时连续奋战，营救被困学生和群众154人，紧急转运危重伤员61人，挖出遇难者遗体58具。当得知北川县城的桥梁被震塌，1000多名受灾群众被困、大量伤员危在旦夕的情况后，救援官兵快速奔向现场，奋不顾身跳入激流，用血肉之躯架起“生命之桥”，让群众踩着官兵肩膀过河转移。

5月19日，支队主动请缨担负向唐家山堰塞湖山顶运送抢险物资的重任。官兵们克服天气炎热、余震不断、身体极度疲劳等困难，肩挑背扛沉重的抢险物资，翻越高山，攀援峭壁，以最快速度将5吨物资运送到唐家山堰塞湖泄洪点，为成功排险赢得先机。

支队许多官兵的家就在灾区，21名官兵的亲属遇难，67名干部家属受伤，46名干部家庭房屋倒塌，28名官兵家中财产遭到重大损失。官兵们舍小家、顾大家，坚守岗位，无私奉献。警通中队通信班班长陆苇痛失9名亲人，但他始终坚守在自己的工作岗位上，确保救灾指挥通信联络畅通。北川县看守所在地震中被夷为平地，安县、平武、江油、梓潼、三台等地看守所严重受损，支队官兵牢记职责，坚守岗位，没有让1名在押人员脱逃、没有丢失一枪一弹，并成功营救、安全转移在押人员306人。

抗震救灾期间，支队共投入兵力1313人，车辆1200余台次，从废墟中救出幸存者205人，运送伤员1000余人，救治伤员820余人，转移群众7300余人，搬运遗体300余具，搬运、发放救灾物资1700余吨、捐款7万余元。

2008年9月，武警部队给武警四川省总队绵阳市支队记集体二等功；10月，被中共中央、国务院、中央军委授予“全国抗震救灾英雄集体”称号；同月，被四川省委、四川省人民政府授予“四川省抗震救灾模范集体”称号。

武警绵阳市支队北川县中队　该中队主要担负北川县看守所看守勤务。汶川特大地震发生后，中队长赵德清、指导员钱永存组织33名官兵参加抗震救灾。

地震发生时，中队副指导员贾达国正带领14名战士在北川县委礼堂参加五四青年节表彰会。县委礼堂发生剧烈晃动，礼堂的天花板、屋顶开始垮塌，会场内呼救声、尖叫声响成一片。见此情景，贾达国和官兵们迅速指挥周围人员从不同出口有序撤离。当官兵们最后撤出礼堂时，礼堂和旁边的县委办公楼轰然倒塌。贾达国迅速将战士们分成观察组、抢救组，投入到抢救与会者的行动中。他们用肩扛、用手扒，一块块地搬开被困者身上的砖头、水泥板，手磨破了皮、裂开了口，鲜血直流，没有一个人顾上包扎。15名官兵先后从县委礼堂救出200多名与会者，从办公楼救出4名干部。一名地方青年用摄像机录下了官兵们奋不顾身、舍生忘死抢救群众的英雄壮举，被中央电视台反复播放，在全国引起强烈反响。

与此同时，在中队长赵德清、指导员钱永存的带领下，中队其他官兵在营区附近展开紧张的救援行动，在没有任何救援工具的情况下，官兵们用双手扒废墟抠砖石，手掌磨烂了，指甲脱落了，双膝跪肿了，没有一人停下来，成功地从营区附近的废墟中营救出包括4名儿童在内的23名受伤人员，疏散被困群众和学生200余名。

在北川县看守所，地震发生时，正在执勤的中队领班员李伟和哨兵刘洋、熊毅不忘职责，坚守岗位。领班员一边指挥哨兵严密监控逃出监房的13名在押人员，一边与幸免于难的看守所两名值班干警一道抢救出4名被困在押人员，并迅速转移到中队营区控制起来。被救出的在押人员纷纷跪在3名战士面前，泪流满面地说：“出去我一定好好改造。如果有来生，下辈子我一定要当好人。”

5月17日，指挥部命令武警绵阳支队派出尖刀分队向距北川县城最远的片口乡开进，务必于5月

19日12时前到达并报告灾情。北川县中队官兵再次请命担负重任，克服道路被毁、气候恶劣、险象环生等重重困难昼夜兼程，随身携带的干粮饮水没有了，就吃野果喝山水，脚扭伤了腿摔破了，简单处理后继续前进，连续翻越4座海拔在2500米以上的大山，爬过20多处塌方，在体力严重透支的情况下提前18个小时到达目的地，并利用卫星电话向前线指挥部发回第一手资料，为前线指挥部科学决策、打赢抗震救灾主动仗做出积极贡献。

中队参加抗震救灾的官兵，把个人生死置之度外，出色地完成了各项任务，先后抓获犯罪嫌疑人60余人，从废墟中抢救出256名被困人员，救治伤员40余人，运送伤员140余人，安全转移和疏散群众3000余人，搬运救灾物资30余吨。他们的事迹被中央电视台、东方卫视、凤凰卫视等40多家媒体报道，得到社会各界的广泛赞誉。

2008年6月，武警绵阳市支队北川县中队党支部被中组部授予“全国抗震救灾先进基层党组织”称号；9月，被武警部队授予“抗震救灾英雄中队”称号；10月，被中共中央、国务院、中央军委授予“全国抗震救灾英雄集体”称号。

成都铁路局绵阳车务段 成都铁路局绵阳车务段在地震中遭受重大损失：全段职工家属遇难14人，重伤3人，轻伤61人，受灾职工家属达80%以上；全段44个车站不同程度受损，其中22个车站严重损毁，汉旺等7个站站房全部倒塌，生产用房倒塌3.86万平方米，严重损毁、无法维修、需拆除重建2.22万平方米。

地震发生5分钟后，车务段领导班子紧急集合，在机关院内召开了会议，部署抗震救灾工作，成立由车务段主要领导任指挥长的抗震救灾应急指挥部，组建现场工作组、应急指挥组、后勤工作组，明确职责、任务。班子成员分别赶赴一线组织指挥抗震救灾工作。冒着余震危险，工作人员从危楼内接通5部应急铁路电话，与各站通话，询问灾情，要求全力救助职工、家属，确保行车安全，绝不能因地震发生次生事故。段长向全段连续下达3道段长命令，要求各级干部坚守工作岗位，加强区间和站内停留车防溜、巡视和危险品管理等工作。与此同时，车务段干部职工果断呼停正在运行的12列旅客列车、21列货物列车，并对旅客列车进行有效的安全防护，通过汽车转移旅客3000多人。东坝等车站职工主动拿出“救命粮”，为800余名滞留深山小站的旅客送去食品、饮料和御寒衣物，保证旅客有饭吃、有水喝、不受冻。江油、绵阳、德阳等站及时启动应急预案，安全疏散2000余名候车旅客，做到了无1名旅客和职工伤亡。在遭受毁灭性破坏的汉旺车站，干部职工不怕危险，从废墟中安全转移830桶黄磷、2200桶甲酸等化学危险品，防止了次生灾害及事故的发生。

震后第二天，救灾物资源源不断地从祖国各地汇集到该段管内的各个车站，段长向全段下达抢运救灾物资战斗动员令。为确保快卸快运，车务段主要领导、专业技术人员深入现场，每个重点站都有段领导在场负责指挥，协调解决卸车问题。各个货运站特事特办，并加强与地方政府联系，疏通货场，腾出专用货位，确保救灾物资随到、随卸、随走。截至6月10日，全段共抢运救灾物资9037车，及时把救灾物资送到灾区群众手中。

开行地震伤病员专列，将地震伤病员转运外地治疗，是党中央、国务院做出的一项重要决策。这项工作责任重大，必须确保万无一失。车务段领导认真研究，制定工作预案，联系地方政府，与相关部门召开协调会，反复研究每道运输程序，做到缜密细致。车务段提前组织人员实地查看转运伤病人员进站站台地形及专用通道，将任务具体细化到每名干部职工，确保在列车停靠的短暂时间内有序高效地做好各项工作。截至6月中旬，共开行伤病员专列12列，其中绵阳6列、德阳5列、江油1列，转运伤病员3401人，医务人员1207人，陪同家属2710人。

在全力服务抗震救灾大局的同时，车务段积极开展生产自救。面对严重灾情，在成都铁路局的增援下，全段成功救出被掩埋职工家属17名，14名遇难人员被找到并妥善掩埋；搭建帐篷846顶，搭建板房351间，其中生活用187间、生产用164间；走访慰问2000余名职工家属，对52户房屋倒塌、121户危房职工、500余户加固房职工进行慰问，发放慰问费80余万元，对88名因灾受困职工子女、223名困难职工进行了救助，发放救助款41万元，受灾职工群众的实际困难得到切实解决。全段1250名共产党员踊跃缴纳特殊党费11万余元，职工捐款3.2万元。

2008年10月，成都铁路局绵阳车务段被中共中央、国务院、中央军委授予“全国抗震救灾英雄集体”称号。

第五二〇医院 汶川特大地震发生后，解放军第五二〇医院院长王普杰、政委何章德组织300余名医务人员参加抗震救灾，第一时间抢救生命。

5月12日下午，地震发生后，医院立即启动应急预案，开通抢救绿色通道，向灾区派出2辆救护车，成立3个医疗应急小组，为300多名伤员进行清创缝合及包扎固定手术，实施20余台开颅清除血肿、剖腹探察等大中手术。5月12日15时，医院得知绵阳市安县晓坝镇受灾严重，大量受伤群众急需救治的消息，迅速派遣由副院长余帆带队的6人医疗救护小分队，火速奔赴受灾一线，在余震中连续奋战20多个小时，为64名伤员进行现场救治。

5月13日凌晨，绵阳市抗震救灾指挥部指定医院为收治北川县伤员定点医院，500多名伤员被陆续送进医院，手术一台接一台，搭建在草坪上的露天手术台和帐篷手术室昼夜运转，12名外科医生和6名妇产科医生，克服重重困难，在8张手术台间来回奔忙，为100多名危重伤员进行手术，一干就是两天两夜。

5月16日夜，一位安县茶坪乡的临产孕妇在地震中死里逃生，艰难跋涉50多公里赶到医院求救。当时，孕妇的羊水已经破裂，下身满是血污，情况十分危急。妇产科立即为她实施剖腹产手术，经过2个多小时的努力，终于使母子转危为安。在废墟中掩埋了47个小时的北川中学学生刘诗雨，送到医院时颅内出血，昏迷不醒，生命垂危。医院迅速组织专家会诊，制定抢救方案，实施开颅手术，及时清除血肿，把刘诗雨从死亡线上拉了回来。其后，被掩埋83小时的朱春燕、96小时的蒲虹学、108小时的谢先瑶、164小时的李明翠等7名特重伤员，也先后在医院得到成功救治。

地震发生时，妇产科主治医师李春梅正带着4名医护人员做剖腹产手术，顷刻间手术灯全部熄灭，玻璃窗噼啪作响，手术器械震落一地，天花板摇摇欲坠，危难之际李春梅立刻扑在产妇身上，用瘦弱的身躯挡住震落的大块墙皮，保护住产妇还没来得及缝合的伤口。已经转业的干部苏纯洁得知地震灾情后，自驾车两天两夜从湖北荆门赶回部队，不顾长途奔波的疲劳，当晚就投入到抢救危重病人的手术中去。正在休假的外科护士长胡玥，把自己的小孩子托付给婆婆，在通信和交通中断的情况下徒步1个多小时赶回医院，夜以继日坚守岗位，直至晕倒在病床边。53岁的内科副主任医师李富贵，脚跟骨粉碎性骨折未愈，主动要求负责伤员分诊和重症伤员监护，每天频繁往返于各病区。老家在平武县的内科护士严瑶，得知6名亲人不幸遇难，她强忍悲痛、义无反顾地投入到护理病人等工作中。

在震后15天时间里，医院共收治受伤群众1083人，实施手术606台，抢救危重病人368人，安全转运伤员356人，向灾区派出6支医疗救护队，被当地百姓称为受灾群众的生命“守护神”。

2008年6月，第五二〇医院党委被中组部授予“抗震救灾先进基层党组织”称号；9月，被卫生部、国家食品药品监管局、国家中医药局、总后勤部卫生部授予“抗震救灾医药卫生先进集体”称号；10月，被中共中央、国务院、中央军委授予“全国抗震救灾英雄集体”称号。

77123部队87分队　汶川特大地震发生后，解放军77123部队87分队负责人李旭、胡泉组织122名官兵参加抗震救灾。

地震发生后，分队启动应急预案，转入一级战备，立即收拢所属人员，组建党团员突击队，做好执行任务的各种准备。受地震影响，分队所在部队所有通信线路中断，为保障野外抗震救灾指挥所的通信畅通，5月12日14时35分，分队选派17名官兵两次冒着房屋垮塌的危险，进入程控机房和网络信息中心调试设备，连接线路，抢修受损的通信装备，在震后40分钟内架设被覆线路12公里，开通10部军线电话，4小时内完成损坏机房设备及部分通信线路的快速开通。接到保障上级抗震救灾指挥通信的指示后，分队通信执行台站迅速使用各类电台，在最短时间加入上级抗震救灾指挥网。

5月15日，分队奔赴安县晓坝镇执行救灾任务。20时，接到上级“迅速赶到茶坪、高川，探明灾情，拯救群众”的命令，分队官兵冒着余震频发、山体滑坡、泥石流不断的危险，冒雨翻越海拔2300多米的大水井梁子山脉，经13小时、51公里的艰难跋涉，抵达茶坪乡实施救援，先后搜救出群众28人，申请直升机转移58名重伤病员、60多名轻伤病人与老人，4次疏通和加固茶坪至晓坝的唯一山路，使得5000余名受困群众通过这条山路安全撤离。

5月17日，分队组成10人突击小分队，历经8小时的长途跋涉挺进千佛山，为被困多日的群众送去2箱药品和8箱干粮。5月19—20日，分队官兵采用斗车推、担架抬、轮流背等办法，将老望沟村高位瘫痪病人唐正举和宝藏村年过七旬体弱多病的李大厚、马从秀夫妇安全转移并送上直升机。5月24日，分队官兵通过12小时的艰难背运，将万佛村二组82岁的患病老人张兴珍、乡卫生院双腿残疾的1名医生安全转移至晓坝安置点。

在整个救援过程中，全体官兵严格执行各项指示规定，对在废墟中清理出的钱物，及时登记造册并积极归还。救援结束后，分队官兵又立即投入安县沸水镇的灾后重建工作中，累计搬运、装卸物资360余吨，搭建帐篷157顶，搭设简易房25间，拆除危房182间。分队撤离时，驻地3万多群众自发赶来送行，灾区党委、政府、企业及部分群众赠送锦旗、感谢信11面（封）。

2008年10月，77123部队87分队被中共中央、国务院、中央军委授予“全国抗震救灾英雄集体”称号。

63831部队51分队　汶川特大地震发生后，解放军63831部队51分队分队长王军、教导员王凯组织158名官兵和职工参加抗震救灾。

面对突如其来的特大地震灾害，分队158名官兵和职工迅速投入抗震救灾斗争。震后不到10分钟，就将42台车辆全部从危险的车库中转移到安全地带；震后不到15分钟，就从余震不断的办公楼通信机房抢运通信设备，接通电话线，确保所在部队及时与上级取得联系；震后不到30分钟，派出车辆紧急转运驻地受伤群众20余人。5月12日15时19分，分队派车运送医疗小分队奔赴北川县擂鼓镇执行抢险任务；18时30分，分队成立由23名官兵、3辆车组成的突击抢险队，由分队长王军带队赶赴擂鼓镇营救被困群众，转移运送重伤群众70余人。此后，分队又派出抢险小分队，深入余震不断的安县秀水镇、迎新乡等重灾区执行救援任务。

5月12日晚，分队胡江成、申兵临危受命，驾驶应急保障车辆连夜奔赴双流、北川、平武等地执行任务，连续21天，行驶7050多公里，运送救援物资180余吨，每天只睡3个多小时、吃2顿饭，有时因为把口粮送给了受灾群众，一天只能吃上一顿饭。为解决驻地受灾群众饮水问题，从13日开始，四级士官向凯顶着车内近40摄氏度的高温，多次往返于驻地、永安镇和绵阳市之间接水、送水，每天工作长达12小时，连续奋战23天，为地方受灾群众运送饮用水400余吨，保障了近3万受灾群众在困难时期的生活用水。5月25日下午，向凯在送水途中不慎撞伤头部，导致脑震荡并伴有恶心呕吐现象。在送往医院治疗时，向凯还焦急地说："就给我简单开点药，老百姓还等着我送水呢。"他的生动事迹让驻地永安镇政府和人民深受感动，专门撰写《生命之泉在这里转接》的事迹材料上报安县县委。6月5日，分队30名官兵奉命前往绵阳市游仙区小枧沟镇，执行唐家山堰塞湖排险疏散群众任务，连续工作六天七夜，先后疏散群众6200余人。

5月17日18时40分许，永安救助站存放有8个50升、9个20升液化气罐的厨房突然失火，救助站内340多名受灾群众以及大量救灾物资的安全受到严重威胁。灾情就是命令，分队立即派出由84名官兵、3台消防车组成的应急抢险分队，一边灭火、一边抢救液化气罐。当时，已有3个50升、4个20升的液化气罐出现泄漏，随时都有可能爆炸，官兵们毫不犹豫地抱着温度很高的气罐，跳进消防池为气罐降温。经过1个多小时奋战，火情被完全控制，避免了重大事故发生。永安救助站专门向该分队赠送锦旗："灭烈火救百姓于危难，抗震灾彰显军人风采"。

抗震救灾期间，分队共出动抗震救灾小分队19批次、718人次，车辆1020台次，行程5万公里，运输救灾物资1100余吨、人员8900余人，转移受灾群众532人，疏散受唐家山堰塞湖威胁的群众6200余人，完成公差勤务3100余人次。

2008年10月，63831部队51分队被中共中央、国务院、中央军委授予"全国抗震救灾英雄集体"称号。

二、抗震救灾优秀基层党组织

经中共中央同意，2008年6月30日，中央组织部表彰54个"抗震救灾优秀基层党组织"，绵阳市有绵阳市中心医院党委等3个基层党组织获得该荣誉，其中武警四川省总队绵阳支队北川县中队党支部、解放军五二〇医院党委已在本篇"全国抗震救灾英雄集体"中记载。

绵阳市中心医院党委　绵阳市中心医院是川西北地区规模最大的三级甲等综合医院，是四川省川西北区域医疗中心，全院有职工1500余名。

在突如其来的灾难面前，绵阳市中心医院党委行动迅速、组织有力，党委书记、院长王东马上组织门诊病人有序疏散。在医护人员全力帮助和组织下，门诊病人、陪伴人员共3000余人，在半小时内全部疏散完毕。地震时，外科大楼11、12楼手术室有7台手术正在进行，妇产科的一台子宫肌瘤全切手术刚刚进行一半，主刀医生带领麻醉医生、手术护士，冒着生命危险继续手术，手术结束后，又一起将病人转运到楼下广场。医院里最危重的病人都集中在内、外科监护室，很多病人都依靠呼吸机呼吸，搬运极其困难，医护人员把1300名住院病人全部安全撤离病房。

院党委迅速在门诊楼前就地成立抗震救灾指挥部，及时对所有科室进行总动员。地震后，大批伤员不断送进医院，大量病人需要做清创缝合手术，临时搭建的1间手术室根本无法满足需求。院党委迅速拟定应急措施，打破建制，使所有病区、专业、科室的医护人员统一管理、调配，立即组织力量迅速搭建5间临时帐篷作为手术室，全体外科医生均投入急救工作。医院重新分配外科资源，向伤员最集中的骨科和神经外科倾斜，并在救护车入口处对震灾伤员初步分诊，并随时准备进行手术。内科除负责照顾全院原住院病人外，还抽调人员投入震伤病人的基础治疗、搬运、安置工作；门诊、行政、医技、放射科全力配合外科的伤员搬运、救治工作；后勤组织职工负责恢复供电供水、保障物资、食品和水的供应。从5月12日下午到5月13日14时，外科医生通宵达旦共进行大小手术360余例。

在全力救治伤员的同时，绵阳市中心医院还派出2支医疗队，前往重灾区北川县参加现场救援。在全市所有医院中，绵阳市中心医院最早对震灾伤员进行心理干预，最早主动承担灾区首家卫生院——北川陈家坝卫生院的重建工作。全院500余名党员踊跃缴纳“特殊党费”共计112154元，并有6名同志在抗震救灾中火线入党。

抗震救灾期间，绵阳市中心医院共治疗伤病员1912人，其中危重病人919人，实施各类手术989例，其中大中型手术645例；成功组织15次大规模伤员转运，先后安全转运830余名伤员至外地治疗。

2008年6月30日，绵阳市中心医院党委被中组部授予“抗震救灾优秀基层党组织”称号。

三、四川省抗震救灾模范集体

2008年10月21日，中共四川省委、四川省人民政府表彰109个“四川省抗震救灾模范集体”，绵阳市有13个单位获得该项荣誉（其中武警四川省总队绵阳市支队已在“国家抗震救灾英雄集体”中记载）。

中共安县茶坪乡党委 茶坪乡位于龙门山脉断裂带南麓，地处安县、北川、茂县3县交界处，面积156.48平方公里。全乡辖1个社区和10个行政村、89个村民小组共2689户、8794人。

汶川特大地震发生时，乡党委书记向云刚和乡长宋军等正在县城出差，党委副书记唐国春、副乡长王友强在8公里外的千佛村做乡村道路规划。14点30分，刚从废墟里爬出来的副乡长张平，迅速组织留守的乡干部兵分3路开展伤员抢救工作。30分钟后，各救援组传来消息，医疗救治帐篷已搭好，学校师生已经转移到安全地带，老街搜救工作正紧张进行。18时30分，场镇安全地带已搭建临时帐篷800余顶，周边3000多名群众得到安置。

5月13日11时，乡党委书记向云刚、副乡长李华志带领10余名抢险队员，沿着余震频发的山路跋涉近7个小时回到茶坪乡。在临时指挥部了解前期救援情况后，他立即召开紧急会议，对工作进行详细安排部署。抗震救灾工作在乡抗震救灾指挥部的领导下，以共产党员为骨干、各级干部为主力，在充分发动群众抗灾自救的基础上展开。17日，在内江军分区救援官兵的协助下，茶坪乡8000余名受灾群众用4天时间陆续被转移到晓坝镇临时安置点。

5月18日，从茶坪乡陆续转移出来的群众，分别安置在晓坝镇、桑枣镇、云丰村、京安小区4个临时救助站，并分别成立4个临时党委、临时社区管委会以及监管会。云丰村救助站被省委组织部、省纪委列为联系点，京安小区被国家作为卫生防疫综合示范点。

6月7日，由北京市政府援建的京安板房小区建成投入使用。7月中旬，茶坪乡所有受灾群众全部入住板房。随着受灾群众的全部安置，乡党委将工作重心转移到重建家园上来。7月29日，被大面积山体塌方阻断两个多月的晓（坝）茶（坪）路——茶坪乡通往外界的“生命通道”被打通。8月初，场镇居民陆续返回家园，历时半个月，场镇街道废墟基本清理完毕，乡党委、政府组织乡干部和村组干部与农户一起，就灾后宅基地选址进行逐户规划。8月中旬，场镇及周边水、电、通信等基础设施陆续恢复，为群众返乡重建家园提供有力保障。

2008年10月，中共安县茶坪乡党委被中共四川省委、四川省人民政府授予“四川省抗震救灾模范集体”称号。

中共绵阳市涪城区委 涪城区位于绵阳市城区涪江西岸，面积597.7平方公里，总人口66.64万人。

2008年5月12日14时28分，汶川特大地震波及涪城区，全区15个乡镇、6个街道全面受灾，为汶川特大地震重灾区。全区伤亡2098人，其中死亡60人；城乡居民住宅损毁358万平方米，其中农村房屋倒塌92.69万平方米；283.5公里道路、1260公里渠系损毁，21座桥梁、32座水库不同程度受损；104所学校受损，面积达49.44万平方米；城乡经济遭受重创，266户工业企业厂房、设备损毁严重，近90%的店铺停业。全区直接经济损失153.13亿元。

14时35分，涪城区紧急启动突发自然灾害应急预案，区级领导和相关方面负责人迅速向区委机关集中。14时40分，区委抗震救灾紧急会议召开，决定成立区抗震救灾指挥部，由区委书记席世洪任指挥长，区长谢晓东任副指挥长；建立应急工作小组，负责安全稳定、转移群众、物资调运、医疗救助、处置险情、汇集情况等工作。14时50分，各应急小组在区级领导带领下分赴各地指导抗震救灾。16时30分，各小组将全区受灾的初步统计情况反馈回区委。各级组织在灾后1小时内就组织力量安抚群众、详查灾情、全力抗震救灾，确保在校学生和住院病人的安全稳定，有序转移在校师生10余万人、住院病人1735人。

18时许，城区群众基本转移到广场、河堤等相对开阔且安全的区域。区委在人员较集中的区域设立2个大型便民服务站和30余个便民服务点，提供食品、饮用水、篷布等基本生活物资，临时安置受灾群众22万余人。各基层组织按照区委安排部署，连夜深入群众避灾场所，宣传灾后应急措施和注意事项，稳定群众情绪；开展商铺、楼栋的巡逻守护工作，维护正常社会秩序。区委全力保障区内医院高效运转，救治辖区受伤群众和北川、平武等地转运的伤员，共接诊12105人，出动救护车2319台次，派出巡回医疗人员3456人次，巡诊52423人次。紧急下拨救灾资金7466万元，向受灾群众发放救灾物资30余万件（套）。全区党员（21347人）主动缴纳"特殊党费"88万余元。

在收到北川受灾异常严重的消息后，区委紧急调运3000余件救灾工具，组织300余名民兵奔赴北川，于5月12日晚到达，先后从废墟中挖出171人，抢救生命12人，疏散转移伤员159人。

5月14日10时，市委指示涪城区委建设南河体育中心临时救助站，安置极重灾区受灾群众。南河体育中心临时救助站于当天16时开始接纳安置受灾群众，至26日，共接待安置从北川、安县、平武等极重灾区转移出来的受灾群众10605人，全区直接投入该救助站一线干部职工达到2100余人。5月15日，涪城区还组织27人的工作队驰援江油市，帮助安置从北川、平武等地进入江油的灾民3000余人。5月24日，区委成立支援北川重建工作领导小组，抽调16名科级干部组成对口支援北川县陈家坝乡工作组，选派3名科级干部到北川任职，帮助开展生产自救、重建家园。全区组织机关干部、辖区企业和单位向极重灾区捐赠现金480余万元。

5月26日，绵阳市唐家山堰塞湖疏散群众工作广播电视动员大会后，区委立即召开专题会议进行安排部署。5月30日，唐家山堰塞湖1/3溃坝撤离方案启动，全区将责任划分落实到相关单位、乡镇和街道，由区级领导包片负责；同时以乡镇（街道）、村（社区）、小组、户为单位，实行分级管理、责任到人，将34439名群众撤离疏散到14处集中安置点，其中四川音乐学院绵阳分院安置点的群众达1万余人，并组织部队官兵、机关干部、公安干警和民兵进行拉网式清理排查，确保撤离疏散区内无群众滞留。在各安置点，组织餐饮企业和超市为群众提供餐饮、副食零售服务，设立医疗卫生工作站，做好服务保障工作。11日16时，全线解除黄色警报，区委迅速组织卫生防疫部门对洪水淹没区进行全面消毒，组织群众有序返家。

区委重视抓好生产自救和灾后重建。配合援建单位建设活动板房1009套，80天内全面解决群众过渡住房问题；震后50天完成城郊、石塘、青义、龙门4个示范点建设；震后100天完成14个乡镇永久性农房集中安置点建设，全面启动城镇居民住房重建。组建党员义务助耕队、村民互助小组等抢种抢收，顺利完成农业"双抢"任务。组织部门、乡镇（街道）和社区干部广泛联系企业业主，帮助清理受灾情况、联系物流配送、做好开业准备，积极恢复生产。震后100天，全区实现100%的规模企业复产、100%的在建项目复工、100%的商业网点复业、100%的中小学校复课。

2008年10月，中共绵阳市涪城区委被中共四川省委、四川省人民政府授予“四川省抗震救灾模范集体”称号。

中共绵阳市游仙区委 游仙区位于绵阳市城区涪江东岸，辖区面积973平方公里。辖1个开发区、1个经济试验区、2个街道办事处、13个镇、11个乡，总人口53.25万人。汶川特大地震造成全区45万人受灾，其中72人死亡、16人失踪、482人受伤，直接经济损失118亿元。

地震发生后，区委迅速启动《重大自然灾害应急预案》，安排部署抢险救灾工作。14时32分，区委书记颜超，区长陈朝先分别赶赴富乐中小学、剑南小学等城区人员集中地，查看受灾情况、指挥抢险救灾，并指示所有区级领导和部门负责人迅速赶赴联系乡镇、街道、社区、学校、医院、企业查看灾情，安抚群众，指导救灾。15时，游仙区抗震救灾指挥部成立。17时，颜超深入受灾最重的魏城镇组织指挥转移群众、抢救被困人员；区抗震救灾指挥部也积极指挥各级各部门成建制抢险救人。抗震救灾期间，全区共及时救治区内36260名受伤群众和北川等极重灾区转移来的233名伤员。

5月13日8时，区委组织召开震后首个全区机关党员干部抗震救灾紧急工作会，部署抗灾自救、恢复生产生活、保持社会稳定等工作。区委、区政府紧急调拨830万元专项资金用于抢险救灾，调集帐篷1.4万余顶，彩条布5000余卷用于安置灾民。同时，落实国家、省市各项救助政策，发放临时生活救助金和救助粮，建立“抗震救灾资金专户”和“救灾资金发放专户”。通过搭建帐篷、自建过渡房、修建活动板房和投亲靠友等方式安置受灾群众，保证受灾群众有饭吃、有衣穿、有干净水喝、有临时住处。同时，区委派出民兵预备役部队、消防官兵、机关干部和医务工作者，赶赴北川等极重灾区支援抢险救灾。

游仙区的主城区处于涪江河滩上，由于地势低洼，13万多居民生命财产安全受到唐家山堰塞湖的威胁。区委结合堰塞湖溃坝各种险情可能，确定撤离疏散大、中、小3套预案，实行区级领导定点包片工作紧急避险工作责任制和24小时值班制，各安置片、点每2小时报告1次工作进展。5月28日，游仙建成分布于7大片的41个安置点，发放数万份《防洪疏散安置群众指南》。5月30日16时，按唐家山堰塞湖1/3溃坝范围撤离命令，游仙区8万余名群众全部安全转移。

疏散安置期间，区委安排从成都采购烧水器，连夜吊运厕所、挖排水沟、铺防潮垫，订制上万张简易木床，在各点巡回播放坝坝电影，各安置点普遍实现有食品保障、有水、有电、有广播电视、有坝坝电影、有厕所、有卫生防疫机构、有消防设施的“八有”目标。在安置点建立临时党支部，对帐篷编号设“帐篷社区”，确定社区负责人及“篷长”，在每个安置点落实50名应急队员，应对各种突发状况。6月10日，唐家山堰塞湖险情排除，游仙区疏散转移工作实现零伤亡。

2008年10月，中共游仙区委被中共四川省委、四川省人民政府授予“四川省抗震救灾模范集体”称号。

中国（绵阳）科技城党工委 汶川特大地震发生后，科技城党工委迅速启动应急预案，成立由市委常委、党工委副书记、管委会常务副主任为总指挥的党工委抗震救灾指挥部，下设6个工作组，开展抗震救灾各项工作。

根据市委统一安排，党工委干部赴灾情最严重的北川县参与抢险救援和灾民转移工作。5月12日18时，抢险队抵达北川，冒着余震和滚落的山石，迅速调动救援力量，以救人为核心，开展救援。从5月12日进入北川至5月27日撤离，救援组共组织4230名官兵进入重灾乡镇开展抗震救灾，投入直升机飞行近百架次，运送物资数十吨，打通道路30公里，救出受灾群众1.5万余人，设置临时安置点273个，安置

8.5万余人。救援组还与执行卫生防疫任务的防化部队官兵一道，处理遗体上千具。

地震中形成的唐家山堰塞湖对绵阳市构成巨大威胁。党工委担负排险运输保障任务，在陆路、水路受阻的情况下，联系落实哈飞集团米—26直升机，协调落实某陆航团执行空中运输任务并开辟空中运输专用通道，共协调直升机飞行731架次，组织运送抢险人员和抢险设备、物资。

地震后，绵阳市伤员救治、灾民安置压力巨大。党工委克服自身严重受灾、人员严重不足的困难，主动承担伤员救治和灾民安置任务，成立灾民救助安置指挥部，在下属部门和园区抽调100多名人员组成工作组，建立3个伤员救治点和5个安置点，搭建2000平方米的帐篷医院，开办灾民食堂，建立灾后应急学校，先后救治6000余名受伤群众，安置受灾群众1.3万余人。同时，出动防疫人员2.4万余人次，出动防疫车辆896台次，发放和使用口罩、机动喷雾器、一次性手套等防疫物资共计31万余件（只），发放消毒粉及其他各类消杀药品36吨，保证科技城范围内未发生与地震灾害相关的传染病疫情。

坚持抗震救灾和产业恢复两手同时抓，组织水、电、油、气供应部门及时抢修受损管网和设备，为企业复产提供前提条件。至2008年8月底，217家受灾的规模企业中，有198家恢复生产。

2008年10月，中国（绵阳）科技城党工委被中共四川省委、四川省人民政府授予“四川省抗震救灾模范集体”称号。

绵阳市公安消防支队 绵阳市公安消防支队下辖10个消防大队，6个消防中队，有官兵400余人。

地震发生5分钟后，全市消防官兵进入一级战备，启动地震灾害应急救援预案，同时火速成立抢险抗震救灾指挥部。支队机关及直属中队在5分钟之内完成集结和调整，灾后2个小时内，成功解救出被困群众136人，成功处置绵阳市区华西证券大楼人员被困、嘉信茂购物广场火灾、爱喜嘉年华17楼火灾等11起灭火和抢险救援行动。调派增援力量，赴高新区双碑小学、游仙区魏城镇小学、江油太平中学教学楼垮塌现场，解救被困学生和教师，救出60余名被埋压师生。

5月13日2时，支队长徐金华、政委唐斌相继带领特勤中队、直属中队近50余名官兵，火速赶赴北川中学营救被困学生，成为首支进入北川灾区的专业救援队伍。到达现场后，根据现场知情人报告的信息和营救人员的判断，支队官兵用专用工具爬进废墟内部破拆、用吊机起吊预制板、用工具破拆打洞等方式，陆续营救被困师生56人。

5月13日，支队所属平武县消防大队大队长王联全带领4名专职队员，徒步5个小时火速赶往受灾严重的南坝镇，成为到达该镇的第一支消防救援力量，并与支队副参谋长李三根带领的涪城中队8名官兵组成平武救援分队，连续作战13天，从废墟中搜救、协助转移重伤员136余名，搜救遇难者遗体280余具，帮助受灾群众搭建帐篷35顶，协调运送增援消防部队用油7000余升，为灾民送水150余吨，运送各类物资80余吨。

5月15日，支队参加北川县抢险的队伍派出一支10人小分队，进入北川县城开展搜寻和营救工作，通过1天的努力，与重庆消防总队一道救出1名被困者，与云南地震救援队一道救出1名被困者。至此，支队50余名消防官兵在北川县奋战五昼夜，共成功地营救71名被困学生，搜寻转移遇难者遗体400余具。

在历时15天的一线救援中，支队出动车辆797台次，出动人员3770人次，转移疏散受灾群众6300人，救助伤员230人，抢救埋压人员1617人，为灾民送水700余吨，提供车辆、装备用油50余吨。

为帮助受灾群众平安转移、安置到九洲体育馆、南河体育中心、铁牛广场、长虹培训中心等地，绵阳支队从5月15日开始，组织一线干警全体出动，开展集中安置点消防安全知识宣传和检查指导。截至5月30日，全市共检查各类单位、场所150多家，督促整改火灾隐患120多起，为受灾单位、场所提供加强消防安全建议300多条，印制震后消防常识宣传单4万多份，悬挂和张贴消防宣传标语4000多幅。通过手机短信提示、新闻媒体宣传、配置灭火器等形式，全力做好灾后的防火安全工作。

2008年7月、8月，绵阳市公安消防支队被公安部授予“抗震救灾英雄群体”荣誉称号和“全国公安系统抗震救灾先进集体”称号；2008年10月，被中共四川省委、四川省人民政府授予“四川省抗震救灾模范集体”称号。

绵阳市民政局 震后不到半小时，绵阳市民政局成立抗震救灾指挥部，启动救灾应急预案。组织5个查灾工作组，分赴各县（市、区）核查灾情，上报市委、市政府和省民政厅。派出职工多方筹集救灾物资，在全市设立144个民政救助点，为受灾群众提供帮助。

在绵阳市抗震救灾指挥部的统一部署下，市民政局在九洲体育馆、南河体育中心和高新区永兴中学设立受灾群众集中安置点，在三台县、梓潼县、高新区及安县设立分流安置点，在江油市、北川县设置安置点，就地安置部分受灾群众。震后短短几天时间，全市紧急安置受灾群众3115785人，其中：设立集中安置点880个，安置2576493人；分散安置和投亲靠友安置539292人。全市累计向群众发放衣被173.6万件、成品粮12.96万吨、食用油5667吨。

市民政局还在九洲体育馆设立受灾儿童、老人接收安置联络点，专门协调处理各地转来的暂时无家可归、无依无靠的儿童和老人的接收安置事宜。自5月13日至25日12时，共集中安置1687名儿童和364名老人，其中有1310名儿童被父母认领。

为将救灾钱粮及时发放到灾民手中，市民政局紧急制定《灾区困难群众临时生活救助实施方案》，印制“灾民救助卡”和《灾民款物发放登记表》，救灾钱粮的发放以乡镇为单位登记、造册，建立基础台账。受灾群众凭“救助卡”领取钱粮。截至2008年11月7日，全市发放临时生活救助金232655万元，救济粮102810.01吨，救助困难群众2576617人，其中“三孤”对象21325人、生活困难的遇难者家庭人员24104人、生活困难重伤残、失踪者家庭人员10831人。

紧急生活救助结束后，对生活困难仍需救助的群众，分别纳入城乡最低生活保障、农村五保供养和冬春灾民生活困难救助，保障其基本生活。各县（市、区）民政局严格按条件和程序，共审批增加城乡低保对象113187人（其中：农村增加99503人，城市增加13684人）。全市城乡低保对象总数达到327517人（农村为200383人，城市为127134人）。

2008年10月，绵阳市民政局被中共四川省委、四川省人民政府授予“四川省抗震救灾模范集体”称号。

绵阳日报社 地震发生时，绵阳日报社准备召开采编例会，15时左右，报社中层以上干部和编辑都自觉汇集到报社大楼前，随后，报社“5·12”抗震救灾特别宣传新闻报道领导小组、临时新闻中心、临时编辑部、后勤保障组等机构相继成立。根据紧急情况下的报道需要，报社对采编部室进行重新组合，编辑记者重新分工，20多名记者组成5个小分队，迅速奔赴北川、安县、平武、江油等抢险救援一线采访报道。

同时，报社工作人员从已成危楼的办公大楼六楼抢出8台电脑及相关设备，迅速运往离报社20公里的印刷厂安装。5月12日晚，全体编采人员赶到距报社20公里以外的印刷厂编辑报纸。5月13日凌晨，地震后第一张黑色报头的《绵阳日报》出刊。

就在强烈地震发生当时，《绵阳日报》记者成和平在平武县响岩镇清水村半山腰桃园采访。山摇地动中，他看到隔河的厂房轰然倒塌，腾起巨大烟尘，他快速举起相机拍下一组照片。成和平由此成为汶川特大地震中唯一一位拍摄到地震发生现场画面的摄影记者。他的新闻照片先后在新华网、人民网、中国新闻网等媒体发表。

视点新闻部副主任胡蕾是前方采访小分队的负责人，他在出色完成采访任务的同时，积极参与抢险救援，从废墟中救出4名幸存者。采访途中，他主动扛起近百斤救灾物资绕行百里山路，送往重灾区。

为确保及时出报，地震后10日之内，绵阳日报社编辑部先后经历3次搬迁。先是借用印刷厂厂房一角办公，后因整体运作困难，重又搬回报社院内，编排校等60多人挤在3个车库里办公。5月20日，救灾帐篷到位，他们搭建“帐篷编辑部”。从5月下旬到8月上旬，报社全体员工一直坚持在车库和帐篷中办公。盛夏赤日，没有空调、电扇，坐在低矮的车库、帐篷里，往往不到半个小时，就浑身冒汗。非常时期，天天都有“特殊情况”，每天的截稿时间拖得很晚，总编辑、值班副总编、值班主任和全体编校人员常常通宵工作，一天只能睡两三个小时。

2008年10月，绵阳日报社被中共四川省委、四川省人民政府授予“四川省抗震救灾模范集体”称号。

四川投资集团巴蜀江油发电厂 巴蜀江油发电厂是川投集团下属的国有一级火力发电厂，四川电网骨干电厂，总装机126万千瓦，位于江油市龙门山断裂带边缘，处在受汶川特大地震波及的重灾区。地震造成厂内17幢住宅楼、3栋办公楼严重损坏，其余建筑物不同程度受损，厂房、围墙坍塌，发电设备严重损毁，机组全停，直接经济损失4亿多元。

地震发生时，330兆瓦及300兆瓦机组厂房剧烈摇晃，220千伏升压站旋即失压，#31机组负荷突降，厂用电全部中断，运行中的#31机组跳闸，安全门发出巨大的喷气响声。此时，如不能及时投运润滑油、顶轴油及盘车系统，将会导致汽轮发电机大轴热弯曲、轴瓦磨损，给发电核心设备造成无法弥补的破坏。见此情景，一些干部、职工冒着余震危险，冲进烟尘弥漫的厂房集控室，立即启动柴油发电机，手动打闸停机，投运汽机润滑油、顶轴盘车系统、密封油事故油泵等，最大限度地采取机组保护措施。

强烈的余震一波接着一波，电厂职工、家属聚集球场、厂区道路避险，临时生活安置成为最大难题。电厂领导班子迅速组织人力物力，分头行动，一组到现场守护、查看清理设备损坏情况，一组组织筹集搭建临时帐篷物资，一组检查抢修水电气供应管线。

恢复供电是抢险救援的重中之重。经与上级联系，5月12日20时30分，通过江永东261开关合闸220千伏，220千伏升压站受电成功。23时12分，恢复2×330兆瓦机组厂用电，随即安排启动消防水泵。23时30分，检查人员发现水泵供电线路损坏，紧急敷设一根1000多米长的电缆，恢复全厂的消防水系统，解决全厂及双江社区的饮用水问题。5月13日凌晨2时，随着110千伏升压站恢复供电，全厂路灯电源恢复，至此，全厂生产、生活用电基本恢复，成为江油地区第一个恢复供电的企业。

5月18日，电厂开始地震后首列煤车接卸。6月28日、7月14日和12月21日，恢复#32、#31、#34机组发电；2009年2月22日，受灾最严重的#33机组恢复并网发电，全体职工放弃休假，连续奋战，为四川省抗震保电、电网迎峰度夏、奥运保电、枯水期保发电做出较大贡献。

2008年10月，四川投资集团巴蜀江油发电厂被中共四川省委、四川省人民政府授予“四川省抗震救灾模范集体”称号。

中国燃气涡轮研究院 地震发生后，中国燃气涡轮研究院（以下简称涡轮院）快速启动抗灾应急响应系统，紧急疏散生活区和工作区人员，立即成立以院长郭昕为指挥长、其他院领导为成员的院抗震救灾指挥部，研究部署抗震救灾工作，实行24小时值班制。面对压力与挑战，院领导班子团结协作，全力组织、指挥救灾工作。

为确保高空台厂房安全，避免次生灾害发生，院领导带队冒着强余震的危险，将高位水池水位下降至安全线下。副院长马锋、刘仁杰因极度疲劳，被送往医院输液，然后返回一线指挥岗位。为抢救涡轮院几十年中积累的珍贵的发动机研制和设备数据等资料，副院长侯敏杰亲率突击队，进入在地震中受损严重的档案库，将档案资料装满3卡车，完好无损地抢运至安全地区。

涡轮院分散于多地，为确保指挥畅通，成立4个片区指挥中心，分别由副院长担任片区指挥长，积极抗震自救。院党委在4个片区指挥中心成立临时党支部，按不同需要设立党小组，明确有关人员职责分工。江油院区指挥中心根据避震人数多、临时避震点战线长、避震场地分散的情况，成立多个工作组，解决在外援没有到达以前受灾职工和家属的住、吃、喝问题，职工队伍情绪稳定。新都院区指挥中心在组织好职工、家属安全避震的同时，成立采购组，为江油院区采购急需物品，并迅速将8车救灾物资运抵江油。松花岭院区设备、厂房等损失严重，水、电、气供应中断，该院区指挥中心启用应急电源和发电设备，迅速展开救灾工作。5月16日，江油院区恢复上班。5月18日，新都院区全面恢复正常工作。6月5日，受灾最重的松花岭地区全面展开恢复科研生产的攻坚战。

涡轮院紧邻极重灾区北川县，院职工医院竭尽全力帮助救治受伤群众，仅5月12日当天，就接受北川县、平武县、江油市大康镇等地受伤人员95人。职工医院发动全体医护人员搭建临时病房，及时为重伤病员进行手术。到5月18日，共收治地震伤员800余人，其中重伤员56人。

涡轮院还为过往的抗震救灾部队提供帮助：为赴北川县陈家坝乡抗震救灾的部队提供宿营场地和生活帮助；慰问在北川猿王洞景区开展救援的吉林消防总队官兵、海军重庆军代局航空军代表室；积极援助在平武县执行抗震救灾任务的消防官兵等。全院职工为重灾区捐款26万余元，党员交纳“特殊党费”10万余元。

2008年10月，中国燃气涡轮院被中共四川省委、四川省人民政府授予“四川省抗震救灾模范集体”称号。

中物院核物理与化学研究所　地震发生后，中物院核物理与化学研究所迅速成立抗震救灾应急指挥部，统筹指挥协调全所抗震救灾工作，他们临危不乱、沉着应对，科学决策，靠前指挥，赢得抗灾救灾的“第一时间”，把人员伤亡降到了最低，把设备受损造成的影响减低到最低程度，确保科研设施的安全，有效防止次生灾害发生，做到让国家放心、让院领导放心、让职工放心。

地震后，灾区通信、道路和桥梁全部中断，研究所成为与外界隔绝的孤岛。研究所某重要设施位于极重灾区，出现重大险情，47名科研人员被困，情况十分危急。国家利益高于一切。研究所决心不惜代价排除某设施重大险情，立即组织救援小分队，携带通信设备奔赴灾区，迅速查明灾情，及时向院指挥部汇报，引起国家及上级部门的高度重视。为对某设施实施应急抢险，研究所向国家和院指挥部汇报和分析了可能引发的进一步险情，13日晚连夜制定应急抢险方案，连夜组织应急抢险队抢险。经过近48小时连续奋战和舍身抢险，确保了国家重要设施处于安全受控状态。

在院应急指挥部的指挥下，研究所按照国家“必须不惜代价，彻底排除隐患，确保设施安全”的精神指示，先后组成3批次抢险队，冒着余震不断、房屋随时可能发生倒塌的危险，将重要危险物资转移至安全地方，并清理抢修和加固“三废”设施，消除对环境及公众构成的安全威胁隐患，确保某设施的安全，确保灾区周边受灾群众的生命安全。

2008年10月，中物院核物理与化学研究所被中共四川省委、四川省人民政府授予“四川省抗震救灾模范集体”称号。

中国人民解放军63833部队204室　地震发生后，63833部队204室党支部团结和带领全室人员，全力以赴投入生产自救和恢复建设。地震使厂房严重受损，墙体多处出现手指宽的裂缝。党支部不等不靠，组织厂房、洞体结构、液压系统、电气设备、控制系统等6个抢险救灾小组，立即投入灾情勘查、设备抢救、设施维护等工作。在余震频繁、险情不断的情况下，全室人员多次冲进厂房，先后抢救出价值1000多万元的测控模块、传感器等贵重设备和大量珍贵的试验数据。地震震落的砖块、水泥和墙体裂缝将从配电柜引出的16路电器线路完全损毁，抢险人员一点一点清理瓦砾、线路，一段一段测阻值、查短路，一路一路试送电，经过30多个小时的艰苦努力，全线修复照明电路，为设备检修提供有利条件。他们冒着墙体随时可能垮塌的危险，爬到30多米高的厂房顶作业，用两天时间彻底排除安全隐患。

室党支部充分考虑现实需求和长远发展，提出四步走的恢复重建方案，明确提出采用新技术、新方法对部分设备设施进行优化升级，努力为国家重大战略项目研制提供强有力的技术支撑。同时，室党支部抓紧组织科技人员对损坏设备进行抢修，历时18天，先后对3部行车、油源系统、控制系统、压力传感器和120多个检测通道等86台（套）核心设备进行维修处理和静态调试。6月5日，震后首次调试试验取得圆满成功。6月17日，全面恢复大运试验，为国家某新型装备研制赢得宝贵时间。

室党支部在抗灾自救的同时，还组织团员青年帮助驻地受灾群众搭建帐篷，抢收小麦、油菜，为他们送去大米、食用油、方便面、矿泉水等生活必需品。试验间隙，组织19名党员成立党员先锋队，参加擂鼓镇活动板房建设。室团支部一直资助北川县禹里乡中心小学学生高曦、张玖玲上学，地震发生后，团支部迅速与两名同学取得联系，鼓励他们振奋精神，好好学习。

2008年10月，63833部队204室被中共四川省委、四川省人民政府授予“四川省抗震救灾模范集体”称号。

中国人民解放军63823部队 特大地震发生后，解放军63823部队迅速派出一支由43人组成的抢险突击队到受灾最严重的兄弟单位63839部队参加抗震救灾。突击队员们冒着频繁的余震、山体滑坡和连绵大雨，在没有大型救援工具的情况下，连续奋战32小时，挖出4名遇难者遗体；在水、电、气供应完全中断的情况下，组织炊事班为兄弟单位1000余名官兵和受灾群众提供饮食保障；接到兄弟单位搬迁入住该部过渡办公的命令后，全体官兵主动腾出主教学楼等6400多平方米的房屋供他们使用。

5月14日下午，该部接到协助第五二〇医院救治受伤群众的命令，先后抽调120余人次，帮助整理遇难者遗体17具，抬运伤员1000余人次，搭建帐篷30多顶，执行警戒巡逻50余人次。在接到建立受灾群众救助站任务后，该部仅用2小时就搭建帐篷15顶，安置受灾群众139名，并为受灾群众添置被褥、手电、电视等生活用品，成立心理救援小组，积极为受灾群众进行心理疏导，帮助他们尽快走出地震带来的阴影。

5月20日，总装备部党委决定在该部建立“总装备部·绵阳八一帐篷学校”。受领任务后，该部全力以赴，先后出动200多人次，与兄弟单位并肩作战，搭建88顶帐篷、22间教室，建起可保障1200名师生使用的厕所、澡堂、食堂等基础设施；在板房教室内，安装电视机、计算机、空调，开设远程教育网络教室，有力地保障了师生们的学习和生活条件；高度重视受灾儿童的心理问题，派出心理老师深入每个班进行安抚，邀请航天英雄杨利伟、翟志刚等来到孩子们中间，参加孩子们的主题班会，抚慰孩子们受伤的心灵。该部军官家属也积极行动，对受灾儿童进行心理疏导，重新点燃孩子们生活的梦想。八一帐篷学校先后接收北川县曲山小学、陈家坝小学、太洪小学、漩坪中学等5个学校的1300余名学生、130余名教师，被媒体誉为汶川地震灾区规模最大、条件最好、复课最早、设备最先进、管理最正规的示范性帐篷学校。

5月29日，该部奉命派出两批90余名突击队员，在川音绵阳艺术学院搭建帐篷800余顶，解决唐家山堰塞湖三分之一溃坝淹没区群众的安置问题；派出53名突击队员，前往绵阳市游仙区石马镇，坚守七天六夜，在20多个道路出入口进行执勤，排查人员近万人次，保障唐家山堰塞湖泄洪期间群众的生命和财产安全。

2008年，63823部队被解放军总装备部表彰为“抗震救灾先进单位”；10月，中共四川省委、四川省人民政府授予“四川省抗震救灾模范集体”称号。

第二节 先进集体名录

一、四川省抗震救灾先进基层党组织

2008年6月30日，中共四川省委表彰100个“抗震救灾先进基层党组织”，绵阳市17个单位获得该项荣誉：

北川县委组织部机关党支部

北川县陈家坝乡党委

北川中学党支部

平武县南坝镇党委

平武县水观乡党委

平武县平通镇牛飞村党支部

安县高川乡党委

安县桑枣镇党委

江油市枫顺乡党委

江油市文胜乡安顺村党支部

绵阳市涪城区青义镇青漪社区党支部

绵阳四〇四医院党委

四川长虹集团公司党委

绵阳兴力达集团党委

中国工程物理研究院第七研究所党委

武警绵阳市支队北川县中队党支部

武警北川县公安消防大队党支部

二、汶川地震灾后恢复重建先进集体

2011年10月14日，经中共中央批准，汶川地震灾后恢复重建总结表彰大会在北京人民大会堂召开，人力资源和社会保障部、国家发展和改革委员会、解放军总政治部联合表彰200个“汶川地震灾后恢复重建先进集体”，绵阳市5个集体、对口支援绵阳的省（市、区）20个集体获得该项荣誉。他们是：

北川县人力资源和社会保障局

四川六合锻造股份有限公司

安县财政局

平武县南坝镇人民政府

绵阳市发展和改革委员会

山东省潍坊市住房和城乡建设局

山东省济宁市发展和改革委员会

山东省威海市城乡建设委员会

山东省青岛市对口支援北川灾后恢复重建领导小组办公室

山东省淄博市委、市政府对口支援北川灾后恢复重建工作领导小组办公室

山东省济南城建集团有限公司

山东万达建安股份有限公司

山东省烟建集团有限公司

河北省交通运输厅公路管理局

河北省石家庄市行政事业单位项目建设管理中心

河北省保定市发展和改革委员会

河北省邯郸市建设局建筑业管理办公室

辽宁省建筑设计研究院项目管理咨询公司

辽宁省发展和改革委员会固定资产投资处

辽宁省水利水电科学研究院

河南省郑州市发展和改革委员会

河南省洛阳市住房和城乡建设委员会

河南省对口支援江油市恢复重建工作领导小组办公室

河南煤业化工集团有限责任公司洛阳LYC轴承有限公司

中国城市规划设计研究院北川新县城规划工作前线指挥部

三、四川省灾后恢复重建对口支援省（市）先进集体

2010年9月20日，中共四川省委、四川省人民政府在成都举行四川省灾后恢复重建对口支援省（市）先进集体、先进个人表彰大会。授予27个对口支援省（市）单位“四川省汶川地震灾后恢复重建先进集体”荣誉称号。同时，中华全国总工会决定，授予四川省汶川地震灾后恢复重建先进集体“全国五一劳动奖状”。对口援建绵阳市的省（市）有6个集体获得该荣誉：

济南市对口支援北川县擂鼓镇灾后恢复重建领导小组擂鼓镇二作指挥部

青岛市对口支援北川灾后恢复重建小组驻北川工作指挥部

河南省文物建筑保护设计研究中心

辽宁省人民政府驻安县对口支援指挥部

唐山市人民政府投资工程建设管理中心

河南省公路工程局集团有限公司

第二章 英模（先进）人物

第一节 英烈传

陈大桂 羌族，1982年11月出生，四川北川县人。2001年9月入伍，中共党员，大学本科学历。解放军96165部队92分队副连职排长，中尉军衔。2008年5月12日下午，汶川特大地震发生时，为抢救北川县擂鼓镇陈山村11名被困群众不幸牺牲。

少年时代的陈大桂品学兼优，多次被评为“三好学生”，担任过班级团支部书记和学生会学习部长。高中毕业前夕，陈大桂加入了中国共产党，成为全校首批入党的3名学生之一。2001年9月，陈大桂考入中国人民解放军第二炮兵工程学院。由于成绩优异表现突出，两次被学院评为“优秀学员”，担任了学员队党支部组织委员。毕业时，陈大桂主动要求分配到基层作战部队。为克服专业不对口的问题，陈大桂熟练掌握10多个岗位的指挥操作技能，顺利通过上级组织的技术能手答辩考核，成为所在部队独当一面的专业技术骨干。2006年年底，部队急需一套规范的训练操作规程，陈大桂主动承担编写任务，完成3本8万多字的规程草案，后被确定为部队训练教材，陈大桂因此荣立三等功1次。在7年的军旅生涯中，他曾经多次临危不惧，挺身而出解救他人生命。

2008年年初，陈大桂夫妇参加了部队组织的集体婚礼。5月初，他回到阔别已久的老家四川省北川县擂鼓镇陈山村。5月12日，陈大桂请人整修房屋，准备4天后按羌寨风俗补办婚宴，20多个乡亲不约而同地过来帮忙。突然，大地剧烈地抖动起来，院子内老房子上的瓦片像下雨一样纷纷坠落。陈大桂意识到发生强烈地震，立刻对正在吃饭的乡亲们喊：“地震，快撤！”在陈大桂的指挥下，村民们跑出院落，涌向村子东北侧的开阔地。此时，北侧山上整片树林发生移动，地面开裂隆起，巨大的石头从山上不断滚落，村民们被惊呆了，站在那里不知所措。陈大桂看到北侧山体正在滑坡，立即指着西南方向冲村民们焦急地大喊："这里不安全，快向那边跑！"村民们刚向南边跑出10多米，一条宽约1.2米、深约1.5米的水沟挡住他们的逃生之路。此刻，地动山摇，村民们站都站不稳，怎么也跨不过水沟。陈大桂的奶奶、父亲、母亲和妻子落在了逃生的人群后面。陈大桂无暇顾及家人，迅速跑到水沟旁，一个接一个连推带拽地将乡亲们推向水沟的对面。桂平邦是第11个被推过水沟的人，他刚跑出几米远，山体夹杂着泥浆、巨石轰然而下，陈大桂与奶奶、父母、妻子及4名未救出的村民被汹涌而来的泥石流掩埋。得救的村民悲痛万分，他们哭着说："我们都是大桂用命换来的，就是用手挖也要把他挖出来。"

2008年7月，解放军96165部队批准陈大桂为"革命烈士"；10月7日，陈大桂被中共中央、国务院、中央军委追授"全国抗震救灾模范"荣誉称号。

崔学选　1955年12月出生，山东莱州人。中共党员，研究生学历。山东省援建北川工作指挥部总指挥助理、北川新县城组组长，潍坊市建设局局长、党委书记。2009年7月13日，崔学选在援建北川期间不幸因病去世。

汶川特大地震发生的第二天，崔学选被任命为潍坊市抗震救灾前线指挥部总指挥、临时党委书记，并作为首批援建成员赴北川县指挥临时板房建设，此后又参与对口援建北川县工作。在援建前线，为让受灾群众尽早住进板房，崔学选和同事们一直坚持在帐篷内办公和居住，中午室内温度高达50多摄氏度，晚上又降至十几摄氏度，潮湿闷热、蚊虫侵扰。他本可以搭建板房作为生活办公场所，但他说，群众一天不能搬进板房，他们就一天不能搬出帐篷。地方和企业送来的慰问品，被他全部送给搭建板房的工人。他不畏塌方、泥石流、滑坡的危险，不顾腿部水肿，每天巡查10多个建设工地。他生病发烧，为了不耽误工作，服用平常剂量两倍的药，忍痛坚持和援建人员一起奋战。每天晚上，他都要召集指挥部人员开调度会，经常工作至凌晨一两点，有时通宵达旦。在他的带领下，潍坊市700多名援建者仅用两个月时间就建成板房3369套，并创下多项"第一"：第一个把指挥部建立在北川最前线，建成北川第一个板房小区，建成北川第一所板房学校等。

2008年7月，在圆满完成临时安置任务以后，崔学选又选择留下参与重建工作，并担任山东省援建北川县前线指挥部新县城组组长。他带领同志们提前介入新县城的重建规划，白天踏勘，晚上查阅资料，仅用1个月便完成近3万字的北川新县城规划设想。崔学选在工作中以群众满意为标准，对援建工作认真严格。他带着身体的病痛，连续超负荷工作，病倒在灾后重建第一线。8月8日，崔学选被送到绵阳市中心医院住院治疗，几天后，他不顾医生劝阻坚持出院，回到一线继续工作。9月6日，他再次被剧烈的腹痛击倒，住院后进行了两次手术。在他生病住院期间，中共中央总书记、国家主席、中央军委主席胡锦涛通过山东省领导带去亲切问候。2009年7月13日，崔学选因患乙状结肠癌晚期医治无效，在山东省潍坊市人民医院不幸去世。党和国家领导人胡锦涛、习近平、李源潮送了花圈。崔学选的父母年近九旬，由于他平时工作太忙，双亲一直由弟弟照顾。为了不让父母担心，崔学选赴灾区之前，向父母撒了一个"到北京学习"的谎言，并叮嘱家人圆谎和照顾好老人。至崔学选去世，老人还以为他在外地学习。

2008年10月，崔学选被中共四川省委、四川省人民政府授予"四川省抗震救灾模范"称号。2009年5月15日，中共山东省委决定，授予崔学选"山东省优秀共产党员"荣誉称号，在山东全省开展向崔学选学习活动。

叶志平 1953年9月出生，四川绵竹市人。中共党员，大专学历。绵阳市安县桑枣镇初级中学校长。2011年6月3日，因灾后重建工作中劳累过度，突发脑溢血，6月27日不幸去世。

1969年2月，叶志平初中毕业后在塔水镇三泉村（原兴隆公社三泉大队）当知青。1975年7月毕业于绵阳师范学校，分配到沸水镇小学任教。1978年调入桑枣镇初级中学工作，1985年12月加入中国共产党，1995年起任桑枣镇初级中学党支部书记、校长。

叶志平担任校长后，把师生的生命安全放在首位，想方设法加固维修实验教学楼，要求施工队把存在安全隐患的厕所楼拆除，重新在一楼的安全处搭建平房厕所；对存在安全隐患的教学楼，重新在原板缝中灌注混凝土，对整栋楼的22根承重柱子，按要求把“三七柱”重新灌注水泥，加粗为“五零柱”。对新建的教学楼，叶志平严把质量关，他担心楼外墙立面的大理石贴面掉下来砸伤学生，坚决要求施工队在每块大理石板上都打4个孔，用金属钉挂在外墙上再贴好。在汶川特大地震中，新旧教学楼都没有发生倒塌，教学楼的大理石贴面没有掉落1块。

从2005年开始，桑枣中学针对学校地势，制定了紧急疏散方案，每周二为安全教育时间，每学期组织1次紧急疏散演习，每个班的疏散路线、到操场上的固定位置、每列走哪条通道等细节，学校都会事先安排好，并对老师的分布提出严格的要求。由于平时多次演习，汶川特大地震发生时，全校师生从不同的教学楼全部疏散到操场排队站好，用时仅1分36秒。当叶志平看到两栋教学楼和四栋学生宿舍楼均未倒塌，2200多名学生、100多名老师安然无恙，他流下惊喜和激动的泪水。他说：“无论是校长还是老师，保护学生的生命永远是最重要的，这是最高的职责，也是最基本的要求。”桑枣中学的抗震奇迹感动了广大网友，叶志平被网友们称赞为“灾区最牛校长”。

学生被疏散回家后，叶志平马上组织学校教师投入抗震救灾工作，搬运救灾物资，打米磨面，帮助受灾的父老乡亲渡过难关；清理受损校园，搭建临时教室，为复课做好准备。在抗震救灾、恢复重建工作中，叶志平带领全校教职员工埋头苦干。2011年6月3日晚，叶志平因操劳过度，突发脑溢血，被立即送往绵阳市第三人民医院紧急抢救。6月19日，中共中央政治局委员、国务委员刘延东，四川省委书记刘奇葆到桑枣中学考察，得知叶志平生病住院的消息，指示一定要尽最大努力挽救他的生命。6月20日，叶志平被转入四川大学华西医院进行治疗。6月27日，叶志平因医治无效逝世，年仅57岁。

2008年6月，中共中央组织部授予叶志平“抗震救灾优秀共产党员”称号；10月，中共四川省委、四川省人民政府授予他“四川省抗震救灾模范”称号；2011年9月，中共四川省委追授他“四川省优秀共产党员”荣誉称号。

郑发富 1966年8月出生，四川安县人。中共党员，大学本科学历。四川省安县花荄镇初级中学教师。2008年5月12日下午，汶川特大地震发生时，为抢救学生英勇献身。

郑发富从小懂事，聪明好学，从小学到高中成绩都是优秀。郑发富家中兄弟姐妹较多，有5个哥哥、3个姐姐。他是老幺，家境不是很好，他读书的费用由父亲卖豆腐干和母亲养猪得来。1985年，他考入绵阳师范学院政史系，毕业后为照顾年迈的父母，他主动回到家乡任教。

郑发富致力于家乡教育事业，在21年教学生涯中，心里始终装着学生。他常说："学生是一张纯洁白净的纸，家长放心把他们交给我们，我们怎可任意涂鸦呢？"2006年，郑发富担任年级组长，他深知担子更重、责任更重，每天总是很早到学校，很晚才回家。

汶川特大地震发生时，郑发富正在学校值班。突然，房屋开始摇晃，整个校园强烈抖动。"地震了！快通知上课的学生和老师！"郑发富一边大声呼喊，一边向教学楼奔去，迅速赶到通道较窄的二年级两个班的通道口，疏通撤离通道，搀扶撤离的师生。这时，围墙突然垮塌，将郑发富掩埋在废墟下。当全校师生疏散到外操场清点人数时，发现郑发富不在其中。老师们急忙跑回内操场，在倒塌的围墙下找到郑发富，将他紧急送往县医院抢救，但他已经停止了呼吸。

2008年7月，郑发富被人力资源和社会保障部、教育部授予"教育系统抗震救灾英雄"称号；2009年5月，被四川省人民政府追授"革命烈士"称号；9月，被人力资源和社会保障部、教育部追授"全国模范教师"称号。

刘晓艳 女，1980年5月出生，四川安县人。中共党员，大专学历。四川省安县秀水一小汉昌分校教师。2008年5月12日下午，汶川特大地震发生时，组织学生疏散不幸以身殉职。

刘晓艳是安县永河镇一个农民家庭的独生女儿。家里经济条件不好，还有需要照料的驼背爷爷，艰辛的生活早早就让刘晓艳懂得了很多做人的道理——勤劳、孝顺、关爱他人。刘晓艳从小学习刻苦，一边学习一边帮家里干些力所能及的农活。1997年，刘晓艳考上绵阳教育学院，2000年8月毕业参加工作，一直从事乡村小学教育。她说："我是农村长大的孩子，农村的孩子更需要我，那儿才有我的根。"在投身教育工作的8年间，她一直担任班主任和数学教学工作，任务非常繁重。

2004年，国家基础教育课程改革在安县全面实施，小学开设英语课，而在农村小学英语师资严重欠缺，刘晓艳所在的学校没有英语教师。为了不让学校英语教学滞后，刘晓艳勇挑重担，申请兼任本校的英语学科教学，为农村的孩子们做英语启蒙教育。在学校领导心目中，刘晓艳是一个勤奋工作的好教师；在同事心目中，刘晓艳是一个平易近人的好同事；在学生心目中，刘晓艳是一个慈祥如母亲的好教师。

2008年5月12日下午汶川特大地震发生时，刘晓艳正在教室批改英语作业，她被突如其来的剧烈震动吓了一跳，马上意识到地震了，便立即指挥孩子们躲到墙角，躲到课桌下，并不停地大声安慰孩子们："不要怕，不要怕，有老师在……"等地面的抖动稍稍有所缓和后，刘晓艳迅速组织学生撤离教室。学生们一个个冲向操场，楼上滞留的人越来越少，楼道中仅剩6名学生，刘晓艳拉着一个学生的衣服，焦急地说："同学们，快！快！"这时，由于地震过后楼道两侧的墙体和上方的梁柱已经松动，加上余震不断，楼道上方的梁柱和两侧的墙体连同房顶的瓦片向刘晓艳和6名学生砸下来。

操场上的几百名师生被这惊人的一幕吓呆了，人群中发出一声声惊叫。几个年轻教师迅速跑过去，用自己的双手在瓦片、砖块中不停地挖，当挖出刘晓艳的遗体时，人们发现她的右手还紧紧拉着一个学生的衣服。"她本来是最有机会逃生的，"目睹刘晓艳牺牲的师生们悲痛地回忆说："当时，她站在学生密集的楼道口，离操场只有几步之遥。她如果不顾学生或者少疏散几个学生，完全可以在楼梯坍塌前撤到安全的地方。"

2008年9月，刘晓艳被教育部追授为"教育系统抗震救灾先进个人"称号；2009年5月，被四川省人民政府追授为"革命烈士"。

张红梅　女，1982年10月出生，四川安县人。中共党员。安县秀水佳欣幼儿园教师。2008年5月12日下午，汶川特大地震发生时，为营救幼儿园的孩子英勇牺牲。

出生在农村的张红梅，自幼聪明好学，善良朴实，她经常帮助身边一些生活困难的老人及弱势群体，是一名群众夸奖的好青年。张红梅在工作中尽职尽责，积极向上，勤奋好学，不断努力提升自己的思想和业务素质。从当上幼儿教师的那天起，张红梅就不忘自己肩负的责任。"家长把孩子平平安安地送到幼儿园，我们就有责任平平安安地把孩子送到家长手中。"这是幼儿园对每一位教师的要求，张红梅时刻铭记这句话，默默地履行职责。

2008年5月12日中午，张红梅和同事黄小琴与平常一样，在教室里守护午睡的54个孩子。忽然，房屋猛地晃动起来，还伴随轰轰巨响。"地震了！"张红梅立即大喊，"快带孩子们出去！"话音未落，她便抱起一个较小的孩子，领着几个孩子冲向幼儿园大门。教师黄小琴也做出同样的反应，迅即抱起小孩朝外跑。此刻，从睡梦中惊醒的孩子们在教室里惊慌失措地哭喊。时间就是生命。张红梅似乎忘记了自己年幼的儿子也在其中，她冲进屋，见孩子就往外抱，恨不得自己有几十双手，一下把所有的孩子都抱外面。张红梅的儿子许佳豪胆子小，被突如其来的大地震吓坏了，躲在教室最里面，看见自己的妈妈进进出出一直没抱自己，不停地哭喊："妈妈抱我。"张红梅嘴里不停地应着："马上！马上！"但她每次抱出的都是别人的孩子。

在幼儿园附近干活的3名家长，在地震发生时以最快的速度冲进幼儿园，与老师一道转移孩子。教室里只剩下最后3个孩子，张红梅的孩子就在其中。张红梅、黄小琴、家长钟代云再次冲进教室，黄小琴和钟代云抱起另外两个孩子向外跑，张红梅抱着自己的孩子跑在最后。就在黄小琴和钟代云冲出教室门的一刹那，随着一声巨响，二楼的房屋坍塌下来，张红梅和她的儿子不见了踪影。"张老师……张老师……"任凭大家怎么呼喊，再也听不见张红梅的回音。大家冒着余震的危险冲向废墟，用手不停地刨，终于看到张红梅散乱的头发，一根重达几百公斤的横梁和二楼垮塌的水泥板，无情地夺去了张老师和她怀里孩子的生命。

2009年5月，张红梅被四川省人民政府追授为"革命烈士"。

乔广平 1967年8月出生，四川平武县人。中共党员。平武县平通镇初级中学教师。2008年5月12日下午，汶川特大地震发生时，为疏散学生被坠落物砸中不幸遇难。

乔广平出生在平武县锁江乡水口村。1985年7月，乔广平从江油师范学校毕业后，放弃了到广元市工作的机会，毅然选择回到平武山区任教。

在平通初中工作期间，乔广平始终把学生放在第一位。他积极钻研教材，认真备课，认真批改作业。在平时的教育教学活动中，他注重教材的内在联系，积极探索新的教育教学方法，把新的教育教学理念结合到教学工作中。根据班里学生的实际情况，乔广平因材施教，所教班级的教学质量始终处于全县前列，多次被评为先进教育工作者。乔广平担任班主任工作10年，深受学生爱戴和尊敬。

2008年5月12日下午，乔广平提前到教室为2008级3班的学生发放批改好的化学试卷，突然地震发生了。乔广平快步跑到门外楼道边向楼下看，见有人向外跑，他立即冲回教室大声喊道："同学们，快跑！"此时，震动更加强烈，楼房摇晃愈加剧烈，教学楼摇摇欲坠。乔广平不断向学生呼喊快跑，直到班上最后两排的学生都跑出教室，他才尾随学生离开教室向楼下撤离。当他跑到楼道拐角处，教学楼整体垮塌了，水泥预制板、横梁、砖块等建筑物一齐砸下，乔广平被埋压在倒塌的建筑中。

幸存学生刘庆波、张翔说起当时的情况，止不住泪流满面。他们说："突如其来的灾难降临时，站在讲台前面的乔老师没有自己向外冲，而是迅速组织我们往外跑，我们全部冲出了教室，乔老师才跑出来，当我们跑到安全地带时，却没有发现敬爱的乔老师。"

2008年6月6日，被中共四川省委追认为中国共产党党员。2008年9月，被教育部追授"教育系统抗震救灾先进个人"称号；同月，被四川省委、四川省人民政府追授"四川省教育系统抗震救灾模范"称号。

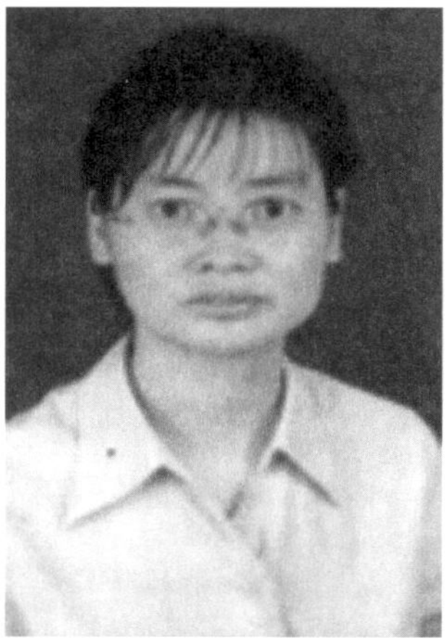

张　兰 女，1973年9月出生，四川平武县人。共青团员，大专学历。四川省平武县南坝镇中心小学高级教师。2008年5月12日下午，汶川特大地震发生时，为抢救学生不幸遇难。

张兰小时候很懂事，一有空就帮家里扯猪草背柴做家务，乡亲们都夸她是个勤快的好孩子。1992年7月，师范学校毕业的张兰被分配到平武县边远的水观乡小学工作，条件较为艰苦，每天从早到晚包班教学，她没有丝毫怨言，把工作做得井井有条。张兰生活节俭，常常用省下来的钱给家庭困难的学生购买学习用具和垫交学杂费。她对学生严格要求，勤于辅导，经常利用业余时间为差生补课。在生活上，张兰对学生热情关怀，是学生爱戴的好老师，深得学生家长的信赖。

2008年5月12日下午，汶川特大地震发生时，张兰正在办公室批改作业。"地震了！地震了！"校园里，房屋的垮塌声、学生的尖叫哭喊声响成一片。"不要慌，快往操场上跑！"张兰大声喊道，和其他教师一起紧急疏散挤在二楼走廊惊恐不已的学生。在混乱的人群中，张兰突然看见离她不到

10米远的女儿，她大喊一声："雪鸥，快跑！"但她无暇顾及自己的女儿，忙着疏散抢救其他学生。摇晃越来越厉害，学校的建筑开始大面积塌垮。张兰顺手抱起一个学生，反手背上一个学生，急忙冲向楼下，这时，整幢楼轰然垮塌，厚重的预制板砸了下来，张兰胸前护着的学生得救了，她和她背着的学生不幸遇难。

2008年9月，张兰被教育部追授"教育系统抗震救灾先进个人"称号；同月，被四川省委、四川省人民政府追授"四川省教育系统抗震救灾模范"荣誉称号。

王光香 女，1956年6月出生，四川江油人。中共党员。四川省江油市武都镇五通村幼儿园副园长，幼儿一级教师。2008年5月12日下午，汶川特大地震发生时，因抢救学生不幸遇难。

在五通村说起王光香，几乎没有人不知道。王光香教过村里一半以上的人，她对村里的每一个孩子都视如己出，哪个孩子喜欢吃什么、喜欢玩什么，她都了如指掌。孩子们不喊她老师，都亲热地叫她"王妈妈"。

2008年5月12日下午，汶川特大地震发生时，王光香正在照料幼儿大班27名孩子午休，她高声喊道："孩子们，快起来，地震了。"孩子们被突如其来的地震吓懵了，王光香抱起两个孩子就往楼下冲，当她跑出来时，两层高的教学楼三分之一的墙体轰然倒塌。她没有多想，再次冲上楼，教室里粉尘弥漫，什么也看不清楚，她寻着声音搜寻，凭感觉进出，2次、3次、4次……她连续抱出10名孩子。伴随强烈的摇晃，砖头、水泥块不断往下掉，楼上仍然有孩子的哭声，情况十分危急。王光香再次冲上楼救孩子，当她下楼时，楼房再次垮塌，两层高的教学楼顿时成为一片废墟，仅剩几根孤零零的柱子立在那里。在一块预制板下面，人们发现了王光香，她双膝跪地身体蜷缩，两臂张开扑倒在地，怀里紧紧护着两名孩子，孩子安然无恙，王光香却不幸牺牲。五通村幼儿园共有105名幼儿，在地震中仅1名幼儿遇难。

2008年6月，人力资源和社会保障部、教育部追授王光香"教育系统抗震救灾英雄"荣誉称号；2009年9月，人力资源和社会保障部、教育部追授她"全国模范教师"荣誉称号。

李佳萍 女，羌族，1966年12月出生，四川北川人。中共党员，大学本科学历。四川省绵阳市北川中学高级教师。2008年5月12日下午，汶川特大地震发生时，为抢救学生不幸遇难。

李佳萍出生在北川县禹里乡登高村，祖祖辈辈以种地为生，生活条件虽然艰苦，但父辈的纯朴善良与勤劳品质在她身上得以传承和发扬。在父母的关爱和教育下，李佳萍从小就喜欢读书学习并立下志向，将来当一名光荣的人民教师。1982年9月，她以优异的成绩考入安县师范学校，在校期间多次被评为学习先进个人，多次获得校体育比赛优胜奖。

1985年7月，李佳萍当上教师，开始了教育生涯。她先后在北川县小坝乡村上小学和中心小学任教，因教学成绩突出，1992年9月被调到北川中学任教。李佳萍勤勤恳恳，任劳任怨，把每一个学生当成自己的孩子，给予热忱的关心和爱护，成为学生心目中的好老师，受到家长和社会的好评，2003—2005年连续3年被学校评为优秀教师，2003年被评为县级优秀教师。2006年5月，李佳萍参加绵阳市思想品德教学竞赛，获得一等奖；2007年，李佳萍被评为“绵阳市政治学科骨干教师”。

2008年5月12日下午，汶川特大地震发生时，李佳萍正在给初二（4）班的学生上课。伴随着“轰隆隆”的巨响，教室剧烈摇晃起来。“同学们，地震了，快跑！”李佳萍一个箭步冲到教室门口，奋力拉开教室前门，大声呼喊着，拼尽全力把吓得不知所措的学生一个一个往门外推。在李佳萍的疏导下，36名学生很快冲出教室。他们刚跑出教学楼，就听见身后传来巨大的楼房倒塌声，回头一看，五层高的教学楼已经垮塌在弥漫的粉尘中，李佳萍和6名学生被压在教学楼的底部。被废墟掩埋的李佳萍从昏迷中醒来后，发现被埋压的学生还活着，她不顾自己的伤痛，开始在废墟下组织学生自救互救。为了给学生们树立生存的信心，她不停地和学生拉家常，聊生活中的往事，安慰他们一定要坚持住，相信会有人来救他们的，并鼓励他们保存体力，坚强地活下去。

在废墟中坚持了三十多个小时后，李佳萍的声音越来越弱。她感觉到自己快不行了，便用那只能够活动的右手，摘下左手上戴了近二十年的结婚戒指，交给离她最近的一名女学生，嘱托道：“如果你能活着出去，请把它交给我的爱人，告诉我女儿和爱人，我很想他们，很爱他们！”在生命的最后时刻，李佳萍艰难地叮嘱学生：“你们……一定要坚持……我会在另一个世界祝福你们。”

2008年6月，李佳萍被人力资源和社会保障部、教育部追授为“教育系统抗震救灾英雄”荣誉称号；2009年9月，被人力资源和社会保障部、教育部追授为“全国模范教师”。

张家春　羌族，1971年2月出生，四川北川人。大专学历。四川省北川中学一级教师。2008年5月12日下午，汶川特大地震发生时，因抢救学生不幸遇难。

张家春出生在北川一户农民家庭，读书非常用功。1992年9月，他以优异的成绩考入绵阳师范学院，在校期间勤奋学习、乐于助人，表现突出，先后被评为优秀学生干部，多次获得学校的表彰和奖励。

1995年7月，张家春大学毕业后，分配到北川民族中学任教，一干就是7年。在这所偏僻的农村中学，他把自己的一腔热情全部倾注在教育事业上，工作精益求精，勇于开拓创新，探索出“自学点拨式”课堂教学模式，创设宽松和谐的课堂教学氛围，促进学生全面和谐地发展，教学效果非常显著。

2002年8月，张家春参加北川中学面向社会公开选聘优秀教师的招聘考试，在众多的应聘者中脱颖而出，被北川中学录用。在北川中学工作的6年里，他始终以一个优秀教师的标准严格要求自己，爱岗敬业，勤奋努力，成绩卓著。他的教学方法诙谐幽默、灵活多样，深受学生的喜爱，所带的班级多次被评为先进班集体，他本人曾荣获全校青年教师赛课活动一等奖、北川课堂教学大赛一等奖、绵阳市课堂教学大赛二等奖。

2008年5月12日下午，汶川特大地震发生时，张家春正在位于旧教学楼一楼的初二（1）班上物理课，讲述磁场的知识。忽然大地一阵剧烈的抖动，头顶的日光灯不停地左右摇摆，坐得整整齐齐的学生被摇得东倒西歪。他跑出教室看了一眼，迅速返回高喊：“地震了，同学们快跑，快出教室！”这是第一层的第一间教室，占据了逃生的有利地势，张家春要逃生易如反掌，但他毅然退到讲台后面，有序地组织学生往外撤离。有些孩子被突如其来的灾难吓呆了，张家春就一个个把他们往外推。教学楼还在剧烈地摇晃，碎块纷纷砸在桌子上、讲台上和学生们的身上，也砸在张家春的身上。“孩子们，快点跑啊！”他高声呼喊着。学生陈涵在跑的时候跌倒了，张家春一把拉起他，使劲用脚一踹，把他踹到了教室外面；学生傅丽颖跌倒在教室门口，张家春一把拽起她，用力把她推向门外……1个、2个、3个，越来越多的学生逃离了危险。张家春没有撤离，他不想丢下任何一个学生。教学楼疯狂地摇晃着，碎石、土块纷纷落下来，门框变形了，张家春站到门下，用自己的血肉之躯死死地撑住门框，为学生撑起生命的大门。一个又一个学生从他的臂下穿过，他的头砸伤了，他的手出血了，灰尘包围着他，石块袭击着他。这时候，已经被张家春推出门外的学生周昱铭又进来了，她要去拉她的好朋友廖三三。眼看一大块水泥板就要砸在她的身上，张家春扑过去一把推开她，然后奋力踢出一脚，周昱铭和廖三三得救了，张家春却永远长眠在了废墟下面。教室外面，获救的46个孩子高声哭喊着：“张老师……”

2008年6月，张家春被人力资源和社会保障部、教育部追授“全国抗震救灾英雄”荣誉称号；2009年9月，被人力资源和社会保障部、教育部追授为“全国模范教师”。

唐春梅　女，羌族，1966年1月出生，四川北川人。大专学历。四川省北川县曲山小学高级教师。2008年5月12日下午，汶川特大地震发生时，为营救学生身负重伤，5月13日不幸去世。

唐春梅出生在北川县小坝乡大包村，1983年9月以优异成绩考入安县师范学校。在校期间，唐春梅因喜爱写作被聘为学校校刊编辑。1986年9月，唐春梅参加工作，一直在北川县较为偏远的山区小学任教，先后执教片口小学、小坝小学等。她对待学生就像对待自己的亲弟妹一样，照顾他们的衣食住行，用爱与学生沟通。学生生病了，她亲自送学生回家；学生因家庭困难交不起学费，她拿出自己的工资垫付；学生没有钱买作业本，她就买一些作业本放在办公室供学生使用；学生因家庭原因无法上学，她耐心开导说服家长，挽留学生继续读书。学生们很喜欢上她的课，认为她是好老师、好朋友、大姐姐。

1994年8月，唐春梅为照顾年幼的女儿和多病的婆婆，调入曲山小学任教。条件变了，离家近了，可是唐春梅身上那种教书育人、为人师表的品格没有变。她深感自己知识匮乏，工作之余加强学习，多方搜集材料，阅读报刊，转变教育观念，积极投入课改，取得突出的教学成绩，在省、市、县级教育科研部门组织的说课、论文评选及课件比赛中多次获奖，她所带的班级多次被县、校评为先进班集体，她本人也多次被评为优秀教师、优秀辅导员。

2008年5月12日下午，大地突然开始剧烈摇晃起来，曲山小学三层教学楼一楼，四年级三班的教室窗户玻璃被震得噼里啪啦碎了一地。“孩子们，地震了，快躲在桌子底下！”危急时刻，唐春梅大喊道。同学们刚躲到桌子底下，大地颤抖得更厉害了，大楼左右摇晃，发出吱吱嘎嘎的声音。从未见过地震的学生们都吓呆了。唐春梅意识到教室随时都有坍塌的危险，急切地喊道：“同学们，快往教室外边跑！一定要镇定，快，不要拥挤，往操场上跑！”回过神来的学生们迅速往教室外面撤，但剧烈的摇晃使不少学生摔倒在教室门口。唐春梅守在门口，将摔倒的孩子扶起来，使劲往外推，1个、2个、3个……多数孩子冲出教室，跑到大操场最安全的地方。教室里还剩下十来个孩子，唐春梅不顾一切地往外推他们，就在这时，一阵巨响，大楼坍塌了，唐春梅和

4个孩子被掩埋在教学楼的废墟之下。当天晚上，人们在废墟下救出唐春梅，她的双腿被水泥板砸断，身体非常虚弱，但她嘴里仍然念叨着没救出的学生。5月13日，由于伤势严重，唐春梅不幸离开了人世。

2008年9月，唐春梅被教育部追授“教育系统抗震救灾先进个人”荣誉称号。

方秀琼　女，1976年9月出生，四川平武县人。大专学历。四川省平武县南坝中心小学教师。2008年5月12日下午，汶川特大地震发生时，为疏散和保护学生不幸遇难。

1996年6月，方秀琼毕业于绵阳师范学校体育班，同年7月被分配到平武县南坝小学工作，先后担任过体育、语文、数学及班主任工作。方秀琼活泼开朗，乐于助人，老师有什么需要帮忙的事，她总是热心地忙前忙后。只要人们一走进她的办公室，立刻就会被她爽朗的笑声所吸引，被她充满朝气的精神所感染。

方秀琼谦虚好学，积极进取，工作兢兢业业，任劳任怨，积极参加学校组织的教学课改工作。1998年7月，为提高自己的业务能力和教育教学水平，方秀琼利用假期参加绵阳师范高等专科学校函授学习，2001年7月修完全部课程，达到大学专科学历。她撰写的教学论文《浅谈小学低年级体育教学》获县级一等奖，《浅谈小学生体育课兴趣的培养》获县级二等奖，“403项目”（远程教学模式）教学课件设计一等奖，县级赛课二等奖（赛课即公开课比赛）。在学校组织的教研评比中，多次获得校级优质课一、二等奖。

2008年5月12日，方秀琼值日，负责全校学生的午休纪律及安全。14时28分，突然地动山摇，天旋地转，方秀琼敏锐地判断发生地震了，她迅速冲出办公室，向两幢教学楼大喊：“同学们，快往操场中间跑，地震了！”走廊上，孩子们惊慌失措，哭声、喊声响成一片。方秀琼冲到楼道口，和其他几位教师一起疏散学生。这时，只要她多跑几步，她就安全了，生死关头，她顾不上自身的安全，也顾不上正在上幼儿园小班的女儿，张开双臂像一只保护幼雏的雄鹰呵护着孩子们逃生。轰隆一声巨响，一股无法抗拒的力量掀翻了教学楼，方秀琼顷刻间被埋在废墟中。

2008年9月，方秀琼被教育部追授“教育系统抗震救灾先进个人”荣誉称号。

任维志　1960年8月出生，四川平武县人。大专学历。四川省平武县南坝镇中心小学高级教师。2008年5月12日下午，汶川特大地震发生时，为抢救学生不幸遇难。

1982年，任维志毕业于平武县教师进修校中师班，被分配到平武县南坝镇石坎兴隆小学任教，其后又先后调至南坝镇石坎小学、高庄金陵小学、南坝镇中心小学任教。在条件艰苦的边远村级小学任教，他毫无怨言。没有电灯，在煤油灯下备课、批改作业。学校缺乏资金，他和当地村民自力更生砍树背砖筹建校舍。在教学工作中，他善待同事，乐于助人，和同事一起探讨因地制宜的教育教学方法。他对待学生如自己子女，总是不厌其烦地为学习困难的孩子进行心理疏导、学习辅导。一次，一位住校生发高烧，他立即背起这名学生去医院，并守护了1个通宵。1993年春，任维志所教班级教学成绩名列全县第二名，他被评为“绵阳市优秀青年教师”。

调入南坝镇中心小学后，任维志坚持钻研教材，积极参加各类业务进修和培训，多次担任学校课程科研项目。由于业务能力强，工作成绩突出，教学成绩多次名列全县、全镇前茅，任维志成为学校数学骨干教师和优秀教师。1992—1998年，他先后获“平武县先进教师”“平武县优秀青年教师”“绵阳市优秀青年教师”“绵阳市劳动模范”称号。1995年，他被提名为“绵阳市十佳教师”候选人；1996—1998年，他被评为“县级青年骨干教师”“学科带头人”。

2008年5月12日下午，汶川特大地震发生时，任维志正在办公室批改作业。他立即跑出办公室，在走廊和楼梯间指挥学生疏散。突然，一位学生因拥挤跌倒，任维志冲过去，将摔倒的学生从人群中拉起来。紧接着，他又冲到一、二楼的转弯处，维持秩序，组织学生尽快疏散。强烈地震造成教学楼垮塌，就在垮塌的一瞬间，任维志迅速地将一个女生的头部护住，他和周围的学生、教师一起被埋在楼梯间，不幸遇难。

2008年9月，任维志被教育部追授“教育系统抗震救灾先进个人”荣誉称号。

母凯贤 羌族，1968年11月出生，四川北川人。大专学历。四川省北川县陈家坝乡初级中学一级教师。2008年5月12日下午，汶川特大地震发生时，为抢救学生不幸遇难。

母凯贤出生在北川县曲山镇海光村，从小学习刻苦，1984年9月以优异成绩考入安县师范学校。在校期间，母凯贤学习勤奋，表现突出，多次获得学校的表彰和奖励。1987年7月，母凯贤毕业分配到北川县陈家坝乡樱桃沟村小学任教，1991年9月年调入陈家坝乡初级中学任教。母凯贤平时风趣幽默热情大方，与同事相处，总是想他人之所想，急他人之所急。他对学生和蔼可亲，给学生慈父般的温暖，朋友般的关心，深受学生的喜爱和信赖，所教学科在历年中考中名列前茅，多次被评为“先进个人”“优秀教师”，成为“绵阳市学科带头人”。母凯贤爱好广泛，多才多艺，是学校篮球队、排球队主力和教练，还精通二胡、吉他等多门乐器，是学校教师乐队的主要成员和负责人，也是学校各项文娱活动主要策划人。

2008年5月12日14点28分，母凯贤正在教室里上政治课，突然教室抖动了一下，接着传来沉闷的声音。母凯贤跑到教室外面的空地上，想看看是怎么回事，刚到教室外面，地面就开始剧烈抖动起来。母凯贤立即冲到教室门口，向学生大喊：“快点跑，地震了。”他将挤在门口的几个学生拽出教室，迅速组织学生疏散。抖动越来越厉害，人已经站不稳，他帮几个学生撤离到外边的空地，担心剧烈的抖动把获救的学生震落到空地前的坎下，连忙把那几个学生挡在自己身后。就在这时，又一波剧烈的抖动开始了，瞬间地表撕裂，教室垮塌，母凯贤身边的一堵墙也垮塌了，瞬间把他与几个学生埋在了废墟下面。

地震刚过，学校迅速组织教师施救，当母凯贤从废墟中被挖出来时，他脸色土灰，双眼紧闭，耳朵、嘴巴、眼睛、后脑到处都在流血。他用尽最后的力气，断断续续地说：“快，快，学生……”话没说完，就永远闭上了眼睛。母凯贤站立的位置距最安全的区域不到3米。

2008年9月，母凯贤被教育部追授“教育系统抗震救灾先进个人”荣誉称号。

李宏勇 1984年5月出生，四川岳池人。中共党员，大学本科学历。四川省平武县平通镇初级中学教师。2008年5月12日下午，汶川特大地震发生时，为抢救学生不幸遇难。

李宏勇出生农村，父母对他要求很严格，把他视为家中的希望，节衣缩食支持他读书。他理解父母的艰辛与期盼，学习勤奋，生活简朴，从小学到高中成绩一直很优异。2002年6月，李宏勇考入绵阳师范学院数学系数学专业，在大学期间先后被评为校优秀学生干部、优秀大学生。2006年7月，李宏勇大学毕业，报名参加四川省特岗教师招聘考试，以优异的成绩被录取为特岗教师，分配到平武县平通镇初级中学任教。

李宏勇工作非常认真，特别关爱学生，教学方法灵活多样，教学语言风趣幽默，深受孩子们的喜爱。学生们一般不喊他“李老师”，而是亲切地叫他“李宏勇哥哥”。李宏勇在学校担任初三数学、初二物理共3个班的教学工作，为了提高教学质量，他利用休息时间精心备课，充分做好课前准备，精心设计每一道练习题，努力使学生学得轻松而快乐。他不仅关心学生的学习，利用休息时间进行个别辅导，还很关心他们的生活，经常和同学谈心，和家长电话联系或家访，赢得学生的爱戴、家长的赞扬和同事的肯定。

2008年5月12日14时28分，上课预备铃刚刚响起，李宏勇已经提前进入教室辅导学生。突然，天摇地动，电灯、天花板等不停坠落。李宏勇急呼一声：“不好，地震了，同学们快往外跑。”他和其他教师一起紧急疏散学生，等所有学生跑出教室，他才跟着往外跑。就在距安全逃生地点不足2米的地方，学生陈诚被地震的力量甩到在他身边。此时，砖头、瓦块纷纷坠落，教学楼随时可能垮塌，哪怕停留半秒也意味着死亡。然而，李宏勇没有片刻犹豫，他紧急停下逃生的脚步，侧身去抱陈诚，就在此时，教学楼轰然塌下，他们被埋在了下面。后来，救援人员从废墟中挖出李宏勇的遗体，他的两手还紧紧搂抱着那名叫陈诚的孩子。

2008年6月，李宏勇被中共四川省委追认为中共党员；9月，被教育部追授“教育系统抗震救灾先进个人”荣誉称号。被四川省委、四川省人民政府追授“四川省教育系统抗震救灾模范”称号。

左　宜 羌族，1957年12月出生，四川北川人。中共党员。四川省北川县公安局拘留所民警，三级警督警衔。2008年5月12日，在汶川特大地震中，为保护他人生命光荣牺牲。

1975年2月，左宜参加工作，在北川县擂鼓镇供销社当服务员。他为人忠厚老实，做事认真负责，在供销社工作10年间，多次被评为先进工作者。

1985年，左宜成为人民警察。在新的岗位上，他虚心向领导和老同志学习，刻苦钻研公安业务知识和法律法规，凭着一股不服输的劲头，迅速成长为业务骨干。在县公安局办公室工作期间，他负责后勤，战友们亲切地称他“左团长”。1993年5月，县公安局成立指挥中心，左宜主动请缨，变成了“左指挥”。中心成立之初，警力不足，每当节假日或是同事有急事时，他总是第一个站出来主动要求值班。在指挥中心工作的11年时间里，他接听报警、求助电话几千次，下达出警指令快速准确，为侦查破案、打击违法犯罪做出了贡献。但面对妻儿父母的时候，他总有一丝愧意，他对家人说："选择警察这个职业就意味着付出，为了大家的平安，我只有舍去小家的幸福。"

2004年2月，左宜调到治安拘留所工作，他凭着一股拼劲，入所检查、教育谈话、回访调查，样样从头学起。他对羁押人员进行耐心细致的思想教育工作，许多羁押人员出来后遇见他，不是绕道走，而是拉着他的手再三说感谢。他没有豪言壮语，从不计较个人得失，尽职尽责，多次受到县公安局和上级表彰。

2008年5月12日下午，左宜在拘留所办公室值班，刹那间大地颤抖，天昏地暗，烟尘弥漫。他本能地冲出办公室，突然想到监室的羁押人员，他又冲进办公室，一把抓起挂在墙上的钥匙，趺趺撞撞地跑向监室大门，边跑边喊："地震了，大家不要慌，不要挤在门口。放心，我和大家在一起！"他用肩膀死死抵住摇晃的监室大门，把钥匙插入锁芯，就在这时，拘留所瞬间垮塌，成为一片废墟，他被废墟掩埋，献出宝贵的生命。震后，幸存的羁押人员张某回忆起当时的情形，忍不住泪流满面地说："当时地震晃得那么凶，左警官首先想到的是我们这些犯了法的人，他的办公室对面就是一块院坝，他肯定能活下来，要不是为了救我们，他就不会死，是他给了我们第二次生命，我们一辈子都不会忘记他！"

2009年11月，左宜被四川省人民政府追授为"革命烈士"。

第二节 英模简介

一、全国抗震救灾模范

王绵生 1953年11月出生，四川绵阳人。中共党员，大学本科学历。四川省绵阳市建设局局长。

汶川特大地震发生时，王绵生正在召开局务会议。他立即指挥职工和群众，疏散到楼下安全地带。第一波强震结束仅仅10多分钟，王绵生便集结党组成员，分为4个组对全城公用建筑进行检查，指导防护避震，严防天然气泄漏等次生灾害发生。

北川县城在地震中被夷为平地，山体严重塌方，堵塞了进出北川的道路，救援人员和物资无法进入。王绵生受命组织大型机械，火速打通救援"生命线"。震后通信中断，他跑遍城区所有施工工地，在北京路桥公司调集到7台装载机、挖掘机和机手，于5月12日深夜带领抢险队员和工程机械急驰北川。山路崎岖，余震不断，跌落的山石随时会导致车毁人亡。王绵生与抢险队员冒着生命危险一节节疏通被堵道路，经过一夜拼死奋战，至13日5时，麻柳湾、半边桥、任家坪救援道路全线抢通，救援大军和重型机械随后开进北川中学救人。为保证这条"生命线"的畅通，接下来的几天里，王绵生和抢险队员们几乎没有合眼。

地震和唐家山堰塞湖次生灾害，使绵阳城市露天避灾群众在最高峰时达到百万人之多。王绵生要求建设系统，群众疏散到哪里，服务就要紧跟到哪里。他组织指挥搭帐篷，拉电线，安水管，建临时厕所，昼夜奔忙，八方协调，解决绵阳城区避险群众的临时安置问题。经过昼夜紧急抢修，震后不到30个小时，绵阳城区主要干道的路灯恢复照明，水、气恢复供应，城市公交正常营运。为让群众尽快回到家中正常生活，5月14日，王绵生及时组织房管、规划、设计、检测等部门的大批工程技术人员，对城区房屋进行拉网式排查，同时组成3个小组对全城的桥梁、学校、医院、河堤、电信大楼等市政公用建筑进行检测，使其尽快恢复运行。至6月中旬，仅用1个月的时间，绵阳城市照明、绿化恢复到震前水平，环境卫生治理完成，全市75条公交线路全部恢复正常营运，绵阳城市迅速恢复往日的整洁、方便。

抗震救灾期间，王绵生还担负了北川县曲山镇、擂鼓镇上万群众回乡安置工作任务。擂鼓镇的恢复重建及群众安置工作受到住房城乡建设部的高度评价，中央电视台第一套节目作了专题报道。

2008年10月，王绵生被中共中央、国务院、中央军委授予“全国抗震救灾模范”称号。

唐训海　1974年10月出生，四川遂宁人。中共党员，大学本科学历。四川省绵阳水文水资源勘测局副局长、高级工程师。

汶川特大地震发生后，为防范堰塞湖产生次生灾害，四川省水文局迅速调集全省水文骨干，组成6个水文突击队，唐训海既是突击队员，又是绵阳市水利工作组副组长。5月14日至15日，唐训海和水文突击队员踏遍都江堰、德阳、绵阳、广元等地10余处堰塞湖。

当北川唐家山堰塞湖蓄水达1亿多立方米，并且每天以700万立方米的速度增加时，严重威胁到下游绵阳、遂宁几百万人民群众的生命财产安全。5月16日，唐训海所在的突击队接到奔赴北川唐家山堰塞湖的命令。为迅速掌握第一手资料，唐训海和队员们背着干粮、水和简单的测验设备，沿着陡峭、崎岖的山路攀行，一路上余震不断，滑坡、泥石流、塌方频频发生，飞石夹杂着尘土不停地滚落，随时有生命危险。经过20多个小时艰难跋涉，他和队员们到达唐家山堰塞湖，顾不上休息，立即投入紧张的测量工作。经过艰苦努力，唐训海和队员们成功地收集到唐家山堰塞湖第一手资料。

要精确掌握唐家山堰塞湖水文数据，必须在其上游安装自动水文测报仪。地震后的气候变化无常，连续几天的雨雾天气，使飞机无法起飞降落。5月24日17时许，唐训海和队员们每人负重十几公斤仪器设备，徒步向目的地挺进。5月25日，唐训海和队员们在悬崖、陡坡上冒着飞石、余震爬行40余处塌方，在当日下午终于到达目的地。18时，第一组精确数据传回唐家山堰塞湖排险指挥部。

6月2日清晨，水利部部长陈雷在排险指挥部召开紧急会议，陈雷要求唐训海上坝对坝体进行实地观测，并迅速拿出科学数据及时汇报。唐训海接受任务后，于当日下午乘直升机踏上唐家山堰塞湖。在坝顶，唐训海和同事开始为期11天的艰苦工作，每天反复穿行在一根根水尺和一台台自动测报仪之间，全天候监控水位变化情况，每遇余震或雨天，唐训海更是寸步不离地守候在仪器旁。

6月5日，在唐家山堰塞湖坝顶，唐训海被破格吸收为中共预备党员。领导看到他熬红的双眼、疲惫的身子，动员他撤离，他毅然说：“不，我是共产党员，我要坚持到最后，我们能坚持到最后！”6月10日凌晨，唐家山堰塞湖终于按照原定计划成功泄流。当水冲过导流渠时，唐训海知道，考验水文工作者最关键的时刻到了，必须将水文数据快速测报出去。唐训海和2位同事拿着测量仪，站在危险的泄洪槽边缘，争分夺秒地抢测数据，一组组准确的数据不断发往指挥部。11时30分，泄洪槽过流达到顶峰，随后流量逐渐减小。17时，坝前水位终于降到722米，唐家山堰塞湖险情成功排除。

2008年6月，唐训海被人力资源和社会保障部、水利部授予“水利系统抗震救灾英雄”称号；7月，被水利部授予“全国水利系统抗震救灾先进个人”称号；10月，被中共中央、国务院、中央军委授予“全国抗震救灾模范”称号。

谭春蓉 女，1964年2月出生，重庆人。中共党员，大专学历。四川省绵阳市涪城区城北街道铁牛街社区党支部书记、居民委员会主任。

2008年5月12日下午地震发生后，谭春蓉紧急召集社区干部、共产党员，迅速进行分工。14时35分，谭春蓉在铁牛广场不断聚集的人群中一遍遍地大喊：“我是铁牛街社区党支部书记谭春蓉，请大家尽量待在原地，不要惊慌，照顾好孩子和老人，有什么需要尽管跟我说。”人群渐渐安静下来，几个年轻人主动走上前来，与社区干部一起维持现场秩序。

14时45分，一名干部报告：泗王庙28号附近一根燃气主管道因地震发生爆裂。谭春蓉立即组织社区干部赶赴现场，冒着随时可能发生爆炸和中毒的危险，组织附近群众紧急疏散；划出危险区域，设置警示标志，防止过路群众误入，并及时与巡警二大队、燃气集团联系。在公安人员和专业抢险人员到达之前，有效控制住现场，避免了人员伤亡。

16时50分，谭春蓉详细地向街道办事处报告了社区受灾情况。17时20分，谭春蓉组织社区干部、党员和现场召集的志愿者，分散到人群当中，宣传政策，安抚居民情绪。18时20分，天色渐渐暗下来，谭春蓉巡查辖区各单位、小区，查看人员受伤和房屋受损情况，与门卫和保安仔细排查是否还有群众滞留在家中，并反复叮嘱门卫、保安坚守工作岗位，全力保障好群众财产安全。19时30分，谭春蓉再次到铁牛广场、滨江河堤等人员密集区域。震后第一夜，2万余名群众在此露宿，她带领社区干部彻夜坚守。深夜气温骤降，她主动开放社区爱心超市，为衣着单薄的避险群众发放救急衣物。

5月13日，谭春蓉组织社区干部联系3家饭馆，为上千名受灾群众提供免费饭菜。接着又办起社区便民服务点，及时发布政府公告，免费提供常备药物和开水，组织志愿者，接受群众捐款捐物。她把80余名志愿者与社区共产党员服务队统一分组，带头捡拾垃圾，晚上组织社区干部、共产党员组成社区巡逻队，保障群众安全。14日，谭春蓉组织人员将救灾物资分类清点、登记，并召开社区居民代表会议，通过救灾物资分配方案，发放救灾物资。

2008年10月，谭春蓉被中共中央、国务院、中央军委授予“全国抗震救灾模范”称号。

王　健 羌族，1966年7月出生，四川绵阳人。中共党员，大学本科学历。四川省绵阳市游仙区街子乡党委书记。

2008年5月12日下午，王健在街子乡高庙村研究工作，突然遭遇强烈地震，他迅速带领村干部安全疏散附近200余名群众，立即通知金花水库下游群众转移，安排人员密切监控堤坝变化。14时50分，他急忙赶回场镇，场镇遭到重创，卫生院垮塌，多人死亡，乡小学教学楼岌岌可危，地面出现断裂、喷砂浆等异常现象，惊恐的群众四处奔跑。王健立即安排人员将600余名刚跑出教学楼的师生转移到地势较高的磨盘山，将千余名场镇居民集中到空旷的乡政府广场，组织医生抢出器械、药品，迅速成立临时医疗点。15时40分，垮塌的房屋边，王健主持召开震后第一次机关干部会，对抢险救灾工作进行安排部署。随后，他带领全体机关干部，分赴各村社查看灾情，逐户看望慰问房屋倒塌农户，妥善安排群众食宿。

5月13日，王健得知在北川的妹妹等16位亲人或遇难或下落不明，他心如刀割，同事们劝他回去看看，他婉言谢绝了。震前不到半个月，他刚做了胆囊切除手术，尚未痊愈，震后的连日奔波劳累使伤口剧烈疼痛，他强忍病痛，每天走村串户，安置群众。为保证受灾群众短时间内有安全住所，他组织乡村干部迅速展开过渡安置房搭建工作，指导村社规划，协调用地，督促进度，解决建设中的难题。6月20日，全乡5000余名受灾群众住进过渡安置房。为解决学生复课和病人看病问题，他组织人员全力配合援建方施工，6月10—22日，街子乡板房卫生院、板房学校先后建成并投入使用。

7月初，王健组织街子乡开展永久性住房建设。为解决规划、资金、建材、工匠等难题，王健提出农房重建“八统一”的思路，即统一集中规划、统一农房户型、统一购买建材、统一介绍施工队伍、统一平整场地、统一组织资金、统一基础设施建设、统一进度质量，实行目标责任细化、三人包户帮扶、共产党员包户建房以及强化群众监督等制度。9月7日，四川省省长蒋巨峰率领全省农房建设现场会100多名参会人员，到街子乡参观农房重建。10月1日，该乡第一批新建农房在岳家村集中安置点建成，10户农户喜迁新居。

2008年10月，王健被中共中央、国务院、中央军委授予“全国抗震救灾模范”称号。

张德溥　1963年10月出生，四川绵阳人。中共党员，硕士研究生学历。四川省江油市公安局党委书记、局长。

汶川特大地震发生后不久，张德溥从乾元派出所检查工作途中赶回市公安局，迅速组织局党委成员和各部门负责人开会，成立江油市公安局抗震救灾临时指挥部，启动突发事件应急处置预案。为争分夺秒抢救生命，张德溥迅速作出部署：以巡警大队、消防大队和各派出所为主，全警动员，全警参与，立即开展对学校、商场等人员密集场所和其他遇险人员的救援工作；以交警为主，全警上路执勤，对街面避险群众和车辆进行疏导，防止秩序失控；以各派出所为主，抽派民警对金融网点、大型商场、李白纪念馆等重点目标进行保护，防止盗抢。5月12—13日，全局民警在张德溥带领下，先后从废墟中救出群众1704人，运送伤员2400余人，帮助600余名群众找到失散家人。

在全力抢险的同时，张德溥带领全局民警，严打“涉灾”违法犯罪，严打“两抢一盗”；交警履行综合职能，对城区主干道实行严控严管，对街面纠纷和案件及时化解查处；巡警配合维持社会秩序的部队官兵，对偏僻街巷、未恢复供电的区域实施不间断巡逻；加大对重要机关、金融机构、文物保管场所等要害部位安全防范；派出所集中精力对单位和成建制的小区加强治安巡逻防控；同时加强治安知识的宣传，提高人民群众自防意识和单位内保工作水平。

5月21日至6月10日，张德溥在唐家山堰塞湖泄洪区的5镇2乡来回奔忙，指挥350余名民警，逐村宣传，挨家挨户搜索，成功撤离青莲、九岭、香水等乡（镇）的39个村、8个社区共47101人。他在堰塞湖避险疏散撤离工作中提出的“搜、守、救”三字工作法被推广到整个泄洪区，确保唐家山堰塞湖安全泄洪期间江油泄洪区无人员伤亡。

2008年10月，张德溥被中共中央、国务院、中央军委授予“全国抗震救灾模范”称号。

赖大东 1978年9月出生，四川三台人。中共党员，大学本科学历。四川省三台县公安局刑警大队技术室主任。

2008年5月12日，地震发生后，赖大东在三台县体育馆组织安顿受灾群众。5月13日2时30分，赖大东接到紧急通知，要求迅速备齐法医工作需要的勘验箱、物证采集等设备，前往极重灾区北川县开展抗震救灾工作。已连续奋战12个小时的赖大东顾不上回家收拾行李，只给妻子打了一个电话，便火速赶回办公室准备器材。7时15分，三台县公安局成立以赖大东为组长，其他11名业务骨干为成员的抗震救灾小分队，赶赴北川对遇难者遗体进行法医检验和提取DNA检材，为建立地震遇难人员身份识别DNA数据库做准备。

5月13日11时12分，赖大东带领工作组到达北川中学，因前方道路阻断，无法进入北川县城，工作组就地开展生死救援。北川中学受损最严重的一栋教学楼已经完全塌毁，另一栋楼由5层变成了3层，操场上摆放着一具具遇难者遗体。赖大东立即组织战友们，冒着大雨为遇难者遗体拍照，做身份鉴定，对遇难者遗体进行清洗、清理、编号，并提取检材、填表。

5月14日11时16分，赖大东接到指令，立即带领工作组徒步进入北川县城开展工作。5月17日15时26分，已经连续奋战5天的赖大东在进入一座倒塌的房屋抬罹难者遗体时，因长时间在高温环境下高强度工作，体力严重透支，昏倒在地，划破了手指，醒来后，他仅进行了简单的消毒和包扎，又投入紧张的工作。在遗体高度腐烂、很容易感染致命病菌的特殊情况下，组织上要求赖大东撤离，赖大东坚持说："我是一名人民警察，没有完成任务我决不能走。"随着救援工作的深入，越来越多的遇难者遗体被挖掘出来，工作组承担的检验遗体任务十分繁重，他们穿着隔离服和雨靴，戴着橡胶手套，密不透气，汗水、雨水浸透衣背，还要强忍刺鼻的尸臭，俯下身子开展测量、记录、拍照、提取、鉴定等工作。5月13日至23日，赖大东和他带领的工作组不分昼夜，先后检验罹难者遗体300余具，为抗震救灾做出特殊的贡献。

2008年7月，赖大东被公安部授予"全国公安系统抗震救灾先进个人"称号；10月，被中共中央、国务院、中央军委授予"全国抗震救灾模范"称号。

李彦华 女，1974年12月生，四川梓潼人。大专学历，四川省梓潼县马鸣乡小学教师。

2008年5月12日中午，李彦华与其他几位老师在学校值班，守护午休的学生。14时28分，李彦华感觉到楼板在晃动，接着晃动越来越厉害，她脱口大叫："快，地震了！"值班老师迅速冲出办公室，奔向各自的教室。李彦华负责的班位于二楼最右边，她边跑边喊："快，孩子们，地震了，快到楼下去。"被突然惊醒的孩子开始往外跑，但有几个学生仍在熟睡，李彦华飞奔过去将他们摇醒。此时，墙壁和天花板上，已有水泥块掉落，楼房抖动越来越厉害，李彦华拉着学生跑出教室，保护学生一个个安全地撤离。

在清点人数时，李彦华发现本班9岁的女学生龚小芬还没有出来，此刻，楼房从中间开始断裂，砖块不停地往下掉，李彦华毫不犹豫地跑上楼，把龚小芬连拖带拽地往外带。从教室跑到楼道，她发现四年级的学生拥堵在楼道上，立即冲到楼道口，指挥77名学生安全撤出教学楼。当她把最后一个学生转移到安全的地方后，三年级教室"轰"的一声倒塌。

从李彦华发现地震到教室倒塌，前后只有两分钟，孩子们却得以安全疏散。老师们在操场上清点学生人数时，他们惊喜地发现，204名学生一个也不少。

2008年10月，李彦华被中共中央、国务院、中央军委授予"全国抗震救灾模范"称号。

任安瑞 1967年4月出生，四川盐亭人。中共党员，大专学历。四川省盐亭县富驿镇努力村党支部书记。

汶川特大地震发生时，任安瑞正在鱼塘喂鱼，大地剧烈震动，鱼塘的水翻滚起来，他立刻想到幼儿园和雄关小学的孩子，迅速朝附近的学校跑去。14时45分，他协助老师将村办新星幼儿园和雄关小学的660名学生全部转移到安全地带，无1人伤亡。他随即召集23名在家的共产党员干部组成8个小组，到全村8个组查看灾情，安抚群众。18时20余分，39户、100多名房屋损毁的村民聚集在他家，他拿出以前承包工程剩下的130米篷布、23张简易床，搭起临时防震棚，让村民当晚暂住。第二天，他又拿出1.1万元钱，买了36床被子、23张竹席、1台发电机和电视卫星接收器等物品，让灾民有了一个像样的临时住所。

任安瑞得知北川等地灾情极为严重后，他紧急筹措价值4000多元的药品和2000多元的食品，安排好村上事务，于5月14日5时从盐亭出发，亲自送往北川县城。此时，北川县城不许民用车进城，他便和来自重庆的10多名志愿者一起，徒步进入北川县城，参加救人、转移伤员等工作，直到第二天中午才离开。

5月17日1时，任安瑞与富驿镇志愿者一起驾驶13辆汽车，运送群众捐赠的救灾物资赶到安县睢水镇。听说高川乡还有数千名群众下落不明，他主动要求参加救援。在救援部队的安排下，他和27名志愿者一起，向高川乡运送药品、食物、饮用水等物资。他们每人背负30公斤物资，翻山越岭艰难爬行，21时许，他们终于赶到高川乡，随即展开救援工作。

灾后重建任务十分繁重，面对满目疮痍的家乡，面对乡亲们期待的眼神，任安瑞放弃所承包工程，把全部精力投入村上重建工作。有的村民家庭困难，没有重建资金，任安瑞就主动借给启动资金；有的村民长期在外务工，家里严重缺乏劳动力，任安瑞组织民兵和党员成立义务服务队，帮助他们挖地基、搬砂石、运砖头。全村的受灾群众，很快建起自己的新家园。

2008年10月，任安瑞被中共中央、国务院、中央军委授予“全国抗震救灾模范”称号。

林　川 羌族，1963年11月出生，四川北川县人。中共党员，大专学历。四川省北川县文化旅游局党组书记、局长。

汶川特大地震发生时，林川刚从单位返回家中取公文包，猛烈的摇晃使他站立不稳，一瞬间外墙向他倾倒过来，林川感到眼前一黑就晕了过去。醒来时，他发现自己被压在卫生间的废墟里，脚不能动弹，左肩一阵阵剧痛。林川忍着疼痛，把压在身上的砖块一点一点拨开，从缝隙里爬了出来。当他从阳台滑到楼外一家屋顶时，听见困在楼里的人的呼救声，他毫不犹豫，冒着余震危险再次爬上危楼，连拖带拽一口气救出8个人。

下楼后，林川立刻赶往县文化旅游局，往日熟悉的办公楼已不复存在，五层的大楼全部倒塌。林川拍了拍幸存职工的肩膀，忍痛下令：“大家不要惊慌，先去救人。”此时，有人从曲山小学东区跑过来，焦急地说：“快到曲山小学去，那边有许多学生被埋在教学楼里。”他立刻和副局长林继忠带领职工和附近的群众，前去营救被压的学生。17时15分，正在曲山小学救援的林川得到消息，在林业局工作的妻子被人从废墟中救了出来，他只是托人转告妻子，自己很平安，让她不用担心。17时50分，当他到县城主要街道查看灾情时，发现禹龙大桥已经垮塌，湔江河水已经断流。他马上意识到，北川县城有可能遭受洪灾。他马上组织人员，将茅坝油库一带300多人和北川大酒店门前400

多人转移到县政府广场上。18时20分，在县政府的废墟旁，他找到县长经大忠，向他汇报湔江险情，经大忠指示他迅速前往绵阳市政府报告情况。林川敏锐发现并及时报告湔江河水断流、唐家山形成堰塞湖灾情，为上级指挥机关准确作出抗震抢险决策提供了依据。

到绵阳报告险情后，林川拖着疲惫的身躯，匆匆赶回北川，立刻投入抢救北川中学学生的战斗。救援大部队到来后，林川作为抢险救人突击队队员，在夷为平地的县城废墟与解放军战士并肩作战，开展搜救工作。到5月19日上午，林川与抢险队员从废墟中救出32人，成功协助转移被困群众2000多人。其后，他又参加省市旅游局联合救援行动，乘直升机进入小寨子沟景区，安全转移疏散中外游客300多人。5月28日，他赶回县指挥部汇报救灾工作，前往医院探望住院治疗的妻子，这时才得知6位亲人遇难的消息。5月30日，他再次奔赴青片、坝底等乡（镇），指导村社及小寨子沟景区开展生产自救、重建家园。

2008年10月，林川被中共中央、国务院、中央军委授予“全国抗震救灾模范”称号。

赵海清　羌族，1972年3月出生，四川北川县人。中共党员，大学本科学历。四川省北川县陈家坝乡党委书记。

陈家坝乡在汶川特大地震中损失惨重，房屋垮塌，山体滑坡，928人遇难。震后10分钟，赵海清组织幸存乡干部，成立陈家坝乡抗震救灾临时指挥部，自己担任指挥长。赵海清到学校抢救学生，到各村查看灾情，将逃生的乡民集合在场镇几块相对安全的空地，派人到江油和绵阳报告灾情，争取外援。陈家坝乡与外界通信中断，赵海清组建以党员干部、团员青年为骨干的抢险施救、治安维护、医疗救护、后勤保障、安置联络5支队伍开展救援。当晚，余震不断，暴雨如注，哭喊声响成一片。“乡亲们，大家不要怕，这次地震县城灾情比我们更严重，交通、水、电、通信全部中断。我们必须先行自救。”赵海清的话，让在场群众的情绪渐渐稳定下来。他规定，由自救队统一分配抢救出来的食品和饮用水，优先分发给老人和孩子。

5月13日早上，赵海清部署将车辆集中起来，把受灾群众转移到相对安全的江油。教师带着学生们先转移，再将伤员们送往医院。14日，赵海清到绵阳市抗震救灾指挥部汇报灾情，县城来的人告诉他，他的妻子从废墟中被救出，身负重伤，正在绵阳抢救，他的父母、儿子、侄儿等6位亲人遇难。他泪流满面，双膝跪地，对着北川县城的方向磕了三个头，又继续投入艰难的救援工作。

在抢险救援阶段，赵海清带领全乡党员干部和群众，冒着余震威胁，掏挖出被废墟埋住的群众67人，抢救运送受伤人员2100余人，挖出食品药品10余箱，疏散转移受灾群众1.2万余人。

2008年10月，赵海清被中共中央、国务院、中央军委授予“全国抗震救灾模范”称号。

王　黎　1956年5月出生，四川三台县人。中共党员，硕士研究生学历。四川省安县县委书记。

汶川特大地震发生后，安县县委紧急启动重大灾情应急预案，成立以王黎为指挥长的抗震救灾指挥部，下设由副县级领导牵头的抢险救灾、医疗救助、后勤保障、综合协调等11个工作组，所有班子成员分别带队负责一块工作，限时到达指定岗位，并立即发布《告全县人民的一封信》，实行能源、物资配额制。在地震发生后的36个小时内，王黎不停地奔波，到过9个乡（镇）、12个救助点，召开15次紧急会议，其中4次冒着生命危险到通往高川、茶坪的道路塌方险段指挥救援。

面对成为“孤岛”的高川和茶坪，王黎命令2名常委组织突击队，于5月14日凌晨开始救援。当救援部队赶到后，他又20余次奔赴塌方险段，与部队领导研究营救方案。19日，茶坪、高川2万余名被困群众全部顺利转移至集中安置点，550余名伤员被成功营救。

面对地震形成的27个堰塞湖，尤其是高危险情的肖家桥堰塞湖，在余震和山体滑坡时有发生的情况下，王黎先后10次登上堰塞湖坝顶，与工程技术人员现场研究并制定除险方案。6月6日，王黎在肖家桥堰塞湖坝顶现场指挥泄洪。6月25日，全县27个堰塞湖全都安全排险。

地震后，全县近30万人需要安置，王黎组织人员在7天内，建立起192个临时安置点，集中安置受灾群众28.23万人。各集中安置点在3天内让受灾群众吃上热饭、洗上热水澡，所有安置点都建立临时党组织，恢复乡（镇）、村管理建制，带领群众开展防疫、救治和治安工作。

王黎全力抓好全县恢复重建工作。8月20日，全县建成板房学校120所，50余所医疗机构恢复服务，826公里主要县、乡损毁公路基本抢通，20个乡（镇）的电力、通信、广播电视、供气、供水基本恢复。8月25日，集中安置点的受灾群众全部搬进板房生活。10月1日，全县382户民营企业及中小企业，有337户恢复生产；除千佛山景区外，县内各旅游景点全部恢复营业。

2008年10月，王黎被中共中央、国务院、中央军委授予“全国抗震救灾模范”称号。

王正斌　1973年2月出生，四川蓬溪人。中共党员，大学本科学历。四川省平武县南坝镇人民政府镇长。

汶川特大地震发生时，王正斌正在南坝镇政府3楼办公。突然间，办公楼剧烈摇晃，地板上下颠簸，四周墙壁发出阵阵吱嘎声。王正斌下意识地扑向墙角，转瞬间烟尘飞扬，四周一片黑暗，大楼坍塌了，王正斌被埋在废墟下。17时，王正斌被干部群众从废墟下救出，左脚受伤，因失血多而变得麻木，无法行走，同事们要找医生给他包扎伤口，他却着急地说：“我的腿还没断，大家赶快去救人。哪里的灾情最严重，就赶紧去哪里救人！”王正斌没来得及处理伤口，随手接过别人递过来的木棍，在同事的搀扶下一瘸一拐地投入救援工作。

南坝小学两幢教学大楼完全倒塌，数百名师生被埋在废墟下。王正斌赶到救援现场，与干部、群众和学生家长一起，拼命地用手刨挖。没有钢钎、绳子等救援工具，救人效率和效果十分有限，听说古龙村村民何伟有台挖掘机，王正斌立即叫人去联系。很快，何伟驾驶自家的工程车赶来参加救援。抢险救援期间，南坝镇共抢救伤员1.1万余人次，转移重伤员849人，抢出被埋粮食1000余吨，最大限度地减少了群众生命财产损失。

在完成搜救任务后，王正斌立即投入堰塞湖排险、道路抢险、废墟清理、消杀防疫等工作。他现场指挥，制定撤离方案，检查落实每一个细节，确保堰塞湖排险零伤亡。因连日奔波，转运重伤员过河时又添新伤，王正斌的腿肿得更加厉害，武警军医给他清创时，佩服地称他为“铁镇长”。他组织人员，在全镇设置9个安置点，安置包括水观乡在内的受灾群众11461人；成立临时党组织和管委会，下设服务、消毒、抢险、安保等队；搭建过渡房655套，有序开展学生复课、受灾群众就医、卫生防疫、治安维稳、农房重建、城镇规划等重点工作。

2008年10月，王正斌被中共中央、国务院、中央军委授予“全国抗震救灾模范”称号。

郑植耀　羌族，1981年11月出生，四川三台县人。1999年12月入伍，中共党员，北川县人民武装部机关驾驶员。在汶川特大地震中，郑植耀的父母、岳父母、妻子和差两天满两个月的儿子共6位至亲遇难。

郑植耀在地震中被埋于废墟，昏迷不醒。当战友把他救出后，他赤着脚加入搜救队伍，搜救被困群众，背运重伤员，引导外援救援。从5月12日14时28分起，到5月13日6时部队和民兵大规模开进北川县城援救止，他同北川县人民武装部幸存的同事们一道，整整进行了16个小时的生死营救，在没有外援和工具的困境下，用双手刨出42条生命，有11名重伤员是他一步步从废墟背到安全地带的。

5月13日7时，在绵阳军分区参谋长罗健的现场督导下，熟悉情况的郑植耀和同事们，在外援民兵的支援下，对县人民武装部传真密码机和枪支弹药进行搜救。他们用手刨，用简易工具挖，足足用了3天时间，硬是从废墟中一件不落地找回传真密码机和全部武器弹药，并如数上交。埋有密码机和枪支弹药的废墟，离他6位亲人被埋的地方仅10米之遥，他强忍着巨大的悲痛抢救涉密器材和武器装备。震后第三天，他才有机会回到深埋6位亲人的大楼废墟，向着废墟深深地磕了三个头，独自一人号啕大哭。

在其后的救援中，他和同事冒着余震、泥石流的威胁，每天穿梭在废墟与灾民安置点，搬运发放救灾物资，疏散转移被困群众。5月底，四川省军区在北川县擂鼓镇设立灾民临时安置村，北川县人民武装部负责管理166顶帐篷、近2000人的食宿问题。因县人民武装部在地震中人员伤亡严重，人手非常紧张，郑植耀既当驾驶员、又当炊事员、安全员，积极为灾民服务，每天忙碌十几个小时，人们亲切地称他“耀哥”。

2008年10月，郑植耀被中共中央、国务院、中央军委授予“全国抗震救灾模范”称号。

蒋海泉　1976年6月出生，四川蓬溪人。中共党员，大学本科学历。四川省北川县国家税务局稽查局局长。

汶川特大地震的当天下午，蒋海泉到县委礼堂参加会议，刚进礼堂，大地剧烈晃动，他被摔倒在地，天花板轰然塌下，他被掉落的东西压住，几经努力，他终于挣脱，成功逃生。他往家里和县局办公室打电话，没有任何信号。他突然听见有人喊：“幼儿园被埋了，快去救人。”他马上想到地震前母亲刚把儿子送去幼儿园，立即向幼儿园冲去。

幼儿园已经变成一堆废墟。废墟一侧，20余个孩子挤在一处严重倾斜破损的水泥板房顶上，一名20多岁的女老师正焦急地护着孩子们。房顶孤悬，周围是几米宽的深沟。余震不断，房屋随时有倒塌的危险。蒋海泉连忙召集旁边的人，一起动手拆下几根椽子和木条，在沟上搭成一座小桥，让老师组织学生排队过来，他们抱着孩子一个一个往外传递。蒋海泉一边组织救孩子，一边不断地大喊儿子的名字。孩子们一个个被转移出去，他的嗓子也快喊哑了。突然，他看见儿子站在远处一个小土堆上，迅速冲过去抱起儿子，儿子“哇”的一声哭起来。听到废墟中传出的呼救声，他转身把孩子递给身边的教师，说道：“请你帮我把孩子带到安全地带，他叫蒋思程，我去救人。”蒋海泉从幼儿园陆续救出3名群众。

在救援过程中，蒋海泉看到自己的母亲瘫坐在不远处的废墟上，他忙过去察看母亲的伤情。他母亲背部剧痛，但没有任何血迹，他以为母亲没有大碍，正考虑怎样把她抬到安全的地方时，周围很多被震晕的人逐渐清醒过来，呼救声、哭叫声不绝于耳。蒋海泉丢下母亲，跑向废墟救人，先后从废墟中刨出2个大人和2个小孩，为他们包扎伤口。这时，他发现先前坐着的母亲躺在地上，急忙转身跑向母亲，看到母亲眼神散乱。他一把抓住母亲的肩膀，拼命将她摇醒。母亲吃力地睁开眼睛，看着儿子无力地说：“海泉啊，你去救别人，咋都不来救我呀？”说完就再也没有醒过来。蒋海泉心如刀绞，泪如雨下，他轻轻为母亲合上眼，在废墟中找来一件羌服，盖在母亲身上，转身又投入抢救队伍中。

汶川特大地震使蒋海泉失去母亲、妻子、妹妹和妹夫4位亲人，但在接下来的几天里，他配合部队和消防官兵，先后救出被困在县局办公楼废墟下73小时的王兴华，被困78小时的李道斌，以及被困104小时的周亚君和朱兰。

2008年10月，蒋海泉被国家税务总局记一等功；同月，被中共中央、国务院、中央军委授予"全国抗震救灾模范"称号。

刘　胜　1969年9月出生，重庆人。中共党员，大专学历。四川省北川县气象局局长。

北川县气象局的办公楼和宿舍楼在地震中坍塌，刘胜被埋，他挣扎着从废墟中爬出，不顾伤痛，拼命营救出被困在废墟中的同事，然后到隔壁单位倒塌的楼房中找到妻子，妻子已停止呼吸。刘胜强忍悲痛，将女儿托付给单位职工，决定徒步外出向上级部门报告灾情并寻求救援。不断的余震，随时可能继续倒塌的楼房，山上不断滚落的碎石，都没能阻止刘胜寻求支援的决心，他激励自己："我必须冲出去，早一点将情况报告上级，职工就多一份生存的希望，就可以早点被营救出来。"他满身灰尘，满脸鲜血，上衣和裤子被乱石撕破，徒步穿行最危险的10公里，于5月12日傍晚赶到绵阳市气象局，将北川的灾情及时报告市气象局和绵阳市政府领导。

5月13日凌晨，刘胜带着救援队赶回一片废墟的北川县城，组织县气象局职工及家属转移。他把女儿托付给老父亲，全身心投入繁忙的自救和重建工作中。当天，刘胜就在安县恢复了北川气象局临时抗震救灾应急加密气象观测，并通过小黑板发布天气预报，将气象服务材料及时报送市、县指挥部，为抗震救灾做好气象服务保障工作。北川县气象局成为震后北川县最早恢复工作的单位之一。

5月25日，刘胜穿着防化服，在老县城气象观测场遗址上建起移动气象站。12时，第一组气象探测数据发往市局、省局和中国气象局，发向抗震救灾第一线。其后，他和同事们每天冒着滑坡、泥石流的威胁，走镇串乡，迅速恢复全县雨量哨；他们完成全县活动板房和帐篷的防雷工作。唐家山堰塞湖排险期间，他和同事们全力以赴投入气象保障服务工作，为救援直升机飞行、堰塞湖排险泄洪提供气象服务，被中央电视台誉为堰塞湖上的"千里眼"和"顺风耳"。

2008年6月，刘胜被中国气象局授予"抗震救灾气象服务先进个人"称号；7月，被人力资源和社会保障部、中国气象局授予"气象系统抗震救灾英雄"称号；10月，被中共中央、国务院、中央军委授予"全国抗震救灾模范"称号。

徐建东　1953年7月出生，天津塘沽人。中共党员，大学本科学历。中国银行业监督管理委员会绵阳监管分局党委书记、局长。

特大地震发生后，徐建东立即召集紧急会议，成立绵阳市银监分局抗震救灾应急指挥部，要求各银行业金融机构立即启动应急预案，成立抗震救灾指挥小组。5月13日上午，徐建东向辖区各银行业金融机构紧急下达"保人员安全，保财产安全，尽快恢复金融服务"的指令。正确措施和快速行动很快稳定了人心，确保了分局和辖内各银行机构抗震救灾工作有序推进。

徐建东得知北川县农村信用合作联社办公楼倒塌，3名分局工作人员和33名联社职工被掩埋，他于5月13—18日先后组织9批、42人次到现场，救援被埋在废墟下面的职工，他本人6次进入北川县城，在北川县联社大楼垮塌现场，指导对被埋人员进行施救。

唐家山堰塞湖排险期间，徐建东及时组织制定分局和银行疏散预案，层层进行撤离宣传动员，让每一位职工熟悉撤离行动路线，并安排职工参加撤离演习。6月10日，在接到橙色撤离警报后，徐建东迅速组织分局干部职工有序撤离。

震后第三天，绵阳分局下发《关于坚守岗位全力以赴做好金融支持抗震救灾工作的紧急通知》等4个指导性文件。由于指导及时得当，绵阳银行机构灾后第5天就有60%的网点恢复营业。徐建东走访绵阳城区和郊县银行业金融机构时，要求银行机构千方百计克服困难，坚持利用“帐篷银行”和“流动银行”的形式，做好“保开门、保营业、保供应、保服务”，为稳定灾区人心、支援抗震救灾工作多做贡献。在组织抗震救灾的同时，他向四川银监局和绵阳市人民政府提出《关于给予绵阳市辖内金融机构灾后重建政策扶持的建议》。

2008年6月，徐建东被中国银监会授予“全国银行业系统抗震救灾先进个人”称号；10月，被中共中央、国务院、中央军委授予“全国抗震救灾模范”称号。

江　山　羌族，1962年12月出生，四川北川县人。中共党员，硕士研究生学历。中国农业银行四川省分行北川县支行党委书记、行长。

农行北川支行办公大楼、营业用房、职工住宅楼在地震中倒塌，24名员工被掩埋在废墟下。江山顾不上个人和家人的安危，立即组织脱险人员将伤者疏散到安全地带，并冒着余震不断的危险，爬上废墟一遍又一遍地呼喊被埋人员，用双手搬砖掀瓦，全力抢救被困者。晚上，江山得知母亲和弟弟被埋在废墟中生死不明，但他顾不上寻找和抢救家人，坚守在支行废墟前，鼓励被困人员要坚定信心。第二天，江山带领武警部队和民兵应急分队等救援人员赶到救援现场，经过努力，成功营救出被埋员工3人，农行客户2人。这时，他得知母亲和弟弟已经遇难，仍强忍悲痛坚持组织抢险。

面对突如其来的重大灾难，江山不忘职责，时刻惦记着没有抢运出来的钞箱和金库的安全。他引导解放军战士来到被埋金库的位置，请求他们值守。他冒着生命危险穿梭于各营业网点之间，组织人员寻找埋在废墟下的钞箱。废墟下，遇难者的遗体已经腐烂，余震不断，堰塞湖有溃坝危险，但江山和抢险队员全然不顾，开挖现场，整点散钞和扎捆钞票，成功抢救出130万元现金。

为迅速恢复业务经营，支援灾后恢复重建，江山带领员工日夜奋战，震后一周就迅速恢复了业务经营，成为北川县第一家恢复经营的金融机构。他们在安县安昌镇、花荄镇设立2个临时营业点，随后支行营业部、曲山营业所先后恢复营业。在抗灾自救的同时，他们办理挂失业务2279笔，存取款及其他业务321笔，为受灾群众提供急需的金融服务。江山还带领员工通宵鏖战，搭建43间板房，作为临时办公室和员工宿舍，使幸存的43名员工全部得到安置。

2008年6月，江山被中组部授予“抗震救灾优秀共产党员”称号，被中国银监会授予“全国银行业系统抗震救灾先进个人”称号；10月，被中共中央、国务院、中央军委授予“全国抗震救灾模范”称号。

宋吉发　1964年5月出生，四川江油市人，中共党员。中国电信集团公司四川省长途通信传输局绵阳市平武分局南坝中继站光缆维护员。

汶川特大地震发生时，宋吉发正在牛角垭巡线检查，刹那间，民房倒塌，道路裂陷，山石不断滑落，山上的线路电杆不停地剧烈摇晃。宋吉发意识到，地震一定毁坏了线路，自己既然在现场，就必须了解线路毁损情况，并向分局汇报，组织抢修。于是，宋吉发骑上摩托车，在损毁的道路上行进，不时停下来巡查和标记线路受损情况。行进几公里，山体还在滑坡，道路严重受阻，宋吉发弃车徒步上山查看。震后第一时间，他冒着生命危险进行4个多小时的巡查，详细了解线路毁损情况并及时报告分局，为通信抢险赢得宝贵的时间。

5月13日早上，宋吉发返回南坝镇，发现女儿已经遇难，妻子下落不明。下午，宋吉发得知，上级政府下令电信部门紧急抢通已经中断的通信线路。灾情就是命令，宋吉发强忍痛苦和牵挂，与抢险队员们跋山涉水奔赴障碍地点，担负起抢险队员兼向导的双重职责。5月16日，在救援现场抢修光缆的宋吉发才得知妻子已遇难。组织安排宋吉发回家看望母亲和岳父母，他途经北川境内，发现一处抢通的线路又被山上的飞石击中掉在地上，他立即下车，不顾飞石危险徒手攀上电杆，把光缆牢牢固定在电杆上。回家看望亲人后，宋吉发当天返回抗震救灾前线。5月22日，在甘溪乡抢修光缆现场，党组织批准宋吉发加入中国共产党。

2008年6月，宋吉发被人力资源和社会保障部、国务院国资委联合授予“中央企业抗震救灾英雄”称号；10月，被中共中央、国务院、中央军委授予“全国抗震救灾模范”称号。

邓和平 1972年12月出生，河北武安人。中共党员，大学本科学历。1995年7月入伍，解放军63839部队42分队工程师，中校军衔。

汶川特大地震发生时，邓和平正在厂房准备试验。当他冲出厂房后，突然想到氢气瓶和氧气瓶都处于开启状态。由于原定试验需要大量氢气和氧气，用作试验气源的120个氢气瓶和120个氧气瓶都处于开启状态，能量巨大的高压气源一旦发生泄露，如果遇到微小的火星，也会产生爆炸，将整个厂区夷为平地，附近的上百名人员和价值昂贵的特种设备，甚至围墙之外的公路、桥梁以及聚集在路上避险的群众，都将难以幸免。作为研究室装备管理员和安全员的邓和平马上向值班领导报告，请求现场成立突击队返回厂房关掉气瓶。

邓和平挑选4名心理素质好、工作经验丰富的同事，他首先进入数据采集房，拿出5套防静电服，自己换上，同时招呼大家全部换上，又开启了氢气检测仪，检测确认无泄漏后，带领大家迅速冲进厂房。此时，余震不断，严重开裂的厂房不停地摇晃。氢气瓶和氧气瓶放置在不同地方，邓和平把队员分成两组，自己和同事丛京伟一组，另外3名同事一组，成功关闭240个氢气瓶和氧气瓶。3名同事撤出厂房后，邓和平和丛京伟又仔细检查了每一个瓶子。当他们准备撤离现场时，发现隔壁厂房的气瓶也未关闭，他们又进入隔壁厂房，火速关闭了另外30个气瓶。

从厂房撤出后，邓和平又投入到驻地安县晓坝乡的抢险援救中，在一处倒塌的楼板下，他听到有人在求救，马上靠上去喊话：“有我们在，就有你在，你放心，我们一定救你出来。”他立即召集附近的救援队员，一边手刨肩扛援救，一边鼓励被埋群众坚持住。在军地救援人员的共同努力下，终于把这名被埋群众安全救出。

地震使试验设备和厂房严重受损。为尽快恢复试验，邓和平和分队的同志冒着余震危险，加班加点，细致清理厂房内外的瓦砾，逐台检查设备受损情况，因地制宜地维护修理。邓和平还以过硬的技术，成功化解余震对机组造成的危害，给友邻单位制作总温热电偶，为恢复试验任务提供了有力支持。

2008年5月，邓和平被解放军总装备部评为“抗震救灾先进个人”，并荣立二等功；10月，被中共中央、国务院、中央军委授予“全国抗震救灾模范”称号。

石卫波 羌族，1972年7月出生，四川北川县人。中共党员，大学本科学历。1997年7月入伍，解放军63839部队41分队一组组长，中校军衔。

5月12日下午，石卫波正在部队机房调试程序，突然大地开始颤动。石卫波第一反应就是地震了，立即组织大家迅速撤离。虽然机房距离楼梯口较远，但由于反应及时，工作人员全部安全撤离。当得知部队有两栋家属楼垮塌6人被埋后，石卫波主动参加突击队，迅疾开展救援，他的手和腿被钢筋、水泥块划破，他咬牙坚持，从15时一直挖到21时，先后挖出2名遇难人员。

石卫波的岳父岳母、妻子女儿都在北川县。5月12日夜，经分队领导同意，石卫波赶往北川寻找亲人。途经北川中学时，他看到原来的教学楼完全倒塌，到处都是学生和家长的哭声。他顾不上寻找亲人，立即参加救人工作，当天夜里，他和其他救援人员从楼板下抢救出10余名师生。5月13日，他进入北川县城寻找亲人，寻亲路上，发现9名群众被困在一栋危楼里，他上前安慰，为他们提供水和食物，并及时通知救援队将他们救出。

因地震引发大面积山体滑坡，北川县城老城区几乎全部被埋，石卫波家的楼房和附近的幼儿园已成一片废墟。见此情景，石卫波失声痛哭。他留在县城，为救援部队当向导，带着生命探测仪专家搜救被困人员，但他没有先搜救自己的亲人，而是直奔幼儿园废墟抢救孩子们。从部队回北川寻亲过程中，他一边救人，一边观察灾情，并于5月13日下午步行10多公里，到设在北川中学的绵阳市抗震救灾前线指挥部报告掌握的第一手资料，为指挥部正确决策提供了重要依据。

5月14日，石卫波赶回部队，并在九洲体育馆找到妻子的姐姐，才得知岳父在擂鼓镇遇难，岳母和他的孩子在去幼儿园的路上遇难，妻姐的丈夫也在地震中遇难。4位亲人的离去对石卫波打击很大，但他没有沉浸在痛苦中，很快就振作起来，投入部队抗灾自救工作，搭建临时营地，挖排水沟，从危房中抢救办公用品，还与课题组一起完成多项试验任务。

2008年8月，石卫波荣立二等功；9月，被共青团中央授予“中国青年五四奖章”；10月，被中共中央、国务院、中央军委授予“全国抗震救灾模范”称号。

姜土胜 1974年2月出生，四川三台县人。中共党员，大学本科学历。1992年12月入伍，解放军63837部队51分队政治教导员，少校军衔。

汶川特大地震发生后，姜土胜主动向上级机关请缨，要求去一线参加抗震救灾。5月12日22时，姜土胜带领车队迅速到达绵阳市抗震救灾指挥部，受领第一批救灾物资运输任务。5月13日5时，通往极重灾区的生命通道被打通，根据指挥部的命令，救援车队分3批向北川和平武方向进发。姜土胜带领包括4台军车和临时征用的3台地方卡车组成的小分队，前往灾情最重的北川县城。车队向灾区纵深挺进，公路开裂，桥梁歪斜，随处可见被巨石砸中或因躲避塌方而翻进路沟的汽车。道路两旁，不时有山体滑坡，不断有石头滚下，姜土胜带领车组人员，经历一次次生与死的严峻考验，终于在6时30分抵达北川抗震救灾指挥部，将第一批救灾物资运抵灾区，并协助地方政府组织600多人自救，转移重症受伤人员130多人，转送孤儿28人。他忙于救援工作，无暇寻找在北川家中的儿子、岳父母等5名亲人。9时许，传来好消息，他的亲人在救援部队的帮助下获救，这更坚定了他支援灾区的信心和决心。

从5月14日开始，姜土胜带领车队开赴平武县南坝镇。由于地震造成路面悬崖一侧低于山体一侧，形成反离心力状态，承载几十吨救灾物资的汽车在拐弯时，经常出现半个轮子悬空的现象。为确保人员、车辆和物资安全，每每遇到这种情况，姜土胜便跳下车，冒着被飞石砸中的危险，仔细观察路面情况，指挥车辆安全通过。姜土胜带领车队，频繁往返于绵阳和北川、绵阳和平武之间，每天3趟，多次路过家门，却没有回家看一眼。饿了，啃口馒头；渴了，喝瓶装水，有时要忙到深夜一两点才收车。为让驾驶员休息好，姜土胜安排他们睡驾驶室，自己睡在车厢板上。

经过7个昼夜的连续奋战，他们抢运救灾物资1500余吨，急救药品100余吨，转运灾区群众4000余人，安全出车300台次，安全行驶4万余公里，实现人员零伤亡、车辆零事故、救灾高效率的目标。

2008年5月，姜土胜被解放军总装备部表彰为“抗震救灾先进个人”；10月，被中共中央、国务院、中央军委授予“全国抗震救灾模范”称号。

邱　童　1977年10月出生，重庆江津人。中共党员，大学本科学历。2001年9月入伍，解放军77123部队56分队副分队长，上尉军衔。

2008年5月12日下午，汶川特大地震发生后，邱童果断启动应急预案，立即收拢分队所属人员，组织官兵做好随时出发的准备。接到赴灾区救灾的命令后，邱童立即率领分队官兵赶到江油市展开救援行动。在救援中，他不顾余震不断、随时可能被飞石夺去生命的危险，3次带领官兵往返于百鹤大峡谷，从废墟中救出被困游客5人、群众6人，挖出遇难者遗体63具。在参加北川县陈家坝乡的救援行动中，他带领官兵在废墟中开辟生命通道，成功解救一名90岁高龄的老人。

抢险救援结束后，邱童带领官兵夜以继日地奋战在江油市救灾物资装卸现场，装卸903仓库、火车货站、火车东站等地的救灾物资6000余吨，为灾区群众搭建帐篷2000余顶，修建简易厕所13个，转移安置避险群众1700人，拆除危房164间，帮助安置病人500余人次。邱童还带领官兵帮助群众抢收庄稼2.64余公顷，耕地、栽秧2公顷，为一受伤老人捐款4000余元。地震后的第一个“六一”儿童节，邱童带领官兵看望江油市马角坝帐篷小学的学生，与北川中学师生联合举办“爱在校园”主题周末活动，帮助学生走出灾难阴影，重塑信心。

2008年10月，邱童被中共中央、国务院、中央军委授予“全国抗震救灾模范”称号。

雷加飞　1982年10月出生，四川江油市人。中共党员，大专学历。2002年12月入伍，解放军96514部队92分队排长，少尉军衔。

5月12日下午，地震突然发生，正在四川江油老家休假的雷加飞立刻飞奔到附近一所乡村小学参加救援，组织群众进行有序自救，和其他人员一起，在瓦砾里挖，在钢筋水泥中刨，先后救出18名学生。随后，他顾不上家中受灾，主动加入武警江油市中队组织的救援队伍，连续3天与武警官兵一起抢救幸存者，转运伤员，安抚受灾群众，维护治安，先后救出3名幸存者，成功转移50余名受灾群众。

5月15日，雷加飞得知自己所在的部队已开赴极重灾区北川的消息，决定提前归队前往北川参加抗震救灾。一路上，他一边搜寻幸存者，一边寻找部队，把自己所带的食品和水全部分发给受灾群众。5月16日，他到达北川，与部队会合后，立即投入救援战斗，带领12人搜救小组钻废墟、爬危楼，在废墟中发现并营救出2名幸存者。

5月17日，雷加飞和助理员郑平东带领搜救小组，前往绵竹市九龙镇执行道路抢修任务。有村民反映，附近清泉村有6名群众被困悬崖上，已经断粮5天，由于随时可能发生山体大面积滑坡，被困群众处境非常危险。雷加飞立即带领9名战士前去救援，他把战士分成3组，两组爬上山顶，拉起绳索连接山上山下，一组在山下接应。1名老人腿脚不便，雷加飞就用背包绳把她绑在自己身上，一步一滑地下山。经过5个多小时的救援，6名被困群众全部脱险。

5月19日，雷加飞所在部队奉命挖掘北川历史档案资料，雷加飞负责现场机械操作指挥。在整体坍塌的楼顶打开一个缺口后，他第一个带领人员钻进档案室，和战友们先后抢挖出2.5万余份珍贵档案资料。5月22日，雷加飞随部队转战安县睢水镇，参加打通墩秀公路的任务。他带领爆破组，勇闯“老虎嘴”，担负排险重任，每天身负10多公斤的麻绳，肩扛20多公斤的风钻，一人3天打了800多个钻孔，双手磨出血泡。在十几天的时间里，雷加飞带领人员爆破巨石4000多立方米，排除险情数百次，终于拔掉了“老虎牙”。

2008年10月，雷加飞被中共中央、国务院、中央军委授予“全国抗震救灾模范”称号。

二、抗震救灾优秀共产党员

经中共中央同意，2008年6月30日，中央组织部命名表彰一批“抗震救灾优秀共产党员”，授予59名共产党员“抗震救灾优秀共产党员”称号，追授6名共产党员“抗震救灾优秀共产党员”称号。绵阳市有13名共产党员获得该荣誉称号；其中，江山、经大忠、夏平、瞿永安、王理效、王洪发、蒋晓娟、李林国、黄琼、叶志平、杨志勇、肖显辉12人分别在本篇“全国抗震救灾模范”“四川省抗震救灾模范”中记载。

郑　强　羌族，1964年2月出生，1984年6月入党，四川北川县人。绵阳市游仙区人民武装部部长。

汶川特大地震发生后，位于绵阳市区上游的仙海湖因地震引发溃堤险情。郑强立即带领250名应急民兵，迅速赶到仙海湖参加抢险，和民兵手抬肩挑，用黄泥、沙袋堵住堤岸缺口。经过16小时的艰苦奋战，终于排除这个离绵阳城区仅12公里的人工湖出现的溃堤险情。5月13日13时，郑强又带领110名民兵，奔赴重灾区北川县参加抢险救灾。由于公路被巨石阻断，转运伤员只能在70多度的陡坡上进行，他膝盖磨得鲜血淋漓，双肘麻木得没有知觉，但他一刻也没有停下来。当他和民兵抬着1个重伤员在陡坡上艰难爬行时，突发余震，巨石擦身滚下。面对危险，他没有退缩，仅13日一天，他带队从废墟里救出150名群众，转运伤员200多人。在三天三夜的抢险救援中，他带领游仙区民兵搜救、转运、疏散伤员及群众2000余人，收殓尸体300余具，卸载救灾物资200余吨，组织26名民兵，两次护送专家到唐家山勘察堰塞湖险情，为部队平整停机坪。大地震中，郑强36位亲人仅有7人生还，14人遇难，15人失踪。他强忍失去亲人的悲痛，带领民兵一直战斗在抗震救灾第一线。在北川县城执行救援任务期间，他6次路过姑妈家，都因抢救伤员而未能去看一眼。

2008年6月30日，郑强被中共中央组织部授予“抗震救灾优秀共产党员”称号。

三、四川省抗震救灾模范

2008年10月21日，中共四川省委、省政府表彰了731名“四川省抗震救灾模范”，绵阳有75人获得该荣誉，援建绵阳的省（市、区）有12人获得该荣誉。其中，崔学选、叶志平、郑植耀事迹，详见其他章节。

程　波　出生于1964年4月，四川北川县人。中共党员，大专学历。北川县交通局党组书记、局长。

汶川特大地震发生时，程波正在距离北川县城约50公里的小坝乡检查农村公路建设工作。他立即带领随行人员组织沿线车辆、路人紧急避险，赶往乡政府配合开展救援行动，转移受灾群众，护送伤员到卫生院进行抢救。为尽快将灾情信息传递给外面，他和几位受轻伤的人员徒步翻越数座大山，行程100余公里，赶到遭受重创的北川县城，向县领导报告灾情。随后，他组建北川交通局抗震救灾指挥部，召集交通系统幸存干部职工，抢救被埋的重要文件资料，搭建临时帐篷，妥善安置受灾干部职工及家属。在得知失去8位亲人的消息后，他强忍悲伤，擦干眼泪，迅速组织人员、机械抢通保通损毁主要道路，一个月跑完全县20个乡镇，行程5000多公里，因劳累过度多次晕倒在道路抢险保通现场。

2008年10月，程波被中共四川省委、四川省人民政府授予“四川省抗震救灾模范”称号。

杨国兴　出生于1969年，四川北川县人，羌族。大学本科，中共党员。四川省北川县卫生局党组书记、局长。

汶川特大地震发生后，杨国兴与其他人冒着生命危险，用石头砸碎保健院的玻璃窗，用抢出来的药品救治伤员，同时带领大家挖掘被埋人员，找不到工具，就用双手搬移重物，很快救出30多名伤员，其中重伤员15人。县城的医疗力量在地震中几乎全部摧毁，伤员无处可送，杨国兴就在瓦砾堆中带领大家紧急救治，把衣服和毛巾撕成条，为伤员包扎伤口止血。他把伤员分批转入到安全地方后，才想起自己的亲人，但当时没有一点消息。救死扶伤的职责让他放弃了寻找亲人的念头。13日凌晨2时，救援医疗队进入北川，雨很大，他从地上捡起1个塑料袋套在头上，带领大家冲进废墟，抢门板、扯窗帘，把它们扎成简易担架，把伤员一个个抬上车。到13号16时左右，他组织抢救伤员1200余名。当最后一名伤员被救援部队接走，他才从县城撤离到北川中学，继续进行救援工作。17日，他才了解到有7位亲属遇难。直到6月8日，他才和被转运到重庆救治的妻子第一次通话，并得知儿子只是受了轻伤，无生命危险。他安慰妻子说：“你们好好养伤，我会照顾好自己。”然后又投入紧张的工作。灾后卫生防疫任务十分艰巨，他身为局长，一直奋战在第一线，经常熬到深夜，甚至熬通宵，哪里有困难，他就出现在哪里，为北川实现“大灾之后无大疫”的目标做出了贡献。

2008年10月，杨国兴被中共四川省委、四川省人民政府授予“四川省抗震救灾模范”称号。

郑植耀　羌族，1981年11月出生，1999年12月入伍，2005年7月入党，北川县人民武装部机关驾驶员（事迹详见本篇“全国抗震救灾模范”）。

何朝全　羌族，出生于1962年10月，四川平武县人。中共党员，大学学历。平武县公安局交警大队民警。

2008年5月12日下午，汶川特大地震发生后，何朝全在妻子脚受伤的情况下，仍迅速赶到10公里以外的平通中学，立即组织群众、教师等一起，开展抢救受伤师生的工作，在没有任何工具的情况下，用手从废墟中一个一个将受伤师生抢救出来，到20时左右，他才知道自己13岁的女儿也被埋在废墟中，刚被群众救出。到24时，他们救出被埋师生80多名。5月13日一早，何朝全带领群众一起寻找车辆，抢运伤员到外地救治，运送遇难人员到江油殡仪馆。之后，他又投入九环线道路的保通保畅工作。到5月17日，由于过度劳累，何朝全的嗓子已发不出声了，只能用手势工作。

2008年10月，何朝全被中共四川省委、四川省人民政府授予“四川省抗震救灾模范”称号。

唐元蒋 出生于1960年1月，四川平武县人。初中文化。平武县龙安镇两河堡村村主任。

汶川特大地震发生后，唐元蒋主动请战，投入抗震救灾工作。5月13日凌晨2点，县抗震救灾指挥部通知他参加抢通九环线石头坝至南坝段震毁公路，以确保外界和县城的交通运输畅通。接到通知后，他立即带上自己的挖掘机和装载机，连夜赶到抢险现场，投入紧张的抢险作业。经过八天七夜连续奋战，终于将36公里震毁公路抢通。地震造成南坝公路大桥垮塌，大量救灾物资无法运达重灾区，他不顾疲劳，立即组织力量突击抢修涪江河南坝水上便桥，又参加抢修重灾区救灾物资运送通道南坝镇何家坝至垭头坪段公路6公里，疏通、修建南坝至文家坝道路9.2公里，拆除、清理重灾区危房8万平方米。文家坝、马鞍石堰塞湖对灾区群众生命财产造成严重威胁，他又积极参加堰塞湖疏通泄流工程。

2008年10月，唐元蒋被中共四川省委、四川省人民政府授予“四川省抗震救灾模范”称号。

王勇军 出生于1961年11月，四川安县人。中共党员，大学学历。安县规划和建设局党委书记、局长。

汶川特大地震发生后10分钟，王勇军成立安县规划和建设局抗震救灾应急指挥部，下设市政、住房、在建工程等7个工作组和抗震救灾应急分队。他组织力量，采取发电机发电、潜水泵直提、定时定点供水的办法组织抢修供水；充实环卫队伍，保持灾后清洁卫生，保障大灾之后无大疫；全力以赴开展房屋应急安全检查、搭建临时帐篷、加快板房搭建，保居住安全。由于过度劳累，王勇军膝盖关节磨损，疼痛难忍，不得不两次到医院抽积液，缠上绷带。同事们几次见他用手顶住胰腺部位，脸上沁出细汗，劝他检查治疗一下，他都一直坚持在抗震救灾的一线。5月26日晚，他昏倒在办公楼大厅的梁柱旁，同事将他送至医院，医生要他立即住院治疗。次日6点多，大家又见他在办公楼大厅里忙碌。他还多次在晚上冒着大雨参加装卸救灾物资。震后的二十多天里，他每天平均休息不到两三个小时。

2008年9月，王勇军被住房城乡建设部授予“全国住房城乡建设系统先进个人”称号；10月，被中共四川省委、四川省人民政府授予“四川省抗震救灾英雄模范”称号。

叶志平 男，1953年9月出生，四川省绵竹市人。中共党员，大专学历。绵阳市安县桑枣镇桑枣中学校长（事迹详见本篇“英烈传”）。

刘云相 出生于1967年4月，四川开江县人。中共党员，大学学历。安县塔水镇党委书记。

汶川特大地震后，刘云相顾不上满身伤痕，立即组织干警、干部和民兵等97人投入抢险救援。14时53分，他把单位车辆集中起来，并依法征用11台民用车辆，全部投入到应急抢险中，全镇139个重伤员被抢救出来，及时送到医院救治。15时13分，又征用3台发电机，用于抢救伤员。16时15分，刘云相带队到加油站、副食店和塑料薄膜经销店，宣布政府统管和限价限购的紧急决定，及时将有限的救灾紧缺物资集中统管，维护救灾秩序。看到镇上的学生纷纷由家长接回，刘云相想起自己在花荄小学读书的10岁的儿子、在外出差的妻子和远在达州的父母，可塔水镇的灾情不容他多想，他不得不把家人的安危抛在一边，奋力组织抗灾自救。3天后，他才得知家人平安无事的消息。

2008年10月，刘云相被中共四川省委、四川省人民政府授予“四川省抗震救灾模范”称号。

邓先义 汉族，出生于1963年11月，四川绵阳市人。中共党员，大学文化。绵阳市涪城区龙门镇党委书记、镇人大主席团主席。

汶川特大地震发生时，邓先义任涪城区卫生局党委书记、局长，他紧急启动全区卫生系统医疗救护应急预案，迅速做好分工安排，及时调集、整合系统资源，搭建简易病区，并赴北川、平武等极重灾区协调收治受伤人员。5月14日16时，他按照区委指示，3个小时内在南河体育中心建起绵阳市抗震救灾医疗急救站涪城分站，制定《关于南河体育中心灾民安置点暴发传染病的应急处理预案》，区卫生局抗震救灾领导小组同时移驻该站。他现场指挥、现场协调，并启动灾后应急疾病监测体系。抗震救灾期间，涪城区卫生系统转运住院病人1735人次，组织救治、转运伤病员28683人次。涪城区卫生局下发帐篷近2000顶、搭建简易抗震棚的材料上万平方米，全部用于受伤灾民的安置。

2008年6月，邓先义调任涪城区龙门镇党委书记，他迅速成立龙门镇灾后农房建设领导小组。经过广泛征求意见，实地查看考察，采取“政府引导、村上组织、群众自愿、民主管理”的原则，按照“统一规划、统一建设、统一管理、统一监管”模式，仅用3个月时间便完成中脊村安置点建设。

2008年10月，邓先义被中共四川省委、四川省人民政府授予“四川省抗震救灾模范”称号。

林　勇 出生于1969年12月，四川三台县人。中共党员，研究生学历。绵阳市游仙区新桥镇党委书记、镇人大主席团主席。

汶川特大地震时，在绵阳市委党校中青班学习的林勇迅速赶回新桥镇，召集党委成员和机关干部安排部署抢救工作。他到镇卫生院查看伤员受伤状况，为卫生院紧急调运帐篷，保证病人的救治环境。得知芙蓉溪上游水库有垮堤危险，堰塞湖危情严重，他带领机关干部亲赴现场，动员疏散沿线村民，确保群众生命财产安全。新桥镇被列为游仙区灾后重建示范点，他负责联系东华村，深入农家院落，宣传党的方针，讲解惠民政策。为确保群众顺利建房，他主持制定红砖特供运行、服务、工作、监督四大机制，其中“三定三优先”原则（三定:指定时间、指定区域、指定人员；三优先：特困户、重灾户、在建户优先。即指在指定时间、指定区域内的特困户、重灾户、在建户共三类指定人员，优先供应红砖）在全省推广。他还积极支援周边忠兴、街子、游仙等乡镇农房重建，并向北川紧急调运100万匹红砖。抗震救灾中，他没时间看望家人，仅凭电话联系。他的胃病恶化，医生要求他多休息、注意饮食，他强忍病痛，仍然坚持战斗在第一线。

2008年10月，林勇被中共四川省委、四川省人民政府授予“四川省抗震救灾模范”称号。

张　伟 出生于1973年2月，四川三台县人。中共党员，大学学历。三台县新鲁镇党委书记。

三台县新鲁镇是遭受汶川特大地震灾害较重的镇乡之一，镇政府办公楼成为危房无法使用，张伟立即把指挥部办公室设在场镇中心地带。在他的组织带领下，全镇党员干部迅速投入到疏散人员、统计灾情、安置灾民、排危抢险工作中。由于组织有力，工作有序，全镇虽然倒塌房屋3000多间，却无1人死亡。5月13日23时，新鲁镇高步村高新水库坝体开裂，内坡垮塌，随时有决堤的危险。张伟紧急带领30余名党员，参与到挖土、夯填、铺膜、护坡的抢险中，经过3个多小时的冒雨奋战，险情得到控制，确保了人民生命财产安全。为解决重灾户临时居住问题，张伟组织统一搭建帐篷。地震发生后，他一直坚守岗位，没有回家住过1个晚上。有时回县城开会，他回家拿上换洗衣物就赶回新鲁镇。

2008年10月，张伟被中共四川省委、四川省人民政府授予“四川省抗震救灾模范”称号。

张国勇　出生于1966年9月，四川梓潼县人。中共党员，大学学历。梓潼县民政局党组书记、局长。

汶川特大地震发生后，梓潼县民政局启动抢险应急预案，成立抗震救灾工作小组。张国勇在初步了解全县灾情后，迅速向上级报告。几天时间，他跑遍全县32个乡镇，将粮食、食用油和棉被等急需救灾生活物资发放到受灾群众手中。在受灾最重的马迎、二洞、许州等乡镇，他带领全县民政干部职工搭建受灾群众安置点10个，紧急调运避灾帐篷1.4万余顶，下拨应急救援资金300余万元，解决1.3万余户重灾户、45.5万人的住宿问题。按照县灾后重建委员会的统一部署，他带领全局干部，采取“自己筹集一点、残料利用一点、银行贷款一点、政府补助一点”的办法，在全县建立“分户制定方案、分类帮扶到位、分级落实责任、分段限时完成”的重建责任机制，确保全县5.2万户农房重建工作顺利推进。

2008年10月，张国勇被中共四川省委、四川省人民政府授予“四川省抗震救灾模范”称号。

母贤春　羌族，出生于1967年4月，四川省北川县人。中共党员，大学学历。绵阳市经济技术开发区招商局副局长（主持财政局工作）。

2008年5月12日下午，汶川特大地震发生后，母贤春和管委会领导前往市抗震救灾指挥部汇报灾情，随即按照市抗震救灾指挥部的要求，迅速通知三江枢纽管理处、南湖水库、金广水库采取紧急措施确保安全。5月14日19时，绵阳经济技术开发区接管设在绵阳高新区实验中学的抗震救灾救助站，母贤春和同事又承担起救助站3000余名受灾群众的后勤保障任务。震后第五天，他才得知在北川县的妻子等4位至亲遇难。他强忍巨大悲痛，仍然坚守工作岗位。唐家山堰塞湖险情告急，按照市抗震救灾指挥部三分之一溃坝方案要求，塘汛镇有2.4万余人需要疏散转移。当时，各银行都暂停营业，所需财、物及疏散转移群众的临时开支都需要现金，母贤春不顾脚伤，和区财政局职工一道跑上级财政局和各个银行，汇报情况，衔接工作，为塘汛镇财政所和川音绵阳艺术学院疏散安置点筹措现金130余万元，为确保安置点疏散转移群众“安得下、留得住”发挥了作用。

2008年10月，母贤春被中共四川省委、四川省人民政府授予“四川省抗震救灾模范”称号。

曾　实　出生于1962年6月，四川广元人。中共党员，大学学历。中共绵阳市委政法委维稳办副主任。

汶川特大地震发生的当晚，曾实徒步10余公里，将了解的绵阳城区和群众疏散地治安状况等第一手资料上报市委、市政府。23时，曾实接到市委通知，赶赴受灾最重的北川县开展抢险救援工作。5月13日5时，他随市委组织抢险队伍进入北川开展救援。13日19时，曾实又接到命令，前往九洲体育馆安置点协助公安机关维护秩序。为帮助北川县政法委尽快恢复工作，5月17日，曾实带着援助物资，独自驾车进入北川，在北川县政法委连续工作9天，查看收集北川政法各部门受损情况，协助解放军救援人员勘探挖掘救灾线路，多次运送救灾官兵、受灾群众和媒体记者进出北川县城。

5月30日，唐家山堰塞湖险情告急，曾实随同堰塞湖预警预报通信保障协调督导组前往唐家山，往返于唐家山坝顶坝底各监测点，监控水位和大坝渗漏等情况，担负起预警预报通信保障任务，至6月10日成功泄洪才撤离。

2008年10月，曾实被中共四川省委、四川省人民政府授予“四川省抗震救灾模范”称号。

林　敏　出生于1963年8月，广西恭城县人。中共党员，大学学历，高级工程师。绵阳市电业局局长。

汶川特大地震给绵阳电网造成毁灭性打击，绵阳供区7座220千伏变电站仅有丰谷变电站能供电。5月12日下午，在通信基本中断、办公大楼严重受损的情况下，林敏组织人员成立抗震救灾指挥部，启动应急预案，成立13个抗震救灾工作组。震后15分钟，电力备用调度中心启动，所有抢险车辆、应急电源车分别赶赴市抗震救灾指挥部、医院、供水企业、新闻媒体等重要场所。17时20分，震后第一部“95598”电力热线电话开通。地震后，林敏仅与家人通过1次电话报平安，在临时搭建的帐篷里，他每天仅睡2到3个小时，坚持每天召开电力抗震抢险生产调度会。他不顾疲劳，连续工作，坚持靠前指挥，和一线抢修员工克服余震、高温以及防疫等困难，加班加点抢修电力设施。5月24日，北川供电公司重新挂牌。6月10日，绵阳电网直供区内所有输变电设备抢修恢复完成。

2008年10月，林敏被国家电网公司授予“抗震救灾先进个人”称号；同月，被中共四川省委、四川省人民政府授予“四川省抗震救灾模范”称号。

朱　波　出生于1974年1月，四川岳池县人。中共党员，大学本科学历。中国石油四川绵阳销售分公司总经理。

汶川特大地震发生后，为保障绵阳灾区救灾用油，他积极请示上级，协调兄弟单位，紧急调动各方资源支援绵阳，同时成立油站抢修突击队，争分夺秒抢修受损设备。震后4小时，城区花园加油站恢复营业，为绵阳市中心医院救护车加出第一箱油。5月13日凌晨，朱波紧急调集抢险供油车队，奔赴北川县实施救援。为确保唐家山堰塞湖排险施工，5月26日下午，他根据绵阳市抗震救灾指挥部指示，立即向省公司汇报，争取到450只油桶、40个专门用于直升机空投的8吨储油罐。因天气不适合空投，他立即组织成立背油突击队，赶到公司所属北川曲山加油站待命。在堰塞湖抢险最为紧迫的6月7—9日，他一直坚守设在擂鼓镇的中国石油唐家山堰塞湖抢险指挥部，全力保证抢险施工用油。

2008年7月，朱波被中国石油集团公司授予“抗震救灾先进个人”称号；10月，被中共四川省委、四川省人民政府授予“四川省抗震救灾模范”称号。

雍　宁　出生于1969年12月，四川平武县人。大学专科学历。平武县地方税务局南坝税务所科员。

汶川特大地震发生时，雍宁和南坝税务所同事一齐朝门外跑，突然，他想起刚刚收到的2900余元税款和票证还没有妥善保存，于是不顾个人安危，转身返回办公室。当他收好票据冲出办税厅时，被一块垮塌的台梁重重压倒在地。他被人们从废墟中救出时，下肢血肉模糊，但他强忍剧痛，坚持把自己所管的票款向税务所领导做了移交。当他被送到医院后，经医生诊断为双下肢粉碎性骨折。

2008年10月，雍宁被中共四川省委、四川省人民政府授予“四川省抗震救灾模范”称号。

蒋　勇　出生于1963年7月，四川绵阳人。中共党员，大学学历。绵阳市文化局新闻出版科科长。

九洲体育馆集中安置点建立后，蒋勇受命负责接收原由其他单位负责的北川县受灾群众安置任务。5月21日，绵阳市文化局从文化系统抽调12名党员干部，组成抗震救灾文化服务队，整体进驻九洲体育馆，为住在9个帐篷、4辆货运卡车中的260余名受灾群众提供服务。25日，他又接手160名受灾群众的管理工作。为保证服务工作有序开展，在他的建议下，文化服务队建立服务管理制度，落实交接班制度，并发挥受灾群众的自我管理作用，不定期召集组长和党员召开工作会议，及时向安置点群众传达指挥部的管理要求，宣讲安置政策，收集意见建议，协助服务点开展服务管理工作。他与其他同志一道，积极协调组织市艺术剧院、文物局、图书馆等单位，组织文艺小分队到九洲体育馆进行慰问演出，赠送500余册图书、800余份《防震防疫常识》《震后卫生及疾病预防知识》、1000余册杂志刊物；接收6万多册、价值200余万元的捐赠图书以及学生高考复习资料。

2008年10月，蒋勇被中共四川省委、四川省人民政府授予“四川省抗震救灾模范”称号。

李胜华　羌族，出生于1967年2月，四川北川县人。中共党员，大专学历。绵阳机场（集团）有限公司消防护卫大队副大队长。

汶川特大地震发生后，轮班换休的李胜华立即驱车赶回机场，按照应急预案做好消防战斗和应急救援准备，检查各岗位值班情况和设备设施情况。他的妻子及双方父母都在北川县，但他无暇顾及。绵阳机场是抗震救灾的重要通道，5月12—16日，是机场抗震救灾最紧张、最忙碌的日子，他日夜坚守在机场，5天时间休息不超过20小时，有时通宵达旦。得知几位亲友遇难的噩耗，他强忍内心巨大的悲痛，始终坚守岗位，连续20多天高强度、超负荷地运转。在抗震救灾期间，他所在的消防护卫大队不仅担负航班保障任务，还和其他大队一起，精心做好专机保障、救灾飞行、伤员转运等安保工作，确保机场消防、护卫、空防安全无差错，为绵阳空中生命线的畅通做出积极贡献。

2008年10月，李胜华被中共四川省委、四川省人民政府授予“四川省抗震救灾模范”称号。

刘星荣　出生于1956年3月，重庆市永川人，中共党员，中专学历。成都铁路局绵阳车务段绵阳火车站站长。

汶川特大地震发生后，刘星荣立即赶往车站运转信号楼察看灾情，指挥全站应急工作。他紧急调派内燃机车，对因地震而停滞在站内或区间的2130次、1048次旅客列车和货物列车进行救援，同时，组织员工展开生产自救，保证人员和设备的安全。他带领同事赶往绵阳火车客站，组织客运人员安置好800多名滞留旅客，对已成危楼的候车厅大楼进行防护警戒，并冒险进入候车厅大楼找寻遗漏旅客。5月13日，国务院抗震救灾前线指挥部在绵阳火车站客站设立，多名国家领导人先后乘专列到绵阳指挥抗震救灾。刘星荣组织制定专运方案，进行行车设备安全检查，确保专运列车的绝对安全。5月23日，他支气管炎病情急剧加重，被送往医院住院治疗。没多久，他又拖着病体返回工作岗位。在他的带领下，从5月12日至8月20日，绵阳车站共圆满执行专运任务46次，组织伤员运输6列3396人，受灾学生专列3列2043人；抢卸抢装救灾军列52列，卸装和转运抗震救灾物资2433车，活动板房4251车。

2008年10月，刘星荣被中共四川省委、四川省人民政府授予“四川省抗震救灾模范”称号。

李自学 羌族，出生于1963年4月，四川北川县人。中共党员，高中毕业。北川县曲山镇新街村民兵连长。

2008年5月12日下午，汶川特大地震发生，在北川县城参加会议的李自学成功逃生后，迅速参加到抢险救人的队伍中。他将县茶厂周围的幸存群众聚拢起来，交由其他人组织转移，而后到县工商局、综合市场周围组织施救，与众人一道，成功营救出近百名受伤和被困群众。他找来钢管，铺上门板，搭建便桥，将客运站的部分被困群众疏散出来，并带领他们向任家坪北川中学转移。到达北川中学后，他又和村支部书记一道将新街村群众组织在3个安置点避灾，为群众找食物，送药。5月31日，他发动本村青壮年40多人组成服务队，到任家坪装运、保管、发放救灾物资，一直干到8月26日，共发放28个仓库、200多车物资。

2008年10月，李自学被中共四川省委、四川省人民政府授予‘四川省抗震救灾模范”称号。

唐　斌 羌族，出生于1977年10月，四川平武县人。平武县徐塘羌族乡杨柳村杨柳社村民。

汶川特大地震发生后，在绵阳务工的唐斌迅速前往九洲体育馆安置点，作为志愿者为受灾群众送水、送食品。14日晚，他前往绵阳市火炬大厦，向平武县抗震救灾指挥部绵阳工作组报到登记，参加组织押运抗震救灾物资的工作。在余震不断、道路十分危险的情况下，他主动申请押运救灾物资，绕道青川县前往平武县，在十分疲惫的情况下，仍坚持装卸车，一干就是40多天。在此期间，他严格按照押运救灾物资的纪律规定，把贵重物品分类管理，保证经手的每一件抗震救灾物资的安全。在近两个月的时间里，他无暇照顾自己重病住院的母亲和年幼的侄女，搁置了自己的生意，累计参与装车200余次，行程达1.26万余公里。

2008年10月，唐斌被中共四川省委、四川省人民政府授予“四川省抗震救灾模范”称号。

李明俊 出生于1961年3月，四川江油市人。中共党员，四川江油长钢鸿源有限责任公司环卫垃圾清运班班长兼驾驶员。

汶川特大地震发生时，李明俊正在医院照顾住院的女儿。灾情巨大，他特别担心公司的受灾状况，当即将女儿交给妻子照料，匆匆赶至公司总部，加入垃圾清扫清运突击队。他在东兴乡新益村的住房已倒塌，所幸76岁的老母亲在屋外做事，才躲过一劫。灾后垃圾清扫清运任务特别繁重，他和工友们将日常作业时间提前两个小时，5月13日3时，他们借着车灯光亮收集、装卸垃圾，一直忙到21时，才将建南路方圆十多里区域内的垃圾清运完。由于频繁不断地踩刹车，他双腿肿得无力站立。此后两个月，随着受灾群众帐篷区的建立，生活垃圾量猛增 垃圾清运点从日常120个增加到260多个，任务更加繁重。炎炎烈日，他开着车犹如坐在火炉里，汗流不断，全身长满湿疹，但他从未叫苦叫累。6月上旬，唐家山堰塞湖排险避险，4000余名群众被临时安置在长钢技校内，他又接受江油市和攀长钢抗震救灾指挥部的安排，每天挤出时间增加作业2次，保证临时安置点的生活环境卫生。

2008年10月，李明俊被中共四川省委、四川省人民政府授予“四川省抗震救灾模范”称号。

谢君林 出生于1957年12月，四川盐亭人。中共党员，大专文化。绵阳市贝多生化有限公司化工班班长。

汶川特大地震发生时，贝多生化公司厂区内紧急停车信号骤然响起，危急时刻，谢君林立即关掉阀门，切断电源，保证绝对安全停车。他停好自己操作的各台机组后，迅即跑到造气车间的各个岗位检查紧急停车情况，保证了危化车间的安全。其后，他积极响应公司党支部抗灾自救的号召，迅速加入抗灾自救、恢复重建的行列。恢复重建期间，他积极为厂房加固维修出主意、想办法，由于他提出的合理化建议，使厂房修复时间提前10天，为公司节约加固维修费用5万多元。他得知维修材料仓库需要大量瓦片时，主动请缨，与另外1名同事一道，两人用箩筐从四楼往下抬瓦片，前后5天，把近20万片瓦片抬到指定地点。

2008年10月，谢君林被中国四川省委、四川省人民政府授予“四川省抗震救灾模范”称号。

王大春 出生于1986年12月，四川江安人。共青团员。四川中医药高等专科学校学生。

汶川特大地震发生时，王大春是四川中医药高等专科学校的1名大二学生。他加入绵阳抗震救灾志愿者行列，前往北川县参加救援。5月13日凌晨，他到达北川中学，迅速投入抢救生命的工作。他运用所学的医学知识，为受伤学生处理伤口，安抚、鼓励惊魂未定的学生，发放食品，抬伤员。12点多，他又背着食品药品，冒雨进入北川县城参加救援。5月14日，他转战九洲体育馆，为伤员换药，为灾民发放食物、打扫场馆。5月15日，他又到急需人手的绵阳市骨科医院开展志愿服务。他组织同学们并动员市民一起为灾区献血，为南河体育中心周围的市民搭建临时帐篷，安抚从灾区转移过来的群众。他和同学们上街分发灾后疾病预防宣传海报，宣传疾病预防知识，组织青年志愿者服务队到社区服务。

2008年7月，王大春被中共四川省委教育工委评为“四川省抗震救灾优秀大学生”；10月，被中共四川省委、四川省人民政府授予“四川省抗震救灾模范”称号。

罗康发 出生于1972年12月，四川平昌县人。中共党员。绵阳市国家安全局办公室主任。

汶川特大地震发生的当晚，罗康发主动报名参加绵阳国安局赴北川救援小分队，与其他队员一起，转移、抢救受伤群众20余名。5月13日凌晨，他又紧急受命，赴四川省国家安全厅领取卫星移动通信设备，并于当天下午将设备送交北川县救灾现场，为指挥部统一指挥、协调抗震救灾发挥关键作用。5月19日下午，罗康发正在办公室起草1份重要文件，大街上的高音喇叭反复公告当晚可能有较大余震，局领导、同事和家人纷纷打电话要他立即离开办公楼，到开阔地带避险，但他考虑到文件的紧迫性和保密需要，便不顾危险，继续在办公室忙碌，直至第二天凌晨3点才离开。该份文件得到国家安全部部长许永跃的充分肯定，并作出重要指示。5月底，唐家山堰塞湖面临溃坝危险，所有人员需按要求撤离。因工作任务特殊，局党委在征得市抗震救灾指挥部同意后，决定安排少部分会游泳的同志值守办公大楼和家属区。罗康发不会游泳，但想到自己是办公室负责人员，需协调、处理大量日常工作，便不顾家人反对，毅然报名参与留守工作。

2008年10月，罗康发被中共四川省委、四川省人民政府授予“四川省抗震救灾模范”称号。

唐祖华 出生于1978年11月，四川北川县人。中共党员，大专学历。北川县大水湾村党支部书记、村主任。

汶川特大地震发生时，唐祖华正在北川县委礼堂参加大会，凭着当年在部队训练的警觉和敏捷，他迅速带领学生快速跑出礼堂，躲避倒塌的房屋，组织救援与医疗，还冒着生命危险用摄像机记录当时的悲壮场面。他拍摄的珍贵影像完整记录了北川地震发生时的受灾、抢险情况，全国各级媒体都想得到版权，有的愿意出高价购买，他虽在地震中遭受近20万元的经济损失，多年创业的积累荡然无存，但他仍将影像版权无偿交给了中央电视台，先后在中央台多个频道播出，引起全国乃至全世界观众的极大关注。在抗震救灾中，他每天只休息三四个小时，白天在县指挥部帮忙，晚上开着自己的皮卡车到绵阳九洲体育馆安抚村民。短短10多天，他借钱加油跑了5000多公里。他8次到唐家山堰塞湖观察大坝情况，5月25日，他带领150名部队突击队员，为唐家山堰塞湖排险作业运送炸药1000公斤。

2008年7月，唐祖华被中共四川省委授予“抗震救灾优秀共产党员”称号；10月，被中共四川省委、四川省人民政府授予“四川省抗震救灾模范”称号。

赵　蓉　女，羌族，出生于1973年9月，四川北川县人。中共党员，研究生学历。北川县通口镇党委书记、人大主席。

汶川特大地震发生时，赵蓉从剧烈晃动的办公楼跑出来，首先向县委、县政府报告情况，随后立即赶赴学校、医院等人口聚集地查看灾情，组织人员在学校操场搭建两个临时安置点，转移和安置受灾群众。5月18日，一直忙于救灾工作的她听说安昌镇有名从北川转移出来的男孩说自己的妈妈叫“赵蓉”，她才请假赶赴安昌镇寻找儿子，儿子却不知去向。后来，她才知道，她的父亲、丈夫、儿子等9个亲人在地震中全部遇难。同学与朋友闻悉她的不幸后，纷纷劝她离开北川，甚至帮她找到了一份不错的工作。她却坚定地说：“离开固然很好，也是一个新的开始，但我是党员，是干部，我不能撇下乡亲一走了之。”

2008年7月，赵蓉被中共四川省委授予“抗震救灾优秀共产党员”称号；10月，被中共四川省委、四川省人民政府授予“四川省抗震救灾模范”称号。

马晓燕　女，羌族，出生于1980年12月，四川省北川县人。中共党员，大学学历。共青团北川县委书记。

汶川特大地震发生时，马晓燕正在参加北川县首届青年创业大赛表彰大会，她立即参与现场指挥，组织300多名学生先撤退到县委大院草坪上。她没有赶回家去救自己的母亲，马上组织团员青年将参会的300多名学生和妇女转移到北川中学操场，分区定点安置。随后，她冒着强烈的余震，组织团员青年参加北川中学救援，废墟前，哪里有求救的声音，哪里就有她的身影，手刨、肩扛，几个小时下来，她的双手血肉模糊，脚被锋利的石头割破，但她徒手救出2名学生。其后几天，她一直奋战在抗震救灾第一线，直到震后第5天，她才看到被巨大的泥石流掩埋的家，母亲、堂弟等5位亲人遇难。

2008年7月，马晓燕被共青团中央授予“全国抗震救灾优秀共青团干部”称号，同月，被中共四川省委授予“抗震救灾优秀共产党员”称号；10月，被中共四川省委、四川省人民政府授予“四川省抗震救灾模范”称号。

李跃进　男，出生于1958年5月，四川北川县人。中共党员，大专学历。北川县公安局党委委员、副局长。

汶川特大地震发生时，李跃进正在北川县城。面对从房屋中逃出的惊恐的群众，他大声疾呼：“我是警察，大家不要乱，都到大酒店前面的开阔地来。”200余名群众很快聚集到北川大酒店前的开阔地带。30分钟后，他冒险翻过残垣断壁，回到县公安局，与其他局领导一同组织警力，迅速投入抗震救灾。他与战友们冲进曲山小学，在乱石堆中将幸存的10多名孩子成功转移出来。震后的县城与外界失去所有联系，道路被毁，通信、电力瘫痪，他与30余名民警参与抢修。当天17时，他获悉母亲、妻子与儿子在地震中都不幸遇难，强忍悲痛继续投入抗震救灾。

2008年7月，李跃进被中共四川省委授予“抗震救灾优秀共产党员”称号；10月，被中共四川省委、四川省人民政府授予“四川省抗震救灾模范”称号。

刘玉成 出生于1963年8月，四川平武县人。中共党员，大学学历。平武县平通镇党委副书记、纪委书记。

汶川特大地震发生后，平通镇道路、通信中断。镇党委书记和镇长因公外出，留守的刘玉成迅速召集干部和派出所民警，飞奔至平通中学，从废墟中救出93名师生，挖出遇难师生遗体60具。5月13日凌晨，他带人搭建起简易帐篷，安顿受伤的272名学生和家长，陪同家长一道守护遇难学生遗体，做好家长的抚慰工作。13日白天，一夜没睡的他又开始协调工程机械，配合救援部队挖掘遇难者遗体。连日高强度的工作，使身患疾病、极度虚弱的他严重透支，在医生的坚持下，他每天早晨和晚上输液，白天照常工作。短短4天时间，他协调机械设备，帮助部队官兵为群众挖出现金21万、存折3万余元以及家具、衣物、被子等大量物品。在救灾物资发放过程中，他甘当“保管员”，坚持公平、公正、公开地发放。场镇安置点集中了大量受灾群众，他及时组建抗震救灾临时党委和3个党员先锋队、6个临时党支部，负责受灾群众安置工作。

2008年7月，刘玉成被中共四川省委授予“抗震救灾优秀共产党员”称号；10月，被中共四川省委、四川省人民政府授予“四川省抗震救灾模范”称号。

杨正怀 羌族，出生于1971年11月，四川平武县人。中共党员，大专学历。平武县水观乡小学校长。

汶川特大地震发生时，杨正怀和老师们迅速把学生全部转移到安全地带，为270名学生搭建临时帐篷。为防止意外发生，他们冒雨在外面守护一夜。水观乡通信、道路中断，5月13日5时，一夜没睡的他顾不上打听家人的消息，主动请缨，翻山越岭外出求援。他艰难跋涉20多个小时，终于到达平武县抗震救灾指挥部，汇报灾情后，体力不支的他瘫倒在地。15日凌晨，他背上一大背包急救药品，匆匆往回赶，途中体力严重透支，双脚磨破血泡，钻心地疼，但他舍不得扔下药品，只好拄着木棍一步步向前挪，最后倒在距离水观场镇3公里处，被凤鹤村村民吕正勇发现并背回场镇。听说他回来了，水观乡干部群众、全校师生都汇聚在路口迎接他。乡卫生院的医生激动地说：“杨校长，你背回的药太重要了，十几个伤员有救了。”

2008年7月，杨正怀被中共四川省委授予“抗震救灾优秀共产党员”称号；9月，被教育部授予“全国教育系统抗震救灾先进个人”称号；10月，被中共四川省委、四川省人民政府授予“四川省抗震救灾模范”称号。

周彦平 出生于1971年1月，四川平武县人。中共党员。平武县交通局公路管理所养护公司经理。

平武县交通基础设施在地震中遭到毁灭性破坏。为迅速打通平武至江油主干线，确保救援部队、物资及时进入灾区，必须尽快进行悬岩排危工作。周彦平带领作业组，负责平武至南坝段的抢险保通任务。路段塌方量达10余万立方米，山上随时坠落石块，爆破任务不仅艰难，而且危险。他来不及与家人道别，带着两台挖掘机和装载机火速赶赴抢险现场。一些路段整座山体垮塌，塌方从几百米高处塌下，山上悬石成为巨大威胁。他让队员用保险绳将自己从几百米的高处吊下，小心翼翼接近悬石，装填炸药，将悬石炸掉。他先后排危放炮20多次，炸毁悬石3000多立方米。经过艰苦努力，终于抢通平江公路的梗阻路段。随后，他带队坚持蹲守在严重的滑坡点，随时确保道路畅通。

2008年7月，周彦平被中共四川省委授予“抗震救灾优秀共产党员”称号；10月，被中共四川省委、四川省人民政府授予“四川省抗震救灾模范”称号。

向云刚 出生于1963年2月，四川安县人。中共党员，大学学历。安县茶坪乡党委书记、人大主席。

汶川特大地震发生时，向云刚正在外出办事的路上。想到全乡8900多名群众的生命安危，他带领乡干部廖世刚、村民周茂顺等，冒着生命危险，在坡度达70~80度的山腰上艰难探路、攀爬，历尽艰难，于5月13日13时回到乡政府。震后道路、通信中断，食品、药品、饮水奇缺，茶坪乡成为直面死亡的“孤岛”，群众惊慌不定。他紧急召开临时党委会和机关职工会议，组织党员群众成立“志愿服务队”，将涌到场镇的6000多名群众转移到开阔的安全地带，搭建简易抗震棚，以村、场镇居委会为单位，划分管理区域，做好食品药品分发、伤员照料、卫生防疫、治安维护。把所有个体工商户、餐馆、副食店和居民家中的大米、玉米等食品集中起来，实行统一管理，定额配送，全力开展自救。在外部救援力量无法进入茶坪的情况下，他组织力量搜救废墟中被埋人员，对无人认领开始腐化的遇难者遗体进行集中火化，将所有的死亡禽畜进行深埋，处理垃圾，深挖临时公厕，有效防止疫情发生和水质污染。

2008年7月，向云刚被中共四川省委授予“抗震救灾优秀共产党员”称号；10月，被中共四川省委、四川省人民政府授予“四川省抗震救灾模范”称号。

李水林 出生于1981年10月，四川江油市人。中共党员，中专学历。江油市西屏乡卫生院门诊部主任。

汶川特大地震发生时，李水林正在乡卫生院检验室做化验，他迅速跑出化验室，看到住院部的病人和病人家属惊慌失措，堵在楼道口，他立即组织医务人员搀扶老人、小孩、病人下楼，楼道畅通后，楼内人员很快全部撤离。住院病人王再弟撤出后，站在即将倒塌的围墙边手足无措，李水林冲上前去，一把将王再弟推开，围墙轰然倒塌，病人脱险，他却被倒塌的围墙压住，顿时晕厥，被救出后送往江油市九〇三医院救治，5月15日，又转至绵阳市中心医院救治。因右下肢肌肉坏死，他曾6次休克，之后，转往重庆市垫江县人民医院和重庆医科大学附属医院治疗。当他得知可能被截肢时，他平静地说：“没关系，只要病人救活了，我的冒险就没白费！”他还说：“失去一条腿，还有一条腿，以后还可以为社会做很多事！”

2008年7月，李水林被中共四川省委授予“抗震救灾优秀共产党员”称号；10月，被中共四川省委、四川省人民政府授予“四川省抗震救灾模范”称号。

宋朝友 出生于1964年12月，四川三台县人。中共党员，大学学历。四川省三台工业园区党工委书记。

汶川特大地震发生的当天下午，宋朝友火速率领园区抢险队员察看辖区灾情，连续3天进村入户，为群众排危除险。5月15日，他奉命带领50余名三台县科级领导干部到北川支援抗震救灾，在现场成立三台县支援北川抗震救灾前线临时党支部，连续奋战22天。他担任绵阳市北川抗震救灾前线指挥部物资组副组长，协助组建机构，完善办事机构，健全11项行为规范和工作流程，确保救灾物资有序发放、忙而不乱。缺乏装卸人员时，他带领突击队员整夜搬运物资。灾区天气变幻无常，为及时搭建物资仓库帐篷，他雨水夹汗水，脚被磨出血泡，痛得挪不动步子。他在受到表彰时说："只要是党员，都该这样做；只要到北川，都会这样做！"

2008年7月，宋朝友被中共四川省委授予"抗震救灾优秀共产党员"称号；10月，被中共四川省委、四川省人民政府授予"四川省抗震救灾模范"称号。

王代伦　出生于1964年2月，四川绵阳市人。中共党员，大学学历。绵阳市游仙区委组织部常务副部长。

汶川特大地震发生后，他带领区委组织部机关干部察看灾情，组织抗震救灾。5月15日，他担任游仙区党政干部赴北川抗震救灾工作组组长，带领26名干部奔赴北川。到北川后，他主动请缨，要求到最艰苦最危险的地方去。16—20日，他带领工作组冒着频发的余震，连续4天在北川县城搜救幸存者，他身上多处受伤，一直坚持到搜救工作结束。之后，他带领干部历时11天，行程1000余公里，跑遍北川县9个乡镇100余个村，协助当地党委、政府开展抗震救灾工作。他组织党员先锋队和青年突击队，累计发放食品、药品等救灾物资1万余件，各类宣传资料3000余份；妥善安置受灾群众，帮助灾民搭建帐篷514个、临时住所417间；积极与部队协调，将13名重伤员及时转移救治。唐家山堰塞湖危情发生后，他又带领工作组将1300余名群众成功转移到安全地带。恢复重建阶段，他和工作组又积极动员2000余名受灾群众陆续返乡，开展生产自救。

2008年7月，王代伦被中共四川省委授予"抗震救灾优秀共产党员"称号；10月，被中共四川省委、四川省人民政府授予"四川省抗震救灾模范"称号。

刘　锐　出生于1969年6月，四川盐亭县人。中共党员，大学学历。盐亭县中小企业局党委委员、副局长。

汶川特大地震发生后，刘锐得到盐亭县委命令，赴江油市支援抗震救灾。他将刚做了食管癌切除手术的母亲托付给亲戚，带上自己正在服用的药，立即奔赴江油灾区。到达江油后，他与受灾群众打成一片，宣传灾后安置政策，宣传卫生防疫知识，强力推进劝返安置工作。同时，他用夜晚时间完成《受灾群众返乡安置方案》等近2万字的材料，平均每天工作都在20小时左右。后来，他又赴安县支援抗震救灾，自带公务用车和生活用品，没在灾区单位吃过一顿饭、喝过一瓶水。因工作出色，他先后3次被绵阳市委组织部点名抽调到北川、安县、江油等重灾区支援抗震救灾，到过15个集中安置点和3个县的32个乡镇。他还资助赴灾区的学生志愿者和受灾群众3550元。

2008年7月，刘锐被中共四川省委授予"抗震救灾优秀共产党员"称号；10月，被中共四川省委、四川省人民政府授予"四川省抗震救灾模范"称号。

王国聪　出生于1964年12月，四川梓潼县人。中共党员，大专学历。梓潼县小垭乡党委副书记、纪委书记。

汶川特大地震发生后，王国聪连续3天奋战在抗震救灾一线。5月15日，他主动要求前往北川支援抗震救灾，来不及告诉妻儿一声，就随梓潼县党员干部救援队奔赴北川。到达北川县城后，组织安排他担任小分队负责人，他主动请战，要求去北川县最偏远的青片乡。17日上午，他带领两名队员，冒着余震不断、山体随时垮塌的危险，绕道向青片乡挺进，当晚在大雨中露宿山顶。经过一天一夜150多公里的艰难跋涉，他们于18日抵达青片乡，迅速与乡党委、乡政府和救灾部队协调联系，逐村召开村社干部会，与受灾群众促膝谈心，给党员干部提出要求，42位村民主动坚守家园，开展生产自救。他主动参加抢险救灾，协助转运重伤员186人，发放救灾物资10余吨。

2008年7月，王国聪被中共四川省委授予“抗震救灾优秀共产党员”称号；10月，被中共四川省委、四川省人民政府授予“四川省抗震救灾模范”称号。

郭文斌　出生于1964年6月，四川三台县人。中共党员，大学学历。绵阳市水务局水政水资源科科长。

汶川特大地震发生后，郭文斌积极投身抗震救灾。5月19日，他带领省地矿局专家一行5人，挺进唐家山堰塞湖上游禹里乡，建立水位站，对水位进行24小时严密观测。在9天的观测中，禹里乡水位暴涨14米，水文监测点三易其址，在断粮和余震的威胁下，坚持每小时1次准确观测水位变化情况，并及时将监测数据上报绵阳市抗震救灾指挥部水利组和武警水电部队指挥长。6月2日，唐家山堰塞湖排险指挥部任命他为前线临时党支部副书记，负责监测险情，组织水文、气象、通信、武警等相关人员开展工作。在5天的时间里，完成中科院负责实施的3套视屏和红外线设备的安装及维护，组织武警战士抢修完成从坝体到左岸山坡约1000米紧急撤离通道，搬运3吨汽油、4台发电机、8个汽油桶、21个蓄电池，密切监测坝体变形情况及管涌出水情况，带领人员清理现场杂物，进行防疫处理，保证留守人员的安全和健康。

2008年7月，郭文斌被中共四川省委授予“抗震救灾优秀共产党员”称号；10月，被中共四川省委、四川省人民政府授予“四川省抗震救灾模范”称号。

陈天罡　出生于1974年4月，新疆阿勒泰市人。中共党员，大学学历。绵阳市广播电视中心新闻播音员。

汶川特大地震发生后，陈天罡迅速奔赴救援一线报道抗震救灾。5月13日4时，他和同事进入北川县城，拍摄大量视频资料和照片，现场报道北川灾情。当晚，中央电视台综合频道、财经频道、中文国际频道、新闻频道多次播出来自北川一线的消息和画面。他被抽调从事电话节目连线工作后，完成节目连线播发2720条次，录音采访播发1770条次，被互联网转载2862条次。5月下旬，他被选调到中央电视台驻绵阳记者站协助工作，加班加点拍摄、采访，绵阳抗震救灾的消息每天都以6~7条的用稿量在中央电视台不同频道播出，用稿数量达200多条次。6月4—7日，他和绵阳广电中心总编辑方渊懿到唐家山堰塞湖抢险现场采访，现场已组织全线撤离，他们成为唯一坚守在唐家山堰塞湖的新闻记者。在唐家山堰塞湖的四天三夜，他冒着生命危险，下到120多米深的坝底，对24处向外喷水的管涌口进行现场报道，甚至在溢流渠内拍摄、报道。

2008年7月，陈天罡被中共四川省委授予“抗震救灾优秀共产党员”称号；10月，被中共四川省委、四川省人民政府授予“四川省抗震救灾模范”称号。

郎　军　出生于1973年9月，四川绵阳市人。中共党员，大专学历。绵阳燃气集团市政建筑工程公司道路公司副经理。

汶川特大地震发生后，郎军连夜将抢险工程机具运往北川县。通往北川县城的2公里道路因山体滑坡被完全阻断，他冒雨连夜将抢险机具运送进北川县城。5月14日，他再次携带抢险工程机具前往北川，奉命打通任家坪至县城路段。他每天行走百余里，协助救援部队、四川路桥、华西集团、北京路桥等救援单位的各类救灾机械，连续奋战三天三夜，终于打通生命通道。5月16日下午，误传北川水库垮塌，县城3万抢险人员迅速撤退，情况十分危急。他临危不惧，组织大家成功救出1处倒塌建筑下的2名受伤群众。5月25日，他组织挖掘机2台、装载机3台、运渣车10辆、商品砼17车，冒着高温酷暑和唐家山堰塞湖溃坝的危险，再次进入已经封城的北川县城，对遇难者遗体进行深度掩埋，并用混凝土进行封盖。

2008年7月，郎军被中共四川省委授予“抗震救灾优秀共产党员”称号；10月，被中共四川省委、四川省人民政府授予“四川省抗震救灾模范”称号。

陈英伟　出生于1966年4月，四川仁寿县人。中共党员，硕士研究生学历。中国移动通信集团四川有限公司绵阳分公司党委书记、总经理。

汶川特大地震发生后，陈英伟立即冒着余震、山体滑坡、飞石滚落的危险，奔赴北川县指导通信抢险。在唐家山堰塞湖库容量最危险的时候，他多次乘直升机穿越高危山区，空降到堰塞湖大坝上，为抢险排险工作提供有力的通信保障。在北川县和平武县通信抢险、乡镇通信突击战、土城至泗耳传输光缆抢通战、唐家山堰塞湖排险等艰巨任务中，他赴一线勘察，寻找通信保证的关键环节，制定一系列切实有效的实施方案和应对策略，在保障抢险队员生命安全的前提下，全面完成各项通信抢险任务。

2008年7月，陈英伟被中共四川省委授予“抗震救灾优秀共产党员”称号；10月，被中共四川省委、四川省人民政府授予“四川省抗震救灾模范”称号。

宋　明　出生于1958年2月，山西偏关县人。中共党员，大专学历。中共北川县委书记、县人大常委会主任。

汶川特大地震发生时，宋明正在去省委党校学习的路上，他立即折返，冒着余震徒步穿越多个险要地段，向北川县城艰难行进。抵达北川中学后，他发现灾情特别严重，立即指挥幸存人员全力抢救受困师生。在学校操场，他就地成立北川县抗震救灾指挥部，对县委班子成员进行明确分工，组织6支党员干部突击队分头开展救援行动。大灾之后，北川自身的救灾力量非常有限，听到废墟中不时传出的呼救声，他带领幸存下来的党员干部连续作战，累得完全脱形。在救援现场，他接受媒体采访时，只字不提个人事迹，只要求加大支援力度。指挥帐篷搭好后，他坚持让工作人员安排伤员先行入住，自己仍然冒雨指挥调度。对于援建的板房，他反复强调首先全县受灾群众入住，领导干部最后安排。抢险救援的30个日日夜夜，他一直坚持在抗震救灾第一线。

2008年7月，宋明被中共四川省委授予“抗震救灾优秀党员领导干部”称号；10月，被中共四川省委、四川省人民政府授予“四川省抗震救灾模范”称号。

易　林　出生于1963年7月，四川武胜县人。中共党员，硕士研究生学历。中共江油市委书记、市人大常委会主任。

汶川特大地震发生后，易林组织江油市党员干部和群众立即开展抗灾自救，组建10个救援小组，指挥人员分赴学校、医院、工厂、乡镇查看灾情，组织救援。震后10小时，各救援小组累计救出幸存者1704人，妥善安置城区受灾群众20万人。5月13日，北川、平武受灾群众源源不断涌入江油，他迅速安排人员做好后勤保障和卫生防疫工作。他积极协调救援部队，调遣党员干部突击队，调集大型机械，争分夺秒打通雁门、枫顺等山区道路。震后第3天，救援力量进入江油市所有乡镇477个行政村开展工作。他20多次前往灾情严重的乡镇和企业慰问，指导抗震救灾。他翻山越岭查看青江堰塞湖险情，组织科学制定抢险排险措施。唐家山堰塞湖排险泄洪期间，他组织江油市1300个基层党组织和3万名党员干部，组成1000支突击队，分赴各处开展工作，完成万名群众大转移。6月10日，江油市43.7万亩油菜、小麦和旱地作物抢收抢种完成；14日，58家规模企业恢复生产；15日，首家投资千万的引资项目落户江油。

2008年7月，易林被中共四川省委授予“抗震救灾优秀党员领导干部”称号；10月，被中共四川省委、四川省人民政府授予“四川省抗震救灾模范”称号。

毛一兵　出生于1969年1月，浙江龙泉市人。中共党员，研究生学历。中共平武县委副书记、县长。

汶川特大地震发生后，毛一兵迅速组织成立县抗震救灾指挥部，启动应急预案，派出专人向市委市政府报告灾情，发布平武县抗震救灾1号公告，安抚百姓恐慌情绪，安排相关部门全力抢修交通、电信、电力等重要设施。获悉南坝镇灾情特别严重后，他于5月13日晨率队前往南坝镇，途中遭遇强余震，不幸被山上的飞石击中头部，身受重伤，昏迷近十个小时才苏醒。5月15日，因病情仍未好转，组织决定将他转至绵阳中心医院接受治疗。在住院治疗期间，他一心牵挂灾区百姓。29日，由于颅内尚有积液，主治医生要求他转往外地治疗，他却说：“我再不能等了，我必须马上回去。”他悄然离开医院，到平武县抗震救灾指挥部绵阳物资协调采购组，协调解决救灾物资采购、运输等问题。5月30日，他回到平通镇、南坝镇等重灾区，再次投身抗震救灾工作。

2008年7月，毛一兵被中共四川省委授予“抗震救灾优秀党员领导干部”称号；10月，被中共四川省委、四川省人民政府授予“四川省抗震救灾模范”称号。

朱元光　出生于1968年7月，四川安县人。中共党员，大学学历。安县县委常委、总工会主席。

汶川特大地震发生后，朱元光与县其他领导立即成立临时指挥部，紧急启动重大灾情应急预案。在查看灾情过程中，他组织人员，把晓坝变电站6名受伤职工送至医院治疗。茶坪乡在震后成为“孤岛”，5月14日，他受命担任茶坪抢险分队带队领导，带领6人组成的先遣队挺进茶坪乡，组织干部、村民与救援部队官兵协同作战，对通往山外的唯一临时通道进行排险和抢修；配合部队官兵，将茶坪乡6000多名受灾群众安全转移到山外安置点。地震引发的山体崩塌阻塞河道，在茶坪、高川形成多个大小不等的堰塞湖，他承担堰塞湖排危抢险多项具体任务，不顾个人安危，多次到抢险施工现场查看险情，多方协调抢险力量和工程机械，和水利专家、施工单位连夜讨论排险方案。为保证泄洪安全，他徒步查看下游河段，组织开展清理加固工程。5月28日和6月6日，最具威胁的睢水河罐滩堰塞湖、茶坪河肖家桥堰塞湖相继成功泄洪，无人员伤亡。

2008年7月，朱元光被中共四川省委授予“抗震救灾优秀党员领导干部”称号；10月，被中共四川省委、四川省人民政府授予“四川省抗震救灾模范”称号。

徐　超　出生于1962年8月，四川崇州市人。中共党员，大学学历。武警绵阳市支队政委。

汶川特大地震发生后，徐超迅速召开紧急会议，有序组织抗震救灾。他指导基层中队将哨兵从危险地段撤出，增设双哨、四角哨，派出巡逻小组、警戒人员，干部担任领班员，带弹警戒巡逻，加强固定勤务。北川县、安县看守所监舍毁损，他及时组织将两处88名在押人员安全转移至绵阳市看守所。增派30名兵力助勤，确保救灾后方执勤目标安全。5月12日19时20分，他带领100名官兵，徒步急行军20余公里，挺进北川抢险救援。他在北川救援一线奋战7个昼夜。北川县城新老城区之间的桥梁坍塌，面对湍急的河水，他带头跳进河里，带领50名官兵搭起“人桥”，300余名伤员和群众得以成功转移。在北川救援期间，他带领官兵先后营救被困学生和群众154人，挖出遇难者遗体58具，解救疏散群众400余人，转运危重伤病员61人，并圆满完成15次党和国家领导人在绵阳视察灾情的一、二级警卫执勤任务。

2008年7月，徐超被中共四川省委授予“抗震救灾优秀共产党员”称号；10月，被中共四川省委、四川省人民政府授予“四川省抗震救灾模范”称号。

李晓东　出生于1974年10月，四川简阳市人。中共党员，大学学历。四川日报记者部绵阳记者站记者。

汶川特大地震发生的当天下午，李晓东及时采写新闻稿《绵阳首批救援队伍出发》。当晚，他搭乘首批武警救援车赶赴北川，在北川中学与武警战士并肩作战，抢救地震伤员。5月13日凌晨，他随救援部队进入北川县城，强忍悲痛，一边拍照采访，一边参与抢救伤员，当晚赶回绵阳，撰写《直击北川大难》和《北川首批万余灾民获救出山》两篇新闻稿。此后10天，他冒着生命危险，10次进出北川县城，帮助救人，现场采写新闻。他先后采写《北川中学救人纪实》《北川5天救人过万》等20多篇新闻稿。他见证了那些感天动地的英雄壮举，饱含深情地采写了《不屈的羌山雄鹰》《我看到了北川人的坚强》等10多篇中长篇通讯。北川抢险救人战斗告一段落，他转战唐家山堰塞湖排险工程和群众疏散现场报道，采写《唐家山堰塞湖险情加剧》《大水汹涌而过，绵阳有惊无险》等10多篇新闻，全面、生动地报道绵阳市抗震救灾的全景实况。

2008年7月，李晓东被中共四川省委授予“抗震救灾优秀共产党员”称号；10月，被中共四川省委、四川省人民政府授予“四川省抗震救灾模范”称号。

刘　勇　出生于1960年9月，吉林洮安县人。中共党员，大学学历。西南自动化研究所党委书记。

汶川特大地震发生后，刘勇立即组织成立临时指挥部，迅速派人向集团公司汇报灾情，带领救援队冲上被楼板、砖头、吊顶堆满的行政楼三楼，用铁锹撬开被埋职工的房门，将被困职工12人成功救出，随即将本所8名受伤职工送到绵阳市第三人民医院抢救。他带领技术人员巡查各个受灾场所，逐个清查受灾情况，制定救灾方案，及时恢复科研生产。组织全所职工开展赈灾救助行动，1天内捐款12余万元、衣物1300余套。发动青年员工组成志愿者队伍，到医院、体育馆等开展志愿服务。5月21日，该所接到命令，负责接待国家地震灾害应急救援队200余名队员和抗震救灾部队50余名官兵，他带领大家全力以赴，保障队员及官兵的衣食住行。临行前，救援人员向他们赠送“回家似的感觉、亲人般的温暖”“情系救援、真爱无限”两面锦旗。

2008年7月，刘勇被中共四川省委授予“抗震救灾优秀共产党员”称号；10月，被中共四川省委、四川省人民政府授予“四川省抗震救灾模范”称号。

刘仁杰 出生于1954年2月，四川绵竹市人。中共党员，大学学历。中国燃气涡轮研究院副院长。

汶川特大地震发生后，刘仁杰迅速按照地震应急预案，组织抗震救灾，成立党员先锋队、青年突击队，并紧急发动党员成立生活服务、卫生服务、食品供给等5个服务小组，解决4000余名受灾职工和家属的日常生活问题。在抗震救灾初期的20多天里，他走遍研究院801厂区安置点的每一个角落，在35摄氏度的帐篷里办公，积极协调抗震救灾日常工作。帐篷区，外面下大雨，帐篷内下小雨，他首先想到老弱病残的安置。其间常常通宵达旦地工作，有时凌晨2点，他仍在指挥抗震救灾物资卸车。持续高强度的工作，他病倒了，医生要他休息，他却不愿离开，直到指挥部领导下了命令，他才到医院输液治疗。输液针头刚刚拔出，他又回到工作岗位。震后，他没能照顾家人，得知家乡亲人不幸遇难的消息，他强忍悲痛，仍然战斗在抗震救灾一线。

2008年7月，刘仁杰被中共四川省委授予“抗震救灾优秀共产党员”称号；10月，被中共四川省委、四川省人民政府授予“四川省抗震救灾模范”称号。

廖凤华 出生于1964年12月，四川名山县人。中共党员，硕士研究生学历。中国人民银行成都分行绵阳市中心支行党委书记、行长。

汶川特大地震发生后，廖凤华立即驱车前往中心支行发行库，组织检查钞票处理和库款入库工作。随后，他紧急召开党委会，成立抗震救灾指挥部和4个应急处置工作小组。5月12日20时30分，他得知江油支行办公楼成为危楼，立即带队赶往江油，安排妥当后又向平武县进发，但因道路阻断无法通行。途中，他遇到绵阳市政府1名领导急于找人回绵阳送信，他主动领受任务，连夜返回绵阳，13日凌晨2点将信送到市委。这封信提供了平武灾情的第一个重要信息，为大规模营救赢得宝贵时间。

廖凤华带领职工以最快的速度保证现金支付、救灾款项拨付、资金清算系统的畅通，1个多月时间，绵阳中支为异地单位开立临时结算账户97个，拨付救灾款13亿元，紧急调拨发行基金和办理现金存取款27.7亿元，办理绵阳市商业银行再贴现2.1亿元。在灾后重建中，他引导金融机构把资金用到“刀刃”上，推动筹组担保基金3.95亿元，引导发放各类救灾和重建贷款61亿元，发放再贷款、再贴现11亿元；全市9家农村信用联社全额兑付专项央行票据14.32亿元。

2008年10月，廖凤华被中共四川省委、四川省人民政府授予“四川省抗震救灾模范”称号。

马洪林 出生于1958年10月，四川绵阳市人。中共党员，大学学历。中国储备粮管理总公司成都分公司中央储备粮绵阳直属粮库党总支书记、主任。

汶川特大地震发生后，马洪林立即组织成立粮库抗震救灾临时指挥部，启动紧急突发事件预案，要求各部门负责人各就各位，清点员工和家属，查看中央储备粮和房屋设施，汇总受灾情况，设置警戒线和警示标志，搭建暂住棚。5月13日，接到上级下达绵阳直属库承担辖区5.8万吨粮食紧急出库的指令，他立即安排部署出库工作。为确保不出差错，他先后到德阳、绵阳两市粮食局和各出粮库点，安排检查救灾粮出库工作，要求24小时作业，做到随到随出，确保及时把粮食送到受灾群众手中。唐家山堰塞湖泄洪直接威胁粮库近10万吨中央储备粮的安全，在他的组织指挥下下，粮库紧急成立抗洪抢险指挥部，组建各应急小组，制定详细预案，指挥大家反复演练，确保粮食抢运万无一失。

2008年10月，马洪林被中共四川省委、四川省人民政府授予“四川省抗震救灾模范”称号。

夏　平　出生于1966年1月，四川安县人。中共党员，大专学历。安县桑枣镇飞龙村党支部书记。

汶川特大地震发生时，夏平正在桑枣镇办事，他迅速赶回飞龙村，组织村民抗灾自救。他带领党员干部立即赶赴倒塌房屋的村民家中，抢救受伤的村民。他得知自己85岁的外婆被砸倒在家，但他仍然坚守岗位。飞龙村2组78岁的卞华仁老人被砸倒在自家二楼楼梯上，情况危急，无人敢救，他不顾危险，撬开倒塌的预制板，把老人救出。从5月12日15时到13日7时，他一直忙于抢救受伤的群众，后来赶回自己家时，外婆已经遇难。他马上又率领村组干部和党员挨家挨户搜救伤员、慰问安抚群众，组织群众搭建简易塑料薄膜帐篷，解决群众吃住问题。听说邻村村民饮用井水后出现腹泻，他立即要求本村村民将死去的牲畜远离水源深埋，同时组织人员喷洒消毒药水，对井水进行消毒防疫，在无法对井水进行化验的情况下，他从村里最深的井中取水，看颜色、闻气味，烧开后自己先试，确信没有问题后，才让群众饮用。

2008年6月，夏平被中共中央组织部授予“抗震救灾优秀共产党员”称号；10月，被中共四川省委、四川省人民政府授予“四川省抗震救灾模范”称号。

瞿永安　羌族，出生于1964年6月，四川北川县人。中共党员，大专学历。北川县委常委、副县长。

汶川特大地震发生后，在成都开会的瞿永安迅速赶回北川，看到被夷为平地的县城，得知父母、妻子、岳父、岳母等10位亲人遇难，他强忍悲痛，投入抗震救灾工作。他在废墟中搜寻幸存者，救助伤病员，收集报告灾情，协调救援队伍抢救学校、医院等人员最密集、受灾最严重的单位。震后7天时间，他不分昼夜地奔波于救援现场。随着救灾工作从城区向乡镇、农村延伸，他承担起打通县城至重灾乡镇道路的艰巨任务，和抢险部队并肩作战，奋战在山间狭窄的谷底，及时抢通道路，为救援力量进入乡村抢救生命、运送救灾急需药品物品赢得宝贵时间。

2008年6月，瞿永安被中共中央组织部授予“抗震救灾优秀共产党员”称号；10月，被中共四川省委、四川省人民政府授予“四川省抗震救灾模范”称号。

王洪发　羌族，出生于1965年10月，四川北川县人。中共党员，大学学历。北川县民政局局长。

汶川特大地震发生10分钟后，幸免于难的王洪发接到负责医疗救援的任务，他组织人员立即出发，途中用双手刨出10位被埋人员。12日16时，听说北川小学垮了，他立即赶往学校，路过倒塌的电力公司宿舍楼时，想起16岁的儿子因病休学在家，但他顾不上救儿子，直接冲进北川小学，从废墟中救出2个孩子。后来他得知，他的儿子、二姐、岳父等15位亲人在地震中遇难。他没有倒下，一边忙于救人，一边调度粮食供给、统计救灾物资、及时上报需求。5月12日晚，北川中学门口聚集了三四千名受灾群众，无家可归，他们蜷缩在寒冷的街头，任雨水落在身上。负责安置受灾群众的他看在眼里，急在心里，带领幸存下来的同事，动员附近的群众从家里拿来棉衣棉被和食品，为无家可归的受灾群众送去一丝温暖。在灾后的240小时里，他休息时间不足20个小时。

2008年6月，王洪发被中共中央组织部授予“抗震救灾优秀共产党员”称号；10月，被中共四川省委、四川省人民政府授予“四川省抗震救灾模范”称号。

王理效　出生于1966年8月，四川绵阳市人。中共党员，硕士研究生学历。北川县委常委、组织部长。

汶川特大地震发生时，正在县委礼堂参加全县青年创业大赛表彰大会的王理效临危不惧，立即向参会的260多名师生大喊："请大家赶快跑出去。"自己却被坠落物砸晕。他幸运地爬出废墟后，立即四处查看灾情，组织群众自救。震后1个多小时，他两次往返县城新、老城区，组织群众疏散，并成功解救1名儿童和2名妇女。因通信中断，巨大灾情无法传出，为争取外部救援，他受命前往绵阳报告情况。他冒着余震的威胁，翻山越岭，徒步20公里，搭乘便车赶到绵阳，向市委、市政府报告了北川的准确灾情。汇报灾情后，他立即返回北川，负责全县救灾人员安排调度和救灾物资保障调配。他坚持奋战在抗震救灾一线，地震发生后第5天，才把地震时身上穿的衣服换下。

2008年6月，王理效被中共中央组织部授予"抗震救灾优秀共产党员"称号；10月，被中共四川省委、四川省人民政府表授予"四川省抗震救灾模范"称号。

经大忠 羌族，出生于1964年4月，四川北川县人。中共党员，硕士研究生学历。北川县委副书记、县长。

汶川特大地震发生时，经大忠正在县委礼堂参加大会。大地震颤的一瞬间，他立即意识到是地震，大声喊道："让学生先走，党员干部留下！"整整8分钟后，他才带着其他干部跑出快要倒塌的礼堂。他随即召集县委、县政府在场领导开会，经过简单分工后，迅速展开抗灾自救工作。他在县城查看受灾情况，组织幸存干部群众搜寻被埋群众，派出3组工作人员共6人，分3路向市委、市政府报告灾情。1个小时后，经大忠安排人员将县城8000余名幸存者全部聚拢在一起，组织医生对重伤者紧急施救，同时安排有计划地撤离。17时许，5000余人成功撤出北川县城。他继续留在县城，在新、老城区四处搜寻幸存者。在一幢还没有完全倒塌的楼房前，他砸烂玻璃，第一个冲进去，与其他同志一起救出1名中年妇女。在救援过程中，他手臂受伤，疲惫不堪，他叮嘱身边1名同志："要是我睡着了，你必须马上叫醒我。"他一直坚守在北川县抗震救灾第一线，三天三夜没有合眼，亲手从废墟中救出过5名孩子。在这场大地震中，他有4名亲人不幸遇难。

2008年6月，经大忠被中共中央组织部授予"抗震救灾优秀共产党员"称号；10月，被中共四川省委、四川省人民政府授予"四川省抗震救灾模范"称号。2009年2月，被中央电视台评为"2008年度感动中国十大人物"。

黄　琼 女，出生于1969年5月，四川平武县人。中共党员，大专学历。绵阳市中医院手术室护士长。

汶川特大地震发生后，黄琼迅速投入抗震救灾工作。5月13日22时左右，她得知弟弟、妹夫等7位亲人在地震中遇难的消息，强忍巨大悲痛，坚守工作岗位。她作为手术室护士长，配合医生完成近百例地震伤员手术。临时搭建的手术室没有无影灯，她坚持几个小时手提落地灯为手术照明，被大家称为"提灯天使"。手术空闲时，她安置伤病员，护理无人照顾的伤病员，组织人员抢救物资，冒着大雨搭帐篷。她将自己的房子让给一位无家可归的产妇居住。疲惫不堪时，她就坐在椅子上或靠在墙边休息一会。5月16日，黄琼托人买来婴儿衣服和玩具，送给在中医院出生的5个婴儿。17日，她到安县桑枣镇救治伤员，看到一个老人无依无靠，她身上没带钱，想法借了100元钱送给老人。

2008年6月，黄琼被中共中央组织部授予"抗震救灾优秀共产党员"称号；10月，被中共四川省委、四川省人民政府授予"四川省抗震救灾模范"称号。

蒋晓娟 女，出生于1978年10月，四川江油市人。中共党员，大学学历。江油市公安局巡警大队民警。

汶川特大地震发生后，极重灾区北川县、平武县的受灾群众陆续涌入江油市，导致临时安置点救灾物资告急，婴儿食品短缺。5月13日，正值哺乳期的蒋晓娟在安置点协助工作时，看到一些婴儿因饥饿而哇哇哭闹，主动提出为这些婴儿哺乳。她每天为10个婴儿哺乳，其中，3个半月的瑶瑶，家在北川县陈家坝乡通宝村1组，妈妈在地震中髋骨受伤导致大出血，被送到江油市松花岭医院抢救；2个月零10天的李德银，家在北川县陈家坝乡太红村7组，爸爸在地震中遇难，妈妈因惊吓过度没有奶水。蒋晓娟在哺乳来自极重灾区的婴儿时，她自己刚满半岁的儿子却在家中嗷嗷待哺。她的事迹被媒体报道后，在全国引起强烈反响。

2008年6月，蒋晓娟被中共中央组织部授予“抗震救灾优秀共产党员”称号，10月，被中共四川省委、四川省人民政府授予“四川省抗震救灾模范”称号。

李林国 羌族，出生于1965年10月，四川北川县人。中共党员，大专学历。北川县擂鼓镇派出所副科级侦察员。

在汶川特大地震中，擂鼓镇派出所办公楼被震垮。李国林从废墟中脱险后，支撑着几乎无法站立的身体，快速赶往北川中学救援被埋学生，后因流血过多、虚弱不堪，他被同志们强行送往附近的医院治疗，他却偷偷溜进救援队伍，回到救援一线继续救人。5月12日晚，他的伤口流血不止，他晕倒在废墟旁，被人抬到临时医疗救治点。13日4时，他又到救援现场，再一次晕倒在废墟旁。14日上午，他又从医院赶回北川，用自己的双手在废墟上不停地挖刨。到15日，当他第4次被送进医院时，他已成功救出100多名被埋学生。他用尽全力挽救了一个又一个鲜活的生命，而自己的儿子、妹夫和侄女却在地震中遇难。

2008年6月，李林国被中共中央组织部授予“抗震救灾优秀共产党员”称号；10月，被中共四川省委、四川省人民政府授予“四川省抗震救灾模范”称号。

杨志勇 羌族，出生于1972年4月，四川北川县人。中共党员，大专学历。中国电信北川分公司线路维护中心经理。

汶川特大地震发生时，杨志勇正在北川县贯岭乡处理迁杆改道事宜。他历经十几个小时，徒步几十里山路，于5月13日回到北川县城，与赶来支援的中国电信应急分队一起，迅速展开恢复通信工作，当晚，北川县与外界的通信恢复。此时，疲惫不堪的他终于获得家人的信息，父母被埋废墟中生死不明，姐姐和奶奶已确认身亡，妻子和3岁的孩子受伤。他顾不上悲伤，向临时指挥部主动请缨，要求进入北川电信大楼废墟，搜救同事和其他幸存者。连续几天，他坚持在抢险救援一线，几次累倒，几次站起来，继续救援。在没有挖掘机、吊车等机械工具的情况下，他和其他同志用铁锹挖，用双手刨，连续奋战3天，从废墟中搜救出9人。在营救一位60多岁的老人时，他从摇摇欲坠的3楼窗户上爬上去，背着老人下来，走出大楼的瞬间，房屋在他身后倒塌。

2008年6月，杨志勇被中共中央组织部授予“抗震救灾优秀共产党员”称号；10月，被中共四川省委、四川省人民政府授予“四川省抗震救灾模范”称号。

肖显辉 出生于1976年3月，江西遂川县人，中共党员，大专学历。绵阳市公安消防支队特勤中队代理排长，武警三级士官警衔。

汶川特大地震发生后，肖显辉奉命驰援北川中学。在救援1名被建筑物重重埋压的女孩时，医生判断若不立即进行截肢，女孩可能失去生命。肖显辉临危受命，从狭小的救援通道进入废墟，帮助医生对女孩实施了截肢手术。在北川中学救援现场，他与另1名战友钻进一个2米多深、直径不足50厘米的狭缝救人，这时，强烈余震发生，危急时刻，他将身后的战友往外踹，自己却被反作用力推进得更深。在北川中学救援的10余天时间里，他与战友们先后成功营救21名被困学生，挖掘遇难者遗体130余具。

2008年6月，肖显辉被中共中央组织部授予“抗震救灾优秀共产党员”称号；7月，被公安部评为“抗震救灾先进个人”，公安部消防局给他记个人一等功1次；10月，被中共四川省委、四川省人民政府授予“四川省抗震救灾模范”称号。

文　刚　出生于1967年3月，四川安县人。中共党员，大学学历。北川县委常委、纪委书记。

在汶川特大地震中，文刚所在的办公楼倒塌，他和4名幸存的同事从废墟中爬出后，拖着受伤的腿，立即组织现场武警战士和生还人员，营救出废墟中的多名机关干部。12日下午，他负责带队搜救和组织幸存群众转移，从废墟中救出20多名群众，把老城区2000多名群众安全转移到任家坪。当晚，受命负责北川中学救援综合协调工作，协助部队官兵、建筑专家、水利专家、青年志愿者等开展抢险救援工作。13日凌晨，组织近40辆车，将1600多名学生转移到绵阳九洲体育馆，返回后，他再次协调15辆车转运受灾群众。至14日晚，转移受灾群众5万多人。他领导成立临时党支部，分为综合协调、接待安置、维稳信访和后勤保障4个工作组，负责安置点群众的食宿、安保、卫生防疫等工作。他的家在绵阳城区，但地震后他没回过1次家，一直坚守在受灾群众安置点。

2008年5月，文刚被中纪委、监察部授予“抗震救灾优秀纪检监察干部”称号；10月，被中共四川省委、四川省人民政府授予“四川省抗震救灾模范”称号。

姜　曦　出生于1963年4月，四川三台县人。中共党员，大学学历。安县县委常委、纪委书记。

汶川特大地震发生后，地处山区的安县高川乡因道路、通信全部中断，受灾情况不详，成为“孤岛”。姜曦顾不上在北川县城的数位亲人，受命带队挺进高川乡组织救援。5月14日，救援部队抵达安县睢水镇，姜曦引导官兵从睢水镇月儿门方向出发，向“孤岛”高川开进，因山体垮塌严重，道路严重被毁，队伍冒险行进近10小时后受阻。5月15日早，他引领部队翻越险恶的天台山，开辟一条进入高川的临时通道，行程达100余公里，历经10多个小时的艰难努力，终于抵达高川乡，立即展开全面搜救。其后3天，他马不停蹄地察看灾情，组织救援，安排受灾群众转移。至5月17日下午，高川乡4000多名群众和伤员全部安全转移。当他向山外撤退时，得知部队战士的给养断绝，他立即把工作组带的水和干粮交给战士，安排工作组和村民在山上有条件的地方烧开水、煮稀饭，解部队燃眉之急。

2008年5月，姜曦被中纪委、监察部授予“抗震救灾优秀纪检监察干部”称号；10月，被中共四川省委、四川省人民政府授予“四川省抗震救灾模范”称号。

马传荣　出生于1962年4月，四川安县人。中共党员，大学学历。中共安县高川乡党委副书记、纪委书记。

汶川特大地震发生时，高川乡党委书记、乡长都在县城开会，马传荣主动挑起重担，组织干部群众立即开展抗灾自救。乡政府旁边的一幢三层楼房垮塌，他立刻带领干部救援，先后救出4名群众。12日18时，他的邻居来报信，说他家的房子坍塌，他母亲与弟弟等5名亲人被埋。他强忍担忧，毅然选择抢救眼前的群众。13—14日，他和乡干部一直忙于抢救伤员，转移受灾群众，邻居又来报信，说他母亲和弟弟还埋在废墟里，他只是“嗯”了一声，仍然没有回家。15日，县抗震救灾指挥部派出的小分队和首批救援部队赶到高川乡，他和乡干部马上协助部队把重伤员转移出去。他母亲、弟弟在地震中遇难。16日上午，他母亲下葬时，他才请假回家。安葬母亲后，他当晚赶往二朗村疏散村民。

2008年5月，马传荣被中纪委、监察部授予“抗震救灾优秀纪检监察干部”称号；10月，被中共四川省委、四川省人民政府授予“四川省抗震救灾模范”称号。

胡　蕾　出生于1980年6月，河南正阳县人。中共党员，大学专科学历。绵阳日报社记者。

汶川特大地震发生后，胡蕾立即要求到抗灾一线采访。13日5时，他冒雨到达北川县，采访部队官兵、机关干部英勇救人的事迹，同时积极参加营救伤员，帮着抬担架，发放救灾物资，每天休息不到4小时。5月14日6时，曲山幼儿园的废墟里发现1名幸存孩子，他立即参加救援，帮助挖废墟，转移周围的危险物，身上多处受伤，1天没有进食。当孩子获救时，已是17时。在曲山小学附近，两位老人被压在废墟下，官兵正在施救，但旁边有一堵近3米高的水泥墙，随时可能垮塌。在现场采访的胡蕾和救援官兵一道，用身体筑起一道支撑。两位老人被救出时，他们足足支撑了3个小时。在救援一线采访期间，他配合部队战士和武警官兵，成功营救4名幸存者。他先后采写《废墟大搜救》《一场抢救生命的攻坚战》等有影响的新闻报道。5月15—25日，他4次进入北川灾区、2次进入平武灾区、1次进入江油抗灾一线采访，采写抗震救灾新闻稿50余篇，多张拍摄于救援一线的照片被《中国国家地理》、新华网等媒体采用。

2008年7月，胡蕾被中宣部、中央外宣办、国家广电总局、国家新闻出版署、中国记协授予“全国抗震救灾宣传报道先进个人”称号；10月，被中共四川省委、四川省人民政府授予“四川省抗震救灾模范”称号。

郭文俊　出生于1966年8月，湖北新洲区人。中共党员，大学本科学历。中国人民解放军第五二〇医院外科主任，上校军衔。

汶川特大地震发生后，位于绵阳市的五二〇医院伤员急剧增多，郭文俊沉着指挥外科医护人员，全力抢救危重伤员，迅速组建临时病房和手术台，紧急开展急救治疗与清创手术。他带领全科医护人员连续奋战50多个小时，共参与抢救伤病员600余人，完成手术98台次。他组织医护力量为3名特重型颅脑损伤濒危状态患者成功实施手术，将一位因严重挤压重度休克的患者从死亡边缘抢救回来。在他的影响和带领下，医院一病区医护人员连续奋战6天，没有任何人叫苦叫累。震后第3天，郭文俊的妻子、女儿到病区看望他并告知家中情况，他才得知家人的情况。抗震救灾期间，他带领全科人员收治伤病员1049人，完成各类手术606台次，转送伤员150余人。

2008年10月，郭文俊被总装备部授予“抗震救灾先进个人”称号，荣立一等功；同月，被中共四川省委、四川省人民政府授予“四川省抗震救灾模范”称号。

曾祥华 出生于1966年2月，四川广汉人。绵阳个体工商户。

汶川特大地震发生后，在德阳经商的曾祥华驱车赶往绵竹市东北镇查看租用仓库的受损情况，途中一幕幕灾后惨状让他震惊，他当即改变主意，立即参加运送伤员和受灾群众，共转移100多人。5月13—14日，他叫上朋友尹某，购买矿泉水、面包、药品等物资送往绵竹。15日，他和几个朋友买了500桶矿泉水送往绵阳九洲体育馆安置点。他从车载收音机里获悉北川受灾情况十分严重，又买了两车救灾物资送往北川，到达陈家坝乡后，他和朋友肩挑、手提、背扛，把物资直接送到村民手中。16日凌晨2点，他返回德阳，加入志愿者车队行列，免费接送人员。震后几天，他把身上2万多元现金，连同在朋友那里借的1万多元现金，全部用于购买救灾物资，为筹集现金，他把价值1.8万元的玉佩以3000元的价格贱卖，以解燃眉之急。他还以20万元的价格卖掉了自建住房，又向朋友借了10万元，全部购买成生活物资送往灾区。为带动更多的爱心援助，同时感谢外地来的捐助者，他将价值10余万元的绘画、玉器等藏品无偿送与远道而来的捐助者。

2008年10月，曾祥华被中共四川省委、四川省人民政府授予“四川省抗震救灾模范”称号。

杨清甫 出生于1965年8月，四川乐至县人。中共党员，大专学历。中国人民解放军63839部队技术勤务营四连高级工。

汶川特大地震发生时，杨清甫正受命带领4名战士在北川山区进行驾驶复训。他立即指挥驾驶员把紧方向盘，迅速通过桥面，把车停到相对安全的开阔地带，组织4名战士靠到汽车侧面躲避山石。通信中断，杨清甫首先想到的是把4名战士安全带出去。在寻找出路的同时，他忽然想起地震前有1辆微型面包车刚超过他们，很可能遇到危险。于是，他带上4名战士到附近查看，没走多远，就看见两个男人一瘸一拐地跑来求助。当他们跑到被严重砸坏的面包车前，发现1名受伤的孕妇躺在车旁。他立即安排战士背起孕妇，马不停蹄地向外转移，于20时30分把孕妇安全送到受伤人员接待点，确保了母子平安。5月13日20时30分左右，他们在归队途中遇到从山上下来的30多名外地民工着急回家，但不知道路怎么走，杨清甫主动提出带他们一起出山。14日5时，杨清甫把41人编成行军梯队，翻越4座海拔3000米以上的大山，克服重重困难，于当天下午走出大山。这时，距地震发生已整整过去52个小时。

2008年10月，杨清甫被总装备部授予“抗震救灾先进个人”称号；同月，被中共四川省委、四川省人民政府授予“四川省抗震救灾模范”称号。

姚　磊 出生于1969年9月，山东蓬莱市人。中共党员，大学本科学历。中国人民解放军63839部队科技处设备动力科科长，中校军衔。

汶川特大地震发生后，姚磊立即到动力站检查水电气的关闭情况。他发现电源未关，冒着生命危险冲进墙体严重开裂的厂房，关闭高压电源开关，组织人员排放储气罐内的氢气和氧气，确认所有气体排放完毕后才离开，有效避免了次生灾害的发生。当他得知部队家属区垮塌的两栋楼房可能有人员被困时，他主动要求参加突击队实施救援。5月13日19时，6名遇难者的遗体全部找到。随后，他带领几名同志在余震不断的情况下，进入每个厂房查地形、查设备，掌握厂房和设备受损详细情况，为部队领导及时准确决策提供依据。为了不耽误武器装备型号试验进度，他积极投入设备恢复方案和水、电、气恢复方案的制定工作，白天在工地上监督施工进度，晚上讨论修改方案，每天平均休息三四个小时。5月23日，厂区供水供电全部恢复。紧接着，他又忙于采购办公设备、防雨篷布，组织人员搭建临时办公室。

2008年10月，姚磊被中共四川省委、四川省人民政府授予“四川省抗震救灾模范”称号。

赵　伟　出生于1981年5月，四川德阳市人。中共党员，大学本科学历。中国人民解放军77123部队87分队副分队长，上尉军衔。

汶川特大地震发生后的第2天深夜，赵伟奉命带领24名战士，突进“孤岛”安县茶坪乡实施救援。一路上余震不断，他利用自己军事地形学特长，指挥战士有效躲避3次山体滑坡和1次地质塌陷，经过13小时51公里的艰苦跋涉，成功突进茶坪乡，并通过卫星电话，及时将茶坪乡的受灾情况向上级汇报。5月14日，根据茶坪乡领导提供的情况，他率领突击队行军10小时，进入1个偏远村，手刨肩扛，将1名受伤的村民从垮塌的房屋中救出，并转移20余名受困群众。19日，他带领6名官兵，采用斗车推、担架抬、轮流背等办法，将老望沟村高位瘫痪病人唐正举转移到场镇并送上救援直升机。24日，经过12小时的艰辛背抬，他和战友将万佛村82岁的患病老人张兴珍和双腿残疾的1名医生安全转移至山外晓坝镇受灾群众安置点。在抗震救灾过程中，他先后搜救被困群众28人，申请直升机转移58名重伤病员、60多名轻伤病人和老人，4次率官兵疏通加固茶坪至晓坝的唯一山路，使茶坪5000余名受困群众安全撤离。

2008年10月，赵伟被中共四川省委、四川省人民政府授予“四川省抗震救灾模范”称号。

刘光明　出生于1957年9月，河北临城县人。中共党员，大学本科学历。中国工程物理研究院公共事务管理部部长。

汶川特大地震发生后，中物院7名职工在返回绵阳途中被山体塌方围困，下落不明。刘光明在信息不通、余震不断、山石滚落的情况下，带领由院所单位职工、科学城医院医生和驻院武警某部人员组成的17人救援队，冒着生命危险，攀石壁、下河道，克服重重困难，经过4个昼夜的奋斗，成功营救出被困职工。为了打通通往中物院极重灾区单位的道路，受院委托，刘光明又于5月22—23日，两度会同二炮工程兵某部赴现场查看实情，并协调绵阳市有关部门和领导共同研究施工方案。公路应急抢通指挥部成立后，刘光明担任了副指挥长，他在1天内两次前往工地协调施工，并将中物院的要求及时传递到施工方。至6月11日，他又先后四五次前往工地，协调施工，并及时将有关进展情况汇报给院领导，12日公路顺利抢通。当地震造成的堰塞湖对中物院产生威胁时，刘光明协同地质勘探人员和工程技术人员以及部队官兵乘直升机赴中国工程物理研究院极重灾区（以下简称为院极重灾区），对堰塞湖进行勘测、分析、计算，及时制定了院极重灾区安全应对堰塞湖威胁的方案，为院极重灾区在堰塞湖泄洪期间避险奠定了基础。

2008年10月，刘光明被中共四川省委、四川省人民政府授予“四川省抗震救灾模范”称号。

李利他　出生于1954年5月，山西浮山县人。中共党员，大学本科学历。河北省发展改革委经合办主任。

汶川特大地震发生后，李利他被组织派往河北省对口支援四川省平武县灾后恢复重建。当时，李利他的母亲腰部严重摔伤卧床不起，父亲患心脏病住院，岳父也常年住院，李利他本人患有高血压、心脏病、腰椎间盘突出、关节炎等多种疾病，但他毫不犹豫地服从组织决定，于2008年6月12日奔赴四川平武县，冒着余震、山体滑坡和泥石流的威胁，前往重灾乡镇，察看了解受灾情况，与县委、县政府商谈支援灾后重建工作，与绵阳市政府交换援建意见，提出帮助平武县灾后恢复重建的意见和建议。他坚守灾区5个多月，与援建人员共同努力，帮助成都崇州、都江堰市建设2万多套活动板房，为平武县建设6565套活动板房；帮助平武县恢复正常的医疗卫生秩序；接收915名职业高中学生到河北异地就读并帮助编制师资培训方案；帮助平武县编制灾后恢复重建总体规划、基础设施建设规划、公共服务设施重建规划以及6个乡镇的总体规划；选调200名河北民警到平武县帮助维护社会和交通秩序；举行异地就业招聘活动；协助争取拨付灾区4亿多元的恢复重建资金。

2008年10月，李利他被中共四川省委、四川省人民政府授予“四川省抗震救灾模范”称号。

李　睿　出生于1972年7月，河北石家庄市人。中共党员，研究生学历。河北省建设厅机关党委主任科员、直属机关团委书记。

汶川特大地震发生后，李睿积极组织河北省建设厅抗震救灾捐款和“特殊党费”捐助活动，个人向灾区捐款5000多元，并主动要求到救灾一线工作。5月21日，李睿参加河北省建设安置房领导小组办公室宣传报道组，负责新闻报道工作，组织采写稿件10余篇，在社会上引起较好反响。5月27日晚，他赶赴四川抗震援建工作第一线。李睿和同事每天都坚持工作近20个小时，经常加班加点，工作到凌晨两三点钟甚至通宵。他奔波于各个工地之间，建立每日例会制度，协调解决援建工作中出现的各种困难和问题，督促检查工程进度及质量；完善每日动态、前方快报等信息沟通制度和日报告等工作制度，坚持每日向住房和城乡建设部、河北省政府报告安置房援建工作进展情况。李睿还积极组织稿件，宣传报道河北省援建工作。

2008年10月，李睿被中共四川省委、四川省人民政府授予“四川省抗震救灾模范”称号。

李迎春　女，出生于1960年1月，河北灵丘县人。中共党员，大学本科学历。河北省承德市第一批抗震救灾对口支援医疗队临时党支部书记，承德市妇幼保健院医生。

2008年6月27日，李迎春赴四川省平武县白马藏族乡卫生院参加对口支援工作。她组织对口支援医疗队全体队员研究制定工作方案，规范内科诊室、妇产科诊室和手术室，整理药库和救灾药品发放室；带领医疗队和藏医跑遍白马藏族乡所有村寨，巡诊700多人次；几次到救援部队驻地开展巡回医疗，诊治病人200多例；制定乡级医院的产科标准，培养妇幼护士，开展妇科体检200例。李迎春患有高血压，心脏供血不足，在每天吃药、输液的情况下仍然坚持工作，最多时一天做了5例手术。两个月内，她配合主任王跃先后为10余名下肢静脉曲张的患者做了大隐静脉高位结扎手术。她还编写常见疾病的预防知识小册子，撰写《浅谈对口援川基层医院的策略》。医疗队共收到老百姓送来的锦旗19面，表扬信2封，绵阳电视台和河北电视台对他们的先进事迹均进行了报道。

2008年10月，李迎春被中共四川省委、四川省人民政府授予“四川省抗震救灾模范”称号。

陈欲晓　蒙古族，出生于1969年12月，安徽人。中共党员，大学本科学历。辽宁省总工会保障工作部副部长，辽宁省总工会赴川电影放映队副队长。

汶川特大地震发生后，陈欲晓接到组织电影放映队赴川慰问的任务。6月7日，他带领由7辆车、35人组成的电影放映队驱车3000公里，到达四川省绵阳市安县，当天即组织放映队员分赴6个乡镇，在受灾群众集中安置点放映电影，第二天凌晨1点多才回到营地休息。放映队在安县灾区住帐篷，气温高，蚊虫多，陈欲晓与大家同吃同住同干活，每天都要等最后1支放映小分队回来，他才能放心地睡觉。后来，放映队大多数队员陆续撤回或调整，他却主动要求继续留下。由于过度劳累，加上天气闷热潮湿，他身上起了带状疱疹，他没有声张，自己吃药控制，默默挺着，照常工作。他还和安县有关部门协调，把放映点从过去的6个扩大到15个，不仅给老百姓放，还慰问参加抗震救灾的部队、武警、特警和企业职工、学校师生。6月初至7月中旬，他带领的放映队为灾区放映电影200余场，观众20余万人次，7辆放映车共行驶5万余公里，受到灾区群众的好评。

2008年10月，陈欲晓被中共四川省委、四川省人民政府授予“四川省抗震救灾模范”称号。

韩文龙 出生于1954年12月，山东乳山市人。中共党员，大专学历。辽宁省本溪市公安局特警支队副支队长。

汶川特大地震发生后，韩文龙主动请战，被任命为工作队指挥长奔赴四川灾区。他患有高血压等疾病，在队伍里年龄偏大，但仍与民警同吃同住同工作。6月10日，唐家山堰塞湖泄流，韩文龙带领全体队员到绵阳城区沈家坝一带，组织紧急疏散转移群众，走街串巷，边巡查边喊话。在沈家坝某小区，有10余户、38名群众不愿撤离，他们反复劝说仍无效果，韩文龙当机立断，将38人强行转移到安全地带。6月24日，韩文龙带领队员赴北川县执行维护社会治安秩序任务，他坚守卡点，双腿站肿了也一刻不离。在支援绵阳期间，本溪工作队累计出动警力4380余次，出动车辆430余台次，疏散转移群众1.2万余人，盘查可疑人员960余人，盘查可疑车辆2400余辆，调解纠纷210余起，查获案件78起，抓获违法犯罪嫌疑人116人，缴获被盗机动车14辆，“五四”式仿真手枪1支，管制刀具31把，缴获其他被盗物资180余件、账款及赃物折款17.6万余元；执行一级警卫任务2次，担负重点部位守护任务3次，大型活动安保任务3次，巡逻防控中挽救群众9人，帮助群众搭（拆）建帐篷130余顶。

2008年10月，韩文龙被中共四川省委、四川省人民政府授予“四川省抗震救灾模范”称号。

陈丽华 女，出生于1954年3月，辽宁沈阳市人。中共党员，大专学历。辽宁省教育基金会秘书长兼教育基金会募集管理办公室主任。

陈丽华曾患癌症，手术后体重不到45公斤。汶川特大地震发生后，她克服常人难以想象的困难，三赴灾区看望慰问受灾群众。5月24日傍晚，陈丽华第1次到安县，受辽宁省教育基金会理事单位委托，向安县捐赠1.5吨救灾物资和50万元人民币，走访7个乡镇8所中小学，将1.2万个书包、1.2万套学习用具和1.2万个毛绒玩具发给了孩子们，同时为界牌小学的重建筹集善款100万人民币。5月25日，当她得知花荄中学老师郑发富为掩护学生撤离不幸遇难后，她当即给正在准备中考的郑发富的儿子郑之秋留下1000元慰问金，并承诺每年出资5000元资助孩子读完高中和大学。2008年秋季开学，陈丽华第2次赴安县，亲自将资助款送到郑之秋手里，并将安县茶坪乡小学二年级的孤儿学生魏晓润带回沈阳就读，帮他找到“代理”家长，并由辽宁省教育基金会每月资助他500元生活费。9月下旬，陈丽华第3次到安县，组织辽宁省教育专家、特级教师走访安县中学、秀水高中、桑枣中学、文星阁小学，开展讲教讲学交流活动。通过她牵线搭桥，辽宁省实验中学合作校与安县桑枣中学、东北育才学校与安县中学结成友好学校。

2008年10月，陈丽华被中共四川省委、四川省人民政府授予“四川省抗震救灾模范”称号。

崔学选 出生于1955年12月，山东莱州市人，中共党员。山东省潍坊市建设局局长、山东省对口援建北川县新县城建设组组长、山东省援建北川工作指挥部总指挥助理（事迹详见本篇“英烈传”）。

肖　军 出生于1965年7月，山东济南市人。中共党员，大学本科学历。山东省济南市援建北川工作指挥部规划建设部成员，济南市市政公用事业局主任科员。

汶川特大地震发生后，肖军主动报名要求赴四川参加抗震救灾。8月，他被分配到济南市对口支援北川县擂鼓镇灾后重建工作指挥部规划建设部，负责市政工程建设和济南市援川机械设备管理工作。他同项目管理公司、监理公司人员一起，经常扎在工地现场，对每一个可能对工程质量造成影响的细节都不放过。在做道路基础时，有一段近200平方米的路面无法压实，达不到要求，肖军让施工企业把基础全部换掉，并采用分层压实法，顺利解决问题。一处路面开挖后，遇到一座污水检查井，该井处在擂鼓镇污水管网主干线上，因震前缺乏维护，加上地震的破坏，造成检查井四周污水横溢，严重影响居民生活。经反复查看后，不顾为援建增加工程量，提出完善的解决办法。9月23—27日，擂鼓镇普降暴雨，肖军迅速调度3台装载机，清理进出擂鼓镇主干道上的坍方，迅速打通进出擂鼓镇的“生命线”。同时，他派出30名作业司机、6台大型挖掘机、3台小型挖掘机、6台装载机轮流作业，对干河子河道进行疏通，并对有溃堤危险的堤段进行围堤作业，防止险情发生。

2008年10月，肖军被中共四川省委、四川省人民政府授予“四川省抗震救灾模范”称号。

张兴照 出生于1968年11月，山东潍坊市人。中共党员，大学本科学历。山东省潍坊市建设局科员、山东省潍坊市援建北川工作指挥部办公室干部。

张兴照为山东省潍坊市第一批援川先遣队员，2008年5月22日下午抵达绵阳市，当晚即与绵阳市政府及规划、建设部门进行对接。次日，确定潍坊市对口援建北川县桂溪乡。5月24日11时，援建队协调施工人员、材料及机械进场展开工作。张兴照作为援建队后勤保障组成员，主要负责援建现场救灾资金的收拨管理。他及时与恢复营业的银行取得联系，开设临时救灾专户。另外，他还承担援建队生产、生活物资采购。施工现场较为偏僻，缺水缺电，手机信号时断时续，且伴随余震，物资供应十分困难，生产材料和生活用品要从不同地方采购。他每天往返于商场和施工现场，不惧泥石流、山体滑坡的威胁，想方设法把物资运到最前线。唐家山堰塞湖泄洪前，他按照绵阳市政府确定的疏散线路进行实地考察，为同事设计详细的撤离方案，保证不漏掉1个人，还帮助周围群众有序撤离。

2008年10月，张兴照被中共四川省委、四川省人民政府授予“四川省抗震救灾模范”称号。

代凯华 出生于1974年5月，河南上蔡县人。中共党员，硕士研究生学历。河南省人民政府办公厅主任科员。

汶川特大地震发生后，代凯华主动报名，申请到灾区一线抗震救灾，参加恢复重建。2008年7月9日，代凯华被抽调到河南省对口支援江油市恢复重建前线指挥部，负责文秘工作。到达江油的第2天，他就着手进行指挥部建设，对指挥部的职责、各处室职责分工、处室建设管理等认真梳理，连续起草多个文件，使前线指挥部很快步入正轨。代凯华注重对河南援建情况的了解和掌握，捕捉援建工作的关键节点和重要事项，适时编发对口援建工作简报，定期向后方援建工作领导小组提交工作报告，起草汇报材料，及时反映援建工作。3个多月，代凯华加班加点工作，累计编发援建工作简报80多期，起草文件30多件近10万字，受到领导和同事的好评。代凯华通过了解、分析、对比各援建省的做法，建议指挥部突出受援方的主体地位，充分发挥受援方党委、政府领导当地群众的优势，紧紧依靠当地党委、政府和人民群众搞援建。他还在规范援建程序、加强援建管理等方面向指挥部领导提出不少意见和建议。

2008年10月，代凯华被中共四川省委、四川省人民政府授予“四川省抗震救灾模范”称号。

张　达　出生于1961年12月，河南邓州人。中共党员，大学本科学历。河南省建设厅总工程师。

汶川特大地震发生后第7天，张达的妻子住院动手术。5月23日，正在病房陪妻子的张达接到赶赴灾区的通知，第2天便告别妻子启程。5月24日下午，他到达绵阳，立即赶赴江油市察看拟建施工场地，并连夜陪同河南省建设厅领导赴安县开展工作。河南省承担安县2万多套板房的建设任务，张达任技术组组长，他带领技术人员穿梭于10多个乡镇的50多个板房建设点，经常早晨7点出发，晚上9点才回住处，中午和工人一起在工地吃饭。由于受灾严重，当地一些水泥生产企业无法快速恢复生产，工程水泥告急，他立即协调从河南调拨水泥到绵阳，通过两天两夜的努力，终于将水泥送到各个援建点。7月9日，他随新成立的河南省对口支援江油恢复重建前线指挥部转战江油，并担任工程处处长。随他在郑州生活的老父亲年过八旬，突发眼疾，他只好请兄姐把老父接回南阳老家治疗，自己坚守在援建第一线。他提出“科学、严谨、和谐”的援建工作思路，组织制定一系列工程管理制度，召开工作协调会，深入农村调研，经常督查工地，为保证援建项目的顺利实施做了大量工作。

2008年10月，张达被中共四川省委、四川省人民政府授予“四川省抗震救灾模范”称号。

张　林　出生于1976年10月，河南太康县人。中共党员，大学本科学历。河南省卫生厅机关党委主任科员。

汶川特大地震发生后，张林被河南省委组织部选派到河南省对口支援江油市恢复重建前线指挥部，负责综合处工作。他陪同领导多次深入乡镇、企业、学校、医院、机关单位了解灾情，开展慰问活动，掌握大量的一手资料，为领导决策提供参考依据。他先后制定文件收发程序、日常工作管理制度、财务管理制度、物品采购使用管理制度、节假日值班制度、食堂管理规定、卫生防疫制度等。为节省开支，他多次到江油、绵阳反复比价，购置物美价廉的办公、生活用品。为解决就餐难题，他聘请河南籍炊事员，并制定每周食谱。河南省领导到灾区考察时，多次到指挥部食堂就餐，对指挥部搞好自我保障、节约开支给予充分肯定。张林作为卫生系统干部，还投入大量精力，积极协调受援地为卫生防疫队伍提供帮助，把工作经费纳入对口支援资金，保证了卫生防疫工作的开展，赢得江油人民群众的高度赞誉。

2008年10月，张林被中共四川省委、四川省人民政府授予“四川省抗震救灾模范”称号。

第三节　先进个人名录

一、获四川省委表彰的“抗震救灾优秀共产党员”

2008年6月30日，中共四川省委命名表彰149名“抗震救灾优秀共产党员”，绵阳市18人、驻绵单位5人荣获该项表彰。其中22人名单如下：

唐祖华　北川县曲山镇副镇长、大水村党支部书记

赵　蓉　北川县通口镇党委书记、人大主席（女，羌族）

马晓燕　共青团北川县委书记（女，羌族）

李跃进　北川县公安局副局长
刘玉成　平武县平通镇党委副书记、纪委书记
杨正怀　平武县水观乡小学校长（羌族）
周彦平　平武县交通局公路管理所养护公司经理
向云刚　安县茶坪乡党委书记
李水林　江油市西屏乡卫生院门诊部主任
宋朝友　三台工业园区党工委书记
王代伦　绵阳市游仙区委组织部副部长
刘　锐　盐亭县中小企业局副局长
王国聪　梓潼县小垭乡党委副书记
郭文斌　绵阳市水务局水政科长
陈天罡　绵阳广播电视中心记者
郎　军　绵阳燃气集团市政建筑工程公司道路公司副经理
陈英伟　中国移动绵阳分公司党委书记、总经理
李晓东　四川日报记者部绵阳记者站驻站记者
刘　勇　中国兵器工业第五八研究所党委书记
刘仁杰　中国一航燃气涡轮研究院副院长
郑植耀　北川县人民武装部职工
徐　超　武警绵阳市支队政委

二、获四川省委表彰的“抗震救灾优秀党员领导干部”

2008年6月30日，中共四川省委命名表彰20名“抗震救灾优秀党员领导干部”，绵阳市4名同志获该项表彰：

宋　明　中共北川县委书记、县人大常委会主任
易　林　中共江油市委书记、市人大常委会主任
毛一兵　中共平武县委副书记、县长
朱元光　中共安县县委常委、县总工会主席

三、抗震救灾英雄少年、优秀少年

2008年6月27日，中央文明办、教育部、团中央、全国妇联联合表彰20名“抗震救灾英雄少年”和30名“抗震救灾优秀少年”，绵阳市4名同学获“抗震救灾英雄少年”称号，8名同学获“抗震救灾优秀少年”称号。

抗震救灾英雄少年：

王　亮（羌族）　17岁，绵阳市北川中学高二年级学生
王佳明（羌族）　18岁，绵阳市北川中学高三年级学生
申　龙（羌族）　17岁，绵阳市北川中学高三年级学生
张春玲（女）　13岁，绵阳市平武县石坎小学六年级学生

抗震救灾优秀少年：

刘　刚（羌族）　17岁，绵阳市北川中学高二年级学生

李　阳（羌族）　17岁，绵阳市北川中学高一年级学生
李剑波（羌族）　14岁，绵阳市北川县民族中学初三年级学生
何亚军（女，羌族）　11岁，绵阳市北川县曲山小学五年级学生
赵　彬　15岁，绵阳市安县茶坪初级中学初三年级学生
高志军（羌族）　16岁，绵阳市平武县平通中学初三年级学生
黄　霖　13岁，绵阳市安县桑枣镇干柏村小学六年级学生
熊弼呈（羌族）　13岁，绵阳市北川县禹里小学六年级学生

四、汶川地震灾后恢复重建先进个人

2011年10月14日，经中共中央批准，人力资源和社会保障部、国家发展和改革委员会、解放军总政治部联合表彰295名“汶川地震灾后恢复重建先进个人”。绵阳市11人、对口支援绵阳的山东、河北、辽宁、河南4省及四川省内江、南充、达州、资阳4市28人获得该项荣誉。

绵阳市：
李光辉（羌族）　中共北川县擂鼓镇委员会书记
任万里　平武县人民医院医务科主任
赵迎春　中共安县委员会书记
李　海　江油市投资促进局局长
杨兰珍（女）　绵阳市游仙区柏林镇洛水村党支部书记
黄　维　绵阳市建设工程质量监督站副站长
陈　勇　绵阳市水务（集团）有限公司机电维修工
李　俊　63833部队管理处处长
李呈琦　四川省绵阳军分区后勤部助理员
卿　勇　中国联通绵阳市分公司工程师
彭正福　中国石油西南油气田分公司川西北公共事务管理中心副主任

对口援建省（市、区）：
杨振华　山东省发展和改革委员会经济贸易处副处长
杜洪岭　山东省住房和城乡建设厅执法监察处副调研员
谷正强　山东省枣庄市工程建设监理公司工人
张华玉　山东省泰安市发展和改革委员会铁路办副主任
曹现营　山东省日照市民政局军休所办公室主任
尚怀亮　山东省莱芜市建筑业管理处计划财务科科长
任强廷　山东省临沂市发展和改革委员会服务业办规划科科长
王立华　山东省德州市规划局德城分局副局长
常继刚　山东省聊城市住房和城乡建设委员会机关服务中心副主任
张英才　山东省滨州市财政局经济建设科副科长
李庆喜　山东省菏泽市城乡建设局重点工程建设办主任
沙振华　河北省发展和改革委员会副处长
符睿敏　河北省唐山市燃气集团有限公司正高级工程师

雒振林　　河北省建筑科学研究院工程师
曹文鹏　　河北省石家庄市发展和改革委员会对口支援办公室副主任
毛元利　　河北建设集团有限公司副总裁
庞光辉　　辽宁省城乡建设规划设计院所长
王洪新　　辽宁省援建办调研员
李　强　　辽宁省公路勘测设计公司副总工
许　赢　　辽宁省公安厅政治部科员
李　壮　　辽宁省卫生厅党组秘书
刘文辉　　河南省交通科学技术研究院有限公司房建研究室副主任
罗亚飞　　河南省直属机关第一门诊部助理工程师
李凌翔　　河南省水利第二工程局项目经理
武彦明　　河南省城市规划设计研究总院有限公司副总经理
赵　刚　　河南省古代建筑保护研究所勘察设计部主任
聂立超　　达州市政府应急管理办公室副主任科员
王云峰　　达州市市政工程有限公司审计师

五、对口支援省（市）“四川省灾后恢复重建先进个人”

2010年9月20日，中共四川省委、四川省人民政府在成都举行四川省灾后恢复重建对口支援省（市）先进集体、先进个人表彰大会，授予215名对口支援省（市）“四川省汶川地震灾后恢复重建先进个人”称号，享受四川省劳动模范待遇。同时，中华全国总工会决定，授予215名“四川省汶川地震灾后恢复重建先进个人”“全国五一劳动奖章”。对口支援绵阳的省（市）有49人获得该荣誉。

徐振溪　山东省援建北川工作指挥部总指挥，潍坊市委常委、副市长
李华刚　山东省援建北川工作指挥部办公室主任，兼任山东鲁援公司董事长
栾厚杰　山东省援建北川工作指挥部新县城组组长，山东省住建厅办公室副主任
张须义　山东省援建北川工作指挥部乡镇村建设组组长，潍坊市建设局副局长
王汉成　山东省援建北川工作指挥部办公室副主任，潍坊市委农村工作办公室副主任
孔庆成　山东省援建北川工作指挥部园区建设组组长，山东省经信委技改处处长
孟　雷　山东省对口支援北川灾后恢复重建工作领导小组办公室副主任、北川工作指挥部副总指挥，山东省发改委副厅级干部
贺业增　山东烟台市对口支援北川灾后恢复重建工作领导小组前线指挥部总指挥，烟台市劳动和社会保障局副局长
于胜涛　山东威海市援川工作前线指挥部指挥长，威海市城乡建设委员会副主任
祝清荣　山东济宁市援川工作前线指挥部指挥长，济宁市住建局副局长，研究员
沙向东　山东淄博市对口支援北川工作指挥部党委书记、指挥长，淄博市人民政府副秘书长
靳海洋　山东德建集团项目经理
李　增　山东临沂市对口援建通口工作指挥部规划建设组组长，临沂市建设局建设工业产品归口管理办公室主任，工程师
安　军　山东日照市援川办公室规划建设组组长，日照市排水管理处副主任，高级工程师

桑复岭　山东潍坊市援川前方指挥部党委书记，总指挥，山东省潍坊市建设局党委副书记，副局长，调研员
王延智　山东聊建集团援川项目公司经理，聊建集团副总经理
刘西田　河北省对口支援平武县恢复重建前线指挥部副指挥长，河北省发改委调研员
魏玉锁　河北建设集团有限公司第二分公司党委书记、经理，国家一级建造师
尚志远　河北省交通厅援建办主任，河北省交通厅公路管理局副总工程师，高级工程师
郁达飞　河北省住建厅驻平武工作组副组长，河北省建设教育培训中心主任
王大程　河北唐山市对口援建平武县南坝镇前线指挥部副指挥长，唐山市建设工程质量监督检测站副站长，高级工程师
常洪信　河北邯郸市对口支援指挥部副指挥长，邯郸市建筑业管理办公室处长
郭晓冬　河北石家庄市对口支援指挥部干部，石家庄市建设局质监站质量监督员
陈　丽　河北石家庄市支援绵阳市平武中学教师，河北省石家庄第二中学教师
张延升　河北邯郸市援川前方指挥部副指挥长兼综合组长，邯郸市发改委重点办副主任
张　征　辽宁省对口支援安县恢复重建领导小组办公室主任，辽宁省驻安县对口支援指挥部总指挥，辽宁省人民政府副秘书长
刘志虹　辽宁省驻安县对口支援指挥部副总指挥，辽宁省住建厅副厅长，教授级高级规划师、国家注册城市规划师
李锦奇　辽宁省驻安县对口支援指挥部副总指挥，辽宁省教育厅发展规划处处长
李　巍　辽宁省援建安县辽安路项目办公室主任，辽宁省交通厅公路局农村处副处长，高级工程师
闫　伟　辽宁省建筑设计研究院院长助理，高级工程师
宋国祥　辽宁开原市政协委员，辽宁省建筑设计研究院项目管理咨询公司项目经理，高级工程师
花　英　辽宁方圆建设项目管理有限公司项目经理，高级工程师，方圆公司项目管理总带队
付　铁　辽宁沈阳北方建设股份有限公司项目负责人，工程师
那永升　辽宁本溪永升建筑工程有限公司董事长，高级工程师
王天宇　辽宁省驻安县对口支援指挥部干部，辽宁省卫生厅食品安全委员会委员，主任医师
程天阳　辽宁省驻安县对口支援指挥部干部，辽宁省人民政府国有资产监督委员会国有企业监事会监事
韩克亮　辽宁省驻安县对口支援指挥部干部，辽宁省建设工程质量监督总站职工
张　坤　辽宁省驻安县对口支援指挥部工作人员，辽宁省总工会职工
刘炳新　辽宁省驻安县对口支援指挥部干部，辽宁省经信委机关党委委员
张国晖　河南省对口支援江油市恢复重建前线指挥部指挥长，河南省人民政府副秘书长
张新志　河南省对口支援江油市恢复重建前线指挥部综合处处长，河南省民政厅社会福利处副处长
王新民　河南省对口支援江油市恢复重建前线指挥部规划处处长，河南省发改委地区经济处处长
姚　毅　河南援建江油前线指挥部宣教处长，河南省委宣传部宣传处副处长
赵红飞　河南洛阳市栾川县白土乡党委书记，人大主席团主席，挂职江油市太平镇镇党委副书记
张治怀　河南登封市委组织部副部长，挂职江油市九岭镇镇党委副书记
李郁鸿　河南省卫生厅援建办副主任，郑州大学一附院后勤党总支书记，高级工程师，河南省重点项目建设评标专家，河南省政府采购评标专家
石世魁　河南省水利厅援建办副主任，河南燕山水库管理局副局长

贺中献　河南省交通厅援建领导小组办公室常务副主任，河南省交通科学技术院有限公司副董事长
张玉民　河南省建筑设计院有限公司副总工程师，河南省住建厅援建办公室总工程师

六、四川省汶川地震灾后恢复重建先进个人

2010年12月16日，四川省汶川地震灾后恢复重建暨参与玉树抗震救灾先进个人表彰大会在成都举行，省委、省政府授予为汶川地震灾后恢复重建做出突出贡献的462人“四川省汶川地震灾后恢复重建先进个人”称号，享受四川省劳动模范待遇。绵阳市48人、援建单位16人获得该项荣誉。

邢　刚　　绵阳市公安局治安支队副大队长
王成俊　　中共绵阳市纪委干部管理室副主任
姚德安　　绵阳市教育局计划基建财务科科长
李建强　　安县卫生局党委书记、局长
吴靖平　　中共绵阳市委书记、市人大常委会主任
曾万明　　绵阳市人民政府市长
陈兴春　　中共绵阳市委常委、北川县委书记
陈　勇　　绵阳市高水农副产品批发有限公司信息产业发展科科长
奉先玉　　平武县南坝镇健全村农民
刘晓斌　　绵阳启明星水电开发有限责任公司青片河电厂职工
杨树勇　　四川盐亭供电有限责任公司职工
邓云林（羌族）　绵阳建丰林产有限公司车间主管
张　飞　　绵阳市利尔化学股份有限公司职工
沈一楠　　四川长虹电器股份有限公司四川虹欧显示器件有限公司项目副总指挥
杨小平　　绵阳市水务（集团）有限公司职工
景大财　　四川省水电投资经营集团永安电力股份有限公司富顺供电所职工
周邦贵　　绵阳市红光实业有限责任公司职工
林　阳　　四川绵阳岷山实业集团有限公司职工
杨仁东　　北川县禹通路桥有限责任公司职工
刘文忠（羌族）　四川北川供电有限责任公司保卫监察部职工
朱　旗　　四川九洲电器集团有限责任公司职工
董建益　　太极集团四川绵阳制药有限公司职工
宋开友　　绵阳市殡仪馆职工
崔　斌　　安县浮山水泥有限公司职工
黄华富　　安县农村信用合作联社职工
吴小宇　　四川六合锻造股份有限公司职工
魏广川　　江油鸿飞投资（集团）有限公司燃气分公司职工
刘北龙　　绵阳电业局安县供电有限责任公司农电科科长
向地平　　四川省武都水利水电集团有限责任公司董事长、总经理
李发继　　四川省农村信用社联合社绵阳办事处党委书记、主任
邓　坤　　绵阳燃气集团公司董事长、总经理

何　鸣	绵阳市川交公路规划勘察设计有限公司总经理
欧燕恩	四川九洲电器集团有限责任公司党委副书记、工会主席
张洪建	平武县宏建木业有限公司职工
陈正德	绵阳新华内燃机股份有限公司总经理助理
张国斌	绵阳市汽车客运总站职工
廖伦彪	四川烟草工业有限责任公司绵阳分厂副厂长
李振平	游仙区民康药店职工
李海燕 (女)	平武县农安镇报恩寺社区干事
李代全	安县安洲驾校校长
车新愚	北川县擂鼓镇人民武装部部长
宋全勇	中国移动通信集团四川有限公司绵阳分公司网络部经理
张宗付	中国联合网络通信有限公司绵阳市分公司运维部
牟　刚 (羌族)	北川县农村信用合作联社副主任
谈剑安	中国银行股份有限公司绵阳分行安县支行职工
侯　毅	游仙区财政局副主任科员
曾俊辉	中国工程物理研究院核物理与化学研究所研究室副主任
张祥仁	中国石油西南油气田川西北公共事务管理中心副书记、主任
张平军	河北省发展和改革委员会副巡视员、河北省对口支援平武灾后恢复重建办副主任、河北省对口支援平武县前线指挥部指挥长
崔元钊	河南焦作市水利局党组成员、副局长 (挂职中共江油市委常委、市人民政府副市长)
岳历新	河北省发展和改革委员会固定资产投资处副处长 (挂职中共平武县委副书记)
贺　旺	中国城市规划设计研究院规划师 (挂职中共北川县委常委、县人民政府副县长)
郑　荣	中共四川省委办公厅工会主席、调研员（挂职中共四川省北川县委副书记）
黄绪海	四川省委组织部一处副调研员（挂职中共江油市委常委）
黄　杰	四川省财政厅信息中心副科长（挂职北川县财政局副局长）
赵克彬	四川省民族事务委员会民族工委办公室主任
朱万强	中国水电顾问集团成都勘测设计研究院坝工处职工 [唐家山堰塞（坝）湖勘测设计项目设计总工程师]
刘坤荣	中共四川省纪委（省监察厅）副处级巡视专员 [省派驻北川重灾乡（镇）抗震救灾资金物资监督检查组组长]
谢觉良	四川省华川安装工程有限公司职工（支援安县纸业有限公司灾后重建项目）
刘　强	四川南充市规划和建设局副科长（支援梓潼县许州镇灾后重建工作）
聂立超	四川达州市人民政府应急管理办公室科员（支援游仙区魏城镇灾后重建工作）
袁英权	四川大竹县供销社建筑公司职工（支援游仙区魏城镇灾后重建工作）
王云峰	四川达州市市政工程有限公司项目部经理（支援游仙区魏城镇灾后重建工作）
王　磊	四川资阳市人民政府副秘书长（资阳市对口援建三台县新鲁镇灾后恢复重建领导小组副组长、援建办副主任）

附录

FULU

绵阳市抗震救灾指挥部公告（1~23号）

绵阳市防震救灾指挥部第1号公告

广大市民同志：

据省市地震台网测报，今日在我省汶川县发生了7.8级地震，震中距绵阳约180公里。城区震感较强，有关情况尚不明确，我市已成立防震救灾指挥部开展工作。

请广大市民保持镇静，暂不进屋，尽量到空旷地带避险。遇有紧急情况请拨打12345热线。

绵阳市防震救灾指挥部

2008年5月12日

绵阳市防震救灾指挥部第2号公告

广大市民同志：

接省上通知，汶川县发生了7.8级特大地震，绵阳及其周边大部分地方有5、6、7级地震。今天晚上，请市民们注意以下几条：

1. 危险房屋、高楼不能居住。
2. 远离建筑物、高压线、加油站、加气站。
3. 随时提高警惕，听从干部及公安干警指挥。
4. 搞好单位、小区、院落住户自救，注意防火、防盗等治安安全。

绵阳市防震救灾指挥部

2008年5月12日

绵阳市防震救灾指挥部第3号公告

抗震小常识：

1. 遭到损伤的房屋及危房请市民暂不入住。

2. 若发生较大余震时在室内的市民切记不要跳窗、跳楼，请就近躲入室内小开间的厨房、厕所等处，或钻入坚固的床、写字台下，并双手护头蹲下。

3. 在室外的市民请避开高楼、广告牌、围墙及电杆等地震潜在危险。

4. 请离开室内的市民拉下电源，关闭燃气开关，避免地震次生灾害的发生。

绵阳市防震救灾指挥部

2008年5月12日

绵阳市抗震救灾指挥部第4号公告

经国家、省地震部门专家根据目前余震活动情况分析认为，这次特大地震为主震——余震型，余震活动呈减弱趋势。

未损坏及无明显裂缝的房屋可以入住。如遇余震发生，不要惊慌，请就近进入厕所等小开间避险，或到桌子下躲避，切勿跳楼跳窗。

绵阳市抗震救灾指挥部

2008年5月13日

绵阳市抗震救灾指挥部第5号公告

广大市民同志：

根据线路管网抢修的进度，经市抗震救灾指挥部研究决定，从公告之时起，绵阳城区范围内将基本恢复水、电、气供应，确保居民正常生活秩序早日恢复，现将有关事项公告如下：

一、除明显危重房屋以及存在安全隐患的房屋以外，其余住房的广大市民应消除恐慌心理，可以返家生活；

二、广大市民返家后应全面认真检查一遍水、电、气供应管道、线路，查看电源是否短路，供水供气管道是否破裂，如有破损，应及时关闭总闸，彻底消除安全隐患；

三、高层住户可能在开始会出现供水压力不足的现象，居民可以到底层住户处借用；

四、请广大市民注意的几个问题：

1. 供电。广大市民返家检查完后，要对总开关进行试投一次，确定安全没问题后再重新合闸。

2. 供气。广大市民对供气管道检查完没有问题后，可以试通气，如有问题，不安全状况请与当地供气部门联系。

3. 公布热线电话。供电：2432982，供气：13881143158、13890199840，供水：2224522。

绵阳市抗震救灾指挥部

2008年5月13日

绵阳市抗震救灾指挥部第6号公告

广大市民：

近来，社会上有传言称：今天午后将发生强余震，造成社会产生恐慌。据我们向省市地震部门了解：目前，地震预报仍处于探索阶段，地震预报仍然是世界性的问题，因此，将地震发生的时间准确到日甚至小时是完全不可能的。所以，这是明显的地震谣传，请广大市民不要相信。当前，我市抗震救灾工作在党中央、国务院的亲切关怀下，在省委、省政府的有力指导下，在市委、市政府的强力组织下，我市救灾工作正有序进行，灾区人民情绪基本稳定。针对未来可预测灾情及救灾情况，将及时告知广大市民，望广大市民不要轻信谣言，自觉维护社会稳定。

绵阳市抗震救灾指挥部

2008年5月14日

绵阳市抗震救灾指挥部第7号公告

广大市民：

“5·12”地震后，市委、市政府全力组织全市人民奋力抗灾自救，但是，有少数别有用心的人制造谣言，散布平武、北川有许多尸体没有挖出来，尸体腐烂，污染水源，出现瘟疫，自来水将被污染，出现了不少群众争相抢购矿泉水的现象；网上、手机短信盛传绵阳还有大的余震，并称是美国相关科研机构得出的结论，对广大市民造成了恐慌；还传说地震形成的堰塞湖和一些大型水库将会垮塌，要涨洪水，造成了许多市民纷纷往山上迁移。这些谣言的流传，不仅不利于集中精力抗震救灾，而且还影响了社会的稳定。为此，市抗震救灾指挥部于14日下午专门请市地震局、水务局、环保局、卫生部门、自来水公司等部门及专家，就上述谣言进行有针对性、科学性的回答。市防震救灾指挥部就广大市民关心的问题公告如下：

一、据市水务局及权威部门严密监测，我市各大型水库和三江大坝均已泄水减负，对裂缝进行了加固和处理。同时，地震形成的堰塞湖，也在严密监控中，均不会造成新的灾害。

二、据地震局及专家介绍，此次地震属主震——余震型，经过严密监测，余震能量正在逐渐减弱，绵阳不会出现较大的余震。

三、据市自来水公司、环保局、卫生部门负责人介绍，我市自来水供水源引自涪江，其取水源和自来水的监测均符合国家饮用水标准，可放心饮用。农村地区尽量饮用烧开的山泉。全市空气质量均达到国家环境空气质量二级，无污染。卫生防疫部门已采取有力措施，不会出现所谓大规模疫情。

请广大市民不要听信谣言，党委、政府时刻牵挂着全市人民的安危，全市抗震救灾工作正在有条不紊的开展。温家宝总理13至14日在绵阳视察灾情时，对绵阳的抗震救灾工作取得的初步成效给予了充分肯定，中央和省委将对绵阳抗震救灾全力支持。市抗震救灾指挥部会通过报纸、电台、电视、网络、手机短信等多种渠道向广大市民及时告知抗震救灾的进展情况和相关信息，希望广大市民理直气壮地同各种谣言做斗争，万众一心，众志成城，夺取抗震救灾的全面胜利。

绵阳市抗震救灾指挥部

2008年5月14日

绵阳市抗震救灾指挥部第8号公告

广大市民：

“5·12”地震后，在党中央、国务院和省委、省政府的亲切关怀和大力支持下，在市委、市政府的坚强领导和指挥下，全市人民同心协力，奋力抗灾自救。目前，抗震救灾工作正在有序进行，并积极恢复正常的工作、生活、生产秩序。现将有关情况公告如下：

一、此次地震属于主震——余震型，余震的能量减弱，余震频率减少，不会再出现大的余震，未损坏及无明显裂缝的房屋可以入住。

二、目前水、电、气已通，道路和通讯已逐步恢复畅通，基本具备工作、生活、生产的条件，市委、市政府已于5月14日搬回办公大楼正常办公，部分受灾较轻的企业已恢复生产。

三、市抗震救灾指挥部要求各单位、各社区认真做好本单位、本社区抗震救灾和群众思想政治工作。积极组织本单位、本社区广大干部群众恢复工作、生活和生产秩序。

请广大市民不要听信谣言，积极配合全市的抗震救灾工作顺利开展。

绵阳市抗震救灾指挥部

2008年5月15日

绵阳市抗震救灾指挥部第9号公告

广大市民：

当前，我市抗震救灾工作正处在十分紧急、十分严峻的时刻，各项救灾措施正在加紧落实，各地救灾工作都在紧张进行。“5·12”地震灾害后，社会各界高度关注，纷纷通过各种途径和方式积极援助灾区，部分群众还自发赶赴地震灾区进行救灾慰问活动，其精神和热情令人感动，值得肯定。但由于灾区道路损毁严重，加之专业救援队伍和救灾物资急需运往灾区，为了优先保证运送专业救援队伍和救灾物资的车辆快速通行，为全省、全市抗震救灾工作的顺利进行创造良好的条件，根据省委、省政府（川委办发电 [2008] 26号）通知精神和抗震救灾的需要，请各地、各部门和企事业单位加强组织协调，做好宣传解释工作，引导献爱心的单位和群众采取就地就近捐款捐物等方式，到市抗震救灾指挥部捐赠处和指定的银行账号捐赠，为灾区群众献爱心，为抗震救灾作贡献，确保全省和我市抗震救灾工作有序、有效开展。

绵阳市抗震救灾指挥部

2008年5月16日

绵阳市抗震救灾指挥部第10号公告

5·12地震灾害发生后，绵阳市抗震救灾指挥部已设立了捐赠处，并分别在火炬广场和九洲体育馆设立了捐赠点，专门负责接收捐款捐物，广大市民如有捐赠意向，请与绵阳市抗震救灾指挥部捐赠处联系。

联系电话：0816–2543043　0816–2543064。

绵阳市抗震救灾指挥部

2008年5月16日

绵阳市抗震救灾指挥部第11号公告

5月12日，四川汶川发生7.8级地震，绵阳市北川县、平武县、安县等县市遭受了重大损失。党中央、国务院十分关注绵阳灾情，胡锦涛、温家宝、回良玉等党和国家领导人亲临灾区一线指挥救灾、慰问灾民。全国各兄弟省市、社会团体、各界人士纷纷伸出援助之手，向灾区捐赠了大量款物，对此我们表示最真诚的感谢！

随着灾区道路设施的逐步恢复，大批灾民正在安置。虽然灾区已接收到全国各地大量物资捐赠，但目前仍有部分物资非常紧缺，特别是搭建灾民临时住房的帐篷、彩条塑料布以及防疫、抢救药品及口罩、各种手套和食品！

富有广博同情心、爱心的国内外各界人士，如有捐赠，请与绵阳市抗震救灾指挥部物资捐赠接待组联系。

联系电话：0816-2543043　0816-2543064

联系地址：绵阳市高新区樊华大厦一楼

特此公告

绵阳市抗震救灾指挥部

2008年5月17日

绵阳市抗震救灾指挥部第12号公告

广大市民：

“5·12”地震发生，已经进入抗震救灾的第六天，全市抗震救灾和灾后防疫工作正有序推进。但是社会上盛传，安县发生了疫情，北川河水已污染等谣言。为及时让广大市民了解抗震救灾和防疫工作情况，以及如何加强卫生防疫知识普及，做到大灾之后无大疫，现将有关事项公告如下：

据市抗震救灾指挥部防疫工作组和有关防疫专家介绍，对饮用水每天都进行了严格检测，对全市各受灾点和灾民集中安置点都积极开展防疫工作，截止到目前，全市没有发生任何疫情。

目前灾区仍在大规模的开展营救工作，只要有一线生机都不会放弃。同时，积极开展防疫工作，是为了避免发生疫情。所做的这些工作，都体现了对人民高度负责的精神。

为了进一步搞好抗震救灾防疫工作，专家提醒广大市民和各灾民集中安置点做好以下几个方面的工作：

一、广大市民要严格遵守“绵阳市民守则”，做到注重环境卫生，不随地吐痰，不乱扔垃圾，在人员集中的地方做好通风措施。

二、做到饭前洗手，不喝生水，不吃生冷硬和过期食品。

三、各灾民集中安置点，除了做好上述两个方面的工作，还要加强垃圾处理和消毒工作，特别是要做好排泄物的无害化处理。

请广大市民不信谣、不传谣，共同做好抗震救灾工作。

特此公告

绵阳市抗震救灾指挥部

2008年5月17日

绵阳市抗震救灾指挥部第13号公告

广大市民：

当前，社会上谣传绵阳市城区即将停止供水三天，为此绵阳抗震救灾指挥部提醒广大市民：市水务集团供水生产稳定，水质优良，完全符合国家规定的饮用水卫生标准；供水水量充足，不会中断供水，请广大市民放心使用城市自来水，不要轻信谣言，不要被别有用心的人所利用。

绵阳市抗震救灾指挥部

2008年5月17日

绵阳市抗震救灾指挥部第14号公告

为加强抗震救灾捐赠资金管理，充分调动广大群众和社会捐赠积极性，现就有关事项公告如下：

一、绵阳市城区内面向社会救灾资金募捐点，由市抗震救灾指挥部统一设置在火炬大厦广场和广场对面樊华大厦，任何单位和个人不得在公共场所面向社会另行设点接受捐赠。

二、市抗震救灾指挥部统一设置捐赠账户，其他市级任何部门、单位和个人不得另行设置。市级各部门和单位在内部募集的救灾资金，一律登记造册，统一缴存到市抗震救灾指挥部指定账户。

三、各县市区也要加强对救灾资金募集的规范管理，强化监督，确保救灾资金募集有序进行。

四、凡违反上述规定的，由纪检监察机关或有关部门依法查处，严肃处理。

特此公告

绵阳市抗震救灾指挥部

2008年5月18日

绵阳市抗震救灾指挥部第15号公告

广大市民：

根据上级安排，我市17日已经开始将部分适宜转运的受伤灾民转移到重庆医治，转移的目的是为了使受伤灾民得到更好的治疗，同时能为绵阳腾出更多的医疗资源，用于救治下一步从灾区新转移出来的受伤灾民。这充分体现了党中央、国务院和省委、省政府对绵阳广大灾民，特别是受伤灾民的亲切关怀和以人为本、高度负责的精神。

当前，一些群众误认为将部分医院的受伤灾民转往重庆，绵阳肯定会有大的地震或者大的疫情发生，这种推测毫无根据。

目前，我市抗震救灾和防疫工作正有条不紊地开展，未发现任何疫情，市抗震救灾指挥部将会随时向广大市民公告抗震救灾的最新进展情况。请市民不必恐慌和妄加推测，勿信传言。

特此公告

绵阳市抗震救灾指挥部

2008年5月18日

绵阳市抗震救灾指挥部第16号公告

广大市民：

中国地震局于5月18日下午将四川汶川地震的级别修订为里氏8.0级，余震会持续较长时间。目前地震专业监测台网正在密切监控余震动态，并追踪分析余震趋势。江油、平武、青川交界处5月18日凌晨发生的6.0级余震，属“5·12”汶川特大地震后余震活动的正常起伏。江油、平武、北川、安县在抗震救灾过程中要注意防止余震造成新的伤害和损失，绵阳城区仍属于地震余震波及区，不会发生破坏性地震，但要做好余震防范工作。

“5·12”汶川特大地震后，市委、市政府对房屋安全高度重视，在市抗震救灾指挥部安排部署下，迅速组织国内建筑、房管、质检等各类专家、技术人员100余名，对绵阳城区的房屋、构筑物、基础设施进行震后安全检查。同时，县市区也开展了这项工作，市上派出了专家到县市区指导安全检查。

根据检查的情况，对房屋、构筑物、基础设施做出“可以使用”、“加固后使用”、“停止使用”、“拆除”不同的标识。为确保人民群众生命财产的安全，指挥部提醒广大市民，凡是标明“加固后使用”、“停止使用”、“拆除”和未经过专家技术人员震后安全检查的一律不能入住。凡是未经有关部门组织鉴定的厂房、车间、商厦一律不要急于恢复生产、营业。

居住在室外防震的市民，要讲究卫生、爱护环境、保护公共设施，注意人身安全。各辖区指挥部和各社区要加强管理，负责做好卫生防疫工作，公安、消防部门要加强巡逻，各物业管理公司人员协助公安、消防部门做好防火防盗工作。广大市民不要信谣、传谣，共同维护社会稳定。

特此公告

绵阳市抗震救灾指挥部

2008年5月18日

绵阳市抗震救灾指挥部第17号公告

为有效预防狂犬病及犬只伤人的事件发生，保障公民人身安全，维护市容环境和社会公共秩序，针对目前城区震后犬只管理松懈，犬只随意进出公共场所问题突出的实际情况，根据《四川省犬类限养区犬只管理规定（试行）》和《中华人民共和国治安管理处罚法》等有关法规、规章，现将有关事项公告如下：

一、禁止城区犬只敞放敞养。经批准饲养的犬只，必须进行拴养或圈养，拴养犬只的绳链不得超过3米。

二、除司法机关因侦查需要外，一切犬只严禁在街道、公园、绿化游园、学校、医院、商场、饭店、车站、体育场、广场等公共区域遛逗或拴套。违者，由公安机关根据《四川省预防控制狂犬病条例》第十八条第一项的规定组织捕杀，并对责任人处以每只犬只100元以上至1000元以下罚款。

三、对野犬、敞放犬以及违反规定的犬只由公安机关进行捕杀。

四、对威胁、恐吓、围攻、殴打执法人员或者妨碍执行公务的，由公安机关根据《中华人民共和国治安管理处罚法》予以处罚；情节严重构成犯罪的，由司法机关追究刑事责任。

特此公告。

绵阳市抗震救灾指挥部

2008年5月19日

绵阳市抗震救灾指挥部第18号公告

为加强“5·12”地震灾后卫生防疫工作，确保大灾之后无大疫，现将加强我市灾后卫生防疫工作有关事项公告如下：

一、“5·12”地震后，我市迅速启动了卫生防疫预案，并迅即开展救治和防疫工作。全市的卫生防疫工作由绵阳市抗震救灾指挥部统一领导和协调，各县市区指挥部按照属地管理原则，统一领导和协调本地区的卫生防疫工作。

二、凡此次卫生防疫所需药品、医用物资、宣传资料由市、县指挥部统一调拨、集中发放。药品、医用物资的使用要在防疫人员的指挥下进行，做到厉行节约。

三、市抗震救灾指挥部在灾区出口和绵阳城区入口设置集中消毒点，凡过往交通工具和人员都要主动到消毒点消毒。严禁与抗震救灾无关的人员进入灾区。

四、各县市区、市级各部门、各企事业单位要切实抓好本地本单位辖区内的卫生防疫工作，积极开展环境卫生综合治理，按要求集中投放药物，不得拒绝卫生防疫人员施药。要做好疫情收集和报送工作，一旦发现疫情，要及时报告，不得延误。

五、广大市民要积极配合防疫人员开展工作，认真学习卫生防疫知识，提升卫生意识，提高自我防疫能力。要爱护环境，保护公共设施，积极主动投入到卫生防疫工作中去，开展群防群治。

六、任何单位、个人不得阻挠卫生防疫工作。对在此次卫生防疫工作中发生责任事故的单位和个人，要从严追究其责任，涉嫌刑事犯罪的将依法移送司法机关处理。

七、本公告未尽事宜由市抗震救灾指挥部医疗组负责解释。

特此公告

绵阳市抗震救灾指挥部

2008年5月20日

绵阳市抗震救灾指挥部第19号公告

为加强“5·12”特大地震灾害后的卫生防病和城市管理工作，确保大灾之后无大疫，现就有关事项公告如下：

一、居住在临时防震棚内的居民要共同维护良好的城市环境，切实做好防震棚周围的清扫保洁工作，不得随地乱扔垃圾、随地大小便。

二、广大市民要积极行动起来，深入开展爱国卫生运动，加强灭鼠、灭蚊、灭蝇、灭蟑螂等工作，严防疫病的发生和流行。

三、广大市民要认真配合、大力支持卫生防疫部门和各级、各部门、各单位组织开展的环境卫生整治与消杀灭等工作，支持城市管理部门加强城市环境管理。

四、广大市民要自觉学习卫生防病知识，提升卫生意识，不断增强自我防病能力，为实现大灾之后无大疫目标做出自己应有的贡献。

特此公告

绵阳市抗震救灾指挥部

2008年5月21日

绵阳市抗震救灾指挥部第20号公告

“5·12”地震后，在党中央、国务院和省委、省政府的亲切关怀和大力支持下，全市人民迅速行动、积极开展抗震救灾工作。全国各省市自治区的各级党委、政府、企事业单位、社会团体和广大干部群众，港澳同胞、台湾同胞、海外侨胞，以及一些国家、地区、国际友人纷纷伸出援助之手，踊跃捐款捐物，支援我市抗震救灾工作。为规范管理和用好抗震救灾捐赠资金，绵阳市抗震救灾指挥部专门制订了《抗震救灾捐赠资金使用管理办法》，现公告如下：

《抗震救灾捐赠资金使用管理办法》

第一章　总　则

第一条　为规范和加强对“5·12”地震灾害抗震救灾捐赠资金（以下简称捐赠资金）管理，规范审批程序，明确支出范围，加强资金监管，确保捐赠资金管理规范，使用合理，公开透明，效益明显，特制定本办法。

第二章　捐赠资金的来源

第二条　捐赠资金的来源为：企业、行政事业单位、社会团体等社会各界组织和个人为支援绵阳市抗震救灾而捐赠到绵阳市抗震救灾指挥部指定账户和专门捐赠点的全部款项。

第三条　捐赠资金的募集按照《绵阳市抗震救灾指挥部捐赠处募捐资金管理办法》进行募集，实行专户储存，专账核算，专人管理。

第三章　捐赠资金使用管理

第四条　捐赠资金的使用原则。

此次募集的捐赠是专项用于我市“5·12”地震灾害的救灾资金，其使用必须严格执行国家有关法律、法规和财务规章制度。并遵循以下原则：(一）必须性原则，捐赠资金应用于灾区最需要的项目，提高救灾资金使用的社会效益。（二）透明性原则，捐赠资金的募集和使用信息应定期面向社会发布，以利于社会各方面的监督。（三）专用性原则，捐赠资金必须月于与抗震救灾直接相关的支出，不得在其中开支任何工作经费。

第五条　捐赠资金的使用范围(一）用于解决灾区受灾群众无力克服的衣、食、住、行、医等生活困难；(二）紧急抢救、转移和安置灾民；(三）灾民损毁房屋的恢复、重建；(四）灾区桥梁、道路、水利等工程修复及重建；(五）加工储运救灾物资；(六）其他直接用于救灾和灾后重建的事项。

第六条　捐赠资金的使用审批。抗震救灾期间，捐赠资金由市抗震救灾指挥部统筹安排，审批使用；灾后重建期间，捐赠资金由市委市政府统筹安排，审批使用。

第四章　捐赠资金监督管理

第七条　捐赠资金的使用应自觉接受财政、审计、监察等部门的监督、检查。

第八条　未经市抗震救灾指挥部同意，任何单位和个人不得以市抗震救灾指挥部的名义募集捐赠资金，严禁转移、挪用、侵吞捐赠资金，否则将如数追回款项，并从严追究有关单位和个人责任，触犯法律的，移交司法机关依法追究法律责任。

第五章　附　则

第九条　本办法自发布之日起施行。

第十条　本办法由市抗震救灾指挥部负责解释、修订。

绵阳市抗震救灾指挥部

2008年5月22日

绵阳市抗震救灾指挥部第21号公告

为了加强对抗震救灾资金和物资的监督管理，确保上级下拨、社会捐赠的资金物资及时、公平地发放到灾区和灾民手中，现公布举报电话，广泛接受社会各界的监督。

绵阳市抗震救灾指挥部值班电话：2543047

绵阳市抗震救灾指挥部资金物资监督组电话：2539468

地址：绵阳市火炬大厦广场。

特此公告

绵阳市抗震救灾指挥部

2008年5月23日

绵阳市抗震救灾指挥部第22号公告

目前抗震救灾工作正处于关键时期，尤其是对堰塞湖的监控治理和对边远灾民救灾物资的空投，需要良好的飞行净空条件。目前绵阳天气虽然较好，但由于大量老百姓焚烧秸秆，空中能见度极低，影响了飞机的正常作业，使技术专家、工程人员、救灾物资不能及时到达目的地，严重地影响了抗震救灾工作。为了保证抗震救灾这条空中生命通道的安全畅通，指挥部要求安县、北川、涪城、游仙、江油、平武等地农民群众严禁焚烧秸秆。各级党委政府要做好宣传和整治工作，请广大群众相互监督，严格执行指挥部的公告，以实际行动支持抗震救灾工作。

特此公告

绵阳市抗震救灾指挥部

2008年5月23日

绵阳市抗震救灾指挥部第23号公告

广大市民：

近几天来，天气炎热，防震棚温度更高，容易引发中暑等疾病。根据省市专家监测，尽管余震区有可能发生余震，但绵阳城区不属于余震区，仅受余震波及影响，不会发生破坏性的地震，请广大市民不要惊慌。因此，凡经有关部门检查，明示为“可以使用”的房屋，都是比较安全的。希望唐家山堰塞湖三分之一溃坝撤离范围以外且房屋标示为“可以使用”的广大市民都回家入住，以避免引起中暑等疾病。

绵阳市抗震救灾指挥部

2008年6月5日

绵阳市人民政府关于对地震灾害期间部分价格实行价格干预措施的紧急通知

各县市区人民政府，各园区管委会，科学城办事处：

为保持我市地震灾害期间市场物价的基本稳定，安定民心，按照《中华人民共和国价格法》、《国家发改委非常时期价格干预措施和紧急措施暂行办法》的有关规定和国家发改委紧急通知和《四川省物价局关于授权对地震灾区部分价格实施临时价格干预措施的紧急通知》（川价电发〔2008〕34号）精神，市政府决定，在抗震救灾期间对以下商品实行临时价格干预措施：

一、饮用水：瓶装、桶装矿泉水、纯净水。

二、药品类：藿香正气液（水、液制剂）、板蓝根冲剂、抗病毒冲剂、青霉素口服类、氟哌酸。

三、搭帐篷所需的塑料布、帆布等。

对以上品种生产企业按地属关系向物价部门实行提价申报，经营企业调价备案。

四、《绵阳市物价局关于对部分重要商品及服务实行临时价格干预措施的实施意见》（绵价电发〔2008〕5号）所列品种继续执行。

五、各地要切实加强对地震灾害期间市场价格监督检查，对趁机哄抬物价、乱涨价、变相涨价的违法行为进行严厉打击，确保市场物价的基本稳定。

二〇〇八年五月十六日

绵阳市“5·12”抗震救灾指挥部关于进一步恢复灾后市场供应工作的紧急通知

科技城、各县市区、各园区、科学城办事处抗震救灾指挥部，市级各部门：

当前，我市抗震救灾工作逐步转向灾民安置、灾后重建和恢复生产生活的重要阶段，灾后市场供应工作十分重要。为确保对灾民、抢险人员和灾区市场的物资供应，现将有关事项通知如下：

一、各级各部门要按照省、市抗震救灾指挥部的统一部署，站在讲政治、顾大局、保民生的高度，切实做好灾区市场供应工作。恢复市场供应不仅关系着灾区人民的正常生活，更是保障灾区重建、恢复生产和维护灾区社会稳定的重要内容，要从当前全市抗震救灾的全局出发，采取有力措施，千方百计恢复灾区的市场供应，确保灾区受灾群众、救灾人员及城镇居民生活需要。

二、受灾严重的北川、平武、安县、江油等地要尽快恢复“万村千乡市场工程”网络体系，鼓励连锁经营企业、外来流通企业到重灾区建立商业零售网点和开店营业。当地政府及工商、质监、税务、卫生监督等部门要按照“先经营，后办照”的原则，为商贸流通企业和个体经营户提供一切便利，并按有关政策减免税费。绵阳华蜀、江油汇星、三台广客缘、梓潼鸿锋等商贸流通企业要充分发挥商务部调拨的物资配送车辆的作用，积极组织生活物资配送灾区或以流动售货方式到灾区开展销售活动。各地政府和部门要积极帮助灾区企业搭建临时帐篷、移动售货大棚，对交通不便的边远乡镇，要组织销售人员送货到镇（乡）、村，确保生活必需品不断档、不脱销。同时，要坚决打击假冒伪劣、囤积居奇、价格欺诈、哄抬物价、乱涨价等不法行为。

三、涪城、游仙、三台、盐亭、梓潼等地区要尽快全面恢复市场供应，流通企业要延长营业时间，全天营业时间不得少于8小时。当地政府要尽快组织专业人员对因地震房屋受损的市场、超市、宾馆、饭店和副食品商店等商业网点进行房屋安全鉴定，引导企业尽快恢复营业。对房屋受损严重的企业要帮助他们提供临时经营场地，保证当地日常生活物资的正常供应，要为他们提供交通、运力、油料等方面的保障，为企业组织商品特别是生活必需品和日常生活用品创造条件。

四、加强市场供应监测工作，实施生活必需品市场监测预警和日报制度。要确定专人开展市场供应监测工作，全面、准确分析市场供求和价格变化。要深入批发市场、农贸市场超市、养殖场及屠宰场等生产一线开展调查研究，摸清商品供求情况，准确预测市场走势，每日16点前将《市场供应和商业服务业受灾、恢复生产统计表》（附后）报送市商务局，由市商务局汇总后上报市抗震救灾指挥部。

五、加强组织领导，实行“一把手”负责制。各级各部门要切实加强领导，组织专人抓市场供应。要明确责任和工作纪律，各地商务、工商部门要把保障市场供应工作作为当前的重中之重，市商务局、市工商局要组织人员对市场供应情况进行督察，对恢复市场供应工作不力的地区和部门要给予通报批评，并追究相关负责人的责任。

市商务局联系人：刘新

联系电话：13699610315　传真：2533112

绵阳市“5·12”抗震救灾指挥部

二〇〇八年五月二十八日

绵阳市抗震救灾指挥部关于唐家山堰塞湖泄洪前鸣放防空袭警报的通告

全体市民：

在唐家山堰塞湖泄洪到绵阳城区前，绵阳市抗震救灾指挥部随时作出鸣放防空袭警报的指示，按指示，由市人民防空办公室发放防空袭警报。届时，绵阳市电视台、广播电台同时发布防空袭警报信号，警报信号为（鸣6秒，停6秒，反复15次，时间3分钟），解除警报（一长声，时间3分钟）。请绵阳城区及三江两岸、低洼处的人员听到防空袭警报后迅速撤离，并按市抗震救灾指挥部的规划疏散、转移到安全地带。

防空袭警报鸣放期间，请市民不要惊慌，听从统一指挥，及时疏散。

特此通告。

绵阳市抗震救灾指挥部

二〇〇八年五月二十六日

绵阳市抗震救灾指挥部关于恢复城区正常秩序的通告

根据省市专家监测，尽管地震余震区有可能发生较强余震，但绵阳城区不属于余震区，仅属余震波及区，不会发生破坏性的地震。为规范城区秩序，预防疾病发生，保护市民健康，恢复全市正常生产和生活秩序，决定从2008年6月11日起，全面恢复城区正常秩序，现将有关事项通告如下：

一、全市所有行政企事业单位所属办公楼，凡经震后房屋安全应急检查标示为“可以使用”的，要迁回原址办公；

二、城区农贸市场凡经震后房屋安全应急检查，标示为“可以使用”的，要恢复正常经营，不得以街为市，摆摊设点，占道经营；

三、居民房屋凡经震后房屋安全应急检查，标示为“可以使用”的，应自行拆除防震棚，回原住所居住。

四、城区需继续保留的临时办公场所、避震棚等一律不得占用城市道路、河堤、广场等城市公共区域。

五、城建、公安、工商、卫生、城管等相关部门应密切配合，加强协作，切实做好宣传解释工作，规范广告设置，取缔占道经营，拆除以街为市，治理乱停乱放、乱牵乱挂。

广大市民应自觉维护城区环境卫生秩序，携手共建美好家园。

特此通告。

绵阳市抗震救灾指挥部

2008年6月11日

国务院抗震救灾总指挥部
给唐家山堰塞湖应急处置指挥部的贺电

唐家山堰塞湖应急处置指挥部：

你们经过连续十多天的艰苦奋战，按照安全、科学、快速的要求，成功地处理了唐家山堰塞湖险情，消除了汶川地震次生灾害的一个特大威胁，确保了人民群众生命安全，避免了大的损失，创造了世界上处理大型堰塞湖的奇迹。国务院抗震救灾总指挥部特向奋战在第一线的全体解放军指战员，武警水电部队官兵，水利、地质、地震、气象等部门的工程技术人员和干部职工，以及沿线疏散的广大干部群众表示衷心地慰问、感谢和敬意！希望你们继续做好工程除险和转移避险的后续工作，圆满完成唐家山堰塞湖处理的全部任务。

国务院抗震救灾总指挥部

二〇〇八年六月十日

绵阳市人民政府关于我市灾后重建价格政策的意见

绵府发〔2008〕16号

科技城管委会，北川重建管委会，各县市区人民政府，各园区管委会，科学城办事处，市级有关部门：

为确保灾后农房重建工作有序开展，帮助受灾群众重建家园，根据四川省人民政府《关于印发四川省“5·12”汶川地震灾后农房重建工作方案的通知》（川府发电［2008］96号）和四川省人民政府《关于进一步做好灾后恢复重建建材物资供应工作的紧急通知》（川府函［2008］133号）的要求，现就我市灾后重建相关价格政策提出如下贯彻意见：

一、落实国家、省、市临时价格干预措施，确保灾后重建所需建材价格不突破规定的差率和最高限价

（一）钢材、木材的销售价格实行差率管理，钢材进销差率最高不得超过4%、木材不超过5%（一道环节），价格不得高于2008年5月12日前的价格水平；销售企业要严格执行调价备案制度。

（二）水泥价格按照四川省物价局《关于加强对建筑用水泥实行价格干预措施的指导意见》（川价电发［2008］47号）有关要求执行。

（三）玻璃价格的进销差率最高不超过10%（一道环节，不含直接运杂费）。

（四）砖、瓦、沙石价格实行提价申报制度和最高限价管理。我市境内的生产企业拟对砖、瓦、沙石进行提价且价格高于2008年5月12日前水平的，必须报经当地价格主管部门审批后方可提价，对实行限价管理的必须严格执行最高限价。

二、明确职责任务，加强协调配合

临时价格干预实行属地管理，各级、各有关部门要各负其责，加强协调配合，切实抓好灾后重建相关价格政策的落实。

（一）经委等部门要共同做好钢材、水泥、玻璃供应的组织协调工作，并协助物价部门加强价格监管，特别是购销综合差率的监管，不能突破规定的综合差率。

（二）林业部门要协助物价部门做好外购木材进销差率控制工作。

（三）中小企业局和建设行政主管部门负责协调本区域内的生产企业按规定的最高限价，向受灾农户提供房屋重建用砖；如突破最高限价，要立即责成生产企业向政府价格主管部门进行提价申报。

（四）水务部门要协助物价部门搞好灾后重建所需沙石的价格监督，督促沙石生产企业严格执行最高限价，禁止随意涨价和漫天要价等不法行为。

（五）物价部门要做好对申报提价商品的成本监审工作，严格按照国家发展和改革委《定价成本监审一般技术规范（试行）》（发改价格［2007］1219号）及价格干预相关要求，在最短时间内实施成本审核并将结果报上一级政府价格主管部门备案。

三、实施应急价格监测制度

(一) 物价部门必须每日对灾后恢复重建所需建材的价格进行重点监测，其中农房重建所需建材的价格要监测到镇 (乡) 村。

(二) 各有关部门在监测中发现农房重建所需建材价格异常波动时，要及时上报价格走势分析及预测。

(三) 要建立完善价格监测台账制度，实行定点监测，确保监测数据的准确性和稳定性。

四、整合检查力量，进一步加强对价格的监督检查

(一) 各地各有关部门要整合检查力量，加强市场巡查，严厉打击囤积居奇、哄抬物价、牟取暴利等价格违法行为。要重点加强对建材市场的价格监督检查，对性质恶劣的典型案件，要从重从严查处并公开曝光。

(二) 各有关部门特别是价格主管部门要适时召开各建材生产、经营企业价格提醒会、告诫会，要求各生产经营企业严格遵守国家有关法律、法规，自觉承担社会责任，共同维护好灾后重建市场价格秩序。

绵阳市人民政府

二〇〇八年七月十六日

绵阳市人民政府办公室
关于加强灾后重建建材价格管理有关问题的通知

绵府办发〔2008〕35号

科技城管委会，市重建委，各县市区人民政府，各园区管委会，科学城办事处，市级有关部门：

目前我市已进入灾后重建的关键时期，永久性农房所需建材供需矛盾突出。为降低农房建设成本，现就建材价格管理和调配有关问题通知如下：

一、实行限价管理

（一）对市内生产的砖、瓦、沙石、水泥等建材实行最高价。其中：红砖0.34元/匹（平武、北川0.36元/匹），小青瓦0.40元/匹，砂石（中砂、洗砂）50元/立方米；旋窑复合（P·C）32.5水泥袋装480元/吨、散装460元/吨，普通硅酸盐（P·O）42.5水泥袋装520元/吨、散装500元/吨；立窑复合（P·C）32.5水泥袋装440元/吨、散装420元/吨。以上均为含税出厂价（含上车费）。

（二）对建材运费（含下车费）实行限价管理。30公里以内每吨公里不超过1.00元，30公里及以上每吨公里不超过0.90元。具体标准由县市区物价部门在限价内确定。

二、加强政府统筹

市内生产的砖、瓦等建材由县市区人民政府确定专门部门负责采购，以县为单位与各生产厂家签订合同，按乡镇属地调配。钢材、水泥等大宗商品，按照省市建材特供机制有关规定办理。

三、强化部门协作

各部门要按市政府《关于我市灾后重建价政策的意见》（绵府发〔2008〕16号）精神，密切配合，相互协作，认真履行职责。经委等部门要做好钢材、水泥、玻璃供应的组织协调和建材企业生产要素保障；林业部门要做好外购木材进销差率控制；中小企业局和建设行政主管部门要负责协调生产企业向受灾农户提供建房用砖；水务部门要做好灾后重建所需沙石的协调供应。

四、加大执法力度

要加强市场巡查，严厉打击囤积居奇、哄抬物价、牟取暴利等价格违法行为。各有关部门特别是价格主管部门要适时召开各建材生产、经营企业价格提醒会、告诫会，要求各生产经营企业严格遵守国家有关法律、法规，自觉承担社会责任，共同维护好灾后重建市场价格秩序。

二〇〇八年八月十九日

绵阳市抗震救灾指挥部督查专报

关于全市过渡安置房建设工作进展情况的专项督查报告

按照市抗震救灾指挥部领导要求，28日，市指挥部综合协调组对过渡安置房建设工作进展情况进行了专项督查。现将有关情况报告如下：

一、总体情况

国家先期安排给我市的过渡安置房共28万套。按照首期完成15万套，二期完成13万套的工作计划和建设部在8月10日前全部完成的工作要求，市级分管领导认真研究部署有关工作，山东、上海、北京、河南、云南、吉林等援建省、市大力配合支持工作，市建设系统抗震救灾指挥部积极组织规划、建设、国土、房管等部门抢抓规划选址、平整场地、施工建设等工作进度，科技城管委会、县市区全力推动实施，目前各项工作进展良好，大部分地方有望提前完成任务。

1. 规划选址情况。全市首期过渡安置点共82个，占地1.1万亩，计划搭建安置房15万套，集中安置受灾群众15万户。其中：绵阳城区在科技城（高新区、科创区、经开区、农科区）、游仙区、涪城区等地规划安置点22个，占地3370亩，安置43590户；北川县在擂鼓镇、任家坪乡、陈家坝乡等地规划安置点7个，占地185亩，安置8000户；平武县在县城接观亭、报恩寺广场、金矿、老纸厂等地规划安置点5个，占地400多亩，安置9000户；江油市在诗仙路片区、青莲镇、雁门镇、马角镇等地规划安置点41个，占地6800亩，安置70000户；安县在花荄、黄土、桑枣、沸水、晓坝、秀水等乡镇规划安置点7个，占地494亩，安置9100户。

2. 与援建省、市对接情况。按照市抗震救灾指挥部的统一部署，市建设系统抗震救灾指挥部、各县市区与援建省、市进行了快速对接，并迅速建立起了县级领导负责、县级有关部门和乡镇具体实施的工作机制以及山东对口支援北川、上海对口支援绵阳城区、北京对口支援江油、河南对口支援安县、云南和吉林对口支援平武的工作格局。各援建省、市政府、各厅局领导，规划、设计、建筑、安装等方面的专家、工程技术人员迅速进驻开展工作，给建设过渡安置房提供了组织保障和智力支持。

3. 安置房建设实施情况。截至28日，全市到达活动板房3323套（北川890套、绵阳城区980套、安县953套、江油500套），建成160套（安县50套、北川110套）。共有15个安置点开始施工并完成“三通一平”（安县5个，江油1个，城区5个，北川4个）。

二、存在问题

1. 在征地拆迁过程中，涉及补偿农民青苗费、地面建筑（附属物）等问题难以与农民达成一致，导致影响进场平整土地进度，出现板房已运抵但没有土地安放的问题。

2. 过渡安置房建设中，涉及水、电、通讯等配套设施接入安置点的衔接问题需要当地政府及时研究解决。目前市、县有关部门正积极推进有关工作，但普遍反映需要解决一定的启动资金。

3. 北川、平武、江油部分乡镇因道路尚未完全通畅，板房难以及时运入，不能进场施工，可能会影响工期。

三、建议

1. 科技城管委会、市级各有关部门和县市区在加快推进征地拆迁工作、保证安置房建设用地需要的同时对补偿农民青苗费、地面建筑（附属物）、安置房配套设施建设等问题予以专题研究，提出解决方案供市抗震救灾指挥部决策，避免出现新的社会问题。

2. 科技城管委会、市级各有关部门和县市区要进一步搞好与援建省、市的协调对接工作，争取最大支持。

3. 加快北川、平武、江油乡镇道路建设进度，保证板房运输通畅和建设进场时间，确保按期全面完成任务。

2008年5月29日

关于受灾群众安置救助站工作情况的督查报告

根据5月27日市指挥部灾后重建工作会议精神要求，指挥部综合协调组于5月28—29日对城区和安县、北川受灾群众安置救助站工作进行了专项督查。现将有关情况报告如下：

一、总体情况

通过现场抽查、电话沟通、小范围座谈等方式，督查组对受灾群众安置救助工作中涉及的过渡房建设、卫生防疫、安置群众的教育管理等问题进行了检查。督查结果表明，相关县市、市级有关责任部门都非常重视受灾群众的安置救助工作，基本做到了工作责任、工作力量、工作目标、阶段工作要求“四落实”。

科技城范围内的几个受灾群众临时安置点已基本完成群众疏散，正在进行场地清理、防疫消毒等后续工作。

全市首期过渡安置房选址定点82个，已有15个安置点完成“三通一平”，其中绵阳城区5个，北川、江油、安县、平武等地10个。目前活动板房已建成160套，其中北川110套，安县50套。3323套活动板房已运抵安置区现场待建。

九洲体育馆先后接收安置受灾群众55470人，统一分流12531人，动员外出务工19020人，动员投亲靠友18342人。现安置有受灾群众4577人（包括师生629人）。根据市指挥部的要求，暂时停止了受灾群众返乡安置工作，把工作重点转移到规范管理和消毒防疫方面，为受灾县市集中精力建设过渡房创造了有利条件。

由市劳动保障局统筹协调，市建设工委负责建设，市劳动保障局、市中级法院、市检察院、市司法局分别管理的黄土、安昌、永安、擂鼓等四个安置救助站点，共接收安置受灾群众8298人，已有572人自愿返乡参与灾后重建，目前尚安置受灾群众8504人。四个安置救助站点切实加强服务和管理，各个环节秩序井然，保障有力，物资供应充足，没有发现1例疾病，没有治安案件发生，人心安定。

二、主要工作

（一）加强领导。各安置点责任单位主要领导高度重视，加强领导，普遍建立了由“一把手”任组长的安置工作领导小组，同时明确一名副职驻点指挥，确保市指挥部的各项决策迅速落实到位。

（二）配强力量。各安置救助站点责任单位坚持把综合协调能力强、群众工作经验丰富、临场应变能力突出的干部安排到安置一线，直面群众开展教育引导、日常生活服务等工作，确保受灾群众情绪稳定、生活有序。

（三）完善机构。为确保安置救助站点的管理服务有序推进，各安置救助站点责任单位根据安置救助工作需要，普遍设立了综合协调组，接待安置组、后勤保障组、物资分发组、治安联防组、环境卫生组、医疗防疫组等工作小组，明确职责，各司其职，确保安置救助工作有序推进。

（四）强化管理。各安置救助站点责任单位在受灾群众的管理上坚持统一领导、包干负责，要求所有工作人员要坚持做到群众的意见认真倾听、群众的要求认真办理，确保安置点和谐稳定。切实开展内务规范管理活动，组织受灾群众开展自我管理、自我服务，提高安置救助站点的自治管理水平。充分发挥党组织的战斗堡垒作用和党员的先锋模范作用。黄土、安昌、永安、擂鼓等四个安置救助站点分别成立了临时党委，召开党员大会，选举了党委委员、支部书记。

（五）完善制度。各安置救助站点责任单位重点建立了以下制度：一是新入住灾民登记制度，适时登记灾民基础信息，形成花名册，实行实名服务管理；二是适时适量发放救助物资制度，每天分早、中、晚三次分发饮水和食品，确保受灾群众有水喝、有食物吃；三是定时卫生防疫消毒制度，确保安置点洁净无疫；四是坚持24小时值班制度，做好工作记录和交接；五是救灾物资发放登记制度，确保所有救灾物资全部用到受灾群众身上。

三、问题及建议

（一）饮用水供应问题。黄土安置救助站没有自来水，无法保障饮用水供应，受灾群众天天吃干粮，没有足够的饮用水保障。建议市上尽快协调接通自来水。

（二）卫生防疫问题。一是几个集中安置救助站点附近都有企事业单位或当地农民主动免费送水送饭，九洲体育馆救助站已安排市卫生执法大队对送水送饭单位和个人进行监控，以确保食品卫生安全。建议卫生防疫部门主动介入其它四个站点的食品安全卫生，加强监管，确保不发生食源性疫病；二是黄土、安昌、永安、擂鼓等四个安置救助站点普遍反映厕所设计容量不够，环卫、消毒防疫存在薄弱环节，卫生防疫专业人员缺乏。建议增加各驻点卫生防疫人员力量，坚持24小时现场值守，及时解决卫生防疫工作中的重大问题。

（三）排水防洪问题。黄土安置救助站建在河滩地上，环境条件较差，排水系统不完善，沟渠之间经常堵塞，一旦下雨帐篷就会进水，遇到山洪暴发极易造成重大灾祸。建议指挥部协调相关专业技术人员完善排水系统，在安排过渡房时优先保证黄土安置救助站需要。

2008年5月30日

关于全市规模以上企业灾后恢复生产情况的报告

根据指挥部领导安排，综合协调组于5月30日、31日对全市规模以上企业（北川、平武除外）灾后恢复生产情况进行了督查调研。现将有关情况报告如下：

一、基本情况

总体情况：截至5月30日，受灾的793户规模以上企业中，已有475户企业全部或部分复产，318户企业停产。另据市抗震救灾指挥部第二号命令，因唐家山堰塞湖即将泄洪，江油市、涪城区（含经开区）、游仙区、三台县大部分复产或部分复产企业按照应急疏散要求已于31日开始再次停产避灾。

国资系统：由市国资委履行出资人职责的7户市属国有工业企业（长虹、九洲、川矿、新材料、水务、热电、涪钢）均不同程度受损；截至5月31日，这7户企业中已有32个部门恢复生产，占灾前总数的57%；复产生产线39条，占总数的79.6%；上岗职工35962人，占灾前总数的83%；日产值达5415万元，占灾前总额的57%。

涪城区：全区共有267户工业企业（含经开区）受损；截至5月30日，已有110户规模企业恢复生产，占规模企业总数的70%。

游仙区：全区共有84户规模工业企业受损，截至5月28日，已有31户全面恢复生产，42户部分恢复生产。

江油市：全市共有146户规模工业企业受损；截至5月31日，已有16户全面恢复生产，35户部分恢复生产。

三台县：全县共有74户规模工业企业受损；截至5月30日，已有60余户恢复生产，占规模企业总数的70%左右。

安　县：全县67户规模企业全部受损；截至5月31日，已有6户全面恢复生产，15户部分恢复生产。

梓潼县：全县31户规模均不同程度受损；截至5月30日，已有25户规模企业全部或部分恢复生产。

盐亭县：全县规模工业企业受损27户；截至5月30日，已有24户规模企业恢复生产，占总数的77.4%。

二、主要工作

“5·12”大地震发生后，各县市区党委、政府加强组织领导，深入查灾救灾；加强职工应急知识教育，增强恢复生产信心；加大生产要素协调，为企业恢复生产提供必要条件；加紧推进重点项目建设。全市工业战线的干部职工在当地党委、政府的坚强领导下，强忍痛失亲人和工友的巨大悲痛，发扬艰苦奋斗、自力更生的优良传统，在主动承担社会责任，积极开展抗震救灾的同时，不等不靠，奋起自救，努力为恢复生产做好各项准备，为我市工业早日恢复生产奠定了坚实基础。

（一）迅速摸清基本情况，掌握工业受损现状。据统计，全市规模以上工业企业受灾户数达793户，占规模以上企业总数的96%。其中：遇难职工197人，受伤职工2077人，厂房毁损1016.28万平方米，设备毁损42004台（套），直接经济损失175.62亿元，占全市工业直接损失的90.23%。

（二）积极组织排危抢险，尽量降低灾害损失。灾害发生后，各级党委、政府在最短时间内迅速组织力量，深入到企业查灾救灾，帮助企业及时排除险情，组织力量协助企业转移精密设备和核心部件。梓潼县、三台县建立了县级领导干部定点联系重点受灾企业制度，组织力量深入重点企业开展危房鉴定、设备转移等工作，尽量保存企业生产实力。

（三）全力开展生产自救，努力恢复生产能力。县市区党委、政府和市经委、国资委、信产局、中小企业局等市级相关部门及时派出人员安抚慰问企业干部职工，稳定干部职工情绪，确保受损企业保持足够的人力资源。各企业充分发挥主观能动性，根据排查情况搞好厂（库）房的除险加固，查验生产设备受损情况开展维修养护和采购新增设备等工作，组织力量恢复水电气等基础设施。

（四）及时恢复生产经营，努力弥补灾害损失。目前，除平武、北川等重灾区以外，我市具备条件的工业企业都已基本恢复或部分恢复生产经营。其中，四户创百亿企业中，长虹6月上旬可恢复到震前水平，并提出今年完成300亿销售额的目标不变；九洲提出，奋战100天恢复到震前水平；新华公司现已恢复60%产能；受灾最重的攀长钢目前正在进行厂房、生产线的修复工作，复产任务还比较艰巨。

（五）开展损毁企业重建，调整优化产业结构。县市区党委、政府充分认识到企业重建实际上也是调整产业结构，促进产业升级、承接东部产业转移的大好机遇，必须紧紧抓住：积极做好规划，以规划统领受灾企业的灾后重建、恢复生产工作；配合承接产业转移，积极争取国家、省对受灾企业在政策、项目、资金、物资上的支持。市中小企业局提出，损毁企业的异地重建应同中小企业创业基地和工业发展集中区建设相结合，通过重建促进产业结构调整，提高企业的技术装备水平和工艺生产水平；梓潼县提出灾后要坚持走资源消耗少、环境污染小、人力资源得到充分发挥的新型工业化之路，拟结合损毁企业重建优先发展食品、纺织、机械、化工、木材加工、包装建材、医药制造等七大优势产业。

（六）全力搞好协调服务，保证生产要素供给。三台县通过努力，企业用电和用气已基本能得到保障；梓潼县重点企业的供水、供电、供气、通讯等已基本恢复；盐亭县震后24小时内恢复了主城区和重点工业乡镇的水、电、气供应；江油市到5月30日已有99%的工业用户实现正常供电，90%企业恢复供水、供气，该市还协调商业银行、信用社、担保公司向市内中小企业解决流动资金540万元。

三、主要问题

（一）资金短缺。主要表现为：损毁企业重建一次性投入较大，刚进入规模企业门槛的损毁企业感觉资金压力太大；已恢复生产的企业流动资金紧缺，特别是受灾较重的一些企业在投入资金用于厂房、设备维修后几乎没有流动资金用于生产；个别需要添置关键设备的企业在厂房受损的情况下缺乏质押物难以获得银行、担保公司的支持；个别原定实施重大技术改造的企业因涉及投资额度和建设周期的调整，增大了企业的资金压力。

（二）生产要素供应紧张。一些企业的原料来自重灾区，因交通中断造成企业等料待产；巴蜀江电、热电公司等因燃煤供应紧张导致开工不足，江油市反映电煤供应总体紧张；部分企业受运力紧张影响，导致原材料及产品运输难度较大；长虹反映，因棋盘关交通限制，导致该公司出入川物流受阻。安县水、电、气、道路等基础设施、矿山、原料基地损毁严重，短期内无法完全恢复，将严重影响企业灾后及时恢复生产。

（三）劳动力短时间内供应不足。科技城管委会反映，90%的企业存在劳动力不足，企业原有职工复工率不高，新招工人难度较大；江油、安县反映，职工伤亡惨重，幸存职工心存余悸，个别失去亲人的职工短期复工的主观愿望不强；涪城、游仙、三台等地反映，因近期堰塞湖泄洪演练等造成职工上班不安心，部分企业虽已复工但生产效率并不高；部分复工企业排危工作不彻底，职工缺乏安全感；一些职工的自有住房已成危房，现居无定所，无法安心从事生产经营活动。

四、几点建议

（一）统筹搞好对上争取工作。此次地震灾害波及范围广，各地都在通过不同渠道争取国家在政策、资金、项目等方面的支持。绵阳要在这方面赢得主动，必须加大统筹力度，形成对上争取合力。市级主管部门要在汇总全市工业企业总体受损情况的基础上编制对上争取目录，用扎实的基础工作赢得国家有关部委和省委省政府的支持。以下项目应优先争取上级扶持：一是水泥产业。协调上级优先将上海国大干法水泥项目、拉法基瑞安干法水泥技改和武都水泥公司干法水泥技改项目列为灾后重建规划，同时暂停我市淘汰水泥落后产能，允许按照产业政策应予淘汰的现有机立窑水泥企业继续生产。二是特种冶炼产业：我市江油、安县、三台等地在该产业领域占有一定的资源、技术、市场优势，建议市上统一做好此类企业的对上争取工作，对其在恢复重建项目的立项方面给予支持，并请求国家有关部委将此类项目中投资额1亿元以下且符合国家产业政策项目由我市自行备案。

（二）统筹搞好产业规划布局工作。此次地震灾害导致我市一大批工业企业受损，其中有较大一部分属于生产技术落后、经济效益不突出、国家产业政策不支持的项目。这些企业的灾后重建为优化我市的产业结构、合理安排产业布局、提升企业综合竞争能力提供了契机。因此，在企业重建的过程中，要充分考虑环境资源承载力，主动承接东部产业转移，围绕大型骨干企业搞好产品配套，努力走出一条资源消耗少、科技含量高、配套能力强、竞争优势明显的企业重建之路。同时，要合理规划特色产业园区，预留未来发展空间，形成产业集聚效应，确保重建企业可持续发展。因企业异地重建涉及的用地问题，应在灾后重建规划中重点争取上级支持。

（三）重点协调解决生产要素保障问题。一是搞好人力资源开发，对企业原有职工要做好安抚工作，选拔优秀工人填补重要岗位空缺；坚持以人为本解决好职工反映突出的问题；相关职能部门主动介入配合企业做好人员招聘、岗前培训等工作，确保企业拥有足够的人力资源。二是争取上级行适当调整金融服务政策。适当扩大放贷范围，对灾后存活下来的企业给予特殊扶持政策；适当下放贷款审批权限，将县级金融机构对企业大额贷款权限扩大到2000万元，对企业中小额贷款权限扩大到600万元；适当提供担保公司放款比例，由现行的5倍提高到8倍，同时放宽抵押担保条件；适当提高2A级以上企业授信额度，并允许企业在授信额度内可随时申请随时办理；对到期贷款在办理展期手续的同时，对2A级以上企业可实行借新还旧，适当延长贷款期限；银监部门要尽快出台简便快捷、易行易控的信贷准入政策。三是保障能源供应。电力方面：安县永安一号变电站遭到毁灭性破坏，电力部门要尽快恢复；江油在灾后重建规划中提出建设500KV变电站1座、220KV变电站2座、110KV变电站5座，电力部门要根据江油工业发展需要优先保障。天然气方面：要协调中石油、中石化增加江油天然气用气指标，以保证国家发改委正立项的2×30万千瓦燃气机组7.5亿方/年的用气指标。

2008年6月2日

抗震救灾新闻报道选

四川地震灾区首趟运送伤员的专列离开绵阳前往重庆

新华网四川绵阳5月19日电（记者江毅、陈君、孙铁翔）四川地震灾区首趟运送受伤同胞专列19日10时20分离开绵阳，运送206名伤员前往重庆接受治疗，预计开行6个半小时后抵达453公里外的重庆北站。

专程到绵阳火车站为伤员送行的卫生部副部长王国强表示，为减轻四川医疗压力、使灾区伤员得到更好救治，中央决定将具备转移条件的伤病员转运至周边省市。

在卫生部的统一协调下，四川已有1500多名伤病员经公路转运，今天是首次通过列车转运伤员。

铁道部最新消息说，当前其他铁路局支援成都铁路局用于疏散地震灾区伤病员的空调客车已集结12列，18日已开出4列，预计19日到达成都3列。

在绵阳火车站，记者看到从绵阳市各大医院运送伤员的救护车呼啸而至，从成都开来的专列早已等候在车站内。由于转运的伤员多为骨折，不便行动，列车工作人员提前将车窗玻璃拆除，方便运送伤员的担架进出。

医护人员将伤病员抬下救护车后，十几双手一起用力，将担架高高举起，小心翼翼地送入车窗。

“你们吃早饭没有？”躺在担架上的北川县67岁伤员王光发抓着医护人员的手瓮声瓮气地说。他因为肋骨和胸骨骨折，戴上了呼吸面罩。“你要好好休息，我们会照顾你的，不要再说话了。”听到他的话，医护人员们赶紧俯下身去，在他耳边低语。

据参与伤员抢救和转移的海军总医院ICU室单毅医生介绍，这206名伤员多为骨折等外伤，生命体征稳定，需要进一步治疗。这些伤员转运出绵阳后，空出的医疗床位将用来收治北川、平武的下一批伤员。

“为照顾伤员，我们每节车厢配置了4名接受过红十字培训的乘务员，协助随车的专业医疗人员。”执行专列任务的列车长杨屏说，“餐车还专门根据伤员的需要，精心准备了包括水果在内的营养套餐，并将派专人送到伤员手中。”

按照铁道部的统一指挥，成都铁路局全力做好专列开行的各项准备，精心选派81名客运骨干，同时组织了360名青年志愿者，在绵阳火车站和重庆北站为伤员提供服务，帮助抬送担架。

(选自2008年5月19日新华网)

安县矿工彭国华被埋170小时获救纪实

新华网四川安县5月21日电（记者刘大江、张丽娜、余晓洁）爱诠释着难以置信的生命奇迹：大地震中在坍塌矿洞废墟里被埋170个小时后，安县矿工彭国华居然奇迹般地生还。

在亲人、救援者、解放军官兵和医护人员之间，坚守生命以一种令人感动的方式进行着。这就是爱：爱自己，爱他人。正是这种夺人心魄的爱，在这场人类大浩劫中才创造出一个个超越生理极限的人间奇迹。

夫妻超越生死之爱：“他一定还活着”

36岁的文友会，坐在丈夫的病床旁边，像忠诚的卫士一样守护着自己的爱人，没有她的坚守，她的丈夫彭国华怎可创造170个小时的生命奇迹？

地震那天，安县睢水镇道喜村的她正走在去割猪草的路上，突然一种天崩地裂的感觉告诉她地震了。她赶紧跑回家中，她的石头房子全部坍塌，隔壁公公家的木头房子还有几根木头在支撑着，婆婆已从屋子里跑了出来。“爸爸，你在哪里?”从木头堆里，老人走了出来。此时，最令文友会牵挂的还不是两个正在学校上学的孩子，而是在矿上干活的丈夫。这个矿距离村子三里地，那里荒无人烟。没多大一会儿，有从矿上跑回来的矿工告诉她：“他被压在下面了，没有希望。”

“丈夫一定还活着!”文友会找到了安全的孩子，带着公公婆婆从村子里逃到镇上。“你一定把他给我挖出来!”她缠上了矿长，“矿上有铲车，你必须把他给我挖出来!”矿长抵抗不了这个妇女的纠缠，带着几个人来到这个被掩埋的矿井开工干活，彭国华64岁的老父亲也跟了过来。12日，大铲车铲到晚上9点多，没啥进展，车却没有油了，只好停止工作。

第二天，雨下得很大，还是不能干活。第三天，老父亲冒着生命危险走过垮塌面，从外面背回半桶油，机器又开工了，村子里还来了几个亲戚帮忙。第四天、第五天过去了，还是没有啥结果，没有听到矿下有回应的声音。

“别再挖了，也见不到人!”有人泄气了。

“一定在下面，他一定在下面还活着！我们之间有心灵感应。”文友会这个平时贤惠的女人，此时显得异常固执。

第六天又过去了，文友会仍然不准他们停工。“任何事情都要用结果去证明！”这个女人说这话时，眼神十分坚定。

19日下午4时30分左右，文友会得到消息：“彭国华被挖出来了，他还活着！”

文友会掉下了眼泪，“不是高兴的眼泪，说不清楚是个啥感觉。”这几天的漫长等待，这个女人不知道哭了多少次，那时候的泪水是悲哀，是焦急，还是坚守，她也说不清楚。

就在内心深处的绝望越来越大时，她没有想到自己坚守的信念会真的变成现实。

生命的顽强：“我一定会活下去”

“我一定会活下去！”20日深夜，彭国华向记者讲述自己被埋7天7夜的惊魂记忆：

洞口坍塌，掉下来的全是灰，我当时戴着挖矿用的防尘罩，根本不敢摘，在满洞口飞舞的灰尘中趴在地上，紧闭双眼。不知过了多久，灰尘渐渐散去，我才发现洞口被塌下来的起码上万吨重的大小石头堵得死死的。

此后的余震不断，每震一次，狭小的洞里便产生一种“嗡嗡”声撞击耳膜，声音不大，不像第一次地震时发出的是一种轰轰的巨响。

我能够在被掩埋的矿洞里挺过170小时，经验和常识发挥了巨大作用。首先，被封死在矿洞里后，我没有大声呼救，因为我知道外面根本听不见里面的声音，呼救只能白白浪费体力。但外面人说话，我却能听见，但不太清晰，带着一种“嗡嗡”的回响。

七天七夜，我在洞里主要靠喝自己的小便和吃草纸维生。第一天我没有小便，想稳住，保存体力，直到第二天才解了第一泡尿。不怕你笑话，这个平时看起来很脏的东西，关键时候成为救命的甘露。我一共解了3泡尿，都用挖矿时戴的钢盔盛着，渴得不行了才用它把嘴唇润湿，不敢多喝。吃的是口袋里装的一小卷草纸，不敢一次性吃完，只能慢慢分成四次吃，直到肚子饿得实在受不了，才吃一口。这小卷草纸，我整整吃了两天。

为了保存体力，我在洞里基本上不动，采取的姿势有俯卧、半卧和半跪。我的膝盖被跪出瘀血，变成青紫。我运气很好，外面下雨，雨水渗进岩缝，在洞里凝成很小的水滴，但量很少，平均每2分钟掉一滴，我用钢盔接住。这么一点点水，维持了我一天半。

在黑洞里，不能大口大口地呼吸，否则感觉气闷，只能慢慢呼吸。我一直待在洞口附近，不敢往里面爬，因为洞里深处空气非常稀薄，很危险。

我的这些自救常识是以前挖矿时培训知道的。我1988年参加工作，在安县睢水煤矿挖煤。矿上有时请老前辈（老矿工）开讲座。他们讲的应急措施很好。我这人有个习惯：凡是实用的，我都把它用心记下来，在关键时刻可以救自己的生命。

正好我身上戴有手表，还有矿灯，我知道自己在下面的时间和日期。

我一直坚信妻子会来救我的。但到了第七天，有些陷入绝望。突然我听见外面有铲石头的声音，后来才知道是老婆、父亲、舅子、兄弟他们在挖。他们挖石头时，我在里面敲石壁，他们听不见。当将洞口封死的石壁被挖出一个拳头大小的洞，他们喊我，我答应了，他们欢喜地说：还活着。

我从洞里出来时，外面的人扔进一根绳子，我系在腰间，他们一边拉，我一边爬。那个时候，我仍然还有一点体力。七天七夜保存下来的那点体力，在关键时刻发挥了作用。

生命大接力：战士背他赶了8个小时山路

村民们把彭国华背到了村子里，这时闻讯赶来的消防官兵赶紧展开救援，官兵们翻山越岭背着彭国华走了8个小时，才走到睢水镇，送上了120救护车。

20日4时58分，彭国华被送到了驻扎在安县的第二军医大学长征医院救助点。

“如果不是10多个解放军战士轮流背他，及时送进山外的医院，彭国华也不可能活到现在。”文友会说，山路非常危险，一边是直插云霄的岩壁，另一边是令人目眩的万丈深渊，路又窄又滑，稍有不慎，就可能掉下悬崖摔得粉身碎骨。

第二军医大学驻安县抗震救灾医疗救助中心主任、上海长征医院副院长吕一刚告诉记者，彭国华被送到医疗队时已经极度虚弱。医生们为他做了清洗后，马上补液。然后，组织驻安县的各医疗队的专家进行会诊。

因为彭国华无尿，医生当时最担心的是出现肾功能衰竭。好在补液成功，彭国华于20日上午11点58分排出900毫升“救命尿”。

“这表明这个汉子在被困170个小时后，身体主要器官的基本功能完好！这真是一个奇迹！”吕一刚说。

36岁的文友会，个儿不高，生育了一儿一女后，稍稍有点发福。灯光下，圆圆的脸泛着红润，透出村里人的憨厚和朴实。

对于以后的生活，文友会依然充满了希望。“现在还没有具体的打算，因为不知道政府让我们把家安在哪里。不过没关系，有他，我就有了一切。有人，日子就有期望。”说到这，文友会温柔而深情地把目光投向丈夫。

(选自2008年5月21日新华网)

“最牛”校长叶志平

新华网四川安县5月24日电（记者朱玉、万一、刘红灿）他矮，胖胖的。他所在的中学，是四川安县桑枣中学，是一所初级中学，在绵阳周边非常有名。学校因教学质量高，连续13年都是全县中考第一名，周围家长都拼命把孩子往里送。学生最多的班，有80多名学生，最前排的学生几乎坐在老师下巴前。

地震来临时，他正在绵阳办事。大地震动，他站不稳，只好与学校的总务长互相抱着。手机打不通，电话断了，第一波震荡过去后，他立即驱车往地处重灾区的学校赶。车开得飞快，路上他一句话也不说。他惦记着学校那栋没有通过验收的实验教学楼，心里最怕的是那栋楼出事。

上世纪80年代中，那栋楼建设时，学校没有找正规的建筑公司，断断续续地盖了两年多。到后来，没有人敢为这栋楼验收。新的实验教学楼盖好了，老师和学生谁也不愿意搬进去，哪个都知道没有人敢验收的楼，建筑质量是什么样的成色。当时，他还是普通教师，是学校为数不多的党员之一，别人不敢搬，他只好带头搬。搬进新楼时，新楼的楼梯栏杆都是摇摇晃晃的。灯泡各式各样，参差不齐，教室本应雪白的墙上，只有底灰，什么都没有。后来，他当领导了，下决心一定要修这栋楼。1997年，他把与这栋新楼相连的一栋厕所楼拆除了。因为他发现，厕所楼的建筑质量很差，污水锈蚀了钢筋。他怕建筑质量不高的厕所楼牵连同样质量可疑的新楼，要求施工队重新在一楼的安全处搭建了厕所，这样，虽然高层教室上课的同学上厕所不太方便，但是，孩子们安全。1998年，他发现新楼的楼板缝中填的不是水泥，而是水泥纸袋。他生气，找正规建筑公司，重新在板缝中老老实实地灌注了混凝土。1999年，他又花钱，将已经不太新的楼原来华而不实、却又很沉重的砖栏杆拆掉，换上轻巧美观结实的钢管栏杆。接着，他又对这栋楼动了大手术，将整栋楼的22根承重柱子，按正规的要求，从37厘米直径的三七柱，重新灌水泥，加粗为50厘米以上的五零柱，他动手测量，每根柱子直径加粗了15厘米。这栋实验教学楼，建筑时才花了17万元，光加固就花了40多万元。学校没有钱，他一点点向教育局要，领导支持，他修楼的钱就这样左一个5万元、右一个5万元的化缘而来。教学楼时刻要用，他就与施工单位协调，利用寒暑假和周末，蚂蚁啃骨头般，一点点将这栋有16个教室的楼修好。对新建的楼，他的要求更是严。楼外立面贴的大理石面，只贴一下不行，他不放心，怕掉下来砸到学生，他让施工者每块大理石板都打四个孔，然后用四个金属钉挂在外墙上，再粘好。建筑外檐装修的术语讲，这叫“干挂”。因此，即使是如前些天的大地震，教学楼的大理石面，没有一块掉下来。

他知道，教学楼不建结实，早晚会出事，出了事，没法向娃娃家长交代。不是没有见过出事的学校，有的学校墙没弄结实倒塌砸到学生，有的学校组织不好，造成学生踩踏事故。他不能让这样的危险降临在自己学生的身上。于是，他从2005年开始，每学期要在全校组织一次紧急疏散的演习。会事先告知学生，本周有演习，但娃娃们具体不知道是哪一天。等到特定的一天，课间操或者学生休息时，学校会突然用高音喇叭喊：全校紧急疏散！每个班的疏散路线都是固定的，学校早已规划好。两个班疏散时合用一个楼梯，每班必须排成单行。每个班级疏散到操场上的位置也是固定的，每次各班级都站在自己的地方，不会错。教室里面一般是9列8行，前4行从前门撤离，后4行从后门撤离，每列走哪条通道，娃娃们早已被事先教育好。孩子们事先还被告知的有，在2楼、3楼教室里的学生要跑得快些，以免堵塞逃生通道；在4楼、5楼的学生要跑得慢些，否则会在楼道中造成人流积压。学校紧急疏散时，他让人计时，不比速度，只讲评各班级存在的问题。刚搞紧急疏散时，学生当是娱乐，半大孩子除了觉得好玩外，还认为多此一举，有反对意见，但他坚持。后来，学生老师都习惯了，每次疏散都井然有序。他对老师的站位都有要求。老师不是上完课甩手就走，而是在适当的时候要站在适当的位置，他认为适当的时候是：下课后、课间操、午饭晚饭，放晚自习和紧急疏散时——都是教学楼中人流量最大的时候；他认为适当的位置是：各层的楼梯拐弯处。老师之所以被要求站在那里的原因是，拐弯处最容易摔，孩子如果在这里摔了，老师毕竟是成人，力气大些，可以一把把孩子从人流中抓住提起来，不至于让别人踩到娃娃。每周二都是学校规定的安全教育时间，让老师专门讲交通安全和饮食卫生等。他管得严，集体开会时，他不允许学生拖着自己的椅子走，要求大家必须平端椅子——因为拖着的椅子会绊倒人，后面的学生看不到前面倒的人，还会往前涌，所有的踩踏都是这样出现的。

那天地震，他不在。学生们正是按着平时学校要求、他们也练熟了的方式疏散的。地震波一来，老师喊：所有人趴在桌子下！学生们立即趴下去。老师们把教室的前后门都打开了，怕地震扭曲了房门。震波一过，学生们立即冲出了教室，老师站在楼梯上，喊：“快一点，慢一点！”老师们说，喊出的话自己事后想想，都觉得矛盾和可笑。但当时的心情，既怕学生跑得太慢，再遇到地震，又怕学生跑得太快，摔倒了——关键时候的摔倒，可不是玩的。那天，连怀孕的老师都按照平时的学校要求行事。地震强烈得使挺着大肚子的女老师站不住，抓紧黑板跪在讲台上，但也没有先于学生逃走。唯一不合学校要求的是，几个男生护送着怀孕的老师同时下了楼。由于平时的多次演习，地震发生后，全校师生，2200多名学生，上百名老师，从不同的教学楼和不同的教室中，全部冲到操场，以班级为组织站好，用时1分36秒。

学校所在的安县紧临着地震最为惨烈的北川，学校外的房子百分之百受损，90多位教师的房子都垮塌了，其中70多位老师，家里砸得什么都没有了。他从绵阳疯了似地冲回来，冲进学校，看到的是这样的情景：8栋教学楼部分坍塌，全部成为危楼。他的学生，11岁到15岁的娃娃们，都挨得紧紧地站在操场上，老师们站在最外圈，四周是教学楼。他最为担心的那栋他主持修理了多年的实验教学楼，没有塌，那座楼上的教室里，地震时坐着700多名学生和他们的老师。老师们迎着他报告：学生没事，老师们都没事。

他后来说，那时，他浑身都软了。55岁的他，哭了。通信恢复后，老师们接到家长的电话，会扯着大声骄傲地告诉家长：我们学校，学生无一伤亡，老师无一伤亡——说话时眼中噙着泪。他的老师们收入都不高，教师平均月收入1126.78元。学校的墙上写着："责任高于一切，成就源于付出。"那时，在大震时分布四处的学生家长们的伤亡数尚在统计中，学校墙外的镇子上，也是房倒屋塌，求救声一片。但是一个镇里的农村初中，却在大震之后，把孩子们带到了家长面前，告诉家长，娃娃连汗毛也没有伤一根。

他叫叶志平，是安县桑枣中学校长，四川省优秀校长。

（选自新华网2008年5月25日，原题《一个灾区农村校长的避险意识》）

绵阳空城记

6月1日，四川省绵阳市，许多人继续住在山上，等待着来自唐家山堰塞湖的洪水过境。抢险工作专家组预测，6月3日左右堰塞湖将自然溢流。

5月31日，绵阳市机械电力工业学校的姚老师见到了平生从未见过的场景：一些原本繁华的市区，寂静得如同山林一般，只能听见鸟的叫声，大街上空空荡荡，大楼里不见人影。

5月30日，绵阳市发布了唐家山堰塞湖避险疏散方案，按照唐家山堰塞湖大坝三分之一溃坝的预案，位于下游的绵阳市，有19.75万人要疏散到地势较高的地方避险。

疏散区成了难得一见的"空城"

四川古为蜀国，诸葛亮用一出《空城计》，保卫了一座城池；而今的绵阳，是用"空城"的方式，保卫民众的安全。

在城区其他地势较高、不用疏散的部分，人们上班、上学、逛街、吃饭，一如往常。

6月1日上午，绵阳市按全溃方案进行了撤离演练，演习取得成功。

没有一个阳台能看见人影

姚老师在学校教语文，汶川大地震后，学校就放假了。姚老师有几个学生住在青川县，由于那里的灾情也很严重，姚老师前几天到青川县去看望学生。

5月30日，他接到家里的电话，说绵阳搞疏散，由于所住的沈家坝片区地势低洼，家人已经住进了临时安置点。5月31日下午，他匆匆赶回绵阳市。

记者在绵阳科技馆后面的芙蓉溪岸边，和姚老师相遇，便和他一起往下游走，目睹了绵阳部分城区的“空城”景象。

绵阳市区有三条河穿城而过，分别是芙蓉溪、涪江和安昌江，涪江位于中间，三条河在下游的三江口汇合。

唐家山堰塞湖就在涪江的上游，假如唐家山堰塞湖发生溃坝，洪水将危及涪江两岸绵阳市区的安全。

记者和姚老师的行走路线是，先沿芙蓉溪走，再穿过一座大桥，到达涪江的左岸，顺流而下，来到三江口。

芙蓉溪的水已开闸放尽，河床裸露，准备承接可能到来的涪江洪水。虽然唐家山堰塞湖的水不是沿芙蓉溪流下来的，但如果水量很大的话，将在三江口汇合处发生倒灌，同样会危及芙蓉溪和安昌江沿岸居民的安全。

记者途经绵阳市游仙区的沈家坝片区，这里地势低，是疏散重点。记者在河堤上看到，很多地方的一二层楼都在河堤以下。

在这一片区沿河堤走了好几里路，冷冷清清的，记者只遇到了不到10个人，都是担任警戒任务的民兵和保安。

抬头看几个漂亮的住宅小区，高层江景房的阳台上，居民们晾晒的衣服还在随着江风摇晃，但没有一个阳台能看见人影。沿江的公交车停运了，小鸟大胆地跑到马路上觅食。

疏散方案是怎样计算出来的

在遥感成像的地图上，唐家山堰塞湖像一条长龙，在峡谷中弯曲、延伸，它的肚子里，积蓄了1亿多立方米的水量。

目前，唐家山堰塞湖的大坝顶上，已经挖好了一条导流渠，除留有少量监测人员外，620多名抢险官兵和工程技术人员已撤离。接下来，就是等待堰塞湖水位自然上涨，水位达到导流渠出水口高度后就自然泄洪。

5月31日，在唐家山堰塞湖抢险指挥部，记者看到一幅唐家山堰塞湖下游测绘图。这是由1:10000的测绘图拼成的，几张桌子放在一起，才摆开了这张测绘图。

图上用红色代表唐家山堰塞湖三分之一溃坝的淹没线，用蓝色代表二分之一溃坝的淹没线，用蓝点分段的红线代表全溃坝的淹没线。

记者看到，三分之一溃坝后淹没的只是沿河两岸的部分区域。如果是二分之一溃坝，淹没区域将大大增加，包括西南科技大学校区和绵阳市部分城区。

指挥部的一位水利专家介绍，二分之一溃坝或者全溃坝的可能性不大。

他分析，唐家山堰塞湖的大坝，是由于山体滑坡形成，含有大量来自山体的岩石。根据探测等方式的估计，大坝约有三分之二的部分是岩石，不容易被水冲垮。

涪江堤坝的建造标准是能防御50年一遇的洪水，如果唐家山堰塞湖是三分之一溃坝，涪江堤坝应当可以承受得住，绵阳就能渡过这个难关。

目标是“零伤亡”

尽管对泄洪方案有一定把握，但为了防止意外，指挥部还是决定按照三分之一溃坝的预案进行人员疏散。这样，绵阳市区就有近20万人需要转移到安全地带。

从5月30日上午8时到5月31日上午8时，绵阳市安排了24个小时的疏散时间。

唐家山堰塞湖抢险指挥部的工作人员说，指挥部要求疏散工作责任到人，疏散区内每位干部分包几户人家，负责把他们带到指定的安全地带。

“从开始疏散，到临时安置点的卫生防疫，直到警报解除后返回原住址，干部要全过程负责到底。”这位工作人员说。

6月1日，记者来到绵阳市富乐山风景区，这里地势高，安置了数万名居民。仅游仙区富乐街道就有两万多人在这里避险。

疏散群众是一项繁重而严肃的任务。富乐街道党工委副书记金小平说，绵阳市的工作目标是“零伤亡”，“有的人不愿意离家，躲在屋里不开灯，不开窗。我们就派人巡逻，守在各个小区下面，只要发现楼上有动静，就立刻上去将人劝说到安置点。”

绵阳的文物也被紧急疏散。绵阳科技馆和博物馆的玻璃门前，已经堆上了严严实实的沙袋，防止洪水渗入。透过玻璃门，记者看到里面已经没有文物和展品，它们也被搬运到外地了。馆前两尊珍贵的汉阙被包上了厚厚的海绵，还用钢管支架进行了加固，防止被洪水冲倒。

“这次就当是郊游吧”

富乐山是个景区，林木葱茏，环境清幽，如今到处是帐篷。

草坪、走廊、路边，各色帐篷比比皆是。临时的自来水管和电线已经铺设到山上。

这里秩序井然，对于上游的唐家山堰塞湖，人们并不恐慌。有的看报纸，有的闲聊，有的听收音机，山上还有小吃摊、水果摊，以及用气枪打气球这样的娱乐设施。

周琳在富乐山上搭了两个帐篷，一个自己住，一个给80岁高龄的父母住。她的家在绵阳市涪城区，虽然不在疏散区，为了照顾父母，她也跑到了富乐山上。

山上湿气重，她的父母晚上在帐篷里睡不好觉，白天就到景区办事处的一个房间里“补瞌睡”，那里有一张床，睡得舒服一点。

山上的生活很单调，她随身带上了女儿给的收音机，随时关注唐家山堰塞湖的消息，“听听收音机，打发时间”。

周琳称赞政府组织得好，“你看，一会儿医生在巡回登记群众的健康情况、用药需求，为慢性病人准备药品；一会儿防疫人员又来消毒了；一会儿街道办事处的干部又通知大家领矿泉水、领防潮的油布；还有警察来回巡逻，很安全。”

在富乐街道的安置点，记者看到这里为居民准备的矿泉水堆成了一座小山，15个大型电热水器分布在山上，方便人们泡面、吃药。政府还鼓励商家在山上设立销售点，为居民生活提供方便。

6月1日上午，政府开始在富乐山上安装太阳能浴室，解决群众的洗澡问题。

很多群众自备了食物和饮用水。周安仕说，这样不仅自己心里踏实，还能为政府减轻负担，把政府有限的物资留给那些最需要的人，“这么大的灾难，政府要做的太多了。”

地震后，她的房子出现了裂缝，只好搬到外面住。现在，又因为接受疏散，从地势低的地方搬到了山上。周安仕没有抱怨，她十分理解政府的处境。

地震后，她到绵阳九洲体育馆的灾民安置点当义工，给灾民送饭吃，后来因为身体不好就没继续下去，“帮不了别人，我就必须照顾好自己，别给社会增加负担”。

“好久没来富乐山了，这次就当是郊游吧。”周安仕笑呵呵地说。

(选自《中国青年报》2008年6月2日　作者：闵捷)

别了，九洲体育馆！

——一个抗震救灾标本的真实记录

汶川大地震将记住一个特殊的日子：6月29日。这一天，紧急接纳4万多名受灾群众避难的绵阳市九洲体育馆，送走了最后一批人。

大地震突袭四川，这里一度充当了传说中的“诺亚方舟”。

50天来，数万张灾区群众的面孔，或悲伤，或茫然，或痛苦，或期待，一直牵动全世界的神经，揪紧全国人民的心。

50天来，上千名中外记者纷至沓来，与受灾群众一起体验了痛苦、焦虑和期待，也见证了坚强、勇敢和关爱。

当作别九洲体育馆的时候，人们深切感到，这里就是抗震救灾最生动的缩影。最悲伤的和最幸运的在这里汇集，最痛苦的和最动人的在这里交织。

大灾中扮演“诺亚方舟”

有谁会想到，一年前还有人批评九洲体育馆是“寂寞的体育馆”，质疑这座耗资亿元的体育馆经常“闲置”。如今在大地震中，它却成了受灾群众紧急避难的“诺亚方舟”。

5月12日下午2时28分，汶川大地震爆发，灾难突如其来。漫天而起的尘土，遮蔽了烈日和长空。恐慌的人群，从川西北各个方向涌出。揪心的哀号和撕心裂肺的呼唤，让天地变色、草木悲吟……

惊魂甫定，北川县城的王洪芬直奔北川职业中学寻找16岁的儿子，但她找到的是儿子的尸体。那一夜，王洪芬与丈夫绝望地看着被夷为平地的死城北川，抱头痛哭，彻夜未眠。

东方放白，救灾部队一边抢险救人，一边组织幸存者向绵阳转移。此时，沿途不是塌方，就是巨石。摸爬一天之后，王洪芬记不清是怎么边哭边走到擂鼓镇的，后来她挤上受灾群众拦下的汽车，13日下午辗转来到九洲体育馆。此时这里已汇集上万名受灾群众。

“13日，温总理到九洲体育馆看望受灾群众后，这里就成了黑暗中的灯塔。”体育馆指挥部副指挥长熊万贵说，“此后几天，24小时不间断有受灾群众闻讯赶来，他们来自川西北七八个重灾县。”

从5月13日到15日，绵阳市公交公司驾驶员王道清，每天三四趟往返于绵阳与北川、平武之间。

"每次，我拉的救灾部队刚下车，受灾群众就抢上来，就像春运的火车一般。可还是有不少人挤不上车，只能走。"

5月19日左右，九洲体育馆的受灾群众达到了最高峰，超过4万人。学生都集中安置在内馆，其他人住在场馆的环形屋檐下和馆外空地的数千顶帐篷里。有海外媒体称，"这里成为全世界人口最多的灾民避难所"。

体育馆指挥部新闻负责人王晓刚说："我做了20多年的新闻宣传工作，接待的记者不及这里的十分之一。美联社、法新社、路透社、华盛顿邮报、泰晤士报、朝日新闻……这些平时只在网上见到的媒体，现在都来到九洲体育馆。"

据事后统计，国内外先后有500多批、约2000名媒体记者到九洲体育馆采访。

一时间，九洲体育馆成为震区灾民临时安置的代名词。

体育馆内那些"村长""保姆"们

6月28日，可能因为听到陌生人的声音，8个月大的女孩突然停止了对母亲乳汁的吮吸，将小脑瓜转向记者。母亲杨薛刚刚在临时浴室中洗完澡，长发还不时滴着水。

杨薛的家在伤亡最重的北川县城。"地震第二天我就来过这里。可那时太挤、太乱、太脏了。"为了孩子安全，她转而去投奔亲戚。6月2日，她又返回这里。"那时有秩序了，吃的、奶粉、尿不湿都有。我和娃子还被安排住进母婴室。"

从混乱无序到井井有条，带来这些变化的，是5月13日紧急派往九洲体育馆的300多名机关干部和随后到来的数千名志愿者。他们被受灾群众亲切地称为"临时村长""临时社长"和"临时保姆"。

"几万人突然挤在一起，开始的时候特别混乱。粪便到处都是，哭声一片。"大地震第二天，42岁的山西股民王建红就卖掉手中所有股票，自购2000元的药品，携妻挤上开往成都的列车，来到九洲体育馆当志愿者。

在王建红看来，让受灾群众最难忍受的除了饥寒、臭气和孤独，还有无边无际的恐惧和担忧。入夜，一双双悲伤难眠的泪眼，无神地望着天空。整座体育馆像一叶扁舟，在风雨和余震中飘摇，空荡荡的心中只剩下愁和苦。

"突然聚集的人群出现了短暂的管理真空。"王晓刚坦言，"但5月月13日绵阳市紧急派到九洲体育馆的数百名干部很快稳住了阵脚。"

干部们将相当于18个足球场大小的九洲体育馆，迅速划分为44个社区，每个社区由一个市直部门分工，一个部门管七八百人，有的甚至上千人。各部门干部24小时轮班当"社长""村长"，责任区内受灾群众的吃喝拉撒睡什么都管。

大灾之下，失去了电视、网络等现代信息渠道，人们越发渴望及时了解党和政府的救灾进度。绵阳市委宣传部迅速在体育馆架起广播站。这期间，没有一天停播。

电视来了！躺在体育馆的王洪芬开始还以为自己在做梦。使劲睁开眼看，是真的，电视上温总理在沙哑地说话。他说要不惜一切代价救人，对得起历史，对得起人民。

那种久违的温暖是如此真切。王洪芬哭了。她说这辈子都没觉得电视这么可爱，像风雨过后见到了彩虹。她觉得总理说话的节奏，就像自己心跳的节奏。

随着中央领导到来的消息传出，像王建红一样的志愿者很快从全国各地汇聚九洲体育馆，为灾民提供从物资装卸、发放到消毒防疫的各种志愿服务。“他们帮了政府和干部的大忙！”王晓刚真诚地说。

尽管处于当地共青团的统一管理下，这些志愿者仍然“帮派林立”：这里有以因特网为主要媒介的“希望九洲”心理团队志愿者，有乘坐一辆列车来的“K88”小分队，还有收编大部分“无帮派”人士的“完美春天”志愿队。

5月19日是全国哀悼日的第一天。这场集体默哀勾起了九洲体育馆数万灾民的悲情。14时28分到来时，嘈杂的体育馆一下子寂静下来。3分钟哀毕时，体育馆顿时传来一片哭声。

“什么都能垮，就是精神不能垮。”在体育馆值勤的绵阳民警李奎说。

“寻亲墙”定格悲情历史

汶川大地震至今仍有失踪人员1.7万多人。在万人失踪的背后，是不绝于途的寻亲队伍。

绵阳九洲体育馆国旗下方的灰色大理石墙，平时总会被擦得干干净净。但地震后，这里一直被各种尺寸和色彩的寻亲纸条贴满。人们说，那是灾区随处可见的“寻亲墙”。

“王丽玲，女，6岁，地震不慎走失，请速与爸爸王明联系。”……密密麻麻的纸条，或深或浅的留言，对一些人来说，是最后一封家书，是最后一丝希望；而对所有人来说，则是大灾大难的历史记录，是一种让我们泪水横飞的悲情和感动。

在九洲体育馆，来自河南的志愿者冯辉一直在拼命地工作。地震让他相爱多年的女友成为上万名失踪者中的一个，从此生死两茫茫。听到四川地震的消息后，他没有片刻的停留，拎起包就踏上了寻找女友的漫漫长路。

“在灾区找亲人很困难。”冯辉哽咽说，“我知道‘痛失吾爱’的切肤之痛，我必须做点什么。”十多天来，冯辉作为志愿者，每天在体育馆拼命地搬物资、搞防疫，并极力为寻亲者四处奔波。他说：“这样能帮助别人，也能减轻我沉重的精神压力。”

在体育馆的一处志愿者救助站前，一位在地震中失明的孩子的母亲，拒绝了大家的善意资助，她一边流泪一边说：“我不要你们的钱，只想一家人能够团聚。你们要是真心帮忙，就帮着找找孩子的爸爸吧，孩子眼看不见了，不要再让他爸爸看不到孩子。”

“最害怕看到那些失望的眼神，心像针扎一样痛！”志愿者冯辉说。

临时设立的体育馆广播站不断播发着寻亲短信。王晓刚说，50天来播发了5万多条。

成百上千人寻到亲人后，在广播站下的广场空地相拥而泣。但更多寻亲的人只能怅然若失。

我们有理由记住九洲体育馆的“寻亲墙”，因为它是一座“纪念碑”。它用最简单的碑文，铭刻了人类爱和被爱的情感。它也用最残忍的方式，告诉我们“责任”两个字的重量。这责任，就是爱，就是守望，就是坚持。

复课学生发出“爱的呐喊”

“我要爱！”

当你听到这嘹亮的声音在九洲体育馆内回荡时，你可能很难想象这震彻心扉的呐喊，来自再也无法找到父母的一些北川学生。

5月18日，在体育馆灾民救助点，近千名学生默默凝听。“你们不是一个人，也不是体育馆的几万人，而是千千万万的人在一起……让我们手牵着手站起来，大声喊：我们在一起……”中科院心理学专家这样告诉孩子们。

“大家一定要记住，‘5·12’地震的‘5·12’，说的就是‘我要爱’！”专家祝卓宏高声说。“其实我们是幸运的，还能选择未来的路，这场灾难让我们重新认识了爱，爱父母，爱老师，爱同学，爱自己。”

祝卓宏让孩子们大声地跟着自己念“我要爱！”而孩子们的回应异常地响亮。

在“爱”的力量感召下，体育馆附近的九洲帐篷学校短短24小时建起。两个白色的大帐篷由澳门捐赠，每个可以容纳150人同时上课；而蓝色的小帐篷是澳大利亚捐赠的。

学校每名学生都发了书包、作业本、圆珠笔等学习用具，这些物品全部是由好心人士捐赠的。而负责授课的20余名老师来自绵阳中学和绵阳外国语学校。

九洲帐篷学校自5月19日开课以来，最多时接收灾区学生2000多人，随着受灾群众陆续返乡，很多灾区孩子也随家长回乡或转学就读。

九洲体育馆内添置了一些运动器械，一直都有学生和小孩在荡秋千，玩滑梯，孩子们跑来跑去，开心地闹着，看起来正走出地震的阴影。一个美国记者看到两个孩子在打闹玩耍，在报道中写道：“他们肯定能吃饱饭，否则没这个闲心。”

5月23日上午，九洲帐篷学校完成使命，在上完最后一课后，学生们转到其他学校就读。

至今，学生们都记得老师在帐篷学校第一堂课给留的特殊作业。老师说：“这份作业不要你们写，只要你们牢牢地记住八个字：将幸运转变成幸福。”

别了，九洲体育馆！

当6月28日记者再次来到九洲体育馆时，这里只剩下不足1500名受灾群众。已适应喧闹的志愿者王建红，似乎有点不习惯此刻的安静。“我舍不得离开这里，我要做最后一名志愿者！”

50天来，自称“江湖性格”的他在这里交了很多朋友：这里的顶头上司——工会的贾副主席；消毒点上来自东北、广西的志愿者小兄弟；还有已熟识的灾民们。

当年过半百的灾民何大妈情真意切地对他说“有了你们，九洲就是我们的宾馆”时，这个山西汉子哭了。

尽管到绵阳后，因为劳累他双腿一直红肿，从不生病的妻子中了暑，但夫妻俩都认为“来得值”。“这是我们一辈子干得最好的事儿。”说这话时，王建红激动地扬了扬手。

其实，王建红不舍的是一种大灾有大爱的情感。他知道：人们终究要离开这里重建家园。

撤离和分流是从5月19日开始的。“到那一天，九洲体育馆已接纳避难群众近5万人，达到了极限，几乎无法管理，必须果断采取转移安置措施！”王晓刚说，更严重的是，周边受灾县市还一直有人源源不断地涌入，这样根本不可持续。

5月19日晚11时，北川县驻九洲体育馆负责人、县纪委书记文刚开始传达撤离指令。

5月24日，九洲体育馆一天内就撤走60辆大巴的受灾群众，大约有3200人。

王晓刚说，受灾群众撤离体育馆是有组织的。比如返乡的必须具备三个条件：一是必须转移到相对安全的安置点；二是按规定给予返乡补助，发放彩条布等救灾物资。三是自愿原则。开始走的大都是有生产自救能力的青壮年。

一家企业赞助的绵阳市高新区永久安置点投入使用后，十几辆公交车列队把九洲体育馆的受灾群众送过去。

被转移过来的北川人王清艳，尽管感觉条件比体育馆那边好多了，却坐卧不安：她牵挂着还在九洲体育馆做志愿者的儿子。在这场大地震中，丈夫失踪，女儿受伤，她一直和儿子相依为命。天色渐晚，她执意要到安置点路口等候儿子归来。

6月29日下午，满载最后一批受灾群众的车辆徐徐驶出九洲体育馆，驰向安县安置点。回首这座50天来承载他们悲欢离合的避难所，许多人再次潸然泪下。

撤离不仅仅是结束，更是一种开始。历经大地震洗礼后，还有什么能挡住灾区人民重建家园的脚步呢？

别了，九洲体育馆！作为汶川大地震的见证者，历史将铭记你的名字。

（新华社北京2008年6月29日电　记者宋振远、郭丽琨、叶超）

绵阳九洲体育馆“5·12”地震灾民避难碑铭

噫嘘唏，呜呼悲哉！

公元二〇〇八年，五月十二日，天府汶川，八点零级，特大地震，惨绝人寰。十四时二十八分，山崩河倾，天裂地陷，八万生灵，毁于一旦。绵州辖区，北川城郭，夷为平地；同遭重创，比邻县市，平武、江油、与安县。

万千同胞，顿失家园。临危受命，绵阳九洲体育馆。

五月十三日，异常艰难。老幼伤疾，哀嚎动天。设计规模，六千人之空间，顷刻涌进，灾民二万。医疗救护，志愿援助，灾民亲朋，高峰流量，抵达十万。

余震频繁，通讯瘫痪；设施损毁，停水断电；处境维艰。手足同胞，“我们在一起”，“生命高于天”。一方有难，八方支援。衣食用品，倾其所有，竭尽奉献。吃喝拉撒，伤亡病痛，救死防疫，场馆内外，卫生安全；爱心如山。

五月十七日，球场帐篷，几千学子，书声朗朗，笑语欢颜；灾区奇观。

绵州难忘，五月十三、二十三日。睿智老人，国家总理，赐予力量，送来温暖。家宝赞曰：“灾情最重，组织最好，抢救有力，指挥有序”。抗震救灾，创造奇迹，九洲体育馆。

五月十九日，车马盈庭，达到极限，接纳灾民，超过四点五万。自五月十三日，至六月二十九日，最大灾民安置点，安全运行五十天。

世界关注，新闻焦点。国内外媒体，五百批次，两千记者，云集九洲体育馆。

六月二十九日，“心连心”，慰问灾民，“爱的奉献”，荟萃九洲体育馆。

七月十七日，感恩晚会，《真心英雄》，隆重上演。兄弟省市，患难相聚，对口支援，灾后重建。

八月四日，奥运圣火，馆内盛传；“树叶”“鸟巢”，比翼齐肩。点燃激情，坚强同行。绵州风光，美丽依然。

毁灭之记忆，历史铭刻；感动中国，世界同感。大灾大难，大爱无边。

噫嘘唏，呜呼哀哉！汶川大难，千古奇灾。江河共泣，慷慨悲歌，人性灿烂。

是故，遂灾民之企盼，秉国人之心愿；勒石以记，共克时艰。矗碑九洲，仁心可鉴。

绵阳九洲体育馆镌立

四川九洲电器集团有限责任公司捐建

公元二〇〇九年五月十二日

北川迁城记

北川羌族自治县于2011年2月1日在北川新建永昌镇举行开城仪式而宣告新县城建成，同时也结束了半个多世纪的迁城之争。

美轮美奂的北川新县城堪称历史与现实建筑艺术的完美结合，给今人留下了无数的赞美与慨叹，但其迁城所付出巨大而沉痛的代价也值得永远铭记。

北川老县城曲山镇所在地夹在南北两侧的大山之间，居住在老城区的北川人，每天打开门窗，首先映入眼帘的就是龙尾山的王家岩千仞壁立，迎面扑来，名副其实的“开门见山”。陡峭的山崖紧贴县城，地势十分险峻、狭窄，因此被不少人戏称为“夹皮沟”。县城东西向为横贯全镇的湔江河谷，滚滚江水自西向东穿城而过，下流至江油汇入涪江。北川县城曲山镇老城区及其后拓展的茅坝新区就如像一条长带分布在湔江右岸。

在2008年“5·12”汶川特大地震中遭彻底毁灭的北川县城，实则充满了历史的偶然性。北川历史上前后经历了四次迁城：据1996年出版的新编《北川县志》记载，第一次在北川县境内出现的县级政权是南北朝后期的北周武帝天和元年（566），县名就叫“北川县”，县治（县衙所在地）在今青石羌族乡境内，距今禹里乡西15公里。又据蒲孝荣先生《四川政区沿革与治地今释》一书考证，县治在今禹里乡西北的开坪乡。不管是青石乡还是开坪乡，今天从其地理环境和自然条件来看，均不宜建县城。

唐太宗贞观八年（634）改北川县为石泉县，县治就迁徙到治城镇（今禹里乡），直至新中国成立后的1952年9月，老县城一直在此，历时1318年。这千余年间县城没有再迁徙，只是县名于民国3年（1914）因与陕西省石泉县名相重，又改为旧名北川县。

治城镇所处位置虽仍在地震断裂附近，但依山畔水，地势开阔，场镇远隔大山近逼，坡缓地平，加之地处县境中心位置，有利于县人及物资的交流和聚集。

历经1300余年的老县城为何从治城迁到曲山镇？

这次大震后，《南方周末》记者对此作了详尽的调查并发表《北川县城迁址考》一文，所言其事具有一定的真实性和参考性。现将2008年10月1日《南方周末网》上刊载的此文主要内容摘录于后，以供后人参阅。（文内所记内容，本文作者再次考证厘定，并对原文作了较大调整和删节）。

《北川县城迁址考》主要内容记载如下：

解放初，北川隶属川北行署剑阁专区，为全区最为边远的一个县。迁城以前，由于车马不通，北川干部到专区开会，皆需步行二十余公里经曲山出关。

1950年1月，南下干部刘仲成率8人组成工作组，接管北川县城。刘先任县长，后于1952年9月任县委书记。1952年的北川迁城，刘起到决定性作用。

年过八旬的北川县政协原主席佘良1952年学校毕业后，分到北川县政府建设科工作。他7月从治城外出开会，走时尚不知迁城一事，待走到曲山，被告知县城要搬至曲山，遂被留下参与筹备工作。

佘良说，那时的曲山仅有一百余户人家，后来的北川县城老城区所在地，那时还是一片乱坟堆。

1954年，北川解放后第二任县委书记田承绩接刘仲成主政北川。他后来曾与刘谈到迁城问题，对方承认主要是为了交通方便。

不过，在田承绩看来，所谓的“交通方便”，其实是为了方便到专区开会。“那时候的会多”。

由于曲山山高坡陡，地势险峻，包括县长毋广轼在内的几位当地干部对迁城曾有不同意见，但并未起到作用。

田承绩今年已84岁高龄，对于当年的县城迁址，他直言是“错误”和“教训”。

田承绩在北川工作十年间，常感县城迟早要出大事。而据他回忆，县城将被“包饺子”的说法，在那时即已有所闻。

除了地势险峻，田亦发现，曲山处在全县偏南位置。县境边远村民到县城办事，需翻山四五百华里，苦不堪言。此外，迁城之后，虽然通往关外便利，但关内交通反而不便，边远乡镇的干部到县城开会更为困难，为此颇有怨言。事实上，田赴任很长时间以后，县里开会仍选在治城。

以上种种，使田承绩一到北川，便有意将县城回迁。县上多数干部也对此支持。不过田知道，迁城非儿戏，1952年刚刚搬迁，再要求回迁显然并不现实。于是打算分步走，先在旧城修建办公用房，待造成既定事实之后，再报上级批准。

1958年2月8日，北川发生6.2级地震，县委楼房两头震垮。县城石岩亦有崩塌。此变故发生之后，更加大田承绩回迁县城决心。据新编《北川县志》记载，1959年，北川县成立6人组成的“城建委”，调集建筑施工人员200人，于11月在老县城治城动工修建县委、县人委办公楼一幢，修建中学教学用房三幢，1961年完工。共花费1万元，均为北川自筹。

在田承绩看来，如果县城迁回治城，那么5·12地震将不会给北川造成多大伤亡，更不会出现“包饺子”惨景。事实上5·12地震中，老县城治城虽然有房屋倒塌，但由于地形开阔，仅死亡几十人。

然而，这次已经实施的县城回迁行动最终流产。“大跃进”和随着而来的三年经济困难时期，使北川无心亦无力回迁县城。1964年田承绩调走，此事很长一段时间便不再提。

已经建起的县委办公楼后来成为治城乡政府所在地，先后经地震、水淹，至今尚存。至于建好的教学用房，原本为北川中学所用，因回迁流产，被逐年拆除。

和新中国一起历经沧桑的北川，于20世纪80年代又迎来一次县城搬迁契机。其主导者是北川原县委书记马敬洪。和田承绩一样，马敬洪于1984年刚到北川任职时，亦觉县城地形怪异。当时站在险峻山下，深感害怕。而上级领导到北川视察工作时，也往往不愿久留。

北川外派干部的一大特点，多不带家属前来。这一方面是因为北川条件艰苦，另一原因则是因县城地势凶险，作以防万一计。

促使马敬洪决定搬迁县城的，还有其他原因。那时县城茅坝新区尚未开发，城区面积仅有0.35平方公里。随着经济发展，县城人口已由当年的不足千人发展到万人，曲山已无发展空间。此外，由于县城“环境恶劣”，北川干部人心浮动。1985年，北川中学校长带领教师6人离校出走，在全省轰动一时。

北川县城搬迁，再次提上议事日程。

原北川地震办主任马明理记忆中，1987年的某一日，县委书记马敬洪忽然造访，两人聊及坊间盛传的北川“包饺子”传言。马明理从地震和地质角度，称此说法并非没有道理，最好的办法就是迁县城。马敬洪遂让他写个报告。

马明理记得，早在20世纪70年代，中国地震局地震地质考察队就曾到北川考察，证实北川大断层从县城穿过，地震可能发生。且以北川地形之险峻，大地震一旦发生，“包饺子”成为必然。此后，也有多位地震专家跟马明理谈过此观点。

据北川县人大常委会原副主任席元厚回忆，当年计划迁县城的一个背景是：1987年9月，四川巫溪县发生岩崩，近百人死亡。四川省追究了涉及官员的责任，并专门发文件，要求各地方政府戒除官僚主义，排查安全隐患，避免类似事件再发生。

北川县原副县长王光甫参与了此次县城迁址的运作。据他介绍，在县委书记马敬洪力推下，北川开始酝酿迁县城，并向绵阳市打了报告。

与1952年那次主要领导“说了算”不同，北川此次酝酿迁城，被认为体现出“高度民主”。县委为此专门召开常委扩大会议。各乡镇和部门均有人参加。结果绝大多数意见赞成搬迁。

但围绕新县城选址问题，北川形成对立两派。其中关内干部主张将县城迁回治城，主要理由是位置适中，方便全县各地百姓进城办事。关外干部则坚持将新址定在关外的擂鼓镇，理由是靠近中心城市绵阳，利于发展。为了反驳治城派的“中心论”，擂鼓派以莫斯科等城市作例，证明一县之城如一国之都，未必非得处在辖区中心。

据县政协原主席佘良介绍，当时还有第三种意见：将北川拆分，南面划归安县，北面划归松潘，东归江油，西归茂县。此方案被认为经济实用，因为北川既不存在，县城也不需再设，自然不用搬迁。结果乡级干部中，被划归安县、江油等发达县市的乡镇对此支持，划归茂县、松潘等相对落后者则坚决反对。县级干部由于担心拆分后“靠边”，则大都反对，老干部因为在县城已经买房也反对，结果此派未形成气候。

最后，擂鼓派占了上风，擂鼓作为新县址所在地被写在了报告中。

在马敬洪看来，迁城搁浅的主要原因有两个，一是资金问题，搬迁的初步预算是1.2亿，这个数目“有点高”；二是选址问题。

当年参与此事的北川当地干部对搬迁流产的普遍解释是：北川迁城的报告上交之后，省政府对搬迁经费的意见是省里出一半，绵阳市里出一半。绵阳市里由于拿不出钱，搬迁遂告失败。报告也最终未能交至国务院。

北川要求迁县城的报告上交绵阳市后，1988年4月，绵阳市地质学会专家对北川县城曲山地区山地灾害进行了为期5天的科学考察。马明理作为北川代表参加了这次考察，他的任务是为专家带路。马还记得，当时曾对专家组负责人半开玩笑地说，北川人的命运就掌握在你们手中了。

10年之后出版的《北川年鉴》对地质学会到北川考察一事作出如下记载：“……报告从曲山东西两侧山体的构造、现状、水文、工程等方面进行了科学分析，得出了‘局部性灾害存在，毁灭性灾害不可能发生，局部灾害可以预防和治理’的科学结论，给北川县城是否迁移下了定论。”

为考察队带路的马明理事后看到了这份报告，阅后颇感心安，以为民间传言实不足信。而大地震后回顾此事，马明理大叹北川“吃了专家的亏”。

1988年8月，马敬洪调离北川，北川此后一直到地震之前，迁城一事再无人过问。历届继任者将工作重心放在了发展经济和争取羌族自治县上。

《北川县灾害地质考察报告》中，除了认为北川县城“不会发生因山体失稳而毁灭北川县城的灾后”外，还认为茅坝新区可作为城市发展的新区。

不过，在“5·12”地震中，茅坝新区虽然亦损失惨重，但由于景家山岩崩面积较小，只掩埋茅坝中学一个单位，加上街道较宽，便于逃生，人员伤亡远比老城区要轻。不过，某种意义上，新区的开发，也意味着北川已无另迁新址的可能。

除以上《南方周末》的记载外，其后还有一次迁城的动议。那是1995年，北川迁城再次提上议事日程，但其结果仍然是一个更快的迁城动议。是年7月下旬起，县内连续遭受大风、暴雨袭击，从8月9日至11日，北川降雨高达520毫米，形成了“8·11”特大洪灾。湔江水暴涨，冲毁了新建投产不久的“苦竹坝”电站，沿江民房垮塌多半，新建不久的江心岛龙尾公园几乎冲为平地，连接公园的钢缆索桥冲得只剩骨架。全县经济损失达1.6亿元，而是年全县国民生产总值为3.3亿元，财政收入仅有2046万元。在市政府召开的抗洪救灾大会上，时任市长杨海青在讲话中指出：北川不宜在曲山镇建县城，那是个地质灾害严重、自然灾害频发的地方，立即迁县城，迁往绵阳方向的擂鼓镇。市财政支持几千万资金，其余由北川向省和国家民政部门申请援助。但此指示亦因种种原因，最后所有资金均未落实，其迁城计划再次成为一纸空文，付之东流。自此，市、县两级也就再也没有提过迁城一事。

2000年以后，北川为发展经济，提出“曲山擂鼓一体化”方案，计划将县内工业和有关机构迁至擂鼓，并修筑了一条大道。若实施，县城密集人口将渐被分散。不过，地震没有给北川留下更多时间。

随着“5·12”大地震的来临，一切迁城的争议都成为过去，灰飞烟灭了。只有当北川县城真正被包了“饺子”，造成县城万余人的死伤，而县城成为人类历史上唯一一个地震破坏实物博物馆时，我们才清醒地意识到建设一个安全、坚固、美丽、舒适的栖身之地——城市是多么的重要！

北川县城历史上的四次迁城，从青石（开坪）到治城（禹里），从治城（禹里）到曲山，再从曲山到永昌，这样的迁城史留给我们当代人太多的想象空间和铭心刻骨的记忆，太多的教训和深刻的反思。北川老县城，成为北川人民心中永远的痛，北川人民的遭遇成为全市人民乃至全国人民心中永远的痛。

王志强谨记

2015年3月30日

编后

BIAN HOU

在纪念汶川特大地震十周年之际，全景式、多角度记录和展现绵阳市抗震救灾和灾后重建伟大历程的鸿篇巨作《汶川特大地震绵阳抗震救灾志》终于面世，作为为之奋斗九年的编者，我们既感欣慰，又感不安。我们得以用这样一部作品告慰逝者、激励生者，是为欣慰；我们唯恐不能真实地再现那段艰难历程，是为不安。

志者，记也。十年前那场特大自然灾害，给绵阳人民留下永远抹不去的记忆，也给全市地方志工作者提出严峻挑战。2009 年 8 月，根据国务院、省政府的统一部署，绵阳市全面启动《汶川特大地震绵阳抗震救灾志》编纂工作，市委、市政府成立编纂委员会，市政府召开编纂工作会议，印发《关于组织编纂〈汶川特大地震绵阳抗震救灾志〉的通知》（绵府办函 [2009] 317 号）。编委会办公室设在市方志办，负责编纂出版的统筹规划、组织协调、资料收集、人员培训、督促指导、初审及总纂出版工作。

编纂工作启动以后，推进遇到诸多困难。市政府先后两次召开推进会，我们多次与牵头承编单位沟通协调，指导资料收集和初稿编写工作。2012 年底，根据编纂工作的实际需要，编委会同意调整全志记述下限，由原定的 2010 年 12 月 31 日下延至 2011 年 9 月 30 日，即三年恢复重建全面完成之时。记述下限调整，工作量显著增加，我们不敢懈怠，倍加努力，终于在 2013 年完成 300 万字的初稿征集工作。

2014 年 3 月，我们启动第一轮总纂工作，从 300 万字压缩到 130 万字。2014 年 11 月，余正道同志担任主编，对编纂班子进行调整，启动第二轮、第三轮总纂工作，历时一年，形成 120 余万字的征求意见稿，分送绵阳市抗震救灾指挥部原主要成员、极重灾县党政主要领导、牵头承编单位、重点参编单位和各县（市、区）征求意见，同时邀请肖平凡、刘仲平、余洪泉、吴锋 4 名同志对全志进行审读，共征求意见建议 1000 多条，其中重要修改意见 500 余条。

2016 年 2 月起，我们组织力量，对各种意见进行梳理、归类、整理，修改完善志稿，同时筛选、整理、补充入志照片，形成 133 万字的送审稿和拟用照片集。2017 年 2 月，市政府批准出版方案，市财政及时保障出版经费，我们迅速启动出版采购工作，在调研多家出版社的基础上，委托市政府采购中心进行出版采购，方志出版社中标。

质量是志书的生命。为确保编纂和出版质量，2017 年 9 月，市政府成立汶川特大地震绵阳抗震救灾志终审验收组，市委副书记、市长刘超任组长，市委常委、常务副市长颜超任副组长。受刘超同志委托，颜超同志主持召开《汶川特大地震绵阳抗震救灾志》终审会，原则通过志稿。根据终审意见，会后，市政府办公室下发通知，再次征求对送审稿的意见和建议。

2018 年 1 月，方志出版社完成对志稿的初审、复审、终审，向我们反馈审稿意见和具体修改意见，加上终审会后再次征求的意见建议，汇总之后达到 2000 余条。余正道同志多次主持召开编务会议，逐条研究修改意见，审定封面设计，调整卷首彩页，规范随文附图。余正道、晏茂川、李维怡、伍丹丹等同志承担具体修改任务，逐字逐句修改，历时三月，加班加点，完成全志修改工作。

在本志编纂过程中，我们还承担了大量具体编纂任务。其中，余正道编写概述，张永兴、伍丹丹编写大事记，晏茂川、张永兴收集整理照片，李维怡收集整理英模名单及事迹，冀燕鹏收集整理附录资料。

编纂特大地震灾害专志，是一项浩繁而复杂的工程。我们在长达九年的编纂实践中，克服重重困难，力求做到“四性”：

一、全面性。本志记述时限从 2008 年 5 月 12 日特大地震突袭绵阳到 2011 年 9 月 30 日绵阳灾后恢复重建全面完成，记述内容包括灾情、抢险救灾、医疗防疫、赈灾、灾后重建、英模先进，确保无重大遗漏。

二、典型性。绵阳是极重灾区，抗震救灾和灾后重建社会关注度极高，很多场景成为具有典型意义的记忆符号。我们在尽力保持事件全貌的同时，努力做到典型人、典型事、典型场景不遗漏，对于唐家山堰塞湖排险避险、北川新县城建设等内容，还做了升格处理。

三、准确性。地震的突发性和毁灭性，救援的紧迫性和复杂性，造成资料收集极度困难，而且一些资料沉淀不够，存在疑点。我们通过查阅当时新闻报道，比对当事人回忆，寻找其他佐证资料，对存疑资料进行甄别，对人名、地名、数据等进行核实，以求达到记述的准确性。

四、可读性。我们在遵循志书编纂基本规范的同时，试图寻求一些突破以增强可读性。我们从《汶川记忆》《英雄无名》两本书中选取部分典型报道，作为附文收入志书相关篇章，增强文字叙述的现场感。我们在“附录”中专设“抗震救灾新闻作品选”，收录《绵阳空城计》《别了，九洲体育馆》等五篇有代表性的新闻作品。

在本志编纂过程中，我们得到了中国地方志指导小组办公室、四川省地方志工作办公室的悉心指导，得到了抢险救灾部队（单位）、对口援建省（市）、牵头承编单位、重点参编单位、各县（市、区）、特邀审稿人员的鼎力支持，也得到了社会各界人士的多方鼓励，在此一并表示感谢！由于我们水平有限，错漏在所难免，敬请批评指正。

绵阳市地方志办公室

2018 年 4 月